頼るな化粧品！

——顔を洗うのをおやめなさい！

佐伯チズ

講談社+α文庫

文庫版まえがき

子供のころから、私はとにかくきれいなものが大好きでした。

宝塚歌劇団のスターの、この世のものとは思えない美しさの虜となり、やがてスクリーンの中のオードリー・ヘプバーンに夢中になった滋賀のおてんば娘は、高校卒業と同時に始めた退屈なOL生活から早々に足を洗い、20歳で単身上京。美容の世界に飛び込みました。

その後、ゲラン、パルファン・クリスチャン・ディオールというフランスの化粧品メーカーで働くこと延べ35年。

人生の大半を「女性を美しくする」という仕事に注いできた私は、2003年にクリスチャン・ディオールを定年退職。

老後は自宅の一室をエステティック・サロンにし、お手入れは1日2名限定、ひっそりと美の世界に身を置こうと考えておりましたが、その前にどうしても実現させたいことがあったのです。

それは約40年にわたる美容人生の中で、皆さんにお伝えしきれなかったこと、医学的なデータはなくとも私自身の経験から導き出した理論というものを、ひとりでも多くの女性に知っていただきたいということ。

そのために、自分の思いを本にまとめられないかと思ったのです。

運よくそのころ、講談社の方から取材を受ける機会があり、思いきって本を出したい旨を告げてみました。

私が唱えたいのは、ウルトラ級の美容テクニックではなく、ともすると美容ブームという時代とは逆行するかのような、とても地味なこと。でも多くの日本女性が誤解していることでした。

たとえば洗顔のしすぎによって肌を傷めている女性。20代のころに似合っていたアイシャドウを、40代になっても使い続けている女性。化粧水や美容液を使わずに、乾いた肌にいきなりクリームを塗りこんでいる女性……。

そういう方たちを見るにつけ、いかにいい加減な情報が世に蔓延しているか。雑誌や広告に躍らされて、肌をボロボロにしている女性がなんと多いことか。そして私自身もそのひとりであった、美容業界の姿勢にも問題があるのではないか、と思ったのです。

私が長年胸の内に秘めていたことをお話しすると、「面白い！」「聞いたことがない」と、講談社の男性社員までもが非常に高い興味を示してくださり、退職とほぼ同時に念願の本を出版することができました。

それが何を隠そう、2003年7月に出版された、私にとって初めての著書、『佐伯チズの頼るな化粧品！』なのです。

「顔を洗うのをおやめなさい！」というキャッチコピーにはじまり、「高価な化粧品は本当に効くのか？」「サンプルマニアは見られている」「コンシーラーでシミは隠せるか」など、美容関係者にいわせると「ヒヤヒヤする」過激なタイトルのオンパレードで、今でもたびたび「よくこんな本が書けましたね」といわれます。

ところがいざ本屋さんに並んでも、どこからも抗議がこないどころか、全国から「よくぞここまで書いてくれた！」「こんなこと知らなかった」「もっと早く佐伯理論に出合いたかった」など、感謝の手紙ばかりが次々と舞い込みました。これが何よりも「私の理論は間違っていなかった」という励みになったのです。

あれから約2年半。

スキンケアからメイクアップ、さらには食にまつわるものまで、「お金をかけずにお肌も心もきれいにする」という共通したテーマのもとに、現在、私の著書は9冊目を数えました。まったく予想もしなかったことです。

しかしそれらの源流は、やはり最初の作品にあるといわざるを得ない。

2冊目以降の著書を読んでくださった方からは、「佐伯さんの違う本も読んでみたい」「もっと手軽に読めるものはありますか」「母にもプレゼントしたい」などの声を多くいただきます。

そこで私は、もっともっと多くの女性に正しいスキンケアを知っていただき、本当の美しさを手に入れてほしいと思い、このたび佐伯メソッドの原点である『佐伯チズの頼るな化粧品！』を文庫化することにいたしました。この文庫をいつでも気軽に持ち歩いて、日々の「美のヒント」にしていただければ非常にうれしく思います。

また、スキンケアだけでなく生き方に行き詰まり、それこそ、心まで傷ついてしまった女性には、ぜひ手にとっていただきたいと思います。

「もう年だから……」「治らないから……」、そんなあきらめモードが習慣になり、弱気になっている女性は、心に串の刺さった「患者」さんだと思うのです。だから私はその串を抜いて差し上げたい。そして、代わりに「花かんざし」を心につけていただきたいと願っている。

そんな気持ちが、今日も私を前進させているのです。

2006年1月

佐伯チズ

まえがき

　私が美容の世界に足を踏み入れた1960年代と比べると、日本の化粧品事情はガラリと様変わりしました。かつては、国産ブランドの限られた化粧品しかなく、今みたいにおしゃれを楽しむというよりは、メイクは身だしなみ程度のものでした。ところが、70年代にアメリカ、80年代にはフランスの化粧品が次々と日本に入ってきて、今ではデパートの化粧品売り場に一歩足を踏み入れれば、あらゆるブランドの化粧品が所狭しとフロアを彩り、またインターネットの普及で、さらにコスメアイテムの選択肢は広がっています。

　ところが、この「化粧品パラダイス」ともいえる環境を前にして、実際にそれを使う側が商品を最大限に活用しているかというと、にわかに疑問がわいてくるのです。

　私には、多くの女性が常にニューブランドや新製品に目を輝かせている内実、「化粧品に振り回されている」「多くの化粧品を前にして、迷っている」「自分の肌と正面から向き合っていない」という感がどうしてもぬぐえないのです。

なぜならば、私は年間2000人以上もの女性の肌に触れてきましたが、化粧品ひとつでドラマチックにきれいになった人がいる半面、間違った化粧品選びやスキンケアによって、肌を自らボロボロにしてしまった人を何人も見てきたからです。

そして、その原因の多くが「化粧品のつけすぎか使いすぎ」「必要以上の顔の洗いすぎ」など、メイク以前のごく基本的なことなのでした。

「なぜ何年間も正しいスキンケアを教えてくれる人が現れなかったのか」

「なぜ肌の叫びに気づかなかったのか」

疲れ果てた肌と自分の顔に自信をなくして意気消沈する女性を見て、憤りを覚えることすらあります。これは、ユーザーだけではなく、それをつくる側、売る側にも多少なりとも責任があるのではないでしょうか。

私は特別に化粧品の研究をしたり、モニタリングを試みたことなどありませんが、日本全国のたくさんの女性と出会い、そして肌の悩みを聞くことによって、自分なりの理論やスキンケア法を確立していきました。そして、それらをお伝えすることによって、やみくもに新製品を追いかけたり、コスメカウンターで美容部員にすすめられるままに化粧品を買わされたと思っている女性たちが、一刻も早く目を覚まし、そして「自分の肌が本当に求めているもの」と出合ってほしい。そんな思いをこめて筆をとったのです。

さて、私がこんな気持ちを抱くようになったのには、ある理由があります。

今から18年前、病で主人を亡くした私は、自分自身の肌がまさに、涙とともに枯れ果てていくという「肌地獄」を体験しました。その当時、化粧品メーカーを辞め、一消費者になっていた私は、化粧品を買うときにどのコーナーに行っていいのか迷い、広告も信用できない。一歩引いた目で美容業界を見ることによって、その「内側」にいたときには見えなかった、さまざまなものが見えてきたのです。

これがいわば私にとっての転機でした。

ボロボロになった自分の肌を毎日の必死のお手入れで克服した私は、45歳で別の化粧品メーカーのインターナショナル・トレーニング・マネージャーとして入社。そのときにはかつてのような「お客さまとビューティー・コンサルタント」「お客さまとビューティー・アドバイザー」という姿勢ではなく、自分がお客さまの立場に立って接客ができるスタッフを指導、育成するように努めました。

また、スタッフを採用するときには、「お客さまの顔が見える美容部員をつくりたい」という気持ちが強かったので、自ら面接に立ち会い、知識やテクニックではなく、まずはその人の「人となり」を見るようにしました。

こうしてコスメカウンターに立ったり、エステティック・サロンでサロン・マネージャーを務めたり、また全国各地での講演会、特別美容相談会、セミナーなどでお話をさせていただいたり。

このようなさまざまな「現場」を経験してきた私が今いえるのは、女性が100人いれば100通りのスキンケアが存在し、必ず自分に合う方法があるのだということ。そして、アトピー性皮膚炎や大人のニキビなどで落ち込んだ人たちが、正しいお手入れに出合い、肌がきれいになると、性格までガラリと変わってしまうように、スキンケアというものは、女性の人生をも左右する大切な「ライフライン」であるということなのです。だからこそ、決しておざなりにしてほしくないのです。

この本は、化粧品を愛するすべての方のバイブルになることを願って書きました。特定のメーカーを中傷(ちゅうしょう)するものでもなければ、化粧品そのものを否定(ひてい)するものでもまったくありません。また、化粧品をつくる人、売る人、使う人のどなたが読んでも、きっと、思いあたる節があると思います。

「なぜ化粧水を肌につけるのか」

「なぜ美容液はクリームの前につけるのか」

これすらわからない女性が日本には何万人といます。でも、もうきれいごとをいっている場合ではありません。今こそ足元を見つめなおしてください。この一冊が化粧品という世界に風穴を明け、さらにすべての女性が化粧品に「依存」するのではなく、愛情をもって「自分のもの」にしてくだされば、私にとってこれ以上幸せなことはありません。

佐伯チズ

頼るな化粧品！◉目次

第2章　間違いだらけのあなたの美容法

第3章　常識を変える美顔づくり

第4章　「きれい」をつくる暮らし

【ビューティーコラム】

頼るな化粧品！——顔を洗うのをおやめなさい！

第1章　あなたが知らない化粧品の真実

見えない文字で「MADE IN JAPAN」

かつて日本でハワイが一大ブームとなったことがあります。新婚旅行といえばハワイ、クイズ番組の懸賞(けんしょう)といえばハワイ、映画のロケ地といえばハワイという時代。

そのころ、お正月にワイキキでも行こうものなら、それこそ日本人だらけ。飛行機を降りたとたんに、「ようこそ、ハワイへ!」と流暢(りゅうちょう)な日本語で迎えられ、ホテルに着いてビーチに出たら、右も左も日本人。

これを、あるテレビ番組で「ハワイの熱海(あたみ)化」といっていました。こうなると、人間心理としては、「だったら、熱海でよかったじゃない」となってしまう。

最近、こんな女性に会いました。

彼女は24歳のときから10年以上にわたって、フランスブランドの化粧品を使い続けてきました。

「ちょっと高いけど、フランスから輸入しているわけだし、このブランドが好きだから」

そう思いながら、お給料をつぎ込んでいたそうです。

ところが、ある日、ふと箱を見てみたら、なんと「日本製」と小さく書いてある。

このときの彼女の一言は、「だったら、日本ブランドでいいじゃない」。

なんだか、「ハワイの熱海化」に似ていませんか？

その女性がメーカーにそのことを尋ねると、「日本人の肌に合わせてつくっているのです」と答えたそうです。

国によって香りやお手入れのステップに違いはあるものの、肌の構造そのものは世界共通です。

女性が化粧品を買う場合、アレルギーのある人は別として、成分云々よりも

「フランス製の美容液を使う私」や、「アメリカ生まれの口紅を使う私」という「二次的な要素」＝「気分」のほうが大切だったりするのです。

なぜならば、化粧品は「夢」を買うものだから。

だから、コマーシャルにきれいな女優さんを使うわけで、「私もこの人みたいになれる」という幻想こそが、「美の妙薬」ということもあり得ます。

同様にルイ・ヴィトンだって、エルメスだって、フランスで職人さんがひとつずつつくっているから、高いお金を出して買うのであり、熱海でつくっている「ケリーバッグ」、欲しいですか？

何も日本製が悪いといっているのではなく、化粧品やブランド品を買うときには、その背景までを含めてお金を出しているということです。

でも残念ながら現在、海外ブランドの化粧品の多くは、日本でつくられています。

名前はあえて伏せますが、フランスの某老舗ブランドの化粧品は、「メイド

・イン・神奈川」だし、アメリカの某おしゃれブランドは、「メイド・イン・大阪」です。ましてや違うブランドの化粧品の中身が一緒だということも珍しいことではありません。

そして、肝心の「日本製」の文字は……？

往々にして買うとすぐに捨てる「箱」に小さく書かれているのです。

では、そもそも、なぜ日本でつくるか？

これはひとえにコストの問題です。例外として海外にないアイテムを日本でつくるということはありますが、梱包をして海外から輸入し……という流通コストを考えれば、日本でつくったほうが断然安いし、在庫管理もラク。

ところが、コストダウンしているはずなのに、価格は外国製品並み。

つまり、メーカーの都合に付き合わされて、高いお金を払わされているのがユーザーである消費者なのです。

「それでもこの化粧品が好き！」というのなら何ら問題はありません。

でも、私だったらやはり「騙(だま)された！」という気持ちになると思う。化粧品は単なる実用品ではありません。そこに「幻想代」が発生するからこそ、原産国のトリックは決して見すごしてはならない問題だと思うのです。

シミの原因が化粧品？

私は女性の肌を見て、どのメーカーの化粧品を使っているか、まるで占い師のようにピタリといい当てることがあるのです。

香りやカラーの問題ではなく、長年使い続けていると、肌に特定の傾向が表れる化粧品というのがあるのです。

国産のとあるブランドの化粧品は、長い間使っていると、強い香料の影響で必ずといっていいほど頬(ほお)にシミができるのです。

あるとき、セミナーに出席していた女性に、「〇〇〇の化粧品、使っていましたか？」と聞くと、「ええ、なぜわかるのですか？」と驚かれました。

その方は、お母さまと同じ化粧品をずっと使っていて、見事に、母娘で同じ場所にシミが出ているのです。

また、有名なアメリカの某メーカーの化粧品は、とにかくアルコール含有量が多い。

だから部分的につける分にはいいのですが、顔全体に使ってしまうと、皮膚がヒリヒリしてしまう。

今から20年ほど前に大ブームとなったブランドですから、当時、買った人が、40歳をすぎてからも使っていたりするのです。

このメーカーの化粧品は、30歳をすぎた人にはすすめられません。

でも、30歳になったからといって、急に化粧品を切り替える人なんてほとんどいないのが現実で、みなさん20代のときと同じものをズルズルと使っているでしょう。若いころは何でもなかった刺激も、年を重ねた肌には耐えきれないのです。

そのほかに、使い続けると顔がくすんで青黒くなっていくものなどもありますが、毎日使っている本人は、なかなか気づかないものです。

しかし、たとえば紫外線（しがいせん）に気をつけているのにシミが出てくるとか、なぜかいつも顔を洗うときに肌がヒリヒリするという人は、もしかしたら使っている化粧品に原因があるのかもしれません。そのようなときは、思いきって化粧品を替えてみるのも手です。

それから、同じ化粧品をずっと使っていると、「可もなく不可もない」という状態になることがあります。お客さまの中にも、「あるメーカーのものを10年使ってきましたが、何の変化もない」という方がいます。

また、ある方からは、「化粧品を、ちょっと替えてみたいんですけど」と相談されました。

「それはとてもいいことだと思いますよ」と私はいったのです。

化粧品を替えることで気分転換にもなりますし、これだけたくさんの化粧品があるのですから、何も同じものを10年も20年も使い続ける必要はないと思います。

もしも、「どうも肌が萎えている」というシグナルを感じたら、使い方を考えてみるのもひとつの方法です。使い方の見直し、または化粧品を替える絶好のチャンスだと思って、コスメカウンターに足を運んでみてください。

とくに20代のときに選んだものを10年以上使っている人は、一度総点検してみる必要があると思います。

高価な化粧品は本当に効くのか？

「カテキンが生活習慣病の予防にいい」といわれるようになり、最近、見直されているのが緑茶。

私も大好きで毎日飲んでいますが、聞くところによると、高価な玉露よりもリーズナブルな煎茶のほうがカテキン効果は高いそうです。ただし、玉露は旨み成分を引き出すために、遮光をして育てるという手間がかかっている。その分、値段も高くなるのだとか。

また先日は、初競りの夕張メロンが2玉33万円で競り落とされたというニュースを耳にしました。

緑茶にしてもメロンにしても、その食べ物にいくら出せるかというのは、本人の好みの問題になってくると思います。玉露よりも煎茶の渋みのほうが好きな人もいるし、料亭で食べるメロンよりもおばあちゃんの畑で穫れたメロンのほうが好きという人もいるでしょう。

私たちの周りの多くのものの値段には、あくまでも手間や希少性などが反映されており、とくに化粧品においては「絶対価格」なんてものは「ない」に等しいと思います。

最近よく目にする「10万円級のクリーム」もしかりです。

そこに入手困難な成分が使われているとか、開発のための研究費用がかかったとか、大々的に広告展開をしたとか、そういうものがひとつずつ加算されて、商品に値段がつくのであって、「10万円だから効く」という保証はどこにもありません。

ただし、「10万円も払ったんだから、効かないはずがない！」というのがユーザーの心情。

もっとも、その「なせばなる」的な精神で、ある程度効かせることは可能だと思いますが、それでも毎日使っていたら効果は薄れてくると思います。

「贅沢ケアの貧乏肌」といって、たとえば毎日ステーキを食べていると胃がもたれるように、毎日リッチな化粧品をつけていると、肌も「贅沢ボケ」してしまいます。

自称「ダイエット・マニア」の私は、炭水化物を食べない「和田式ダイエット」をときどき実行しています。

開始後、2週間に1度くらいのペースで、無性にフランスパンやうどんが食べたくなるときがあるのです。そういうときには我慢せずに、「今日は解禁日！」と決め込んで食べてしまう。

そうすると、翌日からスッと元のダイエットに戻れるのです。

ダイエットの不思議なところは、ずっと同じ食生活を続けていると、痩せられなくなってくること。

だけど、「呼吸を変える」といって、ちょっと目先を変えてみると、そこからまた痩せられるのです。

だから私は、10万円のクリームを買うなら、併せて6000円のクリームを買うことをおすすめします。

たとえば、朝6000円のクリームをつけたら、夜は10万円のクリームという具合に、合せ技を使って「ボケ予防」をする。

そうすれば、10万円のクリームは、だらけることなく、フルに能力を発揮してくれるはずです。

角質ケアの死角

「オンナは28日で生まれ変わる」

厳密にいえばオンナだけではないのですが、人間の表皮細胞は一般的に約28日で役目を終え、垢となって剥がれ落ちるといわれています。つまり、人間はおよそ月に1回脱皮しているのです。これを「ターンオーバー」といいます。

その剥がれ落ちる、人間の肌のいちばん外側にある部分を「角質」といいますが、これは年齢とともに「脱皮力」も落ちるので、どうしても肌の表面に古い角質が溜まりやすくなります。

角質ケアは、簡単にいってしまうと「茶渋のついた湯呑み」の原理。

普段は洗剤で適度に洗っていればいいのですが、少し茶色っぽくなってきたらクレンザーで洗います。さらに茶渋が完全についてしまったら、漂白剤に浸けて汚れを完全に除去します。

これを肌に置き換えると、日々のケアはクレンジングだけ。でも、少し汚れが溜まってきたなぁと思ったらスクラブで角質のケアをしてあげる。そして、2週間に1度はホワイトニングパック、という具合になります。

では、なぜ角質ケアをするのか。

まず表面に角質が溜まると肌がくすみます。ひじやかかとが黒くなりやすいのもそのせいです。つまり、肌の透明感を出すのがひとつ。

それから、脱皮ができないと、それが膜になって肌表面をおおってしまうので、化粧水や美容液などの成分が肌に浸透しにくくなる。

さらに、角質を溜め込むと皮膚が硬くなり、深いシワの原因になります。

だから、普段のケアで脱皮をサポートしてあげるのです。

そして、忘れてはならないのが、「冬こそ角質ケア」の習慣。

みなさん、夏のほうがスクラブやホワイトニングパックを熱心にやりますが、本当は、冬こそ意識してほしいのです。

冬の肌はどうしても寒さや乾燥から身を守るために「厚着」をするので、角質が厚くなりやすい。さらに、冬は肌が乾燥しがちなので、保湿成分を肌に入れていかなければなりません。

どんなに年齢を重ねても変わらない

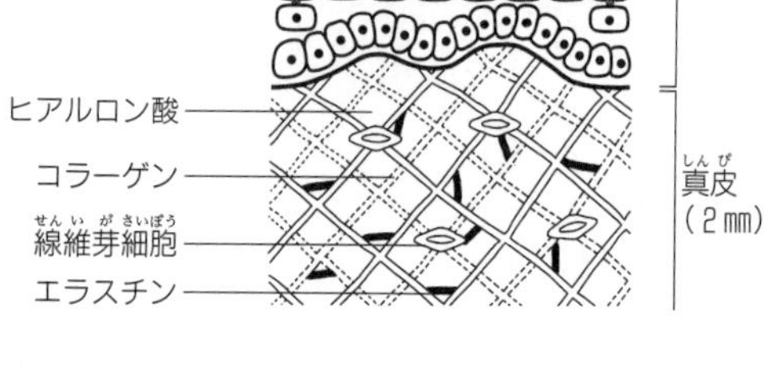

〔肌のつくり〕

のが脱皮のサイクル。やりすぎは肌を傷めますが、やらなければ肌は硬くなっていきます。

角質ケアは、やった者勝ち、早い者勝ち、なのです。

化粧品成分に惑わされないために

「不思議と好き」

「不思議と気持ちいい」

何かつかみどころのないようなイメージを受けますが、こういう感情って大事なのだそうです。好きだとか気持ちがいいという感情に理屈はないから、これが動物的直感でいちばん正しかったりするそうです。

現にアロマセラピーでは、「この香り、好き！」と思ったものがいちばん心身にいい作用を及ぼすといいます。

ところが化粧品に関しては、今はあらゆる情報が氾濫していますから、それこそ、ふつうの女の子がふらっとカウンターに来て、「この成分は何ですか？」なんて聞いてきたりする。

カウンターには常に成分リストが用意してありますからお答えすることはできますが、私は「それを聞いてどうするの？」って思ってしまいます。

だって、同じ成分でも組み合わせによって性質が変わってきますし、それをいい出したら、野菜を食べるのだって、「農薬は何を使っていますか？」「肥料は？」みたいな話になってしまうでしょう。

アレルギーを持っている人は別として、だいたいそういう質問をする人は、何か疑ってかかるような、美容部員を試しているような、美とは程遠い険しい顔つきをしているものなのです。

しかも、いざ買ったら「本当にこれでシワが消えるの？」という即効性ばかりに気をとられ、1回使っただけで、もう試した気になってしまう。

もっとも、シミにはビタミンCがいいとか、シワにはビタミンAが有効だとかいう目安はありますが、成分だけが欲しいなら食べ物から摂ってもいいわけだし、今はサプリメントもたくさんありますから、化粧品だけに頼る必要もないのです。

それよりも私は、化粧品は「不思議と効く！」、この感覚で選ぶのが正解だと思うのです。

そのとっかかりが香りでもいいし、感触でもいい。なにかしらピン！ ときたら実際に使ってみて、経験値でセレクトしていくのがいちばんです。

成分だけで選んでしまうと、結局、香りや触れたときの感じが好きになれなかった場合、途中でいやになってしまうのです。スキンケアにおいては、何といっても「続ける」ことが大事。それにはやはり、「気持ちよさ」がキーワードになってくるのです。

これだけ雑誌で化粧品が頻繁に取り上げられる昨今、つい成分チェックをしたくなる気持ちもわかりますが、私は直感に勝るものはないと思っています。まるで恋に落ちたように夢中になれるものが見つかれば、それが、あなたをもっともきれいにしてくれる化粧品なのです。

垂れるものから使いなさい

食事をしていてスカートにお醤油を垂らしてしまったとき、それは瞬時に生地に染み込んでいきます。ところが、生クリームがポトンと落ちても、すぐに拭き取れば中まで浸透しません。

人間の皮膚もこれと同じです。

体の表面を「表皮」が覆い、その下に「真皮」、さらに潜ると「皮下組織」

があります（35ページのイラスト参照）。水分の多いものは表皮の目をくぐりぬけて、すぐに肌に吸収されます。しかし、固形に近づくほど表面にとどまっています。

だから、化粧品の成分を充分に浸透させるためには、水分を含んだ「垂れるものから」使うのが基本です。

コスメカウンターでたくさんの化粧品を買ったとき、「どの順番につければいいか、すぐにわからなくなる」という声を聞きます。

そんなときは、「垂れるものから」を思い出してください。

化粧品は液状の軟らかいものからローション（水）、オイル、ジェル、ミルク、フルイド、フォーム、ムース、エマルジョン、クリームの大きく9種類のタイプに分けられます。たとえば、数種類の製品を使う場合、ローションタイプ（水）に近いものからつけていくといいのです。

ところでこの法則、何かに似ていませんか？

そう、お料理で調味料を入れる順番の「さしすせそ」です。

これにもきちんと根拠があり、「さとう」は他の調味料の浸透をよくするし、「しお」は材料の水分を外に出す作用がある。さらに「みそ」を最後に入れるのは、香りを飛ばさないため。

これと同じように、スキンケアにも理想的な順番というのがあるのです。

その「スキンケアのさしすせそ」にのっとると、まず化粧水で表皮を鎮静

液状　　　　練り状

ローション（水）
オイル
ジェル
ミルク
フルイド
フォーム
ムース
エマルジョン
クリーム

〔化粧品の硬さによる分類〕

させて肌をふやかし、通り道をつくります。そして、美容液を入れて真皮にまで浸透させ、最後に乳液またはクリームのフタで、成分を閉じ込めるというのが正しいプロセスです。

しかし、間違えてクリームをいちばん最初につけた場合、そのあとから化粧水や美容液をつけてもなかなか肌の中に浸透していきません。だから、順番の間違いは命取りなのです。

まずは水分を与えて、美容液が真皮に入っていきやすい道筋をつけてあげなければならないのです。

逆に、肌がきちんと整っていれば化粧水を省いて最初に美容液をつけてしまっても大丈夫です。

なお、お料理の「さしすせそ」は、これをおざなりにするのと守ったのとでは、仕上がりがまったく違うそうです。

どんなに高い化粧品も、順番を無視してつけていては意味がない。「スキンケアのさしすせそ」を意識して、化粧品の成分を最大限に享受してください。

化粧品の愛で方

シアトル・マリナーズのイチロー選手が、地元の子供たちの前で、野球が上手くなるための秘訣として、「道具を大切にしなさい」といったことは、日本のテレビでも放映され大いに話題になりました。

私はそれを見て、なるほどと感心したものです。

たとえば、野球選手が球場に入る前に頭を下げたり、グローブを必ず自分で磨くというのは、一流の選手になればなるほどきちんとしているようです。

私も昔から親や祖父母に、「物を粗末にするな」といわれて育ちましたが、物に対する愛情というのは自分へ必ず跳ね返ってくると思います。もちろん化粧品も例外ではありません。

よくお客さまから、「化粧品に消費期限ってあるんですか？」と聞かれます。化粧品は開封する前なら、メーカーや製品によって異なりますが、たいていのものは買ってから「2年以内」が消費期限の目安。でも、開封したら1年以内に使いきってほしいのです。

感覚としては、封を切った瞬間から「生もの」と考えてください。ジャムのビンに指を入れると、そこからカビが生えてきます。それと同じ。化粧品は、じかに手を触れない、そして空気に触れさせないのが長持ちさせる秘訣です。

また、直射日光を避けるために冷暗所で保管することも覚えてください。リキッドファンデーションやクリームは、指でとるのではなく、必ずスパチュラ（フランスの化粧品にはほとんど付いているヘラ）を使うというのも、結構、おざなりにされがち。

あと、化粧水をよく振ってから使う人がいますが、2層式の化粧品は別として、あれは空気により多く触れさせるのでダメ。

さらに、クリームの容器はいつまでも開けっ放しにせず、使ったらすぐにフタを閉める習慣をつけましょう。中ブタもできれば捨てずに、常に閉めておいたほうが、化粧品のためにはいいのです。

そして、とても多くの人が当たり前のようにやっていて気になるのが、マスカラを使う前に、シャカシャカとケースの中にブラシを出し入れしてしごく動作。

あれこそ空気を入れて酸化を促しているようなものですから、まったくナンセンス。

マスカラの液はケースの「底」ではなく、「周り」に溜まっています。だから周りからこそげ取るようにブラシを回せばいいのです。

おそらくイチロー選手も、グローブを邪険に扱うことが自分の気持ちを乱すことをよく知っているのだと思います。

メイクだって、道具を粗末に扱えばおのずと化粧に反映されてきます。

これは余談(よだん)ですが、コスメカウンターのテスターでも、マスカラの口の部分がベタベタになっていたり、アイシャドウのパレットが粉だらけのところは、ちょっと疑ってかかったほうがいいでしょう。

美容部員との付き合い方

一流のプロゴルファーには、必ず優秀なキャディーがついています。タイガー・ウッズがあそこまで上り詰めたのも、信頼できるキャディーがいたからと聞いたことがあります。

メイクというのも、一見パーソナルなことのように思えますが、実は自分には見えないことがたくさんあるのです。それを的確に指摘し、あなたの背景まで知ったうえで常にベストな方向に導いてくれる。そんな「名キャディー」を見つけたら、半分は勝ったも同然。

だから、あなたの美をサポートするコスメカウンターの美容部員は、決して侮れない存在なのです。

では、いい美容部員とはどんな人なのでしょうか？

信頼できる美容部員は、まずお客さまのニーズありきなのです。

「シミでお悩みですか？」

「若いころにスキーをなさいましたか？」

そんな「背景」からカウンセリングをしてくれれば、その人はまず安心でしょう。

反対に、「真っ先に商品が出てくる美容部員」は警戒が必要。

「あら、おシミ。ではこれとこれを……」という具合に、人の欠点を指摘して不安にさせることによって、商品をすすめるのは美容部員の常套手段。でも、これは信用できない。

いい美容部員なら、たとえ他ブランドの化粧品を使っていても、「まずこれを使ってみてください」と、シンプルながらも自信のある1本をすすめてくるはずだし、もちろんサンプルの提供もいやがりません。

「きれいになりたい」というあなたの熱意が伝われば、「何とかしてあげたい」と思うのが人情です。

私もおおっぴらにはできませんでしたが、「この人、きれいにしてあげたい」と思えば、そっと、「使ってみてください」といって、少し多めにサンプルを渡していました。

そして、忘れてはならないのが、プレイヤーであるお客さま自身にも、最低限のマナーが必要だということ。

たとえば、店頭のテスターを黙って使ったり、口紅をそのまま唇につけたりという行為はマナー違反です。

「美容部員は見ていた！」ではないけれど、思っている以上にカウンターの内側にいる者はお客さまの行動を見ているし、いわゆるサンプルマニアもひと目でわかります。

たとえ、デートの前の化粧直しに利用するのだとしても、「ごめんなさい。ちょっと化粧品を忘れちゃって。次に来ますから」とひと声かければ、カウンターの内側にいるほうも、「どうぞ！」となるわけです。

何だかんだいっても、やはり人間対人間のおつきあい。

相手と上手にコミュニケーションをとれるようになったら、「これ、お客さまにとても似合いそうですよ」と新色を紹介してくれたり、逆に、「今日はファンデーションの色がおかしいですね」と忠告してくれる。

そこまでいえる間柄(あいだがら)になったらしめたものです。

美容部員はキャディーでありドクターでもある。何もそこで気取る必要はないのですから、腹を割って何でも相談すべきです。

そして、ちょっとしたポイントとして覚えておいてほしいのが、コスメカウンターに行く時間帯。

ゴールデンタイムは午後1時から4時まで。比較的お客さまが少ないから、ゆっくりと話ができます。

ただし、あまりにもガランとしているカウンターは要注意。

その日の売り上げを考えると、どうしても客単価を上げようとするので、余計なものまで買わされる可能性は大です。

さらには、こんな話もよく聞きます。

「この間コスメカウンターに行ったら、口紅のはみ出した人が出てきて幻滅(げんめつ)しちゃった」

美容部員は、そのメーカーのパンフレットだと心得て、そういう人には相談しないほうがいいでしょう。

また、シミやシワの悩みは若いスタッフには実感としてわかりづらいものです。そんなときは「逆指名」、大いにアリです。

「ちょっと深刻な悩みがあるので、ベテランの人に代わっていただけますか？」

このひと言がいえれば、あなたは立派なプレイヤー。

必要以上に遠慮をすることはないけれど、最低限のルールを守ることは必要です。

自分のニーズを明確に伝えれば、コスメカウンターほどあなたの「美人力」を上げてくれる場所はありません。

サンプルマニアは見られている

フランスのエルメス・ショップで、「日本人のショッピングの仕方が、なぜきらわれるか、わかりますか？」と聞かれたことがあります。

それはなぜかというと、スカーフでも何でも、日本人って買わないものまでワーッと手に持つでしょう。そのあと、「これはいらない」「あれもいらない」といって、結局1点ぐらいしか買わない。要は、「買いたいもの」が明確ではないのです。

私は一時期、35センチ・中縫い（なかぬ）のケリーバッグがどうしても欲しくて、仕事でフランスに滞在中、エルメスのブティックに何度も足を運びました。でも、いつも在庫切れ。

ある日、たまたま5時半ごろ行ったら、翌日に店頭に並ぶ商品が入ってきたのです。そうしたら、お店の人が周りをちらっと見て、

「ちょっとこちらにいらっしゃい。これ、明日の分だけど……」

そういうと、私を2階に連れて行き、半ば（なか）諦め（あきら）かけていたケリーバッグを売ってくれました。

その人、私が何度もお店に通って（かよ）いるのを、きちんと見ていたのです。やはり、店員もプライドをもって商売をしているわけですから、あれもいらない、これもいらないみたいな買い方はして欲しくないのです。

「こういう色のスカーフが欲しい」とか、「今年のモデルが欲しい」とか、きちんと自分のニーズを伝えて、そして出してきてもらうのが、お互いに気持ちのいいスマートな買い方だというわけです。

コスメカウンターでいえば、まずスマートではないのがサンプルマニア。

何か目的があり、パンフレットを見たうえで、「これのサンプルはありますか？」というのであれば、販売する側も親身（しんみ）になってカウンセリングができます。

でも、ただ、「サンプルください」ではカウンセリングのしようもない。

サンプルとは、「あれもこれも」ともらっても、何もわからないものなのです。化粧品の本当の効果を実感するためには、最低3ヵ月は使わないとダメですから。

いわゆるサンプルマニアと呼ばれる人たちは、きれいになりたいのではなくて、化粧品にお金をかけたくないだけ。要するに「デパ地下荒らし」と同じなわけです。

一日中デパートを渡り歩いてサンプルをもらって回る、それで、お化粧をすべて間に合わせているという人たち。美容部員も自然に顔を覚えてしまうものです。

そのサンプルを巡る接客で、私は過去に一度、いやな思いをしたことがあります。

「サンプルをください」と年配の女性にいわれ、私は、「どうぞ!」と快くスキンケアのサンプルをお渡ししました。

そうしたら、「袋ちょうだい!」とおっしゃるんです。

実は、私がいた帝国ホテルのサロンは、本社から割り当てられた限定数の袋しかなく、デパートのようにたくさんのストックがないのです。

しかもブランド名入りの袋は1枚58円もする。

そこで、「すみません、袋がないのです。ちょっと割り当てで……」といったところ、「あなた、お名前なんていうの？　感じ悪いわね！」と、ふてくされて帰っていかれました。

でも、タダのものをもらっておいて、58円の袋を要求するのもおかしな話だと思いませんか。

もちろんサンプルを差し上げるのは惜しみませんけど、何かはきちがえている人が多いのも確かです。

本当にきれいになりたくて、サンプルで試すのならばいいけれど、「タダで化粧品が使える」という一心でガツガツしていては、効果が得られるはずの化粧品も得られないと思います。

その一方で、コスメ雑誌が増えたせいか、いわゆるコスメフリークと呼ばれる人たちが、ここ10年ぐらいの間に急増しました。そういう人たちは、決まって知ったかぶりをして、美容部員を試そうとするんですね。心から「きれいになろう」と思っていないのです。

そして、いろいろな化粧品を使うものの、どこかで「ひいきのブランド」というのがあって、公正な目で見ていないのも特徴。

だから、クリスチャン・ディオールのカウンターに来ているのに、「この人、ディオールがきらいなんだな」とすぐにわかることがありました。

こういう人たちは、概して「きれいにしてあげよう」という気持ちを相手に抱かせないので、結局自分たちも損をしているのです。

趣味で化粧品を研究したいというのであれば、いろいろ試して研究すればいいと思います。でも、本当にきれいになりたいなら、素直な気持ちを持ったほうが絶対にトクです。

たとえば、美しいバラの花を見たときに、「わぁー、きれい！」と純粋に思うからリラックスして幸せな表情になるのであって、「この香気成分は……」なんてやっていたら、リラクセーション効果も半減します。

「邪念（じゃねん）」のあるところに「美の女神」は寄り付きません。

まったくお金をかけず、タダのものを使って、ラクしてきれいになろうとするのも虫がよすぎます。

今は化粧品を手に入れる手段は無限にありますが、それだけに、使う側には「買い方のセンス」が求められると思います。

どうぞ、後ろめたい美容で10年後、20年後に後悔をしないように。

Beauty Column

3つの「け」を撃退(げきたい)するピンポイント・ケア

年齢を重ねた女性の口から、必ずといっていいほど出てくる言葉が「シミだらけ」「シワだらけ」「まっくろけ」。これを私は「3つの『け』」と呼んでいます。その場合、あれもこれも改善しようと欲張っていては、どれひとつとしてクリアすることができません。まずは、いちばん気になる部分をひとつ改善することから始めましょう。

私がコスメカウンターで接客をしていたときには、たとえばシミが気になる方がいらしたら、シミ用の化粧品をすべてカウンターに並べました。そして、お客さまの好みや生活スタイルに合ったものをセレクトしていくのです。自分がもっとも取り入れやすいケアで、シミだらけというひとつの「け」を解決したら、人は欲が出て次のステップに行きたくなるもの。そうなれば、「じゃあ、次はシワ」という具合に2つめの「け」のケアにすんなり移行できるので、結果的にすべてがよくなるのです。

顔全体を同時にきれいにしようと思うから、散漫(さんまん)なケアになってしまう。多くの女性を悩ませる3つの「け」をなくすには、「ピンポイント・ケア」をするのがいちばんの近道なのです。

第2章　間違いだらけのあなたの美容法

顔を洗うのをおやめなさい！

「洗う門に福は来ない」

これは私が数十年間にわたって唱えてきた持論です。

もっとも、化粧品メーカーに身を置く者として、大きな声でいえなかったのは事実ですが、身近な人には確実に流布させてきた言葉です。

昔に比べ、衛生状態も化粧品の質も格段によくなっているはずの日本で、女性の肌がどんどん汚くなっている。これは、もはや「洗いすぎ」としか考えられません。

「日本列島は洗顔シンドロームに冒されている！」

そんな危機感を抱き始めたのは、1970年代の初めです。ちょうどクレンジングというものが日本にも浸透し始めたころ。

それまでメイク落としといえば、資生堂のコールドクリームを強引にメイクとなじませて落とすか、「ホネケーキ」という固形石鹸で顔を洗うだけでした。私はベタベタするのがどうしてもいやだったので、もっぱら「ホネケーキ」派でした。洗うたびに肌がつっぱるのも当たり前のように感じていました。

ところが、1967年にフランスの化粧品メーカー、ゲランに就職すると、私はひどいカルチャーショックを味わうことになったのです。

何と、フランスの化粧品には「石鹸で顔を洗う」という認識はなく、その代わり、ゲランにはクレンジング剤が9種類もありました。

しかも「ネトワヤント」は、ドライクリーニングに出したように汚れがキッチリと落ちるもの、「デマキヤント」は軽く洗い流す程度という具合に、汚れの分解度ごとに整然とラインアップされている。

そのとき、「クレンジングこそがスキンケアの命だ」ということを叩き込まれた私は、石鹸洗顔を即刻（そっこく）やめ、「クレンジングできちんとメイクを落とし、そのあとは水で素洗いするだけ」という方法に切り替えました。そして、「ツッパリ感ゼロ」の肌を手に入れてからは、35年以上、この方法を続けています。

しかし日本のスキンケア事情は、クレンジングが確立してもなお、石鹸で顔を洗うというおかしな常識が生まれつつありました。

もっとも、メーカーサイドにしてみれば、ひとつの目的で2つの化粧品を使うのだから、阻止（そし）するはずがありません。そして、日本美容界の汚点ともいえる「ダブル洗顔」がすっかり市民権を獲得してしまったのです。

「毎日お風呂で2度も3度も洗顔してるのに、Tゾーンがギトギトなんです」
「いつも肌を清潔にしてるのに、ニキビができるんです」
私のもとには、こういう相談が引っ切りなしにきます。

そのたびに私が出す答えはただひとつ。

「顔を洗うのをおやめなさい！」

本来、肌は自浄作用というものをもっています。「おや、乾燥してきたな」と思えば、ナチュラルクリームを分泌して潤いを与えるし、「雑菌が入ってきたぞ」と察知したら、それと戦うための手段も備えています。

その証拠に、病気で何日もお風呂に入れなかったあとに顔を洗うと、驚くほどスベスベしたり、素肌美人といわれる人に限って、「特別なケアはしていません」といいます。

つまり「ダブル洗顔」は、必要以上に顔を洗うことにより、肌本来がもつ機能を削ぎ落としてしまう、とても危険な行為なのです。だから、余計な脂が出てきたり、抗菌作用がなくなってニキビが吹き出したり……。

当の本人は理由がわからず、さらに洗うものだから、治るものも治らない。悪の連鎖反応です。

石鹸洗顔をやめ、クレンジングとすすぎだけにすると、アトピーの人も大人のニキビやギトギトのTゾーンで悩んでいる人も、ほぼ100パーセント、症状が改善され、満足感を得られるでしょう。

「クレンジングはメイク汚れを落とし、石鹸は水性の汚れを落とすもの」などとよくいわれますが、はっきりいって今の化粧品のレベルなら、クレンジングだけで肌の汚(よご)れは十分に落ちます。

そして、私が今もっともきらっているのが「オイルクレンジング」。オイルクレンジングを使ったあと、みなさん、どうしていますか？　使っている方はよくわかっていらっしゃると思います。

あれをやるから、肌はヌルヌル、ギトギト。何度も洗顔したくなるわけです。「ダブル洗顔」も「オイルクレンジング」も、すべて悪(あ)しき流行が生んだ間違ったスキンケアです。

日本の女性たちよ、そろそろ目を覚まし、洗顔シンドロームから解放されなさい。

危険な顔剃りとまゆ毛抜き

「日本人は、なぜあんな危険なことをするの？　私たちは顔にカミソリなんて決してあてません」

化粧品メーカーにいたころ、フランスから来日したスタッフにこういわれたことがあります。

確かに日本人にとって、顔の産毛を剃るのはスキンケアのひとつのようになっていますし、花嫁のお化粧のノリをよくするために、産毛を剃るのは「ブライダルエステ」の常識となっています。

でも、「肌に透明感が出る」とか「メイクのノリがいい」という面だけがクローズアップされて、肌への悪影響についてはあまり知られていないように感じます。

最近では床屋さんでの顔剃りや、エステの顔剃りパックなどもポピュラーになり、なかには、「角質が取れて肌がツルツルになる」などという人もいますが、これは白い湯呑みについた茶渋をナイフで削り取るようなもの。取れているのは角質だけではありません。

もっとも日本人は毛の色が濃いので、どうしても目立つということはあるのですが、その場合はせめて、目元と口元は3〜4ヵ月に1回、頬は4〜5ヵ月に1回程度、T字シェーバーで上から下へ軽く剃る程度にとどめたほうがいいと思います。

「産毛」というのはその名のとおり、産まれたときから生えているもの。クッションのような働きをしたり、保湿をするなど、肌を護ってくれている大切なものです。

果物の桃にもうっすらと産毛が生えていますが、あれも外敵から身を護ったり、雨水をはじいたりするためのガードだといいます。

顔を洗いすぎると肌が悲鳴をあげて脂を搾り出すのと同じように、ガードをなくしてしまった肌は自己防衛本能として、肌を硬くします。

そして、顔剃りと同様に私が危惧しているのが、「まゆ毛抜き」。

細まゆブームも一段落しましたが、「その当時まゆ毛を抜き続けていて、いまだに生えてこない」というのは、よく聞く話です。

また、年齢とともにまゆ毛も薄くなってきますから、習慣的にまゆ毛を抜いている人は40〜50代になると、アイブロウなしでは外に出られないほどの薄毛になることもあります。

まゆ毛は確かに抜いていると、生えてこなくなります。

また、抜くときに皮膚を引っ張るのでその部分がたるみやすくなり、さらに、抜いたあとの毛穴にばい菌が入って炎症を起こすこともあります。だから、ハサミでカットするのが正解。

「まゆ毛は顔の額縁」と私はよくいうのですが、その肝心の部分がのっぺらぼうになってしまっては、表情も締まりません。あってもなくても困るのが顔の毛。デリケートな部分だけに、その処理には細心の注意を払うべきなのです。

くれぐれも、産毛は「ムダ毛」ではないことをお忘れなく。

こすらない！　叩かない！

大ヒットした映画「プリティ・ウーマン」で、ジュリア・ロバーツが泡だらけのバスタブに浸かっているという有名なシーンがあります。

これは外国映画ではよく見かける光景ですが、日本人にはあまり馴染みがないもの。でも実は、とても理にかなった入浴法なのだそうです。

あるお風呂博士の話によると、泡の中に体をうずめることによって、いわゆる「毛細管現象」が起き、泡が勝手に汚れを吸い上げてくれるとか。

だから、そのあとに体をゴシゴシこすらなくてもいいのです。

普段は洗顔料を使わない私も、汗をかいた日などは洗顔料をよく泡立てた「泡立て洗顔」をします。これによって泡のクッションができるから、手と皮膚との摩擦が防げるのです。

ところが、泡が立たないと、結局手でこすることになりますから、肌にうんと負担をかけてしまいます。

また私は肌への刺激を防ぐために、「コットンは濡らして使う」「綿棒は舐めてから使う」といい続けてきました。そして、ファンデーションを塗るときも、「毛穴に押し込むようにつける」。

では、どうしてそこまで肌への刺激を避けなければならないのか。

表皮というのは、実は私たちが想像している以上に薄いものなのです。人間の皮膚の厚さは平均すると約2ミリメートルだといいますが、いちばん外側の表皮部分は、わずか0・2ミリメートル。しかも表皮はとても軟らかいので、ちょっとした刺激でも影響を受けてしまいます。

つまり、こすったり叩いたりを繰り返していると薄い皮がよれて、シワの原因になるのです。シワというのは「クセ」ですから。

革靴を長く履いていると、よく曲げる部分にシワが寄ってくるように、頻繁に「よれて」いたら、そこにシワができるのは明白です。

たとえばウールのマフラーとシルクのスカーフを同じようにシワをよせた場合、ウールは分厚いので深いシワがより、シルクは細く小さなシワになる。これを皮膚の表面に置き換えると、角質で硬くなった場所や口の周りなどには深いシワがよりやすく、薄い目の周りには細かいシワがよるわけです。

私はセミナーでよく九州にも行っていましたが、鹿児島県というのは火山がありますから、そこで生活している人は知らないうちに降灰を浴びているのです。降灰というのは先が尖っているので、少しこすっただけでも肌が傷ついてしまう。だから私、その地方の方にはよくいっていました。「クレンジングをする前に、ちょっとぬるま湯で顔を流してくださいね」

だって考えてみてください。降灰が顔についたまま拭き取り洗顔なんてしたら、尖った先端が肌に突き刺さり、表皮がボロボロになってしまうのです。

とにかく、肌に刺激を与えることを極力生活の中からなくしていく。

よくお相撲さんが気合を入れるために頬をパンパン叩きますが、もし目を覚ましたいのなら叩かず、冷水で顔を洗ってください。

「たかが1回こすったぐらいで」と思うかもしれませんが、私がここまでうるさくいうのは、こうした毎日の些細に思える習慣が、将来の肌に歴然とした差を生み出すからなのです。

待てない人はきれいになれない

朝起きて肌がヌルヌルしている状態を見て、

「肌がまだ潤っている！」

と喜ぶ人がいます。

実はこれ、前の晩に化粧品をきちんと肌に浸透させなかった人の大いなる勘違い。肌にその成分が浸透していれば、肌はヌルヌルではなく、しっとりとしているはずなのです。

ましてや1分でも長く寝ていたい朝のメイクは時間との闘い。

鏡の前で化粧水、美容液、クリームを立て続けにつけてしまう気持ちもわかりますが、これがすべての化粧品の機能を無効にさせているのです。

化粧水がまだ浸透していないうちに美容液を重ね、さらに浸透しないうちにクリームで強引にフタをする。これは、絵の具が乾かないうちに次の色を重ね塗りするのと同じで、結局いろいろな色が混ざって、どの色も出ないという事態に陥り(おちい)ます。

しかも、朝それをやってしまうと、さらにその上からファンデーションを塗るわけですから、化粧崩(くず)れをするのは目に見えています。

なんだかこの現象、「リンスインシャンプー」とよく似ています。

リンスとシャンプーはまったく別の働きをもちますから、本来は一本化なんてあり得ないのに、登場すると「わぁ、楽チン！」と手放しで喜んでしまった消費者。

確かに美容液と化粧水が一緒になったものは現に存在しますし、極論(きょくろん)すれば「化粧水と美容液入りのクリーム」ができれば、つける化粧品はたったひとつですみます。

でも、それは現段階ではあり得ないのです。それぞれの化粧品の役割も異なるし、肌に浸透するスピードも違うわけですから、時間差で使わないと意味がない。

たとえば、化粧水をつけたら3分間浸透する時間をおきます。そして美容液をつけたらまた3分間、真皮(しんぴ)にしっかりと成分が浸透するのを待つ。そして最後に乳液、またはクリームのフタをして3分間。これで、しっかりと肌に栄養を送り込んで、フタをするのが理想的かつ化粧品の効果を最大限に引き出すつけ方だと思います。

でも、「忙しい朝に3分も待てない！」という方はこんな私の習慣を真似てみてください。

私は朝起きたらまず、手のひらで顔に触れ、肌の状態をチェックします。そして顔を素洗いし、化粧水をつけて浸透させる間にコーヒーをいれます。次に美容液をつけて、それが浸透する間に着替え。そして、クリームをつけたら化粧台の前に行き、メイクを開始します。

このように、鏡の前に座ってからではなく、朝の生活の間にスキンケアを組み込んでいくと、時間がなくても、難なく、お手入れはできます。

50代の主婦の方で、家事を片付けてから午前中だけパートに出るという方がいました。そして、朝はとにかく忙しいから、「メイクをしている時間がとれない」とおっしゃる。

「細かいことをやらなくて、きれいになれる方法はありますか？」と聞かれたので、私は、「下地までをしっかりやれば、あとは頬紅と口紅だけでいい」とアドバイスしました。

また、市場で働いている女性は、「朝7時に帰宅するのですが、朝に夜のお手入れをしてもいいんですか？」と聞いてこられました。もちろん、夜用化粧品は夜しか使ってはいけないわけではありません。

化粧品というのはその人の生活習慣に合わせて使えばいいのであって、決して型にはめるものではありません。

ただし、スキンケアの際にいつも念頭においてほしいのが、この「間(ま)」なのです。

どんなに忙しい日々を送っている人でも、化粧水や美容液が浸透する時間ぐらい待てるはずです。このタイミングに背を向ける人は、永遠にきれいにはなれません。

「化粧水」信仰をおやめなさい！

お相撲さんが柄杓(ひしゃく)の水で口を清めたり、修験者が滝に打たれて心身を清めるなど、日本人にとって古くから水とは「聖(せい)なるもの」の象徴。また、蛇口(じゃぐち)から出てくる水をそのまま飲めるという恵まれた水道事情も手伝って、とにかく水とは縁の深いのがこの国です。

それゆえに、化粧水が大好きな国民だというのもうなずけます。

「日本ほど化粧水が売れる国はない」

これは、もはや化粧品メーカーの定説。

でも、私はその3分の1は肌に還元されていないと思っているのです。

テレビをつければ、女性が化粧水をたっぷりと顔につけている。雑誌を開けば、気持ちよさそうに化粧水スプレーを頬に吹きかける姿。そんな広告が日本には溢れ返っています。

この化粧水の「サブリミナル効果」こそが、化粧水をむやみに消費させる要因になっているように感じてなりません。

その証拠に、飛行機に乗ると必ずといっていいほど目にするのが、バッグからおもむろに化粧水スプレーを取り出して、1時間おきに顔に吹きかけている女性。本人は懸命に肌をいたわっているつもりなのでしょうが、肌にとってはいい迷惑。

実はこれ、ちっとも肌は潤っていないのです。

それどころか、化粧水が「呼び水」となって皮膚の中の水分までをも蒸発させてしまう。つまり、厳密(げんみつ)には化粧水を無駄(むだ)にしているどころか、肌に悪影響を与えているのです。

では、どうやって化粧水と付き合っていけばいいのか。

そもそも化粧水の本質がわかっていないから、知らないうちに「呼び水」をしてしまうのです。

化粧水とは、まずは「整肌(せいはだ)」といって肌を鎮静(ちんせい)する湿布(しっぷ)のようなもの。次につける美容液やパックの成分を肌に浸透しやすくする「通り道」をつくる役目をもつのです。

そう考えると、瞬間的に表面に吹きつけるだけでは、その効果が得られないのは明白ですね。

化粧水の唯一、効果的な使い方は、「ローションパック」をすることです。

これだけで肌状態は確実に改善します。

水で湿らせたカット綿に化粧水500円玉大を含ませ、それを薄く5枚に裂き、顔の上にのせてゆっくり3分間おく。そこで初めて肌が鎮静し、ふっくらと水分を含んだ状態で美容液を迎え入れることができるのです。

「それでもやっぱり機内の乾燥が気になる」という人は、ぜひ即効性のある美容液をつけてみてください。化粧水スプレーほどの爽快感はありませんが、肌はそのほうがよっぽど潤い、喜ぶはずです。

朝は予防、夜はセラピー

「今日は暑くなりそうだから、麻のシャツで出かけよう」

「デパートに行くから冷房対策をしていこう」

その日に着る洋服のことはあれこれと考えるのに、環境に合わせてメイクを変えている人は、非常に少ない。

私は、皮膚というのは体表(たいひょう)を覆(おお)う「洋服」だと考えています。

寒い日には毛穴を閉じて体内の熱を逃がさないようにするし、暑いときには毛穴を開いて汗を出し体温を下げている。それをサポートするのがメイクの役割です。

だから、その日の天候や生活によって「メイクも着替える」べきなのです。

たとえば、朝起きて太陽がさんさんと照りつけていたら、「UVケアクリームを二度塗りしていこう」だとか、冷房の利いた事務所にいるなら、「乾燥して顔色が悪くなるから、ピンク系のファンデーションを多めに混ぜよう」だとか、そういう「予防」のひと工夫が欲しいのです。

私がもっともきらいなのが、「漫然(まんぜん)とメイクをする」こと。

ただ、化粧水つけて、美容液つけて、テレビ見ながら口紅つけて……と、無意識にやっていては、絶対きれいにはなれません。

朝のメイクはこれから始まる一日の戦闘服。

しっかりと外敵から身を守り、なおかつ、きれいに見せる最大限の努力をすべきで、それには今日一日を思い描く「想像力」が求められます。だから、メイク中にボーッとなんてしていられないはずです。

一方、夜はセラピーです。

洋服を脱ぐのと同じように、肌の洋服もクレンジングで落としてあげます。そして、お風呂に入りながらでもいいので、「今日も一日、お疲れさま」という気持ちで、ローションパックをしたり、マッサージをして、今日の疲れを癒(いや)してあげるのです。

また、太陽の下にいた日はホワイトニングパックをするとか、乾燥した室内にいたなら保湿(ほしつ)美容液をつけるとか、今度は一日を振り返ったうえで適切なケアをします。

そして、きちんとお手入れをしたあとは、充分な睡眠で一日を締めくくり、翌日に備えます。

「美人は夜つくられる」といいます。休養も大事な美容です。

つまり、厳密にいえばまったく同じケアでいい日など、本来はほとんどないはずで、お肌の洋服も着替えるべきなのです。暑い日も寒い日も、ただ漫然と同じ洋服を着ないでください。

お肌の洋服も、TPOによって着替える工夫をしましょう。

トラブルでわかる真の肌質：「春夏肌」と「秋冬肌」

私が長年、女性の肌に触れてきていつも感じていたのが、「季節によってトラブルの出方が違う」ということ。

肌タイプというのは案外自分ではわかりにくいのですが、私はこの経験をもとに「春夏肌」「秋冬肌」という分類をしました。

特徴からいうと、まず「春夏肌」というのは春夏になるとトラブルが出やすい肌のこと。

症状としては、頰に赤みが出る、毛穴が開く、プチプチとした脂肪（しぼう）の固まりができたり脂が浮き出てくるなど、「オイル系」のトラブルが中心。しかし、Tゾーンは脂っぽいのに頰はカサついているのが特徴です。

一方、「秋冬肌」は秋冬にトラブルが出やすい肌のこと。

やはり赤みが出てくるのですが、「春夏肌」が頰に出るのに対して、コメカミのあたりに出てきます。そしてザラつき。「春夏肌」は脂が多くて水分が足りないけど、「秋冬肌」はどちらも足りない。だから目の下にザーッと斜めのシワがよりやすい。中心となるのは「乾燥系」のトラブルです。

しかし、両者ともに陥りがちな間違いは、トラブルが表面化してからケアを開始するということ。これでは遅すぎます。

つまり、あらかじめ自分の弱点を知ったうえで、ワンシーズン前にスタンバイをしなければなりません。たとえば、「秋冬肌」の人は、寒いシーズンにトラブルが出やすいのだから、夏のうちに「寒冷地仕様(かんれいちしよう)」の肌をつくっておくという具合に。

具体的な予防策としては、まず「春夏肌」の人は秋冬のうちにTゾーン以外の部分に潤いを与えておくこと。

このタイプの人はTゾーンがテカるものだから、どうしてもアルコールの入っている化粧品を使ったり、顔を何度も洗うなど「サッパリ感」を求めがちなのです。でも、それをやってしまうと、脂の分泌が少ないTゾーン以外の部分がカサカサに。

だから、秋冬のうちにローションパックなどをマメにして、Tゾーン以外をきちんと潤わせておくのです。そうすれば全体のバランスがとれて、Tゾーンだけがギトギトということはなくなります。

私の知人で典型的な「春夏肌」タイプの人がいました。彼女は日に何度も石鹼洗顔していたせいで、天ぷらが揚がりそうなほどギトギトのＴゾーンになっていました。ところが、洗顔を減らし、代わりに潤いを与えるようにお手入れ法を変えたことで、ずいぶんギトギト感がなくなりました。

覚えていただきたいのですが、何も顔全体を同じようにケアする必要はないのです。

たとえば、Ｔゾーンが脂っぽかったら、それ以外の部分の保湿に力を入れてケアする。すると、顔全体のバランスがとれてきます。つまり、「春夏肌」タイプの人は、「水分バランス」に気をつければトラブルは解消できます。

「秋冬肌」タイプの人は、春夏の期間はさほどカサカサしないからつい手を抜いてしまいますが、このときこそ美容液やクリーム、保湿パックでしっかりと「冬ごもり」のための蓄（たくわ）えを。

夏に素麺(そうめん)ばかり食べていたら夏バテするから、土用(どよう)の丑(うし)の日というのがあるわけですよね。そうやって肌にもスタミナをつけておく必要があります。

また水を1日2リットルは飲んで、からだの中からも水分補給をしておくことも大切です。

そして、「秋冬肌」タイプの人の盲点(もうてん)が角質ケア。

冬はどうしても肌が着込みます。硬くなった皮膚からは水分が入っていきませんから、10日に1回くらい、スクラブ剤を使って肌表面の角質を除去することも忘れずに。

割合としては30歳くらいまでは「春夏肌」が多く、それ以降は「秋冬肌」が逆転します。

今まで「冬になるとカサカサしちゃって……」なんて、寒くなってから慌(あわ)ててクリームを買っていた「秋冬肌」タイプの方。これからは、「転ばぬ先の杖(つえ)」の精神でワンシーズン前のケアを実践してみてください。

女の人生に「曲がり角」は何度もやってくる

ある下着メーカーの研究によると、女性のからだの曲がり角は38歳としています。もっとも、これは人生最大の曲がり角で、厳密には17歳前後、25歳前後というように、10代、20代にもやってきて、これを螺旋(らせん)にたとえて「スパイラルエイジング」と呼んでいます。

お肌の曲がり角といえば、昔からいわれているのが「25歳」。

でも、最近はオゾン層の破壊やら、住環境の変化で、それもずいぶん変わってきています。

厳密に研究したわけではありませんが、からだの曲がり角と同じように、18歳くらいから約10年おきに20代、30代と何度も曲がっているように感じます。

私が思うに、肌の曲がり角を増やしている原因は大きく3つ。

まずひとつが、若いうちからのメイク。

昔の高校生はメイクなんてしませんでした。私の学生時代は、高校を卒業すると、化粧品メーカーが卒業生を集めてメイクの講習会をするという具合。

でも今は、講習会なんかしなくても、高校生のころから大人顔負けのメイクをしていますね。そんな早くから肌を酷使してしまったら、曲がり角が早くやってくるのも止むを得ない気がします。

それから、紫外線。

最近はオゾン層の破壊などで、紫外線の肌への影響が大きく取り上げられています。「サンターン」（日焼け）を通り越して、「サンバーン」（やけど）状態というか……。この「強い紫外線」も肌の老化を早める要因となっているのは確かです。

そして3つ目は、やはり「ダブル洗顔」です。

何といっても、1回ですむものを2回やるわけですから、肌への負担は2

倍。老化を加速させるのは目に見えていますね。

また、昔とは住環境も変わり、水分を調整してくれる畳（たたみ）やふすまの生活から、フローリングや金属の時代になっています。

部屋が水分を含まないから、冬なんてしょっちゅう「バチッ！」と音をたてて静電気が起きます。こうした居住空間の変化も、実は、肌にとってはよくない環境なのです。

そう考えると、今の日本は肌にとっても決して住みやすい国とはいえないのです。

でも、からだの曲がり角は、ふだん正しく下着をつけることで、ずいぶん加齢変化の対策になるようですし、曲がり角でいかにふんばるかによって、40代以降のプロポーションが決まってくるとか。

年を重ねて、「もうブラなんていいや！」と思ってしまうと、バストは下垂（かすい）

する一方だそうです。

だから、からだ同様に気をつけたいのが「肌のノーブラ」状態。

つまり、結婚して子供を産んで、とやっているうちに、肌のブラジャーである「スキンケア」を忘れてしまった人と、きちんと続けた人とでは、その後の肌に大きな差が出るということです。

だから30歳そこそこの人が、「もう曲がり角は終わってるから、あとは成行(なりゆ)きで……」なんて思うのは大間違いだし、「まだ10代だから何をしても、何もつけなくても大丈夫」と勝手に決め込むのも危険。

肌の曲がり角はすべての人に平等にやってきます。

そこでいかにふんばるかで、その後の女の人生が変わってくるとしたら、あなたは「ノーブラ」でいられますか?

夏こそ保湿

生魚と干物。

同時に網の上にのせたら、干物はあっという間に焼けてしまいます。

それと同じように、肌も乾いていると、すぐに日に焼けてしまうのです。だから、肌が乾燥しがちな冬だけが保湿ケアの「旬」ではなく、「夏こそ保湿」なのです。

汗をたくさんかく夏のケアは、どうしても「サッパリ」に走りがちです。必要以上に顔を洗ったり、アルコールの入った化粧品を使ったり。

どうしても「取り除く」ことがメインになってしまいます。

でも、そうして肌から水分を取りすぎてしまうと、いわゆる「干物」肌になってしまう。

そこへ紫外線を浴びると、どういうことになるか。

潤いのないカラカラの肌は、あっという間にサンバーン（やけど）状態になり、その上からローションをつけても手遅れ。つまり、そうなる前に内側からしっかり水分補給をしておかなければならないのです。

もちろん、外出するときにUVケアクリームを塗るのは当然のことですが、それよりもさらに前の段階での予防。できれば冬が終わるころから、せっせと「保湿」を心がけ、夏に備えて「生魚」肌をつくっておいてほしいのです。

とにかく紫外線は、肌にとって「百害あって一利なし」。

私の母は庭いじりが好きな人だったので、顔が真っ黒けでした。それをいつもそばで見ていて、「私はこうはなりたくない！」と思ったものです。そういう意味では母に感謝しなければなりませんね。

だから私は、高校を卒業して以来、一度も水着を着ていません。海水浴にもスキーにも行かず、もちろん外に出るときは日傘や帽子、サングラスを欠かさない。

こうして40年間、徹底的にお日さまを避けてきたから、この肌があると思っています。

よく「秋田美人」なんていいますけれど、これは日照時間と肌とが関係しているのだと思います。

私は、「シミが気になるんですけど……」とカウンターに来られた方には、必ず、「若いころにスキーをしていましたか？」「海によく行っていましたか？」「何かスポーツはしていましたか？」とお聞きしました。そうすると、ほとんどの方が、「していました」とおっしゃる。それぐらい紫外線というのは怖いものなのです。

若気（わかげ）の至（いた）りでできてしまったシミは、これからの努力で薄くしていけばいいですが、これからは、「シミをつくらない」、これに徹してください。

紫外線は、夏が来る前からと外出する前の「二重の予防」を徹底し、紫外線を浴びた日はローションパックや美白ケアで、夜の「セラピー」をする。

スキンケアはあまり神経質になる必要はありませんが、こと紫外線対策においては例外だと思ってください。

警告！　年齢が出る手と首

クリスチャン・ディオールの銀座サロンにいたとき、ある有名な歌手の方がいらしたのです。その方、昔から脚がきれいで男性からもとても人気がありました。

今でもお顔はきれいにしていらっしゃるのに、パッと差し出したその手がひどい。シワだらけだったのです。

私、なんだかガッカリしてしまって。何か見てはいけないものを見てしまったような……。

有名人の方でもそうなのですから、手というのは、やはり美容の盲点なのでしょう。

現に化粧品を試すとき、お客さまに、「ちょっと手を出してください」というと、みなさん、「植木をいじるから」とか、「イヌの散歩をしているから」といい訳をしながら、手を引っ込めます。

手に自信がある人というのは、実は非常に少ないのではないでしょうか。

そして、手と並んで「年齢が出る」といわれるのが首。

かつて沢田亜矢子さんは離婚騒動のときに、「さすがに顔はやつれているけど、首がものすごくきれい！」と、週刊誌で絶賛されていました。

首というのはある意味、顔よりも鋭い視線で見られている場所といってもいいと思うのです。

私もよくセミナーで、「鎖骨までが顔！」と口を酸っぱくしていい続けています。

鏡にちゃんと首やデコルテが映っているのに、女性は自分の首から上の顔しか見ていません。他人は首も同じように見ているのに……。

そうはいっても、私は仕事柄、下を向いてマッサージをしますから首にどうしてもシワがよるのです。

余談(よだん)ですが、「職業肌」というのがあって、たとえば下を向いてばかりいる事務職の人は、やはり首にシワができやすいし、紙がたくさんあるところ、たとえば出版社や書店などで働いている人は、肌が乾燥しやすいのです。紙というのは結構、湿気を吸いますから。

確かに「手と首を見れば年齢がわかる」とは昔からいわれていることです。しかしその言葉を裏返せば、「手や首がきれいなら若く見られる」ということです。

だったら、今日からでも手と首のケアを始めるべきです。

私の場合、とにかく面倒なことが人きらいなので、いつも顔のお手入れをしながら首や手のケアをしてしまいます。「待てない人はきれいになれない」（72ページ参照）の項目でも触れましたが、化粧水や美容液をつけるときには、それぞれの化粧品を肌に浸透させるための時間をおく必要があります。

この「隙間」の時間を利用するのです。

まずは、化粧水を使った3分間のローションパックをしている間に首のマッサージ。

最初に、耳の付け根の裏側にある凹んだ部分、耳下腺を中指で押します。そこを軽く押して、滞っているリンパをマッサージ。そのままその手でコップを持つように首をつかみ上から下へ流します。そのとき、右手で左の耳下腺、左手で右の耳下腺を押し、必ず左右交互にマッサージします。

さてローションパックを終え、美容液をつけたあとクリームを塗るその前に、今度はハンドマッサージをします。

私の場合は手の甲にクリームをつけて、左右をこすり合わせます。手のひらにつけてしまうと、ベタついて、そのあとの作業ができなくなってしまうからです。

関節やツメの周りは、左右こすり合わせて、とくに念入りにすり込んでください。

あるお客さまが、「首のシワが気になる」とおっしゃるので、ネッククリームをすすめたことがあります。「これひとつで3ヵ月間使えますから、毎晩続けてくださいね」といって。

そして、3ヵ月後に私のところに来て、「ウソみたいにきれいになった」といって、とても喜んでおられました。

私のアドバイスを受けて首のマッサージを始めてちょうど1ヵ月半ほど経ったころ、お友達から、「あなた首、何かしたの？」といわれたのだそうです。

冬はマフフーやタートルネックで隠れているので気にならないのですが、夏になってからみなさん慌て始める。でも、それでは遅いのです。

手や首はたるみやすい半面、ケアをすれば3ヵ月後にはテキメンに効果が現れる部分でもあります。

自分にとっての「死角」が、他人の「注目点」だということを、くれぐれも忘れずに。

フランス式ケアとアメリカ式ケア

私たちは肩が凝っていると、無意識に硬い部分を指で押したり、疲れたときに手のひらをもんだりします。日本人は、やはり体のどこかに「指圧の文化」が染み付いているのでしょう。

実はこれ、アメリカ人にはあまりない行為なのです。アメリカ人はスキンシップをするときもたいてい、体をさすったり叩いたりします。

面白いもので、スキンケアにおいてもアメリカというのは、肌をパッティングして刺激を与えたり、マッサージにしても下から上に持ち上げるリフティングの動作が主流なのです。

かたやフランスのケアは、どちらかというと東洋に近い。

指圧もありますし、リンパの流れに沿って、上から下へ老廃物を流すという方法もあります。

つまりアメリカ式ケアが肌を「起こす」のに対し、フランス式ケアは「鎮める」ケアといえます。

さらに、フランスの化粧文化は、医学的な見地からつくられたものなので、非常に理にかなっていますし、また、「汚れを取って、肌を調整する」という非常にシンプルなのも特徴。

それに対してアメリカは「美人に見せるメイク」。マーケティングにも長けていますから、ユーザーのニーズをつかむのが、とても上手なのです。

たとえば、1980年代に日本で大ブームになったアメリカの化粧品ブランド、クリニーク。

注目を集めたのは、白一色で統一された病院のようなブースに、白衣を着た美容スタッフを置いて「肌診断」を行うシステムを取り入れたこと。これは印象的でした。

この「清潔感」とか「折り目正しさ」が、見事に、日本女性の心をグッとつかんだわけです。

これが、アメリカのマーケティングの威力です。

アメリカのマーケティングに関しては、私も実体験として味わいました。

主人の仕事の都合で、アメリカに2年ほど住んでいたころのことです。そのときに私は化粧品メーカーを辞めていたのですが、向こうでアメリカの美容事情などをレポートし、日本に送っていました。

ある日、カラーコーディネーターの方に会うために、サンフランシスコに行ったときのこと。そこで驚いたのは、壁一面に並んだカラーサンプルを梯子を使って取ってくるというスケールの大きさでした。

日本には萌黄色、浅黄色などという情緒的な色がありますが、「アメリカにもこんなに豊かな色彩があるのか」と感心したものです。

思えば、レーガン元大統領にスタイリストがついていたのは有名な話で、「どこそこの州の住民はこの色が好き」というデータを細かくリサーチしていたようです。それに応じて遊説先ごとに、着る洋服の色を変えていたのだとか。

日本ではカラーコーディネーターという言葉すらなかった時代ですが、「いつか日本にもこういう人が現れるだろう」と確信したものです。

こうして見ていくと、アメリカとフランスの化粧品事情というのは、顕著(けんちょ)に違うことがわかります。

１９７０年代という時代は今でも、その当時のファッションがリバイバルするなど人気が衰えず、舞台をその時代に設定したドラマもすぐ、話題となります。実際、日本ではその当時ジーンズが流行(はや)ったり、マクドナルドが上陸したりして、まさにアメリカかぶれしていましたから、アメリカの化粧品を使うのが一種のステイタスでした。

ところが、１９８０年代に入ってヨーロッパ旅行がブームになると、現地で買ってきたフランスの化粧品のよさが口コミで広がり、しだいに人気を博したのです。

もちろん、どちらがいい悪いということはありません。

１００人いれば１００通りの人キンケアがあるわけですから、そこに「絶対」はないのです。

ただ、その理論を見てみると、「朝熱いシャワーを浴びて目を覚まし、夜はぬるま湯にゆったり浸かって癒す」という具合に、朝はアメリカ式、夜はフランス式というのもアリだと思います。

しかし、こんなところにも国民性が出ているところを見ると、まさに「美容は文化」だということを改めて感じます。

「きれいになって!」と唱えなさい

テレビを見ながら、ただ何となくご飯を口に運んだり、空腹を満たすためだけに立ち食いそば屋に駆け込んだり。

私は、そういう食事は血や肉にはならないと思っています。

懐石料理を見て「わぁ、きれい!」と叫んだり、ラーメンの匂いを嗅いで

「美味(おい)しそう！」と感じたり、そういう「感情」が伴(ともな)わないと、真の満足感は得られないと考えているからです。

「それと化粧品が一緒？」と思われるかもしれませんが、実は同じなのです。

つまり、テレビを見ながら、ただ何となくクリームを塗っているのでは、まったくダメだといいたいのです。

スキンケアをするうえで忘れてはならないのが、「脳できれいになる」ということ。

これを説明するには、私の体験をお話しするのがもっとも早いので、少し耳を傾(かたむ)けてください。

あのときは、体内の水分が全部出ちゃったんじゃないかと思いました。

皮膚という皮膚はカラッカラに乾き、生理はピタリと止まり、頬には風が吹いたらたなびきそうなドレープ状のシワ。

1985年5月1日。52歳の若さで主人が突然この世から去ると、私は何かにとり憑かれたように泣き暮らしました。その姿を見て、友達が発した言葉がこれです。

「いつまで泣いてるのよ！　自分の顔を見てごらんなさい」

思えば夫亡きあとの1年間、私はただの一度もまともに鏡を見ていなかったのでした。

その日から、さっそくお肌のリハビリに突入。

たとえ自分の顔が70歳のおばあちゃんの顔になろうとも、美容業界に一度は身を置いた者の本能が、「きれいになりたい！」と叫んだのでしょう。

とにかく、暇さえあればローションパックをしていました。

まずは、干物になった肌を、潤いを含んだお刺身にすることからスタート。

そして、美容液、クリーム、保湿パックと、地味だけれど、基本に立ち返ったスキンケアを毎日ひたすら続けました。

すると、3ヵ月ほど経ったあたりからでしょうか。硬い殻を破って新芽が出るように、にわかに私の肌は呼吸し、水分を蓄え、やがて人間の肌として息を吹き返したのです。

「生き返った……」

肌が復活すると、不思議に気持ちも立ち直っていました。

「もう一生分泣いたから、あとは笑って生きていこう！」と、そのとき思ったのです。

そして、きれいになった肌で堂々と面接を受け、45歳でクリスチャン・ディオールに入社したのです。

そのときに私が唯一、人と違うことをしたのは、「唱えること」。

スキンケアをしている最中に、ブツブツいう人なんてあまりいないと思いますが、私はいつでも胸の前で手を合わせ、鏡に向かってこういいました。

「私の肌よ、ごめんなさい」「神さま、お願いです！　どうか、きれいにしてください。これからはちゃんと、お手入れしますから！」

来る日も来る日も、呪文を唱えるように、こうつぶやきながらお手入れをしていたのです。

信念は肌をも変え得るのです。

私の大好きな女性のひとり、宇野千代さんは、ご自分の黒い肌がいやで、「白くなりますように！」と念じながら、日に数回、自己流スチームを顔にあて、執念であの白い肌を手に入れたそうです。

また、医学用語にも「皮脳同根」という言葉があります。

つまり、皮膚と脳は根っこが同じ。だから「思い」は「肌」に通じるのです。

「きれいになりたい！」と願い、それを口に出せば、ちゃんと皮膚がその声をキャッチしてくれる。嘘みたいだけれど、きっと胎教と同じ原理なのではないでしょうか。

これは、私の辛い体験であり、また復活のストーリーでもありますが、私はこの「瀕死(ひんし)の肌を蘇(よみがえ)らせる」という一大プロジェクトを自ら成功させたことによって、ある結論を導き出しました。

美肌の特効薬は化粧品でもなく、テクニックでもない。

「きれいになってやる！」という「脳」の作用こそが、もっとも有効であるということを。

Beauty Column

†††

ポーチにひとつ、「救急コスメ」のすすめ

朝は曇っていたのに、急に太陽が出てきて肌がヒリヒリするとか、ちょっとした刺激で顔がかゆくなったりなど、外出先での思わぬ肌トラブルは女性をとても不安にさせます。

そんなときのために、ぜひポーチに忍ばせておいてほしいのが「救急コスメ」。ヤケドをしたとき、すぐに冷やすのと同様に、肌トラブルが起きたときには、まず肌を落ち着かせることが肝心。つまり、救急コスメには「鎮静（ちんせい）」を目的とした「ローションパック」が最適なのです。

もしトラブルが起きたら、トイレに駆け込むなどして、なるべく早くローションパックをして肌を鎮静させます。また、私の場合は１泊以上の外出なら、鎮静効果のある乳液も持参します。これとローションパックを併（あわ）せれば、ほぼ完璧な救急コスメになるからです。

このように、いざというときのための化粧品を持っていると、何といっても安心感があるし、トラブルにすばやく対処することは、肌のためにもいいのです。

ローションを含ませたカット綿を、まとめて作って小さなビニール袋に入れておけば、携帯に便利です。

第3章　常識を変える美顔づくり

化粧品は「肌の食事」

よく、乾燥しきった顔に化粧水をつけると、まさに肌がそれを「飲む」ように、グングンと吸い込んでいくことがあります。

よく考えると、肌は「皮膚呼吸」といって呼吸もしていますし、汗をかいたり垢を出して排泄もしている。まるで人体のメカニズムと同じように機能しているのです。

だとしたら、肌に水分や栄養分を与える化粧品は、「肌の食事」といえないでしょうか。

汚れや汗など肌の排泄物をクレンジングで落としたあとに、いよいよ「肌の食事」はスタートします。

まずは胃の動きを活発にさせる食前酒。これが化粧水です。化粧水で肌の状態を整え、さらに肌をふやかすことによって、次にくる美容液を入りやすくするのです。

さて、肌のコンディションを整えたら、メインディッシュの美容液へ。これは、肌にもっとも効率よく栄養を与えてくれる化粧品ですから、間違いなく空腹感を満たすものです。

そして、お腹(なか)がいっぱいになったら、締(し)めのもう一品。これが乳液またはクリームにあたるのです。

乳液は「落としブタ」程度、クリームは「お釜(かま)のフタ」のようにキッチリとフタをして、美容液の成分を肌に閉じ込める役割を果たします。

「肌の食事」の際、ちょっと気をつけていただきたいのが、その都度(つど)、お腹の具合を確かめながら食べるということです。

たとえば、美容液をつけるのは1回と決まっているわけではありません。つけて3分間おいたあとに、肌がグングン吸っていれば「もっとちょうだい！」

というサインを出します。そんなときは、「おかわり」をあげます。また、寝る前に「小腹(こばら)が減ったなぁ」と思ったら、もう一度「お夜食」として、最後につけたものと同じ化粧品をつけます。

また、毎日同じものを食べていては肌も飽(あ)きてしまうもの。よく同じ化粧品をずっと使っていると、肌に「免疫(めんえき)」がついて効果が感じられなくなるといいます。そんなときは、たとえば、朝と夜で美容液を替えるなど、ときどきは目先を変えてあげるといいでしょう。

ただし、あまり頻繁(ひんぱん)に替えると肌も混乱してしまいます。トラブルがない限り、化粧品を替えたら、少なくとも数週間は同じものを使い続けるようにしてください。

そうしなければ、本当にその化粧品があなたにとって必要なのか、よいのかさえもわからないでしょう。

美肌の5原則「う・な・は・た・け」

「うるおい」「なめらかさ」「はり」「だんりょく」「けっしょく」

私はこの5つを「美肌の5原則『う・な・は・た・け』」と呼んでいます。

これらがすべて満たされた状態がパーフェクトスキン。つまり、スキンケアをするときには鏡や手をフルに活用して、この5つをチェックしながらやるといいのです。

たとえば前日の飲み会でタバコの煙を浴びていれば、血色が悪くなっているでしょう。そんなときは、血流をよくする顔のマッサージをする。あるいはリンパをマッサージするのもいいでしょう。

また、湿度の高い日はやや顔色が黒っぽくなりますから、その日のメイクはファンデーションにピンク系を多く混ぜて、赤みトーンを上げてやる。

そういうひと工夫をすればいいのです。

この「美肌の5原則」を化粧品に役割分担させるとするなら、次のようになるでしょう。

まず、「うるおい」と「なめらかさ」は、クレンジングや洗顔、そして化粧水の役目です。肌の表皮(ひょうひ)の部分に水分を与え、肌のキメを整えます。

「はり」と「だんりょく」は、美容液や乳液、クリームが担当します。表皮の下にある真皮(しんぴ)の部分にまで入り込んで、肌の土台の部分の老化を修復(しゅうふく)します。

そして、「けっしょく」は内面から健康になることが必要です。これは生活パターンと大いに関係してきます。

ところで、肌はガラスのようなものだといわれます。

つまり表面と内側の両面から磨(みが)かないときれいにならない。

そのためには、いちばん表にある角質(かくしつ)のケア、そして表皮の状態、さらに真皮層の弾力、さらに真皮を走る血管まで影響しているということを覚えてください。赤ちゃんの肌が絹(きぬ)のようにツルツルしているのは、これらがまったくダメージを受けていない状態だからです。

でも、20代、30代になってくると、どうしても「経年変化(けいねんへんか)」というものが起きてきます。ましてや女性の肌はキメが細かくデリケートなので、男性よりもいっそう、それが際立ってしまう。だから、スキンケアというものが大切になってくるのです。

さて、この5つの要素が揃(そろ)った瑞々(みずみず)しい肌には、おのずと「艶(つや)」が生まれてきます。

艶というのは日本独特の表現で、「色が豊か」と書きますよね。

年齢を重ねると肌の色は退化して、くすみを帯びてきます。このくすみをなくして、お風呂から出たときに頬(ほお)がポッと桃色になるような、そんな艶っぽさも意識してみてください。

だから、チークをのせるときには、お風呂上がりの頬をイメージするのです。これが女性がもっとも色っぽく見えるチーク。

おてもやんみたいに、頬の真ん中にチークをのせるのは、かつて「オリーブメイク」といって、雑誌から火がついたもの。とてもおどけた表情になるので、大人メイクとはかけ離れたものになります。

手のひらと指使いで肌が変わる

とくに美男子というわけでもないのに、不思議と女性にモテる男性に、「どうやって女の子をクドいてるの?」と聞くと、答えは簡単。「まず手を握る」のだそうです。

また、別の男性に話を聞くと、買い物をしてお釣りをもらうとき、店員の女性と手が触れ合うだけで、その人を好きになってしまうことがあるそうです。

もっとも、まったく好みでない人なら話は別だと思いますが、やはり手には目には見えない「ハンドパワー」のようなものが宿っているように感じます。

先日、私のフェイシャル・エステを受けた女性が、「とっても気持ちよかった。今まで私が受けてきたエステは何だったのかしら？」とおっしゃってくださいました。

その方によると、どうも私の手は「タコ」なのだそうです。タコのように肌に吸い付いて、まるで指が無数にあるように、顔じゅうの細胞をほぐしていくのだとか。

帝国ホテル内にあったクリスチャン・ディオールの「サロン・ド・ボーテ」では、マネージャーを務めながら自らも施術していましたから、私にとって手は商売道具のひとつ。でも、商売を抜きにしても、手ほど有能な美容器具はないと信じています。

これは私の35年の経験から声を大にしていえることです。

まず、手は肌のコンディションをすべて読み取ってくれるセンサーの役割を果たしています。両手で顔にそっと触れれば、その人の生活スタイルや食事のときの「嚙(か)みグセ」まですべてわかります。

さらに化粧品を手のひらで温(あたた)めたり、指先でピアノの鍵盤(けんばん)を叩(たた)くように目の下をマッサージしたり、シワをつまんだり伸ばしたり。あらゆる場面で活躍します。

でも、私がいちばんその恩恵(おんけい)を感じる瞬間は、ベースメイクのとき。

みなさん、おそらくリキッド・ファンデーションを塗るときに、指やスポンジを肌の上で滑(すべ)らせて伸ばしていると思いますが、私の場合は、指の腹を使って一生懸命、毛穴に押し込む感じでつけていきます。そのおかげで、夏でも私はメイク直しを一切しません。

リキッド・ファンデーションを肌の表面に「塗っている」だけでは、汗や摩擦ですぐドロドロになってしまいます。でも、しっかり毛穴、つまり肌の凹の部分に押し込んでおけば、そう簡単には崩れないのです。

ストライクゾーンは「毛穴」。

表面を滑らせているだけではボール球ばかり投げていることになります。そうではなく、ストライクゾーン目がけて、「えいっ！」「えいっ！」と直球を投げ込んでいくのです。

最初に多めにつけたら一度ティッシュで手を拭き、2度目はまんべんなく、再び指の腹で肌になじませていきます。

ふつう私のメイクタイムは約15分ですが、そのうちの半分は下地づくりにあてています。ここさえキッチリやっておけば、あとのメイクは簡単。しかも、ベースがきれいだと、だらしなく見えないのです。

ムッシュ・クリスチャン・ディオールもいっていました。
「私がデザインした服のバストラインやウエストラインを、美しく出すも出さないも下着。だから下着は基礎の基礎」だと。
ファンデーションとは「下着」という意味。だから、ここがしっかりしていないと、いくらパウダーやシャドウでごまかそうとしてもダメなのです。
もっとも、スポンジを使っても毛穴にファンデーションを押し込むことはできますが、指で押し込むと「プチッ！」「プチッ！」とホックを閉じるように、ファンデーションが確実に毛穴に入っていくのが知覚できるのです。
さらに、これは指圧効果もありますから、メイクが終わるころには肌の血色もよくなります。
私のメイクが「スキンケアメイク」と呼ばれる所以は、ここにあるのです。

守りの美容、攻めの美容

銀座のサロンにいたとき、宝塚の女優さんがいらしたことがあるのです。

その方、顔を赤らめながら、こうおっしゃいました。

「メイクの仕方を教えてください」

「はい？」

「あのぅ、私、ふつうのメイクができないんです……」

私たちからは想像できませんが、この方、舞台メイクはバッチリできるのに、ごくふつうの自然なメイクがうまくできなかったのです。

私は、「この方、素直だなぁ」「かわいらしいなぁ」と思って、一生懸命お教えしました。

さらに、こんなことをおっしゃった女性もいました。

「息子が東京の大学に入ったので、お金がかかるようになったのです。だけど、化粧品の質は落としたくない。その場合、何と何を使ったらいいですか」

家計を考えてお化粧をしなくなる人というのは、案外多いのです。

でも、そこまで腹を割って話していただくと、こちらもプロ魂(だましい)に火がつくというか、「その状況で、最高のものを見つけてさしあげよう」と思うものです。

また、この方の経済状態は息子さんが在学中の4年間は続くわけだから、「年間を通してバランスよく化粧品を選ぶ」という発想も生まれてくるのです。

こういうポジティブな人たちは、ポイントさえマスターすれば、水を得た魚のようにどんどんきれいになっていきます。

かたや、コスメカウンターで5万円も6万円も化粧品を買い込んでおいて、「これ、何に効くのかご存じですか?」と聞いても答えられない方がいます。

そういう方に限っておっしゃるのが、人頼みなこの言葉。「美容部員の人にすすめられたから……」

自分に必要なものが明確にわかっていないから、「これは使っておかないとダメですよ」なんて美容部員にいわれると、「なんだか断り切れなくて……」ということになるわけです。

また、ある女性はカウンターに化粧ポーチを持ってきて、ダーッと中身を出しました。すると、同じようなものがいくつも出てくる。

「なんでこんなに持っていらっしゃるのですか？」と聞くと、「だって買わされたから……」

化粧品の種類だけでなく、色の選択についても同じ。

使う色がだいたい決まっているんです。減っているものを見ればわかるから。でも、本人は同じ色でも微妙に違うとおっしゃる。

かくいう私も、実は洋服ダンスの中は黒い服でいっぱい。

「なんで、こんなに黒い洋服ばかり並んでいるの？」と友人によく聞かれますが、「同じ黒でもちょっと違うのよ、デザインが……」と、しどろもどろになる。自分の中では微妙に「違うもの」なんですよね。

でも、もしも「美人道」というものがあるとしたら、いつも同じもの、あるいは同じ色を使うという「守り」にまわっている人は、永遠に勝利をつかむことはできないと思います。

「1万円の化粧品を2万円の価値にするのも5000円にするのも、あなたしだい」と私はよくいうのですが、自分から飛び込む勇気や姿勢がないと、せっかく効くものも効かないのです。

結局、それぞれの化粧品を理解しようとせずに漫然(まんぜん)と買っているから、「これはいらない」「こういうものが欲しい」と自分でいえないわけです。

化粧品の役割を知り、本当に必要なものを意識して使うのと、「これは、何でつけているんだろう?」と、わからないままに使っているのとでは、得られる効果もまったく違ってきます。

回転寿司みたいに、目の前に流れてくるものを黙って待っていてはダメ。バイキングで自分に必要なものだけを取りに行く。この状態をイメージしてください。

そして、美容部員に生活スタイルまでをさらけ出し、自分のニーズを明らかにして初めて、本当に必要なものが見えてくるのです。

ローションパックのすすめ

貝に手を触れると、異変を感じてサッと口を閉じてしまいます。

人間の毛穴も同じで、たとえば冷たい水に触れたり、逆に熱いお湯がかかれば、毛穴は防衛本能を働かせてキュッと口を閉じるのです。

そうなると、お手入れのいちばん最初につける化粧水というのは、毛穴を開き、「肌の食事」のメインディッシュである美容液の浸透率を左右する、とても大きな役割を背負っているというわけなのです。

前章でも述べたとおり、化粧水は肌を鎮静させ、さらに線維をゆるませて次にくる美容液を入りやすくするもの。だから、瞬間的に肌の表面を濡らす程度ではダメなのです。ここはじっくりと肌に染み込ませ、美容液の通り道を確保する必要があります。

そう考えると、もっとも効率的なのが、化粧水を浸したカット綿を湿布のように顔に貼り付ける方法。これがローションパックです。

よく、「化粧水は手でつけるか、コットンでつけるか」などと議論されますが、もうそういうレベルの問題ではなく、「ローションパックに勝るものなし」です。

まず、何がいいか。

化粧水が染み込んだカット綿を肌にあてるから、鎮静効果が高い。熱が出たときにおでこに濡れたタオルをあてるのと同じです。そして、それが体温でしだいに温かくなり、人肌ぐらいになると毛穴が開いてきます。

つまり毛穴を「油断させる」のです。

冷たい水やお湯では緊張する毛穴も、体温と同じなら危険を察知しないから油断をして、あくびをします。その油断した毛穴に美容液が入れば、どんどん奥まで浸透していけるのです。

ただし、ローションパックをするにはちょっとしたコツがいります。

まず、化粧水をカット綿に含ませる前に、少し水で濡らし、軽く両手で挟んで水気をきること。

乾いたカット綿は毛羽立っているため、肌を刺激してしまうのです。しかも、濡らすことによって化粧水は少量ですむ。化粧水が薄まることはないので安心してください。

そして、もうひとつは3分以上おかないこと。

化粧水が肌に浸透するのにかかる時間は3分程度。それ以上カット綿を貼り付けておくと、今度は逆にカット綿がせっかく肌の内側に入り込んだ水分を吸い取ってしまうのです。

ついでに、私の必勝ウラ技をお教えします。

ローションパックをした上から、鼻と口の部分を開けたラップ（これは、安くてテロンとしたもののほうがいい）を被（かぶ）せてお風呂に入ります。すると、自分の吐く息で天然のスチーム状態となり、肌はプルプルに。これは、「美容液にも匹敵する」と私は確信しています。

安い、早い、手軽の三拍子。いいことずくめのローションパック。

これを私は、「ぜひ日々のお手入れに取り入れてみて！」といろいろな人に紹介しています。わずか3分間で「木綿豆腐肌」が「絹ごし豆腐肌」になります。

美容液は「肌の栄養剤」

女性の肌は、「美容液以前」と「美容液以後」で分けられる。

こういっても決してオーバーではないくらい、美容液の誕生は化粧品業界においてセンセーショナルなできごとでした。

その偉大さを知っているから、私はもし無人島にひとつしか化粧品を持っていけないとしたら、迷わず美容液を選びます。

美容液は、たとえるなら「肌の栄養剤」。他のどんな化粧品にも真似できない、特殊なパワーをもっているのです。

美容液の歴史は意外に浅く、誕生したのはほんの20年前の1986年。フランス製第1号がクリスチャン・ディオールの「カプチュール」という製品。

その名は「若さを閉じ込める」という意味をもち、私は初めて見たとき「ついにこんなものが出たか！」と驚愕したのを覚えています。

なぜならば、それまでにどんな化粧品も成し得なかった、「真皮層」（35ページのイラスト参照）への浸入を可能にしたものだから。

これが、お医者さんと一緒に開発した「リポゾーム処方」というものだったのです。

では、この「真皮層に届く」というのはどういうことか。

いわゆる老化というのは肌の表皮だけが衰えるのではないのです。もっと土台の部分、表皮の下の真皮層にあるエラスチンやコラーゲン、ヒアルロン酸という、真皮成分を産み出す線維芽細胞が劣化し、ペシャンコになるからシワやシミができるのです。

その「老化の元」まで潜っていって、直接働きかけてくれるのが美容液。つまり、「肌の地盤沈下」を修復してくれるのです。

土台がしっかりしていなければ、どんなに立派な家でも倒れてしまいます。

この美容液というものが登場してから、女性の肌は本当にガラリときれいに変わりました。

なのに、よく耳にするのが、「美容液をクリームの上から塗っていた」とか、「高いからほんの少ししかつけない」という言葉。

その特徴さえ理解していれば、間違っても、肌に送り込んだ栄養分を肌の中に閉じ込める「フタ」の役割をするクリームの上から美容液をつけてしまうことはないと思うし、美容液をケチるくらいなら、化粧水を買わないほうがマシだとさえ私は思います。

肌の調子がよければ、私は化粧水なしで美容液をつけますし、何といっても即効性（そっこうせい）があるので、ひとつもっていると重宝します。

化粧水やクリームはとてもポピュラーなのに、美容液はどこか「贅沢品（ぜいたくひん）」のような扱いをされている。その本質があまり理解されていないのは残念なことです。

栄養ドリンクが小さなビンに元気の素を凝縮しているように、美容液も小さなボトルに偉大なパワーを秘めています。

今月買う予定だった洋服を我慢してでも、自分への投資として1本手に入れるべきアイテム。それが美容液だといえるでしょう。

大人のための知的メイク論

「ホワイトカラー」に憧れていました。

私が幼いころ、父が二号をつくって家を出ていって以来、いわゆるサラリーマンという人が身近にいなかったから。

だから、結婚してからは、主人のカッターシャツにいつもパリッとアイロンをかけて、真っ白なハンカチを持たせ、靴もピカピカに磨いて毎朝送り出していました。

彼はおしゃれで、どんなシャツもよく似合いました。しかも、ホワイトシャツが流行ると色モノ、周りが色モノを着出すと真っ白なシャツといった具合に、今でいう「ハズしのテク」みたいなものが、うまく身についていた。わが主人ながら、「こういう人が本当の伊達男だわ」と、いつも感心していました。

街でこんな女性をときどき目にします。身なりはそこそこ、愛娘に流行の子供服を着せて、どこから見てもふつうの「いいお母さん」。でも、そのメイクたるや、唐突に「ブルー」という、激しい主張のアイシャドウが、まるで子供のお絵かきみたいに引かれていたりするのです。

本人は意外性を狙ったのかもしれないけれど、これは「ハズしのテク」ではないと思う。

この人が20代なら許されるかもしれませんが、30代からのメイクに「意外性」は不要です。

求められるのは、「知性」と「清潔感」。これに尽きます。

若さはちきれんばかりの20代という季節をすぎて、実りの時期を迎えた女性の顔には、その人の人生観や生きざまが全部出る。だから、「なに、このメイク！」と思われた時点で、その人は損をするのです。

「でも、だからといって、知的なメイクといわれてもそう簡単にはできない」と思っていらっしゃる方がいるかもしれません。

いいえ、実はごく簡単なことなのです。

「肌に近い色」を使う。具体的にいうとブラウンベース。これが、もっともシンプルかつ、失敗の少ない大人メイクの基本です。

そもそも大人のメイクとは、「半歩下がった」メイク。肌の色からかけ離れた色は、一歩前進して「くすみ」や「シミ」を際立たせてしまいます。

ただし、それまでピンクを使ってきた人が急にナチュラルカラーにすると、どこかぼやけた印象になることがあります。そんなときには、ピンクからサーモン、そしてレンガ色という具合に、少しずつ移行すればいいだけです。

いつも不思議に思うのですが、「どんなファンデーションを使っていますか？」とお客さまに聞くと、「ホワイトベース」と答える方がほとんどなのです。

私がメイクをしてさしあげるお客さまは、私が選ぶファンデーションの色を見て、「えー、こんなに黒っぽい色？」とおっしゃる。みなさんがそれほど驚くくらい、茶色に近いオークル系をベースにしています。

その理由は、濃い色は奥にしまう色だから。

つまり、凹凸の凹の部分に入り込む色だから、時間が経つと肌にすっと馴染んで多少の化粧崩れも目立たない。ものすごく「使える色」なのです。

びっくりするのは、20代のときに「あなたは101番です」といわれたファンデーションを、40代になっても平気で使っている人が意外と多いこと。

肌の色は年齢とともに変わりますし、似合う色も変わります。だって20代のころに好きだった色の口紅は30代、40代には使えませんよね。私は30代のころ、紺色の服ばかり着ていました。「紺がいちばん自分をきれいに見せてくれる」と思っていたから。ところが、40代になったら黒を着るようになった。肌の色や髪の毛の色はどんどん変わっていきますから、似合う色が変わるのは当然です。

「あそこの奥さん、メイクしてるような、してないような。でもきれいね」これって最上の褒め言葉でしょう。理想のナチュラルメイクだと思います。目指すのは、そんな「そこはかとなくきれい」な女性。

アイシャドウも、まゆ毛に近いところには肌に近い明るめの色、上まぶたの際に向かって濃いめの色を塗り重ねれば、嫌味のない自然なグラデーションがつくれます。

「冒険」は、この地道なレッスンを重ねてからでも遅くないはず。

いつもの「ちょっときれい」な奥さんが、ある日レストランで会ったら、きれいなパープルのアイラインを入れていた。そこで初めて「ドキッ」とするわけです。

大人のメイクは出すぎないこと。抑(おさ)えて、抑えて、ここぞというときにガンと出る。そんな駆け引き上手が、「知性」と「清潔感」を醸(かも)し出すのです。

メイク＋体温の法則

最近は真冬でもノースリーブを着た女性がたくさんテレビに出ていて、「日本人の季節感がなくなっている！」などと、嘆(なげ)きの投書が新聞に載っていたりします。

でも、私はそれ以前に、皮膚が「もうひとつの洋服」だと思っていますから、こちらを何とかしてほしい。

つまり、肌にも「衣替え」が必要だということに、みなさん、早く気づいてほしいのです。

そもそも、自分の肌の色は一年中同じだというのは思い込みです。夏はどうしても上気して頬が赤くなりやすいし、冬は寒さで血行が悪くなるため青白い印象になりがち。

つまり「人間には体温がある」という大前提を、メイクをするときに多くの人が忘れてしまっているのです。だから、一年中同じ色のファンデーションを平気で使っている。

本来は、夏になると白いコットンのシャツを着て、冬になるとキャメルのコートを着るように、肌の衣装も替えてあげるべきなのに。

だからといって、ブルーや白、グリーンなど、私たち日本人の肌の色から程遠い色のコントロールカラーを使って、土台の色そのものを無理やり変えようとする行為を、私は嫌悪します。

大人のメイクは「肌に近い色」が鉄則ですし、小手先で肌の色を変えるなんて無理。

それよりも、オークル系とピンク系、この2色のファンデーションを買い揃えて、2色を混ぜ合わせる量を調節しながら使ってみてください。

夏は体温が上がって顔が赤くなるので、オークル系を多めに、冬は顔が青白っぽくなるので、ピンク系を多めにして混ぜるだけで衣替えは完了。

もっと厳密にいうと、夏でも「今日はクーラーの利いた部屋にカンヅメ」「蛍光灯の下だから顔色が悪く見える」という日は、ピンク系を多めにして血色をよく見せる工夫をすればいいし、冬でも一日中太陽の下にいるならオークル系を多めにして赤みを抑える。

つまり、朝の「予防」のメイクのときに、今日一日のシチュエーションを想定して、オークル系とピンク系の調合を変えるだけ。これで、「おてもやん」や「ムンク顔」の心配は一気に消え去るのです。

さらに体温と肌の関係を突き詰めていくと、こんな落とし穴も。

よくコスメカウンターのテスターで口紅を塗るときに、みなさん上唇と下唇をすり合わせて色を馴染ませるでしょう。あれはダメ。

だって、摩擦熱で体温が上がってしまうから、実際よりも濃い色に見えてしまうのです。

さらに、口紅を取るときにティッシュでこする。それでまた体温アップ。

だから、口紅のお試しはせいぜい3回までと思ってください。それ以上つけると、もう完全に違う色になってしまうから意味がないのです。

いわゆるメイクアップ・アーティストと呼ばれる人は、体温までは考えていません。だからテレビではきれいに見えるメイクも、時間が経つと体温が影響して変色してくるはずです。

これからのファンデーション選びは、肌の色を変えるのではなく、体温が加わることを意識して臨んでほしいものです。

コンシーラーでシミは隠せるか

野ウサギやカモシカなどの野生動物は、敵から身を守るために背景に溶け込む色を纏っています。これを「保護色」とか「隠ぺい色」といいます。

コンシーラーは、いってみればシミや吹き出物を「隠ぺい」するために使う道具です。

なのに、なぜそれと同化する色や質感ではなく、むしろ肌色よりも薄い色で、素肌になじみにくいマットタイプなのでしょう。

コンシーラーほど、欠点を際立たせるものはない、と私は思う。

だから、私は化粧品メーカーに勤めていたときも、コンシーラーをお客さまに一度もすすめたことがありません。

デパートでセミナーをしたときの話。

50歳すぎの女性が深刻な顔をして私のほうに歩いてきました。

「あのぅ……」という声と同時に、その方の顔を見て私はこういいました。

「あら、おシワが気になるんですか?」って。

そしたら、その方、「いえ、シミです……」。

これ、どういうことだかわかりますか?

その方は、自分のシミを隠したい一心でコンシーラーをしっかりとつけていたのです。

コンシーラーはリキッド・ファンデーションの水分と油分を抜いたもの。ですから、彼女が一生懸命につけていた白いコンシーラーは時間とともに肌から遊離(ゆうり)し、見事に「つけました!」という具合にガビガビ。そこにくっきりとシワが刻まれていたのです。

でも、よく考えてみてください。

シミを隠したければ、シミに近い色がもっとも有効な「保護色」になってくれるはずです。なのに、なぜ、その対極にあるマットな白っぽいコンシーラーをわざわざ使うのでしょうか。

同様に、年を重ねるほどに顔の色はくすむのに、みなさん白っぽいファンデーションをつけようとする。

そもそも日本人は「清純」「無垢」などを連想させる「白」という色に、強い憧れをもっています。「色白は七難隠す」とか「深窓の令嬢」という言葉があるように、色白であることが美徳というような潜在意識が、どこかにあるのです。

でも、白いファンデーションは七難隠すどころか、かえって欠点を目立たせてしまいます。

「隠すなら濃い色のファンデーション」これが正解です。

　また、顔の赤みやくすみを「隠ぺい」するコントロールカラーも、私は不要だと思っています。

　これらは、私が唱える「大人メイクはブラウンベース」というセオリーにもっとも反していますし、第一、コントロールカラーにイエローやグリーンが存在すること自体が不思議でならないのです。

　私たち日本人は黄色人種ですから、黄色い肌の上にグリーンやイエローを重ねると、ものすごくくすんだ汚い色になってしまいます。

　赤みを抑えるならオークル系のファンデーションを塗ればいいし、くすみを隠すならピンク系のファンデーションで、血色を補えばいいのです。

　総じてコンシーラーやコントロールカラーに依存するスキンケアは、失敗率の高い「隠ぺいメイク」です。

「臭いものにフタをする」的なその場しのぎのテクではなく、欠点をうまくぼかす工夫をする。そして、欠点ばかりに目を向けず、長所をいっそう伸ばすように、顔全体を見る習慣をつける。これがあなたの肌を自然にきれいに見せてくれる秘策なのです。

週に1度はお肌の断食

ちまたでは「断食」がちょっとしたブームのようです。私も以前、福岡県にある「健康道場」というところに1週間ほど滞在したことがあります。

まず道場に入って2～3日目あたりから、胃がムカムカしてきました。化学的なものがからだの中にたくさん入っているからだそうです。少し経つと、それが真っ黒な宿便となって排泄される。さらに「おがくず」のお風呂に入って体内の毒素を汗として流し出す。その段階で胃がきれいになり、悪いものが毛穴からも出ているので肌はピカピカ。体型もシェイプされます。

その間はほとんどニンジンジュースとお茶だけの生活。最後に近づくとお粥を少しずつ食べ、最終日にはお赤飯が出ました。

人間のからだは働きっぱなしですから、たまにはこのように胃を空っぽにしてあげたり、神経を休ませたりしなければなりません。

もちろん肌も機能していますから、私はできれば週に1度は「休肌日」をつくってほしいと思うのです。

だって、毎日顔を洗ってスキンケアをして、メイクをし、外に出れば紫外線、会社に行けばエアコン、飲みに行けばタバコの煙と、肌ストレスは溜まる一方。

オーバーワークで肌を疲労させないためにも、完全に休める日というのは、何としてでも確保したいものです。

もっとも、私の場合は家に帰るとすぐにメイクを落とし、休日は一切メイクをしません。それこそ朝起きて顔を洗ってから、化粧水も美容液も何もつけないで数時間経つと、少し肌がカサついたり、逆にジワーッと脂が出てきたりするのです。

これで自分の本当の肌タイプや状態がわかるのです。カサつくなら「秋冬肌」、脂が出てくるなら「春夏肌」という具合に。

そして、私が「おがくず」のお風呂に入って毒素を出したように、なるべく水分をたくさん摂り、できれば1時間くらいかけてじっくりと半身浴をして汗をたっぷり流してもらいたいのです。そうすることで肌は浄化され、少しずつ本来の機能を回復させていきます。

慌しい生活をしていると、ついついお肌を休ませるということに気がまわらなくなってしまいます。でも、忙しい人こそ「休肌日」が必要。肌の断食は、いってみれば「何もしない」というお手入れ法です。

「日曜日は休肌日」というように、できれば1週間に1度、肌を休ませ、肌の力を取り戻す日をつくることをおすすめします。

年に1度はお肌の人間ドック

自分の顔とお尻(しり)の皮膚を比べてみてください。おそらくお尻の皮膚にはシミひとつなく、色も白いと思います。

それはなぜか。

お尻はほとんど紫外線を浴びることもなく、メイクをするわけでもなく、常に保護されているからです。

そう考えると、体中の皮膚で酷使(こくし)されているのは断トツで顔。真冬でも真夏でもいつも剥(む)き出しで外気にさらされていますし、メイクやクレンジングを繰り返していますから、どうしてもダメージが激しくなります。

もちろん毎日のスキンケアや週に1度のスクラブ、週に1〜2度のパック

（マスク）などは大切ですが、それだけでは不十分。

年に最低1度は「大掃除」のつもりで大々的なケアをしたいものです。とくに30歳をすぎると、どうしても「肌体力」が落ちてきますから、シミとかシワとかのディテールだけではなく、全体的に底上げをすることが大切になってきます。

これが、「集中ケア」と呼ばれるものです。

考えてみてください。新築の家にさほど傷みはないけれど、築30年ともなれば、あちこちにトラブルが出てくるものです。

つまり、年齢を重ねるごとに、メンテナンスの回数も増やしたほうがいいのです。

ところで、「月に1度のエステは、自宅でのケアとどう違うのですか？」という質問をときどき受けます。

これは肌の満足感です。

たとえば食事でも、ひと月に1回は美味しいフルコースのお料理を食べて、「あぁ、美味しかった。明日からまた頑張ろう！」となるもの。

本格的なケアを組み入れることで、肌の基礎体力が高まるので、逆に、ふだんのお手入れが簡単になります。現に月に2回、コンスタントに私のエステに通われたお客さまは、1年ほどでほとんどメイクをしなくてもいいほど、素肌がきれいになりました。

話は戻りますが、私が在籍していたクリスチャン・ディオールには、集中ケア用のスペシャルセットがあり、それを夜だけ用いて21日間で使いきります。最初の1週間は、「肌が本来もつ機能を活性化」、2週間目は「肌を引き締めハリを養う」、そして3週間目に「肌に若くいきいきした艶(つや)を与え、ふっくらさせる」。

集中ケアの化粧品は毎日使うものと比べて値段が高くなりますが、それに見合う効果が期待できるので、「生き金」だと思ってトライしてほしいものです。

このお肌の集中ケアという概念は、1960年代からありました。

私が銀座・松屋のビューティーサロンで働いていたころ、当時はサラリーマンのお給料の1ヵ月分ほどの値段だったと思いますが、いわゆるマダムたちがそれをいくつか買い揃えて、自宅の冷蔵庫で保存していたのを覚えています。

もっとも、私の場合は20代後半から「高いなー」と思いつつ、年に1度の集中ケアをしてきましたが、この年齢になって「やっててよかった」と思っています。

よく、「若いうちからこんなリッチなケアをしてしまったら、将来つけるものがなくなっちゃう」なんておっしゃる方がいますが、それは間違いです。

だって、若くても冷え性なら「養命酒」を飲んでもいいですよね。

20代のうちは年に1回、30歳をすぎたら2回という具合に調整していけばいいのです。

たとえば、クルマなら車検(しゃけん)、時計のオーバーホール、からだも人間ドックというものがありますが、「健康で長持ち」させるためには、何においても定期的なケアが必要になってきます。

これによって今までの疲れを取るとともに、たとえばガンにならないようにだとか、時計が故障しないようにという「予防」ができるわけです。

とはいえ年に数回となると、つい忘れがちになるのも確かです。ですから、肌の疲れが出る季節の変わり目だとか、自分の誕生日、結婚記念日など、何かと引っ掛けて設定するといいでしょう。とくに誕生日は、「生まれ変わる」という意味も含めて好機だと思います。

コットン・テクニックを身につける

「肌の塩害（えんがい）」

そんなこと、考えたことがありますか？

たとえば、泣きながら寝てしまった翌日、涙の塩分で顔がガビガビになってしまった。あるいは潮風にあたったあと、肌がヒリヒリした。これがいわゆる「肌の塩害」です。

これは今まであまり気に留められなかったことですが、私はコスメカウンターで接客をしているうちに、塩分が皮膚におよぼす害というものを発見したのです。

よくカウンターにいらしていたあるお客さまが、「化粧品が合わない」とおっしゃるようになりました。よくよく話を聞いてみると、「小ジワが出た」「頬がヒリヒリする」というのは、たいがい汗をかいた日なのです。そして、自分なりにデータをとってみると、やはり塩分というのは、肌トラブルを招きやすい存在だということがわかったのです。

そこで、私が提唱しているのが、「泣きっ面にコットン」。

つまりコットンと綿棒を使って「塩害」を未然に防ぐという秘策です。

どちらも、毛羽立ちによる肌への刺激を避けるために、水でまず濡らしてから使うのが条件です。

濡らして軽く絞ったコットンで顔を押さえるだけで、涙や汗の塩分が吸い取れますし、目尻からにじみ出てくる涙なら、綿棒の先端を少し舐めて、その部分にあてるだけで完了。

どちらも、乾いたハンカチやティッシュよりもずっと肌に優しいし、吸水性が高いので、こする必要がないのも大きなメリットです。

さらにコットンはほかの使い方でも重宝します。乾いたものを2枚に開き、その間に白粉を挟んで顔全体にはたけば、パフを使わずにきれいに顔につきます。私はこれを佐伯オリジナル「粉コットン」と名づけました。

パフやスポンジは雑菌の温床ですから、よほどマメな人でないと使いこなすのは無理。いっそのこと、このようなお手製コットンにして、毎日、使い捨てにするのがいちばん清潔なのです。

しかも、コットンの隙間からまんべんなく白粉が出てくるので、ムラなくつけられるのです。

私はもう20年あまり、白粉をつけるときはパフを使わず、「粉コットン」一筋です。

毎朝、白粉を挟むのが面倒なら、時間があるときに「つくり溜め」しておくと便利です。

また、使い終わった粉コットンは2つに割って、その割き目をハケのようにして、つけすぎた白粉を払うことができます。あるいはコットンを小さくちぎって、それにビタミンC誘導体入りの美容液を染み込ませ、シミの気になる部分に直接貼り付けるなど、あらゆるシーンで活躍します。

さらに、コットンは携帯にも便利。

ちょっとした外出なら、水で湿らせたコットンをラップに包んで持ち歩けますし、出張の際には「粉コットン」を必要な日数分だけつくり、小さなビニールの袋に入れて持っていくことができます。使ったあとはそのまま捨てられるのも魅力。

そして綿棒。

これはメイクのディテールを描くときにも使えますし、アイメイクを落とすときにも重宝します。

アイメイクは相当気合を入れてクレンジングしないと、目の周りにわずかに残ります。これが色素沈着(しきそちんちゃく)を起こしてくすみの原因にもなるので、綿棒を使って細かい部分まで完全に落としてください。

私はアイクレンジングのとき、先端の綿の部分が大きめの綿棒を使って、軽くなでるようにして落としています。

また、ときどき両目に目薬をさし、眼球まで洗ってあげましょう。

私は、スキンケアにはほとんど道具を使いませんが、コットンと綿棒は別。清潔で経済的、しかも吸収力抜群というこの有能な小道具を、使いこなさない手はありません。

Beauty Column

† † †

サボった人は必ず後悔するのがハンドケア

手には「その人」というものが滲み出てくるものです。「手をきちんとケアしている人は、たいてい性格もきちんとしている」というのが、多くの女性を見てきた私の感想。その「手」を美しく保つためには、顔と同じようにデイリーケアが必要になってきます。私は外出するときには、顔だけでなく手のＵＶケアも怠りません。

何といっても手を老けて見せるのはシミや黒ずみ。だから、日焼け対策のほかに、週に１度はスクラブで角質を取り除いたうえにホワイトニングパックをしたり、手を洗ったあとや寝る前などにこまめにハンドクリームを塗るというのも習慣にしたいものです。

ハンドクリームをつけるときには、とくに年齢が出やすい指の関節部分やツメの両サイドを重点的にマッサージしながら、擦り込むようにします。私の場合は手のひらがベタベタしないように、甲の部分だけに塗ります。

また、今は「つけヅメ」が邪魔になってきちんと手洗いをしていない人が多いようですが、普段から石鹸を使ってよく洗い、常に手を清潔にしておくことは、いうまでもありません。

第4章　「きれい」をつくる暮らし

ストレスを溜め込まないために

「毎日お忙しいのに、どうやってストレス解消しているんですか？」

そう聞かれると私はやや言葉に詰まってしまいます。

そもそもストレスを溜め込むことがあまりないし、美味しい和菓子でも食べれば、すぐに幸せな気分になれてしまうから。

そうはいっても、美容業界で長年、一匹狼でやってきましたから、それは「もう辞めたい！」と思ったことも1度や2度ではありません。

そんなときは、決まって「デパート・ウォッチング」をしていました。

少しでも時間が空くと、デパートに駆け込むのです。

何を買うということもなく、上から下まで一巡するのです。そうすると、「時代」というものがよく見えてきます。

まずはショーウィンドウから。

ここはデパートの顔ですから、ここを見ればデパートの主張やトレンドがわかる。

そして中に入ると、まずはマネキンを見る。

昔はマネキンというのがファッションの最先端でした。スカートの丈や顔の表情、ポーズのとり方、さらにヘアスタイルまでざっと見渡し、「こういう色が次の流行なんだな」と感じたり。昔のマネキンはきちんとメイクもされていましたから、まゆ毛の形やアイメイクなども丹念にチェックしました。

また食器売り場に行くと、白い食器がズラーッと並んでいたりすると、「今は飾り気のないシンプルなものが流行ってるんだな」と思ったり。

そういう流れがいずれ「ナチュラルメイク」という形で美容にも派生してくるから、面白いのです。

もちろん地下の食品売り場も見て歩きましたし、そうやっていろいろなフロアを歩いていると、いつのまにか気分もリセットされてしまう。

やはり美容の世界にいる以上、お客さまとお話をするうえで、時代の「半歩先」を見なければならないと思っていた私にとって、「デパート・ウォッチング」は雑学(ざつがく)の源でした。

ファッションやメイクの流れを、歩きながら肌で感じつつ、いつのまにかストレスを解消してくれる不思議な場所。

そんな「魔法の箱」のようなデパートに、私はずいぶん助けられました。

アメリカから学んだこと

モスグリーンのカマロを走らせて、今日は家具屋さん、明日は生地(きじ)屋さんへと飛び回ったアメリカでの毎日。

わずか2年間の海外生活でしたが、私にとっては生涯忘れることのできない、エキサイティングな日々でした。

主人の転勤で渡米し、私はカリフォルニア州サンフランシスコの近くにあるコンコードという街で暮らすことになりました。

プラネタリウムの仕事をしていた主人は、毎日ランチを食べにいったん家に帰ってきます。だから、私は午前中に家事と買い物をすませ、サンドイッチをつくっておくのが日課。そして、主人を送り出すとまた違うショッピングセンターへと出向きました。

私は英語なんてロクにしゃべれないくせに、肉や野菜を買うときにはわざと店員さんに話しかけて、言葉を教えてもらいました。そしてデパートや雑貨屋をのぞいては、日本にはないようなデザインに見とれたり、かわいいグッズに目を奪われたり。

向こうはスケールが違うから、ひとつひとつの店を見て歩くだけで、飽(あ)きることがありませんでした。

英語は渡米前に少し習ったのですが、チンプンカンプンで。向こうに行ってからも毎日、ＮＨＫのテープを聴いていました。

でも、本を読んでもなかなか頭に入らない英語も、アメリカ人から話しかけられると、不思議とどんどん入ってくるのです。

一方、主人は上智大学出身のインテリですから、先に文法を考えてしまい、知性が邪魔（じゃま）してなかなかしゃべれない。

私は知っている単語だけでパッパッと会話をしてしまう。自分がわからないところは相手がいってくれるから、「違う」とか、「そうそう」とかいって。だから主人は、「君は何でも平気でしゃべれて、すごいなぁ」と感心していました。

そんなとき、いつも私はこういっていました。

「母国語じゃないもの。メチャクチャでもいいんじゃない？　一生懸命に伝えようという気持ちさえ伝われば」

たとえば、私たちが住んでいた借家（しゃくや）の大家さんのところへ掃除機を借りにいくのも、週に1度の楽しみでした。

その大家さん夫婦は定年して、プール付きの家に住んでいたのです。そこにお邪魔しては、「きれいなドレスね」などと他愛のない話をしたり、「イッツ・ア・ジャパニーズ・ケイク」といって、和菓子を手土産に持っていったり。ツツジの咲く季節になると、いつまでもガーデニングの話をしていました。

そんな2年間の生活の中で、私はアメリカという国からいろいろなことを学びました。

もちろんアメリカのコスメ事情が生で見られたことは、その後の仕事で大いに役に立ちましたが、それ以上に、アメリカ人は「日常を楽しむのが上手だ」ということを強く感じました。

たとえば、ちょっとしたファミリー・パーティのときには、さりげなく水玉模様のナプキンをコップに入れてテーブルに置いたり、ランチョンマットや花束といったアイテムが生活を彩ってくれる。

そういう工夫をすることが自然に身についているのだと思いました。

それを見習って、私も家ではお客さまの雰囲気に合わせて、紙ナプキンをちょこっとコップにさしてみたり、窓際のよく日の当たる場所に、水をたっぷりと張った大きめの鉢(はち)を置き、季節の花を浮かべたり。そんなひと工夫を心がけています。

取り立てて手間やお金のかかることではないけれど、あると少しだけ幸せになれる演出。そういうライフスタイルのありかたを教えてくれたのが、アメリカという国でした。

せっかち屋の健康法と美容法

私は関西人だから、根っからのせっかち。

エスカレーターに乗っても、じっとしていられずに歩き出してしまうし、道ではセカセカと人を抜かしていくタイプ。

でも、それがいい具合に運動になっているようです。「セカセカ健康法」とでもいいましょうか。

とくにジムに通って体を鍛えているわけではありませんが、普段は朝起きると腹筋5回、スクワット5回、蹴り上げを片足5回ずつ。外でもなるべく階段を使うようにしています。そのせいか、とにかく病気というものには縁がありません。

ときどき、「そんなにせっかちで、エステなんてできるんですか？」と聞かれます。ところが、「気の短い人ほど魚釣りに向く」といわれるように、お手入れの時間になるとピタッとスイッチが切り替わって、不思議とゆったりとした気分になれるのです。

メイクの実践セミナーやお手入れ相談会などのとき、よくお客さまが、「順番が最後のほうになると、きっと佐伯先生、疲れちゃうから、早めにやってもらおう」とおっしゃいます。でも、実はまったく逆なのです。

最後の方は後ろが詰まっていないので、追加でいろいろなことをしてさしあげたいと思うのです。お手入れをするときだけは、いくらでも時間をかけたいというのが本音です。

私自身が美容と健康のために心がけていることといえば、まずは水をたくさん飲むこと。

我が家のキッチンには常にミネラルウォーターが、1ケースか2ケースはあります。外出するときも必ず小さいボトルを持参し、1日に最低でも2リットルは水を飲むようにしています。

ミルク飲み人形みたいにゴクゴク飲んでは、よく排泄する。こうして毒素を体内に溜めないようにしていると、からだもお肌も喜ぶようです。

また、エステの最中はスチームが自分のほうに流れてきますから、喉がガラガラになってしまいます。そんなときは、お客さまとおしゃべりすることも考えてウーロン茶を選びます。食べ物のニオイなどを消すという意味も含めて口をゆすぐつもりで飲みます。

それから、水を飲むもうひとつの目的がカルシウムの摂取。

私はあまり牛乳が好きではないので、どうしてもカルシウムが不足しがちなのです。だから、他のブランドと比べて断然カルシウム含有量の多い「コントレックス」で補給しています。

これは、アトピーの方にもおすすめしてきました。カルシウムが不足すると、顔がくすんで赤くなってくるのです。

大人になってから乳製品を大量に摂るのは大変。そこでカルシウムをもっとも効率よく吸収させてくれるのが水だと、皮膚科のお医者さんがおっしゃっていたことを実践しているわけです。

朝起きるとまずコップ1杯のミネラルウォーターを飲む。そして、朝いちばんの水道水を主人の仏壇へ供えます。水道の蛇口から出てくる水がいちばん新鮮だといいますから。

そして、私の美と健康を支えている趣味。

それがダイエット。

先日、「何だかからだが重いなあ」と感じたので、私の体質にもっとも合っていて、空腹感なくやせることのできる「和田式ダイエット」をやったところ、無理なく減量に成功。今も理想体重を維持しています。

健康を損ねるような過度の減量はしませんが、自分が心地良く感じられる状態を保つことは大切だと思っています。

美容と健康のために私はいろいろトライしてはいますが、やはり本当の女性の美しさというのは、内側からも外側からも磨かなければ手に入らないと思うのです。

「顔は内面を映す鏡」だと私はよくいうのですが、年齢を重ねるほどにそれは顕著であり、顔はからだの上にただのっかっているものではありません。

たとえば、いくらバッチリお化粧をしていても、コーヒーを飲んだときに口紅がカップにベッタリついていたり、お寿司屋さんで香水のニオイをプンプンさせていたり。それだけで、どんなにきれいな容姿も帳消しです。

私はマナーとして、食事の前には必ず口紅を落とします。香りもＴＰＯを選ばず、嫌みのない柑橘系のものをほのかに香る程度つけるだけ。

そういう日常の些細なことまでも意識することで「トータル・ビューティー」を捉える。

この姿勢をもっていれば、小さなシミやたるみぐらいでプチ整形をする必要もなくなると思うのです。

生活を彩る「和の文化」

都忘れ（みやこわすれ）
蛍袋（ほたるぶくろ）
松虫草（まつむしそう）

これは茶室に生ける「茶花」の名称ですが、心にじんわりと染み入るとても情緒のある名前だと思いませんか。

私は昔からこういう「わび・さび」の世界に興味があったので、中学生のころに華道、高校で茶道を習得しました。

でも、それで満足してしまって、あとはずっとご無沙汰しているというのが現実。

そんな私の「和」の魂に再び火をつけたのは、意外にも外国の方でした。

クリスチャン・ディオールにいたころ、年に2〜3回、日本人スタッフがパリに行き、逆にパリのスタッフが日本に来るという活動をしていました。その際に、私はフランス人を観光名所に連れていったり、ディナーをセッティングしたりという案内役を任されたことがあります。

あるとき、フランスのスタッフと「ステーキを食べに行こう！」ということになりました。

一流レストランに行けば、外国の有名なお皿にお肉が盛り付けられると思ったので、私はあえて、益子焼の大きな器にのったステーキを、お箸で食べるというスタイルのお店を選びました。

そうしたら、みんなものすごく喜んでくれました。お肉はもとより、箸置きの脇に添えられた季節の花や、箸袋ひとつにも大感激するのです。

また、緑茶を飲めば、「美味しい！」というし、和菓子を渡したときなんて、その箱にまで手が込んでいると感心し、「デリケート！」と絶賛しました。

こういうシーンに出合うたびに、私は今まで当たり前のように接してきた「和の文化」により深い愛着と誇りを覚え、まさにわが国の「粋」に惚れなおすことになったのです。

そして、改めて日本の文化を繙いていくと、たとえば夏の生地である絽や紗。これは、西洋のレースにあたるもので、サラサラと清涼感があって夏に着るとすごく気持ちがいい。また以前、丹後縮緬の製作に携わっている方と知り合ったのですが、そのときには、「着物は呼吸をしている」とおっしゃっていました。

だから、「虫干しや陰干しをして空気を通すことによって、何年も生きるのよ」と。

また、日本家屋の土塀というのは、竹を組んで土を入れていくわけだから、夏は涼しく冬は暖かい。湿気の多い日本では障子やふすま、そして畳が湿度を調節してくれる。

つまり、着るものも住まいも日本の気候風土に合わせて、実によく工夫されているのです。そして、それがまた美しい。

外国の方は、「日本人は和と洋のミックスもうまい」といいます。

私のお客さまで、着物の生地で洋服をつくるのが上手な方がいますが、私も夏になると絣(かすり)で作ったワンピースを着ますし、洋間に呉服(ごふく)の生地や和花をさりげなく飾ったりもします。

こうして、かつて華道や茶道を習っていたとき以上に今、「ジャパネスク」を楽しんでいます。

そして、身近に「和の文化」を積極的に取り入れて、日本特有の美的感覚を決して失わないよう、意識しながら暮らしています。

五感を潤すものたち

アウトドア好きの知人がこんなことをいっていました。

「都市にいると、外ばかり見ているけど、都市を離れると、自分の内側が見えてくる」

確かに慌しく日常を送っていると、いろいろなものが目に飛び込んできて、あっという間に一日が通り過ぎていきます。

そこで、仕事に忙殺されないためにも私は「50歳を過ぎたら、ホッと落ち着ける住処を手に入れよう」と思ったのです。

そして今の住まいに移ってからは部屋に生花、お香、そしてヒーリングミュージックを欠かしません。これさえあれば、私はいつでも幸せな気分に浸ることができるからです。

花をリビングに飾るのは小さなころからの夢でした。花というのは何か「幸せの象徴」という気がして。花がひとつもない家は、どこか寂しい。だから、一輪でもいいから花が欲しいのです。

とくに、私は色とりどりのものよりも、同色でまとめたものが好きです。少し枯れてきたら、水を張ったボウルに茎を切り取って花だけを浮かべたりして楽しみます。

また、お客さまからお花をいただくことも多いのです。

先日お手入れをしたお客さまは、「いろいろな化粧品を試したけど、どうも顔がパサパサする」という悩みをもっていらっしゃいました。

そこで、ある美容液をおすすめしたらそれを2週間ほどで使いきり、本当に艶のあるお肌に変わっているのです。お嬢さまにもすすめてくださったようです。

それで、2回目にお会いしたときに花束を持ってきてくださったのです。

「きれいになってうれしい」という気持ちを花に託してくださるなんて、素敵ではありませんか。

それからお香。

これはインスピレーションで「いいな」と思ったものを買い込んでは、いろいろと試して好きな香りをみつけていきます。

今、気に入っているのは、京都・祇園にある尾張屋さんの「白川」。それから、「月の輪」というお香。

セミナーで全国各地を回っていましたから、とにかく時間をみつけては、お香を探したり雑貨店をのぞいてみたり。連日の出張は体力的には大変でしたが、こうしたたまの寄り道は、疲れも吹き飛ぶ楽しいひとときでした。

玄関から部屋に入ってフワッといい香りが漂ってくると、何となくリラックスできるもの。私がお香を好きなのは、香水でも芳香剤でもない、自然の香りがするからなのです。

都市の中にいるからこそ、自然に返ったつもりで、嗅覚も高めていたいのです。

今は子どもたちがラベンダーの花の前を通ると、「あっ、トイレの花だ！」というとかいいますが、子どものころから五感を育てるというのは、とても大切だと思います。

自然回帰という意味ではヒーリングミュージックもいいものです。

私は海をテーマにした音楽をよくかけます。

私たち人間は海から来た動物ですし、胎児のころは羊水の中にいるわけですから、水の音というのは本能的に落ち着くのです。私のサロンでマッサージを受ける方には、波の音を聞いていただき、心からリラックスしていただいています。

音楽もお香と同じでいろいろと試しました。

小鳥のさえずりは爽やかな気分にはなるけれど、癒されるという感じではない。また、「雨の音」というCDをかけていたら、お客さまが、「あら、雨が降ってきたわ！」とおっしゃって……。それでやめてしまいました。

こうして好きな音や香りに包まれ、居心地のいい空間に抱かれる。家にいる間だけでもゆったりと五感を潤わせてあげれば、都市にいても十分に自分の世界に浸ることができる。忙しい中にもほっとする時間をつくる努力は、気持ちにゆとりを生み、自分と向き合うきっかけをくれます。

プチ整形をする前に

最近、新聞や雑誌、テレビでも取り上げられていますが、「プチ整形をしている人が多いな」と思います。

私の場合は「痛いのがいや！」というのが先行してしまうから、頼まれてもやらないけれど、中には、「高い化粧品を買うならピピッとすましてしまえ」という感覚で行く人もいるようです。

他人はさほど気にしていないのに、なぜみなさんこんなに安易にプチ整形で顔の悩みを解決しようと思うのでしょう。

私の美容に関する大前提は、「美人の要素」は誰もがもっているということ。だから「松嶋菜々子になりたい」とか「黒木瞳になりたい」などという突飛な発想をすること自体が無意味。

人に憧れるのはいいけれど、もっと自分のもっているものできれいになる努力をしてほしい。自分の長所も短所も直視しないから、つい他人の真似をしようとするのです。

たとえばシミだって、私のお客さまで毎日、毎日、「シミが消えますように！」と唱えながらローションパックとホワイトニングパックを続けていたら、５００円玉大のシミが1年後に5円玉の穴ぐらいの大きさにまでサイズダウンした人がいます。

二重のパッチリした瞳だって、まぶたのマッサージをすることで手に入れられます。

私は自分の腫れぼったいまぶたがきらいで、「二重、二重……」と毎日唱えながら、まぶたの脂肪を指で外側に流していました。すごく地味な作業だけど、矯正下着というのがあるぐらいだから、「脂肪は移動する」のです。そうしたら、しだいにまぶたがスッキリして、奥二重のような目になったのです。

そう考えると、プチ整形なんてしなくても、自分の努力でたいていのことは実現できるのです。

女優さんならまだしも、ふつうの人が、痛い思いをして、お金をかけて、しかも一生メンテナンスをしていかなければならない。そのたいへんさを考えると、まずは自分自身の毎日のケアで、できることをやってみてほしいのです。

たとえばスーパーモデルとして人気の冨永愛さん。

彼女は典型的な日本人顔ですよね。「美人！」という感じではないけど、あのクールな表情が持ち味となっているわけです。

山口小夜子さんだって、あの切れ長のジャパニーズ・アイと白い肌、そして真っ黒な髪が、外国人にとってはとてもエキゾチックに映ったといいます。

美人の基準というのは、案外いい加減なもの。でも流行を追いかけるような美容法では、決して「本物の美人」になんてなれません。

ある下着メーカーに勤める私の知人の話によると、「顔にこだわっている人ほど、下着に無頓着」なのだとか。私も同感です。

つまり、見えない部分はどうでもいいと考えていらっしゃる。

さらに、「下着に無頓着な人ほど、恥じらいなく下着をとる」

また、きれいに化粧をした人ほど、ためらいなくバッグを地べたにドンと置いたり、立居振る舞いに品がなかったり……。

私は、そういう姿を見るにつけて「女は顔だけじゃない」という思いをいっそう強くしたのです。

もっとも、美人に越したことはありませんが、「見えない部分」を磨いてこそ、その人の美しさが生きてくると思うのです。

アジアン・ビューティー

アジアがブームです。

細かい刺繡を施したベトナムのランチョンマットや、籐を編んでつくるバリのハンドバッグ。こうした天然の素材を活かしたアジアの日用雑貨は毎日の暮らしに癒しの効果をもたらしてくれます。

「もの」だけでなく、アジアの「人」との交流もまた、日常的になってきました。

たとえば芸能界。いまや歌手からアイドル、女優にいたるまで、アジアの女性がどんどん日本に進出してきています。

彼女たちを見ていると、強烈な個性こそないものの、ストレートの黒髪や陶器のようなキメの細かい肌、そしてはにかむようなしぐさにドキッとさせられることがあります。

これこそ、西洋の美ばかりを追いかけてきた日本女性が忘れかけていた、東洋独特の「透明感のある美」だという気がしてならないのです。

もっとも、日本の伝統的な芸術、たとえば浮世絵は古くから外国人を強く惹きつけてきましたし、着物のデザインなどは外国人には絶対に真似のできないものだといいます。

そういう素晴らしい文化をもっているのに、なぜか日本の若者は欧米のスタイルばかりを追いかけてきました。

そして、日本が発信していた東洋の美は、いまや香港や台湾、中国本土からの女性が独占し、日本はそれを「逆輸入」しているようにも感じます。

メイクにしても、顔を真っ黒にする「ガングロ」や、「ヤマンバメイク」が流行ったかと思えば、すぐに「美白ブーム」が到来する。ある意味、節操（せっそう）なく流行をつくってきたのが日本のメイクですが、そろそろ自分たちがもつ本当の「日本美」に目を向けてもいいのではないかと思います。

ヘアカラーもしかり。

気がつくと、圧倒的多数の女性が髪の毛を茶色に染めています。

私は茶髪反対派です。

自分が子どものころからトウモロコシの毛みたいな茶色っぽい髪の毛をしていて、黒髪に強い憧れがあったから、余計にそれを捨ててしまうのがもったいないという気がするのかもしれません。

「茶色にすると、顔が優しくなります」と美容師の方はよくいいますが、「優しく見える」というのは、実は、言葉を換えれば「ボヤケる」ということなのです。

だから、とくに年を重ねてただでさえボンヤリしてきた人が、さらに茶髪にするのは逆効果だと思います。

やはり日本人の顔を引き立ててくれるのは黒髪。

だからこそ、和装の花嫁さんには真っ黒のカツラに白いメイクをするでしょう。それに、喪服はいちばん女性をきれいに見せるといいます。

外国人の男性は、決まって市松人形みたいな日本女性を連れて歩きたがるではないですか。あれが、外国人が抱く日本人のイメージなのです。

陶器のような肌とストレートの黒髪、そしてアーモンドのような切れ長の目というのは、欧米人からすれば、憧れの対象です。

日本人はまゆ毛と目の間隔が広いのを気にしますが、彫りの深い欧米人にいわせれば、「アイメイクがめいっぱい楽しめてうらやましい！」となるわけです。

人というのは、ないものねだりをする生き物。

欧米人が髪を黒く染めて着物を着ても、どこか滑稽なものです。だから、そろそろ気づいてほしいのです。自分をいちばんきれいに見せてくれる美の要素は、案外身近なところにあるのだということに。

美しいものと美味しいものが好き

真っ白なペチコートにヒールのついた上履き。そして、髪の毛を三つ編みにしたそばかすだらけの女の子。子どものころの私は、「ちょっと変わった子」でした。

ただ、「美しいもの」には人一倍敏感で、祖母にもよく、「美しいものがあったら、まず試してみなさい」といわれて育ちました。

だから、外国映画を観ていても、ストーリーはまったく覚えていないのに、ジャズシンガーの服だけはきちんと覚えているというふうでした。映画が50円で観られた時代のことです。

そんな私の美的アンテナを直撃したのが宝塚歌劇団でした。

大阪で育ちましたから、よく宝塚大劇場へ通いました。最初に観たときは、子ども心にも、「お化粧をすると、人の顔ってこれだけ変わるんだ！」と、それは感激したのを覚えています。

そして、高校を卒業すると宝塚歌劇団出身の先生が多いという理由で、「カネボウ・チャーミングスクール大阪校」に入学。さらに東京の「牛山喜久子美容学園」を卒業すると、いよいよ美容の世界へと飛び出していくことになりました。

その間にすばらしい女性たちと出合い、そして初めての就職先である銀座(ぎんざ)・松屋(まつや)のビューティーサロンでは、「きれいの原点」を学びました。

ここにはフェイシャルも超一流、マニキュアも超一流、着付けも超一流という人たちが揃(そろ)い、いわゆるお金持ちのマダムがきれいになっていく姿を常に目(ま)のあたりにしていました。

やがて、フランスの化粧品メーカー、ゲランに就職すると、私は「きれいなものを見る」ことから一歩前進して、「人をきれいにする」という楽しさを学び、さらに人をきれいにするためには「自分もきれいでいなければならない」と思ったのです。

こうして、子どものころから敏感に感じてきた「きれい」の形は、月日とともに姿を変えて、いまや私にとっては不可欠な存在、つまりライフワークとなりました。

「美しいもの」と同じように、私は「美味しいもの」にも目がありません。「ダイエットが趣味」と吹聴しているぐらいだから、決して大食いはしないのですが、仕事柄、全国各地を回るので、いろいろな美味しいものと出合ってきました。

とくに栗のお菓子や大福、お豆が大好きで、いつか「美容家のすすめる美味しいもの」という本を出したいと思っているぐらい。全国の美味しいうどん屋さんや蕎麦屋さんにも目がなく、自分でお料理をするのも大好きです。

美味しいものを食べているときや、美味しいものの話をしているときって、人は自然と幸せな顔になるでしょう。

よく、気分転換のためにデパート巡りをしていて、たとえばお米売り場に寄ったとき。「あ、この間お客さまにいただいたお米だ」とか、「静岡のお客さまが送ってくださったお茶はここのものだったのか」という具合に、広く浅くですけれど、ちょこちょこっと見ておくことによって、次にそのお客さまと会うときの会話も弾(はず)むわけです。

全国各地で食べ物の話をしていますと、不思議とその場の雰囲気も和(なご)みます。

先日も、京都のお客さまが、「お茶が好きだって、おっしゃってましたよね」といって、一保堂(いっぽうどう)という有名なお店のお茶を持ってきてくださいました。

こうやってコミュニケーションを円滑(えんかつ)にしてくれるのも、「美味しいものの効果」です。

私の主人は生前によくこういっていました。

「一流のものに触れなさい」

結局、一流のものを見ておかないと、いい悪いの判断がつかなくなってしまうからです。

だから主人は美味しいものをよく食べに連れていってくれましたし、美術館や博物館にも一緒に足を運びました。車好きという共通の趣味もありましたし、旅行やおしゃれにも私たちは夢中でした。

とにかく美しいものや美味しいものから「美的感覚」を吸収するためなら、私たちは時間やお金を惜しみませんでした。

こういう形で自分に投資することは、将来、必ず、何ものにも代え難い貴重な財産となります。

「美しいもの」「美味しいもの」を五感で堪能したら、そのときの感動を心に留めておくことも忘れずに。

その感動が、あなたの「きれいになりたい」という気持ちを一生、高め続けてくれるはずです。

私の人生を変えた3人の女性

60年の私の人生の中で、転機を好機に変える素晴らしい人物に出合ってきました。

とくに大切な3人の女性についてお話ししたいと思います。

まず、牛山喜久子先生。

牛山先生と初めて会ったのは、私が22歳のとき。

美容の仕事に就くのを夢みて単身上京し、東京・目黒にある「牛山喜久子美容学園」に入学しました。その校長である牛山先生は、おしゃれでセンスがよく、「本当の女性とは、こういう人をいうのだ」と思ったものです。

そして先生のことを知るにつれ、「私もこういう年の重ね方をしたい」と強く感じるようになりました。

ビューティーに関する知識だけではなく、仕事に対する姿勢や生き方そのものが、実に素敵だったのです。

私が結婚をして大阪に戻ることになると、先生は、「男の人は『女房は家にいてほしい』と思うものよ。土日が休みの会社に勤めなさい」とアドバイスをしてくださいました。そして、「外資系でこういう会社があるんですけど……」と、ゲランのことを話すと、「フランスの化粧品はいいわよ。ゲランはいいわよ」と大賛成してくださったのです。

その牛山先生の助言もあって、私は一も二もなくゲランを選び、やがて就職することになったのです。

2人目は「顔師（かおし）」の橋本直枝（はしもとなおえ）先生です。

橋本先生は現在のメイクアップ・アーティストの分野を切り開いた先駆者ともいえる方です。

広告ポスター用のファッションメイク、映画や舞台では日本の時代劇からシェイクスピア劇のメイクを担当するだけでなく、衣装の時代考証まで手がけ、幅広いジャンルの作品づくりに貢献してこられました。名だたる俳優、モデルの方々の「顔師」として活躍されました。

私は先生の助手として、一時期、仕事を通してたくさんのことを勉強させていただきました。

「プロの仕事」を私に教えてくださったのは、橋本先生なのです。

そして、3人目がゲランのマダム・リゴプロ。

彼女は私にフランスの化粧品の素晴らしさを教えてくれました。

たとえば、拭き取りクレンジングに関して、「日本人のお客さまは『洗いたい』というのですが、どのように説明すればいいですか?」と質問すると、「日本は水がきれいだから、洗いたいのはわかるけど、年齢を重ねた肌に洗いすぎはよくないわよ」といって、その理由を親切に教えてくれました。

また、「フランスの化粧品を理解してもらうには、『日本の習慣だから』という概念(がいねん)を捨てて、本当にお肌にとっていいことを理解してもらうこと。それがあなたたちの仕事よ」ともおっしゃいました。

世界各国をアクティブに駆け回る彼女は、化粧品に関して絶対的な自信をもっていて、私が知らないことを惜しみなく教えてくれました。

この3人の女性に出合っていなければ、私の人生はきっと違っていたと思います。それぐらい私にとっては大切な方たち、そして心から尊敬する方たちなのです。

この3人をみても、私が憧れるのはいつもカッコいい女性でした。

「ああ、私も彼女のような生き方がしたい！」

「彼女の美しさ、凜々しさを見習いたい！」

そんな向上心が、私を育ててくれたのだと思います。

尊敬する3人の女性から得た美しく生きることの教訓を、ひとりでも多くの女性に伝えたい。

それが、これからの私のライフワークなのです。

「35年」という時間がくれた宝物

鏡をじっと眺めている人の顔から、やがて白い歯がのぞき、満面に笑みがこぼれる。

私がもっとも幸せを感じる瞬間です。

コスメカウンターやセミナーにいらっしゃるみなさんは、最初は鏡に映った自分の顔を直視できないものです。ところが、お手入れをしてきれいにしてさしあげると、一転して鏡から目を離さなくなる。

そして、「私、こんなに自分の顔がきれいになるとは思いませんでした」と驚く方や、感激のあまり泣き出してしまう人もいます。

そんなとき、「せっかくメイクしたのに、なんでそんなに泣くの？」といいながら、私自身もじんわりきてしまったり。

次に出てくる言葉が、これです。

「写真を撮ってほしい」

「今日はデートしたい」

たかがメイク、されどメイク。

私は何も特別なメイクをしているわけではないのに、わずか数分間で女性が見事に生まれ変わるのを、何千回も目のあたりにしています。そして、この瞬間を共にする喜びは、何度味わっても飽きることがありません。

美容学校卒業後、ビューティーサロンを皮切り（かわき）りに美容業界に入った私は、35年の間に2社のフランスの化粧品メーカーに在籍し、途中には結婚、渡米、主人の死などさまざまなできごとがありました。

でも、いつも私のパワーの源となったのは、日本各地の女性と直接お会いすることのできる「現場」での体験です。

私はこの業界に友達をひとりももちません。すべて仕事仲間です。友達だと思うからトラブルになる。

この業界は8割が女性ですが、女というのは足を引っ張ることはあっても、手を引っ張ることはない。だから私は、あえて友達というものをつくらなかったのです。

それに、上司の男性に媚(こ)びるのも大きらい。だから、ずっと一匹狼(おおかみ)を貫(つらぬ)きました。

でも、一匹狼でいるためには、「自信」がなければダメなのです。

だからこそ、若いころから何でも聞いて勉強してきましたし、何といってもいちばんの勉強の場は「現場」でした。だって、人をきれいにするという仕事において、いちばんの情報源はお客さまでしょう。

何を求めていて、どうしたいのかを直接聞くことができるわけですから。

それに、お客さまをきれいにすること、大切にすることだけを考えていれば、周りのことを気にする必要もありません。

しかし、ある程度のポジションにつくと、周りからは私はよくこういわれました。

「どうして現場に立つんですか？」

「先生みたいな人がそこまでしなくても」

私はそれはおかしいと思いました。

どうして現場に出てはいけないの？　現場に出ることはそんなに恥ずかしいことなの？

確かに、経験を積んで管理職になった人は、ほとんど現場に来なくなります。でも、会社にいたら生の情報なんて何も入ってきません。私は、お客さまと直に接して、いちばん新しい情報を聞くことで、自分に自信をつけました。

そして現場に長年いると、最近の美容業界が昔とはずいぶん変わってきたことも肌で感じます。

私たちの時代は、美容部員は制服をきちんと着て、髪は引っ詰め。そして装飾品といえば、結婚指輪と時計以外は一切禁止でした。

やはり、「美」というものを売る仕事をしている以上、自分自身がきれいにしていなければ嘘だと思います。ですから、私はタバコもお酒もまったくやりません。

ところが今ではデパートに入ると、耳にピアスをつけ、タバコのニオイをプンプンさせながら接客をする美容部員や、ヒゲは伸び放題、サイケな格好をして帽子を被った男の人までいて驚きます。

「メイクアップ・アーティスト」といっても、創り出すのはきれいになるメイクではなくて、演出としてのメイクです。

あれでは、年配のお客さまは気軽に足を運べませんね。

だから私はよくコスメカウンターで年配の方に相談されました。若い店員やメイクアップ・アーティストに混じって、私みたいな頭の白い女性がいると安心なさるのでしょう。

私は、どんなに時代が変わっても、「美の価値観」というのはそう簡単には変わらないものだと思っています。それに、今は平均寿命だって延びているわけですし、女性は永遠に美しくなれると思うのです。

だから私は、これからの人生、世代を超えてひとりでも多くの女性に「本物の美」というものを伝えていきたい。そう、「ビューティー・アンバサダー（美の大使）」になりたいのです。

夢の空間「サロン・ドール・マ・ボーテ」

会社帰りにふらっと立ち寄るバーとか、週末に車を走らせて向かう軽井沢（かるいざわ）のログハウスとか。いわゆる「男の隠れ家」という言葉はよく耳にしますが、「女の隠れ家」という言葉はあまり聞いたことがありません。

女性がこれだけ社会進出して、働く女性もストレスを抱えている。専業主婦だって「ときには日常から遮断された空間で、ゆったりとした時間をすごしたい」と思っているはずです。

「サロン・ドール・マ・ボーテ」は、そんな女性のための安らぎの空間をイメージして私が2003年7月1日に誕生させました。

私は2001年まで、東京・帝国ホテル内にあるクリスチャン・ディオールのエステティック・サロンで、サロン・マネージャーを務めていました。

このサロンがほかと少し違っていた点は、まず1日に2人しかお客さまを受け付けないこと。そして、細かいマニュアルというものをあえて設けなかったことです。

違うメーカーから来たスタッフの女性は、大さじ1杯とか、小さじ1杯とか、決められた量しか化粧品を使ってはいけないと教えられてきました。

でも、このサロンでは、「どんな化粧品も、惜しみなく使ってさしあげなさい」というスタイルを貫いていました。

彼女も最初は戸惑(とまど)っていましたが、やがて、「こんなに自分がやりたいことをやらせてもらえるサロンはほかになかったので、幸せを感じました」というようになりました。

だって、「使いすぎ！」だとか、「時間を短縮しろ！」といった制約があると、施術(せじゅつ)するほうも気分がギスギスしてしまうでしょう。

それよりも、「この方は背中が弱いから、2〜3枚多めにタオルを敷いてさしあげて」とか、「あの方は脚が長いから、バスタオルで少し補足して」だとか、いかに一人一人のお客さまにリラックスしていただくかを常に考えていました。

1日2人というのは、そこまでの気配りができるのです。お客さまが多いと、どうしても流れ作業でやらなければならなくなる。

そんなこともあって、「あのサロンは1年待ち」という伝説が生まれてしまいました。

現に、一度来られた方は必ずといっていいほど、次回の予約を入れられますから、新規の方がなかなか入れなかったのです。常に予約が１００人近くありました。

でも、女性というのは一度心地よい空間を見つけると、半年でも1年でも待てるものなのです。女性の「美への執着」というものを、私はそこで痛いほど感じ取りました。

残念ながらその帝国ホテル内のサロンは今はもうありませんが、あの「伝説の空間」に「佐伯テイスト」を加えた、究極のサロンをいつかはつくりたいと、以前から考えていたのです。

その間には、「佐伯ブランドの化粧品をつくりませんか?」という話をいただいたり、また自らカウンセリングルームのようなものをつくろうかと考えたこともありました。そこにお客さまが普段使っている化粧品を持ってきていただいて、「これはやめたほうがいいんじゃないか」とか、「こういうものを入れたほうがいいんじゃないか」といった、ブランドやメーカーの枠を飛び越えたアドバイスをしてあげたいと。

でもいろいろと考えた末に、私はもう化粧品という「もの」だけにこだわるのをやめました。多くの女性の肌に触れ、それを記憶してきたこの手で、「本当のお手入れ」というものを、ひとりでも多くの方に味わってもらおうと思ったのです。

帝国ホテルでエステをしていたころに、「全身エステをやってもらえないか」というお声が多かったので、2004年、東京・代々木にプロデュースした総合美容施設「ビューティータワー」内にある「サロン・ドール・マ・ボーテ」では、私の弟子が全身マッサージもさせていただいています。

これまでに私がサロンやセミナーでお手入れをしてきた女性の中で、とくに印象に残っている方のおひとりに、最初、すごくきついメイクをしていらした方がいます。

どうも、顔色が悪いのを気にしていらしたのですが、途中からノーメイクで来られるようになりました。

「なぜ最近、お化粧されないのですか？」とお聞きしたら、「顔色がピンク色できれいねっていわれるからなの」とおっしゃる。

何もしなくても血色がいいから、堂々と素顔で歩けるようになったのだそうです。

またあるお客さまは、先日お見えになったとき、「もう、このまま眠りたい！」とおっしゃっていました。このエステの時間が至福のときなのだそうです。

確かに、1ヵ月に1度のエステの日が楽しみだとおっしゃる方は多いです。

「自分への最高のご褒美。また1ヵ月頑張るわ」と。

そんなふうに、きれいになると同時にこの場所が女性のパワースポットになればうれしいですし、みなさんの幸せそうな顔を見ることで、私自身も元気になれるのです。

私はもう化粧品を販売することはありません。いつでも「きれいになりたい」という方をここ、「サロン・ドール・マ・ボーテ」でお待ちし、足を踏み入れた方すべてに、佐伯チズ本人が「至福のひととき」を提供するだけ。

この至極シンプルなサービスこそが、私が長い美容人生を経て導き出した、究極のお手入れなのです。

Beauty Column

† † †

もう迷わない！　大人のためのカラー選び

その日の服装や気分に合わせてアイシャドウや口紅を選ぶのは、女性にとって楽しいひとときですが、色選びというのは案外難しいもの。そんなときに心強い味方となるのが、どんな服にも合う、自分にもっとも合う「マイカラー」をもつということです。

その「失敗のないカラー」ですが、私は「テラコッタ（レンガ色）」こそが日本人にもっとも似合うカラーだと思うのです。このテラコッタをチークや口紅などにもってくれば、まず収まりがよくなります。「今日の色はどうしよう」と迷ったときには、「マイカラー」にすればいいし、「ベース」があるからこそ、そこにローズカラーをプラスしたり、さし色を加えるというアレンジが安心して楽しめるのです。

逆に日本人には難しいのが、肌の色から遠いブルーやグリーン。これを直接肌につけると、時間が経つにつれてグレーがかったくすんだ色になってしまう。

ただし、ちょっとしたウラ技（わざ）があるのです。まず、ベースにサーモンピンクのアイシャドウをのせ、色のクッションをつくるのです。その上にブルーやグリーンをのせると発色が驚くほどよくなります。

あとがき

私がよく存じあげているお客さまに、名古屋の大学で教授を務めておられた88歳の女性がいます。その方は、私が出た雑誌のインタビュー記事を切り抜いて、きれいにスクラップしてくださっていて、それを参考にスキンケアをしているとおっしゃいます。とても米寿を迎える方とは思えないほど艶っぽくて素敵な女性です。

また、大阪でセミナーを開いたときには、66歳の女性がいちばん前の席で食い入るように私の話を聞き、最後に「いくつになっても女を捨てたらダメね」という言葉を残していかれました。

女性の人生を仮に80年として、20歳からメイクを始めたら60年という長い歳月にわたって化粧品と付き合っていくわけです。だったら、自分がより美しく輝いて見える方法に出合ったほうが絶対に幸せです。

私はこの世の中に「きれいになりたい」と思わない女性なんていないと思います。「きれいになれない」と嘆いている人の多くは、ただ単に「的確なアドバイスをしてくれる人」に出合っていないだけ。

私の持論は、「すべての女性が美の要素をもっている」。その引き出しを見つけ出すことができるか否かが、「きれい」の分かれ目となるのです。

２００３年6月、私はクリスチャン・ディオールを退職し、35年にわたる化粧品メーカーでの生活に幕を下ろしました。さらに60歳という節目を迎え、新しい人生のスタートをきりました。

でも、これで美容の世界と縁を切るつもりはありません。

正直をいうと、一生をかけてでも「日本全国の女性をきれいにしてあげたい」というのが私の気持ちです。現在は、「美肌師」佐伯チズとしてプロデュースした総合美容施設、「ビューティー・タワー」内にエステティック・サロンを構え、ここを訪れるすべての女性を、この私の手できれいにしてさしあげたいと、日夜努めています。

そしてもうひとつ。私のように人をすべての面において「きれい」にしたいという志をもった、若き「美の伝道師」を育てたいとも思っています。

最近ヒットした女性歌手の歌に、「夢は思うものではなく、叶えるもの」というフレーズがあります。まさにそのとおりだと思います。

私はこれまでの人生の中でさまざまな女性に憧れ、それをバネにしてきました。しかし、その人を「うらやましい」と思ったことは一度もなく、「自分もああなりたい」と、いつも上を見て歩いてきました。だから今、少しずつ自分が夢見てきた世界に近づきつつあるのだと思います。

美容だって同じ。「もう年だから」とあきらめて夢を捨てた時点でおしまい。日本女性は、あらゆる意味で外国人もうらやむ「美」の要素をもっています。だから、これからは多くの女性が「新・大和撫子」としての魅力を、もっともっと開花させてほしいと願ってやみません。

それでもまだ迷っている方がいたら、どうぞ「美肌師」のいる「サロン・ドール・マ・ボーテ」の扉をそっと叩いてください。

最後に、本書の出版にあたり、たいへんなお力添えをいただいた講談社の丸木明博局長と編集の上岡康子さんに心よりお礼申し上げます。そして、いつも私の最大の応援者である亡き夫、佐伯有教に「ありがとう」の言葉を贈りたいと思います。

平成15年6月

佐伯チズ

本作品は二〇〇三年七月、小社より刊行された『佐伯チズの頼るな化粧品!』を、文庫収録にあたり加筆、改筆したものです。

佐伯チズ―1943年に生まれる。OLを経て美容学校、美容室勤務ののち、1967年、フランス化粧品メーカー、ゲラン入社。その後、渡米などを経て1988年、パルファン・クリスチャン・ディオールのインターナショナル・トレーニング・マネージャーに就任。美容部員の指導のかたわら、年間2000人以上の女性の肌に触れ、トラブル解消に努めてきた。
2003年6月、クリスチャン・ディオールを定年退職後、エステティック・サロン、「サロン・ドール・マ・ボーテ」を開業。現在は2004年10月に自らがプロデュースした東京・代々木の総合美容施設「ビューティータワー」内にサロンを構え、現役エステティシャンとして活躍中（問●ファクス／03-6775-7111● URL／http://www.beauty-tower.jp）。また2004年末より、美容のプロを目指す人と美容についての知識を深めたいという一般女性が学べる「佐伯チズ　チャモロジー（魅力学）・スクール」を開校。
著書には『佐伯チズのスキンケア・メイク入門』『DVD版　佐伯チズの「手のひら」スキンケア・メイク』『美肌革命』『美肌食』『美肌塾』（以上、講談社）、『佐伯チズ メソッド 肌の愛し方　育て方』『佐伯チズ メソッド　艶(つや)つやメイク』『美肌手帖』（以上、講談社＋α文庫）がある。

講談社＋α文庫 **頼(たよ)るな化粧品(けしょうひん)！**
―顔を洗うのをおやめなさい！
佐伯(さえき)チズ

2006年1月20日第1刷発行

発行者――野間佐和子
発行所――株式会社 講談社
東京都文京区音羽2-12-21 〒112-8001
電話 出版部(03)5395-3530
販売部(03)5395-5817
業務部(03)5395-3615

カバー写真――高橋ヒデキ
デザイン――鈴木成一デザイン室
カバー印刷――凸版印刷株式会社
印刷――慶昌堂印刷株式会社
製本――株式会社国宝社

落丁本・乱丁本は購入書店名を明記のうえ、小社業務部あてにお送りください。
送料は小社負担にてお取り替えします。
なお、この本の内容についてのお問い合わせは
生活文化第三出版部あてにお願いいたします。
Printed in Japan ISBN4-06-281004-2
定価はカバーに表示してあります。

… Teil schnell aufzufinden.

Man „greift“ den gesuchten Buchstaben hier am Rand und blättert mit dem Daumen, bis der gesuchte Buchstabe auf dem Rand der betreffenden Seite auftaucht. Er kommt zweimal vor einmal im französisch-deutschen und einmal im deutsch-französischen Teil.

Linkshänder benutzen in gleicher Weise die ABC-Griffleiste am Ende des Buches.

A B C D E F G H IJ K L M NO P QR S T UV W Z

Langenscheidt

Schulwörterbuch Französisch

Französisch – Deutsch
Deutsch – Französisch

Herausgegeben von der
Langenscheidt-Redaktion

Langenscheidt

Berlin · München · Wien · Zürich · New York

Bearbeitet von Wolfgang Löffler und Michel Mercier

Überarbeitet vom Büro für Lexikographie, Veronika Schnorr und Beate Wengel, und der Langenscheidt-Redaktion in der neuen deutschen Rechtschreibung

Info-Fenster erstellt von Dr. Günter Jehle

Ergänzende Hinweise, für die wir jederzeit dankbar sind, bitten wir zu richten an:
Langenscheidt-Verlag, Postfach 40 11 20, 80711 München

5. 6. 7. 8. 9. * 07 06 05 04 03

Druck: Graph. Betriebe Langenscheidt, Berchtesgaden/Obb.
Printed in Germany · ISBN 3-468-13215-8

Vorwort

Die vorliegende Neuausgabe von Langenscheidts Schulwörterbuch Französisch richtet sich noch stärker nach den heutigen schulischen Wünschen und Anforderungen an das Wortschatzlernen. Besonderer Wert wurde auf eine übersichtliche und schülerfreundliche Gestaltung gelegt.

Mit rund 55 000 Stichwörtern und Wendungen bietet das Schulwörterbuch ein relativ breites Spektrum des modernen deutschen und französischen Wortschatzes, wobei der lebendige Sprachgebrauch in Schule und Alltag im Mittelpunkt steht. Dementsprechend berücksichtigt sind Interessengebiete der Jugendlichen wie z. B. Spiel, Sport, Computer, Schule und Umwelt, ebenso umgangssprachliche Ausdrücke und Vokabular aus gängigen Französischlehrwerken.

Das Schulwörterbuch verwendet bereits die neue deutsche Rechtschreibung.

Drei wesentliche Neuerungen wurden in diese Neuausgabe eingeführt, die das Nachschlagen vereinfachen und dem Schüler beim gezielten Erlernen des Wortschatzes helfen:

1. **Blaue Haupteinträge** erleichtern jetzt die Stichwortsuche.
2. Schwarze Dreiecke ▶ heben die Wörter und Wendungen des französischen Grundwortschatzes hervor.
3. **Blau unterlegte Info-Fenster** bieten interessante, lehrreiche und schülergerecht dargestellte Zusatzinformationen zu den Themenbereichen Wortschatz, Sprachgebrauch, Fehlervermeidung und Landeskunde.

Die Info-Fenster sind verfasst von Dr. Günter Jehle, der die Erfahrungen und Erkenntnisse aus seiner Lehrtätigkeit und aus seiner Arbeit in der Lehrplankommission einbrachte.

Die Autoren des Schulwörterbuchs – Wolfgang Löffler bearbeitete den französisch-deutschen Teil, Michel Mercier den deutsch-französischen – sind erfahrene Sprachlehrer an einem deutschen bzw. französischen Gymnasium. Sie bieten die Gewähr für einen praxisbezogenen und schülergerechten Wortschatz.

Was sich in der Praxis bewährt hat, wurde in dieser Neuausgabe beibehalten: Die leicht verständlichen Benutzerhinweise, das Symbol ⚠ zur Warnung vor häufig gemachten Fehlern, die Angaben zur Grammatik beim französischen Stichwort und die Anhänge – u. a. mit einem vollständigen Überblick über die Konjugation der französischen Verben – sollen dem Schüler den sicheren Umgang mit dem Französischen ermöglichen.

Durch die Verbindung von bewährter Qualität und sinnvollen Neuerungen wird das Schulwörterbuch Französisch sicherlich auch weiterhin das beliebte und handliche Nachschlagewerk für Schule und Freizeit sein.

LANGENSCHEIDT-VERLAG

Inhaltsverzeichnis

Wie benutze ich das Schulwörterbuch?

Keine Angst vor unbekannten Wörtern!

Das Schulwörterbuch tut alles, um das Nachschlagen und das Kennenlernen eines Wortes so leicht wie möglich zu machen.

Die folgenden Seiten zeigen, wie und wo die nötigen Informationen zum Verständnis eines Textes, für eine Übersetzung in der Schule, für einen Brief an französische Freunde oder auch zur Vorbereitung eines mündlich vorgetragenen Referats zu finden sind.

Wie und wo finde ich ein Wort?

Alle französischen Stichwörter des französisch-deutschen Teils und alle deutschen Stichwörter des deutsch-französischen Teils sind **alphabetisch geordnet.** Die Kenntnis der alphabetischen Reihenfolge ist also der Schlüssel zum raschen Auffinden eines Wortes. Außerdem erscheinen die Stichwörter, die am Beginn eines neuen Absatzes stehen, **in blauer Farbe.**

Suchen wir z. B. das Wort *beilegen*:

Zunächst wird mit Hilfe der **ABC-Griffleiste** der Anfangsbuchstabe des gesuchten Stichwortes aufgeschlagen. Dann blättern wir an Hand der fett gedruckten **Leitwörter** in den oberen Ecken jeder Doppelseite, bis wir auf den Ausschnitt aus der alphabetischen Stichwortfolge stoßen, die das gesuchte Wort enthält, in unserem Fall *Beil – belustigen.*

Beil 378

Beil *n* hache *f*, hachette *f*
Beilage *f Zeitung* supplément *m*; *Essen* garniture *f*
beiläufig en passant, incidemment
beileg|en *e-m Brief* joindre (à); *Streit* régler; **≈ung** *f* règlement *m*
Beileid *n* condoléances *f/pl*; ***j-m sein ~ aussprechen*** présenter ses condoléances à qn
beiliegend ci-joint, ci-inclus

379 **belustigen**

beliefern fournir *od* approvisionner (***mit*** en)
bellen aboyer
belohn|en récompenser (***für*** de *od* pour); **≈ung** *f* récompense *f*
belügen ***j-n ~*** mentir à qn; ***ich habe ihn (sie) belogen*** je lui ai menti
belustig|en (***sich ~*** s')amuser, (se) di-

Es ist zu beachten, dass durch die streng alphabetische Reihenfolge der Stichwörter gelegentlich Glieder derselben Wortfamilie voneinander getrennt werden, wie die folgenden Beispiele zeigen:

volt	**Hand**	**Rad**
voltage	**Handarbeit**	**Radar**
volte-face	**Händedruck**	**Radio**
voltige	**Handel**	**Radius**
voltmètre	**Handfeger**	**Radkappe**

Die einzige Abweichung von der alphabetischen Reihenfolge erlaubt sich unser Wörterbuch bei den femininen Wortformen, die aus Gründen der Platzersparnis jeweils mit der maskulinen Form zusammengefasst sind, z. B.

exclure	**Autopsie**
exclus|if, ~ive	**Autor**(**in** *f*) *m*
exclusion	**Autoradio**

In das alphabetische Wörterverzeichnis sind auch Eigennamen (***Algérie***, ***Cologne***, ***Rhône*** usw.) und Abkürzungen (***B.D.***, ***C.E.S.***, ***S.N.C.F.*** usw.) aufgenommen, ebenso schwierige unregelmäßige Verbformen mit Verweis auf den Infinitiv.

Auch französische Wörter, die mit Bindestrich geschrieben werden, stehen als eigene Stichwörter an alphabetischer Stelle, wie z. B. ***chauve-souris, essuie-glace, rez-de-chaussée, roman-feuilleton, sans-abri.*** Wird übrigens ein solches Wort an der Stelle des Bindestrichs getrennt, so wiederholt unser Wörterbuch, entgegen der üblichen Rechtschreibung, den Bindestrich am Anfang der folgenden Zeile:

essuie-
-glace   ***roman-***
-feuilleton   usw.

Französische Wortbildungen vom Typus ***sac à main, tableau de bord*** – also ohne Bindestrich geschrieben – werden nicht als gesonderte Stichwörter behandelt. Sie sind im Allgemeinen unter ihrem ersten Bestandteil eingeordnet, das heißt unter den Stichwörtern ***sac, tableau*** usw.

Genauso sind Redewendungen im Wörterbuch unter ihren Kernwörtern verzeichnet, z. B. Wendungen, die ein Substantiv enthalten, unter demselben, also ***à regret*** unter ***regret***, ***aller à la dérive*** unter ***dérive***, ***l'autre jour*** unter ***jour***, ***für j-n Partei ergreifen*** unter ***Partei*** usw.

Was bedeuten die verschiedenen Schriftarten?

Vier verschiedene Schriftarten gliedern die Informationen eines Stichwortartikels, wobei jede Schriftart eine ganz bestimmte Funktion hat:

fett gedruckt	sind alle französischen und deutschen Stichwörter,
Auszeichnungsschrift	kennzeichnet die Wendungen,
Grundschrift	wird für die Übersetzungen verwendet,
kursiv	sind alle erklärenden Zusätze gedruckt.

clean [klin] F **1.** sauber; **2.** *Person*: schwer in Ordnung; **3.** *Süchtige*: clean
clébard [klebar] *m od* **clebs** [klɛps] *m* F *péj* Köter *m*
clef [kle] *f cf* ***clé***

Ratte *zo f* rat *m*
rattern faire du bruit; *tech* brouter
rau *Oberfläche* rugueux; *Haut* rêche; *Klima* rude; *Stimme* rauque; *Gegend* sauvage; *Sitte* grossier

Was sagen die Zeichen und Abkürzungen?

In einem Wörterbuch kehren bestimmte Elemente immer wieder: dasselbe Grundwort in einer Wortfamilie oder in einer Reihe von Wendungen, dieselben grammatischen Bezeichnungen, dieselben Sachgebiete, dieselben Hinweise auf den Sprachgebrauch usw. Um platzaufwändige Wiederholungen zu vermeiden, wurden lexikografische Zeichen und Abkürzungen geschaffen.

~, ~	Die **Tilde** ist ein Wiederholungszeichen.

Als fette Tilde vertritt sie in den angehängten Stichwörtern das ganze Anfangsstichwort oder nur dessen vor dem senkrechten Strich (|) stehenden Teil:

Binde
~gewebe (= Bindegewebe)
~glied (= Bindeglied)

conform|e
~ément (= conformément)
~er (= conformer)

Als einfache Tilde vertritt sie das Stichwort innerhalb des Artikels:

déchet ... *~s biodégradables* (= déchets)

2, 2 Wechselt die Schreibung von groß zu klein oder umgekehrt, so wird dies durch einen Kreis über der Tilde ausgedrückt:

Instinkt ... 2iv (= instinktiv)   **baltique ... *la mer* 2** (= Baltique)

▶ Im französisch-deutschen Teil steht vor einigen Stichwörtern und Wendungen ein schwarzes Dreieck. Dieses Zeichen bedeutet, dass die so gekennzeichneten Wörter und Wendungen zum französischen Grundwortschatz gehören und man sie sich deshalb besonders gut einprägen sollte.

▶ **amitié** [amitje] *f* Freundschaft *f*, Zuneigung *f*; ▶ ***amitiés*** *pl* Grüße *m/pl*

⚠ Dieses Symbol warnt vor häufig gemachten Fehlern und weist auf unregelmäßige Wortformen hin:

endive [ɑ̃div] *f bot, cuis* Schikoree *f*; ⚠ *nicht* Endivie

▶ **guitare** [gitar] *f* Gitarre *f*; ⚠ *Schreibung*

dynamo [dinamo] *f tech* Dynamo *m*; Lichtmaschine *f*; ⚠ ***la ~***

fédéral, ~e [federal] (⚠ *m/pl* **-aux**) Bundes...; eidgenössisch

F, P Diese beiden Abkürzungen geben wichtige Hinweise auf die Stilebene unterhalb der Normalsprache. F bedeutet familiär, umgangssprachlich. Mit F markierte Wörter und Wendungen können in der gesprochenen Sprache ohne weiteres gebraucht werden. Vorsicht ist bei P geboten, das populär, vom Volk gebraucht, also meist derb bedeutet. Mit P gekennzeichnete Wörter und Wendungen sollten von Ausländern im aktiven Sprachgebrauch vermieden werden.

▶ **copain** [kɔpɛ̃] F *m* Freund *m*, Kumpel *m*
Fresse *f* P gueule *f*

Im Wörterbuch verwendete Abkürzungen

a auch, *aussi*
abr *abréviation*, Abkürzung
adj *adjectif*, Adjektiv
adv *adverbe*, Adverb
agr *agriculture*, Landwirtschaft
allg allgemein, *généralement*
arch *architecture*, Architektur
arg *argot*, Argot, Gaunersprache
astr *astronomie*, Astronomie
auto *automobile*, Kraftfahrzeug(wesen)
aviat *aviation*, Flugwesen

bes besonders, *particulièrement*
biol *biologie*, Biologie
bot *botanique*, Botanik

cf *confer*, siehe
ch *chasse*, Jagdwesen
chim *chimie*, Chemie
comm *commerce*, Handel
conj *conjonction*, Konjunktion
cuis *cuisine*, Kochkunst

écon *économie*, Wirtschaft
EDV elektronische Datenverarbeitung, *informatique*
e-e, **e-e**, *e-e* eine, *un(e)*
égl *église*, Kirche
e-m, **e-m**, *e-m* einem, *à un(e)*
e-n, **e-n**, *e-n* einen, *un(e)*
enf *langage des enfants*, Kindersprache
e-r, **e-r**, *e-r* einer, *d'un(e)*, *à un(e)*
e-s, **e-s**, *e-s* eines, *d'un(e)*
etc *et cetera*, und so weiter
etw, **etw**, *etw* etwas, *quelque chose*

f *féminin*, weiblich, Femininum
F *familier*, umgangssprachlich
fig *figuré*, bildlich, übertragen
f/pl *féminin pluriel*, Femininum Plural
frz französisch, *français*

gén *génitif*, Genitiv
géogr *géographie*, Geografie
géol *géologie*, Geologie
gr *grammaire*, Grammatik

hist *histoire*, Geschichte

ind *indicatif*, Indikativ
inf *infinitif*, Infinitiv
iron *ironique*, ironisch

j, **j**, *j* jemand, *quelqu'un*
j-m, **j-m**, *j-m* jemandem, *à quelqu'un*
j-n, **j-n**, *j-n* jemanden, *quelqu'un*
j-s, **j-s**, *j-s* jemandes, *de quelqu'un*
jur *juridique*, Rechtswesen

ling *linguistique*, Sprachwissenschaft
litt *littéraire*, literatursprachlich

m *masculin*, männlich, Maskulinum
mar *marine*, Schifffahrt
math *mathématiques*, Mathematik
méd *médecine*, Medizin
mil *militaire*, Militärwesen
m/pl *masculin pluriel*, Maskulinum Plural
mus *musique*, Musik

n *neutre*, sächlich, Neutrum

od oder, *ou*
östr österreichisch, *autrichien*

P *populaire*, volkssprachlich, derb
péj *péjoratif*, verächtlich
phil *philosophie*, Philosophie
phm *pharmacie*, Pharmazie
phys *physique*, Physik
pl *pluriel*, Plural
plais *plaisant*, scherzhaft
poét *poétique*, Dichtersprache
pol *politique*, Politik
p/p *participe passé*, Partizip Perfekt
prép *préposition*, Präposition
prov *proverbe*, Sprichwort
p/s *passé simple*, historisches Perfekt
psych *psychologie*, Psychologie

qc, **qc**, *qc quelque chose*, etwas
qn, **qn**, *qn quelqu'un*, jemand(en)

rel *religion*, Religion

sg *singulier*, Singular

st/s	*style soutenu*, gehobener Stil	*u*	und, *et*
subj	*subjonctif*, Konjunktiv	*unv*	unverändert, *invariable*
subst	*substantif*, Substantiv	*z. B.*	zum Beispiel, *par exemple*
tech	*technique*, Technik	*zo*	*zoologie*, Zoologie
tél	*téléphone*, Telefon	*Zssgn*	Zusammensetzungen, *mots composés*
TV	*télévision*, Fernsehen		

Wie spricht man ein Wort aus?

Da die normale Schrift oft keinen Hinweis auf die Aussprache gibt – wie wird z. B. ***ch*** in ***psychologie*** und in ***psychique***, wie ***x*** und ***en*** in ***examen***, wie ***t*** in ***diplomatie*** gesprochen? – hat man sich international auf eine Lautschrift geeinigt, die einem Zeichen eine ganz bestimmte Aussprache zuordnet. Mit Hilfe der **Internationalen Lautschrift** kann man jedes Wort in jeder Sprache aussprechen.

Im Wörterbuch steht die Lautschrift in eckigen Klammern direkt hinter dem französischen Stichwort.

Für das Französische gelten folgende Lautschriftzeichen:

Zeichen	Lautcharakteristik	Beispielwörter (Schreibweise der Laute)
	a) Vokale	
[a]	helles a wie in „R**a**d"	p**a**tte, cour**a**ge, n**oi**x [nwa]
[ɑ]	dunkles a wie in englisch „f**a**ther" (häufig wie [a] gesprochen)	**â**me, phr**a**se
[e]	geschlossenes e wie in „L**e**ben"	l**é**g**er**, l**es**, n**ez**
[ɛ]	offenes e wie in „w**ä**rmer"	p**è**re, t**ê**te, s**e**c, l**ai**t, n**ei**ge
[ə]	kurzer, dumpfer ö-Laut	l**e**, d**e**hors, autr**e**ment
[i]	geschlossenes, helles i wie in „L**ie**be"	**i**c**i**, st**y**le
[o]	geschlossenes o wie in „N**o**t"	p**o**t, d**ô**me, t**au**pe, b**eau**
[ɔ]	offenes o wie in „R**o**st"	p**o**che, L**au**re, alb**um**
[ø]	geschlossenes ö wie in „m**ö**gen"	chant**eu**se, n**œu**d
[œ]	offenes ö wie in „k**ö**nnen"	s**eu**l, c**œu**r
[u]	geschlossenes, helles u wie in „n**u**r"	s**ou**ci, g**oû**t, **où**
[y]	geschlossenes, helles ü wie in „T**ü**te"	**u**s**u**re, s**û**r, **eu**

Zeichen	Lautcharakteristik	Beispielwörter (Schreibweise der Laute)

b) Nasalvokale

Zeichen	Lautcharakteristik	Beispielwörter (Schreibweise der Laute)
[ɑ̃]	nasales ɑ	d**an**s, l**am**pe, **en**trer, **em**bêter
[ɛ̃]	nasales ɛ	v**in**, **im**pair, pl**ain**te, r**ein**, bi**en**
[ɔ̃]	nasales o	t**on**, p**om**pe
[œ̃]	nasales œ (häufig wie ɛ̃ gesprochen)	l**un**di, parf**um**

c) Halbvokale

Zeichen	Lautcharakteristik	Beispielwörter (Schreibweise der Laute)
[j]	gleitendes i wie in „**J**ahr“	b**i**en, cra**y**on, fi**ll**e
[w]	gleitendes u wie in englisch „**w**ater“	**ou**i, trois [trwa]
[ɥ]	gleitendes ü	l**u**i, n**u**age

d) Konsonanten

Zeichen	Lautcharakteristik	Beispielwörter (Schreibweise der Laute)
[p]	im Französischen nicht behaucht	**p**aix, a**pp**orter
[t]	im Französischen nicht behaucht	**t**able, **th**é, pa**tt**e
[k]	im Französischen nicht behaucht	**c**amp, **qu**i, **ch**aos, **k**épi
[b]	im Französischen sehr stimmhaft („weich“)	**b**eau, a**bb**é
[d]	im Französischen sehr stimmhaft („weich“)	**d**roit, a**dd**ition
[g]	im Französischen sehr stimmhaft („weich“)	**g**ant, **gu**eule
[s]	stimmlos („scharf“) wie in „hei**ß**“	**s**entir, ta**ss**e, **c**es, **ç**a, sec**t**ion
[z]	stimmhafter („weicher“) s-Laut	mai**s**on, **z**éro
[ʃ]	stimmlos wie in „**sch**ön“	**ch**anter
[ʒ]	stimmhafter („weicher“) sch-Laut	**j**our, ca**g**e
[r]	Halszäpfchen-r (Zungen-r selten)	**r**ue, ba**rr**e
[l]	wie in „**l**egen“	**l**ong, a**ll**er
[f]	stimmlos wie in „**f**ein“	**f**uir, éto**ff**e, **ph**oto
[v]	stimmhaft wie in „**W**and“	**v**ent
[m]	wie in „**M**auer“	**m**ou, so**mm**e
[n]	wie in „**N**acht“	**n**om, a**nn**ée
[ɲ]	n mit nachklingendem j (mouilliertes n)	ga**gn**er
[ŋ]	ng-Laut (nur in Fremdwörtern aus dem Englischen)	campi**ng**

Das **e muet** („stummes e“, Zeichen ə) wird in der Lautschrift häufig in Klammern gesetzt, z. B. ***regarder*** [r(ə)garde]. Dies bedeutet, dass dieser Laut nur in bestimmten Fällen gesprochen wird, etwa in der ersten Silbe einer Wortgruppe oder um eine Häufung von mehr als zwei Konsonanten zu vermeiden. Vergleiche ***regarde!*** [rəgard], ***la dame regarde*** [ladamrəgard] mit ***les gens regardent*** [leʒɑ̃rgard], ***il a regardé*** [ilargarde] usw.

Das Französische kennt keinen h-Laut, unterscheidet aber zwischen **h aspiré** und **h muet**, was sich auf Apostrophierung und Bindung auswirkt:

(h aspiré) ***la hanche, les hanches*** [leɑ̃ʃ],
(h muet) ***l'habit, les habits*** [lezabi].

Die mit h aspiré beginnenden Stichwörter sind im Wörterbuch besonders gekennzeichnet:

'hâblerie, 'hache, 'hagard, 'haie usw.

Ein **Betonungszeichen** ['] wird bei den französischen Stichwörtern nicht gesetzt, da das Französische nicht die eindeutige und ausgeprägte Wortbetonung des Deutschen besitzt. Im Französischen werden die aufeinander folgenden Silben gleichmäßig schwebend betont. Der etwas stärkere Ton auf der letzten Silbe eines Einzelwortes verschwindet, wenn dieses nicht mehr am Ende einer Wortgruppe steht: vergleiche etwa ***rembourser*** [rɑ̃bur'se] und ***rembourser ses dettes*** [rɑ̃bursese'dɛt].

Ebenso werden bei den französischen Stichwörtern keine **Vokallängen** [ː] angegeben, da diese für die Bedeutungsunterscheidung im Französischen ohne Belang sind. Vergleiche dagegen im Deutschen ***Rate*** ['raːtə] und ***Ratte*** ['ratə], ***zählen*** ['tsɛːlən] und ***Zellen*** ['tsɛlən] usw.

Die Aussprache des französischen Alphabets

a [a]	**h** [aʃ]	**o** [o]	**v** [ve]
b [be]	**i** [i]	**p** [pe]	**w** [dubləve]
c [se]	**j** [ʒi]	**q** [ky]	**x** [iks]
d [de]	**k** [ka]	**r** [ɛr]	**y** [igrɛk]
e [ø]	**l** [ɛl]	**s** [ɛs]	**z** [zɛd]
f [ɛf]	**m** [ɛm]	**t** [te]	
g [ʒe]	**n** [ɛn]	**u** [y]	

Die Aussprache häufiger Endungen

Um Raum zu sparen, erscheinen im Wörterbuch Stichwörter, die aus Tilde und einer der folgenden Endungen bestehen, ohne Lautschrift. Deshalb wird die Aussprache dieser Endungen an dieser Stelle einmal angegeben.

~able [-ablə]	**~é** [-e]	**~ienne** [-jɛn]	**~ition** [-isjɔ̃]
~age [-aʒ]	**~el** [-ɛl]	**~in** [-ɛ̃]	**~ment** [-mɑ̃]
~ais [-ɛ]	**~elle** [-ɛl]	**~ine** [-in]	**~oir** [-war]
~aise [-ɛz]	**~er** [-e]	**~ion** [-jɔ̃]	**~ois** [-wa]
~aison [-ɛzɔ̃]	**~ère** [-ɛr]	**~ique** [-ik]	**~oise** [-waz]
~al [-al]	**~erie** [-ri]	**~ir** [-ir]	**~on** [-ɔ̃]
~ale [-al]	**~eur** [-œr]	**~iser** [-ize]	**~onne** [-ɔn]
~ance [-ɑ̃s]	**~euse** [-øz]	**~isme** [-ismə]	**~teur** [-tœr]
~ation [-asjɔ̃]	**~ible** [-iblə]	**~iste** [-ist]	**~tion** [-sjɔ̃]
~aux [-o]	**~ien** [-jɛ̃]	**~ité** [-ite]	**~trice** [-tris]

Welche Übersetzung in welchem Fall?

Das Wichtigste im zweisprachigen Wörterbuch ist die Übersetzung. Eine einzige Übersetzung hinter dem Stichwort ist selten. Meist kommen mehrere Übersetzungen in Frage, die durch entsprechende Unterteilung des Artikels und zusätzliche Erläuterungen in Kursivdruck differenziert werden.

Zwischen sinnverwandten Übersetzungen steht das **Komma**, während der **Strichpunkt** verschiedene Bedeutungen trennt:

démonter ... zerlegen, auseinander nehmen; abmontieren; *fig* aus der Fassung bringen

féroce ... wild, reißend; blutdürstig; grausam

Fette **arabische Ziffern** bezeichnen Bedeutungen, die so unabhängig voneinander sind, dass der Strichpunkt zur Trennung nicht genügt. Arabische Ziffern werden auch verwendet, wenn dasselbe Stichwort verschiedenen Wortklassen, z. B. Adjektiv und Substantiv, angehört:

► **conscience** ... **1.** Gewissen *n*; **2.** Bewusstsein *n*

acoustique ... **1.** *adj* akustisch, Hör...; **2.** *f* Akustik *f*

Hochzahlen markieren verschiedene Wörter, die meist nur zufällig gleich geschrieben werden (Homonyme):

▶ **fin[1]** ... *f* Schluss *m*, Ende *n*; ...
▶ **fin[2], fine** ... fein; ...

Mark[1] *f Geld* mark *m*; ...
Mark[2] *n Knochen*♀ moelle *f*; ...

Um die Auswahl der passenden Übersetzung zu erleichtern, wird zusätzlich durch **Abkürzungen** und sonstige **Erläuterungen** aufgezeigt, in welchem Zusammenhang die einzelne Übersetzung vorkommt:

▶ **action** [aksjɔ̃] *f* Tat *f*, Handlung *f*; *jur* Klage *f*; *comm* Aktie *f*

Lehre *f Belehrung* leçon *f*; *System* doctrine *f*; *Lehrzeit* apprentissage *m*; *Messinstrument* calibre *m*, jauge *f*

Grammatik auch im Wörterbuch?

Eine Grammatik leitet aus typischen Fällen Regeln ab. Sie kann nicht jeden Einzelfall erfassen. Diese Möglichkeit hat nur ein Wörterbuch. Das vorliegende Werk bietet deshalb über die Wort-für-Wort-Gleichung hinaus zahlreiche grammatische Informationen für die Handhabung eines Wortes im Satz.

Jedes französische und deutsche Substantiv, ob Stichwort oder Übersetzung, ist mit einer **Genusangabe** (*m*, *f*, *n*) versehen.

Jedem französischen Verb-Stichwort folgt eine Verweiszahl auf das betreffende **Konjugationsmuster** im Anhang:

▶ **allumer** [alyme] (1a) ...

décrire [dekrir] (4f) ...

Jedes französische Adjektiv-Stichwort erscheint in der maskulinen und **femininen Form**:

▶ **anc|ien, ~ienne** [ɑ̃sjɛ̃, -jɛn] ...

▶ **gros, grosse** [gro, gros] ...

Auf **unregelmäßige** oder schwierige **Pluralformen** sowie auf unregelmäßige **Adverbbildung** wird durch das Warnzeichen ⚠ noch besonders aufmerksam gemacht:

amical, ~e [amikal] (⚠ *m/pl* ***-aux***)
ardent ... ⚠ *adv* ***ardemment*** [-amɑ̃]

bloc-notes [blɔknɔt] *m* (⚠ *pl* ***blocs-notes***) Notizblock *m*

Außer den Wortformen wird auch die **Rektion** der Verben, der Gebrauch der **Präpositionen** und die **Satzkonstruktion** berücksichtigt:

▶ **suivre** ... folgen (***qn*** j-m); ...
▶ **content** ... zufrieden (***de*** mit); ...

fürchten craindre (***j-n, etw*** qn, qc; ***dass*** ... que ne + *subj*); ***sich ~*** avoir peur (***vor*** de)

Vor **möglichen Fehlern**, die dem deutschen Benutzer leicht unterlaufen, wird wiederum durch das Symbol ⚠ gewarnt:

▶ **grimper** [grɛ̃pe] (1a) klettern, (an)steigen (*a fig*); ⚠ *il a grimpé*

aucunement [okynmɑ̃] keineswegs; ⚠ *mit* ***ne*** *beim Verb*

Wörterverzeichnis

Französisch-Deutsch
Deutsch-Französisch

Französisch-deutsches Wörterverzeichnis

A

a [a] *cf* **avoir**

▶ **à** [a] (⚠ „*à le*" *wird zu* **au**, „*à les*" *zu* **aux** *zusammengezogen*) *prép* **1.** *räumlich* in; nach ... hin; **à Paris** in, nach Paris (⚠ **en** *France*); **à Chypre**, **à Haïti** auf (nach) Zypern, Haiti; **à la campagne** auf dem Land; **à l'étranger** im Ausland; **à 20 pas d'ici** 20 Schritt von hier; **2.** *zeitlich* **à cinq heures** um fünf Uhr; **à demain** bis morgen; **à tout moment** jeden Augenblick; **3.** *Ziel* **tasse** *f* **à café** Kaffeetasse *f*; **à jamais** für immer; **4.** *Zugehörigkeit* **c'est à moi** das gehört mir; **un ami à moi** ein Freund von mir; **5.** *Art u Weise* **à pied** zu Fuß; *mus* **à quatre mains** vierhändig; **6.** *Maß u Zahlenverhältnisse* **à trois francs** zu drei Franken; **goutte à goutte** tropfenweise; **mot à mot** wörtlich; **pas à pas** schrittweise; **peu à peu** allmählich, nach und nach

abaiss|ement [abɛsmɑ̃] *m* Herablassen *n*; Senkung *f*; Erniedrigung *f* (*a fig*); **~er** (1b) herunterlassen, senken; *Preis, Niveau*: herabsetzen; *fig* demütigen; **s'~** sich senken; *fig* sich erniedrigen

abandon [abɑ̃dɔ̃] *m* Verlassen *n*; Vernachlässigung *f*; Preisgabe *f*; Verzicht *m*; Ungezwungenheit *f*; *Sport*: Aufgabe *f*; **laisser à l'~** verwahrlosen lassen, vernachlässigen

▶ **abandonner** [abɑ̃dɔne] (1a) im Stich lassen, verlassen; vernachlässigen; aufgeben; *Kind*: aussetzen; **s'~** sich hingeben, sich ergeben

abasourdir [abazurdir] (2a) betäuben, benommen machen

abat-jour [abaʒur] *m* (⚠ *pl unv*) Lampenschirm *m*

abatt|ement [abatmɑ̃] *m* (*Steuer-*)Nachlass *m*, Ermäßigung *f*; Mattigkeit *f*; Niedergeschlagenheit *f*; **~is** [-i] *m/pl* Schlachtabfälle *pl*; (Gänse- *etc*)Klein *n*; F *fig* Arme und Beine; F **numéroter ses ~** seine Knochen zählen, zusammensuchen; **~oir** *m* Schlachthaus *n*

abattre [abatrə] (4a) niederschlagen, fällen; *aviat* abschießen; schlachten; *péj* abknallen; *fig* schwächen; entmutigen; **je ne me laisserai pas ~** ich werde mich nicht unterkriegen lassen; **~ beaucoup de besogne** e-e Menge wegarbeiten; **s'~** einstürzen, zusammenbrechen; *Wind*: sich legen

abattu, ~e [abaty] geschwächt; niedergeschlagen

abbatial, ~e [abasjal] (⚠ *m/pl* **-aux**) Abtei..., Abts...

abbaye [abei] *f* Abtei *f*

abbé [abe] *m* Abt *m*; Pfarrer *m*

abbesse [abɛs] *f* Äbtissin *f*

abc [abese] *m* Fibel *f*; Anfangsgründe *m/pl*

abcès [apsɛ] *m* Abszess *m*

abdication [abdikasjɔ̃] *f* Abdankung *f*; Verzicht *m*

abdiquer [abdike] (1m) abdanken; verzichten, aufgeben

abdomen [abdɔmɛn] *m* Unterleib *m*

abdominal, ~e [abdɔminal] (⚠ *m/pl* **-aux**) Bauch..., Unterleibs...

abécédaire [abesedɛr] *m* Fibel *f*

abeille [abɛj] *f* Biene *f*

aberr|ant, ~ante [abɛrɑ̃, -ɑ̃t] abwegig, absurd; abweichend; **~ation** *f* Abweichung *f* (*a phys*); Verirrung *f*, Absurdität *f*

abêtir [abɛtir] (2a) verdummen

abêtiss|ant, ~ante [abɛtisɑ̃, -ɑ̃t] stumpfsinnig

abîme [abim] *m* Abgrund *m*, Tiefe *f*

▶ **abîmer** [abime] (1a) zu Grunde richten; beschädigen; **s'~** schadhaft werden; *Lebensmittel*: verderben; *litt* sich vertiefen

abject, ~e [abʒɛkt] gemein

abjection [abʒɛksjɔ̃] *f* Gemeinheit *f*

abjurer [abʒyre] (1a) abschwören

ablation [ablasjɔ̃] *f méd* operative Entfernung *f*

ablutions [ablysjɔ̃] *f/pl* (rituelle) Waschungen *f/pl*; F **faire ses ~** sich waschen

abnégation [abnegasjɔ̃] *f* Entsagung *f*

aboiement [abwamɑ̃] *m* Gebell *n*
abois [abwa] *m/pl* ***être aux ~*** in e-r verzweifelten Lage sein
abol|ir [abɔlir] (2a) abschaffen, aufheben; **~ition** *f* Abschaffung *f*; **~itionnisme** [-isjɔnismə] *m hist* Bewegung *f* gegen die Sklaverei
abomin|able [abɔminablə] abscheulich; **~ation** *f* Gräuel *m*
abondance [abɔ̃dɑ̃s] *f* Überfluss *m*; ***société f d'~*** Wohlstandsgesellschaft *f*
▶ **abond|ant, ~ante** [abɔ̃dɑ̃, -ɑ̃t] (⚠ *adv* ***abondamment*** [-amɑ̃]) reichlich; fruchtbar; **~er** (1a) reichlich vorhanden sein; Überfluss haben (***en*** an)
abonn|é [abɔne] *m* Abonnent *m*, Bezieher *m*; *tél* Teilnehmer *m*; **~ement** [-mɑ̃] *m* Abonnement *n*; Zeitkarte *f*; Dauerkarte *f*; ***~ mensuel*** Monatskarte *f*; **~er** (1a) ***s'~ à une revue*** e-e Zeitschrift abonnieren
abord [abɔr] *m* Zutritt *m*; Landung *f*; **~s** *pl* Umgebung *f*; ***abord facile*** Zugänglichkeit *f*; ***être d'un abord facile*** umgänglich sein; ▶ ***d'abord*** zuerst; ***tout d'abord, dès l'abord*** gleich zu Anfang; ***au premier abord, de prime abord*** auf den ersten Blick, zunächst
abord|able [abɔrdablə] zugänglich; **~er** (1a) **1.** *mar* entern; zusammenstoßen (***qc*** mit etw), rammen; anlegen (***à*** an); **2.** *Frage*: anschneiden; *j-n* anreden
abouler [abule] (1a) *arg Geld*: rausrücken
about|ir [abutir] (2a) ***~ à*** grenzen an, endigen in; *fig* führen zu; **~issement** [-ismɑ̃] *m* Ergebnis *n*; Erfolg *m*; Endpunkt *m*
aboyer [abwaje] (1h) bellen
abracadabr|ant, ~ante [abrakadabrɑ̃, -ɑ̃t] unwahrscheinlich, toll
abras|if, ~ive [abrazif, -iv] *tech* **1.** *adj* abschleifend, scheuernd; **2.** *m* Schleifmittel *n*
abrég|é [abreʒe] *m* Abriss *m*; Auszug *m*; Kurzfassung *f*; **~er** (1g) abkürzen
abreuv|er [abrœve] (1a) tränken; F ***s'~*** seinen Durst löschen; **~oir** *m* Tränke *f*
abréviation [abrevjasjɔ̃] *f* Abkürzung *f*
abri [abri] *m* Obdach *n*; Unterkunft *f*; Wartehalle *f*; *fig* Schutz *m*, Sicherheit *f*; *mil* Unterstand *m*; Luftschutzkeller *m*; ***à l'~ de*** geschützt gegen; ***mettre à l'~*** in Sicherheit bringen; ***être sans ~*** obdachlos sein; **~bus** [-bys] *m* Wartehäuschen *n*
▶ **abricot** [abriko] *m* Aprikose *f*; ⚠ ***un ~***; **~ier** [abrikɔtje] *m* Aprikosenbaum *m*
abriter [abrite] (1a) beherbergen; vor Wind und Regen schützen; ***~ de*** schützen vor; ***s'~*** *mil* in Deckung gehen
abroger [abrɔʒe] (1l) *jur* aufheben
abrupt, ~e [abrypt] abschüssig; schroff (*a fig*)
abruti, ~e [abryti] **1.** *adj* abgestumpft; blöd; **2.** *m, f* ***espèce d'~!*** du Idiot!
abrut|ir [abrytir] (2a) verdummen; ***s'~*** abstumpfen, verblöden; **~issant, ~issante** [-isɑ̃, -isɑ̃t] stumpfsinnig, geisttötend; **~issement** [-ismɑ̃] *m* Verdummung *f*
A.B.S. [abeɛs] *m* (*abr* ***Antiblockiersystem***) ABS *n*
▶ **absence** [apsɑ̃s] *f* Abwesenheit *f*
▶ **abs|ent, ~ente** [apsɑ̃, -ɑ̃t] abwesend; *fig* zerstreut
absent|éisme [apsɑ̃teismə] *m* Fernbleiben *n*; Arbeitsversäumnis *n*; **~er** (1a) ***s'~*** sich entfernen
abside [apsid] *f arch* Apsis *f*
absinthe [apsɛ̃t] *f bot* Wermut *m*; *Branntwein*: Absinth *m*
absolu, ~e [apsɔly] völlig; unbedingt; absolut; unumschränkt
▶ **absolu|ment** [apsɔlymɑ̃] *adv* unbedingt, durchaus; ganz; **~tion** *f rel* Absolution *f*, Lossprechung *f*; **~tisme** [-tismə] *m pol* Absolutismus *m*
absorber [apsɔrbe] (1a) aufnehmen, aufsaugen; *fig* völlig in Anspruch nehmen; ***s'~ dans qc*** sich vertiefen in etw
absorption [apsɔrpsjɔ̃] *f* Aufnahme *f*, Aufsaugen *n*
absoudre [apsudrə] (4bb) ***~ qn*** j-n lossprechen; *st/s* j-m vergeben
abstenir [apstənir] (2h) ▶ ***s'abstenir de qc*** sich e-r Sache enthalten, auf etw verzichten
abstention [apstɑ̃sjɔ̃] *f* (Stimm-)Enthaltung *f*
abstentionniste [apstɑ̃sjɔnist] *m pol* Nichtwähler *m*
abstinence [apstinɑ̃s] *f rel* Enthaltsamkeit *f*
abstraction [apstraksjɔ̃] *f* abstrakter Begriff; ***faire ~ de qc*** von etw absehen; ***~ faite de*** abgesehen von
abstraire [apstrɛr] (4s) abstrahieren,

begrifflich erfassen; ***s'~*** F abschalten
abstr|ait, ~aite [apstrɛ, -ɛt] abstrakt
absurd|e [apsyrd] absurd, unsinnig; **~ité** *f* Absurdität *f*, Widersinn *m*
abus [aby] *m* Missbrauch *m*; Missstand *m*; ~ ***de confiance*** Untreue *f*
abus|er [abyze] (1a) ~ ***de qc*** etw missbrauchen; ***s'~*** sich täuschen; ***si je ne m'abuse*** wenn ich mich nicht irre; **~if, ~ive** [-if, -iv] missbräuchlich
acabit [akabi] *m péj* Schlag *m*; ***du même*** ~ von derselben Sorte
académicien [akademisjɛ̃] *m* Akademiemitglied *n* (*bes der Académie française*); ⚠ *nicht* Akademiker
académ|ie [akademi] *f* Akademie *f*, Hochschule *f*; *in Frankreich* Schulaufsichtsbezirk *m*; **~ique** Akademie...; *fig* schulmäßig; erstarrt
acajou [akaʒu] *m* Mahagoni *n*
acariâtre [akarjɑtrə] griesgrämig
accabl|ant, ~ante [akablɑ̃, -ɑ̃t] erdrückend; *fig* quälend; **~er** (1a) nieder-, bedrücken; überhäufen (***de*** mit)
accalmie [akalmi] *f* Flaute *f*
accapar|er [akapare] (1a) *écon* aufkaufen, hamstern; *fig* in Beschlag nehmen; **~eur** *m* F Hamsterer *m*
accéder [aksede] (1f) ~ ***à*** gelangen zu, erreichen; *Weg*: führen zu; *fig* erlangen; ~ ***à l'indépendance*** die Unabhängigkeit erlangen
accélér|ateur [akseleratœr] *m auto* Gaspedal *n*; *phys* Beschleuniger *m*; **~er** (1f) beschleunigen; *auto* Gas geben
▶ **accent** [aksɑ̃] *m* Betonung *f*; Akzent *m*; Tonfall *m*; Aussprache *f*; *fig* ***mettre l'~ sur*** betonen, hervorheben
accentu|ation [aksɑ̃tɥasjɔ̃] *f* Betonung *f*; *fig* Verschärfung *f*; **~er** (1n) betonen
accept|able [aksɛptablə] annehmbar; **~ation** *f* Annahme *f*
▶ **accepter** [aksɛpte] (1a) annehmen, akzeptieren; ~ ***de*** (+ *inf*) zusagen zu (+ *inf*); ~ ***que*** (+ *subj*) anerkennen, dass
acception [aksɛpsjɔ̃] *f* (Wort-)Bedeutung *f*
accès [aksɛ] *m* **1.** Zutritt *m*, Zu-, Eingang *m*; **2.** *méd* Anfall *m*; **3.** *EDV* Zugriff *m*; ***temps d'~*** Zugriffszeit *f*
accessible [aksɛsiblə] zugänglich (***à*** für), erreichbar; verständlich
accessoire [aksɛswar] **1.** *adj* nebensächlich; **2.** *m* Nebensache *f*; **~s** *pl* Zubehör *n*; modisches Beiwerk *n*; **~s *de théâtre*** Theaterrequisiten *n/pl*
▶ **accident** [aksidɑ̃] *m* Unfall *m*; Zufall *m*; ~ ***de terrain*** Unebenheit *f*; ~ ***de travail*** Arbeitsunfall *m*; ***par*** ~ zufällig; ***dans un*** ~ bei e-m Unfall
accident|é, ~ée [aksidɑ̃te] uneben, hügelig; verunglückt; ***voiture*** *f* ***accidentée*** Unfallwagen *m*; **~el, ~elle** zufällig; **~ellement** *adv* zufällig
acclam|ation [aklamasjɔ̃] *f* Beifallsruf *m*; **~er** (1a) ~ ***qn*** j-m zujubeln
acclimat|ation [aklimatasjɔ̃] *f* Akklimatisierung *f*; Gewöhnung *f*; *von Menschen*: Einleben *n*; ***Jardin*** *m* ***d'~*** *zoologischer u botanischer Garten in Paris*; **~er** (1a) (***s'~*** sich) eingewöhnen
accointances [akwɛ̃tɑ̃s] *f/pl meist péj* ***avoir des ~ avec qn*** Beziehungen zu j-m haben
accolade [akɔlad] *f* Umarmung *f*; *hist* Ritterschlag *m*; *Schrift*: (geschweifte) Klammer *f*
accommod|ation [akɔmɔdasjɔ̃] *f* Anpassung *f*; **~er** (1a) anpassen; *cuis* zubereiten; ***s'~ à*** sich richten nach; ***s'~ de*** sich abfinden mit
accompagn|ateur, ~atrice [akɔ̃paɲatœr, -tris] *m, f* Begleiter(in) *m(f)* (*a mus*); **~ement** [-mɑ̃] *m* Begleitung *f*
▶ **accompagner** [akɔ̃paɲe] (1a) begleiten (*a mus*); ***accompagné de*** *od* ***par*** in Begleitung von
accompl|i, ~ie [akɔ̃pli] vollendet, vollkommen; **~ir** (2a) vollenden, erledigen, ausführen; **~issement** [-ismɑ̃] *m* Erfüllung *f*, Erledigung *f*
▶ **accord** [akɔr] *m* Übereinstimmung *f*; Abkommen *n*; *mus* Akkord *m*; *gr* Kongruenz *f*; ▶ ***(être) d'accord*** einverstanden (sein); ***tomber d'accord*** übereinkommen, einig werden; ***avec l'accord de***, ***en accord avec*** im Einvernehmen mit; ***donner son accord*** zustimmen
▶ **accorder** [akɔrde] (1a) in Übereinstimmung bringen; *mus* stimmen; bewilligen, einräumen; ***s'~*** sich vertragen; ***s'~ pour faire qc*** vereinbaren, etw zu tun; ***s'~ qc*** sich etw gönnen
accost|age [akɔstaʒ] *m mar* Anlegen *n*, Landen *n*; **~er** (1a) *mar* anlegen; ~ ***qn*** j-n ansprechen

accot|ement [akɔtmɑ̃] *m* Seitenstreifen *m* (*e-r Straße*); **~s non stabilisés** Seitenstreifen nicht befestigt; **~er** (1a) **s'~ à, sur** sich anlehnen an, sich aufstützen auf

accouch|ée [akuʃe] *f* Wöchnerin *f*; **~ement** [-mɑ̃] *m* Entbindung *f*; **~er** (1a) niederkommen (**de** mit); entbinden; *fig* F **~ d'un roman** e-n Roman zu Stande bringen; **~eur, ~euse** *m,f* Geburtshelfer *m*, Hebamme *f*

accoupl|ement [akupləmɑ̃] *m biol* Paarung *f*, Begattung *f*; *tech* Kupplung *f*; Schaltung *f*; **~er** (1a) *biol* (**s'~** sich) paaren, (sich) begatten; *tech* kuppeln; schalten; *fig* verbinden

accourir [akurir] (2i) herbeieilen; ⚠ *passé composé meist mit* **être**

accoutr|ement [akutrəmɑ̃] *m péj* Aufmachung *f*; **~er** (1a) **s'~** sich herausputzen

accoutum|ance [akutymɑ̃s] *f biol* Gewöhnung *f*; **~é, ~ée** gewohnt; üblich; **être ~ à qc** etw gewohnt sein; **~er** (1a) **~ qn à** j-n gewöhnen an; **s'~ à qc** sich an etw gewöhnen

accréditer [akredite] (1a) akkreditieren; beglaubigen

accro [akro] F (*Kurzwort für* **accroché**) **1.** *adj* süchtig; **2.** *m,f* Rauschgiftsüchtige(r) *m,f*; **un ~ du vélo** ein Radfan *m*

accroc [akro] *m* Schwierigkeit *f*

accrochage [akrɔʃaʒ] *m* Zusammenstoß *m*

▶ **accrocher** [akrɔʃe] (1a) an-, aufhängen; hängen bleiben (**qc** an *od* mit etw); (leicht) zusammenstoßen (**qn, qc** mit j-m, etw); **~ qn** j-s Aufmerksamkeit fesseln; **s'~ à** sich an-, festklammern an

accroissement [akrwasmɑ̃] *m* Zuwachs *m*; Vergrößerung *f*; **~ démographique** Bevölkerungszunahme *f*

accroître [akrwatrə] (4w) vermehren; **s'~** (an)wachsen

accroupir [akrupir] (2a) **s'~** sich niederhocken, sich zusammenkauern

accru, ~e [akry] (*p/p von* **accroître**) vermehrt

accu [aky] *m* F (*Kurzwort für* **accumulateur**) Batterie *f*

accueil [akœj] *m* Aufnahme *f*, Empfang *m*

accueill|ant, ~ante [akœjɑ̃, -ɑ̃t] freundlich; gastlich; **~ir** (2c) aufnehmen, empfangen

accumul|ateur [akymylatœr] *m* Akkumulator *m*; Batterie *f*; **~ thermique** Wärmespeicher *m*; **~ation** *f* Anhäufung *f*; **~er** (1a) anhäufen; speichern

accusa|teur, ~trice [akyzatœr, -tris] *m, f* Ankläger(in) *m(f)*; **~tion** *f* Anklage *f*

▶ **accusé, ~e** [akyze] *m,f* **1.** Angeklagte(r) *m,f*; **2.** *comm* **accusé** *m* **de réception** Empfangsbescheinigung *f*

▶ **accuser** [akyze] (1a) **1.** anklagen; **2.** deutlich machen, betonen; *comm* **~ réception** den Empfang bestätigen

acerbe [asɛrb] herb; *fig* bitter; verletzend

acéré, ~e [asere] scharf (*a fig*)

acét|ique [asetik] Essig...; **acide** *m* **~** Essigsäure *f*; **~one** [-ɔn] *f chim* Azeton *n*

achalandé, ~e [aʃalɑ̃de] *Laden*: **bien ~** mit großer Auswahl; gut gehend

acharn|é, ~ée [aʃarne] erbittert; hartnäckig; **~ à qc** auf etw versessen; **~ement** [-əmɑ̃] *m* Hartnäckigkeit *f*; **~er** (1a) **s'~ à qc** auf etw versessen sein; **s'~ sur** *od* **contre qn** sich wild auf j-n stürzen

▶ **achat** [aʃa] *m* Einkauf *m*, Kauf *m*; **pouvoir** *m* **d'~** Kaufkraft *f*

acheminer [aʃmine] (1a) befördern; weiterleiten; **s'~ vers** sich auf den Weg machen, sich begeben nach

▶ **acheter** [aʃte] (1e) (ein)kaufen; **~ qc à qn a)** j-m etw kaufen; **b)** j-m etw abkaufen

▶ **achet|eur, ~euse** [aʃtœr, -øz] *m, f* Käufer(in) *m(f)*, Abnehmer *m*

achèvement [aʃɛvmɑ̃] *m* Vollendung *f*

achever [aʃve] (1d) vollenden; **~ de** (+ *inf*) vollends etw tun; **~ qn** j-m den Gnadenstoß geben; *fig* j-m den Rest geben; **s'~** zu Ende gehen

▶ **acid|e** [asid] **1.** *adj* sauer (*a chim*); **2.** *m chim* Säure *f*; **~ désoxyribonucléique** Desoxyribonukleinsäure *f*; **~ité** *f* Säure *f*; Schärfe *f*

▶ **acier** [asje] *m* Stahl *m*; *fig* **d'~** stahlhart

aciérie [asjeri] *f* Stahlwerk *n*, -hütte *f*

acolyte [akɔlit] *m péj* Helfershelfer *m*

acompte [akɔ̃t] *m* Abschlagzahlung *f*; Vorschuss *m*

à-côté [akote] *m* (⚠ *pl* **à-côtés**) sekundäre Frage *f*; **~s** *pl* Nebeneinnahmen *f/pl*; zusätzliche Ausgaben *f/pl*

à-coup [aku] *m* (⚠ *pl* **à-coups**) Ruck *m*; ***par ~s*** ungleichmäßig
acoustique [akustik] **1.** *adj* akustisch, Hör...; **2.** *f* Akustik *f*
acquér|eur [akerœr] *m* Erwerber *m*, Käufer *m*; **~ir** (2l) erwerben
acquerrai [akɛre] *futur von* ***acquérir***
acquiers [akjɛr] *présent von* ***acquérir***
acquiescer [akjɛse] (1k) **~ à** einwilligen in
acquis [aki] **1.** *p/p von* ***acquérir*** *u adj* erworben; ***c'est un point ~*** das steht fest; **2.** *m* Errungenschaft *f*; ***les ~*** das Erreichte
acquisition [akizisjɔ̃] *f* Erwerb *m*, (An-)Kauf *m*, Anschaffung *f*; *fig* Errungenschaft *f*
acquit [aki] *m comm* ***pour ~*** Betrag erhalten; *fig* ***par ~ de conscience*** um sein Gewissen zu beruhigen
acquitt|ement [akitmɑ̃] *m* Zahlung *f*; *jur* Freispruch *m*; **~er** (1a) bezahlen, begleichen; quittieren; *jur* ***~ qn*** j-n freisprechen; ***s'~ de qc*** sich e-r Sache entledigen; ***s'~ d'un devoir*** e-e Pflicht erfüllen
âcre [ɑkrə] herb, scharf, beißend; *fig* bissig, scharf
âcreté [ɑkrəte] *f* Schärfe *f*
acrobate [akrɔbat] *m, f* Akrobat(in) *m(f)*, Artist(in) *m(f)*
acrobatie [akrɔbasi] *f* Akrobatik *f*; ⚠ *Aussprache*
acrylique [akrilik] *m* Acryl *n*
▶ **acte** [akt] *m* **1.** Tat *f*, Handlung *f*; ***faire ~ de présence*** sich kurz sehen lassen; ***faire ~ de candidature*** kandidieren; **2.** *jur* Urkunde *f*; Akte *f*; Rechtsgeschäft *n*; ***~ de mariage***, ***~ de naissance*** Heirats-, Geburtsurkunde *f*; ***dresser un ~*** e-e Urkunde ausstellen; **3.** *Theater*: Akt *m*, Aufzug *m*; ⚠ *Akt in der Malerei*: ***le nu***
▶ **acteur, actrice** [aktœr, aktris] *m, f* Schauspieler(in) *m(f)*
▶ **actif, active** [aktif, aktiv] **1.** *adj* aktiv, rührig, tätig; **2.** *m comm* Aktivvermögen *n*
▶ **action** [aksjɔ̃] *f* Tat *f*, Handlung *f*; *jur* Klage *f*; *comm* Aktie *f*
actionn|aire [aksjɔnɛr] *m* Aktionär *m*, Aktienbesitzer *m*; **~er** (1a) *tech* in Bewegung setzen; betätigen
activer [aktive] (1a) aktivieren, beschleunigen, fördern
▶ **activité** [aktivite] *f* Tätigkeit *f*; Aktivität *f*, Rührigkeit *f*
actualité [aktɥalite] *f* Aktualität *f*; Zeitgeschehen *n*; ▶ ***actualités*** *pl TV* Nachrichten *f/pl*; Tagesschau *f*; Wochenschau *f*
▶ **actuel, ~le** [aktɥɛl] zeitgemäß; gegenwärtig
▶ **actuellement** [aktɥɛlmɑ̃] *adv* zur Zeit, im Moment
acuité [akɥite] *f* Schärfe *f*; Heftigkeit *f*
acuponcture [akypɔ̃ktyr] *f* Akupunktur *f*
adage [adaʒ] *m* Sprichwort *n*; Sinnspruch *m*
Adam [adɑ̃] *m* Adam *m*
adapt|able [adaptablə] anpassungsfähig; **~ateur** *m* Adapter *m*; Zwischenstecker *m*; **~ation** *f* Anpassung *f*; Bearbeitung *f*; **~er** (1a) anpassen; bearbeiten; ***s'~ à*** sich anpassen an, sich umstellen auf
▶ **addition** [adisjɔ̃] *f* Addieren *n*; Hinzufügung *f*; Zusatz *m*; Rechnung *f* (*Restaurant*)
additionn|el, ~elle [adisjɔnɛl] zusätzlich; **~er** (1a) addieren; hinzufügen
adepte [adɛpt] *m, f* Adept *m*, Anhänger(in) *m(f)*
adéqu|at, ~ate [adekwa, -at] adäquat, angemessen, passend
adhér|ence [aderɑ̃s] *f* (An-)Haften *n*; *tech* Reibungswiderstand *m*; **~ent, ~ente** [-ɑ̃, -ɑ̃t] **1.** *adj* haftend; **2.** *m, f* Mitglied *n*; **~er** (1f) haften (***à*** an); *fig e-r Lehre*: anhängen; ***~ à un parti*** e-r Partei beitreten
adhés|if, ~ive [adezif, -iv] **1.** *adj* klebend; **2.** *m* Klebstoff *m*; **~ion** *f* Beitritt *m*; Zustimmung *f*
adieu [adjø] **1.** leb wohl!; ***dire ~ à qn*** j-m ade sagen; **2. ~x** *m/pl* Abschied *m*; ***faire ses ~x*** Abschied nehmen (***à qn*** von j-m); *cf Info-Fenster Seite 24*
adip|eux, ~euse [adipø, -øz] fetthaltig; feist
adjac|ent, ~ente [adʒasɑ̃, -ɑ̃t] angrenzend; ***rue f adjacente*** Nebenstraße *f*
▶ **adjectif** [adʒɛktif] *m gr* Adjektiv *n*; ***~ numéral*** Zahlwort *n*; ***~ possessif*** adjektivisches Possessivpronomen *n*
adjoindre [adʒwɛ̃drə] (4b) **~ à** hinzufügen zu, anbringen an; ***s'~ qn*** sich j-n (zu Hilfe) nehmen

adieu oder au revoir: sich von jemandem verabschieden

Es gibt verschiedene Arten, sich von Leuten zu verabschieden: ***Adieu*** sagt man nur dann, wenn man sich für längere Zeit von jemandem verabschiedet. Die Wortwahl hängt beim Abschied auch davon ab, welches Verhältnis man zu der Person hat, zu der man auf Wiedersehen sagt:

Personen, die man siezt:

Au revoir, Monsieur / Madame!	Auf Wiedersehen!
Au revoir et bonne journée!	Auf Wiedersehen und schönen Tag noch!

Personen, die man duzt:

Au revoir, Stéphane!	Auf Wiedersehen, Stéphane!
À bientôt!	Bis bald / Bis demnächst!
À tout à l'heure!	Bis gleich / Bis später!
Salut, Alice!	Tschüs, Alice!

ad|joint, ~jointe [adʒwɛ̃, -ʒwɛ̃t] **1.** *adj* stellvertretend; **2.** *m* Stellvertreter *m*; **~ *au maire*** Beigeordnete(r) *m*, stellvertretender *od* zweiter Bürgermeister *m*

adjudication [adʒydikasjɔ̃] *f* Versteigerung *f*; Ausschreibung *f*; Auftragsvergabe *f*; Zuschlagerteilung *f*

adjuger [adʒyʒe] (1l) zusprechen, zuerkennen

adjurer [adʒyre] (1a) inständig bitten

▶ **admettre** [admɛtrə] (4p) zulassen; aufnehmen; zugeben, einräumen (***que*** *subj od ind* dass ...); annehmen

administra|teur, ~trice [administratœr, -tris] *m, f* Verwalter(in) *m(f)*; ***administrateur judiciaire*** Konkursverwalter *m*; **~tif, ~tive** [-tif, -tiv] Verwaltungs...

▶ **administration** [administrasjɔ̃] *f* Verwaltung(sbehörde) *f*; Leitung *f*; *méd* Verabreichung *f*

administrer [administre] (1a) verwalten, leiten; *méd* verabreichen; *Sakramente*: spenden, austeilen; *jur Zeugen*: beibringen

▶ **admira|ble** [admirablə] bewundernswürdig; **~teur, ~trice 1.** *adj* bewundernd; **2.** *m, f* Bewunderer *m*, Bewunderin *f*

▶ **admiration** [admirasjɔ̃] *f* Bewunderung *f*

▶ **admirer** [admire] (1a) bewundern; **~ *qn pour son courage*** j-n wegen seines Mutes bewundern; *litt* **~ *que*** (+ *subj*) erstaunt sein, dass

admission [admisjɔ̃] *f* Zulassung *f*; *Schule*: Aufnahme *f*

admonest|ation [admɔnɛstasjɔ̃] *f* Verweis *m*, Zurechtweisung *f*; **~er** (1a) maßregeln, zurechtweisen

A.D.N. [adeɛn] *m* (*abr* ***acide désoxyribonucléique***) DNS *f*

ado [ado] *m, f* F Heranwachsende(r) *m, f*

adolesc|ence [adɔlɛsɑ̃s] *f* Jünglings-, Mädchenalter *n*, Jugendzeit *f*; **~ent, ~ente** [-ɑ̃, -ɑ̃t] *m, f* Jugendliche(r) *m, f*, junger Mann *m*, junges Mädchen *n*

adonner [adɔne] (1a) ***s'~ à qc*** sich e-r Sache hingeben

adopt|er [adɔpte] (1a) adoptieren; sich zu eigen machen; **~ *une loi*** ein Gesetz verabschieden; **~if, ~ive** [-if, -iv] Adoptiv...; ***père*** *m* **~** Adoptivvater *m*

adoption [adɔpsjɔ̃] *f* Annahme *f* (an Kindes statt), Adoption *f*

adora|ble [adɔrablə] entzückend, reizend, süß; **~tion** *f* Anbetung *f*; glühende Verehrung *f*, Vergötterung *f*

adorer [adɔre] (1a) anbeten; glühend verehren, schwärmen für

adosser [adose] (1a) anlehnen; ***s'~ contre*** *od* ***à*** sich anlehnen an

adouci|r [adusir] (2a) mildern; *Wetter*: ***s'~*** sich erwärmen; **~ssant** *m* Weichspüler *m*

adrénaline [adrenalin] *f* Adrenalin *n*; ⚠ ***une ~***

▶ **adresse** [adrɛs] *f* **1.** Anschrift *f*, Adresse *f*; ***à l'~ de qn*** für j-n bestimmt; **2.** Geschicklichkeit *f*; ***avec ~*** geschickt
adresser [adrɛse] (1b) richten, adressieren (***à*** an); ***adresser la parole à qn*** das Wort an j-n richten; ▶ ***s'adresser à qn*** sich an j-n wenden
Adriatique [adrijatik] *f* ***l'~*** die Adria
▶ **adroit, adroite** [adrwa, adrwat] geschickt, gewandt
adula|teur, ~trice [adylatœr, -tris] *m, f* Schmeichler(in) *m(f)*
aduler [adyle] (1a) ***~ qn*** j-m kriechend schmeicheln, lobhudeln
▶ **adulte** [adylt] **1.** *adj* erwachsen; **2.** *m, f* Erwachsene(r) *m, f*
adultère [adyltɛr] **1.** *adj* ehebrecherisch; **2.** *m* Ehebruch *m*
advenir [advənir] (2h) geschehen; *prov* ***advienne que pourra*** komme, was da wolle
▶ **adverbe** [advɛrb] *m gr* Adverb *n*, Umstandswort *n*
▶ **adversaire** [advɛrsɛr] *m, f* Gegner(in) *m(f)*
adversité [advɛrsite] *litt f* Missgeschick *n*
aér|ateur [aeratœr] *m* (Be-)Lüftungsanlage *f*; **~ation** *f* Ventilation *f*; (Be- und Ent-)Lüften *n*; **~er** (1f) lüften
▶ **aér|ien, ~ienne** [aerjɛ̃, -jɛn] Luft...; ***défense f aérienne*** Luftverteidigung *f*; ***forces f/pl aériennes*** Luftwaffe *f*; ***pont m aérien*** Luftbrücke *f*
aéro... [aerɔ] *in Zssgn* Luft..., Flug...
aérobic [aerɔbik] *f* Aerobic *n*; ⚠ ***une ~***
aéro|drome [aerɔdrom] *m* Flugplatz *m*; **~dynamique** [-dinamik] stromlinienförmig, aerodynamisch; **~gare** [-gar] *f* Flughafengebäude *n*; **~glisseur** [-glisœr] *m mar* Luftkissenboot *n*; **~naute** [-not] *m* Luftschiffer *m*; **~nautique** [-notik] **1.** *adj* Luftfahrt..., Flugzeug...; **2.** *f* Luftfahrt *f*, Flugwesen *n*; **~navale** [-naval] *f mil* Marinefliegertruppe *f*; **~nef** [-nɛf] *m* Luftfahrzeug *n*
▶ **aéro|port** [aerɔpɔr] *m* Flughafen *m*; **~sol** *m* Spray *m*; ***déodorant en ~*** Deospray *m*; **~spatial(e)** [-spasjal] (⚠ *m/pl* ***-aux***) (Luft- und) Raumfahrt...; ***transporteur m aérospatial*** Raumtransporter *m*; **~train** [-trɛ̃] *m* Luftkissenzug *m*

affabilité [afabilite] *f* Leutseligkeit *f*, Freundlichkeit *f*
affable [afablə] leutselig, freundlich
affaibl|ir [afɛblir] (2a) schwächen; ***s'~*** schwächer werden; **~issement** [-ismɑ̃] *m* Entkräftung *f*, Schwächung *f*; Nachlassen *n*
▶ **affaire** [afɛr] *f* Geschäft *n*; Angelegenheit *f*, Sache *f*; *jur* Sache *f*, Fall *m*; ▶ ***affaires*** *pl* Sachen *f/pl*; ***les Affaires étrangères*** das Außenministerium; *hist* ***l'affaire Dreyfus*** die Dreyfus-affäre; ***avoir affaire à qn*** mit j-m zu tun haben; ⚠ *il a ses devoirs* ***à faire***
affair|é, ~ée [afere] geschäftig, stark beschäftigt; **~er** (1b) ***s'~*** sich zu schaffen machen; **~iste** *m, f* Geschäftemacher(in) *m(f)*
affamé, ~e [afame] hungrig; ***~ de gloire*** ruhmsüchtig
affect|ation [afɛktasjɔ̃] *f* **1.** Ziererei *f*; **2.** Verwendung *f*; Versetzung *f*; (Dienst-) Posten *m*; **~é, ~ée** geziert, gekünstelt; **~er** (1a) **1.** vortäuschen, heucheln; ***~ une forme*** c-c Form annehmen; **2.** verwenden; ***~ à un poste*** auf e-n Posten schicken *od* versetzen; **3.** betrüben, berühren
affect|if, ~ive [afɛktif, -iv] gefühlsbetont
affection [afɛksjɔ̃] *f* **1.** Zuneigung *f*, Liebe *f*; **2.** *méd* Erkrankung *f*
affectu|eux, ~euse [afɛktɥø, -øz] liebevoll, herzlich, zärtlich
affermir [afɛrmir] (2a) festigen, stärken
affichage [afiʃaʒ] *m* Bekanntgabe *f* durch Anschlag; Plakatierung *f*; *EDV* Anzeige *f*, Display *n*; ***~ numérique*** Digitalanzeige *f*; ***une montre à ~ numérique*** eine Digitaluhr; ***panneau m d'~*** Anschlagtafel *f*
▶ **affich|e** [afiʃ] *f* Plakat *n*; Aushang *m*; **~er** (1a) öffentlich anschlagen; zur Schau tragen; *EDV* anzeigen; **~eur** *m* Plakatkleber *m*; *EDV* Display *n*; ***~ à cristaux liquides*** Flüssigkristallanzeige *f*
affil|ée [afile] ***d'~*** ununterbrochen; **~er** (1a) schleifen, wetzen
affilier [afilje] (1a) aufnehmen; ***être affilié à un parti*** e-r Partei angehören; ***s'~ à*** sich anschließen an
affinité [afinite] *f* Verwandtschaft *f*, Ähnlichkeit *f*
affirma|tif, ~tive [afirmatif, -tiv] beja-

hend; entschieden; **~tion** [-sjɔ̃] *f* Behauptung *f*; Bestätigung *f*
▶ **affirmer** [afirme] (1a) behaupten; bestätigen
affliction [afliksjɔ̃] *f* Kummer *m*
affligeant, ~ante [afliʒɑ̃, -ɑ̃t] traurig, schmerzlich; **~er** (1l) betrüben, bekümmern; *Krankheit*: heimsuchen; **s'~ de** bekümmert sein über
affluence [aflyɑ̃s] *f* Menschenandrang *m*; **heures** *f/pl* **d'~** Stoßzeiten *f/pl*; **~ent** [-ɑ̃] *m* Nebenfluss *m*; **~er** (1a) zusammenströmen
afflux [afly] *m* Andrang *m* (*a méd*); Zustrom *m*
affolant, ~ante [afɔlɑ̃, -ɑ̃t] beängstigend, erschreckend; **~ement** [-mɑ̃] *m* Aufregung *f*, Verwirrung *f*; **~er** (1a) aufregen; **s'~** *u* **être affolé** sich aufregen, den Kopf verlieren
affranchir [afrɑ̃ʃir] (2a) **1.** freilassen; **2.** *Brief*: frankieren; **~issement** [-ismɑ̃] *m* **1.** Freilassung *f*; **2.** Frankieren *n*
affréter [afrete] (1f) *mar*, *aviat* chartern
▶ **affreux, ~euse** [afrø, -øz] schrecklich, abscheulich
affront [afrɔ̃] *m* grobe Beleidigung *f*
affrontement [afrɔ̃tmɑ̃] *m* Zusammenstoß *m*; *fig* Konfrontation *f*
affronter [afrɔ̃te] (1a) **~ qn** j-m trotzen; **s'~** sich gegenüberstehen
affubler [afyble] (1a) lächerlich ausstaffieren
affût [afy] *m ch* Anstand *m*; *fig* **être à l'~** auf der Lauer liegen
affûter [afyte] (1a) *tech* schleifen
Afghanistan [afganistɑ̃] *m* **l'~** Afghanistan *n*
afin [afɛ̃] ▶ **afin de** (+ *inf*) um zu; ▶ **afin que** (+ *subj*) damit, (auf) dass
▶ **africain, ~aine** [afrikɛ̃, -ɛn] *adj* afrikanisch
Africain, ~aine [afrikɛ̃, -ɛn] *m, f* Afrikaner(in) *m(f)*
▶ **Afrique** [afrik] *f* **l'~** Afrika *n*; **l'~ du Nord** Nordafrika *n*; **l'~ du Sud** Südafrika *n*
agaçant, ~ante [agasɑ̃, -ɑ̃t] auf die Nerven gehend, lästig
agacer [agase] (1k) reizen; nerven; necken
agate [agat] *f* Achat *m*
▶ **âge** [aʒ] *m* Alter *n*; Lebensalter *n*; Zeitalter *n*; **Moyen Âge** Mittelalter *n*; **~ tendre** Kindheit *f*; **troisième ~** Alter *n*, Lebensabend *m*, Ruhestand *m*; **retour** *m* **d'~** *méd* Wechseljahre *n/pl*; **en bas ~** in zartem Alter; **quel ~ a-t-il?** wie alt ist er?

quel âge as-tu?

So kann man jemanden nach dem Alter fragen:

Quel âge as-tu? / *umgangssprachlich* ***Et toi, tu as quel âge?*** – Wie alt bist du?	***J'ai vingt-sept ans.***
Quel âge avez-vous, Monsieur? – Wie alt sind Sie?	
Et Christine, quel âge a-t-elle? – Und wie alt ist Christine?	***Elle a vingt et un ans.***

▶ **âgé, ~e** [aʒe] alt, betagt; **~ de deux ans** zwei Jahre alt
agence [aʒɑ̃s] *f* Agentur *f*; Geschäftsstelle *f*; **agence immobilière** Maklerbüro *n*; **agence de publicité** Werbeagentur *f*; ▶ **agence de voyages** Reisebüro *n*
agencement [aʒɑ̃smɑ̃] *m* Anordnung *f*, Verteilung *f*; Aufbau *m*; Gestaltung *f*; **~er** (1k) anordnen; einrichten; aufteilen; gestalten
agenda [aʒɛ̃da] *m* Merkbuch *n*; Taschenkalender *m*
agenouiller [aʒnuje] (1a) **s'~** (sich) niederknien
agent [aʒɑ̃] *m* **1.** Agent *m*; Vertreter *m*; Beamte(r) *m*; Bedienstete(r) *m, f*; ▶ **agent (de police)** Polizist *m*; **agent général** Alleinvertreter *m*; **agent provocateur** Lockspitzel *m*; **2.** Wirkstoff *m*; Substanz *f*; *méd* **agent pathogène** Krankheitserreger *m*
agglomération [aglɔmerasjɔ̃] *f* Ballungszentrum *n*, -raum *m*; geschlossene Ortschaft *f*; Siedlung *f*
aggloméré [aglɔmere] *m* Spanplatte *f*; Presskohle *f*; *arch* Pressstein *m*; **~er** (1f) zusammenballen

agglutiner [aglytine] (1a) ver-, zusammenkleben; ***s'~*** sich zusammenballen

aggrav|ant, ~ante [agravɑ̃, -ɑ̃t] *jur* erschwerend; **~er** (1a) verschlimmern; erschweren; ***s'~*** sich verschlimmern, sich zuspitzen

agil|e [aʒil] behände, flink; **~ité** *f* Gewandtheit *f*, Beweglichkeit *f*

agio [aʒjo] *m écon* Kreditkosten *pl*

▶ **agir** [aʒir] (2a) handeln; ***agir sur qn*** auf j-n (ein)wirken; ▶ ***il s'agit de*** ... es handelt sich um ...

agissements [aʒismɑ̃] *m/pl péj* Machenschaften *f/pl*, Umtriebe *m/pl*

agita|tion [aʒitasjɔ̃] *f* (heftige) Bewegung *f* (*a fig*); Unruhe *f*; Erregung *f*; **~teur** *m*, **~trice** *f pol* Aufwiegler(in) *m(f)*; Agitator(in) *m(f)*

agité, ~e [aʒite] bewegt; erregt

▶ **agiter** [aʒite] (1a) hin und her bewegen, schwenken; beunruhigen; aufregen; aufhetzen

▶ **agneau** [aɲo] *m* (⚠ *pl* **~x**) Lamm (*Fleisch*) *n*

agonie [agɔni] *f* Todeskampf *m*

agonis|ant, ~ante [agɔnizɑ̃, -ɑ̃t] **1.** *adj* im Sterben liegend; **2.** *m, f* Sterbende(r) *m, f*; **~er** (1a) mit dem Tode ringen

agoraphobie [agɔrafɔbi] *f méd* Platzangst *f*

agraf|e [agraf] *f* Haken *m*; Klammer *f*; **~er** (1a) an-, zuhaken; heften; **~euse** *f* Hefter *m*, Heftmaschine *f*

agraire [agrɛr] Acker...; ***réforme f ~*** Bodenreform *f*

agrandir [agrɑ̃dir] (2a) vergrößern

agrandiss|ement [agrɑ̃dismɑ̃] *m* Vergrößerung *f*; Zuwachs *m*; **~eur** *m* Vergrößerungsapparat *m*

▶ **agréable** [agreablə] angenehm (***à qn*** j-m)

agréé, ~e [agree] **1.** *p/p* zugelassen; **2.** *m* Parteivertreter *m*

▶ **agréer** [agree] (1a) genehmigen; ***se faire ~ dans un milieu*** in e-n Gesellschaftskreis aufgenommen werden; ***veuillez ~, Monsieur, mes salutations distinguées*** mit freundlichem Gruß

agrégation [agregasjɔ̃] *f Prüfung für das Lehramt an höheren Schulen u Universitäten*

agrég|é, ~ée [agreʒe] *m, f Gymnasiallehrer(in) bzw Dozent(in), der (die) die Agrégation besitzt*; **~er** (1g) verbinden; ***s'~*** sich verfestigen

agrément [agremɑ̃] *m* **1.** Genehmigung *f*; **2.** *meist pl* ***les ~s*** der Reiz; das Gewinnende; ***jardin m d'~*** Ziergarten *m*

agrémenter [agremɑ̃te] (1a) verzieren, ausschmücken

agress|er [agrɛse] (1b) überfallen; *fig* belasten; **~eur** *m* Angreifer *m*; **~if, ~ive** [-if, -iv] aggressiv, angriffslustig; **~ion** *f* Überfall *m*; Angriff *m*; Aggression *f*; ⚠ *Schreibung*

▶ **agricole** [agrikɔl] landwirtschaftlich, Landwirtschafts...; ***ouvrier m ~*** Landarbeiter *m*

▶ **agriculteur** [agrikyltœr] *m* Landwirt *m*

▶ **agriculture** [agrikyltyr] *f* Landwirtschaft *f*; Ackerbau *m*

agripper [agripe] (1a) packen, an sich reißen; ***s'~*** sich festhalten (***à*** an)

agro|alimentaire [agroalimɑ̃tɛr] **1.** *adj* Lebensmittel...; **2.** *m* Lebensmittelsektor *m*; **~biologie** [-bjɔlɔʒi] *f* Biolandwirtschaft *f*

agronomie [agrɔnɔmi] *f* Landwirtschaftskunde *f*

agrumes [agrym] *m/pl* Zitrusfrüchte *f/pl*

aguerrir [agerir] (2a) abhärten

aguets [agɛ] ***être aux ~*** auf der Lauer liegen

aguicher F [agiʃe] (1a) anlocken; F bezirzen

ahur|i, ~ie [ayri] verblüfft, verdutzt; begriffsstutzig; **~ir** (2a) verblüffen; **~issant, ~issante** [-isɑ̃, -isɑ̃t] verblüffend; unglaublich

ai [e] *cf* ***avoir***

▶ **aide** [ɛd] **1.** *f* Hilfe *f*; ***aide contextuelle*** kontextsensitive Hilfe; ***aide sociale*** Sozialhilfe *f*; ▶ ***à l'aide de qc*** mit Hilfe von etw; ***avec l'aide de qn*** mit j-s Hilfe; **2.** *m, f* Gehilfe *m*, Gehilfin *f*

aide-mémoire [ɛdmemwar] *m* (⚠ *pl unv*) kurze Zusammenfassung *f*

▶ **aider** [ɛde] (1b) helfen (***qn*** j-m); ***~ à qc*** zu etw beitragen; ***s'~ de qc*** etw benützen

▶ **aïe!** [aj] au!

aïeul, ~e [ajœl] *st/s m, f* Großvater *m*, Großmutter *f*; Ahne *m, f*; **~s** *pl* Großeltern *pl*

aïeux [ajø] *m/pl* Vorfahren *m/pl*, Ahnen *m/pl*

▶ **aigle** [ɛglə] *m* Adler *m*; *f* Adlerweibchen *n*
aigre [ɛgrə] sauer; *fig* schrill; schneidend; scharf; **~-doux, ~-douce** [-du, -dus] süßsauer; **~fin** [-fɛ̃] *m* Schwindler *m*, Hochstapler *m*
aigreur [ɛgrœr] *f* Säure *f*; *fig* Schärfe *f*
aigrir [ɛgrir] (2a) säuern; *fig* erbittern
aigu, aiguë [egy] spitz; schrill; stechend; *méd* akut
aigue-marine [ɛgmarin] *f* (⚠ *pl* ***aigues-marines***) Aquamarin *m*
aiguillage [egɥijaʒ] *m tech* Weiche *f*
▶ **aiguille** [egɥij] *f* Nadel *f*; (Uhr-)Zeiger *m*; *Kirchturm, Berg*: Spitze *f*
aiguill|ette [egɥijɛt] *f mil* Achselschnur *f*; **~eur** *m* Weichensteller *m*; *aviat* ***~ du ciel*** Fluglotse *m*
aiguiser [egize] (1a) schleifen
ail [aj] *m* (⚠ *pl* ***ails***, *selten* ***aulx*** [o]) Knoblauch *m*; ***gousse f d'~*** Knoblauchzehe *f*
▶ **ail|e** [ɛl] *f* Flügel *m*; *auto* Kotflügel *m*; *arch* Seitentrakt *m*; ***~ avant*** vorderer Kotflügel; **~é, ~ée** geflügelt
aileron [ɛlrõ] *m* Flügelspitze *f*; *aviat* Quer-, Höhenruder *n*
ailier [ɛlje] *m Sport*: ***~ droit (gauche)*** Rechtsaußen (Links-) *m*
aille [aj] *subj von* ***aller***
▶ **ailleurs** [ajœr] anderswo(hin); ▶ ***d'ailleurs*** übrigens; ***par ailleurs*** außerdem, überdies; ***nulle part ailleurs*** sonst nirgends

Mit Vorliebe *aimer*

Jean-François aime écouter les chansons de Jacques Brel. – Jean-François hört gern Lieder von Jacques Brel.
Sandrine aime faire du ski. – Sandrine fährt gern Ski.

Das Verb ***aimer*** + *infinitif* drückt aus, dass jemand eine Tätigkeit mit Vorliebe ausübt. Im Deutschen wird dies zumeist durch das Adverb ‚gern' wiedergegeben.

ailloli [ajɔli] *m cuis* kalte Knoblauchsoße *f*
▶ **aim|able** [ɛmablə] liebenswürdig; **~ant¹, ~ante** [-ɑ̃, -ɑ̃t] *adj* zärtlich
aim|ant² [ɛmɑ̃] *m* Magnet *m*; **~anter** [-ɑ̃te] (1a) magnetisieren
▶ **aimer** [ɛme] (1b) lieben, gern haben; gern essen *od* trinken; ▶ ***aimer mieux*** lieber mögen, vorziehen; ▶ ***j'aimerais*** ich würde gern, ich möchte gern; ***aimer faire qc*** *od st/s* ***à faire qc*** gern etw tun; ***aimer que*** (+ *subj*) es gern haben, dass ...
aine [ɛn] *f* Leistengegend *f*
aîné, ~e [ɛne] **1.** *adj* älter (*von zweien*); älteste(r); **2.** *m, f* Älteste(r) *m, f*
▶ **ainsi** [ɛ̃si] also, so, daher; ***~ que*** sowie; ***~ soit-il!*** amen!; ***pour ~ dire*** sozusagen
▶ **air** [ɛr] *m* **1.** Luft *f*; Klima *n*; Wind *m*; Zugwind *m*; ***mettre à l'air*** ins Freie stellen; ***en plein air*** im Freien, unter freiem Himmel; **2.** Miene *f*; Aussehen *n*; Ausdruck *m*; ▶ ***avoir l'air*** (+*adj*) aussehen; F ***avoir l'air con*** alt aussehen; ▶ ***avoir l'air de*** (+ *inf*) so aussehen als ob, scheinen zu ...; ***se donner des airs*** vornehm tun; **3.** Melodie *f*; Arie *f*
airbag [ɛrbag] *m* Airbag *m*

airbag und das aufblasbare Kissen

Franzosen, die sich über die Sicherheit eines Autos unterhalten, verwenden zumeist das Wort ***airbag.*** Da ***airbag*** aus dem Englischen stammt, ist es bei Leuten, die Fremdwörter vermeiden wollen, verpönt. Sie sagen stattdessen ***le coussin gonflable*** (wörtlich ‚das aufblasbare Kissen').

airbus [ɛrbys] *m* Airbus *m*
aire [ɛr] *f* (Dresch-)Tenne *f*; freier Platz *m*; (Boden-)Fläche *f*; *Raubvogel*: Horst *m*; ***~ de repos*** Rastplatz *m*; ⚠ *nicht verwechseln mit* ***air***
airelle [ɛrɛl] *f bot* Heidelbeere *f*

aisance [ɛzɑ̃s] *f* **1.** Leichtigkeit *f*, Ungezwungenheit *f*; **2.** Wohlstand *m*, Wohlhabenheit *f*

aise [ɛz] **1.** *adj st/s* ***être bien ~ de*** (+ *inf*) *od* ***que*** (+ *subj*) sich freuen zu *od* dass; **2.** *f meist pl* ***~s*** Wohlbehagen *n*, Bequemlichkeit *f*, Gemütlichkeit; ***prendre ses ~s*** es sich bequem machen; ***à l'~, à son ~*** wie man es gern hat; bequem; ***être à l'~*** sich wohl fühlen; ***à votre ~!*** wie es Ihnen beliebt!

aisé, ~e [eze] leicht, ungezwungen; wohlhabend; **~ment** *adv* leicht, mühelos

aisselle [ɛsɛl] *f* Achselhöhle *f*

Aix-la-Chapelle [ɛkslaʃapɛl] Aachen

ajonc [aʒɔ̃] *m bot* Stechginster *m*

ajourn|ement [aʒurnəmɑ̃] *m* Vertagung *f*, Aufschub *m*; *mil* Zurückstellung *f*; **~er** (1a) vertagen (***d'une semaine*** um e-e Woche); *mil* zurückstellen

▶ **ajouter** [aʒute] (1a) hinzufügen; *litt* ***~ foi à qc*** e-r Sache Glauben schenken; ***~ à qc*** etw noch vergrößern, verschlimmern; ***s'~ à*** noch hinzukommen zu

ajustage [aʒystaʒ] *m tech* An-, Einpassen *n*

ajust|ement [aʒystəmɑ̃] *m* Anpassung *f*; **~er** (1a) richten; in Ordnung bringen; *tech* an-, einpassen; **~eur** *m* Monteur *m*; Schlosser *m*

alambic [alɑ̃bik] *m* Retorte *f*

alambiqué, ~e [alɑ̃bike] *Stil*: gekünstelt, geschraubt

alarm|ant, ~ante [alarmɑ̃, -ɑ̃t] alarmierend; beunruhigend

alarm|e [alarm] *f* Alarm *m*; Schrecken *m*; ***signal m d'~*** Notbremse *f*; ⚠ ***une ~***; **~er** (1a) alarmieren; beunruhigen; **~iste** *m, f* Gerüchtemacher(in) *m(f)*

Albanie [albani] *f* ***l'~*** Albanien *n*

albâtre [albɑtrə] *m* Alabaster *m*

album [albɔm] *m* Album *n*; Bilderbuch *n*

▶ **alcool** [alkɔl] *m* Alkohol *m*; ***~ à brûler*** Brennspiritus *m*; **~émie** [-emi] *f* Blutalkoholspiegel *m*; **~ique 1.** *adj* alkoholisch; **2.** *m* Säufer *m*, Trinker *m*; **~iser** (1a) Alkohol zusetzen, in Alkohol verwandeln; ***s'~*** sich betrinken; **~isme** *m* Alkoholvergiftung *f*; Trunksucht *f*

alco(o)test [alkɔtɛst] *m* Alkoholtest *m*

aléa [alea] *m meist pl* ***~s*** Ungewissheit *f*, Risiko *n*; **~toire** [-twar] zufallsbedingt

alentour [alɑ̃tur] **1.** *adv* ringsumher; **2.** ***~s*** *m/pl* Umgebung *f*; ***aux ~s (de)*** in der Nähe (von)

alert|e [alɛrt] **1.** *adj* rege, munter; flink; **2.** *f* Alarm(signal *n*) *m*; ***~ aérienne*** Fliegeralarm *m*; ***donner l'~ à qn*** j-n alarmieren (*auch fig*); **~er** (1a) alarmieren

algèbre [alʒɛbrə] *f* Algebra *f*

▶ **Algérie** [alʒeri] *f* ***l'~*** Algerien *n*

algér|ien, ~ienne [alʒerjɛ̃, -jɛn] algerisch

Algér|ien, ~ienne [alʒerjɛ̃, -jɛn] *m, f* Algerier(in) *m(f)*

algorithm|e [algɔritmə] *m* Algorithmus *m*; **~ique** algorithmisch

algue [alg] *f bot* Alge *f*

alién|able [aljenablə] veräußerlich; **~ation** *f* Veräußerung *f*; *fig* Preisgabe *f*; *méd* Geistesgestörtheit *f*; *phil* Entfremdung *f*

alién|é, ~ée [aljene] *m, f* Geistesgestörte(r) *m, f*; **~er** (1f) veräußern; entfremden; ***s'~ les sympathies*** sich die Sympathien verscherzen

alignement [aliɲmɑ̃] *m* Ausrichtung *f*; Reihe *f*; Bau-, Straßenflucht *f*; *fig* Anpassung *f*; Angleichung *f*; *mil* ***sortir de l'~*** aus der Reihe treten

aligner [aliɲe] (1a) ausrichten; in e-e Reihe bringen; aneinander reihen; *pol* ***les pays non alignés*** die blockfreien Länder; ***s'~ sur qc*** sich e-r Sache anpassen, -schließen

aliment [alimɑ̃] *m* Nahrung(smittel) *f(n)*

alimentaire [alimɑ̃tɛr] zur Ernährung gehörig

▶ **aliment|ation** [alimɑ̃tasjɔ̃] *f* Ernährung *f*; *tech* Versorgung *f*; ***~ énergique*** Energieversorgung *f*; ***~ en courant (électrique)*** Stromversorgung *f*; ***~ de base*** Grundnahrungsmittel *n/pl*; **~er** (1a) ernähren; *tech* versorgen

alinéa [alinea] *m* Absatz *m*, neue Zeile *f*

aliter [alite] (1a) ***~ qn*** j-n ans Bett fesseln; ***être alité(e)*** bettlägerig sein; ***s'~*** sich (krank) ins Bett legen

alizé [alize] (***vent m***) ***~ m*** Passatwind *m*

allaiter [alɛte] (1b) säugen, stillen

all|ant, ~ante [alɑ̃, -ɑ̃t] **1.** *adj* tatkräftig, unternehmungslustig; **2.** *m* Schwung *m*

allécher [aleʃe] (1f) anlocken

allée [ale] *f* Gang *m*; Allee *f*; ***les ~s et venues*** die Laufereien *f/pl*
allégation [alegasjɔ̃] *f* Behauptung *f*
alléger [aleʒe] (1g) erleichtern
allégorie [alegɔri] *f* Sinnbild *n*; Allegorie *f*
allègre [alɛgrə] munter, lustig
allégrement [alɛgrəmɑ̃] *adv* frisch-fröhlich; ⚠ *accent aigu*
allégresse [alegrɛs] *f* Freude *f*
alléguer [alege] (1f) anführen, zitieren; sich berufen auf
▶ **Allemagne** [almaɲ] *f* ***l'~*** Deutschland *n*; ***en ~*** in Deutschland; nach Deutschland
▶ **allem|and, ~ande** [almɑ̃, -ɑ̃d] **1.** *adj* deutsch; **2.** *m* Deutsch *n*; ***apprendre l'~*** Deutsch lernen; ***parler ~*** deutsch sprechen; ***traduire en ~*** ins Deutsche übersetzen
▶ **Allem|and, ~ande** [almɑ̃, -ɑ̃d] *m, f* Deutsche(r) *m, f*
▶ **aller** [ale] (1o) **1.** gehen; fahren; reisen; ***aller à cheval*** reiten; ***aller en voiture*** Auto fahren; ***aller à*** (*od* ***en***) ***bicyclette*** mit dem Rad fahren; *mit inf* ([*nahe*] *Zukunft*) im Begriff sein zu (+ *inf*); ***j'allais dire*** ich wollte sagen, ich hätte beinahe gesagt; ***aller chercher*** holen (gehen); ***aller voir qn*** j-n besuchen; ***je vais bien*** es geht mir gut; ▶ ***ça va?*** wie gehts?; ***cela me va*** das ist mir recht; ***il y va de*** es handelt sich (es geht) um; F ***on y va!*** gleich!, ich komme schon!; ***il va sans dire*** selbstredend; ***va!*** meinetwegen!; ▶ ***allez!*** los!, auf gehts!; ***allons!*** vorwärts!; ***allons donc!*** stimmt das wirklich?, ist doch nicht möglich!; ▶ ***s'en aller*** weggehen; **2.** ***aller à qn*** j-m stehen, passen; **3.** *m* Hinfahrt *f*; ▶ ***aller et retour*** Rückfahrkarte *f*; *Sport*: ***match*** *m* ***aller*** Hinspiel *n*; ***au pis aller*** schlimmstenfalls
allerg|ie [alɛrʒi] *f* Allergie *f*; **~ique 1.** *adj* allergisch; **2.** *m, f* Allergiker(in) *m(f)*; **~ologiste** [alɛrgɔlɔʒist] *m, f* Allergologe *m*, Allergologin *f*
alliage [aljaʒ] *m chim* Legierung *f*
alli|ance [aljɑ̃s] *f* Bündnis *n*; Bund *m*; Ehebund *m*; Verwandtschaft *f*; Trauring *m*; **~é, ~ée 1.** *adj* verbündet; verschwägert; **2.** *m, f* Verbündete(r) *m, f*; angeheiratete(r) Verwandte(r) *m, f*; **~er** (1a) vereinigen; verbinden; ***s'~ à qn*** sich mit j-m verbünden
▶ **allô** [alo] hallo!; ja bitte?
allocation [alɔkasjɔ̃] *f* Beihilfe *f*; Unterstützung *f*; Zuschuss *m*; ***~s familiales*** Kindergeld *n*; ***~ chômage*** Arbeitslosengeld *n*; ***~ de fin de droits*** Arbeitslosenhilfe *f*
allocution [alɔkysjɔ̃] *f* Ansprache *f*

aller und die Zukunft

Mit der Konstruktion ***aller*** + *infinitif* wird in der gesprochenen wie in der geschriebenen Sprache zukünftiges Geschehen ausgedrückt. Diese Konstruktion heißt *futur proche* und wird vor allem für unmittelbar bevorstehende Handlungen und Geschehnisse verwendet:

Il y a pas mal de nuages; il va bientôt pleuvoir.	Es ist sehr bewölkt; es wird gleich regnen.
Mince alors, la voiture est en panne! Qu'est-ce qu'on va faire maintenant?	Verdammt noch mal, das Auto ist kaputt! Was machen wir jetzt?
Je vais vous donner des explications là-dessus.	Ich gebe Ihnen gleich einige Erklärungen hierzu.

Man beachte, dass dem *futur proche* im Deutschen häufig das Präsens entspricht.

allonger [alɔ̃ʒe] (1l) verlängern; *Arm, Bein*: ausstrecken; ~ ***le pas*** schneller gehen; ***s'~*** sich hinlegen, sich ausstrecken; ***être allongé*** liegen

allouer [alwe] (1a) bewilligen

allumage [alymaʒ] *m* Anzünden *n*; *tech* Zündung *f*

allume-gaz [alymgaz] *m* (⚠ *pl unv*) Gasanzünder *m*

▶ **allumer** [alyme] (1a) an-, entzünden; anknipsen; Licht machen

▶ **allum|ette** [alymɛt] *f* Streichholz *n*; **~euse** *f* F Frau, die die Männer scharfmacht

allure [alyr] *f* Gang(art) *m(f)*; Tempo *n*, Geschwindigkeit *f*; **~s** *pl* Verhalten *n*, Auftreten *n*; ***avoir de l'~*** vornehm wirken, aussehen

allusion [alyzjɔ̃] *f* Anspielung *f*; ***faire ~ à*** anspielen auf

▶ **alors** [alɔr] damals; dann; ***ça alors!*** na so was!; ***alors?*** was nun?; ▶ ***alors que*** (damals,) als; während (dagegen)

alouette [alwɛt] *f zo* Lerche *f*

alourdir [alurdir] (2a) schwer(er) machen; *Stil*: schwerfällig machen

alpage [alpaʒ] *m* Alm *f*

Alpes [alp] *f/pl* ***les ~*** die Alpen *pl*

alpestre [alpɛstrə] Alpen...

alphabet [alfabɛ] *m* Alphabet *n*

alphabéti|que [alfabetik] alphabetisch; **~sation** [-zasjɔ̃] *f* Alphabetisierung *f* (*von Analphabeten*)

alphanumérique [alfanymerik] alphanumerisch

alp|in, ~ine [alpɛ̃, -in] Alpen....

alpin|isme [alpinismə] *m* Bergsport *m*, Bergsteigen *n*; **~iste** *m* Alpinist *m*, Bergsteiger *m*

▶ **Alsace** [alzas] *f* ***l'~*** das Elsass

alsac|ien, ~ienne [alzasjɛ̃, -jɛn] elsässisch

Alsac|ien, ~ienne [alzasjɛ̃, -jɛn] *m, f* Elsässer(in) *m(f)*

altercation [altɛrkasjɔ̃] *f* Zank *m*

altérer [altere] (1f) **1.** verschlechtern; entstellen; fälschen; **2.** durstig machen

altern|ance [altɛrnɑ̃s] *f* Wechsel *m*; **~atif, ~ative** [-atif, -ativ] abwechselnd; **~ative** *f* regelmäßiger Wechsel *m*; Alternative *f*; **~er** (1a) (ab)wechseln; alternieren

alti|er, ~ère [altje, -ɛr] hochmütig

alti|mètre [altimɛtrə] *m* Höhenmesser *m*; **~tude** [-tyd] *f* Höhe *f*

alto [alto] *m mus* Bratsche *f*; Altstimme *f*

altru|isme [altrɥismə] *m* Nächstenliebe *f*; **~iste 1.** *adj* selbstlos; **2.** *m, f* uneigennütziger Mensch *m*

aluminium [alyminjɔm] *m* Aluminium *n*

alunir [alynir] (2a) auf dem Mond landen

alvéole [alveɔl] *m od f* Wachszelle *f*; Zahnhöhle *f*

Alzheimer [alzajmœr] ***maladie f d'~*** alzheimersche Krankheit *f*, Alzheimer *m*

amabilité [amabilite] *f* Liebenswürdigkeit *f*

amadouer [amadwe] (1a) ~ ***qn*** j-n für sich gewinnen

amaigr|i, ~ie [amɛgri] mager, abgezehrt; **~ir** (2a) dünner machen; ~ ***qn a*** an j-m zehren; **~issement** [-ismɑ̃] *m* Abmagerung *f*

amalgame [amalgam] *m* Gemisch *n*; Amalgam *n*

amand|e [amɑ̃d] *f bot* Mandel *f*; ⚠ *nur botanisch*; **~ier** [-je] *m* Mandelbaum *m*

amant [amɑ̃] *m* Geliebte(r) *m*, Liebhaber *m*

amarr|e [amar] *f mar* Tau *n*; **~er** (1a) *Schiff*: festbinden

am|as [ama] *m* Anhäufung *f*; **~asser** [-ase] (1a) anhäufen; horten; *Geld*: scheffeln

amateur [amatœr] *m* Liebhaber(in) *m(f)*; Interessent(in) *m(f)*; *Sport*: Amateur(in) *m(f)*; ~ ***d'art*** Kunstliebhaber(in) *m(f)*; *péj* ***en ~*** dilettantisch

amazone [amazɔn] *f* Reiterin *f*; *Mythologie*: Amazone *f*

ambassa|de [ɑ̃basad] *f* Botschaft *f*; **~deur** *m*, **~drice** *f* [-dœr, -dris] Botschafter(in) *m(f)*

ambiance [ɑ̃bjɑ̃s] *f* Umgebung *f*, Milieu *n*; Atmosphäre *f*, Stimmung *f*

ambigu, ambiguë [ɑ̃bigy] zweideutig; zwielichtig

ambiguïté [ɑ̃bigɥite] *f* Zweideutigkeit *f*; Doppelsinn *m*

ambit|ieux, ~ieuse [ɑ̃bisjø, -jøz] **1.** *adj* ehrgeizig; *Wort*: anspruchsvoll; **2.** *m, f péj* Ehrgeizling *m*

ambiti|on [ɑ̃bisjɔ̃] *f* Ehrgeiz *m*; **~onner** [-ɔne] (1a) ~ ***qc*** (ehrgeizig) streben nach etw

ambival|ence [ɑ̃bivalɑ̃s] *f* Ambivalenz *f*, Doppelwertigkeit *f*; **~ent, ~ente** [-ɑ̃, -ɑ̃t] ambivalent, doppelwertig
ambre [ɑ̃brə] *m* **~ gris** Ambra *f*; **~ jaune** Bernstein *m*
▶ **ambulance** [ɑ̃bylɑ̃s] *f* Krankenwagen *m*; Ambulanz *f*
ambul|ant, ~ante [ɑ̃bylɑ̃, -ɑ̃t] umherziehend; Wander...; ***marchand** m* ***ambulant*** fliegender Händler *m*
▶ **âme** [ɑm] *f* Seele *f*; ***état** m* ***d'~*** Stimmung *f*, Gemütsverfassung *f*; ***rendre l'~*** den Geist aufgeben
amélioration [ameljɔrasjɔ̃] *f* Verbesserung *f*; *gesundheitlich*: Besserung *f*
améliorer [ameljɔre] (1a) verbessern; ▶ ***s'améliorer*** sich bessern, besser werden
aménagement [amenaʒmɑ̃] *m* Einrichtung *f*; Ausstattung *f*; Umgestaltung *f*; Bewirtschaftung *f*; ***~ du territoire*** Raumordnung *f*; ***~ du temps de travail*** Arbeitszeitregelung *f*
aménager [amenaʒe] (1l) einrichten; neu ordnen; umbauen; *Wald*: bewirtschaften
▶ **amende** [amɑ̃d] *f* Geldstrafe *f*; ***sous peine d'~*** bei Strafe
amend|ement [amɑ̃dmɑ̃] *m* Besserung *f*; *agr* Düngemittel *n*; *pol* Abänderungsantrag *m*; **~er** (1a) (ver)bessern; *pol Gesetzentwurf*: abändern
▶ **amener** [amne] (1d) her(bei)führen; her-, mitbringen; befördern; zur Folge haben; ***~ qn à faire qc*** j-n dazu bringen, etw zu tun
▶ **amer, amère** [amɛr] bitter
▶ **améric|ain, ~aine** [amerikɛ̃, -ɛn] amerikanisch
▶ **Améric|ain, ~aine** [amerikɛ̃, -ɛn] *m, f* Amerikaner(in) *m(f)*
▶ **Amérique** [amerik] *f* ***l'~*** Amerika *n*
amerrir [amɛrir] (2a) *aviat* wassern
amertume [amɛrtym] *f* Bitterkeit *f*
ameubl|ement [amœbləmɑ̃] *m* Innenausstattung *f*; Mobiliar *n*; **~ir** (2a) *agr Boden*: lockern
ameuter [amøte] (1a) aufhetzen
▶ **ami, ~e** [ami] **1.** *m, f* Freund(in) *m(f)*; ***petit ami*** fester Freund; **2.** *adj* befreundet
amiable [amjablə] ***à l'~*** gütlich, in Güte
amiante [amjɑ̃t] *m* Asbest *m*
amical, ~e [amikal] (⚠ *m/pl* **-aux**) freundschaftlich; **~e** *f* Verein *m*
▶ **amicalement** [amikalmɑ̃] *adv* mit herzlichem Gruß (*Briefschluss*)
amid|on [amidɔ̃] *m chim* Stärke *f*; **~onner** [-ɔne] (1a) *Wäsche*: stärken
amincir [amɛ̃sir] (2a) dünner machen; verdünnen
amiral [amiral] *m* (⚠ *pl* **-aux**) Admiral *m*
▶ **amitié** [amitje] *f* Freundschaft *f*, Zuneigung *f*; ▶ ***amitiés*** *pl* Grüße *m/pl*
amnésie [amnezi] *f* Gedächtnisschwäche *f*, -verlust *m*
amniocentèse [amnjosɛ̃tɛz] *f* Fruchtwasseruntersuchung *f*
amnis|tie [amnisti] *f* Amnestie *f*; **~tier** [-tje] (1a) amnestieren
amoindr|ir [amwɛ̃drir] (2a) verringern, kleiner machen; ***s'~*** sich verringern; **~issement** [-ismɑ̃] *m* Verminderung *f*
amoll|ir [amɔlir] (2a) er-, aufweichen; *fig* schwächen; **~issement** [-ismɑ̃] *m* Erschlaffung *f*
amonceler [amɔ̃sle] (1c) an-, aufhäufen
amoncellement [amɔ̃sɛlmɑ̃] *m* Haufen *m*; Stapel *m*
amont [amɔ̃] ***en ~*** flussaufwärts; ***en ~ de*** oberhalb von
amorc|e [amɔrs] *f* Köder *m*; Zündpulver *n*; Anfangsstück *n*; *fig* Beginn *m*; **~er** (1k) ködern; *fig* in Gang bringen, beginnen
amort|ir [amɔrtir] (2a) dämpfen; lindern; *Ball*: stoppen; *comm* tilgen; **~issement** [-ismɑ̃] *m* Schuldentilgung *f*; **~isseur** [-isœr] *m tech* Schall- *od* Stoßdämpfer *m*
▶ **amour** [amur] *m* Liebe *f*; Liebling *m*; ***~s*** *pl* Liebschaften *f/pl*
▶ **amour|eux, ~euse** [amurø, -øz] verliebt (**de** in); **~-propre** [-prɔprə] *m* Selbstachtung *f*; Eigenliebe *f*
amphétamine [ɑ̃fetamin] *f* Amphetamin *n*; ⚠ ***une ~***
amphibie [ɑ̃fibi] *biol* amphibisch; *tech* ***véhicule*** *m* ***~*** Amphibienfahrzeug *n*; *mil* ***char*** *m* ***~*** Schwimmpanzer *m*
amphithéâtre [ɑ̃fiteɑtrə] *m* Hörsaal *m*; *der Römer*: Amphitheater *n*
ampl|e [ɑ̃plə] weit, umfassend; reichlich; **~eur** *f* Weite *f*, Breite *f*; Ausmaß *n*
amplific|ateur [ɑ̃plifikatœr] *m tech*

Verstärker *m*; **~ation** *f tech* Verstärkung *f*; *fig* Ausweitung *f*
amplifier [ɑ̃plifje] (1a) *tech* verstärken; *fig* ausweiten
amplitude [ɑ̃plityd] *f phys* Amplitude *f*; *math* ~ **d'un arc** Bogenweite *f*
▶ **ampoule** [ɑ̃pul] *f* (*Haut-*)Blase *f*; Ampulle *f*; Glühbirne *f*
ampoulé, ~e [ɑ̃pule] *Stil*: schwülstig
amput|ation [ɑ̃pytasjɔ̃] *f* Amputation *f*; *fig* Kürzung *f*; **~er** (1a) amputieren
▶ **amus|ant, ~ante** [amyzɑ̃, -ɑ̃t] unterhaltsam, belustigend
amuse-gueule [amyzgœl] *m* (⚠ *pl unv*) Appetit(s)happen *m*
amusement [amyzmɑ̃] *m* Belustigung *f*, Vergnügen *n*
▶ **amuser** [amyze] (1a) unterhalten, belustigen; ▶ ***s'amuser*** sich unterhalten; ***s'amuser à (faire) qc*** sich bei etw vergnügen (sich damit vergnügen, etw zu tun); ***s'amuser de*** sich lustig machen über
amygdal|e [ami(g)dal] *f méd* Mandel *f*; **~ite** [-it] *f* Mandelentzündung *f*
▶ **an** [ɑ̃] *m* Jahr *n*; ***jour m de l'~*** Neujahrstag *m*; ***bon ~, mal ~*** im Durchschnitt; ***deux fois l'~*** zweimal jährlich; ***par ~*** jährlich
anabolisant [anabɔlizɑ̃] *m* Anabolikum *n*
analgésique [analʒezik] *m phm* Schmerzmittel *n*
ana|logie [analɔʒi] *f* Ähnlichkeit *f*; Analogie *f*; Entsprechung *f*; **~logue** [-lɔg] ähnlich
analys|e [analiz] *f* Analyse *f*; ***~ syntaxique*** Parsing *n*; ***~ de sang*** Blutuntersuchung *f*; **~er** (1a) analysieren
analyste [analist] *m, f* Analytiker(in) *m(f)*; **~-programmeur** *m* (⚠ *pl* ***analystes-programmeurs***) Systemanalytiker *m*
analytique [analitik] analytisch
ananas [anana(s)] *m bot* Ananas *f*; ⚠ ***un ~***
anarch|ie [anarʃi] *f* Anarchie *f*; **~iste** *m* Anarchist *m*
anatomie [anatɔmi] *f* Anatomie *f*
ancêtres [ɑ̃sɛtrə] *m/pl* Vorfahren *m/pl*, Ahnen *m/pl*
anchois [ɑ̃ʃwa] *m* An(s)chovis *f*, Sardelle *f*
▶ **anc|ien, ~ienne** [ɑ̃sjɛ̃, -jɛn] **1.** sehr alt, althergebracht; ***à l'ancienne*** auf alte Art; **2.** (⚠ *vorangestellt*) früher; ehemalig; **3.** antik, alt (*Gegensatz*: *modern*); ***les écrivains anciens*** die antiken Schriftsteller; ***les Anciens*** die Alten (*Griechen u Römer*); **~iennement** [-jɛnmɑ̃] *adv* früher; einst

***ancien*: auf die Stellung kommt es an**

Dieses Adjektiv hat verschiedene Bedeutungen, je nachdem, ob es vor oder nach dem Substantiv steht:

1. Vor dem Substantiv: ‚ehemalig'

M. Chesneau, notre voisin, est un ancien parachutiste. Maintenant, il est à la retraite. – Unser Nachbar Herr Chesneau ist ein ehemaliger Fallschirmspringer. Jetzt ist er in Rente.

2. Nach dem Substantiv: ‚(sehr) alt'

Notre bibliothèque contient un grand nombre de livres anciens. La plupart datent du XVIe *siècle.* – In unserer Bibliothek gibt es eine große Zahl sehr alter Bücher. Die meisten stammen aus dem 16. Jahrhundert.

ancienneté [ɑ̃sjɛnte] *f* Alter *n*; Dienstalter *n*
ancr|e [ɑ̃krə] *f* Anker *m*; ⚠ ***une ~***; **~er** (1a) verankern; ***être ancré*** vor Anker liegen; *fig* verwurzelt sein
Andes [ɑ̃d] *f/pl* ***les ~*** die Anden *pl*
Andorre [ɑ̃dɔr] *f* ***l'~*** Andorra *n*
andouille [ɑ̃duj] *f* Kaldaunenwurst *f*; F Dummkopf *m*
androgyne [ɑ̃drɔʒin] *m biol* Zwitter *m*
▶ **âne** [ɑn] *m* Esel *m* (*a fig*); ***dos m d'~*** *Straße*: Querrinne *f*
anéant|ir [aneɑ̃tir] (2a) vernichten; **~issement** [-ismɑ̃] *m* Vernichtung *f*

anecdote [anɛkdɔt] *f* Anekdote *f*; lustige kleine Geschichte *f*
anémie [anemi] *f méd* Blutarmut *f*
ânerie [ɑnri] *f* Eselei *f*, große Dummheit *f*
ânesse [ɑnɛs] *f zo* Eselin *f*
anesthés|ie [anɛstezi] *f méd* Anästhesie *f*, Narkose *f*; Unempfindlichkeit *f*; **~ier** [-je] (1a) betäuben; **~ique 1.** *adj* schmerzbetäubend; **2.** *m* Betäubungsmittel *n*
aneth [anɛt] *m bot* Dill *m*
ange [ɑ̃ʒ] *m* Engel *m*; *fig* ***être aux ~s*** im siebten Himmel sein
angélique [ɑ̃ʒelik] engelhaft
angine [ɑ̃ʒin] *f méd* Angina *f*
▶ **angl|ais, ~aise** [ɑ̃glɛ, -ɛz] englisch
▶ **Angl|ais, ~aise** [ɑ̃glɛ, -ɛz] *m, f* Engländer(in) *m(f)*
angle [ɑ̃glə] *m* Winkel *m*; Ecke *f*
▶ **Angleterre** [ɑ̃glətɛr] *f* ***l'~*** England *n*
anglicisme [ɑ̃glisismə] *m* englische Spracheigentümlichkeit *f*
angoiss|ant, ~ante [ɑ̃gwasɑ̃, -ɑ̃t] beängstigend, beklemmend
angoiss|e [ɑ̃gwas] *f* Angst *f*; **~er** (1a) ängstigen
anguille [ɑ̃gij] *f zo* Aal *m*; *fig* ***il y a ~ sous roche*** da steckt doch was dahinter
angul|aire [ɑ̃gylɛr] Eck...; Winkel...; **~eux, ~euse** [-ø, -øz] kantig, eckig
anicroche [anikrɔʃ] *f* Hindernis *n*; (kleine) Schwierigkeit *f*
▶ **animal** [animal] (⚠ *m/pl* ***-aux***) **1.** *m* Tier *n*; **2.** *adj* (*f* **~e**) tierisch; Tier...; **~ité** *f* tierisches Wesen *n*
anima|teur, ~trice [animatœr, -tris] *m, f* Stimmungsmacher(in) *m(f)*; Spiel- *od* Gesprächsleiter(in) *m(f)*; **~tion** *f* Belebung *f*; Belebtheit *f*; **~ (culturelle)** Freizeitgestaltung *f*
anim|é, ~ée [anime] belebt, lebend; lebhaft; ***dessin(s) animé(s)*** Zeichentrickfilm *m*; **~er** (1a) beleben; beseelen; *Diskussion*: leiten; ***être animé de qc*** von etw erfüllt sein
animosité [animozite] *f* Groll *m*; Feindseligkeit *f*; Erbitterung *f* (***envers qn*** gegenüber j-m)
annales [anal] *f/pl* Jahrbücher *n/pl*; Annalen *pl*
anneau [ano] *m* (⚠ *pl* **~x**) Ring *m*
▶ **année** [ane] *f* Jahr *n* (*Dauer*); ⚠ *Unterschied zu* **an** *beachten*
annex|e [anɛks] *f* Nebengebäude *n*; Anhang *m*; An-, Beilage *f* (*zum Brief*); **~er** (1a) **1.** beifügen; **2.** einverleiben, annektieren; **~ion** *f* Einverleibung *f*; Annektierung *f*
annihiler [aniile] (1a) zunichte machen; vernichten
▶ **anniversaire** [anivɛrsɛr] *m* Jahres-, Geburtstag *m*; ***bon ~!*** herzlichen Glückwunsch zum Geburtstag!
▶ **annonce** [anɔ̃s] *f* Ankündigung *f*; Anzeige *f*; An-, Vorzeichen *n*; ***petites ~s*** *pl Zeitung*: Anzeigenteil *m*
▶ **annonc|er** [anɔ̃se] (1k) ankündigen; **~eur** *m* Inserent *m*; Ansager *m*
annot|ation [anɔtasjɔ̃] *f* Anmerkung *f*; **~er** (1a) mit Anmerkungen versehen
annuaire [anɥɛr] *m* Jahrbuch *n*; ***~ du téléphone*** Telefonbuch *n*
▶ **annuel, ~le** [anɥɛl] jährlich
annuité [anɥite] *f* Jahresrate *f*
annulaire [anylɛr] **1.** *adj* ringförmig; **2.** *m* Ringfinger *m*
annuler [anyle] (1a) für nichtig erklären; widerrufen; annullieren; stornieren
anod|in, ~ine [anɔdɛ̃, -in] harmlos, unschädlich; *Person*: nichts sagend, unbedeutend
anomalie [anɔmali] *f* Anomalie *f*; Abnormität *f*
anonymat [anɔnima] *m* Anonymität *f*
anonyme [anɔnim] anonym; unbekannt; ***société*** *f* ***~*** Aktiengesellschaft *f*
▶ **anorak** [anɔrak] *m* Anorak *m*
anorexie [anɔreksi] *f* Magersucht *f*
A.N.P.E. [aɛnpeø] *f* (*abr* ***agence nationale pour l'emploi***) nationale Arbeitsvermittlung
anse [ɑ̃s] *f* **1.** Henkel *m*, Griff *m*; **2.** *géogr* kleine Bucht *f*
antagon|isme [ɑ̃tagɔnismə] *m* Gegensatz *m*; Rivalität *f*; **~iste 1.** *adj* gegensätzlich; **2.** *m, f* Widersacher(in) *m(f)*
antarctique [ɑ̃tarktik] antarktisch, Südpolar...
antécédent [ɑ̃tesedɑ̃] *m* **1.** *gr* Beziehungswort *n*; **2.** **~s** *pl* Vorleben *n*; *méd* Vorgeschichte *f*
antédiluv|ien, ~ienne [ɑ̃tedilyvjɛ̃, -jɛn] F *fig* vorsintflutlich
antenne [ɑ̃tɛn] *f* **1.** *zo* Fühler *m*; **2.** *TV, Radio* Antenne *f*; ***~ parabolique*** Parabolantenne *f*; ***être sur l'~*** auf Sendung sein

antéposé, ~e [ɑ̃tepoze] *gr* vorgestellt
antérieur, ~e [ɑ̃terjœr] vordere(r); frühere(r); **~ à** früher als; **~ement** [-mɑ̃] *adv* vorher, früher
antériorité [ɑ̃terjɔrite] *f* zeitliches Vorangehen *n*
anti|aérien, ~aérienne [ɑ̃tiaerjɛ̃, -aerjɛn] *mil* Flugabwehr...; Luftschutz...; **~alcoolique** [-alkɔlik] antialkoholisch; **~biotique** [-bjɔtik] *m* Antibiotikum *n*; **~bruit** [-brɥi] Lärmschutz...; ***écran m ~*** Lärmschutzwall *m*; **~chambre** [-ʃɑ̃brə] *f* Vorzimmer *n*
anticip|ation [ɑ̃tisipasjɔ̃] *f* Vorwegnahme *f*; ***roman m d'~*** Zukunftsroman *m*; **~er** (1a) vorzeitig leisten *od* abschließen; ***~ sur qc*** e-r Sache vorgreifen; etw vorwegnehmen
anticlérical, ~e [ɑ̃tiklerikal] (⚠ *m/pl* ***-aux***) kirchenfeindlich
anticonstitutionnel, ~le [ɑ̃tikɔ̃stitysjɔnɛl] verfassungswidrig
anti|cyclone [ɑ̃tisiklon] *m Meteorologie*: Hoch(druckgebiet) *n*; **~dater** [-date] (1a) ***~ la facture*** die Rechnung rückdatieren; **~dérapant, ~dérapante** [-derapɑ̃, -derapɑ̃t] *auto* **1.** *adj* rutschfest; **2.** *m* Gleitschutz *m*; **~dopage** [-dɔpaʒ] gegen das Doping; ***contrôle m ~*** Dopingkontrolle *f*; **~dote** [-dɔt] *m méd* Gegengift *n*; **~gel** [-ʒɛl] *m* Frostschutz(mittel *n*) *m*; **~grippe** [-grip] *adj* gegen Grippe; **~histaminique** [-istaminik] *f* Antihistamin *n*; ⚠ ***une ~***; **~nucléaire** [-nyklеɛr] *m* Kernkraftgegner *m*; **~parasite** [-parazit] *m Radio*: Störschutz *m*; **~pathique** [-patik] unsympathisch, zuwider; **~pelliculaire** [-pelikylɛr] gegen Schuppen; **~pode** [-pɔd] *m* ***aux ~s*** *géogr* diametral gegenüber; *fig* sehr fern; diametral entgegengesetzt; **~pollution** [-pɔlysjɔ̃] **1.** *adj* Umweltschutz..., **2.** *f auto* Abgasentgiftung *f*
antiquaire [ɑ̃tikɛr] *m* Antiquitätenhändler *m*
antique [ɑ̃tik] antik; altertümlich
Antiquité [ɑ̃tikite] *f* Antike *f*; **ᘁs** *pl* Antiquitäten *f/pl*; Altertümer *n/pl*
antirouille [ɑ̃tiruj] Rostschutz...
antisèche [ɑ̃tisɛʃ] *f* F Spickzettel *m*
antisém|ite [ɑ̃tisemit] **1.** *adj* antisemitisch; **2.** *m, f* Antisemit(in) *m(f)*; **~itisme** *m* Antisemitismus *m*
antisocial, ~e [ɑ̃tisɔsjal] (⚠ *m/pl* ***-aux***) unsozial
anti|sportif, ~sportive [ɑ̃tispɔrtif, -spɔrtiv] unsportlich; **~thèse** [-tɛz] *f* Gegensatz *m*; **~vol** [-vɔl] *m* Diebstahlsicherung *f*; *auto* Lenkradschloss *n*
antonyme [ɑ̃tɔnim] *m ling* Gegenteil *n*
anus [anys] *m méd* After *m*
Anvers [ɑ̃vɛr] Antwerpen
anxi|été [ɑ̃ksjete] *f* Angst *f*, Beklemmung *f*, Ängstlichkeit *f*; **~eux, ~euse** [-ø, -øz] ängstlich; ***être ~ de*** (+ *inf*) sich danach sehnen zu
aorte [aɔrt] *f* Hauptschlagader *f*, Aorta *f*
► **août** [u(t)] *m* August *m*; ***en ~*** im August; ***le 5 ~*** am 5. August; ***le 5 ~ 1998*** der 5. August 1998
août|ien, ~ienne [ausjɛ̃, -jɛn] *m, f* Augusturlauber(in) *m(f)*
apais|ement [apɛzmɑ̃] *m* Beruhigung *f*; Linderung *f*; **~er** (1b) beruhigen, besänftigen; beschwichtigen; ***~ sa faim (sa soif)*** seinen Hunger (seinen Durst) stillen
à partir de [a partir də] ab, von ... an
apathique [apatik] teilnahmslos; gleichgültig
apatride [apatrid] staatenlos
► **apercevoir** [apɛrsəvwar] (3a) (***qc*** etw) erblicken; wahrnehmen, bemerken; ***s'~ de qc*** etw merken
aperçu [apɛrsy] **1.** ~(e) *p/p von* ***apercevoir***; **2.** *m* Übersicht *f*; (*Kosten-*) Überschlag *m*
apérit|if, ~ive [aperitif, -iv] **1.** *adj* appetitanregend; **2.** *m* Aperitif *m*
apéro [apero] *m* F *für* ***apéritif***
apesanteur [apəzɑ̃tœr] *f* Schwerelosigkeit *f*
à peu près [apøprɛ] **1.** *adv* ungefähr; **2.** *m* (⚠ *pl unv*) Halbheit *f*
aphorisme [afɔrismə] *m* Sinnspruch *m*, Aphorismus *m*
apicult|eur [apikyltœr] *m* Imker *m*; **~ure** [-yr] *f* Bienenzucht *f*
apitoyer [apitwaje] (1h) ***~ qn*** j-n mit Mitleid erfüllen; j-n erbarmen; ***s'~ sur qc*** Mitleid mit etw fühlen; ***s'~ sur qn*** j-n bemitleiden
aplanir [aplanir] (2a) (ein)ebnen, planieren; *fig* schlichten, beheben
aplatir [aplatir] (2a) platt machen; *fig* ***s'~ devant qn*** vor j-m kriechen
aplomb [aplɔ̃] *m* senkrechte Stellung *f*;

fig Selbstsicherheit *f*; Dreistigkeit *f*; ***d'~*** senkrecht; *fig* ***ne pas être d'~*** sich nicht wohl fühlen; ***avec ~*** selbstsicher; dreist
apogée [apɔʒe] *m* Erdferne *f* (*des Mondes*); *fig* Höhepunkt *m*; Gipfel *m*
apolitique [apɔlitik] unpolitisch
apologie [apɔlɔʒi] *f* Verteidigungsrede *f*, -schrift *f*
apoplexie [apɔplɛksi] *f méd* Schlag (-anfall) *m*
apostolique [apɔstɔlik] apostolisch; ***siège** m **~*** Päpstlicher Stuhl
apostroph|e [apɔstrɔf] *f* **1.** *Rhetorik*: Anrede *f*, Apostrophe *f*; *fig* Abkanzelung *f*, Anpfiff *m*; **2.** *Zeichen*: Apostroph *m*; ⚠ ***une ~***; **~er** (1a) ***~ qn*** j-n abkanzeln, anschnauzen, anfahren
apothéose [apɔteoz] *f* Vergöttlichung *f*; Huldigung *f*; Krönung *f*
apôtre [apotrə] *m* Apostel *m*
▶ **apparaître** [aparɛtrə] (4z) zum Vorschein kommen, erscheinen; ***faire ~*** erkennen lassen, zeigen; ***~ à qn*** j-m erscheinen (***comme*** wie); ***il apparaît que*** es zeigt sich, dass
apparat [apara] *m* Pomp *m*, Prunk *m*
▶ **appareil** [aparɛj] *m* Apparat *m*, Gerät *n*; *aviat* Maschine *f*; ***appareil auditif*** Hörgerät *n*; ▶ ***appareil (de) photo, appareil photographique*** Fotoapparat *m*; ***appareil téléphonique*** Telefon *n*; ***appareil à sous*** Spielautomat *m*
appareill|age [aparɛjaʒ] *m* **1.** *mar* Auslaufen *n*; Ablegen *n*; **2.** *tech* Apparatur *f*; **~er** (1a) **1.** zusammenstellen, kombinieren; **2.** *mar* auslaufen (***pour*** nach), in See stechen
apparemment [aparamɑ̃] anscheinend, allem Anschein nach
▶ **apparence** [aparɑ̃s] *f* **1.** Aussehen *n*; **2.** *meist pl* **~s** Anschein *m*
appar|ent, ~ente [aparɑ̃, -ɑ̃t] sichtbar; scheinbar
apparenté, ~e [aparɑ̃te] verwandt (***à qn, à qc*** mit j-m, mit etw); verschwägert
apparition [aparisjɔ̃] *f* Erscheinung *f*
▶ **appartement** [apartəmɑ̃] *m* Wohnung *f*
appartenance [apartənɑ̃s] *f* Zugehörigkeit *f*; Mitgliedschaft *f*
▶ **appartenir** [apartənir] (2h) gehören (***à qn*** j-m); ***il ne m'appartient pas d'en décider*** es steht mir nicht zu, darüber zu entscheiden
appât [apɑ] *m* Köder *m*; Lockspeise *f*; *fig* Verlockung *f*
appâter [apɑte] (1a) ködern
appauvr|ir [apovrir] (2a) arm, ärmer machen; ***s'~*** verarmen; **~issement** [-ismɑ̃] *m* Verarmung *f*
appel [apɛl] *m* Ruf *m*; Anruf *m* (*a tél*); Aufruf *m* (*a EDV*); *fig u mil* Appell *m*; *jur* Berufung *f*; *mil* Einberufung *f*; ***sans ~*** unwiderruflich; ***faire ~ à qn*** an j-n appellieren
appelé [aple] *m mil* Einberufene(r) *m*
▶ **appeler** [aple] (1c) (herbei)rufen; (ein)berufen; nennen; *EDV* aufrufen; ▶ ***s'appeler*** heißen; ***en appeler à qn*** an j-n appellieren
appellation [apɛlasjɔ̃] *f* Bezeichnung *f*, Benennung *f*
▶ **appendicite** [apɛ̃disit] *f méd* Blinddarmentzündung *f*
appesant|ir [apəzɑ̃tir] (2a) ***s'~*** schwerfällig werden; ***s'~ sur*** lang und breit reden über; **~issement** [-ismɑ̃] *m* Schwerfälligkeit *f*
appétiss|ant, ~ante [apetisɑ̃, -ɑ̃t] appetitlich, lecker
▶ **appétit** [apeti] *m* Appetit *m*; Hunger *m* (*a fig* ***de*** nach); ▶ ***bon appétit!*** guten Appetit!
applaudimètre [aplodimɛtrə] *m* Applausmesser *m*
applaudir [aplodir] (2a) applaudieren, Beifall klatschen (***qn*** *od* ***qc*** j-m *od* e-r Sache; *litt a* ***à qn***)
applaudissement [aplodismɑ̃] *m* (*meist pl* **~s**) Applaus *m*, Beifall *m*
applica|ble [aplikablə] anwendbar; **~tion** *f* Anbringung *f*; Anwendung *f*; Fleiß *m*
appliqu|é, ~ée [aplike] fleißig; *Schneiderei*: aufgesetzt; *Wissenschaft*: angewandt; **~er** (1m) auflegen; anbringen; anwenden (***à*** auf); ***s'~*** fleißig sein; ***s'~ à qc*** zu etw passen, auf etw zutreffen; sich e-r Sache widmen *od* zuwenden; ***s'~ à faire qc*** sich bemühen, etw zu tun
appointements [apwɛ̃tmɑ̃] *m/pl* Bezüge *m/pl*, Gehalt *n*
apport [apɔr] *m comm* Einlage *f*; *fig* Unterstützung *f*, Beitrag *m* (***à*** zu)
▶ **apporter** [apɔrte] (1a) (mit)bringen; beitragen
apposer [apoze] (1a) anfügen; anbringen; *Zettel*: ankleben

appréci|able [apresjablə] beträchtlich, nennenswert; **~ation** *f* Abschätzen *n*; Einschätzung *f*, Urteil *n*
▶ **apprécier** [apresje] (1a) (ein)schätzen; beurteilen
appréhen|der [apreãde] (1a) ~ **qc** etw fürchten; *jur* ~ **qn** j-n festnehmen; **~sion** [-sjõ] *f* Befürchtung *f*
▶ **apprendre** [aprãdrə] (4q) lernen; erfahren (**par qn** von j-m); ~ **qc à qn** j-n etw lehren; j-m etw mitteilen; ~ **à lire** lesen lernen
▶ **apprenti, ~e** [aprãti] *m,f* Lehrling *m*
▶ **apprentissage** [aprãtisaʒ] *m* Lehre *f*; Lehrzeit *f*; (Er-)Lernen *n*
apprêt [aprɛ] *m* Appretur *f*; *fig* Affektiertheit *f*
apprêt|é, ~ée [aprɛte] affektiert; **~er** (1a) zubereiten; **s'~ à faire qc** sich anschicken, etw zu tun
apprivoiser [aprivwaze] (1a) zähmen
approba|teur, ~trice [aprɔbatœr, -tris] beifällig, billigend; **~tion** *f* Billigung *f*
approch|ant, ~ante [aprɔʃã, -ãt] annähernd; **qc d'approchant** etw Ähnliches
approche [aprɔʃ] *f* Herannahen *n*; *a fig* Zugang *m*; *aviat* Anflug *m*
▶ **approcher** [aprɔʃe] (1a) näher heranbringen (**qc de** etw an); herankommen, sich nähern (**de qc** e-r Sache); ▶ **s'approcher de qn** *od* **de qc** sich j-m *od* e-r Sache nähern
approfondir [aprɔfɔ̃dir] (2a) vertiefen
appropri|é, ~ée [aprɔprije] angemessen, passend; **~er** (1a) anpassen; **s'~ qc** sich etw aneignen
▶ **approuver** [apruve] (1a) billigen (**qc** etw); ~ **qn de faire qc** es gut finden, dass j etw tut; ⚠ ~ **que** *subj*
approvisionn|ement [aprɔvizjɔnmã] *m* Versorgung *f* (**en** mit); **~er** (1a) versorgen; beliefern
approximat|if, ~ive [aprɔksimatif, -iv] annähernd; **~ivement** [-ivmã] *adv* schätzungsweise
appui [apɥi] *m* Stütze *f*; Halt *m*; Unterstützung *f*; *Sport*: ~ **tendu** Handstand *m*; **à l'~ de** ... um ... zu stützen; **~-tête** [-tɛt] *m* (⚠ *pl* **appuis-tête**) Kopfstütze *f*
▶ **appuyer** [apɥije] (1h) ~ **qn, qc** j-n, etw (unter)stützen; ~ **sur qc** auf etw drücken; *fig* auf etw Nachdruck legen
âpre [ɑprə] herb; heftig; bitter
▶ **après** [aprɛ] **1.** *prép* (*örtlich u zeitlich*) nach, hinter; **après quoi** worauf, darauf; **après tout** schließlich; (+ *inf*) **après avoir lu**, *il* ... nachdem er gelesen hatte ...; **après manger** nach dem Essen; ▶ **d'après** nach, gemäß; **2.** *adv* nachher; **3.** *conj* ▶ **après que** (+ *ind od subj*) nachdem
▶ **après-demain** [aprɛdmɛ̃] übermorgen
▶ **après|-midi** [aprɛmidi] *m od f* (⚠ *pl unv*) Nachmittag *m*; **~-rasage** [-razaʒ] *m* (⚠ *pl unv*) Rasierwasser *n*, Aftershave *n*; **~-ski** [-ski] *m* (⚠ *pl unv*) Moonboots *pl*; **~-vente** [-vãt] *m* (⚠ *pl unv*) Kundendienst *m*
âpreté [ɑprəte] *f* Herbheit *f*; Heftigkeit *f*
apr. J.-C. (*abr* **après Jésus-Christ**) n.Chr.
à-propos [aprɔpo] *m* Schlagfertigkeit *f*
apte [apt] fähig, geeignet (**à** zu, für)
aptitude [aptityd] *f* Fähigkeit *f*, Eignung *f*; **~s** *pl* Begabung *f*
aquaplanage [akwaplanaʒ] *m* Aquaplaning *n*
aquarelle [akwarɛl] *f* Aquarell *n*
aquatique [akwatik] Wasser...
aqueduc [akdyk] *m* Aquädukt *m*
aquilin [akilɛ̃] **nez** *m* ~ Adlernase *f*
aquit|ain, ~aine [akitɛ̃, -ɛn] aquitanisch (*SW-Frankreich*)
arabe [arab] arabisch
Arabe [arab] *m, f* Araber(in) *m(f)*
Arabie [arabi] *f* **l'~** Arabien *n*; **l'~ Saoudite** Saudi-Arabien *n*
arachide [araʃid] *f bot* Erdnuss *f*
araignée [arɛɲe] *f* Spinne *f*; F **avoir une ~ dans le plafond** nicht ganz richtig im Kopf sein
arbitr|age [arbitraʒ] *m* Schiedsspruch *m*; Schlichtung *f*; **~aire** [-ɛr] willkürlich
arbitr|e [arbitrə] *m* Schiedsrichter *m*; **~er** (1a) als Schiedsrichter entscheiden
arborer [arbɔre] (1a) *Flagge*: hissen; *fig Orden, Abzeichen*: zur Schau tragen
▶ **arbr|e** [arbrə] *m* Baum *m*; *tech* Welle *f*; **~isseau** [arbriso] *m* (⚠ *pl* **~x**) Bäumchen *n*
arbuste [arbyst] *m* Strauch *m*
arc [ark] *m* Bogen *m*
arcade [arkad] *f* (*oft pl* **~s**) *arch* Bogengang *m*, Arkade *f*
arc-boutant [arkbutã] *m* (⚠ *pl* **arcs-boutants**) *arch* Strebebogen *m*

arc-en-ciel [arkɑ̃sjɛl] *m* (⚠ *pl* ***arcs-en-ciel***) Regenbogen *m*
archaïsme [arkaismə] *m* Archaismus *m*, altertümlicher Ausdruck *m od* Stil *m*
archange [arkɑ̃ʒ] *m rel* Erzengel *m*
arche [arʃ] *f* **1.** Brückenbogen *m*; **2.** *Bibel*: Arche *f*
archéologie [arkeɔlɔʒi] *f* Archäologie *f*
archer [arʃe] *m* Bogenschütze *m*
archet [arʃɛ] *m mus* Geigenbogen *m*
arche|vêché [arʃəveʃe] *m* Erzbistum *n*; **~vêque** [-vɛk] *m* Erzbischof *m*
archi|comble [arʃikɔ̃blə] F brechend voll; **~connu, ~connue** [-kɔny] F total bekannt; **~difficile** [-difisil] F echt schwierig; **~faux, ~fausse** [-fo, -fos] F total falsch
archipel [arʃipɛl] *m* Archipel *n*, Inselgruppe *f*
▶ **architect|e** [arʃitɛkt] *m* Architekt *m*; **~ure** [-yr] *f* Architektur *f*
archiv|er [arʃive] (1a) *EDV* archivieren; **~es** *f/pl* Archiv *n*; **~iste** *m* Archivar *m*
arçon [arsɔ̃] *m* Sattelbogen *m*; *Turnen*: ***cheval*** *m* ***d'~s*** Pferd *n*; *fig* ***être ferme dans*** *od* ***sur ses ~s*** fest im Sattel sitzen
arctique [arktik] arktisch, nördlich, Nordpolar...
ard|ent, ~ente [ardɑ̃, -ɑ̃t] glühend, brennend; *fig* leidenschaftlich; ⚠ *adv* ***ardemment*** [-amɑ̃]
ardeur [ardœr] *f* Glut *f*; *fig* Eifer *m*
ardoise [ardwaz] *f* Schiefer *m*
ardu, ~e [ardy] steil; schwierig
arène [arɛn] *f* Arena *f* (*auch fig*); **~s** *pl römische* Arena *f*
arête [arɛt] *f* (Fisch-)Gräte *f*; Kante *f*
▶ **argent** [arʒɑ̃] *m* Silber *n*; Geld *n*
argent|é, ~ée [arʒɑ̃te] versilbert; silberweiß; **~er** (1a) versilbern; **~erie** *f* Silberzeug *n*; **~in, ~ine 1.** *Klang*: silberhell; **2.** argentinisch
Argentine [arʒɑ̃tin] *f* ***l'~*** Argentinien *n*
argile [arʒil] *f géol* Ton *m*
argil|eux, ~euse [arʒilø, -øz] tonig, tonhaltig, Ton...
argot [argo] *m* Gaunersprache *f*, Rotwelsch *n*; Sondersprache *f*; Jargon *m*
argotique [argɔtik] ***mot*** *m*, ***terme*** *m* **~** Argotwort *n*, -ausdruck *m*
Argovie [argɔvi] *f* ***l'~*** der Aargau
argument [argymɑ̃] *m* Beweisgrund *m*, Argument *n*; Inhaltsangabe *f*; **~aire** [-tɛr] *m* Argumentationshilfe *f*

Von der Sonder- zur Umgangssprache

Unter ***argot*** versteht man den speziellen Wortschatz, den die Mitglieder bestimmter Gesellschafts- oder Berufsgruppen verwenden, wenn sie miteinander sprechen, um damit ihrem Gruppenbewusstsein Ausdruck zu verleihen. Immer mehr Argotausdrücke gehen in die Umgangssprache über, die Grenzen sind fließend.

Schüler verwenden zum Beispiel gern den ***argot scolaire.***

Beispiele:

argot	Standardsprache
les godasses (die Latschen)	*les chaussures*
une gonzesse (eine Tussi)	*une femme*
une clope (ein Glimmstängel)	*une cigarette*
louper le train (den Zug verpassen)	*manquer le train*
ramasser plein de pognon (einen Haufen Kohle verdienen)	*gagner beaucoup*
passer l'arme à gauche (ins Gras beißen)	*mourir*

argument|ation [argymɑ̃tasjɔ̃] *f* Beweisführung *f*; **~er** (1a) argumentieren, Beweise vorbringen

arid|e [arid] dürr, trocken; **~ité** *f* Dürre *f*

aristo|crate [aristɔkrat] *m*, *f* Aristokrat(in) *m(f)*; **~cratie** [-krasi] *f* Aristokratie *f*; ⚠ *Aussprache*; **~cratique** [-kratik] aristokratisch

arithmétique [aritmetik] **1.** *adj* arithmetisch; **2.** *f* Arithmetik *f*

armateur [armatœr] *m* Reeder *m*

armature [armatyr] *f* Gestell *n*, Gerüst *n*; *Beton*: Armierung *f*; *fig* Grundlage *f*, Stütze *f*; *mus* Vorzeichnung *f*

▶ **arm|e** [arm] *f* Waffe *f* (*a fig*); **~s** *pl* Wappen *n*; **~é, ~ée** bewaffnet; *fig* gewappnet (**contre** gegen); **~ de** versehen, ausgestattet mit; ***béton m armé*** Eisenbeton *m*

▶ **armée** [arme] *f* Heer *n*; **~ *du Salut*** Heilsarmee *f*

armement [arməmɑ̃] *m* Bewaffnung *f*; Rüstung *f*; Ausrüstung *f*

armer [arme] (1a) bewaffnen, ausrüsten, versehen (**de** mit); *tech* armieren

armistice [armistis] *m* Waffenstillstand *m*

▶ **armoire** [armwar] *f* Schrank *m*

armoiries [armwari] *f/pl* Wappen *n*

armoise [armwaz] *f bot* Beifuß *m*

armure [armyr] *f hist* Rüstung *f*; *fig* Schutz *m*; *tech* Metallbeschlag *m*; *mus* Vorzeichnung *f*

arnaque [arnak] F *f* Betrug *m*, Hochstapelei *f*; **~r** (1a) F übers Ohr hauen, bescheißen; ***se faire ~*** übers Ohr gehauen werden

aromate [arɔmat] *m* Gewürz *n*

aroma|thérapie [arɔmaterapi] *f* Aromatherapie *f*; **~tique** wohlriechend, -schmeckend; **~tiser** (1a) würzen

arome *od* **arôme** [arom] *m* Duft *m*; Aroma *n*

arpent|er [arpɑ̃te] (1a) vermessen; *fig* **~ *une pièce*** e-n Raum mit großen Schritten durchmessen; **~eur** *m* Feldmesser *m*, Geometer *m*

arrache-pied [araʃpje] ***travailler d'~*** unablässig arbeiten

▶ **arrach|er** [araʃe] (1a) herausreißen, -ziehen; ***~ qc à qn*** j-m etw entreißen (*a fig*); ***s'~ à*** *od* ***de qc*** sich von etw losreißen; ***s'~ qn, qc*** sich um j-n, etw reißen; **~eur** *m* ***mentir comme un ~ de dents*** lügen, dass sich die Balken biegen

arrangement [arɑ̃ʒmɑ̃] *m* Einrichtung *f*; Anordnung *f*; Vereinbarung *f*

arranger [arɑ̃ʒe] (1l) einrichten; ordnen; *Streit*: beilegen; ***~ qn*** F j-n übel zurichten; ***s'~ avec qn de*** sich mit j-m verständigen über; ***tout s'arrange*** alles wird wieder gut; ***s'~ pour*** (+ *inf*) es so einrichten, dass; ***s'~ de qc*** sich mit etw abfinden

arrestation [arɛstasjɔ̃] *f* Verhaftung *f*

▶ **arrêt** [arɛ] *m* Anhalten *n*; Aufenthalt *m*; Haltestelle *f*; *jur* (endgültiges) Urteil *n*; *tech* Sperre *f*; ▶ ***sans arrêt*** unaufhörlich; *mil* ***arrêts*** *pl* Arrest *m*; ***arrêt de maladie*** ärztliches Attest *n*; ***arrêt de mort*** Todesurteil *n*; ***arrêt de travail*** Arbeitsniederlegung *f*; *méd* ärztliches Attest *n*; F ***arrêt pipi*** Pinkelpause *f*

arrêté, ~e [arɛte] **1.** *adj* fest; abgemacht; **2.** *m* Erlass *m*, Anordnung *f*

▶ **arrêter** [arɛte] (1b) auf-, ein-, anhalten; stehen bleiben; *tech* absperren; *jur* verhaften; festsetzen; ***arrêter que*** anordnen, dass; ***arrêter de*** (+ *inf*) aufhören zu; ▶ ***s'arrêter*** stehen bleiben

arrhes [ar] *f/pl comm* Anzahlung *f*

arrière [arjɛr] **1.** *adv* zurück; ▶ ***en arrière*** rückwärts; ***en arrière de*** hinter; **2.** *adj* ***feu m arrière*** *auto* Schlusslicht *n*; ***siège m arrière*** Rücksitz *m*; **3.** *m* Heck *n*; *Sport*: Verteidiger *m*, Abwehrspieler *m*; ***à l'arrière*** hinten; ***arrières*** *pl mil* Etappe *f*

arriéré, ~e [arjere] rückständig

arrière|-cour [arjɛrkur] *f* (⚠ *pl* ***arrière-cours***) Hinterhof *m*; **~-goût** [-gu] *m* Nachgeschmack *m*; **~-grand-mère** [-grɑ̃mɛr] *f* (⚠ *pl* ***arrière-grand[s]-mères***) Urgroßmutter *f*; **~-grand-père** [-grɑ̃pɛr] *m* (⚠ *pl* ***arrière-grands-pères***) Urgroßvater *m*; **~-pays** [-pei] *m* Hinterland *n*; **~-pensée** [-pɑ̃se] *f* (⚠ *pl* ***arrière-pensées***) Hintergedanke *m*; **~-petit-fils** [-p(ə)tifis] *m* (⚠ *pl* ***arrière-petits-fils***) Urenkel *m*; **~-plan** [-plɑ̃] *m* Hintergrund *m*; **~-saison** [-sɛzɔ̃] *f* Nachsaison *f*; **~-train** [-trɛ̃] *m* (⚠ *pl* ***arrière-trains***) *Fahrzeug*: Hintergestell *n*; *zo* Hinterteil *n*

arrimer [arime] (1a) *mar* stauen; ***s'~*** (***à***) *Raumschiff*: ankoppeln (an)

arrivage [arivaʒ] *m* *Waren*: Anlieferung *f*

▶ **arrivée** [arive] *f* Ankunft *f*; *Sport*: Ziel *n*
▶ **arriver** [arive] (1a) ankommen; ~ **à** gelangen zu; ~ **à** (+ *inf*) es schaffen zu; ~ **à qn** j-m zustoßen; ***il arrive que*** (+ *subj od ind*) es kommt vor, dass
arriviste [arivist] *m, f* Streber(in) *m(f)*; Erfolgsritter *m*
arrog|ance [arɔgɑ̃s] *f* Arroganz *f*, Dünkel *m*; **~ant, ~ante** [-ɑ̃, -ɑ̃t] anmaßend, arrogant
arrond|ir [arɔ̃dir] (2a) abrunden; **~issement** [-ismɑ̃] *m in Frankreich*: Unterbezirk *m*; Stadtbezirk *m*
arros|er [aroze] (1a) (be)gießen; *fig* vorbeifließen (*an e-r Stadt*); **~euse** *f* Sprengwagen *m*; **~oir** *m* Gießkanne *f*
arsenal [arsənal] *m* (⚠ *pl* ***-aux***) Arsenal *n*, Waffenlager *n*
▶ **art** [ar] *m* Kunst *f*; Kunstfertigkeit *f*; ***avoir l'~ de*** (+ *inf*) die Gabe haben zu; ***~s décoratifs*** (*od* ***appliqués*** *od* ***industriels***) Kunstgewerbe *n*
artère [artɛr] *f* Pulsader *f*; *fig* Verkehrsader *f*
artéri|el, ~elle [arterjɛl] arteriell; ***tension f artérielle*** Blutdruck *m*; **~osclérose** [-ɔskleroz] *f méd* Arterienverkalkung *f*
arthrite [artrit] *f* Gelenkentzündung *f*, Arthritis *f*
artichaut [artiʃo] *m* Artischocke *f*; ⚠ ***un ~***
▶ **article** [artiklə] *m* Artikel *m*; *jur a* Paragraf *m*; ***~ de fond*** *Presse*: Leitartikel *m*
articul|aire [artikylɛr] Gelenk...; **~ation** *f* Gelenk *n*; Artikulation *f*; **~é, ~ée** *Laut*: artikuliert; *Glieder*: beweglich; *fig* gegliedert; **~er** (1a) *Sprache*: artikulieren; deutlich aussprechen; ***s'~*** durch Gelenk verbunden sein
artific|e [artifis] *m* Kunstgriff *m*; Kniff *m*
artillerie [artijri] *f* Artillerie *f*; ***pièce f d'~*** Geschütz *n*
▶ **artisan** [artizɑ̃] *m* Handwerker *m*
artisan|al, ~ale [artizanal] (⚠ *m/pl* ***-aux***) handwerklich, Handwerks...; **~at** [-a] *m* Handwerk(swesen) *n*; ***~ d'art*** Kunsthandwerk *n*
▶ **artist|e** [artist] **1.** *m, f* Künstler(in) *m(f)*; ⚠ *nicht* Artist; **2.** *adj* künstlerisch veranlagt; **~ique** künstlerisch; Kunst...

as¹ [a] *cf* ***avoir***
as² [as] *m* Ass *n*; *fig a* Kanone *f*
ascendance [asɑ̃dɑ̃s] *f* Vorfahren *m/pl*; *Meteorologie*: Aufwind *m*; *astr* Aufgang *m*
ascend|ant, ~ante [asɑ̃dɑ̃, -ɑ̃t] **1.** *adj* aufsteigend; **2.** *m* (starker) Einfluss *m* (***sur qn*** auf j-n); *meist pl* ***~s*** Vorfahren *m/pl*
▶ **ascens|eur** [asɑ̃sœr] *m* Lift *m*, Aufzug *m*, Fahrstuhl *m*; **~ion** *f* Besteigung *f*; Aufsteigen *n*; *fig* Aufstieg *m*; ***l'*⁀** *rel* (Christi) Himmelfahrt *f*
ascèse [asɛz] *f rel* Askese *f*
ascète [asɛt] *m rel* Asket *m*
ASCII [aski] ***code m ~*** ASCII-Code *m*
▶ **Asie** [azi] *f* ***l'~*** Asien *n*; ***l'~ Mineure*** Kleinasien *n*
asile [azil] *m* Asyl *n*; Zuflucht(sort) *f(m)*; ***~ d'aliénés*** Irrenanstalt *f*
aspect [aspɛ] *m* **1.** Anblick *m*, Aussehen *n*; ***à l'~ de*** beim Anblick von; **2.** Gesichtspunkt *m*; ***sous cet ~*** unter diesem Aspekt
asperge [aspɛrʒ] *f bot* Spargel *m*
asperger [aspɛrʒe] (1l) besprengen, bespritzen
aspérité [asperite] *f* Unebenheit *f*
asphyx|ie [asfiksi] *f* Ersticken *n*; **~ier** [-je] (1a) ersticken; zum Erstickungstod führen (***qn*** bei j-m); ***s'~ au gaz*** sich mit Gas umbringen
aspic [aspik] *m* **1.** *zo* Viper *f*; **2.** *cuis* Aspik *m*, Sülze *f*
aspir|ant, ~ante [aspirɑ̃, -ɑ̃t] *m, f* Anwärter(in) *m(f)*
▶ **aspira|teur** [aspiratœr] *m* Staubsauger *m*; **~tion** *f* Einatmen *n*; *fig* Streben *n*; Verlangen *n*
aspirer [aspire] (1a) einatmen; auf-, einsaugen; ***~ à qc*** *od* ***à*** (+ *inf*) trachten nach etw *od* danach, zu (+ *inf*)
aspirine [aspirin] *f* Aspirin *n*; ⚠ ***une ~***
assagir [asaʒir] (2a) vernünftig machen; ***s'~*** vernünftig werden
assaill|ant, ~ante [asajɑ̃, -ɑ̃t] **1.** *adj mil* angreifend; **2.** *m* Angreifer *m*; **~ir** (2c, *futur* 2a) angreifen, anfallen; *fig* bestürmen (***qn*** j-n)
assain|ir [asɛnir] (2a) reinigen; sanieren (*z. B. Währung*); **~issement** [-ismɑ̃] *m* Sanierung *f*
assaisonner [asɛzɔne] (1a) würzen
assassin [asasɛ̃] *m* Mörder *m*

assassin|at [asasina] *m* Mord *m*; **~er** (1a) ermorden
assèchement [asɛʃmɑ̃] *m* Entwässerung *f*, Trockenlegung *f*
assécher [aseʃe] (1f) trockenlegen
assemblage [asɑ̃blaʒ] *m* Zusammenfügung *f*; *fig* Gemisch *n*
▶ **assembl|ée** [asɑ̃ble] *f* Versammlung *f*; **~er** (1a) zusammenbringen, -tragen; **s'~** sich versammeln; **~eur** *m* *EDV* Assembler *m*
assentiment [asɑ̃timɑ̃] *m* Einwilligung *f*
asseoir [aswar] (3l) hin-, niedersetzen; gründen (**sur** auf); ***faire asseoir qn*** j-n Platz nehmen lassen; ▶ ***s'asseoir*** sich setzen; ▶ ***être assis*** sitzen
assermenté, ~e [asɛrmɑ̃te] vereidigt
assertion [asɛrsjɔ̃] *f* Behauptung *f*
asservir [asɛrvir] (2a) unterwerfen, -jochen
▶ **assez** [ase] genug; ziemlich; ***assez d'argent*** genug Geld; ▶ ***en avoir assez*** es satt haben
assidu, ~e [asidy] emsig, fleißig; beharrlich; ⚠ *adv* ***assidûment***
assiduité [asidɥite] *f* Gewissenhaftigkeit *f*; Fleiß *m*
assiéger [asjeʒe] (1g) belagern; *fig* **~ qn** j-n bedrängen
assiérai [asjere] *futur von* ***asseoir***
▶ **assiett|e** [asjɛt] *f* Teller *m*; *fig* ***n'être pas dans son ~*** sich nicht wohl fühlen; **~ée** *f ein* Teller voll
assimilation [asimilasjɔ̃] *f* Gleichstellung *f*, Angleichung *f*, Assimilierung *f*
assimiler [asimile] (1a) gleichsetzen; assimilieren; *fig* geistig verarbeiten; **s'~ à** sich anpassen an
ass|is, ~ise [asi, -iz] *p/p von* ***asseoir*** *u adj* sitzend; ▶ ***être assis*** sitzen; ***place f assise*** Sitzplatz *m*; *fig* ***bien assis*** wohl begründet; **~ise** [-iz] *f* (Stein-)Schicht *f*, *fig* Basis *f*
assises [asiz] *f/pl* Tagung *f*; Kongress *m*; *jur* ***cour f d'~*** Schwurgericht *n*
assistance [asistɑ̃s] *f* **1.** Anwesenheit *f*; *die* Anwesenden *m/pl*; **2.** Unterstützung *f*, Fürsorge *f*; Mithilfe *f*
assist|ant, ~ante [asistɑ̃, -ɑ̃t] **1.** *adj* assistierend; **2.** *m, f* Assistent(in) *m(f)*; ***les assistants*** *m/pl* die Anwesenden *m/pl*; ***assistant social*** Sozialarbeiter *m*; ***assistante médicale*** Arzthelferin *f*
▶ **assister** [asiste] (1a) **~ à qc** bei etw zugegen sein; **~ qn** j-m beistehen, helfen
▶ **associ|ation** [asɔsjasjɔ̃] *f* Vereinigung *f*; Verbindung *f*; **~é, ~ée 1.** *adj* assoziiert; **2.** *m, f* Teilhaber(in) *m(f)*; **~er** (1a) verbinden; **~ qn** j-n beteiligen; **s'~** sich zusammenschließen; **s'~ à** sich anschließen an
assoiffé, ~e [aswafe] sehr durstig; *fig* **~ de** gierig nach
assomm|ant, ~ante [asɔmɑ̃, -ɑ̃t] F unerträglich langweilig
assommer [asɔme] (1a) totschlagen; *fig* F belästigen, tödlich langweilen
Assomption [asɔ̃psjɔ̃] *f rel* Mariä Himmelfahrt *f*
assort|i, ~e [asɔrti] passend (**à** zu); ***fromages*** *m/pl* ***assortis*** verschiedene Käsesorten *f/pl*; **~iment** [-imɑ̃] *m* Zusammenstellung *f*; Sortiment *n*; **~ir** (2a) passend zusammenstellen; anpassen (**à** an); *comm* mit Waren versehen
assouplir [asuplir] (2a) geschmeidig machen
assouplissant [asuplisɑ̃] *m* Weichspüler *m*
assourdir [asurdir] (2a) betäuben; *Geräusche, Farben*: dämpfen
assouvir [asuvir] (2a) sättigen, stillen; *fig* befriedigen
assujettir [asyʒɛtir] (2a) unterwerfen; nötigen (**à** zu)
assumer [asyme] (1a) auf sich nehmen, übernehmen
▶ **assurance** [asyrɑ̃s] *f* Zuversicht *f*; Selbstsicherheit *f*; Zusicherung *f*; Gewissheit *f*; Versicherung *f*; **~ *auto*** Kfz-Versicherung *f*; **~ *de responsabilité civile*** Haftpflichtversicherung *f*; **~ *maladie*** Krankenversicherung *f*; **~ *voyage*** Reiseversicherung *f*; **~ *tous risques*** Vollkaskoversicherung *f*
assuré, ~e [asyre] sicher; versichert; **~ment** [-mɑ̃] *adv* sicherlich
▶ **assurer** [asyre] (1a) versichern (***à qn que*** [+ *ind*] j-m, dass); **~ *qn de qc*** *st/s* j-n e-r Sache versichern; **~ *qc*** etw gewährleisten; **~ *qc à qn*** j-m etw zusagen; ***s'~ de qc*** sich e-r Sache vergewissern; ***s'~ sur la vie*** e-e Lebensversicherung abschließen
astérisque [asterisk] *m* Sternchen *n* (*im Buchdruck*)
asthme [asmə] *m* Asthma *n*

asticot [astiko] *m* Made *f*
astiquer [astike] (1m) blank putzen, polieren
astre [astrə] *m* Gestirn *n*, Stern *m*
astreindre ' [astrɛ̃drə] (4b) nötigen, zwingen (**à qc** zu etw)
astro|naute [astrɔnot] *m*, *f* Astronaut(in) *m(f)*; **~nomie** [-nɔmi] *f* Astronomie *f*, Himmelskunde *f*
astuc|e [astys] *f* Schlauheit *f*; Kniff *m*; **~ieux, ~ieuse** [-jø, -jøz] raffiniert; einfallsreich
▶ **atelier** [atəlje] *m* Werkstatt *f*; Atelier *n*; **~-débat** [-deba] *m* (⚠ *pl* **ateliers-débats**) Workshop *m*
athée [ate] **1.** *adj* atheistisch; **2.** *m*, *f* Atheist(in) *m(f)*
Athènes [atɛn] Athen
▶ **athlétisme** [atletismə] *m* Leichtathletik *f*
atlantique [atlɑ̃tik] *adj* **l'océan** *m* ♀ (**a l'**♀ *m*) der Atlantische Ozean, der Atlantik
atmosphère [atmɔsfɛr] *f* Atmosphäre *f*; *fig* Stimmung *f*
atom|e [atom] *m* Atom *n*; *fig* Spur *f*; **~ique** Atom..., atomar; **bombe** *f* **~** Atombombe *f*; ⚠ *aber* **énergie nucléaire** Atomenergie; **~iseur** [-izœr] *m* Zerstäuber *m*
atout [atu] *m* Trumpf *m*
atroc|e [atrɔs] entsetzlich, grauenhaft; **~ité** *f* Abscheulichkeit *f*; *pl* **~s** Gräueltaten *f/pl*
attach|ant, ~ante [ataʃɑ̃, -ɑ̃t] spannend
attach|e [ataʃ] *f* Band *n*; Klammer *f*; *fig* **~s** *pl* Bindung *f*; **~é, ~ée 1.** *adj* gefesselt; verbunden (**à** mit), gebunden (**à** an); **2.** *m* Attaché *m*; **~é-case** [-kɛs] *m* (⚠ *pl* **attachés-cases**) Aktenkoffer *m*; **~ement** [-mɑ̃] *m* Anhänglichkeit *f*
▶ **attacher** [ataʃe] (1a) anbinden; befestigen; *fig* **~ ses yeux sur qn** seine Blicke auf j-n heften; **~ de l'importance à qc** e-r Sache Bedeutung beimessen; **s'~ à qn, qc** an j-m, etw hängen
attaqu|ant, ~ante [atakɑ̃, -ɑ̃t] *m*, *f* *Sport*: Angreifer(in) *m(f)*
▶ **attaque** [atak] *f* Angriff *m*; *méd* Anfall *m*
▶ **attaquer** [atake] (1m) angreifen; **s'~ à qc** etw in Angriff nehmen, gegen etw angehen
attarder [atarde] (1a) **s'~** sich verspäten; **s'~ à** *od* **sur qc** sich mit etw aufhalten
▶ **atteindre** [atɛ̃drə] (4b) erreichen, erlangen; treffen
atteinte [atɛ̃t] *f* **1. hors d'~** unerreichbar; **2.** *fig* Beeinträchtigung *f*, Verletzung *f*; **porter ~ à qc** e-r Sache Schaden zufügen
attel|age [atlaʒ] *m* Gespann *n*; **~er** (1c) anspannen; ankuppeln
atten|ant, ~ante [atnɑ̃, -ɑ̃t] angrenzend
attendant [atɑ̃dɑ̃] ▶ **en attendant** unterdessen, inzwischen; *conj* **en attendant de** (+ *inf*), **en attendant que** (+ *subj*) (so lange) bis
▶ **attendre** [atɑ̃drə] (4a) warten; **~ qn** j-n erwarten, auf j-n warten; **~ de** (+ *inf*), **~ que** (+ *subj*) warten bis; **s'~ à qc** auf etw gefasst sein
attendr|ir [atɑ̃drir] (2a) weich machen; *fig* rühren; **~issement** [-ismɑ̃] *m* Rührung *f*
attendu [atɑ̃dy] **1.** *prép* in Anbetracht; **2.** *adj* lang erwartet
attentat [atɑ̃ta] *m* Attentat *n*
attent|e [atɑ̃t] *f* Warten *n*; Erwartung *f*; **~er** (1a) **~ à** ein Attentat verüben auf
attent|if, ~ive [atɑ̃tif, -iv] aufmerksam (**à** auf)
▶ **attention** [atɑ̃sjɔ̃] *f* Aufmerksamkeit *f*; **attention!** Achtung!, Vorsicht!; ▶ **faire attention à qc** auf etw achten, aufpassen; **faire attention à** *od* **de** (+ *inf*) zusehen, dass
atténu|ant, ~ante [atenɥɑ̃, -ɑ̃t] mildernd; *jur* **circonstances** *f/pl* **atténuantes** mildernde Umstände *m/pl*; **~er** (1n) lindern, mildern
atterrer [atɛre] (1b) bestürzen, betroffen machen
▶ **atterr|ir** [atɛrir] (2a) *mar*, *aviat* landen; **~issage** [-isaʒ] *m mar*, *aviat* Landung *f*; **~ forcé** Notlandung *f*; **~ en catastrophe** Bruchlandung *f*
attest|ation [atɛstasjɔ̃] *f* Bescheinigung *f*; **~er** (1a) bescheinigen
attifer [atife] F (1a) herausputzen
attir|ail [atiraj] *m* F Kram *m*, Plunder *m*; **~ance** *f* Anziehungskraft *f*; Verlockung *f*
▶ **attirer** [atire] (1a) (her)anziehen; (an)locken

atterrir und die Mondlandung

L'avion a atterri à l'heure exacte.

In dem Verb ***atterrir*** steckt das Wort ***terre.*** Als Neil Armstrong und Edwin Aldrin im Juli 1969 als erste Menschen auf dem Mond landeten, hatten die Journalisten das Problem, dass das Verb ***atterrir*** für das Landen auf dem Mond nicht ganz passend schien. Folglich bildete man aus dem Substantiv ***la lune*** (der Mond) das Verb ***alunir.***

Les astronautes américains ont aluni sans problèmes. Die amerikanischen Astronauten sind ohne Probleme auf dem Mond gelandet.

attiser [atize] (1a) schüren
attitré, ~e [atitre] fest angestellt; ständig
▶ **attitude** [atityd] *f* Haltung *f*; Verhalten *n*
attract|if, ~ive [atraktif, -iv] anziehend
attraction [atraksjɔ̃] *f* Anziehung(skraft) *f*; Attraktion *f*
attrait [atrɛ] *m* Reiz *m*; Zauber *m*
attrape [atrap] *f* (**farces** *f/pl* **et**) **~s** *pl* Scherzartikel *m/pl*; ⚠ *nicht* Attrappe; **~-nigaud** [-nigo] *m* (⚠ *pl* ***attrape-nigauds***) Bauernfängerei *f*; plumper Trick *m*
▶ **attraper** [atrape] (1a) fangen; einholen; erreichen; *fig* sich zuziehen; ***~ un rhume*** sich den Schnupfen holen; *fig* ***~ qn*** j-n (he)reinlegen
attray|ant, ~ante [atrɛjɑ̃, -ɑ̃t] anziehend, attraktiv
attribuer [atribɥe] (1n) zuteilen; ***~ qc à qn/qc*** j-m/e-r Sache etw zuschreiben
attribut [atriby] *m* Attribut *n*; wesentliches Merkmal *n*; *gr* Prädikatsnomen *n*
attribution [atribysjɔ̃] *f* Zuteilung *f*; Zuerkennung *f*
attrister [atriste] (1a) betrüben
attroup|ement [atrupmɑ̃] *m* Menschenauflauf *m*; **~er** (1a) **s'~** sich zusammenrotten
atypique [atipik] untypisch
▶ **au** [o] *Zusammenziehung aus* **à** *u* **le**
aubaine [obɛn] *f* ***une bonne ~*** ein Glücksfall *m*
aube [ob] *f* Morgendämmerung *f*; *fig u st/s* Beginn *m*
auberge [obɛrʒ] *f* Gasthof *m*; ▶ ***~ de (la) jeunesse*** Jugendherberge *f*
aubergine [obɛrʒin] *f* **1.** *bot* Aubergine *f*, Eierfrucht *f*; **2.** F *fig* Politesse *f*
aubergiste [obɛrʒist] *m, f* Gastwirt(in) *m(f)*
▶ **auc|un, ~une** [okɛ̃ *od* okœ̃, -yn] *mit* **ne** *u allein stehend*: keine(r); *nach negativen Ausdrücken*: irgendeine(r); *litt* ***d'aucuns*** einige, manche; ***en aucun cas*** auf keinen Fall; ⚠ ***ne ... aucun/aucun ... ne*** (*ohne* ***pas***)
aucunement [okynmɑ̃] keineswegs; ⚠ *mit* ***ne*** *beim Verb*
audac|e [odas] *f* Kühnheit *f*; **~ieux, ~ieuse** [-jø, -jøz] kühn; frech
au-delà [od(ə)la] **1.** darüber hinaus; ▶ ***au-delà de*** jenseits; **2.** *m rel* Jenseits *n*
▶ **au-dessous** [odsu] unterhalb (**de** von)
▶ **au-dessus** [odsy] oberhalb (**de** von)
au-devant [odvɑ̃] ***~ de qn*** j-m entgegen
audible [odiblə] hörbar
audience [odjɑ̃s] *f* Audienz *f*, Unterredung *f*; Zuhörerschaft *f*; Aufmerksamkeit *f*
audio|numérique [odjɔnymerik] digital; **~visuel, ~visuelle** [-vizɥɛl] audiovisuell
▶ **audi|teur, ~trice** [oditœr, -tris] *m, f* Zuhörer(in) *m(f)*; Hörer(in) *m(f)*; **~tion** *f* Hören *n*; Anhören *n*; Anhörung *f*; **~toire** [-twar] *m* Zuhörerschaft *f*; Publikum *n*
auge [oʒ] *f* Trog *m*; Kübel *m*
▶ **augmentation** [ogmɑ̃tasjɔ̃] *f* Vermehrung *f*; Erhöhung *f*; Zunahme *f*
▶ **augmenter** [ogmɑ̃te] (1a) vergrößern, erhöhen; zunehmen, wachsen
auguste [ogyst] *st/s od plais* erhaben, erlaucht
▶ **aujourd'hui** [oʒurdɥi] heute
aulne [on] *cf* **aune**[1]
aumôn|e [omon] *f* Almosen *n*; **~ier** [-je] *m* Anstaltsgeistliche(r) *m*
aune[1] [on] *m bot* Erle *f*
aune[2] [on] *f* Elle *f*

auparavant [oparavɑ̃] *adv* vorher
auprès [oprɛ] **1.** *prép* ▶ ***auprès de*** dicht bei; *fig* bei; **2.** *adv* (*selten*) nahebei
aurai [ɔre] *futur von* ***avoir***
auréole [ɔreɔl] *f* Heiligenschein *m*
auriculaire [ɔrikylɛr] **1.** *adj* Ohr...; **2.** *m* kleiner Finger *m*
aurore [ɔrɔr] *f* Morgenröte *f*
ausculter [oskylte, ɔs-] (1a) *méd* abhorchen
auspices [ospis] *m/pl* Auspizien *n/pl*; ***sous de meilleurs ~*** unter besseren Umständen
▶ **aussi** [osi] **1.** *adv* auch; ***~ ... que*** ebenso ... wie; *einschränkend*: ***~*** (+ *adj*) ***que*** (+ *subj*) wie ... auch (immer); **2.** *conj* (*als Satzanfang*) daher (*meist mit Inversion*)
▶ **aussitôt** [osito] sogleich; ▶ ***aussitôt que*** sobald als
aust|ère [ostɛr] streng; **~érité** [-erite] *f* Strenge *f*; ***politique f d'~*** Sparpolitik *f*
austral, ~e [ostral] (⚠ *m/pl* **~s**) *géogr* südlich
▶ **Australie** [ostrali] *f* ***l'~*** Australien *n*
austral|ien, ~ienne [ostraljɛ̃, -jɛn] australisch
Austral|ien, ~ienne [ostraljɛ̃, -jɛn] *m, f* Australier(in) *m(f)*
▶ **autant** [otɑ̃] ebenso viel, ebenso sehr; ***d'~*** gleichermaßen; (***pour***) ***~ que*** (+ *subj*) soweit, insofern; ***en faire ~*** dasselbe machen; ***d'~ plus que*** umso mehr als; zumal
autarcie [otarsi] *f écon* Autarkie *f*
autel [otɛl] *m* Altar *m*
▶ **auteur** [otœr] *m* Urheber(in) *m(f)*; Autor *m*
authenticité [otɑ̃tisite] *f* Echtheit *f*
authentique [otɑ̃tik] echt; authentisch
autis|me [otismə] *m* Autismus *m*; **~te** **1.** *adj* autistisch; **2.** *m, f* Autist(in) *m(f)*
auto [oto] *f* Auto *n*; ***~ tamponneuse*** Autoskooter *m*; ⚠ ***une ~***
auto... [otɔ] Selbst..., selbst...; Auto...
▶ **autobus** [otɔbys] *m* (Auto-)Bus *m*
▶ **auto|car** [otɔkar] *m* Reisebus *m*; **~caravane** [-karavan] *f* Wohnmobil *n*
autochtone [otɔktɔn] **1.** *adj* eingeboren, einheimisch; **2.** *m, f* Ureinwohner(in) *m(f)*
autocoll|ant, ~ante [otɔkɔlɑ̃, -ɑ̃t] **1.** *adj* selbstklebend; **2.** *m* Aufkleber *m*
auto|-couchettes [otɔkuʃɛt] ***train m ~*** Autoreisezug *m*; **~critique** [-kritik] *f pol* Selbstkritik *f*; **~cuiseur** [-kɥizœr] *m cuis* Schnellkochtopf *m*; **~défense** [-defɑ̃s] *f* Selbstverteidigung *f*; **~détermination** [-detɛrminasjɔ̃] *f* Selbstbestimmung *f*; **~didacte** [-didakt] *m, f* Autodidakt(in) *m(f)*; **~drome** [-drom] *m* Autorennbahn *f*; **~-école** [-ekɔl] *f* (⚠ *pl* ***auto-écoles***) Fahrschule *f*
autogéré, ~e [otɔʒere] selbstverwaltet
auto|gestion [otɔʒɛstjɔ̃] *f* Arbeiterselbstverwaltung *f*; **~graphe** [-graf] **1.** *adj* eigenhändig geschrieben; **2.** *m* Autogramm *n*
automa|te [otɔmat] *m* Automat *m*; mechanisches Spielzeug *n*; ⚠ *nicht* Warenautomat; **~tion** *f tech* Automation *f*
▶ **automatique** [otɔmatik] automatisch
▶ **automne** [otɔn] *m* Herbst *m*; ***en ~*** im Herbst
▶ **automobil|e** [otɔmɔbil] **1.** *adj* Kraftfahrzeug...; **2.** *f* Automobil *n*; Autoindustrie *f*; ⚠ ***une ~***; **~isme** *m* Automobilwesen *n*, -sport *m*; **~iste** *m, f* Kraftfahrer *m*; Autofahrer(in) *m(f)*
autonom|e [otɔnɔm] autonom, eigenständig; **~ie** [-i] *f* Autonomie *f*, Selbstständigkeit *f*; *fig* Aktionsradius *m*
autopsie [otɔpsi] *f* Leichenöffnung *f*; *jur* Obduktion *f*
autorail [otɔraj] *m* (Diesel-)Triebwagen *m*
autori|sation [otɔrizasjɔ̃] *f* Genehmigung *f*; **~ser** [-ze] (1a) ***~ qn à faire qc*** j-m erlauben, etw zu tun; ***s'~ de qc*** sich auf etw berufen; **~taire** [-tɛr] autoritär; gebieterisch
▶ **autorité** [otɔrite] *f* **1.** (Befehls-, Amts-)Gewalt *f*; ***par autorité de justice*** durch gerichtliche Anordnung; **2.** Autorität *f*, Ansehen *n*; **3.** ***autorités*** *pl* Behörden *f/pl*
▶ **autorout|e** [otɔrut] *f* Autobahn *f*; ***~ à péage*** gebührenpflichtige Autobahn *f*; ***~ de dégagement*** Entlastungsautobahn *f*; ***~ de l'information*** Datenautobahn *f*; **~ier, ~ière** [-je, -jɛr] ***réseau m autoroutier*** Autobahnnetz *n*
▶ **auto|-stop** [otostɔp] *m* ***faire de l'~*** per Anhalter fahren; **~-stoppeur, ~-stoppeuse** [-stɔpœr, -stɔpøz] *m, f* (⚠ *pl* ***auto-stoppeurs, -euses***) Anhalter(in) *m(f)*

▶ **autour¹** [otur] *adv* darum herum; ▶ ***autour de*** *prép* um ... (herum); F ungefähr

autour² [otur] *m zo* Habicht *m*

▶ **autre** [otrə] andere(r); ***l'~ jour*** neulich; ***l'un*** (**avec**) ***l'~*** (mit)einander; ***nous ~s Allemands*** wir Deutschen; ***d'~s*** andere; ***rien d'~*** nichts anderes; ***d'~ part*** andererseits; ***de temps à ~*** dann und wann; ***quel ~?*** wer sonst?; ***l'~ année*** letztes Jahr

▶ **autrefois** [otrəfwa] früher, einst, ehemals

▶ **autrement** [otrəmɑ̃] anders (**que** als); sonst

▶ **Autriche** [otriʃ] *f* ***l'~*** Österreich *n*

▶ **autrich|ien, ~ienne** [otriʃjɛ̃, -jɛn] österreichisch

▶ **Autrich|ien, ~ienne** [otriʃjɛ, -jɛn] *m, f* Österreicher(in) *m(f)*

autruche [otryʃ] *f zo* Strauß *m*

autrui [otrɥi] *m* (*ohne pl, meist als Ergänzung*) anderer *sg*, andere *pl*

auvent [ovɑ̃] *m* Wetter-, Schutzdach *n*

auvergn|at, ~ate [ovɛrɲa, at] **1.** *adj* der Auvergne, auvergnatisch; **2.** ♀ *m, f* Bewohner(in) *m(f)* der Auvergne

▶ **aux** [o] *Zusammenziehung aus* ***à*** *u* ***les***

auxiliaire [oksiljɛr] **1.** *adj* Hilfs...; **2.** *m, f* Hilfskraft *f*; **3.** *m* Hilfsverb *n*

av. (*abr* **avenue**) Straße

aval [aval] **1.** *adv* ***en ~*** flussabwärts; *prép* ***en ~ de*** unterhalb von; **2.** *m comm* Wechselbürgschaft *f*

avalanche [avalɑ̃ʃ] *f* Lawine *f*

▶ **avaler** [avale] (1a) (ver)schlucken; (ver)schlingen

avance [avɑ̃s] *f* Vormarsch *m*; Vorsprung *m*; Vorteil *m*; *comm* Vorschuss *m*; ***avances*** *pl* Annäherungsversuche *m/pl*; ▶ ***à l'avance***, ***par avance***, ▶ ***d'avance*** im Voraus; ▶ ***en avance*** zu früh; **~ment** [-mɑ̃] *m* Fortschritt *m*; Beförderung *f*

▶ **avancer** [avɑ̃se] (1k) vorrücken; vorwärts bringen; vorwärts kommen; aufsteigen; *Uhr*: vorstellen, -gehen; *Geld*: vorschießen; ***s'~ vers*** zugehen auf

▶ **avant** [avɑ̃] **1.** *prép* (*zeitlich, Reihenfolge, Rangfolge, räumlich*) vor; ***avant six mois*** vor Ablauf von sechs Monaten; ***avant tout*** vor allem; ***avant peu*** binnen kurzem; (+ *inf*) ***avant manger*** vor dem Essen; **2.** *adv* vorher; vorn; ▶ ***en avant!*** vorwärts!; **3.** *conj* ▶ ***avant que*** (+ *subj*) *u* ▶ ***avant de*** (+ *inf*) bevor, ehe; **4.** *adj* ***roue f avant*** Vorderrad *n*; **5.** *m* Vorderteil *n*; *Schiff*: Bug *m*; *Sport*: Stürmer *m*

▶ **avantag|e** [avɑ̃taʒ] *m* Vorteil *m*; Überlegenheit *f*; **~er** (1l) bevorzugen; **~eux, ~euse** [-ø, -øz] vorteilhaft

avant|-bras [avɑ̃bra] *m* (⚠ *pl unv*) Unterarm *m*; **~-coureur** [-kurœr] (⚠ *pl* ***avant-coureurs***) ***signe m ~*** Vorbote *m*, Vorzeichen *n*; **~-dernier, ~-dernière** [-dɛrnje, -dɛrnjɛr] (⚠ *pl* ***avant-derniers, avant-dernières***) vorletzte(r); **~-garde** [-gard] *f mil* Vorhut *f*; *fig* Avantgarde *f*; **~-goût** [-gu] *m fig* Vorgeschmack *m* (**de** auf); **~-guerre** [-gɛr] *m* Vorkriegszeit *f*

▶ **avant|-hier** [avɑ̃tjɛr] vorgestern; **~-poste** [-pɔst] *m* (⚠ *pl* ***avant-postes***) Vorposten *m*; **~-projet** [-prɔʒɛ] *m* (⚠ *pl* ***avant-projets***) Vorentwurf *m*; **~-propos** [-prɔpo] *m* (⚠ *pl unv*) Vorwort *n*; **~-train** [-trɛ̃] *m* (⚠ *pl* ***avant-trains***) vorderes Fahrgestell *n*; **~-veille** [-vɛj] *f* zweiter Tag zuvor

▶ **avar|e** [avar] **1.** *adj* geizig; ***être ~ de qc*** mit etw geizen; **2.** *m* Geizhals *m*; **~ice** [-is] *f* Geiz *m*

avar|ie [avari] *f mar, aviat* Havarie *f*; Schaden *m*; **~ié, ~iée** [-je] beschädigt; verdorben

▶ **avec** [avɛk] *prép* mit; bei; ***et ~ cela*** und noch dazu; *adv* F damit; dazu

avènement [avɛnmɑ̃] *m* Regierungsantritt *m*; Thronbesteigung *f*

▶ **avenir** [avnir] *m* Zukunft *f*; ***à l'~*** in Zukunft; ⚠ *nicht verwechseln mit* ***le futur*** (*grammatische Zeit*)

avent [avɑ̃] *m* Advent(szeit *f*) *m*

▶ **aventur|e** [avɑ̃tyr] *f* Abenteuer *n*; ***à l'~*** aufs Geratewohl; *st/s* ***d'~***, ***par ~*** zufällig; ***diseuse f de bonne ~*** Wahrsagerin *f*; ⚠ ***une ~***; **~er** (1a) aufs Spiel setzen; ***s'~*** sich wagen (**dans** in); **~eux, ~euse** [-ø, -øz] abenteuerlich; riskant; abenteuerlustig; **~ier, ~ière** [-je, -jɛr] **1.** *m, f* Abenteurer(in) *m(f)*; **2.** *adj* ***esprit m aventurier*** Abenteuergeist *m*; **~isme** *m* politisches Abenteurertum *n*

▶ **avenue** [avny] *f* Avenue *f*, Prachtstraße *f*, Allee *f*

avérer [avere] (1f) ***s'~*** (+ *adj*) sich als ... erweisen
averse [avɛrs] *f* Platzregen *m*
aversion [avɛrsjɔ̃] *f* Abneigung *f* (***pour*** *od* ***contre*** gegen); ***prendre qn en ~*** e-e Abneigung gegen j-n bekommen
avert|ir [avɛrtir] (2a) benachrichtigen (***qn de qc*** j-n von etw); warnen; ***~ qn de*** (+ *inf*) j-m raten zu; **~issement** [-ismɑ̃] *m* Warnung *f*; Vorbemerkung *f*; **~isseur** [-isœr] *m auto* Hupe *f*; ***~ d'incendie*** Feuermelder *m*
aveu [avø] *m* (⚠ *pl* **~x**) Geständnis *n*; ***de l'~ de*** nach dem Zeugnis von, nach Aussagen von
▶ **aveugl|e** [avœglə] **1.** *adj* blind (*a fig u arch*); **2.** *m, f* Blinde(r) *m, f*; ***en ~*** blindlings; **~ement** [-əmɑ̃] *m fig* Verblendung *f*; **~ément** [-emɑ̃] *adv* blindlings, unüberlegt; **~er** (1a) blind machen; blenden; verblenden; **~ette** [-ɛt] ***à l'~*** *fig* aufs Geratewohl, planlos

aveugle

Marcel est aveugle de naissance.
Marcel ist von Geburt an blind.

Will man im Deutschen das Substantiv zum Adjektiv ‚blind' verwenden, so geht dies mit dem Wort ‚Blindheit'. Im Französischen ist es nicht immer so leicht möglich, zu einem Adjektiv ein Substantiv zu bilden. Das Substantiv zu ***aveugle*** lautet ***la cécité.***

Marcel est atteint de cécité.
Marcel ist erblindet.

avia|teur, ~trice [avjatœr, -tris] *m, f* Flieger(in) *m(f)*; **~tion** *f* Flugwesen *n*, Luftfahrt *f*
avid|e [avid] (be)gierig (***de*** nach, auf); **~ité** *f* Gier *f*, Begierde *f*
avil|ir [avilir] (2a) herabwürdigen; entwerten; **~issement** [-ismɑ̃] *m* Erniedrigung *f*; Entwertung *f*
aviné, ~e [avine] betrunken

▶ **avion** [avjɔ̃] *m* Flugzeug *n*; ***en avion*** beim Fliegen; im Flugzeug; ***aller en avion*** fliegen; ▶ ***par avion*** mit Luftpost; mit dem Flugzeug; ***avion à réaction*** Düsenflugzeug *n*; ***avion de bombardement*** Bomber *m*; ***avion de chasse*** Jagdflugzeug *n*; ***avion de combat*** Kampfflugzeug *n*; ***avion commercial***, ***avion de ligne*** Passagierflugzeug *n*; ***avion de reconnaissance*** Aufklärer *m*; ***avion supersonique*** Überschallflugzeug *n*; ***avion de transport***

avion: rund ums Flugzeug

un avion	ein Flugzeug
l'appareil *m*	die Maschine
l'avion à réaction	das Düsenflugzeug
l'avion supersonique	das Überschallflugzeug
le planeur	das Segelflugzeug
le fuselage	der Rumpf
les ailes *f/pl*	die Tragflächen
l'envergure *f*	die Spannweite
le volet d'atterrissage	die Landeklappe
le poste de pilotage	das Cockpit
le train d'atterrissage	das Fahrgestell
le commandant de bord	der Flugkapitän
le pilote	der Pilot
l'hôtesse *f* ***de l'air***	die Stewardess, Flugbegleiterin
le steward [stiward]	der Steward, Flugbegleiter
l'aiguilleur *m* ***du ciel***	der Fluglotse
décoller	abheben
voler	fliegen
survoler une montagne	einen Berg überfliegen
atterrir	landen
s'écraser au sol	am Boden zerschellen

Verkehrsflugzeug *n*; ***avion à hélice*** Propellerflugzeug *n*
aviron [avirɔ̃] *m* Ruder *n*; Rudersport *m*
▶ **avis** [avi] *m* **1.** Meinung *f*, Ansicht *f*; ***à mon ~*** meiner Meinung nach; ***de l'~ de qn*** nach j-s Ansicht; ***sur l'~ de qn*** auf j-s Empfehlung; ***être d'~ de*** (+ *inf*) *od* ***que*** (+ *subj*) der Meinung sein, dass ...; **2.** Hinweis *m*; Bekanntmachung *f*; ***lettre f d'~*** Benachrichtigungsschreiben *n*; ***~ de réception*** Empfangsbescheinigung *f*; ***sauf ~ contraire*** bis auf Widerruf
avis|é, ~ée [avize] besonnen, umsichtig; ***être bien ~ de*** (+ *inf*) gut beraten sein zu (+ *inf*); **~er** (1a) ***~ qn de qc*** j-n von etw benachrichtigen; ***~ à qc*** auf etw bedacht sein; ***s'~ de qc*** etw bemerken, gewahr werden; ***s'~ de*** (+ *inf*) sich einfallen lassen, auf den Gedanken kommen zu (+ *inf*)
av. J.-C. (*abr* ***avant Jésus-Christ***) v.Chr.
▶ **avoc|at, ~ate** [avɔka, -at] **1.** *m, f* Rechtsanwalt *m*, -waltin *f*; **2.** *m bot* Avocado(birne) *f*
avoine [avwan] *f* Hafer *m*
▶ **avoir** [avwar] (1) **1.** haben; besitzen; bekommen; ***avoir faim*** (***soif***) Hunger (Durst) haben; F *fig* ***avoir qn*** j-n reinlegen; ▶ ***avoir à faire qc*** etw zu tun haben; ***avoir 20 ans*** 20 Jahre alt sein; ***avoir froid*** frieren; ***j'ai chaud*** mir ist warm; **2.** *Hilfsverb zur Bildung von zusammengesetzten Zeiten*; **3.** ▶ ***il y a*** es gibt, es ist (sind); *zeitlich* vor; **4.** *m comm* Guthaben *n*; *st/s* Besitz *m*
avoisiner [avwazine] (1a) ***~ qc*** angrenzen an etw
avort|ement [avɔrtəmɑ̃] *m* Abtreibung *f*; *fig* Fehlschlagen *n*; **~er** (1a) abtreiben; *bot* verkümmern; *fig* missglücken, fehlschlagen; *Frau*: ***se faire ~*** abtreiben; *fig* ***faire ~*** zum Scheitern bringen
avoué [avwe] *m jur* Anwalt *m*
▶ **avouer** [avwe] (1a) (ein)gestehen; ***~ avoir fait qc*** gestehen, etw getan zu haben
▶ **avril** [avril] *m* April *m*; ***en ~*** im April; ***le 3 ~*** am 3. April; ***le 3 ~ 1999*** der 3. April 1999
ax|e [aks] *m* Achse *f* (*bes math u fig*); ⚠ ***un ~***; **~er** (1a) ausrichten (***sur*** auf); **~ial, ~iale** [-jal] (⚠ *m/pl* ***-iaux***) axial, Achsen...
ayant [ɛjɑ̃] **1.** *participe présent von* ***avoir***; **2.** *m jur* ***~ cause*** Rechtsnachfolger *m*; ***~ droit*** Berechtigte(r) *m, f*
azimut [azimyt] *m astr* Azimut *n od m*; *fig* ***tous ~s*** allseitig; völlig; weltweit; ***défense f tous ~s*** Rundumverteidigung *f*
azote [azɔt] *m chim* Stickstoff *m*
azur [azyr] *m* Himmelblau *n*; Azur *m*; tiefblauer Himmel *m*

B

baba [baba] **1.** *m* Rosinenkuchen *m*; **2.** F *adj* (⚠ *unv*) verblüfft, verdutzt
babeurre [babœr] *m* Buttermilch *f*
babill|age [babijaʒ] *m* Schwatzen *n*, Plappern *n*; **~er** (1a) schwatzen, plaudern, plappern; *Vögel*: zwitschern
babiole [babjɔl] F *f* Kleinigkeit *f*; *fig* Bagatelle *f*, Lappalie *f*
bâbord [bɑbɔr] *m mar* Backbord *n*; ***à ~*** backbord(s)
babouin [babwɛ̃] *m zo* Pavian *m*
baby-foot [babifut] *m* (⚠ *pl unv*) Tischfußball *m*
▶ **bac** [bak] *m* **1.** Fähre *f*; **2.** Trog *m*; ***~ à vaisselle*** Spülschüssel *f*; **3.** F (*Kurzwort für* ***baccalauréat***) Abi *n*
▶ **baccalauréat** [bakalɔrea] *m* Reifeprüfung *f*, Abitur *n*; *cf Info-Fenster Seite 48*
bâche [bɑʃ] *f* Plane *f*, Decke *f*
bacheli|er, ~ère [baʃəlje, -ɛr] *m, f* Abiturient(in) *m(f)*
bachot [baʃo] *m* F Abi(tur) *n*
bachoter [baʃɔte] (1a) F (ein)pauken, büffeln
bacille [basil] *m biol, méd* Bazillus *m*

baccalauréat und die Kurzform

Wörter, die man in bestimmten Bereichen relativ häufig verwendet und die aus mehreren Silben bestehen, werden oft in der abgekürzten Form gebraucht:

le baccalauréat → ***le bac*** (das Abi)
le professeur → ***le prof*** (der Lehrer / die Lehrerin)
la faculté → ***la fac*** (die Uni)
la manifestation → ***la manif*** (die Demo)
les écologistes → ***les écolos*** (die Umweltschützer)

Die Kurzformen benutzt man vorwiegend in der gesprochenen Sprache.

bâcler [bɑkle] (1a) F schnell zusammenpfuschen
bactérie [bakteri] *f biol, méd* Bakterie *f*
badaud [bado] *m* Schaulustige(r) *m*
badge [badʒ] *m* Button *m*
badigeonner [badiʒɔne] (1a) übertünchen; weißen; *méd* (be-, aus)pinseln
badiner [badine] (1a) spaßen, schäkern
baffe [baf] F *f* Ohrfeige *f*
baffle [baflə] *m* Lautsprecherbox *f*
bafouer [bafwe] (1a) verhöhnen
bafouiller [bafuje] (1a) F stammeln, stottern; faseln
bâfrer [bɑfre] (1a) F fressen, sich vollstopfen
bagage [bagaʒ] *m* Gepäckstück *n*; *meist pl* ▶ ***bagages*** Gepäck *n*; *fig* Rüstzeug *n*; ***bagages à main*** Handgepäck *n*
bagarr|e [bagar] *f* Rauferei *f*, Schlägerei *f*; *fig* F harter Kampf *m*; **~er** F (1a) kämpfen, streiten; **se ~** sich prügeln, (sich) raufen; **~eur** F *m* Raufbold *m*
bagatelle [bagatɛl] *f* Kleinigkeit *f*
bagnard [baɲar] *m* Zuchthäusler *m*
bagne [baɲ] *m* Zuchthaus *n*; Bagno *n*
bagnole [baɲɔl] F *f* Auto *n*; F Karre *f*
bague [bag] *f* (Finger-)Ring *m*
▶ **baguette** [bagɛt] *f* **1.** Gerte *f*; Stab *m*; (Ess-)Stäbchen *n*; Taktstock *m*; **~ *magique*** Zauberstab *m*; **2.** *frz* Stangenweißbrot *n*

la baguette, la flûte et la ficelle

Spricht man in Frankreich von ***du pain*** (‚Brot‘), so denkt man dabei an das Weißbrot in Stangenform, das man auch am Sonntag Morgen schon immer frisch beim Bäcker kaufen konnte. Dieses Stangenbrot gibt es in mehreren Größen:

la baguette: das längste und dickste Stangenbrot
la flûte: das mittelgroße Stangenbrot
la ficelle: das kürzeste und dünnste Stangenbrot

Diese drei Ausdrücke für Stangenbrote beziehen sich auf Dinge des Lebens, die bereits eine Vorstellung von den unterschiedlichen Ausmaßen der Brote geben:

la baguette: der Zeigestab
la flûte: die Flöte
la ficelle: der Bindfaden

Weißbrot wird in Frankreich übrigens zu allen Mahlzeiten gereicht, auch wenn diese bereits Beilagen wie Kartoffeln oder Reis enthalten.

bahut [bay] *m* **1.** Anrichte *f*, (rustikales) Büfett *n*; **2.** *Schule*: F Penne *f*
baie [bɛ] *f* **1.** *bot* Beere *f*; **2.** Bucht *f*; **3.** Türöffnung *f*; große Fensternische *f*
baignade [bɛɲad] *f* Badestelle *f*; Baden *n*

baign|er [bɛɲe] (1b) baden; F **ça baigne** alles ist bestens; ▶ **se baigner** (sich) baden; ⚠ *in der Badewanne*: **prendre un bain**; **~eur, ~euse** *m, f* Badende(r) *m, f*

▶ **baignoire** [bɛɲwar] *f* Badewanne *f*

bail [baj] *m* (⚠ *pl* **baux** [bo]) Pacht *f*; Mietvertrag *m*

bâiller [bɑje] (1a) gähnen; klaffen

bâillon [bɑjõ] *m* Knebel *m*

bâillonner [bajɔne] (1a) knebeln (*a fig*)

▶ **bain** [bɛ̃] *m* Bad *n*; Baden *n*; **salle** *f* **de ~s** Bad(ezimmer) *n*; *fig* **être dans le ~** Bescheid wissen; *fig* **se mettre dans le ~** sich eingewöhnen; **prendre un ~** ein Bad nehmen, (sich) baden; **prendre un ~ de foule** ein Bad in der Menge nehmen; **~s** *pl* Badeanstalt *f*; Badeorte *m/pl*; **~ à remous** Whirlpool *m*; **~ de soleil** Sonnenbad *n*; **~-marie** [-mari] *m* (⚠ *pl* **bains-marie**) *cuis* Wasserbad *n*

baisemain [bɛzmɛ̃] *m* Handkuss *m*

baiser [beze] **1.** *m* Kuss *m*; **~ langue** Zungenkuss *m*; **2.** *Verb* (1b) **a)** küssen, *nur in Zssgn wie* **~ la main, un crucifix** die Hand, ein Kruzifix küssen; ⚠ j-n küssen **embrasser qn**; **b)** P **se faire ~** sich bescheißen lassen; **c)** P bumsen, *obszön* vögeln

▶ **baisse** [bɛs] *f* Sinken *n*, Schwinden *n*, Schwund *m*

▶ **baisser** [bese] (1b) **1.** senken; herunterlassen; *Mut*: sinken lassen; *Augen*: niederschlagen; **se ~** sich bücken; **2.** abnehmen, sinken

bal [bal] *m* (⚠ *pl* **bals**) Ball *m* (*Tanz*); ⚠ *nicht verwechseln mit* **le ballon (de football)** *u* **la balle (de tennis)**

balad|e [balad] *f* F Bummel *m*; **faire une ~** e-n Spaziergang machen; ⚠ *nicht verwechseln mit* **ballade**; **~er** F (1a) spazieren führen; **se ~** spazieren gehen, bummeln

baladeur [baladœr] *m* Walkman *m*

baladeuse [baladøz] *f* Karren *m* (*der Straßenhändler*); *tech* Ableuchtlampe *f*

balafre [balafrə] *f* Hiebwunde *f*; Schmiss *m*

▶ **balai** [balɛ] *m* Besen *m*; **~-brosse** [-brɔs] *m* (⚠ *pl* **balais-brosses**) Schrubber *m*

▶ **balanc|e** [balɑ̃s] *f* Waage *f*; Gleichgewicht *n* (*a fig*); *comm* Bilanz *f*; *astr* ♎ Waage *f*; **~er** (1k) schaukeln, schwingen; schwanken, baumeln; ins Gleichgewicht bringen; F werfen; schmeißen; **~ier** [-je] *m* Pendel *n*; Perpendikel *m*

balançoire [balɑ̃swar] *f* Schaukel *f*

***baiser* – wie ist das gemeint?**

1. Das **Verb** ***baiser*** hat einen bemerkenswerten Bedeutungswandel durchgemacht:
Nur in Wendungen wie ***baiser quelqu'un au front*** (jemandem einen Kuss auf die Stirn geben) und ***baiser la main d'une dame*** (einer Frau einen Handkuss geben) liegt noch die Bedeutung ‚küssen' vor.

⚠ Mit dem Verb ***baiser*** sollte man jedoch mit äußerster Vorsicht umgehen, da ***baiser quelqu'un*** heutzutage zumeist als derber Ausdruck mit der Bedeutung ‚jemanden bumsen, vögeln' verwendet wird! ⚠

Für ‚jemanden küssen' braucht man den französischen Ausdruck ***embrasser quelqu'un*** (bzw. ***donner des bises à quelqu'un***, wenn es sich um Küsschen auf die Wange handelt):
Quand le train est entré en gare, elle l'a embrassé. – Als der Zug in den Bahnhof einfuhr, küsste sie ihn.

2. Als **Substantiv** kann ***baiser*** weiterhin problemlos (mit der Bedeutung ‚**Kuss**') verwendet werden:
Quand le train est entré en gare, elle lui a donné un baiser d'adieu. – Als der Zug in den Bahnhof einfuhr, gab sie ihm einen Abschiedskuss.

B

balay|er [balɛje] (1i) (weg)fegen, kehren; *EDV* scannen; **~ette** [-ɛt] *f* Handfeger *m*; **~eur** *m* Straßenkehrer *m*; **~ures** [-yr] *f/pl* Kehricht *m*
balbutier [balbysje] (1a) stammeln; stottern
▶ **balcon** [balkõ] *m* Balkon *m*
Bâle [bɑl] Basel
baleine [balɛn] *f zo* Wal(fisch) *m*
balisage [balizaʒ] *m aviat* Leuchtfeuer *n*; *mar* Bebakung *f*; *Wanderwege*: Markierung *f*
balise [baliz] *f mar* Bake *f*, Boje *f*; *aviat* Leuchtfeuer *n*; *EDV* Textsortenmarkierung *f*
baliverne [balivɛrn] *f meist pl* **~s** Albernheiten *f/pl*
Balkans [balkɑ̃] *m/pl* **les ~** der Balkan
ballade [balad] *f* Ballade *f*
▶ **balle** [bal] *f* **1.** Ball *m* (*zum Spielen*); *fig* ***renvoyer la ~ à qn*** j-m die Antwort nicht schuldig bleiben; **2.** (Gewehr-)Kugel *f*; **3.** Warenballen *m*; **4.** P Gesicht *n*; **5.** **~s** *pl* F Francs *m/pl*, Franken *m/pl*; ⚠ ***la ~***; ⚠ Fußball ***le ballon***, Schneeball ***la boule de neige***
ballerine [balrin] *f* Balletttänzerin *f*; *Schuh*: Ballerinaschuh *m*
▶ **ballon** [balõ] *m* (Luft-)Ballon *m*; Fußball *m*; *chim* Glaskolben *m*
ballonné, ~e [balɔne] aufgebläht
ballot [balo] *m* kleiner Ballen *m*; F *fig* Dummkopf *m*
ballott|age [balɔtaʒ] *m* (***scrutin m de***) ~ Stichwahl *f*; **~er** (1a) hin und her schütteln; hin und her rutschen
balluchon [balyʃõ] F *m* Bündel *n*
balnéaire [balneɛr] Bade...
bal|ourd, ~ourde [balur, -urd] tölpelhaft; **~ourdise** [-urdiz] *f* Unbeholfenheit *f*
baltique [baltik] ***la mer*** ♀ die Ostsee
baluchon *cf* ***balluchon***
balustrade [balystrad] *f* Geländer *n*; Brüstung *f*
bambin [bɑ̃bɛ̃] *m* kleiner Junge *m*
bambou [bɑ̃bu] *m bot* Bambus *m*
ban [bɑ̃] *m* **1.** **~s** *pl* Aufgebot *n*; **2.** *hist* Bann *m*, Acht *f*
banal, ~e [banal] (⚠ *m/pl* ***-als***) banal, gewöhnlich; seicht
▶ **banane** [banan] *f bot* Banane *f*; *Tasche*: Gürteltasche *f*
▶ **banc** [bɑ̃] *m* (Sitz-)Bank *f*; Schicht *f*; *Fische*: Schwarm *m*; ⚠ ***le ~***; ⚠ *Geldinstitut* ***la banque***
bancaire [bɑ̃kɛr] Bank...; ***chèque m ~*** Bankscheck *m*
bancal, ~e [bɑ̃kal] (⚠ *m/pl* ***-als***) hinkend; wackelig; *fig* schief
bandage [bɑ̃daʒ] *m méd* Verband *m*; *tech* Radreifen *m*
▶ **bande** [bɑ̃d] *f* Schar *f*, Gruppe *f*; Binde *f*; Streifen *m*; Band *n*; ▶ ***bande dessinée*** Comics *pl*; ▶ ***bande magnétique*** Tonband *n*; ***bande sonore*** Tonspur *f*, Soundtrack *m*; ***bande d'arrêt d'urgence*** Standspur *f*
bande-annonce [bɑ̃danõs] *f* (⚠ *pl* ***bandes-annonces***) Trailer *m*
band|eau [bɑ̃do] *m* (⚠ *pl* **~x**) Binde *f*; Stirnband *n*; Augenbinde *f*; **~er** (1a) verbinden; *Bogen*: spannen; F einen Ständer haben
banderole [bɑ̃drɔl] *f* Wimpel *m*; Spruchband *n*
bandit [bɑ̃di] *m* Gangster *m*; Bandit *m*
bandoulière [bɑ̃duljɛr] *f* Schulterriemen *m*; ***en ~*** umgehängt
▶ **banlieue** [bɑ̃ljø] *f* Vororte *m/pl*
banlieus|ard, ~arde [bɑ̃ljøzar, -ard] *m*, *f* Vorortbewohner(in) *m(f)*; Pendler(in) *m(f)*
bannière [banjɛr] *f* Banner *n*; ***c'est la croix et la ~*** es ist verdammt schwierig
bannir [banir] (2a) verbannen
▶ **banque** [bɑ̃k] *f* Bank(haus) *f(n)*; ***~ de données*** Datenbank *f*; ***~ d'organes*** Organbank *f*; ⚠ (Sitz-)Bank ***le banc***
banqu|eroute [bɑ̃krut] *f* Bankrott *m*; **~et** [-ɛ] *m* Festessen *n*; **~ette** [-ɛt] *f* (Sitz-)Bank *f*; *auto* Bank *f*; **~ier** [-je] *m* Bankier *m*; **~ise** [-iz] *f* Packeis *n*
baobab [baɔbab] *m bot* Affenbrotbaum *m*
bapt|ême [batɛm] *m* Taufe *f*; **~iser** (1a) taufen (*a fig*); **~istère** [-istɛr] *m* Taufkapelle *f*
baquet [bakɛ] *m* Kübel *m*, Zuber *m*
bar [bar] *m* Stehkneipe *f*; Theke *f*; Bar *f*; ⚠ ***le ~***; ⚠ *nicht verwechseln mit* ***la boîte de nuit*** Nachtbar
baragouin [baragwɛ̃] *m* Kauderwelsch *n*
baraqu|e [barak] *f* Baracke *f*; **~é, ~ée** F (***bien***) ~ groß und kräftig
barat|in [baratɛ̃] F *m* schöne Worte *n/pl*; F Schmus *m*; **~iner** [-ine] (1a) schöne Worte machen

barattle [barat] *f* Butterfass *n*, -maschine *f*; **~er** (1a) buttern
barb|ant, ~ante [barbɑ̃, -ɑ̃t] F geisttötend; stinklangweilig
barbare [barbar] **1.** *adj* barbarisch; **2.** *m, f* Barbar(in) *m(f)*
barbar|ie [barbari] *f* Barbarei *f*; Rohheit *f*; **~isme** *f ling* Barbarismus *m*
▶ **barbe** [barb] *f* **1.** Bart *m*; ***se faire faire la ~*** sich rasieren lassen; F ***quelle ~!*** jetzt langts mir aber!; **~ *à papa*** Zuckerwatte *f*; ⚠ ***la ~***; **2.** *bot* Granne *f*
barbeau [barbo] *m* (⚠ *pl* **~x**) *zo* Barbe *f*
barbelé [barbəle] *adj* ***fil m de fer ~*** *od subst* **~** *m* Stacheldraht *m*
barb|er [barbe] F (1a) ermüden; langweilen; F anöden; **~iche** [-iʃ] *f* Kinnbart *m*; **~ier** [-je] *m früher*: Barbier *m*
barbiturique [barbityrik] *m phm* Barbiturat *n*
barbon [barbɔ̃] *m plais* F ***un (vieux) ~*** ein alter Knabe
barbot|er [barbɔte] (1a) **1.** plätschern, planschen; **2.** F klauen; **~euse** *f* Spielanzug *m*
barbouiller [barbuje] (1a) grob anstreichen; beschmieren; bekritzeln; ***avoir l'estomac barbouillé*** e-n verdorbenen Magen haben
barbu, ~e [barby] bärtig
barbue [barby] *f zo* Glattbutt *m*
barda [barda] *m* F Kram *m*, Krempel *m*; *mil* Gepäck *n*
bardeau [bardo] *m* (⚠ *pl* **~x**) (Dach-)Schindel *f*
barder [barde] (1a) F ***ça va ~*** dann kracht es
barème [barɛm] *m* Tabelle *f*, Tarif *m*
baril [baril] *m* Fässchen *n*; *Erdöl*: Barrel *n*
bariolé, ~e [barjɔle] bunt(scheckig)
barjo [barʒo] F total verrückt
barmaid [barmɛd] *f* Bardame *f*
barman [barman] *m* Barkeeper *m*
baromètre [barɔmɛtrə] *m* Barometer *n*
baroque [barɔk] seltsam, wunderlich; *arch* barock
barque [bark] *f mar* Barke *f*; *fig* ***mener la ~*** das Heft in der Hand haben
barrage [baraʒ] *m* Versperren *n*; Sperre *f*; Staudamm *m*, Talsperre *f*
barre [bar] *f* **1.** Stange *f*; Stab *m*; *Sport*: ***~ fixe*** Reck *n*; ***~s parallèles*** Barren *m*; ***~ de combustible*** Brennstab *m*; ***~ d'espacement*** Leertaste *f*; *fig* ***c'est le coup de ~*** F da wird man ganz schön ausgenommen; **2.** *Edelmetall*: Barren *m*; **3.** *mus* Taktstrich *m*; **4.** *mar* Ruderpinne *f*; **5.** Schranke *f* (*des Gerichtshofes*)
barreau [baro] *m* (⚠ *pl* **~x**) **1.** Gitterstange *f*; **2.** *jur* Rechtsanwaltsstand *m*; Anwaltsberuf *m*
barrer [bare] (1a) **1.** versperren; **2.** (aus-, durch)streichen
barr|ette [barɛt] *f* Barett *n*; Kardinalsbirett *n*; Haarspange *f*; Ordensspange *f*; **~eur** *m* Steuermann *m*; **~icader** [-ikade] (1a) verrammeln; **~ière** [-jɛr] *f* Absperrung *f* (*a fig*); (Bahn-)Schranke *f*; ***~s douanières*** Zollschranken *f/pl*
barrique [barik] *f* Fass *n*
▶ **bas, basse** [bɑ, bɑs] **1.** *adj* niedrig (*a fig*); *géogr* Nieder...; Unter...; *mus* tief; *Stimme*: leise; ***à voix basse*** mit leiser Stimme; **2.** *adv* ***bas*** tief; niedrig; ***à bas ...!*** nieder mit ...!; ▶ ***en bas*** unten; ***là-bas*** dort; **3.** *m* Unterteil *n*; (langer) Strumpf *m*; ***au bas de*** unten an
basané, ~e [bazane] sonnenverbrannt
bas-bleu [bablø] *m* (⚠ *pl* ***bas-bleus***) *péj* Blaustrumpf *m*
bas-côté [bakote] *m* (⚠ *pl* ***bas-côtés***) *Straße*: Seitenstreifen *m*; *arch* Seitenschiff *n*
bascul|e [baskyl] *f* Schaukel(brett) *f* (*n*); Brückenwaage *f*; **~er** (1a) schaukeln; umkippen; *fig* e-e andere Wendung nehmen
▶ **base** [bɑz] *f* Basis *f* (*a mil*); Grundlage *f*; *chim* Base *f*, Lauge *f*; ***~ de données*** Datenbasis *f*; ***~ de lancement*** Abschussrampe *f*; ***de ~*** grundlegend
base-ball [bezbol] *m* Baseball *m*
baser (1a) gründen (***sur*** auf); ***se ~ sur*** sich stützen auf (*fig*)
bas-fond [bafɔ̃] *m* (⚠ *pl* ***bas-fonds***) *mar* Untiefe *f*; *fig* ***bas-fonds*** *pl* Hefe *f* des Volkes
basilic [bazilik] *m bot* Basilikum *n*; *zo* Basilisk *m*
basilique [bazilik] *f arch* Basilika *f*
basket [baskɛt] *m* Basketballschuh *m*; F ***lâche-moi les ~s!*** lass mich in Ruhe!; F ***à l'aise dans ses ~s*** rundum zufrieden; **~-ball** [-bol] *m Sport*: Basketball *m*
basque [bask] **1.** *adj* baskisch; ***le pays ~*** das Baskenland; **2.** ♀ *m, f* Baske *m*, Baskin *f*

basse [bɑs] *f* Bass(stimme) *m(f)*; Bassist *m*; Bassgeige *f*; **~-cour** [-kur] *f* (⚠ *pl* **basses-cours**) *agr* Hühnerhof *m*; Geflügel *n*
bassement [bɑsmɑ̃] *adv* auf gemeine, niederträchtige Weise
bassesse [bɑsɛs] *f* Gemeinheit *f*
basset [basɛ] *m zo* Basset *m*; **~ allemand** Dackel *m*
bassin [basɛ̃] *m* Becken *n* (*a Körperteil*); *mar* Hafenbecken *n*; Dock *n*
bassin|e [basin] *f* Wanne *f*; große Schüssel *f*; **~er** (1a) befeuchten; *Bett*: anwärmen; F langweilen
bastingage [bastɛ̃gaʒ] *m mar* Reling *f*
bastion [bastjõ] *m mil* Bollwerk *n*; Bastei *f*; Bastion *f* (*a fig*); ⚠ **le ~**
bastonnade [bastɔnad] *f* Prügelstrafe *f*
bas-ventre [bɑvɑ̃trə] *m* Unterleib *m*
bât [bɑ] *m* Packsattel *m*; *fig* **c'est là que le ~ (le) blesse** da drückt (ihn) der Schuh
bataclan [bataklɑ̃] *m* F Kram *m*, Krempel *m*; **et tout le ~** und so weiter und so fort
▶ **bataill|e** [bataj] *f* Schlacht *f*; Kampf *m*; **livrer ~** e-e Schlacht liefern; **~er** (1a) *fig für etw* kämpfen; **~eur, ~euse** streitbar, -lustig; **~on** *m mil* Bataillon *n*
bât|ard, ~arde [bɑtar, -ard] **1.** *adj* Bastard..., Zwitter..., Misch...; uneinheitlich, unecht; **2.** *m* Bastard *m*
▶ **bateau** [bato] *m* (⚠ *pl* **~x**) **1.** *mar* Schiff *n*, Boot *n*; **faire du ~** Boot fahren; segeln, rudern; *fig* **mener qn en ~** j-m e-n Bären aufbinden; **2. ~x** *pl* F Quadratlatschen *m/pl*; **3. ~ (de porte)** Ausfahrt *f*; **~-citerne** [-sitɛrn] *m* (⚠ *pl* **bateaux-citernes**) Tanker *m*; **~-feu** [-fø] *m* (⚠ *pl* **bateaux-feux**) Feuerschiff *n*; **~-mouche** [-muʃ] *m* (⚠ *pl* **bateaux-mouches**) kleiner Ausflugsdampfer *m* (*auf der Seine*)
bat|elier [batəlje] *m* (Fluss-)Schiffer *m*; **~ellerie** [-ɛlri] *f* (Fluss-)Schifffahrt *f*
bâti, ~e [bɑti] **1.** *adj* bebaut; **bien ~** *Person*: gut gebaut; **2.** *m* Gestell *n*; Untersatz *m*
batifoler [batifɔle] (1a) tändeln; herumtollen
▶ **bâtiment** [bɑtimɑ̃] *m* **1.** Gebäude *n*, Bauwerk *n*; Bau(gewerbe) *m(n)*, Bauwesen *n*; **2.** *mar* (großes) Schiff *n*
▶ **bât|ir** [bɑtir] (2a) bauen (*a fig*); **~isse** [-is] *f meist péj* Gebäude *n*
▶ **bâton** [bɑtõ] *m* Stock *m*; Stab *m*; Knüppel *m*; **~ de rouge** Lippenstift *m*
bâtonner [bɑtɔne] (1a) verprügeln
batt|age [bataʒ] *m* Dreschen *n*; Klopfen *n*; F *fig* Reklamerummel *m*; **~ant, ~ante** [-ɑ̃, -ɑ̃t] **1.** *adj* schlagend; *Regen*: prasselnd; **le cœur battant** mit Herzklopfen; **2.** *m* Türflügel *m*; Glockenschwengel *m*
batte [bat] *f* Schläger *m*; **~ de base-ball** Baseballschläger *m*
batt|ement [batmɑ̃] *m* Schlagen *n*; Wartezeit *f*; **~erie** *f mil, tech* Batterie *f*; *mus* Schlagzeug *n*; **~eur** *m cuis* Handmixer *m*; *mus* Schlagzeuger *m*; **~euse** *f agr* Dreschmaschine *f*
▶ **battre** [batrə] (4a) schlagen, klopfen; verprügeln; besiegen; *Getreide*: dreschen; *Münzen*: prägen; *Herz*: pochen; **battre des cils** zwinkern; ▶ **se battre** kämpfen
battu, ~e [baty] *p/p von* **battre** *u adj* geschlagen, besiegt
battue [baty] *f ch* Treibjagd *f*
baudroie [bodrwa] *f zo* Seeteufel *m*
baume [bom] *m* Balsam *m*
bav|ard, ~arde [bavar, -ard] **1.** *adj* schwatzhaft; **2.** *m, f* Schwätzer(in) *m(f)*
bavard|age [bavardaʒ] *m* Geschwätz *n*; **~er** (1a) schwatzen
bavar|ois, ~oise [bavarwa, -waz] **1.** *adj* bay(e)risch; **2.** ♀ *m, f* Bayer(in) *m(f)*
bav|e [bav] *f* Speichel *m*; **~er** (1a) sabbern; geifern; **~ette** [-ɛt] *f* (Sabber-)Latz *m*
Bavière [bavjɛr] **la ~** Bayern *n*
bavure [bavyr] *f tech* Gussnaht *f*; *fig* Missstand *m*; Übergriff *m*; **sans ~** tadellos
bayer [baje] (1i) **~ aux corneilles** Maulaffen feilhalten
bazar [bazar] *m* Kramladen *m*; Basar *m*; F Krempel *m*
bazooka [bazuka] *m* Panzerfaust *f*
B.C.B.G. [besebeʒe] (*abr* **bon chic bon genre**) todschick, durchgestylt
bd (*abr* **boulevard**) Boulevard
B.D. [bede] *f* (*abr* **bande dessinée**) Comics *pl*
béant, béante [beɑ̃, beɑ̃t] klaffend
béat, béate [bea, beat] selig; *péj* naiv; einfältig
béatitude [beatityd] *f* (Glück-)Seligkeit *f*

beatnik [bitnik] *m* Gammler *m*

▶**beau, bel, belle** [bo, bɛl] (⚠ ***bel*** *adj vor Vokal od stummem h;* ⚠ *m/pl* ***beaux***) **1.** *adj* schön; vornehm, fein; gut; günstig; ***il fait beau*** (***temps***) es ist schönes Wetter; ***il a beau dire*** (***faire*** *etc*) er mag sagen (tun *etc*), was er will; ***l'échapper belle*** mit einem blauen Auge davonkommen; ***bel et bien*** wirklich, tatsächlich; ***de plus belle*** noch stärker; **2.** *m, f* ***le beau*** das Schöne; ***un vieux beau*** ein alter Schönling *m*; ***une belle*** ein schönes Mädchen *n*

Die schönen Formen von *beau*

1. Die Formen von ***beau*** sind unregelmäßig:

im Singular	im Plural
*un **beau** garçon*	*de **beaux** garçons*
*un **bel** arbre**	*de **beaux** arbres*
*une **belle** fille*	*de **belles** filles*

2. ***beau*** ist auch fester Bestandteil der folgenden Wendung:

avoir beau faire quelque chose: *Il a beau faire des économies, il n'arrivera jamais à s'acheter cette voiture.* – Er kann noch so sparen, er wird sich dieses Auto nie leisten können.

* ***bel*** statt ***beau*** kommt immer vor einem Wort, dessen Aussprache mit einem Vokal beginnt:

*un **bel avenir***	eine schöne Zukunft
bel et bien	tatsächlich
*un **bel exemple***	ein schönes Beispiel
*un **bel homme***	ein schöner Mann

▶**beaucoup** [boku] viel(e); sehr; **~ *de monde*** viele Leute

beau-fils [bofis] *m* (⚠ *pl* ***beaux-fils***) Schwiegersohn *m*; Stiefsohn *m*

▶**beau-frère** [bofrɛr] *m* (⚠ *pl* ***beaux-frères***) Schwager *m*

▶**beau-père** [bopɛr] *m* (⚠ *pl* ***beaux-pères***) Schwiegervater *m*; Stiefvater *m*

▶**beauté** [bote] *f* Schönheit *f*

beaux-arts [bozar] *m/pl* ***les ~*** die schönen Künste; die bildende Kunst

▶**beaux-parents** [boparɑ̃] *m/pl* Schwiegereltern *pl*

▶**bébé** [bebe] *m* Baby *n*; **~-éprouvette** [-epruvɛt] *m* (⚠ *pl* ***bébés-éprouvettes***) Retortenbaby *n*

▶**bec** [bɛk] *m* Schnabel *m*; Spitze *f e-r Feder*; (Gas-)Brenner *m*; Ausguss *m*, Tülle *f e-r Kanne*; *mus* Mundstück *n*; F ***un ~ fin*** ein Feinschmecker *m*; **~ *de lièvre*** Hasenscharte *f*; **~ *de gaz*** Gaslaterne *f*

bécane [bekan] F *f* Fahrrad *n*; *Computer*: Kiste *f*

bécasse [bekas] *f* Schnepfe *f*

béchamel [beʃamɛl] *f cuis* (***sauce*** *f*) **~** Bechamelsoße *f*

bêch|e [bɛʃ] *f* Spaten *m*; **~er** (1b) umgraben; F eingebildet sein

bécot [beko] F *m* Küsschen *n*; **~er** (1a) F knutschen

becqueter [bɛkte] (1e) an-, aufpicken; F *fig* essen; F futtern

bedaine [bədɛn] *f* F Wanst *m*

bédé [bede] *f* Comic *m*

bedeau [bədo] *m* (⚠ *pl* **~x**) Kirchendiener *m*, Küster *m*

bée [be] *adj* (*nur f*) ***bouche ~*** mit offenem Mund

beffroi [bɛfrwa] *m* Rathaus-, Glocken-, Wachtturm *m*

bégayer [begɛje] (1i) stottern; stammeln

bègue [bɛg] **1.** *adj* stotternd; **2.** *m, f* Stotterer *m*, Stotterin *f*

béguin [begɛ̃] *m* F *fig* ***avoir le ~ pour qn*** für j-n schwärmen

beige [bɛʒ] beige, sandfarben; *Wolle*: ungefärbt

beignet [bɛɲɛ] *m cuis* Krapfen *m*, (Berliner) Pfannkuchen *m*

bêler [bele] (1b) blöken; meckern

belette [bəlɛt] *f zo* Wiesel *n*
▶ **belge** [bɛlʒ] belgisch
▶ **Belge** [bɛlʒ] *m, f* Belgier(in) *m(f)*
▶ **Belgique** [bɛlʒik] ***la*** ~ Belgien *n*
bélier [belje] *m zo* Widder *m*; *astr* ♈ Widder *m*
belladone [bɛladɔn] *f bot* Tollkirsche *f*
▶ **belle** *cf* ***beau***
▶ **belle-fille** [bɛlfij] *f* (⚠ *pl* ***belles-filles***) Schwiegertochter *f*; Stieftochter *f*
▶ **belle-mère** [bɛlmɛr] *f* (⚠ *pl* ***belles-mères***) Schwiegermutter *f*; Stiefmutter *f*
belles-lettres [bɛllɛtrə] *f/pl* schöne Literatur *f*
▶ **belle-sœur** [bɛlsœr] *f* (⚠ *pl* ***belles-sœurs***) Schwägerin *f*
belliciste [bɛlisist] **1.** *adj* zum Krieg hetzend; **2.** *m, f* Kriegstreiber(in) *m(f)*
belligér|ant, ~ante [bɛliʒerɑ̃, -ɑ̃t] Krieg führend
belliqu|eux, ~euse [bɛlikø, -øz] kriegerisch; streitlustig
belon [bəlɔ̃] *m zo flache, runde Austernart*
belote [bəlɔt] *f frz Kartenspiel*
belvédère [bɛlvedɛr] *m* Aussichtspunkt *m*
bémol [bemɔl] *m mus* B *n*, Erniedrigungszeichen *n*
béné|dicité [benedisite] *m* Tischgebet *n*; **~diction** [-diksjɔ̃] *f* Segen *m*; Einsegnung *f*; Weihe *f*
bénéfic|e [benefis] *m* Vorteil *m*, Nutzen *m*; *comm* Gewinn *m*; **~iaire** [-jɛr] **1.** *adj* Gewinn bringend; **2.** *m, f* Nutznießer(in) *m(f)*; Berechtigte(r) *m, f*; **~ier** [-je] (1a) ~ ***de qc*** von etw profitieren; etw genießen
bénéfique [benefik] wohltuend; günstig
Bénélux [benelyks] ***le*** ~ die Beneluxländer *pl*
benêt [bənɛ] *m* Dummkopf *m*
bénévole [benevɔl] freiwillig; ehrenamtlich
bénignité [beniɲite] *f* Gutartigkeit *f* (*a méd*); Harmlosigkeit *f*
bén|in, ~igne [benɛ̃, -iɲ] gutartig (*a méd*); harmlos
bén|ir [benir] (2a) segnen; **~it, ~ite** [-i, -it] geweiht; ***eau f bénite*** Weihwasser *n*; **~itier** [-itje] *m* Weihwasserkessel *m*, -becken *n*
benne [bɛn] *f* Kübel *m*; Wagenkasten *n*; Förderkorb *m*; Container *m*; ~ ***basculante*** Kippkübel *m*
benzine [bɛ̃zin] *f* Waschbenzin *n*; *chim* Benzol *n*
béot|ien, ~ienne [beɔsjɛ̃, -jɛn] **1.** *adj* banausisch; **2.** *m, f* Banause *m*
B.E.P. [beøpe] *m* (*abr* ***brevet d'études professionnelles***) *etwa* Berufsfachschulabschluss *m*
B.E.P.C. [beøpese] *m* (*abr* ***brevet d'études du premier cycle***) *etwa* mittlere Reife *f*
béqueter [bekte] (1e) *cf* ***becqueter***
béquille [bekij] *f* Krücke *f*; *Fahrrad*: Ständer *m*
berc|eau [bɛrso] *m* (⚠ *pl* **~x**) Wiege *f*; **~er** (1k) wiegen; schaukeln; *fig* ~ ***qn de qc*** j-n mit etw hinhalten, verlocken; *fig* ***se*** ~ ***de qc*** sich in etw wiegen; **~euse** *f* Wiegenlied *n*; Schaukelstuhl *m*
béret [berɛ] *m* Baskenmütze *f*
berge [bɛrʒ] *f* **1.** Böschung *f*; Uferweg *m*; **2.** *arg* (Lebens-)Jahr *n*
berg|er [bɛrʒe] *m* Schäfer *m*; Schäferhund *m*; **~ère** *f* Schäferin *f*; Lehnsessel *m*; **~erie** [-əri] *f* Schafstall *m*; Schäferei *f*; *Literatur*: Schäfergedicht *n*
Berlin [bɛrlɛ̃] Berlin
berline [bɛrlin] *f* Grubenwagen *m*; *auto* Limousine *f*
berlingot [bɛrlɛ̃go] *m Milchtüte*: Tetrapack *m*
berlue [bɛrly] *f* F ***avoir la*** ~ sich täuschen, irren
bermuda [bɛrmyda] *m* Bermudashorts *pl*
berne [bɛrn] *Fahne*: ***en*** ~ (auf) halbmast
Berne [bɛrn] Bern
berner [bɛrne] (1a) ~ ***qn*** j-n zum Besten halten
besogn|e [bəzɔɲ] *f* Arbeit *f*; **~er** (1a) hart arbeiten; **~eux, ~euse** [-ø, -øz] (be)dürftig
▶ **besoin** [bəzwɛ̃] *m* **1.** Bedürfnis *n*; Verlangen *n*; ▶ ***avoir besoin de*** brauchen, nötig haben, benötigen; ***il n'est pas besoin de dire*** es ist nicht nötig zu sagen; ***au besoin*** bei Bedarf, im Notfall; **2.** *écon* ***besoins*** *pl* Bedarf *m* (***en*** an); **3.** F ***besoin naturel*** Notdurft *f*; **4.** Not *f*, Armut *f*
bestial, ~e [bɛstjal] (⚠ *m/pl* ***-iaux***) viehisch; bestialisch; **~ité** *f* Rohheit *f*; Bestialität *f*
bestiaux [bɛstjo] *m/pl* Vieh *n*
bestiole [bɛstjɔl] *f* Tierchen *n*

best-seller [bɛstsɛlœr] *m* (⚠ *pl* ***best-sellers***) Bestseller *m*
bêt|a, ~asse [bɛta, -as] F **1.** *adj* dumm, blöde; **2.** *m, f* Dummkopf *m*
bétabloquant [bɛtablɔkɑ̃] *m* Betablocker *m*
bétail [betaj] *m* (⚠ *ohne pl*) Vieh *n*
▶ **bête** [bɛt] **1.** *f* Tier *n*; ***~s*** *pl a* Wild *n*; Vieh *n*; *péj* ***sale ~*** Miststück *n*; **2.** *adj* dumm, blöd, albern; ***~ à manger du foin*** F dumm wie Bohnenstroh; ***~ment*** *adv* auf dumme Weise
▶ **bêtise** [betiz] *f* Dummheit *f*; Belanglosigkeit *f*; ***~s*** *pl* dummes Zeug *n*
▶ **béton** [betɔ̃] *m* Beton *m*; ***~ armé*** Eisenbeton *m*
bétonnière [betɔnjɛr] *f* Betonmischmaschine *f*
bette [bɛt] *f bot* Mangold *m*
betterave [bɛtrav] *f* Runkelrübe *f*; ***~ rouge*** Rote Bete *f*; ***~ à sucre*** Zuckerrübe *f*
beugler [bøgle] (1a) *Rinder*: muhen, brüllen; F *fig* grölen; drohnen
▶ **beurr|e** [bœr] *m* Butter *f*; *fig* ***faire son ~*** sein Schäfchen ins Trockene bringen; ***petit ~*** Butterkeks *m*; ⚠ ***le ~***; ***~er*** (1a) mit Butter bestreichen; ***~ier*** [-je] *m* Butterdose *f*
beuverie [bœvri] *f* Saufgelage *n*
bévue [bevy] *f* (peinlicher) Fehler *m*
biais [bjɛ] **1.** *adv* ***de*** *od* ***en ~*** schief, schräg; **2.** *m* Schräge *f*, Schiefe *f*; *fig* Ausweg *m*; Umweg *m*; ***par le ~ de*** auf dem Umweg über
biaiser [bjeze] (1b) ausweichen; sich winden
bibelot [biblo] *m* Nippsache *f*
biberon [bibrɔ̃] *m* Saugflasche *f*
bibi [bibi] F ich; ***c'est pour ~*** das ist für mich
bibine [bibin] *f* F Gesöff *n*
Bible [biblə] *f* Bibel *f*, Heilige Schrift *f*
biblio... [biblijɔ] Buch..., Bücher...; ***~bus*** [-bys] *m* fahrende Bücherei *f*, Bibliotheksbus *m*; ***~thécaire*** [-tekɛr] *m, f* Bibliothekar(in) *m(f)*
▶ **bibliothèque** [biblijɔtɛk] *f* **1.** Bibliothek *f*, Bücherei *f*; **2.** Bücherschrank *m*, -regal *n*
biblique [biblik] biblisch, Bibel...
bic [bik] *m* (*Warenzeichen*) Kugelschreiber *m*
bicarbonate [bikarbɔnat] *m chim* ***~ de soude*** doppeltkohlensaures Natrium *n*; Natron *n*
bicentenaire [bisɑ̃tənɛr] *m* Zweihundertjahrfeier *f*
bich|e [biʃ] *f zo* Hirschkuh *f*; *fig* ***ma ~*** mein Schätzchen; ***~er*** (1a) P ***ça biche?*** geht's gut?; ***~onner*** [-ɔne] (1a) herausputzen; verhätscheln
bicolore [bikɔlɔr] zweifarbig
bicoque [bikɔk] *f* F Bruchbude *f*
bicorne [bikɔrn] *m* Zweispitz *m* (*Hut*)
bicot [biko] *m* F *péj* Nordafrikaner *m*
bicross [bikrɔs] *m* BMX-Rad *n*; Mountainbike *n*
▶ **bicyclette** [bisiklɛt] *f* (Fahr-)Rad *n*; ***aller en*** *od* ***à ~*** Rad fahren
bide [bid] *m* F **1.** Bauch *m*; **2.** Reinfall *m*, Flop *m*; ***faire un ~*** ein Flop sein
bidet [bidɛ] *m* Bidet *n*
bidon [bidɔ̃] *m* **1.** Kanister *m*; **2.** F *fig* Bluff *m*; Schwindel *m*
bidonville [bidɔ̃vil] *m* Barackensiedlung *f*, Elendsviertel *n* (*in der Nähe e-r Großstadt*); ⚠ ***le ~***
bidule [bidyl] *m* F Dings(da, -bums) *n*
▶ **bien** [bjɛ̃] **1.** *m* **a)** Wohl *n*; Heil *n*; Vorteil *m*; Gute(s) *n*; **b)** Hab *n* und Gut *n*; Vermögen *n*; ***biens de consommation*** Konsumgüter *pl*; ***biens d'investissement*** Investitionsgüter *pl*; **2.** *adv* gut, wohl; sehr; gern; sehr viel; ▶ ***bien des fois*** sehr viele Male, sehr oft; ▶ ***eh bien!*** nun!, na!; ***je veux bien*** gern; **3.** *adj* gut, wohl; richtig; ***être, se sentir bien*** sich wohl fühlen; ***avoir l'air bien*** gut aussehen; F ***un monsieur bien*** ein besserer Herr; **4.** *conj* ▶ ***bien que*** (+*subj*) obgleich, obwohl
bien-être [bjɛ̃nɛtrə] *m* Wohlstand *m*, -befinden *n*
bien|faisance [bjɛ̃fəzɑ̃s] *f* Wohltätigkeit *f*; ***~fait*** [-fɛ] *m* Wohltat *f*; ***~faiteur, ~faitrice*** [-fɛtœr, -fɛtris] *m, f* Wohltäter(in) *m(f)*; ***~-fondé*** [-fɔ̃de] *m* Berechtigung *f*, Stichhaltigkeit *f*; ***~-fonds*** [-fɔ̃] *m* (⚠ *pl* ***biens-fonds***) *jur* Grundbesitz *m*
bienheur|eux, ~euse [bjɛ̃nørø, -øz] (glück)selig
biennal, ~e [bjenal] (⚠ *m/pl* ***-aux***) zweijährig; alle zwei Jahre stattfindend
Bienne [bjɛn] Biel
biensé|ance [bjɛ̃seɑ̃s] *f* Schicklichkeit *f*; ***~ant, ~ante*** [-ɑ̃, -ɑ̃t] schicklich

B

▶ **bientôt** [bjɛ̃to] bald; ▶ ***à bientôt!*** auf ein baldiges Wiedersehen!
bienveill|ance [bjɛ̃vɛjɑ̃s] *f* Wohlwollen *n*; **~ant, ~ante** [-ɑ̃, -ɑ̃t] wohlwollend
bienvenu, ~e [bjɛ̃vny] **1.** *adj* willkommen; **2.** *m, f* ***être le bienvenu, la bienvenue*** willkommen sein
bienvenue [bjɛ̃vny] *f* Willkommen *n*
▶ **bière** [bjɛr] *f* **1.** Bier *n*; **2.** Bahre *f*
biffer [bife] (1a) durchstreichen
▶ **bifteck** [biftɛk] *m* Beefsteak *n*
bifur|cation [bifyrkasjɔ̃] *f* Gabelung *f*; Abzweigung *f*; **~quer** [-ke] (1m) sich gabeln; *Auto, Zug*: abbiegen; *fig* ~ ***vers*** überwechseln zu
bigamie [bigami] *f* Doppelehe *f*
bigarré, ~e [bigare] bunt(scheckig)
big|ot, ~ote [bigo, -ɔt] frömmelnd
bigoterie [bigɔtri] *f* Frömmelei *f*
bigoudi [bigudi] *m* Lockenwickler *m*
bigre [bigrə] F verdammt noch mal!; Donnerwetter; **~ment** F verflixt
▶ **bijou** [biʒu] *m* (⚠ *pl* **~x**) Juwel *n*; Schmuckstück *n*
bijout|erie [biʒutri] *f* Juwelenhandel *m*; Schmuck(laden) *m*; **~ier, ~ière** [-je, -jɛr] *m, f* Juwelier *m*
bilan [bilɑ̃] *m comm* Bilanz *f*; Schlussabrechnung *f*; *fig* Fazit *n*; Ergebnis *n*; ***déposer son*** ~ Konkurs anmelden
bilatéral, ~e [bilateral] (⚠ *m/pl* ***-aux***) zweiseitig
bile [bil] *f* Galle *f*; *fig* schlechte Laune *f*, Ärger *m*; F ***se faire de la*** ~ sich Sorgen machen
bili|aire [biljɛr] Gallen...; **~eux, ~euse** [-ø, -øz] Gallen...; gallig (*a fig*)
bilingue [bilɛ̃g] zweisprachig
billard [bijar] *m* Billard *n*; F ***c'est du ~!*** das ist ganz einfach!
bille [bij] *f* Kugel *f*; Billardkugel *f*; Murmel *f*; Klotz *m*; ***stylo*** *m* (***à***) ~ Kugelschreiber *m*
▶ **billet** [bijɛ] *m* Fahrkarte *f*; Eintrittskarte *f*; Briefchen *n*; Zettel *m*; *Lotterie*: Los *n*; ▶ ***billet*** (***de banque***) Banknote *f*; ***billet stand-by*** Stand-by-Ticket *n*
billetterie [bijɛtri] *f* **1.** Kasse *f*; **2.** Geldautomat *m*; ~ ***automatique*** Fahrscheinautomat *m*
billion [biljɔ̃] *m* Billion *f*; ⚠ ***le*** ~
bimensuel, ~le [bimɑ̃sɥɛl] monatlich zweimal erscheinend
bimestriel, ~le [bimɛstrijɛl] zweimonatlich
binaire [binɛr] binär; aus zwei Einheiten bestehend
biniou [binju] *m* bretonischer Dudelsack *m*
binocle [binɔklə] *m* Kneifer *m*; Lorgnon *n*; F **~s** *pl* Brille *f*
binz [bins] *m* F Chaos *n*; ***c'est tout un*** ~ das ist vielleicht ein Zirkus
biochimique [bjɔʃimik] biochemisch
biodégradable [bjɔdegradabl] biologisch abbaubar
biographie [bjɔgrafi] *f* Lebensbeschreibung *f*, Biografie *f*
biolog|ie [bjɔlɔʒi] *f* Biologie *f*; **~iste** *m, f* Biologe *m*, Biologin *f*
biomasse [bjɔmas] *f* Biomasse *f*
biopsie [bjɔpsi] *f* Biopsie *f*
biorythme [bjɔritm] *m* Biorhythmus *m*
biosphère [bjɔsfɛr] *f* Biosphäre *f*
biotechnologie [bjɔtɛknɔlɔʒi] *f* Biotechnik *f*
biotope [bjɔtɔp] *m* Biotop *n*
bipartite [bipartit] *pol* Zweier..., Zweimächte...
biplace [biplas] *m* Zweisitzer *m*
biplan [biplɑ̃] *m aviat* Doppeldecker *m*
bipolaire [bipɔlɛr] zweipolig
bique [bik] *f* F *zo* Ziege *f*; *fig u péj* ***vieille*** ~ alte Schachtel *f*
biréacteur [bireaktœr] *m aviat* zweistrahliges Flugzeug *n*
bis[1], **bise** [bi, biz] graubraun; ***pain*** *m* ***bis*** Graubrot *n*
bis[2] [bis] **1.** *adv* da capo; *bei Hausnummern*: a; **2.** *m* Wiederholung *f*, Dakapo *n*
bisaïeul, ~e [bizajœl] *litt m, f* Urgroßvater *m*, Urgroßmutter *f*
bisannuel, ~le [bizanɥɛl] zweijährig, -jährlich
bisbille [bizbij] F *f kleine* Zankerei *f*
biscornu, ~e [biskɔrny] seltsam, bizarr, wunderlich
biscotte [biskɔt] *f* Zwieback *m*
biscuit [biskɥi] *m* **1.** Keks *m*; Biskuit *n*; **2.** Biskuitporzellan *n*
bise [biz] *f* **1.** Nord(ost)wind *m*; **2.** F Kuss *m*
bisexuel, ~le [bisɛksɥɛl] bisexuell
bison [bizɔ̃] *m zo* Büffel *m*
bisque [bisk] *f cuis* ~ ***d'écrevisses***, ~ ***de homard*** Krebs-, Hummersuppe *f*
bisquer [biske] (1m) F sich ärgern

faire la bise

Wenn sich in Frankreich Verwandte oder gute Freunde treffen, geben sie sich – je nach Gegend – zwei, drei oder gar vier Küsschen auf die Wange – abwechselnd links und rechts. Diese Gewohnheit nennt man ***faire la bise.***

Wird man als Deutscher in Frankreich Freunden oder Verwandten vorgestellt, so ist es ratsam, diesen Leuten die Hand zu geben und es den Einheimischen zu überlassen, ob und ab wann sie auch mit dem Deutschen Küsschen austauschen wollen.

bissextile [bisɛkstil] ***année** f* ~ Schaltjahr *n*

▶ **bistro(t)** [bistro] *m* F Kneipe *f*

bit [bit] *m EDV* Bit *n*

bite [bit] *f* F Schwanz *m*

bitumer [bitymɛ] (1a) asphaltieren

bivouac [bivwak] *m* Biwak *n*

▶ **bizarr|e** [bizar] seltsam; **~erie** [-əri] *f* Absonderlichkeit *f*

bizut(h) [bizy] *m e-r Grande École*: Student *m* im ersten Studienjahr; Neuling *m*, Anfänger *m*

blackbouler [blakbule] (1a) F *pol, Schule*: ~ ***qn*** j-n (durch)fallen lassen; ***se faire*** ~ durchfallen

blaf|ard, ~arde [blafar, -ard] bleich, fahl

blagu|e [blag] *f* **1.** Tabaksbeutel *m*; **2.** F Ulk *m*, Scherz *m*; Witz *m*; Streich *m*; ***sans ~!*** im Ernst!; **~er** F (1a) scherzen, spaßen; ***tu blagues!*** nicht möglich!, das ist nicht wahr!; ~ ***qn*** j-n verspotten, necken

blaireau [blɛro] *m* (⚠ *pl* **~x**) **1.** *zo* Dachs *m*; **2.** Rasierpinsel *m*

blairer [blɛre] (1b) F ***je ne peux pas le*** ~ ich kann den nicht ausstehen

blâmable [blɑmablə] tadelnswert

blâm|e [blɑm] *m* Tadel *m*; **~er** (1a) tadeln

▶ **blanc, blanche** [blɑ̃, blɑ̃ʃ] **1.** *adj* weiß, hell, blank; rein, sauber; unbeschrieben; ***examen** m **blanc*** Probeexamen *n*; ***mariage** m **blanc*** nicht vollzogene Ehe *f*; ***en blanc*** Blanko...; unausgefüllt; ***il a gelé*** **(à)** ***blanc*** es hat gereift; **2.** *m* Weiß *n*; *comm* Weißwaren *f/pl*; Weißwein *m*; *im Text*: unbeschriebene Stelle *f*

blanc-bec [blɑ̃bɛk] *m* (⚠ *pl* ***blancs-becs***) Grünschnabel *m*

blanchâtre [blɑ̃ʃɑtrə] weißlich

Blanche-Neige [blɑ̃ʃnɛʒ] *f* Schneewittchen *n*

blanch|eur [blɑ̃ʃœr] *f* Weiße *n u f*; **~ir** (2a) weißen; (weiß)waschen; bleichen; *cuis* abbrühen; *fig* rein waschen; *Haar*: weiß werden

▶ **blanchiss|erie** [blɑ̃ʃisri] *f* Wäscherei *f*; **~eur, ~euse** [-œr, -øz] *m, f* Wäscher(in) *m(f)*

blanc-seing [blɑ̃sɛ̃] *m* (⚠ *pl* ***blancs-seings***) Blankovollmacht *f*

blanquette [blɑ̃kɛt] *f* **1.** weißer Schaumwein *m* (*Languedoc*); **2.** *cuis* ~ ***de veau*** Kalbsragout *n*

blasé, ~e [blɑze] blasiert

blason [blɑzɔ̃] *m* Wappenschild *n*

blasph|ème [blasfɛm] *m* Gotteslästerung *f*, Blasphemie *f*; **~émer** [-eme] (1f) (*Gott*) lästern, fluchen

blatte [blat] *f zo* Schabe *f*

▶ **blé** [ble] *m* Weizen *m*; Getreide *n*

bled [blɛd] *m* F *péj* Kaff *n*, Nest *n*

blêm|e [blɛm] leichenblass, fahl; **~ir** (2a) erblassen

blennorragie [blɛnɔraʒi] *f méd* Tripper *m*

blesser [blɛse] (1b) verwunden; verletzen (*a fig*); ▶ ***se blesser*** sich verletzen

▶ **blessure** [blɛsyr] *f* Wunde *f*; Verwundung *f*; Verletzung *f*; *fig* Kränkung *f*

blet, blette [blɛ, blɛt] *Obst*: matschig

blette [blɛt] *f* Mangold *m*

▶ **bleu, ~e** [blø] (⚠ *m/pl* **~s**) **1.** *adj* blau; ***carte** f **bleue*** Scheckkarte *f*; ***zone** f **bleue*** Kurzparkzone *f*; ***peur** f **bleue*** F Heidenangst *f*; **2.** *m* Blau *n*; *auf der Haut*: blauer Fleck *m*; *fig* Neuling *m*; *tech* Blaupause *f*; ~ ***(de travail)*** blauer Arbeitsanzug *m*; *cuis* ***truite** f **au*** ~ Forelle *f* blau; ~ ***d'Auvergne*** Blauschimmelkäse *m*; ⚠ blau (*betrunken*) ist *frz* ***gris***

B

bleu|âtre [bløɑtrə] bläulich; **~et** [-ɛ] *m bot* Kornblume *f*; **~ir** (2a) blau anlaufen (lassen)
blind|age [blɛ̃daʒ] *m* Panzerung *f*; **~é, ~ée 1.** *adj* gepanzert, Panzer...; **2.** *m mil* Panzer *m*; **~er** (1a) panzern
▶ **bloc** [blɔk] *m* Block *m* (*auch pol*); *fig* (feste) Einheit *f*; F Kittchen *n*; ***en ~*** im Ganzen; **~age** *m* Blockierung *f*; Sperre *f*, Sperrung *f*; *psych* innerer Widerstand *m*
blockhaus [blɔkos] *m mil* Bunker *m*
bloc-notes [blɔknɔt] *m* (⚠ *pl* ***blocs-notes***) Notizblock *m*
blocus [blɔkys] *m* Blockade *f*
▶ **blond, blonde** [blɔ̃, blɔ̃d] **1.** *adj* blond; hell; ***cigarette f blonde*** Zigarette *f* aus hellem Tabak; **2.** *m, f* Blonde(r) *m, f*; Blondine *f*; *f* helles Bier *n*
bloquer [blɔke] (1m) blockieren, sperren, verriegeln; zusammenfassen
blottir [blɔtir] (2a) ***se ~*** sich kauern, sich ducken
▶ **blous|e** [bluz] *f* Kittel *m*; Bluse *f*; **~er** (1a) F reinlegen; **~on** *m* Windjacke *f*; Blouson *m*; *fig* ***~ noir*** Halbstarke(r) *m*
▶ **blue-jean** [bludʒin] *m* (⚠ *pl* ***blue-jeans***) Blue Jeans *f*; ⚠ ***le ~***
bluff [blœf] *m* Täuschung *f*; **~er** (1a) bluffen, täuschen
bobard [bobar] *m* F Schwindel *m*, (Zeitungs-)Ente *f*
bobinage [bobinaʒ] *m tech* Wicklung *f*; (Auf-)Spulen *n*
bobin|e [bɔbin] *f* Spule *f*; Rolle *f*; Trommel *f*; **~er** (1a) (auf)wickeln; aufspulen
bobo [bobo] *m enf* Wehweh *n*
bocal [bɔkal] *m* (⚠ *pl* ***-aux***) Einmachglas *n*
boche [bɔʃ] *péj* **1.** *adj* deutsch; **2.** ♀ *m, f* Deutsche(r) *m, f*
bock [bɔk] *m* ***un ~*** ein kleines Bier ($^1/_8$ *l*)
body [bɔdi] *m* Body *m*
▶ **bœuf** [bœf, *pl* bø] **1.** *m* Ochse *m*; Rind(vieh) *n*; Rindfleisch *n*; **2.** *adj* F Bomben...; gewaltig; ***succès m ~*** Bombenerfolg *m*
▶ **bof!** [bɔf] pah!, ach was!, was solls!, F null Bock!
bohème [bɔɛm] **1.** *f* leichtsinnige Künstlerwelt *f*; **2.** *m, f* verbummeltes Genie *n*, Bohemien *m*
bohém|ien, ~ienne [bɔemjɛ̃, -jɛn] **1.** *adj* böhmisch; **2.** *m, f* Zigeuner(in) *m(f)*; ♀ Böhme *m*, Böhmin *f*
Bohême [bɔɛm] ***la ~*** Böhmen *n*; ***la forêt de ~*** der Böhmerwald
▶ **boire** [bwar] **1.** (4u) trinken; aufsaugen; **2.** *m* Trinken *n*
▶ **bois** [bwa] *m* Holz *n*; Wald *m*; *~ pl* Geweih *n*; *mus* Holzblasinstrumente *n/pl*
bois|age [bwazaʒ] *m* Zimmerung *f*; **~é, ~ée** bewaldet; **~er** (1a) aufforsten; *Bergbau*: auszimmern; **~erie** *f* Täfelung *f*, Holzverkleidung *f*
▶ **boisson** [bwasɔ̃] *f* Getränk *n*; ⚠ ***la ~***
▶ **boîte** [bwat] *f* **1.** Schachtel *f*; Büchse *f*, Dose *f*; Kasten *m*; *auto* ***boîte de vitesses*** Getriebe *n*; ▶ ***boîte aux lettres*** Briefkasten *m*; ***boîte aux lettres électronique*** elektronischer Briefkasten *m*, Mailbox *f*; ***boîte postale*** Postfach *n*; ***boîte noire*** Flugschreiber *m*; **2.** ***boîte de nuit*** Nachtlokal *n*; **3.** F *péj* (Saft-)Laden *m*; **4.** F Firma *f*
boit|er [bwate] (1a) hinken (*a fig*); **~eux, ~euse** [-ø, -øz] hinkend; wacklig
boîtier [bwatje] *m* Gehäuse *n*; ***~ de télécommande*** Fernbedienung *f*
boitiller [bwatije] (1a) leicht hinken, humpeln
▶ **bol** [bɔl] *m* **1.** (Trink-)Schale *f*; **2.** F ***avoir du ~*** F Schwein haben
bolide [bɔlid] *m* Meteorstein *m*; *auto* Rennwagen *m*
Bolivie [bɔlivi] ***la ~*** Bolivien *n*
bombance [bɔ̃bɑ̃s] *f* F ***faire ~*** schlemmen
bombard|ement [bɔ̃bardəmɑ̃] *m* Beschießung *f*; Bombardierung *f*; **~er** (1a) bombardieren
▶ **bombe** [bɔ̃b] *f mil* Bombe *f*; *fig* Spraydose *f*; *cuis* ***~ glacée*** Eisbombe *f*; F ***faire la ~*** prassen, üppig leben
bomb|é, ~e [bɔ̃be] gewölbt; **~er** (1a) (sich) wölben; F sprühen
▶ **bon, bonne** [bɔ̃, bɔn] **1.** *adj* gut; tüchtig; richtig; gütig; gutmütig; naiv; ***de bonne foi*** aufrichtig; ***de bonne heure*** frühzeitig; ▶ ***(à) bon marché*** billig (*a fig*); ***il est bon de*** (+ *inf*) *od* ***que*** (+ *subj*) es ist gut zu ... *od* dass ...; ***à quoi bon?*** wozu?; ▶ ***ah bon!*** ach so!; ***bon mot*** Witz *m*; **2.** *adv* ***trouver bon que*** (+ *subj*), ***juger bon de*** (+ *inf*) es

für richtig halten zu ... *od* dass ...; ***sentir bon*** gut riechen; ***tenir bon*** standhalten; **3.** *m* **a)** ***le bon*** das Gute; **b)** Gutschein *m*

bonasse [bɔnas] (zu) gutmütig

▶ **bon|bon** [bɔ̃bɔ̃] *m* Bonbon *m od n*; **~bonne** [-bɔn] *f* Korbflasche *f*; **~bonnière** [-bɔnjɛr] *f* Konfektschachtel *f*; F *fig* kleine hübsche Wohnung *f*; niedliches Haus *n*

bond [bɔ̃] *m* (Ab-, Auf-)Sprung *m*; Satz *m*; ***d'un ~*** mit e-m Satz; *fig* sofort; ***par ~s*** sprungweise

bond|é, ~ée [bɔ̃de] überfüllt; **~ir** (2a) (auf)springen

▶ **bonheur** [bɔnœr] *m* Glück *n*; ***par ~*** zum Glück; ⚠ ***le ~***; ⚠ *nicht verwechseln mit **à la bonne heure** (cf **heure**)*; ⚠ *Glück haben* ***avoir de la chance***

bonhomie [bɔnɔmi] *f* Gutmütigkeit *f*

bonhomme [bɔnɔm] *m* (⚠ *pl* ***bonshommes*** [bɔ̃zɔm]) F Mann *m*, Mannsbild *n*; Männchen *n*; ***petit ~*** Knirps *m*; ***~ de neige*** Schneemann *m*; ⚠ *Entsprechung*: ***la bonne femme*** *(getrennt geschrieben)*

boni [bɔni] *m* Überschuss *m*; Gewinn *m*; **~fier** [-fje] (1a) (ver)bessern; **~ment** *m* marktschreierische Reklame *f*; F Märchen *n*

▶ **bonjour** [bɔ̃ʒur] *m* guten Morgen, guten Tag; F Gruß *m* (***à qn*** an j-n); ***simple comme ~*** kinderleicht

bonne [bɔn] *f* Kinder-, Haus-, Dienstmädchen *n*; ***~ à tout faire*** Mädchen *n* für alles

bonnement [bɔnmɑ̃] *adv* ***tout ~*** ganz einfach, kurz gesagt

▶ **bonnet** [bɔnɛ] *m* Mütze *f*; Kappe *f*; *fig* ***gros ~*** hohes Tier *n*; F ***c'est ~ blanc et blanc ~*** das ist Jacke wie Hose

bonneterie [bɔnɛtri] *f* Trikotagen *f/pl*; Wirk- und Strickwaren *f/pl*

bonsaï [bɔ̃zaj] *m* Bonsai *m*

▶ **bonsoir** [bɔ̃swar] *m* guten Abend

bonté [bɔ̃te] *f* Güte *f*

bonus [bɔnys] *m* Bonus *m*, Schadenfreiheitsrabatt *m*

bonze [bɔ̃z] *m* Bonze *m* (*Priester in Ostasien*); *péj* (*Partei- etc*) Bonze *m*, hohes Tier *n*

boom [bum] *m comm* Boom *m*

boomerang [bumrɑ̃g] *m* Bumerang *m*

boot [but] *m* **1.** Stiefelette *f*; **2.** *EDV* Booten *n*; **~er** (1a) *EDV* booten

▶ **bord** [bɔr] *m* **1.** Rand *m*; Ufer *n*; ▶ ***au bord de la mer*** am Meer, an der See; *fig* ***sur les bords*** am Rande, ein bisschen; **2.** *mar* Bord *m*; ***tableau m de bord*** Armaturenbrett *n*; ▶ ***à bord (de)*** an Bord (von); ***virer de bord*** wenden; *fig* umschwenken

bordage [bɔrdaʒ] *m* Einfassen *n*; *mar* Schiffsplanken *f/pl*

bordel [bɔrdɛl] *m* **1.** P Puff *m*; **2.** F Durcheinander *n*

bordel|ais, ~aise [bɔrdəlɛ, -ɛz] aus Bordeaux

bordélique [bɔrdelik] F unordentlich

border [bɔrde] (1a) einfassen, -säumen

bordereau [bɔrdəro] *m* (⚠ *pl* **~x**) *comm* Aufstellung *f*; Liste *f*; Begleitzettel *m*

bordure [bɔrdyr] *f* Einfassung *f*, Kante *f*

boréal, ~e [bɔreal] (⚠ *m/pl* **-aux**) nördlich, Nord...

borgne [bɔrɲ] **1.** *adj* einäugig; **2.** *m, f* Einäugige(r) *m, f*

borne [bɔrn] **1.** Grenz-, Eckstein *m*; ***~ kilométrique*** Kilometerstein *m*; **2.** *fig* Grenze *f*, Schranke *f*; **3.** F Kilometer *m*; **4.** *tech* (Anschluss-)Klemme *f*

born|é, ~ée [bɔrne] beschränkt, engstirnig; **~er** (1a) abgrenzen; beschränken (***à qc*** auf etw); ***se ~ à (faire) qc*** sich beschränken auf etw (darauf, etw zu tun)

Bosnie-Herzégovine [bɔsniɛrzegɔvin] ***la ~*** Bosnien-Herzegowina *n*

bosquet [bɔskɛ] *m* Wäldchen *n*

bosse [bɔs] *f* Beule *f*; Buckel *m*; F ***avoir la ~ de*** e-e Begabung haben für

bosser [bɔse] (1a) F schuften

bossu, ~e [bɔsy] buck(e)lig

botanique [bɔtanik] **1.** *adj* botanisch; **2.** *f* Botanik *f*, Pflanzenkunde *f*

▶ **botte** [bɔt] *f* **1.** Bund *m*, Bündel *n*; **2.** Stiefel *m*; **3.** *Fechten*: Stoß *m*

botter [bɔte] (1a) *fig* ***~ le derrière à qn*** F j-m e-n Tritt in den Hintern versetzen; F ***ça me botte*** das gefällt mir

bottin [bɔtɛ̃] *m* Telefonbuch *n*

bouc [buk] *m* **1.** (Ziegen-)Bock *m*; *fig* ***~ émissaire*** Sündenbock *m*; **2.** Spitzbart *m*

boucan [bukɑ̃] *m* F Höllenlärm *m*

bouchage [buʃaʒ] *m* Ver-, Zustopfen *n*; Verkorken *n*

B

▶ **bouche** [buʃ] *f* Mund *m*; Maul *n*; Öffnung *f*; Mündung *f*; ~ **de métro** U-Bahn-Eingang *m*
bouche-à-bouche [buʃabuʃ] *m méd* Mund-zu-Mund-Beatmung *f*
bouchée [buʃe] *f* Bissen *m*; ~ **à la reine** Königinpastete *f*
▶ **boucher¹** [buʃe] (1a) zu-, verstopfen; versperren
▶ **bouch|er²** [buʃe] *m* Fleischer *m*, Schlachter *m*, Metzger *m*; **~ère** *f* Fleischersfrau *f*
▶ **boucherie** [buʃri] *f* Fleischerei *f*, Metzgerei *f*; ⚠ *nicht verwechseln mit* **charcuterie**
bouche-trou [buʃtru] *m* (⚠ *pl* **bouche-trous**) Lückenbüßer *m*
▶ **bouchon** [buʃɔ̃] *m* Pfropfen *m*, Stöpsel *m*, Korken *m*; Pfropf *m*; *fig* (Verkehrs-)Stau *m*
bouchonner [buʃɔne] (1a) sich stauen
boucl|e [buklə] *f* Ring *m*; Schlinge *f*, Schleife *f* (*a EDV*); Schnalle *f*; Flusswindung *f*; *Haar*: Locke *f*; **~é, ~ée** lockig, gelockt; **~er** (1a) schnallen; in Locken legen; *mil* umzingeln; F zumachen; *fig* **boucle-la!** halt den Mund!; F ~ **qn** j-n einlochen
bouclier [buklije] *m hist u tech* Schild *m*; *fig* Schutzwall *m*
boud|er [bude] (1a) schmollen; ~ **qn** (**qc**) mit j-m (mit etw) nichts zu tun haben wollen; j-n (etw) ablehnen *od* meiden; **~eur, ~euse** schmollend
boudin [budɛ̃] *m* Blutwurst *f*
▶ **boue** [bu] *f* Schlamm *m*; Schmutz *m*; F Dreck *m*
bouée [bwe] *f mar* Boje *f*; Rettungsring *m*
bou|eux, ~euse [buø, -øz] schmutzig
bouff|ant, ~ante [bufɑ̃, -ɑ̃t] bauschig
bouff|e [buf] **1.** *adj mus* **opéra** *m* ~ komische Oper *f*; **2.** F *f* Essen *n*, P Fressen *n*; **se faire une** ~ gemütlich zusammen essen; **~ée** *f* Windstoß *m*; Lufthauch *m*; Zug *m* (*des Rauchers*); **~er** (1a) **1.** sich bauschen; **2.** F essen, fressen
bouffi, ~e [bufi] aufgedunsen
bouff|on, ~onne [bufɔ̃, -ɔn] **1.** *adj* possenhaft; **2.** *m* Possenreißer *m*
bouffonnerie [bufɔnri] *f* Possenhaftigkeit *f*; *meist pl* **~s** Possen *m/pl*
bouge [buʒ] *m* Dreckloch *n*; Spelunke *f*
bougeoir [buʒwar] *m* Kerzenleuchter *m* (mit Griff)
▶ **bouger** [buʒe] (1l) sich bewegen, sich rühren; bewegen, (ver)rücken
bougie [buʒi] *f* Kerze *f*; *auto* Zündkerze *f*
bougonner [bugɔne] (1a) F brummen; nörgeln
bougre [bugrə] *m* **1.** F Kerl *m*; **2.** *Ausruf*: Donnerwetter!; **~ment** *adv* F verdammt, verflixt
boui-boui [bwibwi] *m* F miese Kneipe *f*
bouillabaisse [bujabɛs] *f cuis provenzalische* Fischsuppe *f*
bouill|ant, ~ante [bujɑ̃, -ɑ̃t] siedend, kochend; *fig* aufbrausend
bouilli, ~ie [buji] *cuis* **1.** *adj* gekocht; **2.** *m* gekochtes Rindfleisch *n*
bouillie [buji] *f* Brei *m*
bouillir [bujir] (2e) sieden, kochen (*a fig*); ⚠ **l'eau bout**; *aber* **faire du café, faire cuire des pommes de terre**; **faire la cuisine**
bouilloire [bujwar] *f* Teekessel *m*
bouillon [bujɔ̃] *m* Luftblase *f*; Fleischbrühe *f*; **~-cube** [-kyb] *m* (⚠ *pl* **bouillon-cubes**) Brühwürfel *m*
bouillonner [bujɔne] (1a) *Wasser*: brodeln, (auf)wallen (*a fig*)
bouillotte [bujɔt] *f* Wärmflasche *f*
▶ **boulang|er** [bulɑ̃ʒe] *m* Bäcker *m*; **~ère** *f* Bäckersfrau *f*
▶ **boulangerie** [bulɑ̃ʒri] *f* Bäckerei *f*
▶ **boule** [bul] *f* Kugel *f*; F *fig* Kopf *m*; ~ **de neige** Schneeball *m*; ▶ (**jeu** *m* **de**) **boules** Boule(spiel) *n*, Boccia(spiel) *n*
bouleau [bulo] *m* (⚠ *pl* **~x**) *bot* Birke *f*
bouledogue [buldɔg] *m zo* Bulldogge *f*; ⚠ **le** ~
bouler [bule] (1a) F **envoyer** ~ **qn** j-n fortjagen
boulet [bulɛ] *m hist* Kanonenkugel *f*
boulette [bulɛt] *f* Kügelchen *n*; Fleischkloß *m*; F **faire une** ~ e-e Dummheit machen
▶ **boulevard** [bulvar] *m* Boulevard *m*; ~ **périphérique** Ringstraße *f*
boulevers|ement [bulvɛrsəmɑ̃] *m* Umwälzung *f*; Erschütterung *f*; **~er** (1a) umstürzen; *fig* erschüttern
boulimie [bulimi] *f* Esssucht *f*, Bulimie *f*
bouliste [bulist] *m Sport*: Boulespieler *m*
boul|ot¹, ~otte [bulo, -ɔt] *meist von e-r Frau*: rundlich, F pummelig
boulot² [bulo] F *m* Arbeit *f*
boulotter [bulɔte] F (1a) essen, F futtern

boum [bum] F *f* Party *f*
boumer [bume] (1a) F ***ça boume?*** alles in Ordnung?
▶ **bouquet** [bukɛ] *m* (Blumen-)Strauß *m*; Blume *f* (*des Weins*)
bouquetin [buktɛ̃] *m zo* Steinbock *m*
bouquin [bukɛ̃] *m* F alter Schmöker *m*; Buch *n*
bouquin|er [bukine] (1a) F schmökern; **~iste** *m, f* Antiquariatsbuchhändler(in) *m(f)*, Bukinist(in) *m(f)*
bourb|e [burb] *f* Morast *m*, Schlamm *m*; **~eux, ~euse** [-ø, -øz] schlammig; **~ier** [-je] *m* Sumpfloch *n*; *fig* üble Lage *f*
bourde [burd] *f* F Schnitzer *m*
bourdon [burdɔ̃] *m* **1.** Hummel *f*; **2.** Brummen *n*; *mus* Bass *m*; große Glocke *f*
bourdonner [burdɔne] (1a) summen; brummen; dröhnen; sausen (*im Ohr*)
bourg [bur] *m* (Markt-)Flecken *m*
bourgade [burgad] *f* kleiner (Markt-)Flecken *m*
bourge|ois, ~oise [burʒwa, -waz] **1.** *adj* bürgerlich; *péj* spießerhaft; ***esprit m bourgeois*** Spießbürgertum *n*; **2.** *m, f* Bürger(in) *m(f)*; *péj* Spießer *m*; **~oisie** [-wazi] *f* Bürgertum *n*
bourgeon [burʒɔ̃] *m bot* Knospe *f*
bourgeonner [burʒɔne] (1a) Knospen treiben, ausschlagen
bourgmestre [burgmɛstrə] *m in Deutschland, Holland, Belgien, in der Schweiz*: Bürgermeister *m*
▶ **Bourgogne** [burgɔɲ] ***la ~*** Burgund *n*
bourgogne [burgɔɲ] *m* Burgunder(wein) *m*
bourguign|on, ~onne [burgiɲɔ̃, -ɔn] **1.** *adj* burgundisch; *cuis* ***bœuf m bourguignon*** Rindsgulasch *n* mit Rotwein; ***fondue f bourguignonne*** Fleischfondue *n od f*; **2.** **♀** *m, f* Burgunder(in) *m(f)*
bourlinguer [burlɛ̃ge] (1m) ein abenteuerliches Leben führen
bourrade [burad] *f* Rippenstoß *m*
bourrage [buraʒ] *m* F **~ *de crâne*** propagandistische Bearbeitung *f*; Indoktrinierung *f*
bourrasque [burask] *f* (jäher) Windstoß *m*, (Wind-)Bö *f*
bourré, ~e [bure] gestopft voll; F voll, blau
bourreau [buro] *m* (⚠ *pl* **~x**) Henker *m*; ***~ d'enfants*** Kinderschänder *m*; ***~ des cœurs*** Herzensbrecher *m*; ***~ de travail*** Arbeitstier *n*
bourrer [bure] (1a) voll stopfen; ***se ~ de qc*** F sich den Bauch mit etw voll schlagen
bourriche [buriʃ] *f* Korb *m*
bourrique [burik] *f* Esel(in) *m(f)*; *fig* Dummkopf *m*; *fig* ***faire tourner qn en ~*** j-n verrückt *od* wahnsinnig machen; F ***rond comme une ~*** F sternhagelvoll
▶ **bours|e** [burs] *f* (Geld-)Beutel *m*; Börse *f* (*a comm* **Bourse**); Stipendium *n*; **~ier, ~ière** [-je, -jɛr] **1.** *adj* Börsen...; **2.** *m, f* Stipendiat(in) *m(f)*
boursouf(f)l|é, ~ée [bursufle] geschwollen (*a fig*); **~ure** [-yr] *f méd* Schwellung *f*; *fig* Schwulst *m*
bouscul|ade [buskylad] *f* Gedränge *n*; **~er** (1a) anrempeln; wegstoßen; *fig* erschüttern
bouse [buz] *f* **~** (***de vache***) (Kuh-)Mist *m*, (Kuh-)Fladen *m*
bousiller [buzije] (1a) F kaputtmachen; *Arbeit*: hinpfuschen; *Person*: kaltmachen
boussole [busɔl] *f* Kompass *m*; F ***perdre la ~*** den Kopf verlieren
▶ **bout**[1] [bu] *m* Ende *n*; Zipfel *m*; Spitze *f*; Stück(chen) *n*; ***bout à bout*** [butabu] (*mit den Enden*) aneinander; ***à bout de bras*** mit ausgestreckten Armen; ▶ ***au bout de*** am Ende von; ***au bout d'une année*** nach einem Jahr; ***de bout en bout, d'un bout à l'autre*** von Anfang bis Ende; *fig* ***aller jusqu'au bout*** nicht aufgeben; ***être à bout*** am Ende, erschöpft sein; ***être à bout de qc*** mit etw am Ende sein; ***venir à bout de qc*** (***de qn***) mit etw (j-m) fertig werden; ***connaître qc sur le bout des doigts*** etw ganz genau kennen; ***manger un bout*** e-n Happen essen
bout[2] [bu] *cf* ***bouillir***
boutade [butad] *f* (geistvoller) Scherz *m*
boute-en-train [butɑ̃trɛ̃] *m* (⚠ *pl unv*) Betriebsnudel *f*
▶ **bouteille** [butɛj] *f* Flasche *f*; ***~ consignée*** Pfandflasche *f*; ***~ jetable*** Einwegflasche *f*
▶ **boutiqu|e** [butik] *f* Laden *m*; Boutique *f*, Modesalon *m*; ***~ hors taxes*** Duty-free-Shop *m*; **~ier, ~ière** [-je, -jɛr] *m, f péj* Händler(in) *m(f)*, Krämer *m*

B

▶ **bouton** [butɔ̃] *m* Knopf *m*; *méd* Pickel *m*; *bot* Knospe *f*; **~-d'or** [-dɔr] *m* (⚠ *pl* **boutons-d'or**) *bot* Butterblume *f*
boutonn|er [butɔne] (1a) zuknöpfen; *bot* Knospen treiben; **~ière** [-jɛr] *f* Knopfloch *n*
bouton-pression [butɔ̃prɛsjɔ̃] *m* (⚠ *pl* **boutons-pression**) Druckknopf *m*
bouvreuil [buvrœj] *m zo* Dompfaff *m*, Gimpel *m*
bov|in, ~ine [bɔvɛ̃, -in] *zo* **1.** *adj* Rinder...; **2.** *m/pl* **bovins** Rinder *n/pl*
box [bɔks] *m* (⚠ *pl* **boxes**) Box *f*; ⚠ **le ~**
box|e [bɔks] *f* Boxen *n*; ⚠ **la ~**; **~er** (1a) boxen; **~er-short** [bɔksœrʃɔrt] *m* (⚠ *pl* **boxers-shorts**) Boxershorts *pl*; **~eur** *m* Boxer *m*
boyau [bwajo] *m* (⚠ *pl* **~x**) Darm *m*; Schlauch *m*
boycott|age [bɔjkɔtaʒ] *m* Boykott *m*; **~er** (1a) boykottieren
B.P. (*abr* **boîte postale**) Postfach *n*
bracelet [braslɛ] *m* Armband *n*
braconn|er [brakɔne] (1a) wildern; **~ier** [-je] *m* Wilddieb *m*, Wilderer *m*
brader [brade] (1a) verschleudern
braderie [bradri] *f* Trödelmarkt *m*; Ausverkauf *m*
braguette [bragɛt] *f* Hosenschlitz *m*
braill|ard, ~arde F [brɑjar, -ard] **1.** *adj* laut schreiend; **2.** *m, f* Schreihals *m*; **~er** (1a) johlen, schreien
braire [brɛr] (4s) *Esel*: iahen; F brüllen, schreien
brais|e [brɛz] *f* Kohlenglut *f*; **~er** (1b) *cuis* schmoren
bramer [brame] (1a) *Hirsch*: röhren; F *fig* schreien, brüllen
brancard [brɑ̃kar] *m* **1.** Tragbahre *f*; **2.** Holm *m*; Gabel(deichsel) *f*; *fig* **ruer dans les ~s** sich sträuben, sich widersetzen
branchage [brɑ̃ʃaʒ] *m* Astwerk *n*
▶ **branch|e** [brɑ̃ʃ] *f* Ast *m*, Zweig *m*; *fig* Fach *n*; *comm* Branche *f*; *fig* Arm *m*; **~é, ~ée** F im Trend, in, up to date; **~er** (1a) anschließen; anschalten; *fig* **être branché** Bescheid wissen; F in sein
branchies [brɑ̃ʃi] *f/pl* Kiemen *f/pl*
brandir [brɑ̃dir] (2a) *Waffe*: schwingen; *fig* **~ qc** mit etw drohen
branle [brɑ̃l] *m* Schwingung *f*; **mettre en ~** in Gang bringen; **donner le ~ à** in Bewegung setzen
branler [brɑ̃le] (1a) wackeln
braquage [brakaʒ] *m auto* Einschlagen *n*; **rayon** *m* **de ~** Wendekreis *m*
braque [brak] F *Person*: komisch, verdreht, verschroben
braquer [brake] (1m) *Waffe*: **~ sur** richten auf; *auto* **~ à droite** nach rechts einschlagen; *fig* F **~ qn contre** j-n aufbringen gegen
▶ **bras** [bra, brɑ] *m* Arm *m* (*a fig*); Oberarm *m*; *zo* Fangarm *m*; *fig* Arbeitskraft *f*; **~ dessus ~ dessous** untergefasst; **à force de ~** durch Muskelkraft; **à tour de ~** mit ganzer Kraft; F *fig* **avoir qn, qc sur les ~** j-n, etw am Hals haben; **cela me coupe ~ et jambes** F das macht mich völlig fertig
brasier [brɑzje] *m* Feuersglut *f*
brassage [brasaʒ] *m* Bierbrauen *n*; *fig* Rassen-, Völkervermischung *f*
brassard [brasar] *m* Armbinde *f*
brasse [bras] *f* Brustschwimmen *n*; Stoß *m beim Schwimmen*
brass|ée [brase] *f ein* Arm voll; **~er** (1a) *Bier*: brauen; *fig* mischen; **~ des affaires** viele Geschäfte betreiben; **~erie** *f* Brauerei *f*; Bierhalle *f*; **~eur¹** *m* Bierbrauer *m*; **~eur², ~euse** m, *f* Brustschwimmer(in) *m(f)*
brav|ache [bravaʃ] *m* Großmaul *n*; **~ade** [-ad] *f* Herausforderung *f*; Angeberei *f*
brave [brav] **1.** *adj* **a)** (*nachgestellt*) tapfer; **b)** (*vorangestellt*) rechtschaffen, anständig, ordentlich, brav; F **un ~ type** ein netter Kerl *m*; ⚠ ein braves Kind *n* **un enfant sage**; **2.** *m* **un ~** ein tapferer Mann *m*
brav|er [brave] (1a) **~ qn** j-m trotzen; **~oure** [-ur] *f* **1.** Tapferkeit *f*; **2.** *mus* **morceau** *m* **de ~** Bravurstück *n*
break [brɛk] *m* **1.** *auto* Kombi *m*; **2.** *Tennis*: Break *m*; **3.** F Pause *f*
brebis [brəbi] *f* (Mutter-)Schaf *n*
brèche [brɛʃ] *f* Bresche *f*; Lücke *f*, Loch *n*; Scharte *f*
bredouill|e [brəduj] **rentrer ~** unverrichteter Dinge, mit leeren Händen zurückkehren; **~er** (1a) undeutlich sprechen; stammeln
▶ **bref, brève** [brɛf, brɛv] **1.** *adj* kurz; **2.** *adv* **bref** kurzum, mit einem Wort
Brême [brɛm] Bremen
▶ **Brésil** [brezil] **le ~** Brasilien *n*

brésil|ien, ~ienne [breziljɛ̃, -jɛn] brasilianisch
Brésil|ien, ~ienne [breziljɛ̃, -ɛn] *m, f* Brasilianer(in) *m(f)*
bretelles [brətɛl] *f/pl* Hosenträger *m/pl*
Bretagne [brətaɲ] ***la ~*** die Bretagne
bret|on, ~onne [brətɔ̃, -ɔn] **1.** *adj* bretonisch; **2.** ♀ *m, f* Bretone *m*, Bretonin *f*
breuvage [brœvaʒ] *m* Trank *m*; Getränk *n*
▶ **brevet** [brəvɛ] *m* Diplom *n*, (Abschluss-)Zeugnis *n*; Patent *n*; *fig* Garantie *f*; *cf a* **B.E.P.C.**
breveter [brəvte] (1c) patentieren
bribe [brib] *f meist pl* **~s** Brocken *m/pl*, Fetzen *m/pl*
bric-à-brac [brikabrak] *m* Trödelkram *m*
bricolage [brikɔlaʒ] *m* Bastelei *f*; Pfuscharbeit *f*
bricole [brikɔl] *f* Kleinigkeit *f*; Nebensächlichkeit *f*
▶ **bricoler** [brikɔle] (1a) (zusammen-) basteln
▶ **bricol|eur, ~euse** [brikɔlœr, -øz] *m, f* Bastler(in) *m(f)*, Heimwerker *m*
brid|e [brid] *f* Zaum *m*, Zügel *m*; **~é, ~ée *yeux*** *m/pl* ***bridés*** Schlitzaugen *n/pl*; **~er** (1a) zäumen; zügeln (*a fig*)
bridge [bridʒ] *m Kartenspiel*: Bridge *n*; *méd* (Zahn-)Brücke *f*
brièvе|ment [brijɛvmɑ̃] *adv* kurz; **~té** [-te] *f* Kürze *f im Ausdruck*, kurze Dauer *f*
brigade [brigad] *f mil* Brigade *f*; ***~ des mœurs*** Abteilung *f* der Sittenpolizei
brigand [brigɑ̃] *m* Schurke *m*; Räuber *m*
brigandage [brigɑ̃daʒ] *m* schwerer Raub *m*
briguer [brige] (1m) anstreben, sich bemühen um
brill|ant, ~ante [brijɑ̃, -ɑ̃t] **1.** *adj* glänzend (*a fig*); brillant; ⚠ *adv* ***brillamment*** [-amɑ̃]; **2.** *m* Glanz *m*; Brillanz *f*; Brillant *m*
▶ **briller** [brije] (1a) glänzen (*a fig*); *Sonne*: scheinen
brim|ade [brimad] *f* Schikane *f*; **~er** (1a) schikanieren
brin [brɛ̃] *m* Halm *m*; *fig* ***un ~*** (***de***) ein bisschen (+ *subst*); **~dille** [-dij] *f* Zweiglein *n*
bringue [brɛ̃g] *f* F ***faire la ~*** in Saus und Braus leben
brioche [brijɔʃ] *f cuis* Hefegebäck *n*; F Bauch *m*
▶ **brique** [brik] *f* Ziegelstein *m*
briquer [brike] (1m) auf Hochglanz polieren
▶ **briqu|et** [brikɛ] *m* Feuerzeug *n*; **~ette** [-ɛt] *f* Brikett *n*; ⚠ ***une ~***
bris [bri] *m gewaltsames* Aufbrechen *n*
brise [briz] *f* Brise *f* (*a mar*)
brisé, ~e [brize] gebrochen; *fig* zerschlagen
bris|e-glace(s) [brizglas] *m* (⚠ *pl unv*) Eisbrecher *m*; **~e-lames** [-lam] *m* (⚠ *pl unv*) Wellenbrecher *m*; **~er** (1a) zerbrechen, -schlagen (*a fig*); *Meer*: branden; **se ~** (zer)platzen, bersten; **~e-tout** [-tu] *m* (⚠ *pl unv*) Tollpatsch *m*; **~eur** *m* ***~ de grève*** Streikbrecher *m*
britannique [britanik] **1.** *adj* britisch; **2.** ♀ *m, f* Brite *m*, Britin *f*
broc [bro] *m* Kanne *f*, Krug *m*
brocant|e [brɔkɑ̃t] *f* (Handel *m* mit) Trödel *m*; **~er** (1a) mit Trödel handeln; **~eur** *m* Trödler *m*
brocart [brɔkar] *m* Brokat *m*
broch|e [brɔʃ] *f* Bratspieß *m*; Brosche *f*; *tech* Dorn *m*, Stift *m*; Spindel *f*; **~er** (1a) heften, broschieren
brochet [brɔʃɛ] *m zo* Hecht *m*
brochette [brɔʃɛt] *f cuis* kleiner Bratspieß *m*; (*Art*) Schaschlik *n*
brochure [brɔʃyr] *f* Broschüre *f*
brocoli [brɔkɔli] *m* Brokkoli *m*
brod|er [brɔde] (1a) sticken; **~erie** *f* Stickerei *f*
bronche [brɔ̃ʃ] *f méd* Bronchie *f*
broncher [brɔ̃ʃe] (1a) straucheln; *meist verneint*: sich rühren, F mucksen; **sans ~** ohne zu murren
bronchite [brɔ̃ʃit] *f méd* Bronchitis *f*
bronze [brɔ̃z] *m* Bronze *f*; ⚠ ***le ~***
▶ **bronzer** [brɔ̃ze] (1a) *tech* bronzieren; *Haut*: bräunen; (**se**) **~** braun werden
▶ **brosse** [brɔs] *f* Bürste *f*; Pinsel *m*; ▶ ***brosse à dents*** Zahnbürste *f*
brosser [brɔse] (1a) (ab-, aus)bürsten; **se ~ *les dents*** sich die Zähne putzen; **se ~ *les cheveux*** sich die Haare bürsten
brouette [bruɛt] *f* Schubkarre *f*
brouhaha [bruaa] *m* Getöse *n*
▶ **brouillard** [brujar] *m* Nebel *m*; *comm* Kladde *f*
brouill|e [bruj] *f* Zwist *m*, Krach *m*; **~é,**

~ée 1. *cuis* ***œufs*** *m/pl* ***brouillés*** Rühreier *n/pl*; **2.** *Himmel*: verhangen; *Teint*: blass, unrein; **~er** (1a) verwirren; *Personen*: auseinander bringen; *Papiere*: durcheinander bringen; *Radio*: stören; *Ei*: rühren; ***se ~*** *Personen*: sich entzweien
brouillon [brujɔ̃] *m* Konzept *n*
broussailles [brusaj] *f/pl* Gestrüpp *n*
brousse [brus] *f géogr* Busch *m*
broyer [brwaje] (1h) zermalmen; zerkleinern; *fig* ***~ du noir*** traurig sein, Trübsal blasen
Bruges [bryʒ] Brügge
brugnon [bryɲɔ̃] *m bot* Nektarine *f*
bruin|e [brɥin] *f* Nieselregen *m*; **~er** (1a) nieseln; **~eux, ~euse** [-ø, -øz] nasskalt
bruire [brɥir] (*nur noch in*: ***il bruit, ils bruissent, il bruissait, ils bruissaient*** *u* ***bruissant***) *st/s* rauschen, brausen
bruissement [brɥismɑ̃] *st/s m* Rauschen *n*; Säuseln *n*, Rascheln *n*
► **bruit** [brɥi] *m* Geräusch *n*, Lärm *m*; Gerücht *n*
bruitage [brɥitaʒ] *m Radio, Theater*: Geräuschkulisse *f*
brûl|ant, ~ante [brylɑ̃, -ɑ̃t] glühend; brennend heiß; *fig* heiß, heikel; *st/s* leidenschaftlich; **~é, ~ée 1.** *adj* verbrannt, versengt; ***sentir le brûlé*** brenzlig riechen; **2.** *m, f* Verletzte(r) *m, f* mit Verbrennungen
brûle-pourpoint [brylpurpwɛ̃] ***à ~*** geradeheraus, ohne Umschweife
► **brûl|er** [bryle] (1a) **1.** (ver-, an)brennen; versengen, ausdörren; ***se ~ la cervelle*** sich e-e Kugel durch den Kopf jagen; **2.** *Fahrzeug*: durchfahren, ohne anzuhalten; **~ure** [-yr] *f* Brandwunde *f*; Verbrennung *f*; ***~s d'estomac*** Sodbrennen *n*
brum|e [brym] *f* Dunst *m*; Nebel *m*; **~eux, ~euse** [-ø, -øz] dunstig, neb(e)lig
► **brun, brune** [brɛ̃ *od* brœ̃, bryn] **1.** *adj* braun; brünett; *a* dunkel; **2.** *m, f* Brünette(r) *m, f*; Dunkelhaarige(r) *m, f*; **3.** *m* Braun *n*
brun|âtre [brynɑtrə] bräunlich; **~ir** (2a) bräunen
Brunswick [brɛ̃svik] Braunschweig
brushing [brœʃiŋ] *m* Föhnen *n*
brusque [brysk] barsch, grob, heftig; jäh, plötzlich
► **brusqu|ement** [bryskəmɑ̃] *adv* plötzlich; **~er** (1m) *Person*: hart anfahren; *Dinge*: überstürzen; **~erie** [-əri] *f* barsches Wesen *n*; Grobheit *f*
brut, ~e [bryt] roh; ***champagne*** *m* ***brut*** sehr trockener Champagner *m*; *comm* ***poids*** *m* ***brut*** Bruttogewicht *n*
brutal, ~e [brytal] (⚠ *m/pl* **-aux**) brutal; gemein; hart; plötzlich; **~iser** (1a) grob behandeln; **~ité** *f* Rohheit *f*; Gewalttätigkeit *f*
brute [bryt] *f* roher Mensch *m*; Dummkopf *m*
Bruxelles [bry(k)sɛl] Brüssel
bruy|ant, ~ante [brɥijɑ̃, -ɑ̃t] laut, lärmend; ⚠ *adv* ***bruyamment*** [-amɑ̃]
bruyère [bryjɛr, brɥijɛr] f Heidekraut *n*, -land *n*
bu, bue [by] *p/p von* ***boire***
buanderie [byɑ̃dri] *f* Waschküche *f*
bûche [byʃ] *f* Scheit *n*; Klotz *m*; ***~ de Noël*** Biskuitrolle *f* (*Weihnachtskuchen*)
bûcher¹ [byʃe] *m* Scheiterhaufen *m*
bûcher² [byʃe] (1a) F büffeln, pauken, schuften
bûcheron [byʃrɔ̃] *m* Holzfäller *m*
budget [bydʒɛ] *m* Budget *n*, Etat *m*, Haushalt *m*
budgétaire [bydʒetɛr] Haushalts...
buée [bɥe] *f* feuchter Beschlag *m*, Schwitzwasser *n*
buffet [byfɛ] *m* Büfett *n*; Anrichte *f*; ***~ (de la gare)*** Bahnhofswirtschaft *f*
buffle [byflə] *m zo* Büffel *m*
building [bildiŋ] *m* Hochhaus *n*
buis [bɥi] *m bot* Buchsbaum *m*
buisson [bɥisɔ̃] *m* Busch *m*, Gebüsch *n*
buissonnière [bɥisɔnjɛr] ***faire l'école ~*** die Schule schwänzen
bulbe [bylb] *f bot* Zwiebel *f* (*a arch*), Knolle *f*
Bulgarie [bylgari] ***la ~*** Bulgarien *n*
bulldozer [buldozœr] *m* Planierraupe *f*
bulle [byl] *f* **1.** Blase *f*; Sprechblase *f*; ***~ de savon*** Seifenblase *f*; **2.** *hist u des Papstes*: Bulle *f*; **~r** (1a) F faulenzen
bulletin [byltɛ̃] *m* Wahlzettel *m*; Bericht *m*; Schulzeugnis *n*; Schein *m*; ***~ météorologique*** Wetterbericht *m*; ***~ de consigne*** Gepäckschein *m*; ***~ d'expédition*** Paketkarte *f*; ***~ de salaire*** Gehaltsabrechnung*f*
buraliste [byralist] *m, f* Inhaber(in) *m(f)* e-s Tabakgeschäfts

▶ **bureau** [byro] *m* (⚠ *pl* **~x**) **1.** Arbeits-, Schreibtisch *m*; **2.** Büro *n*; Arbeitszimmer *n*; Amt(szimmer) *n*, Kanzlei *f*; ***bureau de change*** Wechselstube *f*; ▶ ***bureau de poste*** Postamt *n*; ***bureau de tabac*** Tabakladen *m*; **~crate** [-krat] *m*, *f* Bürokrat(in) *m(f)*; **~cratie** [-krasi] *f péj* Bürokratie *f*; ⚠ *Aussprache*

bureau

Le bureau bezeichnet nicht nur das **Büro,** also einen Raum, in dem an einem **Schreibtisch** gearbeitet wird. Man versteht darunter auch den Schreibtisch selbst.

bureautique [byrotik] *f* Bürokommunikation *f*
burette [byrɛt] *f* Kännchen *n*
burin [byrɛ̃] *m tech* Meißel *m*; Stichel *m*
▶ **bus**[1] [bys] *m* (Stadt-)Bus *m*; *EDV* Bus *m*
bus[2] [by] *p/s von* ***boire***
buse [byz] *f zo* Bussard *m*
busqué [byske] ***nez*** *m* **~** Hakennase *f*
buste [byst] *m* Oberkörper *m*; Brustbild *n*; Büste *f*; ⚠ ***le ~***
bustier [bystje] *m* Korsage *f*
▶ **but** [by(t)] *m* Zweck *m*; Ziel *n*; *Sport*: Tor *n*; Treffer *m*; ***dans le ~ de*** (+ *inf*) in der Absicht zu (+ *inf*); ***avoir pour ~*** bezwecken; ***marquer un ~*** ein Tor schießen

Im Sport wird das Wort ***but*** verwendet, um die Tatsache zu bezeichnen, dass der Ball im **Tor** ist. Im Deutschen sagt man: ‚Er schoss ein Tor' oder ‚Er erzielte ein Tor'.
Im Französischen wird *le but* oft mit dem Verb *marquer* zusammen verwendet:
Dugarry a marqué deux buts. – Dugarry schoss zwei Tore.

butane [bytan] *m* Butangas *n*
but|é, ~ée [byte] eigensinnig; **~er** (1a) stoßen (**contre** an); **se ~** dickköpfig werden
buteur [bytœr] *m* Torjäger *m*
butin [bytɛ̃] *m* Beute *f* (*e-s Diebes*)
butoir [bytwar] *m* Prellbock *m*
butte [byt] *f* Erdhügel *m*; Schießstand *m*, Kugelfang *m*
buv|able [byvablə] trinkbar; **~ard** [-ar] (***papier*** *m*) **~** *m* Löschblatt *n*; **~ette** [-ɛt] *f* Erfrischungsraum *m*; Ausschank *m*; **~eur, ~euse** *m*, *f* Trinker(in) *m(f)*

C

▶ **ça** [sa] (F *für* ***cela***) das, dies, es; ▶ ***ça alors!*** na so was!; ▶ ***ça va?*** wie geht's?; ▶ ***ça y est*** es ist so weit; ▶ ***c'est ça!*** stimmt!; ▶ ***et avec ça?*** sonst noch was?
çà [sa] **1.** **~ *et là*** hier und da, hin und her; **2.** *litt* ***ah ~!*** nanu!; also
cabale [kabal] *f* Kabale *f*, Intrige *f*
cabane [kaban] *f* Hütte *f*; Schuppen *m*
cabanon [kabanɔ̃] *m* Gummizelle *f*; kleine Hütte *f*; *in der Provence*: kleines Landhaus *n*
cabaret [kabarɛ] *m* Kabarett *n*
cabas [kabɑ] *m* Einkaufstasche *f*
cabillaud [kabijo] *m zo* Kabeljau *m*; Schellfisch *m*
cabine [kabin] *f* Kabine *f*; Raum *m*; *mar a* Kajüte *f*; *Lkw*: Führerhaus *n*; ▶ ***cabine téléphonique*** Fernsprechzelle *f*
cabinet [kabinɛ] *m* Kammer *f*; Kabinett *n* (*a pol*); Arbeitszimmer *n*; Anwaltsbüro *n*; Arztpraxis *f*; **~s** *pl* W.C. *n*, Toilette *f*

C

câbl|e [kablə] *m* Seil *n*, Tau *n*; Kabel *n*; Leitung *f*; ~ ***optique*** Glasfaserkabel *n*; ~ ***de remorquage*** Abschleppseil *n*; **~er** (1a) kabeln; verkabeln; verseilen; **~odistribution** [-odistribysjõ] *f* Kabelfernsehen *n*
cabosser [kabɔse] (1a) verbeulen; ramponieren
cabrer [kabre] (1a) ***se*** ~ sich bäumen; sich sträuben
cabriol|e [kabrijɔl] *f* Luftsprung *m*; **~et** [-ɛ] *m auto* Kabriolett *n*
caca [kaka] *m enf* Aa *n*
cacah(o)uete [kakawɛt, -ɥɛt] *f bot* Erdnuss *f*
cacao [kakao] *m bot* Kakao(bohne) *m(f)*
cacatoès [kakatɔɛs] *m zo* Kakadu *m*
cache|-cache [kaʃkaʃ] *m* Verstecken *n* (*Spiel*); **~-col** [-kɔl] *m* (⚠ *pl unv*) feiner Schal *m*; **~mire** [-mir] *m Gewebe*: Kaschmir *m*; **~-nez** [-ne] *m* (⚠ *pl unv*) (Woll-)Schal *m*
►**cacher** [kaʃe] (1a) verbergen, verstecken; ***se*** ~ ***de qn*** sich vor j-m verstecken; ~ ***qc à qn*** j-m etw verbergen
cache-sexe [kaʃsɛks] *m* (⚠ *pl unv*) winziges Höschen *n*
►**cachet** [kaʃɛ] *m* **1.** Stempel *m*, Siegel *n*; **2.** *fig* Charakter *m*, Gepräge *n*; **3.** *phm* Kapsel *f*, Tablette *f*; **4.** Honorar *n*, Gage *f*
cacheter [kaʃte] (1c) (ver)siegeln
cachette [kaʃɛt] *f* Versteck *n*; ***en*** ~ heimlich
cachot [kaʃo] *m* (finsteres) Gefängnis *n*; strenger Arrest *m*
cachotterie [kaʃɔtri] *f* Geheimniskrämerei *f*
cactus [kaktys] *m* Kaktus *m*
c.-à-d. (*abr* ***c'est-à-dire***) das heißt
cadastre [kadastrə] *m* Kataster *m*; Katasteramt *n*; ⚠ *Schreibung*
cadavre [kadavrə] *m von Menschen*: Leiche *f*; *von Tieren*: Kadaver *m*
caddie [kadi] *m* **1.** Einkaufswagen *m*; **2.** *Golf*: Caddie *m*
►**cadeau** [kado] *m* (⚠ *pl* **~x**) Geschenk *n*
cadenas [kadna] *m* Vorlegeschloss *n*
cadenc|e [kadɑ̃s] *f* Rhythmus *m*, Takt *m*; Tempo *n*, Geschwindigkeit *f*; *mus* Kadenz *f*; **~é, ~ée** rhythmisch, taktmäßig; ***au pas cadencé*** im Gleichschritt
cad|et, ~ette [kadɛ, -ɛt] *m, f* jüngerer Sohn *m*, jüngere Tochter *f*; ***il est mon cadet de trois ans*** er ist drei Jahre jünger als ich
cadran [kadrɑ̃] *m* Zifferblatt *n*; *Radio*: Skala *f*; ~ ***solaire*** Sonnenuhr *f*
►**cadr|e** [kadrə] *m* **1.** Rahmen *m* (*a fig*); **2.** *mil* Kader *m*; **3.** leitender Angestellter *od* Beamter *m*; ***les*** **~*s*** das leitende Personal *n*; **~*s supérieurs*** (***moyens***) obere (mittlere) Führungskräfte *f/pl*; **~er** (1a) ~ ***avec*** übereinstimmen mit; passen zu
cad|uc, ~uque [kadyk] veraltet; baufällig, hinfällig; *jur* unwirksam
cæcum [sekɔm] *m méd* Blinddarm *m*
caf|ard, ~arde [kafar, -ard] **1.** *adj* scheinheilig; **2.** *m, f* Scheinheilige(r) *m, f*; *Schule*: Petze *f*; **3.** *m zo* (Küchen-)Schabe *f*; **4.** *m* F ***avoir le*** ~ traurig, mutlos, verstimmt sein; ***donner le*** ~ ***à qn*** j-n trübselig machen; **~arder** [-arde] (1a) *Schule*: petzen
►**café** [kafe] *m* Kaffee *m*; Kaffeehaus *n*, Café *n*; Wirtshaus *n*, Kneipe *f*; ~ ***crème*** (***noir***) Kaffee *m* mit (ohne) Milch; ~ ***filtre*** Filterkaffee *m*; ⚠ Café-Konditorei ***salon de thé***; **~-concert** [-kõsɛr] *m* (⚠ *pl* ***cafés-concerts***) Tingeltangel *n*
caféine [kafein] *f* Koffein *n*
cafétéria [kafeterja] *f* Cafeteria *f*
café-théâtre [kafeteatrə] *m* (⚠ *pl* ***cafés-théâtres***) Kleinkunsttheater *n*
cafetier [kaftje] *m* Cafébesitzer *m*, Wirt *m*
cafetière [kaftjɛr] *f* Kaffeekanne *f*; Kaffeemaschine *f*
cafouillage [kafujaʒ] *m* F Durcheinander *n*
cage [kaʒ] *f* Käfig *m*; *tech* Gehäuse *n*; ~ ***d'escalier*** Treppenhaus *n*; ⚠ ***la*** ~
cageot [kaʒo] *m* Lattenkiste *f*, Steige *f*
cagibi [kaʒibi] F *m* Abstellkammer *f*; Verschlag *m*
cagn|eux, ~euse [kaɲø, -øz] x-beinig
cagnotte [kaɲɔt] *f* Spielkasse *f*; Gemeinschaftskasse *f*
cag|ot, ~ote [kago, -ɔt] *litt* **1.** *m, f* Heuchler(in) *m(f)*; **2.** *adj* heuchlerisch
cagoule [kagul] *f* Kapuze *f* (mit Augenschlitzen)
►**cahier** [kaje] *m* (Schreib-)Heft *n*; ~ ***de brouillon*** Schmierheft *n*, Kladde *f*; ~ ***de***

devoirs Hausaufgabenheft *n*; **~ *de textes*** Aufgabenheft *n*
caille [kaj] *f zo* Wachtel *f*
caill|é [kaje] (***lait*** *m*) ~ *m* Sauermilch *f*, dicke Milch *f*; **~er** (1a) gerinnen (lassen); F *fig* ***on (se) caille ici*** hier erfriert man ja
caillot [kajo] *m* ~ (***de sang***) (Blut-)Gerinnsel *n*
caillou [kaju] *m* (⚠ *pl* **~x**) Kieselstein *m*; Stein(chen) *m*(*n*); **~x** *pl* Schotter *m*; Kies *m*; **~ter** [-te] (1a) (be)schottern; bekiesen
caïman [kaimɑ̃] *m zo* Kaiman *m*
Caire [kɛr] ***le*** ~ Kairo
▶ **caisse** [kɛs] *f* **1.** Kiste *f*, Kasten *m*; **2.** Kasse *f*; **3.** *mus* Resonanzkörper *m*, Trommel *f*; ***grosse*** ~ Pauke *f*; *fig* ***battre la grosse*** ~ Reklame machen
▶ **caiss|ier, ~ière** [kɛsje, -jɛr] *m*, *f* Kassierer(in) *m*(*f*); **~on** *m* Kiste *f*, Behälter *m*; *mil* Munitionswagen *m*; *arch* Kassette *f*
cajoler [kaʒɔle] (1a) (lieb)kosen
cal [kal] *m* Schwiele *f*
calamité [kalamite] *f* Unheil *n*
calandre [kalɑ̃drə] *f auto* Kühlergrill *m*
calcaire [kalkɛr] **1.** *adj* kalkig, Kalk...; **2.** *m* Kalk(stein) *m*
calcification [kalsifikasjɔ̃] *f méd* Verkalkung *f*
calciné, ~e [kalsine] ausgebrannt, verkohlt
▶ **calcul** [kalkyl] *m* **1.** Rechnen *n*; Rechnung *f*; *fig* Berechnung *f*; **2.** *méd* Stein *m*; ~ ***biliaire*** Gallenstein *m*
calcula|ble [kalkylablə] berechenbar; **~teur, ~trice 1.** *adj* (be)rechnend; **2.** *m comm u tech* Rechner *m*; **3.** *f* Taschenrechner *m*; Rechenmaschine *f*; ***calculateur analogique*** Analogrechner *m*
▶ **calculer** [kalkyle] (1a) (aus-, be)rechnen (*a fig*)
calculette [kalkylɛt] *f* Taschenrechner *m*
cale [kal] *f* **1.** *mar* Kielraum *m*; Dock *n*; F ***être à fond de*** ~ ruiniert sein; **2.** Keil *m*
calé, ~e [kale] F beschlagen (***en*** in)
calebasse [kalbas] *f* **1.** *bot* Flaschenkürbis *m*; **2.** Kürbisflasche *f*
caleçon [kalsɔ̃] *m* Unterhose *f*; Leggins *pl*; ~ ***de bain*** Badehose *f*
calembour [kalɑ̃bur] *m* Wortspiel *n*, Kalauer *m*
calendrier [kalɑ̃drije] *m* Kalender *m*
calepin [kalpɛ̃] *m* Notizbuch *n*
caler [kale] (1a) *Motor*: abwürgen; absterben; *tech* verkeilen; *Segel*: niederholen; *Schiff*: Tiefgang haben; *fig* F satt machen
calibre [kalibrə] *m mil* Kaliber *n*; *tech* Stärke *f*, Durchmesser *m*; Schublehre *f*; Schablone *f*; *fig* F Format *n*; Kaliber *n*
calice [kalis] *m* Kelch *m*
câl|in, ~ine [kalɛ̃, -in] **1.** *adj* zärtlich, liebevoll; zärtlichkeitsbedürftig; **2.** *m* Liebkosung *f*; **~iner** [-ine] (1a) zärtlich sein zu; verhätscheln
call|eux, ~euse [kalø, -øz] schwielig; **~osité** [-ozite] *f* Schwiele *f*
calm|ant, ~ante [kalmɑ̃, -ɑ̃t] **1.** *adj* beruhigend, schmerzlindernd; **2.** *m* Beruhigungs- und Schmerzmittel *n*
▶ **calm|e** [kalm] **1.** *adj* ruhig, still; **2.** *m* Ruhe *f*, Stille *f*; Windstille *f*; Gemütsruhe *f*; ***avec*** ~ gelassen; **~ement** [-əmɑ̃] *adv* ruhig; **~er** (1a) zur Ruhe bringen
calomnia|teur, ~trice [kalɔmnjatœr, -tris] **1.** *adj* verleumderisch; **2.** *m*, *f* Verleumder(in) *m*(*f*)
calomn|ie [kalɔmni] *f* Verleumdung *f*; **~ier** [-je] (1a) verleumden
calori|e [kalɔri] *f phys* Kalorie *f*; **~fuger** [-fyʒe] (1l) (wärme)isolieren
calqu|e [kalk] *m tech* Pause *f*, Durchzeichnung *f*; *fig* Nachahmung *f*; **~er** (1m) durchzeichnen, -pausen; *fig* ~ ***qc*** etw kopieren
calvados [kalvados] *m* Apfelbranntwein *m*
calvaire [kalvɛr] *m rel* Kalvarienberg *m*; *fig* Leidensweg *m*
calvitie [kalvisi] *f* Kahlköpfigkeit *f*, Glatze *f*
▶ **camarad|e** [kamarad] *m*, *f* Kamerad(in) *m*(*f*); *pol* Genosse *m*, Genossin *f*; ⚠ *Schreibung*; **~erie** *f* Kameradschaft *f*
Camargue [kamarg] ***la*** ~ die Camargue
cambiste [kɑ̃bist] *m* Devisenhändler *m*; Geldwechsler *m*
Cambodge [kɑ̃bɔdʒ] ***le*** ~ Kambodscha *n*
cambouis [kɑ̃bwi] *m* Schmieröl *n*; Schmiere *f*
cambrer [kɑ̃bre] (1a) krümmen; wölben

C

cambriol|age [kɑ̃brijɔlaʒ] *m* Einbruch *m*; **~er** (1a) einbrechen (**qc** in etw, **qn** bei j-m)

▶ **cambriol|eur, ~euse** [kɑ̃brijɔlœr, -øz] *m, f* Einbrecher(in) *m(f)*

cambrousse [kɑ̃brus] *f* F *péj* gottverlassene Gegend *f*

came [kam] *f* **1.** *tech* Nocken *m*; **arbre** *m* **à ~s** Nockenwelle *f*; **2.** F *Rauschgift*: Stoff *m*

camé, ~e [kame] *m, f* F Fixer(in) *m(f)*

caméléon [kameleɔ̃] *m* Chamäleon *n*

camélia [kamelja] *m* Kamelie *f*; ⚠ **le ~**

camel|ot [kamlo] *m* Straßenhändler *m*; **~ote** [-ɔt] *f* F Schund *m*, Ramsch *m*

camembert [kamɑ̃bɛr] *m* Camembertkäse *m* (*aus der Normandie*)

▶ **caméra** [kamera] *f* (Film-)Kamera *f*; ~ **vidéo** Videokamera *f*; **~man** [-man] *m* Kameramann *m*

caméscope [kameskɔp] *m* Videokamera *f*, Camcorder *m*

▶ **camion** [kamjɔ̃] *m* Lastwagen *m*; **~-citerne** [-sitɛrn] *m* (⚠ *pl* **camions-citernes**) Tankwagen *m*

camionn|age [kamjɔnaʒ] *m* Straßentransport *m*; **~ette** [-ɛt] *f* Lieferwagen *m*; **~eur** *m* Lastwagenfahrer *m*

camisole [kamizɔl] *f* ~ **de force** Zwangsjacke *f*

camomille [kamɔmij] *f bot* Kamille *f*

camoufl|age [kamuflaʒ] *m* Tarnung *f*; **~er** (1a) tarnen; verstecken, verbergen

▶ **camp** [kɑ̃] *m* Lager *n* (*a mil u pol*); Partei *f*; ~ **militaire** Truppenübungsplatz *m*; ~ **de concentration** Konzentrationslager *n*; ~ **de jeunes** Jugendlager *n*; ~ **de vacances** Ferienlager *n*; F **ficher le ~** abhauen, sich verziehen

campagn|ard, ~arde [kɑ̃paɲar, -ard] **1.** *adj* ländlich, bäuerlich; **2.** Landbewohner(in) *m(f)*

▶ **campagne** [kɑ̃paɲ] *f* **1.** Land *n* (*im Gegensatz zur Stadt*); Feld *n*; Gelände *n*; **à la ~** auf dem Land; **en pleine ~** weit auf dem Land draußen; **2.** *mil u fig* Feldzug *m*; ~ **électorale** Wahlkampf *m*

campan|ile [kɑ̃panil] *m* (einzeln stehender) Glockenturm *m*; **~ule** [-yl] *f bot* Glockenblume *f*

camp|ement [kɑ̃pmɑ̃] *m mil* Lagern *n*; (*Feld-*)Lager *n*; *fig* Kampieren *n*; **~er** (1a) campen, zelten; kampieren; lagern; **~eur, ~euse** *m, f* Camper(in) *m(f)*

▶ **camping** [kɑ̃piŋ] *m* Camping *n*, Campen *n*, Zelten *n*; (**terrain** *m* **de**) ~ Campingplatz *m*; **~-car** [-kar] *m* (⚠ *pl* **camping-cars**) Wohnmobil *n*

▶ **Canada** [kanada] **le ~** Kanada *n*

canad|air [kanadɛr] *m* Löschflugzeug *n*; **~ien, ~ienne** kanadisch

Canad|ien, ~ienne [kanadjɛ̃, -ɛn] Kanadier(in) *m(f)*

canadienne [kanadjɛn] *f* **1.** Felljacke *f*; **2.** Zweimannzelt *n*; **3.** *Boot*: Kanadier *m*

canaille [kanaj] *f* Schurke *m*, Kanaille *f*

▶ **canal** [kanal] *m* (⚠ *pl* **-aux**) Kanal *m*; **~isation** [-izasjɔ̃] *f* Leitung *f*; Kanalisierung *f*; Kanalisation *f*

▶ **canapé** [kanape] *m* Couch *f*, Sofa *n*

canaque [kanak] kanakisch

Canaque [kanak] *m, f* Kanake *m*, Kanakin *f*

▶ **canard** [kanar] *m* Ente *f*, Enterich *m*; *fig* (*Zeitungs-*)Ente *f*; *péj* Zeitung *f*; *mus* falsche Note *f*; F **un froid de ~** Saukälte *f*

canari [kanari] *m* Kanarienvogel *m*

cancan [kɑ̃kɑ̃] *m* **1.** *meist pl* **~s** Klatsch *m*, Klatscherei *f*; **2.** Cancan (*Tanz*)

▶ **cancer** [kɑ̃sɛr] *m méd* Krebs *m*; *fig* Krebsschaden *m*; *astr* **Cancer** Krebs *m*

cancér|eux, ~euse [kɑ̃serø, -øz] **1.** *adj* Krebs..., krebsartig; krebskrank; **2.** *m, f* Krebskranke(r) *m, f*; **~igène, ~ogène** [-iʒɛn, -ɔʒɛn] Krebs erregend

cancre [kɑ̃krə] *m* fauler Schüler *m*

candeur [kɑ̃dœr] *f* Treuherzigkeit *f*

candi [kɑ̃di] **sucre** *m* ~ Kandiszucker *m*

▶ **candid|at, ~ate** [kɑ̃dida, -at] *m, f* Kandidat(in) *m(f)*; **~ature** [-atyr] *f* Kandidatur *f*

candide [kɑ̃did] treuherzig

cane [kan] *f* (*weibliche*) Ente *f*

caner [kane] (1a) F sich drücken, kneifen

caneton [kantɔ̃] *m* Entchen *n*

canevas [kanva] *m* Gitterleinen *n*; *fig* Gerüst *n*, Entwurf *m*

caniche [kaniʃ] *m* Pudel *m*

canicule [kanikyl] *f* Hundstage *m/pl*; Gluthitze *f*

canif [kanif] *m* Taschenmesser *n*

canine [kanin] *f* Eckzahn *m*

caniveau [kanivo] *m* (⚠ *pl* **~x**) Rinnstein *m*; *tech* Leitungskanal *m*

cannabis [kanabis] *m* Cannabis *m*

canne [kan] *f* Rohr *n* (*bot*); Spazierstock *m*; ~ ***à sucre*** Zuckerrohr *n*; ~ ***à pêche*** Angelrute *f*

cannelé, ~e [kanle] gerillt

cannelle [kanɛl] *f* **1.** *bot, cuis* Zimt *m*; **2.** Fasshahn *m*

canoë [kanɔe] *m* Kanu *n*

canoéiste [kanɔeist] *m, f* Kanufahrer(in) *m(f)*

canon [kanɔ̃] *m* **1.** *mil* Kanone *f*; *Gewehr, Pistole*: Lauf *m*; ~ ***à eau*** Wasserwerfer *m*; ⚠ ***le*** ~; **2.** *mus* Kanon *m*; **3.** Regel *f*, Kanon *m*; **4.** F Glas *n* Wein

canot [kano] *m* Boot *n*; ~ ***de sauvetage*** Rettungsboot *n*; ~ ***pneumatique*** Schlauchboot *n*; ⚠ *nicht* Kanu

canot|age [kanɔtaʒ] *m* Kahnfahren *n*; Rudern *n*; **~er** (1a) Kahn fahren; rudern

cantatrice [kɑ̃tatris] *f* Sängerin *f*; ⚠ der Sänger ***le chanteur***

cantine [kɑ̃tin] *f* Kantine *f*; Speisesaal *m*

canton [kɑ̃tɔ̃] *m* Kanton *m*

cantonal, ~e [kɑ̃tɔnal] (⚠ *m/pl* **-aux**) kantonal, Kantons...

cantonn|er [kɑ̃tɔne] (1a) *mil* unterbringen; *fig* ***se*** ~ ***dans*** sich beschränken auf; **~ier** [-je] *m* Straßenwärter *m*

canule [kanyl] *f méd* Röhrchen *n*, Kanüle *f*

▶ **caoutchouc** [kautʃu] *m* Kautschuk *m*; Gummi *m od n*; Gummiband *n*; *bot* Gummibaum *m*

cap [kap] *m* **1.** Kap *n*; *fig* ***franchir le*** ~ die schwierige Lage überstehen; **2.** *mar* Kurs *m*; ***mettre le*** ~ ***sur*** ... Kurs auf ... nehmen

C.A.P. [seape] *m* (*abr* ***certificat d'aptitude professionnelle***) *etwa* Gesellen-, Facharbeiterprüfung *f*, -brief *m*

▶ **cap|able** [kapablə] fähig; ~ ***de*** (+ *inf*) fähig, im Stande zu (+ *inf*); **~acité** [-asite] *f* Fähigkeit *f*, Tüchtigkeit *f*; Rauminhalt *m*; Kapazität *f*, ~ ***de mémoire*** Speicherkapazität *f*

cape [kap] *f* Umhang *m*; *fig* ***rire sous*** ~ heimlich lachen

C.A.P.E.S [kapɛs] *m* (*abr* ***certificat d'aptitude professionnelle à l'enseignement secondaire***) *etwa* Staatsexamen *n* für das höhere Lehramt

capét|ien, ~ienne [kapesjɛ̃, -jɛn] *hist* Kapetinger...

capillaire [kapilɛr] kapillar; Haar...

▶ **capitaine** [kapitɛn] *m mil* Hauptmann *m*; *mar* Kapitän *m*; *Sport*: Mannschaftsführer *m*

capital, ~e [kapital] (⚠ *m/pl* **-aux**) **1.** *adj* hauptsächlich; Haupt...; ***il est capital que*** (+ *subj*) es ist von größter Wichtigkeit, dass ...; ***peine f capitale*** Todesstrafe *f*; **2.** *m* Kapital *n*; Vermögen *n*; ***capital génétique*** Erbgut *n*; ***capital humain*** menschliche Ressourcen *f/pl*

▶ **capital|e** [kapital] *f* Hauptstadt *f*; Großbuchstabe *m*; **~iste 1.** *adj* kapitalistisch; **2.** *m, f* Kapitalist(in) *m(f)*

capit|eux, ~euse [kapitø, -øz] berauschend; **~onner** [-ɔne] (1a) auspolstern; **~uler** [-yle] (1a) kapitulieren

caporal [kapɔral] *m* (⚠ *pl* **-aux**) *mil* Gefreite(r) *m*

cap|ot [kapo] *m auto* Motorhaube *f*; **~ote** [-ɔt] *f* Mantel *m* (mit Kapuze); *auto* Verdeck *n*; P ~ ***anglaise*** Kondom *n*, P Pariser *m*; **~oter** [-ɔte] (1a) *aviat, auto* sich überschlagen

câpre [kɑprə] *f cuis* Kaper *f*

capric|e [kapris] *m* Laune *f*; **~ieux, ~ieuse** [-jø, -jøz] launenhaft

Capricorne [kaprikɔrn] *m astr* Steinbock *m*

capsule [kapsyl] *f* Kapsel *f*

capt|er [kapte] (1a) *Aufmerksamkeit*: fesseln; *Quelle*: fassen; *Signal*: auffangen; *Strom*: entnehmen; **~eur** *m tech* ~ ***solaire*** Sonnenkollektor *m*

capt|if, ~ive [kaptif, -iv] **1.** *adj* gefangen; **2.** *m, f* Gefangene(r) *m, f*; **~iver** [-ive] (1a) *fig* fesseln, faszinieren; **~ivité** [-ivite] *f* Gefangenschaft *f*

captur|e [kaptyr] *f* Gefangennahme *f*, Fang *m*; **~er** (1a) fangen; festnehmen

capuchon [kapyʃɔ̃] *m* Kapuze *f*

capuc|in [kapysɛ̃] *m rel* Kapuziner *m*; **~ine** *f bot* Kapuzinerkresse *f*

caquet [kakɛ] *m*, **caquetage** [kaktaʒ] *m* Gackern *n*; F *fig* Geschwätz *n*

caqueter [kakte] (1c) gackern; *fig* schwatzen; F tratschen

▶ **car**[1] [kar] *m* Reise-, Überlandbus *m*

▶ **car**[2] [kar] *conj* denn

carabin|e [karabin] *f* Karabiner *m*; Gewehr *n*; ⚠ ***la*** ~; **~é, ~ée** F heftig; stark

▶ **caractère** [karaktɛr] *m* **1.** Schriftzeichen *n*; ~ ***de contrôle, de commande***

Steuerzeichen *n*; **2.** Charakter *m*; Art *f*; Merkmal *n*; ⚠ *Schreibung*

caractériel, ~le [karakterjɛl] verhaltensgestört

caractéris|é, ~ée [karakterize] eindeutig; typisch; **~er** (1a) charakterisieren; kennzeichnen

caractéristique [karakteristik] **1.** *adj* charakteristisch (**de** für); **2.** *f* Kennzeichen *n*; Wesenszug *m*

carafe [karaf] *f* Karaffe *f*; ⚠ *Schreibung*

carambol|age [karɑ̃bɔlaʒ] *m* Auffahrunfall *m*, Karambolage *f*; ⚠**le** ~; **~er** (1a) anprallen, zusammenstoßen

caramel [karamɛl] *m* Karamellbonbon *n*; Karamell *m*

carapace [karapas] *f zo u fig* Panzer *m*

caravan|e [karavan] *f* **1.** Karawane *f*; **2.** *auto* Wohnwagen *m*; Caravan *m*; ⚠ **la** ~; **~ing** [-iŋ] *m* Reisen *n* mit e-m Wohnwagen

carbon|e [karbɔn] *m chim* Kohlenstoff *m*; **papier** *m* ~ Kohlepapier *n*; **~ique** *chim* **gaz** *m* ~ Kohlendioxid *n*; **~iser** (1a) verkohlen

carbur|ant [karbyrɑ̃] *m* Treib-, Kraftstoff *m*; **~ateur** [-atœr] *m tech* Vergaser *m*

carcasse [karkas] *f von Tieren*: Gerippe *n*; *tech* Gestell *n*

carcéral, ~e [karseral] (⚠ *m/pl* **-aux**) Gefängnis...

carcinome [karsinom] *m* Krebsgeschwulst *f*, Karzinom *n*

cardiaque [kardjak] *méd* **1.** *adj* Herz...; herzkrank; **2.** *m* Herzmittel *n*; **3.** *m, f* Herzkranke(r) *m, f*

cardinal, ~e [kardinal] (⚠ *m/pl* **-aux**) **1.** *adj* hauptsächlich, Haupt...; **les points cardinaux** die vier Himmelsrichtungen; **2.** *m égl* Kardinal *m*

carême [karɛm] *m* Fastenzeit *f*

carénage [karenaʒ] *m tech* stromlinienförmige Karosserie *f*

carence [karɑ̃s] *f* Fehlen *n*; Mangel *m*

caress|e [karɛs] *f* Liebkosung *f*, Zärtlichkeit *f*; **~er** (1b) streicheln, liebkosen

car-ferry [karferi] *m* (⚠ *pl* **car-ferrys** *u* **car-ferries**) Autofähre *f*

cargaison [kargɛzɔ̃] *f* (Schiffs-)Ladung *f*; Fracht *f*

cargo [kargo] *m mar* Frachtschiff *n*, Frachter *m*

caricatur|e [karikatyr] *f* Karikatur *f*; Zerrbild *n*; **~er** (1a) karikieren; verzerren

carie [kari] *f méd* Karies *f*

carié, ~e [karje] *Zahn*: kariös, hohl

carill|on [karijɔ̃] *m* Glockenspiel *n*; **~onner** [-ɔne] (1a) (ein)läuten

carlin [karlɛ̃] *m zo* Mops *m*

carlingue [karlɛ̃g] *f aviat* Kabine *f*

carnage [karnaʒ] *m* Blutbad *n*

carnation [karnasjɔ̃] *f* Gesichtsfarbe *f*

carnaval [karnaval] *m* (⚠ *pl* **-als**) Fasching *m*, Karneval *m*; ⚠ *Schreibung*

▶**carnet** [karnɛ] *m* Notizbuch *n*

carnivore [karnivɔr] **1.** *adj* Fleisch fressend; **2.** *m/pl* **~s** Fleischfresser *m/pl*

▶**carotte** [karɔt] *f* Mohrrübe *f*, Möhre *f*, Karotte *f*; **poil de** ~ rothaarig, fuchsrot; *fig* **la ~ et le bâton** Zuckerbrot *n* und Peitsche *f*

carpe [karp] *f zo* Karpfen *m*; ⚠ **la** ~

carpette [karpɛt] *f* kleiner Teppich *m*; Läufer *m*; Bettvorleger *m*

▶**carr|é, ~ée** [kare] **1.** *adj* Quadrat...; viereckig; eckig; *fig* deutlich, unzweideutig; ⚠ *nicht* kariert; **2.** *m* Quadrat *n*, Viereck *n*; *Garten*: Beet *n*; **~eau** [-o] *m* (⚠ *pl* **~x**) Fliese *f*, Kachel *f*; Fensterscheibe *f*; *Kartenspiel*: Karo *n*; **à ~x** kariert, gewürfelt

▶**carrefour** [karfur] *m* Straßenkreuzung *f*; *fig* Treffpunkt *m*; Scheideweg *m*

carrel|age [karlaʒ] *m* Fliesen-, Plattenbelag *m*; **~er** (1c) mit Fliesen auslegen; **~eur** *m* Fliesen-, Plattenleger *m*

carrément [karemɑ̃] *adv* rundweg, geradeheraus; kurz entschlossen, ohne weiteres; F **vas-y ~!** überleg nicht erst lange!

carrière [karjɛr] *f* **1.** Steinbruch *m*; **2.** Laufbahn *f*; Beruf *m*

carrossable [karɔsablə] befahrbar

carross|e [karɔs] *m* Kutsche *f*, Karosse *f*; ⚠ **le** ~; ⚠ *Schreibung*; **~erie** *f auto* Karosserie *f*

carrousel [karuzɛl] *m fig* Karussell *n*; ⚠ *Schreibung*

carrure [karyr] *f* Schulterbreite *f*

▶**cartable** [kartablə] *m* Schulmappe *f*, -ranzen *m*

▶**carte** [kart] *f* (Land-, Spiel-, Visiten-, Speise- *etc*) Karte *f*; **carte à puce** Chipkarte *f*; **carte de crédit** Kreditkarte *f*; **carte d'embarquement** Einsteigekarte *f*, Bordkarte *f*; ***carte de membre*** Mitgliedsausweis *m*; ***carte de paiement*** Kundenkreditkarte *f*; ***carte de téléphone*** Telefonkarte *f*; ***carte d'étudiant*** Studentenausweis *m*; ▶ ***carte d'identité*** Personalausweis *m*; ***carte de visite*** Visitenkarte *f*; ***carte bancaire*** Kreditkarte *f*; ***carte graphique*** *EDV* Grafikkarte *f*; *auto* ***carte grise*** Kraftfahrzeugschein *m*; ***carte Inter-rail*** Interrailkarte *f*; ***carte jeune*** Junior-Pass *m*; ***carte orange*** Verbundpass *m*; ▶ ***carte postale*** Postkarte *f*; ***carte son*** *EDV* Soundkarte *f*; ***carte vermeil*** Seniorenpass *m*; ***carte verte*** grüne Versicherungskarte; *fig* ***donner carte blanche à qn*** j-m freie Hand lassen; ⚠ *nicht verwechseln mit* ***le billet*** *u* ***le ticket***

cartel [kartɛl] *m écon* Kartell *n*; *pol* Block *m*

carter [kartɛr] *m tech* Gehäuse *n*

cartilage [kartilaʒ] *m* Knorpel *m*

cartomancienne [kartɔmɑ̃sjɛn] *f* Kartenlegerin *f*

carton [kartɔ̃] *m* Pappe *f*; Karton *m*; (Papp-)Schachtel *f*; Mappe *f*; ~ ***goudronné*** Teerpappe *f*; ~ ***ondulé*** Wellpappe *f*; *Fußball*: ~ ***jaune*** (***rouge***) gelbe (rote) Karte

cartonn|age [kartɔnaʒ] *m* Herstellen *n* von Kartonagen; Kartonage *f*; ⚠ ***le*** ~; ⚠ *Schreibung*; **~ier** [-je] *m* Aktenschrank *m*

cartouche [kartuʃ] *f mil* Patrone *f*; Hülse *f*; *Zigaretten*: Stange *f*

▶ **cas** [kɑ, ka] *m* Fall *m* (*a méd, gr, jur*); Lage *f*; ***en aucun cas*** in keinem Fall; ***dans ce cas-là, en ce cas*** in dem Fall; ▶ ***en tout cas*** jedenfalls; ***en cas de*** im Fall (+ *gén*); ▶ ***au cas où*** (+ *cond*), *litt* ***en cas que*** (+ *subj*) falls; im Falle, dass; ***faire grand cas de qn, qc*** auf j-n große Stücke halten, auf etw großen Wert legen

casan|ier, ~ière [kazanje, -jɛr] *m, f* Stubenhocker(in) *m(f)*

cascad|e [kaskad] *f* Wasserfall *m*; *Film*: Stunt *m*; **~eur** *m Film*: Stuntman *m*

case [kɑz] *f* **1.** (Eingeborenen-)Hütte *f*; **2.** Fach *n*; *Schachbrett*: Feld *n*

caser [kaze] (1a) unterbringen; verstauen

caserne [kazɛrn] *f* Kaserne *f*

casier [kazje] *m* Fach *n*; Regal *n*; Kartei *f*; ~ ***judiciaire*** Strafregister *n*

casque [kask] *m* (Schutz-, Sturz-)Helm *m*; *Radio*: Kopfhörer *m*; ***Casques bleus*** Blauhelme *pl*

▶ **casquette** [kaskɛt] *f* (Schirm-)Mütze *f*

cass|able [kasablə] zerbrechlich; **~ant, ~ante** [-ɑ̃, -ɑ̃t] zerbrechlich; *fig* schroff; **~ation** *f jur* Aufhebung *f*; ***cour f de*** ~ *Frankreich*: oberster Gerichtshof *m*

casse[1] [kas] *f* Zerschlagen *n*; Schrott *m*

casse[2] [kas] *arg m* Einbruch *m*

casse|-croûte [kaskrut] *m* (⚠ *pl unv*) Imbiss *m*; **~-noisettes** [-nwazɛt] *m* (⚠ *pl unv*) Nussknacker *m*

▶ **casser** [kase] (1a) zerbrechen, zerschlagen; F kaputtmachen; *jur* für ungültig erklären; F ***casser les pieds à qn*** F j-m auf den Wecker fallen; ▶ ***se casser*** *Glas etc*: zersplittern; ***se casser qc*** sich etw brechen

▶ **casserole** [kasrɔl] *f* Kochtopf *m* (mit Stiel)

casse-tête [kastɛt] *m* (⚠ *pl unv*) Totschläger *m* (*Waffe*); *fig* Geduldspiel *n*, harte Nuss *f*

▶ **cassette** [kasɛt] *f* Kassette *f*; ~ ***vidéo*** Video *n*, Videokassette *f*; ***magnétophone m à*** ~ Kassettenrekorder *m*

casseur [kasœr] *m* **1.** Schrotthändler *m*; **2.** Randalierer *m*; ***jouer les ~s*** den starken Mann spielen

cassis [kasis] *m* **1.** *bot* Schwarze Johannisbeere *f*; (***crème f de***) ~ Likör *m* aus Schwarzen Johannisbeeren; **2.** Querrinne *f*

cassoulet [kasulɛ] *m cuis Eintopf aus Bohnen, Speck, Hammelfleisch*

cassure [kasyr] *f* Bruch *m*

caste [kast] *f* Kaste *f* (*a péj*)

castor [kastɔr] *m zo* Biber *m*

cata|clysme [kataklismə] *m* (Natur-)Katastrophe *f*; **~logue** [-lɔg] *m* Katalog *m*; **~loguer** [-lɔge] (1m) katalogisieren; **~lyseur** [-lizœr] *m chim* Katalysator *m*; **~lytique** [-litik] mit Katalysator; ***pot m*** ~ Katalysator *m*; **~phote** [-fɔt] *m auto etc* Rückstrahler *m*, Katzenauge *n*; **~racte** [-rakt] *f* **1.** *großer* Wasserfall *m*; Katarakt *m*; ⚠ ***la*** ~; **2.** *méd* grauer Star *m*

catarrhe [katar] *m* Katarr *m*

catastroph|e [katastrɔf] *f* Katastrophe *f*, Unglück *n*; ***en*** ~ überstürzt; **~é, ~ée**

C

C

F niedergeschlagen, F fertig; **~ique** katastrophal; **~isme** *m* Schwarzseherei *f*
catéch|iser [kateʃize] (1a) *rel* den Katechismus lehren; *fig* **~ qn** j-n instruieren; **~isme** *m* Religionsunterricht *m*; Katechismus *m*
catégor|ie [kategɔri] *f* Kategorie *f*; Klasse *f*; Art *f*; **~ique** kategorisch, entschieden, energisch
▶ **cathédrale** [katedral] *f* Dom *m*, Kathedrale *f*, Münster *n*
▶ **catholique** [katɔlik] **1.** *adj* katholisch; F ***ce n'est pas très ~*** da ist etwas faul; **2.** *m*, *f* Katholik(in) *m(f)*
catimini [katimini] F ***en ~*** ganz heimlich
cauchemar [koʃmar] *m* Albtraum *m*, -drücken *n*; *fig* Gräuel *m*
▶ **cause** [koz] *f* **1.** Ursache *f*, Grund *m*, Anlass *m*; ▶ ***à cause de*** wegen; F ***à cause que*** weil; ***sans cause*** grundlos; **2.** *fig* Sache *f*, Angelegenheit *f*; **3.** *jur* Prozess *m*; ***mettre en cause*** in Frage stellen
▶ **caus|er** [koze] (1a) **1.** verursachen; **2.** plaudern (***avec qn de*** mit j-m über); F *allg* sprechen; **~erie** *f* Plauderei *f*; **~ette** [-ɛt] *f* F Schwatz *m*
caus|eur, ~euse [kozœr, -øz] *m*, *f* Plauderer *m*, Plauderin *f*
caustique [kostik] *chim* ätzend; *fig* beißend, scharf, schneidend
cautériser [koterize] (1a) *méd Wunde*: ausbrennen
caution [kosjɔ̃] *f* Bürgschaft *f*; Kaution *f*; Garantie *f*
cautionner [kosjɔne] (1a) *jur u fig* **~ qn** für j-n bürgen
cavale [kaval] *f* F ***être en ~*** auf der Flucht sein
caval|er [kavale] (1a) F **~ *après qn*** j-m nachlaufen; **~erie** *f* Kavallerie *f*, Reiterei *f*; ⚠ *Schreibung*; **~ier, ~ière** [-je, -jɛr] **1.** *m*, *f* Reiter(in) *m(f)*; Begleiter(in) *m(f)*; **2.** *m* Kavallerist *m*; *Schach*: Springer *m*; **3.** *adj* ungehörig, ungezogen
▶ **cave** [kav] *f* Keller *m*; Weinkeller *m*; Kellerlokal *n*
caverne [kavɛrn] *f* Höhle *f*
cavité [kavite] *f* Hohlraum *m*
C.C. [sese] *m* (*abr* ***Corps consulaire***) Konsularisches Korps *n*
C.D. [sede] *m* **1.** (*abr* ***Corps diplomatique***) Diplomatisches Korps *n*; **2.** (*abr* ***compact disc***) CD *f*; ***lecteur*** *m* ***de ~*** CD-Spieler *m*; **~-ROM** [-rɔm] *m* CD-ROM *f*; ***lecteur*** *m* ***de ~*** CD-ROM-Laufwerk *n*
▶ **ce** [sə] *m* (*f* **cette** [sɛt], *pl* **ces** [se]; ⚠ *m/sg* **cet** [sɛt] *vor Vokal u stummem h*) diese(r, -s); ▶ ***ce que*** (*tu fais*), ▶ ***ce qui*** (*me plaît*) was; ***c'est pourquoi*** deshalb; ***ce matin*** heute Morgen; ***c'est que*** nämlich, denn
▶ **ceci** [səsi] dieses, dies, das; **~ *ou cela*** dies oder jenes
cécité [sesite] *f* Blindheit *f*
▶ **céder** [sede] (1f) **~ *qc à qn*** j-m etw überlassen, abtreten; **~ *à qn*** j-m nachgeben; ***il ne lui cède en rien*** er steht ihm in nichts nach; **~ *le passage!*** Vorfahrt achten!
cédille [sedij] *f gr* Cedille *f*
cèdre [sɛdrə] *m bot* Zeder *f*; ⚠ ***le ~***
C.E.E. [seøø] *f* (*abr* ***Communauté économique européenne***) E(W)G *f*, Europäische (Wirtschafts-)Gemeinschaft *f*
C.E.G. [seøʒe] *m* (*abr* ***collège d'enseignement général***) *etwa* Realschule *f*
cégétiste [seʒetist] *m*, *f* Gewerkschaftler(in) *m(f)*, Mitglied *n* der C.G.T. (*Confédération générale du travail*)
C.E.I. [seøi] *f* (*abr* ***Communauté des États indépendants***) GUS *f*
▶ **ceinture** [sɛ̃tyr] *f* Gürtel *m*; Einfassung *f*; *aviat*, *auto* **~ *de sécurité*** Sicherheitsgurt *m*; **~ *à enrouleur*** Automatikgurt *m*; *fig* ***se serrer la ~*** den Gürtel enger schnallen
▶ **cela** [s(ə)la] das (da); ***il y a cinq ans de ~*** das war vor fünf Jahren; ⚠ F *cf* ***ça***
célébration [selebrasjɔ̃] *f* Feier *f*; **~ *du mariage*** Trauung *f*
▶ **célèbre** [selɛbrə] berühmt
célébr|er [selebre] (1f) feiern; rühmen; **~ité** *f* Berühmtheit *f* (*a Person*)
céleri [sɛlri] *m bot* Sellerie *m od f*; ⚠ *Schreibung*
céleste [selɛst] Himmels...; himmlisch; göttlich
célibat [seliba] *m* Ehelosigkeit *f*; *rel* Zölibat *m od n*
▶ **célibataire** [selibatɛr] **1.** *adj* ledig; **2.** *m*, *f* Junggeselle *m*, Junggesellin *f*
▶ **celle** [sɛl] *cf* ***celui***
cell|ier [sɛlje] *m* Wein- *od* Vorratskeller *m*; **~ule** [-yl] *f* Zelle *f*; **~ulose** [-yloz] *f* Zellulose *f*; **~ *végétale*** Ballaststoffe *pl*

celtique [sɛltik] keltisch
► **celui** [səlɥi] *m* (*f* **celle** [sɛl], *m/pl* **ceux** [sø], *f/pl* **celles** [sɛl]) der, die, das(jenige); **~-ci** [-si] dieser; **~-là** [-la] jener; ⚠ *vor* **de** *u Relativsatz kein* **-ci**/**-là**
cendre [sɑ̃drə] *f* Asche *f*
cendr|é, ~ée [sɑ̃dre] aschfarben; **~ée** *f Sport*: Aschenbahn *f*
► **cendrier** [sɑ̃drije] *m* Aschenbecher *m*
Cendrillon [sɑ̃drijɔ̃] *f Märchen(gestalt)*: Aschenbrödel *n*
cens|é, ~ée [sɑ̃se] ***il est ~ être malade*** man nimmt an, dass er krank ist; **~eur** *m* **1.** Zensor *m*; *fig* Kritiker *m*; **2.** *etwa* stellvertretender Direktor *m* e-r höheren Schule (*Disziplinfragen*)
censur|e [sɑ̃syr] *f* Zensur(behörde) *f*; *pol* ***motion f de ~*** Misstrauensantrag *m*; **~er** (1a) *Film*, *Buch*: zensieren; verbieten
► **cent** [sɑ̃] **1.** *adj* hundert; ► ***cent un*** hunderteins; **2.** *m* Hundert *n,f*; ► ***pour cent*** Prozent *n*; ⚠ ► ***deux cents***, *aber* ***deux cent dix***
► **centaine** [sɑ̃tɛn] *f* Hundert *n*; ***une ~ de*** ... ungefähr hundert ...
centenaire [sɑ̃tnɛr] **1.** *adj* hundertjährig; **2.** *m* Hundertjahrfeier *f*
► **centième** [sɑ̃tjɛm] **1.** hundertste; **2.** *m* Hundertstel *n*
► **centime** [sɑ̃tim] *m* Centime *m* ($^1/_{100}$ *Franc*)
► **centimètre** [sɑ̃timɛtrə] *m* Zentimeter *n od m*
► **central, ~e** [sɑ̃tral] (⚠ *m/pl* **-aux**) **1.** *adj* zentral, Mittel..., Haupt...; **2.** *m tél* Zentrale *f*
► **central|e** [sɑ̃tral] *f* Kraftwerk *n*; ***~ nucléaire*** Kernkraftwerk *n*; **~iser** (1a) zentralisieren; zusammenfassen
► **centre** [sɑ̃trə] *m* Mittelpunkt *m*; Zentrum *n*; Hauptort *m*; *pol* Mitte *f*; *Sport*: Mittelstürmer *m*; *Fußball*: Flanke *f*, ***centre d'accueil*** Beratungs-, Informationsstelle *f*; ***centre d'apprentissage*** Ausbildungszentrum *n*; ***centre de culturisme*** Fitnesscenter *n*; ► ***centre commercial*** Einkaufszentrum *n*; ***centre industriel*** Industriezentrum *n*; ***centre d'attraction*** Anziehungspunkt *m*; ***centre d'intérêt*** Brennpunkt *m* des Interesses; ***au centre de*** in der Mitte (von)
centrer [sɑ̃tre] (1a) in die Mitte stellen; *Text*: zentrieren; *Fußball*: flanken
centupler [sɑ̃typle] (1a) (sich) verhundertfachen
cep [sɛp] *m* Rebstock *m*
cèpe [sɛp] *m bot* Steinpilz *m*
► **cependant** [səpɑ̃dɑ̃] indessen; doch
céramique [seramik] **1.** *adj* keramisch; **2.** *f* Keramik *f*
► **cercle** [sɛrklə] *m* Kreis *m*; Ring *m*; *fig* Zirkel *m*; ⚠ *nicht Zirkel als Instrument*
cercueil [sɛrkœj] *m* Sarg *m*
céréales [sereal] *f/pl* Getreidearten *f/pl*; Getreide *n*
cérébral, ~e [serebral] (⚠ *m/pl* **-aux**) Gehirn...
cérémo|nial [seremɔnjal] *m* (⚠ *pl* **~s**) Zeremoniell *n*; **~nie** [-ni] *f* Feier *f*; Zeremonie *f*; Förmlichkeit *f*
cerf [sɛr] *m zo* Hirsch *m*
cerfeuil [sɛrfœj] *m bot* Kerbel *m*
cerf-volant [sɛrvɔlɑ̃] *m* (⚠ *pl* ***cerfs-volants***) Papierdrachen *m*; *zo* Hirschkäfer *m*
► **ceris|e** [s(ə)riz] *f* Kirsche *f*; **~ier** [-je] *m* Kirschbaum *m*
cerne [sɛrn] *m* Rand *m*; **~s** *pl* Ringe *m/pl* (um die Augen)
cerner [sɛrne] (1a) umzingeln; *fig Problem*: klar erkennen
► **cert|ain, ~aine** [sɛrtɛ̃, -ɛn] *adj* **1.** (*nach subst*) gewiss, bestimmt, sicher; ***être ~ de qc*** e-r Sache sicher sein; **2.** (*vor subst*) gewiss (*in unbestimmtem Sinn*); ***d'un certain âge*** nicht mehr ganz jung
► **certainement** [sɛrtɛnmɑ̃] *adv* gewiss; allerdings
certes [sɛrt] *adv* sicher; zwar
► **certif|icat** [sɛrtifika] *m* Bescheinigung *f*; Zeugnis *n*; **~ier** [-je] (1a) beglaubigen; ***~ qc à qn*** j-m etw bestätigen, bescheinigen
certitude [sɛrtityd] *f* Gewissheit *f*
► **cerveau** [sɛrvo] *m* (⚠ *pl* **~x**) Gehirn *n*
cervelas [sɛrvəla] *m etwa* Fleischwurst *f*
cervelle [sɛrvɛl] *f* Hirnsubstanz *f*; *fig* Verstand *m*; *cuis* Hirn *n*; *fig* ***se brûler la ~*** sich e-e Kugel durch den Kopf jagen
Cervin [sɛrvɛ̃] ***le ~*** das Matterhorn
► **ces** [se] *cf* **ce**
C.E.S. [seøɛs] *m* (*abr* ***collège d'ensei-***

gnement secondaire) *etwa* Gesamtschule *f*
césarienne [sezarjɛn] *f méd* Kaiserschnitt *m*
cesse [sɛs] ***sans*** ~ unaufhörlich
▶**cesser** [sese] (1b) aufhören (***qc*** mit etw); ~ ***de*** (+ *inf*) aufhören zu (+ *inf*)
cessez-le-feu [sɛselfø] *m* (⚠ *pl unv*) Waffenruhe *f*
▶**c'est** [sɛ] das ist, es ist
▶**c'est-à-dire** [sɛtadir] das heißt
▶**cet** [sɛt] *cf* ***ce***
C.E.T. [seøte] *m* (*abr* ***collège d'enseignement technique***) *etwa* Berufsfachschule *f*
cétacé [setase] *m zo* Wal *m*
▶**cette** [sɛt] *cf* ***ce***
▶**ceux** [sø] *cf* ***celui***
cf. (*abr* ***confer***) vergleiche (*abr* vgl.)
C.F.C. [seɛfse] *m* (*abr* ***chlorofluorocarbone***) FCKW *m*
▶**chac|un, ~une** [ʃakɛ̃ *od* ʃakœ̃, -yn] *m, f* jede(r, -s); ***chacun de*** *od* ***d'entre nous*** jeder von uns
▶**chagrin** [ʃagrɛ̃] *m* Kummer *m*, Schmerz *m*
chagriner [ʃagrine] (1a) ~ ***qn*** j-n betrüben, bekümmern
chahut [ʃay] *m* F Radau *m*
▶**chaîne** [ʃɛn] *f* Kette *f*; Reihe *f*; *Radio, TV* Programm *n*; ▶ ***chaîne stéréo, chaîne hi-fi*** Stereoanlage *f*; ***chaîne alimentaire*** Nahrungskette *f*; ***chaîne humaine*** Menschenkette *f*; ***travail*** *m* ***à la chaîne*** Fließbandarbeit *f*
chair [ʃɛr] *f* Fleisch *n* (*von Menschen, lebenden Tieren, Früchten*); ***en ~ et en os*** leibhaftig; ***avoir la ~ de poule*** e-e Gänsehaut haben
chaire [ʃɛr] *f* Kanzel *f*; Lehrstuhl *m*
▶**chaise** [ʃɛz] *f* Stuhl *m*; ~ ***longue*** Liegestuhl *m*
chalet [ʃalɛ] *m* Sennhütte *f*; Schweizerhaus *n*
▶**chaleur** [ʃalœr] *f* Hitze *f*; Wärme *f*; *fig* Herzlichkeit *f*
chaleur|eux, ~euse [ʃalørø, -øz] herzlich, warm, eifrig
challenge [ʃalɑ̃ʒ] *m Sport*: Pokalkampf *m*; Wanderpreis *m*
chalumeau [ʃalymo] *m* (⚠ *pl* **~x**) (Trink-)Halm *m*; *tech* Schweißbrenner *m*
chamailler [ʃamaje] (1a) F ***se*** ~ sich herumzanken
chambard [ʃɑ̃bar] *m* F Krach *m*, Spektakel *m*
chambouler [ʃɑ̃bule] (1a) umwerfen, durcheinander bringen
▶**chambre** [ʃɑ̃brə] *f* Zimmer *n*; Kammer *f* (*a jur, pol, tech*); *auto etc* ***chambre à air*** Luftschlauch *m*; ▶ ***chambre à coucher*** Schlafzimmer *n*; ***chambre froide*** Kühlraum *m*; ***chambre à gaz*** Gaskammer *f*
chambrer [ʃɑ̃bre] (1a) **1.** im Zimmer einsperren; **2.** *Wein*: temperieren
chameau [ʃamo] *m* (⚠ *pl* **~x**) *zo* Kamel *n*
chamois [ʃamwa] *m zo* Gämse *f*; Gamsleder *n*
▶**champ** [ʃɑ̃] *m* Acker *m*; Feld *n*; Platz *m*; *fig* Gebiet *n*; ***à travers ~*** querfeldein; ~ ***électrique*** elektrisches Feld *n*; ***laisser le ~ libre à qn*** j-m freie Hand lassen
champagne [ʃɑ̃paɲ] *m* Champagner *m*
Champagne [ʃɑ̃paɲ] ***la*** ~ die Champagne
champêtre [ʃɑ̃pɛtrə] ländlich; ***garde*** *m* ~ Feldhüter *m*
▶**champignon** [ʃɑ̃piɲɔ̃] *m bot* Pilz *m*; ~ ***de Paris*** (Zucht-)Champignon *m*; ~ ***atomique*** Atompilz *m*
▶**champ|ion, ~ionne** [ʃɑ̃pjɔ̃, -jɔn] *m, f* *Sport*: Meister(in) *m(f)*, Sieger(in) *m(f)*; **~ionnat** [-jɔna] *m* Meisterschaft(skampf) *f(m)*
▶**chance** [ʃɑ̃s] *f* Glück *n*; (glücklicher) Zufall *m*; Chance *f*; Aussicht *f*; ***mauvaise chance*** Missgeschick *n*; ▶ ***bonne chance!*** viel Glück! ***c'est une chance que*** (+ *subj*) es ist ein Glück, dass ...; ***il y a peu de chances pour que*** (+ *subj*) es besteht wenig Aussicht, dass ...; ⚠ Glück(sgefühl) ***le bonheur***
chanceler [ʃɑ̃sle] (1c) (sch)wanken
chanc|elier [ʃɑ̃səlje] *m* Kanzler *m*; **~ellerie** [-ɛlri] *f* Kanzlei *f*; Kanzleramt *n*
chanc|eux, ~euse [ʃɑ̃sø, -øz] ***être*** ~ Glück haben
chandail [ʃɑ̃daj] *m* (⚠ *pl* **~s**) Pullover *m*
chandelier [ʃɑ̃dəlje] *m* Leuchter *m*
chandelle [ʃɑ̃dɛl] *f* Kerze *f*
▶**chang|e** [ʃɑ̃ʒ] *m* Tausch *m*; *comm* (Geld-)Wechsel *m*; **~eable** veränderlich; **~eant, ~eante** [-ɑ̃, -ɑ̃t] veränderlich; launisch; schillernd

C

▶ **changement** [ʃɑ̃ʒmɑ̃] *m* (Ver-)Änderung *f*; **~ de vitesse** *auto* Gangschaltung *f*

▶ **changer** [ʃɑ̃ʒe] (1l) **1.** um-, aus-, vertauschen; verändern; *Geld*: wechseln; **changer en qc** in etw ver-, umwandeln; **changer avec qn** mit j-m tauschen; **2.** sich (ver)ändern; **3. changer de qc** (mit) etw wechseln; **changer d'adresse** umziehen; ▶ **changer de train** umsteigen; **changer d'avis** seine Meinung ändern; **4.** ▶ **se changer** sich umziehen

▶ **chans|on** [ʃɑ̃sɔ̃] *f* Lied *n*; Schlager *m*; Chanson *n*; ⚠ **la ~**; **~onnier** [-ɔnje] *m* Kabarettist *m*

▶ **chant** [ʃɑ̃] *m* Gesang *m*; Singen *n*; Lied *n*

chantage [ʃɑ̃taʒ] *m* Erpressung *f*

▶ **chanter** [ʃɑ̃te] (1a) singen; *Hahn*: krähen; **~ qc** etw besingen; **faire ~ qn** j-n erpressen

chanterelle [ʃɑ̃trɛl] *f bot* Pfifferling *m*

▶ **chant|eur, ~euse** [ʃɑ̃tœr, -øz] *m, f* Sänger(in) *m(f)*

▶ **chantier** [ʃɑ̃tje] *m* Baustelle *f*; **~ naval** Werft *f*

chantonner [ʃɑ̃tɔne] (1a) vor sich hin singen

chanvre [ʃɑ̃vrə] *m bot* Hanf *m*

chaos [kao] *m* Chaos *n*

chaparder [ʃaparde] (1a) F klauen

▶ **chapeau** [ʃapo] *m* (⚠ *pl* **~x**) Hut *m*, *tech* Deckel *m*

chapelet [ʃaplɛ] *m rel* Rosenkranz *m*

chapelle [ʃapɛl] *f* Kapelle *f*

chapelure [ʃaplyr] *f cuis* Paniermehl *n*

chapiteau [ʃapito] *m* (⚠ *pl* **~x**) (Zirkus-)Zelt *n*; *arch* Kapitell *n*

chapitre [ʃapitrə] *m* Kapitel *n*

▶ **chaque** [ʃak] *adj* jeder, jede, jedes

char [ʃar] *m* Wagen *m*; *hist* Streitwagen *m*; *mil* Panzer *m*

charabia [ʃarabja] *m* F Kauderwelsch *n*

▶ **charbon** [ʃarbɔ̃] *m* Kohle *f*; Kohlezeichnung *f*

charbonn|age [ʃarbɔnaʒ] *m* Kohlenbergwerk *n*, Zeche *f*; **~ier, ~ière** [-je, -jɛr] **1.** *adj* Kohlen...; **2.** *m* Kohlenhändler *m*; Köhler *m*

▶ **charcuterie** [ʃarkytri] *f* **1.** Fleisch- und Wurstwaren *f/pl*; **2.** Metzgerei *f*, Fleischerei *f*

▶ **charcutier** [ʃarkytje] *m* Metzger *m*, Fleischer *m*

chardon [ʃardɔ̃] *m bot* Distel *f*

▶ **charge** [ʃarʒ] *f* Last *f*; Belastung *f*; Ladung *f*; *fig* Bürde *f*; Verpflichtung *f*; **à la ~ de** zulasten von; **avoir qn à ~** für j-n sorgen müssen

charg|é, ~ée [ʃarʒe] beladen; **~ de** beauftragt mit; **~ement** [-əmɑ̃] *m* (Ver-)Ladung *f*; (*e-r Waffe*) Laden *n*

▶ **charg|er** [ʃarʒe] (1l) **1.** (be)laden, bepacken; *fig* belasten; **~ qn de qc** j-n mit etw beauftragen; **se ~ de qc** etw auf sich nehmen; **2.** *mil* angreifen; **3.** *EDV* laden; **~eur** *m tech* Ladegerät *n*; *Gewehr*: Magazin *n*; *Foto*: Kassette *f*

chariot [ʃarjo] *m* Wagen *m*; Karren *m*; Kofferkuli *m*

char|itable [ʃaritablə] mildtätig; **~ité** *f* Barmherzigkeit *f*; *rel* Nächstenliebe *f*

charivari [ʃarivari] *m* Krach *m*, Radau *m*

charlatan [ʃarlatɑ̃] *m péj* Quacksalber *m*, Scharlatan *m*

▶ **charm|ant, ~ante** [ʃarmɑ̃, -ɑ̃t] reizend, entzückend

charm|e¹ [ʃarm] *m* Zauber *m*; Reiz *m*; **~e²** *m bot* Hage-, Weißbuche *f*; **~er** (1a) bezaubern; entzücken

charn|el, ~elle [ʃarnɛl] fleischlich, körperlich, sinnlich; **~ière** [-jɛr] *f* Scharnier *n*

charnu, ~e [ʃarny] fleischig

charogne [ʃarɔɲ] *f* Aas *n*; Kadaver *m*; P Dreckschwein *n*

charpent|e [ʃarpɑ̃t] *f* Gebälk *n*; Gerüst *n*; **~ier** [-je] *m* Zimmermann *m*

charrette [ʃarɛt] *f* Wagen *m*; Karren *m*

charrier [ʃarje] (1a) an-, abfahren; anschwemmen

▶ **charrue** [ʃary] *f* Pflug *m*

charte [ʃart] *f* Charta *f*; *hist* Urkunde *f*

chartreuse [ʃartrøz] *f rel* Kartäuserkloster *n*

chas [ʃɑ] *m* Nadelöhr *n*

▶ **chasse** [ʃas] *f* Jagd(revier) *f(n)* (*a fig*); **~ d'eau** Wasserspülung *f*; **~ déformée** Proportionalschrift *f*

châsse [ʃɑs] *f* Reliquienschrein *m*; **~ de lunettes** Brilleneinfassung *f*

chasse|-mouches [ʃasmuʃ] *m* (⚠ *pl unv*) Fliegenwedel *m*; **~-neige** [-nɛʒ] *m* (⚠ *pl unv*) Schneepflug *m*

▶ **chasser** [ʃase] (1a) jagen; fort-, hinaus-, verjagen; hinauswerfen; *auto* rutschen, schleudern

C

▶ **chasseur** [ʃasœr] *m* **1.** Jäger *m* (*a fig, mil, aviat*); **2.** Hotelboy *m*
châssis [ʃɑsi] *m* Rahmen *m*, Einfassung *f*; *auto* Fahrgestell *n*
chast|e [ʃast] keusch, sittsam; **~eté** [-əte] *f* Keuschheit *f*
▶ **chat** [ʃa] *m zo* Katze *f*; Kater *m*
châtaign|e [ʃɑtɛɲ] *f* Kastanie *f*; **~ier** [ʃɑtɛɲe] *m* Kastanienbaum *m*
châtain [ʃɑtɛ̃] (***châtaine** f selten*) braun; hellbraun
▶ **château** [ʃato] *m* (⚠ *pl* **~x**) Schloss *n*; **~ *fort*** Burg *f*; **~ *d'eau*** Wasserturm *m*; **~briant** [-brijɑ̃] *m cuis* (*dickes gegrilltes*) Rinderfilet *n*
châtiment [ʃɑtimɑ̃] *m* Strafe *f*; Züchtigung *f*
chaton [ʃatɔ̃] *m zo u bot* Kätzchen *n*
chatouill|er [ʃatuje] (1a) kitzeln; **~eux, ~euse** [-ø, -øz] kitz(e)lig
chatoyer [ʃatwaje] (1h) schillern
châtrer [ʃɑtre] (1a) kastrieren
chatte [ʃat] *f weibliche* Katze *f*
chatterton [ʃatɛrtɔn] *m tech* Isolierband *n*
▶ **chaud, chaude** [ʃo, ʃod] **1.** *adj* warm; *fig* hitzig, glühend, brennend; **2.** *m* Wärme *f*; ▶ ***j'ai chaud*** mir ist warm
chaudière [ʃodjɛr] *f* (Heiz-, Dampf-) Kessel *m*
chaudron [ʃodrɔ̃] *m* Kochkessel *m*
▶ **chauffage** [ʃofaʒ] *m* Heizung *f*; **~ *au mazout*** Ölheizung *f*
chauffard [ʃofar] *m* F rücksichtsloser Autofahrer *m*
chauffe [ʃof] *f tech* Heizung *f*; Feuerung *f*; **~-eau** [-o] *m* (⚠ *pl unv*) Warmwasserbereiter *m*; **~-plats** [-pla] *m* (⚠ *pl unv*) Warmhalteplatte *f*
▶ **chauff|er** [ʃofe] (1a) warm machen, heizen; warm werden; *Motor*: (sich) heißlaufen; ***se* ~** sich wärmen; **~erie** *f* Heizkeller *m*; *mar* Kesselraum *m*
▶ **chauffeur** [ʃofœr] *m* **1.** Heizer *m*; **2.** Chauffeur *m*, Fahrer *m*; **~ *de taxi*** Taxifahrer *m*; **~-livreur** [-livrœr] *m* (⚠ *pl* ***chauffeurs-livreurs***) Ausfahrer *m*
chaum|e [ʃom] *m* Halm *m*; Stoppel(feld *n*) *f*; (Dach-)Stroh *n*; **~ière** [-jɛr] *f* (strohgedeckte) Hütte *f*
▶ **chaussée** [ʃose] *f* Fahrbahn *f*
chauss|e-pied [ʃospje] *m* (⚠ *pl* ***chausse-pieds***) Schuhanzieher *m*; **~er** (1a) **~ *qn*** j-m die Schuhe anziehen; für j-n Schuhe machen; ***se* ~** (sich) die Schuhe anziehen; ***se* ~ *chez*** ... seine Schuhe immer bei ... kaufen; **~ *du 40*** Schuhgröße 40 haben
▶ **chauss|ette** [ʃosɛt] *f* Socke(n) *f*(*m*); **~on** [ɔ̃] *m* Hausschuh *m*; *cuis* **~ *aux pommes*** Apfeltasche *f*
▶ **chaussure** [ʃosyr] *f* Schuh *m*; **~s** *pl a* Schuhwerk *n*
chauve [ʃov] kahl(köpfig)
chauve-souris [ʃovsuri] *f* (⚠ *pl* ***chauves-souris***) *zo* Fledermaus *f*
chauv|in, ~ine [ʃovɛ̃, -in] **1.** *adj* chauvinistisch; **2.** *m, f* Chauvinist(in) *m*(*f*); **~inisme** [-inismə] *m* Chauvinismus *m*
chaux [ʃo] *f* Kalk *m*
chavirer [ʃavire] (1a) *mar* kentern, umschlagen; *fig* **~ *qn*** j-n zutiefst berühren
▶ **chef** [ʃɛf] *m* **1.** Führer(in) *m*(*f*); Chef(in) *m*(*f*); Anführer *m*; Oberhaupt *n*; ▶ ***chef d'orchestre*** Dirigent *m*; **2.** *litt* Kopf *m*, Haupt *n*; **3.** *jur* Hauptpunkt *m*; ***au premier chef*** in erster Linie; ***de mon chef*** auf eigene Faust
▶ **chef|-d'œuvre** [ʃɛdœvrə] *m* (⚠ *pl* ***chefs-d'œuvre***) Meisterwerk *n*; **~-lieu** [ʃɛfljø] *m* (⚠ *pl* ***chefs-lieux***) Hauptort *m*
▶ **chemin** [ʃ(ə)mɛ̃] *m* Weg *m*, Straße *f* (***de*** nach); *EDV* Pfad *m*; ▶ ***chemin de fer*** Eisenbahn *f*
▶ **cheminée** [ʃ(ə)mine] *f* Kamin *m*, Schornstein *m*, Schlot *m*
cheminot [ʃ(ə)mino] *m* Eisenbahner *m*
▶ **chemis|e** [ʃ(ə)miz] *f* **1.** Hemd *n*; **2.** Aktendeckel *m*; **3.** *tech* Mantel *m*; **~ette** [-ɛt] *f* Polohemd *n*; **~ier** [-je] *m* Hemdbluse *f*
chenal [ʃ(ə)nal] *m* (⚠ *pl* **-aux**) Fahrrinne *f*; Mühlbach *m*
chenapan [ʃ(ə)napɑ̃] *m* F Taugenichts *m*
▶ **chêne** [ʃɛn] *m bot* Eiche *f*; ⚠ ***le* ~**
chenil [ʃəni(l)] *m* Hundezwinger *m*
chenille [ʃ(ə)nij] *f zo* Raupe *f*; *tech* Gleiskette *f*; ***véhicule*** *m* ***à* ~s** Raupenfahrzeug *n*
▶ **chèque** [ʃɛk] *m comm* Scheck *m*; **~ *barré*** Verrechnungsscheck *m*; **~ *de voyage*** Reisescheck *m*; ***centre*** *m* ***de* ~s *postaux*** Postscheckamt *n*; **~-cadeau** [-kado] *m* (⚠ *pl* ***chèques-cadeau***) Geschenkgutschein *m*
chéquier [ʃekje] *m* Scheckbuch *n*, -heft *n*
▶ **cher, chère** [ʃɛr] **1.** *adj* lieb (***à qn***

j-m); teuer; **2.** *adv* ***payer, vendre cher*** teuer bezahlen, verkaufen; **3.** *m, f* ***mon cher, ma chère*** mein Lieber, meine Liebe

Das Adjektiv ***cher, chère*** hat ganz unterschiedliche Bedeutungen:

1. Vor dem Substantiv: **lieb** vor allem in Brief und Anrede:

Cher Michel, – Lieber Michel,
Chère Monique, – Liebe Monique,
mon cher ami – lieber Freund
chers téléspectateurs – verehrte Zuschauer

2. Nach dem Substantiv: **teuer**

une montre chère eine teure Uhr
chercher un restaurant pas cher ein preiswertes Restaurant suchen
trouver un hôtel moins cher ein günstigeres Hotel finden

▶ **cherch|er** [ʃɛʀʃe] (1a) suchen; ***chercher à*** (+ *inf*) versuchen zu, sich bemühen zu (+ *inf*); ▶ ***aller chercher*** holen (gehen); ▶ ***venir chercher*** abholen; ***envoyer chercher*** holen lassen; **~eur, ~euse** *m, f* Forscher(in) *m(f)*
chère [ʃɛʀ] *f* Kost *f*; ***aimer la bonne ~*** gern gut essen
chéri, ~e [ʃeʀi] **1.** *adj* geliebt; ***l'enfant ~ du public*** der Liebling des Publikums; **2.** *m, f* Liebling *m*, Schatz *m*
chérir [ʃeʀiʀ] (2a) zärtlich lieben (**qn** j-n)
cherté [ʃɛʀte] *f* hoher Preis *m* (**de** für)
chét|if, ~ive [ʃetif, -iv] schmächtig; dürftig; kümmerlich
▶ **cheval** [ʃ(ə)val] *m* (⚠ *pl* ***-aux***) Pferd *n*; ***aller à ~*** reiten; ***faire du ~*** *Sport*: reiten; ***être à ~ sur*** rittlings sitzen auf; *fig* herumreiten auf
cheval|eresque [ʃ(ə)valʀɛsk] ritterlich; **~erie** *f* Rittertum *n*, -würde *f*
cheval|et [ʃ(ə)valɛ] *m* Bock *m*; Gestell *n*; *Malerei*: Staffelei *f*; *mus* Steg *m*; **~ier** [-je] *m hist* Ritter *m*; **~ière** [-jɛʀ] *f* Siegelring *m*
cheval|in, ~ine [ʃ(ə)valɛ̃, -in] Pferde...; ***boucherie f chevaline*** Pferdemetzgerei *f*
cheval-vapeur [ʃ(ə)valvapœʀ] *m* (⚠ *pl* ***chevaux-vapeur***) *tech* Pferdestärke *f*
chevaucher [ʃ(ə)voʃe] (1a) reiten auf; übereinander stehen, sich überlappen; ***se ~*** sich überschneiden
chevel|u, ~ue [ʃəvly] mit dichtem Haar(schopf); ***cuir m chevelu*** Kopfhaut *f*; **~ure** [-yʀ] *f* Haarwuchs *m*, Haare *n/pl*
chevet [ʃəvɛ] *m* **1.** Kopfende *n des Bettes*; **2.** *arch* Apsis *f*
▶ **cheveu** [ʃ(ə)vø] *m* (⚠ *pl* **~x**) (*Kopf-*)Haar *n*; ***aux cheveux courts*** kurzhaarig; ▶ ***se faire couper les cheveux*** sich die Haare schneiden lassen; *fig* ***couper les cheveux en quatre*** Haarspalterei treiben; ⚠ Körperhaar ***le poil***
cheville [ʃ(ə)vij] *f* Knöchel *m*; *tech* Dübel *m*; *mus* Wirbel *m*

chercher

Das Verb ***chercher*** wird häufig mit den Verben ***aller*** und ***venir*** kombiniert:

1. ***aller chercher quelqu'un / quelque chose*** (wenn man sich vom Standpunkt des Sprechers entfernt, um etwas zu holen oder jemanden abzuholen):

*Patricia **va chercher** ses enfants à l'école.* – Patricia holt ihre Kinder in der Schule ab.

2. ***venir chercher quelqu'un / quelque chose*** (wenn man sich dem Standpunkt des Sprechers nähert, um etwas zu holen oder jemanden abzuholen):

*Maurice **est venu chercher** le livre qu'il m'avait prêté l'autre jour.* – Maurice holte das Buch ab, das er mir damals geliehen hatte.

C

▶ **chèvre** [ʃɛvrə] *f zo* Ziege *f*
chevreau [ʃəvro] *m* (⚠ *pl* **~x**) Zicklein *n*
chèvrefeuille [ʃɛvrəfœj] *m bot* Geißblatt *n*
chevreuil [ʃəvrœj] *m zo* Rehbock *m*, Reh *n*
chevronné, ~e [ʃəvrɔne] erfahren, routiniert
chewing-gum [ʃwiŋgɔm] *m* (⚠ *pl* ***chewing-gums***) Kaugummi *m*
▶ **chez** [ʃe] bei; zu; **~ *lui*** bei *od* zu ihm (zu *od* nach Hause); ***de ~ vous*** aus Ihrem Hause; ***les ouvriers de ~ Renault*** die Arbeiter bei R.; **~** (*od* ***dans***) ***Molière*** bei Molière; ***j'irai ~ moi*** ich gehe nach Hause; **~-moi** [-mwa] *m*, **~-nous** [-nu] *m*, **~-toi** [-twa] *m etc* Zuhause *n*; Heim *n*
chiant, chiante [ʃjɑ̃, ʃjɑ̃t] F beschissen, ätzend
▶ **chic** [ʃik] **1.** *m* Schick *m*; **2.** *adj* schick, hochelegant; F **~*!*** toll!, Klasse!
chican|e [ʃikan] *f* Schikane *f*; Streit *m*; **~er** (1a) streiten; **~ *qn*** j-n schikanieren; an j-m herumnörgeln
chiche [ʃiʃ] knauserig; spärlich; *bot* ***pois*** *m* **~** Kichererbse *f*; F ***je suis ~ de*** (+ *inf*) ich trau es mir zu, zu (+ *inf*)
chichis [ʃiʃi] *m/pl* Getue *n*
chicorée [ʃikɔre] *f bot* Zichorie *f*; **~** (***endive***) Endivie *f*; ⚠ *nicht* Schikoree
chicot [ʃiko] *m* (Baum-, Zahn-)Stumpf *m*
chié, ~e [ʃje] F super; *Person*: saufrech
▶ **chien** [ʃjɛ̃] *m* **1.** Hund *m*; **~ *de berger*** Schäferhund *m*; **~ *policier*** Polizeihund *m*; *fig* F **~ *de temps*** Sauwetter *n*; **2.** *am Gewehr*: Hahn *m*; **~-loup** [-lu] *m* (⚠ *pl* ***chiens-loups***) *zo* Wolfshund *m*
chienne [ʃjɛn] *f* Hündin *f*
chier [ʃje] (1a) P scheißen; ***ça me fait ~*** F das stinkt mir
chiffe [ʃif] *f* Flasche *f*, Schlappschwanz *m*
▶ **chiffon** [ʃifɔ̃] *m* Lappen *m*, Lumpen *m*
chiffonn|er [ʃifɔne] (1a) zerknittern; F *fig* ärgern; **~ier, ~ière** [-je, -jɛr] *m, f* Lumpensammler(in) *m(f)*
▶ **chiffr|e** [ʃifrə] *m* Ziffer *f*; Zahl *f*; Geheimschrift *f*; *comm* **~ *d'affaires*** Umsatz *m*; ⚠ ***le ~***; **~er** (1a) beziffern; nummerieren; chiffrieren
chignon [ʃiɲɔ̃] *m* Haarknoten *m*
Chili [ʃili] ***le ~*** Chile *n*
chimère [ʃimɛr] *f* Hirngespinst *n*
▶ **chim|ie** [ʃimi] *f* Chemie *f*; ⚠ *Schreibung*; **~iothérapie** [ʃimjoterapi] *f* Chemotherapie *f*; **~ique** chemisch; **~iste** *m, f* Chemiker(in) *m(f)*
chimpanzé [ʃɛ̃pɑ̃ze] *m* Schimpanse *m*
▶ **Chine** [ʃin] ***la ~*** China *n*
▶ **chin|ois, ~oise** [ʃinwa, -waz] chinesisch
Chin|ois, ~oise [ʃinwa, -waz] *m, f* Chinese *m*, Chinesin *f*
chinoiserie [ʃinwazri] *f* chinesische Nippsache *f*; F *fig* Pedanterie *f*; **~s** *f/pl* ***administratives*** Amtsschimmel *m*
chiot [ʃjo] *m* junger Hund *m*, Welpe *m*
chiottes [ʃjɔt] *f/pl* P Scheißhaus *n*
chiper [ʃipe] (1a) F klauen
chique [ʃik] *f* Kautabak *m*, Priem *m*
chiromanc|ien, ~ienne [kirɔmɑ̃sjɛ̃, -jɛn] *m, f* Handleser(in) *m(f)*
chirurgical, ~e [ʃiryrʒikal] (⚠ *m/pl* ***-aux***) chirurgisch
▶ **chirurgien** [ʃiryrʒjɛ̃] *m* Chirurg *m*; **~ *dentiste*** Zahnarzt *m*
chloro|fluorocarbone [klɔroflyɔrokarbɔn] *m* Fluorchlorkohlenwasserstoff *m*; **~forme** [-fɔrm] *m* Chloroform *n*; **~phylle** [-fil] *m* Chlorophyll *n*
choc [ʃɔk] *m* Stoß *m*; Schlag *m*; Erschütterung *f*; Zusammenstoß *m*; *méd* Schock *m*; ***de ~*** *Person*: aktiv, dynamisch; *Sache*: sensationell
▶ **chocolat** [ʃɔkɔla] *m* Schokolade *f*; ⚠ ***le ~***
chœur [kœr] *m* Chor *m* (*a fig u arch*); ***en ~*** im Chor, gemeinsam
▶ **choisir** [ʃwazir] (2a) (aus)wählen; **~ *de faire qc*** sich dafür entscheiden, etw zu tun
▶ **choix** [ʃwa] *m* Wahl *f*, Auswahl *f*; ***au ~*** nach Wahl; ***de ~*** erster Wahl, erstklassig
choléra [kɔlera] *m* Cholera *f*; ⚠***le ~***
cholestérol [kɔlɛsterɔl] *m* Cholesterin *n*
▶ **chôm|age** [ʃomaʒ] *m* Arbeitslosigkeit *f*; **~ *partiel*** Kurzarbeit *f*; **~ *structurel*** strukturelle Arbeitslosigkeit; **~er** (1a) arbeitslos sein
▶ **chôm|eur, ~euse** [ʃomœr, -øz] *m, f* Arbeitslose(r) *m, f*
chope [ʃɔp] *f* Bierkrug *m*
choqu|ant, ~ante [ʃɔkɑ̃, -ɑ̃t] schockierend, anstößig; **~er** (1a) **~ *qc*** gegen etw verstoßen; **~ *qn*** j-n schockieren, entrüsten, verletzen
chor|al [kɔral] *m* (⚠ *pl* **~s**) Choral *m*;

~ale *f* Chor *m*, Gesangverein *m*; **~iste** *m*, *f* Chorsänger(in) *m(f)*
▶ **chose** [ʃoz] *f* Sache *f*, Ding *n*; *fig* Angelegenheit *f*; ▶ ***autre chose*** etwas anderes; ▶ ***la même chose*** dasselbe; ***peu de chose*** wenig; ▶ ***quelque chose*** etwas
▶ **chou** [ʃu] *m* (⚠ *pl* **~x**) *bot* Kohl *m*; **~ *de Bruxelles*** Rosenkohl *m*; **~ *rouge*** Rotkohl *m*; *cuis* **~ *à la crème*** Windbeutel *m* mit Schlagsahne; *fig* ***mon (petit)*** **~** (mein) Schatz, Liebling
chouchou, chouchoute [ʃuʃu, ʃuʃut] *m*, *f* Liebling *m*; **~ter** (1a) verwöhnen
choucroute [ʃukrut] *f* Sauerkraut *n*
chouette [ʃwɛt] **1.** *f zo* Eule *f*; **2.** *adj* F toll, prima
chou|-fleur [ʃuflœr] *m* (⚠ *pl* ***choux-fleurs***) Blumenkohl *m*; **~-rave** [-rav] *m*(⚠ *pl* ***choux-raves***) Kohlrabi *m*
▶ **chrét|ien, ~ienne** [kretjɛ̃, -jɛn] **1.** *adj* christlich; **2.** *m*, *f* Christ(in) *m(f)*; **~ienté** [-jɛ̃te] *f* Christenheit *f*
Christ [krist] *m rel* ***le*** **~** Christus *m*
christian|iser [kristjanize] (1a) zum Christentum bekehren; **~isme** *m* Christentum *n*
chromé, ~e [krome] verchromt
croniqu|e [krɔnik] **1.** *adj* chronisch; **2.** *f* Chronik *f*; **~eur** *m* Chronist *m*; Berichterstatter *m*
chrono|mètre [krɔnɔmɛtrə] *m* Stoppuhr *f*; **~métrer** [-metre] (1f) die Zeit abnehmen; **~métreur** [-metrœr] *m* *Sport*: Zeitnehmer *m*
▶ **chuchoter** [ʃyʃɔte] (1a) flüstern; *poét* murmeln; säuseln
▶ **chut** [ʃyt] still!, pst!
chute [ʃyt] *f* Fall *m*, (Ab-)Sturz *m*; ***faire une*** **~** ***de bicyclette*** vom Rad stürzen
Chypre [ʃipr] ***la*** **~**, ***l'île de*** **~** Zypern *n*
ci [si] **1.** *mit* **ce** *subst* diese(r, -s) ... (hier); ***à cette heure-~*** um diese Zeit; **2.** **~ *et ça*** dies und jenes; ***comme*** **~** ***comme ça*** F soso lala; ***par-~ par-là*** hier und dort
ci-après [siaprɛ] weiter unten
cibiste [sibist] *m* CB-Funker *m*
cible [siblə] *f* (Ziel-)Scheibe *f*; Ziel *n*
ciboulette [sibulɛt] *f bot* Schnittlauch *m*
cicatri|ce [sikatris] *f* Narbe *f* (*a fig*); **~ser** [-ze] (1a) (**se**) **~** vernarben
ci-contre [sikɔ̃trə] nebenstehend
ci-dessous [sidsu] unten stehend; weiter unten
ci-dessus [sidsy] oben stehend; weiter oben
cidre [sidrə] *m* Apfelwein *m*
▶ **ciel** [sjɛl] *m* (⚠ *pl* ***cieux*** [sjø]; *Malerei*: **~s**) Himmel *m*
cierge [sjɛrʒ] *m rel* (Wachs-)Kerze *f*
cigale [sigal] *f zo* Grille *f*, Zikade *f*
cigare [sigar] *m* Zigarre *f*; ⚠ ***le*** **~**; ⚠ *Schreibung*
▶ **cigar|ette** [sigarɛt] *f* Zigarette *f*; **~illo** [-ijo] *m* Zigarillo *m*
ci-gît [siʒi] *Grabinschrift*: hier ruht
cigogne [sigɔɲ] *f zo* Storch *m*
ci-inclus [siɛ̃kly] anbei
ci-joint [siʒwɛ̃] anbei
cil [sil] *m* Wimper(haar) *f* (*n*)
cime [sim] *f* Gipfel *m*; Wipfel *m*
ciment [simɑ̃] *m* Zement *m*
cimenter [simɑ̃te] (1a) zementieren; *fig* festigen
▶ **cimetière** [simtjɛr] *m* Friedhof *m*
ciné [sine] *m* F (*abr* **cinéma**) Kino *n*
cinéaste [sineast] *m* Filmemacher *m*
ciné-club [sineklœb] *m* (⚠ *pl* ***ciné-clubs***) Filmklub *m*
▶ **cinéma** [sinema] *m* Kino *n*; **~thèque** [-tɛk] *f* Filmothek *f*; Filmarchiv *n*; **~tique** [-tik] *f phys* Bewegungslehre *f*; **~tographique** [-tɔgrafik] Film...
cinémomètre [sinemɔmɛtr] *m* Radarkontrollgerät *n*
ciné-parc [sinepark] *m* (⚠ *pl* ***ciné-parcs***) Autokino *n*
cinétique [sinetik] *phys* kinetisch
cingl|é, ~ée [sɛ̃gle] F bescheuert, behämmert; **~er** (1a) **1.** schlagen; peitschen; **2.** *mar* segeln (**vers** nach)
cinoche [sinɔʃ] *m* F Kino *n*
▶ **cinq** [sɛ̃k; *vor Konsonant* sɛ̃] **1.** *adj* fünf; ***à*** **~** zu fünft; ***le*** **~** ***mai*** der fünfte *od* am fünften Mai; **2.** *m* Fünf *f*; ⚠ ***le*** **~**
cinquantaine [sɛ̃kɑ̃tɛn] *f* etwa fünfzig; *Alter*: Fünfzig *f*
▶ **cinquant|e** [sɛ̃kɑ̃t] fünfzig; **~ième** [-jɛm] **1.** fünfzigste; **2.** *m* Fünfzigstel *n*
▶ **cinquième** [sɛ̃kjɛm] **1.** fünfte; **2.** *m* Fünftel *n*
cintr|e [sɛ̃trə] *m* **1.** *arch* Wölbung *f*; Bogen *m*; **2.** Kleiderbügel *m*; **~é, ~ée** *Jacke*: tailliert; *arch* mit Rundbogen; F *cf* ***cinglé***
cirage [siraʒ] *m* Bohnern *n*; Schuhcreme *f*
circon|cision [sirkɔ̃sizjɔ̃] *f rel* Beschnei-

dung *f*; **~férence** [-ferɑ̃s] *f* Umfang *m*; Umkreis *m*; **~flexe** [-flɛks] ***accent** m* **~** Zirkumflex *m*; **~scription** [-skripsjɔ̃] *f* Bezirk *m*; Wahlkreis *m*; **~scrire** [-skrir] (4f) *math* umschreiben; *fig* umgrenzen; **~spect, ~specte** [-spɛ, -spɛkt] umsichtig; **~spection** [-spɛksjɔ̃] *f* Umsicht *f*

▶ **circonstance** [sirkɔ̃stɑ̃s] *f* Umstand *m*

▶ **circuit** [sirkɥi] *m* Umkreis *m*; Rundreise *f*; *Sport*: Rund-, Rennstrecke *f*; *tech* Stromkreis *m*; ***court*** **~** Kurzschluss *m*; **~ *intégré*** integrierte Schaltung *f*

circulaire [sirkylɛr] **1.** *adj* kreisförmig; **2.** *f* Rundschreiben *n*; Umlauf *m*

▶ **circul|ation** [sirkylasjɔ̃] *f* Verkehr *m*; *Geld*: Umlauf *m*; *méd* **~ *du sang*** Blutkreislauf *m*; **~er** (1a) verkehren; fließen, zirkulieren; umlaufen, kursieren

cir|e [sir] *f* Wachs *n*; **~é, ~ée 1.** *adj* gebohnert, poliert; **2.** *m mar* Ölzeug *n*; Regenmantel *m*; **~er** (1a) wichsen, bohnern; **~eur** *m* Schuhputzer *m*

cirque [sirk] *m* Zirkus *m* (*a fig*)

cisaille [sizaj] *f meist pl* **~s** große Schere *f*; **~ *à tôle*** Blechschere *f*

ciseau [sizo] *m* (⚠ *pl* ***ciseaux***) Meißel *m*; ▶ ***ciseaux*** *pl* Schere *f*; ***une paire de ciseaux*** e-e Schere

ciseler [sizle] (1d) ziselieren; *fig* ausfeilen

citad|elle [sitadɛl] *f* Feste *f*; Zitadelle *f*; *fig* Bollwerk *n*; **~in, ~ine** [-ɛ̃, -in] **1.** *adj* städtisch; **2.** *m, f* Städter(in) *m(f)*

citation [sitasjɔ̃] *f* Zitat *n*; *jur* Vorladung *f*

▶ **cité** [site] *f* Stadt *f*; Siedlung *f*; *hist* Stadtstaat *m*; **~ *administrative*** Behördenviertel *n*; **~ *hospitalière*** Krankenhauszentrum *n*; **~ *universitaire*** Studentenwohnheim *n*; ***droit** m **de*** **~** Bürgerrecht *n*; **~-dortoir** [-dɔrtwar] *f* (⚠ *pl* ***cités-dortoirs***) Schlafstadt *f*; **~-jardin** [-ʒardɛ̃] *f* (⚠ *pl* ***cités-jardins***) Gartenstadt *f*

citer [site] (1a) anführen, zitieren; *jur* vorladen

citerne [sitɛrn] *f* Zisterne *f*; Tank *m*

citoy|en, ~enne [sitwajɛ̃, -ɛn] *m, f* Bürger(in) *m(f)*; Staatsangehörige(r) *m, f*; ⚠ *nicht verwechseln mit* ***le bourgeois***; **~enneté** [-ɛnte] *f* Staatsbürgerschaft *f*

▶ **citr|on** [sitrɔ̃] *m* Zitrone *f*; ⚠ ***le*** **~**; **~onnier** [-ɔnje] *m* Zitronenbaum *m*

citrouille [sitruj] *f* Kürbis *m*

civet [sivɛ] *m cuis* **~ *de lièvre*** Hasenpfeffer *m*

civette [sivɛt] *f bot* Schnittlauch *m*

civière [sivjɛr] *f* Tragbahre *f*

civil, ~e [sivil] **1.** *adj* Bürger..., bürgerlich, Zivil...; *litt* gesittet, höflich; ***responsabilité** f **civile*** Haftpflicht *f*; ***état** m **civil*** Personenstand *m*; ***bureau** m **de l'état civil*** Standesamt *n*; ***mariage** m **civil*** standesamtliche Trauung *f*; **2.** *m* Zivilist *m*; **~ement** [-mɑ̃] *adv* nichtkirchlich; zivilrechtlich

civilis|ation [sivilizasjɔ̃] *f* Zivilisation *f*; Kultur *f*; Gesittung *f*; **~er** (1a) zivilisieren

civ|ique [sivik] staatsbürgerlich, Bürger...; **~isme** *m* Bürgersinn *m*

▶ **clair, ~e** [klɛr] **1.** *adj* hell, klar (*a fig*); deutlich; **2.** *adv* ***voir*** **~** gut sehen; **3.** *m* Helle *f*; **~ *de lune*** Mondschein *m*

claire-voie [klɛrvwa] *f* (⚠ *pl* ***claires-voies***) Lattenzaun *m*

clairière [klɛrjɛr] *f* Lichtung *f*

clair-obscur [klɛrɔpskyr] *m* (⚠ *pl* ***clairs-obscurs***) *Malerei*: Helldunkel *n*

clairon [klɛrɔ̃] *m mus* Horn *n*

clairsemé, ~e [klɛrsəme] dünn gesät; *Wald*: hell, licht

clairvoy|ance [klɛrvwajɑ̃s] *f* Scharfblick *m*; **~ant, ~ante** [-ɑ̃, -ɑ̃t] klarblickend

clan [klɑ̃] *m* Clan *m*; *fig* Klüngel *m*; Sippschaft *f*

clandest|in, ~ine [klɑ̃dɛstɛ̃, -in] heimlich; verborgen; ***passager** m **clandestin*** blinder Passagier *m*

clapot|ement [klapɔtmɑ̃] *m od* **~is** [-i] *m*, Plätschern *n*; **~er** (1a) plätschern

claquage [klakaʒ] *m méd* Muskelzerrung *f*

claqu|ant, ~ante [klakɑ̃, -ɑ̃t] F anstrengend

claqu|e [klak] *f* Klaps *m*; Ohrfeige *f*; (***chapeau*** *m*) **~** Klappzylinder *m*; **~é, ~ée** F fix und fertig; **~ement** *m* Klatschen *n*, Knallen *n*, Schnalzen *n*

claqu|er [klake] (1m) klatschen, knallen, klappern; *Geld*: verjubeln; ***faire*** **~ *la porte*** die Tür zuknallen; ***faire*** **~ *sa langue*** mit der Zunge schnalzen; *Sport*: ***se*** **~ *un muscle*** sich e-e Muskelzerrung zuziehen; **~ette** [-ɛt] *f* Klappe *f* (*bei Filmaufnahmen*); **~s** *pl* Stepp(tanz) *m*

C

clarifier [klarifje] (1a) (ab)klären (*a fig*)
clarinette [klarinɛt] *f mus* Klarinette *f*
▶ **clarté** [klarte] *f* Helle *f*; Schein *m*; *fig* Klarheit *f*; Deutlichkeit *f*
clash [klaʃ] *m* Konflikt *m*
▶ **classe** [klas] *f* **1.** Klasse *f*; Schicht *f*; **2.** (Schul-)Klasse *f*; Stunde *f*; Unterricht *m*; ***aller en ~*** zur Schule gehen; ***faire la ~*** unterrichten, Unterricht geben; ***~ verte*** Schullandheim *n*; ***~ de neige*** Skilager *n*; **3.** *fig* Rang *m*; Format *n*; **4.** *mil* Jahrgang *m*; ***faire ses ~s*** seine Grundausbildung machen
classement [klasmɑ̃] *m* (Ein-)Ordnung *f*; Einteilung *f*; Ablage *f* (*von Briefen etc*); *Sport*: Bewertung *f*; Tabelle *f*
class|er [klase] (1a) einordnen, klassifizieren, einteilen; *Akten etc*: ablegen, abheften; *Gebäude*: unter Denkmalschutz stellen; F ***~ qn*** j-n abschätzig beurteilen; **~eur** *m* (Akten-)Ordner *m*; Aktenschrank *m*
classi|cisme [klasisismə] *m* Klassik *f* (*Literatur*); *arch* Klassizismus *m*; **~fication** [-fikasjɔ̃] *f* Klassifizierung *f*; **~fier** [-fje] (1a) klassifizieren
classique [klasik] klassisch; *arch, Kunst a*: klassizistisch; *fig* herkömmlich; konventionell
clause [kloz] *f* Klausel *f*
clavecin [klavsɛ̃] *m mus* Cembalo *n*
clavicule [klavikyl] *f* Schlüsselbein *n*
clavier [klavje] *m* Tastatur *f*; Klaviatur *f*; ***~ à touches multifonctionnel*** Multifunktionstastatur *f*
▶ **clé** [kle] *f* Schlüssel *m* (*a tech, mus, fig*); ▶ ***fermer à clé*** absperren; ***la clé est sur la porte*** der Schlüssel steckt; ***sous clé*** unter Verschluss; *fig* ***prendre la clé des champs*** das Weite suchen; *arch* ***clé de voûte*** Schlussstein *m*; ***clé en croix*** Kreuzschlüssel *m*; ***clé de contact*** Zündschlüssel *m*; ***clé de fonction*** *EDV* Funktionstaste *f*
clean [klin] F **1.** sauber; **2.** *Person*: schwer in Ordnung; **3.** *Süchtige*: clean
clébard [klebar] *m od* **clebs** [klɛps] *m* F *péj* Köter *m*
clef [kle] *f cf* ***clé***
clém|ence [klemɑ̃s] *st/s f* Milde *f*; **~ent, ~ente** [-ɑ̃, -ɑ̃t] gütig; mild
clerc [klɛr] *m* **1.** Schreiber *m*; **2.** Geistliche(r) *m*
clergé [klɛrʒe] *m* Klerus *m*
clérical, ~e [klerikal] (⚠ *m/pl* **-aux**) geistlich, klerikal
cliché [kliʃe] *m* Klischee *n*; *Foto*: Negativ *n*
▶ **cli|ent, ~ente** [klijɑ̃, -ɑ̃t] *m, f* Kunde *m*, Kundin *f*; *méd* Patient(in) *m(f)*
▶ **clientèle** [klijɑ̃tɛl] *f* Kundschaft *f*
clign|er [kliɲe] (1a) ~ (***des yeux***) blinzeln; ***~ de l'œil à qn*** j-m zuzwinkern; **~otant** [-ɔtɑ̃] *m* Blinklicht *n*; **~oter** [-ɔte] (1a) blinken
▶ **climat** [klima] *m* Klima *n*; *fig* Atmosphäre *f*
climat|ique [klimatik] klimatisch; ***station f ~*** Luftkurort *m*; **~isation** [-izasjɔ̃] *f* Klimaanlage *f*; **~isé, ~isée** klimatisiert; **~iseur** *m* Klimaanlage *f*; **~ologie** [-ɔlɔʒi] *f* Klimakunde *f*
clin [klɛ̃] *m* ***~ d'œil*** Augenzwinkern *n*; ***en un ~ d'œil*** im Nu
clin|icien [klinisjɛ̃] *m* praktizierender Arzt *m*; **~ique** **1.** *adj* klinisch; **2.** *f* Klinik *f*
clinqu|ant, ~ante [klɛ̃kɑ̃, -ɑ̃t] protzig; kitschig
clip [klip] *m* Videoclip *m*
clique [klik] *f péj* Sippschaft *f*; Clique *f*
cliquer [klike] (1m) *EDV* (an)klicken; ***~ deux fois*** doppelklicken
cliquet|er [klikte] (1c) klirren; rasseln; **~is** [-i] *m* Geklirr *n*; *Motor*: Klopfen *n*
cloaque [klɔak] *m* Kloake *f*; ⚠ ***le ~***
cloch|ard, ~arde [klɔʃar, -ard] *m, f* Stadtstreicher(in) *m(f)*, F Penner *m*
cloche [klɔʃ] *f* Glocke *f*; **~-pied** [-pje] ***aller, sauter à ~*** auf einem Bein hüpfen
▶ **cloch|er** [klɔʃe] **1.** *m* Glocken-, Kirchturm *m*; *fig* ***esprit m de ~*** Lokalpatriotismus *m*; **2.** *Verb* (1a) F ***ça cloche*** da stimmt etwas nicht; **~ette** [-ɛt] *f* Glöckchen *n*
cloison [klwazɔ̃] *f* Scheidewand *f*; *mar* Schott *n*; *fig* Schranke *f*
cloîtr|e [klwatrə] *m* **1.** *arch* Kreuzgang *m*; **2.** Kloster *n*; **~er** (1a) *fig* ***se ~*** sich abschließen, sich zurückziehen
cloner [klone] (1a) klonen
clope [klɔp] *m od f* F Kippe *f*, Zigarettenstummel *m*
clopin-clopant [klɔpɛ̃klɔpɑ̃] *adv* F humpelnd, hinkend
clopiner [klɔpine] (1a) humpeln
cloporte [klɔpɔrt] *m* Kellerassel *f*
cloque [klɔk] *f* (Haut-)Blase *f*

C

clos, close [klo, kloz] **1.** *p/p von* **clore** geschlossen; ***maison** f* **close** Freudenhaus *n*; **2.** *m* Weinberg(lage) *m(f)*; Grundstück *n*

clôtur|e [klotyr] *f* **1.** Einfriedigung *f*; Zaun *m*; **2.** *comm* (Ab-)Schluss *m*; **~er** (1a) einfriedigen; *fig* (ab)schließen

► **clou** [klu] *m* Nagel *m*; *fig* Höhepunkt *m*; *méd* Furunkel *m*; F **~s** *pl* Fußgängerüberweg *m*; *cuis* **~ de girofle** Gewürznelke *f*; F **vieux ~** alte Karre *f*; **~er** (1a) (an-, auf)nageln; **~té, ~tée** [-te] genagelt; **passage** *m* **clouté** Fußgängerüberweg *m*

clown [klun] *m* Clown *m*

► **club** [klœb] *m* Klub *m*

coaguler [kɔagyle] (1a) *chim* gerinnen lassen; ausflocken; **(se) ~** gerinnen

coali|ser [kɔalize] (1a) *bes pol* **se ~** sich verbünden; **~tion** *f bes pol* Bündnis *n*; Koalition *f*

coasser [kɔase] (1a) quaken

cobaye [kɔbaj] *m zo* Meerschweinchen *n*; *fig* Versuchskaninchen *n*

coca [kɔka] **1.** *m* Cola *f*; **2.** *f* Kokain *n*

cocagne [kɔkaɲ] *f* **mât** *m* **de ~** Klettermast *m* (*Volksspiel*); **pays** *m* **de ~** Schlaraffenland *n*

cocaïn|e [kɔkain] *f* Kokain *n*; **~omane** [-ɔman] *m, f* Kokainsüchtige(r) *m, f*

cocarde [kɔkard] *f* Kokarde *f*; Schleife *f*

cocasse [kɔkas] F komisch, ulkig

coccinelle [kɔksinɛl] *f* Marienkäfer *m*; F *auto* Käfer *m*

cocher [kɔʃe] **1.** *m* Kutscher *m*; **2.** *Verb* (1a) abhaken (*auf e-r Liste*)

cochère [kɔʃɛr] **porte** *f* **~** Torweg *m*, Durchfahrt *f*

► **cochon** [kɔʃɔ̃] **1.** *m zo* Schwein *n*; *fig* F Ferkel *n*; **~ d'Inde** Meerschweinchen *n*; ⚠ Schweinefleisch **le porc**; **2.** *adj* **~**, **~ne** [-ɔn] F schmutzig; schweinisch, zotig

cochonn|er [kɔʃɔne] (1a) F hinpfuschen; **~erie** *f* F Schweinerei *f*; Dreck *m*; Zote *f*

cocktail [kɔktɛl] *m* Cocktail *m*; *fig* Mischung *f*

coco [koko] *m* **noix** *f* **de ~** Kokosnuss *f*

cocon [kɔkɔ̃] *m zo* Kokon *m*, (Seiden-)Raupengespinst *n*

cocorico [kɔkɔriko] *m* Kikeriki *n*

cocotier [kɔkɔtje] *m* Kokospalme *f*

cocotte [kɔkɔt] *f cuis* Schmortopf *m*; *enf* Huhn *n*; F Liebling *m*; *péj* Kokotte *f*, Halbweltdame *f*; **~-minute** [-minyt] *f* (⚠ *pl* **cocottes-minute**) Schnellkochtopf *m*

cocu [kɔky] F *m* betrogener, gehörnter Ehemann *m*, Liebhaber *m*

code [kɔd] *m* **1.** *jur* Gesetzbuch *n*; **code civil** BGB (= Bürgerliches Gesetzbuch); **code pénal** Strafgesetzbuch *n*; **code de déontologie** Berufsethos *n*; **code de la route** Straßenverkehrsordnung *f*; **2.** F Verkehrsregeln *f/pl*; **se mettre en code** abblenden; **3.** Kodex *m*; Code *m*; **code confidentiel** Geheimzahl *f*, Geheimnummer *f*; ► **code postal** Postleitzahl *f*; **code d'accès** Codenummer *f*; **code ASCII** ASCII-Code *m*; **code à barres** Strichkode *m*

► **cœur** [kœr] *m* Herz *n* (*a fig*); **cœur du réacteur** Reaktorkern *m*; **à cœur joie** nach Herzenslust; **de bon cœur** von Herzen gern; ► **par cœur** auswendig; **j'ai mal au cœur** mir ist übel

coffre [kɔfrə] *m* Kasten *m*; Truhe *f*; *auto* Kofferraum *m*; ⚠ *nicht* Koffer; **~-fort** [-fɔr] *m* (⚠ *pl* **coffres-forts**) Geldschrank *m*, Tresor *m*

le coffre et la valise

⚠ ***Le coffre*** ist keinesfalls ein Koffer, wie man meinen könnte. Obwohl lautlich dem deutschen ‚Koffer' sehr ähnlich, bezieht sich *le coffre* auf

a) eine schwere und meist hölzerne **Truhe** und

b) den **Kofferraum** eines Autos.

Der **Koffer,** mit dem man verreist, ist im Französischen ***la valise:***

Elle a mis tout l'après-midi pour faire sa valise. – Sie brauchte den ganzen Nachmittag, um ihren Koffer zu packen.

coffret [kɔfrɛ] *m* Kästchen *n*; Kassette *f*

cogestion [kɔʒɛstjɔ̃] *f pol, jur* Mitbestimmung *f*

cognac [kɔɲak] *m* Cognac *m*, Weinbrand *m*
cognassier [kɔɲasje] *m bot* Quittenbaum *m*
cogn|ée [kɔɲe] *f* Axt *f*; **~er** (1a) *Motor*: klopfen; ~ ***qc*** an etw stoßen; ~ ***à, contre*** auf, gegen ... schlagen, hämmern; ***se*** ~ ***à, contre qc*** sich an etw stoßen
cohabitation [koabitasjɔ̃] *f* Zusammenleben *n*; *pol* Kohabitation *f*
cohér|ence [kɔerɑ̃s] *f* Zusammenhang *m*, -halt *m*; **~ent, ~ente** [-ɑ̃, -ɑ̃t] zusammenhängend, eng verbunden; kohärent
cohésion [kɔezjɔ̃] *f* Zusammenhang *m*, -halt *m*
cohue [kɔy] *f* Menschenmenge *f*; Gewühl *n*
coiff|e [kwaf] *f* (Trachten-)Haube *f*; **~er** (1a) ~ ***qn*** j-n frisieren; ~ ***qn d'un bonnet*** j-m e-e Mütze aufsetzen; *fig* ~ ***qc*** etw bedecken; ***se*** ~ sich frisieren, sich kämmen
▶ **coiff|eur, ~euse** [kwafœr, -øz] **1.** *m, f* Friseur *m*, Friseuse *f*, Frisör *m*, Frisöse *f*; **2.** *f* Frisiertisch *m*
▶ **coiffure** [kwafyr] *f* Kopfbedeckung *f*; Frisur *f*
▶ **coin** [kwɛ̃] *m* **1.** Ecke *f* (*a fig*); **2.** *tech* (Spalt-)Keil *m*
coincer [kwɛ̃se] (1k) (ein)klemmen; quetschen; *fig* ~ ***qn*** j-n in die Enge treiben
coïncid|ence [kɔɛ̃sidɑ̃s] *f zeitliches* Zusammenfallen *n*, -treffen *n*; **~er** (1a) zusammenfallen, -treffen (***avec*** mit)
coing [kwɛ̃] *m bot* Quitte *f*
Coire [kwar] Chur
▶ **col** [kɔl] *m* **1.** Kragen *m*; *e-r Flasche*: Hals *m*; **2.** *géogr* (Gebirgs-)Pass *m*
colère [kɔlɛr] *f* Zorn *m*; Wut *f*
colérique [kɔlerik] jähzornig; hitzig
colimaçon [kɔlimasɔ̃] *m zo* Schnecke *f*; ***escalier*** *m* ***en*** ~ Wendeltreppe *f*
▶ **colis** [kɔli] *m* Paket *n*; Frachtstück *n*; ~ ***postal*** Postpaket *n*
collabor|ateur, ~atrice [kɔlabɔratœr, -atris] *m, f* Mitarbeiter(in) *m(f)*; **~ation** *f* Mitarbeit *f*; *pol péj* Kollaboration *f*; **~er** (1a) mitarbeiten (***à qc*** an etw)
▶ **coll|ant, ~ante** [kɔlɑ̃, -ɑ̃t] **1.** *adj* klebend; eng anliegend; F *fig* aufdringlich; **2.** *m* Strumpfhose *f*
collatéral, ~e [kɔlateral] (⚠ *m/pl* ***-aux***) Seiten...; Neben...
collat|ion [kɔlasjɔ̃] *f* Imbiss *m*; **~ionner** [-jɔne] (1a) vergleichen, prüfen
▶ **colle** [kɔl] *f* **1.** Klebstoff *m*; Leim *m*; **2.** *Schülersprache*: knifflige Frage *f*; Nachsitzen *n*, Arrest *m*
collect|e [kɔllɛkt] *f* (Geld-)Sammlung *f*; *rel* Kollekte *f*; **~er** [-e] (1a) (ein-)sammeln; **~if, ~ive** [-if, -iv] gemeinschaftlich; Sammel..., Kollektiv...
▶ **collect|ion** [kɔlɛksjɔ̃] *f* Sammlung *f*; (Buch-)Reihe *f*; Kollektion *f*; **~ionner** [-jɔne] (1a) sammeln
collectivité [kɔlɛktivite] *f* Gemeinschaft *f*
▶ **collège** [kɔlɛʒ] *m Schulform der Sekundarstufe I in Frankreich*

Diese **Ganztagsschule in Frankreich** baut auf der Grundschule (*école primaire*) auf und umfasst vier Klassen für 11 – 16-Jährige. Sie entspricht ungefähr der Sekundarstufe I in Deutschland und bereitet auf das Gymnasium (*lycée*), auf eine Lehre oder den Beruf vor.

Der Unterricht beginnt in der Regel um 8 und endet um 16 oder 17 Uhr (Mittagspause: 2 Stunden). An einem Nachmittag in der Woche ist unterrichtsfrei.

collég|ial, ~iale [kɔleʒjal] (⚠ *m/pl* ***-iaux***) **1.** *égl* Stifts...; **2.** kollegial; **~ien, ~ienne** *m, f* Schüler(in) *m(f)* e-s Collège
collègue [kɔlɛg] *m, f* Kollege *m*, Kollegin *f*; ⚠ *nicht verwechseln mit* ***le collège***
▶ **coller** [kɔle] (1a) **1.** (an-, auf-, zusammen)kleben, leimen; *fig* drücken, pressen; *Kleidung*: hauteng sitzen; ***se*** ~ ***contre qn*** sich an j-n (an)schmiegen; **2.** *Schülersprache*: ~ ***qn*** j-m e-e schwierige Frage stellen; j-n durchfallen lassen; ***être collé*** durchrasseln; nachsitzen müssen
collet [kɔlɛ] *m cuis* Halsstück *n*; ***prendre qn au*** ~ j-n am Kragen packen

▶ **collier** [kɔlje] *m* Halsband *n*, -kette *f*
▶ **colline** [kɔlin] *f* Hügel *m*
collision [kɔlizjõ] *f* Zusammenstoß *m*, Kollision *f* (*a fig*)
colloque [kɔlɔk] *m* Kolloquium *n*
collyre [kɔlir] *m* Augentropfen *m/pl*
Cologne [kɔlɔɲ] Köln
colombage [kɔlõbaʒ] *m arch* Fachwerk *n*
colomb|e [kɔlõb] *f zo* Taube *f*; *fig* ~ ***de la paix*** Friedenstaube *f*; **~ier** [-je] *m* Taubenhaus *n*, -schlag *m*
colon [kɔlõ] *m* **1.** (An-)Siedler *m*; **2.** Kind *n* in e-r Ferienkolonie
colonel [kɔlɔnɛl] *m* Oberst *m*
colon|ial, ~iale [kɔlɔnjal] (⚠ *m/pl* ***-iaux***) Kolonial..., kolonial; **~ie** [-i] *f* Kolonie *f*; Siedlung *f*; ~ ***de vacances*** Ferienkolonie *f*, -lager *n*
colonis|ation [kɔlɔnizasjõ] *f* Kolonisierung *f*; Besiedlung *f*; **~er** (1a) kolonisieren; besiedeln
colonne [kɔlɔn] *f* Säule *f* (*a fig, tech*); Zeitungs-, Textspalte *f*, Kolumne *f*; (Zahlen-)Kolonne *f*; *mil, pol* Kolonne *f*
color|ant, ~ante [kɔlɔrɑ̃, -ɑ̃t] **1.** *adj* Farb...; **2.** *m* Farbstoff *m*; **~er** (1a) färben; **~is** [-i] *m* Kolorit *n*; Färbung *f*
colossal, ~e [kɔlɔsal] (⚠ *m/pl* ***-aux***) gewaltig, kolossal, riesengroß
colosse [kɔlɔs] *m* Koloss *m*, Riese *m* (*a fig*)
colport|age [kɔlpɔrtaʒ] *m comm* Hausieren *n*; *fig* Kolportieren *n* (*von Nachrichten*); **~er** (1a) hausieren; *fig* kolportieren, verbreiten; **~eur, ~euse** *m*, *f* Hausierer(in) *m(f)*
colza [kɔlza] *m bot* Raps *m*
▶ **combat** [kõba] *m* Kampf *m*; Gefecht *n*
combatt|ant, ~ante [kõbatɑ̃, -ɑ̃t] **1.** *adj* kämpfend, Kampf...; **2.** *m* Soldat *m* im Kampf; ***ancien combattant*** (ehemaliger) Kriegsteilnehmer *m*
▶ **combattre** [kõbatrə] (4a) (be)kämpfen; ~ ***l'ennemi***, ***ses passions***, ***une maladie*** den Feind, seine Leidenschaften, e-e Krankheit bekämpfen; ~ ***contre qn***, ***pour qc*** gegen j-n, für etw kämpfen
▶ **combien** [kõbjɛ̃] *adv* wie viel; wie (sehr); ***combien de fois*** wie oft; ***combien de temps*** wie lange; ▶ ***le combien sommes-nous?*** den Wievielten haben wir heute?
combinaison [kõbinɛzõ] *f* **1.** Zusammenstellung *f*; Verbindung *f*; Kombination *f*; **2.** *fig* Mittel *n*; Trick *m*; **3.** Arbeits-, Monteuranzug *m*, Kombination *f*; Unterrock *m*; Strampelhöschen *n*
combin|e [kõbin] F *f* Trick *m*; Dreh *m* F, Masche *f* F; **~er** (1a) verbinden; kombinieren
combl|e [kõblə] **1.** *m* **a)** *fig* Gipfel *m*; Höhepunkt *m*; **b)** Dach(form) *n(f)*; Dachstuhl *m*; *pl* **~s** Dachgeschoss *n*; **2.** *adj* übervoll; **~er** (1a) anfüllen; zuschütten; *fig* überhäufen (***qn de qc*** j-n mit etw); ausfüllen
combust|ible [kõbystiblə] **1.** *adj* brennbar; **2.** *m* Brennstoff *m*; **~ion** *f* Verbrennung *f*
▶ **coméd|ie** [kɔmedi] *f* Komödie *f*; *fig* Theater *n*; Zirkus *m*; ~ ***musicale*** Musical *n*; **~ien, ~ienne** *m*, *f* Komödiant(in) *m(f)*; Schauspieler(in) *m(f)* (*a fig*)
comestible [kɔmɛstiblə] **1.** *adj* essbar; **2. ~s** *m/pl* Nahrungsmittel *n/pl*
comète [kɔmɛt] *f* Komet *m*; ⚠ ***la*** ~
comique [kɔmik] **1.** *adj* komisch; **2.** *m* Komiker *m*; Komödienschreiber *m*; Komik *f*; ⚠ ***le*** ~
▶ **comité** [kɔmite] *m* Ausschuss *m*, Komitee *n*; ~ ***d'entreprise*** Betriebsrat *m*; ⚠ *Schreibung*
commandant [kɔmɑ̃dɑ̃] *m mil* Kommandant *m*; Kapitän *m*; *Dienstgrad*: Major *m*; ~ ***en chef*** Oberbefehlshaber *m*; *aviat* ~ ***de bord*** Flugkapitän *m*
command|e [kɔmɑ̃d] *f* Bestellung *f*; *tech* Steuerung *f*; Antrieb *m*; *EDV* Befehl *m*; ~ ***de copie*** Kopierbefehl *m*; **~ement** [-mɑ̃] *m mil* Kommando *n*; Befehl *m*; *rel* Gebot *n*
▶ **commander** [kɔmɑ̃de] (1a) bestellen; befehlen; (F herum)kommandieren (***qn*** j-n); *fig* erfordern, verlangen; *tech* steuern; bedienen
commandit|aire [kɔmɑ̃ditɛr] *m* stiller Teilhaber *m*; Sponsor *m*; **~er** (1a) finanzieren; sponsern
▶ **comme** [kɔm] **1.** *adv* (*in der Weise*) wie; (*in der Eigenschaft*) als; **2.** *conj zeitlich*: als; *Grund*: da; *in Vergleichen*: wie; (eben)so wie; ▶ ***comme ça*** so; F ***comme ci comme ça*** so lala; ***c'est tout comme*** das ist fast genauso; ***comme il faut*** anständig; ▶ ***comme si*** als ob; ⚠ *nicht verwechseln mit* ***comment***

C

commémora|tif, ~tive [kɔmemɔratif, -tiv] Gedächtnis...; Gedenk...; **~tion** *f* Gedenkfeier *f*; Gedenken *n*
commenç|ant, ~ante [kɔmɑ̃sɑ̃, -ɑ̃t] *m*, *f* Anfänger(in) *m(f)*
commencement [kɔmɑ̃smɑ̃] *m* Anfang *m*
▶ **commencer** [kɔmɑ̃se] (1k) anfangen, beginnen; **~ qc par qc** etw mit etw anfangen; **~ à** (*od selten* **de**) (+ *inf*) beginnen zu (+ *inf*); **~ par faire qc** zuerst etw tun

> Bei Verben auf *-cer* wie ***commencer*** ist die Verwendung der ***cédille* (Häkchen unter dem c)** zu beachten, die bewirkt, dass der Buchstabe *c* **vor *a* und *o*** nicht als [k], sondern **als [s] ausgesprochen** wird:
>
> **présent:** *je commence – nous commençons*
> **imparfait:** *je commençais – nous commencions*
>
> Dies gilt auch für Verben wie ***avancer, balancer, déplacer, effacer, forcer, influencer, menacer, prononcer, rincer, sucer, tracer*** usw.

comment [kɔmɑ̃] *adv* wie?, wie!; ***le ~ et le pourquoi*** das Wie und Warum
comment|aire [kɔmɑ̃tɛr] *m* Kommentar *m*; **~ateur, ~atrice** [-atœr, -atris] *m*, *f* Kommentator(in) *m(f)*; **~er** (1a) kommentieren
commerç|ant, ~ante [kɔmɛrsɑ̃, -ɑ̃t] **1.** *adj* Handels...; **2.** *m*, *f* Geschäftsmann *m*, -frau *f*; Kaufmann *m*
commerc|e [kɔmɛrs] *m* Handel *m*, *fig* Umgang *m*; **~er** (1k) Handel treiben
commercial, ~e [kɔmɛrsjal] (⚠ *m/pl* ***-iaux***) kaufmännisch, Handels...; **~iser** (1a) vermarkten
commère [kɔmɛr] *f* Klatschbase *f*
commettre [kɔmɛtrə] (4p) *Verbrechen*: begehen; *jur* beauftragen
commis [kɔmi] *m* kaufmännische(r) Angestellte(r) *m*; ***~ voyageur*** Handlungsreisende(r) *m*
commisération [kɔmizerasjɔ̃] *f* Mitleid *n*, Erbarmen *n*
commissaire [kɔmisɛr] *m* Kommissar *m*; *comm* ***~ aux comptes*** Wirtschaftsprüfer *m*
commissariat [kɔmisarja] *m* Kommissariat *n*; ▶ ***commissariat* (*de police*)** Polizeirevier *n*
commiss|ion [kɔmisjɔ̃] *f* Auftrag *m*, Besorgung *f*; Ausschuss *m*, Kommission *f*; *comm* Provision *f*; **~ionnaire** [-jɔnɛr] *m* Beauftragte(r) *m*, Kommissionär *m*; Bote *m*, Laufbursche *m*; **~ionner** (1a) ***~ qn*** j-n beauftragen
▶ **commod|e** [kɔmɔd] **1.** *adj* bequem; umgänglich; ⚠ *adv* ***commodément***; **2.** *f* Kommode *f*; **~ité** *f* Bequemlichkeit *f*; ***~s*** *pl litt* Toilette *f*
commotion [kɔmɔsjɔ̃] *f méd* ***~ cérébrale*** Gehirnerschütterung *f*
▶ **comm|un, ~une** [kɔmɛ̃ *od* kɔmœ̃, -yn] gemeinsam, -schaftlich; alltäglich; ***transports*** *m/pl* ***en commun*** öffentliche Verkehrsmittel *n/pl*; ***~ à plusieurs*** mehreren gemeinsam; ⚠ *adv* ***communément***
communal, ~e [kɔmynal] (⚠ *m/pl* ***-aux***) Gemeinde...; **~iser** (1a) der Gemeinde unterstellen
communautaire [kɔmynotɛr] Gemeinschafts...
▶ **communauté** [kɔmynote] *f* Gemeinsamkeit *f*; Gemeinschaft *f* (*a pol, rel*)
▶ **commune** [kɔmyn] *f* (Land- *od* Stadt-)Gemeinde *f*
communica|tif, ~tive [kɔmynikatif, -tiv] mitteilsam
▶ **communication** [kɔmynikasjɔ̃] *f* Mitteilung *f*; Verbindung *f* (*a mil, tél, Verkehr*); *tél a* Gespräch *n*; *allg* Kommunikation *f*; Kontakt *m*; Verständigung *f*
commun|ier [kɔmynje] (1a) *rel* die Kommunion empfangen; **~ion** *f rel* Gemeinschaft *f*; Abendmahl *n*, Kommunion *f*; *fig* Übereinstimmung *f*
communiqu|é [kɔmynike] *m pol* Kommunikee *n*; Mitteilung *f*; **~er** (1m) mitteilen; ***~ qc à qn*** j-n mit etw anstecken (*a fig*); ***~ avec*** in Verbindung stehen mit; ***se ~*** sich ausbreiten
commun|isme [kɔmynismə] *m* Kommunismus *m*; **~iste 1.** *adj* kommunistisch; **2.** *m*, *f* Kommunist(in) *m(f)*

commutable [kɔmytablə] umschaltbar

commutateur [kɔmytatœr] *m tech* Schalter *m*

compact, ~e [kɔ̃pakt] dicht; fest; ~ ***disc*** *m* CD *f*

compagne [kɔ̃paɲ] *f* Gefährtin *f*; Begleiterin *f*

▶ **compagn|ie** [kɔ̃paɲi] *f* Gesellschaft *f* (*a comm*); Begleitung *f*; *mil* Kompanie *f*; **~on** *m* Gefährte *m*; Begleiter *m*

comparable [kɔ̃parablə] vergleichbar (**à, avec** mit)

▶ **compar|aison** [kɔ̃parɛzɔ̃] *f* Vergleich *m*; **en ~ de, par ~ à** *od* **avec** im Vergleich zu, mit; **~aître** [-ɛtrə] (4z) erscheinen (**en justice** vor Gericht); **~atif, ~ative** [-atif, -ativ] **1.** *adj* vergleichend; Vergleichs...; **2.** *m gr* Komparativ *m*; **~ativement** [-ativmɑ̃] *adv* vergleichsweise; verglichen (**à** mit)

▶ **comparer** [kɔ̃pare] (1a) ~ **à** *od* **avec** vergleichen mit

compartiment [kɔ̃partimɑ̃] *m* Fach *n*; Feld *n*; *Eisenbahn*: Abteil *n*

compartimenter [kɔ̃partimɑ̃te] (1a) (in Fächer) einteilen; abgrenzen

compas [kɔ̃pa] *m* Zirkel *m*; *mar* Kompass *m*

> ⚠ Die große Ähnlichkeit von ***le compas*** mit dem deutschen Wort ‚Kompass' lässt oft irrtümlicherweise auf eine bedeutungsmäßige Übereinstimmung schließen. ***Le compas*** ist jedoch das Gerät, das im Deutschen **‚der Zirkel'** genannt wird:
>
> *Pour tracer un cercle, je me sers d'un compas.* – Um einen Kreis zu zeichnen, nehme ich einen Zirkel.
>
> **Der Kompass** heißt auf Französisch ***la boussole***:
> *Ils ne se sont orientés qu'à l'aide de leur boussole.* – Sie fanden sich nur noch mithilfe ihres Kompasses zurecht.

compassion [kɔ̃pasjɔ̃] *f* Mitleid *n*

compatibilité [kɔ̃patibilite] *f* Vereinbarkeit *f*; *EDV* Kompatibilität *f*

compatible [kɔ̃patiblə] vereinbar; *EDV* kompatibel

compatir [kɔ̃patir] (2a) ~ **à** mitfühlen mit

compatriote [kɔ̃patrijɔt] *m, f* Landsmann *m*, -männin *f*

compens|ateur, ~atrice [kɔ̃pɑ̃satœr, -atris] ausgleichend; **~ation** *f* Ausgleich *m*, Ersatz *m*; **~er** (1a) ausgleichen, ersetzen

compère [kɔ̃pɛr] *m litt* Gevatter *m*; *fig* Kerl *m*; Bursche *m*

compét|ence [kɔ̃petɑ̃s] *f* Zuständigkeit *f* (*a jur*); Sachkenntnis *f*; **~ent, ~ente** [-ɑ̃, -ɑ̃t] zuständig; kompetent; sachkundig

compilateur [kɔ̃pilatœr] *m EDV* Compiler *m*

compét|itif, ~itive [kɔ̃petitif, -itiv] konkurrenz-, wettbewerbsfähig; ***societé f compétitive*** Leistungsgesellschaft *f*; **~ition** *f* Wettbewerb *m*

complai|re [kɔ̃plɛr] (4aa) ~ **à qn** *litt* j-m gefällig sein; **se ~ à** (+ *inf*) sich darin gefallen zu (+ *inf*); **~sance** [-zɑ̃s] *f* Gefälligkeit *f*; **~sant, ~sante** [-zɑ̃, -zɑ̃t] gefällig (***pour*** *od* ***envers qn*** j-m gegenüber)

complé|ment [kɔ̃plemɑ̃] *m* Ergänzung *f* (*a gr*); **~mentaire** [-mɑ̃tɛr] ergänzend

▶ **compl|et, ~ète** [kɔ̃plɛ, -ɛt] **1.** *adj* vollständig; vollkommen; *Hotel*: belegt; **2.** *m* (Herren-)Anzug *m*

▶ **complètement** [kɔ̃plɛtmɑ̃] *adv* völlig

compléter [kɔ̃plete] (1f) vervollständigen

complex|e [kɔ̃plɛks] **1.** *adj* vielschichtig; komplex; **2.** *m* Komplex *m* (*a arch, psych*); **~é, ~ée** *psych* gehemmt; F verklemmt; **~ité** *f* Kompliziertheit *f*

complication [kɔ̃plikasjɔ̃] *f* Verwicklung *f*; Komplikation *f* (*a méd*)

complic|e [kɔ̃plis] **1.** *adj* mitschuldig; **2.** *m, f* Komplize *m*, Komplizin *f*; **~ité** *f* Mitschuld *f*; Mittäterschaft *f*

complimen|t [kɔ̃plimɑ̃] *m* Kompliment *n*; Empfehlung *f*; **~ter** [-te] (1a) ~ ***qn pour qc*** j-n zu etw beglückwünschen

▶ **compliqu|é, ~ée** [kɔ̃plike] verwickelt, kompliziert; **~er** (1m) komplizieren; erschweren

compl|ot [kɔ̃plo] *m* Verschwörung *f*; **~oter** [-ɔte] (1a) ein Komplott schmieden; ~ ***qc*** etw anzetteln, aushecken

comportement [kɔ̃pɔrtəmɑ̃] *m* Verhalten *n*

comporter [kɔ̃pɔrte] (1a) enthalten, umfassen; zur Folge haben; ▶ ***se comporter*** sich betragen, sich verhalten

compos|ant [kɔ̃pozɑ̃] *m* Bestandteil *m*, Komponente *f*; **~é, ~ée 1.** *adj* zusammengesetzt (**de** aus); **2.** *m* Zusammensetzung *f*

composer [kɔ̃poze] (1a) zusammensetzen; ausarbeiten, verfassen; *tél Nummer*: wählen; *mus* komponieren; ▶ ***se composer de*** bestehen aus

▶ **composi|teur, ~trice** [kɔ̃pozitœr, -tris] *m, f* Komponist(in) *m(f)*

▶ **composition** [kɔ̃pozisjɔ̃] *f* Zusammensetzung *f*; Komposition *f* (*a mus*); *Schule*: Klassenarbeit *f*

composter [kɔ̃pɔste] (1a) **1.** *Fahrschein*: entwerten; **2.** *Garten*: mit Kompost düngen

composteur [kɔ̃pɔstœr] *m* (Fahrkarten-)Entwerter *m*

▶ **compote** [kɔ̃pɔt] *f* Kompott *n*; ⚠ ***la*** *~*; ⚠ *Schreibung*

compréhens|ible [kɔ̃preɑ̃siblə] begreiflich; ***il est ~ que*** (+ *subj*) es ist verständlich, dass ...; **~if, ~ive** [-if, -iv] verständnisvoll; **~ion** *f* Verständnis *n*; Auffassungsgabe *f*

▶ **comprendre** [kɔ̃prɑ̃drə] (4q) **1.** verstehen, begreifen; ~ ***que*** (+ *ind*) verstehen, dass ...; ***je comprends que*** (+ *subj*) mir ist verständlich, dass ...; ***faire ~ qc à qn*** j-m etw verständlich machen; j-m etw zu verstehen geben; ***se faire ~*** sich verständlich machen; **2.** enthalten, umfassen

compress|e [kɔ̃prɛs] *f méd* Kompresse *f*, Umschlag *m*; **~eur** *m tech* Kompressor *m*; **~ion** *f* Druck *m*; Verdichtung *f*; Kompression *f*

▶ **comprim|é** [kɔ̃prime] *m* Tablette *f*; **~er** (1a) zusammendrücken; *tech* verdichten

▶ **compr|is, ~ise** [kɔ̃pri, -iz] (⚠ *vor subst unv*) ***y ~*** mit einbegriffen; ~ ***dans*** inbegriffen in; ***non ~*** nicht mit einbegriffen

compro|mettre [kɔ̃prɔmɛtrə] (4p) schaden; gefährden; kompromittieren; **~mis** [-mi] *m* Kompromiss *m*

▶ **compt|abilité** [kɔ̃tabilite] *f* Buchführung *f*, -haltung *f*; **~able** *m, f* Buchhalter(in) *m(f)*

comptant [kɔtɑ̃] *comm* bar; ▶ ***au comptant*** gegen Barzahlung

▶ **compte** [kɔ̃t] *m* Rechnen *n*, Berechnung *f*; *comm* Konto *n*; *fig* Rechenschaft *f*; ***à bon compte*** preiswert; ▶ ***se rendre compte de qc*** sich über etw klar sein; ▶ ***tenir compte de qc*** etw berücksichtigen; ***compte tenu de*** unter Berücksichtigung von; ***pour mon compte*** was mich betrifft; ***prendre qc sur son compte*** etw auf seine Kappe nehmen; ***compte rendu*** Bericht *m*, Rezension *f*; *Schule*: Nacherzählung *f*

▶ **compt|er** [kɔ̃te] (1a) zählen; (an-, aus-, be)rechnen; ~ ***avec*** rechnen mit; ~ ***sur*** zählen *od* sich verlassen auf; ~ ***que*** damit rechnen, dass ...; ~ (+ *inf*) beabsichtigen zu (+ *inf*); **~e-tours** [-tur] *m* (⚠ *pl unv*) *tech* Drehzahlmesser *m*; **~eur** *m* Zähler *m* (*a tech*); **~ine** *f* Abzählreim *m*; **~oir** *m* Theke *f*; Ladentisch *m*; Kontor *n*

comt|e [kɔ̃t] *m* Graf *m*; **~é** *m* Grafschaft *f*; **~esse** [-ɛs] *f* Gräfin *f*

con [kɔ̃] P (*auch f* ***conne*** [kɔn]) **1.** *adj* P saublöd, -dämlich, -doof; **2.** *m* F Blödmann *m*, Trottel *m*; *als Schimpfwort* P Arschloch *n*

concasser [kɔ̃kase] (1a) zerkleinern, zerstoßen

concave [kɔ̃kav] konkav

concéder [kɔ̃sede] (1f) bewilligen; ~ ***que*** zugeben, dass ...

concentr|ation [kɔ̃sɑ̃trasjɔ̃] *f* Konzentration *f* (*a fig*); **~er** (1a) konzentrieren; ***se ~*** sich sammeln, konzentrieren (***sur*** auf)

concept [kɔ̃sɛpt] *m* Begriff *m*

conception [kɔ̃sɛpsjɔ̃] *f* Vorstellung *f*; Planung *f*, Gestaltung *f*, Konzeption *f*; *biol* Empfängnis *f*; ~ ***assistée par ordinateur*** CAD *n*, Computer Aided Design *n*

concernant [kɔ̃sɛrnɑ̃] *prép* betreffend, bezüglich

▶ **concerner** [kɔ̃sɛrne] (1a) ~ ***qc, qn*** etw, j-n betreffen, angehen; ***en ce qui me concerne*** was mich betrifft

C

▶**concert** [kɔ̃sɛr] *m* Konzert *n* (*a fig*); ***de ~ avec*** in Übereinstimmung mit; ⚠ *nicht verwechseln mit* ***le concerto***
concerter [kɔ̃sɛrte] (1a) vereinbaren; ***se ~*** sich absprechen
concerto [kɔ̃sɛrto] *m* Konzert *n* (*Komposition*)
concess|ion [kɔ̃sesjɔ̃] *f* Bewilligung *f*; Konzession *f*; Zugeständnis *n*; **~ionnaire** [-jɔnɛr] *m* Konzessionsinhaber *m*; Vertragshändler *m*
concev|able [kɔ̃səvablə] begreiflich; **~oir** (3a) begreifen; ersinnen, entwerfen; *biol* empfangen; ***ainsi conçu*** folgendermaßen abgefasst
▶**concierge** [kɔ̃sjɛrʒ] **1.** *m, f* Pförtner(in) *m(f)*; Hausmeister(in) *m(f)*; **2.** *f fig* Klatschbase *f*
concili|able [kɔ̃siljablə] vereinbar; **~ant, ~ante** [-ɑ̃, -ɑ̃t] entgegenkommend; versöhnlich; **~er** (1a) in Einklang bringen
conc|is, ~ise [kɔ̃si, -iz] prägnant; knapp; **~ision** [-izjɔ̃] *f* Bündigkeit *f*, Kürze *f*
concitoy|en, ~enne [kɔ̃sitwajɛ̃, -ɛn] *m, f* Mitbürger(in) *m(f)*
conclu|ant, ~ante [kɔ̃klyɑ̃, -ɑ̃t] überzeugend, schlüssig
conclure [kɔ̃klyr] (4l) (ab)schließen, zu Ende bringen; ***~ de qc*** aus etw folgern; ***~ à qc*** auf etw schließen; ***~ un contrat*** e-n Vertrag schließen
▶**conclusion** [kɔ̃klyzjɔ̃] *f* Schluss(folgerung) *m(f)*
concombre [kɔ̃kɔ̃brə] *m bot* Gurke *f*
concordance [kɔ̃kɔrdɑ̃s] *f* Übereinstimmung *f*; *gr* ***~ des temps*** Zeitenfolge *f*
concord|e [kɔ̃kɔrd] *f* Eintracht *f*; **~er** (1a) übereinstimmen
concourir [kɔ̃kurir] (2i) **1.** ***~ à qc*** an etw mitwirken; ***~ à*** (+ *inf*) dazu beitragen zu (+ *inf*); **2.** an e-m Wettbewerb teilnehmen
▶**concours** [kɔ̃kur] *m* **1.** Wettbewerb *m*; Ausleseverfahren *n*; **2.** Unterstützung *f*; Mitwirkung *f*; ***avec le ~ de qn*** mit j-s Hilfe; **3.** Andrang *m*; ⚠ *nicht* Konkurs
con|cret, ~crète [kɔ̃krɛ, -krɛt] konkret; gegenständlich; **~crétiser** [-kretize] (1a) verdeutlichen
conçu, ~e [kɔ̃sy] *p/p von* ***concevoir***
▶**concurr|ence** [kɔ̃kyrɑ̃s] *f* Konkurrenz *f*, Wettbewerb *m* (*a comm*); ***jusqu'à ~ de*** bis zur Summe von; **~ent, ~ente** [-ɑ̃, -ɑ̃t] **1.** *adj* konkurrierend; **2.** *m, f* Mitbewerber(in) *m(f)*, Konkurrent(in) *m(f)*; **~entiel, ~entielle** [-ɑ̃sjɛl] konkurrenzfähig
condamn|able [kɔ̃danablə] verwerflich; **~ation** *f* Verurteilung *f* (*a fig*)
▶**condamner** [kɔ̃dane] (1a) **1.** *jur u allg* verurteilen (***qn à qc*** j-n zu etw); **2.** ***~ la porte*** die Tür zumauern, verstellen
condenser [kɔ̃dɑ̃se] (1a) kondensieren; *fig* gedrängt darstellen
condescen|dance [kɔ̃desɑ̃dɑ̃s] *f péj* Herablassung *f*; **~dre** [-drə] (4a) ***~ à*** sich herablassen zu
condiment [kɔ̃dimɑ̃] *m* Gewürz *n*
condisciple [kɔ̃disiplə] *m, f* Mitschüler(in) *m(f)*; Studienkollege *m*, -in *f*
▶**condit|ion** [kɔ̃disjɔ̃] *f* **1.** Bedingung *f*; Voraussetzung *f*; ***à*** (***la***) ***~ que*** (+ *subj*), *bei gleichem Subjekt*: ***à*** (***la***) ***~ de*** (+ *inf*) unter der Bedingung, dass; **2.** Verfassung *f*, Kondition *f*; **3.** Stellung *f*, Rang *m*; **4.** *EDV* Zustand *m*; **~ionnement** [-jɔnmɑ̃] *m Waren*: Verpackung *f*; Konditionierung *f*
▶**condoléances** [kɔ̃dɔleɑ̃s] *f/pl* Beileid *n*
▶**conduc|teur, ~trice** [kɔ̃dyktœr, -tris] **1.** *adj* leitend; **2.** *m, f* Fahrer(in) *m(f)*; Führer(in) *m(f)*; **3.** *m phys* Leiter *m*
▶**conduire** [kɔ̃dɥir] (4c) führen, leiten; *auto* fahren; ***~ à*** (+ *inf*) dazu bringen zu (+ *inf*); ***permis m de ~*** Führerschein *m*; ***se ~*** sich betragen
conduit [kɔ̃dɥi] *m* Rinne *f*; Röhre *f*; Leitung *f*
conduite [kɔ̃dɥit] *f* Führung *f*; *tech* (Zu-)Leitung *f*; *fig* Betragen *n*; *auto* Fahren *n*, Steuern *n*
cône [kon] *m* Kegel *m* (*a math*); *bot* Tannenzapfen *m*; *tech* Konus *m*
confect|ion [kɔ̃fɛksjɔ̃] *f* Anfertigung *f*; *bes* Konfektion *f*; **~ionner** [-jɔne] (1a) an-, verfertigen, herstellen
confédération [kɔ̃federasjɔ̃] *f* Bund *m*; Staatenbund *m*
▶**confér|ence** [kɔ̃ferɑ̃s] *f* Konferenz *f*, Besprechung *f*; Vortrag *m*, Vorlesung *f*; *pol* ***~ au sommet*** Gipfelkonferenz *f*; **~encier, ~encière** [-ɑ̃sje, -ɑ̃sjɛr] *m, f*

Redner(in) *m(f)*; Referent(in) *m(f)*; **~er** (1f) **1.** übertragen, verleihen; **2.** sich besprechen, konferieren
confess|er [kɔ̃fɛse] (1b) gestehen; *rel* beichten; **~ qc** sich zu etw bekennen; **se ~** *rel* die Beichte ablegen; **~ion** *f rel* Bekenntnis *n (a fig)*; Beichte *f*; **~ionnal** [-jɔnal] *m* (⚠ *pl* **-aux**) Beichtstuhl *m*
▶ **confiance** [kɔ̃fjɑ̃s] *f* Vertrauen *n*; ***avoir ~ dans*** *od* ***en qc, qn*** Vertrauen zu etw, j-m haben; ***faire ~ à qn*** j-m vertrauen
confid|ence [kɔ̃fidɑ̃s] *f* vertrauliche Mitteilung *f*; **~ent, ~ente** [-ɑ̃, -ɑ̃t] *m, f* Vertraute(r) *m, f*; **~entiel, ~entielle** [-ɑ̃sjɛl] vertraulich
confier [kɔ̃fje] (1a) anvertrauen (***qc à qn*** j-m etw)
configur|ation [kɔ̃figyrasjɔ̃] *f* Beschaffenheit *f*; *EDV* Konfiguration *f*; **~er** (1a) *EDV* konfigurieren
confire [kɔ̃fir] (4o) *Früchte etc* einlegen; kandieren
confirmation [kɔ̃firmasjɔ̃] *f* Bestätigung *f*, Bekräftigung *f*; *rel* Konfirmation *f*; Firmung *f*
▶ **confirmer** [kɔ̃firme] (1a) bestätigen, bekräftigen; bestärken; *rel* konfirmieren; firmen
confiscation [kɔ̃fiskasjɔ̃] *f* Beschlagnahme *f*
confiserie [kɔ̃fizri] *f* Süßwaren *f/pl*, Zuckerwerk *n*; Süßwarengeschäft *n*
confisquer [kɔ̃fiske] (1m) beschlagnahmen
conf|it, ~ite [kɔ̃fi, -it] *cuis* kandiert; eingelegt
▶ **confiture** [kɔ̃fityr] *f* Konfitüre *f*, Marmelade *f*
conflictuel, ~le [kɔ̃fliktɥɛl] konfliktgeladen
▶ **conflit** [kɔ̃fli] *m* Konflikt *m (a pol, jur)*; Streit *m*
confluent [kɔ̃flyɑ̃] *m von Flüssen*: Zusammenfluss *m*
▶ **confondre** [kɔ̃fɔ̃drə] (4a) verwechseln; *st/s* vermengen; verblüffen
conform|e [kɔ̃fɔrm] **~ à** gemäß; entsprechend; **~ément** [-emɑ̃] *adv* **~ à** gemäß; laut; **~er** (1a) **~ à** anpassen; richten nach; **se ~ à qc** sich nach etw richten; **~isme** *m* Konformismus *m*, bedingungsloses Sichanpassen *n*; **~ité** *f* Gleichförmigkeit *f*

confort [kɔ̃fɔr] *m* Komfort *m*; Behaglichkeit *f*
▶ **confortable** [kɔ̃fɔrtablə] behaglich, komfortabel
confrère [kɔ̃frɛr] *m in freien Berufen*: Kollege *m*
confront|ation [kɔ̃frɔ̃tasjɔ̃] *f* Gegenüberstellung *f*; **~er** (1a) gegenüberstellen, vergleichen
conf|us, ~use [kɔ̃fy, -yz] wirr; undeutlich; unklar; verwirrt; beschämt; **~usément** [-yzemɑ̃] *adv* undeutlich; vage; **~usion** [-yzjɔ̃] *f* Verwirrung *f*; Verlegenheit *f*; Verwechslung *f*
▶ **congé** [kɔ̃ʒe] *m* Urlaub *m*; Kündigung *f*; ***avoir ~*** freihaben; ***prendre ~ de qn*** sich von j-m verabschieden; ***être en ~*** im, in, auf Urlaub sein
congédier [kɔ̃ʒedje] (1a) verabschieden; entlassen, kündigen (***qn*** j-m)
congélateur [kɔ̃ʒelatœr] *m* Tiefkühltruhe *f*; Gefrierschrank *m*
congel|é, ~ée [kɔ̃ʒle] ***viandes*** *f/pl* ***congelées*** Gefrierfleisch *n*; **~er** (1d) einfrieren, tiefkühlen; **se ~** gefrieren
congénital, ~e [kɔ̃ʒenital] (⚠ *m/pl* **-aux**) angeboren *(a fig)*
congère [kɔ̃ʒɛr] *f* Schneeverwehung *f*
congestion [kɔ̃ʒɛstjɔ̃] *f méd* Blutandrang *m*
congrégation [kɔ̃gregasjɔ̃] *f rel* Kongregation *f*; geistlicher Orden *m*
▶ **congrès** [kɔ̃grɛ] *m* Kongress *m*; Tagung *f*
congressiste [kɔ̃grɛsist] *m, f* Kongressteilnehmer(in) *m(f)*
congru, ~e [kɔ̃gry] ***portion*** *f* ***congrue*** Existenzminimum *n*
conifère [kɔnifɛr] *m bot* Nadelbaum *m*
conique [kɔnik] konisch, kegelförmig
conjecture [kɔ̃ʒɛktyr] *f* Mutmaßung *f*, Vermutung *f*
conj|oint, ~ointe [kɔ̃ʒwɛ̃, -wɛ̃t] **1.** *adj* gemeinsam; verbunden; **2.** *meist m* Ehegatte *m*, -gattin *f*
conjonction [kɔ̃ʒɔ̃ksjɔ̃] *f st/s* Verbindung *f*; *gr* Konjunktion *f (a astr)*
conjonc|tive [kɔ̃ʒɔ̃ktiv] *f méd* Bindehaut *f*; **~ture** [-tyr] *f* Zusammentreffen *n*; Umstände *m/pl*; *écon* Konjunktur *f*
conjugaison [kɔ̃ʒygɛzɔ̃] *f gr* Konjugation *f*
conju|gal, ~gale [kɔ̃ʒygal] (⚠ *m/pl*

-aux) ehelich; **~guer** [-ge] (1m) vereinigen; *gr* konjugieren

conjur|ation [kõʒyrasjõ] *f* Ver-, Beschwörung *f*; **~er** (1a) beschwören (***qn de*** *inf* j-n zu + *inf*); ***se ~ contre qn*** sich gegen j-n verschwören

▶ **connaiss|ance** [kɔnɛsɑ̃s] *f* **1.** Kenntnis *f*; **2.** *bes phil* Erkenntnis *f*; **3.** Bewusstsein *n*; ***perdre ~*** das Bewusstsein verlieren; ***reprendre ~*** wieder zu sich kommen; **4.** Bekannte(r) *m,f*; Bekanntschaft *f*; ***faire ~ avec qn*** *od* ***la ~ de qn*** j-n kennen lernen; **~eur** *m* Kenner *m*

▶ **connaître** [kɔnɛtrə] (4z) kennen; kennen lernen; ***s'y ~ en qc*** sich verstehen auf etw; ***faire ~ qc*** etw bekannt geben

connard [kɔnar] *m* F Blödmann *m*

connasse [kɔnas] *f* F blöde Kuh *f*

connecter [kɔnɛkte] (1a) *tech* anschließen; verbinden; *EDV* vernetzen; ***en mode connecté*** online

connerie [kɔnri] *f* P Mist *m*; Krampf *m*; Blödsinn *m*

connex|e [kɔnɛks] verbunden; **~ion** *f* Verknüpfung *f*; Zusammenhang *m*; *tech* Anschluss *m*

connivence [kɔnivɑ̃s] *f* heimliches Einverständnis *n*; ***être de ~ avec qn*** mit j-m unter e-r Decke stecken

▶ **connu, ~e** [kɔny] *p/p von* ***connaître*** *u adj* bekannt

conque [kõk] *f zo* Meeresschnecke *f*

conquér|ant [kõkerɑ̃] *m* Eroberer *m*; **~ir** (2l) erobern

conquerrai [kõkɛre] *futur von* ***conquérir***

conquête [kõkɛt] *f* Eroberung *f*

conquis [kõki] *p/s u p/p* (*f* **~e**) *von* ***conquérir***

consacrer [kõsakre] (1a) **1.** *rel* (ein)weihen; **2.** widmen; ***se ~ à qc, qn*** sich e-r Sache, j-m widmen

consangu|in, ~ine [kõsɑ̃gɛ̃, -in] blutsverwandt; ***frère m consanguin*** Halbbruder *m* väterlicherseits

▶ **conscience** [kõsjɑ̃s] *f* **1.** Gewissen *n*; **2.** Bewusstsein *n* (*a phil*)

conscienc|ieux, ~ieuse [kõsjɑ̃sjø, -jøz] gewissenhaft

consc|ient, ~iente [kõsjɑ̃, -jɑ̃t] bewusst

consécration [kõsekrasjõ] *f rel* Weihe *f*; *fig* Krönung *f*

consécut|if, ~ive [kõsekytif, -iv] aufeinander folgend; **~ à** e-e Folge von; **~ivement** [-ivmɑ̃] *adv* hintereinander

▶ **conseil** [kõsɛj] *m* Rat(schlag) *m*; Ratgeber *m*; Ratsversammlung *f*, -sitzung *f*; ***~ municipal*** Gemeinde-, Stadtrat *m*; ***~ de classe*** Lehrerkonferenz *f*

▶ **conseiller**[1] [kõsɛje] (1b) raten; ***~ qn*** j-n beraten; ***~ qc à qn*** j-m zu etw raten

conseill|er[2] [kõsɛje] *m* Berater *m*, Ratgeber *m*, Rat *m* (*Person*); ***~ municipal*** Gemeinde-, Stadtrat(smitglied *n*) *m*; ***~ d'orientation*** Berufsberater *m in der Schule*; **~ère** *f* Beraterin *f*, Ratgeberin *f*

consent|ement [kõsɑ̃tmɑ̃] *m* Einwilligung *f*; **~ir** (2b) einwilligen (***à qc*** in etw); gewähren (***qc*** etw); ***~ à ce que*** (+ *subj*) damit einverstanden sein, dass ...

▶ **conséquence** [kõsekɑ̃s] *f* Folge *f*, Konsequenz *f*, Auswirkung *f*; ***en ~*** infolgedessen, dementsprechend

conséqu|ent, ~ente [kõsekɑ̃, -ɑ̃t] konsequent; ▶ ***par conséquent*** folglich

conserv|ateur, ~atrice [kõsɛrvatœr, -atris] **1.** *adj* konservativ; **2.** *m pol* Konservative(r) *m*; *Museum*: Konservator *m*; **~ation** *f* Erhaltung *f*; **~atoire** [-atwar] *m* Konservatorium *n*

conserve [kõsɛrv] *f* Eingemachte(s) *n*; Konserve *f*

▶ **conserver** [kõsɛrve] (1a) konservieren; aufbewahren; erhalten

▶ **considér|able** [kõsiderablə] beträchtlich; **~ation** *f* **1.** Überlegung *f*; Berücksichtigung *f*; ***en ~ de*** mit Rücksicht auf; ***prendre en ~*** in Betracht *od* Erwägung ziehen; **2.** Achtung *f*; Ansehen *n*; **3. ~s** *pl* Ansichten *f/pl*; Meinungen *f/pl*

▶ **considérer** [kõsidere] (1f) betrachten; berücksichtigen

▶ **consign|e** [kõsiɲ] *f* (An-)Weisung *f*; Gepäckaufbewahrung *f*; *Flaschen*: Pfand *n*; *Schule*: Nachsitzen *n*; ***~ automatique*** Schließfach *n*; **~er** (1a) hinterlegen; Pfand verlangen (***qc*** für etw); *Schüler*: nachsitzen lassen

consist|ance [kõsistɑ̃s] *f* Festigkeit *f*; **~ant, ~ante** [-ɑ̃, -ɑ̃t] dick; nahrhaft; **~er** (1a) bestehen (***en, dans*** in, aus); **~ à** (+ *inf*) darin bestehen zu (+ *inf*)

consol|ant, ~ante [kõsɔlɑ̃, -ɑ̃t] tröstlich; **~ation** *f* Trost *m*

console [kõsɔl] *f* Konsole *f*; Konsoltisch *m*

▶**consoler** [kõsɔle] (1a) trösten; lindern

consolider [kõsɔlide] (1a) (be)festigen, sichern

consomma|teur, ~trice [kõsɔmatœr, -tris] *m,f* Verbraucher(in) *m,f*; Konsument(in) *m(f)*

▶**consomm|ation** [kõsɔmasjõ] *f* Verbrauch *m*; *im Lokal*: Verzehr *m*; Getränk *n*; **~é** *m cuis* Kraftbrühe *f*

▶**consommer** [kõsɔme] (1a) verbrauchen; verzehren

cons|onance [kõsɔnãs] *f* Klang *m*; **~onne** *f* Mitlaut *m*, Konsonant *m*

conspir|ateur, ~atrice [kõspiratœr, -atris] **1.** *adj* verschwörerisch; **2.** *m, f* Verschwörer(in) *m(f)*; Verschworene(r) *m, f*; **~ation** *f* Verschwörung *f*; **~er** (1a) sich verschwören

constance [kõstãs] *f* Beständigkeit *f*, Ausdauer *f*, Beharrlichkeit *f*, Standhaftigkeit *f*

const|ant, ~ante [kõstã, -ãt] **1.** *adj* beständig, ausdauernd, standhaft, beharrlich; ⚠ *adv* **constamment** [-amã]; **2.** *f* Konstante *f*

constat [kõsta] *m* (amtliches) Protokoll *n*

constatation [kõstatasjõ] *f* Feststellung *f*

▶**constater** [kõstate] (1a) feststellen

constellation [kõstɛlasjõ] *f* Sternbild *n*

constern|ation [kõstɛrnasjõ] *f* Bestürzung *f*; **~er** (1a) in Bestürzung versetzen; *meist adj* **consterné(e)** bestürzt, betroffen, erschüttert

constipation [kõstipasjõ] *f méd* Verstopfung *f*

constituer [kõstitɥe] (1a) bilden, darstellen, bedeuten; konstituieren, begründen; *jur zu etw* einsetzen; *ein Gehalt etc* aussetzen; **se ~** sich konstituieren

constitu|tion [kõstitysjõ] *f* **1.** Beschaffenheit *f*; (physische) Konstitution *f*; **2.** *pol* Verfassung *f*; **~tionnel, ~tionnelle** [-sjɔnɛl] verfassungsmäßig, Verfassungs...

construc|teur, ~trice [kõstryktœr, -tris] **1.** *adj* schöpferisch; **2.** *m* Erbauer *m*; Baumeister *m*; **~ mécanicien** Maschinenbauer *m*; **~tif, ~tive** [-tif, -tiv] konstruktiv; kreativ

▶**construction** [kõstryksjõ] *f* Erbauung *f*; Bau *m*; Bauwerk *n*; Konstruktion *f*; *fig* Aufbau *m*

▶**construire** [kõstrɥir] (4c) (er)bauen, errichten; konstruieren; *fig* anordnen, gestalten

consul [kõsyl] *m* Konsul *m*

▶**consulat** [kõsyla] *m* Konsulat *n*

consult|ant, ~ante [kõsyltã, -ãt] beratend; **~atif, ~ative** [-atif, -ativ] beratend; **~ation** *f* Beratung *f*; Sprechstunde *f*; Befragung *f*; *jur* Gutachten *n*; **~er** (1a) um Rat fragen; konsultieren

▶**contact** [kõtakt] *m* Berührung *f*; Kontakt *m* (*a fig*); **~ intime** Intimkontakt *m*; **entrer en ~ avec qn** mit j-m in Verbindung treten; *auto* **mettre le ~** die Zündung einschalten; **~er** (1a) sich in Verbindung setzen mit; sich wenden an

contag|ieux, ~ieuse [kõtaʒjø, -jøz] ansteckend (*méd u fig*); **~ion** *f* Ansteckung *f*

container [kõtɛnɛr] *m* Container *m*

contaminer [kõtamine] (1a) infizieren; verseuchen

conte [kõt] *m* Erzählung *f*; Geschichte *f*; **~ (de fées)** Märchen *n*

contempl|atif, ~ative [kõtãplatif, -ativ] beschaulich; **~er** (1a) betrachten; nachsinnen

contempor|ain, ~aine [kõtãpɔrɛ̃, -ɛn] **1.** *adj* zeitgenössisch; **2.** *m* Zeitgenosse *m*

contenance [kõtnãs] *f* Inhalt *m*; *fig* Haltung *f*; Gelassenheit *f*

conteneur [kõtənœr] *m* Container *m*; **~ à verre** Altglascontainer *m*

▶**contenir** [kõtənir] (2h) **1.** enthalten, fassen; **2.** in Schranken halten

▶**cont|ent, ~ente** [kõtã, -ãt] zufrieden (**de** mit); **être ~ que** (+ *subj*) sich freuen, dass ...

content|ement [kõtãtmã] *m* Zufriedenheit *f*; Befriedigung *f*; **~er** (1a) zufrieden stellen; befriedigen; **se ~ de (faire) qc** sich mit etw begnügen; sich darauf beschränken zu (+ *inf*)

contenu [kõtny] m Inhalt *m*

contest|able [kõtɛstablə] bestreitbar; **~ataire** [-atɛr] *pol* **1.** *adj* rebellisch; Protest...; **2.** *m* Protestler *m*; Systemveränderer *m*; **~ation** *f pol* Protest (-bewegung) *m(f)*; **~er** (1a) bestreiten (**que** *subj* dass ...)

contexte [kɔ̃tɛkst] *m* Kontext *m*; Zusammenhang *m*

contig|u, ~uë [kɔ̃tigy] angrenzend; benachbart (*a fig*)

contin|ence [kɔ̃tinɑ̃s] *f* Enthaltsamkeit *f*; **~ent** [-ɑ̃] *m* Kontinent *m*, Erdteil *m*

contingent [kɔ̃tɛ̃ʒɑ̃] *m* Anteil *m*; Kontingent *n*

continu, ~e [kɔ̃tiny] stetig; fortlaufend; ununterbrochen

continu|ation [kɔ̃tinɥasjɔ̃] *f* Fortsetzung *f*; Fortdauer *f*; **~el, ~elle** beständig

▶**continu|er** [kɔ̃tinɥe] (1n) fortsetzen; fortfahren; fortdauern; **~ à** *od* **de** (+ *inf*) weiter(hin) (+ *inf*); **~ité** *f* Beständigkeit *f*; Kontinuität *f*

contorsion [kɔ̃tɔrsjɔ̃] *f* Verdrehung *f*, Verrenkung *f*

contour [kɔ̃tur] *m* Umriss *m*, Kontur *f*; ⚠ **le ~**; **~ner** [-ne] (1a) herumgehen, -fahren, -fließen um; *fig* umgehen

contracept|if, ~ive [kɔ̃trasɛptif, -iv] empfängnisverhütend

contract|er [kɔ̃trakte] (1a) **1.** zusammenziehen; **2.** *Bündnis*: schließen; *Versicherung*: abschließen; *Krankheit*: sich zuziehen; *Gewohnheit*: annehmen; **~uel, ~uelle** [-ɥɛl] **1.** *adj* vertraglich; **2.** *m, f* Hilfspolizist *m*, Politesse *f*

contradic|tion [kɔ̃tradiksjɔ̃] *f* Widerspruch *m*; **~toire** [-twar] widersprüchlich

contraindre [kɔ̃trɛ̃drə] (4b) zwingen (**qn à** *od* **de** *inf* j-n zu + *inf*)

contrainte [kɔ̃trɛ̃t] *f* Zwang *m*; Gezwungenheit *f*

▶**contraire** [kɔ̃trɛr] **1.** *adj* gegensätzlich, gegenteilig, entgegengesetzt (**à**); nachteilig; **2.** *m* Gegenteil *n*, -satz *m*; **au ~** im Gegenteil; **au ~ de** im Gegensatz zu; **~ment ~ à** im Gegensatz zu, entgegen ...

contrari|ant, ~ante [kɔ̃trarjɑ̃, -ɑ̃t] ärgerlich, widerwärtig; **~er** (1a) behindern; stören; **~ qn** j-m widersprechen; j-n ärgern; **~été** [-ete] *f* Verärgerung *f*; Unannehmlichkeit *f*

contrast|e [kɔ̃trast] m Gegensatz *m*, Kontrast *m*; **~er** (1a) im Gegensatz stehen (**avec** zu), kontrastieren

▶**contrat** [kɔ̃tra] *m* Vertrag *m*, Kontrakt *m*; ⚠ *Schreibung*

contravention [kɔ̃travɑ̃sjɔ̃] *f jur* Übertretung *f*, Verstoß *m*; Strafzettel *m*

▶**contre** [kɔ̃trə] **1.** *prép* gegen; (**tout**) **~** (dicht) neben *od* bei; **2.** *adv* dagegen; **par ~** andererseits; **3.** *m* **le pour et le ~** das Für und Wider

contre|balancer [kɔ̃trəbalɑ̃se] (1k) ein Gegengewicht bilden (**qc** zu etw); aufwiegen; **~bande** [-bɑ̃d] *f* Schmuggel(ware) *m(f)*; **~bandier** [-bɑ̃dje] *m* Schmuggler *m*; **~carrer** [-kare] (1a) behindern; durchkreuzen; **~cœur** [-kœr] **à ~** mit Widerwillen, ungern; **~coup** [-ku] *m* Rückwirkung *f*; **~-courant** [-kurɑ̃] *m* (⚠ *pl* **contre-courants**) Gegenströmung *f*; **~danse** [-dɑ̃s] *f* F Strafzettel *m*; Geldstrafe *f*; **~dire** [-dir] (4m) **~ qn** j-m widersprechen; ⚠ **vous contredisez**; **~façon** [-fasɔ̃] *f betrügerische* Nachahmung *f*, Fälschung *f*; **~faire** [-fɛr] (4n) *betrügerisch* nachahmen, -machen, fälschen; **~-indication** [-ɛ̃dikasjɔ̃] *f* (⚠ *pl* **contre-indications**) Gegenanzeige *f*, Kontraindikation *f*; **~-jour** [-ʒur] **à ~** gegen das Licht, im Gegenlicht; **~maître** [-mɛtrə] *m* Werkmeister *m*; Polier *m*; **~-mesure** [-məzyr] *f* (⚠ *pl* **contre-mesures**) Gegenmaßnahme *f*; **~partie** [-parti] *f* Ausgleich *m*; **en ~** als Gegenleistung; **~-pied** [-pje] *m* Gegenteil *n*; **~-plaqué** [-plake] *m* Sperrholz *n*; **~poids** [-pwa] *m* Gegengewicht *n*; **~sens** [-sɑ̃s] *m* Sinnwidrigkeit *f*; **à ~** widersinnig; verkehrt; **~signer** [-siɲe] (1a) gegenzeichnen; **~temps** [-tɑ̃] *m* widriger Umstand; **à ~** zur Unzeit; **~vent** [-vɑ̃] *m* Fensterladen *m*

contribu|able [kɔ̃tribɥablə] *m* Steuerzahler *m*; **~er** (1n) **~ à qc** zu etw beitragen, beisteuern

contribution [kɔ̃tribysjɔ̃] *f* Beitrag *m*; Steuer *f*

▶**contrôle** [kɔ̃trol] *m* Kontrolle *f*; **~ de gestion** Controlling *n*; **~ de luminosité** Helligkeitsregelung *f*; **~ technique des voitures** *etwa* TÜV *m*; ⚠ **le ~**

▶**contrôler** [kɔ̃trole] (1a) kontrollieren, prüfen, beaufsichtigen

▶**contrôl|eur, ~euse** [kɔ̃trolœr, -øz] *m, f* Kontrolleur(in) *m(f)*; Schaffner *m*; ⚠ *Schreibung*

controverse [kɔ̃trɔvɛrs] *f* Kontroverse *f*, Streit *m*

contusion [kɔ̃tyzjɔ̃] *f méd* Prellung *f*, Quetschung *f*

C

convainc|ant, -ante [kɔ̃vɛ̃kɑ̃, -ɑ̃t] überzeugend

▶**convainc|re** [kɔ̃vɛ̃krə] (4i) **1.** ~ ***qn de qc*** j-n von etw überzeugen; **2.** ~ ***qn de qc*** j-n e-r Sache überführen; **~u, ~ue** [-y] überzeugt

convalesc|ence [kɔ̃valesɑ̃s] *f* Genesung *f*; **~ent, ~ente** [-ɑ̃, -ɑ̃t] **1.** *adj* genesend; **2.** *m, f* Genesende(r) *m, f*

conven|able [kɔ̃vnablə] passend; angemessen; zufrieden stellend; **~ance** *f* **~s** *pl* Schicklichkeit *f*; ***qc à ma*** ~ etw Passendes

convenir [kɔ̃vnir] (2h) **1.** (*mit* ***avoir***) ~ ***à qn*** j-m passen, gefallen; ~ ***à qc*** zu etw passen; **2.** (*mit* ***avoir***; *st/s* ***être***) ~ ***de qc*** etw vereinbaren; etw zugeben; **3.** ***il convient de*** (+ *inf*) *od* ***que*** (+ *subj*) es empfiehlt sich zu (+ *inf*)

convent|ion [kɔ̃vɑ̃sjɔ̃] *f* Übereinkunft *f*, Verabredung *f*, Abkommen *n*; Konventionen *f/pl*; ~ ***collective*** Tarifvertrag *m*; **~ionnel, ~ionnelle** [-jɔnɛl] förmlich; konventionell, herkömmlich

converger [kɔ̃vɛrʒe] (1l) *in e-m Punkt*: zusammenlaufen, konvergieren; *fig* übereinstimmen

▶**convers|ation** [kɔ̃vɛrsasjɔ̃] *f* Gespräch *n*, Unterhaltung *f*; ~ ***téléphonique*** Telefongespräch *n*; **~er** (1a) sich unterhalten; **~ion** *f rel* Bekehrung *f*, Übertritt *m*; *comm* Konvertierung *f*; *allg* Umwandlung *f*; *pol* Umbildung *f*; *Schule*: Umschulung *f*

convert|i, ~ie [kɔ̃vɛrti] *rel* **1.** *adj* bekehrt; **2.** *m, f* Bekehrte(r) *m, f*, Konvertit(in) *m(f)*; **~ible** *comm* umtauschbar; konvertierbar; **~ir** (2a) *rel* bekehren; *comm* konvertieren, umrechnen

convexe [kɔ̃vɛks] konvex

conviction [kɔ̃viksjɔ̃] *f* Überzeugung *f*

convivial, ~e [kɔ̃vivjal] (⚠ *m/pl* ***-aux***) gesellig, *EDV* benutzerfreundlich

convocation [kɔ̃vɔkasjɔ̃] *f* Einberufung *f*; Vorladung *f*

convoi [kɔ̃vwa] *m* Geleitzug *m*

convoit|er [kɔ̃vwate] *st/s* (1a) begehren; **~ise** [-iz] *f* Begehrlichkeit *f*

convoquer [kɔ̃vɔke] (1m) ein-, be-, zusammenrufen; vorladen

convoyer [kɔ̃vwaje] (1h) eskortieren

convuls|er [kɔ̃vylse] (1a) (***se*** ~ sich) krampfhaft verzerren; **~if, ~ive** [-if, -iv] krampfhaft; **~ion** *f* Zuckung *f*; Krampf *m*

coopérant [kɔɔperɑ̃] *m* Entwicklungshelfer *m*

coopéra|teur, ~trice [kɔɔperatœr, -tris] *m, f* Mitarbeiter(in) *m(f)*; **~tif, -tive** [-tif, -tiv] **1.** *adj* kooperativ; genossenschaftlich; **2.** *f* Genossenschaft *f*; **~tion** *f* Zusammenarbeit *f*

coopérer [kɔɔpere] (1f) ~ ***à qc*** an etw mitarbeiten

coordina|teur, ~trice [kɔɔrdinatœr, -tris] **1.** *adj* koordinierend; **2.** *m* Koordinator *m*; **~tion** *f* Koordinierung *f*; *gr* Beiordnung *f*

coordonner [kɔɔrdɔne] (1a) koordinieren, aufeinander abstimmen

▶**copain** [kɔpɛ̃] F *m* Freund *m*, Kumpel *m*

copiage [kɔpjaʒ] *m Schule*: Abschreiben *n*

▶**copie** [kɔpi] *f* Abschrift *f*; Kopie *f*; Duplikat *n*; Abbild *n*, Nachbildung *f*; *Schule*: (Klassen-, Haus-)Arbeit *f*

copier [kɔpje] (1a) abschreiben (***sur qn*** von j-m); kopieren; nachbilden

copieur [kɔpjœr] *m* **1.** Abschreiber *m*; **2.** Kopierer *m*, Kopiergerät *n*

copi|eux, ~euse [kɔpjø, -øz] reichlich

▶**copine** [kɔpin] F *f* Freundin *f*

coprocesseur [kɔprɔsɛsœr] *m* Koprozessor *m*

copropriété [kɔprɔprijete] *f* Miteigentum *n*

copyright [kɔpirajt] *m* Urheberrecht *n*, Copyright *n*

▶**coq** [kɔk] *m* **1.** *zo* Hahn *m*; **2.** *mar* Schiffskoch *m*

coque [kɔk] *f mar, aviat* Rumpf *m*; *st/s* (Eier-, Nuss-)Schale *f*; ***œuf*** *m* ***à la*** ~ weich gekochtes *od* weiches Ei *n*; **~licot** [-liko] *m bot* Klatschmohn *m*; **~luche** [-lyʃ] *f* Keuchhusten *m*; *fig* Liebling *m*

coqu|et, ~ette [kɔkɛ, -ɛt] hübsch; kokett

coquetier [kɔktje] *m* Eierbecher *m*

coquetterie [kɔkɛtri] *f* Koketterie *f*; Gefallsucht *f*

coquillage [kɔkijaʒ] *m* Muschel(schale) *f*

coquille [kɔkij] *f* Muschel(schale) *f*; Schneckengehäuse *n*; Eier-, Mandel-, Nussschale *f*

coqu|in, ~ine [kɔkɛ̃, -in] **1.** *adj bes Kinder*: spitzbübisch, schelmisch; **2.** *m, f*

Schlingel *m*; **~inerie** [-inri] *f* Schelmerei *f*; Pfiffigkeit *f*

cor [kɔr] *m* **1.** *mus* (Wald-)Horn *n*; Hornbläser *m*; **2.** *méd* Hühnerauge *n*

corail [kɔraj] *m* (⚠ *pl* **coraux**) Koralle *f*

Coran [kɔrɑ̃] *m* Koran *m*

corbeau [kɔrbo] *m* (⚠ *pl* **~x**) *zo* Rabe *m*

corbeille [kɔrbɛj] *f* Korb *m*

corbillard [kɔrbijar] *m* Leichenwagen *m*

▶ **cord|e** [kɔrd] *f* Seil *n*; Strick *m*; Schnur *f*; (Bogen-)Sehne *f*; *mus* Saite *f*; **~s vocales** Stimmbänder *n/pl*; **~ée** *f* *Bergsteiger*: Seilschaft *f*

cordelière [kɔrdəljɛr] *f* Kordel *f*; Schnur *f*

cordial, ~e [kɔrdjal] (⚠ *m/pl* **-iaux**) herzlich; *phm* herzstärkend; **~ité** *f* Herzlichkeit *f*

cordon [kɔrdɔ̃] *m* Schnur *f*; Litze *f*; Ordensband *n*; Absperrung *f*; **~-bleu** *m* (⚠ *pl* **cordons-bleus**) F geschickte Köchin *f*

▶ **cordonnier** [kɔrdɔnje] *m* Schuhmacher *m*

Corée [kɔre] **la ~** Korea *n*

coriace [kɔrjas] zäh (wie Leder); *fig* hartnäckig

cormoran [kɔrmɔrɑ̃] *m zo* Kormoran *m*

corn|e [kɔrn] *f zo u allg* Horn *n*; Hornhaut *f*; *Schnecke*: Fühler *m*; *Buch*: Eselsohr *n*; *auto* Hupe *f*; *fig* **avoir des ~s** betrogen werden (*Ehe*); **~ à chaussures** Schuhanzieher *m*; **~ée** *f* *Auge*: Hornhaut *f*

corneille [kɔrnɛj] *f zo* Krähe *f*

cornemuse [kɔrnəmyz] *f* Dudelsack *m*

corner[1] [kɔrne] (1a) *auto* hupen; **~ qc** an etw e-e Ecke umknicken

corner[2] [kɔrnɛr] *m* *Fußball*: Eckball *m*

cornet [kɔrnɛ] *m* Horn *n* (*a mus*); Hörrohr *n*; (spitze) Tüte *f*; **~ à dés** Würfelbecher *m*

corniche [kɔrniʃ] *f* kurvenreiche Küstenstraße *f*; *arch* Kranzgesims *n*

cornichon [kɔrniʃɔ̃] *m* Gewürzgürkchen *n*

coronaire [kɔrɔnɛr] *méd* Herzkranz..., Koronar...

corpor|atif, ~ative [kɔrpɔratif, -ativ] ständisch; **~ation** *f* Körperschaft *f*; *früher* Gilde *f*, Zunft *f*

corporel, ~le [kɔrpɔrɛl] körperlich

▶ **corps** [kɔr] *m* **1.** Körper *m*, Leib *m*; Leichnam *m*; **combattre ~ à ~** Mann gegen Mann kämpfen; **2.** Körperschaft *f*; Gruppe *f*; **~ enseignant** Lehrerschaft *f*; **3.** Hauptteil *m*; *Schiff*: Rumpf *m*; *Texte*: Korpus *n*

corpul|ence [kɔrpylɑ̃s] *f* Beleibtheit *f*; **~ent, ~ente** [-ɑ̃, -ɑ̃t] (wohl)beleibt

corpuscule [kɔrpyskyl] *m phys* Teilchen *n*, Partikel *f*

▶ **correct, ~e** [kɔrɛkt] richtig; fehlerfrei; korrekt (*a Person*); *Arbeit*: passabel

correction [kɔrɛksjɔ̃] *f* **1.** Richtigkeit *f*, Korrektheit *f*; **2.** Verbesserung *f* (*als Handlung*), Korrektur *f*; **3.** Tracht *f* Prügel

corrélation [kɔrelasjɔ̃] *f* Wechselbeziehung *f*

▶ **correspond|ance** [kɔrɛspɔ̃dɑ̃s] *f* **1.** Übereinstimmung *f*; **2.** *Verkehr*: Anschluss *m*; **3.** Briefwechsel *m*, Korrespondenz *f*; **~ancier, ~ancière** [-ɑ̃sje, -ɑ̃sjɛr] *m*, *f* Handelskorrespondent(in) *m(f)*

▶ **correspond|ant, ~ante** [kɔrɛspɔ̃dɑ̃, -ɑ̃t] **1.** *adj* entsprechend; **2.** *m*, *f* Korrespondent(in) *m(f)*, Berichterstatter(in) *m(f)*; Brieffreund(in) *m(f)*

correspondre [kɔrɛspɔ̃drə] (4a) korrespondieren (**avec** mit); in Verbindung stehen; **~ à qc** e-r Sache entsprechen

corridor [kɔridɔr] *m* Gang *m*, Flur *m*

corrigé [kɔriʒe] *m* (Muster-)Lösung *f* (*Schule*)

▶ **corriger** [kɔriʒe] (1l) verbessern, berichtigen; *Kind*: schlagen; **~ qn de qc** j-n von etw heilen

corroborer [kɔrɔbɔre] (1a) (ver)stärken; bekräftigen

corroder [kɔrɔde] (1a) ätzen; zersetzen

corromp|re [kɔrɔ̃prə] (4a) korrumpieren, verderben; bestechen; **se ~** sich zersetzen; *fig* in Verfall geraten; **~u, ~ue** [-y] *p/p von* **corrompre** *u adj* korrupt

corros|if, ~ive [kɔrozif, -iv] **1.** *adj* ätzend; *fig* beißend; **2.** *m* Ätzmittel *n*

corruption [kɔrypsjɔ̃] *f* Bestechung *f*; Korruption *f*

▶ **corsage** [kɔrsaʒ] *m* (Damen-)Bluse *f*

corse [kɔrs] korsisch

Corse [kɔrs] **1.** *m*, *f* Korse *m*, Korsin *f*; **2.** ▶ **la Corse** Korsika *n*

corset [kɔrsɛ] *m* Korsett *n*; ⚠ *Schreibung*

C

cortège [kɔrtɛʒ] *m* Gefolge *n*; Demonstrations-, Hochzeits-, Trauerzug *m*
cortex [kɔrtɛks] *m* ~ **cérébral** Großhirnrinde *f*
cortisone [kɔrtizɔn] *f* Kortison *n*; ⚠ **la** ~
corvée [kɔrve] *f* Fron(dienst) *f*(*m*); lästige Arbeit *f*; Last *f*; *mil* Sonderdienst *m*
cosmétique [kɔsmetik] **1.** *adj* kosmetisch; **2.** *f* Kosmetik *f*; **3.** *m* Schönheitsmittel *n*
cosmique [kɔsmik] kosmisch
cosmopolite [kɔsmɔpɔlit] **1.** *adj* kosmopolitisch, weltbürgerlich; **2.** *m* Kosmopolit *m*, Weltbürger *m*
cosse [kɔs] *f* Schote *f*, Hülse *f*
cossu, ~e [kɔsy] wohlhabend; stattlich
costaud [kɔsto] (⚠ *f unv*) F stämmig, kräftig; robust
▶ **costum|e** [kɔstym] *m* (Herren-)Anzug *m*; Kostüm *n*; Tracht *f*; ~ **régional** Volkstracht *f*; ⚠ Damenkostüm **le tailleur**; **~er** (1a) (**se**) ~ (sich) verkleiden, kostümieren
cote [kɔt] *f* Anteil *m*, Quote *f*; Kursnotierung *f*; Kennziffer *f*, Aktenzeichen *n*; Bewertung *f*; *fig* F **avoir la** ~ sehr angesehen sein
▶ **côte** [kot] *f* **1.** Rippe *f*; Kotelett *n*; **2.** Steigung *f*, Hang *m*; **3.** Küste *f*; **la Côte d'Azur** die Côte d'Azur; **la Côte d'Ivoire** die Elfenbeinküste
coté, ~e [kɔte] geschätzt, angesehen; bewertet
▶ **côté** [kote] *m* Seite *f*; ▶ **à côté** nebenan; ▶ **à côté de** neben; **de côté** beiseite, zur Seite; **de l'autre côté** auf der anderen Seite, auf die andere Seite, von der anderen Seite, andererseits; ▶ **du côté de** in der Nähe von; in Richtung auf; **par le côté** von der Seite (her); **sur le côté** auf der Seite
coteau [kɔto] *m* (⚠ *pl* **~x**) Hügel *m*, Abhang *m*
▶ **côtelette** [kotlɛt] *f cuis* Kotelett *n*; ⚠ **la** ~
cotis|ation [kɔtizasjõ] *f* (Mitglieds-)Beitrag *m*; Anteil *m*; **~er** (1a) Beitrag zahlen
▶ **coton** [kɔtõ] *m* Baumwolle *f*
cotonn|ier, ~ière [kɔtɔnje, -jɛr] **1.** *adj* Baumwoll...; **2.** *m* Baumwollstrauch *m*
coton-tige [kɔtõtiʒ] *m* (⚠ *pl* **coton-tiges**) Wattestäbchen *n*
cotte [kɔt] *f* blaue Latzhose *f* (*der Arbeiter*); ~ **de mailles** Panzerhemd *n*
▶ **cou** [ku] *m* (⚠ *pl* **~s**) Hals *m*
couardise [kwardiz] *f* Feigheit *f*
couch|age [kuʃaʒ] *m* Übernachten *n*; **sac** *m* **de** ~ Schlafsack *m*; **~ant** [-ɑ̃] **1.** *st/s m* Westen *m*; **2.** *adj* **soleil** *m* ~ untergehende Sonne *f*
couch|e [kuʃ] *f* **1.** Schicht *f* (*a fig*); ~ **d'ozone** Ozonschicht *f*; **trou** *m* **dans la** ~ **d'ozone** Ozonloch *n*; **2. fausse** ~ Fehlgeburt *f*; **~s** *pl* Niederkunft *f*, Kindbett *n*; **3.** *Säuglinge*: Windel *f*; **~é, ~ée** liegend; **~e-culotte** [-kylɔt] *f* (⚠ *pl* **couches-culottes**) Windelhöschen *n*
coucher [kuʃe] (1a) **1.** (hin)legen, zu Bett bringen, übernachten lassen; schlafen, übernachten; ▶ **se coucher** sich hinlegen; ▶ **aller se coucher** zu Bett gehen; F **coucher avec qn** mit j-m schlafen; **2.** *m* **coucher du soleil** Sonnenuntergang *m*
couche|-tard [kuʃtar] *m* (⚠ *pl unv*) Nachtmensch *m*; **~-tôt** [-to] *m* (⚠ *pl unv*) **être un** ~ früh schlafen gehen
▶ **couchette** [kuʃɛt] *f* Platz *m* im Liegewagen
couci-couça [kusikusa] F so lala
coucou [kuku] *m* Kuckuck *m*; Kuckucksuhr *f*
▶ **coude** [kud] *m* Ell(en)bogen *m*; (Straßen-)Biegung *f*; **jouer des ~s** sich durchdrängeln; *fig* die Ellenbogen gebrauchen
cou-de-pied [kudpje] *m* (⚠ *pl* **cous-de-pied**) Spann *m*, Rist *m*
coudoyer [kudwaje] (1h) ~ **qn** mit j-m in Berührung kommen
▶ **coudre** [kudrə] (4d) (zusammen-, an)nahen
couenne [kwan] *f* Schwarte *f*
couette [kwɛt] *f* **1.** Steppdecke *f*; **2.** *Frisur*: Rattenschwanz *m*
couffin [kufɛ̃] *m* Tragkorb *m*
couille [kuj] P *f* Hoden *m*
couillon [kujõ] *m* F Blödmann *m*
couillonner [kujɔne] (1a) F reinlegen
coul|age [kulaʒ] *m tech* Guss *m*; *fig*, *comm* Verlust *m*; **~ant, ~ante** [-ɑ̃, -ɑ̃t] *Stil*: flüssig; *fig* großzügig; nachsichtig
▶ **couler** [kule] (1a) fließen; auslaufen; untergehen, versinken; verstreichen; *tech* gießen; *Schiff*: versenken; F **se la** ~ **douce** ein angenehmes Leben führen; ⚠ *il* **a** *coulé*

▶**couleur** [kulœr] *f* Farbe *f*

C

les couleurs

blanc, blanche	weiß
bleu, bleue	blau
brun, brune	braun
gris, grise	grau
jaune	gelb
marron	braun
mauve	lila
noir, noire	schwarz
orange	orangefarben
rose	rosa
rouge	rot
turquoise	türkis
vert, verte	grün
violet, violette	violett
bleu clair	hellblau
bleu foncé	dunkelblau

⚠ Verbindungen von Farben mit ***clair*** und ***foncé*** bleiben in der weiblichen Form und im Plural unverändert:

des yeux bleu foncé
– dunkelblaue Augen
une robe vert clair
– ein hellgrünes Kleid

Wendungen:

passer une nuit blanche
– eine Nacht durchmachen
Il était noir.
– Er war zu (‚betrunken‘).
être gris
– angeheitert sein
être rouge comme une écrevisse
– krebsrot sein
être vert de peur
– ganz blass vor Angst sein
en être bleu
– ganz verblüfft, baff sein

couleuvre [kulœvrə] *f zo* Natter *f*

coulis [kuli] **1.** *adj* ***vent*** *m* ~ Zugluft *f*; **2.** *m cuis* Püree *n*

coulisse [kulis] *f* **1.** *tech* Falz *m*; Führung *f*; ***à*** ~ Schiebe...; **2.** *Theater*: Seiten- und Hinterbühne *f*; *fig* ***dans les*** ~***s*** hinter den Kulissen

▶**couloir** [kulwar] *m* Flur *m*; Gang *m*

▶**coup** [ku] *m* Schlag *m*, Stich *m*, Stoß *m*; Schuss *m*; Schluck *m*; (Spiel-)Zug *m*; *fig* Coup *m*, Stückchen *n*; ***coup d'État*** Staatsstreich *m*; ***coup de chance*** Glücksfall *m*; ***donner un coup de main*** behilflich sein; ***coup de feu*** Schuss *m*; ***coup de génie*** Geistesblitz *m*; ***coup de maître*** Meisterstück *n*; ▶ ***coup d'œil*** Blick *m*; ***coup de pied*** Tritt *m*; ▶ ***coup de téléphone*** Anruf *m*; ▶ ***avoir un coup de soleil*** e-n Sonnenbrand haben; ***coup franc*** *Sport*: Freistoß *m*; ***tout d'un coup*** mit e-m Male; ***tout à coup*** plötzlich; ***à coups de*** mit, durch, mittels; ***à coup sûr*** sicherlich; ***du coup*** deshalb; ***du même coup*** bei dieser Gelegenheit; ***pour le coup*** (für) diesmal; F ***être dans le coup*** mitmachen, mit dabei sein; ***tenir le coup*** durchhalten

▶**coupable** [kupablə] schuldig

coupage [kupaʒ] *m* Schneiden *n*; *Wein*: Verschnitt *m*

coup-de-poing [kudpwɛ̃] *m* (⚠ *pl* ***coups-de-poing***) Schlagring *m*

coupe[1] [kup] *f* Schneiden *n*; Schnitt *m*; Zuschneiden *n*; *Holz*: Fällen *n*

coupe[2] [kup] *f* (Trink-)Schale *f*; Pokal *m*

coupe|-circuit [kupsirkɥi] *m* (⚠ *pl unv*) *tech* Sicherung *f*, Sicherheitsschalter *m*; **~-faim** [-fɛ̃] *m* (⚠ *pl* ***coupe-faims***) Appetitzügler *m*; **~-ongle** [-ɔ̃gl] *m* (⚠ *pl* ***coupe-ongles***) Nagelknipser *m*; **~-papier** [-papje] *m* (⚠ *pl unv*) Papiermesser *n*

▶**couper** [kupe] (1a) (ab-, auf-, durch-, zer)schneiden; unterbrechen; trennen; streichen, kürzen; *Wein*: verschneiden; *Flüssigkeit*: mischen; *Tier*: kastrieren; *Karten*: abheben

coupl|e [kuplə] *m* Paar *n* (*lebender Wesen*); **~er** (1a) *tech* koppeln

couplet [kuplɛ] *m* Strophe *f*

coupole [kupɔl] *f arch* Kuppel *f*; ***la*** ♀ die Académie Française

coupon [kupɔ̃] *m* Tuchrest *m*; *comm* Zinsschein *m*; *allg* Abschnitt *m*; **~-réponse** [-repɔ̃s] *m* (⚠ *pl* ***coupons-réponse***) Rückantwortschein *m*

C

In der französischen Umgangssprache wird ***un coup de*** *+ substantif* relativ häufig verwendet:

*Je te donnerai un **coup de fil** / un **coup de téléphone** demain soir.*	Ich rufe dich morgen Abend an.
*Tu peux me donner un **coup de main?***	Kannst du mir mal helfen?
*Jetez un **coup d'œil** dans ce livre.*	Werft doch mal einen Blick in dieses Buch!
*François a donné un **coup de poing** / un **coup de pied** à Nicolas.*	François versetzte Nicolas einen Fausthieb / einen Fußtritt.

coupure [kupyr] *f* Schnitt(wunde) *m(f)*; Kürzung *f*; Einschnitt *m*; Geldschein *m*, Banknote *f*

▶**cour** [kur] *f* Hof *m*; *jur* Gerichtshof *m*; ⚠ **la ~**; ⚠ *nicht verwechseln mit* **le cours** *u* **la course**

▶**courage** [kuraʒ] *m* Mut *m*; ⚠ *le* ~

▶**courag|eux, ~euse** [kuraʒø, -øz] mutig, beherzt

couramment [kuramɑ̃] *adv* geläufig, fließend

▶**cour|ant, ~ante** [kurɑ̃, -ɑ̃t] **1.** *adj* laufend; fließend; üblich, gebräuchlich; **2.** *m* Strom *m* (*a fig u Elektrizität*); Strömung *f*; Lauf *m*; ***courant d'air*** Luftzug *m*; ▶ ***être au courant*** auf dem Laufenden sein

courbature [kurbatyr] *f* Glieder-, Kreuzschmerzen *m/pl*; Muskelkater *m*

courb|e [kurb] **1.** *adj* gebogen; krumm; **2.** *f* Kurve *f*; Krümmung *f*; Wölbung *f*; **~er** (1a) krümmen, biegen; **se ~** sich bücken

coureur [kurœr] *m* Läufer *m*; Rennfahrer *m*

courge [kurʒ] *f bot* Kürbis *m*

courgettes [kurʒɛt] *f/pl bot* Zucchini *pl*

▶**courir** [kurir] (2i) rennen; *schnell* laufen; fließen; *Gerücht*: umgehen, im Umlauf sein; **~ *qc*** etw viel besuchen; e-r Sache nachlaufen; **~ *les femmes*** F hinter den Frauen her sein; ***en courant*** eilig; ⚠ *il **a** couru*

couronn|e [kurɔn] *f* Krone *f*; Kranz *m* (*a tech*); **~é, ~ée** gekrönt (**de** von); **~ement** [-mɑ̃] *m* Krönung *f*; **~er** (1a) krönen; *fig* auszeichnen; vollenden; bekränzen

courrai [kure] *futur von* ***courir***

▶**courrier** [kurje] *m* Post(sachen *f/pl*) *f*, Korrespondenz *f*; Postflugzeug *n*, -schiff *n*, -wagen *m*; Kurier *m*, Bote *m*; **~ *électronique*** E-Mail *f*, elektronische Post *f*; ***par le même ~*** mit gleicher Post; ***par retour du ~*** postwendend, umgehend

courroie [kurwa] *f* Riemen *m*, Gurt *m*; *auto* Keilriemen *m*

▶**cours** [kur] *m* **1.** Lauf *m*, Strömung *f*; *zeitlich*: Verlauf *m*; ▶ ***au cours de*** im Laufe (+ *gén*); **2.** *écon* Kurs *m*; **3.** Unterrichtsstunde *f*; Vorlesung *f*; Kursus *m*; Lehrbuch *n*; ***cours de base*** Grundkurs *m*; ***cours magistral*** Vorlesung *f*; ⚠ *nicht verwechseln mit* ***la cour*** *u* ***la course***; *cf Info-Fenster Seite 98*

▶**course** [kurs] *f* Laufen *n*; Wettrennen *n*; Fahrt *f* (*e-s Wagens*); ***course en montagne*** Bergtour *f*; ***course aux armements*** Rüstungswettlauf *m*; ***course en sac*** Sackhüpfen *n*; ▶ ***courses*** *pl* Besorgungen *f/pl*

court¹ [kur] *m* (*a* **~ *de tennis***) Tennisplatz *m*

▶**court², courte** [kur, kurt] kurz; ***à court de*** ohne

court-circuit [kursirkɥi] *m* (⚠ *pl* ***courts-circuits***) *tech* Kurzschluss *m*

courtier [kurtje] *m* Makler *m*

courtisan [kurtizɑ̃] *m hist* Höfling *m*

C

tu as cours demain?

Mit ***le cours*** kann ein ganzer Kurs, aber auch eine einzelne Unterrichtsstunde gemeint sein:

le cours d'allemand
– die Deutschstunde
le cours magistral
– die Vorlesung
le cours du soir
– der Abendkurs
le cours de vacances
– der Ferienkurs
le cours par correspondance
– der Fernkurs
le cours privé
– der Privatunterricht

avoir cours
– Unterricht haben (*Schüler oder Lehrer in der Schule*)
donner un cours de français
– einen Französischkurs geben
faire un cours de danse
– einen Tanzkurs abhalten

courtisane [kurtizan] *f* Kurtisane *f*
courtiser [kurtize] (1a) ~ ***qn*** j-m den Hof machen; *fig péj* j-n hofieren
court|ois, ~oise [kurtwa, -waz] rücksichtsvoll; höflich; *hist* höfisch; **~oisie** [-wazi] *f* Höflichkeit *f*; Vornehmheit *f*
couru, ~e [kury] *p/p von* **courir** *u adj* viel besucht
courus [kury] *p/s von* **courir**
couscous [kuskus] *m cuis* Kuskus *m*
▶**cous|in, ~ine** [kuzɛ̃, -in] *m* Vetter *m*; *f* Base *f*, Kusine *f*
cousis [kuzi] *p/s von* **coudre**
coussin [kusɛ̃] *m* Kissen *n*
coussinet [kusinɛ] *m* kleines Kissen *n*; *tech* Lager *n*
cousu, ~e [kuzy] *p/p von* **coudre** *u adj* genäht; *fig* **être** (**tout**) ~ ***d'or*** steinreich sein
coût [ku] *m* Kosten *pl*
coûtant [kutɑ̃] ***prix*** *m* ~ Selbstkostenpreis *m*
▶**couteau** [kuto] *m* (⚠ *pl* **~x**) Messer *n*
▶**coûter** [kute] (1a) kosten; ~ ***cher*** teuer sein; *fig* ~ ***cher à qn*** j-n teuer zu stehen kommen; ***coûte que coûte*** koste es, was es wolle

Nach dem Verb **coûter** folgt gewöhnlich die Angabe des Preises:

Cette voiture coûte cent mille francs. – Dieses Auto kostet hunderttausend Franc.

Daneben gibt es auch noch die Konstruktion ***coûter cher***, in der *cher* unveränderlich ist:

Cette voiture neuve, elle m'a coûté très cher. – Dieses neue Auto hat mich sehr viel Geld gekostet.

coût|eux, ~euse [kutø, -øz] kostspielig
coutume [kutym] *f* Gewohnheit *f*; Brauch *m*, Sitte *f*
coutur|e [kutyr] *f* Naht *f*; Nähen *n*; Näharbeit *f*; **~ier** [-je] *m* Modeschöpfer *m*
▶**couturière** [kutyrjɛr] *f* Schneiderin *f*
couvent [kuvɑ̃] *m* Kloster *n*
couver [kuve] (1a) (be-, aus)brüten; *fig* aushecken; F *Krankheit*: ausbrüten; ~ ***qn*** j-n verhätscheln; *fig* ~ ***sous la cendre*** unter der Oberfläche schwelen
▶**couvercle** [kuvɛrklə] *m* Deckel *m*
couv|ert, ~erte [kuvɛr, -ɛrt] **1.** *p/p von* **couvrir** *u adj* bedeckt; überdacht; **être bien** ~ warm angezogen sein; gut zugedeckt sein; **à ~ de** sicher vor; *fig* **sous le ~ de** unter dem Vorwand von; **2.** *m* Gedeck *n*; Besteck *n*; ***mettre le*** ~ den Tisch decken; ⚠ *nicht* Kuvert
▶**couverture** [kuvɛrtyr] *f* Decke *f*; Umschlag *m*; Einband *m*; *Zeitung*: Titelseite *f*; *mil u Versicherung*: Deckung *f*
couveuse [kuvøz] *f* Brutapparat *m*, -kasten *m*
couvre|-chef [kuvrəʃɛf] *m* (⚠ *pl* ***couvre-chefs***) *plais* Kopfbedeckung *f*; **~-feu** [-ø] *m* (⚠ *pl* ***couvre-feux***) Ausgangssperre *f*; **~-lit** [-li] *m* (⚠ *pl* ***couvre-lits***) Tagesdecke *f*
▶**couvrir** [kuvrir] (2f) (be-, zu)decken;

fig überhäufen (**de** mit); ~ ***qn*** j-n decken; **se** ~ sich warm anziehen
crabe [krab] *m* Krebs *m*; Krabbe *f*; ⚠ ***le*** ~
crachat [kraʃa] *m* Spucke *f*
crach|é [kraʃe] F ***tout*** ~ ganz aus dem Gesicht geschnitten; **~er** (1a) spucken; spritzen (*Füllhalter*); **~in** *m* Nieselregen *m*; **~oir** [-war] *m* Spucknapf *m*; **~oter** [-ɔte] (1a) oft ausspucken
crack [krak] *m* F Kanone *f*, *Sport*: Ass *n*
craie [krɛ] *f* Kreide *f*
craignis [krɛɲi] *p/s von* **craindre**
▶**craindre** [krɛ̃drə] (4b) ~ ***qn***, ***qc*** j-n, etw fürchten, sich vor j-m *od* etw fürchten; ~ **de** (+ *inf*) sich scheuen zu (+ *inf*); ~ **que** (**ne**) (+ *subj*) fürchten, dass ...
▶**crainte** [krɛ̃t] *f* Furcht *f*, Scheu *f*, Angst *f*; **de** ~ **de** aus Furcht vor
craint|if, ~ive [krɛ̃tif, -iv] furchtsam, ängstlich
crampe [krɑ̃p] *f méd* Krampf *m*; ⚠ ***la*** ~
cramp|on [krɑ̃pɔ̃] *m* Klammer *f*; *Bergsteigen*: Steigeisen *n*; **~onner** [-ɔne] (1a) an-, verklammern; **se** ~ (**à**) sich klammern (an)
cran [krɑ̃] *m* Einschnitt *m*, Kerbe *f*; F ***avoir du*** ~ Schneid haben
crân|e [krɑn] *m* Schädel *m*; **~er** (1a) F angeben; **~erie** *f* Großsprecherei *f*
crapaud [krapo] *m zo* Kröte *f*
crapoter [krapɔte] (1a) F paffen
crapule [krapyl] *f* Lumpenpack *n*; Lump *m*
craque [krak] *f* F Aufschneiderei *f*; Lügenmärchen *n*; **~lé, ~lée** [krakle] rissig; **~lure** [-lyr] *f* Riss *m*, Sprung *m*; **~ment** *m* Krachen *n*, Knarren *n*
craquer [krake] (1m) krachen, knacken, knirschen
craqueter [krakte] (1c) knistern; klappern (*Storch*)
crash [kraʃ] *m* Absturz *m*
crass|e [kras] **1.** *adj* extrem; **2.** *f* Schmutz *m*, Dreck *m*; **~eux, ~euse** [-ø, -øz] schmutzig, dreckig
cratère [kratɛr] *m* Krater *m*
▶**cravate** [kravat] *f* Krawatte *f*, Schlips *m*; ⚠ *Schreibung*
crawl [krol] *m Sport*: Kraulen *n*
▶**cray|on** [krɛjɔ̃] *m* Bleistift *m*, Stift *m*; Bleistift-, Kreidezeichnung *f*; ~ ***feutre*** Filzstift *m*; ~ ***optique*** Lichtgriffel *m*; ~ ***khôl*** Kajalstift *m*; **~onner** [-ɔne] (1a) kritzeln; skizzieren
créanc|e [kreɑ̃s] *f comm* (Schuld-)Forderung *f*; *Diplomatie*: ***lettres*** *f/pl* ***de*** ~ Beglaubigungsschreiben *n*; **~ier, ~ière** [-je, -jɛr] *m*, *f* Gläubiger(in) *m(f)*
créa|teur, ~trice [kreatœr, -tris] **1.** *adj* schöpferisch, kreativ; **2.** *m*, *f* Schöpfer(in) *m(f)*; **~tif, ~tive** [-tif, -tiv] kreativ; **~tion** *f* Schöpfung *f*; Schaffung *f*; Schaffen *n*; *Theater*: Erstinszenierung *f*; **~tivité** [-tivite] *f* Kreativität *f*; **~ture** [-tyr] *f* Geschöpf *n*
crèche [krɛʃ] *f* Krippe *f*; Kinderkrippe *f*
créd|ibilité [kredibilite] *f* Glaubwürdigkeit *f*; **~ible** glaubwürdig
▶**crédit** [kredi] *m* Kredit *m*; *fig* Ansehen *n*; **~-bail** [-baj] *m* (⚠ *pl* ***crédits-bails***) Leasing *n*
créditer [kredite] (1a) gutschreiben (***qn d'une somme*** j-m e-n Betrag)
crédul|e [kredyl] leichtgläubig; **~ité** *f* Leichtgläubigkeit *f*
créer [kree] (1a) (er)schaffen; *fig* gründen; erfinden; ersinnen
crémaillère [kremajɛr] *f tech* Zahnstange *f*; ***chemin*** *m* ***de fer à*** ~ Zahnradbahn *f*; *fig* ***pendre la*** ~ die neue Wohnung einweihen
crématoire [krematwar] **1.** *adj* Verbrennungs...; **2.** *m* Krematorium *n*
▶**crème** [krɛm] *f* Sahne *f*, Rahm *m*; Creme *f*; *fig* F Creme *f* (der Gesellschaft); ~ ***Chantilly*** Schlagsahne *f*; ~ ***à raser*** Rasiercreme *f*; ~ ***à épiler*** Enthaarungscreme *f*; ~ ***hydratante*** Feuchtigkeitscreme *f*
crémerie [krɛmri] *f* Milchgeschäft *n*
créneau [kreno] *m* (⚠ *pl* **~x**) Zinne *f*; Schießscharte *f*; Parklücke *f*; *écon* Marktlücke *f*
crêpe [krɛp] **1.** *m* Krepp *m*; Trauerflor *m*; **2.** *f* (dünner) Pfann-, Eierkuchen *m*
crêper [krɛpe] (1b) *Haare*: toupieren
crépi [krepi] *m* Bewurf *m*, Putz *m*
crép|ir [krepir] (2a) verputzen; **~iter** [-ite] (1a) knistern, prasseln; **~u, ~ue** [-y] kraus
crépuscule [krepyskyl] *m* Dämmerung *f*
cresson [kresɔ̃ *od* krəsɔ̃] *m bot* Kresse *f*
crétacé, ~e [kretase] *géol* **1.** *adj* Kreide..., kreidig; **2.** *m* Kreidezeitalter *n*
Crète [krɛt] ***la*** ~ Kreta *n*
crête [krɛt] *f* (Hahnen-)Kamm *m*; Bergkamm *m*; Dachfirst *m*

crét|in, ~ine [kretɛ̃, -in] **1.** *adj* schwachsinnig; F dumm, blöd; **2.** *m,f* Schwachsinnige(r) *m,f*; F Dummkopf *m*, Idiot *m*

C

creuser [krøze] (1a) ausgraben, -bohren, -höhlen; *fig* ***se ~ la cervelle*** sich den Kopf zerbrechen

creuset [krøzɛ] *m tech u fig* Schmelztiegel *m*

► **creux, creuse** [krø, krøz] **1.** *adj* hohl; ***heures*** *f/pl* ***creuses*** Zeiten, in denen wenig Betrieb ist; **2.** *adv* ***sonner creux*** hohl klingen; **3.** *m* Höhlung *f*; *fig* Leere *f*

crevaison [krəvɛzɔ̃] *f* Platzen *n*; *auto, Fahrrad*: Reifenpanne *f*

crev|ant, ~ante [krəvɑ̃, -ɑ̃t] F ermüdend

crevass|e [krəvas] *f* Spalt *m*, Riss *m*; **~er** (1a) rissig machen; ***se ~*** Risse bekommen

crever [krəve] (1d) platzen lassen, zerstechen, aufschlitzen; bersten, platzen; krepieren, eingehen; F ***j'ai crevé*** ich habe e-n Platten (*e-e Reifenpanne*)

crevette [krəvɛt] *f zo* Garnele *f*

► **cri** [kri] *m* Schrei *m*; Ruf *m*; *fig* ***le dernier ~*** der letzte Schrei

criailler [krijɑje] (1a) kreischen; keifen

cri|ant, ~ante [krijɑ̃, -ɑ̃t] (himmel)schreiend

cri|ard, ~arde [krijar, -ard] schreiend, kreischend; *Farbe*: grell

cribl|e [kriblə] *m* Sieb *n*; **~er** (1a) durchlöchern, -bohren; (aus)sieben

cric [krik] *m* Wagenheber *m*

criée [krije] *f* ***vente*** *f* ***à la ~*** öffentliche Versteigerung

► **crier** [krije] (1a) schreien; (zu-, aus)rufen; knarren; knirschen

► **crime** [krim] *m* Verbrechen *n*

Crimée [krime] ***la ~*** die Krim

criminalité [kriminalite] *f* Kriminalität *f*

► **crimin|el, ~elle** [kriminɛl] **1.** *adj* verbrecherisch; Kriminal...; **2.** *m, f* Verbrecher(in) *m(f)*

crin [krɛ̃] *m* Rosshaar *n* (*bes Mähne u Schweif*); *fig* ***à tous ~s*** leidenschaftlich, mit Leib und Seele

crinière [krinjɛr] *f* Mähne *f*

criquet [krikɛ] *m zo* Feldheuschrecke *f*

► **crise** [kriz] *f* Krise *f* (*a méd*); ***~ cardiaque*** Herzanfall *m*; Herzschlag *m*; ***~ de foie*** Magenverstimmung *f*; ***~ de nerfs*** hysterischer Anfall *m*; ***~ de la quarantaine*** Midlife-Crisis *f*; ***~ du logement*** Wohnungsnot *f*

crisper [krispe] (1a) kräuseln; verkrampfen, verzerren; F *fig* wütend machen

crisser [krise] (1a) knirschen

cristal [kristal] *m* (⚠ *pl* **-aux**) Kristall *m*; Kristall(glas) *n*

cristalliser [kristalize] (1a) kristallisieren; *fig* (**se**) ~ deutlich werden

critère [kritɛr] *m* Kriterium *n*; Maßstab *m*

► **critique** [kritik] **1.** *adj* kritisch; **2.** *m* Kritiker(in) *m(f)*; **3.** *f* Kritik *f*; Rezension *f*

► **critiquer** [kritike] (1m) kritisieren

croasser [krɔase] (1a) krächzen

croat|e [krɔat] kroatisch; **Ƨe** *m,f* Kroate *m*, Kroatin *f*; **Ƨie** [krɔasi] ***la ~*** Kroatien *n*; ⚠ *Aussprache*

croc [kro] *m* Fangzahn *m*; Haken *m*

croc-en-jambe [krɔkɑ̃ʒɑ̃b] *m* (⚠ *pl* ***crocs-en-jambe***) Beinstellen *n*

croch|et [krɔʃɛ] *m* Haken *m*; Häkelnadel *f*; *Straße*: Bogen *m*; ***~s*** *pl* eckige Klammern *f/pl*; ***faire du ~*** häkeln; **~eter** [krɔʃte] (1e) mit dem Dietrich öffnen; **~u, ~ue** [-y] krumm; hakenförmig

crocodile [krɔkɔdil] *m zo* Krokodil *n*

► **croire** [krwar] (4v) **1.** glauben (***qc, qn*** etw, j-m); ***~ qc de qn*** etw von j-m glau-

> Das Verb ***croire*** hat – im Gegensatz zum deutschen Verb ‚glauben' – lediglich ein Objekt:
>
> *Le juge ne voulait pas croire ce témoin.* – Der Richter wollte diesem Zeugen nicht glauben.
> *Personne ne voulait croire cette information.* – Niemand wollte diese Nachricht glauben.
>
> Wie drückt man dann folgenden Satz im Französischen aus? Wir glauben Josette diese Geschichte nicht. Hierzu gibts den Trick mit dem Relativsatz:
> *Nous ne croyons pas l'histoire que Josette nous a racontée.*

ben; ***je le crois*** ich glaube es; ich glaube (es) ihm; ***on le croyait médecin*** man hielt ihn für e-n Arzt; ***en ~ qn*** sich auf j-n verlassen; ***à en ~ les journaux*** wenn man den Zeitungen Glauben schenken will; ***faire ~ qc à qn*** j-m etw weismachen; **2.** ***~ à qc*** an etw glauben; ***~ en qn*** an j-n glauben; ***~ en Dieu*** an Gott glauben; **3.** ***se ~ qn*** sich für j-n halten; ***il se croit intelligent*** er hält sich für intelligent

crois|ade [krwazad] *f* Kreuzzug *m*; **~é, ~ée 1.** *adj* gekreuzt; **2.** *m* Kreuzfahrer *m*; **3.** *f* Kreuzung *f*; **~ement** [-mɑ̃] *m* Kreuzen *n*; Kreuzung *f* (*a biol*); **~er** (1a) kreuzen (*a mar, biol*); ***~ qn*** j-m begegnen; **~eur** *m mar* Kreuzer *m*; **~ière** [-jɛr] *f mar* Kreuzfahrt *f*

croiss|ance [krwasɑ̃s] *f* Wachstum *n*; **~ant**[1], **~ante** [-ɑ̃, -ɑ̃t] wachsend; zunehmend

▶ **croissant**[2] [krwasɑ̃] *m cuis* Hörnchen *n*; **~ (de lune)** Mondsichel *f*; *Islam*: Halbmond *m*

croître [krwɑtrə] (4w) wachsen

▶ **croix** [krwa] *f* Kreuz *n*; ***c'est la ~ et la bannière*** es ist verdammt schwierig; ⚠ ***la ~***

croqu|ant, ~ante [krɔkɑ̃, -ɑ̃t] knusprig

croque|-mitaine [krɔkmitɛn] *m* (⚠ *pl* ***croque-mitaines***) schwarzer Mann *m*; **~-monsieur** *m* (⚠ *pl unv*) *cuis* Schinkentoast *m* mit Käse; **~-mort** [-mɔr] F *m* (⚠ *pl* ***croque-morts***) Sargträger *m*

croquer [krɔke] (1m) **1.** knabbern; knuspern; *im Mund*: krachen, knirschen; **2.** skizzieren, entwerfen

croquis [krɔki] *m* Skizze *f*

crott|e [krɔt] *f* Kot *m*; F *fig* ***~ de bique*** Plunder *m*; **~in** *m* Pferdemist *m*

croul|ant, ~ante [krulɑ̃, -ɑ̃t] baufällig; **~er** (1a) einstürzen; zusammenbrechen

croup [krup] *m méd* Krupp *m*

croustill|ant, ~ante [krustijɑ̃, -ɑ̃t] knusprig

croût|e [krut] *f* Kruste *f*, Rinde *f*; Schorf *m*; F ***casser la ~*** e-n Imbiss zu sich nehmen; **~er** (1a) F futtern; **~on** *m* (Brot-)Kanten *m*; Brotwürfel *m*

croy|able [krwajablə] (*meist negativ*) glaubhaft; **~ance** *f* Glaube(n) *m*; **~ant, ~ante** [-ɑ̃, -ɑ̃t] *rel* **1.** *adj* gläubig; **2.** *m, f* Gläubige(r) *m, f*

C.R.S. [seɛrɛs] (*abr* ***compagnie républicaine de sécurité***) *etwa* Bereitschaftspolizei *f*

▶ **cru, ~e** [kry] **1.** *p/p von* ***croire***; **2.** *adj* ungekocht, unbearbeitet, roh; grell; *fig* geradeheraus; **3.** *m* (Wein-)Gebiet *n*; Weinberg *m*; ***du ~*** einheimisch; *fig* ***de mon ~*** von mir erfunden

cruauté [kryote] *f* Grausamkeit *f*

cruche [kryʃ] *f* Krug *m*

cruci|al, ~ale [krysjal] (⚠ *m/pl* ***-aux***) entscheidend

cruci|fié [krysifje] *m* Gekreuzigte(r) *m*; **~fiement** [-fimɑ̃] *m* Kreuzigung *f*; **~fier** [-fje] (1a) kreuzigen; **~fix** [-fi] *m* Kruzifix *n*; **~fixion** [-fiksjɔ̃] *f Kunst*: Kreuzigung *f*

crudité [krydite] *f* Grobheit *f*; Härte *f*; **~s** *pl* Rohkost *f*

crue [kry] *f* Hochwasser *n*

▶ **cruel, ~le** [kryɛl] grausam

crûment [krymɑ̃] *adv* unumwunden, schonungslos

crus [kry] *p/s von* ***croire***

crustacés [krystase] *m/pl zo* Krusten-, Krebstiere *n/pl*

crustacés et coquillages

Auf vielen Speisekarten insbesondere in Restaurants entlang der Atlantikküste findet man die Rubrik ***Crustacés et Coquillages.***

Les crustacés sind Krustentiere wie zum Beispiel ***les crevettes*** (Garnelen), ***les langoustes*** (Langusten), ***les crabes*** (Krabben, deren helles Fleisch in den Beinen und Scheren sehr geschätzt wird), ***les araignées de mer*** (Meeresspinnen, die allerdings aussehen wie langbeinige Krabben ohne Scheren) oder ***le homard*** (der Hummer, das größte Schalentier).

Unter ***les coquillages*** sind alle Meerestiere zu verstehen, die in einer Muschelschale leben. Eine

C

Spezialität in der Bretagne sind die ***coquilles St. Jacques*** (die Jakobsmuscheln, deren Fleisch dem Krabbenfleisch ähnelt) sowie die ***palourdes*** (Venusmuscheln). Des Weiteren werden gern ***les huîtres*** (Austern) angeboten, die roh verspeist werden, sowie ***les moules*** (Miesmuscheln), die zumeist mit Zwiebeln in Weißweinsoße serviert werden.

crypte [kript] *f* Krypta *f*
Cuba [kyba] Kuba *n*
cubage [kybaʒ] *m* Kubikinhalt *m*
▶**cub|e** [kyb] *math* **1.** *m* Würfel *m*; Kubikzahl *f*, dritte Potenz *f*; **2.** *adj* Kubik...; **~ique** kubisch; **~isme** *m Kunst*: Kubismus *m*; **~iste** *m* Kubist *m*
cueillette [kœjɛt] *f* Obsternte *f*; Erntezeit *f*
▶**cueillir** [kœjir] (2c) pflücken; *fig* ernten
▶**cuiller** *od* **cuillère** [kɥijɛr] *f* Löffel *m*
cuillerée [kɥij(e)re] *f ein* Löffel voll
▶**cuir** [kɥir] *m* Leder *n*; **~ *chevelu*** Kopfhaut *f*
▶**cuire** [kɥir] (4c) kochen; braten; backen; ***faire ~ qc*** etw kochen, braten, backen; ⚠ *aber*: ***faire du café*** Kaffee kochen; ***l'eau bout*** das Wasser kocht
cuis|ant, ~ante [kɥizɑ̃, -ɑ̃t] brennend, stechend; schmerzlich
▶**cuisine** [kɥizin] *f* Küche *f*; ▶ ***faire la cuisine*** kochen (*die Mahlzeiten bereiten*)
cuisin|é [kɥizine] ***plat*** *m* **~** Fertiggericht *n*; **~er** (1a) zubereiten, kochen
▶**cuisinier** [kɥizinje] *m* Koch *m*
▶**cuisinière** [kɥizinjɛr] *f* Köchin *f*; Küchenherd *m*
cuiss|e [kɥis] *f* (Ober-)Schenkel *m*; **~eau** *m* (⚠ *pl* **~x**) Kalbskeule *f*
cuisson [kɥisɔ̃] *f* Kochen *n*; Backen *n*; Sieden *n*; Garen *n*
▶**cuit, cuite** [kɥi, kɥit] *p/p von* ***cuire*** *u adj* **1.** gekocht; gebraten; gebacken; **2.** *Ton etc*: gebrannt
cuite [kɥit] *f* **1.** Brennen *n*, Brand *m* (*von Porzellan*); **2.** F Rausch *m*

▶**cuivr|e** [kɥivrə] *m* Kupfer *n*; **~ *jaune*** Messing *n*; **~er** (1a) verkupfern
cul [ky] *m* P Arsch *m*
culbut|e [kylbyt] *f* Purzelbaum *m*; ***faire la ~*** e-n Purzelbaum schießen; **~er** (1a) umwerfen; über den Haufen rennen; *Wagen*: sich überschlagen
cul-de-sac [kydsak] *m* (⚠ *pl* ***culs-de-sac***) Sackgasse *f* (*a fig*)
culinaire [kylinɛr] Koch..., Küchen..., kulinarisch
culmin|ant [kylminɑ̃] ***point*** *m* **~** *astr* Kulminationspunkt *m*; *fig* Höhepunkt *m*; **~er** (1a) seinen höchsten Punkt haben; *fig* den Höhepunkt erreichen
culot [kylo] F *m* Frechheit *f*, Unverschämtheit *f*
▶**culott|e** [kylɔt] *f* (kurze) Hose *f*; Schlüpfer *m*; **~é, ~ée** F frech, dreist
culpabilité [kylpabilite] *f* Schuld *f*
culte [kylt] *m rel* Kult(us) *m*; Religion *f*; Konfession *f*; Gottesdienst *m*
cultiv|able [kyltivablə] *agr* anbaufähig; **~ateur, ~atrice** [-atœr, -atris] *m, f* Landwirt(in) *m(f)*
▶**cultivé, ~e** [kyltive] gebildet; *agr* bebaut
▶**cultiver** [kyltive] (1a) **1.** *agr* an-, bebauen, bestellen; (an)pflanzen, ziehen; **2.** *fig* betreiben, pflegen, üben; **se ~** sich weiterbilden
▶**cultur|e** [kyltyr] *f* **1.** *agr* Bebauung *f*; Zucht *f*; Anbau *m*; **2.** Bildung *f*; Kultur *f*; **~el, ~elle** kulturell, Kultur...; **~isme** *m* Bodybuilding *n*
cumin [kymɛ̃] *m bot* Kümmel *m*
cunéiforme [kyneifɔrm] keilförmig
cupidité [kypidite] *f* Begierde *f*, Habsucht *f*
▶**cure** [kyr] *f* **1.** *méd* Kur *f*; **2.** *égl* Pfarre *f*; Pfarrstelle *f*
curé [kyre] *m* (katholischer) Pfarrer *m*
cure-dent [kyrdɑ̃] *m* (⚠ *pl* ***cure-dents***) Zahnstocher *m*
curer [kyre] (1a) reinigen, säubern
▶**curi|eux, ~euse** [kyrjø, -øz] **1.** neugierig; wissbegierig; **2.** seltsam, sonderbar
curiosité [kyrjɔzite] *f* **1.** Neugierde *f*; Wissbegier *f*; **2.** **~s** *pl* Sehenswürdigkeiten *f/pl*
curiste [kyrist] *m, f* Kurgast *m*
curriculum vitæ [kyrikylɔmvite] *m* (⚠ *pl unv*) Lebenslauf *m*

curseur [kyrsœr] *m* Cursor *m*
cursus [kyrsys] *m* Studiengang *m*; Werdegang *m*
cutané, ~e [kytane] Haut...
cuv|e [kyv] *f* Gärbehälter *m*, Bütte *f*, Bottich *m*; **~ée** [-e] *f* Inhalt *m* e-s Gärbehälters; Weinsorte *f*; **~er** (1a) in der Kellerei gären; *fig* **~ son vin** seinen Rausch ausschlafen; **~ette** [-ɛt] *f* (Wasch-)Schüssel *f*; Waschbecken *n*
CV *m* (*abr* **cheval-vapeur**) *auto* (Steuer-)PS *n*
C.V. [seve] (*abr* **curriculum vitæ**) Lebenslauf *m*
cyber-espace [sibɛrɛspas] *m* Cyberspace *m*
cybernét|icien, ~icienne [sibɛrnetisjɛ̃, -isjɛn] *m, f* Kybernetiker(in) *m(f)*; **~ique** *f* Kybernetik *f*
cyclable [siklablə] **piste** *f* **~** Radfahrweg *m*
cyclamen [siklamɛn] *m bot* Alpenveilchen *n*
cycle¹ [siklə] *m* **1.** *allg* Kreis *m*; Zyklus *m*; *Literatur*: Sagenkreis *m*; **2.** *Schule*: **~ élémentaire** 1.-5. Volksschulklasse *f*; **premier ~** 1.-4. Gymnasialklasse; *Universität*: 1.+2. Studienjahr *n*; **second ~** 5.-7. Gymnasialklasse; *Universität*: 3.+4. Studienjahr *n*; **troisième ~** Studienzeit nach ‚licence' + ‚maîtrise' mit Abschluss ‚doctorat'
cycle² [siklə] *m meist pl* **~s** Fahr- *u* Dreiräder *n/pl*
cyclisme [siklismə] *m* Radsport *m*
▶**cycl|iste** [siklist] *m, f* Radfahrer(in) *m(f)*; **~omoteur** [-ɔmɔtœr] *m* Mofa *n*
cyclone [siklon] *m* Wirbelsturm *m*; Tiefdruckgebiet *n*, Tief *n*
cygne [siɲ] *m zo* Schwan *m*
cylindr|e [silɛ̃drə] *m math, tech* Zylinder *m*; Walze *f*; Rolle *f*; ⚠ *nicht* Zylinder(hut); **~ée** [-e] *f auto* Hubraum *m*; **~er** (1a) walzen
cymbale [sɛ̃bal] *f mus* Becken *n*
cyn|ique [sinik] zynisch; *philos* kynisch; **~isme** *m* Zynismus *m*; *philos* Kynismus *m*
cyprès [siprɛ] *m* Zypresse *f*; ⚠ **le ~**
cypriote [siprijɔt] *adj* zypriotisch
Cypriote [siprijɔt] *m, f* Zypriot(in) *m(f)*
cyrillique [sirilik] kyrillisch
cystite [sistit] *f méd* Blasenentzündung *f*

D

▶**d'abord** [dabɔr] zuerst einmal
▶**d'accord!** [dakɔr] einverstanden!
▶**dactylo** [daktilo] *f* Schreibkraft *f*; Maschineschreiben *n*; **~graphie** [-grafi] *f* Maschineschreiben *n*
dada [dada] *m enf* Pferdchen *n*; F Steckenpferd *n*
dadais [dadɛ] *m* (**grand**) **~** Tollpatsch *m*
daigner [deɲe] (1b) *st/s* **~** (+ *inf*) die Güte haben zu (+ *inf*), geruhen zu (+ *inf*)
dallage [dalaʒ] *m* Plattenbelag *m*
dall|e [dal] *f* **1.** Steinplatte *f*; Fliese *f*; **2.** P **que ~** nichts; **~er** (1a) mit Platten belegen
dalton|ien, ~ienne [daltɔnjɛ̃, -jɛn] farbenblind
damas [dama] *m* Damast(seide *f*) *m*; Damaszenerklinge *f*
▶**dam|e** [dam] *f* **1.** Dame *f* (*a im Karten-, Schach- u Damespiel*); Frau *f*; **2.** *tech* Stampfer *m*; **~e-jeanne** [-ʒan] *f* (⚠ *pl* **dames-jeannes**) große (Korb-)Flasche *f*; **~er** (1a) *Dame-, Schachspiel*: zur Dame machen; *tech* (fest)stampfen
damier [damje] *m* Schachbrett *n*
damn|able [danablə] *rel* verdammenswert; **~ation** *f* Verdammung *f*, Verdammnis *f*; **~er** (1a) verdammen; *fig* **faire ~ qn** j-n zur Verzweiflung bringen
dancing [dɑ̃siŋ] *m* Tanzlokal *n*
dandin|ement [dɑ̃dinmɑ̃] *m* Schwanken *n*, Schaukeln *n*; **~er** (1a) **se ~** hin und her schaukeln; watscheln
▶**Danemark** [danmark] **le ~** Dänemark *n*

► **danger** [dɑ̃ʒe] *m* Gefahr *f*; **~ de mort** Lebensgefahr *f*; **courir le ~ de** (+ *inf*) Gefahr laufen zu (+ *inf*)

► **danger|eux, ~euse** [dɑ̃ʒrø, -øz] gefährlich

dan|ois, ~oise [danwa, -waz] **1.** *adj* dänisch; **2.** ♀ *m, f* Däne, Dänin *m, f*

► **dans** [dɑ̃] **1.** *örtlich*: in, auf, an; **~ la rue** auf der Straße; **~** (*od* **chez**) **Molière** bei Molière; *fig* **être ~ le commerce** im Handel tätig sein; **boire ~ un verre** aus e-m Glas trinken; **2.** *zeitlich*: innerhalb von, in; **~ les 24 heures** innerhalb von 24 Stunden; **~ trois jours** in 3 Tagen; **3.** *Art u Weise*: **~ ces circonstances** unter diesen Umständen; **avoir ~ les 50 ans** etwa 50 Jahre alt sein

dans oder en?

1. **dans** steht bei ganz konkreten Ortsangaben:

Elle a mis ses vêtements ***dans*** ***une valise.*** – Sie packte ihre Kleidungsstücke in einen Koffer.

2. **en** wird verwendet:

a) vor Ländern und Regionen, die weiblichen Geschlechts sind:

en France	in Frankreich
en Irlande	in Irland
en Bretagne	in der Bretagne
en Alsace	im Elsass

b) in feststehenden Wendungen:

en ce moment	in diesem Augenblick
en mon nom	in meinem Namen
en la présence de	in Gegenwart von

dans|ant, ~ante [dɑ̃sɑ̃, -ɑ̃t] tanzend; **soirée** *f* **dansante** Tanzabend *m*

► **danse** [dɑ̃s] *f* Tanz *m*; ⚠ **la ~**

► **dans|er** [dɑ̃se] (1a) tanzen; **~eur** *m*, **~euse** *f* Tänzer(in) *m(f)*

► **Danube** [danyb] **le ~** die Donau

dard [dar] *m hist* Wurfspieß *m*; *Biene, Skorpion etc*: Stachel *m*

dare-dare [dardar] F eiligst, schleunigst

dartre [dartrə] *f méd* (Haut-)Flechte *f*

► **dat|e** [dat] *f* Datum *n*; Zeitpunkt *m*; Termin *m*; **de longue ~** seit langem; **~ limite** *od* **de péremption** Haltbarkeitsdatum *n*; ⚠ **la ~**; **~er** (1a) datieren; **~ de** stammen aus; **à ~ de ce jour** von diesem Tage an

datt|e [dat] *f* Dattel *f*; **~ier** [-je] *m* Dattelpalme *f*

daube [dob] *f cuis* Schmoren *n*; Schmorfleisch *n*

dauphin [dofɛ̃] *m* **1.** *zo* Delfin *m*; **2.** *hist* Dauphin *m* (*französischer Thronfolger*); *fig* Kronprinz *m*, Nachfolger *m*

► **davantage** [davɑ̃taʒ] mehr (**que** als)

D.C.A. *f* (*abr* **défense contre avions**) Flak *f*

► **de** [də] (*vor Vokal u stummem h* **d'**; ⚠ *„de le" wird zu* **du**, *„de les" zu* **des**); **1.** *prép* von; *örtlich*: von ... her, von ... weg, aus; **de ce côté-ci** von, auf, nach dieser Seite; *zeitlich*: **de jour** tagsüber; **de nos jours** heutzutage; **je n'ai pas dormi de la nuit** ich habe die ganze Nacht nicht geschlafen; ► **de ... à** von ... bis; *Grund*: **de peur** vor Angst; *Art u Weise*: **de force** mit Gewalt; **de plus en plus grand** immer größer; *Maßangabe*: **une planche de 10 cm de large** ein 10 cm breites Brett; *vor inf*: zu; **cesser de travailler** aufhören zu arbeiten; **2.** *Teilungsartikel* (*meist unübersetzt*): **du pain** Brot; **des petits pains** Brötchen; ⚠ *nach Mengenangaben nur* **de**

dé [de] *m* (*Spiel-*)Würfel *m*; **~** (**à coudre**) Fingerhut *m*

débâcle [debɑklə] *f* Eisgang *m*; *fig* wilde Flucht *f*, Auflösung *f*; Zusammenbruch *m*; Debakel *n*; ⚠ **la ~**

déballer [debale] (1a) auspacken

débarbouiller [debarbuje] (1a) **~ un enfant** e-m Kind das Gesicht waschen

débarcadère [debarkadɛr] *m mar* Landungsbrücke *f*; Landeplatz *m*

débard|age [debardaʒ] *m mar* Löschen *n*; **~er** (1a) *mar* ausladen, löschen; *Holz*: abfahren; **~eur** *m* Top *n*

débarqu|ement [debarkəmɑ̃] *m* Ausladen *n*, Löschen *n*; *Passagiere*: Anlandgehen *n*, Vonbordgehen *n*; *mil* Landung *f*; **~er** (1m) *mar* ans Land setzen, ausladen; *mil Truppen*: landen; *allg* an Land *od* von Bord gehen

débarras [debara] *m* **1.** F ***bon ~*** e-e wahre Erlösung!; **2.** Abstellraum *m*

débarrasser [debarase] (1a) aus-, abräumen; ***débarrasser de qc*** von etw befreien; ▶ ***se débarrasser de qn*** (***qc***) sich j-n (etw) vom Halse schaffen

débat [deba] *m* Debatte *f*, Erörterung *f*; ⚠ ***le ~***

débattre [debatrə] (4a) **~ *qc*** etw debattieren, durchsprechen; ***se ~*** sich wehren; *fig* sich abmühen (***contre*** mit)

débauch|e [deboʃ] *f* Ausschweifung *f*; **~é, ~ée 1.** *adj* ausschweifend, lasterhaft, liederlich; **2.** *m*, *f* Wüstling *m*; liederliches Frauenzimmer *n*; **~er** (1a) **1.** *Personal*: entlassen, abbauen; abwerben; **2.** F verleiten, verführen

débil|e [debil] **1.** *adj* schwächlich; hinfällig; *fig* ohnmächtig; F blöd, doof; P ***il est complètement ~*** bei dem tickt es nicht richtig; **2.** *m* **~ *mental*** Schwachsinnige(r) *m*; **~ité** *f* Schwäche *f*; **~ *mentale*** Schwachsinn *m*

débin|e [debin] P *f* Not *f*, Elend *n*; **~er** (1a) F anschwärzen; ***se ~*** türmen, abhauen

débit [debi] *m* **1.** Absatz *m*; Vertrieb *m*; **2.** **~ *de tabac*** Tabakladen *m*; **~ *de boissons*** Schankwirtschaft *f*; **3.** Redeweise *f*; Vortrag *m*; **4.** Ergiebigkeit *f*; Durchflussmenge *f*; Ausstoß *m*; Leistung *f*; **5.** *comm* Soll *n*, Debet *n*

débiter [debite] (1a) **1.** verkaufen, absetzen; **2.** *péj* von sich geben; aufsagen; herleiern; **3.** liefern, abgeben, ausstoßen; **4.** *comm* **~ *qn d'une somme*** j-n mit e-m Betrag belasten

débi|teur, ~trice *f* [debitœr, -tris] **1.** *m*, *f* Schuldner(in) *m*(*f*); **2.** *adj* Schuldner...

déblai [deblɛ] *m meist* **~s** *pl* Aushub *m*; Schutt *m*, Trümmer *pl*

déblayer [deblɛje] (1i) *e-n Platz*: abräumen; *von Schutt*: freilegen; *Erde etc*: wegschaffen

déblocage [deblɔkaʒ] *m tech* Lösen *n*; *écon* **~ *des prix*** Freigabe *f* der Preise

débloquer [deblɔke] (1m) *tech* lösen; *écon Preise etc*: freigeben; F Blödsinn reden

déboiser [debwaze] (1a) abholzen; entwalden

déboîter [debwate] (1a) ausrenken; *auto* ausscheren

débonnaire [debɔnɛr] gutmütig

débordé, ~e [debɔrde] überlastet, im Stress

débord|ement [debɔrdəmɑ̃] *m* Überlaufen *n*, Überschwemmung *f*; *fig* **~ *de joie*** Überschwang *m* der Freude; **~s** *pl* Exzesse *m*/*pl*; **~er** (1a) über die Ufer treten; überlaufen; *fig* ***faire ~ le vase*** das Maß voll machen; **~ *de santé*** vor Gesundheit strotzen

débouch|é [debuʃe] *m* **1.** Ausgang *m*; Einmündung *f*; **2.** *écon* Absatzmarkt *m*; **3.** **~s** *pl* Berufsaussichten *f*/*pl*; **~er** (1a) entkorken; *Rohr*: freimachen; **~ *de*** herauskommen aus; *Weg*: **~ *dans*** einmünden in; *fig* **~ *sur*** führen zu

déboucler [debukle] (1a) aufschnallen

déboulonner [debulɔne] (1a) abschrauben; *fig* **~ *qn*** j-n absägen

débourser [deburse] (1a) *Geld*: ausgeben

debout [dəbu] aufrecht (stehend); ▶ ***être debout*** stehen; auf(gestanden) sein; *fig* ***tenir debout*** Hand und Fuß haben

déboutonner [debutɔne] (1a) aufknöpfen

débraillé, ~e [debrɑje] schlampig, salopp

débrancher [debrɑ̃ʃe] (1a) *tech* abschalten; *Gerät*: ausstecken

débrayer [debrɛje] (1i) auskuppeln; *fig* die Arbeit niederlegen

débridé, ~e [debride] zügellos; entfesselt

débris [debri] *m*/*pl* Trümmer *pl*; Scherben *f*/*pl*

débrouill|ard, ~arde [debrujar, -ard] pfiffig, schlau

débrouiller [debruje] (1a) entwirren, ordnen, *fig* (auf)klären; ▶ ***se débrouiller*** sich zu helfen wissen, zurechtkommen

▶ **début** [deby] *m* Beginn *m*, Anfang *m*; *Theater*, *Politik etc*: **~s** *pl* Debüt *n*, erstes Auftreten *n*; **~ *mai*** Anfang Mai

▶ **début|ant, ~ante** [debytɑ̃, -ɑ̃t] *m*, *f* Anfänger(in) *m*(*f*); Neuling *m*; **~er** (1a) anfangen, beginnen

deçà [dəsa] *adv* ***en ~*** diesseits; *prép* ***en ~ de*** diesseits (+ *gén*)

D

décacheter [dekaʃte] (1c) *Umschlag*: öffnen
décad|ence [dekadɑ̃s] *f* Verfall *m*; Dekadenz *f*; **~ent, ~ente** [-ɑ̃, -ɑ̃t] dekadent; angekränkelt
décaféiné, ~e [dekafeine] ***café*** *m* **~** koffeinfreier Kaffee *m*
décal|age [dekalaʒ] *m* Verschiebung *f*; Abstand *m*; Unterschied *m*; ***souffrir du ~ horaire*** Jetlag haben; **~er** (1a) verschieben; versetzen
décalqu|age [dekalkaʒ] *m od* **décalqu|e** [dekalk] *m* (Ab-, Durch-)Pausen *n*; Pause *f*; **~er** (1m) (ab-, durch)pausen
décamper [dekɑ̃pe] (1a) F abhauen, sich verziehen
décaper [dekape] (1a) abbeizen; entrosten
décapiter [dekapite] (1a) enthaupten, köpfen
décapotable [dekapɔtablə] **1.** *adj* mit zurückklappbarem Verdeck; **2.** *f* (***voiture*** *f*) **~** Kabriolett *n*
décapsul|er [dekapsyle] (1a) den Deckel abnehmen von; **~eur** *m* Flaschenöffner *m*
décéd|é, ~ée [desede] verstorben; **~er** (1f) (ver)sterben, verscheiden
déceler [desle] (1d) nachweisen, feststellen; erkennen lassen
▶ **décembre** [desɑ̃brə] *m* Dezember *m*; ***en ~*** im Dezember; ***le 18 ~*** am 18. Dezember; ***le 18 ~ 1999*** der 18. Dezember 1999
décence [desɑ̃s] *f* Anstand *m*
décennie [deseni] *f* Jahrzehnt *n*
déc|ent, ~ente [desɑ̃, -ɑ̃t] (wohl)anständig; zurückhaltend; diskret; ⚠ *adv* ***décemment*** [-amɑ̃]
décentraliser [desɑ̃tralize] (1a) dezentralisieren
déception [desɛpsjɔ̃] *f* Enttäuschung *f*
décerner [desɛrne] (1a) *Preis*: verleihen, zuerkennen
décès [desɛ] *m* Ableben *n*; Tod *m*
décev|ant, ~ante [desəvɑ̃, -ɑ̃t] enttäuschend
décevoir [desəvwar] (3a) enttäuschen
déchaîn|ement [deʃɛnmɑ̃] *m* Entfesselung *f*; Ausbruch *m*; **~er** (1b) losketten; *fig* entfesseln; ***se ~*** aus-, losbrechen
décharge [deʃarʒ] *f phys* Entladung *f*; *comm u jur* Entlastung *f*; *mil* Salve *f*; **~ *publique*** Müllkippe *f*, Deponie *f*
▶ **décharger** [deʃarʒe] (1l) ab-, ausladen; entladen (*a Batterie*); *mar* löschen; *fig* entlasten; erleichtern; *Waffe*: abfeuern
décharné, ~e [deʃarne] mager, dürr
dèche [dɛʃ] F *f* Geldverlegenheit *f*; F Klemme *f*
déchéance [deʃeɑ̃s] *f* Verfall *m*; *jur* Verlust *m* e-s Rechtes
déchet [deʃɛ] *m meist pl* **~s** Abfälle *m/pl*, Abfall *m*; **~s *biodégradables*** kompostierbarer Müll *m*; **~s *hospitaliers*** Klinikmüll *m*; **~s *radioactifs*** Atommüll *m*; **~s *toxiques*** Giftmüll *m*
déchetterie [deʃɛtri] *f* Müllverwertungsanlage *f*
déchiffrer [deʃifre] (1a) entschlüsseln, entziffern; *mus* vom Blatt spielen *od* singen
déchir|ant, ~ante [deʃirɑ̃, -ɑ̃t] herzzerreißend; **~ement** [-mɑ̃] *m* (Zer-)Reißen *n*; *fig* (tiefer) Schmerz *m*
▶ **déchir|er** [deʃire] (1a) zerreißen (*a fig*); ***se ~*** reißen; **~ure** [-yr] *f* Riss *m*
déchoir [deʃwar] (3m) verfallen; **~ *de son rang*** seinen Rang verlieren
déchu, ~e [deʃy] heruntergekommen; *Herrscher*: gestürzt
décid|é, ~ée [deside] entschlossen; bestimmt; ***être ~ à qc*** entschlossen sein zu etw; **~ément** [-emɑ̃] *adv* wirklich; entschieden
▶ **décid|er** [deside] (1a) ***décider qc*** etw beschließen; ***décider qn à (faire) qc*** j-n zu etw veranlassen; ***décider de qc*** über etw entscheiden; ***décider de*** (+ *inf*) *od* ▶ ***se décider à*** (+ *inf*) beschließen zu (+ *inf*), sich entschließen zu (+ *inf*); **~eur** *m* Entscheidungsträger *m*
décimal, ~e [desimal] (⚠ *m/pl* ***-aux***) Dezimal..., Zehner...
décis|if, ~ive [desizif, -iv] entscheidend
▶ **décision** [desizjɔ̃] *f* Entscheidung *f*; Entschluss *m*; Entschlossenheit *f*
déclam|atoire [deklamatwar] *péj* schwülstig; **~er** (1a) deklamieren
▶ **déclaration** [deklarasjɔ̃] *f* Erklärung *f*; *bei Behörden*: Anmeldung *f*
▶ **déclarer** [deklare] (1a) erklären; anmelden; angeben; ***se ~*** sich äußern; *Feuer*, *Epidemie*: ausbrechen; ***se ~ coupable*** sich für schuldig erklären

déclasser [deklase] (1a) deklassieren; niedriger einstufen

déclench|ement [deklɑ̃ʃmɑ̃] *m* Auslösen *n*, Auslösung *f*; **~er** (1a) auslösen; **se ~** losgehen; ausbrechen; **~eur** *m Foto*: Auslöser *m*

déclic [deklik] *m* Auslösevorrichtung *f*; Klicken *n*; ***ça a été le ~*** der Groschen ist gefallen

déclin [deklɛ̃] *m* Niedergang *m*, Verfall *m*

déclin|aison [deklinɛzɔ̃] *f gr* Deklination *f*; **~er** (1a) verfallen; abnehmen; *Gesundheit*: sich verschlechtern; *Angebot, Ehrung, Verantwortung*: ablehnen; *gr* deklinieren; ***~ ses nom, prénoms et qualités*** seine Personalien angeben

déclive [dekliv] (***en***) **~** abschüssig

décod|er [dekɔde] (1a) dekodieren, entschlüsseln; **~eur** *m* Decoder *m*

décoiffer [dekwafe] (1a) *Haare*: zerzausen

décollage [dekɔlaʒ] *m aviat* Start *m*

▶ **décoller** [dekɔle] (1a) *Geleimtes*: losmachen, ablösen; *aviat* starten, abheben

décollet|é, ~ée [dekɔlte] **1.** *adj Kleid*: ausgeschnitten; **2.** *m* Dekolletee *n*

décolorer [dekɔlɔre] (1a) bleichen

décombres [dekɔ̃brə] *m/pl* Trümmer *pl*; (Bau-)Schutt *m*

décommander [dekɔmɑ̃de] (1a) abbestellen; absagen

décompacter [dekɔ̃pakte] (1a) *EDV* dekomprimieren, dearchivieren

décompos|er [dekɔ̃pɔze] (1a) zersetzen; zerlegen; *fig* entstellen; **se ~** verwesen; *Gesicht*: sich verzerren; **~ition** *f* Zerlegung *f*; Verwesung *f*

décompresser [dekɔ̃prɛse] (1a) *EDV* dekomprimieren, dearchivieren; *Person*: sich entspannen

décompt|e [dekɔ̃t] *m* Abzug *m* (*von e-r Summe*); Abrechnung *f*; **~er** (1a) abrechnen, abziehen

déconcert|ant, ~ante verwirrend, beunruhigend; **~er** (1a) ***~ qn*** j-n aus der Fassung bringen

déconf|it, ~ite [dekɔ̃fi, -it] betreten; enttäuscht; **~iture** [-ityr] *f* Scheitern *n*; Pleite *f*

décongeler [dekɔ̃ʒle] (1d) auftauen

décongestionner [dekɔ̃ʒɛstjɔne] (1a) *Straße*: entlasten

déconnecté, ~e [dekɔnɛkte] *EDV* offline

déconnecter [dekɔnɛkte] (1a) abschalten

déconner [dekɔne] P (1a) Blödsinn machen, reden

déconseiller [dekɔ̃sɛje] (1b) abraten (***qc à qn*** j-m von etw)

décontamination [dekɔ̃taminasjɔ̃] *f* Entseuchung *f*, Entgiftung *f*

décontenancer [dekɔ̃tnɑ̃se] (1k) aus der Fassung bringen

décontracté, ~e [dekɔ̃trakte] entspannt; F lässig; zwanglos

décor [dekɔr] *m* Ausstattung *f*; Schmuck *m*; **~s** *pl* Bühnenbild *n*; *fig* Umgebung *f*; **~atif, ~ative** [-atif, -ativ] schmückend; **~ation** *f* Verzierung *f*; Orden *m*

▶ **décorer** [dekɔre] (1a) ausschmücken (***de*** mit); ***~ qn*** j-m e-n Orden verleihen

décortiquer [dekɔrtike] (1m) schälen; *fig* zerpflücken

découcher [dekuʃe] (1a) auswärts schlafen

découdre [dekudrə] (4d) auftrennen

découler [dekule] (1a) **~ *de*** herrühren aus, sich ergeben aus

découper [dekupe] (1a) ausschneiden, zerschneiden; *fig* **se ~** sich abheben (***sur*** von *od* gegen)

découpure [dekupyr] *f* Aus-, Einschnitt *m*

découragement [dekuraʒmɑ̃] *m* Mutlosigkeit *f*

▶ **décourager** [dekuraʒe] (1l) entmutigen; ***~ qn de qc*** j-n von etw abbringen; **se ~** den Mut verlieren

décousu, ~e [dekuzy] ab-, aufgetrennt; *fig* zusammenhanglos

découv|ert, ~erte [dekuvɛr, -ɛrt] unbedeckt, offen; *fig* ***à visage découvert*** ohne Verstellung; ***à découvert*** ungedeckt (*a Konto*)

▶ **découverte** [dekuvɛrt] *f* Entdeckung *f*

▶ **découvrir** [dekuvrir] (2f) aufdecken; entdecken; **se ~** den Hut abnehmen; *Wetter*: sich aufklären, aufklaren

décrasser [dekrase] (1a) säubern

décrép|it, ~ite [dekrepi, -it] altersschwach

décret [dekrɛ] *m* Verordnung *f*, Erlass *m*

décréter [dekrete] (1f) ver-, anordnen

D

décrire [dekrir] (4f) beschreiben
décrocher [dekrɔʃe] (1a) vom Haken nehmen; abnehmen (*a tél*); F *fig Preis etc*: erlangen
décroissance [dekrwasɑ̃s] *f* Abnahme *f*, Rückgang *m*, Sinken *n*
décroître [dekrwɑtrə] (4w) abnehmen, zurückgehen, schwinden
décrotter [dekrɔte] (1a) säubern, den Schmutz abkratzen (**qc** von etw)
décrypter [dekripte] (1a) entschlüsseln
► **déçu, ~e** [desy] *p/p von* **décevoir** *u adj* enttäuscht
dédaign|er [dedɛɲe] (1b) verachten, gering schätzen; verschmähen; **~ de** (+ *inf*) es nicht der Mühe wert halten zu (+ *inf*); **~eux, ~euse** [-ø, -øz] verächtlich, geringschätzig
dédain [dedɛ̃] *m* Verachtung *f*, Geringschätzung *f*
dédale [dedal] *m* Labyrinth *n*
► **dedans** [dədɑ̃] **1.** *adv* darin; hinein; **2.** *m* Innere(s) *n*
dédicace [dedikas] *f* Widmung *f*
dédier [dedje] (1a) weihen; widmen
dédire [dedir] (4m) **se ~** sein Wort zurücknehmen; ⚠ **vous vous dédisez**
dédommag|ement [dedɔmaʒmɑ̃] *m* Entschädigung *f*; **~er** (1l) entschädigen (**de** für)
dédouaner [dedwane] (1a) verzollen, zollamtlich abfertigen
dédoubler [deduble] (1a) halbieren; teilen
dédramatiser [dedramatize] (1a) entschärfen
déduction [dedyksjɔ̃] *f comm* Abzug *m*; *phil* Ableitung *f*, Schlussfolgerung *f*
déduire [dedɥir] (4c) *comm* abziehen; *phil* deduzieren; *allg* folgern, ableiten (**de** von)
déesse [deɛs] *f* Göttin *f*
défaill|ance [defajɑ̃s] *f* Ohnmacht *f*, Schwäche *f*; *tech* Versagen *n*; **~ant, ~ante** [-ɑ̃, -ɑ̃t] kraftlos, schwach
défaillir [defajir] (2n) schwach, ohnmächtig werden
défaire [defɛr] (4n) auf-, losmachen; auseinander nehmen; *st/s* **~ qn de** j-n befreien von; **se ~** sich (auf)lösen; **se ~ de qn, de qc** sich j-n, etw vom Halse schaffen
► **défaite** [defɛt] *f* Niederlage *f*
défait|isme [defɛtismə] *m* Defätismus *m*, Miesmacherei *f*; **~iste** *m, f* Defätist(in) *m(f)*, Miesmacher *m*
► **défaut** [defo] *m* **1.** Fehler *m*; Mangel *m*; **~ de caractère** Charakterfehler *m*; **2.** Fehlen *n*; **à ~ de** in Ermangelung von; **faire ~** fehlen; **3.** *jur* Nichterscheinen *n*; ⚠ *nicht verwechseln mit* **la faute**
défavor|able [defavɔrablə] ungünstig; **~iser** (1a) benachteiligen
défectu|eux, ~euse [defɛktɥø, -øz] mangelhaft; defekt; **~osité** [-ozite] *f* Mangelhaftigkeit *f*; Fehler *m*
défendable [defɑ̃dablə] vertretbar
► **défendre** [defɑ̃drə] (4a) **1.** verteidigen; **2.** verbieten (**qc à qn** j-m etw; **à qn de faire qc** j-m, etw zu tun); **il est défendu de fumer** Rauchen verboten
► **défens|e** [defɑ̃s] *f* **1.** *mil* Verteidigung *f* (*a fig, jur*); **~ de l'environnement** Umweltschutz *m*; **2.** Verbot *n*; **~ de fumer** Rauchen verboten; **3.** *zo* Stoßzahn *m*; **~eur** *m* Verteidiger(in) *m(f)* (*a jur*); **~ de l'environnement** Umweltschützer *m*; **~ive** [-iv] *f* Defensive *f*; **être sur la ~** in der Defensive sein
déferler [defɛrle] (1a) branden; *fig* strömen
défi [defi] *m* Herausforderung *f*
défi|ance [defjɑ̃s] *f* Misstrauen *n*; **~ant, ~ante** [-ɑ̃, -ɑ̃t] misstrauisch
déficience [defisjɑ̃s] *f* Schwäche *f*; **~ immunitaire** Immunschwäche *f*
déficit [defisit] *m* Fehlbetrag *m*, Defizit *n*; **~aire** [-ɛr] defizitär; Verlust...
défier [defje] (1a) **~ qn** j-n herausfordern; *fig* **~ qc** e-r Sache trotzen; *st/s* **se ~ de qn** j-m misstrauen
défigurer [defigyre] (1a) entstellen, verunstalten
défil|é [defile] *m* Aufmarsch *m*, Parade *f*; *géogr* Engpass *m*; **~er** (1a) vorbei-, aufmarschieren
défin|i, ~ie [defini] bestimmt; **~ir** (2a) bestimmen; **~itif, ~itive** [-itif, -itiv] endgültig; **en définitive** schließlich; **~ition** *f* (Begriffs-)Bestimmung *f*
défoliation [defɔljasjɔ̃] *f bot* Laubfall *m*; *mil* Entlaubung *f*
défoncer [defɔ̃se] (1k) den Boden einschlagen; eindrücken; *Straße*: stark beschädigen; F **se ~** sich zudröhnen; *bei Arbeit*: sich reinknien
déform|ation [defɔrmasjɔ̃] *f* Verformung *f*; Missbildung *f*; Entstellung *f* (*a*

fig); ~ ***professionnelle*** Abfärben *n* des Berufs auf den Menschen; **~er** (1a) verformen, verunstalten, entstellen, verzerren; **se** ~ sich verformen

défouler [defule] (1a) **se** ~ sich abreagieren; sich austoben

défroisser [defrwase] (1a) *Kleidung etc*: glätten, glatt streichen

défunt [defɛ̃, -fœ̃], **défunte** [defɛ̃t, -fœ̃t] **1.** *adj* verstorben; **2.** *m, f* Verstorbene(r) *m, f*

dégag|é, ~ée [degaʒe] frei; klar; ungezwungen; **~ement** [-mɑ̃] *m* Befreiung *f*; Freilegung *f e-r Straße*; Freiwerden *n*, Freisetzung *f*; ***voie f de*** ~ Entlastungsstraße *f*; **~er** (1l) aus-, einlösen; befreien, entbinden; freimachen, -legen; räumen; ausstrahlen, verströmen

dégarnir [degarnir] (2a) (ab-, aus)räumen; entblößen; **se** ~ leer *od* kahl werden

▶ **dégât** [degɑ] *m* Schaden *m*

dégel [deʒɛl] *m* Auftauen *n*; Tauwetter *n* (*a pol*)

dégeler [deʒle] (1d) (auf)tauen

dégénér|er [deʒenere] (1f) entarten; *fig* ausarten (***en*** in); **~escence** [-esɑ̃s] *f* Entartung *f*

dégivr|er [deʒivre] (1a) abtauen; *tech* enteisen, entfrosten; **~eur** *m* Enteiser *m*, Entfroster *m*

déglutir [deglytir] (2a) schlucken

dégobiller [degɔbije] (1a) P kotzen

dégonfler [degɔ̃fle] (1a) Luft ab-, herauslassen (***qc*** aus etw); **se** ~ (die) Luft verlieren; F e-n Rückzieher machen

dégot(t)er [degɔte] (1a) F auftreiben, -gabeln

dégouliner [deguline] (1a) tropfen, tröpfeln

dégourd|i, ~ie [degurdi] pfiffig, aufgeweckt; **~ir** (2a) *Glieder*: bewegen, lockern; **se** ~ ***les jambes*** sich die Beine vertreten

dégoût [degu] *m* Ekel *m*, Abscheu *m* (***pour*** vor)

▶ **dégoût|ant, ~ante** [degutɑ̃, -ɑ̃t] ekelhaft, abscheulich; **~er** (1a) anekeln; ~ ***qn de qc*** j-m etw verleiden

dégrader [degrade] (1a) herabsetzen, entwürdigen, erniedrigen; *mil* degradieren; **se** ~ *Lage*: sich verschlechtern; *Gebäude*: verfallen

dégraisser [degrɛse] (1b) das Fett abschöpfen (***qc*** von etw); Fettflecken entfernen (***qc*** aus etw)

▶ **degré** [dəgre] *m* Stufe *f*; Grad *m*; Stadium *n*; ⚠ *aber* ***les grades militaires***

dégrever [degrəve] (1d) *von Steuern etc*: entlasten

dégringoler [degrɛ̃gɔle] (1a) F hinunterpurzeln

dégriser [degrize] (1a) nüchtern machen

déguenillé, ~e [deg(ə)nije] zerlumpt

déguerpir [degɛrpir] (2a) sich aus dem Staub machen

dégueulasse [degœlas] P zum Kotzen; widerlich

dégueuler [degœle] (1a) P kotzen; ~ ***sur*** lästern über

déguis|ement [degizmɑ̃] *m* Verkleidung *f*; **~er** (1a) verkleiden; verstellen; **se** ~ sich verkleiden (***en*** als)

dégust|ation [degystasjɔ̃] *f* Kosten *n*, Probieren *n*; **~er** (1a) kosten, probieren, versuchen

▶ **dehors** [dəɔr] **1.** *adv* draußen; hinaus; **2.** *prép* ▶ ***en dehors de*** außerhalb (+ *gén*); außer (+ *dat*); **3.** *m* Äußere(s) *n*

▶ **déjà** [deʒa] schon, bereits

déjanté, ~e [deʒɑ̃te] F ausgeflippt

déjection [deʒɛksjɔ̃] *f méd* Stuhlgang *m*; *géol* Auswurf *m*

▶ **déjeuner** [deʒœne] **1.** (1a) (zu) Mittag essen; frühstücken; **2.** *m* Mittagessen *n*; ▶ ***petit déjeuner*** Frühstück *n*

delà [dəla] *cf* ***au-delà***

délabré, ~e [delabre] verfallen

délacer [delase] (1k) aufschnüren

délai [delɛ] *m* Aufschub *m*; Frist *f*, Termin *m*, ***sans*** ~ unverzüglich; ***dans les*** **~s** termingerecht

délaisser [delɛse] (1b) im Stich lassen; aufgeben; vernachlässigen

délass|ement [delasmɑ̃] *m* Erholung *f*; **~er** (1a) entspannen; **se** ~ sich erholen

déla|teur, ~trice *m, f* [delatœr, -tris] Denunziant(in) *m(f)*; **~tion** *f* Denunziation *f*

délavé, ~e [delave] verwaschen

delco [dɛlko] *m auto* Batteriezündanlage *f*

délect|able [delɛktablə] *st/s* köstlich; **~er** (1a) **se** ~ ***à*** *od* ***de qc*** sich an etw ergötzen

délégation [delegasjɔ̃] *f* Abordnung *f*, Delegation *f*; *jur* Vollmacht *f*

D

D

délégu|é, ~ée [delege] *m, f* Beauftragte(r) *m, f*; Delegierte(r) *m, f*; ***délégué syndical*** Gewerkschaftsvertreter *m*; ***délégué à la condition féminine*** Frauenbeauftragte(r) *m*; ***délégué de classe*** Klassensprecher *m*; ***délégué du personnel*** Arbeitnehmervertreter *m*; **~er** (1f) *seine Amtsgewalt*: übertragen; *j-n* abordnen, entsenden

délester [delɛste] (1a) entlasten; *iron* erleichtern (***qn de qc*** j-n um etw)

délibér|ation [deliberasjõ] *f* Beratung *f*; Überlegung *f*; Beschluss *m*; **~é, ~ée** entschlossen, entschieden; **~ément** [-emã] *adv* absichtlich; **~er** (1f) beratschlagen; *st/s* überlegen

délic|at, ~ate [delika, -at] zart, fein; schwach, empfindlich; schwierig, heikel; taktvoll; **~atesse** [-atɛs] *f* Zartheit *f*, Feinheit *f*; Empfindlichkeit *f*; Zartgefühl *n*, Takt *m*

délic|e [delis] *m* Freude *f*, Wonne *f*; **~s** *pl* Genüsse *m/pl*; **~ieux, ~ieuse** [-jø, -jøz] köstlich

déli|é, ~ée [delje] **1.** ***avoir la langue déliée*** ein flinkes Mundwerk haben; **2.** *st/s* dünn, schlank; **~er** (1a) auf-, ent-, losbinden; lösen

délimiter [delimite] (1a) abgrenzen

délinqu|ant, ~ante [delɛ̃kã, -ãt] *m, f* *jur* Straffällige(r) *m,f*; Delinquent(in) *m(f)*; **~ance** *f* Kriminalität *f*

délir|e [delir] *m* Wahn(sinn) *m*; **~er** (1a) fantasieren; F spinnen; *fig* **~ *de joie*** vor Freude rasen

▶**délit** [deli] *m* Vergehen *n*

délivr|ance [delivrãs] *f* Befreiung *f*; Aushändigung *f*, -stellung *f*; **~er** (1a) befreien; aushändigen, ausliefern; ausfertigen, ausstellen

déloger [delɔʒe] (1l) ausquartieren; verjagen

déloyal, ~e [delwajal] (⚠ *m/pl* **-*aux***) unfair, unehrenhaft; ***concurrence f déloyale*** unlauterer Wettbewerb *m*

deltaplane [dɛltaplan] *m* Flugdrachen *m*; Drachenfliegen *n*; ***faire du*** **~** Drachen fliegen

déluge [delyʒ] *m* Sintflut *f*; ***un*** **~ *de*** e-e Flut von ...

déluré, ~e [delyre] gewitzt, pfiffig; *péj* ungeniert, kess

▶**demain** [d(ə)mɛ̃] *adv* morgen

▶**demande** [d(ə)mãd] *f* Bitte *f*; Antrag *m*, Gesuch *n*; *écon* Nachfrage *f*; *jur* Klage *f*; **~ *d'emploi*** Stellengesuch *n*

demandé, ~e [d(ə)mãde] gefragt, begehrt

▶**demander** [d(ə)mãde] (1a) ***demander qc à qn*** j-n um etw bitten; etw von j-m verlangen; j-n nach etw fragen; ***demander à qn de faire qc*** j-n bitten, etw zu tun; ***demander que*** (+ *subj*) (darum) bitten *od* verlangen, dass ...; ***demander à*** (+ *inf*) bitten *od* verlangen *od* wünschen zu (+ *inf*); ***demander qn*** j-n *od* nach j-m verlangen; ▶ ***se demander*** sich fragen

demandeur [d(ə)mãdœr] *m* Antragsteller *m*; **~ *d'emploi*** Arbeit Suchende(r) *m*; **~ *d'asile*** Asylbewerber *m*

démang|eaison [demãʒɛzõ] *f* Jucken *n*; **~er** (1l) jucken

démanteler [demãtle] (1d) niederreißen; *fig* zerschlagen

démaquiller [demakije] (1a) **se ~** sich abschminken

démarcation [demarkasjõ] *f* Abgrenzung *f*; Grenzlinie *f*

démarche [demarʃ] *f* Gang *m*; *fig* Schritt *m*; ***faire des*** **~s** Schritte unternehmen

démarrage [demaraʒ] *m* Anfahren *n*, Starten *n*; *fig* Beginn *m*; *EDV* **~ *à froid*** Kaltstart *m*

▶**démarr|er** [demare] (1a) *auto etc* anlassen, starten; anfahren; *Motor*: anspringen; *fig* in Gang bringen; in Gang kommen; **~eur** *m auto etc* Anlasser *m*, Starter *m*

démasquer [demaske] (1m) entlarven

démêl|é [demele] *m* Auseinandersetzung *f*, Streit *m*; **~er** (1b) entwirren; *fig* aufklären

déménagement [demenaʒmã] *m* Umzug *m*

▶**déménager** [demenaʒe] (1l) aus-, umziehen; *Möbel*: fortschaffen; ⚠ ***il a** déménagé*

démence [demãs] *f* Wahnsinn *m*

dém|ent, ~ente [demã, -ãt] verrückt

démenti [demãti] *m pol* Dementi *n*

démentir [demãtir] (2b) Lügen strafen; widerlegen; dementieren

démerder [demɛrde] (1a) F **se ~** klarkommen, zurechtkommen; sich beeilen

démesuré, ~e [deməzyre] übermäßig, maßlos

D

démettre [demɛtrə] (4p) **1.** aus-, verrenken; **2.** ~ ***qn de ses fonctions*** j-n seines Amtes entheben
demeure [dəmœr] *st/s f* Wohnsitz *m*
▶**demeurer** [dəmœre] (1a) **1.** (***être***) bleiben; **2.** (***avoir***) wohnen
▶**demi,** ~**e** [d(ə)mi] **1.** *adj* (*unv vor subst*) halb; ***une heure et*** ~***e*** anderthalb Stunden; *Uhrzeit*: halb zwei; ⚠ *aber* ***une demi-heure*** e-e halbe Stunde; **2.** *adv* ***à demi*** halb, zur Hälfte; **3.** *m* (kleines) Glas Bier; *Sport*: Läufer *m*, Mittelfeldspieler *m*
demi-finale [d(ə)mifinal] *f* (⚠ *pl* ***demi-finales***) *Sport*: Halb-, Semifinale *n*
▶**demi-heure** [d(ə)mijœr] *f* (⚠ *pl* ***demi-heures***) halbe Stunde *f*
démilitariser [demilitarize] (1a) entmilitarisieren
demi-mot [dmimo] ***à*** ~ ohne viel Worte
demi-sel [d(ə)misɛl] leicht gesalzen
démiss|ion [demisjõ] *f* Rücktritt *m*; ~**ionner** [-jɔne] (1a) zurücktreten
demi|-tour [d(ə)mitur] *m* Kehrtwendung *f*; ***faire*** ~ kehrtmachen, umkehren; ~**-vie** [-vi] *f* (⚠ *pl* ***demi-vies***) Halbwertzeit *f*; ~**-volée** [-vɔle] *f* (⚠ *pl* ***demi-volées***) Halfvolley *m*
démo [demo] *f* F (*Kurzwort für* ***démonstration***) Demo *f*
▶**démocratie** [demɔkrasi] *f* Demokratie *f*; ⚠ *Aussprache*
démocratique [demɔkratik] demokratisch
démodé, ~**e** [demɔde] altmodisch
▶**demoiselle** [d(ə)mwazɛl] *f* Fräulein *n*; ⚠ *nicht in der Anrede*
▶**démolir** [demɔlir] (2a) ab-, niederreißen; *fig* kaputtmachen, demolieren, zu Grunde richten; F *j-n* zusammenschlagen
démon [demõ] *m* Dämon *m*; Teufel *m*
démoniaque [demɔnjak] dämonisch; teuflisch
démonstra|tif, ~**tive** [demõstratif, -tiv] **1.** *Person*: überschwänglich; **2.** *gr* hinweisend; ~**tion** *f* Beweis(führung) *m(f)*; Vorführung *f*; Bekundung *f*, Demonstration *f*; ⚠ *pol Demonstration*: ***manifestation*** *f*
démonter [demõte] (1a) zerlegen, auseinander nehmen; abmontieren; *fig* aus der Fassung bringen
démontrer [demõtre] (1a) beweisen, aufzeigen
démoraliser [demɔralize] (1a) entmutigen, demoralisieren
démordre [demɔrdrə] (4a) ***ne pas*** ~ ***de qc*** nicht von etw abgehen, ablassen
démotiver [demɔtive] (1a) demotivieren
démunir [demynir] (2a) ~ ***qn de qc*** j-m etw wegnehmen; ***être démuni*** (***d'argent***) ohne Geld, mittellos sein
dénatur|é, ~**ée** [denatyre] entartet; ~**er** (1a) entstellen, verfälschen
dénazifier [denazifje] (1a) entnazifizieren
déniaiser [denjeze] (1b) aufklären
dénicher [deniʃe] (1a) aufstöbern, auftreiben
dénier [denje] (1a) (ab)leugnen; ~ ***à qn le droit de*** (+ *inf*) j-m das Recht absprechen zu (+ *inf*)
dénigrer [denigre] (1a) anschwärzen, verleumden
dénitrification [denitrifikasjõ] *f* Entstickung *f*
dénivellation [denivɛlasjõ] *f* Höhenunterschied *m*
dénombr|ement [denõbrəmã] *m* Zählung *f*; ~**er** (1a) (auf)zählen
dénomina|teur [denɔminatœr] *m math* Nenner *m*; ~**tion** *f* Benennung *f*
dénommer [denɔme] (1a) benennen; namentlich aufführen
dénonc|er [denõse] (1k) anzeigen; denunzieren; *Vertrag*: (auf)kündigen; *fig* anprangern; ~**iateur,** ~**iatrice** [-jatœr, -jatris] *m, f* Denunziant(in) *m(f)*; ~**iation** [-jasjõ] *f* Anzeige *f*; Denunziation *f*; *jur* Kündigung *f*
dénoter [denɔte] (1a) ~ ***qc*** auf etw hindeuten
dénouement [denumã] *m Literatur*: (Auf-)Lösung *f*, Ausgang *m*
dénoyauter [denwajote] (1a) entkernen, entsteinen
denrée [dãre] *f* Essware *f*; ~**s** (***alimentaires***) Lebensmittel *n/pl*
dense [dãs] dicht, fest
densité [dãsite] *f* Dichte *f*; ***disquette*** *f* ***double*** ~ DD-Diskette *f*; ***disquette*** *f* ***haute*** ~ HD-Diskette *f*
▶**dent** [dã] *f* Zahn *m*; Zacken *m*, Zinke *f*; Horn *n* (*Berggipfel*); ***avoir mal aux*** ~***s*** Zahnschmerzen haben; ⚠ ***la*** ~
dent|aire [dãtɛr] Zahn...; ~**é,** ~**ée** ge-

zackt; ***roue** f **dentée*** Zahnrad *n*
dentelé, ~e [dɑ̃tle] gezahnt, gezackt
dentelle [dɑ̃tɛl] *f* Spitze *f*
dentier [dɑ̃tje] *m künstliches* Gebiss *n*
▶ **dentifrice** [dɑ̃tifris] *m* Zahnpasta *f*
▶ **dentiste** [dɑ̃tist] *m, f* Zahnarzt *m,* -ärztin *f*
dénucléarisé, ~e [denyklearize] atomwaffenfrei
dénuder [denyde] (1a) entblößen
denué, ~e [dənɥe] **~ *de qc*** ohne etw; ...los
déodorant [deɔdɔrɑ̃] *m* Deodorant *n;* **~ *en aérosol*** Deospray *m;* **~ *à bille*** Deoroller *m;* **~ *en stick*** Deostift *m*
déontologie [deɔ̃tɔlɔʒi] *f* Berufsethik *f*
dépann|age [depanaʒ] *m auto* Reparatur *f;* Pannenhilfe *f;* ***service** m **de*** **~** Abschleppdienst *m;* **~er** (1a) in Stand setzen; abschleppen; *fig* F **~ *qn*** j-m aushelfen; **~euse** *f* Abschleppwagen *m*
dépareillé, ~e [depareje] unvollständig
▶ **départ** [depar] *m* Abreise *f,* Aufbruch *m,* Abmarsch *m,* Abfahrt *f,* Abflug *m; Sport:* Start *m;* ***point** m **de*** **~** Ausgangspunkt *m*
▶ **département** [departəmɑ̃] *m in Frankreich:* Departement *n; allg* Geschäftsbereich *m*
▶ **dépasser** [depase] (1a) überholen; überragen, übersteigen; übertreffen
dépaysé, ~e [depeize] ***se sentir*** **~** sich fremd, verlassen vorkommen
dépaysement [depeizmɑ̃] *m* Fremdsein *n;* Tapeten-, Ortswechsel *m*
dépecer [depəse] (1d *u* 1k) zerstückeln, zerlegen
dépêcher [depɛʃe] (1b) ▶ ***se dépêcher*** sich beeilen (***de*** + *inf* zu + *inf*)
dépeindre [depɛ̃drə] (4b) schildern
dépendance [depɑ̃dɑ̃s] *f* Abhängigkeit *f;* Zusammenhang *m;* **~s** *pl* Nebengebäude *n/pl*
▶ **dépendre** [depɑ̃drə] (4a) abhängen, abhängig sein (***de*** von); gehören (***de*** zu); ***cela dépend*** das kommt darauf an, je nachdem
dépens [depɑ̃] *m/pl* ***aux*** **~ *de*** auf Kosten von
▶ **dépense** [depɑ̃s] *f* Ausgabe *f,* Aufwendung *f;* Aufwand *m*
▶ **dépens|er** [depɑ̃se] (1a) ausgeben, aufwenden; **~ier, ~ière** [-je, -jɛr] verschwenderisch

déperdition [depɛrdisjɔ̃] *f* Verlust *m;* Schwund *m*
dépérir [deperir] (2a) dahinsiechen; verkümmern; zu Grunde gehen
dépérissement [deperismɑ̃] *m* Eingehen *n;* **~ *des forêts*** Waldsterben *n*
dépeupler [depœple] (1a) entvölkern
dépilatoire [depilatwar] ***crème** f* **~** Enthaarungscreme *f*
dépistage [depistaʒ] *m Verbrecher:* Aufspüren *n; méd* Erkennung *f;* **~ *précoce*** Früherkennung *f;* **~ *du cancer*** Krebsvorsorge *f;* ***test** m **de*** **~ *du sida*** Aidstest *m*
dépit [depi] *m* Ärger *m,* Verdruss *m;* ***en*** **~ *de*** trotz
déplac|é, ~ée [deplase] unpassend, unangebracht; *pol* ***personne** f **déplacée*** Vertriebene(r) *m, f;* **~ement** [-mɑ̃] *m* Versetzung *f;* Umstellung *f;* Reise *f,* Fahrt *f;* **~er** (1k) versetzen; verschieben; verlagern; ***se*** **~** sich (fort)bewegen; verreisen
déplaire [deplɛr] (4aa) missfallen (***à qn*** j-m)
déplais|ant, ~ante [deplɛzɑ̃, -ɑ̃t] unangenehm, missliebig; **~ir** *m* Missfallen *n*
dépl|iant [deplijɑ̃] *m* Faltprospekt *m;* **~ier** [-ije] (1a) auseinander falten
déploiement [deplwamɑ̃] *m fig* Entfaltung *f; mil* Aufmarsch *m*
déplor|able [deplɔrablə] beklagenswert; **~er** (1a) bedauern, beklagen
déployer [deplwaje] (1h) entfalten (*Segel, Flügel, fig*)
déplu [deply] *p/p von* ***déplaire***
dépolluer [depɔlɥe] (1n) säubern; sanieren
déport|ation [depɔrtasjɔ̃] *pol* Verschleppung *f,* Deportation *f;* **~er** (1a) aus der Fahrtrichtung drängen; *pol* deportieren, verschleppen
dépos|er [depoze] (1a) niederlegen; absetzen; deponieren; *Geld:* einzahlen; *Gesetz:* einbringen; *Schlamm:* ablagern; *jur* aussagen; **~ition** *f jur* Aussage *f*
déposséder [depɔsede] (1f) enteignen
dépôt [depo] *m* Niederlegung *f;* (Bank-) Einlage *f;* Depot *n,* Lager *n;* Aufbewahrungsort *m; jur* Verwahrung *f; géol* Ablagerung *f;* **~ *de bilan*** Konkursanmeldung *f*
dépotoir [depɔtwar] *m* Müllkippe *f*

dépouiller [depuje] (1a) **1.** das Fell abziehen (***un animal*** e-m Tier); **~** ***qn de qc*** j-n e-r Sache berauben; **2.** nachprüfen; auswerten; **~** ***un scrutin*** die Stimmen auszählen

dépourvu, ~e [depurvy] **~** ***de*** ohne, ...los; ***au dépourvu*** unvorbereitet

dépoussiérer [depusjere] (1f) ab-, entstauben

dépravation [depravasjɔ̃] *f* Verderbtheit *f*

dépréc|iatif, ~iative [depresjatif, -jativ] *ling* abwertend; **~ier** [-je] (1a) ab-, entwerten; herabsetzen

dépress|if, ~ive [deprɛsif, -iv] *psych* depressiv; **~ion** *f géogr* Senkung *f*, Senke *f*; *Wetter*: Tief *n*; *psych* Depression *f*; *écon* Rezession *f*

déprimer [deprime] (1a) bedrücken, deprimieren

▶**depuis** [dəpɥi] **1.** *prép* seit; von ... an (*a Ort*); **2.** *adv* seitdem; **3.** *conj* ▶***depuis que*** (+ *ind*) seit(dem)

dépuratif [depyratif] *m* Abführmittel *n*

députation [depytasjɔ̃] *f* Abordnung *f*

▶**déput|é** [depyte] *m pol* Abgeordnete(r) *m, f*; **~er** (1a) abordnen

déraciner [derasine] (1a) entwurzeln; *fig* ausrotten

déraill|er [deraje] (1a) entgleisen; F *fig* spinnen, Unsinn reden; ⚠ *il **a** déraillé*; **~eur** *m Fahrrad*: Kettenschaltung *f*

déraisonnable [derɛzɔnablə] unvernünftig

dérangement [derɑ̃ʒmɑ̃] *m* Störung *f*; Unordnung *f*

▶**déranger** [derɑ̃ʒe] (1l) stören; durcheinander bringen; ***se*** **~** sich bemühen

dérap|age [derapaʒ] *m auto* Schleudern *n*; Rutschen *n*; **~er** (1a) *auto* ins Schleudern kommen, schleudern; rutschen; *fig* außer Kontrolle geraten; ⚠ *il **a** dérapé*

dérégler [deregle] (1f) in Unordnung bringen

dérisoire [derizwar] lächerlich

dériv|atif [derivatif] *m* Ablenkung *f*; **~ation** *f* Ableitung *f*; *tech* Nebenschluss *m*

dermat|ologue [dɛrmatɔlɔg] *m* Hautarzt *m*; **~ose** [-oz] *f* Hautkrankheit *f*

▶**dern|ier, ~ière** [dɛrnje, -jɛr] letzte; äußerste; *nach dem subst*: vergangen, vorig; **~ièrement** [-jɛrmɑ̃] kürzlich, neulich

déroger [derɔʒe] (1l) zuwiderhandeln, verstoßen (***à qc*** gegen etw)

dérouler [derule] (1a) abrollen; ***se*** **~** verlaufen, sich abspielen

dérout|ant, ~ante [derutɑ̃, -ɑ̃t] verwirrend

dérout|e [derut] *f mil* wilde Flucht; *fig* Zusammenbruch *m*; **~er** (1a) **~** ***qn*** j-n verwirren, verunsichern

▶**derrière** [dɛrjɛr] **1.** *adv* hinten; **2.** *prép* hinter; **3.** *m* Hinter-, Rückseite *f*; Hinterteil *n*, Hintern *m*

▶**des** [de] *zusammengezogen aus* ***de les***

▶**dès** [dɛ] **1.** *prép* schon seit, von ... an, schon in; ***dès lors*** von da an, schon damals; ***dès demain*** gleich morgen; **2.** *conj* ▶***dès que*** sobald, sowie

désabus|é, ~ée [dezabyze] enttäuscht; ernüchtert; **~er** (1a) **~** ***qn*** j-m die Augen öffnen

désaccord [dezakɔr] *m* Missklang *m*; Unstimmigkeit *f*; Uneinigkeit *f*

désaccoutumer [dezakutyme] (1a) abgewohnen; ***se*** **~** ***de*** (+ *inf*) sich etw abgewöhnen

désaffecté, ~e [dezafɛkte] stillgelegt, nicht mehr benutzt

▶**désagréable** [dezagreablə] unangenehm

désagréger [dezagreʒe] (1g) ***se*** **~** sich zersetzen, sich auflösen

désagrément [dezagremɑ̃] *m* Unannehmlichkeit *f*

désaltér|ant, ~ante [dezalterɑ̃, -ɑ̃t] durststillend

désamorcer [dezamɔrse] (1k) entschärfen (*a fig*)

désappoint|ement [dezapwɛ̃tmɑ̃] *m* Enttäuschung *f*; **~er** (1a) enttäuschen

désapprendre [dezaprɑ̃drə] (4q) verlernen

désapprouver [dezapruve] (1a) missbilligen

désarm|ement [dezarməmɑ̃] *m mil* Abrüstung *f*; **~er** (1a) entwaffnen (*a fig*); *mil* abrüsten

désarroi [dezarwa] *m* Verwirrung *f*

désarticuler [dezartikyle] (1a) ***se*** **~** sich verrenken

désastr|e [dezastrə] *m* schweres Unglück *n*, Katastrophe *f*; **~eux, ~euse** [-ø, -øz] katastrophal, unheilvoll, verheerend

D

désavantag|e [dezavɑ̃taʒ] *m* Nachteil *m*; **~er** (1l) benachteiligen; **~eux, ~euse** [-ø, -øz] nachteilig

désavouer [dezavwe] (1a) widerrufen; (ver)leugnen; missbilligen

descend|ance [desɑ̃dɑ̃s] *f* Nachkommenschaft *f*; **~ant, ~ante** [-ɑ̃, -ɑ̃t] *m, f* Abkömmling *m*, Nachkomme *m*

▶**descendre** [desɑ̃drə] (4a) **1.** (*mit* ***être***) hinunter-, herunter-, hinab-, herabsteigen, -gehen, -fahren, -kommen; aussteigen; fallen; ~ ***chez qn*** bei j-m absteigen; ~ ***de qn*** von j-m abstammen; ~ ***de cheval*** vom Pferd steigen; ~ ***d'une voiture*** aus e-m Wagen steigen; **2.** (*mit* ***avoir***) heruntemehmen; heruntertragen; F *Person*: abknallen

descente [desɑ̃t] *f* Abstieg *m*; Abfahrt *f*; Gefällstrecke *f*; *Ski*: Abfahrtslauf *m*; ~ ***de lit*** Bettvorleger *m*

▶**description** [dɛskripsjɔ̃] *f* Beschreibung *f*

désemparé, ~e [dezɑ̃pare] hilf-, ratlos

désenchanté, ~e [dezɑ̃ʃɑ̃te] ernüchtert; enttäuscht

désennuyer [dezɑ̃nɥje] (1h) ~ ***qn*** j-m die Langeweile vertreiben

déséquilibr|e [dezekilibrə] *m* Ungleichgewicht *n*; *psych* Unausgeglichenheit *f*; **~é, ~ée** unausgeglichen; seelisch gestört; **~er** (1a) aus dem Gleichgewicht bringen (*a fig*)

▶**dés|ert, ~erte** [dezɛr, -ɛrt] **1.** *adj* wüst, öde; **2.** *m* Wüste *f*

désert|er [dezɛrte] (1a) verlassen; *fig* abfallen von; *mil* fahnenflüchtig werden, desertieren; ⚠ *il* ***a*** *déserté*; **~eur** *m mil* Fahnenflüchtige(r) *m*; *fig* Abtrünnige(r) *m*

▶**désespér|é, ~e** [dezɛspere] verzweifelt; **~ément** [-emɑ̃] *adv* hoffnungslos; verzweifelt; **~er** (1f) verzweifeln; ~ ***de qc*** die Hoffnung auf etw aufgeben; ~ ***qn*** j-n zur Verzweiflung bringen

désespoir [dezɛspwar] *m* Verzweiflung *f*

déshabillé [dezabije] *m* Negligee *n*

▶**déshabiller** [dezabije] (1a) ~ ***qn*** j-n ausziehen, entkleiden; ***se*** ~ sich ausziehen

déshabituer [dezabitɥe] (1a) ~ ***qn*** (***se*** ~) ***de qc*** j-m (sich) etw abgewöhnen

désherbant [dezɛrbɑ̃] *m* Unkrautvernichtungsmittel *n*

déshériter [dezerite] (1a) enterben

déshonorer [dezɔnɔre] (1a) entehren; ~ ***qn*** *a* j-m Schande machen

désigner [deziɲe] (1a) bezeichnen, bestimmen

désillusionner [dezilyzjɔne] (1a) enttäuschen

désinence [dezinɑ̃s] *f gr* Endung *f*

désinfecter [dezɛ̃fɛkte] (1a) desinfizieren

désintégration [dezɛ̃tegrasjɔ̃] *f* Auflösung *f*, Zerfall *m*; *phys* Atomspaltung *f*

désintéress|é, ~ée [dezɛ̃terɛse] uneigennützig; unparteiisch; **~ement** [-mɑ̃] *m* Uneigennützigkeit *f*; Unparteilichkeit *f*; **~er** (1b) ***se*** ~ ***de*** das Interesse verlieren an

désintoxication [dezɛ̃tɔksikasjɔ̃] *f* ***cure de*** ~ Entziehungskur *f*

désinvolt|e [dezɛ̃vɔlt] ungezwungen; *péj* ungeniert; **~ure** [-yr] *f péj* Ungeniertheit *f*

▶**désir** [dezir] *m* Wunsch *m*; **~able** wünschenswert

▶**désirer** [dezire] (1a) wünschen; ~ (+ *inf*) wünschen *od* begehren zu (+ *inf*); ~ ***que*** (+ *subj*) (sich) wünschen, dass ...

désobéissance [dezɔbeisɑ̃s] *f* Ungehorsam *m*

désodorisant [dezɔdɔrizɑ̃] *m* Deodorant *n*

désœuvr|é, ~ée [dezœvre] untätig, müßig; **~ement** [-əmɑ̃] *m* Untätigkeit *f*, Nichtstun *n*, Müßiggang *m*

▶**désol|é, ~ée** [dezɔle] untröstlich (***de*** über); ***je suis*** ~ es tut mir Leid; **~er** (1a) aufs Tiefste betrüben

désordonné, ~e [dezɔrdɔne] unordentlich; ungezügelt

▶**désordre** [dezɔrdrə] *m* Unordnung *f*

désorienter [dezɔrjɑ̃te] (1a) verwirren

désormais [dezɔrmɛ] von jetzt ab, künftig

désosser [dezɔse] (1a) *cuis* entbeinen; entgräten

despotisme [dɛspɔtismə] *m* Despotismus *m*, Gewaltherrschaft *f*

dessaler [desale] (1a) entsalzen

dessécher [deseʃe] (1f) austrocknen

dessein [desɛ̃] *m* Absicht *f*; ***à*** ~ absichtlich

desserrer [desɛre] (1b) lockern, lösen

▶**dessert** [desɛr] *m* Nachtisch *m*

desservir [desɛrvir] (2b) *Verkehrsmittel*: (regelmäßig) fahren nach *od* zu, anlaufen; *Tisch*: abräumen; **~ qn** j-m schaden

▶ **dessin** [desɛ̃] *m* Zeichnung *f*; Zeichnen *n*; Zeichenkunst *f*; Muster *n*; ▶ ***dessin animé*** Zeichentrickfilm *m*; ⚠ *nicht verwechseln mit* ***le dessein***

dessina|teur, ~trice [desinatœr, -tris] *m, f* Zeichner(in) *m(f)*

▶ **dessiner** [desine] (1a) zeichnen; ***bande(s) dessinée(s)*** *f(pl)* Comics *pl*

▶ **dessous** [d(ə)su] **1.** *adv* darunter; ***en ~*** unten; *fig* versteckt, heimlich; **2.** *m* Unterseite *f*; *fig* ***les ~*** *pl* die Hintergründe; ***avoir le ~*** den Kürzeren ziehen

▶ **dessus** [d(ə)sy] **1.** *adv* darüber, d(a)rauf; ***en ~*** oben drauf; ***de ~ la table*** vom Tisch hoch; **2.** *m* Oberseite *f*; *fig* ***avoir le ~*** die Oberhand behalten

destin [dɛstɛ̃] *m* Schicksal *n*

▶ **destin|ataire** [dɛstinatɛr] *m* Empfänger *m*; **~ation** *f* Bestimmung *f*, -sort *m*; **~ée** [-e] *f* Schicksal *n*; **~er** (1a) bestimmen, ausersehen (***à*** zu *od* für)

destituer [dɛstitɥe] (1a) absetzen

destruction [dɛstryksjɔ̃] *f* Zerstörung *f*

désu|et, ~ète [dezɥɛ *od* desɥɛ, -ɛt] überholt, altmodisch; **~étude** [-etyd] *f* ***tomber en ~*** außer Gebrauch kommen

▶ **détacher** [detaʃe] (1a) **1.** losmachen, -reißen, abtrennen, lösen; *mil* abkommandieren; ***se ~ sur*** sich abheben gegen; **2.** von Flecken reinigen

▶ **détail** [detaj] *m* Einzelheit *f*; Kleinigkeit *f*; *comm* Einzelverkauf *m*, -handel *m*; ***au ~*** stückweise, einzeln; ***en ~*** ausführlich

détaillant [detajɑ̃] *m* Einzel-, Kleinhändler *m*

détartrer [detartre] (1a) entkalken

détecter [detɛkte] (1a) entdecken, aufspüren

détecteur [detɛktœr] *m* Sensor *m*; ***~ de mensonge*** Lügendetektor *m*

déteindre [detɛ̃drə] (4b) verblassen; ***~ sur*** abfärben auf (*a fig*)

détendre [detɑ̃drə] (4a) entspannen; ***se ~*** die Spannung verlieren; *fig* sich entspannen

détenir [detnir] (2h) behalten; besitzen, innehaben; *jur* gefangen halten

détent|e [detɑ̃t] *f* **1.** *Waffe*: Abzug *m*; **2.** *fig a pol* Entspannung *f*; **~eur** *m* Besitzer *m*; Inhaber *m*

détention [detɑ̃sjɔ̃] *f* Besitz *m*; *jur* Haft *f*

détenu, ~e [detny] *m, f* Häftling *m*

détergent [detɛrʒɑ̃] *m* Reinigungsmittel *n*

détériorer [deterjɔre] (1a) verschlechtern; beschädigen

détermin|ant, ~ante [detɛrminɑ̃, -ɑ̃t] bestimmend; **~ation** *f* Bestimmung *f*; Entschluss *m*; Entschlossenheit *f*; **~er** (1a) bestimmen; beschließen; veranlassen (***à*** *inf* zu)

déterrer [detɛre] (1b) ausgraben

détestable [detɛstablə] abscheulich

▶ **détester** [detɛste] (1a) verabscheuen

détonation [detɔnasjɔ̃] *f* Knall *m*

détonner [detɔne] (1a) falsch singen; *fig* nicht dazu passen

▶ **détour** [detur] *m* Krümmung *f*; Umweg *m*; *fig* ***sans ~s*** ohne Umschweife

détourn|ement [deturnəmɑ̃] *m* Umleitung *f*; ***~ d'avion*** Flugzeugentführung *f*; **~er** (1a) umleiten; *Flugzeug*: entführen; *Kopf*: abwenden; *Geld*: unterschlagen; ***se ~*** sich abwenden

détraquer [detrake] (1m) verderben; F kaputtmachen

détresse [detrɛs] *f* (höchste) Not *f*; Verzweiflung *f*

détriment [detrimɑ̃] *m* ***au ~ de*** zum Nachteil von

détritus [detritys] *m* Abfall *m*

détroit [detrwa] *m* Meerenge *f*

détromper [detrɔ̃pe] (1a) e-s Besseren belehren

▶ **détruire** [detrɥir] (4c) zerstören

▶ **dette** [dɛt] *f comm, fig* Schuld *f*

deuil [dœj] *m* Trauer *f*; Trauerkleidung *f*; Trauerzeit *f*, -zug *m*

▶ **deux** [dø] **1.** *adj* zwei; ▶ ***deux cent(s)*** zweihundert; ▶ ***deux mille*** zweitausend; ***les deux*** (die) beide(n); ***tous (les) deux*** alle beide; ***à deux*** zu zweit; ***en deux*** in zwei Teile(n); ***deux à*** *od* ***par deux*** paarweise; ***tous les deux jours*** alle zwei Tage; ***nous deux*** wir beide; ***le deux mai*** der zweite *od* am zweiten Mai; **2.** *m* Zwei *f*; ⚠ ***le deux***

▶ **deuxième** [døzjɛm] zweite

▶ **deuxièmement** [døzjɛmmɑ̃] *adv* zweitens

deux-pièces [døpjɛs] *m* (⚠ *pl unv*) **1.** Bikini *m*; **2.** Zweiteiler *m*; **3.** Zweizimmerwohnung *f*

dévaliser [devalize] (1a) ausplündern

dévaloris|ation [devalɔrizasjɔ̃] *f* Ent-,

D

Abwertung *f*, Wertverlust *m*; **~er** (1a) ent-, abwerten, wertlos machen
dévalu|ation [devalɥasjɔ̃] *f Währung*: Abwertung *f*; **~er** (1a) abwerten
devancer [d(ə)vɑ̃se] (1k) ~ ***qn, qc*** j-m, e-r Sache vorangehen, zuvorkommen; j-m überlegen sein
▶**devant** [d(ə)vɑ̃] **1.** *adv* vorn; voran; **2.** *prép* vor; *fig* angesichts; **3.** *m* Vorderseite *f*; ***de*** ~ Vorder...
devanture [d(ə)vɑ̃tyr] *f* Schaufenster *n*
dévaster [devaste] (1a) verwüsten
déveine [devɛn] *f* F Pech(strähne) *n(f)*
▶**développement** [devlɔpmɑ̃] *m* Entwicklung *f*
développer [devlɔpe] (1a) entwickeln; ▶ ***se développer*** sich entwickeln
▶**devenir** [dəvnir] (2h) werden
dévergondé, ~e [devɛrgɔ̃de] zügellos; schamlos
déverser [devɛrse] (1a) entleeren; ausschütten
dévêtir [devɛtir] (2g) entkleiden
▶**déviation** [devjasjɔ̃] *f* Umleitung *f*; Abweichung *f*
dévier [devje] (1a) umleiten; abweichen (***de*** von)
devin, devineresse [dəvɛ̃, dəvinrɛs] *m, f* Wahrsager(in) *m(f)*; (Hell-)Seher(in) *m(f)*
▶**devin|er** [d(ə)vine] (1a) (er)raten; **~ette** [-ɛt] *f* Rätsel *n*
devis [d(ə)vi] *m* Kostenvoranschlag *m*
dévisager [devisaʒe] (1l) anstarren
devise [d(ə)viz] *f* Wahlspruch *m*; Devise *f* (*a comm*)
▶**devoir** [dəvwar] **1.** (3a) müssen; sollen; schulden; verdanken; **2.** *m* Pflicht *f*; (Schul-)Aufgabe *f*

Das Verb ***devoir*** wird in zwei ganz unterschiedlichen Funktionen verwendet:

1. Modalverb: *devoir faire quelque chose* – etwas tun **sollen / müssen**

a) Verpflichtung:

Tu devrais aider ta mère plus souvent. – Du solltest deiner Mutter öfter helfen.

Je dois terminer ma rédaction aujourd'hui. – Ich muss meinen Aufsatz heute fertig kriegen.

b) Annahme:

Valérie n'est pas encore arrivée; elle doit avoir manqué son train. – Valérie ist noch nicht da; sie muss den Zug versäumt haben.

2. Vollverb

a) *quelqu'un doit quelque chose à quelqu'un* – jemand schuldet jemandem etwas:

Vous lui devez encore dix mille francs. – Sie schulden ihm noch zehntausend Franc.

b) *quelqu'un doit quelque chose à quelqu'un* – jemand verdankt jemandem etwas:

Je dois ce poste à Madame Pommier. – Diese Stelle verdanke ich Madame Pommier.

dévorer [devɔre] (1a) verschlingen (*a fig Buch*); fressen; *fig* verzehren
dév|ot, ~ote [devo, -ɔt] fromm; *péj* frömmelnd; **~otion** [-osjɔ̃] *f* Frömmigkeit *f*, Andacht *f*; *péj* Frömmelei *f*
dévou|é, ~ée [devwe] ergeben; **~ement** [devumɑ̃] *m* Ergebenheit *f*; Aufopferung *f*; **~er** [devwe] (1a) ***se*** ~ sich (auf)opfern; sich hingeben
dextérité [dɛksterite] *f* Geschicklichkeit *f*
diabète [djabɛt] *m* Zuckerkrankheit *f*, Diabetes *m od* F *f*; ⚠ ***le*** ~
▶**diable** [djablə] *m* Teufel *m*
diabolique [djabɔlik] teuflisch
diagnost|ic [djagnɔstik] *m méd* Diagnose *f*; ⚠ ***le*** ~; **~iquer** [-ike] (1m) *méd* diagnostizieren
diagramme [djagram] *m* Diagramm *n*
dialecte [djalɛkt] *m* Mundart *f*, Dialekt *m*
dialogue [djalɔg] *m* (Zwie-)Gespräch *n*, Dialog *m* (*a EDV*)

dialyse [djaliz] *f méd* Dialyse *f*
diamètre [djamɛtrə] *m math* Durchmesser *m*
diapason [djapazõ] *m mus* Kammerton *m*; Stimmgabel *f*; *fig* ***se mettre au ~ de qn*** sich auf j-n einstellen
diaphane [djafan] durchsichtig
diaphragme [djafragmə] *m* Zwerchfell *n*; *Foto*: Blende *f*; *Radio*: Membran *f*; *Verhütung*: Diaphragma *n*
▶ **diapo(sitive)** [djapo(zitiv)] *f* Dia (-positiv) *n*; ⚠ ***la ~***
diarrhée [djare] *f méd* Durchfall *m*
dico [diko] *m* F Wörterbuch *n*
dictat|eur [diktatœr] *m* Diktator *m*; **~ure** [-yr] *f* Diktatur *f*
▶ **dict|ée** [dikte] *f* Diktat *n*; ⚠ ***la ~***; **~er** (1a) diktieren; vorschreiben
diction [diksjõ] *f* Sprech-, Redeweise *f*
▶ **dictionnaire** [diksjɔnɛr] *m* Wörterbuch *n*
dicton [diktõ] *m* sprichwörtliche Redensart *f*
didacticiel [didaktisjɛl] *m* Lernprogramm *n*
dièse [djɛz] *m mus* Kreuz *n*
diète [djɛt] *f* **1.** *méd* Diät *f*; Fasten *n*; **2.** *hist* Reichstag *m*
▶ **Dieu** [djø] *m* Gott *m*; ▶ ***mon Dieu!*** mein Gott!, ach Gott!; ⚠ *Mythologie*: ***le dieu***, *pl* ***les dieux***
diffamer [difame] (1a) verleumden
différé [difere] *m TV* Aufzeichnung *f*
▶ **différ|ence** [diferɑ̃s] *f* Unterschied *m*; *math* Differenz *f*; ***à la ~ de*** im Unterschied zu; **~encier** [-ɑ̃sje] (1a) unterscheiden, differenzieren; **~end** [-ɑ̃] *m* Meinungsverschiedenheit *f*, Differenz *f*
▶ **différ|ent, ~ente** [diferɑ̃, -ɑ̃t] verschieden; ***différentes personnes*** mehrere Leute; ⚠ ***différant*** = *participe présent von* ***différer***; **~entiel** [-ɑ̃sjɛl] *m auto* Ausgleichsgetriebe *n*, Differenzial *n*
différer [difere] (1f) **1.** aufschieben; **2.** ***~ de qc*** von etw abweichen, verschieden sein
▶ **difficile** [difisil] schwierig; ***il est ~ de*** (+ *inf*) es ist schwer zu (+ *inf*)
▶ **difficulté** [difikylte] *f* Schwierigkeit *f*
diff|us, ~use [dify, -yz] zerstreut; diffus (*a fig*)
diffus|er [difyze] (1a) zerstreuen; verbreiten; *Radio*: ausstrahlen, senden; **~ion** *f* Ausstrahlung *f*, Übertragung *f*; Verbreitung *f*
digérer [diʒere] (1f) verdauen
digeste [diʒɛst] *od* **digestible** [diʒɛstiblə] leicht verdaulich
digest|if, ~ive [diʒɛstif, -iv] **1.** *adj* Verdauungs...; **2.** *m* Verdauungsschnaps *m*
digestion [diʒɛstjõ] *f* Verdauung *f*
digital, ~e [diʒital] (⚠ *m/pl* **-aux**) Finger...; *EDV* digital; ***empreinte f digitale*** Fingerabdruck *m*; **~iser** (1a) digitalisieren
dign|e [diɲ] würdig, wert (***de qc*** e-r Sache); **~itaire** [-itɛr] *m* Würdenträger *m*; **~ité** *f* Würde *f*; Amt *n*
digression [digrɛsjõ] *f* Abschweifung *f*
digue [dig] *f* Damm *m*, Deich *m*; ⚠ ***la ~***
dilapider [dilapide] (1a) vergeuden
dilater [dilate] (1a) ausdehnen
dilemme [dilɛm] *m* Dilemma *n*
dilig|ence [diliʒɑ̃s] *f st/s* Eifer *m*; *hist* Postkutsche *f*; **~ent, ~ente** [-ɑ̃, -ɑ̃t] eifrig
diluer [dilɥe] (1n) verdünnen
▶ **dimanche** [dimɑ̃ʃ] *m* Sonntag *m*; ***le ~, tous les ~s*** sonntags
dimension [dimɑ̃sjõ] *f* Ausdehnung *f*; Dimension *f*, Ausmaß *n*
▶ **diminuer** [diminɥe] (1n) vermindern, verringern; abnehmen, sich vermindern, sich verringern
diminutif [diminytif] *m* Verkleinerungsform *f*
▶ **diminution** [diminysjõ] *f* Verminderung *f*, Verringerung *f*; Abnahme *f*, Rückgang *m*; Senkung *f*, Herabsetzung *f*
dind|e [dɛ̃d] *f* Truthenne *f*, Pute *f*; **~on** *m* Truthahn *m*, Puter *m*; *prov* ***être le ~ de la farce*** der Dumme sein
▶ **dîner** [dine] **1.** (1a) zu Abend essen; **2.** *m* Abendessen *n*
dingo [dɛ̃go] F bekloppt
dingue [dɛ̃g] F übergeschnappt
dinosaure [dinɔzɔr] *m* Dinosaurier *m*
diocèse [djɔsɛz] *m* Diözese *f*; ⚠ ***le ~***
diode [djɔd] *f* Diode *f*
dioxine [diɔksin] *f* Dioxin *n*; ⚠ ***la ~***
diphtérie [difteri] *f* Diphtherie *f*
diphtongue [diftõg] *f* Diphthong *m*, Doppellaut *m*; ⚠ ***la ~***
diploma|te [diplɔmat] **1.** *adj* diplomatisch (*Person*); **2.** *m* Diplomat *m*; **~tie**

[-si] *f* Diplomatie *f*; ⚠ *Aussprache*; **~tique** [-tik] diplomatisch

▶**diplôm|e** [diplom] *m* Diplom *n*, Zeugnis *n*; **~é, ~ée** staatlich geprüft

▶**dire** [dir] (4m) **1.** sagen; nennen; aufsagen; ▶ ***vouloir dire*** bedeuten; ***à vrai dire*** offen gestanden; ▶ ***pour ainsi dire*** sozusagen; ***c'est dire*** *satzeinleitend*: das besagt; ***c'est tout dire*** das besagt alles; ***et dire que*** ... wenn man bedenkt, dass ...; ***cela va sans dire*** das versteht sich von selbst; **2.** *m* **au(x) dire(s) de qn** nach j-s Aussage

D

Die Formen von ***dire*** sind unregelmäßig:

présent	*je* ***dis****, tu* ***dis****, il* ***dit****, nous* ***disons****, vous* ***dites****, ils* ***disent***
passé composé	*j'ai* ***dit***
passé simple	*je* ***dis***
futur simple	*je* ***dirai***
subjonctif	*que je* ***dise***

Man beachte:
Nach ***dire que*** steht der **indicatif**, wenn man ganz sachlich **Informationen** vermittelt:

Monsieur Delors m'a dit qu'il ***avait*** *pas mal de problèmes avec son patron.* – Herr Delors sagte mir, er habe ziemliche Probleme mit seinem Chef.

Verwendet man das Verb *dire*, um eine **Bitte** oder **Aufforderung** auszudrücken, so folgt der **subjonctif**:

Dis-lui qu'il ***vienne*** *le plus vite possible.* – Sag ihm, er soll so schnell wie möglich kommen.

▶**direct, ~e** [dirɛkt] direkt; gerade; unmittelbar; ***train*** *m* ***direct*** Eilzug *m*; *TV* ***en direct*** live

▶**direc|teur, ~trice** [dirɛktœr, -tris] **1.** *adj* leitend, Leit...; **2.** *m, f* Direktor(in) *m(f)*, Leiter(in) *m(f)*

▶**direction** [dirɛksjɔ̃] *f* **1.** Richtung *f*; **2.** Leitung *f*, Lenkung *f*; ~ ***assistée*** Servolenkung *f*; ***toutes ~s*** alle Richtungen

directive [dirɛktiv] *f* Richtlinie *f*

dirig|eable [diriʒablə] **1.** *adj* lenkbar; **2.** *m* Luftschiff *n*; **~eant** [-ɑ̃] *m bes pol* Führer *m*, Machthaber *m (a péj)*

▶**diriger** [diriʒe] (1l) führen, leiten, lenken; richten (***sur*** *od* ***vers*** auf); ▶ ***se diriger vers*** zugehen *od* zusteuern auf

discipl|e [disiplə] *m* Jünger *m*, Anhänger *m*, Schüler *m*; **~ine** *f* Disziplin *f*; **~iner** [-ine] (1a) an Zucht gewöhnen; disziplinieren

disco [disko] *m* Diskomusik *f*; ⚠***le*** ~

discontinu, ~e [diskɔ̃tiny] unterbrochen; unzusammenhängend

discord|ance [diskɔrdɑ̃s] *f* Nichtübereinstimmung *f*; **~ant, ~ante** [-ɑ̃, -ɑ̃t] nicht übereinstimmend; *mus* verstimmt

discorde [diskɔrd] *f* Zwietracht *f*

discothèque [diskɔtɛk] *f* Diskothek *f*

▶**discours** [diskur] *m* Rede *f*; ***faire*** *od* ***prononcer un*** ~ e-e Rede halten

discréditer [diskredite] (1a) in Misskredit *od* Verruf bringen

discr|et, ~ète [diskrɛ, -ɛt] taktvoll; diskret; verschwiegen; dezent, unaufdringlich

discrétion [diskresjɔ̃] *f* Diskretion *f*; Takt *m*; Verschwiegenheit *f*; ***à*** ~ nach Belieben

discrimination [diskriminasjɔ̃] *f* Diskriminierung *f*; Unterscheidung *f*

disculper [diskylpe] (1a) ~ ***qn*** j-n entlasten; ***se*** ~ seine Unschuld beweisen

▶**discussion** [diskysjɔ̃] *f* Diskussion *f*, Aussprache *f*, Erörterung *f*

▶**discuter** [diskyte] (1a) diskutieren, erörtern

disette [dizɛt] *f* Hungersnot *f*; Mangel *m*

diseuse [dizøz] *f* ~ ***de bonne aventure*** Wahrsagerin *f*

disgrâce [dizgrɑs] *f* Ungnade *f*

disgracier [dizgrasje] (1a) ~ ***qn*** j-m seine Gunst entziehen

disjoindre [dizʒwɛ̃drə] (4b) trennen
disjoncteur [dizʒɔ̃ktœr] *m* (Sicherungs-)Schutzschalter *m*
disloquer [dislɔke] (1m) auseinander reißen; *méd* ausrenken
▶ **disparaître** [disparɛtrə] (4z) verschwinden; ⚠ *mit* **avoir**, *selten* **être**
disparité [disparite] *f* Ungleichheit *f*; **~ économique** wirtschaftliches Gefälle *n*
disparition [disparisjɔ̃] *f* Verschwinden *n*
disperser [dispɛrse] (1a) zer-, verstreuen
dispon|ibilité [dispɔnibilite] *f* Verfügbarkeit *f*; **~ible** verfügbar
▶ **dispos|er** [dispoze] (1a) disponieren; anordnen; **~ de qn, qc** über j-n, etw verfügen; **se ~ à faire qc** sich anschicken, etw zu tun; **~itif** [-itif] *m* Vorrichtung *f*; **~ antivol** Diebstahlsicherungsanlage *f*
disposition [dispozisjɔ̃] *f* Anordnung *f*; Verfügung *f*; *meist* **~s** *pl* Anlagen *f/pl*; Stimmung *f*
disproportion [disprɔpɔrsjɔ̃] *f* Missverhältnis *n*
dispute [dispyt] *f* Streit *m*, Wortwechsel *m*, Disput *m*; ⚠ **la ~**
disputer [dispyte] (1a) *Wettkampf*: austragen; **disputer qc à qn** j-m etw streitig machen; ▶ **se disputer** sich streiten
disqualifier [diskalifje] (1a) disqualifizieren
▶ **disque** [disk] *m* Scheibe *f*; Diskus *m*; (Schall-)Platte *f*; *EDV* Platte *f*; **~ dur** Festplatte *f*; **~ compact** CD *f*; **~ compact interactif** CDI *f*; **~ optique compact** CD-ROM *f*; **~ de stationnement** Parkscheibe *f*
disquette [diskɛt] *f* Diskette *f*; **~ double densité** DD-Diskette *f*; **~ haute densité** HD-Diskette *f*
dissemblable [disɑ̃blablə] unähnlich
disséminer [disemine] (1a) aus-, zerstreuen; verbreiten
dissension [disɑ̃sjɔ̃] *f meist* **~s** *pl* Zwistigkeiten *f/pl*
disséquer [diseke] (1f *u* 1m) sezieren; genau untersuchen
dissertation [disɛrtasjɔ̃] *f Schule*: Aufsatz *m*; ⚠ *nicht* Dissertation
dissident [disidɑ̃] *m* Regimekritiker *m*, Dissident *m*
dissimuler [disimyle] (1a) verhehlen, verbergen
dissipation [disipasjɔ̃] *f* Verschwendung *f*, Vergeudung *f*; Unaufmerksamkeit *f*
dissiper [disipe] (1a) zerstreuen, vertreiben; verschwenden, vergeuden; ablenken
dissociation [disɔsjasjɔ̃] *f fig* Trennung *f*
dissolu, ~e [disɔly] ausschweifend, liederlich
dissolution [disɔlysjɔ̃] *f allg* Auflösung *f*
dissolvant [disɔlvɑ̃] *m chim* Lösungsmittel *n*; Nagellackentferner *m*
dissoudre [disudrə] (4bb) auflösen
dissuader [disɥade] (1a) **~ qn de (faire) qc** j-n von etw abbringen; j-m ausreden, etw zu tun
dissuasion [disɥazjɔ̃] *f pol* Abschreckung *f*; **force *f* de ~** Abschreckungsstreitmacht *f*
▶ **distanc|e** [distɑ̃s] *f* Abstand *m*, Entfernung *f*; Distanz *f* (*a fig*); **à ~** aus der Entfernung; **~er** (1k) hinter sich lassen; **se ~ de** sich distanzieren von
dist|ant, ~ante [distɑ̃, -ɑ̃t] entfernt; *fig* reserviert
distiller [distile] (1a) destillieren; *Schnaps*: brennen; ⚠ *Aussprache*
dist|inct, ~incte [distɛ̃, -ɛ̃kt] deutlich; **~ de** verschieden von
distinction [distɛ̃ksjɔ̃] *f* Unterscheidung *f*, Unterschied *m*; Auszeichnung *f*; Vornehmheit *f*
▶ **distingué, ~e** [distɛ̃ge] vornehm
▶ **distinguer** [distɛ̃ge] (1m) wahrnehmen; unterscheiden (**qc de qc** etw von etw); auszeichnen
▶ **distraction** [distraksjɔ̃] *f* Zerstreuung *f*, Abwechslung *f*, Unterhaltung *f*; Zerstreutheit *f*
distraire [distrɛr] (4s) ablenken, zerstreuen, unterhalten
distr|ait, ~aite [distrɛ, -ɛt] zerstreut
distray|ant, ~ante [distrɛjɑ̃, -ɑ̃t] unterhaltsam
▶ **distribuer** [distribɥe] (1n) aus-, verteilen
distribu|teur [distribytœr] *m* Verteiler *m*; **~ (automatique)** Automat *m*; **~ de billets** Geldautomat *m*; **~ d'essence** Tanksäule *f*; **~ de tickets** Fahrscheinautomat *m*; **~tion** *f* Aus-, Verteilung *f*; *Waren*: Vertrieb *m*; *Post*: Zustellung *f*
district [distrikt] *m* Bezirk *m*

D

D

dit, dite [di, dit] *p/p von* ***dire*** *u adj* gesagt; genannt; festgesetzt
diurne [djyrn] Tages..., Tag...
divaguer [divage] (1m) dummes Zeug reden
diverg|ence [divɛrʒɑ̃s] *f* Meinungsverschiedenheit *f*; Divergenz *f*; **~er** (1l) auseinander gehen; voneinander abweichen
▶ **div|ers, ~erse** [divɛr, -ɛrs] verschieden
divers|ion [divɛrsjɔ̃] *f* Ablenkung *f*; **~ité** *f* Mannigfaltigkeit *f*; Verschiedenheit *f*
divert|ir [divɛrtir] (2a) unterhalten; **~issement** [-ismɑ̃] *m* Vergnügen *n*
div|in, ~ine [divɛ̃, -in] göttlich
divin|ation [divinasjɔ̃] *f* Weis-, Wahrsagen *n*; **~ité** *f* Göttlichkeit *f*; Gottheit *f*
▶ **divis|er** [divize] (1a) (ein)teilen (***en*** in); *fig* spalten, trennen; *math* dividieren; **~ion** *f* Teilung *f*; Gliederung *f*; *math, mil* Division *f*
▶ **divorce** [divɔrs] *m* (Ehe-)Scheidung *f*
▶ **divorcé, ~e** [divɔrse] geschieden
▶ **divorcer** [divɔrse] (1k) sich scheiden lassen (***d'avec*** von)
divulguer [divylge] (1m) unter die Leute bringen, verbreiten
▶ **dix** [dis, *vor Konsonant* di, *vor Vokal* diz] zehn; ***à ~*** zu zehnt; ***le ~ mars*** der zehnte *od* am zehnten März
▶ **dix-huit** [dizɥit] achtzehn
▶ **dixième** [dizjɛm] **1.** zehnte; **2.** *m* Zehntel *n*
▶ **dix-neuf** [diznœf] neunzehn
▶ **dix-sept** [dissɛt] siebzehn
▶ **dizaine** [dizɛn] *f* Anzahl *f* von zehn; ***une ~ de ...*** ungefähr zehn ...
do [do] *m mus* c *od* C *n*
doc [dɔk] *f* F Doku *f*
docile [dɔsil] gelehrig; folgsam, willig
docte [dɔkt] *péj* hochgelehrt
▶ **doct|eur** [dɔktœr] *m* Doktor *m*; Arzt *m*; **~orat** [-ɔra] *m* Doktorwürde *f*; **~oresse** [-ɔrɛs] F *f* Ärztin *f*; **~rine** [-rin] *f* Lehre *f*
document [dɔkymɑ̃] *m* Dokument *n*, Schriftstück *n*, Urkunde *f*
document|aire [dɔkymɑ̃tɛr] **1.** *adj* dokumentarisch; **2.** *m Kino*: Kulturfilm *m*; **~er** (1a) dokumentieren; ***se ~*** sich informieren
dodo [dodo] *enf m* Schlaf *m*; ***faire ~*** schlafen

dodu, ~e [dɔdy] gut genährt
dogme [dɔgmə] *m* Dogma *n*
▶ **doigt** [dwa] *m* Finger *m*; Zehe *f*; ▶ ***doigt de pied*** Zehe *f*; ***savoir qc sur le bout des doigts*** etw aus dem Effeff können

Mit ***les doigts*** werden nicht nur **die Finger,** sondern auch **die Zehen** bezeichnet.
Um Missverständnisse zu vermeiden, spricht man im Falle der Zehen von ***les doigts de pied.***

Die Finger haben spezielle Bezeichnungen:

le pouce	der Daumen
l'index *m*	der Zeigefinger
le majeur	der Mittelfinger
l'annulaire *m*	der Ringfinger
l'auriculaire *m*/***le petit doigt***	der kleine Finger

Bei den Zehen gibt es nur zwei spezielle Bezeichnungen:

le gros orteil, *oft nur* ***l'orteil*** *m*	der große Zeh
le petit orteil	der kleine Zeh

doigté [dwate] *m mus* Fingersatz *m*; *fig* Fingerspitzengefühl *n*
dois, doit [dwa] *cf* ***devoir***
D.O.M. [dɔm] *m* (*abr* ***département d'outre-mer***) überseeisches Departement *n*
▶ **domaine** [dɔmɛn] *m* Land-, Staatsgut *n*; *fig* Bereich *m*, Gebiet *n*; ⚠ ***le ~***
dôme [dom] *m* Kuppel *f*; ⚠ *nicht* Dom
domestiqu|e [dɔmɛstik] **1.** *adj* häuslich; Haus...; **2.** *m* Hausangestellte(r) *m*; *péj* Diener *m*; **~er** (1m) zähmen
domicile [dɔmisil] *m* Wohnort *m*, -sitz *m*; ***livrer à ~*** ins Haus liefern; ***sans ~ fixe*** ohne festen Wohnsitz
domicilié, ~e [dɔmisilje] wohnhaft
domin|ant, ~ante [dɔminɑ̃, -ɑ̃t] beherrschend; **~ation** *f* Herrschaft *f*; **~er** (1a) beherrschen (*a fig*); übertreffen
dominical, ~e [dɔminikal] (⚠ *m/pl* ***-aux***) sonntäglich

D

dommage [dɔmaʒ] *m* Schaden *m*; ▶ ***c'est dommage*** das ist schade; ***il est dommage que*** (+ *subj*) es ist schade, dass ...; *jur* ***dommages et intérêts*** *m/pl* Schaden(s)ersatz *m*, Entschädigung *f*

dompt|er [dɔ̃te] (1a) bezwingen, bändigen; **~eur** *m* Dompteur *m*, (Tier-)Bändiger *m*

D.O.M.-T.O.M. [dɔmtɔm] *m/pl* (*abr* ***départements et territoires d'outre-mer***) überseeische Departements und Gebiete

don [dɔ̃] *m* Schenkung *f*; Spende *f*; Gabe *f*

donation [dɔnasjɔ̃] *f* Schenkung *f*

▶ **donc** [dɔ̃k] also, folglich; denn, doch

donn|é, ~ée [dɔne] gegeben; bestimmt; ***étant donné qc*** in Anbetracht e-r Sache, mit Rücksicht auf etw; **~ée** *f math* bekannte Größe *f*; **~s** *pl* Daten *n/pl* (*a EDV*)

▶ **donn|er** [dɔne] (1a) geben; schenken; angeben; **~ *sur*** hinausgehen nach *od* auf; **~eur** *m méd* Spender *m*

▶ **dont** [dɔ̃] wovon; dessen, deren

dop|age [dɔpaʒ] *m* Doping *n*; **~ant** *m* Dopingmittel *n*, **~er** (1a) dopen

doré, ~e [dɔre] vergoldet; goldgelb

dorénavant [dɔrenavɑ̃] von nun an; künftig

dorer [dɔre] (1a) vergolden

dorloter [dɔrlɔte] (1a) verzärteln

dorm|eur, ~euse [dɔrmœr, -øz] *m, f* Schläfer(in) *m(f)*

▶ **dormir** [dɔrmir] (2b) schlafen; ruhen

dorsal, ~e [dɔrsal] (⚠ *m/pl* ***-aux***) Rücken...

dortoir [dɔrtwar] *m* Schlafsaal *m*

dorure [dɔryr] *f* Vergoldung *f*

doryphore [dɔrifɔr] *m* Kartoffelkäfer *m*

▶ **dos** [do] *m* Rücken *m*; Rückseite *f*; (Stuhl-)Lehne *f*

dosage [dozaʒ] *m* Dosierung *f*

dos|e [doz] *f* Dosis *f*; Menge *f*; **~er** (1a) dosieren (*a fig*)

dosimètre [dozimɛtrə] *m* Dosimeter *n*, Strahlenmessgerät *n*

dossier [dosje] *m* **1.** Rückenlehne *f*; **2.** Akten *f/pl*; Unterlagen *f/pl*

dot [dɔt] *f* Mitgift *f*; **~er** (1a) ausstatten (**de** mit)

▶ **douane** [dwan] *f* Zoll *m*

▶ **douan|ier, ~ière** [dwanje, -jɛr] **1.** *adj* Zoll...; **2.** *m* Zollbeamte(r) *m*

doublage [dublaʒ] *m Kleidung*: Füttern *n*; *Film*: Synchronisation *f*

▶ **doubl|e** [dublə] **1.** *adj* doppelt, zweifach; **2.** *m* Duplikat *n*; *Tennis*: Doppel *n*; ***le ~*** doppelt so viel *od* groß; **~er** (1a) (sich) verdoppeln; *auto* überholen; *Film*: synchronisieren; *Kleider*: füttern; **~ure** [-yr] *f Kleidung*: Futter *n*

douceâtre [dusɑtrə] süßlich

▶ **doucement** [dusmɑ̃] *adv* sanft, sachte, behutsam; leise

doucette [dusɛt] *f* Feldsalat *m*

▶ **douceur** [dusœr] *f* **1.** Süßigkeit *f*; *pl* **~s** Leckereien *f/pl*; **2.** Sanftheit *f*, Zartheit *f*; *fig* **~s** *pl* Annehmlichkeiten *f/pl*

▶ **douche** [duʃ] *f* Dusche *f*

▶ **doué, ~e** [dwe] (1a) begabt; **~ *de qc*** ausgestattet mit etw

douille [duj] *f tech* Fassung *f*; Hülse *f*

douill|et, ~ette [dujɛ, -ɛt] mollig; wohlig; zimperlich

▶ **douleur** [dulœr] *f* Schmerz *m* (*a fig*)

doulour|eux, ~euse [dulurø, -øz] schmerzhaft; schmerzlich

▶ **doute** [dut] *m* Zweifel *m*; Bedenken *n*; ▶ ***sans doute*** sicherlich, wohl; ▶ ***sans aucun doute*** zweifellos, ganz bestimmt

▶ **dout|er** [dute] (1a) zweifeln (**de** an); ▶ ***se douter de qc*** etw ahnen, vermuten; **~eux, ~euse** [-ø, -øz] zweifelhaft

▶ **doux, douce** [du, dus] süß; mild; sanft; weich, zart

▶ **douzaine** [duzɛn] *f* Dutzend *n*

▶ **douze** [duz] zwölf

▶ **douzième** [duzjɛm] **1.** zwölfte; **2.** *m* Zwölftel *n*

dragon [dragɔ̃] *m* Drache *m*

dragu|e [drag] *f* (Schwimm-)Bagger *m*; **~er** (1m) (aus)baggern; *Minen*: räumen; F *fig* anhauen; aufreißen

drainage [drɛnaʒ] *m* Entwässerung *f*; *fig Kapital*: Zusammenziehung *f*

dramatique [dramatik] dramatisch (*a fig*)

dramaturge [dramatyrʒ] *m* Dramatiker *m*, Bühnenautor *m*

▶ **drame** [dram] *m* Drama *n* (*a fig*)

▶ **drap** [dra] *m* Tuch *n*; **~ *de lit*** Bettlaken *n*

▶ **drap|eau** [drapo] *m* (⚠ *pl* **~x**) Fahne *f*; **~er** (1a) mit Tuch ausschlagen *od* behängen; drapieren

Dresde [drɛsd] Dresden
dressage [drɛsaʒ] *m* Dressur *f*, Abrichten *n*; Drill *m*
dresser [drɛse] (1b) **1.** aufstellen; errichten; *Zelt*: aufschlagen; *Vertrag*: aufsetzen; **se ~** sich aufrichten; **2.** *Speisen*: anrichten; **3.** dressieren, abrichten; **~ qn contre qn** j-n gegen j-n aufbringen
drille [drij] *m* **joyeux ~** lustiger *od* fideler Kerl *m*
drogu|e [drɔg] *f* Droge *f*, Rauschgift *n*; **~é, ~ée** *m*, *f* Drogensüchtige(r) *m*, *f*; **~er** (1a) mit Arzneien voll stopfen; **se ~** Rauschgift nehmen; **~erie** *f* Drogerie *f*; **~iste** *m*, *f* Drogist(in) *m(f)*; ⚠ *Schreibung*
▶**droit, droite** [drwa, drwat] **1.** *adj* rechte; gerade; aufrecht; rechtschaffen; **2.** *adv* **tout droit** gerade(aus); **3.** *m* Recht *n*; Rechtswissenschaft *f*; Gebühr *f*; **de ~** von Rechts wegen; **à qui de ~** an die zuständige Stelle; **faire son ~** Jura studieren
▶**droite** [drwat] *f* Rechte *f* (*a pol*), rechte Hand *od* Seite; ▶**à droite** rechts; ▶**à droite de** rechts von
droit|ier, ~ière [drwatje, -jɛr] **être ~** Rechtshänder(in) sein; **~ure** [-yr] *f* Aufrichtigkeit *f*
▶**drôle** [drol] **1.** *adj* lustig, drollig; komisch; seltsam, sonderbar; **une ~ d'idée** e-e komische Idee; F **~ de ...** enorm, ungeheuer ...; **2.** *m* **un ~** F e-e komische Nummer
▶**drôle|ment** [drolmɑ̃] *adv* F enorm; **~rie** [-ri] *f* Komik *f*
dromadaire [drɔmadɛr] *m zo* Dromedar *n*
dru, ~e [dry] dicht
druide [drɥid] *m* Druide *m*, keltischer Priester *m*
D.S.T. (*abr* **direction** *f* **de la surveillance du territoire**) Geheimdienst *m*
▶**du** [dy] *zusammengezogen aus* **de** *u* **le**
dû, due [dy] *p/p von* **devoir**
dubitat|if, ~ive [dybitatif, -iv] zweifelnd
duc [dyk] *m* Herzog *m*
duch|é [dyʃe] *m* Herzogtum *n*; **~esse** [-ɛs] *f* Herzogin *f*
duel [dɥɛl] *m* Duell *n*; **se battre en ~** sich duellieren
dûment [dymɑ̃] *adv* vorschriftsmäßig; gebührend
dune [dyn] *f* Düne *f*
Dunkerque [dɛ̃kɛrk] Dünkirchen
duo [dyo] *m mus* Duett *n*; Duo *n*
duodénum [dɥɔdenɔm] *m* Zwölffingerdarm *m*
dup|e [dyp] *f* **être la ~ de qn** von j-m betrogen werden; **être ~ de qc** auf etw hereinfallen; **~er** (1a) prellen, betrügen; **~erie** *f* Betrügerei *f*
duplex [dyplɛks] *m* zweigeschossiges Appartement *n*
duplicat|a [dyplikata] *m* Zweitschrift *f*; **~eur** *m* Vervielfältiger *m*
duplicité [dyplisite] *f* Doppelzüngigkeit *f*
▶**dur, ~e** [dyr] **1.** *adj* hart; *fig* schwierig; streng; **2.** *adv* **travailler dur** hart arbeiten; **frapper dur** kräftig (zu)schlagen; **~able** dauerhaft
▶**durant** [dyrɑ̃] *prép* während
durc|ir [dyrsir] (2a) (ver-, ab)härten; (**se**) **~** hart werden; **~issement** [-ismɑ̃] *m* Hartwerden *n*; *fig* Verhärtung *f*
▶**durée** [dyre] *f* Dauer *f*; **à ~ déterminée** befristet; **à ~ indéterminée** unbefristet
▶**durer** [dyre] (1a) dauern; halten
dur|eté [dyrte] *f* Härte *f*; *fig* Strenge *f*; **~illon** [-ijɔ̃] *m* Schwiele *f*
duvet [dyvɛ] *m* Flaum *m*; Daunen *f/pl*; Daunenschlafsack *m*
dynam|ique [dinamik] **1.** *adj* dynamisch; *fig* tatkräftig; **2.** *f* Dynamik *f* (*a fig*); **~isme** *m fig* Dynamik *f*, Energie *f*; **~ite** [-it] *f* Dynamit *n*; ⚠ **la ~**
dynamo [dinamo] *f tech* Dynamo *m*; Lichtmaschine *f*; ⚠ **la ~**
dynastie [dinasti] *f* Dynastie *f*, Herrscherhaus *n*
dys|enterie [disɑ̃tri] *f méd* Ruhr *f*; **~lexie** [-lɛksi] *f psych* Legasthenie *f*

E

▶ **eau** [o] *f* (⚠ *pl* **~x**) Wasser *n*; **eaux** *pl* Gewässer *n/pl*; Heilquellen *f/pl*; **eau de Cologne** Kölnischwasser *n*; **eau gazeuse** kohlensäurehaltiges Mineralwasser *n*; **eau de Javel** Javel-Wasser *n*, Chlorbleiche *f*; ▶ **eau minérale** Mineralwasser *n*; **eau plate** stilles Wasser *n*; **nager entre deux eaux** *fig* es mit keinem verderben wollen; **tomber à l'eau** ins Wasser fallen (*a fig*)
eau-de-vie [odvi] *f* (⚠ *pl* **eaux-de-vie**) Branntwein *m*; Schnaps *m*
eau-forte [ofɔrt] *f* (⚠ *pl* **eaux-fortes**) Radierung *f*
ébahi, ~e [ebai] verblüfft, sprachlos, verdutzt
ébattre [ebatrə] (4a) **s'~** sich tummeln
ébauch|e [eboʃ] *f* Skizze *f*; Entwurf *m*; schwacher Versuch *m*; **~er** (1a) entwerfen; **~ un sourire** ein Lächeln andeuten
ébène [ebɛn] *f* Ebenholz *n*
ébéniste [ebenist] *m* Kunsttischler *m*
éberlué, ~e [ebɛrlɥe] F verdutzt
éblouir [ebluir] (2a) blenden; *fig* verblüffen
éboueur [ebwœr] *m* Müllmann *m*
éboul|ement [ebulmɑ̃] *m* Erd-, Bergrutsch *m*; Einsturz *m*; **~er** (1a) **s'~** einstürzen; **~is** [-i] *m* Geröll *n*; Schutt *m*
ébouriffer [eburife] (1a) *Haar*: zerzausen; F *fig* verblüffen
ébranler [ebrɑ̃le] (1a) erschüttern; **s'~** sich in Bewegung setzen
ébriété [ebrijete] *f* Trunkenheit *f*
ébruiter [ebrɥite] (1a) *Nachricht*: verbreiten
ébullition [ebylisjɔ̃] *f* Aufkochen *n*, Sieden *n*
écaill|e [ekaj] *f zo, bot* Schuppe *f*; Schildpatt *n*; **~er** (1a) abschuppen; *Austern*: aufmachen; **s'~** abbröckeln, abblättern
écale [ekal] *f* (grüne Nuss-)Schale *f*
écarlate [ekarlat] **1.** *f* Scharlachfarbe *f*; **2.** *adj* scharlachrot
écarquiller [ekarkije] (1a) *Augen*: aufsperren
écart [ekar] *m* Abstand *m*, Spanne *f*, Spielraum *m*; Abweichung *f*, Verstoß *m*; Sprung *m* zur Seite; **grand ~** Spagat *m od n*; **à l'~** abseits, beiseite; **à l'~ de** weit weg von
écarteler [ekartəle] (1d) vierteilen; *fig* hin- und herreißen
écart|ement [ekartəmɑ̃] *m* Abstand *m*, Entfernung *f*; *tech* Spurweite *f*; **~er** (1a) wegschieben, entfernen; *Beine*: spreizen; *fig Gedanken*: verwerfen, ablehnen; **s'~ de** sich entfernen von, abweichen von
ecclésiastique [eklezjastik] kirchlich, geistlich
écervelé, ~e [esɛrvəle] leichtsinnig, gedankenlos
échafaud [eʃafo] *m hist* Schafott *n*
échafaud|age [eʃafodaʒ] *m* Baugerüst *n*; **~er** (1a) aufstapeln; *fig Plan*: entwerfen
échalote [eʃalɔt] *f bot* Schalotte *f*; ⚠ *Schreibung*
▶ **échange** [eʃɑ̃ʒ] *m* Austausch *m*; **~s extérieurs** Außenhandel *m*
▶ **échang|er** [eʃɑ̃ʒe] (1l) um-, austauschen (**contre qc** gegen *od* für etw); (aus)wechseln; **~eur** *m* Verkehrsknoten *m*, -kreuz *n*; **~ de chaleur** Wärmetauscher *m*
échantillon [eʃɑ̃tijɔ̃] *m* Probe(stück) *f(n)*, Muster *n*
échapp|atoire [eʃapatwar] *f* Ausflucht *f*; **~ée** *f* schmaler Durchblick *m*; *Radsport*: Ausreißversuch *m*; **~ement** [-mɑ̃] *m auto* Auspuff *m*
▶ **échapper** [eʃape] (1a) entkommen, entgehen, entwischen (**à qn, qc** j-m, e-r Sache); entfahren; entfallen; **l'~ belle** mit e-m blauen Auge davonkommen
écharde [eʃard] *f* Splitter *m*
écharpe [eʃarp] *f* Schärpe *f*; Schal *m*; *méd* (Arm-)Binde *f*, Schlinge *f*
échasse [eʃas] *f* Stelze *f*
échaud|é [eʃode] *m Gebäck*: Windbeutel *m*; **~er** (1a) (ab-, ver)brühen
échauff|é, ~ée [eʃofe] erhitzt; **~ement** [-mɑ̃] *m* Erhitzung *f*; **~er** (1a) erwärmen; erhitzen (*a fig*); **s'~** warm werden, sich ereifern
échéance [eʃeɑ̃s] *f comm, jur* Fälligkeit

f; Verfalltag *m*; ***à brève, longue** ~* kurz-, langfristig
échéant [eʃeɑ̃] ***le cas** ~* gegebenenfalls
▶ **échec** [eʃɛk] *m* Misserfolg *m*; Scheitern *n*; Schlappe *f*; ***essuyer** od **subir un** ~* e-e Niederlage erleiden; *~ **scolaire*** schulisches Versagen *n*
échecs [eʃɛk] *m/pl* Schach(spiel) *n*; ***jouer aux** ~* Schach spielen
▶ **échelle** [eʃɛl] *f* Leiter *f*; Skala *f*; *fig* Rangordnung *f*, Stufenleiter *f*; Maßstab *m*; *~ **de Richter*** Richterskala *f*; *~ **double*** Stehleiter *f*; ***grande** ~* Feuerwehrleiter *f*; ***sur une grande** ~* in großem Maßstab *od* Stil; *fig **faire monter qn à l'**~* j-n hochnehmen, verulken
échelon [eʃlɔ̃] *m* Leitersprosse *f*; *fig* Stufe *f*, Ebene *f*; Rangstufe *f*; Dienstgrad *m*; *mil* Staffel *f*
échelonner [eʃlɔne] (1a) staffeln; abstufen; verteilen
échevelé, ~e [eʃəvle] zerzaust
échin|e [eʃin] *f* Rückgrat *n* (*a fig*); **~er** (1a) F ***s'**~* sich abrackern
échiquier [eʃikje] *m* Schachbrett *n*
écho [eko] *m* Echo *n*; **~graphie** [-grafi] *f* Ultraschalluntersuchung *f*
échoir [eʃwar] (3m) *comm* fällig werden, verfallen; *~ **à qn*** j-m anheim fallen, zufallen
▶ **échouer** [eʃwe] (1a) *Schiff*: stranden; *fig* scheitern; durchfallen
échu, ~e [eʃy] *p/p von* ***échoir***
éclabousser [eklabuse] (1a) bespritzen, voll spritzen
▶ **éclair** [eklɛr] *m* Blitz *m*; *fig* Aufblitzen *n*; *Gebäck*: Liebesknochen *m*; **~age** *m* Beleuchtung *f*, Licht *n* (*a fig*)
éclairc|ie [eklɛrsi] *f Wetter*: Aufheiterung *f*; **~ir** (2a) aufhellen; lichten; *fig* aufklären; ***s'**~* sich aufklären, heller werden
▶ **éclair|er** [eklɛre] (1b) (be-, er)leuchten; *~ **qn*** j-m leuchten; *fig ~ **qc, qn*** etw, j-n aufklären (***sur*** über); **~eur, ~euse** *m, f* Pfadfinder(in) *m(f)*
éclat [ekla] *m* Splitter *m*; Aufsehen *n*; Glanz *m*, Pracht *f*; *~ **de rire*** schallendes Gelächter *n*
éclat|ant, ~ante [eklatɑ̃, -ɑ̃t] glänzend (*a fig*); schallend; offenkundig
▶ **éclater** [eklate] (1a) platzen, bersten; knallen, krachen, erschallen; glänzen; *Streit*: ausbrechen; *fig* sich auflösen; zersplittern; *~ **de rire*** laut auflachen
éclips|e [eklips] *f* (*Mond-, Sonnen-*) Finsternis *f*; **~er** (1a) *Himmelskörper*: verfinstern; *fig ~ **qn*** j-n in den Schatten stellen; F ***s'**~* verschwinden
éclopé, ~e [eklɔpe] F *plais* lahm, gehunfähig
éclus|e [eklyz] *f* Schleuse *f*; **~er** (1a) durchschleusen; P saufen
écœur|ant, ~ante [ekœrɑ̃, -ɑ̃t] widerlich, ekelhaft; **~ement** [-mɑ̃] *m* Ekel *m* (*a fig*); **~er** (1a) anwidern, anekeln
▶ **école** [ekɔl] *f* Schule *f*; ***école maternelle*** Kindergarten *m*; ▶ ***école primaire*** Grundschule *f*; ***école secondaire*** höhere Schule; *in Frankreich*: ***grande école*** (elitäre) Hochschule *f*; ***école de danse*** Ballettschule *f*; ***école de ski*** Skischule *f*
▶ **écol|ier, ~ière** [ekɔlje, -jɛr] *m, f* Schüler(in) *m(f)*
écolo [ekɔlo] F **1.** *adj* umweltbewusst, grün; **2.** *m, f* Umweltschützer(in) *m(f)*
écolog|ie [ekɔlɔʒi] *f* Ökologie *f*; **~ique** ökologisch; umweltfreundlich; umweltbewusst; ***catastrophe** f ~* Umweltkatastrophe *f*; **~iste** *m, f* Umweltschützer(in) *m(f)*
économe [ekɔnɔm] **1.** *adj* sparsam; ⚠ *auf Personen bezogen*; **2.** *m, f* Verwalter(in) *m(f)*
▶ **économie** [ekɔnɔmi] *f* Wirtschaft (-lichkeit) *f*; Sparsamkeit *f*; ***économie d'entreprise*** Betriebswirtschaft *f*; ***économie nationale*** Volkswirtschaft *f*; ***économie libérale*** freie Marktwirtschaft *f*; ***économie politique*** Nationalökonomie *f*; ▶ ***économies** pl* Ersparnisse *f/pl*; ***faire des économies*** sparen
▶ **économ|ique** [ekɔnɔmik] wirtschaftlich; Wirtschafts...; ⚠ *auf Sachen bezogen*; **~iser** (1a) *~ **qc*** etw (ein)sparen; *~ **sur qc*** an etw sparen; **~iseur** *m ~ **d'écran*** Bildschirmschoner *m*; **~iste** *m, f* Volkswirtschaftler(in) *m(f)*
écoper [ekɔpe] (1a) *Schiff*: ausschöpfen; F *fig* bestraft werden
écorce [ekɔrs] *f* Rinde *f*; Schale *f*
écorcher [ekɔrʃe] (1a) das Fell abziehen, enthäuten; aufschürfen; radebrechen
écorecharge [ekorəʃarʒ] *f* Nachfüllpackung *f*

écoss|ais, ~aise [ekɔsɛ, -ɛz] **1.** *adj* schottisch; **2.** ♀ *m, f* Schotte *m*, Schottin *f*
Écosse [ekɔs] *f* **l'~** Schottland *n*
écosser [ekɔse] (1a) enthülsen
écosystème [ekosistɛm] *m* Ökosystem *n*
écoulement [ekulmɑ̃] *m* Abfluss *m*; *Zeit*: Ablauf *m*; *comm* Absatz *m*
écouler [ekule] (1a) *comm* absetzen; **s'~** abfließen; sich verlaufen; *Zeit*: vergehen; *comm* Absatz finden
écourter [ekurte] (1a) (ab-, ver)kürzen
écoute [ekut] *f* Hören *n* (*bes Radio*); *tél* Abhören *n*; **être à l'~** *Radio*: hören; **aux ~s** auf der Lauer, in Erwartung
▶ **écout|er** [ekute] (1a) (an)hören, horchen, lauschen; **~ qn** j-m zuhören; j-n anhören; auf j-n hören; **~eur** *m* (Telefon-)Hörer *m*; Kopfhörer *m*
▶ **écran** [ekrɑ̃] *m* Wandschirm *m*; Bildschirm *m*; *Kino*: Leinwand *f*; **~ anti-bruit** Lärmschutzwall *m*; **~ graphique** Grafikbildschirm *m*; **le petit ~** das Fernsehen; **~ radar** Radarschirm *m*; **~ à haute définition** *od* **résolution** hoch auflösender Bildschirm *m*
▶ **écraser** [ekraze] (1a) zermalmen (*a fig*), zerdrücken, zerquetschen; *auto* überfahren; *fig* zerschlagen, vernichten; *Flugzeug*: **s'~ au sol** am Boden zerschellen, abstürzen
écrémer [ekreme] (1f) entrahmen
écrevisse [ekrəvis] *f zo* Krebs *m*
écrier [ekrije] (1a) ▶ **s'écrier** ausrufen
▶ **écrire** [ekrir] (4f) schreiben; **s'~** sich schreiben; geschrieben werden
écrit [ekrit] *m* Schrift(stück) *f(n)*; *Prüfung*: **l'~** das Schriftliche; **par ~** schriftlich
écriteau [ekrito] *m* (⚠ *pl* **~x**) (Hinweis-)Schild *n*
▶ **écriture** [ekrityr] *f* Schrift *f*; *comm* Buchung *f*; **les** (**Saintes**) **Écritures** die (Heilige) Schrift
▶ **écrivain** [ekrivɛ̃] *m* Schriftsteller(in) *m(f)*
écrou [ekru] *m* (⚠ *pl* **~s**) **1.** (Schrauben-)Mutter *f*; **2.** *jur* Inhaftierung *f*
écrouler [ekrule] (1a) **s'~** einstürzen; zusammenbrechen (*a fig*)
écru, ~e [ekry] ungebleicht
ecstasy [ɛkstasi] *f* Ecstasy *n*; ⚠ **une ~**
écu [eky] *m* **1.** *Währung*: Ecu *m od f*; **2.** *hist* (Wappen-)Schild *m od n*; Taler *m*
écueil [ekœj] *m* Riff *n*; Klippe *f* (*a fig*)
écuelle [ekɥɛl] *f* Napf *m*
éculé, ~e [ekyle] *Schuhe*: abgelaufen; *fig* abgedroschen
écum|e [ekym] *f* Schaum *m*; **~er** (1a) (ab)schäumen; *fig* ausplündern
écureuil [ekyrœj] *m zo* Eichhörnchen *n*
écurie [ekyri] *f* Pferdestall *m*; *Sport*: Rennstall *m*
eczéma [egzema] *m méd* Hautausschlag *m*, Ekzem *n*
édenté, ~e [edɑ̃te] zahnlos
E.D.F. [edeɛf] *f* (*abr* **Électricité de France**) Frz. Elektrizitätsgesellschaft
édicter [edikte] (1a) verordnen
édifi|ant, ~ante [edifjɑ̃, -ɑ̃t] erbaulich
édification [edifikasjɔ̃] *f* Erbauung *f* (*a fig*)
édifice [edifis] *m* Gebäude *n*
édifier [edifje] (1a) erbauen (*a fig*)
édit [edi] *m* Edikt *n*
édi|ter [edite] (1a) herausgeben; *EDV* editieren, bearbeiten; **~teur, ~trice** *m, f* Verleger(in) *m(f)*; **~tion** *f* Ausgabe *f*, Auflage *f*; **~s** *pl* Verlag *m*; **~torial** [-tɔrjal] *m* (⚠ *pl* **-iaux**) Leitartikel *m*
édredon [edrədɔ̃] *m* Daunenbett *n*; Federbett *n*
éduca|teur, ~trice [edykatœr, -tris] *m, f* Erzieher(in) *m(f)*; **~tif, ~tive** [-tif, -tiv] erzieherisch; belehrend
▶ **éducation** [edykasjɔ̃] *f* Erziehung *f*; Bildung *f*; ▶ **éducation physique** Leibeserziehung *f*, Turnen *n*
éduquer [edyke] (1m) erziehen
effacé, ~e [efase] *Farbe*: verblasst; *Person*: zurückhaltend; *Kinn*: fliehend; *Brust*: flach
▶ **effacer** [efase] (1k) auslöschen; ausradieren; (weg)streichen; aus-, verwischen; *EDV* löschen; **s'~** verblassen, verschwinden; *Person*: zurücktreten
effar|ement [efarmɑ̃] *m* Bestürzung *f*; **~er** (1a) verwirren
effaroucher [efaruʃe] (1a) auf-, verscheuchen; *fig* ab-, erschrecken
effect|if, ~ive [efɛktif, -iv] **1.** *adj* wirklich, tatsächlich; **2.** *m* (Personal-)Bestand *m*
effectuer [efɛktɥe] (1a) aus-, durchführen, unternehmen; **s'~** erfolgen, vor sich gehen
efféminé, ~e [efemine] *péj* weibisch

effervesc|ence [efɛrvesɑ̃s] *f* Aufwallung *f*; *fig* Aufregung *f*; Gärung *f*; **~ent, ~ente** [-ɑ̃, -ɑ̃t] aufwallend; *fig* brodelnd

▶ **effet** [efɛ] *m* **1.** Wirkung *f*; Ergebnis *n*; ***à cet effet*** zu diesem Zweck; ▶ ***en effet*** denn, nämlich; in der Tat; ***faire de l'effet*** wirken; ***faire l'effet de*** den Eindruck machen von ...; ***effet de serre*** Treibhauseffekt *m*; **2. *effets*** *pl* Habseligkeiten *f/pl*, Sachen *f/pl*; Kleider *n/pl*; **3.** *comm* ***effets*** *pl* Effekten *f/pl*

▶ **efficac|e** [efikas] wirksam; **~ité** *f* Wirksamkeit *f*, Effektivität *f*

effic|ient, ~iente [efisjɑ̃, -jɑ̃t] effizient

effigie [efiʒi] *f* Bildnis *n*

effilé, ~e [efile] dünn; zugespitzt

effleurer [eflœre] (1a) streifen (*a fig*); leicht berühren

effondrer [efɔ̃dre] (1a) ***s'~*** einstürzen; zusammenbrechen (*a fig*)

efforcer [efɔrse] (1k) ▶ ***s'efforcer de*** (+ *inf*) sich anstrengen, sich bemühen zu (+ *inf*)

▶ **effort** [efɔr] *m* Anstrengung *f*; Mühe *f*; ***faire un ~*** sich anstrengen

effraction [efraksjɔ̃] *f jur* Einbruch *m*

effray|ant, ~ante [efrɛjɑ̃, -ɑ̃] schrecklich; **~er** (1i) ~ ***qn*** j-n erschrecken; ***s'~*** (sich) erschrecken (***de*** über)

effréné, ~e [efrene] zügellos, wild

effriter [efrite] (1a) ***s'~*** verwittern; zerbröckeln; abbröckeln (*a fig*)

effront|é, ~ée [efrɔ̃te] frech; unverschämt; **~erie** *f* Frechheit *f*

effroyable [efrwajablə] entsetzlich

effusion [efyzjɔ̃] *f* ~ ***de sang*** Blutvergießen *n*

▶ **égal, ~e** [egal] (⚠ *m/pl* ***-aux***) gleich; gleichmäßig; eben; gleichgültig; ***d'~ à ~*** wie seinesgleichen; ***sans ~*** unvergleichlich; ***ça lui est ~*** das ist ihm gleich

▶ **égal|ement** [egalmɑ̃] *adv* gleichermaßen; gleichfalls, auch; **~er** (1a) ~ ***qn*** (*od* ***qc***) j-m (*od* e-r Sache) gleichkommen; **~iser** (1a) aus-, angleichen; gleichmäßig verteilen; ebnen

▶ **égalité** [egalite] *f* Gleichheit *f*; Gleichförmigkeit *f*; Ebenheit *f*; ***à ~ de*** bei Gleichheit (+ *gén*)

égard [egar] *m* ***à cet ~*** in dieser Beziehung; ***à l'~ de*** hinsichtlich; ***eu ~ à*** in Anbetracht (+ *gén*); ***par ~ à*** mit Rücksicht auf; **~s** *pl* Achtung *f*, Aufmerksamkeit *f*; ***manque m d'~s*** Rücksichtslosigkeit *f*

égarer [egare] (1a) irreleiten; *Gegenstände*: verlegen; ***s'~*** sich verirren; *vom Thema*: abschweifen

égayer [egɛje] (1i) erheitern; auflockern

églantine [eglɑ̃tin] *f* wilde Rose *f*, Heckenrose *f*

▶ **église** [egliz] *f* Kirche *f*

égo|ïsme [egɔismə] *m* Egoismus *m*; **~ïste 1.** *adj* egoistisch; **2.** *m*, *f* Egoist(in) *m(f)*

égorger [egɔrʒe] (1l) die Kehle durchschneiden (***qn*** j-m); *fig* schröpfen

égosiller [egozije] (1a) ***s'~*** sich heiser schreien

égout [egu] *m* (Abwasser-)Kanal *m*

égoutter [egute] (1a) abtropfen lassen

égratign|er [egratiɲe] (1a) zerkratzen, (auf)ritzen; **~ure** [-yr] *f* Kratzwunde *f*, Schramme *f*

égrener [egrəne] (1d) auskörnen; abbeeren

Égypte [eʒipt] *f* ***l'~*** Ägypten *n*

égypt|ien, ~ienne [eʒipsjɛ̃, -jɛn] **1.** *adj* ägyptisch; **2.** ♀ *m*, *f* Ägypter(in) *m(f)*

eh [e] he!, hallo!; ach!; ***~ bien!*** nun!; na!; na schön!

éhonté, ~e [eɔ̃te] schamlos

éjecter [eʒɛkte] (1a) (hin)auswerfen, hinausschleudern

éjection [eʒɛksjɔ̃] *f* Auswerfen *n*

élaborer [elabɔre] (1a) ausarbeiten

élan [elɑ̃] *m* **1.** Anlauf *m*; Schwung *m*; *fig* Eifer *m*; Anwandlung *f*; Begeisterung *f*; **2.** *zo* Elch *m*

élancer [elɑ̃se] (1k) **1.** *méd* heftig stechen; **2. *s'~*** hervor-, losstürzen; *fig* sich emporschwingen; *Turm*: emporragen.

élargir [elarʒir] (2a) erweitern; verbreitern

élasticité [elastisite] *f* Dehnbarkeit *f*; Elastizität *f*; Spannkraft *f*

élastique [elastik] **1.** *adj* elastisch; **2.** *m* Gummiband *n*

Elbe [ɛlb] *f* ***l'~*** die Elbe; ***l'île f d'~*** Elba *n*

élec|teur, ~trice [elɛktœr, -tris] **1.** *m*, *f* Wähler(in) *m(f)*; **2.** *m hist* Kurfürst *m*

▶ **élection** [elɛksjɔ̃] *f* Wahl *f*

électors|al, ~ale [elɛktɔral] (⚠ *m/pl* ***-aux***) Wahl...; *hist* kurfürstlich; **~at** [-a] *m* **1.** Wahlrecht *n*; Wählerschaft *f*; **2.** *hist* Kurfürstentum *n*

▶ **électricien** [elɛktrisjɛ̃] *m* Elektriker *m*

► **électri|cité** [elɛktrisite] *f* Elektrizität *f*; **~fication** [-fikasjɔ̃] *f* Elektrifizierung *f*; **~fier** [-fje] (1a) elektrifizieren
► **électr|ique** [elɛktrik] elektrisch; **~iser** (1a) elektrisieren; *fig* begeistern
électro|-aimant [elɛktrɔɛmɑ̃] *m* (⚠ *pl* ***électro-aimants***) Elektromagnet *m*; **~cardiogramme** [-kardjɔgram] *m* *méd* Elektrokardiogramm *n* (*abr* EKG); **~choc** [-ʃɔk] *m* Elektroschock *m*; **~cuter** [-kyte] (1a) durch e-n elektrischen Schlag töten; **~cution** [-kysjɔ̃] *f* tödlicher elektrischer Schlag *m*; Hinrichtung *f* durch Elektrizität
électrode [elɛktrɔd] *f* Elektrode *f*
électro|-encéphalogramme [elɛktrɔɑ̃sefalɔgram] *m* (⚠ *pl* ***électro-encéphalogrammes***) Elektroenzephalogramm *n* (*abr* EEG); **~ménager** [-menaʒe] ***appareils*** *m/pl* **~s** elektrische Haushaltsgeräte *n/pl*
électron [elɛktrɔ̃] *m* Elektron *n*
électronic|ien, ~ienne [elɛktrɔnisjɛ̃, -jɛn] *m, f* Elektroniker(in) *m(f)*
► **électronique** [elɛktrɔnik] **1.** *adj* elektronisch; **2.** *f* Elektronik *f*
élégance [elegɑ̃s] *f* Eleganz *f*
► **élég|ant, ~ante** [elegɑ̃, -ɑ̃t] elegant; ⚠ *adv* ***élégamment*** [-amɑ̃]
► **élément** [elemɑ̃] *m* Element *n*; Bestandteil *m*; Komponente *f*; Bauteil *n*; **~s** *pl* Grundbegriffe *m/pl*; **~ *combustible*** Brennelement *n*
élémentaire [elemɑ̃tɛr] Grund..., elementar
éléphant [elefɑ̃] *m zo* Elefant *m*
élevage [elvaʒ] *m* Züchtung *f*; Viehzucht *f*
éléva|teur [elevatœr] *m* Hebevorrichtung *f*; Lastenaufzug *m*; **~tion** *f* Erhebung *f*, Erhöhung *f* (*a fig*); Anstieg *m*; Anhöhe *f*
► **élève** [elɛv] *m, f* Schüler(in) *m(f)*
élevé, ~e [elve] hochgelegen; *Preis etc*: hoch; *fig* erhaben; ***bien*** **~** wohlerzogen; ***mal*** **~** ungezogen
► **élev|er** [elve] (1d) erheben; erhöhen; errichten; *Kinder*: aufziehen; *Tiere*: züchten; ***s'*~** sich erheben; ansteigen; ***s'~ contre qn*** gegen j-n auftreten; ***s'~ à*** sich belaufen auf; **~eur, ~euse** *m, f* Viehzüchter(in) *m(f)*
éligible [eliʒiblə] wählbar
élimination [eliminasjɔ̃] *f* Beseitigung *f*; *Art*: Ausrottung *f*; **~ *des déchets*** Abfallentsorgung *f*
élimin|atoire [eliminatwar] *f* Ausscheidungswettkampf *m*; **~er** (1a) beseitigen, entfernen, eliminieren
► **élire** [elir] (4x) (er)wählen
élite [elit] *f* Auslese *f*, Elite *f*
élitisme [elitismə] *m* Elitedenken *n*
► **elle(s)** [ɛl] *f(pl)* sie
élocution [elɔkysjɔ̃] *f* Sprech-, Redeweise *f*
éloge [elɔʒ] *m* Lob(rede) *n(f)*; **~ *funèbre*** Nachruf *m*
éloigné, ~e [elwaɲe] fern, entfernt
éloignement [elwaɲmɑ̃] *m* Entfernung *f*; Abstand *m*; *fig* Fernsein *n*
► **éloigner** [elwaɲe] (1a) wegnehmen; entfernen; *fig* entfremden; ***s'~ de*** sich entfernen von
élongation [elɔ̃gasjɔ̃] *f méd* Zerrung *f*
éloquence [elɔkɑ̃s] *f* Beredsamkeit *f*
éloqu|ent, ~ente [elɔkɑ̃, -ɑ̃t] beredt; ⚠ *adv* ***éloquemment*** [-amɑ̃]
élu, ~e **1.** *p/p von* ***élire*** *u adj* gewählt; auserwählt; **2.** *m, f fig* Auserwählte(r) *f(m)*; *pol* ***les élus*** die Abgeordneten *m/pl*
élucider [elyside] (1a) (auf)klären
élucubrations [elykybrasjɔ̃] *f/pl* Hirngespinste *n/pl*
éluder [elyde] (1a) *fig* umgehen
émacié, ~e [emasje] abgezehrt
émail [emaj] *m* (⚠ *pl* ***émaux***) Email *n*; Zahnschmelz *m*
émanation [emanasjɔ̃] *f* Ausdünstung *f*; *fig* Ausstrahlung *f*
émancipation [emɑ̃sipasjɔ̃] *f* Befreiung *f*; Gleichberechtigung *f*, Gleichstellung *f*; Emanzipation *f*
émaner [emane] (1a) ausgehen, herrühren (**de** von)
emball|age [ɑ̃balaʒ] *m* Verpackung *f*; **~ *sous vide*** Vakuumverpackung *f*; **~ *consigné*** Mehrwegverpackung *f*; **~er** (1a) ein-, verpacken; F *fig* begeistern; F *Verbrecher*: schnappen; ***s'~*** *Motor*: aufheulen; F *fig* sich begeistern; aufbrausen
embarca|dère [ɑ̃barkadɛr] *m mar* Landeplatz *m*; Landungsbrücke *f*; **~tion** *f* (kleines) Boot *n*
embargo [ɑ̃bargo] *m* Embargo *n*, Handelssperre *f*
embarqu|ement [ɑ̃barkəmɑ̃] *m* Ver-

E

schiffung *f*, Verladung *f*; Anbordgehen *n*, Einsteigen *n*; **~er** (1m) an Bord bringen *od* (*a* **s'~**) gehen; verschiffen; F **s'~ dans** sich einlassen auf
embarras [ɑ̃bara] *m* schwierige Lage, Notlage *f*; Verlegenheit *f*, Verwirrung *f*
embarrass|ant, ~ante [ɑ̃barasɑ̃, -ɑ̃t] hinderlich; lästig; peinlich
▶ **embarrassé, ~e** [ɑ̃barase] verlegen, betreten; wirr, verworren
▶ **embarrasser** [ɑ̃barase] (1a) (be-)hindern, stören; in Verlegenheit bringen
embauch|age [ɑ̃boʃaʒ] *m* An-, Einstellung *f*; **~er** (1a) an-, einstellen
embaumer [ɑ̃bome] (1a) einbalsamieren; mit Duft erfüllen; duften
embellie [ɑ̃bɛli] *f Wetter*: Aufheiterung *f*
embellir [ɑ̃bɛlir] (2a) verschönern; schöner werden
embêt|ant, ~ante [ɑ̃bɛtɑ̃, -ɑ̃t] F langweilig; ärgerlich; **~ement** [-mɑ̃] F *m* Ärger *m*; **~er** F (1a) langweilen; ärgern; belästigen

Qu'est-ce qu'il m'embête!

Wenn jemand einem auf die Nerven geht, so kann man dies je nach Gesprächssituation und Gesprächspartner mit unterschiedlichen Verben und Wendungen sagen:

Der Franzose, der korrekt sein will, sagt:
*Qu'est-ce qu'il m'**ennuie**, mon voisin!* – Mein Nachbar geht mir ziemlich auf die Nerven.

In der Umgangssprache sagt man eher:
*Qu'est-ce qu'il m'**embête**, mon voisin!* – Mein Nachbar geht mir ziemlich auf den Wecker!

Unter Freunden hört man oft auch:
*Ce type-là, il m'**emmerde** pas mal.* – Dieser Typ kotzt mich echt an.

emblée [ɑ̃ble] **d'~** sofort, ohne weiteres
embonpoint [ɑ̃bɔ̃pwɛ̃] *m* Körperfülle *f*
embouchure [ɑ̃buʃyr] *f* Mündung *f*; *mus* Mundstück *n*
embourber [ɑ̃burbe] (1a) in den Morast fahren; **s'~** im Dreck stecken bleiben
embouteill|age [ɑ̃butɛjaʒ] *m* Verkehrsstauung *f*; **~er** (1b) *Straße*: verstopfen
emboutir [ɑ̃butir] (2a) eindrücken; zerbeulen
embranchement [ɑ̃brɑ̃ʃmɑ̃] *m* Ab-, Verzweigung *f*
▶ **embrasser** [ɑ̃brase] (1a) küssen; umarmen; *fig Zeitraum*: umfassen; *st/s Beruf*: ergreifen; **~ du regard** überblicken
embrasure [ɑ̃brɑzyr] *f* Tür-, Fensteröffnung *f*
embrayage [ɑ̃brɛjaʒ] *m auto* Kupplung *f*
embrocher [ɑ̃brɔʃe] (1a) aufspießen
embrouiller [ɑ̃bruje] (1a) durcheinander bringen, verwirren; **s'~** in Verwirrung geraten
embroussaillé, ~e [ɑ̃brusaje] voller Gestrüpp; struppig
embruns [ɑ̃brɛ̃, -œ̃] *m/pl mar* Gischt *m od f*
embûches [ɑ̃byʃ] *f/pl fig* Fallen *f/pl*, Fallstricke *m/pl*
embuer [ɑ̃bɥe] (1a) *Glas, Fenster*: beschlagen
embuscade [ɑ̃buskad] *f mil* Hinterhalt *m*
éméché, ~e [emeʃe] F beschwipst
émeraude [ɛmrod] **1.** *f* Smaragd *m*; **2.** *adj* smaragden
émerger [emɛrʒe] (1l) auftauchen
émeri [emri] *m* Schmirgel *m*; **papier (d')~** Schmirgel-, Schleifpapier *n*
émérite [emerit] bedeutend; verdient
émerveiller [emɛrvɛje] (1a) in Verwunderung setzen; **s'~** staunen (**de** über)
émetteur [emɛtœr] *m Radio*: Sender *m*
émettre [emɛtrə] (4p) (aus)senden; *Meinung*: äußern; *comm Aktien etc*: ausgeben
émeute [emøt] *f* Aufruhr *m*
émietter [emjɛte] (1b) zerkrümeln
émigration [emigrasjɔ̃] *f* Auswanderung *f*
émigr|é, ~ée [emigre] *m, f pol* Emigrant(in) *m(f)*; **~er** (1a) auswandern
émin|ence [eminɑ̃s] *f* **1.** Anhöhe *f*; **2.** ♀

Eminenz *f* (*Titel*); **~ent, ~ente** [-ɑ̃, -ɑ̃t] hervorragend, außerordentlich
émissaire [emisɛr] *m* Geheimbote *m*
▶ **émission** [emisjɔ̃] *f Radio*: Sendung *f*; *comm* Ausgabe *f*
emmagasiner [ɑ̃magazine] (1a) speichern, lagern
emmancher [ɑ̃mɑ̃ʃe] (1a) *fig* einfädeln, einleiten
emmêler [ɑ̃mɛle] (1a) verwirren; *fig* durcheinander bringen, komplizieren
emménager [ɑ̃menaʒe] (1l) *Wohnung*: einziehen; ⚠ *il* **a** *emménagé*
▶ **emmener** [ɑ̃mne] (1d) wegbringen; mitnehmen; ⚠ *im allg auf Personen bezogen*
emmerder [ɑ̃mɛrde] (1a) P **~ qn** j-n nerven, j-m auf den Geist *od* auf den Wecker gehen; P **s'~** sich zu Tode langweilen
emmitoufler [ɑ̃mitufle] (1a) (**s'~** sich) einmumme(l)n
émoi [emwa] *m* Aufregung *f*
émoluments [emɔlymɑ̃] *m/pl* Dienstbezüge *m/pl*, Gehalt *n*
émot|if, ~ive [emɔtif, -iv] Gefühls...; überempfindlich
▶ **émotion** [emosjɔ̃] *f* Auf-, Erregung *f*; Ergriffenheit *f*, Rührung *f*
émoulu, ~e [emuly] **frais émoulu, fraîche émoulue** frisch gebacken (*fig*)
émouvoir [emuvwar] (3d) ergreifen (*fig*), rühren; **s'~** sich erregen
empailler [ɑ̃paje] (1a) *Tiere*: ausstopfen
empaqueter [ɑ̃pakte] (1c) einpacken
emparer [ɑ̃pare] (1a) **s'~ de** sich bemächtigen (+ *gén*); ergreifen
empâter [ɑ̃pɑte] (1a) **s'~** dicker werden
empêchement [ɑ̃pɛʃmɑ̃] *m* Hindernis *n*; Hinderungsgrund *m*
▶ **empêcher** [ɑ̃pɛʃe] (1b) hindern; **~ qc** etw verhindern; **~ qn de faire qc** j-n an etw hindern; **~ que** (+ *subj*) verhindern, dass ...; **(il) n'empêche que** ... trotzdem, und doch; **ne (pas) pouvoir s'~ de faire qc** nicht umhinkönnen, etw zu tun; etw unbedingt tun müssen
empereur [ɑ̃prœr] *m* Kaiser *m*
empester [ɑ̃pɛste] (1a) verpesten; stinken
empêtrer [ɑ̃pɛtre] (1b) **s'~ dans** sich verwickeln in (*a fig*)
empha|se [ɑ̃fɑz] *f* Pathos *n*, Emphase *f*; **~tique** [-tik] emphatisch
empiéter [ɑ̃pjete] (1f) **~ sur** übergreifen auf; vordringen in
empiffrer [ɑ̃pifre] (1a) F **s'~** sich voll stopfen, sich den Bauch voll schlagen
empiler [ɑ̃pile] (1a) aufstapeln
empire [ɑ̃pir] *m* Kaiserreich *n*; Reich *n*; *fig* Einfluss *m*
empirer [ɑ̃pire] (1a) (sich) verschlimmern, schlimmer machen *od* werden
empirique [ɑ̃pirik] empirisch, auf Erfahrung beruhend
emplacement [ɑ̃plasmɑ̃] *m* Platz *m*, Stelle *f*, Ort *m*
emplette [ɑ̃plɛt] *f* Einkauf *m*
▶ **emploi** [ɑ̃plwa] *m* **1.** Gebrauch *m*, An-, Verwendung *f*; ▶ **emploi du temps** Zeit-, Stundenplan *m*; **2.** Arbeitsplatz *m*, Anstellung *f*; *écon* **plein emploi** Vollbeschäftigung *f*
▶ **employé, ~e** [ɑ̃plwaje] *m, f* Angestellte(r) *m, f*
▶ **employ|er** [ɑ̃plwaje] (1h) an-, verwenden, gebrauchen; beschäftigen; **s'~ à (faire) qc** sich für etw einsetzen; **~eur** *m* Arbeitgeber *m*
empocher [ɑ̃pɔʃe] (1a) in die Tasche stecken
empoisonner [ɑ̃pwazɔne] (1a) vergiften
▶ **emporter** [ɑ̃pɔrte] (1a) wegtragen, -bringen; mitnehmen; fortreißen; hinwegraffen; **l'~** den Sieg davontragen; sich durchsetzen; **l'~ sur qn** j-n übertreffen; die Oberhand gewinnen über j-n; **s'~** sich erregen
empreinte [ɑ̃prɛ̃t] *f* Abdruck *m*; Spur *f*; *fig* Gepräge *n*; **~ digitale** Fingerabdruck *m*; **~ génétique** genetischer Fingerabdruck *m*
empress|ement [ɑ̃prɛsmɑ̃] *m* Eifer *m*; **~er** (1b) **s'~ de faire qc** sich beeilen, etw zu tun
emprisonn|ement [ɑ̃prizɔnmɑ̃] *m* Gefängnisstrafe *f*; Haft *f*; **~er** (1a) einsperren; *fig* einschließen
emprunt [ɑ̃prɛ̃, -œ̃] *m* Entlehnung *f*; Anleihe *f*
emprunté, ~e [ɑ̃prɛ̃te, -prœ̃-] unbeholfen
▶ **emprunter** [ɑ̃prɛ̃te, -prœ̃-] (1a) **1. ~ qc à qn** sich etw von j-m leihen, borgen; **~ de l'argent** Geld aufnehmen; **2.** *Weg, Treppe*: benutzen
ému, ~e [emy] *p/p von* **émouvoir** *u adj* gerührt, ergriffen

E

émulation [emylasjõ] *f* Nacheiferung *f*; Wetteifer *m*

émuler [emyle] (1a) *EDV* emulieren

►**en**[1] [ã] *prép* **1.** *Ort*: in, nach; **~ France** in, nach Frankreich; **~ ville** in der (die) Stadt; **de ville ~ ville** von Stadt zu Stadt; **2.** *Zeit*: **~ 1789** (**~ l'an 1789**) im Jahre 1789; **~ été** im Sommer; **~ 15 jours** binnen, innerhalb von (*zum Unterschied von* **dans** = nach) 14 Tagen; *Gleichzeitigkeit beim gérondif* (*oft durch* **tout** *verstärkt*): **~ mangeant** beim Essen; **3.** *Art u Weise*: **agir ~ ami** als Freund handeln; **~ cercle** im Kreis; **~ (qualité de)** wie, als; **~ vente** zum Verkauf; **~ français** auf Französisch; *beim gérondif* **~ forgeant** durch das Schmieden; indem ...; **4.** *Stoff*: aus; **~ or** aus Gold; **5.** *nach Verben, adj u subst*: **croire ~ Dieu** an Gott glauben; **riche ~ qc** reich an etw; **avoir confiance ~ qn** Vertrauen zu j-m haben

►**en**[2] [ã] *adv u pron* (*vertritt Konstruktionen mit* **de**) **1.** *örtlich*: **j'~ viens** ich komme von dort; **2.** *fig*: **qu'~ pensez-vous?** was halten Sie davon?; **c'~ est fait** es ist geschehen; es ist aus damit; **qu'~ dites-vous?** was sagen Sie dazu?; **3.** *als partitiver Genitiv*: welche (-s, -n), davon; **il y ~ a deux** es sind (*ihrer*) zwei; **il n'y ~ a plus** es sind keine mehr da; **~ connaître qui** Leute kennen, die; **j'~ ai** ich habe welche; **j'~ ai cinq** ich habe fünf (davon); **4.** *possessiv*: **qui ~ est le propriétaire?** wer ist sein (*od* der) Besitzer?; **5.** *kausal*: **je n'~ suis pas plus heureux** ich bin darum nicht glücklicher

E.N.A. [ena] *f* (*abr* **École nationale d'administration**) Nationale Verwaltungshochschule

encadrer [ãkadre] (1a) einrahmen; einfügen; *Besucher*: betreuen

encaisser [ãkɛse] (1b) *comm* einkassieren; *fig* einstecken, hinnehmen (müssen); F **je ne peux pas l'~** ich kann ihn nicht leiden

encanailler [ãkanaje] (1a) **s'~** vulgär werden

encapuchonné, ~e [ãkapyʃɔne] eingemummt

en-cas [ãka] *m* (⚠ *pl unv*) *cuis* kalter Imbiss *m*

encastrer [ãkastre] (1a) *tech* einbauen, einlassen

encaustique [ãkostik] *f* Bohnerwachs *n*

enceinte[1] [ãsɛ̃t] schwanger; ⚠ **elle est ~ de sept mois** sie ist im achten Monat (schwanger)

enceinte[2] [ãsɛ̃t] *f* Ringmauer *f*; Umwallung *f*; abgeschlossener Bereich *m*; **~ (acoustique)** Lautsprecherbox *f*; **~ de confinement** Sicherheitsbehälter *m*

encens [ãsã] *m* Weihrauch *m*; **bâtonnet d'~** Räucherstäbchen *n*

encenser [ãsãe] (1a) beweihräuchern

encéphalogramme [ãsefalɔgram] *m* Enzephalogramm *n*; **~ plat** Hirnstillstand *m*

encercl|ement [ãsɛrkləmã] *m* Einkreisung *f*; **~er** (1a) einkreisen, umzingeln

enchaîn|ement [ãʃɛnmã] *m* Verkettung *f*; Zusammenhang *m*; **~er** (1b) anketten; fesseln; *fig* verketten, verknüpfen, verbinden

►**enchant|é, ~ée** [ãʃãte] verzaubert; entzückt; *Floskel* **~!** sehr erfreut!; **~ement** [-mã] *m* Zauber *m*; Entzücken *n*; **~er** (1a) be-, verzaubern; entzücken

enchère [ãʃɛr] *f* höheres Angebot *n*; **vente** *f* **aux ~s** Versteigerung *f*, Auktion *f*; **mettre (vendre) aux ~s** versteigern

enchérir [ãʃerir] (2a) **~ sur qn** mehr bieten als j

enchevêtrer [ãʃ(ə)vɛtre] (1b) durcheinander bringen, verwickeln

enclencher [ãklãʃe] (1a) einklinken, -schalten; in Gang setzen

encl|in, ~ine [ãklɛ̃, -in] **~ à** neigend zu; **être ~ à** neigen zu

enclos [ãklo] *m* Einfriedung *f*; umzäunter Platz *m*

enclume [ãklym] *f* Amboss *m*

encoche [ãkɔʃ] *f* Kerbe *f*; Nut *f*

encoder [ãkɔde] (1a) enkodieren, verschlüsseln

encoignure [ãkɔɲyr] *f* Ecke *f*; Eckschrank *m*

encoller [ãkɔle] (1a) leimen, gummieren

encolure [ãkɔlyr] *f* Hals *m* (*bei Tieren*); Kragenweite *f*

encombr|ant, ~ante [ãkõbrã, -ãt] sperrig; *fig* lästig; **~ement** [-əmã] *m* Verkehrsstau(ung) *m(f)*; Gedränge *n*;

~er (1a) versperren; verstopfen; überfüllen; **s'~ de** sich belasten mit
encontre [ãkɔ̃trə] **à l'~ de** im Gegensatz zu, entgegen
▶**encore** [ãkɔr] **1.** *adv* (immer) noch; nochmals; *einschränkend mit Inversion*: allerdings, freilich; **2.** *conj litt* **~ que** (+ *subj*) obgleich
▶**encourager** [ãkuraʒe] (1l) ermutigen, aufmuntern
encourir [ãkurir] (2i) *litt* **~ qc** etw zu gewärtigen haben; sich etw zuziehen
encrasser [ãkrase] (1a) verschmutzen
▶**encr|e** [ãkrə] *f* Tinte *f*; **par une nuit d'~** in e-r stockfinsteren Nacht; **~ier** [-ije] *m* Tintenfass *n*
encroûter [ãkrute] (1a) mit e-r Kruste überziehen; **s'~** *fig* abstumpfen
enculeur [ãkylœr] *m* F **~ de mouches** Korinthenkacker *m*
encyclopédie [ãsiklɔpedi] *f* Konversationslexikon *n*, Enzyklopädie *f*
endetter [ãdɛte] (1b) **s'~** Schulden machen
endiablé, ~e [ãdjable] *fig* wild; leidenschaftlich
endimanché, ~e [ãdimãʃe] sonntäglich gekleidet
endive [ãdiv] *f bot, cuis* Schikoree *f*; ⚠ *nicht* Endivie
endoctriner [ãdɔktrine] (1a) indoktrinieren
endommager [ãdɔmaʒe] (1l) beschädigen
endormi, ~e [ãdɔrmi] schlafend; *fig* verschlafen, F schlafmützig
endormir [ãdɔrmir] (2b) einschläfern; betäuben; ▶ **s'endormir** einschlafen
endosser [ãdose] (1a) *Kleid*: anziehen; *fig* **~ qc** etw auf sich nehmen
▶**endroit** [ãdrwa] *m* **1.** Stelle *f*; Ort *m*; **2.** Ober-, Vorderseite *f*
enduire [ãdɥir] (4c) be-, überstreichen (**de** mit)
enduit [ãdɥi] *m* Überzug *m*; (Ver-)Putz *m*
endurance [ãdyrãs] *f* Ausdauer *f*
endurc|ir [ãdyrsir] (2a) abhärten; *fig* abstumpfen; **~issement** [-ismã] *m* Abhärtung *f*
endurer [ãdyre] (1a) ertragen, aushalten, erdulden
▶**énerg|ie** [enɛrʒi] *f* Energie *f*; Tatkraft *f*; **~ atomique** Atomkraft *f*; **~ éolienne** Windenergie *f*; **~ solaire** Sonnenenergie *f*; **~ thermique** Wärmeenergie *f*; **~ique** energisch, tatkräftig
énerv|ant, ~ante [enɛrvã, -ãt] nervenaufreibend; **~é, ~ée** erregt; nervös
énerver [enɛrve] (1a) nervös machen; ▶ **s'énerver** sich aufregen
▶**enfance** [ãfãs] *f* Kindheit *f*
▶**enfant** [ãfã] *m od f* Kind *n* (*Junge od Mädchen*); **~ de chœur** Chorknabe *m*; *fig* Unschuldslamm *n*
enfant|er [ãfãte] (1a) *litt* gebären; **~illage** [-ijaʒ] *m* Kinderei *f*; **~in, ~ine** kindlich, Kinder...; ⚠ *aber* **les maladies infantiles** die Kinderkrankheiten
▶**enfer** [ãfɛr] *m* Hölle *f* (*a fig*)
▶**enfermer** [ãfɛrme] (1a) einschließen, einsperren
enfiévrer [ãfjevre] (1f) **~ qn** *fig* j-n (leidenschaftlich) erregen
enfiler [ãfile] (1a) einfädeln; auf e-n Faden ziehen; *Kleidung*: überziehen
▶**enfin** [ãfɛ̃] endlich, schließlich; kurz gesagt; nun (ja)
enflammer [ãflame] (1a) anzünden; *fig* entflammen, begeistern; **s'~** sich entzünden (*a méd*), Feuer fangen (*a fig*)
enfl|er [ãfle] (1a) (an-, auf)schwellen, dick werden; **~ure** [-yr] *f* Schwellung *f*
▶**enfoncer** [ãfɔ̃se] (1k) **1.** einrammen, (tief) einschlagen, eindrücken; **2.** ver-, einsinken; **s'~** untergehen; vordringen
enfuir [ãfɥir] (2d) **s'~** (ent)fliehen
enfumer [ãfyme] (1a) ein-, verräuchern
engagé, ~e [ãgaʒe] **1.** *adj* engagiert; **2.** *m mil* Freiwillige(r) *m*
engagement [ãgaʒmã] *m* Verpflichtung *f*; Einstellung *f*; *fig* Einsatz *m* (*a mil*); Verpfändung *f*
▶**engager** [ãgaʒe] (1l) verpfänden (*a fig*); verpflichten (**qn à qc** j-n zu etw); *Arbeitskräfte*: einstellen; *Gespräch*: beginnen; **~ qn dans** j-n hineinziehen in; **s'~** *Kampf etc*: beginnen; *mil* sich freiwillig melden; **s'~ à (faire) qc** sich zu etw verpflichten; *fig* **s'~ dans qc** sich auf etw einlassen; **s'~ dans une rue** in e-e Straße einbiegen
engelure [ãʒlyr] *f* Frostbeule *f*
engendrer [ãʒãdre] (1a) (er)zeugen; *fig* verursachen
engin [ãʒɛ̃] *m* Gerät *n*; Maschine *f*; Rakete *f*; F *péj* Ding *n*
englober [ãglɔbe] (1a) umfassen

E

engloutir [ɑ̃glutir] (2a) verschlingen
engorger [ɑ̃gɔrʒe] (1l) verstopfen
engouement [ɑ̃gumɑ̃] *m* Begeisterung *f*, Schwärmerei *f*
engouffrer [ɑ̃gufre] (1a) verschlingen; **s'~** strömen, sich ergießen
engourdir [ɑ̃gurdir] (2a) gefühllos machen; *fig* träge machen, abstumpfen; **s'~** gefühllos werden, erstarren
engrais [ɑ̃grɛ] *m* Dünger *m*, Dung *m*
engraisser [ɑ̃grɛse] (1b) mästen; düngen; fett werden
engrenage [ɑ̃grənaʒ] *m* Verzahnung *f*; Getriebe *n*; *fig* Räderwerk *n*; Verkettung *f*
engueuler [ɑ̃gœle] P (1a) anbrüllen, anschnauzen
enhardir [ɑ̃ardir] (2a) kühn machen, ermutigen
énigmatique [enigmatik] rätselhaft
énigme [enigmə] *f* Rätsel *n*
enivr|ement [ɑ̃nivrəmɑ̃] *m fig* Rausch *m*; **~er** (1a) berauschen; *fig a* betören; *fig* **s'~ de qc** in etw schwelgen
enjamb|ée [ɑ̃ʒɑ̃be] *f* (großer, langer) Schritt *m*; **~ement** [-mɑ̃] *m Metrik*: Übergreifen *n* des Satzes in den nächsten Vers, Zeilensprung *m*; **~er** (1a) überschreiten, -springen; *Tal*: überspannen
enjeu [ɑ̃ʒø] *m* (⚠ *pl* **~x**) Einsatz *m* (*im Spiel*); *fig* Problem *n*; Thema *n*
enjoindre [ɑ̃ʒwɛ̃drə] (4b) **~ qc à qn** j-m etw einschärfen, ausdrücklich befehlen
enjoliv|er [ɑ̃ʒɔlive] (1a) verzieren; **~eur** *m* Radkappe *f*
enjoué, ~e [ɑ̃ʒwe] munter, heiter, lustig
enlacer [ɑ̃lase] (1k) umranken, umschlingen; umarmen
enlaidir [ɑ̃ledir] (2a) verunstalten, verschandeln
enlèvement [ɑ̃lɛvmɑ̃] *m* Wegnahme *f*, Abtransport *m*, Beseitigung *f*; *jur* Entführung *f*, Raub *m*
▶**enlever** [ɑ̃lve] (1d) wegnehmen, -schaffen, abtransportieren; entfernen, beseitigen; *j-n* entführen; *fig* mit sich fortreißen; hinwegraffen; *mil* erstürmen
enliser [ɑ̃lize] (1a) **s'~** versinken; stecken bleiben
enneig|ement [ɑ̃nɛʒmɑ̃] *m* Schneeverhältnisse *n/pl*; **~é, ~ée** verschneit
▶**ennemi, ~e** [ɛnmi] **1.** *m, f* Feind(in) *m(f)*; **2.** *adj* feindlich
ennoblir [ɑ̃nɔblir] (2a) *fig* adeln, auszeichnen; ⚠ *nicht verwechseln mit* ***anoblir***
ennui [ɑ̃nɥi] *m* **1.** Langeweile *f*; **2.** *meist pl* ▶ ***ennuis*** Ärger *m*, Unannehmlichkeiten *f/pl*, Verdruss *m*
ennuyer [ɑ̃nɥije] (1h) ärgern, auf die Nerven fallen (***qn*** j-m); langweilen, ermüden; beunruhigen; ▶ ***s'ennuyer*** sich langweilen; ***s'ennuyer de qn*** sich nach j-m sehnen, j-n vermissen
▶**ennuy|eux, ~euse** [ɑ̃nɥijø, -øz] lästig, unangenehm; langweilig
énonc|é [enɔ̃se] *m* Äußerung *f*; Wortlaut *m*; **~er** (1k) ausdrücken; darlegen
▶**énorm|e** [enɔrm] enorm, gewaltig, ungeheuer; **~ément** [-emɑ̃] *adv* enorm, gewaltig; F **~ de** ungeheuer viel(e)
enquête [ɑ̃kɛt] *f* Untersuchung *f*; Erhebung *f*, Umfrage *f*, Befragung *f*; *jur* Ermittlungen *f/pl*
enquiquiner [ɑ̃kikine] F (1a) auf die Nerven gehen (***qn*** j-m), ärgern
enraciner [ɑ̃rasine] (1a) einpflanzen; **s'~** *fig* Wurzel fassen; sich einbürgern
enragé, ~e [ɑ̃raʒe] tollwütig; *fig* fanatisch
enregistrement [ɑ̃rəʒistrəmɑ̃] *m* Eintragung *f*; Registrierung *f*; (*Schallplatten-, Tonband-, Film-*) Aufnahme *f*; *EDV* Speichern *n*; Datensatz *m*; *Flug*: Einchecken *n*; ***guichet m d'~*** Abfertigungsschalter *m*; ***~ des bagages*** Gepäckaufgabe *f*, -annahme *f*
▶**enregistr|er** [ɑ̃rəʒistre] (1a) eintragen, einschreiben, registrieren; *Film, Schallplatten etc*: aufnehmen; *EDV* (ab)speichern; *Flug*: einchecken; ***faire ~ Gepäck***: aufgeben; **~eur** *m* Schreibgerät *n*; ***~ de cassettes*** Kassettenrekorder *m*; ***~ de vol*** Flugschreiber *m*
enrhum|é, ~ée [ɑ̃ryme] verschnupft; erkältet; **~er** (1a) **s'~** sich e-n Schnupfen holen; sich erkälten
enrichir [ɑ̃riʃir] (2a) reich machen; bereichern; **s'~** reich werden; *péj* sich bereichern
enrôler [ɑ̃role] (1a) anwerben; aufnehmen
enrou|é, ~ée [ɑ̃rwe] heiser; **~er** (1a) **s'~** heiser werden
enrouler [ɑ̃rule] (1a) auf-, zusammenrollen; aufwickeln
ensanglanter [ɑ̃sɑ̃glɑ̃te] (1a) mit Blut beflecken

enseign|ant, ~ante [ɑ̃sɛɲɑ̃, -ɑ̃t] *m, f* Lehrkraft *f*, Lehrer(in) *m(f)*

enseigne [ɑ̃sɛɲ] *f* Schild *n*; ***être logés à la même ~*** im gleichen Boot sitzen

► **enseignement** [ɑ̃sɛɲmɑ̃] *m* Unterricht *m*; Unterrichts-, Schulwesen *n*; Schuldienst *m*; Lehre *f*; ***~ primaire*** Grundschulwesen *n*; ***~ secondaire*** höheres Schulwesen *n*; ***~ supérieur*** Hochschulwesen *n*

L'enseignement en France

Kinder kann man in Frankreich schon im Alter von ca. zwei Jahren in eine **Kinderkrippe** bringen (***la crèche***). Im Anschluss daran kommen die Kinder in ***l'école maternelle*** (**Kindergarten und Vorschule**), wo Grundfertigkeiten wie Lesen, Schreiben und Rechnen bereits angebahnt werden. Anschließend erfolgt die eigentliche Schullaufbahn, die im Alter von sechs Jahren mit dem Besuch der ***école primaire*** (**Grundschule**) beginnt. Nach fünf Jahren an der ***école primaire*** erfolgt der Übertritt an ***le collège***, wo alle Schüler vier Jahre verbringen müssen. Die Klassen heißen ***la sixième*** (**6. Klasse**), ***la cinquième*** (**7. Klasse**), ***la quatrième*** (**8. Klasse**) und ***la troisième*** (**9. Klasse**), nach deren Abschluss die Schulpflicht erfüllt ist. Danach kann man bei entsprechender Eignung noch ***le lycée*** absolvieren, das nach drei Jahren (***la seconde*** **– 10. Klasse**, ***la première*** **– 11. Klasse** und ***la terminale*** **– 12. Klasse**) mit ***le baccalauréat*** (dem **Abitur**) abgeschlossen wird.

► **enseigner** [ɑ̃sɛɲe] (1a) lehren; unterrichten; ***~ qc à qn*** j-m etw beibringen

► **ensemble** [ɑ̃sɑ̃blə] **1.** *adv* zusammen, miteinander; gleichzeitig; ***aller ~*** zueinander passen; **2.** *m* Ganze(s) *n*, Gesamtheit *f*; Gruppe *f*; *math* Menge *f*; ***dans l'~*** insgesamt, im Allgemeinen

enserrer [ɑ̃sɛre] (1b) umschließen

ensevelir [ɑ̃səvlir] (2a) begraben

ensoleillé, ~e [ɑ̃sɔlɛje] sonnig

ensommeillé, ~e [ɑ̃sɔmɛje] verschlafen

ensorceler [ɑ̃sɔrsəle] (1c) behexen; *fig* bezaubern, betören

► **ensuite** [ɑ̃sɥit] darauf, dann; *fig* außerdem

ensuivre [ɑ̃sɥivrə] (4h) ***s'~*** sich ergeben (***de*** aus)

entamer [ɑ̃tame] (1a) anschneiden; anbrechen; anzapfen; *allg* anfangen; in Angriff nehmen; *fig* beeinträchtigen

entasser [ɑ̃tɑse] (1a) auf-, anhäufen

► **entendre** [ɑ̃tɑ̃drə] (4a) hören; verstehen; *st/s* beabsichtigen; ► ***s'entendre*** sich verstehen; ***s'entendre à qc*** sich auf etw verstehen

► **entendu, ~e** [ɑ̃tɑ̃dy] abgemacht; ***bien ~*** natürlich, selbstverständlich

entente [ɑ̃tɑ̃t] *f* Verständigung *f*; Einvernehmen *n*; Übereinkunft *f*, Abkommen *n*; *pol* Bündnis *n*

enterrement [ɑ̃tɛrmɑ̃] *m* Beerdigung *f*

► **enterrer** [ɑ̃tere] (1b) begraben (*a fig*); beerdigen

en-tête [ɑ̃tɛt] *m* (⚠ *pl* **en-têtes**) *Zeitung etc*: Titel *m*, Kopf *m*; Briefkopf *m*

entêt|é, ~ée [ɑ̃tete] eigensinnig, dickschädelig; **~ement** [-mɑ̃] *m* Eigensinn *m*; **~er** (1b) ***s'~*** eigensinnig werden; ***s'~ dans*** sich versteifen auf

► **enthousias|me** [ɑ̃tuzjasmə] *m* Begeisterung *f*; **~mer** (1a) begeistern; ***s'~ pour*** sich begeistern für; **~te** [-t] begeistert, enthusiastisch

enticher [ɑ̃tiʃe] (1a) ***s'~ de*** sich vernarren in

► **ent|ier, ~ière** [ɑ̃tje, -jɛr] ganz, vollständig; *Charakter*: geradlinig; ***en entier*** ganz

entonner [ɑ̃tɔne] (1a) *Lied*: anstimmen

entonnoir [ɑ̃tɔnwar] *m* Trichter *m*

entorse [ɑ̃tɔrs] *f méd* Verstauchung *f*; *fig* ***faire une ~ à*** verstoßen gegen

entourage [ɑ̃turaʒ] *m* Umgebung *f*; Einfassung *f*

► **entourer** [ɑ̃ture] (1a) ***~ de*** umgeben, umringen mit

▶**entracte** [ɑ̃trakt] *m* Pause *f*; *fig* Atempause *f*

entraid|e [ɑ̃trɛd] *f* gegenseitige Hilfe *f*; **~er** (1b) **s'~** einander beistehen

entrailles [ɑ̃trɑj] *f/pl* Eingeweide *pl*

entrain [ɑ̃trɛ̃] *m* Schwung *m*, Begeisterung *f*

entraînement [ɑ̃trɛnmɑ̃] *m* **1.** Training *n*; Übung *f*; **2.** *tech* Antrieb *m*; **3.** *fig* Hang *m*, Neigung *f*

E

entraîn|er [ɑ̃trene] (1b) **1.** mit sich fortreißen; *fig* nach sich ziehen; verführen, verleiten; ***entraîner qn à faire qc*** j-n dazu veranlassen, etw zu tun; **2.** trainieren; ▶ ***s'entraîner*** *Sport*: trainieren; *allg* sich üben; **~eur** *m* Trainer *m*

entrav|e [ɑ̃trav] *f* Fessel *f*; Hindernis *n*; **~er** (1a) hemmen, hindern

▶**entre** [ɑ̃trə] **1.** *örtlich u zeitlich*: zwischen; ***~ les mains de qn*** in j-s Händen, in j-s Gewalt; **2.** *fig* unter; ***le meilleur d'~ nous*** der Beste von uns; ***~ autres*** unter anderem; ***~ nous*** unter uns

entre|bâiller [ɑ̃trəbɑje] (1a) halb öffnen; *Tür*: anlehnen; **~choquer** [-ʃɔke] (1m) aneinander stoßen; **~côte** [-kot] *f* Rippenstück *n*; **~couper** [-kupe] (1a) unterbrechen; **~croiser** [-krwaze] (1a) (**s'~** sich) kreuzen

entre-deux-guerres [ɑ̃trədøgɛr] *m* Zeit *f* zwischen den zwei Weltkriegen

▶**entrée** [ɑ̃tre] *f* Eingang *m*; Einfahrt *f*; Eintritt *m*; Einreise *f*; Eintrittsgeld *n*; *Wohnung*: Vorraum *m*; *cuis* Vorspeise *f*; *EDV* Eingabe *f*; *Wörterbuch*: Eintrag *m*; ***~ en vigueur*** Inkrafttreten *n*; ***d'~*** von Anfang an

entre|faite [ɑ̃trəfɛt] *f* ***sur ces ~s*** unterdessen; in diesem Augenblick; **~filet** [-filɛ] *m* Pressenotiz *f*

entre|lacer [ɑ̃trəlase] (1k) ineinander schlingen; **~larder** [-larde] (1a) spicken

entre|mets [ɑ̃trəmɛ] *m cuis* Süßspeise *f*; Nachtisch *m*; ⚠ *Singular*; **~mettre** [-mɛtrə] (4p) *st/s* **s'~** vermitteln; **~mise** [-miz] *f* Vermittlung *f*; Fürsprache *f*

entreposer [ɑ̃trəpoze] (1a) einlagern

entrepôt [ɑ̃trəpo] *m* Lager(haus) *n*

entrepren|ant, ~ante [ɑ̃trəprənɑ̃, -ɑ̃t] unternehmungslustig

entre|prendre [ɑ̃trəprɑ̃drə] (4q) unternehmen; **~preneur** [-prənœr] *m* Unternehmer *m*

▶**entreprise** [ɑ̃trəpriz] *f* Unternehmen *n*, Unternehmung *f*

▶**entrer** [ɑ̃tre] (1a) **1.** (***être***) eintreten; hineingehen, -fahren, -passen; einströmen; ein Bestandteil sein (***dans*** von); ▶ ***entrez!*** herein!; ***faire entrer*** hineinbringen; hereinbitten; ***entrer dans un métier*** sich e-m Beruf zuwenden; **2.** (***avoir***) hineinbringen; *EDV* eingeben

entresol [ɑ̃trəsɔl] *m* Zwischenstock *m*, -geschoss *n*

entre-temps [ɑ̃trətɑ̃] inzwischen

entretenir [ɑ̃trətnir] (2h) unterhalten; erhalten; aufrechterhalten; ***s'~ de qc*** sich über etw unterhalten

▶**entretien** [ɑ̃trətjɛ̃] *m* Unterhalt *m*; Unterhaltung *f*; Instandhaltung *f*; Unterredung *f*, Gespräch *n*; Vorstellungsgespräch *n*

entre|voir [ɑ̃trəvwar] (3b) undeutlich *od* flüchtig sehen; *fig* ahnen; **~vue** [-vy] *f* Zusammenkunft *f*; Unterredung *f*

énumér|ation [enymerasjɔ̃] *f* Aufzählung *f*; **~er** (1f) aufzählen

envah|ir [ɑ̃vair] (2a) überfallen; einfallen, -dringen (***qc*** in etw); *Gefühl*: überkommen; **~issant, ~issante** [-isɑ̃, -isɑ̃t] aufdringlich; **~isseur** [-isœr] *m* Angreifer *m*; Eindringling *m*

▶**enveloppe** [ɑ̃vlɔp] *f* (Brief-)Umschlag *m*; Hülle *f*

▶**envelopper** [ɑ̃vlɔpe] (1a) einwickeln, -hüllen; umfassen (*a mil*)

envenimer [ɑ̃vnime] (1a) vergiften (*a fig*)

envergure [ɑ̃vɛrgyr] *f* Spannweite *f*; *fig* Ausmaß *n*, Umfang *m*; Bedeutung *f*

enverrai [ɑ̃vɛre] *futur von* ***envoyer***

envers [ɑ̃vɛr] **1.** *prép* gegen; **2.** *m* Rück-, Kehrseite *f*; ***à l'~*** umgekehrt, verkehrt herum

enviable [ɑ̃vjablə] beneidenswert

envie [ɑ̃vi] *f* Neid *m*; Lust *f* (***de*** auf); Bedürfnis *n*; ▶ ***avoir envie*** Lust haben

envi|er [ɑ̃vje] (1a) beneiden (***qc à qn*** j-n um etw); **~eux, ~euse** [-ø, -øz] neidisch, missgünstig

▶**environ** [ɑ̃virɔ̃] *adv* ungefähr, etwa, zirka

▶**environn|ement** [ɑ̃virɔnmɑ̃] *m* Umwelt *f*; **~er** (1a) umgeben

▶**environs** [ɑ̃virɔ̃] *m/pl* Umgebung *f*; Nähe *f*; ***aux ~ de*** in der Nähe von

envisager [ɑ̃vizaʒe] (1l) ins Auge fas-

sen; erwägen; ~ **de faire qc** beabsichtigen, etw zu tun
envoi [ɑ̃vwa] *m* Sendung *f*
envoler [ɑ̃vɔle] (1a) **s'~** davonfliegen; *Flugzeug*: starten (**pour** nach); *fig* entschwinden
envoûter [ɑ̃vute] (1a) behexen; verzaubern (*a fig*)
envoyé [ɑ̃vwaje] *m* (Ab-)Gesandte(r) *m*; ~ **spécial** Sonderberichterstatter *m*
▶ **envoyer** [ɑ̃vwaje] (1p) schicken; ~ **chercher** holen lassen
épagneul [epaɲœl] *m zo* Spaniel *m*
▶ **épais, épaisse** [epɛ, epɛs] dick; dicht
▶ **épaisseur** [epɛsœr] *f* Dicke *f*; Dichte *f*
épanou|ir [epanwir] (2a) **s'~** sich entfalten (*a fig*); **~issement** [-ismɑ̃] *m* Aufblühen *n*; *fig* Entfaltung *f*
épargne [eparɲ] *f* Sparen *n*; Ersparnis *f*; **~-logement** *f* Bausparen *n*
épargner [eparɲe] (1a) (er)sparen; schonen(d behandeln)
éparpiller [eparpije] (1a) zerstreuen
épars, éparse [epar, epars] zerstreut
épat|ant, ~ante [epatɑ̃, -ɑ̃t] F toll, prima; **~er** (1a) verblüffen; imponieren (**qn** j-m)
▶ **épaule** [epol] *f* Schulter *f*
épave [epav] *f* Wrack *n* (*a fig*); Strandgut *n*
épée [epe] *f* Schwert *n*
▶ **épeler** [eple] (1c) buchstabieren
éperdu, ~e [epɛrdy] außer sich; leidenschaftlich; verzweifelt
éperon [eprɔ̃] *m* Sporn *m*
éperonner [eprɔne] (1a) die Sporen geben (**un cheval** e-m Pferd); *fig* anspornen
éphémère [efemɛr] kurzlebig, vergänglich
épi [epi] *m* Ähre *f*; Haarbüschel *n*; *auto* **stationnement** *m* **en ~** Schrägparken *n*
épice [epis] *f* Gewürz *n*
épicéa [episea] *m bot* Fichte *f*
épicer [epise] (1k) würzen
▶ **épicerie** [episri] *f* Lebensmittelgeschäft *n*
▶ **épic|ier, ~ière** [episje, -jɛr] *m, f* Lebensmittelhändler(in) *m(f)*
épidémie [epidemi] *f* Seuche *f*
épier [epje] (1a) belauschen, -lauern; abpassen
épilatoire [epilatwar] Enthaarungs...

***les épices** f/pl*	**Gewürze**
le basilic	das Basilikum
la cannelle	der Zimt
le clou de girofle	die Gewürznelke
le cumin	der Kümmel
la gousse d'ail	die Knoblauchzehe
l'huile** f **d'olive	das Olivenöl
l'huile** f **de tournesol	das Sonnenblumenöl
le laurier	der Lorbeer
la marjolaine	der Majoran
la moutarde	der Senf
la noix muscade	die Muskatnuss
le persil	die Petersilie
le poivre	der Pfeffer
le sel	das Salz
le thym	der Thymian
le vinaigre	der Essig

épilepsie [epilɛpsi] *f* Epilepsie *f*
épiler [epile] (1a) enthaaren
épilogu|e [epilɔg] *m* Epilog *m*, Nachwort *n*; **~er** (1m) ~ **sur** sich auslassen über, kommentieren
épinard [epinar] *m meist pl* **~s** Spinat *m*
épine [epin] *f* Dorn *m*; Stachel *m*; ~ **dorsale** Rückgrat *n*
▶ **épingl|e** [epɛ̃glə] *f* Nadel *f*; *fig* **tiré à quatre ~s** wie aus dem Ei gepellt; **~er** (1a) anstecken; F *fig* schnappen, erwischen
épique [epik] episch
épiscopal, ~e [episkɔpal] (⚠ *m/pl* **-aux**) bischöflich
épisode [epizɔd] *m* Episode *f*; ⚠ **un ~**
épistolaire [epistɔlɛr] Brief..., brieflich

E

épitaphe [epitaf] *f* Grabinschrift *f*
épithète [epitɛt] *f* schmückendes Beiwort *n*, Epitheton *n*; *gr* **adjectif** *m* ~ attributives Adjektiv *n*
épître [epitrə] *f rel* Epistel *f*; *iron* Brief *m*
éploré, ~e [eplɔre] verweint
épluch|er [eplyʃe] (1a) *Kartoffeln etc*: schälen; *Gemüse*: putzen; *fig* genau prüfen; **~ures** [-yr] *f/pl* Schalen *f/pl*; Abfälle *m/pl*

E

épong|e [epɔ̃ʒ] *f* Schwamm *m*; **jeter l'~** das Handtuch werfen; **~er** (1l) auf-, abwischen
épopée [epɔpe] *f* Epos *n*
▶ **époque** [epɔk] *f* Zeit *f*; Epoche *f*; **à l'~** damals; **meuble** *m* **d'~** Stilmöbel *n*
époumoner [epumɔne] (1a) **s'~** F sich den Mund fusselig reden
épous|e [epuz] *f* Gattin *f*, Ehefrau *f*; **~er** (1a) heiraten (**qn** j-n); *fig* sich einsetzen für; sich anpassen
épousseter [epuste] (1c) abstauben
époustoufl|ant, ~ante [epustuflɑ̃, -ɑ̃t] F verblüffend, erstaunlich
épouvant|able [epuvɑ̃tablə] entsetzlich, grauenhaft, furchtbar; **~ail** [-aj] *m* (⚠ *pl* **~s**) Vogelscheuche *f*; Schreckgespenst *n*
épouvant|e [epuvɑ̃t] *f* Entsetzen *n*, Grauen *n*; **film** *m* **d'~** Horrorfilm *m*; **~er** (1a) entsetzen, erschrecken
époux [epu] *m* Gatte *m*, Ehemann *m*; **les** ~ *pl* die Eheleute *pl*
▶ **épreuve** [eprœv] *f* Probe *f*; Prüfung *f*; Probedruck *m*, -abzug *m*; *Foto*: Abzug *m*; **à toute** ~ unbedingt; bewährt, erprobt; **à l'~ de** widerstandsfähig gegen; **mettre à l'~** erproben
▶ **éprouv|er** [epruve] (1a) erproben; *fig* empfinden, verspüren; **~ette** [-ɛt] *f chim* Reagenzglas *n*
▶ **épuis|é, ~ée** [epɥize] erschöpft; *Auflage*: vergriffen; **~ement** [-mɑ̃] *m* Erschöpfung *f*; **~er** (1a) aus-, erschöpfen; **s'~** zu Ende gehen; **s'~ à faire qc** sich mit etw abmühen
épur|ation [epyrasjɔ̃] *f* Reinigung *f*; **station** *f* **d'~** Kläranlage *f*; **~er** (1a) reinigen
équateur [ekwatœr] *m* **1.** Äquator *m*; **2. l'**♀ Ecuador *n*
équation [ekwasjɔ̃] *f math* Gleichung *f*
équerre [ekɛr] *f* Winkel(dreieck) *m(n)*
équestre [ekɛstrə] **statue** *f* ~ Reiterstatue *f*
équilibr|e [ekilibrə] *m* Gleichgewicht *n* (*a fig*); **~é, ~ée** ausgeglichen; **~er** (1a) ausbalancieren, -gleichen; *tech* auswuchten
équinoxe [ekinɔks] *m* Tagundnachtgleiche *f*
équipage [ekipaʒ] *m* Mannschaft *f*
▶ **équipe** [ekip] *f* Mannschaft *f*; *Arbeiter*: Schicht *f*; *Forscher*: Team *n*
▶ **équip|ement** [ekipmɑ̃] *m* Ausrüstung *f*, -stattung *f*; **~er** (1a) ausstatten, -rüsten, *allg* versehen (**de** mit)
équitable [ekitablə] gerecht
équitation [ekitasjɔ̃] *f* Reiten *n*
équité [ekite] *f* Gerechtigkeit *f*
équival|ence [ekivalɑ̃s] *f* Gleichwertigkeit *f*; **~ent, ~ente** [-ɑ̃, -ɑ̃t] **1.** *adj* gleichwertig (**à** mit); **2.** *m* Äquivalent *n*, Entsprechung *f*; **~oir** (3h) ~ **à** entsprechen, gleichwertig sein mit
équivoque [ekivɔk] **1.** *adj* zweideutig; **2.** *f* Zweideutigkeit *f*
érable [erablə] *m bot* Ahorn *m*
érafler [erafle] (1a) ritzen, schrammen
ère [ɛr] *f* Ära *f*, Epoche *f*
érection [erɛksjɔ̃] *f* Errichtung *f*; *Penis*: Erektion *f*
éreinter [erɛ̃te] (1a) ermüden, erschöpfen; **s'~** sich abmühen, sich abrackern
érémiste [eremist] *m*, *f* Sozialhilfeempfänger(in) *m(f)*
ergonom|ie [ɛrgɔnɔmie] *f* Ergonomie *f*; **~ique** ergonomisch
ergoter [ɛrgɔte] (1a) nörgeln, mäkeln
ergothérap|eute [ɛrgɔterapøt] *m* Beschäftigungstherapeut *m*, Ergotherapeut *m*; **~ie** *f* Beschäftigungstherapie *f*, Ergotherapie *f*
ériger [eriʒe] (1l) auf-, errichten; **s'~ en** sich aufspielen als
ermitage [ɛrmitaʒ] *m* Einsiedelei *f*
ermite [ɛrmit] *m* Einsiedler *m*
érogène [erɔʒɛn] erogen
érosion [erozjɔ̃] *f géol* Erosion *f*; *fig* Zerfall *m*
érot|ique [erɔtik] erotisch, Liebes...; **~isme** *m* Erotik *f*
err|ant, ~ante [erɑ̃, -ɑ̃t] wandernd; unstet; **~ata** [-ata] *m* Druckfehlerverzeichnis *n*; **~er** (1b) umherirren, -schweifen
▶ **err|eur** [erœr] *f* Irrtum *m*; **par** ~ irr-

tümlich; ⚠ ***une*** ~; **~oné, ~onée** [-ɔne] fehlerhaft; irrtümlich
éructer [erykte] (1a) aufstoßen
érud|it, ~ite [erydi, -it] gelehrt; **~ition** *f* Gelehrsamkeit *f*
éruption [erypsjɔ̃] *f* Ausbruch *m*; *méd* Ausschlag *m*
es [ɛ] *cf* ***être***
ès [ɛs] *prép* ***docteur*** *m* ~ ***lettres*** Dr. phil.
E.S.B. [əɛsbe] *f* (*abr* ***encéphalopathie*** *f* ***spongiforme bovine***) BSE *f*
escabeau [ɛskabo] *m* (⚠ *pl* **~x**) Schemel *m*; Hocker *m*; Tritthocker *m*
escalad|e [ɛskalad] *f* Ersteigen *n*, -ung *f*; Klettern *n*; *mil u fig* Eskalation *f*; Verschärfung *f*; **~er** (1a) ersteigen
escalator [ɛskalatɔr] *m* Rolltreppe *f*
escale [ɛskal] *f* Anlegeplatz *m*; Zwischenstation *f*; ***faire*** ~ ***à*** anlaufen; *aviat* zwischenlanden in
▶ **escalier** [ɛskalje] *m* Treppe *f*; ***dans l'***~ auf der Treppe; ~ ***roulant*** Rolltreppe *f*
escalope [ɛskalɔp] *f* Schnitzel *n*
escamot|able [ɛskamɔtablə] versenkbar; **~er** (1a) verschwinden lassen; wegzaubern; *fig* umgehen; **~eur** *m* Taschenspieler *m*
escapade [ɛskapad] *f* Eskapade *f*; *fig* Seitensprung *m*
escargot [ɛskarɡo] *m* Schnecke *f*
escarmouche [ɛskarmuʃ] *f mil* Scharmützel *n*; *fig* Geplänkel *n*
escarp|é, ~ée [ɛskarpe] schroff, steil; **~ement** [-əmɑ̃] *m* Steilhang *m*
escarpin [ɛskarpɛ̃] *m* Pumps *m*
Escaut [ɛsko] *m* ***l'***~ die Schelde
esclandre [ɛsklɑ̃drə] *m* Szene *f*; Skandal *m*
esclavage [ɛsklavaʒ] *m* Sklaverei *f*; Knechtschaft *f*
esclave [ɛsklav] *m, f* Sklave *m*, Sklavin *f*
escompt|e [ɛskɔ̃t] *m écon* Diskont *m*; *comm* Skonto *m od n*; **~er** (1a) diskontieren; *fig* ~ ***qc*** etw erwarten, erhoffen
escort|e [ɛskɔrt] *f* Geleit *n*; **~er** (1a) geleiten, eskortieren
escrim|e [ɛskrim] *f* Fechten *n*; **~er** (1a) ***s'***~ sich abplagen
escroc [ɛskro] *m* Schwindler *m*, Betrüger *m*, Gauner *m*
escroqu|er [ɛskrɔke] (1m) ~ ***qc*** etw erschwindeln, ergaunern; ~ ***qc à qn*** j-n um etw betrügen, prellen; ~ ***qn*** j-n betrügen; **~erie** *f* Betrug *m*, Schwindel *m*, Gaunerei *f*
ésotérisme [ezɔterismə] *m* Esoterik *f*
▶ **espac|e** [ɛspas] *m* Raum *m*; Weltraum *m*; Zwischenraum *m*; **~*s verts*** Grünflächen *f/pl*; **~ement** *m* Verteilung *f*, Aufteilung *f*; zeitlicher Abstand *m*; ~ ***proportionnel*** Proportionalschrift *f*; **~er** (1k) Abstand lassen zwischen; ***s'***~ immer weiter auseinander liegen
espadrille [ɛspadrij] *f* Segeltuchsandale *f*
▶ **Espagne** [ɛspaɲ] *f* ***l'***~ Spanien *n*
▶ **espagnol, ~e** [ɛspaɲɔl] **1.** *adj* spanisch; **2.** *m* Spanisch *n*
▶ **Espagnol, ~e** [ɛspaɲɔl] *m, f* Spanier(in) *m* (*f*)
▶ **espèce** [ɛspɛs] *f* Art *f*; Gattung *f*; Sorte *f*; ***une*** ~ ***de*** ... etwas wie ...; ~ ***d'abruti!*** *péj* blöder Kerl!; ***en l'***~ im vorliegenden Fall; ***en*** **~*s*** *comm* (in) bar
espérance [ɛsperɑ̃s] *f* Hoffnung *f*
▶ **espérer** [ɛspere] (1f) hoffen; ~ ***qc*** etw erhoffen; *st/s* ~ ***en qn*** auf j-n vertrauen; ~ ***que*** (+ *futur*) hoffen, dass ...; ~ ***faire qc*** hoffen, etw zu tun
espiègle [ɛspjɛɡlə] schelmisch
espi|on, ~onne [ɛspjɔ̃, -ɔn] *m, f* Spion(in) *m*(*f*)
espionn|age [ɛspjɔnaʒ] *m* Spionage *f*; ⚠ ***un*** ~; **~er** (1a) aus-, nachspionieren
▶ **espoir** [ɛspwar] *m* Hoffnung *f*
▶ **esprit** [ɛspri] *m* Geist *m*; Verstand *m*; Witz *m*; ***faire de l'***~ witzig tun; ***perdre l'***~ den Verstand verlieren; ***reprendre ses*** **~*s*** wieder zu sich kommen
Esquim|au, ~aude [ɛskimo, -od] (⚠ *m/pl* **~x**) **1.** *m, f* Eskimo *m*, Eskimofrau *f*; **2.** ***esquimau*** *m* Eis *n* am Stiel mit Schokoladenüberzug
esquinter [ɛskɛ̃te] (1a) F kaputtmachen, ramponieren
esquiss|e [ɛskis] *f* Skizze *f*, Entwurf *m*; **~er** (1a) entwerfen, skizzieren
esquiver [ɛskive] (1a) (geschickt) ausweichen (***qc*** e-r Sache; *a fig*); ***s'***~ sich heimlich davonmachen
▶ **essai** [esɛ] *m* Versuch *m*; Probe *f*; Erprobung *f*; *Literatur*: Essay *m*; ~ ***nucléaire*** Atomversuch *m*; ***à l'***~, ***à titre d'***~ versuchsweise
essaim [esɛ̃] *m* (Bienen-)Schwarm *m*
▶ **essayer** [esɛje] (1i) versuchen;

(an)probieren; **~ de faire qc** versuchen, etw zu tun; **s'~ à (faire) qc** sich in etw versuchen

►**essence** [esɑ̃s] *f* Benzin *n*; *chim* Essenz *f*; *phil* Wesen *n*; Sosein *n*; *bot* Baumart *f*; **~ sans plomb** bleifreies Benzin *n*; **~ ordinaire** Normalbenzin *n*; **~ verte** Biokraftstoff *m*

►**essentiel, ~le** [esɑ̃sjɛl] **1.** *adj* wesentlich; **2.** *m* Wesentliche(s) *n*, Hauptsache *f*

E

essieu [esjø] *m* (⚠ *pl* **~x**) (Wagen-)Achse *f*

essor [esɔr] *m bes écon* Aufschwung *m*; **prendre un ~** e-n Aufschwung nehmen, aufblühen

essor|er [esɔre] (1a) *Wäsche*: schleudern; **~euse** *f* (Wäsche-)Schleuder *f*; Salatschleuder *f*

essoufflé, ~e [esufle] außer Atem

essuie|-glace [esɥiglas] *m* (⚠ *pl unv od* **essuie-glaces**) *auto* Scheibenwischer *m*; **~-mains** [-mɛ̃] *m* (⚠ *pl unv*) Handtuch *n*; **~-tout** [-tu] *m* (⚠ *pl unv*) Küchentuch *n*

►**essuyer** [esɥije] (1h) abwischen, abtrocknen; *fig* hinnehmen müssen

est[1] [ɛ] *cf* **être**

►**est**[2] [ɛst] **1.** *m* Ost(en) *m*; **à l'~ de** östlich von; **2.** *adj* östlich, Ost...

estampe [ɛstɑ̃p] *f* (Kupfer-)Stich *m*; Holzschnitt *m*; Grafik *f*

►**est-ce que** [ɛskə] **~ tu viens?** kommst du?

esthéticienne [ɛstetisjɛn] *f* Kosmetikerin *f*

esthétique [ɛstetik] **1.** *adj* ästhetisch; **2.** *f* Ästhetik *f*

estima|ble [ɛstimablə] schätzenswert, achtbar; **~tif, ~tive** [-tif, -tiv] auf Schätzung beruhend; **devis** *m* **~** Kostenvoranschlag *m*; **~tion** *f* Schätzung *f*, Bewertung *f*, Veranschlagung *f*; Hochrechnung *f*

estime [ɛstim] *f* (Hoch-)Achtung *f*, Ansehen *n*, Wertschätzung *f*

►**estimer** [ɛstime] (1a) (ab)schätzen, veranschlagen; (hoch) achten; **~ que** ... der Ansicht sein, dass ...; **~ qc convenable** etw für angemessen halten; **s'~ heureux de** (+ *inf*) sich glücklich schätzen zu (+ *inf*)

estiv|al, ~ale [ɛstival] (⚠ *m/pl* **-aux**) sommerlich, Sommer...; **~ant, ~ante** [-ɑ̃, -ɑ̃t] *m, f* Sommergast *m*

Est-ce que oder die Kunst des Fragens

Für Wissenshungrige gibt es im Französischen ein einfaches Mittel. Eine Frage stellt man am einfachsten, indem man einen Aussagesatz bildet und **est-ce que** [ɛskə] davor setzt.

Will man wissen, ob jemand schon mal in Kanada war, so bildet man den Aussagesatz *Vous avez déjà été au Canada*, stellt **est-ce que** voran – und fertig ist die Frage:

***Est-ce que** vous avez déjà été au Canada?*
Waren Sie schon mal in Kanada?

In der gesprochenen Sprache gehts sogar noch einfacher: Man bildet einen Aussagesatz und wandelt diesen in eine Frage um, indem man am Ende mit der Satzmelodie kräftig hochgeht:

Vous avez déjà été [Stimme hebt sich] *au Canada?* – Waren Sie schon mal in Kanada?

►**estomac** [ɛstɔma] *m* Magen *m*

Estonie [ɛstɔni] *f* **l'~** Estland *n*

estrade [ɛstrad] *f* Podium *n*

estragon [ɛstragɔ̃] *m* Estragon *m*

estropier [ɛstrɔpje] (1a) zum Krüppel machen; verstümmeln

estuaire [ɛstɥɛr] *m* Trichtermündung *f*

estudiant|in, ~ine [ɛstydjɑ̃tɛ̃, -in] studentisch, Studenten...

►**et** [e] und; *st/s* **~** ... **~** ... sowohl ... als auch ...

étable [etablə] *f* (Vieh-)Stall *m*

établi [etabli] *m* Hobelbank *f*; Werktisch *m*

établ|ir [etablir] (2a) einrichten, errichten, anlegen, (be)gründen, schaffen; feststellen; auf-, ausstellen, abfassen; **~ le contact** einschalten; **s'~** sich niederlassen; **~issement** [-ismã] *m* Einrichtung *f*, Gründung *f*; Niederlassung *f*; (Fabrik- *etc*) Anlage *f*; Anstalt *f*, Institut *n*; Feststellung *f*; Auf-, Ausstellung *f*, Abfassung *f*; **~ industriel** Industriebetrieb *m*; **~ thermal** Kuranstalt *f*

▶**étage** [etaʒ] *m* Stock(werk) *m(n)*; *fig* Stufe *f*; ⚠ **un ~**

▶**étagère** [etaʒɛr] *f* Gestell *n*; Regal *n*; Bücherbrett *n*

étai [etɛ] *m* Stütze *f*

étain [etɛ̃] *m* Zinn *n*

▶**étal|age** [etalaʒ] *m* Auslage *f*, Schaufenster *n*; **~er** (1a) auslegen; ausbreiten; ver-, aufteilen; zur Schau stellen

étalon [etalɔ̃] *m* **1.** *zo* Hengst *m*; **2.** Eich-, Normalmaß *n*; Standard *m*

étamer [etame] (1a) verzinnen

étanch|e [etɑ̃ʃ] (wasser)dicht; **~er** (1a) *tech* abdichten; *litt Durst*: löschen

étang [etɑ̃] *m* Teich *m*

étape [etap] *f* Etappe *f*, (Teil-)Strecke *f*; Aufenthalt *m*; *fig* Abschnitt *m*; ⚠ *Schreibung*

▶**état** [eta] *m* **1.** Zustand *m*, Stand *m*, Lage *f*; **état civil** Standesamt *n*; Familienstand *m*; **état d'alerte** Alarmzustand *m*; **état d'âme** Gemütsverfassung *f*; **en état de** im Zustand (+ *gén*); **être en état de faire qc** im Stande sein, etw zu tun; **hors d'état** außer Stande; **2.** ▶**État** Staat *m*; **État membre** Mitgliedsstaat *m*, **État tampon** Pufferstaat *m*; **3.** Aufstellung *f*; **4.** *hist* Stand *m*; **états généraux** Generalstände *m/pl*

état-major [etamaʒɔr] *m* (⚠ *pl* **états-majors**) *mil* Stab *m*

État-providence [etaprɔvidɑ̃s] *m* Wohlfahrtsstaat *m*

▶**États-Unis** [etazyni] *m/pl* **les ~** die Vereinigten Staaten *m/pl*

étau [eto] *m* (⚠ *pl* **~x**) Schraubstock *m*

étayer [etɛje] (1i) (ab)stützen

▶**etc.** [ɛtsetera] (*abr* **et cetera**) usw. (und so weiter)

▶**été**[1] [ete] *m* Sommer *m*; **en ~** im Sommer; **~ de la Saint-Martin** Altweibersommer *m*

été[2] [ete] *p/p von* **être**

▶**éteindre** [etɛ̃drə] (4b) (aus)löschen, ausmachen, abdrehen

étendard [etɑ̃dar] *m mil* Standarte *f*

étendre [etɑ̃drə] (4a) ausbreiten, ausspannen; *Wäsche*: aufhängen; *Wein etc*: strecken; *Macht*: erweitern

étendue [etɑ̃dy] *f* Ausdehnung *f*, Weite *f*, Umfang *m* (*a fig*)

▶**étern|el, ~elle** [etɛrnɛl] ewig; **~iser** (1a) ausdehnen, in die Länge ziehen; **~ité** *f* Ewigkeit *f*

éternuer [etɛrnɥe] (1n) niesen

êtes [ɛt] *cf* **être**

éther [etɛr] *m* Äther *m*

Ethiopie [etjɔpi] *f* **l'~** Äthiopien *n*

éthique [etik] **1.** *adj* ethisch; **2.** *f* Ethik *f*

ethnique [ɛtnik] ethnisch, Volks...

éthologie [etɔlɔʒi] *f* Verhaltensforschung *f*

éthylisme [etilismə] *m* Alkoholismus *m*

éthylomètre [etilɔmɛtrə] *m* Alkoholtestgerät *n*

étinceler [etɛ̃sle] (1c) funkeln, glänzen

étincelle [etɛ̃sɛl] *f* Funke *m*

étioler [etjɔle] (1a) **s'~** verkümmern; schwächer werden

étiqueter [etikte] (1c) beschriften; *fig* einordnen

étiquette [etikɛt] *f* Aufschrift *f*; Etikett *n*, Zettel *m*; *Umgangsformen*: Etikette *f*; ⚠ **une ~**

étirer [etire] (1a) recken, strecken; **s'~** sich dehnen

étoff|e [etɔf] *f* Stoff *m*; *fig* **avoir l'~ de qc** das Zeug zu etw haben; ⚠ **une ~**; **~er** (1a) erweitern, ausschmücken

▶**étoile** [etwal] *f* Stern *m*; *fig* **~ de cinéma** Filmstar *m*; **~ filante** Sternschnuppe *f*; **à la belle ~** unter freiem Himmel

▶**étonn|ant, ~ante** [etɔnɑ̃, -ɑ̃t] erstaunlich; **~é, ~ée** erstaunt, verwundert (**de** über); **~ement** [-mɑ̃] *m* Erstaunen *n*, Verwunderung *f*

▶**étonner** [etɔne] (1a) in Erstaunen setzen; ▶ **s'étonner de** sich wundern *od* staunen über; **s'étonner que** (+ *subj*) sich wundern, dass ...

étouff|ant, ~ante [etufɑ̃, -ɑ̃t] schwül; bedrückend; **~ée** *cuis* **à l'~** gedämpft, gedünstet; **~er** (1a) ersticken (*a fig*); *fig* dämpfen, unterdrücken; *Skandal*: vertuschen

étourderie [eturdəri] *f* Unbesonnenheit *f*, Leichtsinn *m*; Schussligkeit *f*

étourd|i, ~ie [eturdi] gedankenlos, unbesonnen, leichtsinnig; schusslig; **~ir** (2a) betäuben; verwirren; **~issement** [-ismɑ̃] *m* Betäubung *f*; Schwindel(gefühl) *m(n)*

▶ **étrange** [etrɑ̃ʒ] seltsam, sonderbar

▶ **étrang|er, ~ère** [etrɑ̃ʒe, -ɛr] **1.** *adj* fremd; ausländisch; **2.** *m, f* Fremde(r) *m, f*; Ausländer(in) *m(f)*; **3.** *m* Ausland *n*; ***à l'étranger*** im *od* ins Ausland

E

étrangl|ement [etrɑ̃gləmɑ̃] *m* Erwürgen *n*, Erdrosseln *n*; **~er** (1a) erwürgen, erdrosseln; *tech* drosseln; *fig* abwürgen

▶ **être** [ɛtrə] (1) **1.** sein; *Passiv*: werden; ▶ ***c'est*** das ist, es ist; ***je suis mieux*** es geht mir besser; ▶ ***être à qn*** j-m gehören *od* zukommen; ***il est de Paris*** er ist aus Paris; ***en être*** mitmachen; ▶ ***être contre*** dagegen sein; ▶ ***être pour*** dafür sein; ***être après qn*** hinter j-m her sein; ***nous sommes lundi*** wir haben Montag; ***je n'y suis pas*** ich bin noch nicht so weit; ***je n'y suis pour rien*** ich habe damit nichts zu tun; ▶ ***est-ce que tu viens?*** kommst du?; *st/s* ***il est des gens qui*** ... es gibt Leute, die ...; **2.** *m* Wesen *n*; Mensch *m*; *phil* Sein *n*

étreindre [etrɛ̃drə] (4b) in die Arme schließen; umklammern; beklemmen

étrennes [etrɛn] *f/pl* Neujahrsgeschenk(e) *n(pl)*

étrier [etrije] *m* Steigbügel *m*

étriller [etrije] (1a) striegeln; F *fig* runtermachen; neppen

étriqué, ~e [etrike] eng; *fig* kümmerlich

▶ **étroit, étroite** [etrwa, etrwat] schmal; eng; engherzig, -stirnig

étroitesse [etrwatɛs] *f* Enge *f*; Beschränktheit *f*

étude [etyd] *f* Studium *n*; Studie *f*, Untersuchung *f*; *mus* Übung *f*; *Schüler*: Arbeitsraum *m*; Selbstbeschäftigung *f*; ▶ ***études*** *pl* Studienzeit *f*; Ausbildung *f*; ***faire ses études*** studieren

▶ **étudi|ant ~ante** [etydjɑ̃, -ɑ̃t] *m, f* Student(in) *m(f)*; **~é, ~ée** durchdacht; *Stil*: gesucht

▶ **étudier** [etydje] (1a) studieren; einüben; lernen; untersuchen

étui [etɥi] *m* Futteral *n*, Etui *n*

étuv|e [etyv] *f* Schwitzbad *n*; **~ée** [-e] *cuis* ***à l'~*** gedünstet

étymologie [etimɔlɔʒi] *f ling* Etymologie *f*

eu, eue [y] *p/p von* ***avoir***

euphémique [øfemik] beschönigend, euphemistisch

euphorie [øfɔri] *f* Euphorie *f*, Hochstimmung *f*

euro [øro] *m Währung*: Euro *m*; **~banque** [-bɑ̃k] *f* Eurobank *f*; **~chèque** [-ʃɛk] *m* Eurocheque *m*; **~crate** [-krat] *m* Eurokrat *m*; **~dollar** [-dɔlar] *m* Eurodollar *m*; **~missile** [-misil] *m* Mittelstreckenrakete *f*

▶ **Europe** [ørɔp] *f* ***l'~*** Europa *n*

▶ **europé|en, ~enne** [ørɔpeɛ̃, -ɛn] europäisch

▶ **Europé|en, ~enne** [ørɔpeɛ̃, -ɛn] *m, f* Europäer(in) *m(f)*

eus [y] *p/s von* ***avoir***

euthanasie [øtanazi] *f* Euthanasie *f*; Sterbehilfe *f*

▶ **eux** [ø] *m/pl* sie (*allein stehend od mit prép*)

évacuer [evakɥe] (1n) ausscheiden; entleeren; *mil* räumen, evakuieren

évad|é [evade] *m* entwichener Häftling *m*, Ausbrecher *m*; **~er** (1a) **s'~** ausbrechen; flüchten

évaluer [evalɥe] (1n) abschätzen, veranschlagen

Évangile [evɑ̃ʒil] *m* Evangelium *n*

évanou|ir [evanwir] (2a) **s'~** ohnmächtig werden; *fig* vergehen; **~issement** [-ismɑ̃] *m* Ohnmacht *f*; *fig* Verschwinden *n*

évapor|ation [evapɔrasjɔ̃] *f* Verdunstung *f*, Verdampfung *f*; **~er** (1a) **s'~** verdunsten, verdampfen

évas|er [evaze] (1a) ausweiten; **~if, ~ive** [-if, -iv] ausweichend; **~ion** *f* Flucht *f*; Ausbrechen *n*; ***~ fiscale*** Steuerflucht *f*

Ève [ɛv] *f* Eva *f*; ***ne pas connaître ni d'~ ni d'Adam*** überhaupt nicht kennen

évêché [eveʃe] *m* Bistum *n*

éveil [evɛj] *m* Erwachen *n*; ***en ~*** wachsam

éveiller [evɛje] (1b) (er)wecken; **s'~** erwachen

▶ **événement** [evɛnmɑ̃] *m* Ereignis *n*

éventail [evɑ̃taj] *m* (⚠ *pl* **~s**) Fächer *m*; *fig* Umfang *m*; Spektrum *n*; ***en ~*** fächerförmig

évent|é, ~ée [evɑ̃te] windig; *Getränk*: schal; *Geheimnis*: aufgedeckt; **~er** (1a) fächeln; *fig* aufdecken, lüften; **s'~** schal werden; seinen Duft verlieren

éventrer [evɑ̃tre] (1a) den Bauch aufschlitzen (**qn** j-m); *Gegenstände*: aufreißen, -schlitzen
éventualité [evɑ̃tɥalite] *f* Eventualität *f*, Möglichkeit *f*
éventuel, ~le [evɑ̃tɥɛl] eventuell, möglich
évêque [evɛk] *m* Bischof *m*
évertuer [evɛrtɥe] (1n) **s'~** sich bemühen (**à faire qc** mit etw)
► **évidemment** [evidamɑ̃] *adv* selbstverständlich
évidence [evidɑ̃s] *f* Augenscheinlichkeit *f*, Evidenz *f*; **en ~** deutlich sichtbar; **mettre en ~** hervorheben
► **évid|ent, ~ente** [evidɑ̃, -ɑ̃t] augenscheinlich, offenbar; ⚠ *adv* **évidemment** [-amɑ̃]
évider [evide] (1a) aushöhlen
évier [evje] *m* Ausguss *m*, Spülbecken *n*
évincer [evɛ̃se] (1k) ausschalten, verdrängen
► **éviter** [evite] (1a) (ver)meiden; umgehen; **~ de faire qc** es vermelden *od* sich hüten, etw zu tun; **~ que** ... (**ne**) (+ *subj*) vermeiden, dass ...
évocation [evɔkasjɔ̃] *f* Heraufbeschwören *n*
évoluer [evɔlɥe] (1n) sich entwickeln; sich verändern; Bewegungen ausführen
évolution [evɔlysjɔ̃] *f* Entwicklung *f*
évoquer [evɔke] (1m) *Geister*: beschwören; *fig* in Erinnerung rufen, wachrufen, sich vergegenwärtigen; **~ un problème** e-e Frage aufwerfen
ex. (*abr* **exemple**) z.B. (zum Beispiel)
ex-... [ɛks] *in Zssgn* Ex...; ehemalig
► **exact, exacte** [ɛgza(kt), ɛgzakt] genau, exakt; pünktlich
exactitude [ɛgzaktityd] *f* Genauigkeit *f*, Sorgfalt *f*; Pünktlichkeit *f*
exagération [ɛgzaʒerasjɔ̃] *f* Übertreibung *f*
► **exagérer** [ɛgzaʒere] (1f) übertreiben
exalt|é, ~ée [ɛgzalte] überspannt; **~er** (1a) begeistern; preisen; steigern
► **examen** [ɛgzamɛ̃] *m* Prüfung *f*; Untersuchung *f*; **passer un ~** e-e Prüfung machen; **être reçu** *od* **réussir à un ~** e-e Prüfung bestehen; **~ d'entrée** Aufnahmeprüfung *f*; ⚠ *Aussprache*
► **examiner** [ɛgzamine] (1a) prüfen; untersuchen
exaspér|ation [ɛgzasperasjɔ̃] *f* Erbitterung *f*; **~er** (1f) erbittern, in Wut bringen; *méd* verschlimmern
exaucer [ɛgzose] (1k) erhören; erfüllen
excavateur [ɛkskavatœr] *m* Bagger *m*
excéd|ent [ɛksedɑ̃] *m* Überschuss *m*, -maß *n*; **en ~** überschüssig; **~er** (1f) *ein Maß*: überschreiten, -steigen
excellence [ɛksɛlɑ̃s] *f* Vortrefflichkeit *f*; ♀ Exzellenz *f* (*Titel*); **par ~** ganz besonders, schlechthin
► **excell|ent, ~ente** [ɛksɛlɑ̃, -ɑ̃t] ausgezeichnet, vortrefflich; **~er** (1b) sich auszeichnen (**dans**, **en** in)
excentrique [ɛksɑ̃trik] exzentrisch (*a fig*); abgelegen; *fig* überspannt
excepté, ~e [ɛksɛpte] **1.** *adj* ausgenommen (⚠ *Nachstellung*); **2.** *prép* (*unv*) außer; **excepté que** ... abgesehen davon, dass ...
excepter [ɛksɛpte] (1a) ausnehmen
► **exception** [ɛksɛpsjɔ̃] *f* Ausnahme *f*; **à l'~ de** mit Ausnahme von
exceptionnel, ~le [ɛksɛpsjɔnɛl] außergewöhnlich
excès [ɛksɛ] *m* Übermaß *n*; **à l'~** unmäßig; **~ de vitesse** Geschwindigkeitsüberschreitung *f*
excess|if, ~ive [ɛksesif, -iv] übermäßig, übertrieben
excit|ation [ɛksitasjɔ̃] *f* Auf-, An-, Erregung *f*; **~é, ~ée** aufgeregt, erregt; **~er** (1a) erregen; anregen; reizen
exclam|ation [ɛksklamasjɔ̃] *f* Ausruf *m*; **~er** (1a) **s'~** (aus)rufen
exclure [ɛksklyr] (4l) ausschließen
exclus|if, ~ive [ɛksklyzif, -iv] ausschließlich; exklusiv; **~ion** *f* Ausschluss *m*; **à l'~ de** mit Ausnahme von; **~ivité** [-ivite] *f* Alleinvertrieb *m*, -aufführungsrecht *n*
excommunier [ɛkskɔmynje] (1a) exkommunizieren
excrément [ɛkskremɑ̃] *m* Exkrement *n*; Kot *m*
► **excursion** [ɛkskyrsjɔ̃] *f* Ausflug *m*
excuse [ɛkskyz] *f* Entschuldigung *f*; Ausrede *f*
► **excuser** [ɛkskyze] (1a) entschuldigen; ► **excusez-moi** Entschuldigung, entschuldigen Sie; ► **s'excuser** sich entschuldigen
exécr|able [ɛgzekrablə] abscheulich; **~ation** *f* Abscheu *m*; **~er** (1f) verabscheuen

E

exécut|er [egzekyte] (1a) ausführen; *mus* vortragen; *jur* vollstrecken; hinrichten; **~if, ~ive** [-if, -iv] vollziehend, Exekutiv...
exécution [egzekysjõ] *f* Ausführung *f*; *jur* Vollstreckung *f*; Hinrichtung *f*; *mus* Aufführung *f*, Vortrag *m*
exemplaire [ɛgzɑ̃plɛr] **1.** *adj* mustergültig, exemplarisch; **2.** *m* Exemplar *n*
▶**exemple** [ɛgzɑ̃plə] *m* Beispiel *n*; ▶***par exemple*** zum Beispiel; ⚠ *Schreibung*
exempt, exempte [ɛgzɑ̃, ɛgzɑ̃t] frei, befreit (***de*** von)
exempter [ɛgzɑ̃te] (1a) befreien, freistellen (***de*** von)
exemption [ɛgzɑ̃psjõ] *f* Befreiung *f*; ~ ***d'impôt(s)*** Steuerfreiheit *f*
exercer [ɛgzɛrse] (1k) ausüben, betreiben; *Arzt*: praktizieren; *Gedächtnis etc*: ausbilden, schulen; ***s'~*** üben
▶**exercice** [ɛgzɛrsis] *m* Übung *f*; Ausübung *f*; *mil* Exerzieren *n*; *comm* Geschäfts-, Rechnungsjahr *n*; ⚠ *Schreibung*
exhaler [ɛgzale] (1a) ausströmen, ausdünsten
exhaust|if, ~ive [ɛgzostif, -iv] *Studie etc*: erschöpfend
exhiber [ɛgzibe] (1a) vorzeigen; zur Schau stellen
exhorter [ɛgzɔrte] (1a) ermahnen
exhumer [ɛgzyme] (1a) exhumieren; ausgraben
exig|eant, ~eante [ɛgziʒɑ̃, -ɑ̃t] anspruchsvoll; **~ence** [-ɑ̃s] *f* anspruchsvolles Wesen *n*; Anspruch *m*; Forderung *f*
▶**exiger** [ɛgziʒe] (1l) (er)fordern, verlangen
exigu, exiguë [ɛgzigy] sehr klein; eng
exiguïté [ɛgzigɥite] *f* Kleinheit *f*; Enge *f*
exil [ɛgzil] *m* Exil *n*, Verbannung *f*; **~er** (1a) verbannen; ***s'~*** ins Exil gehen
existence [ɛgzistɑ̃s] *f* Vorhandensein *n*; Existenz *f*; Dasein *n*
▶**exister** [ɛgziste] (1a) bestehen, existieren; ***il existe*** es gibt
exode [ɛgzɔd] *m* Auszug *m*; Abwanderung *f*; ~ ***rural*** Landflucht *f*; ~ ***urbain*** Stadtflucht *f*
exonérer [ɛgzɔnere] (1f) (von Steuern *od* Gebühren) befreien
exorbit|ant, ~ante [ɛgzɔrbitɑ̃, -ɑ̃t] übermäßig, maßlos; *Preis*: horrend
exotique [ɛgzɔtik] exotisch, fremd(artig)
exp. (*abr* ***expéditeur***) Abs. (Absender)
expans|if, ~ive [ɛkspɑ̃sif, -iv] *phys* Ausdehnungs...; *Person*: mitteilsam; **~ion** *f* Ausdehnung *f*, Ausweitung *f*, Expansion *f*
expatrier [ɛkspatrije] (1a) *Geld*: im Ausland anlegen; ***s'~*** emigrieren
expectative [ɛkspɛktativ] *f* ***être dans l'~*** abwarten
expectorer [ɛkspɛktɔre] (1a) ausspucken
expédient [ɛkspedjɑ̃] *m* Notbehelf *m*; Ausweg *m*
expédier [ɛkspedje] (1a) absenden, verschicken; (zügig) erledigen
▶**expédi|teur, ~trice** [ɛkspeditœr, -tris] *m,f* Absender(in) *m(f)*; **~tif, ~tive** [-tif, -tiv] flink, zügig; **~tion** *f* Absendung *f*, Versand *m*; Expedition *f* (*a mil*)
▶**expérience** [ɛksperjɑ̃s] *f* Erfahrung *f*; Experiment *n*
expériment|é, ~ée [ɛksperimɑ̃te] erfahren; **~er** (1a) ausprobieren, erproben
▶**exp|ert, ~erte** [ɛkspɛr, -ɛrt] **1.** *adj* sachkundig (***en la matière*** auf dem Gebiet); **2.** *m, f* Sachverständige(r) *m, f*, Fachmann *m*
expertise [ɛkspɛrtiz] *f* Gutachten *n*, Expertise *f*
expi|ation [ɛkspjasjõ] *f* Sühne *f*; Buße *f*; **~er** (1a) (ab)büßen; sühnen
expir|ation [ɛkspirasjõ] *f* Ausatmung *f*; *fig* Ablauf *m*; **~er** (1a) ausatmen; verscheiden, sterben; *Frist, Vertrag etc*: erlöschen, ablaufen
explicable [ɛksplikablə] erklärbar
▶**explication** [ɛksplikasjõ] *f* Erklärung *f*, Erläuterung *f*; Auseinandersetzung *f*; ~ ***de texte*** Textinterpretation *f*
explicite [ɛksplisit] eindeutig; explizit; ausdrücklich
▶**expliquer** [ɛksplike] (1m) erklären, erläutern; ***s'~*** sich äußern; sich aussprechen
exploit [ɛksplwa] *m* (Helden-)Tat *f*, Großtat *f*; Leistung *f*
exploit|ation [ɛksplwatasjõ] *f* Nutzung *f*; Ausbeutung *f*; Betrieb *m*; **~er** (1a) ausnutzen, ausbeuten (*a fig*); *Kohle etc*: abbauen; *Geschäft*: betreiben
explor|ation [ɛksplɔrasjõ] *f* Erfor-

schung *f*; Untersuchung *f*; **~er** (1a) erforschen

explos|er [ɛksploze] (1a) explodieren; *fig* ausbrechen; **~if, ~ive** [-if, -iv] **1.** *adj* explosiv (*a fig*); **2.** *m* Sprengstoff *m*; **~ion** *f* Explosion *f*; Knall *m*

export|ateur, ~atrice [ɛkspɔrtatœr, -atris] **1.** *adj* Ausfuhr...; **2.** *m* Exporteur *m*

▶**exportation** [ɛkspɔrtasjõ] *f* Export *m*, Ausfuhr *f*

▶**exporter** [ɛkspɔrte] (1a) exportieren, ausführen

expos|é [ɛkspoze] *m* Referat *n*; Darlegung *f*; **~er** (1a) ausstellen; darlegen, auseinander setzen; *der Luft etc*: aussetzen; *Foto*: belichten

▶**exposition** [ɛkspozisjõ] *f* Ausstellung *f*; Darlegung *f*; Aussetzung *f*; *Foto*: Belichtung *f*

▶**exprès**[1] [ɛksprɛ] *adv* absichtlich; extra

exprès[2], **expresse** [ɛksprɛs] **1.** *adj* ausdrücklich; ***défense f expresse*** ausdrückliches Verbot; **2.** *adj* (⚠ *unv*) ***lettre f exprès*** [ɛksprɛs] Eilbrief *m*

▶**express** [ɛksprɛs] **1.** *adj* (⚠ *unv*) Schnell...; ***voie f ~*** Schnellstraße *f*; **2.** *m* Schnellzug *m*; Espresso *m*

expressément [ɛksprɛsemã] *adv* ausdrücklich

express|if, ~ive [ɛksprɛsif, -iv] ausdrucksvoll

▶**expression** [ɛksprɛsjõ] *f* Ausdruck *m*

▶**exprimer** [ɛksprime] (1a) ausdrücken

exproprier [ɛksprɔprije] (1a) enteignen

expulser [ɛkspylse] (1a) aus-, vertreiben

exqu|is, ~ise [ɛkski, -iz] auserlesen; köstlich

extase [ɛkstaz] *f* Verzückung *f*, Ekstase *f*; ⚠ *Schreibung*

extens|eur [ɛkstãsœr] *Sport*: Expander *m*; **~ible** dehnbar; **~if, ~ive** [-if, -iv] *agr* extensiv; **~ion** *f* Ausdehnung *f* (*a fig*); ***~ de mémoire*** Speichererweiterung *f*

exténuer [ɛkstenɥe] (1n) entkräften

▶**extérieur, ~e** [ɛksterjœr] **1.** *adj* äußere, äußerlich, Außen...; auswärtig; **2.** *m* Äußere(s) *n*; Außenseite *f*; ▶***à l'extérieur*** außen; ***à l'extérieur de*** außerhalb von; **~ement** [-mã] *adv* äußerlich

extérioriser [ɛksterjɔrize] (1a) äußern; ***s'~*** sich äußern; aus sich herausgehen

exterminer [ɛkstɛrmine] (1a) ausrotten, vernichten, vertilgen

externe [ɛkstɛrn] äußerlich; außerhalb wohnend

extincteur [ɛkstɛ̃ktœr] *m* Feuerlöscher *m*

extinction [ɛkstɛ̃ksjõ] *f* Löschen *n*; *fig* Erlöschen *n*

extirper [ɛkstirpe] (1a) (her)ausreißen; *fig* ausrotten

extorquer [ɛkstɔrke] (1m) erpressen, erzwingen

extorsion [ɛkstɔrsjõ] *f* Erpressung *f*, Erzwingung *f*

extra [ɛkstra] (⚠ *unv*) **1.** *adj* vorzüglich, ausgezeichnet; **2.** *m* Aushilfskellner *m*; ***un ~*** etwas Besonderes

extraconjugal, ~e [ɛkstrakõʒygal] (⚠ *m/pl* ***-aux***) außerehelich

extraction [ɛkstraksjõ] *f* *Bodenschätze*: Förderung *f*, Gewinnung *f*; *Zahn, Wurzel* (*math*): Ziehen *n*

extradition [ɛkstradisjõ] *f jur* Auslieferung *f*

extraire [ɛkstrɛr] (4s) *Zahn, Wurzel* (*math*): ziehen; *Bodenschätze*: fördern; *Buch*: exzerpieren

extrait [ɛkstrɛ] *m* Auszug *m*; Extrakt *m*

▶**extraordinaire** [ɛkstraɔrdinɛr] außerordentlich, außergewöhnlich; merkwürdig

extrascolaire [ɛkstraskɔlɛr] außerschulisch

extraterrestre [ɛkstraterɛstrə] *m, f* Außerirdische(r) *m(f)*

extravag|ance [ɛkstravagãs] *f* Überspanntheit *f*, Übertriebenheit *f*, Extravaganz *f*; **~ant, ~ante** [-ã, -ãt] überspannt, übertrieben, extravagant

▶**extrême** [ɛkstrɛm] **1.** *adj* äußerste; **2.** *m* Extrem *n*; ***à l'~*** bis zum Äußersten; **~-onction** [-õksjõ] *f égl* Letzte Ölung *f*

Extrême-Orient [ɛkstrɛmɔrjã] *m* ***l'~*** der Ferne Osten, Ostasien *n*

extrémiste [ɛkstremist] *m, f pol* Radikale(r) *m, f*

extrémité [ɛkstremite] *f* äußerstes Ende *n*; äußerste Not *f*; **~s** *pl* Gliedmaßen *f/pl*

exubér|ance [ɛgzyberãs] *f* Überfülle *f*; Überschwänglichkeit *f*; **~ant, ~ante** [-ã, -ãt] üppig; überschwänglich

exultation [ɛgzyltasjõ] *f* Jubel *m*, Frohlocken *n*

eye-liner [ajlajnœr] *m* (⚠ *pl* ***eye-liners***) Eyeliner *m*

E

F

F (*abr* **franc[s]**) Franc(s) *bzw* Franken
fa [fa] *m mus* f *od* F *n*
fable [fablə] *f* Fabel *f*
fabric|ant, ~ante [fabrikɑ̃, -ɑ̃t] *m, f* Fabrikant(in) *m(f)*, Hersteller(in) *m(f)*; **~ation** *f* Herstellung *f*, Fertigung *f*
fabriqu|e [fabrik] *f* Fabrik *f*; **~er** (1m) herstellen; *péj* fabrizieren; F machen, treiben; ⚠ *participe présent* **fabriquant**, *aber* **le fabricant**
fabul|eux, ~euse [fabylø, -øz] märchenhaft
fabuliste [fabylist] *m* Fabeldichter *m*
fac [fak] *f* F (*Kurzwort für* **faculté**) Uni *f*
▶ **façade** [fasad] *f* Fassade *f* (*a fig*)
face [fas] *f* Gesicht *n*; *Münze*: Vorderseite *f*; ***de face*** von vorn; ▶ ***en face*** (***de***) gegenüber (von); ***face à face*** Auge in Auge; ***en face*** ins Gesicht; ***faire face à*** die Stirn bieten
face-à-face [fasafas] *m* (⚠ *pl unv*) Interview *n*; ⚠ ***le ~***
fâch|é, ~ée [fɑʃe] verärgert; **~er** (1a) ärgern; ***se ~*** böse werden; **~eux, ~euse** [-ø, -øz] ärgerlich, misslich, unerfreulich
facho [faʃo] F **1.** *adj* faschistisch; **2.** *m, f* Faschist(in) *m(f)*
facial, ~e [fasjal] (⚠ *m/pl* **-aux** *od* **-als**) Gesichts...
▶ **facile** [fasil] leicht, einfach; ***~ à faire*** leicht zu tun; ⚠ ***il est ~ de faire qc***
facilit|é [fasilite] *f* Leichtigkeit *f*; **~s** *pl* Erleichterungen *f/pl*; **~er** (1a) erleichtern
façon [fasõ] *f* **1.** Art *f*, Weise *f*; ***de façon que*** (*od* ***à ce que***) so ... dass; ▶ ***de toute façon*** auf jeden Fall; ***de cette façon*** auf diese Weise, so; ▶ ***d'une façon différente*** auf andere Art; ***à la façon de*** auf die Art von; **2. *façons*** *pl* Benehmen *n*; Gehabe *n*; ***sans façon*** ohne Umstände, ohne weiteres; **3.** *Kleidung*: Verarbeitung *f*, Schnitt *m*
façonner [fasɔne] (1a) gestalten, formen; bearbeiten; *fig* prägen
▶ **facteur** [faktœr] *m* **1.** Briefträger *m*; **2.** *math u allg* Faktor *m*
factice [faktis] künstlich, nachgemacht
▶ **factrice** [faktris] *f* Briefträgerin *f*
factur|e [faktyr] *f comm* Rechnung *f*; *Literatur*: Komposition *f*; **~er** (1a) in Rechnung stellen, berechnen
▶ **facultat|if, ~ive** [fakyltatif, -iv] unverbindlich; wahlfrei; freiwillig; ***arrêt*** *m* ***facultatif*** Bedarfshaltestelle *f*
faculté [fakylte] *f* Fähigkeit *f*, Vermögen *n*; *Universität*: Fakultät *f*
fada [fada] F übergeschnappt, durchgeknallt
fadaises [fadɛz] *f/pl* Albernheiten *f/pl*
fade [fad] fad(e), geschmacklos, schal; *fig a* abgeschmackt
▶ **faibl|e** [fɛblə] **1.** *adj* schwach; **2.** *m* schwache Seite *f*; Vorliebe *f*; **~esse** [-ɛs] *f* Schwäche(anfall) *f(m)*; **~ir** (2a) schwach werden
faïence [fajɑ̃s] *f* Steingut *n*; Fayence *f*; ⚠ *Schreibung*
faille[1] [faj] *f géol* Spalte *f*, Verwerfung *f*; *fig* Bruch *m*
faille[2] [faj] *subj von* **falloir**
faillir [fajir] (2n) **1. *j'ai failli tomber***, *etc* ich wäre beinahe gefallen *etc*; **2.** *litt* ***~ à son devoir*** seine Pflicht versäumen
faillite [fajit] *f comm* Bankrott *m*, Konkurs *m*
▶ **faim** [fɛ̃] *f* Hunger *m*; ***avoir ~*** Hunger haben; ***manger à sa ~*** sich satt essen
fainé|ant, ~ante [fɛneɑ̃, -ɑ̃t] **1.** *adj* müßig, faul; **2.** *m, f* Faulenzer(in) *m(f)*; **~anter** [-ɑ̃te] (1a) faulenzen
▶ **faire** [fɛr] (4n) **1.** machen; tun; ***~ la cuisine*** kochen; ***~ jeune*** jung aussehen; ***ne ~ que ~ qc*** bloß etw tun; ***avoir à ~ à*** zu schaffen haben mit; ***~ que*** zur Folge haben, dass; ***~ dans son lit*** ins Bett machen; ***~ du tennis*** Tennis spielen; ***~ son droit*** Jura studieren; ***~ le malade*** sich krank stellen; **2.** *mit inf*: lassen, veranlassen; ***~ rire qn*** j-n zum Lachen bringen; **3.** *unpersönlich*: sein; ***il fait chaud*** es ist warm; **4. *se ~*** zu Stande kommen; gemacht werden; ***ça ne se fait pas*** so was tut man nicht; ***se ~ rare*** selten werden; ***se ~ vieux*** altern; ***se ~ à qc*** sich an etw gewöhnen; ***ne pas s'en ~*** die Dinge leicht nehmen, sich nichts daraus machen

faire-part [fɛrpar] *m* (⚠ *pl unv*) (Familien-)Anzeige *f*
fair-play [fɛrplɛ] *m* (⚠ *pl unv*) Fairness *f*
faisable [fəzablə] machbar
faisan [fəzɑ̃] *m* Fasan *m*
faisceau [fɛso] *m* (⚠ *pl* **~x**) Bündel *n*; Strahl *m*
▶ **fait**[1] [fɛ] *m* Tatsache *f*, Faktum *n*; Tat *f*, Handlung *f*; Ereignis *n*; ***au ~*** [ofɛt] übrigens; ***de ~*** [dəfɛt] in der Tat; ***de ce ~*** deshalb; ***en ~*** [ɑ̃fɛt] in Wirklichkeit; ***du ~ de*** infolge; ***en ~ de*** was ... betrifft; ***tout à ~*** völlig
fait[2], **faite** [fɛ, fɛt] *p/p von* ***faire u adj*** gemacht; erledigt; beschaffen; *Käse*: reif; *Arbeit*: ***tout ~*** ganz fertig; *Person*: ***bien ~*** gut gewachsen; ***être ~*** F geliefert sein
faîte [fɛt] *m* First *m*; Gipfel *m*
faitout [fɛtu] *m* Kochtopf *m*
falaise [falɛz] *f* Steilküste *f*; Klippe *f*
fallac|ieux, ~ieuse [falasjø, -øz] trügerisch
▶ **falloir** [falwar] (3c) müssen, nötig sein; brauchen; ▶ ***il faut*** es ist nötig, man muss; ***il faut faire qc*** man muss etw tun; ***il me faut qc*** ich habe etw nötig, brauche etw; ***il me faut sortir***, ***il faut que je sorte*** ich muss ausgehen; ***comme il faut*** wie sichs gehört; ***il s'en faut de beaucoup*** es fehlt viel daran
fallu [faly] *p/p von* ***falloir***
falsifier [falsifje] (1a) (ver)fälschen
famé, ~e [fame] ***mal ~*** verrufen
famélique [famelik] ausgehungert
▶ **fam|eux, ~euse** [famø, -øz] berühmt; gewaltig; hervorragend
familial, ~e [familjal] (⚠ *m/pl* **-aux**) Familien...
familiar|iser [familjarize] (1a) vertraut machen; **~ité** *f* Vertraulichkeit *f*; Vertrautheit *f* (***avec*** mit)
famil|ier, ~ière [familje, -jɛr] vertraut, vertraulich, ungezwungen; ***langage m familier*** Umgangssprache *f*
▶ **famille** [famij] *f* Familie *f*; ***~ monoparentale*** Einelternteilfamilie *f*
famine [famin] *f* Hungersnot *f*
fana [fana] F (*Kurzwort für* ***fanatique***) **1.** *adj* ***être ~ de qn, qc*** total weg von j-m, etw sein; ***elle est ~ de techno*** sie ist ein Technofreak; **2.** *m, f* Fan *m*; ***un ~ de l'ordinateur*** ein Computerfreak *m*
fanat|ique [fanatik] **1.** *adj* fanatisch; **2.** *m, f* Fanatiker(in) *m(f)*; begeisterter Anhänger *m*, begeisterte Anhängerin *f*; **~isme** *m* Fanatismus *m*
faner [fane] (1a) ***se ~*** verwelken; verblühen
fanfar|e [fɑ̃far] *f* Blaskapelle *f*; Blechmusik *f*; **~on, ~onne 1.** *adj* prahlerisch; **2.** *m* Großsprecher *m*, Aufschneider *m*; **~onnade** [-ɔnad] *f* Prahlerei *f*, Aufschneiderei *f*
fange [fɑ̃ʒ] *f* Schlamm *m*; Schmutz *m*
fantais|ie [fɑ̃tɛzi] *f* Laune *f*, Lust *f*; Gutdünken *n*; Einfallsreichtum *m*; ⚠ *nicht* Fantasie; **~iste 1.** *adj Person*: unkonventionell; *péj* unseriös; **2.** *m* eigenwilliger Mensch *m*
fantasme [fɑ̃tasmə] *m* Fantasiegebilde *n*
fantasque [fɑ̃task] *Person*: schrullig, wunderlich
fantastique [fɑ̃tastik] fantastisch
fantoche [fɑ̃tɔʃ] *m fig* Marionette *f*
fantôme [fɑ̃tom] *m* Phantom *n*, Gespenst *n*
faon [fɑ̃] *m* Kitz *n*, Hirsch-, Rehkalb *n*
faramin|eux, ~euse [faraminø, -øz] F wahnsinnig, toll
farandole [farɑ̃dɔl] *f provenzalischer Tanz*
farce [fars] *f* Posse *f*, Schwank *m*; Streich *m*; *cuis* Füllung *f*
farc|eur, ~euse [farsœr, -øz] *m, f* Spaßmacher(in) *m(f)*, Witzbold *m*
farcir [farsir] (2a) *cuis* füllen; *fig* voll stopfen; ***se ~ un bon repas*** sich ein gutes Essen einverleiben
fard [far] *m* Schminke *f* (*a fig*)
fardeau [fardo] *m* (⚠ *pl* **~x**) Last *f*, Bürde *f*
farder [farde] (1a) schminken; *fig* beschönigen
farfelu, ~e [farfəly] sonderbar, seltsam, F spinnig
farfouiller [farfuje] (1a) F herumstöbern
fariboles [faribɔl] *f/pl* F nichtiges Geschwätz *n*
▶ **farine** [farin] *f* Mehl *n*; F ***rouler qn dans la ~*** j-n übers Ohr hauen
farouche [faruʃ] scheu; wild, heftig, stark
fart [fart] *m* (Schi-)Wachs *n*
fascin|ant, ~ante [fasinɑ̃, -ɑ̃t] faszinierend, bezaubernd; **~ation** *f* Faszination *f*, Zauber *m*; **~er** (1a) faszinieren, bezaubern

fascisme [faʃismə] *m* Faschismus *m*
fasciste [faʃist] **1.** *m, f* Faschist(in) *m(f)*; **2.** *adj* faschistisch
faste¹ [fast] *m* Gepränge *n*, Prunk *m*
faste² [fast] *adj* ***jour m ~*** Glückstag *m*
fast-food [fastfud] *m* (⚠ *pl* ***fast-foods***) Fast-Food-Restaurant *n*
fastidi|eux, ~euse [fastidjø, -øz] langweilig
fastu|eux, ~euse [fastɥø, -øz] prunk-, prachtvoll
fat [fa(t)] **1.** *adj/m* geckenhaft, eingebildet; **2.** *m* Geck *m*, Laffe *m*
fatal, ~e [fatal] (⚠ *m/pl* **~s**) verhängnisvoll; tödlich; zwangsläufig
fatal|isme [fatalismə] *m* Fatalismus *m*; **~iste 1.** *adj* fatalistisch; **2.** *m, f* Fatalist(in) *m(f)*; **~ité** *f* Verhängnis *n*; Schicksal *n*
fatidique [fatidik] schicksalhaft
▶ **fatig|ant, ~ante** [fatigɑ̃, -ɑ̃t] ermüdend; lästig
▶ **fatigue** [fatig] *f* Ermüdung *f*, Strapaze *f*
▶ **fatigu|é, ~ée** [fatige] müde, erschöpft; **~er** (1m) ermüden; ***~ qn*** j-m lästig fallen; ***se ~*** müde werden; ⚠ ***fatiguant*** *participe présent, aber* ***fatigant*** *adj*
fatras [fatra] *m péj* Wust *m*, Durcheinander *n*
fatuité [fatɥite] *f* Überheblichkeit *f*, Dünkel *m*
faubourg [fobur] *m* Vorstadt *f*
faubour|ien, ~ienne [foburjɛ̃, -jɛn] vorstädtisch
fauch|é, ~ée [foʃe] F blank, abgebrannt; **~er** (1a) *agr* mähen; *fig* dahinraffen; F stehlen, F klauen; **~euse** *f* Mähmaschine *f*
faucille [fosij] *f* Sichel *f*
faucon [fokɔ̃] *m zo* Falke *m*
faudra [fodra] ***il ~*** *futur von* ***falloir***
faufiler [fofile] (1a) heften; ***se ~*** sich durchwinden; sich einschleichen
faune [fon] **1.** *f* Fauna *f*; Tierwelt *f*; **2.** *m Mythologie*: Faun *m*
faussaire [fosɛr] *m* Fälscher *m*
faussement [fosmɑ̃] *adv* fälschlich; auf falsche Weise
fausser [fose] (1a) fälschen; verdrehen; verderben
fausseté [foste] *f* Falschheit *f*; Unaufrichtigkeit *f*
faut [fo] ***il ~*** *cf* ***falloir***
▶ **faute** [fot] *f* Fehler *m*; Verfehlung *f*; Schuld *f*; ***par sa ~*** durch seine Schuld; ***être en ~*** im Unrecht sein; ***~ de*** aus Mangel an, mangels; ***sans ~*** ganz gewiss
▶ **fauteuil** [fotœj] *m* Sessel *m*; ***~ roulant*** Rollstuhl *m*; ***accessible aux ~s roulants*** rollstuhlgerecht
fauteur [fotœr] *m* Anstifter *m*
faut|if, ~ive [fotif, -iv] schuldig; fehlerhaft
fauve [fov] **1.** *adj* falb, fahlrot; ***bêtes f/pl ~s*** wilde Tiere *n/pl*, Raubtiere *n/pl*; **2.** *m zo* Raubtier *n*; große Raubkatze *f*; *m/pl Malerei*: ***les ~s*** die Fauves *m/pl*
faux¹ [fo] *f* Sense *f*
▶ **faux², fausse** [fo, fos] **1.** *adj* falsch; unaufrichtig; künstlich; Schein...; ***faux col*** *m* abknöpfbarer Kragen; ***faux pas*** *m* Fehltritt *m*; ***fausse clef*** *f* Nachschlüssel *m*; ***fausse couche*** *f méd* Fehlgeburt *f*; ***fausse monnaie*** *f* Falschgeld *n*; **2.** *adv* ***chanter faux*** falsch singen; **3.** *m* Fälschung *f*
faux|-filet [fofilɛ] *m* (⚠ *pl* ***faux-filets***) *cuis* Lendenstück *n*; **~-fuyant** [-fɥijɑ̃] *m* (⚠ *pl* ***faux-fuyants***) Ausrede *f*, Ausflucht *f*
faveur [favœr] *f* Gunst *f*; Gefallen *m*; Vorrecht *n*; ***à la ~ de*** begünstigt von; ***en ~ de*** zu Gunsten von
▶ **favorable** [favɔrablə] geneigt, wohlgesinnt (***à qn*** j-m); günstig
favor|i, ~ite [favɔri, -it] **1.** *adj* Lieblings...; **2.** *m, f* Günstling *m*, Liebling *m*; *Sport*: Favorit(in) *m(f)*; **3.** ***favoris*** *m/pl* Backenbart *m*; **~iser** (1a) begünstigen; fördern; **~itisme** [-itismə] *m* Günstlingswirtschaft *f*
fax [faks] *m* Fax *n*; **~er** (1a) faxen
fébrile [febril] fieberhaft
féc|ond, ~onde [fekɔ̃, -ɔ̃d] fruchtbar (*a fig*); **~ondation** [-ɔ̃dasjɔ̃] *f* Befruchtung *f*; ***~ artificielle*** künstliche Befruchtung *f*; ***~ in vitro*** In-vitro-Fertilisation *f*; **~ondité** [-ɔ̃dite] *f* Fruchtbarkeit *f*
fécule [fekyl] *f in Lebensmitteln*: Stärke *f*
fédéral, ~e [federal] (⚠ *m/pl* ***-aux***) Bundes...; eidgenössisch; **~isme** *m* Föderalismus *m*
fédéra|tif, ~tive [federatif, -tiv] födera-

tiv; **~tion** *f* Bündnis *n*, Bund *m*; Verband *m*
fée [fe] *f* Fee *f*; *fig* guter Geist *m*
feeling [filiŋ] *m* Gespür *n*
féer|ie [fe(e)ri] *f* Märchenspiel *n*; **~ique** zauberhaft
feindre [fɛ̃drə] (4b) heucheln, vortäuschen; **~ de** (+ *inf*) so tun (*od* sich stellen), als ob ...
feinte [fɛ̃t] *f* Täuschung *f*, Finte *f*
fêler [fɛle] (1b) **se ~** *Glas*: springen, rissig werden; F **avoir la tête fêlée** nicht ganz richtig im Kopf sein
▶ **félicit|ations** [felisitasjɔ̃] *f/pl* Glückwunsch *m*, -wünsche *m/pl*; **~er** (1a) **~ qn de** *od* **pour** j-n beglückwünschen, j-m gratulieren zu
fél|in, ~ine [felɛ̃, -in] katzenartig
fêlure [fɛlyr] *f* Sprung *m*, Riss *m*
▶ **femelle** [fəmɛl] **1.** *f* Weibchen *n* (*von Tieren*); F *péj* Weibsbild *n*; **2.** *adj zo, bot* weiblich
▶ **fémin|in, ~ine** [feminɛ̃, -in] **1.** *adj* weiblich; **2.** *m gr* Femininum *n*; **~isme** *m* Frauenbewegung *f*; **~iste 1.** *adj* feministisch; **2.** *m, f* Frauenrechtlerin *f*, Feminist(in) *m(f)*
▶ **femme** [fam] *f* Frau *f*, Weib *n*; Ehefrau *f*; **~ peintre** Malerin *f*; **~ au foyer** Hausfrau *f*; **~ de chambre** Zimmermädchen *n*; **~ de ménage** Putzfrau *f*; **~-objet** [-ɔbʒɛ] *f* (⚠ *pl* **femmes-objets**) Frau *f* als Lustobjekt
fémur [femyr] *m* Oberschenkelknochen *m*
fendre [fɑ̃drə] (4a) spalten; aufschlitzen; *fig* zerreißen; **se ~** bersten, (zer)platzen
▶ **fenêtre** [f(ə)nɛtrə] *f* Fenster *n* (*a EDV*); ⚠ **la ~**
fenouil [fənuj] *m* Fenchel *m*
fente [fɑ̃t] *f* Spalte *f*; Riss *m*; Schlitz *m*
féod|al, ~e [feɔdal] (⚠ *m/pl* **-aux**) feudal, Lehns...; **~alité** [-alite] *f* Lehnswesen *n*; Feudalismus *m*
▶ **fer** [fɛr] *m* Eisen *n*; *fig* **de ~** eisern, stählern; **~ à cheval** Hufeisen *n*; **~ à repasser** Bügeleisen *n*; **~ à vapeur** Dampfbügeleisen *n*; **~ électrique** elektrisches Bügeleisen *n*
ferai [f(ə)re] *futur von* **faire**
fer-blanc [fɛrblɑ̃] *m* (Weiß-)Blech *n*
férié [ferje] **jour** *m* **~** Feiertag *m*
ferme[1] [fɛrm] *adj u adv* fest; hart; sicher; standhaft
▶ **ferme**[2] [fɛrm] *f* Bauernhof *m*, Gehöft *n*
ferment [fɛrmɑ̃] *m* Gärungsstoff *m*, Ferment *n*
ferment|ation [fɛrmɑ̃tasjɔ̃] *f* Gärung *f*; **~er** (1a) gären
▶ **fermer** [fɛrme] (1a) zumachen; (ver)schließen
fermet|é [fɛrməte] *f* Festigkeit *f* (*a fig*); Entschlossenheit *f*; **~ure** [-yr] *f* Verschluss *m*; Schließung *f*; **~ éclair** Reißverschluss *m*; **~ velcro** Klettverschluss *m*
ferm|ier, ~ière [fɛrmje, -jɛr] *m, f* Bauer *m*, Bäuerin *f*; Landwirt *m*; *jur* Pächter(in) *m(f)*
fermoir [fɛrmwar] *m* Verschluss *m*
féroc|e [ferɔs] wild, reißend; blutdürstig; grausam; **~ité** *f* Wildheit *f*; *fig* Grausamkeit *f*
ferraille [fɛraj] *f* Alteisen *n*, Schrott *m*
ferr|é, ~ée [fɛre] beschlagen (*a fig*); **voie** *f* **ferrée** Gleis *n*, Schienenstrang *m*; **~er** (1b) *mit Eisen* beschlagen
ferroviaire [fɛrɔvjɛr] Eisenbahn...
ferrure [fɛryr] *f* Eisen , Hufbeschlag *m*
ferry-boat [feribot] *m* (⚠ *pl* **ferry-boats**) Fährschiff *n*; Eisenbahnfähre *f*
fertil|e [fɛrtil] fruchtbar, ergiebig; **~iser** (1a) fruchtbar machen; **~ité** *f* Fruchtbarkeit *f*
férule [feryl] *f* Rute *f*; *fig* **sous la ~ de qn** unter j-s Fuchtel
ferv|ent, ~ente [fɛrvɑ̃, -ɑ̃t] glühend, inbrünstig; **~eur** *f* Inbrunst *f*; Eifer *m*
fess|e [fɛs] *f* Hinterbacke *f*; **~s** *pl* Hintern *m*, Gesäß *n*; **~ée** *f* (Tracht *f*) Prügel *m/pl*
festin [fɛstɛ̃] *m* Festmahl *n*, Schmaus *m*
festival [fɛstival] *m* (⚠ *pl* **~s**) Festspiele *n/pl*, Festival *n*
festivités [fɛstivite] *f/pl* Festlichkeiten *f/pl*
festoyer [fɛstwaje] (1h) schmausen
fêtard [fɛtar] F *m* Lebemann *m*
▶ **fête** [fɛt] *f* Fest *n*; Feiertag *m*; Namenstag *m*; **~ des Mères** Muttertag *m*; **~ des Pères** Vatertag *m*; **faire la ~** ordentlich feiern
Fête-Dieu [fɛtdjø] *f* Fronleichnam (-sfest) *m(n)*
fêter [fɛte] (1b) feiern
fétide [fetid] stinkend
fétu [fety] *m* **~ (de paille)** Strohhalm *m*
▶ **feu**[1] [fø] *m* (⚠ *pl* **~x**) Feuer *n* (*a mil, fig*); Hitze *f*, Glut *f*; Licht *n*; *fig* Begeis-

F

terung *f*; **~x** *pl* Leuchtfeuer *n*; **au coin du ~** am Herd, am Kamin; **coup de ~** *mil* Schuss *m*; **~ d'artifice** Feuerwerk *n*; **~ (de circulation)** Ampel *f*; **~ arrière** *auto* Schlusslicht *n*, Rücklicht *n*; **~ arrière de brouillard** Nebelschlussleuchte *f*; **~ stop** Bremslicht *n*; **~x de détresse** Warnlichtanlage *f*; **~x de position** Standlicht *n*; **~x de croisement** Abblendlicht *n*; **~x de route** Fernlicht *n*; *fig* **~ vert** grünes Licht *n*

feu² [fø] *adj* (*unv*) *litt* **~ son père** sein seliger Vater

F

feuillage [fœjaʒ] *m* Laub(werk) *n*

▶ **feuille** [fœj] *f* Blatt *n* (*a Zeitung*); Folie *f*; **~s** *pl a* Laub *n*; **~s mortes** dürres Laub *n*; **~ d'impôt** Steuerbescheid *m*; **~ de paie** Lohn-, Gehaltszettel *m*

feuillet [fœjɛ] *m* (einzelnes) Blatt *n* (*im Heft od Buch*)

feuillet|er [fœjte] (1c) (durch- *od* um)blättern; *cuis* **pâte** *f* **feuilletée** Blätterteig *m*; **~on** *m* Fortsetzungsroman *m*; *TV* Sendereihe *f*, Serie *f*

feutre [føtrə] *m* Filz *m*; Filzhut *m*; Filzschreiber *m*

fève [fɛv] *f bot* (Dicke) Bohne *f*

▶ **février** [fevrije] *m* Februar *m*; **en ~** im Februar; **le 21 ~** am 21. Februar; **le 21 ~ 1999** der 21. Februar 1999

FF (*abr* **franc[s] français**) französischer (französische) Franc(s)

fiable [fjablə] zuverlässig

fiacre [fjakrə] *m* Droschke *f*

fiançailles [f(i)jɑ̃saj] *f/pl* Verlobung *f*

▶ **fianc|é, ~ée** [f(i)jɑ̃se] *m, f* Verlobte(r) *m, f*; **~er** (1k) **se ~ avec** sich verloben mit

fibre [fibrə] *f* Faser *f*; *fig* Kern *m*; Ader *f*; **~ optique** Glasfaser *f*; **~ de verre** Glaswolle *f*

fibr|eux, ~euse [fibrø, -øz] faserig

ficeler [fisle] (1c) ver-, zu-, festschnüren

▶ **ficelle** [fisɛl] *f* Bindfaden *m*, Schnur *f*; langes Weißbrot *n*; *fig* Kniff *m*, Trick *m*

fichage [fiʃaʒ] *m* Erfassung *f*, Registrierung *f*; **~ systématique des séropositifs** Registrierung *f* aller HIV-Positiven

fiche [fiʃ] *f* **1.** Zettel *m*, Schein *m*, (Kartei-)Karte *f*; **~ de paie** Lohn-, Gehaltszettel *m*; **2.** (*elektrischer*) Stecker *m*; **~-horaire** [-ɔrɛr] *f* (⚠ *pl* **fiches-horaires**) Fahrplanauszug *m*

ficher [fiʃe] (1a) F machen, tun; geben; werfen, schmeißen; **fiche-moi la paix (le camp)!** lass mich in Ruhe! (mach, dass du fortkommst!); **se ~ de qc, qn** auf etw, j-n pfeifen

▶ **fichier** [fiʃje] *m* Kartei(kasten) *f(m)*; *EDV* Datei *f*

fichtre! [fiʃtrə] F Donnerwetter!

fichu, ~e [fiʃy] F kaputt, futsch; erledigt; verdammt, verflixt; **être mal ~** sich schlecht fühlen; schlecht gemacht sein

fict|if, ~ive [fiktif, -iv] erdacht, fiktiv

▶ **fidèle** [fidɛl] **1.** *adj* treu, zuverlässig; ⚠ *nicht* fidel; **2.** *m, f rel* Gläubige(r) *m, f*

fidélité [fidelite] *f* Treue *f*; Genauigkeit *f*, Zuverlässigkeit *f*; *tech* **haute ~** High-fidelity *f*

fief [fjɛf] *m hist* Lehen *n*; *pol* Hochburg *f*; *fig* Domäne *f*

fier¹ [fje] (1a) **se ~ à qn, qc** j-m (ver)trauen, sich auf etw verlassen

▶ **fier², fière** [fjɛr] stolz (**de** auf)

fierté [fjɛrte] *f* Stolz *m*

fiesta [fjɛsta] *f* F tolles Fest *n*; **faire la ~** eine Sause machen

▶ **fièvre** [fjɛvrə] *f* Fieber *n*; *fig* Aufregung *f*

fiévr|eux, ~euse [fjevrø, -øz] fiebrig; *fig* fieberhaft

figer [fiʒe] (1l) fest werden lassen; *fig* lähmen; **se ~** fest werden, erstarren (*a fig*)

figu|e [fig] *f* Feige *f*; **~ier** [-je] *m* Feigenbaum *m*

figur|ant, ~ante [figyrɑ̃, -ɑ̃t] *m, f Bühne*: Statist(in) *m(f)*

figurat|if, ~ive [figyratif, -iv] bildlich; *Kunst*: gegenständlich

▶ **figure** [figyr] *f* Gesicht *n*; Figur *f*; Gestalt *f*; F **se casser la ~** hinfallen

figuré, ~e [figyre] (*a* **au figuré**) bildlich, übertragen

figurer [figyre] (1a) abbilden; darstellen; vorkommen, erscheinen; als Statist auftreten; ▶ **se figurer qc** sich etw vorstellen

▶ **fil** [fil] *m* Faden *m* (*a fig*); Garn *n*; Draht *m*, Leitung *f*; **~ dentaire** Zahnseide *f*; **~ de fer barbelé** Stacheldraht *m*; *tél* **coup** *m* **de ~** Anruf *m*

filage [filaʒ] *m* Spinnen *n*

filament [filamɑ̃] *m* Faser *f*; Heizdraht *m*, Glühfaden *m*

figure ist nicht immer Figur

Après la randonnée, Yves s'est lavé la figure. – Nach der Wanderung wusch Yves sich das Gesicht.

La figure hat also hier nichts mit der Figur zu tun, sondern bezeichnet **das Gesicht.**

Wie sagt man jetzt aber, dass Sandrine eine gute Figur hat? *Sandrine est bien faite.*

filandr|eux, ~euse [filɑ̃drø, -øz] fas(e)rig, sehnig (*Fleisch*)
fil|ant, ~ante [filɑ̃, -ɑ̃t] dickflüssig; ***étoile f filante*** Sternschnuppe *f*
filasse [filas] *f* Hanf-, Flachsfasern *f/pl*
filature [filatyr] *f* Spinnerei *f*; *fig* Beschattung *f* (*durch die Polizei*)
file [fil] *f* Reihe *f*; (*Auto-*)Schlange *f*; *Verkehr*: Spur *f*; ***à la ~*** hintereinander; ***à la ~ indienne*** im Gänsemarsch
filer [file] (1a) spinnen; F geben, *Tritt*: versetzen; *Person*: beschatten; *Käse etc*: Fäden ziehen; F weglaufen; flitzen, sausen; *fig Zeit*: vergehen; ***~ à l'anglaise*** sich verdrücken
▶ **filet** [filɛ] *m* dünner (Wasser-)Strahl *m*; Netz *n*; *cuis* Filet *n*
filial, ~e [filjal] (⚠ *m/pl* **-aux**) **1.** *adj* kindlich, Kindes...; **2.** *f comm* Tochtergesellschaft *f*
filiation [filjasjɔ̃] *f* Abstammung *f*; *fig* Zusammenhang *m*
filière [filjɛr] *f* Stufenleiter *f*, Linie *f*, Kette *f*; ***par la ~*** von der Pike auf
filigrane [filigran] *m* Wasserzeichen *n*; *fig* ***en ~*** im Hintergrund
▶ **fill|e** [fij] *f* Tochter *f*; ▶ ***(jeune) fille*** (junges) Mädchen *n*; ***vieille fille*** alte Jungfer *f*; **~ette** [-ɛt] *f* kleines Mädchen *n*
filleul, ~e [fijœl] *m*, *f* Patenkind *n*
▶ **film** [film] *m* Film *m*; dünne Schicht *f*; ***~ alimentaire*** Frischhaltefolie *f*; ***~ documentaire*** Dokumentar-, Kulturfilm *m*; ***~ en couleurs*** Farbfilm *m*; ***~ muet*** Stummfilm *m*; ***~ parlant, sonore*** Tonfilm *m*; ***~ policier*** Kriminalfilm *m*; **~er** (1a) filmen
filon [filɔ̃] *m Bergbau*: (Erz-)Gang *m*, Ader *f*; F *fig* einträglicher Posten *m*
filou [filu] *m* Gauner *m*; F Schlingel *m*
▶ **fils** [fis] *m* Sohn *m*
filtre [filtrə] *m* Filter *m*
filtrer [filtre] (1a) filtern; streng kontrollieren; durchsickern (*a fig*)
▶ **fin¹** [fɛ̃] *f* Schluss *m*, Ende *n*; Ziel *n*, Zweck *m*; ***à la ~*** schließlich; ***en ~ de compte*** letztlich; ***à cette ~*** zu diesem Zweck; ***aux ~s de*** (+ *inf*) zwecks
▶ **fin², fine** [fɛ̃, fin] fein; dünn; auserlesen; zart; feinsinnig; F ***fine gueule f*** Feinschmecker *m*; ***fines herbes f/pl*** Küchenkräuter *n/pl*; ***au fin fond de*** ganz weit hinten in; ***le fin du fin*** das Allerfeinste
final, ~e [final] (⚠ *m/pl* **~s**) End..., Schluss...; *gr* final
final(e) [final] *m mus* Finale *n*
finale [final] *f Sport*: Finale *n*, Endspiel *n*; *gr* Endsilbe *f*; ⚠ ***la ~***
▶ **finalement** [finalmɑ̃] *adv* schließlich
financ|e [finɑ̃s] *f* Finanzwelt *f*; **~s** *pl* Finanzen *f/pl*, Geldmittel *n/pl*; Finanz-, Geldwesen *n*; **~er** (1k) finanzieren; **~ier, ~ière** [-je, -jɛr] **1.** *adj* finanziell; Finanz...; **2.** *m* Finanzmann *m*
finasserie [finasri] *f* Raffiniertheit *f*
fin|aud, ~aude [fino, -od] pfiffig, listig
fine [fin] *f* feinster Kognak *m*
finesse [finɛs] *f* Feinheit *f*; Erlesenheit *f*
fini, ~e [fini] fertig; vergangen; *math*, *phil* endlich; ***bien ~*** gut gearbeitet; ***il est fini*** er ist erledigt; ***ivrogne m fini*** Erzsäufer *m*
▶ **finir** [finir] (2a) enden, schließen; beend(ig)en, fertig stellen, abschließen, vollenden; ***~ de faire qc*** mit etw aufhören; ***en ~ avec qc*** e-r Sache ein Ende machen; ***~ par faire qc*** schließlich etw tun; *cf Info-Fenster Seite 150*
finish [finiʃ] *m* (⚠ *pl unv*) Endspurt *m*; ***au ~*** letzten Endes
finition [finisjɔ̃] *f* Fertigstellung *f*; Verarbeitung *f*
Finlande [fɛ̃lɑ̃d] ***la ~*** Finnland *n*
firme [firm] *f* Firma *f*
fis [fi] *p/s von* ***faire***
fisc [fisk] *m* Staatskasse *f*, Fiskus *m*; Steuerbehörde *f*
fiscal, ~e [fiskal] (⚠ *m/pl* **-aux**) steuerlich, fiskalisch; **~ité** *f* Steuerwesen *n*; Steuerlast *f*

Die Formen von *finir*

présent	Singular	Plural
1. Person	*je finis*	*nous finissons*
2. Person	*tu finis*	*vous finissez*
3. Person	*il, elle finit*	*ils, elles finissent*

Bei den **Plural**formen fällt auf, dass zwischen den Verbstamm des Singulars *fin-* und die Endungen *-ons*, *-ez* bzw. *-ent* ein ***-iss-*** eingeschoben wird. Man spricht von einem Verb mit Stammerweiterung.

Auch im **imparfait** und **subjonctif** wird *fin-* mit ***-iss-*** erweitert:

passé composé	*j'ai fini*
passé simple	*je finis*
imparfait	*je finissais*
futur	*je finirai*
subjonctif	*que je finisse*

fissile [fisil] *phys* spaltbar
fissure [fisyr] *f* Spalte *f*; Riss *m*
fix|age [fiksaʒ] *m Foto*: Fixieren *n*; **~ateur** [-atœr] *m* Fixiermittel *n*; Haarfestiger *m*; **~ation** *f* Festmachen *n*; Festsetzung *f*; Fixierung *f* (*a psych*); *Schi*: Bindung *f*
fixe [fiks] **1.** *adj* fest; unbeweglich; beständig; ***à prix ~*** zum Festpreis; **2.** *m* festes Gehalt *n*
►**fixer** [fikse] (1a) befestigen; bestimmen, festsetzen; fixieren; anstarren; ***se ~*** sich niederlassen; *Sachen*: sich stabilisieren
flacon [flakõ] *m* Fläschchen *n*
flagada [flagada] F fix und fertig
flageller [flaʒɛle] (1b) geißeln
flageoler [flaʒɔle] (1a) schlottern
flagr|ant, ~ante [flagrã, -ãt] offenkundig; *jur* ***en flagrant délit*** in flagranti, auf frischer Tat
flair [flɛr] *m Tier*: Witterung *f*; *fig* Gespür *n*; ⚠ *nicht* Flair; **~er** (1b) wittern, schnuppern; riechen
flam|and, ~ande [flamã, -ãd] flämisch
flamant [flamã] *m zo* ~ (***rose***) Flamingo *m*
flamb|ant [flãbã] ~ ***neuf*** (⚠ *f unv od* ***flambant neuve***) funkelnagelneu; **~eau** [-o] *m* (⚠ *pl* **~x**) Fackel *f* (*a fig*); **~ée** *f* hell aufloderndes Feuer *n*; *fig* Auflodern *n*; ~ ***des prix*** Preisauftrieb *m*; **~er** (1a) auflodern; (ab)sengen; *cuis* flambieren
flamboy|ant, ~ante [flãbwajã, -ãt] flammend; funkelnd; *arch* spätgotisch; **~er** (1h) (auf)lodern, (auf)leuchten
flamme [flam] *f* Flamme *f* (*a fig*)
flan [flã] *m* Pudding *m*; F *fig* Quatsch *m*
flanc [flã] *m* Seite *f*; Flanke *f*; Abhang *m*; ⚠ ***le ~***
flancher [flãʃe] (1a) F schwach werden
Flandre [flãdrə] ***la ~*** Flandern *n*
flân|er [flane] (1a) (umher)schlendern, (umher)bummeln; **~eur, ~euse** *m, f* Spaziergänger(in) *m(f)*
flanquer [flãke] (1m) flankieren; *mil* Flankenschutz geben (***qn*** j-m); F schleudern, werfen, schmeißen; *Schlag*: versetzen; F ~ ***la frousse à qn*** j-m einen Schrecken einjagen
flapi, ~e [flapi] F kaputt, todmüde
flaque [flak] *f* Pfütze *f*, Lache *f*
flash [flaʃ] *m Foto*: Blitzlicht(gerät) *n*; *Presse*: kurze (wichtige) Meldung *f*; ~ ***électronique*** Elektronenblitzgerät *n*; ~ ***publicitaire*** Werbespot *m*; ~ ***info*** Kurznachrichten *f/pl*; **~-back** [-bak] *m* (⚠ *pl unv*) *Film*: Rückblende *f*; **~-cube** [-kyb] *m* (⚠ *pl* ***flash-cubes***) Blitzlichtwürfel *m*; **~er** (1a) F ~ ***sur qn, qc*** sich in j-n, etw verlieben; ***j'ai flashé*** bei mir hats gefunkt
flasque [flask] schlaff
flatt|er [flate] (1a) ~ ***qn*** j-m schmeicheln; ***se ~ de*** (+ *inf*) sich einbilden zu; **~erie** *f* Schmeichelei *f*; **~eur, ~euse 1.** *adj* schmeichlerisch; schmeichelhaft; **2.** *m, f* Schmeichler(in) *m(f)*
flatulence [flatylãs] *f méd* Blähung *f*
fléau [fleo] *m* (⚠ *pl* **~x**) Dreschflegel *m*; *fig* Geißel *f*

flèche [flɛʃ] *f* Pfeil *m*; (Turm-)Spitze *f*
fléchir [fleʃir] (2a) beugen; sich biegen; *fig* rühren, erweichen; sich beugen
flemme [flɛm] F *f* Faulheit *f*; ***avoir la ~ de faire qc*** keinen Bock haben, etw zu tun
flétrir [fletrir] (2a) **1.** verdorren lassen, verwelken lassen; ***se ~*** verwelken; dahinschwinden; **2.** brandmarken
▶ **fleur** [flœr] *f* Blume *f*; Blüte *f* (*a fig*); ***à ~ de*** auf gleicher Höhe mit
fleur|i, ~ie [flœri] blühend; geblümt; *fig* blumig; **~ir** (2a) blühen; mit Blumen schmücken; **~iste** *m, f* Blumenhändler(in) *m(f)*, -züchter(in) *m(f)*
▶ **fleuve** [flœv] *m* Fluss *m*, Strom *m*

Jeder Fluss fängt einmal klein an als Quelle:

la source	die Quelle
prendre sa source	entspringen
le ruisseau	der Bach
le torrent	der Gebirgsbach
le fleuve	der Fluss (der ins Meer mündet)
un affluent	ein Nebenfluss
la rivière	der Fluss (der in einen anderen Fluss mündet)
se jeter dans	münden in

flex|ible [flɛksiblə] biegsam; *fig* anpassungsfähig; **~ion** *f* Biegung *f*; Beuge *f*; *gr* Flexion *f*, Beugung *f*
▶ **flic** [flik] F *m* Polizist *m*; *péj* Bulle *m*
flinguer [flɛ̃ge] (1m) F abknallen; kritisieren, niedermachen
flipper[1] [flipœr] *m* Flipper *m*; ***jouer au ~*** flippern
flipper[2] [flipe] (1a) F durchhängen; ausflippen
flirter [flœrte] (1a) flirten
flocon [flɔkɔ̃] *m* Flocke *f*
flop [flɔp] *m* Flop *m*; ***faire ~*** nicht ankommen
floraison [flɔrɛzɔ̃] *f* Blühen *n*; Blüte(zeit) *f* (*a fig*)
floral, ~e [flɔral] (⚠ *m/pl* ***-aux***) Blumen...
Florence [flɔrɑ̃s] Florenz
floriss|ant, ~ante [flɔrisɑ̃, -ɑ̃t] blühend (*fig*)
flot [flo] *m* Flut *f* (*a fig*); *fig* Strom *m*; **~s** *pl* Wogen *f/pl*, Wellen *f/pl*; ***à ~s*** in Strömen; ***à ~ mar*** flott; ***remettre à ~*** flottmachen
flott|ant, ~ante [flɔtɑ̃, -ɑ̃t] schwimmend; schwebend, wehend, fließend; schwankend
flotte [flɔt] *f* Flotte *f*; F Wasser *n*
▶ **flott|er** [flɔte] (1a) schwimmen, auf dem Wasser treiben; *fig* flattern; schwanken; **~eur** *m* (Holz-)Flößer *m*; *tech* Schwimmer *m*
flou, ~e [flu] unscharf; weich; *fig* verschwommen
fluctuation [flyktɥasjɔ̃] *f* Schwankung *f*
fluctuer [flyktɥe] (1n) *bes comm* schwanken
fluide [flɥid] **1.** *adj* flüssig; **2.** *m phys* Flüssigkeit *f*; *fig* Fluidum *n*
▶ **flût|e** [flyt] *f* Flöte *f*; Sektglas *n*; langes, dünnes Brot *n*; **~iste** *m, f* Flötist(in) *m(f)*
fluvial, ~e [flyvjal] (⚠ *m/pl* ***-aux***) Fluss...
flux [fly] *m mar* Flut *f*; *méd* Ausfluss *m*; ***le ~ et le reflux*** Ebbe *f* und Flut *f*
F.M. [ɛfɛm] (*abr* ***fréquence f modulée***) UKW (Ultrakurzwelle)
fœtus [fetys] *m biol* Fötus *m*
▶ **foi** [fwa] *f* Glaube(n) *m*; ***bonne ~*** Aufrichtigkeit *f*; ***de bonne ~*** gutgläubig; ***ma ~!*** aber gewiss!; ***sur la ~ de*** im Vertrauen auf; ⚠ *nicht verwechseln mit* ***le foie u la fois***
foie [fwa] *m* Leber *f*; ⚠ ***le ~***
foin [fwɛ̃] *m* Heu *n*
foire [fwar] *f* Jahrmarkt *m*, Volksfest *n*; *comm* Messe *f*
▶ **fois** [fwa] *f* Mal *n*; ***une fois*** einmal; ***une fois pour toutes*** ein für alle Mal; ***pour la première (dernière) fois*** zum ersten (letzten) Mal; ▶ ***à la fois*** zugleich; F ***des fois*** manchmal; ***chaque fois que*** jedes Mal wenn; ⚠ *nicht verwechseln mit* ***la foi u le foie***
foison [fwazɔ̃] *f* ***à ~*** in Hülle und Fülle
foisonner [fwazɔne] (1a) reichlich vorhanden sein; sich stark vermehren; ***~ en, de*** Überfluss haben an
folâtre [fɔlɑtrə] fröhlich, ausgelassen
▶ **folie** [fɔli] *f* Verrücktheit *f*, Narrheit *f*, Wahnsinn *m*, Torheit *f*

F

le football, kurz *le foot*

Im Land des Fußballweltmeisters von 1998 spielt der Fußball natürlich eine große Rolle:

une équipe de football	eine Fußballmannschaft
l'équipe nationale	die Nationalmannschaft
l'équipe tricolore	die französische Nationalmannschaft
les supporters *m/pl*	die Anhänger (einer Mannschaft)
l'entraîneur *m*	der Trainer
le joueur	der Spieler
le remplaçant	der Ersatzspieler
le gardien de but	der Torwart
l'arrière *m*	der Verteidiger
l'avant-centre *m*	der Mittelstürmer
l'ailier *m* ***gauche***	der Linksaußen
l'ailier *m* ***droit***	der Rechtsaußen
l'arbitre *m*	der Schiedsrichter
le match de foot(ball)	das Fußballmatch
le but	das Tor
marquer un but	ein Tor schießen
commettre une faute	foulen
le coup franc	der Freistoß
le penalty	der Elfmeter
le corner	die Ecke
le championnat	die Meisterschaft
la coupe d'Europe	der Europacup
la Coupe du monde	die Weltmeisterschaft

folklo [fɔlklo] F (*Kurzwort für* ***folklorique***) urig; spinnig

folklor|e [fɔlklɔr] *m* Volkskunde *f*; Folklore *f*; F *péj* Theater *n*; ⚠ ***le ~***; **~ique** volkskundlich, folkloristisch; *Person*: spinnig

▶ **folle** [fɔl] *cf* ***fou***

follement [fɔlmɑ̃] *adv* sehr; F wahnsinnig

fomenter [fɔmɑ̃te] (1a) anstiften

▶ **fonc|é, ~ée** [fɔ̃se] dunkel(farbig); **~er** (1k) *Brunnen*: graben; *Farben*: dunkler machen (werden); *auto* rasen; ***~ sur*** sich stürzen auf

fonc|ier, ~ière [fɔ̃sje, -jɛr] Grund...; *fig* grundlegend

▶ **fonction** [fɔ̃ksjɔ̃] *f* Amt(sgeschäft) *n*; Tätigkeit *f*; Funktion *f* (*a EDV*); ***~ publique*** öffentlicher Dienst *m*; ***faire ~ de*** tätig sein als; *Sache*: dienen als; ***être en ~*** im Amt sein; ***en ~ de*** entsprechend, je nach; ***être ~ de qc*** von etw abhängen

▶ **fonctionn|aire** [fɔ̃ksjɔnɛr] *m, f* Beamte(r) *m*, Beamtin *f*; **~el, ~elle** funktionell; zweckmäßig

▶ **fonctionner** [fɔ̃ksjɔne] (1a) arbeiten, funktionieren, in Betrieb sein, laufen

fond [fɔ̃] *m* Grund *m*; Boden *m*; Unter-, Hintergrund *m*; Grundlage *f*; Gehalt *m*; ***article m de fond*** Leitartikel *m*; ***au fond du couloir*** am Ende des Ganges; ***de fond en comble*** von oben bis unten; ***à fond*** gründlich; ▶ ***au fond, dans le fond*** im Grunde; *Sport*: ***ski de fond*** Skilanglauf *m*; ⚠ *nicht verwechseln mit* ***fonds***

fondamental, ~e [fɔ̃damɑ̃tal] (⚠ *m/pl* ***-aux***) grundlegend, wesentlich; **~isme** *m* Fundamentalismus *m*

fond|ant, ~ante [fɔ̃dɑ̃, -ɑ̃t] schmelzend; saftig; im Munde zergehend; **~ateur, ~atrice** [-atœr, -atris] *m, f* Gründer(in) *m(f)*; **~ation** *f* Gründung *f*; Stiftung *f*; **~s** *pl* Fundament *n*, Grundmauern *f/pl*

fond|é, ~ée [fɔ̃de] **1.** *adj* berechtigt; begründet; **2.** *m* ***~ de pouvoir*** Bevollmächtigte(r) *m*; **~ement** [-mɑ̃] *m fig* Grundlage *f*, Fundament *n*; ⚠ *nicht verwechseln mit* ***fondation***; **~er** (1a) (be)gründen; den Grund legen zu; stiften; ***se ~ sur*** sich stützen auf; **~erie** *f* Gießerei *f*

▶ **fondre** [fɔ̃drə] (4a) (ver)schmelzen (*a fig*); (weg)tauen; *tech* gießen; *fig* ***~ en larmes*** in Tränen zerfließen; ***~ sur*** losstürzen auf

fonds [fɔ̃] *m* **1.** *sg* Grund und Boden *m*; Grundstück *n*; *fig* Schatz *m*; Bestand *m*; ~ **de commerce** Geschäft *n*; **2.** *pl* Gelder *n/pl*; Kapital *n*

fondu, ~e [fɔ̃dy] *p/p von* **fondre** *u adj* geschmolzen; *Farben*: verschwommen

fondue [fɔ̃dy] *f cuis* Fondue *n od f*

font [fɔ̃] *cf* **faire**

▶ **fontaine** [fɔ̃tɛn] *f* Springbrunnen *m*; ⚠ *nicht* Fontäne

fonte [fɔ̃t] *f* Gusseisen *n*; Guss *m*; ~ **des neiges** Schneeschmelze *f*

fonts [fɔ̃] *m/pl* ~ **baptismaux** Taufbecken *n*

▶ **foot** [fut] *m* F (*Kurzwort für* **football**) Fußball *m*

▶ **football** [futbol] *m* Fußball *m*; **jouer au** ~ Fußball spielen; **~eur, ~euse** *m, f* Fußballspieler(in) *m(f)*

footing [futiŋ] *m* Jogging *n*

for|ain, ~aine [fɔrɛ̃, -ɛn] **1.** *adj* Jahrmarkts...; **2.** *m* Schausteller *m*

forçat [fɔrsa] *m hist* Galeerensträfling *m*; Zuchthäusler *m*

▶ **force** [fɔrs] *f* Kraft *f*; Gewalt *f*; Macht *f*; Stärke *f*; ~ **majeure** höhere Gewalt *f*; **~s vives** schöpferische Kräfte; **faire qc de ~ vive** etw mit aller Gewalt tun; **à ~ de travail(ler)** durch vieles Arbeiten; **à toute ~** mit aller Gewalt; mit allen Mitteln; **de, par ~** zwangsweise; **de toutes ses ~s** aus Leibeskräften; **~ de frappe** französische Atomstreitmacht *f*

forcé, ~e [fɔrse] er-, gezwungen; Zwangs...; **atterrissage** *m* **forcé** Notlandung *f*; *mil* **marche** *f* **forcée** Eilmarsch *m*

▶ **forc|ément** [fɔrsemɑ̃] *adv* zwangsläufig; **pas ~** nicht unbedingt; **~ené, ~enée** [-əne] **1.** *adj* leidenschaftlich; **2.** *m* Wahnsinnige(r) *m*

▶ **forcer** [fɔrse] (1k) zwingen (**qn à** [**faire**] **qc** j-n zu etw); *Tür*: aufbrechen, *Sport u allg*: sich verausgaben; *fig* ~ **la note** übertreiben

forer [fɔre] (1a) (an-, aus)bohren

forest|ier, ~ière [fɔrɛstje, -jɛr] **1.** *adj* Forst..., Wald...; **2.** *m* Förster *m*

foret [fɔrɛ] *m tech* Bohrer *m*

▶ **forêt** [fɔrɛ] *f* Wald *m* (*a fig*); ~ **vierge** Urwald *m*; **~-noire** [-nwar] *f* (⚠ *pl* **forêts-noires**) Schwarzwälder Kirschtorte *f*; **≈-Noire** *f* Schwarzwald *m*

foreuse [fɔrøz] *f* Bohrmaschine *f*

forfait [fɔrfɛ] *m* **1.** *litt* Freveltat *f*; **2.** *comm* Pauschalpreis *m*, Pauschale *f*; **3.** Reugeld *n* (*beim Rennen*); **déclarer ~** zurücktreten, aufgeben

forfaitaire [fɔrfɛtɛr] Pauschal...

forfanterie [fɔrfɑ̃tri] *f* Prahlerei *f*

forg|e [fɔrʒ] *f* Schmiede *f*; **~er** (1l) schmieden; *fig* prägen; F aushecken; **~eron** [-ərɔ̃] *m* Schmied *m*

formal|iser [fɔrmalize] (1a) **se ~ de qc** sich an etw stoßen, etw übel nehmen; **~iste** formalistisch, förmlich; **~ité** *f* Formalität *f*

format [fɔrma] *m* Format *n*

format|age [fɔrmataʒ] *m EDV* Formatieren *n*; **~er** (1a) *EDV* formatieren

▶ **formation** [fɔrmasjɔ̃] *f* (Aus-)Bildung *f*; Werden *n*, Entstehen *n*; Schulung *f*; *mil, géol* Formation *f*

▶ **forme** [fɔrm] *f* Form *f*, Gestalt *f*; **dans les ~s** in aller Form; **en ~ de** in Form von; **pour la ~** zum Schein; **être en ~** in (Hoch-)Form sein

formel, ~le [fɔrmɛl] formell, ausdrücklich; formal

▶ **former** [fɔrme] (1a) formen, bilden; ausbilden, entwickeln; *Plan*: fassen

▶ **formidable** [fɔrmidablə] gewaltig, kolossal; F prima, Klasse

▶ **formulaire** [fɔrmylɛr] *m* Formular *n*

formul|e [fɔrmyl] *f* Formel *f*; Methode *f*, Typ *m*; Formular *n*, Vordruck *m*; **~er** (1a) formulieren; abfassen; äußern

▶ **fort, forte** [fɔr, fɔrt] **1.** *adj* stark, kräftig; fest; dick, beleibt; gewaltig, heftig; beträchtlich; *Soße*: scharf; *Schule*: bewandert, tüchtig; **à plus forte raison** umso mehr; **être ~ de qc** sich verlassen können auf etw; **être ~ en anglais** in Englisch gut sein; **2.** *adv* stark, sehr; **3.** *m* Stärke *f*; starke Seite *f*; *mil* Fort *n*

forteresse [fɔrtərɛs] *f* Festung *f*

fortifi|ant, ~ante [fɔrtifjɑ̃, -ɑ̃t] **1.** *adj* stärkend; **2.** *m* Stärkungsmittel *n*

fortif|ication *f* [fɔrtifikasjɔ̃] Befestigung *f*; **~s** *pl* Befestigungsanlagen *f/pl*; **~ier** [-je] (1a) (ver)stärken; *mil* befestigen

fort|uit, ~uite [fɔrtɥi, -ɥit] zufällig; unerwartet

▶ **fortune** [fɔrtyn] *f* Schicksal *n*; Glück *n*; Vermögen *n* (*Geld*); **faire ~** sein

Glück machen; **de ~** behelfsmäßig; **sans ~** unbemittelt

fortuné, ~e [fɔrtyne] vermögend, begütert

fosse [fos] *f* Grube *f*; Schacht *m*; Grab *n*; **~ commune** Massengrab *n*

▶ **fossé** [fose] *m* Graben *m* (*a fig*)

fossil [fɔsil] fossil; *péj* verstaubt

fossoyeur [foswajœr] *m* Totengräber *m*

▶ **fou, folle** [fu, fɔl] **1.** *adj* (⚠ *m vor Vokal* **fol**; *m/pl* **fous**) verrückt, irr, wahnsinnig; **être ~ de qn** (**de qc**) nach j-m (auf etw) verrückt sein; **2.** *m, f* Verrückte(r) *m, f*

foudre [fudrə] *f* Blitz(schlag) *m*; *fig* **coup** *m* **de ~** Liebe *f* auf den ersten Blick; ⚠ *aber* **le ~ de Jupiter** Jupiters Blitzstrahl *m*

foudroy|ant, ~ante [fudrwajɑ̃, -ɑ̃t] überwältigend; tödlich; **~er** (1h) (tödlich) treffen; **~ qn du regard** j-m vernichtende Blicke zuwerfen

fouet [fwɛ] *m* Peitsche *f*; **de plein ~** mit voller Wucht

fouetter [fwɛte] (1b) peitschen; schlagen (*a cuis*)

fougère [fuʒɛr] *f* Farnkraut *n*

fouill|e [fuj] *f* Durchsuchung *f*; **~s** *pl Archäologie*: Ausgrabungen *f/pl*; **~er** (1a) Ausgrabungen machen; durchsuchen; wühlen; herumkramen

fouillis [fuji] *m* F Durcheinander *n*, Wust *m*

fouin|e [fwin] *f* Stein-, Hausmarder *m*; **~er** (1a) F herumschnüffeln

foulard [fular] *m* seidenes Halstuch *n*, Seidenschal *m*

▶ **foule** [ful] *f* Menge *f*, Gedränge *n*; Volk *n*, Leute *pl*; Masse *f*; **une ~ de** e-e Menge von; **en ~** in Scharen

foul|er [fule] (1a) niedertreten; *Trauben*: keltern; *fig* **~ aux pieds** mit Füßen treten; **se ~ le pied** sich den Fuß verstauchen; F *fig* **ne pas se ~** sich kein Bein ausreißen; **~ure** [-yr] *f* Verstauchung *f*

four [fur] *m* Backofen *m*, Bratröhre *f*; *tech* Ofen *m*; **petits ~s** *pl* kleine verzierte Kuchen *m/pl*; **~ à micro-ondes** Mikrowellenherd *m*

fourb|e [furb] **1.** *adj* schurkisch; **2.** *m* Schurke *m*; **~erie** [-əri] *f* Schurkerei *f*, Betrügerei *f*

fourbu, ~e [furby] erschöpft, zerschlagen

fourch|e [furʃ] *f* (Fahrrad-, Heu-, Mist-)Gabel *f*; Gabelung *f*; **~er** (1a) *fig* **la langue lui a fourché** er hat sich versprochen

▶ **fourch|ette** [furʃɛt] *f* (Ess-)Gabel *f*; *comm* Spanne *f*; **~on** *m* Zinke *f*; **~u, ~ue** [-y] gabelförmig, gespalten

fourgon [furgɔ̃] *m* Kastenwagen *m*; Gepäckwagen *m*; **~ funèbre** Leichenwagen *m*

fourgonnette [furgɔnɛt] *f* Lieferwagen *m*

fourguer [furge] (1m) F verkaufen, verkloppen P

fourmi [furmi] *f zo* Ameise *f*

fourmilière [furmiljɛr] *f* Ameisenhaufen *m*; *fig* Gewimmel *n*

fourmiller [furmije] (1a) wimmeln

fournaise [furnɛz] *f fig* Backofen *m* (*heißer Raum*)

▶ **fourneau** [furno] *m* (⚠ *pl* **~x**) Ofen *m*; Herd *m*; (Pfeifen-)Kopf *m*; **haut ~** Hochofen *m*

fourni, ~e [furni] *Haar*: dicht; **bien ~** gut ausgestattet

▶ **fournir** [furnir] (2a) (be)liefern; besorgen; **~ un effort** e-e Anstrengung machen

fourni|sseur [furnisœr] *m* Lieferant *m*; Kaufmann *m*; **~ture** [-tyr] *f* Lieferung *f*; *pl* **~s** Bedarf *m*; Zubehör n

fourrag|e [furaʒ] *m* (Vieh-)Futter *n*; **~er**[1] (1l) F herumstöbern, -wühlen; **~er**[2], **~ère** *agr* Futter...

fourré, ~e [fure] gefüllt; gefüttert

fourrer [fure] (1a) hineinstecken, -stopfen; füllen; füttern; **~ son nez partout** seine Nase in alles stecken; **se ~** sich verkriechen

fourr|e-tout [furtu] *m* (⚠ *pl unv*) große Reisetasche *f*; **~ière** [-jɛr] *f* Tierasyl *n*; Platz *m* für abgeschleppte Autos; **~ure** [-yr] *f* Pelz *m*

foutre [futrə] P (4a) machen, tun; schmeißen; *Schlag*: versetzen, verpassen ; **se ~ de qn** sich über j-n lustig machen; **~ la paix à qn** j-n in Ruhe lassen; **~ le camp** verschwinden, verduften; **je m'en fous!** das ist mir piepegal!

foutu, ~e [futy] P *adj u p/p von* **foutre** *cf* **fichu**

foyer [fwaje] *m* Feuer(stelle) *n(f)*, Herd *m* (*a fig*); Hausstand *m*, Heim *n*; Wohnheim *n*; *Theater*: Foyer *n*, Wandelgang *m*; *phys* Brennpunkt *m*; ***femme** f **au** ~* Hausfrau *f*

fr. (*abr* **franc[s]**) Franc(s) *m(pl)*, Franken *m(pl)*

fracas [fraka] *m* Getöse *n*, Krach *m*

fracasser [frakase] (1a) zerschmettern

fraction [fraksjɔ̃] *f* Bruchstück *n*, -teil *m*; *math* Bruch *m*; *pol Partei*: Gruppierung *f*; ⚠ *nicht* Fraktion

fractionner [fraksjɔne] (1a) zerteilen (**en** in)

fractur|e [fraktyr] *f méd* Bruch *m*; **~er** (1a) (auf)brechen

▶ **fragil|e** [fraʒil] zerbrechlich; anfällig, empfindlich; unsicher, vergänglich; **~ité** *f* Zerbrechlichkeit *f*; Anfälligkeit *f*; Unbeständigkeit *f*

fragment [fragmɑ̃] *m* Bruchstück *n*; Auszug *m*

fragmentaire [fragmɑ̃tɛr] bruchstückhaft

fraîch|eur [frɛʃœr] *f* Frische *f*; **~ir** (2a) *mar* auffrischen; kühler werden

▶ **frais¹, fraîche** [frɛ, frɛʃ] frisch, kühl (*a fig*); unverbraucht; ***de fraîche date*** neu; ***servir frais*** kalt servieren; ***mettre au frais*** kühl lagern; ***il fait frais dehors*** es ist frisch draußen

▶ **frais²** [frɛ] *m/pl* Kosten *pl*; Unkosten *pl*; Ausgaben *f/pl*

▶ **frais|e** [frɛz] *f* **1.** *bot* Erdbeere *f*; **2.** *tech* Fräse *f*; **~er** (1b) *tech* (aus)fräsen

framboise [frɑ̃bwaz] *f* Himbeere *f*

franc¹, franche [frɑ̃, frɑ̃ʃ] frei; freimütig, offen(herzig)

franc², franque [frɑ̃, frɑ̃k] *hist* **1.** *adj* fränkisch; **2.** ♀ *m*, *f* Franke *m*, Fränkin *f*

▶ **franc³** [frɑ̃] *m* Franc *m*, Franken *m* (*Währung*)

▶ **franç|ais, ~aise** [frɑ̃sɛ, -ɛz] **1.** *adj* französisch; **2.** *m* Französisch *n*; ***apprendre le*** ~ Französisch lernen; ***parler*** ~ französisch sprechen; ***traduire en*** ~ ins Französische übersetzen

▶ **Franç|ais, ~aise** [frɑ̃sɛ, -ɛz] *m, f* Franzose *m*, Französin *f*

▶ **France** [frɑ̃s] ***la*** ~ Frankreich *n*; ***en*** ~ in Frankreich; nach Frankreich

▶ **franch|ement** [frɑ̃ʃmɑ̃] *adv* offen, freimütig; **~ir** (2a) übersteigen, -schreiten, -springen; **~ise** [-iz] *f* Freiheit *f* (*von Abgaben*); Freimütigkeit *f*

franciser [frɑ̃size] (1a) französisieren

franc|-maçon [frɑ̃masɔ̃] *m* (⚠ *pl* ***francs-maçons***) Freimaurer *m*; **~-maçonnerie** [-masɔnri] *f* Freimaurerei *f*

franco [frɑ̃ko] **1.** portofrei, franko; **2.** *in Zssgn* französisch

▶ **franco-allem|and, ~ande** [frɑ̃koalmɑ̃, -ɑ̃d] deutsch-französisch

francophone [frɑ̃kofɔn] französischsprachig

franc|-parler [frɑ̃parle] *m* Freimut *m*; **~-tireur** [-tirœr] *m* (⚠ *pl* ***francs-tireurs***) Freischärler *m*, Heckenschütze *m*

frange [frɑ̃ʒ] *f* Franse *f*

franglais [frɑ̃glɛ] *m* mit Anglizismen durchsetztes Französisch *n*

parlez-vous franglais?

Der Ausdruck ist entstanden aus ***français*** und ***anglais***. Damit wird ein Französisch bezeichnet, das mit einer großen Zahl englischer Wörter durchsetzt ist.

Englische Ausdrücke werden vor allen Dingen dann im Französischen verwendet, wenn es sich um neue Entwicklungen handelt, die aus den USA kommen, wie zum Beispiel im Falle von ***le browser, les rollers*** (Inlineskates) oder ***le walkman®***.

Sprachbewusste Franzosen vermeiden diese aus dem Amerikanischen stammenden Ausdrücke und werden dabei durch verschiedene Institutionen unterstützt, die für die ungeliebten Wörter französische Bildungen vorschlagen:

*Le **browser*** heißt offiziell *le **navigateur***, man sollte nicht auf ***rollers***, sondern auf ***patins en ligne*** skaten und zum Musikhören in der U-Bahn hat man nicht zum ***walkman®***, sondern zu *le **baladeur*** zu greifen.

F

Die heutige Situation lässt sich dahin gehend zusammenfassen, dass in der offiziellen Schriftsprache die französischsprachigen Ersatzbildungen verwendet werden. In der Umgangssprache überwiegen jedoch bei weitem die englischen Ausdrücke, die insbesondere bei jungen Leuten beliebter sind.

franquette [frɑ̃kɛt] F ***à la bonne ~*** ohne Umstände
frappe [frap] *f* Maschineschreiben *n*; Anschlag *m*
▶ **frapper** [frape] (1a) schlagen; (be)treffen; heimsuchen; kalt stellen, mit Eis kühlen; *Münzen*: prägen; *fig* überraschen, verblüffen; ***~ dans les mains*** in die Hände klatschen; ***~ à la porte*** an die Tür klopfen
frasque [frask] *f* Eskapade *f*
fratern|el, ~elle [fratɛrnɛl] brüderlich, Bruder...; **~iser** (1a) sich verbrüdern; **~ité** *f* Brüderschaft *f*; Brüderlichkeit *f*
fratricide [fratrisid] **1.** *m* Bruder- (*od* Geschwister)mord *m*; **2.** *m*, *f* Bruder-, Schwestermörder(in) *m(f)*
fraud|e [frod] *f* Betrug *m*; Fälschung *f*; **~er** (1a) betrügen; fälschen
fraudul|eux, ~euse [frodylø, -øz] betrügerisch
frayer [frɛje] (1i) *Weg*: bahnen; *Fische*: laichen; *fig* ***~ avec qn*** mit j-m verkehren
frayeur [frɛjœr] *f* Schreck(en) *m*
fredaine [frədɛn] *f* Streich *m*, Eskapade *f*
fredonner [frədɔne] (1a) trällern
free-lance [frilɑ̃s] *m* (⚠ *pl* ***free-lances***) Freiberufler *m*, freier Mitarbeiter *m*
freezer [frizœr] *m* Gefrierfach *n*
▶ **frein** [frɛ̃] *m* Bremse *f*; *fig* Zügel *m*; ***~ à disque*** Scheibenbremse *f*; ***~ à main*** Handbremse *f*
freinage [frɛnaʒ] *m* Bremsen *n*
▶ **freiner** [frene] (1b) bremsen
frêle [frɛl] zart; schwächlich
frelon [frəlɔ̃] *m zo* Hornisse *f*
frém|ir [fremir] (2a) *Blätter*: rauschen; *Wasser vor dem Kochen*: sieden; *fig* schaudern; **~issement** [-ismɑ̃] *m* Rauschen *n*, Summen *n*; Schauder *m*
frêne [frɛn] *m bot* Esche *f*
fréné|sie [frenezi] *f* Raserei *f*, Wahnsinn *m*; **~tique** [-tik] rasend, frenetisch
fréqu|ence [frekɑ̃s] *f* Häufigkeit *f*; Frequenz *f*; **~ent, ~ente** [-ɑ̃, -ɑ̃t] häufig; ⚠ *adv* ***fréquemment*** [-amɑ̃]
fréquent|ation [frekɑ̃tasjɔ̃] *f* häufiger Besuch *m*; Umgang *m*; **~er** (1a) oft (*od* regelmäßig) besuchen; ***~ qn*** mit j-m verkehren
▶ **frère** [frɛr] *m* Bruder *m*
frérot [frero] F *m* Brüderchen *n*
fresque [frɛsk] *f* Fresko(malerei) *n(f)*; ⚠ ***la ~***
fret [frɛ] *m* Fracht(geld) *f(n)*
fretin [frətɛ̃] *m* ***menu ~*** *fig* kleine Fische *m/pl*
friable [frijablə] brüchig, bröckelig; zerreibbar
fri|and, ~ande [frijɑ̃, -ɑ̃d] ***être ~ de qc*** nach etw gierig sein; **~andise** [-ɑ̃diz] *f meist pl* ***~s*** Leckereien *f/pl*
fric [frik] *m* F Kohle *f*, Knete *f*

Wenns ums Geld geht, so ist man nicht immer geneigt, den neutralen Ausdruck ***argent*** zu verwenden. In lockeren Gesprächssituationen spricht man gern von ***le fric*** oder ***le pognon***:

J'ai pas assez d'fric pour m'acheter ce caméscope. – Ich hab nicht genügend Knete, um mir diesen Camcorder zu kaufen.

Maurice, lui, il gagne plein de pognon. – Maurice verdient einen Haufen Kohle.

fricandeau [frikɑ̃do] *m* (⚠ *pl* ***~x***) *cuis* gespickte Kalbsnuss *f*
fricassée [frikase] *f cuis* Frikassee *n*; ⚠ ***la ~***
fricoter [frikɔte] (1a) F aushecken; krumme Geschäfte machen
friction [friksjɔ̃] *f* Reibung *f*; Einreibung *f*, (Kopf-)Massage *f*
frictionner [friksjɔne] (1a) ein-, abreiben, frottieren

frigidaire [friʒidɛr] *m* (*Markenname*) Kühlschrank *m*

▶ **frigo** [frigo] *m* F *abr* Kühlschrank *m*

frigorif|ier [frigɔrifje] (1a) einfrieren; **~ique** Kühl...; Kälte...

fril|eux, ~euse [frilø, -øz] kälteempfindlich, leicht fröstelnd

frim|e [frim] *f* F Theater *n*; Angeberei *f*; ***c'est pour la ~*** das ist alles nur Schau; **~er** (1a) F eine Schau abziehen

frimousse [frimus] F *f* Gesicht *n*

fringale [frɛ̃gal] F *f* Heißhunger *m*

fring|ant, ~ante [frɛ̃gɑ̃, -ɑ̃t] lebhaft, munter

fringues [frɛ̃g] *f/pl* F Klamotten *pl*

friper [fripe] (1a) zerknittern

frip|ier, ~ière [fripje, -jɛr] *m, f* Trödler(in) *m(f)*

frip|on, ~onne [fripɔ̃, -ɔn] **1.** *adj* schalkhaft, schelmisch; **2.** *m, f* Schlingel *m*

fripouille [fripuj] F *f* Schuft *m*; Gesindel *n*

frire [frir] (4m) braten, backen

frisbee [frizbi] *m* Frisbee *n*; Frisbeescheibe *f*

frise [friz] *f arch* Fries *m*; ⚠ ***la ~***

friser [frize] (1a) (sich) kräuseln, wellen; streifen, grenzen an; ⚠ *nicht* frisieren

frisson [frisɔ̃] *m* Schau(d)er *m*, Frösteln *n*

frissonner [frisɔne] (1a) frösteln, schaudern; zittern

frit, frite [fri, frit] *p/p von* ***frire*** *u adj* gebacken, gebraten; ▶ **(*pommes de terre*) *frites*** *f/pl* Pommes frites *pl*

friture [frityr] *f* Backen *n*, Braten *n*; Backfett *n*; kleine gebratene Fische *m/pl*; *Radio, tél* Störgeräusch *n*

frivole [frivɔl] leichtfertig; oberflächlich

froc [frɔk] *m* Mönchskutte *f*

▶ **froid, froide** [frwa, frwad] **1.** *adj* kalt (*a fig*); ▶ ***j'ai froid*** ich friere, mir ist kalt; ***il fait froid*** es ist kalt; *fig* ***être en froid*** (***avec***) auf gespanntem Fuße stehen (mit); ***prendre froid*** sich erkälten; **2.** *m* Kälte *f*

froid|ement [frwadmɑ̃] *adv fig* kühl, gleichgültig; kaltblütig; **~eur** *f* (Gefühls-)Kälte *f*; ⚠ *nur fig*

froisser [frwase] (1a) zerknittern; *fig* kränken

frôler [frole] (1a) streifen; leicht berühren; *fig* mit knapper Not entkommen (***qc*** e-r Sache)

▶ **fromag|e** [frɔmaʒ] *m* Käse *m*; ***~ blanc*** Quark *m*; **~er, ~ère 1.** *adj* Käse...; **2.** *m* Käsehändler *m*, -hersteller *m*

froment [frɔmɑ̃] *m* Weizen *m*

fronc|e [frɔ̃s] *f* Kräuselfalte *f*; **~er** (1k) fälteln, kräuseln; ***~ les sourcils*** die Stirn runzeln

▶ **front** [frɔ̃] *m* Stirn *f*; Vorderseite *f*; *mil* Front *f*; ***avoir le ~ de faire qc*** die Stirn haben, etw zu tun; ***de ~*** von vorn, frontal; *fig* offen; ***faire ~ à*** die Stirn bieten; ⚠ ***le ~***

frontal|ier, ~ière [frɔ̃talje, -jɛr] **1.** *adj* Grenz...; **2.** *m* Grenzgänger *m*, -bewohner *m*

▶ **frontière** [frɔ̃tjɛr] *f* Grenze *f*

frontispice [frɔ̃tispis] *m* Titelblatt *n*, -bild *n*

frott|ement [frɔtmɑ̃] *m* Reiben *n*, Reibung *f*; **~er** (1a) (ab)reiben; frottieren; *Fußboden*: scheuern, bohnern; *Streichholz*: anzünden

frottis [frɔti] *m méd* Abstrich *m*

frou-frou [frufru] *m* Rascheln *n*, Knistern *n*

frousse [frus] *f* F Heidenangst *f*

fruct|ifier [fryktifje] (1a) Früchte tragen; *Geld*: Zinsen bringen; **~ueux, ~ueuse** [-ɥø, -ɥøz] einträglich; vorteilhaft

frugal, ~e [frygal] (⚠ *m/pl* ***-aux***) genügsam; kärglich; **~ité** *f* Einfachheit *f*; Genügsamkeit *f*

▶ **fruit** [frɥi] *m* Frucht *f*; *fig* Folge *f*; Gewinn *m*; ▶ ***fruits*** *pl* Obst *n*; ***fruits de mer*** Meeresfrüchte *f/pl*; ⚠ ***le ~***

fruit|é, ~ée [frɥite] fruchtig; **~ier, ~ière** [-je, -jɛr] Frucht..., Obst...

fruste [fryst] rau; verwittert; *fig* roh, ungeschliffen

frustration [frystrasjɔ̃] *f* Enttäuschung *f*, F Frust *m*

frustrer [frystre] (1a) frustrieren, enttäuschen; ***~ qn de qc*** j-n um etw bringen, prellen

fuel [fjul] *m* Heizöl *n*

fugace [fygas] flüchtig, vergänglich

fugit|if, ~ive [fyʒitif, -iv] **1.** *adj* flüchtig; rasch vorübergehend; **2.** *m, f* Flüchtling *m*

fugue [fyg] *f* Ausreißen *n* (*bes von Kindern*); *mus* Fuge *f*

fuir [fɥir] (2d) fliehen; meiden; *fig* dahinschwinden; *Fass*: lecken; *Hahn*: trop-

F

fen; *Flüssigkeit*: auslaufen; ⚠ *il* **a** *fui*

▶ **fuite** [fɥit] *f* **1.** Flucht *f*; ***mettre en ~*** in die Flucht schlagen; ***prendre la ~*** die Flucht ergreifen; **2.** undichte Stelle *f*, Leck *n*; Ausfließen *n*, -strömen *n*

fulgur|ant, ~ante [fylgyrɑ̃, -ɑ̃t] funkelnd; blitzschnell; gewaltig

fulmin|ant, ~ante [fylminɑ̃, -ɑ̃t] wütend; **~er** (1a) wettern, toben

fumé, ~e [fyme] geräuchert

fume-cigare(tte) [fymsigar, (-sigarɛt)] *m* (⚠ *pl unv*) Zigarren- (Zigaretten)spitze *f*

▶ **fumée** [fyme] *f* Rauch *m*; Dampf *m*, Dunst *m*

▶ **fum|er** [fyme] (1a) rauchen; räuchern; düngen; **~et** [-ɛ] *m* Aroma *n*, Geruch *m*; **~eur, ~euse** *m, f* Raucher(in) *m(f)*

fum|eux, ~euse [fymø, -øz] verschwommen; dunstig

fum|ier [fymje] *m* Mist *m*, Dung *m*; P Miststück *n*; **~iste** *m fig* Bluffer *m*; **~isterie** [-istəri] *f* Schwindel *m*; **~oir** *m* Raucherzimmer *n*; Räucherkammer *f*

funambule [fynɑ̃byl] *m, f* Seiltänzer(in) *m(f)*

funèbre [fynɛbrə] Begräbnis..., Leichen...; *fig* düster, traurig

funér|ailles [fynerɑj] *f/pl* Beerdigung *f*; **~aire** [-ɛr] Grab..., Begräbnis...

funeste [fynɛst] unheilvoll, verhängnisvoll (**à** für)

funiculaire [fynikylɛr] *m* (Stand-)Seilbahn *f*

fur [fyr] ***au ~ et à mesure*** nach und nach; ***au ~ et à mesure que*** (**de**) in dem Maße wie (je nach)

furet [fyrɛ] *m zo* Frettchen *n*

fureter [fyrte] (1e) herumschnüffeln

fureur [fyrœr] *f* Wut *f*, Raserei *f*; ***faire ~*** großen Erfolg haben, Furore machen

furib|ond, ~onde [fyribɔ̃, -ɔ̃d] rasend, wütend

▶ **furi|eux, ~euse** [fyrjø, -øz] wütend

furt|if, ~ive [fyrtif, -iv] verstohlen, heimlich; flüchtig

fus [fy] *p/s von* **être**

fusain [fyzɛ̃] *m* Kohle *f* (*zum Zeichnen*); Kohlezeichnung *f*

fuseau [fyzo] *m* (⚠ *pl* **~x**) Spindel *f*; (Spitzen-)Klöppel *m*; ***~ horaire*** Zeitzone *f*

▶ **fusée** [fyze] *f* Rakete *f*; Zünder *m*

fuselage [fyzlaʒ] *m aviat* Rumpf *m*

fusible [fyziblə] *m* (*elektrische*) Sicherung *f*

▶ **fusil** [fyzi] *m* Gewehr *n*

fusill|ade [fyzijad] *f* Schießerei *f*; **~er** (1a) erschießen

fusion [fyzjɔ̃] *f* (Ver-)Schmelzen *n*; Verschmelzung *f*, Fusion *f*; ***~ du cœur*** Kernschmelze *f*

fusionner [fyzjɔne] (1a) *bes comm* fusionieren; ⚠ *Schreibung*

fut [fy] *p/s von* **être**

fût [fy] Schaft *m*; Stamm *m*; Fass *n*

futé, ~e [fyte] pfiffig, gerissen

futil|e [fytil] nichts sagend, belanglos, nichtig; oberflächlich; **~ité** *f* Bedeutungslosigkeit *f*, Nichtigkeit *f*

▶ **futur, ~e** [fytyr] **1.** *adj* zukünftig; **2.** *m, f* F Zukünftige(r) *m, f*; **3.** *m gr* Zukunft *f*

futurologue [fytyrɔlɔg] *m, f* Zukunftsforscher(in) *m(f)*

fuy|ant, ~ante [fɥijɑ̃, -ɑ̃t] fliehend; *Blick*: ausweichend

G

gabarit [gabari] *m tech* Schablone *f*; Größe *f*; *fig* Art *f*, Schlag *m*

gabegie [gabʒi] *f* Misswirtschaft *f*

Gabon [gabɔ̃] ***le ~*** Gabun *n*

gâch|er [gɑʃe] (1a) *Mörtel*: anrühren; *fig* verpfuschen; verschwenden, vergeuden; **~ette** [-ɛt] *f mil* Abzug(shebel) *m*; **~is** [-i] *m* Mörtel *m*; *fig* Durcheinander *n*; Verschwendung *f*; ***être dans le ~*** in der Patsche sitzen

gadget [gadʒɛt] *m* technische Spielerei *f*

gaffe [gaf] *f mar* Bootshaken *m*; F

Dummheit *f*, Schnitzer *m*; F **faire ~** aufpassen

gaga [gaga] F vertrottelt

gage [gaʒ] *m* Pfand *n*; *fig* Unterpfand *n*; Beweis *m*; **~s** *pl* Lohn *m* (*für Hauspersonal*); **mettre en ~** verpfänden; ⚠ **le ~**; *nicht* Gage

gagn|ant, ~ante [gaɲɑ̃, -ɑ̃t] **1.** *adj* Gewinn...; siegreich; **2.** *m, f* Gewinner(in) *m(f)*

gagne|-pain [gaɲpɛ̃] *m* (⚠ *pl unv*) Broterwerb *m*; **~-petit** [-pəti] *m* (⚠ *pl unv*) Kleinverdiener *m*

▶ **gagner** [gaɲe] (1a) gewinnen; verdienen; einsparen; sich ausdehnen auf, erfassen; *Ort*: erreichen; **~ au change** e-n guten Tausch machen

▶ **gai, ~e** [ge, gɛ] fröhlich, lustig; angeheitert; ⚠ *adv* **gaiement** *od* **gaîment**

gaieté [gete] *f* Fröhlichkeit *f*, Heiterkeit *f*, Lustigkeit *f*; **de ~ de cœur** gern; ⚠ *Schreibung a* **gaîté**

gail|lard, ~arde [gajar, -ard] **1.** *adj* munter; frisch; *Reden*: locker; **2.** *m* Kerl *m*; kräftiger Bursche *m*; **~ardise** [-ardiz] *f* schlüpfrige Äußerung *f*

gain [gɛ̃] *m* Gewinn *m*; Vorteil *m*; Verdienst *m*; **avoir ~ de cause** sich durchsetzen, gewinnen

gaine [gɛn] *f* **1.** *bot* Blattscheide *f*; *Dolch*: Scheide *f*; *tech* Hülle *f*; **2.** Hüfthalter *m*

gala [gala] *m* Fest-, Galaveranstaltung *f*

gal|ant, ~ante [galɑ̃, -ɑ̃t] galant

galanterie [galɑ̃tri] *f* Höflichkeit *f*

galbé, ~e [galbe] geschweift, gerundet

gale [gal] *f* Krätze *f*; Räude *f*

galère [galɛr] *f hist* Galeere *f*; **~s** *pl* Galeerenstrafe *f*; F **c'est la ~** das ist echt ätzend

galerie [galri] *f* Galerie *f*, Empore *f*; Publikum *n*; *auto* Dachgepäckträger *m*; *tech* Stollen *m*

galet [galɛ] *m* Kiesel(stein) *m*; *tech* (Lauf-)Rolle *f*

galette [galɛt] *f* (flacher) Blätterteigkuchen *m*; (Buchweizen-)Pfannkuchen *m*; F *fig* Moneten *pl*

gal|eux, ~euse [galø, -øz] räudig; **brebis *f* galeuse** *fig* schwarzes Schaf *n*

galimatias [galimatja] *m* verworrenes Gerede n

galipette [galipɛt] F *f* Purzelbaum *m*

Galles [gal] **le pays de ~** Wales *n*

la galette et le cidre

Besonders in der Bretagne kann man sich als kleine Zwischenmahlzeit ***une galette avec du cidre*** bestellen. Man bekommt dann eine Art Pfannkuchen, der im Gegensatz zu den ***crêpes*** aus Buchweizen (***le sarrasin***) hergestellt und nicht gezuckert, sondern gesalzen ist. ***Galettes*** gibt es zum Beispiel mit Käse, Eiern oder Schinken.

Dazu schmeckt am besten ***cidre***, der bretonisch-normannische Apfelwein, den man zumeist in einem ***bol*** (einer Trinkschale) serviert bekommt.

gallicisme [galisism] *m* französische Spracheigentümlichkeit *f*

gall|ois, ~oise [galwa, -waz] walisisch

galoche [galɔʃ] *f* Holzpantoffel *m*

galop [galo] *m* Galopp *m*; ⚠ *Schreibung*

galoper [galɔpe] (1a) galoppieren; rennen; ⚠ *Schreibung*; *il* **a** *galopé*

galopin [galɔpɛ̃] *m* Bengel *m*

gambad|e [gɑ̃bad] *f* Luftsprung *m*; **~er** (1a) hüpfen

gamberger [gɑ̃bɛrʒe] (1l) grübeln

gamelle [gamɛl] *f* Kochgeschirr *n*

▶ **gam|in, ~ine** [gamɛ̃, -in] **1.** *m, f* kleiner Junge, kleines Mädchen; **2.** *adj* jungenhaft; schelmisch; **~inerie** [-inri] *f* Dummerjungenstreich *m*

gamme [gam] *f* Tonleiter *f*; *fig* Skala *f*, Palette *f*

gammée [game] *adj* (*nur f*) **croix *f* ~** Hakenkreuz *n*

Gand [gɑ̃] Gent

gangrène [gɑ̃grɛn] *f méd* Brand *m*; *fig* Krebsschaden *m*

▶ **gant** [gɑ̃] *m* Handschuh *m*; ▶ **gant de toilette** Waschlappen *m*

ganté, ~e [gɑ̃te] mit Handschuhen

▶ **garage** [garaʒ] *m* **1.** Garage *f*; **2.** (Autoreparatur-)Werkstatt *f*; ⚠ **le ~**

▶ **garagiste** [garaʒist] *m* (*selbstständiger*) Automechaniker *m*

G

gar|ant, ~ante [garɑ̃, -ɑ̃t] *m, f* Bürge *m*, Bürgin *f*; **se porter ~** bürgen (**de** für)
garant|ie [garɑ̃ti] *f* Garantie *f*; **~ir** (2a) bürgen für; garantieren; schützen (**de**, **contre** vor, gegen)
▶ **garçon** [garsɔ̃] *m* **1.** Junge *m*; junger Mann *m*; (**vieux**) ~ Junggeselle *m*; **2.** Gehilfe *m*; Geselle *m*; ~ (**de café**) Kellner *m*
garçonn|e [garsɔn] *f* Junggesellin *f*; **~ière** [-jɛr] *f* Junggesellenwohnung *f*
garde¹ [gard] *f* **1.** Bewachung *f*, Aufsicht *f* (**de** über); **chien** *m* **de ~** Wachhund *m*; **2.** Aufbewahrung *f*; **~ à vue** Polizeigewahrsam *m*; **3.** Obhut *f*; *jur* **droit** *m* **de ~** Sorgerecht *n*; **4.** (Ob-)Acht *f*; **prendre ~** Acht geben; **5.** *bes mil* Wache *f*; **être de ~** Wachdienst, Bereitschaftsdienst haben; **monter la ~** Wache halten; **6.** *mil* Garde *f*
garde² [gard] *m* Wächter *m*, Wärter *m*; *mil* Gardist *m*
garde|-barrière [gardəbarjɛr] *m* (⚠ *pl* **gardes-barrière[s]**) Schrankenwärter *m*; **~-boue** [-bu] *m* (⚠ *pl unv*) Schutzblech *n*; *auto* Kotflügel *m*; **~-chasse** [-ʃas] *m* (⚠ *pl* **gardes-chasse[s]**) Jagdaufseher *m*; **~-fou** [-fu] *m* (⚠ *pl* **garde-fous**) Geländer *n*; **~-manger** [-mɑ̃ʒe] *m* (⚠ *pl unv*) Fliegenschrank *m*
▶ **gard|er** [garde] (1a) bewachen, behüten; pflegen; aufbewahren; bewahren; halten; zurückbehalten; **se ~ de** sich hüten vor; **~erie** [-əri] *f* Kinderhort *m*
garde-robe [gardərɔb] *f* (⚠ *pl* **garde-robes**) Kleiderschrank *m*; Garderobe *f* (*Kleidung*); ⚠ *nicht* Kleiderablage
gard|ien *m*, **~ienne** *f* [gardjɛ̃, -jɛn] Aufseher(in) *m(f)*, Wächter(in) *m(f)*, Wärter(in) *m(f)*; Hausmeister(in) *m (f)*; **gardien** (**de but**) Torhüter *m*, -wart *m*; **gardien de la paix** Polizeibeamte(r) *m*
▶ **gare¹** [gar] *f* Bahnhof *m*; **~ routière** Omnibusbahnhof *m*
gare² [gar] **~ à ...!** pass auf ...!; **~ à toi!** nimm dich in acht!
▶ **garer** [gare] (1a) abstellen, parken; **se ~** ausweichen; parken
gargariser [gargarize] (1a) **se ~** gurgeln; *fig* F **se ~ de** sich berauschen an
gargote [gargɔt] *f péj* mieses Esslokal *n*
gargouille [garguj] *f arch* Wasserspeier *m*
garnement [garnəmɑ̃] *m* Schlingel *m*, Bengel *m*
garn|ir [garnir] (2a) ausstatten, versehen (**de** mit); ausschmücken, verzieren; garnieren; **~ison** [-izɔ̃] *f mil* Garnison *f*; **~iture** [-ityr] *f* Ausrüstung *f*, Ausstattung *f*, Zubehör *n*; Verzierung *f*; *cuis* Beilage *f*; *auto* **~ de frein** Bremsbelag *m*
Garonne [garɔn] **la ~** die Garonne
garrotter [garɔte] (1a) fesseln
gars [gɑ] F *m* Bursche *m*, Kerl *m*
Gascogne [gaskɔɲ] **la ~** die Gascogne; **le golfe de ~** der Golf von Biskaya
gas-oil [gazwal, gazɔjl] *m* Dieselkraftstoff *m*
gaspiller [gaspije] (1a) verschwenden, vergeuden
gastrique [gastrik] Magen...
gastronomique [gastrɔnɔmik] gastronomisch, Feinschmecker...
▶ **gâteau** [gɑto] *m* (⚠ *pl* **~x**) Kuchen *m*; **~x secs** Teegebäck *n*
gâter [gɑte] (1a) verderben; verwöhnen, verziehen
gât|eux, ~euse [gɑtø, -øz] kindisch, verkalkt, vertrottelt
▶ **gauche** [goʃ] **1.** *adj* linke; linkisch; ▶ **à gauche** links; ▶ **à gauche de** links von; **2.** *f* Linke *f* (*a pol*), linke Seite *od* Hand; **de la gauche** von links
gauch|er, ~ère [goʃe, -ɛr] **être ~** Linkshänder(in) sein; **~erie** *f* linkisches Wesen *n*; **~ir** (2a) (**se**) **~** sich verziehen, sich verbiegen; **~iste** *m, f pol* Linksextreme(r) *m, f*
gaudriole [godrijɔl] *f* F loser Scherz *m*
gaufre [gofrə] *f* Waffel *f*; (Bienen-)Wabe *f*
Gaule [gol] **la ~** (*a* **les ~s**) Gallien *n*
gaul|ois, ~oise [golwa, -waz] **1.** *adj* gallisch; *fig* deftig, derb, lose; **2.** ♀ *m, f* Gallier(in) *m(f)*
gauloiserie [golwazri] *f* derber Witz *m*, Zote *f*
gaver [gave] (1a) mästen; (voll) stopfen
gavroche [gavrɔʃ] *m* Pariser Straßenjunge *m*
gay [gɛ] schwul
▶ **gaz** [gɑz] *m* Gas *n*; **~ irritant** Reizgas *n*; **~ naturel** Erdgas *n*; **~ d'échappement** Abgas *n*; **~ de pétrole liquéfié**

Autogas *n*; F ***à pleins*** ~ mit Vollgas; ***mettre les*** ~ Vollgas geben
gaze [gɑz] *f* Gaze *f*; *phm* (Verband-)Mull *m*
gazer [gaze] (1a) **1.** durch Giftgas töten, vergasen; **2.** F *auto* rasen; F ***ça gaze*** das klappt ja!
gazette [gazɛt] *f* Zeitung *f*
gaz|eux, ~euse [gazø, -øz] gasförmig; mit Kohlensäure versetzt; ***eau*** *f* ***gazeuse*** Sprudel *m*
gazoduc [gazɔdyk] *m* Ferngasleitung *f*
gazole [gazɔl] *m* Dieselkraftstoff *m*
gazomètre [gazɔmɛtrə] *m* Gaskessel *m*
gazon [gazɔ̃] *m* Rasen *m*
gazouiller [gazuje] (1a) zwitschern; *Wasser*: plätschern
G.D.F. (*abr* **Gaz de France**) Frz. Gasgesellschaft
geai [ʒɛ] *m zo* Eichelhäher *m*
gé|ant, ~ante [ʒeɑ̃, -ɑ̃t] **1.** *m*, *f* Riese *m*, Riesin *f*; **2.** *adj* riesig; F geil
geindre [ʒɛ̃drə] (4b) stöhnen; jammern
gel [ʒɛl] *m* Frost *m*; *fig* Einfrieren *n*; *chim* Gel *n*
gelée [ʒ(ə)le] *f* **1.** Frost *m*; ~ ***blanche*** Reif *m*; **2.** *cuis* Aspik *m*, Sülze *f*, Gelee *n*
▶ **geler** [ʒ(ə)le] (1d) zum Gefrieren bringen; ge-, ein-, erfrieren; ***il gèle*** es friert
gélule [ʒelyl] *f méd* Kapsel *f*
Gémeaux [ʒemo] *m/pl astr* Zwillinge *m/pl*
gém|ir [ʒemir] (2a) stöhnen, ächzen; **~issement** [-ismɑ̃] *m* Stöhnen *n*
gemme [ʒɛm] *f* Edelstein *m*
gên|ant, ~ante [ʒɛnɑ̃, -ɑ̃t] hinderlich, störend; lästig, beschwerlich; peinlich
gencive [ʒɑ̃siv] *f* Zahnfleisch *n*
▶ **gendarm|e** [ʒɑ̃darm] *m* Gendarm *m*; **~erie** [-əri] *f* Gendarmerie *f*
▶ **gendre** [ʒɑ̃drə] *m* Schwiegersohn *m*
gène [ʒɛn] *m biol* Gen *n*
gên|e [ʒɛn] *f* Beklemmung *f*; *fig* Zwang *m*; (Geld-)Verlegenheit *f*; ***sans*** ~ ungeniert; frech, rücksichtslos; **~é, ~ée** verlegen, betreten
▶ **gêner** [ʒene] (1b) beengen, behindern; stören; in Verlegenheit bringen; *fig* ***se*** ~ sich Zwang antun, sich genieren (***avec qn*** vor j-m)
▶ **général, ~e** [ʒeneral] (⚠ *m/pl* **-aux**) **1.** *adj* allgemein, generell; ▶ ***en général*** im Allgemeinen; **2.** *m* General *m*; **~ement** [-mɑ̃] *adv* meistens; allgemein; **~iser** (1a) verallgemeinern; **~iste** *m* praktischer Arzt *m*, Allgemeinmediziner *m*; **~ité** *f* Allgemeingültigkeit *f*; **~s** *pl* Allgemeine(s) *n*
généra|teur, ~trice [ʒeneratœr, -tris] **1.** *adj* erzeugend; bewirkend; **2.** *m tech* Generator *m*
génération [ʒenerasjɔ̃] *f* (Er-)Zeugung *f*; Generation *f* (*a EDV*)
▶ **génér|eux, ~euse** [ʒenerø, -øz] edelmütig; großzügig; freigebig; *Boden*: ertragreich
générique [ʒenerik] **1.** *adj* Gattungs...; **2.** *m Kino*: Vorspann *m*
générosité [ʒenerozite] *f* Edelmut *m*; Großzügigkeit *f*; Freigebigkeit *f*
genèse [ʒənɛz] *f* Entstehung *f*, Genese *f*
genêt [ʒ(ə)nɛ] *m bot* Ginster *m*
génétique [ʒenetik] **1.** *adj* genetisch; **2.** *f* Genetik *f*
Genève [ʒ(ə)nɛv] Genf
genévrier [ʒənevrije] *m bot* Wacholder(strauch) *m*
génial, ~e [ʒenjal] (⚠ *m/pl* **-iaux**) genial; F super; ***c'est pas*** ~ das ist nicht besonders toll
▶ **génie** [ʒeni] *m* Geist *m*; Genie *n*; *mil* Pioniertruppe *f*; Pionierwesen *n*; ~ ***civil*** Bauingenieurwesen *n*; Hoch- und Tiefbau *m*; ~ ***génétique*** Gentechnologie *f*
genièvre [ʒənjɛvrə] *m* Wacholder(beere *f*, -strauch *m*, -schnaps *m*) *m*
génital, ~e [ʒenital] (⚠ *m/pl* **-aux**) Geschlechts..., genital
génocide [ʒenɔsid] *m* Völkermord *m*
génothèque [ʒenotɛk] *f* Genbank *f*
▶ **genou** [ʒ(ə)nu] *m* (⚠ *pl* **~x**) Knie *n*; ***à ~x*** auf den Knien
▶ **genre** [ʒɑ̃r] *m* Art *f*, Gattung *f*; *gr* Genus *n*, Geschlecht *n*
▶ **gens** [ʒɑ̃] *m/pl* Leute *pl*; ⚠ *vorangehendes adj steht im f/pl*
gentiane [ʒɑ̃sjan] *f bot* Enzian *m*
▶ **gent|il, ~ille** [ʒɑ̃ti, -ij] nett, freundlich, liebenswürdig; *Kind*: lieb, artig
gentilhomme [ʒɑ̃tijɔm] *m* (⚠ *pl* ***gentilshommes*** [ʒɑ̃tizɔm]) *hist* Edelmann *m*
gentillesse [ʒɑ̃tijɛs] *f* Freundlichkeit *f*, Liebenswürdigkeit *f*
▶ **gentiment** [ʒɑ̃timɑ̃] *adv* nett, liebenswürdig; brav
▶ **géograph|ie** [ʒeɔgrafi] *f* Erdkunde *f*, Geografie *f*; **~ique** geografisch

géologie [ʒeɔlɔʒi] *f* Geologie *f*, Erdgeschichte *f*
géométrie [ʒeɔmetri] *f* Geometrie *f*, Raumlehre *f*
gérance [ʒerɑ̃s] *f* Geschäftsführung *f*
géranium [ʒeranjɔm] *m bot* Geranie *f*
gér|ant, ~ante [ʒerɑ̃, -ɑ̃t] *m, f* Geschäftsführer(in) *m(f)*
gerbe [ʒɛrb] *f* Garbe *f*; (Blumen-)Strauß *m*
gerber [ʒɛrbe] (1a) F kotzen
gercer [ʒɛrse] (1k) *Haut*: rissig machen; (**se**) ~ rissig werden, aufspringen
gerçure [ʒɛrsyr] *f* Riss *m*, Schrunde *f*
gérer [ʒere] (1f) verwalten; *Geschäft*: führen
germ|ain¹, ~aine [ʒɛrmɛ̃, -ɛn] **cousin germain**, **cousine germaine** Vetter *m*, Kusine *f* (ersten Grades)
germ|ain², ~aine [ʒɛrmɛ̃, -ɛn] *hist* germanisch
Germanie [ʒɛrmani] *hist* **la** ~ Germanien *n*
german|ique [ʒɛrmanik] germanisch; deutsch; **~isme** *m* deutsche Spracheigentümlichkeit *f*
germano-... [ʒɛrmano] *in Zssgn* deutsch...
germ|e [ʒɛrm] *m* Keim *m* (*a fig*); **~er** (1a) keimen
gérontologie [ʒerɔ̃tɔlɔʒi] *f* Altersforschung *f*
gestation [ʒɛstasjɔ̃] *f zo, méd* Trächtigkeit *f*; Schwangerschaft *f*
▶ **geste** [ʒɛst] *m* Geste *f*, Gebärde *f*; ~ **de la main** Handbewegung *f*; ⚠ **le** ~
gesticuler [ʒɛstikyle] (1a) gestikulieren
gestion [ʒɛstjɔ̃] *f* Geschäftsführung *f*; Verwaltung *f*
gibecière [ʒipsjɛr] *f* Umhänge-, Jagdtasche *f*
gibet [ʒibɛ] *m* Galgen *m*
gibier [ʒibje] *m* Wild(bret) *n*
giboulée [ʒibule] *f* Regen-, Graupelschauer *m*
Gibraltar [ʒibraltar] **le** ~ Gibraltar *n*; **le détroit de** ~ die Straße von Gibraltar
gicl|er [ʒikle] (1a) heraus-, hervorspritzen; **~eur** *m auto* Vergaserdüse *f*
gifl|e [ʒiflə] *f* Ohrfeige *f*, Backpfeife *f*; **~er** (1a) ohrfeigen
gigantesque [ʒigɑ̃tɛsk] riesenhaft
giga-octet [gigaɔktɛ] *m* (⚠ *pl* **giga-octets**) Gigabyte *n*
gigot [ʒigo] *m* Hammelkeule *f*
gigoter [ʒigɔte] (1a) F zappeln, strampeln
gilet [ʒilɛ] *m* Weste *f*; Unterhemd *n*; ~ **de sauvetage** Schwimmweste *f*; ⚠ *nicht verwechseln mit* **la veste**
gingembre [ʒɛ̃ʒɑ̃brə] *m bot* Ingwer *m*
girafe [ʒiraf] *f* Giraffe *f*; ⚠ *Schreibung*
giratoire [ʒiratwar] Kreis..., kreisend
girofl|e [ʒirɔflə] *m* **clou** *m* **de** ~ Gewürznelke *f*; **~ée** *f bot* Levkoje *f*; Goldlack *m*
girolle [ʒirɔl] *f bot* Pfifferling *m*
girouette [ʒirwɛt] *f* Wetterfahne *f*
gisement [ʒizmɑ̃] *m géol* Lagerstätte *f*, Vorkommen *n*; ~ **pétrolier** (*od* **de pétrole**) Erdöllagerstätte *f*
gît [ʒi] (*von* **gésir** liegen, ruhen *von Toten*) **ci-gît** ... hier ruht ...
git|an, ~ane [ʒitɑ̃, -an] **1.** *adj* Zigeuner...; **2.** ♀ *m, f* Zigeuner(in) *m(f)*
gîte [ʒit] *m* Unterkunft *f*; Lager *n*
givr|e [ʒivrə] *m* Raureif *m*; **~er** (1a) vereisen; zufrieren; mit Raureif bedecken
▶ **glace** [glas] *f* Eis *n* (*a fig*); Speiseeis *n*; Spiegel *m*; Spiegelglas *n*; (Glas-)Scheibe *f*; (Wagen-)Fenster *n*; *cuis* Zuckerguss *m*
glac|é, ~ée [glase] vereist; eisig; frostig; *cuis* **marrons** *m/pl* **glacés** kandierte Kastanien *f/pl*; **~er** (1k) gefrieren, erstarren lassen; glänzend machen; glasieren, lasieren; mit Zuckerguss überziehen; **se** ~ zu Eis werden; *fig* erstarren
glac|iaire [glasjɛr] Eis..., Gletscher...; **~ial, ~iale** [-jal] (⚠ *m/pl* **-iaux** *od* **-ials**) eiskalt; eisig; **~ier** [-je] *m* Gletscher *m*; Eiskonditor *m*; **~ière** [-jɛr] *f* Eisschrank *m*; Kühlbox *f*
glaçon [glasɔ̃] *m* Eisscholle *f*; Eiszapfen *m*; Eiswürfel *m*
glaïeul [glajœl] *m bot* Gladiole *f*
glaise [glɛz] *f* (*a* **terre** *f* ~) Ton(erde) *m(f)*, Lehm *m*
glaive [glɛv] *m hist u fig* Schwert *n*
gland [glɑ̃] *m* Eichel *f*; Quaste *f*
glande [glɑ̃d] *f* Drüse *f*
glander [glɑ̃de] (1a) F herumgammeln
glaner [glane] (1a) Ähren lesen; *fig* sammeln
glapir [glapir] (2a) kläffen
glas [glɑ] *m* Totenglocke *f*, Totengeläute *n*
glauque [glok] meergrün

la glace: gefrorenes Wasser und Speiseeis, jedoch kein Glas

1. la glace ist das Eis, das sich **auf Seen und Flüssen** bilden kann:

En hiver, les enfants patinent sur la glace du lac. – Im Winter laufen die Kinder auf dem zugefrorenen See Schlittschuh.

Les glaces sind die Eismassen der Polarmeere.

Aus ***glace*** kann man ein weiteres Substantiv bilden:
le glaçon – der Eiswürfel

2. *La glace* als Speiseeis:

une glace à la vanille
– ein Vanilleeis
une glace au citron
– ein Zitroneneis
manger une glace
– ein Eis essen

3. *La glace* kann auch die Fensterscheibe eines Autos sein:

baisser la glace
– das Seitenfenster herunterlassen / herunterkurbeln
remonter la glace
– das Seitenfenster schließen/hochkurbeln

4. *la glace* kann auch gleichbedeutend mit *le miroir* (der Spiegel) verwendet werden:

Elle se regardait dans la glace.
– Sie betrachtete sich im Spiegel.

⚠ **das Glas – *le verre***
das Glatteis – *le verglas*

gliss|ade [glisad] *f* Ausgleiten *n*, Schlittern *n*; Rutschpartie *f*; **~ant, ~ante** [-ɑ̃, -ɑ̃t] glatt, schlüpfrig, rutschig

glissement [glismɑ̃] *m* Gleiten *n*; *fig* Verschiebung *f*; **~ de terrain** Erdrutsch *m*

► **gliss|er** [glise] (1a) schieben, stecken (**dans** in); ab-, aus-, entgleiten; rutschen; schlittern; **se ~** (sich ein)schleichen; **~ière** [-jɛr] *f tech* Führungsschiene *f*; **~ de sécurité** Leitplanke *f*

global, ~e [glɔbal] (⚠ *m/pl* **-aux**) gesamt, Global...; Pauschal...

globe [glɔb] *m* Kugel *f*; Globus *m*; Erdkugel *f*

globul|e [glɔbyl] *m* Kügelchen *n*; *méd* Blutkörperchen *n*; **~eux, ~euse** [-ø, -øz] *Augen*: vorstehend

► **gloire** [glwar] *f* Ruhm *m*; Glanz *m*

glori|eux, ~euse [glɔrjø, -øz] ruhmreich, glorreich

glorifier [glɔrifje] (1a) verherrlichen

gloriole [glɔrjɔl] *f péj* Selbstgefälligkeit *f*; ⚠ *nicht* Gloriole

gloser [gloze] (1a) glossieren; ⚠ *Schreibung*

glotte [glɔt] *f* Stimmritze *f*; **coup** *m* **de ~** Knacklaut *m*

glouglou [gluglu] *m* Kollern *n* (*des Puters*); Gluckern *n* (*Flüssigkeiten*)

glousser [gluse] (1a) glucken; glucksen

glout|on, ~onne [glutɔ̃, -ɔn] gefräßig; **~onnerie** [-ɔnri] *f* Gefräßigkeit *f*

glu [gly] *f* Vogelleim *m*; Klebstoff *m*

glu|ant, ~ante [glyɑ̃, -ɑ̃t] klebrig

glucide [glysid] *m chim meist pl* **~s** Kohlehydrate *n/pl*

glucose [glykoz] *m* Traubenzucker *m*, Glukose *f*; ⚠ **le ~**

gluten [glytɛn] *m chim* Kleber *m*

gnangnan [ɲɑ̃ɲɑ̃] F schlafmützig

gnome [gnom] *m* Gnom *m*; hässlicher Zwerg *m*

go [go] **tout de ~** geradeheraus; ohne weiteres

G.O. (*abr* **grandes ondes**) LW (Langwelle)

gobelet [gɔblɛ] *m* Becher *m*

gober [gɔbe] (1a) ausschlürfen; F leichtfertig glauben

goberger [gɔbɛrʒe] (1l) F **se ~** sich gute Tage machen

godasse [gɔdas] F *f* Schuh *m*, Latschen F *m*

G

godet [gɔdɛ] *m* Farbnäpfchen *n*; (Förder-)Becher *m*, Bagger-, Schöpfeimer *m*
godiche [gɔdiʃ] F linkisch, ungeschickt; doof F
godiller [gɔdije] (1a) *Ski*: wedeln
goéland [gɔelɑ̃] *m* Seemöwe *f*
goémon [gɔemɔ̃] *m bot* Tang *m*
gogo [gogo] F **à ~** in Hülle und Fülle
goguen|ard, ~arde [gɔgnar, -ard] spöttisch
goguette [gɔgɛt] *f* F ***être en ~*** e-n Schwips haben
goinfr|e [gwɛ̃frə] **1.** *m* Vielfraß *m*; **2.** *adj* gefräßig; **~er** (1a) **se ~** *péj* sich voll fressen
G
goitre [gwatrə] *m* Kropf *m*
golf [gɔlf] *m Sport*: Golf *n*
golfe [gɔlf] *m géogr* Golf *m*; ⚠ *nicht verwechseln mit* ***golf*** *(Sport)*; ***les États du*** ♀ die Golfstaaten *pl*
gomm|e [gɔm] *f* Gummi *m*; Radiergummi *m*; ⚠ ***la ~***; **~er** (1a) (aus)radieren; gummieren; *fig* beseitigen
gond [gɔ̃] *m* Türangel *f*
gondol|e [gɔ̃dɔl] *f* Gondel *f*; **~er** (1a) *Papier*: sich wellen; F **se ~** sich biegen vor Lachen
gonfler [gɔ̃fle] (1a) anschwellen; aufblähen, -blasen, -pumpen; *fig* aufbauschen; F *fig* ***être gonflé*** draufgängerisch, frech sein
gonzesse [gɔ̃zɛs] *f* F *péj* Tussi *f*; *Mann*: Memme *f*
▶**gorge** [gɔrʒ] *f* Hals *m*, Kehle *f*, Gurgel *f*; Rachen *m*; *st/s* Busen *m*; *géogr* Schlucht *f*; ***avoir mal à la ~*** Halsschmerzen haben; ***avoir la ~ serrée*** einen Kloß im Hals haben
gorgée [gɔrʒe] *f* Schluck *m*
gorille [gɔrij] *m zo* Gorilla *m*; F *fig* Leibwächter *m*
gosier [gozje] *m* Schlund *m*, Kehle *f*
▶**gosse** [gɔs] F *m*, *f* Kind *n*; Junge *m*, Bengel F *m*; Mädchen *n*, Gör F *n*
gothique [gɔtik] **1.** *adj* gotisch; **2.** *m* Gotik *f*; ⚠ *Schreibung*; ***le ~***
gouache [gwaʃ] *f* Guaschfarbe *f*, -malerei *f*
gouape [gwap] *f* F Lump *m*
goudron [gudrɔ̃] *m* Teer *m*
goudronn|er [gudrɔne] (1a) teeren; **~euse** *f* Straßenteermaschine *f*
gouffre [gufrə] *m* Abgrund *m* (*a fig*)
goujat [guʒa] *m* Grobian *m*, Flegel *m*
goujon [guʒɔ̃] *m zo* Gründling *m*
goul|et [gulɛ] *m* enge Hafenzufahrt *f*; Engpass *m*; **~ot** [-o] *m* Flaschenhals *m*; ***boire au ~*** aus der Flasche trinken; **~u, ~ue** [-y] gefräßig, gierig
goupill|e [gupij] *f tech* Stift *m*; **~on** *m* Weih(wasser)wedel *m*; Flaschenbürste *f*
gourd, gourde [gur, gurd] starr, steif (vor Kälte)
gourde [gurd] *f* Flaschenkürbis *m*; Feldflasche *f*; F *fig* Dummkopf *m*, Dussel F *m*
gourdin [gurdɛ̃] *m* Knüppel *m*
gourer [gure] (1a) F **se ~** sich täuschen
gourm|and, ~ande [gurmɑ̃, -ɑ̃d] **1.** *adj* schlemmerhaft, esslustig, naschhaft; **2.** *m*, *f* Vielfraß *m*, Schlemmer *m*; **~andise** [-ɑ̃diz] *f* Schlemmerei *f*, Naschhaftigkeit *f*; **~s** *pl* Leckerbissen *m/pl*; Leckereien *f/pl*
gourmet [gurmɛ] *m* Feinschmecker *m*
gourou [guru] *m* Guru *m*
gousse [gus] *f* Hülse *f*, Schote *f*; ***~ d'ail*** Knoblauchzehe *f*
gousset [gusɛ] *m* Westentasche *f*
▶**goût** [gu] *m* Geschmack(ssinn) *m* (*a fig*); Lust *f*, Gefallen *n*; **~s** *pl* Neigungen *f/pl*; ***de bon ~*** geschmackvoll; ***à mon ~*** meiner Meinung nach; ***chacun son ~*** jeder nach seinem Geschmack; ***prendre ~ à qc*** Gefallen an etw finden
▶**goûter** [gute] **1.** (1a) kosten, probieren (**qc**, *st/s* **à** *od* **de qc** etw); *fig* genießen; Geschmack finden an; *am Nachmittag*: e-n Imbiss einnehmen, vespern; **2.** *m* Nachmittagskaffee *m*, -imbiss *m*, *östr* Jause *f*
▶**goutt|e** [gut] *f* **1.** Tropfen *m*; **~ à ~** tropfenweise; **2.** *méd* Gicht *f*; **3.** *litt* **ne** ... **~** überhaupt nichts; **~er** (1a) tropfen
goutt|eux, ~euse [gutø, -øz] gichtkrank; Gicht...
gouttière [gutjɛr] *f* Dachrinne *f*
gouvernail [guvɛrnaj] *m* (⚠ *pl* **~s**) Steuerruder *n*
gouvernante [guvɛrnɑ̃t] *f* Kinderfräulein *n*, Erzieherin *f*; Haushälterin *f*
gouverne [guvɛrn] *f mar*, *aviat* Steuerung *f*; *fig* Richtschnur *f*
▶**gouvernement** [guvɛrnəmɑ̃] *m* Regierung *f*
gouvernemental, ~e [guvɛrnəmɑ̃tal] (⚠ *m/pl* **-aux**) Regierungs...

gouvern|er [guvɛrne] (1a) regieren; (be)herrschen; *mar* steuern; **~eur** *m* Gouverneur *m*; Statthalter *m*

G.R. [ʒeɛr] *m* (*abr* ***grande randonnée***) Wanderweg *m*; ⚠ ***le*** ~

▶ **grâce** [grɑs] *f* Gnade *f*; Gunst *f*; *jur* Begnadigung *f*; Grazie *f*, Anmut *f*; Dank *m*; ***de bonne*** (***mauvaise***) ***grâce*** gern (ungern); ***coup*** *m* ***de grâce*** Todesstoß *m*, Gnadenstoß *m*, -schuss *m*; ***faire grâce à qn de qc*** j-m etw erlassen; ***par la grâce de Dieu*** von Gottes Gnaden; ***grâce à Dieu!*** Gott sei Dank!; ▶ ***grâce à*** dank, auf Grund; ⚠ *accent circonflexe*

gracier [grasje] (1a) begnadigen

▶ **graci|eux, ~euse** [grasjø, -øz] anmutig; freundlich; unentgeltlich

gracile [grasil] schlank, zierlich

gradation [gradasjɔ̃] *f* Abstufung *f*

grade [grad] *m* Dienstgrad *m*, Rang *m*

gradin [gradɛ̃] *m* Stufe *f*; **~s** *pl* (ansteigende) Sitzreihen *f/pl*

graduer [gradɥe] (1n) abstufen; allmählich steigern

graffiti [grafiti] *m* (⚠ *pl* **~**[**s**]) Graffiti *pl*

grain [grɛ̃] *m* Korn *n*; Körnchen *n*; Kaffeebohne *f*; Beere *f*

graine [grɛn] *f* Samenkorn *n*; Samen *m*, Saat *f*

graissage [grɛsaʒ] *m* Schmieren *n*; *auto* ***faire un*** ~ abschmieren

▶ **graiss|e** [grɛs] *f* Fett *n*; **~er** (1b) einfetten, abschmieren; fettig machen; **~eux, ~euse** [-ø, -øz] fettig

graminées [gramine] *f/pl bot* Gräser *n/pl*

▶ **grammair|e** [gramɛr] *f* Grammatik *f*; **~ien** *m* Grammatiker *m*

grammatical, ~e [gramatikal] (⚠ *m/pl* ***-aux***) grammatisch, grammatikalisch

▶ **gramme** [gram] *m* Gramm *n*

▶ **grand, grande** [grɑ̃, grɑ̃d] **1.** *adj* groß; ***loc grandes personnes*** die Erwachsenen; ***au grand air*** im Freien; ***grand cri*** *m* lauter Schrei *m*; ***grand malade*** *m* Schwerkranker *m*; ***grande randonnée*** Wanderweg *m*; ***grande surface*** Einkaufszentrum *n*; ***il est grand temps*** es ist höchste Zeit; *Schule*: ***les grandes classes*** die oberen Klassen; **2.** *adv* ***voir grand*** hoch hinauswollen; ***grand ouvert*** weit offen

grand-chose [grɑ̃ʃoz] ***pas*** ~ nicht viel

▶ **Grande-Bretagne** [grɑ̃dbrətaɲ] ***la*** ~ Großbritannien *n*

grandement [grɑ̃dmɑ̃] *adv* in hohem Maße, sehr

grandeur [grɑ̃dœr] *f* Größe *f*, Erhabenheit *f*

grandiloquence [grɑ̃dilɔkɑ̃s] *f* hochtrabende Ausdrucksweise *f*

▶ **grandir** [grɑ̃dir] (2a) größer werden, wachsen, zunehmen; ⚠ *il* ***a*** *grandi*

▶ **grand|-mère** [grɑ̃mɛr] *f* (⚠ *pl* ***grand***[**s**]***-mères***) Großmutter *f*; **~-messe** [-mɛs] *f* (⚠ *pl* ***grand***[**s**]***-messes***) *égl* Hochamt *n*; **~-peine** [-pɛn] ***à*** ~ mit großer Mühe

▶ **grand|-père** [grɑ̃pɛr] *m* (⚠ *pl* ***grands-pères***) Großvater *m*; **~-peur** [-pœr] *f* ***avoir*** ~ große Angst haben; **~-route** [-rut] *f* (⚠ *pl* ***grand***[**s**]***-routes***) Landstraße *f*; **~-rue** [-ry] *f* (⚠ *pl* ***grand***[**s**]***-rues***) Hauptstraße *f*

▶ **grands-parents** [grɑ̃parɑ̃] *m/pl* Großeltern *pl*

grange [grɑ̃ʒ] *f* Scheune *f*

granivore [granivɔr] *zo* Körner fressend

granul|eux, ~euse [granylø, -øz] körnig

grapheur [grafœr] *m EDV* Grafikprogramm *n*

graph|ie [grafi] *f ling* Schreibung *f*; **~ique 1.** *adj* grafisch; **2.** *m* Schaubild *n*, Grafik *f*; *EDV* Computergrafik *f*; ⚠ ***le*** ~

grappe [grap] *f* Traube *f*; ~ ***de raisin*** Weintraube *f*

grappiller [grapije] (1a) *in Weinbergen*: Nachlese halten; *fig* kleine Vorteile herausschlagen

grappin [grapɛ̃] *m Kran*: Greifer *m*; F *fig* ***mettre le*** ~ ***sur qn*** j-n mit Beschlag belegen

▶ **gras, grasse** [grɑ, grɑs] **1.** *adj* fett(ig), dick; *Schrift*: fett; *agr* fruchtbar; ***mardi*** *m* ***gras*** Fastnachtsdienstag *m*; **2.** *m* fettes Fleisch *n*

grassouill|et, ~ette [grasujɛ, -ɛt] F dicklich, mollig

gratification [gratifikasjɔ̃] *f* Sondervergütung *f*, Gratifikation *f*

gratifier [gratifje] (1a) ~ ***qn de qc*** j-m etw zukommen lassen

gratin [gratɛ̃] *m cuis* Kruste *f* (*beim Überbacken*); überbackenes Käsegericht *n*; F ***le*** ~ die besseren Kreise *pl*; ***au*** ~ überbacken

gratiné, ~e [gratine] *cuis* überbacken, gratiniert; *fig* F unglaublich

gratis [gratis] unentgeltlich

gratitude [gratityd] *f* Dankbarkeit *f*

gratte-ciel [gratsjɛl] *m* (⚠ *pl unv*) Wolkenkratzer *m*

gratte-papier [gratpapje] *m* (⚠ *pl unv*) Schreiberling *m*

gratter [grate] (1a) ab-, auskratzen; kratzen; scharren; ausradieren

▶ **grat|uit, ~uite** [gratɥi, -ɥit] unentgeltlich, kostenlos; grundlos, unbegründet; **~uité** [-ɥite] *f* Unentgeltlichkeit *f*; Grundlosigkeit *f*

G

gravats [grava] *m/pl* Bauschutt *m*

▶ **grave** [grav] ernst, schwer(wiegend), schlimm; würdevoll; tief (*Ton*); **~ment** *adv* ernst(lich)

graver [grave] (1a) (ein)gravieren, (ein)schneiden; ~ ***qc dans sa mémoire*** etw ins Gedächtnis (ein)graben

gravier [gravje] *m* Kies *m*

gravillon [gravijɔ̃] *m für Straßen*: Splitt *m*

grav|ir [gravir] (2a) erklimmen; **~itation** [-itasjɔ̃] *f phys* Schwerkraft *f*

gravit|é [gravite] *f* Ernst *m*, Schwere *f*, Gewicht *n* (*fig*); Würde *f*; **~er** (1a) ~ ***autour de*** ... umkreisen

gravure [gravyr] *f* Gravierkunst *f*; (Kupfer-)Stich *m*; Grafik *f*

gré [gre] *m* ***bon*** ~, ***mal*** ~ wohl oder übel; ***contre le*** ~ ***de qn*** gegen den Willen j-s; ***de bon*** ~ gern; ***savoir*** ~ ***de qc à qn*** j-m für etw dankbar sein

▶ **grec, grecque** [grɛk] griechisch

▶ **Grec, Grecque** [grɛk] *m, f* Grieche *m*, Griechin *f*

▶ **Grèce** [grɛs] ***la*** ~ Griechenland *n*

greff|e [grɛf] **1.** *m jur* Geschäftsstelle *f* des Gerichts; **2.** *f agr* Pfropfreis *n*; Pfropfen *n*; *méd* ~ ***du cœur*** Herzverpflanzung *f*; **~er** (1b) pfropfen; *méd* verpflanzen; **~ier** [-je] *m* Gerichtsschreiber *m*

grégaire [gregɛr] Herden...; ***instinct*** *m* ~ Herdentrieb *m*

grêle[1] [grɛl] dünn, schmal, mager

grêl|e[2] [grɛl] *f* Hagel *m*; **~er** (1a) hageln; ***il grêle*** es hagelt; **~on** *m* Hagelkorn *n*

grelot [grəlo] *m* Schelle *f*

grelotter [grəlɔte] (1a) vor Kälte zittern

greluche [grəlyʃ] *f* F *péj* Tussi *f*

grenad|e [grənad] *f bot* Granatapfel *m*; *mil* Granate *f*; **~ine** *f* Granatapfelsirup *m*

grenat [grəna] **1.** *m* Granat(stein) *m*; **2.** *adj* (⚠ *unv*) granatfarben

▶ **grenier** [grənje] *m* Speicher *m*, Dachboden *m*

grenouille [grənuj] *f zo* Frosch *m*

grès [grɛ] *m* Sandstein *m*; Steinzeug *n*

grésil [grezil] *m* Graupeln *f/pl*

grésiller [grezije] (1a) brutzeln; knistern

▶ **grève** [grɛv] *f* **1.** Streik *m*; ***faire*** ~, ***se mettre en*** ~ streiken; ~ ***de la faim*** Hungerstreik *m*; ~ ***du zèle*** Dienst *m* nach Vorschrift; **2.** (Sand-, Kies-)Strand *m*

grever [grəve] (1d) belasten

gréviste [grevist] *m, f* Streikende(r) *m, f*

gribouiller [gribuje] (1a) kritzeln, (hin)schmieren

grief [griɛf] *m* Beschwerde *f*

grièvement [grijɛvmɑ̃] *adv* ~ ***blessé*** schwer verletzt, schwer verwundet

griff|e [grif] *f* Kralle *f*, Klaue *f*; *comm* Namensstempel *m*; *fig* Stempel *m*; **~er** (1a) kratzen; **~on** *m Fabeltier*: Greif *m*

griffonn|age [grifɔnaʒ] *m* Gekritzel *n*; **~er** (1a) (hin)kritzeln

grignoter [griɲɔte] (1a) (ab-, an)knabbern

grigou [grigu] *m* F Geizhals *m*

gril [gril] *m* (Brat-)Rost *m*

grill|ade [grijad] *f* gegrilltes Fleisch *n*; **~age** *m* Drahtgitter *n*; Drahtzaun *m*

grille [grij] *f* Gitter *n*; (Feuer-)Rost *m*; *fig* Tabelle *f*, Schema *n*; **~-pain** [-pɛ̃] *m* (⚠ *pl unv*) Toaster *m*

griller [grije] (1a) braten, grillen, toasten, rösten; durchbrennen lassen; ~ ***un feu rouge*** ein Rotlicht überfahren

grillon [grijɔ̃] *m zo* Grille *f*

grimac|e [grimas] *f* Grimasse *f*; **~er** (1k) Gesichter schneiden

▶ **grimper** [grɛ̃pe] (1a) klettern, (an)steigen (*a fig*); ⚠ ***il a grimpé***

grinc|ement [grɛ̃smɑ̃] *m* Knarren *n*, Quietschen *n*; Knirschen *n*; **~er** (1k) *Tür*: knarren; *Reifen* quietschen; ~ ***des dents*** mit den Zähnen knirschen

grinch|eux, ~euse [grɛ̃ʃø, -øz] mürrisch, brummig

gringalet [grɛ̃galɛ] *m* F schmächtiges Männchen *n*

griotte [grijɔt] *f bot* Weichselkirsche *f*
▶ **gripp|e** [grip] *f* **1.** *méd* Grippe *f*; **2.** ***prendre qn en ~*** gegen j-n eingenommen sein; **~é, ~ée** *méd* grippekrank; **~er** (1a) **(se)** ~ *tech* sich festfressen
grippe-sou [gripsu] *m* (⚠ *pl* ***grippe-sou[s]***) F Pfennigfuchser *m*
▶ **gris, grise** [gri, griz] grau; düster, trübe; *fig* angetrunken, benebelt
grisaille [grizaj] *f* Eintönigkeit *f*
grisâtre [grizɑtrə] grau, gräulich
gris|er [grize] (1a) berauschen, benebeln; **~erie** *f fig* Rausch *m*
grisonner [grizɔne] (1a) grau werden
Grisons [grizɔ̃] *m/pl* **les** ~ Graubünden *n*
grisou [grizu] *m* Grubengas *n*; ***coup de*** ~ Schlagwetterexplosion *f*
grive [griv] *f zo* Drossel *f*
griv|ois, ~oise [grivwa, -waz] *Witz*: schlüpfrig
grogner [grɔɲe] (1a) grunzen; brummen; knurren
grommeler [grɔmle] (1c) vor sich hin brummen
grond|ement [grɔ̃dmɑ̃] *m* Brummen *n*; Knurren *n*; *Donner*: Grollen *n*, Rollen *n*; **~er** (1a) brummen, murren; knurren; (aus)schelten; *Donner*: grollen, rollen
▶ **gros, grosse** [gro, gros] **1.** *adj* dick, stark; groß, mächtig, massig; grob, derb; schwanger (*a fig*); *mar* ***grosse mer*** *f* schwere See *f*; ***avoir le cœur gros*** Kummer haben; **2.** *adv* ***gagner gros*** viel, gut verdienen; *comm* ***en gros*** im Großen; **3.** *m comm* Großhandel *m*; ***le gros de*** ... der größte Teil ...
gros-cul [groky] *m* (⚠ *pl* ***gros-culs***) F Brummi *m*
groseille [grozɛj] *f bot* Johannisbeere *f*; ***~ à maquereau*** Stachelbeere *f*
gross|esse [grosɛs] *f* Schwangerschaft *f*, **~eur** *f* Dicke *f*; Größe *f*; Schwellung *f*
gross|ier, ~ière [grosje, -jɛr] grob, plump; flegelhaft; *Worte*: derb, unanständig; **~ièrement** [-jɛrmɑ̃] *adv* grob; in großen Zügen; **~ièreté** [-jɛrte] *f* Grobheit *f*; Flegelei *f*; unanständiger Ausdruck *m*
▶ **grossir** [grosir] (2a) dicker machen (werden); vergrößern; *fig* übertreiben
grossiste [grosist] *m, f comm* Großhändler(in) *m(f)*
grotesque [grɔtɛsk] grotesk, F komisch
grotte [grɔt] *f* Höhle *f*; Grotte *f*
grouiller [gruje] (1a) wimmeln (**de** von); F **se** ~ sich beeilen
▶ **group|e** [grup] *m* Gruppe *f*; ***~ rock*** Rockband *f*; ***~ sanguin*** Blutgruppe *f*; ***~ à risques*** Risikogruppe *f*; ***~ de pression*** Interessenverband *m*; ⚠ ***le ~***; **~ement** [-mɑ̃] *m* Gruppierung *f*; Verband *m*; **~er** (1a) zusammenfassen, vereinigen; gruppieren
gruau [gryo] *m* Grütze *f*
grue [gry] *f zo* Kranich *m*; *tech* Kran *m*; F Dirne *f*; *fig* ***faire le pied de ~*** lange warten müssen
grumeau [grymo] *m* (⚠ *pl* **~x**) Klumpen *m*
grumeler [grymle] (1c) **se** ~ klumpig werden
gruyère [gryjɛr] *m* Schweizer Käse *m*
gué [ge] *m* Furt *f*
guenilles [gənij] *f/pl* Lumpen *m/pl*
guêpe [gɛp] *f zo* Wespe *f*
guère [gɛr] ***ne*** ... ~ nicht viel, nicht sehr, nicht gerade; fast nicht, kaum
▶ **guér|ir** [gerir] (2a) heilen; gesund werden; **~ison** [-izɔ̃] *f* Heilung *f*, Genesung *f*
▶ **guerre** [gɛr] *f* Krieg *m*; *fig* Kampf *m*; ***Grande Guerre*** *od* ***Première Guerre mondiale*** Erster Weltkrieg *m*; ***Seconde Guerre mondiale*** Zweiter Weltkrieg *m*; ***~ des étoiles*** Krieg der Sterne; *fig* ***à la ~ comme à la ~*** das geht nun mal nicht anders; *fig* ***de ~ lasse*** um des lieben Friedens willen; ***en ~*** im Kriegszustand; *fig* ***c'est de bonne ~*** das ist durchaus rechtens; ***faire la ~*** Krieg führen (**à** mit, gegen)
guerr|ier, ~ière [gɛrje, -jɛr] **1.** *adj* kriegerisch; **2.** *m* Krieger *m*
guet [gɛ] *m* ***faire le ~*** auf der Lauer sein, liegen
guet-apens [gɛtapɑ̃] *m* (⚠ *pl* ***guets-apens*** [gɛtapɑ̃]) Hinterhalt *m*
guetter [gɛte] (1b) (be)lauern, auflauern (***qn*** j-m)
▶ **gueul|e** [gœl] *f* Maul *n*; F Gesicht *n*; F Aussehen *n*; P ***ta ~!*** halt die Schnauze, halts Maul!; **~e-de-loup** [-dəlu] *f* (⚠ *pl* ***gueules-de-loup***) *bot* Löwenmaul *n*; **~er** (1a) F brüllen, schreien; **~eton** [-tɔ̃] F *m* Festessen *n*
gui [gi] *m bot* Mistel *f*

G

▶ **guichet** [giʃɛ] *m Bank, Post*: Schalter *m*; ~ ***automatique*** Geldautomat *m*
▶ **guid|e** [gid] **1.** *m* (Reise-)Führer *m* (*Person u Buch*); **2.** *f* Pfadfinderin *f*; **3.** ***~s*** *f/pl* Zügel *m/pl*; ***~er*** (1a) führen, lenken, leiten
guidon [gidɔ̃] *m Fahrrad*: Lenkstange *f*; *Schusswaffe*: Korn *n*
guignol [giɲɔl] *m* Kasperle(theater) *m*(*n*); *fig* Hanswurst *m*
guillemets [gijmɛ] *m/pl* Anführungszeichen *n/pl*
guillotiner [gijɔtine] (1a) durch das Fallbeil hinrichten
guimbarde [gɛ̃bard] *f* F alte Karre *f*
guindé, ~e [gɛ̃de] *Person*: steif; *Stil*: geschraubt
guinder [gɛ̃de] (1a) *tech* hieven, hochwinden
Guinée [gine] ***la*** ~ Guinea *n*
guinguette [gɛ̃gɛt] *f* Lokal *n* im Grünen
guirlande [girlɑ̃d] *f* Girlande *f*; ⚠ *Schreibung*
guise [giz] *f* ***à sa*** ~ nach seiner Weise; ***en*** ~ ***de*** als; (an)statt
▶ **guitare** [gitar] *f* Gitarre *f*; ⚠ *Schreibung*
guttural, ~e [gytyral] (⚠ *m/pl* **-aux**) kehlig, Kehl..., guttural
Guyane [gɥijan] ***la*** ~ Guyana *n*
gymnase [ʒimnɑz] *m* Turnhalle *f*; *nur Schweiz*: Gymnasium *n*
gymnaste [ʒimnast] *m*, *f* Turner(in) *m*(*f*)
▶ **gymnastique** [ʒimnastik] **1.** *adj* gymnastisch; ***pas m*** ~ Laufschritt *m*; **2.** *f* Gymnastik *f*, Turnen *n*; ***faire de la*** ~ turnen
gynécologue [ʒinekɔlɔg] *m*, *f méd* Frauenarzt *m*, -ärztin *f*
gypse [ʒips] *m* Gips *m*; ⚠ *Schreibung*
gyrophare [ʒirofar] *m* Blaulicht *n*

H

habil|e [abil] geschickt, gewandt; ***~eté*** [-te] *f* Geschicklichkeit *f*
habillement [abijmɑ̃] *m* Kleidung *f*
▶ **habiller** [abije] (1a) (an-, be)kleiden, anziehen; ▶ ***s'habiller*** sich anziehen
habit [abi] *m* ***habit noir*** Frack *m*; ▶ ***habits*** *pl* Kleider *n/pl*
habit|able [abitablə] bewohnbar; ***~acle*** [-aklə] *m aviat* Pilotenkanzel *f*; *auto* Fahrgastraum *m*
▶ **habit|ant, ~ante** [abitɑ̃, -ɑ̃t] Ein-, Bewohner(in) *m*(*f*); ***~at*** [-a] *m* Siedlung(sgebiet *n*, -raum *m*) *f*; Wohnverhältnisse *n/pl*; *bot*, *zo* Standort *m*, Heimat *f*; ***~ation*** *f* Wohnung *f*; ~ ***à loyer modéré*** Sozialwohnung *f*
▶ **habiter** [abite] (1a) (be)wohnen
▶ **habitude** [abityd] *f* Gewohnheit *f*; ▶ ***d'habitude*** normalerweise, gewöhnlich; ***par habitude*** aus Gewohnheit
habitu|é, ~ée [abitɥe] *m*, *f* Stammgast *m*; ***~el, ~elle*** [-ɛl] üblich, gewöhnlich
habituer [abitɥe] (1a) gewöhnen (***qn à*** j-n an); ▶ ***s'habituer à qc, qn*** sich an etw, j-n gewöhnen; ***s'habituer à*** (+ *inf*) sich daran gewöhnen zu (+ *inf*)
'hâblerie [ɑbləri] *f* Prahlerei *f*
'hache [aʃ] *f* Axt *f*, Beil *n*
'hach|er [aʃe] (1a) zerhacken; ***~ette*** [-ɛt] *f* Handbeil *n*; ***~is*** [-i] *m cuis* Gehackte(s) *n*; ***~oir*** *m* Fleischwolf *m*; Hackbrett *n*
'hachurer [aʃyre] (1a) schraffieren
'hag|ard, ~arde [agar, -ard] verstört
'haie [ɛ] *f* Hecke *f*; *Sport*: Hürde *f*; ***course f de ~s*** Hürdenlauf *m*; *fig* ***faire la*** ~ Spalier bilden
'haillon [ajɔ̃] *m meist pl* ***~s*** Lumpen *m/pl*, Fetzen *m/pl*
▶ **'haine** [ɛn] *f* Hass *m*
'haïr [air] (2m) hassen
'haïssable [aisablə] hassenswert
'hâl|e [ɑl] *m* Sonnen-, Wetterbräune *f*; ***~é, ~ée*** sonnen-, wettergebräunt
haleine [alɛn] *f* Atem *m*; ***hors d'*** ~ atemlos; *fig* ***de longue*** ~ langwierig
'hâler [ale] (1a) *Haut*: bräunen
'haleter [alte] (1e) keuchen

'hall [ol] *m Hotel, Bahnhof*: Halle *f*
'halle [al] *f* Markthalle *f*
hallucination [alysinasjɔ̃] *f* Sinnestäuschung *f*
'halo [alo] *m* Hof *m* (*um Sonne, Mond*)
halogène [alɔʒɛn] *m* Halogen *n*; ***lampe f ~*** Halogenlampe *f*
'halte [alt] *f* **1.** Halt *m*, Rast *f*; ***faire ~*** Halt machen; **2.** *mil* halt!; ⚠ ***la ~***
haltère [altɛr] *m Sport*: Hantel *f*; ***poids m/pl et ~s*** Gewichtheben *n*
'hamac [amak] *m* Hängematte *f*
'hamburger [ɑ̃burgœr] *m cuis* Hamburger *m*
'hameau [amo] *m* (⚠ *pl* ***~x***) Weiler *m*
hameçon [amsɔ̃] *m* Angelhaken *m*
'hampe [ɑ̃p] *f* Fahnenstange *f*
'hamster [amstɛr] *m zo* Hamster *m*
'hanche [ɑ̃ʃ] *f* Hüfte *f*
'handicapé, ~e [ɑ̃dikape] behindert (*körperlich od geistig*)
'hangar [ɑ̃gar] *m* Halle *f*, Schuppen *m*
'hanneton [antɔ̃] *m zo* Maikäfer *m*
'hant|er [ɑ̃te] (1a) spuken; heimsuchen, verfolgen; **~ise** [-iz] *f* Angst *f*; Zwangsvorstellung *f*
'happer [ape] (1a) schnappen; *fig* erfassen, erwischen
'happy end [apiɛnd] *m* (⚠ *pl* ***happy ends***) Happy End *n*
'harangu|e [arɑ̃g] *f* Ansprache *f*; **~er** (1a) e-e Ansprache halten (***qn*** an j-n)
'haras [arɑ] *m* Gestüt *n*
'harassé, ~e [arase] erschöpft
'harcèlement [arsɛlmɑ̃] *m* Störmanöver *n*; Belästigung *f*; ***~ sexuel*** sexuelle Belästigung *f*
'harceler [arsəle] (1d) belästigen, quälen; *mil* beunruhigen
'hardi, ~e [ardi] kühn; dreist; ⚠ *adv* ***hardiment***
'hardiesse [ardjɛs] *f* Kühnheit *f*
'hareng [arɑ̃] *m* Hering *m*
'hargn|eux, ~euse [arɲø, -øz] zankisch; bissig
▶ **'haricot** [ariko] *m* Bohne *f*; ***~s verts*** grüne Bohnen; F ***c'est la fin des ~s*** jetzt ist alles aus
harmonie [armɔni] *f* Harmonie *f*; Harmonielehre *f*; Übereinstimmung *f*
harmoni|eux, ~euse [armɔnjø, -øz] harmonisch
harmoniser [armɔnize] (1a) harmonisieren, abstimmen; ***s'~*** harmonieren (***avec*** mit)
'harnacher [arnaʃe] (1a) *Pferde*: (an)schirren
'harnais [arnɛ] *m* Pferdegeschirr *n*; *fig* Gurtzeug *n*, Gurte *m/pl*
harpagon [arpagɔ̃] *m* Geizhals *m*
'harpe [arp] *f mus* Harfe *f*
'harpon [arpɔ̃] *m* Harpune *f*
▶ **'hasard** [azar] *m* Zufall *m*; ***au ~*** auf gut Glück, aufs Geratewohl; ***par ~*** zufällig
'hasarder [azarde] (1a) wagen, riskieren; ***se ~ à faire qc*** es wagen, etw zu tun
'haschich *m*, **'haschisch** [aʃiʃ] *m* Haschisch *m od n*
'hât|e [ɑt] *f* Hast *f*, Eile *f*; ***à la ~*** hastig; ***en ~*** in Eile; ***avoir ~ de faire qc*** es kaum erwarten können, etw zu tun; **~er** (1a) beschleunigen; ***se ~*** sich beeilen (***de faire qc*** etw zu tun)
'hât|if, ~ive [ɑtif, -iv] hastig, übereilt; flüchtig; *agr* Früh...
'hauss|e [os] *f écon* Preiserhöhung *f*; Steigen *n* der Kurse; *allg* Anstieg *m*, Steigen *n*; *mil* Visier *n*; **~er** (1a) heben (*Ton, Stimme*); ***~ les épaules*** die Achseln zucken
▶ **'haut, 'haute** [o, ot] **1.** *adj* hoch; laut; ***le haut Moyen Âge*** das frühe Mittelalter; ***la haute Seine*** die obere Seine; ***à haute résolution*** *od* ***définition*** hoch auflösend; ***à voix haute*** laut; **2.** *adv* ***haut*** hoch; oben; ***là-haut*** da oben; ***de haut*** von oben; ***de haut en bas*** von oben nach *od* bis unten; ▶ ***en haut*** oben; ***en haut de ...*** oben auf ...; **3.** *m* oberer Teil; ***du haut de qc*** von etw herunter
'haut|ain, ~aine [otɛ̃, -ɛn] hochmütig, stolz
'hautbois [obwa] *m mus* Oboe *f*; ⚠ ***le ~***
'haute-fidélité [otfidelite] *f* Highfidelity *f*; ***chaîne f ~*** Hi-Fi-Anlage *f*
'hautement [otmɑ̃] *adv* freiheraus; überaus
▶ **'hauteur** [otœr] *f* Höhe *f*; *fig* Hochmut *m*
'haut|-fond [ofɔ̃] *m* (⚠ *pl* ***hauts-fonds***) Untiefe *f*; **~-le-cœur** [olkœr] *m* (⚠ *pl unv*) Übelkeit *f*; *fig* Ekel *m*; **~-parleur** [oparlœr] *m* (⚠ *pl* ***haut-parleurs***) *tech* Lautsprecher *m*
'hayon [ɛjɔ̃] *m* Heckklappe *f*
▶ **hebdomadaire** [ɛbdɔmadɛr] **1.** *adj*

wöchentlich; **2.** *m* Wochenblatt *n*
héberger [ebɛrʒe] (1l) beherbergen
hébété, ~e [ebete] stumpfsinnig
hébraïque [ebraik] hebräisch
hébreu [ebrø] *adj* (⚠ *nur m, pl* **~x**) hebräisch; **l'~** *m* das Hebräische
hécatombe [ekatɔ̃b] *f* Blutbad *n*
▶ **hectare** [ɛktar] *m* (*abr* ha) Hektar *n od m*
hectolitre [ɛktɔlitrə] *m* (*abr* hl) Hektoliter *m od n*
▶ **'hein?** [ɛ̃] F was?, na?, ja?, wie?
▶ **'hélas!** [elɑs] ach!, leider!
hélianthe [eljɑ̃t] *m bot* Sonnenblume *f*
hélice [elis] *f mar* Schraube *f*; *aviat* Propeller *m*; ***escalier** m* **en ~** Wendeltreppe *f*
▶ **héli|coptère** [elikɔptɛr] *m* Hubschrauber *m*; **~port** [-pɔr] *m* Hubschrauberlandeplatz *m*
Helvétie [ɛlvesi] *hist* **la ~** Helvetien *n*; ⚠ *Aussprache*
helvétique [ɛlvetik] schweizerisch, helvetisch
hématome [ematom] *m méd* Bluterguss *m*
hémi|cycle [emisiklə] *m* Halbrund *n* (*e-s Saals*); **~sphère** [-sfɛr] *m* (Erd-, Himmels-)Halbkugel *f*, Hemisphäre *f*; ⚠ ***un ~***
hémoglobine [emɔglɔbin] *f* Hämoglobin *n*; ⚠ ***une ~***
hémophilie [emɔfili] *f méd* Bluterkrankheit *f*
hémorragie [emɔraʒi] *f* Blutung *f*; ***~ nasale*** Nasenbluten *n*
hémorroïdes [emɔrɔid] *f/pl méd* Hämorriden *pl*
'henn|ir [ɛnir] (2a) wiehern; **~issement** [-ismɑ̃] *m* Gewieher *n*
▶ **hep!** [ɛp] he!, hallo!
hépatique [epatik] Leber...
héraldique [eraldik] **1.** *adj* Wappen...; **2.** *f* Wappenkunde *f*
▶ **herb|e** [ɛrb] *f* Gras *n*; Kraut *n*; ***mauvaise ~*** Unkraut *n*; **~eux, ~euse** [-ø, -øz] grasbewachsen; **~icide** [-isid] *m* Unkrautvertilgungsmittel *n*; **~ier** [-je] *m* Herbarium *n*; **~oriste** [-ɔrist] *m, f* (Heil-)Kräuterhändler(in) *m(f)*
héréditaire [ereditɛr] erblich
hérédité [eredite] *f* Vererbung *f*; Erbanlagen *f/pl*
héré|sie [erezi] *f* Ketzerei *f*; **~tique** [-tik] **1.** *adj* ketzerisch; **2.** *m, f* Ketzer(in) *m(f)*
'hérissé, ~e [erise] gesträubt, hoch stehend (*Haare*); *fig* **~ de** voll von
'herisson [erisɔ̃] *m zo* Igel *m*
hérit|age [eritaʒ] *m* Erbe *n*, Erbschaft *f*; **~er** (1a) erben; ***~ qc de qn*** etw von j-m erben; ***~ de qc*** etw erben; ***~ de qn*** j-n beerben; **~ier** *m*, **~ière** *f* [-je, -jɛr] Erbe *m*, Erbin *f*
hermétique [ɛrmetik] hermetisch, luftdicht
hermine [ɛrmin] *f zo* Hermelin *n*; Hermelinpelz *m*
'hernie [ɛrni] *f méd* (Eingeweide-)Bruch *m*
héroïne[1] [erɔin] *f Rauschgift*: Heroin *n*; ⚠ ***une ~***
héro|ïne[2] [erɔin] *f* Heldin *f*; **~ïque** heroisch; **~ïsme** *m* Heldenmut *m*, Heldentum *n*
'héron [erɔ̃] *m zo* Reiher *m*
'héros [ero] *m* Held *m*; ⚠ ***le héros**, aber **l'héroïne***
herpès [ɛrpɛs] *m méd* Herpes *m*
'hers|e [ɛrs] *f agr* Egge *f*; **~er** (1a) eggen
hésitation [ezitasjɔ̃] *f* Zögern *n*, Zaudern *n*, Unschlüssigkeit *f*
▶ **hésiter** [ezite] (1a) zögern, zaudern (**à** *inf* zu), (sich) unschlüssig sein (**sur** über)
hétérogène [eterɔʒɛn] anders-, fremdartig, heterogen
hétérosexuel, ~le [eterosɛksɥɛl] heterosexuell
'hêtre [ɛtrə] *m bot* Buche *f*
▶ **heure** [œr] *f* Stunde *f*; Uhr(zeit) *f*; Zeit *f*; ***à l'heure*** rechtzeitig; stundenweise; ▶ ***de bonne heure*** früh; ***tout à l'heure*** gleich, sofort; soeben, vorhin; ***à tout à l'heure!*** bis nachher!; ***à la bonne heure*** so lass ich mirs gefallen!, recht so!; ***à l'heure actuelle*** gegenwärtig; ***à toute heure*** jederzeit; ***sur l'heure*** auf der Stelle; ***quelle heure est-il?*** wie spät ist es?; ***il est six heures*** es ist 6 (Uhr); ***il est l'heure de partir*** es ist Zeit abzufahren; ▶ ***être à l'heure*** pünktlich sein
▶ **heureusement** [ørøzmɑ̃] *adv* glücklicherweise
▶ **heur|eux, ~euse** [ørø, -øz] glücklich
'heurt [œr] *m* Zusammenstoß *m*
'heurter [œrte] (1a) (an)stoßen; *fig* ver-

letzen; **se ~** zusammenstoßen (*a fig*); **se ~ à** stoßen auf

'heurtoir [œrtwar] *m* Türklopfer *m*

hexagone [ɛgzagɔn] *m* **1.** Sechseck *n*; **2.** *l'*♀ *Bezeichnung für Frankreich*

l'Hexagone – ein ganz besonderes Sechseck

Un hexagone ist eine geometrische Figur mit sechs Ecken. Betrachtet man Frankreich auf der Landkarte, so fällt auf, dass es – zugegebenermaßen mit etwas Fantasie – die Form eines Sechsecks aufweist. Spricht man also von ***l'Hexagone***, so ist damit das französische Mutterland im Gegensatz zum ehemaligen französischen Kolonialreich gemeint.

hiberner [ibɛrne] (1a) Winterschlaf halten

'hibou [ibu] *m* (⚠ *pl* **~x**) *zo* Eule *f*

'hic [ik] F *m* Hauptschwierigkeit *f*

'hid|eux, ~euse [idø, -øz] scheußlich

▶ **hier** [jɛr] gestern

'hiérarchie [jerarʃi] *f* Hierarchie *f*

'hiéroglyphe [jerɔglif] *m* Hieroglyphe *f*; ⚠ **le ~**

'hi-fi [ifi] Hi-Fi

hilarité [ilarite] *f* Heiterkeit *f*

hipp|ique [ipik] Pferde..., Reit...; **~isme** *m* Reitsport *m*

hippo|drome [ipɔdrom] *m* Pferderennbahn *f*; **~potame** [-pɔtam] *m zo* Nilpferd *n*

hirondelle [irɔ̃dɛl] *f zo* Schwalbe *f*

hirsute [irsyt] struppig

'hisser [ise] (1a) hissen; hinaufziehen; **se ~** sich emporziehen

▶ **histoire** [istwar] *f* Geschichte *f*; **~s** *pl* Scherereien *f/pl*; F **~ de** (+ *inf*) (bloß) um zu (+ *inf*); ***faire des ~s*** sich zieren

histor|ien, ~ienne [istɔrjɛ̃, -jɛn] *m, f* Historiker(in) *m(f)*; Geschichtsschreiber *m*; **~ier** [-je] (1a) ausschmücken, verzieren; **~ique 1.** *adj* geschichtlich, historisch; **2.** *m* geschichtlicher Überblick *m*

'hit-parade [itparad] *m* (⚠ *pl* ***hit-parades***) Hitparade *f*; ⚠ **le ~**

▶ **hiver** [ivɛr] *m* Winter *m*; **en ~** im Winter

hivern|al, ~ale [ivɛrnal] (⚠ *m/pl* **-aux**) winterlich; **~ant, ~ante** [-ɑ̃, -ɑ̃t] *m, f* Winterkurgast *m*

▶ **H.L.M.** [aʃɛlɛm] *m od f* (*abr* ***habitation à loyer modéré***) Sozialwohnung *f*

'hobby [ɔbi] *m* (⚠ *pl* ***hobbies***) Hobby *n*

'hochement [ɔʃmɑ̃] *m* **~ *de tête*** Kopfschütteln *n*

'hocher [ɔʃe] (1a) *Kopf*: schütteln, wiegen

'hochet [ɔʃɛ] *m* Kinderklapper *f*

'hockey [ɔkɛ] *m* Hockey *n*; **~ *sur gazon*** Hockey *n*; **~ *sur glace*** Eishockey *n*

'holà [ɔla] holla!, he!; oho!

'holding [ɔldiŋ] *m* Holdinggesellschaft *f*; ⚠ **le ~**

'hold-up [ɔldœp] *m* (⚠ *pl unv*) Raubüberfall *m*

▶ **'holland|ais, ~aise** [ɔlɑ̃dɛ, -ɛz] holländisch

'Holland|ais, ~aise [ɔlɑ̃dɛ, -ɛz] *m, f* Holländer(in) *m(f)*

▶ **'Hollande** [ɔlɑ̃d] **la ~** Holland *n*

holocauste [ɔlɔkost] *m rel* Brandopfer *n*; *fig* Opfer *n*, Holocaust *m*

'homard [ɔmar] *m* Hummer *m*

homicide [ɔmisid] **1.** *st/s adj* mörderisch; Mord...; **2.** *m, f* Mörder(in) *m(f)*; **3.** *m jur* Tötung *f*, Totschlag *m*

hommage [ɔmaʒ] *m* Ehrerbietung *f*, Huldigung *f*

▶ **homme** [ɔm] *m* Mensch *m*; Mann *m*; **~ *au foyer*** Hausmann *m*; **~ *de lettres*** Literat *m*; **~ *d'affaires*** Geschäftsmann *m*; **~ *de main*** Helfershelfer *m*; *fig* **~ *de paille*** Strohmann *m*; **~ *de la rue*** Mann auf der Straße; **~-grenouille** [-grɛnuj] *m* (⚠ *pl* ***hommes-grenouilles***) Froschmann *m*; **~-sandwich** [-sɑ̃dwitʃ] *m* (⚠ *pl* ***hommes-sandwich***[e]s) Plakatträger *m*

homo|gène [ɔmɔʒɛn] gleichartig, homogen; **~logue** [-lɔg] **1.** *adj* entsprechend; **2.** *m* (Amts-)Kollege *m*; **~loguer** [-lɔge] (1m) anerkennen, bestätigen; genehmigen; **~nyme** [-nim] **1.** *adj* gleich lautend; **2.** *m* Namensvetter *m*; *ling* Homonym *n*; **~sexuel, ~sexuelle** [-sɛksɥɛl] **1.** *adj* homosexuell; **2.** *m, f* Homosexuelle(r) *m(f)*

▶ **'Hongrie** [ɔ̃gri] **la ~** Ungarn *n*

'hongr|ois, ~oise [ɔ̃grwa, -waz] ungarisch

'Hongr|ois, ~oise [ɔ̃grwa, -waz] *m, f* Ungar(in) *m(f)*

► **honnête** [ɔnɛt] ehrlich; anständig (*a fig*); angemessen; **~ment** *adv* anständigerweise; ganz gut; **~té** [-te] Ehrlichkeit *f*, Anständigkeit *f*, Redlichkeit *f*

► **honneur** [ɔnœr] *m* Ehre *f*; ***en l'~ de*** zu Ehren von; ***faire ~ à*** Ehre machen; ⚠ ***un ~***

honor|abilité [ɔnɔrabilite] *f* Ehrbarkeit *f*, Ehrenhaftigkeit *f*; **~able** ehrenvoll, -haft; anerkennenswert

honor|aire [ɔnɔrɛr] **1.** *adj* Ehren...; **2.** ***~s*** *m/pl* Honorar *n*, Gebühren *f/pl*; **~er** (1a) ehren; ***s'~ de qc*** auf etw stolz sein

'hont|e [ɔ̃t] *f* Scham *f*; Schande *f*; ► ***avoir honte de*** sich schämen für; ***faire honte à qn*** j-m Schande machen; j-m ins Gewissen reden; **~eux, ~euse** [-ø, -øz] schändlich; verschämt, schamhaft

► **hôpital** [ɔpital] *m* (⚠ *pl* ***-aux***) Krankenhaus *n*

'hoquet [ɔkɛ] *m* Schluckauf *m*

► **horaire** [ɔrɛr] **1.** *adj* Stunden...; **2.** *m* Fahr-, Stunden-, Zeitplan *m*; ***~ souple*** *od* ***flexible*** *od* ***à la carte*** gleitende Arbeitszeit *f*; ***~ des trains*** Fahrplan *m*; Fahrplanauszug *m*

'horde [ɔrd] *f* Horde *f*

► **horizon** [ɔrizɔ̃] *m* Horizont *m*

horizontal, ~e [ɔrizɔ̃tal] (⚠ *m/pl* ***-aux***) waagerecht, horizontal

► **horlog|e** [ɔrlɔʒ] *f* (öffentliche) Uhr *f*, Turmuhr *f*; **~er, ~ère** *m, f* Uhrmacher(in) *m(f)*; **~erie** *f* Uhrenindustrie *f*; Uhrengeschäft *n*

hormone [ɔrmɔn] *f biol* Hormon *n*; ⚠ ***une ~***

horodateur [ɔrɔdatœr] *m* Parkscheinautomat *m*

horoscope [ɔrɔskɔp] *m* Horoskop *n*

► **horreur** [ɔrœr] *f* Entsetzen *n*; Abscheu *m*; Entsetzlichkeit *f*; ***avoir ~ de*** verabscheuen; (***quelle***) ***~!*** wie entsetzlich!

► **horr|ible** [ɔriblə] entsetzlich, abscheulich, grauenhaft; fürchterlich; **~ifié, ~ifiée** [-ifje] entsetzt (***de*** *od* ***par*** über)

horripil|ant, ~ante [ɔripilɑ̃, -ɑ̃t] nervenaufreibend

'hors [ɔr] *prép* ***~*** (***de***) außerhalb; außer; ***~ de prix*** unerschwinglich; ***~ du sujet*** nicht zum Thema gehörig; *Fußball*: ***~ jeu*** abseits; ***être ~ de soi*** außer sich sein; **~-bord** [-bɔr] *m* (⚠ *pl unv*) Boot *n* mit Außenbordmotor

► **'hors|-d'œuvre** [ɔrdœvrə] *m* (⚠ *pl unv*) *cuis* Vorspeise *f*; **~-la-loi** *m* (⚠ *pl unv*) Gesetzlose(r) *m*, Bandit *m*

horticulture [ɔrtikyltyr] *f* Gartenbau *m*

hospice [ɔspis] *m* Hospiz *n*; Heim *n*

hospital|ier, ~ière [ɔspitalje, -jɛr] gastfreundlich, gastlich; Krankenhaus...; **~iser** (1a) in ein Krankenhaus bringen; **~ité** *f* Gastfreundschaft *f*, Gastlichkeit *f*

hostil|e [ɔstil] feindlich; **~ité** *f* Feindseligkeit *f*, Feindschaft *f*

'hot-dog [ɔtdɔg] *m* (⚠ *pl* ***hot-dogs***) Hot Dog *m*

hôte [ot] *m* Gastgeber *m*; Gast *m*; ***table f d'~*** Stammtisch *m*

► **hôtel** [otɛl] *m* Hotel *n*; Gasthof *m*; ***~ (particulier)*** herrschaftliches Stadthaus *n*; ► ***hôtel de ville*** Rathaus *n*; **~-Dieu** [-djø] *m* (⚠ *pl* ***hôtels-Dieu***) städtisches Krankenhaus *n*

hôtel|ier, ~ière [otəlje, -jɛr] **1.** *adj* Hotel...; **2.** *m, f* Hotelbesitzer(in) *m(f)*; Gastwirt(in) *m(f)*

hôtellerie [otɛlri] *f* Hotelgewerbe *n*

hôtesse [otɛs] *f* Gastgeberin *f*; Hostess *f*; ► ***hôtesse de l'air*** Stewardess *f*

'hotte [ɔt] *f* **1.** Kiepe *f*, Tragekorb *m*; **2.** Rauchfang *m*; Dunstabzugshaube *f*

'houblon [ublɔ̃] *m bot* Hopfen *m*

'houille [uj] *f* (Stein-)Kohle *f*

'houppe [up] *f* Quaste *f*; Schopf *m*, Haarbüschel *n*

'houspiller [uspije] (1a) ausschimpfen, -schelten

'housse [us] *f* Hülle *f*, Überzug *m*; *auto etc* Schonbezug *m*; *Pferd*: Satteldecke *f*

'houx [u] *m bot* Stechpalme *f*

H.T. [aʃte] (*abr* ***hors taxes***) ohne MWSt.

'hublot [yblo] *m* Bullauge *n*; Sichtfenster *n*

'hue [y] hü!

'hu|ée [ɥe] *f meist pl* ***~s*** Buhrufe *m/pl*, Missfallenskundgebungen *f/pl*; **~er** (1a) auszischen, auspfeifen; *Eule*: schreien

'huguen|ot, ~ote [ygno, -ɔt] **1.** *adj* hugenottisch; **2.** *m, f* Hugenotte , -in *m, f*

huilage [ɥilaʒ] *m* Ölen *n*

► **huil|e** [ɥil] *f* Öl *n*; ***~ multigrade*** Mehr-

bereichsöl *n*; ⚠ *nicht* Erdöl *u nicht* Heizöl; **~er** (1a) (ein)ölen, schmieren; **~eux, ~euse** [-ø, -øz] ölig, fettig; **~ier** [-je] *m* Ständer *m* für Öl und Essig
'huis [ɥi] *m* **à ~ clos** bei verschlossenen Türen; *jur* unter Ausschluss der Öffentlichkeit
huissier [ɥisje] *m* Amtsdiener *m*; Gerichtsvollzieher *m*
▶ **'huit** [ɥit; *vor Konsonant* ɥi] acht; **~ jours** acht Tage, eine Woche; **demain en ~** morgen in acht Tagen; **le ~ mai** der achte *od* am achten Mai
'huit|aine [ɥitɛn] *f* **une ~ de** ungefähr acht; **une ~ (de jours)** etwa eine Woche; **~ante** [-ɑ̃t] *in Belgien u in der frz Schweiz*: achtzig
▶ **'huitième** [ɥitjɛm] achte
huître [ɥitrə] *f* Auster *f*
▶ **hum|ain, ~aine** [ymɛ̃, -ɛn] menschlich; human
human|iser [ymanize] (1a) vermenschlichen; humaner machen; **~itaire** [-itɛr] menschenfreundlich, humanitär, wohltätig
▶ **humanité** [ymanite] *f* Menschheit *f*; Menschlichkeit *f*; menschliche Natur *f*
humble [ɛ̃blə, œ̃-] demütig; bescheiden; niedrig
humecter [ymɛkte] (1a) anfeuchten
▶ **humeur** [ymœr] *f* Stimmung *f*, Laune *f*; Gemüt(sart) *n(f)*, **être de bonne, mauvaise ~** guter, schlechter Laune sein; ⚠ *nicht verwechseln mit* **humour**
▶ **humid|e** [ymid] feucht; **~ificateur** [-ifikatœr] *m tech* Luftbefeuchter *m*; **~ité** *f* Nässe *f*, Feuchtigkeit *f*
humili|ation [ymiljasjɔ̃] *f* Demütigung *f*; **~er** (1a) demütigen
humilité [ymilite] *f* Demut *f*
humor|iste [ymɔrist] **1.** *adj* humoristisch; **2.** *m, f* Humorist(in) *m(f)*; **~istique** [-istik] humoristisch
humour [ymur] *m* Humor *m*; ⚠ *nicht verwechseln mit* **humeur**
'hurl|ement [yrləmɑ̃] *m* Heulen *n*; **~s** *pl* Geschrei *n*, Gebrüll *n*; **~er** (1a) brüllen, schreien; heulen
hurluberlu [yrlybɛrly] *m* Wirrkopf *m*
'hutte [yt] *f* Hütte *f*
hydrat|ant, ~ante [idratɑ̃, -ɑ̃t] *Kosmetik*: Feuchtigkeits...
hydraulique [idrolik] **1.** *adj* hydraulisch; **2.** *f* Hydraulik *f*
hydravion [idravjɔ̃] *m* Wasserflugzeug *n*
hydro|carbure [idrɔkarbyr] *m chim* Kohlenwasserstoff *m*; **~gène** [-ʒɛn] *m chim* Wasserstoff *m*; **~glisseur** [-glisœr] *m* Gleitboot *n*; **~mel** [-mɛl] *m* Met *m*; **~ptère** [-ptɛr] *m* Tragflächenboot *n*; **~pulseur** [-pylsœr] *m* Munddusche *f*; **~thérapie** [-terapi] *f* Wasserheilkunde *f*
hyène [jɛn] *f zo* Hyäne *f*
hygiène [iʒjɛn] *f* Hygiene *f*, Gesundheitspflege *f*
hygiénique [iʒjenik] hygienisch
hymne [imnə] **1.** *m* Hymne *f*; **2.** *f rel* (geistlicher) Lobgesang *m*, Hymnus *m*
hyper... [ipɛr] *in Zssgn* Hyper..., hyper...; über...
hyper|bole [ipɛrbɔl] *f* Hyperbel *f* (*a math*); **~marché** [-marʃe] *m* großer Supermarkt *m*; **~sensible** [-sɑ̃siblə] überempfindlich; **~tension** [-tɑ̃sjɔ̃] *f méd* erhöhter Blutdruck *m*; **~trophie** [-trɔfi] *f méd* krankhafte Vergrößerung *f*
hypnotiser [ipnɔtize] (1a) hypnotisieren
hypo|crisie [ipɔkrizi] *f* Heuchelei *f*, Scheinheiligkeit *f*; **~crite** [-krit] **1.** *adj* heuchlerisch; **2.** *m, f* Heuchler(in) *m(f)*; **~thèque** [-tɛk] *f comm* Hypothek *f*; **~thèse** [-tɛz] *f* Hypothese *f*, Annahme *f*; Möglichkeit *f*

iceberg [ajsbɛrg] *m géogr* Eisberg *m*

▶ **ici** [isi] hier; hierher; ***jusqu'~*** bis hierher; bis jetzt; ***par ~*** hier entlang; ***d'~ peu*** binnen kurzem; ***d'~ (à) huit jours*** in acht Tagen; ***d'~ (à ce) que*** (+ *subj*) bis

icône [ikon] *f* Ikone *f*

id. (*abr* ***idem***) desgl. (desgleichen)

idéal, ~e [ideal] (⚠ *m/pl* **-als** *od* **-aux**) **1.** *adj* ideal, vollkommen; **2.** *m* Ideal *n*

▶ **idée** [ide] *f* Idee *f*; Begriff *m*, Vorstellung *f*; Gedanke *m*, Einfall *m*; Meinung *f*; ***à mon ~*** für meine Begriffe; ***à l'~ de*** beim Gedanken an; ***avoir l'~ de*** (+ *inf*) daran denken zu (+ *inf*); ***avoir dans l'~ que*** ... sich vorstellen können, dass ...; ***se faire une ~ de*** sich e-e Vorstellung machen von; ***se faire des ~s*** sich Gedanken machen; sich etw vormachen

ident|ifier [idɑ̃tifje] (1a) identifizieren, gleichsetzen (***qc avec*** *od* ***à qc*** etw mit etw); ***s'~ avec*** *od* ***à qn, qc*** sich mit j-m, etw identifizieren; **~ique** identisch; gleichbedeutend; **~ité** *f* Identität *f*; Übereinstimmung *f*; Personalien *pl*; ***~ bancaire*** Bankverbindung *f*; ***carte f d'~*** Personalausweis *m*

idéolog|ie [ideɔlɔʒi] *f* Ideologie *f*; **~ique** ideologisch

idiome [idjom] *m* Idiom *n*; Spracheigentümlichkeit *f*

▶ **idiot, idiote** [idjo, idjɔt] **1.** *adj* blödsinnig, idiotisch; **2.** *m, f* Idiot(in) *m(f)*, Dummkopf *m*, Trottel *m*

idiotie [idjɔsi] *f* Idiotie *f*, Dummheit *f*, Blödsinn *m*; ⚠ *Aussprache*

idiotisme [idjɔtismə] *m ling* Spracheigenheit *f*

idolâtr|e [idɔlɑtrə] *m, f* Götzendiener(in) *m(f)*; **~er** (1a) abgöttisch lieben *od* verehren; **~ie** [-i] *f* Götzendienst *m*; *fig* abgöttische Verehrung *f*

idole [idɔl] *f* Idol *n*, Abgott *m*; ⚠ ***une ~***

idylle [idil] *f* romantische Liebe *f*; Idylle *f*

if [if] *m bot* Eibe *f*

ignare [iɲar] *péj* **1.** *adj* ungebildet; **2.** *m, f* Ignorant(in) *m(f)*

ignifuge [iɲifyʒ, igni-] ***produit*** *m* ~ Feuerschutzmittel *n*

ignoble [iɲɔblə] schändlich, gemein

ignor|ance [iɲɔrɑ̃s] *f* Unwissenheit *f*; **~ant, ~ante** [iɲɔrɑ̃, -ɑ̃t] unwissend

▶ **ignorer** [iɲɔre] (1a) nicht wissen; ***ne pas ~*** sehr wohl wissen

▶ **il** [il] er, es (*mit Verb*)

▶ **île** [il] *f* Insel *f*; ***les ~s Anglo-Normandes*** die Kanalinseln *pl*; ***l'~ de Cuba*** Kuba *n*; ***l'~ d'Elbe*** Elba *n*; ***~ Maurice*** Mauritius *n*

illégal, ~e [ilegal] (⚠ *m/pl* **-aux**) illegal, ungesetzlich

illégitime [ileʒitim] unrechtmäßig; *jur* unehelich; *fig* unberechtigt

illettré, ~e [iletre] **1.** *adj* des Lesens und Schreibens unkundig; **2.** *m, f* Analphabet(in) *m(f)*

illicite [ilisit] unerlaubt

illimité, ~e [ilimite] unbegrenzt

illisible [ilizibla] unleserlich; unlesbar

illuminer [ilymine] (1a) be-, erleuchten; erhellen

illus|ion [ilyzjɔ̃] *f* Illusion *f*, Täuschung *f*; **~ionner** [-jɔne] (1a) ***s'~ sur*** sich etw vormachen über; **~ionniste** [-jɔnist] *m* Zauberkünstler *m*

illustration [ilystrasjɔ̃] *f* Illustration *f*, Abbildung *f*; Veranschaulichung *f*

illustr|e [ilystrə] berühmt; **~er** (1a) illustrieren (*a fig*), bebildern; veranschaulichen; ***s'~ par, dans qc*** sich durch etw auszeichnen

îlot [ilo] *m* Inselchen *n*; Verkehrsinsel *f*; Häuserblock *m*

▶ **ils** [il] *m/pl* sie (*mit Verb*)

▶ **il y a** [ilja] es gibt; *zeitlich* vor

il y a

1. ***il y a*** hat die Bedeutung: **es gibt,** es existiert.

Il y a des gens qui aiment les escargots. – Es gibt Leute, die gern Schnecken essen.
Qu'est-ce qu'il y a? – Was ist los? Was gibts?

Qu'est-ce qu'il y a à manger? – Was gibts zu essen?
Y a-t-il aussi du vin blanc? – Gibt es auch Weißwein?
J'ai l'impression qu'il y aura un problème. – Ich habe den Eindruck, dass es da ein Problem geben wird.

2. *il y a* wird als Präposition der Zeit mit der Bedeutung **‚vor'** verwendet:

Nous avons visité la Corse il y a sept ans / Il y a sept ans que nous avons visité la Corse. – Wir haben vor sieben Jahren Korsika besucht.

▶ **image** [imaʒ] *f* Bild *n*; Ab-, Eben-, Sinnbild *n*; Vorstellung *f*; ~ ***de marque*** Image *n*; ⚠ ***une*** ~
imagin|able [imaʒinablə] denkbar, vorstellbar; **~aire** [-ɛr] eingebildet, imaginär; **~atif, ~ative** [-atif, -ativ] fantasievoll, erfinderisch
▶ **imagin|ation** [imaʒinasjõ] *f* Einbildung(skraft) *f*, Fantasie *f*; ⚠ *nicht verwechseln mit* **la fantaisie**; **~er** (1a) **(s')**~ sich denken, sich vorstellen; sich ausdenken; sich einbilden; ~ ***que*** (+ *ind od subj*) sich vorstellen (können), dass ...
imbattable [ɛ̃batablə] unschlagbar
imbécile [ɛ̃besil] **1.** *adj* dumm, blöd; *méd* schwachsinnig; **2.** *m, f* Dummkopf *m*
imbécillité [ɛ̃besilite] *f* Dummheit *f*; ⚠ *Schreibung*
imberbe [ɛ̃bɛrb] bartlos
imbiber [ɛ̃bibe] (1a) (durch)tränken (***de qc*** mit etw)
imbu, ~e [ɛ̃by] ~ ***de*** *fig* durchdrungen von
imbuvable [ɛ̃byvablə] nicht trinkbar; F ungenießbar
imit|ateur, ~atrice [imitatœr, -atris] *m, f* Nachahmer(in) *m(f)*; **~ation** *f* Nachahmung *f*
▶ **imiter** [imite] (1a) nachahmen
immaculé, ~e [imakyle] unbefleckt, rein
immangeable [imɑ̃ʒablə] ungenießbar; ⚠ *Aussprache*
immatricul|ation [imatrikylasjõ] *f* Registrierung *f*, Eintragung *f*; *auto* ***plaque*** *f* **d'**~ Nummernschild *n*; **~er** (1a) eintragen, -schreiben
immédi|at, ~ate [imedja, -at] unmittelbar; unverzüglich, sofortig; ***dans l'immédiat*** für den Augenblick
▶ **immédiatement** [imedjatmɑ̃] *adv* sofort; unmittelbar
immémorial, ~e [imemɔrjal] (⚠ *m/pl* **-aux**) uralt
immense [imɑ̃s] unermesslich, ungeheuer
immerger [imɛrʒe] (1l) versenken, eintauchen
immersion [imɛrsjõ] *f* Versenken *n*, Untertauchen *n*
▶ **immeuble** [imœblə] *m* Gebäude *n*, Haus *n*
immigr|ant, ~ante [imigrɑ̃, -ɑ̃t] *m, f* Einwanderer *m*, Einwanderin *f*; **~ation** *f* Einwanderung *f*; **~er** (1a) einwandern
immin|ent, ~ente [iminɑ̃, -ɑ̃t] unmittelbar bevorstehend, drohend
immiscer [imise] (1k) **s'**~ ***dans qc*** sich in etw einmischen
immobil|e [imɔbil] unbeweglich; **~ier, ~ière** [-je, -jɛr] **1.** *adj* Immobilien...; **2.** *m* Grundstückshandel *m*; **~isation** [-izasjõ] *f* Stilllegung *f*, Blockierung *f*; **~iser** (1a) stilllegen, blockieren; ruhig stellen; *fig* lähmen; **s'**~ stehen bleiben, liegen bleiben
immond|e [imõd] schmutzig; **~ices** [-is] *f/pl* Unrat *m*
immoral, ~e [imɔral] (⚠ *m/pl* **-aux**) unmoralisch
immort|aliser [imɔrtalize] (1a) unsterblich machen; **~alité** [-alite] *f* Unsterblichkeit *f*; **~el, ~elle** unsterblich
immunité [imynite] *f* Straffreiheit *f*, Immunität *f*
immunodéficience [imynodefisjɑ̃s] *f* *méd* Immunschwäche *f*
impact [ɛ̃pakt] *m* Wirkung *f*, Einfluss *m*
impair, ~e [ɛ̃pɛr] ungerade
impardonnable [ɛ̃pardɔnablə] unverzeihlich
impar|fait, ~faite [ɛ̃parfɛ, -fɛt] unvollkommen
impartial, ~e [ɛ̃parsjal] (⚠ *m/pl* **-aux**) unparteiisch

I

impass|e [ɛ̃pas] *f* Sackgasse *f* (*a fig*); **~ible** unbewegt, gefasst
impatience [ɛ̃pasjɑ̃s] *f* Ungeduld *f*
impati|ent, ~ente [ɛ̃pasjɑ̃, -ɑ̃t] ungeduldig; **~enter** [-ɑ̃te] (1a) **s'~** die Geduld verlieren
impeccable [ɛ̃pɛkablə] tadellos, einwandfrei
impénétrable [ɛ̃penetrablə] undurchdringlich; *fig* unerforschlich
impérat|if, ~ive [ɛ̃peratif, -iv] **1.** *adj* zwingend; vordringlich; **2.** *m gr* Imperativ *m*; *pl* **~s** Erfordernisse *n/pl*
impératrice [ɛ̃peratris] *f* Kaiserin *f*
imperceptible [ɛ̃pɛrsɛptiblə] unmerklich
imperfection [ɛ̃pɛrfɛksjɔ̃] *f* Unvollkommenheit *f*
impérial, ~e [ɛ̃perjal] (⚠ *m/pl* **-aux**) kaiserlich; *fig* majestätisch; **~isme** *m* Imperialismus *m*
impéri|eux, ~euse [ɛ̃perjø, -øz] gebieterisch; vordringlich
impérissable [ɛ̃perisablə] unvergänglich
► **imperméable** [ɛ̃pɛrmeablə] **1.** *adj* undurchdringlich; **2.** *m* Regenmantel *m*
impersonnel, ~le [ɛ̃pɛrsɔnɛl] unpersönlich
impertin|ence [ɛ̃pɛrtinɑ̃s] *f* Unverschämtheit *f*; **~ent, ~ente** [-ɑ̃, -ɑ̃t] unverschämt
imperturbable [ɛ̃pɛrtyrbablə] unerschütterlich
impétuosité [ɛ̃petɥozite] *f* Ungestüm *n*, Heftigkeit *f*
impie [ɛ̃pi] gottlos
impitoyable [ɛ̃pitwajablə] mitleids-, schonungslos
implacable [ɛ̃plakablə] unversöhnlich; unerbittlich
implanter [ɛ̃plɑ̃te] (1a) einführen; ansiedeln; **s'~** sich festsetzen, sich ansiedeln
implicite [ɛ̃plisit] implizit, mitenthalten
impliquer [ɛ̃plike] (1m) mit hineinziehen, verwickeln; mit einbegreifen, voraussetzen
implorer [ɛ̃plɔre] (1a) anflehen
impoli, ~e [ɛ̃pɔli] unhöflich; ⚠ *adv* ***impoliment***; **~tesse** [-tɛs] *f* Unhöflichkeit *f*
impopulaire [ɛ̃pɔpylɛr] unbeliebt, unpopulär

► **importance** [ɛ̃pɔrtɑ̃s] *f* Wichtigkeit *f*, Bedeutung *f*
► **import|ant, ~ante** [ɛ̃pɔrtɑ̃, -ɑ̃t] **1.** *adj* wichtig, bedeutend; beträchtlich; **2.** *m* Hauptsache *f*
import|ateur, ~atrice [ɛ̃pɔrtatœr, -atris] **1.** *adj* Einfuhr..., Import...; **2.** *m* Importeur *m*
► **importation** [ɛ̃pɔrtasjɔ̃] *f* Einfuhr *f*, Import *m*
► **importer** [ɛ̃pɔrte] (1a) **1.** importieren, einführen; **2.** wichtig sein (**à** für); ***il importe de*** (+ *inf*) *od* **que** (+ *subj*) es kommt darauf an, zu ... *od* dass ...; ***peu importe*** das ist nicht so wichtig; ***n'importe où*** irgendwo(hin), ganz gleich wo(hin); ***n'importe qui*** irgendwer, jeder (Beliebige)
import|un, ~une [ɛ̃pɔrtɛ̃ *od* ɛ̃pɔrtœ̃, -yn] lästig, aufdringlich; **~uner** [-yne] (1a) belästigen
impos|able [ɛ̃pozablə] steuerpflichtig; **~ant, ~ante** [-ɑ̃, -ɑ̃t] imponierend; **~er** (1a) auferlegen, aufzwingen; besteuern; ***en ~ à qn*** j-m imponieren, j-n beeindrucken; **s'~** geboten sein; sich durchsetzen; **~ition** *f* Besteuerung *f*
impossibilité [ɛ̃pɔsibilite] *f* Unmöglichkeit *f*
► **impossible** [ɛ̃pɔsiblə] unmöglich
imposteur [ɛ̃pɔstœr] *m* Betrüger *m*
► **impôt** [ɛ̃po] *m* Steuer *f*; ***~ sur le revenu*** Einkommen(s)steuer *f*
impot|ent, ~ente [ɛ̃pɔtɑ̃, -ɑ̃t] gebrechlich; ⚠ *nicht* impotent
impraticable [ɛ̃pratikablə] nicht machbar; *Weg*: unbefahrbar
imprécis, ~ise [ɛ̃presi, -iz] ungenau
imprégner [ɛ̃preɲe] (1f) (durch)tränken, sättigen (**de** mit)
► **impression** [ɛ̃prɛsjɔ̃] *f* Eindruck *m*; Druck *m* (*Buch*)
impressionner [ɛ̃prɛsjɔne] (1a) Eindruck machen, beeindrucken
imprévisible [ɛ̃previziblə] unvorhersehbar
imprévu, ~e [ɛ̃prevy] **1.** *adj* unvorhergesehen; **2.** *m* ***sauf ~*** wenn nichts dazwischenkommt
imprimante [ɛ̃primɑ̃t] *f EDV* Drucker *m*; ***~ laser*** Laserdrucker *m*; ***~ à jet d'encre*** Tintenstrahldrucker *m*
► **imprim|é** [ɛ̃prime] *m* Drucksache *f*; Vordruck *m*

▶ **imprim|er** [ɛ̃prime] (1a) (ab-, be)drucken; **~erie** *f* Buchdruckerkunst *f*; Druckerei *f*; **~eur** *m* Drucker *m*
improbable [ɛ̃prɔbablə] unwahrscheinlich
improduct|if, ~ive [ɛ̃prɔdyktif, -iv] unergiebig, unrentabel
impromptu, ~e [ɛ̃prɔ̃pty] überraschend, improvisiert
impropre [ɛ̃prɔprə] unpassend (**à** für)
improv|iser [ɛ̃prɔvize] (1a) improvisieren; *Rede*: aus dem Stegreif halten; **~iste à l'~** unvermutet
imprud|ence [ɛ̃prydɑ̃s] *f* Unvorsichtigkeit *f*; *jur* Fahrlässigkeit *f*; **~ent, ~ente** [-ɑ̃, -ɑ̃t] unvorsichtig; ⚠ *adv* ***imprudemment*** [-amɑ̃]
impudence [ɛ̃pydɑ̃s] *f* Unverschämtheit *f*
impuiss|ance [ɛ̃pɥisɑ̃s] *f* Unvermögen *n*; Machtlosigkeit *f*, Ohnmacht *f*; **~ant, ~ante** [-ɑ̃, -ɑ̃t] machtlos; *méd* impotent
impulsion [ɛ̃pylsjɔ̃] *f* Anstoß *m*; *fig* Antrieb *m*, Impuls *m*
impunément [ɛ̃pynemɑ̃] *adv* straflos
impuni, ~e [ɛ̃pyni] ungestraft; straflos
impur, ~e [ɛpyr] unrein, unsauber; unzüchtig
imputer [ɛ̃pyte] (1a) ***~ qc à qn*** j m etw zur Last legen; ***~ qc à qc*** etw e-r Sache zuschreiben
inabordable [inabɔrdablə] *Preis*: unerschwinglich
inacceptable [inaksɛptablə] unannehmbar
inaccessible [inaksesiblə] unerreichbar, unzugänglich
inaccoutumé, ~e [inakutyme] ungewohnt; ungewöhnlich
inachevé, ~e [inaʃve] unvollendet
inact|if, ~ive [inaktif, -iv] untätig; nicht berufstätig
inadaptation [inadaptasjɔ̃] *f* mangelnde Anpassung(sfähigkeit) *f*
inadmissible [inadmisiblə] unzulässig
inadvertance [inadvɛrtɑ̃s] *f* ***par ~*** aus Versehen
inaliénable [inaljenablə] unveräußerlich
inaltérable [inalterablə] unveränderlich; haltbar
inanimé, ~e [inanime] leblos
inanition [inanisjɔ̃] *f* Entkräftung *f*

inaperçu, ~e [inapɛrsy] ***passer ~*** unbemerkt bleiben
inapte [inapt] untauglich (**à** für)
inattendu, ~e [inatɑ̃dy] unerwartet, unverhofft, unvermutet
inattent|if, ~ive [inatɑ̃tif, -iv] unaufmerksam
inaugural, ~e [inogyral] (⚠ *m/pl* ***-aux***) Eröffnungs..., Einweihungs...
inaugurer [inogyre] (1a) feierlich einweihen, eröffnen; einführen
incalculable [ɛ̃kalkylablə] unberechenbar
▶ **incap|able** [ɛ̃kapablə] unfähig (***de*** [***faire***] ***qc*** zu etw, etw zu tun); **~acité** [-asite] *f* Unfähigkeit *f* (***de*** zu)
incarcérer [ɛ̃karsere] (1f) einkerkern
incarner [ɛ̃karne] (1a) verkörpern, darstellen
incassable [ɛ̃kasablə] unzerbrechlich
incendiaire [ɛ̃sɑ̃djɛr] **1.** *adj* Brand...; *fig* aufrührerisch, Hetz...; **2.** *m*, *f* Brandstifter(in) *m*(*f*)
▶ **incend|ie** [ɛ̃sɑ̃di] *m* Brand *m*; ⚠ ***un ~***; **~ier** [-je] (1a) in Brand stecken
incert|ain, ~aine [ɛ̃sɛrtɛ̃, -ɛn] ungewiss, unsicher, unbestimmt; **~itude** [-ityd] *f* Ungewissheit *f*
incess|amment [ɛ̃sɛsamɑ̃] *adv* unverzüglich; **~ant, ~ante** [-ɑ̃, -ɑ̃t] unaufhörlich
inceste [ɛ̃sɛst] *m* Blutschande *f*
▶ **incident** [ɛ̃sidɑ̃] *m* Zwischenfall *m*; ***~ de parcours*** Missgeschick *n*
incinérer [ɛ̃sinere] (1f) einäschern
incis|if, ~ive [ɛ̃sizif, -iv] bissig, schneidend
inciter [ɛ̃site] (1a) ***~ qn à*** j-n anregen, reizen, verleiten zu
inclin|aison [ɛ̃klinɛzɔ̃] *f* Gefälle *n*, Neigung *f*; Schräge *f*; **~ation** *f* Neigung *f*, Hang *m* (***pour qc*** zu etw); ***~ de tête*** Kopfnicken *n*; **~er** (1a) neigen; *fig* ***~ à*** neigen zu; ***s'~*** sich (vor)beugen
inclure [ɛ̃klyr] (4l) beilegen; einbeziehen, enthalten
incl|us, ~use [ɛ̃kly, -yz] einschließlich
incohér|ent, ~ente [ɛ̃kɔerɑ̃, -ɑ̃t] unzusammenhängend (*a fig*)
incollable [ɛ̃kɔlablə] F unschlagbar
incolore [ɛ̃kɔlɔr] farblos
incomber [ɛ̃kɔ̃be] (1a) obliegen (***à qn*** j-m)
incombustible [ɛ̃kɔ̃bystiblə] feuerfest, unverbrennbar

incommod|e [ɛ̃kɔmɔd] unpraktisch; **~er** (1a) belästigen
incom|parable [ɛ̃kɔ̃parablə] unvergleichlich; **~patible** [-patiblə] unvereinbar (**avec** mit); **~préhensible** [-preɑ̃siblə] unbegreiflich, unverständlich
incon|cevable [ɛ̃kɔ̃svablə] unbegreiflich, unfassbar; **~ciliable** [-siljablə] unvereinbar (**avec** mit)
▶ **inconnu, ~e** [ɛ̃kɔny] unbekannt
inconsci|ent, ~ente [ɛ̃kɔ̃sjɑ̃, -ɑ̃t] **1.** *adj* unüberlegt; bewusstlos; unbewusst; ⚠ *adv* **inconsciemment** [-amɑ̃]; **2.** *m psych* **l'~** das Unbewusste
inconsidéré, ~e [ɛ̃kɔ̃sidere] unbedacht, unbesonnen
inconsolable [ɛ̃kɔ̃sɔlablə] untröstlich
inconst|ant, ~ante [ɛ̃kɔ̃stɑ̃, -ɑ̃t] unbeständig
incontestable [ɛ̃kɔ̃tɛstablə] unbestreitbar, unstrittig
inconven|ant, ~ante [ɛ̃kɔ̃vnɑ̃, -ɑ̃t] unschicklich
▶ **inconvénient** [ɛ̃kɔ̃venjɑ̃] *m* Nachteil *m*
incorrect, ~e [ɛ̃kɔrɛkt] unrichtig; un-, inkorrekt
incorrigible [ɛ̃kɔriʒiblə] unverbesserlich
incorruptible [ɛ̃kɔryptiblə] unveränderlich; unbestechlich
incrédule [ɛ̃kredyl] skeptisch, ungläubig
incriminer [ɛ̃krimine] (1a) beschuldigen; beanstanden
incroyable [ɛ̃krwajablə] unglaublich
incubation [ɛ̃kybasjɔ̃] *f* Brüten *n*; *méd* Inkubationszeit *f*
inculper [ɛ̃kylpe] (1a) anklagen, beschuldigen
inculquer [ɛ̃kylke] (1m) **~ qc à qn** j-m etw einschärfen
inculte [ɛ̃kylt] unbebaut; ungepflegt (*Bart*); ungebildet
incurable [ɛ̃kyrablə] unheilbar
incurie [ɛ̃kyri] *f* Nachlässigkeit *f*, Schlamperei *f* F
▶ **Inde** [ɛ̃d] *f* **l'~** Indien *n*
indéc|ent, ~ente [ɛ̃desɑ̃, -ɑ̃t] unanständig
indéchiffrable [ɛ̃deʃifrablə] unentzifferbar; rätselhaft
indéc|is, ~ise [ɛ̃desi, -iz] unentschieden; unentschlossen; ungenau
indéfin|i, ~ie [ɛ̃defini] unbestimmt; **~iment** [-imɑ̃] *adv* unbegrenzt; **~issable** [-isablə] unbestimmbar
indélébile [ɛ̃delebil] unauslöschlich
indemne [ɛ̃dɛmnə] unverletzt
indemniser [ɛ̃dɛmnize] (1a) entschädigen (**de qc** für etw)
▶ **indemnité** [ɛ̃dɛmnite] *f* Entschädigung *f*; Schaden(s)ersatz *m*; Vergütung *f*, Zulage *f*
indéniable [ɛ̃denjablə] unleugbar
indépendance [ɛ̃depɑ̃dɑ̃s] *f* Unabhängigkeit *f*
▶ **indépend|ant, ~ante** [ɛ̃depɑ̃dɑ̃, -ɑ̃t] unabhängig (**de** von); ⚠ *adv* **indépendamment** [-amɑ̃]
indescriptible [ɛ̃dɛskriptiblə] unbeschreiblich
indésirable [ɛ̃dezirablə] unerwünscht
index [ɛ̃dɛks] *m* **1.** Index *m*, Register *n*; **2.** Zeigefinger *m*
indica|teur, ~trice [ɛ̃dikatœr, -tris] **1.** *adj* Hinweis...; **2.** *m* Anzeiger *m*; Indikator *m*; Kursbuch *n*
▶ **indicat|tif, ~ive** [ɛ̃dikatif, -iv] **1.** *adj* anzeigend, informatorisch; **2.** *m gr* Indikativ *m*; *Radio*: Erkennungsmelodie *f*; *tél* Vorwählnummer *f*
▶ **indication** [ɛ̃dikasjɔ̃] *f* Angabe *f*, Hinweis *m*, Auskunft *f*; Merkmal *n*, Anzeichen *n*
indice [ɛ̃dis] *m* Anzeichen *n*, Hinweis *m*; (*Lebenshaltungs- etc*) Index *m*; **~ de protection** Lichtschutzfaktor *m*
indicible [ɛ̃disiblə] unaussprechlich, unsagbar
ind|ien, ~ienne [ɛ̃djɛ̃, -jɛn] **1.** *adj* indisch; indianisch; **2.** ♀ *m*, *f* Inder(in) *m(f)*; Indianer(in) *m(f)*
indiffér|emment [ɛ̃diferamɑ̃] *adv* unterschiedslos; **~ence** [-ɑ̃s] *f* Gleichgültigkeit *f*
▶ **indiffér|ent, ~ente** [ɛ̃diferɑ̃, -ɑ̃t] gleichgültig
indigène [ɛ̃diʒɛn] *m*, *f* Eingeborene(r) *m*, *f*
indig|ent, ~ente [ɛ̃diʒɑ̃, -ɑ̃t] bedürftig
indigeste [ɛ̃diʒɛst] schwer verdaulich, unverdaulich
▶ **indigestion** [ɛ̃diʒɛstjɔ̃] *f méd* Magenverstimmung *f*
indignation [ɛ̃diɲasjɔ̃] *f* Entrüstung *f*, Empörung *f*
indign|e [ɛ̃diɲ] unwürdig (**de qn**, **de qc** j-s, e-r Sache); **~er** (1a) empören; **s'~**

de qc*, *contre qn sich über etw, über j-n entrüsten, empören
▶ **indiquer** [ɛ̃dike] (1m) (an)zeigen, hinweisen auf, angeben
indiscr|et, ~ète [ɛ̃diskrɛ, -ɛt] indiskret
indiscutable [ɛ̃diskytablə] unbestreitbar; ⚠ *nicht* indiskutabel
▶ **indispensable** [ɛ̃dispɑ̃sablə] unentbehrlich, unerlässlich
indisponible [ɛ̃dispɔniblə] nicht verfügbar; unabkömmlich
indispos|é, ~ée [ɛ̃dispoze] unpässlich; **~er** (1a) verstimmen, verärgern
indissoluble [ɛ̃disɔlyblə] un(auf)löslich
indist|inct, ~incte [ɛ̃distɛ̃(kt), -ɛ̃kt] undeutlich, ungenau
individu [ɛ̃dividy] *m* Individuum *n* (*a péj*)
individu|el, ~elle [ɛ̃dividɥɛl] individuell, persönlich; einzeln
Indochin|e [ɛ̃dɔʃin] *f hist* ***l'~*** Indochina *n*; **2ois, 2oise** indochinesisch
indocile [ɛ̃dɔsil] unfolgsam
indol|ent, ~ente [ɛ̃dɔlɑ̃, -ɑ̃t] träge; lässig
indolore [ɛ̃dɔlɔr] schmerzlos
Indonésie [ɛ̃dɔnezi] *f* ***l'~*** Indonesien *n*
indu, ~e [ɛ̃dy] ***à une heure ~e*** zu unpassender Zeit
indubitable [ɛdybitablə] unzweifelhaft
induire [ɛ̃dɥir] (4c) **1.** ***~ qn en erreur*** j-n irreführen; **2.** folgern
indulg|ence [ɛ̃dylʒɑ̃s] *f* Nachsicht *f*; **~ent, ~ente** [-ɑ̃, -ɑ̃t] nachsichtig
industrialiser [ɛ̃dystrijalize] (1a) industrialisieren
▶ **industrie** [ɛ̃dystri] *f* Industrie *f*; ***~ lourde*** Schwerindustrie *f*; ***~ automobile*** Autoindustrie *f*
▶ **industriel, ~le** [ɛ̃dystrijɛl] **1.** *adj* industriell, Industrie...; **2.** *m* Industrielle(r) *m*
inébranlable [inebrɑ̃lablə] unerschütterlich
inefficace [inefikas] unwirksam
inégal, ~e [inegal] (⚠ *m/pl* ***-aux***) ungleich(mäßig); uneben; **~ité** *f* Ungleichheit *f*; Unebenheit *f*
inéluctable [inelyktablə] unabwendbar, unvermeidlich
inepte [inɛpt] dumm, albern
ineptie [inɛpsi] *f* Dummheit *f*; ***~s pl*** dummes Zeug *n*, Unsinn *m*; ⚠ *Aussprache*
inerte [inɛrt] regungslos; träge
inertie [inɛrsi] *f* Trägheit *f* (*a phys*), Untätigkeit *f*; ⚠ *Aussprache*
inespéré, ~e [inɛspere] unverhofft
inestimable [inɛstimablə] unschätzbar
inévitable [inevitablə] unvermeidlich
inex|act, ~acte [inɛgza(kt), -akt] ungenau; unpünktlich
inexcusable [inɛkskyzablə] unentschuldbar
inexorable [inɛgzɔrablə] unerbittlich
inexpérience [inɛksperjɑ̃s] *f* Unerfahrenheit *f*
inexpérimenté, ~e [inɛksperimɑ̃te] unerfahren
inexplicable [inɛksplikablə] unerklärlich
inexprimable [inɛksprimablə] unaussprechlich
inextricable [inɛkstrikablə] unentwirrbar (*a fig*)
infaillible [ɛ̃fajiblə] unfehlbar
infalsifiable [ɛ̃falsifjablə] fälschungssicher
infâme [ɛ̃fɑm] ehrlos, niederträchtig, infam; ⚠ *aber* ***infamie***
infamie [ɛ̃fami] *f* Ehrlosigkeit *f*, Schande *f*; Schändlichkeit *f*
infantile [ɛ̃fɑ̃til] Kinder..., *péj* kindisch, infantil
infarctus [ɛ̃farktys] *m méd* ***~ du myocarde*** Herzinfarkt *m*
infatigable [ɛ̃fatigablə] unermüdlich
infatué, ~e [ɛ̃fatɥe] ***être ~ de sa personne*** sehr von sich eingenommen sein
infect, ~e [ɛ̃fɛkt] ekelhaft; scheußlich; **~er** (1a) anstecken, infizieren; verpesten
infection [ɛ̃fɛksjɔ̃] *f méd* Ansteckung *f*, Infektion *f*; *fig* scheußlicher Gestank *m*
▶ **inférieur, ~e** [ɛ̃ferjœr] **1.** *adj* untere, Unter...; geringer, niedriger (**à** als); **2.** *m, f* Untergebene(r) *m, f*
infériorité [ɛ̃ferjɔrite] *f* Unterlegenheit *f*; Minderwertigkeit *f*
infernal, ~e [ɛ̃fɛrnal] (⚠ *m/pl* ***-aux***) höllisch
infester [ɛ̃fɛste] (1a) heimsuchen; befallen
infidèle [ɛ̃fidɛl] untreu; *rel* ungläubig
infiltrer [ɛ̃filtre] (1a) **s'~** eindringen; *fig* sich einschleichen
infime [ɛ̃fim] winzig (klein)
infini, ~e [ɛ̃fini] unendlich; ⚠ *adv* ***infiniment***

I

infinité [ɛ̃finite] *f* Unendlichkeit *f*; Unmenge *f*
infirm|e [ɛ̃firm] behindert; gebrechlich; **~er** (1a) *fig* entkräften; **~erie** [-əri] *f* Krankenabteilung *f*; *mil* Krankenrevier *n*
▶ **infirm|ier, ~ière** *m, f* [ɛ̃firmje, -jɛr] Krankenpfleger *m*, -schwester *f*; **~ité** *f* Gebrechen *n*
inflamma|ble [ɛ̃flamablə] entzündbar; **~tion** *f méd* Entzündung *f*
inflation [ɛ̃flasjɔ̃] *f* Inflation *f*
inflexion [ɛ̃flɛksjɔ̃] *f* Biegung *f*
infliger [ɛ̃fliʒe] (1l) *Strafe*: auferlegen, verhängen; *Beleidigung*: zufügen
▶ **influ|ence** [ɛ̃flyɑ̃s] *f* Einfluss *m*; **~encer** [-ɑ̃se] (1k) beeinflussen; **~ent, ~ente** [-ɑ̃, -ɑ̃t] einflussreich; **~er** (1n) Einfluss haben (**sur** auf)
informatic|ien, ~ienne [ɛ̃fɔrmatisjɛ̃, -jɛn] *m, f* Informatiker(in) *m(f)*
▶ **information** [ɛ̃fɔrmasjɔ̃] *f* Information *f*; Nachricht *f*; Auskunft *f*; *jur* Ermittlungen *f/pl*
informatique [ɛ̃fɔrmatik] *f* Datenverarbeitung *f*; Informatik *f*
informatiser [ɛ̃fɔrmatize] (1a) computerisieren; auf EDV umstellen
informe [ɛ̃fɔrm] formlos
▶ **informer** [ɛ̃fɔrme] (1a) ***informer qn de qc*** j-n von etw benachrichtigen, in Kenntnis setzen, j-n über etw informieren, unterrichten; *jur* ***informer contre qn*** gegen j-n Ermittlungen durchführen; ▶ ***s'informer de qc auprès de qn*** sich nach etw bei j-m erkundigen
infortuné, ~e [ɛ̃fɔrtyne] unglücklich, glücklos
infraction [ɛ̃fraksjɔ̃] *f* Verstoß *m*; **~ *au code de la route*** Verkehrsdelikt *n*
infrastructure [ɛ̃frastryktyr] *f écon* Infrastruktur *f*; *Straße*: Unterbau *m*
infroissable [ɛ̃frwasablə] knitterfrei
infructu|eux, ~euse [ɛ̃fryktɥø, -øz] erfolglos, vergeblich
infuser [ɛ̃fyze] (1a) **1.** *in e-r Flüssigkeit*: ***faire ~*** ziehen lassen; **2.** *fig* einflößen
infusion [ɛ̃fyzjɔ̃] *f* (Kräuter-)Tee *m*; Aufguss *m*; ⚠ *nicht* Infusion
ingénierie [ɛ̃ʒenjeri] *f* Technik *f*; **~ *génétique*** Gentechnik *f*
▶ **ingéni|eur** [ɛ̃ʒenjœr] *m* Ingenieur *m*; **~eux, ~euse** [-ø, -øz] erfinderisch, einfallsreich; sinnreich, geschickt; **~osité** [-ozite] *f* Erfindungsgabe *f*, Einfallsreichtum *m*
ingénu, ~e [ɛ̃ʒeny] unbefangen, naiv
ingér|ence [ɛ̃ʒerɑ̃s] *f* Einmischung *f*; **~er** (1f) *Nahrung*: aufnehmen; **s'~** sich einmischen (**dans** in)
ingr|at, ~ate [ɛ̃gra, -at] undankbar
ingrédient [ɛ̃gredjɑ̃] *m* Zutat *f*; Bestandteil *m*
inguérissable [ɛ̃gerisablə] unheilbar
ingurgiter [ɛ̃gyrʒite] (1a) gierig verschlingen
inhabitable [inabitablə] unbewohnbar
inhabituel, ~le [inabitɥɛl] ungewohnt; ungewöhnlich
inhaler [inale] (1a) einatmen, inhalieren
inhér|ent, ~ente [inerɑ̃, -ɑ̃t] innewohnend, anhaftend (**à qc** e-r Sache)
inhibition [inibisjɔ̃] *f psych* Hemmung *f*
inhum|ain, ~aine [inymɛ̃, -ɛn] unmenschlich
inhumer [inyme] (1a) bestatten
inimitable [inimitablə] unnachahmlich
inimitié [inimitje] *f* Feindschaft *f*
ininflammable [inɛ̃flamablə] unentzündbar
inintelligible [inɛ̃teliʒiblə] unverständlich
iniquité [inikite] *f* Ungerechtigkeit *f*
initial, ~e [inisjal] (⚠ *m/pl* ***-aux***) Anfangs...
initia|teur, ~trice [inisjatœr, -tris] *m, f* Initiator(in) *m(f)*; **~tive** [-tiv] *f* Initiative *f*; ***syndicat** m **d'~*** Fremdenverkehrsamt *n*
initier [inisje] (1a) einweihen; ***s'~ à qc*** sich mit etw vertraut machen
injecter [ɛ̃ʒɛkte] (1a) einspritzen; ***injecté de sang*** *Auge*: blutunterlaufen
injection [ɛ̃ʒɛksjɔ̃] *f* Einspritzung *f*, Injektion *f*
injur|e [ɛ̃ʒyr] *f* Beleidigung *f*; Schimpfwort *n*; **~ier** [-je] (1a) beschimpfen; **~ieux, ~ieuse** [-jø, -jøz] beleidigend
▶ **injust|e** [ɛ̃ʒyst] ungerecht; **~ice** [-is] *f* Ungerechtigkeit *f*, Unrecht *n*
inlassable [ɛ̃lasablə] unermüdlich
inné, ~e [in(n)e] angeboren
innocence [inɔsɑ̃s] *f* Unschuld *f*
▶ **innoc|ent, ~ente** [inɔsɑ̃, -ɑ̃t] unschuldig; naiv; harmlos
innombrable [inɔ̃brablə] unzählig
innova|teur, ~trice [inɔvatœr, -tris] innovativ; **~tion** *f* Neuerung *f*

inoccupé, ~e [inɔkype] untätig; unbewohnt, leer
inodore [inɔdɔr] geruchlos
inoffens|if, ~ive [inɔfɑ̃sif, -iv] harmlos
inond|ation [inɔ̃dasjɔ̃] *f* Überschwemmung *f*; **~er** (1a) überschwemmen
inopiné, ~e [inɔpine] unerwartet, unvermutet; ⚠ *adv* ***inopinément***
inoubliable [inublijablə] unvergesslich
inouï, ~e [inwi] unglaublich, unerhört
inoxydable [inɔksidablə] rostfrei
▶ **inqui|et, ~ète** [ɛ̃kjɛ, -ɛt] unruhig
inquiét|er [ɛ̃kjete] (1f) beunruhigen; ▶ ***s'inquiéter*** sich sorgen; **~ude** [-yd] *f* Unruhe *f*, Besorgnis *f*
insalubre [ɛ̃salybrə] ungesund
insatiable [ɛ̃sasjablə] unersättlich
inscription [ɛ̃skripsjɔ̃] *f* Einschreibung *f*; In-, Aufschrift *f*; *Universität*: Immatrikulation *f*
▶ **inscrire** [ɛ̃skrir] (4f) eintragen; anmelden; **s'~** sich einschreiben; sich anmelden; *fig* **s'~ dans** in Verbindung stehen mit
▶ **insect|e** [ɛ̃sɛkt] *m* Insekt *n*; **~icide** [-isid] *m* Insektenvertilgungsmittel *n*; **~ifuge** [-ifyʒ] *m* Insektenschutzmittel *n*
INSEE [inse] *m* (*abr* ***Institut national de la statistique et des études économiques***) statistisches Amt Frankreichs
insensé, ~e [ɛ̃sɑ̃se] unsinnig, sinnlos
insens|ibiliser [ɛ̃sɑ̃sibilize] (1a) *méd* betäuben; **~ible** unempfindlich; unmerklich
inséparable [ɛ̃separablə] untrennbar (**de qc** mit etw verbunden); unzertrennlich
insérer [ɛ̃sere] (1f) einfügen, -setzen; **s'~ *dans*** in Zusammenhang stehen mit; sich einordnen in
insertion [ɛ̃sɛrsjɔ̃] *f* Einfügung *f*, -setzung *f*
insidi|eux, ~euse [ɛ̃sidjø, -øz] hinterhältig, heimtückisch
insigne [ɛ̃siɲ] *m* Abzeichen *n*
insignifi|ant, ~ante [ɛ̃siɲifjɑ̃, -ɑ̃t] unbedeutend
insinuer [ɛ̃sinɥe] (1n) zu verstehen geben; **s'~** (unbemerkt) eindringen; sich einschmeicheln
insipide [ɛ̃sipid] geschmacklos, fade
▶ **insister** [ɛ̃siste] (1a) darauf bestehen, nicht lockerlassen; ~ ***pour*** (+ *inf*) darauf bestehen *od* beharren zu (+ *inf*); ~ ***sur qc*** Nachdruck *m* auf etw legen
insolation [ɛ̃sɔlasjɔ̃] *f* Sonnenstich *m*
insol|ence [ɛ̃sɔlɑ̃s] *f* Frechheit *f*, Unverschämtheit *f*; **~ent, ~ente** [-ɑ̃, -ɑ̃t] frech, unverschämt; ⚠ *adv* ***insolemment*** [-amɑ̃]
insolite [ɛ̃sɔlit] ungewöhnlich
insoluble [ɛ̃sɔlyblə] unlöslich; unlösbar
insolvable [ɛ̃sɔlvablə] zahlungsunfähig, insolvent
insomnie [ɛ̃sɔmni] *f* Schlaflosigkeit *f*
insonoriser [ɛ̃sɔnɔrize] (1a) schalldicht machen
insouci|ant, ~ante [ɛ̃susjɑ̃, -ɑ̃t] sorglos, unbekümmert
inspec|ter [ɛ̃spɛkte] (1a) beaufsichtigen, inspizieren, mustern; **~teur, ~trice** *m, f* Aufsichtsbeamte(r) *m*, -beamtin *f*; Inspektor(in) *m(f)*; ~ (***de l'enseignement primaire***) Schulrat *m*, -rätin *f*
inspection [ɛ̃spɛksjɔ̃] *f* Inspektion *f*, Aufsicht *f*
inspir|ation [ɛ̃spirasjɔ̃] *f* Einatmen *n*; *fig* Eingebung *f*, Inspiration *f*; **~er** (1a) einatmen; inspirieren, begeistern, anregen
instable [ɛ̃stablə] labil; unbeständig
installation [ɛ̃stalasjɔ̃] *f* Installation *f*, Anlage *f*, Einrichtung *f*; Amtseinführung *f*
▶ **installer** [ɛ̃stale] (1a) installieren, einbauen; unterbringen; einführen; ▶ ***s'installer*** sich niederlassen; sich festsetzen
instamment [ɛ̃stamɑ̃] *adv* inständig
instance [ɛ̃stɑ̃s] *f* dringende Bitte *f*; *jur* Klage *f*, Verfahren *n*, Instanz *f*; ***sur les ~s de qn*** auf j-s Drängen
▶ **instant** [ɛ̃stɑ̃] *m* Augenblick *m*; ***à l'~*** soeben; ***en un ~*** im Nu; ***par ~s*** zeitweise; ***à l'~ où*** in dem Moment, als
instantané, ~e [ɛ̃stɑ̃tane] **1.** *adj* augenblicklich; **2.** *m Foto*: Momentaufnahme *f*; **~ment** *adv* sofort
instiga|teur, ~trice [ɛ̃stigatœr, -tris] *m, f* Anstifter(in) *m(f)*; **~tion** *f* ***à l'~ de*** auf Betreiben von
instinct [ɛ̃stɛ̃] *m* Instinkt *m*, Trieb *m*
instinct|if, ~ive [ɛ̃stɛ̃ktif, -iv] instinktiv
instituer [ɛ̃stitɥe] (1n) einsetzen, einführen
institut [ɛ̃stity] *m* (Forschungs-)Institut *n*; ~ ***de beauté*** Schönheitssalon *m*; ~ ***de la consommation*** Verbraucherzentrale *f*

I

▶ **institu|teur, ~trice** [ɛ̃stitytœr, -tris] *m, f* (Volksschul-)Lehrer(in) *m(f)*
institution [ɛ̃stitysjɔ̃] *f* **1.** Einrichtung *f*, Institution *f*; Einsetzung *f*, Einführung *f*; **2.** (private) Erziehungs- *od* Lehranstalt *f*
instruct|eur [ɛ̃stryktœr] *m mil* Ausbilder *m*; **~if, ~ive** [-if, -iv] lehrreich
instruction [ɛ̃stryksjɔ̃] *f* Ausbildung *f*, Unterricht *m*; Wissen *n*, Kenntnisse *f/pl*; Vorschrift *f*; *jur* Untersuchung *f*; *EDV* Befehl *m*; ▶ ***instruction civique*** Staatsbürgerkunde *f*
instruire [ɛ̃strɥir] (4c) unterrichten; *jur* ermitteln
▶ **instrument** [ɛ̃strymɑ̃] *m* Instrument *n*, Werkzeug *n*; *jur* Urkunde *f*
insu [ɛ̃sy] ***à l'~ de*** ohne Wissen (+ *gén*); ***à mon ~*** ohne mein Wissen
insubmersible [ɛ̃sybmɛrsiblə] unsinkbar
insubordination [ɛ̃sybɔrdinasjɔ̃] *f* Ungehorsam *m* (*a mil*)
insuccès [ɛ̃syksɛ] *m* Misserfolg *m*
insuffis|ant, ~ante [ɛ̃syfizɑ̃, -ɑ̃t] ungenügend, unzulänglich; ⚠ *adv* ***insuffisamment*** [-amɑ̃]
insulaire [ɛ̃sylɛr] **1.** *adj* Insel...; **2.** *m, f* Inselbewohner(in) *m(f)*
insuline [ɛ̃sylin] *f* Insulin *n*; ⚠ ***une ~***
insult|e [ɛ̃sylt] *f* Beleidigung *f*; **~er** (1a) beleidigen, beschimpfen
insupportable [ɛ̃sypɔrtablə] unerträglich; unausstehlich
insurmontable [ɛ̃syrmɔ̃tablə] unüberwindlich
insurrection [ɛ̃syrɛksjɔ̃] *f* Aufstand *m*
intact, ~e [ɛ̃takt] unberührt, intakt, unversehrt
intarissable [ɛ̃tarisablə] nie versiegend, unerschöpflich
intégral, ~e [ɛ̃tegral] (⚠ *m/pl* ***-aux***) vollständig
intégr|ant, ~ante [ɛ̃tegrɑ̃, -ɑ̃t] ***partie f intégrante*** wesentlicher Bestandteil *m*
intègre [ɛ̃tɛgrə] unbescholten, rechtschaffen
intégri|sme [ɛ̃tegrismə] *m* Fundamentalismus *m*; **~ste 1.** *adj* fundamentalistisch; **2.** *m, f* Fundamentalist(in) *m(f)*
intégrité [ɛ̃tegrite] *f* Vollständigkeit *f*; Rechtschaffenheit *f*
▶ **intelligence** [ɛ̃teliʒɑ̃s] *f* Intelligenz *f*, Klugheit *f*, Einsicht *f*; Einvernehmen *n*; ***~ artificielle*** künstliche Intelligenz *f*
▶ **intellig|ent, ~ente** [ɛ̃teliʒɑ̃, -ɑ̃t] intelligent, klug; **~ible** verständlich
intempér|ance [ɛ̃tɑ̃perɑ̃s] *f* Unmäßigkeit *f*; **~ies** [-i] *f/pl* Witterungsunbilden *pl*
intempest|if, ~ive [ɛ̃tɑ̃pɛstif, -iv] unangebracht
intenable [ɛ̃t(ə)nablə] unhaltbar; unerträglich
intend|ance [ɛ̃tɑ̃dɑ̃s] *f* Verwaltung *f*; **~ant, ~ante** [-ɑ̃, -ɑ̃t] *m, f* Verwalter(in) *m(f)*; *Schule*: Verwaltungsdirektor(in) *m(f)*
intense [ɛ̃tɑ̃s] intensiv, stark; ⚠ *adv* ***intensément***
intens|if, ~ive [ɛ̃tɑ̃sif, -iv] intensiv
intensité [ɛ̃tɑ̃site] *f* Intensität *f*, Stärke *f*
▶ **intention** [ɛ̃tɑ̃sjɔ̃] *f* Absicht *f*
intentionnel, ~le [ɛ̃tɑ̃sjɔnɛl] absichtlich
inter [ɛ̃tɛr] *m* **1.** (*abr* ***intérieur***) *Sport*: Halbstürmer *m*; **2.** (*abr* ***interurbain***) *tél* Fernamt *n*
interact|if, ~ive [ɛ̃tɛraktif, -iv] interaktiv
intercaler [ɛ̃tɛrkale] (1a) einschieben
intercéder [ɛ̃tɛrsede] (1f) ***~ pour qn*** sich für j-n verwenden
intercepter [ɛ̃tɛrsɛpte] (1a) abfangen; *Brief*: unterschlagen
interchangeable [ɛ̃tɛrʃɑ̃ʒablə] austauschbar, auswechselbar
intercité [ɛ̃tɛrsite] *m* Intercity *m*
interclasse [ɛ̃tɛrklas] *m* kurze Pause *f* (zwischen 2 Unterrichtsstunden)
interconnecter [ɛ̃tɛrkɔnɛkte] (1a) vernetzen
interdépendance [ɛ̃tɛrdepɑ̃dɑ̃s] *f* gegenseitige Abhängigkeit *f*
interdiction [ɛ̃tɛrdiksjɔ̃] *f* Verbot *n*
▶ **inter|dire** [ɛ̃tɛrdir] (4m) untersagen, verbieten (***à qn de faire qc*** j-m, etw zu tun); *jur* entmündigen; ⚠ ***vous interdisez***; **~dit, ~dite** [-di, -dit] verboten; bestürzt, verblüfft, sprachlos; *jur* entmündigt
▶ **intéress|ant, ~ante** [ɛ̃terɛsɑ̃, -ɑ̃t] interessant; **~é, ~ée** betroffen; interessiert; eigennützig
▶ **intéresser** [ɛ̃terese] (1b) interessieren; betreffen; *comm* beteiligen; ▶ ***s'intéresser à*** sich interessieren für

▶ **intérêt** [ɛ̃terɛ] *m* Interesse *n*; Eigennutz *m*; ▶ ***intérêts*** *pl* Zinsen *m/pl*

Was haben Zinsen mit Interesse zu tun?

1. *intérêt* = Interesse

lire un livre ***avec intérêt*** – ein Buch mit Interesse lesen
un professeur qui sait ***éveiller l'intérêt de ses élèves*** – ein Lehrer, der es versteht, bei seinen Schülern das Interesse zu wecken
défendre les intérêts des handicapés – die Interessen der Behinderten vertreten

2. *intérêts* = Zinsen

Jemand, der einem anderen Geld geliehen hat, hat ein Interesse daran, nicht nur die betreffende Geldsumme, sondern auch Zinsen zu erhalten:

payer des intérêts – Zinsen zahlen
Vous pourrez ***toucher des intérêts*** *de plus de 5%.* – Sie können Zinsen von mehr als 5% erhalten.

interface [ɛ̃tɛrfas] *f EDV* Schnittstelle *f*; ~ ***utilisateur*** Benutzeroberfläche *f*

interférence [ɛ̃tɛrferɑ̃s] *f phys* Interferenz *f*, Überlagerung *f* (*a fig*)

▶ **intérieur, ~e** [ɛ̃terjœr] **1.** *adj* innere, innerlich; **2.** *m* Innere(s) *n*; Inland *n*, Zuhause *n*; ▶ ***à l'intérieur*** innen; ***à l'intérieur de*** in, innerhalb (+ *gén*)

intérim [ɛ̃terim] *m* Zwischenzeit *f*; Vertretung *f*

intérioriser [ɛ̃terjɔrize] (1a) verinnerlichen

interlocu|teur, ~trice [ɛ̃tɛrlɔkytœr, -tris] *m, f* Gesprächspartner(in) *m(f)*

interlude [ɛ̃tɛrlyd] *m TV, Radio*: Pausenfüller *m*

intermède [ɛ̃tɛrmɛd] *m* Zwischenspiel *n*

intermédiaire [ɛ̃tɛrmedjɛr] **1.** *adj* dazwischenliegend, Zwischen...; **2.** *m* Vermittler(in) *m(f)*, Mittelsmann *m*; Vermittlung *f*; ***par l'~ de qn*** durch j-s Vermittlung

interminable [ɛ̃tɛrminablə] endlos

intermitt|ence [ɛ̃tɛrmitɑ̃s] *f* ***par ~*** in Abständen; unregelmäßig; **~ent, ~ente** [-ɑ̃, -ɑ̃t] unregelmäßig

internat [ɛ̃tɛrna] *m* **1.** Internat *n*; **2.** Assistenzarztzeit *f*

▶ **international, ~e** [ɛ̃tɛrnasjɔnal] (⚠ *m/pl* **-aux**) international

intern|e [ɛ̃tɛrn] **1.** *adj* innerlich; **2.** *m, f* Internatsschüler(in) *m(f)*; Assistenzarzt *m*, -ärztin *f*; **~er** (1a) internieren

Internet [ɛ̃tɛrnɛt] *m EDV* Internet *n*; *cf Info-Fenster Seite 184*

interpeller [ɛ̃tɛrpəle] (1a *für die Schreibung*, 1c *für die Aussprache*) ~ ***qn*** j-m e-e Frage stellen; *péj* j-n anfahren; *Polizei*: j-s Personalien überprüfen

interphone [ɛ̃tɛrfɔn] *m* Sprechanlage *f*

interpoler [ɛ̃tɛrpɔle] (1a) einschieben (*in e-n Text*)

interposer [ɛ̃tɛrpoze] (1a) dazwischenstellen; *jur* ***par personne interposée*** durch e-n Mittelsmann

interprétation [ɛ̃tɛrpretasjɔ̃] *f* **1.** Interpretation *f*, Deutung *f*, Auslegung *f*; **2.** *Theater*: Darstellung *f*; **3.** Dolmetschen *n*

▶ **inter|prète** [ɛ̃tɛrprɛt] *m, f* Dolmetscher(in) *m(f)*; Interpret(in) *m(f)*; **~préter** [-prete] (1f) interpretieren, auslegen, deuten; *Rolle*: darstellen

interroga|tion [ɛ̃tɛrɔgasjɔ̃] *f* Frage(form) *f*; ***point m d'~*** Fragezeichen *n*; **~toire** [-twar] *m* Verhör *n*

▶ **interroger** [ɛ̃tɛrɔʒe] (1l) ab-, be-, ausfragen; *jur* verhören

▶ **interrompre** [ɛ̃tɛrɔ̃prə] (4a) unterbrechen

interrup|teur [ɛ̃tɛryptœr] *m* Unterbrecher *m*, Schalter *m*; ~ ***à bascule*** Kippschalter *m*; **~tion** *f* Unterbrechung *f*

intersection [ɛ̃tɛrsɛksjɔ̃] *f* Schnittpunkt *m*; Kreuzung *f*

interurb|ain, ~aine [ɛ̃tɛryrbɛ̃, -ɛn] Fern...; ***communication f interurbaine*** Ferngespräch *n*

intervalle [ɛ̃tɛrval] *m* Zwischenraum *m*, -zeit *f*

I

Internet à la française

le Net	*kurz für*: das Internet
la Toile*/le Web	*kurz für*: das World Wide Web
l'accès au Net	der Zugang zum Internet
le fournisseur d'accès (à Internet)	der (Internet-) Provider
entrer sur Internet	ins Internet gehen
se connecter à Internet	sich im Internet einloggen
le mot de passe	das Passwort
naviguer sur Internet / *umgangssprachlich*: ***surfer sur le Net***	im Internet surfen
l'internaute *m* / *umgangssprachlich*: ***le surfeur***	der Internet-Surfer
le site Web	die Website
le navigateur	der Browser
le moteur de recherche	die Suchmaschine
faire une recherche dans le Web	eine Suche im World Wide Web ausführen
télécharger un texte	einen Text herunterladen
le message électronique	die E-Mail
l'adresse *f* ***e-mail*** [imɛl]	die E-Mail-Adresse
envoyer des messages	Mails versenden
dialoguer	chatten

* Kurzform für ***toile d'araignée mondiale***

intervenir [ɛ̃tɛrvənir] (2h) einschreiten, -greifen; vermitteln; sich ereignen
intervention [ɛ̃tɛrvɑ̃sjɔ̃] *f* Eingreifen *n*; *méd* Eingriff *m*
► **interview** [ɛ̃tɛrvju] *f* Interview *n*; ⚠ ***une ~***
intest|in, ~ine [ɛ̃tɛstɛ̃, -in] **1.** *adj* innere, intern; **2.** *m* Darm *m*; **~inal, ~inale** [-inal] (⚠ *m/pl* ***-aux***) Darm...
intime [ɛ̃tim] intim; vertraut; gemütlich
intimider [ɛ̃timide] (1a) einschüchtern
intimité [ɛ̃timite] *f* Vertrautheit *f*; Gemütlichkeit *f*; Privatleben *n*
intituler [ɛ̃tityle] (1a) betiteln
intolér|able [ɛ̃tɔlerablə] unerträglich; **~ance** *f* Unduldsamkeit *f*; **~ant, ~ante** [-ɑ̃, -ɑ̃t] unduldsam
intoxication [ɛ̃tɔksikasjɔ̃] *f* Vergiftung *f*
intoxiquer [ɛ̃tɔksike] (1m) vergiften (*a fig*)
intransige|ant, ~ante [ɛ̃trɑ̃ziʒɑ̃, -ɑ̃t] unnachgiebig
intransit|if, ~ive [ɛ̃trɑ̃zitif, -iv] *gr* intransitiv
intrépide [ɛ̃trepid] unerschrocken
intrig|ant, ~ante [ɛ̃trigɑ̃, -ɑ̃t] **1.** *adj* intrigant; **2.** *m, f* Intrigant(in) *m(f)*
intrigu|e [ɛ̃trig] *f* Intrige *f*, Machenschaft *f*, Ränkespiel *n*; **~s** *pl a* Umtriebe *m/pl*; **~er** (1m) intrigieren, Ränke schmieden; ~ ***qn*** j-n stutzig machen
introduction [ɛ̃trɔdyksjɔ̃] *f* Einführung *f*; Einleitung *f*
introduire [ɛ̃trɔdɥir] (4c) einführen; **s'~ *dans*** eindringen in
introuvable [ɛ̃truvablə] unauffindbar
intr|us, ~use [ɛ̃try, -yz] *m, f* Eindringling *m*; **~usion** [-yzjɔ̃] *f* Eindringen *n*
intuition [ɛ̃zɥisjɔ̃] *f* Intuition *f*, (Vor-)Ahnung *f*
inusable [inyzablə] unverwüstlich
inusité, ~e [inyzite] ungebräuchlich
► **inutil|e** [inytil] unnütz, nutzlos; unnötig, zwecklos; **~isable** [-izablə] unbrauchbar
invalid|e [ɛ̃valid] erwerbs-, arbeits-, dienstunfähig; **~er** (1a) *jur, pol* annullieren
invariable [ɛ̃varjablə] unveränderlich
invasion [ɛ̃vazjɔ̃] *f* Invasion *f*
invective [ɛ̃vɛktiv] *f* Beschimpfung *f*
inventaire [ɛ̃vɑ̃tɛr] *m* Inventar *n*; *comm* Inventur *f*
inven|ter [ɛ̃vɑ̃te] (1a) erfinden; **~teur,**

~trice *m, f* Erfinder(in) *m(f)*; **~tif, ~tive** [-tif, -tiv] erfinderisch

▶ **invention** [ɛ̃vɑ̃sjɔ̃] *f* Erfindung *f*

invers|e [ɛ̃vɛrs] **1.** *adj* umgekehrt; **2.** *m* Gegenteil *n*; **~er** (1a) umkehren, umpolen

investigation [ɛ̃vɛstigasjɔ̃] *f* Nachforschung *f*

invest|ir [ɛ̃vɛstir] (2a) (in ein Amt) einsetzen; *comm* anlegen, investieren; *mil* einschließen; **s'~** sich voll einbringen; **~issement** [-ismɑ̃] *m comm* Anlage *f*, Investition *f*; ⚠ *frz* ***investition*** *gibt es nicht*

invétéré, ~e [ɛ̃vetere] eingefleischt, eingewurzelt

invincible [ɛ̃vɛ̃siblə] unbesiegbar; unüberwindlich

inviolable [ɛ̃vjɔlablə] unverletzlich

invisible [ɛ̃viziblə] unsichtbar

▶ **invitation** [ɛ̃vitasjɔ̃] *f* Einladung *f*; Aufforderung *f*

▶ **invité, ~e** [ɛ̃vite] *m, f* Gast *m*

▶ **inviter** [ɛ̃vite] (1a) einladen (***qn à qc*** j-n zu etw); auffordern (**à** + *inf* zu)

invocation [ɛ̃vɔkasjɔ̃] *f rel* Anrufung *f*

involontaire [ɛ̃vɔlɔ̃tɛr] unfreiwillig, unabsichtlich, unwillkürlich

invoquer [ɛ̃vɔke] (1m) anrufen; sich berufen auf

invraisemblable [ɛ̃vrɛsɑ̃blablə] unwahrscheinlich

invulnérable [ɛ̃vylnerablə] unverwundbar

iode [jɔd] *m chim* Jod *n*

irai [ire] *futur von* ***aller***

Iran [irɑ̃] *m* **l'~** (der) Iran

Iraq [irak] *m* **l'~** (der) Irak

irascible [irasiblə] jähzornig

iris [iris] *m méd* Regenbogenhaut *f*; *bot* Schwertlilie *f*

irland|ais, ~aise [irlɑ̃dɛ, -ɛz] irisch

Irland|ais, ~aise [irlɑ̃dɛ, -ɛz] *m, f* Ire *m*, Irin *f*

Irlande [irlɑ̃d] *f* **l'~** Irland *n*; ***l'~ du Nord*** Nordirland *n*

iron|ie [irɔni] *f* Ironie *f*; **~ique** ironisch; **~iser** (1a) ironische Bemerkungen machen

irradiation [iradjasjɔ̃] *f* Bestrahlung *f*; (Aus-)Strahlung *f*

irraisonné, ~e [irɛzɔne] unbewusst; unsinnig

irréalisable [irealizablə] unausführbar

irréconciliable [irekɔ̃siljablə] unversöhnlich

irrécupérable [irekyperablə] nicht mehr brauchbar

irréductible [iredyktiblə] nicht reduzierbar; *fig* unbeugsam

irréel, ~le [ireɛl] irreal, unwirklich

irréfléchi, ~e [irefleʃi] unüberlegt, gedankenlos

irréfutable [irefytablə] unwiderlegbar

irrégul|ier, ~ière [iregylje, -jɛr] unregelmäßig

irré|médiable [iremedjablə] unheilbar; unabänderlich; **~parable** [-parablə] nicht wiederherstellbar; nicht wieder gutzumachen; unersetzlich; **~préhensible** [-preɑ̃siblə] *st/s* untadelig; **~prochable** [-prɔʃablə] tadellos, einwandfrei; **~sistible** [-zistiblə] unwiderstehlich

irrésolu, ~e [irezɔly] unentschlossen

irresponsable [irɛspɔ̃sablə] nicht verantwortlich; verantwortungslos

irré|versible [ireversiblə] nicht umkehrbar, nicht mehr rückgängig zu machen; **~vocable** [-vɔkablə] unwiderruflich

irri|gation [irigasjɔ̃] *f agr* Bewässerung *f*; **~guer** [-ge] (1m) bewässern, berieseln

irrit|able [iritablə] reizbar; **~er** (1a) reizen

islam [islam] *m rel* Islam *m*

Islande [islɑ̃d] *f* **l'~** Island *n*

isol|ant, ~ante [izɔlɑ̃, -ɑ̃t] **1.** *adj* isolierend; **2.** *m* Isolierstoff *m*; **~ation** *f tech* Isolierung *f*; Dämmung *f*; **~é, ~ée** einzeln; isoliert; abgelegen; einsam

isol|ement [izɔlmɑ̃] *m* Einsamkeit *f*; Abgelegenheit *f*; *pol* Isolation *f*; ⚠ *nicht verwechseln mit* ***isolation***; **~er** (1a) isolieren; **~oir** *m* Wahlzelle *f*

Israël [israɛl] *m* (⚠ *wird artikellos gebraucht*) Israel *n*

israél|ien, ~ienne [israeljɛ̃, -jɛn] israelisch

Israél|ien, ~ienne [israeljɛ̃, -jɛn] *m, f* Israeli *m, f*

issu, ~e [isy] **~ *de*** abstammend von, entstanden aus

issue [isy] *f* Ausgang *m*; *fig* Ausweg *m*; Ende *n*

isthme [ismə] *m* Landenge *f*

▶ **Italie** [itali] *f* **l'~** Italien *n*

▶ **ital|ien, ~ienne** [italjɛ̃, -jɛn] **1.** *adj* italienisch; **2.** *m* Italienisch *n*
▶ **Ital|ien, ~ienne** [italjɛ̃, -jɛn] Italiener(in) *m(f)*
italique [italik] *m* Schräg-, Kursivschrift *f*
itinéraire [itinerɛr] *m* Route *f*, Strecke *f*
I.V.G. [iveʒe] *f* (*abr* ***interruption volontaire de grossesse***) Schwangerschaftsabbruch *m*
ivoire [ivwar] *m* Elfenbein *n*
▶ **ivr|e** [ivrə] betrunken; *fig* trunken (**de** vor); **~esse** [-ɛs] *f* Trunkenheit *f*, Rausch *m*
ivrogn|e [ivrɔɲ] **1.** *adj* trunksüchtig; **2.** *m, f* Säufer(in) *m(f)*; **~erie** [-əri] *f* Trunksucht *f*

J

jacasser [ʒakase] (1a) schreien (*Elster*); plappern
jacinthe [ʒasɛ̃t] *f bot* Hyazinthe *f*
jacter [ʒakte] (1a) F quasseln
jadis [ʒadis] früher, einstmals
jaillir [ʒajir] (2a) hervorsprudeln, -brechen; entspringen; *fig* emporragen
jalousie [ʒaluzi] *f* **1.** Eifersucht *f*; Neid *m*; **2.** Jalousie *f*
▶ **jal|oux, ~ouse** [ʒalu, -uz] eifersüchtig; neidisch
▶ **jamais** [ʒamɛ] **1.** *positiv*: je(mals); **à ~** für immer; **2.** *negativ*: **ne ... ~** nie(mals); **ne ... ~ que** immer nur; **~ au grand ~** nie und nimmer
▶ **jambe** [ʒɑ̃b] *f* Bein *n*; *fig* **par-dessus la ~** nachlässig, oberflächlich
▶ **jambon** [ʒɑ̃bɔ̃] *m* Schinken *m*
jante [ʒɑ̃t] *f* (Rad-)Felge *f*
▶ **janvier** [ʒɑ̃vje] *m* Januar *m*; **en ~** im Januar; **le 7 ~** am 7. Januar; **le 7 ~ 1999** der 7. Januar 1999
▶ **Japon** [ʒapɔ̃] **le ~** Japan *n*
▶ **japon|ais, ~aise** [ʒapɔnɛ, -ɛz] japanisch
Japon|ais, ~aise [ʒapɔnɛ, -ɛz] *m, f* Japaner(in) *m(f)*
japper [ʒape] (1a) kläffen
jaquette [ʒakɛt] *f* Cut *m*; Kostümjacke *f*; Schutzumschlag *m* (*e-s Buches*)
▶ **jardin** [ʒardɛ̃] *m* Garten *m*; **~ d'enfants** Kindergarten *m*; **~ de rocaille** Steingarten *m*
jardin|age [ʒardinaʒ] *m* Gartenbau *m*, -arbeit *f*; **~et** [-ɛ] *m* Gärtchen *n*; **~ier, ~ière** [-je, -jɛr] *m, f* Gärtner(in) *m(f)*
jargon [ʒargɔ̃] *m* Fach-, Berufssprache *f*, Jargon *m*; *péj* Kauderwelsch *n*
jarret [ʒarɛ] *m* Kniekehle *f*; *cuis* Haxe *f*
jas|er [ʒɑze] (1a) schwatzen, klatschen; **~eur, ~euse 1.** *adj* schwatzhaft; **2.** *m, f* Schwätzer(in) *m(f)*
jatte [ʒat] *f* Napf *m*
jaug|e [ʒoʒ] *f* Eichmaß *n*; *tech* Lehre *f*; Messstab *m*; **~er** (1l) eichen; messen; *fig* abschätzen
jaunâtre [ʒonɑtrə] gelblich
▶ **jaun|e** [ʒon] gelb; **~ir** (2a) gelb färben; gelb werden; **~isse** [-is] *f méd* Gelbsucht *f*
Javel [ʒavɛl] **eau** *f* **de ~** Chlorwasser *n* (*zum Desinfizieren*)
javelot [ʒavlo] *m hist* Wurfspieß *m*; *Sport*: Speer *m*
J.-C. (*abr* ***Jésus-Christ***) Chr. (Christus)
▶ **je** [ʒ(ə)] ich
jean [dʒin] *m* Jeans *f*; ⚠ **le ~**
jean-foutre [ʒɑ̃futrə] P *m* (⚠ *pl unv*) Taugenichts *m*
je-m'en-fichisme [ʒmɑ̃fiʃismə] F *m*, **je-m'en-foutisme** [ʒmɑ̃futismə] F *m* Gleichgültigkeit *f*
je-ne-sais-quoi [ʒənəsɛkwa] *m* (⚠ *pl unv*) **un ~** ein gewisses Etwas
Jésus-Christ [ʒezykri] *rel* Jesus Christus
jet [ʒɛ] *m* Wurf *m*; Strahl *m*; *bot* Trieb *m*; **~ d'eau** Wasserstrahl *m*; Springbrunnen *m*, Fontäne *f*
jetable [ʒətablə] Wegwerf...
jetée [ʒ(ə)te] *f mar* Mole *f*, Hafendamm *m*
▶ **jeter** [ʒ(ə)te] (1c) werfen; wegwerfen;

bot treiben; **~ un pont** e-e Brücke schlagen

jeton [ʒ(ə)tõ] *m* Spielmarke *f*; Fernsprechmünze *f*

▶ **jeu** [ʒø] *m* (⚠ *pl* **~x**) Spiel *n*; Spielfeld *n*; Scherz *m*; *tech* Spiel *n*; *von Gegenständen*: Garnitur *f*, Satz *m*; **~ informatique** Computerspiel *n*; **~ télévisé** Gameshow *f*; **~ vidéo** Videospiel *f*

▶ **jeudi** [ʒødi] *m* Donnerstag *m*; **le ~**, **tous les ~s** donnerstags

jeun [ʒɛ̃, ʒœ̃] **à ~** nüchtern

▶ **jeune** [ʒœn] jung; jugendlich

jeûn|e [ʒøn] *m* Fasten *n*; **~er** (1a) fasten

▶ **jeunesse** [ʒœnɛs] *f* Jugend *f*; Jugendzeit *f*; Jugendlichkeit *f*

joaillerie [ʒɔajri] *f* Juweliergeschäft *n*; Juwelen *pl*, Schmuck *m*

joaill|ier, ~ière [ʒɔaje, -jɛr] *m*, *f* Juwelier *m*, Juwelenhändler(in) *m(f)*

Joconde [ʒɔkõd] *f* **la ~** die Mona Lisa

jogging [ʒɔgiŋ] *m* Jogging *n*; Jogginganzug *m*; **faire du ~** joggen

▶ **joie** [ʒwa] *f* Freude *f*

joindre [ʒwɛ̃drə] (4b) aneinander fügen, legen; hinzufügen; *Personen*: erreichen, treffen; *Hände*: falten; **se ~ à qn** sich j-m anschließen

joint¹, jointe [ʒwɛ̃, ʒwɛ̃t] verbunden; beigefügt

joint² [ʒwɛ̃] *m* Gelenk *n* (*a tech*); (Mauer-)Fuge *f*; Dichtung *f*

▶ **joli, ~e** [ʒɔli] hübsch, nett; ⚠ *adv* **joliment**

jonc [ʒõ] *m bot* Binse *f*

joncher [ʒõʃe] (1a) bestreuen, bedecken

jonction [ʒõksjõ] *f* Verbindung *f*, Vereinigung *f*

jongl|er [ʒõgle] (1a) jonglieren; **~erie** [-əri] *f* Gaukelei *f*; **~eur** *m* Jongleur *m*; Gaukler *m*

jonquille [ʒõkij] *f bot* Narzisse *f*, Osterglocke *f*

Jordanie [ʒɔrdani] **la ~** Jordanien *n*

▶ **joue** [ʒu] *f* Backe *f*

▶ **jouer** [ʒwe] (1a) spielen; spielen um, setzen; *fig* aufs Spiel setzen; *tech* Spiel haben; *Holz*: sich werfen; *Regelung*: gelten; **~ aux cartes** Karten spielen; **~ d'un instrument** ein *od* auf e-m Instrument spielen; **se ~** gespielt werden; sich abspielen; sich entscheiden; **se ~ de qn** j-n täuschen

▶ **jou|et** [ʒwɛ] *m* Spielzeug *n*; **~eur, ~euse** *m*, *f* Spieler(in) *m(f)*

joufflu, ~e [ʒufly] pausbäckig

joug [ʒu] *m* Joch *n*

jou|ir [ʒwir] (2a) **~ de** genießen; haben, besitzen; **~issance** [-isɑ̃s] *f* Genuss *m*; *jur* Nutzung *f*

joujou [ʒuʒu] F *m* (⚠ *pl* **~x**) Spielzeug *n*

joule [ʒul] *m* Joule *n*

▶ **jour** [ʒur] *m* Tag *m*; (Tages-)Licht *n*; Fenster *n*, Öffnung *f*; **jour de l'An** Neujahrstag *m*; **le jour** *od* **de jour** am Tage, tagsüber; **un jour** e-s Tages; **vivre au jour le jour** von der Hand in den Mund leben; **au grand jour** am hellen Tage; **de nos jours** heutzutage; **du jour au lendemain** von heute auf morgen, im Handumdrehen; ▶ **l'autre jour** neulich; **être à jour** auf dem Laufenden sein; **mettre à jour** auf den neuesten Stand bringen; **mettre au jour** ans Licht, zur Welt bringen; *fig* **se faire jour** zum Durchbruch kommen; **par jour** täglich; **un jour ou l'autre** über kurz oder lang; **d'un jour à l'autre** *od* **de jour en jour** von Tag zu Tag; **jour pour jour** auf den Tag genau; **il fait jour** es ist hell

le jour oder *la journée*?

Wird der Tag als zeitliche Einheit betrachtet (zum Beispiel bei Zeitangaben), so verwendet man ***le jour***:

Nous avons passé dix jours au bord de la mer. – Wir haben zehn Tage am Meer verbracht.

Denkt man bei einem Tag hingegen an dessen Verlauf, so ist ***la journée*** das passende Wort:

Vous avez passé une belle journée à Bordeaux? – Haben Sie einen schönen Tag in Bordeaux verbracht?

▶ **journal** [ʒurnal] *m* (⚠ *pl* **-aux**) Zeitung *f*; Tagebuch *n*; *TV*, *Radio*: Nachrichten *f/pl*; *cf Info-Fenster Seite 188*

journal|ier, ~ière [ʒurnalje, -jɛr] **1.** *adj* täglich; **2.** *m*, *f* Tagelöhner(in) *m(f)*

J

les journaux

In Frankreich gibt es eine Reihe überregionaler Tageszeitungen (***les quotidiens***):
Die angesehenste Tageszeitung ist ***Le Monde***, die überwiegend von Leuten mit guter Schulbildung und konservativer bis liberaler politischer Gesinnung gelesen wird.
Ein harter Konkurrent ist ***La Libération*** (oder kurz *Libé* genannt) geworden, ein liberales, politisch eher linkes Blatt, das durch seine peppige Aufmachung besticht.
Le Figaro ist für Leute mit konservativ-bürgerlicher Gesinnung, die nicht die Zeit haben, ausführliche Hintergrundartikel wie in *Le Monde* oder *La Libération* zu lesen.

Darüber hinaus existiert noch eine ganze Reihe wichtiger Tageszeitungen, die sich ausführlicher mit den Problemen einzelner Regionen Frankreichs beschäftigen und deshalb eher regionale Verbreitung genießen. Als Beispiele mögen hier genügen ***Ouest France*** (Rennes), ***La Dépêche du Midi*** (Toulouse), ***Le Provençal*** (Marseille), ***Nice-Matin*** (Nizza) und ***Les Dernières Nouvelles d'Alsace*** (Straßburg).

► **journaliste** [ʒurnalist] *m, f* Journalist(in) *m(f)*

► **journée** [ʒurne] *f* Tag *m*; Tagewerk *n*; Arbeitstag *m*; ► ***bonne journée!*** schönen Tag!

jovial, ~e [ʒɔvjal] (⚠ *m/pl* ***-aux*** *od* ***-als***) fröhlich, heiter; **~ité** *f* Frohsinn *m*, Heiterkeit *f*

joyau [ʒwajo] *m* (⚠ *pl* ***~x***) Kleinod *n*, Juwel *n*

► **joy|eux, ~euse** [ʒwajø, -øz] lustig, fröhlich

jubiler [ʒybile] (1a) sich unbändig freuen

judici|aire [ʒydisjɛr] gerichtlich; ***police f ~*** Kriminalpolizei *f*; **~eux, ~euse** [-ø, -øz] gescheit, vernünftig

judo [ʒydo] *m* Judo *n*; ***prise f de ~*** Judogriff *m*

► **juge** [ʒyʒ] *m* Richter(in) *m(f)*; Schiedsrichter *m*

► **jugement** [ʒyʒmɑ̃] *m* Urteil(sspruch) *n(m)*; Urteilsvermögen *n*; ***porter un ~ sur qc*** sich über etw äußern; *rel* ***le Jugement dernier*** das Jüngste Gericht *n*

jugeote [ʒyʒɔt] *f* F Grips *m*

► **juger** [ʒyʒe] (1l) richten, (ab)urteilen; beurteilen; halten für; ***~ de*** entscheiden über, ermessen

juguler [ʒygyle] (1a) im Keim ersticken; unter Kontrolle bringen

► **juif, juive** [ʒɥif, ʒɥiv] jüdisch

Juif, Juive [ʒɥif, ʒɥiv] *m, f* Jude *m*, Jüdin *f*

► **juillet** [ʒɥijɛ] *m* Juli *m*; ***en ~*** im Juli; ***le 16 ~*** am 16. Juli; ***le 16 ~ 1999*** der 16. Juli 1999

► **juin** [ʒɥɛ̃] *m* Juni *m*; ***en ~*** im Juni; ***le 5 ~*** am 5. Juni; ***le 5 ~ 2000*** der 5. Juni 2000

jum|eau, ~elle [ʒymo, -ɛl] (⚠ *m/pl* ***~x***) **1.** *adj* Zwillings...; Doppel...; **2.** *m, f* Zwilling(sbruder *m*, -schwester *f*) *m*; ***jumeaux*** *m/pl od* ***jumelles*** *f/pl* Zwillinge *m/pl*

jumel|age [ʒymlaʒ] *m* Koppeln *n*; *fig Städte*: Partnerschaft *f*; **~er** (1c) koppeln; *fig Städte*: durch e-e Partnerschaft verbinden

jumelles [ʒymɛl] *f/pl* Fernglas *n*

jument [ʒymɑ̃] *f zo* Stute *f*

jungle [ʒɛ̃glə, ʒœ̃-] *f* Dschungel *m*; ⚠ ***la ~***

► **jupe** [ʒyp] *f* (Frauen-)Rock *m*; **~-culotte** [-kylɔt] *f* (⚠ *pl* ***jupes-culottes***) Hosenrock *m*

jupon [ʒypɔ̃] *m* Unterrock *m*; *fig* ***courir le ~*** ein Schürzenjäger sein

Jura [ʒyra] ***le ~*** der Jura; ***le ~ suisse*** der Kanton Jura

juré [ʒyre] *m jur* Geschworene(r) *m*

► **jurer** [ʒyre] (1a) schwören; versichern; fluchen; ***~ avec qc*** sich nicht vertragen mit etw

jurid|iction [ʒyridiksjɔ̃] *f* Rechtsprechung *f*, Gerichtsbarkeit *f*; **~ique** rechtlich, juristisch; gerichtlich
jurisprudence [ʒyrisprydɑ̃s] *f* Rechtsprechung *f*
juron [ʒyrɔ̃] *m* Fluch *m*
jury [ʒyri] *m jur* Geschworenen *pl*; *allg* Jury *f*; Prüfungskommission *f*; ⚠ **le ~**
▶ **jus** [ʒy] *m* Saft *m*; *cuis* Bratensaft *m*; F Kaffee *m*
jusque [ʒysk(ə)] (*vor Vokal* ***jusqu'***) **1.** *prép meist mit* **à**: ▶ ***jusqu'à*** bis; ***jusqu'alors*** bis jetzt; **2.** *adv* sogar; **3.** *conj* ▶ ***jusqu'à ce que*** (+ *subj*) bis
justaucorps [ʒystokɔr] *m* Gymnastikanzug *m*, Trikot *n*
▶ **juste** [ʒyst] **1.** *adj* gerecht, berechtigt; richtig, genau, passend; (zu) eng; **2.** *adv* genau; gerade noch
▶ **justement** [ʒystəmɑ̃] *adv* gerade, eben; zu Recht
justesse [ʒystɛs] *f* Richtigkeit *f*, Genauigkeit *f*; **de ~** mit knapper Not; ⚠ *nicht verwechseln mit* ***justice***
▶ **justice** [ʒystis] *f* Gerechtigkeit *f*, Recht *n*; Rechtspflege *f*, Justiz *f*; Gericht(shof *m*) *n*
justifiable [ʒystifjablə] vertretbar
justification [ʒystifikasjɔ̃] *f* Rechtfertigung *f*; Nachweis *m*
justifier [ʒystifje] (1a) rechtfertigen; begründen; **~ de qc** etw nachweisen; **se ~ de qc** (**devant qn**) sich für etw (vor j-m) verantworten
jut|eux, ~euse [ʒytø, -øz] saftig
juvénile [ʒyvenil] jugendlich
juxtaposer [ʒykstapoze] (1a) nebeneinander stellen, legen; aneinander reihen

K

kaki [kaki] kakifarben
kangourou [kɑ̃guru] *m zo* Känguru *n*
karaté [karate] *m* Karate *n*
kart [kart] *m* Gokart *m*; **~ing** [-iŋ] *m* Gokart-Fahren *n*
Kenya [kenja] **le ~** Kenia *n*
képi [kepi] *m* Schirmmütze *f*; Käppi *n*
kermesse [kɛrmɛs] *f* Kirmes *f*
ketchup [kɛtʃœp] *m* Ketschup *n*
kif-kif [kifkif] F **c'est ~** das ist ganz egal
▶ **kilo|(gramme)** [kilo, kilɔgram] *m* (*abr* kg) Kilo(gramm) *n*; **~métrage** [-metraʒ] *m* Kilometerzahl *f*
▶ **kilo|mètre** [kilɔmɛtrə] *m* (*abr* km) Kilometer *m*; **~métrique** [-metrik] Kilometer...; **~-octet** [-ɔktɛ] (⚠ *pl* ***kilo-octets***) Kilobyte *n*
kiné [kine] *f* F Krankengymnastin *f*; **~sithérapeute** [-ziterapøt] *m*, *f* Krankengymnast(in) *m*(*f*); **~sithérapie** [-ziterapi] *f* Krankengymnastik *f*
kiosque [kjɔsk] *m* Kiosk *m*, Blumen-, Zeitungsstand *m*; (Garten-)Pavillon *m*
kit [kit] *m* Bastelsatz *m*; Set *n*
kiwi [kiwi] *m bot* Kiwi *f*; ⚠ **le ~**
klaxon [klaksɔn] *m auto* Hupe *f*
klaxonner [klaksɔne] (1a) hupen
Ko [kao] *m* (*abr* ***kilo-octet***) Kbyte *n*
Koweït [kɔweit] **le ~** Kuwait *n*
krach [krak] *m écon* Börsenkrach *m*
Kremlin [krɛmlɛ̃] **le ~** der Kreml
kyste [kist] *m méd* Zyste *f*; ⚠ **le ~**

L

▶ **la¹** [la] *cf* ***le***

la² [la] *m mus* a *od* A *n*

▶ **là** [la] da, dahin, dort, dorthin; ***de*** ~ von dorther; *kausal*: daher; ***par*** ~ da, dort (entlang, hindurch)

▶ **là-bas** [laba] da drüben, dahinten, dort

label [labɛl] *m comm* Warenkennzeichen *n*

labile [labil] *chim* instabil; ⚠ *nicht psych* labil

labor|atoire [labɔratwar] *m* Labor(atorium) *n*; ~ ***spatial*** Raumlabor *n*; ~ ***de langues*** Sprachlabor *n*; **~ieux, ~ieuse** [-jø, -jøz] arbeitsam; mühselig

labour [labur] *m* Feldarbeit *f*, Feldbestellung *f*; Pflügen *n*, Ackern *n*; **~er** (1a) pflügen, ackern

▶ **lac** [lak] *m* See *m*; ***le*** ~ ***de Constance*** der Bodensee; ***le*** ~ ***Léman*** der Genfer See

lacer [lase] (1k) (zu)schnüren

lacérer [lasere] (1f) zerreißen

lacet [lasɛ] *m* Schnürsenkel *m*, -band *n*; *pl* **~s** Serpentinen *f*/*pl*

▶ **lâche** [lɑʃ] locker, schlaff; *fig* feige; gemein; kraftlos

▶ **lâch|er** [lɑʃe] (1a) loslassen, fahren lassen; fallen lassen; *Bremsen*: nachgeben, versagen; *Seil*: reißen; **~eté** [-te] *f* Feigheit *f*

lacrymogène [lakrimɔʒɛn] ***gaz*** *m* ~ Tränengas *n*

lacté, ~e [lakte] Milch...; ***la voie lactée*** die Milchstraße

lacune [lakyn] *f* Lücke *f*

là-dedans [lad(ə)dɑ̃] drin(nen)

là-dessous [latsu] d(a)runter

là-dessus [latsy] d(a)rüber, d(a)rauf

▶ **là-haut** [lao] da (dr)oben

laïc [laik] *cf* ***laïque***

▶ **laid, laide** [lɛ, lɛd] hässlich

laideur [lɛdœr] *f* Hässlichkeit *f*

lainage [lɛnaʒ] *m* Wollstoff *m*, -jacke *f*

▶ **lain|e** [lɛn] *f* Wolle *f*; ~ ***de verre*** Glaswolle *f*; **~eux, ~euse** [-ø, -øz] wollig

laïque [laik] (⚠ *m a* ***laïc***) **1.** *égl* Laien..., weltlich; **2.** bekenntnisneutral, nicht kirchlich, laizistisch

laisse [lɛs] *f* Leine *f*

▶ **laisser** [lɛse] (1b) lassen; unterlassen, sein lassen, übrig lassen, zurücklassen, liegen lassen; zulassen; hinterlassen; vermachen; ~ ***faire qc à qn*** j-n etw tun lassen; ***se*** ~ ***aller*** sich gehenlassen; ***se*** ~ ***faire*** sich alles gefallen lassen

laisser|-aller [lɛseale] *m* Sichgehenlassen *n*, Nachlässigkeit *f*, Schlendrian *m* F; **~-faire** [-fɛr] *m* Gewährenlassen *n*

laissez-passer [lɛsepase] *m* (⚠ *pl unv*) Passierschein *m*

▶ **lait** [lɛ] *m* Milch *f*; ~ ***hydratant*** Feuchtigkeitslotion *f*; ***petit*** ~ Molke *f*; ~ ***U.H.T.*** H-Milch *f*

lait|age [lɛtaʒ] *m meist pl* **~s** Milchprodukte *n*/*pl*; **~erie** *f* Molkerei *f*; Milchgeschäft *n*; **~ier, ~ière** [-je, -jɛr] **1.** *adj* Milch..., Molkerei...; **2.** *m*, *f* Milchhändler(in) *m*(*f*)

laiton [lɛtɔ̃] *m* Messing *n*

laitue [lety] *f bot* Kopfsalat *m*

laïus [lajys] *m* F (endlose) Rede *f*

lambeau [lɑ̃bo] *m* (⚠ *pl* **~x**) Lumpen *m*, Fetzen *m*

lambiner [lɑ̃bine] (1a) F trödeln

lambris [lɑ̃bri] *m* Täfelung *f*

▶ **lame** [lam] *f* **1.** dünne Platte *f*; (Rasier- *etc*) Klinge *f*; **2.** Woge *f*, Welle *f*

lament|able [lamɑ̃tablə] kläglich, jämmerlich, jammervoll; **~ation** *f* Jammern *n*, Klagen *n*; **~er** (1a) ***se*** ~ jammern

lampadaire [lɑ̃padɛr] *m* Stehlampe *f*; Laternenpfahl *m*, Straßenlaterne *f*

▶ **lampe** [lɑ̃p] *f* Lampe *f*; Glühlampe *f*; *Radio*: Röhre *f*; ~ ***fluorescente*** Neonröhre *f*; ~ ***halogène*** Halogenlampe *f*; ~ ***à bronzer*** Höhensonne *f*; ~ ***de poche*** Taschenlampe *f*; ~ ***témoin*** Kontrollleuchte *f*

lampée [lɑ̃pe] *f* tüchtiger Schluck *m*

lamproie [lɑ̃prwa] *f zo* Neunauge *n*

lance [lɑ̃s] *f* Lanze *f*; *Feuerwehr*: Spritzdüse *f*; Spritze *f*

lancé, ~e [lɑ̃se] in Schwung, in Fahrt

lance-flammes [lɑ̃sflam] *m* (⚠ *pl unv*) *mil* Flammenwerfer *m*

lancement [lɑ̃smɑ̃] *m Sport*: Werfen *n*; *Schiff*: Stapellauf *m*; *Rakete*: Abschuss *m*; *fig* Einführung *f*, Lancierung *f*

lance-missiles [lɑ̃smisil] *m* (⚠ *pl unv*) Raketenabschussrampe *f*

▶ **lancer** [lɑ̃se] (1k) schleudern, werfen; ausstoßen; *Rakete*: abschießen; *Motor*: anwerfen; *Schiff*: vom Stapel lassen; *Unternehmen*: in Gang bringen; fördern; **se ~ sur** sich stürzen auf

lancin|ant, ~ante [lɑ̃sinɑ̃, -ɑ̃t] *Schmerz*: stechend

landau [lɑ̃do] *m* Kinderwagen *m*

lande [lɑ̃d] *f* Heide(land) *f(n)*

langage [lɑ̃gaʒ] *m* Fachsprache *f*; Rede-, Ausdrucksweise *f*; **~ de programmation** Programmiersprache *f*; ⚠ *Unterschied zu* **la langue**

lange [lɑ̃ʒ] *m* Windel *f*, Wickeltuch *n*

langour|eux, ~euse [lɑ̃gurø, -øz] schmachtend

langouste [lɑ̃gust] *f* Languste *f*

▶ **langu|e** [lɑ̃g] *f* **1.** Zunge *f*; ***mauvaise langue*** Lästermaul *n*; **2.** Sprache *f*; ▶ ***langue étrangère*** Fremdsprache *f*; ***langue maternelle*** Muttersprache *f*; ***langue véhiculaire*** Verkehrssprache *f*; **~ette** [-ɛt] *f Schuh etc*: Zunge *f*

langu|eur [lɑ̃gœr] *f* Mattigkeit *f*; Schmachten *n*; **~ir** (2a) stocken; schmachten; **~issant, ~issante** [-isɑ̃, -isɑ̃t] stockend, flau (*Börse*); schmachtend

lanière [lanjɛr] *f* (langer, schmaler) Riemen *m*

lanterne [lɑ̃tɛrn] *f* Laterne *f*

lapalissade [lapalisad] *f* Binsenwahrheit *f*

laper [lape] (1a) (auf)lecken

lapid|aire [lapidɛr] lapidar; **~er** (1a) steinigen; mit Steinen bewerfen

▶ **lapin** [lapɛ̃] *m* Kaninchen *n*; *fig* ***poser un ~ à qn*** j-n versetzen (*vergeblich warten lassen*)

Laponie [laponi] ***la ~*** Lappland *n*

laps [laps] *m* **~ *de temps*** Zeitraum *m*

laque [lak] *f* Lack *m*; Haarspray *n*; ⚠ ***la ~***

laquelle [lakɛl] *cf* ***lequel***

larcin [larsɛ̃] *m kleiner* Diebstahl *m*; Diebesgut *n*

lard [lar] *m* Speck m

lard|er [larde] (1a) *cuis u fig* spicken; **~on** *m* Speckstreifen *m*; F *Kind*: Balg *m*

▶ **larg|e** [larʒ] **1.** *adj* breit; weit; *fig* freigebig; **2.** *adv* weit; **3.** *m* Breite *f*; *fig* Platz *m*, Bewegungsfreiheit *f*; *mar* hohe, offene See *f*; *fig* ***prendre le ~*** das Weite suchen; **~esse** [-ɛs] *f* Freigebigkeit *f*

▶ **largeur** [larʒœr] *f* Breite *f*; *fig* **~ *d'esprit*** liberale Gesinnung

▶ **larme** [larm] *f* Träne *f*

larmoyer [larmwaje] (1h) *péj* jammern, flennen

larron [larɔ̃] *m* Dieb *m*

larve [larv] *f* (Insekten-)Larve *f*

laryngite [larɛ̃ʒit] *f méd* Kehlkopfentzündung *f*

larynx [larɛ̃ks] *m* Kehlkopf *m*

las, lasse [lɑ, lɑs] müde; überdrüssig

laser [lazɛr] *m* Laser *m*; ***rayonnement m ~*** Laserstrahlung *f*; ***lecteur m ~*** CD-Spieler *m*

lasser [lɑse] (1a) langweilen; ***se ~ de qc*** e-r Sache müde *od* überdrüssig werden

lassitude [lɑsityd] *f* Müdigkeit *f*; Überdruss *m*

lat|ent, ~ente [latɑ̃, -ɑ̃t] latent; verborgen

latéral, ~e [lateral] (⚠ *m/pl* **-aux**) seitlich, Neben...

▶ **lat|in, ~ine** [latɛ̃, -in] lateinisch

latitude [latityd] *f* geografische Breite *f*; *fig* (Handlungs-)Freiheit *f*

latrines [latrin] *f/pl* Latrine *f*

latte [lat] *f* Latte *f*

lauré|at, ~ate [lɔrea, -at] **1.** *adj* preisgekrönt; **2.** *m*, *f* Preisträger(in) *m(f)*

laurier [lɔrje] *m* Lorbeer *m*

lavable [lavablə] waschbar, -echt

▶ **lav|abo** [lavabo] *m* Waschbecken *n*; **~s** *pl* Toilette *f*; **~age** *m* Waschen *n*, Wäsche *f*; *pol* **~ *de cerveau*** Gehirnwäsche *f*

lavande [lavɑ̃d] *f bot* Lavendel *m*

lave [lav] *f* Lava *f*

lave-glace [lavglas] *m* (⚠ *pl* **lave-glaces**) Scheibenwaschanlage *f*

lavement [lavmɑ̃] *m méd* Einlauf *m*; (Aus-)Spülung *f*

▶ **lav|er** [lave] (1a) (ab)waschen; *Zähne*: putzen; **~erie** *f* Wäscherei *f*; **~ette** [-ɛt] *f* Spüllappen *m*; *fig u péj* Waschlappen *m*

lave-vaisselle [lavvɛsɛl] *m* (⚠ *pl unv*) Geschirrspülmaschine *f*

lavoir [lavwar] *m* Waschhaus *n*, -platz *m*

laxat|if, ~ive [laksatif, -iv] **1.** *adj* abführend; **2.** *m* Abführmittel *n*

lax|isme [laksismə] *m* Laxheit *f*; **~iste** lax

layette [lɛjɛt] *f* Babywäsche *f*

▶ **le, la, les** [lə, la, le] *m, f, pl* **1.** *bestimmter Artikel*: der, die, das; die; **2.** *Personalpronomen* (*direktes Objekt*): ihn, sie, es; sie

leader [lidœr] *m* (Partei-)Führer *m*; Erste(r) *m*; *comm* Marktführer *m*; *~ **du classement*** Tabellenführer *m*

leasing [liziŋ] *m* Leasing *n*; ***avoir*** *od* ***acheter en*** ~ leasen

lécher [leʃe] (1f) (ab-, be)lecken; *fig* F ~ ***les vitrines*** e-n Schaufensterbummel machen

▶ **leçon** [l(ə)sõ] *f* Lehrstunde *f*, Lektion *f*; Lehre *f*

▶ **lec|teur, ~trice** [lɛktœr, -tris] *m, f* Leser(in) *m(f)*; Lektor(in) *m(f)*; *nur m* Abspielgerät *n*; *EDV* Laufwerk *n*; ***lecteur de cassettes*** Kassettenrekorder *m*; ***lecteur laser*** *od* ***de C.D.*** CD-Spieler *m*; ***lecteur de CD-ROM*** CD-ROM-Laufwerk *n*; ***lecteur de disque dur*** Festplattenlaufwerk *n*; ***lecteur de disquettes*** Diskettenlaufwerk *n*; ***lecteur optique*** Scanner *m*; ***lecteur de son*** Tonabnehmer *m*; **~ture** [-tyr] *f* (Vor-)Lesen *n*; Lesestoff *m*, Lektüre *f*; *Parlament*: Lesung *f*

ledit, ladite [lədi, ladit] (*pl* ***lesdits, lesdites***) besagte(r, -s), obige(r, -s)

légal, ~e [legal] (⚠ *m/pl* ***-aux***) gesetzlich, legal; **~iser** (1a) amtlich beglaubigen; legalisieren; **~ité** *f* Gesetzlichkeit *f*, Legalität *f*

légataire [legatɛr] *m, f* Vermächtnisnehmer(in) *m(f)*

légendaire [leʒɑ̃dɛr] sagenhaft, legendär

légende [leʒɑ̃d] *f* Legende *f*, Sage *f*; Beschriftung *f*, Zeichenerklärung *f*

▶ **lég|er, ~ère** [leʒe, -ɛr] leicht, locker; leichtsinnig, -fertig; ***à la légère*** leichthin; **~èrement** [-ɛrmɑ̃] *adv* leicht; ein wenig; leichtsinnig; **~èreté** [-ɛrte] *f* Leichtigkeit *f*, Leichtheit *f*; Leichtfertigkeit *f*, Leichtsinn *m*

légion [leʒjõ] *f* Legion *f*

légionnaire [leʒjɔnɛr] *m mil* (Fremden-)Legionär *m*; ⚠ *Schreibung*

législa|teur, ~trice *m, f* [leʒislatœr, -tris] Gesetzgeber(in) *m(f)*; **~tif, ~tive** [-tif, -tiv] gesetzgebend; (***élections*** *f/pl*) ***législatives*** *f/pl* Parlamentswahlen *f/pl*; **~tion** *f* Gesetzgebung *f*; **~ture** [-tyr] *f* Legislaturperiode *f*

légitimation [leʒitimasjõ] *f* Legitimierung *f*, Anerkennung *f*

légitime [leʒitim] rechtmäßig, legitim; gerecht(fertigt)

legs [lɛ(g)] *m* Vermächtnis *n*

léguer [lege] (1f *u* 1m) *testamentarisch* vermachen; hinterlassen

légume [legym] *m* Gemüse(art) *n* (*f*); ▶ ***légumes*** *pl* Gemüse *n*; ⚠ ***le*** ~

Léman [lemɑ̃] ***le lac*** ~ der Genfer See

▶ **lendemain** [lɑ̃dmɛ̃] *m* ***le*** ~ der folgende Tag; am Tag danach; ***sans*** ~ ohne Dauer

▶ **lent, lente** [lɑ̃, lɑ̃t] langsam; träge

▶ **lentement** [lɑ̃tmɑ̃] *adv* langsam

lenteur [lɑ̃tœr] *f* Langsamkeit *f*; Schwerfälligkeit *f*

lentille [lɑ̃tij] *f bot u tech* Linse *f*

lèpre [lɛprə] *f* Aussatz *m*, Lepra *f*

lépr|eux, ~euse [leprø, -øz] *m, f* Aussätzige(r) *m, f*

▶ **lequel, laquelle** [ləkɛl, lakɛl] (*pl* ***lesquels, lesquelles***) *Frage- u Relativpronomen*: welche(r, -s); der, die, das; die

▶ **les** [le] *cf* ***le***

lèse-majesté [lɛzmaʒɛste] *f* ***crime*** *m* ***de*** ~ Majestätsverbrechen *n*, -beleidigung *f*

léser [leze] (1f) beeinträchtigen, verletzen

lésiner [lezine] (1a) knausern

lésion [lezjõ] *f méd* Verletzung *f*

lesquels, lesquelles [lekɛl] *cf* ***lequel***

lessiv|e [lɛsiv] *f* Waschmittel *n*; Lauge *f*; Wäsche *f*; **~euse** *f* Waschkessel *m*

lest [lɛst] *m* Ballast *m*

leste [lɛst] flink; *fig* respektlos; schlüpfrig

léthargie [letarʒi] *f* Lethargie *f*, Teilnahmslosigkeit *f*

Lettonie [lɛtɔni] ***la*** ~ Lettland *n*

▶ **lettre** [lɛtrə] *f* **1.** Buchstabe *m*; ***à la*** ~, ***au pied de la*** ~ (wort)wörtlich; ***en toutes ~s*** ausgeschrieben; **2.** Brief *m*; ~ ***piégée*** Briefbombe *f*; ~ ***recommandée*** eingeschriebener Brief *m*; **3. ~s** *pl* Literatur *f*; Sprach- und Literaturwissenschaft *f*; Geisteswissenschaften *f/pl*

lettré, ~e [lɛtre] gebildet

leu [lø] ***à la queue*** ~ ~ im Gänsemarsch; e-r hinter dem andern

leucémie [løsemi] *f méd* Leukämie *f*

▶ **leur** [lœr] **1.** *Possessivpronomen* (*pl*

L

~s) ihr(e); ***le, la ~, les ~s*** der, die, das ihr(ig)e, die ihr(ig)en; ihre(r, -s); **2.** *Personalpronomen (mit Verb)* ihnen; ⚠ *unverändert*
leurr|e [lœr] *m* Köder *m*; *fig* Lockmittel *n*; **~er** (1a) ködern; *fig* täuschen
levain [ləvɛ̃] *m* Sauerteig *m*
levant [ləvɑ̃] ***soleil ~*** aufgehende Sonne *f*
lev|é, ~ée [l(ə)ve] auf(gestanden); erhoben; **~ée** *f* Aufhebung *f (e-r Sitzung, Belagerung)*; *mil* Aushebung *f*; Leerung *f (e-s Briefkastens)*; Damm *m*; Stich *m (Kartenspiel)*
lève-glace [lɛvglas] *m* (⚠ *pl* ***lève-glaces***) Fensterheber *m*
▶ **lever** [l(ə)ve] (1d) **1.** hoch-, erheben, heben; *Verbot etc*: aufheben; *mil* ausheben; *Saat*: aufgehen; *Teig*: gehen; ▶ ***se lever*** aufstehen; sich erheben (*a fig*); *Gestirn*: aufgehen; *Tag*: anbrechen; **2.** *m* Aufstehen *n*; ***lever du jour*** Tagesanbruch *m*; ***lever du soleil*** Sonnenaufgang *m*; ***lever du rideau*** *Theater*: Vorstellungsbeginn *m*
lève|-tard [lɛvtar] *m, f* (⚠ *pl unv*) Langschläfer(in) *m(f)*; **~-tôt** [-to] *m, f* (⚠ *pl unv*) Frühaufsteher(in) *m(f)*; ***~-vitre*** [-vitrə] *m* (⚠ *pl* ***lève-vitres***) Fensterheber *m*
levier [l(ə)vje] *m* Hebel *m*
levraut [ləvro] *m* Häschen *n*
▶ **lèvre** [lɛvrə] *f* Lippe *f*
lévrier [levrije] *m* Windhund *m*
levure [l(ə)vyr] *f* Hefe *f*; ***~ chimique*** Backpulver *n*
lexique [lɛksik] *m* Wortschatz *m*; Lexikon *n*
lézard [lezar] *m zo* Eidechse *f*
lézarde [lezard] *f* Riss *m*
liaison [ljɛzɔ̃] *f* Liebschaft *f*; Verbindung *f*; Bindung *f*
li|ant, ~ante [ljɑ̃, -ɑ̃t] zugänglich, gesellig, kontaktfreudig
liasse [ljas] *f* (Akten-)Stoß *m*, Bündel *n*
Liban [libɑ̃] ***le ~*** (der) Libanon
libations [libasjɔ̃] *f/pl* Zechgelage *n*
libell|é [libɛle] *m* Wortlaut *m*; **~er** (1b) abfassen, ausfertigen
libellule [libɛlyl] *f zo* Libelle *f*
libéral, ~e [liberal] (⚠ *m/pl* ***-aux***) liberal; frei(heitlich gesinnt); ***arts libéraux*** *m/pl* freie Künste *f/pl*; ***profession f libérale*** freier Beruf *m*; **~isme** *m* Liberalismus *m*; **~ité** *f* Freigebigkeit *f*
libér|ateur, ~atrice [liberatœr, -atris] **1.** *adj pol* Befreiungs...; *Lachen*: befreiend; **2.** *m, f* Befreier(in) *m(f)*
libériste [liberist] *m, f* Drachenflieger(in) *m(f)*
libéro [libero] *m* Libero *m*
▶ **liberté** [libɛrte] *f* Freiheit *f*
libert|in, ~ine [libɛrtɛ̃, -in] **1.** *adj* liederlich, ausschweifend; **2.** *m* Lebemann *m*
libraire [librɛr] *m, f* Buchhändler(in) *m(f)*
▶ **librairie** [librɛri] *f* Buchhandlung *f*
▶ **libre** [librə] frei (**de** von); **~-échange** [libreʃɑ̃ʒ] *m* Freihandel *m*
▶ **libre-service** [librəsɛrvis] *m* (⚠ *pl* ***libres-services***) Selbstbedienung *f*; Selbstbedienungsladen *m*
licenc|e [lisɑ̃s] *f* **1.** Erlaubnis *f*, Lizenz *f*; **2.** Licence *f (akademischer Grad in Frankreich)*; **3.** *fig* Freiheit *f*; *péj* Zügellosigkeit *f*; **~ié, ~iée** [-je] *m, f* Inhaber(in) *m(f)* e-r Licence
licenciement [lisɑ̃simɑ̃] *m* Entlassung *f*
▶ **licenc|ier** [lisɑ̃sje] (1a) entlassen; **~ieux, ~ieuse** [-jø, -jøz] anstößig; zügellos
lichen [likɛn] *m bot* Flechte *f*
lie [li] *f* Boden-, Weinhefe *f*; *fig* Hefe *f*, Abschaum *m (des Volkes)*
liège [ljɛʒ] *m bot* Kork *m*
Liège [ljɛʒ] Lüttich
lien [ljɛ̃] *m* Band *n*; (Ver-)Bindung *f*
lier [lje] (1a) (zusammen)binden, verbinden, vereinigen; ***~ amitié avec qn*** Freundschaft schließen mit j-m
lierre [ljɛr] *m bot* Efeu *m*
▶ **lieu** [ljø] *m* (⚠ *pl* **~x**) Ort *m*, Stätte *f*; ***lieux*** *pl* Örtlichkeit *f*; Räume *m/pl*; *jur* Tatort *m*; ▶ ***au lieu de*** (an)statt; ▶ ***avoir lieu*** stattfinden; ***donner lieu à*** Anlass geben zu; ***en premier lieu*** zuerst; ***en dernier lieu*** schließlich; ***lieu de destination*** Bestimmungsort; ***il y a lieu de*** (+ *inf*) es ist Grund vorhanden, zu ...; ***s'il y a lieu*** gegebenenfalls; ***tenir lieu de qc*** etw ersetzen
lieue [ljø] *f* Meile *f*
lieutenant [ljøtnɑ̃] *m* Oberleutnant *m*
▶ **lièvre** [ljɛvrə] *m* Hase *m*
ligament [ligamɑ̃] *m* (Gelenk-)Band *n*
ligature [ligatyr] *f méd* Unterbindung *f*
▶ **lign|e** [liɲ] *f* Linie *f*, Strich *m*; (Verkehrs-)Linie *f*, Strecke *f*; Zeile *f*; *tél, tech* Leitung *f*; *mil* Stellung *f*; *mar* Leine

f; *Angeln*: Angelschnur *f*; *mil* **en ~** im Einsatz; **à la ~!** neue Zeile!; **hors ~** außergewöhnlich; **pêcher à la ~** angeln; **~ée** *f* Nachkommenschaft *f*; **~er** (1a) lin(i)ieren
lign|eux, ~euse [liɲø, -øz] holzig
lignite [liɲit] *m* Braunkohle *f*
ligu|e [lig] *f* Liga *f*; **~er** (1m) **se ~** sich verbünden
lilas [lila] **1.** *m* Flieder *m*; **2.** *adj* (⚠ *unv*) lila
limace [limas] *f zo* Nacktschnecke *f*
limaçon [limasɔ̃] *m zo* Schnecke *f mit Haus*
lim|e [lim] *f* Feile *f*; **~ à ongles** Nagelfeile *f*; **~er** (1a) feilen
limier [limje] *m* Spürhund *m*
limitation [limitasjɔ̃] *f* Be-, Einschränkung *f*, Begrenzung *f*; **~ de vitesse** Geschwindigkeitsbegrenzung *f*; Tempolimit *n*
▶ **limit|e** [limit] *f* Grenze *f*; Grenzwert *m*; **à la ~** äußerstenfalls; **dans les ~s de** im Rahmen (+ *gén*); **date** *f* **~** äußerster Termin; **~er** (1a) begrenzen, beschränken (**à** auf)
limitrophe [limitrɔf] angrenzend (**de** an)
limoger [limɔʒe] (1l) kaltstellen, F abhalftern
limon [limɔ̃] *m* Schlamm *m*
▶ **limonade** [limɔnad] *f* Limonade *f*
limpide [lɛ̃pid] klar, rein
lin [lɛ̃] *m* Flachs *m*; Leinen *n*
linceul [lɛ̃sœl] *m* Leichentuch *n*
▶ **ling|e** [lɛ̃ʒ] *m* Tuch *n*; Wäsche *f*; **~ fin** Feinwäsche *f*; **~ (de corps)** Unterwäsche *f*; ⚠ **le ~**; **~erie** *f* Damen(unter)wäsche *f*
lingot [lɛ̃go] *m Metall*: Barren *m*
linguist|e [lɛ̃gɥist] *m* Sprachwissenschaftler *m*; **~ique 1.** *f* Sprachwissenschaft *f*, Linguistik *f*; **2.** *adj* sprachwissenschaftlich
▶ **lion, lionne** [ljɔ̃, ljɔn] *m*, *f zo* Löwe *m*, Löwin *f*; *astr* **Lion** Löwe *m*
lippe [lip] *f* **faire la ~** schmollen
liquéfier [likefje] (1a) verflüssigen
liqueur [likœr] *f* Likör *m*; ⚠ **la ~**
liquidation [likidasjɔ̃] *f* Auflösung *f*; Tilgung *f*; *comm* Ausverkauf *m*; *fig* Liquidierung *f*, Beseitigung *f*
▶ **liquid|e** [likid] **1.** *adj* flüssig; **2.** *m* Flüssigkeit *f*; **~er** (1a) auflösen; tilgen; ausverkaufen; *fig* erledigen, regeln; *j-n* liquidieren, beseitigen
▶ **lire¹** [lir] (4x) lesen; vorlesen
lire² [lir] *f* Lira *f* (*italienische Währung*)
lis¹ [lis] *m bot* Lilie *f*; ⚠ **le ~**
lis² [li] *cf* **lire**
liseron [lizrɔ̃] *m bot* Winde *f*
lis|eur, ~euse [lizœr, -øz] *m*, *f* (Viel-)Leser(in) *m(f)*, Leseratte *f* F; *f* Buchhülle *f*; Bettjäckchen *n*
lis|ibilité [lizibilite] *f* Lesbarkeit *f*; **~ible** leserlich
lisière [lizjɛr] *f* (Wald-)Saum *m*
lisse [lis] glatt
lisser [lise] (1a) glätten
listage [listaʒ] *m EDV* Auflistung *f*; Ausdruck *m*
▶ **liste** [list] *f* Liste *f*, Verzeichnis *n*
listing [listiŋ] *m* Liste *f*; Ausdruck *m*
▶ **lit¹** [li] *m* Bett *n* (*a Flussbett*); Lager *n*; *géol* Schicht *f*; **du premier ~** aus erster Ehe
lit² [li] *cf* **lire**
litanie [litani] *f* Litanei *f* (*a fig*); *fig* **c'est toujours la même ~** das ist immer die alte Leier
literie [litri] *f* Bettzeug *n*
lithographie [litɔgrafi] *f* Steindruck *m*, Lithografie *f*
litig|e [litiʒ] *m* (Rechts-)Streit *m*; **~ieux, ~ieuse** [-jø, -jøz] strittig
▶ **litre** [litrə] *m* Liter *n od m*
littér|aire [literɛr] literarisch; **~al, ~ale** (⚠ *m/pl* **-aux**) wörtlich, buchstäblich
▶ **littérature** [literatyr] *f* Literatur *f*, Schrifttum *n*; Schriftstellerei *f*; ⚠ *Schreibung*
littoral, ~e [litɔral] (⚠ *m/pl* **-aux**) **1.** *adj* Küsten...; **2.** *m* Küstenstrich *m*, -streifen *m*
Lituanie [litɥani] **la ~** Litauen *n*
livide [livid] fahl, blass
livr|able [livrablə] lieferbar; **~aison** *f* Lieferung *f*
▶ **livre¹** [livrə] *m* Buch *n*; **à ~ ouvert** *übersetzen*: fließend
livre² [livrə] *f* Pfund *n*
livrée [livre] *f* Livree *f*
▶ **livrer** [livre] (1a) (ab-, aus)liefern; *fig* preisgeben
livret [livrɛ] *m* kleines Heft *n*, Büchlein *n*; *Oper*: Libretto *n*; **~ scolaire** Zeugnis(heft) *n*
livreur [livrœr] *m* Aus-, Anlieferer *m*

lobe [lɔb] *m méd* Lappen *m*; **~ de l'oreille** Ohrläppchen *n*
local, ~e [lɔkal] (⚠ *m/pl* **-aux**) **1.** *adj* örtlich, Orts...; **2.** *m* Raum *m*; **locaux** *pl* Räumlichkeiten *f/pl*; **~iser** (1a) lokalisieren; **~ité** *f* Ort(schaft) *m(f)*
▶ **loca|taire** [lɔkatɛr] *m, f* Mieter(in) *m(f)*; **~tif, ~tive** [-tif, -tiv] Miet...; **~tion** *f* Vermietung *f*; Mieten *n*; Miete *f*; Verleih *m*; Ferienwohnung *f*; *Theater*: Vorverkauf *m*
lock-out [lɔkawt] *m* (⚠ *pl unv*) Aussperrung *f*; **~er** (1a) *Arbeiter*: aussperren
locomo|tion [lɔkɔmɔsjɔ̃] *f* Fortbewegung *f*; **~tive** [-tiv] *f* Lokomotive *f*; *fig* treibende Kraft *f*
locution [lɔkysjɔ̃] *f* Redensart *f*, Wendung *f*
loge [lɔʒ] *f* Pförtnerwohnung *f*; *Theater*, *Freimaurer*: Loge *f*
▶ **logement** [lɔʒmɑ̃] *m* Wohnung *f*; Unterkunft *f*, Quartier *n*
▶ **log|er** [lɔʒe] (1l) beherbergen, unterbringen; wohnen; **~eur, ~euse** *m, f* Zimmervermieter(in) *m(f)*, Wirt(in) *m(f)*
logiciel [lɔʒisjɛl] *m EDV* Software *f*
logique [lɔʒik] **1.** *adj* logisch; **2.** *f* Logik *f*
logistique [lɔʒistik] *f mil* Logistik *f*, Versorgung *f*
logithèque [lɔʒitɛk] *f* Softwaresammlung *f*
logotype [lɔgɔtip] *m* Firmenlogo *n*
▶ **loi** [lwa] *f* Gesetz *n*; **~-cadre** [-kadrə] *f* (⚠ *pl* **lois-cadres**) Rahmengesetz *n*
▶ **loin** [lwɛ̃] *adv* weit (weg), fern; **au loin** in der Ferne, weit weg; ▶ **de loin** aus der Ferne, von weitem; *fig* bei weitem; **revenir de loin** noch einmal davongekommen sein; ▶ **loin de** weit (weg) von; *conj* **d'aussi loin que** (+ *ind od subj*) sobald
▶ **loint|ain, ~aine** [lwɛ̃tɛ̃, -ɛn] **1.** *adj* fern, entfernt; **2.** *m* Ferne *f*; Hintergrund *m*
loir [lwar] *m zo* Siebenschläfer *m*
loisible [lwazibləl] gestattet
▶ **loisir** *m* Muße *f*, Freizeit *f*; **~s** *pl* Freizeitbeschäftigungen *f/pl*
lombes [lɔ̃b] *m/pl méd* Lenden *f/pl*
london|ien, ~ienne [lɔ̃dɔnjɛ̃, -jɛn] **1.** *adj* Londoner; **2.** ♀ *m, f* Londoner(in) *m(f)*
Londres [lɔ̃drə] London
▶ **long, longue** [lɔ̃, lɔ̃g] **1.** *adj* lang; **chaise** *f* **longue** Liegestuhl *m*; **à long terme** langfristig; ▶ **à la longue** auf die Dauer; **être long (longue)** lange dauern; **être long (longue) à faire qc** lange brauchen, um etw zu tun; **de longue main** seit langer Zeit; **2.** *adv* **en dire long** viel sagend sein; **3.** *m* Länge *f*; **de deux mètres de long** von 2 Meter Länge; ▶ **le long de** längs (+ *gén*), entlang; **tomber de son long** der Länge nach hin schlagen; **de long en large** auf und ab, hin und her; **tout au long** *od* **tout le long de l'année** das ganze Jahr über
longe [lɔ̃ʒ] *f Pferde*: Leine *f*; *cuis* Lendenstück *n*, -braten *m*
longer [lɔ̃ʒe] (1l) entlanggehen, -fahren *etc* an; sich erstrecken längs
longévité [lɔ̃ʒevite] *f* (lange) Lebensdauer *f*
longitude [lɔ̃ʒityd] *f* geografische Länge *f*
▶ **longtemps** [lɔ̃tɑ̃] *adv* lange (*zeitlich*); **il y a ~** vor langer Zeit
longuement [lɔ̃gmɑ̃] *adv* lange; lang und breit (*reden*)
▶ **longueur** [lɔ̃gœr] *f* Länge *f*
longue-vue [lɔ̃gvy] *f* (⚠ *pl* **longues-vues**) Fernrohr *n*
lopin [lɔpɛ̃] *m* Stück(chen) *n*
loquace [lɔkas] gesprächig
loque [lɔk] *f* Lumpen *m*, Fetzen *m*; *Mensch*: Wrack *n*
loquet [lɔkɛ] *m* Klinke *f*, Drücker *m*
loquet|eux, ~euse [lɔktø, -øz] zerlumpt
lorgn|er [lɔrɲe] (1a) verstohlen betrachten; *fig* schielen nach; **~on** *m* Kneifer *m*
loriot [lɔrjo] *m zo* Goldamsel *f*
lorr|ain, ~aine [lɔrɛ̃, -ɛn] lothringisch
▶ **Lorraine** [lɔrɛn] **la ~** Lothringen *n*
lors [lɔr] **dès** *od* **depuis lors** seitdem; demzufolge; ▶ **lors de** zur Zeit (+ *gén*), bei
▶ **lorsque** [lɔrsk(ə)] als, wenn (*zeitlich*)
lot [lo] *m* Anteil *m*; Los *n*; Gewinn *m*; *fig* Schicksal *n*; **gagner le gros ~** das große Los ziehen
loterie [lɔtri] *f* Lotterie *f*; ⚠ *Schreibung*
lotion [losjɔ̃] *f* Gesichts-, Haarwasser *n*; **~ pour le visage** Gesichtswasser *n*
lotissement [lɔtismɑ̃] *m* Aufteilung *f*,

Parzellierung *f*; (Grundstücks-)Parzelle *f*
loto [lɔto] *m* Lotto *n*; ~ ***sportif*** Fußballtoto *n*
louable [lwablə] **1.** lobenswert; **2.** vermietbar
louage [lwaʒ] *m* Vermietung *f*
louange [lwɑ̃ʒ] *f* Lob *n*
loubar(d) [lubar] *m* F Rowdy *m*
louche[1] [luʃ] *adj* undurchsichtig, verdächtig, anrüchig, fragwürdig
louche[2] [luʃ] *f* Schöpflöffel *m*
loucher [luʃe] (1a) schielen
▶ **louer** [lwe] (1a) **1.** (ver)mieten; **2.** loben (***de*** *od* ***pour*** für); ***se ~ de*** zufrieden sein mit
louf(oque) [luf(ɔk)] F verrückt
loulou [lulu] *m zo* Spitz *m*
▶ **loup** [lu] *m zo* Wolf *m*
loupe [lup] *f* Lupe *f*
louper [lupe] (1a) F verpfuschen, vermasseln, verpatzen; verpassen (*Zug, Person*)
loup-garou [lugaru] *m* (⚠ *pl* ***loups--garous***) Werwolf *m*
▶ **lourd, lourde** [lur, lurd] schwer; schwerfällig; schwül, drückend; ***j'ai la tête lourde*** ich habe e-n schweren Kopf
lourd|aud, ~aude [lurdo, -od] **1.** *adj* plump, schwerfällig; **2.** *m, f* Tölpel *m*, Tollpatsch *m*; **~ement** [-əmɑ̃] *adv* schwerfällig; **~eur** *f fig* Schwere *f*; Schwerfälligkeit *f*
loustic [lustik] *m* F Witzbold *m*
loutre [lutrə] *f zo* Fischotter *m*
louve [luv] *f zo* Wölfin *f*
louvoyer [luvwaje] (1h) *mar* kreuzen; *fig* lavieren
loyal, ~e [lwajal] (⚠ *m/pl* ***-aux***) anständig, fair, loyal; redlich, rechtschaffen, treu
loyauté [lwajote] *f* Anständigkeit *f*, Loyalität *f*; Redlichkeit *f*, (Pflicht-)Treue *f*
▶ **loyer** [lwaje] *m* Miete *f*
lu [ly] *p/p von* ***lire***
lubie [lybi] *f* Marotte *f*, Schrulle *f*
lubricité [lybrisite] *f* Lüsternheit *f*
lubrifier [lybrifje] (1a) *tech* schmieren
lubrique [lybrik] lüstern, geil
lucarne [lykarn] *f* Dachfenster *n*, -luke *f*
Lucerne [lysɛrn] Luzern
lucid|e [lysid] *Geist*: klar, scharf, hellsichtig; **~ité** *f* Klarheit *f*, Scharfblick *m*
lucrat|if, ~ive [lykratif, -iv] Gewinn bringend, einträglich, lohnend
ludothèque [lydɔtɛk] *f* Spieleverleih *m*
lueur [lɥœr] *f* Lichtschein *m*
luge [lyʒ] *f* Rodelschlitten *m*; ***faire de la ~*** rodeln, Schlitten fahren
lugubre [lygybrə] düster, trostlos
▶ **lui** [lɥi] *Personalpronomen* **1.** *verbunden m u f* ihm; ihr; **2.** *unverbunden, betont m* er; ihn; ihm; sich
luire [lɥir] (4c) leuchten, glänzen; ⚠ *p/p* ***lui***
lumbago [lɛ̃bago, lœ̃-] *m méd* Hexenschuss *m*
▶ **lumière** [lymjɛr] *f* Licht *n* (*a fig*); ***siècle*** *m* ***des ~s*** Zeitalter *n* der Aufklärung; *iron* ***ce n'est pas une ~*** er (sie) ist keine Leuchte; ***à la ~ de*** aufgrund (+ *gén*)
lumin|aire [lyminɛr] *m* Beleuchtung(sgerät) *f(n)*; **~eux, ~euse** [-ø, -øz] leuchtend, Licht...; ***affiche*** *f* ***lumineuse*** Leuchtreklame *f*
lun|aire [lynɛr] Mond...; **~atique** [-atik] launisch
▶ **lundi** [lɛ̃di, lœ̃-] *m* Montag *m*; ***le lundi, tous les lundis*** montags; ▶ ***à lundi!*** bis Montag!
▶ **lune** [lyn] *f* Mond *m*
lunette [lynɛt] *f* Fernglas *n*; ▶ ***lunettes*** *pl* Brille *f*; ***lunettes de ski*** Skibrille *f*; ***lunettes de soleil*** Sonnenbrille *f*; *auto* ***lunette arrière*** Heckscheibe *f*
lurette [lyrɛt] *f* F ***il y a belle ~*** es ist schon lange her
luron [lyrɔ̃] ***gai ~*** fideler Kerl *m*
lus [ly] *p/s von* ***lire***
lustr|e [lystrə] *m* Kronleuchter *m*, Lüster *m*; Glanz *m*; **~er** (1a) glänzend machen, polieren
lut[1] [lyt] *m tech* Kitt *m*
lut[2] [ly] *p/s von* ***lire***
luth [lyt] *m mus* Laute *f*
lutin [lytɛ̃] *m* Kobold *m*
lutrin [lytrɛ̃] *m* Noten-, Chorpult *n*
▶ **lutt|e** [lyt] *f* Kampf *m*, Ringen *n* (*a Sport*), Ringkampf *m*; **~er** (1a) kämpfen; ringen; **~eur, ~euse** *m, f* Kämpfer(in) *m(f)*; *nur m* Ringer *m*
luxation [lyksasjɔ̃] *f méd* Verrenkung *f*
luxe [lyks] *m* Luxus *m*
▶ **Luxembourg** [lyksɑ̃bur] ***le ~*** Luxemburg *n*

▶ **luxembour|geois, ~geoise** [lyksãburʒwa, -ʒwaz] luxemburgisch
▶ **Luxembour|geois, ~geoise** [lyksãburʒwa, -ʒwaz] *m,f* Luxemburger(in) *m* *(f)*
luxer [lykse] (1a) ***se ~ le bras***, *etc* sich den Arm *etc* verrenken
luxu|eux, ~euse [lyksɥø, -øz] luxuriös
luxur|e [lyksyr] *f* Wollust *f*, Sinnenlust *f*; **~iant, ~iante** [-jã, -jãt] üppig wuchernd; **~ieux, ~ieuse** [-jø, -jøz] lüstern, wollüstig; ⚠ *nicht* luxuriös
▶ **lycée** [lise] *m* höhere Schule *f*, Gymnasium *n*
▶ **lycé|en, ~enne** [liseɛ̃, -ɛn] *m,f* Gymnasiast(in) *m(f)*
lynx [lɛ̃ks] *m zo* Luchs *m*
lyophiliser [ljɔfilize] (1a) gefriertrocknen
lyre [lir] *f mus* Leier *f*
lyrique [lirik] lyrisch
lyrisme [lirismə] *m* Lyrik *f*; *fig* Begeisterung *f*
lys [lis] *m cf* ***lis***[1]

M

M. (*abr* ***monsieur***) Herr
ma [ma] *cf* ***mon***
macabre [makabrə] schauerlich, makaber
macaron [makarɔ̃] *m* **1.** *cuis* Makrone *f*; **2.** Aufkleber *m*; Plakette *f*
macaroni [makarɔni] *m* Makkaroni *pl*
macédoine [masedwan] *f cuis* ***~ de légumes*** Mischgemüse *n*; ***~ de fruits*** Obstsalat *m*
macérer [masere] (1f) *cuis* ***faire ~*** ziehen lassen
mâche [maʃ] *f bot* Feldsalat *m*, Rapunzel *f*
mâcher [maʃe] (1a) kauen; *fig* ***ne pas ~ ses mots*** kein Blatt vor den Mund nehmen
▶ **machin** [maʃɛ̃] *m* F Ding(sda) *n*
machin|al, ~ale [maʃinal] (⚠ *m/pl* ***-aux***) mechanisch, automatisch; **~ation** *f* Komplott *n*; *pl* **~s** Machenschaften *f/pl*, Umtriebe *m/pl*
▶ **machine** [maʃin] *f* Maschine *f* (*a für Motorrad*); Lokomotive *f*; (Schreib-) Maschine *f*; *fig* Maschinerie *f*; ***~ à écrire, à coudre, à laver*** Schreib-, Näh-, Waschmaschine *f*; **~-outil** [-uti] *f* (⚠ *pl* ***machines-outils***) Werkzeugmaschine *f*; **~rie** [-ri] *f* Maschinenpark *m*, -raum *m*
machiniste [maʃinist] *m* Busfahrer *m*, U-Bahn-Fahrer *m*, Lokomotivführer *m*; *Theater*: Bühnenarbeiter *m*
macho [matʃo] *m* F Macho *m*
mâchoire [maʃwar] *f* Kiefer *m*; **~s** *pl a* Kinnbacken *pl*
mâchonner [maʃɔne] (1a) langsam *od* mit Mühe kauen; *fig* murmeln
▶ **maçon** [masɔ̃] *m* Maurer *m*
maçonn|er [masɔne] (1a) mauern; **~erie** *f* Mauerwerk *n*
macro [makro] *m EDV* Makro *n*
Madagascar [madagaskar] Madagaskar *n*
▶ **madame** [madam] *f* (*abr* ***Mme***), (⚠ *pl* ***mesdames*** [medam], *abr* ***Mmes***) Frau (+ *Name*)
▶ **mademoiselle** [madmwazɛl] *f* (*abr* ***Mlle***), (⚠ *pl* ***mesdemoiselles*** [medmwazɛl], *abr* ***Mlles***) Fräulein (+ *Name*)
madère [madɛr] *m* Madeirawein *m*
madone [madɔn] *f* Marienbild *n*; Madonna *f*; ⚠ *Schreibung*
maffia [mafja] *f* Mafia *f*
maffioso [mafjozo] *m* Mafioso *m*
▶ **magasin** [magazɛ̃] *m* Laden *m*, Geschäft *n*; Speicher *m*, Lagerhaus *n*; ▶ ***grand magasin*** Kauf-, Warenhaus *n*
magazine [magazin] *m* Magazin *n*, illustrierte Zeitschrift *f*; ⚠ *nicht verwechseln mit* ***magasin***
mag|e [maʒ] *m* Magier *m*; ***les Rois ~s*** die Heiligen Drei Könige; **~icien, ~icienne** [-isjɛ̃, -isjɛn] *m, f* Zauberer *m*, Zauberin *f*
mag|ie [maʒi] *f* Magie *f*; *fig* Zauber *m*; **~ique** magisch, Zauber...

magistral, ~e [maʒistral] (⚠ *m/pl* ***-aux***) meisterhaft; F ordentlich; ***cours m magistral*** Vorlesung *f*
magistrat [maʒistra] *m* hoher Beamter *m*; Richter *m*
magistrature [maʒistratyr] *f* Richteramt *n*, -stand *m*; Amtsdauer *f*; ***~ assise*** Richterstand *m*; ***~ debout*** Staatsanwaltschaft *f*
magnétique [maɲetik] magnetisch
magnéto [maɲeto] *f* **1.** *auto* (Magnet-) Zündung *f*; **2.** *abr* ***magnétopho-ne***
magnétophone [maɲetɔfɔn] *m* Tonbandgerät *n*; ► ***magnétophone à cassette*** Kassettenrekorder *m*
► **magnétoscope** [maɲetɔskɔp] *m* Videorekorder *m*
magnificence [maɲifisɑ̃s] *f* Pracht *f*
► **magnifique** [maɲifik] herrlich, prächtig
magot [mago] *m* **1.** *zo* Magot *m*, Berberaffe *m*; **2.** *fig* F verborgener Schatz *m*, verstecktes Geld *n*
Maghreb [magrɛb] ***le ~*** der Maghreb
► **mai** [mɛ] *m* Mai *m*; ***en ~*** im Mai; ***le 6 ~*** am 6. Mai; ***le 6 ~ 1999*** der 6. Mai 1999
► **maigr|e** [mɛgrə] mager; *fig* dünn, dürr, dürftig ***~eur*** *f* Magerkeit *f*
► **maigrir** [megrir] (2a) mager werden, abnehmen; ⚠ ***il a maigri***
mailing [mɛliŋ] *m* Mailing *n*
maille [maj] *f* Masche *f*; *Kette*: Glied *n*
maillet [majɛ] *m* Holzhammer *m*
maillot [majo] *m* Trikot *n* (*der Sportler, Tänzerinnen etc*); ► ***maillot de bain*** Badeanzug *m*, -hose *f*; ***maillot de corps*** Unterhemd *n*
► **main** [mɛ̃] *f* Hand *f*; *mil* ***coup m de ~*** Handstreich *m*; ***donner un coup de ~ à qn*** j-m helfen; ***à la ~*** in *od* mit der Hand; ***à ~ armée*** bewaffnet; ***à ~ levée*** freihändig; ***bas les ~s!*** Finger weg!; ***la ~ dans la ~*** Hand in Hand; ***de la ~*** mit der Hand; *fig* ***prendre qc en ~*** etw in die Hand nehmen; ***en ~s propres*** eigenhändig; ***en un tour de ~*** im Handumdrehen; ***haut les ~s!*** Hände hoch!; ***mener par la ~*** an der Hand führen; ***sous la ~*** griffbereit
main-d'œuvre [mɛ̃dœvrə] *f* (⚠ *pl* ***mains-d'œuvre***) Arbeitskräfte *f/pl*; Arbeit *f*
maint, mainte [mɛ̃, mɛ̃t] *st/s* manche; ***à maintes reprises*** wiederholt
maintenance [mɛ̃tnɑ̃s] *f* Wartung *f*
► **maintenant** [mɛ̃tnɑ̃] jetzt, nun
maintenir [mɛ̃t(ə)nir] (2h) aufrechterhalten, erhalten, beibehalten; ***~ son opinion*** bei seiner Meinung bleiben; ***se ~*** sich (er)halten
maintien [mɛ̃tjɛ̃] *m* Aufrechterhaltung *f*; Fortbestand *m*
► **maire** [mɛr] *m* Bürgermeister *m*
► **mairie** [mɛri] *f* Rathaus *n*, Gemeindeamt *n*
► **mais** [mɛ] aber; sondern; ***~ non!*** aber nein!; *litt* ***je n'en puis ~*** ich kann nichts dafür
maïs [mais] *m bot* Mais *m*
► **maison** [mɛzɔ̃] *f* Haus *n*; *comm* Firma *f*; ► ***à la maison*** zu *od* nach Hause; ***maison close*** Bordell *n*; ***maison de retraite*** Altersheim *n*; ***maison mère*** Stammhaus *n*; ***pâté m maison*** hausgemachte Pastete *f*
► **maître** [mɛtrə] *m* Herr *m*; Lehrer *m*; Meister *m*; ***~ nageur*** Bademeister *m*; ***~ chanteur*** Erpresser *m*; *Universität*: ***~ de conférences*** Dozent(in) *m(f)*
► **maîtresse** [mɛtrɛs] **1.** *f* Herrin *f*; Lehrerin *f*; Mätresse *f*, Geliebte *f*; ***~ de maison*** Hausherrin *f*, Dame *f* des Hauses; **2.** *adj* ***qualité f ~*** Haupteigenschaft *f*; ***idée f ~*** Leitgedanke *m*
maîtris|e [mɛtriz] *f* Beherrschung *f*, Herrschaft *f*; Magisterprüfung *f*; ***~ de conférences*** Dozentur *f*; ***~er*** (1a) bändigen; beherrschen
majest|é [maʒɛste] *f* Majestät *f*; ***~ueux, ~ueuse*** [-ɥø, -ɥøz] majestätisch
majeur, ~e [maʒœr] **1.** wichtig(ste), Haupt...; **2.** *mus* Dur; **3.** *jur* volljährig; ***le lac Majeur*** der Lago Maggiore; **4.** *m* Mittelfinger *m*
major [maʒɔr] *m* Erste(r) *m*; *mil* Standortoffizier *m*; Stabsarzt *m*; ⚠ *nicht* Major; ***~er*** (1a) *Preis*: erhöhen; ***~ette*** [-ɛt] *f* Majorette *f*; *etwa*: Funkenmariechen *n*; ***~itaire*** [-itɛr] Mehrheits...
► **majorité** [maʒɔrite] *f* **1.** Mehrheit *f* (*bes pol*), Mehrzahl *f*; **2.** *jur* Volljährigkeit *f*
Majorque [maʒɔrk] Mallorca *n*
majuscule [maʒyskyl] *adj u subst f* (***lettre f***) ~ großer Buchstabe *m*
► **mal** [mal] **1.** *m* (⚠ *pl* ***maux*** [mo]) Böse(s) *n*, Schlimme(s) *n*; Übel *n*;

Krankheit *f*, Leiden *n*; Mühe *f*; ▶ ***faire mal*** wehtun; ▶ ***avoir mal aux dents*** Zahnschmerzen haben; ▶ ***mal au cœur*** Übelkeit *f*; ***mal de mer*** Seekrankheit *f*; ***mal du pays*** Heimweh *n*; ***se donner du mal*** sich Mühe geben; ***j'ai du mal à faire qc*** es fällt mir schwer, etw zu tun; ***dire du mal de qn*** j-m Schlechtes nachsagen; ▶ ***il n'y a pas de mal*** bitte, (das) macht nichts; **2.** *adv* schlecht, schlimm, übel; ***mal à l'aise*** unbehaglich; ***mal fait*** missgestaltet; ***de mal en pis*** immer schlechter; ***pas mal*** ganz gut; ▶ ***pas mal de*** ziemlich viel(e); ***s'y prendre mal*** es falsch anpacken; **3.** *adj* ***être mal*** sich nicht wohl fühlen

▶ **malade** [malad] krank; ▶ ***tomber malade*** krank werden

▶ **maladie** [maladi] *f* Krankheit *f*; ***~ sexuellement transmissible*** Geschlechtskrankheit *f*; ***~ d'Alzheimer*** Alzheimerkrankheit *f*; ***~ de Parkinson*** Parkinsonkrankheit *f*; ***~ de la vache folle*** Rinderwahn(sinn) *m*

la maladie de la vache folle

Als die Krankheit, die man im Deutschen ‚Rinderwahnsinn' nennt, genauer erforscht wurde, gaben die Biologen ihr den Namen *encéphalopathie spongiforme bovine*. Dieses lange und schwierige Gebilde wurde jedoch bald abgekürzt zu ***E.S.B.*** [əɛsbe] (entspricht dem deutschen ‚BSE').
Im Volksmund ist ***E.S.B.*** keine sehr anschauliche Bezeichnung für die betreffende Rinderkrankheit. Folglich griff man auf Wörter zurück, die jedem Durchschnittsfranzosen geläufig sind, und bildete ***la maladie de la vache folle*** (wörtlich: „die Krankheit der verrückten Kuh").

maladr|esse [maladrɛs] *f* Ungeschick(lichkeit) *n(f)*; **~oit, ~oite** [-wa, -wat] ungeschickt

malaise [malɛz] *m* Unwohlsein *n*; *fig* Unbehagen *n*; *pol* Malaise *f*; ⚠ ***le ~***

Malaisie [malɛzi] ***la ~*** Malaysia *n*

malaria [malarja] *f méd* Malaria *f*

malaxer [malakse] (1a) (durch)kneten

malchance [malʃɑ̃s] *f* Pech *n*

▶ **mâle** [mɑl] **1.** *adj* männlich; **2.** *m zo* Männchen *n*; F Mann *m*

malé|diction [malediksjɔ̃] *f* Verwünschung *f*, Fluch *m*; **~fique** [-fik] unheilvoll

malencontr|eux, ~euse [malɑ̃kɔ̃trø, -øz] leidig, unangenehm

malentend|ant, ~ante [malɑ̃tɑ̃dɑ̃, -ɑ̃t] schwerhörig

malentendu [malɑ̃tɑ̃dy] *m* Missverständnis *n*

mal|faisant, ~faisante [malfəzɑ̃, -fəzɑ̃t] bösartig; schädlich; **~faiteur** [-fɛtœr] *m* Übeltäter *m*; **~famé, ~famée** [-fame] verrufen

malgache [malgaʃ] **1.** *adj* madagassisch; **2.** ♀ *m, f* Madagasse *m*, -in *f*

▶ **malgré** [malgre] *prép* trotz; *conj* ***~ que*** (+ *subj*) obwohl; ***~ moi*** gegen meinen Willen

malhabile [malabil] ungeschickt

▶ **malheur** [malœr] *m* Unglück *n*; Missgeschick *n*; ***par ~*** unglücklicherweise; ***porter ~*** Unglück bringen

▶ **malheureusement** [malœrøzmɑ̃] *adv* unglücklicherweise, leider

▶ **malheur|eux, ~euse** [malœrø, -øz] unglücklich; *vorangestellt*: unbedeutend

malhonnêt|e [malɔnɛt] unehrlich, unredlich; **~eté** [-te] *f* Unehrlichkeit *f*, Unredlichkeit *f*

Mali [mali] ***le ~*** Mali *n*

malic|e [malis] *f* Bosheit *f*; Schalkhaftigkeit *f*; **~ieux, ~ieuse** [-jø, -jøz] boshaft; schelmisch, schalkhaft

▶ **malin, maligne** [malɛ̃, maliɲ] schlau, pfiffig, gewitzt; boshaft; *méd* bösartig; F ***ce n'est pas malin!*** das ist doch ganz einfach!

malingre [malɛ̃grə] schwächlich

malle [mal] *f* Überseekoffer *m*; *auto* Kofferraum *m*

malléable [maleablə] schmiedbar; *fig* bildsam

malmener [malməne] (1d) übel behandeln; hart mitnehmen

malnutrition [malnytrisjɔ̃] *f* Unterernährung *f*

malodor|ant, ~ante [malɔdɔrɑ̃, -ɑ̃t] übel riechend
malotru, ~e [malɔtry] ungehobelt, flegelhaft
malpoli, ~e [malpɔli] unhöflich
malpropre [malprɔprə] unsauber
mal|sain, ~saine [malsɛ̃, -sɛn] ungesund
malt [malt] *m* Malz *n*
Malte [malt] ***l'île*** *f* ***de*** ~ Malta *n*
maltraiter [maltrɛte] (1b) misshandeln
malveill|ance [malvɛjɑ̃s] *f* Böswilligkeit *f*; Boshaftigkeit *f*; **~ant, ~ante** [-ɑ̃, -ɑ̃t] böswillig; boshaft, gehässig
malvoy|ant, ~ante [malvwajɑ̃, -ɑ̃t] sehbehindert
▶ **maman** [mamɑ̃] *f* Mama *f*
mamelle [mamɛl] *f* Brust(drüse) *f*
mamelon [mamlɔ̃] *m* Brustwarze *f*; Kuppe *f*, Hügel *m*
mamie [mami] *f* Oma *f*
mammifère [mamifɛr] *m* Säugetier n
manche¹ [mɑ̃ʃ] *m* Griff *m*, Stiel *m*, Heft *n*; Hals *m* (*Geige*); *aviat* ~ **à balai** Steuerknüppel *m*
▶ **manche²** [mɑ̃ʃ] *f* Ärmel *m*
▶ **Manche** [mɑ̃ʃ] ***la*** ~ der Ärmelkanal
manch|ette [mɑ̃ʃɛt] *f* Manschette *f*; *Zeitung*: Schlagzeile *f*; **~on** *m* Muff *m*; *tech* Muffe *f*

M

manch|ot, ~ote [mɑ̃ʃo, -ɔt] **1.** *adj* einarmig, -händig; **2.** *m, f* Einarmige(r) *m, f*; **3.** *m zo* Pinguin *m*
mandarine [mɑ̃darin] *f bot u cuis* Mandarine *f*
▶ **mandat** [mɑ̃da] *m* **1.** Mandat *n*; Auftrag *m*, Vollmacht *f*; **2.** Postanweisung *f*
mandataire [mɑ̃datɛr] *m, f* Bevollmächtigte(r) *m, f*
manège [manɛʒ] *m* Reitbahn *f*; Karussell *n*; *fig* Schliche *m/pl.*; ***faire un tour de*** ~ Karussell fahren; ⚠ ***le*** ~
manette [manɛt] *f tech* Hebel *m*; *EDV* ~ ***de jeu*** Joystick *m*
mange|able [mɑ̃ʒablə] essbar; **~oire** [-war] *f* Futtertrog *m*
▶ **manger** [mɑ̃ʒe] **1.** (1l) essen; *Tier*: fressen; *fig* F verschlingen; *Silben*: verschlucken; **2.** *m* Essen *n*
mange-tout [mɑ̃ʒtu] *m/pl* (**pois** *m/pl*) ~ Zuckererbsen *f/pl*
mangue [mɑ̃g] *f bot u cuis* Mango *f*
mani|abilité [manjabilite] *f* Handlichkeit *f*; *auto* Wendigkeit *f*; **~able** handlich; *Fahrzeug*: wendig; *fig* fügsam

manger: essen und fressen

Während im Deutschen Menschen essen und Tiere fressen, benutzt der Franzose für Mensch und Tier dasselbe Verb:

Le petit garçon ne veut pas ***manger*** *les tripes.* –
Der kleine Junge will die Kutteln nicht essen.
Le chien va les ***manger***. –
Der Hund wird sie fressen.

Umgangssprachlich wird oft ***bouffer*** verwendet, das man aber nur unter guten Freunden verwenden sollte:

Qu'est-ce qu'il y a à bouffer aujourd'hui? –
Was gibts heute zu futtern?

maniaque [manjak] manisch; wunderlich, schrullig
manie [mani] *f* Manie *f*; Schrulle *f*; ***avoir ses petites ~s*** e-n Tick haben F
maniement [manimɑ̃] *m* Handhabung *f*, Umgang *m* (**de** mit)
manier [manje] (1a) handhaben; umgehen (**qc, qn** mit etw, j-m); *Gerät*: bedienen; *Fahrzeug*: lenken
manière [manjɛr] *f* Art *f*, Weise *f*; Manier *f*; ▶ ***manières*** *pl* Manieren *f/pl*, Betragen *n*; ***à la manière de*** nach Art (+ *gén*); ▶ ***de cette manière*** auf diese Art, so; ***de toute manière*** jedenfalls; ***de manière à*** (+ *inf*) um ... zu (+ *inf*); ***de telle manière que*** derart ..., dass ...; *st/s* ***de manière à ce que*** (+ *subj*) so dass
manif [manif] *f* F (*Kurzwort für* ***manifestation***) Demo *f*
manifest|ant, ~ante [manifɛstɑ̃, -ɑ̃t] *m, f* Demonstrant(in) *m(f)*
▶ **manifestation** [manifɛstasjɔ̃] *f* Äußerung *f*, Bekundung *f*; *pol* Demonstration *f*, Kundgebung *f*; *allg* Veranstaltung *f*

manifeste [manifɛst] **1.** *adj* offenbar, offenkundig; **2.** *m* Manifest *n*
▶ **manifester** [manifɛste] (1a) äußern, kundtun; *pol* demonstrieren; **se ~** sich offenbaren, sichtbar werden
manipul|ation [manipylasjɔ̃] *f* Handhabung *f*; *fig* Manipulation *f*; **~s génétiques** Genmanipulation *f*; **~er** (1a) handhaben, hantieren (**qc** mit etw); *fig* manipulieren
manivelle [manivɛl] *f* Kurbel *f*
mannequin [mankɛ̃] *m* Schaufensterpuppe *f*; Mannequin *n*
manœuvr|e [manœvrə] **1.** *f* Handhabung *f*; Steuerung *f*; *Bahn*: Rangieren *n*; *mil, mar, fig* Manöver *n*; ⚠ **la ~**; **2.** *m* Hilfsarbeiter *m*; **~er** (1a) handhaben; steuern; *fig* manipulieren; *allg u mar* manövrieren
manoir [manwar] *m* Herrensitz *m*
manqu|e [mɑ̃k] *m* Fehlen *n*; Mangel *m* (**de** an); **par ~ de** aus Mangel an; *pl fig* **~s** Unzulänglichkeiten *f/pl*; **~é, ~ée** verpfuscht, verfehlt
▶ **manquer** [mɑ̃ke] (1m) **1. ~ qc, qn** etw, j-n verfehlen, verpassen, versäumen; **ne pas ~ de faire qc** nicht vergessen, etw zu tun; **elle a manqué (de) se faire écraser** sie wäre fast überfahren worden; **2. ~ à qc** gegen etw verstoßen; **3. ~ de qc** Mangel an etw haben; **4.** fehlen; *Versuch*: scheitern

J'ai manqué mon train!

Wenn man den Zug verpasst hat, so kann man sagen:

Mince alors, j'ai manqué mon train! –
Verdammt, ich hab meinen Zug verpasst!

Umgangssprachlich werden auch häufig die Verben ***rater*** oder ***louper*** verwendet:

Jean-Luc n'est pas arrivé, parce qu'il avait raté son avion à Montréal. –
Jean-Luc kam nicht, da er in Montreal sein Flugzeug verpasst hatte.

▶ **manteau** [mɑ̃to] *m* (⚠ *pl* **~x**) Mantel *m* (*a fig*); **sous le ~** heimlich
manucure [manykyr] *f* Handpflegerin *f*; Maniküre *f*; ⚠ *Schreibung*
manuel, ~le [manɥɛl] **1.** *adj* Hand..., manuell; **2.** *m* Lehr-, Handbuch *n*
manufactur|e [manyfaktyr] *f* Manufaktur *f*, Fabrik *f*; **~é, ~ée produits** *m/pl* **manufacturés** gewerbliche und industrielle Erzeugnisse
manuscr|it, ~ite [manyskri, -it] **1.** *adj* handschriftlich; **2.** *m* Manuskript *n*
manutention [manytɑ̃sjɔ̃] *f* Verladen *n*, Transport *m*, Beförderung *f*
mappemonde [mapmɔ̃d] *f* Welt-, Erdkarte *f*; Globus *m*
maquereau [makro] *m* (⚠ *pl* **~x**) **1.** *zo* Makrele *f*; **2.** P Zuhälter *m*
maquette [makɛt] *f* Entwurf *m*; Modell *n*
maquillage [makijaʒ] *m* Schminke(n) *f(n)*, Make-up *n*
maquiller [makije] (1a) schminken; *fig* fälschen; *Bilanz*: frisieren; ▶ **se maquiller** sich schminken
maqu|is [maki] *m* Dickicht *n*, Unterholz *n*; *fig pol* Widerstandsbewegung *f* (*2. Weltkrieg*); **~isard** [-izar] *m im 2. Weltkrieg*: Widerstandskämpfer *m*
maraîch|er, ~ère [marɛʃe, -ɛr] **1.** *adj* Gemüse...; **2.** *m, f* Gemüsegärtner(in) *m(f)*
marais [marɛ] *m* Sumpf *m*, Moor *n*
marasme [marasmə] *m écon* Flaute *f*, Stagnation *f*
marâtre [maratrə] *f péj* Rabenmutter *f*
marbr|e [marbrə] *m* Marmor *m*; **~é ~ée** marmoriert
marc [mar] *m* Trester *m/pl*; Tresterbranntwein *m*; **~ de café** Kaffeesatz *m*
marcassin [markasɛ̃] *m ch* Frischling *m*
▶ **march|and, ~ande** [marʃɑ̃, -ɑ̃d] **1.** *adj* Handels...; **2.** *m, f* Händler(in) *m(f)*; **~ des quatre-saisons** Obst- und Gemüsehändler(in) *m(f)*
marchand|age [marʃɑ̃daʒ] *m* Feilschen *n*; **~er** (1a) handeln, feilschen (**qc** um etw)
▶ **marchandise** [marʃɑ̃diz] *f* Ware *f*
▶ **marche** [marʃ] *f* **1.** Gehen *n*; Marsch *m* (*a mus*); Lauf *m*; Gang *m*; Fahrt *f*; *fig* Verlauf *m*; *auto* **~ arrière** Rückwärts-

M

gang *m*; ***mettre en ~*** in Gang setzen; **2.** Stufe *f*; ⚠ ***la ~***

▶ **marché** [marʃe] *m* Markt(platz) *m*; Geschäft *n*; ▶ **(à) *bon marché*** billig; **(à) *meilleur marché*** billiger; ***le meilleur marché*** am billigsten; ***par-dessus le marché*** obendrein, noch dazu; ***marché aux puces*** Flohmarkt *m*; ***marché noir*** Schwarzmarkt *m*; *pol* ***marché unique*** (Europäischer) Binnenmarkt *m*

marchepied [marʃəpie] *m* Trittbrett *n*; Trittleiter *f*

▶ **marcher** [marʃe] (1a) gehen, marschieren, wandern, laufen; funktionieren, in Gang sein; F klappen; ***faire ~*** anstellen, in Gang setzen; F **~ *(dans qc)*** (auf etw) hereinfallen; ***faire ~ qn*** j-n reinlegen; ⚠ *il **a** marché*

▶ **mardi** [mardi] *m* Dienstag *m*; ***~ gras*** Fastnacht *f*; ***le ~, tous les ~s*** dienstags

mare [mar] *f* Tümpel *m*; ***~ de sang*** Blutlache *f*

marécag|e [marekaʒ] *m* Sumpf *m*, Moor *n*; **~eux, ~euse** [-ø, -øz] morastig, sumpfig

▶ **marée** [mare] *f* Ebbe und Flut; ***~s*** *pl* Gezeiten *pl*; ***~ basse*** Ebbe *f*; ***~ haute*** Flut *f*; ***~ noire*** Ölpest *f*

marémo|teur, ~trice [maremɔtœr, -tris] Gezeiten...; ***usine f marémotrice*** Gezeitenkraftwerk *n*

M

margarine [margarin] *f* Margarine *f*

marge [marʒ] *f* (Blatt-)Rand *m*; *fig* Spielraum *m*; ***~ bénéficiaire*** *od* ***~ de profit*** Gewinnspanne *f*; ***~ des salaires*** Bandbreite *f* der Gehälter; ***notes*** *f/pl* ***en ~*** Randbemerkungen *f/pl*; ***en ~ de*** am Rand (+ *gén*)

marginal, ~e [marʒinal] (⚠ *m/pl* **-aux**) **1.** *adj* Rand...; **2.** *m* gesellschaftlicher Außenseiter *m*; Aussteiger *m*

marguerite [margərit] *f bot* Margerite *f*; *tech* Typenrad *n*; ⚠ *Schreibung*

▶ **mari** [mari] *m* (Ehe-)Mann *m*

▶ **mariage** [marjaʒ] *m* Heirat *f*; Ehe *f*; Trauung *f*; Hochzeit *f*

▶ **marié, ~e** [marje] **1.** *adj* verheiratet; **2.** *m, f* Bräutigam *m*, Braut *f*

marier [marje] (1a) trauen; verheiraten (***qn avec*** *od* ***à qn*** j-n mit j-m); ▶ ***se marier*** heiraten; ***se marier avec qn*** j-n heiraten; ⚠ ***marier qn*** *heißt nicht* j-n heiraten

marijuana [marirwana] *f* Marihuana *n*; ⚠ ***la ~***

▶ **mar|in, ~ine** [marɛ̃, -in] **1.** *adj* See..., Meer...; **2.** *m* Seemann *m*, Matrose *m*; **3.** *f* Marine *f*, Flotte *f*

mariner [marine] (1a) *cuis* marinieren, einlegen

marionnette [marjɔnɛt] *f* Marionette *f* (*a fig*), Puppe *f*; ⚠ *Schreibung*

maritime [maritim] See..., maritim

marjolaine [marʒɔlɛn] *f bot* Majoran *m*

mark [mark] *m* (deutsche) Mark *f*; ⚠ ***le ~***

marketing [markɛtiŋ] *m* Marketing *n*

marmaille [marmaj] *f* F Kinderschwarm *m*

marmelade [marməlad] *f* Marmelade *f*, Mus *n*

marmite [marmit] *f* Kochtopf *m*

marmonner [marmɔne] (1a) murmeln

marmot [marmo] *m* F Knirps *m*

marmotte [marmɔt] *f zo* Murmeltier *n*

▶ **Maroc** [marɔk] ***le ~*** Marokko *n*

maroc|ain, ~aine [marɔkɛ̃, -ɛn] marokkanisch

Maroc|ain, ~aine [marɔkɛ̃, -ɛn] *m, f* Marokkaner(in) *m(f)*

maro|quin [marɔkɛ̃] *m* Saffian(leder) *m(n)*; **~quinerie** [-kinri] *f* Lederwarenindustrie *f*, -geschäft *n*

marotte [marɔt] *f* Marotte *f*, Grille *f*

marque [mark] *f* (Kenn-, Ab-)Zeichen *n*, Merkmal *n*; Warenzeichen *n*, Marke *f*; Spur *f*; *fig* Gepräge *n*; *Sport*: ***à vos ~s! prêts! partez!*** auf die Plätze fertig los!

marquer [marke] (1m) kenn-, bezeichnen, markieren; notieren, aufschreiben; prägen; hindeuten auf; *Ereignis*: feiern; *e-n Spieler*: decken; ***~ un but*** ein Tor erzielen *od* schießen

marqueur [markœr] *m* Filzschreiber *m*

marqu|is, ~ise [marki, -iz] *m, f* **1.** *Adelstitel*: Marquis *m*, Marquise *f*; **2.** *f* gläsernes Vor-, Schutzdach *n*

marraine [marɛn] *f* Patin *f*

marr|ant, ~ante [marɑ̃, -ɑ̃t] F komisch, lustig, ulkig F

marr|e [mar] F ***en avoir ~*** davon genug haben, es satt haben; **~er** (1a) F ***se ~*** sich krummlachen

▶ **marr|on** [marɔ̃] **1.** *m* Esskastanie *f*; **2.** *adj* (⚠ *unv*) braun; **~onnier** [-ɔnje] *m* Kastanienbaum *m*

▶ **mars** [mars] *m* März *m*; ***en ~*** im

März; ***le 5 ~*** am 5. März; ***le 5 ~ 1999*** der 5. März 1999

▶ **marteau** [marto] (⚠ *pl* **~x**) **1.** *m* Hammer *m*; **~ *piqueur*** Presslufthammer *m*; **2.** *adj* F behämmert, bekloppt

marteler [martəle] (1d) hämmern

martial, ~e [marsjal] (⚠ *m/pl* **-aux**) kriegerisch; martialisch; ***cour f martiale*** Standgericht *n*

marti|en, ~enne [marsjɛ̃, -ɛn] *astr* Mars...

Martinique [martinik] ***la ~*** (die Insel) Martinique

martyr, ~e¹ [martir] *m, f* Märtyrer(in) *m(f)*

martyr|e² [martir] *m* Martyrium *n*, Märtyrertod *m*, -tum *n*; **~iser** (1a) quälen, martern

marx|isme [marksismə] *m* Marxismus *m*; **~iste 1.** *adj* marxistisch; **2.** *m, f* Marxist(in) *m(f)*

mascara [maskara] *m* Wimperntusche *f*, ⚠ ***le ~***

mascarade [maskarad] *f* Maskerade *f*; *fig* Betrug *m*; ⚠ *Schreibung*

mascotte [maskɔt] *f* Maskottchen *n*

▶ **mascul|in, ~ine** [maskylɛ̃,-in] **1.** *adj* männlich, Männer...; **2.** *m gr* Maskulinum *n*

masochisme [mazɔʃismə] *m* Masochismus *m*

masqu|e [mask] *m* Maske *f* (*a fig*); ⚠ ***le ~***; **~er** (1m) maskieren, verbergen, verdecken; ***bal m masqué*** Maskenball *m*

massacr|e [masakrə] *m* Blutbad *n*, Massaker *n*, Gemetzel *n*; *fig* Verschandelung *f*; **~er** (1a) niedermetzeln, massakrieren; *fig* verschandeln, verpfuschen

massage [masaʒ] *m* Massage *f*, Massieren *n*; ⚠ ***le ~***

▶ **masse** [mas] *f* Masse *f*, Menge *f*; Block *m*; ***en ~*** scharenweise, in Massen

mass|er [mase] (1a) **1.** versammeln, zusammenziehen; **2.** massieren; **~eur, ~euse** *m, f* Masseur(in) *m(f)*

mass|if, ~ive [masif, -iv] **1.** *adj* massiv; massig; **2.** *m* (Gebirgs-)Massiv *n*; **~ *Central*** Zentralmassiv *n*; **~ *de fleurs*** Blumenbeet *n*

massue [masy] *f* Keule *f*

mastic [mastik] *m* (Glaser-)Kitt *m*

mastiquer [mastike] (1m) **1.** (ver)kitten; **2.** kauen

masturber [mastyrbe] (1a) ***se ~*** masturbieren

mat¹, mate [mat] glanzlos, matt; dumpf

mat² [mat] (*unv*) *Schach*: matt

mât [mɑ] *m* Mast *m*

▶ **match** [matʃ] *m* *Sport*: (Wett-)Kampf *m*, Spiel *n*; **~ *aller, retour*** Hin-, Rückspiel *n*; ***faire ~ nul*** unentschieden spielen

▶ **matelas** [matla] *m* Matratze *f*

matelot [matlo] *m* Matrose *m*

matérialiser [materjalize] (1a) verwirklichen

matérial|isme [materjalismə] *m* Materialismus *m*; **~iste 1.** *adj* materialistisch; **2.** *m, f* Materialist(in) *m(f)*

matéri|au [materjo] *m* (⚠ *pl* **~x**) Material *n*, Bau-, Werkstoff *m*; **~aux** *m/pl* Material(ien) *n(pl)*; **~el, ~elle 1.** *adj* materiell, körperlich; **2.** *m* Material *n*, Gerät *n*, Ausrüstung *f*; *EDV* Hardware *f*

matern|el, ~elle [matɛrnɛl] **1.** *adj* mütterlich, Mutter...; **2.** *f* Vorschule *f*; Kindergarten *m*; **~ité** *f* Mutterschaft *f*; Entbindungsheim *n*

mathémat|icien, ~icienne [matematisjɛ̃, -isjɛn] *m, f* Mathematiker(in) *m(f)*; **~ique** mathematisch

▶ **mathématiques** [matematik] *f/pl* Mathematik *f*

▶ **maths** [mat] F *f/pl* Mathe *f*

▶ **matière** [matjɛr] *f* Materie *f*, Stoff *m*; (Sach-)Gebiet *n*, Fach *n*; Gegenstand *m*, Thema *n*; *fig* Anlass *m*; ***matière première*** Rohstoff *m*; ▶ ***matière plastique*** Kunststoff *m*, Plastik *n*; ***matière grise*** graue Substanz *f*; F Grips *m*; ***entrer en matière*** zur Sache kommen; ***en la matière*** einschlägig; ***en matière de*** in Sachen ...

▶ **matin** [matɛ̃] *m* Morgen *m*, Vormittag *m*; ***le ~*** morgens; ***ce ~*** heute früh; ***du ~ au soir*** von morgens bis abends; **~ *et soir*** morgens und abends

matin|al, ~ale [matinal] (⚠ *m/pl* **-aux**) morgendlich; ***être ~*** früh aufstehen

▶ **matinée** [matine] *f* Morgen(zeit) *m(f)*, Vormittag *m*; *Theater*: Nachmittagsvorstellung *f*; ***faire la grasse ~*** bis in den Tag hinein schlafen

matraqu|e [matrak] *f* (Gummi-)Knüppel *m*; **~er** (1m) niederknüppeln; F neppen; *fig* einhämmern

M

matrice [matris] *f méd* Gebärmutter *f*; *tech* Matrize *f*; *math* Matrix *f*
matrimonial, ~e [matrimɔnjal] (⚠ *m/pl* **-aux**) ehelich, Ehe...
maturité [matyrite] *f* Reife *f* (*a fig*)
mau|dire [modir] (2a *u* 4m) verfluchen, verwünschen; **~dit, ~dite** [-di, -dit] verflucht, verwünscht, verdammt
maugréer [mogree] (1a) (vor sich hin) schimpfen
mauresque [mɔrɛsk] maurisch
Maurice [mɔris] ***l'île*** *f* ~ Mauritius *n*
Mauritanie [moritani] ***la*** ~ Mauretanien *n*
mausolée [mozɔle] *m* Mausoleum *n*
maussade [mosad] verdrießlich; unfreundlich, trist
► **mauv|ais, ~aise** [mɔvɛ, -ɛz] **1.** *adj* schlecht, übel; böse, schlimm; falsch; **2.** *adv* schlecht; ***il fait mauvais*** es ist schlechtes Wetter; ***sentir mauvais*** schlecht riechen
mauve [mov] *f bot* Malve *f*
maux [mo] *pl von* ***mal***
maxillaire [maksilɛr] Kiefer...
maxim|al, ~ale [maksimal] (⚠ *m/pl* **-aux**) maximal, Höchst...
maxime [maksim] *f* Grundsatz *m*; Lebensregel *f*
► **maximum** [maksimɔm] **1.** *adj* (⚠ *f/sg sowie m/pl u f/pl a* ***maxima***) maximal, Höchst...; **2.** *m* Maximum *n*, Höchstmaß *n*; ***au*** ~ höchstens
Mayence [majɑ̃s] Mainz
mayonnaise [majɔnɛz] *f cuis* Majonäse *f*
mazout [mazut] *m* Heizöl *n*
► **me** [m(ə)] mich; mir
mec [mɛk] *m* F Typ *m*, Kerl *m*
► **mécan|icien** [mekanisjɛ̃] *m* Mechaniker *m*; Auto-, Maschinenschlosser *m*; Lokomotivführer *m*; **~ique 1.** *adj* mechanisch; Maschinen...; **2.** *f* Mechanik *f*; Maschinenbau *m*; **~isme** *m* Mechanismus *m* (*a fig*)
méchanceté [meʃɑ̃ste] *f* Bosheit *f*; Boshaftigkeit *f*
► **méch|ant, ~ante** [meʃɑ̃, -ɑ̃t] **1.** *adj* böse, boshaft; unartig, ungezogen; *vorangestellt*: übel, schlimm; schäbig; ⚠ *adv* ***méchamment*** [-amɑ̃]; **2.** *m, f* Bösewicht *m*
mèche [mɛʃ] *f* Docht *m*; Zündschnur *f*; Bohrer *m*; Haarsträhne *f*

méconnaître [mekɔnɛtrə] (4z) verkennen
► **mécont|ent, ~ente** [mekɔ̃tɑ̃, -ɑ̃t] unzufrieden (***de*** mit)
mécontent|ement [mekɔ̃tɑ̃tmɑ̃] *m* Unzufriedenheit *f*; **~er** (1a) verdrießen, verärgern
mécré|ant, ~ante [mekreɑ̃, -ɑ̃t] *litt* ungläubig
médaill|e [medaj] *f* Gedenkmünze *f*, Medaille *f*; **~on** *m* Medaillon *n*
► **médecin** [mɛdsɛ̃] *m* Arzt *m*

chez le médecin

être malade	krank sein
tomber malade	krank werden
aller chez le médecin	zum Arzt gehen
consulter un spécialiste	einen Facharzt aufsuchen
j'ai mal au cœur	mir ist schlecht / übel
être blessé / blessée	verletzt sein
examiner le client / la cliente	den Patienten / die Patientin untersuchen
le traitement	die Behandlung
opérer quelqu'un	jemanden operieren
guérir quelqu'un	jemanden heilen
délivrer une ordonnance	ein Rezept ausstellen
le médicament	das Medikament
le comprimé	die Tablette
un remède pour l'asthme / contre l'asthme	ein Mittel gegen Asthma

► **médecine** [mɛdsin] *f* Medizin *f*, Heilkunde *f*; ⚠ *Schreibung*; ⚠ *nicht* Medikament
média [medja] *m* (⚠ *pl* ***média*** *od* ***médias***) Medium *n*

média|teur, ~trice [medjatœr, -tris] *m, f* Vermittler(in) *m(f)*; **~tion** *f* Vermittlung *f*
médiatique [medjatik] Medien..., der Medien; medienwirksam
médical, ~e [medikal] (⚠ *m/pl* **-aux**) ärztlich, medizinisch
▶ **médicament** [medikamɑ̃] *m* Arznei *f*, Heilmittel *n*, Medikament *n*
médicinal, ~e [medisinal] (⚠ *m/pl* **-aux**) Heil..., Arznei...
médiéval, ~e [medjeval] (⚠ *m/pl* **-aux**) mittelalterlich
médiocr|e [medjɔkrə] mittelmäßig; **~ité** *f* Mittelmäßigkeit *f*
médi|re [medir] (4m) **~ de qn** j-m Übles nachreden; ⚠ **vous médisez**; **~sance** [-zɑ̃s] *f* üble Nachrede *f*
médita|tif, ~tive [meditatif, -tiv] nachdenklich; **~tion** *f* Nachdenken *n*, Grübeln *n*; Betrachtung *f*, Meditation *f*; *rel* Andacht *f*
méditer [medite] (1a) **~ qc** über etw nachsinnen; etw ausdenken; **~ sur qc** über etw nachdenken; **~ de faire qc** beabsichtigen, etw zu tun
▶ **Méditerranée** [mediterane] **la ~** das Mittelmeer
médius [medjys] *m* Mittelfinger *m*
méduse [medyz] *f zo* Qualle *f*
meeting [mitiŋ] *m pol* Versammlung *f*; *allg* Veranstaltung *f*
méfait [mefɛ] *m* Missetat *f*; *pl* **~s** schädliche Auswirkungen *f/pl*
méfi|ance [mefjɑ̃s] *f* Misstrauen *n*; **~ant, ~ante** [-ɑ̃, -ɑ̃t] misstrauisch
méfier [mefje] (1a) **se ~ de qn** (**qc**) j-m (e-r Sache) misstrauen; sich vor j-m (etw) in Acht nehmen
méga|hertz [megaɛrts] *m* Megahertz *n*; **~lomanie** [-lɔmani] *f* Größenwahn *m*; **~-octet** [-ɔktɛ] *m* (⚠ *pl* **méga-octets**) *EDV* Megabyte *n*; **~phone** [-fɔn] *m* Sprachrohr *n*, Megafon *n*
mégarde [megard] *f* **par ~** aus Versehen
mégot [mego] *m* Zigarettenstummel *m*, F Kippe *f*
▶ **meilleur, ~e** [mɛjœr] besser; **le meilleur** der Beste
mélancol|ie [melɑ̃kɔli] *f* Melancholie *f*, Schwermut *f*; **~ique** melancholisch, schwermütig
mélange [melɑ̃ʒ] *m* Mischung *f*, Gemisch *n*
▶ **mélanger** [melɑ̃ʒe] (1l) (ver)mischen; durcheinander bringen
mêlée [mɛle] *f* Handgemenge *n*; *Rugby*: Gedränge *n*
mêler [mɛle] (1b) (ver)mischen; verbinden; *fig* **mêler qn à qc** j-n in etw verwickeln; **se mêler à** sich (ver)mischen mit; sich verbinden mit; ▶ **se mêler de qc** sich um etw kümmern; sich in etw mischen
mélèze [melɛz] *m bot* Lärche *f*
mélo [melo] F (*Kurzwort für* **mélodramatique**) rührselig
mélod|ie [melɔdi] *f* Melodie *f*; **~ieux, ~ieuse** [-jø, -jøz] *u* **~ique** wohlklingend, melodisch
▶ **melon** [m(ə)lɔ̃] *m bot* Melone *f*; (**chapeau** *m*) **~** Melone *f* (*Hut*); ⚠ **le ~**
▶ **membre** [mɑ̃brə] *m* Glied *n*; *fig* Mitglied *n*; *gr* **~ de phrase** Satzteil *m*
▶ **même** [mɛm] **1.** *adj u Pronomen* ▶ **le, la même, les mêmes** der, die, das Gleiche, die Gleichen; der-, die-, dasselbe, dieselben; **moi-même** ich selbst; **la bonté même** die Güte selbst; **ce jour même** heute noch; **cela revient au même** das kommt auf dasselbe hinaus; **2.** *adv* selbst, sogar; **même pas** nicht einmal; **même si** selbst wenn; **ici même** genau hier; **de même** ebenso; **de même!** gleichfalls!; **de même que** ebenso wie; **boire à même la bouteille** direkt aus der Flasche trinken; **être** (**mettre**) **à même de** (+ *inf*) im Stande sein (in den Stand setzen) zu (+ *inf*); **tout de même** trotzdem; **quand même** trotzdem, immerhin
mémé [meme] *f* F Oma *f*
▶ **mémoire** [memwar] **1.** *f* Gedächtnis *n*; Erinnerung *f*; Andenken *n*; *EDV* Speicher *m*; **~ centrale** Hauptspeicher *m*; **~ morte** ROM-Speicher *m*; **~ vive** RAM-Speicher *m*, Arbeitsspeicher *m*; **de ~** aus dem Gedächtnis; **à la ~ de** zum Gedenken an; **de ~ d'homme** seit Menschengedenken; **2.** *m* Memorandum *n*, Denkschrift *f*; Abhandlung *f*; **~s** *pl* Memoiren *pl*, (Lebens-)Erinnerungen *f/pl*
mémorable [memɔrablə] denkwürdig
mémorial [memɔrjal] *m* (⚠ *pl* **-aux**) Denkmal *n*
mémoriser [memorize] (1a) sich einprägen; *EDV* speichern

▶ **menace** [mənas] *f* Drohung *f*; Bedrohung *f*
▶ **menacer** [mənase] (1k) drohen (**qn** j-m), bedrohen (**de** mit)
▶ **ménage** [menaʒ] *m* Haushalt *m*; Hausrat *m*; Ehepaar *n*, Ehe *f*; Familie *f*; ***faire le ~*** aufräumen, putzen; ***~ à trois*** Dreiecksverhältnis *n*; ***faire bon ~ avec qn*** sich mit j-m gut vertragen
ménag|ement [menaʒmɑ̃] *m* Schonung *f*; **~er¹** (1l) schonen; sparen
▶ **ménag|er², ~ère** [menaʒe, -ɛr] **1.** *adj* Haushalt(ung)s...; **2.** *f* Hausfrau *f*; Besteckkasten *m*
ménagerie [menaʒri] *f* Tierschau *f*
mendi|ant, ~ante [mɑ̃djɑ̃, -ɑ̃t] *m, f* Bettler(in) *m(f)*; **~er** (1a) betteln (**qc** um etw)
menées [məne] *f/pl* Umtriebe *m/pl*, Machenschaften *f/pl*
▶ **men|er** [məne] (1d) führen (*a fig*); bringen, geleiten; anführen (*Zug*); betreiben (*Angelegenheit*); **~eur** *m* Anführer *m*, Rädelsführer *m*; ***~ de jeu*** Spielleiter *m*
méningite [menɛ̃ʒit] *f méd* (Ge-)Hirnhautentzündung *f*
ménopause [menɔpoz] *f* Wechseljahre *n/pl*
menotte [mənɔt] *f* **~s** *pl* Handschellen *f/pl*
▶ **mensonge** [mɑ̃sɔ̃ʒ] *m* Lüge *f*; ⚠ ***le ~***
mensualité [mɑ̃sɥalite] *f* monatliche Zahlung *f*; Monatsrate *f*
▶ **mensuel, ~le** [mɑ̃sɥɛl] monatlich
mental, ~e [mɑ̃tal] (⚠ *m/pl* **-aux**) geistig, Geistes...; gedanklich; ***calcul m mental*** Kopfrechnen *n*; **~ement** [-mɑ̃] *adv* geistig; in Gedanken; **~ité** *f* Mentalität *f*; Einstellung *f*
ment|eur, ~euse [mɑ̃tœr, -øz] *m, f* Lügner(in) *m(f)*
menthe [mɑ̃t] *f bot* Minze *f*; Pfefferminztee *m*, -sirup *m*
mention [mɑ̃sjɔ̃] *f* Erwähnung *f*; *Prüfung*: Note *f*; ***avec ~*** mit Auszeichnung; ***faire ~ de*** erwähnen
mentionner [mɑ̃sjɔne] (1a) erwähnen
▶ **mentir** [mɑ̃tir] (2b) lügen; ***~ à qn*** j-n an-, belügen
▶ **menton** [mɑ̃tɔ̃] *m* Kinn *n*
▶ **menu, ~e** [məny] **1.** *adj* klein, dünn, fein; ***par le menu*** haarklein; ***menue monnaie*** *f* Kleingeld *n*; **2.** *adv* ***couper menu*** klein schneiden; **3.** *m* Speisekarte *f*, -folge *f*, Menü *n*; *EDV* Menü *n*
menuiserie [mənɥizri] *f* Tischlerei *f*, Schreinerei *f*
▶ **menuisier** [mənɥizje] *m* Tischler *m*, Schreiner *m*
méprendre [meprɑ̃drə] (4q) ***se ~*** sich irren (**sur** in)
mépris [mepri] *m* Verachtung *f*; ***au ~ de*** ohne Rücksicht auf
méprisable [meprizablə] verächtlich
méprise [mepriz] *f* Versehen *n*
▶ **mépriser** [meprize] (1a) verachten; missachten
▶ **mer** [mɛr] *f* Meer *n* (*a fig*), See *f*; ***en ~*** auf See; ***par ~*** zur See; auf dem Seeweg; ***prendre la ~*** in See stechen; ⚠ ***la ~***; ⚠ *nicht verwechseln mit* ***la mère, le maire***
mercenaire [mɛrsənɛr] *m* Söldner *m*
mercerie [mɛrsəri] *f* Kurzwaren(handel) *f/pl (m)*
▶ **merci** [mɛrsi] **1.** danke; ***~ beaucoup***, ***~ bien*** vielen, schönen Dank; ***Dieu ~!*** Gott sei Dank!; ***~ de od pour*** ... danke für ...; **2.** *f* ***demander ~*** um Gnade flehen; ***être à la ~ de qn, qc*** j-m, e-r Sache ausgeliefert sein; ***sans ~*** erbarmungslos, ohne Gnade
▶ **mercredi** [mɛrkrədi] *m* Mittwoch *m*; ***le ~, tous les ~s*** mittwochs
mercure [mɛrkyr] *m chim* Quecksilber *n*
▶ **merde** [mɛrd] *f* P Scheiße *f*
merder [mɛrde] (1a) F Mist machen; in die Hose gehen
▶ **mère** [mɛr] *f* Mutter *f*; ***~ célibataire*** unverheiratete Mutter; ***~ porteuse*** Leihmutter *f*; ***maison f ~*** *comm* Stammhaus *n*
mérid|ien, ~ienne [meridjɛ̃, -jɛn] *astr* **1.** *adj* Mittags...; **2.** *m* Meridian *m*
méridional, ~e [meridjɔnal] (⚠ *m/pl* **-aux**) südlich; südfranzösisch
meringue [mərɛ̃g] *f cuis* Baiser *n*
mérite [merit] *m* Verdienst *n*
▶ **mériter** [merite] (1a) verdienen, wert sein; bedürfen
merle [mɛrl] *m zo* Amsel *f*; ⚠ ***le ~***
merveille [mɛrvɛj] *f* Wunder *n*; ***à ~*** vortrefflich
▶ **merveill|eux, ~euse** [mɛrvɛjø, -øz] wunderbar
mes [me] *cf* ***mon***
mésange [mezɑ̃ʒ] *f zo* Meise *f*
mésaventure [mezavɑ̃tyr] *f* Missgeschick *n*

mes|dames [medam] *pl von* ***madame***; **~demoiselles** [medmwazɛl] *pl von* ***mademoiselle***
mésentente [mezɑ̃tɑ̃t] *f* Zerwürfnis *n*
mesqu|in, ~ine [mɛskɛ̃, -in] kleinlich; schäbig; knaus(e)rig
mess [mɛs] *m* Offizierskasino *n*; ⚠ ***le ~***
messag|e [mɛsaʒ] *m* Botschaft *f*; Meldung *f*, Nachricht *f*, Durchsage *f*; *EDV* Meldung *f*; ***~ d'erreur*** Fehlermeldung *f*; ***~ électronique*** E-Mail *f*; ***~ publicitaire*** Werbespot *m*; **~er, ~ère** *m, f* Bote *m*, Botin *f*; **~erie** *f* ***~ électronique*** E-Mail *f*; **~eries** *f/pl* Güterschnellverkehr *m*; Vertriebsgesellschaft *f*
▶ **messe** [mɛs] *f égl* Messe *f*
Messie [mesi] *m rel* Messias *m*
messieurs [mesjø] *pl von* ***monsieur***
▶ **mesure** [m(ə)zyr] *f* Messung *f*; Maß *n*; Maßstab *m* (*a fig*); Maßnahme *f*; *mus* Takt(maß) *m*(*n*); ***à la ~ de*** entsprechend; ***à ~ que*** *od* ***dans la ~ où*** in dem Maße, wie; ***dans une large ~*** in hohem Maße; ***être en ~ de*** (+ *inf*) in der Lage sein zu (+ *inf*); ***outre ~*** maßlos; ***sur ~*** nach Maß; ***en ~*** im Takt
▶ **mesurer** [m(ə)zyre] (1a) (ab-, aus-, ver-, er)messen; *fig* abwägen
métabolisme [metabɔlismə] *m* Stoffwechsel *m*
▶ **métal** [metal] *m* (⚠ *pl* ***-aux***) Metall *n*; ⚠ *Schreibung*
métallique [metalik] metallisch, Metall...
métallurgie [metalyrʒi] *f* Hüttenwesen *n*; Metallindustrie *f*
métaphore [metafɔr] *f* Metapher *f*, bildlicher Ausdruck *m*
métastase [metastɑz] *f* Metastase *f*
▶ **météo** [meteo] *f abr cf* ***météorologie***
météorologie [meteɔrɔlɔʒi] *f* Wetterkunde *f*; Wetterdienst *m*
méthod|e [metɔd] *f* Methode *f*; Lehrbuch *n*; **~ique** methodisch
méticul|eux, ~euse [metikylø, -øz] gewissenhaft, peinlich genau
▶ **métier** [metje] *m* **1.** Beruf *m*; Gewerbe *n*; Handwerk *n*; Berufserfahrung *f*; **2.** Webstuhl *m*
mét|is, ~isse [metis] **1.** *adj* Mischlings...; **2.** *m, f* Mischling *m*
métrage [metraʒ] *m* Länge *f* (*Film*); ***court ~*** Kurzfilm *m*; ***long ~*** abendfüllender Film
▶ **mètre** [mɛtrə] *m* Meter *n od m*; Maßstab *m*; Metermaß *n*
▶ **métro** [metro] *m* U-Bahn *f*; ⚠ ***le ~***

le métro de Paris

Le métro ist die weltberühmte Untergrundbahn in Paris. Die erste Linie wurde bereits zur Weltausstellung im Jahre 1900 eröffnet. Das stark verzweigte unterirdische Metro-Netz beläuft sich inzwischen auf eine Länge von über 200 km, zu denen noch 92 km der Schnellbahnlinien ***R.E.R.*** (*réseau express régional*) hinzukommen. Circa 300 Metro-Haltestellen sind so gekonnt über Paris verteilt worden, dass es innerhalb der Stadt keinen einzigen Punkt gibt, der mehr als 500 Meter von einer Metro-Haltestelle entfernt liegt. Mehr als vier Millionen Menschen strömen tagtäglich in die so genannten ***bouches du métro*** (die „Metro-Mäuler"), von denen etliche mit schmiedeeisernen Elementen verziert sind und unter Denkmalschutz stehen.

métropol|e [metrɔpɔl] *f* **1.** Metropole *f*, Zentrum *n*; **2.** Mutterland *n*; **~itain, ~itaine** [-itɛ̃, -itɛn] des Mutterlandes
mets [mɛ] *m* Gericht *n*, Speise *f*
metteur [mɛtœr] *m* ▶ ***metteur en scène*** Regisseur *m*
▶ **mettre** [mɛtrə] (4p) stellen, setzen, legen; bringen, hineintun; *Kleider*: anziehen; *Krawatte*: umbinden; *Hut*: aufsetzen; *Geld*: anlegen, (ein)setzen; *Heizung etc*: anstellen; ***mettre deux heures à (faire) qc*** zwei Stunden brauchen zu etw; ***mettre au net*** ins Reine schreiben; ***mettre en bouteilles*** in Flaschen füllen; ***mettre sous clé*** einschließen; ***mettons que*** (+ *subj*) angenommen, dass ...; ***se mettre*** sich setzen; ***se mettre à l'aise*** es sich bequem machen;

M

se mettre à qc sich an etw machen; ▶ ***se mettre à faire qc*** anfangen, etw zu tun

mettre kommt – je nach Substantiv – in den unterschiedlichsten Bedeutungen vor:

mettre le couvert	den Tisch **decken**
mettre son pantalon	die Hose **anziehen**
mettre ses lunettes	die Brille **aufsetzen**
mettre une lettre à la poste	einen Brief zur Post **bringen**
mettre la télé	den Fernseher **anmachen**
mettre les phares	das Licht (beim Auto) **einschalten**
Nous avons mis cinq heures pour arriver à Rennes.	Wir **brauchten** fünf Stunden bis Rennes.
mettre** quelqu'un **à l'épreuve	jemanden **auf die Probe stellen**
mettre** le moteur **en marche	den Motor **anlassen**
***mettre en scène** une pièce de théatre*	ein Theaterstück **inszenieren**

meuble [mœblə] **1.** *adj* beweglich (*jur*); locker (*Boden*); **2.** *m* Möbelstück *n*; ***meubles*** *pl* Möbel *n/pl*

▶ **meubl|é, ~e** [mœble] möbliert; **~er** (1a) möblieren; ausstatten; *fig Freizeit*: ausfüllen

meugler [møgle] (1a) muhen

meul|e [møl] *f* Mühl-, Schleifstein *m*; Käselaib *m*; *agr* Schober *m*; **~er** (1a) schleifen

meun|ier, ~ière [mønje, -jɛr] **1.** *m, f* Müller(in) *m(f)*; **2.** *f cuis* (***à la***) ~ nach Müllerinart

meurs [mœr] *présent von* ***mourir***

meurtr|e [mœrtrə] *m* Mord *m*; *jur* Totschlag *m*; **~ier, ~ière** [-ije, -ijɛr] **1.** *adj* mörderisch; **2.** *m, f* Mörder(in) *m(f)*; **3.** *f* Schießscharte *f*

Meuse [møz] ***la*** ~ die Maas

meute [møt] *f* Meute *f* (*a fig*)

▶ **Mexique** [mɛksik] ***le*** ~ Mexiko *n* (*Staat*); ⚠ *Stadt* ***Mexico***

MHz *m* (*abr* ***mégahertz***) MHz *n*

mi [mi] *m mus* e *od* E *n*

mi-... [mi] halb; ***à mi-chemin*** auf halbem Wege; (***à la***) ***mi-janvier*** Mitte Januar

miauler [mjole] (1a) miauen

mi|-clos, ~-close [miklo, -kloz] halb geschlossen

micro [mikro] *m* (*Kurzwort für* ***microphone***) Mikrofon *n*; *EDV* (*Kurzwort für* ***micro-ordinateur***) Mikrocomputer *m*; ***au*** *od* ***devant le*** ~ am, vor dem Mikrofon

microbe [mikrɔb] *m* Mikrobe *f*, Bakterie *f*; ⚠ ***le*** ~

micro-onde [mikrɔɔ̃d] *f* (⚠ *pl* ***micro-ondes***) Mikrowelle *f*

micro-ordinateur [mikrɔɔrdinatœr] *m* (⚠ *pl* ***micro-ordinateurs***) Mikrocomputer *m*

microphone [micrɔfɔn] *m* Mikrofon *n*

microprocesseur [mikrɔprɔsɛsœr] *m* Mikroprozessor *m*

microscope [mikrɔskɔp] *m* Mikroskop *n*

▶ **midi** [midi] *m* **1.** Mittag *m*, zwölf Uhr; ***midi et demi*** halb eins; **2.** Süden *m*; ▶ ***le Midi*** Südfrankreich *n*

mie [mi] *f Brot*: Krume *f*

miel [mjɛl] *m* Honig *m*

▶ **mien, mienne** [mjɛ̃, mjɛn] ***le mien, la mienne*** der, die, das mein(ig)e; meine(r, -s)

miette [mjɛt] *f* Krümel *m*

▶ **mieux** [mjø] **1.** *adv* (*Komparativ von* ***bien***) besser; mehr; ***le*** ~ am besten; am meisten; ***le ~ possible*** so gut wie *od* als möglich; ***à qui*** ~ ~ um die Wette; ***de ~ en*** ~ immer besser; ***tant*** ~ umso besser; ***aimer*** ~ lieber mögen, vorziehen; ***aimer ~ faire qc*** etw lieber tun; ***valoir*** ~ besser sein; ***faire ~ de*** (+ *inf*) besser daran tun, zu (+ *inf*); **2.** *m* Bessere(s) *n*,

Beste(s) *n*; *Befinden*: Besserung *f*; ***au ~*** *od* ***pour le ~*** aufs Beste; sehr gut

Südfrankreich: *le Midi*

Den Süden Frankreichs nennt man auch ***le Midi***. Dabei denkt man in erster Linie an die sonnigen Gebiete entlang der *Côte d'Azur*, an die Lavendelfelder der *Provence*, an die Wildpferde und die Flamingos der *Camargue* sowie an den Küstenstreifen, der sich entlang des Mittelmeers bis hin zur spanischen Grenze erstreckt.

Die Leute, die im *Midi* leben, werden von den Nordfranzosen des öfteren wegen ihrer Aussprache belächelt. So spricht der typische Südfranzose zum Beispiel *le chien* [ləʃjɛŋ] und *le vin blanc* [ləvɛŋblaŋ] aus.

mièvre [mjɛvrə] abgeschmackt; süßlich
▶**mign|on, ~onne** [miɲɔ̃, -ɔn] **1.** *adj* allerliebst, niedlich; F lieb, nett; **2.** *m, f* Liebling *m*
migraine [migrɛn] *f* Migräne *f*
migration [migrasjɔ̃] *f* Wanderung *f*
mijoter [miʒɔte] (1a) *cuis* bei schwacher Hitze kochen, schmoren; *fig Plan*: aushecken
mil [mil] **1.** *Kurzform von* **mille** tausend; **2.** *m bot* Hirse *f*
milan¹ [milɑ̃] *m zo* Milan *m*
Milan² [milɑ̃] Mailand
▶**milieu** [miljø] *m* (⚠ *pl* **~x**) Mitte *f*; Umgebung *f*, Umwelt *f*, Milieu *n*, ▶ ***au milieu de, en plein milieu de*** mitten in; ***le juste milieu*** der goldene Mittelweg; ***le milieu*** die Unterwelt; ***milieux*** *pl* ***diplomatiques***, *etc* diplomatische *etc* Kreise *m/pl*
▶**milit|aire** [militɛr] **1.** *adj* militärisch, Militär..., Kriegs..., Wehr...; **2.** *m* Soldat *m*; **~ant, ~ante** [-ɑ̃, -ɑ̃t] kämpfend, politisch aktiv; **~ariser** [-arize] (1a) militarisieren; **~er** (1a) politisch aktiv sein; *fig* kämpfen (**für** pour)
▶**mille** [mil] **1.** tausend; ▶ ***deux mille*** zweitausend; ⚠ *niemals mit Plural -s*; **2.** *m* Meile *f*
millénaire [milenɛr] **1.** *adj* tausendjährig; **2.** *m* Jahrtausend *n*
mille-pattes [milpat] *m* (⚠ *pl unv*) *zo* Tausendfüßler *m*
millésime [milezim] *m* Jahreszahl *f*; Jahrgang *m*
millet [mijɛ] *m bot* Hirse *f*
▶**milliard** [miljar] *m* Milliarde *f*; ⚠ ***le ~***
▶**millième** [miljɛm] **1.** tausendste; **2.** *m* Tausendstel *n*
▶**millier** [milje] *m* Tausend *n*
▶**milli|on** [miljɔ̃] *m* Million *f*; ⚠ ***le ~***; **~onnaire** [-ɔnɛr] *m, f* Millionär(in) *m(f)*; ⚠ *Schreibung*
mim|e [mim] *m* Pantomime *m*; **~er** (1a) nachahmen; **~ique** *f* Mimik *f*
mimosa [mimoza] *m bot* Mimose *f*; ⚠ ***le ~***
▶**minable** [minablə] kümmerlich, ärmlich, schäbig
minauder [minode] (1a) sich zieren
▶**mince** [mɛ̃s] dünn; schmal; schlank; *fig* unbedeutend, gering; F **~ (alors)!** Mist!; Donnerwetter! (*Staunen*)
▶**mine¹** [min] *f* Miene *f*; Aussehen *n*; ***faire ~ de*** (+ *inf*) so tun, als ob; ***avoir bonne (mauvaise) ~*** gut (schlecht) aussehen; ⚠ *Schreibung*
▶**mine²** [min] *f* Bergwerk *n*, Zeche *f*; Mine *f* (*a Bleistift, mil*)
minerai [minrɛ] *m* Erz *n*
minéral, ~e [mineral] (⚠ *m/pl* **-aux**) **1.** *adj* mineralisch; ***eau f minérale*** Mineralwasser *n*; ***chimie f minérale*** anorganische Chemie; **2.** *m* Mineral *n*
minéralogique [mineralɔʒik] *auto* ***plaque f ~*** Nummernschild *n*
min|et, ~ette [minɛ, -ɛt] *m, f* F Kätzchen *n*, Mieze *f*; *fig* Schätzchen *n*, Herzchen *n*; Modenarr *m*, -puppe *f*
mineur¹, ~e [minœr] *adj u subst* **1.** zweitrangig, unbedeutend; **2.** *mus* Moll; **3.** *jur* minderjährig; *m, f* Minderjährige(r) *m, f*
mineur² [minœr] *m* Bergmann *m*
minibus [minibys] *m* Kleinbus *m*
mini|er, ~ère [minje, -jɛr] Bergwerks..., Gruben...
mini-jupe [miniʒyp] *f* (⚠ *pl* **mini-jupes**) Minirock *m*

M

minim|e [minim] sehr klein; **~iser** (1a) bagatellisieren
▶ **minimum** [minimɔm] **1.** *adj* (⚠ *f/sg sowie m/pl u f/pl a* **minima**) Mindest...; **2.** *m* Minimum *n*; **au ~** wenigstens
ministère [ministɛr] *m* Ministerium *n*; Ministeramt *n*; Regierung *f*, Kabinett *n*; *rel* Priesteramt *n*
▶ **ministre** [ministrə] *m* Minister *m*
minitel [minitɛl] *m* Bildschirmtext *m*; Btx-Gerät *n*
minorité [minɔrite] *f jur* Minderjährigkeit *f*; *pol* Minderheit *f*
Minorque [minɔrk] Menorca *n*
▶ **minuit** [minɥi] *m* Mitternacht *f*, zwölf Uhr nachts; ⚠ ***minuit*** *ist Maskulinum, aber* ***la nuit***
minuscule [minyskyl] **1.** *adj* klein (geschrieben); *fig* winzig; **2.** *f* Kleinbuchstabe *m*
▶ **minute** [minyt] *f* **1.** Minute *f*; *fig* Moment *m*; **à la ~** auf die Minute; **2.** Urschrift *f*, Original *n*
minuterie [minytri] *f* Schaltuhr *f*
minu|tie [minysi] *f* peinliche Genauigkeit *f*; ⚠ *Aussprache*; **~tieux, ~tieuse** [-sjø, -sjøz] peinlich genau
mioche [mjɔʃ] *m* F Knirps *m*
miracle [miraklə] *m* Wunder *n*; ***~ économique*** Wirtschaftswunder *n*
miracul|eux, ~euse [mirakylø, -øz] wunderbar; *fig* erstaunlich
mirage [miraʒ] *m* Luftspiegelung *f*, Fata Morgana *f*; *fig* Trugbild *n*
mire [mir] *f* Visier *n*; Messlatte *f*; *TV* Testbild *n*; ***point m de ~*** Zielpunkt *m*; *fig* Zielscheibe *f*
miroir [mirwar] *m* Spiegel *m*
miroiter [mirwate] (1a) spiegeln, glänzen
mis [mi] *p/s von* ***mettre***
mis, mise [mi, miz] (*p/p von* ***mettre*** *u adj*) *Tisch*: gedeckt; ***bien*** **~** gut angezogen
misanthrope [mizɑ̃trɔp] *m* Menschenfeind *m*
mise [miz] *f* Kleidung *f*; *Spiel*: Einsatz *m*; ***~ en marche*** (***route***, ***service***) Inbetriebnahme *f*; ***~ en scène*** Inszenierung *f*; ***~ en vente*** Verkauf *m*; ***de ~*** angebracht, passend
miser [mize] (1a) *Spiel u fig* setzen (***sur*** auf)
misérable [mizerablə] ärmlich, kümmerlich; erbärmlich; beklagenswert
▶ **misère** [mizɛr] *f* Elend *n*

miséricorde [mizerikɔrd] *f* Barmherzigkeit *f*
misogyne [mizɔʒin] **1.** *adj* frauenfeindlich; **2.** *m* Weiberfeind *m*
missile [misil] *m mil* Rakete *f*, Flugkörper *m*
miss|ion [misjɔ̃] *f* Auftrag *m*, Aufgabe *f*; Sendung *f*; *pol* Delegation *f*; Mission *f* (*a rel*); **~ionnaire** [-jɔnɛr] *m* Missionar *m*; ⚠ *Schreibung*
missive [misiv] *f oft iron* Brief *m*
mistral [mistral] *m* kalter Nordwind *m* (*in der Provence*)
mite [mit] *f zo* Motte *f*; Milbe *f*
mi-temps [mitɑ̃] *f* (⚠ *pl unv*) Halbzeit *f*; **à ~** halbtags (*arbeiten*); ⚠ ***la ~***, *aber* ***le temps***
mit|eux, ~euse [mitø, -øz] schäbig
mitigé, ~e [mitiʒe] abgeschwächt
mitonner [mitɔne] (1a) langsam kochen; *fig* sorgfältig vorbereiten
mitraill|e [mitraj] *f mil* Beschuss *m*; **~er** (1a) *mil* beschießen; *fig* bombardieren; von allen Seiten fotografieren; **~ette** [-ɛt] *f* Maschinenpistole *f*; **~eur** *m* Maschinengewehrschütze *m*; ***fusil m ~*** leichtes Maschinengewehr *n*; **~euse** *f* Maschinengewehr *n*
mi-voix [mivwa] **à ~** halblaut
mix|age [miksaʒ] *m* (Ton-)Mischung *f*; **~er** [-ɛr] *od* **~eur** [-œr] *m cuis* Mixer *m*
mixte [mikst] gemischt
mixture [mikstyr] *f péj* Gebräu *n*, Gemisch *n*
Mlle (*abr* ***Mademoiselle***) Frl.
Mme (*abr* ***Madame***) Fr.
Mo [ɛmo] (*abr* ***méga-octet***) MB *n*
mobil|e [mɔbil] **1.** *adj* beweglich; **2.** *m* Motiv *n*; Triebfeder *f*; *Kunst*: Mobile *n*; **~ier, ~ière** [-je, -jɛr] **1.** *adj jur* beweglich; **2.** *m* Mobiliar *n*; **~isation** [-izasjɔ̃] *f mil* Mobilmachung *f*; *fig* Mobilisierung *f*; **~iser** (1a) *mil* mobil machen; *fig* mobilisieren; **~ité** *f* Beweglichkeit *f*
mobylette [mɔbilɛt] *f* Moped *n*
▶ **moche** [mɔʃ] F hässlich; mies
modalité [mɔdalite] *f* Art und Weise *f*, Modalität *f*
mode[1] [mɔd] *m* Art *f*, Weise *f*; *EDV* Modus *m*; *mus* Tonart *f*; *gr* Modus *m*; ***~ d'emploi*** Gebrauchsanweisung *f*, Bedienungsanleitung *f*
▶ **mode**[2] [mɔd] *f* Mode *f*; **à la ~** modisch

M

► **modèle** [mɔdɛl] *m* Muster *n*, Vorbild *n*; Modell *n*
modem [mɔdɛm] *m EDV* Modem *n*
modér|ation [mɔderasjɔ̃] *f* Mäßigung *f*; **~é, ~ée** mäßig; gemäßigt; ⚠ *adv* **modérément**; **~er** (1f) (**se ~** sich) mäßigen
► **modern|e** [mɔdɛrn] modern; **~iser** (1a) modernisieren
► **modest|e** [mɔdɛst] bescheiden; **~ie** [-i] *f* Bescheidenheit *f*
modification [mɔdifikasjɔ̃] *f* (Ab-, Ver-)Änderung *f*, Modifizierung *f*
modifier [mɔdifje] (1a) (ab-, ver)ändern, modifizieren
modique [mɔdik] *Einkommen etc*: bescheiden, niedrig, gering
modulation [mɔdylasjɔ̃] *f* Modulation *f*; **~ de fréquence** Ultrakurzwelle *f*
modul|e [mɔdyl] *m tech* Modul *m od n*; *Raumfahrt* **~ lunaire** Mondfähre *f*; **~er** (1a) modulieren
moell|e [mwal] *f* (Knochen-)Mark *n*; ⚠ *Aussprache*; **~eux, ~euse** [-ø, -øz] weich
mœurs [mœr(s)] *f/pl* Sitten *f/pl*; Bräuche *m/pl*
► **moi** [mwa] ich; mich; mir
moignon [mwaɲɔ̃] *m* Stumpf *m*
moindre [mwɛ̃dre] minder, geringer; **le, la ~** der, die, das Geringste
► **moi-même** [mwamɛm] (ich) selbst
moine [mwan] *m* Mönch *m*
moineau [mwano] *m* (⚠ *pl* **~x**) *zo* Sperling *m*, Spatz *m*
► **moins** [mwɛ̃] *adv* weniger; *math* minus; **le moins** das Wenigste, Mindeste; **du** *od* ► **au moins** wenigstens, mindestens, **à moins** für weniger; **à moins de** (+ *inf*), **à moins que ... ne** (+ *subj*) sofern nicht, außer wenn ...; **ne ... pas moins** dennoch, trotzdem; **de moins en moins** immer weniger
► **mois** [mwa] *m* Monat *m*; Monatslohn *m*, **par ~** monatlich
Moïse [mɔiz] Moses
mois|i, ~ie [mwazi] **1.** *adj* schimm(e)lig; **2.** *m bot* Schimmel *m*; **~ir** (2a) verschimmeln (lassen); **~issure** [-isyr] *f bot* Schimmel *m*; Verschimmeln *n*
► **moisson** [mwasɔ̃] *f* (Getreide-)Ernte *f*
moissonn|er [mwasɔne] (1a) ernten; **~euse-batteuse** [-øzbatøz] *f* (⚠ *pl* **moissonneuses-batteuses**) Mähdrescher *m*
moite [mwat] feucht
► **moitié** [mwatje] *f* Hälfte *f*; **à ~** zur Hälfte, halb; **~ ... ~ ...** halb ... halb ...; **à ~ chemin** auf halbem Wege; **à ~ prix** zum halben Preis
mol [mɔl] *cf* **mou**
molaire [mɔlɛr] *f* Backenzahn *m*
molécule [mɔlekyl] *f* Molekül *n*; ⚠ **la ~**
molester [mɔlɛste] (1a) misshandeln
moll|ement [mɔlmɑ̃] *adv* lässig, träge; **~esse** [-ɛs] *f* Weichheit *f*; Schlaffheit *f*, Laschheit *f*; **~et¹, ~ette** [-ɛ, -ɛt] weich, zart; **œuf** *m* **mollet** weiches Ei *n*
mollet² [mɔlɛ] *m* Wade *f*
mollir [mɔlir] (2a) weich werden; abflauen; nachlassen
môme [mom] *m*, *f* F Kind *n*
► **moment** [mɔmɑ̃] *m* Augenblick *m*, Moment *m*; **à ce ~** in diesem Augenblick; **en ce ~** zur Zeit, jetzt; **dans un ~** gleich; **du ~** momentan; **d'un ~ à l'autre** sogleich; **en un ~** im Nu; **par ~s** gelegentlich; **pour le ~** einstweilen; **du ~ que** *od* **où** da ja
momentané, ~e [mɔmɑ̃tane] vorübergehend; augenblicklich; ⚠ *adv* **momentanément**
momie [mɔmi] *f* Mumie *f*
► **mon** *m*, **ma** *f*, **mes** *pl* [mɔ̃, ma, me] mein(e) *m*, *n* (*f*; *pl*); ⚠ **mon** *a im sg f*, *wenn das folgende Wort mit Vokal od stummem* **h** *beginnt*: **mon idée**
Monaco [mɔnako] (**la principauté de**) **~** (das Fürstentum) Monaco
monarchie [mɔnarʃi] *f* Monarchie *f*
monastère [mɔnastɛr] *m* Kloster *n*
monceau [mɔ̃so] *m* (⚠ *pl* **~x**) Haufen *m*
mond|ain, ~aine [mɔ̃dɛ̃, -ɛn] Gesellschafts...; mondän; *rel* weltlich
► **monde** [mɔ̃d] *m* Welt *f*; Menschen *m/pl*, Leute *pl*; **tout le ~** jedermann; **dans le ~ entier** auf der ganzen Welt; **le beau ~** die vornehme Gesellschaft; **connaître son ~** F seine Pappenheimer kennen
mondial, ~e [mɔ̃djal] (⚠ *m/pl* **-aux**) Welt...; **~ement** [-mɑ̃] *adv* weltweit; **~isation** *f* weltweite Verbreitung *f*, Globalisierung *f*
monégasque [mɔnegask] monegassisch
monétaire [mɔnetɛr] Münz..., Währungs..., Geld...
Mongolie [mɔ̃gɔli] **la ~** die Mongolei

M

▶ **moni|teur, ~trice** [mɔnitœr, -tris] *m, f* Fahr-, Flug-, Ski-, Sportlehrer(in) *m(f)*; Betreuer(in) *m(f)*; *m tech* Monitor *m*, Bildschirm *m*

▶ **monn|aie** [mɔnɛ] *f* Münze *f*, Geldstück *n*; Klein-, Wechselgeld *n*; Währung *f*; **~ayer** [-ɛje] (1i) prägen; zu Geld machen

monolingue [mɔnɔlɛ̃g] einsprachig

monologue [mɔnɔlɔg] *m* Selbstgespräch *n*, Monolog *m*

mono|parental, ~parentale [mɔnɔparɑ̃tal] (⚠ *m/pl* **-aux**) Eineltern...; **~place** [-plas] **1.** *adj* einsitzig; **2.** *m aviat* Einsitzer *m*; **~plan** [-plɑ̃] *m aviat* Eindecker *m*; **~pole** [-pɔl] *m* Monopol *n*; *fig* Vorrecht *n*; **~syllabe** [-silab] *adj* (*u subst m*) einsilbig(es Wort *n*)

monoton|e [mɔnɔtɔn] monoton, eintönig; **~ie** [-i] *f* Eintönigkeit *f*

▶ **monsieur** [məsjø] *m* (*abr* **M.**), (⚠ *pl* **messieurs** [mesjø], *abr* **MM.**) (mein) Herr *m*; *im Brief* sehr geehrter Herr ...; ▶ ***bonjour, Messieurs Dames!*** guten Tag, die Herrschaften!

monstr|e [mɔ̃strə] **1.** *m* Monstrum *n*, Ungeheuer *n*; Scheusal *n*; **2.** *adj* Riesen...; **~ueux, ~ueuse** [-yø, -yøz] riesig, ungeheuer; entsetzlich, scheußlich; **~uosité** [-yozite] *f* Ungeheuerlichkeit *f*

mont [mɔ̃] *m* Berg *m* (*fast nur noch in Eigennamen*); ***par ~s et par vaux*** über Berg und Tal

montage [mɔ̃taʒ] *m* Montieren *n*, Aufstellen *n*; Einbau *m*; Montage *f*; Schaltung *f*; ⚠ ***le ~***

montagn|ard, ~arde [mɔ̃taɲar, -ard] **1.** *adj* Gebirgs...; **2.** *m, f* Bergbewohner(in) *m(f)*

▶ **montagne** [mɔ̃taɲ] *f* Berg *m*, Gebirge *n*; ***à la ~*** ins, im Gebirge; ***~s pl russes*** Berg- und Talbahn *f*

mont|ant, ~ante [mɔ̃tɑ̃, -ɑ̃t] **1.** *adj* an-, aufsteigend; *Kleid*: hochgeschlossen; **2.** *m* Betrag *m*; Pfosten *m*

mont-de-piété [mɔ̃dpjete] *m* (⚠ *pl* ***monts-de-piété***) Pfandhaus *n*

montecharge [mɔ̃tʃarʒ] *m* (⚠ *pl unv*) Lastenaufzug *m*

montée [mɔ̃te] *f* Steigen *n*; Steigung *f*; Anstieg *m* (*a fig*); Auffahrt *f*

▶ **monter** [mɔ̃te] (1a) **1.** (*mit* **avoir**) hinaufsteigen, besteigen (*e-n Berg etc*); hinaufschaffen, -bringen; reiten; *Maschine*: montieren, aufstellen; einbauen; *Theaterstück*: herausbringen; **2.** (*mit* **être**, *wenn Subjekt Person*) steigen; hinauf-, hochsteigen, -kommen, -fahren; an-, auf-, einsteigen; **3.** ***se ~ à*** sich belaufen auf

mont|eur, ~euse [mɔ̃tœr, -øz] **1.** *m* Monteur *m*; **2.** *m, f* Cutter(in) *m(f)*

▶ **montre** [mɔ̃trə] *f* (Armband-, Taschen-)Uhr *f*

montre-bracelet [mɔ̃trəbraslɛ] *f* (⚠ *pl* ***montres-bracelets***) Armbanduhr *f*

▶ **montrer** [mɔ̃tre] (1a) zeigen; ***~ qn, qc du doigt*** auf j-n, etw mit dem Finger zeigen; ***se ~*** sich sehen lassen; sich zeigen

monture [mɔ̃tyr] *f* Reittier *n*; Gestell *n*; Fassung *f*

▶ **monument** [mɔnymɑ̃] *m* Denkmal *n*; (bedeutendes) Bauwerk *n*

moqu|er [mɔke] (1m) ▶ ***se moquer de*** sich lustig machen über; sich nicht kümmern um; **~erie** *f* Spott *m*

▶ **moquette** [mɔkɛt] *f* Teppichboden *m*

moqu|eur, ~euse [mɔkœr, -øz] **1.** *adj* spöttisch; **2.** *m, f* Spötter(in) *m(f)*

moral, ~e [mɔral] **1.** *adj* (⚠ *m/pl* **-aux**) sittlich, moralisch; geistig, seelisch; *jur* ***personne f morale*** juristische Person *f*; **2.** *m* innerer Halt *m*, Verfassung *f*, Moral *f*; ***je n'ai pas le ~*** ich bin nicht gut drauf; ***remonter le ~ à qn*** j-n aufmuntern; ⚠ ***le ~***

moral|e [mɔral] *f* Sittenlehre *f*, Moral *f* (*a e-r Geschichte*), Ethik *f*; ***faire la ~ à qn*** j-m e-e Strafpredigt halten; **~ité** *f* Sittlichkeit *f*, Moral *f* (*a e-r Geschichte*)

moratoire [mɔratwar] *m comm* Zahlungsaufschub *m*

morbide [mɔrbid] krankhaft

▶ **morceau** [mɔrso] *m* (⚠ *pl* **~x**) Stück *n* (*a mus*); *Buch*: Text *m*, Abschnitt *m*

morceler [mɔrsəle] (1c) zerstückeln

mord|ant, ~ante [mɔrdɑ̃, -ɑ̃t] **1.** *adj* scharf, schneidend, bissig; **2.** *m* Schärfe *f*, Bissigkeit *f*

mordiller [mɔrdije] (1a) knabbern

mordoré, ~e [mɔrdɔre] goldbraun

▶ **mordre** [mɔrdrə] (4a) beißen; *Insekt*: stechen; *Fisch*: anbeißen; *tech* ätzen; an-, eingreifen; *fig* ***~ à*** Geschmack finden an

morfond|re [mɔrfɔ̃drə] (4a) ***se ~*** sich zu Tode langweilen; **~u, ~ue** [-y] traurig, bedrückt

morgue [mɔrg] *f* **1.** Dünkel *m*; **2.** Leichenschauhaus *n*
moribond, ~onde [mɔribõ, -õd] sterbend
morille [mɔrij] *f bot* Morchel *f*
morne [mɔrn] trüb(sinnig), düster
morose [mɔroz] mürrisch, verdrossen
morphine [mɔrfin] *f* Morphium *n*
morpion [mɔrpjõ] *m* F Filzlaus *f*; P *fig* Lausbub *m*
mors [mɔr] *m am Zaum*: Gebiss *n*; ***prendre le ~ aux dents*** *Pferd*: durchgehen; *fig* sich ereifern
morse [mɔrs] *m zo* Walross *n*
morsure [mɔrsyr] *f* Bisswunde *f*; Stich *m*
▶ **mort**[1] [mɔr] *f* Tod *m*; *fig* Ruin *m*; ***à ~*** tödlich
▶ **mort**[2], **morte** [mɔr, mɔrt] **1.** *adj* tot; abgestorben; *Wasser*: stehend; *Blatt*: dürr, welk; ***ivre ~*** stockbesoffen; ***nature f morte*** Stillleben *n*; **2.** *m, f* Tote(r) *m, f*
mortalité [mɔrtalite] *f* Sterblichkeit *f*
mortel, ~le [mɔrtɛl] sterblich; tödlich, Tod...
morte-saison [mɔrtəsɛzõ] *f* (⚠ *pl* ***mortes-saisons***) stille Zeit *f*, F Sauregurkenzeit *f*
mortier [mɔrtje] *m mil* Mörser *m*; *tech* Mörtel *m*
mortifier [mɔrtifje] (1a) *rel* kasteien, *fig* demütigen, schwer kränken
mort-né, ~e [mɔrne] (⚠ *pl* ***mort-né[e]s***) tot geboren
mortuaire [mɔrtɥɛr] Sterbe..., Toten...
morue [mɔry] *f zo* Kabeljau *m*; Dorsch *m*
morve [mɔrv] *f* Nasenschleim *m*, F Rotz *m*
mosaïque [mɔzaik] *f* Mosaik *n*; ⚠ ***la ~***
Moscou [mɔsku] Moskau
Moselle [mɔzɛl] ***la ~*** die Mosel
mosquée [mɔske] *f* Moschee *f*
▶ **mot** [mo] *m* Wort *n*; Vokabel *f*; Ausspruch *m*, *EDV* ***~ de passe*** Passwort *n*; ***bon ~*** geistreiche Bemerkung *f*; ***~s croisés*** *pl* Kreuzworträtsel *n*; ***gros ~*** Schimpfwort *n*; ***~ à ~, ~ pour ~*** wörtlich; ***à ~s couverts*** durch die Blume; ***au bas ~*** mindestens; ***sans ~ dire*** wortlos; ***en un ~*** mit einem Wort, kurz
motard [mɔtar] *m* Motorradfahrer *m* (der Polizei)
mot-clé [mɔkle] *m* (⚠ *pl* ***mots-clés***) Schlüsselwort *n*; Stichwort *n* (*im Wörterbuch*)

motel [mɔtɛl] *m* Motel *n*
▶ **moteur, ~trice** [mɔtœr, -tris] **1.** *adj* Bewegungs...; Antriebs...; **2.** *m tech u fig* Motor *m*; ***~ à deux temps*** Zweitaktmotor *m*; ***~ à injection*** Einspritzmotor *m*
motif [mɔtif] *m* Motiv *n* (*a mus u Malerei*), Beweggrund *m*
motion [mosjõ] *f pol* Antrag *m*; ***~ de censure*** Misstrauensantrag *m*
motiver [mɔtive] (1a) motivieren, begründen
▶ **moto** [mɔto] *f* (*Kurzform*) Motorrad *n*; ***faire de la ~*** Motorrad fahren; ***~cyclette*** [-siklɛt] *f cf* ***moto***; ***~cycliste*** [-siklist] *m, f* Motorradfahrer(in) *m(f)*
motoriser [mɔtɔrize] (1a) motorisieren; F ***être motorisé*** motorisiert sein
▶ **mou, molle** [mu, mɔl] **1.** *adj* (⚠ *m vor Vokal* ***mol***; *m/pl* ***mous***) weich; schwach; matt, schlaff; träge, lässig; **2.** *m cuis* Lunge *f*
mouchard, ~arde [muʃar, -ard] *m, f* F (Polizei-)Spitzel *m*; *Schule*: Petze *f*; ***~arder*** [-arde] (1a) F bespitzeln, ausspionieren; petzen
▶ **mouche** [muʃ] *f* Fliege *f*; ***bateau m ~*** Ausflugsdampfer *m* (auf der Seine); ***faire ~*** ins Schwarze treffen (*a fig*); ***prendre la ~*** beleidigt sein
moucher [muʃe] (1a) ***se ~*** sich die Nase putzen
moucheron [muʃrõ] *m zo* (kleine) Mücke *f*
moucheter [muʃte] (1c) sprenkeln, tüpfeln
▶ **mouchoir** [muʃwar] *m* Taschentuch *n*
moudre [mudrə] (4y) mahlen
moue [mu] *f* schiefes Gesicht *n*; ***faire la ~*** schmollen
mouette [mwɛt] *f zo* Möwe *f*
moufle [muflə] *f* Fausthandschuh *m*
▶ **mouillé, ~ée** [muje] nass, feucht; ***~er*** (1a) nass machen, anfeuchten; verdünnen; *mar* ***~ (l'ancre)*** Anker werfen
moule [mul] **1.** *m* (Gieß-)Form *f*; Back-, Kuchenform *f*; **2.** *f zo* Miesmuschel *f*; ***~er*** (1a) (ab)formen; gießen; *fig* ***~ sur qc*** nach etw bilden
▶ **moulin** [mulɛ̃] *m* Mühle *f*; ***~ à vent, à café*** Wind-, Kaffeemühle *f*; ***~inet*** [-inɛ] *m tech* Rolle *f*
moulu, ~ue [muly] *p/p von* ***moudre*** *u adj* gemahlen; *fig* wie zerschlagen

M

mour|ant, ~ante [murɑ̃, -ɑ̃t] sterbend; **être ~** im Sterben liegen

▶ **mourir** [murir] (2k) sterben (**de** an)

mourrai [mure] *futur von* **mourir**

mourus [mury] *p/s von* **mourir**

mousquetaire [muskətɛr] *m hist* Musketier *m*

mousse [mus] **1.** *m* Schiffsjunge *m*; **2.** *f bot* Moos *n*; **3.** *f* Schaum *m*; *cuis* Cremespeise *f*; **~ à raser** Rasierschaum *m*; **~ de coiffage** Schaumfestiger *m*

mouss|er [muse] (1a) schäumen; **~eux, ~euse** [-ø, -øz] **1.** *adj* schäumend; **2.** *m* Schaumwein *m*

mousson [musɔ̃] *f* Monsun *m*; ⚠ **la ~**

moustache [mustaʃ] *f* Schnurrbart *m*

moustiquaire [mustikɛr] *f* Moskitonetz *n*

▶ **moustique** [mustik] *m* Stechmücke *f*

moutarde [mutard] *f bot u cuis* Senf *m*

▶ **mouton** [mutɔ̃] *m zo* Schaf *n*; Hammelfleisch *n*; **~s** *pl* (Staub-)Flocken *f/pl*; Schaumkronen *f/pl*; Schäfchen(wolken) *n/pl* (*f/pl*); *fig* **revenons à nos ~s** kommen wir wieder zur Sache!

mouture [mutyr] *f* Mahlen *n*

mouv|ant, ~ante [muvɑ̃, -ɑ̃t] sich dauernd bewegend; *fig* unbeständig; **sables** *m/pl* **mouvants** Treibsand *m*; **terrain** *m* **mouvant** schwankender Boden *m* (*a fig*)

▶ **mouvement** [muvmɑ̃] *m* Bewegung *f* (*a pol etc*); *fig* (reges) Leben *n*; Wandel *m*; *Seele*: Regung *f*; *Uhr*: Räderwerk *n*; *mus* Tempo *n*, Satz *m*

mouvementé, ~e [muvmɑ̃te] bewegt, abwechslungsreich; lebhaft, stürmisch

mouvoir [muvwar] (3d) bewegen (*a fig*)

▶ **moy|en, ~enne** [mwajɛ̃, -ɛn] **1.** *adj* mittlere; *fig* durchschnittlich; mittelmäßig; **Moyen Âge** *m* Mittelalter *n*; **2.** *m* Mittel *n*, Weg *m*; **~s** *pl* (Geld-)Mittel *n/pl*; *fig* Anlagen *f/pl*, Fähigkeiten *f/pl*; **au ~ de** *od* **par le ~ de** mit (Hilfe von), mittels

▶ **moyenne** [mwajɛn] *f* Durchschnitt *m*; Mittelwert *m*; **en ~** im Durchschnitt

moyenâg|eux, ~euse [mwajɛnɑʒø, -øz] mittelalterlich

moyennant [mwajɛnɑ̃] mittels, mit, durch, für

Mozambique [mozɑ̃bik] **le ~** Mosambik *n*

M.S.T. [ɛmɛste] *f* (*abr* **maladie sexuellement transmissible**) Geschlechtskrankheit *f*

mû, mue [my] *p/p von* **mouvoir**

mue [my] *f* Mauser(zeit) *f* (*Vögel*); Häuten *n* (*Schlangen etc*); Stimmbruch *m*

muer [mɥe] (1a) sich mausern; sich häuten, haaren; im Stimmbruch sein

▶ **mu|et, ~ette** [mɥɛ, -ɛt] **1.** *adj* stumm; *fig* sprachlos; **2.** *m* Stummfilm *m*

mufle [myflə] *m* Schnauze *f*, Maul *n*; F *fig* Lümmel *m*

mugir [myʒir] (2a) brüllen; brausen, tosen

muguet [mygɛ] *m bot* Maiglöckchen *n*

mul|e [myl] *f zo* Mauleselin *f*; **~et** [-ɛ] *m* Maulesel *m*, Maultier *n*

multicolore [myltikɔlɔr] bunt

multiculturel, ~le [myltikyltyrɛl] multikulturell

multifenêtrage [myltifənɛtraʒ] *m EDV* Fenstertechnik *f*

multifonctionnel, ~le [myltifɔ̃ksjɔnɛl] Multifunktions...

multimédia [myltimedja] Multimedia...

multipl|e [myltiplə] mehrfach; vielfältig; **~ication** [-ikasjɔ̃] *f* Multiplikation *f*; Vermehrung *f*; *tech* Übersetzung *f*

▶ **multiplier** [myltiplije] (1a) vervielfachen, vermehren; multiplizieren; **se ~** sich (ver)mehren, sich häufen

multiposte [myltipɔst] *EDV* mehrplatzfähig

multiprogrammation [myltiprɔgramasjɔ̃] *f* Multitasking *n*

multitraitement [myltitrɛtmɑ̃] *m* Parallelverarbeitung *f*

multitude [myltityd] *f* Menge *f*

Munich [mynik] München

▶ **municipal, ~e** [mynisipal] (⚠ *m/pl* **-aux**) Stadt..., Gemeinde...; **~ité** *f* Magistrat *m*, Stadtbehörden *f/pl*

munir [mynir] (2a) **~ de** ausstatten, versehen mit

munitions [mynisjɔ̃] *f/pl* Munition *f*

muqu|eux, ~euse [mykø, -øz] **1.** *adj* schleimig; **2.** *f* Schleimhaut *f*

▶ **mur** [myr] *m* Mauer *f*, Wand *f*; **~ du son** Schallmauer *f*; **mettre qn au pied du ~** j-n in die Enge treiben

▶ **mûr, ~e** [myr] reif

mûre [myr] *f bot* Brombeere *f*; Maulbeere *f*

murer [myre] (1a) um-, zumauern
mûrier [myrje] *m* Maulbeerbaum *m*
mûrir [myrir] (2a) reif werden lassen; reif werden, reifen
murmur|e [myrmyr] *m* Gemurmel *n*; Plätschern *n*; **~er** (1a) murmeln; plätschern; murren
musarder [myzarde] (1a) die Zeit vertrödeln
muscad|e [myskad] *f* Muskatnuss *f*; **~et** [-ɛ] *m* trockener Weißwein
muscat [myska] *m* Muskateller(wein) *m*
▶ **muscl|e** [mysklə] *m* Muskel *m*; **~é, ~ée** muskulös; energisch
muscul|aire [myskylɛr] Muskel...; **~ation** *f* Bodybuilding *n*; **~eux, ~euse** [-ø, -øz] muskulös
museau [myzo] *m* (⚠ *pl* **~x**) Schnauze *f*
▶ **musée** [myze] *m* Museum *n*; ⚠ **le ~**
museler [myzle] (1c) e-n Maulkorb anlegen (**qn** j-m; *a fig*)
muselière [myzəljɛr] *f* Maulkorb *m*
musette [myzɛt] *f* **1.** Brotbeutel *m*; **2. bal** *m* **~** Tanz *m* mit Akkordeonmusik
musical, ~e [myzikal] (⚠ *m/pl* **-aux**) musikalisch
▶ **musici|en, ~enne** [myzisjɛ̃, -ɛn] **1.** *adj* musikalisch (*nur Personen*); **2.** *m, f* Musiker(in) *m(f)*
▶ **musique** [myzik] *f* Musik *f*; Noten *f/pl*; *mil* Militärkapelle *f*
must [mœst] *m* Muss *n*
musulm|an, ~ane [myzylmɑ̃, -an] **1.** *adj* moslemisch; **2.** *m, f* Moslem *m*, Moslime *f*
mut|ation [mytasjõ] *f* Veränderung *f*, Wandel *m*; *biol* Mutation *f*; *Beamte*: Versetzung *f*; **~er** (1a) *Beamte*: versetzen
mutilation [mytilasjõ] *f* Verstümmelung *f*
mutil|é [mytile] *m* Körperverletzte(r) *m*, Schwerbeschädigte(r) *m*; **~er** (1a) verstümmeln
mut|in, ~ine [mytɛ̃, -in] **1.** *adj* schelmisch, verschmitzt; **2.** *m* Aufrührer *m*; **~inerie** [-inri] *f* Meuterei *f*
mutisme [mytismə] *m* Stummheit *f*; *fig* Schweigen *n*
mutu|alité [mytɥalite] *f* Versicherung *f* auf Gegenseitigkeit; **~el, ~elle** wechsel-, gegenseitig; **(assurance** *f*) **mutuelle** *f cf* **mutualité**
mycose [mikoz] *f* Pilzkrankheit *f*
myop|e [mjɔp] kurzsichtig; **~ie** [-i] *f* Kurzsichtigkeit *f*
myosotis [mjɔzɔtis] *m bot* Vergissmeinnicht *n*
myrtille [mirtij] *f* Heidelbeere *f*
▶ **mystère** [mistɛr] *m* Geheimnis *n*; Rätsel *n*; Mysterium *n*
mystéri|eux, ~euse [misterjø, -øz] geheimnisvoll
mystifier [mistifje] (1a) verulken, zum Besten haben; irreführen
mystique [mistik] **1.** *adj* mystisch; **2.** *m, f* Mystiker(in) *m(f)*; **3.** *f* Mystik *f*
myth|e [mit] *m* (Götter-, Helden-)Sage *f*; Mythos *m*; **~ique** sagenhaft, mythisch
mythologie [mitɔlɔʒi] *f* Mythologie *f*; *fig* Legenden *f/pl*

N

N

nabab [nabab] *m* Krösus *m*
nabot [nabo] *m péj* Zwerg *m*, Knirps *m*
nacelle [nasɛl] *f* Korb *m*; Gondel *f*
nacre [nakrə] *f* Perlmutt *n*
nage [naʒ] *f* Schwimmen *n*; Schwimmstil *m*; **~ sur le dos** Rückenschwimmen *n*; **~ libre** Freistilschwimmen *n*; **à la ~** schwimmend; *fig* **être en ~** in Schweiß gebadet sein
nageoire [naʒwar] *f zo* Flosse *f*
▶ **nag|er** [naʒe] (1l) schwimmen (*a fig*); **~ la brasse** brustschwimmen; *fig* **~ contre le courant** gegen den Strom schwimmen; **savoir ~** schwimmen können; *fig* sich zu helfen wissen; ⚠ **il a nagé**; **~eur, ~euse** *m, f* Schwimmer(in) *m(f)*

naguère [nagɛr] kürzlich, vor kurzem; früher
naïf, naïve [naif, naiv] naiv; töricht
nain, naine [nɛ̃, nɛn] *m, f* Zwerg(in) *m(f)*
▶ **naissance** [nɛsɑ̃s] *f* Geburt *f*; *fig* Entstehung *f*; Anfang *m*; ***date f de ~*** Geburtsdatum *n*; ***prendre ~*** entstehen
▶ **naître** [nɛtrə] (4g) geboren werden; entstehen; *fig* ***je ne suis pas né(e) d'hier*** ich bin doch nicht von gestern; ***faire ~*** hervorrufen; erzeugen
naïveté [naivte] *f* Natürlichkeit *f*, Unbefangenheit *f*; *péj* Naivität *f*; ⚠ *Schreibung*
Namibie [namibi] ***la ~*** Namibia *n*
nana [nana] F *f* Tussi *f*
nanti, ~e [nɑ̃ti] wohlhabend; ***~ de*** versehen mit
Naples [naplə] Neapel
napolit|ain, ~aine [napɔlitɛ̃, -ɛn] neapolitanisch
▶ **nappe** [nap] *f* Tischtuch *n*; Fläche *f*; ***~ phréatique*** Grundwasser *n*; ***~ d'eau*** glatte Wasserfläche *f*; ***~ de brouillard*** Nebelbank *f*
naquis [naki] *p/s von* ***naître***
narcotique [narkɔtik] *adj u subst m* betäubend(es Mittel *n*)
narcotrafiquant [narkotrafikɑ̃] *m* Drogenhändler *m*
narguer [narge] (1m) verhöhnen
narine [narin] *f* Nasenloch *n*, -flügel *m*; *Pferd*: Nüster *f*
narqu|ois, ~oise [narkwa, -waz] schalkhaft; spöttisch, ironisch
narra|teur, ~trice [naratœr, -tris] *m, f* Erzähler(in) *m(f)*; **~tion** *f* Erzählung *f*; Aufsatz *m*
nasal, ~e [nazal] (⚠ *m/pl* ***-aux***) **1.** *adj* Nasen...; nasal; **2.** *f* Nasallaut *m*; **~iser** (1a) nasalieren
nase [nas] *arg* verrückt
naseau [nazo] *m* (⚠ *pl* ***~x***) *Pferd*: Nüster *f*
nasill|ard, ~arde [nazijar, -ard] näselnd; **~er** (1a) näseln
natal, ~e [natal] (⚠ *m/pl* ***-als***) Geburts...; heimatlich; **~ité** *f* (***taux m de***) ***~*** Geburtenziffer *f*
▶ **natation** [natasjɔ̃] *f* Schwimmen *n*, Schwimmsport *m*; ***faire de la ~*** schwimmen
nat|if, ~ive [natif, -iv] ***~ de*** gebürtig aus

▶ **nation** [nasjɔ̃] *f* Nation *f*; Volk *n*
▶ **national, ~e** [nasjɔnal] (⚠ *m/pl* ***-aux***) national; Volks...; ***sentiment m national*** Nationalgefühl *n*; **~isation** [-izasjɔ̃] *f* Verstaatlichung *f*; **~iser** (1a) verstaatlichen; **~isme** *m* Nationalismus *m*; **~iste 1.** *adj* nationalistisch; **2.** *m, f* Nationalist(in) *m(f)*; **~ité** *f* Staatsangehörigkeit *f*; Volksgruppe *f*; **~-socialisme** [-sɔsjalismə] *m* Nationalsozialismus *m*
natte [nat] *f* (Stroh-)Matte *f*; Zopf *m*
natural|iser [natyralize] (1a) naturalisieren, einbürgern; *Tiere*: ausstopfen; **~isme** *m* Naturalismus *m*; **~iste** *m Kunst, Literatur*: Naturalist *m*; (*Tier-*) Ausstopfer *m*
▶ **nature** [natyr] *f* Natur *f*; Beschaffenheit *f*; Wesen *n*; Veranlagung *f*; *Malerei*: ***~ morte*** Stillleben *n*; ***café m ~*** schwarzer Kaffee *m*; F ***il est très ~*** er ist sehr natürlich
▶ **naturel, ~le** [natyrɛl] **1.** *adj* natürlich; Natur...; **2.** *m* Naturell *n*, Wesen *n*; Natürlichkeit *f*; *cuis* ***au ~*** ohne Zutaten
▶ **natur|ellement** [natyrɛlmɑ̃] *adv* natürlich; **~isme** *m* Freikörperkultur *f*, Nudismus *m*; **~iste** *cf* ***nudiste***
naturopathe [natyrɔpat] *m* Heilpraktiker *m*
naufrag|e [nofraʒ] *m* Schiffbruch *m*; **~é, ~ée** schiffbrüchig
nauséab|ond, ~onde [nozeabɔ̃, -ɔ̃d] ekelhaft, Ekel erregend
nausée [noze] *f* Übelkeit *f*, Brechreiz *m*; *fig* Ekel *m*
naut|ique [notik] nautisch; See...; ***ski m ~*** Wasserski *m*; **~isme** *m* Wassersport *m*
naval, ~e [naval] (⚠ *m/pl* ***-als***) Schiffs..., See...; ***chantier m naval*** Schiffswerft *f*
navarin [navarɛ̃] *m cuis* Hammelragout *n*
navet [navɛ] *m* weiße Rübe *f*; F Kitschfilm *m*; Quatsch *m*
navette [navɛt] *f* **1.** Weber-, Nähmaschinenschiffchen *n*; **2.** Pendelverkehr *m*; ***faire la ~*** hin und her gehen, fahren, pendeln; ***~ spatiale*** Raumfähre *f*, -transporter *m*
navig|able [navigablə] schiffbar; **~ant** [-ɑ̃] ***le personnel ~*** das zur See fahrende (*od* Flug-)Personal; **~ateur** [-atœr]

N

m **1.** Navigator *m*; **2.** Seefahrer *m*; **~ation** *f* **1.** Schifffahrt *f*; **~ aérienne** Luftfahrt *f*; **~ spatiale** Raumfahrt *f*; **2.** Navigation *f*

naviguer [navige] (1m) (zur See) fahren; fliegen; navigieren

▶ **navire** [navir] *m* (See-)Schiff *n*; **~ de guerre** Kriegsschiff *n*; **~-citerne** [-sitɛrn] *m* (⚠ *pl* **navires-citernes**) Tankschiff *n*; **~-école** [-ekɔl] *m* (⚠ *pl* **navires-écoles**) Schulschiff *n*

navr|ant, ~ante [navrɑ̃, -ɑ̃t] bedauerlich; **~é, ~ée je suis ~** es tut mir sehr Leid

naz|i, ~ie [nazi] *péj* **1.** *adj* Nazi..., nazistisch; **2.** *m, f* Nazi *m*; **~isme** *m* Nazismus *m*

N.B. (*abr* **nota bene**) NB, Anm. (Anmerkung)

ne [n(ə)] ▶ **ne ... pas** nicht; **ne ... guère** kaum; ▶ **ne ... jamais** nie; ▶ **ne ... plus** nicht mehr; **ne ... plus jamais** nie mehr; ▶ **ne ... que** nur; erst; **ne ... rien** nichts; **ne ... personne** niemand

▶ **né, ~e** [ne] geboren; *cf a* **naître**

néanmoins [neɑ̃mwɛ̃] dennoch, trotzdem, nichtsdestoweniger

néant [neɑ̃] *m* Nichts *n*

nébul|eux, ~euse [nebylø, -øz] bewölkt, neb(e)lig; *fig* unklar, verschwommen; **~osité** [-ozite] *f* Bewölkung *f*; *fig* Unklarheit *f*

▶ **nécessaire** [nesesɛr] **1.** *adj* notwendig, nötig; **2.** *m* Notwendige(s) *n*; **~ de toilette, de voyage** Reisenecessär *n*, Kulturbeutel *m*

▶ **nécessit|é** [nesesite] *f* Notwendigkeit *f*; **~s** *pl* Erfordernisse *n/pl*; **~er** (1a) erfordern; **~eux, ~euse** [-ø, -øz] Not leidend, bedürftig

nécrologie [nekrɔlɔʒi] *f* Nekrolog *m*, Nachruf *m*

nectarine [nektarin] *f* Nektarine *f*

▶ **néerland|ais, ~aise** [neɛrlɑ̃dɛ, -ɛz] niederländisch

nef [nɛf] *f* Kirchenschiff *n*

néfaste [nefast] unheilvoll

néga|tif, ~tive [negatif, -tiv] verneinend; negativ; abschlägig; **dans la négative** im Falle e-r Ablehnung; **~tion** *f* Verneinung *f*

néglig|é [negliʒe] *m* Morgenrock *m*; Negligee *n*; **~eable** [-ablə] belanglos, unerheblich; **~ence** [-ɑ̃s] *f* Nachlässigkeit *f*; Fahrlässigkeit *f*

▶ **néglig|ent, ~ente** [negliʒɑ̃, -ɑ̃t] nachlässig; ⚠ *adv* **négligemment** [-amɑ̃]; **~er** (1l) vernachlässigen; versäumen; **~ de faire qc** es unterlassen, etw zu tun; **se ~** sich vernachlässigen

négociant [negɔsjɑ̃] *m* Großhändler *m*

négocia|teur, ~trice [negɔsjatœr, -tris] *m, f* Unterhändler(in) *m(f)*; **~tion** *f* Verhandlung *f*

négocier [negɔsje] (1a) verhandeln; **~ un traité** über den Abschluss e-s Vertrags verhandeln

nègre, négresse [nɛgrə, negrɛs] *m, f* *péj* Neger(in) *m(f)*; **petit nègre** Kauderwelsch *n*

▶ **neige** [nɛʒ] *f* Schnee *m*; **sports** *m/pl* **de ~** Wintersport *m*

▶ **neig|er** [neʒe] (1l) schneien; **il neige** es schneit; **~eux, ~euse** [-ø, -øz] verschneit, Schnee...

nénette [nenɛt] *f* F Tussi *f*

nénuphar [nenyfar] *m bot* Seerose *f*

néo-... [neɔ] *in Zssgn* neo..., neu...

néo|-latin, ~-latine [neɔlatɛ̃, -latin] neulateinisch; **~logisme** [-lɔʒismə] *m* neues Wort *n*, Neologismus *m*

néphrite [nefrit] *f méd* Nierenentzündung *f*

népotisme [nepɔtismə] *m* Vetternwirtschaft *f*

nerf [nɛr] *m* Nerv *m*; *fig* Kraft *f*; F **avoir ses ~s** gereizt sein; *fig* **avoir du ~** kräftig sein, Energie haben; **manquer de ~** ohne Saft und Kraft sein

▶ **nerv|eux, ~euse** [nɛrvø, -øz] **1.** nervös, nervenschwach; **2.** nervig, sehnig; *fig Stil*: kraftvoll; *auto* spritzig; **~osité** [-ozite] *f* Nervosität *f*; Nervenschwäche *f*

▶ **n'est-ce pas** [nɛspa] nicht wahr?

▶ **net, nette** [nɛt] **1.** *adj* sauber; klar, deutlich; eindeutig; *Foto*: scharf; *comm* Netto...; **produit** *m* **net** Nettogewinn *m*; **prix** *m* **net** Nettopreis *m*; **2.** *adv* **net** (*a* **nettement**) geradeheraus; **refuser net** rundweg ablehnen; **3.** *m* **mettre au net** ins Reine schreiben

netteté [nɛtte] *f* Sauberkeit *f*; *fig* Klarheit *f*

nettoiement [nɛtwamɑ̃] *m* Reinigung *f*, Säuberung *f*

nettoyage [nɛtwajaʒ] *m* *cf* **nettoiement**

▶ **nettoyer** [nɛtwaje] (1h) reinigen, säubern

N

▶ **neuf**[1] [nœf, *in Bindung* nœv] neun
▶ **neuf**[2], **neuve** [nœf, nœv] neu; ungebraucht; ***refaire à neuf*** ganz neu einrichten, gestalten

neuf oder *nouveau*?

*Notre voisin s'est acheté une **nouvelle** voiture.* –
Unser Nachbar hat sich ein neues Auto gekauft.

Damit hat man zum Ausdruck gebracht, dass er jetzt ein anderes Auto hat als zuvor. Das Adjektiv ***nouveau, nouvelle*** verrät aber noch nicht, ob es sich um einen gebrauchten oder fabrikneuen Wagen handelt. Handelt es sich um einen Neuwagen, so kann man dies durch das Adjektiv ***neuf, neuve*** klarstellen:

*Notre voisin s'est acheté une voiture **neuve**.* –
Unser Nachbar hat sich ein neues (= fabrikneues) Auto gekauft.

neuro|logie [nørɔlɔʒi] *f* Nervenheilkunde *f*; **~végétatif** [-veʒetatif] ***système*** *m* **~** vegetatives Nervensystem *n*
neutral|iser [nøtralize] (1a) *pol* neutralisieren; *fig* unschädlich *od* unwirksam machen; **~isme** *m* Neutralitätspolitik *f*; **~ité** *f* Neutralität *f*
neutre [nøtrə] **1.** *adj* neutral; *gr* sächlich; *bot* geschlechtslos; **2.** *m gr* Neutrum *n*; *pol* ***les ~s*** *pl* die neutralen Staaten *m/pl*
neutron [nøtrõ] *m phys* Neutron *n*
▶ **neuvième** [nœvjɛm] neunte
▶ **neveu** [n(ə)vø] (⚠ *pl* **~x**) *m* Neffe *m*
névr|algie [nevralʒi] *f méd* Nervenschmerz *m*; **~algique** [-alʒik] *méd u fig* neuralgisch; **~ose** [-oz] *f psych* Neurose *f*; **~osé** [-oze] *m* Neurotiker *m*
▶ **nez** [ne] *m* Nase *f*; *mar* Bug *m*; ***avoir du ~*** e-e feine (Spür-)Nase haben; F ***avoir qn dans le ~*** j-n nicht riechen können; ***ne pas mettre le ~ dehors*** keinen Fuß vor die Tür setzen
ni [ni] und nicht; ▶ ***ni … ni*** (*mit* **ne** *beim Verb*) weder … noch; ***je n'ai ni pommes ni poires*** ich habe weder Äpfel noch Birnen; ***ni moi non plus*** ich auch nicht; ***sans sucre ni lait*** ohne Zucker und Milch
niais, niaise [njɛ, njɛz] albern, dumm
niaiserie [njɛzri] *f* Albernheit *f*; ***débiter des ~s*** dummes Zeug reden
Nice [nis] Nizza
nich|e [niʃ] *f* **1.** Nische *f*; Hundehütte *f*; **2.** Schabernack *m*; **~er** (1a) nisten; F *fig* hausen
nicotine [nikɔtin] *f* Nikotin *n*; ⚠ ***la ~***
▶ **nid** [ni] *m* Nest *n*; *fig* **~ *de poule*** Schlagloch *n*; *fig* **~ *d'amoureux*** Liebesnest *n*
▶ **nièce** [njɛs] *f* Nichte *f*
nier [nje] (1a) leugnen; abstreiten; **~ *avoir fait qc*** bestreiten, etw getan zu haben; **~ *que*** (+ *ind od subj*) leugnen, dass …
nig|aud, ~aude [nigo, -od] **1.** *adj* albern; **2.** *m* Dummkopf *m*
nimbe [nɛ̃b] *m* Heiligenschein *m*, Nimbus *m*
▶ **n'importe** [nɛ̃pɔrt] irgend; **~ *où*** irgendwo(hin), ganz gleich wo(hin); **~ *qui*** jeder (Beliebige), irgendwer
nipper [nipe] (1a) F einkleiden; ***être mal nippé*** F alte Klamotten anhaben
nippes [nip] F *f/pl* abgetragene Kleider *n/pl*; Klamotten *f/pl* F; ⚠ *nicht* Nippes
nipp|on, ~on(n)e [nipõ, -ɔn] japanisch
nique [nik] *f* ***faire la ~ à qn*** j-n auslachen; ätsch machen F
nitouche [nituʃ] *f* F ***sainte ~*** Scheinheilige *f*; ***elle a un air de sainte ~*** sie sieht so aus, als könnte sie kein Wässerchen trüben
nitroglycérine [nitrɔgliserin] *f chim* Nitroglyzerin *n*; ⚠ ***la ~***
niveau [nivo] *m* (⚠ *pl* **~x**) Niveau *n*; Höhe *f*, Stand *m*; *tech* Wasserwaage *f*; **~ *d'eau*** Wasserspiegel *m*; *auto* **~ *d'essence, d'huile*** Benzin-, Ölstand *m*; **~ *de langue*** Sprachebene *f*; **~ *de vie*** Lebensstandard *m*; ***au ~ de*** auf gleicher Höhe mit; auf …ebene; hinsichtlich, in Bezug auf
niveler [nivle] (1c) (ein)ebnen; *fig* aus-, angleichen
nivellement [nivɛlmɑ̃] *m* (Ein-)Ebnen *n*; *fig* Ausgleichen *n*; Angleichung *f*
n° *od* **N°** (*abr* ***numéro***) Nr
noble [nɔblə] ad(e)lig; edel

noblesse [nɔblɛs] *f* Adel *m*; *prov* ~ ***obli-ge*** Adel verpflichtet
noce [nɔs] *f* ~***s*** *pl* Hochzeit *f*; ***en pre-mières, secondes*** ~***s*** in erster, zweiter Ehe; F ***faire la*** ~ in Saus und Braus leben
noc|if, ~ive [nɔsif, -iv] schädlich; ~***ivité*** [-ivite] *f* Schädlichkeit *f*
noctambule [nɔktɑ̃byl] *m, f* Nacht-bummler *m*, -schwärmer *m*
nocturne [nɔktyrn] nächtlich, Nacht...
▶ **Noël** [nɔɛl] *m* **1.** Weihnachten *n*; ***joyeux*** ~***!*** fröhliche Weihnachten!; ***arbre*** *m* ***de*** ~ Christbaum *m*; ***père*** *m* ~ Weihnachtsmann *m*; ***à*** ~ (zu *od* an) Weihnachten; **2. *noël*** Weihnachtslied *n*; **3.** F (***petit***) ***noël*** Weihnachtsge-schenk *n*
nœud [nø] *m* Knoten *m*; *fig* Schwierig-keit *f*; *Theater*: Verwicklung *f*
▶ **noir, ~e** [nwar] **1.** schwarz; *fig* dun-kel, finster; ***travail*** *m* (***au***) ***noir*** Schwarzarbeit *f*, *fig* ***voir tout en noir*** alles grau in grau sehen, ***il fait noir*** es ist stockdunkel; **2.** F blau, besoffen; ~***âtre*** [-ɑtrə] schwärzlich
noirc|eur [nwarsœr] *f* Schwärze *f*; *fig* Abscheulichkeit *f*; ~***ir*** (2a) schwärzen; schwarz werden; *fig* in schwarzen Far-ben schildern
noise [nwaz] *f* ***chercher*** ~ ***à qn*** mit j-m Streit suchen
noisette [nwazɛt] *f* Haselnuss *f*
noix [nwa] *f* Nuss *f*; F *fig* ***quelle*** ~***!*** so e-e doofe Nuss!
noliser [nɔlize] (1a) chartern, mieten
▶ **nom** [nɔ̃] *m* **1.** Name *m*; ~ ***de guerre*** Deckname *m*; ***au*** ~ ***de*** im Namen (+ *gén*); ***de*** ~ dem Namen nach; ***du*** ~ ***de*** namens; F ***petit*** ~ Vorname *m*; *Fluch*: ~ ***d'un chien!*** zum Donnerwetter!, ver-dammt noch mal!; **2.** *gr* Substantiv *n*, Hauptwort *n*; Nomen *n*; ~ ***propre*** Ei-genname *m*; ~ ***commun*** Gattungsname *m*
▶ **nombre** [nɔ̃brə] *m* Zahl *f*; Anzahl *f*; ~ ***cardinal*** (***ordinal***) Grundzahl (Ord-nungs-)*f*; ~ ***pair*** (***impair***) gerade (unge-rade) Zahl *f*; ~ ***de*** (+ *pl*) viele; ***au*** ~ ***de trois*** zu dritt
▶ **nombr|eux, ~euse** [nɔ̃brø, -øz] zahlreich; ***famille*** *f* ***nombreuse*** kinder-reiche Familie *f*
nombril [nɔ̃bri(l)] *m* Nabel *m*
nomenclature [nɔmɑ̃klatyr] *f* Ver-zeichnis *n*; Wortmaterial *n* (*e-s Wörter-buchs*); Nomenklatur *f*
nomin|al, ~ale [nɔminal] (⚠ *m/pl* ***-aux***) namentlich; (nur) dem Namen nach; ~***ation*** *f* Ernennung *f*
nommément [nɔmemɑ̃] namentlich
▶ **nommer** [nɔme] (1a) (be)nennen; er-nennen; ***se*** ~ sich nennen, heißen
▶ **non** [nɔ̃] nein; ***dire que*** ~ nein sagen; ***j'espère que*** ~ ich hoffe nicht; ~ ***plus*** auch nicht; ~ ***que*** ... (+ *subj*) nicht etwa, dass
nonagénaire [nɔnaʒenɛr] **1.** *adj* neun-zigjährig; **2.** *m, f* Neunzigjährige(r) *m, f*
non-agression [nɔnagrɛsjɔ̃] *f pol* ***pac-te*** *m* ***de*** ~ Nichtangriffspakt *m*
non-alignement [nɔnaliɲmɑ̃] *m pol* Blockfreiheit *f*
nonante [nɔnɑ̃t] *Belgien, frz Schweiz*: neunzig
non-belligérence [nɔ̃bɛliʒerɑ̃s] *f* Ge-waltfreiheit *f*, Gewaltverzicht *m*
nonchal|ant, ~ante [nɔ̃ʃalɑ̃, -ɑ̃t] lässig, unbekümmert; ⚠ *adv* ***nonchalam-ment*** [-amɑ̃]
non-conformiste [nɔ̃kɔ̃fɔrmist] **1.** *adj* nonkonformistisch; **2.** *m* (⚠ *pl* ***non-conformistes***) Nonkonformist *m*
non-fumeur [nɔ̃fymœr] *m* (⚠ *pl* ***non-fumeurs***) Nichtraucher *m*
non-intervention [nɔnɛ̃tɛrvɑsjɔ̃] *f pol* Nichteinmischung *f*
nonobstant [nɔnɔpstɑ̃] *prép* ungeach-tet, trotz
non-prolifération [nɔ̃prɔliferasjɔ̃] *f* (⚠ *pl* ***non-proliférations***) Nichtweiterga-be *f*; ***traité*** *m* ***de*** ~ ***nucléaire*** Atom-sperrvertrag *m*
non-sens [nɔ̃sɑ̃s] *m* (⚠ *pl unv*) Unsinn *m*; unverständliche (Text-)Stelle *f*
non-violence [nɔ̃vjɔlɑ̃s] *f pol* Gewalt-losigkeit *f*
non-voy|ant, ~ante [nɔ̃vwajɑ̃, -ɑ̃t] (⚠ *m/pl* ***non-voyants***) sehbehindert
▶ **nord** [nɔr] **1.** *m* Norden *m*; ***la mer du Nord*** die Nordsee; ***vent*** *m* ***du*** ~ Nord-wind *m*; ***au*** ~ ***de*** nördlich von; F *fig* ***perdre le*** ~ den Kopf verlieren; **2.** *adj* nördlich; ***côte*** *f* ~ Nordküste *f*
nord-est [nɔrɛst] *m* Nordosten *m*
nordique [nɔrdik] nordisch
nord-ouest [nɔrwɛst] *m* Nordwesten *m*
▶ **normal, ~e** [nɔrmal] (⚠ *m/pl* ***-aux***) normal; üblich; ***école*** *f* ***normale*** *etwa*

N

Pädagogische Hochschule *f*; ***École f normale supérieure*** Hochschule *f* zur Ausbildung von Lehrern an höheren Schulen; **~ien, ~ienne** *m, f* ehemalige(r) Schüler(in) e-r „école normale" *od* der „École normale supérieure"; **~isation** [-izasjɔ̃] *f* Normalisierung *f tech* Normung *f*

norm|and, ~ande [nɔrmɑ̃, -ɑ̃d] **1.** *adj* normannisch; der Normandie; **2.** ♀ *m, f* Bewohner(in) *m(f)* der Normandie; *hist* ***Normands*** *m/pl* Normannen *m/pl*; **♀andie** [-ɑ̃di] ***la*** ~ die Normandie

norme [nɔrm] *f* Norm *f* (*a tech*); Regel *f*

▶ **Norvège** [nɔrvɛʒ] ***la*** ~ Norwegen *n*

nos [no] *cf* ***notre***

nostalgie [nɔstalʒi] *f* Heimweh *n*

not|abilité [nɔtabilite] *f* hervorragende, prominente Persönlichkeit *f*; **~able 1.** *adj* beträchtlich; bemerkenswert; **2.** *m* angesehener Bürger *m*; **~s** *pl* Honoratioren *m/pl*, Prominente(n) *m/pl*

notaire [nɔtɛr] *m* Notar *m*

notamment [nɔtamɑ̃] vor allem, besonders

notarié, ~e [nɔtarje] notariell (beglaubigt)

notation [nɔtasjɔ̃] *f* Bezeichnung *f*; *Schule*: Benotung *f*, Zensierung *f*

▶ **note** [nɔt] *f* Note *f* (*a mus*); Ton *m*; Notiz *f*; Anmerkung *f*; *Schule*: Note *f*, Zensur *f*; *comm* Rechnung *f*; ***prendre ~ de qc*** sich etw merken; ***prendre des ~s*** sich Notizen machen

N

▶ **not|er** [nɔte] (1a) (an-, ver-, vor)merken, notieren; benoten, zensieren; **~ice** [-is] *f* kurze Darstellung *f*; Abriss *m*; ⚠ *nicht* Notiz

notifier [nɔtifje] (1a) ~ ***qc à qn*** j-m etw *offiziell* bekannt geben

notion [nosjɔ̃] *f* Begriff *m*

notoire [nɔtwar] offenkundig

notoriété [nɔtɔrjete] *f* Offenkundigkeit *f*

▶ **notre** [nɔtrə] (*pl* ***nos***) unser(e)

▶ **nôtre** [notrə] ***le, la*** ~ der, die, das unsrige *od* unsere; unsere(r, -s)

nouba [nuba] *f* F Sause *f*, Fete *f*

nou|er [nwe] (1a) (an)knüpfen (*a fig*), knoten, binden; **~eux, ~euse** [-ø, -øz] knotig, knorrig

nouille [nuj] *f* **1. ~s** *pl* Nudeln *f/pl*; **2.** F Schlappschwanz *m*, Flasche *f*

nounours [nunurs] *m* Teddybär *m*

nourrice [nuris] *f* Amme *f*; Tagesmutter *f*; *tech* Reservetank *m*, -kanister *m*

▶ **nourr|ir** [nurir] (2a) (er)nähren; verpflegen, füttern; säugen, stillen; *fig* hegen; **~isson** [-isɔ̃] *m* Säugling *m*

▶ **nourriture** [nurityr] *f* Ernährung *f*; Nahrung *f*, Kost *f*, Futter *n*

▶ **nous** [nu] wir; uns

▶ **nouv|eau, ~elle** (⚠ *m vor Vokal u stummem h* ***nouvel***; *m/pl* ***nouveaux***) [nuvo, -ɛl] **1.** *adj* neu; andere; jung, frisch; ***rien de nouveau*** nichts Neues; ▶ ***de od à nouveau*** von neuem; **2.** *m* ***voilà du nouveau*** das ist etwas Neues

nouveau-né, ~e [nuvone] **1.** *adj* neugeboren; **2.** *m* (⚠ *pl* ***nouveau-nés***) ***le*** ~ das Neugeborene

nouveauté [nuvote] *f* Neuheit *f*; Neuerung *f*

▶ **nouvelle** [nuvɛl] *f* Neuigkeit *f*, Nachricht *f*; Novelle *f*; ▶ ***nouvelles*** *pl* Nachrichten *f/pl*

Nouvelle-Calédonie [nuvɛlkaledɔni] ***la*** ~ Neukaledonien *n*

nouvellement [nuvɛlmɑ̃] *adv* vor kurzem

Nouvelle-Zélande [nuvɛlzelɑ̃d] ***la*** ~ Neuseeland *n*

nova|teur, ~trice [nɔvatœr, -tris] **1.** *adj* ***esprit m novateur*** auf Neuerungen sinnender Geist *m*, Mensch *m*; **2.** *m, f* Neuerer *m*

▶ **novembre** [nɔvɑ̃brə] *m* November *m*; ***en*** ~ im November; ***le 9*** ~ am 9. November; ***le 9 ~ 1999*** der 9. November 1999

novice [nɔvis] **1.** *m, f* Neuling *m*, Anfänger(in) *m(f)*; *rel* Novize *m*, *f*; **2.** *adj* unerfahren

noyade [nwajad] *f* Ertrinken *n*

noyau [nwajo] *m* (⚠ *pl* **~x**) Kern *m*; **~ter** [-te] (1a) *pol* unterwandern

noyer[1] [nwaje] (1h) ertränken; ***se*** ~ ertrinken

noyer[2] [nwaje] *m* Nussbaum *m*

▶ **nu, ~e** [ny] **1.** *adj* nackt; kahl; **2.** *m Kunst*: Akt *m*

▶ **nuag|e** [nɥaʒ] *m* Wolke *f*; *pl* **~s** *a* Bewölkung *f*; ~ ***radioactif*** radioaktive Wolke *f*; ~ ***toxique*** Giftwolke *f*; *fig* ***être dans les ~s*** zerstreut sein; **~eux, ~euse** [-ø, -øz] wolkig, bewölkt, bedeckt

nuanc|e [nɥɑ̃s] *f* Nuance *f* (*a fig*), Schattierung *f*; **~er** (1k) nuancieren, abstufen

▶ **nucléaire** [nykleɛr] Kern..., Atom..., nuklear; ***énergie*** *f* **~** Kernenergie *f*; ***centrale*** *f* **~** Atomkraftwerk *n*
nud|isme [nydismə] *m* Freikörper-, Nacktkultur *f*, FKK; **~iste** **1.** *adj* FKK-...; **2.** *m*, *f* FKK-Anhänger(in) *m(f)*
nudité [nydite] *f* Nacktheit *f*, Blöße *f*
nue [ny] *f litt* Wolke *f*; *fig* ***porter aux ~s*** in den Himmel heben; ***tomber des ~s*** (wie) aus allen Wolken fallen
nuire [nɥir] (4c) **~** ***à qn, à qc*** j-m, e-r Sache schaden
nuis|ance [nɥizɑ̃s] *f* (Umwelt-)Belästigung *f*; Immission *f*; **~ible** schädlich
▶ **nuit** [nɥi] *f* Nacht *f*; ***la nuit*** *od* ***de nuit*** nachts; ***nuit blanche*** schlaflose Nacht *f*; ***ne pas dormir de la nuit*** die ganze Nacht nicht schlafen; ***être de nuit*** Nachtschicht haben; ***il fait nuit*** es ist dunkel; ▶ ***bonne nuit!*** gute Nacht!
nul, ~le [nyl] **1.** *adj* ungültig; wertlos, gleich Null; *Sport*: unentschieden; F ***qn, qc est*** **~** j, etw ist ein Schuss in den Ofen; **2.** *Pronomen* kein; ***nul*** *(allein stehend)* keiner, niemand; ***nulle part*** nirgends; ⚠ *mit* ***ne*** *vor dem Verb*
null|ement [nylmɑ̃] keineswegs; **~ité** *f* *jur* Nichtigkeit *f*; *fig* Wertlosigkeit *f*; Unfähigkeit *f*; *Person*: Versager *m*
numér|aire [nymerɛr] *m* bares Geld *n*; **~al, ~ale** (⚠ *m/pl* **-aux**) **1.** *adj* Zahl(en)...; **2.** *m* Zahlwort *n*; **~ation** *f* Zählen *n*; **~ique** numerisch, zahlenmäßig; *EDV* digital; ***calcul*** *m* **~** Zahlenrechnen *n*
▶ **numéro** [nymero] *m* Nummer *f*; ▶ ***numéro de téléphone*** Telefonnummer *f*; F ***un drôle de*** **~** ein komischer Kerl; ⚠ ***le*** **~**; ⚠ *Schreibung*
numérot|age [nymerɔtaʒ] *m* Nummerierung *f*; **~er** (1a) nummerieren
numismatique [nymismatik] *f* Münzkunde *f*
nu-pieds [nypje] (⚠ *unv*) barfuß
nuptial, ~e [nypsjal] (⚠ *m/pl* **-aux**) Hochzeits...
nuque [nyk] *f* Genick *n*, Nacken *m*
nu-tête [nytɛt] (⚠ *unv*) barhäuptig
nutri|tif, ~tive [nytritif, -iv] Nähr..., nährend; nahrhaft; **~tion** *f* Ernährung *f*
▶ **nylon** [nilɔ̃] *m* Nylon *n*
nymphe [nɛ̃f] *f* Nymphe *f*
nymphéa [nɛ̃fea] *m bot* Weiße Seerose *f*
nymphomane [nɛ̃fɔman] **1.** *adj* nymphoman; **2.** *f* Nymphomanin *f*

O

oasis [ɔazis] *f* Oase *f*
▶ **obéir** [ɔbeir] (2a) gehorchen (***à qn*** j-m); ***je suis obéi*** *od* ***on m'obéit*** man gehorcht mir
obéiss|ance [ɔbeisɑ̃s] *f* Gehorsam *m*; **~ant, ~ante** [-ɑ̃, -ɑ̃t] gehorsam, folgsam, brav
obèse [ɔbɛz] fett(leibig), feist
obésité [ɔbezite] *f* Fettleibigkeit *f*
object|er [ɔbʒɛkte] (1a) einwenden, entgegenhalten (***qc à qn*** j-m etw); vorgeben, vorschützen; **~eur** *m* **~** ***de conscience*** Wehrdienstverweigerer *m*; **~if, ~ive** [-if, -iv] **1.** *adj* objektiv, sachlich; **2.** *m tech* Objektiv *n*; *mil u allg* Ziel *n*
objection [ɔbʒɛksjɔ̃] *f* Einwand *m*
objectivité [ɔbʒɛktivite] *f* Sachlichkeit *f*, Objektivität *f*
▶ **objet** [ɔbʒɛ] *m* Gegenstand *m* (*a fig*); Sache *f*; Zweck *m*, Ziel *n*; *gr* Objekt *n*
obligation [ɔbligasjɔ̃] *f* Verpflichtung *f*, Pflicht *f*; Notwendigkeit *f*; *comm* Obligation *f*; ***être dans l'*~ *de faire qc*** genötigt sein, etw zu tun
▶ **obligatoire** [ɔbligatwar] obligatorisch, verbindlich
oblig|é, ~ée [ɔbliʒe] verpflichtet
oblige|ance [ɔbliʒɑ̃s] *f* Gefälligkeit *f*; **~ant, ~ante** [-ɑ̃, -ɑ̃t] gefällig, verbindlich
▶ **obliger** [ɔbliʒe] (1l) verpflichten, zwingen (***qn à qc*** j-n zu etw, ***qn à faire qc*** j-n dazu, etw zu tun); ▶ ***être obligé***

de faire qc gezwungen sein, etw zu tun; etw tun müssen
obliqu|e [ɔblik] schief, schräg; **~er** (1m) (seitwärts) abbiegen
oblitérer [ɔblitere] (1f) entwerten, abstempeln
obl|ong, ~ongue [ɔblɔ̃, -ɔ̃g] länglich
obsc|ène [ɔpsɛn] unanständig, obszön; **~énité** [-enite] *f* Unanständigkeit *f*, Obszönität *f*; Zote *f*
▶ **obscur, ~e** [ɔpskyr] dunkel, finster; obskur; unscheinbar; undeutlich; ⚠ *adv* ***obscurément***; **~cir** [-sir] (2a) (***s'~*** sich) verdunkeln; **~cissement** [-sismɑ̃] *m* Verdunkelung *f*
▶ **obscurité** [ɔpskyrite] *f* Dunkelheit *f*; *fig* Unklarheit *f*; Obskurität *f*
obséd|é, ~ée [ɔpsede] *m, f* Besessene(r) *m, f*; **~er** (1f) plagen, verfolgen
obsèques [ɔpsɛk] *f/pl* Begräbnis *n*, Trauerfeier *f*
obséqui|eux, ~euse [ɔpsekjø, -øz] kriecherisch
observa|teur, ~trice [ɔpsɛrvatœr, -tris] *m, f* Beobachter(in) *m(f)*; **~tion** *f* Beobachtung *f*; Be-, Anmerkung *f*; Beachtung *f*, Einhaltung *f* (*e-r Regel*); *Schule*: Ermahnung *f*; **~toire** [-twar] *m* Sternwarte *f*, Observatorium *n*
▶ **observer** [ɔpsɛrve] (1a) beobachten; beachten, einhalten, befolgen; bemerken; ***faire ~ qc à qn*** j-n auf etw aufmerksam machen
obsession [ɔpsɛsjɔ̃] *f* fixe Idee *f*, Zwangsvorstellung *f*; Besessenheit *f*
▶ **obstacle** [ɔpstaklə] *m* Hindernis *n*; ***faire ~ à qc*** etw verhindern
obstétricien [ɔpstetrisjɛ̃] *m* Geburtshelfer *m*
obstin|ation [ɔpstinasjɔ̃] *f* Starrsinn *m*, Halsstarrigkeit *f*, Eigensinn *m*; **~é, ~ée** starrsinnig, halsstarrig, eigensinnig, stur; ⚠ *adv* ***obstinément***; **~er** (1a) ***s'~ à*** (***faire***) ***qc*** hartnäckig auf etw bestehen
obstruction [ɔpstryksjɔ̃] *f pol* Obstruktion *f*
obstruer [ɔpstrye] (1n) verstopfen; versperren
▶ **obtenir** [ɔptənir] (2h) erlangen, erreichen, bekommen
obtention [ɔptɑ̃sjɔ̃] *f* Erlangung *f*
obtur|ateur [ɔptyratœr] *m Foto*: Verschluss *m*; **~ation** *f* Verschließung *f*; Zahnfüllung *f*; **~er** (1a) zustopfen; *méd* plombieren
obt|us, ~use [ɔpty, -yz] *math u fig* stumpf
obus [ɔby] *m mil* Granate *f*
oc [ɔk] ***la langue d'~*** die südfranzösischen Dialekte, das Okzitanische
▶ **occasion** [ɔkazjɔ̃] *f* Gelegenheit *f*; Anlass *m*; Gelegenheitskauf *m*; ***d'~*** gebraucht; antiquarisch; ***à l'~*** bei Gelegenheit, gelegentlich; ***à l'~ de*** aus Anlass (+ *gén*); ***être l'~ de qc*** Anlass zu etw geben; ***en toute ~*** unter allen Umständen
occasionn|el, ~elle [ɔkazjɔnɛl] Gelegenheits..., gelegentlich; zufällig; **~er** (1a) bewirken, verursachen
Occident [ɔksidɑ̃] *m* ***l'~*** das Abendland; *pol* der Westen
occidental, ~e [ɔksidɑ̃tal] (⚠ *m/pl* ***-aux***) abendländisch; westlich
occiput [ɔksipyt] *m* Hinterkopf *m*
occit|an, ~ane [ɔksitɑ̃, -an] *ling* südfranzösisch, (alt)provenzalisch
occlusion [ɔklyzjɔ̃] *f méd* Verschluss *m*
occulte [ɔkylt] verborgen
occup|ant, ~ante [ɔkypɑ̃, -ɑ̃t] **1.** *adj* Besatzungs...; **2.** *m* Bewohner *m*; *auto* Insasse *m*
▶ **occupation** [ɔkypasjɔ̃] *f* Besetzung *f*, Besatzung *f*; Beschäftigung *f*
▶ **occupé, ~e** [ɔkype] beschäftigt; besetzt; bewohnt
▶ **occuper** [ɔkype] (1a) besetzen; besetzt halten; bewohnen; in Anspruch nehmen; beschäftigen; *Amt*: bekleiden; ▶ ***s'occuper de*** sich beschäftigen mit, sich befassen mit, sich kümmern um
occurrence [ɔkyrɑ̃s] *f* ***en l'~*** im vorliegenden Fall
océan [ɔseɑ̃] *m* Ozean *m*
océanaute [ɔseanot] *m* Tiefseeforscher *m*
océanologue [ɔseanɔlɔg] *m* Meeresforscher *m*
octet [ɔktɛ] *m* Byte *n*
▶ **octobre** [ɔktɔbrə] *m* Oktober *m*; ***en ~*** im Oktober; ***le 5 ~*** am 5. Oktober; ***le 5 ~ 1999*** der 5. Oktober 1999
octogénaire [ɔktɔʒenɛr] **1.** *adj* achtzigjährig; **2.** *m, f* Achtzigjährige(r) *m, f*
ocul|aire [ɔkylɛr] Augen...; **~iste** *m, f* Augenarzt *m*, -ärztin *f*
▶ **odeur** [odœr] *f* Geruch *m*; Duft *m*

odi|eux, ~euse [ɔdjø, -øz] scheußlich; widerwärtig
odor|ant, ~ante [ɔdɔrɑ̃, -ɑ̃t] wohlriechend; **~at** [-a] *m* Geruchssinn *m*
▶ **œil** [œj] *m* (⚠ *pl* ***yeux*** [jø]) **1.** Auge *n* (*a bot*); ***à mes yeux*** meiner Ansicht nach; ***à vue d'~*** zusehends; ***tirer l'~*** ins Auge fallen; ***avoir l'~ à*** aufpassen auf; ***coup*** *m* ***d'~*** Blick *m*; ***avoir les yeux bleus*** blaue Augen haben; ***fermer les yeux sur qc*** bei etw ein Auge zudrücken; **2.** *tech* Loch *n*, Auge *n*, Öse *f*; **~-de-bœuf** [-dəbœf] *m* (⚠ *pl* ***œils-de-bœuf***) rundes (Dach-)Fenster *n*; **~-de-perdrix** [-dəpɛrdri] *m* (⚠ *pl* ***œils-de-perdrix***) Hühnerauge *n*

l'œil – les yeux

Elle a les yeux bleus. –
Sie hat blaue Augen.
Il n'y voit rien de l'œil gauche. –
Er ist auf dem linken Auge blind.

Ein paar nützliche Wendungen:

cligner des yeux –
mit den Augen zwinkern
regarder** une étoile **à l'œil nu –
einen Stern mit bloßem Auge betrachten
regarder** quelqu'un **du coin de l'œil –
jemanden aus dem Augenwinkel anschauen
*Cette nuit-là, **je n'ai pas pu fermer l'œil**.* –
In jener Nacht habe ich kein Auge zugetan.
*une conversation **entre quatre yeux*** –
ein Gespräch unter vier Augen
regarder** quelqu'un **dans le blanc des yeux –
jemandem in die Augen schauen

œillade [œjad] *f* verliebter Blick *m*
œillère [œjɛr] *f meist pl* **~s** Scheuklappen *f/pl* (*a fig*)
œillet [œjɛ] *m bot* Nelke *f*; *tech* Öse *f*
œsophage [ezɔfaʒ] *m* Speiseröhre *f*
▶ **œuf** [œf] *m* (⚠ *pl* **~s** [ø]) Ei *n*; ***~s brouillés*** Rührei *n*; ***~ à la coque*** weich gekochtes *od* weiches Ei *n*; ***~ sur le plat*** Spiegelei *n*; *fig* ***dans l'~*** im Keim
▶ **œuvre** [œvrə] **1.** *f* Werk *n*, Arbeit *f*, Lebenswerk *n*; ***~s** pl **sociales*** Sozialeinrichtungen *f/pl*; ***~ d'art*** Kunstwerk *n*; ***se mettre à l'~*** sich an die Arbeit machen; ***mettre en ~*** anwenden; ausführen; **2.** *m tech* ***gros ~*** Rohbau *m*; *litt*, *Künstler*: (Gesamt-)Werk *n*
offens|e [ɔfɑ̃s] *f* Beleidigung *f*; *rel* Sünde *f*; **~er** (1a) beleidigen, kränken, verletzen; ***s'~ de qc*** Anstoß nehmen an etw; **~if, ~ive** [-if, -iv] **1.** *adj* Angriffs..., offensiv; **2.** *f* Offensive *f*, Angriff *m*
▶ **office** [ɔfis] *m* Amt *n*, Dienststelle *f*; *rel* Gottesdienst *m*; ***bons ~s** pl* gute Dienste *m/pl*; ***d'~*** von Amts wegen; zwangsweise; ***faire ~ de*** tätig sein als
▶ **officiel, ~le** [ɔfisjɛl] amtlich, offiziell
▶ **officier** [ɔfisje] *m* Offizier *m*; *jur* Beamte(r) *m*
offici|eux, ~euse [ɔfisjø, -øz] *pol* halbamtlich, offiziös
officinal, ~e [ɔfisinal] (⚠ *m/pl* ***-aux***) Heil..., Arznei...
offrande [ɔfrɑ̃d] *f rel* Opfergabe *f*
▶ **offre** [ɔfrə] *f* Angebot *n*, Offerte *f*; ⚠ ***une ~***
▶ **offrir** [ɔfrir] (2f) (an-, dar)bieten; geben; schenken; ***s'~ qc*** sich etw leisten
offusquer [ɔfyske] (1m) ärgern
ogive [ɔʒiv] *f arch* Rippe *f* (*e-s Gewölbes*); Spitzbogen *m*; *mil* Sprengkopf *m*
ogr|e, ~esse [ɔgrə, -ɛs] *m*, *f* Menschenfresser(in) *m(f)* (*im Märchen*)
oh! [o] oh!; ▶ ***oh là là!*** ach je!
oie [wa] *f* Gans *f*
oignon [ɔɲɔ̃] *m* Zwiebel *f*; ⚠ *Aussprache*
▶ **oiseau** [wazo] *m* (⚠ *pl* **~x**) Vogel *m*; ***à vol d'~*** aus der Vogelperspektive; (in der) Luftlinie
ois|eux, ~euse [wazø, -øz] unnütz, überflüssig; **~if, ~ive** [-if, -iv] müßig, untätig
oisiveté [wazivte] *f* Müßiggang *m*
oléoduc [ɔleɔdyk] *m* Ölleitung *f*, Pipeline *f*
olfact|if, ~ive [ɔlfaktif, -iv] Geruchs...
oliv|e [ɔliv] *f* Olive *f*; **~ier** [-je] *m* Ölbaum *m*, Olive(nbaum) *f(m)*; Olivenholz *n*

O

O.L.P. [ɔɛlpe] *f* (*abr* **Organisation de libération palestinienne**) PLO *f* (Palästinensische Befreiungsfront)
olympique [ɔlɛ̃pik] **jeux** *m/pl* **2s** Olympische Spiele *n/pl*
ombrag|e [ɔ̃braʒ] *m* schattiges Laubwerk *n*; Schatten *m*; **~é, ~ée** schattig; **~eux, ~euse** [-ø, -øz] *Pferd*: scheu; *Person*: leicht verletzbar
▶**ombr|e** [ɔ̃brə] *f* Schatten *m* (*a fig*); *fig* Hauch *m*, Andeutung *f*; **~ à paupières** Lidschatten *m*; **à l'~** im Schatten; F **être à l'~** im Kittchen sitzen; **dans l'~** im Dunkeln; im Ungewissen; **~elle** *f* Sonnenschirm *m*
▶**omelette** [ɔmlɛt] *f* Omelett *n* (*nur aus Eiern*); ⚠ **une ~**
omettre [ɔmɛtrə] (4p) aus-, unter-, weglassen; **~ de faire qc** versäumen, etw zu tun
omission [ɔmisjɔ̃] *f* Aus-, Unterlassung *f*; Lücke *f*
▶**omnibus** [ɔmnibys] *m* (**train** *m*) **~** Personen-, Nahverkehrszug *m*; ⚠ *nicht* Omnibus
▶**on** [ɔ̃] (*nach* **que, et, ou, qui, si** *meist* **l'on**) man; F wir
▶**oncle** [ɔ̃klə] *m* Onkel *m*
onction [ɔ̃ksjɔ̃] *f rel* Salbung *f*
onctu|eux, ~euse [ɔ̃ktɥø, -øz] ölig, cremig; *fig* salbungsvoll
onde [ɔ̃d] *f* Welle *f*; **sur les ~s** über den Rundfunk
ondée [ɔ̃de] *f* Regenguss *m*
on-dit [ɔ̃di] *m* (⚠ *pl unv*) Gerücht *n*, Gerede *n*
ondoyer [ɔ̃dwaje] (1h) wogen
ondul|ation [ɔ̃dylasjɔ̃] *f* Ondulieren *n*; Wellen *f/pl*, Wellung *f*; **~é, ~ée** wellenförmig, wellig; *Haar*: gewellt; **tôle** *f* **ondulée** Wellblech *n*; **~er** (1a) wogen, sich wellen; ondulieren; **~eux, ~euse** [-ø, -øz] wellig
onér|eux, ~euse [ɔnerø, -øz] kostspielig; **à titre onéreux** gegen Entgelt
▶**ongle** [ɔ̃glə] *m* (*Finger-, Zehen-*) Nagel *m*; *zo* Kralle *f*, Klaue *f*
onguent [ɔ̃gɑ̃] *m* Salbe *f*
onirique [ɔnirik] traumhaft, Traum...
ont [ɔ̃] *cf* **avoir**
O.N.U. [ɔny] *f pol* (*abr* **Organisation des Nations Unies**) UNO *f* (United Nations Organization)
▶**onze** [ɔ̃z] elf; **le ~ mai** der elfte *od* am elften Mai; *subst* **le ~** die Elf (*a Sport*)
▶**onzième** [ɔ̃zjɛm] **1.** *adj* elfte; **2.** *m* Elftel *n*
opale [ɔpal] *f* Opal *m*; ⚠ **une ~**
opaque [ɔpak] undurchsichtig
▶**opéra** [ɔpera] *m* Oper(nhaus) *f* (*n*); ⚠ **un ~**
opér|able [ɔperablə] *méd* operierbar; **~ateur, ~atrice** [-atœr, -atris] *m, f* Bedienungsmann *m*, -person *f*; Kameramann *m*; *EDV* Operator *m*; **opérateur de saisie** Datentypist *m*
▶**opération** [ɔperasjɔ̃] *f* Operation *f*; Vorgang *m*; Aktion *f*; *comm* Geschäft *n*; **~ en ligne** Onlinebetrieb *m*; **~ hors ligne** Offlinebetrieb *m*
opérationnel, ~le [ɔperasjɔnɛl] *mil, tech* operativ, einsatzfähig
opératoire [ɔperatwar] *méd* Operations...
▶**opérer** [ɔpere] (1f) (be)wirken; durchführen; operieren; verfahren; **se faire ~** sich operieren lassen
ophtalmie [ɔftalmi] *f méd* Augenentzündung *f*
opiner [ɔpine] (1a) **~ de la tête** *od* **du bonnet** zustimmend nicken
opiniâtre [ɔpinjɑtrə] hartnäckig, unbeugsam; **~té** [-te] *f* Hartnäckigkeit *f*
▶**opinion** [ɔpinjɔ̃] *f* Meinung *f*, Ansicht *f*; **à mon ~** meiner Ansicht nach
opium [ɔpjɔm] *m* Opium n
opport|un, ~une [ɔpɔrtɛ̃ *od* ɔpɔrtœ̃, -yn] günstig, passend, angebracht; **~unisme** [-ynismə] *m* Opportunismus *m*; **~unité** [-ynite] *f* Zweckmäßigkeit *f*
oppos|ant, ~ante [ɔpozɑ̃, -ɑ̃t] **1.** *adj* gegnerisch; **2.** *m, f* Gegner(in) *m*(*f*); **les opposants** *pl* die Opposition
opposé, ~e [ɔpoze] **1.** *adj* gegenüberliegend; entgegengesetzt; **être ~ à qc** gegen etw sein; **2.** *m* Gegensatz *m*; Gegenteil *n*; **à l'opposé** auf der entgegengesetzten Seite; **à l'opposé de** im Gegensatz zu
opposer [ɔpoze] (1a) gegenübersetzen, -stellen; *fig* entgegenhalten, -setzen; ▶**s'opposer à qn, à qc** sich j-m, e-r Sache widersetzen
▶**opposition** [ɔpozisjɔ̃] *f* Gegensatz *m*; Opposition *f* (*a pol*), Widerstand *m*; *jur* Einspruch *m*
oppress|er [ɔprɛse] (1b) beklemmen, bedrücken; **~eur** *m* Unter-, Bedrücker

O

m; **~if, ~ive** [-if, -iv] Unterdrückungs...; **~ion** *f* Unterdrückung *f*; Beklemmung *f*
opprimer [ɔprime] (1a) unterdrücken
opter [ɔpte] (1a) optieren, sich entscheiden (***pour*** für)
optic|ien, ~ienne [ɔptisjɛ̃, -jɛn] *m, f* Optiker(in) *m(f)*
optim|al, ~ale [ɔptimal] (⚠ *m/pl* **-aux**) optimal, bestmöglich; **~isme** *m* Optimismus *m*; **~iste 1.** *adj* optimistisch; **2.** *m, f* Optimist(in) *m(f)*; **~um** [-ɔm] *m* Optimum *n*
option [ɔpsjõ] *f* Wahl *f*; Option *f*
optionnel, ~le [ɔpsjɔnɛl] wahlweise, auf Wunsch; *Schule*: Wahl...
optique [ɔptik] **1.** *adj* optisch, Seh...; **2.** *f* Optik *f*
opul|ent, ~ente [ɔpylɑ̃, -ɑ̃t] sehr reich; üppig
▶ **or¹** [ɔr] *m* Gold *n*; ***d'~, en ~*** golden
or² [ɔr] *conj* nun (aber)
oracle [ɔraklə] *m* Orakel *n*
▶ **orag|e** [ɔraʒ] *m* Gewitter *n*; *fig* Sturm *m*; **~eux, ~euse** [-ø, -øz] gewitt(e)rig; *fig* stürmisch
oraison [ɔrɛzõ] *f rel* Gebet *n*; ***~ funèbre*** Grabrede *f*
▶ **oral, ~e** [ɔral] (⚠ *m/pl* **-aux**) **1.** *adj* mündlich; **2.** *m* mündliche Prüfung *f*
▶ **orang|e** [ɔrɑ̃ʒ] **1.** *f* Apfelsine *f*, Orange *f*; **2.** *adj* (⚠ *unv*) orangefarben; **~er** *m* Apfelsinen-, Orangenbaum *m*
ora|teur, ~trice [ɔratœr, -tris] *m, f* Redner(in) *m(f)*; **~toire** [-twar] rednerisch
orbital, ~e [ɔrbital] (⚠ *m/pl* **-aux**) *Raumfahrt*: Bahn..., Orbital...
orbite [ɔrbit] *f* **1.** Augenhöhle *f*; **2.** Umlaufbahn *f*; *fig* Einflussbereich *m*; ***~ terrestre*** Erdumlaufbahn *f*
▶ **orchestre** [ɔrkɛstrə] *m* Orchester *n*, Kapelle *f*; *Theater*: vorderes Parkett *n*
▶ **ordinaire** [ɔrdinɛr] **1.** *adj* gewöhnlich, üblich; mittelmäßig; ordinär; **2.** *m* Alltagskost *f*; *auto* Normalbenzin *n*; ***comme à l'~*** wie gewöhnlich; ***d'~*** meistens
▶ **ordinateur** [ɔrdinatœr] *m* Computer *m*; ***~ analogique*** Analogrechner *m*; ***assisté par ~*** computergestützt
▶ **ordonn|ance** [ɔrdɔnɑ̃s] *f* Ver-, Anordnung *f*; *méd* Rezept *n*; *jur* Beschluss *m*, Verfügung *f*; **~é, ~ée** ordentlich; geordnet; **~er** (1a) (an)ordnen; befehlen (***que*** *subj* dass); *méd* verschreiben
▶ **ordre** [ɔrdrə] *m* Ordnung *f*; Reihenfolge *f*; Art *f*, Natur *f*; Befehl *m* (*bes mil*); *comm* Auftrag *m*, Order *f*; *hist* Stand *m*; *rel* Orden *m*; ***~ du jour*** Tagesordnung *f*; ***~ établi*** herrschende Ordnung; ***par ~ alphabétique*** alphabetisch geordnet; ***de l'~ de*** in der Größenordnung von; ***de premier ~*** erstklassig; ***en ~*** (wohl)geordnet, in Ordnung; ***jusqu'à nouvel ~*** bis auf weiteres; ⚠ ***un ~***
ordure [ɔrdyr] *f* Abfall *m*; Unrat *m*; P *Schimpfwort*: Mistvieh *n*; *fig* **~s** *pl* Schweinereien *f/pl*
ordur|ier, ~ière [ɔrdyrje, -jɛr] schmutzig, unanständig
▶ **oreill|e** [ɔrɛj] *f* Ohr *n*; ***dur d'~*** schwerhörig; **~er** *m* Kopfkissen *n*; **~ons** *m/pl méd* Mumps *m*, Ziegenpeter *m*
orfèvre [ɔrfɛvrə] *m* Goldschmied *m*
organ|e [ɔrgan] *m* Organ *n*; Werkzeug *n*; **~igramme** [-igram] *m* Organisationsschema *n*; **~ique** organisch
organisation [ɔrganizasjõ] *f* Organisierung *f*; Organisation *f*
▶ **organ|iser** [ɔrganize] (1a) organisieren; veranstalten; ***s'~*** sich seine Zeit *etc* richtig einteilen; **~isme** *m* Organismus *m*; Einrichtung *f*, Organisation *f*; **~iste** *m, f* Organist(in) *m(f)*
orge [ɔrʒ] *f bot* Gerste *f*
orgelet [ɔrʒəlɛ] *m méd* Gerstenkorn *n*
orgie [ɔrʒi] *f* Orgie *f*
orgue [ɔrg] *m* (⚠ *im pl f*) Orgel *f*; ***~ de Barbarie*** Leierkasten *m*, Drehorgel *f*
▶ **orgueil** [ɔrgœj] *m* Hochmut *m*, Stolz *m*
orgueill|eux, ~euse [ɔrgœjø, -øz] hochmütig, stolz
Orient [ɔrjɑ̃] *m* ***l'~*** der Orient, der Osten
oriental, ~e [ɔrjɑ̃tal] (⚠ *m/pl* **-aux**) östlich; orientalisch
orientation [ɔrjɑ̃tasjõ] *f* Orientierung *f*; (Aus-)Richtung *f*
orient|é, ~ée [ɔrjɑ̃te] **1.** ***être ~ à l'est*** nach Osten liegen; **2.** *fig* tendenziös; **~er** (1a) orientieren; ausrichten; *Schüler*: beraten; ***s'~*** sich orientieren; sich zurechtfinden
orifice [ɔrifis] *m tech* Öffnung *f*
origan [ɔrigɑ̃] *m* Oregano *m*
originaire [ɔriʒinɛr] ursprünglich; ***être ~ de*** stammen aus; **~ment** *adv* anfangs, ursprünglich

original, ~e [ɔriʒinal] (⚠ *m/pl* **-aux**) **1.** *adj* original; originell; eigentümlich; **2.** *m* Original *n*; Sonderling *m*; **~ité** *f* Ursprünglichkeit *f*, Originalität *f*; Sonderbarkeit *f*

▶ **origin|e** [ɔriʒin] *f* Ursprung *m*; Herkunft *f*, Abstammung *f*; Anfang *m*; Entstehung *f*; **à l'~** anfangs, ursprünglich; ***d'~ française*** von Geburt Franzose; ***avoir son ~ dans qc*** seine Ursache in etw haben; **~el, ~elle** ursprünglich; *rel* ***péché m originel*** Erbsünde *f*

oripeaux [ɔripo] *m/pl* zerschlissene Kleidung *f*, Lumpen *m/pl*

orme [ɔrm] *m bot* Ulme *f*; ⚠ ***un ~***

ornement [ɔrnəmɑ̃] *m* Verzierung *f*, Schmuck *m*, Ornament *n*; ⚠ *Schreibung*

ornement|al, ~ale [ɔrnəmɑ̃tal] (⚠ *m/pl* **-aux**) Zier..., Schmuck..., ornamental; ⚠ *Schreibung*; **~er** (1a) verzieren

orner [ɔrne] (1a) schmücken, verzieren (**de** mit), zieren

ornithologie [ɔrnitɔlɔʒi] *f* Vogelkunde *f*

orphel|in, ~ine [ɔrfəlɛ̃, -in] *m, f* Waise *f*, Waisenkind *n*; **~inat** [-ina] *m* Waisenhaus *n*

orteil [ɔrtɛj] *m* Zehe *f*

ortho|doxe [ɔrtɔdɔks] orthodox; **~graphe** [-graf] *f* Orthografie *f*; **~pédique** [-pedik] orthopädisch

ortie [ɔrti] *f bot* Brennnessel *f*

orvet [ɔrvɛ] *m zo* Blindschleiche *f*

▶ **os** [ɔs; *pl* o] *m* Knochen *m*; F ***jusqu'à l'~*** durch und durch

O.S. [oɛs] *m* (*abr* ***ouvrier spécialisé***) angelernter Arbeiter *m*

oscill|ation [ɔsilasjɔ̃] *f phys* Schwingung *f*; *fig* Schwankung *f*; **~er** (1a) schwingen, schwanken (*a fig*)

osé, ~e [oze] gewagt; dreist

oseille [ozɛj] *f bot* Sauerampfer *m*; *arg* Moneten *pl*

▶ **oser** [oze] (1a) wagen; ***~ faire qc*** wagen *od* sich getrauen, etw zu tun

osier [ozje] *m bot* Korbweide *f*; ***en ~*** Korb...

ossature [ɔsatyr] *f* Knochengerüst *n*

oss|ements [ɔsmɑ̃] *m/pl* Gebeine *n/pl*; **~eux, ~euse** [-ø, -øz] knöchern; knochig

ostens|ible [ɔstɑ̃siblə] offensichtlich, ostentativ; **~oir** *m égl* Monstranz *f*

ostentation [ɔstɑ̃tasjɔ̃] *f* Prahlerei *f*

ostréiculture [ɔstreikyltyr] *f* Austernzucht *f*

Ostrogot(h) [ɔstrɔgo] *m* **1.** *hist* Ostgote *m*; **2.** ♀ F Grobian *m*; komischer Kauz *m*

otage [ɔtaʒ] *m* Geisel *f*

O.T.A.N. [ɔtɑ̃] *f* (*abr* ***Organisation du traité de l'Atlantique Nord***) NATO *f*

▶ **ôter** [ote] (1a) wegnehmen; *vom Platz*: entfernen; *Kleider*: ausziehen; *Hut*: abnehmen; *math* subtrahieren

oto-rhino(-laryngologiste) [ɔtorino (larɛ̃gɔlɔʒist)] *m* Hals-Nasen-Ohren-Arzt *m*

▶ **ou** [u] *conj* oder; ***~ bien*** oder aber; ~ ... ~ ... entweder ... oder

▶ **où** [u] *adv* wo, wohin; worin; **d'~** woher; ***par ~*** auf welchem Wege; ***~ que*** (+ *subj*) wo(hin) auch (immer)

ouais! [wɛ] F nun sieh mal einer an!

ouat|e [wat] *f* (⚠ *meist* ***la ~***) Watte *f*; **~er** (1a) wattieren

oubli [ubli] *m* Vergessen(heit) *n(f)*

▶ **oublier** [ublije] (1a) vergessen; versäumen; ***~ de faire qc*** vergessen, etw zu tun

oubliettes [ublijɛt] *f/pl* (Burg-)Verlies *n*

▶ **ouest** [wɛst] **1.** *m* Westen *m*; ***vent m d'~*** Westwind *m*; ***à l'~ de*** westlich von; **2.** *adj* westlich

ouf! [uf] uff!, gottlob!

Ouganda [ugɑ̃da] *m* ***l'~*** Uganda *n*

▶ **oui** [wi] ja; ***je crois que ~*** ich glaube ja; ***mais ~*** [mɛwi] allerdings

ouï-dire [widir] ***par ~*** vom Hörensagen

ouïe [wi] *f* Gehör(sinn) *n(m)*; *zo* **~s** *pl* Kiemen *f/pl*

ouragan [uragɑ̃] *m* Orkan *m*

ourdir [urdir] (2a) anzetteln

ourl|er [urle] (1a) (um)säumen; **~et** [-ɛ] *m* Saum *m*

ours [urs] *m* Bär *m*

ours|e [urs] *f* Bärin *f*; *astr* ***la Grande*** ♀ der Große Bär; **~in** *m zo* Seeigel *m*

oust(e)! [ust] F raus!; schnell!

▶ **outil** [uti] *m* Werkzeug *n*; **~s** *pl* Handwerkszeug *n*

outill|age [utijaʒ] *m* Handwerkszeug *n*, Ausrüstung *f*; technische Anlagen *f/pl*; **~é, ~ée** mit Werkzeugen ausgerüstet

outrag|e [utraʒ] *m* Beleidigung *f*, Schmähung *f*; *jur* ***~ public à la pudeur*** Erregung *f* öffentlichen Ärgernisses; **~er** (1l) beschimpfen, beleidigen; **~eusement** [-øzmɑ̃] *adv* äußerst

outrance [utrɑ̃s] *f* Übertreibung *f*; **à ~** bis aufs Äußerste
outre[1] [utrə] außer; **en ~** außerdem
outre[2] [utrə] *f* Schlauch *m* (*für Flüssigkeiten*)
outré, ~e [utre] **être ~ de** *od* **par qc** empört, entrüstet sein über etw
outre-mer [utrəmɛr] **d'~** überseeisch, Übersee...
outrepasser [utrəpase] (1a) überschreiten
outre-Rhin [utrərɛ̃] jenseits des Rheins (*von Frankreich aus*)
ouv|ert, ~erte [uvɛr, -ɛrt] offen, geöffnet; *fig* aufgeschlossen (**à** *für*); **à bras ouverts** mit offenen Armen; **~ertement** [-ɛrtəmɑ̃] *adv* offen, freiheraus
ouverture [uvɛrtyr] *f* (Er-)Öffnung *f*; *mus* Ouvertüre *f*
ouvrable [uvrablə] **jour** *m* **~** Werktag *m*
▶ **ouvrage** [uvraʒ] *m* Arbeit *f*, Werk *n*; Befestigungsanlage *f*; *arch* **gros ~** Rohbau *m*; **~ de dames** Handarbeit *f*
ouvragé, ~e [uvraʒe] kunstvoll gearbeitet
ouvrant [uvrɑ̃] *auto* **toit** *m* **~** Schiebedach *n*
ouvre-boîtes [uvrəbwat] *m* (⚠ *pl unv*) Büchsenöffner *m*
▶ **ouvre-bouteilles** [uvrəbutɛj] *m* (⚠ *pl unv*) Flaschenöffner *m*
ouvreuse *f* [uvrøz] *Kino, Theater*: Platzanweiserin *f*
▶ **ouvri|er, ~ère** [uvrije, -ɛr] **1.** *adj* Arbeiter...; **2.** *m, f* Arbeiter(in) *m(f)*
▶ **ouvrir** [uvrir] (2f) öffnen, aufmachen; eröffnen; *Radio etc*: anstellen, anmachen; **s'~** sich öffnen, aufgehen
ovaire [ɔvɛr] *m biol* Eierstock *m*
ovale [ɔval] **1.** *adj* oval; **2.** *m* Oval *n*
ovation [ɔvasjɔ̃] *f* Ovation *f*
overdose [ɔvɛrdoz] *f* Überdosis *f*
ov|in, ~ine [ɔvɛ̃, -in] Schaf...
ovni [ɔvni] *m* (*abr* **objet volant non identifié**) Ufo *n* (*abr* unbekanntes Flugobjekt)
ovule [ɔvyl] *m biol* Ei(zelle) *n(f)*
oxyder [ɔkside] (1a) (**s'**)**~** oxidieren
oxygène [ɔksiʒɛn] *m chim* Sauerstoff *m*
ozone [ozon] *m chim* Ozon *n*; **trou** *m* **d'~** Ozonloch *n*

P

p. (*abr* **page[s]**) S. (Seite[n])
pachyderme [paʃidɛrm *od* paki-] *m zo* Dickhäuter *m*
pacifica|teur, ~trice [pasifikatœr, -tris] *m, f* Frieden(s)stifter(in) *m(f)*; **~tion** *f* Befriedung *f*
pacifier [pasifje] (1a) befrieden; *fig* beruhigen
pacif|ique [pasifik] friedliebend; friedlich; **le** 𝔖 *od* **l'océan** 𝔖 der Pazifik, der Pazifische *od* Stille Ozean; **~isme** *m* Pazifismus *m*
pacotille [pakɔtij] *f péj* Schund *m*
pact|e [pakt] *m* Pakt *m*, Vertrag *m*; **~iser** (1a) paktieren (**avec** mit)
pagaïe *od* **pagaille** [pagaj] *f* F Durcheinander *n*
paganisme [paganismə] *m* Heidentum *n*
pagayer [pagɛje] (1i) paddeln
page[1] [paʒ] *m hist* Page *m*
▶ **page**[2] [paʒ] *f* (Schrift-, Druck-)Seite *f*; **les ~s jaunes** die gelben Seiten *f/pl*; *fig* **être à la ~** auf dem Laufenden sein
pagination [paʒinasjɔ̃] *f* Paginierung *f*
paie [pɛ] *f* Lohn(zahlung) *m(f)*
paiement [pɛmɑ̃] *m* (Be-)Zahlung *f*
pa|ïen, ~ïenne [pajɛ̃, jɛn] **1.** *adj* heidnisch; **2.** *m, f* Heide *m*, Heidin *f*
paill|ard, ~arde [pajar, -ard] geil; schlüpfrig
paillass|e [pajas] *f* Strohsack *m*; **~on** *m* Strohmatte *f*; Abtreter *m*
▶ **paille** [paj] *f* Stroh *n*; Strohhalm *m*; F *fig* Kleinigkeit *f*
paillette [pajɛt] *f* Plättchen *n*; **savon** *m* **en ~s** Seifenflocken *f/pl*
▶ **pain** [pɛ̃] *m* Brot *n*; **~ de savon** Riegel

P

m Seife; **~ de sucre** Zuckerhut *m*; **~ bis** Schwarzbrot *n*; **~ complet** Vollkornbrot *n*; **~ de viande** *cuis* falscher Hase *m*; **~ d'épice** Pfeffer-, Lebkuchen *m*; **petit ~** Brötchen *n*; **~ de mie** Toastbrot *n*

pair, ~e [pɛr] **1.** *adj math Zahl*: gerade; **2.** *m* **hors (de) pair** unübertrefflich; **aller de pair** Hand in Hand gehen; **être au pair** gegen Kost und Logis arbeiten; **3.** *m hist* Pair *m*; *England*: Peer *m*

▶ **paire** [pɛr] *f* Paar *n*; **une ~ de gants** ein Paar Handschuhe; **une ~ de ciseaux** e-e Schere; **une ~ de lunettes** e-e Brille; ⚠ **la ~**

paisible [peziblə] friedlich; friedliebend

paître [pɛtrə] (4z) weiden; **mener ~** auf die Weide führen; ⚠ *kein p/p u kein p/s*

▶ **paix** [pɛ] *f* Frieden *m*; Stille *f*, Ruhe *f*; **faire la ~** Frieden schließen; F **fiche-moi la ~!** lass mich in Ruhe!

Fiche-moi la paix!

Mit ***Fiche-moi la paix!*** [fiʃmwalapɛ] (Lass mich in Ruhe!) kann man sich auf sehr deutliche Art und Weise Ruhe verschaffen.

Will man jemandem klarmachen, dass er eine dritte Person nicht stören sollte, so sagt man am besten:

Laisse-le / Laisse-la donc en paix. –
Lass ihn / Lass sie in Ruhe.

Geht es in einer Gruppe von Menschen zu turbulent und zu laut zu, so bietet sich der Ausruf ***La paix!*** (Ruhe!) an.

P

Pakistan [pakistɑ̃] **le ~** Pakistan *n*

pakistan|ais, ~aise [pakistanɛ, -ɛz] pakistanisch

pal [pal] *m* Pfahl *m*

palabrer [palabre] (1a) palavern, quatschen

palais [palɛ] *m* **1.** Palast *m*; **~ de justice** Gerichtsgebäude *n*; **2.** Gaumen *m*

palan [palɑ̃] *m* Flaschenzug *m*

palatal, ~e [palatal] (⚠ *m/pl* **-aux**) *ling* palatal, Gaumen...

Palatinat [palatina] **le ~** die Pfalz

▶ **pâle** [pɑl] blass, bleich; *fig* farblos

Palestine [palɛstin] **la ~** Palästina *n*

paletot [palto] *m* kurzer Mantel *m*

palette [palɛt] *f* Palette *f*; Radschaufel *f*; Schulterblatt *n*

pâleur [pɑlœr] *f* Blässe *f*

palier [palje] *m* Treppenabsatz *m*; *tech* Lager *n*; *fig* Stufe *f*; **par ~s** schrittweise

pâlir [pɑlir] (2a) blass *od* bleich werden, erblassen; *fig* verblassen

palissade [palisad] *f* Lattenzaun *m*; Palisade *f*; ⚠ *Schreibung*

palli|atif [paljatif] *m* Notbehelf *m*; **~er** (1a) **~ (à)** abhelfen, ausgleichen

palmarès [palmarɛs] *m* Siegerliste *f*

palm|e [palm] *f bot* Palmzweig *m*; *fig* Siegespalme *f*; *Sport*: Schwimmflosse *f*; ⚠ *nicht* Palme; **~eraie** [-ərɛ] *f* Palmenhain *m*; **~ier** [-je] *m bot* Palme *f*

palmipèdes [palmipɛd] *m/pl zo* Schwimmvögel *m/pl*

palombe [palɔ̃b] *f zo* Ringeltaube *f*

pâl|ot, ~otte [pɑlo, -ɔt] blässlich

palp|able [palpablə] greifbar; **~er** (1a) betasten; F *Geld*: einstreichen

palpit|ant, ~ante [palpitɑ̃, -ɑ̃t] zuckend; *fig* spannend; **~ation** *f* Zucken *n*; *meist pl* **~s** Herzklopfen *n*; **~er** (1a) zucken; *Herz*: klopfen, pochen; *Busen*: wogen

palud|éen, ~éenne [palydeɛ̃, -eɛn] Sumpf...; **~isme** *m méd* Sumpffieber *n*, Malaria *f*

pâmer [pɑme] (1a) **se ~ de** außer sich sein vor

pâmoison [pɑmwazɔ̃] *f iron* Ohnmacht *f*

pamphlet [pɑ̃flɛ] *m* Pamphlet *n*, Schmähschrift *f*

pamplemousse [pɑ̃pləmus] *m* Pampelmuse *f*, Grapefruit *f*; ⚠ **le ~**

pan¹ [pɑ̃] *m* Rockschoß *m*; (Mauer-)Stück *n*; Seite *f*; Fachwerk *n*

pan² [pɑ̃] peng!

panacée [panase] *f* Allheilmittel *n*

panach|e [panaʃ] *m* Helm-, Federbusch *m*; **avoir du ~** ein schneidiges Auftreten haben; **~é, ~ée 1.** *adj* gesprenkelt; gemischt; **glace panachée** gemischtes Eis *n*; **2.** *m* Alsterwasser *n*, Radlermaß *f*

pancarte [pɑ̃kart] *f* Anschlag(zettel) *m*, Schild *n*; Spruchband *n*
pancréas [pɑ̃kreas] *m* Bauchspeicheldrüse *f*
panégyrique [paneʒirik] *m* feierliche Lobrede *f*
paner [pane] (1a) *cuis* panieren
▶ **panier** [panje] *m* Korb *m*; *fig* F ~ **à salade** grüne Minna *f*
panique [panik] **1.** *adj* panisch; **2.** *f* Panik *f*
▶ **panne** [pan] *f* Panne *f*; Defekt *m*; **être** *od* **rester en** ~ e-e Panne haben; **tomber en** ~ **sèche** kein Benzin mehr haben; **en** ~ defekt, kaputt
▶ **panneau** [pano] *m* (⚠ *pl* **~x**) (Verkehrs-)Schild *n*, Tafel *f*; *tech* Platte *f*; Türfüllung *f*
panonceau [panɔ̃so] *m* (⚠ *pl* **~x**) (kleines) Schild *n*
panoplie [panɔpli] *f* Waffensammlung *f*; Ausrüstung *f*; *fig* Arsenal *n*
panoram|a [panɔrama] *m* Panorama *n*; **~ique** Rundblick...
panse [pɑ̃s] *f* F Wanst *m*
▶ **pans|ement** [pɑ̃smɑ̃] *m méd* Verband *m*; Verbinden *n*; **~er** (1a) *méd* verbinden; *Pferde:* striegeln
pantagruélique [pɑ̃tagryelik] **repas** *m* ~ Schlemmermahl *n*
▶ **pantalon** [pɑ̃talɔ̃] *m* lange Hose *f*
pantel|ant, ~ante [pɑ̃tlɑ̃, -ɑ̃t] keuchend
panthère [pɑ̃tɛr] *f zo* Panter *m*; ⚠ **la** ~
pantin [pɑ̃tɛ̃] *m* Hampelmann *m*
pantois [pɑ̃twa] (⚠ *unv*) **rester** ~ verblüfft sein
pantouflard [pɑ̃tuflar] *m* F Stubenhocker *m*
pantoufle [pɑ̃tuflə] *f* Pantoffel *m*; Hausschuh *m*; ⚠ **la** ~
P.A.O. [peao] *f* (*abr* **publication assistée par ordinateur**) DTP *n*
paon [pɑ̃] *m* Pfau *m*
▶ **papa** [papa] *m* Papa *m*; *fig* **à la** ~ gemütlich
pap|al, ~ale [papal] (⚠ *m/pl* **-aux**) päpstlich; **~auté** [-ote] *f* Papsttum *n*
▶ **pape** [pap] *m* Papst *m*
paperasse [papras] *f* alte Papiere *n/pl*; *péj* Papierkram *m*, Schreibkram *m*
paperboard [papɛrbɔrd] *m* Flipchart *f*
▶ **papet|erie** [papɛtri] *f* Schreibwarenhandlung *f*; Papierfabrik *f*; **~ier, ~ière** [-je, -jɛr] *m, f* Schreibwarenhändler(in) *m(f)*
papi [papi] *m* Opa *m*
▶ **papier** [papje] *m* Papier *n*; ▶ ***papiers*** *pl* Papiere *n/pl*; ***papier hygiénique*** Toilettenpapier *n*; ***papier à musique*** Notenpapier *n*; ***papier d'alu*** Alufolie *f*; ***papier en continu*** Endlospapier *n*; ***papier peint*** Tapete *f*; ***papier à lettres*** Briefpapier *n*; **-filtre** [-filtrə] *m* (⚠ *pl* ***papiers-filtres***) Filterpapier *n*; **~-monnaie** [-mɔnɛ] *m* (⚠ *pl* ***papiers-monnaies***) Papiergeld *n*
▶ **papillon** [papijɔ̃] *m* **1.** *zo* Schmetterling *m*; *tech* Flügelmutter *f*; ***nœud*** *m* ~ Fliege *f* (*Krawatte*); **2.** Klebezettel *m*; Strafzettel *m*; ~ ***adhésif*** Haftnotiz *f*
papoter [papɔte] (1a) schwatzen, plappern
paquebot [pakbo] *m* Passagierschiff *n*, Ozeandampfer *m*
pâquerette [pɑkrɛt] *f bot* Gänseblümchen *n*
▶ **Pâques** [pɑk] *m/sg* (*ohne Artikel*) *od f/pl* Ostern *n od pl*; **à** ~ an, zu Ostern; ***joyeuses ~!*** frohe Ostern!; ***faire ses pâques*** zur österlichen Kommunion gehen
▶ **paquet** [pakɛ] *m* Paket *n*; Bündel *n*; Päckchen *n*
▶ **par** [par] *prép* **1.** *Ort:* ~ ***la porte***, ~ ***la fenêtre*** zur Tür, zum Fenster hinaus (*od* herein); ***tomber ~ terre*** zu Boden fallen; ~ ***le haut*** von oben (her); ~ ***en bas*** von unten (her), unten herum *od* entlang; ***passer ~ Berlin*** über Berlin reisen; ***être assis ~ terre*** auf dem Boden sitzen; ***prendre ~ la main*** bei der Hand fassen; **2.** *Zeit:* ~ ***beau temps*** bei schönem Wetter; ~ ***un beau soir*** an e-m schönen Abend; **3.** *Grund:* ~ ***conséquent*** folglich; ~ ***curiosité*** aus Neugierde; ~ ***hasard*** zufällig; ~ ***malheur*** unglücklicherweise; **4.** *Handlung e-r Person im Passiv:* ***vaincu ~ César*** von Cäsar besiegt; ***Le Cid ~ Corneille*** „Der Cid" von Corneille; **5.** *Mittel:* ~ ***le bateau*** mit dem Schiff; ***partir ~ le train*** mit dem Zug abfahren; ~ ***la poste*** mit der Post; **6.** *Art u Weise:* ~ ***centaines*** zu hunderten; ~ ***voie aérienne*** auf dem Luftweg; *math* ***diviser ~ quatre*** durch vier teilen; ~ ***trop*** wirklich zu sehr; ~ ***écrit*** schriftlich; **7.** *distributiv:* ~ ***an***

jährlich; ~ ***jour*** täglich; ~ ***tête*** pro Kopf; **8. *commencer* (*finir*) ~ *faire qc*** anfangs (schließlich *od* zuletzt) etw tun; **9. *de* ~ *le monde*** überall auf der Welt; ***de* ~ *sa nature*** von Natur aus; *hist* ***de* ~ *le roi*** im Namen des Königs

para [para] *m mil Kurzwort für* ***parachutiste***

parabol|e [parabɔl] *f* Gleichnis *n*; *math* Parabel *f*; **~ique** parabolisch; Parabol...; ***antenne*** *f* ~ Parabolantenne *f*

parachut|e [paraʃyt] *m* Fallschirm *m*; **~iste** *m,f* Fallschirmspringer(in) *m(f)*; *mil* Fallschirmjäger *m*

parade [parad] *f* **1. *de*** ~ Parade..., Prunk...; **2.** Abwehr *f*; *fig* Entgegnung *f*

parad|is [paradi] *m* Paradies *n*; *Theater*: oberste Galerie *f*; **~isiaque** [-izjak] paradiesisch

paradoxal, ~e [paradɔksal] (⚠ *m/pl* ***-aux***) paradox

paradoxe [paradɔks] *m* Paradox *n*, Widersinn *m*

paraf|e [paraf] *m* Namenszug *m*, -zeichen *n*; **~er** (1a) mit dem Namenszug versehen, abzeichnen, paraphieren

paragraphe [paragraf] *m* Abschnitt *m*, Absatz *m*; ⚠ *nicht* Gesetzesparagraf

▶ **paraître** [parɛtrə] (4z) erscheinen; scheinen, aussehen; ~ (+ *inf*) scheinen zu (+ *inf*); ▶ ***il paraît que*** ... man sagt, dass ...; ***à ce qu'il paraît*** wie es scheint

parallèle [paralɛl] **1.** *adj* parallel (**à** zu); **2.** *f math* Parallele *f*; **3.** *m géogr* Breitenkreis *m*; *fig* Gegenüberstellung *f*, Parallele *f*, Vergleich *m*; ⚠ *unterscheide* ***le/la*** ~

P

paralys|er [paralize] (1a) lähmen (*a fig*); **~ie** [-i] *f* Lähmung *f*

paramètre [paramɛtrə] *m* Parameter *m*

parapente [parapɑ̃t] *m* Gleitschirm *m*; Gleitschirmfliegen *n*

parapet [parapɛ] *m* Brüstung *f*, Geländer *n*

paraphe(r) *cf* ***parafe(r)***

paraphras|e [parafrɑz] *f* Umschreibung *f*; **~er** (1a) umschreiben

▶ **parapluie** [paraplɥi] *m* Regenschirm *m*

parascolaire [paraskɔlɛr] außerschulisch

parasite [parazit] **1.** *adj* schmarotzend; **2.** *m* Schmarotzer *m*, Parasit *m* (*beide a fig*); **~s** *pl Radio*: Störgeräusche *n/pl*

para|sol [parasɔl] *m* Garten-, Sonnenschirm *m*; **~tonnerre** [-tɔnɛr] *m* Blitzableiter *m*

paravent [paravɑ̃] *m* Wandschirm *m*, spanische Wand *f*

▶ **parc** [park] *m* Park *m*; *Schafe*: Pferch *m*; ~ ***à huitres*** Austernbank *f*; ~ ***de stationnement*** Parkplatz *m*; **~age** *m* Parken *n*; Parkplatz *m*

parcelle [parsɛl] *f* Parzelle *f*

▶ **parce que** [parskə] weil

parchemin [parʃəmɛ̃] *m* Pergament *n*

par-ci [parsi] ~, ***par-là*** hier und da; hin und wieder

parcimonie [parsimɔni] *f* ***avec*** ~ sehr sparsam

parcmètre [parkmɛtrə] *m* Parkuhr *f*

parcotrain [parkɔtrɛ̃] ***système m de*** ~ Park-and-ride-System *n*

parcourir [parkurir] (2i) durchlaufen, -fahren, -ziehen; *Text*: überfliegen

parcours [parkur] *m* (Renn-)Strecke *f*; ***accident m de*** ~ Missgeschick *n*

par-derrière [pardɛrjɛr] *adv* von hinten, hinterrücks; *fig* hintenherum

par-dessous [pardəsu] **1.** *prép* unter; **2.** *adv* darunter

pardessus [pardəsy] *m* Überzieher *m*

par-dessus [pardəsy] **1.** *prép* über; **2.** *adv* darüber (hinweg) ~ ***le marché*** obendrein

par-devant [pardəvɑ̃] *adv* vorn (herum)

▶ **pardon** [pardɔ̃] *m* Verzeihung *f*; **~!** Entschuldigung!; **~?** wie bitte?; ***demander* ~ *à qn*** j-n um Verzeihung bitten

▶ **pardonner** [pardɔne] (1a) ~ ***qc à qn*** j-m etw verzeihen; ***se*** ~ entschuldbar sein

pare|-brise [parbriz] *m* (⚠ *pl unv*) *auto* Windschutzscheibe *f*; **~-chocs** [-ʃɔk] *m* (⚠ *pl unv*) *auto* Stoßstange *f*

▶ **pareil, ~le** [parɛj] gleich, ähnlich (**à**); derartig, solch; ***sans*** ~ unvergleichlich; ***habillés pareil*** gleich angezogen; F ***c'est du pareil au même*** das ist Jacke wie Hose

▶ **pareillement** [parɛjmɑ̃] *adv* gleichfalls

▶ **par|ent, ~ente** [parɑ̃, -ɑ̃t] **1.** *adj* verwandt; **2.** *m, f* Verwandte(r) *m, f*; ***parents*** *m/pl* Eltern *pl*; ~ ***unique*** allein Erziehende(r) *m, f*; **~enté** [-ɑ̃te] *f* Verwandtschaft *f*

parenthèse [parɑ̃tɛz] *f* (runde) Klammer *f*; *gr* eingeschalteter Satz *m*; ***entre ~s*** in Klammern; *fig* beiläufig gesagt; ***mettre entre ~s*** einklammern

parer [pare] (1a) **1.** her-, zurichten; *litt* schmücken; **2.** *Angriff*: parieren, abwehren; *mar Kap*: umfahren; ***~ à qc*** e-r Sache vorbeugen

paresse [parɛs] *f* Faulheit *f*

▶ **paress|eux, ~euse** [parɛsø, -øz] faul

▶ **par|fait, ~faite** [parfɛ, -fɛt] **1.** *adj* vollkommen, vollendet; völlig; **2.** *m gr* Perfekt *n*; *Eis*: Parfait *n*; **~faitement** [-fɛtmɑ̃] *adv* völlig, ganz; *als Antwort*: gewiss

▶ **parfois** [parfwa] manchmal

parfum [parfɛ̃, -œ̃] *m* Parfüm *n*; Duft *m*; *beim Eis*: Geschmack *m*

parfum|é, ~ée [parfyme] duftend; parfümiert; **~er** (1a) parfümieren

pari [pari] *m* Wette *f*

parier [parje] (1a) wetten

paris|ien, ~ienne [parizjɛ̃, -jɛn] **1.** *adj* Pariser, pariserisch; **2.** ♀ *m, f* Pariser(in) *m(f)*

par|itaire [paritɛr] paritätisch; **~ité** *f écon u EDV* Parität *f*

parjure [parʒyr] *litt* **1.** *m* Meineid *m*; Eidbruch *m*; **2.** *m, f* Meineidige(r) *m, f*; Eidbrüchige(r) *m, f*

▶ **parking** [parkiŋ] *m* Parkplatz *m*; ***~ souterrain*** Tiefgarage *f*

Parkinson [parkinsɔn] ***maladie** f **de ~*** parkinsonsche Krankheit *f*

parkinson|ien, ~ienne [parkinsɔnjɛ̃, -jɛn] *m, f* Parkinson-Patient(in) *m(f)*

parl|ant, ~ante [parlɑ̃, -ɑ̃t] *Vergleich*: anschaulich; ***film** m **parlant*** Tonfilm *m*; ***généralement parlant*** allgemein gesprochen; **~é, ~ée** gesprochen

▶ **Parlement** [parləmɑ̃] *m* Parlament *n*; ⚠ *Schreibung*

parlement|aire [parləmɑ̃tɛr] **1.** *adj* parlamentarisch; **2.** *m, f* Parlamentarier(in) *m(f)*; *m im Krieg*: Parlamentär *m*; ⚠ *Schreibung*; **~er** (1a) verhandeln (***avec qn sur qc*** mit j-m über etw)

▶ **parl|er** [parle] **1.** (1a) sprechen (***à qn** od **avec qn*** j-n, mit j-m); ***~ de qc*** über etw sprechen *od* reden; ***~ affaires*** von Geschäften sprechen; ***~ boutique*** fachsimpeln; ***~ petit nègre*** kauderwelschen; ***sans ~ de*** abgesehen von; **2.** *m* Sprache *f*, Sprechweise *f*; ***~ régional*** Mundart *f*; **~oir** *m* Sprechzimmer *n*

▶ **parmi** [parmi] unter; ***~ tant d'autres*** unter *od* von vielen

parod|ie [parɔdi] *f* Parodie *f*; **~ier** [-je] (1a) parodieren

paroi [parwa] *f* Wand *f*

paroiss|e [parwas] *f* Pfarrei *f*, (Pfarr-)Gemeinde *f*; **~ien** *m*, **~ienne** *f rel* Gemeindemitglied *n*

▶ **parole** [parɔl] *f* Wort *n*; Ausspruch *m*; Sprache *f*; ***~ (d'honneur)*** Ehrenwort *n*; ***donner la ~ à qn*** j-m das Wort erteilen; ***donner sa ~*** sein (Ehren-)Wort geben; ***~s** pl* Text *m* (*Lied*); ⚠ *nicht* Parole

parquer [parke] (1m) einpferchen; parken

parquet [parkɛ] *m* Parkett *n*; *jur* Staatsanwaltschaft *f*; ⚠ *nicht*: Parkett *im Theater*

parrain [parɛ̃] *m* Pate *m*; *fig* Bürge *m*; *comm* Sponsor *m*

parrainer [parene] (1b) sponsern

parricide [parisid] **1.** *m* Vater-, Mutter-, Verwandtenmord *m*; **2.** *m, f* Vater-, Muttermörder(in) *m(f)*

parsemer [parsəme] (1d) übersäen, bestreuen (***de*** mit)

▶ **part** [par] *f* Anteil *m*, Teil *m od n*; ***à part entière*** vollwertig; ***pour ma part*** was mich betrifft; ***avoir part à qc*** an etw teilhaben; ***faire part de qc à qn*** j-m etw mitteilen; ***faire la part de qc*** etw berücksichtigen; ***prendre part à qc*** an etw teilnehmen; ***de la part de qn*** von Seiten (*od* im Auftrage) j-s; ***de ma part*** von mir, meinerseits; ▶ ***d'une part … d'autre part*** einerseits … andererseits; ▶ ***autre part*** anderswo(hin); ▶ ***nulle part*** nirgends; ▶ ***quelque part*** irgendwo(hin); ***à part*** beiseite; für sich; ***à part cela*** abgesehen davon; ***en bonne part*** im guten Sinn; ⚠ *nicht verwechseln mit* ***la partie***

partage [partaʒ] *m* (Auf-)Teilung *f*; *jur* Erbteil *n*; ***~ des voix*** Stimmengleichheit *f*

▶ **partager** [partaʒe] (1l) (auf-, ver)teilen

partance [partɑ̃s] *f **en ~*** abfahr-, abflugbereit (***pour*** nach)

partant [partɑ̃] *m* Abreisende(r) *m*; *Sport*: Teilnehmer *m*

P

partenaire [partənɛr] *m, f* Partner(in) *m(f)*; ***les ~s sociaux*** die Sozial-, Tarifpartner *pl*

parterre [partɛr] *m* Blumenbeet *n*; *Theater*: Parkett *n*; ⚠ *nicht* Parterre *n* (*Erdgeschoss*); ⚠ *nicht verwechseln mit* ***par terre*** (auf dem Boden)

▶ **parti**[1] [parti] *m* Partei *f*; ***prendre ~ pour, contre*** Partei ergreifen für, gegen; ***prendre un ~*** e-n Entschluss fassen; ***tirer ~ de qc*** etw (aus)nutzen; ***~ pris*** Voreingenommenheit *f*; ⚠ ***le ~***; ⚠ *nicht verwechseln mit* ***la partie***

parti[2]**, ~e** [parti] *p/p von* ***partir*** *u adj* weg, fort; F ***un peu ~*** beschwipst

partial, ~e [parsjal] (⚠ *m/pl* **-aux**) parteiisch; **~ité** *f* Parteilichkeit *f*

participation [partisipasjɔ̃] *f* Teilnahme *f*; Beteiligung *f*; Mitsprache *f*

▶ **participe** [partisip] *m* Partizip *n*

▶ **participer** [partisipe] (1a) ***~ à*** teilnehmen, sich beteiligen an; teilhaben an

particularité [partikylarite] *f* Eigentümlichkeit *f*

particule [partikyl] *f* Teilchen *n*, Partikel *f*

▶ **particul|ier, ~ière** [partikylje, -jɛr] **1.** *adj* besonders, eigen(tümlich); privat; ***particulier à*** typisch für; ▶ ***en particulier*** gesondert; insbesondere; **2.** *m* Privatperson *f*

▶ **particulièrement** [partikyljɛrmɑ̃] *adv* besonders, vor allem

▶ **partie** [parti] *f* (Bestand-)Teil *m*; Ausflug *m*; *Spiel*: Partie *f*; *jur* Partei *f*; *fig* Angelegenheit *f*, Kampf *m*; *mus* Part *m*; ***en ~*** teilweise; ***faire ~ de*** gehören zu; ⚠ *nicht verwechseln mit* ***le parti***

partiel, ~le [parsjɛl] parziell, Teil...

▶ **partir** [partir] (2b) weggehen, abreisen, abfahren (***à, pour*** nach); *Sport*: starten; *Schuss*: fallen; ***partir de qc*** von etw ausgehen; ***en partant de*** ausgehend von; ▶ ***à partir de*** ab, von ... an; ⚠ *il* ***est*** *parti*

partis|an, ~ane [partizɑ̃, -an] *m, f* (*f selten*) Anhänger(in) *m(f)*; *mil m* Partisan *m*; ***être ~ de qc*** etw befürworten

partit|if, ~ive [partitif, -iv] *gr* partitiv; ***article*** *m* ***partitif*** Teilungsartikel *m*

partition [partisjɔ̃] *f mus* Partitur *f*; *pol* Teilung *f*

▶ **partout** [partu] überall

paru, ~e [pary] *p/p von* ***paraître***

parure [paryr] *f* Schmuck *m*

parution [parysjɔ̃] *f Buch*: Erscheinen *n*

▶ **parvenir** [parvənir] (2h) gelangen (***à*** zu), erreichen; ***faire ~ qc à qn*** j-m etw zugehen lassen; ***~ à faire qc*** es schaffen, etw zu tun

parvenu, ~e [parvəny] *m, f* Emporkömmling *m*

▶ **pas**[1] [pɑ] *m* Schritt *m*; ***faux ~*** Fehltritt *m*; ***~ à ~*** schrittweise; ***à ~ de loup*** auf leisen Sohlen; ***d'un ~*** (um) e-n Schritt; ***sur le ~ de la porte*** vor dem Haus; ***le Pas de Calais*** die Straße von Dover

▶ **pas**[2] [pɑ] *adv* nicht; *beim Verb*: ***ne ... pas*** (F *ohne* ***ne***) nicht; ▶ ***pas du tout*** überhaupt nicht; ▶ ***(ne ...) pas de*** kein; ***ne ... pas non plus*** auch nicht; ▶ ***pas mal (de)*** ziemlich viel(e); ▶ ***(il n'y a) pas de quoi*** bitte (sehr), keine Ursache

passable [pasablə] leidlich; *Schule*: ausreichend

▶ **passage** [pasaʒ] *m* Durchgang *m*, -fahrt *f*; Vorbeigehen *n*; Passieren *n*; Passage *f*; Überfahrt *f*; Übergang *m* (*a fig*); *Buch*: Stelle *f*; ***~ à niveau*** Bahnübergang *m*; ***de ~*** auf der Durchreise; ***~ clouté*** Fußgängerüberweg *m*; ***~ protégé*** Vorfahrtsstraße *f*; ⚠ ***le ~***

▶ **passag|er, ~ère** [pasaʒe] **1.** *adj* vorübergehend; *fig* flüchtig; **2.** *m, f* Passagier *m*, Fahrgast *m*

pass|ant, ~ante [pasɑ̃, -ɑ̃t] **1.** *m, f* Passant(in) *m(f)*; **2.** *adj Straße*: belebt; **3.** *adv* ***en passant*** beiläufig

passe [pɑs] *f Sport*: Ballabgabe *f*, Zuspiel *n*, Pass *m*; *mil* ***mot*** *m* ***de ~*** Losungswort *n*; ***hôtel*** *m* ***de ~*** Absteige *f*; ⚠ *nicht* (Reise-, Gebirgs-)Pass

▶ **passé, ~e** [pase] **1.** *adj* vergangen; **2.** *prép* ***passé dix heures*** nach 10 Uhr; **3.** *m* Vergangenheit *f*; *gr* ***~ composé*** Perfekt *n*

passe|-droit [pasdrwa] *m* (⚠ *pl* ***passe-droits***) ungerechte Bevorzugung *f*; **~-partout** [-partu] *m* (⚠ *pl unv*) Hauptschlüssel *m*; Dietrich *m*; **~-passe** [-pas] *m* ***tour*** *m* ***de ~*** Taschenspielertrick *m*

▶ **passeport** [paspɔr] *m* (Reise-)Pass *m*; ⚠ *nicht* Gebirgspass

▶ **passer** [pase] (1a) **1.** (*mit* ***avoir***, *häufiger* ***être***) vorübergehen, -fahren; durchgehen, -reisen, -laufen; übergehen (**à** zu); *Gesetz*: durchkommen; ***passer avant*** den Vorrang haben vor; ***passer chez qn*** bei j-m vorsprechen; ***passer dans une classe supérieure*** versetzt werden; ***passer en seconde*** in den zweiten Gang schalten; ***passer pour qc*** für etw gelten; ***passer sur qc*** etw übergehen; ***faire passer*** durchlassen; weitergeben; ***laisser passer*** hingehen lassen; versäumen; ***passer maître*** Meister werden; ***passe*** (***encore***) ***de*** (+ *inf*) es mag noch hingehen, dass ...; **2.** (*mit* ***avoir***) überqueren; passieren; überschreiten; auslassen; verbringen; *Prüfung*: ablegen; *Hemd etc*: anziehen; *Soße*: passieren; *Film*: vorführen; ***passer qc à qn*** j-m etw reichen; ***passer qc à***, ***sur*** etw an *e-e Stelle* bringen; ***passer qc sur qc*** etw auf etw auftragen; ***passer l'aspirateur*** staubsaugen; ***passer qc sous silence*** etw übergehen; **3.** ▶ ***se passer*** sich ereignen, passieren; *Zeit*: vergehen, verrinnen; ***se passer de qc*** auf etw verzichten, ohne etw auskommen

passereau [pasro] *m* (⚠ *pl* **~x**) *zo* Sperling(svogel) *m*

passerelle [pasrɛl] *f* Steg *m*, Fußgängerbrücke *f*; *mar*, *aviat* Gangway *f*; (Kommando-)Brücke *f*

passe-temps [pastɑ̃] *m* (⚠ *pl unv*) Zeitvertreib *m*

pass|if, ~ive [pasif, -iv] **1.** *adj* passiv; **2.** *m gr* Passiv *n*

▶ **passion** [pasjɔ̃] *f* Passion *f*; Leidenschaft *f*

passionn|ant, ~ante [pasjɔnɑ̃, -ɑ̃t] spannend, fesselnd; **~é, ~ée** leidenschaftlich, begeistert; **~er** (1a) begeistern

passivité [pasivite] *f* Passivität *f*

passoire [paswar] *f* Sieb *n*

pastel [pastɛl] *m* Pastell *n*; ⚠ *Schreibung*

pastèque [pastɛk] *f* Wassermelone *f*

▶ **pasteur** [pastœr] *m rel* Pfarrer *m*, Pastor *m*; **~iser** (1a) pasteurisieren

pastiche [pastiʃ] *m Literatur*: Nachahmung *f*

pastille [pastij] *f* Plätzchen *n*; *phm* Pastille *f*, Tablette *f*

pastoral, ~e [pastɔral] (⚠ *m/pl* **-aux**) Hirten...; seelsorgerisch

patate [patat] F *f* Kartoffel *f*

patauger [patoʒe] (1l) herumwaten, (herum)patschen

▶ **pâte** [pɑt] *f* Teig *m*; Masse *f*; Paste *f*; ▶ ***pâtes*** *pl* Teigwaren *f/pl*; ***pâte dentifrice*** Zahnpasta *f*; ***pâte d'amandes*** Marzipan *n*; F *fig* ***une bonne pâte*** ein gutmütiger Mensch

▶ **pâté** [pɑte] *m* Pastete *f*; ***~ de maisons*** Häuserblock *m*

patelin [patlɛ̃] *m* F Kaff *n*

patère [patɛr] *f* Kleiderhaken *m*; *Antike*: Opferschale *f*

paternalisme [patɛrnalismə] *m pol* Politik *f* der Bevormundung

paternel, ~le [patɛrnɛl] väterlich

> **Qu'est-ce qu'il m'embête, mon paternel!**
>
> ***paternel*** ist nicht nur das zu ***père*** gehörige Adjektiv, sondern in der Jugendsprache auch das Wort für ‚Vater':
>
> *Aujourd'hui mon paternel m'a prêté sa bagnole.* – Heute hat mir mein Alter seinen Schlitten (= Auto) geliehen.

pât|eux, ~euse [pɑtø, -øz] teigig; *Stimme*: belegt

pathétique [patetik] ergreifend; leidenschaftlich

pathogène [patɔʒɛn] *m* Krankheitserreger *m*

▶ **patience** [pasjɑ̃s] *f* Geduld *f*

pati|ent, ~ente [pasjɑ̃, -ɑ̃t] **1.** *adj* geduldig; ⚠ *adv* ***patiemment*** [-amɑ̃]; **2.** *m, f* Patient(in) *m(f)* (*nur aus der Sicht des Arztes*); **~enter** [-ɑ̃te] (1a) sich gedulden

patin [patɛ̃] *m* **~** (***à glace***) Schlittschuh *m*; **~** ***à roulettes*** Rollschuh *m*; ***~s en ligne*** Inliner *pl*, Inline Skates *pl*; ***faire du*** **~** Schlittschuh laufen; Eis laufen

patin|age [patinaʒ] *m* Schlittschuhlaufen *n*; **~** ***artistique*** Eiskunstlauf *m*; **~er** (1a) Schlittschuh laufen; rutschen; *Räder*: durchdrehen; **~ette** [-ɛt] *f Kinderspielzeug*: Roller *m*; **~eur, ~euse** *m, f* Schlittschuhläufer(in) *m(f)*; **~oire** [-war] *f* Eisbahn *f*

P

▶ **pâtiss|erie** [pɑtisri] *f* Konditorei *f*; feines Gebäck *n*; **~ier, ~ière** [-je, -jɛr] *m, f* Konditor(in) *m(f)*
patois [patwa] *m* Mundart *f*
patraque [patrak] F ***être*** ~ sich nicht wohl fühlen
patriarcal, ~e [patrijarkal] (⚠ *m/pl* ***-aux***) patriarchalisch
▶ **patrie** [patri] *f* Vaterland *n*; Geburtsort *m*; Heimat *f*
patrimoine [patrimwan] *m elterliches* Erbteil *n od* -gut *n*; *fig* ~ ***culturel*** Kulturerbe *n*, -gut *n*; ~ ***héréditaire*** Erbgut *n*
patriot|e [patrijɔt] **1.** *adj* vaterlandsliebend, patriotisch (*Person*); **2.** *m, f* Patriot(in) *m(f)*; **~ique** patriotisch (*Lied, Rede etc*); **~isme** *m* Vaterlandsliebe *f*, Patriotismus *m*
▶ **patr|on, ~onne** [patrɔ̃, -ɔn] **1.** *m, f* Chef(in) *m(f)*; Arbeitgeber(in) *m(f)*; Hausherr(in) *m(f)*; Wirt(in) *m(f)*; Meister(in) *m, f*; *rel* Schutzheilige(r) *m, f*; **2.** *m tech* Modell *n*, Muster *n*; Schnittmuster *n*; Schablone *f*
patron|age [patrɔnaʒ] *m* Schirmherrschaft *f*; **~at** [-a] *m pol* Arbeitgeberschaft *f*
patronner [patrɔne] (1a) protegieren, fördern
patrouill|e [patruj] *f mil, Polizei*: Patrouille *f*; Streife(ngang) *f(m)*; **~er** (1a) patrouillieren
▶ **patte** [pat] *f* Pfote *f*, Tatze *f*, Bein *n*, Fuß *m*; F Hand *f*; *fig* ***graisser la ~ à qn*** j-n schmieren *od* bestechen; ~ ***d'oie*** Krähenfüße *m/pl* (*in den Augenwinkeln*)
pâturage [pɑtyraʒ] *m* Weide *f*
paume [pom] *f* flache Hand *f*, Handfläche *f*; (***jeu m de***) ~ (Schlag-)Ballspiel *n*
paum|é, ~ée [pome] F rat-, hilflos, aufgeschmissen F; **~er** (1a) F verlieren, verlegen
paupérisme [poperismə] *m écon* Massenverarmung *f*
paupière [popjɛr] *f* Augenlid *n*
paupiette [popjɛt] *f cuis* Roulade *f*
pause [poz] *f* Pause *f* (*bei der Arbeit*); ⚠ *nicht Theater u Schule*; **~-café** [-kafe] *f* (⚠ *pl* ***pauses-café***) Kaffeepause *f*
▶ **pauvre** [povrə] **1.** *adj* arm (***en*** an); ärmlich, armselig; jämmerlich; dürftig; bedauernswert; **2.** *m, f* Arme(r) *m, f*; **~té** [-te] *f* Armut *f*; Armseligkeit *f*

D'un pays à l'autre

Ländernamen haben im Französischen meistens den Artikel ***la***:

la France	Frankreich
la Belgique	Belgien
l'Italie *f*	Italien
l'Espagne *f*	Spanien
l'Angleterre *f*	England
l'Allemagne *f*	Deutschland
l'Autriche *f*	Österreich
la Suisse	die Schweiz
la Russie	Russland

Einige Ländernamen werden mit dem Artikel ***le*** verwendet:

le Portugal	Portugal
le Canada	Kanada
le Japon	Japan

Ländernamen im **Plural:**

les États-Unis [lezetazyni] die Vereinigten Staaten
les Pays-Bas [lepeibɑ] die Niederlande

pavage [pavaʒ] *m* Pflaster(n) *n*
pavaner [pavane] (1a) ***se*** ~ umherstolzieren
pav|é [pave] *m* Pflaster(stein) *n(m)*; ~ ***numérique*** Nummernblock *m*; *fig* ***tenir le haut du*** ~ zur Oberschicht gehören; **~er** (1a) pflastern
pavillon [pavijɔ̃] *m* Pavillon *m*; Einfamilienhaus *n*; *auto* Decke *f*, Himmel *m*; *mar* Flagge *f*
pavoiser [pavwaze] (1a) (be)flaggen
pavot [pavo] *m bot* Mohn *m*
payable [pɛjablə] zahlbar
pay|ant, ~ante [pɛjɑ̃, -ɑ̃t] zahlend; kostenpflichtig; *fig* lohnend
▶ **pay|e** [pɛj] *f cf* ***paie***; **~ement** [pɛjmɑ̃] *m cf* ***paiement***
▶ **payer** [pɛje] (1i) **1.** (be)zahlen (*a fig*); leisten; ~ ***qc dix francs*** zehn Franc für etw bezahlen; *fig* ~ ***qn de qc*** j-n für etw belohnen; **2.** einträglich sein, sich lohnen; **3.** ***se*** ~ ***qc*** sich etw leisten
▶ **pays** [pei] *m* Land *n*; Vaterland *n*;

Heimat *f*; ~ ***basque*** Baskenland *n*; ~ ***de Galles*** Wales *n*; ~ ***en voie d'industrialisation*** Schwellenland *n*; ***mal** m **du** ~* Heimweh *n*

▶ **paysage** [peizaʒ] *m* Landschaft *f*

paysagiste [peizaʒist] *m* Landschaftsmaler *m*; (**architecte** *m*) ~ Gartenarchitekt *m*

▶ **pays|an, ~anne** [peizɑ̃, -an] **1.** *m, f* Bauer *m*, Bäuerin *f*; **2.** *adj* bäuerlich, Bauern...; bäurisch

▶ **Pays-Bas** [peibɑ] *m/pl* ***les*** ~ die Niederlande *n/pl*

P.C. [pese] *m* (*abr* ***Parti communiste***) KP *f* (Kommunistische Partei)

P.D.G. [pedeʒe] *m* (*abr* ***président-directeur général***) Generaldirektor *m*

▶ **péage** [peaʒ] *m* Autobahngebühr *f*; Brückengebühr *f*; Maut *f*

le péage et les autoroutes

Drei große Unterschiede gibt es zwischen deutschen und französischen Autobahnen:

Auf französischen Autobahnen (***les autoroutes***) ist ein **Tempolimit von 130 km/h** einzuhalten. Überdies muss man an Zahlstellen eine **Autobahnbenutzungsgebühr** (***le péage***) entrichten. Die Höhe der Gebühr hängt davon ab, welche Strecke man auf der Autobahn zurückgelegt hat. Den Vorteil dieses Gebührensystems kann man unter anderem darin sehen, dass auf den französischen Autobahnen wesentlich **weniger Verkehr** herrscht als in Deutschland.

Will man Geld sparen, kann man auch auf die ***routes nationales*** ausweichen, die in etwa unseren Bundesstraßen entsprechen.

▶ **peau** [po] *f* (⚠ *pl* ~***x***) Haut *f*; Fell *n*; Leder *n*; ~ ***de chamois*** Fensterleder *n*

Peau-Rouge [poruʒ] *m* (⚠ *pl* ***Peaux-Rouges***) Rothaut *f*, Indianer *m*

▶ **pêche**[1] [pɛʃ] *f bot* Pfirsich *m*; F ***avoir la*** ~ topfit sein

▶ **pêche**[2] [pɛʃ] *f* Fischfang *m*

péch|é [peʃe] *m* Sünde *f*; ~ ***mignon*** kleine Schwäche *f*; ~***er*** (1f) sündigen; ~ ***contre qc*** gegen etw verstoßen; ~ ***par*** kranken an

▶ **pêcher**[1] [pɛʃe] (1b) fischen; ▶ ***pêcher à la ligne*** angeln

pêcher[2] [pɛʃe] *m bot* Pfirsichbaum *m*

péch|eur, ~eresse [peʃœr, -rɛs] *m, f* Sünder(in) *m(f)*

▶ **pêch|eur, ~euse** [pɛʃœr, -øz] *m, f* Fischer(in) *m(f)*; ~ ***à la ligne*** Angler(in) *m(f)*

pécule [pekyl] *m* Ersparnisse *f/pl*

pécuniaire [pekynjɛr] Geld...

pédagog|ie [pedagɔʒi] *f* Pädagogik *f*; ~***ique*** pädagogisch, Erziehungs...

pédagogue [pedagɔg] *m, f* Pädagoge *m*, Pädagogin *f*

pédal|e [pedal] *f* Pedal *n*; ⚠ ***la*** ~; ~***er*** (1a) *beim Radfahren*: treten; radeln

pédalo [pedalo] *m* Tretboot *n*

péd|ant, ~ante [pedɑ̃, -ɑ̃t] schulmeisterlich; ~***antisme*** [-ɑ̃tismə] *m* schulmeisterliches Gehabe *n*

pédé [pede] *m* (*abr* ***pédéraste***) F Schwule(r) *m*

pédéraste [pederast] *m* Homosexuelle(r) *m*, Päderast *m*

pédestre [pedɛstrə] ***randonnée*** *f* ~ (Fuß-)Wanderung *f*

pédiatre [pedjatrə] *m, f méd* Kinderarzt *m*, -ärztin *f*

pédicure [pedikyr] *f* Fußpflegerin *f*

pègre [pɛgrə] *f* Unterwelt *f*

▶ **peign|e** [pɛɲ] *m* Kamm *m*; ~***er*** (1b) kämmen; ~***oir*** *m* Bademantel *m*; Morgenrock *m*

▶ **peindre** [pɛ̃drə] (4b) malen; anstreichen; *fig* schildern

▶ **peine** [pɛn] *f* **1.** Strafe *f*; ***peine capitale*** Todesstrafe *f*; **2.** Mühe *f*, Anstrengung *f*; ***ce n'est pas la peine*** das ist nicht nötig; ***valoir la peine*** der Mühe wert sein (***de*** *inf* zu); ***avoir*** (***de la***) ***peine à faire qc*** Mühe haben, etw zu tun; ***prendre la peine de*** (+ *inf*) sich die Mühe machen zu ...; **3.** Kummer *m*; ***faire de la peine à qn*** j-m wehtun; **4.** *adv* ▶ ***à peine*** kaum

P

peiner [pɛne] (1b) **1. ~ *qn*** j-n betrüben; **2.** sich abmühen, Mühe haben

▶ **peintre** [pɛ̃trə] *m* Maler(in) *m(f)*; **~ (*en bâtiment*)** Anstreicher *m*

▶ **peinture** [pɛ̃tyr] *f* Anstrich *m*; Farbe *f*; Anmalen *n*; Malerei *f*; Gemälde *n*; *fig* Schilderung *f*; **~ *fraîche!*** frisch gestrichen!

péjorat|if, ~ive [peʒɔratif, -iv] abfällig, abschätzig

Pékin [pekɛ̃] Peking

pelage [pəlaʒ] *m* Fell *n*

pêle-mêle [pɛlmɛl] *adv* bunt durcheinander

peler [pəle] (1d) (ab)schälen; enthaaren; *Haut*: sich schälen

pèlerin [pɛlrɛ̃] *m* Pilger(in) *m(f)*

pèlerinage [pɛlrinaʒ] *m* Pilgerfahrt *f*; Wallfahrtsort *m*

pèlerine [pɛlrin] *f* Umhang *m*

pélican [pelikɑ̃] *m zo* Pelikan m

▶ **pelle** [pɛl] *f* Schaufel *f*; F *fig* ***ramasser une ~*** hinfallen; ***~ à gâteau*** Tortenheber *m*; *tech* ***~ mécanique*** Löffelbagger *m*; **~ter** [-te] (1c) schaufeln

pellicule [pelikyl] *f* Film *m*; *biol* Häutchen *n*; *pl* **~s** (Kopf-)Schuppen *f/pl*

pelot|e [p(ə)lɔt] *f* Knäuel *n od m*; (*ein*) Ballspiel *n*; **~er** (1a) P befummeln

peloton [plɔtɔ̃] *m* Knäuel *n od m*; *mil* Zug *m*; *Sport*: Gruppe *f*, Feld *n*; **~onner** [-ɔne] (1a) auf ein(en) Knäuel wickeln; **se ~** sich zusammenrollen; ***se ~ contre qn*** sich an j-n anschmiegen

pelouse [p(ə)luz] *f* Rasen *m*

peluche [plyʃ] *f* Plüsch *m*; ⚠ ***la ~***

pelure [p(ə)lyr] *f* Haut *f*, Schale *f* (*von Früchten*)

pénal, ~e [penal] (⚠ *m/pl* ***-aux***) *jur* Straf...; **~isation** [-izasjɔ̃] *f* *Sport*: Strafpunkte *m/pl*; **~ité** *f* Strafe *f*

penalty [penalti] *m* *Sport*: Elfmeter *m*, Strafstoß *m*; ⚠ *Schreibung*

pen|aud, ~aude [pəno, -od] beschämt, betreten

penchant [pɑ̃ʃɑ̃] *m fig* Hang *m*, Neigung *f*

pencher [pɑ̃ʃe] (1a) neigen; sich neigen; *fig* ***pencher pour qc*** zu etw tendieren; ▶ ***se pencher*** sich niederbeugen, sich neigen; ***se pencher au dehors*** sich hinauslehnen; *fig* ***se pencher sur un problème*** sich in ein Problem vertiefen

pendaison [pɑ̃dɛzɔ̃] *f* (Er-)Hängen *n*

▶ **pendant**[1] [pɑ̃dɑ̃] *prép* während; *conj* ▶ ***pendant que*** während (*zeitlich, a gegensätzlich*)

pend|ant[2]**, ~ante** [pɑ̃dɑ̃, -ɑ̃t] **1.** *adj* hängend; *jur* schwebend; **2.** *m* Pendant *n*, Gegenstück *n*

pend|entif [pɑ̃dɑ̃tif] *m* Anhänger *m*; Ohrgehänge *n*; **~erie** *f* Kleiderschrank *m*; **~iller** [-ije] (1a) baumeln

▶ **pendre** [pɑ̃drə] (4a) (auf)hängen; (herab)hängen; **se ~** sich erhängen

pendule [pɑ̃dyl] **1.** *m phys* Pendel *n*; ⚠ *nicht* Uhrenpendel; **2.** *f* Pendel-, Zimmer-, Wanduhr *f*

pêne [pɛn] *m* Riegel *m* (*am Schloss*)

pénétr|ation [penetrasjɔ̃] *f* Eindringen *n*; *fig* Scharfblick *m*; **~er** (1f) durchdringen (**qc** etw); ganz erfüllen; durchschauen; **~ *dans qc*** in etw eindringen

▶ **pénible** [peniblə] mühsam, beschwerlich; betrüblich; *Charakter*: schwierig; **~ment** *adv* mit Mühe; kaum; schmerzlich

péniche [peniʃ] *f* Lastkahn *m*

pénicilline [penisilin] *f phm* Penizillin *n*; ⚠ ***la ~***

péninsule [penɛ̃syl] *f* Halbinsel *f*

pénitenc|e [penitɑ̃s] *f* Strafe *f*; *rel* Buße *f*; **~ier** [-je] *m* Strafanstalt *f*

pénit|ent, ~ente [penitɑ̃, -ɑ̃t] *rel* **1.** *adj* bußfertig; **2.** *m, f* Büßer(in) *m(f)*

pénombre [penɔ̃brə] *f* Halbschatten *m*, -dunkel *n*

pense-bête [pɑ̃sbɛt] *m* (⚠ *pl* ***pense-bêtes***) Gedächtnisstütze *f*; Notizzettel *m*; ⚠ ***le ~***

▶ **pensée** [pɑ̃se] *f* **1.** Denken *n*; Gedanke *m*; Meinung *f*, Ansicht *f*; **2.** *bot* Stiefmütterchen *n*

▶ **pens|er** [pɑ̃se] (1a) denken; meinen; sich denken; **~** (+ *inf*) glauben zu (+ *inf*); beabsichtigen zu (+ *inf*); **~eur** *m* Denker *m*; **~if, ~ive** [-if, -iv] nachdenklich

▶ **pension** [pɑ̃sjɔ̃] *f* **1.** Rente *f*, Pension *f*, Ruhegehalt *n*; **2.** Fremdenheim *n*, Pension(skosten) *f(pl)*; **3.** Pensionat *n*, Internat *n*

pensi|onnaire [pɑ̃sjɔnɛr] *m, f* Pensionsgast *m*; Internatsschüler(in) *m(f)*; **~onnat** [-ɔna] *m* Pensionat *n*; ⚠ *Schreibung*

pensum [pɛ̃sɔm] *m Schule*: Strafarbeit *f*; ⚠ *nicht* Pensum

▶ **pente** [pɑ̃t] *f* Abhang *m*, Gefälle *n*, Neigung *f*; ***en*** ~ abfallend; *fig* ***sur la mauvaise*** ~ auf der schiefen Bahn
▶ **Pentecôte** [pɑ̃tkot] ***la*** ~ Pfingsten *n*; ***à la*** ~ an, zu Pfingsten
pénurie [penyri] *f* Mangel *m* (**de** an)
pépé [pepe] *m* F Opa *m*
pépier [pepje] (1a) piepen
pépin [pepɛ̃] *m* *Früchte*: Kern *m*; F Schirm *m*; F ***avoir un*** ~ Ärger, Pech haben
pépinière [pepinjɛr] *f* Baumschule *f*
pépite [pepit] *f* (Gold-)Klumpen *m*
perçage [pɛrsaʒ] *m* (Durch-)Bohren *n*
perç|ant, ~ante [pɛrsɑ̃, -ɑ̃t] *Blick*: durchdringend; *Kälte*: schneidend; **~ée** *f* Durchbruch *m*, -stoß *m*
perce-neige [pɛrsənɛʒ] *m* (⚠ *pl unv*) Schneeglöckchen *n*
perce-oreille [pɛrsɔrɛj] *m* (⚠ *pl* ***perce-oreilles***) *zo* Ohrwurm *m*
percept|eur [pɛrsɛptœr] *m* Steuereinnehmer *m*; Finanzamt *m*; **~ible** wahrnehmbar; spürbar
perception [pɛrsɛpsjɔ̃] *f* **1.** Wahrnehmung *f*; **2.** *Steuern*: Erhebung *f*; Finanzamt *n*
percer [pɛrse] (1k) **1.** durchbohren, -stechen, -dringen; *Tür*: durchbrechen; ~ ***le silence*** die Stille zerreißen; **2.** durchkommen; zum Vorschein kommen
perceuse [pɛrsøz] *f* Bohrmaschine *f*; ~ ***à percussion*** Schlagbohrmaschine *f*
percevoir [pɛrsəvwar] (3a) wahrnehmen; *Geld*: einnehmen; *Steuern*: erheben
perch|e [pɛrʃ] *f* **1.** *zo* Barsch *m*; **2.** Stange *f*, Stab *m*; **~er** (1a) (**se**) ~ *Vögel*: sich setzen; F wohnen, hausen; **~iste** *m* Stabhochspringer *m*; **~oir** *m* Hühnerstange *f*
percolateur [pɛrkɔlatœr] *m* Kaffeemaschine *f* (*für Restaurants*)
perçu [pɛrsy] *p/p von* ***percevoir***
percu|ssion [pɛrkysjɔ̃] *f* Schlag *m*; Stoß *m*; *mus* Schlaginstrumente *n/pl*; **~ter** [-te] (1a) stoßen, schlagen auf; *auto* ~ (***contre***) ***un arbre*** gegen e-n Baum prallen
perd|ant, ~ante [pɛrdɑ̃, -ɑ̃t] **1.** *adj* verlierend; ***numéro*** *m*, ***billet*** *m* ***perdant*** Niete *f*; **2.** *m, f* Verlierer(in) *m(f)*
▶ **perdre** [pɛrdrə] (4a) verlieren; einbüßen; ~ ***courage***, ***espoir*** den Mut, die Hoffnung verlieren; ~ ***une occasion*** e-e Gelegenheit versäumen; ~ ***au change*** e-n schlechten Tausch machen; ***se*** ~ verloren gehen; schwinden; sich verirren
perdreau [pɛrdro] *m* (⚠ *pl* **~x**) *zo* junges Rebhuhn *n*
perdrix [pɛrdri] *f* *zo* Rebhuhn *n*
perdu, ~e [pɛrdy] *p/p von* ***perdre*** *u adj* verloren; verpasst; verirrt; *Ort*: abgelegen; ***verre*** *m* ***perdu*** Einwegglas *n*
▶ **père** [pɛr] *m* Vater *m*; *rel* Pater *m*
perfecti|on [pɛrfɛksjɔ̃] *f* Vollendung *f*; Vollkommenheit *f*; **~onner** [-ɔne] (1a) vervollkommnen; **~onniste** [-ɔnist] perfektionistisch; ⚠ *Schreibung*
perfid|e [pɛrfid] heimtückisch; **~ie** [-i] *f* Heimtücke *f*, Hinterlist *f*; *st/s* Treulosigkeit *f*
perfor|ateur [pɛrfɔratœr] *m* Locher *m*; **~ation** *f* Durchbohren *n*; Lochen *n*, -ung *f*; **~atrice** [-atris] *f* Schreiblocher *m*; Locherin *f*; **~er** (1a) durchbohren; lochen; ***carte*** *f* ***perforée*** Lochkarte *f*
perform|ance [pɛrfɔrmɑ̃s] *f* Leistung *f*; **~ant, ~ante** [-ɑ̃, -ɑ̃t] leistungsfähig
péril [peril] *m* Gefahr *f*
périll|eux, ~euse [perijø, -øz] gefährlich
périmé, ~e [perime] veraltet; *Ausweis*: abgelaufen
périmètre [perimɛtrə] *m* Umfang *m*; Umkreis *m*
▶ **périod|e** [perjɔd] *f* Periode *f*, Zeitabschnitt *m*, Zeitraum *m*; *phys* Halbwertszeit *f*; ***en*** ~ ***de*** in Zeiten (+ *gén*); **~ique 1.** *adj* periodisch; **2.** *m* Zeitschrift *f*
péripétie [peripesi] *f meist pl* **~s** unvorhergesehene Zwischenfälle *m/pl*, Wendungen *f/pl*; Schicksalsschläge *m/pl*
périphér|ie [periferi] *f* Peripherie *f*; Stadtrand(gebiet) *m(n)*; **~ique 1.** *adj* Stadtrand...; ***boulevard*** *m od subst* ~ *m* Ringautobahn *f* (*um Paris*); **2.** *m* *EDV* Peripherie-, Endgerät *n*
périphrase [perifrɑz] *f* Umschreibung *f*
périr [perir] (2a) ver-, untergehen; umkommen; ⚠ ***il a péri***
périscope [periskɔp] *m* Periskop *n*, Sehrohr *n*
périssable [perisablə] vergänglich; *Nahrungsmittel*: leicht verderblich
péristyle [peristil] *m* *arch* Säulenumgang *m*

P

perl|e [pɛrl] *f* Perle *f* (*a fig*); *fig* Stilblüte *f*; **~er** (1a) perlen
permanence [pɛrmanɑ̃s] *f* Fortdauer *f*, Beständigkeit *f*; Bereitschaftsdienst *m*; ***en ~*** ständig, dauernd
▶ **perman|ent, ~ente** [pɛrmanɑ̃ , -ɑ̃t] **1.** *adj* (be)ständig; **2.** *f Frisur*: Dauerwelle *f*
perméable [pɛrmeablə] durchlässig
▶ **permettre** [pɛrmɛtrə] (4p) erlauben, gestatten (***qc à qn*** j-m etw; ***que*** *subj* dass ...); ***se ~ qc*** sich etw herausnehmen; sich etw gönnen
permis [pɛrmi] *m* Erlaubnisschein *m*; ***permis de séjour*** Aufenthaltserlaubnis *f*; ▶ ***permis (de conduire)*** Führerschein *m*; ***passer son permis*** den Führerschein machen
▶ **permission** [pɛrmisjɔ̃] *f* Erlaubnis *f*, Genehmigung *f*; *mil* Urlaub *m*
permuter [pɛrmyte] (1a) umstellen, auswechseln; ***~ avec qn*** mit j-m den Posten, Dienststunden *etc* tauschen
pernici|eux, ~euse [pɛrnisjø, -øz] schädlich; *méd* bösartig
péroraison [perɔrɛzɔ̃] *f* Schlusswort *n*
Pérou [peru] ***le ~*** Peru *n*
perpendiculaire [pɛrpɑ̃dikylɛr] senkrecht, rechtwinklig (***à*** zu *od* auf)
perpétrer [pɛrpetre] (1f) *jur* begehen, verüben
perpétu|el, ~elle [pɛrpetɥɛl] fortwährend, ständig, (an)dauernd; **~ellement** [-ɛlmɑ̃] *adv* ständig, immer wieder; **~ité** *f* ***à ~*** *jur* lebenslänglich; auf Lebenszeit
perplexe [pɛrplɛks] ratlos, verlegen
perquisitionner [pɛrkizisjɔne] (1a) *jur* e-e Haussuchung vornehmen
perron [pɛrɔ̃] *m* Freitreppe *f*
perroquet [pɛrɔkɛ] *m zo* Papagei *m*
perruche [pɛryʃ] *f zo* (Wellen-)Sittich *m*
perruque [pɛryk] *f* Perücke *f*; ⚠ *Schreibung*
pers|an, ~ane [pɛrsɑ̃, -an] **1.** *adj* persisch; **2.** ♀ *m, f* Perser(in) *m(f)*
Perse [pɛrs] ***la ~*** Persien *n*
perséc|uter [pɛrsekyte] (1a) verfolgen; **~ution** [-ysjɔ̃] *f* Verfolgung *f*
persévér|ance [pɛrseverɑ̃s] *f* Beharrlichkeit *f*, Ausdauer *f*; **~ant, ~ante** [-ɑ̃, -ɑ̃t] beharrlich, ausdauernd; **~er** (1f) beharren (***dans qc*** in, auf, bei etw)
persienne [pɛrsjɛn] *f* Fensterladen *m*
persifler [pɛrsifle] (1a) verspotten, lächerlich machen
persil [pɛrsi] *m bot* Petersilie *f*; ⚠ ***le ~***
persist|ance [pɛrsistɑ̃s] *f* Verharren *n*; Fortdauer *f*; **~er** (1a) (an)dauern; ***~ dans qc*** auf etw beharren; ***~ à faire qc*** etw beharrlich tun
▶ **personn|age** [pɛrsɔnaʒ] *m* Persönlichkeit *f*; Person *f*; *fig u Theater*: Rolle *f*; **~aliser** [-alize] (1a) e-e persönliche Note geben (***qc*** e-r Sache); **~alité** [-alite] *f* Persönlichkeit *f*; ⚠ *Schreibung*
▶ **personne**[1] [pɛrsɔn] *f* Person *f*; ***jeune ~*** junges Mädchen *n*; ***~ âgée*** älterer Mensch *m*; ***grande ~*** Erwachsene(r) *m*; ***en ~*** persönlich; ***par ~*** pro Kopf; ⚠ *Schreibung*
▶ **personne**[2] [pɛrsɔn] *Pronomen* **1.** niemand (*mit* ***ne*** *vor e-m dazutretenden Verb*); **2.** *in Sätzen negativen Inhalts u nach Komparativen*: (irgend)jemand
▶ **personn|el, ~elle** [pɛrsɔnɛl] **1.** *adj* persönlich; **2.** *m* Personal *n*; **~ellement** [-ɛlmɑ̃] *adv* persönlich; **~ifier** [-ifje] (1a) verkörpern, personifizieren; ⚠ *Schreibung*
perspective [pɛrspɛktiv] *f* Perspektive *f*; Aussicht *f*; Blickwinkel *m*; ***avoir qc en ~*** etw in Aussicht haben
perspicac|e [pɛrspikas] scharfsinnig; **~ité** *f* Scharfblick *m*
persuader [pɛrsɥade] (1a) ***~ qn*** (*od seltener* ***à qn***) ***de faire qc*** j-n überreden, etw zu tun; ***~ qn de qc*** j-n von etw überzeugen; ***se ~ de qc*** sich von etw überzeugen; ***se ~ que*** ... sich einreden, dass ...
persuasion [pɛrsɥazjɔ̃] *f* Überzeugung *f* (*Handlung*); Überredungsgabe *f*
▶ **perte** [pɛrt] *f* Verlust *m*; *fig* Untergang *m*, Verderben *n*; ***à ~*** mit Verlust; ***à ~ de vue*** so weit das Auge reicht, unabsehbar
pertin|ent, ~ente [pɛrtinɑ̃, -ɑ̃t] zutreffend, passend
perturb|ation [pɛrtyrbasjɔ̃] *f* Störung *f*; **~er** (1a) stören
perv|ers, ~erse [pɛrvɛr, -ɛrs] pervers, widernatürlich; böse, gemein; **~ertir** [-ɛrtir] (2a) verderben
pes|amment [pəzamɑ̃] *adv* schwerfällig; **~ant, ~ante** [-ɑ̃, -ɑ̃t] **1.** *adj* schwer (*a fig*); **2.** *m* ***valoir son pesant d'or*** Gold wert sein, unbezahlbar sein; **~an-**

teur [-ɑ̃tœr] *f* Schwerkraft *f*; Schwere *f*; *fig* Schwerfälligkeit *f*
pèse-bébé [pɛzbebe] *m* (⚠ *pl* **pèse-bébé**[**s**]) Babywaage *f*
pesée [pəze] *f* Wiegen *n*
pèse|-lettre [pɛzlɛtrə] *m* (⚠ *pl* **pèse-lettre**[**s**]) Briefwaage *f*; **~-personne** [-pɛrsɔn] *m* (⚠ *pl* **pèse-personne**[**s**]) Personenwaage *f*
▶ **peser** [pəze] (1d) (ab)wiegen; *fig* abwägen; lasten (***sur*** auf); ins Gewicht fallen; **~ *à qn*** j-n bedrücken
pessim|isme [pesimismə] *m* Pessimismus *m*; **~iste 1.** *adj* pessimistisch; **2.** *m, f* Pessimist(in) *m(f)*
pest|e [pɛst] *f méd* Pest *f*; *fig* böses Weib *n*; **~er** (1a) schimpfen (***contre*** auf)
pesticide [pɛstisid] *m* Schädlingsbekämpfungsmittel *n*
pestilentiel, ~le [pɛstilɑ̃sjɛl] übel riechend
pet [pɛ] *m* F Furz *m*
pétale [petal] *f* Blütenblatt *n*
pétanque [petɑ̃k] *f* Kugelspiel *n* (*in Südfrankreich*)
pétarad|e [petarad] *f* Geknalle *n*; *auto* Geknatter *n*; **~er** (1a) knattern
pétard [petar] *m* Knallkörper *m*, -frosch *m*; F Krach *m*, Radau *m*
péter [pete] (1f) F furzen; *fig* knallen; platzen
pétiller [petije] (1a) prasseln, knistern; sprudeln, perlen; *Augen*: blitzen
▶ **pet|it, ~ite** [p(ə)ti, -it] **1.** *adj* klein; gering, unbedeutend; ***en petit*** im Kleinen; ***petit à petit*** allmählich; F ***petit nom*** *m* Vorname *m*; ***au petit jour*** bei Tagesanbruch; **2.** *m, f der, die, das* Kleine; Junge(s) *n* (*von Tieren*)
petit-bourgeois, petite-bourgeoise [p(ə)tiburʒwa, p(ə)titburʒwaz] klein-, spießbürgerlich
petit-déjeuner [p(ə)tideʒœne] **1.** *m* (⚠ *pl* ***petits-déjeuners***) Frühstück *n*; **2.** *Verb* (1a) frühstücken
▶ **petite-fille** [p(ə)titfij] *f* (⚠ *pl* ***petites-filles***) Enkelin *f*
petitesse [p(ə)titɛs] *f* Kleinheit *f*; *fig* Engstirnigkeit *f*
petit-fils [p(ə)tifis] *m* (⚠ *pl* ***petits-fils***) Enkel *m*
pétition [petisjɔ̃] *f* Gesuch *n*, Bittschrift *f*
▶ **petits-enfants** [p(ə)tizɑ̃fɑ̃] *m/pl* Enkel *m/pl*

le jeu de pétanque

In den Parks wie auch auf öffentlichen Plätzen Südfrankreichs fällt dem Besucher sofort auf, dass Menschen aller Altersgruppen sich mit großer Begeisterung einem Spiel mit Metallkugeln widmen. Dieses Spiel nennt sich ***la pétanque*** und ist die südfranzösische Variante des Boule-Spiels (*le jeu de boules*). Aus zwei, drei oder vier Spielern bestehende Mannschaften spielen gegeneinander. Die Angreifer (***les pointeurs***) versuchen, ihre im hohen Bogen ausgeworfenen Metallkugeln möglichst nahe bei einer Holzkugel (***le cochonnet***) zu platzieren. Die gegnerischen Spieler (***les tireurs***) versuchen daraufhin, mit den eigenen Kugeln die Kugeln der *pointeurs* wegzuschießen.
Seit 1946 gibt es sogar französische Meisterschaften in *pétanque*.

pétrifier [petrifje] (1a) (***se ~*** sich) versteinern; *fig* erstarren lassen
pétr|in [petrɛ̃] *m* Backtrog *m*; F *fig* Klemme *f*; **~ir** (2a) kneten
pétrochimie [petrɔʃimi] *f* Erdöl-, Petrochemie *f*
▶ **pétrol|e** [petrɔl] *m* Erdöl *n*; ***~ brut*** Rohöl *n*; **~ier, ~ière** [-je, -jɛr] **1.** *adj* (Erd-)Öl...; **2.** *m* Tankschiff *n*, Tanker *m*
▶ **peu** [pø] wenig; ▶ ***un peu*** ein wenig, etwas; ***peu de pain*** wenig Brot; ***peu après*** kurz danach; ***de peu*** um weniges; ▶ ***peu à peu*** nach und nach; ***à peu près*** ungefähr, etwa; fast, beinahe; ***depuis peu*** seit kurzem; ***quelque peu*** einigermaßen; ***pour peu que*** (+ *subj*) sofern
▶ **peuple** [pœplə] *m* Volk *n*
peupler [pøple, pœ-] (1a) bevölkern; bewohnen

peuplier [pøplije, pœ-] *m bot* Pappel *f*
▶ **peur** [pœr] *f* Angst *f*, Furcht *f* (**de** vor); ***une ~ bleue*** eine Heidenangst; ***de ~ que*** ... (***ne*** *subj*) aus Angst, dass ...; ***avoir ~*** Angst haben; ***prendre ~*** Angst bekommen
peur|eux, ~euse [pørø, -øz *od* pœ-] ängstlich, furchtsam
▶ **peut-être** [pøtɛtrə] vielleicht; ***~ bien*** vielleicht sogar; ⚠ *nach ~ am Satzanfang entweder* **que** *od* **Inversion**
peux [pø] *présent von* **pouvoir**
p. ex. (*abr* ***par exemple***) z.B. (zum Beispiel)
pH [peaʃ] *m* pH-Wert *m*
phalange [falɑ̃ʒ] *f* Finger-, Zehenglied *n*; *hist mil* Phalanx *f*
phallocrate [falɔkrat] **1.** *adj* chauvinistisch; **2.** *m* Chauvi *m*
phallocratie [falɔkrasi] *f* männlicher Chauvinismus *m*
phare [far] *m mar* Leuchtturm *m*, Leuchtfeuer *n*; *auto* Scheinwerfer *m*; ***se mettre en ~s*** das Fernlicht einschalten; ⚠ ***le ~***
pharmaceutique [farmasøtik] pharmazeutisch
▶ **pharmacie** [farmasi] *f* Apotheke *f*; Pharmazie *f*; Arzneimittel *n/pl*
▶ **pharmac|ien, ~ienne** [farmasjɛ̃, -jɛn] *m, f* Apotheker(in) *m(f)*
phase [fɑz] *f* Phase *f*, Stadium *n*
phénomène [fenɔmɛn] *m* Phänomen *n*, Erscheinung *f*
philanthrope [filɑ̃trɔp] *m* Menschenfreund *m*
philatéliste [filatelist] *m* Briefmarkensammler *m*
Philippines [filipin] *f/pl* ***les ~*** die Philippinen *pl*
philistin [filistɛ̃] *m* Spießbürger *m*, Philister *m*
philosoph|e [filɔzɔf] *m* Philosoph *m*; ***rester ~*** Gleichmut bewahren; **~ie** [-i] *f* Philosophie *f*; Gelassenheit *f*; **~ique** philosophisch
phobie [fɔbi] *f psych* Phobie *f*; Abneigung *f*
phonétique [fɔnetik] **1.** *adj* Laut..., phonetisch; **2.** *f* Phonetik *f*, Lautlehre *f*
phoque [fɔk] *m zo* Robbe *f*, Seehund *m*
phosphate [fɔsfat] *m* Phosphat *n*; Phosphatdünger *m*
phosphore [fɔsfɔr] *m* Phosphor *m*
phosphorer [fɔsfɔre] (1a) F brüten, hirnen
▶ **photo** [fɔto] *f* Foto *n*, (Licht-)Bild *n*; ***faire de la ~*** fotografieren; ***prendre qn en ~*** e-e Aufnahme von j-m machen; ⚠ ***la ~***
photocomposition [fɔtokɔ̃pozisjɔ̃] *f* Fotosatz *m*
photo|copie [fɔtɔkɔpi] *f* Fotokopie *f*; **~copieur** [-kɔpjœr] *m*, **~copieuse** [-kɔpjøz] *f* Fotokopierer *m*; **~génique** [-ʒenik] *Person*: fotogen
▶ **photograph|e** [fɔtɔgraf] *m, f* Fotograf(in) *m(f)*; **~ie** [-i] *f* Fotografie *f*
▶ **photograph|ier** [fɔtɔgrafje] (1a) fotografieren; **~ique** [-ik] fotografisch
▶ **phrase** [frɑz] *f gr* Satz *m*; **~s** *pl* Phrasen *f/pl*, leere Redensarten *f/pl*
phtisie [ftizi] *f méd* Schwindsucht *f*
phylloxéra [filɔksera] *m zo* Reblaus *f*
physic|ien, ~ienne [fizisjɛ̃, -jɛn] *m, f* Physiker(in) *m(f)*
physionomie [fizjɔnɔmi] *f* Physiognomie *f*, Gesichtsausdruck *m*; ⚠ *Schreibung*
▶ **physique** [fizik] **1.** *adj* physisch, körperlich; physikalisch; ***plaisir*** *m* **~** Sinnengenuss *m*; **2.** *m* Körperbeschaffenheit *f*; Äußere(s) *n*; **3.** *f* Physik *f*
piailler [pjaje] (1a) *Vogel*: piepsen; F *Kind*: schreien
pianiste [pjanist] *m, f* Pianist(in) *m(f)*
▶ **pian|o** [pjano] *m* Klavier *n*; ***~ à queue*** Flügel *m*; **~oter** [-ɔte] (1a) F *auf dem Klavier*: klimpern; *auf Tisch, Fenster*: trommeln
piaul|e [pjol] *f* F Bude *f* (*Zimmer*); **~er** (1a) *Kinder*: plärren; *Vögel*: piepsen
P.I.B. [peibe] *m* (*abr* ***produit intérieur brut***) Bruttoinlandsprodukt *n* (*abr* B.I.P.)
pic [pik] *m* **1.** Spitzhacke *f*; **2.** Bergspitze *f*; ***à ~*** senkrecht, steil; F *fig* ***arriver à ~*** gerade zur rechten Zeit kommen; **3.** *zo* Specht *m*
pichet [piʃɛ] *m* Kanne *f*, Krug *m*
pickpocket [pikpɔkɛt] *m* Taschendieb *m*
picoler [pikɔle] (1a) F picheln, bechern
picorer [pikɔre] (1a) aufpicken
picoter [pikɔte] (1a) prickeln, kribbeln
pictogramme [piktɔgram] *m* Piktogramm *n*
pie [pi] **1.** *f zo* Elster *f*; **2.** *adj Pferd, Rind*: gescheckt

P

▶**pièce** [pjɛs] *f* **1.** Stück *n*; Theater-, Geld-, Schriftstück *n*; *Kleidung*: **deux ~s** zweiteilig; **à la ~** einzeln; **cinq francs (la) ~** 5 Franc pro Stück; **~ de rechange** Ersatzteil *n*; **mettre en ~s** zerreißen; **2.** Raum *m*, Zimmer *n*

▶**pied** [pje] *m* Fuß *m*; *Möbel*: Bein *n*; *Pilz*: Stiel *m*; **au ~ de** am Fuß von; **~ de vigne** Rebstock *m*; **à ~** zu Fuß; **~s nus** barfuß; **au ~ de la lettre** buchstabengetreu; **de ~ en cap** von Kopf bis Fuß

pied-à-terre [pjetatɛr] *m* (⚠ *pl unv*) Absteigequartier *n*

piédestal [pjedɛstal] *m* (⚠ *pl* **-aux**) Sockel *m*

pied-noir [pjenwar] F *m* (⚠ *pl* **pieds-noirs**) Algerienfranzose *m*

piège [pjɛʒ] *m* Falle *f*; ⚠ **le ~**

piégé, ~e [pjeʒe] **voiture** *f* **piégée** Autobombe *f*

pierraille [pjɛrɑj] *f* grober Kies *m*

▶**pierre** [pjɛr] *f* Stein *m*

pierr|eries [pjɛrri] *f/pl* Edelsteine *m/pl*, Juwelen *n/pl*; **~eux, ~euse** [-ø, -øz] steinig

pierrot [pjɛro] *m* **1.** *zo* Sperling *m*; **2.** ♀ Hanswurst *m* (*Gestalt aus der frz Pantomime*)

piété [pjete] *f* Frömmigkeit *f*, Pietät *f*; **~ filiale** kindliche Liebe *f*

piétiner [pjetine] (1a) (zer)stampfen, (zer)trampeln; *fig* auf der Stelle treten; *fig* **~ qn, qc** j-n, etw mit Füßen treten

▶**piét|on, ~onne** [pjetõ, -ɔn] **1.** *m, f* Fußgänger(in) *m(f)*; **2.** *adj* **zone** *f* **piétonne** Fußgängerzone *f*; **~onnier, ~onnière** [-ɔnje, -ɔnjɛr] Fußgänger...

pieu [pjø] *m* (⚠ *pl* **~x**) Pfahl *m*; F Bett *n*, Falle *f*

pieux, pieuse [pjø, pjøz] fromm; ehrfurchtsvoll; *fig* **pieux mensonge** *m* Notlüge *f*

pif [pif] F *m* Nase *f*, Zinken *m* F

pif(f)er [pife] (1a) F **ne pas pouvoir ~ qn** j-n nicht riechen können

▶**pig|eon** [piʒõ] *m* Taube *f*; **~eonnier** [-ɔnje] *m* Taubenschlag *m*

piger [piʒe] (1l) F kapieren, begreifen

pigiste [piʒist] *m* freier Journalist *m*

pigne [piɲ] *f bot* Kieferzapfen *m*

pignon [piɲõ] *m arch* Giebel *m*; *tech* Zahnrad *n*

pignouf [piɲuf] *m* F Flegel *m*

pilastre [pilastrə] *m arch* Pilaster *m*, Wandpfeiler *m*

▶**pile¹** [pil] *f* **1.** Stapel *m*, Stoß *m*; **2.** (*elektrische*) Batterie *f*; **~ atomique** Atomreaktor *m*; **~ solaire** Solarzelle *f*; **3.** *Münze*: Rück-, Schriftseite *f*; **4.** F Tracht *f* Prügel

pile² [pil] *adv* **s'arrêter ~** plötzlich anhalten; **à deux heures ~** Punkt zwei Uhr

piler [pile] (1a) zerstampfen, zerstoßen

pilier [pilje] *m arch* Pfeiler *m*; *fig* Stütze *f*

pill|age [pijaʒ] *m* Plünderung *f*; **~er** (1a) (aus)plündern

pil|on [pilõ] *m tech* Stampfer *m*; **~onner** [-ɔne] (1a) (zer)stampfen

pilori [pilɔri] *m* Pranger *m*; *fig* **mettre qn au ~** j-n an den Pranger stellen

pilotage [pilɔtaʒ] *m* Steuerung *f*, Lotsen(dienst) *n(m)*

pilot|e [pilɔt] **1.** *m mar* Lotse *m*; *aviat* Pilot *m*; *auto* (Renn-)Fahrer *m*; **~ automatique** Autopilot *m*; **2.** *adj* **ferme** *f* **~** Musterhof *m*; **~er** (1a) *aviat*, *auto* steuern, lenken; *mar* lotsen

▶**pilule** [pilyl] *f* Pille *f*; **~ (contraceptive)** Antibabypille *f*

piment [pimɑ̃] *m* Paprika *m*, Spanischer Pfeffer *m*; *fig* Würze *f*

pimenter [pimɑ̃te] (1a) scharf würzen

pimp|ant, ~ante [pɛ̃pɑ̃, -ɑ̃t] adrett, schmuck, fesch

pin [pɛ̃] *m bot* Kiefer *f*; Pinie *f*; ⚠ **le ~**

pinaill|eur, ~euse [pinɑjœr, -øz] F pingelig

pinard [pinar] F *m* Wein *m*

pince [pɛ̃s] *f* Zange *f*, Klemme *f*, Klammer *f*; *Krebse*: Schere *f*; **~ à épiler** Pinzette *f*; **~ à linge** Wäscheklammer *f*

pincé, ~e [pɛ̃se] verkniffen, gezwungen

pinceau [pɛ̃so] *m* (⚠ *pl* **~x**) Pinsel *m*

pincée [pɛ̃se] *f cuis* **une ~ de sel** e-e Prise Salz

pince-monseigneur [pɛ̃smõsɛɲœr] *f* (⚠ *pl* **pinces-monseigneur**) Brecheisen *n*

pincer [pɛ̃se] (1k) kneifen, zwicken, klemmen; *Saiten*: zupfen

pincette [pɛ̃sɛt] *f* Pinzette *f*; *pl* **~s** (Feuer-)Zange *f*

pinède [pinɛd] *f* Kiefern-, Pinienwald *m*

pingouin [pɛ̃gwɛ̃] *m zo* Pinguin *m*

▶**ping-pong** [piŋpõg] *m* Tischtennis *n*

pingre [pɛ̃grə] geizig, knickerig

P

pin's [pins] *m* Pin *m*, Anstecker *m*
pinson [pɛ̃sɔ̃] m zo Buchfink *m*
pintade [pɛ̃tad] *f zo* Perlhuhn *n*
pioch|e [pjɔʃ] *f* Hacke *f*; **~er** (1a) (um-, auf)hacken; F *Schüler*: pauken, büffeln
piolet [pjɔlɛ] *m* Eispickel *m*
pion, pionne [pjɔ̃, pjɔn] **1.** *m, f Schülersprache*: Aufsicht Führende(r) *m, f*; **2.** *m* Bauer *m* (*Schachspiel*); Stein *m* (*Brettspiel*)
pioncer [pjɔ̃se] (1k) F pennen
pionnier [pjɔnje] *m* Pionier *m*, Bahnbrecher *m*; ⚠ Pionier *nur übertragen*
▶ **pip|e** [pip] *f* (Tabaks-)Pfeife *f*; ***fumer la*** ~ Pfeife rauchen; *fig* ***casser sa*** ~ F abkratzen (*sterben*); **~eau** [-o] *m* (⚠ *pl* **~x**) (Hirten-)Flöte *f*; **~er** (1a) *Würfel, Karten*: fälschen; ***ne pas*** ~ (***mot***) keinen Ton sagen
pipi [pipi] *m enf* Pipi *n*; ***dame*** *f* ~ Klofrau *f*; ***faire*** ~ Pipi machen
piqu|ant, ~ante [pikɑ̃, -ɑ̃t] **1.** *adj* stachlig; *Bemerkung*: bissig, spitz; *cuis* pikant; **2.** *m* Dorn *m*; *fig* Reiz *m*
piqu|e [pik] **1.** *f* Pike *f*, Spieß *m*; **2.** *m Spielkarte*: Pik *n*; **~é, ~ée** gesteppt; fleckig; *Wein*: sauer; *Person*: ***être un peu*** ~ F e-n kleinen Stich haben
pique|-assiette [pikasjɛt] *m* (⚠ *pl* ***pique-assiette***[***s***]) *péj* Nassauer *m*, Schmarotzer *m*; **~-nique** [-nik] *m* (⚠ *pl* ***pique-niques***) Picknick *n*; **~-niquer** [-nike] (1m) picknicken
▶ **piquer** [pike] (1m) stechen; beißen (*auf der Zunge*); *Bart*: kratzen; *méd* e-e Spritze geben (***qn*** j-m); *fig* reizen; F *fig* klauen; *aviat* im Sturzflug niedergehen; ***se*** ~ sich stechen; sich spritzen; fixen; *fig* ***se*** ~ ***de qc*** sich etwas auf etw einbilden
piquet [pikɛ] *m* Pflock *m*; (Zelt-)Hering *m*; ~ ***de grève*** Streikposten *m*; ***mettre au*** ~ *Schüler*: in die Ecke stellen
▶ **piqûre** [pikyr] *f* Stich *m*; *méd* Spritze *f*
piratage [pirataʒ] *m* Piraterie *f*; ~ ***industriel*** Produktpiraterie *f*; ~ ***informatique*** Hacken *n*; Softwarepiraterie *f*
pirat|e [pirat] *m* Pirat *m*, Seeräuber *m*; ~ ***de l'air*** Luftpirat *m*; ~ ***de l'informatique*** Hacker *m*; **~erie** *f* Seeräuberei *f*
▶ **pire** [pir] schlimmer; ***le, la*** ~ der, die, das schlimmste
pis[1] [pi] *adv* schlimmer
pis[2] [pi] *m* Euter *n*
pis-aller [pizale] *m* (⚠ *pl unv*) Notbehelf *m*
pisciculture [pisikyltyr] *f* Fischzucht *f*
▶ **piscine** [pisin] *f* Schwimmbad *n*; ~ ***couverte*** Hallenbad *n*; ~ ***en plein air*** Freibad *n*
pisse [pis] *f* P Pisse *f*
pissenlit [pisɑ̃li] *m bot* Löwenzahn *m*
piss|er [pise] (1a) F pissen, pinkeln; **~otière** [-ɔtjɛr] *f* F Pissoir *n*
pistache [pistaʃ] *f bot* Pistazie *f*
piste [pist] *f* Fährte *f*; Spur *f*; Piste *f*; Rennbahn *f*; ~ ***magnétique*** Magnetstreifen *m*; ~ ***sonore*** Tonspur *f*; ~ ***d'atterrissage*** Landebahn *f*; ~ ***de ski de fond*** Loipe *f*
pistolet [pistɔlɛ] *m* Pistole *f*; ⚠ ***le*** ~
piston [pistɔ̃] *m tech* Kolben *m*; F *fig* Protektion *f*
pistonner [pistɔne] (1a) ~ ***qn*** j-n protegieren
pitance [pitɑ̃s] *f péj* Essen *n*, Fraß *m*
pit|eux, ~euse [pitø, -øz] jämmerlich; kümmerlich
▶ **pitié** [pitje] *f* Mitleid *n*; ***avoir*** ~ ***de qn*** mit j-m Mitleid haben; F ***quelle*** ~**!** wie erbärmlich!
pitoyable [pitwajablə] bedauernswert; *péj* erbärmlich
pitre [pitrə] *m* Hanswurst *m*
pittoresque [pitɔrɛsk] malerisch
pivert [pivɛr] *m zo* Grünspecht *m*
pivoine [pivwan] *f bot* Pfingstrose *f*
piv|ot [pivo] *m tech* Zapfen *m*; *fig* Angelpunkt *m*; **~oter** [-ɔte] (1a) sich (*um etw*) drehen
pixel [piksɛl] *m* Pixel *n*
placage [plakaʒ] *m Möbel*: Furnier(ung) *n*(*f*)
▶ **plac|ard** [plakar] *m* **1.** Wandschrank *m*; **2.** Aushang *m*, Anschlag *m*; große Anzeige *f* (*Zeitung*); **~arder** [-arde] (1a) öffentlich anschlagen
▶ **place** [plas] *f* Platz *m*, Ort *m*, Stelle *f*; Posten *m*; ~ ***forte*** Festung *f*; ***sur*** ~ an Ort und Stelle; ***à la*** ~ ***de*** anstelle von; ***par*** **~*s*** stellenweise; ***être en*** ~ bereitstehen; ~ ***assise*** Sitzplatz *m*; ~ ***debout*** Stehplatz *m*; ⚠ ***la*** ~
plac|é, ~ée [plase] ***être bien*** ~ e-n guten Standort haben; **~ement** [-mɑ̃] *m* Unterbringung *f*; *comm* Absatz *m*, Verkauf *m*; *Geld*: Anlage *f*

P

▶ **placer** [plase] (1k) setzen, stellen, legen; an-, unterbringen; *fig* einordnen; *Geld*: anlegen, *Waren*: absetzen; ***se ~*** Platz nehmen; sich platzieren

placeur [plasœr] *m* Platzanweiser *m*

placide [plasid] sanft(mütig)

▶ **plafond** [plafɔ̃] *m* (Zimmer-)Decke *f*; *aviat* Maximal(steig)höhe *f*; *auto* Höchstgeschwindigkeit *f*; *écon* Höchstsatz *m*, Obergrenze *f*

plafonn|er [plafɔne] (1a) *arch* e-e Decke einziehen; *aviat* die Gipfelhöhe erreichen; *auto* die Spitzengeschwindigkeit erreichen; *fig* die Höchstgrenze erreichen; **~ier** [-je] *m* Deckenlampe *f*

▶ **plage** [plaʒ] *f* Strand *m*; Seebad *n*, Badeort *m*; ***~ fixe*** Kernzeit *f*; ***~ variable*** Gleitzeit *f*; ⚠ ***la ~***

plagiaire [plaʒjɛr] *m* Plagiator *m*

plagiat [plaʒja] *m* Plagiat *n*

plaid [plɛd] *m* Reisedecke *f*

plaid|er [plɛde] (1b) ***~ pour*** sich einsetzen für, plädieren für; ***~ contre*** prozessieren gegen; ***~ la cause de qn*** j-n vor Gericht vertreten; *fig* für j-n eintreten; **~oirie** [-wari] *f jur* Plädoyer *n*; **~oyer** [-waje] *m jur u fig* Plädoyer *n*, Verteidigungsrede *f*, -schrift *f*

plaie [plɛ] *f* Wunde *f*; *fig* Plage *f*

plaign|ant, ~ante [plɛɲɑ̃, -ɑ̃t] *m, f jur* Kläger(in) *m(f)*

plaindre [plɛ̃drə] (4b) beklagen, bedauern; ▶ ***se plaindre*** klagen, sich beklagen (***de*** über); sich beschweren (***de*** über); ***se plaindre*** (***de ce***) ***que*** (+ *ind od subj*) sich darüber beklagen, dass ...

▶ **plaine** [plɛn] *f* Ebene *f*

plain-pied [plɛ̃pje] ***de ~*** auf gleicher Ebene; *fig* direkt, ohne Umschweife

▶ **plaint|e** [plɛ̃t] *f* (Weh-)Klage *f*; Beschwerde *f*; *jur* Strafantrag *m*; ***porter ~*** Anzeige erstatten (***contre*** gegen); **~if, ~ive** [-if, -iv] klagend; kläglich

▶ **plaire** [plɛr] (4aa) gefallen (***à qn*** j-m), ▶ ***s'il vous*** (*od* ***te***) ***plaît*** bitte (*anbietend*); ***plaît-il?*** wie bitte?; ***il lui plaît de*** (+ *inf*) es beliebt ihm zu (+ *inf*); ***se ~*** sich (selbst) gefallen; *st/s* ***se ~ à*** Gefallen finden an; ***je me plais à Paris*** es gefällt mir in Paris, ich fühle mich in Paris wohl

plais|ance [plɛzɑ̃s] *f* ... ***de ~*** Vergnügungs...; ***navigation f de ~*** Schifffahrt *f* mit Motor- und Segeljachten; ***port m de ~*** Jacht-, Segelhafen *m*; **~ant, ~ante** [-ɑ̃, -ɑ̃t] angenehm, gefällig, hübsch; lustig, amüsant

▶ **plaisant|er** [plɛzɑ̃te] (1a) scherzen, spaßen; ***~ qn*** sich über j-n lustig machen; **~erie** [-ri] *f* Scherz *m*, Spaß *m*; **~in** [-ɛ̃] *m* Witzbold *m*

▶ **plaisir** [plezir] *m* Vergnügen *n*, Freude *f*; Lust *f*; ***à plaisir*** grundlos; ▶ ***avec plaisir*** gern; ***par plaisir*** zum Spaß; ***faire plaisir à qn*** j-m Freude machen; ***prendre plaisir à*** Vergnügen finden an; ***les plaisirs de la table*** die Tafelfreuden *f/pl*

▶ **plan, plane** [plɑ̃, plan] **1.** *adj* eben; **2.** *m* Fläche *f*; Plan *m*; ***premier ~*** Vordergrund *m*; ***de premier ~*** erstrangig; ***sur ce ~*** in dieser Hinsicht; ***sur le ~ économique*** auf wirtschaftlichem Gebiet; ***~ d'eau*** Wasserspiegel *m*, -fläche *f*

▶ **planche** [plɑ̃ʃ] *f* Brett *n*; (Kupfer-)Stich *m*; *Buch*: (Bild-)Tafel *f*; *Garten*: Beet *n*; ***~ à roulettes*** Skateboard *n*; ***~ à voile*** Surfbrett *n*; ***faire de la ~*** surfen

▶ **plancher** [plɑ̃ʃe] *m* Fußboden *m*

planchiste [plɑ̃ʃist] *m* Windsurfer *m*

planer [plane] (1a) schweben; *fig* ***~ au-dessus de*** erhaben sein über; ⚠ *nicht* planen

planétaire [planetɛr] planetarisch, weltweit

planète [planɛt] *f* Planet *m*; ⚠ ***la ~***

planeur [planœr] *m* Segelflugzeug *n*

planification [planifikasjɔ̃] *f* Planung *f*

planifier [planifje] (1a) planen

planning [planiŋ] *m* ***~ familial*** Familienplanung *f*

planquer [plɑ̃ke] (1m) F (***se ~*** sich) verstecken

plantation [plɑ̃tasjɔ̃] *f* Anpflanzung *f*, Plantage *f*

▶ **plante**[1] [plɑ̃t] *f* Pflanze *f*, Gewächs *n*

plante[2] [plɑ̃t] *f* ***~ du pied*** Fußsohle *f*

▶ **plant|er** [plɑ̃te] (1a) (an-, ein)pflanzen, setzen; bepflanzen; *Pfahl*: einschlagen; *Fahne*: aufpflanzen; *Zelt*: aufschlagen; ***~ là qn*** j-n im Stich lassen; ***se ~*** F sich täuschen; ***se ~ devant qn*** F sich vor j-m aufpflanzen; **~eur** *m* Pflanzer *m*

plantur|eux, ~euse [plɑ̃tyrø, -øz] reichlich; üppig (*a fig Frau*)

plaque [plak] *f* Platte *f*; Schild *n*; Plakette *f*; Deckel *m*; Tafel *f* (*Schokolade*); ~ **d'identité** Erkennungsmarke *f*; *auto* ~ **minéralogique** *od* ~ **d'immatriculation** Nummernschild *n*; ~ **tournante** Drehscheibe *f* (*a fig*)

plaqu|é [plake] *m tech* Plattierung *f*; Dublee *n*; **~er** (1m) *tech* plattieren; mit Silber, Gold dublieren; *Möbel*: furnieren; *fig* drücken (**contre**, **sur** gegen, an); *fig* F ~ **qn** j-n im Stich lassen; **~ette** [-ɛt] *f* Plakette *f*; Plättchen *n*

plastic [plastik] *m* Plastiksprengstoff *m*; ⚠ *nicht* Plastik

▶ **plastique** [plastik] **1.** *adj* bildsam, plastisch; **arts** *m/pl* **~s** bildende Kunst *f*; **matière** *f* ~ Kunststoff *m*; **2.** *f* Plastik *f*, Bildhauerkunst *f*; **3.** *m* Kunststoff *m*, Plastik *n*

▶ **plat, plate** [pla, plat] **1.** *adj* flach, platt, eben; *fig* fade, schal; **2.** *m* Platte *f*, Schüssel *f*; *cuis* Gericht *n*, Speise *f*, Gang *m*; ~ **cuisiné** warmes Gericht *n*

platane [platan] *m bot* Platane *f*; ⚠ **le** ~

plateau [plato] *m* (⚠ *pl* **~x**) Platte *f*; Tablett *n*; *Theater*: Bühne *f*, Szenenaufbau *m*; *géogr* Plateau *n*, Hochebene *f*

plate-bande [platbɑ̃d] *f* (⚠ *pl* **plates-bandes**) Gartenbeet *n*

plate-forme [platfɔrm] *f* (⚠ *pl* **plates-formes**) Plattform *f*; *pol* ~ **électorale** Wahlplattform *f*; ~ **de forage** Bohrinsel *f*; ⚠ *Schreibung*

platine [platin] **1.** *m chim* Platin *n*; **2.** *f Plattenspieler*: Chassis *n*; Plattenspieler *m*; Kassettendeck *n*; ~ **laser** CD-Spieler *m*

P

platitude [platityd] *f fig* Plattheit *f*, Seichtheit *f*; Gemeinplatz *m*

plâtras [plɑtra] *m* Bauschutt *m*

plâtr|e [plɑtrə] *m* Gips *m*; Gipsfigur *f*; Gipsverband *m*; **~er** (1a) (ver-, ein)gipsen

plausible [plozibləl] einleuchtend, glaubwürdig, plausibel

play-back [plɛbak] *m* (⚠ *pl unv*) Play-back *n*

play-boy [plɛbɔj] *m* (⚠ *pl* **play-boys**) Playboy *m*

plèbe [plɛb] *f litt u péj* Pöbel *m*

plébl|éien, ~éienne [plebejɛ̃, -ejɛn] *litt u péj* plebejisch; **~iscite** [-isit] *m* Volksabstimmung *f*, -entscheid *m*

▶ **plein, pleine** [plɛ̃, plɛn] **1.** *adj* voll; gefüllt (**de** mit); *Material*: massiv; *weibliches Tier*: **pleine** trächtig; **à plein temps** ganztags (*arbeiten*); **de plein droit** von Rechts wegen; **de plein gré** aus freiem Antrieb; **en plein air** unter freiem Himmel, im Freien; **en plein été** im Hochsommer; **en plein Paris** mitten in Paris; **en pleine rue** auf offener Straße; **2.** *adv* **sonner plein** voll klingen; **en plein dans** genau in; F **plein de** viel(e); F *fig* **en avoir plein le dos** die Nase voll haben; **3.** *m* **battre son plein** in vollem Gange sein (*Fest etc*); ▶ **faire le plein** (**de qc**) voll machen; *auto* voll tanken

pleinement [plɛnmɑ̃] *adv* völlig

plein|-emploi [plɛnɑ̃plwa] *m écon* Vollbeschäftigung *f*; **~-temps** [-tɑ̃] *m* (⚠ *pl* **pleins-temps**) Vollzeitbeschäftigung *f*

plénitude [plenityd] *f fig* Fülle *f*

▶ **pleurer** [plœre] (1a) (be)weinen; ~ **sur qc** etw beklagen; ~ **de rire** Tränen lachen

pleurésie [plœrezi, plø-] *f méd* Rippenfell-, Brustfellentzündung *f*

pleureur [plœrœr] *bot* **saule** *m* ~ Trauerweide *f*

pleurnicher [plœrniʃe] (1a) *bes Kinder* F flennen

▶ **pleuvoir** [pløvwar] (3e) regnen; **il pleut** es regnet; *fig* **les coups pleuvaient** es hagelte Schläge

pli [pli] *m* Falte *f*, Knick *m*; Briefumschlag *m*, Brief *m*; *Kartenspiel*: Stich *m*; *fig* Gewohnheit *f*; **sous ce** ~ beiliegend; *Frisur*: **mise** *f* **en ~s** Wasserwelle *f*

pli|ant, ~ante [plijɑ̃, -ɑ̃t] zusammenklappbar; **canot** *m* **pliant** Faltboot *n*; **siège** *m* **pliant** Klappstuhl *m*

▶ **plier** [plije] (1a) (zusammen)falten, zusammenklappen; knicken; biegen, beugen; sich biegen; *fig* nachgeben; **se** ~ **à** sich fügen; sich anpassen

plisser [plise] (1a) falten, fälteln; *Stirn*: runzeln

plomb [plɔ̃] *m* Blei *n*; Plombe *f* (*Bleisiegel*); (Blei-)Lot *n*; (*elektrische*) Sicherung *f*; **à** ~ senkrecht; *Benzin*: **sans** ~ bleifrei

plomb|age [plɔ̃baʒ] *m Zähne*: Plombieren *n*; Plombe *f*, Füllung *f*; *Wag(g)on*: Verplomben *n*; **~er** (1a) plombieren; verplomben; **~erie** *f* Klempnerei *f*, Spenglerei *f*; **~ier** [-je] *m* Klempner *m*, Spengler *m*; **~ifère** [-ifɛr] bleihaltig

plong|eant, ~eante [plɔ̃ʒɑ̃, -ɑ̃t] von oben nach unten gerichtet; **~ée** *f* Tauchen *n*; *mil* Tauchmanöver *n*; *Film*: Aufnahme *f* von oben; **~eoir** [-war] *m* Sprungbrett *n*, -turm *m*; **~eon** [-ɔ̃] *m* *Sport*: Kopfsprung *m*

▶ **plong|er** [plɔ̃ʒe] (1l) (ein-, unter)tauchen; **~ dans la vallée** *Blick*: ins Tal hinabschweifen; **se ~ dans** sich versenken in; **~eur, ~euse** *m, f* Taucher(in) *m(f)*; Tellerwäscher(in) *m(f)*; *Schwimmsport*: Springer(in) *m(f)*

plu [ply] *p/p von* **plaire** *u* **pleuvoir**

▶ **pluie** [plɥi] *f* Regen *m*; *fig* Hagel *m*, Flut *f*; **~s acides** saurer Regen *m*

La pluie et le beau temps

il pleut	es regnet
il pleut des cordes	es regnet in Strömen
il pleut à verse	es schüttet
il bruine	es nieselt
il fait du brouillard	es ist neblig
il neige	es schneit
il grêle	es hagelt
il y a du tonnerre, *seltener*: ***il tonne***	es donnert
il y a des éclairs	es blitzt
il fait du vent	es ist windig
il fait chaud	es ist warm
le soleil brille	die Sonne scheint
il fait lourd	es ist schwül
aujourd'hui	heute

plumage [plymaʒ] *m* Gefieder *n*

▶ **plum|e** [plym] *f* Feder *f* (*Vogelfeder u Schreibfeder*); **homme** *m* **de ~** Schriftsteller *m*; **~eau** [-o] *m* (⚠ *pl* **~x**) Staubwedel *m*; **~er** (1a) rupfen (*a fig*); *fig* ausnehmen; **~et** [-ɛ] *m* Federbusch *m*; **~ier** [-je] *m* Federkasten *m*

▶ **plupart** [plypar] **la ~ des élèves** die meisten Schüler; **la ~ d'entre nous** die meisten von uns; **pour la ~** größtenteils; **la ~ du temps** meistens; ⚠ *la ~* **sont** *venus*

plural|iste [plyralist] pluralistisch; **~ité** *f* Vielzahl *f*, Pluralität *f*

▶ **pluriel** [plyrjɛl] *m* *gr* Plural *m*

plurilingue [plyrilɛ̃g] mehrsprachig

▶ **plus¹ 1.** [ply; *allein stehend* plys] *adv* mehr (**que, de** als); *math* plus; **le plus** am meisten; **de plus** mehr; ferner, außerdem; ▶ **de plus en plus** immer mehr; ▶ **en plus** noch dazu; **rien de plus** weiter nichts; **sans plus** ohne etw hinzuzufügen; ▶ (**tout**) **au plus** höchstens; **plus ... plus** ... je mehr ... desto mehr; **plus grand** größer (**que** als); **le plus grand** der Größte; **au plus tard** spätestens; **2.** [ply] *adv der Verneinung*: **ne .. plus** nicht mehr; ▶ **non plus** auch nicht; **plus d'argent** kein Geld mehr

plus² [ply] *p/s von* **plaire**

▶ **plusieurs** [plyzjœr] mehrere; ⚠ **plusieurs voitures** (*kein* **de**)

plus-que-parfait [plyskəparfɛ] *m* *gr* Plusquamperfekt *n*

plutonium [plytɔnjɔm] *m* Plutonium *n*

▶ **plutôt** [plyto] eher, lieber; vielmehr; **~ que de** (+ *inf*) anstatt zu (+ *inf*); ⚠ *nicht verwechseln mit* **plus tôt**

pluvi|eux, ~euse [plyvjø, -øz] regnerisch

P.M.U. [peɛmy] *m* (*abr* **Pari mutuel urbain**) *etwa* Pferdetoto *n*; Wettannahme *f*

▶ **pneu** [pnø] *m* (⚠ *pl* **~s**) **1.** *Kfz etc* Reifen *m*; **2.** Rohrpostbrief *m*; **~matique** [-matik] **1.** *adj* Luft...; **matelas** *m* **~** Luftmatratze *f*; **2.** *m* *cf* **pneu**

pneumonie [pnømɔni] *f* *méd* Lungenentzündung *f*

▶ **poche** [pɔʃ] *f* Tasche *f*; *zo* Beutel *m*; *in Kleidung*: ausgebeulte Stelle *f*; **livre** *m* **de ~** Taschenbuch *n*; **~ revolver** Gesäßtasche *f*

pocher [pɔʃe] (1a) *cuis Eier*: pochieren; *Auge*: blau schlagen

pochette [pɔʃɛt] *f* Täschchen *n*; Tüte *f*, Hülle *f*; Ziertaschentuch *n*

▶ **poêle** [pwal] **1.** *m* (Zimmer-)Ofen *m*; **2.** *f* Pfanne *f*; ⚠ *Aussprache*

poêlon [pwalɔ̃] *m* Stieltopf *m*

poème [pɔɛm] *m* Gedicht *n*

▶ **poésie** [pɔezi] *f* Dichtkunst *f*, Dichtung *f*, Poesie *f*; Lyrik *f*; *kleines* Gedicht *n*

poète [pɔɛt] *m* Dichter *m*, Poet *m*; **femme** *f* **~** Dichterin *f*

poétique [pɔetik] dichterisch, poetisch; lyrisch; *fig* romantisch

pognon [pɔɲɔ̃] *m* F Zaster *m*

P

▶ **poids** [pwa] *m* Gewicht *n* (*a fig*); Schwere *f*; Last *f*; ▶ ***poids lourd*** Lastwagen *m*, Lkw *m*, Laster *m*; ***perdre, prendre du poids*** ab-, zunehmen; ***lancer*** *m* ***du poids*** Kugelstoßen *n*; ***de poids*** gewichtig, einflussreich

poign|ant, ~ante [pwaɲɑ̃, -ɑ̃t] stechend; quälend; herzergreifend; **~ard** [-ar] *m* Dolch *m*; **~arder** [-arde] (1a) erdolchen

poigne [pwaɲ] *f* Kraft *f*; Durchsetzungsvermögen *n*

poign|ée [pwaɲe] *f* Handvoll *f*; Griff *m*, Heft *n*; ***~ de main*** Händedruck *m*; **~et** [-ɛ] *m* Handgelenk *n*

poil [pwal] *m* Haar *n* (*Tiere, Körperhaare beim Menschen*); ***à ~*** nackt

poilu, ~e [pwaly] behaart, haarig

▶ **poing** [pwɛ̃] *m* Faust *f*

▶ **point**[1] [pwɛ̃] *m* Punkt *m*, Stelle *f*; *Nähen*: Stich *m*; ***deux points*** *pl* Doppelpunkt *m*; ***point d'exclamation*** Ausrufungszeichen *n*; ***point d'interrogation*** Fragezeichen *n*; ▶ ***point de vue*** Stand-, Gesichtspunkt *m*; *méd* ***point de côté*** Seitenstechen *n*; ***point d'arrêt*** Haltestelle *f*; *Schule*: ***mauvais point*** Minuspunkt *m*; ***point du jour*** Tagesanbruch *m*; ***être sur le point de*** (+ *inf*) im Begriff sein zu (+ *inf*); ***mettre au point*** einstellen; ausarbeiten; *tech* entwickeln; *fig* auf den Punkt bringen; ***mise*** *f* ***au point*** Richtigstellung *f*; Einstellung *f*; Entwicklung *f*; *cuis* ***à point*** *Steak*: medium; ***au point de*** (+ *inf*), ***au point que*** ... in e-m solchen Maße, dass ...; ***à ce point que*** ... so sehr, dass ...; ***sur ce point*** in diesem Punkt; *fig* ***faire le point*** e-e Bestandsaufnahme machen, die Lage überprüfen

P

point[2] [pwɛ̃] *adv litt* ***ne*** ... ***~*** (gar) nicht; ***~ de*** ... gar kein ...

▶ **point|e** [pwɛ̃t] *f* Spitze *f* (*a fig*); Stachel *m*, Stift *m*; Zipfel *m*; Pointe *f*; ***en ~*** spitz; ... ***de ~*** Spitzen..., modernste; ***une ~ de*** ... e-e Spur von ...; **~er** (1a) abhaken; *Arbeiter*: kontrollieren; *an der Stechuhr*: stempeln; ***~ les oreilles*** die Ohren spitzen

pointill|é [pwɛ̃tije] *m* punktierte Linie *f*; **~eux, ~euse** [-ø, -øz] kleinlich, pedantisch, penibel

▶ **pointu, ~e** [pwɛ̃ty] spitz; *Stimme*: schrill

pointure [pwɛ̃tyr] *f* *Schuh etc*: Nummer *f*, Größe *f*

point-virgule [pwɛ̃virgyl] *m* (⚠ *pl* ***points-virgules***) *gr* Strichpunkt *m*, Semikolon *n*

▶ **poire** [pwar] *f bot* Birne *f*; F Visage *f*; F gutmütiger Trottel *m*

poireau [pwaro] *m* (⚠ *pl* **~x**) *bot* Porree *m*, Lauch *m*

poirier [pwarje] *m* Birnbaum *m*

pois [pwa] *m* Erbse *f*; ***petits ~*** *pl* grüne Erbsen; ***à ~*** gepunktet, getüpfelt

poison [pwazɔ̃] *m* Gift *n*; F *fig* (*a f*) Giftnudel *f*, unausstehliche Person *f*; ⚠ *nicht verwechseln mit* ***le poisson***

poisse [pwas] *f* F Pech *n* (*fig*)

▶ **poiss|on** [pwasɔ̃] *m* Fisch *m*; *astr* ***Poissons*** *m/pl* Fische *pl*; ***~ d'avril*** Aprilscherz *m*; **~onnerie** [-ɔnri] *f* Fischgeschäft *n*

poisson sans boisson est poison

Dieser Spruch (wörtlich übersetzt: Fisch ohne Getränk ist Gift) ist reizvoll aufgrund der lautlichen Ähnlichkeit der drei darin vorkommenden Substantive: ([pwasɔ̃sɑ̃bwasɔ̃ɛpwazɔ̃]). Er ist vor allem beim Fischessen zu hören, wenn man andeuten will, dass man von Fisch leicht Durst bekommt. Im Deutschen würde man sagen „Der Fisch will schwimmen".

▶ **poitrine** [pwatrin] *f* Brust *f*

▶ **poivr|e** [pwavrə] *m* Pfeffer *m*; *Haare*: ***~ et sel*** grau meliert; **~er** (1a) pfeffern; **~ier** [-ije] *m* Pfefferstreuer *m*; *bot* Pfefferstrauch *m*; **~ière** [-ijɛr] *f* Pfefferstreuer *m*

poivron [pwavrɔ̃] *m* Paprika(schote) *m(f)*

poix [pwa] *f* Pech *n*

polaire [pɔlɛr] Polar...

polar [pɔlar] *m* F Krimi *m*

polariser [pɔlarize] (1a) polarisieren

pôle [pol] *m* Pol *m* (*a fig*); ***~ d'attraction*** Anziehungspunkt *m*

polémiqu|e [pɔlemik] **1.** *adj* polemisch; **2.** *f* Polemik *f*; **~er** (1m) polemisieren

▶ **poli, ~e** [pɔli] **1.** höflich; **2.** glänzend; poliert

▶ **police¹** [pɔlis] *f* Polizei *f*; ***agent** m **de** ~* Polizist *m*; *~ **secours*** Überfallkommando *n*

police² [pɔlis] *f* (Versicherungs-)Police *f*

polichinelle [pɔliʃinɛl] *m fig* Hampelmann *m*; ***c'est le secret de*** ♀ das ist ein offenes Geheimnis

polic|ier, ~ière [pɔlisje, -jɛr] **1.** *adj* Polizei...; Kriminal...; ***roman** m **policier*** Kriminalroman *m*; **2.** *m* Polizeibeamte(r) *m*

poliomyélite [pɔljɔmjelit] *f* Kinderlähmung *f*

polir [pɔlir] (2a) schleifen, glätten, polieren; *fig Stil*: ausfeilen

poliss|on, ~onne [pɔlisɔ̃, -ɔn] **1.** *adj* zweideutig, schlüpfrig; **2.** *m, f* Bengel *m*, Range *f*

▶ **politesse** [pɔlitɛs] *f* Höflichkeit *f*

politicard [pɔlitikar] *m* skrupelloser Politiker *m*

politic|ien, ~ienne [pɔlitisjɛ̃, -jɛn] *m, f* Politiker(in) *m(f)*

▶ **politique** [pɔlitik] **1.** *adj* politisch, Staats...; *fig* diplomatisch; ***économie** f* ~ Volkswirtschaft *f*, Nationalökonomie *f*; **2.** *f* Politik *f*; *fig* Taktik *f*; **3.** *m* Politiker *m*

pollu|er [pɔlɥe] (1n) *Umwelt*: verschmutzen; **~eur** *m* Umweltverschmutzer *m*

▶ **pollution** [pɔlysjɔ̃] *f* (Umwelt-)Verschmutzung *f*; ~ ***atmosphérique*** Luftverschmutzung *f*; ~ ***sonore*** Lärmbelästigung *f*

▶ **Pologne** [pɔlɔɲ] ***la*** ~ Polen *n*

▶ **polon|ais, ~aise** [pɔlɔnɛ, -ɛz] *adj* polnisch

Polon|ais, ~aise [pɔlɔnɛ, -ɛz] *m, f* Pole *m*, Polin *f*

poltr|on, ~onne [pɔltrɔ̃, -ɔn] *m, f* Feigling *m*, Memme *f*; **~onnerie** [-ɔnri] *f* Feigheit *f*

polycopier [pɔlikɔpje] (1a) vervielfältigen

poly|gamie [pɔligami] *f* Polygamie *f*, Vielweiberei *f*; **~glotte** [-glɔt] vielsprachig

Polynésie [pɔlinezi] ***la*** ~ Polinesien *n*

polynés|ien, ~ienne [pɔlinezjɛ̃, -jɛn] polynesisch

polystyrène [pɔlistirɛn] *m* Styropor *n*

polytechnicien [pɔlitɛknisjɛ̃] *m* (ehemaliger) Schüler *m* der École polytechnique in Paris

polyval|ent, ~ente [pɔlivalɑ̃, -ɑ̃t] vielseitig; Mehrzweck...; *méd* Breitband...; *chim* mehrwertig; *EDV* multifunktional

pommade [pɔmad] *f* Salbe *f*

▶ **pomme** [pɔm] *f* Apfel *m*; Brause *f* (*an der Gießkanne*); ***pomme de pin*** Tannenzapfen *m*; ▶ ***pomme de terre*** Kartoffel *f*; ***pomme d'Adam*** Adamsapfel *m*; F ***tomber dans les pommes*** in Ohnmacht fallen

pommeau [pɔmo] *m* (⚠ *pl* **~x**) Knauf *m*; Sattelknopf *m*

pomm|elé [pɔmle] ***cheval** m* ~ Apfelschimmel *m*; **~ette** [-ɛt] *f* Backenknochen *m*; **~ier** [-je] *m* Apfelbaum *m*

pompe¹ [pɔ̃p] *f* Pomp *m*, Prunk *m*; **~s *funèbres*** Bestattungsinstitut *n*; ⚠ ***la*** ~

pomp|e² [pɔ̃p] *f tech* Pumpe *f*; F Schuh *m*; Liegestütz *m*; ~ ***à eau*** Wasserpumpe *f*; ~ ***à chaleur*** Wärmepumpe *f*; F ***avoir le coup de*** ~ wie ausgepumpt sein; **~er** (1a) (ab)pumpen; *fig* aufsaugen; *Schülersprache*: abschreiben

pompette [pɔ̃pɛt] F angeheitert

pomp|eux, ~euse [pɔ̃pø, -øz] bombastisch; *Stil*: schwülstig

pompier [pɔ̃pje] *m* Feuerwehrmann *m*; ▶ ***pompiers*** *pl* Feuerwehr *f*

pompiste [pɔ̃pist] *m* Tankwart *m*

pomp|on [pɔ̃pɔ̃] *m* Quaste *f*; **~onner** [-ɔne] (1a) herausstaffieren, -putzen

ponce [pɔ̃s] ***pierre** f* ~ Bimsstein *m*

poncho [pɔ̃ʃo] *m* **1.** Poncho *m*; **2.** Hüttenschuh *m*

poncif [pɔ̃sif] *m* Gemeinplatz *m*, Plattheit *f*

ponctionner [pɔ̃ksjɔne] (1a) *méd* punktieren

ponctua|lité [pɔ̃ktɥalite] *f* Pünktlichkeit *f*; **~tion** *f gr* Interpunktion *f*, Zeichensetzung *f*

ponctu|el, ~elle [pɔ̃ktɥɛl] pünktlich; punktuell; **~er** (1n) *gr* interpunktieren; *fig* hervorheben

pondération [pɔ̃derasjɔ̃] *f* Besonnenheit *f*; Ausgewogenheit *f*

pondéré, ~e [pɔ̃dere] besonnen

pondre [pɔ̃drə] (4a) *Eier*: legen; *fig* F verfassen, fabrizieren

poney [pɔnɛ] *m zo* Pony *n*

P

▶ **pont** [pɔ̃] *m* Brücke *f*; (Schiffs-)Deck *n*; *auto* ~ **arrière** Hinterachse *f*; ~ **aérien** Luftbrücke *f*; **faire le** ~ an e-m Werktag zwischen zwei Feiertagen nicht arbeiten

pont-levis [pɔ̃ləvi] *m* (⚠ *pl* **ponts-levis**) Zugbrücke *f*

ponton [pɔ̃tɔ̃] *m* (Anlege-)Ponton *m*

pop-corn [pɔpkɔrn] *m* (⚠ *pl unv*) Popcorn *n*

popote [pɔpɔt] *f* F **faire la** ~ kochen

populace [pɔpylas] *f* Pöbel *m*

▶ **popul|aire** [pɔpylɛr] Volks...; volkstümlich; populär, beliebt; **~ariser** [-arize] (1a) volkstümlich machen; popularisieren; **~arité** [-arite] *f* Beliebtheit *f*, Popularität *f*; **~ation** *f* Bevölkerung *f*; **~eux, ~euse** [-ø, -øz] dicht bevölkert

▶ **porc** [pɔr] *m* Schwein *n* (*a fig*); Schweinefleisch *n*; Schweinsleder *n*

porcelaine [pɔrsəlɛn] *f* Porzellan *n*; ⚠ **la** ~

porcelet [pɔrsəlɛ] *m zo* Ferkel *n*

porc-épic [pɔrkepik] *m* (⚠ *pl* **porcs-épics**) *zo* Stachelschwein *n*

porche [pɔrʃ] *m* Portalvorhalle *f*

porcherie [pɔrʃəri] *f* Schweinestall *m*

pore [pɔr] *m* Pore *f*; ⚠ **le** ~

por|eux, ~euse [pɔrø, -øz] porös

porno(graphique) [pɔrno(grafik)] pornografisch, Porno...

▶ **port**[1] [pɔr] *m* Hafen *m*; Hafenstadt *f*

port[2] [pɔr] *m* **1.** Tragen *n* (*von Waffen, Abzeichen etc*); **2.** *Post*: Porto *n*; **en** ~ **dû** unfrankiert

P

portable [pɔrtablə] **1.** *adj* tragbar; **2.** *m* Notebook *m*, Laptop *m*

portail [pɔrtaj] *m* (⚠ *pl* **~s**) *arch* Portal *n*; Tor *n*

port|ant, ~ante [pɔrtɑ̃, -ɑ̃t] **1.** tragend; **à bout portant** aus nächster Nähe (*schießen*); **2. bien portant** gesund; **mal portant** nicht gesund

portat|if, ~ive [pɔrtatif, -iv] **1.** *adj* tragbar; Koffer...; **2.** *m* Handy *n*; *EDV* Notebook *m*

▶ **porte** [pɔrt] *f* Tür *f*; Tor *n* (*a fig*); ~ **à** ~ Tür an Tür; **entre deux ~s** zwischen Tür und Angel

porte|-à-porte [pɔrtapɔrt] *m* **faire du** ~ hausieren; **~-avions** [-avjɔ̃] *m* (⚠ *pl unv*) Flugzeugträger *m*; **~-bagages** [-bagaʒ] *m* (⚠ *pl unv*) *auto etc* Gepäckträger *m*, -netz *n*; **~-bonheur** [-bɔnœr] *m* (⚠ *pl unv*) Glücksbringer *m*; **~-cigarettes** [-sigarɛt] *m* (⚠ *pl unv*) Zigarettenetui *n*; **~-clefs** [pɔrtəkle] *m* (⚠ *pl unv*) Schlüsselring *m*, -etui *n*, -brett *n*; **~-documents** [-dɔkymɑ̃] *m* (⚠ *pl unv*) Kollegmappe *f*

portée [pɔrte] *f* **1.** *zo* Wurf *m*; **2.** Reich-, Tragweite *f* (*a fig*); **à** ~ **de la main** griffbereit; **3.** *fig* Fassungskraft *f*; **être à la** ~ **de qn** für j-n verständlich sein; **à la** ~ **de tous** allgemein verständlich

porte-fenêtre [pɔrtfənɛtrə] *f* (⚠ *pl* **portes-fenêtres**) Verandatür *f*

▶ **portefeuille** [pɔrtfœj] *m* Brieftasche *f*; Geschäftsbereich *m* (*e-s Ministers*)

▶ **porte|manteau** [pɔrtmɑ̃to] *m* (⚠ *pl* **~x**) Kleiderständer *m*, -haken *m*, Garderobe *f*; **~mine** [-min] *m* Drehbleistift *m*

▶ **porte|-monnaie** [pɔrtmɔnɛ] *m* (⚠ *pl unv*) Geldbörse *f*, -beutel *m*; **~-parole** [-parɔl] *m* (⚠ *pl unv*) Wortführer *m*, Sprecher *m*

▶ **porter** [pɔrte] (1a) **1.** tragen (*a zo*); bringen, hinschaffen (*z. B. zur Post*); *Augen*: richten (**sur** auf); *Urteil*: abgeben; *in e-e Liste*: einschreiben; *Toast*: ausbringen; *Gefühle*: entgegenbringen; ~ **qn à qc** j-n zu etw veranlassen, bringen; ~ **au compte de qn** auf j-s Konto verbuchen (*a fig*); ~ **son effort sur qc** seine Anstrengungen auf etw konzentrieren; **2.** reichen (*Schall, Rakete*); ~ **juste** *Schlag*: treffen; ~ **sur** liegen *od* ruhen auf; zielen auf, betreffen; F ~ **sur les nerfs à qn** j-m auf die Nerven fallen; ~ **à la tête** zu Kopf steigen (*Wein*); ~ **à faux** schief, vorspringend sein; **3. se** ~ sich (*gut, schlecht*) befinden; **il se porte bien** (**mal**) es geht ihm gut (schlecht), sein Befinden ist gut (schlecht); **se** ~ **candidat** sich zur Wahl stellen, kandidieren; **se** ~ **garant pour qn** für j-n bürgen

porte|-savon [pɔrtsavɔ̃] *m* (⚠ *pl* **porte-savon[s]**) Seifenschale *f*; **~-skis** [-ski] *m* (⚠ *pl unv*) Skiträger *m*; **~-tout** [-tu] *m* (⚠ *pl unv*) Dachträger *m*

porteur [pɔrtœr] *m* Träger *m*; *Person*: Gepäckträger *m*; Überbringer *m*

porte-voix [pɔrtvwa] *m* (⚠ *pl unv*) Sprachrohr *n*, Megafon *n*

port|ier [pɔrtje] *m* Pförtner *m*; **~ière** [-jɛr] *f* Türvorhang *m*; *auto* Tür *f*

portion [pɔrsjõ] *f* (An-)Teil *m*; Portion *f*
portique [pɔrtik] *m* Säulenhalle *f*; Turngerüst *n*
porto [pɔrto] *m* Portwein *m*
portrait [pɔrtrɛ] *m* Porträt *n*, Bildnis *n*; ***faire le ~ de qn*** j-n porträtieren; **~-robot** [-rɔbo] *m* (⚠ *pl* ***portraits-robots***) Phantombild *n*
portuaire [pɔrtɥɛr] Hafen...
▶**portug|ais, ~aise** [pɔrtygɛ, -ɛz] portugiesisch
Portug|ais, ~aise [pɔrtygɛ, -ɛz] *m, f* Portugiese *m*, Portugiesin *f*
▶**Portugal** [pɔrtygal] ***le ~*** Portugal *n*
pose [poz] *f* **1.** Anbringen *n*, Installieren *f*; **2.** (Körper-)Haltung *f*, Pose *f*; *Foto*: ***temps** m **de ~*** Belichtungszeit *f*
posé, ~e [poze] gesetzt, bedächtig; **~ment** *adv* ruhig
posemètre [pozmɛtrə] *m Foto*: Belichtungsmesser *m*
▶**poser** [poze] (1a) **1.** (hin)setzen, (-)stellen, (-)legen; ab-, niederlegen; anbringen; verlegen; *Problem*: darstellen; ***~ qn*** j-m Ansehen geben; ***se ~*** *aviat* aufsetzen, landen; *Frage*: sich stellen; ***se ~ en*** auftreten als; **2.** Modell stehen; *fig* posieren, schauspielern
pos|eur, ~euse [pozœr, -øz] *m, f* **1.** Wichtigtuer(in) *m(f)*; **2.** *m* ***poseur de bombes*** Bombenleger *m*
posit|if, ~ive [pozitif, -iv] **1.** *adj* positiv; bejahend; sicher, tatsächlich; realistisch; **2.** *m Foto*: Positiv *n*
▶**position** [pozisjõ] *f* Lage *f*, Stellung *f*, Haltung *f*, Position *f*; *fig* Standpunkt *m*; ***prendre ~*** Stellung nehmen
positionner [pozisjɔne] (1a) positionieren; lokalisieren
posologie [pozɔlɔʒi] *f* Dosierung *f*
possédé, ~e [pɔsede] besessen (***de*** von)
▶**posséder** [pɔsede] (1f) besitzen; beherrschen (*Sprache*)
possess|eur [pɔsɛsœr] *m bes jur* Besitzer *m*; **~if, ~ive** [-if, -iv] *gr* possessiv, besitzanzeigend; **~ion** *f* Besitz *m*; ***être en ~ de qc*** im Besitz von etw sein
possibilité [pɔsibilite] *f* Möglichkeit *f*
▶**possible** [pɔsiblə] **1.** *adj* möglich; ***le plus souvent ~*** möglichst oft; ***autant que ~, le plus ~*** so viel wie möglich; **2.** *m* ***faire tout son ~*** sein Möglichstes tun
postal, ~e [pɔstal] (⚠ *m/pl* ***-aux***) Post...
postdater [pɔstdate] (1a) vor-, vorausdatieren
▶**poste¹** [pɔst] *f* (***bureau** m **de***) ~ Post (-amt) *f(n)*; ***mettre à la ~*** *Brief etc*: zur Post geben, aufgeben; ***~ restante*** postlagernd
▶**poste²** [pɔst] *m* Posten *m* (*a mil u comm*), Stelle *f*, Amt *n*; (Arbeits-)Schicht *f*; *Radio, TV* Apparat *m* (*a tél*), Gerät *n*; ***poste de nuit*** Nachtschicht *f*; ***poste de travail*** Computerarbeitsplatz *m*; *tél* ***poste supplémentaire*** Nebenanschluss *m*; ▶ ***poste de radio*** Radioapparat *m*; (Rundfunk-)Sender *m*; ***poste d'essence*** Tankstelle *f*; ***poste d'appel de secours*** Notrufsäule *f*; ***poste de secours*** Unfallstation *f*; *aviat* ***poste de pilotage*** Cockpit *n*
poster [pɔste] (1a) aufstellen; zur Post geben
postérieur, ~e [pɔsterjœr] **1.** *adj* hintere; spätere; **2.** *m* F Hintern *m*
postérité [pɔsterite] *st/s f* Nachkommenschaft *f*; Nachwelt *f*
posthume [pɔstym] nachgeboren; post(h)um, nachgelassen
postiche [pɔstiʃ] **1.** *adj* unecht, falsch (*Haare*); **2.** *m* Haarteil *n*; Toupet *n*
post-it [pɔstit] *m* (⚠ *pl* ***post-its***) Haftnotiz *f*
postmoderne [pɔstmɔdɛrn] postmodern
postposé, ~e [pɔstpoze] *gr* nachgestellt
postscolaire [pɔstskɔlɛr] Fortbildungs...
post-scriptum [pɔstskriptɔm] *m* (*abr* ***P.-S.***; ⚠ *pl unv*) Nachschrift *f*
postul|ant, ~ante [pɔstylɑ̃, -ɑ̃t] *m, f* Bewerber(in) *m(f)*; **~er** (1a) sich bewerben (***un emploi*** um e-e Stelle); *phil* postulieren
posture [pɔstyr] *f* Haltung *f*, Stellung *f*, Positur *f*; *fig* Lage *f*
▶**pot** [po] *m* Topf *m*; Kanne *f*; Glas *n*; ***~ à eau*** (⚠ [pɔtao]) Wasserkrug *m*; ***~ de fleurs*** Blumentopf *m*; ***~ de chambre*** Nachttopf *m*; ***~ catalytique*** Katalysator *m*; ***~ d'échappement*** Auspuff *m*; *fig* ***tourner autour du ~*** wie die Katze um den heißen Brei gehen; F ***prendre un ~*** etw trinken gehen; ***avoir du ~*** F Schwein haben
potable [pɔtablə] trinkbar; F passabel
potache [pɔtaʃ] *m* F Pennäler *m*

P

potag|e [pɔtaʒ] *m* Suppe *f*; **~er, ~ère** Gemüse...
potasse [pɔtas] *f chim* Kali *n*
potasser [pɔtase] (1a) F ochsen, büffeln
potassium [pɔtasjɔm] *m chim* Kalium *n*
pot-au-feu [pɔtofø] *m* (⚠ *pl unv*) Eintopf *m*; Suppenfleisch *n*
pot-de-vin [podvɛ̃] *m* (⚠ *pl* **pots-de-vin**) Schmiergeld *n*
pote [pɔt] *m* F Kumpel *m*
poteau [pɔto] *m* (⚠ *pl* **~x**) Pfosten *m*; Pfahl *m*, Mast *m*; **~ indicateur** Wegweiser *m*
potelé, ~e [pɔtle] rundlich, drall
potence [pɔtɑ̃s] *f* Galgen *m*
potentat [pɔtɑ̃ta] *m* Machthaber *m*, Potentat *m*
potentiel, ~le [pɔtɑ̃sjɛl] **1.** *adj* potenziell; **2.** *m* Potenzial *n*; **~ économique** Wirtschaftskraft *f*
poterie [pɔtri] *f* Töpferei *f*; Töpferware *f*
potier [pɔtje] *m* Töpfer *m*
potion [posjɔ̃] *f* Arzneitrank *m*; **~ magique** Zaubertrank *m*
potiron [pɔtirɔ̃] *m bot* Riesenkürbis *m*
pot-pourri [popuri] *m* (⚠ *pl* **pots-pourris**) *mus* Potpourri *n*; ⚠ *Aussprache*
pou [pu] *m* (⚠ *pl* **~x**) *m zo* Laus *f*
poubelle [pubɛl] *f* Mülleimer *m*, -tonne *f*
pouce [pus] *m* Daumen *m*; **manger sur le ~** schnell e-n Bissen essen; **mettre les ~s** endlich nachgeben; **donner un coup de ~ à qn** *fig* j-m in den Sattel helfen
poudre [pudrə] *f* Pulver *n*; Puder *m*; **~ à canon** Schießpulver *n*; **café** *m* **en ~** Pulverkaffee *m*; **sucre** *m* **en ~** Streuzucker *m* (⚠ *nicht* Puderzucker); ⚠ **la ~**
poudr|er [pudre] (1a) pudern; **~ier** [-ije] *m* Puderdose *f*; **~ière** [-ijɛr] *f* Pulverfass *n* (*a fig*)
pouf [puf] *m* Puff *m* (*Sitz*)
pouffer [pufe] (1a) **~ de rire** laut auflachen
pouill|eux, ~euse [pujø, -øz] verlaust; heruntergekommen
poulailler [pulaje] *m* Hühnerstall *m*; *Theater*: Galerie *f*
poulain [pulɛ̃] *m zo* Fohlen *n*
poularde [pulard] *f cuis* Masthühnchen *n*, Poularde *f*
▶ **poule** [pul] *f* Huhn *n*, Henne *f*; F *fig* Dirne *f*; *fig* **chair** *f* **de ~** Gänsehaut *f*
▶ **poulet** [pulɛ] *m* Hühnchen *n*, Hähnchen *n*; **mon ~** mein Schatz
poulie [puli] *f tech* Rolle *f*
poulpe [pulp] *m zo* Krake *m*
pouls [pu] *m* Puls *m*; **prendre le ~** den Puls messen
poumon [pumɔ̃] *m* Lunge *f*
poupe [pup] *f mar* Heck *n*
poupée [pupe] *f* Puppe *f* (*a fig*)
poup|in, ~ine [pupɛ̃, -in] pausbäckig
pouponnière [pupɔnjɛr] *f* Kinderkrippe *f*
▶ **pour** [pur] **I.** *prép* **1.** für; **pour moi** für mich; **être pour qc** zu etw dienen; **2.** *räumlich*: nach; **avoir une correspondance pour** Anschluss haben nach; **partir pour** abreisen nach; **3.** wegen; **pour cette raison** aus diesem Grund; **pour autant** deswegen; **4.** in Bezug auf, was ... betrifft; **pour cela**, **pour ce qui est de cela** was das betrifft; **~ moi**, **pour ma part** ich für mein(en) Teil; **aversion pour** Abneigung *f* gegen; **sévère pour** streng gegen; **5.** zu, als; **avoir pour ami** zum Freund *od* als Freund haben; **prendre qn pour qc** j-n für etw halten; **6. pour** (+ *inf*) um zu (+ *inf*); weil; obgleich; **être pour faire qc** gerade dabei sein, etw zu tun; **II.** *conj* ▶ **pour que** (+ *subj*) damit ...; **pour peu que** (+ *subj*) sofern (nur); **III.** *m* **le pour et le contre** das Für und Wider
▶ **pourboire** [purbwar] *m* Trinkgeld *n*
pourcentage [pursɑ̃taʒ] *m* Prozentsatz *m*
pourchasser [purʃase] (1a) jagen, verfolgen
pourlécher [purleʃe] (1f) **s'en ~** sich (vor Genuss) den Mund lecken
pourparlers [purparle] *m/pl* Besprechungen *f/pl*, Verhandlungen *f/pl*
pourpre [purprə] **1.** *m* Purpur *m*, Purpurfarbe *f*, -rot *n*; **2.** *f* Purpur *m* (*Farbstoff*); *rel* Kardinalswürde *f*; **3.** *adj* purpurrot
▶ **pourquoi** [purkwa] warum, weshalb; ▶ **c'est pourquoi**, **voilà pourquoi** deshalb; **le pourquoi** das Warum
pourrai [pure] *futur von* **pouvoir**
pourr|i, ~ie [puri] faul, verfault; *fig* verdorben; *Sommer*: verregnet; **~ir** (2a) (**se**) **~** (ver)faulen; *fig* sich verschlimmern; verkommen; **~ qc** etw faulen lassen; *fig* **~ qn** j-n verderben; **~iture**

P

[-ityr] *f* Fäulnis *f*; *fig* Verkommenheit *f*

pour|suite [pursɥit] *f* Verfolgung *f*; *fig* Streben *n* (**de** nach); *jur* Strafverfolgung *f*; **~suivant, ~suivante** [-sɥivɑ̃, -sɥivɑ̃t] *m, f* Verfolger(in) *m(f)*

▶ **poursuivre** [pursɥivrə] (4h) verfolgen; *fig* quälen, plagen; *Studien*: treiben; *jur* gerichtlich belangen; *Arbeit*: fortsetzen; *fig* **~ qc** nach etw streben

▶ **pourtant** [purtɑ̃] dennoch, doch

pourtour [purtur] *m* Umfang *m*

pourvoi [purvwa] *m jur* Berufung *f*

pourvoir [purvwar] (3b) **~ qn de qc** j-n mit etw ausstatten, versehen, versorgen; **se ~ de qc** sich mit etw versorgen; *st/s* **~ à qc** für etw sorgen; *jur* **se ~ en cassation** Revision einlegen

pourvoyeur [purvwajœr] *m* Lieferant *m*; **~ de drogue** Dealer *m*

pourvu [purvy] **~ que** (+ *subj*) vorausgesetzt dass; sofern; wenn nur

pousse [pus] *f agr* Schössling *m*, Trieb *m*; **~-café** [-kafe] *m* (⚠ *pl unv*) Gläschen *n* Likör nach dem Kaffee

poussée [puse] *f* Stoß *m*, Stoßen *n*; Druck *m*; *phys* Schub *m*; *fig* plötzlicher Anstieg *m*; **~ démographique** Bevölkerungsexplosion *f*

▶ **pousser** [puse] (1a) **1.** stoßen, drängen, schieben, drücken, treiben; *Schrei*: ausstoßen; *fig* vorantreiben, fordern; **~ qn à qc** j-n zu etw treiben, drängen, verleiten; **se ~** sich drängeln; zur Seite rücken; **2.** *Pflanzen, Haare etc*: wachsen

poussette [pusɛt] *f* Sportwagen *m* (*für Kinder*); Einkaufswagen *m*

▶ **pouss|ière** [pusjɛr] *f* Staub *m*; Staubkorn *n*; **~iéreux, ~iéreuse** [-jerø, -jerøz] staubig

poussin [pusɛ̃] *m* Küken *n*

poussoir [puswar] *m tech* Drücker *m*

poutre [putrə] *f* Balken *m*, Träger *m*

▶ **pouvoir** [puvwar] **1.** (3f) können; dürfen; **je n'en peux plus** ich halte es nicht mehr aus; **on ne peut mieux** vortrefflich; *st/s* **puis-je vous aider?** darf ich Ihnen helfen?; **si l'on peut dire** wenn man so sagen darf; **il peut arriver que** (+ *subj*) es kann vorkommen, dass ...; **il se peut que** (+ *subj*) es kann sein *od* es ist möglich, dass ...; **2.** *m* Macht *f*, Gewalt *f*; Befugnis *f*, Vollmacht *f*; Vermögen *n*, Fähigkeit *f*; **pleins ~s** *pl* unbeschränkte Vollmacht; **~ d'achat** Kaufkraft *f*

pragmatique [pragmatik] pragmatisch

Prague [prag] Prag

▶ **prairie** [prɛri] *f* Wiese *f*; Prärie *f*

praline [pralin] *f* gebrannte Mandel; ⚠ *nicht* Praline

praticable [pratikablə] ausführbar; brauchbar; *Straße*: befahrbar

praticien [pratisjɛ̃] *m* Praktiker *m*; (praktizierender) Arzt *m*

pratiqu|ant, ~ante [pratikɑ̃, -ɑ̃t] *rel* praktizierend

▶ **pratiqu|e** [pratik] **1.** *adj* praktisch; zweckmäßig; **2.** *f* Praxis *f*; Erfahrung *f*; Ausübung *f*; Brauch *m*; **~s** *pl* Praktiken *f/pl*; ⚠ *Schreibung*; **~ement** [-mɑ̃] praktisch; in der Praxis; **~er** (1m) ausüben; *Methode*: praktizieren, (praktisch) anwenden; **se ~** üblich sein

▶ **pré** [pre] *m* Wiese *f*

préalable [prealablə] **1.** *adj* vorherig, vorhergehend; **2.** *m* Vorbedingung *f*; **au ~** zuvor

Préalpes [prealp] *f/pl* Voralpen *pl*

préambule [preɑ̃byl] *m* Präambel *f*; Einleitung *f*; ⚠ **le ~**

préavis [preavi] *m* Vorankündigung *f*; Kündigung *f*; **sans ~** fristlos

précaire [prekɛr] prekär, heikel, unsicher

▶ **précaution** [prekosjɔ̃] *f* Vorsicht *f*, Behutsamkeit *f*; Vorsichtsmaßnahme *f*; **par ~** vorsorglich

précéd|ent, ~ente [presedɑ̃, -ɑ̃t] **1.** *adj* vorhergehend, vorig; **2.** *m* Präzedenzfall *m*; **sans ~** beispiellos; **~er** (1f) **~ qc, qn** e-r Sache (*zeitlich*) vorangehen, vor j-m hergehen, -fahren; vor etw stehen, kommen

précep|te [presɛpt] *m* Vorschrift *f*; **~teur, ~trice** *m, f* Hauslehrer(in) *m(f)*, Erzieher(in) *m(f)*

prêch|e [prɛʃ] *m* Predigt *f*; *fig* Moralpredigt *f*; ⚠ **le ~**; **~er** (1b) predigen; *fig* **~ d'exemple** mit gutem Beispiel vorangehen

précieusement [presjøzmɑ̃] *adv* sorgfältig

▶ **préci|eux, ~euse** [presjø, -øz] wertvoll, kostbar; *Stil*: geziert, preziös; **pierre** *f* **précieuse** Edelstein *m*

précipice [presipis] *m* Abgrund *m*

précipit|amment [presipitamɑ̃] über-

P

stürzt; **~ation** *f* **1.** Hast *f*, Übereilung *f*; **2.** *Wetter*: Niederschlag *m*

précipiter [presipite] (1a) (hinab)stürzen; schleudern; überstürzen; beschleunigen; ***se ~*** sich (hinunter)stürzen; sich beeilen

▶ **préc|is, ~ise** [presi, -iz] **1.** *adj* präzis(e), genau; deutlich; ***à dix heures précises*** Punkt zehn Uhr; **2.** *m* Übersicht *f*, Abriss *m*

▶ **précisément** [presizemɑ̃] *adv* genau; gerade

▶ **précis|er** [presize] (1a) genauer angeben, präzisieren; klarstellen; **~ion** [-jɔ̃] *f* Genauigkeit *f*, Präzision *f*; ***~s pl*** nähere Angaben *f/pl*

précoc|e [prekɔs] frühreif; vorzeitig; **~ité** *f* Frühreife *f*; vorzeitiger Beginn *m*

préconçu, ~e [prekɔ̃sy] vorgefasst (*Meinung*)

préconiser [prekɔnize] (1a) befürworten, empfehlen

précurseur [prekyrsœr] **1.** *m* Vorläufer *m*; **2.** *adj* ***signe*** *m* **~** Vor-, Anzeichen *n*

prédécesseur [predesesœr] *m* Vorgänger *m*

prédestiner [predɛstine] (1a) *fig u rel* vorherbestimmen (***à qc*** zu etw)

prédic|ateur [predikatœr] *m* Prediger *m*; **~ation** *f* Predigen *n*; Predigt *f*

prédiction [prediksjɔ̃] *f* Voraussage *f*

prédilection [predilɛksjɔ̃] *f* Vorliebe *f* (***pour*** für); ... ***de ~*** Lieblings...

prédire [predir] (4m) voraus-, wahr-, weissagen; ⚠ ***vous prédisez***

prédispos|er [predispoze] (1a) empfänglich, anfällig machen (***à*** für); **~ition** *f* Empfänglichkeit *f*, Anfälligkeit (***à*** für); Anlage *f* (***à*** zu)

prédomin|ance [predɔminɑ̃s] *f* Vorherrschen *n*; Übergewicht *n*; **~ant, ~ante** [-ɑ̃, -ɑ̃t] vorherrschend; **~er** (1a) vorherrschen, überwiegen

préfabriqué, ~e [prefabrike] vorgefertigt; ***maison*** *f* ***préfabriquée*** Fertighaus *n*

préface [prefas] *f* Vorwort *n*; *fig* Auftakt *m*

préfecture [prefɛktyr] *f* Präfektur *f*

préfér|able [preferablə] vorzuziehen (***à qc*** e-r Sache); ratsamer, besser; **~é, ~ée** Lieblings...

préfér|ence [preferɑ̃s] *f* Vorzug *m*; Vorliebe *f* (***pour*** für); ***de ~*** lieber, vorzugsweise; ***de ~ à*** lieber als; ***donner la ~ à qn, à qc*** j-m, e-r Sache den Vorzug geben, j-n, etw bevorzugen; **~entiel, ~entielle** [-ɑ̃sjɛl] Vorzugs...

▶ **préférer** [prefere] (1f) vorziehen (***à***); ***~ faire qc*** lieber etw tun; ***~ que*** (+ *subj*) lieber mögen, dass ...

préfet [prefɛ] *m* Präfekt *m*; ***~ de police*** Polizeipräsident *m*

préfixe [prefiks] *m* Vorsilbe *f*

préhistoire [preistwar] *f* Vor-, Urgeschichte *f*

préjudic|e [preʒydis] *m* Nachteil *m*, Schaden *m*; ***porter ~ à qn*** j-m Nachteile bringen, j-m schaden; **~iable** [-jablə] nachteilig (***à*** für)

préjugé [preʒyʒe] *m* Vorurteil *n*

prélasser [prelase] (1a) ***se ~*** sich's bequem machen

prélèvement [prelɛvmɑ̃] *m* Entnahme *f*; Abzug *m* (*vom Gehalt*); *méd* Abstrich *m*; ***~ de sang*** Blutabnahme *f*, -probe *f*

prélever [prelve] (1d) entnehmen; *Betrag*: abziehen (***sur*** von)

préliminaire [preliminɛr] **1.** *adj* vorbereitend, Vor...; **2.** *m/pl* **~s** Einleitung *f*, Präliminarien *n/pl*

prélud|e [prelyd] *m* Vorspiel *n*; *fig* Auftakt *m*; **~er** (1a) *mus* präludieren; ***~ à qc*** etw einleiten, den Auftakt zu etw bilden

prématuré, ~e [prematyre] verfrüht; vorzeitig; ***enfant*** *m* ***prématuré*** Frühgeburt *f*

préméditation [premeditasjɔ̃] *f jur* Vorsatz *m*; **~er** (1a) vorher überlegen, planen; ***~ de faire qc*** beabsichtigen, etw zu tun

▶ **prem|ier, ~ière** [prəmje, -jɛr] *adj u subst m, f* erste; (*der, die, das*) Erste; *fig* ursprünglich; ***les premiers temps*** in der ersten Zeit; ***du premier coup*** auf Anhieb; ***premier rôle*** *m* Hauptrolle *f*; ***de premier ordre*** (⚠ [prəmjɛrɔrdrə]) erstklassig, -rangig; ***partir le premier*** zuerst fortgehen; ***le premier venu*** der erste Beste; *math* ***nombre*** *m* ***premier*** Primzahl *f*; *tech* ***matière*** *f* ***première*** Rohstoff *m*; ***en premier*** zuerst; ⚠ ***Napoléon Ier*** (***premier***), *aber* ***Napoléon III*** (***trois***); ***le premier août***, *aber* ***le deux août***

première [prəmjɛr] *f Theater*: Premiere *f*, Ur-, Erstaufführung *f*; *auto* erster

P

Das Verb ***prendre*** wird auch in festen Wendungen verwendet, die im Deutschen ganz unterschiedlich wiedergegeben werden:

prendre conscience de quelque chose	sich einer Sache bewusst werden
prendre l'habitude de faire quelque chose	sich etwas angewöhnen
prendre quelque chose sous sa responsabilité	für etwas verantwortlich zeichnen
prendre quelque chose sous son bonnet	etwas auf seine Kappe nehmen
prendre quelqu'un au mot	jemanden beim Wort nehmen
prendre quelqu'un au sérieux	jemanden ernst nehmen
prendre quelque chose en riant	etwas locker nehmen

Gang *m*; *Schule etwa*: Unterprima *f*, elfte Klasse *f*; *Bahn*: erste Klasse *f*

▶ **premièrement** [prəmjɛrmɑ̃] *adv* erstens, zuerst

premier-né, première-née [prəmjene, prəmjɛrne] (⚠ *pl* ***premiers-nés, premières-nées***) erstgeboren

prémisse [premis] *f* Prämisse *f*, Voraussetzung *f*

pren|ant, ~ante [prənɑ̃, -ɑ̃t] *Buch*: fesselnd; *Beschäftigung*: zeitraubend

▶ **prendre** [prɑ̃drə] (4q) **1.** (weg-, ab-, an-, mit sich) nehmen; (er)fassen, ergreifen, gefangen nehmen; erwischen; *Stadt*: einnehmen; *Fische etc*: fangen; *Nahrung*: zu sich nehmen; *Erkältung*: bekommen; *Weg*: einschlagen; *Zeit*: benötigen; ***~ mal*** übel nehmen; ***~ qn*** j-n abholen; ***~ de l'âge*** alt werden; ***~ courage*** Mut fassen; ***~ l'eau*** wasserdurchlässig sein; ***~ pour*** halten für; ***~ au sérieux*** ernst nehmen; ***à tout ~*** alles in allem; **2.** Wurzel fassen; *Feuer*: ausbrechen; *beim Publikum*: Anklang finden, sich durchsetzen; ***ne pas ~*** nicht wirken; ***~ à droite*** rechts abbiegen; **3.** ***se ~*** sich verfangen; ***s'y ~ bien*** (***mal***) sich geschickt (dumm) dabei anstellen; ***se ~ d'amitié pour qn*** sich mit j-m anfreunden; ***s'en ~ à qn*** j-n dafür verantwortlich machen; ***se ~ à faire qc*** anfangen etw zu tun

preneur [prənœr] *m comm, jur* Käufer *m*, Abnehmer *m*

▶ **prénom** [prenɔ̃] *m* Vorname *m*

préoccup|ation [preɔkypasjɔ̃] *f* Sorge *f*, Besorgnis *f*; **~er** (1a) stark beschäftigen; beunruhigen; ***se ~ de*** sich Gedanken machen um

▶ **préparatifs** [preparatif] *m/pl* Vorbereitungen *f/pl*

▶ **prépara|tion** [preparasjɔ̃] *f* Vor-, Zubereitung *f*; *phm, chim* Herstellung *f*; Präparat *n*; **~toire** [-twar] vorbereitend; ***cours m ~*** erstes Grundschuljahr

▶ **préparer** [prepare] (1a) vor-, zubereiten; herrichten; *chim* herstellen; ***~ un examen*** sich auf e-e Prüfung vorbereiten; ***se ~ à*** sich vorbereiten auf; ***se ~*** sich anbahnen, bevorstehen; ***il se prépare qc*** es ist etw im Anzug

prépondér|ance [prepɔ̃derɑ̃s] *f* Vorherrschaft *f*, Vormacht *f*; **~ant, ~ante** [-ɑ̃, -ɑ̃t] maßgeblich, entscheidend

préposé, ~e [prepoze] *m, f* Briefträger(in) *m(f)*; *niedere(r)* Beamte(r) *m*, Beamtin *f*; ***préposée f au vestiaire*** Garderobenfrau *f*

prépos|er [prepoze] (1a) ***~ qn à qc*** j-n mit etw betrauen; **~ition** *f gr* Präposition *f*

préretraite [prerətrɛt] *f* Vorruhestand *m*

prérogative [prerɔgativ] *f* Vorrecht *n*

▶ **près** [prɛ] **1.** *adv* nah(e); ***tout près*** ganz in der Nähe; ▶ ***à peu*** (***de chose***) ***près*** beinahe; ungefähr; ***à cela près*** davon abgesehen; ***de près*** in *od* aus der Nähe; *fig* genau; ***être rasé de près*** glatt rasiert sein; **2.** *prép* ▶ ***près de*** nahe bei, in der Nähe von; fast (+ *Zahl*); ***être près de*** (+ *inf*) nahe daran sein zu (+ *inf*); ***près de deux heures***

P

beinahe zwei Stunden; fast 2 Uhr; ⚠ *nicht verwechseln mit* **prêt**

présage [prezaʒ] *m* Vorbedeutung *f*; Vorzeichen *n*

presbyte [prɛzbit] *méd* weitsichtig

presbytère [prɛzbitɛr] *m* Pfarrhaus *n*

préscolaire [preskɔlɛr] vorschulisch, Vorschul...

prescription [prɛskripsjõ] *f* Vorschrift *f*; *méd* Rezept *n*; *jur* Verjährung *f*

prescrire [prɛskrir] (4f) vorschreiben; *méd* verschreiben

préséance [preseɑ̃s] *f* Vorrang *m*

▶ **présence** [prezɑ̃s] *f* Anwesenheit *f*; **~ d'esprit** Geistesgegenwart *f*; **en ~ de** im Beisein von; **en ~** gegenüberstehend

▶ **prés|ent, ~ente** [prezɑ̃, -ɑ̃t] **1.** *adj* gegenwärtig; anwesend; vorliegend; **2.** *m* Gegenwart *f*; *gr* Präsens *n*; **les présents** *pl* die Anwesenden; **à présent** (**que**) jetzt (wo); **jusqu'à présent** bisher; **dans le présent**, *gr* **au présent** in der Gegenwart

présent|able [prezɑ̃tablə] gut aussehend, präsentabel; **~ateur, ~atrice** [-atœr, -atris] *m, f comm* Vorführer *m*, Vorführdame *f*; *TV* Moderator(in) *m(f)*; **~ation** *f* Vorführung *f*; Dar-, Vorstellung *f*; Einführung *f*; Vorzeigen *n*, Vorlage *f*; Aufmachung *f*, Ausstattung *f*; Präsentation *f*; äußere Erscheinung *f*

▶ **présenter** [prezɑ̃te] (1a) überreichen, dar-, anbieten; vorstellen, ein-, vorführen; (vor)zeigen, vorlegen; *Ideen*: darstellen, -legen; *Mängel*: aufweisen; mit sich bringen; **se ~** sich vorstellen; kandidieren; *Schwierigkeit*: auftauchen

P

préservatif [prezɛrvatif] *m* Kondom *n*, Präservativ *n*

préserver [prezɛrve] (1a) bewahren, schützen (**de** vor)

présidence [prezidɑ̃s] *f* Vorsitz *m*; *pol* Präsidentschaft *f*; Präsidentenpalais *n*

▶ **présid|ent, ~ente** [prezidɑ̃, -ɑ̃t] *m, f* Vorsitzende(r) *m, f*, Präsident(in) *m(f)*; **~entiel, ~entielle** [-ɑ̃sjɛl] präsidial, Präsidenten...

présider [prezide] (1a) **~ un comité** den Vorsitz in e-m Komitee führen; **~ une assemblée** e-r Versammlung präsidieren; **~ à qc** etw leiten

présomption [prezɔ̃psjɔ̃] *f* Vermutung *f*; Überheblichkeit *f*

présomptu|eux, ~euse [prezɔ̃ptɥø, -øz] überheblich

▶ **presque** [prɛskə] beinahe, fast

presqu'île [prɛskil] *f* Halbinsel *f*

press|ant, ~ante [prɛsɑ̃, -ɑ̃t] dringend, eilig; **se faire ~** drängen

▶ **presse** [prɛs] *f* Presse *f* (*tech u Zeitungen*); *comm* **moments** *m/pl* **de ~** Zeiten *f/pl* des Hochbetriebs

▶ **pressé, ~e** [prɛse] **1.** eilig, in Eile; ▶ **je suis pressé** ich habs eilig; **2.** *Frucht*: ausgepresst

pressent|iment [prɛsɑ̃timɑ̃] *m* Vorgefühl *n*, Ahnung *f*; **~ir** (2b) ahnen; **~ qn** bei j-m sondieren, vorfühlen

presse-papiers [prɛspapje] *m* (⚠ *pl unv*) Briefbeschwerer *m*

press|er [prɛse] (1b) **1.** drücken, (aus)pressen; *fig* bedrängen; dringen (**qn** in j-n); beschleunigen; **se ~** sich drängen; **2.** eilen, eilig *od* dringlich sein, drängen; **rien ne presse** es hat keine Eile; **se ~** sich beeilen; **~ing** [-iŋ] *m* Reinigung *f*

▶ **press|ion** [prɛsjɔ̃] *f* Druck *m*; *fig* Zwang *m*; (*a m*) Druckknopf *m*; **bière** *f* **~** Bier *n* vom Fass; **être sous ~** unter Druck stehen (*a fig*); **~ artérielle** Blutdruck *m*; **~ démographique** Bevölkerungsdruck *m*; **~oir** *m* Kelter(ei) *f*

pressurer [prɛsyre] (1a) auspressen; *fig* aussaugen

prest|ance [prɛstɑ̃s] *f* stattliches Aussehen *n*; **~ation** *f* Leistung *f*; **~s familiales** *pl* Sozialleistungen *f/pl* für die Familie

prestidigita|teur, ~trice [prɛstidiʒitatœr, -tris] *m, f* Zauberkünstler(in) *m(f)*

prestig|e [prɛstiʒ] *m* Prestige *n*, Ansehen *n*; **~ieux, ~ieuse** [-jø, -jøz] glänzend, hervorragend, wunderbar

présumer [prezyme] (1a) vermuten, annehmen; **~ de qn, de qc** j-n, etw überschätzen

▶ **prêt¹, prête** [prɛ, prɛt] bereit (**à** zu), fertig; ⚠ *nicht verwechseln mit* **près** (**de**)

prêt² [prɛ] *m* Darlehen *n*; Ausleihen *n*

prêt-à-porter [prɛtapɔrte] *m* Konfektion(skleidung) *f*

prétendant [pretɑ̃dɑ̃] *m* Freier *m*; Thronprätendent *m*

▶ **prétendre** [pretɑ̃drə] (4a) behaupten, vorgeben; ~ (+ *inf*) die Absicht haben zu (+ *inf*); *st/s* ~ **à** streben nach; Anspruch erheben auf

prétendu, ~e [pretɑ̃dy] angeblich, so genannt

prête-nom [prɛtnɔ̃] *m* (⚠ *pl* **prête-noms**) Strohmann *m*

prétenti|eux, ~euse [pretɑ̃sjø, -øz] anmaßend, eingebildet; *Ton, Stil*: geziert, geschraubt

prétention [pretɑ̃sjɔ̃] *f* Anspruch *m*; Ehrgeiz *m*; Dünkel *m*, Selbstgefälligkeit *f*

► **prêter** [prɛte] (1b) (aus)leihen; *Hilfe*: leisten; *Absicht*: unterstellen; *Stoff*: sich dehnen; ~ **à** Anlass geben zu; **se** ~ **à** sich eignen zu (*Sache*); sich hergeben zu (*Person*)

► **prétext|e** [pretɛkst] *m* Vorwand *m*; **sous** ~ **de** (+ *inf*) *od* **que** ... unter dem Vorwand zu (+ *inf*) *od* dass ...; **sous aucun** ~ auf keinen Fall; **~er** (1a) ~ **qc** etw vorschützen; ~ **que** ... vorgeben, dass ...

► **prêtre** [prɛtrə] *m* Priester *m*

► **preuve** [prœv] *f* Beweis *m*; *fig* Zeichen *n*; *math* Probe *f*; **faire** ~ **de courage** Mut beweisen; **comme** ~ **de** zum Zeichen für

prévaloir [prevalwar] (3h) *st/s* ~ **sur** *od* **contre** die Oberhand gewinnen über, überwinden; **se** ~ **de qc** etw für sich geltend machen; auf etw pochen

préven|ance [prevnɑ̃s] *f* Zuvorkommenheit *f*; **~ant, ~ante** [-ɑ̃, -ɑ̃t] zuvorkommend

► **prévenir** [prevnir] (2h) ~ **qc** e-r Sache vorbeugen, etw verhüten; ~ **qn de qc** j-n von etw in Kenntnis setzen; j-n vor etw warnen

prévent|if, ~ive [prevɑ̃tif, -iv] vorbeugend, präventiv; *jur* **détention** *f* **préventive** Untersuchungshaft *f*

prévention [prevɑ̃sjɔ̃] *f* **1.** Voreingenommenheit *f*, Vorurteil *n*; **2.** *jur* Untersuchungshaft *f*; **3.** Verhütung *f*; ~ **routière** Verkehrsunfallverhütung *f*

prévis|ible [previziblə] vorhersehbar; **~ion** *f* Vorhersehen *n*; Voraussage *f*; Aussicht *f*; **en** ~ **de** im Hinblick auf

► **prévoir** [prevwar] (3b) voraus-, vorhersehen; in Aussicht nehmen, planen

prévoy|ance [prevwajɑ̃s] *f* Vor-, Fürsorge *f*; **~ant, ~ante** [-ɑ̃, -ɑ̃t] vorausschauend; fürsorglich

► **prier** [prije] (1a) **1.** *rel* beten; **prier Dieu** zu Gott beten; **2.** bitten; **prier qn de faire qc** j-n bitten, etw zu tun; **prier qn à déjeuner** j-n zum Mittagessen einladen; ► **je vous en prie** bitte (sehr)!, gern geschehen!; *ärgerlich*: das bitte ich mir aus!

► **prière** [prijɛr] *f* Gebet *n*; Bitte *f*; **faire sa** ~ beten; **à la** ~ **de** auf Bitten von; ~ **de ne pas toucher** bitte nicht berühren!

primaire [primɛr] Ur..., Primär...; *péj* beschränkt; **école** *f* ~ Volks-, Grundschule *f*

primauté [primote] *f* Vorrang *m*, Primat *m od n* (**sur** vor)

prime[1] [prim] *adj* **de** ~ **abord** auf den ersten Blick

prime[2] [prim] *f* Prämie *f*, Zulage *f*; *comm* Werbegeschenk *n*

primer [prime] (1a) **1.** den Vorrang haben (**qc** vor etw), **2.** prämi(i)eren

primeur [primœr] *f* **1. avoir la** ~ **de qc** etw als Erster haben, erfahren; **2. ~s** *pl* Frühgemüse *n*, Frühobst *n*

primevère [primvɛr] *f bot* Schlüsselblume *f*, Primel *f*

primit|if, ~ive [primitif, -iv] ursprünglich, Ur...; primitiv

primo [primo] erstens

primordial, ~e [primɔrdjal] (⚠ *m/pl* **-aux**) wesentlich, maß-, ausschlaggebend

princ|e, ~esse [prɛ̃s, -ɛs] *m, f* Fürst(in) *m(f)*; Prinz *m*, Prinzessin *f*; **~ier, ~ière** [-je, -jɛr] fürstlich (*a fig*)

► **principal, ~e** [prɛ̃sipal] (⚠ *m/pl* **-aux**) **1.** *adj* hauptsächlich, Haupt...; **2.** *m Schule*: Direktor *m*; **le** ~ die Hauptsache *f*; **3.** *f gr* Hauptsatz *m*; **~ement** hauptsächlich, vor allem

principauté [prɛ̃sipote] *f* Fürstentum *n*

► **principe** [prɛ̃sip] *m* Prinzip *n*, Grundsatz *m*; *phil* Ursprung *m*; *chim* Stoff *m*; **de** ~ grundsätzlich; **par** ~ aus Prinzip; **en** ~ prinzipiell, im Prinzip

printan|ier, ~ière [prɛ̃tanje, -jɛr] Frühlings...

► **printemps** [prɛ̃tɑ̃] *m* Frühling *m*, Frühjahr *n*; ⚠ **au** ~, *aber* **en hiver**, **été**, **automne**

► **priorité** [prijɔrite] *f* Priorität *f*, Vorrang *m*; *Verkehr*: Vorfahrt *f* (**sur** vor)

P

pris, prise [pri, priz] *p/p von* ***prendre*** *u adj* besetzt, ausgefüllt, beschäftigt
prise [priz] *f* Nehmen *n*; *mil* Einnahme *f*, Eroberung *f*; *mar u cuis* Prise *f*; *ch* Fang *m*; *Ringen*: Griff *m*; *tech* Anschluss *m*; ▶ ***prise (de courant)*** Steckdose *f*; ***prise de contact*** Kontaktaufnahme *f*; ***prise de conscience*** Bewusstwerden *n*; ***prise d'otage(s)*** Geiselnahme *f*; ***prise de position*** Stellungnahme *f*; ***prise de vue*** *Foto*: Aufnahme *f*; ***donner prise à*** Anlass geben zu; ***être aux prises avec qn, qc*** sich mit j-m, etw auseinander setzen; ***lâcher prise*** loslassen; *fig* aufgeben
▶ **prison** [prizɔ̃] *f* Gefängnis *n*
prisonn|ier, ~ière [prizɔnje, -jɛr] *m, f* Gefangene(r) *m, f*
privation [privasjɔ̃] *f* Entbehrung *f*
privatisation [privatizasjɔ̃] *f* Privatisierung *f*
▶ **priv|é, ~ée** [prive] privat, Privat...; ***en privé, à titre privé*** privat; ***dans le privé*** im Privatleben; **~er** (1a) ***~ qn de qc*** j-m etw entziehen; ***se ~ de qc*** auf etw verzichten
privil|ège [privilɛʒ] *m* Privileg *n*, Vorrecht *n*; **~égier** [-eʒje] (1a) privilegieren, begünstigen
▶ **prix** [pri] *m* Preis *m*, Wert *m* (*a fig*); ***~ de revient*** Selbstkostenpreis *m*; ***~ brut*** Bruttopreis *m*; ***de ~*** wertvoll; ***à tout ~*** um jeden Preis; ***à aucun ~*** um keinen Preis; ***au ~ fort*** zum vollen Preis; ***hors de ~*** unerschwinglich; ***au ~ de*** zum Preis von, gegen; ***~ Nobel*** Nobelpreis(träger) *m*
probabilité [prɔbabilite] *f* Wahrscheinlichkeit *f*
▶ **probable** [prɔbablə] wahrscheinlich
prob|ant, ~ante [prɔbɑ̃, -ɑ̃t] überzeugend; **~ité** *f* Rechtschaffenheit *f*
problématique [prɔblematik] problematisch, fraglich
▶ **problème** [prɔblɛm] *m* Problem *n*; *math* Aufgabe *f*
procédé [prɔsede] *m* Verfahren *n*, Methode *f*; ***~s*** *pl* Verhalten *n*
procéd|er [prɔsede] (1f) verfahren, vorgehen; ***~ à qc*** etw vornehmen *od* durchführen; zu etw schreiten; sich daranmachen, etw zu tun; *litt* ***~ de*** herrühren von; **~ure** [-yr] *f jur* Verfahren *n*; Prozessführung *f*, -ordnung *f*

procès [prɔsɛ] *m jur* Prozess *m*; *fig* ***faire le ~ de qn*** j-n scharf kritisieren; ⚠ *nicht verwechseln mit* ***procédé*** *u* ***processus***
processeur [prɔsesœr] *m EDV* Prozessor *m*
procession [prɔsesjɔ̃] *f* Prozession *f*
processus [prɔsesys] *m* Vorgang *m*, Ablauf *m*, Prozess *m* (⚠ *nicht jur*)
procès-verbal [prɔsɛvɛrbal] *m* (⚠ *pl* ***procès-verbaux***) Protokoll *n*; Strafmandat *n*; ***dresser un ~*** ein Protokoll aufnehmen
▶ **proch|ain, ~aine** [prɔʃɛ̃, -ɛn] **1.** *adj* nächste, kommende; **2.** ***le prochain*** der Nächste; **~ainement** [-ɛnmɑ̃] *adv* demnächst
▶ **proche** [prɔʃ] **1.** *adj* nah(e); *fig* ***~ de*** verwandt mit; **2.** *adv* ***de ~ en ~*** nach und nach; **3.** *m/pl* ***~s*** Angehörige *m/pl*, nahe Verwandte *m/pl*
Proche-Orient [prɔʃɔrjɑ̃] ***le ~*** der Nahe Osten
proclam|ation [prɔklamasjɔ̃] *f* Bekanntgabe *f*, Ausrufung *f*, Proklamation *f*; **~er** (1a) verkünden; ausrufen
procur|ation [prɔkyrasjɔ̃] *f* Vollmacht *f*; **~er** (1a) verschaffen, besorgen; **~eur** *m* ***~ (de la République)*** Staatsanwalt *m*
prodigalité [prɔdigalite] *f* Verschwendung(ssucht) *f*
prodig|e [prɔdiʒ] *m* Wunder *n*; ***enfant*** *m* ***~*** Wunderkind *n*; ⚠ *nicht verwechseln mit* ***enfant prodigue***; **~ieux, ~ieuse** [-jø, -jøz] außergewöhnlich, erstaunlich
prodigu|e [prɔdig] verschwenderisch; *Bibel*: ***l'Enfant*** *m* ***~*** der verlorene Sohn; **~er** (1m) reichlich geben, zuteil werden lassen
produc|teur, ~trice [prɔdyktœr, -tris] **1.** *adj* Erzeuger..., Hersteller...; **2.** *m, f* Produzent(in) *m(f)*; **~tif, ~tive** [-tif, -tiv] produktiv; einträglich
▶ **production** [prɔdyksjɔ̃] *f* Produktion *f*, Erzeugung *f*, Herstellung *f*, Gewinnung *f*; Erzeugnisse *n/pl*
productivité [prɔdyktivite] *f* Produktivität *f*
▶ **produire** [prɔdɥir] (4c) produzieren, erzeugen, herstellen; schaffen; *fig* bewirken, hervorrufen; *Urkunde*: vorlegen; ***se ~*** sich ereignen
▶ **produit** [prɔdɥi] *m* Erzeugnis *n*, Produkt *n*; Ertrag *m*; *écon* ***~ intérieur brut*** Bruttoinlandsprodukt *n*; *écon* ***~ natio-***

P

nal brut Bruttosozialprodukt *n*; ~ ***pour la vaisselle*** Spülmittel *n*

proémin|ent, ~ente [prɔeminɑ̃, -ɑ̃t] vorspringend

▶**prof** [prɔf] *m, f* (*abr* ***professeur***) *Schülersprache*: Lehrer(in) *m(f)*

profan|e [prɔfan] **1.** *adj* profan, weltlich; **2.** *m, f* Laie *m* (***en*** auf dem Gebiet von); **~er** (1a) entweihen

proférer [prɔfere] (1f) Drohungen: ausstoßen

▶**professeur** [prɔfesœr] *m* Gymnasiallehrer(in) *m(f)*; Professor(in) *m(f)*

▶**profession** [prɔfɛsjɔ̃] *f* Beruf *m*, Berufstätigkeit *f*; Berufsstand *m*; ~ ***de foi*** Glaubensbekenntnis *n*

▶**profess|ionnel, ~ionnelle** [prɔfɛsjɔnɛl] **1.** *adj* beruflich; professionell, berufsmäßig; **2.** *m* Fachmann *m*; F Profi *m*; **~orat** [-ɔra] *m* höheres Lehramt *n*; Hochschullehramt *n*

profil [prɔfil] *m* Profil *n*; *fig* charakteristisches Erscheinungsbild *n*; ~***s*** *pl* Konturen *f/pl*

profit [prɔfi] *m* Profit *m*, Gewinn *m*; Nutzen *m*; ***au ~ de*** zu Gunsten (+ *gén*); ***tirer ~ de qc*** von etw profitieren

profitable [prɔfitablə] nützlich; einträglich

▶**profiter** [prɔfite] (1a) ~ ***de qc*** von etw profitieren, etw ausnützen, aus etw Vorteil ziehen; ~ ***à qn*** j-m nützlich sein, Vorteil(e) bringen; F ***bien*** ~ gut gedeihen

▶**prof|ond, ~onde** [prɔfɔ̃, -ɔ̃d] tief; tiefsinnig; *Einfluss*: stark; **~ondément** [-ɔ̃demɑ̃] *adv* tief, zutiefst

▶**profondeur** [prɔfɔ̃dœr] *f* Tiefe *f*; *fig* Stärke *f*

profusion [prɔfyzjɔ̃] *f* Fülle *f*; ***à ~*** in reichem Maße

progéniture [prɔʒenityr] *f litt* Nachkommenschaft *f*; *plais* Nachwuchs *m*, Sprösslinge *m/pl*

progiciel [prɔʒisjɛl] *m* Softwarepaket *n*

▶**programm|e** [prɔgram] *m* Programm *n*; *Schule*: Lehrplan *m*, -stoff *m*; ~ ***d'application*** *od* ***utilisateur*** Anwenderprogramm *n*; **~er** (1a) *TV* in das Programm aufnehmen; *EDV* programmieren; **~eur, ~euse** *m, f* Programmierer(in) *m(f)*

▶**progrès** [prɔgrɛ] *m* Fortschritt *m*; Ausbreitung *f*, Zunahme *f*

progress|er [prɔgrɛse] (1b) Fortschritte machen; um sich greifen; *mil* vorrücken; **~if, ~ive** [-if, -iv] progressiv, fortschreitend; ⚠ *nicht politisch*; **~ion** *f* Fortschreiten *n*; *fig* Zunahme *f*; **~iste** progressiv, fortschrittlich (*a pol*)

prohib|er [prɔibe] (1a) (gesetzlich) verbieten; **~ition** *f* Verbot *n*

proie [prwa] *f* Raub *m*; Beute *f*; *fig* Opfer *n*; ***en ~ à qc*** von etw heimgesucht, e-r Sache ausgeliefert

project|eur [prɔʒɛktœr] *m* Scheinwerfer *m*; Projektor *m*; **~ile** [-il] *m* Geschoss *n*

▶**projet** [prɔʒɛ] *m* Projekt *n*, Plan *m*; Entwurf *m*; ~ ***pilote*** Pilotprojekt *n*

projeter [prɔʒ(ə)te, prɔʃte] (1c) schleudern, auswerfen; projizieren; vorhaben, planen

prolétaire [prɔletɛr] *m, f* Proletarier(in) *m(f)*

prolifération [prɔliferasjɔ̃] *f* (rasche, starke) Vermehrung *f*, Zunahme *f*; ~ ***des armes atomiques*** Verbreitung *f od* Weitergabe *f* von Atomwaffen

prolifique [prɔlifik] fruchtbar

prolixe [prɔliks] weitschweifig

prologue [prɔlɔg] *m* Prolog *m*

prolongation [prɔlɔ̃gasjɔ̃] *f* (*zeitliche*) Verlängerung *f*

prolongement [prɔlɔ̃ʒmɑ̃] *m* (*räumliche*) Verlängerung *f*

▶**prolonger** [prɔlɔ̃ʒe] (1l) *zeitlich od räumlich*: verlängern; ***se ~*** sich in die Länge ziehen

▶**promenade** [prɔmnad] *f* Spaziergang *m*, -fahrt *f*, Ausflug *m*

promen|er [prɔmne] (1d) spazieren führen, herumführen; *fig* umherschweifen lassen; ▶ ***se promener*** spazieren gehen, fahren; F herumlaufen; F *fig* ***envoyer promener*** davonjagen, abblitzen lassen; *Sache*: hinschmeißen; **~eur, ~euse** *m, f* Spaziergänger(in) *m(f)*

promesse [prɔmɛs] *f* Versprechen *n*

promett|eur, ~euse [prɔmɛtœr, -øz] vielversprechend

▶**promettre** [prɔmɛtrə] (4p) versprechen (***qc à qn*** j-m etw, ***de*** *inf* zu + *inf*); versichern; ***se ~ de faire qc*** sich vornehmen, etw zu tun

promiscuité [prɔmiskɥite] *f* enges Zusammenleben *n*

promo [prɔmo] *m* F *Schule*: Jahrgang *m*

promontoire [prɔmɔ̃twar] *m* Vorgebirge *n*

promo|teur, ~trice [prɔmɔtœr, -tris] **1.** *m, f st/s* Initiator(in) *m(f)*; **2.** *m* Bauträger *m*, Bauherr *m*; **~tion** *f* Beförderung *f*; Aufstieg *m*; *Schule*: Jahrgang *m*; *comm* **~ des ventes** Absatzförderung *f*

promouvoir [prɔmuvwar] (3d) befördern, ernennen; fördern

prompt, prompte [prɔ̃, prɔ̃t] rasch; plötzlich

promulguer [prɔmylge] (1m) *Gesetz*: verkünden

pronom [prɔnɔ̃] *m gr* Pronomen *n*, Fürwort *n*

pronominal, ~e [prɔnɔminal] (⚠ *m/pl* **-aux**) pronominal; ***verbe** m **pronominal*** reflexives Verb *n*

prononcé, ~e [prɔnɔ̃se] stark ausgeprägt, markant

▶ **prononc|er** [prɔnɔ̃se] (1k) aussprechen; *Rede*: halten; *jur Urteil*: fällen *od* verkünden; **se ~** ausgesprochen werden; sich äußern; ***se ~ pour, contre*** sich aussprechen für, gegen; **~iation** [-jasjɔ̃] *f* Aussprache *f*; *jur* Urteilsverkündung *f*

pronost|ic [prɔnɔstik] *m* Prognose *f*, Voraussage *f*; **~iquer** [-ike] (1m) vorhersagen

propagande [prɔpagɑ̃d] *f* Propaganda *f*

propager [prɔpaʒe] (1l) aus-, verbreiten; propagieren; *biol* fortpflanzen; **se ~** sich verbreiten; sich fortpflanzen

propension [prɔpɑ̃sjɔ̃] *f* Neigung *f* (**à qc** zu etw)

proph|ète, ~étesse [prɔfɛt, -etɛs] *m, f* Prophet(in) *m(f)*; **~étie** [-esi] *f* Prophezeiung *f*; ⚠ *Aussprache*

prophét|ique [prɔfetik] prophetisch; **~iser** (1a) prophezeien

prophylaxie [prɔfilaksi] *f méd* Prophylaxe *f*, Vorbeugung *f*

propice [prɔpis] günstig (**à** für); gnädig

proportion [prɔpɔrsjɔ̃] *f* Proportion *f*, Verhältnis *n*; **~s** *pl* Ausmaß(e) *n(pl)*; ***toutes ~s gardées*** im Verhältnis; ***en ~*** entsprechend; ***en ~ de*** im Vergleich zu

proportionn|el, ~elle [prɔpɔrsjɔnɛl] proportional (**à** zu); entsprechend; anteilig; **~ellement** [-ɛlmɑ̃] im Verhältnis (**à** zu); **~er** (1a) in das richtige Verhältnis setzen (**à** zu); ***bien proportionné(e)*** wohlgestaltet

propos [prɔpo] *m* **1.** *pl* Äußerungen *f/pl*, Worte *n/pl*; **2.** *st/s* Absicht *f*; ***à propos*** zur richtigen Zeit, gelegen; ***à tout propos*** bei jeder Gelegenheit; ***mal à propos, hors de propos*** ungelegen, zur Unzeit; ▶ ***à propos!*** übrigens!; ▶ ***à propos de*** was ... betrifft, wegen

▶ **proposer** [prɔpoze] (1a) vorschlagen (***qc à qn*** j-m etw; ***à qn de*** + *inf* j-m zu + *inf*); vorlegen; *Preis*: aussetzen; ***se ~ de faire qc*** sich vornehmen, etw zu tun; ***se ~*** sich anbieten

▶ **proposition** [prɔpozisjɔ̃] *f* Vorschlag *m*; Angebot *n*; *gr* Satz *m*; ***~ principale, subordonnée*** Haupt-, Nebensatz *m*; ***~ de loi*** Gesetzentwurf *m*

▶ **propre** [prɔprə] **1.** *adj* **a)** eigen; eigentlich; eigentümlich; *st/s* geeignet (**à** zu); **b)** sauber; ordentlich, anständig; **2.** *m* **a)** Eigenart *f*; **b)** ***mettre au ~*** ins Reine schreiben; **~ment** *adv* ordentlich; ***à ~ parler*** genau genommen; ***~ dit*** eigentlich

propreté [prɔprəte] *f* Sauberkeit *f*

▶ **propriétaire** [prɔprijetɛr] *m, f* Eigentümer(in) *m(f)*, Besitzer(in) *m(f)*; Hausbesitzer(in) *m(f)*

▶ **propriété** [prɔprijete] *f* Eigentum *n*, Besitz *m*; Eigenschaft *f*; *Wort*: Angemessenheit *f*

propuls|er [prɔpylse] (1a) antreiben; **~ion** *f* Antrieb *m*

prorata [prɔrata] ***au ~ de*** im Verhältnis zu

prorogation [prɔrɔgasjɔ̃] *f* Verlängerung *f*; *pol* Vertagung *f*

proroger [prɔrɔʒe] (1l) verlängern; *pol* vertagen

prosa|ïque [prɔzaik] prosaisch, nüchtern; **~teur** *m* Prosaschriftsteller *m*

proscription [prɔskripsjɔ̃] *f* Verbot *n*; *hist* Ächtung *f*

proscrire [prɔskrir] (4f) verbieten; verpönen; *hist* ächten

prose [proz] *f* Prosa *f*

prosélyte [prɔzelit] *m, f* Neubekehrte(r) *m, f*; *allg* neue(r) Anhänger(in) *m(f)*

prospecter [prɔspɛkte] (1a) *tech* nach Lagerstätten schürfen; *allg* erkunden

▶ **prospectus** [prɔspɛktys] *m* (Werbe-) Prospekt *m*

prosp|ère [prɔspɛr] blühend, florierend; **~érer** [-ere] (1f) gut gehen, blühen, florieren, gedeihen; **~érité** [-erite] *f* Wohlstand *m*

prosterner [prɔstɛrne] (1a) ***se ~*** sich niederwerfen
prostituée [prɔstitɥe] *f* Prostituierte *f*
prostration [prɔstrasjɔ̃] *f* Entkräftung *f*; Niedergeschlagenheit *f*
protagoniste [prɔtagɔnist] *m* Protagonist *m*
protec|teur, ~trice [prɔtɛktœr, -tris] **1.** *adj* schützend, Schutz...; gönnerhaft; **2.** *m, f* Beschützer(in) *m(f)*; Gönner(in) *m(f)*
protection [prɔtɛksjɔ̃] *f* Schutz *m*; Protektion *f*, Gönnerschaft *f*; *EDV* ***~ d'écriture*** Schreibschutz *m*; ***~ contre le bruit*** Lärmschutz *m*; ***~ des données*** Datenschutz *m*
protectionnisme [prɔtɛksjɔnismə] *m écon* Protektionismus *m*, Schutzzollsystem *n*; ⚠ *Schreibung*
protectorat [prɔtɛktɔra] *m* Protektorat *n*
protégé, ~e [prɔteʒe] *m, f* Schützling *m*; Günstling *m*
▶ **protéger** [prɔteʒe] (1g) (be)schützen (***contre*** *od* ***de*** vor); begünstigen; fördern
protège-slip [prɔtɛʒslip] *m* (⚠ *pl* ***protège-slips***) Slipeinlage *f*
protéine [prɔtein] *f* Eiweiß *n*, Protein *n*; ⚠ ***la ~***
▶ **protest|ant, ~ante** [prɔtɛstɑ̃, -ɑ̃t] *rel* **1.** *adj* protestantisch, evangelisch; **2.** *m, f* Protestant(in) *m(f)*
protest|ation [prɔtɛstasjɔ̃] *f* Protest *m*, Einspruch *m*; Beteuerung *f*; **~er** (1a) protestieren (***contre*** gegen); ***~ de qc*** etw beteuern
prothèse [prɔtɛz] *f* Prothese *f*
protocole [prɔtɔkɔl] *m* (diplomatisches) Protokoll *n*; ⚠ *Schreibung*
prototype [prɔtɔtip] *m* Ur-, Vorbild *n*; *tech* Prototyp *m*
protubérance [prɔtyberɑ̃s] *f* Beule *f*, Höcker *m*
proue [pru] *f mar* Bug *m*
prouesse [pruɛs] *f* Heldentat *f*
prouvable [pruvablə] beweisbar
▶ **prouver** [pruve] (1a) beweisen
provenance [prɔvnɑ̃s] *f* Herkunft *f*; ***en ~ de*** *Flugzeug, Zug*: aus
provençal, ~e [prɔvɑ̃sal] (⚠ *m/pl* ***-aux***) provenzalisch; ⚠ *nicht verwechseln mit* ***provincial***
Provence [prɔvɑ̃s] ***la ~*** die Provence
provenir [prɔvnir] (2h) herkommen, stammen, herrühren (***de*** von)

proverb|e [prɔvɛrb] *m* Sprichwort *n*; **~ial, ~iale** [-jal] (⚠ *m/pl* ***-iaux***) sprichwörtlich
provid|ence [prɔvidɑ̃s] *f* Vorsehung *f*; **~entiel, ~entielle** [-ɑ̃sjɛl] unverhofft, unerwartet
▶ **provinc|e** [prɔvɛ̃s] *f* Provinz *f*; **~ial, ~iale** [-jal] (⚠ *m/pl* ***-iaux***) **1.** *adj* provinziell; Provinz...; **2.** *m, f* Provinzbewohner(in) *m(f)*; Kleinstädter(in) *m(f)*; *péj* Provinzler(in) *m(f)*
proviseur [prɔvizœr] *m* Schulleiter *m* (*Gymnasium*)
provision [prɔvizjɔ̃] *f* **1.** Vorrat *m* (***de*** an); ▶ ***provisions*** *pl* (Lebensmittel-) Vorräte *m/pl*; Einkäufe *m/pl*; **2.** *Scheck*: Deckung *f*; ⚠ *nicht* Provision
provisoire [prɔvizwar] vorläufig, provisorisch
provoc|ant, ~ante [prɔvɔkɑ̃, -ɑ̃t], **~ateur, ~atrice** [-atœr, -atris] herausfordernd, provozierend; ***agent*** *m* ***provocateur*** Lockspitzel *m*; **~ation** *f* Provokation *f*, Herausforderung *f*
▶ **provoquer** [prɔvɔke] (1m) herausfordern, provozieren; hervorrufen
proxénète [prɔksenɛt] *m* Kuppler *m*; Zuhälter *m*
proximité [prɔksimite] *f* Nähe *f*; ***à ~ de*** nahe bei, in der Nähe von
prude [pryd] prüde, zimperlich
prudence [prydɑ̃s] *f* Vorsicht *f*; Umsicht *f*
▶ **prud|ent, ~ente** [prydɑ̃, -ɑ̃t] vorsichtig; umsichtig, klug; ⚠ *adv* ***prudemment*** [-amɑ̃]
pruderie [prydri] *f* Prüderie *f*
prud'homme [prydɔm] *m* Arbeitsrichter *m*
▶ **prun|e** [pryn] *f* Pflaume *f*; **~eau** [-o] *m* (⚠ *pl* ***~x***) Backpflaume *f*; **~elle** *f* Pupille *f*; *bot* Schlehe *f*; **~ier** [-je] *m* Pflaumenbaum *m*
Prusse [prys] ***la ~*** Preußen *n*
pruss|ien, ~ienne [prysjɛ̃, -jɛn] **1.** *adj* preußisch; **2.** ♀ *m, f* Preuße, -in *m, f*
P.S. [peɛs] *m* (*abr* ***Parti socialiste***) Sozialistische Partei *f*
psaume [psom] *m* Psalm *m*
pseudo... [psødɔ] *in Zssgn* pseudo..., Pseudo...
pseudonyme [psødɔnim] *m* Pseudonym *n*, Deckname *m*
psychanal|yse [psikanaliz] *f* Psycho-

P

analyse *f*; **~yste** [-ist] *m, f* Psychoanalytiker(in) *m(f)*
psychiatr|e [psikjatrə] *m, f* Psychiater(in) *m(f)*; **~ie** [-i] *f* Psychiatrie *f*
psychique [psiʃik] psychisch, seelisch
psycho|logie [psikɔlɔʒi] *f* Psychologie *f*; Menschenkenntnis *f*; **~logique** [-lɔʒik] psychologisch; seelisch; **~logue** [-lɔg] *m, f* Psychologe *m*, -in *f*
psychosomatique [psikosɔmatik] psychosomatisch
psychothérapie [psikoterapi] *f* Psychotherapie *f*
psychotique [psikotik] geisteskrank
psychotropes [psikotrɔp] *m/pl* Psychopharmaka *pl*
►**P.T.T.** [petete] *m/pl hist u Schweiz* (*abr* **Postes, télégraphes et téléphones**) Post- und Fernmeldewesen *n*
pu [py] *p/p von* **pouvoir**
pu|ant, ~ante [pɥɑ̃, -ɑ̃t] stinkend; *fig* eingebildet; **~anteur** [-ɑ̃tœr] *f* Gestank *m*
pub [pyb] *f* F Werbung *f*
puber|taire [pybɛrtɛr] Pubertäts...; **~té** [-te] *f* Pubertät(szeit) *f*, Geschlechtsreife *f*
►**publ|ic, ~ique** [pyblik] **1.** *adj* öffentlich; staatlich; **2.** *m* Öffentlichkeit *f*; Publikum *n*; **en public** öffentlich
publication [pyblikasjɔ̃] *f* Veröffentlichung *f*; Bekanntgabe *f*; **~ assistée par ordinateur** Desktop-Publishing *n*
publicitaire [pyblisitɛr] Werbe..., Reklame...
►**publicité** [pyblisite] *f* **1.** Werbung *f*, Reklame *f*; Werbeplakat *n*; **2.** Öffentlichkeit *f*, Publizität *f*
►**publier** [pyblije] (1a) veröffentlichen
puce [pys] *f* Floh *m*; *EDV* Chip *m*; **mettre la ~ à l'oreille** misstrauisch machen; **marché** *m* **aux ~s** Flohmarkt m
pud|eur [pydœr] *f* Scham(gefühl) *f(n)*; **~ique** schamhaft, züchtig; diskret
puer [pɥe] (1a) stinken (**qc** nach etw)
puériculture [pɥerikyltyr] *f* Säuglingspflege *f*
puéril, ~e [pɥeril] kindisch; **~ité** *f* kindisches Wesen *n*
pugilat [pyʒila] *m* Rauferei *f*; *hist* Faustkampf *m*
►**puis** [pɥi] dann, darauf
puiser [pɥize] (1a) schöpfen (**dans** aus); entnehmen
►**puisque** [pɥiskə] da ja, da doch
puissamment [pɥisamɑ̃] *adv* stark, heftig
►**puissance** [pɥisɑ̃s] *f* Macht *f*; Stärke *f*; Leistungsfähigkeit *f*; *math* Potenz *f*
►**puiss|ant, ~ante** [pɥisɑ̃, -ɑ̃t] mächtig; kräftig; stark
►**puits** [pɥi] *m* Brunnen *m*; Schacht *m*
►**pull(-over)** [pyl(ɔvɛr)] *m* (⚠ *pl* **pulls, pull-overs**) F Pulli *m*, Pullover *m*
pulluler [pylyle] (1a) wimmeln
pulmonaire [pylmɔnɛr] *méd* Lungen...
pulpe [pylp] *f* Fruchtfleisch *n*
pulsation [pylsasjɔ̃] *f méd* Pulsschlag *m*
pulvéris|ateur [pylverizatœr] *m* Zerstäuber *m*, Sprühgerät *n*; **~er** (1a) pulverisieren; zerstäuben; *fig* vernichten
punaise [pynɛz] *f* Wanze *f*; Reißnagel *m*, -zwecke *f*
punch[1] [pɔ̃ʃ] *m* Punsch *m*
punch[2] [pœnʃ] *m Boxen*: Schlag *m*; *fig* Schwung *m*
►**punir** [pynir] (2a) (be)strafen
punition [pynisjɔ̃] *f* Strafe *f*
punk [pœnk] *m* Punker *m*; **la musique ~** der Punk
pupille [pypij] **1.** *m, f jur* Mündel *m od n*; Waisenkind *n*; **2.** *f Auge*: Pupille *f*
pupitre [pypitrə] *m* Pult *n*
►**pur, ~e** [pyr] rein, pur; klar; sauber; bloß; **pur et simple** ganz einfach, glatt
purée [pyre] *f* Brei *m*, Püree *n*; F **être dans la ~** in Not sein
pureté [pyrte] *f* Reinheit *f*
purgat|if, ~ive [pyrgatif, -iv] *phm* **1.** *adj* abführend; **2.** *m* Abführmittel *n*; **~oire** [-war] *m rel* Fegefeuer *n*
purg|e [pyrʒ] *f méd* Abführmittel *n*; *pol* Säuberung *f*; **~er** (1l) *tech* entlüften; *pol* säubern; *jur Strafe*: verbüßen
purifier [pyrifje] (1a) reinigen
purin [pyrɛ̃] *m agr* Jauche *f*
puriste [pyrist] *m* Purist *m*, Sprachreiniger *m*
pur-sang [pyrsɑ̃] *m* (⚠ *pl unv*) Vollblutpferd *n*
purul|ent, ~ente [pyrylɑ̃, -ɑ̃t] eitrig
pus[1] [py] *m* Eiter *m*
pus[2] [py] *p/s von* **pouvoir**
pustule [pystyl] *f méd* Pustel *f*
putain [pytɛ̃] P *f* Hure *f*
putré|faction [pytrefaksjɔ̃] *f* Fäulnis *f*, Verwesung *f*; **~fier** [-fje] (1a) faulen lassen; **se ~** (ver)faulen, verwesen, vermodern

putride [pytrid] faulig
P.-V. [peve] *m* (*abr* ***procès-verbal***) gebührenpflichtige Verwarnung *f*
pygmée [pigme] *m* Pygmäe *m*
▶ **pyjama** [piʒama] *m* Schlafanzug *m*
pylône [pilon] *m* Mast *m*; Stütze *f*, Pfeiler *m*; *arch* Pylon *m*
pyramide [piramid] *f* Pyramide *f*
Pyrénées [pirene] *f/pl* Pyrenäen *pl*
pyrex [pirɛks] *m* feuerfestes Glas *n*, Pyrex *n* (*Warenzeichen*)
pyrotechnicien [pirɔtɛknisjɛ̃] *m* Feuerwerker *m*

Q

quadragénaire [kwadraʒenɛr] **1.** *adj* vierzigjährig; **2.** *m*, *f* Vierzigjährige(r) *m*, *f*
quadrangulaire [kwadrɑ̃gylɛr] viereckig
quadrilatère [kwadrilatɛr, ka-] *m* Viereck *n*
quadriller [kadrije] (1a) karieren; *fig* kontrollieren
quadri|moteur [kwadrimɔtœr, ka-] *m* *aviat* viermotorige Maschine *f*; **~partite** [-partit] *adj* *pol* Viermächte...; **~réacteur** [-reaktœr] *m* *aviat* vierstrahlige Maschine *f*
quadrupl|e [kwadryplə, ka-] vierfach; **~er** (1a) (sich) vervierfachen; **~és, ~ées** *m/pl*, *f/pl* Vierlinge *m/pl*
▶ **quai** [ke] *m* Kai *m*; Bahnsteig *m*
qualifica|tif, ~tive [kalifikatif, -tiv] **1.** *adj* *gr* ***adjectif m qualificatif*** Eigenschaftswort *n*; **2.** *m* Bezeichnung *f*; **~tion** *f* Bezeichnung *f*, Benennung *f*; Qualifizierung *f*, Qualifikation *f*, Befähigung *f*
▶ **qualifi|é, ~ée** [kalifje] qualifiziert, befähigt, geeignet; ***ouvrier m qualifié*** Facharbeiter *m*; **~er** (1a) benennen, charakterisieren; qualifizieren (*a Sport*); ***~ qn de*** ... j-n bezeichnen als ...
▶ **qualité** [kalite] *f* Qualität *f*; Eigenschaft *f*; Beschaffenheit *f*; ... ***de ~*** Qualitäts...; ***en ~ de*** als
▶ **quand** [kɑ̃] **1.** wann?; ***depuis quand?*** seit wann?, wie lange (schon)?; ***jusqu'à quand?*** bis wann?, wie lange noch?; **2.** *conj* als; (jedes Mal) wenn; selbst wenn; **3.** ▶ ***quand même*** trotzdem; immerhin; doch
▶ **quant à** [kɑ̃ta] was ... betrifft
▶ **quantité** [kɑ̃tite] *f* Menge *f*, Quantität *f*; *math* Größe *f*; ***~ de*** viele
quarantaine [karɑ̃tɛn] *f* etwa vierzig; *Alter*: Vierzig *f*; *méd* Quarantäne *f*
▶ **quarante** [karɑ̃t] vierzig
▶ **quart** [kar] *m* Viertel *n*; Viertelliter *m*, -pfund *n*; ▶ ***quart d'heure*** Viertelstunde *f*; ***les trois quarts*** drei Viertel; ***il est le quart*** es ist Viertel (nach)
▶ **quartier** [kartje] *m* Viertel *n*, Stück *n*; Stadtviertel *n*, -teil *m*, Bezirk *m*; *mil* Quartier *n*
quartier-maître [kartjemɛtrə] *m* (⚠ *pl* ***quartiers-maîtres***) *mar* Gefreite(r) *m*, Maat *m*
quasi|-... [kazi] *in Zssgn* fast, gewissermaßen; **~ment** sozusagen, quasi
▶ **quatorze** [katɔrz] vierzehn
quatrain [katrɛ̃] *m* Vierzeiler *m*
▶ **quatre** [katrə] **1.** *adj* vier; ***à ~*** zu viert; ***le ~ mai*** der vierte *od* am vierten Mai; **2.** *m* Vier *f*; ⚠ ***le ~***
quatre-saisons [kat(rə)sɛzɔ̃] ***marchand m des ~*** (herumziehender) Obst- und Gemüsehändler *m*
▶ **quatre-vingt(s)** [katrəvɛ̃] achtzig; ⚠ *ohne* **s** *bei folgender Zahl*
▶ **quatre-vingt-dix** [katrəvɛdis] neunzig
▶ **quatre-vingt-onze** [katrəvɛ̃ɔ̃z] einundneunzig
▶ **quatre-vingt-un** [katrəvɛ̃ɛ̃] einundachtzig
▶ **quatrième** [katrijɛm] vierte; **~ment** *adv* viertens
quatuor [kwatɥɔr] *m* *mus* Quartett *n*
▶ **que** [kə] (*vor Vokal u stummem h* ***qu'***)

1. *Relativpronomen* welchen *od* den, welche *od* die, welches *od* das; ***imbécile que tu es!*** du Dummkopf!; ***le jour que*** der Tag, an dem; ▶ ***ce que*** (das) was; ***je sais ce qu'il veut*** ich weiß, was er will; ***que je sache*** soviel ich weiß; ***je ne sais que dire*** ich weiß nicht, was ich sagen soll; ***coûte que coûte*** koste es, was es wolle!; **2.** *Fragepronomen* was?; ***qu'y a-t-il?*** was gibt es?; ▶ ***qu'est-ce que?*** was?; ***qu'est-ce que c'est?*** was ist das?; **3.** *adv in Ausrufen* wie; ***que c'est beau!*** wie schön!; ***que de fois!*** wie oft!; **4.** *conj* dass; damit; *nach Komparativ* als: ***plus grand que moi*** größer als ich; *im Vergleich* wie: ***tel que je suis*** so wie ich bin; ***ne ... que*** nur; erst; *stellvertretend als Wiederholung e-r anderen conj*: ***puisque vous le dites et que nous le croyons*** da Sie es sagen und wir es glauben; *am Satzanfang mit subj*: ***qu'il ait raison, j'en suis certain*** dass er Recht hat, weiß ich genau; *konzessiv* ob: ***qu'il pleuve ou non*** ob es regnet oder nicht; *Wunsch*: ***qu'il entre*** er soll hereinkommen

québéc|ois, ~oise [kebekwa, -waz] aus Quebec

▶ **quel, ~le** [kɛl] welche(r, -s); was für ein(e); ***quelle heure est-il?*** wie viel Uhr ist es?; ~ ***que*** (+ *subj*) welche(r, -s) auch immer; ***quelles que soient vos raisons*** welches auch (immer) Ihre Gründe sein mögen

quelconque [kɛlkɔ̃k] **1.** irgendein(e), beliebig; ***un travail*** ~ irgendeine Arbeit; **2.** mittelmäßig, gewöhnlich

▶ **quelque** [kɛlkə, *vor Vokal* kɛlk] **1.** einige, ein(e) gewisse(r, -s); ~***s*** *pl* einige, ein paar; ***à*** ~ ***distance*** in einiger Entfernung; ~***s jours*** ein paar *od* einige Tage; ~ ***chose*** etwas; **2.** *vor Zahlen* (⚠ *unv*) ungefähr, etwa; **3.** ~ ... ***que*** (+ *subj*) wie ... auch immer; ~ ***grands qu'ils soient*** wie groß sie auch (immer) sein mögen

▶ **quelquefois** [kɛlkəfwa] manchmal

▶ **quelqu'un** [kɛlkɛ̃ *od* kɛlkœ̃] jemand, (irgend)einer; ▶ ***quelques-uns*** [kɛlkəzɛ̃, -œ̃] *m/pl*, ***quelques-unes*** *f/pl* einige; ~ ***d'autre*** jemand anders

quémander [kemɑ̃de] (1a) aufdringlich bitten, betteln

quenelle [kənɛl] *f* Klößchen *n*

querell|e [kərɛl] *f* Streit *m*; **~er** (1b) ***se*** ~ (sich) streiten, (sich) zanken; **~eur, ~euse** **1.** *adj* zänkisch; **2.** *m, f* Zänker(in) *m(f)*, Streithammel *m* F

▶ **question** [kɛstjɔ̃] *f* Frage *f*; Problem *n*; *hist* Folter *f*; F ~ ***travail*** was die Arbeit angeht; ***en*** ~ fraglich, betreffend; ***c'est hors de*** ~ das kommt nicht in Frage; ***il est*** ~ ***de*** es handelt sich um

▶ **questionn|aire** [kɛstjɔnɛr] *m* Fragebogen *m*; **~er** (1a) aus-, befragen

question-piège [kɛstjɔ̃pjɛʒ] *f* (⚠ *pl* ***questions-pièges***) Fangfrage *f*

quêt|e [kɛt] *f* Suche *f*; Geldsammlung *f*, Kollekte *f*; ***en*** ~ ***de*** auf der Suche nach; **~er** (1b) sammeln; *fig* erbitten; *ch* auf-, nachspüren

▶ **queue** [kø] *f* Schwanz *m*, Schweif *m*; Stiel *m* (*e-r Pfanne etc*); Billardstock *m*; Ende *n*; *fig* Schlange *f*; ▶ ***faire la queue*** Schlange stehen; *auto* ***faire une queue de poisson à qn*** j-n schneiden; ***à la queue***, ***en queue*** am Ende; *mus* ***piano*** *m* ***à queue*** Flügel *m*

▶ **qui** [ki] **1.** *Fragepronomen* wer?; wen?; ***de qui*** von wem?; wessen?; ***à qui*** wem?; ▶ ***qui est-ce qui?*** wer?; ▶ ***qui est-ce que?*** wen?; ▶ ***qu'est-ce qui?*** was?; **2.** *Relativpronomen* welcher *od* der, welche *od* die, welches *od* das; *pl* welche *od* die; ▶ ***ce qui*** (das) was; ***rien qui*** nichts was; ***qui pis est*** was noch schlimmer ist; ***sauve qui peut*** rette sich, wer kann; ***je ne sais qui*** ein x-Beliebiger; ***à qui mieux mieux*** um die Wette; ***aimez qui vous aime*** liebt den, der euch liebt!; ***ni qui ni quoi*** überhaupt nichts; *st/s* ***qui ... qui ...*** der eine ..., der andere ...; die einen ..., die anderen ...

quiche [kiʃ] *f cuis* ~ ***lorraine*** *etwa* Speckkuchen *m*

quiconque [kikɔ̃k] jeder, der ...; jeder (Beliebige)

quille[1] [kij] *f* Kegel *m* (*Spiel*); *arg mil* Ende *m* des Militärdienstes

quille[2] [kij] *f* (Schiffs-)Kiel *m*

quincaillerie [kɛ̃kajri] *f* Eisenwaren *f/pl* und Küchengeräte *n/pl*; Haushaltwarengeschäft *n*

quinine [kinin] *f* Chinin *n*; ⚠ ***la*** ~

quinquagénaire [kɛkaʒenɛr] **1.** *adj* fünfzigjährig; **2.** *m, f* Fünfzigjährige(r) *m, f*

Q

quintal [kɛ̃tal] *m* (⚠ *pl* **-aux**) Doppelzentner *m*
quinte [kɛ̃t] *f* **~ (de toux)** Hustenanfall *m*
quintessence [kɛ̃tesɑ̃s] *f* Quintessenz *f*, Hauptinhalt *m*
quintuple [kɛ̃typlə] fünffach
quinzaine [kɛ̃zɛn] *f* vierzehn Tage *m/pl*, zwei Wochen *f/pl*; **une ~ de ...** etwa fünfzehn ...
▶ **quinze** [kɛ̃z] fünfzehn; ▶ ***quinze jours*** vierzehn Tage; ***le quinze (du mois)*** der Fünfzehnte (des Monats)
quittance [kitɑ̃s] *f* Quittung *f*; ***donner ~ de qc*** etw quittieren
quitte [kit] quitt, nichts schuldig; frei, befreit (***de qc*** von etw); **~ *à*** (+ *inf*) auf die Gefahr hin, dass ...
▶ **quitter** [kite] (1a) verlassen; aufgeben; *Kleidung*: ablegen; ***se ~*** sich trennen, auseinander gehen; *tél* ▶ ***ne quittez pas!*** bitte bleiben Sie am Apparat!
qui-vive? [kiviv] **1.** *mil* wer da?; **2.** *m* ***être*** *od* ***se tenir sur le ~*** aufpassen, auf der Hut sein
▶ **quoi** [kwa] **1.** *allein stehend* was?; **2. *à quoi*** wozu, woran; ***après quoi*** worauf(hin); ***de quoi*** wovon; ***sans quoi*** sonst, andernfalls; ▶ ***à quoi bon?*** wozu?; ***avoir de quoi vivre*** genug zum Leben haben; ***il a de quoi*** er hat Geld; ***(il n'y a) pas de quoi!*** keine Ursache!, bitte!; **3. *quoi que*** (+ *subj*) was auch (immer); ***quoi qu'il en soit*** wie dem auch sei
quoique [kwakə] *conj* (+ *subj*) obgleich, obwohl; ⚠ *nicht verwechseln mit* ***quoi que***
quolibet [kɔlibɛ] *m* Stichelei *f*, Anzüglichkeit *f*
quote-part [kɔtpar] *f* (⚠ *pl* ***quotes-parts***) Anteil *m*
▶ **quotidi|en, ~enne** [kɔtidjɛ̃, -ɛn] **1.** *adj* täglich; **2.** *m* Tageszeitung *f*
quotient [kɔsjɑ̃] *m* Quotient *m*; **~ *intellectuel*** Intelligenzquotient *m*

R

rab [rab] *m* F Extraportion *f*; Nachschlag *m*; ***faire du ~*** Überstunden machen
rabâch|age [rabaʃaʒ] *m* F Wiederkäuen *n*; **~er** (1a) immer dasselbe sagen, F wiederkäuen
rabais [rabɛ] *m* Rabatt *m*, Ermäßigung *f*
rabaisser [rabɛse] (1b) herabsetzen, schmälern
rabat-joie [rabaʒwa] *m* (⚠ *pl unv*) Spielverderber *m*
rabattre [rabatrə] (4a) herunterklappen, umschlagen, umlegen; *Falte*: legen; *Preis*: nachlassen; *Wild*: treiben; ***en ~*** Abstriche machen, zurückstecken; *auto* ***se ~*** plötzlich abschwenken (***sur*** nach), wieder einscheren; *fig* ***se ~ sur*** zurückgreifen auf, vorliebnehmen mit
rabin [rabɛ̃] *m* Rabbiner *m*
rabot [rabo] *m* Hobel *m*
raboter [rabɔte] (1a) (be-, ab)hobeln
rabot|eux, ~euse [rabɔtø, -øz] rau, uneben; holp(e)rig (*a fig*)
rabougri, ~e [rabugri] verkümmert, verkrüppelt
rabrouer [rabrue] (1a) **~ *qn*** j-n anfahren, anherrschen
racaille [rakaj] *f* Pack *n*, Gesindel *n*
raccommod|age [rakɔmɔdaʒ] *m* Ausbesserung *f*, Flicken *n*; **~er** (1a) flicken, ausbessern, stopfen
raccompagner [rakɔ̃paɲe] (1a) zurückbegleiten, -bringen
raccord [rakɔr] *m* Verbindung(sstück) *f(n)*; Übergang *m*; *tech* Nippel *m*
raccord|ement [rakɔrdəmɑ̃] *m* Verbindung *f*; Anschluss *m*; Übergang *m*; **~er** (1a) verbinden, aneinander passen; anschließen
raccourc|i, ~ie [rakursi] **1.** *adj* ge-, verkürzt; ***en raccourci*** in Kurzform; **2.** *m* Ab-, Verkürzung *f*; **~ir** (2a) ab-, verkürzen; kürzer werden

raccrocher [rakrɔʃe] (1a) wieder an-, aufhängen; *Telefonhörer*: auflegen; **se ~ à** sich (an)klammern an

► **race** [ras] *f* Rasse *f*; Geschlecht *n*; *péj* Sippschaft *f*

rachat [raʃa] *m* Rück-, Loskauf *m*

racheter [raʃte] (1e) zurückkaufen; los-, freikaufen; *fig* wieder gutmachen; *rel* erlösen

racial, ~e [rasjal] (⚠ *m/pl* **-aux**) rassisch, Rassen...

► **racine** [rasin] *f* Wurzel *f* (*a fig u math*); **prendre ~** Wurzeln schlagen

racisme [rasismə] *m* Rassenideologie *f*, Rassismus *m*

racket [rakɛt] *m* Schutzgelderpressung *f*

racl|ée [rɑkle] F *f* Tracht *f* Prügel; **~er** (1a) schaben, abkratzen; streifen; **se ~ la gorge** sich räuspern; **~ette** [-ɛt] *f tech* Kratz-, Schabeisen *n*; *cuis* Raclette *f od n* (*Art Fondue*)

racoler [rakɔle] (1a) *péj* anwerben, fangen, F anhauen

► **raconter** [rakɔ̃te] (1a) erzählen (**qc** [von] etw), berichten

radar [radar] *m* Radar(anlage *f*, -gerät *n*) *n*

radeau [rado] *m* (⚠ *pl* **~x**) Floß *n*

radial, ~e [radjal] (⚠ *m/pl* **-aux**) radial, strahlenförmig; **pneu** *m* **à carcasse radiale** Gürtelreifen *m*

radia|teur [radjatœr] *m* Heizkörper *m*, Radiator *m*; *auto* Kühler *m*; **~tion** *f* Strahlung *f*; Streichung *f*

radical, ~e [radikal] (⚠ *m/pl* **-aux**) **1.** *adj* Wurzel...; gründlich, radikal; **2.** *m gr* Stamm *m*; *math* Wurzelzeichen *n*; *pol* Radikalsozialist *m*

radier [radje] (1a) (aus)streichen

radi|eux, ~euse [radjø, -øz] strahlend (*a fig*)

radin (*f a* **radine**) [radɛ̃, radin] F knauserig

► **radio** [radjo] **1.** *f* Rundfunk *m*, Radio *n*, Hörfunk *m*; Funk *m*; **~ libre** Privatsender *m*; **~ pirate** Piratensender *m*; ⚠ **la ~**; **2.** *f* Röntgenaufnahme *f*; **3.** *m* Funker *m*; Funkspruch *m*

radio|actif, ~active [radjɔaktif, -aktiv] radioaktiv; **~activité** [-aktivite] *f* Radioaktivität *f*; **~amateur** [-amatœr] *m* Funkamateur *m*; **~cassette** [-kasɛt] *f* Radiorekorder *m*; **~diffuser** [-difyze] (1a) (im Rundfunk) übertragen, senden; **~diffusion** [-difyzjɔ̃] *f* Rundfunkübertragung *f*; Rundfunk *m*; **~graphie** [-grafi] *f* Röntgenaufnahme *f*, -bild *n*; **~graphier** [-grafje] (1a) röntgen; **~logie** [-lɔʒi] *f* Röntgenkunde *f*, Radiologie *f*; **~phonique** [-fɔnik] Radio..., (Rund-)Funk...; **~reportage** [-rəpɔrtaʒ] *m* Funkreportage *f*; **~réveil** [-revɛj] *m* Radiowecker *m*; **~scopie** [-skɔpi] *f* Durchleuchtung *f*; **~-taxi** [-taksi] *m* (⚠ *pl* **radio-taxis**) Funktaxi *n*; **~téléphone** [-telefɔn] *m* Funktelefon *n*; **~télévisé(e)** [-televise] Funk- und Fernseh...; **~thérapie** [-terapi] *f* Röntgentherapie *f*, Strahlenbehandlung *f*

radis [radi] *m bot* Radieschen *n*, Rettich *m*

radoter [radɔte] (1a) faseln; schwatzen

radoucir [radusir] (2a) mildern; **se ~** milder werden; sich beruhigen

rafale [rafal] *f* Windstoß *m*, Bö *f*; *mil* Feuerstoß *m*

raffermir [rafɛrmir] (2a) (wieder) festigen, straffen; *fig* stärken

raffinage [rafinaʒ] *m tech* Raffinieren *n*, Verfeinerung *f*

raffin|é, ~ée [rafine] ver-, überfeinert; erlesen; gepflegt; ausgeklügelt; *tech* raffiniert; **~ement** [-mɑ̃] *m* Verfeinerung *f*; Raffinesse *f*; **~er** (1a) *tech* raffinieren; *fig* verfeinern; **~erie** *f tech* Raffinerie *f*

raffoler [rafɔle] (1a) vernarrt sein (**de** in)

rafistoler [rafistɔle] (1a) F flicken, ausbessern

rafle [raflə] *f* Plünderung *f*; Razzia *f*

rafler [rafle] (1a) F an sich raffen

rafraîch|ir [rafrɛʃir] (2a) erfrischen; kühlen; auffrischen (*a fig*); kühler werden; **se ~** kühler werden; sich erfrischen (*durch ein Getränk*); **~issant, ~issante** [-isɑ̃, -isɑ̃t] erfrischend (*a fig*); **~issement** [-ismɑ̃] *m* Abkühlung *f*; Erfrischung *f*

rafting [raftiŋ] *m* Rafting *n*

rage [raʒ] *f* Wut *f*, Raserei *f*; *méd* Tollwut *f*; ⚠ **la ~**

ragot [rago] *m* F Tratsch *m*

ragoût [ragu] *m cuis* Ragout *n*

raid [rɛd] *m mil* Einfall *m*; Luftangriff *m*

raid|e [rɛd] steif (*a fig*); steil; *fig* hartnäckig, starr; P stockbesoffen; **~ mort** auf der Stelle tot; **~eur** *f* Steifheit *f* (*a*

R

fig); Steilheit *f*; **~ir** (2a) versteifen, anspannen; **se ~** steif werden; *fig* trotzen
raie [rɛ] *f* **1.** Strich *m*, Streifen *m*; *Haar*: Scheitel *m*; **2.** *zo* Rochen *m*
raifort [rɛfɔr] *m bot* Meerrettich *m*
rail [rɑj] *m Bahn*: Schiene *f*
raill|er [rɑjɛ] (1a) verspotten, spotten (**qn** über j-n); **~erie** *f* Spott *m*; **~eur, ~euse** spöttisch
rainette [rɛnɛt] *f zo* Laubfrosch *m*
rainure [renyr] *f tech* Nut *f*, Rille *f*
▶ **raisin** [rɛzɛ̃] *m* (Wein-)Traube(n) *f(pl)*; **~ sec** Rosine *f*
▶ **raison** [rɛzɔ̃] *f* Vernunft *f*, Verstand *m*; Recht *n*; Grund *m*, Ursache *f*; Argument *n*; ▶ ***avoir raison*** Recht haben; ***avoir raison de qn*** j-n überwältigen; ***avoir raison de qc*** etw meistern; ***à raison de*** zum Preis von; pro; ***à plus forte raison*** umso mehr; ***en raison de*** auf Grund von; ***raison d'être*** Existenzberechtigung *f*; ***raison d'État*** Staatsräson *f*; ***pour cette raison*** aus diesem Grund, deshalb
▶ **raisonnable** [rɛzɔnablə] vernünftig; angemessen
raisonné, ~e [rɛzɔne] durchdacht, überlegt
raisonn|ement [rɛzɔnmɑ̃] *m* Beweisführung *f*, Überlegung *f*, Gedankengang *m*; Urteilskraft *f*; **~er** (1a) urteilen, schließen, argumentieren; nachdenken; widersprechen; **~ *qn*** j-m gut zureden
rajeunir [raʒœnir] (2a) verjüngen; neu beleben; jünger werden, aussehen
rajouter [raʒute] (1a) hinzufügen
rajust|ement [raʒystəmɑ̃] *m* Angleichung *f*; **~er** (1a) zurechtrücken, wieder in Ordnung bringen; angleichen
ralenti [ralɑ̃ti] *m auto* Leerlauf *m*; *Film*: Zeitlupe *f*; *fig* **au ~** mit verminderter Kraft
▶ **ralent|ir** [ralɑ̃tir] (2a) verlangsamen; langsamer werden, fahren; **~issement** [-ismɑ̃] *m* Langsamerwerden *n*; *fig* Nachlassen *n*; **~ *conjoncturel*** Konjunkturrückgang *m*
râler [rɑle] (1a) röcheln; F nörgeln
rallier [ralje] (1a) sammeln; *fig* vereinen; sich anschließen (**qn** j-m); **se ~ à** sich anschließen an
rallong|e [ralɔ̃ʒ] *f* Verlängerungsstück *n*; **~er** (1l) verlängern
rallye [rali] *m* Rallye *f*, Sternfahrt *f*; ⚠ **le ~**
ramassage [ramasaʒ] *m* Sammeln *n*; ***car m de ~ scolaire*** Schulbus *m*
▶ **ramass|er** [ramase] (1a) (*von der Erde*) aufheben; (ein)sammeln; F *Prügel*: erwischen; **~is** [-i] *m péj* Haufen *m*
rame [ram] *f* Ruder *n*; Stange *f*; *U-Bahn*: Zug *m*
rameau [ramo] *m* (⚠ *pl* **~x**) Zweig *m* (*a fig*); *rel* **les** **Ꝝx** Palmsonntag *m*
▶ **ramener** [ramne] (1d) zurück-, wiederbringen; mitbringen; *Ordnung*: wiederherstellen; **~ à** bringen, zurückführen auf; **se ~ à qc** auf etw hinauslaufen
ram|er [rame] (1a) rudern; **~eur, ~euse** *m, f* Ruderer, -in *m, f*
rami|fication [ramifikasjɔ̃] *f* Ab-, Verzweigung *f*; **~fier** [-fje] (1a) **se ~** sich verzweigen (*a fig*)
ramollir [ramɔlir] (2a) weich machen, aufweichen; **se ~** weich werden; *fig* nachlassen
ramon|er [ramɔne] (1a) *Schornstein*: fegen; **~eur** *m* Schornsteinfeger *m*
ramp|ant, ~ante [rɑ̃pɑ̃, -ɑ̃t] kriechend; *fig* kriecherisch
ramp|e [rɑ̃p] *f* Treppengeländer *n*; Auffahrt *f*; Rampe *f*; ***~ de lancement*** Abschussrampe *f*; **~er** (1a) kriechen (*a fig*)
rancard [rɑ̃kar] F *m* Verabredung *f*; Auskunft *f*
rancart [rɑ̃kar] *m* ***mettre au ~*** ausrangieren
rance [rɑ̃s] ranzig
rancœur [rɑ̃kœr] *f* Groll *m*, Verbitterung *f*
rançon [rɑ̃sɔ̃] *f* Lösegeld *n*; *fig* Preis *m*; ⚠ **la ~**
rancun|e [rɑ̃kyn] *f* Groll *m*, Rachsucht *f*; **~ier, ~ière** [-je, -jɛr] nachtragend
randonn|ée [rɑ̃dɔne] *f* Ausflug *m*, Tour *f*, Wanderung *f*; ***grande ~*** Wanderweg *m*; **~eur** *m* Wanderer *m*
▶ **rang** [rɑ̃] *m* Reihe *f*, Rang *m*, Stand *m*; *mil* Glied *n*; *fig* ***se mettre sur les ~s*** sich bewerben; ***rentrer dans le ~*** wieder in den Hintergrund treten; ***être au premier ~*** an erster Stelle stehen; ⚠ *nicht* Rang *im Theater*
rang|é, ~ée [rɑ̃ʒe] anständig; geordnet; **~ée** *f* Reihe *f*
▶ **ranger** [rɑ̃ʒe] (1l) in Ordnung bringen, aufstellen, ordnen; *Zimmer*: auf-

R

räumen; **se ~** sich einreihen; beiseite treten, fahren; Platz machen; *fig* solide werden; **se ~ à une opinion** e-r Ansicht beipflichten; ⚠ *nicht* rangieren (*Eisenbahn*)
ranimer [ranime] (1a) wieder beleben; *fig* erneuern
rap [rap] *m* Rap *m*
rapace [rapas] **1.** *adj* raubgierig; habsüchtig; **2.** *m* Raubvogel *m*
rapatrié, ~e [rapatrije] *m, f* Rückwanderer(in) *m(f)*, Umsiedler(in) *m(f)*, Heimkehrer(in) *m(f)*
rapatrier [rapatrije] (1a) rückführen, repatriieren
râp|e [rɑp] *f* Reibe *f*; *tech* Raspel *f*; **~er** (1a) reiben; raspeln; ***manteau m râpé*** abgetragener Mantel *m*
rapetasser [raptase] (1a) F flicken
rapetisser [raptise] (1a) verkleinern (*a fig*), verkürzen; kleiner werden; eingehen
▶ **rapide** [rapid] **1.** *adj* schnell, rasch; reißend (*Fluss*); steil (*Steigung*); lebhaft (*Stil*); ⚠ *adv* **~ment** = **vite**; **2.** *m* Stromschnelle *f*; D-Zug *m*
rapidité [rapidite] *f* Schnelligkeit *f*; *fig* Lebhaftigkeit *f*
rapiécer [rapjese] (1f *u* 1k) flicken
rappel [rapɛl] *m* Zurückrufen *n*; Abberufung *f*; Mahnung *f*, Erinnerung *f* (**de** an); Wiederaufnahme *f*, Wiederholung *f*; Nachzahlung *f*; *Bergsteiger*: ***descendre en ~*** sich abseilen
▶ **rappeler** [raple] (1c) zurückrufen; abberufen; noch einmal (an)rufen; *tech* zurückholen; ***rappeler qc à qn*** j-m etw ins Gedächtnis zurückrufen, j-n an etw erinnern; ▶ ***se rappeler qn*** *od* ***qc*** sich an j-n *od* etw erinnern; ***se rappeler avoir fait qc*** sich erinnern, dass man etw getan hat; ⚠ ***se rappeler qc***, *aber* ***se souvenir de qc***
▶ **rapport** [rapɔr] *m* **1.** Bericht *m*; *mil* Meldung *f*; Appell *m*; **2.** Zusammenhang *m*; Verhältnis *n*; Beziehung *f*; *fig* Hinsicht *f*; *pl* ***rapports*** Beziehungen *f/pl*, Verkehr *m*; ▶ ***par rapport à*** im Verhältnis zu, im Vergleich zu; ***sous le rapport de*** was ... betrifft; ***sous tous les rapports*** in jeder Hinsicht; ***en rapport avec*** entsprechend; ***être en rapport avec qn*** mit j-m in Verbindung stehen; **3.** *comm* Ertrag *m*
rapport|er [rapɔrte] (1a) wieder-, zurückbringen; einbringen; berichten; (**se**) **~ à** (sich) beziehen auf; ***s'en ~ à qn*** sich auf j-n verlassen; **~eur, ~euse** *m, f* Berichterstatter(in) *m(f)*; *Schule*: Petze *f* F
rapproch|ement [raprɔʃmɑ̃] *m* Annäherung *f* (*a fig*); Gegenüberstellung *f*, Vergleich *m*; **~er** (1a) heranrücken (**de** an); *fig* näher bringen; gegenüberstellen, vergleichen (**de** mit); **se ~ de** sich (an)nähern, näher kommen; ⚠ *se* **~ de**
rapt [rapt] *m* Entführung *f*
raquette [rakɛt] *f* Tennisschläger *m*
▶ **rare** [rɑr] selten, knapp, rar; außergewöhnlich; *Haar*: dünn; ***il est ~ que*** (+ *subj*) *od* **de** (+ *inf*) es ist selten, dass ...
raréfier [rarefje] (1a) *phys* verdünnen
▶ **rarement** [rarmɑ̃] *adv* selten
rareté [rarte] *f* Seltenheit *f*, Knappheit *f*; Rarität *f*; ⚠ *Schreibung*
R.A.S. [ɛraɛs] (*abr* ***rien à signaler***) alles in Ordnung; *méd* ohne Befund
ras, rase [rɑ, rɑz] kurz geschnitten; gestrichen voll; ***à ras bord*** bis an den Rand; ***en rase campagne*** auf dem flachen Land; ***au ras de*** dicht über; ***faire table rase*** Tabula rasa, reinen Tisch machen; F ***en avoir ras le bol*** die Schnauze voll haben

Wenn man die Schnauze voll hat

Wie macht man jemandem klar, dass man die Nase gestrichen voll hat?
J'en ai vraiment assez. –
Ich hab jetzt wirklich genug davon.
J'en ai ras le bol. –
Ich hab die Schnauze voll.
Je n'ai plus envie de traîner ici. –
Ich habe keine Lust mehr, hier rumzuhängen.
Philippe et ses jeux de hasard, ***j'en ai marre.*** –
Philippe und seine Glücksspiele; ich hab die Nase voll davon.

rase-mottes [rɑzmɔt] *m aviat* Tiefflug *m*
raser [rɑze] (1a) rasieren; abreißen,

R

dem Erdboden gleichmachen; ▶ ***se raser*** sich rasieren; ***raser qc*** an etw dicht entlangfahren; F ***raser qn*** j-n anöden

ras-le-bol [ʀɑlǝbɔl] *m* F Unzufriedenheit *f*; ***~!*** mir reichts!

▶ **rasoir** [ʀɑzwaʀ] *m* Rasierapparat *m*

rassasier [ʀasazje] (1a) sättigen

rassembler [ʀasɑ̃ble] (1a) (ver)sammeln, zusammentragen, -stellen

rasseoir [ʀaswaʀ] (3l) wieder hinsetzen, -stellen; ***se ~*** sich wieder hinsetzen

rass|is, ~ise [ʀasi, -iz] altbacken; *fig* gesetzt, besonnen

▶ **rassurer** [ʀasyʀe] (1a) beruhigen

rat [ʀa] *m* Ratte *f*; ⚠ ***le ~***

ratatiner [ʀatatine] (1a) ***se ~*** zusammenschrumpfen

rate [ʀat] *f méd* Milz *f*

raté, ~e [ʀate] **1.** *adj* misslungen, verfehlt; **2.** *m* Versager *m* (*a fig*); Rückschlag *m*; Fehlzündung *f*

rât|eau [ʀɑto] *m* (⚠ *pl* ***~x***) *agr* Rechen *m*, Harke *f*; ***~elier*** [-ǝlje] *m* (Futter-)Raufe *f*

▶ **rater** [ʀate] (1a) verfehlen, verpassen; versagen; misslingen; ***~ un examen*** durchfallen

ratiboiser [ʀatibwaze] (1a) F klauen

ratière [ʀatjɛʀ] *f* Rattenfalle *f*

ratification [ʀatifikasjɔ̃] *f* Bestätigung(surkunde) *f*; *pol* Ratifizierung *f*

ration [ʀasjɔ̃] *f* Ration *f*; Anteil *m*

rationalisme [ʀasjɔnalismǝ] *m phil* Rationalismus *m*

rationnel, ~le [ʀasjɔnɛl] vernunftgemäß, rational; zweckmäßig, rationell; ⚠ *Schreibung*

rationnement [ʀasjɔnmɑ̃] *m* Rationierung *f*

ratisser [ʀatise] (1a) harken, rechen; durchkämmen

R.A.T.P. *f* (*abr* ***Régie autonome des transports parisiens***) Pariser Verkehrsbetriebe *m/pl*

rattrap|age [ʀatʀapaʒ] *m Schule*: ***cours m de ~*** Nachholunterricht *m*; ***~er*** (1a) wieder fangen, erwischen; (wieder) ein-, aufholen, nachholen

raturer [ʀatyʀe] (1a) aus-, durchstreichen

rauque [ʀok] heiser, rau

ravag|e [ʀavaʒ] *m meist pl* ***~s*** Verwüstungen *f/pl*, Verheerungen *f/pl*; ***~er*** (1l) verwüsten, verheeren

ravaler [ʀavale] (1a) (neu) verputzen, reinigen (*Fassade*); (wieder) hinunterschlucken (*a fig*); *fig* herabwürdigen

rave [ʀav] *f* Rübe *f*

ravi, ~e [ʀavi] entzückt (***de*** über)

ravin [ʀavɛ̃] *m* Schlucht *f*

ravir [ʀaviʀ] (2a) **1.** begeistern, entzücken; **2.** *litt* rauben, entführen

raviser [ʀavize] (1a) ***se ~*** sich anders besinnen

raviss|ant, ~ante [ʀavisɑ̃, -ɑ̃t] entzückend; ***~eur, ~euse*** *m, f* Entführer(in) *m(f)*

ravitaill|ement [ʀavitajmɑ̃] *m* Verproviantierung *f*, Lebensmittelversorgung *f*; *mil* Nachschub *m*; ***~er*** (1a) mit Nachschub, Lebensmitteln versorgen

raviver [ʀavive] (1a) neu beleben

ravoir [ʀavwaʀ] (⚠ *nur inf*) wiederhaben, -bekommen; F wieder sauber kriegen

ray|é, ~ée [ʀɛje] gestreift; liniert; verschrammt; ***~er*** (1i) zerkratzen; aus-, durchstreichen; *fig* ausschließen, -löschen

▶ **rayon** [ʀɛjɔ̃] *m* Strahl *m* (*a phys*); *math* Radius *m*; *tech* (Rad-)Speiche *f*; Fachbrett *n* (*in Schränken*); Abteilung *f* (*im Warenhaus*); *fig* Bezirk *m*, Bereich *m*, Umkreis *m*; ***~s X*** Röntgenstrahlen *m/pl*; ***~ de braquage*** *auto* Wendekreis *m*

rayonn|ant, ~ante [ʀɛjɔnɑ̃, -ɑ̃t] strahlend; ***~ement*** [-mɑ̃] *m phys* Strahlung *f*; Strahlenbelastung *f*; *fig* Ausstrahlung *f*; ***dose f de ~*** Strahlendosis *f*; ***~er*** (1a) (aus)strahlen (*a fig*); wirken; Ausflüge in die Umgebung machen

rayure [ʀejyʀ] *f* Streifen *m*; Kratzer *m*

raz [ʀɑ] *m* ***~ de marée*** Flutwelle *f*; *fig* Flut *f*; *pol* Erdrutsch *m*

▶ **R.D.A.** *f* (*abr* ***République démocratique allemande***) *hist* DDR *f*

re... [ʀ(ǝ)] *in Zssgn* wieder, noch einmal

ré [ʀe] *m mus* d *od* D *n*

réacteur [ʀeaktœʀ] *m phys* Reaktor *m*; *aviat* Düse(ntriebwerk) *f(n)*; ***~ nucléaire*** Kernreaktor *m*

▶ **réaction** [ʀeaksjɔ̃] *f* Reaktion *f* (*a pol*); ***avion m à ~*** Düsenflugzeug *n*

réactionnaire [ʀeaksjɔnɛʀ] **1.** *adj* rückschrittlich, reaktionär; **2.** *m, f* Reaktionär(in) *m(f)*

réagir [ʀeaʒiʀ] (2a) reagieren

réajuster [reaʒyste] (1a) *cf* ***rajuster***
réalis|able [realizablə] ausführbar; **~ateur, ~atrice** [-atœr, -atris] *m, f* Filmregisseur(in) *m(f)*, Spielleiter(in) *m(f)*; **~ation** *f* Verwirklichung *f*, Realisierung *f*; Erfüllung *f*; Errungenschaft *f*; *Film*: Regie *f*
▶ **réaliser** [realize] (1a) **1.** realisieren, verwirklichen; *Wunsch*: erfüllen; *Kauf*: tätigen; *Film*: herstellen, inszenieren; *comm* zu Geld machen; **2.** begreifen, erfassen
réal|isme [realismə] *m* Realismus *m*; **~iste 1.** *adj* realistisch; **2.** *m* Realist *m*
▶ **réalité** [realite] *f* Wirklichkeit *f*; Tatsache *f*; ***en*** **~** in Wirklichkeit, tatsächlich
réanim|ation [reanimasjõ] *f méd* Wiederbelebung *f*; ***service*** *m* ***de*** **~** Intensivstation *f*; **~er** (1a) wieder beleben
réapparaître [reaparɛtrə] (4z) wieder erscheinen
réarmement [rearməmã] *m* (Wieder-)Aufrüstung *f*
rébarbat|if, ~ive [rebarbatif, -iv] abweisend, mürrisch; *Thema*: trocken
rebattu, ~e [r(ə)baty] abgedroschen
rebell|e [rəbɛl] **1.** *adj* aufrührerisch, aufsässig; ***être*** **~** ***à*** sich widersetzen; **2.** *m, f* Rebell(in) *m(f)*; **~er** (1a) ***se*** **~** sich auflehnen (***contre*** gegen)
rébellion [rebɛljõ] *f* Aufstand *m*; ⚠ *Schreibung*
reboisement [rəbwazmã] *m* Wiederaufforstung *f*
rebond|i, ~ie [r(ə)bõdi] prall, rund; **~ir** (2a) hochspringen, zurück-, abprallen; *fig* wieder in Gang kommen; **~issement** [-ismã] *m fig* Wiederaufleben *n*
rebord [r(ə)bɔr] *m* Rand *m*, Kante *f*
rebours [r(ə)bur] *m* ***à*** **~** gegen den Strich, rückwärts; *fig* verkehrt; ***à*** **~** ***de*** im Gegensatz zu; ***compte*** *m* ***à*** **~** Count-down *m*
rébus [rebys] *m* Bilderrätsel *n*
rebut [r(ə)by] *m* Ausschuss *m*, Abfall *m*; *fig* Abschaum *m*; ***mettre au*** **~** zum alten Eisen werfen
rebuter [r(ə)byte] (1a) abstoßen, abschrecken
récalcitr|ant, ~ante [rekalsitrã, -ãt] störrisch, widerspenstig
recalé, ~e [r(ə)kale] F durchgefallen (*in e-r Prüfung*)

R

récapituler [rekapityle] (1a) kurz wiederholen, zusammenfassen
recel [rəsɛl] *m jur* Hehlerei *f*
recel|eur, ~euse [rəslœr, -øz] *m, f jur* Hehler(in) *m(f)*
▶ **récemment** [resamã] *adv* kürzlich, neulich
recens|ement [r(ə)sãsmã] *m* (Volks-)Zählung *f*; **~er** (1a) *Bevölkerung etc*: zählen
▶ **réc|ent, ~ente** [resã, -ãt] neu, frisch; kürzlich
récépissé [resepise] *m* Empfangsschein *m*, -bestätigung *f*, Quittung *f*
récepteur [resɛptœr] *m tech* Empfänger *m*, Empfangsgerät *n*; *tél* Hörer *m*
réception [resɛpsjõ] *f* Aufnahme *f*, Empfang *m*; Empfangsbüro *n*; ***heures*** *f/pl* ***de*** **~** Sprechstunde *f*
réceptivité [resɛptivite] *f* Aufnahmefähigkeit *f*, Empfänglichkeit *f*
recette [r(ə)sɛt] *f* **1.** Einnahme *f*, Ertrag *m*; **~** ***des finances*** Steueramt *n*; **2.** *cuis u fig* Rezept *n*; *fig* Mittel *n*; ⚠ *nicht* Arztrezept
recev|eur, ~euse [rəsvœr, -øz] *m, f* Schaffner(in) *m(f)*; *nur m* Finanzbeamte(r) *m*; *Post*: Vorsteher *m*; *méd* Empfänger *m* (*e-s Organs etc*)
▶ **recevoir** [rəsvwar, rsəvwar] (3a) empfangen, bekommen, erhalten; aufnehmen; ***être reçu*** *Schule*: aufgenommen werden; *Prüfung*: bestehen
rechang|e [r(ə)ʃãʒ] *m* ... ***de*** **~** Ersatz..., Reserve...; **~er** (1l) auswechseln
réchapper [reʃape] (1a) **~** ***à qc*** etw glücklich überstehen
recharger [r(ə)ʃarʒe] (1l) wieder auf-, beladen
▶ **réchaud** [reʃo] *m* Kocher *m*
réchauffer [reʃofe] (1a) auf-, erwärmen
▶ **recherch|e** [r(ə)ʃɛrʃ] *f* (Er-, Nach-)Forschung *f*; Streben *n* (***de*** nach); feiner Geschmack *m*; *péj* Geziertheit *f*; **~é, ~ée** selten; begehrt; *péj* geziert, affektiert; **~er** (1a) suchen; fahnden (***qn*** nach j-m); erforschen; streben nach
rechigner [r(ə)ʃiɲe] (1a) mürrisch sein
rechute [r(ə)ʃyt] *f méd u fig* Rückfall *m*
récidive [residiv] *f jur u fig* Rückfall *m*
récif [resif] *m géogr* Riff *n*
récipient [resipjã] *m* Behälter *m*
réciprocité [resiprɔsite] *f* Gegenseitigkeit *f*, Wechselbeziehung *f*

Die Formen von ***recevoir*** sind unregelmäßig:

présent	*je* ***reçois*** *il* ***reçoit*** *nous* ***recevons*** *ils* ***reçoivent***
futur simple	*je* ***recevrai***
passé composé	*j'ai* ***reçu***
passé simple	*je* ***reçus***
imparfait	*je* ***recevais***
subjonctif	*que je* ***reçoive***

Elle ***a reçu*** *une lettre de son copain.* –
Sie hat einen Brief ihres Freundes bekommen.
Les réfugiés ***ont été reçus*** *à bras ouverts.* –
Die Flüchtlinge sind mit offenen Armen empfangen worden.

réciproque [resiprɔk] gegen-, wechselseitig

▶**récit** [resi] *m* Erzählung *f*; Bericht *m*; *mus* Solopartie *f*

récit|al [resital] *m* (⚠ *pl* **-als**) Konzert *n*; **~ation** *f* Hersagen *n*, Vortragen *n*; *Schule*: (auswendig zu lernendes) Gedicht *n*; **~er** (1a) hersagen, vortragen

réclamation [reklamasjɔ̃] *f* Reklamation *f*, Beschwerde *f*

réclame [reklam] *f* Werbung *f*, Reklame *f*

▶**réclamer** [reklame] (1a) dringend bitten (**qc de qn** j-n um etw); (zurück)verlangen; erfordern; Einspruch erheben; **se ~ de** sich berufen auf

recl|us, ~use [rəkly, -yz] zurückgezogen

recoin [rəkwɛ̃] *m* verborgener Winkel *m*, Schlupfwinkel *m*

reçois [r(ə)swa] *présent von* ***recevoir***

▶**récolte** [rekɔlt] *f* Ernte *f* (*a fig*); ⚠ *aber* ***moisson*** *f* Getreideernte

▶**récolter** [rekɔlte] (1a) ernten

recommand|able [r(ə)kɔmɑ̃dablə] empfehlenswert; **~ation** *f* Empfehlung *f*; Ermahnung *f*

▶**recommandé, ~e** [r(ə)kɔmɑ̃de] *Post* eingeschrieben, Einschreiben!

▶**recommander** [r(ə)kɔmɑ̃de] (1a) empfehlen (**qc à qn** j-m etw); *Post*: einschreiben lassen; **se ~ par** sich auszeichnen durch; **se ~ de qn** sich auf j-n berufen

▶**recommencer** [r(ə)kɔmɑ̃se] (1k) wieder (*od* von vorn) anfangen (**qc** etw; **à** + *inf* zu + *inf*)

récompens|e [rekɔ̃pɑ̃s] *f* Belohnung *f*; **~er** (1a) belohnen (**de** für)

réconcili|ation [rekɔ̃siljasjɔ̃] *f* Ver-, Aussöhnung *f*; **~er** (1a) versöhnen; *fig* (wieder) in Einklang bringen

reconduire [r(ə)kɔ̃dɥir] (4c) zurückbringen, -begleiten; *jur* verlängern, erneuern

réconfort [rekɔ̃fɔr] *m* Trost *m*

réconforter [rekɔ̃fɔrte] (1a) stärken; trösten

reconnaissable [r(ə)kɔnɛsablə] kenntlich, wieder zu erkennen

reconnaiss|ance [r(ə)kɔnɛsɑ̃s] *f* Anerkennung *f*; (Wieder-)Erkennung *f*; Dankbarkeit *f*; Erkundung *f*; *mil* Aufklärung *f*; **~ant, ~ante** [-ɑ̃, -ɑ̃t] dankbar (**de** für)

▶**reconnaître** [r(ə)kɔnɛtrə] (4z) (wieder) erkennen (**à** an); anerkennen; eingestehen, einsehen; erkunden; **se ~** sich zurechtfinden

reconnu, ~e [r(ə)kɔny] *p/p von* ***reconnaître*** *u adj* anerkannt

reconquérir [r(ə)kɔ̃kerir] (2l) zurück-, wiedererobern; *fig* wiedererlangen

reconstituer [r(ə)kɔ̃stitɥe] (1a) wiederherstellen; rekonstruieren

reconstr|uction [r(ə)kɔ̃stryksjɔ̃] *f* Wiederaufbau *m*; **~uire** [-ɥir] (4c) wieder aufbauen

▶**record** [r(ə)kɔr] *m* Rekord *m*

recourbé, ~e [r(ə)kurbe] gebogen, krumm

recourir [r(ə)kurir] (2i) **~ à qn** sich an j-n wenden; **~ à qc** zu etw greifen

recours [r(ə)kur] *m* Ausweg *m*, Zuflucht *f*; *jur* Berufung *f*; ***~ à la violence*** Gewaltanwendung *f*; ***avoir ~ à qc*** zu etw greifen; ***en dernier ~*** als letztes Mittel

▶ **récréation** [rekreasjɔ̃] *f* Erholung *f*, Entspannung *f*; *Schule*: Pause *f*
récrier [rekrije] (1a) **se ~** lauthals protestieren (**contre** gegen)
récrimination [rekriminasjɔ̃] *f* (*meist pl* **~s**) Vorwurf *m*
recroqueviller [r(ə)krɔkvije] (1a) **se ~** zusammenschrumpfen; sich krümmen
recrudescence [r(ə)krydesɑ̃s] *f* Wiederausbruch *m*, erneutes Ansteigen *n* (*z. B. der Kriminalität*)
recrue [r(ə)kry] *f* *mil* Rekrut *m*; ⚠ **la ~**
recruter [r(ə)kryte] (1a) *mil* ausheben; *allg* rekrutieren, einstellen
rectangle [rɛktɑ̃glə] *m* Rechteck *n*
rectangulaire [rɛktɑ̃gylɛr] rechteckig
recteur [rɛktœr] *m* (Hochschul-)Rektor *m*
recti|fication [rɛktifikasjɔ̃] *f* Begradigung *f*; *fig* Berichtigung *f*; **~fier** [-fje] (1a) begradigen; *fig* berichtigen; **~ligne** [-liɲ] geradlinig; **~tude** [-tyd] *f* Geradheit *f* (*a fig*)
recto [rɛkto] *m* *Blatt*: Vorderseite *f*
rectum [rɛktɔm] *m* Mastdarm *m*
reçu [r(ə)sy] **1.** *p/p von* **recevoir**; **2.** *m* Quittung *f*
recueil [r(ə)kœj] *m* Sammlung *f*
recueill|ement [r(ə)kœjmɑ̃] *m* Andacht *f*; **~ir** (2c) (ein)sammeln; *Wasser*: auffangen; *j-n* (bei sich) aufnehmen; **se ~** sich (innerlich) sammeln
recul [r(ə)kyl] *m* Zurückweichen *n*; Rückgang *m*; *fig* Abstand *m*
recul|é, ~ée [r(ə)kyle] abgelegen; lang zurückliegend
▶ **recul|er** [r(ə)kyle] (1a) zurücksetzen, -schieben; aufschieben; zurückweichen, -gehen, -fahren; *fig* zurückschrecken (**devant** vor); **~ons** [-ɔ̃] **à ~** rückwärts
récupérer [rekypere] (1f) wiedererlangen; wieder verwerten; sich erholen
reçus [r(ə)sy] *p/s von* **recevoir**
récuser [rekyze] (1a) *jur* ablehnen; *allg* zurückweisen
recycl|able [r(ə)siklablə] wieder verwertbar; **~age** [-aʒ] *m* Weiterbildung *f*; Umschulung *f*; *tech* Wiederverwertung *f*, Recycling *n*; **~er** (1a) umschulen; weiterbilden; *tech* wieder verwenden, verwerten
rédac|teur [redaktœr] *m* Redakteur *m*; **~tion** *f* Redaktion *f*; Abfassung *f*; *Schule*: Aufsatz *m*
redémarrage [rədemaraʒ] *m* Wiederbelebung *f*; Wiederaufnahme *f* der Produktion; Wiederbeginn *m*; *EDV* **~ à chaud** Warmstart *m*
Rédempteur [redɑ̃ptœr] *m* *rel* Erlöser *m*
redescendre [r(ə)desɑ̃drə] (4a) **1.** (**être**) wieder herunterkommen, -steigen, -fahren; (wieder) fallen (*Barometer*); **2.** (**avoir**) wieder herunterholen; *Berg*: wieder hinabsteigen
redev|able [rədvablə] **être ~ de qc à qn** j-m etw schuldig sein; *fig* j-m für etw zu Dank verpflichtet sein; **~ance** *f* Abgabe *f*; Gebühr *f*
rédiger [rediʒe] (1l) ver-, abfassen
redire [r(ə)dir] (4m) noch einmal sagen; weitersagen; **trouver à ~ à tout** an allem etw auszusetzen haben
redondance [r(ə)dɔ̃dɑ̃s] *f* Wortschwall *m*; Redundanz *f*
redonner [r(ə)dɔne] (1a) (wieder) zurückgeben; fig **~ dans** erneut verfallen in
redoubl|ant, ~ante [r(ə)dublɑ̃, -ɑ̃t] *m,f* *Schule*: Sitzenbleiber(in) *m(f)*
▶ **redoubler** [r(ə)duble] (1a) verdoppeln; *fig* (sich) verstärken; *Schule*: **~ (une classe)** sitzen bleiben; **~ d'efforts** seine Anstrengungen verdoppeln
redout|able [r(ə)dutablə] furchtbar; **~er** (1a) fürchten; sich fürchten vor (**que** *subj* davor, dass ...; **de** *inf* davor, zu ...)
redresser [r(ə)drese] (1b) gerade richten; wieder aufrichten; *fig* wieder beleben; wieder in Ordnung bringen; **se ~** wieder hochkommen (*Land*)
▶ **réduction** [redyksjɔ̃] *f* Reduzierung *f*, Herabsetzung *f*; Ermäßigung *f*; *chim* Reduktion *f*; **~ des émissions nocives** Schadstoffreduzierung *f*; **~ du personnel** Personalabbau *m*; **~ du temps de travail** Arbeitszeitverkürzung *f*
réduire [redɥir] (4c) reduzieren, einschränken, herabsetzen; **~ qn à qc** j-n zu etw zwingen; **~ qc à qc** etw auf etw beschränken; **~ en morceaux** in Stücke schlagen; **se ~ à** sich beschränken (lassen) auf; **se ~ en** sich verwandeln in
rédu|it, ~ite [redɥi, -it] **1.** *adj* beschränkt; ermäßigt; verkleinert; **2.** *m* kleiner Raum *m*, Verschlag *m*
rééditer [reedite] (1a) neu herausgeben

rééducation [reedykasjɔ̃] *f méd* Rehabilitation *f*, Heilgymnastik *f*

▶ **réel, ~le** [reɛl] wirklich, real; ⚠ *nicht* reell (*Preis*)

réélection [reelɛksjɔ̃] *f* Wiederwahl *f*

réévaluer [reevalɥe] (1n) *écon* aufwerten

réexpédier [reɛkspedje] (1a) weiterbefördern; *Post*: nachsenden

refaire [r(ə)fɛr] (4n) noch einmal machen; umarbeiten; ausbessern; ***se ~*** sich erholen; ***se ~ à qc*** sich wieder an etw gewöhnen

réfectoire [refɛktwar] *m* Speisesaal *m* (*Klöster, Schulen etc*)

référence [referɑ̃s] *f* **1.** Bezugnahme *f*; Belegstelle *f*; ***ouvrage m de ~*** Nachschlagewerk *n*; ***par ~ à*** gemäß; ***votre ~*** Ihr Zeichen; **2. ~s** *pl* Referenzen *f/pl*, Empfehlungen *f/pl*

référendum [referɛ̃dɔm] *m* Volksentscheid *m*, -abstimmung *f*

référer [refere] (1f) ***en ~ à qn*** j-m den Fall unterbreiten; ***se ~ à*** sich beziehen, berufen auf

refiler [r(ə)file] (1a) F ***~ qc à qn*** j-m etw andrehen

réfléchi, ~e [refleʃi] überlegt; *gr* reflexiv

▶ **réfléchir** [refleʃir] (2a) **1.** reflektieren, zurückwerfen; **2. ~ à, *sur qc*** etw überlegen, über etw nachdenken

réflecteur [reflɛktœr] *m* Rückstrahler *m*, Reflektor *m*

reflet [r(ə)flɛ] *m* Widerschein *m*, Reflex *m*; Spiegelbild *n*; *fig* Abglanz *m*

refléter [r(ə)flete] (1f) widerspiegeln (*a fig*)

reflex [reflɛks] *m* Spiegelreflexkamera *f*

réflexe [reflɛks] *m* Reflex *m*; Reaktion(svermögen) *f*(*n*)

▶ **réflexion** [reflɛksjɔ̃] *f* **1.** *phys* Spiegelung *f*, Reflexion *f*; **2.** Überlegung *f*, Nachdenken *n*; Äußerung *f*

reflux [r(ə)fly] *m* Ebbe *f*

réforma|teur, ~trice [refɔrmatœr, -tris] **1.** *adj* reformerisch, reformatorisch; **2.** *m, f* Reformer(in) *m*(*f*); *m rel* Reformator *m*

▶ **réforme** [refɔrm] *f* Reform *f*; *mil* Entlassung *f* (wegen Dienstunfähigkeit); *hist* ***la Réforme*** die Reformation

refoul|é, ~ée [r(ə)fule] *psych* verdrängt; verklemmt; **~ement** [-mɑ̃] *m* Zurückdrängen *n*; *psych* Verdrängung *f*; **~er** (1a) zurückdrängen; *psych* verdrängen

réfractaire [refraktɛr] widerspenstig (**à** gegenüber); *tech* feuerfest

refrain [r(ə)frɛ̃] *m* Kehrreim *m*, Refrain *m*; *fig* ständige Redensart *f*

refréner [refrene, rə-] (1f) zügeln

▶ **réfrigérateur** [refriʒeratœr] *m* Kühlschrank *m*

refroidir [r(ə)frwadir] (1a) abkühlen (*a fig*); ***se ~*** kälter werden, sich abkühlen; *fig* erkalten; *méd* sich erkälten

refroidissement [r(ə)frwadismɑ̃] *m* Abkühlung *f* (*a fig*); *auto* Kühlung *f*; *méd* Erkältung *f*

refuge [r(ə)fyʒ] *m* Zuflucht(sort) *f*(*m*); Verkehrsinsel *f*; (Schutz-)Hütte *f* (*im Gebirge*)

réfugi|é, ~ée [refyʒje] *m, f* Flüchtling *m*; **~er** (1a) ***se ~*** (sich) flüchten

refus [r(ə)fy] *m* Weigerung *f*; Ablehnung *f*

▶ **refuser** [r(ə)fyze] (1a) ablehnen, zurückweisen; ***~ de*** (+ *inf*) *u* ***se ~ à*** (+ *inf*) sich weigern zu ...

réfuter [refyte] (1a) widerlegen

regagner [r(ə)gaɲe] (1a) wiedergewinnen; zurückkehren an *od* in

régal [regal] *m* (⚠ *pl* **~s**) Leckerbissen *m* (*a fig*); **~er** (1a) bewirten (***de*** mit); ***se ~ de qc*** etw mit Genuss essen

▶ **regard** [r(ə)gar] *m* Blick *m*; ***au ~ de*** im Hinblick auf

▶ **regarder** [r(ə)garde] (1a) (an-, hin)sehen, (-)schauen, (-)blicken, betrachten; ***~ comme*** betrachten als, halten für; ***~ qn*** j-n (etw) angehen; ***~ à qc*** auf etw achten; ***~ par la fenêtre*** aus dem Fenster sehen

régate [regat] *f meist pl* **~s** Regatta *f*; ⚠ *Schreibung*

régence [reʒɑ̃s] *f* Regentschaft *f*

régénérer [reʒenere] (1f) regenerieren; *fig* wieder beleben

régie [reʒi] *f* **1.** staatlicher Betrieb *m*; Verwaltung *f*; **2.** Regieassistenz *f*; Regieraum *m* (*TV*); ⚠ *nicht* Regie (*Film od Theater*)

regimber [r(ə)ʒɛ̃be] (1a) sich sträuben

▶ **régime** [reʒim] *m pol* Regierungsform *f*, -system *n*, *péj* Regime *n*; *jur* Rechtsvorschriften *f/pl*; *méd* Diät *f*; *tech* Drehzahl *f*; ***suivre un ~*** eine Diät

R

befolgen; eine Schlankheitskur machen

régiment [reʒimɑ̃] *m* Regiment *n*; F Militär(dienst) *n*(*m*)

▶**région** [reʒjɔ̃] *f* Gegend *f*, Gebiet *n*, Region *f* (*a fig*)

régional, ~e [reʒjɔnal] (⚠ *m*/*pl* **-aux**) regional; **~isation** [-izasjɔ̃] *f pol* Regionalisierung *f*, Dezentralisation *f*; **~iser** (1a) *pol* dezentralisieren; **~isme** *m* Regionalismus *m*; Heimatpflege *f*

régir [reʒir] (2a) regeln; *gr* regieren

régisseur [reʒisœr] *m* Verwalter *m*; *TV* Aufnahmeleiter *m*; ⚠ *nicht* Regisseur

registre [r(ə)ʒistrə] *m* Register *n* (*a mus*)

régl|able [reglablə] regulierbar, verstellbar; **~age** *m* Regulierung *f*, Einstellung *f*; **~ de contraste** Kontrastregler *m*

▶**règle** [rɛglə] *f* **1.** Lineal *n*; **2.** Regel *f*, Vorschrift *f*; **de ~** üblich; **en ~** in Ordnung; **en ~ générale** in der Regel; **3. ~s** *pl* Periode *f* (*der Frau*)

réglé, ~e [regle] geregelt; erledigt; *tech* eingestellt; *Papier*: liniert

▶**règlement** [rɛgləmɑ̃] *m* Regelung *f*; Vorschrift *f*; *comm* Begleichung *f*; *jur* Verordnung *f*

réglement|aire [regləmɑ̃tɛr] vorschriftsmäßig; **~ation** *f* gesetzliche Regelung *f*; **~er** (1a) gesetzlich regeln; *péj* reglementieren

▶**régler** [regle] (1f) regeln; erledigen; *tech* regulieren, einstellen; *comm* bezahlen, begleichen; *Papier*: linieren; **se ~ sur** sich richten nach

réglisse [reglis] *f* Lakritze *f*

règne [rɛɲ] *m* Regierung(szeit) *f*; Herrschaft *f*; **~ animal** Tierreich *n*

R

régner [reɲe] (1f) regieren; herrschen (*a fig*)

regorger [r(ə)gɔrʒe] (1l) **~ de** voll sein von

régression [regrɛsjɔ̃] *f* Rückgang *m*, -schritt *m*; Regression *f*

▶**regret** [r(ə)grɛ] *m* Bedauern *n*, Reue *f* (**de** über); Schmerz *m*; Sehnsucht *f* (**de** nach); **à ~** ungern

regrettable [r(ə)grɛtablə] bedauerlich

▶**regretter** [r(ə)grɛte] (1b) bedauern, bereuen (**qc** etw; **que** *subj* dass; **de** *inf* zu ...); **~ qn, qc** j-m, e-r Sache nachtrauern, j-n, etw (schmerzlich) vermissen

regrouper [r(ə)grupe] (1a) umgruppieren; zusammenfassen

régular|iser [regylarize] (1a) regulieren; in Ordnung bringen; **~ité** *f* Regelmäßigkeit *f*; Korrektheit *f*

▶**régul|ier, ~ière** [regylje, -jɛr] regelmäßig; vorschriftsmäßig; ordentlich, korrekt

réhabilitation [reabilitasjɔ̃] *f* Rehabilitierung *f*

rehausser [rəose] (1a) höher machen, erhöhen; *fig* hervorheben

réimprimer [reɛ̃prime] (1a) nachdrucken

rein [rɛ̃] *m* Niere *f*; **~s** *pl* Kreuz *n*

reine [rɛn] *f* Königin *f*

réinsertion [reɛ̃sɛrsjɔ̃] *f* Wiedereingliederung *f*; Resozialisierung *f*; Rehabilitation *f*

réintégrer [reɛ̃tegre] (1f) wieder eingliedern; wieder zurückkehren in

réitérer [reitere] (1f) wiederholen

rejet [r(ə)ʒɛ] *m* Ablehnung *f*; *méd* Abstoßung *f*; *bot* Schössling *m*; *gr* Endstellung *f*

rejet|er [rəʒ(ə)te] (1c) zurück-, auswerfen; ablehnen, verwerfen; verstoßen; *méd* abstoßen; *bot* treiben; **~ sur qn** auf j-n abwälzen; **~on** *m bot* Schössling *m*; F Sprössling *m*

rejoindre [r(ə)ʒwɛ̃drə] (4b) (wieder) einholen, treffen; wieder gelangen zu; **se ~** sich (wieder) treffen; (wieder) zusammenlaufen

réjou|ir [reʒwir] (2a) erfreuen, erheitern; ▶ **se réjouir** sich freuen (**de** über; **que** + *subj* dass); **~issance** [-isɑ̃s] *f* Freude *f*, Fröhlichkeit *f*; *pl* **~s publiques** Volksfest *n*

relâch|e [r(ə)lɑʃ] *f* **1.** *Theater*: keine Vorstellung; **2. sans ~** unablässig; **~er** (1a) entspannen, lockern; freilassen; **se ~** sich lockern (*a fig*), erschlaffen; nachlassen

relais [r(ə)lɛ] *m Sport*: Staffel(lauf) *f*(*m*); *tech* Relais *n*; **~ routier** Raststätte *f*; *hist* **~ de poste** Postrelais *n*

relancer [r(ə)lɑ̃se] (1k) zurückwerfen; *fig* wieder ankurbeln, wieder beleben

relater [r(ə)late] (1a) (genau) erzählen

relat|if, ~ive [r(ə)latif, -iv] relativ (*a gr*), verhältnismäßig; **~ à qc** auf etw bezüglich

▶**relation** [r(ə)lasjɔ̃] *f* Beziehung *f*, Verhältnis *n*; Bekannte(r) *m*, *f*; **~s**

publiques Öffentlichkeitsarbeit *f*, PR *f*
relativement [r(ə)lativmɑ̃] *adv* verhältnismäßig, vergleichsweise; **~ à** im Verhältnis zu
relax *od* **relaxe** [r(ə)laks] (⚠ ***relax*** *unv*) F ungezwungen
relaxer [r(ə)lakse] (1a) *Gefangene*: freilassen; ***se ~*** sich entspannen
relayer [r(ə)lɛje] (1i) **~ *qn*** j-n ablösen; *TV*, *Radio*: übertragen
reléguer [r(ə)lege] (1f) verbannen, abschieben; **~ *qn au second plan*** j-n in den Hintergrund drängen
relève [r(ə)lɛv] *f* Ablösung *f*; ***prendre la ~*** (j-n) ablösen, die Nachfolge antreten
relevé, ~e [rəlve] **1.** *adj* hochgezogen; überhöht; *Stil*: gehoben, gewählt; *cuis* pikant; **2.** *m* Verzeichnis *n*, Aufstellung *f*; **~ *de compte*** Kontoauszug *m*; **~ *d'identité bancaire*** Nachweis *m* der Bankverbindung
relèvement [r(ə)lɛvmɑ̃] *m* Wiederaufrichtung *f*; Erhöhung *f*; *fig* Wiederaufschwung *m*; **~ *des salaires*** Gehaltsaufbesserung *f*
relever [rəlve] (1d) **1.** wieder aufheben *od* -richten; erhöhen; hochstellen, -stecken, -streifen, -klappen, -kurbeln; ***se ~*** wieder aufstehen; sich wieder erholen; **2.** feststellen, aufdecken, notieren, ablesen; **3.** ablösen (*j-n*); **4. ~ *de*** abhängig sein von; in die Zuständigkeit von ... fallen
relief [rəljɛf] *m* Profil *n*; Relief *n*; ***en ~*** plastisch; *fig* ***avoir du ~*** anschaulich sein; ***mettre en ~*** hervorheben
relier [rəlje] (1a) wieder (zusammen)binden; *allg* verbinden, verknüpfen (***à*** mit); *Buch*: binden
reli|eur, ~euse [rəljœr, -øz] *m*, *f* Buchbinder(in) *m(f)*
▶ **religi|eux, ~euse** [r(ə)liʒjø, -jøz] **1.** *adj* religiös; *fig* andächtig; gewissenhaft; **2.** *m*, *f* Mönch *m*, Nonne *f*
▶ **religion** [r(ə)liʒjɔ̃] *f* Religion *f*
relique [r(ə)lik] *f* Reliquie *f*
relire [r(ə)lir] (4x) wieder, noch einmal lesen
reliure [rəljyr] *f* (Buch-)Einband *m*; Binden *n*
relooker [rəluke] (1a) F neu stylen
reluire [rəlɥir] (4c) glänzen, schimmern
remaniement [r(ə)manimɑ̃] *m* Neubearbeitung *f*; Umarbeitung *f*; *pol* Umbildung *f* (*der Regierung*)
remanier [r(ə)manje] (1a) neu bearbeiten; umarbeiten; *pol* umbilden (*Regierung*)
remarier [r(ə)marje] (1a) ***se ~*** sich wieder verheiraten
▶ **remarquable** [r(ə)markablə] bemerkenswert; bedeutend
remarqu|e [r(ə)mark] *f* An-, Bemerkung *f*; **~é, ~ée** auffällig
▶ **remarquer** [r(ə)marke] (1m) bemerken (*a mit Worten*), beachten; ***faire ~ qc à qn*** j-n auf etw hinweisen; ***se ~*** auffallen (*Dinge*)
remballer [rɑ̃bale] (1a) wieder einpacken
remblayer [rɑ̃blɛje] (1i) aufschütten
rembourrer [rɑ̃bure] (1a) polstern
rembours|able [rɑ̃bursablə] (zu)rückzahlbar; **~ement** [-əmɑ̃] *m* Rückzahlung *f*; *Post*: Nachnahme *f*
▶ **rembourser** [rɑ̃burse] (1a) zurückzahlen
▶ **remède** [r(ə)mɛd] *m* Heilmittel *n*; *fig* Mittel *n*
remédier [r(ə)medje] (1a) **~ *à qc*** *e-m Übel*: abhelfen, etw abstellen
remémorer [r(ə)memɔre] (1a) ***se ~ qc*** sich etw ins Gedächtnis zurückrufen
remerciement [r(ə)mɛrsimɑ̃] *m* Dank *m*
▶ **remercier** [r(ə)mɛrsje] (1a) **~ *qn de*** *od* ***pour qc*** j-m für etw danken; **~ *qn*** j-n entlassen
▶ **remettre** [r(ə)mɛtrə] (4p) wieder hinstellen, -setzen, -bringen; *Kleidungsstücke*: wieder anziehen; *Hut*: wieder aufsetzen; *Strafe*: erlassen; *Vorhaben*: verschieben; *gesundheitlich* wiederherstellen; **~ *à neuf*** in Stand setzen; **~ *qc à qn*** j-m etw aushändigen, übergeben; ***se ~*** (***au beau***) *Wetter*: wieder besser *od* schöner werden; ***se ~ à qc*** sich wieder mit etw beschäftigen; ***se ~ à faire qc*** wieder etw tun; ***se ~ de qc*** sich von etw erholen; ***s'en ~ à qn*** sich auf j-n verlassen
réminiscence [reminisɑ̃s] *f* Reminiszenz *f*, Erinnerung *f*
remise [r(ə)miz] *f* **1.** (Geräte-)Schuppen *m*; **2.** Aushändigung *f*, Überbringung *f*, Übergabe *f*; Erlass *m* (*Strafe*); *comm* Rabatt *m*; *jur* Vertagung *f*; **~ *à neuf*** Wiederherrichtung *f*; **~ *en question*** Infragestellung *f*
rémission [remisjɔ̃] *f* ***sans ~*** unerbittlich; unweigerlich

R

remmener [rɑ̃mne] (1d) zurückbringen, -begleiten
remontant [r(ə)mɔ̃tɑ̃] *m* Stärkungsmittel *n*
remonte-pente [r(ə)mɔ̃tpɑ̃t] *m* (⚠ *pl* ***remonte-pentes***) *Ski*: Schlepplift *m*
remonter [r(ə)mɔ̃te] (1a) **1.** (***être***) wieder hinaufgehen, -steigen, -fahren; wieder (an)steigen; **~ à** *zeitlich*: stammen aus, zurückreichen bis; zurückgehen, -greifen auf; **2.** (***avoir***) wieder heraufttragen; *Straße*: hinaufgehen, -fahren; *Treppe*: noch einmal hinaufgehen; *fig* **~ *qn*** j-n stärken; *Uhr*: aufziehen; *tech* wieder zusammensetzen, montieren; *Theater*: neu inszenieren
remontrance [r(ə)mɔ̃trɑ̃s] *f* Verweis *m*, Zurechtweisung *f*
remontrer [r(ə)mɔ̃tre] (1a) wieder zeigen; ***en* ~ *à qn*** j-m seine Überlegenheit beweisen
remords [r(ə)mɔr] *m* (*meist pl*) Gewissensbiss *m*
remorqu|e [r(ə)mɔrk] *f mar* Schleppen *n*; Anhänger *m*; **~er** (1m) (ab)schleppen
rémoulade [remulad] *f cuis* Remoulade(nsoße) *f*
remous [r(ə)mu] *m* Strudel *m*; *mar* Kielwasser *n*; *fig pl* Wirbel *m*, Aufruhr *m*
rempart [rɑ̃par] *m* Wall *m*, Bollwerk *n*
rempla|çant, ~çante [rɑ̃plasɑ̃, -sɑ̃t] *m*, *f* (Stell-)Vertreter(in) *m(f)*; **~cement** [-smɑ̃] *m* Stellvertretung *f*; Ersatz *m*
▶ **remplacer** [rɑ̃plase] (1k) ersetzen; vertreten
▶ **remplir** [rɑ̃plir] (2a) füllen (***de*** mit); *Formular*: ausfüllen; *fig* erfüllen; *Tätigkeit*: ausüben
remplissage [rɑ̃plisaʒ] *m* (Auf-)Füllen *n*; *péj* Füllwerk *n*
R
remporter [rɑ̃pɔrte] (1a) wieder mitnehmen; *Sieg*, *Preis etc*: erringen, gewinnen; *Sieg a*: davontragen
remue|-ménage [r(ə)mymenaʒ] *m* (⚠ *pl unv*) Hinundherschieben *n* (*Möbel etc*); Krach *m*, Radau *m*; **~-méninges** [-menɛ̃ʒ] *m* (⚠ *pl unv*) Brainstorming *n*
▶ **remuer** [rəmɥe] (1a) (sich) bewegen; umrühren; (weg)rücken; *Erde*: umgraben; *fig* rühren, aufrütteln; *Zahn*: wackeln; *fig* unruhig werden; ***se* ~** sich bewegen; *fig* sich einsetzen, sich Mühe geben
rémunéra|teur, ~trice [remyneratœr, -tris] lohnend; **~tion** *f* Vergütung *f*, Lohn *m*
rémunérer [remynere] (1f) entlohnen, vergüten
renaissance [r(ə)nɛsɑ̃s] *f* Wiedergeburt *f*; Wiederaufleben *n*; ♀ Renaissance *f*
renaître [r(ə)nɛtrə] (4g) *rel* wieder geboren werden; *fig* wieder aufleben, aufblühen
renard [r(ə)nar] *m zo* Fuchs *m* (*a fig*)
renchér|ir [rɑ̃ʃerir] (2a) teurer werden; **~ *sur qn***, ***qc*** j-n, etw überbieten, übertreffen; **~issement** [-ismɑ̃] *m* Verteuerung *f*
▶ **rencontre** [rɑ̃kɔ̃trə] *f* Begegnung *f*, Zusammentreffen *n*; ... ***de* ~** zufällig; ***faire la* ~ *de qn*** j-s Bekanntschaft machen; ***aller à la* ~ *de qn*** j-m entgegengehen
▶ **rencontrer** [rɑ̃kɔ̃tre] (1a) **~ *qn*** j-n treffen, j-m begegnen; **~ *qc*** auf etw stoßen; ***se* ~** zusammentreffen, sich begegnen
rendement [rɑ̃dmɑ̃] *m* Ertrag *m*; Leistung *f*
▶ **rendez-vous** [rɑ̃devu] *m* (⚠ *pl unv*) Verabredung *f*; Rendezvous *n*; Treffpunkt *m*; *beim Arzt*: Termin *m*; ***prendre* ~** sich anmelden; ***donner* ~ *à qn*** sich mit j-m verabreden; ***avoir* ~ *avec qn*** mit j-m verabredet sein
rendormir [rɑ̃dɔrmir] (2b) ***se* ~** wieder einschlafen
▶ **rendre** [rɑ̃drə] (4a) **1.** zurückgeben, wiedergeben; vergelten; von sich geben, erbrechen; *mil* übergeben; ***rendre un jugement*** ein Urteil fällen; ***rendre compte de qc*** von etw berichten; ***rendre visite à qn*** j-n besuchen; **2.** einbringen, abwerfen; **3.** *mit adj* machen; **4.** ▶ ***se rendre*** sich begeben (***chez qn*** zu j-m); **5.** ***se rendre*** *mil* sich ergeben; ***se rendre à l'avis de qn*** sich j-s Ansicht anschließen
rêne [rɛn] *f* Zügel *m*
renferm|é, ~ée [rɑ̃fɛrme] **1.** *adj* verschlossen (*Person*); **2.** *m* ***sentir le* ~** muffig riechen; **~er** (1a) enthalten (*a fig*); ***se* ~ *dans le silence*** sich in Schweigen hüllen
renfoncement [rɑ̃fɔ̃smɑ̃] *m* Vertiefung *f*
renforc|ement [rɑ̃fɔrsəmɑ̃] *m* Verstärkung *f*; **~er** (1k) ver-, bestärken

renfort [rɑ̃fɔr] *m* Verstärkung *f*; ***à grand ~ de*** ... mit Hilfe von viel ...
renfrogné, ~e [rɑ̃frɔɲe] mürrisch, griesgrämig
rengaine [rɑ̃gɛn] *f* Schlager *m*; *fig* ***la même ~*** die alte Leier
renier [rənje] (1a) verleugnen
renifler [r(ə)nifle] (1a) schnüffeln
renne [rɛn] *m zo* Ren(tier) *n*
renom [r(ə)nɔ̃] *m* (guter) Ruf *m*, Ansehen *n*
renommé, ~e [r(ə)nɔme] berühmt (***pour*** wegen)
renommée [r(ə)nɔme] *f* (guter) Ruf *m*, Renommee *n*; ⚠ ***la ~***
renoncement [r(ə)nɔ̃smɑ̃] *m* Verzicht *m* (***à*** auf)
▶ **renoncer** [r(ə)nɔ̃se] (1k) ***~ à (faire) qc*** auf etw verzichten (darauf verzichten, etw zu tun)
renouer [rənwe] (1a) *fig* wieder anknüpfen, erneuern; ***~ avec qn*** die Beziehungen zu j-m wieder aufnehmen
renouveler [r(ə)nuvle] (1c) erneuern; *Ausweis*: verlängern; ***se ~*** sich wiederholen
renouvellement [r(ə)nuvɛlmɑ̃] *m* Erneuerung *f*, Verlängerung *f*; Wiederholung *f*
rénov|ation [renɔvasjɔ̃] *f* Renovierung *f*; *fig* Erneuerung *f*; **~er** (1a) renovieren; *Stadtteil*: sanieren; *fig* erneuern
▶ **renseignement** [rɑ̃sɛɲmɑ̃] *m* **1.** Auskunft *f*, Information *f*; ***donner des ~s sur*** Auskunft erteilen über; ***prendre des ~s*** Erkundigungen einziehen; **2.** *mil* (geheime) Nachricht *f*; ***service m de ~s*** Nachrichtendienst *m*
▶ **renseigner** [rɑ̃seɲe] (1a) ***renseigner qn sur qc*** j-m über etw Auskunft geben, j-n über etw informieren *od* unterrichten; ▶ ***se renseigner*** sich erkundigen (***auprès de qn sur qn, qc*** bei j-m über j-n, etw)
rente [rɑ̃t] *f* (Kapital-)Rente *f*; Staatsanleihe *f*; ⚠ *nicht* (Sozial-)Rente
rent|ier, ~ière [rɑ̃tje, -jɛr] *m, f* Rentier *m*, Privatier *m*; ⚠ *nicht* Rentner
▶ **rentrée** [rɑ̃tre] *f* **1.** Rückkehr *f*; **2.** *nach den Ferien*: Wiederbeginn *m*; ***~ des classes*** Schulbeginn *m*; **3.** *comm* Eingang *m*; **~s** *pl* Einnahmen *f/pl*; **4.** *agr* Einbringen *n* (*der Ernte*)
▶ **rentrer** [rɑ̃tre] (1a) **1.** (***être***) zurückkehren; nach Hause gehen; hineingehen; hineinpassen; *Gelder*: eingehen; ***~ dans*** gehören zu; ***~ dans qc*** etw wiedererlangen; **2.** (***avoir***) hineinbringen; (hin)einfahren; *Bauch*: einziehen
renvers|e [rɑ̃vɛrs] *f* ***tomber à la ~*** auf den Rücken fallen; **~é, ~ée** umgekehrt; umgefallen; *fig* fassungslos; **~ement** [-əmɑ̃] *m* Umkehrung *f*; *fig* Sturz *m*
▶ **renverser** [rɑ̃vɛrse] (1a) umkehren; umstoßen, umwerfen, umfahren; verschütten; *fig* stürzen, zu Fall bringen; ***se ~*** umfallen, umkippen, umstürzen
renvoi [rɑ̃vwa] *m* Entlassung *f*; Rücksendung *f*; *im Text*: Verweis *m* (***à*** auf)
renvoyer [rɑ̃vwaje] (1p) zurückschicken; zurückwerfen; entlassen, fortschicken; *von der Schule*: verweisen; *zeitlich*: verschieben; ***~ à qn, à qc*** an j-n, auf etw verweisen
réorientation [reɔrjɑ̃tasjɔ̃] *f* Neuorientierung *f*
réouverture [reuvɛrtyr] *f* Wiedereröffnung *f*
repaire [r(ə)pɛr] *m* Höhle *f*, *fig* Schlupfwinkel *m*
répandre [repɑ̃drə] (4a) vergießen, verschütten, *fig* verbreiten; ***se ~*** sich verbreiten; *fig* ***se ~ en*** sich ergehen in
répandu, ~e [repɑ̃dy] verbreitet, üblich
reparaître [r(ə)parɛtrə] (4z) wieder erscheinen
▶ **réparation** [reparasjɔ̃] *f* Reparatur *f*, Instandsetzung *f*; Wiedergutmachung *f*; *pol* **~s** *pl* Reparationen *f/pl*; *Fußball*: ***surface f de ~*** Strafraum *m*
▶ **réparer** [repare] (1a) reparieren, in Stand setzen; *fig* wieder gutmachen, ersetzen
repartie [reparti] *f* lebhafte Erwiderung *f*; ***avoir la ~ facile*** schlagfertig sein; ⚠ *Aussprache*
repartir [r(ə)partir] (2b) wieder abfahren, zurückfahren; ***~ à zéro*** wieder von vorn anfangen; ⚠ *il* ***est*** *reparti*
répart|ir [repartir] (2a) ver-, auf-, einteilen; ⚠ *nicht verwechseln mit* ***repartir***; **~ition** *f* Ver-, Auf-, Zu-, Einteilung *f*; ***~ des rôles*** Rollenverteilung *f*
▶ **repas** [r(ə)pɑ] *m* Mahlzeit *f*, Essen *n*
repasser [r(ə)pase] (1a) **1.** (***être***) wieder vorbeigehen, -kommen; **2.** (***avoir***) wieder überqueren; wieder hinreichen;

R

F überlassen, -geben; *Lehrstoff*: noch einmal durchgehen; *Messer*: schleifen; *Wäsche*: bügeln

repêch|age [r(ə)pɛʃaʒ] *m* Wiederholungsprüfung *f*; **~er** (1b) aus dem Wasser ziehen; F *fig* heraushelfen (***qn*** j-m)

repenser [r(ə)pɑ̃se] (1a) (noch einmal) überdenken; ~ ***à qc*** wieder an etw denken

repenti [rəpɑ̃ti] *m* Aussteiger *m aus der Terrorismusszene*

repentir [r(ə)pɑ̃tir] **1.** (2b) ***se ~ de qc*** etw bereuen; **2.** *m* Reue *f*

repérage [r(ə)peraʒ] *m* Ermittlung *f*, Ausfindigmachen *n*, Ortung *f*; Markieren *n*

répercu|ssion [repɛrkysjɔ̃] *f* Auswirkung *f*; **~ter** [-te] (1a) ***se*** ~ widerhallen; *fig* sich auswirken (***sur*** auf)

repère [r(ə)pɛr] *m* Zeichen *n*, Markierung *f*; ***point*** *m* ***de*** ~ Anhaltspunkt *m*

repérer [r(ə)pere] (1f) ausfindig machen, ausmachen, auffinden, orten; markieren

répertoire [repɛrtwar] *m* Sachregister *n*; *Theater*: Repertoire *n*; *EDV* Dateienverzeichnis *n*; ~ ***racine*** Wurzelverzeichnis *n*

▶ **répéter** [repete] (1f) wiederholen; *Rolle*: proben, einstudieren

répétition [repetisjɔ̃] *f* Wiederholung *f*; *Theater*: Probe *f*

répit [repi] *m* Atempause *f*, Ruhe *f*; ***sans*** ~ unaufhörlich

repli [r(ə)pli] *m* Falte *f*, Umschlag *m*; Windung *f*; *mil* Rückzug *m*; *fig* geheimer Winkel *m* (*der Seele*)

replier [r(ə)plije] (1a) wieder zusammenfalten; *Beine*: anziehen; ***se*** ~ sich schlängeln; *mil* sich zurückziehen; ***se ~ sur soi-même*** sich abkapseln

R

répliqu|e [replik] *f* Erwiderung *f*; *Kunst*: Replik *f*; **~er** (1m) erwidern

répondeur [repɔ̃dœr] *m* Anrufbeantworter *m*

▶ **répondre** [repɔ̃drə] (4a) antworten (***qc à qn*** j-m etw; ***à qc*** auf etw); entsprechen (***à qc*** e-r Sache); *Mechanismus*: ansprechen; ~ ***de*** bürgen, haften für

▶ **réponse** [repɔ̃s] *f* Antwort *f*

reportage [r(ə)pɔrtaʒ] *m* Berichterstattung *f*, Reportage *f*, Bild-, Hörbericht *m*; ⚠ ***le*** ~

reporter[1] [r(ə)pɔrte] (1a) zurückbringen; aufschieben; übertragen

▶ **reporter**[2] [r(ə)pɔrtɛr] *m* Reporter *m*

▶ **repos** [r(ə)po] *m* Ruhe *f*

repos|ant, ~ante [rəpozɑ̃, -ɑ̃t] erholsam, gemütlich

reposer [r(ə)poze] (1a) **1.** zurückstellen, -setzen, -legen; wieder hinstellen; *Frage*: wieder stellen; **2.** ausruhen; ruhen; ***reposer sur*** ruhen *od* stehen auf; *fig* beruhen auf; ▶ ***se reposer*** (sich) ausruhen, sich erholen; *fig* ***se reposer sur*** sich verlassen auf

repouss|ant, ~ante [r(ə)pusɑ̃, -ɑ̃t] abstoßend; **~er** (1a) zurückstoßen, -schieben; abweisen; ablehnen; abstoßen; *Zeitpunkt*: hinausschieben; *biol* wieder wachsen

▶ **reprendre** [r(ə)prɑ̃drə] (4q) wieder (auf-, weg)nehmen; zurückerobern; zurücknehmen (*a comm*); fortführen; wiederholen; überarbeiten; *Schüler*: tadeln; *Arbeit etc*: wieder anfangen; *Pflanze*: wieder Wurzeln schlagen; *méd* sich wieder erholen; ***se*** ~ sich verbessern; sich fassen

représailles [r(ə)prezaj] *f/pl* Vergeltungsmaßnahmen *f/pl*, Repressalien *f/pl*; ⚠ *Schreibung*

▶ **représent|ant, ~ante** [r(ə)prezɑ̃tɑ̃, -ɑ̃t] *m, f* Vertreter(in) *m(f)* (*a comm*); Stellvertreter(in) *m(f)*; **~atif, ~ative** [-atif, -ativ] repräsentativ, stellvertretend; *fig* typisch, charakteristisch (***de*** für)

▶ **représentation** [r(ə)prezɑ̃tasjɔ̃] *f* Darstellung *f*; Abbildung *f*; *pol, jur, comm* Vertretung *f*; *Theater*: Vorstellung *f*, Aufführung *f*

▶ **représenter** [r(ə)prezɑ̃te] (1a) darstellen; vertreten; bedeuten; repräsentieren; *Theater*: aufführen; ***se ~ qc*** sich etw vorstellen; *pol* ***se*** ~ sich zur Wiederwahl stellen

répression [represjɔ̃] *f* Unterdrückung *f*; *jur* Ahndung *f*

réprimand|e [reprimɑ̃d] *f* Tadel *m*; **~er** (1a) tadeln

réprimer [reprime] (1a) unterdrücken

reprise [r(ə)priz] *f* Wiedereinnahme *f*; Zurücknahme *f*; Wiederaufnahme *f*, Wiederbeginn *m*; Ausbessern *n*, Stopfen *n*; *Motor*: Anzugsvermögen *n*; ***à plusieurs ~s*** wiederholt; ~ ***écono-***

mique Wiederbelebung *f* der Wirtschaft

repriser [r(ə)prize] (1a) stopfen

réprobation [reprɔbasjɔ̃] *f* Missbilligung *f*

► **reproche** [r(ə)prɔʃ] *m* Vorwurf *m*, Tadel *m*; ⚠ **le ~**

► **reprocher** [r(ə)prɔʃe] (1a) vorwerfen (**qc à qn** j-m etw)

reproduction [r(ə)prɔdyksjɔ̃] *f* Wiedergabe *f*, Nachbildung *f*, Reproduktion *f*; Abdruck *m*, Vervielfältigung *f*; *biol* Fortpflanzung *f*

reproduire [r(ə)prɔdɥir] (4c) wiedergeben, nachbilden, reproduzieren; abdrucken, vervielfältigen; **se ~** wieder vorkommen, sich wiederholen; *biol* sich fortpflanzen

réprouver [repruve] (1a) missbilligen, verurteilen; *rel* verdammen

reptile [rɛptil] *m zo* Reptil *n*

républic|ain, ~aine [repyblikɛ̃, -ɛn] **1.** *adj* republikanisch; **2.** *m, f* Republikaner(in) *m(f)*

► **république** [repyblik] *f* Republik *f*; **~ bananière** *péj* Bananenrepublik *f*; **République slovaque** Slowakische Republik *f*, Slowakei *f*; **République tchèque** Tschechische Republik *f*, Tschechien *n*

répudier [repydje] (1a) verstoßen; von sich weisen

répugn|ance [repyɲɑ̃s] *f* Widerwille *m* (**pour** gegen); **~ant, ~ante** [-ɑ̃, -ɑ̃t] widerlich, ekelhaft

répulsion [repylsjɔ̃] *f* Widerwille *m* (**pour** gegen)

réput|ation [repytasjɔ̃] *f* (guter) Ruf *m*; **~é, ~ée** berühmt (**pour** wegen, für); **être ~** ... gelten als ...

requérir [rəkerir] (2l) (er-, an)fordern

requête [rəkɛt] *f* Gesuch *n*; Ersuchen *n*

requin [r(ə)kɛ̃] *m zo* Hai(fisch) *m*

requ|is, ~ise [rəki, -iz] erforderlich

réquisi|tion [rekizisjɔ̃] *f* Beschlagnahme *f*; *jur* Antrag *m*; **~tionner** [-sjɔne] (1a) requirieren, beschlagnahmen

R.E.R. [ɛrøɛr] *m* (*abr* **réseau express régional**) S-Bahn-Netz *n in Paris*

rescapé, ~e [rɛskape] überlebend

réseau [rezo] *m* (⚠ *pl* **~x**) Netz *n*; Geflecht *n*

réservation [rezɛrvasjɔ̃] *f* Reservierung *f*; Buchung *f*

réserv|e [rezɛrv] *f* Vorrat *m*; Reserve *f* (*a mil*); Reservat *n*, Naturschutzgebiet *n*; Zurückhaltung *f*; Vorbehalt *m*; **en ~** vorrätig; **sous ~ de** vorbehaltlich; **~é, ~ée** reserviert (*a fig*)

► **réserver** [rezɛrve] (1a) zurückbehalten; aufsparen; reservieren, vorbestellen, buchen; **~ qc à qn** j-m etw vorbehalten; *Überraschung*: j-m bereiten

réservoir [rezɛrvwar] *m* Behälter *m*, Tank *m*; Reservoir *n* (*a fig*)

résid|ence [rezidɑ̃s] *f* Wohnsitz *m*; Wohnanlage *f*; Residenz *f*; **~entiel, ~entielle** [-ɑ̃sjɛl] **quartier résidentiel** (vornehmes) Wohnviertel *n*; **~er** (1a) wohnhaft sein; **~ dans qc** in etw bestehen; auf etw beruhen

résidu [rezidy] *m* Rest *m*; *tech* Rückstand *m*

résign|ation [reziɲasjɔ̃] *f* Resignation *f*; **~er** (1a) *Amt*: niederlegen; **se ~** resignieren; sich abfinden (**à** mit)

résilier [rezilje] (1a) *Vertrag*: kündigen, auflösen

résine [rezin] *f* Harz *n*

► **résist|ance** [rezistɑ̃s] *f* Widerstand *m*; Widerstandskraft *f*; *hist* **la Résistance** die *frz* Widerstandsbewegung (*1940 bis 1944*); **~ant, ~ante** [-ɑ̃, -ɑ̃t] **1.** *adj* widerstandsfähig; haltbar; **2.** *m, f hist frz* Widerstandskämpfer(in) *m(f)*; **~er** (1a) widerstehen, Widerstand leisten; **~ à qc** etw aushalten; e-r Sache standhalten

résolu, ~e [rezɔly] entschlossen (**à** zu); ⚠ *adv* **résolument**

résolution [rezɔlysjɔ̃] *f* Be-, Entschluss *m*; Entschließung *f*, Resolution *f*; Entschlossenheit *f*; *math* Lösung *f*

résonance [rezɔnɑ̃s] *f* Resonanz *f*

résonner [rezɔne] (1a) widerhallen

résorber [rezɔrbe] (1a) aufsaugen; *fig* beseitigen

résoudre [rezudrə] (4bb) (auf)lösen; **~ de** (+ *inf*) beschließen zu (+ *inf*); **se ~ à faire qc** sich entschließen, etw zu tun

► **respect** [rɛspɛ] *m* Respekt *m*, Ehrerbietung *f*, Achtung *f*; **tenir qn en ~** j-n in Schach halten; **par ~ pour** aus Achtung vor; **sauf votre ~** mit Verlaub zu sagen

respect|able [rɛspɛktablə] achtbar; beachtlich; **~er** (1a) achten, respektieren; *Vorfahrt*: beachten; **se ~** Selbstachtung

R

haben; ***se faire ~*** sich Respekt verschaffen; **~if, ~ive** [-if, -iv] jeweilig; **~ivement** [-ivmɑ̃] *adv* beziehungsweise

respectu|eux, ~euse [rɛspɛktɥø, -øz] respektvoll, ehrerbietig

respiration [rɛspirasjɔ̃] *f* Atmen *n*, Atmung *f*

► **respirer** [rɛspire] (1a) (ein)atmen; *fig* aufatmen; ***~ la joie*** Freude ausstrahlen

resplendir [rɛsplɑ̃dir] (2a) funkeln, glänzen

► **responsabilité** [rɛspɔ̃sabilite] *f* Verantwortlichkeit *f*, Verantwortung *f* (***de*** für); *jur* Haftung *f*

► **responsable** [rɛspɔ̃sablə] verantwortlich (***de*** für)

resquiller [rɛskije] (1a) F schummeln

ressac [rəsak] *m* Brandung *f*

ressemblance [r(ə)sɑ̃blɑ̃s] *f* Ähnlichkeit *f*

► **ressembler** [r(ə)sɑ̃ble] (1a) ähnlich sein *od* sehen, gleichen (***à***); ***ne ~ à rien*** *péj* nichts taugen

ressentiment [r(ə)sɑ̃timɑ̃] *m* Ressentiment *n*, Verbitterung *f*

ressentir [r(ə)sɑ̃tir] (2b) (ver)spüren, empfinden, fühlen; ***se ~ de qc*** die Nachwirkungen von etw verspüren

resserrer [r(ə)sere] (1b) *Knoten*: fester ziehen; *Schraube*: fester anziehen; *Gürtel*: enger schnallen; *fig* festigen

ressort [r(ə)sɔr] *m* **1.** *tech* Feder *f*; *fig* Triebfeder *f*; Spannkraft *f*; **2.** Zuständigkeitsbereich *m*, Ressort *n*; *jur* Instanz *f*; ***ce n'est pas de mon ~*** dafür bin ich nicht zuständig; ***en dernier ~*** in letzter Instanz; *fig* schließlich

ressort|ir [r(ə)sɔrtir] (2b) **1.** (***être***) wieder (hin)ausgehen; hervortreten; ***faire ~*** hervorheben, zur Geltung bringen; ***il ressort de cela que*** ... es geht daraus hervor, dass ...; **2.** (***avoir***) *jur* ***~ à*** zur Zuständigkeit (+ *gén*) gehören; **~issant, ~issante** [-isɑ̃, -isɑ̃t] Staatsangehörige(r) *m, f*

ressource [r(ə)surs] *f* Hilfsmittel *n*; ► ***ressources*** *pl* Mittel *n/pl*, Reserven *f/pl*, Ressourcen *f/pl*; Geldmittel *n/pl*; ***les ressources humaines*** das Personal; ***ressources minières*** Bodenschätze *m/pl*

ressusciter [resysite] (1a) **1.** (***avoir***) *Tote*: auferwecken; *fig* wieder beleben; **2.** (***être***) (wieder) auferstehen

rest|ant, ~ante [rɛstɑ̃, -ɑ̃t] restlich, übrig(geblieben)

► **restaur|ant** [rɛstɔrɑ̃] *m* Restaurant *n*; ***~ universitaire*** Mensa *f*; ***~ à service rapide*** Schnellrestaurant *n*; **~ateur, ~atrice** [-atœr, -atris] *m, f* **1.** Gastwirt(in) *m(f)*; **2.** Restaurator(in) *m(f)*; **~ation** *f* **1.** Gaststättengewerbe *n*; **2.** Wiederherstellung *f*; Restaurierung *f*; *pol* Restauration *f*

restaurer [rɛstɔre] (1a) wiederherstellen; restaurieren

► **reste** [rɛst] *m* Rest *m*, Überbleibsel *n*; ***du ~*** *od* ***au ~*** übrigens; ***être en ~ avec qn*** j-m etw schuldig bleiben

► **rester** [rɛste] (1a) (übrig-, zurück)bleiben; sich aufhalten; ***en ~ à qc*** bei etw stehen bleiben; ***~ à*** (+ *inf*) müssen (+ *inf*); (***il***) ***reste que*** ... immerhin ...

restituer [rɛstitɥe] (1n) zurückgeben, wiedererstatten; wiederherstellen

restitution [rɛstitysjɔ̃] *f* Rückgabe *f*; Wiederherstellung *f*

resto [rɛsto] *m* F (*Kurzwort für* ***restaurant***) Restaurant *n*; ***~ U*** Mensa *f*; **~route** [-rut] *m* Raststätte *f* (*Autobahn*)

restreindre [rɛstrɛ̃drə] (4b) be-, einschränken

restriction [rɛstriksjɔ̃] *f* Be-, Einschränkung *f*; Vorbehalt *m*

► **résult|at** [rezylta] *m* Ergebnis *n*, Resultat *n*; **~er** (1a) sich ergeben, folgen (***de*** aus)

résum|é [rezyme] *m* Zusammenfassung *f*, Überblick *m*; **~er** (1a) zusammenfassen, kurz wiedergeben

résurrection [rezyrɛksjɔ̃] *f* *rel* Auferstehung *f*; *fig* plötzliche Genesung *f*; Wiederaufleben *n*

rétabl|ir [retablir] (2a) wiederherstellen; ***se ~*** wieder gesund werden; **~issement** [-ismɑ̃] *m* Wiederherstellung *f*; Genesung *f*

retaper [r(ə)tape] (1a) noch einmal abtippen; F *altes Haus*: herrichten

► **retard** [r(ə)tar] *m* Verspätung *f*; Rückstand *m*; Verzögerung *f*; ► ***être en retard*** zu spät kommen, sich verspäten; Verspätung haben (*Zug*); nachgehen (*Uhr*); *fig* zurückgeblieben sein; ***avec retard*** verspätet; ***sans retard*** sofort

retardataire [r(ə)tardatɛr] **1.** *adj* ver-

R

Au restaurant

G = *le garçon* – der Ober
D = *Monsieur Dumont*

G: *Vous avez déjà choisi, Monsieur?*	G: Haben Sie schon etwas ausgewählt?
D: *Oui. Comme hors d'œuvre, je prends une salade niçoise. Puis la truite meunière avec des pommes vapeur.*	D: Ja. Als Vorspeise nehme ich einen Salade Niçoise. Und dann eine Forelle Müllerin Art mit gedämpften Kartoffeln.
G: *Vous prenez aussi un dessert, Monsieur?*	G: Möchten Sie auch eine Nachspeise?
D: *Eh bien, voyons. Une mousse au chocolat, j'adore!*	D: Mm, lassen Sie mich mal sehen. Eine Mousse au chocolat, das ess ich furchtbar gern!
G: *Et comme boisson, je vous recommande un Sèvres-et-Maine, un vin blanc sec.*	G: Und zum Trinken würde ich Ihnen einen Sèvres-et-Maine empfehlen, einen trockenen Weißwein.
D: *D'accord. Mais apportez-moi aussi une petite bouteille d'eau, s'il vous plaît.*	D: In Ordnung. Aber bringen Sie mir bitte auch eine kleine Flasche Wasser.
G: *Gazeuse?*	G: Mit Kohlensäure?
D: *Ah non, je préfère de l'eau plate.*	D: Ach nein, ich möchte lieber ein Wasser ohne Kohlensäure.
G: *Très bien, Monsieur.*	G: Gern.

spätet; rückständig; **2.** *m, f* Nachzügler(in) *m(f)*

retard|é, ~ée [r(ə)tarde] verspätet; *Kind*: zurückgeblieben; **~er** (1a) aufhalten, verzögern; *Uhr*: zurückstellen; nachgehen (**de** um); *fig* ~ ***sur son temps*** hinter seiner Zeit zurück sein

▶ **retenir** [rətnir] (2h) zurück-, aufhalten; (im Gedächtnis) behalten; in Betracht ziehen, berücksichtigen; *Zimmer etc*: vorbestellen, reservieren; **se ~** sich zurückhalten, sich beherrschen

retent|ir [r(ə)tɑ̃tir] (2a) ertönen, widerhallen; ~ ***sur*** sich auswirken auf; **~issant, ~issante** [-isɑ̃, -isɑ̃t] geräuschvoll, dröhnend; *fig* Aufsehen erregend; **~issement** [-ismɑ̃] *m* (Aus-, Nach-) Wirkung *f*

retenu, ~e [rətny] vorbestellt; *Stimme*: verhalten

retenue [rətny] *f* Abzug *m* (*vom Gehalt*); *Schule*: Arrest *m*; *fig* Mäßigung *f*; ~ ***à la source*** Quellensteuer *f*

réticence [retisɑ̃s] *f* Verschweigen *n*; Zögern *n*

rét|if, ~ive [retif, -iv] störrisch

rétine [retin] *f* Netzhaut *f*

▶ **retirer** [r(ə)tire] (1a) zurück-, herausziehen; wegnehmen; entziehen; *Geld*: abheben; *Kleider*: ausziehen; *Mütze*:

R

abnehmen; *Vorteile*: herausholen; **se ~** sich zurückziehen; sich zur Ruhe setzen; *Stoff*: einlaufen

retombées [r(ə)tɔ̃be] *f/pl fig* Auswirkungen *f/pl*; *phys* **~ *radioactives*** radioaktiver Niederschlag *m*

retomber [r(ə)tɔ̃be] (1a) wieder (hinunter)fallen; *Haare*: herabhängen; *fig* **~ *sur qc*** auf etw zurückkommen; **~ *sur qn*** *Verantwortung*: auf j-n zurückfallen; **~ *dans qc*** wieder in etw verfallen

rétorsion [retɔrsjɔ̃] *f pol* Vergeltung *f*

retouch|e [r(ə)tuʃ] *f* Überarbeitung *f*; Retusche *f*; **~er** (1a) überarbeiten; retuschieren, nachbessern

▶ **retour** [r(ə)tur] *m* Rück-, Heimkehr *f*; Rückfahrt *f*, -reise *f*; Rücksendung *f*; Wiederkehr *f*; Wechsel *m*; Gegenleistung *f*; *Sport*: ***match*** *m* **~** Rückspiel *n*; ***bon ~!*** gute Heimreise!; ***être de ~*** zurück(gekehrt) sein; ***en ~*** dafür; ***par ~ du courrier*** postwendend

▶ **retourner** [r(ə)turne] (1a) **1.** (***être***) zurückkehren, -gehen, -fahren; wieder fahren; **2.** (***avoir***) umdrehen, wenden; zurücksenden; *fig* **~ *qn*** j-n aufwühlen; *fig* ***tourner et ~*** *Idee*: hin und her überlegen; **3. se ~** sich umwenden; *auto* sich überschlagen; **se ~ *contre qn*** sich gegen j-n wenden

retracer [r(ə)trase] (1k) nochmals zeichnen; *fig* vor Augen führen

rétracter [retrakte] (1a) zurück-, einziehen; *fig* widerrufen

retrait [r(ə)trɛ] *m* Entzug *m*; *Geld*: Abheben *n*; *Truppen*: Abzug *m*; *tech* Schwund *m*; ***en ~*** zurückgesetzt

▶ **retraite** [r(ə)trɛt] *f* Pensionierung *f*, Ruhestand *m*; Rente *f*; Zurückgezogenheit *f*; *mil* Rückzug *m*; ***prendre sa ~*** in den Ruhestand gehen

retraité, ~e [r(ə)trɛte] *m, f* Rentner(in) *m(f)*

retraitement [r(ə)trɛtmɑ̃] *m phys* Wiederaufbereitung *f*

retrancher [r(ə)trɑ̃ʃe] (1a) wegstreichen; ausschließen; **se ~** sich verschanzen (*a fig*)

retransmission [r(ə)trɑ̃smisjɔ̃] *f TV* Übertragung *f*

rétrécir [retresir] (2a) enger machen; *fig* einengen; *Stoff*: einlaufen; **se ~** enger werden

rétrib|uer [retribɥe] (1n) entlohnen, bezahlen; **~ution** [-ysjɔ̃] *f* Entlohnung *f*, Bezahlung *f*

rétro|actif, ~active [retrɔaktif, -aktiv] rückwirkend; **~grade** [-grad] rückständig; **~grader** [-grade] (1a) zurückweichen, -fallen; *auto* zurückschalten; **~projecteur** [-prɔʒɛtœr] *m* Tageslichtprojektor *m*; **~spectif, ~spective** [-spɛktif, -spɛktiv] **1.** *adj* rückblickend; **2.** *f* Rückblick *m*, -schau *f*

retrousser [r(ə)truse] (1a) aufkrempeln, hochstreifen

retrouvailles [r(ə)truvaj] F *f/pl* Wiedersehen *n*

▶ **retrouver** [r(ə)truve] (1a) wieder finden; wieder treffen; **se ~** sich wieder treffen; *Gelegenheit*: sich wieder ergeben; ***s'y ~*** sich zurechtfinden

rétrovirus [retrovirys] *m méd* Retrovirus *n*

rétroviseur [retrɔvizœr] *m auto* Rückspiegel *m*

réuni|fication [reynifikasjɔ̃] *f* Wiedervereinigung *f*; **~fier** [-fje] (1a) wieder vereinigen

▶ **réunion** [reynjɔ̃] *f* Zusammenkunft *f*, Versammlung *f*; Zusammenschluss *m*; Zusammenstellung *f*; *pol* Anschluss *m*

réunir [reynir] (2a) vereinigen; verbinden; zusammenstellen; versammeln; ▶ ***se réunir*** zusammenkommen, -treffen

réuss|i, ~ie [reysi] gelungen

▶ **réuss|ir** [reysir] (2a) Erfolg haben; gelingen, glücken (***à qn*** j-m); ***je réussis à*** (+ *inf*) es gelingt mir zu (+ *inf*); **~ *qc*** etw zu Stande bringen; **~ite** [-it] *f* Gelingen *n*, Erfolg *m*

revaloriser [r(ə)valɔrize] (1a) aufwerten (*a fig*)

revanche [r(ə)vɑ̃ʃ] *f* Vergeltung *f*, Revanche *f*; ***en ~*** dafür, dagegen; ***prendre sa ~*** die Niederlage wettmachen

rêvasser [rɛvase] (1a) (vor sich hin) dösen

▶ **rêve** [rɛv] *m* Traum *m*; ⚠ ***le ~***

revêche [rəvɛʃ] barsch, unwirsch

▶ **réveil** [revɛj] *m* Erwachen *n*; Wecker *m*

▶ **réveiller** [revɛje] (1b) (auf)wecken; ▶ ***se réveiller*** aufwachen

réveill|on [revɛjɔ̃] *m* Weihnachts-, Silvesterfestessen *n*; **~onner** [-ɔne] (1a) Heiligabend *od* Silvester feiern

révél|ateur, ~atrice [revelatœr, -atris]

aufschlussreich (***de*** für); **~ation** *f* Enthüllung *f*, Aufdeckung *f*; *rel* Offenbarung *f*; **~er** (1f) enthüllen, aufdecken; *rel* offenbaren; **se ~** sich erweisen, sich herausstellen (***qc*** als etw)

revenant [rəvɑ̃] *m* Gespenst *n*

revend|eur, ~euse [r(ə)vɑ̃dœr, -øz] *m*, *f* Wiederverkäufer(in) *m(f)*

▶ **revendi|cation** [r(ə)vɑ̃dikasjɔ̃] *f* Forderung *f*; **~quer** [-ke] (1m) fordern, beanspruchen; *Verantwortung*: übernehmen; *Attentat*: sich bekennen zu

revendre [r(ə)vɑ̃drə] (4a) weiterverkaufen; wieder verkaufen

▶ **revenir** [rəvnir] (2h) wiederkommen; zurückkehren; *Wort*: wieder einfallen; ***~ à*** *od* ***~ sur*** zurückkommen auf; ***~ sur qc*** etw zurücknehmen, rückgängig machen; ***~ à qn*** j-m zustehen; ***~ de qc*** sich von etw erholen; sich von etw befreien; ***~ cher*** teuer sein, teuer zu stehen kommen; ***cela revient au même*** das kommt auf das Gleiche heraus; *cuis* ***faire ~*** anbraten, in Fett dünsten

revente [r(ə)vɑ̃t] *f* Wiederverkauf *m*

▶ **revenu** [rəvny] *m* Einkommen *n*; ***~ minimum d'insertion*** staatliche Beihilfe *f* zur beruflichen Eingliederung

▶ **rêver** [rɛve] (1a) träumen (***de*** von); ***~ à qc*** über etw nachsinnen

réverbère [revɛrbɛr] *m* Straßenlaterne *f*

révér|ence [reverɑ̃s] *f* Ehrfurcht *f*; Knicks *m*, Verbeugung *f*; **~er** (1f) verehren

rêverie [rɛvri] *f* Träumerei *f*

revers [r(ə)vɛr] *m* Rückseite *f*; Auf-, Umschlag *m* (*an Kleidern*); *fig* Schicksalsschlag *m*; ***~ de la médaille*** Kehrseite *f* der Medaille

revêtement [r(ə)vɛtmɑ̃] *m tech* Verkleidung *f*, Überzug *m*; Straßendecke *f*

revêtir [r(ə)vetir] (2g) *Kleider*: anziehen, anlegen; ***~ qn de qc*** j-m etw verleihen; *tech* ***~ qc de qc*** etw mit etw verkleiden, versehen; *fig* ***~ une importance particulière*** e-e besondere Bedeutung haben

rêv|eur, ~euse [rɛvœr, -øz] **1.** *adj* verträumt; nachdenklich; **2.** *m*, *f* Träumer(in) *m(f)*

revient [rəvjɛ̃] *m comm* ***prix m de ~*** Selbstkostenpreis *m*

revigorer [r(ə)vigɔre] (1a) wieder kräftigen; neu beleben

revirement [r(ə)virmɑ̃] *m* ***~ d'opinion*** Meinungsumschwung *m*

révis|er [revize] (1a) überprüfen, revidieren; *Lehrstoff*: durchsehen, wiederholen; *tech* überholen; **~ion** *f* Überprüfung *f*, Revision *f*; *Lehrstoff*: Durchsicht *f*, Wiederholung *f*; *tech* Überholung *f*; *auto* Inspektion *f*; *jur* Wiederaufnahme *f*; *mil* ***conseil m de ~*** Musterungsausschuss *m*

revivre [r(ə)vivrə] (4e) wieder aufleben; weiterleben; wieder erleben

revoir [r(ə)vwar] **1.** (3b) wieder sehen, noch einmal sehen; überprüfen; **2.** *m* ▶ ***au revoir!*** auf Wiedersehen!

révolt|e [revɔlt] *f* Aufstand *m*, Empörung *f*; **~er** (1a) empören; **se ~** sich empören (***contre*** über); sich auflehnen (***contre*** gegen)

révolu, ~e [revɔly] vergangen

▶ **révoluti|on** [revɔlysjɔ̃] *f* Umsturz *m*, Revolution *f*; Umdrehung *f*; *astr* Umlauf *m*; **~onnaire** [-ɔnɛr] **1.** *adj* revolutionär; **2.** *m*, *f* Revolutionär(in) *m(f)*; ⚠ *Schreibung*; **~onner** [-ɔne] (1a) revolutionieren

revolver [revɔlvɛr] *m* Revolver *m*; ⚠ *Schreibung*

révoquer [revɔke] (1m) absetzen; widerrufen

▶ **revue** [r(ə)vy] *f* Revue *f*; Zeitschrift *f*; Übersicht *f*; *mil* Appell *m*; Parade *f*; ***passer en ~*** die Parade abnehmen, die Front abschreiten; *fig* durchgehen

▶ **rez-de-chaussée** [redʃose] *m* (⚠ *pl unv*) Erdgeschoss *n*

R.F. (*abr* ***République française***) Französische Republik

▶ **R.F.A.** *f* (*abr* ***République fédérale d'Allemagne***) Bundesrepublik *f* Deutschland

rhabiller [rabije] (1a) (**se ~** sich) wieder anziehen

rhén|an, ~ane [renɑ̃, -an] rheinländisch

rhétorique [retɔrik] **1.** *adj* rhetorisch; **2.** *f* Redekunst *f*, Rhetorik *f*

▶ **Rhin** [rɛ̃] ***le ~*** der Rhein

Rhône [ron] ***le ~*** die Rhone; ⚠ ***le ~***

rhubarbe [rybarb] *f* Rhabarber *m*; ⚠ ***la ~***

rhum [rɔm] *m* Rum *m*; ⚠ *Schreibung*

rhumat|isant, ~isante [rymatizɑ̃, -izɑ̃t] an Rheuma leidend; **~isme** *m* Rheumatismus *m*

R

▶ **rhume** [rym] *m* Schnupfen *m*; Erkältung *f*; ~ ***des foins*** Heuschnupfen *m*
ri [ri] *p/p von* ***rire***
ri|ant, ~ante [rijɑ̃, -ɑ̃t] lachend; heiter, lieblich
ricaner [rikane] (1a) (höhnisch) grinsen; kichern
rich|ard, ~arde [riʃar, -ard] *m, f* F *péj* reicher Kerl *m*, reiche Frau *f*
▶ **riche** [riʃ] reich (***en*** an); fruchtbar; kostbar
▶ **richesse** [riʃɛs] *f* Reichtum *m*; Fruchtbarkeit *f*; Kostbarkeit *f*
ricin [risɛ̃] *m bot* Rizinus *m*
ricocher [rikɔʃe] (1a) abprallen
rictus [riktys] *m* verzerrter Mund *m*; Grinsen n
rid|e [rid] *f* Falte *f*, Runzel *f*; **~é, ~ée** faltig, runzlig
▶ **rideau** [rido] *m* (⚠ *pl* **~x**) Vorhang *m*, Gardine *f*; *pol* ~ ***de fer*** Eiserner Vorhang
rider [ride] (1a) zerfurchen; kräuseln; ***se*** ~ faltig werden
▶ **ridicul|e** [ridikyl] **1.** *adj* lächerlich; ***il est ~ de*** (+ *inf*), ***que*** (+ *subj*) es ist lächerlich, zu (+ *inf*), dass ...; **2.** *m* Lächerlichkeit *f*; ***tourner qc en ~*** etw ins Lächerliche ziehen; **~iser** (1a) lächerlich machen; blamieren
rien¹ [rjɛ̃] *m* Kleinigkeit *f*, Lappalie *f*
▶ **rien²** [rjɛ̃] **1.** nichts (*mit* ***ne*** *vor e-m dazutretenden Verb*); ***rien de rien*** überhaupt nichts; ***il ne sait rien*** er weiß nichts; ***que sait-il? rien*** was weiß er? nichts; ***rien du tout*** gar nichts; ***il n'en est rien*** dem ist nicht so; **2.** *nach negativen Ausdrücken*: (irgend)etwas; ***sans rien dire*** ohne etwas zu sagen; **3.** ▶ ***de rien*** unbedeutend; *als Antwort*: keine Ursache; ***en rien*** in keiner Weise; ***pour rien*** umsonst; ***rien que*** ... nur ...
ri|eur, ~euse [rijœr, -øz] **1.** *adj* lustig; **2.** *m* Lacher *m*
rigid|e [riʒid] starr (*a fig*), steif; streng; **~ité** *f* Starrheit *f*, Steifheit *f*; Strenge *f*
rigolade [rigɔlad] F *f* Spaß *m*, Scherz *m*
rigole [rigɔl] *f* Rinne *f*; Graben *m*
rigoler [rigɔle] (1a) F Spaß machen; lachen
rigol|o, ~ote [rigɔlo, -ɔt] F lustig, drollig; komisch
rigorisme [rigɔrismə] *m* Unerbittlichkeit *f*, Strenge *f*
rigour|eux, ~euse [rigurø, -øz] unerbittlich, streng; peinlich genau
rigueur [rigœr] *f* Strenge *f*, Härte *f*; Genauigkeit *f*; ***à la*** ~ notfalls, zur Not; ***de*** ~ unerlässlich
rim|e [rim] *f* Reim *m*; **~s *alternées*** Kreuzreim *m*; ⚠ ***la*** ~; **~er** (1a) in Verse bringen; sich reimen; *fig* ***ne ~ à rien*** keinen Sinn haben
rimmel [rimɛl] *m* Wimperntusche *f*
rincer [rɛ̃se] (1k) (aus-, ab)spülen
ring|ard, ~arde [rɛ̃gar, -ard] altmodisch
ripaille [ripaj] F *f* Schlemmerei *f*
ripost|e [ripɔst] *f* schlagfertige Antwort *f*; ***prompt à la*** ~ schlagfertig; **~er** (1a) schnell, schlagfertig antworten; *mil u fig* e-n Gegenschlag führen
▶ **rire** [rir] **1.** (4r) lachen (***de*** über); spaßen; ~ ***aux éclats*** schallend lachen; ***pour*** ~ zum Spaß; ~ ***de qn*** j-n auslachen, verspotten; *st/s* ***se ~ de*** spielend überwinden; **2.** *m* Lachen *n*, Gelächter *n*
ris [ri] *m cuis* ~ ***de veau*** Kalbsbries *n*
risée [rize] *f* Gespött *n*
risible [riziblə] lächerlich
▶ **risqu|e** [risk] *m* Gefahr *f*, Risiko *n*; ***à mes*** (***tes, ses***, *etc*) **~s *et périls*** auf eigene Gefahr; ***au ~ de*** (+ *inf*) auf die Gefahr hin zu (+ *inf*); ***courir le ~ de*** (+ *inf*) Gefahr laufen zu (+ *inf*); **~é, ~ée** gewagt, riskant
▶ **risquer** [riske] (1m) wagen, riskieren; ~ ***que*** (+ *subj*), ***de*** (+ *inf*) Gefahr laufen, dass ..., zu (+ *inf*); ***se ~ dans*** sich einlassen auf
rissoler [risɔle] (1a) *cuis* goldbraun braten
rit|e [rit] *m rel* Ritus *m*; *fig* Brauch *m*; **~uel, ~uelle** [-ɥɛl] **1.** *adj* rituell; **2.** *m* Ritual *n*
rivage [rivaʒ] *m* Küstenstrich *m*, Ufer *n*
rival, ~e [rival] (⚠ *m/pl* **-aux**) **1.** *adj* rivalisierend; **2.** *m, f* Nebenbuhler(in) *m(f)*; Rivale, -in *m, f*; **~iser** (1a) rivalisieren, wetteifern (***avec qn de qc*** mit j-m in etw); **~ité** *f* Rivalität *f*
rive [riv] *f* Ufer *n*
river [rive] (1a) vernieten
river|ain, ~aine [rivrɛ̃, -ɛn] *m, f* Anlieger(in) *m(f)*, Anwohner(in) *m(f)*
rivet [rivɛ] *m tech* Niete *f*
▶ **rivière** [rivjɛr] *f* (*nicht in das Meer mündender*) Fluss *m*

rixe [riks] *f* Schlägerei *f*
▶ **riz** [ri] *m* Reis *m*
R.M.I. [ɛrɛmi] *m* (*abr* ***revenu minimum d'insertion***) staatliche Beihilfe *f* zur beruflichen Eingliederung
▶ **robe** [rɔb] *f* (Damen-)Kleid *n*; Robe *f*; *Tier*: Fell *n*
▶ **robinet** [rɔbinɛ] *m tech* Hahn *m*
▶ **robot** [rɔbo] *m* Roboter *m*; ~ ***ménager*** Küchenmaschine *f*
robuste [rɔbyst] kräftig, stämmig; robust, widerstandsfähig
roc [rɔk] *m* Fels *m*
rocaill|e [rɔkaj] *f* steiniger Boden *m*; Grotten-, Muschelwerk *n*; ***style m*** ~ Rokokostil *m*; **~eux, ~euse** [-ø, -øz] steinig; holprig
roch|e [rɔʃ] *f* Felsen *m*; *géol* Gestein *n*; **~er** *m* Felsen *m*, Felsblock *m*; **~eux, ~euse** [-ø, -øz] felsig
rock [rɔk] *m* Rock *m*; ***musique f*** ~ Rockmusik *f*
rococo [rɔkɔko] *m* Rokoko *n*
rod|age [rɔdaʒ] *m auto* Einfahren *n*; *allg* Anlaufzeit *f*; **~er** (1a) *tech* einfahren; *fig* **se** ~ sich einarbeiten
rôder [rode] (1a) umherstreifen
rodomontade [rɔdɔmɔ̃tad] *f* Großsprecherei *f*, Prahlerei *f*
rogne [rɔɲ] *f* F ***être en*** ~ gereizt sein
rogner [rɔɲe] (1a) beschneiden, stutzen; ~ ***sur qc*** an etw sparen
rognon [rɔɲɔ̃] *m cuis* Niere *f*
rogue [rɔg] hochmütig
▶ **roi** [rwa] *m* König *m*
roitelet [rwatlɛ] *m zo* Zaunkönig *m*
▶ **rôle** [rol] *m* Rolle *f* (*Theater u fig*); Liste *f*, Register *n*; ***à tour de*** ~ der Reihe nach; ⚠ ***le*** ~
rom|ain, ~aine [rɔmɛ̃, -ɛn] **1.** *adj* römisch; *rel* römisch-katholisch; **2.** ♀ *m, f* Römer(in) *m(f)*
▶ **rom|an, ~ane** [rɔmɑ̃, -an] **1.** *adj* romanisch; **2.** *m* Roman *m*; Romanik *f*; ~ ***à clefs*** Schlüsselroman *m*
romanc|e [rɔmɑ̃s] *f* sentimentales Lied *n*; **~er** (1k) zu e-m Roman gestalten; **~ier, ~ière** [-je, -jɛr] *m, f* Romanschriftsteller(in) *m(f)*
rom|and, ~ande [rɔmɑ̃, -ɑ̃d] ***la Suisse romande*** die französische Schweiz
romanesque [rɔmanɛsk] romanhaft; romantisch
roman-feuilleton [rɔmɑ̃fœjtɔ̃] (⚠ *pl* ***romans-feuilletons***) *m* Fortsetzungsroman *m*
romaniste [rɔmanist] *m* Romanist *m*
romant|ique [rɔmɑ̃tik] **1.** *adj* romantisch; **2.** *m, f* Romantiker(in) *m(f)*; **~isme** *m* Romantik *f*
romarin [rɔmarɛ̃] *m bot* Rosmarin *m*
rompre [rɔ̃prə] (4a) (ab-, durch)brechen (*a fig*); ~ ***avec qn*** mit j-m brechen, F mit j-m Schluss machen; **se** ~ brechen, reißen
rompu, ~e [rɔ̃py] völlig erschöpft; ~ **à** bewandert in
ronce [rɔ̃s] *f bot* Brombeerstrauch *m*
▶ **rond, ronde** [rɔ̃, rɔ̃d] **1.** *adj* rund; dick; F besoffen; **2.** *adv* ***tourner rond*** *Motor u fig* gut laufen; **3.** *m* Kreis *m*, Ring *m*; **4.** *f* Runde *f*, Rundgang *m*; Rundtanz *m*, Reigen *m*; ***à la ronde*** im Umkreis
rondel|et, ~ette [rɔ̃dlɛ, -ɛt] rundlich
rond|elle [rɔ̃dɛl] *f* Scheibe *f*; *tech* Unterlegscheibe *f*; ⚠ *nicht* Rondell; **~ement** [-mɑ̃] *adv* prompt; geradeheraus; **~eur** *f* Rundung *f*; *fig* Offenheit *f*; **~in** *m* Rundholz *n*; ***cabane f en ~s*** Blockhütte *f*
rond-point [rɔ̃pwɛ̃] *m* (⚠ *pl* ***ronds-points***) runder Platz *m* mit Kreisverkehr
ronéo [rɔneo] *f* Vervielfältigungsapparat *m*; **~typer** [-tipe] (1a) vervielfältigen
ronfler [rɔ̃fle] (1a) schnarchen; brummen
rong|er [rɔ̃ʒe] (1l) nagen; zerfressen; *fig* quälen; **se** ~ ***les ongles*** an den Nägeln kauen; **~eur** *m zo* Nagetier *n*
ronronner [rɔ̃rɔne] (1a) *Katze, Motor*: schnurren
rosace [rozas] *f arch* Rosette *f*
rosaire [rozɛr] *m rel* Rosenkranz *m*
rosbif [rɔzbif] *m cuis* Roastbeef *n*
▶ **rose** [roz] **1.** *f* Rose *f*; **2.** *m* Rosa *n* (*Farbe*); **3.** *adj* rosa; *fig* rosig
▶ **rosé, ~e** [roze] **1.** *adj* zartrosa; **2.** *m* Rosé(wein) *m*
roseau [rozo] *m* (⚠ *pl* **~x**) *bot* Schilf(-rohr) *n*
rosée [roze] *f* Tau *m* (*Nässe*)
rosette [rozɛt] *f* Rosette *f*; Ordensschleife *f*
ross|e [rɔs] **1.** *f* Schindmähre *f*; F Leuteschinder *m*; **2.** *adj* gemein, hart; **~er** (1a) durchprügeln

R

rossignol [rɔsiɲɔl] *m zo* Nachtigall *f*
rot [ro] *m* F Rülpser *m*
rotation [rɔtasjõ] *f* (Um-)Drehung *f*, Rotation *f*; *comm* Umschlag *m*; **~ du personnel** Personalwechsel *m*
roter [rɔte] (1a) F rülpsen
▶ **rôti** [rɔti, ro-] *m* Braten *m*
rôtie [rɔti, ro-] *f* geröstete Brotschnitte *f*
rotin [rɔtɛ̃] *m* Rattan *n*; **fauteuil** *m* **en ~** Korbsessel *m*
▶ **rôtir** [rɔtir, ro-] (2a) braten
rôtiss|erie [rɔtisri, ro-] *f* Grillrestaurant *n*; **~eur** *m* Grillkoch *m*; **~oire** [-war] *f* Grill *m*
rotule [rɔtyl] *f* Kniescheibe *f*
rouage [rwaʒ] *m* Rädchen *n*; **~s** *pl* Getriebe *n*, Räderwerk *n* (*a fig*)
roubl|ard, ~arde [rublar, -ard] gerissen, durchtrieben
roucouler [rukule] (1a) *Tauben*: gurren; *fig* turteln
▶ **roue** [ru] *f* Rad *n*; **~ libre** Freilauf *m*; *auto* **~ de rechange** Reserve-, Ersatzrad *n*; **deux ~s** *m* Zweirad *n*
rou|é, ~ée [rwe] gerissen, durchtrieben; **~er** (1a) **~ qn de coups** F j-n windelweich schlagen; **~et** [-ɛ] *m* Spinnrad *n*
▶ **rouge** [ruʒ] **1.** *adj* rot (*a pol*); **2.** *adv fig* **voir ~** rot sehen; **3.** *m* Rot *n*; Rotwein *m*; **~ à lèvres** Lippenstift *m*; **mettre du ~** Rouge auflegen; **être sur la liste ~** eine Geheimnummer haben
rougeâtre [ruʒɑtrə] rötlich
rouge-gorge [ruʒgɔrʒ] *m* (⚠ *pl* **rouges-gorges**) *zo* Rotkehlchen *n*
rougeole [ruʒɔl] *f méd* Masern *pl*
rouge-queue [ruʒkø] *m* (⚠ *pl* **rouges-queues**) *zo* Rotschwänzchen *n*
rouget [ruʒɛ] *m zo* Seebarbe *f*
rougeur [ruʒœr] *f* Rötung *f*; *fig* Erröten *n*
▶ **rougir** [ruʒir] (2a) rot färben; rot werden; erröten (**de colère** vor Zorn)
rouill|e [ruj] *f* Rost *m*; **~é, ~ée** verrostet; *fig* eingerostet; **~er** (1a) rosten lassen; (**se**) **~** (ver)rosten; *fig* **se ~** einrosten
roul|ant, ~ante [rulɑ̃, -ɑ̃t] fahrbar; rollend, Roll...; **escalier** *m* **roulant** Rolltreppe *f*; **personnel** *m* **roulant** Fahrpersonal *n*; **tapis** *m* **roulant** Förderband *n*
roul|eau [rulo] *m* (⚠ *pl* **~x**) Rolle *f*; *tech* Walze *f*; **~ compresseur** Straßenwalze *f*; **~ement** [-mɑ̃] *m* Rollen *n*; *tech* Wälzlager *n*; **~ à billes** Kugellager *n*; *comm* **fonds** *m/pl* **de ~** Betriebskapital *n*; **par ~** im Turnus
▶ **rouler** [rule] (1a) rollen, fahren; *Schiff*: schlingern; F **~ qn** j-n reinlegen; P **ça roule** es klappt; **~ sur qc** *Gespräch*: sich um etw drehen; **se ~** sich wälzen; sich zusammenrollen
roul|ette [rulɛt] *f* Rolle *f*; Rädchen *n*; Roulett *n*; **passer la ~** *Zahnarzt*: bohren; **~otte** [-ɔt] *f* Wohnwagen *m*
roum|ain, ~aine [rumɛ̃, -ɛn] rumänisch
Roum|ain, ~aine [rumɛ̃, -ɛn] *m*, *f* Rumäne *m*, Rumänin *f*
▶ **Roumanie** [rumani] **la ~** Rumänien *n*
roupiller [rupije] (1a) F pennen
rouqu|in, ~ine [rukɛ̃, -in] F rothaarig
rouspéter [ruspete] (1f) F schimpfen
rousseur [rusœr] *f* **taches** *f/pl* **de ~** Sommersprossen *f/pl*
rouss|i [rusi] *m* Brandgeruch *m*; **sentir le ~** angesengt riechen; *fig* brenzlig werden; **~ir** (2a) versengen; rot werden; *cuis* **faire ~** bräunen
▶ **route** [rut] *f* (Land-)Straße *f*; Weg *m*; Strecke *f*; Fahrt *f*; Kurs *m*; **en route** unterwegs; **mettre en route** in Gang setzen (*a fig*); **se mettre en route** sich auf den Weg machen; **faire fausse route** vom Weg abkommen; *fig* sich irren; **faire route vers** auf dem Weg sein nach; ▶ **bonne route!** gute Fahrt!
rout|ier, ~ière [rutje, -tjɛr] **1.** *adj* Straßen...; **réseau** *m* **routier** Straßennetz *n*; **carte** *f* **routière** Straßenkarte *f*; **2.** *m* Fernfahrer *m*; *fig* **vieux routier** alter Routinier
routin|e [rutin] *f* Routine *f*, Gewohnheit *f*; **de ~** üblich; **~ier, ~ière** [-je, -jɛr] gewohnheitsmäßig
rouvrir [ruvrir] (2f) wieder (er)öffnen; wieder offen sein
roux, rousse [ru, rus] **1.** *adj* rotgelb, fuchsrot; rothaarig; *Haare*: rot; **2.** *m cuis* Einbrenne *f*
royal, ~e [rwajal] (⚠ *m/pl* **-aux**) königlich; *fig* fürstlich; F völlig; **~iste 1.** *adj* königstreu; **2.** *m*, *f* Royalist(in) *m(f)*
royau|me [rwajom] *m* Königreich *n*; **~té** [-te] *f* Königtum *n*
RSVP [ɛrɛsvepe] (*abr* **répondez s'il vous plaît**) U.A.w.g.

Ruanda [rwɑ̃da] ***le*** ~ Ruanda *n*
ruban [rybɑ̃] *m* Band *n*; Ordensband *n*; ~ ***adhésif*** Klebestreifen *m*; ~ ***correcteur*** Korrekturband *n*; ~ ***encreur*** Farbband *n*; ~ ***isolant*** Isolierband *n*; ~ ***magnétique*** Magnetband *n*; Tonband *n*
rubéole [rybeɔl] *f méd* Röteln *pl*
rubis [rybi] *m* Rubin *m*
rubrique [rybrik] *f* Rubrik *f*, Spalte *f*, Teil *m* (*Zeitung*)
ruche [ryʃ] *f* Bienenkorb *m*, -stock *m*
rude [ryd] rau, roh, grob, derb, hart; F ***un ~ gaillard*** ein toller Bursche; **~ment** *adv* rücksichtslos; F mächtig
rudesse [rydɛs] *f* Rauheit *f*, Rohheit *f*, Derbheit *f*
rudi|mentaire [rydimɑ̃tɛr] notdürftig; rudimentär; **~ments** *m/pl* Anfangsgründe *m/pl*
rudoyer [rydwaje] (1h) ~ ***qn*** j-n grob anfahren
▶**rue** [ry] *f* Straße *f*; ***dans la ~*** auf der Straße; ***en pleine ~*** auf offener Straße; ~ ***à sens unique*** Einbahnstraße *f*; ~ ***piétonne*** Fußgängerstraße *f*
ruée [rɥe] *f* Ansturm *m*; ~ ***vers l'or*** Goldrausch *m*
ruelle [rɥɛl] *f* Gässchen *n*, (enge) Gasse *f*
rug|ir [ryʒir] (2a) brüllen; heulen (*Wind*); **~issement** [-ismɑ̃] *m* Gebrüll *n*
rugu|eux, ~euse [rygø, -øz] uneben; rau, runz(e)lig
ruine [rɥin] *f* Zusammenbruch *m*, Verfall *m*, Untergang *m*, Ruin *m*; *fig Person*: Wrack *n*, Ruine *f*; **~s** *pl* Ruine(n) *f(pl)*, Trümmer *m/pl*
ruin|er [rɥine] (1a) ruinieren, zu Grunde richten, vernichten; **~eux, ~euse** [-ø, -øz] ruinös; kostspielig
ruisseau [rɥiso] *m* (⚠ *pl* **~x**) Bach *m*; Gosse *f* (*a fig*); *fig* Strom *m* (*Blut*)
ruisseler [rɥisle] (1c) rinnen, rieseln; triefen (**de** von)
rumeur [rymœr] *f* **1.** allgemeine Unruhe *f*; (dumpfer) Lärm *m*; **2.** Gerücht *n*
ruminer [rymine] (1a) wiederkäuen; *fig* nachgrübeln (**qc** über etw)
rupture [ryptyr] *f* Bruch *m* (*a fig*); Riss *m*; *fig* Abbruch *m*
rural, ~e [ryral] (⚠ *m/pl* **-aux**) ländlich
ruse [ryz] *f* List *f*; Schlauheit *f*, Schläue *f*
rusé, ~e [ryze] listig, schlau
▶**russe** [rys] russisch
▶**Russe** [rys] *m, f* Russe *m*, Russin *f*
▶**Russie** [rysi] ***la*** ~ Russland *n*
rust|aud, ~aude [rysto, -od] ungehobelt, bäuerisch
rustique [rystik] Bauern..., rustikal
rustre [rystrə] **1.** *adj* grob, ungehobelt; **2.** *m péj* Bauernlümmel *m*, Flegel *m*
rut [ryt] *m zo* Brunst *f*
rutil|ant, ~ante [rytilɑ̃, -ɑ̃t] leuchtend rot; glänzend
▶**rythm|e** [ritmə] *m* Rhythmus *m*; *allg* Tempo *n*; **~ique 1.** *adj* rhythmisch; **2.** *f* Rhythmik *f*; ⚠ *Schreibung*

S

S. (*abr* ***saint***) hl. (heiliger) *od* St. (Sankt)
sa [sa] *cf* ***son***[1]
S.A. [ɛsa] *f* (*abr* ***société anonyme***) AG *f* (Aktiengesellschaft)
▶**sable** [sablə] *m* Sand *m*
sabl|é [sable] *m cuis* Sandplätzchen *n*; **~er** (1a) mit Sand bestreuen; sandstrahlen; ~ ***le champagne*** Champagner trinken
sabl|ier [sablije] *m* Sanduhr *f*; **~ière** [-ijɛr] *f* Sandgrube *f*
sablonn|eux, ~euse [sablɔnø, -øz] sandig
sabot [sabo] *m* Holzschuh *m*; *zo* Huf *m*; *tech* Hemmschuh *m*; ~ ***de Denver*** Parkkralle *f*
sabot|age [sabɔtaʒ] *m* Sabotage *f*; ⚠ ***le*** ~; **~er** (1a) sabotieren; *fig* hinpfuschen
sabr|e [sabrə] *m* Säbel *m*; **~er** (1a) niedersäbeln; F *Manuskript*: zusammenstreichen
▶**sac** [sak] *m* **1.** Sack *m*; Tasche *f*, Handtasche *f*; Tüte *f*; ***sac à dos*** Rucksack *m*; ▶ ***sac à main*** Handtasche *f*;

sac à provisions Einkaufstasche *f*; ***sac de couchage*** Schlafsack *m*; ***sac en plastique*** Plastiktüte *f*; **2. *mise f à sac*** Plünderung *f*

Zusammensetzungen mit ***le sac*** und deren Bedeutung:

le sac à dos	der Rucksack
le sac à main	die Handtasche
le sac à provisions	die Einkaufstasche
le sac de couchage	der Schlafsack
le sac en papier	die Papiertüte
le sac en plastique	der Plastikbeutel, die Plastiktüte
le sac poubelle	der Müllbeutel

saccad|e [sakad] *f* Ruck *m*, Stoß *m*; ***par ~s*** ruck-, stoßweise; **~é, ~ée** ruckartig; abgehackt

saccager [sakaʒe] (1l) plündern; verwüsten

sache [saʃ] *subj von* ***savoir***

sachet [saʃɛ] *m* Beutel(chen) *m(n)*, Tütchen *n*; Säckchen *n*

sacoche [sakɔʃ] *f* (Leder-)Tasche *f* (*mit Schulterriemen*); Packtasche *f*; Schulmappe *f*

sacré, ~e [sakre] heilig; (*vorangestellt*) F verdammt, verflucht

sacrebleu! [sakrəblø] zum Teufel!

sacr|ement [sakrəmɑ̃] *m rel* Sakrament *n*; ⚠ *Schreibung*; **~er** (1a) salben, weihen

sacri|fice [sakrifis] *m* Opfer *n* (*a fig*); Opferung *f*; **~fier** [-fje] (1a) opfern (*a fig*); *fig* ***~ à la mode*** der Mode huldigen; ***se ~*** sich (auf)opfern

S

sacrilège [sakrilɛʒ] **1.** *adj* gottlos, frevelhaft; **2.** *m* Freveltat *f*, Frevel *m*, Sakrileg *n*

sacrist|ain [sakristɛ̃] *m égl* Küster *m*; **~ie** [-i] *f* Sakristei *f*

sad|ique [sadik] **1.** *adj* sadistisch; **2.** *m, f* Sadist(in) *m(f)*; **~isme** *m* Sadismus *m*

safran [safrɑ̃] *m bot* Krokus *m*; *cuis* Safran *m*

sagac|e [sagas] scharfsinnig; **~ité** *f* Scharfsinn *m*

▶ **sage** [saʒ] **1.** *adj* weise, vernünftig; artig (*Kinder*); **2.** *m* Weise(r) *m*; **~-femme** [-fam] *f* (⚠ *pl* ***sages-femmes***) Hebamme *f*

sagesse [saʒɛs] *f* Weisheit *f*, Klugheit *f*; Artigkeit *f*

Sagittaire [saʒitɛr] *m astr* Schütze *m*

Sahara [saara] ***le ~*** die Sahara; ⚠ ***le ~***

Sahel [saɛl] ***le ~*** die Sahelzone

saign|ant, ~ante [sɛɲɑ̃, -ɑ̃t] blutend; *cuis* nicht durchgebraten, englisch

saignée [sɛɲe] *f* Aderlass *m*

▶ **saigner** [sɛɲe] (1b) bluten; ***~ qn*** j-n zur Ader lassen; *fig* j-n schröpfen

sailI|ant, ~ante [sajɑ̃, -ɑ̃t] vorspringend; *fig* hervorstechend

saillie [saji] *f arch* Vorsprung *m*; *fig* Geistesblitz *m*

saillir [sajir] **1.** (2a) *zo* bespringen, decken; **2.** (2c) *arch* hervorragen, vorspringen

▶ **sain, saine** [sɛ̃, sɛn] gesund (*a fig*); kräftig; ***sain et sauf*** unversehrt, wohlbehalten, heil

saindoux [sɛ̃du] *m* Schweineschmalz *n*

▶ **saint, sainte** [sɛ̃, sɛ̃t] **1.** *adj* heilig; fromm; ***vendredi m saint*** Karfreitag *m*; **2.** *m, f* Heilige(r) *m, f*

saint-bernard [sɛ̃bɛrnar] *m* (⚠ *pl unv*) *zo* Bernhardiner *m*

sainteté [sɛ̃tte] *f* Heiligkeit *f*

Saint-Sylvestre [sɛ̃silvɛstrə] ***la ~*** Silvester *m od n*

sais [sɛ] *présent von* ***savoir***

saisie [sezi] *f jur* Beschlagnahme *f*; Pfändung *f*; *EDV* (Daten-)Erfassung *f*

saisir [sezir] (2a) ergreifen (*a fig*), fassen, packen; *EDV* erfassen; befallen (*Krankheit*); *jur* pfänden; beschlagnahmen; *fig* begreifen, verstehen; *jur* ***~ un tribunal d'une affaire*** ein Gericht mit e-r Sache befassen; ***se ~ de qn, de qc*** sich j-s, e-r Sache bemächtigen

saisiss|ant, ~ante [sezisɑ̃, -ɑ̃t] ergreifend; durchdringend (*Kälte*)

▶ **saison** [sɛzɔ̃] *f* Jahreszeit *f*; Saison *f*

saisonn|ier, ~ière [sɛzɔnje, -jɛr] **1.** *adj* jahreszeitlich; *comm* saisonbedingt; **2.** *m* Saisonarbeiter *m*

▶ **salade** [salad] *f* Salat *m*; ⚠ ***la ~***

saladier [saladje] *m* (Salat-)Schüssel *f*

▶ **salaire** [salɛr] *m* (Arbeits-)Lohn *m*, Gehalt *n*
salamandre [salamɑ̃drə] *f* Salamander *m*; ⚠ ***la ~***
salami [salami] *m* Salami *f*; ⚠ ***le ~***
salari|al, ~ale [salarjal] (⚠ *m/pl* ***-aux***) Lohn..., gehaltlich; ***~é, ~ée*** *m, f* Arbeitnehmer *m*, Lohnempfänger *m*
salaud [salo] *m* P Dreckskerl *m*
▶ **sale** [sal] **1.** (*nachgestellt*) schmutzig, dreckig, unsauber; unanständig; **2.** (*vorangestellt*) übel; gemein
salé, ~e [sale] **1.** *adj* salzig; gesalzen (*a fig*); *fig* gewagt; **2.** *m* Pökelfleisch *n*; ***petit salé*** frisch eingesalzenes Schweinefleisch *n*
saler [sale] (1a) (ein)salzen
saleté [salte] *f* Schmutz *m*, Dreck *m*; Unsauberkeit *f*; *fig* Unanständigkeit *f*; Gemeinheit *f*; F Schund *m*
salière [saljɛr] *f* Salzstreuer *m*
▶ **sal|ir** [salir] (2a) beschmutzen (*a fig*), verschmutzen, schmutzig machen; ***~issant, ~issante*** [-isɑ̃, -isɑ̃t] schmutzig; leicht schmutzend
salive [saliv] *f* Speichel *m*
▶ **salle** [sal] *f* Saal *m*, Zimmer *n*, Raum *m*; ▶ ***salle à manger*** Esszimmer *n*; ***salle d'attente*** Wartezimmer *n*, ▶ ***salle de bains*** Badezimmer *n*; ▶ ***salle de classe*** Klassenraum *m*; ***salle de jeux électroniques*** Spielhalle *f*; ***salle des professeurs*** Lehrerzimmer *n*; ▶ ***salle de séjour*** Wohnzimmer *n*; ***salle d'eau*** Waschraum *m*; ⚠ ***la salle***
▶ **salon** [salɔ̃] *m* Salon *m* (*a comm*); Empfangszimmer *n*; Ausstellung *f*, Messe *f*; ***~ de thé*** Café *n*; ***~ d'essayage*** Umkleidekabine *f*
salopard [salɔpar] P *m cf* ***salaud***
salop|e [salɔp] *f* P Miststück *n* (*Frau*); F Schlampe *f*; ***~erie*** P *f* Dreck *m*, Schund *m*, Gelump(e) *n* F; Schweinerei *f*, Sauerei *f* P; Gemeinheit *f*; ***~ette*** [-ɛt] *f* Latzhose *f*
salpêtre [salpɛtrə] *m chim* Salpeter *m*
salsifis [salsifi] *m cuis* Schwarzwurzel *f*
salubr|e [salybrə] gesund, heilsam; ***~ité*** *f* heilsame Wirkung *f*
▶ **saluer** [salɥe] (1n) (be)grüßen
▶ **salut** [saly] *m* **1.** Gruß *m*, Begrüßung *f*; **2.** F grüß dich!, Servus!; tschüss!; **3.** Wohl *n*, Wohlfahrt *f*; Heil *n*, Rettung *f*
salut|aire [salytɛr] heilsam; ***~ation*** *f* Begrüßung *f*; *Briefschlussformel*: ***recevez mes ~s distinguées*** mit besten Grüßen
▶ **samedi** [samdi] *m* Sonnabend *m*, Samstag *m*; ***le ~, tous les ~s*** samstags
S.A.M.U. [samy] *m* (*abr* ***Service d'aide médicale d'urgence***) Notarzt *m*; ***voiture f du ~*** Notarztwagen *m*
sanction [sɑ̃ksjɔ̃] *f* Sanktion *f*; Billigung *f*; *jur* Bestrafung *f*
sanctionner [sɑ̃ksjɔne] (1a) sanktionieren, billigen; bestrafen; *jur* Gesetzeskraft erteilen
sanctuaire [sɑ̃ktɥɛr] *m* Heiligtum *n*
sandale [sɑ̃dal] *f* Sandale *f*
▶ **sandwich** [sɑ̃dwitʃ] *m* (⚠ *pl* ***~[e]s***) belegtes Brot *n od* Brötchen *n*
▶ **sang** [sɑ̃] *m* Blut *n* (*a fig*); ***bon ~!*** F verflixt!; F ***se faire du mauvais ~*** sich Sorgen machen; ***~-froid*** [-frwa] *m* Kaltblütigkeit *f*; Gelassenheit *f*
sangl|ant, ~ante [sɑ̃glɑ̃, -ɑ̃t] blutig; *fig* beleidigend
sanglier [sɑ̃glije] *m zo* Wildschwein *n*
sangl|ot [sɑ̃glo] *m* Schluchzen *n*; ***~oter*** [-ɔte] (1a) schluchzen
sangsue [sɑ̃sy] *f zo* Blutegel *m*
sangu|in, ~ine [sɑ̃gɛ̃, -in] Blut...; sanguinisch
sanguine [sɑ̃gin] *f* **1.** Rötel *m*; Rötelzeichnung *f*; **2.** Blutapfelsine *f*, -orange *f*
sanitaire [sanitɛr] sanitär; Gesundheits...
▶ **sans** [sɑ̃] ohne; ...los; ***sans doute*** wahrscheinlich; ***sans aucun doute*** zweifellos; ***sans quoi*** sonst; ***sans*** (+ *inf*) ohne zu (+ *inf*); ▶ ***sans que*** (+ *subj*) ohne dass ...
sans|-abri [sɑ̃zabri] *m, f* (⚠ *pl unv*) Obdachlose(r) *m, f*; ***~-emploi*** [-ɑ̃plwa] *m* (⚠ *pl unv*) Arbeitslose(r) *m, f*
sans|-façon [sɑ̃fasɔ̃] *m* Ungezwungenheit *f*; ***~-fil*** [-fil] *m* (⚠ *pl unv*) Funktelefon *n*; ***~-gêne*** [-ʒɛn] **1.** *m, f* (⚠ *pl unv*) freche Person *f*; **2.** *m* Unverfrorenheit *f*, Ungeniertheit *f*; ***~-souci*** [-susi] (⚠ *unv*) sorglos; ***~-travail*** [-travaj] *m, f* (⚠ *pl unv*) Arbeitslose(r) *m, f*
▶ **santé** [sɑ̃te] *f* Gesundheit *f*; ▶ ***être en bonne santé*** gesund sein; ▶ ***à votre santé!*** auf Ihr Wohl!
santon [sɑ̃tɔ̃] *m* (*provenzalische*) Krippenfigur *f*

saoud|ien, ~ienne [saudjɛ̃, -jɛn] saudi-arabisch
saoul [su] *cf* ***soûl***
saper [sape] (1a) untergraben (*a fig*)
sapeur [sapœr] *m mil* Pionier *m*; **~-pompier** [-pɔ̃pje] *m* (⚠ *pl* ***sapeurs-pompiers***) Feuerwehrmann *m*
▶**sapin** [sapɛ̃] *m bot* Tanne *f*; ***~ de Noël*** Weihnachtsbaum *m*
sarcas|me [sarkasmə] *m* beißender Spott *m*, Sarkasmus *m*; **~tique** [-tik] sarkastisch, höhnisch
sarcome [sarkɔm] *m* Sarkom *n*, bösartige Geschwulst *f*
sarcophage [sarkɔfaʒ] *m* Sarkophag *m*
Sardaigne [sardɛɲ] ***la ~*** Sardinien *n*
sarde [sard] sardisch
sardine [sardin] *f* Sardine *f*
sardonique [sardɔnik] hämisch
sari [sari] *m* Sari *m*
S.A.R.L. [ɛsaɛrɛl] *f* (*abr* ***société à responsabilité limitée***) *comm* GmbH *f*
sarment [sarmɑ̃] *m* (Wein-)Rebe *f*
sarrasin [sarazɛ̃] *m* Buchweizen *m*
Sarre [sar] *f* Saar *f*; Saarland *n*
sarriette [sarjɛt] *f bot* Bohnen-, Pfefferkraut *n*
satanique [satanik] teuflisch
satellite [satelit] *m* Satellit *m* (*a fig*); ***~ d'observation*** Forschungssatellit *m*; ***~ de télévision*** Fernsehsatellit *m*; ***ville f ~*** Trabantenstadt *f*
satiété [sasjete] *f* Übersättigung *f*; ***à ~*** bis zum Überdruss
satin [satɛ̃] *m* Satin *m*, Atlas *m*
satir|e [satir] *f* Satire *f*; **~ique** satirisch
▶**satis|faction** [satisfaksjɔ̃] *f* Befriedigung *f*, Zufriedenheit *f*, Genugtuung *f*; **~faire** [-fɛr] (4n) ***~ à qc*** e-r Sache genügen, gerecht werden, Genüge tun, etw erfüllen; ***~ qn*** j-n befriedigen, zufrieden stellen; **~faisant, ~faisante** [-fəzɑ̃, -fəzɑ̃t] befriedigend; **~fait, ~faite** [-fɛ, -fɛt] zufrieden (***de*** mit)
satur|ation [satyrasjɔ̃] *f* Sättigung *f*; **~er** (1a) (über)sättigen
satyre [satir] *m* Satyr *m*; *fig* Lüstling *m*; Sittenstrolch *m*; ⚠ *nicht verwechseln mit* ***satire***
sauce [sos] *f* Soße *f*; ***~ tomate*** Tomatensoße *f*; *fig* ***allonger la ~*** e-e Erzählung in die Länge ziehen
saucière [sosjɛr] *f* Soßenschüssel *f*
saucisse [sosis] *f* Bratwurst *f*; Würstchen *n*
▶**saucisson** [sosisɔ̃] *m* Wurst *f*; ***~ sec*** Hartwurst *f*
saucissonner [sosisɔne] (1a) picknicken; ***~ qc*** etw unterbrechen
▶**sauf**[1] [sof] *prép* außer, abgesehen von, bis auf; ***~ que*** außer dass; ***~ si*** außer wenn; ***~ avis contraire*** bis auf Widerruf
sauf[2]**, sauve** [sof, sov] *adj* unversehrt; *cf* ***a sain***
sauf-conduit [sofkɔ̃dɥi] *m* (⚠ *pl* ***sauf-conduits***) Passierschein *m*
sauge [soʒ] *f bot* Salbei *f od m*
saugrenu, ~e [sogrəny] ausgefallen, ungereimt, unsinnig
saule [sol] *m bot* Weide *f*; ***~ pleureur*** Trauerweide *f*
saumon [somɔ̃] *m zo* Lachs *m*
saumure [somyr] *f* (Salz-)Lake *f*
sauna [sona] *m* Sauna *f*; ***faire du ~*** saunieren; ⚠ ***le ~***
saupoudrer [sopudre] (1a) bestreuen (***de*** mit)
saur [sɔr] ***hareng m ~*** Bückling *m*
saurai [sɔre] *futur von* ***savoir***
saut [so] *m* Sprung *m*, Satz *m*; ***~ en hauteur, en longueur*** Hoch-, Weitsprung *m*; ***~ à la perche*** Stabhochspringen *n*; ***~ périlleux*** Salto *m*; *fig* ***faire un ~ chez qn*** auf e-n Sprung bei j-m vorbeikommen; ***au ~ du lit*** beim Aufstehen
saute [sot] *f* plötzlicher Wechsel *m*; ***~ de vent*** Umschlagen *n* des Windes
sauté, ~e [sote] *cuis* gebraten
saute-mouton [sotmutɔ̃] *m* Bockspringen *n*
▶**sauter** [sote] (1a) **1.** springen, hüpfen; in die Luft fliegen, explodieren; *Sicherung*: durchbrennen; *Knopf*: abspringen; F ***et que ça saute!*** ein bisschen dalli!; ***~ sur*** sich stürzen auf; ***faire ~*** sprengen; *cuis* braten; ⚠ *il* ***a*** *sauté*; **2.** überspringen (*a fig*); auslassen; *zo* bespringen
sauterelle [sotrɛl] *f zo* Heuschrecke *f*
▶**sauvag|e** [sovaʒ] **1.** *adj* wild; *fig* scheu; ungesellig; **2.** *m, f* Einzelgänger *m*; Wilde(r) *m, f*; **~ement** [-mɑ̃] *adv* auf grausame Weise; **~erie** *f* Menschenscheu *f*; Grausamkeit *f*
sauvegard|e [sovgard] *f* Schutz *m*;

EDV Sicherung *f*; **~er** (1a) schützen; *EDV* sichern

sauve-qui-peut [sovkipø] *m* (⚠ *pl unv*) allgemeine Verwirrung *f*; wilde Flucht *f*

▶ **sauver** [sove] (1a) retten; (be)wahren; *rel* erlösen; ▶ ***se sauver*** sich retten; weglaufen; F sich davonmachen, sich verziehen

sauve|tage [sovtaʒ] *m* Rettung *f*, Bergung *f*; **~teur** *m* Retter *m* (*z.B. von Ertrinkenden*)

sauveur [sovœr] *m* (Er-)Retter *m*; *rel* ***le*** ♀ der Erlöser *od* Heiland

S.A.V. [ɛsave] *m* (*abr* ***service après vente***) Kundendienst *m*

savamment [savamɑ̃] *adv* mit Sachkenntnis; geschickt

sav|ant, ~ante [savɑ̃, -ɑ̃t] **1.** *adj* gelehrt, bewandert; wissenschaftlich; geschickt, kunstvoll; *Tier*: dressiert; **2.** *m* Gelehrte(r) *m*, Wissenschaftler *m*

savate [savat] *f* abgetragener Schuh *m od* Pantoffel *m*; F Tollpatsch *m*

saveur [savœr] *f* Geschmack *m*; *fig* Reiz *m*

Savoie [savwa] ***la*** ~ Savoyen *n*

▶ **savoir** [savwar] **1.** (3g) wissen; können; erfahren; ***savoir nager*** schwimmen können; ***quand il a su que*** ... als er erfuhr, dass ...; ***je ne saurais vous le dire*** ich kann es Ihnen leider nicht sagen; ***il s'agit de savoir si*** ... es handelt sich darum, ob ...; ***reste à savoir*** es ist noch die Frage (***si*** ob); ***à savoir*** und zwar; ▶ ***faire savoir qc à qn*** j-m etw mitteilen; ▶ ***tu sais ...*** *od* ▶ ***vous savez ...*** weißt du ... *od* wissen Sie ...; ***à ce que je sais*** *od* (***autant***) ***que je sache*** soviel ich weiß; **2.** *m* Wissen *n*, Gelehrsamkeit *f*

savoir|-faire [savwarfɛr] *m* Können *n*, Know-how *n*; **~-vivre** [-vivrə] *m* Lebensart *f*

▶ **savon** [savɔ̃] *m* Seife *f*; F ***passer un ~ à qn*** j-m e-n Rüffel verpassen

savonn|er [savɔne] (1a) mit Seife waschen; einseifen; **~ette** [-ɛt] *f* Toilettenseife *f*; **~eux, ~euse** [-ø, -øz] seifig

savour|er [savure] (1a) genießen, auskosten; **~eux, ~euse** [-ø, -øz] schmackhaft; köstlich

sax|on, ~onne [saksɔ̃, -ɔn] sächsisch

saxophone [saksɔfɔn] *m* Saxofon *n*

scabr|eux, ~euse [skabrø, -øz] heikel; bedenklich; *Witz*: anstößig

scalp [skalp] *m* Skalp *m*

scandal|e [skɑ̃dal] *m* Skandal *m*, Ärgernis *n*; Entrüstung *f*; Krach *m*; **~eux, ~euse** [-ø, -øz] skandalös, schändlich; **~iser** (1a) ~ ***qn*** Anstoß erregen bei j-m; ***se ~ de*** sich entrüsten über

Scandinavie [skɑ̃dinavi] ***la*** ~ Skandinavien *n*

scanner[1] [skane] (1a) einscannen

scanner[2] [skanɛr] *m*, **scanneur** [skanœr] *m* Scanner *m*; *méd* Computertomograph *m*; ***image*** *f* ~ Computertomogramm *n*

scanographie [skanɔgrafi] *f* Computertomographie *f*

scaphandr|e [skafɑ̃drə] *m* Taucher-, Raumanzug *m*; **~ier** [-ije] *m* Taucher *m*

scarabée [skarabe] *m* Skarabäus *m*; *zo a* Pillendreher *m*

scarlatine [skarlatin] *f méd* Scharlach *m*

sceau [so] *m* (⚠ *pl* **~x**) Siegel *n*; *fig* Zeichen *n*

scell|é [sele] *m* gerichtliches Siegel *n*; **~er** (1b) (ver)siegeln; *fig* besiegeln; *tech* einzementieren

scénario [senarjo] *m* Drehbuch *n*; *allg* Handlungsablauf *m*

▶ **scène** [sɛn] *f* Szene *f*; Bühne *f* (*a fig*); Bühnenbild *n*, Schauplatz *m*; Auftritt *m*; ***faire une ~ à qn*** j-m e-e Szene machen; ***mettre en ~*** inszenieren, auf die Bühne bringen; ***mise*** *f* ***en ~*** Inszenierung *f*

scénique [senik] Bühnen...

sceptique [sɛptik] **1.** *adj* skeptisch; **2.** *m* Skeptiker *m*

sceptre [sɛptrə] *m* Zepter *n*

schéma [ʃema] *m* Schema *n*, Plan *m*; **~tique** [-tik] schematisch

schiste [ʃist] *m* Schiefer *m*

schizophrène [skizɔfrɛn] schizophren

schnock [ʃnɔk] *m* F ***vieux ~*** alter Knacker *m*

sciatique [sjatik] *f méd* Ischias *m od n*

▶ **scie** [si] *f* Säge *f*; *zo* Sägefisch *m*; F *fig* Nervensäge *f*; *fig* abgedroschener Schlager *m*

sciemment [sjamɑ̃] *adv* wissentlich

▶ **science** [sjɑ̃s] *f* Wissenschaft *f*; Wissen *n*, Erkenntnis *f*; ▶ ***les sciences*** *pl* die Naturwissenschaften *f/pl*; ▶ ***sciences*** *pl* ***naturelles*** *Schulfach*

S

Biologie *f*; **~-fiction** [-fiksjɔ̃] *f* Science-fiction *f*
scientifique [sjɑ̃tifik] **1.** *adj* wissenschaftlich; **2.** *m, f* Wissenschaftler(in) *m(f)*
scientisme [sjɑ̃tismə] *m* Wissenschaftsgläubigkeit *f*
scintiller [sɛ̃tije] (1a) funkeln, glitzern
scission [sisjɔ̃] *f* Spaltung *f*
sciure [sjyr] *f* Sägemehl *n*
sclérose [skleroz] *f méd* Sklerose *f*; *fig* Verknöcherung *f*
▶ **scol|aire** [skɔlɛr] Schul...; ***année f ~*** Schuljahr *n*; **~ariser** [-arize] (1a) ein-, beschulen; **~arité** [-arite] *f* Schulzeit *f*, -besuch *m*
▶ **scooter** [skutœr, -tɛr] *m* Motorroller *m*; ***~ de mer*** Wasserbob *m*; ***~ des neiges*** Schneebob *m*
score [skɔr] *m Sport*: Spielstand *m*; Punktzahl *f*
scorie [skɔri] *f tech u géol* Schlacke *f*
scorpion [skɔrpjɔ̃] *m* Skorpion *m*; *astr* ♏ Skorpion *m*
scotch [skɔtʃ] *m* Tesafilm *m*; **~er** (1a) kleben
scout [skut] *m* Pfadfinder *m*; **~isme** *m* Pfadfinderbewegung *f*
script [skript] *m* Blockschrift *f*; Drehbuch *n*
scrupul|e [skrypyl] *m* Skrupel *m*; ***~s*** *pl a* Bedenken *n/pl*; ⚠ ***le ~***; **~eux, ~euse** [-ø, -øz] gewissenhaft; peinlich genau
scruta|teur, ~trice [skrytatœr, -tris] forschend
scruter [skryte] (1a) aus-, erforschen, (gründlich) untersuchen
scrutin [skrytɛ̃] *m* Abstimmung *f*, Wahl *f*; ***~ de ballottage*** Stichwahl *f*; ***~ majoritaire*** Mehrheitswahl *f*; ***~ proportionnel*** Verhältniswahl *f*
sculpter [skylte] (1a) in Stein hauen, meißeln; behauen; ***~ sur bois*** schnitzen
▶ **sculpteur** [skyltœr] *m* Bildhauer *m*
▶ **sculpture** [skyltyr] *f* Bildhauerei *f*; Skulptur *f*; Plastik *f*; ***~ sur bois*** Holzschnitzerei *f*
S.D.F. [ɛsdeɛf] *m* (*abr* ***sans domicile fixe***) Nichtsesshafte(r) *m, f*
▶ **se** [s(ə)] sich; ⚠ *nicht verwechseln mit* ***ce***
séance [seɑ̃s] *f* Sitzung *f*; Vorstellung *f*, Darbietung *f*; *fig* ***~ tenante*** sofort
▶ **seau** [so] *m* (⚠ *pl* ***~x***) Eimer *m*
▶ **sec, sèche** [sɛk, sɛʃ] **1.** *adj* trocken; dürr, hager; herb (*Wein*); schroff; kurz (und heftig) (*Geräusch*); F *fig* ***être à sec*** auf dem Trocknen sitzen, blank sein; ***au sec*** im Trock(e)nen; **2.** *adv* ***sec*** heftig; ***frapper sec*** kräftig zuschlagen
sécateur [sekatœr] *m* Gartenschere *f*
sécession [sesesjɔ̃] *f pol* Spaltung *f*, Abfall *m*
sèche [sɛʃ] *f* F Glimmstängel *m*
sèche|-cheveux [sɛʃʃəvø] *m* (⚠ *pl unv*) Föhn *m*, Haartrockner *m*; **~-linge** [-lɛ̃ʒ] *m* (⚠ *pl unv*) Wäschetrockner *m*; **~-main** [-mɛ̃] *m* (⚠ *pl unv*) Händetrockner *m*
▶ **sécher** [seʃe] (1f) (aus)trocknen; verdorren; dörren; *Schülersprache*: die Antwort nicht wissen, nichts wissen; ***~ un cours*** e-e Stunde schwänzen
sécheresse [seʃrɛs] *f* Trockenheit *f*, Dürre *f*; *fig* Schroffheit f
séchoir [seʃwar] *m* Wäschetrockner *m*; Trockenraum *m*; Föhn *m*
▶ **sec|ond, ~onde** [s(ə)gɔ̃, -ɔ̃d] **1.** *adj* zweite; **2.** *m* zweiter Stock *m*; Stellvertreter *m*
▶ **seconde** [s(ə)gɔ̃d] *f* Sekunde *f*; *Schule*: zehnte Klasse *f*, Sekunda *f*; *Bahn*: zweite Klasse *f*
secondaire [s(ə)gɔ̃dɛr] sekundär, nebensächlich; ***enseignement m ~*** höheres Schulwesen *n*
seconder [s(ə)gɔ̃de] (1a) unterstützen, helfen (***qn*** j-m)
▶ **secouer** [s(ə)kwe] (1a) (ab)schütteln, rütteln
secourir [s(ə)kurir] (2i) zu Hilfe kommen (***qn*** j-m), unterstützen
secour|isme [s(ə)kurismə] *m* erste Hilfe *f*; **~iste** *m, f* Rotkreuzhelfer(in) *m(f)*
▶ **secours** [s(ə)kur] *m* Hilfe *f*, Beistand *m*, Unterstützung *f*; ***au ~!*** Hilfe!; ***appeler au ~*** um Hilfe rufen; ***poste m de ~*** Rettungsstelle *f*; ***sortie f de ~*** Notausgang *m*
secousse [s(ə)kus] *f* Stoß *m*; *fig* Schlag *m*
▶ **secr|et, ~ète** [səkrɛ, -ɛt] **1.** *adj* geheim, verborgen; **2.** *m* Geheimnis *n*; ***en secret*** heimlich
▶ **secrétaire** [s(ə)kretɛr] **1.** *m, f* Sekretär(in) *m(f)*; **2.** *m* Schreibschrank *m*
secrétariat [s(ə)kretarja] *m* Sekretariat *n*, Geschäftsstelle *f*; Beruf *m* e-r Sekretärin

sécré|ter [sekrete] (1f) *méd* absondern; **~tion** *f méd* Sekretion *f*, Absonderung *f*; Sekret *n*
sectaire [sɛktɛr] **1.** *m* Sektierer *m*, engstirniger Fanatiker *m*; **2.** *adj* sektiererisch, fanatisch
secte [sɛkt] *f rel* Sekte *f*
secteur [sɛktœr] *m* Sektor *m*; Bezirk *m*; *fig* Bereich *m*; *mil* Abschnitt *m*; *tech* (Strom-)Netz *n*; *écon* **~ tertiaire** Dienstleistungssektor *m*
section [sɛksjõ] *f* Schnitt *m*; Abschnitt *m*; Teilstrecke *f*; Abteilung *f*, Sektion *f*; *Schule*: Zug *m*
sectionner [sɛksjɔne] (1a) durchtrennen; *fig* unterteilen
sécu [seky] *f* (*Kurzwort für* **Sécurité sociale**) Stütze *f*
séculaire [sekylɛr] hundertjährig; jahrhundertealt
séculariser [sekylarize] (1a) säkularisieren
secundo [səgõdo] zweitens
▶ **sécurité** [sekyrite] *f* Sicherheit *f*; Sicherung *f*; **sécurité routière** Verkehrssicherheit *f*; ▶ **Sécurité sociale** Sozialversicherung *f*; Krankenkasse *f*
sédatif [sedatif] *m phm* Beruhigungsmittel *n*, schmerzstillendes Mittel *n*
sédentaire [sedɑ̃tɛr] viel sitzend; häuslich; sesshaft
sédiment [sedimɑ̃] *m* Bodensatz *m*, Niederschlag *m*; *géol* Sediment *n*
sédit|ieux, ~ieuse [sedisjø, -jøz] aufrührerisch; **~ion** *f* Aufruhr *m*, Aufstand *m*
séduc|teur, ~trice [sedyktœr, -tris] **1.** *adj* verführerisch; **2.** *m*, *f* Verführer(in) *m*(*f*); **~tion** *f* Verführung; *fig* Verlockung *f*, Reiz *m*
séduire [sedɥir] (4c) verführen, verlocken, verleiten; bezaubern
séduis|ant, ~ante [sedɥizɑ̃, -ɑ̃t] verführerisch; verlockend
segment [sɛgmɑ̃] *m* Abschnitt *m*, Segment *n*; *auto* **~ de piston** Kolbenring *m*
ségrégation [segregasjõ] *f* **~ raciale** Rassentrennung *f*
seiche [sɛʃ] *f zo* Tintenfisch *m*
seigle [sɛglə] *m agr* Roggen *m*
seigneur [sɛɲœr] *m* Herr *m*; *hist* (Lehns-, Grund-)Herr *m*; *rel* **le** ♀ der Herr
sein [sɛ̃] *m* Busen *m*, Brust *f*; *fig* Schoß *m*; *st/s* **au ~ de** innerhalb, mitten in
séisme [seismə] *m* Erdbeben *n*
▶ **seize** [sɛz] sechzehn
▶ **séjour** [seʒur] *m* Aufenthalt *m*; (**salle** *f* **de**) **~** Wohnzimmer *n*; **~ner** [-ne] (1a) sich aufhalten, verweilen
▶ **sel** [sɛl] *m* Salz *n*; *fig* Witz *m*
sélect, ~e [selɛkt] auserlesen, vornehm
sélect|ion [selɛksjõ] *f* Auswahl *f*; *biol* Auslese *f*, Zuchtwahl *f*; **~ionner** [-jɔne] (1a) auswählen
self-service [sɛlfsɛrvis] *m* (⚠ *pl* **self-services**) Selbstbedienungsladen *m*, -restaurant *n*
selle [sɛl] *f* Sattel *m*; *méd* Stuhlgang *m*; *cuis* Rücken *m*; **aller à la ~** Stuhlgang haben; *fig* **être bien en ~** fest im Sattel sitzen
seller [sɛle] (1b) satteln
sellier [sɛlje] *m* Sattler *m*
▶ **selon** [s(ə)lõ] *prép* gemäß, nach; *conj* **~ que** ... je nachdem ...; **~ moi** meiner Meinung nach; **c'est ~** das kommt darauf an
semailles [s(ə)maj] *f/pl agr* Saat *f*
▶ **semaine** [s(ə)mɛn] *f* Woche *f*; **à la ~** wöchentlich; **en ~** unter der Woche; **~ sainte** Karwoche *f*; **être de ~** Dienst haben
sémantique [semɑ̃tik] *ling* **1.** *adj* semantisch; **2.** *f* Semantik *f*, Bedeutungslehre *f*
sémaphore [semafɔr] *m* Signalmast *m*
▶ **semblable** [sɑ̃blablə] **1.** *adj* ähnlich (**à**); derartig, solch; **2.** *m* **mon ~** meinesgleichen; **nos ~s** unsere Mitmenschen *m/pl*
semblant [sɑ̃blɑ̃] *m* (An-)Schein *m*; **faire ~ de** (+ *inf*) so tun, als ob ...; **il fait ~** er tut nur so; F **ne faire ~ de rien** sich nichts anmerken lassen
▶ **sembler** [sɑ̃ble] (1a) scheinen; **~** (+ *inf*) scheinen zu (+ *inf*); **il (me) semble que** (+ *ind od subj*) mir scheint, (dass) ...; **il me semble inutile de** (+ *inf*) es scheint mir unnötig zu (+ *inf*)
semelle [s(ə)mɛl] *f* (Schuh-)Sohle *f*
semence [s(ə)mɑ̃s] *f* Samen *m*
▶ **semer** [s(ə)me] (1d) (aus-, an)säen; *fig* ausstreuen; *Schrecken*: verbreiten; F **~ qn** j-n abhängen
semestr|e [s(ə)mɛstrə] *m* Semester *n*, Halbjahr *n*; **~iel, ~ielle** [-ijɛl] halbjährlich
semi-... [səmi...] halb...

semi|-circulaire [səmisirkylɛr] halbkreisförmig, halbrund; **~-conducteur** [-kɔ̃dyktœr] *m* (⚠ *pl* ***semi-conducteurs***) *tech* Halbleiter *m*
séminaire [seminɛr] *m* Seminar *n*
semi-remorque [səmirmɔrk] *m* (⚠ *pl* ***semi-remorques***) Sattelschlepper *m*
semis [s(ə)mi] *m agr* Aussaat *f*
semi-voyelle [səmivwajɛl] *f* (⚠ *pl* ***semi-voyelles***) *ling* Halbvokal *m*
semonce [səmɔ̃s] *f* Verweis *m*, Tadel *m*
semoule [s(ə)mul] *f* Grieß *m*; F ***pédaler dans la ~*** nicht durchblicken
sempiternel, ~le [sɑ̃pitɛrnɛl] fortwährend, dauernd
Sénat [sena] *m pol* Senat *m*
sénat|eur [senatœr] *m* Senator *m*; **~orial, ~oriale** [-ɔrjal] (⚠ *m/pl* ***-aux***) Senats...
Sénégal [senegal] ***le ~*** der Senegal
sénil|e [senil] greisenhaft, altersschwach, senil; **~ité** *f* Senilität *f*, Altersschwäche *f*
▶**sens** [sɑ̃s] *m* Sinn *m*; Richtung *f*; ***~ artistique*** Kunstsinn *m*; ***le bon ~*** *od* ***le ~ commun*** der gesunde Menschenverstand; ***~ giratoire*** Kreisverkehr *m*; (***rue f à***) ***~ unique*** Einbahnstraße *f*; ***~ interdit*** Einfahrt verboten!; ***~ dessus dessous*** [sɑ̃dsydsu] durcheinander; ***dans tous les ~*** kreuz und quer; ***en un ~*** in gewissem Sinn; ***à mon ~*** meines Erachtens
sensass [sɑ̃sas] F toll, Spitze
sensation [sɑ̃sasjɔ̃] *f* **1.** Empfindung *f*, Gefühl *n*; **2.** Sensation *f*; ***faire ~*** Aufsehen erregen; ... ***à ~*** Sensations...
▶**sensationnel, ~le** [sɑ̃sasjɔnɛl] sensationell, Aufsehen erregend; F toll
sensé, ~e [sɑ̃se] vernünftig
sensibil|iser [sɑ̃sibilize] (1a) sensibilisieren, empfänglich machen (***à qc*** für etw); **~ité** *f* Empfindungsvermögen *n*; Empfindlichkeit *f*; Empfindsamkeit *f*
sensible [sɑ̃siblə] wahrnehmbar; empfindlich; empfindsam; empfänglich (***à qc*** für etw)
sensibl|ement [sɑ̃sibləmɑ̃] *adv* spürbar, deutlich; ungefähr; **~erie** [-əri] *f* Rührseligkeit *f*, Gefühlsduselei *f*
sensit|if, ~ive [sɑ̃sitif, -iv] **1.** *adj* Empfindungs...; **2.** *f bot* Mimose *f* (*a fig*)
sensualité [sɑ̃sɥalite] *f* Sinnlichkeit *f*
sensuel, ~le [sɑ̃sɥɛl] sinnlich
sentenc|e [sɑ̃tɑ̃s] *f* Sentenz *f*, Sinnspruch *m*; *jur* Urteil *n*; **~ieux, ~ieuse** [-jø, -jøz] belehrend
sentier [sɑ̃tje] *m* Pfad *m*, Fußweg *m*; ***~ pédestre*** Wanderweg *m*
▶**sentiment** [sɑ̃timɑ̃] *m* Gefühl *n*, Empfindung *f*; *st/s* Meinung *f*
sentimental, ~e [sɑ̃timɑ̃tal] (⚠ *m/pl* ***-aux***) Gefühls...; Liebes...; *péj* sentimental; **~ité** *f* Sentimentalität *f*, Gefühlsbetontheit *f*
sentinelle [sɑ̃tinɛl] *f mil* Posten *m*, Schildwache *f*
▶**sentir** [sɑ̃tir] (2b) **1.** fühlen; empfinden; wahrnehmen, merken; ▶***se sentir bien*** sich wohl fühlen; **2.** riechen; ***sentir qc*** nach etw riechen, schmecken; *fig* auf etw schließen lassen; ***sentir bon*** (***mauvais***, ***fort***) gut (schlecht, stark) riechen
sépara|ble [separablə] trennbar; **~tion** *f* Trennung *f*, Teilung *f*; Trennwand *f*; **~tiste** [-tist] *m, f pol* Separatist(in) *m(f)*
séparé, ~e [separe] getrennt; **~ment** *adv* getrennt, einzeln
▶**séparer** [separe] (1a) (ab)trennen, (unter)scheiden; ***se ~*** sich trennen, auseinander gehen
▶**sept** [sɛt] sieben
septante [sɛptɑ̃t] *Belgien, frz Schweiz:* siebzig
▶**septembre** [sɛptɑ̃brə] *m* September *m*; ***en ~*** im September; ***le 11 ~*** am 11. September; ***le 11 ~ 1999*** der 11. September 1999
septennal, ~e [sɛptɛnal] (⚠ *m/pl* ***-aux***) siebenjährig
septennat [sɛptɛna] *m* siebenjährige Amtszeit *f* (*des frz Präsidenten*)
septentrional, ~e [sɛptɑ̃trijɔnal] (⚠ *m/pl* ***-aux***) nördlich, Nord...
septicémie [sɛptisemi] *f méd* Blutvergiftung *f*
▶**septième** [sɛtjɛm] **1.** sieb(en)te; **2.** *m* Sieb(en)tel *n*
septuagénaire [sɛptɥaʒenɛr] **1.** *adj* siebzigjährig; **2.** *m, f* Siebzigjährige(r) *m, f*
septuple [sɛptyplə] siebenfach
sépul|cral, ~crale [sepylkral] (⚠ *m/pl* ***-aux***) ***voix f sépulcrale*** Grabesstimme *f*
séquence [sekɑ̃s] *f* Sequenz *f*, (Bild-)Folge *f*

séquentiel, ~le [sekɑ̃sjɛl] *EDV* sequenziell
séquestr|e [sekɛstrə] *m jur* Beschlagnahme *f*; Zwangsverwaltung *f*; **~er** (1a) einsperren, der Freiheit berauben; *jur* unter Zwangsverwaltung stellen
serai [s(ə)re] *futur von* **être**
Serbie [sɛrbi] **la ~** Serbien *n*
ser|ein, ~eine [sərɛ̃, -ɛn] ruhig, gelassen; heiter
sérénade [serenad] *f* Serenade *f*
sérénité [serenite] *f* Ruhe *f*, Ausgeglichenheit *f*
serf, serve [sɛrf, sɛrv] *m, f hist* Leibeigene(r) *m, f*
sergent [sɛrʒɑ̃] *m* Unteroffizier *m*
▶ **série** [seri] *f* Serie *f*, Reihe *f*; **hors ~** außergewöhnlich; **en ~** serienmäßig
sériel, ~le [serjɛl] *EDV* seriell
sérieusement [serjøzmɑ̃] *adv* ernstlich; im Ernst
▶ **séri|eux, ~euse** [serjø, -øz] **1.** *adj* ernst(haft); *Person*: zuverlässig, besonnen, solid(e); (*vorangestellt*) bedeutend; **2.** *m* Ernst *m*; **prendre au sérieux** ernst nehmen
serin [s(ə)rɛ̃] *m zo* Girlitz *m*; *bes* Kanarienvogel *m*
seriner [s(ə)rine] (1a) F eintrichtern
seringue [s(ə)rɛ̃g] *f méd* Spritze *f*
serment [sɛrmɑ̃] *m* Schwur *m*, Eid *m*; **prêter ~** e-n Eid leisten
sermon [sɛrmɔ̃] *m* Predigt *f* (*a fig*)
séro|négatif, ~négative [seronegatif, -negativ] HIV-negativ; **~positif, ~positive** [-pozitif, -positiv] HIV-positiv
serpe [sɛrp] *f* Gartenmesser *n*
▶ **serpent** [sɛrpɑ̃] *m* Schlange *f*
serpent|er [sɛrpɑ̃te] (1a) sich schlängeln, sich winden; **~in** *m* Papierschlange *f*
serpillière [sɛrpijɛr] *f* Scheuerlappen *m*
serre [sɛr] *f* Gewächs-, Treibhaus *n*; **~s** *pl* Klauen *f/pl*; **effet** *m* **de ~** Treibhauseffekt *m*
serré, ~e [sɛre] eng, dicht; gedrängt, straff; **avoir le cœur serré** bedrückt sein
serre-livres [sɛrlivrə] *m* (⚠ *pl unv*) Bücherstütze *f*
▶ **serrer** [sɛre] (1b) (zusammen)drücken, (-)pressen; straff(er) anziehen, spannen; bedrängen; **~ un problème** ein Problem genau erfassen; **~ les dents** die Zähne zusammenbeißen; **~ la main à qn** j-m die Hand schütteln; **~ les rangs** *fig* zusammenhalten; **~ à droite** sich rechts halten; **se ~ contre qn** sich an j-n anschmiegen; **~ la terre** *mar* dicht am Land fahren
serrur|e [seryr] *f* (Tür- *etc*) Schloss *n*; **~erie** *f* Schlosserei *f*; **~ier** [-je] *m* Schlosser *m*
servante [sɛrvɑ̃t] *f* Dienstmädchen *n*
▶ **serv|eur, ~euse** [sɛrvœr, -øz] **1.** *m, f* Kellner(in) *m(f)*; **2.** *m EDV* Server *m*
servi|abilité [sɛrvjabilite] *f* Hilfsbereitschaft *f*, Gefälligkeit *f*; **~able** hilfsbereit, gefällig
▶ **service** [sɛrvis] *m* Dienst(leistung *f*, -stelle *f*) *m*; Gefälligkeit *f*; Gottesdienst *m*; Verkehrsverbindung *f*; Bedienung(sgeld) *f(n)*; Abteilung *f*; *Krankenhaus*: Station *f*; *Tennis*: Aufschlag *m*; *Tischgeschirr*: Service *n*; ▶ **service militaire** Militärdienst *m*, Wehrdienst *m*; **service après vente** Kundendienst *m*; **service du personnel** Personalabteilung *f*; **service de réanimation** Intensivstation *f*; **être de service** Dienst haben; **service compris** einschließlich Bedienung; **mettre en service** in Betrieb nehmen; **à votre service!** bitte sehr!; **hors service** außer Betrieb; **rendre service à qn** j-m e-n Gefallen tun
serviette [sɛrvjɛt] *f* Aktentasche *f*, Mappe *f*; ▶ **serviette (de table)** Serviette; ▶ **serviette (de toilette)** Handtuch *n*
servil|e [sɛrvil] sklavisch, unterwürfig, servil; **~ité** *f* Unterwürfigkeit *f*
▶ **servir** [sɛrvir] (2b) **1. servir qc, qn** e-r Sache, j-m dienen, j-n bedienen; **2.** servieren, auftragen (**qc à qn** j-m etw); **3. servir à qn** j-m nützen; **servir à qc** zu etw dienen; **servir de qc** als etw dienen; **servir d'interprète** dolmetschen; **se servir** sich bedienen; ▶ **servez-vous!** (bitte) bedienen Sie sich!; ▶ **se servir de qc** etw benutzen
servo|direction [sɛrvɔdirɛksjɔ̃] *f* Servolenkung *f*, Lenkhilfe *f*; **~frein** [-frɛ̃] *m* Servobremse *f*, Bremskraftverstärker *m*
ses [se] *cf* **son**[1]
session [sɛsjɔ̃] *f* Sitzungsperiode *f*; Tagung *f*

set [sɛt] *m* *Tennis*: Satz *m*
seuil [sœj] *m* (Tür-)Schwelle *f*
▶ **seul, ~e** [sœl] allein (stehend), einsam; einzig, bloß; nur; ***un seul, une seule*** ein einziger ..., e-e einzige ..., ein einziges ...; ***parler tout seul*** Selbstgespräche führen; ***d'un seul coup*** mit einem Schlag
▶ **seulement** [sœlmɑ̃] *adv* nur, bloß; erst; *am Satzanfang*: aber; ***ne ... pas ~*** nicht einmal; ***non ~ ... mais encore*** (*od* ***mais aussi***) nicht nur ... sondern auch; ***~ hier*** erst gestern
sève [sɛv] *f bot* Saft *m*
▶ **sévère** [sevɛr] streng, hart; *Verluste*: schwer; **~ment** *adv* streng; schwer
sévérité [severite] *f* Strenge *f*
sévices [sevis] *m/pl* Misshandlungen *f/pl*
sévir [sevir] (2a) *Epidemie etc*: wüten; ***~ contre qn*** streng gegen j-n vorgehen
sexagénaire [sɛksaʒenɛr] **1.** *adj* sechzigjährig; **2.** *m, f* Sechzigjährige(r) *m, f*
▶ **sexe** [sɛks] *m* Geschlecht *n*; Geschlechtsteile *n/pl*; Sex *m*
sex|isme [sɛksismə] *m* Sexismus *m*; **~iste 1.** *adj* sexistisch; **2.** *m, f* Sexist(in) *m(f)*
sextuple [sɛkstyplə] sechsfach
sexu|alité [sɛksɥalite] *f* Sexualität *f*; **~el, ~elle** sexuell, geschlechtlich, Geschlechts...
sexy [sɛksi] (⚠ *unv*) F sexy
sey|ant, ~ante [sɛjɑ̃, -ɑ̃t] passend, gutsitzend
shampooing [ʃɑ̃pwɛ̃] *m* Haarwäsche *f*; Shampoo *n*
▶ **short** [ʃɔrt] *m* Shorts *pl*
▶ **si**[1] [si] **1.** *conj* (⚠ ***s'il*** *u* ***s'ils***) wenn, falls; ob; ***~ ...!*** (+ *imparfait*) wenn doch!; ***~ ce n'est que*** außer dass; ***comme ~*** als ob; ***même ~*** selbst wenn; **2.** *adv* so; doch (*nach Negation*); *st/s* ***~ riche qu'il soit*** so reich er auch sein mag; **3.** *conj* ***~ bien que*** (+ *ind*) so dass ...
si[2] [si] *m mus* h *od* H *n*
Sibérie [siberi] ***la ~*** Sibirien *n*
SICAV [sikav] *f* (*abr* ***Société d'Investissement à Capital Variable***) Investmentfonds *m*
Sicile [sisil] ***la ~*** Sizilien *n*
sida [sida] *m méd* Aids *n*; **~tique** [-tik] **1.** *adj* aidskrank; **2.** *m, f* Aidskranke(r) *m, f*; **~torium** [-tɔrjɔm] *m* Aidsklinik *f*
side-car [sid-, sajdkar] *m* (⚠ *pl* ***side-cars***) Seiten-, Beiwagen *m*; Motorrad *n* mit Seitenwagen
sidér|al, ~ale [sideral] (⚠ *m/pl* ***-aux***) Stern...; **~é, ~ée** F sprachlos, verblüfft
sidérurgie [sideryrʒi] *f* Eisen- und Stahlindustrie *f*
sido|logie [sidɔlɔʒi] *f* Aidsforschung *f*; **~logue** [-lɔg] *m* Aidsspezialist *m*
▶ **siècle** [sjɛklə] *m* Jahrhundert *n*; *fig* Zeitalter *n*; *rel* Welt *f*
▶ **siège** [sjɛʒ] *m* Sitz *m* (*a fig*); Sitzgelegenheit *f*; *mil* Belagerung *f*; ***égl ~ apostolique*** Apostolischer Stuhl *m*; ***état m de ~*** Belagerungszustand *m*
siéger [sjeʒe] (1g) seinen (ihren) Sitz haben; tagen
▶ **sien, sienne** [sjɛ̃, sjɛn] ***le sien, la sienne*** der, die, das sein(ig)e, ihr(ig)e; seine(r, -s); ihre(r, -s); ***y mettre du sien*** seinen Teil dazu beitragen
sieste [sjɛst] *f* Mittagsschlaf *m*, -schläfchen *n*
siffl|ement [sifləmɑ̃] *m* Pfeifen *n*; Zischen *n*; **~er** (1a) pfeifen; zischen; auspfeifen; **~et** [-ɛ] *m* Pfeife *f*; **~s** *pl* Pfiffe *m/pl*, Pfeifkonzert *n*; ***coup m de ~*** Pfiff *m*
siffloter [siflɔte] (1a) vor sich hin pfeifen
sigle [siglə] *m* Abkürzung *f*
signal [siɲal] *m* (⚠ *pl* ***-aux***) Signal *n*, Zeichen *n*; ***~ d'alarme*** Alarmsignal *n*; Notbremse *f*; **~ement** [-mɑ̃] *m* Personenbeschreibung *f*
▶ **signaler** [siɲale] (1a) signalisieren, kennzeichnen; melden, anzeigen; ***~ qc à qn*** j-n auf etw hinweisen; ***se ~*** sich auszeichnen; ***rien à ~*** alles in Ordnung; *méd* ohne Befund
signalis|ation [siɲalizasjɔ̃] *f* Signalisierung *f*; Signalsystem *n*; Beschilderung *f*; ***feux m/pl de ~*** Verkehrsampel *f*; **~er** (1a) beschildern
signataire [siɲatɛr] *m* Unterzeichner *m*
▶ **signature** [siɲatyr] *f* Unterschrift *f*
▶ **signe** [siɲ] *m* Zeichen *n*; *fig* Merkmal *n*; Wink *m*; ***en ~ de reconnaissance*** als Zeichen der Dankbarkeit; ***faire ~ à qn*** j-m winken; ***sous le ~ de*** im Zeichen (+ *gén*); ***c'est ~ que*** ... das ist ein Zeichen dafür, dass ...
▶ **sign|er** (1a) unterschreiben, -zeichnen; signieren; *rel* ***se ~*** sich bekreuzigen; **~et** [-ɛ] *m* Lese-, Buchzeichen *n*

significa|tif, ~tive [siɲifikatif, -tiv] bedeutsam; bezeichnend (***de qc*** für etw); **~tion** *f* Bedeutung *f*, Sinn *m*
▶ **signifier** [siɲifje] (1a) bedeuten; ausdrücklich zu verstehen geben
▶ **silenc|e** [silɑ̃s] *m* Schweigen *n*; Stille *f*, Ruhe *f*; ***en ~*** schweigend; **~ieux, ~ieuse** [-jø, -jøz] **1.** *adj* schweigsam; still; **2.** *m* Schalldämpfer *m*
Silésie [silezi] ***la ~*** Schlesien *n*
silex [silɛks] *m géol* Feuerstein *m*
silhouette [silwɛt] *f* Silhouette *f*, Schattenbild *n*, Umrisse *m/pl*; Gestalt *f*
silicium [silisjɔm] *m* Silizium *n*; ***plaquette f de ~*** Siliziumplättchen *n*
silicone [silikon] *f* Silikon *n*; ⚠ ***la ~***
sillage [sijaʒ] *m* Kielwasser *n* (*a fig*)
sill|on [sijɔ̃] *m* Furche *f*; Rille *f*; *fig* Strahl *m*; **~onner** [-ɔne] (1a) durchfurchen, -ziehen
silo [silo] *m* Silo *m od n*, Speicher *m*
simagrée [simagre] *f meist pl* **~s** Gehabe *n*, Getue *n*, Mätzchen *n/pl* F; ***faire des ~s*** sich zieren, sich anstellen
simil|aire [similɛr] gleichartig; **~arité** [-arite] *f* Gleichartigkeit *f*
simili [simili] F *m* Imitation *f*; ***en ~*** unecht; **~cuir** [-kɥir] *m* Kunstleder *n*; **~tude** [-tyd] *f* Ähnlichkeit *f*
▶ **simpl|e** [sɛ̃plə] **1.** *adj* einfach, schlicht; einfältig; (*vorangestellt*) einfach, bloß; **2.** *m Tennis*: Einzel *n*; **~ement** [-əmɑ̃] *adv* einfach; **~et, ~ette** [-ɛ, -ɛt] etwas einfältig, simpel, naiv
simplicité [sɛ̃plisite] *f* Einfachheit *f*; Natürlichkeit *f*; Einfalt *f*
simplif|ication [sɛ̃plifikasjɔ̃] *f* Vereinfachung *f*; **~ier** [-je] (1a) vereinfachen
simpliste [sɛ̃plist] zu einfach, einseitig
simulacre [simylakrə] *m* Scheinhandlung *f*; ... ***de ~*** Schein...
simula|teur, ~trice [simylatœr, -tris] **1.** *m, f* Simulant(in) *m(f)*; **2.** *m tech* Simulator *m*; **~tion** *f* Verstellung *f*; Simulieren *n* (*a tech*)
simuler [simyle] (1a) simulieren; vortäuschen
simultané, ~e [simyltane] gleichzeitig
simultané|ité [simyltaneite] *f* Gleichzeitigkeit *f*; **~ment** *adv* gleichzeitig
▶ **sincère** [sɛ̃sɛr] aufrichtig, ehrlich
sincérité [sɛ̃serite] *f* Aufrichtigkeit *f*, Ehrlichkeit *f*

sinécure [sinekyr] *f* Pfründe *f*, F gemütlicher Job *m*
sine qua non [sinekwanɔn] ***condition f ~*** unerlässliche Bedingung *f*
▶ **sing|e** [sɛ̃ʒ] *m zo* Affe *m*; P Chef *m*, der Alte; **~er** (1l) nachäffen; **~erie** *f* Grimasse *f*; **~s** *pl* F Faxen *f/pl*
singular|iser [sɛ̃gylarize] (1a) auffällig machen, (aus der Masse) herausheben; **~ité** *f* Sonderbarkeit *f*; Eigenheit *f*
▶ **singul|ier, ~ière** [sɛ̃gylje, -jɛr] **1.** *adj* sonderbar, eigentümlich; **2.** *m gr* Singular *m*
sinistre [sinistrə] **1.** *adj* Unheil verkündend; unheimlich; **2.** *m* Katastrophe *f*; *jur* Schadensfall *m*
sinistré, ~e [sinistre] *m* **1.** *adj* von e-r Katastrophe betroffen; geschädigt; **2.** *m* Opfer *n* (*e-r Katastrophe*)
sinistrose [sinistroz] *f* F Pessimismus *m*
▶ **sinon** [sinɔ̃] wenn nicht; sonst; außer
sinu|eux, ~euse [sinɥø, -øz] kurvenreich; gewunden (*a fig*); **~osité** [-ozite] *f* Krümmung *f*, Windung *f*; Gewundenheit *f* (*a fig*)
sionisme [sjɔnismə] *m* Zionismus *m*
siphon [sifɔ̃] *m* (Saug-)Heber *m*; Siphon *m*
siphonné, ~e [sifɔne] F bescheuert, plemplem
sirène [sirɛn] *f* Sirene *f*
sirop [siro] *m* Sirup *m*
siroter [sirɔte] (1a) langsam und mit Genuss schlürfen
sismique [sismik] Erdbeben...
site [sit] *m* Lage *f*; Landschaft *f*, Stätte *f*; ***~ archéologique*** Ausgrabungsstätte *f*; ***~ classé*** Landschaftsschutzgebiet *n*; ***~ industriel*** Industriestandort *m*; ***~ touristique*** Sehenswürdigkeit *f*; ⚠ ***le ~***
sitôt [sito] **1.** *adv* sogleich; ***~ dit, ~ fait*** gesagt, getan; **2.** *conj* ***~ que*** sobald (als)
▶ **situation** [sitɥasjɔ̃] *f* Lage *f*; (*berufliche*) Stellung *f*
▶ **situ|é, ~ée** [sitɥe] gelegen; ***être ~*** liegen; **~er** (1n) einordnen; ***se ~*** sich befinden, seinen Platz haben
▶ **six** [sis; *vor Konsonant* si; *Bindung* siz] sechs
▶ **sixième** [sizjɛm] **1.** sechste; **2.** *m* Sechstel *n*; **~ment** *adv* sechstens
skate-board [skɛtbɔrd] *m* (⚠ *pl* ***skate-boards***) Skateboard *n*; ***faire du ~*** Skateboard fahren

▶ **ski** [ski] *m* Ski *m*; Skilaufen *n*, -sport *m*; ▶ ***faire du ski*** Ski fahren; ***ski nautique*** Wasserski *m*; ***ski de fond*** Langlauf *m*; **~-bob** [-bɔb] *m* (⚠ *pl* ***ski-bobs***) Skibob *m*
skier [skje] (1a) Ski *od* Schi laufen
▶ **ski|eur, ~euse** [skjœr, -øz] *m, f* Skiläufer(in) *m(f)*
skinhead [skinɛd] *m* Skinhead *m*
slalom [slalɔm] *m* Slalom *m*; **~er** (1a) Slalom fahren
slave [slav] **1.** *adj* slawisch; **2.** ♀ *m, f* Slawe *m*, Slawin *f*
slip [slip] *m* kurze Unterhose *f*, Slip *m*; ~ ***de bain*** Badehose *f*
slogan [slɔgɑ̃] *m* Schlagwort *n*, Parole *f*, Slogan *m*
slovaque [slɔvak] slowakisch
Slovaquie [slɔvaki] ***la*** ~ die Slowakei
slovène [slɔvɛn] slowenisch
Slovénie [slɔveni] ***la*** ~ Slowenien *n*
smash [smaʃ] *m* Schmetterball *m*
S.M.E. [ɛsɛmø] *m* (*abr* ***Système monétaire européen***) EWS *n*
S.M.I.C. [smik] *m* (*abr* ***salaire minimum interprofessionnel de croissance***) garantierter Mindestlohn *m*
smic|ard, ~arde [smikar, -ard] *m, f* Mindestlohnempfänger(in) *m(f)*
snack [snak] *m* Imbissstube *f*
▶ **S.N.C.F.** [ɛsɛnseɛf] *f* (*abr* ***Société nationale des chemins de fer français***) frz Staatsbahn *f*
sniffer [snife] (1a) P *Droge*: schnupfen; *Klebstoff*: schnüffeln
snob [snɔb] **1.** *adj* snobistisch; **2.** *m, f* Snob *m*; **~isme** *m* Snobismus *m*
sobre [sɔbrə] mäßig; nüchtern; zurückhaltend
sobriété [sɔbrijete] *f* Mäßigkeit *f*; Nüchternheit *f*
sobriquet [sɔbrikɛ] *m* Spitzname *m*
soci|abilité [sɔsjabilite] *f* Geselligkeit *f*; **~able** gesellig; gemeinschaftsfähig
▶ **social, ~e** [sɔsjal] (⚠ *m/pl* ***-aux***) gesellschaftlich; sozial; Gesellschafts...; *comm* Firmen...; **~-démocrate** [-demɔkrat] *m* (⚠ *pl* ***sociaux-démocrates***) Sozialdemokrat *m*
social|isation [sɔsjalizasjɔ̃] *f* Sozialisierung *f*; **~iser** (1a) sozialisieren; **~isme** *m* Sozialismus *m*; **~iste** **1.** *adj* sozialistisch; **2.** *m, f* Sozialist(in) *m(f)*
sociétaire [sɔsjetɛr] *m* Mitglied *n*, Genosse *m*
▶ **société** [sɔsjete] *f* Gesellschaft *f*; Verein *m*; Firma *f*; ~ ***à responsabilité limitée*** Gesellschaft *f* mit beschränkter Haftung; ~ ***d'abondance*** Überflussgesellschaft *f*; ~ ***de consommation*** Konsumgesellschaft *f*; ~ ***de gaspillage*** Wegwerfgesellschaft *f*; ~ ***de vente par correspondance*** Versandhaus *n*; ~ ***par actions*** *od* ~ ***anonyme*** (*abr* ***S.A.***) Aktiengesellschaft *f*
socio|logie [sɔsjɔlɔʒi] *f* Soziologie *f*; **~logue** [-lɔg] *m, f* Soziologe *m*, Soziologin *f*
socle [sɔklə] *m* Sockel *m*
socquette [sɔkɛt] *f* Söckchen *n*, Socke *f*
soda [sɔda] *m* Sodawasser *n* (mit Fruchtsirup)
sodium [sɔdjɔm] *m chim* Natrium *n*
▶ **sœur** [sœr] *f* Schwester *f* (*a rel*)
sofa [sɔfa] *m* Sofa *n*
▶ **soi** [swa] sich; ⚠ *auf unbestimmtes Subjekt bezogen*
soi-disant [swadizɑ̃] (⚠ *unv*) so genannt, angeblich
▶ **soie** [swa] *f* Seide *f*
▶ **soif** [swaf] *f* Durst *m* (*a fig* ***de*** nach); ***avoir*** ~ Durst haben, durstig sein; ⚠ ***la*** ~
soigné, ~e [swaɲe] gepflegt, sorgfältig; F *iron* anständig
▶ **soigner** [swaɲe] (1a) pflegen; behandeln; ***se*** ~ sich pflegen
soign|eux, ~euse [swaɲø, -øz] sorgfältig; pfleglich; ~ ***de*** besorgt um
soi-même [swamɛm] (sich) selbst
▶ **soin** [swɛ̃] *m* Sorge *f*; Sorgfalt *f*; **~s** *pl* Pflege *f*; Behandlung *f*; ***avoir, prendre*** ~ ***de*** Sorge tragen für, achten auf, sich kümmern um; ***être sans*** ~ unordentlich sein; ***donner des ~s à qn*** j-n pflegen, ärztlich behandeln; ***~s à domicile*** Hauspflege *f*; ***~s dentaires*** zahnärztliche Behandlung *f*
▶ **soir** [swar] *m* Abend *m*; ***ce*** ~ heute Abend; ***un*** ~ e-s Abends; ***le*** ~ abends; ***sur le*** ~ gegen Abend
▶ **soirée** [sware] *f* Abend(stunden) *m(f/pl)*; Abendgesellschaft *f*; ~ ***dansante*** Tanzabend *m*
sois [swa] *subj von* ***être***
soit[1] [swat] meinetwegen!
soit[2] [swa] **1.** *conj* ~ ..., ~ ... entweder ...

S

oder ...; ~ ***que*** ... (+ *subj*), ~ ***que*** ... (+ *subj*) sei es dass ... oder dass ...; **2.** angenommen, gesetzt; das heißt

soixantaine [swasɑ̃tɛn] *f* etwa sechzig; *Alter*: Sechzig *f*

▶ **soixante** [swasɑ̃t] sechzig; ▶ ***soixante et onze*** einundsiebzig

▶ **soixante-dix** [swasɑ̃tdis] siebzig

▶ **soixante|-douze** [swasɑ̃tduz] zweiundsiebzig; **~-huitard** [-ɥitar] *m* Achtundsechziger *m*

soja [sɔʒa] *m bot* Sojabohne *f*

▶ **sol¹** [sɔl] *m* Boden *m*, Erde *f*

sol² [sɔl] *m mus* g *od* G *n*

solaire [sɔlɛr] Sonnen..., Solar...

solarium [sɔlarjɔm] *m* Solarium *n*; Sonnenbank *f*

▶ **soldat** [sɔlda] *m* Soldat *m*

solde¹ [sɔld] *f mil* Sold *m*; ⚠ ***la*** ~

solde² [sɔld] *m comm* Saldo *m*; Restbetrag *m*; **~s** *pl* Restposten *m/pl*; Ausverkauf *m*

solder [sɔlde] (1a) *comm* saldieren; *Ware*: herabsetzen; ***se ~ par*** abschließen mit

sole [sɔl] *f zo* Seezunge *f*

solécisme [sɔlesismə] *m* syntaktischer *od* sprachlicher Fehler *m*

▶ **soleil** [sɔlɛj] *m* Sonne *f*; ***il fait du ~*** die Sonne scheint; ***en plein ~*** in der prallen Sonne; ***coup** m **de ~*** Sonnenbrand *m*

Le soleil et les planètes

***les étoiles** f/pl*	die Sterne
la lune	der Mond
⚠ ***la planète***	der Planet
le soleil	die Sonne
le système planétaire	das Planetensystem
***l'univers** m*	das Weltall
les planètes	**die Planeten**
Mercure	Merkur
Vénus	Venus
la Terre	die Erde
Mars	Mars
Jupiter	Jupiter
Saturne	Saturn
Uranus	Uranus
Neptune	Neptun
Pluton	Pluto

solenn|el, ~elle [sɔlanɛl] feierlich; ⚠ *Aussprache*; **~ité** *f* Feierlichkeit *f*

Soleure [sɔlœr] Solothurn

solid|aire [sɔliđɛr] solidarisch (***de qn*** mit j-m); **~ariser** [-arize] (1a) ***se ~*** sich solidarisch erklären (***avec*** mit); **~arité** [-arite] *f* Solidarität *f*

▶ **solide** [sɔlid] **1.** *adj* fest, solide, haltbar, dauerhaft; gediegen; *Kenntnisse*: gründlich; *Person*: kräftig, robust; **2.** *m phys* fester Körper *m*

solidité [sɔlidite] *f* Festigkeit *f*, Haltbarkeit *f*; Gründlichkeit *f*; Solidität *f*; Stichhaltigkeit *f*

soliloque [sɔlilɔk] *m* Selbstgespräch *n*

soliste [sɔlist] *m*, *f* Solist(in) *m(f)*

solitaire [sɔlitɛr] **1.** *adj* einsam; abgelegen; ***ver** m ~* Bandwurm *m*; **2.** *m* Einsiedler *m*, Einzelgänger *m*

solitude [sɔlityd] *f* Einsamkeit *f*

sollicit|ation [sɔlisitasjɔ̃] *f* Ersuchen *n*, dringende Bitte *f*; **~er** (1a) *Aufmerksamkeit*: erregen; ***~ qc*** um etw ersuchen; ~ ***qn de faire qc*** j-n ersuchen, etw zu tun; **~ude** [-yd] *f* Fürsorge *f*

solo [sɔlo] *m mus* Solo *n*

solstice [sɔlstis] *m astr* Sonnenwende *f*

soluble [sɔlyblə] lösbar; löslich

▶ **solution** [sɔlysjɔ̃] *f* (Auf-)Lösung *f*

solv|abilité [sɔlvabilite] *f comm* Zahlungsfähigkeit *f*; **~able** zahlungsfähig, solvent, kreditwürdig; **~ant** [-ɑ̃] *m chim* Lösungsmittel *n*

Somalie [sɔmali] ***la*** ~ Somalia *n*

▶ **sombr|e** [sɔ̃brə] dunkel, düster; trübe; finster (*a fig*); **~er** (1a) (ver)sinken; *fig* ~ ***dans la folie*** dem Wahnsinn verfallen

sommaire [sɔmɛr] **1.** *adj* kurzgefasst, summarisch; **2.** *m* Inhaltsangabe *f*; Übersicht *f*

▶ **somme¹** [sɔm] *f* **1.** Summe *f*; Menge *f*; ***en*** ~, ~ ***toute*** im Ganzen genommen; **2.** ***bête** f **de** ~* Lasttier *n*; *fig* Arbeitstier *n*

somme² [sɔm] *m* Schläfchen *n*; ***faire un*** ~ ein Nickerchen machen

▶ **sommeil** [sɔmɛj] *m* Schlaf *m*; Schläfrigkeit *f*; ▶ ***avoir sommeil*** schläfrig sein

sommeiller [sɔmɛje] (1b) schlummern

sommelier [sɔməlje] *m* Kellermeister *m*; Weinkellner *m*

S

sommer [sɔme] (1a) auffordern (***qn de faire qc*** j-n, etw zu tun)
sommes [sɔm] *cf* ***être***
▶ **sommet** [sɔmɛ] *m* Gipfel *m*; Wipfel *m*; Spitze *f*; First *m*; *fig* Höhepunkt *m*; *pol* Gipfelkonferenz *f*
somnambule [sɔmnɑ̃byl] **1.** *adj* nachtwandelnd, mondsüchtig; **2.** *m, f* Schlafwandler(in) *m(f)*
somnifère [sɔmnifɛr] *m* Schlafmittel *n*
somnol|ence [sɔmnɔlɑ̃s] *f* Schläfrigkeit *f*; **~er** (1a) dösen
somptu|eux, ~euse [sɔ̃ptɥø, -øz] prächtig, pracht-, prunkvoll; **~osité** [-ozite] *f* Pracht *f*
▶ **son¹** *m*, **sa** *f*, **ses** *pl* [sɔ̃, sa, se] sein(e), ihr(e); ⚠ *nicht verwechseln*: ***ses*** *u* ***ces***; ⚠ *im sg f*: *vor Vokal u stummem h* ***son***
son² [sɔ̃] *m* Laut *m*, Klang *m*; Schall *m*; Ton *m*; ***~ et lumière*** *Beleuchtung historischer Bauten verbunden mit e-r Erklärung ihrer Geschichte u mit musikalischer Untermalung*
son³ [sɔ̃] *m* Kleie *f*
sondage [sɔ̃daʒ] *m mar* Lotung *f*; *tech* Bohrung *f*; *allg* Sondierung *f*; ***~ d'opinion*** Meinungsumfrage *f*
sond|e [sɔ̃d] *f* Lot *n*, Senkblei *n*; Sonde *f*; ***~ spatiale*** Raumsonde *f*; **~er** (1a) loten; sondieren; untersuchen; *j-n* ausforschen
▶ **song|er** [sɔ̃ʒe] (1l) ***~ à*** denken an, nachsinnen über; ***~ à faire qc*** daran denken, etw zu tun; **~eur, ~euse** nachdenklich
sonné, ~e [sɔne] **1.** ***il est midi sonné*** es hat gerade zwölf Uhr geschlagen; **2.** *fig* F bescheuert, bekloppt
▶ **sonner** [sɔne] (1a) läuten, klingeln; klingen, tönen; schlagen (*Uhr*); ***dix heures sonnent*** es schlägt 10 Uhr; ***midi a sonné*** es hat 12 Uhr geschlagen; ***~ du cor*** (auf dem) Horn blasen; ***~ creux, faux*** hohl, falsch klingen; *mil* ***~ l'alarme*** Alarm blasen
sonnerie [sɔnri] *f* Geläut *n*; Läutwerk *n*; Klingel *f*
sonnet [sɔnɛ] *m* Sonett *n*; ⚠ *Schreibung*
sonnette [sɔnɛt] *f* Klingel *f*; ***serpent*** *m* ***à ~s*** Klapperschlange *f*
sonor|e [sɔnɔr] tönend; klangvoll; Lärm..., Schall..., Ton...; *ling* stimmhaft; ***film*** *m* ***~*** Tonfilm *m*; **~isation** [-izasjɔ̃] *f* Beschallung *f*; Lautsprecheranlage *f*; Vertonung *f*; **~iser** (1a) beschallen; vertonen
sont [sɔ̃] *cf* ***être***
sophisme [sɔfismə] *m* Trugschluss *m*; Spitzfindigkeit *f*
sophistication [sɔfistikasjɔ̃] *f* Geziertheit *f*; *tech* Perfektion *f*
sophistiqué, ~e [sɔfistike] gekünstelt; erlesen; *Technik*: hochentwickelt; ausgeklügelt
soporifique [sɔpɔrifik] einschläfernd (*a fig*)
sorbet [sɔrbɛ] *m* Halbgefrorene(s) *n*, Fruchteis *n*
sorbier [sɔrbje] *m bot* Eberesche *f*
sorcellerie [sɔrsɛlri] *f* Hexerei *f*
sorc|ier, ~ière [sɔrsje, -jɛr] *m, f* Zauberer *m*, Hexe *f*
sordide [sɔrdid] schmutzig; *fig* gemein
sornettes [sɔrnɛt] *f/pl* albernes Gerede *n*
▶ **sort** [sɔr] *m* Schicksal *n*; Los *n*, Geschick *n*; ***tirer au ~*** aus-, verlosen; *fig* ***jeter un ~ à qn*** j-n behexen; *fig* ***le ~ en est jeté*** die Würfel sind gefallen
sort|ant, ~ante [sɔrtɑ̃, -ɑ̃t] ausscheidend, bisherig; *Lotterie*: ***numéros sortants*** Gewinnzahlen *f/pl*
▶ **sorte** [sɔrt] *f* Art *f*, Weise *f*; Sorte *f*; ***toutes ~s de*** allerlei, allerhand; ***de la ~*** auf die(se) Weise *od* so; ***en quelque ~*** gewissermaßen; *conj* ***en ~*** *od* ***de*** (***telle***) ***~ que*** so ... dass
▶ **sortie** [sɔrti] *f* Ausgang *m*, Ausfahrt *f*; Hinausgehen *n*; Ausreise *f*; Abgang *m* (*von der Bühne*); Spaziergang *m*, Ausflug *m*; *mil* Einsatz *m*; *EDV* Ausgabe *f*; Ausdruck *m*; ***examen*** *m* ***de ~*** Abgangsprüfung *f*; ***~ de secours*** Notausgang *m*
sortilège [sɔrtilɛʒ] *m* Zauber *m*
▶ **sortir** [sɔrtir] **1.** (2b) **a)** (*mit* ***être***) hinausgehen, -treten; herauskommen, -fahren; ausgehen; herausragen; stammen (***de*** von); abweichen (***de*** von); ***s'en ~*** damit fertig werden; **b)** (*mit* ***avoir***) herausnehmen, -ziehen, -holen; spazieren führen, *j-n* ausführen; *comm* auf den Markt bringen; *EDV* ausgeben; ausdrucken; F *dumme Bemerkungen*: von sich geben; F ***~ qn*** j-n rausschmeißen; **2.** *m litt* ***au ~ de l'hiver*** gegen Ende des Winters
sosie [sɔzi] *m* Doppelgänger *m*

S

sot, sotte [so, sɔt] **1.** *adj* töricht, dumm; **2.** *m*, *f* Dummkopf *m*, Närrin *f*
sottise [sɔtiz] *f* Dummheit *f*
sou [su] *m fig* Pfennig *m*; ***être sans le ~*** nicht e-n Pfennig besitzen; ***être près de ses ~s*** auf den Pfennig achten
soubresaut [subrəso] *m* heftiges Zusammenzucken *n*; Ruck *m*, Satz *m*
souche [suʃ] *f* **1.** (Baum-)Stumpf *m*; **2.** *fig* Ursprung *m*; ***de vieille ~*** aus e-r alten Familie; **3.** Abschnitt *m*; ***carnet m à ~s*** Scheckheft *n* mit Kontrollabschnitten
▶ **souci** [susi] *m* **1.** Sorge *f*; Bemühen *n* (**de** um); **2.** *bot* Ringelblume *f*
soucier [susje] (1a) ***se ~ de*** sich kümmern um
souci|eux, ~euse [susjø, -øz] besorgt; bedacht (**de** auf)
soucoupe [sukup] *f* Untertasse *f*
▶ **soud|ain, ~aine** [sudɛ̃, -ɛn] **1.** *adj* plötzlich, jäh; **2.** *adv* ***soudain*** = **~ainement** [-ɛnmɑ̃] plötzlich
Soudan [sudɑ̃] ***le ~*** der Sudan
soude [sud] *f chim* Soda *f od n*; *phm* Natron *n*
souder [sude] (1a) *tech* löten, schweißen; *fig* fest verbinden
soudure [sudyr] *f tech* Löten *n*, Schweißen *n*; Schweiß-, Lötstelle *f*, -naht *f*; *écon* ***faire la ~*** überbrücken
▶ **souffle** [suflə] *m* Hauch *m*; Atemzug *m*, Atem *m*; Wehen *n*; *fig poét* Funke *m*; *fig* ***second ~*** neuer Aufschwung *m*; ***être à bout de ~*** außer Atem sein
soufflé, ~e [sufle] **1.** *adj* aufgedunsen; *fig* ***être ~*** F baff sein; **2.** *m cuis* Auflauf *m*
souffler [sufle] (1a) blasen; aus-, weg blasen; wehen; hauchen; schnaufen, atmen; verschnaufen; *Schule*: vorsagen; *Theater*: soufflieren; *fig* einflüstern; ***ne pas ~ mot*** kein Wort sagen; F ***~ qc à qn*** j-m etw wegschnappen
soufflet [suflɛ] *m* Blasebalg *m*, Faltenbalg *m*; *st/s* Ohrfeige *f*
souffl|eur, ~euse [suflœr, -øz] *m*, *f* Glasbläser(in) *m(f)*; *Theater*: Souffleur *m*, Souffleuse *f*
souffr|ance [sufrɑ̃s] *f* Leiden *n*; ***en ~*** unerledigt; **~ant, ~ante** [-ɑ̃, -ɑ̃t] erkrankt; leidend
▶ **souffrir** [sufrir] (2f) leiden (**de** an); erdulden; aushalten; *st/s* ***~ que*** (+ *subj*) dulden, dass ...; ***ne pas pouvoir ~ qn*** j-n nicht leiden können
soufre [sufrə] *m* Schwefel *m*
souhai|t [swɛ] *m* Wunsch *m*; ***à ~*** nach Wunsch; **~table** [-tablə] wünschenswert
▶ **souhaiter** [swɛte] (1b) wünschen (***qc à qn*** j-m etw); ***~ que*** (+ *subj*) wünschen, dass ...
souiller [suje] (1a) beschmutzen
soûl, soûle [su, sul] betrunken; ***manger tout son soûl*** sich ordentlich satt essen
soulag|ement [sulaʒmɑ̃] *m* Erleichterung *f*, Linderung *f*; **~er** (1l) erleichtern, lindern; entlasten
soûler [sule] (1a) F betrunken machen; *fig* benommen machen, berauschen; ***se ~*** sich betrinken, F sich besaufen
soulèvement [sulɛvmɑ̃] *m* Aufstand *m*
▶ **soulever** [sulve] (1d) hoch heben; *fig* hervorrufen, auslösen; *Problem*: aufwerfen; *Schwierigkeiten*: verursachen; ***se ~*** sich aufrichten; sich empören
soulier [sulje] *m* Schuh *m*; F *fig* ***être dans ses petits ~s*** verlegen sein
souligner [suliɲe] (1a) unterstreichen (*a fig*)
soumettre [sumɛtrə] (4p) unterwerfen; unterziehen; unterbreiten; ***se ~ à*** sich fügen; sich unterziehen
soum|is, ~ise [sumi, -iz] gefügig; unterworfen
soumission [sumisjɔ̃] *f* Unterwerfung *f*; Gefügigkeit *f*, Gehorsam *m*; *jur* Angebot *n*
soupape [supap] *f tech* Ventil *n*
soupçon [supsɔ̃] *m* Argwohn *m*, Verdacht *m*; ***un ~ de*** e-e Spur von
▶ **soupçonn|er** [supsɔne] (1a) verdächtigen; vermuten; **~eux, ~euse** [-ø, -øz] argwöhnisch, misstrauisch
▶ **soupe** [sup] *f* Suppe *f*
souper [supe] **1.** (1a) *nach e-m Theaterbesuch*: zu Abend essen; **2.** *m* Nacht-, Abendessen *n*
soupeser [supəze] (1d) mit der Hand abwiegen; *fig* abwägen
soupière [supjɛr] *f* Suppenschüssel *f*
soupir [supir] *m* Seufzer *m*
soupirant [supirɑ̃] *m plais* Verehrer *m*
soupirer [supire] (1a) seufzen; *litt* schmachten
soupl|e [suplə] biegsam, geschmeidig; *fig* anpassungsfähig; F entgegenkom-

mend; **~esse** [-ɛs] *f* Biegsamkeit *f*, Geschmeidigkeit *f*; *fig* Flexibilität *f*
▶ **source** [surs] *f* Quelle *f*; *fig* Ursprung *m*; ***prendre sa ~ dans*** F entspringen in
sourc|il [sursi] *m* Augenbraue *f*; **~iller** [-ije] (1a) ***sans ~*** ohne mit der Wimper zu zucken
sourcill|eux, ~euse [sursijø, -øz] kleinlich
▶ **sourd, sourde** [sur, surd] schwerhörig, taub; dumpf; versteckt; *ling* stimmlos
sourd-muet, sourde-muette [surmɥɛ, surdmɥɛt] taubstumm
souri|ant, ~ante [surjɑ̃, -ɑ̃t] freundlich, heiter
souricière [surisjɛr] *f* Mausefalle *f*; *fig* Falle *f*
▶ **sourire** [surir] **1.** (4r) lächeln; **2.** *m* Lächeln *n*
▶ **souris** [suri] *f* Maus *f* (*a EDV*)
sourn|ois, ~oise [surnwa, -waz] **1.** *adj* hinterhältig, heimtückisch; **2.** *m, f* Duckmäuser(in) *m(f)*; **~oiserie** [-wazri] *f* Hinterhältigkeit *f*
▶ **sous** [su] unter, unterhalb; ***~ la main*** bei der Hand; ***~ terre*** unter der Erde; ***~ peine d'amende*** bei Geldstrafe; ***~ peu*** binnen kurzem; ***~ prétexte de*** (+ *inf*) unter dem Vorwand zu (+ *inf*); ***~ forme de*** in Gestalt von; ***~ ce rapport*** in dieser Hinsicht; ***~ mes yeux*** vor meinen Augen; ***mettre ~ enveloppe*** in e-n Umschlag stecken
sous... [su...] *in Zssgn* unter..., Unter...
sous-alimenté, ~e [suzalimɑ̃te] unterernährt
sous-bois [subwa] *m* Unterholz *n*
souscription [suskripsjɔ̃] *f* Subskription *f*; *comm* Zeichnung *f*
souscrire [suskrir] (4f) unterschreiben
sous-développ|é, ~ée [sudevlɔpe] unterentwickelt; ***pays*** *m/pl* ***sous-développés*** Entwicklungsländer *n/pl*; **~ement** [-mɑ̃] *m* Unterentwicklung *f*
sous-emploi [suzɑ̃plwa] *m* Unterbeschäftigung *f*
sous-enten|dre [suzɑ̃tɑ̃drə] (4a) mit darunter verstehen; stillschweigend annehmen; **~du, ~due** [-dy] **1.** *adj* unausgesprochen; **2.** *m* Andeutung *f*
sous-estimer [suzɛstime] (1a) unterschätzen
sous-loca|taire [sulɔkatɛr] *m, f* Untermieter(in) *m(f)*; **~tion** *f* Untermiete *f*
sous|-louer [sulwe] (1a) untervermieten; **~-main** [-mɛ̃] *m* (⚠ *pl unv*) Schreibunterlage *f*; ***en ~*** unter der Hand, heimlich; **~-marin, ~-marine** [-marɛ̃, -marin] **1.** *adj* unterseeisch, Unterwasser...; **2.** *m* U-Boot *n*, Unterseeboot *n*; **~-menu** [-məny] *m* (⚠ *pl* ***sous-menus***) *EDV* Untermenü *n*
sous-officier [suzɔfisje] *m* Unteroffizier *m*
sous|-préfecture [suprefɛktyr] *f* Unterpräfektur *f*; **~-produit** [-prɔdɥi] *m* Nebenprodukt *n*; **~-secrétaire** [-skretɛr] *m* ***~ d'État*** Unterstaatssekretär *m*
soussigné, ~e [susiɲe] *m, f* Unterzeichnete(r) *m, f*
sous|-sol [susɔl] *m* Untergrund *m*; Untergeschoss *n*; **~-titre** [-titrə] *m* Untertitel *m*; **~-titré, ~-titrée** [-titre] mit Untertiteln
sous|traction [sustraksjɔ̃] *f jur* Unterschlagung *f*; *math* Subtraktion *f*; **~traire** [-trɛr] (4s) unterschlagen; *fig* entziehen; bewahren (**à** vor); *math* subtrahieren, abziehen (**de** von)
sous|-traitant [sutrɛtɑ̃] *m* (⚠ *pl* ***sous-traitants***) Zulieferbetrieb *m*, Subunternehmer *m*; **~-vêtement** [suvɛtmɑ̃] *m meist* **~s** *pl* Unterwäsche *f*
souten|able [sutnablə] haltbar, vertretbar; **~ance** *f Universität etwa*: Rigorosum *n*; **~eur** *m* Zuhälter *m*
▶ **soutenir** [sutnir] (2h) (ab)stützen; *fig* unterstützen; ***~ qn*** j-n stärken; j-m beistehen; ***~ qc*** etw aushalten, aufrechterhalten, behaupten; ***se ~*** einander beistehen
soutenu, ~e [sutny] anhaltend, beständig; intensiv; *Stil*: gehoben
souterr|ain, ~aine [sutɛrɛ̃, -ɛn] **1.** *adj* unterirdisch; **2.** *m* unterirdischer Gang *m*, Stollen *m*
soutien [sutjɛ̃] *m* Stütze *f* (*a fig*); Beistand *m*; ***~ de famille*** Ernährer *m*; **~-gorge** [-gɔrʒ] *m* (⚠ *pl* ***soutiens-gorge***) Büstenhalter *m*
soutirer [sutire] (1a) *Wein*: abziehen; ***~ qc à qn*** etw von j-m erschwindeln
▶ **souvenir** [suvnir] **1.** (2h) ▶ ***se souvenir*** sich erinnern (**de** an, **que** dass); denken an; *litt* ***il me souvient de*** *od* ***que*** ... ich entsinne mich ...; **2.** *m* Erin-

S

nerung *f*; Andenken *n*; Gruß *m*
► **souvent** [suvɑ̃] oft(mals); ***assez ~*** öfters; ***moins ~*** seltener; ***le plus ~*** meistens
souver|ain, ~aine [suvrɛ̃, -ɛn] **1.** *adj* höchste; völlig; *pol* souverän; **2.** *m, f* Herrscher(in) *m(f)*, Souverän *m*; **~ainement** [-ɛnmɑ̃] *adv* äußerst; **~aineté** [-ɛnte] *f* Souveränität *f*; Herrschaft(sgewalt) *f*
soviétique [sɔvjetik] sowjetisch
soya [soja] *m* Soja *f*; ***sauce f de ~*** Sojasoße *f*; ⚠ ***le ~***
soyez, soyons [swaje, swajɔ̃] *subj von* ***être***
spaci|eux, ~euse [spasjø, -øz] geräumig
sparadrap [sparadra] *m* Heftpflaster *n*
spasm|e [spasmə] *m méd* Krampf *m*; **~odique** [-ɔdik] krampfartig, spastisch
spatial, ~e [spasjal] (⚠ *m/pl* ***-iaux***) (Welt-)Raum...
spatule [spatyl] *f* Spachtel *m*; *cuis* Teigschaber *m*; ⚠ ***la ~***
► **speaker, speakerine** [spikœr, spikrin] *m, f Radio, TV* Ansager(in) *m(f)*; Sprecher(in) *m(f)*
► **spécial, ~e** [spesjal] (⚠ *m/pl* ***-aux***) besondere, speziell; Fach...; Sonder...; **~ement** [-mɑ̃] *adv* besonders, eigens; **~iser** (1a) ***se ~*** sich spezialisieren
► **spécial|iste** [spesjalist] *m, f* Spezialist(in) *m(f)*, Fachmann *m*; Facharzt *m*, -ärztin *f*; **~ité** *f* Spezialität *f*; Fachgebiet *n*; Besonderheit *f*
spéci|eux, ~euse [spesjø, -øz] trügerisch, Schein...
spécif|ier [spesifje] (1a) spezifizieren, genau angeben; **~ique** spezifisch, arteigen
spécimen [spesimɛn] *m* (Probe-) Exemplar *n*; Muster *n*; ⚠ *Aussprache*
► **spectacle** [spɛktaklə] *m* Anblick *m*, Schauspiel *n*; Vorstellung *f*
spectaculaire [spɛktakylɛr] Aufsehen erregend, spektakulär
► **specta|teur, ~trice** [spɛktatœr, -tris] *m, f* Zuschauer(in) *m(f)*
spectre [spɛktrə] *m* Gespenst *n*; *phys* Spektrum *n*
spécula|teur, ~trice [spekylatœr, -tris] *m, f* Spekulant(in) *m(f)*; **~tif, ~tive** [-tif, -tiv] spekulativ; **~tion** *f* Spekulation *f*
spéculer [spekyle] (1a) spekulieren (***sur*** auf)
speech [spitʃ] F *m* kurze Rede *f*
spéléologie [speleɔlɔʒi] *f* Höhlenforschung *f*
sperme [spɛrm] *m biol* Sperma *n*
sphère [sfɛr] *f math* Kugel *f*; *fig* Bereich *m*, Sphäre *f*
sphérique [sferik] sphärisch, kugelförmig
sphinx [sfɛ̃ks] *m* Sphinx *f*; ⚠ ***le ~***
spirale [spiral] *f* Spirale *f*
spiritualité [spiritɥalite] *f* Geistigkeit *f*; *rel* Verinnerlichung *f*
spirituel, ~le [spiritɥɛl] geistig; geistlich; geistreich
spiritueux [spiritɥø] *m/pl* Spirituosen *pl*
spleen [splin] *m* Schwermut *f*
splend|eur [splɑ̃dœr] *f* Glanz *m*, Pracht *f*; **~ide** [-id] glänzend, prächtig
spolier [spɔlje] (1a) berauben
spongi|eux, ~euse [spɔ̃ʒjø, -øz] schwammig
sponsor [spɔ̃sɔr] *m* Sponsor *m*; **~iser** (1a) sponsern
spontané, ~e [spɔ̃tane] spontan, freiwillig; unbefangen; ⚠ *adv* ***spontanément***; **~ité** *f* Spontaneität *f*; Ursprünglichkeit *f*, Unbefangenheit *f*
sporadique [spɔradik] vereinzelt auftretend, sporadisch
► **sport** [spɔr] **1.** *m* Sport *m*; ***faire du ~*** Sport treiben; **2.** *adj* sportlich; *Person*: fair
► **sport|if, ~ive** [spɔrtif, -iv] **1.** *adj* sportlich; Sport...; **2.** *m, f* Sportler(in) *m(f)*
spot [spɔt] *m* Scheinwerfer *m*; Leselampe *f*; Werbespot *m*
sprint [sprint] *m* Sport: (End-)Spurt *m*; Sprint *m*
spum|eux, ~euse [spymø, -øz] schaumig
square [skwar] *m* kleine Grünanlage *f*
squash [skwaʃ] *m* Squash *n*
squatter[1] [skwatœr] *m* Hausbesetzer *m*
squatter[2] [skwate] (1a), **squattériser** [skwaterize] (1a) besetzen
squelette [skəlɛt] *m* Skelett *n*; ⚠ ***le ~***
S[t] (*abr* ***saint***) hl. (heiliger) *od* St. (Sankt)
stabilisa|teur, ~trice [stabilizatœr, -tris] **1.** *adj* stabilisierend; **2.** *m* Stabilisator *m*; **~tion** *f* Stabilisierung *f*, (Be-)Festigung *f*

S

stabil|iser [stabilize] (1a) stabilisieren, (be)festigen; **~ité** *f* Festigkeit *f*, Stabilität *f*; Beständigkeit *f* (*a fig*)
stable [stablə] fest, stabil, standfest
▶ **stade** [stad] *m* **1.** *Sport*: Stadion *n*, Sportplatz *m*; **2.** Stadium *n*, Phase *f*, Abschnitt *m*
▶ **stage** [staʒ] *m* Praktikum *n*; Referendarzeit *f*; Lehrgang *m*
stagiaire [staʒjɛr] **1.** *m, f* Praktikant(in) *m(f)*; Referendar(in) *m(f)*; **2.** *adj* als Praktikant(in) tätig
stagn|ant, ~ante [stagnɑ̃, -ɑ̃t] *Gewässer*: stehend; *fig* stagnierend; **~ation** *f* Stagnieren *n*; Stockung *f*
stalle [stal] *f égl* Chorstuhl *m*; (Pferde-)Box *f*; ⚠ ***la*** ~; ⚠ *nicht* der Stall
stand [stɑ̃d] *m* Ausstellungs-, Messe-, Schießstand *m*
standard [stɑ̃dar] *m* **1.** Standard *m*; ***modèle*** *m* ~ Standardmodell *n*; **2.** Telefonzentrale *f*
standard|isation [stɑ̃dardizasjɔ̃] *f* Standardisierung *f*, Vereinheitlichung *f*; **~iser** (1a) standardisieren, vereinheitlichen, normen; **~iste** *m, f* Telefonist(in) *m(f)*
standing [stɑ̃diŋ] *m* (*soziale u wirtschaftliche*) Stellung *f*; Status *m*; ... ***de grand*** ~ Luxus...
star [star] *f* Filmstar *m*; ⚠ ***la*** ~
starter [startɛr] *m auto* Starterklappe *f*, Choke *m*
▶ **station** [stasjɔ̃] *f* Station *f* (*a allg u tech*); Haltestelle *f*; Kur-, Ferienort *m*; (Aufent-)Halt *m*; ~ ***debout*** Stehen *n*; ~ ***d'essence*** Tankstelle *f*; ~ ***de sports d'hiver*** Wintersportort *m*; ~ ***de travail*** Workstation *f*
stationnaire [stasjɔnɛr] stationär, gleich bleibend, stillstehend
▶ **stationnement** [stasjɔnmɑ̃] *m auto* Parken *n*; *mil* Stationierung *f*
▶ **stationner** [stasjɔne] (1a) parken
▶ **station-service** [stasjɔ̃sɛrvis] *f* (⚠ *pl* ***stations-service***) Tankstelle *f*
statique [statik] statisch; unbewegt
statistique [statistik] **1.** *adj* statistisch; **2.** *f* Statistik *f*
▶ **statue** [staty] *f* Statue *f*, Standbild *n*
statut [staty] *m* Statut *n*; Status *m*; **~s** *pl* Satzung *f*; ~ ***social*** sozialer Status *m*
Ste (*abr* ***sainte***) hl. (heilige) *od* St. (Sankt)
stencil [stɛnsil] *m* Matrize *f*
▶ **sténodactylo** [stenɔdaktilo] *f* Stenotypistin *f*
sténograph|e [stenɔgraf] *m, f* Stenograf(in) *m(f)*; **~ie** [-i] *f* Stenografie *f*, Kurzschrift *f*; **~ier** [-je] (1a) (mit)stenografieren
steppe [stɛp] *f* Steppe *f*
stéréo(phonie) [stereo(fɔni)] *f* Stereo *n*; ***en stéréo*** in Stereo
stéréo(phonique) [stereo(fɔnik)] *adj* Stereo...
stéréotypé, ~e [stereɔtipe] stereotyp
stéril|e [steril] steril, unfruchtbar (*a fig*); **~iser** (1a) sterilisieren, unfruchtbar machen; keimfrei machen; **~ité** *f* Sterilität *f*, Unfruchtbarkeit *f* (*a fig*)
sternum [stɛrnɔm] *m* Brustbein *n*
stéthoscope [stetɔskɔp] *m méd* Hörrohr *n*, Stethoskop *n*
steward [stiwart] *m* Steward *m*
stigmat|e [stigmat] *m rel u fig* Stigma *n*; **~iser** (1a) brandmarken
stimul|ant, ~ante [stimylɑ̃, -ɑ̃t] **1.** *adj* stimulierend, anregend; **2.** *m* Anreiz *m*, Ansporn *m*; Anregungsmittel *n*; **~ateur** [-atœr] *m méd* ~ ***cardiaque*** Herzschrittmacher *m*; **~er** (1a) (an)treiben, anspornen; anregen; **~us** [-ys] *m* (⚠ *pl meist* ***stimuli***) *psych* Reiz *m*
stipul|ation [stipylasjɔ̃] *f jur* Vereinbarung *f*, Bestimmung *f*, Klausel *f*; **~er** (1a) *jur* vereinbaren, festlegen
stock [stɔk] *m comm* Lagerbestand *m*; *allg* Vorrat *m*; **~age** *m* Lagerung *f*; **~er** (1a) lagern, aufstapeln
stoïcisme [stɔisismə] *m phil* Stoizismus *m*; *fig* Gleichmut *m*
stoïque [stɔik] standhaft, unerschütterlich
stomacal, ~e [stɔmakal] (⚠ *m/pl* ***-aux***) *méd* Magen...
▶ **stop** [stɔp] **1.** stopp!, halt!; **2.** *m* Stoppschild *n*; *auto* (***feu*** *m*) ~ Bremslicht *n*; F ***faire du*** ~ per Anhalter fahren
stopper [stɔpe] (1a) **1.** kunststopfen; **2.** anhalten, (ab)stoppen
store [stɔr] *m* Rollo *n*; Markise *f*; Store *m*
strabisme [strabismə] *m méd* Schielen *n*
strapontin [strapɔ̃tɛ̃] *m* Klappsitz *m*
stratagème [strataʒɛm] *m* (Kriegs-)List *f*
stratég|ie [strateʒi] *f* Strategie *f* (*a fig*); **~ique** strategisch (wichtig)

S

stratifié, ~e [stratifje] *géol, tech* geschichtet
stratus [stratys] *m* Schichtwolke *f*
streamer [strimœr] *m EDV* Streamer *m*
stresser [strese] (1a) stressen
strict, ~e [strikt] streng, strikt, genau; ***au sens strict*** im engeren Sinn; ***le strict nécessaire*** das (Aller-)Nötigste
strid|ent, ~ente [stridɑ̃, -ɑ̃t] schrill, gellend, kreischend
strie [stri] *f* Streifen *m*, Rille *f*
strip|-tease [striptiz] *m* (⚠ *pl* ***strip-teases***) Striptease *m*; ***faire du ~*** strippen; **~-teaseuse** [-tizøz] *f* (⚠ *pl* ***strip-teaseuses***) Stripperin *f*, Stripteasetänzerin *f*
strophe [strɔf] *f* Strophe *f*
structuration [stryktyrasjɔ̃] *f* Strukturierung *f*
▶ **structure** [stryktyr] *f* Struktur *f*, Aufbau *m*
stuc [styk] *m* Stuck *m*
studi|eux, ~euse [stydjø, -øz] fleißig, eifrig
▶ **studio** [stydjo] *m* **1.** Studio *n*; (Künstler-)Atelier *n*; **2.** Einzimmerwohnung *f*, Appartement *n*
stupé|faction [stypefaksjɔ̃] *f* höchstes Erstaunen *n*, Verblüffung *f*; **~fait, ~faite** [-fɛ, -fɛt] verblüfft; **~fiant, ~fiante** [-fjɑ̃, -fjɑ̃t] **1.** *adj* verblüffend; **2.** *m* Rauschgift *n*; **~fier** [-fje] (1a) verblüffen
stupeur [stypœr] *f* Betroffenheit *f*, Bestürzung *f*
stupid|e [stypid] dumm; sinnlos; **~ité** *f* Dummheit *f*
▶ **style** [stil] *m* Stil *m*; Schreibart *f*
styl|isé, ~isée [stilize] stilisiert; **~iste** *m* guter Stilist *m*; Designer *m*; **~istique** [-istik] **1.** *adj* stilistisch; **2.** *f* Stilistik *f*
▶ **stylo** [stilo] *m* Füller *m*, Füllfederhalter *m*; ▶ ***stylo à bille*** *od* ▶ ***stylo-bille*** (⚠ *pl* ***stylos à bille*** *od* ***stylos-billes***) Kugelschreiber *m*; **~-feutre** [-føtrə] *m* (⚠ *pl* ***stylos-feutres***) Filzschreiber *m*; **~-plume** [-plym] *m* (⚠ *pl* ***stylos-plume***) Füllfederhalter *m*
su, ~e [sy] *p/p von* ***savoir***; ***au su de tous*** mit aller Wissen
suave [sɥav] lieblich, einschmeichelnd
subalterne [sybaltɛrn] **1.** *adj* subaltern, untergeordnet; **2.** *m, f* Untergebene(r) *m, f*
subconscient [sybkɔ̃sjɑ̃] *m* Unterbewusstsein *n*
subdivision [sybdivizjɔ̃] *f* Unter(ab)teilung *f*
▶ **subir** [sybir] (2a) erleiden, ertragen; ***~ un examen médical*** (***une opération***) sich e-r ärztlichen Untersuchung (e-r Operation) unterziehen
sub|it, ~ite [sybi, -it] plötzlich, jäh; **~itement** [-itmɑ̃] *adv* plötzlich
subject|if, ~ive [sybʒɛktif, -iv] subjektiv
subjonctif [sybʒɔ̃ktif] *m gr* Konjunktiv *m*
sublime [syblim] erhaben
submerger [sybmɛrʒe] (1l) unter Wasser setzen; *fig* überwältigen
subordination [sybɔrdinasjɔ̃] *f* Unterordnung *f* (*a gr*)
subordonn|é, ~ée [sybɔrdɔne] **1.** *adj* untergeordnet; **2.** *m, f* Untergebene(r) *m, f*; **3.** *f gr* Nebensatz *m*; **~er** (1a) unterordnen, unterstellen
subrepticement [sybrɛptismɑ̃] *adv* heimlich
subsid|e [sybzid, sypsid] *m* Zuschuss *m*; *meist* **~s** *pl* Subsidien *n/pl*, Hilfsgelder *n/pl*; **~iaire** [-jɛr] zusätzlich, Hilfs...
subsist|ance [sybzistɑ̃s] *f* (Lebens-)Unterhalt *m*; **~er** (1a) fortbestehen; *Person*: existieren
substance [sypstɑ̃s] *f* Substanz *f*; Stoff *m*; *fig* Gehalt *m*; ***~ nocive*** Schadstoff *m*; ***en ~*** im Wesentlichen
substantiel, ~le [sypstɑ̃sjɛl] *Nahrung*: kräftig, nahrhaft; *fig* wesentlich, substanziell
substantif [sypstɑ̃tif] *m gr* Substantiv *n*, Hauptwort *n*
substit|uer [sypstitɥe] (1n) an die Stelle setzen (***à*** von), ersetzen; **~ution** [-ysjɔ̃] *f* Ersatz *m*, Ersetzung *f*
subterfuge [syptɛrfyʒ] *m* List *f*; Ausflucht *f*
subtil, ~e [syptil] fein, subtil; scharfsinnig; *péj* spitzfindig; **~iser** (1a) F stibitzen (***qc à qn*** j-m etw); **~ité** *f* Scharfsinn *m*; *péj* Spitzfindigkeit *f*; **~s** *pl* Feinheiten *f/pl*
suburb|ain, ~aine [sybyrbɛ̃, -ɛn] vorstädtisch, Vorstadt..., Vorort...
subvenir [sybvənir] (2h) ***~ à qc*** für etw aufkommen, sorgen
subventi|on [sybvɑ̃sjɔ̃] *f* Subvention *f*, Zuschuss *m*; **~onner** [-ɔne] (1a) sub-

S

ventionieren; ⚠ *Schreibung*
subvers|if, ~ive [sybvɛrsif, -iv] zersetzend, umstürzlerisch; **~ion** *f* Zersetzung *f*, Umsturz *m*
succédané [syksedane] *m* Ersatz(mittel) *m*(*n*)
succéder [syksede] (1f) **~ à** auf *j-n od etw* folgen; nachfolgen; **se ~** aufeinander folgen
▶ **succès** [syksɛ] *m* Erfolg *m*; **avec ~** erfolgreich; **sans ~** erfolglos
success|eur [syksesœr] *m* Nachfolger *m*; **~if, ~ive** [-if, -iv] aufeinander folgend; wiederholt; **~ion** *f* (Aufeinander-)Folge *f*; *jur* Erbfolge *f*; Erbschaft *f*; **~ivement** [-ivmɑ̃] *adv* nacheinander
succ|inct, ~incte [syksɛ̃, -ɛ̃t] knapp, kurzgefasst
succomber [sykɔ̃be] (1a) sterben; *fig* **~ à qc** e-r Sache erliegen
succul|ent, ~ente [sykylɑ̃, -ɑ̃t] köstlich, schmackhaft
succursale [sykyrsal] *f comm* Filiale *f*
sucer [syse] (1k) saugen; lutschen
sucette [sysɛt] *f* (Dauer-)Lutscher *m*; Schnuller *m*
▶ **sucre** [sykrə] *m* Zucker *m*; **~ en poudre** Streuzucker *m*; ⚠ *nicht* Puderzucker
▶ **sucr|é, ~ée** [sykre] süß; gezuckert; *péj* süßlich; **~er** (1a) zuckern; süßen; F **se ~** Zucker nehmen; **~eries** [-əri] *f/pl* Süßigkeiten *f/pl*; **~ier** [-ije] *m* Zuckerdose *f*
▶ **sud** [syd] **1.** *m* Süden *m*; **au ~ de** südlich von; **2.** *adj* südlich; **côte *f* ~** Südküste *f*
sud-est [sydɛst] *m* Südosten *m*
sud-ouest [sydwɛst] *m* Südwesten *m*
▶ **Suède** [sɥɛd] **la ~** Schweden *n*
suéd|ois, ~oise [sɥedwa, -waz] schwedisch
S **Suéd|ois, ~oise** [sɥedwa, -waz] *m, f* Schwede *m*, Schwedin *f*
suée [sɥe] *f* F Schweißausbruch *m*
suer [sɥe] (1n) (aus)schwitzen; *fig* **~ sang et eau** sich ins Zeug legen; F **en ~ une** 'ne kesse Sohle hinlegen; F **faire ~ qn** j-m auf die Nerven fallen
sueur [sɥœr] *f* Schweiß *m*
Suez [sɥez] Suez; **le canal de ~** der Suezkanal
▶ **suffire** [syfir] (4o) genügen, ausreichen (**à qn** j-m, **pour qc** für etw); ▶ **ça suffit** es genügt; **il suffit de** (+ *inf*) *od* **que** (+ *subj*) es genügt zu (+ *inf*) *od* dass ...
suffis|amment [syfizamɑ̃] *adv* genügend, genug (**de** ...); **~ance** *f* Selbstgefälligkeit *f*, Dünkel *m*
▶ **suffis|ant, ~ante** [syfizɑ̃, -ɑ̃t] genügend, ausreichend; selbstgefällig
suffixe [syfiks] *m ling* Suffix *n*, Nachsilbe *f*
suffo|cant, ~cante [syfɔkɑ̃, -kɑ̃t] stickig, erdrückend; *fig* verblüffend; **~cation** [-kasjɔ̃] *f* Atemnot *f*; Ersticken *n*; **~quer** [-ke] (1m) fast ersticken; *fig* den Atem verschlagen (**qn** j-m)
suffrage [syfraʒ] *m* (Wahl-)Stimme *f*; Wahl *f*; *fig* **~s** *pl* Beifall *m*; **~ universel** allgemeines Wahlrecht *n*
suggérer [sygʒere] (1f) **~ qc à qn** j-m etw nahe legen, einsuggerieren; **~ qc** etw anregen
suggestion [sygʒɛstjɔ̃] *f* Anregung *f*; Suggestion *f*
suicid|e [sɥisid] *m* Selbstmord *m*; **~é, ~ée** *m, f* Selbstmörder(in) *m*(*f*); **~er** (1a) **se ~** Selbstmord begehen, sich das Leben nehmen
suie [sɥi] *f* Ruß *m*
suif [sɥif] *m* Talg *m*
suis [sɥi] *cf* **être** *u* **suivre**
▶ **suisse** [sɥis] **1.** *adj* schweizerisch; **2.** *m* Kirchendiener *m*
▶ **Suiss|e** [sɥis] **1.** *m, f* Schweizer(in) *m*(*f*); **2.** ▶ **la Suisse** die Schweiz; **~esse** [-ɛs] *f* Schweizerin *f*
▶ **suite** [sɥit] *f* Folge *f*; Reihe *f*; Fortsetzung *f*; **faire ~ à qc** auf etw folgen; **prendre la ~ de qn** j-s Nachfolge antreten; **donner ~ à** stattgeben; **de ~** gleich; hintereinander; **et ainsi de ~** und so fort; **par ~ de** infolge (+ *gén*); **tout de ~** sogleich; **par la ~** später; **à la ~ de** nach
▶ **suiv|ant, ~ante** [sɥivɑ̃, -ɑ̃t] **1.** *adj* folgende; **au suivant!** der Nächste, bitte!; **2.** *prép* **suivant** (je) nach, gemäß; **3.** *conj* **suivant que** ... je nachdem, ob ...
suivi, ~e [sɥivi] fortgesetzt; regelmäßig; folgerichtig
▶ **suivre** [sɥivrə] (4h) folgen (**qn** j-m); be-, verfolgen; fortsetzen; begleiten; *geistig*: mitkommen; *Kurs*: besuchen; **faire ~!** bitte nachsenden!; **à ~** Fortsetzung folgt; **~ un traitement** sich e-r

Behandlung unterziehen; ⚠ ~ *qn*; ⚠ *il a suivi*

▶ **sujet, ~ette** [syʒɛ, -ɛt] **1.** *adj* ~ **à qc** anfällig gegen etw, zu etw neigend; **2.** *m* Subjekt *n* (*a gr*); Untertan *m*; Thema *n*, Gegenstand *m*, Stoff *m*; Grund *m*; **à ce sujet** darüber; **au sujet de** hinsichtlich; **avoir sujet de** (+ *inf*) Anlass haben zu (+ *inf*)

sulfur|eux, ~euse [sylfyrø, -øz] Schwefel...; **~ique** *chim* **acide** *m* ~ Schwefelsäure *f*

summum [sɔmɔm] *m* Höhepunkt *m*, Gipfel *m*

▶ **super** [sypɛr] **1.** *adj* F super, Spitze; **2.** *m Kraftstoff*: Super *n*

super... [sypɛr] *in Zssgn* super..., Super...

superbe [sypɛrb] prächtig, wundervoll, herrlich

supercherie [sypɛrʃəri] *f* Betrug *m*, Täuschung *f*

superfic|ie [sypɛrfisi] *f* Oberfläche *f*; Flächeninhalt *m*; **~iel, ~ielle** [-jɛl] oberflächlich

superflu, ~e [sypɛrfly] **1.** *adj* überflüssig; **2.** *m* Überflüssige(s) *n*

▶ **supérieur, ~e** [syperjœr] **1.** *adj* höher (gelegen), obere, Ober...; *fig* überlegen (**à qn, à qc** j-m, e-r Sache), höher (als), **2.** *m*, *f* Vorgesetzte(r) *m*, *f*

supériorité [syperjɔrite] *f* Überlegenheit *f*

superlatif [sypɛrlatif] *m gr u fig* Superlativ *m*

▶ **supermarché** [sypɛrmarʃe] *m* Supermarkt *m*

super|poser [sypɛrpoze] (1a) übereinander legen; **se** ~ sich überlagern; **~puissance** [-pɥisɑ̃s] *f* Supermacht *f*; **~sonique** [-sɔnik] Überschall...

superstit|ieux, ~ieuse [sypɛrstisjø, -jøz] abergläubisch; **~ion** *f* Aberglaube *m*

superstructure [sypɛrstryktyr] *f* Überbau *m* (*a fig*)

superviser [sypɛrvize] (1a) beaufsichtigen, überwachen

supplanter [syplɑ̃te] (1a) verdrängen

supplé|ant, ~ante [sypleɑ̃, -ɑ̃t] **1.** *adj* stellvertretend; **2.** *m*, *f* Stellvertreter(in) *m*(*f*); **~er** (1a) ~ **à qc** etw ersetzen, e-r Sache abhelfen

▶ **supplémen|t** [syplemɑ̃] *m* Zusatz *m*, Ergänzung *f*; Nachtrag *m*; Beilage *f*; Zulage *f*; Zuschlag *m*, Aufpreis *m*; **~taire** [-tɛr] zusätzlich, ergänzend; **heure** *f* ~ Überstunde *f*

supplice [syplis] *m* Folter *f*; *fig* Marter *f*, Qual *f*

supplier [syplije] (1a) ~ **qn de** (+ *inf*) j-n anflehen zu (+ *inf*)

support [sypɔr] *m* Stütze *f*, Ständer *m*, Halterung *f*; *fig* Träger *m*; ~ **de données** Datenträger *m*

supportable [sypɔrtablə] erträglich

▶ **supporter**[1] [sypɔrte] (1a) tragen, stützen; er-, vertragen, aushalten

supporter[2] [sypɔrtɛr] *m Sport*: Anhänger *m*, Schlachtenbummler *m*

supposé, ~e [sypoze] mutmaßlich

▶ **suppos|er** [sypoze] (1a) annehmen, vermuten; voraussetzen; **à** ~ **que, en supposant que** (+ *subj*) angenommen ..., gesetzt den Fall ...; **~ition** *f* Annahme *f*, Vermutung *f*

suppositoire [sypozitwar] *m phm* Zäpfchen *n*

suppression [syprɛsjɔ̃] *f* Beseitigung *f*, Aufhebung *f*

▶ **supprimer** [syprime] (1a) beseitigen, beheben; aufheben, abschaffen; *EDV* löschen; ~ **qn** j-n umbringen

suppurer [sypyre] (1a) eitern

supputer [sypyte] (1a) *st/s* berechnen, abschätzen

supranational, ~e [sypranasjɔnal] (⚠ *m/pl* **-aux**) übernational

suprématie [sypremasi] *f* Ober-, Vorherrschaft *f*; ⚠ *Aussprache*

suprême [syprɛm] höchste, oberste; äußerste

▶ **sur**[1] [syr] *prép* auf, über; **une fenêtre** ~ **la rue** ein Fenster zur Straße hin; **tirer** ~ **qn** auf j-n schießen; ~ **une rivière** an e-m Fluss (gelegen); **la clé est** ~ **la porte** der Schlüssel steckt; **avoir de l'argent** ~ **soi** Geld bei sich haben; ~ **le soir** gegen Abend; ~ **ce** und nun; **être** ~ **le point de** (+ *inf*) gerade dabei sein zu (+ *inf*); **coup** ~ **coup** Schlag auf Schlag; ~ **mesure** nach Maß; **croire qn** ~ **parole** j-m aufs Wort glauben; **si vous le prenez** ~ **ce ton** wenn Sie in diesem Ton reden; ~ **mon honneur!** bei meiner Ehre!; **impôt** ~ ... Steuer auf ...; **un** ~ **dix** einer unter zehn; ⚠ ~ **la place**, *aber* **dans la rue**; ⚠ *nicht verwechseln mit* **sûr**

S

sur², ~e [syr] *adj* sauer
▶ **sûr, ~e** [syr] sicher, gewiss; zuverlässig; ***sûr*** (***sûre***) ***de soi*** selbstsicher; ***être sûr*** (***sûre***) ***de son fait*** seiner Sache sicher sein; ▶ ***bien sûr!*** natürlich!; ***à coup sûr*** ganz gewiss
sur... [syr] *in Zssgn* über..., Über...
surabond|ance [syrabɔ̃dɑ̃s] *f* Überfülle *f*, Überfluss *m* (**de** an); **~er** (1a) im Überfluss vorhanden sein
suranné, ~e [syrane] überlebt, veraltet
surbooking [syrbukiŋ] *m* Überbuchung *f*
surcharg|e [syrʃarʒ] *f* Über(be)lastung *f*; Übergewicht *n*; **~er** (1l) überladen; über(be)lasten; überdrucken
surchauffer [syrʃofe] (1a) überhitzen, -heizen
surclasser [syrklase] (1a) deklassieren, weit übertreffen
surcroît [syrkrwa] *m* Zuwachs *m*; ***un ~ de travail*** zusätzliche Arbeit *f*; ***de, par ~*** überdies
surdité [syrdite] *f* Taubheit *f*, Schwerhörigkeit *f*
surdoué, ~e [syrdwe] hoch begabt
sureau [syro] *m* (⚠ *pl* **~x**) Holunder *m*
surélever [syrelve] (1d) *tech* erhöhen
▶ **sûrement** [syrmɑ̃] *adv* sicher(lich)
surench|ère [syrɑ̃ʃɛr] *f* Mehrgebot *n* (*bei Versteigerungen*); gegenseitige Überbietung *f*; **~érir** [-erir] (2a) überbieten, höher bieten; *fig* noch e-n Schritt weitergehen
surestimer [syrɛstime] (1a) überschätzen
sûreté [syrte] *f* Sicherheit *f*; *mil* Sicherung *f*; ♀ Sicherheitspolizei *f*
surexciter [syrɛksite] (1a) überreizen
surexposer [syrɛkspoze] (1a) *Foto*: überbelichten
surf [sœrf] *m Sport*: Surfen *n*; Snowboarden *n*; Surfbrett *n*; Snowboard *n*; ***faire du ~*** surfen; Snowboard fahren
▶ **surface** [syrfas] *f* (Ober-)Fläche *f*; *comm* ***grande ~*** Verbrauchermarkt *m*; ***remonter à la ~*** wieder auftauchen (*a fig*)
surfeur [sœrfœr] *m* Surfer *m*; Snowboardfahrer *m*
surgelé, ~e [syrʒəle] tiefgekühlt, -gefroren
surgénérateur [syrʒeneratœr] *m* schneller Brüter *m*
surgir [syrʒir] (2a) plötzlich auftauchen; *Problem*: entstehen
surhomme [syrɔm] *m* Übermensch *m*
surhum|ain, ~aine [syrymɛ̃, -ɛn] übermenschlich
sur-le-champ [syrləʃɑ̃] auf der Stelle, sofort
surlendemain [syrlɑ̃dmɛ̃] *m* übernächster Tag *m*
surligneur [syrliɲœr] *m* Leuchtstift *m*
surmen|age [syrmənaʒ] *m* Überarbeitung *f*, -anstrengung *f*; **~er** (1d) überanstrengen; ***se ~*** sich überarbeiten
surmont|able [syrmɔ̃tablə] überwindbar; **~er** (1a) überragen; *fig* überwinden, bezwingen
surnager [syrnaʒe] (1l) obenauf schwimmen; *fig* bestehen bleiben
surnaturel, ~le [syrnatyrɛl] übernatürlich
surnom [syrnɔ̃] *m* Beiname *m*, Spitzname *m*
surnombre [syrnɔ̃brə] *m* ***en ~*** überzählig
surnommer [syrnɔme] (1a) ***~ qn*** j-m e-n Beinamen geben
surpasser [syrpase] (1a) ***~ qn*** j-n übertreffen
surpeupl|é, ~ée [syrpœple] über(be)völkert; **~ement** [-əmɑ̃] *m* Übervölkerung *f*
surplomb [syrplɔ̃] ***en ~*** vorspringend, überhängend
surplomber [syrplɔ̃be] (1a) überhängen; ***~ qc*** in etw hineinragen, etw überragen
surplus [syrply] *m* Überschuss *m*; ***au ~*** im Übrigen
surpren|ant, ~ante [syrprənɑ̃, -ɑ̃t] überraschend, erstaunlich
▶ **surprendre** [syrprɑ̃drə] (4q) überraschen; überrumpeln; erwischen; ***se ~ à*** (+ *inf*) sich dabei ertappen, dass ...
sur|pris, ~prise [syrpri, -priz] *p/p von* ***surprendre*** *u adj* überrascht; ***être ~ que*** (+ *subj*) sich wundern, dass ...
▶ **surprise** [syrpriz] *f* Überraschung *f*; Verwunderung *f*; **~-partie** [-parti] *f* (⚠ *pl* ***surprises-parties***) Party *f*
surréalisme [syrealismə] *m* Surrealismus *m*
surrégénérateur [syrreʒeneratœr] *m* schneller Brüter *m*
sursaut [syrso] *m* Auffahren *n*, Zusammenzucken *n*; *Zorn*: Ausbruch *m*

sursauter [syrsote] (1a) zusammenfahren, -zucken
surseoir [syrswar] (3l) ~ **à** *jur* aufschieben
sursis [syrsi] *m jur* Aufschub *m* (*a fig*), Aussetzung *f*; *mil* Zurückstellung *f*; *jur* **avec** ~ mit Bewährung
surtaxe [syrtaks] *f* Strafporto *n*; Zuschlagsgebühr *f*
► **surtout** [syrtu] *adv* besonders, vor allem; ~ **pas** ja nicht; *conj* F ~ **que** zumal
surveill|ance [syrvɛjɑ̃s] *f* Aufsicht *f*; Überwachung *f*; **~ant, ~ante** [-ɑ̃, -ɑ̃t] *m, f* Aufseher(in) *m(f)*; *Schule*: Verantwortliche(r) *m, f* für Ordnung und Disziplin; **~er** (1b) überwachen; beaufsichtigen; **se** ~ auf sich Acht geben
survenir [syrvənir] (2h) (unerwartet) erscheinen; sich plötzlich ereignen
survêtement [syrvɛtmɑ̃] *m* Trainingsanzug *m*
surviv|ant, ~ante [syrvivɑ̃, -ɑ̃t] **1.** *adj* überlebend; **2.** *m, f* Überlebende(r) *m, f*; Hinterbliebene(r) *m, f*
survivre [syrvivrə] (4c) ~ **à qn, à qc** j-n, etw überleben
survol [syrvɔl] *m* Überfliegen *n*; **~er** (1a) überfliegen (*a fig*)
sus[1] [sy] *p/s von* **savoir**
sus[2] [sy(s)] **en** ~ **de** außer; *litt* **en** ~ obendrein
suscept|ibilité [sysɛptibilite] *f* Empfindlichkeit *f*; **~ible** empfindlich; **être** ~ **de** (+ *inf*) fähig *od* geeignet sein zu (+ *inf*)
susciter [sysite] (1a) hervorrufen, erregen
susd|it, ~ite [sysdi, -it] oben genannt
susnommé, ~e [sysnɔme] oben genannt
susp|ect, ~ecte [syspɛ(kt), -ɛkt] verdächtig (**de qc** e-r Sache); **~ecter** [-ɛkte] (1a) verdächtigen
suspendre [syspɑ̃drə] (4a) aufhängen; unterbrechen, aussetzen; suspendieren, vorläufig verbieten
suspendu, ~e [syspɑ̃dy] aufgehängt, hängend; *Fahrzeug*: gefedert
suspens [syspɑ̃] **en** ~ in der Schwebe; unentschieden
suspense [syspɛns] *m im Film etc*: Spannung *f*; ⚠ **le** ~; *Aussprache*
suspension [syspɑ̃sjɔ̃] *f* Unterbrechung *f*; Suspendierung *f*; *tech* Aufhängung *f*; *auto* Federung *f*; **points** *m/pl* **de** ~ Auslassungspunkte *m/pl*
sustenter [systɑ̃te] (1a) *plais* **se** ~ sich nähren
susurrer [sysyre] (1a) flüstern, säuseln
sut [sy] *p/s von* **savoir**
suture [sytyr] *f méd* Naht *f*
suzer|ain, ~aine [syzrɛ̃, -ɛn] *m, f hist* Lehnsherr(in) *m(f)*
svelte [svɛlt] schlank
S.V.P. (*abr* **s'il vous plaît**) bitte
sweater [switœr] *m* Pullover *m*; dicke Strickjacke *f*
sweat-shirt [switʃœrt] *m* (⚠ *pl* **sweat-shirts**) Sweatshirt *n*
syllabe [silab] *f* Silbe *f*
sylvestre [silvɛstrə] Wald...
sylviculture [silvikyltyr] *f* Forstwirtschaft *f*
symbiose [sɛ̃bjoz] *f* Symbiose *f*
symbol|e [sɛ̃bɔl] *m* Symbol *n*, Sinnbild *n*; **~ique** symbolisch, sinnbildlich; **~iser** (1a) symbolisieren, sinnbildlich darstellen; **~isme** *m* Symbolismus *m*; **~iste** *Literatur*: symbolistisch
symétr|ie [simetri] *f* Symmetrie *f*; **~ique** symmetrisch; ⚠ *Schreibung*
sympa [sɛ̃pa] F *abr cf* **sympathique**
sympathie [sɛ̃pati] *f* Sympathie *f*; Anteilnahme *f*
► **sympathi|que** [sɛ̃patik] sympathisch; **~ser** (1a) sympathisieren (**avec qn** mit j-m)
symphon|ie [sɛ̃fɔni] *f mus u fig* Sinfonie *f*; **~ique** sinfonisch
symptôme [sɛ̃ptom] *m* Symptom *n*; *fig* Anzeichen *n*
synagogue [sinagɔg] *f* Synagoge *f*; ⚠ *Schreibung*
synchronis|ation [sɛ̃krɔnizasjɔ̃] *f* Synchronisierung *f*; **~er** (1a) synchronisieren
syncope [sɛ̃kɔp] *f mus* Synkope *f*; *méd* Ohnmacht *f*
syndic [sɛ̃dik] *m* Verwalter *m*; **~al, ~ale** (⚠ *m/pl* **-aux**) gewerkschaftlich, Gewerkschafts...; **~aliser** [-alize] (1a) gewerkschaftlich organisieren; **~aliste** [-alist] **1.** *adj* Gewerkschafts...; **2.** *m, f* Gewerkschaftler(in) *m(f)*
► **syndicat** [sɛ̃dika] *m* Gewerkschaft *f*; Verband *m*; ► **syndicat d'initiative** Fremdenverkehrsamt *n*
syndiqué, ~e [sɛ̃dike] gewerkschaftlich organisiert
syndrome [sɛ̃drom] *m* Syndrom *n*; ~

S

immuno-déficitaire Immunschwächekrankheit *f*

synode [sinɔd] *m* Synode *f*; ⚠ ***le ~***

synonyme [sinɔnim] **1.** *adj* sinnverwandt, synonym; *fig* gleichbedeutend (**de** mit); **2.** *m* Synonym *n*

syntaxe [sɛ̃taks] *f gr* Syntax *f*, Satzlehre *f*

synthèse [sɛ̃tɛz] *f* Synthese *f*

synthétique [sɛ̃tetik] synthetisch

synthétiseur [sɛ̃tetizœr] *m* Synthesizer *m*

syntoniseur [sɛ̃tɔnizœr] *m* Tuner *m*

Syrie [siri] ***la ~*** Syrien *n*

syri|en, ~enne [sirjɛ̃, -ɛn] syrisch

systémat|ique [sistematik] systematisch; **~iser** (1a) systematisieren

▶ **système** [sistɛm] *m* System *n*; ***~ A.B.S.*** Antiblockiersystem *n*; ***~ monétaire européen*** Europäisches Währungssystem *n*; *EDV* ***~ d'exploitation*** Betriebssystem *n*; F ***je connais le ~*** ich weiß Bescheid; F ***le ~ D*** (= *débrouillard*) die nötigen Tricks (um sich aus der Affäre zu ziehen); F ***taper sur le ~*** auf den Keks gehen

T

ta [ta] *cf* ***ton²***

▶ **tabac** [taba] *m* Tabak *m*; ***bureau*** *m od* ***débit*** *m* ***de ~*** Tabakladen *m*; F ***passage*** *m* ***à ~*** Prügel *pl* (*durch die Polizei*); ***faire un ~*** ein Riesenerfolg sein

tabagisme [tabaʒismə] *m* Nikotinsucht *f*; ***~ passif*** Passivrauchen *n*

tabatière [tabatjɛr] *f* Tabaksdose *f*

▶ **table** [tablə] *f* Tisch *m*; Tafel *f*, Platte *f*; (Speise-)Tisch *m*; Tafelrunde *f*; Essen *n*; Tabelle *f*; ***table pliante*** Klapptisch *m*; ***table des matières*** Inhaltsverzeichnis *n*; ***à table!*** zu Tisch!; ***table ronde*** Gesprächsrunde *f*; ▶ ***mettre la table*** den Tisch decken; ***se mettre à table*** sich zu Tisch setzen; F auspacken

▶ **tableau** [tablo] *m* (⚠ *pl* **~x**) (Wand-)Tafel *f*; Brett *n*; Gemälde *n* (*a fig*); Bild *n*; *fig* Schilderung *f*; Liste *f*; Tabelle *f*; ***~ d'affichage*** Anschlag-, Anzeigetafel *f*; ***~ de bord*** Armaturenbrett *n*; ***~ noir*** Schultafel *f*

tablette [tablɛt] *f* (Wand-, Fach-)Brett *n*, Ablageplatte *f*; ***~ de chocolat*** Tafel *f* Schokolade; ⚠ *nicht* die Tablette; *nicht* das Tablett

tableur [tablœr] *m EDV* Tabellenkalkulation *f*

tablier [tablije] *m* Schürze *f*; *tech* Brückendecke *f*; *fig* ***rendre son ~*** seine Stelle aufgeben

tabou [tabu] **1.** *m* Tabu *n*; **2.** *adj* (⚠ *unv od f* **~e**, *pl* **~[e]s**) tabu

tabouret [taburɛ] *m* Schemel *m*; Hocker *m*

tac [tak] *m* ***répondre du ~ au ~*** schlagfertig sein

▶ **tache** [taʃ] *f* Fleck *m*; Fehler *m*, Makel *m*; ***~s*** *pl* ***de rousseur*** Sommersprossen *f/pl*

tâche [tɑʃ] *f* Aufgabe *f*; ***à la ~*** im Akkord *od* Stücklohn

tacher [taʃe] (1a) beflecken, fleckig machen

tâcher [tɑʃe] (1a) ***~ de*** (+ *inf*) versuchen, sich bemühen zu (+ *inf*); ***~ que*** (+ *subj*) zusehen, dass ...

tacheté, ~e [taʃte] gefleckt, gesprenkelt

tachymètre [takimɛtrə] *m tech* Tachometer *m*

tacite [tasit] stillschweigend

taciturne [tasityrn] schweigsam

tacot [tako] *m auto* F alter Klapperkasten *m*

tact [takt] *m* Tastsinn *m*; *fig* Takt *m*; ⚠ *nicht in der Musik*

tact|icien [taktisjɛ̃] *m mil* Taktiker *m*; **~ile** [-il] Tast...; **~ique 1.** *adj* taktisch; **2.** *f* Taktik *f*

tagueur [tagœr] *m* Sprayer *m*

taie [tɛ] *f* ***~ (d'oreiller)*** Kopfkissenbezug *m*

taillant [tajɑ̃] *m* Schneide *f* (*e-s Werkzeugs*)

▶ **taille** [taj] *f* **1.** Beschneiden *n*, Schnitt *m*; Schneide *f*; Behauen *n*; **2.** (Körper-)Größe *f*, Wuchs *m*, Figur *f*, Statur *f*; Taille *f*; *fig* Größe *f*, Bedeutung *f*; **être de ~ à** (+ *inf*) fähig sein zu (+ *inf*); F **de ~** gewaltig

taille-crayon(s) [tajkrɛjɔ̃] *m* (⚠ *pl unv*) Bleistiftspitzer *m*

tailler [taje] (1a) (be-, zu)schneiden; *Bleistift*: spitzen; *Edelstein*: schleifen; *Stein*: behauen

▶ **tailleur** [tajœr] *m* Schneider *m*; Kostüm *n*; **~ de pierres** Steinmetz *m*; **~ de diamants** Diamantschleifer *m*

taire [tɛr] (4aa) verschweigen; ▶ **se taire** schweigen (**sur qc** über etw); verstummen; **taisez-vous!** halten Sie den Mund!; **faire taire qn** j-n zum Schweigen bringen; j-m Ruhe gebieten

talc [talk] *m* Körperpuder *m*; Talkum *n*

talent [talɑ̃] *m* Talent *n*, Anlage *f*, Begabung *f*

talentu|eux, ~euse [talɑ̃tɥø, -øz] talentiert, begabt

talkie-walkie [tokiwolki] *m* (⚠ *pl* **talkies-walkies**) Walkie-Talkie *n*

taloche [talɔʃ] F *f* Ohrfeige *f*

talon [talɔ̃] *m* Ferse *f*; *Schuh*: Absatz *m*; *Scheckbuch*: Stammabschnitt *m*

talonner [talɔne] (1a) hart verfolgen, bedrängen

talus [taly] *m* Abhang *m*, Böschung *f*

tambour [tɑ̃bur] *m* **1.** *mus*, *tech* Trommel *f*; **2.** Trommler *m*; **~iner** [-ine] (1a) trommeln

tamis [tami] *m* Sieb *n*

Tamise [tamiz] **la ~** die Themse

tamiser [tamize] (1a) sieben; *Licht*: dämpfen

tampon [tɑ̃pɔ̃] *m* Wattebausch *m*; Puffer *m*; Stempel *m*; *méd* Tampon *m*; **~ dateur** Datumsstempel *m*; **~ encreur** Stempelkissen *n*; **~ buvard** Löscher *m*; **mémoire** *f* **~** Puffer *m*

tamponn|ement [tɑ̃pɔnmɑ̃] *m* Zusammenstoß *m*; **~er** (1a) zustopfen; abtupfen (*Wunde*); abstempeln; *auto* prallen auf; **~euse auto** *f* **~** (Auto-)Skooter *m*

tandem [tɑ̃dɛm] *m* Tandem *n*; *fig* Gespann *n*

▶ **tandis que** [tɑ̃di(s)kə] während (*zeitlich u gegensätzlich*)

tang|ent, ~ente [tɑ̃ʒɑ̃, -ɑ̃t] **1.** *adj math* berührend; F knapp; **2.** *f math* Tangente *f*; F **prendre la tangente** verduften

tangible [tɑ̃ʒiblə] fühlbar; greifbar

tanière [tanjɛr] *f* Höhle *f* (*der wilden Tiere*); *fig* Schlupfwinkel *m*

tank [tɑ̃k] *m* Tank *m*; *mil* Panzer *m*; **~er** [-ɛr] *m mar* Tanker *m*

tann|é, ~ée [tane] gegerbt (*a fig*); **~er** (1a) gerben; *fig* F belästigen, nerven; **~erie** *f* Gerberei *f*; **~eur** *m* Gerber *m*

▶ **tant** [tɑ̃] **1.** *adv* so viel, so sehr; soundso viel; **tant il est vrai que** das bestätigt, dass; **tant bien que mal** so einigermaßen; mittelmäßig; **tant mieux** umso besser; ▶ **tant pis** schade; da kann man nichts machen; **le tant** am Soundsovielten; **2.** *conj* ▶ **tant que** solange; **tant qu'à faire!** wennschon, dennschon!; **tant et si bien que** so weit, dass; **si tant est que** (+ *subj*) sofern; **en tant que Français** als Franzose; **tant ... que** sowohl ... als auch

▶ **tante** [tɑ̃t] *f* Tante *f*

tantième [tɑ̃tjɛm] *m comm* Gewinnanteil *m*; ⚠ **le ~**

tantôt [tɑ̃to] **1. à ~** bis heute Nachmittag; **2. ~ ... ~ ...** bald ..., bald ...

Tanzanie [tɑ̃zani] **la ~** Tansania *n*

taon [tɑ̃] *m zo* Bremse *f*

tapag|e [tapaʒ] *m* Lärm *m*; *fig* Wirbel *m*; *jur* **~ nocturne** nächtliche Ruhestörung *f*; **~eur, ~euse** auffallend; lärmend

tape [tap] *f* Klaps *m*

tape-à-l'œil [tapalœj] (⚠ *unv*) protzig

tapecul [tapky] *m* Wippe *f*; *auto* F Rumpelkasten *m*

tapée [tape] *f* F Menge *f*, Haufen *m*

taper [tape] (1a) schlagen; klopfen; F anpumpen; F **~ (à la machine)** tippen; F **~ sur les nerfs à qn** j-m auf die Nerven gehen; *Sonne*: **~ (dur)** heiß brennen; F **se ~ qc** sich etw gönnen; F **se ~ un travail** eine Arbeit aufgebrummt bekommen; F **se ~ une femme** eine Frau aufreißen

tapette [tapɛt] *f* Teppichklopfer *m*; Fliegenklatsche *f*; F gutes Mundwerk

▶ **tapis** [tapi] *m* Teppich *m*; Decke *f*, Matte *f*; **~ roulant** Förderband *n*; Fahrsteig *m*; *fig* **mettre sur le ~** zur Sprache bringen

tapiss|er [tapise] (1a) tapezieren; schmücken; **~erie** *f* Wandteppich *m*; **~ier, ~ière** [-je, -jɛr] *m*, *f* **1.** Teppichweber(in) *m(f)*; **2.** *nur m* Polsterer *m*; Tapezierer *m*

T

tapoter [tapɔte] (1a) leicht klopfen; tätscheln; *mus* klimpern
taquet [takɛ] *m* Pflock *m*; Keil *m*
taqu|in, ~ine [takɛ̃, -in] schalkhaft, schelmisch; **~iner** [-ine] (1a) hänseln, necken; **~inerie** [-inri] *f* Neckerei *f*, Hänselei *f*
tarabiscoté, ~e [tarabiskɔte] überladen; schwülstig (*Stil*)
tarabuster [tarabyste] (1a) **~ qn** j-n drängen, beunruhigen
▶ **tard** [tar] *adv* spät; **au plus ~** spätestens; **pas plus ~ que** erst; **sur le ~** in vorgerücktem Alter; **~ dans la nuit** spät in der Nacht; **il se fait ~** es wird spät
tard|er [tarde] (1a) zögern; auf sich warten lassen; spät kommen; **ne pas ~ à faire qc** bald etw tun; **il me tarde de** (+ *inf*) ich sehne mich danach, zu (+ *inf*); **il me tarde que** (+ *subj*) ich warte ungeduldig darauf, dass ...; **~if, ~ive** [-if, -iv] spät (eintretend, reifend)
tare [tar] *f* **1.** *comm* Verpackungsgewicht *n*; **2.** Fehler *m*, Mangel *m*; *fig* Makel *m*; **~ héréditaire** erbliche Belastung *f*
tarif [tarif] *m* Tarif *m*, Gebühr *f*
tarin [tarɛ̃] *m zo* Zeisig *m*; *arg* Nase *f*, Zinken *m* F
tarir [tarir] (2a) austrocknen; versiegen; *fig* erschöpfen; stocken; **se ~** versiegen; sich erschöpfen
tarte [tart] **1.** *f* Torte *f*; Obstkuchen *m*; **2.** *adj* F hässlich; blöd
tartelette [tartəlɛt] *f* Törtchen *n*
tartin|e [tartin] *f* bestrichene Brotschnitte *f*; **~ de beurre** Butterbrot *n*; **~er** (1a) *Brotschnitte*: bestreichen; **fromage** *m* **à ~** Streichkäse *m*
tartre [tartrə] *m* Weinstein *m*; Zahnstein *m*; Kesselstein *m*
tartuf(f)|e [tartyf] *m* Scheinheilige(r) *m*; **~erie** *f* Heuchelei *f*
▶ **tas** [tɑ] *m* Haufen *m*; Menge *f*; **sur le ~** bei der Arbeit
▶ **tasse** [tɑs] *f* Tasse *f*; ⚠ *unterscheide* **une ~ de café** e-e Tasse Kaffee; **une ~ à café** e-e Kaffeetasse
tasser [tɑse] (1a) feststampfen; zusammenpferchen; **se ~** sich senken; F *fig* sich geben, wieder in Ordnung kommen
tâter [tɑte] (1a) befühlen, betasten; *fig* sondieren; F **~ de qc** etw probieren
tatill|on, ~onne [tatijɔ̃, -ɔn] pedantisch; ⚠ *ohne* **accent circonflexe**; ⚠ *f a* **tatillon**
tâtonner [tɑtɔne] (1a) (herum)tappen; *fig* tastende Versuche machen
tâtons [tɑtɔ̃] *adv* **à ~** tastend, tappend
tatou|age [tatwaʒ] *m* Tätowieren *n*, -ung *f*; **~er** (1a) tätowieren
taudis [todi] *m* Elendswohnung *f*, Loch *n*
taule [tol] *f arg* Kittchen *n*, Knast *m*
taupe [top] *f zo* Maulwurf *m*
taureau [tɔro] *m* (⚠ *pl* **~x**) *zo* Stier *m*, Bulle *m*; *astr* ♉ Stier *m*
tauromachie [tɔrɔmaʃi] *f* Stierkampf *m*
taux [to] *m* Kurs *m*, Quote *f*, Rate *f*, Satz *m*; **~ (de l'intérêt)** Zinsfuß *m*, -satz *m*; **~ d'accroissement** Zuwachsrate *f*; **~ de mortalité** Sterblichkeitsziffer *f*
taverne [tavɛrn] *f* Taverne *f*, Schänke *f*
tax|e [taks] *f* Gebühr *f*; festgesetzter Preis *m*; Steuer *f*, Abgabe *f*; **~ sur** *od* **à la valeur ajoutée** (*abr* **T.V.A.**) Mehrwertsteuer *f*; **~ de séjour** Kurtaxe *f*; **hors ~s** ohne Mehrwertsteuer; **~er** (1a) besteuern; *Preis*: festsetzen; *fig* **~ qn de qc** j-n e-r Sache beschuldigen; **~ qn de** j-n bezeichnen als
▶ **taxi** [taksi] *m* Taxi *n*; **~mètre** [-mɛtrə] *m* Taxameter *m*; **~phone** [-fɔn] *m* Münzfernsprecher *m*
Tchad [tʃad] **le ~** der Tschad
tchador [tʃadɔr] *m* Schador *m*, Tschador *m*
tchao! [tʃao] tschüss!

***une tasse de café* oder *une tasse à café*?**

Bei Zusammensetzungen im Französischen gibt die Präposition **à** den Zweck an:
une tasse à café ist also eine **Kaffeetasse** (eine leere Tasse, aus der man Kaffee trinken kann).

In ***une tasse de café*** stellt ***une tasse de*** eine **Mengenangabe** dar und ist somit eine **Tasse Kaffee** (eine Tasse, die mit Kaffee gefüllt ist).

T

tchécoslovaque [tʃekɔslɔvak] *hist* tschechoslowakisch

Tchécoslovaquie [tʃekɔslɔvaki] *hist* ***la*** ~ die Tschechoslowakei

tchèque [tʃɛk] tschechisch; ***la République tchèque*** die Tschechische Republik, Tschechien *n*

Tchèque [tʃɛk] *m, f* Tscheche *m*, Tschechin *f*

▶ **te** [t(ə)] dich; dir

▶ **technic|ien, ~ienne** [tɛknisjɛ̃, -jɛn] *m, f* Techniker(in) *m(f)*

▶ **technique** [tɛknik] **1.** *adj* technisch; Fach...; ***terme*** *m* ~ Fachausdruck *m*; **2.** *f* Technik *f*

techno [tɛkno] *f* Techno *m*; ⚠***la*** ~

techno|crate [tɛknɔkrat] *m* Technokrat *m*; **~cratie** [-krasi] *f* Technokratie *f*; **~logie** [-lɔʒi] *f* Technologie *f*, Technik *f*; **~logique** [-lɔʒik] technologisch

teck [tɛk] *m* Teakbaum *m*, -holz *n*

teckel [tekɛl] *m zo* Dackel *m*

T.E.D. [teəde] *m* (*abr* ***traitement électronique des données***) EDV *f*

tee-shirt [tiʃœrt] *m* (⚠ *pl* ***tee-shirts***) T-Shirt *n*

tégument [tegymɑ̃] *m zo, bot* Haut *f*, Hülle *f*

teigne [tɛɲ] *f zo* Motte *f*; *méd* Grind *m*; *fig* Giftnudel *f* F

teindre [tɛ̃drə] (4b) färben

teint, teinte [tɛ̃, tɛ̃t] **1.** *adj* gefärbt; ***bon*** *od* ***grand teint*** (⚠ *unv*) farbecht; **2.** *m* Teint *m*, Gesichtsfarbe *f*; **3.** *f* Farbton *m*; Färbung *f* (*a fig.*)

teinter [tɛ̃te] (1a) tönen; *Holz:* beizen

teintur|e [tɛ̃tyr] *f* Farbe *f*; Färbung *f*; Tinktur *f*; **~erie** *f* Färberei *f*; chemische Reinigung *f*; **~ier, ~ière** [-je, -jɛr] *m, f* Färber(in) *m(f)*; ***donner un vêtement chez le teinturier*** ein Kleidungsstück zur chemischen Reinigung geben

▶ **tel, telle** [tɛl] **1.** *adj* solche, solch ein(e), so ein(e), derartig; ***tel(s)*** *od* ***telle(s) que*** wie zum Beispiel (*vor e-r Aufzählung*); ***tel quel*** unverändert, im alten Zustand; ***prendre la chose telle quelle*** die Sache nehmen, wie sie ist; ***rien de tel que*** es gibt nichts Besseres als; ***à tel point que*** so sehr, dass; ***tel jour*** an dem und dem Tag; **2.** ***Monsieur Un tel*** Herr Soundso; ***Madame Une telle*** Frau Sowieso

▶ **télé** [tele] *f* F *abr cf* ***télévision***

télé... [tele] *in Zssgn* fern..., Fern...; Fernseh...

télé|achat [teleaʃa] *m* Teleshopping *n*; **~benne** [-bɛn] *f* Kabinenseilbahn *f*; **~carte** [-kart] *f* Telefonkarte *f*; **~chargement** [-ʃarʒmɑ̃] *m EDV* Downloading *n*; Uploading *n*; **~commande** [-kɔmɑ̃d] *f* Fernsteuerung *f*; **~commander** [-kɔmɑ̃de] (1a) fernsteuern; **~communication** [-kɔmynikasjɔ̃] *f meist pl* **~s** Fernmeldetechnik *f*, -wesen *n*; **~conférence** [-kɔ̃ferɑ̃s] *f* Konferenzschaltung *f*; **~copie** [-kɔpi] *f* Telekopie *f*, Telefax *n*; **~copieur** [-kɔpjœr] *m* Faxgerät *n*, Fernkopierer *m*; **~distribution** [-distribysjɔ̃] *f* Kabelfernsehen *n*; **~fax** [-faks] *m* Telefax *n*; **~férique** [-ferik] *cf* ***téléphérique***; **~génique** [-ʒenik] telegen

▶ **télé|gramme** [telegram] *m* Telegramm *n*; ***par*** ~ telegrafisch; **~graphe** [-graf] *m* Telegraf *m*; **~graphie** [-grafi] *f* Telegrafie *f*; ~ ***sans fil*** (*abr* ***T.S.F.***) drahtlose Telegrafie; **~graphier** [-grafje] (1a) telegrafieren; **~graphique** [-grafik] telegrafisch

télé|guidage [telegidaʒ] *m* Fernlenkung *f*; **~guider** [-gide] (1a) fernlenken; **~imprimeur** [-ɛ̃primœr] *m* Fernschreiber *m*; **~informatique** [-ɛ̃fɔrmatik] *f* Datenfernverarbeitung *f*; **~journal** [-ʒurnal] *m* (⚠ *pl* **-aux**) Fernsehnachrichten *pl*; **~objectif** [-ɔbʒɛktif] *m* Teleobjektiv *n*; **~pathie** [-pati] *f* Telepathie *f*

▶ **téléphérique** [teleferik] *m* (Draht-)Seilbahn *f*

▶ **téléphone** [telefɔn] *m* Telefon *n*; ~ ***sans fil*** schnurloses Telefon *n*; ~ ***mobile*** Mobiltelefon *n*; ~ ***portable*** Funktelefon *n*, Handy *n*; ~ ***à cartes*** Kartentelefon *n*; ~ ***à touches*** Tastentelefon *n*; ~ ***de voiture*** Autotelefon *n*; ***abonné*** *m* ***au*** ~ Fernsprechteilnehmer *m*; ***coup*** *m* ***de*** ~ Anruf *m*; ***par*** ~ telefonisch, ***avoir le*** ~ Telefon haben

▶ **téléphon|er** [telefɔne] (1a) ~ ***à qn*** mit j-m telefonieren, j-n anrufen; ~ ***qc*** etw telefonisch durchsagen; **~ique** telefonisch, Fernsprech..., fernmündlich; ***cabine*** *f* ~ Fernsprechzelle *f*; ***appel*** *m* ~ Anruf *m*; **~iste** *m, f* Telefonist(in) *m(f)*

télescopage [teleskɔpaʒ] *m* Zusammenstoß *m*, Auffahren *n*

T

télescop|e [teleskɔp] *m* Teleskop *n*, Fernrohr *n*; ⚠ *Schreibung*; **~er** (1a) zusammenstoßen mit, auffahren auf; **se ~** zusammenstoßen; **~ique** ausziehbar

téléscripteur [teleskriptœr] *m* Fernschreiber *m*

télésiège [telesjɛʒ] *m* Sessellift *m*

▶ **téléski** [teleski] *m* Schlepplift *m*

▶ **téléspecta|teur, ~trice** [telespɛktatœr, -tris] *m, f* Fernsehzuschauer(in) *m(f)*

télé|traitement [teletrɛtmɑ̃] *m* Datenfernverarbeitung *f*; **~travail** [-travaj] *m* Telearbeit *f*

télévis|é, ~ée [televize] im Fernsehen übertragen, Fernseh...; **~eur** *m* Fernsehgerät *n*, Fernseher *m*

▶ **télévision** [televizjɔ̃] *f* Fernsehen *n*; Fernsehgerät *n*, Fernseher *m*; **~ par câble, satellite** Kabel-, Satellitenfernsehen *n*

télex [telɛks] *m* Fernschreiben *n*; Telex *n*

▶ **tellement** [tɛlmɑ̃] *adv* so, derartig, so sehr, so viel

témér|aire [temerɛr] waghalsig, verwegen, (toll)kühn; **~ité** *f* (Toll-)Kühnheit *f*

témoign|age [temwaɲaʒ] *m* Zeugenaussage *f*; Zeugnis *n*; Beweis *m*, Zeichen *n*; **~er** (1a) bekunden; als Zeuge aussagen; **~ de qc** etw bezeugen, von etw zeugen, etw beweisen

▶ **témoin** [temwɛ̃] *m* Zeuge *m*, Zeugin *f*; Beweis *m*; **appartement** *m* **~** Musterwohnung *f*

tempe [tɑ̃p] *f* Schläfe *f*

tempérament [tɑ̃peramɑ̃] *m* Temperament *n*, Veranlagung *f*, Gemütsart *f*; Konstitution *f*; **à ~** auf Abzahlung, in Raten; **avoir du ~** sinnlich *od* heißblütig sein; ⚠ *nicht* Temperament haben

tempérance [tɑ̃perɑ̃s] *f* Mäßigkeit *f*, Enthaltsamkeit *f*

▶ **tempér|ature** [tɑ̃peratyr] *f* Temperatur *f*; **avoir de la ~** Fieber haben; **~é, ~ée** gemäßigt; **~er** (1f) mildern, mäßigen

T

▶ **tempête** [tɑ̃pɛt] *f* Sturm *m* (*a fig*)

temple [tɑ̃plə] *m* Tempel *m*; *protestantische* Kirche *f*

tempor|aire [tɑ̃pɔrɛr] zeitweilig, vorübergehend; **~el, ~elle** *rel* zeitlich, irdisch; weltlich; *gr* Temporal...

temporiser [tɑ̃pɔrize] (1a) abwarten

▶ **temps** [tɑ̃] *m* **1.** Zeit *f*; *mus* Taktzeit *f*; *tech* Takt *m*; *EDV* **temps d'accès** Zugriffszeit *f*; **mesure** *f* **à trois temps** Dreivierteltakt *m*; **moteur** *m* **à deux temps** Zweitaktmotor *m*; ▶ **à temps** rechtzeitig, beizeiten; **de temps à autre, de temps en temps** von Zeit zu Zeit; **(ne pas) avoir le temps** (keine)

le temps: das Wetter oder die Zeit?

1. Mit *Quel* ***temps*** *fera-t-il demain?* fragt man nach dem **Wetter** von morgen.

Weitere feststehende Wendungen mit *temps* in Bezug auf das Wetter:

Il fait beau temps. – Das Wetter ist schön.
Le temps est à la pluie. – Es sieht nach Regen aus.
Le temps se met au beau. – Das Wetter wird besser.

2. Mit *Je n'ai pas* ***le*** *temps* teilt man mit, dass man keine **Zeit** hat.

Wendungen mit *temps* bezüglich der Zeit:

Ce travail m'a pris pas mal de temps. – Diese Arbeit hat mich ziemlich viel Zeit gekostet.
Stéphanie n'a pas ***le*** *temps de sortir avec nous ce soir.* – Stéphanie hat keine Zeit, heute Abend mit uns auszugehen.
Il est grand temps que vous finissiez votre travail. – Es ist höchste Zeit, dass ihr eure Arbeit abschließt.
Maurice passe son temps à faire du surf des neiges. – Maurice verbringt seine Zeit mit Snowboarden.

Zeit haben; ▶ ***tout le temps*** ständig; ▶ ***la plupart du temps*** meist(ens); ***dans le temps*** ehemals; ***de mon temps*** zu meiner Zeit; ***en tout temps*** zu jeder Zeit; ***du temps que*** als; ***il est temps de*** (+ *inf*) es ist Zeit zu (+ *inf*); ***il est temps que*** (+ *subj*) es ist Zeit, dass ...; ***il est grand temps*** es ist höchste Zeit; ***de tout temps*** von jeher; ▶ ***en même temps*** gleichzeitig, zugleich; ***au bon vieux temps*** in der guten, alten Zeit; **2.** Wetter *n*; ***par beau temps*** bei schönem Wetter; ***quel temps fait-il?*** wie ist das Wetter?

tenace [tənas] zäh, hartnäckig, ausdauernd

ténacité [tenasite] *f* Zähigkeit *f* (*a fig*), Hartnäckigkeit *f*; ⚠ *Schreibung*

tenaille [t(ə)naj] *f meist pl* **~s** (Kneif-)Zange *f*

tenanc|ier, ~ière [tənɑ̃sje, -jɛr] *m, f* Inhaber(in) *m(f)*

tendanc|e [tɑ̃dɑ̃s] *f* Tendenz *f*, Streben *n*, Richtung *f*, Trend *m*, Neigung *f*, Hang *m*; **~ieux, ~ieuse** [-jø, -jøz] tendenziös; ⚠ *Schreibung*

tendon [tɑ̃dɔ̃] *m* Sehne *f*

tendre[1] [tɑ̃drə] (4a) spannen; *Kräfte, Geist*: anspannen, anstrengen; *Falle*: stellen; *Arm*: ausstrecken; ***~ la main*** die Hand reichen (*a fig*); ***~ à qc*** nach etw streben; auf etw abzielen

▶ **tendre**[2] [tɑ̃drə] *adj* zart; weich; zärtlich, liebevoll; lieblich; *fig* ***âge*** *m* **~** Kindheit *f*

tendresse [tɑ̃drɛs] *f* Zärtlichkeit *f*

tendu, ~e [tɑ̃dy] (an)gespannt (*a fig*), straff

ténèbres [tenɛbrə] *f/pl* Finsternis *f*

ténébr|eux, ~euse [tenebrø, -øz] finster, dunkel; düster, undurchsichtig

teneur [tənœr] *f* Wortlaut *m*; Inhalt *m*; Gehalt *m* (**en** an); ***~ en alcool*** Alkoholgehalt *m*

ténia [tenja] *m zo* Bandwurm *m*

▶ **tenir** [t(ə)nir] (2h) halten; festhalten; haben, besitzen; führen; *Platz*: einnehmen, haben; ***tenir pour*** halten für; ***tenir compte de qc*** etw berücksichtigen; *auto* ***tenir*** (***bien***) ***la route*** gut auf der Straße liegen; ***tenir qc de qn*** etw von j-m haben; ***tenir parole*** sein Wort halten; ▶ ***tiens!*** *od* ▶ ***tenez!*** da, nimm! *od* nehmt!; da schau her!; sehen Sie!; ***tenir à qc, qn*** an etw, j-m hängen; Wert auf etw, j-n legen; ***tenir à*** liegen an, kommen von; ***tenir de qn*** j-m ähnlich sein, j-m nachschlagen; ***tenir bon*** standhalten; ***se tenir*** stattfinden; sich (fest)halten (**à** an); ***se tenir pour*** sich halten für; ***se tenir mal*** sich schlecht benehmen; ***s'en tenir à qc*** sich an etw halten; es bei etw bewenden lassen

▶ **tennis** [tenis] *m* Tennis *n*

ténor [tenɔr] *m mus* Tenor *m*

tension [tɑ̃sjɔ̃] *f* Spannung *f*; Anspannung *f*; *méd* Blutdruck *m*; ***faire de la ~*** hohen Blutdruck haben; ***chute*** *f* ***de ~*** Spannungsabfall *m*; Blutdruckabfall *m*

tentacule [tɑ̃takyl] *m zo* Fangarm *m*

tent|ant, ~ante [tɑ̃tɑ̃, -ɑ̃t] verlockend, reizvoll

tentation [tɑ̃tasjɔ̃] *f* Versuchung *f*, Verlockung *f*

tentative [tɑ̃tativ] *f* Versuch *m*

▶ **tente** [tɑ̃t] *f* Zelt *n*; ***dresser, monter, planter*** (***démonter***) ***une ~*** ein Zelt aufschlagen (abbrechen); ***vivre sous la ~*** im Zelt leben

tenter [tɑ̃te] (1a) versuchen, verlocken, reizen; wagen; ***être tenté(e) de*** (+ *inf*) in Versuchung kommen *od* versucht sein zu (+ *inf*); ***~ de*** (+ *inf*) versuchen zu (+ *inf*)

tenture [tɑ̃tyr] *f* Wandbehang *m*, (Stoff-)Tapete *f*

tenu, ~e [t(ə)ny] *p/p von* ***tenir*** *u adj* ***~ à qc*** zu etw verpflichtet; ***être ~ de faire qc*** gehalten sein, etw zu tun; ***bien ~*** gepflegt; ***mal ~*** verwahrlost

ténu, ~e [teny] dünn, fein

tenue [t(ə)ny] *f* Haltung *f*, Führung *f*; Betragen *n*, Benehmen *n*; Anzug *m*, Kleidung *f*, *mil* Uniform *f*; ***en grande ~*** in Paradeuniform; *auto* ***~ de route*** Straßenlage *f*

ter [tɛr] *bei Hausnummern*: b

térébenthine [terebɑ̃tin] *f* Terpentin *n*; ⚠ ***la ~***

tergiverser [tɛrʒivɛrse] (1a) Ausflüchte, Winkelzüge machen

▶ **terme** [tɛrm] *m* **1.** Ende *n*, Termin *m*; Frist *f*; Zeit(punkt) *f(m)*; ***à long ~*** langfristig; **2.** Ausdruck *m*, Wort *n*; ***~ technique*** Fachausdruck *m*; ***être en bons ~s avec qn*** mit j-m auf gutem Fuß stehen

termin|aison [tɛrminɛzɔ̃] *f gr* Endung *f*;

T

~al, ~ale (⚠ *m/pl* **-aux**) **1.** *adj* End..., Schluss...; **2.** *m* Terminal *m od n* (*a EDV*); **3.** *f* Abiturklasse *f*
▶ **terminer** [tɛrmine] (1a) abschließen, beenden; **se ~** enden (**par** mit), zu Ende gehen; **se ~ en pointe** spitz auslaufen
terminologie [tɛrminɔlɔʒi] *f* Fachsprache *f*, Terminologie *f*
▶ **terminus** [tɛrminys] *m* Endstation *f*
tern|e [tɛrn] matt, trüb, glanzlos; *fig* eintönig; **~ir** (2a) matt, glanzlos machen; *fig* trüben; **se ~** trüb werden
▶ **terrain** [tɛrɛ̃] *m* Gelände *n*, Terrain *n* (*a fig*); Grundstück *n*; Boden *m*; *géol* Formation *f*; **~ à bâtir** Bauplatz *m*; **~ de jeu** Spielplatz *m*; **~ de camping** Camping-, Zeltplatz *m*; **~ d'aviation** Flugplatz *m*; **véhicule** *m* **tout ~** Geländefahrzeug *n*
▶ **terrass|e** [tɛras] *f* Terrasse *f*; **~ement** [-mɑ̃] *m* (**travaux** *m/pl* **de**) **~** Erdarbeiten *f/pl*; **~er** (1a) niederwerfen, -strecken, -schlagen (*a fig*)
▶ **terre** [tɛr] *f* Erde *f*, Erdboden *m*; Land *n*; Grundbesitz *m*; Welt *f*; **~ cuite** Terrakotta *f*; **~ ferme** Festland *n*; **~ à ~** prosaisch, nüchtern; **à** *od* **par ~** auf dem (den) Boden; **pomme** *f* **de ~** Kartoffel *f*; **sur (la) ~** auf der Erde *od* Welt; **la Terre sainte** das Heilige Land; **la Terre promise** das Gelobte Land; **de, en ~** tönern, aus Ton
terreau [tɛro] *m* (⚠ *pl* **~x**) Gartenerde *f*, Humus *m*
Terre-Neuve [tɛrnœv] **1.** *f* (⚠ *wird artikellos gebraucht*) Neufundland *n*; **2. ♀** *m* (⚠ *pl unv*) *zo* Neufundländer *m*
terre-plein [tɛrplɛ̃] *m* (⚠ *pl* **terre-pleins**) Erdaufschüttung *f*; **~ central** Mittelstreifen *m* (*Autobahn*)
terrestre [tɛrɛstrə] Land..., Erd...; irdisch, weltlich
terreur [tɛrœr] *f* Schrecken *m*; Terror *m*; ⚠ **la ~**
▶ **terrible** [tɛriblə] schrecklich, furchtbar; F gewaltig, außerordentlich; **~ment** *adv* furchtbar
terr|ien, ~ienne [tɛrjɛ̃, -jɛn] **1.** *adj* Grund und Boden besitzend; **propriétaire** *m* **~** Grundbesitzer; **2.** *m, f* Erdbewohner(in) *m(f)*
terrier [tɛrje] *m* Bau *m* (*e-s Tiers*); *zo* Terrier *m*
terrifier [tɛrifje] (1a) in Schrecken versetzen
terril [tɛril] *m* Abraumhalde *f*
terrine [tɛrin] *f* tiefe Tonschüssel *f*; Pastete *f*
territoire [tɛritwar] *m* Territorium *n*, (Hoheits-)Gebiet *n*
territorial, ~e [tɛritɔrjal] (⚠ *m/pl* **-aux**) territorial, Gebiets...; **eaux** *f/pl* **territoriales** Hoheitsgewässer *n/pl*
terroir [tɛrwar] *m* Boden *m*; Gegend *f*, Region *f*; **sentir son ~** seine Herkunft erkennen lassen
terror|iser [tɛrɔrize] (1a) terrorisieren; **~isme** *m* Terrorismus *m*; **~iste 1.** *adj* terroristisch; **2.** *m, f* Terrorist(in) *m(f)*
tertiaire [tɛrsjɛr] tertiär; *écon* **secteur** *m* **~** Dienstleistungssektor *m*
tertio [tɛrsjo] drittens
tertre [tɛrtrə] *m* Anhöhe *f*.
tes [te] *cf* **ton²**
tessiture [tesityr] *f mus* Stimmlage *f*
tesson [tɛsɔ̃] *m* Scherbe *f*
test [tɛst] *m* Test *m*; Probe *f*; **~ de grossesse** Schwangerschaftstest *m*; **~ d'intelligence** Intelligenztest *m*; **passer des ~s** getestet werden
testament [tɛstamɑ̃] *m* Testament *n*
tester [tɛste] (1a) testen
testicule [tɛstikyl] *m* Hoden *m*
tétanos [tetanos] *m méd* Wundstarrkrampf *m*, Tetanus *m*
têtard [tɛtar] *m zo* Kaulquappe *f*
▶ **tête** [tɛt] *f* Kopf *m*; *fig* Verstand *m*; Aussehen *n*; oberer *od* vorderer Teil *m*; **coup** *m* **de ~** unüberlegte Handlung *f*; **~ baissée** blindlings; **la ~ basse** kleinlaut; **la ~ haute** erhobenen Hauptes; **de ~** im Kopf; **avoir la ~ dure** ein Dickkopf sein; *fig* **se casser la ~** sich den Kopf zerbrechen; **n'en faire qu'à sa ~** seinen eigenen Kopf haben; **tenir ~** die Stirn bieten; **piquer une ~** e-n Kopfsprung *ins Wasser* machen; **par ~** pro Kopf; **faire une sale ~** ein saures Gesicht machen; **faire la ~** schmollen; *fig* **il se paie ta ~** er hält dich zum Narren; **~ nucléaire** Atomsprengkopf *m*; **en ~** an der Spitze, vorne; **à la ~ de** an der Spitze von
tête-à-tête [tɛtatɛt] *m* (⚠ *pl unv*) Gespräch *n* unter vier Augen
téter [tete] (1f) saugen
tétine [tetin] *f* Sauger *m*, Schnuller *m*

T

téton [tetõ] F *m* Brust *f*
têtu, ~e [tety] starrköpfig, eigensinnig
▶**texte** [tɛkst] *m* Text *m*; ***lire un auteur dans le ~*** e-n Autor im Original lesen
textile [tɛkstil] **1.** *adj* Faser..., Textil...; **2.** *m* Faserstoff *m*; Textilerzeugnis *n*; Textilindustrie *f*; **~s** *pl* Textilien *f/pl*
textuel, ~le [tɛkstɥɛl] wörtlich
texture [tɛkstyr] *f* Struktur *f*
▶**T.G.V.** [teʒeve] *m* (*abr* ***train à grande vitesse***) Hochgeschwindigkeitszug *m*

prenez le T.G.V.!

Die drei Buchstaben ***T.G.V.*** stehen für ***train à grande vitesse*** und bezeichnen einen Hochgeschwindigkeitszug, der Spitzengeschwindigkeiten von bis zu 400 km/h erreichen kann und Frankreichs Großstädte miteinander verbindet. So gibt es T.G.V.-Verbindungen zwischen Paris und Marseille oder zwischen Paris und Bordeaux, deren Fahrzeiten so gering sind, dass der T.G.V. eine ernsthafte Konkurrenz zum Flugzeug geworden ist. Wer mit ihm fahren will, muss vorher reservieren.

Thaïlande [tailɑ̃d] ***la ~*** Thailand *n*
thalidomide [talidɔmid] *f* Contergan *n*
▶**thé** [te] *m* Tee *m*; ***~ au lait*** Tee mit Milch; ***~ dansant*** Tanztee *m*
théâtral, ~e [teɑtral] (⚠ *m/pl* **-aux**) Theater..., Bühnen...; pathetisch, theatralisch
▶**théâtre** [teɑtrə] *m* Theater *n*; Bühne *f*; Drama *n*; *fig* Schauplatz *m*; ***pièce f de ~*** Theaterstück *n*; ***coup m de ~*** Knalleffekt *m*; ***~ en plein air*** Freilichtbühne *f*
théière [tejɛr] *f* Teekanne *f*
thème [tɛm] *m* Thema *n*; Gegenstand *m*; *Schule*: Übersetzung *f* in die Fremdsprache, Hinübersetzung *f*
théolog|ie [teɔlɔʒi] *f* Theologie *f*; **~ien** *m* Theologe *m*
théorème [teɔrɛm] *m* Lehrsatz *m*
théoric|ien, ~ienne [teɔrisjɛ̃, -jɛn] *m, f* Theoretiker(in) *m(f)*
théorie [teɔri] *f* Theorie *f*, Lehre *f*
théorique [teɔrik] theoretisch
thérapeutique [terapøtik] **1.** *f* Therapeutik *f*; Therapie *f*; **2.** *adj* therapeutisch
thérapie [terapi] *f* Heilkunde *f*; Therapie *f*; ***~ de groupe*** Gruppentherapie *f*; ***~ occupationnelle*** Beschäftigungstherapie *f*
thermal, ~e [tɛrmal] (⚠ *m/pl* **-aux**) Thermal...; ***station f thermale*** Kurort *m*
therm|es [tɛrm] *m/pl* Thermen *f/pl*; Kuranstalt *f*; **~ique** *phys* thermisch, Wärme...
thermo|mètre [tɛrmɔmɛtrə] *m* Thermometer *n*; **~plongeur** [-plɔ̃ʒœr] *m* Tauchsieder *m*; **~pompe** [-pɔ̃p] *f* Wärmepumpe *f*
thermos [tɛrmos] *f od m* Thermosflasche *f*
thermostat [tɛrmɔsta] *m* Thermostat *m*
thésauriser [tezɔrize] (1a) horten
thèse [tɛz] *f* These *f*, Behauptung *f*; *Universität*: Dissertation *f*, Doktorarbeit *f*; *Theater*: ***pièce f à ~*** Tendenzstück *n*
thon [tɔ̃] *m zo* Tunfisch *m*
thorax [tɔraks] *m* Brustkorb *m*
Thurgovie [tyrgɔvi] ***la ~*** der Thurgau
thym [tɛ̃] *m bot* Thymian *m*
thyroïde [tirɔid] *f méd* Schilddrüse *f*
tiare [tjar] *f* Tiara *f* (*des Papstes*)
tibia [tibja] *m* Schienbein *n*
tic [tik] *m* Zucken *n*; Tick *m* (*a fig*)
▶**ticket** [tikɛ] *m* Eintrittskarte *f*; Fahrschein *m*, -karte *f*; (Essens-)Marke *f*
tiède [tjɛd] lauwarm; lau (*a fig*)
tiéd|eur [tjedœr] *f* laue Wärme *f*; Lauheit *f* (*a fig*); **~ir** (2a) lau(warm) werden
▶**tien, tienne** [tjɛ̃, tjɛn] ***le tien, la tienne*** der, die, das dein(ig)e; deine(r, -s); F ***à la tienne!*** prost!
tiens [tjɛ̃] *cf* ***tenir***
tierce [tjɛrs] *f mus* Terz *f*
tiercé [tjɛrse] *m Pferdewette*: Dreierwette *f*
▶**tiers, tierce** [tjɛr, tjɛrs] **1.** *adj* dritte; *pol* ***le tiers monde*** die Dritte Welt; *hist* ***le Tiers État*** der dritte Stand; **2.** *m math* Drittel *n*; ***un tiers*** ein Dritter
tige [tiʒ] *f* Stängel *m*, Stiel *m*, Halm *m*; Schaft *m*, Stange *f*; ***~s pl de forage*** Bohrgestänge *n*

tignasse [tiɲas] *f* Haarschopf *m*, Mähne *f*
tigr|e, ~esse [tigrə, -ɛs] *m*, *f* Tiger(in) *m(f)*; **~é, ~ée** getigert, gefleckt
tilleul [tijœl] *m* Linde *f*; Lindenblütentee *m*
timbale [tɛ̃bal] *f* (Trink-)Becher *m*; *mus* (Kessel-)Pauke *f*; *cuis* (*Art*) Auflauf *m*
▶ **timbre** [tɛ̃brə] *m* **1.** Klingel *f*; Hammerglocke *f*; **2.** Klangfarbe *f*; **3.** Briefmarke *f*; Stempel *m*; Gebührenmarke *f*
timbré, ~e [tɛ̃bre] **1.** gestempelt; frankiert; **2.** F übergeschnappt
timbre-poste [tɛ̃brəpɔst] *m* (⚠ *pl* ***timbres-poste***) Briefmarke *f*
▶ **timid|e** [timid] schüchtern; **~ité** *f* Schüchternheit *f*
tins [tɛ̃] *p/s von* ***tenir***
tintamarre [tɛ̃tamar] *m* Spektakel *m*, Getöse *n*
tint|ement [tɛ̃tmɑ̃] *m* Klingen *n*; Gebimmel *n*; **~er** (1a) klingen, klirren; läuten, bimmeln
tique [tik] *f zo* Zecke *f*
tir [tir] *m* Schießen *n*, Beschuss *m*; Schuss *m*
tirade [tirad] *f* Tirade *f*, Wortschwall *m*
tirage [tiraʒ] *m* **1.** Ziehen *n*, Ziehung *f*; Zug *m* (*e-s Kamins*); Abziehen *n*, Kopieren *n*; **2.** Druck *m*, Abdruck *m*; Ausgabe *f*, Auflage *f*; **3.** F Schwierigkeiten *f/pl*, Reibereien *f/pl*
tirailler [tiraje] (1a) hin- und herziehen; F herumknallen
tire-au-flanc [tiroflɑ̃] *m* (⚠ *pl unv*) F Drückeberger *m*
▶ **tire|-bouchon** [tirbuʃɔ̃] *m* (⚠ *pl* ***tire-bouchons***) Korkenzieher *m*; **~-fesses** [-fɛs] F *m* (⚠ *pl unv*) *cf* ***téléski***
tirelire [tirlir] *f* Sparbüchse *f*
▶ **tirer** [tire] (1a) **1.** ziehen; heraus-, hervorziehen; abziehen; drucken; *fig* herleiten (**de** von); *Gewinn*: herausholen; *Plan*: zeichnen; *Scheck*: ausstellen; **~ *les cartes*** die Karten legen; **~ *à sa fin*** zu Ende gehen; **~ *au sort*** (aus)losen; **~ *sur le bleu*** ins Blaue (hinüber)spielen; ***se ~ d'affaire*** sich aus der Affäre ziehen; F ***se ~*** abhauen; **2.** schießen, abfeuern
tir|et [tirɛ] *m* Gedankenstrich *m*; **~eur** *m* Schütze *m*; *Scheck*: Aussteller *m*; **~ *d'élite*** Scharfschütze *m*; **~euse** *f* **~ *de cartes*** Kartenlegerin *f*
▶ **tiroir** [tirwar] *m* Schublade *f*; ***roman m à ~s*** Roman *m* mit zahlreichen Einschüben; **~-caisse** [-kɛs] *m* (⚠ *pl* ***tiroirs-caisses***) Registrierkasse *f*
tisane [tizan] *f* Kräutertee *m*
tis|on [tizɔ̃] *m* glimmendes Holzstück *n*; **~onnier** [-ɔnje] *m* Schürhaken *m*
tiss|age [tisaʒ] *m* Weben *n*; Weberei *f*; **~er** (1a) weben; *fig* anzetteln
tisserand [tisrɑ̃] *m* Weber *m*
▶ **tissu** [tisy] *m* Stoff *m*; Gewebe *n* (*a fig u biol*); **~-éponge** [-epɔ̃ʒ] *m* (*pl* ***tissus-éponges***) Frottee(stoff *m*) *m od n*
titi [titi] *m* F **~ *parisien*** Pariser Straßenjunge *m*
▶ **titre** [titrə] *m* **1.** (Buch-, Ehren-)Titel *m*; Überschrift *f*; Amtsbezeichnung *f*; **2.** Rechtstitel *m*, -anspruch *m*; Urkunde *f*; *comm* Wertpapier *n*; ***à ce ~*** aus diesem Grund; als solche(r); ***à juste ~*** mit vollem Recht; ***à ~ de*** (in der Eigenschaft) als; ***à ~ d'essai*** versuchsweise; ***à ~ officiel*** von Amts wegen; ***au même ~*** mit dem gleichen Recht; ***en ~*** beamtet; ***au ~ de*** gemäß
titrer [titre] (1a) *Zeitung*: als Überschrift *od* Schlagzeile bringen
tituber [titybe] (1a) taumeln, schwanken
titulaire [titylɛr] **1.** *adj* verbeamtet, fest angestellt; **2.** *m*, *f* Inhaber(in) *m(f)* (*e-s Amtes, e-s Rechts*); **~ *du compte*** Kontoinhaber *m*
titulariser [titylarize] (1a) fest anstellen, verbeamten
toast [tost] *m* Toast *m* (*a Brot*); Trinkspruch *m*
toboggan [tɔbɔgɑ̃] *m* Rutschbahn *f*; (Straßen-)Überführung *f*; *aviat* Notrutsche *f*
toc [tɔk] **1.** tapp (*Klopfgeräusch*); **2.** *adj* F ***il est ~*** er ist bekloppt; **3.** *m* ***du ~*** Kitsch *m*; Imitation *f*
tocsin [tɔksɛ̃] *m* Sturm-, Alarmglocke *f*
toge [tɔʒ] *f* Robe *f*; *hist* Toga *f*
tohu-bohu [tɔybɔy] *m* Tumult *m*, lärmendes Durcheinander *n*
▶ **toi** [twa] du; dich; dir
▶ **toile** [twal] *f* Leinen *n*, Leinwand *f*, (Lein-)Tuch *n*; (Öl-)Gemälde *n*; ***de od en ~*** aus Leinen, Leinen..., leinen; **~ *d'araignée*** Spinnwebe *f*
toilette [twalɛt] *f* Waschen *n*; Kleidung *f*; Toilette *f*; ▶ ***toilettes*** *pl* WC *n*; ***faire sa toilette*** sich waschen
toi-même [twamɛm] du, dich selbst

T

tois|e [twaz] *f* Messstab *m*; *hist* Klafter *m od n*; **~er** (1a) (j-s Körpergröße) messen; *fig* mustern
toison [twazõ] *f* Wolle *f*; Vlies *n* (*a hist*); *fig* dichtes Haar *n*
▶ **toit** [twa] *m* Dach *n*; *fig* Haus *n*; ***auto ~ ouvrant*** Schiebedach *n*
toiture [twatyr] *f* Bedachung *f*
tôle [tol] *f* Blech *n*
tolér|able [tɔlerablə] erträglich; **~ance** *f* Toleranz *f*; Duldung *f*; Duldsamkeit *f*; *tech* Spielraum *m*; **~ant, ~ante** [-ɑ̃, -ɑ̃t] tolerant; **~er** (1f) dulden, (v)ertragen
▶ **tomate** [tɔmat] *f* Tomate *f*
tomb|e [tõb] *f* Grab(stätte) *n(f)*; **~eau** [-o] *m* (⚠ *pl* **~x**) Grabstätte *f*, Grabmal *n*; Grab *n* (*a fig*)
tombée [tõbe] *f* ***à la ~ de la nuit*** bei Einbruch der Nacht
▶ **tomber** [tõbe] (1a) **1.** (*mit* ***être***) fallen; (ab)stürzen; hinab-, herunterfallen; ausfallen, -gehen (*Haar*); herabhängen; umfallen; *in e-n Zustand*: geraten, kommen; werden; ***faire ~*** umwerfen; ***laisser ~*** fallen lassen, aufgeben; ***~ sur qn*** sich auf j-n stürzen; j-n zufällig treffen; ***~ juste*** es erraten; ***je suis bien tombé*** ich habs gut getroffen; ***~ malade*** krank werden; ***~ d'accord*** sich einig werden, sich verständigen; ***ça tombe mal*** das trifft sich schlecht; **2.** (*mit* ***avoir***) F *Jacke*: ausziehen, *Frau*: verführen
tome [tɔm] *m* Band *m*, Buch *n*
ton¹ [tõ] *m* Ton *m* (*a fig*); *mus* Tonart *f*, Tonschritt *m*; *fig* Farbton *m*; *fig* Umgangston *m*, Redeweise *f*; ***il est de bon ~ de*** (+ *inf*) es gehört sich zu (+ *inf*)
▶ **ton²** *m*, **ta** *f*, **tes** *pl* [tõ, ta, te] dein(e) *m*, *n* (*f*; *pl*); ⚠ *im sg f*: *vor Vokal u stummem h* ***ton***
tonalité [tɔnalite] *f* Tonart *f*; Klang *m*; *tél* Wählton *m*
tondeuse [tõdøz] *f* Rasenmäher *m*
tondre [tõdrə] (4a) (ab)scheren; *Hecken*: beschneiden; *Rasen*: mähen
tonifier [tɔnifje] (1a) stärken; beleben
tonique [tɔnik] **1.** *m* Stärkungsmittel *n*, Tonikum *n*; **2.** *f mus* Grundton *m*, Tonika *f*; **3.** *adj* kräftigend; belebend; *gr* betont
tonnage [tɔnaʒ] *m* Tonnage *f*; ⚠ ***le ~***
▶ **tonn|e** [tɔn] *f* Tonne *f* (*Gewicht*); **~eau** [-o] *m* (⚠ *pl* **~x**) Fass *n*; *mar* Registertonne *f*; ⚠ *nicht verwechseln mit* ***la tonne***; **~elet** [-lɛ] *m* Fässchen *n*, Tönnchen *n*; **~elier** [-əlje] *m* Böttcher *m*, Küfer *m*; **~elle** *f* Gartenlaube *f*
tonner [tɔne] (1a) donnern (*a fig*)
▶ **tonnerre** [tɔnɛr] *m* Donner *m*; F ***... du ~*** fantastisch, großartig; ⚠ ***le ~***
tonte [tõt] *f* (Schaf-)Schur *f*, Scheren *n*; Schurwolle *f*; *Rasen*: Mähen *n*
tonton [tõtõ] *enf m* Onkel *m*
top [tɔp] *m* Zeitzeichen *n*, (Signal-)Ton *m*
topaze [tɔpaz] *f* Topas *m*; ⚠ ***la ~***
tope! [tɔp] topp!, es gilt!
topographie [tɔpɔgrafi] *f* Ortsbeschreibung *f*, -kunde *f*, Topografie *f*
toquade [tɔkad] F *f* Marotte *f*; Vernarrtheit *f*
toqu|e [tɔk] *f* Mütze *f*; **~é, ~ée** F verdreht, bekloppt; ***~ de*** verknallt in; **~er** (1m) F ***se ~ de*** sich verknallen in
torche [tɔrʃ] *f* Fackel *f*; Taschenlampe *f*
torchon [tɔrʃõ] *m* Geschirrtuch *n*; *fig* ***le ~ brûle*** der Haussegen hängt schief
tordre [tɔrdrə] (4a) drehen, winden; verdrehen, verzerren; *Wäsche*: auswringen; ***se ~*** sich krümmen, sich winden; ***se ~ (de rire)*** sich schieflachen; ***se ~ le pied*** mit dem Fuß umknicken
tordu, ~e [tɔrdy] verbogen, -dreht, -zerrt
torgnole [tɔrɲɔl] F *f* kräftige Ohrfeige *f*
tornade [tɔrnad] *f* Wirbelsturm *m*, Tornado *m*; ⚠ ***la ~***
torpeur [tɔrpœr] *f* Erstarrung *f*, Betäubung *f*
torpill|e [tɔrpij] *f mil* Torpedo *m*; **~er** (1a) torpedieren (*a fig*); **~eur** *m mil* Torpedoboot *n*
torré|facteur [tɔrefaktœr] *m* Kaffeeröstmaschine *f*; **~faction** [-faksjõ] *f* Rösten *n*; **~fier** [-fje] (1a) rösten
torr|ent [tɔrɑ̃] *m* Wild-, Sturzbach *m*; *fig* Flut *f*, Strom *m*; **~entiel, ~entielle** [-ɑ̃sjɛl] Wildwasser...; ***pluie f torrentielle*** Wolkenbruch *m*
torride [tɔrid] *Klima*: glühend heiß
torse [tɔrs] *m* Oberkörper *m*; *Skulptur*: Torso *m*
torsion [tɔrsjõ] *f* (Ver-)Drehung *f*; (Ver-)Zerrung *f*
▶ **tort** [tɔr] *m* **1.** Unrecht *n*; ***à tort*** zu Unrecht; ***à tort et à travers*** unbesonnen, ohne Überlegung; ***dans son od en***

tort im Unrecht; ▶ ***avoir tort*** Unrecht haben; ***il a le tort de*** (+ *inf*) sein Fehler ist, dass ...; ***donner tort à qn*** j-m Unrecht geben; **2.** Schaden *m*; ***faire du tort à qn*** j-m schaden

avoir tort – avoir raison: Wie widerspricht man seinem Gesprächspartner?

1. Widersprechen:

Je ne suis pas tout à fait d'accord avec vous.	Ich stimme Ihnen nicht ganz zu.
Robert a tort.	Robert hat Unrecht.
J'ai l'impression que vous vous êtes trompé / tu t'es trompé.	Ich habe den Eindruck, Sie haben sich geirrt / du hast dich geirrt.

2. Beipflichten:

Oui, vous avez parfaitement raison.	Ja, Sie haben völlig Recht.
d'accord	einverstanden / o.k.
Je trouve que c'est une très bonne idée.	Ich halte das für eine sehr gute Idee.

torticolis [tɔrtikɔli] *m méd* steifer Hals *m*
tortill|ard [tɔrtijar] *m* Bummelzug *m*; **~er** (1a) zusammendrehen, zwirbeln; ***se ~*** sich winden, sich ringeln
tortionnaire [tɔrsjɔnɛr] *m* Folterknecht *m*
tortue [tɔrty] *f zo* Schildkröte *f*
tortu|eux, ~euse [tɔrtɥø, -øz] gewunden (*a fig*); krumm; *fig* verborgen (*Machenschaften*)
tortur|e [tɔrtyr] *f* Folter *f*; *fig* Qual *f*; **~er** (1a) foltern; *fig* quälen, martern
▶ **tôt** [to] *adv* früh, zeitig; ***plus ~*** früher; ***le plus ~ possible*** so bald wie möglich; ***au plus ~*** so bald wie möglich; frühestens; ***pas de si ~*** nicht so bald; ***~ ou tard*** früher oder später; ⚠ *nicht verwechseln*: ***plus ~*** *u* ***plutôt***
total, ~e [tɔtal] (⚠ *m/pl* **-aux**) **1.** *adj* völlig, total; Gesamt...; **2.** *m* Gesamtbetrag *m*, Summe *f*; ***au total*** insgesamt; ***faire le total*** zusammenrechnen; **~ement** [-mɑ̃] *adv* völlig, vollständig, total; **~iser** (1a) (insgesamt) erreichen; **~ité** *f* Gesamtheit *f*
toubib [tubib] F *m* Arzt *m*
touch|ant, ~ante [tuʃɑ̃, -ɑ̃t] rührend
touche [tuʃ] *f* Taste *f*; Treffer *m*; Pinselstrich *m*; *Angeln*: Anbeißen *n*; F *fig Person*: Aufmachung *f*; *Fußball*: ***ligne f de ~*** Seitenlinie *f*; ***~ Alt*** Alt-Taste *f*; ***~ Control*** Steuerungstaste *f*; ***~ de correction*** Korrekturtaste *f*; ***~ échappe*** Escape-Taste *f*; ***~ entrée*** Enter-Taste *f*; ***~ de fonction*** Funktionstaste *f*; ***~ d'insertion*** Einfügetaste *f*; ***~ de rappel arrière*** Rücktaste *f*; ***~ de retour arrière*** Backspacetaste *f*; ***~ Shift*** Shift-Taste *f*, Hochstelltaste *f*; ***~ de suppression*** Löschtaste *f*, Entfernungstaste *f*, Delete-Taste *f*; ***~ de tabulation*** Tabulatortaste *f*; F *fig* ***mettre qn sur la ~*** j-n kaltstellen; ***faire une ~*** e-e Eroberung machen; **~-à-tout** [tuʃatu] *m* (⚠ *pl unv*) j, der tausend Dinge tut (und alle nur halb)
▶ **toucher** [tuʃe] **1.** (1a) berühren, anrühren, befühlen; treffen, erreichen; *fig* bewegen, ergreifen; betreffen, angehen; *Geld*: einnehmen, bekommen, kassieren; *Problem*: anschneiden; ***~ à qc*** etw anfassen; an etw stoßen *od* grenzen; *Vorrat*: angreifen, rühren an; ***~ au but*** kurz vor dem Ziel sein; ***se ~*** sich berühren; aneinander grenzen; **2.** *m* Tastsinn *m*; *mus* Anschlag *m*
touff|e [tuf] *f* Büschel *n*; **~u, ~ue** [-y] buschig; dicht; *fig* überladen (*Buch*)
touiller [tuje] (1a) F umrühren
▶ **toujours** [tuʒur] immer, stets; immer noch; wenigstens, immerhin; ***pour ~*** auf immer; ***~ est-il que*** ... fest steht (jedoch), dass ...; immerhin ...
toupet [tupɛ] *m* **1.** (Haar-)Büschel *n*, Schopf *m*; **2.** F Frechheit *f*; ***avoir le ~ de*** (+ *inf*) die Frechheit besitzen zu (+ *inf*)

T

toupie [tupi] *f* Kreisel *m*

▶ **tour**[1] [tur] *f* Turm *m* (*a im Schach*); ⚠ ***la ~***; ⚠ *nicht* die Tour

▶ **tour**[2] [tur] *m* Umdrehung *f*; Umfang *m*; (Rund-, Spazier-)Gang *m*, Ausflug *m*, Reise *f*, Tour *f*; Wendung *f* (*a fig*); Streich *m*; Kunststück *n*; Reihe *f*; *tech* Drehbank *f*; Töpferscheibe *f*; ***à mon ~*** meinerseits; ***c'est mon ~*** ich bin dran *od* an der Reihe; ***à ~ de rôle*** der Reihe nach; ***en un ~ de main*** im Handumdrehen; ***~ de main*** Geschicklichkeit *f*; ***faire le ~ de qc*** um etw herumgehen, -fahren; ***fermer à double ~*** den Schlüssel zweimal herumdrehen; ***jouer un ~ à qn*** j-m e-n Streich spielen; ***~ d'horizon*** Überblick *m*, Bestandsaufnahme *f*; ***~ de scrutin*** Wahlgang *m*; ⚠ *unterscheide*: ***le ~ u la ~***; ⚠ ***le Tour de France*** die Tour de France

tourb|e [turb] *f* Torf *m*; **~ière** [-jɛr] *f* Torfmoor *n*

tourbill|on [turbijõ] *m* Wirbel(wind) *m*; Strudel *m*; ***~ de neige*** Schneegestöber *n*; **~onner** [-ɔne] (1a) wirbeln, strudeln

tourelle [turɛl] *f* Türmchen *n*; *mil* Geschütz-, Panzerturm *m*

▶ **tourisme** [turismə] *m* Tourismus *m*, Fremdenverkehr *m*

▶ **tour|iste** [turist] *m, f* Tourist(in) *m(f)*, Urlaubsreisende(r) *m, f*; **~istique** [-istik] Reise..., Touristen..., Fremdenverkehrs...

tourmenter [turmɑ̃te] (1a) peinigen, quälen, plagen; ***~ qn*** j-m Sorgen machen; ***se ~*** sich Sorgen machen

tourn|age [turnaʒ] *m Film*: Dreharbeiten *f/pl*; **~ant, ~ante** [-ɑ̃, -ɑ̃t] **1.** *adj* drehbar, Dreh...; ***escalier m tournant*** Wendeltreppe *f*; ***plaque f tournante*** Drehscheibe (*a fig*); **2.** *m* Kurve *f*, Krümmung *f*; *fig* Wendepunkt *m*

▶ **tourne-disque** [turnədisk] *m* (⚠ *pl* ***tourne-disques***) Plattenspieler *m*

tournée [turne] *f* Rund-, Dienst-, Geschäftsreise *f*; Tournee *f*, Gastspielreise *f*; F Runde *f*, Lage *f* (*Wein, Bier*)

▶ **tourner** [turne] (1a) **1.** drehen; umwenden; richten, wenden; herumgehen (***qc*** um etw), umgehen; drechseln; *Verse*: verfassen; ***bien tourné(e)*** gut formuliert; ***~ un film*** e-n Film drehen; ***~ la tête*** sich umsehen; ***~ en ridicule*** ins Lächerliche ziehen; **2.** sich drehen; rotieren, kreisen; abbiegen; ablaufen, ausgehen; *Milch*: zusammenlaufen, gerinnen; ***~ à droite*** rechts abbiegen; ***le temps tourne au beau*** das Wetter wird schön; F *fig* ***~ de l'œil*** in Ohnmacht fallen; ***~ en rond*** sich im Kreis drehen (*a fig*); *fig* ***faire ~*** in Gang halten; *fig* ***~ autour de*** sich drehen um; **3.** ***se ~*** sich umwenden, sich umdrehen; sich abwenden

tourne|sol [turnəsɔl] *m bot* Sonnenblume *f*; **~vis** [-vis] *m* Schraubenzieher *m*; ***~ cruciforme*** Kreuzschlitzschraubenzieher *m*; ***~ testeur*** Spannungsprüfer *m*

tourniquet [turnikɛ] *m* Drehkreuz *n*; Drehtür *f*; Drehständer *m*

tournoi [turnwa] *m* Turnier *n*

tournoyer [turnwaje] (1h) kreisen; wirbeln

tournure [turnyr] *f* (Rede-)Wendung *f*; *fig* Wendung *f*; Aussehen *n*, Gestalt *f*; ***~ d'esprit*** Geisteshaltung *f*

tourte [turt] *f* Pastete *f*; F *péj* ***grosse ~*** Trampel *m od n*

tourterelle [turtərɛl] *f zo* Turteltaube *f*

▶ **tous** [tus *od* tu] *cf* ***tout***

Toussaint [tusɛ̃] ***la ~*** Allerheiligen *n*

▶ **touss|er** [tuse] (1a) husten; **~oter** [-ɔte] (1a) hüsteln

▶ **tout** [tu; *vor Vokal u stummem h* tut] *m*, **toute** [tut] *f*; **tous** [tu; *allein stehend* tus] *m/pl*, **toutes** [tut] *f/pl* **1.** *adj* ganz; all(e, -es); jede(r, -s); ***toute la ville*** die ganze Stadt; ***toutes les villes*** alle Städte; ***tout Français*** jeder Franzose; ***tous les deux jours*** jeden zweiten Tag; ***tous les ans*** jedes Jahr; ***somme toute*** alles in allem; ***tout Paris*** ganz Paris; ▶ ***tout le monde*** jedermann, alle; ***de tous côtés*** von allen Seiten, von überall; ***toutes sortes de*** allerlei; ***faire tout son possible*** sein Möglichstes tun; **2.** *Pronomen*: *sg* ***tout*** alles; *pl* ***tous, toutes*** alle; ***après tout, à tout prendre*** im Grunde; schließlich; ▶ ***avant tout*** vor allem; F ***comme tout*** überaus; ***voilà tout*** das ist alles; ***nous tous*** wir alle; **3.** *adv* ***tout*** (⚠ *vor f adj, das mit Konsonant od h aspiré beginnt*, ***toute*** *bzw.* ***toutes***) ganz, völlig; ▶ ***tout à coup*** plötzlich; ***tout d'un coup*** auf einmal; ▶ ***tout à fait*** ganz und gar; ***tout autant*** ebenso viel; ▶ ***tout de suite*** sofort; ***tout de même*** trotzdem; ***tout d'abord*** zuerst, an-

T

fangs; ▶ ***tout à l'heure*** sogleich, soeben; ▶ ***à tout à l'heure!*** bis gleich!; ***tout au plus*** höchstens; ***c'est tout un*** das ist genau dasselbe; *mit gérondif*: ***tout en riant*** obgleich *od* wobei ich (du, er, wir *etc*) lach(t)e(n); ***tout ... que ...*** (+ *ind od st/s subj*) sosehr auch, obgleich; ***tout pauvres qu'ils sont*** (*od* ***soient***) so arm sie auch sind; **4.** *m* ***tout*** Ganze(s) *n*, Gesamtheit *f*; Hauptsache *f*; ***pas du tout*** keineswegs; ***plus du tout*** überhaupt nicht mehr; ***du tout au tout*** völlig; ***en tout*** ganz

tout-à-l'égout [tutalegu] *m* (Abwasser-)Kanalisation *f*

▶ **toutefois** [tutfwa] jedoch, indessen

toute-puissance [tutpɥisɑ̃s] *f* Allmacht *f*

toux [tu] *f* Husten *m*; ⚠ ***la ~***

toxicologique [tɔksikɔlɔʒik] toxikologisch

toxicomane [tɔksikɔman] *m,f* (Rauschgift-)Süchtige(r) *m, f*

toxique [tɔksik] **1.** *adj* giftig, Gift...; **2.** *m* Gift *n*, Giftstoff *m*

trac [trak] *m* Lampenfieber *n*

tracas [traka] *m meist pl* Ärger *m*, Sorgen *f/pl*

tracass|er [trakase] (1a) beunruhigen; schikanieren; **~erie** *f meist pl* **~s** Schikanen *f/pl*

▶ **trace** [tras] *f* Spur *f*; *fig* Hinweis *m*

trac|é [trase] *m* Verlauf *m*; Umrisse *m/pl*; *Tiefbau*: Trasse *f*, Trassierung *f*; ⚠ ***le ~***; **~er** (1k) aufzeichnen, entwerfen; *Linie*: ziehen; abstecken (*a fig*); **~eur** *m EDV* Plotter *m*

trachée [traʃe] *f* Luftröhre *f*

trackball [trakbal] *m EDV* Trackball *m*

tract [trakt] *m* Flugblatt *n*

tractation [traktasjɔ̃] *f péj meist pl* **~s** Machenschaften *f/pl*

tracteur [traktœr] *m* Schlepper *m*, Traktor *m*; ***~ à chenilles*** Raupenschlepper *m*

traction [traksjɔ̃] *f tech* Ziehen *n*, Zug *m*; Antrieb *m*; *Sport*: Klimmzug *m*; Liegestütz *m*; *Bahn*: ***~ électrique*** elektrischer Betrieb *m*; *auto* ***~ avant*** (Wagen *m* mit) Vorderradantrieb *m*

T

tradition [tradisjɔ̃] *f* Tradition *f*, Überlieferung *f*, Brauch *m*

tradition|aliste [tradisjɔnalist] **1.** *adj* traditionsbewusst; **2.** *m, f* Traditionalist(in) *m(f)*; **~nel, ~nelle** [-nɛl] traditionell, herkömmlich; ⚠ *Schreibung*

traduc|teur, ~trice [tradyktœr, -tris] *m, f* Übersetzer(in) *m(f)*; ***traducteur de poche*** Sprachcomputer *m*

▶ **traduction** [tradyksjɔ̃] *f* Übersetzung *f*

▶ **tradui|re** [tradɥir] (4c) übersetzen; *fig* ausdrücken; *jur* ***~ qn en justice*** j-n vor Gericht stellen; ***se ~ par*** sich äußern in; **~sible** [-ziblə] übersetzbar

trafic [trafik] *m* **1.** (illegaler) Handel *m*, Schmuggel *m*; **2.** Verkehr *m*

trafiqu|ant [trafikɑ̃] *m* Schieber *m*, Schwarzhändler *m*; ***~ de drogue(s)*** Rauschgifthändler *m*; **~er** (1m) Schwarzhandel treiben (**qc** mit etw), schieben; (ver)fälschen, panschen; F tun; ***~ de qc*** Gewinn aus etw schlagen

tragédie [traʒedi] *f* Tragödie *f* (*a fig*)

tragique [traʒik] **1.** *adj* tragisch; **2.** *m* Tragik *f*; ⚠ ***le ~***

▶ **trahir** [trair] (2a) verraten

trahison [traizɔ̃] *f* Verrat *m*

▶ **train** [trɛ̃] *m* Zug *m*, Eisenbahn *f*; Gang *m*, Tempo *n*; *fig* Reihe *f*; *mil* Nachschubtruppe *f*; ***train à grande vitesse*** Hochgeschwindigkeitszug *m*; ***train d'atterrissage*** Fahrwerk *n*; ***train de vie*** Lebensstil *m*; *auto* ***train avant*** Vorderachse *f*; ***train de mesures*** Reihe *f* von Maßnahmen; ▶ ***être en train de faire qc*** gerade etw tun; ***mettre en train*** in Schwung bringen; aufheitern; ***le train de Paris*** der Zug von *od* nach Paris; ***aller son petit train*** seinen alten Gang gehen

traînard [trɛnar] *m* Nachzügler *m*; Bummelant *m*

traîn|e [trɛn] *f* Schleppe *f*; ***être à la ~*** zurückbleiben; herumliegen; **~eau** [-o] *m* (⚠ *pl* **~x**) Schlitten *m*; Schleppnetz *n*

traînée [trɛne] *f* Streifen *m*, Spur *f*; P Nutte *f*

traîner [trɛne] (1b) (nach-, mit sich herum)schleppen; auf der Erde nachschleifen; herumliegen; sich in die Länge ziehen; trödeln, bummeln; ***se ~*** sich fort-, hinschleppen; ***laisser ~ ses affaires*** seine Sachen herumliegen lassen

train-train [trɛ̃trɛ̃] *m* F Trott *m*; ***le ~ quotidien*** das tägliche Einerlei *n*

traire [trɛr] (4s) melken

▶ **trait** [trɛ] *m* Strich *m*; Merkmal *n*; (Gesichts-, Charakter-)Zug *m*; *beim*

Trinken: Zug *m*; *hist* Pfeil *m*; **~ d'union** Bindestrich *m*; **avoir ~ à** sich beziehen auf; **boire d'un seul ~** in einem Zuge trinken; **~ d'esprit** geistreiche Bemerkung *f*

traite [trɛt] *f* Melken *n*; *comm* Rate *f*; *hist* **~ des noirs** Sklavenhandel *m*; **d'une seule ~** in einem Zuge, ohne Unterbrechung

▶ **traité** [trɛte] *m* Abhandlung *f*; Vertrag *m*

▶ **traitement** [trɛtmɑ̃] *m* Behandlung *f* (*a méd u tech*); Gehalt *n*, Besoldung *f*; *tech* Aufbereitung *f*, Ver-, Bearbeitung *f*; *st/s* Bewirtung *f*; **~ électronique des données** elektronische Datenverarbeitung *f*; **~ des ordures** Abfallbeseitigung *f*; **~ de texte** Textverarbeitung *f*

▶ **traiter** [trɛte] (1b) behandeln; verhandeln über; *st/s* bewirten; *tech* verarbeiten, aufbereiten; *EDV* bearbeiten, verarbeiten; **~ qn de menteur** j-n e-n Lügner nennen; **~ de qc** von etw handeln; etw behandeln (*Autor*)

traiteur [trɛtœr] *m* Hersteller *m* und Lieferant *m* von Fertigmenüs

traîtr|e, ~esse [trɛtrə, -ɛs] **1.** *m, f* Verräter(in) *m(f)*; **2.** *adj* verräterisch; heimtückisch; **~ise** [-iz] *f* Hinterhältigkeit *f*; Verrat m

trajectoire [traʒɛktwar] *f* *Geschoss*: Flugbahn *f*

trajet [traʒɛ] *m* Strecke *f*, Weg *m*, Fahrt *f*

tram [tram] *m abr cf* **tramway**

trampoline [trɑ̃pɔlin] *m* Trampolin *n*

▶ **tramway** [tramwɛ] *m* Straßenbahn *f*

tranch|ant, ~ante [trɑ̃ʃɑ̃, -ɑ̃t] **1.** *adj* scharf, schneidend; *fig* entschieden; **2.** *m* Schneide *f*; Schärfe *f*

▶ **tranche** [trɑ̃ʃ] *f* Schnitte *f*, Scheibe *f*; Abschnitt *m*, Stück *n*, Teil *m*; (Brett-)Kante *f*; (Münz-)Rand *m*; (Buch-)Schnitt *m*

tranché, ~e [trɑ̃ʃe] scharf unterschieden; *fig* fest, bestimmt

tranchée [trɑ̃ʃe] *f* Graben *m*; *mil* Schützengraben *m*

trancher [trɑ̃ʃe] (1a) (durch-, zer-)schneiden; *fig* (sich) entscheiden; **~ sur** sich abheben von

▶ **tranquill|e** [trɑ̃kil] ruhig, still; friedlich; **avoir la conscience ~** ein gutes Gewissen haben; **se tenir ~** sich ruhig verhalten; **laisse-moi ~!** lass mich in Ruhe!; **soyez ~** seien Sie unbesorgt; **~ement** [-mɑ̃] *adv* ruhig, ungestört; **~isant** [-izɑ̃] *m phm* Beruhigungsmittel *n*; **~iser** (1a) beruhigen; **~ité** *f* Ruhe *f*, Stille *f*

transaction [trɑ̃zaksjɔ̃] *f jur* Vergleich *m*; *comm* Geschäft *n*, Abschluss *m*

transatlantique [trɑ̃zatlɑ̃tik] **1.** *adj* Übersee...; **2.** *m* Ozeandampfer *m*; Liegestuhl *m*

transborder [trɑ̃zbɔrde] (1a) umladen

trans|cription [trɑ̃skripsjɔ̃] *f* Abschrift *f*; Ein-, Übertragung *f*; *ling* Transkription *f*, Umschrift *f*; *mus* Bearbeitung *f*; **~crire** [-krir] (4f) ein-, übertragen; umschreiben; transkribieren

transept [trɑ̃sɛpt] *m arch* Querschiff *n*

trans|férer [trɑ̃sfere] (1f) überführen, -tragen, -weisen; transferieren; umbuchen; **~fert** [-fɛr] *m* Überführung *f*; Übertragung *f* (**à** auf); Überweisung *f*; Transfer *m*; Umbuchung *f*; **~ technologique** Technologietransfer *m*; ⚠ *Schreibung*

transfigurer [trɑ̃sfigyre] (1a) *rel u fig* verklären

transforma|teur [trɑ̃sfɔrmatœr] *m tech* Transformator *m*; **~tion** *f* Umformung *f*; Wandel *m*, Umwandlung *f*; Transformation *f*

▶ **transform|er** [trɑ̃sfɔrme] (1a) umbilden, umgestalten; ver-, umwandeln (**en** in); ändern; transformieren; **~isme** *m biol* Abstammungslehre *f*

transfuge [trɑ̃sfyʒ] *m* Überläufer *m*

transfusion [trɑ̃sfyzjɔ̃] *f* **~ (sanguine)** Blutübertragung *f*

transgresser [trɑ̃zgrɛse] (1b) *Gesetz*: übertreten

transi, ~e [trɑ̃zi] starr, steif (**de** vor)

transiger [trɑ̃ziʒe] (1l) e-n Kompromiss schließen (**avec** mit)

▶ **transistor** [trɑ̃zistɔr] *m* Transistor *m*; Transistor-, Kofferradio *n*

transit [trɑ̃zit] *m* Transit(verkehr) *m*

transit|if, ~ive [trɑ̃zitif, -iv] *gr* transitiv

transition [trɑ̃zisjɔ̃] *f* Übergang *m*; Überleitung *f*

transitoire [trɑ̃zitwar] Übergangs..., vorläufig

translucide [trɑ̃slysid] durchscheinend

transmettre [trɑ̃smɛtrə] (4p) weitergeben, -leiten; übertragen; überliefern; vererben; **~ qc à qn** j-m etw übermitteln

transmiss|ible [trɑ̃smisiblə] übertragbar; *biol* vererblich; **~ion** *f* Übertragung *f*; Übermittlung *f*, Weitergabe *f*; *biol* Vererbung *f*; *tech* Transmission *f*
transmuter [trɑ̃smyte] (1a) umwandeln (***en*** in)
transpar|aître [trɑ̃sparɛtrə] (4z) durchscheinen; **~ence** [-ɑ̃, -ɑ̃t] durchsichtig, transparent; *fig* leicht zu durchschauen
transpercer [trɑ̃pɛrse] (1k) durchbohren, -stechen, -dringen
transpir|ation [trɑ̃spirasjɔ̃] *f* Schwitzen *n*; Schweiß *m*; **~er** (1a) schwitzen; *fig* durchsickern, ruchbar werden
transplant|ation [trɑ̃splɑ̃tasjɔ̃] *f* Verpflanzung *f*; *méd* Transplantation *f*; **~er** (1a) verpflanzen
transport [trɑ̃spɔr] *m* Transport *m*, Beförderung *f*; *st/s* **~s** *pl* Anfall *m*, Ausbruch *m*; *pl* **~s publics** öffentliche Verkehrsmittel *n/pl*
transport|able [trɑ̃spɔrtablə] transportfähig; **~é, ~ée ~ de joie** außer sich vor Freude
▶ **transport|er** [trɑ̃spɔrte] (1a) transportieren, befördern; *an e-n anderen Ort*: verlegen; *fig* hinreißen; **se ~** sich begeben; **~eur** *m* Spediteur *m*
transpos|er [trɑ̃spoze] (1a) umstellen, umsetzen; *mus* transponieren; **~ition** *f* Umstellung *f*, -setzung *f*; *mus* Transposition *f*
transvaser [trɑ̃svɑze] (1a) umfüllen
transversal, ~e [trɑ̃svɛrsal] (⚠ *m/pl* **-aux**) quer liegend, Quer..., Seiten...
trapèze [trapɛz] *m* Trapez *n*
trapp|e [trap] *f* Falltür *f*; Klappe *f*; *ch* Fallgrube *f*; **~eur** *m* Trapper *m*
trapu, ~e [trapy] untersetzt, stämmig
traquenard [traknar] *m* Falle *f*
traquer [trake] (1m) hetzen, jagen, verfolgen
traumat|iser [tromatize] (1a) *psych* schocken; **~isme** *m méd u psych* Trauma *n*; **~ crânien** Schädelverletzung *f*
▶ **travail** [travaj] *m* (⚠ *pl* **travaux**) Arbeit *f*; Werk *n*; Mühe *f*; Leistung *f*; **~ à la tâche** Akkordarbeit *f*; **~ à la chaîne** Fließbandarbeit *f*; **travaux forcés** Zwangsarbeit *f*; **~ intérimaire** Zeitarbeit *f*; **sans ~** arbeitslos; **travaux pratiques** praktische Übungen *f/pl*; **travaux** Bauarbeiten *f/pl*
▶ **travailler** [travaje] (1a) (be-, ver-, durch-, aus)arbeiten; *Holz*: sich werfen; *Musikstück*: (ein)üben; *Sport*: trainieren; **~ à qc** an etw arbeiten; auf etw hinarbeiten; **~ qn** j-n bearbeiten; j-n plagen *od* quälen; *Schüler*: **~ bien** gut lernen
▶ **travaill|eur, ~euse** [travajœr, -øz] **1.** *adj* arbeitsam, fleißig; **2.** *m, f* Arbeiter(in) *m(f)*
travers [travɛr] **1.** *adv* **de travers** schief, schräg; verkehrt; **en travers** quer; *fig* **prendre qc de travers** etw krumm nehmen; **2.** *prép* ▶ **à travers qc** *od* **au travers de qc** durch etw (hindurch); **à travers champs** querfeldein; **3.** *m* kleiner Fehler *m*, Schwäche *f*
traverse [travɛrs] *f tech* Querbalken *m*; (Schienen-)Schwelle *f*; **chemin** *m* **de ~** Abkürzung *f*
traversée [travɛrse] *f* Überfahrt *f* (**de** über); Reise *f* (**de** durch); Durchquerung *f*
▶ **traverser** [travɛrse] (1a) durch-, überqueren; durchdringen; *Krise*: durchmachen
traversin [travɛrsɛ̃] *m* Nackenrolle *f*
travesti, ~e [travɛsti] **1.** *adj* verkleidet; **2.** *m* Kostümierung *f*; Transvestit *m*
travestir [travɛstir] (2a) verkleiden (**en femme** als Frau); *fig* entstellen
trébucher [trebyʃe] (1a) stolpern, straucheln
trèfle [trɛflə] *m bot* Klee *m*
treillage [trɛjaʒ] *m* Gitterwerk *n*; **~ métallique** Drahtzaun *m*
treille [trɛj] *f* Weinlaube *f*
treillis [trɛji] *m* Gitter *n*; Drahtnetz *n*; *Textil*: Drillich *m*
▶ **treize** [trɛz] dreizehn
▶ **treizième** [trɛzjɛm] dreizehnte
trembl|ant, ~ante [trɑ̃blɑ̃, -ɑ̃t] zitternd
tremble [trɑ̃blə] *m bot* Espe *f*
tremblement [trɑ̃bləmɑ̃] *m* Zittern *n*; **~ de terre** Erdbeben *n*
▶ **trembler** [trɑ̃ble] (1a) zittern, beben (**de** vor); *fig* **~ que ... ne** (+ *subj*) bangen, dass ...
tremp|e [trɑ̃p] *f Stahl*: Härten *n*; *fig* Art *f*, Schlag *m*; **~é, ~ée** durchnässt; *Boden*: aufgeweicht; *Stahl*: gehärtet; **~er** (1a) durchnässen; eintauchen, -weichen, -tunken; *Stahl*: härten; *fig* **~ dans un crime** in ein Verbrechen verwickelt sein

tremplin [trɑ̃plɛ̃] *m* Sprungbrett *n* (*a fig*); Sprungschanze *f*
trentaine [trɑ̃tɛn] ***une*** ~ etwa dreißig
▶ **trente** [trɑ̃t] dreißig
▶ **trentième** [trɑ̃tjɛm] **1.** dreißigste; **2.** *m* Dreißigstel *n*
trépan [trepɑ̃] *m tech* Bohrmeißel *m*; *méd* Schädelbohrer *m*
trépid|ant, ~ante [trepidɑ̃, -ɑ̃t] lebhaft; *fig* fieberhaft, hektisch; **~ation** *f* Erschütterung *f*; Vibrieren *n*
trépied [trepje] *m* Dreifuß *m*; Stativ *n*
trépigner [trepiɲe] (1a) stampfen, trampeln
▶ **très** [trɛ; *vor Vokal u stummem h* trɛz] sehr (*vor adj u adv*); ***avoir ~ envie*** große Lust haben
trésor [trezɔr] *m* Schatz *m*; *fig* Reichtum *m*; ♀ Staatskasse *f*, Fiskus *m*; ⚠ *nicht* Tresor; **~erie** *f* Finanzverwaltung *f*, -behörde *f*; **~ier, ~ière** [-je, -jɛr] *m, f* Schatzmeister *m*, Kassenwart *m*, Kassierer(in) *m(f)*

⚠ ***le trésor*** ist ein so genannter **falscher Freund** (*un faux ami*), der aufgrund seiner lautlichen Ähnlichkeit zum deutschen ‚Tresor' an einen Stahlschrank zur Aufbewahrung von Geld und Goldbarren denken lässt. Will man seine Wertsachen im Tresor deponieren, so steckt man sie in ***le coffre-fort***.

tressaill|ement [tresajmɑ̃] *m* Zusammenfahren *n*, Schauder *m*; **~ir** (2c, *futur* 2a) zusammenzucken, (er)zittern, erschauern
tressauter [tresote] (1a) zusammenzucken, auffahren; hin und her geschüttelt werden
tress|e [trɛs] *f* Zopf *m*; Litze *f*; **~er** (1b) flechten
tréteau [treto] *m* (⚠ *pl* **~x**) *tech* Bock *m*; Arbeitsbühne *f*
treuil [trœj] *m tech* (Seil-)Winde *f*
trêve [trɛv] *f* Waffenruhe *f*, -stillstand *m*; *fig* Rast *f*; ~ ***de*** ... Schluss mit ...; ***sans*** ~ ununterbrochen
Trèves [trɛv] Trier
trévise [treviz] *f* Radicchio *m*
tri [tri] *m* Sortieren *n*; ***faire un*** ~ auswählen, sieben
triage [trijaʒ] *m* Auslesen *n*; Sortieren *n*; ***gare*** *f* ***de*** ~ Rangierbahnhof *m*
▶ **triang|le** [trijɑ̃glə] *m* Dreieck *n*; *mus* Triangel *m*; ~ ***de présignalisation*** Warndreieck *n*; **~ulaire** [-ylɛr] dreieckig
tribal, ~e [tribal] (⚠ *m/pl* **-aux**) Stammes...
tribord [tribɔr] *m mar* Steuerbord *n*
tribu [triby] *f* (Volks-)Stamm *m*; *péj*, *iron* Sippschaft *f*
tribulation [tribylasjɔ̃] *f meist pl* **~s** Drangsal *f*, Leiden *n/pl*
tribun [tribɛ̃, -œ̃] *m hist u fig* Volkstribun *m*
▶ **tribunal** [tribynal] *m* (⚠ *pl* **-aux**) Gericht *n*, Gerichtshof *m*, -gebäude *n*; ~ ***d'instance*** *etwa* Amtsgericht *n*; ~ ***de grande instance*** *etwa* Landgericht *n*
tribune [tribyn] *f* Tribüne *f*; *fig* Podiumsgespräch *n*
tribut [triby] *m* Tribut *m* (*a fig*), Abgabe *f*
tributaire [tribytɛr] tributpflichtig; ~ ***de*** angewiesen auf; ***cours*** *m* ***d'eau*** ~ Nebenfluss *m*
trich|er [triʃe] (1a) betrügen, F mogeln; **~erie** *f* Betrug *m*, F Schummelei *f*; **~eur, ~euse** *m, f* Betrüger(in) *m(f)*
tricolore [trikɔlɔr] dreifarbig; blauweißrot; ***drapeau*** *m* ~ Trikolore *f*
▶ **tricot** [triko] *m* Stricken *n*; Strickjacke *f*; Strickzeug *n*, -arbeit *f*; ***de*** *od* ***en*** ~ Strick...; ⚠ *nicht* Trikot
tricotage [trikɔtaʒ] *m* Stricken *n*
▶ **tricoter** [trikɔte] (1a) stricken; F ~ (***des jambes***) flitzen; türmen
tricycle [trisiklə] *m* Dreirad *n*
trident [tridɑ̃] *m* Dreizack *m*
triennal, ~e [trijɛnal] (⚠ *m/pl* **-aux**) dreijährlich, -jährig
trier [trije] (1a) auslesen; sortieren
trifouiller [trifuje] (1a) F kramen; stöbern
trilingue [trilɛ̃g] dreisprachig
trille [trij] *m mus* Triller *m*
trillion [triljɔ̃] *m* Trillion *f*; ⚠ ***le*** ~
trimbal(l)er [trɛ̃bale] (1a) F mitschleppen, mit sich herumschleppen
trimer [trime] (1a) F schuften, sich abrackern
▶ **trimestr|e** [trimɛstrə] *m* Vierteljahr *n*, Quartal *n*; **~iel, ~ielle** [-ijɛl] vierteljährlich, dreimonatlich

T

Trinité [trinite] *f rel* Dreifaltigkeit *f*
trinquer [trɛ̃ke] (1m) *beim Trinken*: anstoßen (***avec qn*** mit j-m; ***à qc*** auf etw); F *fig* es ausbaden müssen
triomph|e [trijɔ̃f] *m* Triumph *m*; Sieg *m*; **~er** (1a) triumphieren, siegen (***de*** über)
tripartite [tripartit] dreiteilig; *pol* Dreimächte..., Dreiparteien..., Dreier...
tripatouiller [tripatuje] (1a) F ~ ***qc*** an etw herumfummeln, -pfuschen
tripes [trip] *f/pl* Eingeweide *n/pl*; *cuis* Kutteln *f/pl*, Kaldaunen *f/pl*
▶ **tripl|e** [triplə] dreifach; **~er** (1a) (sich) verdreifachen; **~és, ~ées** *m/pl, f/pl* Drillinge *m/pl*
tripot [tripo] *m péj* Spielhölle *f*
tripoter [tripɔte] (1a) F herumspielen (***qc*** mit etw), herumfummeln (***qc*** an etw), befummeln; herumkramen, -wühlen (***dans*** in); unsaubere Geschäfte machen
trique [trik] *f* Knüppel *m*
▶ **trist|e** [trist] traurig; trist, trübselig; (*vorangestellt*) *péj* erbärmlich; **~esse** [-ɛs] *f* Traurigkeit *f*; Trübsinn *m*; Trostlosigkeit *f*
triturer [trityre] (1a) zerreiben
trivial, ~e [trivjal] (⚠ *m/pl* **-aux**) vulgär, ordinär; *litt* gewöhnlich; ⚠ *im allg nicht* trivial; **~ité** Vulgarität *f*; Zote *f*
troc [trɔk] *m* Tausch(handel) *m*
troglodyte [trɔglɔdit] *m* Höhlenbewohner *m*
trognon [trɔɲɔ̃] *m Obst*: Kerngehäuse *n*, Butzen *m*
▶ **trois** [trwa] **1.** *adj* drei; ***à*** ~ zu dritt; ***le ~ mai*** der dritte *od* am dritten Mai; **2.** *m* Drei *f*; ⚠ ***le*** ~
▶ **troisième** [trwazjɛm] dritte; ***le ~ âge*** das Seniorenalter; die Senioren *pl*
▶ **troisièmement** [trwasjɛmmɑ̃] drittens
trois|-mâts [trwamɑ] *m* (⚠ *pl unv*) *mar* Dreimaster *m*; **~-quatre** [-katrə] *m* (⚠ *pl unv*) *mus* Dreivierteltakt *m*
trolleybus [trɔlɛbys] *m* Obus *m*
trombe [trɔ̃b] *f* Windhose *f*; *fig* ***en*** ~ wie der Blitz
trombone [trɔ̃bɔn] *m* **1.** *mus* Posaune *f*; Posaunist *m*; **2.** Büroklammer *f*
trompe [trɔ̃p] *f mus* Horn *n*; *zo* Rüssel *m*
trompe-l'œil [trɔ̃plœj] *m* (⚠ *pl unv*) perspektivische Illusionsmalerei *f*; *fig* trügerischer Schein *m*
▶ **tromper** [trɔ̃pe] (1a) täuschen; betrügen; irreführen; ▶ ***se tromper*** sich irren, sich täuschen (***de*** in)
tromperie [trɔ̃pri] *f* Betrug *m*, Täuschung *f*
trompette [trɔ̃pɛt] **1.** *f* Trompete *f*; **2.** *m* Trompeter *m*
tromp|eur, ~euse [trɔ̃pœr, -øz] trügerisch
tronc [trɔ̃] *m* (Baum-)Stamm *m*; Rumpf *m*; Opferstock *m*; *fig* ~ ***commun*** gemeinsame Grundlage *f*; *Schule*: Pflichtfächer *n/pl*
tronçon [trɔ̃sɔ̃] *m* Abschnitt *m*, Teilstück *n*; *arch* (Säulen-)Trommel *f*
tronçonner [trɔ̃sɔne] (1a) zerschneiden, zersägen
trôn|e [tron] *m* Thron *m*; ⚠ *Schreibung*; **~er** (1a) thronen
tronquer [trɔ̃ke] (1m) stutzen; *fig* verstümmeln
▶ **trop** [tro, *in der Bindung* trop *od* trɔp] zuviel, zu (sehr); ~ ***de*** (+ *subst*) zu viel, zu viele; ***je ne sais pas*** ~ ich weiß nicht recht; ***c'en est*** ~ das geht zu weit; ***être de*** ~ überflüssig sein; *litt* ***par*** ~ gar zu
trophée [trɔfe] *m* Trophäe *f*; ⚠ ***le*** ~
tropical, ~e [trɔpikal] (⚠ *m/pl* **-aux**) tropisch, Tropen...
tropique [trɔpik] *m géogr* **1.** *pl* **~s** Tropen *pl*; **2.** Wendekreis *m*
trop-plein [troplɛ̃] *m* (⚠ *pl* **trop-pleins**) Überfluss *m*; *tech* Überlauf *m*
troquer [trɔke] (1m) (ein)tauschen (***contre*** gegen)
trot [tro] *m* Trab *m*; ***aller au*** ~ Trab reiten
trott|er [trɔte] (1a) traben; herumlaufen; ⚠ *il* ***a*** *trotté*; **~euse** *f* Sekundenzeiger *m*; **~iner** [-ine] (1a) trippeln; **~inette** [-inɛt] *f* Roller *m* (*für Kinder*)
▶ **trottoir** [trɔtwar] *m* Bürgersteig *m*, Gehweg *m*
▶ **trou** [tru] *m* (⚠ *pl* **~s**) Loch *n*; ~ ***d'air*** Luftloch *n*; ~ (***dans la couche***) ***d'ozone*** Ozonloch *n*; ~ ***de mémoire*** Black-out *m*
troubadour [trubadur] *m* provenzalischer Minnesänger *m*, Troubadour *m*
trouble [trublə] **1.** *adj* trüb(e); *fig* unklar, dunkel; **2.** *m* Verwirrung *f*; Aufregung *f*; *méd* Störung *f*; **~s** *pl* Unruhen *f/pl*; **~s *respiratoires*** Atembeschwerden *f/pl*

T

trouble-fête [trubləfɛt] *m* (⚠ *pl unv*) Störenfried *m*, Spielverderber *m*
troubler [truble] (1a) trüben; stören; verwirren, beunruhigen; bestürzen; betören; **se ~** trüb werden; in Verwirrung geraten
troué, ~e [true] durchlöchert
trouée [true] *f* Schneise *f*; Lücke *f*; *mil* Durchbruch *m*; ***la ~ de Belfort*** die Burgundische Pforte
trouer [true] (1a) durchlöchern
trouille [truj] *f* F ***avoir la ~*** Angst *od* P Schiss haben
troupe [trup] *f* Trupp *m*, Schar *f*; Truppe *f*; *mil* ▶ ***troupes*** *pl* Truppen *pl*; ⚠ ***la ~**, aber **le groupe***
troupeau [trupo] *m* (⚠ *pl* **~x**) Herde *f* (*a fig*)
trousse [trus] *f* Etui *n*; Täschchen *n*; ***~ de toilette*** (Reise-)Nessessär *n*, Kulturbeutel *m*; *fig **être aux ~s de qn*** j-m auf den Fersen sein
trousseau [truso] *m* (⚠ *pl* **~x**) **1.** ***~ de clés*** Schlüsselbund *m od n*; **2.** Aussteuer *f*
trouvaille [truvaj] *f* glücklicher Fund *m*; Geistesblitz *m*
▶ **trouver** [truve] (1a) (auf-, vor-, heraus)finden; ausdenken; antreffen; bekommen; ***aller trouver qn*** j-n auf-, besuchen; ***trouver que*** ... finden *od* der Ansicht sein, dass ...; **~** (+ *adj*) halten für, finden (+ *adj*); ▶ ***se trouver*** sich befinden; vorkommen; sich ergeben; ***il se trouve que*** ... es erweist sich, dass ...
truand [tryɑ̃] *m* Gauner *m*, Ganove *m*
truander [tryɑ̃de] (1a) F reinlegen
trublion [tryblijɔ̃] *m* Störer *m*; Unruhestifter *m*
▶ **truc** [tryk] *m* F Ding(sda) *n*; Trick *m*, Kniff *m*
trucage *cf* ***truquage***
truchement [tryʃmɑ̃] *m* ***par le ~ de*** durch (Vermittlung von)
trucul|ent, ~ente [trykylɑ̃, -ɑ̃t] urwüchsig, derb
truelle [tryɛl] *f* (Maurer-)Kelle *f*
truff|e [tryf] *f bot* Trüffel *f*; *Hund*: Nase *f*; **~é, ~ée** getrüffelt; *fig* gespickt (**de** mit)
truie [trɥi] *f* Sau *f*, Mutterschwein *n*
truisme [tryismə] *m* Binsenwahrheit *f*
truite [trɥit] *f zo* Forelle *f*
truqu|age [trykaʒ] *m* Fälschung *f*, Schwindel *m*; *Film*: Trickaufnahme *f*; **~er** (1m) fälschen, F frisieren
tsar [dzar, tsar] *m* Zar *m*; **~ine** *f* Zarin *f*
t-shirt [tiʃœrt] *m* (⚠ *pl* ***t-shirts***) T-Shirt *n*
tsigane [tsigan] *m*, *f* Zigeuner(in) *m*(*f*)
t.s.v.p. [teɛsvepe] (*abr **tournez s'il vous plaît***) b.w.
T.T.C. [tetese] (*abr **toutes taxes comprises***) inkl. MWSt.
▶ **tu**[1] [ty] du
tu[2], **~e** [ty] *p/p von* ***taire***
tu|ant, ~ante [tɥɑ̃, -ɑ̃t] F ermüdend, anstrengend
tube [tyb] *m* Rohr *n*; Röhre *f* (*a phys*); Röhrchen *n*; Tube *f*; ***~ digestif*** Verdauungskanal *m*, -trakt *m*; ***~ de rouge*** Lippenstift *m*; ⚠ ***le ~***
tubercul|eux, ~euse [tybɛrkylø, -øz] *méd* tuberkulös; *bot* Knollen...; **~ose** [-oz] *f méd* Tuberkulose *f*
tubulaire [tybylɛr] röhrenförmig
T.U.C. [tyk] *m* (*abr **travail d'utilité collective***) ABM-Stelle *f*
tue-mouche [tymuʃ] **1.** *adj* ***papier*** *m* **~(s)** Fliegenfänger *m*; **2.** *m* (⚠ *pl unv*) *bot* Fliegenpilz *m*
▶ **tuer** [tɥe] (1n) töten; umbringen; *Tier*: schlachten; *fig* zerstören; ruinieren; ▶ ***se tuer*** umkommen
tuerie [tyri] *f* Gemetzel *n*, Blutbad *n*
tue-tête [tytɛt] ***à ~*** aus vollem Halse; aus Leibeskräften
tueur [tɥœr] *m* Mörder *m*; ***~ à gages*** Killer *m*
tuil|e [tɥil] *f* (Dach-)Ziegel *m*; F *fig* Pech *n*, Schlag *m* ins Kontor; **~erie** *f* Ziegelei *f*
tulipe [tylip] *f bot* Tulpe *f*
tulle [tyl] *m* Tüll *m*
tuméfié, ~e [tymefje] ver-, geschwollen
tumeur [tymœr] *f* Geschwulst *f*, Tumor *m*; ⚠ ***la ~***
tumult|e [tymylt] *m* Tumult *m*; Aufruhr *m*; *fig* Hektik *f*; **~ueux, ~ueuse** [-ɥø, -ɥøz] lärmend, tobend; stürmisch
tuner [tynœr] *m* Tuner *m*
tungstène [tɛ̃kstɛn, tœ̃-] *m chim* Wolfram *n*
tunique [tynik] *f* Tunika *f*; Kasack (-bluse) *m*(*f*); *mil* Waffenrock *m*
▶ **Tunisie** [tynizi] ***la ~*** Tunesien *n*
tunis|ien, ~ienne [tynizjɛ̃, -jɛn] tunesisch

T

Tunis|ien, ~ienne [tynizjɛ̃, -jɛn] *m, f* Tunesier(in) *m(f)*
tunnel [tynɛl] *m* Tunnel *m*
turbin|e [tyrbin] *f* Turbine *f*; **~er** (1a) *arg* schuften
turbo|compresseur [tyrbokɔ̃prɛsœr] *m* Turbolader *m*; **~-propulseur** [-prɔpylsœr] *m aviat* Turboproptriebwerk *n*; **~-réacteur** [-reaktœr] *m aviat* Turboluftstrahltriebwerk *n*
turbot [tyrbo] *m zo* Steinbutt *m*
turbul|ence [tyrbylɑ̃s] *f* Wildheit *f*; *phys* Turbulenz *f*; **~ent, ~ente** [-ɑ̃, -ɑ̃t] wild, ausgelassen
▶ **turc, turque** [tyrk] türkisch
Turc, Turque [tyrk] *m, f* Türke *m*, Türkin *f*
turf [tœrf, tyrf] *m* Pferderennsport *m*; (Pferde-)Rennbahn *f*
turlupiner [tyrlypine] (1a) F keine Ruhe lassen, verfolgen
▶ **Turquie** [tyrki] **la ~** die Türkei
turquoise [tyrkwaz] *f* Türkis *m*; ⚠ **la ~**
tus [ty] *p/s von* **taire**
tutelle [tytɛl] *f jur* Vormundschaft *f*; Treuhandschaft *f*; *fig* Bevormundung *f*; *st/s* Schutz *m*
tu|teur, ~trice [tytœr, -tris] **1.** *m, f jur* Vormund *m*; **2.** *m* (Baum-)Stütze *f*
tutoyer [tytwaje] (1h) duzen
tutu [tyty] *m* Ballettröckchen *n*; *enf* Popo *m*
▶ **tuyau** [tɥijo] *m* (⚠ *pl* **~x**) **1.** Rohr *n*, Röhre *f*; Schlauch *m*; **~ d'arrosage** Gartenschlauch *m*; **2.** F Tipp *m*; **~ter** [-te] (1a) F Tipps geben (**qn** j-m)
tuyère [tɥijɛr] *f tech* Düse *f*
T.V.A. [tevea] *f* (*abr* **taxe sur** *od* **à la valeur ajoutée**) Mehrwertsteuer *f*
tympan [tɛ̃pɑ̃] *m* Trommelfell *n*; *arch* Giebel-, Bogenfeld *n*, Tympanon *n*
▶ **type** [tip] *m* Typ(us) *m*; Urbild *n*; Modell *n*; F Kerl *m*, Typ *m*; **un chic ~** ein prima Kerl; **contrat** *m* **~** Mustervertrag *m*
typhoïde [tifɔid] *f méd* (**fièvre** *f*) **~** Typhus *m*
typhon [tifɔ̃] *m* Taifun *m*
typhus [tifys] *m méd* Fleckfieber *n*
typique [tipik] typisch (**de** für)
typograph|e [tipɔgraf] *m, f* Schriftsetzer(in) *m(f)*; **~ie** [-i] *f* Buchdruckerkunst *f*, Druck *m*; Typografie *f*
tyran [tirɑ̃] *m* Tyrann *m* (*a fig*); ⚠ *Schreibung*
tyrann|ie [tirani] *f* Tyrannei *f* (*a fig*), Gewaltherrschaft *f*; **~ique** tyrannisch; **~iser** (1a) tyrannisieren
Tyrol [tirɔl] **le ~** Tirol *n*
tyroli|en, ~enne [tirɔljɛ̃, -ɛn] **1.** *adj* aus Tirol; **2.** *m, f* ♀ Tiroler(in) *m(f)*; *f mus* Jodler *m*
tzar *cf* **tsar**
tzigane *cf* **tsigane**

U

U.E. [yø] *f* (*abr* **Union européenne**) EU *f*
Ukraine [ykrɛn] *f* **l'~** die Ukraine
ulcère [ylsɛr] *m* Geschwür *n*; **~ de l'estomac** *od* **à l'estomac** Magengeschwür *n*
ulcérer [ylsere] (1f) ein Geschwür hervorrufen; *fig* tief kränken
ultérieur, ~e [ylterjœr] spätere, künftig; **~ement** [-mɑ̃] *adv* später
ultimatum [yltimatɔm] *m* Ultimatum *n*
ultime [yltim] (aller)letzte
ultra... [yltra] *in Zssgn* sehr, extrem, hoch ..., ultra...
ultra-conserva|teur, ~trice [yltrakɔ̃sɛrvatœr, -tris] erzkonservativ
ultrason [yltrasɔ̃] *m phys* Ultraschall *m*
U.M.E. [yɛmø] *f* (*abr* **Union monétaire européenne**) EWU *f*
▶ **un, une** [ɛ̃ *od* œ̃, yn] ein(er), eine, ein(es); *allein stehend*: **un** eins; **le un** die Eins; **un à un** einer nach dem andern; **un sur trois** einer von dreien; *Zeitung*: **à la une** auf der ersten Seite; **c'est tout un** das ist ein und dasselbe; **l'un, l'une** der (die, das) eine; **les uns, les unes** die einen; ▶ **l'un(e) l'autre** *od* **les uns**

(*unes*) *les autres* einander, sich gegenseitig

unanim|e [ynanim] einstimmig, einmütig; **~ité** *f* Einstimmigkeit *f*, Einmütigkeit *f*; ***à l'~*** einstimmig

uni, ~e [yni] **1.** vereint; **2.** glatt; eben; einfarbig; *litt* schmucklos, schlicht

uni|colore [ynikɔlɔr] einfarbig; **~fication** [-fikasjõ] *f* Einigung *f*; Vereinheitlichung *f*; **~fier** [-fje] (1a) einigen; vereinheitlichen

uniform|e [ynifɔrm] **1.** *adj* gleichförmig, -mäßig, -artig; einförmig; ⚠ *adv* ***uniformément***; **2.** *m* Uniform *f*; ⚠ ***un ~***; **~iser** (1a) vereinheitlichen; **~ité** *f* Gleich-, Einförmigkeit *f*

unilatéral, ~e [ynilateral] (⚠ *m/pl* ***-aux***) einseitig

union [ynjõ] *f* Verbindung *f*, Vereinigung *f*; Bund *m*; Union *f*; Einigkeit *f*; ☊ ***européenne*** Europäische Union *f*; ☊ ***monétaire européenne*** Europäische Währungsunion *f*

▶ **unique** [ynik] einzig; einzigartig, einmalig; **~ment** *adv* einzig und allein; bloß

unir [ynir] (2a) verein(ig)en, verbinden; *Paar*: trauen

unisson [ynisõ] *m mus* Gleichklang *m*; ***à l'~*** einstimmig

unitaire [ynitɛr] einheitlich

▶ **unité** [ynite] *f* Einheit *f* (*a mil*); Einheitlichkeit *f*; *math* Einer *m*; *comm* Stück *n*; *EDV* ***~ centrale*** Zentraleinheit *f*; ***~ de commande*** Steuerwerk *n*; ***~ de contrôle*** Steuergerät *n*; ***~ de valeur*** Schein *m*, Studiennachweis *m*; ***~ de visualisation*** Bildschirmgerät *n*

univers [ynivɛr] *m* Universum *n*, Weltall *n*; *fig* Welt *f*

universal|iser [ynivɛrsalize] (1a) allgemein verbreiten; verallgemeinern; **~ité** *f* Vielseitigkeit *f*; Allgemeingültigkeit *f*

universel, ~le [ynivɛrsɛl] allgemein, universal; weltweit

universitaire [ynivɛrsitɛr] **1.** *adj* Universitäts..., akademisch; **2.** *m, f* Hochschullehrer(in) *m(f)*

▶ **université** [ynivɛrsite] *f* Universität *f*, Hochschule *f*

Untel [ɛ̃tɛl, œ̃-] ***monsieur ~*** Herr Soundso

uranium [yranjɔm] *m* Uran *n*

urb|ain, ~aine [yrbɛ̃, -ɛn] städtisch; Stadt...

urban|iser [yrbanize] (1a) e-n städtischen Charakter geben; **~isme** *m* Städteplanung *f*, Städtebau *m*

urgence [yrʒɑ̃s] *f* Dringlichkeit *f*; ***d'~*** dringend; ***état*** *m* ***d'~*** Notstand *m*

▶ **urg|ent, ~ente** [yrʒɑ̃, -ɑ̃t] dringend

urin|e [yrin] *f* Urin *m*; ⚠ ***une ~***; **~er** (1a) urinieren

urne [yrn] *f* Urne *f*

U.R.S.S. [yɛrɛsɛs *od* yrs] *f hist* (*abr* ***Union des républiques socialistes soviétiques***) UdSSR *f*, Sowjetunion *f*

urticaire [yrtikɛr] *f méd* Nesselsucht *f*

us [ys] *m/pl* ***~ et coutumes*** *f/pl* Sitten *f/pl* und Gebräuche *m/pl*

▶ **usage** [yzaʒ] *m* Benutzung *f*, Gebrauch *m*; Brauch *m*, Sitte *f*, Gewohnheit *f*; Sprachgebrauch *m*; ***hors d'~*** außer Gebrauch; ***à l'~*** bei der Anwendung; ***à l'~ de qn*** für j-n; ***faire ~ de*** verwenden, gebrauchen; ***d'~*** üblich

usag|é, ~ée [yzaʒe] *Kleider*: getragen, gebraucht; **~er** *m* Benutzer *m*; Teilnehmer *m*

usé, ~e [yze] ge-, verbraucht (*a fig*), abgenutzt; abgetragen; abgedroschen

▶ **user** [yze] (1a) **1.** ***~ qc*** etw abnutzen; etw verbrauchen; ***~ qn*** j-n aufreiben; ***s'~*** sich abnutzen; sich verbrauchen; **2.** ***~ de qc*** etw gebrauchen, anwenden

▶ **usine** [yzin] *f* Fabrik *f*; ***~ d'automobiles*** Autofabrik *f*, -werk *n*; ***~ de retraitement*** Wiederaufbereitungsanlage *f*; ***~ sidérurgique*** Hüttenwerk *n*

usité, ~e [yzite] *Wort*: gebräuchlich

ustensile [ystɑ̃sil] *m* Gerät *n*; **~s** *pl* Utensilien *pl*; ⚠ *Schreibung*

usuel, ~le [yzɥɛl] gebräuchlich, üblich

usur|e [yzyr] *f* **1.** Wucher *m*; **2.** Abnutzung *f*, Verschleiß *m*; **~ier** *m* Wucherer *m*

usurpa|teur [yzyrpatœr] *m pol* Usurpator *m*; **~tion** *f* Usurpation *f*; *jur* Anmaßung *f*

usurper [yzyrpe] (1a) usurpieren; sich widerrechtlich aneignen

ut [yt] *m mus* c *od* C *n*

▶ **utile** [ytil] nützlich; *tech* Nutz...; ***en temps ~*** zu gegebener Zeit

utilisa|ble [ytilizablə] (be)nutzbar, verwendbar; **~teur, ~trice** *m, f* Benutzer(in) *m(f)*; Anwender(in) *m(f)*; **~tion** *f* Ver-, Anwendung *f*, Gebrauch *m*, Nutzung *f*

►**utiliser** [ytilize] (1a) ver-, anwenden, (be)nutzen
utilit|aire [ytilitɛr] Nutz..., Gebrauchs...; Nützlichkeits...; **~arisme** [-arismə] *m* Utilitarismus *m*; Zweckdenken *n*
utilité [ytilite] *f* Nützlichkeit *f*, Nutzen *m*; **~ *publique*** Gemeinnützigkeit *f*; **~s** *pl Theater*: Nebenrollen *f/pl*
utop|ie [ytɔpi] *f* Utopie *f*; **~ique** utopisch; **~iste** *m, f* Utopist(in) *m(f)*

V

v. (*abr* ***voir***) s. (siehe)
va [va] *cf* aller
vacance [vakɑ̃s] *f* **1.** ► ***vacances*** *pl* Ferien *pl*; **2.** freie Stelle *f*
vacanc|ier, ~ière [vakɑ̃sje, -jɛr] *m, f* Urlauber(in) *m(f)*; Feriengast *m*
vac|ant, ~ante [vakɑ̃, -ɑ̃t] *Wohnung*: leer stehend; *Stelle*: offen, unbesetzt
vacarme [vakarm] *m* (Heiden-)Lärm *m*, Krach *m*, Spektakel *m*
vacataire [vakatɛr] *m* Aushilfe *f*
vaccin [vaksɛ̃] *m méd* Impfstoff *m*
vaccin|ation [vaksinasjɔ̃] *f méd* Impfung *f*; **~er** (1a) impfen
►**vache** [vaʃ] **1.** *f* Kuh *f*; Rinds-, Kuhleder *n*; ***maladie f de la ~ folle*** Rinderwahn(sinn) *m*; *fig* ***~ à lait*** Melkkuh *f*; F ***la ~!*** Donnerwetter!, Mensch!; **2.** *adj* F gemein; *vorangestellt* F toll; **~ment** *adv* F kolossal, wahnsinnig, total
vach|er, ~ère [vaʃe, -ɛr] *m, f* Kuhhirt(in) *m(f)*; **~erie** *f* Kuhstall *m*; F Gemeinheit *f*
vaciller [vasije] (1a) (sch)wanken; flackern
vadrouiller [vadruje] (1a) F herumbummeln
va-et-vient [vaevjɛ̃] *m* (⚠ *pl unv*) Hin- und Herbewegung *f*; Kommen und Gehen *n*
vagab|ond, ~onde [vagabɔ̃, -ɔ̃d] **1.** *adj* umherstreifend, unstet; **2.** *m, f* Vagabund *m*, Landstreicher(in) *m(f)*
vagabond|age [vagabɔ̃daʒ] *m* Umherziehen *n*; Landstreicherei *f*; **~er** (1a) umherziehen, herumstrolchen, -streichen; *fig* umherschweifen
vagin [vaʒɛ̃] *m* Scheide *f*, Vagina *f*
vague[1] [vag] *f* Welle *f*, Woge *f*
vague[2] [vag] **1.** *adj* vage, verschwommen, unbestimmt, undeutlich; ***terrain m ~*** unbebautes Gelände *n*; **2.** *m* Undeutlichkeit *f*; ***avoir du ~ à l'âme*** an Weltschmerz leiden; **~ment** *adv* vage, verschwommen
vaguer [vage] (1m) *litt* schweifen

vachement et la vache

Adverbien auf *-ment* werden üblicherweise aus der weiblichen Form des Adjektivs gebildet (z. B. *cruel, cruelle → cruellement*).

Im Falle von ***vachement*** fällt auf, dass das Adverb vom Grundwort *la vache* ‚die Kuh' abgeleitet wurde. Betrachten wir den Satz *Ce film, il était* ***vachement drôle!*** (Dieser Film war total witzig!), so fragt man sich, was das Adverb *vachement* mit einer Kuh zu tun haben soll. Das obige Beispiel zeigt, dass ***vachement*** praktisch keine eigene Bedeutung mehr hat, sondern **das Adjektiv** *drôle* **verstärkt** und im Deutschen in etwa ‚total' entspricht.

Weitere Beispiele:
*Marlène est **vachement sympa.***
= Marlène est très sympathique.
*C'est **vachement cher.***
= C'est très cher.

vaill|ant, ~ante [vajɑ̃, -ɑ̃t] tapfer; tüchtig
vaille [vaj] *subj von* **valoir**; **~ que ~** komme, was da wolle
vain, vaine [vɛ̃, vɛn] vergeblich; *litt* eitel; ▶ **en vain** vergeblich, umsonst
▶ **vaincre** [vɛ̃krə] (4i) (be)siegen; überwinden
vaincu, ~e [vɛ̃ky] **1.** *p/p von* **vaincre** besiegt; **2.** *m* Besiegte(r) *m*, Verlierer *m*
vainement [vɛnmɑ̃] *adv* umsonst, vergeblich
▶ **vainqueur** [vɛ̃kœr] *m* Sieger(in) *m(f)*
vais [vɛ] *cf* **aller**
vaisseau [vɛso] *m* (⚠ *pl* **~x**) **1.** Gefäß *n*; **~ sanguin** Blutgefäß *n*; **2.** *litt* Schiff *n*; **~ spatial** Raumschiff *n*
vaisselle [vɛsɛl] *f* Geschirr *n*; ▶ **faire** *od* **laver la vaisselle** (das) Geschirr spülen, abwaschen
val [val] *m* (⚠ *pl* **vaux** [vo] *od* **vals**) *litt* Tal *n*; **par monts et par vaux** über Berg und Tal
▶ **valable** [valablə] gültig; annehmbar, brauchbar; tüchtig
Valais [valɛ] **le ~** das Wallis
valériane [valerjan] *f bot* Baldrian *m*
valet [valɛ] *m* Diener *m*; *Kartenspiel*: Bube *m*
▶ **valeur** [valœr] *f* Wert *m*; Bedeutung *f*; *comm* **~s** *pl* Wertpapiere *n/pl*; **sans ~** wertlos; **la ~ de** etwa; **mettre en ~** zur Geltung bringen, hervorheben
validation [validasjɔ̃] *f* Gültigkeitserklärung *f*; Anerkennung *f*; *Fahrschein*: Entwertung *f*
valid|e [valid] **1.** gesund, kräftig; **2.** gültig; **~er** (1a) für gültig erklären; anerkennen; *Fahrschein*: entwerten; **~ité** *f* (Rechts-)Gültigkeit *f*
▶ **valise** [valiz] *f* Koffer *m*; **faire sa ~** seinen Koffer packen
▶ **vallée** [vale] *f* Tal *n*
vallon [valɔ̃] *m* kleines Tal *n*
vallonné, ~e [valɔne] hügelig
▶ **valoir** [valwar] (3h) **1.** wert sein; gelten (**pour** für); kosten; ▶ **valoir la peine** sich lohnen; ▶ **valoir mieux** besser sein (**que** als); **il vaut mieux** (+ *inf*) (**que de** *inf*) es ist besser zu (+ *inf*) (als zu + *inf*); **il vaut mieux que** (+ *subj*) es ist besser, dass ...; F **ça vaut le coup** das lohnt sich; **faire valoir** nutzbar machen; geltend machen; herausstreichen; **2.** **valoir qc à qn** j-m etw eintragen
valoris|ation [valɔrizasjɔ̃] *f* Aufwertung *f*; **~er** (1a) aufwerten
vals|e [vals] *f* Walzer *m*; ⚠ **la ~**; **~er** (1a) Walzer tanzen; F **faire ~ l'argent** mit Geld um sich schmeißen
valve [valv] *f tech* Ventil *n*
vampire [vɑ̃pir] *m* Vampir *m*; *fig* Blutsauger *m*
vandalisme [vɑ̃dalismə] *m* Vandalismus *m*, Zerstörungswut *f*
vanille [vanij] *f* Vanille *f*
vanit|é [vanite] *f* Eitelkeit *f*; *litt* Nichtigkeit *f*; **~eux, ~euse** [-ø, -øz] eitel, eingebildet
vanity-case [vanitikɛz] *m* (⚠ *pl* **vanity-cases**) Kosmetikkoffer *m*
vanne [van] *f* Schleusentor *n*; F Stichelei *f*
vanneau [vano] *m* (⚠ *pl* **~x**) *zo* Kiebitz *m*
vannerie [vanri] *f* Korbflechterei *f*; Korbwaren *f/pl*
vantail [vɑ̃taj] *m* (⚠ *pl* **vantaux**) (Tür-, Fenster-)Flügel *m*
vant|ard, ~arde [vɑ̃tar, -ard] **1.** *adj* großsprecherisch; **2.** *m, f* Prahlhans *m*, Angeber(in) *m(f)*; **~ardise** [-ardiz] *f* Prahlerei *f*
vanter [vɑ̃te] (1a) rühmen, (an)preisen; **se ~** prahlen, angeben, sich brüsten (**de qc** mit etw)
va-nu-pieds [vanypje] *m, f* (⚠ *pl unv*) Bettler(in) *m(f)*
vapes [vap] *f/pl* F **être dans les ~** Mattscheibe haben
▶ **vapeur** [vapœr] **1.** *f* Dampf *m*; Dunst *m*; **2.** *m* Dampfer *m*
vapor|eux, ~euse [vapɔrø, -øz] duftig, leicht
vaporis|ateur [vapɔrizatœr] *m* Zerstäuber *m*, Spray *m od n*; **~er** (1a) verdampfen; zerstäuben
varappe [varap] *f* Klettern *n*; **~r** (1a) klettern
varech [varɛk] *m bot* Tang *m*
vareuse [varøz] *f* Matrosenbluse *f*; (Uniform-)Jacke *f*
vari|abilité [varjabilite] *f* Veränderlichkeit *f*; **~able** veränderlich
variante [varjɑ̃t] *f* Variante *f*, Abwandlung *f*
variation [varjasjɔ̃] *f* Veränderung *f*, Wechsel *m*; Schwankung *f*

varice [varis] *f* Krampfader *f*
varicelle [varisɛl] *f méd* Windpocken *pl*
varié, ~e [varje] verschiedenartig, mannigfaltig, abwechslungsreich
varier [varje] (1a) Abwechslung bringen in, variieren; sich ändern, wechseln; schwanken
variété [varjete] *f* Vielfalt *f*; Abwechslung *f*; *biol* Ab-, Spielart *f*
variole [varjɔl] *f méd* Pocken *pl*
Varsovie [varsɔvi] Warschau
vas [va] *cf* ***aller***
vase[1] [vɑz] *m* Gefäß *n*, Vase *f*; ***~ de nuit*** Nachtgeschirr *n*; *fig* ***vivre en ~ clos*** sich abkapseln; ⚠ ***le ~***
vase[2] [vɑz] *f* Schlamm *m*
vas|eux, ~euse [vɑzø, -øz] schlammig; F unwohl; F verschwommen
vasouiller [vazuje] (1a) F schwimmen, unsicher sein
vassal [vasal] *m* (⚠ *pl* ***-aux***) Vasall *m*; *hist* Lehnsmann *m*; ⚠ *Schreibung*
vaste [vast] weit, ausgedehnt; geräumig; umfangreich
Vatican [vatikɑ̃] ***le ~*** der Vatikan
va-tout [vatu] *m* ***jouer son ~*** alles auf e-e Karte setzen
Vaud [vo] ***canton*** *m* ***de ~*** Kanton *m* Waadt
vaudeville [vodvil] *m* Schwank *m*
vaudrai [vodre] *futur von* ***valoir***
vauri|en, ~enne [vorjɛ̃, -ɛn] *m, f* Taugenichts *m*; Göre *f*
vaut [vo] *cf* ***valoir***
vautour [votur] *m zo* Geier *m*; *fig* Wucherer *m*
vautrer [votre] (1a) ***se ~*** sich wälzen; sich hinlümmeln
vaux [vo] *cf* ***valoir*** *u* ***val***
▶ **veau** [vo] *m* (⚠ *pl* ***~x***) Kalb *n*; Kalbfleisch *n*; Kalbsleder *n*
vécu, ~e [veky] *p/p von* ***vivre***
▶ **vedette** [vədɛt] *f* **1.** *Theater, Film etc*: Star *m*, Hauptdarsteller(in) *m(f)*; ***en ~*** vorn, im Vordergrund; ***mettre en ~*** herausstellen, -streichen; ***match*** *m* ***~*** Spitzen-, Schlagerspiel *n*; **2.** *mil* Schnellboot *n*
végétal, ~e [veʒetal] (⚠ *m/pl* ***-aux***) **1.** *adj* pflanzlich, Pflanzen...; **2.** *m* Pflanze *f*, Gewächs *n*
végétari|en, ~enne [veʒetarjɛ̃, -ɛn] **1.** *adj* vegetarisch; **2.** *m, f* Vegetarier(in) *m(f)*

le vélo – rund ums Fahrrad

la bicyclette	das Fahrrad
le vélo	das (Fahr-)Rad
le vélo de course	das Rennrad
le V.T.T. [vetete] (*le vélo tout terrain*)	das Mountainbike
la piste cyclable	der Radweg
faire du vélo	Rad fahren
aller à / en bicyclette	mit dem Fahrrad fahren

Teile des Fahrrads

l'antivol *m*	das Fahrradschloss
la chaîne	die Kette
la chambre d'air	der Schlauch
le dérailleur	die Gangschaltung
le feu arrière	das Rücklicht
le guidon	der Lenker
la pédale	das Pedal
le phare	das Vorderlicht
le pneu	der Reifen
le porte-bagages	der Gepäckträger
les rayons *m/pl*	die Speichen
la selle	der Sattel
la sonnette	die Klingel
la valve	das Ventil

végét|ation [veʒetasjɔ̃] *f* Vegetation *f*; Pflanzenwelt *f*; **~er** (1f) (dahin)vegetieren
véhém|ence [veemɑ̃s] *f* Heftigkeit *f*; **~ent, ~ente** [-ɑ̃, -ɑ̃t] heftig, leidenschaftlich
véhicule [veikyl] *m* Fahrzeug *n*; *fig* Träger *m*
▶ **veille** [vɛj] *f* **1.** Vorabend *m*, Tag *m* vorher; ***la ~ de Noël*** der Heilige Abend; ***à la ~ de*** ... kurz vor ...; **2.** Wachen *n*; *mil* (Nacht-)Wache *f*; ⚠ *nicht verwechseln mit* ***vieille*** (*von* ***vieux***)
veillée [vɛje] *f* Kranken-, Nacht-, To-

V

tenwache *f*; abendliches Beisammensein *n*

veiller [vɛje] (1b) **1.** wachen; aufbleiben; **2.** ~ ***à qc*** für etw sorgen, auf etw bedacht sein; ~ ***à ce que*** (+ *subj*) dafür sorgen *od* darauf achten, dass ...; ~ ***à*** (+ *inf*) darauf achten zu (+ *inf*); ~ ***sur qn*** auf j-n Acht geben

veill|eur [vɛjœr] *m* Wächter *m*; **~euse** *f* Nachtlicht *n*; Sparflamme *f*; *auto* Standlicht *n*; ***mettre en*** ~ *Flamme*: klein stellen; *fig Angelegenheit*: ruhen lassen

vein|ard, ~arde [vɛnar, -ard] *m, f* F Glückspilz *m*, -kind *n*

veine [vɛn] *f* **1.** Ader (*a in Stein etc*); Vene *f*; *fig* Anlage *f*; **2.** F Glück *n*; ***avoir de la*** ~ Schwein haben

velcro [vɛlkro] ***fermeture*** *f* ~ Klettverschluss *m*

véliplanchiste [veliplɑ̃ʃist] *m, f* (Wind-)Surfer(in) *m(f)*

▶ **vélo** [velo] *m* Fahrrad *n*; ~ ***d'appartement*** Heimtrainer *m*; ~ ***tout terrain*** Mountainbike *n*; ***faire du*** ~ Rad fahren

vélo|cité [velɔsite] *f* Schnelligkeit *f*; **~drome** [-drom] *m* Radrennbahn *f*

▶ **vélomoteur** [velɔmɔtœr] *m* Moped *n*

velours [v(ə)lur] *m* Samt *m*

velouté, ~e [vəlute] samtig, samtweich; *Suppe*: legiert, sämig

velu, ~e [vəly] haarig, behaart

vélum [velɔm] *m* Zeltdach *n*; Sonnensegel *n*

venaison [vənɛzɔ̃] *f* Wildbret *n*

vénal, ~e [venal] (⚠ *m/pl* ***-aux***) *péj* käuflich, bestechlich

vendable [vɑ̃dablə] verkäuflich

vendang|e [vɑ̃dɑ̃ʒ] *f* Weinlese *f*; **~er** (1l) Weinlese halten

▶ **vend|eur, ~euse** [vɑ̃dœr, -øz] *m, f* Verkäufer(in) *m(f)*

▶ **vendre** [vɑ̃drə] (4a) verkaufen; *fig* verraten; ***se*** ~ sich verkaufen (lassen)

▶ **vendredi** [vɑ̃drədi] *m* Freitag *m*; ***Vendredi saint*** Karfreitag *m*; ***le*** ~, ***tous les*** **~*s*** freitags

vendu, ~e [vɑ̃dy] *p/p von* ***vendre*** *u adj* verkauft; *péj* gekauft

vénén|eux, ~euse [venenø, -øz] *Pflanzen*: giftig

vénér|able [venerablə] ehrwürdig; **~ation** *f* Verehrung *f*; Ehrfurcht *f*; **~er** (1f) verehren

vénér|ien, ~ienne [venerjɛ̃, -jɛn] *méd* ***maladie*** *f* ***vénérienne*** Geschlechtskrankheit *f*

vengeance [vɑ̃ʒɑ̃s] *f* Rache *f*

venger [vɑ̃ʒe] (1l) rächen (***qn de qc*** j-n für etw); ***se*** ~ ***de qn*** sich an j-m rächen; ***se*** ~ ***de qc sur qn*** sich für etw an j-m rächen

veng|eur, ~eresse [vɑ̃ʒœr, -rɛs] **1.** *adj* rächend; **2.** *m, f* Rächer(in) *m(f)*

venim|eux, ~euse [vənimø, -øz] *Tiere*: giftig; *fig* boshaft; ⚠ *nicht verwechseln mit* ***vénéneux***

venin [v(ə)nɛ̃] *m* Gift *n* (*von Tieren*); *fig* Bosheit *f*

▶ **venir** [v(ə)nir] (2h) kommen; herkommen; stammen (***de*** von, aus); reichen (***jusqu'à*** bis); ***venir bien*** gut gedeihen (*Pflanze*); ***à venir*** (zu)künftig; ***y***

venir und seine wichtigsten Verwendungen

1. *venir quelque part:*
Chaque année, beaucoup de touristes viennent en Bretagne. – Jedes Jahr kommen viele Touristen in die Bretagne.

2. *venir de:*
Mon copain vient de Paris. – Mein Freund kommt aus Paris.

3. *quelque chose vient à quelqu'un:*
Tout d'un coup, il m'est venu une idée formidable. – Plötzlich kam mir eine großartige Idee.

4. *venir de faire quelque chose:*
Madame Bonnard vient de partir. – Madame Bonnard ist eben weggegangen.

5. *venir chercher quelqu'un / quelque chose:*
Jacqueline est venue chercher ses enfants à la gare. – Jacqueline hat ihre Kinder am Bahnhof abgeholt.

venir darauf zu sprechen kommen; ***en venir à qc*** zu etw kommen; ***en venir à croire que*** ... zu der Überzeugung kommen, dass ...; ***en venir aux mains*** handgemein werden; ***en venir là*** so weit kommen; ***où veut-il en venir?*** worauf will er hinaus?; ▶ ***venir de faire qc*** soeben etw getan haben; ***venir à dire*** zufällig sagen; ***venir dire*** kommen, (um) zu sagen; ***venir voir qn*** j-n besuchen; ***venir chercher***, ***venir prendre*** (ab)holen

Venise [vəniz] Venedig

vénit|ien, ~ienne [venisjɛ̃, -jɛn] venezianisch

▶ **vent** [vɑ̃] *m* Wind *m*; *fig* Tendenz *f*; *mus* ***instrument*** *m* ***à ~*** Blasinstrument *n*; *fig* ***être dans le ~*** auf dem Laufenden, modern sein; *fig* ***c'est du ~*** das ist leeres Gerede; ***coup*** *m* ***de ~*** Windstoß *m*; ***en plein ~*** *Haus*: völlig frei stehend; ***il fait du ~*** es ist windig; *fig* ***avoir ~ de qc*** von etw hören, Wind bekommen

▶ **vente** [vɑ̃t] *f* Verkauf *m*; Absatz *m*, Vertrieb *m*; ***~ de charité*** Wohltätigkeitsbasar *m*; ***~ par correspondance*** Versandhandel *m*; ***~ publique*** (öffentliche) Versteigerung *f*

vent|eux, ~euse [vɑ̃tø, -øz] windig

ventilateur [vɑ̃tilatœr] *m* Ventilator *m*, Gebläse *n*

ventiler [vɑ̃tile] (1a) belüften; *jur* aufteilen

▶ **ventre** [vɑ̃trə] *m* Bauch *m*, (Unter-)Leib *m*; Ausbauchung *f*; ***à plat ~*** auf den *od* dem Bauch; ***aller ~ à terre*** in gestrecktem Galopp reiten

ventriloque [vɑ̃trilɔk] *m* Bauchredner *m*

ventru, ~e [vɑ̃try] dickbäuchig

venu, ~e [v(ə)ny] **1.** *adj* ***bien ~*** gelungen; **2.** *m*, *f* ***le premier venu***, ***la première venue*** der, die erste Beste; ***nouveau venu***, ***nouvelle venue*** Neuankömmling *m*

venue [v(ə)ny] *f* Ankunft *f*

ver [vɛr] *m* Wurm *m*; Made *f*; ***~ de terre*** Regenwurm *m*; ***~ à soie*** Seidenraupe *f*; ⚠ *nicht verwechseln mit* ***le vers*** *u* ***le verre***

V

véracité [verasite] *f* Wahrheitsgehalt *m*

véranda [verɑ̃da] *f* Veranda *f*

verbal, ~e [vɛrbal] (⚠ *m/pl* ***-aux***) mündlich; verbal, Verb...

verbal|iser [vɛrbalize] (1a) **1.** *jur* ein Protokoll aufnehmen; *Polizei*: gebührenpflichtig verwarnen (***contre qn*** j-n); **2.** sprachlich ausdrücken; **~isme** *m péj* Wortgeklingel *n*

▶ **verbe** [vɛrb] *m ling* Verb *n*, Zeit-, Tätigkeitswort *n*; *litt* Wort *n*; Sprache *f*

verbiage [vɛrbjaʒ] *m* Geschwätz n

verbosité [vɛrbozite] *f* Geschwätzigkeit *f*; Weitschweifigkeit *f*

verdâtre [vɛrdɑtrə] grünlich

verdeur [vɛrdœr] *f* Unreife *f*; *Wein*: Herbheit *f*; *Rede*: Deftigkeit *f*; *Alter*: Rüstigkeit *f*

verdict [vɛrdikt] *m* (Urteils-)Spruch *m*; Urteil *n*, Verdikt *n*

verdir [vɛrdir] (2a) grün färben; grünen

verdoy|ant, ~ante [vɛrdwajɑ̃, -ɑ̃t] sattgrün; **~er** (1h) grünen

verdure [vɛrdyr] *f* Grün *n*; grünes Laub *n*; *Salat*: Grünzeug *n* F

vér|eux, ~euse [verø, -øz] wurmstichig, wurmig; *fig* anrüchig

verge [vɛrʒ] *f* Penis *m*; Rute *f*

verger [vɛrʒe] *m* Obstgarten *m*

verglacé, ~e [vɛrglase] vereist

▶ **verglas** [vɛrgla] *m* Glatteis *n*

vergogne [vɛrgɔɲ] *f* ***sans ~*** schamlos

véri|dique [veridik] wahrheitsgetreu; **~fiable** [-fjablə] nachprüfbar

vérification [verifikasjɔ̃] *f* (Nach-, Über-)Prüfung *f*, Untersuchung *f*; Feststellung *f*

▶ **vérifier** [verifje] (1a) (nach-, über-)prüfen, nachsehen, verifizieren; bestätigen; ***se ~*** sich bestätigen

vérin [verɛ̃] *m tech* Winde *f*

▶ **véritable** [veritablə] wahr, echt, wirklich; **~ment** *adv* wirklich, tatsächlich

▶ **vérité** [verite] *f* Wahrheit *f*, Richtigkeit *f*; *Porträt*: Ähnlichkeit *f*; ***à la ~*** allerdings; ***en ~*** in der Tat, wahrlich

vermeil, ~le [vɛrmɛj] (hoch)rot

vermicelle(s) [vɛrmisɛl] *m(pl)* Suppen-, Fadennudeln *f/pl*; ⚠ ***le ~***

vermillon [vɛrmijɔ̃] *m* Zinnober(rot) *m(n)*

vermine [vɛrmin] *f* Ungeziefer *n*; *st/s* Gesindel *n*

vermoulu, ~e [vɛrmuly] wurmstichig

vermout(h) [vɛrmut] *m* Wermut (-wein) *m*

vernaculaire [vɛrnakylɛr] *ling* ***langue*** *f* ***~*** Regional-, Eingeborenensprache *f*

verni, ~e [vɛrni] **1.** *adj* lackiert; glasiert; **2.** *m* F Glückspilz *m*
vernir [vɛrnir] (2a) firnissen, lackieren
vernis [vɛrni] *m* Lack *m*; Firnis *m* (*a fig*); Glasur *f*
vernissage [vɛrnisaʒ] *m* **1.** Lackieren *n*; Glasieren *n*; **2.** *Ausstellung*: Eröffnung *f*, Vernissage *f*
vérole [verɔl] *f méd* F Syphilis *f*; ***petite ~*** Pocken *pl*
verrai [vɛre] *futur von* ***voir***
verrat [vɛra] *m zo* Eber *m*
▶ **verr|e** [vɛr] *m* Glas *n*; ***~s de contact*** Kontaktlinsen *f/pl*, Haftschalen *f/pl*; ***~ à eau*** Wasserglas *n*; ⚠ *unterscheide* ***~ à vin*** Weinglas *u* ***un ~ de vin*** ein Glas Wein; **~erie** *f* Glasfabrik *f*; Glaswaren *f/pl*; **~ière** [-jɛr] *f* Kirchenfenster *n*; Glasdach *n*
verrou [vɛru] *m* (⚠ *pl* ***~s***) Riegel *m*
verrouillage [vɛrujaʒ] *m* Versperren *n*, Verriegelung *f*; Sperrvorrichtung *f*; *auto* ***~ central*** Zentralverriegelung *f*
verrouiller [vɛruje] (1a) ver-, zuriegeln
verrue [vɛry] *f* Warze *f*
vers[1] [vɛr] *m* Vers *m*
▶ **vers**[2] [vɛr] *prép* gegen; ***~ l'est*** gegen, nach Osten (hin); ***~ la fin*** gegen Ende; ***~ midi*** gegen, um Mittag
versant [vɛrsɑ̃] *m* (Berg-)Abhang *m*
versatil|e [vɛrsatil] wankelmütig, unbeständig; **~ité** *f* Wankelmut *m*
verse [vɛrs] ***il pleut à ~*** es gießt in Strömen
versé, ~e [vɛrse] ***~ dans*** bewandert in
Verseau [vɛrso] *m astr* Wassermann *m*
versement [vɛrsəmɑ̃] *m* (Ein-, Aus-)Zahlung *f*
▶ **verser** [vɛrse] (1a) *v/t* (ein-, ver)gießen; verschütten; ***~ (à boire)*** einschenken; *Geld*: einzahlen, (aus)zahlen; *Wagen*: umstürzen; *fig* ***~ dans qc*** in etw verfallen
verset [vɛrsɛ] *m* (Bibel-)Vers *m*
versi|fication [vɛrsifikasjɔ̃] *f* Versbau *m*; **~fier** [-fje] (1a) in Verse bringen; Verse machen
version [vɛrsjɔ̃] *f* Version *f* (*a EDV*); Fassung *f*, Darstellung *f*; *Modell*: Ausführung *f*; *Schule*: Herübersetzung *f*, Übersetzung *f* aus der Fremdsprache
verso [vɛrso] *m Blatt*: Rückseite *f*; ***au ~*** umseitig, auf der Rückseite
▶ **vert, verte** [vɛr, vɛrt] **1.** *adj* grün; *Obst*: unreif; *Wein*: herb; *fig* frisch; rüstig; *Ausdrucksweise*: deftig, derb; ***langue f verte*** Gaunersprache *f*; **2.** *m* Grün *n*; *pol* ***les verts*** *m/pl* die Grünen *m/pl*
vert-de-gris [vɛrdəgri] *m* Grünspan *m*
vertébral, ~e [vertebral] (⚠ *m/pl* ***-aux***) Wirbel...; ***colonne f vertébrale*** Wirbelsäule *f*
vertèbre [vɛrtɛbrə] *f* (Rücken-)Wirbel *m*; ⚠ ***la ~***
vertébrés [vɛrtebre] *m/pl zo* Wirbeltiere *n/pl*
vertement [vɛrtəmɑ̃] *adv* scharf, heftig
vertical, ~e [vɛrtikal] (⚠ *m/pl* ***-aux***) **1.** *adj* senkrecht, vertikal; **2.** *f* Senkrechte *f*
vertige [vɛrtiʒ] *m* Schwindel(gefühl) *m(n)*; *fig* Taumel *m*; ***j'ai le ~*** mir ist schwindlig
vertigin|eux, ~euse [vɛrtiʒinø, -øz] schwindelnd, Schwindel erregend
▶ **vertu** [vɛrty] *f* Tugend *f*; Kraft *f*; ***en ~ de*** kraft, auf Grund von
vertu|eux, ~euse [vɛrtɥø, -øz] tugendhaft, sittsam
verve [vɛrv] *f* Schwung *m*; ***plein de ~*** schwungvoll, mitreißend
verveine [vɛrvɛn] *f bot* Eisenkraut *n*
vésicule [vezikyl] *f* (Gallen-)Blase *f*
vespasienne [vɛspazjɛn] *f* Pissoir *n*
vessie [vesi] *f* (Harn-)Blase *f*
▶ **veste** [vɛst] *f* (Herren-)Jacke *f*, Jackett *n*; F ***ramasser une ~*** e-n Reinfall erleben; F ***retourner sa ~*** umschwenken, seine Meinung ändern; ⚠ *nicht* Weste
vestiaire [vɛstjɛr] *m* Garderobe *f*; Umkleideraum *m*
vestibule [vɛstibyl] *m* Diele *f*, Flur *m*
vestige [vɛstiʒ] *m meist* ***~s*** *pl* Überreste *m/pl*, Spuren *f/pl*
▶ **veston** [vɛstɔ̃] *m* (Herren-)Jackett *n*, Jacke *f*
vêtement [vɛtmɑ̃] *m* Kleidungsstück *n*; ▶ ***vêtements*** *pl* (Be-)Kleidung *f*
vétéran [veterɑ̃] *m* Veteran *m*
vétérinaire [veterinɛr] **1.** *adj* tierärztlich; **2.** *m, f* Tierarzt, -ärztin *m, f*, Veterinär *m*
vétille [vetij] *f* (*oft pl* ***~s***) Lappalie *f*, Belanglosigkeit *f*
veto [veto] *m* Veto *n*, Einspruch *m*; ***op-***

poser son* ~ *à sein Veto einlegen gegen; ⚠ *Schreibung*

vêtu, ~e [vety] angezogen, bekleidet

vétuste [vetyst] veraltet; baufällig

▶ **veuf, veuve** [vœf, vœv] **1.** *adj* verwitwet; **2.** *m, f* Witwe(r) *f(m)*

veuille [vœj] *subj von* ***vouloir***

veulent [vœl] *cf* ***vouloir***

veut, veux [vø] *cf* ***vouloir***

vex|ant, ~ante [vɛksɑ̃, -ɑ̃t] kränkend; ärgerlich

vexation [vɛksasjɔ̃] *f* Kränkung *f*

vexer [vɛkse] (1a) kränken, beleidigen

via [vja] über, via

viabil|iser [vjabilize] (1a) *Grundstück*: erschließen; **~ité** *f* Erschließung *f*; Lebensfähigkeit *f*; *Straße*: Befahrbarkeit *f*

viable [vjablə] lebensfähig; *Vorhaben*: durchführbar; *Straße*: befahrbar

viaduc [vjadyk] *m* Viadukt *m od n*

viag|er, ~ère [vjaʒe, -ɛr] **1.** *adj* auf Lebenszeit, lebenslänglich; **2.** *m* Leibrente *f*

▶ **viande** [vjɑ̃d] *f* Fleisch *n* (*als Nahrung*); **~ *froide*** kalter Braten *m*; F ***sac*** *m* ***à*** ~ Schlafsack *m*

vibr|ant, ~ante [vibrɑ̃, -ɑ̃t] vibrierend; *fig* mitreißend; **~ation** *f* Schwingung *f*, Vibration *f*; **~er** (1a) schwingen, zittern, vibrieren; *fig* ***faire*** ~ mitreißen, packen

vice [vis] *m* Fehler *m*, Mangel *m*; Laster *n*; ⚠ ***le*** ~

vice-... [vis] *in Zssgn* Vize...

vice versa [vis(e)vɛrsa] umgekehrt

vici|é, ~ée [visje] ***air*** *m* ***vicié*** schlechte *od* verbrauchte Luft *f*; **~eux, ~euse** [-ø, -øz] fehlerhaft; lasterhaft, lüstern; ***cercle*** *m* ***vicieux*** Teufelskreis *m*

vicinal, ~e [visinal] (⚠ *m/pl* ***-aux***) ***chemin*** *m* ***vicinal*** Gemeindeweg *m*

vicissitudes [visisityd] *f/pl* Wechselfälle *m/pl*, Auf und Ab *n*

▶ **victime** [viktim] *f* Opfer *n* (*das man wird od ist*); ~ ***de guerre*** Kriegsopfer *n*

▶ **victoire** [viktwar] *f* Sieg *m*; ***remporter la*** ~ den Sieg erringen

victori|eux, ~euse [viktɔrjø, -øz] siegreich

V

victuailles [viktɥaj] *f/pl* Lebensmittel *n/pl*

vidage [vidaʒ] *m* Entleerung *f*

vidang|e [vidɑ̃ʒ] *f* (Gruben-)Entleerung *f*; *auto* Ölwechsel *m*; ***faire une*** ~ das Öl wechseln; ⚠ ***la*** ~; **~er** (1l) (ent)leeren; *auto Öl*: wechseln

▶ **vide** [vid] **1.** *adj* leer; *fig* inhalts-, sinnlos; ~ ***de*** ohne; **2.** *m* Leere *f*; Vakuum *n*; Tiefe *f*; ***à*** ~ leer; *tech* ***marche*** *f* ***à*** ~ Leerlauf *m*

▶ **vidéo** [video] **1.** *f* Video *n*; ⚠ ***la*** ~; **2.** *adj* (⚠ *unv*) Video...; ***bande*** *f* ~ Videoband *n*; ***caméra*** *f* ~ Videokamera *f*; ***jeu*** *m* ~ Videospiel *n*; **~cassette** [-kasɛt] *f* Videokassette *f*; **~clip** [-klip] *m* Videoclip *m*; **~club** [-klyb] *m* Videothek *f*; **~conférence** [-kɔ̃ferɑ̃s] *f* Videokonferenz *f*; **~disque** [-disk] *m* Bildplatte *f*; **~-phone** [-fɔn] *m* Bildtelefon *n*

vide-ordures [vidɔrdyr] *m* (⚠ *pl unv*) Müllschlucker *m*

vidéothèque [videotɛk] *f* Videothek *f*

vide-poche [vidpɔʃ] *m* (⚠ *pl* ***vide-poches***) *auto* Ablage *f*; Kartentasche *f*

▶ **vid|er** [vide] (1a) (aus)leeren; *cuis* ausnehmen; *Saal*: räumen; *Streit*: erledigen, beilegen; F ~ ***qn*** j-n rausschmeißen; j-n erschöpfen, fertig machen; **~eur** *m* F Rausschmeißer *m*

▶ **vie** [vi] *f* Leben *n*; Lebensgeschichte *f*, -kraft *f*, -unterhalt *m*, -weise *f*, -zeit *f*; Lebendigkeit *f*; ***à*** ~ lebenslänglich; ***de ma*** ~ zeit meines Lebens; ***sans*** ~ leblos; ***être en*** ~ am Leben sein

vieil [vjɛj] *cf* ***vieux***

vieillard [vjɛjar] *m* Greis *m*, alter Mann *m*; ***les*** **~s** die alten Leute

vieille [vjɛj] *cf* ***vieux***

vieillerie [vjɛjri] *f meist pl* **~s** alter Kram *m*

▶ **vieill|esse** [vjɛjɛs] *f* (hohes *od* Greisen-)Alter *n*; **~ir** (2a) altern; veralten; alt machen; ⚠ *il* ***a*** *vieilli*

vieillissement [vjɛjismɑ̃] *m* Altern *n*; Veralten *n*

vieill|ot, ~otte [vjɛjo, -ɔt] ältlich; altmodisch

Vienne [vjɛn] Wien

vierge [vjɛrʒ] **1.** *f* Jungfrau *f*; *rel* ***la*** ♀ (die Jungfrau) Maria; *astr* ♀ Jungfrau *f*; **2.** *adj* jungfräulich, rein; leer; unbenutzt; ***forêt*** *f* ~ Urwald *m*; ***laine*** *f* ~ Schurwolle *f*

Viêt-nam [vjɛtnam] ***le*** ~ Vietnam *n*

vietnam|ien, ~ienne [vjɛtnamjɛ̃, -jɛn] **1.** *adj* vietnamesich; **2.** ♀ *m, f* Vietnamese *m*, -in *f*

▶ **vieux, vieil** (*m vor Vokal u h muet*), **vieille** [vjø, vjɛj] **1.** *adj* alt; langjährig;

früher; ***vieux jeu*** altmodisch; **2.** *m, f der, die, das* Alte

▶ **vif, vive** [vif, viv] **1.** *adj* lebendig; lebhaft; heftig; stark; ***de vive voix*** mündlich; **2.** *m* ***à vif*** offen (*Wunde*); ***touché au vif*** zutiefst getroffen; ***entrer dans le vif du sujet*** zum Kern der Sache kommen; ***prendre sur le vif*** aus dem Leben greifen

vigilance [viʒilɑ̃s] *f* Wachsamkeit *f*

vigil|ant, ~ante [viʒilɑ̃, -ɑ̃t] wachsam, umsichtig

vigile [viʒil] *m* Wachmann *m*

▶ **vigne** [viɲ] *f* Weinrebe *f*; Weinberg *m*

vigner|on, ~onne [viɲrɔ̃, -ɔn] *m, f* Winzer(in) *m(f)*

vignette [viɲɛt] *f* Zierbildchen *n*, Randverzierung *f* (*in Büchern*); Aufkleber *m*; Gebührenmarke *f*; *auto* Steuerplakette *f*

vignoble [viɲɔblə] *m* Weinberg *m*; Weinbaugebiet *n*

vigour|eux, ~euse [vigurø, -øz] kräftig, stark

vigueur [vigœr] *f* Lebenskraft *f*, Stärke *f*; Heftigkeit *f*, Schärfe *f*; ***plein de ~*** kraftstrotzend; ***en ~*** *jur* in Kraft, gültig; *fig* üblich; ***entrer en ~*** in Kraft treten

vil, ~e [vil] *st/s* niedrig, gemein; ***à vil prix*** spottbillig

vil|ain, ~aine [vilɛ̃, -ɛn] unartig, böse; schlimm; hässlich, F scheußlich

vilebrequin [vilbrəkɛ̃] *m tech* Handbohrer *m*; Kreuzschlüssel *m*; *auto* Kurbelwelle *f*

villa [vila] *f* Villa *f*

▶ **village** [vilaʒ] *m* Dorf *n*

village|ois, ~oise [vilaʒwa, -waz] **1.** *adj* dörflich, ländlich, Dorf...; **2.** *m, f* Dorfbewohner(in) *m(f)*

▶ **ville** [vil] *f* Stadt *f*; ***~ d'eau*** Kurort *m*; ***~ jumelée*** Partnerstadt *f*; ***~ universitaire*** Universitätsstadt *f*; ***à*** *od* ***dans la ~*** in der Stadt; ***aller en ~*** in die Stadt gehen; ***hôtel*** *m* ***de ~*** Rathaus *n*; **~-dortoir** [-dɔrtwar] *f* (⚠ *pl* ***villes-dortoirs***) Schlafstadt *f*

villégiature [vileʒjatyr] *f* Sommerfrische *f*

ville-satellite [vilsatelit] *f* (⚠ *pl* ***villes-satellites***) Satellitenstadt *f*

▶ **vin** [vɛ̃] *m* Wein *m*; *fig* ***cuver son ~*** seinen Rausch ausschlafen

vinaigre [vinɛgrə] *m* Essig *m*

vinasse [vinas] F *f* schlechter Wein *m*

vindicat|if, ~ive [vɛ̃dikatif, -iv] rachsüchtig

vin|eux, ~euse [vinø, -øz] weinrot; nach Wein riechend

▶ **vingt** [vɛ̃] zwanzig; ▶ ***vingt et un*** einundzwanzig; ▶ ***vingt et unième*** einundzwanzigste

vingtaine [vɛ̃tɛn] ***une ~*** etwa zwanzig

▶ **vingt-deux** [vɛ̃tdø] zweiundzwanzig

▶ **vingt-deuxième** [vɛ̃tdøzjɛm] zweiundzwanzigste

▶ **vingt-trois** [vɛ̃ttrwa] dreiundzwanzig

▶ **vingtième** [vɛ̃tjɛm] **1.** zwanzigste; **2.** *m* Zwanzigstel *n*

vinicole [vinikɔl] Wein(bau)...

vinification [vinifikasjɔ̃] *f* Weinbereitung *f*

vins [vɛ̃] *p/s von* ***venir***

vinyle [vinil] *m* Vinyl *n*; Schallplatte *f*

viol [vjɔl] *m* Vergewaltigung *f*

violacé, ~e [vjɔlase] blaurot

violation [vjɔlasjɔ̃] *f* Verletzung *f*; Schändung *f*; *jur* ***~ de domicile*** Hausfriedensbruch *m*

viole [vjɔl] *f mus* Viola *f*

▶ **violence** [vjɔlɑ̃s] *f* Gewalt *f*, Gewaltanwendung *f*, -tätigkeit *f*; Heftigkeit *f*

▶ **viol|ent, ~ente** [vjɔlɑ̃, -ɑ̃t] heftig; gewaltsam; ⚠ *adv* ***violemment*** [-amɑ̃]

violer [vjɔle] (1a) verletzen; brechen (*Eid*); vergewaltigen; schänden

viol|et, ~ette [vjɔlɛ, -ɛt] violett

violette [vjɔlɛt] *f bot* Veilchen *n*

▶ **violon** [vjɔlɔ̃] *m* **1.** Geige *f*, Violine *f*; Geiger(in) *m(f)*; *fig* ***~ d'Ingres*** Steckenpferd *n*; **2.** F Kittchen *n*

violoncell|e [vjɔlɔ̃sɛl] *m* Cello *n*; **~iste** *m, f* Cellist(in) *m(f)*

violoniste [vjɔlɔnist] *m, f* Geiger(in) *m(f)*

vipère [vipɛr] *f zo* Viper *f*, Otter *f*

▶ **virage** [viraʒ] *m* Kurve *f*; Drehen *n*, Wenden *n*; *fig* Wende *f*; *Foto*: Tonung *f*; ***prendre le ~*** die Kurve nehmen

virago [virago] *f* Mannweib *n*

virée [vire] *f* F Spritztour *f*

virement [virmɑ̃] *m comm* Überweisung *f*

virer [vire] (1a) sich drehen; e-e Kurve fahren *od* fliegen; umschlagen (***à*** in); *Geld*: überweisen; *Foto*: tonen; ***~ de bord*** *mar* wenden; *fig* umschwenken; F ***~ qn*** j-n hinauswerfen

V

virevolte [virvɔlt] *f* Wendung *f*, Drehung *f*

virginal, ~e [virʒinal] (⚠ *m/pl* **-aux**) jungfräulich; rein

virginité [virʒinite] *f* Jungfräulichkeit *f*; Reinheit *f*

►**virgule** [virgyl] *f* Komma *n*; **~ fixe, flottante** Fest-, Fließkomma *n*

viril, ~e [viril] männlich, mannhaft; **~ité** *f* Männlichkeit *f*; Mannesalter *n*; Manneskraft *f*

virologie [virɔlɔʒi] *f* Virologie *f*, Virusforschung *f*

virtuel, ~le [virtɥɛl] virtuell, potenziell; ***la réalité virtuelle*** die virtuelle Wirklichkeit

virtuos|e [virtɥoz] *m, f* Virtuose *m*, Virtuosin *f*; **~ité** *f* Virtuosität *f*, Kunstfertigkeit *f*

viru|ent, ~ente [virylɑ̃, -ɑ̃t] heftig, scharf; *méd* virulent

virus [virys] *m* Virus *n od m* (*a fig*); **~ *informatique*** Computervirus *m*

vis[1] [vis] *f* Schraube *f*; ***escalier*** *m* **à ~** Wendeltreppe *f*; *fig* ***serrer la ~ à qn*** j-n kurz halten; ⚠ ***la ~***

vis[2] [vi] *cf* ***vivre*** *u* ***voir***

visa [viza] *m* Visum *n*, Sichtvermerk *m*

►**visage** [vizaʒ] *m* Gesicht *n*

visagiste [vizaʒist] *m, f* Visagist(in) *m(f)*, Kosmetiker(in) *m(f)*

vis-à-vis [vizavi] **1.** *adv* (einander) gegenüber; **2.** *prép* **~ *de*** gegenüber; **3.** *m* Gegenüber *n*

viscéral, ~e [viseral] (⚠ *m/pl* **-aux**) Eingeweide...; *fig* tief gehend, abgründig

viscères [visɛr] *m/pl* Eingeweide *n/pl*

visée [vize] *f* Zielen *n*; *fig* **~s** *pl* Absichten *f/pl*

viser [vize] (1a) zielen (***qc, qn*** auf etw, auf j-n); anstreben, anvisieren; abzielen auf, betreffen; F ansehen, angucken; *fig* **~ *haut*** hoch hinauswollen; **~ *à*** trachten nach, hinzielen auf

viseur [vizœr] *m Waffe*: Visier *n*; *Foto*: Sucher *m*

vis|ibilité [vizibilite] *f* Sicht(barkeit) *f*; **~ible** sichtbar; (offen)sichtlich

visière [vizjɛr] *f* (Helm-)Visier *n*; (Mützen-)Schirm *m*

vision [vizjɔ̃] *f* Sehen *n*; Vorstellung *f*; Vision *f*, Erscheinung *f*

visionnaire [vizjɔnɛr] **1.** *adj* seherisch; **2.** *m, f* Fantast(in) *m(f)*

visionneuse [vizjɔnøz] *f Foto*: Bildbetrachter *m*

►**visite** [vizit] *f* Besuch *m*; Besichtigung *f*; Visite *f*; **~ *guidée*** Führung *f*; **~ *médicale*** ärztliche Untersuchung *f*

►**visit|er** [vizite] (1a) besichtigen, be-, aufsuchen; durchsuchen; **~eur, ~euse** *m, f* Besucher(in) *m(f)*

vison [vizɔ̃] *m* Nerz *m*

visqu|eux, ~euse [viskø, -øz] zäh (-flüssig); *péj* schmierig

visser [vise] (1a) (an-, fest-, zu)schrauben

visualisation [vizɥalizasjɔ̃] *f* bildliche Darstellung *f*; *EDV* Bildschirmdarstellung*f*; **~ *de la page*** Seitenansicht *f*

visuel, ~le [vizɥɛl] **1.** *adj* Gesichts..., Seh..., visuell; **2.** *m EDV* Monitor *m*

vital, ~e [vital] (⚠ *m/pl* **-aux**) Lebens...; lebenswichtig, vital; **~ité** *f* Vitalität *f*, Lebenskraft *f*

vitamine [vitamin] *f* Vitamin *n*; ⚠ ***la ~***

►**vite** [vit] *adv* schnell

►**vitesse** [vitɛs] *f* Geschwindigkeit *f*, Schnelligkeit *f*; *auto* Gang *m*; ***changer de ~*** schalten; ***à toute ~*** möglichst schnell; F ***en ~*** schnellstens

viticole [vitikɔl] Wein(bau)...

viticult|eur [vitikyltœr] *m* Weinbauer *m*; **~ure** [-yr] *f* Weinbau m

vitrage [vitraʒ] *m* Glaswand *f*; Verglasung *f*; Verglasen *n*

vitrail [vitraj] *m* (⚠ *pl* **-aux**) Kirchenfenster *n*

►**vitr|e** [vitrə] *f* Glasscheibe *f*, Fenster(scheibe) *n(f)*; **~er** (1a) verglasen

vitrerie [vitrəri] *f* Glaserei *f*; Glaserwaren *f/pl*

vitrier [vitrije] *m* Glaser *m*

►**vitrine** [vitrin] *f* Auslage *f*, Schaufenster *n*; Vitrine *f*

vivac|e [vivas] lebenskräftig; zäh; hartnäckig; **~ité** *f* Lebhaftigkeit *f*; Heftigkeit *f*

►**viv|ant, ~ante** [vivɑ̃, -ɑ̃t] **1.** *adj* lebend, lebendig; *fig* lebhaft, belebt; **2.** *m* Lebende(r) *m*; ***bon vivant*** Genießer *m*; ***de son vivant*** zu seinen Lebzeiten

vivats [viva] *m/pl* Hochrufe *m/pl*

vive [viv] *cf* ***vif*** *u* ***vivre***

vivement [vivmɑ̃] *adv* lebhaft; schnell; heftig; **~ ...!** wäre es nur schon ...!

viveur [vivœr] *m* Lebemann *m*

vivier [vivje] *m* Fischteich *m*, -behälter *m*
vivifier [vivifje] (1a) stärken, beleben
vivoter [vivɔte] (1a) kümmerlich leben
► **vivre** [vivrə] **1.** (4e) leben; erleben; ***vive ...!*** es lebe ...!; *mil* ***qui vive?*** wer da?; **2.** *m/pl* **~s** Lebensmittel *n/pl*, Verpflegung *f*
vlan! [vlɑ̃] peng!
► **vocabulaire** [vɔkabylɛr] *m* Wortschatz *m*; Wörterverzeichnis *n*
vocal, ~e [vɔkal] (⚠ *m/pl* **-aux**) Stimm..., Vokal...; ⚠ *nicht* der Vokal
vocalique [vɔkalik] *ling* vokalisch
vocation [vɔkasjɔ̃] *f* Berufung *f*; Aufgabe *f*, Bestimmung *f*
vociférer [vɔsifere] (1f) wütend schreien, toben
vodka [vɔdka] *m* Wodka *m*
vœu [vø] *m* (⚠ *pl* **~x**) Gelübde *n*; Gelöbnis *n*; Wunsch *m*; ***faire vœu de*** (+ *inf*) geloben zu (+ *inf*); ► ***tous mes vœux!*** meine besten Wünsche!
vogue [vɔg] *f* Beliebtheit *f*; ***être en ~*** modern, in Mode sein
► **voici** [vwasi] hier ist *od* sind, da ist *od* sind; ***me ~!*** hier bin ich; ***le livre que ~*** dieses Buch da
► **voie** [vwa] *f* Weg *m* (*a fig*); Straße *f*; Gleis *n*; Fahrbahn *f*, -spur *f*; Wagenspur *f*; *auto* Spurweite *f*; ***~ express*** Schnellstraße *f*; ***être en ~ de formation*** im Entstehen sein; ***en ~ de développement*** in der Entwicklung; ***par*** (***la***) ***~ de*** über, durch; ***par ~ aérienne*** auf dem Luftweg
► **voilà** [vwala] da ist *od* sind; (***et***) ***~!*** das wärs!; ***en ~ assez!*** jetzt reichts aber!; ***~ tout*** das ist alles; ***~ pourquoi*** darum, deshalb; ***me ~*** da bin ich
► **voile** [vwal] **1.** *m* Schleier *m*; *fig* Hülle *f*; ***~ du palais*** Gaumensegel *n*; **2.** *f mar* Segel *n*; Segeln *n*, Segelsport *m*; ***vol m à ~*** Segelfliegen *n*, -flug *m*; F ***mettre les ~s*** abhauen
voiler [vwale] (1a) verschleiern (*a fig*); verhüllen, bemänteln; ***se ~*** sich verbiegen; *Rad*: e-n Achter bekommen
voilier [vwalje] *m* Segelschiff *n*
► **voir** [vwar] (3b) sehen; erblicken, bemerken; erleben, durchmachen; einsehen, verstehen; ansehen, besuchen; nach-, durchsehen; ► ***faire voir*** zeigen; ***être bien vu*** gut angeschrieben sein; ► ***aller*** *od* ***venir voir*** besuchen; ***cela n'a rien à voir*** (***avec***) das hat nichts zu tun (da)mit; ***voir à qc*** auf etw Acht geben; ***se voir*** sich sehen; zusammenkommen; ***se voir décerner un prix*** e-n Preis verliehen bekommen; ***cela se voit*** das sieht man; ***voyons!*** also!; aber, aber!
voire [vwar] *adv* (ja) sogar
voirie [vwari] *f* Straßen- und Wegenetz *n*; Straßenbauamt *n*; (städtische) Müllabfuhr *f*
► **vois|in, ~ine** [vwazɛ̃, -zin] **1.** *adj* benachbart; **2.** *m, f* Nachbar(in) *m(f)*; **~inage** [-inaʒ] *m* Nachbarschaft *f*; **~iner** [-ine] (1a) ***~ avec*** stehen, liegen bei, neben
voiture [vwatyr] *f* Wagen *m*; Auto *n*; (Eisenbahn-)Wagen *m* (*für Personen*); Kutsche *f*; ***~ de location*** Mietwagen *m*; ***~ d'occasion*** Gebrauchtwagen *m*; ***~ de tourisme*** Personenwagen *m*; ***en ~*** mit dem Auto; ***lettre*** *f* ***de ~*** Frachtbrief *m*
voiturer [vwatyre] (1a) befördern
voiture-restaurant [vwatyrrɛstɔrɑ̃] *f* (⚠ *pl* ***voitures-restaurants***) Speisewagen *m*
► **voix** [vwa] *f* Stimme *f*; *gr* ***~ active*** (***passive***) Aktiv *n* (Passiv *n*); *fig* ***avoir ~ au chapitre*** etw zu sagen haben; ***à haute ~*** (***à ~ basse***) mit lauter (leiser) Stimme; ⚠ *nicht verwechseln mit* ***la voie***
► **vol** [vɔl] *m* **1.** Diebstahl *m*; **2.** Flug *m*, Fliegen *n*; *Vögel*: Schwarm *m*; ***~ charter*** Charterflug *m*; ***~ libre*** Drachenfliegen *n*; ***à ~ d'oiseau*** (in der) Luftlinie *f*; aus der Vogelschau *f*; ***au ~*** im Fluge; ***saisir au ~*** beim Schopf packen (*Gelegenheit*)
vol. (*abr* ***volume***) Bd. (Band)
volage [vɔlaʒ] flatterhaft, unbeständig
volaille [vɔlaj] *f* Geflügel *n*
► **vol|ant, ~ante** [vɔlɑ̃, -ɑ̃t] **1.** *adj* fliegend, Flug...; beweglich; **2.** *m auto* Steuer *n*, Lenkrad *n*; *Sport*: Federball(spiel) *m(n)*; *Frauenkleid*: Volant *m*, Besatz *m*; *tech* Schwungrad *n*
volatil, ~e [vɔlatil] *chim* flüchtig
vol-au-vent [vɔlovɑ̃] *m* (⚠ *pl unv*) Blätterteigpastete *f*
volc|an [vɔlkɑ̃] *m* Vulkan *m*; **~anique** [-anik] vulkanisch
volée [vɔle] *f Vögel*: Fliegen *n*, Flug *m*; Schwarm *m*; *Geschosse*: Hagel *m*;

V

Sport: Volley *m*; ~ (**de coups**) Tracht *f* Prügel; **à la** ~ im Flug

▶**voler** [vɔle] (1a) **1.** fliegen; *fig* eilen; ⚠ *il* **a** *volé*; **2.** stehlen (**qc à qn** j-m etw); ~ **qn** j-n bestehlen, betrügen

volet [vɔlɛ] *m* Fensterladen *m*; *tech* Klappe *f*; *Altar*: Flügel *m*; *fig* Teil *m*; *fig* **trier sur le** ~ sorgfältig auswählen

voleter [vɔlte] (1c) flattern

▶**vol|eur, ~euse** [vɔlœr, -øz] **1.** *adj* diebisch; **2.** *m, f* Dieb(in) *m(f)*

Volga [vɔlga] **la** ~ die Wolga

volley-ball [vɔlɛbol] *m* Volleyball *m*

volontaire [vɔlɔ̃tɛr] **1.** *adj* freiwillig; absichtlich; eigensinnig; **2.** *m, f* Freiwillige(r) *m, f*

▶**volonté** [vɔlɔ̃te] *f* Wille *m*; Wunsch *m*; Willenskraft *f*; **à** ~ nach Belieben; **faire acte de bonne** ~ seinen guten Willen zeigen

▶**volontiers** [vɔlɔ̃tje] *adv* gern, bereitwillig; *fig* leicht, häufig

volt [vɔlt] *m phys* Volt *n*; **~age** *m* Spannung *f*

volte-face [vɔltəfas] *f* (⚠ *pl unv*) Kehrtwendung *f* (*a fig*)

voltig|e [vɔltiʒ] *f* Akrobatik *f* auf dem Trapez *od* auf dem Seil; Kunstreiten *n*; Kunstfliegen *n*; **~er** (1l) (herum)flattern; **~eur** *m* Trapezkünstler *m*; Kunstreiter *m*

voltmètre [vɔltmɛtrə] *m tech* Voltmeter *n*

volubilité [vɔlybilite] *f* Redegewandtheit *f*

volume [vɔlym] *m* Band *m* (*Buch*); Volumen *n*; *fig* Umfang *m*

volumin|eux, ~euse [vɔlyminø, -øz] umfangreich

volupté [vɔlypte] *f* Wollust *f*; Hochgenuss *m*, Wonne(gefühl) *f(n)*

voluptu|eux, ~euse [vɔlyptɥø, -øz] sinnlich, wollüstig

vom|ir [vɔmir] (2a) (sich er)brechen, sich übergeben; erbrechen; *fig* ausspeien; **~issement** [-ismɑ̃] *m* (Er-)Brechen *n*

vont [vɔ̃] *cf* ***aller***

vorace [vɔras] *adj* gefräßig; gierig

vos [vo] *pl von* ***votre***

▶**Vosges** [voʒ] *f/pl* Vogesen *pl*

vot|ant, ~ante [vɔtɑ̃, -ɑ̃t] *m, f* Wähler(in) *m(f)*, Stimmberechtigte(r) *m, f*

▶**vote** [vɔt] *m* Wahl *f*, Abstimmung *f*; Stimme *f*

▶**voter** [vɔte] (1a) abstimmen, wählen; *Gesetz*: verabschieden

▶**votre** [vɔtrə] (*pl* **vos**) euer, eu(e)re; Ihr(e)

▶**vôtre** [votrə] **le, la** ~ der, die, das eur(ig)e, Ihr(ig)e; eure(r, -s); Ihre(r, -s)

voudrai [vudre] *futur von* ***vouloir***

vouer [vwe] (1a) widmen, weihen (**à**); geloben; *fig* ~ **à qc** zu etw bestimmen; *fig* **se** ~ **à qc** sich e-r Sache widmen

▶**vouloir** [vulwar] **1.** (3i) wollen, mögen, wünschen (**que** + *subj* dass); ▶ ***je voudrais*** ich möchte; ***je veux bien*** ich habe nichts dagegen; ***veuillez*** (+ *inf*) wollen Sie bitte (+ *inf*); ▶ ***vouloir dire*** bedeuten; ▶ ***en vouloir à qn*** auf j-n böse sein; ***on ne veut pas de moi*** man will nichts von mir wissen; **2.** *m litt* Wollen *n*, Wille *m*

voulu, ~e [vuly] *p/p von* ***vouloir*** *u adj* gewünscht; vorgeschrieben; beabsichtigt

▶**vous** [vu] **1.** ihr; euch; **2.** Sie; Ihnen; **3.** einem; einen

voût|e [vut] *f* Gewölbe *n*; **~é, ~ée** gebeugt; gewölbt; **~er** (1a) (über)wölben; **se** ~ krumm werden

vouvoyer [vuvwaje] (1h) siezen

▶**voyage** [vwajaʒ] *m* Reise *f*; Fahrt *f*; ~ ***organisé*** Gesellschaftsreise *f*; ***voyage d'affaires*** Geschäftsreise *f*; ***en voyage*** auf Reisen; ▶ ***bon voyage!*** gute Reise!

▶**voyager** [vwajaʒe] (1l) reisen

▶**voyag|eur, ~euse** [vwajaʒœr, -øz] *m, f* Reisende(r) *m, f*, Fahrgast *m*; ***voyageur de commerce*** Handelsvertreter *m*; ***pigeon*** *m* ***voyageur*** Brieftaube *f*; **~iste** *m* Reiseveranstalter *m*

voy|ant, ~ante [vwajɑ̃, -ɑ̃t] **1.** *adj* auffällig; grell; **2.** *m* Kontrolllampe *f*; **3.** *m, f* Hellseher(in) *m(f)*

voyelle [vwajɛl] *f* Vokal *m*, Selbstlaut *m*; ⚠ **la** ~

voyou [vwaju] *m* (⚠ *pl* **~s**) jugendlicher Rowdy *m*, Strolch *m*; Ganove *m*

vrac [vrak] *m* **en** ~ lose, offen, unverpackt; *fig* durcheinander

▶**vrai, ~e** [vrɛ] **1.** *adj* (*nachgestellt*) wahr, wahrheitsgemäß; (*vorangestellt*) echt, wirklich; typisch; ***il est*** ~ ***que*** zwar, allerdings; **2.** *m das* Wahre; Wahrheit *f*; ***à vrai dire, à dire vrai*** offen gestanden

►**vraiment** [vrɛmɑ̃] *adv* wirklich, wahrhaftig; *iron* was Sie nicht sagen!
vraisembl|able [vrɛsɑ̃blablə] wahrscheinlich; **~ance** *f* Wahrscheinlichkeit *f*
vrille [vrij] *f bot* Ranke *f*; *tech* Vorbohrer *m*; *aviat* **descendre en ~** abtrudeln
vriller [vrije] (1a) durchbohren; *aviat* trudeln
vrombir [vrɔ̃bir] (2a) surren; dröhnen
V.T.T. [vetete] *m* (*abr* **vélo tout terrain**) Mountainbike *n*
vu[1] [vy] *prép* angesichts, in Anbetracht (+ *gén*); **~ que** in Anbetracht dessen *od* mit Rücksicht darauf, dass; **au ~ et au su de tout le monde** vor aller Augen
vu[2], **~e** [vy] *p/p von* **voir** gesehen; **bien, mal ~** beliebt, unbeliebt (**de qn** bei j-m)
►**vue** [vy] *f* Sehen *n*; Sehvermögen *n*; Blick *m*; Sicht *f*; Anblick *m*; Aussicht *f*, -blick *m*; Ansicht *f*; *Foto* Aufnahme *f*; *fig* Ansicht *f*, Meinung *f*; **à ~ d'œil** zusehends; **à première ~** auf den ersten Blick; **à perte de ~** so weit das Auge reicht; **avoir la ~ basse** kurzsichtig sein; **point** *m* **de ~** Standpunkt *m*; **garde** *f* **à ~** Polizeigewahrsam *m*; **en ~** in Sicht, sichtbar; **en ~ de** im Hinblick auf, angesichts (+ *gén*); **en ~ de** (+ *inf*) um zu (+ *inf*)
vulcaniser [vylkanize] (1a) *tech* vulkanisieren
vulgaire [vylgɛr] **1.** *adj* einfach, gewöhnlich; vulgär, ordinär; *litt* niedrig; **langue** *f* **~** Volkssprache *f*; **2. le ~** *litt* das gemeine Volk; das Vulgäre
vulgar|iser [vylgarize] (1a) allgemein verständlich darstellen; **~ité** *f péj* Gewöhnlichkeit *f*, Vulgarität *f*
vulnér|abilité [vylnerabilite] *f* Verwundbarkeit *f*; **~able** verwundbar; verletzbar
vulve [vylv] *f* Scham *f*, Vulva *f*

W

►**wagon** [vagɔ̃] *m* Eisenbahnwagen *m*, Wag(g)on *m*; **~-citerne** [-sitɛrn] *m* (⚠ *pl* **wagons-citernes**) Tank-, Kesselwagen *m*
►**wagon-lit** [vagɔ̃li] *m* (⚠ *pl* **wagons-lits**) Schlafwagen *m*
wagonnet [vagɔnɛ] *m* Kipplore *f*
►**wagon-restaurant** [vagɔ̃rɛstɔrɑ̃] *m* (⚠ *pl* **wagons-restaurants**) Speisewagen *m*
wall|on, ~onne [walɔ̃, -ɔn] **1.** *adj* wallonisch; **2. ♀** *m*, *f* Wallone *m*, -in *f*
Wallonie [walɔni] **la ~** Wallonien *n*
waters [watɛr] *m/pl* Klo *n*, Abort *m*
►**W.-C.** [vese] *m/pl* WC *n*
►**week-end** [wikɛnd] *m* (⚠ *pl* **week-ends**) Wochenende *n*
western [wɛstɛrn] *m* Wildwestfilm *m*, Western *m*
whisky [wiski] *m* Whisky *m*
white-spirit [wajtspirit] *m* (⚠ *pl unv*) Terpentinersatz *m*
Wisigoths [vizigo] *m/pl* Westgoten *m/pl*

X, Y

xéno|phile [gzenɔfil, ks-] fremdenfreundlich; **~phobe** [-fɔb] fremdenfeindlich
xérès [kserɛs, gze-] *m* Sherry *m*
xylophone [gzilɔfɔn, ks-] *m mus* Xylophon *n*
▶ **y** [i] da, (da)hin, dort(hin); *ersetzt eine Ergänzung mit* **à**: daran; darauf; dazu; dabei; darin; ***je ne m'y fie pas*** ich habe kein Vertrauen dazu (*manchmal auf Personen bezogen*: zu ihm, zu ihr, zu ihnen); ***on y va!*** gehen wir!; ***ça ~ est!*** es ist so weit!; ***j'~ suis*** jetzt habe ichs, ich bin im Bilde; ***je n'~ suis pour rien*** ich kann nichts dafür; ***s'~ connaître*** sich darauf verstehen; ***~ compris*** inbegriffen
yacht [jɔt] *m* Jacht *f*; ⚠ ***le ~***; **~ing** [-iŋ] *m* Jacht-, Segelsport *m*
▶ **yaourt** [jaurt] *m* Jogurt *n od m*
yaourtière [jaurtjɛr] *f* Jogurtbereiter *m*
Yémen [jemɛn] ***le ~*** der Jemen
yéti [jeti] *m* **1.** Yeti *m*; **2.** Wassereis *n*
▶ **yeux** [jø] *pl von* **œil**
yoga [jɔga] *m* Yoga *n*
yougoslave [jugɔslav] *hist* jugoslawisch
Yougoslave [jugɔslav] *m, f* Jugoslawe *m*, -slawin *f*
▶ **Yougoslavie** [jugɔslavi] *hist* ***la ~*** Jugoslawien *n*
yuppie [jupi] *m* Yuppie *m*

Z

Zaïre [zair] ***le ~*** Zaire *n*
Zambie [zɑ̃bi] ***la ~*** Sambia *n*
zapper [zape] (1a) zappen
zèbre [zɛbrə] *m zo* Zebra *n*
zèle [zɛl] *m* Eifer *m*, Fleiß *m*; Beflissenheit *f*; ***faire du ~*** zu viel Eifer zeigen
zélé, ~e [zele] eifrig
zénith [zenit] *m astr* Scheitelpunkt *m*, Zenit *m*; *fig* Gipfel *m*, Höhepunkt *m*; ⚠ *Schreibung*
zeppelin [zɛplɛ̃] *m* Zeppelin *m*
▶ **zéro** [zero] **1.** *m* Null *f* (*a fig*); *Schule*: Sechs *f*; **2.** *adj* null; ***~ faute*** null Fehler
zeste [zɛst] *m* (Stück *n*) Zitronen-, Orangenschale *f*
zézayer [zezeje] (1i) lispeln
zig [zig] *m* F Kerl *m*, Type *f*; ***bon ~*** feiner Kerl; ***un drôle de ~*** ein komischer Kauz
zigouiller [ziguje] (1a) F umlegen
zigzag [zigzag] *m* Zickzack *m*
zigzaguer [zigzage] (1m) im Zickzack gehen *od* fahren; hin und her taumeln
zinc [zɛ̃g] *m* Zink *n*; F Theke *f*; ⚠ *Aussprache*
zinguer [zɛ̃ge] (1m) verzinken
zizanie [zizani] *f* Zwietracht *f*
zodiaque [zɔdjak] *m astr* Tierkreis *m*
zombie [zɔ̃bi] *m* Zombie *m*
▶ **zone** [zon] *f* Zone *f*, Bezirk *m*, Bereich *m*, Gebiet *n*; *péj* arme Außenviertel *n/pl*, Slums *m/pl*; ***~ bleue*** Kurzparkzone *f*; ***~ dénucléarisée*** atomwaffenfreie Zone *f*; ***~ industrielle*** Industriegebiet *n*; ***~ interdite*** Sperrgebiet *n*; ***~ non-fumeurs*** Nichtraucherzone *f*; ***~ d'aménagement concerté*** städtebauliches Erschließungsgebiet *n*; ***~ piétonne*** Fußgängerzone *f*; ***~ d'aménagement différé*** Bauerwartungsland *n*; *auto* ***~ de déformation*** Knautschzone *f*; ***~ de dépression*** *Wetter*: Tiefdruckgebiet *n*; *EDV* ***~ de dialogue*** Dialogbox *f*; ***~ d'influence*** Einflussbereich *m*; ***~ de libre-échange*** Freihandelszone *f*
zoo [zo] *m* Zoo *m*
zoologie [zɔɔlɔʒi] *f* Zoologie *f*
zoom [zum] *m* Zoom(objektiv) *m(n)*
zouave [zwav] *m* F ***faire le ~*** den Hanswurst spielen
▶ **zut!** [zyt] F verdammt!, verflixt!; ***je lui dis ~*** ich pfeif' ihm was

Deutsch-Französisches Wörterverzeichnis

A

A[1] ***von A bis Z*** de A jusqu'à Z, d'un bout à l'autre
A[2] *mus n* la *m*; ***A-Dur*** la majeur; ***a-Moll*** la mineur
Aachen Aix-la-Chapelle
Aal *zo m* anguille *f*; **ꝏen** ***sich in der Sonne*** ~ faire le lézard; **ꝏglatt** glissant comme une anguille
Aargau der ~ l'Argovie *f*
Aas *n* charogne *f* (*a fig*); F ***ein kleines ~ sein*** être une petite crapule
ab ***München ~ 13.55*** Munich départ 13 heures 55; ~ ***morgen*** à partir de demain; ***ein Film ~ 18*** un film interdit aux moins de 18 ans; ~ ***und zu*** de temps à autre; ***ein Knopf ist*** ~ il manque un bouton
abändern modifier, changer
Abart *f* variété *f*; **ꝏig** anormal
Abbau *m Bergbau* exploitation *f*; *Verminderung* réduction *f*; *Zerlegung* démontage *m*; **ꝏen** *Bergbau* exploiter; *Personal, Preise* diminuer, réduire; *zerlegen* démonter; *chim* décomposer
ab|beißen arracher avec les dents; **~beizen** décaper; **~bekommen** *erhalten* avoir sa part de, recevoir
abbestell|en décommander; **ꝏung** *f* résiliation *f* d'une commande
abbiege|n tourner; **ꝏrspur** *f* voie *f* de présélection
Abbild *n* image *f*, portrait *m*; **ꝏen** représenter; **~ung** *f* illustration *f*
ab|binden *méd* ligaturer; **~blasen** F *Veranstaltung* décommander, annuler; **~blättern** *Farbe* s'écailler
abblend|en *auto* se mettre en code, **ꝏlicht** *n* phares *m/pl* code, feux *m/pl* de croisement
abbrechen casser; *Haus* démolir; *Beziehungen* rompre; *Unterhaltung* couper court à; *Zelt* démonter
ab|bremsen freiner, ralentir; **~brennen** brûler; *Feuerwerk* tirer; **~bringen** ***j-n von etw*** ~ dissuader *od* détourner qn de qc; ***das bringt uns vom Thema ab*** cela nous éloigne du sujet; **~bröckeln** s'effriter, s'émietter
Abbruch *m* démolition *f*; *Beziehungen* rupture *f*; **ꝏreif** bon pour la démolition
ab|buchen ***e-e Summe von e-m Konto*** ~ débiter un compte d'une somme; **~bürsten** brosser
Abc *m* abc *m*, alphabet *m*; **~-Schütze** *m* commençant *m*, *-e f* à l'école
ABC-Waffen *mil f/pl* armes *f/pl* atomiques, biologiques et chimiques
abdank|en abdiquer
ab|decken découvrir; *Tisch* desservir; *zudecken* recouvrir; **~dichten** boucher, colmater, calfeutrer; **~drängen** repousser, refouler, écarter; **~drehen** *Gas, Wasser, Licht* fermer; *aviat, mar* changer de route *od* de cap
Abdruck *m* reproduction *f*; *Fingerꝏ* empreinte *f*
Abend *m* soir *m*; *Abendstunden* soirée *f*; ***am*** ~ le soir; ***heute*** ~ ce soir; ***morgen*** ~ demain soir; ***im Laufe des ~s*** dans la soirée; ***zu ~ essen*** dîner; **~brot** *n* repas *m* du soir; **~dämmerung** *f* crépuscule *m*; **~essen** *n* dîner *m*; souper *m*, **~kasse** *f* ***die Karten an der ~ kaufen*** prendre les billets juste avant la représentation; **~kleid** *n* robe *f* de soirée; **~kurs** *m* cours *m* du soir; **~land** *n* Occident *m*; **ꝏländisch** occidental; **~mahl** *n* communion *f*; *Kunst* Cène *f*; **~rot** *n* rougeoiement *m* du soleil couchant
abends le soir
Abendschule *f* cours *m/pl* du soir
Abenteuer *n* aventure *f*; ⚠ ***une*** aventure; **ꝏlich** aventureux
Abenteurer(in *f*) *m* aventurier *m*, -ière *f*
aber mais; ***nun*** ~ or; ***nun ist ~ Schluss!*** ça suffit!
Aber|glaube *m* superstition *f*; **ꝏgläubisch** superstitieux
aberkennen ***j-m etw*** ~ contester *od* refuser qc à qn; ***j-m ein Recht*** ~ déclarer qn déchu d'un droit
aber|malig nouveau; *wiederholt* répété, réitéré; **~mals** de nouveau

abertausend ***tausende und ~e*** des milliers
abfackeln brûler
abfahren partir (***nach*** pour *od* à); *Schutt* enlever; *Strecke* parcourir; *Reifen* user
Abfahrt *f* départ *m*; *Schi* descente *f*
abfahrts|bereit prêt à partir, en partance; **&lauf** *m Schi* descente *f*; **&zeit** *f* heure *f* de départ
Abfall *m* ~ *od pl* ***Abfälle*** déchets *m/pl*; *Müll* ordures *f/pl*; *Küchenabfälle* épluchures *f/pl*; *Parteiwechsel* défection *f*; **~beseitigung** *f* traitement *m* des déchets; **~eimer** *m* poubelle *f*
abfallen *Blätter etc* tomber; *sich neigen* aller en pente; *von Verbündeten* faire défection; ***vom Glauben*** ~ renier sa foi; ~ ***gegen*** contraster défavorablement avec
abfällig défavorable; ***~e Bemerkung*** remarque *f* désobligeante
Abfallprodukt *n* produit *m* résiduaire
abfälschen *Ball* détourner
abfang|en attraper; *Brief* intercepter; *Flugzeug* redresser; **&jäger** *aviat m* chasseur *m* d'interception
abfärben (se) déteindre (***auf*** sur)
abfertig|en *Ware* expédier; *Gepäck* enregistrer; *zollamtlich* dédouaner; *am Schalter* ***j-n*** ~ servir qn; ***j-n kurz*** ~ se débarrasser rapidement de qn; **&ung** *f* expédition *f*; enregistrement *m*; dédouanement *m*; **&ungsschalter** *m* guichet *m* d'enregistrement
abfeuern tirer
abfind|en ***j-n*** ~ indemniser, dédommager qn; ***sich ~ mit*** se résigner à, prendre son parti de; **&ung(ssumme)** *f* indemnité *f*
ab|flauen *Wind* faiblir, mollir; **~fliegen** *aviat* partir (***nach*** pour *od* à), décoller, s'envoler; **~fließen** s'écouler; **&flug** *aviat m* départ *m*, décollage *m*, envol *m*
Abfluss *m* écoulement *m*; **~rohr** *n* tuyau *m* d'écoulement
abfragen questionner, interroger
Abfuhr *f Müll etc* enlèvement *m*; *fig* rebuffade *f*; ***j-m e-e ~ erteilen*** éconduire qn
abführ|en *j-n* emmener; *Gelder* verser; *méd* purger; **&mittel** *méd n* laxatif *m*, purgatif *m*
abfüllen *in Flaschen* mettre en bouteilles; *in Tüten* ensacher
Abgabe *f Aushändigung* remise *f*; *Verkauf* vente *f*; *Steuer* droit *m*, taxe *f*; *Ball&* passe *f*; **&nfrei** non imposable; **&npflichtig** imposable
Abgang *m* départ *m*; *Theater* sortie *f* de scène; *Post* expédition *f*
Abgangszeugnis *n* certificat *m* de fin d'études
abgas|arm à gaz d'échappement réduits; **&e** *n/pl* gaz *m/pl* d'échappement; **&entgiftung** *f* traitement *m od* désintoxication *f* des gaz brûlés; **&sonderuntersuchung** *f* contrôle *m* antipollution
abgearbeitet épuisé *od* usé par le travail
abgeben *aushändigen* remettre, donner, déposer; *verkaufen* vendre; *Ball* passer; faire une passe; *Schuss* tirer; *Erklärung* faire; *Wärme* dégager; ***sich ~ mit*** s'occuper de
ab|gebrannt F *fig ohne Geld* à sec F, fauché F; **~gedroschen** rebattu; **~gegriffen** *Buch* usé; **~gehackt** ~ ***sprechen*** parler par saccades *od* par à-coups; **~gehangen** ***gut ~es Fleisch*** viande reposée; **~gehärtet** endurci (***gegen*** contre)
abgehen *Zug, Post, Knopf, sich entfernen* s'en aller; ***von der Schule*** ~ quitter l'école, sortir de l'école; ***von seiner Meinung*** ~ changer d'opinion; ***diese Eigenschaft geht ihm ab*** cette qualité lui fait défaut; ***gut*** ~ bien se terminer
ab|gehetzt, ~gekämpft harassé, exténué; **~gekartet** ***e-e ~e Sache*** un coup monté
abgeklärt mûr, sage; **&heit** *f* sagesse *f*
ab|gelegen isolé; **~gemacht!** c'est entendu *od* convenu; **~gemagert** émacié, décharné; **~geneigt** ***e-r Sache*** ~ défavorable *od* hostile à qc; **~genutzt** usé, râpé
Abgeordnete|(r) *m, f* député *m*, femme *f* député; **~nhaus** *n* chambre *f* des députés
Abgesandte(r) *m, f* envoyé *m*, -e *f*
abgeschieden isolé, retiré, solitaire
abgesehen ~ ***von*** à part ..., abstraction faite de; ~ ***davon*** à part cela
ab|gespannt surmené; **~gestanden** éventé; **~gestumpft** insensible, indifférent (***gegen*** à); **~getragen** usé
abgewöhnen ***j-m etw*** ~ désaccoutu-

mer *od* déshabituer qn de qc; ***sich das Rauchen*** ~ s'arrêter de fumer
abgöttisch ***j-n*** ~ ***lieben*** idolâtrer qn
Abgrund *m* abîme *m*, gouffre *m*
ab|haben F ***etw*** ~ ***wollen*** vouloir en avoir un petit peu; **~hacken** couper; **~haken** cocher; **~halten** *hindern* empêcher; *Sitzung* tenir; *Gottesdienst* célébrer; ***j-n von der Arbeit*** ~ empêcher qn de travailler
abhand|eln *erörtern* traiter; *Ware* marchander; **~en** ~ ***kommen*** s'égarer, se perdre; **2lung** *f* traité *m*, dissertation *f*
Abhang *m* pente *f*, versant *m*
abhäng|en *Bild, Wagen* décrocher; *fig* ~ ***von*** dépendre de; **~ig** dépendant (***von*** de); ~ ***sein von*** dépendre de; **2igkeit** *f* dépendance *f*; ***gegenseitige*** ~ interdépendance *f*
abhärten (***sich*** ~ s')endurcir (***gegen*** à), (s')aguerrir
ab|hauen F ficher *od* foutre le camp, déguerpir, filer; **~heben** *tél* décrocher; *Geld* retirer; *Karten* couper; *aviat* décoller; ***sich*** ~ ***von*** se détacher sur; **~heften** ranger dans un classeur; **~heilen** guérir; **~helfen** ***e-r Sache*** ~ remédier à qc; **~hetzen** ***sich*** ~ s'éreinter
Abhilfe *f* remède *m*; ~ ***schaffen*** y porter remède
Abhol|dienst *m* service *m* de ramassage; **2en** aller *od* venir chercher, (aller *od* venir) prendre; ~ ***lassen*** envoyer chercher; **~markt** *m* grande surface *f* cash and carry
abhorchen *méd* ausculter
abhören écouter; *tél* intercepter; *Schüler* faire réciter
Abitur *n* baccalauréat *m*; bachot *m* F, bac *m* F; **~ient(in** *f*) *m* bachelier *m*, -ière *f*
ab|jagen ***j-m etw*** ~ faire lâcher prise de qc à qn; **~kanzeln** ***j-n*** ~ réprimander, sermonner qn; **~kapseln** ***sich*** ~ se renfermer sur soi-même; **~kaufen** ***j-m etw*** ~ acheter qc à qn; **~kehren** ***sich*** ~ ***von*** se détourner de
Abklatsch *m* copie *f*, imitation *f*
ab|klingen *Schmerz* s'atténuer, diminuer, décroître; **~klopfen** *méd* percuter; **~knabbern** grignoter; **~knallen** F ***j-n*** ~ descendre qn; **~knicken** casser; **~kochen** *Milch* faire bouillir
abkommen ***vom Kurs*** ~ *aviat, mar* s'écarter de sa route; ***von e-m Thema*** ~ s'écarter d'un sujet; ***vom Wege*** ~ perdre son chemin
Abkommen *n* accord *m*; ***ein*** ~ ***schließen*** conclure un accord
abkömm|lich disponible; **2ling** *m* descendant *m*, -e *f*
abkratzen gratter; F *fig sterben* crever, claquer
abkühl|en (***sich*** ~ se) rafraîchir; **2ung** *f* rafraîchissement *m*
abkupfern F pomper
abkürz|en *Weg* raccourcir; *Wort* abréger; **2ung** *f Wort* abréviation *f*; sigle *m*; *Weg* raccourci *m*
abladen décharger
Ablage *f Akten* classement *m*; *Bord* rayon *m*; *Kleider* vestiaire *m*
ablager|n ***sich*** ~ se déposer; **2ung** *f* dépôt *m*; *géol* sédiment *m*
ablassen *Flüssigkeit* faire écouler; ***die Luft aus dem Reifen*** ~ dégonfler le pneu; ***etw vom Preis*** ~ rabattre qc du prix; ***von etw nicht*** ~ ***können*** ne pas pouvoir renoncer à qc
Ablauf *m Abfluss* écoulement *m*; *von Ereignissen* déroulement *m*; *e-r Frist* expiration *f*; **2en** *abfließen* s'écouler; *verlaufen* se dérouler; *Frist* expirer; *Schuhe* user; ***gut*** (***schlecht***) ~ se terminer bien (mal)
ablecken lécher
ableg|en déposer; *Kleider* ôter; *Akten* classer; *Gewohnheit* se défaire de; *Prüfung* passer; *Eid* prêter; *Schiff* appareiller; ***Rechenschaft*** (***Zeugnis***) ~ ***für*** rendre compte (témoignage) de; **2er** *agr m* marcotte *f*
ablehn|en refuser; *Vorschlag* rejeter; *Verantwortung* décliner; **~end** négatif, de refus; **2ung** *f* refus *m*
ableit|en dériver (*a math*); **2ung** *f gr* dérivation *f*; *math* dérivée *f*
ablenk|en détourner; *zerstreuen* distraire; ***sich zu leicht*** ~ ***lassen*** se laisser trop facilement distraire; **2ung** *f* distraction *f*; **2ungsmanöver** *n* manœuvre *f* de diversion
ab|lesen lire; *Messwert* relever; **~leugnen** (dé)nier, désavouer
abliefer|n livrer; *abgeben* remettre
ablös|en *entfernen* détacher, décoller (***von*** de); *j-n bei der Arbeit* relayer,

prendre la relève de; *Wache* relever; **sich ~** se détacher, se décoller (**von** de); *Personen* se relayer; **2ung** *f* relève *f*
ABM *f* mesure *f* pour la création d'emplois
abmach|en détacher, défaire, enlever; *vereinbaren* convenir (**etw** de qc); ***abgemacht!*** entendu!; **2ung** *f* arrangement *m*, convention *f*
abmager|n maigrir; **2ung** *f* amaigrissement *m*; **2ungskur** *f* cure *f* d'amaigrissement
Abmarsch *m* départ *m*
abmeld|en faire rayer; ***sich von der Schule ~*** déclarer son départ de l'école; **2ung** *f* déclaration *f* de départ *od* de changement d'adresse
abmess|en mesurer; **2ung** *f* mesurage *m*; ***~en*** *pl* dimensions *f/pl*
ab|montieren démonter; **~mühen** ***sich ~*** se donner du mal *od* de la peine; **~nagen** *Knochen* ronger
abnabeln ***sich ~*** se détacher
Abnahme *f Rückgang* diminution *f*; *Verlust* perte *f*; *Kauf* achat *m*
abnehm|bar amovible, démontable; **~en** *wegnehmen* enlever; *Hut* ôter; *tél* décrocher; *kaufen* acheter; *amputieren* amputer; *Führerschein* retirer; F *glauben* croire (***j-m etw*** qc à qn); *an Gewicht* maigrir; *Mond* décroître; *Tage, Kräfte* diminuer; ***j-m e-e Arbeit ~*** faire un travail pour qn; **2er** *écon m* acheteur *m*, client *m*, preneur *m*
Abneigung *f* aversion *f*, antipathie *f*, répulsion *f* (***gegen*** pour)
abnorm anormal; **2ität** *f* anomalie *f*
abnutz|en user; **2ung** *f* usure *f*
Abonn|ement *n* abonnement *m*; **~ent(in** *f*) *m* abonné *m*, -e *f*; **2ieren** ***etw ~*** s'abonner à qc
abordn|en déléguer; **2ung** *f* délégation *f*
Abort *m* cabinets *m/pl*
ab|passen *Gelegenheit* guetter; **~pfeifen** *Sport* siffler l'arrêt *od* la fin du match; **~plagen** ***sich ~*** se fatiguer, s'éreinter; **~prallen** rebondir; *Geschoss* ricocher; **~putzen** nettoyer; **~rackern** ***sich ~*** se mettre en quatre; **~raten** ***j-m von etw ~*** déconseiller qc à qn; **~räumen** *Tisch* débarrasser; *nach dem Essen* desservir (la table); *Schutt* déblayer; **~reagieren** *Ärger etc* décharger (***an*** sur); ***sich ~*** se défouler (***an*** sur)
abrechn|en faire les comptes; *abziehen* déduire; *fig* ***mit j-m ~*** régler ses comptes avec qn; **2ung** *f* règlement *m* de comptes (*a fig*)
abreiben frotter
Abreise *f* départ *m*; **2n** partir (***nach*** pour *od* à)
abreiß|en arracher; *Haus* démolir; *abgehen* se déchirer; *aufhören* cesser, s'arrêter; **2kalender** *m* bloc *m* calendrier
abriegel|n *Tür* verrouiller; *Straße* bloquer; *durch Polizei* barrer; **2ung** *f* barrage *m*
Abriss *m Buch* précis *m*, abrégé *m*; *kurzer Überblick* esquisse *f*; *e-s Hauses* démolition *f*
ab|rücken s'écarter, s'éloigner (***von*** de); *mil* partir; *fig* prendre ses distances (***von etw*** de qc); **~rufen** *Waren* faire livrer; *EDV* ***Daten ~*** visualiser des données; **~runden** arrondir
abrupt brusque(ment)
abrüst|en *mil* désarmer; **2ung** *f* désarmement *m*
ABS *n* système *m* A.B.S.
Absage *f* refus *m*, réponse *f* négative; annulation *f*; **2n** se décommander; *Einladung* s'excuser; ***j-m ~*** décommander qn; ***etw ~*** annuler qc
absägen scier; *fig j-n* débarquer F, limoger F
Absatz *m Schuh* talon *m*; *Text* alinéa *m*; *comm* vente *f*; **~markt** *m* débouché *m*
abschaben gratter
abschaff|en abolir, supprimer; **2ung** *f* abolition *f*, suppression *f*
abschalten *Strom* couper; *Maschine* arrêter; *Radio, TV* éteindre; *fig* se relaxer; ne plus écouter
abschätz|en estimer, évaluer; **~ig** méprisant, péjoratif; **2ung** *f* estimation *f*, évaluation *f*
Abschaum *m péj* rebut *m*
Abscheu *m* horreur *f* (***vor*** de), répulsion *f* (***gegen*** pour), exécration *f*; **2erregend** révoltant, repoussant; **2lich** horrible, exécrable, abominable, détestable; **~lichkeit** *f* horreur *f*; *Untat* atrocité *f*
ab|schicken expédier, envoyer; **~schieben** *Schuld* rejeter (***auf*** sur); *Ausländer* expulser, refouler

Abschied *m* adieux *m/pl*; ~ ***nehmen*** prendre congé (***von*** de), faire ses adieux (à qn); **~sfeier** *f* fête *f* d'adieux; **~skuss** *m* baiser *m* d'adieux
abschießen *Flugzeug, Wild* abattre; *Gewehr* décharger; *Rakete* lancer
abschirm|en protéger (***gegen*** contre); **2ung** *f* protection *f*
abschlachten massacrer
Abschlag *m comm* réduction *f*, rabais *m*; *Fußball* dégagement *m* du gardien de but; **2en** abattre; *Bitte* repousser, refuser; *Kopf* couper
abschlägig négatif
Abschlagszahlung *f* acompte *m*
Abschlepp|dienst *m* service *m* de dépannage; **2en** *auto* remorquer; *polizeilich* mettre en fourrière; **~seil** *n* câble *m* de remorquage
abschließen fermer à clé; *beenden* terminer, conclure, achever; ***e-n Handel*** ~ conclure un marché; **~d** final; *adv* en conclusion; ~ ***sagte er*** il conclut par ces mots
Abschluss *m* conclusion *f*, clôture *f*; **~prüfung** *f* examen *m* de fin d'études; **~zeugnis** *n* diplôme *m od* certificat *m* de fin d'études
abschmecken *cuis* assaisonner
ab|schmieren *auto* graisser; faire un graissage; **~schminken** (***sich*** se) démaquiller; ⌐***das kannst du dir*** ~***!*** tu peux faire une croix dessus!; **~schneiden** couper; ***j-m das Wort*** ~ couper la parole à qn; ***gut*** (***schlecht***) ~ s'en tirer bien (mal), bien (mal) réussir
Abschnitt *m Teilstück* section *f*, tronçon *m*; *Text2* passage *m*, paragraphe *m*; *Kontroll2* talon *m*, souche *f*; *Zeit2* période *f*; *Kreis2* segment *m*; *Front2* secteur *m*; **2weise** ~ ***lesen*** lire paragraphe par paragraphe
abschreck|en décourager; *pol* dissuader; *cuis* passer à l'eau froide; **~end** repoussant; intimidant; **~es *Beispiel*** exemple *m* à ne pas suivre; **2ung** *pol f* dissuasion *f*
abschreib|en copier (***von*** sur); *comm* amortir; **2ung** *f comm* amortissement *m*
Abschrift *f* copie *f*, duplicata *m*
abschürf|en *Haut* érafler; **2ung** *f* éraflure *f*
Abschuss *m Rakete* lancement *m*
abschüssig escarpé; ~ ***sein*** aller en pente
Abschuss|liste *f fig* ***auf der*** ~ ***stehen*** être menacé; **~rampe** *f* rampe *f* de lancement
ab|schütteln secouer (*a fig*); **~schwächen** atténuer, affaiblir
abschweif|en s'écarter, digresser (***von*** de); **2ung** *f* digression *f*
ab|schwellen *méd* désenfler; *Sturm* se calmer; *Lärm* s'affaiblir, décroître; **~schwören** ***e-r Sache*** ~ abjurer qc
abseh|bar prévisible; ***in*** **~*er Zeit*** dans un proche avenir; **~en** *Folgen* prévoir; ***das Ende von etw*** ~ voir la fin de qc; *fig* ***von etw*** ~ *verzichten* renoncer à qc; *nicht beachten* faire abstraction de qc; ***es ab(ge)sehen (haben) auf*** viser à; ***davon abgesehen*** à part cela
ab|seifen savonner; **~seilen *sich*** ~ descendre en rappel
abseits à l'écart, à part; *Sport* hors-jeu
absend|en envoyer, expédier; **2er(in** *f*) *m* expéditeur *m*, -trice *f*; **2ung** *f* envoi *m*, expédition *f*
absetz|en *Last, Fahrgast* déposer; *Glas* poser; *Hut, Brille* ôter; *entlassen* destituer, révoquer; *verkaufen* vendre, écouler, placer; *Film* retirer de l'écran; *von der Steuer* déduire (des impôts); ***sich*** ~ filer; *géol* se déposer; ***ohne abzusetzen*** sans faire de pause; **2ung** *f Entlassung* destitution *f*, révocation *f*; *vom Spielplan* retrait *m*; *von der Steuer* déduction *f*
Absicht *f* intention *f*; **2lich** intentionnel; *adv* à dessein, exprès, de propos délibéré
absitzen descendre de cheval; *Strafe* purger
absolut absolu; **2ismus** *hist m* absolutisme *m*
Absolv|ent(in *f*) *m* (ancien) élève *m*, (ancienne) élève *f*; **2ieren *sein Studium*** ~ faire ses études
absonder|n isoler, séparer; *méd* sécréter; **2ung** *f* isolement *m*; *méd* sécrétion *f*
ab|sorbieren absorber; **~sparen *sich etw*** ~ économiser qc; **~speichern** *EDV* mémoriser, enregistrer; **~speisen** *fig* ***j-n mit leeren Worten*** ~ payer qn de belles paroles; **~spenstig *j-m die Freundin*** ~ ***machen*** prendre l'amie à qn

absperr|en fermer, barrer; **2ung** *f* barrage *m*
ab|spielen *Platte, Band* passer; *Sport* faire une passe; ***sich*** ~ se passer, se dérouler; **2sprache** *f* accord *m*; ***in*** ~ ***mit*** en accord avec; **~sprechen** ***etw*** ~ convenir de qc; ***sich*** ~ s'arranger, se mettre d'accord; ***j-m die Fähigkeit*** ~ ***zu*** ... dénier à qn la faculté de ...; **~springen** sauter; ***mit dem Fallschirm*** ~ sauter en parachute; **2sprung** *m* saut *m*; **~spülen** rincer
abstamm|en descendre (***von*** de); **2ung** *f* origine *f*, descendance *f*, souche *f*; **2ungslehre** *biol f* théorie *f* de l'évolution
Abstand *m* distance *f*, intervalle *m* (*a zeitlich*); *auto* ~ **halten** garder ses distances; ***in regelmäßigen Abständen*** à intervalles réguliers; *fig* ***mit*** ~ de loin
ab|statten ***j-m e-n Besuch*** ~ rendre visite à qn; **~stauben** épousseter; F *fig* chiper, chaparder
abstech|en contraster (***gegen***, ***von*** avec); **2er** *m* crochet *m* (***nach*** jusqu'à)
abstehend ***~e Ohren*** oreilles *f/pl* décollées
absteig|en descendre; ***in e-m Hotel*** ~ descendre dans un hôtel; **2er** *m Sport* club *m* descendant d'une division
abstell|en *auto* garer; *Gepäck* déposer; *Maschinen* arrêter; *Gas, Wasser, Strom* couper; *Heizung, Radio* fermer; *Missstände* supprimer; **2gleis** *n* voie *f* de garage (*a fig*); **2platz** *m* aire *f* de stationnement; **2raum** *m* débarras *m*
abstempeln *Briefmarke* oblitérer; *fig j-n* étiqueter (***zu*** comme)
absterben dépérir; *Baum* se dessécher; *Bein* s'engourdir; *Motor* caler
Abstieg *m* descente *f*; *fig* déclin *m*
abstimm|en accorder, harmoniser; *wählen* voter (***über etw*** qc); **2ung** *f* vote *m*, scrutin *m*
Abstinenz *f* abstinence *f*
abstoppen arrêter, stopper; *bremsen* freiner
Abstoß *m Fußball* coup *m* de pied de but; **2en** pousser; *anwidern* dégoûter, repousser; *verkaufen* vendre; **2end** répugnant, repoussant, dégoûtant
abstrakt abstrait
abstreiten contester, nier
Abstrich *m Abzug* réduction *f*; *méd* prélèvement *m*, frottis *m*; ***~e machen*** en rabattre
abstuf|en graduer, nuancer; **2ung** *f* gradation *f*
abstumpfen *Gefühle* s'émousser; *Mensch* s'abrutir
Absturz *m* chute *f* (*a aviat*)
ab|stürzen faire une chute, tomber à pic; *aviat* s'abattre; **~suchen** ***etw*** ~ fouiller qc
absurd absurde
Abszess *méd m* abcès *m*
Abt *m* abbé *m*
ab|tasten tâter; *méd* palper; **~tauen** *Kühlschrank* dégivrer
Abtei *f* abbaye *f*
Abteil *n Bahn* compartiment *m*; **2en** diviser; *abtrennen* séparer; **~ung** *f* division *f*, section *f*; *Firma* service *m*, département *m*; *Kaufhaus* rayon *m*; *mil* détachement *m*; **~ungsleiter** *m Kaufhaus* chef *m* de rayon; *Büro* chef *m* de service
Äbtissin *f* abbesse *f*
abtöten *Bakterien* tuer; *Gefühl* étouffer
Abtransport *m* transport *m*; *Verletzte* évacuation *f*
abtreib|en *Frau* se faire avorter; *aviat, mar* dériver; **2ung** *f* avortement *m*; ***e-e*** ~ ***vornehmen*** provoquer un avortement
abtrennen détacher, séparer
abtret|en *vom Amt* se retirer; *überlassen* céder (***j-m etw*** qc à qn); ***die Füße*** ~ décrotter ses chaussures; **2er** *m* paillasson *m*; **2ung** *f* cession *f*
abtrocknen essuyer
abtrünnig infidèle; **2e(r)** *m, f* renégat *m*, -e *f*
ab|tun *Vorschlag etc* passer sur; **~tupfen** tamponner; **~urteilen** juger; **~wägen** peser, considérer; **~wählen** ***j-n*** ~ destituer qn par un vote; ***ein Fach*** ~ renoncer à une matière; **~wälzen** *Schuld* rejeter (***auf*** sur); **~wandeln** changer, modifier; **~wandern** émigrer (***nach*** vers), partir (pour)
Abwärme *tech f* chaleur *f* perdue
Abwart *m Schweiz* concierge *m*
abwarten attendre; ***warten wir ab!*** attendons!; ***wart nur ab!*** attends voir!; ***~d sich*** ~ ***verhalten*** rester dans l'expectative
abwärts vers le bas, en bas; ~ ***führen*** aller en descendant, descendre

Abwasch *m* vaisselle *f*; **≗bar** lavable; **≗en** laver; *Geschirr* faire la vaisselle
Abwasser *n* eaux *f/pl* usées; **~aufbereitung** *f* traitement *m* des eaux usées
abwechs|eln alterner (**mit** avec); *Personen* **sich ~** se relayer; **~elnd** alternativement, à tour de rôle; **≗lung** *f* changement *m*, diversion *f*, variété *f*; **zur ~** pour changer; **~lungsreich** varié; *Leben* mouvementé
Abweg *m fig* **auf ~e geraten** s'écarter du bon *od* droit chemin *od* de la bonne voie; **≗ig ~e Ansicht** opinion *f* erronée
Abwehr *f* défense *f*; **≗en** *Angriff* repousser; *Stoß* parer; **~fehler** *m* erreur *f* de défense; **~kräfte** *méd f/pl* pouvoir *m* défensif (de l'organisme); **~spieler** *m Sport* joueur *m* de la défense, arrière *m*; **~stoffe** *méd m/pl* anticorps *m/pl*
abweich|en *vom Thema, Kurs* s'écarter, dévier (**von** de); *sich unterscheiden* différer (**von** de); *Meinungen* **voneinander ~** diverger; **von der Wahrheit ~** s'écarter de la vérité; **~end** différent, divergent; **≗ung** *f* écart *m*; divergence *f*; déviation *f*
abweis|en repousser, refuser; *Besucher* renvoyer; **~end** *Miene* de refus; **sich ~ verhalten** adopter une attitude de refus; **≗ung** *f* refus *m*
ab|wenden détourner; **sich ~ von** se détourner de; **Unheil ~** conjurer le malheur; **~werfen** *Flugblätter, Bomben* lancer, jeter; *Laub etc* perdre, se dépouiller de; *Reiter* désarçonner; *Gewinn* rapporter
abwert|en *Währung* dévaluer; *geringschätzen* déprécier; **≗ung** *f* dévaluation *f*
abwesen|d absent; **≗de(r)** *m, f* absent *m*, -e *f*; **≗heit** *f* absence *f*; **durch ~ glänzen** briller par son absence
ab|wickeln dérouler; *durchführen* exécuter; *Geschäft* liquider; **~wiegen** peser; **~wischen** essuyer
Abwurf *m* lancement *m*; *Fußball* dégagement *m* du gardien de but
abwürgen F *Motor* caler; *fig Diskussion* étouffer
abzahlen payer à tempérament *od* par versements échelonnés
abzählen compter
Abzahlung *f* **auf ~ kaufen** acheter à tempérament
Abzeichen *n* insigne *m*
abzeichnen dessiner, copier; *Schriftstück* parapher; **sich ~** se dessiner, se profiler, s'annoncer
abziehen *entfernen* retirer; *math* soustraire; *Betrag* déduire; *kopieren* tirer; *Rauch* sortir, s'échapper; *Gewitter* s'éloigner; *Truppen* se retirer; F *Person* s'en aller, partir; **das Bett ~** retirer les draps
Abzug *m Truppen* retrait *m*; *comm* déduction *f*, décompte *m*; *Foto* épreuve *f*; *Gewehr* détente *f*, gâchette *f*
abzüglich déduction faite de, moins
abzweig|en *Weg* bifurquer; *Geld* prélever (**von** sur); **≗ung** *f* bifurcation *f*, embranchement *m*
ach! ah!; *klagend* hélas!; **~ so!** ah bon!; **~ was!** *überrascht* vraiment?; *gleichgültig* bof!; **mit ≗ und Krach** tant bien que mal; à grand-peine
Achat *m* agate *f*
Achse *f auto* essieu *m*; *math* axe *m*; **immer auf ~ sein** F être toujours en vadrouille; ⚠ **un** axe
Achsel *f* aisselle *f*; **die ~n zucken** hausser les épaules
acht *Zahl* huit; **in ~ Tagen** dans une semaine
Acht *f Aufmerksamkeit* **~ geben** faire attention (**auf** à); **außer ~ lassen** négliger; **sich in ~ nehmen** prendre garde, faire attention (**vor** à)
achte huitième
Achtel *n* huitième *m*
achten estimer, respecter; **~ auf** faire attention à; **darauf ~, dass** ... faire attention à ce que (+ *subj*)
Achter *m Sport* canot *m* à huit rameurs; **~bahn** *f* grand huit *m*; montagnes *f/pl* russes
achtlos négligent, inattentif; **≗igkeit** *f* négligence *f*, inattention *f*
Achtung *f Hoch≗* estime *f*, respect *m*; *Vorsicht* attention *f*; **~! Fertig! Los!** à vos marques! prêts! partez!; **~ Stufe!** attention à la marche!
acht|zehn dix-huit; **~zehnte** dix-huitième; **~zig** quatre-vingts; **≗ziger(in** *f*) *m* octogénaire *m, f*; **~zigste** quatre-vingtième
ächzen gémir
Acker *m* champ *m*; **~bau** *m* agriculture *f*; **~ und Viehzucht** agriculture et élevage; **~land** *n* terres *f/pl* cultivées; **≗n** labourer; *fig* F travailler d'arrache-pied

Acryl *n* acrylique *m*, fibre *f* acrylique
ADAC *m* Automobile-Club *m* d'Allemagne fédérale
Adapter *m* adaptateur *m*
addieren additionner
ade! F salut!, au revoir!
Adel *m* noblesse *f*
ad(e)lig noble; **2e(r)** *m, f* noble *m, f*
adeln anoblir; *fig* ennoblir
Ader *f* veine *f*; *Schlag2* artère *f*; *Kabel* fil *m*
Adjektiv *n* adjectif *m*
Adjutant *mil m* aide *m* de camp, officier *m* d'ordonnance; ⚠ *nicht* adjudant
Adler *zo m* aigle *m*
Admiral *mar m* amiral *m*
adoptieren adopter
Adoptiv|eltern *pl* parents *m/pl* adoptifs; **~kind** *n* enfant *m* adoptif
Adrenalin *n* adrénaline *f*; ⚠ ***une*** adrénaline
Adressat *m* destinataire *m*
Adressbuch *n* bottin *m*
Adresse *f* adresse *f*
adressieren *Brief* mettre l'adresse sur; *richten an* adresser (à)
Adria ***die*** ~ l'Adriatique *f*
Advent *rel m* Avent *m*
Adverb *n* adverbe *m*
Aerobic *n* aérobic *f*; ⚠ ***une*** aérobic
aerodynamisch aérodynamique
Affäre *f* affaire *f*
Affe *zo m* singe *m*
Affekt *m* émotion *f*, passion *f*; **~handlung** *f* acte *m* passionnel; **2iert** affecté, maniéré
affig maniéré; ridicule
Afghanistan *n* l'Afghanistan *m*
Afrika *n* l'Afrique *f*; **~ner(in** *f*) *m* Africain *m*, -e *f*; **2nisch** africain
After *m* anus *m*
AG *comm f* société *f* anonyme
Agent *m* agent *m*; **~ur** *f* agence *f*
Aggress|ion *f* agression *f*; **2iv** agressif; **~ivität** *f* agressivité *f*; ⚠ *Schreibung*
Agitator *pol m* agitateur *m*
Agrarstaat *m* pays *m* agricole
Ägypt|en *n* l'Égypte *f*; **~er(in** *f*) *m* Égyptien *m*, -ne *f*; **2isch** égyptien
ah ah!
aha ah!; **2erlebnis** *n* déclic *m*; ***ein ~ sein*** faire tilt
ähneln ***j-m*** (***e-r Sache***) ~ ressembler à qn (à qc)

ahnen se douter de, pressentir
Ahnen *pl* aïeux *m/pl*, ancêtres *m/pl*
ähnlich ressemblant; semblable, pareil; ***j-m ~ sehen*** *od* ***sein*** ressembler à qn; *fig* ***das sieht ihm ~*** ça lui ressemble tout à fait; **2keit** *f* ressemblance *f*
Ahnung *f Vorgefühl* pressentiment *m*; *Vorstellung* idée *f*; ***keine ~!*** aucune idée!; ***er hat nicht die geringste ~*** il n'en a pas la moindre idée; **2slos** sans se douter de rien; **~slosigkeit** *f* ignorance *f*
Ahorn *bot m* érable *m*
Ähre *bot f* épi *m*; ***~n lesen*** glaner
Aids *méd n* sida *m*; **~hilfe** *f* association *f* antisida; **2infiziert** séropositif; **2krank** atteint du sida; **~test** *m* test *m* de dépistage du sida
Airbag *m* airbag *m*, coussin *m* gonflable
Airbus *m* airbus *m*
Akademie *f* académie *f*; **~mitglied** *n* académicien *m*, -ne *f*
Akadem|iker(in *f*) *m* personne *f* ayant un grade universitaire, personne qui a fait ses études universitaires; ⚠ *nicht* ***académicien***; **2isch** universitaire; *lebensfern* académique
Akazie *bot f* acacia *m*; ⚠ ***un*** acacia
akklimatisier|en ***sich ~*** s'acclimater; **2ung** *f* acclimatation *f*
Akkord *m mus* accord *m*; ***im ~ arbeiten*** travailler à la tâche, aux pièces; **~arbeit** *f* travail *m* à la tâche, aux pièces; **~arbeiter(in** *f*) *m* ouvrier *m*, -ière *f* aux pièces
Akkordeon *n* accordéon *m*
Akku(mulator) *m* accu(mulateur) *m*
Akkusativ *gr m* accusatif *m*
Akne *méd f* acné *f*
Akrobat *m* acrobate *m*
Akt *m* acte *m*; *Kunst* nu *m*
Akte *f* dossier *m*, pièce *f*, document *m*; *fig* ***zu den ~n legen*** classer; considérer comme réglé
Akten|deckel *m* chemise *f*; **~koffer** *m* attaché-case *m*; **~ordner** *m* classeur *m*; **~tasche** *f* serviette *f*, porte-documents *m*; **~zeichen** *n* référence *f od* numéro *m* du dossier
Aktie *écon f* action *f*; **~ngesellschaft** *f* société *f* anonyme *od* par actions
Aktion *f pol* action *f*; *Werbe2*, *Spenden2* campagne *f*; *mil*, *Rettungs2* opération *f*
Aktionär(in *f*) *m* actionnaire *m, f*

aktiv actif; *Handelsbilanz* excédentaire; *Offizier* d'active; **~ieren** activer; **2ität** *f* activité *f*
aktu|alisieren mettre à jour (*a EDV*); **2alität** *f* actualité *f*; **~ell** actuel, d'actualité
Akupunktur *f* acuponcture *f*
Akust|ik *f* acoustique *f*; **2isch** acoustique; *Gedächtnis* auditif
akut *méd* aigu; *Problem* urgent; *Gefahr* imminent
AKW *n* centrale *f* atomique
Akzent *m* accent *m*; **2uieren** accentuer
akzept|abel acceptable; **2anz** *f* acceptation *f*; **~ieren** accepter
Alarm *m* alerte *f*, alarme *f*; ***blinder ~*** fausse alerte; ***~ schlagen*** donner l'alarme *od* l'alerte; ⚠ ***une*** alarme; **~anlage** *f* dispositif *m* d'alarme
alarmieren alerter; *beunruhigen* alarmer; **~d** alarmant
Alb ***die Schwäbische ~*** le Jura souabe
Albanien *n* l'Albanie *f*
Albdruck *m* cauchemar *m* (*a fig*)
albern niais, inepte; **2heit** *f* niaiserie *f*, ineptie *f*
Albtraum *m* cauchemar *m*
Album *n* album *m*
Alge *bot f* algue *f*
Algebra *math f* algèbre *f*; **2isch** algébrique
Algeri|en *n* l'Algérie *f*; **~er(in** *f*) *m* Algérien *m*, -ne *f*; **2sch** algérien
Algier Alger
Algorithmus *m* algorithme *m*
Alibi *jur n* alibi *m*; **~funktion** *f* rôle *m* d'alibi
Alimente *jur n/pl* pension *f* alimentaire
alkalisch *chim* alcalin
Alkohol *m* alcool *m*; **2frei** sans alcool; *Getränk a* non alcoolisé; **~iker(in** *f*) *m* alcoolique *m,f*; **2isch** alcoolique; **~ismus** *m* alcoolisme *m*; **~test** *m* alcootest *m*
All *n* univers *m*; *Weltraum* espace *m*
alle *allein stehend* tous [tus], toutes; tout le monde; *mit subst* tous les, toutes les; ***wir ~*** nous tous; ***~ beide*** tous les deux; ***~ zwei Jahre*** tous les deux ans; ***auf ~ Fälle*** en tous cas; F ... ***ist ~*** il n'y a plus de ...; *cf a* ***alles***
Allee *f* allée *f*; *Straße* avenue *f*
allein seul; ***er hat es ganz ~ gemacht*** il l'a fait tout seul; ***~ der Gedanke*** la seule pensée; ***~ erziehend*** élevant son enfant seul; ***~ Erziehender*** *m, f* parent *m* unique; ***~ stehend*** *Person* seul; *Haus* isolé; ***von ~*** tout seul; **2berechtigung** *f* droit *m* exclusif; **2gang** *Sport* ***im ~*** en solitaire; *fig* ***e-n ~ machen*** faire cavalier seul; **~ig** exclusif; **2sein** *n* solitude *f*
allemal *auf jeden Fall* à tous les coups; *cf a* ***Mal***[1]
allenfalls à la rigueur, tout au plus
aller... *in Zssgn* le plus ... de tous; **~beste** le meilleur de tous; **~dings** à vrai dire, à la vérité; bien sûr
Allerg|ie *f* allergie *f* (***gegen*** à); **~iker(in** *f*) *m* allergique *m, f*; **2isch** allergique (***gegen*** à)
aller|hand F pas mal de, toutes sortes de; ***das ist ja ~!*** c'est un peu fort!; *bewundernd* il faut le faire!; **2heiligen** *n* la Toussaint; **~lei** toutes sortes de; **~letzt** le tout dernier; ***zu ~*** en tout dernier lieu; **~liebst** ravissant; ***am ~en mögen*** préférer par-dessus tout; **~nächst** ***in ~er Zeit*** dans un avenir très proche; **2nötigste** ***das ~*** le strict minimum; **2seelen** *n* jour *m* des Morts; **~seits** ***guten Morgen ~!*** bonjour à tous!; **~wenigst** ***am ~en*** moins que tout autre
alles tout; ***~ Gute!*** meilleurs vœux!, bonne chance!; ***~ in allem*** tout bien considéré; ***vor allem*** avant tout, surtout
alle|samt tous ensemble; **~zeit** toujours, en tout temps
allgemein général; ***im 2en*** en général; ***~ gültig*** universellement valable; ***~ verständlich*** à la portée de tous; **2bildung** *f* culture *f* générale; **2heit** *f* public *m*, tout le monde; **2medizin** *f* médecine *f* générale; **2wissen** *n* connaissances *f/pl* générales
Allheilmittel *n* remède *m* universel, panacée *f*
Allianz *f* alliance *f*
Alligator *zo m* alligator *m*
Alliierte|(r) *m* allié *m*; ***die ~n*** *pl* les alliés *m/pl*
all|jährlich annuel(lement); **2macht** *f* toute-puissance *f*; **~mächtig** tout-puissant; **~mählich** graduel; *adv* peu à peu; **2radantrieb** *auto m* traction *f* toutes roues motrices; **2tag** *m* vie *f* quotidienne; **~täglich** quotidien; *fig a* ordinaire, banal; **~wissend** omnis-

cient; **ᘔwissenheit** *f* omniscience *f*
allzu ~ sehr, ~ viel trop
Alm *f* alpage *m*
Almosen *n* aumône *f*
Aloe *bot f* aloès *m*
Alpdruck *m cf* ***Albdruck***
Alpen *pl* Alpes *f/pl*
Alphabet *n* alphabet *m*; **ᘔisch** (par ordre) alphabétique
alphanumerisch alphanumérique
alpin alpin
Alptraum *m cf* ***Albtraum***
als *zeitlich* quand, lorsque; *nach Komparativ* que (*vor Zahlen* de); *in der Eigenschaft* ~ comme, en tant que; ***~ ob*** comme si; ***~ ich einmal*** ... un jour que je ...; ***mehr ~ zwei Jahre*** plus de deux ans; ***~ Freund*** en ami
also *folgernd* donc, par conséquent; *einleitend* alors
alt vieux (vieille); *Mensch a* âgé; *ehemalig* ancien; ***wie ~ bist du?*** quel âge as-tu?; ***ich bin 15 Jahre ~*** j'ai quinze ans; ***~ werden*** vieillir; F ***~ aussehen*** avoir l'air con

eine alte Stadt – acht Jahre alt

Nîmes ist eine alte Stadt. – ***Nîmes est une vieille ville.***

Bei konkreten Altersangaben verwendet man andere Wörter und andere Konstruktionen:

Nîmes ist mehr als 2000 Jahre alt.	***Nîmes a plus de 2000 ans.***
Die Familie Lenormand hat eine acht Jahre alte Tochter und einen vier Jahre alten Sohn.	***Les Lenormand ont une fille âgée de huit ans et un fils âgé de quatre ans.***

Alt *mus m* contralto *m*
Altar *m* autel *m*
alt|backen rassis; **~bekannt** connu depuis longtemps; **ᘔeisen** *n* ferraille *f*
Alte|(r) *m, f* vieux *m*, vieille *f*; ***die ~n*** les vieux *m/pl*; **~nheim** *n* maison *f* de retraite
Alter *n* âge *m*; *hohes* vieillesse *f*; ***im ~ von*** à l'âge de
älter plus âgé; ***mein ~er Bruder*** mon frère aîné; ***ein ~er Herr*** un monsieur d'un certain âge
altern vieillir
alternativ alternatif; *umweltbewusst* écolo; **ᘔbewegung** *f* mouvement *m* alternatif; **ᘔe** *f* alternative *f*
Alters|erscheinung *f* signe *m* de vieillesse; **~grenze** *f* limite *f* d'âge; **~heim** *n* maison *f* de retraite; **~rente** *f* retraite *f*; **ᘔschwach** *Person* sénile; *Gegenstand* vieux, délabré
Alter|tum *n* Antiquité *f*; **ᘔtümlich** antique, archaïque
Alt|glascontainer *m* conteneur *m* à verre; **ᘔhergebracht** traditionnel; **ᘔklug** précoce; **~metall** *n* ferraille *f*; **ᘔmodisch** démodé, passé de mode; **~öl** *n* huile *f* de vidange; **~papier** *n* papier *m* à recycler; **ᘔsprachlich *~es Gymnasium*** lycée *m* classique; **~stadt** *f* cité *f*, vieille ville *f*
Alt-Taste *EDV f* touche *f* Alt
Altweibersommer *m* été *m* indien, été *m* de la Saint-Martin
Aluminium *n* aluminium *m*; **~folie** *f* papier *m* alu
Alzheimerkrankheit *f* maladie *f* d'Alzheimer
am *cf* ***an***; ***~ Knie*** au genou; ***~ Abend*** (***Morgen***) le soir (matin); ***~ 1. Mai*** le premier mai; ***~ Himmel*** dans le ciel; ***~ Leben*** en vie; ***~ schnellsten*** le plus vite
Amateur *m* amateur *m*; **~funker** *m* radio-amateur *m*, cibiste *m*
Amazonas *m* Amazone *f*
Amboss *m* enclume *f*
ambulan|t *méd **~e Behandlung*** traitement *m* qui ne nécessite pas d'hospitalisation; **ᘔz** *f* dispensaire *m*; *auto* ambulance *f*
Ameise *zo f* fourmi *f*; **~nhaufen** *m* fourmilière *f*
Amerika *n* l'Amérique *f*; **~ner(in** *f*) *m* Américain *m*, -e *f*; **ᘔnisch** américain
Amnestie *f* amnistie *f*
Amok *m **~ laufen*** devenir fou furieux
Ampel *f* feux *m/pl* (de signalisation)
Amphetamin *n* amphétamine *f*; ⚠ ***une*** amphétamine

Ampel

Der offizielle Ausdruck für Ampel lautet ***les feux de signalisation***. Zumeist spricht man einfach von ***le feu***:

Die Ampel zeigt Grün.	***Le feu est au vert.***
Die Ampel ist auf Gelb umgesprungen.	***Le feu est passé à l'orange.***
Die Ampel ist auf Rot umgesprungen.	***Le feu est passé au rouge.***
bei Rot durchfahren	***brûler / griller un feu rouge***

Ampulle *f* ampoule *f*
Amput|ation *f* amputation *f*; **2ieren** amputer
Amsel *zo f* merle *m*
Amt *n Dienststelle* office *m*, service *m*, bureau *m*; *Tätigkeit* fonction *f*, charge *f*; ***Auswärtiges*** ~ ministère *m* des Affaires étrangères; **2ieren** être en fonction(s); **2lich** officiel
Amts|arzt *méd m* médecin *m* assermenté; **~einführung** *f* installation *f* dans ses fonctions; **~geheimnis** *n* secret *m* professionnel; **~gericht** *n* tribunal *m* de première instance; **~missbrauch** *m* abus *m* de pouvoir; **~person** *f* officiel *m*; **~schimmel** *péj m* bureaucratie *f*, lenteurs *f/pl* de l'administration; **~zeichen** *tél m* tonalité *f* (avant de composer le numéro)
Amulett *n* amulette *f*
amüs|ant amusant; **~ieren** amuser; ***sich*** ~ s'amuser (***über*** de); **2ierviertel** *n* quartier *m* des boîtes
an à; *géogr* sur; ***von*** ... ~ à partir de, dès; ***Paris*** ~ ***9.10*** Paris arrivée 9 heures 10; ~ ***der Wand*** au mur; ~ ***Weihnachten*** à Noël; ~ ***e-m Sonntagmorgen*** un dimanche matin; ~ ***seiner Stelle*** à sa place; ***sterben*** ~ mourir de; ***Mangel*** ~ manque de; ***das Licht ist*** ~ la lumière est allumée; *cf a* ***am***

Anabolikum *n* anabolisant *m*
Analogie *f* analogie *f*
Analphabet *m* illettré *m*, analphabète *m*; **~entum** *n* analphabétisme *m*
Analys|e *f* analyse *f*; **2ieren** analyser
Ananas *bot f* ananas *m*; ⚠ ***un*** ananas
Anarchie *f* anarchie *f*
Anatom|ie *f* anatomie *f*; **2isch** anatomique
anbahnen ***sich*** ~ se préparer, s'esquisser
Anbau *m agr* culture *f*; *arch* annexe *f*; **2en** *agr* cultiver; *arch* ajouter (***an*** à); **~möbel** *n/pl* meubles *m/pl* à éléments
an|behalten garder; **~bei** *comm* ci-joint, ci-inclus; **~beißen** mordre; **~belangen** concerner; ***was mich anbelangt*** en ce qui me concerne; **~beten** adorer
Anbetracht *m* ***in*** ~ en considération de, vu, étant donné
anbetteln ***j-n um etw*** ~ mendier qc auprès de qn
Anbetung *f* adoration *f*
an|biedern ***sich*** ~ vouloir se faire bien voir (***bei*** par); **~bieten** offrir; ***sich*** ~ se proposer (***als*** comme); **~binden** attacher (***an*** à)
Anblick *m* aspect *m*, vue *f*; *Bild* spectacle *m*; ***beim*** ~ ***von*** à la vue de; **2en** regarder
an|bohren percer; **~brechen** *Flasche etc* entamer; *Knochen* fêler; *beginnen* commencer; *Tag* se lever; *Nacht* tomber; **~brennen** *Essen* brûler; *Milch* attacher; **~bringen** *herbeibringen* apporter; *festmachen* poser; *a Bitte* placer
Anbruch *m* ~ ***des Tages*** lever *m* du jour; ~ ***der Nacht*** tombée *f* de la nuit
anbrüllen F ***j-n*** ~ engueuler qn, crier *od* pester contre qn
Andacht *f* recueillement *m*; *Gottesdienst* prières *f/pl*
andächtig recueilli, attentif
andauern durer, continuer, persister; **~d** continuel, persistant; *adv* continuellement, sans cesse
Anden *pl* Andes *f/pl*
Andenken *n* mémoire *f*, souvenir *m*; ***zum*** ~ ***an*** en mémoire *od* en souvenir de
andere autre; ***noch*** ~ ***Fragen?*** y a-t-il encore d'autres questions?; ***mit*** **~*n*** ***Worten*** en d'autres termes; ***am*** **~*n*** ***Morgen*** le lendemain matin; ***etwas*** **~*s*** autre chose; ***nichts*** **~*s*** ***als*** rien d'autre

que; ***unter ~m*** entre autres; **~rseits** d'autre part
ändern changer, modifier; ***ich kann es nicht ~!*** je ne peux rien y faire!; ***sich ~*** changer
andernfalls autrement, sinon
anders autrement; ***jemand*** (***niemand***) ~ quelqu'un (personne) d'autre; ***~ denkend*** qui pense autrement; dissident; ***~ werden*** changer; ***~ sein*** être différent (***als*** de); **~artig** différent; **~herum** dans l'autre sens; **~wo, ~wohin** ailleurs, autre part
anderthalb un et demi
Änderung *f* changement *m*, modification *f*
andeut|en indiquer; laisser entendre; ***j-m ~ dass*** ... faire comprendre à qn que ...; **2ung** *f* indication *f*; allusion *f*
Andorra *n* l'Andorre *f*
Andrang *m* affluence *f*; foule *f*
an|drehen *Radio, Gas* ouvrir; *Radio a* allumer; F *fig* ***j-m etw ~*** refiler qc à qn; **~drohen** ***j-m etw ~*** menacer qn de qc; **~eignen** ***sich etw ~*** s'approprier qc; *Kenntnisse* assimiler qc
aneinander l'un à (*od* près de) l'autre; ***~ denken*** penser mutuellement l'un à l'autre; ***~ fügen*** joindre; ***~ geraten*** se disputer
anekeln dégoûter, écœurer
anerkenn|en reconnaître (***als*** pour); *lobend* apprécier; *jur* légitimer; **~end** élogieux; **2ung** *f* reconnaissance *f*
anfahren *auto* démarrer; *Baum etc* accrocher, tamponner, entrer en collision avec; *fig* ***j-n ~*** apostropher qn, rabrouer qn
Anfall *m méd* attaque *f*, crise *f*, *a fig* accès *m*; **2en** attaquer, assaillir
anfällig *méd* de santé délicate; *Gerät* sensible; sujet à des défaillances techniques; **2keit** *f* fragilité *f*, faiblesse *f*
Anfang *m* commencement *m*, début *m*; ***am ~*** au commencement, au début; ***~ Mai*** début mai; ***~ der achtziger Jahre*** au début des années quatre-vingt; ***von ~ an*** dès le début; **2en** commencer (***zu*** à; ***mit*** par); ***~ zu*** *a* se mettre à
Anfänger(in *f***)** *m* débutant *m*, -e *f*, commençant *m*, -e *f*
anfangs au début, d'abord; **2buchstabe** *m* lettre *f* initiale; **2stadium** *n* stade *m* initial
anfassen toucher; ***sich ~*** se tenir par la main; ***mit ~*** donner un coup de main; *fig* ***zum 2*** facilement abordable
anfecht|bar contestable; **~en** contester
an|fertigen faire, fabriquer, confectionner (*a Kleider*); **~feuchten** humecter; **~feuern** *Sport* encourager, stimuler; **~flehen** implorer, supplier; **~fliegen** *aviat* desservir, faire escale à; s'approcher de
Anflug *m aviat* vol *m* d'approche; *fig Spur* soupçon *m*; ***mit e-m ~ von Ironie*** avec une pointe d'ironie
anforder|n demander, exiger, réclamer; **2ung** *f* demande *f*; ***~en*** *pl* exigences *f/pl*
Anfrage *f* demande *f*; *pol* interpellation *f*; **2n** demander (***bei*** à)
an|freunden ***sich ~*** se lier d'amitié (***mit j-m*** avec qn); ***sich mit etw ~*** s'habituer à qc; **~fühlen** ***es fühlt sich weich an*** c'est mou au toucher
anführ|en *Gruppe* mener, conduire; *nennen* citer, mettre en avant, alléguer; *betrügen* duper, tromper; **2er(in** *f***)** *m* chef *m*, meneur *m*; **2ungszeichen** *n/pl* guillemets *m/pl*
Angabe *f* indication *f*; *tech* donnée *f*; F *Aufschneiderei* vantardise *f*, crânerie *f* F; ***nähere ~n*** précisions *f/pl*
angeb|en indiquer, donner, déclarer; F *aufschneiden* se vanter, crâner F; ***genau(er) ~*** préciser; **2er(in** *f***)** *m* vantard *m*, -e *f*, crâneur *m*, -euse *f*; **2erei** *f* vantardise *f*, crânerie *f*; **~lich** prétendu; *adv* à ce qu'on dit, soi-disant
angeboren inné; *méd* congénital
Angebot *n* offre *f*; ***~ und Nachfrage*** l'offre et la demande
an|gebracht convenable, approprié, opportun; **~gebunden** ***kurz ~*** brusque, pas très aimable; **~gegossen** ***wie ~ sitzen*** *Kleidung* aller comme un gant; **~gegriffen** fatigué, souffrant; ***~e Gesundheit*** santé *f* compromise; **~geheitert** éméché; ***~ sein*** *a* être gris
angehen *Licht* s'allumer; *betreffen* regarder, concerner; ***das geht dich nichts an!*** ça ne te regarde pas!
angehör|en faire partie de; **2ige(r)** *m*, *f Familie* proche parent *m*, -e *f*; *Mitglied* membre *m*; ***seine ~n*** sa famille; ***die nächsten ~n*** les proches parents
Angeklagte(r) *m*, *f* accusé *m*, -e *f*
Angel *Tür2* gond *m*; *Fisch2* ligne *f*; canne *f* à pêche

Angelegenheit *f* affaire *f*
angelernt ***~er Arbeiter*** ouvrier *m* spécialisé
Angelhaken *m* hameçon *m*
angeln 1. pêcher à la ligne; *fig* F pêcher; **2.** ℒ *n* pêche *f* à la ligne
Angel|punkt *m fig* pivot *m*; **~rute** *f* canne *f* à pêche
an|gemessen convenable, approprié; **~genehm** agréable; ***das ℒe mit dem Nützlichen verbinden*** joindre l'utile à l'agréable; **~genommen** *~*, (***dass***) ... à supposer que (+ *subj*); **~geregt** animé; **~gesehen** considéré, estimé
angesichts face à, en présence de, étant donné
Angestellte(r) *m, f* employé *m*, -e *f*; ***leitender ~*** cadre *m* (supérieur)
an|getan ***~ sein von*** être enchanté de; **~getrunken** (légèrement) ivre; ***in ~em Zustand*** en état d'ivresse; **~gewiesen** ***~ sein auf*** dépendre de; **~gewöhnen** ***j-m etw ~*** accoutumer qn à qc; ***sich etw ~*** prendre l'habitude de faire qc
Angewohnheit *f* habitude *f*
Angina *méd f* angine *f*
angleichen assimiler
Angler(in *f*) *m* pêcheur *m*, -euse *f* à la ligne
angreif|bar attaquable; **~en** attaquer (*a fig*), **ℒer** *m* agresseur *m*; *Sport* attaquant *m*
angrenzend avoisinant, limitrophe
Angriff *m* attaque *f* (***auf*** contre); agression *f*; ***zum ~ übergehen*** passer à l'attaque; *fig* ***in ~ nehmen*** attaquer; **ℒslustig** agressif
Angst *f* peur *f* (***vor*** de); ***aus ~ vor*** de *od* par peur de; ***ich habe ~ od mir ist*** ℒ j'ai peur; ***j-m ~ einjagen*** faire peur à qn; **~hase** *m* F poule *f* mouillée, froussard *m*
ängst|igen (***sich ~*** s')inquiéter; **~lich** craintif, peureux, anxieux, inquiet; **ℒlichkeit** *f* anxiété *f*; timidité *f*
an|gucken regarder; ***guck dir das mal an!*** regarde-moi ça!; **~gurten** ***sich ~*** attacher sa ceinture; **~haben** *Kleider* porter, être vêtu de; *fig* ***j-m nichts ~ können*** ne pouvoir rien faire contre qn
anhalten *j-n, etw* arrêter; *Atem* retenir; *stehenbleiben* s'arrêter; *andauern* durer; **~d** persistant, continu
Anhalter(in *f*) *m* (auto-)stoppeur *m*, -euse *f*; ***per Anhalter fahren*** faire de l'auto-stop, faire du stop
Anhaltspunkt *m* point *m* de repère
anhand ***~ von*** à l'aide de
Anhang *m Buch* appendice *m*; *Verwandte* famille *f*; progéniture *f*; *Anhänger* partisans *m/pl*
anhäng|en accrocher, atteler; *hinzufügen* rajouter; *fig* ***j-m etw ~*** attribuer qc à qn; **ℒer** *m Wagen* remorque *f*; *Schmuck* pendentif *m*; **ℒer(in** *f*) *m* partisan *m*, adhérent *m*, -e *f*, adepte *m, f*; *begeisterter* fana(tique) *m, f*, fan *m*; *Sport a* supporter *m*; **~lich** dévoué, fidèle; **ℒlichkeit** *f* dévouement *m* (***an*** pour), fidélité *f*
anhäufen amasser, accumuler; **ℒung** *f* accumulation *f*
an|heben *Last* soulever; *Preis* augmenter, relever
anheim ***j-m etw ~ stellen*** s'en remettre à qn de qc
anheuern ***j-n ~*** engager qn
Anhieb ***auf ~*** du premier coup, d'emblée
Anhöhe *f* colline *f*, hauteur *f*
anhör|en écouter; ***sich ~*** *klingen* sonner (***wie*** comme); ***sich etw ~*** écouter qc; ***etw mit ~*** entendre qc; **ℒung** *f* consultation *f*
Animateur(in *f*) *m* animateur *m*, -trice *f*
animieren encourager, inciter, entraîner
ankämpfen lutter (***gegen*** contre)
Ankauf *m* achat *m*; **ℒen** acheter
Anker *mar m* ancre *f*; ***vor ~ gehen*** jeter l'ancre; ⚠ ***une*** ancre; **ℒn** mouiller
anketten enchaîner
Anklage *f* accusation *f*, inculpation *f*; **~bank** *f* banc *m* des accusés; **ℒn** ***j-n wegen etw ~*** accuser qn de qc
Ankläger(in *f*) *m* accusateur *m*, -trice *f*
anklammern ***sich ~*** se cramponner (***an*** à)
Anklang *m* ***~ finden*** être bien accueilli (***bei*** par), avoir du succès (auprès de)
ankleben coller; *Plakat* afficher
Ankleide|kabine *f Kaufhaus* cabine *f* d'essayage; *Schwimmbad* cabine *f* de bains; **ℒn** habiller, vêtir; ***sich ~*** s'habiller
anklicken *EDV* cliquer
an|klopfen frapper (à la porte); **~knipsen** *Licht* allumer, ouvrir
anknüpf|en nouer; *Gespräch* engager,

entamer; ***Beziehungen*** ~ entrer en relations (***zu*** avec); ***an etw*** ~ partir de qc; **ℒungspunkt** *m fig* trait *m* d'union, point *m* de départ
ankommen arriver; *Anklang finden* avoir du succès (***bei*** auprès de); ***es kommt darauf an, zu*** ... il importe de ...; ***das kommt*** (***ganz***) ***darauf an*** cela dépend; ***es kommt auf euch an*** cela dépend de vous; ***es darauf ~ lassen*** courir le risque
ankreuzen marquer d'une croix
ankündig|en annoncer; **ℒung** *f* annonce *f*
Ankunft *f* arrivée *f*
ankurbel|n *Wirtschaft etc* relancer, redresser, encourager
anlächeln ***j-n*** ~ sourire à qn
Anlage *f Kapital* placement *m*, investissement *m*; *Bau* construction *f*; *tech* installation *f*; *EDV* système *m*; *Veranlagung* talent *m*, disposition *f*; *Anordnung* arrangement *m*; *zu e-m Brief* pièce *f* jointe; ***öffentliche ~n*** jardins *m/pl* publics; ***sanitäre ~n*** installations *f/pl* sanitaires
Anlass *m Gelegenheit* occasion *f*; *Grund* cause *f*, raison *f*, motif *m*; ***~ geben zu*** ... donner lieu à
anlass|en *Motor* faire démarrer; *Licht*, *TV*, *Radio* laisser allumé; *Kleidung* garder (sur soi); ***sich gut*** ~ s'annoncer *od* se présenter bien, promettre; **ℒer** *m auto* démarreur *m*
anlässlich à l'occasion de
Anlauf *m Sport* élan *m*; **ℒen** *mar Hafen* faire escale à, toucher; *beginnen* démarrer; *Scheibe* se couvrir de buée; *Spiegel* se ternir; **~stelle** *f* lieu *m* d'accueil, permanence *f*
anlege|n poser, mettre (***an*** contre); *Kleidung* mettre; *Verband* appliquer; *Garten*, *Straße* aménager; *Liste* dresser; *Sammlung* constituer; *Geld* placer, investir; *Gewehr* mettre en joue; *Schiff* accoster (***an etw*** qc), aborder (à, dans); ***sich mit j-m*** ~ chercher la dispute avec qn; **ℒplatz** *m*, **ℒstelle** *f mar* débarcadère *m*, embarcadère *m*
anlehnen *Tür* laisser entrouvert; (***sich***) ***an etw*** ~ (s')appuyer contre qc; *fig* ***sich ~ an*** s'inspirer de
anleiern F mettre en route
Anleihe *écon f* emprunt *m*
anleit|en diriger, instruire; **ℒung** *f* instructions *f/pl*, directives *f/pl*
anlernen instruire, former
anlieg|en *Arbeit* rester à faire; *Kleidung* ***eng*** ~ être ajusté, mouler le corps; **ℒen** *n* désir *m*, demande *f*; **ℒer** *m* riverain *m*
an|locken attirer; **~lügen** ***j-n*** ~ mentir à qn; **~machen** *befestigen* attacher; *Licht etc* allumer, ouvrir; *Salat* assaisonner; *Mädchen* F brancher; **~malen** peindre
anmaß|en ***sich etw*** ~ s'arroger qc; ***sich ein Urteil*** ~ se permettre un jugement (***über*** sur); **~end** arrogant, prétentieux; **ℒung** *f* arrogance *f*
Anmeldeformular *n* formulaire *m* de demande d'inscription
anmeld|en *Besuch* annoncer; *Schüler* faire inscrire; *auto* déclarer; ***sich ~*** *zur Teilnahme* se faire inscrire, s'inscrire; *beim Arzt* prendre rendez-vous; **ℒung** *f* inscription *f*; *behördliche* déclaration *f*
anmerk|en ***man merkt ihm an, dass*** ... on remarque *od* voit que ...; ***sich nichts ~ lassen*** ne rien laisser paraître; **ℒung** *f* remarque *f*; *Fußnote* annotation *f*
Anmut *f* grâce *f*, charme *m*; **ℒig** gracieux, charmant
an|nageln clouer; **~nähen** (re)coudre (***an*** à)
annäher|nd approximatif; **ℒung** *f* approche *f*; *fig* rapprochement *m*; **ℒungsversuche** *m/pl* avances *f/pl*
Annahme *f e-s Vorschlags etc* acceptation *f*; *e-s Kindes* adoption *f*; *Vermutung* supposition *f*, hypothèse *f*; **~stelle** *f* réception *f*
annehm|bar acceptable; passable; **~en** accepter; *adoptieren* adopter; *vermuten* supposer; ***sich j-s*** (***e-r Sache***) ~ se charger de qn (de qc); **ℒlichkeiten** *f/pl* commodités *f/pl*, agréments *m/pl*
annektieren annexer
Annonc|e *f* annonce *f*; **ℒieren** passer *od* mettre une annonce (dans le journal)
annullieren annuler
anöden F embêter, empoisonner; ***er ödet die Leute an*** *a* il barbe les gens
anonym anonyme; **ℒität** *f* anonymat *m*
Anorak *m* anorak *m*
anordn|en arranger, disposer; *befehlen* ordonner; **ℒung** *f* arrangement *m*, disposition *f*; *Befehl* ordre *m*
anorganisch inorganique

anpacken *Problem* aborder, s'attaquer à; ***j-n hart*** ~ traiter qn durement; ***mit*** ~ donner un coup de main
anpass|en adapter; ***sich j-m (e-r Sache)*** ~ s'adapter à qn (à qc); **≈ung** *f* adaptation *f*; **~ungsfähig** souple
Anpfiff *m Sport* coup *m* d'envoi; F *fig* engueulade *f*
an|pöbeln F ***j-n*** ~ interpeller grossièrement qn; **~prangern** mettre au pilori, dénoncer; **~preisen** vanter, faire l'éloge de; **~probieren** essayer; **~pumpen** F ***j-n*** ~ taper qn
Anrainer *m* riverain *m*
an|raten ***j-m etw*** ~ conseiller qc à qn; **~rechnen** compter; ***als Fehler*** ~ compter comme faute; ***j-m etw hoch*** ~ savoir gré de qc à qn
Anrecht *m* droit *m*; ***ein*** ~ ***haben auf*** avoir droit à
Anrede *f* formule *f* de politesse; titre *m*; **≈n** ***j-n*** ~ adresser la parole à qn, aborder qn; appeler qn (***mit Vornamen*** par son prénom)
anreg|en exciter; *méd* stimuler; *Appetit* ouvrir, aiguiser; *vorschlagen* suggérer; **~end** excitant; *méd* stimulant; **≈ung** *f* excitation *f*; *Vorschlag* suggestion *f*; **≈ungsmittel** *méd n* stimulant *m*
Anreise *f* voyage *f*; *Hinreise* aller *m*; *Ankunft* arrivée *f*
Anreiz *m* stimulant *m*, attrait *m*, encouragement *m*
anrichten *Speisen* préparer, dresser; *Schaden* provoquer, causer
anrüchig louche, mal famé
Anruf *tél m* appel *m*, coup *m* de téléphone, F coup *m* de fil; **~beantworter** *tél m* répondeur *m* automatique; **≈en** *tél* appeler (***j-n*** qn); ***j-s Hilfe*** ~ réclamer le secours de qn
anrühren toucher (à); *Farbe etc* délayer
Ansage *f* annonce *f*; **≈n** annoncer; **~r(in** *f*) *m Radio, TV* speaker *m*, speakerine *f*; *Veranstaltung* présentateur *m*, -trice *n*
ansamm|eln (***sich*** ~ s')amasser, (s')accumuler; **≈lung** *f Menschen≈* rassemblement *m*
ansässig domicilié; *seit langem* établi
Ansatz *m Beginn* début *m*; *Versuch* essai *m*; **~punkt** *m* point *m* de départ *od* d'attaque
anschaff|en acquérir, acheter; **≈ung** *f* acquisition *f*
anschau|en regarder; **~lich** expressif, palpable, concret; **≈ung** *f* conception *f*, point *m* de vue, opinion *f*, manière *f* de voir
Anschein *m* apparence *f*; ***allem*** ~ ***nach*** selon toute apparence; **≈end** *adv* apparemment
anschieben *auto* pousser (pour la faire démarrer)
Anschlag *m Zettel* affiche *f*; *pol* attentat *m*; *Schreibmaschine* frappe *f*; *mus* toucher *m*; ***durch*** ~ ***bekannt geben*** annoncer par voie d'affiches; **~brett** *n* tableau *m* d'affichage; **≈en** afficher; *Saite* toucher; *Kopf* cogner; *Geschirr* ébrécher; *Hund* aboyer; **~säule** *f* colonne *f* d'affichage, colonne *f* Morris
anschließen *Kabel, Gerät* brancher (***an*** sur); *Schlauch* raccorder (à); *fig* rattacher (à); ***sich*** ~ *folgen* suivre (***an etw*** qc); ***sich j-m*** ~ se joindre à qn; *j-s Meinung* se ranger à l'avis de qn; **~d** suivant; *Zimmer* voisin, contigu; *adv* ensuite, après
Anschluss *m Verkehr* correspondance *f*; *tech* branchement *m*, raccordement *m*; *tél* abonnement *m*; *tél Verbindung* communication *f*; *pol* rattachement *m* (***an*** à); ***im*** ~ ***an*** à la suite de; ***den*** ~ ***bekommen*** *Zug etc* avoir la correspondance; *fig* ~ ***finden*** se faire des relations; **~flug** *m* correspondance *f*
anschmieg|en ***sich an j-n*** ~ se blottir contre qn; **~sam** affectueux, caressant
an|schnallen ***sich*** ~ attacher sa ceinture (de sécurité); **~schnauzen** F engueuler, enguirlander, rabrouer; **~schneiden** entamer (*a fig*); **~schrauben** visser; **~schreiben** *Schule* écrire au tableau; **~schreien** ***j-n*** ~ crier contre *od* après qn
Anschrift *f* adresse *f*
anschuldig|en ***j-n*** ~ accuser *od* inculper qn (***wegen etw*** de qc); **≈ung** *f* accusation *f*, inculpation *f*
an|schwärzen *fig* dénigrer; **~schwellen** *méd* enfler; *Stimme etc* s'enfler
anseh|en regarder; ***j-n schief*** ~ regarder qn de travers; ***sich e-n Film*** ~ voir un film; ***man sieht ihm an, dass*** ... on voit *od* ça se voit que ...; ***j-n (etw)*** ~ ***als*** considérer *od* regarder qn (qc) comme; **≈en** *n* réputation *f*, prestige *m*, estime *f*;

~nlich de belle apparence; *beträchtlich* considérable
an|seilen *sich* ~ s'encorder; **~setzen** poser (**an** à); *Termin* fixer; *anfügen* rajouter (**an** à); *beginnen* commencer, s'apprêter (**zu etw** à faire qc); **Fett** ~ engraisser; *aviat* **zur Landung** ~ amorcer l'atterrissage
Ansicht *f Bild* vue *f*; *Meinung* opinion *f*, avis *m*; **meiner ~ nach** à mon avis; **ich bin der ~, dass** ... je suis d'avis que ...; *comm* **zur** ~ pour examen
Ansichts|karte *f* carte *f* postale; **~sache** *f* affaire *f* d'opinion *od* de goût
anspann|en *Seil etc* tendre; *Zugtier* atteler; **alle seine Kräfte ~, um zu** ... faire tous ses efforts pour ...; **2ung** *f fig* tension *f*
anspiel|en *Sport* se mettre à jouer; **auf etw ~** faire allusion à qc; **2ung** *f* allusion *f*
Ansporn *m* stimulant *m*; **2en** stimuler, aiguillonner
Ansprache *f* allocution *f*; **e-e ~ halten** faire *od* prononcer une allocution
ansprechen ***j-n*** ~ adresser la parole à qn, aborder qn; *j-m gefallen* plaire à qn; **~d** agréable, plaisant, séduisant
Ansprechpartner(in *f*) *m* interlocuteur *m*, -trice *f*
an|springen *Motor* démarrer; **~spritzen** asperger, éclabousser
Anspruch *m Recht* droit *m* (**auf** à); *Forderung* prétention *f*, exigence *f*; **~ haben auf** avoir droit à; **Ansprüche erheben auf** avoir des prétentions sur; **in ~ nehmen** *Versicherung etc* avoir recours à; *j-n* occuper; *Zeit* prendre; **2slos** peu exigeant; **2svoll** exigeant, prétentieux
Anstalt *f* établissement *m*, institution *f*
Anstand *m* bienséance *f*, savoir-vivre *m*, décence *f*
anständig décent, honnête; **2keit** *f* honnêteté *f*
anstandslos sans difficulté; sans hésitation
anstarren regarder fixement
anstatt au lieu de
anstechen *Fass* mettre en perce
ansteck|en attacher; *Ring* mettre; *Zigarette* allumer; *méd* infecter, contaminer; **~end** contagieux (*a fig*); **2er** *m* pin's *m*; **2ung** *f* contagion *f* (*a fig*), infection *f*, contamination *f*
anstehen *Schlange stehen* faire la queue; *Problem* être en suspens
ansteigen monter; **~d** montant; *fig* croissant
anstelle à la place de
anstell|en *Arbeitskräfte* employer, engager, embaucher; *Gerät* faire marcher; *Radio, TV* allumer, ouvrir; **was hast du wieder angestellt?** qu'est-ce que tu as encore fait?; **sich ~** faire la queue; **sich geschickt** (**dumm**) ~ s'y prendre bien (mal); **stell dich nicht so an!** ne fais pas tant de manières!; **2ung** *f Stelle* emploi *m*; **e-e ~ finden** trouver un emploi
anstift|en inciter (**zu** à); **2ung** *f* incitation *f*; **~ zum Mord** incitation au meurtre
anstimmen entonner
Anstoß *m Impuls* impulsion *f*; *Fußball* coup *m* d'envoi; **~ erregen** scandaliser *od* choquer (**bei j-m** qn); **~ nehmen an** être choqué par; **2en** heurter *od* cogner (**an, mit etw** qc); *mit den Gläsern* trinquer; **auf j-n** *od* **etw ~** boire à la santé de qn; F arroser qc
anstößig choquant, indécent
anstrahlen *Gebäude* illuminer; ***j-n*** ~ regarder qn d'un air rayonnant
anstreich|en peindre; *Fehler* marquer; **2er** *m* peintre *m* (en bâtiment)
anstreng|en fatiguer; **sich ~** s'efforcer (**zu** de), faire un effort; *jur* **e-n Prozess ~** intenter un procès (**gegen** contre); **~end** dur, pénible, fatigant; **2ung** *f* effort *m*, fatigue *f*
Anstrich *m* couche *f* de peinture
Ansturm *m mil* assaut *m*; *fig* ruée *f* (**auf** vers)
Antarkt|is *géogr f* Antarctique *m*; **2isch** antarctique
antasten toucher, porter atteinte à
Anteil *m* part *f*, quote-part *f*; **prozentualer ~** pourcentage *m*; **an etw ~ nehmen** prendre part à qc; **~nahme** *f Mitgefühl* sympathie *f*, compassion *f*; *Interesse* intérêt *m*
Antenne *f* antenne *f*
Anti|..., 2... *in Zssgn* anti...; **~alkoholiker** *m* antialcoolique *m*; **~babypille** *f* pilule *f* contraceptive; **~biotikum** *méd n* antibiotique *m*; **~blockiersystem** *n* système *m* de freinage anti-blocage, système *m* A.B.S.; **~faschist(in** *f*) *m*

antifasciste *m*, *f*; **~histamin** *n* antihistaminique *m*
antik antique; *Möbel etc* ancien; **⁀e** *f* Antiquité *f*
Antillen *pl* **die ~** les Antilles *f/pl*
Antilope *zo f* antilope *f*
Antipathie *f* antipathie *f*
antippen taper doucement
Antiquar *m* libraire *m* d'occasion, bouquiniste *m* F; **~iat** *n* librairie *f* d'occasion; **⁀isch** d'occasion
Antiquität *f* antiquité *f*; **~enhändler** *m* antiquaire *m*
Antisemit *m* antisémite *m*; **~ismus** *m* antisémitisme *m*
Antrag *m* demande *f* (**stellen** faire); *Formular* formulaire *m*; *Parlament* motion *f*; **~steller** *m* celui *m* qui fait une demande, requérant *m*
an|treffen rencontrer; **~treiben** faire avancer; pousser, inciter (**zu** à); *tech* actionner, entraîner, propulser; **~treten** *mil* se mettre en rang; *Erbe* recueillir; **e-e Stellung ~** entrer en fonctions; **e-e Reise ~** partir en voyage
Antrieb *m Impuls* impulsion *f*; *tech* commande *f*, entraînement *m*; *aviat*, *mar* propulsion *f*; **aus eigenem ~** de sa propre initiative; **~srad** *n* roue *f* motrice
Antritt *m e-s Amtes* entrée *f* en fonctions; **~ der Reise** départ *m*
antun j-m Gewalt ~ faire violence à qn; **sich etw ~** attenter à ses jours
Antwerpen Anvers
Antwort *f* réponse *f* (**auf** à), réplique *f*; **⁀en** répondre (**j-m** à qn; **auf etw** à qc)
an|vertrauen j-m etw ~ confier qc à qn; **sich j-m ~** se confier à qn; **~wachsen** *Wurzel schlagen* prendre racine; *festwachsen* s'attacher (**an** à); *zunehmen* s'accroître
Anwalt *m* avocat *m*
Anwärter(in *f*) *m* candidat *m*, -e *f* (**auf** à), postulant *m*, -e *f*, aspirant *m*, -e *f*
anweis|en *anleiten* instruire; *befehlen* ordonner (**j-n zu** à qn de); *zuweisen* assigner; *Geld* virer; *per Post* mandater; **⁀ung** *f Anleitung* instruction *f*, directives *f/pl*; *Befehl* ordre *m*; *Post⁀* mandat *m*
anwend|bar applicable (**auf** à); **~en** appliquer (**auf** à); *verwenden* employer, utiliser; **⁀er(in** *f*) *m* utilisateur *m*, -trice *f*; **⁀ung** *f* application *f*, emploi *m*, utilisation *f*
anwerben engager, recruter
anwesen|d présent; **die ⁀en** les personnes présentes, l'assistance *f*; **⁀heit** *f* présence *f*
anwidern dégoûter
Anwohner *m* riverain *m*
Anzahl *f* nombre *m*
anzahl|en verser un acompte (**100 Mark** de 100 marks); **⁀ung** *f* acompte *m*
anzapfen *Fass* mettre en perce; *Leitung* se brancher sur
Anzeichen *n* signe *m*, indice *m*
Anzeige *f Zeitung* annonce *f*; *Familien⁀* faire-part *m*; *jur* dénonciation *f*; *EDV-Gerät* affichage *m*; **gegen j-n ~ erstatten** déposer (une) plainte *od* porter plainte contre qn; **⁀n** marquer, indiquer; *bei der Polizei* dénoncer (à la police)
anzieh|en *Kleidung* mettre; *Person* habiller; *fig fesseln* attirer, intéresser; *Bremse*, *Schraube* serrer; *Preise* monter, augmenter; **sich ~** s'habiller; **~end** attrayant, attirant; **⁀ungskraft** *f* attraction *f* (*a phys*)
Anzug *m* costume *m*, complet *m*; *fig* **im ~ sein** s'annoncer, se préparer
anzüglich piquant, de mauvais goût, scabreux
anzünden *Kerze etc* allumer; *Haus* mettre le feu à
anzweifeln etw ~ mettre qc en doute
apart qui a du cachet *od* du chic
Apath|ie *f* apathie *f*; **⁀isch** apathique
Apennin(en *pl*) *m* les (monts) Apennins *m/pl*
Apfel *m* pomme *f*; **~baum** *bot m* pommier *m*; **~kuchen** *m* tarte *f* aux pommes; **~mus** *n* compote *f* de pommes; **~saft** *m* jus *m* de pommes; **~sine** *f* orange *f*; **~tasche** *f* chausson *m* aux pommes; **~wein** *m* cidre *m*
Apostel *m* apôtre *m*
Apostroph *m* apostrophe *f*; ⚠ **une** apostrophe
Apotheke *f* pharmacie *f*; **~r(in** *f*) *m* pharmacien *m*, -ne *f*
Apparat *m* appareil *m*; *tél*, *TV*, *Radio a* poste *m*; **bitte bleiben Sie am ~!** ne quittez pas!
Appell *m Aufruf* appel *m* (**an** à); *mil* rassemblement *m* pour le rapport; **⁀ieren** faire appel (**an** à)

Appenzell *Stadt* Appenzell; *Kanton* le canton d'Appenzell
Appetit *m* appétit *m*; ~ ***haben auf*** avoir envie de; **2lich** appétissant; **~losigkeit** *f* manque *m* d'appétit; **~zügler** *m* coupe-faim *m*
applaudieren applaudir
Applaus *m* applaudissements *m/pl*
Aprikose *bot f* abricot *m*
April *m* avril *m*; ***im*** ~ en avril; ***am 3.*** ~ le 3 avril; ***der 3.*** ~ ***1998*** le 3 avril 1998; **~scherz** *m* poisson *m* d'avril

April, April!

Auch in Frankreich werden Aprilscherze gemacht: Am 1. April versucht man anderen Leuten kleine Papierfische so auf den Rücken zu heften, dass sie es nicht mitbekommen. So einen Aprilfisch nennt man ***le poisson d'avril.***

Aquaplaning *n* aquaplanage *m*
Aquarell *n* aquarelle *f*
Aquarium *n* aquarium *m*
Äquator *m* équateur *m*
Äquivalent *n* équivalent *m*
Ar *n Flächenmaß* are *m*
Ära *f* ère *f*
Arab|er(in *f*) *m* Arabe *m*, *f*; **~ien** *n* l'Arabie *f*; **2isch** arabe
Arbeit *f* travail *m*; F boulot *m*; *zu schaffende* besogne *f*; *Klassen*2 composition *f*; ***häusliche, schriftliche ~en*** *pl* devoirs *m/pl*; ***sich an die ~ machen*** se mettre au travail; ***die ~ niederlegen*** cesser le travail; **2en** travailler
Arbeiter|(in *f*) *m* travailleur *m*, -euse *f*; *Industrie*2 ouvrier *m*, -ière *f*; ***geistiger ~*** travailleur *m* intellectuel; ***ungelernter ~*** manœuvre *m*; **~bewegung** *f* mouvement *m* ouvrier; **~klasse** *f* classe *f* ouvrière; **~schaft** *f* ouvriers *m/pl*
Arbeit|geber *m* patron *m*, employeur *m*; **~geberschaft** *f* patronat *m*; **~nehmer** *m* salarié *m*
arbeitsam travailleur, laborieux, assidu (au travail)
Arbeits|amt *n* office *m* du travail; Agence *f* nationale pour l'emploi (A.N.P.E.); **~beschaffungsmaßnahme** *f* mesure *f* pour la création d'emplois; **~bescheinigung** *f* certificat *m* de travail, attestation *f* d'emploi; **~essen** *n* déjeuner-débat *m*, déjeuner *m* de travail; dîner *m* d'affaires; **2fähig** apte au travail; **~gemeinschaft** *f* groupe *m* d'études *od* de travail; *Schule* club *m*; **~gericht** *n* conseil *m* de prud'hommes; **~kleidung** *f* vêtements *m/pl* de travail; **~kraft** *f Leistung* capacité *f od* potentiel *m* de travail; *Person* aide *m*, *f*; collaborateur *m*; ***ausländische Arbeitskräfte*** main-d'œuvre *f* étrangère; **~lager** *n* camp *m* de travail; **~leistung** *f* rendement *m*; **~lohn** *m* salaire *m*; **2los** sans travail, en *od* au chômage; **~lose(r)** *m*, *f* chômeur *m*, -euse *f*; **~losengeld** *n* allocation *f* (de) chômage (***erhalten*** toucher); **~losenhilfe** *f* allocation *f* de fin de droits; **~losenversicherung** *f* assurance *f* chômage; **~losigkeit** *f* chômage *m*;

Arbeitgeber und Arbeitnehmer

der Arbeitgeber	***l'employeur m / le patron***
der Arbeitnehmer	***le salarié***
der / die Angestellte	***l'employé / employée***
der Arbeitsplatz (*Stelle*)	***l'emploi m***
die Halbtagsbeschäftigung	***l'emploi m à mi-temps***
der Arbeitslose	***le chômeur***
die Arbeitslosigkeit	***le chômage***
der Arbeitsmarkt	***le marché du travail***
jemanden einstellen	***embaucher quelqu'un***
jemanden beschäftigen	***employer quelqu'un***
jemanden entlassen	***licencier quelqu'un***
bei Renault beschäftigt sein	***être employé / employée chez Renault***

~markt *m* marché *m* de l'emploi *od* du travail; **~minister** *m* ministre *m* du Travail; **~niederlegung** *f* débrayage *m*, grève *f*, arrêt *m* de travail; **~norm** *f* norme *f* de travail; **~pause** *f* pause *f*, temps *m* de repos; **~platz** *m Stelle* emploi *m*; *Ort* lieu *m* de travail; **&scheu** paresseux, fainéant; **~speicher** *EDV m* mémoire *f* vive; **~suche** *f* ***er ist auf ~*** il est à la recherche d'un emploi; **~tag** *m* journée *f* de travail; *Werktag* jour *m* ouvrable; **~teilung** *f* division *f od* répartition *f* du travail; **~unfähigkeit** *f* inaptitude *f* au travail; *dauernde* invalidité *f*; **~unterbrechung** *f* suspension *f od* interruption *f* du travail; **~vermittlung** *f* bureau *m* de placement; **~vertrag** *m* contrat *m* de travail; **~weise** *f* méthode *f* de travail, façon *f* de travailler; **~zeit** *f* heures *f/pl* de travail; ***gleitende ~*** horaire *m* flexible; **~zeitverkürzung** *f* réduction *f* du temps de travail; **~zimmer** *n* cabinet *m* de travail *od* d'étude, bureau *m*

Archäologie *f* archéologie *f*

Arche ***die ~ Noah*** l'arche *f* de Noé

Architekt *m* architecte *m*; **~ur** *f* architecture *f*

Archiv *n* archives *f/pl*

ARD *f* Première chaîne *f* de la télévision allemande

Arena *f* arène *f*; *Manege* piste *f*

arg grave, gros; *sehr* très, fort

Argentini|en *n* l'Argentine *f*; **~er(in** *f*) *m* Argentin *m*, -e *f*; **&sch** argentin

Ärger *m Unannehmlichkeit* ennui(s) *m(pl)*, contrariété *f*; *Unmut* dépit *m*, colère *f*; **&lich** *unangenehm* ennuyeux, fâcheux, embêtant F; *verärgert* fâché, en colère, contrarié; ***~ werden*** se fâcher; **&n** fâcher, contrarier, embêter F; ***sich ~*** se mettre en colère (***über*** contre), se fâcher; **~nis** *n* scandale *m*

Argument *n* argument *m*; **&ieren** raisonner, argumenter

Arg|wohn *m* soupçon(s) *m(pl)*; **&wöhnen** soupçonner; **&wöhnisch** soupçonneux

Arie *mus f* air *m*

Aristokrat|(in *f*) *m* aristocrate *m*, *f*; **~ie** *f* aristocratie *f*; **&isch** aristocratique

Arkt|is *géogr f* Arctique *m*; **&isch** arctique

Arm *m* bras *m* (*a Fluß&*); *e-s Leuchters* branche *f*; ***~ in ~*** bras dessus bras dessous; *fig* ***j-n auf den ~ nehmen*** monter un bateau à qn

arm pauvre (***an*** en); ***die &en*** les pauvres *m/pl*; ***der &e!*** le pauvre!

Armaturenbrett *auto n* tableau *m* de bord

Arm|band *n* bracelet *m*; **~banduhr** *f* montre-bracelet *f*; **~binde** *f* brassard *m*; *méd* écharpe *f*; **~brust** *f* arbalète *f*

Armee *f* armée *f*

Ärmel *m* manche *f*; **~kanal** *géogr* ***der ~*** la Manche

ärmlich pauvre, misérable

armselig misérable, pitoyable, minable

Armut *f* pauvreté *f*

Aroma *n* arôme *m*; **~therapie** *f* aromathérapie *f*; **&tisch** aromatique

arrangieren arranger; ***sich ~*** s'arranger (***mit*** avec)

Arrest *m* détention *f*, arrêts *m/pl*; *Schule* retenue *f*, colle *f* F

arrogan|t arrogant; **&z** *f* arrogance *f*

Arsch *m* P cul *m*; **~loch** *n* P trou *m* du cul; *Schimpfwort* con *m*

Art *f Weise* manière *f*, façon *f*; *Gattung* espèce *f* (*a biol*), sorte *f*, genre *m*; *Beschaffenheit* nature *f*; ***auf diese ~*** de cette façon *od* manière; ***e-e ~*** ... une espèce de ...; ***aller ~*** de toutes sortes; **~enschutz** *m* protection *f* des espèces

Arterie *f* artère *f*, **~nverkalkung** *méd f* artériosclérose *f*

artig *Kind* sage, gentil

Artikel *m* article *m*

artikulieren articuler

Artillerie *mil f* artillerie *f*

Artischocke *bot f* artichaut *m*

Artist(in *f*) *m* artiste *m*, *f* de cirque *od* de music-hall, acrobate *m*, *f*

Arznei *f* médicament *m*, remède *m*; **~mittel** *n* médicament *m*

Arzt *m* médecin *m*, docteur *m*; **~helferin** *f* assistante *f* médicale

Ärzt|in *f* (femme *f*) médecin *m*, doctoresse *f*; **&lich** médical; ***~e Behandlung*** soins *m/pl* médicaux

As *n cf* ***Ass***

Asbest *m* amiante *f*

Asche *f* cendre *f*

Aschen|bahn *Sport f* cendrée *f*; **~becher** *m* cendrier *m*; **~puttel** *n* Cendrillon *f*

Aschermittwoch *m* mercredi *m* des Cendres

ASCII-Code *m* code *m* ASCII
Asiat|(in *f*) *m* Asiatique *m*, *f*; **∼isch** asiatique
Asien *n* l'Asie *f*
Asket *m* ascète *m*; **∼isch** ascétique
asozial asocial, inadapté à la société
Aspekt *m* aspect *m*
Asphalt *m* asphalte *m*; **∼ieren** asphalter, bitumer
Aspirin *n* aspirine *f*; ⚠ ***une*** aspirine
Ass *n* as *m* (*a fig*)
Assembler *m* assembleur *m*
Assistent(in *f*) *m* assistant *m*, -e *f*
Assoziation *f* association *f*
Ast *m* branche *f*
Aster *bot f* aster *m*, reine-marguerite *f*; ⚠ ***un*** aster
Ästheti|k *f* esthétique *f*; **∼sch** esthétique
Asthma *méd n* asthme *m*; **∼tisch** *méd* asthmatique
Astro|loge *m*, **∼login** *f* astrologue *m*, *f*; **∼logie** *f* astrologie *f*; **∼naut(in** *f*) *m* astronaute *m*, *f*; **∼nom** *m* astronome *m*; **∼nomie** *f* astronomie *f*
ASU *f* contrôle *m* antipollution
Asyl *n* asile *m*; **∼ant** *m* réfugié *m* qui demande asile; **∼bewerber** *m* demandeur *m* d'asile; **∼recht** *n* droit *m* d'asile
Atelier *n* studio *m*, atelier *m*
Atem *m* haleine *f*, souffle *m*, respiration *f*; ***außer ∼ kommen*** s'essouffler; ***∼ holen*** *od* ***schöpfen*** prendre haleine, respirer; *fig* ***j-n in ∼ halten*** tenir qn en haleine; **∼beraubend** qui coupe le souffle, époustouflant; **∼gerät** *n* respirateur *m*, appareil *m* respiratoire; **∼los** hors d'haleine; **∼pause** *f* temps *m* d'arrêt, répit *m*; **∼zug** *m* souffle *m*
Atheis|mus *m* athéisme *m*; **∼t** *m* athée *m*; **∼tisch** athée
Athen Athènes
Äther *m* éther *m*
Äthiopien *n* l'Éthiopie *f*
Athlet *m* athlète *m*; **∼isch** athlétique
Atlantik *m* Atlantique *m*
atlantisch atlantique; ***der ∼e Ozean*** l'océan *m* Atlantique
Atlas *m* atlas *m*
atmen respirer
Atmosphär|e *f* atmosphère *f*; *fig a* ambiance *f*; **∼isch** atmosphérique
Atmung *f* respiration *f*
Atom *n* atome *m*
atomar atomique
Atom|bombe *f* bombe *f* atomique; **∼energie** *f* énergie *f* nucléaire; **∼kern** *m* noyau *m* atomique; **∼kraft** *f* énergie *f* nucléaire; **∼kraftwerk** *n* centrale *f* nucléaire; **∼krieg** *m* guerre *f* atomique; **∼müll** *m* déchets *m/pl* radioactifs; **∼sperrvertrag** *m* traité *m* de non-prolifération des armes nucléaires; **∼sprengkopf** *mil m* ogive *f od* tête *f* atomique; **∼streitmacht** *f* force *f* atomique; **∼waffen** *f/pl* armes *f/pl* atomiques, engins *m/pl* nucléaires; **∼waffenfrei** dénucléarisé; **∼wissenschaftler** *m* atomiste *m*
Attent|at *n* attentat *m*; **∼äter** *m* auteur *m* d'un attentat, criminel *m*
Attest *n* certificat *m*, attestation *f*
Attrak|tion *f* attraction *f*; **∼tiv** attrayant, séduisant
Attrappe *comm f* article *m* factice; ⚠ *nicht* ***attrape***
Attribut *n gr* complément *m* déterminatif; *Merkmal* attribut *m*; **∼iv** *gr* ***∼es Adjektiv*** adjectif *m* épithète
ätzend corrosif, caustique; *fig* mordant
au! aïe!
auch aussi; *sogar* même; ***∼ nicht*** non plus; ***ich ∼*** moi aussi; ***ich ∼ nicht*** moi non plus; ***oder ∼*** ou bien; ***wenn ∼*** même si; ***nicht nur ..., sondern ∼*** non seulement ..., mais encore *od* aussi; ***wer*** (***wo***) ***∼ immer*** qui (où) que ce soit; ***∼ das noch!*** il ne manquait plus que cela!
Audienz *f* audience *f*
audiovisuell audio-visuel
Auerhahn *zo m* coq *m* de bruyère
auf 1. *prép* sur; à; en; ***∼ Seite 20*** page 20; ***∼ der Straße*** dans la rue; sur la route; ***∼ der Welt*** dans le monde; ***∼ Korsika*** en Corse; ***∼ See*** en mer; ***∼ dem Land*** à la campagne; ***∼ der Schule*** à l'école; ***∼ Urlaub*** en vacances; ***∼ Deutsch*** en allemand; **2.** *adv* ***∼!*** allez!; ***∼ geht's!*** allons-y!; ***∼ sein*** *Geschäft, Tür* être ouvert; *Person* être debout *od* levé; ***∼ und ab*** de haut en bas; *hin und her* de long en large; ***∼ und ab gehen*** *Person* aller et venir; *Weg etc* monter et descendre; **3.** *conj* ***∼ dass*** afin que ..., pour que (*beide + subj*)
aufatmen respirer
Aufbau *m Bauen* construction *f*; *Struktur* structure *f*; organisation *f*; *e-r Rede*,

e-s Werks disposition *f*; **der ~ e-s Dramas** (**e-s Romans**) la texture d'un drame (d'un roman); **2en** construire, bâtir; *aufstellen* monter
auf|bäumen sich ~ se cabrer (*a fig*); **~bauschen** *fig* exagérer; **~begehren** protester, se révolter (**gegen** contre); **~bekommen** *Tür etc* arriver à ouvrir; **~bereiten** préparer, traiter; *Daten* éditer; **~bessern** *Gehalt* augmenter, améliorer
aufbewahr|en conserver, garder; **2ung** *f* conservation *f*; *für Gepäck* consigne *f*
auf|bieten *Kräfte* déployer, mettre en œuvre; *Polizei* mobiliser; **~blasen** gonfler; **~bleiben** rester debout *od* levé; *Tür* rester ouvert; **~blenden** *auto* mettre les feux de route *od* les phares; *Film* ouvrir (une scène) en fondu; **~blicken** lever les yeux (**zu** vers); **~blühen** s'épanouir; **~brauchen** consommer, finir
aufbrausen *fig* s'emporter; **~d** emporté, colérique
auf|brechen *Tür etc* forcer, fracturer; *sich öffnen* s'ouvrir; *fortgehen* se mettre en route, partir; **~bringen** *Mode* mettre en vogue, introduire, lancer; *Verständnis etc* faire preuve de; *Geld* trouver, réunir; **j-n ~** *erzürnen* mettre qn en colère; *aufwiegeln* monter qn (**gegen** contre)
Aufbruch *m* départ *m*
auf|brühen *Kaffee* faire; *Tee* infuser; **~bürden j-m etw ~** imposer qc à qn; **~decken** découvrir (*a fig*); **~drängen j-m etw ~** imposer qc à qn; **sich j-m ~** s'imposer à qn; *Idee* ne pas sortir de la tête de qn; **~drehen** *Hahn* ouvrir
aufdringlich importun, casse-pieds F, envahissant
aufeinander l'un sur l'autre; *nacheinander* l'un après l'autre; **~ *folgen*** se succéder; **~ *folgend*** consécutif; **~ *prallen*, ~ *stoßen*** se heurter; **2folge** *f* succession *f*
Aufenthalt *m* séjour *m*; *während der Fahrt* arrêt *m*; **~sgenehmigung** *f* permis *m* de séjour; **~sraum** *m* salle *f* d'attente, salle *f* de réunion
auferlegen j-m etw ~ imposer qc à qn
aufersteh|en *rel* ressusciter; **2ung** *f* résurrection *f*

aufessen manger (tout), finir
auffahr|en *aufschrecken* sursauter; *auto* heurter, tamponner, télescoper (**auf etw** qc); **2t** *f* rampe *f* (d'accès); **2unfall** *m* télescopage *m*
auffallen se faire remarquer; **j-m ~** frapper *od* surprendre qn, attirer l'attention de qn; **nicht ~** *a* passer inaperçu; **~d, auffällig** frappant, surprenant, étrange; *Kleidung, Farbe* voyant
auffangen *Ball* (r)attraper; *Signal* capter; *Wasser* recueillir
auffass|en saisir, comprendre; **2ung** *f* conception *f*, opinion *f*; *Deutung* interprétation *f*; **2ungsgabe** *f* compréhension *f*; **schnelle ~** intelligence *f* rapide
aufforder|n inviter (**zu** à); **2ung** *f* invitation *f*
auffrischen rafraîchir; *Erinnerung* raviver; *Wind* fraîchir
aufführ|en *Theaterstück* représenter, jouer; *Konzert* exécuter; *Gründe, Beispiele* énumérer; **sich ~** se conduire, se comporter; **2ung** *f Theater* représentation *f*
Aufgabe *f Arbeit* tâche *f*; *Pflicht* devoir *m*; *math* problème *m*; *Haus2* devoir *m*; *mündliche* leçon *f*; *von Postsendungen* expédition *f*; *von Gepäck* enregistrement *m*; *Verzicht* abandon *m*; **~nbereich** *m* ressort *m*
Aufgang *m* montée *f*, escalier *m*; *astr* lever *m*
aufgeben *Postsendung* expédier; *Gepäck* faire enregistrer; *Hausaufgaben* donner; *Rätsel* poser; *Bestellung, Annonce* passer; *verzichten* renoncer (à); **das Rauchen ~** arrêter de fumer
aufgehen *Gestirn* se lever; *Saat* lever; *sich öffnen* s'ouvrir; *Naht* se découdre; *math* tomber juste; **in Flammen ~** être la proie des flammes
auf|gehoben gut ~ sein être entre de bonnes mains; **~geklärt** éclairé; *sexuell* averti; au courant des questions sexuelles; **~gelegt** disposé (**zu** à); **gut** (**schlecht**) **~ sein** être de bonne (mauvaise) humeur; **~geregt** excité, énervé, affolé; **~geschlossen** ouvert (**für** à); compréhensif; **2geschlossenheit** *f* ouverture *f* d'esprit; **~geschmissen** F **~ sein** être fichu; **~geweckt** éveillé, intelligent, vif; **~greifen** saisir, (re)prendre

aufgrund en raison de
auf|haben *Hausaufgaben* avoir à faire; *Geschäft* être ouvert; *Hut* avoir sur la tête; **~halten** *Tür* tenir ouvert; *hemmen* arrêter, retenir, retarder; **sich ~** séjourner, rester; **sich mit etw ~** s'attarder à *od* sur qc; **sich ~ über** s'indigner de
aufhäng|en suspendre, accrocher; *tél* raccrocher; *Verbrecher* pendre; **2er** *m* attache *f*
aufheb|en *vom Boden* ramasser; *Last* soulever; *aufbewahren* conserver, garder; *abschaffen* supprimer, annuler; *Sitzung, Blockade* lever; *Urteil* casser; **sich gegenseitig ~** se neutraliser; **2en** *n* **viel ~s machen** faire beaucoup de bruit (**von** de); **2ung** *f* suppression *f*, annulation *f*; levée *f*; cassation *f*
auf|heitern *j-n* égayer, dérider; **sich ~** *Wetter* s'éclaircir; **~helfen j-m ~** aider qn à se relever; **~hellen** (**sich ~**) s')éclaircir; **~hetzen** exciter (**zu** à); **j-n gegen j-n ~** monter (la tête à) qn contre qn; **~holen** *Rückstand* rattraper; *Sport* regagner du terrain; **~hören** cesser, finir, s'arrêter (**zu** de); **mit etw ~** cesser, finir, arrêter qc; **~kaufen** acheter; *péj* rafler
aufklär|en *Angelegenheit* tirer au clair, éclaircir, élucider; **j-n ~** éclairer qn; *psych* faire l'éducation sexuelle de qn; **j-n über etw ~** informer qn de qc; **sich ~** *Himmel* s'éclaircir; **2ung** *f* éclaircissement *m*; *mil* reconnaissance *f*; **sexuelle ~** éducation *f* sexuelle; (**Zeitalter** *n* **der**) **~** siècle *m* philosophique *od* des lumières
aufkleb|en coller (**auf** sur); **2er** *m* autocollant *m*
auf|knöpfen déboutonner; **~kommen** *Wind* se lever; *Zweifel, Verdacht* naître; *Mode* se répandre; **für die Kosten ~** subvenir aux frais; **~laden** charger (**auf** sur); *Batterie* recharger
Auflage *f Buch* édition *f*; *Zeitung* tirage *m*; *Verpflichtung* obligation *f*
auf|lassen F *Tür* laisser ouvert; *Hut* garder; **~lauern j-m ~** guetter qn
Auflauf *m Menschen2* attroupement *m*, rassemblement *m*; *cuis* soufflé *m*
auflegen poser, mettre (**auf** sur); *tél* raccrocher; *Buch* éditer
auflehn|en sich ~ se révolter, se rebeller (**gegen** contre); **2ung** *f* révolte *f*, rébellion *f*
auf|lesen ramasser; **~leuchten** s'allumer; *Augen* s'illuminer; **~lockern** *Erde* rendre meuble; *Stil* aérer
auflös|en *in Flüssigkeit* dissoudre (*a fig Verein etc*), diluer; *Rätsel, Gleichung* résoudre; *Geschäft* liquider; **sich ~** se dissoudre; *Nebel* se dissiper; **2ung** *f* dissolution *f*
aufmach|en ouvrir; *Paket, Knoten a* défaire; **2ung** *f Ware* conditionnement *m*, présentation *f*
aufmerksam attentif; *zuvorkommend* prévenant; **j-n auf etw ~ machen** attirer l'attention de qn sur qc; **~ werden auf** remarquer; **2keit** *f* attention *f*
aufmunter|n encourager; **2ung** *f* encouragement *m*
Aufnahme *f Empfang* accueil *m*, réception *f*; *in Organisation* admission *f* (**in** à); *Film* prise *f* de vues; *Foto* photo *f*; *Ton2* enregistrement *m*; **2fähig** réceptif (**für** à); **~gebühr** *f* droits *m/pl* d'inscription; **~prüfung** *f* examen *m* d'admission *od* d'entrée
aufnehmen *vom Boden* ramasser; *empfangen* accueillir (*a durch Publikum*), recevoir; *zulassen* admettre (**in** à, dans); *Foto* prendre (en photo); *auf Band* enregistrer; *Unfall* faire le constat de; *Arbeit* commencer; *Kampf, Verhandlungen* engager; *Geld* emprunter; **mit j-m Kontakt ~** entrer en contact avec qn; **es mit j-m ~ können** pouvoir se mesurer à qn
aufpassen faire attention (**auf** à); **aufgepasst!** attention!
Aufprall *m* choc *m*; **2en** heurter (**auf etw** qc)
aufpumpen gonfler
aufputsch|en exciter; **2mittel** *n* excitant *m*, stimulant *m*
auf|raffen sich ~ se décider enfin (**zu etw** à faire qc); se ressaisir; **~räumen** *Zimmer, Gegenstände* ranger; *Unfallstelle* déblayer
aufrecht droit (*a fig*); *stehend* debout; **~erhalten** maintenir
aufreg|en exciter, énerver; **sich ~** s'irriter (**über** de), s'énerver, s'émouvoir, s'affoler; **~end** excitant; **2ung** *f* excitation *f*, énervement *m*, émotion *f*, affolement *m*

aufreiben *Haut* écorcher; *fig* exténuer; **sich ~** s'exténuer; **~d** harassant, exténuant
aufreißen ouvrir brusquement, déchirer
aufreiz|en exciter; **~end** excitant, provocant; *Musik* agaçant; **Sung** *f* excitation *f*
aufrichten (re)dresser; *fig* consoler; **sich ~** se dresser
aufrichtig sincère, franc; **Skeit** *f* sincérité *f*, franchise *f*
aufrücken avoir de l'avancement; *mil* monter en grade
Aufruf *m* appel (**an** à); **Sen** appeler
Aufruhr *m* révolte *f*, émeute *f*
aufrunden *Summe* arrondir (**auf** à)
Aufrüstung *mil f* (ré)armement *m*
auf|rütteln *fig* secouer, réveiller; **~sagen** réciter
aufsässig rebelle, récalcitrant
Aufsatz *m Schule* rédaction *f*, dissertation *f*; *Artikel* article *m*, étude *f*
auf|saugen absorber; **~schauen** lever les yeux (**zu** vers); **~scheuchen** effaroucher; **~schieben** remettre (**auf** à), différer, ajourner
Aufschlag *m Aufprall* choc *m*; *Kleidung* revers *m*; *Preis* augmentation *f*, supplément *m*; *Tennis* service *m*; **Sen** *Ärmel* retrousser; *Buch* ouvrir; *Zelt* monter; *aufprallen* heurter (**auf etw** qc); *Ware*, *Preis* augmenter, renchérir
aufschließen ouvrir
Aufschluss *m* éclaircissement *m*; **j-m ~ geben** donner *od* fournir à qn des éclaircissements (**über** sur); **sich ~ über etw verschaffen** s'informer de qc; **Sreich** instructif, significatif, révélateur
aufschneid|en couper; *Fleisch* découper; *méd* inciser; *fig* faire le fanfaron; **Ser(in** *f*) *m* fanfaron *m*, -onne *f*
Aufschnitt *cuis m* charcuterie *f*
auf|schnüren défaire; **~schrauben** dévisser; **~schrecken** (*j-n* faire) sursauter; **~schreiben** noter; **~schreien** pousser un cri
Aufschrift *f* inscription *f*
Aufschub *m* délai *m*, remise *f*, ajournement *m*
Aufschwung *m bes écon* essor *m*, redressement *m*
aufseh|en lever les yeux (**zu** vers); **Sen** *n* **~ erregen** faire sensation, faire grand bruit; **~ erregend** sensationnel, spectaculaire, retentissant; **Ser(in** *f*) *m* surveillant *m*, -e *f*, gardien *m*, -ne *f*
aufsetzen *Brille*, *Hut* mettre; *Wasser* faire chauffer; *Miene* prendre; *Brief* rédiger; *aviat* se poser; **sich ~** se dresser sur son séant
Aufsicht *f* surveillance *f*; *Person* surveillant *m*, -e *f*; **unter ~ stellen** placer sous surveillance; (**die**) **~ führen** surveiller (**über j-n** qn)
auf|sitzen monter (à cheval); **~spannen** tendre; *Schirm* ouvrir; **~sparen** garder, réserver; **~sperren** ouvrir (largement); **~spielen** jouer; *fig* **sich ~** faire l'important; **~spießen** piquer, embrocher; **~springen** se lever d'un bond; sauter (**auf** sur); *Tür* s'ouvrir (brusquement); *Haut* (se) gercer; **~spüren** dépister; **~stampfen** piétiner
Aufstand *m* soulèvement *m*, révolte *f*
aufständisch rebelle; **Se(r)** *m* rebelle *m*, insurgé *m*
auf|stapeln empiler; **~stechen** percer; **~stecken** *Haar* relever; F *aufgeben* abandonner; **~stehen** se lever; *Tür* être ouvert; **~steigen** monter (**auf** sur); *Rauch* s'élever; *aviat* décoller, s'envoler; *im Beruf* avoir de l'avancement
aufstell|en *hinstellen* mettre, poser, placer; *aufrichten* dresser; *aufbauen* monter; *Mannschaft* composer, former; *Wache* poster; *Programm*, *Rekord* établir; **sich ~** se poster; **sich als Kandidat ~ lassen** se porter candidat; **Sung** *f* placement *m*; *e-s Programms etc* établissement *m*; *Mannschafts*S composition *f*; *Liste* relevé *m*
Aufstieg *m* montée *f*, ascension *f*; *im Beruf* avancement *m*
auf|stoßen *Tür* ouvrir en poussant; *rülpsen* roter F, éructer; **~stützen** (**sich ~** s')appuyer (**auf** sur); **~suchen** **j-n ~** aller trouver *od* voir qn
Auftakt *m fig* prélude *m* (**zu** à)
auf|tanken *auto* faire le plein (d'essence); *Flugzeug a* ravitailler; **~tauchen** remonter à la surface, émerger; *fig* surgir; **~tauen** (faire) dégeler; *Speisen* décongeler; *fig Person* se dégeler; **~teilen** partager, répartir (**unter** entre)

Auftrag *m* ordre *m*, mission *f*; *comm* commande *f*; ***im ~ von*** par ordre de *od* sur l'ordre de; **2en** *Speisen* servir; *Farbe* mettre, passer; ***j-m etw ~*** charger qn de (faire) qc
auf|treffen ***auf etw ~*** frapper *od* rencontrer qc, tomber sur qc; **~treiben** trouver, F dégot(t)er, dénicher; **~trennen** découdre
auftreten 1. *mit dem Fuß* poser le pied, marcher; *Theater* entrer en scène; jouer (***als*** le rôle de); *vorkommen* apparaître, se présenter; ***sicher*** (***energisch***) ~ se montrer sûr de soi (énergique); ***als Käufer ~*** se porter acheteur; **2.** 2 *n* manières *f/pl*, attitude *f*; *Vorkommen* présence *f*, apparition *f*
Auftrieb *m phys* poussée *f* verticale; *aviat* portance *f*; *fig* élan *m*, essor *m*
Auftritt *m* scène *f* (*a fig*); *Schauspieler* entrée *f* en scène
auf|tun (***sich ~*** s')ouvrir; **~wachen** se réveiller; **~wachsen** grandir
Aufwand *m* dépense *f* (***an*** de); *Luxus* luxe *m*
aufwändig coûteux
aufwärmen réchauffer
aufwärts vers le haut, en haut; ***~führen*** monter; ***mit etw geht es ~*** qc va de mieux en mieux
auf|waschen laver; **~wecken** réveiller; **~weichen** ramollir; **~weisen** présenter
aufwend|en *Fleiß etc* employer; *Geld* dépenser; **~ig** *cf* ***aufwändig***; **2ungen** *f/pl* dépenses *f/pl*
aufwerfen *Damm* élever; *Frage* soulever; *fig* ***sich zu etw ~*** s'ériger *od* se poser en qc
aufwert|en *höher bewerten* valoriser; *Währung* réévaluer; **2ung** *f* valorisation *f*; *Währung* réévaluation *f*
auf|wickeln enrouler; **~wiegeln** inciter à la révolte; **~wiegen** compenser
Aufwind *m* courant *m od* vent *m* ascendant
auf|wirbeln soulever (en tourbillons); **~wischen** essuyer
aufzähl|en énumérer, dénombrer; **2ung** *f* énumération *f*
aufzeichn|en *zeichnen* dessiner; *schreiben* noter; *auf Band* enregistrer; **2ung** *f auf Band* enregistrement *m*; *TV* émission *f* en différé; **2ungen** *f/pl* notes *f/pl*
auf|zeigen mettre en évidence, montrer; **~ziehen** *Fahne* hisser; *Vorhang* ouvrir; *Uhr* remonter; *Kind, Tier* élever; *verspotten* railler, taquiner; *Veranstaltung* organiser; *Sturm* s'approcher
Aufzucht *f* élevage *m*
Aufzug *m Lift* ascenseur *m*; *Theater* acte *m*; *Kleidung péj* accoutrement *m*
aufzwingen ***j-m etw ~*** imposer qc à qn
Augapfel *m* globe *m* de l'œil
Auge *n* œil *m* (*pl* yeux); ***in meinen ~n*** à mes yeux; ***mit bloßem ~*** à l'œil nu; ***unter vier ~n*** en tête à tête, entre quatre yeux (F entre quat'-z-yeux); ***mit anderen ~n ansehen*** voir sous un autre aspect; ***j-m etw aufs ~ drücken*** imposer qc à qn; ***etw ins ~ fassen*** envisager qc; ***ins ~ fallen*** sauter aux yeux; ***ins ~ gehen*** mal tourner; ***aus den ~n verlieren*** perdre de vue; *fig* ***ein ~ zudrücken*** fermer les yeux (sur qc); ***kein ~ zumachen*** ne pas fermer l'œil
Augen|arzt *m*, **~ärztin** *f* oculiste *m, f*, ophtalmologiste *m, f*; **~blick** *m* moment *m*, instant *m*; ***in diesem ~*** à ce moment; **2blicklich** *gegenwärtig* actuel; *sofortig* instantané; *vorübergehend* momentané; *adv* en ce moment; *sofort* à l'instant; **~braue** *f* sourcil *m*; **~entzündung** *f* inflammation *f* de l'œil; ophtalmie *f*; **~licht** *n* vue *f*; **~lid** *n* paupière *f*; **~maß** *n* ***ein gutes ~ haben*** avoir le compas dans l'œil; **~merk** *n* ***sein ~ richten auf*** fixer son attention sur; **~schein** *m* apparence *f*; ***in ~ nehmen*** examiner; **~weide** *f* régal *m* pour les yeux; **~wimper** *f* cil *m*; **~zeuge** *m* témoin *m* oculaire
August *m* août *m*; ***im ~*** en août; ***am 4. ~*** le 4 août; ***der 4. ~ 1973*** le 4 août 1973
Auktion *f* vente *f* aux enchères; **~ator** *m* commissaire-priseur *m*
Aula *f* salle *f* des fêtes
aus 1. *räumlich, Herkunft* de; *Material* en; *Grund* par; ***von*** ... ~ de, depuis; ***~ dem Fenster*** par la fenêtre; ***vom Fenster ~*** depuis la fenêtre; ***von hier ~*** d'ici; ***~ München*** de Munich; ***~ Holz*** en bois; ***~ Spaß*** pour rire; ***~ Versehen*** par erreur; ***~ Mitleid*** par pitié; ***~ sein*** *Veranstaltung* être fini *od* terminé; *Licht, Heizung etc* être éteint; ***auf etw ~ sein*** chercher (à faire) qc; **2.** 2 *n Sport* hors-jeu *m*; *fig* fin *f*

ausarbeit|en élaborer; **2ung** *f* élaboration *f*
aus|arten dégénérer (*in* en); **~atmen** expirer
Ausbau *m Vergrößerung* agrandissement *m*; *Umbau* aménagement *m*; **2en** *vergrößern* agrandir; *umbauen* aménager; *Motor* démonter; *Beziehungen* développer, approfondir
ausbessern raccommoder, réparer
Ausbeut|e *f* rendement *m*; profit *m*; **2en** exploiter; **~er** *péj m* exploiteur *m*; **~ung** *f* exploitation *f*
ausbild|en former, instruire; **2er** *m* instructeur *m*; **2ung** *f* formation *f*, instruction *f*; **2ungsstätte** *f* centre *m* de formation
ausbitten ***sich etw*** **~** demander qc (***von j-m*** à qn)
ausbleiben 1. ne pas venir; *Ereignis* ne pas se produire; ***es konnte nicht*** **~, *dass*** ... il était inévitable que ...; **2.** **2** *n* absence *f*
Ausblick *m* vue *f*
ausbrech|en *Gefangener* s'évader; *Krieg* éclater; *Feuer, Krankheit* se déclarer; ***in Tränen*** **~** éclater en sanglots; ***in Lachen*** **~** éclater de rire; **2er** *m* évadé *m*
ausbreit|en étendre, étaler, répandre; ***sich*** **~** s'étendre, se répandre, se propager; **2ung** *f* extension *f*, propagation *f*
Ausbruch *m Vulkan* éruption *f*; *aus der Haft* évasion *f*; *Krankheit* apparition *f*; *Krieg* début *m*, commencement *m*; *Gefühl* effusion *f*, éclat *m*; ***zum*** **~** ***kommen*** éclater, se déclarer
aus|brüten couver (*a fig*); **~bürgern** expatrier; **~bürsten** brosser
Ausdauer *f* endurance *f*, persévérance *f*; **2nd** endurant, persévérant
ausdehn|en (***sich*** **~** s')étendre; *zeitlich* (s')allonger, (se) prolonger; *phys* (se) dilater; **2ung** *f* extension *f*, expansion *f*; *Größe* étendue *f*; *phys* dilatation *f*
aus|denken (***sich***) ***etw*** **~** imaginer qc; **~drehen** *Licht etc* éteindre, fermer
Ausdruck *m* expression *f*; *Wort a* terme *m*; *EDV* listage *m*; ***zum*** **~** ***bringen*** exprimer; **2en** imprimer
ausdrück|en exprimer; *Zigarette* écraser; *Zitrone* presser; ***sich*** **~** s'exprimer; **~lich** exprès; *adv* expressément
ausdrucks|los sans expression, inexpressif; **~voll** expressif; **2weise** *f* façon *f* de s'exprimer; style *m*
auseinander séparés l'un de l'autre; **~** ***bringen*** séparer, désolidariser; **~** ***fallen*** se démonter, se disloquer; **~** ***gehen*** se séparer; *Menschenmenge* se disperser; *Gegenstand* se disjoindre; *Meinungen* diverger; **~** ***halten*** *fig* distinguer; **~** ***nehmen*** démonter; **~** ***setzen*** exposer, expliquer; ***sich mit etw*** **~** ***setzen*** traiter qc; ***sich mit j-m*** **~** ***setzen*** s'expliquer avec qn; **2setzung** *f Streit* explication *f*, dispute *f*, querelle *f*; ***kriegerische*** **~** conflit *m* armé
ausfahr|en sortir *od* se promener en voiture; *j-n* sortir *od* promener (en voiture); **2t** *f Autobahn, Garage* sortie *f*; *Spazierfahrt* sortie *f od* promenade *f* en voiture
Ausfall *m Haare* chute *f*; *e-r Veranstaltung* annulation *f*; *Verlust* perte *f*; *tech* panne *f*; *e-r Person* absence *f*; **2en** *Haare, Zähne* tomber; *Schulstunde, Veranstaltung* être annulé, ne pas avoir lieu; *Maschine* tomber en panne; *Person* manquer; **~** ***lassen*** supprimer; ***gut*** (***schlecht***) **~** être bon (mauvais); **2end, ausfällig** grossier, insultant; **~straße** *f* route *f od* axe *m* de sortie (d'une ville)
ausfertig|en *Dokument* délivrer, dresser; **2ung** *f* ***in dreifacher*** **~** en triple exemplaire
aus|findig **~** ***machen*** découvrir, F dénicher; **~fließen** (s'é)couler; **~flippen** échapper à *od* fuir la réalité; *durchdrehen* F craquer
Ausflucht *f* subterfuge *m*; *Vorwand* prétexte *m*; ***Ausflüchte machen*** répondre par des pirouettes
Ausflug *m* excursion *f*, randonnée *f*
Ausflügler(in *f*) *m* excursionniste *m, f*
ausfragen questionner, interroger (***über*** sur)
Ausfuhr *comm f* exportation *f*
ausführ|bar exécutable, praticable; *comm* exportable; **~en** *Hund, Person* sortir; *comm* exporter; *durchführen* exécuter, effectuer, réaliser; *darlegen* expliquer, déclarer
ausführlich détaillé; *adv* en détail; **2keit** *f* abondance *f* de détails
Ausführung *f Durchführung* exécution *f*, réalisation *f*; *Modell* version *f*; **~en** *pl e-s Redners* déclarations *f/pl*, paroles *f/pl*

Ausfuhrverbot *n* interdiction *f* de sortie, embargo *m* sur les exportations
ausfüllen remplir
Ausgabe *f Geld* dépense *f*; *Verteilung* distribution *f*; *Buch* édition *f*; *Zeitung* numéro *m*; *EDV* sortie *f*
Ausgang *m* sortie *f*; issue *f* (*a fig*); *Ende* fin *f*; **~spunkt** *m* point *m* de départ; **~ssperre** *f* couvre-feu *m*
ausgeben *Geld* dépenser; *verteilen* distribuer; *Fahrkarten* délivrer; ***sich ~ für*** *od* ***als*** se faire passer pour
ausge|bildet formé; **~bucht** complet; ***alle Plätze sind ~*** toutes les places sont retenues; **~dehnt** vaste, étendu; *zeitlich* prolongé; **~dient** usé, hors de service; **~fallen** singulier, peu commun, extravagant, saugrenu; **~glichen** équilibré
ausgehen sortir; *Licht etc* s'éteindre; *Haare* tomber; *Geld etc* venir à manquer, s'épuiser; *enden* finir, se terminer; *fig* ***von etw ~*** partir de qc; ***davon ~, dass*** ... partir du fait que ..., supposer que ...; ***leer ~*** partir les mains vides; ***ihm ging das Geld aus*** il avait dépensé tout son argent
ausge|lassen turbulent, d'une folle gaieté *f*; **~nommen** *prép* excepté; **~prägt** prononcé, marqué; **~rechnet** justement, précisément; **~schlossen** impossible; ***es ist nicht ~, dass*** ... il n'est pas exclu que ...; **~sprochen** prononcé, marqué; *adv* vraiment, réellement; **~sucht** exquis, de choix, choisi; **~zeichnet** excellent
ausgiebig abondant; *Essen* copieux; ***~en Gebrauch machen von*** user largement de
ausgießen vider
Ausgleich *m* compensation *f*; *Sport* égalisation *f*; ***zum ~*** en compensation; **≗en** compenser; *Sport* égaliser; ***e-e schlechte Note ~*** compenser une mauvaise note; **~ssport** *m* sport *m* de compensation; **~streffer** *m* point *m* d'égalisation
ausgrab|en déterrer; **≗ungen** *f/pl* fouilles *f/pl*
ausgrenzen exclure
Ausguss *m* évier *m*
aus|halten endurer, supporter; *Vergleich, Blick* soutenir; ***es ist nicht auszuhalten!*** c'est insupportable!; **~händigen** remettre (***j-m etw*** qc à qn)
Aushang *m* affiche *f*
aushänge|n *Tür* décrocher; *zur Kenntnisnahme* afficher; *ausgehängt sein* être affiché; **≗schild** *n* enseigne *f*
aus|harren persévérer; **~heben** *Graben* creuser; *Tür* décrocher; **~helfen** ***j-m ~*** aider *od* dépanner qn
Aushilf|e *f Person* aide *m, f*, auxiliaire *m, f*; **~spersonal** *n* personnel *m* intérimaire
aus|höhlen creuser; **~holen** *zum Schlag* lever le bras; *fig* ***weit ~*** remonter aux sources; **~horchen** ***j-n ~*** sonder qn; **~hungern** affamer; **~kehren** balayer; **~kennen** ***sich ~*** s'y connaître (***in*** en); **~klammern** *Thema* laisser de côté; **~klingen** *Musik* s'achever (***mit*** par); *Ferien* se terminer; **~klopfen** battre, épousseter; *Pfeife* vider en tapant; **~kochen** faire bouillir
auskommen 1. ***mit etw ~*** s'en tirer *od* se débrouiller avec qc; ***mit j-m gut*** (***schlecht***) **~** s'entendre bien (mal) avec qn, être en bons (mauvais) termes avec qn; ***ohne j-n*** (***etw***) **~** se passer de qn (de qc); **2.** **≗** *n* ***sein ~ haben*** avoir de quoi vivre
aus|kosten savourer; **~kundschaften** épier; *Gegend* reconnaître
Auskunft *f* renseignement *m*, information *f*; *Stelle* renseignements *m/pl* (*a tél*); **~ *erteilen*** renseigner (***j-m über etw*** qn sur qc), donner des renseignements (à qn sur qc)
aus|kuppeln *auto* débrayer; **~kurieren** guérir complètement; **~lachen** ***j-n ~*** rire *od* se moquer de qn; **~laden** décharger; *Gast* décommander
Auslage *f Waren* étalage *m*; **~n** *pl* dépenses *f/pl*, débours *m/pl*, frais *m/pl*
Ausland *n* étranger *m*; ***im*** *od* ***ins ~*** à l'étranger
Ausländ|er(in *f*) *m* étranger *m*, -ère *f*; **≗erfeindlich** xénophobe; **≗erfreundlich** xénophile; **≗isch** étranger
Auslands|aufenthalt *m* séjour *m* à l'étranger; **~gespräch** *tél n* communication *f* internationale; **~korrespondent(in** *f*) *m* correspondant *m*, -e *f* (*in e-r Firma* correspondancier *m*, -ière *f*) pour l'étranger; **~reise** *f* voyage *m* à l'étranger
auslass|en omettre, sauter; *Wut* **~ *an***

passer sur; ***sich ~ über*** se prononcer sur; **≈ung** *f* omission *f*; **≈ungszeichen** *gr n* apostrophe *f*

Auslauf *m Tiere* enclos *m*, parc *m*; **≈en** *Flüssigkeit* (s'é)couler, fuir; *Schiff* partir, sortir; *enden* finir, se terminer; **~modell** *n* fin *f* de série

ausleeren vider

ausleg|en *Fußboden* recouvrir (***mit*** de); *Geld* avancer; *Waren* étaler; *deuten* interpréter; *tech* concevoir; **≈ung** *f* interprétation *f*, exégèse *f*

aus|leihen prêter (***j-m*** à qn); ***sich etw ~*** emprunter qc (***von j-m*** à qn); **~lernen** finir son apprentissage; ***man lernt nie aus*** on n'a jamais fini d'apprendre

Auslese *f* sélection *f*; *Wein* vin *m* de grand cru; *fig* élite *f*; **≈n** *Buch* finir (de lire); *aussondern* trier

ausliefer|n livrer (***an*** à); *pol* extrader; **≈ung** *f* livraison *f*; *pol* extradition *f*

aus|liegen être exposé; **~löschen** *Licht* éteindre; *fig* effacer; **~losen** tirer au sort

auslös|en déclencher (*a tech*), provoquer; *Pfand* dégager, retirer; **≈er** *Foto m* déclencheur *m*

ausmachen *Licht, Radio etc* éteindre, fermer; *verabreden* convenir de; *darstellen* constituer; *als Summe* faire; *erkennen* repérer; ***das macht mir nichts aus*** cela ne me dérange pas; ça ne me fait rien

ausmalen peindre, enluminer; *schildern* dépeindre; ***sich etw ~*** se figurer qc

Ausmaß *n* dimensions *f/pl*, envergure *f*, ampleur *f*

ausmerzen supprimer, éliminer; **~messen** mesurer

Ausnahme *f* exception *f*; ***mit ~ von*** à l'exception de; **~fall** *m* cas *m* exceptionnel; **~zustand** *m* état *m* d'urgence

ausnahmsweise exceptionnellement

ausnehmen *Schlachttier* vider; *Nest* dénicher; *ausschließen* excepter; *fig* F ***j-n ~*** plumer qn; **~d** exceptionnellement, extraordinairement

aus|nutzen ***etw ~*** profiter de qc, tirer profit de qc; ***j-n ~*** exploiter qn; **~packen** dépaqueter, déballer; *Koffer* défaire; *fig* F vider son sac; **~pfeifen** siffler, huer; **~plaudern** ébruiter, divulguer; **~plündern** dévaliser, piller; **~probieren** essayer

Auspuff *auto m* (pot *m*, tuyau *m* d')échappement *m*; **~gase** *n/pl* gaz *m/pl* d'échappement; **~rohr** *n* tuyau *m* d'échappement; **~topf** *m* pot *m* d'échappement

aus|pumpen pomper; ***den Magen ~*** faire un lavage d'estomac; **~quartieren** déloger; **~radieren** gommer, effacer, gratter; **~rangieren** mettre au rancart; *Maschine* mettre hors service; **~rauben** dévaliser; **~räumen** vider, démeubler; **~rechnen** calculer; *fig* ***sich etw ~ können*** pouvoir s'imaginer qc

Ausrede *f* excuse *f*; **≈n** ***j-m etw ~*** dissuader qn de qc; ***j-n ~ lassen*** laisser qn s'exprimer; ***lassen Sie mich ~!*** ne m'interrompez pas!

ausreichen suffire; **~d** suffisant; *Schulnote* passable; *adv* suffisamment

Ausreise *f* sortie *f*, départ *m*

aus|reißen arracher; F *weglaufen* se sauver; *Jugendlicher* faire une fugue; **~renken** ***sich etw ~*** se démettre *od* se déboîter qc; **~richten** aligner, orienter; *Gruß etc* transmettre; *Veranstaltung* organiser; *erreichen* obtenir; ***j-m etw ~*** *a* faire savoir qc à qn

ausrotten exterminer

ausrücken *mil* se mettre en marche; *Feuerwehr* sortir; F *weglaufen* décamper, déguerpir

Ausruf *m* exclamation *f*, cri *m*; **≈en** s'écrier, s'exclamer, crier; *Stationen* annoncer; *verkünden* proclamer; **~ezeichen** *n* point *m* d'exclamation

ausruhen (***sich***) ~ se reposer

ausrüst|en équiper (***mit*** de); **≈ung** *f* équipement *m*

ausrutschen glisser

Aussage *f* déclaration *f*; *jur* déposition *f*; **≈n** dire, exprimer, déclarer; *jur* déposer; **~satz** *m* proposition *f* affirmative

Aus|satz *méd m* lèpre *f*; **≈sätzig** lépreux

ausschalten *Licht, Radio, TV* éteindre, fermer; *Strom* couper; *Maschine* arrêter; *Gegner* éliminer, écarter

Ausschank *m* débit *m* de boissons, buvette *f*

Ausschau *f* ***nach j-m ~ halten*** chercher qn des yeux

ausscheid|en *aussondern* éliminer; *biol* excréter; *aus e-m Amt* quitter (***aus etw*** qc), se retirer (de); *Sport* être éliminé;

Möglichkeit ne pas entrer en ligne de compte; **2ung** *f* élimination *f*; **2ungskampf** *m Sport* éliminatoire *f*; **2ungsspiel** *n* match *m* de sélection, match *m* éliminatoire

aus|scheren *auto* se déporter, quitter la file; **~schimpfen** gronder, réprimander; **~schlafen** (**sich**) **~** dormir son saoul

Ausschlag *m méd* éruption *f*; *Zeiger* déviation *f*; *fig* **den ~ geben** être déterminant; **2en** *Auge* crever; *Zahn* casser; *fig Angebot etc* refuser; *Zeiger* dévier; *Pferd* ruer; *bot* pousser, bourgeonner; **2gebend** décisif, déterminant

ausschließ|en exclure (**aus**, **von** de); **~lich** exclusif; *adv* exclusivement

Ausschluss *m* exclusion *f* (**aus** de); **unter ~ der Öffentlichkeit** à huis clos

aus|schmücken orner, décorer (**mit** de); *fig* enjoliver, embellir; **~schneiden** découper (**aus** dans)

Ausschnitt *m Zeitung* coupure *f*; *Film, Buch* extrait *m*; *Kleid* décolleté *m*; *Kreis2* secteur *m*; *Teil* tranche *f*, morceau *m*

ausschreiben *Wort* écrire en toutes lettres; *Scheck* remplir; *Rechnung* dresser; *Stelle* offrir publiquement, mettre au concours

ausschreit|en marcher à grands pas; **2ungen** *f/pl* excès *m/pl*; **es kam zu ~** il y eut des actes de violence

Ausschuss *m* comité *m*, commission *f*; *Abfall* rebut *m*; **~ware** *f* marchandise *f* de rebut, camelote *f*

aus|schütteln secouer; **~schütten** verser, vider; *Herz* épancher; *Dividende* répartir

ausschweif|end dissolu, débauché; **2ung** *f* débauche *f*

aussehen 1. avoir l'air (**wie** de), paraître; **gut ~** *Person* être bien; *gesundheitlich* avoir bonne mine; *Sache* faire bien; **2.** **2** *n* apparence *f*, air *m*, mine *f*; *von Sachen a* aspect *m*

außen à l'extérieur, dehors; **von ~** de l'extérieur, du dehors; **nach ~** vers l'extérieur, en dehors; *fig* **nach ~ hin** vu de l'extérieur; **~ vor sein** être laissé à l'écart; **2bordmotor** *mar m* moteur *m* hors-bord; **Boot** *n* **mit ~** hors-bord *m*; **2handel** *m* commerce *m* extérieur; **2minister** *m* ministre *m* des Affaires étrangères; **2politik** *f* politique *f* extérieure; **2seite** *f* extérieur *m*; **2seiter** *m* outsider *m*; non-conformiste *m*; **2spiegel** *auto m* rétroviseur *m* extérieur; **2stände** *comm m/pl* créances *f/pl*; **2stürmer** *Sport m* ailier *m*

außer 1. *prép*: *außerhalb* hors de; *neben* en dehors de, outre; *ausgenommen* sauf, à part, excepté; **~ sich sein** être hors de soi; **~ Betrieb** hors de service; **~ Gefahr** hors de danger; **~ Stande sein** être hors d'état (**zu** de); **2.** *conj* **~ dass** sinon *od* excepté *od* sauf que; **~ wenn** à moins que ... ne (+ *subj*), sauf *od* excepté si; **~dem** en outre, de *od* en plus; **~dienstlich** en dehors du service

äußere 1. extérieur; **2.** **2** *n* extérieur *m*

außer|ehelich extra-conjugal; *Kind* illégitime, naturel; **~gewöhnlich** extraordinaire, exceptionnel; **~halb** en dehors de, à l'extérieur de, hors de; **~ Frankreichs** hors de France; **~irdisch** extraterrestre

äußerlich extérieur, externe (*a méd*); *fig* superficiel; **2keiten** *f/pl* formalités *f/pl*, apparences *f/pl*

äußern dire, exprimer; **sich ~** donner son avis (**über** sur); *sich zeigen* se manifester

aussehen

Das Verb ‚aussehen' wird im Französischen unterschiedlich wiedergegeben:

Françoise **sieht aus wie** Isabelle Adjani.	*Françoise* ***ressemble à*** *Isabelle Adjani.*
Françoise **sieht sehr hübsch aus.**	*Françoise* ***est très jolie.***
Es sieht so aus, als ob es heute Abend noch ein Gewitter gibt.	***Il a l'air d'****avoir un orage ce soir.* *oder*: ***Il paraît qu'****il y ait un orage ce soir.*
Herbert **sieht krank aus.**	*Herbert* ***a mauvaise mine.***

außerordentlich extraordinaire; prodigieux
äußerst extrême; dernier; *adv* extrêmement; **im ~en Fall** à la rigueur
außerstande *cf* **außer, Stand**
Äußerung *f Worte* propos *m/pl*; *von Gefühlen* manifestation *f*
aussetzen *Tier, Kind* abandonner; *Belohnung* offrir; *e-r Gefahr etc* exposer (à); *aufhören* s'arrêter; **etw auszusetzen haben** trouver à redire (**an** à); **sich ~** s'exposer (**e-r Sache** à qc)
Aussicht *f* vue *f*; *fig* perspective *f*, chance *f* (**auf** de); **in ~ haben** avoir en perspective *od* en vue
aussichts|los voué à l'échec, vain, sans espoir; **~reich** prometteur; **2turm** *m* belvédère *m*
Aussiedler *m* rapatrié *m*
aussitzen résoudre par l'expectative
aussöhn|en (**sich ~** se) réconcilier (**mit** avec); **2ung** *f* réconciliation *f*
aus|sondern retirer; **~spannen** *Pferd* dételer; *fig* F *Freundin* souffler, chiper (**j-m** à qn); *sich erholen* se détendre, se reposer
aussperr|en **j-n ~** fermer la porte à qn; *Arbeiter* lock-outer; **2ung** *f* lock-out *m*
aus|spielen *Karte* jouer; **j-n gegen j-n ~** se servir de qn contre qn; **~spionieren** espionner
Aussprache *f* prononciation *f*; *Gespräch* mise *f* au point, explication *f*
aussprechen prononcer; *ausdrücken* exprimer; **sich ~ für** (**gegen**) se prononcer *od* se déclarer pour (contre); **sich mit j-m ~** s'expliquer avec qn
Ausspruch *m* parole *f*, sentence *f*
Ausstand *m* grève *f*; **in den ~ treten** se mettre en grève
ausstatt|en équiper, pourvoir, doter (**mit** de); *Wohnung* installer, meubler; **2ung** *f* équipement *m*; *Wohnung* installation *f*, ameublement *m*; *comm Ware* présentation *f*; *Theater* décors *m/pl*
aus|stechen découper (à l'emporte-pièce); *Augen* crever; *fig* **j-n ~** supplanter *od* éclipser qn; **~stehen** supporter; **ich kann ihn nicht ~** je ne peux pas le supporter *od* souffrir
aussteig|en descendre (**aus** de); *fig* se retirer (**aus** de); *sozial* se marginaliser; **2er** *m* marginal *m*
ausstell|en exposer; *Waren a* étaler; *Pass etc* délivrer; *Scheck* faire (**auf j-n** sur qn); *Rechnung* établir; **2er** *m* exposant *m*; *Scheck* tireur *m*
Ausstellung *f* exposition *f*; *Pass etc* délivrance *f*; **~sraum** *m* salle *f* d'exposition; **~sstand** *m* stand *m*
aussterben s'éteindre, disparaître; **vom 2 bedroht sein** être menacé de disparition
Aussteuer *f* trousseau *m*; **2n** *Tonband etc* régler
Ausstieg *m* sortie *f*; **~ aus der Kernenergie** abandon *m* de l'énergie atomique
ausstopfen rembourrer; *Tiere* empailler
Ausstoß *m tech* éjection *f*; *Produktion* rendement *m*, débit *m*; **2en** *j-n* expulser (**aus** de); *Schrei* pousser; *Drohung* proférer; *tech* éjecter; *comm* produire, débiter
ausstrahl|en rayonner; *Wärme* répandre; *Radio* diffuser; **2ung** *f Radio* diffusion *f*; *e-s Menschen* rayonnement *m*
aus|strecken *Hand* tendre; *Arme, Beine* étendre, allonger; **~streichen** rayer, biffer, barrer; **~strömen** s'écouler; *Gas, Geruch* se dégager, s'échapper; **~suchen** choisir
Austausch *m* échange *m*; **2bar** interchangeable; **2en** échanger; **~schüler(in** *f*) *m* élève *m*, *f* d'échange; correspondant *m*, -e *f*
austeil|en distribuer; **2ung** *f* distribution *f*
Auster *zo f* huître *f*; **~nschale** *f* écaille *f* d'huître
austragen *Post* distribuer; *Wettkampf* disputer
Austral|ien *n* l'Australie *f*; **~ier(in** *f*) *m* Australien *m*, -ne *f*; **2isch** australien
aus|treiben expulser; *Teufel* exorciser; *fig* **j-m etw ~** faire passer qc à qn; **~treten** *aus Partei etc* quitter (qc), partir (de); *WC* aller aux toilettes; *Radioaktivität etc* s'échapper; **~trinken** vider, finir de boire
Austritt *m* départ *m*, démission *f*; *Radioaktivität* fuite *f*
austrocknen dessécher
ausüb|en exercer; *Sport* pratiquer; **2ung** *f* exercice *m*, pratique *f*
Ausverkauf *m* soldes *f/pl*; **2t** *Ware* épuisé; *Theater* **vor ~em Haus spielen** jouer devant une salle comble

Auswahl *f* choix *m*; sélection (*a Sport*)
auswählen choisir
Auswander|er *m* émigrant *m*; **≈n** émigrer; **~ung** *f* émigration *f*
auswärtig étranger; extérieur; ***das ≈e Amt*** le ministère des Affaires étrangères
auswärts en dehors, à l'extérieur; ***~ essen*** manger au restaurant; **≈sieg** *m Sport* victoire *f* à l'extérieur; **≈spiel** *n Sport* match *m* en déplacement
auswechsel|n remplacer (***gegen*** par), changer (contre); **≈spieler(in** *f*) *m Sport* remplaçant *m*, -e *f*; **≈ung** *f* remplacement *m*
Ausweg *m* issue *f*; **≈los** sans issue
ausweichen ***j-m*** (***e-r Sache***) **~** éviter qn (qc); *e-r Frage* éluder (qc); **~d** *Antwort* évasif
Ausweis *m* carte *f*; *Personal≈* carte *f* d'identité; **≈en** expulser; ***sich ~*** justifier de son identité, montrer ses papiers; **~papiere** *n/pl* pièces *f/pl* d'identité; **~ung** *f* expulsion *f*
ausweiten élargir; *fig* agrandir, développer; ***sich ~*** s'agrandir, se développer
auswendig par cœur; ***~ lernen*** (***können***) apprendre (savoir) par cœur
aus|werfen jeter (*a Anker*), lancer, rejeter; **~werten** exploiter; *Umfrage* dépouiller, analyser; **~wirken *sich ~*** se répercuter (***auf*** sur), avoir des conséquences; **~wischen** effacer
Auswuchs *m* excroissance *f*; *fig* excès *m*, abus *m*
auswuchten *tech* équilibrer
auszahlen payer, verser; *fig* ***sich ~*** être payant
auszählen compter; ***die Stimmen ~*** dépouiller le scrutin
Auszahlung *f* paiement *m*, versement *m*
auszeichn|en *j-n* distinguer; *mit Orden* décorer (***mit*** de); *Waren* étiqueter; ***sich ~*** se distinguer (***durch*** par); **≈ung** *f* distinction *f*; *Orden* décoration *f*
ausziehen *Kleidung* enlever, retirer, ôter; *Tisch* rallonger; *Antenne* sortir; *aus e-r Wohnung* déménager; ***sich ~*** se déshabiller
Auszubildende(r) *m, f* apprenti *m*, -e *f*
Auszug *m Buch* extrait *m*; *Konto* relevé *m*; *Wohnung* déménagement *m*
authentisch authentique
Auti|smus *m* autisme *m*; **≈stisch** autiste

Auto *n* voiture *f*, auto *f*; ***~ fahren*** faire de la voiture; *am Steuer* conduire; ***mit dem ~ fahren*** aller en voiture; ⚠ ***une*** auto; **~ausstellung** *f* Salon *m* de l'automobile; **~bahn** *f* autoroute *f*; **~bahngebühr** *f* péage *m*

rund ums Auto	
der Airbag	***l'airbag m***
der Auspuff	***le tuyau d'échappement***
der Blinker	***le clignotant***
blinken	***mettre le clignotant***
die Bremse	***le frein***
auf die Bremse treten	***appuyer sur le frein***
das Gaspedal	***l'accélérateur m***
Gas geben	***accélérer***
der (Sicherheits)Gurt	***la ceinture de sécurité***
den Gurt anlegen	***mettre la ceinture***
die Hupe	***le klaxon***
der Kofferraum	***le coffre***
der Kotflügel	***l'aile m***
die Kupplung	***l'embrayage m***
das Lenkrad	***le volant***
das Licht einschalten	***allumer ses phares***
die Motorhaube	***le capot***
das Rad	***la roue***
der Scheibenwischer	***l'essuie-glace m***
die Stoßstange	***le pare-chocs***
die Windschutzscheibe	***le pare-brise***

Autobiografie *f* autobiographie *f*
Auto|bombe *f* voiture *f* piégée; **~bus** *m* autobus *m*; *Reisebus* autocar *m*
Autodidakt *m* autodidacte *m*
Auto|fähre *f* car-ferry *m*; **~fahrer(in** *f*) *m* automobiliste *m*, *f*; **~friedhof** *m* cimetière *m* de voitures
Autogramm *n* autographe *m*; **~jäger** *m* chasseur *m* d'autographes
Auto|karte *f* carte *f* routière; **~kino** *n* cinéma *m* pour automobilistes, drive-in *m*; **~kolonne** *f* file *f* de voitures
Automat *m* distributeur *m* (automatique); **~ik** *f tech* dispositif *m* automatique; *auto* boîte *f* automatique; **~ikgurt** *m* ceinture *f* à enrouleur; **~ikschaltung** *f* boîte *f* automatique; **~ikwagen** *m* voiture *f* automatique; **~ion** *f* automation *f*; **≗isch** automatique
Automechaniker *m* mécanicien *m* automobile
Automobil *n* automobile *f*; **~industrie** *f* industrie *f* automobile
autonom autonome; **≗ie** *f* autonomie *f*
Autonummer *f* numéro *m* d'immatriculation
Autopsie *f* autopsie *f*
Autor(in *f*) *m* auteur *m*
Auto|radio *n* autoradio *m od f*; **~reifen** *m* pneu *m* de voiture; **~reisezug** *m* train *m* auto-couchettes; **~rennen** *n* course *f* automobile; **~reparaturwerkstatt** *f* garage *m*
autori|tär autoritaire; **≗tät** *f* autorité *f*
Auto|skooter *m* autos *f/pl* tamponneuses; **~telefon** *n* téléphone *m* de voiture; **~unfall** *m* accident *m* de voiture; **~vermietung** *f* location *f* de voitures; **~wrack** *n* carcasse *f* d'auto, épave *f*
avancieren monter en grade
Axt *f* hache *f*, cognée *f*
Azubi *m*, *f cf* ***Auszubildende(r)***

B

B *mus n* si *m* bémol
Baby *n* bébé *m*
Bach *m* ruisseau *m*
Backbord *mar n* bâbord *m*
Backe *f* joue *f*
backen (faire) cuire; *in der Pfanne* (faire) frire
Backen|bart *m* favoris *m/pl*; **~zahn** *m* molaire *f*
Bäcker|(in *f*) *m* boulanger *m*, -ère *f*; **~ei** *f* boulangerie *f*
Back|form *f* moule *m* à gâteaux; **~hendel** *östr n* poulet *m* rôti; **~obst** *n* fruits *m/pl* séchés; **~ofen** *m* four *m*; **~pflaume** *f* pruneau *m*; **~pulver** *n* levure *f* chimique
Backspacetaste *f* touche *f* de retour arrière
Back|stein *m* brique *f*; **~waren** *f/pl* produits *m/pl* de boulangerie; ***feine ~*** pâtisseries *f/pl*
Bad *n* bain *m*; *Badezimmer* salle *f* de bains; *Schwimm≗* piscine *f*; *Kurort* station *f* balnéaire *od* thermale; ***ein ~ nehmen*** prendre un bain
Bade|anstalt *f* établissement *m* de bains; **~anzug** *m* maillot *m* de bain; **~hose** *f* slip *m* de bain; **~kappe** *f* bonnet *m* de bain; **~mantel** *m* peignoir *m* de bain; **~meister** *m* maître-nageur *m*
baden baigner; **(*sich*) ~** se baigner; *in der Badewanne* prendre un bain
Baden-Württemberg *n* le Bade-Wurtemberg
Bade|ort *m* station *f* balnéaire, ville *f* d'eaux; **~saison** *f* saison *f* balnéaire; **~strand** *m* plage *f*; **~tuch** *n* serviette *f od* drap *m* de bain; **~wanne** *f* baignoire *f*, **~zimmer** *n* salle *f* de bains
baff F **~ *sein*** en rester baba
Bafög *n* bourse *f* d'études
Bagger *m* pelle *f* mécanique; *Schwimm≗* drague *f*
Bahn *f Eisen≗* chemin *m* de fer; *Weg* voie *f*; *Renn≗*, *Start≗* piste *f*; *Flug≗* trajectoire *f*; *Tapete* lé *m*, laisse *f*; ***mit der ~ fahren*** aller en train; **≗brechend** qui fait époque *od* date, révolutionnaire;

B

~damm *m* remblai *m*
bahnen *Weg* frayer; *fig* **e-r Sache den Weg ~** ouvrir la voie à qc
Bahn|fahrt *f* voyage *m* en train; **~hof** *m* gare *f*; **auf dem ~** à la gare; **~linie** *f* ligne *f* de chemin de fer; **~steig** *m* quai *m*; **~übergang** *m* passage *m* à niveau; **~verkehr** *m* trafic *m* ferroviaire
Bahre *f* civière *f*, brancard *m*
Bakterie *f* bactérie *f*, microbe *m*
balancieren (se) tenir en équilibre; ⚠ *nicht* **balancer**
bald bientôt; *fast* presque; **~** ... **~** ... tantôt ... tantôt ...; **~ darauf** peu après; **so ~ wie möglich** aussi tôt que possible, dès que possible
baldig prompt, prochain; **auf ein ~es Wiedersehen!** au plaisir de vous revoir bientôt!
Baldrian *bot m* valériane *f*
Balg[1] *m* Tierfell peau *f*
Balg[2] *n od m* F *Kind* moutard *m* P, marmot F *m*
balg|en sich ~ se bagarrer; **⁓erei** *f* bagarre *f*
Balkan der ~ les Balkans *m/pl*
Balken *m* poutre *f*
Balkon *m* balcon *m*
Ball *m* balle *f*; *größerer*, *Fuß⁓* ballon *m*; *Billard⁓* bille *f*; *Tanzfest* bal *m*
Ballade *f* ballade *f*
Ballast *m* lest *m*; *fig* poids *m* mort; **~stoffe** *m/pl* cellulose *f* végétale
Ballen *m comm* ballot *m*; *am Fuß* éminence *m* du gros orteil
Ballett *n* ballet *m*
Ballon *m* ballon *m*
Ballspiel *n* jeu *m* de balle
Ballungs|gebiet *n*, **~raum** *m*, **~zentrum** *n* agglomération *f*, conurbation *f*
Balsam *m* baume *m*
Baltikum das ~ les pays *m/pl* baltes
Bambus *bot m*, **~rohr** *n* bambou *m*
banal banal; **⁓ität** *f* banalité *f*
Banane *bot f* banane *f*; **~nrepublik** *f péj* république *f* bananière
Banause *m* esprit *m* borné, philistin *m*
Band[1] *n* ruban *m*, bande *f*; *Gelenk⁓* ligament *m*; *fig* lien *m*; **auf ~ aufnehmen** enregistrer (sur bande); **am laufenden ~** sans arrêt
Band[2] *m Buch* volume *m*; *e-s Werkes* tome *m*
Band[3] *f mus* groupe *m*

am Bahnhof – *à la gare*	
die Ankunft	***l'arrivée f***
die Abfahrt	***le départ***
der Schalter	***le guichet***
eine Fahrkarte	***un billet***
eine Rückfahrkarte	***un aller-retour***
die Gepäckaufbewahrung	***la consigne***
die Schließfächer	***la consigne automatique***
der Hochgeschwindigkeitszug	***le T.G.V.*** (*train à grande vitesse*)
der Schlafwagen	***le wagon-lit***
der Liegewagen	***le wagon-couchette***
jemanden am Bahnhof abholen	***aller chercher quelqu'un à la gare***
eine Fahrkarte kaufen	***acheter un billet***
auf den Zug warten	***attendre le train***
Der Zug ist pünktlich.	***Le train est à l'heure.***
Der Zug hat Verspätung.	***Le train est en retard.***
Sie müssen in Lyon umsteigen.	*Vous devez **changer de train** à Lyon.*
Der Zug fährt in den Bahnhof ein.	*Le train **entre en gare.***
Hält dieser Zug in Narbonne?	*Est-ce que ce train **s'arrête** à Narbonne?*

Bandag|e *f* bandage *m*; **≈ieren** bander, panser
Bandbreite *f Radio* largeur *f* de bande; *fig Gehälter* marge *f*; *Meinungen* éventail *m*
Bande *f* bande *f*; *Verbrecher* gang *m*
Bänderriss *méd m* rupture *f* des ligaments
bändigen dompter, maîtriser
Bandit *m* bandit *m*
Band|maß *n* mètre *m* à ruban; **~scheibe** *f* disque *m* intervertébral; **~scheibenschaden** *méd m* hernie *f* discale; **~wurm** *m* ver *m* solitaire
bang(e) anxieux; ***mir ist ~*** j'ai peur (***vor*** de); ***j-m ≈e machen*** faire peur à qn
Bank *f* **1.** banc *m*; *Zug, Auto* banquette *f*; *fig* ***durch die ~*** sans exception; ***etw auf die lange ~ schieben*** faire traîner qc en longueur; **2.** *comm* banque *f*; ***sein Geld auf die ~ bringen*** déposer son argent à la banque; **~angestellte(r)** *m, f* employé *m*, -e *f* de banque
Bankett *n* banquet *m*; *Straße* accotement *m*
Bankier *m* banquier *m*
Bank|konto *n* compte *m* en banque; **~leitzahl** *f* code *m* banque; **~note** *f* billet *m* de banque
Bankrott **1.** *m* faillite *f*, banqueroute *f*; ***~ machen*** faire faillite; **2.** ≈ *adj* en faillite
Bankverbindung *f* identité *f* bancaire
Bann *m hist* ban *m*, bannissement *m*; *Kirchen≈* anathème *m*; *fig* charme *m*, envoûtement *m*; **≈en** *Gefahr* conjurer; *fig* ***wie gebannt*** fasciné
Banner *n* bannière *f*
bar *nackt* nu; *ohne* dépourvu de; *comm* comptant; ***gegen*** *od* ***in ~*** au comptant; ***~ zahlen*** payer (au) comptant *od* en espèces
Bar *f Theke* bar *m*; *Nacht≈* cabaret *m*, boîte *f* de nuit; ⚠ ***le*** bar
Bär *zo m* ours *m*
Baracke *f* baraque *f*
Barbar *m* barbare *m*; **≈isch** barbare; *Mord* atroce; **~ei** *f* barbarie *f*
Bardame *f* barmaid *f*
Barde *m* barde *m*
barfuß pieds nus, nu-pieds
Bargeld *n* argent *m* liquide; **≈los** par virement *od* chèque
Bariton *mus m* baryton *m*
Barkeeper *m* barman *m*
barmherzig charitable, miséricordieux; **≈keit** *f* charité *f*, pitié *f*, miséricorde *f*
barock **1.** baroque; **2.** ≈ *m od n* (art *m*) baroque *m*
Barometer *n* baromètre *m*
Barren *m Metall* barre *f*; *Gold* lingot *m*; *Turngerät* barres *f/pl* parallèles
Barriere *f* barrière *f*
Barrikade *f* barricade *f*
barsch brusque
Barsch *zo m* perche *f*
Bart *m* barbe *f*; *an der Oberlippe* moustache *f*; *Schlüssel* panneton *m*; ⚠ ***la*** barbe
bärtig barbu
bartlos imberbe
Barzahlung *f* paiement *m* au comptant *od* en espèces
Base *f* **1.** *Kusine* cousine *f*; **2.** *chim* base *f*
Basel Bâle
basieren ***~ auf*** se baser sur
Basilika *f* basilique *f*
Basis *f* base *f*
Basken|land ***das ~*** le pays basque; **~mütze** *f* béret *m* (basque)
Basketball *Sport m* basket(-ball) *m*
Bass *mus m* basse *f*; **~schlüssel** *mus m* clé *f* de fa
Bassin *n* bassin *m*; *Schwimm≈* piscine *f*
Bast *m* raphia *m*
Bastard *m Mensch* bâtard *m*; *bot, zo* hybride *m*
bast|eln bricoler; **≈ler** *m* bricoleur *m*
Batik *m od f* batik *m*
Batist *m* batiste *f*; ⚠ ***la*** batiste
Batterie *f mil, auto* batterie *f*; *Taschenlampe etc* pile *f*
Bau *m* construction *f*; *Bauwerk, Bauwesen* bâtiment *m*; *größerer* édifice *m*; *Tier≈* terrier *m*; ***im ~ sein*** être en construction; **~arbeiten** *f/pl* travaux *m/pl*; **~arbeiter** *m* ouvrier *m* du bâtiment; **~art** *f* style *m* d'architecture; type *m od* mode *m* de construction
Bauch *m* ventre *m*, abdomen *m*; **~fell** *n* péritoine *m*; **~höhle** *f* cavité *f* abdominale; **≈ig** ventru; **~landung** *aviat f* crash *m*; **~muskeln** *m/pl* muscles *m/pl* abdominaux; **~nabel** *m* nombril *m*; **~redner** *m* ventriloque *m*; **~schmerzen** *m/pl*, **~weh** *n* mal *m* au ventre
bauen bâtir, construire; *nur tech* fabri-

quer, produire, faire; *fig* **auf j-n (etw) ~** compter sur qn (qc); F **gut gebaut sein** être bien bâti

Bäume – *les arbres* *m/pl*

Laubbäume	***arbres à feuilles caduques***
die Eiche	***le chêne***
die Buche	***le hêtre***
die Birke	***le bouleau***
die Weide	***le saule***
der Ahorn	***l'érable m***
die Pappel	***le peuplier***
die Linde	***le tilleul***
Nadelbäume	***conifères m/pl***
die Fichte	***l'épicéa m***
die Tanne	***le sapin***
die Kiefer	***le pin***
die Pinie	***le pin parasol***
die Lärche	***le mélèze***

⚠ Während die meisten Bäume im Deutschen weiblichen Geschlechts sind, werden die Bäume im Französischen mit dem Artikel ***le*** verwendet.

Bauer[1] *m* paysan *m*, fermier *m*; *Schach* pion *m*
Bauer[2] *n od m Vogelkäfig* cage *f*
Bäuer|in *f* paysanne *f*, fermière *f*; **ᘕlich** paysan, rustique
Bauern|fängerei *f* attrape-nigaud *m*; **~haus** *n*, **~hof** *m* ferme *f*; **~möbel** *n/pl* meubles *m/pl* rustiques
bau|fällig délabré; **ᘕfirma** *f* entreprise *f* de construction; **ᘕgenehmigung** *f* permis *m* de construire; **ᘕgerüst** *n* échafaudage *m*; **ᘕgewerbe** *n* industrie *f* du bâtiment; **ᘕherr** *m* propriétaire *m*; maître *m* d'œuvre; **ᘕholz** *n* bois *m* de construction; **ᘕingenieur** *m* ingénieur *m* du bâtiment et des travaux publics; **ᘕjahr** *n* année *f* de construction; *Auto* année *f* de fabrication; **ᘕkasten** *m* jeu *m* de construction; **ᘕkunst** *f* architecture *f*; **ᘕland** *n* terrain *m* à bâtir; **~lich** architectural, architectonique
Baum *m* arbre *m*
Bau|material *n* matériaux *m/pl* de construction; **~meister** *m* architecte *m*
baumeln pendiller; **mit den Beinen ~** balancer les jambes
Baum|schule *f* pépinière *f*; **~stamm** *m* tronc *m* d'arbre; **~sterben** *n* dépérissement *m* des arbres; **~stumpf** *m* souche *f*; **~wolle** *f* coton *m*; **ᘕwollen** de *od* en coton
Bau|plan *m* plan *m* de la construction; **~platz** *m* terrain *m* à bâtir
Bausch *m* tampon *m*; ***in ~ und Bogen*** en bloc; **ᘕig** bouffant
bauspar|en souscrire à l'épargne-logement; **ᘕer** *m* souscripteur *m* à l'épargne-logement; **ᘕkasse** *f* caisse *f* d'épargne-logement; **ᘕvertrag** *m* contrat *m* d'épargne-logement
Bau|stein *m* pierre *f* à bâtir; *Spielzeug* cube *m*; *EDV* puce *f*; **~stelle** *f* chantier *m*; **~unternehmer** *m* entrepreneur *m* de bâtiment; **~vorschriften** *f/pl* réglement *m* sur les constructions; **~werk** *n* édifice *m*, bâtiment *m*
Bauxit *m* bauxite *f*; ⚠ ***la*** bauxite
Bauzaun *m* clôture *f* de chantier
Bayer|(in *f*) *m* Bavarois *m*, -e *f*; **~n** *n* la Bavière
bayrisch bavarois
Bazillus *m* bacille *m*
beabsichtigen avoir l'intention *od* se proposer (***etw zu tun*** de faire qc); ***das war beabsichtigt*** c'était intentionnel *od* voulu
beacht|en faire attention à; *Vorschriften* observer; *Vorfahrt* respecter; **~lich** considérable, respectable, appréciable; **ᘕung** *f* prise *f* en considération; observation *f*; respect *m*; ***starke ~ finden*** susciter le plus vif intérêt
Beamt|e(r) *m*, **~in** *f* fonctionnaire *m*, *f*
beängstigend alarmant, inquiétant
beanspruchen *Recht* revendiquer; *Platz, Zeit* prendre; *j-n* occuper; *Nerven* fatiguer; *tech* soumettre à des efforts

beanstand|en réclamer contre, faire des objections à, trouver à redire à; **≈ung** *f* réclamation *f*
beantragen demander (officiellement)
beantwort|en *Frage* répondre à; **≈ung** *f* réponse *f* (à)
bearbeit|en travailler; *tech a* façonner, usiner; *Text, Thema* traiter; *Akten* étudier; *für TV etc* adapter; *mus* arranger; **≈ung** *f* travail *m*; *tech a* façonnage *m*; *für Theater, TV* adaptation *f*; arrangement *m*
beaufsichtig|en surveiller; **≈ung** *f* surveillance *f*
beauftrag|en charger (**mit** de); **≈te(r)** *m* délégué *m*
bebauen *Gelände* bâtir; *agr* cultiver
beben 1. trembler, frémir; **2.** ≈ *n Erd≈* tremblement *m* de terre
Becher *m* gobelet *m*
Becken *n* bassin *m* (*a des Körpers*); *mus* cymbale *f*
bedacht **~ auf** soucieux de; **~ sein auf** *a* veiller à
bedächtig *ruhig* posé; *besonnen* circonspect, réfléchi
bedanken **sich bei j-m für etw ~** remercier qn de *od* pour qc
Bedarf *m* besoin(s) *m(pl)* (**an** de); **bei ~** en cas de besoin; **nach ~** suivant les besoins; **~shaltestelle** *f* arrêt *m* facultatif
bedauer|lich regrettable; **~n** **j-n ~** plaindre qn; **etw ~** regretter *od* déplorer qc; **≈n** *n* regret *m* (**über** de); **~nswert** déplorable; *Person* à plaindre
bedeck|en couvrir (**mit** de); **~t** *Himmel* couvert
bedenk|en considérer, penser à; **≈en** *pl* doutes *m/pl*, scrupules *m/pl*; **~enlos** sans scrupules; **~lich** douteux, critique, dangereux
bedeut|en signifier, vouloir dire; **~end** important, considérable; **~sam** significatif
Bedeutung *f Sinn* signification *f*, sens *m*; *Wichtigkeit* importance *f*; **≈slos** insignifiant, sans importance; **~sunterschied** *ling m* différence *f* de sens; **≈svoll** d'une grande importance; (très) significatif; **~swandel** *ling m* changement *m* de sens
bedienen (**sich ~** se) servir; *Maschine* manier, commander
Bedienung *f* service *m*; *Kellnerin* serveuse *f*; **~sanleitung** *f* mode *m* d'emploi
beding|en *voraussetzen* impliquer, conditionner, nécessiter; *verursachen* causer, provoquer; **~t** conditionnel; *beschränkt* limité; *verursacht* causé (**durch** par); **≈theit** *f* relativité *f*, caractère *m* limité
Bedingung *f* condition *f*; **unter der ~, dass** ... à (la) condition que (+ *subj*); **≈slos** sans condition(s), inconditionnel; **~ssatz** *gr m* proposition *f* conditionnelle
bedrängen presser *od* harceler (**mit** de), talonner
bedroh|en menacer (**mit** de); **~lich** menaçant; **≈ung** *f* menace *f*
bedrück|en oppresser, accabler; **~end** déprimant; **~t** déprimé
Beduine *m* Bédouin *m*
Bedürfnis *n* besoin *m* (**nach** de); **≈anstalt** *f* W.-C. *m/pl* publics
bedürftig nécessiteux, indigent; **≈keit** *f* indigence *f*
Beefsteak *n* bifteck *m*
beeilen **sich ~** se dépêcher, se hâter
beein|drucken impressionner; **~flussen** influencer; **~trächtigen** faire tort à, porter préjudice *od* atteinte à
beend(ig)en finir, terminer
beengt **sich ~ fühlen** se sentir mal à l'aise; **~ wohnen** habiter à l'étroit
beerben **j-n ~** hériter de qn
beerdig|en enterrer; **≈ung** *f* enterrement *m*
Beere *bot f* baie *f*; *Wein≈* grain *m*
Beet *n* planche *f*, carré *m*; *schmales* plate-bande *f*
befähig|en qualifier (**für, zu** pour); **~t** qualifié; **≈ung** *f* qualification *f*
befahr|bar praticable; **~en 1.** passer sur, emprunter; *Buslinie* exploiter; **2.** *adj* **stark ~** très fréquenté
befallen *Fieber* saisir; *Krankheit* frapper; *Ungeziefer* attaquer
befangen *verlegen* gêné, embarrassé; *voreingenommen* partial; **≈heit** *f* embarras *m*; manque *m* d'objectivité
befassen **sich ~ mit** s'occuper de
Befehl *m* ordre *m*; *Befehlsgewalt* commandement *m*; *EDV* commande *f*; **≈en** ordonner, commander (**j-m etw** qc à qn); **~shaber** *m* commandant *m*;

B

~sverweigerung *f* refus *m* d'obéissance
befestig|en fixer, attacher (**an** à); *Mauer etc* consolider; *mil* fortifier; **2ung** *f* fixation *f*, attache *f*; *mil* fortification *f*
befeuchten humecter, mouiller
befinden 1. *sich* ~ se trouver; **2.** 2 *n* état *m* de santé
befolgen suivre; *Befehl* exécuter
beförder|n transporter, expédier; *im Rang* promouvoir (***j-n zum Direktor*** qn directeur); **2ung** *f* transport *m*; avancement *m*, promotion *f*
befragen interroger, questionner; *um Rat fragen* consulter
befrei|en libérer, délivrer (***aus***, ***von*** de); *freistellen* exempter, dispenser (***von*** de); ***sich*** ~ se libérer; *sich retten* se dégager (***aus*** de); **2er(in** *f*) *m* libérateur *m*, -trice *f*; **2ung** *f* libération *f*, délivrance *f*; exemption *f*, dispense *f* (***von*** de)
befreunden *sich mit etw* ~ se familiariser avec qc; ***mit j-m befreundet sein*** être ami avec qn, être lié avec qn
befriedig|en contenter, satisfaire; ***sich selbst*** ~ se masturber; **~end** satisfaisant; *Note* assez bien; **~t** satisfait, content (***über*** de); **2ung** *f* satisfaction *f*, contentement *m*
befristet à durée limitée
befrucht|en féconder; **2ung** *f* fécondation *f*; ***künstliche*** ~ insémination *f* artificielle
Befug|nis *f* autorisation *f*, droit *m*, compétence *f*; **2t** autorisé (***zu etw*** à faire qc)
befühlen toucher, tâter
Befund *m* constatation *f*; *méd* diagnostic *m*; ***ohne*** ~ résultat *m* négatif
befürcht|en craindre, redouter (***dass*** ... que ... ne + *subj*); **2ung** *f* crainte *f*, appréhension *f*
befürwort|en préconiser, appuyer; **2er(in** *f*) *m* partisan *m*, -e *f*
begab|t doué (***für*** pour); **2ung** *f* don *m*, talent(s *pl*) *m*
begeben *sich* ~ se rendre; ***sich zur Ruhe*** ~ aller se coucher; ***sich in Gefahr*** ~ s'exposer au danger; **2heit** *f* événement *m*
beg eg|nen *j-m* ~ rencontrer qn; **2nung** *f* rencontre *f*
begehen *Verbrechen*, *Irrtum* commettre; *Fehler* faire; *Fest* fêter, célébrer
begehr|en désirer, convoiter; **~enswert** désirable; **~t** convoité, désiré, populaire
begeister|n enthousiasmer; ***sich*** ~ s'enthousiasmer *od* se passionner (***für*** pour); **~t** enthousiaste, passionné; enthousiasmé (***von*** par); **2ung** *f* enthousiasme *m*
Begier|de *f* avidité *f*, désir *m*; **2ig** avide (***auf***, ***nach*** de)
begießen arroser (*a fig*)
Beginn *m* commencement *m*, début *m*; ***zu*** ~ au début, au commencement; **2en** commencer (***zu*** à; ***mit*** par), débuter
beglaubigen authentifier; *Abschrift* certifier conforme; *Unterschrift* légaliser
begleichen *Rechnung* régler
begleit|en accompagner (*a mus*); **2er(in** *f*) *m* compagnon *m*, compagne *f*; *e-r Gruppe* accompagnateur *m*, -trice *f*; **2ung** *f* accompagnement *m* (*a mus*); ***in*** ~ ***von*** en compagnie de
beglückwünschen féliciter (***zu*** de *od* pour)
begnadig|en gracier; **2ung** *f* grâce *f*
begnügen *sich mit etw* ~ se contenter de qc
begraben enterrer
Begräbnis *n* enterrement *m*
begreif|en comprendre, saisir, concevoir; **~lich** compréhensible; ***j-m etw*** ~ ***machen*** faire comprendre qc à qn
Begriff *m* notion *f*, concept *m*; ***im*** ~ ***sein***, ***etw zu tun*** être sur le point de faire qc; **~sbestimmung** *f* définition *f*
begründ|en *gründen* fonder; *Gründe angeben* justifier, motiver (***mit*** par); **~et** fondé; **2ung** *f* justification *f*
begrüß|en saluer, accueillir, souhaiter la bienvenue à; **2ung** *f* accueil *m*; salut *m*
begünstigen favoriser
begutachten donner son avis sur, expertiser; ~ ***lassen*** faire expertiser
behaart poilu; *Pflanze*, *Tier* velu
behäbig qui aime ses aises, pépère F, peinard F
behag|en *j-m* ~ plaire à qn, être au goût de qn; **2en** *n* plaisir *m*, bien-être *m*; **~lich** douillet, confortable; ***sich*** ~ ***fühlen*** se sentir à son aise
behalten garder, conserver; *im Gedächtnis* retenir
Behälter *m* récipient *m*, réservoir *m*

Begrüßung

einen Freund / eine Freundin begrüßen:

Grüß dich, Michel! Wie gehts?	***Bonjour Michel, ça va?***
Hallo Odette! Gehts dir gut?	***Salut Odette, en forme?***

jemanden begrüßen, mit dem man per Sie ist:

Guten Morgen/ Tag, Monsieur Durand!	***Bonjour, Monsieur!***
Guten Abend, Madame Mégret!	***Bonsoir, Madame!***

jemanden begrüßen, dessen Namen man nicht kennt:

Guten Tag!	***Bonjour, Monsieur / Madame!***

den Arzt begrüßen:

Guten Tag, Herr Doktor!	***Bonjour, docteur!***

behand|eln traiter; *méd a* soigner; ***schlecht ~*** maltraiter; **2lung** *f* traitement *m*; *méd a* soins *m/pl*
beharr|en persévérer, persister (***auf*** dans); **~lich** persévérant; *adv* avec persistance; **2lichkeit** *f* persévérance *f*
behaupt|en affirmer, soutenir, prétendre; ***sich ~*** se maintenir; **2ung** *f* affirmation *f*, assertion *f*
beheben *Schaden* réparer
beheizen chauffer
behelf|en ***sich ~*** se débrouiller (***mit*** avec); **~smäßig** provisoire
behelligen importuner
beherbergen loger, héberger
beherrsch|en régner sur, gouverner; *fig* maîtriser, dominer; ***sich ~*** se maîtriser, se dominer; ***e-e Sprache ~*** posséder une langue; **~t** contrôlé; **2ung** *f* domination *f*; ***die ~ verlieren*** ne plus pouvoir se contrôler
beherzigen prendre à cœur
behilflich ***j-m ~ sein*** aider qn (***bei etw*** à faire qc)
behinder|n gêner; **2te(r)** *m, f* handicapé *m*, -e *f*; **~tengerecht** adapté aux handicapés
Behörd|e *f* autorité *f*, administration *f*; **2lich** officiel
behüten garder; ***j-n vor etw ~*** préserver qn de qc
behutsam précautionneux, prudent
bei *Nähe* près de; *bei e-r Person* auprès de, chez; ***~ mir*** chez moi; ***~ sich haben*** avoir sur soi; ***beim Arzt*** chez le médecin; ***~ Racine*** chez *od* dans Racine; ***~ Tisch*** à table; ***~ Tag*** le *od* de jour; ***~ Nacht*** la *od* de nuit; ***~ der Ankunft*** à l'arrivée; ***~ Regen*** en cas de pluie; ***~ 100 Grad*** à 100 degrés; ***beim Reden*** en parlant; ***beim Schlafengehen*** en allant se coucher; ***j-n ~ seinem Namen rufen*** appeler qn par son nom
bei|behalten conserver, maintenir; **~bringen** *Beweise etc* fournir, administrer; *Niederlage* infliger; ***j-m etw ~ lehren*** apprendre *od* enseigner qc à qn
Beicht|e *f* confession *f*; **2en** se confesser; *seine Sünden* confesser; **~stuhl** *m* confessional *m*; **~vater** *m* confesseur *m*
beide les deux; ***alle ~*** tous (les) deux; ***einer von uns ~n*** un de nous deux; ***keiner von ~n*** ni l'un ni l'autre
beider|lei ***~ Geschlechts*** des deux sexes; **~seitig** des deux côtés; *gegenseitig* réciproque, mutuel
beieinander ensemble
Beifahrer *m Pkw* passager *m*; *Lkw* aide conducteur *m*; **~sitz** *m* place *f* à côté du conducteur
Beifall *m* applaudissements *m/pl*; *Zustimmung* approbation *f*; ***~ klatschen*** *od* ***spenden*** applaudir (***j-m*** qn)
beifügen joindre
beige beige
Bei|geschmack *m* goût *m* particulier, arrière-goût *m*; **~hilfe** *f Sozial2* allocation *f*; *jur* complicité *f* (***zum Mord*** de meurtre)

B

Beil *n* hache *f*, hachette *f*
Beilage *f Zeitung* supplément *m*; *Essen* garniture *f*
beiläufig en passant, incidemment
beileg|en *e-m Brief* joindre (à); *Streit* régler; **≈ung** *f* règlement *m*
Beileid *n* condoléances *f/pl*; ***j-m sein ~ aussprechen*** présenter ses condoléances à qn
beiliegend ci-joint, ci-inclus
beim *cf* ***bei***
bei|messen *Bedeutung etc* attribuer, attacher (***e-r Sache*** à qc)
Bein *n* jambe *f*; *Tier* patte *f*; *Tisch, Stuhl* pied *m*; *Knochen* os *m*
beinah(e) presque, à peu près; ***ich wäre ~ gefallen*** j'ai failli *od* j'ai manqué tomber
Beinbruch *m* fracture *f* de la jambe; *Sport* ***Hals- und ~!*** bonne chance!
beipflichten approuver (***j-m*** qn)
beisammen ensemble; **≈sein** *n* ***gemütliches ~*** réunion *f* amicale
Beisein *n* ***im ~ von*** en présence de
beiseite à part; ***Spaß ~!*** blague à part!; ***~ lassen*** laisser de côté; ***~ legen*** mettre de côté (*a Geld*)
beisetz|en enterrer; **≈ung** *f* enterrement *m*, funérailles *f/pl*
Beispiel *n* exemple *m*; ***zum ~*** (*abr* z.B.) par exemple (*abr* p. ex.); ***sich ein ~ nehmen an*** prendre exemple sur; **≈haft** exemplaire; **≈los** sans précédent; **≈sweise** par exemple
beiß|en mordre; *Rauch* piquer; *Farben* ***sich ~*** jurer; **~end** âcre; *fig Spott* mordant; **≈zange** *f* pince *f*
Bei|stand *m* assistance *f*, aide *f*; **≈stehen** ***j-m ~*** assister *od* aider qn
beisteuern contribuer (***zu*** à)
Beitrag *m* contribution *f*; *Mitglieds≈* cotisation *f*; **≈en** contribuer (***zu*** à)
bei|treten ***e-r Partei*** *etc* ~ adhérer à *od* entrer dans un parti *etc*; **≈tritt** *m* adhésion *f* (***zu*** à)
Beiwagen *m Motorrad* side-car *m*
Beize *f Holzfarbe* teinture *f*; *Farbentferner* décapant *m*; *Küche* marinade *f*
beizeiten à temps
bejahen répondre par l'affirmative (à); *gutheißen* approuver; **~d** affirmatif
bekämpf|en combattre; lutter contre; **≈ung** *f* lutte *f*; ***die ~ des Terrorismus*** la lutte contre le terrorisme
bekannt connu (***für*** pour); ***mit j-m ~ sein*** connaître qn; ***~ machen*** annoncer, faire connaître, publier; ***j-n mit j-m ~ machen*** présenter qn à qn; ***sich mit etw ~ machen*** se familiariser avec qc; ***~ geben*** publier, rendre public; ***es kommt mir ~ vor*** ça me rappelle qc; ***mir ist ~, dass*** ... je sais que ...; ***~ werden*** *Autor etc* se faire connaître
Bekannte(r) *m, f* (quelqu'un de ma) connaissance *f*
bekannt|lich comme on sait; **≈machung** *f* publication *f*; avis *m*; **≈schaft** *f* connaissance *f*
bekehren convertir (***zu*** à)
bekenn|en confesser, avouer; ***sich zu etw ~*** professer qc; ***sich zu j-m ~*** prendre parti pour qn; ***sich schuldig ~*** se reconnaître coupable; **≈erbrief** *m* lettre *f* de revendication; **≈tnis** *n* confession *f* (*a rel*)
beklagen déplorer; ***sich ~*** se plaindre (***über*** de)
bekleckern F tacher; ***sich ~*** se salir
bekleid|en (re)vêtir (***mit*** de); ***ein Amt ~*** occuper une fonction; **≈ung** *f* vêtements *m/pl*
Beklemmung *f* oppression *f*, serrement *m* de cœur
beklommen angoissé; **≈heit** *f* angoisse *f*
bekloppt F cinglé, timbré, toqué
bekommen recevoir; *oft* avoir; *erlangen* obtenir; *Krankheit* attraper; *Ärger* avoir; ***sie bekommt ein Kind*** elle va avoir un bébé; ***Hunger ~*** commencer à avoir faim; ***Sie ~ noch 5 Franc*** je vous dois encore cinq francs; ***j-m (gut) ~*** réussir à qn; *Essen* ***das bekommt mir nicht*** je ne supporte pas
bekömmlich digeste, sain
bekräftig|en confirmer; **≈ung** *f* confirmation *f*
bekümmert attristé, affligé
be|kunden manifester; **~lächeln** sourire de; **~laden** charger (***mit*** de)
Belag *m* enduit *m* (*a méd*), couche *f*, revêtement *m*; *Zahn* tartre *m*; *Brot, Kupplung* garniture *f*
Belager|er *mil m* assiégeant *m*; **≈n** assiéger; **~ung** *f* siège *m*; **~ungszustand** *m* état *m* de siège
Belang *m* ***von ~*** d'importance; **~e** *pl* intérêts *m/pl*; **≈en** *jur* (***gerichtlich***) ~

poursuivre (en justice); **≈los** sans importance, futile, insignifiant
belast|bar solide; *Mensch* endurant; **≈barkeit** *f* résistance *f*; **~en** charger (**mit** de; *a jur*); *mit Gift, Schadstoffen* polluer; *Konto* débiter; *Körper* surmener; *seelisch* **j-n ~** peser sur qn, accabler qn
belästig|en incommoder, importuner; **≈ung** *f* ennuis *m/pl*; *Störung* dérangement *m*; **sexuelle ~** harcèlement *m* sexuel

bekommen: *recevoir* oder *obtenir*?

Im Deutschen kann man alles Mögliche bekommen: einen Brief, einen Job, ein Stipendium. Die französische Entsprechung hängt von den Umständen ab, unter denen man etwas bekommen hat.

Musste man sich um das, was man bekommt, **bemühen,** so verwendet man ***obtenir***:

Sandrine hat eine neue Stelle bekommen.	***Sandrine a obtenu un nouvel emploi.*** (*sie musste sich bewerben*)
Alexandre ist froh, ein Stipendium bekommen zu haben.	***Alexandre est très content d'avoir obtenu une bourse d'études.*** (*Bewerbung, Antrag*)

Sind hingegen **keine nennenswerten Anstrengungen** nötig, um etwas zu bekommen, verwendet man ***recevoir***:

Davide hat einen Brief / ein Geschenk bekommen.	***Davide a reçu une lettre / un cadeau.*** (*keinerlei Anstrengungen nötig*)

Belastung *f* charge *f*; *fig* poids *m*; *seelische* stress *m*; *Konto* débit *m*; **erbliche ~** tare *f* héréditaire; **~szeuge** *m* témoin *m* à charge
belaufen **sich ~ auf** se monter *od* s'élever *od* se chiffrer à
belauschen épier
beleb|en (**sich ~** s')animer; **~t** *Straße* animé; *Szene* mouvementé
Beleg *m* pièce *f* justificative, document *m*; **≈en** *Platz* marquer; *reservieren* retenir; *Kurs* s'inscrire à; *beweisen* prouver, justifier de; *Brot* garnir; **den ersten Platz ~** occuper la première place; **~schaft** *f* personnel *m*
belegt *Zunge* chargé; *Stimme* voilé; *Hotel* complet; *Zimmer*, *tél* occupé; **~es Brot** sandwich *m*
belehr|en instruire (**über** sur); ***j-n e-s Besseren ~*** ouvrir les yeux à qn, détromper qn; **≈ung** *f* instruction *f*
beleidig|en *kränken* vexer, offenser; *beschimpfen* insulter, injurier; **~end** vexant, blessant, outrageant; **~t ~ sein** être vexé; **≈ung** *f* offense *f*; injure *f* (*a jur*), insulte *f*
belesen **~ sein** avoir des lettres
beleucht|en éclairer; *festlich* illuminer; **≈ung** *f* éclairage *m*; illumination *f*
Belgi|en *n* la Belgique; **~er(In** *f*) *m* Belge *m*, *f*; **≈sch** belge
belicht|en *Foto* exposer; **≈ung** *f* pose *m*, exposition *m*; **≈ungsmesser** *m* posemètre *m*
Belieben *n* **nach ~** à volonté, à votre gré, comme il (vous) plaira
beliebig quelconque, n'importe (le)quel; ***jeder ≈e*** n'importe qui; ***in ~er Reihenfolge*** dans n'importe quel ordre
beliebt aimé (**bei** par), populaire; ***sich bei j-m ~ machen*** se faire bien voir par qn; **≈heit** *f* popularité *f*
beliefern fournir *od* approvisionner (**mit** en)
bellen aboyer
belohn|en récompenser (**für** de *od* pour); **≈ung** *f* récompense *f*
belügen ***j-n ~*** mentir à qn; ***ich habe ihn (sie) belogen*** je lui ai menti
belustig|en (**sich ~** s')amuser, (se) di-

B

vertir; ≈ung f amusement m, divertissement m

be|malen peindre; **~mängeln** critiquer

bemannt *Raumfahrzeug* habité

bemerk|bar ***sich ~ machen*** se faire remarquer; *Sache* se faire sentir; **~en** remarquer (*a äußern*), apercevoir, s'apercevoir de; **~enswert** remarquable; **≈ung** f remarque f, observation f, réflexion f

bemitleiden ***j-n ~*** avoir pitié de qn, plaindre qn; **~swert** pitoyable, digne de pitié

bemüh|en ***sich ~*** s'efforcer (**zu** de), se donner du mal *od* de la peine; ***sich um j-n ~*** prendre soin de qn; ***sich um etw ~*** faire des efforts pour obtenir qc; ***~ Sie sich nicht!*** ne vous dérangez pas!; **≈ung** f effort m, peine f; ***ärztliche ~en*** soins m/pl médicaux

benachbart voisin

benachrichtig|en ***j-n von etw ~*** informer *od* avertir qn de qc; **≈ung** f information f, avertissement m

benachteilig|en ***j-n ~*** désavantager *od* défavoriser *od* léser qn, porter préjudice à qn; ***~t sich ~ fühlen*** se sentir lésé *od* frustré; **≈ung** f préjudice m; ***soziale ~*** discrimination f sociale

benehmen 1. ***sich ~*** se conduire, se comporter; **2. ≈** n conduite f, comportement m

beneiden ***j-n um etw ~*** envier qc à qn; **~swert** enviable

Beneluxländer *pl* ***die ~*** le Benelux, les pays m/pl du Benelux

benommen engourdi, hébété, abasourdi

benoten *Schule* noter

benötigen ***etw ~*** avoir besoin de qc

benutz|en, benützen utiliser, employer, se servir de; *Weg* emprunter; *Verkehrsmittel* prendre; ***die Gelegenheit ~*** profiter de l'occasion; **≈er** m utilisateur m; *Verkehrsmittel* usager m; *Wörterbuch* lecteur m; **~erfreundlich** *Gerät* pratique; *EDV* convivial; **≈erhandbuch** n manuel m; **≈eroberfläche** f interface f d'utilisateur; **≈ung** f utilisation f, emploi m, usage m

Benzin n essence f; *Auto* ***kein ~ mehr haben*** tomber en panne sèche; **~kanister** m bidon m d'essence, jerrycan m; **~motor** m moteur m à essence; **~uhr** f jauge f d'essence; **~verbrauch** m consommation f d'essence

beobacht|en observer; **≈er(in** *f*) m observateur m, -trice f; **≈ung** f observation f; *méd* surveillance f

bepflanzen ***etw ~*** planter qc (***mit etw*** en qc)

bequem commode, confortable; *Weg* facile; *Person* qui aime ses aises; ***es sich ~ machen*** se mettre à son aise; ***~en sich zu etw ~*** daigner faire qc; **≈lichkeit** f commodité f, confort m; *Trägheit* paresse f; ***alle ~en*** tout le confort

berat|en ***j-n ~*** conseiller qn; (***sich über***) ***etw ~*** délibérer sur qc; ***gut*** (***schlecht***) ***~ sein*** être bien (mal) avisé; **≈er** m conseiller m; **≈ung** f délibération f; *durch j-n* consultation f

berauschend enivrant; F ***nicht gerade ~*** pas formidable

berech|enbar calculable, prévisible; **~nen** calculer; ***j-m etw ~*** compter qc à qn; **~nend** *péj* calculateur; **≈nung** f calcul m (*a fig*)

berechtig|en autoriser (**zu** à), donner le droit (***j-n zu*** à qn de); **~t** autorisé (**zu** à); *begründet* justifié; **≈ung** f autorisation f, droit m; bien-fondé m

Bereich m domaine m, sphère f

bereicher|n (***sich ~*** s')enrichir; **≈ung** f enrichissement m

Bereifung f pneus m/pl

bereinigen *Sache* régler

bereisen *Land* parcourir; *als Vertreter* sillonner

bereit prêt (**zu** à); ***sich ~ erklären*** se déclarer prêt; **~en** *Sorge etc* causer; *Überraschung* ménager; *Essen* préparer; **~halten** tenir prêt

bereits déjà

Bereitschaft f disposition f (**zu** à); **~sdienst** m permanence f; *méd* service m de garde

bereitstellen préparer; mettre à la disposition (***für j-n*** de qn)

bereitwillig empressé; *adv* volontiers

Berg m montagne f; *fig* ***die Haare stehen einem zu ~e*** cela (vous) fait dresser les cheveux sur la tête; **≈ab** en descendant; *fig* ***es geht mit ihm ~*** sa santé décline; **~arbeiter** m mineur m; **≈auf** en montant; ***es geht wieder ~*** *comm* les affaires reprennent; *méd* ça va mieux;

~bahn *f* chemin de fer *m* de montagne; **~bau** *m* industrie *f* minière; **~besteigung** *f* ascension *f*; **~bewohner(in** *f*) *m* montagnard *m*, -e *f*
bergen sauver; *aus dem Wasser* repêcher; *Tote* dégager; *Sachen* récupérer
Berg|führer *m* guide *m* de (haute) montagne; **~gipfel** *m* sommet *m*; **~hütte** *f* refuge *m*
bergig montagneux
Berg|kette *f* chaîne *f* de montagnes; **~mann** *m* mineur *m*; **~predigt** *rel f* Sermon *m* sur la montagne; **~spitze** *f* sommet *m*, pic *m*; **~steiger(in** *f*) *m* alpiniste *m*, *f*; **~-und-Tal-Bahn** *f* montagnes *f/pl* russes
Bergung *f von Menschen* sauvetage *m*; *von Sachen* récupération *f*; *von Toten* dégagement *m*
Bericht *m* rapport *m*, compte rendu *m*; *erzählend* récit *m*; *Presse* reportage *m*; **2en** ***j-m etw*** *od* ***über etw ~*** rapporter qc à qn; ***von*** *od* ***über etw ~*** relater qc, faire le récit de qc; **~erstatter** *m* reporter *m*, correspondant *m*
berichtig|en rectifier, corriger; **2ung** *f* rectification *f*, correction *f*
Berlin Berlin
Berliner *m* Berlinois *m*; *cuis* beignet *m*
Bermuda|s *pl* ***die ~*** les Bermudes *f/pl*; **~shorts** *pl* bermuda *m*
Bern Berne
Bernstein *m* ambre *m* (jaune)
bersten crever, éclater (*fig* ***vor*** de)
berüchtigt *Ort* mal famé; *Verbrecher* notoire
berücksichtig|en prendre en considération, tenir compte de; **2ung** *f* prise *f* en considération
Beruf *m* profession *f*, métier *m*; ***von ~*** de son métier
berufen ***j-n zu etw ~*** appeler *od* nommer qn au poste de ...; ***sich ~ auf*** se réclamer de; *adj* ***sich zu etw ~ fühlen*** se sentir appelé à qc
beruflich professionnel; *adv* par sa profession
Berufs|ausbildung *f* formation *f* professionnelle; **~beratung** *f* orientation *f* professionnelle; **2bildend** ***~e Schule*** école *f* professionnelle; **~erfahrung** *f* expérience *f* professionnelle; **~kleidung** *f* vêtements *m/pl* professionnels; **~krankheit** *f* maladie *f* professionnelle; **~möglichkeiten** *f/pl* débouchés *m/pl*; **~schule** *f* école *f* professionnelle; **~soldat** *m* militaire *m* de carrière; **~sportler** *m* professionnel *m*; **2tätig** qui exerce une activité professionnelle; ***die 2en*** les travailleurs *m/pl*; **~verkehr** *m* heures *f/pl* de pointe *od* d'affluence
Berufung *f Ernennung* nomination *f*; *innere* vocation *f*; *jur* appel *m*; ***~ einlegen*** faire appel
beruhen ***~ auf*** reposer sur, être basé sur; ***die Sache auf sich ~ lassen*** laisser l'affaire où elle en est
beruhig|en (***sich ~*** se) calmer, (s')apaiser, (se) rassurer, (se) tranquilliser; **~end** rassurant; **~t** ***~ sein*** être rassuré *od* tranquille; **2ung** *f* apaisement *m*; **2ungsmittel** *n* calmant *m*, tranquillisant *m*, sédatif *m*
berühmt célèbre, renommé, fameux; **2heit** *f* célébrité *f* (*a Person*)
berühr|en toucher (*a fig*); *erwähnen* mentionner; **2ung** *f* contact *m*; ***in ~ kommen*** entrer en contact (***mit*** avec); **2ungsangst** *f* appréhension *f*
besänftigen apaiser, calmer
Besatzung *f aviat*, *mar* équipage *m*; **~smacht** *f* puissance *f* occupante
beschädig|en endommager, abîmer; **2ung** *f* endommagement *m*, dégradation *f*, détérioration *f*
beschaffen procurer, fournir; **2heit** *f* qualité *f*, nature *f*, état *m*
beschäftig|en occuper; *Arbeitskräfte* employer; *Gedanke* ***j-n ~*** préoccuper qn; ***sich ~ mit*** s'occuper de; **~t** occupé (***mit etw*** à faire qc); **2ung** *f* occupation *f*; *berufliche* emploi *m*
beschäm|end *schändlich* honteux; *demütigend* humiliant; **~t** honteux, confus; **2ung** *f* honte *f*
beschatten *Personen* surveiller, F filer; *Sport* marquer
beschaulich contemplatif, paisible
Bescheid *m* réponse *f*; ***j-m ~ geben*** *od* ***sagen*** informer *od* aviser qn; ***~ wissen*** être au courant (***über*** de); ***abschlägiger ~*** refus *m*
bescheiden modeste; **2heit** *f* modestie *f*
bescheinig|en certifier, attester; ***hiermit wird bescheinigt, dass*** ... par la

B

présente, il est certifié que ...; **ᘔung** *f* certificat *m*, attestation *f*
bescheißen P ***j-n*** **~** F rouler qn; ***beschissen werden*** se faire rouler
beschenken ***j-n*** **~** faire un cadeau à qn; ***j-n mit etw*** **~** faire cadeau *od* présent de qc à qn
Bescherung *f* distribution *f* des cadeaux *m/pl*; *fig* F ***da haben wir die ~!*** nous voilà dans de beaux draps!
beschießen bombarder, tirer sur
beschimpf|en insulter, injurier; **ᘔung** *f* insulte *f*, injure *f*
Beschiss F tromperie *f*; ***das ist ~!*** c'est du vol!
beschissen P emmerdant
Beschlag *m* ferrure *f*; ***in ~ nehmen*** accaparer; **ᘔen** *Pferd* ferrer; *Glas* (***sich***) **~** se couvrir de buée; ***in etw ~ sein*** être fort en qc, être versé dans qc, être ferré sur qc; **ᘔnahmen** saisir, confisquer, réquisitionner
beschleunig|en accélérer; **ᘔung** *f* accélération *f*
beschließen décider, résoudre (***zu*** de); *beenden* terminer
Beschluss *m* résolution *f*, décision *f*; ***e-n ~ fassen*** prendre une résolution; **ᘔfähig** qui atteint le quorum
be|schmieren barbouiller (***mit*** de); **~schmutzen** (***sich*** **~** se) salir *od* souiller
beschneid|en rogner (*a fig*); *rel* circoncire; **ᘔung** *rel f* circoncision *f*
beschönig|en embellir, enjoliver; **ᘔung** *f* embellissement *m*; euphémisme *m*
beschränken limiter (***auf*** à), borner, restreindre; ***sich ~ auf*** se borner *od* se limiter à
beschrankt *Bahnübergang* gardé
beschränk|t limité; *geistig* borné, étroit; **ᘔtheit** *f* étroitesse *f* (d'esprit); **ᘔung** *f* limitation *f*, restriction *f*
beschreib|en décrire; *Papier* écrire sur; **ᘔung** *f* description *f*
beschuldig|en accuser, *jur* inculper (***j-n e-r Sache*** qn de qc); **ᘔung** *f* accusation *f*
beschütz|en protéger (***vor*** de *od* contre); **ᘔer(in** *f*) *m* protecteur *m*, -trice *f*
Beschwerde *f* réclamation *f*, plainte *f*; **~n** *pl méd* douleur *f*, troubles *m/pl*
beschwer|en charger; ***sich ~*** se plaindre (***über*** de; ***bei j-m*** à qn); **~lich** fatigant, pénible
be|schwichtigen apaiser, calmer; **~schwindeln** tromper, duper
beschwipst F gris, éméché
beschwören affirmer par serment, jurer; *anflehen* conjurer; *Geister* évoquer; *bannen* conjurer
beseitig|en supprimer, faire disparaître, enlever, écarter, éloigner; *umbringen* liquider, éliminer; **ᘔung** *f* suppression *f*, enlèvement *m*, élimination *f*
Besen *m* balai *m*; **~stiel** *m* manche *m* à balai
besessen obsédé (***von*** par), maniaque; *vom Teufel* possédé; ***wie ~*** comme fou
besetz|en occuper; *Kleid* garnir (***mit*** de); **~t** occupé (*a tél*); *Bus, Zug* complet; ***~es Gebiet*** territoire occupé; **ᘔung** *f mil* occupation *f*; *Theater, Film* distribution *f*
besichtig|en visiter, aller voir; **ᘔung** *f* visite *f*
besiedelt ***dicht*** (***dünn***) **~** ***sein*** avoir une population dense (clairsemée)
besiegen vaincre
besinn|en ***sich ~*** réfléchir; ***sich auf etw ~*** se rappeler qc; ***sich anders ~*** se raviser; **ᘔung** *f* connaissance *f*; ***die ~ verlieren*** perdre connaissance; *fig* ***zur ~ kommen*** revenir à la raison; **~ungslos** sans connaissance
Besitz *m* possession *f*; *Eigentum* propriété *f*; ***~ ergreifen von, in ~ nehmen*** prendre possession de; **ᘔen** posséder, avoir; **~er(in** *f*) *m* possesseur *m*; *Inhaber* détenteur *m*, -trice *f*; *Eigentümer* propriétaire *m, f*; ***den ~ wechseln*** changer de propriétaire
besonder|e spécial, particulier, exceptionnel; ***etwas ᘔs*** quelque chose d'exceptionnel; ***nichts ᘔs*** rien d'extraordinaire; ***im ᘔn*** en particulier; **ᘔheit** *f* particularité *f*; **~s** spécialement, particulièrement, en particulier, surtout
besonnen réfléchi, pondéré, circonspect; **ᘔheit** *f* réflexion *f*, circonspection *f*
besorg|en *beschaffen* procurer; *sich kümmern* s'occuper de; **ᘔnis** *f* crainte *f*, inquiétude *f*; ***~ erregend*** inquiétant; **~t** inquiet; **ᘔung** *f* ***~en machen*** faire des courses *od* des commissions *od* des emplettes
bespielen *Tonband etc* enregistrer
besprech|en ***etw ~*** discuter qc; ***sich***

mit j-m ~ conférer avec qn (***über etw*** de qc); ***ein Buch*** ~ faire la critique d'un livre; **&ung** *f* discussion *f*, conférence *f*; *Zeitungskritik* compte rendu *m*, critique *f*

besser meilleur; *adv* mieux; ***es geht ihm*** ~ il va mieux; ~ ***gesagt*** ou mieux; ~ ***werden*** s'améliorer; ***es ist*** ~ il vaut mieux *od* mieux vaut (***zu schweigen als*** ... se taire que de ...); ***immer*** ~ de mieux en mieux; ***um so*** ~ tant mieux

besser|n ***sich*** ~ s'améliorer; *Wetter a* se remettre au beau; *Person* s'amender; **&ung** *f* amélioration *f*; *méd* rétablissement *m*; ***gute*** **~*!*** bon rétablissement!

Bestand *m* (*Fort*)*Bestehen* existence *f*, durée *f*, continuité *f*; *Tier&* population *f*; *Personal* effectif *m*; *Vorrat* stock *m*; *Kasse* encaisse *f*; ~ ***haben*** durer, persister

beständig constant; durable, persistant; continuel, perpétuel; stable (*a Wetter*); **&keit** *f* constance *f*; durée *f*; stabilité *f*

Bestand|saufnahme *f* inventaire *m*; **~teil** *m* partie *f* intégrante, composante *f*, élément *m*

bestärken ***j-n in etw*** ~ renforcer qn dans qc

bestätig|en confirmer; *Brief* accuser réception de; ***sich*** ~ se confirmer, se vérifier; **&ung** *f* confirmation *f*

bestatt|en inhumer; **&ung** *f* inhumation *f*; **&ungsinstitut** *n* pompes *f*/*pl* funèbres

beste meilleur; ***am*** **~*n*** le mieux; ***sein*** **~*r*** ***Freund*** son meilleur ami; ***der erste*** & le premier venu; ***er ist der*** & ***in seiner Klasse*** il est le meilleur *od* à la tête de sa classe; ***das*** & le meilleur; ***sein*** **&*s*** ***tun*** faire de son mieux; ***es ist das*** & *od* ***am*** **~*n*, *zu*** ... le mieux est de ...; ***j-n zum*** **&*n*** ***haben*** se moquer de qn; ***aufs*** & pour le mieux, au mieux

bestech|en corrompre, acheter; *fig* séduire; **~lich** corruptible; **&ung** *f* corruption *f*; **&ungsgelder** *n*/*pl* pot-de--vin *m*

Besteck *n* couvert *m*

bestehen **1.** *Prüfung* réussir; *Kampf* soutenir (avec succès); *existieren* exister; ***auf etw*** ~ insister sur qc; ***darauf*** ~ ***zu*** ... insister pour ...; ~ ***aus*** se composer de; ***darin*** ~ ***zu*** ... consister à ...; **2.** & *n* existence *f*

bestehlen voler (***j-n*** qn)

bestell|en *Waren* commander; *Zimmer* retenir, faire réserver; *Grüße* transmettre; *Feld* cultiver; ***j-n*** ~ faire venir qn; **&ung** *f* commande *f*; *comm* ordre *m*

besten|falls (en mettant les choses) au mieux; **~s** pour le mieux

Bestie *f* bête *f* féroce

bestimmen *festlegen* déterminer, fixer; *anordnen* arrêter, décider; ~ ***über*** décider *od* disposer de; ***für*** *od* ***zu etw*** ~ destiner à qc; ***j-n*** ~ désigner qn (***für*** *od* ***zu*** pour); ***j-n*** ~, ***etw zu tun*** décider qn à faire qc; ***zu*** ~ ***haben*** commander, décider

bestimmt *feststehend* déterminé; *entschieden* décidé, résolu, ferme; *adv sicher* certainement, sûrement; ***in*** **~*en Fällen*** dans certains cas; *gr* **~*er Artikel*** article *m* défini; **&heit** *f Entschlossenheit* détermination *f*, fermeté *f*; *Gewissheit* certitude *f*

Bestimmung *f Vorschrift* disposition *f*, règlement *m*, *Festlegung* détermination *f*, définition *f*; *Zweck&* destination *f*; *Schicksal* destinée *f*; **~sort** *m* destination *f*

Best|leistung *f* record *m*; **&möglich** ***der*** **~*e*** ... le meilleur ... possible

bestraf|en punir; **&ung** *f* punition *f*

bestrahl|en irradier (*a méd*); **&ung** *f* irradiation *f*; *méd a* séance *f* de rayons

bestreichen enduire (***mit*** de); *Brot* tartiner; ***mit Butter*** ~ beurrer

be|streiten contester; *Kosten* subvenir à; **~streuen** ***mit etw*** ~ répandre qc sur; *cuis* saupoudrer de qc

Bestseller *m* best-seller *m*

bestürmen ***j-n mit Fragen*** ~ assaillir, presser qn de questions

bestürz|t consterné (***über*** de), interdit; **&ung** *f* consternation *f*

Besuch *m* visite *f*; *Schule* fréquentation *f*; ~ ***haben*** avoir de la visite; ***bei j-m zu*** ~ ***sein*** être en visite chez qn; **&en** *hingehen* aller voir; *herkommen* venir voir; *förmlich* rendre visite à; *Schule* fréquenter; *Kurs* suivre; *Museum, Stadt* visiter; **~er(in** *f*) *m* visiteur *m*, -euse *f*; **~szeit** *f* heures *f*/*pl* de visite

besucht ***gut*** ~ couru, fréquenté; ***schlecht*** ~ peu fréquenté

Betablocker *m* bêta-bloquant *m*

B

betätig|en *Hebel* actionner; ***sich** ~* s'occuper; ***sich bei etw** ~* prendre part à qc; ***sich politisch** ~* avoir une activité politique; **≈ung** *f* activité *f*; *tech* actionnement *m*
betäub|en étourdir; *durch Lärm* abasourdir, assourdir; *méd* anesthésier; **≈ung** *f* étourdissement *m*; *méd* anesthésie *f*; **≈ungsmittel** *méd n* anesthésique *m*, narcotique *m*
Bete *bot f* ***Rote** ~* betterave *f* rouge
beteilig|en ***j-n** ~* faire participer qn (***an*** à); ***sich** ~ **an** od **bei*** participer *od* prendre part à; **~t** concerné, intéressé; ***~ sein an*** *Unfall, Verbrechen* être concerné par; *Unternehmen* être intéressé dans; **≈ung** *f* participation *f*
beten prier; ***zu Gott** ~* prier Dieu
beteuern *Unschuld etc* protester de
Beton *m* béton *m*
beton|en accentuer (*a fig*); **≈ung** *f* accentuation *f*
betonieren bétonner
Betracht *m **in** ~ **ziehen*** prendre en considération *f*; (***nicht***) ***in** ~ **kommen*** (ne pas) entrer en ligne de compte; **≈en** regarder, contempler; ***~ als*** considérer comme; **~ung** *f* contemplation *f*; *Erwägung* considération *f*; ***bei näherer** ~* en y regardant de plus près
beträchtlich considérable
Betrag *m* montant *m*, somme *f*
betragen 1. *Summe* s'élever à, se monter à; *Geschwindigkeit* être de l'ordre de; ***sich** ~* se conduire, se comporter; **2.** **≈** *n* conduite *f*, comportement *m*
betreffen concerner; ***was ... betrifft*** en ce qui concerne ...; ***was mich betrifft*** quant à moi; *Briefkopf* ***betrifft*** (*abr* betr.) objet; **~d** concerné, en question
betreiben *Gewerbe* exercer; *Studien* faire, poursuivre; *Sport* pratiquer
betreten 1. mettre le pied sur *od* dans; *Raum* entrer dans; *Rasen* marcher sur; **2.** *adj* embarrassé, confus
betreu|en s'occuper de, prendre *od* avoir soin de; **≈er** *m Sport* soigneur *m*; *Reisegruppe* accompagnateur *m*; *Ferienlager* moniteur *m*
Betrieb *m Unternehmen* entreprise *f*; *agr* exploitation *f*; *e-r Maschine* marche *f*, fonctionnement *m*; *Treiben* animation *f*, activité *f*; ***in** ~ **sein*** être en marche *od* en service; ***in** ~ **setzen*** mettre en marche; ***außer** ~* hors service; ***im Geschäft war viel** ~* il régnait une grande activité dans le magasin; **≈sam** actif
Betriebs|anleitung *f* mode *m* d'emploi; **~ferien** *pl* congés *m/pl* annuels; **~klima** *n* ambiance *f* de l'entreprise; **~kosten** *pl* frais *m/pl* d'exploitation; **~leiter** *m* chef *m* d'entreprise; **~leitung** *f* direction *f*, management *m*; **~rat** *m* comité *m* d'entreprise; **~ratsmitglied** *n* délégué *m* du personnel; **~störung** *f* panne *f od* incident *m* technique; **~system** *EDV n* système *m* d'exploitation; **~wirtschaft** *f* gestion *f* des entreprises
betrinken ***sich** ~* s'enivrer, se soûler
betroffen bouleversé, consterné; ***sich** ~ **fühlen*** se sentir concerné
betrübt triste, affligé
Betrug *m* escroquerie *f*, fraude *f*
betrüg|en tromper, duper (***j-n*** qn), tricher, frauder; **≈er(in** *f*) *m* escroc *m*, fraudeur *m*, -euse *f*; **~erisch** frauduleux; *Person* malhonnête
betrunken ivre, soûl
Bett *n* lit *m*; ***das** ~ **hüten*** garder le lit; ***zu** ~ **gehen*** (aller) se coucher; **~decke** *f* couverture *f* de lit; *Tagesdecke* dessus *m* de lit
betteln mendier (***um etw*** qc)
bett|lägerig alité; **≈laken** *n* drap *m* (de lit)
Bettler(in *f*) *m* mendiant *m*, -e *f*
Bett|ruhe *f* ***~ verordnen*** prescrire un repos complet; **~vorleger** *m* descente *f* de lit; **~wäsche** *f*, **~zeug** *n* draps *m/pl*, literie *f*
betucht F riche
beug|en plier, fléchir, courber; *gr* décliner; *Verb* conjuguer; ***sich** ~* se pencher; *fig* se soumettre (à)
Beule *f* bosse *f*
beunruhigen (***sich** ~* s')inquiéter
beurlauben donner un congé à; *Beamten* suspendre de ses fonctions, mettre en disponibilité
beurteil|en juger de, apprécier; **≈ung** *f* jugement *m*, appréciation *f*
Beute *f* butin *m*; *e-s Tieres* proie *f*
Beutel *m* sac *m*; *Geld≈* bourse *f*; *Känguru* poche *f*; **~chen** *n* sachet *m*
bevölker|n (***sich** ~* se) peupler (***mit*** de); **~t dicht** (***schwach***) ~ à population dense (faible); **≈ung** *f* population *f*;

≈ungsexplosion *f* poussée *f* démographique
bevollmächtig|en autoriser, donner mandat *od* procuration à; **≈te(r)** *m* mandataire *m*
bevor avant que (+ *subj*); avant de (+ *inf*); **~munden** tenir en tutelle; **~stehen** être proche; ***unmittelbar ~*** être imminent
bevorzug|en préférer, favoriser; **~t** préféré, favori; ***j-n ~ behandeln*** accorder un traitement de faveur à qn; **≈ung** *f* préférence *f* (pour)
bewach|en garder, surveiller; **≈ung** *f* garde *f*, surveillance *f*
bewaffn|en (***sich ~*** s')armer (***mit*** de); **≈ung** *f* armement *m*
bewahren garder; ***j-n ~ vor*** préserver qn de
bewähren *sich ~* faire ses preuves
bewähr|t éprouvé; **≈ung** *f jur* ***mit ~*** avec sursis
bewältigen *Arbeit* venir à bout de; *Enttäuschung* surmonter; *Strecke* parcourir; *Vergangenheit* assumer
bewandert *~ sein in* être fort *od* F calé en *od* versé dans
beweg|en remuer, bouger; ***j-n ~ rühren*** émouvoir, toucher qn; ***j-n zu etw ~*** engager *od* déterminer qn à qc; ***sich ~*** bouger, remuer; **≈grund** *m* mobile *m*, motif *m*; **~lich** mobile; *geistig* vif; **≈lichkeit** *f* mobilité *f*
beweg|t *Leben* mouvementé, agité (*a Meer*); *gerührt* ému; **≈ung** *f* mouvement *m*; *körperliche* exercice *m*; *Rührung* émotion *f*; ***etw kommt in ~*** il y a du mouvement dans qc; ***in ~ setzen*** mettre en mouvement *od* en marche; **~ungslos** immobile
Beweis *m* preuve *f*; *wissenschaftlicher* démonstration *f*; **≈en** prouver; *Lehrsatz* démontrer; *Eifer etc* faire preuve de; **~führung** *f* argumentation *f*, démonstration *f*; **~stück** *jur n* pièce *f* à conviction
bewenden *es bei etw ~ lassen* s'en tenir à qc
bewerb|en *sich ~ um* poser sa candidature à; ***sich um e-e Stelle ~ a*** solliciter, postuler un emploi; **≈er(in *f*)** *m* candidat *m*, -e *f* (***um*** à); postulant *m*, -e *f*; **≈ung** *f* candidature *f*; **≈ungsschreiben** *n* lettre *f* de candidature; **≈ungsunterlagen** *f/pl* dossier *m* de candidature
bewert|en évaluer; ***e-e Klassenarbeit ~*** noter une composition; **≈ung** *f* évaluation *f*; *Schule*, *Sport* note *f*, points *m/pl*
bewilligen accorder, octroyer; *Rechte* concéder
bewirken produire, provoquer
bewirt|en régaler; **~schaften** exploiter, administrer; **≈ung** *f* hospitalité *f*, accueil *m*, service *m*
bewohn|bar habitable; **~en** habiter; **≈er(in *f*)** *m* habitant *m*, -e *f*; *Haus*, *Wohnung* occupant *m*, -e *f*
bewölk|t nuageux; **≈ung** *f* nuages *m/pl*
Bewunder|er *m*, **~in** *f* admirateur *m*, -trice *f*; **≈n** admirer; **≈nswert** admirable; **~ung** *f* admiration *f*
bewusst conscient; *absichtlich* voulu, intentionnel; *fraglich* en question; ***j-m etw ~ machen*** faire comprendre qc à qn; ***sich etw ~ machen*** se rendre compte de qc; ***sich e-r Sache ~ sein*** être conscient *od* avoir conscience de qc; ***sich e-r Sache ~ werden*** prendre conscience de qc, se rendre compte de qc; **~los** sans connaissance; ***~ werden*** perdre connaissance; **≈losigkeit** *f* évanouissement *m*; **≈sein** *n* conscience *f*; *Besinnung* connaissance *f*; ***das ~ verlieren*** (**wiedererlangen**) perdre (reprendre) connaissance; **~seinsverändernd** *Droge* modifiant le champ de conscience
bezahl|en payer; **~t *sich ~ machen*** rapporter, être payant; **≈ung** *f* paiement *m*
bezaubernd charmant, ravissant
bezeichn|en *Weg etc* marquer; *benennen* désigner; ***~ als*** qualifier de; **~end** significatif, caractéristique (***für*** de); **≈ung** *f* désignation *f*, qualification *f*; *genaue* spécification *f*
bezeugen témoigner (***etw*** de qc), attester
bezieh|en *Haus*, *Wohnung* aller occuper, s'installer dans; *Waren* acheter, faire venir; *Zeitung* être abonné à; *Gehalt*, *Rente* toucher; ***~ auf*** rapporter à; ***sich ~ auf*** se rapporter à, se référer à, avoir trait à; *Himmel* ***sich ~*** se couvrir; ***die Betten ~*** mettre des draps; **≈ung** *f* rapport *m*, relation *f*; ***~en haben*** avoir du piston F; ***in ~ zu etw stehen*** être en

B

rapport avec qc; **~en zu j-m aufnehmen** entrer en relations avec qn; **in dieser ~** à cet égard; **in gewisser ~** à certains égards; **2ungskiste** F *f* histoires *f/pl* de cœur; **~ungsweise** respectivement; ou plutôt

Bezirk *m* district *m*; *Stadt2* quartier *m*

Bezug *m Überzug* enveloppe *f*; *Bett* draps *m/pl*; *Waren* achat *m*; *Zeitung* abonnement *m*; *Beziehung* rapport *m* (**zu** avec); **Bezüge** *pl Gehalt* appointements *m/pl*; **in ~ auf** par rapport à, relativement à, concernant; **~ nehmen auf** se référer à

Bezugnahme *f* référence *f*; **unter ~ auf** (en) nous référant à

Bezugsperson *psych f* personne *f* de référence

be|zwecken avoir pour but; **~zweifeln** douter de

BH *m* soutien-gorge *m*

Bibel *f* Bible *f*; *als Buch* bible *f* (*a fig*)

Biber *zo m* castor *m*

Bibliothek *f* bibliothèque *f*; **~ar(in** *f*) *m* bibliothécaire *m, f*

biblisch biblique; **~e Geschichte** histoire sainte

bieder brave, honnête; **2keit** *f* honnêteté *f*, bonhomie *f*

bieg|en plier, courber; **um die Ecke ~** tourner le coin de la rue; **~sam** pliable, flexible, souple; **2samkeit** *f* flexibilité *f*; **2ung** *f* courbure *f*, coude *m*; *Straße* tournant *m*

Biene *f* abeille *f*

Bienen|königin *f* reine *f*; **~stock** *m* ruche *f*; **~zucht** *f* apiculture *f*

Bier *n* bière *f*; **helles** (**dunkles**) **~** bière blonde (brune); ⚠ **la** bière; **~brauer** *m* brasseur *m*; **~deckel** *m* dessous *m* de bock; **~krug** *m* chope *f*

Biest *n fig* F peau *f* de vache; **kleines ~** petite peste *f*

bieten offrir; **sich ~** se présenter; **sich etw nicht ~ lassen** ne pas se laisser marcher sur les pieds

Bikini *m* bikini *m*

Bilanz *f* bilan *m*; *Handels2* balance *f*; *fig* **die ~ ziehen aus** faire le bilan de

Bild *n* image *f*; *Gemälde* tableau *m*; *Foto* photo *f*; **sich ein ~ machen von** se faire une idée de; **im ~e sein** être au courant (**über** de); **~berichterstatter** *m* reporter-photographe *m*, photo-reporter *m*

bilden former; *ausmachen* constituer; **sich ~** se former; *geistig a* se cultiver, s'instruire; **~d** éducatif, instructif; **~e Kunst** arts *m/pl* plastiques

Bilder|buch *n* livre *m* d'images; **~galerie** *f* galerie *f* de tableaux; **~rahmen** *m* cadre *m*; **~rätsel** *n* rébus *m*; **~stürmer** *m* iconoclaste *m*

Bild|fläche *f fig* **auf der ~ erscheinen** faire son apparition; **von der ~ verschwinden** s'éclipser, disparaître de la circulation; **~hauer** *m* sculpteur *m*; **2lich** *figurativ* figuratif; *übertragen* figuré, métaphorique; **~nis** *n* portrait *m*; **~platte** *f* vidéodisque *m*; **~röhre** *TV f* tube *m* cathodique; **~schirm** *m* écran *m*; **~schirmarbeitsplatz** *m* poste *m* de travail; **~schirmschoner** *m* économiseur *m* d'écran; **~schirmtext** *m* minitel *m*; **2schön** ravissant, magnifique; **~störung** *TV f* coupure *f*; **~telefon** *n* vidéophone *m*

Bildung *f* formation *f*; *geistige a* culture *f*; *Schul2* éducation *f*, instruction *f*; **humanistische ~** formation *f* classique; **~slücke** *f* lacune *f*; **~sreform** *f* réforme *f* de l'enseignement; **~surlaub** *m* congé-formation *m*; **~sweg** *m* formation *f*; **auf dem zweiten ~** en cycle de formation parallèle; **~swesen** *n* enseignement *m*

Bildunterschrift *f* légende *f*

Billard *n* billard *m*; **~kugel** *f* bille *f*; **~stock** *m* queue *f*

billig bon marché; **~er** meilleur marché; **recht und ~** juste et équitable; **~en** approuver; **2ung** *f* approbation *f*

Billion *f* billion *m*

Bimsstein *m* pierre *f* ponce

binär binaire

Binde *f* bande *f*; *Verband* bandage *m*; *Arm2* écharpe *f*; *Monats2* serviette *f* hygiénique; **~gewebe** *n* tissu *m* conjonctif; **~glied** *n* lien *m*; **~haut** *f* conjonctive *f*; **~hautentzündung** *méd f* conjonctivite *f*

binden attacher (**an** à); *Krawatte* nouer; *Buch* relier; *verpflichten* engager, lier; **sich ~** s'engager, se lier **~d** obligatoire, qui engage

Binde|strich *m* trait *m* d'union; **~wort** *gr n* conjonction *f*

Bindfaden *m* ficelle *f*

Bindung *f innere* lien *m*; *vertragliche*

engagement *m*; *chim, phys, Phonetik* liaison *f*; *Schi* fixation *f*
Binnen|hafen *m* port *m* fluvial; **~handel** *m* commerce *m* intérieur; **~markt** *m* marché *m* intérieur; ***Europäischer* ~** Marché *m* unique; **~schifffahrt** *f* navigation *f* fluviale; **~verkehr** *m* circulation *f* intérieure
Binse *bot f* jonc *m*; *fig* ***in die ~n gehen*** F être foutu *od* fichu; **~nwahrheit** *f* vérité *f* de la Palice
Bio|chemie *f* biochimie *f*; **2dynamisch** *agr* biodynamique; **~grafie** *f* biographie *f*; **2grafisch** biographique; **~laden** *m* magasin *m* de produits écologiques; **~loge** *m*, **~login** *f* biologiste *m, f*; **~logie** *f* biologie *f*; *Schulfach* sciences *f/pl* naturelles; **2logisch** biologique; ***~ abbaubar*** biodégradable; **~rhythmus** *m* biorythme *m*; **~technik** *f* biotechnologie *f*; **~top** *biol m od n* biotope *m*
Birke *bot f* bouleau *m*
Birnbaum *bot m* poirier *m*
Birne *f bot* poire *f*; *Glüh2* ampoule *f*
bis 1. *prép* **~ (*an*, *in*, *nach*, *zu*)** jusqu'à (*vor anderer prép als „à"* jusque); ***von* ... ~** de ... à, ***~ auf*** *außer* sauf, à ... près; ***~ auf weiteres*** jusqu'à nouvel ordre; ***~ Ende Januar*** jusqu'à fin janvier; ***~ heute*** jusqu'aujourd'hui *od* jusqu'à aujourd'hui; ***~ vor wenigen Jahren*** jusqu'à il y a quelques années; ***~ jetzt*** jusqu'à présent; ***~ wann?*** jusqu'à quand?; ***~ 1715*** jusqu'en 1715; ***~ hierher*** jusqu'ici; ***~ dahin*** jusque-là; *zeitlich a* d'ici là; ***~ nach Hause*** jusque chez lui; ***~ an den Rand*** jusqu'au bord; ***~ zum Bahnhof*** jusqu'à la gare; ***~ gleich!*** à tout à l'heure!; ***~ morgen!*** à demain!; ***zwei ~ drei Tage*** deux ou trois jours; ***von 1939 ~ 1945*** de 1939 à 1945; **2.** *conj* jusqu'à ce que (+ *subj*); ***bleib, ~ ich zurückkomme*** reste jusqu'à ce que je revienne; ***warten ~*** ... attendre que ... (+ *subj*)
Bischof *m* évêque *m*
bisexuell bisexuel
bisher jusqu'à présent; **~ig** qui a été jusqu'à présent, précédent
Biskaya *f* golfe *m* de Gascogne
Biskuit *n* biscuit *m* de Savoie
Biss *m* morsure *f*; ***~ haben*** avoir du mordant
bisschen ***ein ~*** un peu (de ...); ***ein kleines ~*** un tout petit peu; ***ein ~ schneller*** un peu plus vite
Bissen *m* bouchée *f*
bissig *fig* hargneux, mordant; ***~er Hund!*** chien méchant!
Bistum *n* évêché *m*
bisweilen parfois
Bit *EDV n* bit *m*
Bitte *f* prière *f*, demande *f* (***um*** de); ***ich habe e-e ~ an dich*** il faut que je te demande qc
bitte s'il vous plaît *od* s'il te plaît; *auf Dank* (il n'y a) pas de quoi, je vous en prie; *auf Entschuldigung* il n'y a pas de mal, ce n'est rien; (***wie***) ***~?*** comment?, pardon?; *cf Info-Fenster Seite 388*
bitten ***j-n um etw ~*** demander qc à qn; ***j-n ~, etw zu tun*** prier qn de faire qc, demander à qn de faire qc; ***darf ich ~?*** *Tanz* est-ce que vous voulez m'accorder cette danse?
bitter amer (*a fig*); *Kälte* rigoureux; *Armut* extrême; **2keit** *f* amertume *f* (*a fig*)
Bizeps *m* biceps *m*
Black-out *m* absence *f*
Blähung *méd f* vent *m*, ballonnement *m*
Blamage *f* honte *f*; ***es ist e-e ~ für ihn*** il s'est rendu ridicule en faisant cela
blamieren ***j-n ~*** ridiculiser qn; ***sich ~*** se rendre ridicule, se couvrir de honte; ⚠ *nicht* ***blâmer***
blank luisant; *sauber* propre; *Draht* nu; *Gefühl* pur; *ohne Geld* F fauché
Blankoscheck *m* chèque *m* en blanc
Bläschen *n méd* vésicule *f*; *Luft2* petite bulle *f*
Blase *f Luft2* bulle *f*; *Haut2* cloque *f*, ampoule *f*; *Harn2* vessie *f*; **~balg** *m* soufflet *m*
blasen souffler; *Blasinstrument* jouer de; **2entzündung** *méd f* cystite *f*
blasiert blasé, hautain, snob
Blas|instrument *n* instrument *m* à vent; **~kapelle** *f* fanfare *f*, harmonie *f*; **~rohr** *n* sarbacane *f*
blass pâle, blême; ***~ werden*** pâlir
Blässe *f* pâleur *f*
Blatt *n* feuille *f* (*bot u Papier*); *Zeitung* journal *m*; *Säge* lame *f*
blättern feuilleter (***in etw*** qc); *EDV* dérouler; ***nach oben ~*** faire défiler vers le haut; ***nach unten ~*** faire défiler vers le bas

B

Bitte!

1. Mit ***s'il te plaît*** bittet man eine Person, die man duzt, um einen Gefallen:

Was möchtest du trinken?	*Qu'est-ce que tu prends?*
Ein Bier, bitte.	*Une bière, **s'il te plaît**.*

Für mehrere Personen oder eine Person, die man siezt, verwendet man ***s'il vous plaît***:

Welchen Digestif möchten Sie?	*Quel digestif désirez-vous?*
Einen Cognac, bitte.	*Un cognac, **s'il vous plaît**.*

2. ‚Bitte' als Antwort auf ‚danke':

Danke für deine Hilfe.	*Merci de m'avoir aidé.*
Bitte.	***De rien.***
Hier ist Ihr Cognac.	*Voilà votre cognac.*
Danke schön.	*Merci beaucoup.*
Bitte.	***Je vous en prie.***

Blätterteig *m* pâte *f* feuilletée
blau bleu; *fig Auge* au beurre noir; F *betrunken* ivre, soûl, noir F, rond F; **~er Fleck** bleu *m*; **~äugig** aux yeux bleus; *fig* naïf; **2beere** *bot f* myrtille *f*; **~grau** gris bleuâtre; **2helme** *pl* Casques *m/pl* bleus
bläulich bleuâtre
Blau|licht *n* gyrophare *m*; **~säure** *chim f* acide *m* cyanhydrique *od* prussique; **~strumpf** *m fig* bas *m* bleu
Blech *n* tôle *f*; *Weiß2* fer-blanc *m*; **~büchse** *f*, **~dose** *f* boîte *f* en fer-blanc
blech|en *zahlen* F cracher, casquer; **~ern** en tôle *od* en fer-blanc; *Klang* de casserole; **2schaden** *auto m* tôles *f/pl* froissées
Blei *n* plomb *m*
bleiben rester, demeurer; **~ bei** *beharren* persister dans; ***es bleibt dabei*** c'est entendu; ***bitte ~ Sie am Apparat!*** ne quittez pas!; ***~ lassen*** ne pas faire; **~d** durable
bleich blême, pâle; ***~ werden*** pâlir; **~en** blanchir; *Haare* décolorer; **2gesicht** *n fig* visage *m* pâle
blei|ern de plomb (*a fig*); **~frei** *Benzin* sans plomb; **~haltig** plombifère
Bleistift *m* crayon *m*; **~spitzer** *m* taille-crayon *m*
Blende *f Foto* diaphragme *m*; **2n** éblouir (*a fig*), aveugler; **2nd** *fig* fantastique; ***~ aussehen*** respirer la santé
Blick *m* regard *m*; *flüchtiger* coup *m* d'œil; *Aussicht* vue *f* (***auf*** sur); ***auf den ersten ~*** du premier coup d'œil; ***Liebe auf den ersten ~*** coup *m* de foudre; **2en** regarder (***auf etw*** qc); ***sich ~ lassen*** se montrer; **~fang** *m* ***das ist ein ~*** cela accroche les regards; **~punkt** *m Gesichtspunkt* point *m* de vue; ***im ~ stehen*** être au centre de l'intérêt
blind aveugle (*a fig*); ***~ werden*** devenir aveugle, perdre la vue; ***auf einem Auge ~*** borgne; ***~er Alarm*** fausse alerte *f*; ***~er Passagier*** passager *m* clandestin
Blinddarm *m* appendice *m*; **~entzündung** *f* appendicite *f*
Blinde|(r) *m,f* aveugle *m,f*; **~nschrift** *f* écriture *f* braille; ***in ~*** en braille
Blind|flug *m* vol *m* sans visibilité; **~heit** *f* cécité *f*; *fig* aveuglement *m*; **2lings** aveuglément; **~schleiche** *zo f* orvet *m*
blink|en *auto etc* clignoter; *funkeln* étinceler; **2er** *m*, **2licht** *n* clignotant *m*
blinzeln cligner des yeux
Blitz *m* éclair *m*; *~schlag* foudre *f*; *Foto* flash *m*; **~ableiter** *m* paratonnerre *m*; **2en** ***es blitzt*** il y a *od* il fait un éclair (des éclairs); **~gerät** *n* flash *m*; **~krieg** *m* guerre *f* éclair; **~licht** *n* flash *m*; **~lichtwürfel** *m* flash-cube *m*; **~schlag** *m* foudre *f*; **2schnell** rapide comme l'éclair
Block *m* bloc *m*; *Notiz2* bloc-notes *m*;

Häuser≈ pâté *m* de maisons, îlot *m*; **~ade** *f* blocus *m*; **~flöte** *mus f* flûte *f* à bec; **~freiheit** *pol f* non-alignement *m*; **~haus** *n* cabane *f* en rondins; **≈ieren** bloquer; **~schrift** *f* caractères *m/pl* d'imprimerie

blöd|e stupide, bête, idiot; **≈heit** *f* stupidité *f*, bêtise *f*; **≈sinn** *m* idiotie(s) *f(pl)*, bêtise(s) *f(pl)*; **~sinnig** idiot

blond blond; **≈ine** *f* blonde *f*

bloß 1. *adj alleinig* seul, simple; *unbedeckt* nu; **2.** *adv* seulement, uniquement, simplement, ne ... que

Blöße *f Nacktheit* nudité *f*; *fig* ***sich e-e ~ geben*** donner prise sur soi, prêter le flanc

bloßstellen compromettre

Blue Jeans *f* blue-jean *m*; ⚠ ***le*** blue-jean

blühen être en fleur(s); *a fig* fleurir; *fig* être florissant, prospérer; ***ihm blüht etw*** il va lui arriver qc; **~d** en fleur(s), fleuri; *fig* florissant

Blume *f* fleur *f*; *Wein* bouquet *m*; *Bier* mousse *f*; *fig* ***durch die ~*** à mots couverts, à demi-mot

Blumen|geschäft *n* fleuriste *m*; **~händler(in** *f*) *m* fleuriste *m*, *f*; **~kohl** *m* chou-fleur *m*; **~strauß** *m* bouquet *m* de fleurs; **~topf** *m* pot *m* de fleurs

Bluse *f* corsage *m*; *langärmelig* chemisier *m*; ⚠ *nicht* ***blouse***

Blut *n* sang *m*; ***nur ruhig ~!*** du calme!

Blut|armut *méd f* anémie *f*; **~bad** *n* massacre *m*, carnage *m*; **~bank** *f* banque *f* du sang; **≈beschmiert** couvert *od* taché de sang; **~druck** *m* tension *f* artérielle

Blüte *f* fleur *f*; *Blütezeit* floraison *f*; *fig* apogée *m*

Blutegel *zo m* sangsue *f*

bluten saigner

Blüten|blatt *n* pétale *m*; **~staub** *m* pollen *m*

Blutentnahme *méd f* prélèvement *m* sanguin, prise *f* de sang

Bluter *méd m* hémophile *m*

Bluterguss *méd m* hématome *m*

Blütezeit *f* floraison *f* (*a fig*); *fig* apogée *m*

Blut|gefäß *n* vaisseau *m* sanguin; **~gruppe** *f* groupe *m* sanguin; **≈ig** sanglant, ensanglanté; **~konserve** *f* poche *f* de sang; **~körperchen** *n* globule *m* du sang; **~kreislauf** *m* circulation *f* du sang; **~probe** *f* prise *f* de sang; **~rache** *f* vendetta *f*; **≈rot** rouge sanguin; **≈rünstig** sanguinaire; **~spender(in** *f*) *m* donneur *m*, -euse *f* de sang; **≈stillend** ***~es Mittel*** hémostatique *m*; **~übertragung** *f* transfusion *f* sanguine; **~ung** *f* saignement *m*; *stärker* hémorragie *f*; **~vergießen** *n* effusion *f* de sang; **~vergiftung** *f* septicémie *f*; **~wurst** *f* boudin *m*

BLZ *f* code *m* banque

BMX-Rad *n* bicross *m*

Bö *f* rafale *f*

Bob *Sport m* bob(sleigh) *m*

Bock *m* mâle *m*; *Ziegen*≈ bouc *m*; *Schaf*≈ bélier *m*; *Reh*≈ chevreuil *m* mâle; *Kutscher*≈ siège *m*; *Gestell* chevalet *m*, tréteau *m*; *Sport* cheval *m* de bois; F ***keinen ~ haben*** avoir la flemme; F ***~ auf etw haben*** avoir envie de qc; *fig* ***e-n ~ schießen*** commettre une gaffe; ***null ~!*** F ralbol!

bock|en *Motor* cafouiller; *Pferd* se cabrer; *schmollen* bouder; **~ig** obstiné, têtu; **≈springen** *n Spiel* saute-mouton *m*; **≈sprung** *m* cabriole *f*; **≈wurst** *f* saucisse *f* de Francfort

Boden *m* sol *m*, terre *f*; *Fass, Flasche etc* fond *m*; *Fuß*≈ plancher *m*; *Dach*≈ grenier *m*; **≈los** *fig* inouï, énorme; **~personal** *aviat n* personnel *m* au sol; **~reform** *f* réforme *f* agraire; **~satz** *m* dépôt *m*, fond *m*; **~schätze** *m/pl* ressources *f/pl od* richesses *f/pl* naturelles *od* du sous-sol; **~see** *m* lac *m* de Constance; **~station** *f Raumfahrt* station *f* terrestre; **~turnen** *n Sport* exercices *m/pl* au sol

Body *m* body *m*, justaucorps *m*

Bodybuilding *n* culturisme *m*, musculation *f*

Bogen *m Krümmung* courb(ur)e *f*; *Waffe, arch, math* arc *m*; *Brücken*≈ arche *f*; *Wölbung* cintre *m*; *Geigen*≈ archet *m*; *Papier*≈ feuille *f*; **~schütze** *m* archer *m*

Bohne *bot f* haricot *m*; *Kaffee*≈ grain *m*; ***grüne ~n*** haricots verts; ***weiße ~n*** haricots secs; **~nstange** *f* échalas *m* (*a fig*)

bohr|en percer, creuser; *tech* forer; *Zahnarzt* passer la roulette; **≈er** *m* foret *m*, mèche *f*; *Nagel*≈ vrille *f*; *Zahnarzt* fraise *f*; **≈insel** *f* plate-forme *f* de forage; **≈loch** *n Öl* puits *m*; **≈maschi-**

ne *f* perceuse *f* (électrique); **≈turm** *m Öl* derrick *m*; **≈ung** *f* forage *m*; *Motor* alésage *m*
Boiler *m* chauffe-eau *m*
Boje *mar f* bouée *f*, balise *f*
Bolivien *n* la Bolivie
Bolzen *tech m* boulon *m*
bombardieren bombarder; ***mit Fragen*** **~** assaillir de questions
Bombe *f* bombe *f*
Bomben|angriff *m* bombardement *m*; **~anschlag** *m* attentat *m* à la bombe (***auf*** contre); **~erfolg** *m* F succès *m* fou; **≈sicher** à l'épreuve des bombes; *fig* sûr et certain
Bon *m* bon *m*; *Kassenzettel* ticket *m* de caisse
Bonbon *m*, *n* bonbon *m*
Bonsai *m* bonsaï *m*
Bonus *m* bonus *m*
Boot *n* bateau *m*, canot *m*; *Kahn* barque *f*
booten *EDV* booter
Bord[1] *mar*, *aviat* ***an*** **~** à bord; ***an*** **~** ***gehen*** aller à bord, s'embarquer; ***von*** **~** ***gehen*** débarquer; ***über*** **~** par-dessus bord
Bord[2] *n Wandbrett* étagère *f*
Bordell *n* maison *f* de prostitution, maison *f* close; *péj* bordel *m*
Bord|funker *m* radio *m* de bord; **~karte** *aviat f* carte *f* d'embarquement; **~stein** *m* pierre *f* de bordure
borgen ***j-m etw*** **~** prêter qc à qn; **(*sich*)** ***etw bei*** *od* ***von j-m*** **~** emprunter qc à qn
borniert borné; **≈heit** *f* étroitesse *f* d'esprit *od* de vues
Börse *f écon* Bourse *f*; *Geld≈* porte-monnaie *m*, bourse *f*
Börsen|bericht *m* bulletin *m* de la Bourse; **~krach** *m* krach *m* (boursier); **~kurs** *m* cours *m* de la Bourse; **~makler** *m* agent *m* de change; **~notierung** *f* cotation *f* en Bourse; **~papiere** *n/pl* valeurs *f/pl* boursières; **~spekulant** *m* spéculateur *m* en Bourse
Borste *f* poil *m*; *Schwein* soie *f*
Borte *f* bordure *f*, galon *m*
bösartig méchant; *méd* malin (*f* maligne)
Böschung *f* talus *m*; *Ufer≈* berge *f*
böse 1. mauvais; *boshaft* méchant; *verärgert* fâché; ***j-m*** *od* ***auf j-n*** **~** ***sein*** en vouloir à qn; **2. ≈(s)** *n* mal *m*; **≈wicht** *m* méchant *m*

bos|haft méchant; **≈heit** *f* méchanceté *f*, malignité *f*
Bosnien *n* la Bosnie; **~-Herzegowina** *n* la Bosnie-Herzégovine
bosnisch bosniaque
Bosporus *m* Bosphore *m*
böswillig malveillant
Botani|k *f* botanique *f*; **~ker(in** *f***)** *m* botaniste *m*, *f*; **≈sch** botanique
Bot|e *m* messager *m*; *Laufbursche* garçon *m* de course; **~engang** *m* course *f*; **~schaft** *f* message *m*; *pol* ambassade *f*; **~schafter(in** *f***)** *m* ambassadeur *m*, -drice *f*
Bottich *m* cuve *f*
Bouillon *f* consommé *m*, bouillon *m*; ⚠ ***le*** bouillon
Bowle *f* punch *m* froid
box|en boxer; **≈en** *n* boxe *f*; ⚠ ***la*** boxe; **≈er** *m* boxeur *m*; **≈ershorts** *pl* boxer-short *m*; **≈handschuh** *m* gant *m* de boxe; **≈kampf** *m* match *m od* combat *m* de boxe; **≈sport** *m* boxe *f*
Boykott *m* boycottage *m*; **≈ieren** boycotter
Brainstorming *n* brainstorming *m*, remue-méninges *m*
Branche *f* branche *f*; **~nverzeichnis** *tél n* annuaire *m* des professions; F pages *f/pl* jaunes
Brand *m* incendie *m*; ⚠ ***un*** incendie; *méd* gangrène *f*; ***in*** **~** ***stecken*** mettre le feu à, incendier; ***in*** **~** ***geraten*** prendre feu; **~blase** *f* cloque *f*; **~bombe** *f* bombe *f* incendiaire
branden *Meer* se briser (***gegen*** contre); déferler (*a fig*)
Brandenburg *n* le Brandebourg
Brand|fleck *m* brûlure *f*; **≈marken** *fig* stigmatiser; **~schaden** *m* dégâts *m/pl* causés par l'incendie; **~stifter(in** *f***)** *m* incendiaire *m*, *f*; **~stiftung** *f* incendie *m* criminel; **~teig** *cuis m* pâte *f* à choux; **~ung** *f* déferlement *m*, ressac *m*; **~wunde** *f* brûlure *f*
Branntwein *m* eau-de-vie *f*
Brasilian|er(in *f***)** *m* Brésilien *m*, -ne *f*; **≈isch** brésilien
Brasilien *n* le Brésil
braten 1. (faire) rôtir, (faire) cuire; *in schwimmendem Fett* (faire) frire; *auf dem Rost* (faire) griller; **2. ≈** *m* rôti *m*; **≈soße** *f* sauce *f* de rôti
Brat|fisch *m* poisson *m* frit; **~huhn** *n*

poulet *m* rôti; **~kartoffeln** *f/pl* pommes *f/pl* de terre sautées; **~pfanne** *f* poêle *f* (à frire); **~rost** *m* gril *m*
Bratsche *mus f* alto *m*
Bratwurst *f* saucisse *f* grillée
Brauch *m* usage *m*; **≈bar** utile, utilisable
brauchen *nötig haben* avoir besoin de; *gebrauchen* se servir de; *Zeit meist* mettre; ***ich brauche etw*** *a* il me faut qc; ***wie lange wird er ~?*** combien de temps lui faudra-t-il?; ***du brauchst es nur zu sagen*** tu n'as qu'à le dire, il suffit de le dire; ***er hätte nicht zu kommen ~*** il n'aurait pas eu besoin de venir
Braue *f* sourcil *m*
brau|en *Bier* brasser; **≈er** *m* brasseur *m*; **≈erei** *f* brasserie *f*
braun brun, marron; *von der Sonne* bronzé; **~ *werden*** *von der Sonne* bronzer
Bräune *f Haut* bronzage *m*, hâle *m*; **≈n** brunir; *Sonne* bronzer
Braunkohle *f* lignite *m*
bräunlich brunâtre
Brause *f Dusche* douche *f*; *Gießkanne* pomme *f* d'arrosoir
brausen *Wind, Wasser* mugir; *Fahrzeug* passer en trombe; (**sich**) **~** *duschen* se doucher
Braut *f* fiancée *f*; *am Hochzeitstag* mariée *f*
Bräutigam *m* fiancé *m*; *am Hochzeitstag* marié *m*
Braut|jungfer *f* demoiselle *f* d'honneur; **~kleid** *n* robe *f* de mariée; **~paar** *n* fiancés *m/pl*; *am Hochzeitstag* mariés *m/pl*
brav brave, honnête; *Kind* sage, gentil
BRD *f* R.F.A. *f* (= République fédérale d'Allemagne)
brechen *etw* casser (*von selber* se casser), rompre (*a Vertrag, Schweigen*); briser (*a Widerstand*); *Rekord* battre; *sich erbrechen* vomir; *fig* **mit j-m ~** rompre avec qn; ***sich den Arm ~*** se casser *od* se fracturer le bras; ***sich ~*** *Wellen* se briser; *Strahlen* être réfracté
Brech|mittel *méd n* vomitif *m*; **~reiz** *m* nausée *f*, envie *f* de vomir; **~stange** *f* pince *f* monseigneur; **~ung** *f Optik* réfraction *f*
Brei *m* purée *f*, bouillie *f*
breit large; ***2 Meter ~*** large de 2 mètres; ***weit und ~*** à perte de vue; ***sich ~ machen*** occuper beaucoup de place
Breit|e *f* largeur *f*; *géogr* latitude *f*; **~engrad** *m* degré *m* de latitude, parallèle *m*; **≈schlagen** F ***j-n ~*** finir par persuader qn; **≈treten** F rabâcher; **~wand** *f* grand écran *m*
Bremen Brême
Bremsbelag *auto m* garniture *f* de frein
Bremse *f* **1.** *tech* frein *m*; **2.** *zo* taon *m*
bremsen freiner (*a fig*)
Brems|kraftverstärker *m* servo-frein *m*; **~leuchte** *f* feu *m* de stop; **~pedal** *n* pédale *f* de frein; **~spur** *f* trace *f* de freinage; **~weg** *m* distance *f* de freinage
brenn|bar combustible, inflammable; **≈element** *n* élément *m* combustible; **~en** brûler; *Lampe* être allumé; *Branntwein* distiller; *Wunde, Ziegel etc* cuire; ***mir ~ die Augen*** j'ai les yeux qui piquent; *fig* ***darauf ~, etw zu tun*** brûler de faire qc; **≈er** *tech m* brûleur *m*
Brenn|holz *n* bois *m* de chauffage; **~nessel** *bot f* ortie *f*; **~punkt** *m phys* foyer *m*; *fig* centre *m*; **~spiritus** *m* alcool *m* à brûler; **~stab** *m* barre *f* de combustible; **~stoff** *m* combustible *m*
brenzlig *fig* critique, dangereux; ***~ werden*** *a* sentir le roussi
Breton|e *m*, **~in** *f* Breton *m*, -ne *f*; **≈isch** breton
Brett *n* planche *f*; *Spiel≈* damier *m*; *Schach≈* échiquier *m*; ***schwarzes ~*** tableau *m* d'affichage; **~erzaun** *m* clôture *f* en planches, palissade *f*
Brief *m* lettre *f*; **~beschwerer** *m* presse-papiers *m*; **~bogen** *m* feuille *f* de papier à lettres; **~bombe** *f* lettre *f* piégée; **~freund(in** *f*) *m* correspondant *m*, -e *f*; **~kasten** *m* boîte *f* aux lettres; ***elektronischer ~*** boîte *f* aux lettres électronique; **≈lich** par lettre(s); **~marke** *f* timbre(-poste) *m*; ***~n sammeln*** collectionner des timbres; **~markensammler(in** *f*) *m* philatéliste *m,f*; **~öffner** *m* coupe-papier *m*; **~papier** *n* papier *m* à lettres; **~tasche** *f* portefeuille *m*; **~taube** *f* pigeon *m* voyageur; **~träger(in** *f*) *m* facteur *m*, factrice *f*; *amtlich* préposé *m*, -e *f*; **~umschlag** *m* enveloppe *f*; **~waage** *f* pèse-lettre *m*; **~wechsel** *m* correspondance *f*
Brille *f* lunettes *f/pl*; ***e-e ~*** une paire de

B

bringen

Um ‚bringen' im Französischen richtig auszudrücken, müssen zwei Dinge beachtet werden:

a) der Standpunkt des Sprechers und
b) ob eine Sache oder eine Person gebracht wird

Unterscheide	eine Person bringen:	eine Sache bringen:
zum Standpunkt des Sprechers hin:	Bring deinen kleinen Bruder (zu mir). *Amène ton petit frère.*	Kannst du mal den Hammer bringen? *Tu peux* ***apporter*** *le marteau?*
vom Standpunkt des Sprechers weg:	David brachte seine Tante zum Bahnhof. *David a* ***emmené*** *sa tante à la gare.*	Richard brachte den Koffer zum Bahnhof. *Richard a* ***emporté*** *la valise à la gare.*

lunettes; **~netui** *n* étui *m* à lunettes; **~nträger(in** *f*) *m* **~ *sein*** porter des lunettes

bringen *hin~* porter; *her~* apporter, amener; *begleiten* emmener, accompagner, conduire (***zum Bahnhof*** à la gare); *veröffentlichen* publier; *Kino, TV* passer; *Gewinn* rapporter; ***Glück ~*** porter bonheur; ***auf die Seite ~*** mettre de côté; ***in Erfahrung ~*** apprendre; ***etw mit sich ~*** entraîner qc; ***j-n um etw ~*** faire perdre qc à qn, frustrer qn de qc; ***ums Leben ~*** tuer; ***j-n dazu ~, etw zu tun*** amener qn à faire qc; ***zum Lachen ~*** faire rire; ***es zu etw ~*** réussir dans la vie; ***j-n auf e-e Idee ~*** donner une idée à qn

Brise *mar f* brise *f*

Brit|e *m*, **~in** *f* Britannique *m, f*; **⁓isch** britannique

bröckel|ig friable; **~n** s'effriter

Brocken *m* morceau *m*; *fig* ***ein paar ~ (Englisch)*** quelques bribes *f/pl* (d'anglais); F ***ein harter ~*** un sacré morceau

Brokkoli *pl* brocoli *m*

brodeln bouillonner

Brombeere *bot f* mûre *f*

Bronch|ien *f/pl* bronches *f/pl*; **~itis** *méd f* bronchite *f*

Bronze *f* bronze *m*; ⚠ ***le*** bronze

Brosche *f* broche *f*

Broschüre *f* brochure *f*

Brot *n* pain *m*; ***schwarzes ~*** pain *m* bis; ***sein ~ verdienen*** gagner son pain *od* sa vie

Brötchen *n* petit pain *m*; ***belegtes ~*** sandwich *m*

Brot|erwerb *m* gagne-pain *m*; **⁓los ~ *werden*** perdre son gagne-pain; ***~e Kunst*** métier *m* peu lucratif; **~rinde** *f* croûte *f* de pain; **~schneidemaschine** *cuis f* machine *f* à trancher; **~schnitte** *f* tranche *f* de pain; *bestrichene* tartine *f*

Bruch *m* rupture *f* (*a fig*); *~stelle* cassure *f*; *Knochen⁓* fracture *f*; *Eingeweide⁓* hernie *f*; *math* fraction *f*

brüchig fragile, cassant

Bruch|rechnung *f* calcul *m* des fractions; **~strich** *m* barre *f* de fraction; **~stück** *n* fragment *m*; **~teil** *m* fraction *f*; ***im ~ e-r Sekunde*** en une fraction de seconde; **~zahl** *f* nombre *m* fractionnaire

Brücke *f* pont *m*; *Teppich* carpette *f*; *mar* passerelle *f*

Bruder *m* frère *m*; *Kerl* F type *m*

brüder|lich fraternel; **⁓lichkeit** *f* fraternité *f*; **⁓schaft** *f* fraternité *f* (*a rel*), camaraderie *f*; ***mit j-m ~ trinken*** trinquer avec qn

Brüh|e *f cuis* bouillon *m*; F *péj* lavasse

f, eau *f* de vaisselle; **~würfel** *m* bouillon-cube *m*
brüllen *Rind* mugir; *Löwe* rugir; *Mensch* hurler
brumm|en gronder, grogner; *Motor* vrombir; *Insekt* bourdonner; *undeutlich sagen* grommeler; *mürrisch äußern* ronchonner; **2i** *m* F gros-cul *m*; **~ig** grognon, ronchon(neur)
brünett brun, châtain
Brunft *ch f* rut *m*
Brunnen *m* puits *m*; *Spring*2 fontaine *f*
Brunst *zo f* rut *m*, chaleur *f*
brünstig *zo* en rut, en chaleur
brüsk brusque, rude
Brüssel Bruxelles
Brust *f* poitrine *f*; *weibliche a* sein *m*; **~bein** *n* sternum *m*; *Geflügel* bréchet *m*; **~beutel** *m* bourse *f* portée autour du cou
brüsten ***sich*** ~ se rengorger, se vanter (***mit*** de)
Brust|korb *m* thorax *m*; **~schwimmen** *n* brasse *f*, **~umfang** *m* tour *m* de poitrine
Brüstung *f* parapet *m*; *Geländer* balustrade *f*
Brustwarze *f* mamelon *m*
Brut *f* couvée *f*; *fig* sale graine *f*
brutal brutal; **2ität** *f* brutalité *f*
Brutapparat *agr m* incubateur *m*
brüt|en couver; **2er** *tech m* ***schneller*** ~ surrégénérateur *m* à neutrons
Brutkasten *méd m* couveuse *f*
brutto brut; ~ ***wiegen*** peser brut; **2gewicht** *n* poids *m* brut; **2sozialprodukt** *écon n* produit *m* national brut; **2verdienst** *m* salaire *m* brut
BSE *n* E.S.B. *f* (= encéphalopathie spongiforme bovine)
Btx *n* minitel *m*; **~-Gerät** *n* minitel *m*
Bub *m* garçon *m*, gamin *m*; **~e** *Kartenspiel* valet *m*
Buch *n* livre *m*; **~drucker** *m* imprimeur *m*; **~druckerei** *f* imprimerie *f*
Buche *bot f* hêtre *m*
buchen *comm* comptabiliser; *Flug etc* réserver, retenir
Bücher|bord *n*, **~brett** *n* étagère *f*; **~ei** *f* bibliothèque *f*; **~regal** *n* étagère *f* (à livres); **~schrank** *m* bibliothèque *f*
Buchfink *zo m* pinson *m*
Buch|führung *f*, **~haltung** *f* comptabilité *f*; **~halter(in** *f*) *m* comptable *m*, *f*; **~händler(in** *f*) *m* libraire *m*, *f*; **~handlung** *f* librairie *f*
Büchse *f* boîte *f*; *Gewehr* carabine *f*, fusil *m*
Büchsen|fleisch *n* viande *f* en conserve; **~öffner** *m* ouvre-boîtes *m*
Buchstabe *m* lettre *f*; ***großer*** ~ majuscule *f*; ***kleiner*** ~ minuscule *f*
buch|stabieren épeler; **~stäblich** *adv* littéralement; **2stütze** *f* serre-livres *m*
Bucht *f* baie *f*; *kleine* crique *f*
Buchung *f comm* écriture *f*; *e-s Flugs etc* réservation *f*
Buckel *m* bosse *f*; F *Rücken* dos *m*; **2ig** bossu
bücken ***sich*** ~ se baisser
Bückling *m* hareng *m* fumé *od* saur; *Verbeugung* courbette *f*
Buddhis|mus *rel m* bouddhisme *m*; **~t(in** *f*) *m* bouddhiste *m*, *f*; **2tisch** bouddhiste, bouddhique
Bude *f* baraque *f*; *Zimmer* F piaule *f*
Budget *n* budget *m*
Büfett *n* buffet *m*
Büffel *zo m* buffle *m*
büffeln F piocher, potasser, bûcher
Bug *m mar* proue *f*; *aviat* nez *m*
Bügel *m Kleider*2 cintre *m*; *Brillen*2 branche *f*; **~brett** *n* planche *f* à repasser; **~eisen** *n* fer *m* à repasser; **~falte** *f* pli *m*; **2frei** qui ne nécessite aucun repassage
bügeln repasser
Bühne *f Theater* scène *f*; *fig a* théâtre *m*
Bühnen|bild *n* décors *m/pl*; **~bildner** *m* scénographe *m*, décorateur *m* de théâtre
Bulgar|e *m*, **~in** *f* Bulgare *m*, *f*; **~ien** *n* la Bulgarie; **2isch** bulgare
Bulimie *f* boulimie *f*
Bull|auge *mar n* hublot *m*; **~dogge** *zo f* bouledogue *m*
Bulle *m zo* taureau *m*; *péj Polizist* flic *m*, poulet *m*
Bummel *m* F balade *f*; **~ant** *m* F traînard *m*, lambin *m*; **~ei** F *f* lenteur *f*; fainéantise *f*
bummel|n *umherschlendern* flâner, se balader; *trödeln* traîner; **2streik** *m* grève *f* du zèle; **2zug** *m* F tortillard *m*
bums! boum!, patatras!
bumsen *Geräusch* faire boum; *stoßen* rentrer (***gegen*** dans); *vulgär* baiser
Bund[1] *m* alliance *f*, union *f*; *pol a*

B

(con)fédération *f*; *Verband* association *f*; *an Hose, Rock* ceinture *f*; F *cf* ***Bundeswehr***
Bund² *n* botte *f*; ***ein ~ Radieschen*** une botte de radis
Bündel *n* paquet *m*; *Akten* liasse *f*; *Strahlen* faisceau *m*; **2n** faire un paquet de
Bundes|bahn *f* chemins *m/pl* de fer fédéraux; **~genosse** *m* allié *m*; **~kanzler** *m* chancelier *m* fédéral; **~land** *n* land *m*; **~liga** *f Fußball* première division *f*; **~präsident** *m* président *m* de la République fédérale (*Schweiz* de la Confédération); **~rat** *m* Conseil *m* fédéral, Bundesrat *m*; **~republik** *f* ***~ Deutschland*** République *f* fédérale d'Allemagne (*abr* R.F.A.); ***in der ~*** en République fédérale; **~staat** *m* État *m* fédéral; **~tag** *m* Parlement *m* fédéral, Bundestag *m*; **~wehr** *mil f* armée *f* de la République fédérale
Bundfaltenhose *f* pantalon *m* à pinces
bündig *Antwort etc* concis; ***kurz und ~*** sans détours
Bündnis *n* alliance *f*, pacte *m*
Bunker *m mil* blockhaus *m*; *Luftschutz* abri *m* antiaérien
bunt de couleurs variées, multicolore; *abwechslungsreich* varié; ***~ durcheinander*** pêle-mêle; *fig* ***jetzt wird's mir zu ~!*** F j'en ai marre!; **2stift** *m* crayon *m* de couleur
Bürde *f fig* charge *f*, fardeau *m*
Burg *f* château *m* fort
Bürg|e *m*, **~in** *f* garant *m*, -e *f*; **2en** ***~ für*** se porter garant de
Burgenland ***das ~*** le Burgenland
Bürger|(in *f*) *m* bourgeois *m*, -e *f*; *Staats2* citoyen *m*, -ne *f*; **~initiative** *f* comité *m* de défense; **~krieg** *m* guerre *f* civile; **2lich** *Klasse, Milieu* bourgeois; *staats~* civil, civique; **2es *Gesetzbuch*** code *m* civil; **~meister** *m* maire *m*; *Belgien, Schweiz* bourgmestre *m*; **~steig** *m* trottoir *m*
Bürgschaft *jur f* caution *f*, garantie *f*
Burgund *n* la Bourgogne; **~er(in** *f*) *m* Bourguignon *m*, -ne *f*; **~erwein** *m* vin *m* de Bourgogne; bourgogne *m*
Büro *n* bureau *m*; **~angestellte(r)** *m,f* employé *m*, -e *f* de bureau; **~arbeit** *f* travail *m* de bureau; **~automation** *f* bureautique *f*; **~klammer** *f* trombone *m*; **~krat** *m* bureaucrate *m*; **~kratie** *f* bureaucratie *f*
Bursch|(e) *m* garçon *m*, gars *m* F, type *m* F; **2ikos** sans gêne, décontracté
Bürste *f* brosse *f*; **2n** brosser; **~nschnitt** *m* coupe *f* en brosse
Bus *m* bus *m*; *Reise2* car *m*; *EDV* bus *m*; **~bahnhof** *m* gare *f* routière
Busch *m bot* buisson *m*; *in Afrika* brousse *f*; *fig* ***auf den ~ klopfen*** tâter le terrain
Büschel *n* touffe *f*
busch|ig *Haare* touffu; **2messer** *n* machette *f*
Busen *m* seins *m/pl*, poitrine *f*, gorge *f*; **~freund(in** *f*) *m* ami(e *f*) *m* intime
Bus|fahrer *m* conducteur *m od* chauffeur *m* de bus; **~haltestelle** *f* arrêt *m* d'autobus; **~linie** *f* ligne *f* d'autobus
Bussard *zo m* buse *f*
Buße *f rel* pénitence *f*; *jur* amende *f*
büßen expier; ***das sollst du mir ~!*** tu me le paieras!
Bußgeld *n* amende *f*
Büste *f* buste *m*; ⚠ ***le*** buste; **~nhalter** *m* soutien-gorge *m*
Butter *f* beurre *m*; ***mit ~ bestreichen*** beurrer; **~berg** *m* excédents *m/pl* de beurre; **~brot** *n* tartine *f* beurrée; F ***für ein ~*** pour une bouchée de pain; **~brotpapier** *n* papier *m* sulfurisé; **~dose** *f* beurrier *m*; **~milch** *f* petit-lait *m*, babeurre *m*
Button *m* badge *m*
Byte *EDV n* octet *m*

C

C *mus n* do *m*, ut *m*
Café *n* salon *m* de thé
Cafeteria *f* cafétéria *f*
camp|en camper; **²er(in** *f*) *m* campeur *m*, -euse *f*; **²ing** *n* camping *m*; **²ingbus** *m* camping-car *m*; **²ingplatz** *m* (terrain *m* de) camping *m*
Cannabis *m* cannabis *m*
Cape *n* cape *f*
CD *f* disque *m* compact, C.D. *m*; ⚠ ***le*** disque; **~-ROM** *f* CD-ROM *m*, disque *m* optique compact; **~-ROM-Laufwerk** *n* lecteur *m* de CD-ROM; **~-Spieler** *m* platine *f* laser; **~-Wechsler** *m* changeur *m* de disques compacts
Cellist(in *f*) *m* violoncelliste *m*, *f*
Cello *mus n* violoncelle *m*
Celsius 5 *Grad* ~ 5 degrés centigrade
Cembalo *mus n* clavecin *m*
Champagner *m* champagne *m*
Champignon *bot m* champignon *m* de Paris
Chance *f* chance *f*; **~ngleichheit** *f* égalité *f* des chances
Chao|s *n* chaos *m*; **~t** *m* *Radikaler* casseur *m*; *unordentlich* bordélique *m*; **²tisch** chaotique
Charakter *m* caractère *m*; **~fehler** *m* défaut *m* de caractère; **²isieren** caractériser; **~istik** *f* caractéristique *f*; **²istisch** caractéristique (***für*** de); **²lich** de caractère; **²los** sans caractère; **~ *sein*** manquer de caractère; **~zug** *m* trait *m* de caractère; ⚠ *Schreibung* ***caractère*** *etc*
charmant charmant
Charme *m* charme *m*
Charter|flug *m* vol *m* charter; **~flugzeug** *n* charter *m*; **²n** affréter
Chassis *tech n* châssis *m*
Chauffeur *m* conducteur *m*, chauffeur *m*
Chaussee *f* grand-route *f*; ⚠ *nicht* ***chaussée***
Chauvi *m* F phallo *m*
Chauvinist|(in *f*) *m* chauvin *m*, -e *f*; ***männlicher*** ~ phallocrate *m*; **²isch** chauvin; *männlich* phallocrate
checken *kontrollieren* vérifier; F *begreifen* piger
Chef|(in *f*) *m* chef *m*, *f*, patron *m*, -ne *f*; **~arzt** *m* médecin-chef *m*; **~redakteur** *m* rédacteur *m* en chef; **~sekretärin** *f* secrétaire *f* de direction
Chemie *f* chimie *f*; **~faser** *f* fibre *f* synthétique
Chemikalien *f*/*pl* produits *m*/*pl* chimiques
Chemi|ker(in *f*) *m* chimiste *m*, *f*; **²sch** chimique; **~e *Reinigung*** nettoyage *m* à sec
Chemotherapie *f* chimiothérapie *f*
Chicorée *m od f cf* **Schikoree**
Chiffr|e *f* chiffre *m*; *Annonce* référence *f*; ⚠ ***le*** chiffre; **²ieren** chiffrer; *codieren* coder
Chile *n* le Chili
Chilen|e *m*, **~in** *f* Chilien *m*, -ne *f*; **²isch** chilien
China *n* la Chine
Chines|e *m*, **~in** *f* Chinois *m*, -e *f*; **²isch** chinois
Chinin *méd n* quinine *f*
Chip *EDV m* puce *f*; **~karte** *f* carte *f* à puce
Chirurg *m* chirurgien *m*; **~ie** *f* chirurgie *f*; **²isch** chirurgical
Chlor *chim n* chlore *m*; **²en** *Wasser* javelliser
Cholera *méd f* choléra *m*; ⚠ ***le*** choléra
cholerisch coléreux
Cholesterin *n* cholestérol *m*
Chor *m* chœur *m* (*a arch*); *Gesangverein* chorale *f*; ***im*** ~ en chœur
Chor|eografie *f* chorégraphie *f*; **~gestühl** *n* stalles *f*/*pl*
Christ|(in *f*) *m* chrétien *m*, -ne *f*; **~baum** *m* arbre *m* de Noël; **~enheit** *f* chrétienté *f*; **~entum** *n* christianisme *m*; **~kind** *n* enfant *m* Jésus; **²lich** chrétien; **~us** *m* Jésus-Christ, le Christ
Chrom *chim n* chrome *m*
Chromosom *biol n* chromosome *m*
Chron|ik *f* chronique *f*; **²isch** chronique; **²ologisch** chronologique
circa environ
City *f* centre *m* ville
Clementine *f cf* ***Klementine***

C

clever intelligent, malin, débrouillard F
Clique *f péj* clique *f*; **~nwirtschaft** *f* régime *m* de cliques
Clou *m* F clou *m*
Come-back *n* come-back *m*, retour *m*
Comics *pl* bande *f* dessinée (*abr* B.D.)
Compact Disc *f* disque *m* compact; ⚠ **le** disque
Compiler *m EDV* compilateur *m*
Computer *m* ordinateur *m*; **~arbeitsplatz** *m* poste *m* de travail; **~grafik** *f* graphique *m*; ⚠ **le** graphique; **2lesbar** lisible informatiquement; **~spiel** *n* jeu *m* informatique; **~tomogramm** *n* image *f* scanner; **~tomograph** *m* scanner *m*; **~tomographie** *f* scanographie *f*; **~virus** *m* virus *m* informatique

rund um den Computer	
der Bildschirm	***l'écran** m*
der Bildschirmschoner	***l'économiseur** m **d'écran***
die CD-ROM	***le CD-Rom***
das CD-ROM-Laufwerk	***le lecteur de CD-Rom***
das Computerspiel	***le ludiciel***
der Cursor	***le curseur***
die Datei	***le fichier***
die Daten	***les données** f/pl*
die Diskette	***la disquette***
das Diskettenlaufwerk	***le lecteur de disquettes***
der Drucker	***l'imprimante** f*
die Festplatte	***le disque dur***
die Hardware	***le matériel***
die Maus	***la souris***
das Modem	***le modem***
der Ordner, das Verzeichnis	***le répertoire***
der PC	***l'ordinateur individuel / le PC*** [pese]
die Software	***le logiciel***
die Tastatur	***le clavier***
am Computer arbeiten	***travailler sur ordinateur***
Daten speichern	***mémoriser des données***
auf ein Feld / ein Symbol klicken	***cliquer sur un bouton / un symbole***

Conférencier *m* présentateur *m*, animateur *m*
Container *m* conteneur *m*
Contergankind *n* enfant *m* victime de la thalidomide
Controlling *n* contrôle *m* de gestion
cool F *ruhig* cool; *prima* sympa
Corner *östr m Sport* corner *m*
Couch *f* canapé-lit *m*
Count-down *m* compte *m* à rebours
Coupé *m auto* coupé *m*
Cousin *m* cousin; **~e** *f* cousine *f*
Crack *n Rauschgift* crack *m*
Creme *f* crème *f*
Curry *cuis m od n* cari *m*
Cursor *m* curseur *m*
Cyberspace *m* cyber-espace *m*

D

D *mus n* ré *m*

da 1. *adv örtlich* là; *zeitlich* alors, à ce moment; **~ sein** être là *od* présent; **ist noch Milch da?** est-ce qu'il y a encore du lait?; **~ ist**, **~ sind** voilà *od* voici; **~ bin ich** me voici; **~ kommt er** le voilà qui vient; **~!** tiens!; **der Mann ~** cet homme-là; **~ drüben** là-bas; **~ drin** *od* **~ hinein** là-dedans; **von ~ an** *od* **ab** dès lors; **2.** *conj* parce que, comme; **~ (doch)** puisque

dabei *örtliche Nähe* (tout) près; *bei dieser Gelegenheit* à cette occasion; *außerdem* avec cela, en outre, de plus; *gleichzeitig* à la fois; *obwohl doch* pourtant; *mit enthalten* compris; **ich bin gerade ~, etw zu tun** je suis en train de faire qc; **etw ~ haben** avoir qc sur soi; **es ist nichts ~** *leicht* ce n'est pas difficile; *harmlos* ça ne fait rien, ce n'est pas grave; **~ sein** être présent, être de la partie

dableiben rester là

Dach *n* toit *m*; **~boden** *m* grenier *m*; **~decker** *m* couvreur *m*; **~fenster** *n* lucarne *f*; **~gepäckträger** *auto m* galerie *f* de toit; **~kammer** *f* mansarde *f*; **~pappe** *f* carton *m* bitumé; **~rinne** *f* gouttière *f*

Dachs *zo m* blaireau *m*

Dachziegel *m* tuile *f*

Dackel *zo m* teckel *m*

dadurch par là; *auf solche Weise* de cette manière; *deshalb* c'est pourquoi; **~, dass** ... du fait que ...

dafür pour cela; *zum Ausgleich* en revanche; *als Ersatz* en échange; **~ sein** être pour; **~ sein, dass** ... être d'avis que ... (+ *subj*;) **ich kann nichts ~** ce n'est pas ma faute, je n'y peux rien; **~, dass** ... parce que ...

dagegen contre cela; *im Gegensatz dazu* par contre; *im Vergleich dazu* en comparaison; **~ sein** être contre; **etw ~ haben** avoir qc contre

daheim chez moi, toi, *etc*; à la maison

daher *Ort* de là, de ce côté-là; *Ursache* c'est *od* voilà pourquoi, pour cette raison, à cause de cela; *folglich* par conséquent; **das kommt ~, dass** ... cela vient de ce que ...

dahin là, y; *verloren* perdu; *vergangen* passé; **bis ~** jusque-là (*a zeitlich*); **~gestellt ~ sein lassen** laisser indécis; **es bleibt ~, ob** ... laissons la question en suspens de savoir si ...

dahinten là-bas

dahinter (là) derrière; *fig* là-dessous; **es steckt nichts ~** c'est creux; **~ kommen** découvrir

dalassen laisser (ici *od* là)

damalig d'alors, de cette époque

damals alors, à l'époque; **schon ~** déjà à cette époque

Dame *f* dame *f* (*a Spiel*); *Schach* reine *f*

Damen|binde *f* serviette *f* hygiénique; **~friseur** *m*, **~frisör** *m* coiffeur *m* pour dames

damit 1. *adv* avec (cela); **was will er ~ sagen?** que veut-il dire par là?; **genug ~!** ça suffit!; **Schluss ~!** un point, c'est tout!; **2.** *conj* afin que, pour que (+ *subj*); afin de, pour (+ *inf*)

dämlich F bête, nigaud

Damm *m* digue *f*; *Stau*≈ barrage *m*; *fig* barrière *f*

dämmer|ig crépusculaire, sombre; **≈ung** *f Abend*≈ crépuscule *m*; *Morgen*≈ aube *f*, point *m* du jour

Dämon *m* démon *m*; **≈isch** démoniaque

Dampf *m* vapeur *f*; *von Speisen* fumée *f*; **~bügeleisen** *n* fer *m* à repasser à vapeur; **≈en** dégager des vapeurs; *Speisen* fumer

dämpfen *cuis* cuire à la vapeur *od* à l'étouffée; *Licht*, *Begeisterung* atténuer; *Stoß* amortir; *Schall* étouffer, assourdir; **mit gedämpfter Stimme** à mi-voix

Dampf|er *m* (bateau *m* à) vapeur *m*; *Ozean*≈ paquebot *m*, **~kochtopf** *cuis m* cocotte-minute *f*, autocuiseur *m*; **~maschine** *f* machine *f* à vapeur; **~walze** *f* rouleau *m* compresseur

danach *zeitlich* après, après cela, après quoi, puis, ensuite; *dementsprechend* d'après cela; **sich ~ richten** en tenir compte; **mir ist nicht ~** je n'en ai pas envie; **er sieht ~ aus** il en a tout l'air

Dän|e *m*, **~in** *f* Danois *m*, -e *f*

D

daneben à côté; *außerdem* outre cela; *gleichzeitig* en même temps; **~gehen** F rater, échouer; *Torschuss* rater le but
Dän|emark *n* le Danemark; **2isch** danois
Dank *m* remerciement *m*; ***vielen ~!*** merci beaucoup *od* bien!
dank *prép* grâce à
dankbar reconnaissant (**für** de); *Sache* payant, facile; ***ich bin Ihnen ~ dafür*** je vous en suis reconnaissant; **2keit** *f* reconnaissance *f*, gratitude *f*
danke merci; ***~ schön*** merci beaucoup *od* bien

Danke schön!

Danke!	***Merci.***
Danke schön!	***Merci bien.***
Danke vielmals!	***Merci beaucoup.***
Danke, das ist sehr nett von Ihnen.	***Merci, c'est très gentil à vous.***
Tausend Dank!	***Merci infiniment!***
Danke für deinen Brief.	***Merci de ta lettre.***
Für Ihre Hilfe möchte ich Ihnen herzlich danken.	***Je vous remercie cordialement de m'avoir aidé.***

danken ***j-m für etw ~*** remercier qn de qc; ***ich danke!*** *iron* non merci!
dann alors, puis; ***~ und wann*** de temps à autre
daran à cela, y; F *oft* après; ***~ denken*** y penser; ***~ sterben*** en mourir; ***mir liegt viel ~*** j'y tiens beaucoup; ***es liegt ~, dass*** ... cela provient du fait que ...; ***ich bin nahe ~ zu*** ... je suis sur le point de ...
darauf *räumlich* (là-)dessus, sur cela; *zeitlich* après (cela), ensuite; ***am Tag ~*** le lendemain; ***ich komme nicht ~*** cela ne me revient pas; ***es kommt ~ an*** cela dépend; **~hin** sur ce; *Folge* à la suite de quoi
daraus de là, de cela, en; ***was ist ~ geworden?*** qu'en est-il advenu?; ***ich mache mir nichts ~*** je n'y tiens pas; F très peu pour moi; ***mach dir nichts ~!*** ne t'en fais pas!
darbiet|en offrir, présenter; **2ung** *f* spectacle *m*, représentation *f*
darin (là-)dedans, dans *od* en cela, y
darleg|en expliquer, exposer; **2ung** *f* explication *f*
Darlehen *n* prêt *m*
Darm *m* intestin *m*; *Tier* boyau *m*; **~grippe** *f* grippe *f* intestinale
darstell|en représenter, décrire; *Sachverhalt* présenter; *Theater* représenter; *Rolle* interpréter; **2er(in** *f*) *m* acteur *m*, actrice *f*, interprète *m*, *f*; **2ung** *f* représentation *f*, description *f*; *e-r Rolle* interprétation *f*
darüber au-dessus, (là-)dessus; ***~ hinweg*** par-dessus; *zu diesem Thema* à ce sujet; ***~ hinaus*** au-delà; *außerdem* en plus; ***ich freue mich ~*** je m'en réjouis; ***~ werden Jahre vergehen*** et avec cela les années passeront
darum ***~ (herum)*** autour; *kausal* pour cela, voila *od* c'est pourquoi; ***ich bitte dich ~*** je t'en prie
darunter au-dessous, (là-)dessous; *inmitten* dans ce nombre; parmi eux *od* elles; ***was verstehst du ~?*** qu'est-ce que tu entends par là?
Dasein *n* existence *f*; *cf a* **da**
dass que; *damit* afin *od* pour que (+ *subj*); ***so ~*** de sorte que (+ *subj*); ***nicht ~ ich wüsste*** pas que je sache
dastehen être là
DAT *n* enregistrement *m* audionumérique
Datei *f* fichier *m*; **~enverzeichnis** *n* répertoire *m*; **~name** *m* nom *m* de fichier; **~verwaltungsprogramm** *n* programme *m* de manipulation de fichiers
Daten *n/pl* données *f/pl*; **~austausch** *m* échange *m* de données; **~autobahn** *f* autoroute *f* de l'information; **~bank** *f* banque *f* de données; **~bestand** *m* ensemble *m* de données; **~erfassung** *f* saisie *f* des données; **~fernverarbeitung** *f* télétraitement *m*; **~handschuh** *m* gant *m* de données; **~missbrauch** *m* utilisation *f* non autorisée de données; **~schrott** *m* données *f/pl* non exploitables; **~schutz** *m* protection *f* de

la vie privée; informatique *f* et libertés *f/pl*; **~schutzbeauftragte(r)** *m, f* commissaire *m, f* responsable de la protection des données; **~träger** *m* support *m* de données; **~verarbeitung** *f* informatique *f*

datieren dater; **~ *von*** dater de

Dativ *gr m* datif *m*

Dattel *bot f* datte *f*; **~palme** *f* dattier *m*

Datum *n* date *f*; ***ohne* ~** non daté; ***welches ~ haben wir heute?*** le combien sommes-nous aujourd'hui?, quel jour est-ce aujourd'hui?; ⚠ ***la*** date

Dauer *f* durée *f*; ***auf die* ~** à la longue; **~auftrag** *m Bank* ordre *m* permanent; **ℒhaft** durable, solide; ***~er Friede*** paix *f* stable; **~karte** *f* abonnement *m*; **~lauf** *m* course *f* d'endurance; *Laufschritt* pas *m* de gymnastique; **~lutscher** *m* sucette *f*

dauer|n durer; ***wie lange dauert es noch?*** combien de temps faut-il encore?; ***es dauert nicht lange*** cela ne dure pas longtemps; **~nd** permanent, continu; **ℒwelle** *f* permanente *f*, indéfrisable *f*

Daumen *m* pouce *m*; *fig* ***j-m den ~ halten*** croiser les pouces, penser à qn (pour qu'il réussisse); ***am ~ lutschen*** sucer son pouce

Daunen *f/pl* duvet *m*; **~decke** *f* édredon *m*

davon en, de cela; ***das kommt ~!*** c'est bien fait; ***auf und ~ sein*** F avoir filé *od* décampé; **~kommen** s'en sortir (***mit*** avec); *mit dem Leben* en réchapper; ***mit dem Schrecken ~*** en être quitte pour la peur; **~laufen** partir en courant, se sauver; **~tragen** *Sieg* remporter (***über*** sur)

davor devant; *zeitlich* avant; ***ich habe Angst ~*** j'en ai peur

dazu *Zweck* à cela, pour cela, dans ce but; *ferner* avec cela, en outre, de plus; ***ich bin nicht ~ gekommen*** (***zu*** ...) je n'ai pas trouvé le temps (de ...); ***wie kommst du denn ~?*** quelle drôle d'idée!; **~gehören** en faire partie; **~gehörig** y appartenant, qui en fait partie; **~kommen** survenir; ***noch ~*** s'y ajouter

dazwischen entre les deux, au milieu; *zeitlich* entre-temps; **~kommen** *Ereignis* intervenir, survenir; **~reden** ***red nicht immer dazwischen!*** ne m'interromps pas sans cesse!

DD-Diskette *f* disquette *f* double densité

DDR *hist f* R.D.A. *f* (République démocratique allemande)

Deal *m* F transaction *f*; **ℒen** F faire le trafic de drogues; **~er** *m* F revendeur *m* de drogues

dearchivieren *EDV* décompacter, décompresser

Debatt|e *f* débat *m*; ⚠ ***le*** débat; **ℒieren** débattre (***über etw*** qc)

dechiffrieren déchiffrer, décoder

Deck *mar n* pont *m*

Decke *f* couverture *f*; *Zimmer*ℒ plafond *m*

Deckel *m* couvercle *m*

deck|en *Dach, mil, Kosten* couvrir; *Bedarf* satisfaire à; *Sport* marquer; ***den Tisch ~*** mettre la table; ***sich ~*** coïncider; **ℒung** *f* couverture *f* (*a comm u mil*); *Sport* marquage *m*; ***~ des Bedarfs*** satisfaction *f* des besoins

Decoder *m* décodeur *m*

defekt 1. défectueux; *beschädigt* endommagé, avarié, en panne; **2.** ℒ *m* défaut *m*, manque *m*

Defensive *f* défensive *f*

defin|ieren définir; **ℒition** *f* définition *f*

Defizit *comm n* déficit *m*

Degen *m* épée *f*

degenerieren dégénérer

dehn|bar extensible; *fig* élastique; **ℒbarkeit** *f* extensibilité *f*; *fig* élasticité *f*; **~en** (***sich*** ~) s'étendre, (s')allonger, (s')étirer; *phys* (se) dilater; **ℒung** *f* extension *f*; *phys* dilatation *f*

Deich *m* digue *f*

Deichsel *f* timon *m*

dein ton, ta, *pl* tes; **~er, ~e, ~es, *der, die, das* ~e *od* ~ige** le tien, la tienne; **~erseits** de ton côté, de ta part; **~etwegen** à cause de toi, pour toi

dekaden|t décadent; **ℒz** *f* décadence *f*

Deklin|ation *gr f* déclinaison *f*; **ℒieren** décliner

dekomprimieren *EDV* décompacter, décompresser

Dekor|ateur *m* décorateur *m*; *Schaufenster*ℒ étalagiste *m*; **~ation** *f* décoration *f*; *Theater* décors *m/pl*; **ℒieren** décorer (***mit*** de)

delegier|en déléguer; **ℒte(r)** *m, f* délégué *m*, -e *f*

D

Delete-Taste *f* touche *f* de suppression
Delfin *zo m* dauphin *m*
delikat *heikel* délicat; *köstlich* delicieux
Delikatesse *f Leckerbissen* mets *m* fin, régal *m*; *süß* friandise *f*; ⚠ *nicht* ***délicatesse***
Delikatessgeschäft *n* épicerie *f* fine
Delikt *n* délit *m*
Delphin *m cf* ***Delfin***
Demagog|e *m* démagogue *m*; **²isch** démagogique
dementieren démentir
dem|entsprechend, ~gemäß conformément à cela, en conséquence; **~nach** donc; *cf a* ***~gemäß***; **~nächst** sous *od* d'ici peu
Demo *f* F manif *f*
Demokrat|(in *f*) *m* démocrate *m*, *f*; **~ie** *f* démocratie *f*; **²isch** démocratique; *Personen* démocrate
demolieren démolir
Demonstrant *m* manifestant *m*
Demonstration *f* manifestation *f*; *Vorführung* démonstration *f*
demonstrativ ostensible; *gr* démonstratif
demonstrieren *öffentlich* manifester; *vorführen* démontrer
Demoskopie *f* sondage *m* d'opinion
Demut *f* humilité *f*
demütig humble; **~en** (***sich*** ~ s')humilier; **²ung** *f* humiliation *f*
Den Haag La Haye *f*
denkbar imaginable
denken **1.** penser (**an** à); *nach~* réfléchir, raisonner; ***das kann ich mir*** ~ je m'en doute; ~ ***Sie mal!*** figurez-vous!, imaginez-vous!; **2.** ² *n* pensée *f*, réflexion *f*
denk|faul paresseux d'esprit; **²fehler** *m* faute *f* de raisonnement; **²mal** *n* monument *m*; **²malschutz** *m* protection *f* des monuments; **~würdig** mémorable; **²zettel** *m fig* leçon *f*
denn car; ***wo ist er ~?*** où est-il donc?; ***mehr ~ je*** plus que jamais; ***es sei ~, dass*** ... à moins que ... ne (+ *subj*)
dennoch cependant, pourtant
Denunz|iant(in *f*) *m* dénonciateur *m*, -trice *f*; **²ieren** dénoncer
Deo *n* déodorant *m*; **~dorant** *n* déodorant *m*; **~roller** *m* déodorant *m* à bille; **~spray** *m* déodorant *m* en aérosol
Deponie *f* décharge *f* publique; **²ren** déposer
Depress|ion *psych f* dépression *f*; **²iv** dépressif
deprimieren déprimer
der, die, das **1.** *Artikel* le, la, *pl* les; **2.** *demonstrativ* ce, cette, *pl* ces; *substantivisch* celui-ci, celle-ci, cela *od* ça; *pl* ceux-ci, celles-ci; **3.** *relativ* qui (*Akkusativ* que)
derart de telle manière, tellement; **~, dass** ... à tel point que ...; **~ig** tel, pareil
derb grossier
dergleichen ***nichts ~*** rien de tel
derjenige, diejenige, dasjenige celui, celle (***welcher*** qui)
derselbe, dieselbe, dasselbe le *od* la même; ***dasselbe*** *substantivisch* la même chose
Desert|eur *m* déserteur *m*; **²ieren** déserter
des|gleichen de même, pareillement; **~halb** à cause de cela, pour cette raison, c'est *od* voilà pourquoi
Design *n* design *m*, stylisme *m*
Desinfektion *f* désinfection *f*; **~smittel** *n* désinfectant *m*
desinfizieren désinfecter
Desinteress|e *n* manque *m* d'intérêt; **²iert** indifférent
Desktop-Publishing *n* publication *f* assistée par ordinateur
Desoxyribonukleinsäure *f* acide *m* désoxyribonucléique
dessen ungeachtet malgré cela, néanmoins
Destill|ation *f* distillation *f*; **²ieren** distiller
desto d'autant; ~ ***besser*** d'autant mieux, tant mieux!
deswegen *cf* ***deshalb***
Detail *n* détail *m*
Detektiv *m* détective *m*
deut|en *erklären* interpréter; ***auf etw ~*** indiquer qc; **~lich** distinct, clair, net; **²lichkeit** *f* clarté *f*, netteté *f*
deutsch allemand; *in Zssgn* germano-: ***~-polnisch*** germano-polonais; ***~-französisch*** franco-allemand; ***auf*** ² *od* ***im*** ***²en*** en allemand; *fig* ***mit j-m ~ reden*** parler carrément à qn; **²e(r)** *m*, *f* Allemand *m*, -e *f*; **²land** *n* l'Allemagne *f*
Deutung *f* interprétation *f*

D

Devise *f* devise *f*; **~n** *écon f/pl* devises *f/pl*
Dezember *m* décembre *m*; ***im ~*** en décembre; ***am 18. ~*** le 18 décembre; ***der 18. ~ 1996*** le 18 décembre 1996
dezent discret
dezentral décentralisé
Dezernat *n* département *m*
dezimal décimal; **2bruch** *m* fraction *f* décimale; **2stelle** *f* décimale *f*; **2system** *n* numération *f* décimale
d.h. (*abr **das heißt***) c'est-à-dire
Dia *n* diapo *f*
Diabetes *méd m* diabète *m*
Diagnose *f* diagnostic *m*; ⚠ ***le*** diagnostic
diagonal diagonal; **2e** *f* diagonale *f*
Dialekt *m* dialecte *m*
Dialog *m* dialogue *m* (*a EDV*); **~box** *f* zone *f* de dialogue
Dialyse *f* dialyse *f*
Diamant *m* diamant *m*
Diaprojektor *m* projecteur *m* de diapositives
Diät *méd f* régime *m*; ***~ halten*** suivre un régime; **~en** *f/pl* indemnités *f/pl* parlementaires
dich te (*vor Vokal* t'); toi
dicht épais; *Verkehr*, *Menschenmenge* dense; *Stoff* serré; *wasser~*, *luft~* étanche; ***~ an** od **bei*** tout près de; **2e** *f* épaisseur *f*; densité *f*
dicht|en composer *od* faire des vers; **2er(in** *f*) *m* poète *m*, femme *f* poète, poétesse *f* (*oft péj*); **~erisch** poétique; **2ung** *f* poésie *f*; *Gedicht a* poème *m*; *Literatur* littérature *f*; *tech* joint *m*
dick épais; *Mensch* gros; ***es macht ~*** cela fait grossir; ***durch ~ und dünn*** quoi qu'il arrive; **2e** *f* épaisseur *f*, grosseur *f*; **~flüssig** épais, visqueux; **2icht** *n* fourré *m*; **2kopf** *m* tête *f* de mule *od* de cochon, cabochard *m*; **~köpfig** têtu, entêté; **2köpfigkeit** *f* entêtement *m*; **~leibig** obèse; **2milch** *f* lait *m* caillé
Dieb|(in *f*) *m* voleur *m*, -euse *f*; **~esgut** *n* butin *m*; **~stahl** *m* vol *m*
Diele *f Flur* vestibule *m*, entrée *f*; *Brett* planche *f*
dien|en servir (***j-m*** qn); ***~ zu*** servir à (***j-m*** à qn); ***~ als*** servir de; **2er(in** *f*) *m* domestique *m*, *f*, valet *m*, serviteur *m*, servante *f*; **~lich** utile
Dienst *m* service *m*; ***~ haben*** être de service; ***j-m e-n ~ erweisen*** rendre (un) service à qn; ***außer ~*** (*abr **a.D.***) en retraite; ***der öffentliche ~*** la fonction publique
Dienstag *m* mardi *m*
Dienst|alter *n* ancienneté *f*; **2bereit** prêt à servir, disponible; **~bote** *m* domestique *m*; **~geheimnis** *n* secret *m* professionnel; **~grad** *m* grade *m*; **~leistung** *f* (prestation *f* de) service *m*; **2lich** en service officiel, pour affaires; **~mädchen** *n* bonne *f*; **~reise** *f* voyage *m* en service commandé; **~stelle** *f* service *m*, office *m*, bureau *m*; **~stunden** *f/pl* heures *f/pl* de service; **~weg** *m* voie *f* hiérarchique; ***auf dem ~*** par la voie hiérarchique
diesbezüglich à cet effet, à ce sujet
Diesel *m Motor*, *Fahrzeug* diesel *m*; **~motor** *m* moteur *m* diesel; **~öl** *n* gasoil *od* gazole *m*
dieser, diese, die(se)s **1.** *adjektivisch* ce (*vor Vokal* cet) *m*, cette *f*, ces *pl*; **2.** *substantivisch* celui-ci *m*, celle-ci *f*, *pl* ceux-ci *m*, celles-ci *f*; ***die(se)s*** *n* ceci, cela, ça F
diesig brumeux
dies|jährig de cette année; **~mal** cette fois(-ci); **~seits** de ce côté
Dietrich *m* crochet *m* (de serrurier), rossignol *m*
Diffamierung *f* diffamation *f*
Differenz *f* différence *f*; *Unstimmigkeit* différend *m*
Differenzial *n tech* différentiel *m*; *math* différentielle *f*
differenzieren différencier
digital numérique; *Tonband* audionumérique; **2anzeige** *f* affichage *m* numérique *od* digital; **2rechner** *m* calculateur *m* numérique; **2uhr** *f* montre *f* à affichage numérique
Diktat *n* dictée *f*; *pol* diktat *m*; ***nach ~ schreiben*** écrire sous dictée; ⚠ ***la*** dictée; **~or** *m* dictateur *m*; **2orisch** dictatorial; **~ur** *f* dictature *f*
diktier|en dicter; **2gerät** *n* machine *f* à dicter, dictaphone *m*
Dilettant|(in *f*) *m* dilettante *m*, *f*; **2isch** en dilettante
Dimension *f* dimension *f*
Ding *n* chose *f*; machin *m* F, truc *m* F; ***vor allen ~en*** avant tout; ***guter ~e sein*** être de bonne humeur; *prov **aller guten ~e sind drei*** jamais deux sans trois

Dingsbums *n* F truc *m*, machin-chouette *m*

Dingsda F ***Herr ~*** monsieur Chose *od* Machin

Dinosaurier *m* dinosaure *m*

Diode *f* diode *f*

Diox|id *chim n* dioxide *m*; **~in** *chim n* dioxine *f*

Diözese *rel f* diocèse *m*; ⚠ ***le*** diocèse

Diphtherie *méd f* diphtérie *f*

Diphthong *ling m* diphtongue *f*

Diplom *n* diplôme *m*

Diplomat *m* diplomate *m*; **~ie** *f* diplomatie *f*; **Ձisch** diplomatique; *fig Person* diplomate

Diplomingenieur *m* ingénieur *m* diplômé d'État

dir te (*vor Vokal* t'); toi, à toi

direkt direct; (tout) droit; *TV* en direct; ***~ gegenüber*** juste en face; **Ձion** *f* direction *f*; **Ձor(in** *f*) *m* directeur *m*, directrice *f*; *Gymnasium* proviseur *m*; *Collège* principal *m*; *Grundschule* directeur *m*, directrice *f*; **Ձübertragung** *Radio, TV f* émission *f* en direct; **Ձzugriffsspeicher** *m* mémoire *f* vive

Dirig|ent *mus m* chef *m* d'orchestre; **Ձieren** diriger *od* conduire un orchestre

Diskette *f* disquette *f*; **~nlaufwerk** *n* lecteur *m* de disquettes

Disko *f* F discothèque *f*, boîte *f*

Diskont *écon m* escompte *m*; **~satz** *m* taux *m* d'escompte

Diskothek *f* discothèque *f*

diskreditieren discréditer

Diskrepanz *f* divergence *f*

diskret discret; **Ձion** *f* discrétion *f*

diskriminier|en discriminer; **Ձung** *f* discrimination *f*

Diskus *Sport m* disque *m*

Diskussion *f* discussion *f*; ***das steht nicht zur ~*** le problème n'est pas là; **~sleiter** *m* animateur *m* du débat

Diskus|werfen *n* lancement *m* du disque; **~werfer** *m* lanceur *m* de disque

diskutieren discuter (***etw*** qc, ***über*** de *od* sur)

Display *n* afficheur *m*

Disqualifi|kation *f* disqualification *f*; **Ձzieren** disqualifier

Dissertation *f* thèse *f* de doctorat; ⚠ *nicht* ***dissertation***

Distanz *f* distance *f*; **Ձieren** distancer; ***sich ~*** se distancer (***von*** de), prendre ses distances (par rapport à)

Distel *bot f* chardon *m*

Disziplin *f* discipline *f*; **Ձarisch** disciplinaire; **Ձiert** discipliné

Divi|dende *écon f* dividende *m*; ⚠ ***le*** dividende; **Ձdieren** diviser; **~sion** *f math, mil* division *f*

DM *f* mark *m*; ⚠ ***le*** mark

DNS *f* A.D.N. *m* (= acide désoxyribonucléique)

doch *jedoch* cependant, pourtant; *bejahend auf verneinte Frage* si!; ***komm ~!*** viens donc!; ***du weißt ~, dass*** ... tu sais bien que ...; ***wenn er ~ käme!*** si seulement il venait!

Docht *m* mèche *f*

Dock *mar n* dock *m*, bassin *m*

Dogge *zo f* dogue *m*; ⚠ ***le*** dogue

Dogma *n* dogme *m*

Doktor *m* docteur *m* (*a Arzt*); **~arbeit** *f* thèse *f* de doctorat

Doktrin *f* doctrine *f*

Doku *f* F doc *f*

Dokument *n* document *m*; **~arfilm** *m* documentaire *m*; **Ձieren** documenter

Dolch *m* poignard *m*

dolmetsch|en traduire; servir d'interprète; **Ձer(in** *f*) *m* interprète *m, f*

Dom *m* cathédrale *f*; ⚠ *nicht* ***dôme***

Domäne *f* domaine *m*; ⚠ ***le*** domaine

dominieren dominer; **~d** dominant

Dompfaff *zo m* bouvreuil *m*

Dompt|eur *m*, **~euse** *f* dompteur *m*, -euse *f*

Donau ***die ~*** le Danube

Donner *m* tonnerre *m*; **Ձn** tonner (***es donnert*** il tonne); *Geschütze* tonner, gronder; *Zug* passer avec un bruit de tonnerre; **~stag** *m* jeudi *m*; **~wetter!** sapristi!, nom de nom!; *erstaunt* bigre!, fichtre!, par exemple!

doof F bête, idiot, stupide; *langweilig* rasant, assommant

dop|en *Sport* doper; **Ձing** *n* dopage *m*; **Ձingkontrolle** *f* contrôle *m* antidopage; ⚠ ***le*** contrôle

Doppel *n* double *m* (*a Tennis*); **~bett** *n* lits *m/pl* jumeaux; **~fenster** *n* doubles fenêtres *f/pl*; **~gänger** *m* double *m*, sosie *m*; **~haus** *n* maisons *f/pl* jumelles; **Ձklicken** *EDV* cliquer deux fois; **~punkt** *m* deux-points *m*

doppelt double; ***~ so viel*** deux fois plus;

~ **sehen** voir double; **in ~er Ausfertigung** en deux exemplaires; **das** 2**e** le double
Doppel|verdienst *m* cumul *m* de deux salaires; **~zentner** *m* quintal *m*; **~zimmer** *n* chambre *f* pour deux personnes, chambre *f* double
Dorf *n* village *m*; **~bewohner(in** *f*) *m* villageois *m*, -e *f*
Dorn *m* épine *f*; 2**ig** épineux
dörr|en (des)sécher; 2**obst** *n* fruits *m/pl* séchés
Dorsch *zo m* morue *f*
dort là, y, par là; ~ **drüben** là-bas; **~her** de là, de là-bas; **~hin** (de ce côté-)là, là-bas; **~ig** de là-bas, de cet endroit
Dose *f* boîte *f*
dösen somnoler
Dosenöffner *m* ouvre-boîtes *m*
Dosimeter *n* dosimètre *m*
Dosis *f* dose *f*
Dotter *m od n* jaune *m* d'œuf
Double *n Film* doublure *f*
Dover Douvres
Downloading *EDV n* téléchargement *m*
Dozent(in *f*) *m* maître *m* de conférences, chargé *m*, -e *f* de cours
Drache *m Fabeltier* dragon *m*; **~n** *m Spielzeug* cerf-volant *m*, *Fluggerät* deltaplane *m*; **e-n ~ steigen lassen** lancer un cerf-volant; **~nfliegen** *n* deltaplane *m*; **~nflieger** *m* deltaplaniste *m*
Draht *m* fil *m* (métallique); *fig* **auf ~ sein** être sur le qui-vive, F être branché; 2**ig** sportif, nerveux; 2**los** *durch Funk* sans fil; **~seilbahn** *f* téléphérique *od* téléférique *m*; *auf Schienen* funiculaire *m*; **~zieher** *m* fig **der ~ sein** tirer les ficelles
Drama *n* drame *m*; **~tiker** *m* auteur *m* dramatique; 2**tisch** dramatique
dran F **wer ist ~?** à qui le tour?; **ich bin ~** c'est mon tour; *cf a* **daran**
Drang *m* impulsion *f*, envie *f*
drängeln pousser; se bousculer
drängen presser, pousser; **j-n ~, etw zu tun** presser qn de faire qc; **sich ~** se presser, se pousser, se bousculer; **sich durch die Menge ~** se frayer un chemin à travers la foule; **die Zeit drängt** le temps presse
drankommen F **ich komme dran** c'est mon tour
drastisch *Ausdruck* cru, vert; **~e Maßnahmen** mesures radicales *od* draconiennes
drauf F **~ und dran sein, etw zu tun** être sur le point de faire qc; *cf a* **darauf**; 2**gänger** *m* risque-tout *m*, casse-cou *m*, tête *f* brûlée
draußen dehors
Dreck *m* saleté *f*, crasse F *f*; *Straßen*2 boue *f*; *fig Schund* saleté *f*, saloperie F *f*; 2**ig** sale; boueux; *fig Witz* obscène; **es geht ihm ~** F il est dans la mouise
Dreh F *m* truc *m*; **er ist auf den ~ gekommen** il a trouvé la combine; **~bank** *tech f* tour *m*; 2**bar** tournant; **~bleistift** *m* porte-mine *m*; **~buch** *n Film* scénario *m*
drehen tourner (*a Film*); **sich ~** tourner; **worum dreht es sich?** de quoi s'agit-il?
Dreh|kreuz *n* tourniquet *m*; **~orgel** *f* orgue *m* de Barbarie; **~scheibe** *f* plaque *f* tournante (*a fig*); **~ung** *f* tour *m*, rotation *f*; **~zahl** *f* nombre *m* de tours; *auto* régime *m*; **~zahlmesser** *m* compte-tours *m*
drei 1. trois; **2.** 2 *f* trois *m*; *Note* assez bien; **~dimensional** tridimensionnel; 2**eck** *n* triangle m; **~eckig** triangulaire; 2**einigkeit** *rel f* Trinité *f*; **~erlei** de trois sortes; **~fach** triple; **~farbig** tricolore; **~hundert** trois cents; 2**kampf** *Sport m* triathlon *m*; 2**königstag** *m* jour *m* des Rois; **~mal** trois fois; 2**rad** *n* tricycle *m*; *für Lasten* triporteur *m*; 2**satz** *math m* règle *f* de trois; **~spurig** à trois voies
dreißig trente; **etwa ~** une trentaine; **~ste** trentième
dreist effronté, impertinent
drei|tägig de trois jours; 2**viertelstunde** *f* trois quarts *m/pl* d'heure; **~zehn** treize; **~zehnte** treizième
dresch|en battre; *fig* **Phrasen ~** F faire du bla-bla; 2**maschine** *f* batteuse *f*
Dresden Dresde
dress|ieren dresser; 2**ur** *f* dressage *m*; 2**urpferd** *n* cheval *m* de dressage
dribbeln *Fußball* dribbler
drillen *mil u fig* dresser
Drillinge *m/pl* triplé(e)s *m(f)pl*
drin F *cf* **darin**
dring|en **durch etw ~** pénétrer à travers qc, traverser qc; **aus etw ~** sortir *od* s'échapper de qc; **darauf ~, dass** ...

insister pour que (+ *subj*); **an die Öffentlichkeit** ~ transpirer dans le public; **~end** urgent, pressant; *Verdacht* sérieux; *adv* d'urgence; **~lich** urgent, pressant; **²lichkeit** *f* urgence *f*
drinnen dedans
dritte troisième; **zu dritt sein** être trois; **die ² Welt** le tiers monde; **²l** *n* tiers *m*; **~ns** troisièmement, tertio
Drog|e *f* drogue *f*; **²enabhängig, ²ensüchtig** drogué; **~enszene** *f* milieu *m* de la drogue; **~entote(r)** *m*, *f* victime *f* de la drogue; **~erie** *f* droguerie *f*, herboristerie *f*; **~ist(in** *f*) *m* droguiste *m*, *f*; marchand *m* de couleurs
drohen menacer (**j-m** qn, **mit** de)
dröhnen retentir; *Motor* vrombir
Drohung *f* menace *f*
drollig amusant, drôle
Dromedar *zo n* dromadaire *m*
Drossel *zo f* grive *f*
drosseln freiner, limiter
drüben de l'autre côté
drüber F *cf* **darüber**
Druck *m* pression *f*; *Buch²* impression *f*; **~buchstabe** *m* lettre *f* d'imprimerie
Drückeberger *m* tire-au-flanc *m*
drucken imprimer
drücken presser, serrer; *stoßen* pousser; **auf etw** ~ appuyer sur qc; **j-m die Hand** ~ donner une poignée de main à qn; *fig* **die Preise** ~ faire baisser les prix; **sich** ~ F tirer au flanc, se défiler; **~d** *Hitze* étouffant; *Schweigen* oppressant
Drucker *m* imprimeur *m*; *EDV-Gerät* imprimante *f*
Drücker *m Tür* poignée *f*; F **am ~ sitzen** être à un poste clé; F être dans les huiles
Drucker|ei *f* imprimerie *f*; **~schwärze** *f* encre *f* d'imprimerie
Druck|fehler *m* faute *f* d'impression; **~knopf** *m* bouton-pression *m*; *Schalter* bouton-poussoir *m*; **~luft** *f* air *m* comprimé; **~sache** *f* imprimé *m*; **~schrift** *f* **in** ~ en caractères *m*/*pl* d'imprimerie
drum F *cf* **darum**
drunter **alles geht ~ und drüber** tout est sens dessus dessous; *cf a* **darunter**
Drüse *f* glande *f*
Dschungel *m* jungle *f*; ⚠ **la** jungle
DTP *n* P.A.O. *f* (= publication assistée par ordinateur)
du tu (+ *Verb*); toi; ~ **bist's!** c'est toi!
Dübel *tech m* cheville *f*
ducken **sich** ~ baisser la tête (*a fig*); *niederkauern* se blottir
Dudelsack *mus m* cornemuse *f*
Duell *n* duel *m*; **²ieren sich mit j-m** ~ se battre en duel avec qn
Duett *mus n* duo *m*
Duft *m* parfum *m*, bonne odeur *f*; **²en** sentir bon; **²end** odorant
duld|en souffrir, tolérer; **~sam** tolérant
dumm bête, sot, stupide; *fig* **das ist mir zu** ~ F j'en ai marre; **der ²e sein** être le dindon de la farce; **²heit** *f* bêtise *f*, sottise *f*, stupidité *f*; **²kopf** *m* imbécile *m*
dumpf *Geräusch, Schmerz* sourd; *fig unklar* vague
Düne *f* dune *f*
Dung *m natürlicher* fumier *m*
düng|en engraisser; *mit Mist* fumer; **²er** *m* engrais *m*
dunkel sombre; obscur (*a fig*); *Farbe* foncé; **es wird** ~ il commence à faire nuit
dunkel|blau bleu foncé; **²heit** *f* obscurité *f*, ténèbres *f*/*pl*; **²kammer** *f Foto* chambre *f* noire
dünn mince; *Kleid, Kaffee* léger; *Luft* rare
Dunst *m* vapeur *f*, fumée *f*; *in der Luft* brume *f*
dünsten *cuis* cuire à l'étuvée
dunstig *Wetter* brumeux
Duplikat *n* duplicata *m*, copie *f*
Dur *mus* majeur; **A-Dur** la majeur
durch par; *quer* ~ à travers; *math* divisé par; **das ganze Jahr** ~ toute l'année; ~ **und** ~ complètement, d'un bout à l'autre
durcharbeiten *Stoff* étudier à fond *od* d'un bout à l'autre; *ohne Pause* travailler sans interruption
durchaus tout à fait, absolument; ~ **nicht** pas du tout
durchblättern feuilleter
Durchblick *m* échappée *f* (**auf** sur); *fig* **er hat den** ~ il voit clair; **²en** *fig* (**nicht mehr**) ~ (ne plus) voir clair; ~ **lassen** laisser entendre
durchblut|en *méd* irriguer; **²ung** *f* irrigation *f*
durch|bohren (trans)percer; *fig* **mit Blicken** ~ transpercer du regard; **~brechen** percer; *Schallmauer* franchir;

~brennen *Sicherung* sauter; *Glühbirne* griller; F *weglaufen* filer, se sauver; **~bringen** *Gesetz*, *Kandidaten* faire passer; *Kranken* sauver; *Vermögen* gaspiller, dilapider
Durchbruch *m* percée *f* (*a mil u fig*)
durch|denken examiner à fond; **~diskutieren** discuter à fond; **~drehen** s'affoler, craquer
durchdringen pénétrer; **~d** pénétrant; *Blick*, *Schrei* perçant
durcheinander 1. pêle-mêle, en désordre; ~ ***bringen*** mettre en désordre; *verwirren* troubler; *verwechseln* mélanger, confondre; ~ ***reden*** parler tous à la fois; *fig* ~ ***sein*** être troublé, ne plus s'y retrouver; **2.** **♀** *n* confusion *f*, désordre *m*, F pagaille *f*
durchfahr|en passer par, traverser; *nicht halten* ne pas s'arrêter; ***bei Rot*** ~ griller un feu rouge; **♀t** *f* passage *m*; ~ ***verboten!*** passage interdit!
Durchfall *m méd* diarrhée *f*; *fig* échec *m*; **♀en** *Examen* échouer, être recalé
durch|finden ***sich*** ~ trouver son chemin; **~fragen** ***sich*** ~ demander son chemin
durchführ|bar exécutable, réalisable; **~en** exécuter, mettre à exécution, réaliser
Durchgang *m* passage *m*; *Sport* manche *f*; *Wahl* tour *m* de scrutin; **~sverkehr** *m* trafic *m* de transit
durchge|braten bien cuit; **~froren** transi
durchgehen passer (***durch*** par); *Vorschlag* être adopté; *Pferd*, *Motor*, *Fantasie* s'emballer; *fliehen* s'enfuir; *fig* examiner; *durchlesen* parcourir; ***e-e Lektion noch einmal*** ~ repasser une leçon; ***j-m etw*** ~ ***lassen*** laisser passer qc à qn, fermer les yeux sur qc; **~d** *Zug* direct; ~ ***geöffnet*** ouvert en permanence *od* sans interruption
durch|greifen prendre des mesures énergiques; **~halten** tenir bon; **~hauen** couper en deux; **~kommen** passer (***durch*** par); *fig* se tirer d'affaire; réchapper d'une maladie; *im Examen* réussir, être reçu; **~können** pouvoir passer (***durch*** par); **~kreuzen** *Pläne* contrarier, contrecarrer
durch|lassen laisser passer; **~lässig** perméable
durchlauf|en *Sohlen* percer (à force de marcher); *Strecke* parcourir; *Schule* passer par, faire; **♀erhitzer** *m* chauffe-eau *m* instantané
durch|lesen lire (entièrement); *flüchtig* parcourir; **~leuchten** *méd* radiographier; ***durchleuchtet werden*** passer une radio; **~löchern** trouer; **~machen** *Klasse* faire; ***e-e Klasse noch mal*** ~ redoubler une classe; ***viel*** ~ passer par de rudes épreuves
Durchmesser *m* diamètre *m*
durch|müssen devoir passer (***durch*** par); **~nehmen** *Thema* traiter, étudier; **~pausen** décalquer; **~probieren** essayer l'un après l'autre; **~rechnen** calculer
Durchreise *f* passage *m*; ***auf der*** ~ ***sein*** être de passage; ***auf der*** ~ ***durch*** en passant par; **♀n** passer; *Gegend* traverser
durch|reißen déchirer; **~ringen** ***sich zu etw*** ~ se résoudre à qc
Durchsage *f* annonce *f*, message *m*
durchschauen ***j-n*** ~ pénétrer les intentions de qn
durchscheinen transparaître; **~d** transparent, translucide
Durchschlag *m Kopie* double *m*, copie *f*; **♀en** *Geschoss* percer; *zerschlagen* casser en deux; *Farbe etc* passer à travers; ***sich*** ~ se débrouiller; ***sich mühsam*** ~ gagner péniblement sa vie; **♀end** efficace, décisif; *Erfolg* retentissant; **~skraft** *f* force *f* percutante (*a fig*)
durchschneiden couper (en deux), trancher; ***j-m die Kehle*** ~ couper la gorge à qn
Durchschnitt *m* moyenne *f*; ***im*** ~ en moyenne; **♀lich** moyen; *adv* en moyenne
Durchschnitts|alter *n* âge *m* moyen; **~einkommen** *n* revenu *m* moyen; **~geschwindigkeit** *f* vitesse *f* moyenne; **~mensch** *m* homme *m* moyen *od* de la rue; *péj* homme *f* médiocre; **~wert** *m* valeur *f* moyenne
Durchschrift *f* copie *f*, double *m*
durch|sehen regarder à travers; *Text* parcourir; *prüfend* examiner; *noch einmal* ~ réviser; **~setzen** imposer, faire adopter; ***seinen Willen*** ~ imposer sa volonté; ***sich*** ~ s'imposer; **~setzt** ~ ***mit*** entremêlé de

Durchseuchung *f* contamination *f*
Durchsicht *f* examen *m*, révision *f*; **2ig** transparent (*a fig*)
durch|sickern suinter, s'infiltrer; *fig* transpirer; **~sieben** passer au crible; ***mit Kugeln ~*** cribler de balles; **~sprechen** discuter; **~stechen** percer; **~stecken** faire passer (à travers); **~streichen** barrer, biffer, rayer
durchsuch|en fouiller; **2ung** *f* fouille *f*; *Wohnung* perquisition *f*
durchtreten *Gaspedal* appuyer à fond sur
durchtrieben rusé, roué, madré, malin, roublard
Durchwahl *f* automatique *m*; *Nummer* numéro *m* de poste
durchweg sans exception, tous (toutes)
durch|wühlen fouiller (***etw*** dans qc); **~zählen** compter un à un; **~ziehen** passer; *Gebiet* parcourir
Durchzug *m* courant *m* d'air
dürfen avoir le droit *od* la permission (de), être autorisé (à); pouvoir; devoir; ***darf ich Ihnen helfen?*** est-ce que je peux vous aider?; ***das hättest du nicht tun ~*** tu n'aurais pas dû faire cela; ***das dürfte genügen*** cela devrait suffire
dürftig insuffisant, maigre
dürr sec (*a Mensch*); *Boden* aride; *Ast, Blatt a* mort; **2e** *f* sécheresse *f*
Durst *m* soif *f* (*fig* ***nach*** de); ***~ haben*** avoir soif; **2ig *~ sein*** avoir soif; **2stillend** désaltérant
Dusche *f* douche *f*; **2n** *j-n* doucher; (***sich***) **~** se doucher, prendre une douche
Düse *tech f* tuyère *f*; **2n** F foncer, filer; **~nantrieb** *m* propulsion *f* par réaction; **~nflugzeug** *n* avion *m* à réaction; **~ntriebwerk** *n* (turbo)réacteur *m*
düster sombre (*a fig*)
Dutyfreeshop *m* boutique *f* hors taxes
Dutzend *n* douzaine *f*; **2weise** par douzaines
duzen (***sich ~*** se) tutoyer
Dynam|ik *f* dynamique *f*; *fig a* dynamisme *m*; **2isch** dynamique
Dynamit *n* dynamite *f*; ⚠ ***la*** dynamite
Dynamo *m* dynamo *f*; ⚠ ***la*** dynamo
D-Zug *m* express *m*

E

E *mus n* mi *m*
Ebbe *f* marée *f* basse; ***~ und Flut*** marée *f*
eben 1. *adj* plat, plan; ***zu ~er Erde*** au rez-de-chaussée; **2.** *adv* justement; ***~ angekommen sein*** venir d'arriver; ***ich wollte ~ sagen*** j'allais dire; **~bürtig *j-m ~ sein*** valoir qn
Ebene *f* plaine *f*; *pol* ***auf höchster ~*** au plus haut échelon
ebenerdig au niveau du sol
ebenfalls de même, pareillement
Ebenholz *n* bois *m* d'ébène
ebenso de même; ***~ sehr, ~ viel*** autant (de); ***~ wenig*** tout aussi peu
Eber *zo m* verrat *m*; **~esche** *bot f* sorbier *m*
ebnen aplanir (*a fig*)
Echo *n* écho *m*
echt véritable, naturel; authentique; **2heit** *f* vérité *f*; authenticité *f*; **2zeit** *f* temps *m* réel
Eckball *m Sport* corner *m*
Eck|e *f* coin *m*; **2ig** angulaire, anguleux; *fig* gauche; **~zahn** *m* canine *f*
Ecstasy *n* ecstasy *f*; ⚠ ***une*** ecstasy
Ecu *m od f* écu *m*
edel noble; généreux; *Metall* précieux; **2metall** *n* métal *m* précieux; **2mut** *m* générosité *f*; **~mütig** généreux; **2stahl** *m* acier *m* inoxydable; **2stein** *m* pierre *f* précieuse; **2tanne** *bot f* sapin *m* argenté
editieren éditer
Editor *EDV m* éditeur *m*
EDV *f* informatique *f*
EEG *n* électro-encéphalogramme *m*
Efeu *bot m* lierre *m*
Effekt *m* effet *m*
Effekten *pl Habe* effets *m/pl*; *Wertpa-*

piere titres *m/pl*, effets *m/pl* publics, valeurs *f/pl*

Effekt|hascherei *f* tape-à-l'œil *m*; **2iv** *tatsächlich* effectif; *wirksam* efficace; **~ivität** *f* efficacité *f*; **2voll** qui fait de l'effet; théâtral

effizient efficace

EG *f* C.E.E. *f* (= Communauté économique européenne)

egal égal; **~ *ob*** peu importe que ... (+ *subj*); ***das ist* ~** ça revient au même; ***das ist mir* ~** ça m'est égal

Egge *f* herse *f*; **2n** herser

Egois|mus *m* égoïsme *m*; **~t(in** *f*) *m* égoïste *m, f*; **2tisch** égoïste

ehe ~ (***dass***) avant que ... (+ *subj*), avant de (+ *inf*); ***nicht* ~** pas jusqu'à ce que (+ *subj*)

Ehe *f* mariage *m*; ***wilde* ~** union *f* libre, concubinage *m*; **2ähnlich *~e Gemeinschaft*** concubinage *m*; **~brecher(in** *f*) *m* adultère *m*, femme *f* adultère; **2brecherisch** adultère; **~bruch** *m* adultère *m*; **~frau** *f* femme *f*, épouse *f*; **~leute** *pl* époux *m/pl*; **2lich** conjugal; *Kind* légitime; **~losigkeit** *f* célibat *m*; **2malig** ancien, d'autrefois; **~malige** *m/pl* anciens élèves *m/pl*; **~mann** *m* mari *m*; **~paar** *n* couple *m* (de mariés)

eher *früher* plus tôt; *lieber* plutôt; ***je* ~ *desto lieber*** le plus tôt sera le mieux; ***nicht* ~ *als*** pas avant que ... (+ *subj*)

Ehe|ring *m* alliance *f*; **~scheidung** *f* divorce *m*; **~schließung** *f* mariage *m*; **~vermittlungsinstitut** *n* agence *f* matrimoniale

ehrbar honorable, honnête

Ehre *f* honneur *m*; ***zu* *~n von*** en l'honneur de; **2n** honorer; respecter

Ehren|amt *n* charge *f* honorifique; **2amtlich *~e Helfer*** *pl* des bénévoles; **~bürger(in** *f*) *m* citoyen *m*, -ne *f* d'honneur; **~doktor** *m* docteur *m* honoris causa; **~gast** *m* invité *m* d'honneur; **~mann** *m* homme *m* d'honneur; **~mitglied** *n* membre *m* honoraire; **~platz** *m* place *f* d'honneur; **~rechte** *n/pl* ***bürgerliche* ~** droits *m/pl* civiques; **~rettung** *f* réhabilitation *f*; **2rührig** injurieux; **2voll** honorable; **~wort** *n* parole *f* d'honneur

Ehr|furcht *f* respect *m*; **2fürchtig, 2furchtsvoll** respectueux; **~gefühl** *n* sens *m od* sentiment *m* de l'honneur; **~geiz** *m* ambition *f*; **2geizig** ambitieux

ehrlich honnête; **~ *gesagt*** pour dire vrai; **2keit** *f* honnêteté *f*

ehr|los infâme; **2losigkeit** *f* infamie *f*; **2ung** *f* hommage *m*; **~würdig** vénérable

Ei *n* œuf *m*

ei! eh!, tiens!

Eiche *bot f* chêne *m*

Eichel *f* gland *m*

eichen 1. *adj* de *od* en chêne; **2.** *Verb*: *Hohlmaße* jauger; *Gewichte, Maße* étalonner

Eich|hörnchen *zo n* écureuil *m*; **~maß** *n* étalon *m*; *Hohl- u Längenmaß* jauge *f*

Eid *m* serment *m*; ***an ~es statt erklären*** certifier sur l'honneur; ***unter* ~ *stehen*** être assermenté

Eidechse *zo f* lézard *m*

eid|esstattlich *jur* ***~e Erklärung*** déclaration *f* sur l'honneur; **2genosse** *m* confédéré *m*, Suisse *m*

Eidotter *m* jaune *m* d'œuf

Eier|becher *m* coquetier *m*; **~kuchen** *m* omelette *f*; **~schale** *f* coquille *f* d'œuf; **~stock** *méd m* ovaire *m*; **~uhr** *f* sablier *m*

Eifer *m* zèle *m*; empressement *m*; **~sucht** *f* jalousie *f*; **2süchtig** jaloux (***auf*** de)

eifrig zélé; empressé

Eigelb *n* jaune *m* d'œuf

eigen propre; spécifique; particulier; **2art** *f* particularité *f*; **~artig** particulier, singulier; *seltsam* curieux, étrange; **2bedarf** *m* consommation *f* personnelle; **~händig** de mes (*od* ses, *etc*) propres mains; **2heim** *n* maison *f* individuelle; **2heit** *f* particularité *f*; trait *m* caractéristique; **2lob** *n* éloge *m* de soi-même; **~mächtig** arbitraire; **2name** *m* nom *m* propre; **~nützig** égoïste

eigens exprès

Eigen|schaft *f* qualité *f*; *phys, chim* propriété *f*; ***in seiner* ~ *als*** en sa qualité de; **~sinn** *m* entêtement *m*, opiniâtreté *f*; **2sinnig** entêté, opiniâtre

eigentlich proprement dit, véritable; *Sinn* propre; *adv* en réalité; à vrai dire

Eigen|tor *n Sport* but *m* contre son propre camp; **~tum** *n* propriété *f*; **~tumswohnung** *f* appartement *m* en copropriété; **~tümer(in** *f*) *m* propriétaire *m*,

E

f; **2tümlich** singulier, étrange; **~tümlichkeit** *f* particularité *f*; **2willig** entêté; volontaire; *Stil* individuel; original
eignen ***sich ~*** se prêter (***zu*** à); convenir (***für*** pour); ***sie eignet sich nicht zu dieser Arbeit*** elle n'est pas faite pour ce travail
Eignung *f* aptitude *f* (***für*** à); **~stest** *m* test *m* d'aptitude
Eil|bote *m* courrier *m*; ***durch ~n*** par exprès; **~brief** *m* lettre *f* (par) exprès
Eile *f* hâte *f*; **2n** se hâter, se dépêcher; *Sache* être urgent
eilig *Person* pressé; *Sache* pressant; ***es ~ haben*** être pressé; **~st** à la hâte, vite
Eilzug *m* train *m* direct
Eimer *m* seau *m*
ein *Zahlwort, Artikel* un, une; ***~ für alle Mal*** une fois pour toutes; ***sein 2 und Alles*** tout ce qu'il a de plus cher; ***~er von uns beiden*** l'un de nous deux; ***bei j-m ~ und aus gehen*** fréquenter qn
einander l'un l'autre, les uns les autres; l'un à l'autre, les uns aux autres
einarbeiten ***sich ~*** se mettre au courant d'un travail, s'initier à un travail
einarmig à un bras
einäscher|n incinérer; **2ung** *f* incinération *f*
einatmen inspirer, inhaler
einäugig borgne
Einbahnstraße *f* sens *m* unique
Einband *m* reliure *f*
einbändig en un seul volume
Einbau *m* montage *m*; mise *f* en place; **2en** *Möbel* encastrer; *Geräte* installer, monter; **~möbel** *pl* meubles *m/pl* encastrables
einberuf|en *mil* appeler sous les drapeaux; *Parlament* convoquer
einbeziehen inclure, comprendre (***in*** dans)
einbiegen ***in e-e Straße ~*** s'engager dans une rue
einbild|en ***sich ~*** s'imaginer; **2ung** *f* imagination *f*; *irrige Vorstellung* illusion *f*; *Anmaßung* suffisance *f*; **2ungskraft** *f* imagination *f*
einbinden *Buch* relier; *fig* intégrer
Einblick *m* vue *f*; *fig* connaissance *f*; ***flüchtiger ~*** aperçu *m*
einbrech|en ***in ein Haus ~*** cambrioler une maison; **2er** *m* cambrioleur *m*
einbringen *Antrag* déposer; *Getreide* engranger; *Gewinn* rapporter; ***sich ~*** s'intégrer
Einbruch *m in ein Haus* effraction *f*, cambriolage *m*; ***bei ~ der Nacht*** à la tombée de la nuit; **~(s)diebstahl** *m* cambriolage *m*
ein|bürgern naturaliser; *fig* ***sich ~*** *Sitten* s'introduire, passer dans les mœurs; **2bürgerung** *f* naturalisation *f*; **2buße** *f* perte *f*; **~büßen** perdre; **~checken** enregistrer; **~dämmen** endiguer; **~decken** ***sich ~*** se pourvoir (***mit*** de), s'approvisionner (en)
eindeutig sans équivoque, clair; *fig* catégorique, net
eindring|en pénétrer (***in*** dans); *mil* envahir (***in ein Land*** un pays); **~lich** insistant; *adv* avec insistance; **2lichkeit** *f* insistance *f*
Ein|druck *m* impression *f*; **2drücken** enfoncer; **2drucksvoll** impressionnant
eineinhalb un et demi
Einelternteilfamilie *f* famille *f* monoparentale
einengen resserrer, restreindre
Einer *m math* unité *f*; *Ruderboot* canot *m* à un rameur
einerlei **1.** ***das ist ~!*** c'est indifférent!; **2.** **2** *n* monotonie *f*; ***das tägliche ~*** le traintrain quotidien
einerseits d'une part, d'un côté
einfach simple; modeste; *Mahl* frugal; *Fahrkarte* simple; **2heit** *f* simplicité *f*; frugalité *f*
einfädeln *Nadel* enfiler; *fig* engager
einfahren (r)entrer (***in*** dans); *Bergwerk* descendre; *Auto* roder
Einfahrt *f* entrée *f*; *Torweg* porte *f* cochère
Einfall *m mil* invasion *f*; *plötzlicher Gedanke* idée *f*; ***er ist auf den ~ gekommen zu*** ... il lui a pris la fantaisie de ...; **2en** s'écrouler; *mil* envahir (***in ein Land*** un pays); ***sich ~ lassen, etw zu tun*** s'aviser de faire qc
Ein|falt *f* simplicité *f*; naïveté *f*; niaiserie *f*; **2fältig** simple; naïf; niais; **~familienhaus** *n* maison *f* individuelle; **2fangen** saisir; *Stimmung* rendre; **2farbig** d'une seule couleur; *Stoff* uni
einfass|en border (***mit*** de); garnir
einfetten graisser; *tech* lubrifier
ein|finden ***sich ~*** se présenter; **~flech-**

ten *fig* insérer; **~fliegen** faire venir par avion; **~fließen** couler; *fig* ***etw ~ lassen*** glisser qc (***in*** dans); **~flößen** *Arznei* faire prendre; *Angst* inspirer
Einfluss *m* influence *f*; **2reich** influent, puissant
einförmig uniforme; *fig* monotone; **2keit** *f* uniformité *f*; monotonie *f*
ein|frieren geler; être pris dans les glaces; *Lebensmittel* congeler; **2fügemodus** *EDV m* mode *m* insertion; **~fügen** (***sich*** s')insérer; **2fügetaste** *EDV f* touche *f* d'insertion; **~fühlen *sich ~ in j-n*** se mettre au diapason *od* dans la peau de qn; **~fühlsam** compréhensif, compatissant; **2fühlungsvermögen** *psych n* faculté *f* de s'identifier à qn; pouvoir *m* d'intuition
Ein|fuhr *f* importation *f*; **2führen** (***sich ~*** s')introduire; *Waren* importer; *in ein Amt* installer; **~fuhrstopp** *écon m* arrêt *m* des importations; **~führung** *f* introduction *f*
Eingabe *f* pétition *f*; *Daten* entrée *f*; **~taste** *f* touche *f* d'entrée
Eingang *m* entrée *f*; ***verbotener ~*** entrée interdite
ein|geben *Arznei* administrer, faire prendre; *Daten* entrer; *fig* suggérer; **~gebildet** imaginaire; *dünkelhaft* vaniteux, présomptueux
Eingeborene(r) *m, f* indigène *m, f*
Eingebung *f* inspiration *f*
ein|gefallen *Wange* creux; *Auge* enfoncé; **~gefleischt** invétéré; ***~er Junggeselle*** célibataire *m* endurci
eingehen *Post* arriver; *Pflanze, Tier* mourir, crever F; *Stoff* rétrécir; ***auf etw ~*** consentir à qc, accepter qc; ***ein Risiko ~*** courir un risque; **~d** détaillé, minutieux
Eingemachte(s) *n* confitures *f/pl*; conserves *f/pl*; ***ans ~ gehen*** entamer ses réserves
ein|gemeinden rattacher à une commune; **~genommen** prévenu (***für*** en faveur de; ***gegen*** contre); ***von sich ~*** suffisant, infatué; **~geschnappt** vexé, froissé, piqué; **~geschränkt** restreint; **~geschrieben** *Brief* recommandé; **~gespielt *gut aufeinander ~ sein*** bien travailler ensemble; **~gestellt *~ auf*** préparé à; **~getragen** enregistré; ***~es Warenzeichen*** marque *f* déposée; **2geweide** *pl* intestins *m/pl*; entrailles *f/pl*; **~gewöhnen** (***sich ~*** s')acclimater; **~gießen** verser (***in*** dans); **~gleisig** à voie unique; **~gliedern** intégrer, incorporer; **~graben** enterrer; **~greifen** intervenir (***in*** dans); **2griff** *m* intervention *f* (*a méd*); ***~ in das Privatleben*** atteinte *f* à la vie privée
Einhalt *m* ***~ gebieten*** arrêter; **2en** *Versprechen* tenir; *Termin* respecter; *Richtung* garder
einhändig à une seule main
einhängen *Hörer* raccrocher; ***sich bei j-m ~*** prendre le bras de qn
einheimisch indigène, autochtone
Einheit *f* unité *f*; **2lich** uniforme, homogène; *nach Einheit strebend* unitaire; **~lichkeit** *f* uniformité *f*, homogénéité *f*
Einheits|partei *f* parti *m* unifié; **~preis** *m* prix *m* unique
einhellig unanime
einholen *j-n, versäumte Zeit* rattraper; ***j-s Rat ~*** prendre conseil de qn
einig uni; (***sich***) ***~ sein, werden*** être, se mettre d'accord (***über*** sur); **~e** quelques; quelques uns(-unes); ***~e Mal*** quelquefois; **~en** unifier; ***sich ~ über etw*** tomber d'accord sur qc; **~ermaßen** en quelque sorte; *leidlich* passablement; **~es** quelque chose; différentes choses *f/pl*; **2keit** *f* accord *m*; concorde *f*; **2ung** *f* unification *f*, accord *m*
einjagen *j-m Angst* *od* ***e-n Schreck ~*** faire peur à qn; F flanquer la frousse à qn
einjährig d'un an
einkalkulieren tenir compte de, mettre en ligne de compte
Einkauf *m* achat *m*, emplette *f*; **2en** acheter; faire des achats
Einkäufer(in *f*) *m* acheteur *m*, -euse *f*
Einkaufs|bummel *m* lèche-vitrines *m*; **~preis** *m* prix *m* d'achat; **~wagen** *m* chariot *m*, caddie *m*; **~zentrum** *n* centre *m* commercial
ein|kehren entrer dans une auberge; **~klammern** mettre entre parenthèses
Einklang *m* accord *m*; ***in ~ mit*** en harmonie avec
ein|kleiden *sich neu ~* s'habiller de neuf; **~klemmen** coincer; **~kochen** faire des conserves; mettre en conserve
Einkommen *n* revenu *m*; **2sschwach** à faible revenu; **2sstark** à haut revenu; **~steuer** *f* impôt *m* sur le revenu;

~steuererklärung *f* déclaration *f* d'impôts
Einkünfte *f/pl* revenus *m/pl*
einlad|en inviter; *Gepäck* charger; **~end** engageant; **&ung** *f* invitation *f*
Ein|lage *f Brief* annexe *f*; *Kapital&* mise *f* de fonds; *Sparkasse* dépôt *m*; *Schuh* semelle *f* orthopédique; *Theater* intermède *m*; **~lass** *m* admission *f*; **&lassen** laisser entrer; ***sich auf etw*** ~ s'embarquer dans qc; ***sich mit j-m*** ~ entrer en relations avec qn
Einlauf *m* arrivée *f*; *méd* lavement *m*; **&en** arriver; *Schiff* entrer au port; *Stoff* (se) rétrécir
einleben ***sich*** ~ s'acclimater
einlege|n mettre (***in*** dans); *Lied* insérer; *Früchte, Gurken* mettre en conserve; *jur* ***Berufung*** ~ faire appel; **&sohle** *f* semelle *f* orthopédique; fausse semelle *f*
einleit|en introduire; entamer; **&ung** *f* introduction *f*
einleuchten paraître évident; **~d** évident
einliefern ***j-n ins Gefängnis*** ~ incarcérer qn; ***j-n ins Krankenhaus*** ~ hospitaliser qn
einlösen *Scheck* encaisser; *Pfand* dégager, retirer; *Versprechen* tenir
einmachen faire des conserves; mettre en conserve
einmal une fois; ***auf*** ~ tout à coup; ***nicht*** ~ pas même; ne ... même pas; ***noch*** ~ encore une fois; ***es war*** ~ il était une fois; **&eins** *n* table *f* de multiplication; **~ig** unique
Einmarsch *m* entrée *f*; *mil* invasion *f*; **&ieren** entrer, faire son entrée; *mil* envahir (***in ein Land*** un pays)
einmisch|en ***sich*** ~ se mêler (***in*** de), intervenir (dans); **&ung** *f* intervention *f*; *pol* ingérence *f*
einmünden *Straße* déboucher sur
einmütig unanime; **&keit** *f* unanimité *f*
Einnahme *f mil* prise *f*; *Geld* recette *f*
einnehmen *mil* prendre; *Geld* toucher; *Steuern* percevoir; *Stellung* occuper; *Medikament* prendre; **~d** engageant, charmant, séduisant
Einöde *f* désert *m*
einordn|en ranger; classer; *fig* situer; ***sich*** ~ s'intégrer (***in*** dans); *auto* prendre une file
ein|packen empaqueter, emballer; envelopper; **~parken** *auto* se garer; ***rückwärts*** ~ faire un créneau; **~pflanzen** planter (dans)
einpräg|en empreindre; ***sich etw*** ~ se graver qc en mémoire, enregistrer qc; **~sam** qui se grave facilement en mémoire; ***e-e ~e Melodie*** une mélodie facile à retenir
ein|quartieren (***sich*** ~ se) loger; *mil* cantonner; **~rahmen** encadrer; **~räumen** *Gegenstände* ranger; *zugestehen* concéder, accorder; **~reden** ***auf j-n*** ~ tâcher d'influencer *od* de persuader qn; ***j-m etw*** ~ persuader qn de qc
einreib|en (***sich*** ~ se) frictionner
einreichen présenter; ***Klage*** ~ déposer une plainte (***gegen*** contre)
einreih|en ranger; ***sich*** ~ se mettre dans une file; **~ig** à un rang; ***~er Anzug*** costume *m* à veston droit
Einreise *f* entrée *f*; **~erlaubnis** *f* permis *m* d'entrée; **&n** entrer; **~verbot** *n* interdiction *f* d'entrer; **~visum** *n* visa *m* d'entrée
ein|reißen *Haus* démolir; *Papier* déchirer; *fig Gewohnheit* se répandre; se propager; **~renken** *méd* remboîter; remettre en place
einricht|en arranger; installer; aménager; ***etw so ~, dass*** faire en sorte que; **&ung** *f* arrangement *m*; installation *f*; aménagement *m*; *öffentliche* organisme *m*, institution *f*
ein|rosten s'enrouiller; *fig* s'encroûter; **~rücken** *Anzeige* insérer; *Zeile* rentrer, renforcer
eins un; ***es ist alles*** ~ c'est du pareil au même
Eins *f* ***die*** ~ le un; *Schule* ***e-e ~ bekommen*** avoir 20 sur 20
einsam solitaire, isolé; **&keit** *f* solitude *f*
einsammeln *Hefte, Geld* ramasser; *Geld a* recueillir
Einsatz *m Spiel* enjeu *m*; *mus* rentrée *f*; ***persönlicher*** ~ engagement *m* personnel; ***unter ~ des Lebens*** en risquant sa vie; ***im*** ~ en service; **&bereit** disponible; prêt à intervenir; **&freudig** dynamique
einschalt|en intercaler; *Elektrogerät* mettre en circuit; *Licht, Radio, TV* allumer; *Auto* ***den ersten Gang*** ~ passer la première; ***den zweiten Gang*** ~ pas-

ser en seconde; ²**quote** *f TV* pourcentage *m* d'écoute
ein|schärfen recommander expressément; **~schätzen** estimer; **~schenken** verser; **~schicken** envoyer; **~schlafen** s'endormir; *Arm, Bein* s'engourdir; **~schläfern** assoupir, endormir; *töten* piquer; **~schläfernd** endormant; soporifique
Einschlag *m Blitz* chute *f*; *Bombe* (point *m* d')impact *m*; ²**en** *Nägel* enfoncer; *einwickeln* envelopper (*in* dans); *Weg* prendre; *Lenkung* braquer; ***es hat eingeschlagen*** la foudre est tombée sur ...
einschlägig ***~e Literatur*** ouvrages *m/pl* se rapportant au sujet *od* spécialisés
ein|schleichen ***sich ~*** se glisser (*in* dans); **~schleppen** *Krankheit* introduire, importer; **~schleusen** faire entrer clandestinement
einschließ|en (***sich ~*** s')enfermer; *umringen* entourer; *Festung* cerner; *fig* renfermer; **~lich** y compris
ein|schmeicheln ***sich bei j-m ~*** s'insinuer auprès de qn; **~schnappen** se fermer brusquement; *fig* F ***er ist eingeschnappt*** il est vexé; il l'a mal pris
einschränk|en limiter, réduire; ***sich ~*** réduire ses dépenses; ²**ung** *f* restriction *f*, réduction *f*
Einschreib(e)brief *m* lettre *f* recommandée
einschreiben (***sich ~*** s')inscrire; *Brief* ***~ lassen*** recommander; ² *Aufschrift* recommandé
einschreiten intervenir
einschüchter|n intimider
einschul|en mettre à l'école, scolariser; ²**ung** *f* scolarisation *f*
ein|sehen comprendre, voir; examiner; ***das sehe ich nicht ein*** je ne vois pas pourquoi; **~seifen** savonner; *fig* F rouler
einseitig unilatéral; *parteiisch* partial
einsend|en envoyer; ²**eschluss** *m* date *f* limite d'envoi; ²**ung** *f* envoi *m*
einsetz|en mettre, insérer (*in* dans); *Mittel* employer; *Leben* risquer; *Ausschuss* constituer; *in ein Amt* installer; *beginnen* commencer; ***sich ~ für*** s'engager pour; intervenir en faveur de; soutenir
Einsicht *f in Akten* consultation *f* (*in* de); *Erkenntnis* intelligence *f*, compréhension *f*; ***zu der ~ kommen, dass*** ... en arriver à la conclusion que ...; ²**ig** intelligent, compréhensif
Einsiedler *m* ermite *m*
einsilbig monosyllab(iqu)e; *Person* laconique, taciturne
einsinken s'enfoncer
Einsitzer *aviat, auto m* monoplace *m* (*aviat*), *f* (*auto*)
einspannen *Pferd* atteler; *tech* serrer; tendre; *fig* ***j-n ~*** mettre qn à contribution
einspar|en économiser; ²**ung** *f* économie *f*
ein|sperren enfermer; emprisonner; **~spielen** *Geld* rapporter; ***sie sind gut aufeinander eingespielt*** ils forment une bonne équipe
einsprachig monolingue
einspritz|en injecter; ²**motor** *m* moteur *m* à injection; ²**ung** *f* injection *f*
Einspruch *m* protestation *f*; réclamation *f*; *pol* veto *m*
einspurig à une seule voie
einst autrefois, jadis; *künftig* un jour
Einstand *m Tennis* égalité *f*; *Dienstantritt* ***seinen ~ geben*** arroser son entrée en fonction
ein|stecken empocher; *Brief* mettre à la boîte; *fig hinnehmen* encaisser; ***er kann viel ~*** il a bon dos; **~stehen** répondre (***für*** de); ²**steigekarte** *aviat f* carte *f* d'embarquement; **~steigen** monter (en voiture); ***~!*** en voiture!
einstell|en mettre (*in* dans); *tech* ajuster; *Foto* mettre au point; *Radio* régler; *unterbrechen* suspendre; *Arbeiter* embaucher, recruter; *Rekord* égaler; ***die Arbeit*** (*mil* ***das Feuer***) ***~*** cesser le travail (le feu); ²**ung** *f* réglage *m*; *Unterbrechung* arrêt *m*, suspension *f*; *von Arbeitskräften* embauche *f*, recrutement *m*; *innere* attitude *f*
einstig ancien; d'autrefois
einstimm|en *mus* joindre sa voix à celle des autres; **~ig** unanime; à l'unanimité; *mus* à une voix; ²**igkeit** *f* unanimité *f*
ein|stöckig à un (seul) étage; **~studieren** apprendre (par cœur); **~stufen** classifier; **~stufig** *Rakete* à un seul étage; **~stürmen** fondre (***auf j-n*** sur qn); ²**sturz** *m* écroulement *m*; **~stürzen** s'écrouler

E

einstweil|en en attendant; **~ig** provisoire; *jur* **~e** ***Verfügung*** référé *m*
eintägig d'une journée
ein|tauchen plonger; **~tauschen** échanger (***gegen***, ***für*** contre)
einteil|en diviser; partager; répartir; *phys* graduer; **~ig** *Badeanzug* d'une seule pièce; **2ung** *f* division *f*; graduation *f*
eintönig monotone
Eintopf *m* plat *m* unique, pot-au-feu *m*
Ein|tracht *f* concorde *f*, harmonie *f*; **2trächtig** en bonne intelligence
Eintrag *m* inscription *f*, enregistrement *m*; **2en** inscrire, enregistrer; *Lob, Tadel* valoir (***j-m*** à qn)
einträglich profitable, lucratif
eintreffen 1. arriver; **2. 2** *n* arrivée *f*
eintreiben *Geld* faire rentrer
eintreten entrer (***in*** dans); *Tür* enfoncer; *geschehen* survenir; ***für j-n, etw ~*** appuyer qn, qc
Eintritt *m* entrée *f*; ***~ frei*** entrée gratuite; ***~ verboten*** entrée interdite
Eintritts|geld *n* (prix *m* d')entrée *f*; **~karte** *f* billet *m*
Einver|nehmen *n* accord *m*, entente *f*, intelligence *f*; ***im ~ mit*** en accord avec; **2standen** d'accord (***mit*** avec); **~ständnis** *n* accord *m*
Einwand *m* objection *f* (***gegen*** à)
Einwander|er *m*, **~in** *f* immigrant *m*, -e *f*; *Eingewanderte(r)* immigré *m*, -e *f*; **2n** immigrer; **~ung** *f* immigration *f*; **~ungsland** *n* pays *m* d'immigration
ein|wandfrei impeccable, irréprochable, parfait
Einwegflasche *f* bouteille *f* perdue *od* non reprise *od* non consignée
einweih|en inaugurer; *rel* consacrer; ***~ in*** initier à; **2ung** *f* inauguration *f*; initiation *f*
einweis|en *in e-e Arbeit* initier (à); *in ein Heim* envoyer (dans); *in ein Amt* installer (dans); ***j-n ins Krankenhaus ~*** hospitaliser qn; **2ung** *f* initiation *f*; installation *f*; ***~ ins Krankenhaus*** hospitalisation *f*
einwend|en objecter
einwerfen *Brief* mettre à la boîte; poster; *Sport* remettre en jeu; *Fenster* casser; *fig* objecter
einwickel|n (***sich ~*** s')envelopper; **2papier** *n* papier *m* d'emballage
einwillig|en consentir (***in*** à); **2ung** *f* consentement *m*
einwirk|en agir, *fig* influer (***auf*** sur); **2ung** *f* influence *f*; effet *m*
Einwohner|(in *f*) *m* habitant *m*, -e *f*; **~meldeamt** *n* bureau *m* de déclaration de domicile
Einwurf *m Sport* remise *f* en jeu; *für Briefe* fente *f*; *Einwand* objection *f*
Einzahl *gr f* singulier *m*; **2en** verser, payer; **~ung** *f* versement *m*, paiement *m*
Einzel *n Tennis* simple *m*; **~fall** *m* cas *m* isolé; **~gänger** *m Kind* solitaire *m*; *Politiker, Künstler* non-conformiste *m*; **~handel** *m* commerce *m* de détail; **~heit** *f* détail *m*; **~kind** *n* enfant *m* unique
einzeln seul; *besonder* particulier; *abgesondert* isolé; séparé; ***der 2e*** l'individu *m*; ***ins 2e gehen*** entrer dans les détails; ***im 2en*** en détail
Einzel|teile *tech m/pl* pièces *f/pl* détachées; **~zimmer** *n* chambre *f* individuelle *od* à un lit
einziehen *Krallen* rétracter; *Kopf* baisser; *Bauch, Fahrgestell* rentrer; *Wand* construire; *Steuern* percevoir; *in e-e Wohnung* emménager; *Ruhe* revenir; *Wasser* pénétrer; *Soldaten* appeler sous les armes; *Güter* confisquer
einzig unique; ***kein 2er*** pas un seul; ***das 2e*** la seule chose (+ *subj*); ***der 2e*** le seul (+ *subj*); **~artig** unique en son genre, sans pareil, exceptionnel
Einzug *m* entrée *f*; *in e-e Wohnung* emménagement *m*
einzwängen faire entrer en forçant; ***eingezwängt sein*** être coincé
Eis *n* glace *f*; ***~ am Stiel*** bâton *m* glacé; esquimau *m*; ***~ laufen*** faire du patin; **~bahn** *f* patinoire *f*; **~bär** *m* ours *m* blanc; **~berg** *m* iceberg *m*; **~brecher** *m* brise-glace *m*; **~diele** *f* glacier *m*; ***in der ~*** chez le glacier
Eisen *n* fer *m*
Eisenbahn *f* chemin *m* de fer; **~abteil** *n* compartiment *m*; **~er** *m* cheminot *m*; **~fahrplan** *m* indicateur *m* des chemins de fer; **~schaffner** *m* contrôleur *m*; **~schiene** *f* rail *m*; **~wagen** *m* wagon *m*; *für Personen a* voiture *f*; **~zug** *m* train *m*
Eisen|beton *m* béton *m* armé; **~erz** *n* minerai *m* de fer; **2haltig** ferrugineux; **~waren** *f/pl* quincaillerie *f*

eisern de fer; *fig* tenace
eis|frei débarrassé des glaces; **~gekühlt** glacé; *Wein* frappé; **≈hockey** *n* hockey *m* sur glace; **~ig** glacial (*a fig*); **~kalt** glacial, glacé; **≈kunstlauf** *m* patinage *m* artistique; **≈lauf(en** *n*) *m* patinage *m*; *cf a* **Eis**; **≈meer** *n* **Nördliches** (**Südliches**) ~ océan *m* Glacial arctique (antarctique); **≈pickel** *m* piolet *m*; **≈schnelllauf** *m* patinage *m* de vitesse; **≈scholle** *f* plaque *f* de glace; **≈verkäufer** *m* marchand *m* de glaces, glacier *m*; **≈würfel** *m* cube *m* de glace, glaçon *m*; **≈zapfen** *m* glaçon *m*; **≈zeit** *f* période *f* glaciaire
eitel vaniteux, coquet; **≈keit** *f* vanité *f*
Eiter *m* pus *m*; **≈n** suppurer
eitrig purulent
Ei|weiß *n* blanc *m* d'œuf; *biol* protides *m/pl*; *méd im Harn* albumine *f*; **~zelle** *biol f* ovule *m*
Ekel *m* nausée *f*; dégoût *m*; ~ **erregend** dégoûtant; **≈haft**, **≈ig** dégoûtant; **≈n** dégoûter, écœurer; **es ekelt mich** cela me dégoûte
EKG *méd n* électrocardiogramme *m*
Ekstase *f* extase *f*; **in ~ geraten** s'extasier
Ekzem *méd n* eczéma *m*
Elan *m* élan *m*, énergie *f*
elasti|sch élastique; **≈zität** *f* élasticité *f*
Elbe **die** ~ l'Elbe *f*
Elch *zo m* élan *m*
Elefant *zo m* éléphant *m*
elegan|t élégant; **≈z** *f* élégance *f*
Elektri|ker *m* électricien *m*; **≈sch** électrique
Elektrizität *f* électricité *f*; **~swerk** *n* centrale *f* électrique
Elektro|enzephalogramm *n* électro-encéphalogramme *m*; **~gerät** *n* appareil *m* électrique; **~herd** *m* cuisinière *f* électrique; **~kardiogramm** *n* électrocardiogramme *m*; **~magnet** *m* électro-aimant *m*; **~motor** *m* moteur *m* électrique
Elektron *n* électron *m*; **~enmikroskop** *n* microscope *m* électronique; **~enrechner** *m* ordinateur *m*; **~ik** *f* électronique *f*; **~iker** *m* électronicien *m*; **≈isch** électronique
Elektrotechnik *f* électrotechnique *f*; **~er** *m* (technicien *m*) électricien *m*
Element *n* élément *m*; **≈ar** élémentaire
Elend **1.** *n* misère *f*, détresse *f*; calamité *f*; **2.** **≈** misérable, pitoyable; **~sviertel** *n* bidonville *m*
elf **1.** onze; **2.** **≈** *f* **die** ~ le onze (*a Fußball*)
Elfenbein *n* ivoire *m*
Elfmeter *m* penalty *m*
elfte (le, la) onzième
Elite *f* élite *f*
Ell(en)bogen *m* coude *m*
Ellipse *f* ellipse *f*
Elsass **das** ~ l'Alsace *f*
Elsäss|er(in *f*) *m* Alsacien *m*, -ne *f*; **≈isch** alsacien
Elster *zo f* pie *f*
elterlich des parents, parental
Eltern *pl* parents *m/pl*; **~abend** *m* réunion *f* de parents d'élèves; **≈los** orphelin, sans parents; **~teil** *m* un *m* des parents; **~vertretung** *f* représentation *f* des parents d'élèves
E-Mail *f* message *m* électronique, courrier *m* électronique
Email *n* émail *m*; **≈lieren** émailler
Emanze *f* F féministe *f*
Emanzip|ation *f* émancipation *f*; **≈ieren** émanciper
Embargo *n* embargo *m*
Embryo *m* embryon *m*
Emigr|ant(in *f*) *m* émigré *m*, -e *f*; **~ation** *f* émigration *f*; **in der** ~ en exil; **≈ieren** émigrer
Emotion *f* émotion *f*; **≈al** émotionnel
Empfang *m* réception *f* (*a Radio*); accueil *m*; *comm* **den ~ bestätigen** accuser réception; **≈en** recevoir; *Personen a* accueillir
Empfäng|er *m* destinataire *m*; *Radio, TV* récepteur *m*; **≈lich** sensible (**für** à), réceptif (à); **~lichkeit** *f* réceptivité *f* (**für** à); *für Krankheit* prédisposition *f* (à); **~nis** *biol f* conception *f*; **~nisverhütung** *f* contraception *f*
Empfangs|bescheinigung *f* reçu *m*, récépissé *m*; **~dame** *f* hôtesse *f* d'accueil
empfehl|en recommander; **sich ~** *zurückziehen* se retirer; **~enswert** recommandable; **≈ung** *f* recommandation *f*
empfind|en sentir, éprouver; *innerlich* ressentir; **~lich** sensible (**für** à; **a** *fig*); *leicht verletzt* susceptible; **≈lichkeit** *f* sensibilité *f*, susceptibilité *f*; **≈ung** *f* sensation *f*; *Gefühl* sentiment *m*;

~ungslos insensible; **≈ungsvermögen** *n* sensibilité *f*
empor en haut
Empore *f* galerie *f*, tribune *f*
empören (***sich*** s')indigner (***über*** de), (se) révolter (contre); **~d** révoltant, choquant, scandaleux
empör|t indigné (***über*** de), révolté; **≈ung** *f* indignation *f*
emsig diligent, assidu; **≈keit** *f* diligence *f*, assiduité *f*
emulieren *EDV* émuler
Ende *n* fin *f*; *räumlich a* bout *m*; ***äußerstes ~*** extrémité *f*; ***am ~*** à la fin (de); au bout (de); *schließlich* en fin de compte; ***zu ~*** terminé; ***zu ~ gehen*** tirer à sa fin
enden finir, se terminer (***mit*** par); *aufhören* cesser; ***~ als*** finir comme
End|ergebnis *n* resultat *m* final; **~gerät** *n* périphérique *m*; **≈gültig** définitif
Endivie *f* chicorée *f*; ⚠ *nicht* ***endive***
End|lager *n* lieu *m* de stockage définitif; **≈lich** enfin; **≈los** sans fin, interminable, infini; **~punkt** *m* extrémité *f*; **~spiel** *Sport n* finale *f*; **~spurt** *m* sprint *m*, finish *m*; **~station** *f* terminus *m*; **~ung** *gr f* terminaison *f*
Energie *f* énergie *f*; **~bedarf** *m* besoins *m/pl* énergétiques; **~krise** *f* crise *f* de l'énergie
energielos sans énergie
energie|sparend à faible consommation d'énergie; **≈sparlampe** *f* ampoule *f* à faible consommation; **≈verbrauch** *m* consommation *f* d'énergie; **≈versorgung** *f* approvisionnement *m* en énergie
energisch énergique
eng étroit; *fig* restreint; F ***etw ~ sehen*** prendre qc trop au sérieux
engagier|en (***sich*** s')engager; **~t** engagé
Enge *f* étroitesse *f*; passage *m* étroit; *fig* ***j-n in die ~ treiben*** mettre qn au pied du mur
Engel *m* ange *m*
Eng|land *n* l'Angleterre *f*; **~länder(in** *f*) *m* Anglais *m*, -e *f*; **≈lisch** anglais
Engpass *m* défilé *m*; goulot *m* d'étranglement (*a fig*, *bes écon*)
engstirnig borné, obtus, mesquin
Enkel(in *f*) *m* petit-fils *m*, petite-fille *f*; ***Enkel*** *pl* petits-enfants *m/pl*
enorm énorme; *Preis* faramineux
Ensemble *n Theater* compagnie *f*, troupe *f*
entart|en dégénérer
entbehr|en être privé *od* dépourvu de; **~lich** superflu; **≈ung** *f* privation *f*
entbind|en dégager (***von*** de); *Frau* accoucher; **≈ung** *f* dégagement *m*; *méd* accouchement *m*; **≈ungsheim** *n* clinique *f* d'accouchement, maternité *f*
entblößen ***sich ~*** se mettre à nu
entdeck|en découvrir; **≈er** *m* découvreur *m*; **≈ung** *f* découverte *f*
Ente *zo f* canard *m*; *Zeitungs≈* fausse nouvelle *f*; bobard *m* F
enteign|en exproprier; **≈ung** *f* expropriation *f*
enterben déshériter
Enter-Taste *f* touche *f* d'entrée
entfallen *wegfallen* être supprimé; ***j-m ~*** échapper à qn; ***auf j-n ~*** revenir à qn; ***es ist mir ~*** cela m'échappe
entfalt|en déplier; *entwickeln* (***sich*** se) développer; ***sich ~*** s'épanouir; **≈ung** *f* déploiement *m*; développement *m*; épanouissement *m*
entfern|en (***sich ~*** s')éloigner; *Fleck* enlever; **~t** éloigné; ***3 km voneinander ~*** distants de 3 km; **≈ung** *f Beseitigung* éloignement *m*, enlèvement *m*; *Abstand* distance *f*; **≈ungsmesser** *m* télémètre *m*; **≈ungstaste** *EDV f* touche *f* de suppression
entfremden aliéner
entführ|en enlever; *Kind* kidnapper; *Flugzeug* détourner; **≈er** *m* ravisseur *m*; *Flugzeug* pirate *m* de l'air; **≈ung** *f* enlèvement *m*, rapt *m*, kidnapping *m*; *Flugzeug* détournement *m*
entgegen au-devant de, vers; contre; contrairement à; **~gehen** aller à la rencontre (***j-m*** de qn); **~gesetzt** opposé; **~kommen** *fig* ***j-m ~*** faire des avances *od* des concessions à qn; **~kommend** prévenant; *auto* qui roule en sens inverse; **~nehmen** accepter, recevoir; **~sehen** attendre (***e-r Sache*** qc); **~setzen** opposer (à); **~stehen** être opposé (à); ***dem steht nichts entgegen*** rien ne s'y oppose
entgegn|en répliquer, répondre, riposter; **≈ung** *f* réponse *f*, réplique *f*
entgehen échapper (***e-r Gefahr*** à un danger); ***sich nichts ~ lassen*** ne rien perdre *od* F rater (de qc)

entgift|en désintoxiquer; **2ung** *f* désintoxication *f*
entgleis|en dérailler; **2ung** *f* déraillement *m*; *fig* faux pas *m*, incartade *f*; écart *m* de langage
enthalt|en contenir; ***sich*** ~ s'abstenir (de); **~sam** abstinent; **2samkeit** *f* abstinence *f*; *Sex* continence *f*; **2ung** *f* abstention *f* (*a Stimm2*)
enthärten *Wasser* adoucir
enthaupt|en décapiter; **2ung** *f* décapitation *f*
enthüll|en dévoiler (*a Statue*), révéler; **2ung** *f* dévoilement *m*, révélation *f*
Enthusias|mus *m* enthousiasme *m*; **2tisch** enthousiaste
entjungfer|n déflorer, dépuceler P; **2ung** *f* défloration *f*
entkommen s'échapper
entkräft|en affaiblir; **2ung** *f* affaiblissement *m*
entlad|en décharger; ***sich*** ~ *Batterie* se vider; *Zorn, Gewitter* éclater; **2ung** *f* décharge *f*
entlang le long de; ***den Fluss*** ~ le long de la rivière; **~gehen** longer (qc)
entlarven démasquer
entlass|en renvoyer, congédier; *Arbeiter* licencier; ~ ***werden*** *Kranke* quitter l'hôpital, *Häftling* quitter la prison; **2ung** *f* renvoi *m*, licenciement *m*
entlast|en décharger; **2ung** *f* décharge *f*; **2ungszeuge** *m* témoin *m* à décharge
entmilitarisier|en démilitariser; **2ung** *f* démilitarisation *f*
entmündig|en mettre sous tutelle; **2ung** *f* mise *f* sous tutelle
entmutig|en décourager; **2ung** *f* découragement *m*
ent|nehmen prendre (***aus*** dans); *fig* conclure (***aus*** de); **~nervt** énervé; **~reißen** arracher; **~richten** payer, régler; **~rollen** dérouler
entrüst|en ***sich*** ~ s'indigner (***über*** de); **~et** indigné; **2ung** *f* indignation *f*
entsag|en renoncer (à); **2ung** *f* renonciation *f*
entschädig|en (***sich*** ~ se) dédommager (***für*** de); **2ung** *f* dédommagement *m*; *Summe* indemnité *f*
entschärfen *Bombe* désamorcer; *Lage* calmer, apaiser
entscheid|en décider (***über*** de); ***sich*** ~ se décider (***für*** pour); ***er kann sich nicht*** ~ il n'arrive pas à se décider; **~end** décisif; **2ung** *f* décision *f*; **2ungsträger** *m* décideur *m*
entschieden décidé; **2heit** *f* décision *f*
entschlacken *méd* désintoxiquer
entschließen ***sich*** ~ se résoudre, se décider (***zu*** à)
entschlossen résolu; **2heit** *f* résolution *f*, détermination *f*
Entschluss *m* résolution *f*, décision *f*
entschuldig|en excuser; ***sich*** ~ ***wegen etw*** s'excuser de qc; ~ ***Sie!*** excusez-moi!; **2ung** *f* excuse(s *pl*) *f*; **~!** pardon!; *cf Info-Fenster Seite 416*; **2ungsbrief** *m*, **2ungszettel** *m Schule* billet *m* d'excuse
Entschwefelung *f* désulphuration *f*
entsetz|en **1.** (***sich*** ~ s')effrayer; **2.** **2** *n* effroi *m*; **~lich** effroyable, horrible
ent|sinnen ***sich*** ~ se souvenir (***an*** de); **~sorgen** *Kernkraftwerk* enlever *od* traiter les déchets radioactifs (de); *Müll* évacuer; *Stadt* nettoyer
entspann|en détendre; ***sich*** ~ se détendre; **2ung** *f* détente *f*; **2ungspolitik** *f* politique *f* de détente
entsprech|en correspondre à; *den Erwartungen* répondre à; **~end** correspondant; **2ung** *f* correspondance *f*; équivalent *m*
entspringen *Fluss* prendre sa source; *fig* naître (de)
entsteh|en naître (***aus*** de); résulter (de); **2ung** *f* naissance *f*, origine *f*
entstellen défigurer
enttäusch|en décevoir, désillusionner, désabuser; **2ung** *f* déception *f*
entwaffn|en désarmer; **2ung** *f* désarmement *m*
Entwarnung *f* fin *f* de l'alerte
entwässern drainer, assécher
entweder ~ ... ***oder*** ou ... ou
ent|weichen s'échapper; **~wenden** dérober; **~werfen** tracer, esquisser, concevoir; *Plan* dresser
entwert|en déprécier; *Geld* dévaluer; *Fahrkarte* composter; **2er** *m Fahrschein* composteur *m*; **2ung** *f* dépréciation *f*; *Geld* dévaluation *f*; *Fahrkarte* compostage *m*
entwick|eln développer (*a Foto*); ***sich*** ~ se développer, évoluer; **2ler** *m Foto* révélateur *m*
Entwicklung *f* développement *m*, évo-

E

E

Entschuldigung!

Wie reagiert man am besten, wenn man im Bus jemandem auf den Fuß getreten ist?

1. Wenn man die betreffende Person duzt:

Entschuldigung.	***Oh, pardon.***
Entschuldige bitte.	***Excuse-moi.***

2. Wenn man die betreffende Person siezt:

Entschuldigung.	***Pardon, Monsieur / Madame.***
Entschuldigen Sie bitte.	***Excusez-moi.***
Entschuldigung, das tut mir sehr Leid.	***Pardon, je suis désolé / désolée.***

Wenn man einen Fremden um etwas bittet:

Entschuldigen Sie bitte, können Sie mir sagen, wie spät es ist?	***Pardon, Monsieur, vous avez l'heure, s'il vous plaît?***
Entschuldigen Sie bitte, können Sie mir sagen, wo die Polizei ist?	***Pardon, Madame, pourriez-vous me dire où se trouve le commissariat de police?***

lution *f*; **~shelfer** *m* coopérant *m*; **~shilfe** *f* aide *f* au développement; **~sland** *n* pays *m* en voie de développement

entwirren débrouiller

entwöhn|en *Baby* sevrer; *Drogensüchtige* désintoxiquer; **≈ung** *f* sevrage *m*; désintoxication *f*

entwürdigend avilissant, dégradant

Entwurf *m* projet *m*, esquisse *f*

entwurzeln déraciner

entzieh|en (**sich** ~ se) soustraire; se dérober; **≈ung** *f* privation *f*; *Droge* désintoxication *f*; **≈ungskur** *f* cure *f* de désintoxication

entziffern déchiffrer

entzücken 1. ravir; **2.** **≈** *n* ravissement *m*; **~d** ravissant

Entzug *m* privation *f*; *Führerschein* retrait *m*; **~serscheinung** *f* *Droge* état *m* de manque

entzünd|bar inflammable; **~en** (**sich** ~ s')enflammer (*a méd*); **≈ung** *méd f* inflammation *f*

entzwei cassé; **~brechen** (se) briser, (se) casser; **~en** brouiller, désunir; **~gehen** se briser, se casser

Enzephalogramm *n* encéphalogramme *m*

Enzian *bot m* gentiane *f*

Enzyklopädie *f* encyclopédie *f*

Enzym *biol n* enzyme *m*

Epidemie *f* épidémie *f*

Epidemiologe *m* épidémiologiste *m*

Epilepsie *méd f* épilepsie *f*

Epilog *m* épilogue *m*

Episode *f* épisode *m*; ⚠ ***un*** épisode

Epoche *f* époque *f*

Epos *n* épopée *f*, poème *m* épique

er il; *mit Bezug auf ein weibliches frz subst* elle; *betont* lui; **~ *allein*** lui seul; **~ *selbst*** lui-même; **~ *auch*** lui aussi

erachten croire; ***meines ≈s*** à mon avis

erbarmen 1. ***sich j-s ~*** avoir pitié de qn; **2.** **≈** *n* pitié *f*

erbärmlich déplorable, pitoyable, minable

erbarmungslos impitoyable

erbau|en bâtir; *fig* édifier; **≈er** *m* bâtisseur *m*; **~lich** édifiant; **≈ung** *f* construction *f*; *fig* édification *f*

Erb|e 1. *m*, **~in** *f* héritier *m*, -ière *f*; **2.** **~e** *n* héritage *m*, succession *f*

erben hériter (***etw von j-m*** qc de qn)

erbeuten capturer

Erb|faktor *m* facteur *m* héréditaire; **~gut** *n* patrimoine *m* héréditaire

erbitten demander (***etw von j-m*** qc à qn)

erbittert exaspéré; *Kampf* acharné

Erbkrankheit *méd f* maladie *f* héréditaire
erblassen, erbleichen pâlir
erblich héréditaire
erblicken apercevoir
erblind|en devenir aveugle; **2ung** *f* perte *f* de la vue; cécité *f*
Erbmasse *f jur* masse *f* successorale; *biol* hérédité *f*
erbrechen 1. (***sich***) ~ vomir; **2.** 2 *méd n* vomissement *m*
Erbschaft *f* héritage *m*
Erbse *bot f* pois *m*; ***grüne ~n*** petits pois *m/pl*
Erb|stück *n* objet *m od* meuble *m* de famille; **~sünde** *rel f* péché *m* originel; **~teil** *n* part *f* d'héritage
Erd|apfel *östr m* pomme *f* de terre; **~ball** *m* globe *m* (terrestre); **~beben** *n* tremblement *m* de terre, séisme *m*; **~beere** *f Frucht* fraise *f*; *Pflanze* fraisier *m*; **~boden** *m* terre *f*, sol *m*; *fig* ***dem ~ gleichmachen*** raser
Erde *f* terre *f* (*als Planet* Terre); **2n** *Radio* mettre à la terre
erdenklich imaginable
Erd|gas *n* gaz *m* naturel; **~geschoss** *n* rez-de-chaussée *m*
erdicht|en imaginer; **~et** inventé, imaginé
Erd|karte *f* mappemonde *f*; **~kugel** *f* globe *m* terrestre; **~kunde** *f* géographie *f*; **~nuss** *f* cacah(o)uète *f*; **~öl** *n* pétrole *m*; **~öllagerstätte** *f* gisement *m* de pétrole, gisement *m* pétrolier; **~reich** *n* terre *f*, sol *m*
erdreisten ***sich ~ zu*** avoir l'audace de
erdrosseln étrangler
erdrücken écraser
Erd|rutsch *m* glissement *m* de terrain; *pol* raz-de-marée *m*; **~scholle** *f* glèbe *f*; **~teil** *m* continent *m*
erdulden endurer
Erd|umlaufbahn *f* orbite *f* terrestre; **~wärme** *f* géothermie *f*
ereifern ***sich ~*** s'échauffer
ereig|nen ***sich ~*** se produire, avoir lieu; **2nis** *n* événement *m*
Erektion *f* érection *f*
erfahr|en 1. *Verb* éprouver; apprendre, savoir; **2.** *adj* expérimenté; **2ung** *f* expérience *f*; **2ungsaustausch** *m* échange *m* d'expériences
erfassen saisir (*a fig*)

erfind|en inventer; **2er**(**in** *f*) *m* inventeur *m*, -trice *f*; **~erisch** inventif, ingénieux; **2ung** *f* invention *f*
Erfolg *m* succès *m*; *Ergebnis* résultat *m*; ***viel ~!*** bonne chance!; ***~ versprechend*** prometteur; **2en** s'effectuer, avoir lieu; **2los** sans succès; **2reich** couronné de succès; **~serlebnis** *n* sentiment *m* de satisfaction
erforder|lich nécessaire; **~n** demander, exiger, réclamer; **2nis** *n* exigence *f*
erforsch|en explorer, étudier; **2ung** *f* exploration *f*, examen *m*, étude *f*
erfreu|en réjouir; ***sich e-r Sache ~*** jouir de qc; **~lich** réjouissant; satisfaisant
erfrieren mourir (*od* périr) de froid; *Pflanze* geler
erfrisch|en (***sich*** ~ se) rafraîchir; **2ung** *f* rafraîchissement *m*; **2ungsraum** *m* cafétéria *f*; **2ungstuch** *n* serviette *f* rafraîchissante
erfüll|en remplir (**mit** de); *Bitte* accorder; *Pflicht* accomplir; ***sich ~*** s'accomplir; **2ung** *f* accomplissement *m*; réalisation *f*; ***in ~ gehen*** se réaliser
ergänz|en compléter; **~end** complémentaire; **2ung** *f* complément *m*
ergeb|en 1. *hervorbringen* donner; ***sich ~*** se rendre; *aus etw folgen* s'ensuivre (**aus** de); **2.** *adj* dévoué; *gefasst* résigné; **2enheit** *f* dévouement *m*; résignation *f*; **2nis** *n* résultat *m*; *Folge* conséquence *f*; *Wirkung* effet *m*; **~nislos** sans résultat
ergehen ***wie ist es dir ergangen?*** qu'est-ce que tu es devenu?; ***so erging es mir auch*** c'est ce qui m'est arrivé à moi aussi; ***über sich ~ lassen*** subir
ergiebig fertile, productif, fructueux
Ergonom|ie *f* ergonomie *f*; **2isch** ergonomique
ergrauen grisonner, blanchir
ergreif|en saisir; *rühren* émouvoir; **2ung** *f* arrestation *f*, capture *f*
Ergriffenheit *f* émotion *f*
ergründen sonder, approfondir
erhaben élevé; *fig* sublime; ***~ sein über*** être au-dessus de
erhalten 1. *Verb* (***sich*** ~ se) conserver; entretenir; *Brief* recevoir; **2.** *adj* ***gut ~*** en bon état
erhältlich disponible; en vente
erhängen (***sich*** ~ se) pendre

erhärten confirmer
erheb|en (**sich** ~ se) lever; *erhöhen* élever; *Steuern* percevoir; *Einwand* élever; **sich** ~ *empören* s'insurger; *jur* **Klage** ~ intenter une action; **~lich** considérable
erheitern égayer
erhellen éclairer
erhitzen chauffer; **sich** ~ s'échauffer
erhoffen espérer, escompter
erhöh|en *Preise* augmenter, majorer; **2ung** *f Anhöhe* hauteur *f*; *Preis* augmentation *f*
erhol|en **sich** ~ se reposer, reprendre des forces; **~sam** reposant; **2ung** *f* rétablissement *m*; repos *m*
Erika *bot f* bruyère *f*
erinner|n **j-n an etw** ~ rappeler qc à qn; **sich an etw** ~ se rappeler qc, se souvenir de qc; **2ung** *f* souvenir *m*, mémoire *f*; **zur** ~ **an** en souvenir de
erkält|en **sich** ~ s'enrhumer, attraper un rhume, se refroidir; **2ung** *f* refroidissement *m*, rhume *m*
erkennen reconnaître (**an** à); *wahrnehmen* (a)percevoir, distinguer
erkennt|lich **sich** ~ **zeigen** se montrer reconnaissant (**für** de); **2nis** *f* connaissance *f*
Erkennungs|marke *mil f* plaque *f* d'identité; **~melodie** *f TV*, *Radio* indicatif *m*; **~zeichen** *n* signe *m od* marque *f* de reconnaissance
Erker *m* encorbellement *m*; **~fenster** *n* fenêtre *f* en saillie
erklär|en expliquer; *förmlich* déclarer; **~lich** explicable; **2ung** *f* explication *f*; déclaration *f*; **e-e** ~ **abgeben** faire une déclaration
erklingen résonner, retentir
erkrank|en tomber malade; **2ung** *f* maladie *f*, affection *f*
erkunden explorer *m*
erkundig|en **sich** ~ s'informer (**bei j-m** auprès de qn; **über** de), se renseigner (sur); **2ung** *f* information *f*; prise *f* de renseignements
erlahmen diminuer, décroître
erlangen obtenir
Erlass *m Gebühren* dispense *f*; *Strafe* remise *f*; *Anordnung* arrêté *m*, décret *m*
erlassen *Verordnung* émettre, publier; **j-m etw** ~ dispenser qn de qc
erlaub|en permettre; **2nis** *f* permission *f*

um Erlaubnis fragen	
Kann ich deinen Kugelschreiber benutzen?	***Je peux utiliser ton stylo?***
Kann man hier parken?	***Est-il permis de se garer ici?***
Mutti, darf ich heute Abend mit Jean ins Kino?	***Maman, est-ce que je peux aller au cinéma avec Jean ce soir?***
Vati, bist du damit einverstanden, wenn ich um zehn nach Hause komme?	***Papa, tu es d'accord, si je ne rentre qu'à dix heures?***

erläuter|n expliquer; **2ung** *f* explication *f*
Erle *bot f* aulne *m*
erleb|en voir, éprouver; assister à; **2nis** *n* événement *m*, aventure *f*, expérience *f*; **~nisreich** mouvementé
erledig|en finir, exécuter, régler; *zügig* expédier; F *Gegner* liquider; **~t** *fertig*, *a fig* fini; *erschöpft* F claqué, crevé; F **er ist für mich** ~ il n'existe plus pour moi; **2ung** *f* règlement *m*, exécution *f*
erleichter|n *Aufgabe* faciliter; *seelisch* soulager; **~t** soulagé; **2ung** *f* soulagement *m*
erleiden subir
erlernen apprendre
erleucht|en éclairer; *fig* illuminer; **2ung** *f fig* illumination *f*, inspiration *f*
erliegen succomber à; **zum 2 kommen** *Verkehr* être paralysé
erlogen faux, inventé
Erlös *m* produit *m* (d'une vente)
erloschen *Vulkan* éteint
erlös|en délivrer (**von** de); *rel* sauver; **2er** *rel m* Rédempteur *m*, Sauveur *m*; **2ung** *f* délivrance; *rel* rédemption *f*

ermächtig|en autoriser (*zu* à); **2ung** *f* autorisation *f*
ermahn|en exhorter (*zu* à); **2ung** *f* exhortation *f*
ermäßig|en réduire; **2ung** *f* réduction *f*
Ermessen *n* jugement *m*; ***nach eigenem*** ~ à mon (ton, son, ...) gré
ermitt|eln trouver; *jur Täter* retrouver; *bestimmen* établir, déterminer; **2lungen** *jur f/pl* enquête *f*
ermöglichen rendre possible, permettre
ermord|en assassiner; **2ung** *f* assassinat *m*
ermüd|en se fatiguer; *j-n* fatiguer; **2ung** *f* fatigue *f*
ermunter|n encourager (*zu* à); **2ung** *f* encouragement *m*
ermutig|en encourager; **2ung** *f* encouragement *m*
ernähr|en (***sich*** ~ se) nourrir; **2er(in** *f*) *m* soutien *m* de famille; **2ung** *f* alimentation *f*, nutrition *f*; *Nahrung* nourriture *f*
ernenn|en ***j-n*** ~ nommer qn (***zum Direktor*** directeur); **2ung** *f* nomination *f*
erneuer|n (***sich*** ~ se) renouveler; **2ung** *f* renouvellement *m*
erneut à nouveau
erniedrig|en humilier; (***sich*** ~ s')abaisser
Ernst *m* gravité *f*, sérieux *m*; ***im*** ~ sérieusement; ***das ist mein*** ~ je ne plaisante pas
ernst sérieux, grave; ~ ***bleiben*** garder son sérieux; ***etw*** ~ ***nehmen*** prendre qc au sérieux; **~haft, ~lich** sérieux
Ernte *f* récolte *f*; *Getreide*2 moisson *f*; **2n** récolter; *Korn* moissonner
ernüchter|n dégriser (*a fig*); **2ung** *f* dégrisement *m*, désenchantement *m*
Erober|er *m* conquérant *m*; **2n** conquérir; **~ung** *f* conquête *f*
eröffn|en ouvrir; *feierlich* inaugurer; ***j-m etw*** ~ faire savoir qc à qn; **2ung** *f* ouverture *f*; inauguration *f*
erogen érogène
erörter|n discuter; **2ung** *f* discussion *f*
Erot|ik *f* érotisme *m*; **2isch** érotique
erpicht ~ ***sein auf*** être avide de, avoir grande envie de
erpress|en ***j-n*** ~ faire chanter qn; **2er** *m* maître-chanteur *m*; **2ung** *f* chantage *m*

erproben éprouver; tester
erraten deviner
erreg|bar excitable; ***leicht*** ~ irritable; **~en** exciter; **~end** excitant; **2er** *méd m* agent *m* pathogène; **~t** excité; irrité; **2ung** *f* excitation *f*; irritation *f*; **2ungszustand** *psych m* état *m* d'excitation
erreich|bar accessible; **~en** atteindre; *Zug, Bus* attraper; ***j-n telefonisch*** ~ joindre qn par téléphone; ***nichts*** ~ ne rien obtenir (***bei j-m*** de qn)
erricht|en élever, ériger; **2ung** *f* érection *f*, mise *f* sur pied
erringen *Sieg* remporter
erröten rougir (***über***, ***vor*** de)
Errungenschaft *f* conquête *f*; *Anschaffung* acquisition *f*
Ersatz *m* remplacement *m* (***für*** de), compensation *f*, ersatz *m*, succédané *m*; **~befriedigung** *f* compensation *f*; **~dienst** *m cf* **Zivildienst**; **~mann** *m* remplaçant *m*; **~mine** *f* mine *f* de rechange; **~rad** *n* roue *f* de rechange; **~teil** *n* pièce *f* de rechange
erschaff|en créer; **2ung** *f* création *f*
erschein|en **1.** paraître; apparaître; sembler; *vor Gericht* comparaître; *Buch* ***soeben erschienen*** vient de paraître; **2.** **2** *n* apparition *f*; *e-s Werkes* publication *f*, parution *f*; **2ung** *f Geister*2 apparition *f*; *Traumbild* vision *f*; *Natur*2 phénomène *m*; *Aussehen* aspect *m*; ***äußere*** ~ physique *m*
erschieß|en tuer d'un coup de feu; *hinrichten* fusiller; **2ung** *f* exécution *f* par les armes
erschlagen assommer
erschließen *Gelände* ouvrir à l'exploitation; *Bauland* viabiliser
erschöpf|en épuiser; **2ung** *f* épuisement *m*
erschrecken s'effrayer (***über*** de); *j-n* effrayer; **~d** effrayant
erschütter|n ébranler; *seelisch* émouvoir; bouleverser; **2ung** *f* ébranlement *m*; *fig* bouleversement *m*
erschweren rendre (plus) difficile
erschwinglich *Preis* abordable; *Ware* ***leicht*** (*od* ***für alle***) ~ à la portée de toutes les bourses
ersehen voir (***aus*** par); ***daraus ist zu*** ~, ***dass*** on peut en conclure que
ersetz|bar remplaçable; **~en** rempla-

E

cer; *Unkosten* rembourser; *Schaden* indemniser (***j-m etw*** qn de qc)
ersichtlich évident; ***ohne ~en Grund*** sans raison apparente
erspar|en économiser, épargner (*a fig*); **≈nis** *f* épargne *f*, économie *f* (**an** de); **~se** *pl* économies *f/pl*
erst *zuerst* d'abord; *nur* seulement, ne ... que
erstatt|en *Kosten* rembourser; *zurückgeben* restituer; ***Anzeige ~*** porter plainte (**gegen** contre); ***Bericht ~*** faire un rapport; **≈ung** *f Kosten* remboursement *m*; *jur* restitution *f*
Erstaufführung *f* première *f*
erstaun|en **1.** étonner; **2. ≈** *n* étonnement *m*; **~lich** étonnant; **~t** étonné (**über** de)
erste ***der, die, das ≈*** le premier, la première; ***der ~ Beste*** *Mensch* le premier venu; *Sache* la première chose que vous trouvez; ***zum ~n Mal*** pour la première fois
erstechen poignarder
erstellen *herstellen* produire; *Haus* construire; *Rechnung* établir, faire
erstens premièrement
erstick|en étouffer; **≈ung** *f* étouffement *m*
erstklassig de première qualité
erstreben aspirer (**etw** à qc); **~swert** souhaitable, désirable
erstrecken ***sich ~*** s'étendre (**auf** à), porter (sur)
ersuchen demander (***j-n um etw*** qc à qn; ***j-n, etw zu tun*** à qn de faire qc)
ertappen attraper; ***auf frischer Tat ~*** prendre sur le fait *od* en flagrant délit
Ertrag *m* rendement *m*; **≈en** supporter
erträglich supportable, tolérable
ertragreich productif
ertränken noyer
erträumen ***sich etw ~*** rêver de qc
ertrinken **1.** se noyer; **2. ≈** *n* noyade *f*
erübrigen avoir de reste *od* en trop; ***es erübrigt sich zu*** ... il n'est pas nécessaire de ...; il est superflu de ...
erwachen s'éveiller; *aufwachen* se réveiller
erwachsen adulte; **≈enbildung** *f* formation *f* des adultes; **≈e(r)** *m, f* adulte *m, f*
erwäg|en considérer, examiner; **≈ung** *f* considération *f*; ***in ~ ziehen*** envisager
erwähn|en mentionner; **≈ung** *f* mention *f*
erwärmen chauffer; *fig* ***sich ~ für*** s'enthousiasmer pour
erwart|en *warten auf* attendre; *rechnen mit* s'attendre à; ***wie zu ~ war*** comme il fallait s'y attendre; **≈ung** *f* attente *f*; **~ungsvoll** plein d'espoir
erwecken *Verdacht* éveiller; ***den Anschein ~*** donner l'impression
erweisen *beweisen* prouver; *Achtung* témoigner; *Dienst* rendre; ***sich ~ als*** se révéler être
erweiter|n (***sich ~*** s')élargir; **≈ung** *f* élargissement *m*
Erwerb *m* acquisition *f*; *Brot***≈** gagne-pain *m*; **≈en** acquérir, acheter
erwerbs|los chômeur, sans travail; **≈losigkeit** *f* chômage *m*; **≈quelle** *f* source *f* de revenu; **~tätig** actif; **~unfähig** invalide; **≈zweig** *m* branche *f* professionnelle
erwider|n répliquer, répondre; *Gruß, Besuch* rendre; **≈ung** *f* réplique *f*, réponse *f*
erwischen attraper; F pincer, choper
erwünscht désiré, souhaité
erwürgen étrangler
Erz *n* minerai *m*
erzähl|en raconter; **~end** narratif; **≈er** *m* narrateur *m*; **≈ung** *f* récit *m*; *Märchen* conte *m*
Erz|bischof *rel m* archevêque *m*; **≈bischöflich** archiépiscopal; **~bistum** *n* archevêché *m*; **~engel** *m* archange *m*
erzeug|en produire; *verursachen* engendrer; **≈er** *m Hersteller* producteur *m*; **≈nis** *n* produit *m*; **≈ung** *f* production *f*
Erzgebirge ***das ~*** les monts *m/pl* Métallifères
erzieh|en élever, éduquer; **≈er(in** *f*) *m* éducateur *m*, -trice *f*; pédagogue *m, f*
Erziehung *f* éducation *f*; **~sberechtigte(r)** *m, f* responsable *m, f* légal(e); **~swesen** *n* instruction *f* publique
erzielen atteindre, obtenir
erzogen ***gut*** (***schlecht***) **~** bien (mal) élevé
erzürnt en colère
erzwingen obtenir de force
es **1.** *als Objekt* le, la; en, y; **2.** *als Subjekt* il, ce; ***~ gibt*** il y a; ***~ klopft*** on frappe à la porte
Escape-Taste *f* touche *f* échappe
Esche *bot f* frêne *m*

Esel|(**in** *f*) *m* âne *m*, ânesse *f*; **~sbrücke** *f* guide-âne *m*; **~sohr** *n im Buch* corne *f*
Eskalation *f* escalade *f*
Eskimo *m* Esquimau *m*
Eskorte *mil f* escorte *f*
Esoterik *f* ésotérisme *m*
Espe *bot f* tremble *m*
Essay *m od n* essai *m*
essbar mangeable, comestible
essen manger; ***zu Mittag*** ~ déjeuner; ***zu Abend*** ~ dîner; F ***gegessen sein*** être classé
Essen *n Nahrung* nourriture *f*; *Mahlzeit* repas *m*; **~smarke** *f* ticket *m* de repas; **~szeit** *f* heure *f* des repas
Essenz *f* essence *f*
Essig *m* vinaigre *m*
Ess|**löffel** *m* cuiller *f* à soupe; **~tisch** *m* table *f* (de salle à manger); **~waren** *f*/*pl* denrées *f*/*pl* alimentaires; **~zimmer** *n* salle *f* à manger
Establishment *n* ordre *m* établi
Estland *n* l'Estonie *f*
Estragon *m* estragon *m*
etablieren ***sich*** ~ s'établir, s'installer
Etage *f* étage *m*; ***auf der ersten*** ~ au premier étage; ⚠ ***un*** étage; **~nbett** *n* lits *m*/*pl* superposés
Etappe *f* étape *f*
Etat *m* budget *m*
Ethik *f* éthique *f*, morale *f*; **~unterricht** *m etwa* instruction *f* religieuse
Etikett *n* étiquette *f*; **~e** *f* étiquette *f*; **≈ieren** étiqueter
etliche quelque(s); pas mal de
Etsch *f* Adige *m*
Etui *n* étui *m*; *Schmuck* écrin *m*
etwa environ, à peu près; **~ig** éventuel
etwas quelque chose; *in verneinenden Sätzen* rien; *ein wenig* quelque (peu de)
EU *f* Union *f* européenne
euch vous
euer votre, *pl* vos
Eule *zo f* hibou *m*; ***~n nach Athen tragen*** porter de l'eau à la rivière
eure ***der, die, das*** ~ le, la vôtre
euresgleichen vos pareils
euretwegen à cause de vous
Euro *m Währung* euro *m*
Eurocheque *m* eurochèque *m*
Europa *n* l'Europe *f*
Europäer(**in** *f*) *m* Européen *m*, -ne *f*
europäisch européen; **≈e *Gemeinschaft*** (EG) Communauté *f* économique européenne (C.E.E.); **≈es *Parlament*** Parlement *m* européen
Europarat *m* Conseil *m* de l'Europe
Euroscheck *m cf* ***Eurocheque***
Euter *n* pis *m*
Eva *f* Ève *f*
evakuieren évacuer
evangel|**isch** protestant; **≈ium** *n* Évangile *m*
eventuell éventuel; *adv* éventuellement
ewig éternel; **≈keit** *f* éternité *f*
EWS *n* S.M.E. *m* (= système *m* monétaire européen)
EWU *n* U.M.E. *m* (= Union *f* monétaire européenne)
exakt exact, précis; **≈heit** *f* exactitude *f*
Examen *n* examen *m*; ***schriftliches*** ~ épreuve *f* écrite
Exempel *n* exemple *m*; ***ein ~ an j-m statuieren*** faire un exemple de qn
Exemplar *n* exemplaire *m*; **≈isch** exemplaire
Exil *n* exil *m*
Existenz *f* existence *f*; *péj Mensch* individu *m*; **~minimum** *n* minimum *m* vital
existieren exister; vivre
exklusiv exclusif; *Gesellschaft* fermé, sélect
exotisch exotique
Expansion *f* expansion *f*
Expedition *f* expédition *f*
Experiment *n* expérience *f*; **≈ieren** faire des expériences (***mit*** sur)
Expert|**e** *m*, **~in** *f* expert *m* (*a für e-e Frau*); **~ensystem** *EDV n* système *m* expert
explo|**dieren** exploser, faire explosion; *bersten* éclater; **≈sion** *f* explosion *f*; **~siv** explosif
Exponent *m math* exposant *m*; *Person* représentant *m*
Export *m* exportation *f*; **≈ieren** exporter
extra *absichtlich* exprès, *gesondert* à part; **≈blatt** *n* édition *f* spéciale *f*
Extrakt *m* extrait *m*
extravagant extravagant
extrem extrême; **≈ist**(**in** *f*) *m* extrémiste *m*, *f*; **~istisch** extrémiste
exzentrisch excentrique
Exzess *m* excès *m*
Eyeliner *m* eye-liner *m*

F

F *mus n* fa *m*
Fabel *f* fable *f*; **~dichter** *m* fabuliste *m*; **ꝏhaft** formidable, épatant F
Fabrik *f* usine *f*; **~ant** *m* fabricant *m*; **~arbeiter** *m* ouvrier *m* d'usine; **~at** *n* produit *m* (manufacturé); **~ation** *f* fabrication *f*, production *f*
fabrizieren fabriquer
Fach *n* compartiment *m*, rayon *m*; *fig* branche *f*; *Schul*ꝏ matière *f*
Fach|arbeiter *m* ouvrier *m* qualifié; **~arzt** *m*, **~ärztin** *f* spécialiste *m*, *f* (**für** de); **~ausbildung** *f* formation *f* spécialisée; **~ausdruck** *m* terme *m* technique; **~buch** *n* livre *m* spécialisé
Fächer *m* éventail *m*
Fach|gebiet *n* domaine *m*, matière *f*, spécialité *f*; **~geschäft** *n* magasin *m* spécialisé; **~hochschule** *f* école *f* supérieure; **~kenntnisse** *pl* connaissances *f/pl* spéciales; **ꝏkundig** compétent, expert; **~literatur** f littérature *f* spécialisée; **~mann** *m* spécialiste *m*, expert *m*, homme *m* du métier; **ꝏmännisch** expert; **~schule** *f* école *f* professionnelle; **ꝏsimpeln** parler métier; **~werk** *arch n* colombage *m*; **~werkhaus** *n* maison *f* à colombages; **~zeitschrift** *f* revue *f* spécialisée
Fackel *f* flambeau *m*; **~zug** *m* retraite *f* aux flambeaux
fad(e) fade; insipide
Faden *m* fil *m* (*a fig*); **~nudeln** *f/pl* vermicelle *m*; **ꝏscheinig** *Stoff* usé jusqu'à la corde; *fig Argument* cousu de fil blanc
fähig capable (**zu** de); *geschickt* apte (**zu** à); **ꝏkeit** *f* capacité *f*; aptitude *f*
fahl blafard, blême, livide
fahnd|en ***nach j-m*** ~ rechercher qn; **ꝏung** *f* recherches *f/pl*
Fahne *f* drapeau *m*; *fig* ***e-e ~ haben*** empester *od* F puer l'alcool
Fahr|bahn *f*, **~damm** *m* chaussée *f*
Fähre *f* bac *m*; *Fährschiff* ferry-boat *m*
fahren aller (***mit dem Auto*** en voiture); rouler; *ab*~ partir (***nach*** pour, à); ***ein Auto*** ~ conduire une voiture; ***j-n*** ~ conduire qn; ~ ***durch*** traverser; passer par; ***Ski*** ~ faire du ski; ***mit der Hand über das Gesicht*** ~ se passer la main sur le visage; ***was ist bloß in dich gefahren?*** qu'est-ce qui t'a pris?
Fahrer|(in *f*) *m* conducteur *m*, -trice *f*, chauffeur *m*, -euse *f*; **~flucht** *f* délit *m* de fuite
Fahr|gast *m* passager *m*, voyageur *m*; **~geld** *m* prix *m* du voyage; **~gestell** *n auto* châssis *m*; *aviat* train *m* d'atterrissage; **~karte** *f* billet *m*; **~kartenschalter** *m* guichet *m*; **ꝏlässig** négligent; *jur* ***~e Tötung*** homicide *m* involontaire; **~lässigkeit** *f* négligence *f*; **~lehrer** *m* moniteur *m od* professeur *m* d'auto-école; **~plan** *m* horaire *m*; *als Broschüre* indicateur *m*; **~planauszug** *m* fiche-horaire *f* des trains; **ꝏplanmäßig** régulier; **~preis** *m* prix *m* du transport; **~prüfung** *f* examen *m* du permis de conduire; ***seine ~ machen*** passer son permis de conduire; **~rad** *n* bicyclette *f*, vélo *m*; **~schein** *m* billet *m*, ticket *m*; **~scheinautomat** *m* billetterie *f*; **~schule** *f* auto-école *f*; **~spur** *f* voie *f*, file *f*; **~stuhl** *m* ascenseur *m*; *für Kranke* fauteuil *m* roulant; **~stuhlführer** *m* liftier *m*, garçon *m* d'ascenseur; **~stunde** *f* leçon *f* d'auto-école
Fahrt *f* voyage *m*, trajet *m*, parcours *m*; *Ausflug* excursion *f*; ***~ ins Blaue*** excursion *f* surprise; ***in voller ~*** à toute allure
Fährte *f* piste *f*
Fahr|unterricht *m* cours *m/pl* de conduite automobile; **~werk** *aviat n* train *m* d'atterrissage; **~zeit** *f* temps *m* du parcours; **~zeug** *n* véhicule *m*
fair sport, loyal, fair-play
Faktor *m* élément *m*, facteur *m*
Fakultät *f* faculté *f*
Falke *zo m* faucon *m*
Fall *m Sturz* chute *f*; *Sachverhalt* cas *m*; ***auf jeden*** (***keinen***) ~ en tout (aucun) cas; ***für den ~, dass*** ... au cas où ...; ***gesetzt den ~, dass*** ... à supposer que ...
Falle *f* piège *m*
fallen tomber (*a fig*); *sinken* baisser; *Tor* être marqué; ***die Entscheidung fällt heute*** la décision est prise aujourd'hui; ***~ lassen*** *Plan*, *j-n* laisser tomber; *Bemerkung* faire

eine Fahrkarte kaufen	
am Schalter:	*au guichet:*
– Guten Tag. Nach Vichy hin und zurück, bitte.	*– Bonjour, Monsieur. Un aller et retour Vichy, s'il vous plaît.*
– Fahren Sie heute?	*– Vous partez aujourd'hui?*
– Ja, heute Nachmittag.	*– Oui, je pars cet après-midi.*
– Das macht 72,60 Franc.	*– Ça fait 72,60 francs.*
– Können Sie mir sagen, von welchem Gleis der Zug abfährt?	*– Le train, il part de quel quai, s'il vous plaît?*
– Von Gleis 6. Und Sie müssen in Riom umsteigen.	*– C'est le quai numéro 6. Et il faut changer à Riom.*
– Vielen Dank.	*– Merci bien.*
– Hier ist Ihre Fahrkarte.	*– Voilà votre billet.*
– Auf Wiedersehen!	*– Au revoir, Monsieur!*

fällen *Baum* abattre; *jur Urteil* rendre, prononcer; *fig* **ein Urteil ~** porter un jugement (**über** sur)
fällig *Flugzeug etc* attendu; *Zinsen, Zahlung* exigible
falls au cas où
Fallschirm *m* parachute *m*; **~absprung** *m* descente *f* en parachute; **~jäger** *m* parachutiste *m*, para *m* F; **~springer(in** *f*) *m* parachutiste *m*, *f*
falsch faux (*a Person, Zähne*); *Adresse* mauvais; **~ gehen** *Uhr* mal marcher; **etw ~ aussprechen** mal prononcer qc
fälsch|en fausser, falsifier; **2er(in** *f*) *m* falsificateur *m*, -trice *f*
Falsch|geld *n* faux billet *m* de banque; **~heit** *f* fausseté *f*
fälschlich faux, erroné
Fälschung *f* falsification *f*, faux *m*; **2ssicher** infalsifiable
Falt|blatt *n* dépliant *m*; **~boot** *n* canot *m* pliant *od* démontable
Falte *f* pli *m*; *Runzel* ride *f*; **2n** plier; **~nrock** *m* jupe *f* plissée
Falter *m* papillon *m*
faltig plissé; *Haut* ridé
familiär *vertraut* familier; *die Familie betreffend* familial
Familie *f* famille *f*
Familien|angelegenheit *f* affaire *f* de famille; **~anschluss** *m* accueil *m* dans une famille; **~leben** *n* vie *f* familiale *od* de famille; **~name** *m* nom *m* de famille; **~packung** *f* conditionnement *m* familial; **~planung** *f* planning *m* familial; **~stand** *m* situation *f* de famille; **~vater** *m* père *m* de famille
Fan *m* F fan *m*, *f*, fana *m*, *f*
Fanati|ker(in *f*) *m* fanatique *m*, *f*; **2sch** fanatique
Fang *m* prise *f*, capture *f*; **2en** attraper, prendre; *ergreifen* saisir; **~frage** *f* colle *f* F; **~n stellen** poser des colles
Fantasie *f* imagination *f*; ⚠ *nicht* **fantaisie**; **2los** dépourvu d'imagination; **2ren** se livrer à son imagination; *méd* délirer; **2voll** plein d'imagination
Fantast *m* rêveur *m*; **2isch** fantastique
Farb|aufnahme *f* photo *f* en couleurs; **~band** *n* ruban *m* encré
Farb|e *f* couleur *f*; *zum Malen* peinture *f*; *Gesicht* teint *m*; **2echt** grand teint
färben colorer, teindre; **sich rot ~** se colorer en rouge
farben|blind daltonien; **~froh** haut en couleur(s)
Farb|fernsehen *n* télévision *f* en couleurs; **~fernseher** *m* téléviseur *m* couleurs; **~film** *m* film *m* en couleurs; **~fotografie** *f* photographie *f* en couleurs; **2ig** coloré; **~ige** *m*, *f*, *pl* homme *m*, femme *f*, gens *m/pl* de couleur; **2los** incolore (*a fig*); **~stift** *m* crayon *m* de couleur; **~stoff** *m* matière *f* colorante; **~ton** *m* ton *m*
Färbung *f* coloration *f*, teinte *f*
Farm *f* ferme *f*; **~er** *m* fermier *m*
Farn *bot m*, **~kraut** *n* fougère *f*

Fasan *zo m* faisan *m*
Fasching *m* carnaval *m*
Faschis|mus *m* fascisme *m*; **~t(in** *f*) *m* fasciste *m*, *f*; **2tisch** fasciste
faseln radoter
Faser *f* fibre *f*; **2ig** fibreux
Fass *n* tonneau *m*; *Wein2* fût *m*; ***Bier vom ~*** bière *f* pression
Fassade *f* façade *f*
fassen prendre, saisir; *Plan* concevoir; *enthalten* contenir; *begreifen* comprendre; ***Mut ~*** reprendre courage; ***e-n Entschluss ~*** prendre une décision; ***sich kurz ~*** être bref
Fassung *f seelische* contenance *f*; *Text* version *f*; *Glühbirne* douille *f*; ***die ~ verlieren*** perdre contenance; ***j-n aus der ~ bringen*** faire perdre contenance à qn
fassungs|los décontenancé; **2vermögen** *n räumlich* capacité *f*; *fig* compréhension *f*, entendement *m*
fast presque, à peu près; ***~ nur*** ne ... guère que
fasten 1. jeûner; **2.** **2** *n* jeûne *m*; **2zeit** *f* carême *m*.
Fast Food *n* fast-food *m*
Fastnacht *f*, **~sdienstag** *m* mardi *m* gras
fatal *unangenehm* fâcheux; *unheilvoll* fatal
fauchen *Katze* cracher
faul *verfault* pourri; *träge* paresseux; ***~e Ausrede*** faux-fuyant *m*, mauvaise excuse *f*
faul|en pourrir; **~enzen** fainéanter; **2enzer(in** *f*) *m* fainéant *m*, -e *f*; **2heit** *f* paresse *f*
Fäulnis *f* pourriture *f*; *Verwesung* putréfaction *f*
Faulpelz *m* fainéant *m*; *Schule* cancre *m* F, flemmard *m* F, cossard *m* P
Faust *f* poing *m*; ***auf eigene ~*** de sa propre initiative; **~handschuh** *m* moufle *f*; **~hieb** *m* coup *m* de poing; **~regel** *f* règle *f* générale; **~schlag** *m* coup *m* de poing
Favorit(in *f*) *m* favori *m*, -te *f*
Fax *n* fax *m*; **2en** envoyer un fax; ***etw ~*** faxer qc; **~gerät** *n* télécopieur *m*; **~nummer** *f* numéro *m* de fax; **~papier** *n* papier *m* pour télécopieur
Fazit *n* résultat *m*, bilan *m*
FCKW *m* C.F.C. *m* (= chlorofluorocarbone)
Feber *östr*, **Februar** *m* février *m*; ***im ~*** en février; ***am 21. ~*** le 21 février; ***der 21. ~ 1999*** le 21 février 1999
fecht|en faire de l'escrime; **2en** *n* escrime *f*; **2er(in** *f*) *m* escrimeur *m*, -euse *f*
Feder *f* plume *f*; *tech* ressort *m*; **~ball** *m Spiel* badminton *m*; *Ball* volant *m*; **~bett** *n* édredon *m*; **~gewicht** *n Sport* poids *m* plume; **~halter** *m* porte-plume *m*; **2leicht** léger comme une plume; **2n** faire ressort; **2nd** élastique; **~ung** *tech f* suspension *f*
Fee *f* fée *f*
Fegefeuer *rel n* purgatoire *m*
fegen balayer; *Schornstein* ramoner
fehl *~ am Platz* déplacé
Fehlbetrag *m* déficit *m*
fehlen 1. manquer, être absent, faire défaut; ***wer fehlt heute?*** qui manque *od* est absent aujourd'hui?; ***es fehlt uns an*** nous manquons de; ***mir fehlen zwei Mark*** il me manque deux marks; *fig* ***was fehlt dir?*** qu'est-ce que tu as?; **2.** **2** *n* manque *m*; *Abwesenheit* absence *f*
Fehler *m Verstoß* faute *f*; *Charakter2*, *tech* défaut *m*; **2frei** sans défaut; *Schule* sans faute; **2haft** défectueux; *unrichtig* plein de fautes, incorrect; **~meldung** *f* message *m* d'erreur
Fehl|geburt *f* fausse couche *f*; **~planung** *f* erreur *f* de planification; **~schlag** *m fig* échec *m*; **2schlagen** échouer; **~start** *m Sport* faux départ *m*, départ *m* manqué; **~tritt** *m* faux pas *m* (*a fig*); **~zündung** *f Motor* raté *m*
Feier *f* cérémonie *f*, fête *f*; *e-s Festes* célébration *f*; **~abend** *m* fin *f* de la journée; ***machen wir ~!*** arrêtons-nous de travailler!; **2lich** solennel; **~lichkeit** *f* solennité *f*; **2n** célébrer, fêter; *nicht arbeiten* chômer; **~tag** *m* jour *m* férié
feig(e) lâche
Feige *bot f* figue *f*
Feig|heit *f* lâcheté *f*, poltronnerie *f*; **~ling** *m* lâche *m*, poltron *m*
Feile *f* lime *f*; **2n** limer
feilschen marchander (***um etw*** qc)
fein fin; *vornehm* distingué; *prima* F chic
Feind|(in *f*) *m* ennemi *m*, -e *f*; **2lich** ennemi, hostile; **~schaft** *f* inimitié *f*; **2selig** hostile; **~seligkeiten** *mil f/pl* hostilités *f/pl*
fein|fühlig sensible; **2gefühl** *n* délicatesse *f*, tact *m*; **2heit** *f* finesse *f*; **~en** *pl*

Feiertage in Deutschland

Neujahr	***jour** m **de l'An***
Heilige Drei Könige*	***fête** f **des Rois***
Karfreitag	***Vendredi** m **saint***
Ostern	***Pâques** f/pl*
Maifeiertag	***fête** f **du Premier mai***
(Christi) Himmelfahrt	***Ascension** f*
Pfingsten	***Pentecôte** f*
Fronleichnam*	***Fête-Dieu** f*
Mariä Himmelfahrt*	***Assomption** f*
Tag der Deutschen Einheit	***fête** f **nationale allemande***
Reformationstag*	***fête** f **de la Réformation***
Allerheiligen*	***Toussaint** f*
Buß- und Bettag*	***fête** f **religieuse protestante onze jours avant l'Avent***
Weihnachten	***Noël** m*
* nicht in allen Bundesländern	

Einzelheiten détails *m/pl*; **≈kostgeschäft** *n* traiteur *m*; **≈mechanik** *f* mécanique *f* de précision; **≈schmecker** *m* gourmet *m*
feist gras
Feld *n* champ *m* (*a fig*); *Brettspiel* case *f*, *Radsport* peloton *m*; *Spiel≈* terrain *m*; *fig Bereich* domaine *m*; **~arbeit** *f* travail *m* des champs; **~bett** *n* lit *m* de camp; **~flasche** *f* gourde *f*; **~herr** *m* général *m*; **~stecher** *m* jumelles *f/pl* de campagne; **~webel** *m* adjudant *m*; **~weg** *m* chemin *m* de terre; **~zug** *m* campagne *f*
Felge *f* jante *f*
Fell *n* peau *f*; *Haarkleid* poil *m*, pelage *m*
Fels|(en) *m* rocher *m*; *Felsmasse* roc *m*; **≈ig** rocheux
femin|in féminin; **≈istin** *f* féministe *f*; **~istisch** féministe
Fenchel *bot m* fenouil *m*
Fenster *n* fenêtre *f* (*a EDV*); *Wagen≈* glace *f*; ***aus dem ~ sehen*** regarder par la fenêtre; ⚠ ***la*** fenêtre; **~brett** *n* appui *m*, rebord *m* (d'une fenêtre); **~heber** *m* lève-glace *m*, lève-vitre *m*; **~laden** *m* volet *m*; **~rahmen** *m* châssis *m* de fenêtre; **~scheibe** vitre *f*, carreau *m*; **~technik** *EDV f* technique *f* de multifenêtrage
Ferien *pl* vacances *f/pl*; ***in ~ sein*** (***fahren***) être (partir) en vacances; **~kurs** *m* cours *m* de vacances; **~lager** *n* colonie *f* de vacances
Ferkel *n* porcelet *m*, goret *m*; *fig* petit cochon *m*
fern loin (**von** de); éloigné; *entlegen* lointain; **der ≈e Osten** l'Extrême-Orient *m*; ***~ halten*** (**sich** se) tenir à l'écart (**von** de); ***das liegt mir ~*** c'est loin de ma pensée;
Fern|abfrage *f* interrogation *f* à distance; **~amt** *tél n* interurbain *m*, inter *m*; **~bedienung** *f* commande *f* à distance, télécommande *f*; **≈bleiben** rester à l'écart (**von** de)
Fern|e *f* lointain *m*; ***in der*** *od* ***die ~*** au loin; ***aus der ~*** de loin; **≈er** de plus, en outre, encore; **~fahrer** *m* routier *m*; **~gespräch** *tél n* communication *f* interurbaine; **≈gesteuert** télécommandé, téléguidé; **~glas** *n* jumelles *f/pl*, longue-vue *f*; **~heizung** *f* chauffage *m* à distance; **~kurs** *m* cours *m* par correspondance; **~laster** F *m* poids *m* lourd; **~licht** *n auto* feux *m/pl* de route; **~meldewesen** *n* télécommunications *f/pl*; **~rohr** *n* télescope *m*; **~schreiben** *n* télex *m*; **~schreiber** *m* téléscripteur *m*; **~sehen** *n* télévision *f*; **≈sehen** re-

garder la télévision; **~seher** *m Gerät* téléviseur *m*; *Person* téléspectateur *m*; **~sehsatellit** *m* satellite *m* de télévision; **~sehschirm** *m* écran *m* de télévision; **~sehsendung** *f* émission *f* de télévision; **~sehzuschauer(in** *f*) *m* téléspectateur *m*, -trice *f*; **~sprechamt** *n* bureau *m* téléphonique; *weitere Zssgn cf* **Telefon**...; **~steuerung** *f* commande *f* à distance; **~verkehr** *m Bahn* service *m* des grandes lignes; *Straße* trafic *m* à grande distance

F

Ferse *f* talon *m*

fertig *bereit* prêt; *beendet* fini, achevé; *erschöpft* F à plat; ***mit etw ~ sein*** avoir fini qc; ***~ werden mit*** venir à bout de; ***~ bringen*** arriver (à faire qc); ***sich ~ machen*** se préparer; F *fig* ***j-n ~ machen*** *körperlich* F vanner qn; *moralisch* F moucher qn, secouer les puces à qn; *erledigen* achever qn; **2gericht** *n* plat *m* cuisiné; **2haus** *n* maison *f* préfabriquée; **2keit** *f* dextérité *f*; **2stellung** *f* achèvement *m*, finition *f*; *Bau* réalisation *f*

fesch chic, pimpant

Fessel *f* lien *m*; *Hemmnis* entrave *f*; **2n** enchaîner, ligoter; *fig* captiver; **2nd** captivant

fest ferme; solide (*a Nahrung*); *Zeitpunkt*, *Preis*, *Wohnsitz* fixe; *Stoff* serré; *Schlaf* profond

Fest *n* fête *f*; ⚠ ***la*** fête

fest|binden attacher (***an*** à); **2essen** *n* banquet *m*; **~fahren** ***sich ~*** ne plus pouvoir avancer, s'enliser; **2halle** *f* salle *f* des fêtes; **~halten** ***an etw ~*** tenir ferme à qc; ***sich ~ an*** s'attraper à; **~igen** raffermir; ***sich ~*** se consolider; **2igkeit** *f* fermeté *f*; **~klammern** ***sich ~*** s'accrocher (***an*** à); **2komma** *n* virgule *f* fixe; **2land** *n* terre *f* ferme, continent *m*; **~legen** fixer; ***sich auf etw ~*** s'engager à qc; **~lich** solennel; **2lichkeit** *f* solennité *f*; *Festakt* cérémonie *f*; **~machen** fixer; *mar* (s')amarrer; *vereinbaren* convenir de; **2nahme** *f* arrestation *f*; **~nehmen** arrêter; **2platte** *f* disque *m* dur; **2plattenlaufwerk** *n* lecteur *m* de disque dur; **2rede** *f* discours *m* solennel; **2saal** *m* salle *f* des fêtes; **~schrauben** visser, fixer; **~setzen** fixer, établir; **2setzung** *f* fixation *f*; **2spiele** *n/pl* festival *m*; **~stehen** être certain; **~stehend** fixé; *Tatsache* établi; *Redensart* figé; **~stellen** constater; **2stellung** *f* constatation *f*; **2tag** *m* jour *m* de fête

Festung *f* forteresse *f*

Festzug *m* cortège *m*

fett gras; ***~ gedruckt*** imprimé en caractères gras

Fett *n* graisse *f*; **~fleck** *m* tache *f* de graisse; **2ig** graisseux; **~kloß** *m*, **~wanst** *m* F gros lard *m*

Fetzen *m* lambeau *m*; ***ein ~ Papier*** un lambeau de papier

fetzig F qui décoiffe

feucht humide; **2igkeit** *f* humidité *f*; **2igkeitscreme** *f* crème *f* hydratante

feudal féodal; *fig* luxueux, fastueux

Feuer *n* feu *m*; *~sbrunst* incendie *m*; *fig* ardeur *f*; ***~ fangen*** prendre feu; *fig* s'enflammer (**für** pour); *fig* ***~ und Flamme sein*** être tout feu tout flamme (***für*** pour); **~alarm** *m* alerte *f* au feu; **~bestattung** *f* incinération *f*, crémation *f*; **~eifer** *m* zèle *m* ardent; **2fest** incombustible; *tech* réfractaire, ignifuge; **~gefahr** *f* danger *m* d'incendie; **2gefährlich** inflammable; **~leiter** *f* échelle *f* de secours; **~löscher** *m* extincteur *m*; **~melder** *m* avertisseur *m* d'incendie

feuer|n chauffer; *mil* tirer (***auf*** sur); *fig* ***j-n ~*** renvoyer qn; **~rot** rouge vif; *Gesicht* écarlate

Feuer|schiff *n* bateau-phare *m*; **~stein** *m* silex *m*; pierre *f* à feu; **~versicherung** *f* assurance *f* contre l'incendie; **~waffe** *f* arme *f* à feu; **~wehr** *f* (corps *m* des sapeurs-)pompiers *m/pl*; **~wehrmann** *m* pompier *m*; **~werk** *n* feu *m* d'artifice; **~zeug** *n* briquet *m*

feurig ardent, enflammé

Fiasko *n* fiasco *m*

Fibel *f* abécédaire *m*

Fichte *bot f* épicéa *m*

ficken *vulgär* baiser

fidel gai, joyeux, de bonne humeur; ⚠ *nicht* ***fidèle***

Fieber *n* fièvre *f*; ***~ haben*** avoir de la fièvre; **~anfall** *m* accès *m* de fièvre; **2haft** fiévreux, fébrile; **2senkend** *méd* fébrifuge; **~thermometer** *n* thermomètre *m* médical

fies F méchant, dégoûtant

Figur *f* silhouette *f*, stature *f*; *Schach* pièce *f*; *Roman* personnage *m*; *Eislauf*

figure *f*; ***sie hat e-e gute ~*** elle est bien faite, F bien roulée; ***auf seine ~ achten*** faire attention à sa ligne
Filet *n* filet *m*
Filiale *f* succursale *f*
Film *m* film *m*; *Photo* pellicule *f*; *Filmbranche* cinéma *m*; ***e-n ~ drehen*** tourner un film; ***beim ~ sein*** faire du cinéma; **2en** filmer, tourner; **~gesellschaft** *f* société *f* cinématographique; **~kamera** *f* caméra *f* de cinéma; **~kassette** *f* châssis *m*; **~regisseur** *m* réalisateur *m*; metteur *m* en scène; **~schauspieler(in** *f*) *m* acteur *m*, -trice *f* de cinéma; **~star** *m* star *f*, vedette *f*; **~studio** *n* studio *m* de cinéma; **~verleih** *m* société *f* de distribution; **~vorstellung** *f* séance *f* de cinéma
Filter *m od n* filtre *m*; **~kaffee** *m* café *m* filtre *od nur* filtre *m*; **2n** filtrer; **~papier** *n* papier *m* filtre; **~zigarette** *f* cigarette *f* à bout filtre
Filz *m* feutre *m*; *pol* F magouille *f*; **2en** F fouiller; **~schreiber** *m*, **~stift** *m* crayon *m* feutre; marqueur *m*
Finanz|amt *n* perception *f*, percepteur *m*; **~en** *pl* finances *f/pl*; **2iell** financier; **2ieren** financer; **~lage** *f* situation *f* financière; **~minister** *m* ministre *m* des Finances; **~ministerium** *n* ministère *m* des Finances; **~wesen** *n* finances *f/pl*
Findelkind *n* enfant *m* trouvé
find|en trouver; *der Ansicht sein* trouver, penser; ***ich finde ihn nett*** je le trouve gentil; ***wie ~ Sie ...?*** comment trouvez-vous ...?; ***das wird sich ~*** nous verrons bien
Finder|(in *f*) *m* celui *m* (celle *f*) qui trouve; **~lohn** *m* récompense *f* à celui qui rapporte un objet perdu
Finger *m* doigt *m*; **~abdruck** *m* empreinte *f* digitale; ***genetischer ~*** empreinte *f* génétique; **~fertigkeit** *f* dextérité *f*; **~hut** *m* dé *m* (à coudre); *bot* digitale *f*; **~nagel** *m* ongle *m*; **~spitze** *f* bout *m* du doigt; **~spitzengefühl** *n* doigté *m*
fingieren feindre, simuler
Fink *zo m* pinson *m*
Finn|e *m*, **~in** *f* Finlandais *m*, -e *f*; **2isch** finlandais; **~land** *n* la Finlande
finster sombre, obscur, ténébreux; **2nis** *f* obscurité *f*, ténèbres *f/pl*

Firma *f* maison *f*, entreprise *f*, firme *f*
Firmung *rel f* confirmation *f*
Fisch *m* poisson *m*; *astr* **~e** *pl* Poissons *m/pl*; ***~e fangen*** attraper *od* prendre des poissons; **~dampfer** *m* chalutier *m*
fischen pêcher
Fischer|(in *f*) *m* pêcheur *m*, -euse *f*; **~boot** *n* bateau *m* de pêche; **~dorf** *n* village *m* de pêcheurs; **~ei** *f* pêche *f*
Fisch|fang *m* pêche *f*; **~gräte** *f* arête *f*; **~händler(in** *f*) *m* poissonnier *m*, -ière *f*; **~kutter** *m* cotre *m* de pêche; **~laich** *m* frai *m* de poisson; **~markt** *m* marché *m* aux poissons; **~stäbchen** *cuis n* poisson *m* pané; **~vergiftung** *méd f* intoxication *f* due au poisson; **~zucht** *f* pisciculture *f*; **~zug** *m fig* coup *m* de filet
Fisole *östr f* haricot *m* vert
Fistel *méd f* fistule *f*; **~stimme** *f* voix *f* de fausset
fit en forme, bien entraîné; **2nesscenter** *n* centre *m* de culturisme
fix prompt, rapide; vite; *Idee* fixe; ***~ und fertig*** fin prêt; *erschöpft* F claqué
fix|en F se piquer; **2er** *m Rauschgift* drogué *m*
fixieren fixer; ***j-n ~*** fixer qn, regarder qn fixement
FKK nudisme *m*, *in Zssgn* nudiste
flach plat (*a fig*)
Fläche *f* surface *f*, superficie *f*; **2ndeckend** global; **~ninhalt** *m* superficie *f*
Flachs *bot m* lin *m*
flackern vaciller
Fladen *m* galette *f*; *Kuh2* bouse *f* de vache
Flagge *f* pavillon *m*; **2n** pavoiser
Flame *m*, **Flämin** *f* Flamand *m*, -e *f*
flämisch flamand
Flamme *f* flamme *f*; ***in ~n stehen*** être en flammes
Flandern *n* la Flandre
Flanell *m* flanelle *f*
flanieren flâner
Flank|e *f* flanc *m*; *Fußball* centre *m*; **2ieren** flanquer
Flasche *f* bouteille *f*; *Säuglings2* biberon *m*; *fig Person* F nouille *f*, cloche *f*; **~nbier** *n* bière *f* en bouteilles; **~nhals** *m* goulot *m* (de bouteille); **~nöffner** *m* ouvre-bouteilles *m*, décapsuleur *m*; **~npfand** *n* consigne *f*; **~nzug** *tech m* palan *m*
flatterhaft volage, instable
flattern voleter; *Fahne, Haare* flotter

flau faible (*a Brise*); languissant; *Markt* peu actif, stagnant
Flaum *m* duvet *m*
Flaute *f mar* calme *m* (plat); *écon* marasme *m*
Flechte *f Haar*℞ tresse *f*; *méd* dartre *m*; *bot* lichen *m*; ℞**n** tresser
Fleck *m* tache *f*; *Stelle* endroit *m*; ***blauer*** ~ bleu *m*; **~entferner** *m* détachant *m*; ℞**enlos** sans tache, immaculé (*a fig*); ℞**ig** tacheté

Fleisch

⚠ Im Französischen wird sprachlich unterschieden zwischen dem Fleisch, das der Mensch am Körper hat (***la chair***), und dem Fleisch von Tieren, das zum Verzehr gedacht ist (***la viande***):

das Rindfleisch	***le bœuf***
der Braten	***le rôti***
das Schweinefleisch	***le porc***
der Schinken	***le jambon***
der Speck	***le lard***
das Kalbfleisch	***le veau***
das Lammfleisch	***l'agneau m***
das Geflügel	***la volaille***
das Hähnchenfleisch	***le poulet***
das Putenfleisch	***la dinde***
das Kaninchen	***le lapin***
das Schnitzel	***l'escaloppe f***
das Kotelett	***la côtelette***
das Hackfleisch	***la viande hachée***
Fleisch essen	***manger de la viande***
das Fleisch in Stücke schneiden	***couper la viande en morceaux***
Fleisch grillen	***faire cuire de la viande sur le gril***
das Fleisch ist zart / zäh	***la viande est tendre / dure***

Fledermaus *zo f* chauve-souris *f*
Flegel *m fig* impertinent *m*, malappris *m*, rustre *m*, pignouf F *m*, **~ei** *f* impertinence *f*; ℞**haft** mal éduqué, impertinent, grossier, malotru; **~jahre** *n/pl* âge *m* ingrat
flehen implorer (***zu j-m*** qn, ***um etw*** qc), supplier (***zu j-m*** qn)
Fleisch *n* chair *f*; *Nahrung* viande *f*; ~***fressend*** carnassier, carnivore; **~brühe** *f* consommé *m*; bouillon *m* gras; **~er** *m* boucher *m*; *für zubereitete Fleischwaren* charcutier *m*; **~erei** *f* boucherie *f*; charcuterie *f*; **~hauer** *östr m* boucher *m*; ℞**ig** charnu; **~kloß** *m* boulette *f* de viande; ℞**lich** charnel; ℞**los** sans viande, maigre; **~wolf** *m* hachoir *m*; **~wunde** *f* blessure *f* profonde
Fleiß *m* application *f*, assiduité *f*; ℞**ig** appliqué, assidu
flennen F pleurnicher, chialer F
fletschen ***die Zähne*** ~ montrer les dents
flexib|el flexible; ℞**ilität** *f* flexibilité *f*
flick|en raccommoder, rapiécer; *Fahrradschlauch* réparer; ℞**en** *m* pièce *f*; *Fahrrad* rustine *f*; ℞**zeug** *n* nécessaire *m* pour réparer les pneus
Flieder *bot m* lilas *m*
Fliege *f* mouche *f*; *Binder* nœud *m* papillon
fliegen voler; ***mit dem Flugzeug*** ~ aller en avion; ***ein Flugzeug*** ~ piloter un avion; F *fig* ***von der Schule*** ~ être renvoyé de l'école; *fig* ***in die Luft*** ~ sauter, exploser
Fliegen|fänger *m* attrape-mouches *m*; **~gewicht** *Sport n* poids *m* mouche; **~klatsche** *f* tapette *f* tue-mouches; **~pilz** *bot m* fausse oronge *f*, amanite *f* tue-mouches
Flieger|(in *f*) *m* aviateur *m*, -trice *f*; **~alarm** *m* alerte *f* aérienne; **~angriff** *m* raid *m* aérien
fliehen fuir (***vor j-m***, ***vor etw*** qn, qc), s'enfuir (devant qn, qc)
Fliese *f* carreau *m*, dalle *f*; **~nleger** *m* carreleur *m*
Fließband *n* tapis *m* roulant; *Fabrik* chaîne *f* (de montage); **~arbeit** *f* travail *m* à la chaîne

fließen couler; **~d** courant; ~ ***französisch sprechen*** parler couramment le français
Fließkomma *n* virgule *f* flottante
flimmern scintiller; *Bild* trembloter
flink agile
Flinte *f* fusil *m*
Flipchart *f* paperboard *m*
Flipper *m* flipper *m*; **2n** jouer au flipper
flippig F loufoque
Flirt *m* flirt *m*; **2en** flirter
Flittchen *n péj* coureuse *f* de garçons
Flitter *m* paillettes *f/pl*; **~wochen** *f/pl* lune *f* de miel
flitz|en F filer comme une flèche; **2er** *m* F *auto* bolide *m*
Flock|e *f* flocon *m*; **2ig** floconneux
Floh *m* puce *f*; *fig* ***j-m e-n ~ ins Ohr setzen*** mettre à qn une idée en tête; **~markt** *m* marché *m* aux puces
Flop *m* bide *m*
Flora *f* flore *f*
Florenz Florence
florieren prospérer
Floskel *f* formule *f* toute faite
Floß *n* radeau *m*
Flosse *f* nageoire *f*
Flöte *f* flûte *f*; **2n** jouer de la flûte
Flötist(in *f*) *m* flûtiste *m, f*
flott *Tempo* rapide; *leicht, kess* léger, dégagé, déluré; *schick* chic
Flotte *mar f* flotte *f*; **~nstützpunkt** *mil m* base *f* navale
Fluch *m Kraftwort* juron *m*; *Verwünschung* malédiction *f*; **2en** jurer
Flucht *f* fuite *f*; **2artig** précipitamment
flüchten s'enfuir; ***sich ~*** se réfugier (***zu j-m*** chez qn, ***in etw*** dans qc)
flüchtig fugitif; *vergänglich* passager; ***ein ~er Blick*** un coup d'œil; ***ein ~er Eindruck*** un aperçu; **2keitsfehler** *m* négligence *f*, faute *f* d'inattention
Flüchtling *m* fugitif *m*; *pol* réfugié *m*; **~slager** *n* camp *m* de réfugiés
Flug *m* vol *m*; **~abwehrrakete** *mil f* missile *m* antiaérien; **~bahn** *f* trajectoire *f*; **~begleiter(in** *f*) *m* steward *m*, hôtesse *f* de l'air; **~blatt** *n* tract *m*; **~boot** *n* hydravion *m*; **~datenschreiber** *m* boîte *f* noire

F

am Flughafen	***à l'aéroport***
das Bodenpersonal	***le personnel au sol***
das Charterflugzeug	***l'avion m charter***
die Fluggesellschaft	***la compagnie aérienne***
die Flugstrecke	***l'itinéraire m***
das Flugzeug	***l'avion m***
die Flugzeughalle	***le hangar***
der Kofferkuli	***le chariot***
die Landebahn	***la piste d'atterrissage***
die Landung	***l'atterrissage m***
die Maschine	***l'appareil m***
der Pendelbus (*vom Flughafen in die Stadt*)	***la navette***
der Start	***l'envol m***
die Startbahn	***la piste d'envol***
der Tower	***la tour de contrôle***
der Zubringerbus (*zum Flugzeug*)	***la navette***
eine Zwischenlandung einlegen	***faire escale***
Wann kommt deine Maschine in Marseille an?	***Quand est-ce que ton appareil arrivera à Marseille?***
Wir werden dich am Flughafen abholen.	***On viendra te chercher à l'aéroport.***

Flügel *m* aile *f*; *Klavier* piano *m* à queue; *Tür-, Fenster*≈ battant *m*; **~mutter** *tech f* papillon *m*; **~schraube** *tech f* vis *f* à ailettes; **~stürmer** *Sport m* ailier *m*; **~tür** *f* porte *f* à deux battants

Fluggast *m* passager *m*

flügge ~ sein voler de ses propres ailes; *fig* **~ werden** prendre sa volée

Flug|gesellschaft *f* compagnie *f* aérienne; **~hafen** *m* aéroport *m*; *cf Info-Fenster Seite 429*; **~körper** *m* engin *m od* objet *m* volant; **~linie** *f* ligne *f* aérienne; **~lotse** *m* aiguilleur *m* du ciel; **~nummer** *f* numéro *m* de vol; **~personal** *n* personnel *m* navigant, navigants *m/pl*; **~platz** *m* aérodrome *m*; **~schein** *m* billet *m* d'avion; **~schreiber** *m* boîte *f* noire; **~schrift** *f* brochure *f* de propagande, tract *m*; **~sicherung** *f* contrôle *m* du trafic aérien; **~verkehr** *m* trafic *m* aérien; **~wesen** *n* aviation *f*

Flugzeug *n* avion *m*; **~absturz** *m* catastrophe *f* aérienne; **~entführer** *m* pirate *m* de l'air; **~entführung** f détournement *m* d'avion; **~halle** *f* hangar *m* (d'avions); **~träger** *m* porte-avions *m*

Flunder *zo f* flet *m*

flunkern raconter des histoires

Fluorchlorkohlenwasserstoff *m* chlorofluorocarbone *m*

Flur *m* entrée *f*, vestibule *m*

Fluss *m* rivière *f*; *großer* fleuve *m*; **≈abwärts** en aval; **≈aufwärts** en amont; **~bett** *n* lit *m* d'un fleuve

flüssig liquide (*a Geld*); *Verkehr*, *Stil* fluide; **≈keit** *f Stoff* liquide *m*; *Zustand* liquidité *f*; **≈kristall** *m* crystal *m* liquide; **≈kristallanzeige** *f* afficheur *m* à crystaux liquides

Fluss|lauf *m* cours *m* d'une rivière *od* d'un fleuve; **~pferd** *zo n* hippopotame *m*; **~schifffahrt** *f* navigation *f* fluviale; **~ufer** *n* rive *f*, berge *f*

flüstern chuchoter

Flut *f Gezeiten* marée *f* haute; *Wassermassen* flots *m/pl*; *fig von Worten etc* flot *m*; **~licht** *n* lumière *f* des projecteurs; **~welle** *f* raz *m* de marée

Föderalismus *m* fédéralisme *m*

Fohlen *n* poulain *m*

Föhn *m* sèche-cheveux *m*

Föhre *bot f* pin *m* sylvestre

Folge *f* suite *f*, conséquence *f*; *Reihen*≈ série *f*; *Fortsetzung* continuation *f*; *Ergebnis* résultat *m*, effet *m*; **zur ~ haben** avoir pour conséquence

folgen suivre (**j-m** qn); *nachfolgen* succéder (**j-m** *od* **auf j-n** à qn); *gehorchen* obéir (à); **aus etw ~** résulter de qc; **daraus folgt, dass** ... il s'ensuit que ...; **wie folgt** comme suit; **~d** suivant; **im ≈en** *weiter unten* ci-dessous; **~dermaßen** de la manière suivante; **~schwer** lourd de conséquences

folgerichtig conséquent, logique; **≈keit** *f* conséquence *f*, logique *f*

folger|n conclure (**aus** de); **≈ung** *f* conclusion *f*

folg|lich par conséquent; *also* donc; **~sam** obéissant

Folie *f* feuille *f*; *Schule* transparent *m*

Folter *f* torture *f*; *fig* **j-n auf die ~ spannen** torturer qn; **≈n** torturer

Fön *m cf* **Föhn**

Fontäne *f* jet *m* d'eau; ⚠ *nicht* **fontaine**

foppen taquiner, faire monter à l'échelle

Förder|band *n* tapis *m* roulant; **~er** *m*, **~in** *f* protecteur *m*, -trice *f*; mécène *m*, *f*, bienfaiteur *m*, -trice *f*; **≈lich** profitable

fordern exiger (**etw von j-m** qc de qn); *geltend machen* revendiquer

fördern faire avancer, encourager, promouvoir; *begünstigen* favoriser, faire réussir; *Bergbau* extraire

Forderung *f* exigence *f*; *Geltendmachung* revendication *f*; *Schuld*≈ créance *f*

Förderung *f* encouragement *m*; *Bergbau* extraction *f*

Forelle *zo f* truite *f*

Form *f* forme *f*; *Back*≈ moule *m*; **in ~ von** sous forme de; **in ~ sein** être en forme

formal formel; **≈ität** *f* formalité *f*

Format *n* format *m*; *fig* envergure *f*, classe *f*; **≈ieren** *EDV* formater; **~ieren** *n* formatage *m*

Formel *f* formule *f*

formell formel

form|en former; *Gießerei* mouler; **≈fehler** *jur m* vice *m* de forme; **~ieren** (**sich ~** se) former

förmlich formel; *in aller Form* dans les formes; *feierlich* cérémonieux; **≈keit** *f* formalité *f*

form|los sans formalités; *fig* sans façons; **≈sache** *f* formalité *f*; **das ist reine ~** c'est de pure forme

Formul|ar *n* formulaire *m*, formule *f*; **≈ieren** formuler; **~ierung** *f* rédaction *f*, formulation *f*, mise *f* au point; *als Resultat* formule *f*
forsch énergique, qui n'a pas froid aux yeux
forsch|en faire des recherches; ***nach etw ~*** rechercher qc; **≈er(in** *f*) *m* chercheur *m*, -euse *f*; **≈ung** *f* recherche *f*
Forst *m* forêt *f*; ⚠ ***la*** forêt
Förster *m* forestier *m*
Forstwirtschaft *f* sylviculture *f*
fort parti, absent, pas ici *od* là; ***und so ~*** et ainsi de suite; ***in einem ~*** sans arrêt
fort|bestehen continuer d'exister; **~bewegen** ***sich ~*** se déplacer; **≈bewegung** *f* locomotion *f*; **~bilden** ***sich ~*** se perfectionner; **≈bildung** *f* perfectionnement *m*, formation *f* continue *od* permanente; **≈dauer** *f* persistance *f*, continuation *f*; **~fahren** partir; *weitermachen* continuer (**zu** à, de); **~führen** continuer; **~gehen** s'en aller; *weitergehen* continuer son chemin; **~geschritten** avancé; **~laufend** ininterrompu, suivi; **~pflanzen** ***sich ~*** *biol* se reproduire; *Licht, Schall* se propager; **≈pflanzung** *biol f* reproduction *f*; **~schreitend** progressif; **≈schritt** *m* progrès *m*; **~schrittlich** progressiste; **~setzen** (***sich ~*** se) continuer; **≈setzung** *f* continuation *f*; *Text* suite *f*, ***~ folgt*** à suivre; **≈setzungsroman** *m* feuilleton *m*; **~während** continuel
fossil fossile
Foto *n* photo *f*; ⚠ ***la*** photo; **~apparat** *m* appareil *m* photo; **≈gen** photogénique; **~graf(in** *f*) *m* photographe *m*, *f*; **~grafie** *f* photographie *f*; **≈grafieren** photographier; prendre des photos; **~kopie** *f* photocopie *f*; **≈kopieren** photocopier; **~kopierer** *m* photocopieur *m*
Fotze *f vulgär* chatte *f*
Fracht *f* charge *f*; *mar* cargaison *f*; *Frachtgebühr* prix *m* de transport; **~brief** *m* lettre *f* de voiture; *mar* connaissement *m*; **~er** *m* cargo *m*
Frack *m* habit *m* noir, frac *m*
Frage *f* question *f*; *gr* interrogation *f*; ***e-e ~ stellen*** poser une question; ***in ~ stellen*** remettre en question; ***in ~ kommen*** entrer en ligne de compte; ***nicht in ~ kommen*** être hors de question; ***das kommt nicht in ~*** il n'en est pas question; **~bogen** *m* questionnaire *m*
frage|n demander (***j-n ~*** demander à qn; ***j-n etw*** *od* ***nach etw*** *od* ***um etw ~*** demander qc à qn); *aus~* questionner; *prüfend* interroger; ***nach j-m ~*** demander des nouvelles de qn; ***sich ~*** se demander; **≈satz** *gr m* proposition *f* interrogative; **≈wort** *n* interrogatif *m*; **≈zeichen** *n* point *m* d'interrogation
frag|lich *unsicher* incertain, douteux; *betreffend* en question; **~los** incontestablement, sans aucun doute
Fragment *n* fragment *m*
fragwürdig douteux
Fraktion *pol f* groupe *m* parlementaire; ⚠ *nicht* ***fraction***; **~sführer** *m* chef *m* d'un groupe parlementaire
Franc *m* franc *m*; ***30 ~*** trente francs
Franken *m* franc *m* suisse; ***30 ~*** trente francs
frankieren affranchir
Frankreich *n* la France
Franse *f* frange *f*
Franz *m* François *m*
Franz|ose *m*, **~ösin** *f* Français *m*, -e *f*; **≈ösisch** français
Fraß P *m* F bouffe *f*, mangeaille *f*
Fratze *f* grimace *f*
Frau *f* femme *f*; *als Anrede* madame (*abr* Mme)
Frauen|arzt *m*, **~ärztin** *f* gynécologue *m*, *f*; **~bewegung** *f* mouvement *m* féministe; **~emanzipation** *f* émancipation *f* de la femme; **≈feindlich** misogyne; **~haus** *n* centre *m* d'accueil pour femmes battues; **~klinik** *f* clinique *f* gynécologique; **~rechtlerin** *f* féministe *f*
Fräulein *n* demoiselle *f*; *als Anrede* mademoiselle (*abr* Mlle)
fraulich féminin
Freak *m* enragé *m*
frech insolent, effronté, culotté F; **≈heit** *f* insolence *f*, effronterie *f*, culot *m* F
frei libre (**von** de); *Beruf* libéral; *Journalist etc* indépendant; *Stelle* vacant; *Sicht* dégagé; *kostenlos* gratuit; *~mütig* franc, sincère; ***ein ~er Tag*** un jour de congé; ***morgen haben wir ~*** demain nous avons congé; ***im ≈en*** en plein air
Frei|bad *n* piscine *f* en plein air; **≈bekommen** obtenir *un jour etc* de congé;

2beruflich ~ *tätig sein* exercer une profession libérale
Freiburg *Stadt* Fribourg; *Kanton* le canton de Fribourg
Frei|exemplar *n* exemplaire *m* gratuit; **~gabe** *f* libération *f*; **2geben** *Schule* donner congé; **2gebig** généreux; **2haben** avoir congé; **~heit** *f* liberté *f*; **2heitlich** libéral; **~heitsstrafe** *f* peine *f* de prison; **~karte** *f* billet *m* de faveur *od* gratuit; **~körperkultur** *f* nudisme *m*; **2lassen** libérer, relâcher; *jur* ***gegen Kaution ~*** remettre en liberté sous caution; **~lassung** *f* remise *f* en liberté; **~lauf** *m* *Fahrrad* roue *f* libre
freilich bien sûr
Frei|lichtbühne *f* théâtre *m* de plein air; **2machen** *Brief* affranchir; ***sich ~*** se libérer *od* s'affranchir (***von*** de); *sich entkleiden* se déshabiller; **~maurer** *m* franc-maçon *m*; **2mütig** franc, sincère; **2sprechen** *jur* acquitter; **~spruch** *jur m* acquittement *m*; **2stehen** *Sport* être seul; ***es steht dir frei zu*** ... tu es libre de ...; **2stellen** ***j-m ~ zu*** ... laisser à qn le choix de ...; ***j-n ~*** exempter *od* dispenser qn (***von*** de); **~stoß** *m* *Fußball* coup *m* franc; **~stunde** *f* *Schule* heure *f* libre
Freitag *m* vendredi *m*
Frei|tod *m* suicide *m*; **~treppe** *f* perron *m*; **2willig** volontaire; ***sich ~ melden*** être volontaire (***zu*** pour); **~willige(r)** *m,f* volontaire *m,f*; **~zeit** *f* loisirs *m/pl*; ***seine ~ verbringen*** occuper ses loisirs; **~zeitgestaltung** *f* organisation *f* *od* emploi *m* des loisirs
fremd étranger; *seltsam* étrange; ***ich bin ~ hier*** je ne suis pas d'ici; ***sich ~ vor-***

Freizeit ist die schönste Zeit

die Freizeit	***le temps libre***
die Freizeit(beschäftigung)	***les loisirs*** *m/pl*
das Freizeitzentrum	***le centre socio-culturel***
das Jugendzentrum	***la maison des jeunes***
der Zeitvertreib	***le passe-temps***
Was machst du in deiner Freizeit?	*Qu'est-ce que tu fais pendant tes loisirs?*
Schach spielen	***jouer aux échecs***
Karten spielen	***jouer aux cartes***
Tischtennis spielen	***jouer au ping-pong***
Fußball spielen	***jouer au football***
Golf spielen	***jouer au golf***
musizieren	***faire de la musique***
Geige spielen	***jouer du violon***
eine Wanderung machen	***faire une randonnée***
einen Ausflug machen	***faire une excursion***
eine Radtour machen	***faire un tour de vélo***
ins Schwimmbad gehen	***aller à la piscine***
baden gehen	***aller se baigner***
ans Meer fahren	***aller au bord de la mer***
klettern gehen	***faire de l'escalade***
reiten	***faire du cheval***
töpfern	***faire de la poterie***
im Garten arbeiten	***jardiner***

eine Fremdsprache sprechen – *parler une langue étrangère*

eine Sprache lernen – ***apprendre une langue***
eine Sprache fließend sprechen – ***parler une langue couramment***

Ich lerne seit drei Jahren Französisch.	*J'apprends le français depuis trois ans.*
Englisch ist eine Weltsprache.	*L'anglais est une langue universelle.*
Kannst du Spanisch?	*Tu parles espagnol?*
Wie sagt man „Ich habe keine Lust mehr" auf Französisch?	*Comment est-ce qu'on dit «Ich habe keine Lust mehr» en français?*
Das Wort liegt mir auf der Zunge.	*J'ai le mot sur le bout de la langue.*

kommen se sentir dépaysé; **~artig** étrange; **2e** *f* pays *m* étranger; ***in der ~*** à l'étranger
Fremden|führer(in *f*) *m* guide *m*, *f*; **~legion** *mil f* Légion *f* étrangère; **~verkehr** *m* tourisme *m*; **~verkehrsbüro** *n* syndicat *m* d'initiative, office *m* de tourisme; **~zimmer** *n* chambre *f* à louer
Fremde(r) *m*, *f* étranger *m*, -ère *f*
fremd|gehen F être infidèle; **2körper** *méd m* corps *m* étranger; **2sprache** *f* langue *f* étrangère; **~sprachig** de langue étrangère; **~sprachlich** concernant l'enseignement des langues étrangères; **2wort** *n* mot *m* étranger
Frequenz *phys f* fréquence *f*
Fresse *f* P gueule *f*
fressen manger
Freude *f* joie *f*; *Vergnügen* plaisir *m*; ***~ haben an*** prendre plaisir à; ***j-m e-e ~ machen*** faire plaisir à qn
Freuden|geschrei *n* cris *m*/*pl* de joie; **~tag** *m* jour *m* de joie
freud|estrahlend rayonnant de joie; **~ig** joyeux; *Ereignis*, *Nachricht* heureux; **~los** sans joie
freuen ***sich ~*** être content *od* heureux (***über***, ***zu*** de); ***sich ~ auf*** se réjouir d'avance de; ***es freut mich***, ***dass*** ... je suis heureux que (+ *subj*); ***das freut mich*** cela me fait plaisir
Freund(in *f*) *m* ami *m*, -e *f*; F copain *m*, copine *f*; **2lich** aimable, gentil (***zu j-m*** avec qn); *Zimmer*, *Farbe* gai; *Wetter* beau; ***das ist sehr ~ von Ihnen*** c'est très aimable à vous; **~lichkeit** *f* amabilité *f*, affabilité *f*; **~schaft** *f* amitié *f*; **2schaftlich** amical
Frevel *m* crime *m*; *rel* sacrilège *m*; **2haft** criminel
Frieden *m* paix *f*; ***im ~*** en temps de paix; ***lass mich in ~!*** F fiche-moi la paix!
Friedens|bewegung *f* mouvement *m* pacifiste; **~forschung** *f* polémologie *f*; **~initiative** *f* démarches *f*/*pl* de paix; **~verhandlungen** *f*/*pl* négociations *f*/*pl* de paix; **~vortrag** *m* traité *m* de paix
fried|fertig pacifique; **2hof** *m* cimetière *m*; **~lich** pacifique; *ruhig* paisible; **~liebend** pacifique
Friedrich *m* Frédéric *m*

Freund – Freundin

Spricht man von seinen Freunden, so verwendet man im Französischen das Wort ***ami*** bzw. ***amie***: *Georges, Monique et Suzie sont **mes amis**.* Umgangssprachlich sind auch ***le copain*** und ***la copine*** gebräuchlich.

Handelt es sich jedoch um den Freund oder die Freundin, mit dem bzw. der man geht, so kann man dies unzweideutig mit ***mon petit ami / copain*** bzw. ***ma petite amie / copine*** ausdrücken.

frieren geler; ***ich friere*** *od* ***mich friert*** j'ai froid; *stärker* F je gèle; ***es friert*** il gèle
Frisbee *n* frisbee *m*; **~scheibe** *f* frisbee *m*
frisch frais; *Wäsche* propre; ***~ gestrichen!*** attention à la peinture!, peinture fraîche!; **2e** *f* fraîcheur *f*; *Jugend2* vigueur *f*; **2haltefolie** *f* film *m* alimentaire
Fris|eur *m*, **~ör** *m* coiffeur *m*; **~eursalon** *m*, **~örsalon** *m* salon *m* de coiffure; **~euse** *f*, **~öse** *f* coiffeuse *f*
frisieren (***sich*** ~ se) coiffer; F *Motor* trafiquer
Frist *f* délai *m*; **2en** ***sein Leben*** ~ gagner péniblement sa vie; **2gemäß** dans les délais; **2los** ***~e Entlassung*** renvoi *m* sans préavis
Frisur *f* coiffure *f*
frivol *leichtfertig* frivole; *schlüpfrig* leste
froh content (***über*** de); *fröhlich* joyeux, gai; ***~e Weihnachten!*** joyeux Noël!; ***ich bin ~, dass*** ... je suis content que ... (+ *subj*)
fröhlich gai, joyeux; **2keit** *f* gaieté *f*
fromm pieux, religieux; *Pferd* doux; ***~er Wunsch*** vœu *m* pieux
Frömmigkeit *f* piété *f*
frönen ***e-r Sache*** ~ se livrer *od* s'adonner à qc
Fronleichnam(sfest *n*) *m* Fête-Dieu *f*
Front *f* front *m* (*a mil, Wetter*); *arch* façade *f*; ⚠ ***le*** front; **~antrieb** *m auto* traction *f* avant
Frosch *m* grenouille *f*; **~mann** *m* homme-grenouille *m*; **~perspektive** *f* ***aus der*** ~ vu d'en bas
Frost *m* gelée *f*; *Kälte* froid *m*; **~beule** *f* engelure *f*
frösteln frissonner
frostig froid; *fig* ***~er Empfang*** accueil *m* glacial
Frottee *n od m* tissu *m* éponge
frottieren frotter, frictionner
Frucht *f* fruit *m* (*a fig*); ⚠ ***le*** fruit; **2bar** fécond, fertile; *fig* fructueux; **~barkeit** *f* fécondité *f*, fertilité *f*; **~saft** *m* jus *m* de fruits; **~wasseruntersuchung** *f* amniocentèse *f*
früh de bonne heure, tôt; ***heute*** ~ ce matin; ***gestern*** ~ hier matin; ***zu ~ kommen*** arriver trop tôt; **2aufsteher** *m* lève-tôt *m* F; **2e** *f* ***in aller*** ~ de grand matin; **~er** plus tôt; *ehemals* autrefois; ***~ oder später*** tôt ou tard; **~ere** ancien; **~estens** au plus tôt; **2geburt** *f Kind* prématuré *m*; **2jahr** *n*, **2ling** *m* printemps *m*; **~morgens** de bon (*od* de grand) matin; **~reif** précoce; **2stück** *n* petit déjeuner *m*; **~stücken** prendre le petit déjeuner
Frust F *m* frustration *f*; **2riert** frustré
Fuchs *m*, **Füchsin** *f* renard *m*, -e *f*; *Pferd* alezan *m*; *fig* ***alter Fuchs*** vieux routier
Fuchs|schwanz *tech m* scie *f* égoïne; **2teufelswild** F ***~ werden*** devenir fou furieux
fuchteln ***mit etw*** ~ agiter qc
Fuge *f* joint *m*, jointure *f*; *mus* fugue *f*; ***aus den ~n gehen*** se disloquer
füg|en ***sich*** ~ se soumettre (***in etw*** à qc); **~sam** docile
fühl|bar sensible; *tastbar* palpable; **~en** sentir; *empfinden* ressentir; *Schmerz, Freude* éprouver; *Puls* tâter; ***sich wohl*** ~ se sentir bien; **2er** *m zo* antenne *f*; *fig* ***seine ~ ausstrecken*** tâter le terrain
führen conduire, mener; *Gruppe* guider; *Amt* remplir; *Namen, Titel* porter; *Betrieb* diriger; *Haushalt, Konto* tenir; *Waren* avoir à vendre; *mil* commander; *Sport* être en tête, mener; ***zu etw ~*** mener à qc; ***mit sich*** ~ avoir sur soi; **~d** dirigeant; prépondérant
Führer|(in *f*) *m Fahrzeug* conducteur *m*, -trice *f*; *Reise2* guide *m* (*a Buch*); *pol* leader *m*; **~schein** *m* permis *m* de conduire; ***den ~ machen*** F passer son permis
Führung *f* conduite *f*; *mil* commandement *m*; *Unternehmen* gestion *f*, direction *f*; *Museum* visite *f* guidée; *Sport* ***in ~ liegen*** être en tête; **~skraft** *f* cadre *m* (supérieur)
Fuhr|unternehmen *n* entreprise *f* de transport; **~werk** *n* véhicule *m* hippomobile
Fülle *f* abondance *f*, profusion *f*
füllen (***sich*** ~ se) remplir (***mit*** de)
Füll|federhalter *m* stylo *m*; **2ig** plantureux, dodu; **~ung** *f* remplissage *m*; *Kissen* rembourrage *m*; *cuis* farce *f*; *Zahn* plombage *m*
fummeln F tripoter (***an etw*** qc)
Fund *m* trouvaille *f*

Fundament *n* fondations *f/pl*; *fig* base *f*, fondement *m*; **~alismus** *m* fondamentalisme *m*; *rel* intégrisme *m*; **~alist** *m* fondamentaliste *m*; *rel* intégriste *m*; **≈alistisch** fondamentaliste; *rel* intégriste

Fund|amt *n*, **~büro** *n* bureau *m* des objets trouvés; **~gegenstand** *m* objet *m* trouvé; **~grube** *f fig* mine *f*

fünf cinq; *Schule* **e-e ≈ schreiben** avoir une note en dessous de la moyenne; **≈eck** *n*, **~eckig** pentagone *m u adj*; **~fach** quintuple; **~hundert** cinq cents; **≈jahresplan** *m* plan *m* quinquennal; **≈kampf** *m Sport* pentathlon *m*; **≈linge** *pl* quintuplé(e)s *m(f)pl*; **~te** cinquième; **≈tel** *n* cinquième *m*; **~tens** cinquièmement; **~zehn** quinze; **~zehnte** quinzième; **~zig** cinquante; **etwa ~** une cinquantaine; **~zigste** cinquantième

Funk *m* radio *f*; T.S.F. *f*; **über ~** par radio; **~amateur** *m* radio-amateur *m*

Funk|e(n) *m* étincelle *f*; **≈eln** étinceler; **≈en** transmettre par radio; **~er** *m* radio *m*; **~gerät** *n* poste *m* de radio; **~haus** *n* maison *f* de la radio; **~signal** *n* signal *m* par radio; **~spruch** *m* message *m* radio; **~streife** *f* policiers *m/pl* en voiture radio; **~taxi** *n* radio-taxi *m*

Funktion *f* fonction *f*, **~är** *m* responsable *m*; **≈ieren** fonctionner; **~staste** *EDV f* touche *f* de fonction

Funkturm *m* tour *f* émettrice de radio

für 1. *prép* pour; *als Austausch für* en échange de; *anstatt* au lieu de; *zum Gebrauch für* à l'usage de; *zu Gunsten von* en faveur de; **was ~ ein(e)** quel(le); **~ immer** pour toujours; **Tag ~ Tag** jour après jour; **Wort ~ Wort** mot à mot; **jeder ~ sich** chacun pour soi; **2. ≈** *n* **das ~ und Wider** le pour et le contre

Furcht *f* crainte *f*, peur *f* (**vor** de); **≈bar** terrible, effroyable, affreux

fürchten craindre (**j-n, etw** qn, qc; **dass** ... que ... ne + *subj*); **sich ~** avoir peur (**vor** de)

fürchterlich *cf* **furchtbar**

furcht|erregend redoutable, effrayant; **~los** intrépide; **~sam** craintif

füreinander l'un pour l'autre

Fürsorge *f* sollicitude *f*; **öffentliche ~** aide *f* sociale; **~empfänger(in** *f*) *m* bénéficiaire *m*, *f* d'une aide sociale; **~rin** *f* assistante *f* sociale

fürsorglich attentionné

Fürsprache *f* intercession *f*, intervention *f*; **~ für j-n einlegen** intercéder *od* intervenir en faveur de qn

Fürst|(in *f*) *m* prince *m*, princesse *f*; **~entum** *n* principauté *f*; **≈lich** princier, de prince

Furunkel *méd m* furoncle *m*

Fürwort *gr n* pronom *m*

Furz P *m* pet *m* F; **≈en** P péter F

Fuß *m* pied *m*; *von Tieren a* patte *f*; **zu ~** à pied; **zu ~ gehen** marcher; aller à pied; **gut zu ~ sein** être bon marcheur; **~ fassen** prendre pied, s'établir; *jur* **auf freiem ~** en liberté

Fußabstreifer *m* décrottoir *m*

Fußball *m* ballon *m* de football; *Sportart* football *m*; **~ spielen** jouer au football; **~feld** *n* terrain *m* de football; **~spiel** *n* match *m* de football; **~spieler** *m* footballeur *m*; **~toto** *n* loto *m* sportif

Fuß|boden *m* plancher *m*; **~bremse** *f* frein *m* à pied; **~gänger(in** *f*) *m* piéton *m*, -ne *f*; **~gängerzone** *f* zone *f* piétonne *od* piétonnière; **~geher** *östr m* piéton *m*; **~gelenk** *n* articulation *f* du pied; **~note** *f* note *f* (explicative); **~pflege** *f* soins *m/pl* des pieds; **~sohle** *f* plante *f* du pied; **~spur** *f* trace *f* de pas; *Fährte* piste *f*; **~stapfen** *pl fig* **in j-s ~ treten** marcher sur les traces de qn; **~tritt** *m* coup *m* de pied; **~weg** *m* chemin *m*, sentier *m*

Futter *n* nourriture *f*; *Kleider≈* doublure *f*

Futteral *n* étui *m*; *für Schirm* fourreau *m*

futtern F bouffer

fütter|n donner à manger à; *Kleider* doubler; **mit Pelz ~** fourrer; **≈ung** *f Vieh* alimentation *f*; *der Raubtiere* repas *m* des fauves

Futur *gr n* futur *m*

G

G *mus n* sol *m*
Gabe *f* don *m*
Gabel *f* fourche *f*; *Ess*≈ fourchette *f*; ≈**n sich** ~ *Weg* bifurquer; ~**stapler** *tech m* chariot *m* élévateur; ~**ung** *f* bifurcation *f*
gackern caqueter
gaffen faire le badaud, regarder bouche bée
Gag *m* F gag *m*
Gage *f* cachet *m*
gähnen bâiller
Galavorstellung *f* gala *m*
Galeere *mar f* galère *f*
Galerie *f* galerie *f*
Galgen *m* potence *f*, gibet *m*; ~**frist** *f* quart *m* d'heure de grâce; ~**humor** *m* plaisanterie *f* macabre
Galle *f* bile *f*; *von Tieren* fiel *m*; ~**nblase** *f* vésicule *f* biliaire; ~**nstein** *m* calcul *m* biliaire
Gallie|n *n* la Gaule; ~**r(in** *f*) *m* Gaulois *m*, -e *f*
gallisch gaulois
Galopp *m* galop *m*; ≈**ieren** galoper
Gameshow *f* jeu *m* télévisé
gamm|eln F glander, traînasser; ≈**ler(in** *f*) *m* clochard *m*, -e *f*
Gämse *zo f* chamois *m*
Gang *m Gehen, Ablauf* marche *f*; *Art des Gehens* démarche *f*, allure *f*; *Ablauf* a cours *m*; *Besorgung* course *f*; *beim Essen* plat *m*; *Korridor* couloir *m*; *auto* vitesse *f*; ***in ~ bringen*** mettre en marche, faire démarrer; ***in ~ kommen*** se mettre en marche, s'amorcer, démarrer; ***im ~(e) sein*** être en ours; ***in vollem ~(e) sein*** battre son plein
gang ***~ und gäbe*** courant, habituel, monnaie courante
gängeln mener à la baguette *od* par le bout du nez
gängig courant
Gangschaltung *f auto* changement *m* de vitesses; *Fahrrad* dérailleur *m*
Gangway *f* passerelle *f*
Ganove *m* bandit *m*, malfaiteur *m*, voyou *m*, truand *m*
Gans *zo f* oie *f*
Gänse|blümchen *bot n* pâquerette *f*; ~**braten** *m* oie *f* rôtie; ~**füßchen** *n/pl* guillemets *m/pl*; ***in ~*** entre guillemets; ~**haut** *f fig* chair *f* de poule; ***dabei kriege ich e-e ~*** ça me donne la chair de poule; ~**marsch** *m* ***im ~*** à la file indienne; ~**rich** *m* jars *m*
ganz 1. *adj* entier; tout; ***die ~e Stadt*** toute la ville *od* la ville entière; ***ein ~es Jahr*** toute une année; ***sein ~es Geld*** tout son argent; ***in der ~en Welt*** dans le monde entier; **2.** *adv*: *vor adj u adv* tout; ~ (***und gar***) entièrement, tout à fait; ***~ und gar nicht*** pas du tout; ***im*** (***Großen und***) ≈**en** dans l'ensemble, au total; ***~ wie du willst*** comme tu veux
Ganze *n* tout *m*; ***aufs ~ gehen*** risquer le tout pour le tout
gänzlich entier, total; *adv* tout à fait, entièrement
Ganztagsbeschäftigung *f* travail *m* à plein temps
gar 1. *adj Speise* assez cuit, à point; **2.** *adv* ***~ nicht*** pas du tout; ***~ nichts*** rien du tout; ***vielleicht ~*** peut-être même
Garage *f* garage *m*; ⚠ ***le*** garage
Garantie *f* garantie *f*; ≈**ren** garantir (***für etw*** qc); ~**schein** bon *m od* certificat *m* de garantie
Garbe *f* gerbe *f*
Garde *f* garde *f*
Garderobe *f Kleidungsstücke* vêtements *m/pl*, garde-robe *f*; *Kleiderablage* vestiaire *m*; *Flur*≈ portemanteau *m*; ~**nfrau** *f* préposée *f* au vestiaire; ~**nmarke** *f* ticket *m* de vestiaire; ~**nständer** *m* portemanteau *m*
Gardine *f* rideau *m*; ~**nstange** *f* tringle *f* à rideaux
gären fermenter
Garn *n* fil *m*; *fig* ***j-m ins ~ gehen*** donner dans le panneau
garnieren garnir (***mit*** de)
Garnitur *f Besatz* garniture *f*, parement *m*; *Satz zusammengehörender Dinge* assortiment *m*, ensemble *m*; *Polster*≈ salon *m*
garstig vilain
Garten *m* jardin *m*; ~**arbeit** *f* jardinage *m*; ~**bau** *m* horticulture *f*; ~**erde** *f* terreau *m*; ~**fest** *n* garden-party *f*; ~**geräte** *n/pl* outils *m/pl od* outillage *m*

de jardin; **~haus** *n* cabane *f od* abri *m* de jardin; **~laube** *f* tonnelle *f*; **~lokal** *n* restaurant *m od* café *m* avec jardin; **~schere** *f* sécateur *m*; **~stadt** *f* cité-jardin *f*; **~zaun** *m* clôture *f*; **~zwerg** *m* nain *m* dans un jardin; *fig* F gnome *m*

Gärtner|(in *f*) *m* jardinier *m*, -ière *f*; **~ei** *f* exploitation *f* horticole

Gärung *f* fermentation *f*

Gas *n* gaz *m*; **~ geben** accélérer; **~brenner** *m* brûleur *m* à gaz; **≈förmig** gazeux; **~hahn** *m* robinet *m* du gaz; **~heizung** *f* chauffage *m* au gaz; **~herd** *m* cuisinière *f* à gaz; **~kammer** *f* chambre *f* à gaz; **~laterne** *f* bec *m* de gaz; **~leitung** *f* conduite *f* de gaz; **~maske** *f* masque *m* à gaz; **~ofen** *m* radiateur *m* à gaz; **~pedal** *n* accélérateur *m*

Gasse *f* ruelle *f*

Gast *m* invité *m*, -e *f*; hôte *m*; *Besucher* visiteur *m*; *im Lokal* consommateur *m*; **~arbeiter** *m* travailleur *m* étranger *od* immigré; **~bett** *n* lit *m* pour les invités; **≈freundlich** hospitalier; **~geber(in** *f*) *m* hôte *m*, -esse *f*; **~haus** *n*, **~hof** *m* hôtel *m*; *kleineres* auberge *f*

gastieren *Zirkus etc* donner une représentation

Gast|land *n* pays *m* d'accueil; **~lich** hospitalier, accueillant; **~lichkeit** *f* hospitalité *f*; **~mahl** *n* festin *m*, banquet *m*; **~rolle** *f* rôle *m* d'un acteur étranger à la troupe; **~spiel** *n* représentation *f* d'acteurs en tournée; *Sport* match *m* à l'extérieur; **~stätte** *f* restaurant *m*; **~stube** *f* salle *f* (d'hôtel); **~wirt(in** *f*) *m* hôtelier *m*, -ière *f*, restaurateur *m*, -trice *f*; *Schankwirt* aubergiste *m*, *f*; **~wirtschaft** *f* auberge *f*; restaurant *m*; **~zimmer** *n* chambre *f* d'amis

Gasuhr *f* compteur *m* à gaz

Gatte *st/s m* époux *m*

Gatter *n* grille *f*

Gattin *st/s f* épouse *f*

Gattung *f* genre *m* (*a biol*); *Art* espèce *f*

GAU *m* accident *m* maximal

Gaul F *m* cheval *m*; *péj* canasson *m*

Gaumen *m* palais *m*

Gauner *m* escroc *m*, filou *m*; **~ei** *f* escroquerie *f*

Gaze *f* gaze *f*

Gazelle *zo f* gazelle *f*

Geächtete(r) *m* proscrit *m*, hors-la-loi *m*

Gebäck *n* pâtisserie *f*; *Plätzchen* petits gâteaux *m/pl*, biscuits *m/pl*

Gebälk *n* charpente *f*

Gebärde *f* geste *m*; **≈n** ***sich ~*** se conduire, se comporter

gebär|en donner naissance à; **≈mutter** *f* matrice *f*, utérus *m*

Gebäude *n* bâtiment *m*, immeuble *m*

geben donner (***j-m etw*** qc à qn); *Zucker in Tee etc* mettre; *Antwort a* faire; ***sich ~ sich verhalten*** se montrer; *nachlassen* se calmer; ***etw von sich ~*** dire qc; ***es gibt*** il y a; ***was gibt es?*** qu'y a-t-il?; *zum Essen* qu'est-ce qu'il y a à manger?; *TV* qu'est-ce qu'il y a à la télé?; ***das gibt es nicht!*** c'est impossible!, ça ne va pas!

Gebet *n* prière *f*

Gebiet *n* territoire *m*; *fig* domaine *m*; ***auf diesem ~*** dans *od* en ce domaine

gebieterisch impérieux

gebietsweise local; ***~ Regen*** averses *f/pl* par endroits

Gebilde *n* objet *m*, chose *f*, création *f*

gebildet cultivé, instruit

Gebirg|e *n* (chaîne *f* de) montagnes *f/pl*; ***im ~*** à la montagne; ***ins ~ gehen*** *od* ***fahren*** aller à la montagne; **≈ig** montagneux; **~sbewohner(in** *f*) *m* montagnard *m*, -e *f*; **~szug** *m* chaîne *f* de montagnes

Gebiss *n* dentition *f*, dents *f/pl*; *künstliches* dentier *m*

Gebläse *n* soufflerie *f*, ventilateur *m*

geblümt fleuri, à fleurs

gebogen tordu, courbé

geboren né; ***ein ~er Deutscher*** un Allemand de naissance; ***ein ~er Redner*** un orateur-né; ***~e Müller*** née Müller; ***ich bin am ... ~*** je suis né(e) le ...

geborgen à l'abri; **≈heit** *f* sécurité *f*, protection *f*

Gebot *n rel* commandement *m*; *Erfordernis* mot *m* d'ordre; *Auktion* enchère *f*

Gebrauch *m* usage *m*; *Verwendung* emploi *m*; *Sitte* coutume *f*; **≈en** faire usage *od* se servir de; employer, utiliser; ***gut zu ~ sein*** être utile

gebräuchlich usuel

Gebrauchs|anweisung *f* mode *m* d'emploi; **≈fertig** prêt à l'emploi; **~gegenstand** *m* objet *m* d'usage courant

gebraucht utilisé; *Waren* d'occasion; **≈wagen** *m* voiture *f* d'occasion

Gebrech|en *n* infirmité *f*; **&lich** infirme, décrépit
Gebrüder *pl* frères *m/pl*
Gebrüll *n* cris *m/pl*; *Rind* mugissement *m*, beuglement *m*, meuglement *m*
Gebühr *f* taxe *f*, droit *m*
gebühren ***j-m*** ~ être dû à qn; **~d** dû; *angemessen* convenable; **~frei** gratuit, sans taxes; **~pflichtig** soumis à une taxe; *Parken* payant; ***~e Straße*** route *f* à péage; ***~e Verwarnung*** contravention *f*
gebunden *Buch* relié; *fig* lié, engagé
Geburt *f* naissance *f*; ***vor Christi ~*** avant Jésus-Christ

G

Geburten|kontrolle *f*, **~regelung** *f* contrôle *m* des naissances, planning *m* familial; **&schwach** à faible taux de natalité; **&stark** à taux de natalité élevé; **~ziffer** *f* taux *m* de natalité
gebürtig natif, originaire (***aus*** de); ***~er Franzose*** Français de naissance *od* d'origine; d'origine française
Geburts|anzeige *f* faire-part *m* de naissance; **~datum** *n* date *f* de naissance; **~fehler** *m* malformation *f* de naissance; **~helfer** *m* accoucheur *m*; **~ort** *m* lieu *m* de naissance; **~tag** *m* anniversaire *m*; **~tagsfeier** *f* fête *f* d'anniversaire; **~urkunde** *f* acte *m* de naissance
Gebüsch *n* buissons *m/pl*
Gedächtnis *n* mémoire *f*; ***zum ~ an*** à la mémoire de; ***im ~ behalten*** garder en mémoire; **~lücke** *f* trou *m* de mémoire; **~schwund** *m* perte *f* de la mémoire, amnésie *f*; **~stütze** *f* moyen *m* mnémotechnique
Gedanke *m* pensée *f*, idée *f*; ***in ~n sein*** être préoccupé; ***sich ~n machen über*** se préoccuper de; ***j-s ~n lesen*** lire dans la pensée de qn
Gedanken|austausch *m* échange *m* d'idées *od* de vues; **~gang** *m* suite *f od* cours *m* des idées; **&los** irréfléchi, étourdi; **~strich** *m* tiret *m*; **~übertragung** *f* transmission *f* de pensée; **&voll** pensif
Gedärm(e) *n(pl)* intestins *m/pl*, boyaux *m/pl*
Gedeck *n für e-e Person* couvert *m*; *Mahlzeit* menu *m*
gedeihen prospérer, croître
gedenken se souvenir de; *ehrend* commémorer (qc); ***~ zu*** *vorhaben* se proposer de
Gedenk|feier *f* commémoration *f*; **~minute** *f* minute *f* de silence; **~stätte** *f*, **~stein** *m* mémorial *m*; **~tafel** *f* plaque *f* commémorative; **~tag** *m* jour *m* anniversaire
Gedicht *n* poème *m*, poésie *f*; *fig* ***das ist ein ~!*** c'est formidable!
Gedräng|e *n* bousculade *f*, foule *f*, cohue *f*; **&t** serré, entassé; *Stil* concis
Geduld *f* patience *f*; **&en *sich ~*** patienter; **&ig** patient
geehrt honoré; *in Briefen* ***Sehr ~er Herr N!*** Monsieur, ...
geeignet approprié; *befähigt* qualifié; apte (***für*** à)
Gefahr *f* danger *m*, péril *m*; ***~ laufen zu*** courir le risque de; ***auf die ~ hin, dass*** ... quitte à (+ *inf*); ***auf eigene ~*** à ses risques et périls; ***außer ~ sein*** être hors de danger
gefähr|den mettre en danger; **~lich** dangereux, risqué
gefahrlos sans danger, sûr
Gefährt|e *m*, **~in** *f* compagnon *m*, compagne *f*
Gefälle *n* pente *f*; *fig* ***das soziale ~*** les différences sociales
Gefallen 1. *m* service *m*; ***j-n um e-n ~ bitten*** demander un service à qn; ***~ finden an*** trouver plaisir à; **2.** & plaire, convenir (***j-m*** à qn); ***es gefällt mir*** ça me plaît; ***sich etw ~ lassen*** accepter qc; ***das lasse ich mir nicht ~!*** je ne suis pas disposé à me laisser faire!
gefällig complaisant, obligeant, serviable; *Sache* plaisant, agréable; ***j-m ~ sein*** faire plaisir à qn; **&keit** *f* complaisance *f*; *Dienst* service *m*; **~st** s'il vous plaît; ***sei ~ still!*** tu es (instamment) prié de te taire!
gefangen prisonnier; **&e(r)** *m*, *f* prisonnier *m*, -ière *f*; **&nahme** *f* capture *f*; **~nehmen** faire prisonnier, capturer; **&schaft** *f* captivité *f*
Gefängnis *n* prison *f*; ***ins ~ kommen*** aller en prison; ⚠ ***la*** prison; **~direktor** *m* directeur *m* de prison; **~strafe** *f* peine *f* de prison; **~wärter** *m* gardien *m* de prison
Gefäß *n* vase *m*, récipient *m*; *Blut&* vaisseau *m*
gefasst calme, résigné; ***~ sein auf*** s'attendre à

Gefecht *mil n* combat *m*
gefedert *auto* ***gut ~ sein*** avoir une bonne suspension
Gefieder *n* plumage *m*
Geflecht *n* treillis *m*; cannage *m*
Geflügel *n* volaille *f*
Geflüster *n* chuchotement *m*
Gefolg|e *n* suite *f*; **~schaft** *f* partisans *m/pl*
gefragt demandé
gefräßig vorace; **&keit** *f* voracité *f*
gefrier|en (con)geler; **&fach** *n* compartiment *m* congélateur; **&fleisch** *n* viande *f* congelée; **&punkt** *m* point *m* de congélation; **&schrank** *m*, **&truhe** *f* congélateur *m*
Gefrorene(s) *östr n* glace *f*
Gefüg|e *n* structure *f*; **&ig** souple, docile
Gefühl *n* sentiment *m*; *Gespür* intuition *f*; *physisch* sensation *f*; *Gemütsbewegung* émotion *f*; **&los** insensible (***gegen*** à); **&sbetont** émotif, sensible; **~ssinn** *m* (sens *m* du) toucher *m*; **&voll** avec âme; *rührselig* sentimental
gegebenenfalls le cas échéant
gegen *Richtung od zeitlich* vers; *feindlich* contre; *Tausch* en échange de; ***freundlich ~*** amical envers
Gegen|angriff *m* contre-attaque *f*; **~anzeige** *med f* contre-indication *f*; **~besuch** *m* visite *f* faite en retour; **~beweis** *m* preuve *f* (du) contraire
Gegend *f* contrée *f*, région *f*; *Nähe* voisinage *m*
gegeneinander l'un contre l'autre
Gegen|fahrbahn *auto f* voie *f* d'en face; **~gewicht** *n* contrepoids *m*; ***ein ~ bilden zu etw*** contrebalancer qc; **~gift** *n* antidote *m*; **~kandidat** *m* rival *m*, concurrent *m*; **~leistung** *f* équivalent *m* d'un service rendu; ***als ~*** en contrepartie; **~maßnahme** *f* contre-mesure *f*; représaille *f*; **~mittel** *n* antidote *m*; **~partei** *f* parti *m* opposé; **~probe** *f* contre-épreuve *f*; **~richtung** *f* direction *f* opposée; **~satz** *m* contraste *m*; ***im ~ zu*** contrairement à, par opposition à, en contraste avec; **&sätzlich** opposé (à); **~seite** *f* côté *m* opposé; **&seitig** mutuel, réciproque; **~seitigkeit** *f* réciprocité *f*; **~spieler** *m* adversaire *m*, opposant *m*, rival *m*; **~stand** *m* objet *m*; *behandelter* sujet *m*; **&ständlich** concret; *Kunst* figuratif; **~stimme** *f* voix *f* contre; **~stück** *n* pendant *m*; **~teil** *n* contraire *m*; ***im ~*** au contraire; **&teilig** contraire, opposé (
gegenüber 1. *adv* en face; ***einander ~*** vis-à-vis; **2.** *prép räumlich* en face de, vis-à-vis de; *j-m ~* envers, à l'égard de; *im Vergleich zu* par rapport à; **3. &** *n* vis-à-vis *m*; **~liegen** se trouver en face; **~liegend** d'en face; **~stehen** être situé *od* se trouver en face; **~stellen** opposer; confronter (*a jur*); **&stellung** *f* confrontation *f*
Gegen|verkehr *m* circulation *f* venant d'en face; **~wart** *f* temps *m* présent; *Anwesenheit* présence *f*; *gr* présent *m*; **&wärtig** présent; *jetzig* actuel; *adv* à présent; **~wehr** *f* résistance *f*, défense *f*; **~wert** *m* contre-valeur *f*; **~wind** *m* vent *m* contraire; **~wirkung** *f* réaction; **&zeichnen** contresigner; **~zug** *m* riposte *f*; *Bahn* train *m* qui en croise un autre
Gegner|(in *f*) *m* adversaire *m,f*; rival *m*, -e *f*; **~schaft** *f* antagonisme *m*
Gehackte(s) *n* viande *f* hachée
Gehalt 1. *m* teneur *f* (**an** en); *fig* fond *m*, idées *f/pl*; *Inhalt* contenu *m*; **2.** *n* salaire *m*; *Beamter* traitement *m*; **~sempfänger** *m* salarié *m*, **~serhöhung** *f* augmentation *f* de salaire; **&voll** substantiel; *nahrhaft* nutritif
gehässig haineux; **&keit** *f* hargne *f*, méchanceté *f*, haine *f*
Gehäuse *n* boîtier *m*; *tech* carter *m*; *Schnecke* coquille *f*; *Kern&* trognon *m*
geheim secret; ***~ halten*** tenir secret; **&dienst** *m* services *m/pl* secrets
Geheimnis *n* secret *m*; *tiefes* mystère *m*; **~krämer** *m* cachottier *m*; **&voll** mystérieux
Geheim|nummer *f Bank* code *m* confidentiel; *Telefon* numéro *m* sur la liste rouge; **~polizei** *f* police *f* secrète; **~schrift** *f* écriture *f* chiffrée *od* codée; **~zahl** *f* code *m* confidentiel
gehemmt complexé, bloqué; F coincé
gehen aller (à pied); marcher (*a funktionieren*); *fort~* s'en aller, partir, sortir; *Teig* lever; *Ware* se vendre; ***einkaufen*** (***schwimmen***) ~ aller faire les courses (à la piscine); ***~ wir!*** allons-nous-en!, partons!; ***wie geht es dir?*** comment vas-tu?; ***es geht mir gut*** (***schlecht***) je vais bien (mal); ***es geht nichts über ...***

G

il n'y a rien de tel que ..., rien ne vaut ...; ***worum geht es?*** de quoi s'agit-il?; ***was geht hier vor sich?*** qu'est-ce qui se passe ici?; *Zimmer* **nach Westen ~** donner à l'ouest; ***sich ~ lassen*** se laisser aller

Gehen *n* marche *f*; ***das Kommen und ~*** le va-et-vient

Geheul *n* hurlement(s *pl*) *m*

Gehilf|e *m*, **~in** *f* aide *m, f*, assistant *m*, -e *f*

Gehirn *n* cerveau *m*; **~erschütterung** *méd f* commotion *f* cérébrale; **~schlag** *méd m* attaque *f* d'apoplexie; **~wäsche** *pol f* lavage *m* de cerveau

G

gehoben *Stil* élevé, soutenu

Gehör *n Sinn* ouïe *f*; ***nach dem ~*** d'oreille; ***j-m ~ schenken*** prêter l'oreille à qn; ***sich ~ verschaffen*** se faire entendre

gehorchen ***j-m ~*** obéir à qn; ***nicht ~*** désobéir

gehör|en ***j-m ~*** appartenir *od* être à qn; ***~ zu*** faire partie de, compter parmi; ***gehört dir das?*** est-ce que ça t'appartient?, est-ce que c'est à toi?; ***es gehört sich*** c'est convenable; ***es gehört sich nicht*** ça ne se fait pas; ***das gehört nicht hierher*** cela n'a rien à faire ici; **~ig** *passend* convenable, adéquat

gehörlos sourd; ***die* 2*en*** les sourds, les malentendants *m/pl*

gehorsam 1. obéissant; **2.** 2 *m* obéissance *f*

Geh|steig *m*, **~weg** *m* trottoir *m*

Geier *zo m* vautour *m*

Geige *f* violon *m*; ***~ spielen*** jouer du violon; ***etw auf der ~ spielen*** jouer qc au violon; **2n** jouer du violon; **~nbogen** *m* archet *m*; **~nkasten** *m* étui *m* à violon; **~r(in** *f*) *m* violoniste *m, f*

geil lascif, lubrique; F *toll* géant; *fig* F ***das ist ~!*** c'est super!

Geisel *f* otage *m*; **~nahme** *f* prise *f* d'otage(s); **~nehmer** *m* preneur *m* d'otage(s)

Geiß *f* chèvre *f*; **~bock** *m* bouc *m*

Geißel *f* fouet *m*; *fig* fléau *m*

Geist *m* esprit *m*; génie *m*; *Gespenst* spectre *m*; ***den ~ aufgeben*** rendre l'âme; ***der Heilige ~*** le Saint-Esprit

Geister|bahn *f* train *m* fantôme; **~erscheinung** *f* apparition *f*; **~fahrer** *auto m* automobiliste *m* roulant à contresens sur l'autoroute

geistes|abwesend absent; **2arbeiter** *m* (travailleur *m*) intellectuel *m*; **2blitz** *m* idée *f* géniale *od* lumineuse; **2gabe** *f* talent *m*; **2gegenwart** *f* présence *f* d'esprit; **~gegenwärtig** qui a de l'à-propos; **~gestört** atteint de troubles mentaux; **~krank** aliéné; ***ein* 2*er*** un malade mental; **2krankheit** *f* maladie *f* mentale; **2wissenschaften** *f/pl* lettres *f/pl* (et sciences *f/pl* humaines); **2zustand** *m* état *m* mental

geist|ig spirituel, intellectuel, mental; ***~e Getränke*** spiritueux *m/pl*; ***~ Behinderter*** handicapé *m* mental; **~lich** spirituel; *zum Klerus gehörig* clérical; *kirchlich* ecclésiastique; ***~er Stand*** clergé *m*; **2liche(r)** *m* ecclésiastique *m*; *katholischer* curé *m*; *protestantischer* pasteur *m*; **2lichkeit** *f* clergé *m*; **~los** dénué d'esprit, sans esprit; **~reich** spirituel

Geiz *m* avarice *f*; **2en *~ mit*** être avare de; **~hals** *m* avare *m*, grigou F *m*; **2ig** avare

Gejammer *n* lamentations *f/pl*

Gekläff *n* jappement *m*

Geklapper *n* claquement *m*, cliquetis *m*

Geklimper *n auf dem Klavier* pianotage *m*

gekonnt adroit

gekränkt vexé, offensé

Gekritzel *n* griffonnage *m*, gribouillage *m*

gekünstelt affecté, artificiel, maniéré

Gel *n* gel *m*

Gelächter *n* rire *m od* rires *m/pl*; ***lautes ~*** éclats *m/pl* de rire

gelähmt paralysé

Gelände *n* terrain *m*; *umzäuntes* enceinte *f*

Geländer *n Treppen*2 rampe *f*; *Balkon*2 balustrade *f*; *Brücken*2 parapet *m*

Geländewagen *m* voiture *f* tout terrain, jeep *f*

gelangen parvenir (***zu, an*** à); atteindre (***zu etw*** qc)

gelassen calme; *adv* de sang-froid; **2heit** *f* calme *m*; sang-froid *m*

geläufig courant; familier (***j-m*** à qn); ***~ sprechen*** parler couramment

gelaunt disposé; ***gut (schlecht) ~ sein*** être de bonne (mauvaise) humeur

gelb jaune; *Ampel* orange; ***der ~e Sack***

le sac jaune pour les emballages recyclables; **~lich** jaunâtre; **²sucht** *méd f* jaunisse *f*

Geld *n* argent *m*; ***zu ~ machen*** vendre pour avoir de l'argent liquide; **~angelegenheit** *f* question *f* d'argent; **~anlage** f placement *m*; **~ausgabe** *f* dépense *f*; **~automat** *m* distributeur *m* de billets; **~beutel** *m*, **~börse** *f* porte-monnaie *m*, bourse *f*; **~buße** *f* amende *f*; **~entwertung** *f* dépréciation *f* monétaire; **~geber** *m* bailleur *m* de fonds; **~geschäfte** *n/pl* transactions *f/pl* monétaires; **~gier** *f* cupidité *f*; soif *f* de l'argent; **²gierig** cupide; **~knappheit** *f*, **~mangel** *m* manque *m* d'argent; **~mittel** *n/pl* ressources *f/pl* financières, disponibilités *f/pl*, fonds *m/pl*; **~schein** *m* billet *m* de banque; **~schrank** *m* coffre-fort *m*; **~strafe** *f* amende *f*; **~stück** *n* pièce *f*; **~verlegenheit** *f* embarras *m/pl* pécuniaires; **~verschwendung** *f* gaspillage *m* d'argent; **~wechsel** *m* change *m*; **~wechsler** *m* distributeur *m* de monnaie

Gelee *n* gelée *f*; *cuis* ***in ~*** en gelée; ⚠ ***la*** gelée

gelegen *örtlich* situé; *fig* ***das kommt mir sehr ~*** cela m'arrive fort à propos

Gelegenheit *f* occasion *f*; ***bei dieser ~*** à cette occasion

Gelegenheits|arbeit *f* travail *m* occasionnel; **~arbeiter** *m* travailleur *m* occasionnel; **~kauf** *m* occasion *f*

gelegentlich occasionnel; *adv* à l'occasion, occasionnellement

gelehr|ig docile; qui apprend bien; **²igkeit** *f* docilité *f*; **²samkeit** *f* érudition *f*; **~t** savant, érudit; **²te(r)** *m* savant *m*, érudit *m*

Geleit *n* accompagnement *m*, conduite *f*; *mil* escorte *f*; ***j-m das letzte ~ geben*** accompagner qn à sa dernière demeure; **²en** accompagner, reconduire; *mil* escorter

Gelenk *n* articulation *f*, jointure *f*; *tech* joint *m*; **²ig** souple

gelernt *ausgebildet* qualifié

geliebt aimé, chéri; **²e(r)** *m*, *f* amant *m*, maîtresse *f*

gelinde doux, léger; ***~ gesagt*** pour ne pas dire autre chose

gelingen 1. réussir; ***es gelingt mir, etw zu tun*** je réussis *od* j'arrive *od* je parviens à faire qc; **2. ²** *n* succès *m*; ***gutes ~!*** bonne chance!

geloben promettre solennellement (***zu*** de)

gelt|en *wert sein* valoir; *gültig sein* être valable; *Sport* compter; *Gesetz* être en vigueur; ***~ lassen*** admettre; ***~ für*** *od* ***als*** être considéré comme, être supposé être; ***j-m ~*** s'adresser à qn; ***es gilt zu ...*** il s'agit de; **~end** valable; en vigueur; ***~ machen*** *Anspruch* faire valoir; ***seinen Einfluss ~ machen*** faire prévaloir son influence; **²ung** *f Bedeutung* importance *f*; *Ansehen* autorité *f*; ***~ haben*** être valable; ***zur ~ bringen*** mettre en valeur; ***zur ~ kommen*** être mis en valeur; **²ungsbedürfnis** *n* besoin *m* de se faire valoir

Gelübde *n* vœu *m*

gelungen réussi

gemächlich ***ganz ~*** tout doucement

Gemälde *n* peinture *f*; **~galerie** *f* galerie *f* de peinture

gemäß *adj* conforme (à); *prép* conformément à, selon; **~igt** modéré; ***~es Klima*** climat *m* tempéré

gemein *niederträchtig* méchant, infâme, vache F, rosse F; *allgemein* commun; ***~er Soldat*** simple soldat; ***etw ~ haben mit*** avoir qc en commun avec

Gemeinde *f* commune *f*, municipalité *f*; *égl* paroisse *f*; *beim Gottesdienst* fidèles *m/pl*; **~beamte(r)** *m* fonctionnaire *m* municipal; **~rat** *m* conseil *m* municipal; **~steuer** *f* impôt *m* local; **~vorsteher** *m* maire *m*

gemein|gefährlich qui constitue un danger public; **²gut** *n* bien *m od* patrimoine *m* commun; **²heit** *f* méchanceté *f*, bassesse *f*, infamie *f*, vacherie *f* F; **~nützig** d'utilité publique; **²platz** *m* lieu *m* commun; **~sam** commun; *adv* en commun; ***der ²e Markt*** le Marché Commun

Gemeinschaft *f* communauté *f*; **²lich** (en) commun; **~sarbeit** *f* travail *m* d'équipe; **~skunde** *f* instruction *f od* éducation *f* civique; **~sproduktion** *f* coproduction *f*; **~sraum** *m* salle *f* commune

Gemein|sinn *m* sens *m* civique; **²verständlich** à la portée de tous, populaire; **~wohl** *n* bien *m* public, intérêt *m* commun

Gemenge *n* mélange *m*
gemessen mesuré; **≈heit** *f* mesure *f*; gravité *f*
Gemetzel *n* massacre *m*, carnage *m*, boucherie *f*
Gemisch *n* mélange *m*
Gemse *f cf* ***Gämse***
Gemurmel *n* murmure *m*
Gemüse *n* légume *m* (*meist pl*); **~garten** *m* potager *m*; **~händler(in** *f*) *m* marchand(e) *m*(*f*) des quatre-saisons, marchand(e) *m*(*f*) de légumes
Gemüt *n* âme *f*, cœur *m*; **≈lich** *Ort* où l'on se sent à l'aise; intime, confortable; *Person* tranquille, débonnaire; *Stimmung* chaleureux; **~lichkeit** *f* intimité *f*, confort *m*
Gemüts|art *f* caractère *m*, naturel *m*, tempérament *m*; **~bewegung** f émotion *f*, agitation *f*; **≈krank** mélancolique, neurasthénique; **~verfassung** *f*, **~zustand** *m* état *m* d'âme
Gen *biol n* gène *m*
genau **1.** *adj* exact, précis; minutieux; *streng* strict; **≈eres** des précisions *f*/*pl*, de plus amples détails *m*/*pl*; **2.** *adv* exactement, précisément; ***~ um 10 Uhr*** à dix heures précises; ***~ der*** celui-là même; ***~ zuhören*** écouter attentivement; ***es ~ nehmen*** regarder de près; ***~ kennen*** connaître à fond; **≈igkeit** *f* exactitude *f*, précision *f*; **~so** *cf* ***ebenso***
genehmig|en autoriser; *zustimmen* consentir à; *gutheißen* approuver; **≈ung** *f* autorisation *f*; consentement *m*; approbation *f*
geneigt incliné, penché; ***~ sein zu*** être enclin à
General *mil m* général *m*; **~direktor** *m* P.-D.G. *m* (= président-directeur général); **~konsul** *m* consul *m* général; **~konsulat** *n* consulat *m* général; **~probe** *f* répétition *f* générale; **~sekretär** *m* secrétaire *m* général; **~stab** *mil m* état-major *m* général; **~streik** *m* grève *f* générale; **~versammlung** *f* assemblée *f* générale; **~vertreter** *m* agent *m* général
Generation *f* génération *f*; **~enkonflikt** *m* conflit *m* de générations
Generator *tech m* générateur *m*
generell général
genes|en guérir (***von*** de); **≈ung** *f* guérison *f*
Genet|ik *biol f* génétique *f*; **≈isch** génétique; ***~er Fingerabdruck*** empreinte *f* génétique
Genf Genève; ***der ~er See*** le lac Léman
genial génial, de génie; **≈ität** *f* génie *m*
Genick *n* nuque *f*
Genie *n* génie *m*
genieren (***sich ~*** se) gêner
genieß|bar consommable; *essbar* mangeable; *trinkbar* buvable; **~en** *essen* manger; *trinken* boire; *mit Behagen* savourer, goûter; *fig* jouir de (*a Ansehen etc*); **≈er** *m* gourmet *m*, bon vivant *m*
Genitiv *gr m* génitif *m*
Genmanipulation *f* manipulations *f*/*pl* génétiques
genormt normalisé, standard
Genoss|e *m*, **~in** *f* compagnon *m*, compagne *f*; *pol* camarade *m*, *f*; **~enschaft** *écon f* coopérative *f*
Gentechnologie *f* génie *m* génétique
Genua Gênes
genug assez, suffisamment
Genüg|e *f* ***zur ~*** suffisamment; **≈en** suffire; *Anforderungen* satisfaire à; ***das genügt*** ça suffit; **≈end** suffisant; **≈sam** sobre, frugal; **~samkeit** *f* sobriété *f*
Genugtuung *f* satisfaction *f*
Genus *gr n* genre *m*
Genuss *m* jouissance *f*; *von Nahrung* consommation *f*; ***ein ~*** un plaisir; *Essen* un délice; ***in den ~ von etw kommen*** bénéficier de qc; **~mittel** *n* denrée *f* de luxe; **~sucht** *f* avidité *f* de plaisirs; **≈süchtig** avide de jouissances
Geograf *m* géographe *m*; **~ie** *f* géographie *f*; **≈isch** géographique
Geolog|e *m* géologue *m*; **~ie** *f* géologie *f*; **≈isch** géologique
Geometr|ie *f* géométrie *f*; **≈isch** géométrique
Gepäck *n* bagages *m*/*pl*; **~abfertigung** *f* enregistrement *m* des bagages; **~aufbewahrung** *f* consigne *f*; **~kontrolle** *f* contrôle *m* des bagages; **~schalter** *m* guichet *m* des bagages; **~schein** *m* bulletin *m* de bagages; **~träger** *m am Bahnhof* porteur *m*; *am Fahrrad* porte-bagages *m*; **~wagen** *m* fourgon *m* à bagages
Gepard *zo m* guépard *m*
gepflegt soigné, raffiné
Gepflogenheit *f* habitude *f*, coutume *f*

Geplapper *n* babillage *m*
Geplauder *n* causerie *f*
Gepolter *n* tapage *m*
Gequassel *n*, **Gequatsche** *n* bla-bla *m*, bavardages *m/pl*
gerade **1.** *adj* droit; *ohne Umweg* direct; *Zahlen* pair; *Charakter* franc; **2.** *adv* juste(ment); précisément; exactement; *~ etw getan haben* venir de faire qc; *~ ein Jahr* juste un an; *~ in dem Augenblick, als* ... précisément au moment où ...; *nicht ~* pas exactement; *das ist es ja ~!* c'est justement ça!; *~ deshalb* c'est précisément pour cela; *~ rechtzeitig* juste à temps; *warum ~ ich?* pourquoi c'est tombé sur moi?; *da wir ~ davon sprechen* comme nous sommes juste en train d'en parler
Gerade *f math* droite *f*; *Rennbahn* ligne *f* droite; *Boxen* **linke** (**rechte**) ~ direct *m* du gauche (droit)
gerade|aus tout droit; **~heraus** franchement, carrément, sans détours; **~stehen** *fig ~* **für** répondre de; **~wegs** directement; **~zu** vraiment; purement et simplement
Gerät *n Elektro*≈, *Haushalts*≈ appareil *m*; *Radio*≈, *Fernseh*≈ poste *m*; *~schaften Sport, Labor* équipement *m*; *Handwerks*≈, *Garten*≈ outil *m*; *Küchen*≈ ustensile *m*; *Mess*≈ instrument *m*, *Turn*≈*e* agrès *m/pl*
geraten **in** (**zwischen**) **etw** ~ arriver (par hasard) à qc, tomber dans (*od* entre) qc; *an j-n ~* tomber sur qn; *in Schwierigkeiten ~* avoir des difficultés; *außer sich ~* être hors de soi; *gut* (*schlecht*) *~* bien réussir (ne pas réussir)
Geräteturnen *n* gymnastique *f* aux agrès
Geratewohl *n* *aufs ~* au hasard, au petit bonheur
geräumig spacieux
Geräusch *n* bruit *m*; **≈los** sans bruit; **≈voll** bruyant
gerb|en tanner; **≈er** *m* tanneur *m*
gerecht juste, équitable; *j-m ~ werden* rendre justice à qn; **≈igkeit** *f* justice *f*
Gerede *n* bavardage *m*
gereizt irrité; **≈heit** *f* irritation *f*
Gericht *n* **1.** *Speise* mets *m*, plat *m*; **2.** *jur* tribunal *m*, cour *f*; *Gebäude* palais *m* de justice; *j-n vor ~ stellen* traduire qn devant le tribunal; *vor ~ gehen* recourir à la justice; *das Letzte ~* le Jugement dernier; **≈lich** judiciaire
Gerichts|barkeit *f* juridiction *f*; **~gebäude** *n* palais *m* de justice; **~hof** *m* cour *f* (de justice); **~saal** *m* salle *f* d'audience; **~verfahren** *n* procédure *f*; **~verhandlung** *f* débats *m/pl* judiciaires; **~vollzieher** *m* huissier *m* (de justice)
gering petit, peu considérable, minime; *~er*, *~st* moindre; *nicht im ≈sten* (ne ...) pas le moins du monde; **~fügig** peu important; insignifiant; **~schätzig** dédaigneux; **≈schätzung** *f* dédain *m*
gerinnen *Blut* se coaguler; *Milch* cailler
Gerippe *n* squelette *m*; *Tier* carcasse *f*
gerissen *fig* rusé, roué
German|en *m/pl* Germains *m/pl*; **≈isch** germanique
gern(e) volontiers; *etw ~ tun* aimer faire qc; *~ haben* aimer; *ich möchte ~* j'aimerais bien; *~ geschehen!* il n'y a pas de quoi!
Geröll *n* éboulis *m*
Gerste *bot f* orge *f*
Geruch *m* odeur *f*; **≈los** inodore, sans odeur; **~sinn** *m* odorat *m*
Gerücht *n* bruit *m*, rumeur *f*; *es geht das ~, dass* ... le bruit court que ...
geruhen daigner (*etw zu tun* faire qc)
gerührt touché, ému
Gerümpel *n* vieilleries *f/pl*, bric-à-brac *m*, fatras *m*
Gerüst *n Bau*≈ échafaudage *m*; *fig* charpente *f*, structure *f*
gesamt tout entier; total; *das ≈e* le tout; **≈ausgabe** *f* édition *f* complète; **≈betrag** *m* (montant *m*) total *m*; **≈heit** *f* totalité *f*; **≈schule** *f etwa* C.E.S. *m* (= collège *m* d'enseignement secondaire)
Gesandt|e(r) *pol m* envoyé *m*; ministre *m* plénipotentiaire; **~schaft** *f* légation *f*
Gesang *m* chant *m*; **~buch** *n* livre *m* de cantiques; **~slehrer(in** *f*) *m* professeur *m* de chant; **~verein** *m* chorale *f*
Gesäß *n* derrière *m*
Geschäft *n* affaire *f*; *Handel* commerce *m*; *Laden* magasin *m*; **≈ig** affairé; **~igkeit** *f* affairement *m*; **≈lich** commercial, d'affaires; *adv* pour affaires
Geschäfts|aufgabe *f* cessation *f* de commerce; **~bericht** *m* rapport *m* de

gestion; **~brief** *m* lettre *f* d'affaires; **~essen** *n* repas *m* d'affaires; **~frau** *f* femme *f* d'affaires; **~führer** *m* gérant *m*; **~führung** *f* gestion *f* des affaires; **~jahr** *n* exercice *m*; **~lage** *f* situation *f* des affaires, conjoncture *f*; **~leitung** *f* direction *f* (de l'entreprise); **~mann** *m* homme *m* d'affaires; **~partner** *m* associé *m*; **~reise** *f* voyage *m* d'affaires; **~reisende(r)** *m* commis *m* voyageur; **~schluss** *m* heure *f* de fermeture du magasin; ***nach ~*** après la fermeture; **~stelle** *f* bureau *m*, agence *f*; **~straße** *f* rue *f* commerçante; **≈tüchtig** commerçant, efficace; **~zeit** *f* heures *f/pl* d'ouverture des magasins *od* des bureaux; **~zweig** *m* branche *f* commerciale

G

geschehen **1.** avoir lieu, arriver, se passer, se produire; ***das geschieht ihm recht*** c'est bien fait pour lui; **2.** ≈ *n* événements *m/pl*

gescheit intelligent, judicieux; F pas idiot

Geschenk *n* cadeau *m*, présent *m*; **~gutschein** *m* chèque-cadeau *m*; **~packung** *f* emballage *m* cadeau

Geschicht|e *f* histoire *f*; **≈lich** historique; **~sschreiber** *m*, **~swissenschaftler** *m* historien *m*

Geschick *n Verhängnis* destin *m*; *Gewandtheit* = **~lichkeit** *f* adresse *f*, habileté *f*; **≈t** adroit, habile

geschieden divorcé

Geschirr *n Tisch≈* vaisselle *f*; *Pferde≈* harnais *m*; ***irdenes ~*** poterie *f*; ***~ spülen*** faire la vaisselle; **~spüler** *m*, **~spülmaschine** *f* lave-vaisselle *m*; **~tuch** *n* torchon *m*

Geschlecht *n natürliches* sexe *m*; *Familie* famille *f*; *Generation* génération *f*; *gr* genre *m*; **≈lich** sexuel

Geschlechts|krankheit *f* maladie *f* sexuellement transmissible, M.S.T. *f*; **~teile** *m/pl* organes *m/pl* génitaux; **~verkehr** *m* rapports *m/pl* sexuels; **~wort** *gr n* article *m*

geschliffen *Edelstein* taillé; *Stil* poli

geschlossen fermé; *in sich* ~ compact, serré; ***~e Vorstellung*** représentation *f* privée

Geschmack *m* goût *m*; ***an etw ~ finden*** prendre goût à qc; **≈los** de mauvais goût; **~losigkeit** *f* manque *m* de goût; **~(s)sache** *f* affaire *f* de goût; **≈voll** plein de goût, de bon goût

geschmeidig souple; **≈keit** *f* souplesse *f*

Geschöpf *n* créature *f*

Geschoss *n mil* projectile *m*; *Stockwerk* étage *m*

Geschrei *n* cris *m/pl*

Geschütz *mil n* pièce *f* d'artillerie, canon *m*

Geschwätz *n* bavardage *m*; **≈ig** bavard

geschweige ***~ denn*** et encore moins

geschwind rapide, prompt; *adv* vite; **≈igkeit** *f* vitesse *f*; ***mit e-r ~ von*** ... à une vitesse de ...; **≈igkeitsbegrenzung** *f* limitation *f* de vitesse; **≈igkeitsüberschreitung** *f* excès *m* de vitesse

Geschwister *pl* frère(s *pl*) *m* et sœur(s *pl*) *f*

geschwollen *méd* enflé; *Stil* pompeux, prétentieux

Geschworene(r) *m* juré *m*; ***die ~n*** le jury

Geschwulst *méd f* tumeur *f*

Geschwür *méd n* ulcère *m*

Geselchte(s) *östr n* viande *f* fumée

Gesell|e *m* compagnon *m*; **≈en *sich zu j-m ~*** se joindre à qn; **≈ig** sociable; ***~es Beisammensein*** réunion *f* entre amis

Gesellschaft *f* société *f*; compagnie *f*; *Fest≈* réunion *f*; ***in ~ von*** en compagnie de; ***j-m ~ leisten*** tenir compagnie à qn; **≈lich** social; mondain

Gesellschafts|schicht *f* couche *f* sociale; **~spiel** *n* jeu *m* de société

Gesetz *n* loi *f*; **~buch** *n* code *m*; ***Bürgerliches ~*** Code civil; **~esvorlage** *f* projet *m* de loi; **≈gebend** législatif; **~geber** *m* législateur *m*; **~gebung** *f* législation *f*; **≈lich** légal; ***~ geschützt*** breveté; **≈los** sans lois, anarchique; **≈mäßig** *regelmäßig* régulier; *jur* légal, légitime

gesetzt posé, pondéré; ***~ (den Fall), dass*** à supposer que (+ *subj*)

gesetzwidrig illégal

Gesicht *n* figure *f*, *seltener* visage *m*; ***ein dummes ~ machen*** faire une drôle de figure *od* bobine P; ***zu ~ bekommen*** voir; ***aus dem ~ verlieren*** perdre de vue; ***ein ~ ziehen*** faire la moue

Gesichts|ausdruck *m* physionomie *f*; **~farbe** *f* teint *m*; **~kreis** *m* horizon *m*;

~punkt *m* point *m* de vue; **~wasser** *n* lotion *f* pour le visage; **~züge** *m/pl* traits *m/pl* du visage

Gesindel *n* canaille *f*, racaille *f*

gesinnt (***gut***, ***übel***) ~ (bien, mal) disposé, intentionné

Gesinnung *f* sentiments *m/pl*; *Meinung*, *bes pol* opinion *f*, conviction *f*; **≈slos** sans caractère; **≈streu** loyal; **~swechsel** *m* changement *m* d'opinion

gesittet civilisé

Gespann *n* attelage *m*; *fig* tandem *m*

gespannt *straff* tendu (*a fig*); *Aufmerksamkeit* soutenu; ~ ***sein auf etw*** être pressé (*od* impatient) de savoir qc; ***ich bin ~ ob*** ... je suis curieux de savoir si ...

Gespenst *n* fantôme *m*, spectre *m*; **≈isch** fantomatique

Gespött *n* dérision *f*, moquerie *f*; ***j-n zum ~ machen*** tourner qn en dérision

Gespräch *n* conversation *f*, entretien *m*; *tél* communication *f*; **≈ig** loquace, causeur F; **~igkeit** *f* loquacité *f*; **~spartner(in** *f*) *m* interlocuteur *m*, -trice *f*; **~sstoff** *m* sujet *m* de conversation

Gespür *n* flair *m*; ***ein ~ haben für*** avoir le sens de

Gestalt *f* forme *f*; *Person* figure *f*, personnage *m*; *Wuchs* taille *f*, physique *m*, stature *f*; ***in ~ von*** sous forme de; **≈en** organiser; *formen* former, façonner; **~ung** *f* organisation *f*; formation *f*; façonnement *m*; *Raum≈* décoration *f*

geständ|ig ~ ***sein*** avouer; **≈nis** *n* aveu *m*

Gestank *m* puanteur *f*, mauvaise odeur *f*

gestatten permettre

Geste *f* geste *m*; ⚠ ***le*** geste

gestehen avouer, confesser

Gestein *n* roche *f*

Gestell *n* *Bock* chevalet *m*; *Regal* rayonnages *m/pl*; *Grundkonstruktion* bâti *m*

gest|ern hier; ~ ***Abend*** hier soir; **~rig** d'hier

Gestirn *n* astre *m*

gestreift rayé, à rayures

Gestrüpp *n* broussailles *f/pl*

Gestüt *n* haras *m*

Gesuch *n* demande *f*, requête *f*; *Bittschrift* pétition *f*

gesucht recherché

gesund bien portant; sain; salubre; ~ ***sein*** être en bonne santé; ***der ~e Menschenverstand*** le bon sens; **~en** guérir; **≈heit** *f* santé *f*; ***~!*** *beim Niesen* à tes (*od* vos) souhaits!; ***auf j-s ~ trinken*** boire à la santé de qn; **~heitlich** ***~ geht es ihm gut*** il est en bonne santé

Gesundheits|amt *n* service *m* d'hygiène; dispensaire *m*; **≈schädlich** malsain, insalubre; **~zustand** *m* état *m* de santé

Getöse *n* fracas *m*

Getränk *n* boisson *f*; **~eautomat** *m* distributeur *m* automatique de boissons

getrauen ***sich*** ~ oser (***etw zu tun*** faire qc)

Getreide *n* céréales *f/pl*; blé *m*; **~ernte** *f* moisson *f*; **~speicher** *m* silo *m*

getreu fidèle

Getriebe *n* mécanisme *m*, engrenage *m*; *auto* boîte *f* de vitesses

getrost avec confiance, en toute tranquillité

Getue *n* affectation *f*, chichis *m/pl* F

Getümmel *n* tumulte *m*, mêlée *f*, cohue *f*

Gewächs *n* plante *f*; *Weinsorte* cru *m*; *méd* tumeur *f*

gewachsen ***j-m, e-r Sache ~ sein*** être à la hauteur de qn, qc

Gewächshaus *n* serre *f*

gewagt osé, risqué

gewählt *Stil* choisi

Gewähr *f* garantie *f*; ***~ übernehmen für*** répondre de; **≈en** accorder; ~ ***lassen*** laisser faire; **≈leisten** garantir

Gewahrsam *m* garde *f*; *Haft* détention *f*; ***in ~ nehmen*** prendre sous sa garde, détenir

Gewalt *f* force *f*; *~tätigkeit* violence *f*; *Macht* pouvoir *m*, puissance *f*; *moralische* autorité *f*; ***mit*** ~ à toute force; ***höhere*** ~ force majeure; ~ ***anwenden*** recourir à la force; ***in seine ~ bringen*** s'emparer de; ***die ~ verlieren über*** perdre le contrôle de; **~herrschaft** *f* despotisme *m*, tyrannie *f*; **~herrscher** *m* despote *m*, tyran *m*; **≈ig** énorme, colossal; F formidable, terrible; **≈los** non-violent; **~losigkeit** *f* non-violence *f*; **≈sam** violent; ~ ***öffnen*** ouvrir de force; **~tat** *f* acte *m* de violence; **≈tätig** violent; **~verbrechen** *n* crime *m* (de sang); **~verherrlichung** *f* apologie

f de la violence; **~verzicht** *m* non-belligérance *f*
Gewand *n* vêtement *m*
gewandt adroit, habile; *körperlich* agile; **~heit** *f* adresse *f*, habilité *f*; agilité *f*; *im Benehmen* aisance *f*
Gewässer *n* eaux *f/pl*
Gewebe *n* tissu *m* (*a fig*)
Gewehr *n* fusil *m*; **~kolben** *m* crosse *f*; **~lauf** *m* canon *m* (de fusil)
Geweih *n* bois *m/pl*; *Hirsch a* ramure *f*
Gewerbe *n* industrie *f*; *Beruf* métier *m*; profession *f*; **~gebiet** *n* zone *f* industrielle; **~schule** *f* école *f* professionnelle *od* technique
gewerb|lich industriel; **~smäßig** professionnel
Gewerkschaft *f* syndicat *m*; **~ler(in** *f*) *m* syndicaliste *m*, *f*; **~lich** syndical; **~sbewegung** *f* syndicalisme *m*; **~sbund** *m* fédération *f* syndicale; **~smitglied** *n* syndiqué *m*, -e *f*
Gewicht *n* poids *m*; *fig a* importance *f*; **~ legen auf** attacher de l'importance à; **~ig** *wichtig* de poids, important
gewillt ~ sein, etw zu tun être disposé à faire qc
Gewimmel *n* fourmillement *m*; *Menge* foule *f*, cohue *f*
Gewinde *n* *Schrauben~* pas *m* de vis, filetage *m*
Gewinn *m* gain *m*; profit *m*; bénéfice *m*; **~ bringend** lucratif, rémunérateur; **~beteiligung** *f* participation *f* aux bénéfices; **~en** gagner; *Erze* extraire; **~end** *Wesen, Lächeln* avenant, engageant; **~er** *m* vainqueur *m*, gagnant *m*; **~sucht** *f* âpreté *f* au gain; **~zahl** *f* numéro *m* gagnant
Gewirr *n* confusion *f*; *Straßen~* dédale *m*
gewiss sûr, certain; ***ein gewisser Herr N*** un certain monsieur N; *adv* certainement; **~!** mais oui!
Gewissen *n* conscience *f*; **~haft** consciencieux; **~los** sans scrupules
Gewissens|biss *m* remords *m*; **~frage** *f* cas *m* de conscience; **~freiheit** *f* liberté *f* de conscience; **~gründe** *m/pl* ***aus ~n*** pour des raisons morales; **~konflikt** *m* conflit *m* moral
gewissermaßen pour ainsi dire
Gewissheit *f* certitude *f*
Gewitter *n* orage *m*; **~regen** *m* pluie *f* d'orage
gewitzt, gewitzigt malin
gewöhnen (***sich ~*** s')accoutumer, habituer (***an*** à)
Gewohnheit *f* habitude *f*, coutume *f*; **~smäßig** habituel; routinier; *adv* par habitude
gewöhnlich ordinaire; *zur Gewohnheit geworden* habituel; *herkömmlich* usuel; *péj* commun, vulgaire; ***wie ~*** comme d'habitude
gewohnt habituel; ***etw ~ sein*** être habitué à qc
Gewöhnung *f* accoutumance *f* (***an*** à)
Gewölbe *n* voûte *f*
Gewühl *n* cohue *f*
Gewürz *n* épice *f*
gezahnt *bot* denté; *Briefmarke* dentelé
Gezeiten *pl* marée *f*
Gezeter *n* cris *m/pl*
gezielt concentré, bien orienté, systématique
geziert affecté
Gezwitscher *n* gazouillement *m*, ramage *m*
gezwungen contraint, forcé
Gicht *méd f* goutte *f*
Giebel *m* pignon *m*
Gier *f* avidité *f*; **~ig** avide (***nach, auf*** de)
gieß|en verser; *Blumen* arroser; *tech* couler, fondre; ***es gießt*** il pleut à verse; **~erei** *f* fonderie *f*; **~kanne** *f* arrosoir *m*
Gift *n* poison *m*; *zo* venin *m*; **~ig** toxique; *Pilz* vénéneux; *Schlange* venimeux (*a fig*); **~müll** *m* déchets *m/pl* toxiques; **~stoff** *m* toxique *m*; *méd* toxine *f*
Gigabyte *n* giga-octet *m*
Gigant *m* géant *m*; **~isch** gigantesque; F *toll* géant, génial
Gipfel *m* sommet *m*; *fig a* apogée *m*, comble *m*; **~konferenz** *pol f* conférence *f* au sommet
Gips *m* plâtre *m*; **~abdruck** *m*, **~abguss** *m* plâtre *m*, moulage *m* en plâtre; **~en** plâtrer; **~er** *m* plâtrier *m*; **~verband** *m* plâtre *m*
Giraffe *zo f* girafe *f*
Girlande *f* guirlande *f*
Giro *n* virement *m*; **~konto** *n* compte *m* courant
Gischt *m od f* embruns *m/pl*
Gitarr|e *f* guitare *f*; **~enspieler(in** *f*) *m*, **~ist(in** *f*) *m* guitariste *m*, *f*
Gitter *n* grille *f*; grillage *m*; *fig* F ***hinter***

~n sitzen être sous les verrous; **~fenster** *n* fenêtre *f* grillagée
Glanz *m* éclat *m*; *Pracht* splendeur *f*
glänzen briller (*a fig*); **~d** brillant
Glanz|leistung *f* performance *f* brillante; **~zeit** *f* époque *f* de gloire
Glarus Glaris
Glas *n* verre *m*; **~container** *m* conteneur *m* à verre; **~er** *m* vitrier *m*
gläsern de verre; *fig* transparent
Glas|faser *f* fibre *f* de verre; *tél* fibre *f* optique; **~hütte** *f* verrerie *f*; **2ieren** *Keramik* vernisser; *cuis* glacer; **2ig** vitreux; **2klar** transparent; *fig* limpide; **~scheibe** *f* carreau *m*, vitre *f*; **~ur** *f* vernis *m*; *cuis* glaçage *m*, nappage *m*; **~wolle** *f* laine *f* de verre
glatt lisse; poli; *Straße* glissant; *fig Sieg etc* net; **~ ablehnen** refuser carrément; **~ rasiert** rasé de près
Glätte *f Fahrbahn* état *m* glissant
Glatteis *n* verglas *m*
glätten lisser, polir; *Schweiz bügeln* repasser
glattgehen F se dérouler sans incident
Glatze *f* tête *f* chauve, calvitie *f*; **e-e ~ haben** être chauve
Glaube(n) *m* croyance *f* (**an** à); *rel* foi *f* (**an** en)
glauben croire (**otw** qc); **j-m ~** croire qn; **~ an** croire à; **an Gott ~** croire en Dieu
Glaubens|bekenntnis *n* profession *f* de foi, credo *m*
glaubhaft crédible, plausible
gläubig croyant; **die 2en** les fidèles *m/pl*
Gläubiger *écon m* créancier *m*
glaubwürdig digne de foi
gleich 1. *adj* égal; *identisch* le même; *ähnlich* pareil; **das 2e** la même chose; **auf die ~e Art** de la même façon; **zur ~en Zeit** en même temps; **das ist mir ~** ça m'est égal; je m'en moque; **ganz ~ wann** n'importe quand; **2.** *adv ebenso* également; *sofort* à l'instant, tout de suite; **~ groß** de même taille, aussi grand; **~ nach** juste après; **~ gegenüber** juste en face; **es ist ~ 5** il va être 5 heures; **~ aussehen** se ressembler; **~ bleibend** constant; **~ gesinnt** qui a les mêmes idées; **~ lautend** identique; *ling* homonyme; **bis ~!** à tout à l'heure!
gleich|altrig du même âge; **~artig** de même nature, semblable; **~bedeutend** synonyme (**mit** à *od* avec); **~berechtigt** ayant les mêmes droits, émancipé; **2berechtigung** *f* émancipation *f*; **~en** ressembler (à); **sich ~** se ressembler; **~ermaßen** également; **~falls** de même, pareillement; **danke ~!** merci à vous aussi!; **~förmig** uniforme; **2gewicht** *n* équilibre *m*; **~gültig** indifférent; **2gültigkeit** *f* indifférence *f*; **2heit** *f* égalité *f*; **2klang** *m* consonance *f*; *fig* harmonie *f*; **~kommen e-r Sache ~** équivaloir à qc; **j-m ~** être l'égal de qn; **~machen** égaliser; **~mäßig** régulier; **2mut** *m* calme *m*, impassibilité *f*; **~mütig** calme, impassible; **2nis** *n* parabole *f*; **~sam** pour ainsi dire; **~seitig** *math* équilatéral; **~setzen, ~stellen** mettre sur le même plan; assimiler (à); **2strom** *tech m* courant *m* continu; **2ung** *math f* équation *f*; **~wertig** équivalent; **~zeitig** simultané; *adv* en même temps
Gleis *n* voie *f* (ferrée), rails *m/pl*; *Bahnsteig* quai *m*
gleit|en glisser; **~de Arbeitszeit** horaire *m* à la carte; **2flug** *m* **im ~** en vol plané; **2schirm** *m* parapente *m*; **2schirmfliegen** *n* parapente *m*; **2zeit** *f* horaire *m* mobile
Gletscher *m* glacier *m*; **~spalte** *f* crevasse *f*
Glied *n* membre *m*; *männliches* pénis *m*; *e-r Kette* chaînon *m*; **2ern** diviser; organiser; structurer; **~erung** *f* division *f*; organisation *f*; structure *f*; *e-s Aufsatzes* plan *m*, disposition *f*; **~maßen** *pl* membres *m/pl*
glimm|en brûler sans flamme; luire; *unter der Asche* couver; **2stängel** *m* F clope *f*, sèche *f*
glimpflich indulgent; **~ davonkommen** s'en tirer à bon compte
glitschig glissant
glitzern étinceler, scintiller
global *umfassend* global; *weltweit* planétaire
Globus *m* mappemonde *f*, globe *m* terrestre
Glocke *f* cloche *f*
Glocken|blume *bot f* campanule *f*; **~spiel** *n* carillon *m*; **~turm** *m* clocher *m*
Glöckner *m* sonneur *m*
glorreich glorieux

Glotze *f* F télé *f*, petit écran *m*; **2n** F ouvrir de grands yeux
Glück *n Zustand* bonheur *m*; *durch Zufall* chance *f*; ***auf gut ~*** au petit bonheur; ***viel ~!*** bonne chance!; ***zum ~*** heureusement, par bonheur; ***~ haben*** avoir de la chance; ***~ bringend*** porte-bonheur
glück|en réussir; ***alles glückt ihm*** tout lui réussit; **~lich** heureux; ***~er Zufall*** heureux hasard; **~licherweise** heureusement; **~selig** bienheureux
Glücks|fall *m* coup *m* de chance; **~kind** ***n ein ~ sein*** être né coiffé; **~pilz** *m* chanceux *m*, veinard *m*; **~spiel** *n* jeu *m* de hasard; **~tag** m jour *m* de chance
glückstrahlend rayonnant de bonheur, radieux
Glückwunsch *m* félicitations *f/pl*; ***herzlichen ~!*** toutes mes (*od* nos) félicitations!; *zum Geburtstag* bon anniversaire!; ***j-m seine Glückwünsche aussprechen*** féliciter qn (***zu etw*** de qc); **~karte** *f* carte *f* de félicitations
Glüh|birne *f* ampoule *f*; **2en** être rouge; *fig* brûler (***vor*** de); **2end** ardent, brûlant (*beide a fig*); *Hitze* torride; **~wein** *m* vin *m* chaud; **~wurm** *m* ver *m* luisant
Glut *f Feuer* braise *f*; *Sonne*, *fig* ardeur *f*
Glykol *chim n* glycol *m*
GmbH *comm f* S.A.R.L. *f* (= société à responsabilité limitée)
Gnade *f* grâce *f*
Gnaden|frist *f* délai *m* de grâce; **~gesuch** *jur n* recours *m* en grâce; **2los** sans pitié; **~stoß** *m* coup *m* de grâce
gnädig clément; ***~e Frau*** Madame
Gnom *m* gnome *m*, nain *m*
Goal *östr n Sport* but *m*
Gokart *m* kart *m*; **~-Fahren** *n* karting *m*
Gold *n* or *m*; **~barren** *m* lingot *m* d'or; **2en** d'or; *goldfarbig* doré; **~fisch** *m* poisson *m* rouge; **2gelb** jaune doré; **~gräber** *m* chercheur *m* d'or; **~grube** *f fig* mine *f* d'or; **2haltig** aurifère; **2ig** mignon, gentil, adorable; **~mine** *f* mine *f* d'or; **~münze** *f* pièce *f* d'or; **~schmied** *m* orfèvre *m*
Golf[1] *géogr m* golfe *m*
Golf[2] *Sport n* golf *m*; **~platz** terrain *m* de golf; **~schläger** *m* crosse *f* de golf; **~spieler** *m* joueur *m* de golf
Golfstaat *m* pays *m* du Golfe
Gondel *f Boot* gondole *f*; *Seilbahn2* cabine *f*; *Ballon2* nacelle *f*
Gong(schlag) *m* gong *m*
gönn|en *sich etw ~* se payer, s'offrir, s'accorder qc; ***j-m etw ~*** être content pour qn; **2er(in** *f*) *m* protecteur *m*, -trice *f*; bienfaiteur *m*, -trice *f*; mécène *m*; **2erhaft** protecteur; condescendant
Gorilla *zo m* gorille *m*
Gosse *f* caniveau *m*; *fig* ruisseau *m*
Got|ik *f* style *m od* époque *f* gothique; **2isch** gothique
Gott *m* dieu *m*; *christlicher* Dieu; ***~ der Herr*** le Seigneur; ***~ sei Dank!*** Dieu merci!, grâce à Dieu!; ***leider ~es!*** hélas!
gottergeben soumis à la volonté divine
Gottes|dienst *m* service *m* religieux; messe *f*; office *m*; **~furcht** *f* crainte *f* de Dieu; **~lästerung** *f* blasphème *m*
Gottheit *f* divinité *f*
Gött|in *f* déesse *f*; **2lich** divin
gott|lob! Dieu soit loué!; **~los** impie, athée; **~verlassen** *Ort* perdu; **2vertrauen** *n* confiance *f* en Dieu
Götze *m*, **~nbild** *n* idole *f*
Grab *n* tombe *f*, tombeau *m*; *ausgehobenes* fosse *f*
Graben *m* fossé *m*; *mil* tranchée *f*
graben creuser
Grab|mal *n* tombeau *m*, monument *m* funéraire; **~stätte** *f* sépulture *f*, tombeau *m*; **~stein** m pierre *f* tombale
Grad *m Maß* degré *m*; *fig* grade *m*; ***15 ~ Kälte*** 15 degrés en dessous de zéro; **~einteilung** *f* graduation *f*
Graffiti *pl* graffiti *m/pl*
Grafik *f* art *m* graphique; *Druck* gravure *f*, estampe *f*; *Diagramm*, *Schaubild* graphique *m*; ⚠ ***le*** graphique; **~bildschirm** *m* écran *m* graphique; **~er** *m* dessinateur-graveur *m*; **~karte** *f* carte *f* graphique; **~modus** *m* mode *m* graphique; **~programm** *n* grapheur *m*
grafisch graphique
Grafologie *f* graphologie *f*
Gramm *n* gramme *m*
Grammati|k *f* grammaire *f*; **2sch** grammatical
Granat *m Stein* grenat *m*
Granat|e *mil f* obus *m*; *Hand2* grenade *f*; **~splitter** *m* éclat *m* d'obus; **~trichter** *m* trou *m* d'obus *m*; **~werfer** *m* mortier *m*, lance-grenades *m*
grandios grandiose, magnifique

Granit *m* granit(e) *m*
Grapefruit *f* pamplemousse *m*; ⚠ ***le*** pamplemousse
Graphik *f cf* ***Grafik***
Graphologie *cf* ***Grafologie***
Gras *n* herbe *f*; **♀en** *Vieh* brouter l'herbe; **~halm** *m* brin *m* d'herbe
grassieren sévir
grässlich affreux, horrible, hideux
Grat *m* arête *f*, crête *f*
Gräte *f Fisch* arête *f*
gratis gratis, gratuitement
Grätsche *f Turnen* saut *m* jambes écartées
Gratul|ant *m* personne *f* qui félicite qn; **~ation** *f* félicitations *f/pl*; **♀ieren** ***j-m*** **(*****zu etw*****)** ~ féliciter qn (de qc); ***j-m zum Geburtstag*** ~ souhaiter bon anniversaire à qn
grau gris; **♀brot** *n* pain *m* de seigle
Graubünden (le canton des) Grisons *m/pl*
Gräuel *m*, **~tat** *f* atrocité *f*
grauen 1. ***der Tag graut*** le jour commence à poindre; **2.** ***mir graut vor*** j'ai horreur de; **3.** ♀ *n* horreur *f*, épouvante *f*; **~haft, ~voll** horrible, épouvantable, atroce, affreux
gräulich grisâtre
Graupeln *f/pl* grésil *m*
grausam cruel; **♀keit** *f* cruauté *f*
gravieren graver; **~d** sérieux, grave
Graz|ie *f* grâce *f*; **♀iös** gracieux
greif|bar palpable, tangible; *verfügbar* disponible; **~en** saisir (***nach etw*** qc), prendre; *fig Maßnahmen, Kontrollen* opérer; ***zu etw*** ~ recourir à qc; ***um sich*** ~ se propager
Greis *m* vieillard *m*; **♀enhaft** sénile; **~in** *f* vieille femme *f*
grell *Ton* perçant; *Licht* cru; *Farbe* criard
Grenz|e *f Landes*♀ frontière *f*; *fig* limite *f*, borne *f*; **♀en** toucher (***an*** à); **♀enlos** sans bornes, illimité; *unendlich* infini; **~fall** *m* cas *m* limite; **~land** *m* pays *m* frontalier; **~linie** *pol f* ligne *f* de démarcation; **~pfahl** *m* poteau *m* frontière; **~polizei** *f* police *f* des frontières; **~stein** *m* borne *f*; **~übergang** *m* poste *m* frontière; **~wert** *m* limite *f*
Greuel *m*, **~tat** *f cf* ***Gräuel***
Griech|e *m*, **~in** *f* Grec *m*, Grecque *f*; **~enland** *n* la Grèce; **♀isch** grec
Grieß *cuis m* semoule *f*
Griff *m Tür* poignée *f*; *Messer* manche *m*; *Sport* prise *f*; ***im ~ haben*** dominer, contrôler; **♀bereit** à portée de la main
Grill *m* gril *m*, barbecue *m*
Grille *f zo* grillon *m*; *fig* caprice *m*
Grimasse *f* grimace *f*; ***~n schneiden*** faire des grimaces
grimmig furieux
grinsen ricaner
Grippe *méd f* grippe *f*
Grips *m* F jugeote *f*, matière *f* grise
grob grossier; brutal; **♀heit** *f* grossièreté *f* (*a fig*); **♀ian** *m* rustre *m*, brute *f*
grölen brailler
Groll *m* rancune *f*, ressentiment *m*; **♀en** *Donner* gronder; ***j-m*** ~ en vouloir à qn
Groschen *m* pièce *f* de dix pfennigs; *fig* F ***der ~ ist*** **(*****bei ihm*****)** ***gefallen*** il a fini par comprendre
groß grand; *voluminös* gros; ***wie ~ ist er?*** quelle taille a-t-il?; ***~e Ferien*** grandes vacances *f/pl*; ♀ ***und Klein*** petits et grands; ***im ♀en und Ganzen*** dans l'ensemble, en gros; **~artig** grandiose, magnifique; F formidable; **♀aufnahme** *f Film* gros plan *m*; **♀brand** *m* grand incendie *m*
Großbritannien *n* la Grande-Bretagne
Größe *f* grandeur *f* (*a fig*); *Ausmaße* dimensions *f/pl*, taille *f*, *Dicke* grosseur *f*; *Körper*♀, *Kleider*♀ taille *f*; *Schuh*♀ pointure *f*; *Person* célébrité *f*
Großeltern *pl* grands-parents *m/pl*
Größenwahn *m* folie *f* des grandeurs, mégalomanie *f*
Groß|grundbesitz *m* grande propriété *f*; **~handel** *m* commerce *m* de *od* en gros; **~händler** *m* grossiste *m*; **~industrie** *f* grande industrie *f*; **~macht** *f* grande puissance *f*; **~mama** *f* grand-maman *f*; **~markt** *m* hypermarché *m*; **~maul** *n* F grande gueule *f*; **~mut** *f* générosité *f*; **~mutter** *f* grand-mère *f*; **~papa** *m* grand-papa *m*; **~raum** *écon m* conurbation *f*; ***der ~ München*** le grand Munich; **~raumbüro** *n* bureau *m* collectif; **~raumflugzeug** *n* avion *m* gros porteur; **~schreibung** *f* emploi *m* des lettres majuscules; **♀sprecherisch** hâbleur, fanfaron; **♀spurig** crâneur; ~ ***auftreten*** se donner des grands airs; **~stadt** *f* grande ville *f*; **♀städtisch** de la grande ville

größtenteils pour la plupart, en majeure partie
groß|tun ***mit etw ~*** se vanter de qc; **&vater** *m* grand-père *m*; **&verdiener** *m* qn qui gagne beaucoup; **&wild** *n* gros gibier *m*; **~ziehen** élever; **~zügig** généreux; permissif; *Haus* spacieux; **&zügigkeit** *f* générosité *f*
grotesk grotesque
Grotte *f* grotte *f*
Grübchen *n* fossette *f*
Grube *f* fosse *f*; *Bergwerk* mine *f*
grübeln se creuser la tête; broyer du noir
Gruft *f* caveau *m*
Grufti *m* F ringard *m*
G
grün vert; *pol* ***die &en*** les Verts *m/pl*, F les écolos *m/pl*; ***im &en*** dans la nature; ***der ~e Punkt*** le logo d'Éco-Emballages
Grund *m Boden* fond *m*; *Erdboden* sol *m*; *Vernunft&* raison *f*; *Beweg&* motif *m*, mobile *m*; *Ursache* cause *f*; ***im ~e*** au fond; ***von ~ auf ändern*** modifier de fond en comble; ***auf ~ e-r Sache*** en raison de qc; ***aus diesem ~e*** pour cette raison; ***~ und Boden*** propriété *f*; ***zu ~e gehen*** périr; ***zu ~e legen*** prendre pour base; ***e-r Sache zu ~e liegen*** être à la base de qc; ***zu ~e richten*** ruiner; **~begriffe** *m/pl* fondements *m/pl*; **~besitz** *m* propriété *f* foncière; **~besitzer** *m* propriétaire *m* foncier
gründ|en fonder; **&er(in** *f*) *m* fondateur *m*, -trice *f*
grund|falsch absolument faux; **&fläche** *f math* base *f*; *e-r Wohnung* surface *f*; **&gebühr** taxe *f* fixe; **&gedanke** *m* idée *f* de base; **&gesetz** *n BRD* constitution *f*; **&kurs** *m Schule* cours *m* de base; **&lage** *f* base *f*; **~legend** fondamental
gründlich solide, approfondi; *Person a* consciencieux, minutieux; *adv* à fond; ***~e Kenntnisse in*** de solides connaissances sur; **&keit** *f* solidité *f*; conscience *f* professionnelle; soin *m*; minutie *f*
grundlos sans fond; *fig* dénué de fondement, gratuit, sans motif
Gründonnerstag *m* jeudi *m* saint
Grund|riss *m* plan *m*; **~satz** *m* principe *m*; **&sätzlich** de principe; *adv* par principe; ***ich bin ~ dagegen*** je suis foncièrement contre; **~schule** *f* école *f* primaire; **~stein** *m* première pierre *f*; **~steuer** *f* impôt *m* foncier; **~stück** *n* (parcelle *f* de) terrain *m*; **~stücksmakler** *m* agent *m* immobilier
Gründung *f* fondation *f*
grund|verschieden essentiellement différent; **&wasser** *n* nappe *f* phréatique; **&zahl** *math f* nombre *m* cardinal; **&zug** *m* trait *m* principal
Grün|fläche *f* espace *m* vert; **&lich** verdâtre; **~span** *m* vert-de-gris *m*; **~streifen** *m Autobahn* bande *f* médiane
grunzen grogner
Grupp|e *f* groupe *m*; ⚠ ***le*** groupe; **~enarbeit** *f* travail *m* en groupe; **&ieren** (***sich ~*** se) grouper
Grusel|film *m* film *m* d'épouvante; **&ig** qui donne le frisson, qui fait dresser les cheveux sur la tête; **&n *mir gruselt*** j'ai le frisson
Gruß *m Wort*, *Geste* salut *m*; *Briefschluss* salutations *f/pl*; *an j-n* compliments *m/pl*, F bonjour *m*; ***mit freundlichem ~*** veuillez agréer, Monsieur *etc*, mes salutations distinguées; ***herzliche Grüße!*** amitiés!
grüßen saluer; ***j-n ~ lassen*** donner le bonjour à qn
Grütze *f* gruau *m*; *fig* F cervelle *f*, jugeote *f*
gucken ***nach etw ~*** regarder qc; **&loch** *n* judas *m*
Gulasch *cuis m* goulasch *m*
Gulden *m* florin *m*
gültig valable; *jur* valide; *Geld* qui a cours; **&keit** *f* validité *f*
Gummi *n*, *a m Material* caoutchouc *m*; *Radier&* gomme *f*; *~band* élastique *m*; **~ball** *m* balle *f* en caoutchouc; **~band** *n* élastique *m*; **~baum** *m* caoutchouc *m*; *Kautschukbaum* hévéa *m*; **~boot** *n* canot *m* en caoutchouc
gummieren gommer, caoutchouter
Gummi|knüppel *m* matraque *f*; **~reifen** *m auto* pneu *m*; **~schlauch** *m* tuyau *m* de caoutchouc; **~stiefel** *m/pl* bottes *f/pl* en caoutchouc; **~zug** *m* élastique *m*
Gunst *f* faveur *f*; ***zu seinen ~en*** en sa faveur; ***zu ~en*** en faveur de
günst|ig favorable; *Preis* avantageux; ***~e Gelegenheit*** bonne occasion *f*; ***im ~sten Fall*** dans le meilleur des cas; **&ling** *m* favori *m*
Gurgel *f* gorge *f*; **&n** se gargariser; *Wasser* gargouiller

Gurke *f* concombre *m*; *kleine* cornichon *m*
gurren roucouler
Gurt *m Sicherheits*2 ceinture *f* (de sécurité); *Tragriemen* sangle *f*
Gürtel *m* ceinture *f*
Guru *m* gourou *m*
GUS *f* C.E.I. *f* (= Communauté *f* des États indépendants)
Guss *m Regen*2 averse *f*; *Gießerei* fonte *f*; *Zucker*2 glaçage *m*; *fig* ***aus e-m*** ~ d'un seul jet; **~eisen** *n* fonte *f*
gut *adj* bon; *adv* bien; *Wetter* beau; ***ganz*** ~ pas mal; ***schon ~!*** ça suffit!; (***wieder***) ~ ***werden*** s'arranger; ~ ***gebaut*** bien bâti, bien proportionné; *Frau* F bien roulée; ~ ***gehen*** bien aller; ***wenn alles ~ geht*** si tout se passe bien; ***mir geht es*** ~ je vais bien; ~ ***gelaunt*** de bonne humeur; ~ ***tun*** faire du bien (***j-m*** à qn); ***~e Reise!*** bon voyage!; ***sei bitte so ~ und*** ... sois gentil de (+ *inf*); ***in etw ~ sein*** être bon en qc; ***er ist ein sehr ~er Schüler*** c'est un très bon élève; ***es riecht*** ~ ça sent bon; ***du hast es*** ~ tu as de la chance, F du pot; ***es ist ~ möglich*** ça se peut bien; ***es gefällt mir*** ~ ça me plaît beaucoup; ~ ***gemacht!*** bien!; ***mach's ~!*** bonne chance!; *Schulnote* (***sehr***) ~ (très) bien
Gut *n* bien *m*; *Land*2 propriété *f*; *Ware* marchandise *f*; **~achten** *n* expertise *f*; **~achter** *m* expert *m*; **2artig** *méd* bénin; **~dünken** ***nach*** ~ à mon (ton *etc*) gré; comme bon me (te *etc*) semble
Gute *n* bien *m*; ***~s tun*** faire le bien; ***alles ~!*** bonne chance!
Güte *f* bonté *f*; *comm* bonne qualité *f*
Güter|bahnhof *m* gare *f* des marchandises; **~gemeinschaft** *jur f* communauté *f* des biens; **~trennung** *jur f* séparation *f* des biens; **~verkehr** *m* trafic *m* des marchandises; **~wagen** *m* wagon *m* de marchandises; **~zug** *m* train *m* de marchandises
gut|gläubig crédule; *jur* de bonne foi; **2haben** *comm n* avoir *m*; **~heißen** approuver; **~herzig** généreux, qui a bon cœur
gütig bon; aimable
gütlich *Einigung* à l'amiable; ***sich an etw ~ tun*** se régaler de qc
gut|machen réparer; rattraper; **~mütig** (d'un naturel) bon; **2mütigkeit** *f* gentillesse *f*
Guts|besitzer(in *f*) *m* propriétaire *m*, *f* foncier (-ière)
Gut|schein *m* bon *m*; **2schreiben** ***j-m etw*** ~ créditer qn de qc
Gutshof *m* ferme *f*
gutwillig de bonne volonté
Gymnasium *n* lycée *m*; ⚠ *nicht* ***gymnase***
Gymnastik *f* gymnastique *f*

H

H *mus n* si *m*
Haag ***Den*** ~ la Haye
Haar *n* cheveu *m*; *als Gesamtheit* cheveux *m/pl*, chevelure *f*; *Körper*2, *Bart*2, *Tier*2 poil *m*; ***sich die ~e schneiden lassen*** se faire couper les cheveux; ***sich aufs ~ gleichen*** se ressembler comme deux gouttes d'eau; ***um ein*** ~ il s'en est fallu d'un cheveu (pour que + *subj*); **~ausfall** *m* chute *f* des cheveux; **~bürste** *f* brosse *f* à cheveux; **2en** (***sich***) ~ *Tier* perdre ses poils; **~esbreite** *f* ***um*** ~ de justesse; **~festiger** *m* fixateur *m* pour les cheveux; **2genau** précisément; **2ig** poilu, velu; **~nadelkurve** *f* virage *f* en épingle à cheveux; **~netz** *n* filet *m*; **2scharf** très net; F ~ ***daneben!*** manqué de justesse!; **~schnitt** *m* coupe *f* de cheveux; **~spalterei** *f* ~ ***betreiben*** couper les cheveux en quatre; **~spange** *f* barrette *f*; **~spray** *n* laque *f*; **2sträubend** inouï, monstrueux; **~teil** *n* postiche *m*; **~tracht** *f* coiffure *f*; **~trockner** *m* sèche-cheveux *m*; **~wäsche** *f* shampooing *m*; **~waschmittel** *n* shampooing *m*; **~wasser** *n* lotion *f* capillaire; **~wuchs** *m* chevelure *f*
Habe *f* avoir *m*, bien *m*

haben avoir; ***was hast du denn?*** qu'est-ce que tu as?; ***heute ~ wir Montag*** aujourd'hui nous sommes lundi; ***du hast zu gehorchen*** tu dois obéir; F ***da ~ wir's!*** ça y est!; F ***sich ~*** *sich zieren* faire des simagrées

Haben *comm n* avoir *m*, crédit *m*

Habgier *f* avidité *f*, cupidité *f*; **2ig** avide, cupide

Habicht *zo m* autour *m*

Habseligkeiten *f/pl* affaires *f/pl*

Hack|e *f* **1.** pioche *f*, houe *f*; **2.** *Ferse* talon *m*; **2en** *Fleisch* hacher; *Holz* casser; *Vogel* donner des coups de bec; **~er** *m* F pirate *m* (de l'informatique); **~fleisch** *n* viande *f* hachée

Hafen *m* port *m* (*a fig*); **~arbeiter** *m* docker *m*; **~stadt** *f* ville *f* portuaire

Hafer *m* avoine *f*; **~flocken** *f/pl* flocons *m/pl* d'avoine

Haft *f* détention *f*, emprisonnement *m*; **2bar** responsable (***für*** de); **~befehl** *m* mandat *m* d'arrêt; **2en** adhérer (***an*** à); *bürgen* répondre (***für*** de)

Häftling *m* détenu *m*

Haftnotiz *f* post-it *m*, papillon *m* adhésif

Haft|pflicht *f* responsabilité *f* civile; **~pflichtversicherung** *f* assurance *f* (de) responsabilité civile; **~ung** *f* responsabilité *f* (***für*** de)

Hagel *m* grêle *f* (*a fig*); **~korn** *n* grêlon *m*; **2n** grêler; **~schauer** *m* giboulée *f*

hager maigre, décharné

Hahn *m* **1.** *zo* coq *m*; **2.** *Wasser2* robinet *m*

Hähnchen *cuis n* poulet *m*

Hai *zo m*, **~fisch** *m* requin *m*

Haiti Haïti; ***auf ~*** à Haïti

häkeln faire du crochet

Haken *m* crochet *m* (*a Boxen*); *Angel2* hameçon *m*; *Kleider2* portemanteau *m*; **~kreuz** *n* croix *f* gammée

halb **1.** *adj* demi; ***e-e ~e Stunde*** une demi-heure; ***ein ~es Jahr*** six mois; ***die ~e Klasse*** la moitié de la classe; **2.** *adv* à demi, (à) moitié; ***~ gar*** à moitié cuit; ***~ vier*** trois heures et demie; ***~ voll*** à moitié plein

halb... *in Zssgn* demi-..., semi-..., à moitié; **~amtlich** officieux; **2bruder** *m* demi-frère *m*; **2dunkel** *n* pénombre *f*

halber à cause de, pour

Halb|fabrikat *n* produit *m* semi-fini; **~gott** *m* demi-dieu *m*; **2herzig** du bout des lèvres, à contre-cœur; **2ieren** partager en deux; **~insel** *f* presqu'île *f*, péninsule *f*; **~jahr** *n* semestre *m*, six mois *m/pl*; **2jährig** de six mois; **2jährlich** tous les six mois; **~kreis** *m* demi-cercle *m*; **~kugel** *f* hémisphère *m*; **2laut** à mi-voix; **~leiter** *tech m* semi-conducteur *m*; **2mast *~ flaggen*** mettre les drapeaux en berne; **~messer** *m* rayon *m*; **~mond** *m* croissant *m*; **~pension** *f* demi-pension *f*; **~schlaf** *m* demi-sommeil *m*; **~schuh** *m* soulier *m* bas; **~schwester** *f* demi-sœur *f*; **~stiefel** *m* bottine *f*; **2stündlich** toutes les demi-heures; **~tagsbeschäftigung** *f* emploi *m* à mi-temps; **2wegs** passablement, tant bien que mal; **~welt** *f péj* demi-monde *m*; **~wertzeit** *f* période *f* radioactive, demi-vie *f*; **2wüchsig** adolescent, mineur; **~zeit** *f Sport* mi-temps *f*

Halde *f Bergbau* terril *m*

Hälfte *f* moitié *f*; ***zur ~*** à moitié

Halfter *m od n* licou *m*

Hall|e *f* grande salle *f*; hall *m*; *Turn2* gymnase *m*; **2en** résonner; **~enbad** *n* piscine *f* couverte

hallo! *tél* allô!; *Ruf* hé!, hep!; *aus der Ferne* ohé!

Halm *m* tige *f*, brin *m*

Halogenlampe *f* lampe *f* halogène

Hals *m* cou *m*; *Kehle* gorge *f*; *Pferd* encolure *f*; *Flasche* goulot *m*; ***es im ~ haben*** avoir mal à la gorge; ***~ über Kopf*** précipitamment, en toute hâte; ***sich vom ~ schaffen*** se débarrasser de; ***es hängt mir zum ~ (he)raus*** j'en ai par-dessus la tête!; F j'en ai marre!; **~band** *n* collier *m* (*a des Hundes*); **~entzündung** *f* inflammation *f* de la gorge, laryngite *f*; **~kette** *f* collier *m*; **~-Nasen-Ohren-Arzt** *m* oto-rhino-laryngologiste *m*, F oto-rhino *m*; **~schmerzen** *m/pl* mal *m* de gorge; ***~ haben*** avoir mal à la gorge; **2starrig** opiniâtre, entêté; **~tuch** *n* écharpe *f*; *seidenes* foulard *m*; **~weh** *n cf* ***~schmerzen***; **~weite** *f* encolure *f*

Halt *m Anhalten* arrêt *m*, halte *f*; *Stütze* appui *m*, stabilité *f*; *innerer* soutien *m*; ***~ machen*** s'arrêter, faire une halte; ⚠ ***la*** halte

halt! stop!, halte(-là)!

haltbar *fest* solide; *Lebensmittel* qui se

conserve bien; *Meinung* soutenable; **℗keit** *f* solidité *f*; conservation *f*; **℗keitsdatum** *n* date-limite *f*

halten tenir; *zurückhalten* retenir; *Rede* faire, prononcer; *Zeitung* être abonné à; *stehenbleiben* s'arrêter; *Lebensmittel* (**sich**) ~ se conserver; ~ **für** croire, tenir pour, prendre pour; **gehalten werden für** passer pour; **den Mund** ~ se taire; **sich** ~ **an** s'en tenir à; **zu j-m** ~ soutenir qn; **viel** (**wenig**) ~ **von** estimer beaucoup (peu); **was** ~ **Sie davon?** qu'en pensez-vous?

Halter *m Person* détenteur *m*; *tech* support *m*

Halte|stelle *f* arrêt *m*; **~verbot** *n* arrêt *m* interdit

halt|los *psych* inconstant, instable; *unbegründet* sans fondement; **℗ung** *f Körper℗* tenue *f*, allure *f*; *fig* attitude *f*

Hamburg Hambourg

Hamburger *cuis m* hamburger *m*

hämisch méchant; *Grinsen* sardonique

Hammel *m* mouton *m*; **~keule** *f* gigot *m* de mouton

Hammer *m* marteau *m*

hämmern marteler

Hämoglobin *n* hémoglobine *f*; ⚠ **une** hémoglobine

Hämorriden *pl* hémorroïdes *f/pl*

Hampelmann *m* pantin *m*

Hamster *zo m* hamster *m*; **~er** *m* accapareur *m*; **℗n** accaparer; faire des stocks

Hand *f* main *f*; **Hände weg!** bas les mains!, n'y touchez pas!; **mit der** ~ à la main; **das liegt auf der** ~ c'est évident; **von der** ~ **in den Mund leben** vivre au jour le jour; **in die Hände klatschen** battre des mains; **er ist seine rechte** ~ il est son bras droit; **in den Händen haben** (**bleiben**) avoir (rester) entre les mains; **eine** ~ **voll** une poignée

Hand|arbeit *f* travail *m* manuel; *Nadelarbeit* ouvrage *m* à l'aiguille; **es ist** ~ c'est fait main; **~ball** *Sport m* hand-ball *m*; **~bewegung** *f* geste *m*; **~bremse** *f* frein *m* à main; **~buch** *n* manuel *m*

Händedruck *m* poignée *f* de main

Handel *m* commerce *m*; ~ **treiben** faire du commerce (**mit** avec)

handeln agir; *feilschen* marchander; **mit etw** ~ faire le commerce de qc; **von etw** ~ traiter de qc; **es handelt sich um** il s'agit de

Handels|abkommen *n* accord *m* commercial; **~bilanz** *f* balance *f* commerciale; **℗einig** ~ **sein** (**werden**) être (tomber) d'accord; **~gesellschaft** *f* société *f* commerciale; **Offene** ~ société *f* en nom collectif; **~hochschule** *f* école *f* supérieure de commerce; **~kammer** *f* chambre *f* de commerce; **~marine** *f* marine *f* marchande; **~politik** *f* politique *f* commerciale; **~schiff** *n* navire *m* marchand; **~schule** *f* école *f* de commerce; **℗üblich** courant; **~vertrag** *m* traité *m* de commerce; **~vertreter** *m* représentant *m* de commerce; **~ware** *f* article *m* de commerce

Hand|feger *m* balayette *f*; **℗fest** solide (*a Beweis*); **~fläche** *f* paume *f*; **℗gearbeitet** fait (à la) main; **~gelenk** *n* poignet *m*; **~gemenge** *n* bagarre *f*, mêlée *f*, rixe *f*; **~gepäck** *n* bagages *m/pl* à main; **~granate** *mil f* grenade *f* (à main); **℗greiflich** ~ **werden** en venir aux mains; **℗haben** manier, manipuler; **~habung** *f* maniement *m*, manipulation *f*; **~karren** *m* charrette *f* à bras; **~koffer** *m* valise *f*; **~kuss** *m* baisemain *m*; **~langer** *m* manœuvre *m*; *péj* complice *m*

Händler(**in** *f*) *m* marchand *m*, -e *f*; commerçant *m*, -e *f*

handlich maniable

Handlung *f* action *f*; *Tat* acte *m*; *Laden* boutique *f*, *größer* magasin *m*; **℗sfähig** capable d'agir; **~sreisende**(**r**) *m* commis *m* voyageur; **~sweise** *f* façon *f* de faire, procédés *m/pl*

Hand|rücken *m* dos *m* de la main; **~schellen** *f/pl* menottes *f/pl*; **~schrift** *f* écriture *f*; *Schriftwerk* manuscrit *m*; **℗schriftlich** écrit à la main; **~schuh** *m* gant *m*; **~schuhfach** *n* boîte *f* à gants; **~streich** *m* coup *m* de main; **~tasche** *f* sac *m* à main; **~tuch** *n* essuie-main *m*, serviette *f* de toilette; **das** ~ **werfen** jeter l'éponge; **~umdrehen** *n* **im** ~ en un tournemain; **~werk** *n* métier *m*; **~werker** *m* artisan *m*; **~werkszeug** *n* outils *m/pl*

Handy *n* radiotéléphone *m*, portatif *m*, (téléphone *m*) portable *m*

Hanf *bot m* chanvre *m*

Hang *m Abhang* pente *f*; *fig Neigung* penchant *m* (**zu** pour)

Hänge|brücke *f* pont *m* suspendu; **~lampe** *f* (lampe *f* à) suspension *f*; **~matte** *f* hamac *m*
hängen *befestigen* suspendre, accrocher (**an** à); *Verbrecher* pendre; *befestigt sein* pendre, être accroché, être suspendu (**an** à); *fig* **an j-m, etw ~** tenir *od* s'attacher à qn, à qc; **~ bleiben** rester accroché (**an** à); *fig* rester (gravé en mémoire); **j-n ~ lassen** laisser qn dans le pétrin
Hans *m* Jean *m*
hänseln taquiner
Hansestadt *f* ville *f* hanséatique
Hanswurst *m* pitre *m*
Hantel *f Sport* haltère *m*
hantieren s'affairer; **mit etw ~** manipuler qc
hapern F **es hapert mit etw** il y a qc qui cloche
Happen *m* bouchée *f*; *fig* morceau *m*
Happy End *n* happy end *m*
Hardware *EDV f* matériel *m*
Harem *m* harem *m*
Harfe *f* harpe *f*
Harke *f* râteau *m*; **2n** ratisser
Harlekin *m* arlequin *m*
harmlos inoffensif
Harmon|ie *f* harmonie *f*; **2ieren** s'harmoniser (**mit** avec); *Personen* s'accorder; **~ika** *f* harmonica *m*; *Zieh2* accordéon *m*; **2isch** harmonieux; **2isieren** harmoniser
Harn *m* urine *f*; **~blase** *f* vessie *f*
Harnisch *m* armure *f*; *fig* **in ~ geraten** se mettre en colère
Harnröhre *f* urètre *m*
Harpun|e *f* harpon *m*; **2ieren** harponner
hart dur; *rauh* rude; *streng* rigoureux; *Währung* fort; **~ gekocht** *Ei* dur
Härte *f* dureté *f*; *fig a* rigueur *f*; *im Sport* rudesse *f*; *unsoziale* injustice *f*; **~fall** *m* cas *m* social; **2n** durcir
Hart|faserplatte *f* panneau *m* dur; **~geld** *n* pièces *f/pl* de monnaie; **2gesotten** *fig* endurci; **~gummi** *n od m* ébonite *f*; **2herzig** qui a le cœur dur *od* sec; **~herzigkeit** *f* dureté *f od* sécheresse *f* de cœur; **2näckig** opiniâtre, obstiné, tenace; **~näckigkeit** *f* opiniâtreté *f*, obstination *f*, ténacité *f*
Harz *n* résine *f*; **2ig** résineux
Haschisch *n* haschisch *m*
haschen fumer du haschisch; **nach etw ~** chercher à attraper qc
Hase *zo m* lièvre *m*
Haselnuss *bot f* noisette *f*
Hasen|braten *m* lièvre *m* rôti; **~fuß** *m fig* poltron *m*; **~scharte** *méd f* bec-de-lièvre *m*
Hass *m* haine *f* (**gegen**, **auf** pour *od* de)
hassen haïr; **~swert** haïssable
hässlich laid; *fig a* vilain; **2keit** *f* laideur *f*
Hast *f* hâte *f*; **2en** se hâter; **2ig** précipité; *adv* en toute hâte
hätscheln caresser; *ver~* dorloter
hatschi! *beim Niesen* atchoum!
Haube *f* bonnet *m*, coiffe *f*; *auto* capot *m*
Hauch *m* souffle *m*; *fig* **ein ~ von** un soupçon de; **2en** souffler
hauen (**sich ~** se) battre
Haufen *m* tas *m*; *Menschen* foule *f*
häufen amasser; **sich ~** s'amasser, s'accumuler; *Fälle* se multiplier
häufig fréquent; *adv* fréquemment, souvent; **2keit** *f* fréquence *f*
Haupt *n* tête *f*; *fig* chef *m*; **~bahnhof** *m* gare *f* centrale; **~beschäftigung** *f* occupation *f* principale; **~bestandteil** *m* constituant *m* principal; **~darsteller(in** *f*) *m* acteur *m* principal, actrice *f* principale; **~eingang** *m* entrée *f* principale
Häuptelsalat *östr m* laitue *f*
Haupt|fach *n Studium* matière *f* principale; **~figur** *f* personnage *m* principal; **~film** *m* grand film *m*, film *m* principal; **~gericht** *cuis n* plat *m* principal, plat *m* de résistance; **~geschäftszeit** *f* heures *f/pl* d'affluence; **~gewinn** *m* gros lot *m*; **~grund** *m* raison *f* principale
Häuptling *m* chef *m* de tribu
Haupt|person *f* personnage *m* principal; **~quartier** *mil n* quartier *m* général; **~rolle** *f* rôle *m* principal; **~sache** *f* principal *m*, essentiel *m*; **2sächlich** principal, essentiel; *adv* principalement, avant tout; **~satz** *gr m* proposition *f* principale; **~schule** *f* école *f* primaire; **~speicher** *EDV m* mémoire *f* centrale; **~stadt** *f* capitale *f*; **~straße** *f* rue *f* principale, grand-rue *f*; **~verkehrsstraße** *f* artère *f*; **~verkehrszeit** *f* heures *f/pl* de pointe; **~wort** *gr n* nom *m*, substantif *m*
Haus *n* maison *f*; *Parlament* Assemblée

f; *Schnecke* coquille *f*; *Theater* **volles ~** salle *f* comble; ***zu ~e*** à la maison, chez soi; ***nach ~e kommen*** rentrer à la maison *od* chez soi; ***ins ~ stehen*** être imminent; ***~ halten*** économiser (***mit etw*** qc); **~apotheke** *f* pharmacie *f* familiale; **~arbeit** *f* travaux *m/pl* domestiques *od* du ménage; *Schule* devoir *m*; **~arzt** *m* médecin *m* de famille; **~aufgabe** *f* *Schule* devoir *m*; **~besetzer** *m* squatter *m*; **~besetzung** *f* squattérisation *f*; **~besitzer(in** *f*) *m* propriétaire *m*, *f* (d'une maison)

hausen *wohnen* être logé (à l'étroit); F nicher; *sein Unwesen treiben* faire des ravages

Haus|flur *m* entrée *f*, vestibule *m*; **~frau** *f* ménagère *f*; *Berufsangabe* femme *f* au foyer; *Hausherrin* maîtresse *f* de maison; **~friedensbruch** *jur m* violation *f* de domicile; **⁲gemacht** fait maison; **~halt** *m* ménage *m*; *écon*, *pol* budget *m*; ***j-m den ~ führen*** tenir l'intérieur de qn; **~hälterin** *f* gouvernante *f*; **~haltsgeld** *n* argent *m* pour les dépenses du ménage; **~haltsgerät** *n* appareil *m* ménager; **~haltsplan** *m* budget *m*; **~haltswaren** *f/pl* articles *m/pl* ménagers; **~herr(in** *f*) *m* maître *m*, maîtresse *f* de maison; **⁲hoch** de la hauteur d'une maison; *fig* ***haushohe Niederlage*** défaite *f* immense; ***j-n ~ schlagen*** battre qn à plate couture

hausier|en ***mit etw ~*** colporter qc; **⁲er(in** *f*) *m* colporteur *m*, -euse *f*

häuslich domestique; *Person* qui aime son intérieur, casanier

Haus|mädchen *n* bonne *f*; **~mann** *m* homme *m* au foyer; **~mannskost** *f* cuisine *f* maison; **~meister** *m* concierge *m*; **~mittel** *n* remède *m* de bonne femme; **~nummer** *f* numéro *m*; **~ordnung** *f* règlement *m* intérieur (d'une maison); **~rat** *m* ustensiles *m/pl* de ménage; **~ratversicherung** *f* assurance *f* habitation; **~schuhe** *m/pl* chaussons *m/pl*, pantoufles *f/pl*; **~suchung** *jur f* perquisition *f*; **~tier** *n* animal *m* domestique; **~tür** *f* porte *f* d'entrée; **~verwalter** *m* gérant *m* (d'immeubles); **~wart** *m* concierge *m*; **~wirt(in** *f*) *m* propriétaire *m*, *f*; **~wirtschaft** *f* économie *f* domestique

Haut *f* peau *f*; ***bis auf die ~ durchnässt*** trempé jusqu'aux os; **~abschürfung** *f* égratignure *f*; **~arzt** *m* dermatologue *m*; **~ausschlag** *méd m* eczéma *m*

Häut|chen *n* pellicule *f*, membrane *f*; **⁲en** ***sich ~*** *zo* muer; *fig* faire peau neuve

haut|eng collant, moulant; **⁲farbe** *f* couleur *f* de (la) peau; **⁲krankheit** *méd f* dermatose *f*; **⁲pflege** *f* soins *m/pl* dermatologiques

H-Bombe *mil f* bombe *f* H

HD-Diskette *f* disquette *f* haute densité

Hearing *n* audition *f* d'experts

Hebamme *f* sage-femme *f*

Hebebühne *auto f* pont *m* élévateur

Hebel *m* levier *m*

heben *Last* soulever; *Arm* lever; *fig Niveau* relever; *Stimmung* faire monter; ***sich ~*** se lever, monter

Hebrä|er *m* Hébreu *m*; **⁲isch** hébreu, hébraïque

Hecht *zo m* brochet *m*; **~sprung** *m* *Sport* saut *m* de carpe

Heck *n* arrière *m*; *mar a* poupe *f*

Hecke *f* haie *f*; **~nrose** *bot f* églantine *f*; *Strauch* églantier *m*; **~nschütze** *m* franc-tireur *m*

Heck|klappe *f* hayon *m* (arrière); **~motor** *m* moteur *m* arrière; **~scheibe** *f* lunette *f* arrière; **~tür** *f* hayon *m*

Heer *n* armée *f*

Hefe *f* levure *f* de boulanger

Heft *n Schreib⁲* cahier *m*; *Zeitschrift* numéro *m*; *Griff* manche *m*; **~apparat** *m* agrafeuse *f*; **⁲en** attacher, agrafer (**an** à); *vornähen* bâtir; *Buch* brocher; **~er** *m* classeur *m*

heftig violent, véhément; **⁲keit** *f* violence *f*, véhémence *f*

Heft|klammer *f* agrafe *f*; *Büroklammer* trombone *m*; **~pflaster** *n* pansement *m* adhésif; sparadrap *m*

hegen soigner; *Hoffnung* caresser

Hehl *n* ***kein ~ aus etw machen*** ne pas dissimuler qc; **~er(in** *f*) *m* receleur *m*, -euse *f*; **~erei** *jur f* recel *m*

Heid|e[1] *m*, **~in** *f* païen *m*, -ne *f*

Heide[2] *f* lande *f*, bruyère *f*; **~kraut** *bot n* bruyère *f*

Heidelbeere *bot f* myrtille *f*

Heiden|angst *f* F ***e-e ~ haben*** avoir une peur bleue; **~geld** *n* F ***ein ~*** une fortune; **~lärm** *m* F boucan *m* du diable; **~spaß** *m* F ***e-n ~ haben*** avoir un plaisir fou

H

Heid|entum *n* paganisme *m*; **≈nisch** païen
heikel délicat, scabreux; *Person* difficile
heil *Person* indemne, sain et sauf; *Sache* intact, entier
Heil *n* salut *m*; ***sein ~ versuchen*** tenter sa chance
Heiland *rel m* Sauveur *m*
Heil|bad *n* ville *f* d'eaux, station *f* thermale; **≈bar** curable; **≈en** guérir
heilig saint; *geheiligt* sacré; ***~ sprechen*** canoniser; **≈abend** *m* veille *f* de Noël; **≈e(r)** *m, f* saint *m*, -e *f*; **~en** sanctifier; **≈enschein** *m* auréole *f*; **≈keit** *f* sainteté *f*; **≈sprechung** *f* canonisation *f*; **≈tum** sanctuaire *m*
Heil|kraft *f* vertu *f* curative; **~kraut** *n* plante *f* médicinale; **≈los** *Durcheinander* terrible; **~mittel** *n* remède *m*; **~praktiker** *m* naturopathe *m*; **~quelle** *f* source *f* minérale *od* médicinale; **≈sam** salutaire; **~sarmee** *f* Armée *f* du Salut; ***Mitglied n der ~*** salutiste *m,f*; **~ung** *f* guérison *f*
heim à la maison, chez soi
Heim *n* foyer *m*, chez-soi *m* (*od* chez-moi *etc*); *Alters≈* maison *f* de retraite; *Kinder≈* home *m* d'enfants; **~arbeit** *f* travail *m* à domicile
Heimat *f* pays *m* natal, pays *m*, patrie *f*; **~land** *n cf* ***Heimat***; **≈los** apatride; **~ort** *m* lieu *m* de naissance; **~vertriebene(r)** *m* expulsé *m*, réfugié *m*
heim|begleiten raccompagner chez lui; **≈chen** *zo n* grillon *m*; **~fahren, ~gehen** rentrer (chez soi); **~isch** (qui est) du pays, indigène; ***sich ~ fühlen*** se sentir chez soi; **≈kehr** *f* retour *m*, rentrée *f*; **~kehren** rentrer, retourner chez soi; **≈kehrer** *m* rapatrié *m*; **~kommen** *cf* ***~kehren***; **~lich** secret, clandestin; **≈lichkeit** *f* secret *m*, clandestinité *f*; **≈reise** *f* retour *m*; **~schicken** renvoyer (à la maison); **~suchen** *Unglück* affliger, frapper; **≈trainer** *m* vélo *m* d'appartement; **≈tücke** *f* perfidie *f*, sournoiserie *f*; **~tückisch** perfide, sournois; *Krankheit* insidieux; **~wärts** vers la maison *od* son pays; **≈weg** *m* chemin *m* du retour; **≈weh** *n* mal *m* du pays, nostalgie *f*; **≈werker** *m* bricoleur *m*; **~zahlen** ***j-m etw ~*** rendre la pareille à qn
Heirat *f* mariage *m*; **≈en** se marier (***j-n*** avec qn), épouser (qn)
Heirats|antrag *m* demande *f* en mariage; **~schwindler** *m* escroc *m* au mariage; **~vermittlung** *f* agence *f* matrimoniale
heiser enroué; ***~ werden*** s'enrouer; **≈keit** *f* enrouement *m*
heiß chaud; *fig Wunsch* ardent; ***es ist ~*** il fait chaud; ***mir ist ~*** j'ai chaud; *fig* ***~e Musik*** rythmes *m/pl* endiablés
heißen s'appeler, se nommer; ***das heißt*** c'est-à-dire; ***es heißt*** on dit; ***was heißt ... auf Französisch?*** comment dit-on ... en français?
heiter *lustig* gai; *Wetter* beau; *abgeklärt* serein; *fig* ***aus ~em Himmel*** sans prévenir, comme un coup de tonnerre; F ***das kann ~ werden!*** ça commence bien!, ça promet!; **≈keit** *f* gaieté *f*, hilarité *f*; *innere* sérénité *f*
heiz|en chauffer; **≈er** *m* chauffeur *m*; **≈kessel** *m* chaudière *f*; **≈kissen** *n* coussin *m* électrique; **≈körper** *m* radiateur *m*; **≈material** *n* combustible *m*; **≈ung** *f* chauffage *m*
hektisch fébrile, fiévreux
Held(in *f*) *m* héros *m*, héroïne *f*
helden|haft héroïque; **≈tat** *f* action *f* héroïque, exploit *m*; **≈tum** *n* héroïsme *m*
helfen ***j-m ~*** aider qn, secourir qn, assister qn; ***er weiß sich zu ~*** il sait se débrouiller; ***es hilft nichts*** il n'y a rien à faire
Helfer|(in *f*) *m* aide *m, f*, assistant *m*, -e *f*; **~shelfer(in** *f*) *m* complice *m, f*
hell clair; ***am ~en Tage*** en plein jour; ***es wird schon ~*** le jour commence à poindre
hell|blau bleu clair; **~blond** blond très clair
Helle *f* clarté *f*
hell|hörig qui a l'oreille *od* l'ouïe fine; *Wohnung* sonore; ***~ werden*** *fig* commencer à avoir des soupçons; **≈igkeitsregelung** *f* contrôle *m* de luminosité; **≈seher(in** *f*) *m* voyant *m*, -e *f*
Helm *m* casque *m*
Hemd *n* chemise *f*; **~bluse** *f* chemisier *m*; **~kragen** *m* col *m* de chemise
Hemisphäre *f* hémisphère *m*; ⚠ ***un*** hémisphère
hemm|en freiner, enrayer, entraver; **≈nis** *n* entrave *f*; **≈schuh** *m fig* obs-

tacle *m*; **2schwelle** *f* appréhensions *f/pl*; **2ung** *psych f* inhibition *f*, complexe *m*; **~ungslos** sans retenue
Hengst *zo m* étalon *m*
Henkel *m* anse *f*
Henker *m* bourreau *m*
Henne *f* poule *f*
her ***hier*** ~ par ici; F ~ ***damit!*** donne!; ***von*** ... ~ du côté de; ***neben*** ... ~ à côté de; ***das ist lange*** ~ il y a longtemps de cela
herab en bas; ***von oben*** ~ d'en haut (*a fig*); **~lassen** *Vorhänge* baisser; *fig* ***sich*** ~ ***zu*** condescendre à; **~lassend** condescendant; **2lassung** *f* condescendance *f*; **~setzen** *Preis* baisser, réduire, diminuer; *fig* déprécier; **~steigen** descendre
heran|bringen apporter; **~kommen** s'approcher (***an*** de); *fig* atteindre, égaler (qc); ***etw an sich*** ~ ***lassen*** s'attendre de sang-froid à qc; **~treten** ***an j-n*** ~ s'adresser à qn; **~wachsen** grandir, croître; **2wachsende(r)** *m, f* adolescent *m*, -e *f*
herauf en haut; **~beschwören** *Gefahr* provoquer; *Erinnerung* évoquer; **~holen** monter; **~kommen** monter
heraus (en) dehors; ***zum Fenster*** ~ par la fenêtre; ~ ***mit der Sprache!*** parle!, dis-le!; **~bekommen** (parvenir à) faire sortir; *entdecken* découvrir; ***ich bekomme noch 10 Mark heraus*** vous me devez encore dix marks; **~bringen** sortir (*a Buch*); *erraten* deviner; **~finden** découvrir, trouver la solution; *aus etw* trouver son chemin; **2forderer** *m Sport* challenge(u)r *m*; **~fordern** provoquer, défier; **~fordernd** provocant, agaçant; **2forderung** provocation *f*, défi *m*; **2gabe** *f* remise *f*, restitution *f*; **~geben** *ausliefern* remettre; *zurückerstatten* restituer; *Geld* rendre la monnaie; *Buch* éditer, publier; **2geber** *m* éditeur *m* responsable; **~holen** retirer, sortir (***aus*** de); **~kommen** sortir; *Buch* être publié, paraître; **~lassen** laisser sortir; **~nehmen** retirer; *fig* ***sich etw*** ~ se permettre qc; **~platzen** ***mit etw*** ~ laisser échapper qc; **~putzen** ***sich*** ~ s'habiller coquettement; **~reden** ***sich*** ~ chercher des excuses; **~rücken** *Geld* lâcher; **~stellen** placer dehors, sortir; *betonen* mettre en évidence; ***sich*** ~ ***als*** apparaître comme; **~strecken** *Zunge* tirer; *Kopf* sortir
herb *Geschmack* âpre; *Wein* sec; *fig* amer
Herberge *f* auberge *f*
herbringen apporter; amener (*a j-n*)
Herbst *m* automne *m*; **2lich** automnal
Herd *m* cuisinière *f*; *fig* foyer *m*
Herde *f* troupeau *m* (*a fig*)
herein (en) dedans, à l'intérieur; **~!** entrez!; **~bitten** ***j-n*** ~ prier qn d'entrer; **~brechen** *Nacht* tomber; *Unheil* s'abattre (***über*** sur); **~bringen** rentrer; **~fallen** *fig* se laisser prendre; F se faire avoir *od* rouler; **~holen** faire entrer; **~kommen** entrer; **~lassen** laisser entrer; **~legen** *fig* ***j-n*** ~ tromper *od* F rouler qn; **~strömen** entrer à flots, *fig* en foule
her|fallen ~ ***über*** tomber *od* se ruer sur; **~finden** trouver le chemin; **~führen** amener; **2gang** *m* déroulement *m*; ***den ganzen*** ~ ***erzählen*** raconter comment une chose s'est passée; **~geben** donner, rendre; ***sich zu etw*** ~ se prêter a qc; **~gebracht** traditionnel; **~gehen** ***vor j-m*** ~ précéder qn; ***hinter j-m*** ~ suivre qn; **~holen** aller chercher
Hering *m* hareng *m*; *Zelt* piquet *m*
her|kommen (s')approcher; *abstammen* provenir (***von*** de); ***wo kommst du her?*** d'où viens-tu?; **~kömmlich** traditionnel; **2kunft** *f* provenance *f*, origine *f*; **~laufen** ***hinter j-m*** ~ courir après qn; **~machen** ***sich*** ~ ***über*** se jeter sur
hermetisch hermétique
Heroin *n* héroïne *f*
heroisch héroïque
Herpes *m* herpès *m*
Herr *m* monsieur *m*; *als Anrede* Monsieur (*abr* M.); *Meister, vom Hund* maître *m*; *rel* ***der*** ~ le Seigneur
Herren|anzug *m* complet *m*, costume *m*; **~friseur** *m*, **~frisör** *m* coiffeur *m* pour hommes; **~rad** *n* bicyclette *f* d'homme
herrichten préparer; *Haus* aménager
Herr|in *f* maîtresse *f*; **2isch** autoritaire, impérieux
herrlich magnifique, splendide; **2keit** *f* splendeur *f*, magnificence *f*, gloire *f*
Herrschaft *f* domination *f*; *Regierungszeit* règne *m*; *höchste Gewalt* souveraineté *f*; ***meine ~en!*** Messieurs Dames!;

H

die ~ verlieren über perdre le contrôle de; **⁀lich** seigneurial
herrsch|en dominer; *Monarch* régner (***über*** sur); ***es herrschte Freude*** la joie régnait; **⁀er(in** *f*) *m* souverain *m*, -e *f*; **⁀erhaus** *n* dynastie *f*; **⁀sucht** *f* despotisme *m*; **~süchtig** despotique
her|rühren provenir (***von*** de); **~sagen** réciter; **~stellen** produire, fabriquer, confectionner, manufacturer; *Verbindung* établir; **⁀steller** *m* fabricant *m*, producteur *m*; **⁀stellung** *f* fabrication *f*, production *f*
herüber de ce côte-ci
herum ***um ... ~*** autour de; ***rings ~*** tout autour; ***anders ~*** à l'envers, de l'autre côté; ***hier ~*** par ici
herum|drehen (***sich ~*** se) retourner; *Kopf* tourner; **~führen** guider, faire faire le tour (de qc à qn); **~kommen** ***um die Ecke ~*** tourner le coin; ***er ist weit herumgekommen*** il a beaucoup voyagé, il a vu beaucoup de pays; *fig* ***um etw ~*** passer au travers de qc; **~kriegen** ***j-n ~*** faire changer qn d'avis; **~lungern** traîner les rues; **~reichen** faire circuler; **~reisen** ***in e-m Land ~*** parcourir un pays; **~sprechen** ***sich ~*** s'ébruiter; **~treiben** ***sich in Kneipen ~*** courir les bistrots
herunter en bas; **~bringen** descendre; **~gekommen** *Mensch* tombé bien bas; *Haus* à l'abandon; **~lassen** faire descendre; baisser; **~leiern** débiter *od* réciter machinalement; **~machen** F ***j-n ~*** dénigrer qn; **~schlucken** avaler; **~spielen** ***etw ~*** dédramatiser qc; **~werfen** jeter en bas
hervor|bringen produire, faire naître; **~gehen** sortir, résulter (***aus*** de); ***als Sieger ~*** sortir vainqueur; **~heben** *fig* faire ressortir, rehausser, mettre en relief, souligner; **~kommen** sortir; **~ragen** saillir; *fig* se distinguer; **~ragend** *fig* excellent; *Person* éminent; **~rufen** *fig* faire naître, provoquer, causer, susciter; **~stechend** *fig* saillant, (pré)dominant; **~treten** s'avancer; *herausragen* faire saillie; *fig* ressortir; **~tun** ***sich ~*** se distinguer, se faire remarquer
Herz *n* cœur *m* (*a fig*); ***von ganzem ~en*** de tout mon (ton *etc*) cœur; ***sich etw zu ~en nehmen*** prendre qc à cœur; ***etw auf dem ~en haben*** avoir qc sur le cœur
Herz|anfall *m* crise *f* cardiaque; **~beschwerden** *pl* troubles *m/pl* cardiaques
Herzens|lust *f* ***nach ~*** à cœur joie; **~wunsch** *m* désir *m* ardent
herz|ergreifend saisissant, émouvant; **⁀fehler** *m* vice *m od* lésion *f* cardiaque; **~haft** courageux; *Speise* savoureux
herzig mignon
Herz|infarkt *méd m* infarctus *m* du myocarde; **~klopfen** *n* battements *m/pl* de cœur; **⁀krank** cardiaque; **⁀lich** cordial, affectueux; ***~e Grüße*** *Brief* sincères amitiés; ***~ gern*** avec le plus grand plaisir; **~lichkeit** *f* cordialité *f*; **⁀los** sans cœur, insensible; **~losigkeit** *f* insensibilité *f*; **~schlag** *m* battement *m* de cœur; *Todesursache* crise *f* cardiaque, arrêt *m* du cœur; **~schrittmacher** *m* stimulateur *m* cardiaque; **~spezialist** *méd m* cardiologue *m*; **~verpflanzung** *méd f* greffe *f* du cœur
Hessen *n* la Hesse
heterosexuell hétérosexuel
Hetz|e *f Eile* précipitation *f*; *fig* polémique *f*, agitation *f*, propos *m/pl* incendiaires; **⁀en** *Hund* lâcher (***auf*** sur); *verfolgen* traquer; *eilen* se dépêcher, se presser; *pol* tenir des propos incendiaires (***gegen*** contre); **~kampagne** *f* campagne *f* de haine
Heu *n* foin *m*
Heuchel|ei *f* hypocrisie *f*; **⁀n** feindre; faire l'hypocrite
Heuchler|(in *f*) *m* hypocrite *m*, *f*; **⁀isch** hypocrite
heuer *südd u östr* cette année
heulen hurler; *weinen* pleurnicher F
Heu|schnupfen *méd m* rhume *m* des foins; **~schrecke** *zo f* sauterelle *f*
heute aujourd'hui; ***~ Morgen (Abend)*** ce matin (soir); ***~ in acht (vierzehn) Tagen*** (d')aujourd'hui en huit (en quinze), d'ici à huit (à quinze) jours; ***~ vor acht Tagen*** il y a huit jours; ***noch ~*** ce jour même
heut|ig d'aujourd'hui; *jetzig* actuel; **~zutage** de nos jours
Hexe *f* sorcière *f*
hexen user de sortilèges; **⁀jagd** *pol f* chasse *f* aux sorcières; **⁀meister** *m* sorcier *m*; **⁀schuss** *méd m* lumbago *m*
Hexerei *f* sorcellerie *f*
Hickhack *n* tergiversations *f/pl*

Hieb *m* coup *m*

hier ici; *bei Namensaufruf* **~!** présent!; **d(ies)er Mann ~** cet homme-ci; **~ bin ich** me voilà; *fig* F **es steht mir bis ~** j'en ai jusque-là; **~ zu Lande** ici, dans ce pays; **~auf** *Ort* là-dessus; *Zeit* après cela, après quoi; **~aus** d'ici; *fig* de ceci, de là; **~bei** *bei dieser Gelegenheit* à cette occasion; *gleichzeitig* en même temps; **~durch** par ici; *fig* par ce moyen, par là; **~her, ~hin** par ici, de ce côté-ci; **bis hierher** jusqu'ici, jusque-là; **hierhin und dorthin** çà et là, de-ci de-là, par-ci par-là; **~in** là-dedans; *fig* en cela; **~mit** avec cela; *Brief* par la présente; **~nach** après cela; *demzufolge* en conséquence; **~über** là-dessus, à ce sujet; *Richtung* de ce côté-ci, par ici; **~unter** là-dessous; *verstehen* par là; **~von** de cela; en; **~zu** à cela; à cet effet; à ce sujet; **~zulande** *cf* **hier**

hiesig d'ici, de ce lieu

Hi-Fi-Anlage *f* chaîne *f* hi-fi

high F *Drogen* camé; *fig* en pleine forme

Highlife *n* super-ambiance *f*; **~ machen** mettre de l'ambiance

Hightech *n* high-tech *m*

Hilfe *f* aide *f*, secours *m*, assistance *f*, appui *m*; **(zu) ~!** au secours!; **mit der ~ j-s** avec l'aide de qn; **mit ~ von etw** à l'aide de qc; **j-m erste ~ leisten** donner les premiers soins à qn; **~ruf** *m* appel *m* au secours

hilf|los privé de secours; sans défense, désarmé; impuissant; **~reich** secourable

Hilfs|aktion *f* secours *m/pl*; **e-e ~ einleiten** organiser les secours; **~arbeiter** *m* manœuvre *m*; **⁀bedürftig** nécessiteux; **⁀bereit** serviable; **~bereitschaft** *f* esprit *m* d'entraide; serviabilité *f*; **~kraft** *f* aide *m*, *f*; **~mittel** *n* ressource *f*; instrument *m* de travail; **~organisation** *f* organisation *f* de secours; **~verb** *gr n* (verbe *m*) auxiliaire *m*

Himbeere *bot f* framboise *f*

Himmel *m* ciel *m*; **unter freiem ~** en plein air; **um ~s willen!** mon Dieu!; *fig* **aus heiterem ~** sans prévenir; **~bett** *n* lit *m* à baldaquin; **⁀blau** bleu ciel; **~fahrt** *f* **(Christi) ~** Ascension *f*; **Mariä ~** Assomption *f*; **~fahrtskommando** *fig* F *n* mission *f* suicide; **~reich** *n* royaume *m* des cieux; **⁀schreiend** révoltant

Himmels|körper *m* corps *m* céleste; **~richtung** *f* point *m* cardinal

himmlisch céleste; *fig* divin

hin 1. *adv* (vers ce lieu-)là; y; **nach Norden ~** vers le nord; **über Jahre ~** pendant des années; **auf seine Bitte ~** sur *od* à sa demande; **es ist noch lange ~** il y a encore longtemps d'ici là; **~ und zurück** aller et retour; **~ und her** dans un sens et dans l'autre; **~ und her gehen** aller et venir; **~ und her schwanken** chanceler; **~ und wieder** de temps à autre; **2.** *adj* F foutu, fichu; **unsere Ruhe ist ~** c'en est fini de notre repos

hinab en bas; en descendant; **den Fluss ~** en aval; **~fahren, ~gehen** descendre

hinarbeiten auf etw ~ viser à qc

hinauf vers le haut; en montant; en haut; **den Fluss ~** en amont; **~fahren, ~gehen, ~steigen** monter

hinaus dehors; **~ mit dir!** sors d'ici!, dehors!; **zum Fenster ~** par la fenêtre; **~gehen** sortir; **über etw ~** dépasser qc; *Fenster* **~ auf** donner sur; **~laufen ~ auf** aboutir à, revenir à; **~lehnen sich ~** se pencher au dehors; **~schieben** *zeitlich* ajourner, remettre à une date ultérieure; **~werfen** jeter (dehors); *j-n* mettre *od* F flanquer à la porte; **~wollen** vouloir sortir; *fig* **~ auf** viser à; **darauf wollte ich hinaus** voilà où je voulais en venir

Hinblick *m* **im ~ auf** en vue de, en considération de, eu égard à

hinder|lich gênant; **j-m ~ sein** entraver qn; **~n** empêcher (**j-n an etw** qn de faire qc); gêner; **⁀nis** *n* obstacle *m*; **⁀nisrennen** *n* course *f* d'obstacles

hindurch durch etw ~ à travers qc; *quer* au travers de qc; par; *zeitlich* pendant, durant; **das ganze Jahr ~** durant toute l'année

hinein dedans; **hier ~** par ici; **bis tief in die Nacht ~** jusque tard dans la nuit; **~denken sich in j-s Lage ~** se mettre à la place de qn; **~fahren** entrer (**in** dans); **~gehen** entrer (**in** dans); **~geraten in etw ~** tomber dans qc

hin|fahren y aller (en voiture, *etc*); *j-n* y conduire; **⁀fahrt** *f* aller *m*; **~fallen** tomber (par terre); **~fällig** *gebrechlich* infirme; *ungültig* nul, caduc; **~ werden** se périmer, s'annuler; ***das ist ~*** ce n'est plus valable; **2gabe** *f* dévouement *m*; **~geben** donner, sacrifier; ***sich ~*** s'adonner, se consacrer (à qc); se donner (à qn)

hingegen par contre, au contraire

hin|gehen y aller; **~halten** tendre, présenter; ***j-n ~*** faire attendre qn

hinken boiter (*a fig*); être boiteux; **~d** boiteux

hin|kommen venir (à, chez), y aller; ***wo ist meine Brille hingekommen?*** où sont passées mes lunettes?; ***wo kämen wir denn hin, wenn*** ... que deviendrions-nous si ...; **~kriegen** F ***die Sache ~*** y arriver; **~länglich** suffisant; *adv* suffisamment; **~legen** poser, coucher; ***sich ~*** se coucher, se mettre au lit; s'allonger, s'étendre; **~nehmen** accepter, tolérer; **2reise** *f* aller *m*; **~reißen** *entzücken* ravir; **~reißend** ravissant; **~richten** *Verbrecher* exécuter; **2richtung** *f* exécution *f*; **~schicken** y envoyer; **~setzen** mettre, poser, placer; ***sich ~*** s'asseoir; **2sicht *in dieser ~*** à cet égard, sous ce rapport; **~sichtlich** en ce qui concerne, par rapport à, quant à; **2spiel** *n Sport* match *m* aller; **~stellen** (***sich ~*** se) placer; ***~ als*** faire passer pour

hinten derrière, à l'arrière; *im Hintergrund* au fond; ***von ~*** par derrière; ***nach ~*** en arrière; **~herum** par derrière (*a fig*)

hinter derrière; *Folge* après; ***~ sich bringen*** en finir avec; **2bein** *n Tier* patte *f* de derrière; **2bliebenen** *pl* ***die ~*** la famille du défunt

hintere de derrière, arrière

hinter|einander l'un après l'autre; ***dreimal ~*** trois fois de suite; **2gedanke** *m* arrière-pensée *f*; **~gehen** abuser, tromper; **2grund** *m* fond *m*; *Bild* arrière-plan *m*; *fig* ***Hintergründe*** dessous *m/pl*; **2halt** *m* embuscade *f*; **~hältig** sournois; **2hältigkeit** *f* sournoiserie *f*; **~her** après (coup); **2hof** *m* arrière-cour *f*; **2kopf** *m* arrière *m* de la tête, occiput *m*; **2land** *n* arrière-pays *m*, hinterland *m*; **~lassen** laisser; *letztwillig* léguer; **2lassenschaft** *f* héritage *m*; **~legen** déposer; **2list** *f* sournoiserie *f*; **~listig** sournois; **2mann** *m* celui *m* qui est derrière; *fig* instigateur *m*

Hintern *m* derrière *m*, postérieur *m*

Hinter|rad *n* roue *f* arrière; **2rücks** par derrière; **~seite** *f* derrière *m*; **~teil** *n* derrière *m*; **2treiben** contrecarrer, faire échouer; **~treppe** *f* escalier *m* de service; **~tür** *f* porte *f* de derrière; *fig* porte *f* de sortie; **2ziehen *Steuern ~*** frauder le fisc

hinüber de l'autre côté; *über hinweg* par-dessus; ***~ sein*** F *Kleid* être foutu; *Fleisch* être avarié; **~gehen** traverser (***über etw*** qc)

Hin und Her *n* va-et-vient *m*

Hin- und Rückfahrt *f* aller et retour *m*

hinunter en bas; en descendant; **~gehen** descendre; **~schlucken** avaler; **~steigen** descendre

Hinweg *m* aller *m*; ***auf dem ~*** en y allant, à l'aller

hinweg *~ mit euch!* ôtez-vous de là!; ***über etw ~*** par-dessus qc; **~helfen *j-m über etw ~*** aider qn à surmonter qc; **~kommen *~ über*** surmonter (qc); **~sehen *~ über*** fermer les yeux sur, passer sur; **~setzen *sich ~ über*** passer outre à

Hinweis *m* indication *f*; *Anzeichen* indice *m*; *Verweis* renvoi *m* (***auf*** à); **2en *auf etw ~*** indiquer *od* signaler qc; ***j-n auf etw ~*** attirer l'attention de qn sur qc; **~schild** *n*, **~tafel** *f* panneau *m* indicateur; plaque *f* indicatrice

hin|werfen jeter; *Arbeit* abandonner; *Zeichnung* ébaucher; **~ziehen *sich ~*** traîner en longueur

hinzu de plus, en outre; **~fügen** ajouter (***zu*** à); **~kommen** s'y ajouter; ***zu etw ~*** s'ajouter à qc; ***hinzu kommt noch, dass*** ... ajoutez à cela que ...; **~rechnen, ~zählen** ajouter; **~ziehen** *Arzt* consulter

Hirn *n* cervelle *f*; *Organ* cerveau *m*; **~gespinst** *n* chimère *f*; **2rissig, 2verbrannt** complètement fou, absurde

Hirsch *m* cerf *m*; **~kuh** *f* biche *f*

Hirse *bot f* millet *m*, mil *m*

Hirt(in *f*) *m* pâtre *m*; berger *m*, -ère *f*

hissen hisser

Histor|iker *m* historien *m*; **2isch** historique

Hit *m* hit *m*; **~parade** *f* hit-parade *m*; ⚠ ***le*** hit-parade

Hitz|e *f* chaleur *f*; **~ebeständig** résistant à la chaleur; **~ewelle** *f* vague *f* de chaleur; **~ig** *fig* fougueux, passionné, ardent; **~schlag** *m* coup *m* de chaleur

HIV|-negativ séronégatif; **~-positiv** séropositif

H-Milch *f* lait *m* U.H.T.

Hobby *n* passe-temps *m* favori, hobby *m*, violon *m* d'Ingres

Hobel *m* rabot *m*; **~bank** *f* établi *m*; **~n** raboter

hoch 1. haut; *Preis, Gehalt* élevé; *Alter, Geschwindigkeit* grand; *Fieber* fort; ***2 Meter ~ sein*** être haut de deux mètres, avoir deux mètres de haut; ***~ hinauswollen*** avoir de hautes visées; ***Hände ~!*** haut les mains!; ***in hohem Maße*** dans une large mesure; *fig* ***das ist mir zu ~!*** ça me dépasse!; ***~ achten*** estimer beaucoup; ***~ begabt*** surdoué; ***~ schätzen*** estimer beaucoup; **2. ~** *n Wetter* anticyclone *m*

Hoch|achtung *f* haute considération *f*; **~achtungsvoll** *Briefschluss* veuillez agréer, Monsieur *etc*, l'assurance de ma considération distinguée; **~amt** *égl n* grand-messe *f*; **~arbeiten** ***sich ~*** arriver à force de travail; **~auflösend** *Bildschirm* à haute résolution; **~bau** *m* ***Hoch- und Tiefbau*** bâtiment *m* et travaux *m/pl* publics; **~betrieb** *m* activité *f* intense; **~burg** *f e-r Partei* fief *m*; **~deutsch** haut allemand; **~druck** *m* haute pression *f*; **~ebene** *f* plateau *m*; **~erfreut** ravi; **~form** *f* excellente condition *f* physique; **~frequenz** *tech f* haute fréquence *f*; **~gebirge** *n* hautes montagnes *f/pl*; **~genuss** *m* délice *m*; **~geschwindigkeitszug** *m* train *m* à grande vitesse, T.G.V. *m*; **~gezüchtet** *Tier* sélectionné; *Motor* poussé; **~giftig** très toxique; **~haus** *n* building *m*, tour *f*; **~heben** soulever; **~kommen** ***wieder ~*** se relever, se remettre, se rétablir, se retaper F, retrouver son second souffle; *Land* se redresser; **~konjunktur** *f* haute conjoncture *f*; boom *m od* prospérité *f* économique; **~land** *n* région *f* montagneuse; **~leistungs...** *in Zssgn Sport etc* de haut rendement, de haut niveau; **~mut** *m* orgueil *m*; **~mütig** orgueilleux; **~näsig** arrogant; **~nehmen** ***j-n ~*** faire marcher qn, mener qn en bateau; **~ofen** *m* haut fourneau *m*; **~prozentig** très concentré; *Schnaps* à haute teneur en alcool; **~rechnung** *f* estimation *f*; **~rufe** *m/pl* vivats *m/pl*; **~saison** *f* pleine saison *f*; **~schulabschluss** *m* diplôme *m* d'études supérieures; **~schule** *f* établissement *m* d'enseignement supérieur; **~seefischerei** *f* pêche *f* en haute mer; **~sicherheitstrakt** *m* quartier *m* de haute sécurité; **~sommer** *m* plein été *m*; ***im ~*** en plein été, au plus fort *od* au cœur de l'été; **~spannung** *f* haute tension *f*; **~spielen** *fig* ***etw ~*** exagérer qc; **~sprung** *m* saut *m* en hauteur

höchst le plus haut; maximum; *fig* extrême, suprême; *adv* extrêmement

Hochstapler *m* escroc *m*, imposteur *m*

Hochstelltaste *f* touche *f* Shift

höchstens tout au plus, au maximum

Höchst|geschwindigkeit *f* vitesse *f* maximum; **~leistung** *f* rendement *m* maximum; *Sport* record *m*; **~maß** *m* maximum *m* (**an** de); **~preis** *m* prix *m* maximum; **~wahrscheinlich** très probablement

hoch|trabend pompeux, emphatique; **~verrat** *m* haute trahison *f*; **~wald** *m* (haute) futaie *f*; **~wasser** *n* crue *f*; *Überschwemmung* inondation *f*; *Meer* marée *f* haute; **~wertig** de qualité supérieure, *Erz* riche

Hochzeit *f Fest* noces *f/pl*; *Trauung* mariage *m*; **~sreise** *f* voyage *m* de noces

hock|en être accroupi; **~er** *m* escabeau *m*, tabouret *m*

Höcker *m* bosse *f*

Hockey *n* hockey *m*

Hoden *m* testicule *m*

Hof *m* cour *f*; *agr* ferme *f*; *Mond* halo *m*

hoffen espérer (***auf etw*** qc; ***etw zu tun*** faire qc); ***ich hoffe es*** je l'espère; ***ich hoffe nicht!*** j'espère que non; **~tlich** ***~ kommst du*** espérons *od* j'espère que tu viendras

Hoffnung *f* espérance *f*, espoir *m*

hoffnungslos désespéré; **~igkeit** *f* désespoir *m*

höfisch courtois

höflich poli; **~keit** *f* politesse *f*; **~keitsbesuch** *m* visite *f* de courtoisie

Höhe *f* hauteur *f*; altitude *f*; *e-r Summe* montant *m*; *Stand* niveau *m*; *fig* ***ich bin***

H

nicht ganz auf der ~ je ne me sens pas tout à fait bien; *das ist die* ~! c'est le comble!
Hoheit *f pol* souveraineté *f*; *Titel* Altesse *f*; **~sgebiet** *n* territoire *m* national; **~sgewässer** *n/pl* eaux *f/pl* territoriales; **~szeichen** *n* emblème *m* national
Höhen|messer *m* altimètre *m*; **~sonne** *méd f* lampe *f* à rayons ultraviolets; **~unterschied** *m* différence *f* de niveau; **~zug** *m* chaîne *f* de montagnes
Höhepunkt *m* point *m* culminant, apogée *m*, sommet *m*
hohl creux (*a fig*)
Höhle *f* caverne *f*; grotte *f*
Hohl|maß *n* mesure *f* de capacité; **~raum** *m* espace *m* vide, cavité *f*; **~spiegel** *m* miroir *m* concave
H
Hohn *m Verachtung* dédain *m*, mépris *m*; *Spott* raillerie *f*, dérision *f*; **~gelächter** *n* rire *m* sarcastique, ricanement *m*
höhnisch méprisant; moqueur, railleur; ~ *grinsen* ricaner
Holdinggesellschaft *f* holding *m*; ⚠ *le* holding
holen aller *od* venir chercher; ~ *lassen* envoyer chercher; *sich* ~ *Krankheit* attraper
Holland *n* la Hollande
Holländ|er(in *f*) *m* Hollandais *m*, -e *f*; **&isch** hollandais
Hölle *f* enfer *m*; *in die* ~ *kommen* aller en enfer; **~nlärm** *m* tapage *m* infernal, F boucan *m* de tous les diables
höllisch infernal; *adv* F diablement
Holografie *f* holographie *f*
holp|(e)rig *Weg* cahoteux; *a fig* raboteux; ~ *lesen* lire en hésitant; *~er Stil* style heurté; **~ern** cahoter
Holunder *bot m* sureau *m*
Holz *n* bois *m*; *aus* ~ en bois; ~ *hacken* casser du bois; **~bearbeitung** *f* travail *m* du bois; **~blasinstrument** *n* instrument *m* à vent en bois; *~e pl* bois *m/pl*
hölzern de *od* en bois; *fig* raide, gauche
Holz|fäller *m* bûcheron *m*; **~hammer** *m* maillet *m*; **&ig** ligneux; *Gemüse* filandreux; **~kohle** *f* charbon *m* de bois; **~scheit** *n* bûche *f*; **~schnitt** *m* gravure *f* sur bois; **~schnitzer** *m* sculpteur *m* sur bois; **~schnitzerei** *f* sculpture *f* sur bois; **~schuh** *m* sabot *m*, galoche *f*; **~weg** *m fig auf dem* ~ *sein* faire fausse route; **~wolle** *f* fibre *f od* laine *f* de bois
Homöopath *m* homéopathe *m*; **&isch** homéopathique
homosexuell homosexuel; **&e(r)** *m*, *f* homosexuel *m*, -le *f*; *Frau meist* lesbienne *f*
Honig *m* miel *m*; **~kuchen** *m* pain *m* d'épice; **~melone** *f* melon *m* d'Antibes; **~wabe** *f* rayon *m* de miel
Honor|ar *n* honoraires *m/pl*; **&ieren** *bezahlen* rétribuer; *belohnen* récompenser (*mit* par)
Hopfen *bot m* houblon *m*
hopsen F sauter, sautiller
hörbar audible, perceptible
horchen écouter
Horde *f* horde *f*, bande *f*
hören entendre; *zu~*, *an~* écouter; *auf j-n* ~ écouter qn; *von j-m* ~ avoir des nouvelles de qn; *er hört schwer* il entend mal
Hör|er(in *f*) *m* auditeur *m*, -trice *f*; *tél* écouteur *m*, récepteur *m*; **~fehler** *méd m* défaut *m* de l'ouïe; **~gerät** *n* appareil *m* de correction auditive; **&ig** *j-m* ~ *sein* être esclave de qn
Horizont *m* horizon *m*; *fig seinen* ~ *erweitern* élargir son horizon; *das geht über meinen* ~ ça me dépasse; **&al** horizontal
Hormon *biol n* hormone *f*; ⚠ *une* hormone
Horn *n* corne *f*; *mus* cor *m*; *mil* clairon *m*
Hörnchen *n Gebäck* croissant *m*
Hornhaut *f* callosité *f*; *Auge* cornée *f*
Hornisse *zo f* frelon *m*
Horoskop *n* horoscope *m*
Horror *m* horreur *f*; **~film** *m* film *m* d'horreur
Hör|saal *m* salle *f* de cours, amphithéâtre *m*; **~spiel** *Radio n* pièce *f* radiophonique
horten amasser, accumuler
Hörweite *f in* ~ à portée de la voix; *außer* ~ hors de portée de la voix
Höschen *n* petite culotte *f*, slip *m*
Hose *f lange* pantalon *m*; *kurze* culotte *f*; F *in die* ~ *gehen* foirer; P *tote* ~ *sein* être chiant
Hosen|anzug *m* ensemble *m* pantalon-veste; **~rock** *m* jupe-culotte *f*; **~schlitz** *m* braguette *f*; **~tasche** *f* poche *f* (de pantalon); **~träger** *m/pl* bretelles *f/pl*

hospitieren assister à un cours
Hostie *rel f* hostie *f*
Hot Dog *m* hot-dog *m*
Hotel *n* hôtel *m*; **~besitzer(in** *f*) *m* hôtelier *m*, -ière *f*; **~direktor** *m* directeur *m* d'hôtel; **~gewerbe** *n* industrie *f* hôtelière; **~zimmer** *n* chambre *f* d'hôtel
hüben ~ und drüben de ce côté-ci et de l'autre
Hubraum *auto m* cylindrée *f*
hübsch joli
Hubschrauber *aviat m* hélicoptère *m*
Huf *m* sabot *m*; **~eisen** *n* fer *m* à cheval
Hüft|e *f* hanche *f*; **~gelenk** *n* articulation *f* de la hanche; **~gürtel** *m*, **~halter** *m* gaine *f*
Hügel *m* colline *f*; **≈ig** vallonné
Hugenott|e *m*, **~in** *f* huguenot *m*, -e *f*
Huhn *n zo*, *cuis* poule *f*
Hühnchen *cuis n* poulet *m*; *fig* ***mit j-m ein ~ zu rupfen haben*** avoir un compte à régler avec qn
Hühner|auge *méd n* cor *m* (au pied), œil-de-perdrix *m*; **~brühe** *cuis f* bouillon *m* de poule; **~ei** *n* œuf *m* de poule; **~hof** *m* basse-cour *f*; **~stall** *m* poulailler *m*
Hülle *f* enveloppe *f*; *Buch≈* jaquette *f*; *Platten≈* pochette *f*; ***sterbliche ~*** dépouille *f* mortelle; ***in ~ und Fülle*** à profusion, en abondance
hüllen envelopper (***in*** dans); *fig* ***sich in Schweigen ~*** se renfermer dans le silence
Hülse *f Schote* gousse *f*, cosse *f*; *Patronen≈* douille *f*; **~nfrüchte** *f/pl cuis* légumes *m/pl* secs; *bot* légumineuses *f/pl*
human humain; **~istisch** humaniste; *Gymnasium* classique; ***~ gebildet*** qui a fait ses humanités; **~itär** humanitaire; **≈ität** *f* humanité *f*
Hummel *zo f* bourdon *m*
Hummer *zo m* homard *m*
Humor *m* humour *m*; ***~ haben*** avoir (le sens) de l'humour; **~ist** *m* humoriste *m*; **≈istisch, ≈voll** humoristique, plein d'humour
humpeln boiter
Hund *m* chien *m*
Hunde|hütte *f* niche *f*; **~kuchen** *m* biscuit *m* de chien; **~leine** *f* laisse *f*; **≈müde** F éreinté, claqué F, harassé; **~rasse** *f* race *f* canine
hundert cent; ***~e von*** des centaines de; ***zu ~en*** par centaines; **≈er** *m math* centaine *f*; *Geldschein* billet *m* de cent marks; **~fach, ~fältig** centuple; **≈jahrfeier** *f* centenaire *m*; **~jährig** centenaire; **~prozentig** *fig* à cent pour cent; **~ste** centième
Hündin *f* chienne *f*
hündisch *fig* servile
hunds|miserabel F très mauvais; ***ich fühle mich ~*** je suis malade comme un chien; **≈tage** *m/pl* jours *m/pl* caniculaires, canicule *f*
Hüne *m* géant *m*
Hunger *m* faim *f*; ***~ haben*** avoir faim; ***~ bekommen*** commencer à avoir faim; ***vor ~ sterben*** mourir de faim; **~lohn** *m* salaire *m* de famine *od* de misère; **≈n** souffrir de la faim; *fasten* jeûner; ***j-n ~ lassen*** ne donner rien à manger à qn; **~snot** *f* famine *f*; **~streik** *m* grève *f* de la faim; **~tod** *m* mort *f* par inanition
hungrig affamé, qui a faim (***nach, auf*** de); ***ich bin ~*** j'ai faim
Hupe *auto f* avertisseur *m*, klaxon *m*; **≈n** klaxonner
hüpfen sauter, sautiller
Hürde *f Sport* haie *f*; *fig* obstacle *m*; **~nlauf** *m* course *f* de haies
Hure *f* prostituée *f*, P putain *f*
huschen passer rapidement
hüsteln toussoter
husten 1. tousser; **2.** **≈** *m* toux *f*; **≈anfall** *m* quinte *f* de toux; **≈bonbon** *m od n* bonbon *m od* pastille *f* contre la toux; **≈saft** *m* sirop *m* contre la toux
Hut 1. *m* chapeau *m*, **2.** *f* ***auf der ~ sein*** prendre garde (***vor*** à), se tenir sur ses gardes
hüten garder; ***das Bett ~*** garder le lit; ***sich ~ vor*** prendre garde à, se garder de
Hütte *f* cabane *f*; *mit Strohdach* chaumière *f*; *Berg≈* refuge *m*, *tech* forges *f/pl*; **~nwerk** *n* usine *f* métallurgique
Hyäne *zo f* hyène *f* (*a fig*)
Hyazinthe *bot f* jacinthe *f*
Hydrant *m* bouche *f* d'eau *od* d'incendie
hydraulisch hydraulique
Hydrokultur *f* culture *f* hydroponique
Hygien|e *f* hygiène *f*; **≈isch** hygiénique
Hymne *f* hymne *m*; ⚠ ***un*** hymne
hypermodern ultramoderne

H

Hypno|se *f* hypnose *f*; **~tiseur** *m* hypnotiseur *m*; **2tisieren** hypnotiser
Hypotenuse *math f* hypoténuse *f*
Hypothek *f* hypothèque *f*; ***e-e ~ aufnehmen*** prendre une hypothèque
Hypothe|se *f* hypothèse *f*; **2tisch** hypothétique
Hyster|ie *f* hystérie *f*; **2isch** hystérique

I

IC *m* intercité *m*
ICE *m* T.G.V. *m*
ich je (+ *Verb*), *vor Vokal* j'; moi; ***hier bin ~*** me voilà; ***~ bin es*** c'est moi
Ich *n psych* moi *m*; ***mein anderes ~*** mon autre personnalité
IC-Zuschlag *m* supplément *m* intercité
ideal 1. *adj* idéal; **2.** 2 *n* idéal *m*; *Vorbild* modèle *m*; **~isieren** idéaliser; **2ismus** *m* idéalisme *m*; **2ist** *m* idéaliste *m*
Idee *f* idée *f*
identi|fizieren (***sich ~*** s')identifier (***mit*** à *od* avec); **~sch** identique (***mit*** à); **2tät** *f* identité *f*; **2tätskarte** *östr f* carte d'identité *f*
Ideolog|e *m* idéologue *m*; **~ie** *f* idéologie *f*; **2isch** idéologique
idiomatisch *ling* idiomatique; ***~er Ausdruck*** expression *f* idiomatique, idiome *m*
Idiot *m* idiot *m*; **~ie** *f* idiotie *f*; **2isch** idiot
Idol *n* idole *f*; ⚠ ***une*** idole
Idyll *n* tableau *m* idyllique; **2isch** idyllique
Igel *zo m* hérisson *m*
ignorieren ignorer, ne pas tenir compte de
ihm lui, à lui
ihn le, *vor Vokal* l'; *nach prép* lui
ihnen leur; *nach prép* eux *m*, elles *f*; *betont* à eux, à elles; 2 vous, à vous
ihr 1. *Personalpronomen: Dativ von* ***sie*** lui; à elle; *pl von* ***du*** vous; **2.** *Possessivpronomen: von e-r Besitzerin* son *m* (*vor Vokal a f*), sa *f* (*vor Konsonant*), *pl* ses; *von mehreren Besitzern* leur; 2 votre; **3.** ***~er, ~e, ~es, der, die, das ~e*** *od* ***~ige*** le sien, la sienne; le (la) leur; ***~er, ~e, ~es*** le (la) vôtre; **~erseits** de sa (leur) part; 2 de votre part; **~esgleichen** son (leur) pareil; 2 vos pareils; **~etwegen** à cause d'elle (d'eux, d'elles); 2 à cause de vous
illeg|al illégal; **~itim** illégitime
Illus|ion *f* illusion *f*; **2orisch** illusoire
Illustr|ation *f* illustration *f*; **2ieren** illustrer; **~ierte** *f* revue *f*, magazine *m*; *Kinder*2 illustré *m*
im *cf* ***in***; ***~ Bett*** au lit; ***~ Schrank*** dans l'armoire; ***~ Mai*** en mai; ***~ Jahre 1985*** en 1985; ***~ Stehen*** debout
Image *n* image *f* (de marque)
imaginär imaginaire
Imbiss *m* casse-croûte *m*, petit repas *m*, collation *f*; **~stube** *f* snack *m*
imitieren imiter, copier
Imker *m* apiculteur *m*
Immatrikul|ation *f* inscription *f* en Faculté; **2ieren** ***sich ~*** s'inscrire en Faculté
immer toujours; ***~ noch*** encore, toujours; ***wer auch ~*** qui que ce soit; ***für ~*** pour toujours, à jamais; ***~ wieder*** sans arrêt; ***~ schneller*** de plus en plus vite; ***~ mehr*** de plus en plus; **2grün** *bot n* pervenche *f*; **~hin** en tout cas; **~zu** constamment
Immobilien *pl* (biens *m/pl*) immeubles *m/pl*
immun immunisé (***gegen*** contre); **2ität** *f* immunité *f*; **2schwäche** *f* déficience *f* immunitaire; **2schwächekrankheit** *f* syndrome *m* immuno-déficitaire; **2system** *n* système *m* immunitaire
Imperativ *gr m* impératif *m*
Imperfekt *gr n* imparfait *m*
Imperialis|mus *m* impérialisme *m*; **~t** *m* impérialiste *m*; **2tisch** impérialiste
impf|en vacciner (***gegen*** contre); **2schein** *m* certificat *m* de vaccination; **2stoff** *m* vaccin *m*; **2ung** *f* vaccination *f*

imponieren ***j-m*** ~ en imposer à qn

Import *m* importation *f*; **~eur** *m* importateur *m*; **2ieren** importer

imposant imposant

impotent impuissant; ⚠ *nicht* ***impotent***

imprägnier|en imperméabiliser; **~t** imperméable

improvisieren improviser

Impuls *m* impulsion *f*; **2iv** impulsif

imstande *cf* ***Stand***

in 1. *räumlich* dans, à, en; ~ ***Frankreich*** en France; ~ ***Portugal*** au Portugal; ~ ***Paris*** à Paris; ***in den USA*** aux U.S.A.; ~ ***der*** *od* ***die Stadt*** en ville; ~ ***der*** *od* ***die Schule*** à l'école; **~s** ***Kino*** au cinéma; **~s** ***Bett*** au lit; ~ ***der Küche*** dans la cuisine; **2.** *zeitlich* dans, en, pendant; ~ ***dieser*** (***der nächsten***) ***Woche*** cette semaine (la semaine prochaine); ~ ***diesem Alter*** (***Augenblick***) à cet âge (instant); ~ ***3 Tagen*** *von jetzt an* dans trois jours; *Dauer* en trois jours; ~ ***der Nacht*** pendant la nuit; **3.** *Art und Weise* en; ***gut sein*** ~ être bon en; ~ ***Behandlung*** (***Reparatur***) en traitement (réparation); **~s** ***Deutsche*** en allemand; *cf a* ***im***; **4.** ~ ***sein*** F être branché

Inbegriff *m* incarnation *f*; **2en** compris

indem pendant que; ~ ***er das tut*** en faisant ceci

Inder(in *f***)** *m* Indien *m*, -ne *f*

Indianer(in *f***)** *m* Indien *m*, -ne *f*

Indien *n* l'Inde *f*

Indikativ *gr m* indicatif *m*

indirekt indirect

indisch indien

indiskret indiscret; **2ion** *f* indiscrétion *f*

indiskutabel inadmissible, hors de question; ⚠ *nicht* ***indiscutable***

individuell individuel

Individuum *n* individu *m*

Indonesien *n* l'Indonésie *f*

industrialisier|en industrialiser; **2ung** *f* industrialisation *f*

Industrie *f* industrie *f*; **~abfälle** *m/pl* déchets *m/pl* industriels; **~gebiet** *n* région *f* industrielle

industriell industriel; **2e(r)** *m* industriel *m*

Industrie|roboter *m* robot *m* industriel; **~staat** *m* pays *m* (nation *f*) industrialisé(e)

ineinander l'un dans l'autre; ~ ***verliebt*** amoureux l'un de l'autre; ~ ***greifen*** s'enchaîner, s'imbriquer

infam infâme

Infarkt *méd m* infarctus *m*

Infektion *méd f* infection *f*; **~skrankheit** *f* maladie *f* infectieuse

Infinitiv *gr m* infinitif *m*

infizieren infecter, contaminer

Inflation *f* inflation *f*

Info *f* F info *f*

infolge par suite de; **~dessen** par conséquent

Inform|atik *f* informatique *f*; **~atiker** *m* informaticien *m*; **~ation** *f* information *f*; **2ieren** (***sich*** ~ s')informer (***über*** de); ***falsch*** ~ mal informer

infrage *cf* ***Frage***

infra|rot infrarouge; **2struktur** *f* infrastructure *f*

Infusion *méd f* perfusion *f*; ⚠ *nicht* ***infusion***

Ingenieur *m* ingénieur *m*

Ingwer *m* gingembre *m*

Inhaber(in *f***)** *m* possesseur *nur m*, propriétaire *m, f*; *e-s Amtes, Kontos* titulaire *m, f*; *e-s Rekords* détenteur *m*, -trice *f*

Inhalt *m* contenu *m*; *Raum***2** capacité *f*, volume *m*; *fig* sens *m*, fond *m*

Inhalts|angabe *f* résumé *m*, sommaire *m*; **~verzeichnis** *n* table *f* des matières

Initiative *f* initiative *f*

inklusive (*v*) compris

inkonsequent inconséquent

In-Kraft-Treten *n* entrée *f* en vigueur

Inland *n* pays *m*; *Landesinnere* intérieur *m* du pays

Inliner, Inline Skates *pl* patins *m/pl* en ligne

inländisch national, du pays

inmitten au milieu de

innen dedans, à l'intérieur

Innen|architekt(in *f***)** *m* architecte-décorateur *m*; **~architektur** *f* décoration *f*; **~minister** *m* ministre *m* de l'Intérieur; **~ministerium** *n* ministère *m* de l'Intérieur; **~politik** *f* politique *f* intérieure; **~stadt** *f* centre *m* ville

inner|e intérieur; *pol, méd* interne; ***das Innere*** l'intérieur *m*; **2eien** *pl* abats *m/pl*; **~halb** dans (*a zeitlich*); à l'intérieur de; **~lich** interne (*a méd*), intérieur

innig intime, cordial

Innovat|ion *f* innovation *f*; **2iv** innovateur

Innung *f* guilde *f*, corporation *f*, corps *m* de métier
inoffiziell non officiel
ins *cf* ***in***
Insasse *m* *Fahrzeug* passager *m*; *Anstalt* pensionnaire *m*
insbesondere en particulier
Inschrift *f* inscription *f*
Insekt *n* insecte *m*; **~enbekämpfungsmittel** *n* insecticide *m*; **~enschutzmittel** *n* insectifuge *m*; **~enstich** *m* piqûre *f* d'insecte
Insel *f* île *f*; ***kleine ~*** îlot *m*; **~bewohner(in** *f***)** *m* insulaire *m*, *f*; **~gruppe** *f* archipel *m*
Inser|at *n* annonce *f*; **&ieren** mettre une annonce
ins|geheim en secret; **~gesamt** en tout, au total
Insider *m* initié *m*
insofern 1. *conj* ***~ als*** ... dans la mesure où ...; **2.** *adv* sur ce point
Inspektion *f* inspection *f*; *auto* révision *f*
inspirieren inspirer
inspizieren inspecter
Installateur *m* installateur *m*, plombier *m*
instand *cf* ***Stand***; **&haltung** *f* entretien *m*, maintenance *f*
inständig ***j-n ~ bitten*** prier qn instamment (***zu*** de)
Instanz *f* instance *f*
Instinkt *m* instinct *m*; **&iv** instinctif
Institut *n* institut *m*
Instrument *n* instrument *m*
Insulin *n* insuline *f*; ⚠ ***une*** insuline
inszenier|en mettre en scène; **&ung** *f* mise *f* en scène
Integrität *f* intégrité *f*
intellektuell intellectuel; **&e(r)** *m*, *f* intellectuel *m*, -le *f*
intelligent intelligent
Intelligenz intelligence *f*; ***künstliche ~*** intelligence *f* artificielle; **~quotient** *m* quotient *m* intellectuel (*abr* Q.I.)
Intendant *m* *TV* président *m* (d'une chaîne de télévision); *Theater* directeur *m*
intensiv intense, intensif; **&kurs** *m* cours *m* intensif; **&station** *f* service *m* de réanimation
interaktiv interactif
Intercity *m* intercité *m*; ***~ Express*** T.G.V. *m*
interessant intéressant
Interess|e *n* intérêt *m* (***an***, ***für*** à, pour); **&elos** indifférent; **~elosigkeit** *f* indifférence *f*, désintérêt *m*; **~engemeinschaft** *f* communauté *f* d'intérêts; **~ent** *m* amateur *m*, acheteur *m* potentiel; **&ieren** ***j-n ~*** intéresser qn (***für*** à); ***sich ~ für*** s'intéresser à, être intéressé par
Interface *n* interface *f*; ⚠ ***une*** interface
intern interne; **&at** *n* internat *m*
international international
Internet *n* Internet *m*
Internist *méd* *m* spécialiste *m* des maladies internes
Inter|pretation *f* interprétation *f*; *Text&* explication *f* de texte; **&pretieren** interpréter; *Text* expliquer; **~punktion** *f* ponctuation *f*
Interrailkarte *f* carte *f* Inter-Rail
Interregio *m* express *m* régional
Interrogativpronomen *n* pronom *m* interrogatif
Inter|vall *n* intervalle *m*; **&venieren** intervenir; **~view** *n* interview *f*; ⚠ ***une*** interview; **&viewen** interviewer
intim intime (***mit*** avec); **&ität** *f* intimité *f*; **&sphäre** *f* vie *f* privée
intoler|ant intolérant (***gegenüber*** envers); **&anz** *f* intolérance *f*
intransitiv *gr* intransitif
Intrig|e *f* intrigue *f*; **&ieren** intriguer (***gegen*** contre)
Invalid|e *m* invalide *m*, *f*; **~ität** *f* invalidité *f*
Inventar *n* installation *f*, équipement *m*; *Verzeichnis* inventaire *m*
Inventur *comm* *f* inventaire *m*; ***~ machen*** faire l'inventaire
invest|ieren *écon* investir; **&ition** *f* investissement *m*
inwie|fern, ~weit dans quelle mesure
inzwischen en attendant, entre-temps
Irak ***der ~*** l'Irak *m*; **&isch** irakien
Iran ***der ~*** l'Iran *m*; **&isch** iranien
irdisch terrestre
Ir|e *m*, **~in** *f* Irlandais *m*, -e *f*
irgend ***wenn ~ möglich*** si faire se peut; ***wenn du ~ kannst*** si cela t'est possible; F ***~ so ein*** ... une espèce de ..., un de ces ...; **~ein** un ... quelconque; **~einer, ~wer** quelqu'un, une personne quelconque; *egal wer* n'importe qui; **~etwas** quelque chose; *egal was* n'importe

quoi; **~jemand** quelqu'un; *egal wer* n'importe qui; **~wann** un jour; *egal wann* n'importe quand; **~wie** d'une façon ou d'une autre; *egal wie* n'importe comment; **~wo** quelque part; *egal wo* n'importe où

irisch irlandais, d'Irlande

Irland *n* l'Irlande *f*

Iron|ie *f* ironie *f*; **≈isch** ironique

irre *geistesgestört* aliéné, fou; *verwirrt* dérangé; F *sagenhaft* formidable, extra, super, génial

Irre(r) *m, f* aliéné *m*, -e *f*; fou *m*, folle *f*; ***wie ein Irrer*** comme un fou

irre|führen tromper, induire en erreur; **~führend** trompeur; *Werbung* mensonger; **~machen** déconcerter

irren ***sich ~*** se tromper (***in etw*** de qc; ***in j-m*** sur qn); ***sich in der Straße ~*** se tromper de rue; ***durch die Stadt ~*** errer dans la ville

Irrenanstalt *méd f* asile *m* d'aliénés, asile *m* psychiatrique

irrig erroné

irritieren *ärgern, reizen* irriter; *verwirren* déconcerter

Irr|licht *n* feu *m* follet; **~sinn** *m* démence *f*, folie *f* (*a fig*); **≈sinnig** fou (*a fig*); **~tum** *m* erreur *f*; ***im ~ sein*** être dans l'erreur; **≈tümlich** erroné; **≈tümlicherweise** par erreur; **~weg** *m* mauvaise voie *f*

Ischias *méd n od m* sciatique *f*

Islam *rel m* islam *m*; **≈isch** islamique

Island *n* l'Islande *f*

Isländ|er(in *f*) *m* Islandais *m*, -e *f*; **≈isch** islandais

Isolier|band *n* ruban *m* isolant, chatterton *m*; **≈en** (***sich ~*** s')isoler; **~kanne** *f* thermos *m*; **~ung** *f* isolement *m*; *tech* isolation *f*

Isomatte *f* tapis *m* de sol

Israel *n* Israël *m*

Israeli *m, f* Israélien *m*, -ne *f*; **≈sch** israélien; **~t(in** *f*) *m hist* Israélite *m, f*; **≈tisch** *hist* israélite

Italien *n* l'Italie *f*

Italien|er(in *f*) *m* Italien *m*, -ne *f*; **≈isch** italien

J

ja oui; ***da ist er ~!*** tiens, le voilà!; ***ich sagte es Ihnen ~*** c'est ce que je vous disais justement; ***tut es ~ nicht!*** ne faites surtout pas cela!; ***sei ~ vorsichtig!*** sois bien prudent!; ***du kommst doch, ~?*** tu viens, n'est-ce pas?

Jacht *mar f* yacht *m*; ⚠ ***le*** yacht

Jacke *f* veste *f*; *Damen- u Kinder≈* jaquette *f*

Jackett *n* veston *m*

Jagd *f* chasse *f* (***auf*** à); ***auf die ~ gehen*** aller à la chasse; ***~ machen auf*** faire la chasse à; **~hund** *m* chien *m* de chasse; **~hütte** *f* pavillon *m* de chasse; **~revier** *n* chasse *f*; **~schein** *m* permis *m* de chasse *od* de chasser

jagen chasser; *Verbrecher* pourchasser; *fig eilen* foncer; ***nach etw ~*** courir après qc

Jäger(in *f*) *m* chasseur *f*, -euse *f*

Jaguar *zo m* jaguar *m*

jäh soudain; *steil* escarpé

Jahr *n* an *m*, année *f*; ***das ganze ~*** toute l'année; ***jedes ~*** tous les ans, chaque année; ***einmal im ~*** une fois par an; ***im ~ 1986*** en 1986; ***ein 20 ~e altes Auto*** une voiture vieille de 20 ans; ***mit 18 ~en*** à 18 ans; ***heute vor e-m ~*** il y a un an aujourd'hui; ***die 80er ~e*** les années 80; **≈aus ~,** ***jahrein*** bon an, mal an; **~buch** *n* annuaire *m*

jahrelang *adj* qui dure des années; *adv* pendant des années

Jahres|anfang *m* début *m od* commencement *m* de l'année; **~bericht** *m* rapport *m* annuel; **~ende** *n* fin *f* de l'année; **~tag** *m* anniversaire *m*; **~wechsel** *m* nouvel an *m*; **~zahl** *f* millésime *m*; **~zeit** *f* saison *f*

Jahr|gang *m* année *f*; *mil* classe *f*; *Wein*

millésime *m*; *Schule* promotion *f*; **~hundert** *n* siècle *m*
jährlich annuel; *adv* par an
Jahr|markt *m* foire *f*; **~tausend** *n* millénaire *m*; **~zehnt** *n* dizaine *f* d'années, décennie *f*
Jähzorn *n* irascibilité *f*; **2ig** irascible, coléreux
Jakob *m* Jacques *m*
Jalousie *f* store *m*
Jammer *m* misère *f*; ***es ist ein ~!*** quelle pitié!
jämmerlich lamentable, déplorable, misérable; ***~ versagen*** échouer lamentablement
jammer|n se lamenter, gémir; ***~schade es ist ~*** quel dommage!
Jänner *östr*, **Januar** *m* janvier *m*; ***im ~*** en janvier; ***am 10. ~*** le 10 janvier; ***der 10. ~ 1996*** le 10 janvier 1996
Japan *n* le Japon; **~er(in** *f*) *m* Japonais *m*, -e *f*; **2isch** japonais
Jargon *m* jargon *m*, argot *m*
Jastimme *f* oui *m*
jäten sarcler
Jauche *f* purin *m*
jauchzen pousser des cris de joie, jubiler
Jause *östr f* casse-croûte *m* F
jawohl oui; *ganz recht* bien sûr
je *pro* par; *jeweils* chacun; *jemals* jamais; ***der beste Film, den ich ~ gesehen habe*** le meilleur film que j'aie jamais vu; ***~ zwei*** deux de chaque *od* chacun deux; ***3 Mark ~ Kilo*** 3 marks le kilo; ***~ nach Größe*** suivant la taille; ***~ nachdem*** (, ***wie***) cela dépend (de); ***~ ... desto*** ... plus ... plus ...
Jeans *f* jean *m*; ⚠ ***le*** jean; **~jacke** *f* veste *f* en jean
jedenfalls en tout cas
jeder *m*, **jede** *f*, **jedes** *n* chaque; *verallgemeinernd* tout; *substantivisch* chacun *m*, chacune *f*; ***jeden zweiten Tag*** tous les deux jours; ***jeden Augenblick*** à tout instant; ***ohne jeden Kommentar*** sans aucun commentaire; ***jeder von uns*** chacun de nous; ***jeder Beliebige*** n'importe qui; ***das weiß jeder*** tout le monde le sait; ***jedes Mal*** chaque fois; ***jedes Mal wenn*** toutes les fois que
jedermann chacun, tout le monde
jederzeit à tout moment
jedoch cependant
jeher ***von ~*** depuis toujours
jemals jamais
jemand quelqu'un; *in negativer Umgebung* personne; ***~ anders*** quelqu'un d'autre; ***ohne ~ zu grüßen*** sans saluer personne
jener *m*, **jene** *f*, **jenes** *n* ce (*vor Vokal* cet) *m*, cette *f*, ces *pl* ... là; *substantivisch* celui-là *m* (*pl* ceux-là), celle-là *f* (*pl* celles-là); ***dieses und jenes*** ceci et cela
jenseitig qui est au-delà, de l'autre côté
jenseits **1.** *prép* au-delà de; **2. *das* 2** l'au-delà *m*, l'autre monde *m*
jetzig actuel
jetzt maintenant, à présent; *in Vergangenheitsschilderungen* alors; ***bis ~*** jusqu'à présent, jusqu'à maintenant; ***von ~ an*** désormais; ***eben ~*** juste en ce moment; ***~ gleich*** tout de suite; ***schon ~*** d'ores et déjà
jeweil|ig respectif; **~s** chaque fois
Job *m* F job *m*, petit boulot *m*; **~sharing** *n* partage *m* du travail
Joch *n* joug *m* (*a fig*)
Jockei *m* jockey *m*
Jod *chim n* iode *m*
jodeln jodler
Joga *n* yoga *m*
jogg|en faire du jogging; **2er** *m* joggeur *m*; **2ing** *n* jogging *m*; **2inganzug** *m* survêtement *m* de jogging
Jogurt *m od n* yaourt *m*; **~bereiter** *m* yaourtière *f*
Johann *m* Jean *m*; **~a** *f* Jeanne *f*
Johannisbeere *f* *Rote* groseille *f*; ***Schwarze ~*** cassis *m*
johlen hurler, crier
Joint *m* joint *m*
Jongl|eur *m* jongleur *m*; **2ieren** jongler (***mit*** avec)
Joule *n* joule *m*
Journal|ismus *m* journalisme *m*; **~ist(in** *f*) *m* journaliste *m*, *f*
Joystick *m* manette *f* de jeu
Jubel *m* allégresse *f*; **2n** pousser des cris d'allégresse *od* de joie
Jubiläum *n* anniversaire *m*; ***fünfzigjähriges ~*** cinquantenaire *m*, jubilé *m*; ***hundertjähriges ~*** centenaire *m*
juck|en démanger; **2reiz** *m* démangeaison *f*
Jude *m*, **Jüdin** *f* Juif *m*, Juive *f*
jüdisch juif; *rel* judaïque

Jugend *f* jeunesse *f*; **~arbeitslosigkeit** *f* chômage *m* des jeunes; **⁀frei** *Film* autorisé aux mineurs; ***nicht ~er Film*** film interdit aux moins de dix-huit ans; **~gericht** *n* tribunal *m* pour mineurs *od* pour enfants; **~herberge** *f* auberge *f* de jeunesse; **~kriminalität** *f* délinquance *f* juvénile; **⁀lich** jeune; *der Jugend eigen* juvénile; **~liche(r)** *m, f* jeune *m, f*, adolescent *m*, -e *f*; **~stil** *m* Art Nouveau *m*, style *m* 1900; **~strafanstalt** *f* prison *f* pour enfants; **~verbot** *n* interdiction *f* aux moins de dix-huit ans

Jugoslaw|e *m*, **~in** *f hist* Yougoslave *m, f*; **~ien** *hist n* la Yougoslavie; **⁀isch** *hist* yougoslave

Juli *m* juillet *m*; ***im ~*** en juillet; ***am 16. ~*** le 16 juillet; ***der 16. ~ 1949*** le 16 juillet 1949

jung jeune; ***~e Leute*** *pl* des jeunes gens *m/pl*

Junge *m* garçon *m*; gamin *m*

Junge(s) *zo n* petit *m*; ***Junge werfen*** mettre bas, avoir des petits

jungen|haft puéril, de gamin; **⁀streich** *m* farce *f od* blague F *f* de gamins

jünger plus jeune; *Bruder, Schwester* cadet; ***er ist drei Jahre ~ als ich*** il est de trois ans mon cadet

Jünger *rel m* disciple *m* (*a fig*)

Jungfer *f* ***alte ~*** vieille fille *f*; **~nfahrt** *f* voyage *m* inaugural, premier voyage *m*

Jung|frau *f* vierge *f*; *astr* Vierge *f*; *rel* ***die Heilige ~*** la (Sainte) Vierge; **~geselle** *m* célibataire *m*, vieux garçon *m*

jüngst 1. *adj* le *od* la plus jeune; *Bruder* (le) cadet; *Ereignis, Nachrichten* dernier; ***in ~er Zeit*** récemment; *rel* ***das ⁀e Gericht*** le Jugement dernier; **2.** *adv* récemment

Juni *m* juin *m*; ***im ~*** en juin; ***am 25. ~*** le 25 juin; ***der 25. ~ 1916*** le 25 juin 1916

junior 1. *adj* (le) jeune; junior; **2.** **⁀** *m Sport* junior *m*; **⁀pass** *m* carte *f* jeunes

Junkie *m* junkie *m*

Jura[1] *n/pl* droit *m*; ***~ studieren*** faire son droit, étudier le droit

Jura[2] *m Gebirge* Jura *m*; *Kanton* canton *m* du Jura

Jurist *m* juriste *m*; **⁀isch** juridique

Jury *f* jury *m*; ⚠ ***le*** jury

Justiz *f* justice *f*; **~irrtum** *m* erreur *f* judiciaire; **~minister** *m* ministre *m* de la Justice

Juwel *n od m* bijou *m*, joyau *m* (*beide a fig*); **~ier** *m* bijoutier *m*, joaillier *m*

Jux *m* F blague *f*, plaisanterie *f*

K

Kabarett *n* cabaret *m od* théâtre *m* de chansonniers

Kabel *n* câble *m*; **~fernsehen** *n* télévision *f* par câble, télédistribution *f*, câblodistribution *f*

Kabeljau *zo m* morue *f* fraîche, cabillaud *m*

Kabine *f* cabine *f*; *aviat a* carlingue *f*

Kabinett *n* cabinet *m*

Kabis *m Schweiz* chou *m* vert

Kabriolett *auto n* cabriolet *m*, voiture *f* décapotable

Kachel *f* carreau *m* (de faïence); **⁀n** carreler; **~ofen** *m* poêle *m* de faïence

Kadaver *m* cadavre *m* (d'animal)

Käfer *m zo* coléoptère *m*; *auto* coccinelle *f*

Kaff *n péj* bled *m*, patelin *m*

Kaffee *m* café *m*; **~bohne** *f* grain *m* de café; **~kanne** *f* cafetière *f*; **~maschine** *f* machine *f* à faire le café; *große* percolateur *m*; **~mühle** *f* moulin *m* à café; **~pause** *f* pause-café *f*; **~tasse** *f* tasse *f* à café

Käfig *m* cage *f*

kahl *Kopf* chauve; *Wand* nu; *Landschaft* dénudé; ***~ geschoren*** tondu, rasé; **⁀heit** *f des Kopfes* calvitie *f*; *fig* nudité *f*; **⁀kopf** *m* tête *f* chauve; **~köpfig** chauve

Kahn *m* barque *f*, canot *m*

Kai quai *m*

Kairo le Caire

Kaiser|(in *f*) *m* empereur *m*, impératrice *f*; **˜lich** impérial; **˜reich** *n* empire *m*; **˜schnitt** *méd m* césarienne *f*
Kajalstift *m* crayon *m* khôl
Kajüte *mar f* cabine *f*
Kakao *m* cacao *m*; *fig* **j-n durch den ˜ ziehen** se payer la tête de qn
Kakt|ee *f*, **˜us** *m* cactus *m*
Kalauer *m* calembour *m*
Kalb *n* veau *m*; **˜en** vêler; **˜fleisch** *n* veau *m*
Kalbs|braten *m* rôti *m* de veau; **˜schnitzel** *n* escalope *f* de veau
Kalender *m* calendrier *m*; *Taschen˜* agenda *m*; **˜jahr** *n* année *f* civile
Kali *chim n* potasse *f*
Kaliber *n* calibre *m* (*a fig*)
Kalium *chim n* potassium *m*
Kalk *m* chaux *f*; *méd* calcium *m*; **˜en** enduire de chaux; *agr* chauler; **˜stein** *m* calcaire *m*
Kalkul|ation *f* calcul(s) *m*(*pl*); **˜ieren** calculer
Kalorie *f* calorie *f*; **˜narm** hypocalorique, peu calorique
kalt froid (*a fig*); ***es ist* ˜** il fait froid; ***mir ist* ˜** j'ai froid; **˜ *bleiben*** rester impassible *od* de marbre; **˜blütig** de *od* avec sang-froid
Kälte *f* froid *m*; *fig* froideur *f*; ***vor* ˜ *zittern*** trembler de froid; ***fünf Grad* ˜** cinq degrés en dessous de zéro; **˜einbruch** *m* coup *m* de froid; **˜grad** *m* degré *m* en dessous de zéro; **˜periode** *f* vague *f* de froid
kalt|machen *fig* F liquider; **˜schnäuzig** froid(ement); **˜start** *EDV m* démarrage *m* à froid; **˜stellen** *fig* limoger, F dégommer
Kalzium *chim n* calcium *m*
Kamel *n* chameau *m*
Kamera *f* appareil *m* photo; *Film˜* caméra *f*
Kamerad|(in *f*) *m* camarade *m*, *f*; ⚠ *Schreibung* cam**a**rade; **˜schaft** *f* camaraderie *f*
Kameramann *m* cameraman *m*
Kamille *bot f* camomille *f*
Kamin *m* cheminée *f*; **˜feger** *m* ramoneur *m*
Kamm *m* peigne *m*; *Gebirgs˜* crête *f*
kämmen (***sich* ˜** se) peigner
Kammer *f* chambre *f*; **˜musik** *f* musique *f* de chambre; **˜ton** *mus m* diapason *m*
Kampf *m* combat *m*; lutte *f*; *Wett˜* match *m*; **˜bereit** prêt au combat
kämpfen combattre (***gegen j-n*** qn *od* contre qn); se battre (***mit j-m*** avec qn); lutter (***gegen*** contre; ***um*** *od* ***für*** pour)
Kampfer *chim m* camphre *m*
Kämpfer *m* combattant *m*; *fig* champion *m* (***für*** de)
Kampf|flugzeug *mil n* avion *m* de combat; **˜kraft** *f* force *f* combative; **˜richter** *m Sport* arbitre *m*; **˜unfähig** hors de combat
kampieren camper
Kanada *n* le Canada
Kanad|ier(in *f*) *m* Canadien *m*, -ne *f*; **˜isch** canadien
Kanal *m* canal *m*; *Abwasser˜* égout *m*; *géogr* la Manche
Kanalis|ation *f* égouts *m*/*pl*, tout-à--l'égout *m*; **˜ieren** canaliser
Kanarienvogel *m* canari *m*, serin *m*
Kandid|at(in *f*) *m* candidat *m*, -e *f*; **˜atur** *f* candidature *f*; **˜ieren** poser sa candidature, se porter candidat
Känguru *zo n* kangourou *m*
Kaninchen *zo n* lapin *m*
Kanister *m* bidon *m*, jerrycan *m*
Kanne *f* pot *m*; *Kaffee˜* cafetière *f*; *Tee˜* théière *f*; *Gieß˜* arrosoir *m*
Kannibale *m* cannibale *m*
Kanon *m* canon *m*
Kanone *f* canon *m*; *fig Person* as *m*, crack *m*
Kant|e *f* arête *f*; *Rand* bord *m*; *fig* ***auf die hohe* ˜ *legen*** mettre de côté; **˜ig** à arêtes vives; *Gesicht* anguleux
Kantine *f* cantine *f*
Kanton *m* canton *m*
Kanu *n* canoë *m*
Kanüle *f* canule *f*
Kanzel *f* chaire *f*
Kanzlei *f pol* chancellerie *f*; *Anwalts˜* étude *f*, bureau *m*
Kanzler *m* chancelier *m*
Kap *géogr n* cap *m*, promontoire *m*
Kapazität *f* capacité *f*; *Könner* autorité *f*, sommité *f*
Kapelle *f égl* chapelle *f*; *mus* orchestre *m*
kapern capturer
kapieren F piger
Kapital *n* capital *m*, capitaux *m*/*pl*, fonds *m*/*pl*; **˜anlage** *f* placement *m* de

capitaux; **~ismus** *m* capitalisme *m*; **~ist** *m* capitaliste *m*; **ℒistisch** capitaliste *m*
Kapitän *m* capitaine *m* (*a Sport*)
Kapitel *n* chapitre *m*
Kapitul|ation *f* capitulation *f*; **ℒieren** capituler
Kappe *f* bonnet *m*; *mit Schirm* casquette *f*; *fig* ***etw auf seine ~ nehmen*** prendre qc sur soi
Kapsel *f* capsule *f*
kaputt F cassé, abîmé, P foutu; *erschöpft* éreinté, F claqué, crevé, vidé; **~gehen** se casser, s'abîmer; *tech* tomber en panne; **~machen** casser, abîmer
Kapuze *f* capuchon *m*
Karabiner *mil m* carabine *f*
Karaffe *f* carafe *f*
Karambolage *f* carambolage *m*; ⚠ ***le*** carambolage
Karat *n* carat *m*
Karate *n* karaté *m*
Karawane *f* caravane *f*
Kardinal *m* cardinal *m*; **~zahl** *f* nombre *m* cardinal
Karfiol *östr m* chou-fleur *m*
Karfreitag *m* vendredi *m* saint
karg *Mahlzeit* frugal; *Boden* pauvre; *Lohn* maigre
kärglich pauvre
kariert à carreaux
Karies *méd f* carie *f*
Karik|atur *f* caricature *f*; **~aturist** *m* caricaturiste *m*; **ℒieren** caricaturer
Karl *m* Charles *m*; ***~ der Große*** Charlemagne *m*
Karneval *m* carnaval *m*; ⚠ *Schreibung* carn**a**val
Kärnten *n* la Caranthie
Karo *n* carreau *m*
Karosserie *auto f* carrosserie *f*
Karotte *bot f* carotte *f*
Karpfen *zo m* carpe *f*; ⚠ ***la*** carpe
Karre *f* charrette *f*; F *Auto* bagnole *f*; ***alte ~*** vieux clou *m*
Karriere *f* carrière *f*; ***~ machen*** faire carriére; **~frau** *f* carriériste *f*; **~macher** *m* arriviste *m*, carriériste *m*
Karte *f* carte *f* (*a EDV*); *Fahr*ℒ, *Eintritts*ℒ billet *m*, ticket *m*; *Fußball* ***gelbe, rote ~*** carton *m* jaune, rouge; *fig* ***alles auf e-e ~ setzen*** jouer le tout pour le tout
Kartei *f* fichier *m*; **~karte** *f* fiche *f*; **~kasten** *m* boîte *f* à fiches
Karten|spiel *n* jeu *m* de cartes; **~telefon** *n* téléphone *m* à cartes; **~vorverkauf** *m* location *f*
Kartoffel *f* pomme *f* de terre; **~brei** *m* purée *f* de pommes de terre; **~chips** *pl* chips *m/pl*; **~knödel** *m* boulette *f* de pommes de terre; **~puffer** *m* crêpe *f* de pommes de terre; **~schalen** *f/pl* pelures *f/pl* de pommes de terre
Karton *m* carton *m*; **ℒieren** cartonner
Karussell *n* manège *m* (de chevaux de bois); ***~ fahren*** faire un tour de manège
Karwoche *f* semaine *f* sainte
Karzinom *n* carcinome *m*
Käse *m* fromage *m*; ***Schweizer ~*** gruyère *m*; **~kuchen** *m* gâteau *m* au fromage blanc
Kaserne *f* caserne *f*
käsig F *bleich* pâle, cireux
Kasino *n Spiel*ℒ casino *m*; *Offiziers*ℒ mess *m*
Kasper *m*, **~letheater** *n* guignol *m*
Kasse *f* caisse *f*
Kassen|arzt *m* médecin *m* conventionné par la Sécurité sociale; **~bestand** *m* encaisse *f*; **~erfolg** *m* pièce *f od* film *m* à succès; **~patient** *m* patient *m* affilié à une caisse de maladie; **~zettel** *m* ticket *m* de caisse
Kassette *f* cassette *f*; *Bücher* coffret *m*; **~ndeck** *n* platine *f* à cassettes; **~nrekorder** *m* magnétophone *m od* lecteur *m* à cassettes
kassier|en encaisser; **ℒer(in *f*)** *m* caissier *m*, -ière *f*
Kastanie *f Baum* châtaignier *m*; *Ross*ℒ marronnier *m*; *Frucht* châtaigne *f*; marron *m* (*a cuis*)
Kästchen *n* coffret *m*; *auf Formularen etc* case *f*
Kasten *m* boîte *f*, caisse *f*
kastrieren castrer
Kasus *gr m* cas *m*
Katalog *m* catalogue *m*
Katalysator *m chim* catalyseur *m*; *auto* pot *m* catalytique
Katapult *m od n* catapulte *f*
katastrophal catastrophique
Katastrophe *f* catastrophe *f*; **~ngebiet** *n* région *f* sinistrée; **~nschutz** *m* protection *f* contre les catastrophes
Katechismus *rel m* catéchisme *m*

K

Kategor|ie *f* catégorie *f*; **&isch** catégorique
Kater *m* matou *m*, chat *m* mâle; *fig* F mal *m* aux cheveux
Kathedrale *f* cathédrale *f*
Kathol|ik(in *f*) *m* catholique *m,f*; **&isch** catholique
Kätzchen *n* chaton *m* (*a bot*)
Katze *f* chat *m*; *weibliche* chatte *f*
Kauderwelsch *n* charabia *m*
kauen mâcher
kauern (*sich*) ~ s'accroupir
Kauf *m* achat *m*, acquisition *f*; ***etw in ~ nehmen*** s'accommoder de qc; **&en** acheter; ***sich etw ~*** s'acheter qc
Käufer(in *f*) *m* acheteur *m*, -euse *f*; *Kunde* client *m*, -e *f*
Kauf|haus *n* grand magasin *m*; **~kraft** *écon f* pouvoir *m* d'achat
käuflich à vendre, achetable; *bestechlich* corruptible, vénal
Kauf|mann *m* marchand *m*; *Großhändler* commerçant *m*; **&männisch** commercial; **~vertrag** *m* contrat *m* de vente
Kaugummi *m* chewing-gum *m*, gomme *f* à mâcher
kaum à peine; ne ... guère; ***~ zu glauben!*** on a peine à le croire!; ***~ hatte er das gesagt, als*** ... à peine eut-il dit cela que ...
Kaution *f* caution *f*, cautionnement *m*
Kautschuk *m* caoutchouc *m*
Kauz *m zo* hibou *m*; *fig* ***ein komischer ~*** un drôle de type *od* de zèbre
Kavalier *m* gentleman *m*; **~sdelikt** *n* peccadille *f*
Kaviar *m* caviar *m*
KB, Kbyte, KByte *n* Ko *m* (= kilo-octet)
Kegel *m Spiel* quille *f*; *math* cône *m*; **~bahn** *f* bowling *m*; **&förmig** conique; **&n** jouer aux quilles
Kehl|e *f* gorge *f*; **~kopf** *m* larynx *m*
kehr|en *fegen* balayer; *wenden* tourner; ***j-m den Rücken ~*** tourner le dos à qn; **&reim** *m* refrain *m*; **&seite** *f* revers *m*; ***die ~ der Medaille*** le revers de la médaille
kehrtmachen revenir sur ses pas; faire demi-tour
keifen criailler
Keil *m* coin *m*; *Unterleg&* cale *f*
Keile F *Prügel* correction *f*, frottée *f* F, raclée *f* F, rossée *f* F, volée *f*; **~rei** F *f* bagarre *f*, rixe *f*
Keil|riemen *auto m* courroie *f*; **~schrift** *f* écriture *f* cunéiforme
Keim *m* germe *m* (*a fig*); *fig* ***etw im ~ ersticken*** étouffer qc dans l'œuf; **&en** germer (*a fig*); **&frei** stérilisé; **&tötend**

Kein Problem!

1. Verneinung mit **kein ohne Verb**:

Kein Problem!	***Pas de problème!***
Kein Glück!	***Pas de chance!***
Herzlichen Dank! Keine Ursache.	***Merci infiniment. Il n'y a pas de quoi.***

2. Verneinung mit **kein mit Verb**:

Lucie hat kein Auto.	***Lucie n'a pas de voiture.***
Michel hat kein Geld mehr.	***Michel n'a plus d'argent.***
Ich habe keine Lust mehr zu wandern.	***Je n'ai plus envie de marcher.***
Er hat keine Ahnung.	***Il n'a aucune idée.***
Wir haben keine Menschenseele gesehen.	***Nous n'avons vu personne.***
Kein Mensch kümmerte sich um ihn.	***Personne ne s'occupait de lui.***

Kennen lernen

– Arbeiten Sie auch bei Michelin?	– *Vous travaillez aussi chez Michelin?*
– Ja. Und Sie, wohnen Sie auch in der Nähe von Clermont-Ferrand?	– *Oui. Et vous, vous habitez aussi près de Clermont-Ferrand?*
– Ich wohne in Chamalières, nicht weit vom Puy-de-Dôme. Übrigens, ich heiße Didier Dupont.	– *J'habite à Chamalières, pas loin du Puy-de-Dôme. À propos, je m'appelle Didier Dupont.*
– Freut mich. Ich heiße Thorsten Beck und komme aus Bremen.	– *Enchanté. Je m'appelle Thorsten Beck et je viens de Brême.*
– Ah ja. Sind Sie mit Ihrer Frau in Frankreich?	– *Ah bon. Vous êtes venu en France avec votre femme?*
– Nein, ich bin ledig. Meine Freundin kommt mich alle zwei Wochen besuchen.	– *Non, je suis célibataire. Ma copine, elle vient me voir tous les quinze jours.*
– Wollen Sie für immer in der Auvergne bleiben?	– *Vous voulez rester en Auvergne pour toujours?*
– Nein, ich mache hier nur ein Praktikum. Danach gehe ich zurück nach Deutschland.	– *Non, je ne fais qu'un stage ici. Après, je retournerai en Allemagne.*
– Ah, sehr interessant. Wollen wir was trinken?	– *Oh, c'est très intéressant. On va prendre un pot?*
– Gern. Kann ich Sie auf ein Bier einladen?	– *Ah, j'aimerais bien. Je vous invite à prendre une bière?*

antiseptique; **~zelle** *f biol* gamète *m*; *fig* foyer *m*, source *f*

kein (ne ...) pas de ...; *betont* aucun (ne ...); **~ ... mehr** ne plus de ...; (**ich habe**) **~ Geld** (je n'ai) pas d'argent; **das ist ~ Grund** ce n'est pas une raison; **in ~em Fall** en aucun cas; **~er, ~e, ~es** pas un, -e, aucun, -e, nul, -le, personne (*mit Verb* ne ...); **~erlei** aucun, nul; **~esfalls, ~eswegs** en aucun cas, nullement, en aucune façon (*mit Verb* ne ...); pas *od* point du tout; **~mal** pas une (seule) fois; **einmal ist ~** une fois n'est pas coutume

Keks *m od n* biscuit *m*; F **j-m auf den ~ gehen** taper sur le système de qn

Kelch *m Glas* coupe *f*; *rel, bot* calice *m*

Kelle *f Maurer*≈ truelle *f*; *Schöpf*≈ louche *f*

Keller *m* cave *f*; **~assel** *zo f* cloporte *m*; **~ei** *f* caves *f/pl*; **~geschoss** *n* sous-sol *m*; **~loch** *n* soupirail *m*; **~meister** *m* sommelier *m*; **~wohnung** *f* appartement *m* en sous-sol

Kellner *m* garçon *m* (de café, de restaurant); serveur *m*; **~in** *f* serveuse *f*

Kelt|e *m*, **~in** *f* Celte *m, f*

Kelter *f* pressoir *m*; **≈n** pressurer, passer au pressoir, presser

keltisch celte, celtique

Kenia *n* le Kenya

kennen connaître; **j-n ~ lernen** faire la connaissance de qn

Kenner(in *f*) *m* connaisseur *m*, expert *m* (*beide a Frau*)

kenntlich reconnaissable (**an** à); **etw ~ machen** marquer qc

Kenntnis *f* connaissance *f*; **gute ~se in etw haben** avoir de bonnes connaissances de *od* sur qc; **~ haben von** avoir connaissance de; **~ nehmen von** prendre connaissance de; **etw zur ~ neh-**

K

men prendre note de qc; ***j-n von etw in ~ setzen*** porter qc à la connaissance de qn

Kenn|wort *n* mot *m* de passe; **~zeichen** *n* marque *f* (distinctive), caractéristique *f*; *auto* numéro *m* minéralogique; **2zeichnen** caractériser

kentern *mar* chavirer, sombrer

Keramik *f* céramique *f*

Kerbe *f* entaille *f*

Kerbel *bot m* cerfeuil *m*

Kerker *m* cachot *m*

Kerl *m* type *m*, gaillard *m*

Kern *m* noyau *m* (*a phys*); *Kernobst* pépin *m*; *Problem* fond *m*; *Reaktor* cœur *m*

Kern|arbeitszeit *f* plage *f* fixe; **~brennstoff** *m* combustible *m* nucléaire; **~energie** *f* énergie *f* nucléaire; **~fach** *n* matière *f* principale; **~forschung** *f* recherche *f* nucléaire; **~fusion** *f* fusion *f* nucléaire; **~gehäuse** *n* *Obst* trognon *m*; **2gesund** plein de santé; **~kraft** *f* énergie *f* nucléaire; **~kraftbefürworter** *m* partisan *m* de l'énergie nucléaire; **~kraftgegner** *m* adversaire *m* de l'énergie nucléaire, antinucléaire *m*; **~kraftwerk** *n* centrale *f* nucléaire; **2los** *Obst* sans pépins; **~obst** *n* fruits *m/pl* à pépins; **~physik** *f* physique *f* nucléaire; **~physiker** *m* atomiste *m*; **~punkt** *m* point *m* central; **~schmelze** *f* fusion *f* du cœur; **~seife** *f* savon *m* de Marseille; **~spaltung** *phys f* fission *f* nucléaire; **~waffen** *mil f/pl* armes *f/pl* nucléaires

Kerze *f* bougie *f*; *Kirchen2* cierge *m*; **2ngerade** droit comme un i

kess désinvolte; ***ein kesses Mädchen*** une fille qui a de l'allure

Kessel *m* chaudron *m*; *großer* chaudière *f*; *Tee2* bouilloire *f*; *géogr* cuvette *f*

Ketschup *n* ketchup *m*

Kettchen *n* chaînette *f*

Kette *f* chaîne *f*; *Halsband* collier *m*; **2n** attacher (***an*** à)

Ketten|fahrzeug *n* véhicule *m* à chenilles; **~raucher** *m* fumeur *m* invétéré; **~reaktion** *f* réaction *f* en chaîne

Ketzer *m* hérétique *m*; **~ei** *f* hérésie *f*; **2isch** hérétique

keuch|en haleter; **2husten** *méd m* coqueluche *f*

Keule *f* massue *f*; *Geflügel2* cuisse *f*; *Hammel2* gigot *m*

keusch chaste; **2heit** *f* chasteté *f*

Keyboard *n* orgue *m* électronique; ⚠ ***un*** orgue

Kfz *n* automobile *f*; **~-Steuer** *f* impôt *m* sur les véhicules automobiles; *in Frankreich* vignette *f* (automobile); **~-Versicherung** *f* assurance *f* automobile

kichern ricaner, pouffer de rire

Kiefer[1] *m* mâchoire *f*

Kiefer[2] *bot f* pin *m*

Kiel *mar m* quille *f*; **~wasser** *n* sillage *m*

Kiemen *biol f/pl* branchies *f/pl*

Kies *m* gravier; F *fig Geld* galette *f*, fric *m*

Kiesel *m* caillou *m*

kiffen F fumer de l'herbe

Kilo *n*, **~gramm** *n* kilo(gramme) *m*; **~hertz** *n* kilohertz *m*; **~joule** *n* kilojoule *m*; **~meter** *m* kilomètre *m*; **~meterzähler** *m* compteur *m* kilométrique; **~watt** *n* kilowatt *m*

Kind *n* enfant *m*, *f*

Kinder|arzt *m*, **~ärztin** *f* pédiatre *m*, *f*; **~betreuung** *f* garde *f* d'enfants; **~ei** *f* enfantillage *m*, gaminerie *f*; **~fahrkarte** *f* billet *m* demi-tarif; **~garten** *m* jardin *m* d'enfants; école *f* maternelle; **~gärtnerin** *f* jardinière *f* d'enfants; institutrice *f* d'école maternelle; **~geld** *n* allocations *f/pl* familiales; **~krankheiten** *f/pl* maladies *f/pl* infantiles; **~lähmung** *méd f* poliomyélite *f*; **2leicht** enfantin; **2los** sans enfants; **~mädchen** *n* bonne *f* d'enfants; **2reich** ***e-e ~e Familie*** une famille nombreuse; **~spiel** *n fig* jeu *m* d'enfant, bagatelle *f*; **~stube** *f fig* ***e-e gute ~ haben*** être bien élevé; **~wagen** *m* voiture *f* d'enfant; landau *m*; poussette *f*; **~zimmer** *n* chambre *f* d'enfant(s)

Kindes|entführung *f* enlèvement *m* d'enfant; **~misshandlung** *f* mauvais traitement *m* infligé à un enfant

Kind|heit *f* enfance *f*; **2isch** puéril; ***~ werden*** retomber en enfance; **2lich** enfantin; naïf; *Liebe* filial

Kinn *n* menton *m*; **~bart** *m* barbiche *f*; **~haken** *m* crochet *m* à la mâchoire, uppercut *m*; **~lade** *f* mâchoire *f*

Kino *n* cinéma *m*, ciné *m* F; **~besucher(in** *f*) *m* spectateur *m*, -trice *f*; **~vorstellung** *f* séance *f* de cinéma

Kiosk *m* kiosque *m*

Kippe *f* F *Zigarettenstummel* mégot *m*; *fig* ***auf der ~ stehen*** être incertain, être dans une situation critique

kippen basculer; *Regierung*, *Minister* renverser

Kippschalter *m* interrupteur *m* à bascule

Kirche *f* église *f*

Kirchen|fenster *n* vitrail *m* (*pl* vitraux); **~gemeinde** *f* paroisse *f*; **~lied** *n* cantique *m*; **~musik** *f* musique *f* sacrée; **~schiff** *arch n* nef *f*; **~steuer** *f* impôt *m* destiné à l'Église; *in Frankreich etwa* denier *m* du culte

kirch|lich ecclésiastique; *Trauung*, *Feiertag* religieux; **℘turm** *m* clocher *m*; **℘weih** *f* kermesse *f*

Kirschbaum *m* cerisier *m*

Kirsche *f* cerise *f*

Kissen *n* coussin *m*; *Kopf℘* oreiller *m*; **~bezug** *m* taie *f* d'oreiller

Kiste *f* caisse *f*

Kitsch *m* toc *m*, kitsch *m*; *Film* navet *m*; *Schund* pacotille *f*; **℘ig** de mauvais goût, kitsch, tocard F

Kitt *m* mastic *m*; *fig* ciment *m*

Kittchen *n* F violon *m*, tôle *f*; ***j-n ins ~ stecken*** coller qn au violon

Kittel *m* blouse *f*

kitten mastiquer; *fig* cimenter

Kitz *zo n* chevreau *m*

Kitzel *m* chatouillement *m*; *Sinnen℘* volupté *f*

kitz|eln chatouiller; **~(e)lig** chatouilleux; *fig* délicat

Kiwi *bot f* kiwi *m*; ⚠ ***le*** kiwi

kläffen japper, glapir

klaffend béant

Klage *f* plainte *f*; *jur* action *f* (en justice)

klagen se plaindre (***über*** de); *jammern* se lamenter; *jur* intenter une action en justice

Kläger(in *f*) *m jur* demandeur *m*, -deresse *f*, plaignant *m*, -e *f*

kläglich *Stimme* plaintif; *péj* lamentable, déplorable, minable

klamm *erstarrt* engourdi

Klamm *géogr f* gorge *f*

Klammer *f tech* crampon *m*; *Büro℘* trombone *m*; *Heft℘* attache *f*; *Wäsche℘*, *Haar℘* pince *f*; **~n** *pl im Text* parenthèses *f/pl*; *eckige* crochets *m/pl*; ***in ~n*** entre parenthèses

klammern ***sich ~*** se cramponner (***an*** à)

Klang *m* son *m*; ***mit Sang und ~*** tambour battant; **~farbe** *f* timbre *m*; **℘voll** sonore

Klappbett *n* lit *m* pliant

Klappe *f tech* clapet *m*; *Herz℘* valvule *f*; *Blasinstrument* clé *f*; *Filmaufnahme* claquette *f*; *Mund* F gueule *f*

klappen F *gelingen* marcher; ***nach oben ~*** relever; ***nach unten ~*** rabattre; F ***das klappt*** ça va bien, ça gaze F

Klapper *f* crécelle *f*; *Kinder℘* hochet *m*; **℘n** claquer, cliqueter; ***mit den Zähnen ~*** claquer des dents; **~schlange** *f* serpent *m* à sonnettes; **~storch** F *m* cigogne *f*

Klapp|fahrrad *n* bicyclette *f* pliante; **~messer** *n* couteau *m* pliant; **℘rig** *Mensch* usé, affaibli; *Tisch* branlant; ***~es Auto***, ***Fahrrad*** F vieux clou *m*, tacot *m*; **~sitz** *m* strapontin *m*; **~stuhl** *m* pliant *m*; **~tisch** *m* table *f* pliante

Klaps *m* tape *f*, claque *f*

klar clair; *Flüssigkeit a* limpide; (***na***) ***~!*** bien sûr!; ***alles ~!*** tout va bien!; ***das ist ~*** c'est évident; ***das ist mir nicht ~*** je ne comprends pas bien; ***sich über etw im ℘en sein*** se rendre compte de qc; ***~ sehen*** voir clair

Kläranlage *f* station *f* d'épuration

klären *Angelegenheit* (**sich ~** s')éclaircir; *Frage* clarifier; *Wasser* traiter, épurer

Klarheit *f* clarté *f*

Klarinette *mus f* clarinette *f*

klar|kommen s'en sortir; ***ich komme da nicht klar*** je m'y perds; **~machen** ***j-m etw ~*** expliquer, faire comprendre qc à qn

Klärung *f Wasser* traitement *m*; épuration *f*; *fig Frage* clarification *f*

Klasse *f* classe *f*; *Sport* catégorie *f*; ***~!*** super!, formidable!

Klassen|arbeit *f* composition *f*; **~kamerad** *m* camarade *m* de classe; **~kampf** *m* lutte *f* des classes; **~lehrer** *m* professeur *m* principal, coordinateur *m*; **~sprecher(in** *f*) *m* délégué *m*, -e *f* de classe; **~treffen** *n* réunion *f* d'anciens élèves; **~zimmer** *n* salle *f* de classe

klassifizier|en classer, classifier; **℘ung** *f* classement *m*, classification *f*

Klassi|k *f* classicisme *m*; **~ker** *m* classique *m*; **℘sch** classique

Klatsch *m* commérage *m*, cancans *m/pl*; **~base** *f* commère *f*, concierge *f*

K

klatschen *Beifall* applaudir; F *schwätzen* cancaner, caqueter; ***in die Hände ~*** battre des mains
klatsch|haft cancanier, bavard; **2mohn** *bot m* coquelicot *m*; **~nass** trempé jusqu'aux os
klauben *östr* trier
Klaue *f* griffe *f*; *Raubvögel* serre *f*; *fig schlechte Schrift* écriture *f* illisible
klauen F piquer, chiper
Klausel *jur f* clause *f*
Klausur *f Schule* épreuve *f* écrite; *rel* clôture *f*; *fig* isolement *m*
Klavier *n* piano *m*; ***~ spielen*** jouer du piano; **~konzert** *n* concerto *m* pour piano; **~spieler(in** *f*) *m* pianiste *m*, *f*

Klavier

⚠ Das französische Wort *le clavier* sieht dem deutschen ‚Klavier' so ähnlich, dass man meinen könnte, es habe dieselbe Bedeutung.
Le clavier bezeichnet jedoch die **Tastatur** eines Musikinstruments bzw. beim Computer und ist somit ein *faux ami*, ein falscher Freund. Das Musikinstrument wird im Französischen ***le piano*** genannt.

K

Klebeband *n* ruban *m* adhésif
kleb|en coller; *fig* F ***j-m eine ~*** coller une gifle à qn; **~rig** gluant, collant; **2stoff** *m* colle *f*, adhésif *m*
kleckern faire des taches
Klecks *m* tache *f*; **2en** faire des taches
Klee *bot m* trèfle *m*
Kleid *n* robe *f*; **2en** (***sich ~*** s')habiller
Kleider *pl* habits *m/pl*, vêtements *m/pl*; **~ablage** *f* vestiaire *m*; **~bügel** *m* cintre *m*; **~bürste** *f* brosse *f* à habits; **~haken** *m* patère *f*; **~schrank** *m* garde-robe *f*; **~ständer** *m* portemanteau *m*
Kleidung *f* habillement *m*, habits *m/pl*, vêtements *m/pl*; **~sstück** *n* vêtement *m*
Kleie *f* son *m*
klein petit; *Buchstabe* minuscule; ***von ~ auf*** depuis son plus jeune âge; ***der ~e Mann*** l'homme de la rue; ***ein ~ wenig*** un petit peu; ***das ~ Gedruckte*** les clauses *f/pl* en tout petits caractères; ***~ schneiden*** couper menu, couper en petits morceaux; **2anzeige** *f* petite annonce *f*; **2asien** *n* l'Asie Mineure *f*; **2geld** *n* (petite) monnaie *f*
Kleinigkeit *f* bagatelle *f*; ***e-e ~ zum Essen*** un petit quelque chose à manger
Klein|kind *n* petit enfant *m*; **~kram** *m* babioles *f/pl*; **~krieg** *m* guérilla *f*, petite guerre *f*; **2laut** penaud, décontenancé; **2lich** *knickerig* mesquin; *genau* pointilleux, minutieux; **~stadt** *f* petite ville *f*; **2städtisch** provincial; **~wagen** *m* petite voiture *f*, mini *f* F
Kleister *m* colle *f* (d'amidon)
Klementine *f* clémentine *f*
Klemme *f* pince *f*; *tech* serre-fils *m*; F *fig* embarras *m*; ***in der ~ sein*** être dans l'embarras
klemmen coincer, serrer; *Tür* être coincé; ***sich ~*** se pincer; *fig* ***sich hinter etw ~*** s'atteler à qc
Klempner *m* plombier *m*
Klette *f bot* bardane *f*; F *Person* pot *m* de colle
kletter|n 1. grimper (***auf*** sur); *Sport* varapper; **2. 2** *n* varappe *f*; **2pflanze** *f* plante *f* grimpante
Klettverschluss *m* fermeture *f* velcro
klicken *EDV* cliquer
Klient(in *f*) *m* client *m*, -e *f*
Klima *n* climat *m*; **~anlage** *f* climatisation *f*, climatiseur *m*; **2tisch** climatique
klimpern faire sonner (***mit etw*** qc); *auf dem Klavier* pianoter; ***auf der Gitarre ~*** gratter de la guitare
Klinge *f* lame *f*
Klingel *f* sonnette *f*; sonnerie *f*; **~knopf** *m* bouton *m* de sonnette; **2n** sonner (***j-m*** qn); ***es klingelt*** on sonne
klingen sonner; *Glas* tinter; ***das klingt seltsam*** cela paraît étrange
Klini|k *f* clinique *f*, hôpital *m*; **2sch** clinique
Klinke *f Tür* poignée *f*, bouton *m*
klipp ***~ und klar*** clair et net
Klippe *f* écueil *m* (*a fig*); *Steilküste* falaise *f*
klirren *Ketten* cliqueter; *Gläser* tinter; ***~d ~e Kälte*** froid de canard F
Klischee *n* cliché *m*
klitschnass F trempé jusqu'aux os
Klo *n* toilettes *f/pl*, W.-C. *m/pl*

klobig massif, mastoc F
klonen 1. cloner; **2.** ≈ *n* clonage *m*
klopfen frapper; battre (*a Herz*); **es klopft** on frappe; **j-m auf die Schulter ~** taper sur l'épaule de qn
Klöppel *m Glocke* battant *m*
Klops *cuis m* boulette *f* de viande
Klosett *n* W.-C. *m/pl*, cabinets *m/pl*; **~papier** *n* papier *m* hygiénique
Kloß *cuis m* boulette *f*
Kloster *n* couvent *m*, monastère *m*
Klotz *m* bloc *m* de bois; *fig Mensch* lourdaud *m*
Klub *m* club *m*; **~sessel** *m* fauteuil *m* club
Kluft *f Spalt* fente *f*; *tief u breit* gouffre *m*; *fig* fossé *m* (**zwischen** entre); F *Kleidung* frusques *f/pl* P; *Uniform* uniforme *m*
klug intelligent; *vernünftig* sensé; **daraus werde ich nicht ~** je n'y comprends rien; **≈heit** *f* intelligence *f*; *Vorsicht* prudence *f*
Klumpen *m* masse *f*, *rund* boule *f*; *Gold* pépite *f*; *cuis* grumeau *m*
knabber|n grignoter (**an etw** qc); **≈zeug** *n* gâteaux *m/pl* d'apéritif
Knabe *m* garçon *m*
knacken craquer; *Nuss* casser; *Tresor* forcer; *fig* **j hat an etw zu ~** qc donne du fil à retordre à qn
Knackpunkt *m* point *m* crucial
Knacks *m Sprung* fêlure *f*
Knall *m* détonation *f*; *Überschall≈* bang *m* ; *fig* **e-n ~ haben** F être cinglé *od* toqué *od* marteau; **~bonbon** *m* bonbon *m* à pétard; **~effekt** *m* coup *m* de théâtre; **≈en** éclater, détoner; *Tür, Peitsche* claquer; *Korken* sauter; *fig* F **j-m e-e ~** donner une gifle *od* une baffe à qn; **≈ig** *Farben* criard; **~körper** *m* pétard *m*; **≈rot** d'un rouge éclatant; *Gesicht* rouge de honte
knapp *Kleidung* serré, juste; *Geld, Vorräte* rare; *Mahlzeit* maigre; *Mehrheit* faible; *Stil* concis; **e-e ~e Stunde** une petite heure; **~ gewinnen** gagner de justesse; **j-n ~ halten** ne pas donner beaucoup d'argent à qn; **≈heit** *f* pénurie *f*, manque *m*; *Stil* concision *f*
Knarre *f Gewehr* F flingue *m*
knarren grincer
Knast *m* P tôle *od* taule *f*; **~bruder** *m* P taulard *m*
knattern crépiter; *Motorrad* pétarader
Knäuel *n od m* pelote *f*; *Personen* grappe *f*
Knauf *m Tür* bouton *m*; *Degen* pommeau *m*
knauser|ig radin; **~n mit etw ~** lésiner sur qc
knautsch|en friper, froisser; **≈zone** *f auto* zone *f* rétractable
Knebel *m* bâillon *m*; **≈n** bâillonner (*a fig*)
kneifen pincer; *fig* F se dégonfler
Kneipe *f* bistro(t) *m*
knet|en pétrir; **≈masse** *f* pâte *f* à modeler
Knick *m in Papier* pli *m*; *Biegung* coude *m*; **≈en** *Papier* plier; *Zweig* (se) casser, (se) briser; *fig* **geknickt sein** être déprimé
Knicks *m* révérence *f*
Knie *n* genou *m*; *tech* coude *m*; *fig* **etw übers ~ brechen** expédier qc; **~beuge** *f* flexion *f* des genoux; *rel* génuflexion *f*; **~kehle** *f* jarret *m*; **≈n** être à genoux; **sich ~** se mettre à genoux; **~scheibe** *f* rotule *f*; **~strumpf** *m* bas *m* de sport, chaussette *f* montante
Kniff *m Falte* pli *m*; *fig* truc *m*; **≈lig** difficile, délicat
knipsen *Foto* photographier, prendre en photo; prendre des photos; *Fahrkarte* poinçonner
Knirps *m Kind* petit bonhomme *m*; gosse *m*, mioche *m*; *kleiner Mensch* nabot *m*
knirschen crisser, craquer; **mit den Zähnen ~** grincer des dents
knistern *Feuer* crépiter; *Papier* faire un bruit de froissement; *fig* **~de Spannung** atmosphère *f* électrique
knittern se froisser
Knoblauch *bot m* ail *m*
Knöchel *m Fuß≈* cheville *f*; *Finger≈* phalange *f*
Knochen *m* os *m*; **~bruch** *m* fracture *f*; **~mark** *n* moelle *f* osseuse
knochig osseux
Knödel *cuis m* boulette *f*
Knolle *bot f* tubercule *m*; *Zwiebel* bulbe *m*
Knopf *m* bouton *m*
knöpfen boutonner
Knopfloch *n* boutonnière *f*
Knorpel *biol m* cartilage *m*
Knospe *f* bourgeon *m*, bouton *m*; **≈n** bourgeonner, boutonner

Knoten 1. *m* nœud *m* (*a mar*); *Haar*♀ chignon *m*; *Nerven*♀ ganglion *m*; **2.** ♀ nouer; **~punkt** *m Verkehr* nœud *m* routier *od* ferroviaire
Know-how *n* savoir-faire *m*
Knüller F *m* succès *m* fou, scoop *m*; *comm* article *m* choc
knüpfen nouer; *fig* ***e-e Bedingung an etw*** ~ mettre une condition à qc
Knüppel *m* bâton *m*, gourdin *m*; *Polizei*♀ matraque *f*; *aviat Steuer*♀ manche *m* à balai
knurren gronder, grogner; *Magen* gargouiller
knusp(e)rig croquant, croustillant
knutschen F (s')embrasser avec fougue, (se) bécoter
k. o. K.-O.; *fig* ~ ***sein*** F être complètement crevé
Kobold *m* lutin *m*
Koch *m*, **Köchin** *f* cuisinier *m*, -ière *f*
Kochbuch *n* livre *m* de cuisine
kochen faire la cuisine; (faire) cuire; *Wasser, Milch* (faire) bouillir; *fig* ***vor Wut*** ~ bouillir de rage; ***~d heiß*** bouillant
Koch|er *m* réchaud *m*; **~löffel** *m* cuiller *f* de bois; **~kessel** *m* chaudron *m*; **~kunst** *f* art *m* culinaire; **~nische** *f* coin *m* cuisine; **~platte** *f* réchaud *m*; **~salz** *n* sel *m* de cuisine; **~topf** *m* cocotte *f*, marmite *f*, casserole *f*
Köder *m* appât *m*; **♀n** appâter (*a fig*)
Koffein *n* caféine *f*; ⚠ ***la*** caféine; **♀frei** décaféiné
Koffer *m* valise *f*; *großer Reise*♀ malle *f*; **~kuli** *m* chariot *m*; **~radio** *n* transistor *m*; **~raum** *auto m* coffre *m*
Kohl *bot m* chou *m*
Kohle *f* charbon *m*; *Stein*♀ houille *f*; F *Geld* fric *m*; **~hydrate** *n/pl* hydrates *m/pl* de carbone, glucides *m/pl*; **~kraftwerk** *n* centrale *f* thermique au charbon
Kohlen|bergwerk *n* mine *f* de charbon; **~dioxid** *n* gaz *m* carbonique; **~monoxid** *n* oxyde *m* de carbone; **~säure** *f* acide *m* carbonique; **♀säurehaltig** *Getränk* gazeux; **~stoff** *m* carbone *m*; **~wasserstoffe** *m/pl* hydrocarbures *m/pl*
Kohle|papier *n* papier *m* carbone; **~zeichnung** *f* (dessin *m* au) fusain *m*
Kohl|kopf *bot m* chou *m*; **~rabi** *bot m* chou-rave *m*; **~rübe** *bot f* chou-navet *m*
Koje *mar f* couchette *f*
Kokain *n* cocaïne *f*; ⚠ ***la*** cocaïne
kokett coquet
Kokosnuss *bot f* noix *f* de coco
Koks *m* coke *m*
Kolben *m Motor* piston *m*; *chim* ballon *m*; *Mais* épi *m*; *Gewehr* crosse *f*
Kolibri *zo m* colibri *m*, oiseau-mouche *m*
Kolik *méd f* colique *f*
Kollaps *méd m* collapsus *m*
Kolleg *n* cours *m*
Kolleg|e *m*, **~in** *f Arbeits*♀ collègue *m,f*; *Fach*♀ confrère *m*; *Amts*♀ homologue *m*
Kollegium *n Lehrer*♀ collège *m* des professeurs
Kollekt|e *f* quête *f*; **~ion** *f* collection *f*; **♀iv** collectif; **~iv** *n* collectivité *f*
kolli|dieren entrer en collision; *zeitlich* coïncider; **♀sion** *f* collision *f*; *fig* conflit *m*
Köln Cologne
Kölnischwasser *n* eau *f* de Cologne
Kolon|ie *f* colonie *f*; **♀isieren** coloniser; **~ist** *m* colon *m*
Kolonne *f* colonne *f*; *Fahrzeug*♀ convoi *m*; *Autoschlange* file *f*; *Arbeits*♀ équipe *f*
Koloss *m* colosse *m*
kolossal colossal (*a fig*)
Kolumbien *n* la Colombie
Koma *n* coma *m*
Kombi *auto m* voiture *f* commerciale, fourgonnette *f*, break *m*
Kombin|ation *f* combinaison *f*; *Kleidung* ensemble *m*; *gedankliche* déduction *f*; *Ski* ***alpine, nordische*** ~ combiné *m* alpin, nordique; **♀ieren** combiner; *gedanklich* déduire
Komet *m* comète *f*; ⚠ ***la*** comète
Komfort *m* confort *m*; **♀abel** confortable
Komi|k *f* comique *m*; ⚠ ***le*** comique; **~ker** *m* comique *m*; **♀sch** comique; *sonderbar* drôle (de)
Komitee *n* comité *m*
Komma *n* virgule *f*
kommandieren commander
Kommando *n Befehl* commandement *m*; *Sondergruppe* commando *m*; ***auf*** ~ sur commandement
kommen venir; *an~, geschehen* arriver; ~ ***lassen*** faire venir, envoyer chercher; ***durch*** *e-n* ***Ort*** ~ passer par ...; ***nach Hause*** ~ rentrer; ***teuer zu stehen*** ~

revenir cher; ***ins Gefängnis*** ~ aller en prison; ***hinter etw*** ~ découvrir qc; ***um etw*** ~ perdre qc; ***wieder zu sich*** ~ reprendre connaissance; ***es kommt daher, dass*** ... cela vient du fait que ...; ***wie kommt es, dass*** ... comment se fait-il que ...; **~d ~e *Woche*** la semaine prochaine; ***die ~en Generationen*** les générations futures

Komment|ar *m* commentaire *m*; ***kein ~!*** sans commentaire!; **~ator** *m* commentateur *m*; **2ieren** commenter

kommerziell commercial

Kommilitone *m* camarade *m* d'études

Kommissar *m* commissaire *m*

Kommission *f* commission *f*

Kommode *f* commode *f*

Kommune *f Gemeinde* commune *f*; *Wohngemeinschaft* communauté *f*

Kommunikation *f* communication *f*

Kommunion *rel f* communion *f*

Kommunis|mus *m* communisme *m*; **~t(in *f*)** *m* communiste *m, f*; **2tisch** communiste

Komödie *f* comédie *f*

Komparativ *gr m* comparatif *m*

Kompass *m* boussole *f*

kompatib|el compatible; **2ilität** *f* compatibilité *f*

kompensieren compenser

Kompetenz *f* compétence *f*

komplett complet

Komplex *m* complexe *m* (*a psych*); *Gebäude2, Fragen2* ensemble *m*

Kompliment *n* compliment *m*; ***j-m ein ~ machen*** faire un compliment à qn

Komplize *m* complice *m*

komplizier|en compliquer; **~t** compliqué

Komplott *n* complot *m*

kompon|ieren composer; **2ist** *m* compositeur *m*

Kompost *m* compost *m*; **~ierung** *f* compostage *m*

Kompott *n* compote *f*; ⚠ ***la*** compote

Kompression *EDV f* compression *f*

komprimieren comprimer

Kompro|miss *m* compromis *m*; **2misslos** intransigeant; **2mittieren** (***sich*** ~ se) compromettre

Kondens|ator *m* condensateur *m*; **2ieren** condenser; **~milch** *f* lait *m* condensé; **~wasser** *n* eau *f* de condensation

Kondition *f* condition *f*; ***gute*** ~ bonne condition physique; **~straining** *n* entraînement *m* pour se mettre en forme

Konditor *m* pâtissier *m*; **~ei** *f* pâtisserie *f*

kondolieren présenter ses condoléances (***j-m*** à qn)

Kondom *n* préservatif *m*

Konfekt *n* confiserie *f*, chocolats *m/pl*

Konfektionskleidung *f* prêt-à-porter *m*

Konferenz *f* conférence *f*; **~schaltung** *f* téléconférence *f*

Konfession *rel f* confession *f*, religion *f*; **2ell** confessionnel; **2slos** sans confession; **~sschule** *f* école *f* confessionnelle *od* libre

Konfigur|ation *EDV f* configuration *f*; **2ieren** configurer

Konfirm|and(in *f*) *m* confirmand *m*, -e *f*, catéchumène *m, f*; **~ation** *f* confirmation *f*; **2ieren** confirmer

konfiszieren confisquer

Konfitüre *f* confiture *f*

Konflikt *m* conflit *m*

konfrontieren confronter (***mit*** à)

konfus confus; *Person* dérouté

Kongress *m* congrès *m*; **~teilnehmer** *m* congressiste *m*

König *m* roi *m*; **~in** *f* reine *f*; **~inpastete** *f* bouchée *f* à la reine; **2lich** royal; **~reich** *n* royaume *m*; **~tum** *n* royauté *f*

Konjug|ation *gr f* conjugaison *f*; **2ieren** *gr* conjuguer

Konjunkt|ion *gr f* conjonction *f*; **~iv** *gr m* subjonctif *m*; **~ur** *écon f* conjoncture *f*

konkret concret

Konkurr|ent *m* concurrent *m*; **~enz** *f* concurrence *f*; ***j-m ~ machen*** faire concurrence à qn; **2enzfähig** compétitif; **~enzkampf** *m* concurrence *f*, compétition *f*; **2enzlos** défiant toute concurrence; **2ieren *mit j-m*** ~ concurrencer qn; ***um e-n Preis*** ~ concourir pour un prix

Konkurs *m* faillite *f*; ***in ~ gehen, ~ machen*** faire faillite; ⚠ *nicht* ***concours***; **~masse** *f* actif *m* de la faillite

könn|en pouvoir; *gelernt haben* savoir; ***e-e Sprache*** ~ savoir une langue; ***schwimmen*** ~ savoir nager; ***du kannst gehen*** tu peux partir; ***ich kann nicht mehr*** je n'en peux plus; ***es kann sein*** c'est possible; *cf Info-Fenster Seite 480*;

K

ℒen *n* savoir(-faire) *m*; capacités *f/pl*; **ℒer** *m* spécialiste *m*; *Sport* as *m*

können: *savoir* oder *pouvoir*?

„Kann Ihr Sohn schon schwimmen?"
*«Est-ce que votre fils **sait** déjà nager?»*

savoir wird verwendet, wenn es sich um **erlernte Tätigkeiten** handelt.

Will man ausdrücken, dass jemand eine Tätigkeit ausüben kann, weil **die äußeren Umstände** es zulassen, so verwendet man ***pouvoir***. Die Frage *«Tu peux nager?»* wäre also zum Beispiel dann angebracht, wenn man wissen will, ob jemand, der sein Bein in Gips hatte, wieder schwimmen kann.

K

konsequen|t logique; conséquent; ~ ***handeln*** agir avec logique; **ℒz** *f* conséquence *f*; esprit *m* de suite
konservativ conservateur; **ℒe(r)** *m, f* conservateur *m*, -trice *f*
Konserv|e *f* conserve *f*; **~endose** *f* boîte *f* de conserve; **~enfabrik** *f* conserverie *f*; **ℒieren** conserver; **~ierung** *f* conservation *f*; **~ierungsstoff** *m* conservateur *m*
Konsonant *m* consonne *f*
konstant constant; *adv* constamment
konstruieren construire
Konstruk|teur *m* constructeur *m*; **~tion** *f* construction *f*
Konsul *m* consul *m*; **~at** *n* consulat *m*
konsultieren consulter
Konsum *m* consommation *f*; **~artikel** *m* article *m* de consommation courante; **~ent** *m* consommateur *m*; **~gesellschaft** *f* société *f* de consommation; **ℒieren** consommer
Kontakt *m* contact *m*; ***in ~ stehen*** être en contact (***mit*** avec); **ℒfreudig** ouvert, sociable; **~linsen** *f/pl* lentilles *f/pl* *od* verres *m/pl* de contact; **~person** *f* personne *f* avec laquelle qn est en relation; *méd* personne *f* en contact avec le foyer de contagion; *Ansprechpartner* interlocuteur *m*
konterkarieren contrecarrer
Kontinent *m* continent *m*
kontinuierlich continu
Konto *n* compte *m*; **~auszug** *m* relevé *m* de compte; **~nummer** *f* numéro *m* de compte
kontraproduktiv nuisible
Kontrast *m* contraste *m*; **~regler** *m* réglage *m* de contraste
Kontroll|e *f* contrôle *m*; ⚠ ***le*** contrôle; **~eur** *m* contrôleur *m*; **ℒieren** contrôler; **~punkt** *m*, **~stelle** *f* poste *m* de contrôle
Konversation *f* conversation *f*; **~slexikon** *n* encyclopédie *f*
Konzentration *f* concentration *f*; **~slager** *n* camp *m* de concentration
konzentrieren (***sich*** ~ se) concentrer (***auf*** sur)
Konzept *n* *Entwurf* brouillon *m*; *Plan* plan *m*, conception *f*; *fig* ***j-n aus dem ~ bringen*** embrouiller qn
Konzert *n* concert *m*; *Solo*ℒ récital *m*
Konzil *égl* *n* concile *m*
konzipieren concevoir
koordinier|en coordonner; **ℒung** *f* coordination *f*
Kopf *m* tête *f* (*a fig*); ~ ***hoch!*** du courage!; ***pro*** ~ par personne; ***im ~ rechnen*** calculer de tête; *fig* ***j-m über den ~ wachsen*** dépasser qn; ***sich den ~ zerbrechen*** se casser la tête; ~ ***an*** ~ coude à coude; **~arbeit** *f* travail *m* intellectuel; **~ball** *m* tête *f*; **~bedeckung** *f* coiffure *f*, F couvre-chef *m*
köpfen décapiter; *Ball* envoyer de la tête
Kopf|ende *n* *Bett* chevet *m*; **~hörer** *m* casque *m*; **~jäger** *m* chasseur *m* de têtes; **~kissen** *n* oreiller *m*; **ℒlos** *fig* *aufgeregt* affolé; *gedankenlos* étourdi; **~rechnen** *n* calcul *m* mental; **~salat** *m* laitue *f*; **~schmerzen** *m/pl* mal *m* de tête; **~schütteln** *n* hochement *m* de tête; **~sprung** *m* plongeon *m*; **~stand** *m* poirier *m*; **~tuch** *n* foulard *m*; **ℒüber** la tête (la) première; **~zerbrechen** *n* ***j-m ~ machen*** poser des problèmes à qn

Kopie *f* copie *f*; **~rbefehl** *EDV m* commande *f* de copie; **2ren** copier; **~rer** *m*, **~rgerät** *n* photocopieuse *f*; **~rschutz** *m* verrouillage *m*, protection *f* contre copie
koppeln *tech* coupler; *fig* combiner
Koralle *f* corail *m*
Korb *m* panier *m*, corbeille *f*; *fig* ***e-n ~ bekommen*** essuyer un refus; **~möbel** *n* meuble *m* en osier *od* en rotin
Kord *m* velours *m* côtelé; **~hose** *f* pantalon *m* en velours
Korea *n* la Corée
Korinthe *f* raisin *m* de Corinthe
Kork *m* liège *m*; **~en** *m* bouchon *m*; **~enzieher** *m* tire-bouchon *m*
Korn *n* grain *m*, céréales *f/pl*, blé *m*; *Visier2* guidon *m*; **~blume** *bot f* bleuet *m*; **~feld** *n* champ *m* de blé
körnig granuleux
Körper *m* corps *m*; **~bau** *m* constitution *f*, stature *f*; **~behinderte(r)** *m* handicapé *m* physique; **~geruch** *m* odeur *f* corporelle; **~größe** *f* taille *f*; **~haltung** *f* tenue *f*; **~kraft** *f* force *f* physique; **2lich** physique, corporel; **~pflege** *f* hygiène *f* corporelle; **~schaft** *f* corps *m*, corporation *f*; **~teil** *m* partie *f* du corps; **~verletzung** *jur f* coups *m/pl* et blessures
korpulen|t corpulent; **2z** *f* embonpoint *m*, corpulence *f*
korrekt correct
Korrektur *f* correction *f*; **~band** *n* ruban *m* correcteur
Korrespond|ent(in *f*) *m* correspondant *m*, -e *f*; *e-r Firma* correspondancier *m*, -ière *f*; **~enz** *f* correspondance *f*; **2ieren** ***mit j-m ~*** correspondre avec qn
Korridor *m* couloir *m*, corridor *m*
korrigieren corriger
Korrosion *f* corrosion *f*
korrupt corrompu; **2ion** *f* corruption *f*
Korsage *f* bustier *m*
Korsika *n* la Corse
Kortison *n* cortisone *f*; ⚠ ***la*** cortisone
kose|n caresser; **2name** *m* petit nom *m*; **2wort** *n* mot *m* tendre
Kosmeti|k *f* cosmétique *f*, soins *m/pl* de beauté; **~kerin** *f* esthéticienne *f*; **~kkoffer** *m* vanity-case *m*; **~ktuch** *n* kleenex *m*; **2sch** cosmétique; ***~e Chirurgie*** chirurgie *f* plastique

kosm|isch cosmique; **2onaut** *m* cosmonaute *m*; **2os** *m* cosmos *m*

Körperteile

der Kopf	***la tête***
das Auge / die Augen	***l'œil m / les yeux m/pl***
die Nase	***le nez***
der Mund	***la bouche***
das Ohr	***l'oreille f***
die Wange	***la joue***
das Kinn	***le menton***
der Körper	***le corps***
der Arm	***le bras***
die Hand	***la main***
der Finger	***le doigt***
der Ellbogen	***le coude***
die Schulter	***l'épaule f***
der Bauch	***le ventre***
die Hüfte	***la hanche***
das Bein	***la jambe***
der Fuß	***le pied***
der Zeh	***le doigt (de pied)***
die Ferse	***le talon***

nützliche Wendungen:

jemanden an der Nase herumführen
mener quelqu'un par le bout du nez

etwas auf die leichte Schulter nehmen
prendre quelque chose à la légère

jemandem die kalte Schulter zeigen
battre froid à quelqu'un

sich die Finger verbrennen
se brûler les doigts

jemanden mit offenem Mund anstarren
regarder quelqu'un bouche bée

K

Kost *f* nourriture *f*; ***gute ~*** bonne chère *f*; **2bar** précieux; **~barkeit** *f Gegenstand* objet *m* précieux *od* de valeur
kosten[1] coûter; ***was od wieviel kostet ...?*** combien coûte ...?; ***viel ~*** coûter cher
kosten[2] *Speisen* goûter, déguster
Kosten *pl* frais *m/pl*, coût *m*, dépenses *f/pl*; ***auf ~ von*** aux frais de; *fig* aux dépens de; **~erstattung** *f* restitution *f* des frais; **2los** gratuit(ement); **~voranschlag** *m* devis *m*
köstlich délicieux, savoureux; *fig* amusant; ***sich ~ amüsieren*** s'amuser drôlement bien
Kost|probe *f* échantillon *m*; **2spielig** coûteux
Kostüm *n* costume *m*; *Damen2* tailleur *m*; **~ball** *m*, **~fest** *n* bal costumé
Kot *m* excréments *m/pl*
Kotelett *n* côtelette *f*; **~en** *pl Bart* pattes *f/pl*
Köter *m* F cabot *m*, clebs *m*
Kotflügel *m* aile *f*, garde-boue *m*
kotzen P dégobiller, dégueuler
Krabbe *f Garnele* crevette *f*; *Krebs* crabe *m*
krabbeln *Kind* marcher à quatre pattes; *Insekten* courir, grouiller
Krach *m* fracas *m*; *Lärm* vacarme *m*, F tapage *m*, boucan *m*; *Zerwürfnis* différend *m*, brouille *f*; ***~ machen*** faire du tapage *od* du vacarme; ***mit j-m ~ haben*** être brouillé avec qn; **2en** craquer; ***gegen etw ~*** heurter qc avec fracas
krächzen croasser; *Mensch* parler avec une voix éraillée
Kraft *f* force *f*; *Rüstigkeit* vigueur *f*; *Person* aide *m*, *f*, collaborateur *m*, -trice *f*; ***in ~ treten*** (***sein***) entrer (être) en vigueur
kraft *prép* en vertu de
Kraft|anstrengung *f* effort *m*; **~brühe** *f* consommé *m*; **~fahrer(in** *f*) *m* automobiliste *m*, *f*; **~fahrzeug** *n* véhicule *m* automobile; **~fahrzeugschein** *m* carte *f* grise; **~fahrzeugsteuer** *f* impôt *m* sur les véhicules automobiles; *in Frankreich* vignette *f* automobile; **~fahrzeugversicherung** *f* assurance *f* automobile
kräftig fort, vigoureux; *nahrhaft* substantiel; **~en** fortifier, tonifier
kraft|los faible, sans force; **2probe** *f* épreuve *f* de force; **2stoff** *m* carburant *m*; **~voll** vigoureux; **2wagen** *m* automobile *f*; **2werk** *n* centrale *f* électrique
Kragen *m* col *m*; **~weite** *f* encolure *f*
Krähe *zo f* corneille *f*; **2n** *Hahn* chanter
Kralle *f* griffe *f*
Kram *m* affaires *f/pl*, F fourbi *m*; *Plunder* fatras *m*; **2en** fouiller (***in*** dans); **~laden** *m* bazar *m*
Krampf *méd m* crampe *f*, spasme *m*; **~ader** *f* varice *f*; **2haft** convulsif, spasmodique
Kran *m* grue *f*
Kranich *zo m* grue *f*
krank malade; ***~ werden*** tomber malade; **2e(r)** *m*, *f* malade *m*, *f*
kränkeln être maladif
kranken ***~ an*** pécher par
kränken offenser, blesser, vexer
Kranken|gymnast(in *f*) *m* kinésithérapeute *m*, *f* (*abr* kinési); **~gymnastik** *f* gymnastique *f* médicale, kinésithérapie *f*; **~haus** *n* hôpital *m*; **~kasse** *f* caisse *f* (de) maladie; **~pfleger** *m* infirmier *m*; **~schein** *m etwa* feuille *f* de maladie; **~schwester** *f* infirmière *f*; **~versicherung** *f* assurance *f* maladie; **~wagen** *m* ambulance *f*; **~zimmer** *n* chambre *f* de malade *od* d'hôpital
krankhaft maladif
Krankheit *f* maladie *f*; **~serreger** *m* agent *m* pathogène
kränklich maladif, souffreteux
Kränkung *f* offense *f*, vexation *f*
Kranz *m* couronne *f*
Krapfen *cuis m* beignet *m*
krass extrême, frappant; ***sich ~ ausdrücken*** s'exprimer crûment
Krater *m* cratère *m*
kratz|en (***sich ~*** se) gratter; *fig* F ***das kratzt mich nicht*** ça ne me touche pas; **2er** *m* égratignure *f*, éraflure *f*; ***die Platte hat e-n ~*** le disque est rayé
kraulen *Sport* nager le crawl; *liebkosen* gratter doucement, caresser
kraus *Haar* crépu, frisé
kräuseln *Haar* friser; *Stoff* crêper, froncer; ***sich ~*** *Haar* friser; *Wasser* se rider
Kraut *n* herbe *f*; *Blätter* fanes *f/pl*; *Kohl* chou *m*
Krawall *m* échauffourée *f*, tumulte *m*, bagarre *f*; *Lärm* tapage *m*
Krawatte *f* cravate *f*

K

kreativ créatif; **2ität** *f* créativité *f*
Krebs *m zo* écrevisse *f*; *méd* cancer *m*; *astr* Cancer *m*; ~ ***erregend*** cancérigène; **2artig** *méd* cancéreux; **~geschwulst** *f* tumeur *f* cancéreuse; **2krank** malade du cancer, cancéreux; **~vorsorge** *f* dépistage *m* du cancer
Kredit *écon m* crédit *m*; **~karte** *f* carte *f* de crédit
Kreide *f* craie *f*
Kreis *m* cercle *m*; *Verwaltungs2* district *m*, canton *m*, arrondissement *m*; ***im ~ gehen*** tourner en rond; ***in diplomatischen ~en*** dans les milieux diplomatiques
kreischen criailler, piailler
Kreisel *m Spielzeug* toupie *f*; *phys* gyrostat *m*
kreisen tourner (***um*** autour de); *Blut* circuler
kreis|förmig circulaire; **2lauf** *m* circuit *m*, cycle *m*, circulation *f*; **2laufstörungen** *méd f/pl* troubles *m/pl* circulatoires; **~rund** rond, en forme de cercle; **2säge** *f* scie *f* circulaire
Kreißsaal *m* salle *f* d'accouchement
Kreisverkehr *m* sens *m* giratoire
Kreml ***der ~*** le Kremlin
Krempe *f Hut* bord *m*
Krempel *m* F fatras *m*, fourbi *m*, bataclan *m*
Kren *östr m* raifort *m*
krepieren *Granate* éclater, exploser; *Tier*, P *Mensch* crever
Krepp *m* crêpe *m*; **~papier** *n* papier *m* crêpon
Kresse *bot f* cresson *m*
Kreta *n* la Crète
Kreuz *n* croix *f*; *Körperteil* reins *m/pl*; *Kartenspiel* trèfle *m*; *mus* dièse *m*; ***über ~*** en croix; ⚠ ***la*** croix; **2en** (***sich ~*** se) croiser; **~er** *m mar* croiseur *m*; **~fahrt** *f* croisière *f*; **~feuer** *n fig* ***ins ~ geraten*** être attaqué de tous côtés; **~gang** *arch m* cloître *m*; **2igen** crucifier; **~igung** *f* crucifixion *f*; **~otter** *f* vipère *f*; **~schlitzschraubenzieher** *m* tournevis *m* cruciforme; **~schlüssel** *m* vilebrequin *m*, clé *f* en croix; **~schmerzen** *m/pl* mal *m* de reins; **~ung** *f* croisement *m*; *Straßen2* carrefour *m*; **~worträtsel** *n* mots *m/pl* croisés; **~zug** *hist m* croisade *f*
kriech|en ramper; *péj* faire de la lèche (***vor j-m*** à qn); **2spur** *auto f* file *f* destinée aux véhicules lents; **2tier** *n* reptile *m*
Krieg *m* guerre *f*; ***mit j-m ~ führen*** faire la guerre à qn; **~*führend*** belligérant; ***in den ~ ziehen*** partir en guerre (***gegen*** contre)
kriegen F avoir, recevoir; *Krankheit* attraper
Kriegs|beil *n fig* ***das ~ ausgraben*** (***begraben***) déterrer (enterrer) la hache de guerre; **~beschädigte(r)** *m* mutilé *m* de guerre; **~dienst** *m* service *m* militaire; **~dienstverweigerer** *m* objecteur *m* de conscience; **~erklärung** *f* déclaration *f* de guerre; **~gefangene(r)** *m* prisonnier *m* de guerre; **~gefangenschaft** *f* captivité *f*; **~schauplatz** *m* théâtre *m* des opérations; **~schiff** *n* vaisseau *m od* bâtiment *m od* navire *m* de guerre; **~teilnehmer** *m* combattant *m*; **~verbrecher** *m* criminel *m* de guerre; **~versehrte(r)** *m* mutilé *m* de guerre; **~zustand** *m* état *m* de guerre
Krimi *m Roman* (roman *m*) policier *m*, F polar *m*; *Film* film *m* policier
Kriminal|beamte(r) *m* agent *m* de la police judiciaire; **~ität** *f* criminalité *f*, délinquance *f*; **~polizei** *f* police *f* judiciaire, brigade *f* criminelle; **~roman** *m* roman *m* policier
kriminell criminel; **2e(r)** *m* criminel *m*
Krimskrams *m* F pacotille *f*, camelote *f*
Kripo *f* P.J. *f* (= police *f* judiciaire)
Krippe *f* crèche *f*; *Futter2* mangeoire *f*
Krise *f* crise *f*; **2ln** ***es kriselt*** une crise menace; **~ngebiet** *n* point *m* chaud; **~nstab** *m* état-major *m* de crise
Kristall *m u n* cristal *m*
Kriterium *n* critère *m*
Kriti|k *f* critique *f*; **~ker** *m* critique *m*; **2sch** critique; **2sieren** critiquer
kritzeln griffonner, gribouiller
Kroat|e *m*, **~in** *f* Croate *m*, *f*; **~ien** *n* la Croatie; **2isch** croate
Krokodil *zo n* crocodile *m*
Krone *f* couronne *f*
krönen couronner (***j-n zum König*** qn roi)
Kronleuchter *m* lustre *m*
Krönung *f* couronnement *m*
Kropf *m méd* goitre *m*; *zo* jabot *m*
Kröte *zo f* crapaud *m*
Krücke *f* béquille *f*

K

Krug *m* cruche *f*, pichet *m*; *Bier*≈ chope *f*
Krümel *m* miette *f*
krumm courbe; *gebogen* courbé; *verbogen* tordu; *fig* louche
krümm|en courber; *biegen* plier; ***sich*** *~* se tordre; **≈ung** *f* courbe *f*, courbure *f*
Krüppel *m* estropié *m*, infirme *m*
Kruste *f* croûte *f*
Kübel *m* baquet *m*; *Eimer* seau *m*
Kubik|meter *m* mètre *m* cube; **~wurzel** *math f* racine *f* cubique; **~zahl** *math f* cube *m*
Küche *f* cuisine *f*
Kuchen *m* gâteau *m*; *Obst*≈ tarte *f*; **~form** *f* moule *m* à gâteaux
Küchen|geräte *n/pl* ustensiles *m/pl* de cuisine; **~geschirr** *n* vaisselle *f* ordinaire; **~herd** *m* fourneau *m* de cuisine, cuisinière *f*; **~maschine** *f* mixer *m*, robot *m* ménager; **~schrank** *m* buffet *m* de cuisine; **~tuch** *n* essuie-tout *m*
Kuckuck *zo m* coucou *m*
Kufe *f Schlitten* patin *m*
Kugel *f* boule *f*; *math* sphère *f*; *Billard*≈ bille *f*; *Gewehr*≈ balle *f*; *Kanonen*≈ boulet *m*; *Sport* poids *m*; **≈förmig** sphérique; **~lager** *tech n* roulement *m* à billes; **≈rund** rond comme une boule; F *Person* rondelet; **~schreiber** *m* stylo *m* (à) bille; **≈sicher** pare-balles; **~stoßen** *Sport n* lancer *m* du poids
Kuh *f* vache *f*; **~handel** *m péj* marchandage *m*
kühl frais; *fig* froid; **≈anlage** *f* installation *f* frigorifique; **≈box** *f* glacière *f*
Kühle *f* fraîcheur *f*; *fig* froideur *f*
kühl|en rafraîchir; *Lebensmittel* réfrigérer; *Motor* refroidir; **≈er** *m auto* radiateur *m*; **≈erhaube** *f* capot *m*; **≈raum** *m* chambre *f* froide; **≈schrank** *m* réfrigérateur *m*, frigo F *m*; **≈truhe** *f* congélateur *m*
kühn hardi; **≈heit** *f* hardiesse *f*
Kuhstall *m* étable *f*
Küken *n* poussin *m*
kulant arrangeant, coulant en affaires
Kuli *m* coolie *m*; F stylo *m*
Kulisse *f Bühnenbild* décor *m*; *fig Rahmen* cadre *m*; ***hinter den ~n*** dans les coulisses
kullern F rouler, dégringoler
Kult *m* culte *m*; **~figur** *f* idole *f*; ⚠ ***une*** idole
kultivieren cultiver
Kultur *f Bildung*, *agr* culture *f*; *e-s Volkes* civilisation *f*; **~abkommen** *n* accord *m* culturel; **~beutel** *m* trousse *f* de toilette; **≈ell** culturel; **~geschichte** *f* histoire *f* de la civilisation; **~zentrum** *n* centre *m* culturel
Kultusminister *m* ministre *m* de l'Éducation
Kümmel *bot m* cumin *m*
Kummer *m* chagrin *m*, affliction *f*, peine *f*, soucis *m/pl*
kümmer|lich misérable; **~n** ***sich ~ um*** s'occuper de; ***was kümmert mich das*** je ne m'en soucie guère
Kumpel *m Bergmann* mineur *m*; F *Freund* copain *m*, copine *f*
Kund|e *m*, **~in** *f* client *m*, -e *f*; **~endienst** *m* service *m* après-vente; *auto* service *m* entretien
Kundgebung *f* manifestation *f*
kündig|en donner congé à, donner son préavis à, congédier; *Vertrag* résilier, dénoncer; **≈ung** *f* congé *m*, préavis *m*; **≈ungsfrist** *f* (délai *m* de) préavis *m*
Kundschaft *f* clientèle *f*
künftig à venir, futur; *adv* à l'avenir
Kunst *f* art *m*; ***das ist keine ~*** ce n'est pas difficile; **~ausstellung** *f* exposition *f* d'œuvres d'art; **~dünger** *m* engrais *m* chimique; **~faser** *f* fibre *f* synthétique; **~fehler** *m* faute *f* professionnelle; **≈fertig** adroit; **~fertigkeit** *f* adresse *f*; **~fliegen** *n* acrobatie *f* aérienne; **≈gerecht** conforme aux règles de l'art; **~geschichte** *f* histoire *f* de l'art; **~gewerbe** *n* arts *m/pl* décoratifs; **~griff** *m* artifice *m*; **~herz** *n* cœur *m* artificiel; **~leder** *n* similicuir *m*
Künstler|(in *f*) *m* artiste *m*, *f*; **≈isch** artistique; **~name** *m* pseudonyme *m*, nom *m* de guerre
künstlich artificiel, factice; ***~e Intelligenz*** intelligence *f* artificielle
Kunst|liebhaber(in *f*) *m* amateur *m* d'art; **~sammlung** *f* collection *f* d'objets d'art; **~seide** *f* rayonne *f*; **~stoff** *m* matière *f* plastique; **≈stoffbeschichtet** recouvert d'une matière synthétique; **~stück** *n* tour *m* d'adresse; ***das ist kein ~*** ce n'est pas sorcier; **~turnen** *n* gymnastique *f* artistique, **≈voll** (fait) avec art; *sinnreich* ingénieux; **~werk** *n* œuvre *f* d'art

kunterbunt *Farben* bariolé; *durcheinander* pêle-mêle
Kupfer *n* cuivre *m*; **~stich** *m* estampe *f*, gravure *f* (en taille-douce)
Kuppe *f Berg* sommet *m*; *Finger* bout *m*
Kuppel *f innen* coupole *f*; *äußere* dôme *m*
Kuppelei *jur f* proxénétisme *m*
kupp|eln *auto* embrayer; **ℒlung** *f auto* embrayage *m*; *Zug, Anhänger* attelage *m*
Kur *f* cure *f*
Kür *f Sport* exercices *m/pl* libres; *Eislauf* figures *f/pl* libres
Kurbel *f* manivelle *f*; **ℒn** tourner la manivelle; **~welle** *f* vilebrequin *m*
Kürbis *bot m* courge *f*, potiron *m*, citrouille *f*
Kur|gast *m* curiste *m*; **~haus** *n* casino *m*; **ℒieren** guérir
kurios curieux, bizarre, drôle
Kur|ort *m* station *f* thermale; **~pfuscher** *m* charlatan *m*
Kurs *m Geld, Lehrgang* cours *m*; *mar, aviat* route *f*, cap *m*; *pol* orientation *f*; ***hoch im ~ stehen*** être à la mode; **~buch** *n* indicateur *m* (des chemins de fer)
kursieren *Geld* circuler; *Gerücht* courir
Kurswagen *m Zug* voiture *f* directe
Kurtaxe *f* taxe *f* de séjour
Kurve *f* courbe *f*; *auto* virage *m*; **ℒnreich** sinueux
kurz court; *Zeit* bref; ***~ und gut*** bref, en un mot; ***vor ~em*** récemment; ***~ vorher*** peu avant; ***sich ~ fassen*** être bref; ***~ gefasst*** bref, succinct; ***j-n ~ halten*** serrer la vis à qn; ***zu ~ kommen*** ne pas avoir son compte; ***~ angebunden*** sec, peu loquace; **ℒarbeit** *f* chômage *m* partiel; **ℒarbeiter** *m* chômeur *m* partiel; **~ärmelig** à manches courtes
Kürze *f* brièveté *f*; ***in ~*** sous peu; **ℒn** raccourcir, abréger
kurz|erhand sans hésiter; **~fristig** à bref délai; *comm* à court terme; **ℒgeschichte** *f* nouvelle *f*; **~lebig** éphémère
kürzlich récemment, dernièrement
Kurz|schluss *tech m* court-circuit *m*; **~schlusshandlung** *psych f* coup *m* de tête; **~schrift** *f* sténographie *f*; **ℒsichtig** myope; **~sichtigkeit** *f* myopie *f*; **~streckenläufer** *Sport m* sprinter *m*; **ℒum** bref
Kürzung *f* raccourcissement *m*, réduction *f*, diminution *f*; *math* simplification *f*
Kurz|waren(**geschäft** *n*) *f/pl* mercerie *f*; **ℒweilig** divertissant; **~welle** *Radio f* ondes *f/pl* courtes
Kusine *f* cousine *f*
Kuss *m* baiser *m*; **ℒecht** *Lippenstift* indélébile
küssen (***sich ~*** s')embrasser; *Hand* baiser
Küste *f* côte *f*; rivage *m*; littoral *m*
Küster *égl m* sacristain *m*
Kutsche *f* carrosse *m*, diligence *f*, calèche *f*; **~r** *m* cocher *m*
Kutteln *pl* tripes *f/pl*
Kutter *mar m* cotre *m*; *Fisch*ℒ chalutier *m*
Kuvert *n Brief*ℒ enveloppe *f*
Kybernetik *f* cybernétique *f*
KZ *n* camp *m* de concentration

L

labil instable
Labor *n* laboratoire *m*, F labo *m*; **~ant(in** *f*) *m* laborantin *m*, -ine *f*
Labyrinth *n* labyrinthe *m*
Lache *f Wasser* flaque *f*; *Blut* mare *f*
lächeln 1. sourire (**über** de, **zu** à); **2.** ℒ *n* sourire *m*
lachen 1. rire (**über** de); ***laut ~*** rire aux éclats; ***gezwungen ~*** rire du bout des lèvres; **2.** ℒ *n* rire *m*; ***j-n zum ~ bringen*** faire rire qn
lächerlich ridicule; ***j-n ~ machen*** ridiculiser qn; ***sich ~ machen*** se rendre ridicule
Lachs *zo m* saumon *m*
Lack *m* laque *f*, vernis *m*; *auto* peinture

f; ≈**ieren** laquer, vernir
Lade|fläche *f* surface *f* de chargement; **~gerät** *n für Batterie* chargeur *m* de batterie; **~hemmung** *mil f* enrayage *m*
laden charger (*a Batterie u EDV u mil*); *jur* citer en justice
Laden *m* boutique *f*, *großer* magasin *m*; *Fenster*≈ volet *m*; **~dieb** *m* voleur *m* à l'étalage; **~diebstahl** *m* vol *m* à l'étalage; **~inhaber** *m* propriétaire *m od* patron *m* d'un magasin; **~preis** *m* prix *m* de vente; **~schluss** *m* heure *f* de fermeture; **~tisch** *m* comptoir *m*
Lade|rampe *f* rampe *f* de chargement; **~raum** *m Schiff* cale *f*
Ladung *f Fracht* chargement *m*, cargaison *f*; *Spreng*≈, *elektrische* charge *f*; *jur* citation *f*
Lage *f* situation *f*; position *f*; *Sach*≈ état *m* de choses; *Schicht* couche *f*; ***in schöner ~ Haus*** bien situé; ***in der ~ sein, etw zu tun*** être en mesure *od* à même *od* en état de faire qc
Lager *n* camp *m* (*a pol*); *comm* entrepôt *m*, dépôt *m*; *Bett* lit *m*; *tech* palier *m*; ***auf ~ haben*** avoir en réserve; **~bestand** *m* stock *m*; **~feuer** *n* feu *m* de camp; **~haus** *n* entrepôt *m*
lager|n *hinlegen* coucher; *comm* stocker, emmagasiner; être stocké; *ruhen* être couché; *kampieren* camper; ***kühl ~*** conserver au frais; ≈**raum** *m* entrepôt *m*; ≈**ung** *f comm* stockage *m*
Lagune *f* lagune *f*
lahm paralysé; *hinkend* boiteux; *fig* faible, apathique; ***~ legen*** paralyser
lähmen paralyser
Lähmung *méd f* paralysie *f*
Laib *m **~ Brot*** miche *f* de pain; ***~ Käse*** meule *f* de fromage
Laich *m* frai *m*; ≈**en** frayer
Laie *m* profane *m*, amateur *m*; *rel* laïque *od* laïc *m*; ≈**nhaft** en amateur; **~nspiel** *n* théâtre *m* amateur
Laken *n* drap *m*
lakonisch laconique
Lakritze *f* réglisse *f od m*
lallen bafouiller, balbutier
Lamelle *f* lamelle *f*, lame *f*
Lamm *n* agneau *m*
Lampe *f* lampe *f*; **~nfieber** *n* trac *m*; ***~ haben*** avoir le trac; **~nschirm** *m* abat-jour *m*
Lampion *m* lampion *m*
Land *n Fest*≈ terre *f*; *Erdboden* sol *m*; *géogr u pol* pays *m*; *Gegensatz zu Stadt* campagne *f*; ***auf dem ~*** à la campagne; ***hier zu ~e*** ici, dans ce pays; **~arbeiter** *m* ouvrier *m* agricole; **~besitz** *m* propriété *f* foncière; **~bevölkerung** *f* population *f* rurale; **~bewohner** *m* campagnard *m*; **~ebahn** *f* piste *f* d'atterrissage; ≈**einwärts** vers l'intérieur des terres
landen *mar* accoster; *mil* débarquer; *aviat* atterrir, se poser
Land|enge *f* isthme *m*; **~eplatz** *aviat m* terrain *m* d'atterrissage
Länderspiel *Sport n* match *m* international
Landes|farben *f/pl* couleurs *f/pl* nationales; **~grenze** *f* frontière *f*; **~innere** *n* intérieur *m*; **~sprache** *f* langue *f* nationale; **~währung** *f* monnaie *f* nationale
Land|flucht *f* exode *m* rural; **~gericht** *n* tribunal *m* de grande instance; **~haus** *n* maison *f* de campagne; *kleines* cottage *m*; **~karte** *f* carte *f* (géographique); **~kreis** *m* arrondissement *m*; ≈**läufig** courant; **~leben** *n* vie *f* champêtre
ländlich champêtre, rural; *einfach* rustique
Landschaft *f* paysage *m*, région *f*, contrée *f*; ≈**lich** du paysage; ***~ sehr schön*** très pittoresque
Lands|mann *m*, **~männin** *f* compatriote *m*, *f*
Land|straße *f* route *f*; **~streicher(in** *f*) *m* vagabond *m*, -e *f*; **~streitkräfte** *mil f/pl* forces *f/pl* terrestres; **~tag** *m* landtag *m*, Parlement *m* d'un land; **~tagsabgeordnete(r)** *m*, *f* député *m*, femme *f* député au landtag
Landung *f mil* débarquement *m*; *aviat* atterrissage *m*; ***weiche ~*** atterrissage en douceur; **~sbrücke** *f*, **~ssteg** *m* débarcadère *m*
Land|weg *m **auf dem ~*** par voie de terre; **~wirt** *m* agriculteur, cultivateur *m*; **~wirtschaft** *f* agriculture *f*; ≈**wirtschaftlich** agricole; ***~e Maschinen*** machines *f/pl* agricoles; **~zunge** *f* langue *f* de terre, presqu'île *f*
lang long; ***drei Meter ~ sein*** avoir trois mètres de longueur, être long de trois mètres; ***drei Jahre ~*** pendant trois

années; ***den ganzen Tag** ~* pendant toute la journée; ***seit ~em*** depuis longtemps; ***vor ~er Zeit*** il y a longtemps de cela; ***über kurz oder ~*** tôt ou tard; ~ ***ersehnt*** désiré depuis longtemps; ~ ***erwartet*** attendu depuis longtemps **~atmig** verbeux; interminable; *Buch* ennuyeux

lange longtemps, longuement; ***wie ~?*** combien de temps?; ***es ist schon ~ her*** il y a bien longtemps de cela

Länge *f* longueur *f*; *géogr* longitude *f*; ***in die ~ ziehen*** (faire) traîner en longueur

langen *ausreichen* suffire; ***mir langt es!*** F j'en ai marre!

Längen|grad *m* degré *m* de longitude; **~maß** *n* mesure *f* de longueur

Lang|eweile *f* ennui *m*; ~ ***haben*** s'ennuyer; ***aus ~*** par ennui, pour passer le temps; **2fristig** à long terme; **~lauf** *Schi m* course *f* de fond; **~läufer** *Schi m* skieur *m* de fond; **~laufski** *m* ski *m* de fond; **~lebigkeit** *f* longévité *f*

länglich oblong, allongé

längs *prép* le long de; *adv* dans le sens de la longueur

langsam lent; ***~er werden*** ralentir; **2keit** *f* lenteur *f*

Lang|schläfer *m* grand dormeur *m*; **~spielplatte** *f* disque *m* microsillon, 33 tours *m*

längst depuis longtemps; ***ich weiß es ~*** il y a longtemps que je le sais; **~ens** au plus tard

Langstrecken|lauf *m* course *f* de fond; **~läufer** *m* coureur *m* de fond

lang|weilen (***sich ~*** s')ennuyer; **~weilig** ennuyeux; **2welle** *Radio f* grandes ondes *f/pl*, ondes *f/pl* longues; **~wierig** long, laborieux, de longue haleine

Lanze *f* lance *f*

Lappalie *f* bagatelle *f*

Lapp|e *m*, **~in** *f* Lapon *m*, -e *f*

Lappen *m* chiffon *m*

läppisch niais, puéril, ridicule

Lappland *n* la Laponie

Lapsus *m* lapsus *m*

Laptop *m* portable *m*

Lärche *bot f* mélèze *m*

Lärm *m* bruit *m*, vacarme *m*, tapage *m*; **2en** faire du bruit; **2end** bruyant, tumultueux; **~schutz** *m* protection *f* contre le bruit; **~schutzwall** *m* écran *m* antibruit

Larve *f* masque *m*; *zo* larve *f*

lasch mou (molle); *Geschmack* fade

Laser *m* laser *m*; **~drucker** *m* imprimante *f* laser; **~strahl** *m* rayon *m* laser

lassen *zulassen* laisser; *veranlassen* faire; ***etw machen ~*** faire faire qc; ***j-n grüßen ~*** donner le bonjour à qn; ***er kann das Rauchen nicht ~*** il ne peut pas s'arrêter de fumer; ***lass das!*** arrête-toi!

lässig nonchalant, désinvolte, F relax(e); **2keit** *f* nonchalance *f*, désinvolture *f*, P je-m'en-foutisme *m*

Last *f* charge *f*, fardeau *m*; ***j-m zur ~ fallen*** être à charge à qn, importuner qn; ***j-m etw zur ~ legen*** imputer qc à qn; *comm* ***zu ~en von ...*** *cf* ***zulasten***; **~auto** *n* camion *m*; **2en ~ *auf*** peser sur; **~enaufzug** *m* monte-charges *m*

Laster[1] *n* vice *m*

Laster[2] *m Lkw* camion *m*

Läster|er *m*, **~in** *f* diffamateur *m*, -trice *f*

lasterhaft vicieux, dépravé

lästern ***über j-n ~*** médire de qn, diffamer qn

lästig importun, désagréable; ***j-m ~ werden od fallen*** importuner qn

Last|kahn *m* péniche *f*, chaland *m*; **~kraftwagen** *m* poids *m* lourd, camion *m*

Last-Minute-Flug *m* vol *m* de dernière minute

Last|schrift *comm f* poste *m* débiteur, débit *m*; **~tier** *n* bête *f* de somme; **~wagen** *m* camion *m*; **~wagenfahrer** *m* conducteur *m* de camion

Latein *n* latin *m*; **2isch** latin; ***~e Buchstaben*** caractères *m/pl* romains

Laterne *f* lanterne *f*; *Straßen2* réverbère *m*; **~npfahl** *m* lampadaire *m*

latschen F traîner la patte, se traîner

Latte *f* latte *f*; *Sport* barre *f*

Lätzchen *n* bavette *f*

Latzhose *f* salopette *f*

lau tiède; *Luft, Wetter* doux; *fig* indifférent

Laub *n* feuillage *m*, feuilles *f/pl*; **~frosch** *m* grenouille *f* verte; **~säge** *f* scie *f* à chantourner

Lauch *bot m* poireau *m*

Lauer *f* ***auf der ~ liegen*** se tenir aux aguets; **2n** guetter (***auf j-n, etw*** qn, qc)

Lauf *m* course *f*; *Ver2, Fluss2* cours *m*; *Gewehr2* canon *m*; ***im ~e der Zeit*** à la

longue; **~bahn** *f* carrière *f*; **~bursche** *m* garçon *m* de course
laufen courir; *zu Fuß gehen* marcher; *fließen* couler; *Maschinen* marcher, fonctionner; **~d *auf dem* 2*en sein*** être au courant *od* à jour *od* à la page F; ***am ~en Band*** sans arrêt
Läufer *m Sport* coureur *m*; *Treppen*2 tapis *m* d'escalier; *Schach* fou *m*; **~in** *f* coureuse *f*
Lauf|feuer *n* ***wie ein ~*** comme une traînée de poudre; **~gitter** *n für Kinder* parc *m*; **~masche** *f* maille *f* qui file *od* filée; **~pass** *m* ***j-m den ~ geben*** envoyer promener qn; **~schritt** *m* pas *m* de gymnastique; **~stall** *m für Kinder* parc *m*; **~steg** *m* passerelle *f*; **~werk** *EDV n* lecteur *m*
Lauge *f* lessive *f*, eau *f* savonneuse
Laun|e *Stimmung* humeur *f*; *Einfall* caprice *m*; **2enhaft, 2isch** capricieux
Laus *zo f* pou *m*; **~bub** *m* petit voyou *m*, petit vaurien *m*
lausch|en écouter (attentivement); **~ig** retiré, discret, intime
lausig minable; ***e-e ~e Kälte*** un froid de canard
laut 1. haut; fort; bruyant; ***~ sprechen*** parler à haute voix; ***~er bitte!*** parlez plus fort, s'il vous plaît!; **2.** *prép* suivant, d'après; **3.** 2 *m* son *m*
Laute *mus f* luth *m*
läuten sonner; ***es läutet*** on sonne
lauter pur; *fig* sincère; ***~ Unsinn erzählen*** ne raconter que des bêtises
läutern (***sich ~*** se) purifier
laut|hals à haute voix; *lachen* à gorge déployée; **~los** silencieux; *gehen* à pas feutrés; **2malerei** *f* onomatopée *f*; **2schrift** *f* écriture *f* phonétique; **2sprecher** *m* haut-parleur *m*; **2sprecherbox** *f* baffle *m*; **2stärke** *f* volume *m*; intensité *f* du son
lauwarm tiède
Lava *géol f* lave *f*
Lavendel *bot m* lavande *f*
lavieren *mar* louvoyer (*a fig*)
Lawine *f* avalanche *f*
lax relâché; ***~e Moral*** *a* morale facile
Lay-out *n* mise *f* en page
Lazarett *n* hôpital *m* militaire
LCD-Anzeige *f* afficheur *m* LCD
leas|en acheter en crédit-bail; **2ing** *n* crédit-bail *m*, leasing *m*

Leben *n* vie *f*; ***am ~ sein*** être en vie; ***sich das ~ nehmen*** se suicider; ***das tägliche ~*** la vie de tous les jours; ***mein ~ lang*** toute ma vie
leben vivre; ***gut ~*** faire bonne chère; ***von etw ~*** vivre de qc; **~d** vivant; **~dig** vivant; *lebhaft* vif; **2digkeit** *f* vivacité *f*
Lebens|art *f* manière *f* de vivre; *gute* savoir-vivre *m*; **~bedingungen** *f/pl* conditions *f/pl* de vie; **~dauer** *f* durée *f* de vie, longévité *f*; **~erfahrung** *f* expérience *f* de la vie; **~erwartung** *f* espérance *f* de vie; **2fähig** viable; **~frage** *f* question *f* vitale; **~gefahr** *f* danger *m* de mort; ***unter ~*** au péril de ma (sa *etc*) vie; **2gefährlich** très dangereux, mortel; **~gefährte** *m*, **~gefährtin** *f* compagnon *m*, compagne *f*; **2groß** grandeur nature; **~haltungskosten** *pl* coût *m* de la vie; **~kraft** *f* force *f* vitale, vigueur *f*; **~lage** *f* situation *f*; **2länglich** *Strafe* à perpétuité; **~lauf** *m* curriculum *m* vitæ; **2lustig** heureux de vivre; **~mittel** *n/pl* vivres *m/pl*, denrées *f/pl* alimentaires; **~mittelgeschäft** *n* épicerie *f*, magasin *m* d'alimentation; **~mittelhändler** *m* épicier *m*; **2müde** las de vivre, dégoûté de la vie; **~notwendigkeit** *f* nécessité *f* vitale; **~qualität** *f* qualité *f* de la vie; **~retter** *m* sauveteur *m*; **~standard** *m* niveau *m* de vie; **~unterhalt** *m* subsistance *f*; ***seinen ~ verdienen*** gagner sa vie; **~versicherung** *f* assurance *f* vie; **~weise** *f* manière *f* de vivre; **2wichtig** vital; **~zeichen** *n* signe *m* de vie; **~zeit** *f* durée *f* de la vie; ***auf ~*** à vie
Leber *f* foie *m*; **~fleck** *m* grain *m* de beauté; **~tran** *m* huile *f* de foie de morue
Lebe|wesen *n* être *m* vivant; **~wohl** *n* adieu *m*
lebhaft vif; *Verkehr* intense; **2igkeit** *f* vivacité *f*
Leb|kuchen *m* pain *m* d'épice; **2los** inanimé; **~zeiten** *pl* ***zu seinen ~*** de son vivant; ***zu ~ seines Vaters*** du vivant de son père
lechzen ***nach etw ~*** être avide de qc
leck ***~ sein*** avoir une fuite, fuir
Leck *n* fuite *f*; *mar* voie *f* d'eau
lecken 1. *leck sein* avoir une fuite, fuir; **2.** *mit der Zunge* (***sich ~*** se) lécher
lecker délicieux, appétissant; **2bissen** *m* friandise *f*

L

Leder *n* cuir *m*; *weiches* peau *f*; **~hose** *f* culotte *f* de cuir *od* de peau; **~n** de *od* en cuir; **~sessel** *m* fauteuil *m* de cuir; **~waren** *pl* articles *m*/*pl* de cuir
ledig célibataire
lediglich uniquement, seulement
leer vide; ~ ***stehend*** *Wohnung* vide, vacant
Leere *f* vide *m*
leer|en (***sich*** ~ se) vider; *räumen* évacuer; ***den Briefkasten*** ~ faire la levée du courrier; **~gut** *n* emballage *m*; **~lauf** *m tech* marche *f* à vide; *auto* point *m* mort; **~taste** *f* barre *f* d'espacement; **~ung** *f Post* levée *f*
legal légal; **~isieren** légaliser; **~isierung** *f* légalisation *f*; **~ität** *f* légalité *f*
Legasthen|ie *f* dyslexie *f*; **~iker** *m* dyslexique *m*
legen mettre; *bedächtig* poser; *flach* coucher; (***Eier***) ~ pondre (des œufs); ***sich schlafen*** ~ se coucher; ***sich*** ~ *Person* s'allonger; *Gewitter* s'arrêter; *Schmerzen* se calmer
Legende *f* légende *f*
leger décontracté, F relax(e); ⚠ *nicht* ***léger***
Leggins *pl* caleçon *m*
Legierung *f* alliage *m*
Legislative *f* (pouvoir *m*) législatif *m*
legitim légitime; **~ität** *f* légitimité *f*
Lehm *m* glaise *f*; **~ig** glaiseux
Lehn|e *f Rücken*~ dos *m*; dossier *m*; **~en** appuyer (***an*** contre), adosser (à); ***sich*** ~ ***an*** s'appuyer contre, s'adosser à; ***sich aus dem Fenster*** ~ se pencher par la fenêtre; **~sessel** *m* fauteuil *m*
Lehrbuch *n* manuel *m*, méthode *f*, cours *m*
Lehre *f Belehrung* leçon *f*; *System* doctrine *f*; *Lehrzeit* apprentissage *m*; *Messinstrument* calibre *m*, jauge *f*
lehren ***j-n etw*** ~ enseigner *od* apprendre qc à qn
Lehrer|(in *f*) *m* professeur *m* (*a von Frauen*), maître *m*, -sse *f*; *Grundschul*~ instituteur *m*, -trice *f*; **~mangel** *m* manque *m* de professeurs, pénurie *f* de maîtres; **~zimmer** *n* salle *f* des professeurs
Lehr|fach *n* matière *f* d'enseignement; **~gang** *m* cours *m*; stage *m*; **~herr(in** *f*) *m* patron *m*, -ne *f*; **~körper** *m* personnel *m* enseignant; **~kraft** *f* enseignant *m*; **~ling** *m* apprenti *m*, -e *f*; **~mittel** *n*/*pl* matériel *m* d'enseignement; **~plan** *m* programme *m* scolaire; **~reich** instructif; **~satz** *m* thèse *f*; *math* théorème *m*; **~stelle** *f* place *f* d'apprentissage; **~stuhl** *m* chaire *f*; **~tochter** *f Schweiz* apprentie *f*; **~vertrag** *m* contrat *m* d'apprentissage; **~zeit** *f* apprentissage *m*
Leib *m* corps *m*; *Bauch* ventre *m*; ***bei lebendigem*** ~ tout vivant; ***mit*** ~ ***und Seele*** corps et âme
Leibes|erziehung *f* éducation *f* physique; **~kräfte** *f*/*pl* ***aus*** **~*n*** ***schreien*** crier à tue-tête; **~übungen** *f*/*pl* exercices *m*/*pl* physiques
Leib|gericht *n* plat *m* préféré; **~haftig** en personne, en chair et en os, incarné; **~lich** corporel, physique; **~wächter** *m* garde *m* du corps; **~wäsche** *f* linge *m* de corps
Leiche *f* mort *m*, corps *m* mort, cadavre *m*
leichen|blass blanc comme un linge, blême, livide; **~halle** *f* dépôt *m* mortuaire; **~schauhaus** *n* morgue *f*; **~verbrennung** *f* crémation *f*; **~wagen** *m* corbillard *m*; **~zug** *m* cortège *m od* convoi *m* funèbre
Leichnam *m* corps *m*, cadavre *m*
leicht *Gewicht* léger; *zu tun* facile; ***es fällt mir*** ~ ***zu ...*** je n'ai pas de peine à ...; ~ ***nehmen*** prendre à la légère; ***nimm's*** ~***!*** ne t'en fais pas!, ~ ***verständlich*** facile à comprendre; **~athletik** *f* athlétisme *m*; **~fertig** léger, étourdi; **~gewicht** *n Sport* poids *m* léger; **~gläubig** crédule; **~igkeit** *f* légèreté *f*; *Mühelosigkeit* facilité *f*; **~metall** *n* métal *m* léger; **~sinn** *m* étourderie *f*, légèreté *f*; **~sinnig** étourdi, F tête en l'air, insouciant
leid ***etw*** ~ ***sein*** en avoir marre de qc
Leid *n* chagrin *m*, douleur *f*, malheur *m*; ***es tut mir*** ~, ***dass*** *od* ***zu*** je regrette que (+ *subj*) *od* de (+ *inf*); ***das tut mir*** ~ j'en suis désolé; ***du tust mir*** ~ tu me fais pitié
leiden 1. souffrir (***an***, ***unter*** de); ***ich kann ihn nicht*** ~ je ne peux pas le souffrir; **2.** ~ *n* souffrance *f*, douleur *f*; *méd* affection *f*; **~d** souffrant; **~schaft** *f* passion *f*; **~schaftlich** passionné
leider malheureusement; **~*!*** *a* hélas!
leidlich passable
Leid|tragende(r) *m*, *f fig* ***er ist der***

Leidtragende dabei c'est lui qui en fait les frais; **~wesen** *n* ***zu meinem ~*** à mon grand regret

Leierkasten *m* orgue *m* de Barbarie

Leih|bücherei *f* bibliothèque *f* de prêt; **2en** ***j-m etw ~*** prêter qc à qn; ***etw von j-m ~*** emprunter qc à qn; **~gebühr** *f* frais *m/pl* de location; **~haus** *n* mont-de-piété *m*; **~mutter** *f* mère *f* porteuse; **~wagen** *m* voiture *f* de location; **2weise** à titre de prêt

leihen: *emprunter* oder *prêter?*

In der deutschen Sprache wird häufig nicht unterschieden, ob man beim Vorgang des Leihens derjenige ist, der eine Sache **verleiht,** oder ob man derjenige ist, der eine Sache **ausleiht.** In beiden Fällen ist es üblich, das Verb **leihen** zu verwenden.

Im Französischen muss man hier sprachlich sehr genau unterscheiden:

1. Susie hat Jacques ihr Fahrrad geliehen (Susie hat etwas **ver**liehen):
Susie a prêté son vélo à Jacques.

2. Jacques hat dieses Fahrrad von Susie geliehen (Jacques hat etwas **aus**geliehen):
Jacques a emprunté ce vélo à Susie.

Leim *m* colle *f*; **2en** coller; *reinlegen* F duper

Leine *f* corde *f*; *Hunde2* laisse *f*

Lein|en *n* toile *f*, lin *m*; ***in ~ gebunden*** relié en toile; **2en** de *od* en toile; **~samen** *bot m* graine *f* de lin; **~wand** *f* toile *f*; *Film* écran *m*

leise bas; *schwach* faible, léger; ***mit ~r Stimme*** à voix basse; ***~r stellen*** baisser

Leiste *f Holz2* liteau *m*; *Zier2* baguette *f*; *Körpergegend* aine *f*

leisten faire; *vollbringen* accomplir; *Dienst* rendre; *Hilfe* prêter; ***sich etw ~*** se payer, s'offrir, s'accorder qc; *Schule* ***er könnte mehr ~*** il pourrait faire davantage

Leistung *f große* performance *f*, exploit *m*; *Arbeits2* travail *m* (accompli); *écon* rendement *m*; *tech* puissance *f*; *in Geld* prestation *f*; *Schule* **~en** *pl* résultats *m/pl* obtenus; **~sdruck** *m* contrainte *f* d'obtenir de bons résultats; **2sfähig** performant, efficace, efficient, productif; **~sfähigkeit** *f* efficacité *f*, productivité *f*, rendement *m*; **~skurs** *m Schule* matière *f* principale (dans le second cycle), option *f* renforcée; **~sprämie** *f* prime *f* de rendement; **~ssport** *m* sport *m* de compétition

Leit|artikel *m* éditorial *m*, article *m* de fond; **~bild** *n* modèle *m*

leiten diriger; *verwalten* gérer; *tech* conduire; *fig* guider; **~d** *Stellung* dirigeant; ***~er Angestellter*** *m* cadre *m* (supérieur)

Leiter[1] *f* échelle *f*

Leiter[2] *m*, **~in** *f* directeur *m*, -trice *f*, chef *m*, gérant *m*; *nur m phys* conducteur *m*

Leit|faden *m* guide *m*, manuel *m*; **~gedanke** *m* idée *f* directrice, idée *f* maîtresse; **~motiv** *mus n* motif *m* dominant; leitmotiv *m* (*a fig*); **~planke** *f* glissière *f* de sécurité; **~spruch** *m* devise *f*

Leitung *f Führung* direction *f*; *Wasser2*, *Gas2* conduite *f*; *Strom2*, *tél* ligne *f*; **~swasser** eau *f* du robinet

Lektion *f* leçon *f*

Lektor(in *f*) *m* lecteur *m*, -trice *f*

Lektüre *f* lecture *f*

Lemming *m* lemming *m*

Lende *f Rind* longe *f*, filet *m*; **~n** *pl Körpergegend* lombes *m/pl*, reins *m/pl*; **~nschurz** *m* pagne *m*

lenk|en diriger, guider; *auto* conduire, piloter; **2er(in** *f*) *m* conducteur *m*, -trice *f*; *nur m Lenkstange* guidon *m*; *Lenkrad* volant *m*; **2rad** *n* volant *m*; **2stange** *f Fahrrad* guidon *m*; **2ung** *f auto* direction *f*

Leopard *zo m* léopard *m*

Lerche *zo f* alouette *f*

lernen apprendre; ***er lernt leicht*** il a des facilités pour apprendre; ***schwimmen ~*** apprendre à nager

Lern|mittelfreiheit *f* gratuité *f* des fournitures et livres scolaires; **~programm** *n* didacticiel *m*

lesbar lisible
Lesb|ierin *f* lesbienne *f*; **♀isch** lesbien
Lese|buch *n* livre *m* de lecture; **~lampe** *f* lampe *f* de lecture
lesen lire; ***Ähren* ~** glaner; **~swert** qui vaut la peine *od* digne d'être lu
Leser(in *f*) *m* lecteur *m*, -trice *f*
Lese|ratte *f* F rat *m* de bibliothèque; **~rbriefe** *m*/*pl* courrier *m* des lecteurs; **♀rlich** lisible; **~stoff** *m* lecture *f*; **~zeichen** *n* signet *m*
Lesung *f* lecture *f*; *pol* ***in erster* ~** en première lecture
Lettland *n* la Lettonie
letzt dernier; ***zum ~en Mal*(e)** pour la dernière fois; ***in ~er Zeit*** récemment; F ***das ist das ♀e!*** c'est impossible!; ***zu guter* ♀** à la fin; **~ens** l'autre jour; **~lich** en fin de compte
Leucht|e *f* lampe *f*; *fig* ***er ist keine* ~** ce n'est pas une lumière; **♀en** luire, briller; éclairer (***j-m*** qn); **♀end** lumineux (*a fig*); **~er** *m* chandelier *m*, bougeoir *m*, *mehrarmiger* flambeau *m*; **~farbe** *f* couleur *f* fluorescente; **~feuer** *n aviat* balise *f*; *mar* fanal *m*; **~reklame** *f* réclame *f* lumineuse; **~röhre** *f* tube *m* néon; **~stift** *m* surligneur *m*; **~turm** *m* phare *m*; **~zifferblatt** *n* cadran *m* lumineux
leugnen nier
Leukämie *méd f* leucémie *f*
Leukoplast *n* sparadrap *m*
Leumund *m* réputation *f*
Leute *pl* gens *m*/*pl* (*vorangehendes adj f*/*pl*), monde *m*; ***junge* ~** des jeunes gens
Lexikon *n* dictionnaire *m*
Libanon ***der* ~** le Liban
Libelle *zo f* libellule *f*
liberal libéral; **♀ismus** *m* libéralisme *m*
Libero *m* libéro *m*
Libyen *n* la Libye
Licht **1.** *n* lumière *f*; *Tages♀* jour *m*; ***~ machen*** allumer la lumière; *fig* ***j-n hinters ~ führen*** mystifier qn; ***grünes ~ geben*** donner le feu vert; **2.** ♀ *adj* lumineux, clair
Licht|bild *n* photo(graphie) *f*; *Dia* diapo(sitive) *f*; **~bildervortrag** *m* conférence *f* avec projections; **~blick** *m fig* lueur *f* d'espoir, éclaircie *f*; **♀empfindlich** sensible à la lumière
lichten *Anker* lever; *Wald* éclaircir; ***sich ~*** *Haare etc* s'éclaircir
licht|erloh ***~ brennen*** être tout en flammes (*a fig*); **♀geschwindigkeit** *phys f* vitesse *f* de la lumière; **♀hupe** *f* ***die ~ betätigen*** faire un appel de phares; **♀jahr** *astr n* année-lumière *f*; **♀maschine** *f auto* dynamo *f*; **♀schalter** *m* interrupteur *m*; **♀schein** *m* lueur *f*; **~scheu** qui craint la lumière du jour; **♀schutzfaktor** *m* indice *m* de protection; **♀strahl** *m* rayon *m* de lumière
Lichtung *f im Wald* clairière *f*
Lid *n* paupière *f*; **~schatten** *n* ombre *f* à paupières
lieb cher; *geliebt* chéri; *nett*, *artig* gentil; ***der ~e Gott*** le bon Dieu; ***sei bitte so ~ und*** ... sois gentil et ... (*od* de + *inf*); *Brief* ***~er Paul*** cher Paul; ***~ gewinnen*** prendre en affection; ***~ haben*** aimer
Liebe *f* amour *m* (*pl oft f*; ***zu*** de); ***~ auf den ersten Blick*** coup *m* de foudre
lieben (***sich* ~** s')aimer; *sexuell* faire l'amour (avec qn)
liebenswürdig aimable; **♀keit** *f* amabilité *f*
lieber plutôt; ***~ haben*** *od* ***mögen*** aimer mieux (***als*** que), préférer (***als*** à); ***etw ~ tun*** aimer mieux *od* préférer faire qc; ***du solltest* ~** ... tu ferais mieux de (+ *inf*)
Liebes|brief *m* lettre *f* d'amour; **~erklärung** *f* déclaration *f* (d'amour); **~kummer** *m* ***~ haben*** avoir un chagrin d'amour; **~paar** *n* couple *m* d'amoureux
lieb|evoll affectueux; **♀haber** *m e-r Frau* amoureux *m*, amant *m*; *e-r Kunst* amateur *m*; **♀haberei** *f* violon *m* d'Ingres, F dada *m*; **~kosen** caresser; **♀kosung** *f* caresse *f*; **~lich** gracieux, agréable; *Gegend* charmant; **♀ling** *m* favori *m*, -te *f*; préféré *m*, -e *f*; chouchou *m*, -te *f* F; *Anrede* chéri *m*, -e *f*; **♀lingsbeschäftigung** *f* passe-temps *m* favori, violon *m* d'Ingres; **♀lingsgericht** *cuis n* plat *m* préféré; **~los** sans cœur, sans amour; **♀reiz** *m* charmes *m*/*pl*; **~reizend** charmant; **♀schaft** *f* liaison *f*; **♀ste(r)** *m*, *f* bien-aimé *m*, -e *f*
Liechtenstein *n* le Liechtenstein
Lied *n* chanson *f*; chant *m*; *Kirchen♀* cantique *m*
Liederabend *m* récital *m* de chant
liederlich *unmoralisch* dissolu, débauché; *Arbeit* bâclé

L

Liedermacher *m* compositeur *m* de chansons
Liefer|ant *m* fournisseur *m*; **2bar** disponible; **~frist** *f* délai *m* de livraison
liefer|n livrer; fournir (*a Beweis*); **2ung** *f* livraison *f*; **2wagen** *m* camionnette *f*, fourgonnette *f*
Liege *f* divan *m*
liegen *Lebewesen* être couché; *Ort* être situé; *Sache* se trouver; ***es liegt Schnee*** il y a de la neige; ***mir liegt viel daran*** j'y tiens beaucoup; ***~ bleiben*** *Person* rester couché; *Ware* ne pas se vendre; *Arbeit* rester en souffrance; ***~ lassen*** laisser; *vergessen* oublier; *fig* ***j-n links ~ lassen*** ignorer qn
Liege|stuhl *m* chaise *f* longue, transatlantique *m*; **~stütz** *m Sport* traction *f*; ***~e*** *pl* F pompes *f/pl*; **~wagen** *m* voiture-couchettes *f*
Lift *m* ascenseur *m*; *Ski* remonte-pente *m*
Liga *f* ligue *f*; *Sport* division *f*
Likör *m* liqueur *f*; ⚠ ***la*** liqueur
lila lilas, mauve
Lilie *bot f* lis *m*, *a* lys *m*
Limonade *f* limonade *f*
Limousine *auto f* berline *f*
Linde *bot f* tilleul *m*
linder|n soulager, apaiser, adoucir; **2ung** *f* soulagement *m*, apaisement *m*, adoucissement *m*
Lineal *n* règle *f*
Linguistik *f* linguistique *f*
Linie *f* ligne *f*; ***auf seine ~ achten*** faire attention à sa ligne; **~nflug** *aviat m* vol *m* régulier; **~nrichter** *Sport m* juge *m* de touche
lin(i)ieren régler
Linke ***die ~*** la (main) gauche; *pol* la gauche
link|e gauche; **~en** F baiser; **2e(r)** *pol m* partisan *m* de la gauche; **~isch** maladroit, gauche, F empoté
links à gauche; ***~ von*** à gauche de; ***von ~ nach rechts*** de gauche à droite; *pol* ***~ stehen*** être à gauche; **2außen** *m Fußball* ailier *m* gauche; **2händer(in** *f*) *m* gaucher *m*, -ère *f*
Linse *f bot*, *Optik* lentille *f*
Lippe *f* lèvre *f*; **~nbekenntnis** *n* aveu *m* du bout des lèvres; **~npflegestift** *m* pommade *f* pour les lèvres; **~nstift** *m* bâton *m* de rouge, rouge *m* à lèvres
liquidieren liquider
lispeln zézayer, zozoter F
List *f* ruse *f*, astuce *f*
listig rusé, astucieux, finaud
Litauen *n* la Lituanie
Liter *n od m* litre *m*
litera|risch littéraire; **2tur** *f* littérature *f*; **2turpreis** *m* prix *m* littéraire; ⚠ *Schreibung* li**tt**éraire, li**tt**érature
Litfaßsäule *f* colonne *f* d'affiches, colonne *f* Morris
live *TV* en direct
Lizenz *f* licence *f*
Lkw *m* camion *m*, poids *m* lourd
Lob *n* louange *f*, éloge *m*; **2en** faire l'éloge de, louer; **2enswert** digne de louanges, louable
löblich louable
Loch *n* trou *m*; *fig Elendswohnung* taudis *m*; **2en** poinçonner, perforer; **~er** *m* perforatrice *f*
Locke *f* boucle *f*
locken **1.** *Haar* (***sich ~*** se) boucler; **2.** *an sich ziehen* attirer; **2kopf** *m* tête *f* bouclée *od* frisée; **2wickler** *m* bigoudi *m*
lock|er lâche; relâché (*a fig Moral*); *entspannt* relax(e) F; **~ern** (***sich ~*** se) relâcher; *Sport* (s')assouplir; *Schraube, Knoten* (se) desserrer; **2erungsübungen** *Sport f/pl* exercices *m/pl* d'assouplissement; **~ig** bouclé; **2mittel** *n* appât *m*, leurre *m*
lodern flamber
Löffel *m* cuiller *f od* cuillère *f*; ***ein ~ voll*** une cuillerée; **2n** manger à la cuiller
Logbuch *mar n* journal *m od* livre *m* de bord
Loge *f* loge *f*
Logi|k *f* logique *f*; **2sch** logique; **2scherweise** logiquement
Lohn *m* salaire *m*, paye *od* paie *f*; *Belohnung* récompense *f*; **~ausgleich** *m* ajustage *m* des salaires; ***bei vollem ~*** sans perte de salaire; **~empfänger** *m* salarié *m*; **2en** être payant *od* rentable; valoir la peine *od* F le coup; ***das lohnt sich*** cela vaut la peine; ***der Film lohnt sich*** le film vaut la peine d'être vu; **2end** payant, rentable, rémunérateur, profitable; **~erhöhung** *f* augmentation *f* (de salaire); **~steuer** *f* impôt *m* sur le revenu; **~steuerjahresausgleich** *m* remboursement *m* annuel du trop-perçu; **~steuerkarte** *f* fiche *f* fiscale; **~stopp** *m* blocage *m* des salaires;

~tüte *f* enveloppe *f* de paye, paye *f*
Loipe *f* piste *f* de ski de fond, loipe *f*
Lokal **1.** *n Gaststätte* restaurant *m*, café *m*; **2.** ≈ *adj* local
Lokomotiv|e *f* locomotive *f*; **~führer** *m* mécanicien *m*
London Londres
Lorbeer *bot m* laurier *m*
Los *n Schicksal* sort *m*, destin *m*, destinée *f*; *Lotterie*≈ billet *m* de loterie; ***das große ~ ziehen*** gagner le gros lot (*a fig*)
los *abgetrennt* détaché; ***~!*** allez!; allons(-y)!; ***was ist ~?*** qu'est-ce qu'il y a?; ***etw, j-n ~ sein*** être débarrassé de qc, qn; ***was ist mit dir ~?*** qu'est-ce qui t'arrive?; ***hier ist nicht viel ~*** il ne se passe pas grand-chose ici
losbinden délier, détacher
Lösch|apparat *m* extincteur *m*; **≈en** éteindre; *Tonband* effacer; *Datei* supprimer; *Speicher* remettre à zéro; *Datenträger* effacer; *Durst* étancher, apaiser; ***den Durst ~ a*** se désaltérer; **~papier** *n* buvard *m*; **~taste** *f* touche *f* de suppression
lose lâche; *beweglich* mobile; *leichtfertig* frivole
Lösegeld *n* rançon *f*
losen tirer au sort (***um etw*** qc)
lösen (***sich ~*** se) détacher (***von*** de); *lockern* (***sich ~*** se) desserrer; *schmelzen* (***sich ~*** se) dissoudre; *Vertrag* annuler; *Aufgabe* résoudre; *Rätsel* deviner; *Fahrkarte* prendre, acheter
los|fahren démarrer, partir; **~gehen** *aufbrechen* s'en aller, partir; *anfangen* commencer; *Feuerwaffe* partir; ***auf j-n ~*** aller droit *od* foncer sur qn; **~kaufen** racheter; **~ketten** déchaîner; **~kommen** arriver à se détacher (***von*** de); **~lassen** lâcher; **~legen** F démarrer
löslich soluble
los|lösen détacher; **~machen** défaire, détacher; **~reißen** arracher; **~schnallen** ***sich ~*** défaire sa ceinture (de sécurité); **~schrauben** dévisser; **~stürzen** partir en vitesse; ***auf j-n ~*** se précipiter sur qn
Losung *f Wahlspruch* mot *m* d'ordre; *Kennwort* mot *m* de passe
Lösung *f* solution *f* (*a chim*); **~smittel** *n* solvant *m*
los|werden se débarrasser de; **~ziehen** *weggehen* s'en aller, partir; *mit Worten* se déchaîner (***über, gegen*** contre)
Lot *n Bleigewicht* (fil *m* à) plomb *m*; *math* perpendiculaire *f*
löten souder
Lothring|en *n* la Lorraine; **~er(in** *f*) *m* Lorrain *m*, -e *f*; **≈isch** lorrain
Lötkolben *m* fer *m* à souder
Lotse *m* pilote *m*; *Flug*≈ aiguilleur *m* du ciel
Lotterie *f* loterie *f*; **~gewinn** *m* gain *m* à la loterie; **~los** *n* billet *m* de loterie
Lotto *n* loto *m*; ***im ~ spielen*** jouer au loto; **~schein** *m* billet *m* de loto
Löw|e *zo m*, **~in** *f* lion *m*, -ne *f*; *astr* Lion *m*; **~enzahn** *bot m* pissenlit *m*
Luchs *zo m* lynx *m*
Lücke *f* lacune *f*; *fig a* vide *m*; *Zahn*≈ brèche *f*; **~nbüßer** *m* bouche-trou *m*; **≈nhaft** plein de lacunes, incomplet; *Gedächtnis* défaillant; **≈nlos** sans lacunes, complet
Ludwig *m* Louis *m*
Luft *f* air *m*; ***an der frischen ~*** au grand air, en plein air; ***die ~ anhalten*** retenir sa respiration; ***frische ~ schöpfen*** prendre l'air; ***in die ~ sprengen*** faire sauter; ***j-n wie ~ behandeln*** ignorer qn; ***j-n an die ~ setzen*** flanquer qn à la porte; **~angriff** *m* raid *m* aérien, attaque *f* aérienne; **~ballon** *m* ballon *m*; **~bild** *n* photo *f* aérienne; **~blase** *f* bulle *f* d'air; **~brücke** *f* pont *m* aérien; **≈dicht** hermétique; **~druck** *m* pression *f* atmosphérique
lüften aérer; *fig Geheimnis* dévoiler
Luft|fahrt *f* aviation *f*, aéronautique *f*; **~feuchtigkeit** *f* humidité *f* de l'air; **~gewehr** *n* carabine *f* à air comprimé; **≈ig** bien aéré; *Kleidung* léger; **~kissenfahrzeug** *n* aéroglisseur *m*; **≈krank** ***~ sein*** avoir le mal de l'air; **~kurort** *m* station *f* climatique; **≈leer** vide (d'air); ***~er Raum*** vide *m*; **~linie** *f* ***50 km ~*** 50 km à vol d'oiseau; **~loch** *n* trou *m* d'air; **~matratze** *f* matelas *m* pneumatique; **~pirat** *m* pirate *m* de l'air; **~post** *f* poste *f* aérienne; ***mit ~*** par avion; **~pumpe** *f* pompe *f* (à pneus); **~reinhaltung** *f* protection *f* de l'air; **~röhre** *f* trachée(-artère) *f*; **~schlösser** *n/pl* ***~ bauen*** faire des châteaux en Espagne; **~spiegelung** *f* mirage *m*
Lüftung *f* ventilation *f*, aération *f*
Luft|veränderung *f* changement *m*

d'air; **~verkehr** *m* trafic *m* aérien; **~verschmutzung** *f* pollution *f* de l'air; **~waffe** *mil f* armée *f* de l'air; **~weg** *m* ***auf dem ~*** par air; **~zug** *m* courant *m* d'air
Lüge *f* mensonge *m*
lügen mentir; ***das ist gelogen*** c'est un mensonge
Lügendetektor *m* détecteur *m* de mensonge
Lügner(in *f*) *m* menteur *m*, -euse *f*
Luke *f Fenster* lucarne *f*; *mar* écoutille *f*
Lümmel *péj m* mufle *m*, rustre *m*, malotru *m*; **2n** ***sich ~*** se vautrer
Lump *m* gredin *m*, vaurien *m*
Lump|en *m* chiffon *m*; *pl zerlumpte Kleider* guenilles *f/pl*, haillons *m/pl*; **2ig** *fig* misérable
Lunge *f* poumon *m*; **~nentzündung** *f* pneumonie *f*
lungern traîner
Lupe *f* loupe *f*; *fig* ***unter die ~ nehmen*** examiner sur toutes les coutures
Lust *f Freude* plaisir *m*; *Verlangen* envie *f*; *sinnliche* désir *m*; ***~ auf*** *od* ***zu etw haben*** avoir envie de qc; ***~ haben, etw zu tun*** avoir envie de faire qc; ***zu nichts ~ haben*** n'avoir goût à rien
Lüsterklemme *f* domino *m*
lüstern lascif, lubrique; **2heit** *f* lascivité *f*
lustig gai, joyeux, amusant, drôle; ***sich ~ machen über*** se moquer de
Lüstling *m* satyre *m*
lust|los sans entrain; **2mord** *m* assassinat *m* avec viol; **2spiel** *n* comédie *f*
Luther|aner(in *f*) *m* luthérien *m*, -ne *f*; **2isch** luthérien
lutsch|en sucer; ***am Daumen ~*** sucer son pouce; **2er** *m* sucette *f*
Lüttich Liège
Luv *mar f* côté *m* du vent
Luxemburg *n* le Luxembourg; **~er(in** *f*) *m* Luxembourgeois *m*, -e *f*; **2isch** luxembourgeois
luxuriös luxueux; ⚠ *nicht* **luxurieux**
Luxus *m* luxe *m*; **~artikel** *m* article *m* de luxe
Luzern Lucerne
lynchen lyncher
Lyrik *f* poésie *f* lyrique; *Ausdrucksart* lyrisme *m*; **~er(in** *f*) *m* poète *m* lyrique
lyrisch lyrique

M

M

Maas *f* Meuse *f*
Mach|art *f* façon *f*; **2bar** faisable; *Plan* réalisable
machen faire; *Prüfung* passer; *mit adj* rendre; ***j-n glücklich ~*** rendre qn heureux; ***was*** *od* ***wie viel macht das?*** ça fait combien?; ***das macht nichts*** cela ne fait rien; *nach Entschuldigung* il n'y a pas de mal; ***mach dir nichts daraus!*** ne t'en fais pas!; ***da kann man nichts ~*** on ne peut rien y faire; tant pis!; ***mach mal*** *od* ***schon!*** vas-y!; ***mach's gut!*** bonne chance!, bon courage!
Macho *m* F macho *m*
Macht *f* pouvoir *m*; *Staat* puissance *f*; ***an der ~ sein*** être au pouvoir; **~haber** *m* détenteur *m* du pouvoir, dirigeant *m*
mächtig puissant; *fig* énorme, massif
Macht|kampf *m* lutte *f* pour le pouvoir; **2los** impuissant; **~probe** *f* épreuve *f* de force; **~übernahme** *pol f* prise *f* du pouvoir; **~wechsel** *pol m* changement *m* de gouvernement; **~wort** *n* ***ein ~ sprechen*** faire acte d'autorité
Madagaskar *n* Madagascar
Mädchen *n* jeune fille *f*; *Gegensatz zu Junge* fille *f*; ***kleines ~*** petite fille *f*, fillette *f*; *Dienst2* bonne *f*; **~name** *m* nom *m* de jeune fille
Made *zo f* ver *m*, asticot *m*
madig *Früchte* véreux; *fig* ***~ machen*** dénigrer
Mafia *f* maffia *f*
Mafioso *m* maffioso *m*
Magazin *n* magasin *m*, dépôt *m*; *Zeitschrift* magazine *m*
Magen *m* estomac *m*; **~beschwerden** *pl* indigestion *f*, embarras *m* gastrique;

~-Darm-Infektion *méd f* gastro-entérite *f*; **~geschwür** *méd n* ulcère *m* d'estomac; **~krebs** *méd m* cancer *m* de l'estomac; **~schmerzen** *m/pl* maux *m/pl* d'estomac; F mal *m* au ventre

machen

Im Deutschen kann man jemanden zum Vorsitzenden machen; man kann aber auch jemanden glücklich machen. Im Französischen braucht man dafür unterschiedliche Verben:

1. jemanden zum Vorsitzenden machen – ***faire quelqu'un président*** *(faire + substantif)*:

Sie machten Oliver zum Vorsitzenden des Sportvereins. – *Ils ont fait Oliver président du club de sport.*

2. jemanden glücklich machen – ***rendre quelqu'un heureux*** *(rendre + adjectif)*:

Er versteht es, seine Frau glücklich zu machen. – *Il sait comment rendre sa femme heureuse.*

mager maigre; **2keit** *f* maigreur *f*; **2milch** *f* lait *m* écrémé; **2sucht** *f* anorexie *f*
Mag|ie *f* magie *f*; **2isch** magique
Magister *m Universitätsgrad* maîtrise *f*; *östr cf* ***Apotheker***
Magnet *m* aimant *m* (*a fig*); **~band** *n* bande *f* magnétique; **2isch** magnétique; **~karte** *f* carte *f* magnétique; **~nadel** *f* aiguille *f* aimantée; **~streifen** *m* piste *f* magnétique
Mahagoni *n* acajou *m*
mäh|en *Gras* faucher; *Rasen* tondre; *Getreide* moissonner; **2drescher** *m* moissonneuse-batteuse *f*
Mahl *n* repas *m*
mahlen moudre
Mahlzeit *f* repas *m*; **~!** bon appétit!
Mähne *f* crinière *f*; *von Menschen* tignasse *f*
mahn|en ***j-n an etw*** ~ rappeler qc à qn; ***zu etw*** ~ exhorter à qc; **2ung** *f* avertissement *m*; exhortation *f*; *comm* sommation *f*
Mai *m* mai *m*; ***der Erste*** ~ le Premier mai; ***im*** ~ en mai; ***am 6.*** ~ le 6 mai; ***der 6.*** ~ ***1996*** le 6 mai 1996; **~glöckchen** *bot n* muguet *m*; **~käfer** *zo m* hanneton *m*
Mailand Milan
Mailbox *f* boîte *f* aux lettres électronique; **~ing** *n* mailing *m*
Main ***der*** ~ le Main
Mainz Mayence
Mais *bot m* maïs *m*; **~kolben** *m* épi *m* de maïs
Majestät *f* majesté *f*; *Anrede* Sire!
Majonäse *cuis f* mayonnaise *f*
Majoran *bot m* marjolaine *f*
makaber macabre
Makel *m* tache *f*, défaut *m*; **2los** sans défaut, parfait, irréprochable
Make-up *n* maquillage *m*
Makkaroni *cuis pl* macaronis *m/pl*
Makler *comm m* courtier *m*; *Börse* agent *m* de change; *Immobilien* agent *m* immobilier
Makrele *zo f* maquereau *m*
Makro *EDV n* macro *f*
Mal[1] **1.** *n* fois *f*; ***ein für alle*** **~(e)** une fois pour toutes; ***zum ersten (letzten)*** ~ pour la première (dernière) fois; ***jedes*** ~ chaque fois; ***das nächste*** ~ la prochaine fois; ***mit e-m*** ~ tout d'un coup; **2.** 2 *math* fois; ***zwei*** ~ ***fünf ist zehn*** deux fois cinq font dix
Mal[2] *n Zeichen* marque *f*
mal F *cf* ***einmal***; *wird meist nicht übersetzt*
Malaysia *n* la Malaisie
malen peindre
Maler|(in *f***)** *m* peintre *m* (femme *f* peintre); **~ei** *f* peinture *f*; **2isch** pittoresque
Mali *n* le Mali
Malkasten *m* boîte *f* de couleurs
malnehmen multiplier (***mit*** par)
Malta *n* l'île *f* de Malte
Malz *n* malt *m*
Mama *f*, **Mami** *f enf* maman *f*
man on
Management *n* management *m*; ***das mittlere*** ~ les cadres *m/pl* moyens

managen gérer
Manager *m* manager *m*
manch plus d'un, maint; **~e** *pl* certains, *nur adj* quelques; bien des ...; **~erlei** divers, toutes sortes de; **~mal** quelquefois
Mandant *jur m* client *m*, mandant *m*
Mandarine *bot f* mandarine *f*
Mandat *jur, pol n* mandat *m*
Mandel *f bot* amande *f*; *Organ* amygdale *f*
Manege *f Zirkus* piste *f*
Mangel *m Fehler* défaut *m*; *Fehlen* absence *f* (**an** de); *Knappheit* manque *m* (**an** de), pénurie *f* (**an** de); ***aus ~ an*** faute de; **~erscheinung** *f* symptôme *m* de carence; **≗haft** défectueux; *Schulnote* médiocre
mangeln ***es mangelt mir an etw*** je manque de qc; qc me manque
mangels à défaut de, faute de
Mangelware *f* marchandise *f* rare
Mango *bot f* mangue *f*
Mangold *bot m* b(l)ette *f*
Manie *f* manie *f*
Manier *f* manière *f*; ***gute ~en*** bonnes manières, savoir-vivre *m*; ***schlechte ~en*** mauvaises manières
manipulieren manipuler
Manko *n comm* déficit *m*; *fig* manque *m*
Mann *m* homme *m*; *Ehe≗* mari *m*; ***alter ~*** vieillard *m*
Männchen *n* petit homme *m*, bonhomme *m*; *Tier* mâle *m*
Mannequin *n* mannequin *m*
männlich mâle; *gr* masculin
Mannschaft *f Sport, fig* équipe *f*; *mar, aviat* équipage *m*; **~sgeist** *Sport m* esprit *m* d'équipe
Manöv|er *n* manœuvre *f*; ⚠ ***la*** manœuvre; **≗rieren** manœuvrer
Manschette *f* manchette *f*; *tech* joint *m*; **~nknopf** *m* bouton *m* de manchette
Mantel *m* manteau *m*; *Fahrrad* enveloppe *f*, bandage *m*
Manuskript *n* manuscrit *m*
Mäppchen *n Feder≗* trousse *f*
Mappe *f Aktentasche* serviette *f*; *Schul≗* cartable *m*; *Ablege≗* classeur *m*, chemise *f*
Märchen *n* conte *m* (de fée); *fig* ***~ erzählen*** raconter des histoires; **≗haft** fabuleux, féerique, F fantastique
Margarine *f* margarine *f*
Margerite *bot f* marguerite *f*
Marienkäfer *zo m* coccinelle *f*
Marihuana *n* marijuana *f*; ⚠ ***la*** marijuana
Marille *östr f* abricot *m*
Marine *f* marine *f*
Marionette *f* marionnette *f*
Mark[1] *f Geld* mark *m*; ***30 ~*** trente marks; ⚠ ***le*** mark
Mark[2] *n Knochen≗* moelle *f*; *Frucht≗* pulpe *f*
Marke *f comm* marque *f*; *Spiel≗, Kontroll≗* jeton *m*; *Essens≗* ticket *m*; *Brief≗* timbre *m*; **~nartikel** *comm m* article *m* de marque
Marketing *n* marketing *m*
markier|en marquer, repérer; *vortäuschen* jouer, simuler
Markise *f* store *m*
Markt *m* marché *m*; ***auf den ~ bringen*** mettre sur le marché, lancer; **~forschung** *écon f* étude *f* de marché; **~lage** *f* situation *f* du marché, conjoncture *f*; **~platz** *m* place *f* du marché; **~wirtschaft** *f* économie *f* de marché; ***freie ~*** économie libre
Marmelade *f* confiture *f*
Marmor *m* marbre *m*
Marokkan|er(in *f***)** *m* Marocain *m*, -e *f*; **≗isch** marocain
Marokko *n* le Maroc
Marone *f* marron *m*
Marsch *m* marche *f* (*a mus*); ⚠ ***la*** marche
Marsch|befehl *m* ordre *m* de marche; **~flugkörper** *mil m* missile *m* de croisière; **≗ieren** marcher
Marsmensch *m* Martien *m*
Martinique la Martinique
Märtyrer(in *f***)** *m* martyr *m*, -e *f*
Marxis|mus *m* marxisme *m*; **~t(in** *f***)** *m* marxiste *m, f*; **≗tisch** marxiste
März *m* mars *m*; ***im ~*** en mars; ***am 5. ~*** le 5 mars; ***der 5. ~ 1996*** le 5 mars 1996
Marzipan *n* pâte *f* d'amandes
Masche *f* maille *f*; F ***die neueste ~*** le nouveau dada
Maschine *f* machine *f* (*auch Lok, Motorrad*); *Motor* moteur *m*; *Flugzeug* appareil *m*; ***mit der ~ schreiben*** taper à la machine, dactylographier
Maschinen|gewehr *n* mitrailleuse *f*; **≗lesbar** lisible par la machine; **~öl** *n* huile *f* à machine; **~pistole** *f* mitraillette *f*; **~schaden** *m* avarie *f* de machine

Maschineschreiben *n* dactylographie *f*
Masern *méd pl* rougeole *f*
Maserung *f* madrure *f*
Mask|e *f* masque *m*; ⚠ ***le*** masque; **2ieren** masquer; ***sich*** ~ se déguiser (***als*** en)
Masochismus *m* masochisme *m*
Maß[1] *n* mesure *f*; *Mäßigung* modération *f*; ***~e und Gewichte*** poids et mesures; ***nach*** ~ sur mesure; ***in dem ~e wie*** dans la mesure où; ***in hohem ~e*** dans une large mesure; ***in zunehmendem ~e*** de plus en plus; ~ ***halten*** se modérer
Maß[2] *f* litre *m* de bière
Massage *f* massage *m*; ⚠ ***le*** massage
Massaker *n* massacre *m*
Masse *f* masse *f*; *Menschen2* foule *f*; ***die breite*** ~ le grand public
Maßeinheit *f* unité *f* de mesure
Massen|andrang *m* grande affluence *f*; **~arbeitslosigkeit** *f* chômage *m* de masse; **2haft** en masse; **~karambolage** *f* carambolage *m* en série; **~medien** *n/pl* mass media *m/pl*
Masseur(in *f*) *m* masseur *m*, -euse *f*
maß|gebend, ~geblich qui fait auto rité, déterminant, décisif; **~halten** *cf* ***Maß***
massieren masser
massig volumineux, massif
mäßig modéré; *im Essen* frugal, sobre; *Geldsumme* modique; *dürftig* médiocre; **~en** (***sich*** ~ se) modérer; *mildern* tempérer; *Tempo* ralentir; **2ung** *f* modération *f*
massiv 1. massif, solide; *fig* énergique, grossier; **2.** 2 *n Gebirge* massif *m*
Maß|krug *m* chope *f*; **2los** démesuré, sans mesure; **~nahme** *f* mesure *f*; ***~n ergreifen*** prendre des mesures; **~stab** *m Karte* échelle *f*; *fig* norme *f*, critère *m*; **2voll** modéré, mesuré
Mast *m* mât *m* (*a mar*); *Strom2* pylône *m*
mästen engraisser
Masturb|ation *f* masturbation *f*; **2ieren** se masturber
Match *n* match *m*; **~ball** *m Tennis* balle *f* de match
Material *n Werkstoff* matériau *m*; *für geistige Arbeit* matériaux *m/pl*; *Stoff* matière *f*; *Ausrüstung* matériel *m*; **~ismus** *m* matérialisme *m*; **~ist** *m* matérialiste *m*; **2istisch** matérialiste
Materie *f* matière *f*
materiell matériel

Mathemati|k *f* mathématiques *f/pl*, maths *f/pl* F; **~ker** *m* mathématicien *m*; **2sch** mathématique
Matinee *f* séance *f* ayant lieu dans la matinée; ⚠ *nicht* ***matinée***
Matratze *f* matelas *m*
Matrixdrucker *m* imprimante *f* matricielle
Matrose *m* matelot *m*, marin *m*
Matsch *m* boue *f*, gadoue *f*; **2ig** boueux, bourbeux; *Frucht* blet
matt épuisé, abattu, faible; *Farbe*, *Foto* mat; *Glas* dépoli; *Schach* mat
Matte *f* natte *f*; *Fuß2* paillasson *m*; *Sport* tapis *m*; F ***auf der ~ stehen*** être à pied d'œuvre
Matterhorn *n* Cervin *m*
Matura *östr*, *Schweiz f* baccalauréat *m*
Mauer *f* mur *m*; **2n** maçonner
Maul *n* gueule *f*; *Pferd* bouche *f*; P ***halt's ~!*** ferme ta gueule!
maulen F ronchonner, rouspéter
Maul|esel(in *f*) *m* mulet *m*, mule *f*; **~korb** *m* muselière *f*; **~tier** *n* mulet *m*, mule *f*
Maulwurf *m* taupe *f*; **~shaufen** *m*, **~shügel** *m* taupinière *f*
Maurer *m* maçon *m*; **~kelle** *f* truelle *f*
Maus *zo u EDV f* souris *f*; **~efalle** *f* souricière *f*
mausern ***sich*** ~ muer; *fig* faire peau neuve
Maut *ostr f* péage *m*, **~straße** *f* route *f* à péage
maxim|al maximum, maximal; *adv* au maximum; **2um** *n* maximum *m*
Mayonnaise *cuis f* mayonnaise *f*
MB, Mbyte, MByte *n* Mo *m* (= méga-octet)
Mechan|ik *f* mécanique *f*; **~iker** *m* mécanicien *m*; **2isch** mécanique; *gedankenlos* machinal; **~ismus** *m* mécanisme *m*
meckern *Ziege* chevroter; *fig* F rouspéter, râler
Mecklenburg-Vorpommern *n* le Mecklembourg-Poméranie
Medaille *f* médaille *f*
Medien *pl* média(s) *m/pl*; **2wirksam** médiatique
Medikament *n* médicament *m*
meditieren méditer (***über*** sur)
Medium *n zur Information* média *m*; *phys* milieu *m*

M

Medizin *f* médecine *f*; *Arznei* remède *m*; **≈isch** médical; **~technische Assistentin** *f* assistante *f* médicale
Meer *n* mer *f*; ⚠ **la** mer; **~busen** *m* golfe *m*; **~enge** *f* détroit *m*
Meeres|früchte *cuis f/pl* fruits *m/pl* de mer; **~spiegel** *m* niveau *m* de la mer
Meer|rettich *bot m* raifort *m*; **~schweinchen** *zo n* cobaye *m*
Mega|byte *n* méga-octet *m*; **~hertz** *n* mégahertz *m*
Mehl *n* farine *f*; **≈ig** farineux; **~speise** *östr f* entremets *m*
mehr plus, davantage; ***noch*** ~ encore plus; ***immer*** ~ de plus en plus; ~ ***oder weniger*** plus ou moins; ***nicht*** ~ ne ... plus; ~ ***als*** plus que; *vor Zahl* plus de; **≈arbeit** *f* travail *m* supplémentaire; **≈aufwand** *m* surcroît *m* de dépenses; **≈bereichsöl** *n* huile *f* multigrade; **~deutig** ambigu, équivoque; **~ere** plusieurs; **~fach** multiple; *wiederholt* réitéré; *adv* à différentes reprises; **~farbig** polychrome; **≈heit** *f* majorité *f*; **~mals** plusieurs fois; **~platzfähig** *EDV* multiposte; **≈platzrechner** *m* système *m* multiposte; **~sprachig** *Text* plurilingue; *Mensch* polyglotte; **~stimmig** *Chor* à plusieurs voix; **≈wegverpackung** *f* emballage *m* consigné; **≈wertsteuer** *f* taxe *f* à la valeur ajoutée (*abr* T.V.A.); **≈zahl** *gr f* pluriel *m*; ***die*** ~ ***der Leute*** la plupart des gens (+ *Verb im pl*); **≈zweck...** *in Zssgn* à usages multiples; **≈zweckhalle** *f* salle *f* polyvalente
meiden éviter
mein mon, ma, *pl* mes; **~er**, **~e**, **~es**, ***der***, ***die***, ***das*** **~e** *od* **~ige** le mien, la mienne
Meineid *jur m* parjure *m*
meinen être d'avis; *glauben* croire; *denken* penser; *sagen wollen* vouloir dire; ***wie*** ~ ***Sie das?*** qu'est-ce que vous entendez par là?; ***ich habe es nicht so gemeint*** ce n'est pas là ma pensée
mein|erseits de ma part, de mon côté; **~etwegen** à cause de moi; pour moi; quant à moi; **~!** soit!, je le veux bien
Meinung *f* opinion *f*, avis *m*; ***meiner*** ~ ***nach*** à mon avis; ***der*** ~ ***sein, dass*** ... être d'avis que ...; ***seine*** ~ ***ändern*** changer d'avis; ***ich bin ganz Ihrer*** ~ je suis entièrement de votre avis; ***j-m seine*** ~ ***sagen*** dire sa façon de penser à qn

Meinung

1. sagen, dass es sich um die persönliche Meinung handelt:

meiner Meinung nach
à mon avis
ich bin der Meinung, dass
je suis d'avis que (+ **subjonctif**)

2. dafür sein:

Ich bin für Juliettes Vorschlag.
Je suis pour la proposition de Juliette.
Ich finde deine Idee großartig.
Je trouve que ton idée est fantastique.
sich für einen Plan aussprechen
se prononcer pour un plan

3. dagegen sein:

Ich bin dagegen.
Je suis contre.
Ich bin damit nicht einverstanden.
Je ne suis pas d'accord avec ça.
Ich finde es lächerlich, dass Julie nicht zu unserer Party kommt.
Je trouve ridicule que Julie ne vienne pas à notre boum.

4. Wendungen:

seine Meinung äußern
exprimer son opinion
seine Meinung ändern
changer d'opinion
jemandes Ansicht teilen
partager l'opinion de quelqu'un
sich jemandes Meinung anschließen
se rallier à l'opinion de quelqu'un

Meinungs|austausch *m* échange *m* de vues; **~forschung** *f* sondage *m* d'opinion; **~freiheit** *f* liberté *f* d'opinion; **~umfrage** *f* sondage *m* d'opinion; **~verschiedenheit** *f* divergence *f* de vues, désaccord *m*
Meise *zo f* mésange *f*
Meißel *m* ciseau *m*; **2n** ciseler
meist la plupart de; le plus de; (***die***) **~(*e Zeit*)** la plupart du temps; ***die ~e Arbeit*** le plus grand travail; ***die ~en (Arbeiter)*** la plupart (des ouvriers); ***am ~en*** le plus; **~ens** le plus souvent, la plupart du temps, généralement
Meister|(in *f*) *m* maître *m*, -sse *f*; *Sport* champion *m*, -ne *f*; **~schaft** *f* maîtrise *f*; *Sport* championnat *m*; **~stück** *n*, **~werk** *n* chef-d'œuvre *m*
Melanchol|ie *f* mélancolie *f*; **2isch** mélancolique
melden annoncer, rapporter, déclarer, signaler; ***sich ~*** se présenter (***bei*** chez); *brieflich* donner signe de vie; *tél* répondre; *Schule* lever le doigt; *zur Prüfung* se faire inscrire; ***sich zu Wort ~*** demander la parole; ***sich krank ~*** se faire porter malade
Melde|pflicht *f Einwohnermeldeamt* inscription *f* obligatoire; *Krankheit* déclaration *f* obligatoire; **~schluss** *m* clôture *f* des inscriptions
Meldung *f* annonce *f*, rapport *m*, déclaration *f*; *Nachricht* information *f*; *An2* inscription *f*; *EDV* message *m*
meliert ***~es Haar*** cheveux poivre et sel
melken traire
Melod|ie *f* mélodie *f*; **2isch** mélodieux
Melone *f bot* melon *m*; *Wasser2* pastèque *f*; *Hut* chapeau *m* melon
Membran *f* membrane *f*
Memoiren *pl* mémoires *m/pl*
Menge *f* quantité *f*; *große* multitude *f*; *Menschen2* foule *f*; *math* ensemble *m*; F ***e-e Menge*** ... beaucoup de, F pas mal de, un tas de; **2n** mêler, mélanger; **~nlehre** *math f* théorie *f* des ensembles
Mensa *f* restaurant *m* universitaire
Mensch *m* homme, être *m* humain; ***~en*** *pl a* gens *m/pl*; ***kein ~*** personne (+ ne)
Menschen|fresser *m* cannibale *m*; **~kenntnis** *f* ***~ haben*** être bon psychologue; **~kette** *f* chaîne *f* humaine; **~leben** *n* vie *f* humaine; **~menge** *f* foule *f*; **~rechte** *n/pl* droits *m/pl* de l'homme; **~seele** *f* ***es war keine ~ da*** il n'y avait pas âme qui vive; **2unwürdig** indigne d'un être humain, dégradant; **2verachtend** inhumain; **~verstand** *m* ***gesunder ~*** bon sens *m*
Mensch|heit *f* humanité *f*, genre *m* humain; **2lich** humain
Menstruation *f* règles *f/pl*
Mentalität *f* mentalité *f*
Menü *n* menu *m* (*a EDV*); **2gesteuert** commandé par menu
Merkblatt *n* notice *f*
merk|en remarquer, s'apercevoir de; ***sich etw ~*** retenir qc; **~lich** sensible; *sichtlich* visible; **2mal** *n* marque *f*, signe *m*; *Anzeichen* indice *m*; *Eigenart* caractéristique *f*; **~würdig** étrange, curieux, bizarre; **~würdigerweise** curieusement
mess|bar mesurable; **2becher** *m* mesure *f* graduée
Messe *f rel* messe *f*; *Ausstellung* foire *f*, exposition *f*, salon *m*
messen mesurer; ***sich mit j-m ~*** se mesurer avec *od* à qn
Messer *n* couteau *m*; *Kampf* ***bis aufs ~*** au couteau, à mort; ***auf des ~s Schneide stehen*** ne tenir qu'à un fil
Messestand *m* stand *m*
Messgerät *n* appareil *m* de mesure
Messing *n* laiton *m*, cuivre *m* jaune
Messinstrument *n* instrument *m* de mesure
Messung *f* mesurage *m*
Metall *n* métal *m*; **~industrie** *f* industrie *f* métallurgique; **2isch** métallique
Metapher *f* métaphore *f*
Metastase *f* métastase *f*
Meteorologie *f* météorologie *f*
Meter *n od m* mètre *m*; **~maß** *n* mètre *m*
Method|e *f* méthode *f*; **2isch** méthodique
Metzger *m* boucher *m*; **~ei** *f* boucherie *f*
Meute *f* meute *f*
Meuter|ei *f* mutinerie *f*; **2n** se mutiner (***gegen*** contre)
Mexikan|er(in *f*) *m* Mexicain *m*, -e *f*; **2isch** mexicain
Mexiko *n* le Mexique; *Stadt* Mexico
MHz *n* MHz (= mégahertz)
miau miaou; **~en** miauler
mich me (*vor Vokal* m'); moi
Midlife-Crisis *f* crise *f* de la quarantaine

M

Miene *f* air *m*, mine *f*; ***gute ~ zum bösen Spiel machen*** faire contre mauvaise fortune bon cœur
mies mauvais; F moche; **≈macher** *m* défaitiste *m*, pessimiste *m*
Miete *f* location *f*; *Preis* loyer *m*, (prix *m* de) location *f*; ***zur ~ wohnen*** être locataire
miet|en louer; **≈er(in** *f*) *m* locataire *m, f*
Miet|preis *m* loyer *m*; **~shaus** *n* maison *f* de rapport; **~vertrag** *m* contrat *m* de location; **~wohnung** *f* appartement *m* loué
Migräne *méd f* migraine *f*
Mikro *n* F micro *m*
Mikrobe *f* microbe *m*; ⚠ ***le*** microbe
Mikro|chip *m* puce *f*; **~computer** *m* micro-ordinateur *m*; **~elektronik** *f* microélectronique *f*; **~film** *m* microfilm *m*; **~fon** *n* microphone *m*, F micro *m*; **~prozessor** *m* miocroprocesseur *m*; **~skop** *n* microscope *m*; **≈skopisch** microscopique; **~welle** *f* micro-onde *f*; **~wellenherd** *m* four *m* à micro-ondes
Milch *f* lait *m*; **~flasche** *f* bouteille *f* à lait; *Baby*≈ biberon *m*; **~kaffee** *m* café *m* au lait; **~kännchen** *n* petit pot *m* à lait; **~mixgetränk** *n* milk-shake *m*; **~produkte** *n/pl* produits *m/pl* laitiers; **~pulver** *n* lait *m* en poudre; **~reis** *cuis m* riz *m* au lait; **~shake** *m* milk-shake *m*; **~straße** *astr f* Voie *f* lactée, galaxie *f*; **~tüte** *f* berlingot *m* de lait; **~zahn** *m* dent *f* de lait
mild doux; *nachsichtig* indulgent; *Strafe* léger; ***~e ausgedrückt*** dit à mots couverts
Mild|e *f* douceur *f*, indulgence *f*; **≈ern** adoucir; **≈ernd** *jur* ***~e Umstände*** circonstances atténuantes
Milieu *n* milieu *m* (social)
Militär *n* troupes *f/pl*, armée *f*; **~dienst** *m* service *m* militaire; **~diktatur** *f* dictature *f* militaire; **≈isch** militaire; **~regierung** *f* gouvernement *m* militaire
Milliarde *f* milliard *m*; ⚠ ***le*** milliard
Millimeter *n od m* millimètre *m*; **~papier** *n* papier *m* millimétré
Million *f* million *m*; ⚠ ***le*** million; **~är(in** *f*) *m* millionnaire *m, f*
Milz *f* rate *f*
Mimik *f* mimique *f*
Mimose *f bot* mimosa *m*; *fig* personne *f* hypersensible; ⚠ ***le*** mimosa
minder moindre; *weniger wert* inférieur; *adv* moins; **≈heit** *f* minorité *f*; **~jährig** mineur; **≈jährige(r)** *m, f* mineur *m*, -e *f*
minder|n diminuer, amoindrir; **≈ung** *f* diminution *f*; **~wertig** d'une valeur *od* qualité inférieure; **≈wertigkeit** *f* infériorité *f*; **≈wertigkeitskomplex** *psych m* complexe *m* d'infériorité
mindest|e le *od* la moindre; ***nicht das ≈*** pas la moindre chose; ***nicht im ≈n*** pas le moins du monde; **~ens** au moins; **≈haltbarkeitsdatum** *n* date *f* limite de conservation; **≈lohn** *m* salaire *m* minimum; **≈maß** *n* minimum *m* (***an*** de)
Mine *f* mine *f*
Mineral *n* minéral *m*; **≈isch** minéral; **~öl** *n* huile *f* minérale; **~stoffe** *m/pl* substances *f/pl* minérales; **~wasser** *n* eau *f* minérale
Minibus *m* minibus *m*
minim|al minime; **≈um** *n* minimum *m*
Minirock *m* mini-jupe *f*
Minister *m* ministre *m*
Ministerium *n* ministère *m*
Minister|präsident *m* président *m* du Conseil (des ministres), Premier ministre *m*; **~rat** *m* Conseil *m* des ministres
minus 1. moins; **2.** ≈ *n Fehlbetrag* déficit *m*; *Nachteil* désavantage *m*; **≈pol** *m* pôle *m* négatif; **≈zeichen** *n* signe *m* moins
Minute *f* minute *f*
mir me (*vor Vokal m'*); moi, à moi
Mirabelle *bot f* mirabelle *f*
Misch|batterie *f* robinets *m/pl* mitigeurs; **~brot** *n* pain *m* bis; **~ehe** *f* mariage *m* mixte; **≈en** (***sich*** ~ se) mêler, mélanger; ***sich unters Volk ~*** se mêler à la foule; **~ling** *m* métis *m*, -se *f*; **~pult** *n* pupitre *m* de mixage; **~ung** *f* mélange *m*; **~wald** *m* forêt *f* d'essences diverses
miserabel F minable; ***ich fühle mich ~*** je me sens mal en point
miss|achten *Vorfahrt etc* ne pas respecter; *verachten* dédaigner; **≈achtung** *f Nichtbeachtung* non-respect *m*; *Verachtung* dédain *m*; **≈brauch** *m* abus *m*; **~brauchen** abuser de
missen ***nicht ~ können*** ne pas pouvoir se passer de
Miss|erfolg *m* échec *m*; **~ernte** *f* mauvaise récolte *f*

M

Misse|tat *f* méfait *m*; **~täter** *m* malfaiteur *m*

miss|fallen ***j-m*** ~ déplaire à qn; **⁰fallen** *n* déplaisir *m*; **⁰geburt** *f* monstre *m*; **⁰geschick** *n* infortune *f*, malchance *f*, adversité *f*; **~glücken** ne pas réussir, échouer; **~gönnen** ***j-m etw*** ~ envier qc à qn; **⁰griff** *m* erreur *f*, méprise *f*; **⁰gunst** *f* jalousie *f*; **~günstig** jaloux; **~handeln** maltraiter; **⁰handlungen** *f/pl* mauvais traitements *m/pl*, sévices *m/pl*

Mission *f Auftrag* mission *f*; *rel* missions *f/pl*; **~ar** *m* missionnaire *m*

Miss|klang *m* dissonance *f* (*a fig*); **~kredit** *m* discrédit *m*; ***in ~ bringen*** discréditer; **⁰lingen** ne pas réussir, échouer, rater; **~management** *n* mauvaise gestion *f*; **⁰raten** ne pas réussir; *adj Kind* mal élevé; **~stand** *m* abus *m*; **⁰trauen** se méfier de; **~trauen** *n* méfiance *f* (***gegenüber*** à l'égard de); **⁰trauisch** méfiant; **~verhältnis** *n* disproportion *f*; **~verständnis** *n* malentendu *m*; **⁰verstehen** mal entendre *od* comprendre

Mist *m* fumier *m*; F *fig Quatsch* bêtises *f/pl*; *Schund* F saloperie *f*; ***so ein ~!*** mince alors!, zut!

Mistel *bot f* gui *m*

mit 1. *prép* avec; ***~ Gewalt*** par la force; ***~ Absicht*** intentionnellement; ***~ dem Auto*** en voiture; ***~ 20 Jahren*** à 20 ans; ***~ 100 Stundenkilometern*** à 100 à l'heure; ***~ einem Mal*** tout à coup; ***~ lauter Stimme*** à haute voix; **2.** *adv* ***~ der Grund dafür, dass*** ... une des raisons pour laquelle ...; ***~ der Beste*** parmi les meilleurs; ***~ dabei sein*** y assister; ***~ anfassen*** prêter la main

Mit|arbeit *f* coopération *f*, collaboration *f*; **⁰arbeiten** coopérer, collaborer (***an*** à); **~arbeiter(in** *f*) *m* collaborateur *m*, trice *f*; **~arbeiterstab** *m* équipe *f* de collaborateurs; **~bestimmung** *f* cogestion *f*, participation *f*; **⁰bringen** amener; *Sache* apporter; **~bringsel** F *n* petit cadeau *m*; souvenir *m* de voyage; **~bürger(in** *f*) *m* concitoyen *m*, -ne *f*; **⁰einander** ensemble; **~esser** *méd m* comédon *m*, point *m* noir; **~fahrzentrale** *f* Allô Stop *m*; **⁰geben** donner (à emporter); **~gefühl** *n* compassion *f*; **⁰gehen** ***mit j-m ~*** aller avec qn, accompagner qn

Mitglied *n* membre *m*; **~sbeitrag** *m* cotisation *f*; **~schaft** *f* affiliation *f*

mit|haben ***ich habe kein Geld mit*** je n'ai pas d'argent sur moi; **~hilfe** *cf* ***Hilfe***; **⁰hilfe** *f* assistance *f*, aide *f*; *péj* complicité *f*; **~hören** écouter; *zufällig* surprendre une conversation; **⁰kämpfer** *m* compagnon *m* de lutte; **~kommen** venir (***mit j-m*** avec qn); *geistig, Schule* suivre; **~kriegen** F *verstehen* saisir, comprendre, F piger; **⁰läufer** *pol m* sympathisant *m*; **⁰laut** *gr m* consonne *f*

Mitleid *n* pitié *f*; **~enschaft** *f* ***in ~ gezogen werden*** être affecté également par; avoir à subir les suites fâcheuses de; **⁰ig** plein de pitié, compatissant

mit|machen prendre part à, suivre; *erleben* vivre, voir; **⁰mensch** *m* prochain *m*; **~nehmen** emmener; *Sache* emporter; *emotional* exténuer; **~reden** prendre part à la conversation; ***mitzureden haben*** avoir son mot à dire, avoir voix au chapitre; **~reißen** emporter; *fig* enthousiasmer; **~schneiden** *Radio, TV* enregistrer; **~schreiben** prendre note de; **⁰schuld** *f* complicité *f*; **~schuldig** complice (***an*** de); **⁰schüler(in** *f*) *m* camarade *m*, *f* de classe; **⁰spracherecht** *n* droit *m* d'intervention

Mittag *m* midi *m*; ***heute ~*** ce midi; ***morgen ~*** demain (à) midi; **(*zu*)** ***~ essen*** déjeuner; **~essen** *n* déjeuner *m*, repas *m* de midi

mittags à midi; **⁰schlaf** *m* sieste *f*

Mitte *f* milieu *m*; centre *m*; ***~ März*** à la mi-mars; ***~ Dreißig*** au milieu de la trentaine

mitteil|en communiquer, faire savoir; **~sam** communicatif; **⁰ung** *f* communication *f*, message *m*, information *f*

Mittel *n* moyen *m*; *Heil⁰* remède *m*; *Reinigungs⁰ etc* produit *m*; *math* moyenne *f*; *pl Geld⁰* moyens *m/pl*, ressources *f/pl*; **~alter** *n* Moyen Âge *m*; **⁰alterlich** médiéval, moyenâgeux; **~ding** *n* chose *f* intermédiaire (***zwischen*** entre); **~europa** *n* l'Europe *f* centrale; **⁰groß** de taille moyenne; **⁰mäßig** moyen, médiocre; **~mäßigkeit** *f* médiocrité *f*; **~meer** *n* Méditerranée *f*; **~punkt** *m* centre *m*

M

mittels moyennant
Mittel|schule *f cf* ***Realschule***; **~streifen** *m Straße* ligne *f* médiane; *Autobahn* bande *f* médiane; **~stufe** *f Schule les classes 8 à 10 du lycée allemand*; **~stürmer** *m Fußball* avant-centre *m*; **~weg** *m* ***der goldene*** ~ le juste milieu; **~welle** *f Radio* ondes *f/pl* moyennes, petites ondes *f/pl*; **~wort** *gr n* participe *m*
mitten ~ ***in***, ~ ***auf***, ~ ***unter*** au milieu de; ~ ***im Sommer*** (***Winter***) en plein été (hiver); ~ ***im Dezember*** en plein décembre; ~ ***in Paris*** en plein Paris; **~drin** F en plein milieu, au beau milieu; **~durch** F tout au travers
Mitternacht *f* minuit *m*
mittler|e du milieu; *durchschnittlich* moyen; ~ ***Reife*** *etwa* brevet *m* des collèges; **~weile** en attendant
Mittwoch *m* mercredi *m*; ***am*** ~ mercredi; **2s** le mercredi, tous les mercredis
mit|verantwortlich coresponsable; **~wirken** coopérer (***bei*** à), prendre part (***bei*** à); **2wirkung** *f* coopération *f*, participation *f*; ***unter*** ~ ***von*** avec la participation de; **2wisser(in** *f*) *m* complice *m*, *f*; confident *m*, -e *f*
Mix|becher *m* shaker *m*; **2en** mélanger; **~er** *m Gerät* mixe(u)r *m*
Möbel *n* meuble *m*; **~spedition** *f* entreprise *f* de déménagement; **~stück** *n* meuble *m*; **~wagen** *m* camion *m* de déménagement
mobil *beweglich* mobile; *rüstig* alerte; **2funk** *m* radiotéléphonie *f*
Mobiliar *n* mobilier *m*
mobil|isieren mobiliser; **2telefon** *n* radiotéléphone *m*
möblieren meubler; ***möbliertes Zimmer*** chambre *f* meublée
Mode *f* mode *f*; ***die neueste*** ~ la dernière mode, le dernier cri; ***mit der*** ~ ***gehen*** suivre la mode; ***in*** ~ ***kommen*** venir en vogue
Modell *n* modèle *m*; *verkleinertes* maquette *f*; ~ ***stehen*** *od* ***sitzen*** poser comme modèle; **~bau** *m* construction *f* de modèles réduits; **~baukasten** *m* boîte *f* de construction; **~eisenbahn** *f* modèle *m* réduit de chemin de fer; **2ieren** modeler
Modem *EDV n* modem *m*
Modenschau *f* présentation *f* des collections, défilé *m* de mode
Moderator(in *f*) *m TV* présentateur *m*, -trice *f*
moderieren *TV* présenter
modern moderne, à la mode; **~isieren** moderniser
Mode|schmuck *m* bijoux *m/pl* fantaisie; **~schöpfer** *m* couturier *m*; **~wort** *n* mot *m* à la mode
modisch à la mode
Modul *tech m* module *m*; **2ar** modulaire; **~bauweise** *f* construction *f* modulaire
Modus *m* mode *m*
Mofa *n* cyclomoteur *m*
mogeln tricher
mögen aimer; ***es mag sein*** c'est possible, cela se peut; ***ich möchte*** je voudrais (***etw*** qc, ***etw tun*** faire qc, ***dass*** ... que + *subj*); ***ich möchte gern*** j'aimerais bien
möglich possible; ***alle*** ***~en*** toutes sortes de; ***sein 2stes tun*** faire tout son possible; ***nicht ~!*** pas possible!; ***so bald wie*** ~ aussi tôt que possible, le plus tôt possible; **~erweise** peut-être; **2keit** *f* possibilité *f*; ***nach*** ~ si possible; **~st** ~ ***schnell*** le plus vite possible
Mohammed *m* Mahomet *m*; **~aner(in** *f*) *m veraltend cf* ***Moslem, Moslime***; **2anisch** *veraltend cf* ***moslemisch***
Mohn *bot m* pavot *m*; *Klatsch2* coquelicot *m*
Möhre *bot f* carotte *f*
Molekül *n* molécule *f*; ⚠ ***la*** molécule
Molkerei *f* laiterie *f*
Moll *mus* mineur; ***a-Moll*** la mineur
mollig *warm* agréable, chaud; *dicklich* potelé, grassouillet
Molotowcocktail *m* cocktail *m* Molotov
Moment *m* moment *m*, instant *m*; ***im*** ~ actuellement; ~ ***bitte!*** un instant, s'il vous plaît; **2an** momentané; *adv* pour le moment
Monaco (***das Fürstentum***) ~ (la principauté de) Monaco
Monarchie *f* monarchie *f*
Monat *m* mois *m*; **2lich** mensuel; *adv* tous les mois; **~skarte** *f* carte *f* mensuelle; **~srate** *f* mensualité *f*
Mönch *m* moine *m*
Mond *m* lune *f*; **~finsternis** *f* éclipse *f* de lune; **~landefähre** *f* module *m* lu-

naire; **~landung** *f* débarquement *m od* atterrissage *m* sur la lune; **~schein** *m* clair *m* de lune
monegassisch monégasque
Mongol|e *m*, **~in** *f* Mongol *m*, -e *f*; **Ωisch** mongol
Monitor *m TV*, *EDV* moniteur *m*
Monolog *m* monologue *m*
Monopol *n* monopole *m*
monoton monotone; **Ωie** *f* monotonie *f*
Monster *n* monstre *m*
Montag *m* lundi *m*; ***am ~*** lundi; **Ωs** le lundi, tous les lundis
Montage *f* montage *m*, assemblage *m*; ⚠ ***le*** montage
Monteur *m* monteur *m*
montieren monter
Moonboots *pl* après-ski *m/pl*
Moor *n* marais *m*
Moos *bot n* mousse *f*
Moped *n* mobylette *f*
Mops *zo m* carlin *m*
Moral *f* morale *f*; *a e-r Fabel* moralité *f*; *seelische Verfassung* moral *m*; **Ωisch** moral
Morast *m* bourbe *f*; **Ωig** bourbeux
Mord *m* meurtre *m*, assassinat *m*
Mörder(in *f*) *m* meurtrier *m*, -ière *f*, assassin *m*
Mordkommission *f* police *f* judiciaire
Mords|angst *f* F ***e-e ~ haben*** avoir une peur bleue; **~glück** F *n* chance *f* inouïe; **~kerl** *m* F fameux gaillard *m*, as *m*; **~wut** F *f* ***e-e ~ haben*** avoir une rage folle
Mordverdacht *m* ***unter ~ stehen*** être soupçonné de meurtre
morgen demain; ***~ Abend*** demain soir; ***~ früh*** demain matin; ***~ um diese Zeit*** demain même heure
Morgen *m* matin *m*; *~zeit* matinée *f*; ***guten ~!*** bonjour!; ***am nächsten ~*** le lendemain matin; ***heute ~*** ce matin; ***gestern ~*** hier matin; **~essen** *n Schweiz* petit déjeuner *m*; **~grauen** *n* aube *f*; **~rock** *m* peignoir *m*
morgens le matin; ***um fünf Uhr ~*** à cinq heures du matin; ***von ~ bis abends*** du matin au soir
morgig de demain
Morphium *n* morphine *f*
morsch pourri, vermoulu
Morse|alphabet *n* alphabet *m* morse; **Ωn** télégraphier en morse; **~zeichen** *n* signal *m od* caractère *m* morse
Mörtel *m* mortier *m*
Mosaik *n* mosaïque *f*; ⚠ ***la*** mosaïque; **~stein** *m* pièce *f* de mosaïque
Moschee *f* mosquée *f*
Mosel ***die ~*** la Moselle
Moskau Moscou; **~er(in** *f*) *m* Moscovite *m*, *f*
Moskito *m* moustique *m*; **~netz** *n* moustiquaire *f*
Mos|lem *m* musulman *m*; **Ωlemisch** musulman; **~lime** *f* musulmane *f*
Most *m* moût *m*; *Apfelwein* cidre *m*
Motel *n* motel *m*
Motiv *n* motif *m*; *Beweggrund* mobile *m*; **~ation** *f* motivation *f*; **Ωieren** motiver
Motor *m* moteur *m*; **~boot** *n* bateau *m od* canot *m* à moteur; **~haube** *f* capot *m*; **Ωisieren** motoriser; **~leistung** *f* puissance *f* du moteur; **~rad** *n* moto *f*; **~radfahrer** *m* motocycliste *m*; **~roller** *m* scooter *m*; **~säge** *f* scie *f* à moteur; **~schaden** *m* avarie *f* de moteur
Motte *zo f* mite *f*
Motto *n* devise *f*
motzen F râler
Mountainbike *n* vélo *m* tout terrain (*abr* V.T.T. *m*)
Möwe *zo f* mouette *f*
Mücke *f* moucheron *m*; *StechΩ* moustique *m*; *fig* ***aus e-r ~ e-n Elefanten machen*** faire une montagne de qc; **~nstich** *m* piqûre *f* de moustique
müd|e fatigué; **Ωigkeit** *f* fatigue *f*
Muff *m* manchon *m*
Muffel *m* F grognon *m*; qui boude qc
muffig ***~ riechen*** sentir le renfermé
Mühe *f* peine *f*, effort *m*; ***sich ~ geben*** se donner de la peine *od* du mal (***pour*** zu); ***der ~ wert sein*** valoir la peine; ***mit ~ und Not*** à grand-peine; **Ωlos** sans peine, sans effort
Mühle *f* moulin *m*
mühsam pénible
Mulatt|e *m*, **~in** *f* mulâtre *m*, mulâtresse *f*
Mulde *géogr f* cuvette *f*
Mull *méd m* gaze *f*
Müll *m* ordures *f/pl* (ménagères); **~abfuhr** *f* enlèvement *m* des ordures; *Leute* éboueurs *m/pl*
Mullbinde *f* bande *f* de gaze
Müll|container *m* benne *f* d'ordures ménagères; **~deponie** *f* décharge *f*; **~eimer** *m* seau *m* à ordures, poubelle *f*

M

Müller(**in** *f*) *m* meunier *m*, -ière *f*
Müll|haufen *m* tas *m* d'ordures; **~schlucker** *m* vide-ordures *m*; **~tonne** *f* poubelle *f*; **~trennung** *f* triage *m* des déchets; **~verbrennungsanlage** *f* incinérateur *m*; *Fabrik* usine *f* d'incinération des ordures
Multi *m* société *f* multinationale
Multi|funktionstastatur *f* clavier *m* multifonctionnel; **2kulturell** multiculturel; **~media...** *in Zssgn* multimédia
Multipli|kation *math f* multiplication *f*; **2zieren** multiplier
Multitasking *n* multiprogrammation *f*
Mumie *f* momie *f*
Mumps *méd m* oreillons *m/pl*
München Munich
Mund *m* bouche *f*; ***den ~ halten*** se taire; ***halt den ~!*** tais-toi!, (ferme) ta bouche!, F ferme ton bec!; **~art** *f* dialecte *m*; **~dusche** *f* hydropulseur *m*
münden ***~ in*** *Fluss* se jeter dans; *Straße* déboucher dans
Mund|geruch *m* mauvaise haleine *f*; **~harmonika** *f* harmonica *m*
mündig *jur* majeur; *fig* émancipé
mündlich verbal, oral; ***~e Prüfung*** oral *m*
Mundstück *n* *Zigarette* bout *m*; *mus* embouchure *f*
Mündung *f* embouchure *f*
Mund|wasser *n* eau *f* dentifrice; **~werk** *n* F gueule *f*; ***ein loses ~ haben*** être mal embouché; **~-zu-Mund-Beatmung** *méd f* bouche-à-bouche *m*
Munition *f* munitions *f/pl*
munkeln chuchoter
Münster *n* cathédrale *f*
munter vif, éveillé; **2keit** *f* vivacité *f*
Münz|e *f* (pièce *f* de) monnaie *f*; *Denk2* médaille *f*; **2en** *fig* ***das ist auf mich gemünzt*** c'est à moi que cela s'adresse; **~fernsprecher** *m* taxiphone *m*
mürbe tendre; friable; **2teig** *m* pâte *f* brisée
Murmel *f* bille *f*
murmel|n murmurer; **2tier** *zo n* marmotte *f*
murren murmurer, gronder
mürrisch de mauvaise humeur, morose, maussade, grincheux
Mus *n* marmelade *f*; *Apfel2* compote *f*
Muschel *f* *Mies2* moule *f*; *~schale* coquillage *m*, coquille *f*
Museum *n* musée *m*
Musical *n* comédie *f* musicale
Musik *f* musique *f*; **2alisch** musical; ***~ sein*** être musicien *od* doué pour la musique; **~automat** *m*, **~box** *f* juke-box *m*
Musik|er(**in** *f*) *m* musicien *m*, -ne *f*; **~instrument** *n* instrument *m* de musique; **~kapelle** *f* orchestre *m*, fanfare *f*; *mil* musique *f*; **~kassette** *f* musicassette *f*; **~lehrer** *m* professeur *m* de musique; **~stunde** *f* leçon *f* de musique
musisch sensible *od* ouvert aux arts; ***~ begabt*** doué pour la musique et les arts
musizieren faire de la musique
Muskel *m* muscle *m*; **~kater** F *m* courbatures *f/pl*; **~riss** *méd m* déchirure *f* musculaire; **~zerrung** *méd f* claquage *m*; ***sich e-e ~ zuziehen*** se claquer un muscle
muskulös musclé
Müsli *n* mu(e)sli *m*
Muss *n* nécessité *f* absolue; must *m*
Muße *f* loisir *m*
müssen devoir; ***du musst den Film sehen*** il faut que tu voies le film; ***ich muss arbeiten*** je dois travailler, il faut que je travaille; ***sie muss krank sein*** elle doit être malade; ***sie müsste zu Hause sein*** elle devrait être chez elle; ***du hättest ihm helfen ~*** tu aurais dû l'aider
müßig *untätig* oisif; *nutzlos* oiseux, inutile
Muster *n* modèle *m*; *Warenprobe* échantillon *m*; *Tapeten2* dessin *m*
muster|n examiner, toiser; *mil* ***gemustert werden*** passer au conseil de révision; **2schüler** *m* élève *m* modèle; **2ung** *mil f* conseil *m* de révision
Mut *m* courage *m*; ***j-m ~ machen*** encourager qn; ***den ~ verlieren*** perdre courage; ***mir ist nicht wohl zu ~e*** je ne me sens pas bien
mut|ig courageux; **~los** découragé; **2losigkeit** *f* découragement *m*
mutmaß|en présumer; spéculer; **~lich** présumé; **2ung** *f* présomption *f*, conjecture *f*
Mutter *f* mère *f*; *Schrauben2* écrou *m*
mütterlich maternel; **~erseits** du côté maternel
Mutter|liebe *f* amour *m* maternel; **~mal** *n* envie *f*; **~milch** *f* lait *m* maternel; **~schaft** *f* maternité *f*;

~schaftsurlaub *m* congé *m* de maternité; **~schutz** *jur m* protection *f* légale de la mère; **~söhnchen** *n* enfant *m* gâté; **~sprache** *f* langue *f* maternelle; **~tag** *m* fête *f* des mères
Mutti *f enf* maman *f*
mutwillig volontairement, de propos délibéré
Mütze *f mit Schirm* casquette *f*; *ohne* bonnet *m*; *Basken*& béret *m*
MWSt. T.V.A. *f*
myster|iös mystérieux
myth|isch mythique; **&ologie** *f* mythologie *f*; **&os** *m* mythe *m*

N

na! eh bien!; allons!; **~ *und?*** et puis après?; **~ *gut!*** d'accord!; **~ *ja!*** allons!; **~ *so (et)was!*** ça alors!; **~, *dann nicht!*** alors n'y pensons plus!; **~ *also!*** tu vois!; **~, *warte!*** attends un peu!
Nabe *tech f* moyeu *m*
Nabel *m* nombril *m*
nach 1. *prép Richtung* à, vers; *zeitlich, Reihenfolge* après; *gemäß* d'après, selon, suivant; ***er fährt ~ Paris (~ Frankreich)*** il va à Paris (en France); **~ *Hause*** à la maison, chez soi; **~ *rechts (Süden)*** vers la droite (le sud); **~ *oben*** en haut; **~ *unten*** en bas; **~ *vorn*** en avant; **~ *hinten*** en arrière; ***(immer) der Reihe ~*** chacun son tour; ***seine Uhr ~ dem Radio stellen*** régler sa montre sur la radio; **~ *meiner Uhr*** à ma montre; **~ *Gewicht*** au poids; **2.** *adv* ***mir ~!*** suivez-moi!; **~ *und ~*** peu à peu, petit à petit; **~ *wie vor*** toujours
nachäffen singer
nachahm|en imiter, copier; *parodieren* parodier; *fälschen* contrefaire; **&ung** *f* imitation *f*; *Fälschung* contrefaçon *f*
Nachbar|(in *f*) *m* voisin *m*, -e *f*; **~schaft** *f* voisinage *m*
Nach|bildung *f* imitation *f*, copie *f*; *genaue* réplique *f*; **&blicken** ***j-m ~*** suivre qn des yeux
nachdem après que ... (+ *ind*); *bei gleichem Subjekt im Haupt- und Nebensatz* après ... (+ *inf passé*); ***je ~*** c'est selon, cela dépend
nachdenk|en réfléchir (***über*** à *od* sur); **&en** *n* réflexion *f*; ***Zeit zum ~*** temps *m* de réflexion; **~lich** pensif; ***es macht e-n ~*** cela vous fait réfléchir
Nachdruck *m* énergie *f*, fermeté *f*; *Buch* reproduction *f*; **&en** reproduire
nachdrücklich énergique; ***j-m ~ raten*** conseiller vivement à qn
nacheifern ***j-m ~*** chercher à égaler qn
nacheinander l'un après l'autre; successivement; ***2 Jahre ~*** deux années de suite
nacherzähl|en répéter (***mündlich*** oralement; ***schriftlich*** par écrit), **&ung** *f* compte *m* rendu
Nachfolge *f* succession *f*; **&n** suivre (***j-m*** qn); *im Amt* succéder (à qn); **~r(in** *f*) *m* successeur *m*
nachforsch|en faire des enquêtes; **&ung** *f* enquête *f*, recherches *f/pl*
Nachfrage *f* demande *f* (*a écon*); **&n** demander des nouvelles (de), demander des précisions (sur)
nach|fühlen ***j-m etw ~ können*** comprendre qn, avoir de la compassion pour qn; **~füllen** remplir à nouveau, recharger; **&füllpackung** *f* écorecharge *f*; **~geben** céder; **&gebühr** *f Post* surtaxe *f*; **~gehen** suivre (***j-m*** qn); *Uhr* être en retard; ***e-r Sache ~*** faire des recherches sur une affaire; ***seiner Arbeit ~*** vaquer à ses occupations, faire son travail, **&geschmack** *m* arrière-goût *m* (*a fig*)
nachgiebig souple, flexible, conciliant; **&keit** *f* flexibilité *f*, souplesse *f*
nachhaltig durable
nachher plus tard, ensuite, après; ***bis ~!*** à tout à l'heure!
Nachhilfe *f* aide *f*; **~stunden** *f/pl*, **~unterricht** *m* cours *m/pl* particuliers
nachholen rattraper, récupérer

Nachkomme *m* descendant *m*; **2n** venir plus tard; ***e-m Wunsch*** ~ répondre à un désir
Nachkriegs... *in Zssgn* d'après-guerre; **~zeit** *f* après-guerre *m*
Nachlass *m comm* remise *f*, réduction *f*; *Erbe* succession *f*
nachlassen diminuer; *Sturm* s'apaiser; *Schmerz* se calmer; *Wirkung* faiblir; *Schüler* relâcher ses efforts; *leistungsmäßig* être en baisse
nachlässig négligent; **2keit** *f* négligence *f*
nach|laufen ***j-m*** ~ courir après qn; **~lesen** relire, consulter (***in etw*** qc); **~machen** imiter; *fälschen* falsifier; *Foto* ~ ***lassen*** faire refaire
Nachmittag *m* après-midi *m od f*; ***heute*** ~ cet après-midi; **2s** l'après-midi
Nach|nahme *f* remboursement *m*; ***per*** ~ ***schicken*** envoyer contre remboursement; **~name** *m* nom *m* de famille; **~porto** *n* surtaxe *f*; **2prüfen** contrôler, vérifier; **2rechnen** vérifier; **~rede** *f* ***üble*** ~ diffamation *f*, médisance *f*
Nachricht *f* nouvelle *f*; *Botschaft* message *m*; *Mitteilung* information *f*; ***e-e gute*** (***schlechte***) ~ une bonne (mauvaise) nouvelle; **~en** *pl Radio* bulletin *m* d'informations; *TV* journal *m* télévisé; **~endienst** *m* service *m* d'informations; *mil*, *pol* renseignements *m/pl* généraux (*abr* R.G.); **~ensatellit** *m* satellite *m* de télécommunications; **~ensprecher(in** *f*) *m* présentateur *m*, -trice *f* du journal; **~entechnik** *f* télécommunications *f/pl*
Nach|ruf *m* nécrologie *f*; **2rüsten** *EDV* augmenter la capacité de; **2sagen** ***j-m Schlechtes*** ~ dire du mal de qn; ***man sagt ihm nach, dass er*** ... on prétend de lui qu'il ...; **~saison** *f* arrière-saison *f*; **2schicken** *Brief* faire suivre
nachschlage|n *Wort* chercher, vérifier; ***in e-m Buch*** ~ consulter un livre; **2werk** *n* ouvrage *m* de référence
Nach|schub *mil m* ravitaillement *m*; **2sehen** *prüfen* (aller) voir (***ob*** si), vérifier; ***j-m*** ~ suivre qn des yeux; ***j-m etw*** ~ passer qc à qn; **2senden** faire suivre; **~sicht** *f* indulgence *f*; ~ ***haben*** user d'indulgence; **~silbe** *f* suffixe *m*; **2sitzen** *Schule* être en retenue; **~spiel** *m fig* conséquences *f/pl*, suites *f/pl*; **2spionieren** ***j-m*** ~ espionner qn; **2sprechen** répéter
nächst *räumlich* le *od* la plus proche; *folgend* prochain, suivant; ***in den ~en Tagen*** dans les prochains jours; ***in ~er Zeit*** prochainement; ***der 2e bitte!*** au suivant, s'il vous plaît!
Nächste(r) *m* prochain *m*
nach|stehen ***j-m*** ~ être inférieur à qn; ***j-m in nichts*** ~ ne le céder en rien à qn; **~stellen** *tech* rajuster; *Uhr* retarder; ***j-m*** ~ poursuivre qn
Nächstenliebe *f* amour *m* du prochain, altruisme *m*
Nacht *f* nuit *f*; ***in der*** *od* ***bei*** ~ la *od* de nuit; ***Tag und*** ~ jour et nuit; ***die ganze*** ~ toute la nuit; ***heute*** ~ *letzte* la nuit passée *od* dernière; *kommende* cette nuit; **~dienst** *m* garde *f od* service *m* de nuit
Nachteil *m* inconvénient *m*, désavantage *m*; ***im*** ~ ***sein*** être désavantagé; **2ig** désavantageux
Nacht|essen *n* souper *m*; **~hemd** *n* chemise *f* de nuit
Nachtigall *zo f* rossignol *m*
Nachtisch *m* dessert *m*
nächtlich nocturne
Nachtlokal *n* boîte *f* de nuit, night-club *m*
Nachtrag *m* supplément *m*; **2en** ajouter; *fig* ***j-m etw*** ~ garder rancune à qn de qc; **2end** rancunier
nachträglich ultérieur
nachts la *od* de nuit
Nacht|schicht *f* équipe *f* de nuit; ~ ***haben*** être de nuit; **~tisch** *m* table *f* de chevet; **~tischlampe** *f* lampe *f* de chevet; **~topf** *m* vase *m* de nuit, pot *m* de chambre; **~wächter** *m* veilleur *m* de nuit; **~wandler(in** *f*) *m* somnambule *m*, *f*
Nach|untersuchung *méd f* contrôle *m* médical; **2wachsen** repousser
Nachweis *m* preuve *f*; **2bar** démontrable; *chim* décelable; **2en** *beweisen* prouver, démontrer; *Spuren* déceler; **2lich** *adv* comme on peut le prouver
Nach|welt *f* postérité *f*; **~wirkung** *f* répercussion *f*; **~en** *a* séquelles *f/pl*; **~wort** *n* épilogue *m*; **~wuchs** *m Familie* progéniture *f*; *Beruf* relève *f*, nouvelle génération *f*; **~wuchsförderung** *f* encouragement *m* des jeunes talents; **2zahlen** payer un supplément; **2zäh-**

N

len recompter; **~zahlung** *f* rappel *m*; **~zügler(in** *f*) *m* retardataire *m, f*
Nacken *m* nuque *f*; ⚠ ***la*** nuque; **~stütze** *f* appui-tête *m*
nackt nu; ***mit ~en Füßen*** (les) pieds nus *od* nu-pieds; ***sich ~ ausziehen*** se déshabiller complètement; ***~ baden*** se baigner nu; ***j-n ~ malen*** peindre qn en nu; **ꝏheit** *f* nudité *f*
Nadel *f* aiguille *f*; *Steckꝏ* épingle *f*; **~baum** *m* conifère *m*; **~öhr** *n* trou *m* d'aiguille, chas *m*; **~stich** *m fig* coup *m* d'épingle; **~wald** *m* forêt *f* de conifères
Nagel *m* clou *m*; *Fingerꝏ* ongle *m*; ***an den Nägeln kauen*** se ronger les ongles; ***Nägel mit Köpfen machen*** faire des choses convenablement; **~feile** *f* lime *f* à ongles; **~lack** *m* vernis *m* à ongles; **ꝏn** clouer; **ꝏneu** flambant neuf
nage|n ronger (***an e-m Knochen*** un os); **ꝏtier** *zo n* rongeur *m*
nah **1.** *adj* proche; ***ganz ~ sein*** être tout près; **2.** *prép* ~ (***an, bei***) près de
Nahaufnahme *f* gros plan *m*
nahe *cf* ***nah***; ***j-m ~ gehen*** affecter qn profondément; ***j-m etw ~ legen*** recommander *od* suggérer qc à qn; ***~ liegend*** évident; ***j-m ~ stehen*** *fig* être intime avec qn
Nähe *f* proximité *f*; voisinage *m*; ***in der ~ des Bahnhofs*** près de la gare, à proximité de la gare; ***ganz in der ~*** tout près; ***aus der ~*** de près; ***in deiner ~*** près de toi
nahen (s')approcher (de)
nähen coudre
näher plus proche, plus près; **ꝏes** *n* ***~ bei*** ... pour plus ample informé, pour plus de détails voir ...; ***sich ~ kommen*** *fig* se rapprocher
nähern ***sich ~*** (s')approcher (de)
nahezu presque
Nähgarn *n* fil *m* à coudre
Nahkampf *mil m* corps à corps *m*
Näh|maschine *f* machine *f* à coudre; **~nadel** *f* aiguille *f* (à coudre)
nähren (***sich ~*** se) nourrir (***von*** de)
nahrhaft nourrissant, nutritif, substantiel
Nahrung *f* nourriture *f*; **~skette** *f* chaîne *f* alimentaire; **~smittel** *n/pl* produits *m/pl od* denrées *f/pl* alimentaires, vivres *m/pl*, aliments *m/pl*
Nährwert *m* valeur *f* nutritive
Naht *f* couture *f*; *méd* suture *f*
Nahverkehr *m* trafic *m* à courte distance; **~szug** *m* train *m* de banlieue
Nähzeug *n* trousse *f od* nécessaire *m* de couture
naiv naïf; **ꝏität** *f* naïveté *f*
Name *m* nom *m*; ***im ~n von*** au nom de; (***nur***) ***dem ~n nach*** (uniquement) de nom
Namens|tag *m* fête *f*; **~vetter** *m* homonyme *m*; **~zug** *m* signature *f*
namentlich *Aufruf* nominal; *adv mit Namen* nommément; *besonders* notamment
namhaft renommé
nämlich *und zwar* à savoir, c'est-à-dire; *denn* car; ***er ist ~ krank*** c'est qu'il est malade
Napf *m* jatte *f*, écuelle *f*
Narbe *f* cicatrice *f*
Narkose *méd f* anesthésie *f* (générale)
Narr *m* fou *m*; ***j-n zum ~en halten*** se moquer de qn, duper *od* berner qn; **ꝏensicher** très sûr; **~heit** *f* folie *f*
närrisch fou (***vor*** de); extravagant; F dingue
Narzisse *bot f* narcisse *m*; *gelbe* jonquille *f*; ⚠ ***le*** narcisse
Nasal *ling m* nasale *f*; ⚠ ***la*** nasale
nasch|en manger par gourmandise; ***gern ~*** aimer les sucreries; **~haft** gourmand; **ꝏhaftigkeit** *f* gourmandise *f*; **ꝏkatze** *f* gourmand *m*, -e *f*
Nase *f* nez *m*; ***der Bus ist mir vor der ~ weggefahren*** le bus m'est passé sous le nez; ***sich die ~ putzen*** se moucher; *fig* ***die ~ voll haben*** en avoir plein le dos, en avoir par-dessus la tête
Nasen|bluten *n* saignement *m* de nez; ***er hat ~*** il saigne du nez; **~loch** *n* narine *f*, trou *m* de nez; **~spitze** *f* bout *m* du nez
Nashorn *zo n* rhinocéros *m*
nass mouillé; ***triefend ~*** dégoulinant
Nässe *f* humidité *f*; **ꝏn** *Wunde* suinter
nasskalt froid et humide
Nation *f* nation *f*
national national; **ꝏhymne** *f* hymne *m* national; **ꝏismus** *m* nationalisme *m*; **~istisch** nationaliste; **ꝏität** *f* nationalité *f*; **ꝏmannschaft** *f* équipe *f* nationale; **ꝏsozialismus** *m* national-socialisme *m*
NATO *f* O.T.A.N. *f*

Natrium *chim n* sodium *m*
Natter *zo f* couleuvre *f*
Natur *f* nature *f*; ***von ~ aus*** ... d'un naturel ...; **~alismus** *m* naturalisme *m*
Natur|ereignis *n*, **~erscheinung** *f* phénomène *m* naturel; **~forscher** *m* naturaliste *m*; **~geschichte** *f* histoire *f* naturelle; **~gesetz** *n* loi *f* de la nature; **ꝛgetreu** naturel, pris sur le vif; **~katastrophe** *f* catastrophe *f* naturelle
natürlich naturel; *adv* naturellement
Natur|recht *n* droit *m* naturel; **~schutz** *m* protection *f* de la nature; ***unter ~*** classé site protégé; **~schutzgebiet** *n* site *m* protégé, réserve *f* naturelle, parc *m* national; **~wissenschaft(en)** *f(pl)* sciences *f/pl* (naturelles); **~wissenschaftler(in** *f*) *m* scientifique *m, f*; **~zustand** *m* état *m* naturel
Nazi *m* nazi *m*; **ꝛstisch** nazi
Neapel Naples
Nebel *m* brouillard *m*; *Dunst* brume *f*; **~scheinwerfer** *m* phare *m* antibrouillard; **~schlussleuchte** *f* feu *m* arrière de brouillard
neben à côté de; ***~ anderem*** entre autres; ***setz dich ~ mich*** assieds-toi près de moi; **~an** à côté; **ꝛbedeutung** *f* signification *f* secondaire, sens *m* second; **~bei** *beiläufig* en passant; *außerdem* en outre; **ꝛberuf** *m* occupation *f* accessoire; **~beruflich** à côté *od* en dehors de son travail; **ꝛbuhler(in** *f*) *m* rival *m*, -e *f*; **~einander** l'un à côté de l'autre; ***~ bestehen*** coexister; **ꝛeinkünfte** *pl*, **ꝛeinnahmen** *pl* revenus *m/pl* accessoires; **ꝛfach** *n* matière *f* secondaire; **ꝛfluss** *m* affluent *m*; **ꝛgebäude** *n* annexe *f*; **ꝛgeräusch** *n* bruit *m* parasite; **~her** à côté; **ꝛkosten** *pl* faux frais *m/pl*; *Miete* charges *f/pl*; **ꝛmann** *m* voisin *m*; **ꝛprodukt** *n* sous-produit *m*; **ꝛrolle** *f* rôle *m* secondaire; **ꝛsache** *f* accessoire *m*, chose *f* de moindre importance; ***das ist ~*** c'est sans importance; **~sächlich** secondaire, accessoire; **ꝛsaison** *f* basse saison *f*; **ꝛsatz** *gr m* subordonnée *f*; **ꝛstraße** *f* rue *f* latérale; *Landstraße* route *f* secondaire; **ꝛstrecke** *f* ligne *f* secondaire; **ꝛtisch** *m* table *f* voisine; **ꝛwirkung** *f* effet *m* secondaire; **ꝛzimmer** *n* pièce *f* voisine *od* attenante
neblig brumeux; ***~es Wetter*** temps *m* de brouillard
neck|en (***sich ~*** se) taquiner; **ꝛerei** *f* taquinerie *f*; **~isch** taquin; *ulkig* drôle, amusant
Neffe *m* neveu *m*
negativ 1. négatif; **2.** ꝛ *n Foto* négatif *m*
Neger(in *f*) *m* Noir *m*, -e *f*; *péj* nègre *m*, négresse *f*
nehmen prendre; ***mit sich ~*** emmener, *Sache* emporter; ***sich einen Tag frei ~*** prendre un jour de congé; ***an die Hand ~*** prendre par la main; ***in die Hand ~*** prendre en main
Neid *m* envie *f*, jalousie *f*; **ꝛisch** jaloux (***auf*** de), envieux (de)
Neige *f* ***zur ~ gehen*** s'épuiser, toucher à sa fin
neig|en pencher, incliner; ***zu etw ~*** pencher à qc, incliner à qc, être enclin à qc; **ꝛung** *f schiefe Ebene* inclinaison *f*; *Vorliebe* penchant *m* (***zu*** à *od* pour), inclination *f* (pour)
nein non
Nektar *m* nectar *m*; **~ine** *f* brugnon *m*, nectarine *f*
Nelke *bot f* œillet *m*; *Gewürz*ꝛ clou *m* de girofle
nennen appeler, nommer; ***sich ~*** s'appeler; ***man nennt ihn*** ... on l'appelle ...; ***das nenne ich ...!*** c'est ce que j'appelle ...!; **~swert** appréciable
Nenn|er *math m* dénominateur *m*; **~wert** *écon m* valeur *f* nominale
Neo..., neo... *in Zssgn* néo-...
Neon *n* néon *m*; **~beleuchtung** *f* éclairage *m* au néon; **~röhre** *f* tube *m* au néon
Nepp *m* F poudre *f* aux yeux, camelote *f*
Nerv *m* nerf *m*; ***j-m auf die ~en fallen*** agacer *od* énerver qn; ***die ~en behalten (verlieren)*** conserver (perdre) son calme; **ꝛen** ***j-n ~*** énerver qn, F casser les pieds à qn
Nerven|arzt *m* neurologue *m*; **ꝛaufreibend** énervant; **~belastung** *f* stress *m*; **~heilanstalt** *f* maison *f* de santé, hôpital *m* psychiatrique; **~kitzel** *m* sensation *f*, frissons *m/pl*; **ꝛkrank** malade des nerfs; **~krieg** *m* guerre *f* des nerfs; **~säge** *f* F casse-pieds *m*; **~system** *n* système *m* nerveux; **~zusammenbruch** *m* dépression *f* nerveuse
nerv|ös nerveux; *erregt* énervé; **ꝛosität** *f* nervosité *f*

N

Nein, ich will nicht!

Es gibt mehr oder weniger höfliche Arten auszudrücken, dass man etwas nicht tun will:

1. Kommst du mit ins Kino? – Nein, ich habe keine Zeit.	*Tu viens au cinéma avec nous? –* ***Non, je n'ai pas le temps.***
2. Hast du Lust, zum Konzert der *Négresses vertes* zu gehen? – Eigentlich schon, aber ich muss leider arbeiten.	*Tu as envie d'aller au concert des Négresses vertes? –* ***J'aimerais bien, mais malheureusement je dois travailler.***
3. Kannst du mir mal schnell helfen? – Tut mir Leid, ich bin sehr beschäftigt.	*Tu peux me donner un coup de main? –* ***Je regrette, je suis très occupé.***
4. Jetzt sei endlich ruhig! Ich kann deine Geschichten nicht mehr hören.	*Tais-toi!* ***J'en ai marre de tes histoires.***
5. Lass mich in Ruhe und hau endlich ab!	***Laisse-moi tranquille et fiche le camp!***

Nerz *zo m* vison *m* (*a Mantel*)

Nest *n* nid *m*; *Ort* F trou *m*, patelin *m*

nett *hübsch* joli; *freundlich* gentil; *angenehm* agréable; ***das ist ~ von Ihnen*** c'est gentil à vous; ***so ~ sein und etw tun*** avoir la gentillesse de faire qc

netto *écon* net

Netz *n* filet *m*; *EDV u fig* réseau *m*; *Strom*≈ secteur *m*; ***ans ~ gehen*** être mis en service; **~haut** *f Auge* rétine *f*; **~karte** *f* carte *f* valable sur un réseau

neu nouveau (*vor subst = ein anderer, nach subst = kürzlich entstanden*); neuf (*stets nach subst = fabrikneu, noch nicht benutzt*); *~zeitlich* moderne; ***~ere Sprachen*** langues *f/pl* vivantes; ***~este Nachrichten*** *f/pl* dernières nouvelles *f/pl*; ***von ~em*** de nouveau; ***seit ~estem*** depuis peu; ***was gibt es ≈es?*** quoi de neuf?, quelles nouvelles?

neu|artig d'un genre nouveau; **≈bau** *m* immeuble *m* récemment construit; **≈baugebiet** *n* nouveau quartier *m*

Neuenburg Neuchâtel

neu|erdings *seit kurzem* depuis peu; *erneut* de nouveau; **≈erung** *f* innovation *f*; **≈gestaltung** *f* réorganisation *f*, refonte *f*

Neugier|(de) *f* curiosité *f*; **≈ig** curieux (***auf etw*** de savoir qc); ***ich bin ~, ob*** ... je suis curieux de savoir si ...; **~ige** *pl* curieux *m/pl*, badauds *m/pl*

Neu|heit *f* nouveauté *f*; **~igkeit** *f* nouvelle *f*; **~jahr** *n* jour *m* de l'an, nouvel an *m*; **≈lich** l'autre jour; **~ling** *m* novice *m, f*, débutant *m*, -e *f*; **~mond** *m* nouvelle lune *f*

neun neuf; **~te** neuvième; **≈tel** *n* neuvième *m*; **~zehn** dix-neuf; **~zehnte** dix-neuvième; **~zig** quatre-vingt-dix; **~zigjährig** nonagénaire; **~zigste** quatre-vingt-dixième

Neuro|se *méd f* névrose *f*; **~tiker** *m* névrosé *m*

Neusee|land *n* la Nouvelle-Zélande; **~länder** *m*, **-länderin** *f* Néo-Zélandais *m*, -e *f*; **≈ländisch** néo-zélandais

neusprachlich des langues vivantes

neutr|al neutre; **≈alität** *f* neutralité *f*; **≈on** *phys n* neutron *m*; **≈um** *gr n* neutre *m*

Neu|verfilmung *f* nouvelle version *f* (d'un film), remake *m*; **≈wertig** à l'état neuf, comme neuf; **~zeit** *f* temps *m/pl* modernes

nicht pas; *beim Verb* ne ... pas; ***ich ~!***

N

moi pas!; ***ich auch*** ~ moi non plus; ***durchaus*** ~, ***gar*** ~, ***überhaupt*** ~ pas du tout; ***noch*** ~ pas encore; ~ ***mehr*** ne ... plus; ~ (***wahr***)***?*** n'est-ce pas?; ***bitte*** ~***!*** je vous en prie, ne faites pas ça!
Nicht|... *in Zssgn oft* non-...; **~beachtung** *f* non-respect *m*
Nichte *f* nièce *f*
Nichteinmischung *pol f* non-intervention *f*
nichtig vain, futile; *jur* nul; **&keit** *f* futilité *f*; *jur* nullité *f*
Nichtraucher *m Abteil* non fumeurs; ***ich bin*** ~ je ne fume pas; **~zone** *f* zone *f* non-fumeurs
nichts 1. rien (*mit* ne *beim Verb*); ***gar*** ~ rien du tout; ~ ***mehr*** (ne ...) plus rien; ~ (**anderes**) ***als*** rien (d'autre) que; ***weiter*** ~***?*** rien de plus?; ~ ***sagend*** vide de sens; *unbedeutend* insignifiant; **2.** & *n* néant *m*
nichts|destoweniger néanmoins; **&könner** *m* bon *m* à rien, F zéro *m*; **&nutz** *m* vaurien *m*; **&tuer(in** *f*) *m* fainéant *m*, -e *f*
Nickel *n* nickel *m*
nicken faire un signe de tête
nie ne ... jamais; *ohne Verb* jamais; ~ ***mehr*** (ne ...) plus jamais; ***fast*** ~ presque jamais; ~ ***und nimmer!*** jamais de la vie!
nieder 1. *adj* bas; inférieur; **2.** *adv* ~ ***mit*** ...***!*** à bas ...!
Nieder|gang *m* déclin *m*; **&geschlagen** abattu, déprimé; **&knien** s'agenouiller; **~lage** *f mil* défaite *f*; **~lande** ***die*** ~ *pl* les Pays-Bas *m/pl*; **~länder(in** *f*) *m* Néerlandais *m*, -e *f*; **&ländisch** néerlandais; **&lassen sich** ~ *sich setzen* s'asseoir; *Wohnsitz*, *comm* s'établir; **~lassung** *f comm* établissement *m*, succursale *f*; **&legen** poser à terre; ***sein Amt*** ~ se démettre de ses fonctions; ***die Arbeit*** ~ cesser le travail, faire grève; *zum Schlafen* **sich** ~ se coucher; **&metzeln** massacrer; **~österreich** *n* la Basse-Autriche; **&reißen** *Gebäude* démolir; **~sachsen** *n* la Basse-Saxe; **~schlag** *m Wetter* précipitations *f/pl*; *chim* précipité *m*; ***radioaktiver*** ~ retombées *f/pl* radioactives; **&schlagen** *Gegner* terrasser, abattre; *Augen* baisser; *Aufstand* écraser; *jur Verfahren* arrêter; **&trächtig** infâme; **~ung** *f* terrain *m* bas

N

niedlich gentil, mignon, charmant
niedrig bas; *Strafe* faible; ~ ***stehen*** être bas; ~ ***fliegen*** voler à basse altitude
niemals (*mit Verb* ne ...) jamais
niemand personne ne ...; ne ... personne; *ohne Verb* personne, aucun; ~ ***mehr*** plus personne; ~ ***sonst*** personne d'autre, nul autre; **&sland** *n* no man's land *m*, zone *f* neutre
Niere *f* rein *m*; *cuis* rognon *m*; F ***j-m an die*** ~***n gehen*** toucher qn au vif
nieseln ***es nieselt*** il bruine *od* brouillasse
niesen éternuer
Niete *f tech* rivet *m*; *Lotterie* billet *m* non gagnant; *fig Versager* zéro *m*, nullité *f*
Nigeria *n* le Nigeria
Nikolaustag ***der*** ~ la Saint-Nicolas
Nikotin *n* nicotine *f*; ⚠ ***la*** nicotine
Nil ***der*** ~ le Nil; **~pferd** *zo n* hippopotame *m*
nippen ***an etw*** ~ goûter du bout des lèvres à qc
nirgend|s, ~wo nulle part
Nische *f* niche *f*
nisten nicher
Niveau *n* niveau *m*
Nixe *f* ondine *f*
Nizza Nice
Nobelpreis *m* prix *m* Nobel (**für** de)
noch 1. *adv* encore; ~ ***nicht*** pas encore; ~ ***immer*** toujours; ~ ***heute*** aujourd'hui même; (***sei er***) ~ ***so klein*** quelque petit qu'il soit; ***er hat nur*** ~ ***10 Mark*** il ne lui reste plus que 10 marks; ***sonst*** ~ ***etwas?*** vous désirez autre chose?; **2.** *conj* ***weder*** ... ~ ... ni ... ni ... (*mit* ne *beim Verb*); **~malig** réitéré; **~mals** encore une fois
Nomade *m* nomade *m*
Nomin|ativ *gr m* nominatif *m*; **&ieren** nommer
Nonne *f* religieuse *f*; **~nkloster** *n* couvent *m* de religieuses
Nord|(en) *m* nord *m*; **~irland** *n* l'Irlande *f* du Nord; **&isch** nordique; *Ski* ~***e Kombination*** *f* combiné *m* nordique; **~korea** *n* la Corée du Nord
nördlich septentrional, du nord; ~ ***von*** au nord de
Nord|licht *n* aurore *f* boréale; **~ost(en)** *m* nord-est *m*; **~pol** *m* pôle *m* Nord; **~rhein-Westfalen** *n* la Rhénanie-

Norden: die Himmelsrichtungen

der Süden	***le sud***
im Süden	***au sud***
der Norden	***le nord***
im Norden	***au nord***
der Osten	***l'est m***
im Osten	***à l'est***
der Westen	***l'ouest m***
im Westen	***à l'ouest***
der Südwesten	***le sud-ouest***
der Nordosten	***le nord-est***

Im Osten geht die Sonne auf.
Le soleil se lève à l'est.
Im Westen geht die Sonne unter.
Le soleil se couche à l'ouest.

Calais liegt nördlich von Paris.
Calais est au nord de Paris.

-du-Nord-Westphalie; **~see** *f* mer *f* du Nord; **~west(en)** *m* nord-ouest *m*

nörg|eln trouver à redire, ergoter, chicaner; **≈ler(in** *f*) *m* ergoteur *m*, -euse *f*, grincheux *m*, -euse *f*

Norm *f* norme *f*, standard *m*

normal normal; ***nicht ganz ~*** F pas très normal, un peu dérangé; **≈benzin** *n* essence *f* ordinaire; **~erweise** normalement; **~isieren *sich ~*** se normaliser

Norweg|en *n* la Norvège; **~er(in** *f*) *m* Norvégien *m*, -ne *f*; **≈isch** norvégien

Not *f Notwendigkeit* nécessité *f*; *Notlage, Gefahr* détresse *f*; *Armut* pauvreté *f*; *Elend* misère *f*; ***in ~ sein*** être dans le besoin; ***die ~ der Armen lindern*** soulager le malheur des pauvres; ***zur ~*** à la rigueur; ***ohne ~*** sans nécessité; ***~ leidend*** nécessiteux

Notar *m* notaire *m*

Not|arzt *m* médecin *m* du S.A.M.U.; **~arztwagen** *m* voiture *f* du S.A.M.U.; **~ausgang** *m* sortie *f* de secours; **~behelf** *m* expédient *m*; **~bremse** *f Zug* signal *m* d'alarme; **~durft** *f **seine ~ verrichten*** faire ses besoins; **≈dürftig** à peine suffisant; *behelfsmäßig* de fortune, provisoire, temporaire

Note *f* note *f* (*a Schule, mus*); *Bank≈* billet *m*; ***~n lesen*** faire du solfège

Notebook *m* portable *m*

Noten|durchschnitt *m* moyenne *f* des notes; **~ständer** *m* pupitre *m*

Not|fall *m* urgence *f*; ***im ~*** au besoin; **≈gedrungen** forcément, par nécessité; ***etw ~ tun*** être obligé *od* contraint de faire qc

notieren noter, marquer

nötig nécessaire; ***etw ~ haben*** avoir besoin de qc; ***das ≈ste*** le strict nécessaire; ***~en j-n ~*** forcer qn, contraindre qn (***etw zu tun*** à faire qc); **~enfalls** si nécessaire, si besoin est

Notiz *f* note *f*; ***~ nehmen von*** prêter attention à; ***keine ~ nehmen von*** *a* ignorer; ***sich ~en machen*** prendre des notes; **~block** *m* bloc-notes *m*; **~buch** *n* carnet *m*, agenda *m*

Not|lage *f* détresse *f*, situation *f* difficile, embarras *m*; **≈landen** *aviat* faire un atterrissage forcé; **~landung** *f* atterrissage *m* forcé; **≈leidend** *cf* **Not**; **~lösung** *f* expédient *m*, solution *f* de fortune; **~lüge** *f* pieux mensonge *m*

notorisch notoire

Not|ruf *tél m* appel *m* d'urgence; **~rufsäule** *f* poste *m* d'appel d'urgence; **~signal** *n* signal *m* de détresse; **~stand** *pol m* état *m* d'urgence; **~standsgebiet** *n* région *f* sinistrée; **~unterkunft** *f* logement *m* provisoire; **~verband** *m* pansement *m* provisoire; **~wehr** *jur f* légitime défense *f*; **≈wendig** nécessaire; **~wendigkeit** *f* nécessité *f*

Novelle *f Literatur* nouvelle *f*; *jur* amendement *m*

November *m* novembre *m*; ***im ~*** en novembre; ***am 9. ~*** le 9 novembre; ***der 9. ~ 1969*** le 9 novembre 1969

Nu *m **im ~*** en un clin d'œil, F en cinq sec

Nuance *f* nuance *f*; ***e-e ~*** *Kleinigkeit* un tout petit peu

nüchtern à jeun; *fig Mensch* positif; *Stil* sobre; *péj* prosaïque; ***auf ~en Magen*** à jeun; ***nicht mehr ~*** déjà ivre; **≈heit** *f* sobriété *f*

Nudeln *f/pl* nouilles *f/pl*; *Faden≈* vermicelle *m*; ⚠ ***le*** vermicelle

null 1. zéro; ***~ und nichtig*** nul et non avenu; ***~ Grad* (Fehler)** zéro degré (faute); **2.** ≈ *f* zéro *m*; *fig Person* nullité *f*,

N

zéro *m*; **&punkt** *m* zéro *m*; **&tarif** *m* ***zum ~*** gratuitement
numerieren *cf* ***nummerieren***
numerisch numérique
Numerus clausus *m* numerus clausus *m*
Nummer *f* numéro *m*
nummerieren numéroter
Nummern|block *EDV m* pavé *m* numérique; **~schild** *auto n* plaque *f* minéralogique, plaque *f* d'immatriculation
nun à présent, maintenant; *dann* alors; ***~!*** eh bien!, F eh ben!; ***von ~ an*** dorénavant; *seitdem* dès lors; ***~ aber*** or; ***~, wo*** ... maintentant que ...
Nuntius *m* nonce *m*
nur seulement; ne ... que; ***~ noch*** ne ... plus que; ***wenn ~*** pourvu que (+ *subj*); ***nicht ~ ..., sondern auch*** non seulement ..., mais aussi *od* mais encore
Nürnberg Nuremberg
Nuss *f* noix *f*; **~baum** *m* noyer *m*; **~knacker** *m* casse-noisettes *m*; **~schale** *f* coquille *f* de noix
Nüstern *f/pl Pferd* naseaux *m/pl*
Nutte *f péj* grue *f*
nutz|bar utilisable, exploitable; ***~ machen*** utiliser, exploiter; **~bringend** productif, profitable
Nutze ***sich etw zu ~ machen*** tirer profit de qc
nütze ***zu nichts ~*** bon à rien
Nutzen *m* utilité *f*; *Gewinn* profit *m*; *Vorteil* avantage *m*; ***von ~ sein*** être utile
nützen servir, être utile (***j-m*** à qn); ***etw ~ verwerten*** utiliser qc; ***nichts ~*** ne servir à rien
Nutzlast *f* charge *f* utile
nützlich utile (***für j-n*** à qn); ***sich ~ machen*** se rendre utile; **&keit** *f* utilité *f*
nutz|los inutile; **&losigkeit** *f* inutilité *f*; **&nießer** *m* bénéficiaire *m*; **&pflanze** *f* plante *f* utile; **&ung** *f* utilisation *f*, mise *f* à profit
Nylon *n* nylon *m*; **~hemd** *n* chemise *f* de nylon; **~strumpf** *m* bas *m* de nylon
Nymph|e *f* nymphe *f*; **~omanin** *f* nymphomane *f*

O

o! ***o ja!*** ah oui!; ***o weh!*** aïe!, mon Dieu!
Oase *f* oasis *f od m*
ob si; ***als ~*** comme si; ***so tun als ~*** faire semblant de (+ *inf*); ***und ~!*** et comment!, tu penses!
OB *m* maire *m* (d'une grande ville)
Obdach *n* abri *m*; **&los** sans abri; **~lose(r)** *m,f* sans-abri *m,f*; **~losenasyl** *n* foyer *m* d'hébergement
Obdu|ktion *méd f* autopsie *f*; **&zieren** autopsier
oben en haut; ***nach ~*** en haut, vers le haut; ***von ~ bis unten*** du haut jusqu'en bas; ***links ~*** en haut à gauche; ***siehe ~*** voir plus haut; ***~ erwähnt*** (mentionné) ci-dessus; ***von ~ herab*** d'en haut (*a fig*); F ***~ ohne*** seins nus; **~auf** *fig* ***~ sein*** être en pleine forme; **~drein** par-dessus le marché; **~hin** superficiellement
Ober *m Kellner* garçon *m*; **~arm** *m* haut *m* du bras; **~befehl** *mil m* commandement *m* en chef; **~begriff** *m* terme *m* générique; **~bürgermeister** *m* maire *m* (d'une grande ville), premier bourgmestre *m*
ober|e de dessus, d'en haut, supérieur; **&fläche** *f* surface *f*; **~flächlich** superficiel; **~halb** au-dessus de; **&hand** *f fig* ***die ~ gewinnen*** prendre le dessus; **&haupt** *n* chef *m*; **&hemd** *n* chemise *f*; **&herrschaft** *f* suprématie *f*; **~irdisch** au-dessus du sol, aérien; **&kellner** *m* maître *m* d'hôtel; **&kiefer** *m* mâchoire *f* supérieure; **&körper** *m* torse *m*; ***den ~ freimachen*** se mettre torse nu; **&leitung** *f* direction *f* générale; *tech* caténaire *f*; **&lippe** *f* lèvre *f* supérieure; **&österreich** *n* la Haute-Autriche
Obers *östr n* crème *f*
Ober|schenkel *m* cuisse *f*; **~schule** *f* école *f* secondaire
Oberst *mil m* colonel *m*

oberste le plus haut, suprême
Ober|stufe *f Schule* second cycle *m*; **~teil** *n* haut *m*
obgleich quoique, bien que (*beide* + *subj*)
Obhut *f* garde *f*; ***in j-s ~*** sous la garde de qn
obig (mentionné) ci-dessus
Objekt *n* objet *m*; *gr* complément *m* d'objet
objektiv **1.** objectif; **2.** **♀** *n* objectif *m*; **♀ität** *f* objectivité *f*, impartialité *f*
obligatorisch obligatoire
Oboe *mus f* hautbois *m*
Obrigkeit *f* autorités *f/pl*

Obst – *les fruits* *m/pl*

der Apfel	***la pomme***
die Birne	***la poire***
die Kirsche	***la cerise***
der Pfirsich	***la pêche***
die Nektarine	***la nectarine***
die Aprikose	***l'abricot*** *m*
die Pflaume	***la prune***
die Feige	***la figue***
die Weintraube	***le raisin***
die Johannisbeere	***la groseille***
die Brombeere	***la mûre***
die Himbeere	***la framboise***
die Erdbeere	***la fraise***
die Zitrone	***le citron***
die Orange	***l'orange*** *f*
die Mandarine	***la mandarine***
die Grapefruit	***le pamplemousse***
die Ananas	***l'ananas*** *m*
die Banane	***la banane***
die Dattel	***la datte***
die Kokosnuss	***la noix de coco***

Die Namen der betreffenden Obstbäume werden zumeist so gebildet, dass man an den Wortstamm, der die Frucht bezeichnet, *-ier* hängt:

la pomme – der Apfel:
le pommier – der Apfel**baum**

Observatorium *astr n* observatoire *m*
Obst *n* fruits *m/pl*; **~baum** *m* arbre *m* fruitier; **~garten** *m* verger *m*; **~saft** *m* jus *m* de fruits; **~torte** *f* tarte *f* aux fruits
obszön obscène
obwohl quoique, bien que (*beide* + *subj*)
Ochse *m* bœuf *m*
öde **1.** *Gegend* désert, désertique; *fig* ennuyeux; **2.** **♀** *f* désert *m*; *Leere* vide *m*
oder ou; ***~ so*** ou comme ça; ***er kommt doch, ~?*** il viendra, n'est-ce pas?
Ofen *m Zimmer***♀** poêle *m*; *Back***♀** four *m*
offen ouvert; *freimütig* franc; ***~e Stelle*** place *f* vacante; ***~ gesagt*** pour parler franchement; ***~ seine Meinung sagen*** dire ouvertement ce qu'on pense; ***~ stehen*** être ouvert (***j-m*** à qn); *Rechnung* être non-payé; ***es steht Ihnen ~ zu*** ... vous êtes libre de ...
offenbar évident, manifeste, apparent; *adv* apparemment; **~en** (***sich ~*** se) manifester, révéler (*a rel*); *Geheimnis* dévoiler; **♀ung** *f* révélation *f* (*a rel*)
Offenheit *f* franchise *f*
offen|herzig franc, sincère; **~sichtlich** évident; *adv* évidemment
offensiv offensif; **♀e** *f* offensive *f*
öffentlich public; ***~e Verkehrsmittel*** transports *m/pl* publics *od* en commun; ***~e Schulen*** écoles *f/pl* publiques; ***~ auftreten*** apparaître en public; **♀keit** *f* public *m*; ***in aller ~*** publiquement; ***an die ~ bringen*** porter à la connaissance du public, rendre public; **♀keitsarbeit** *f* relations *f/pl* publiques
Offerte *f* offre *f*
offiziell officiel
Offizier *m* officier *m*
öffn|en (***sich ~*** s')ouvrir; **♀er** *m Flaschen***♀** ouvre-bouteilles *m*; *Dosen***♀** ouvre-boîtes *m*; **♀ung** *f* ouverture *f*; **♀ungszeiten** *f/pl* heures *f/pl* d'ouverture
oft souvent, fréquemment
oh oh!, ah!
ohne sans; ***~ dass*** ... sans que (+ *subj*); ***~ zu*** ... sans (+ *inf*); ***~ mich!*** ne comptez pas sur moi!; ***~ ein Wort (zu sagen)*** sans (dire) un mot; **~hin** de toute façon
Ohnmacht *f* impuissance *f*; *méd* évanouissement *m*; ***in ~ fallen*** s'évanouir
ohnmächtig impuissant; *méd* évanoui; ***~ werden*** s'evanouir

O

Ökologie	*l'écologie f*
die Umwelt	*l'environnement m*
die Umweltverschmutzung	*la pollution*
Autoabgase	*les gaz m/pl d'échappement*
die Luftverschmutzung	*la pollution de l'air*
der Abfall	*les déchets m/pl*
die Ozonschicht	*la couche d'ozone*
das Ozonloch	*le trou d'ozone*
der Hautkrebs	*le cancer de la peau*
der Treibhauseffekt	*l'effet m de serre*
der saure Regen	*les pluies acides*
umweltfreundlich	*écologique*
umweltfreundliche Autos	*des voitures non polluantes*
der Umweltschutz	*la protection de l'environnement*
die Umweltschützer	*les écologistes, umgangssprachlich oft les écolos*
der Umweltminister	*le ministre de l'Environnement*
das Umweltpapier	*le papier recyclé*
die Wiederverwertung	*le recyclage*
der Müll	*les ordures f/pl*
die Mülltrennung	*le tri des ordures*
die Flüsse verschmutzen	*polluer les rivières*
FCKWs zerstören die Ozonschicht	*les CFC détruisent la couche d'ozone*

Ohr *n* oreille *f*; F ***j-n übers ~ hauen*** rouler qn; ***bis über die ~en verliebt*** être amoureux fou de qn

O

Ohren|arzt *m* oto-rhino *m*; **2betäubend** assourdissant; **~schmerzen** *m/pl* douleurs *f/pl* d'oreilles

Ohr|feige *f* gifle *f*, claque *f*, taloche F *f*; **2feigen** gifler; **~läppchen** *n* lobe *m* de l'oreille; **~ring** *m* boucle *f* d'oreille

oje mon Dieu!, oh là là!

O.K. F O.K., d'accord

Öko|loge *m* écologiste *m*; **~logie** *f* écologie *f*; **2logisch** écologique; **~nomie** *f* économie *f*; **2nomisch** économique; **~partei** *f* parti *m* écologique; △***le*** parti; **~system** *n* écosystème *m*

Oktave *mus f* octave *f*

Oktober *m* octobre *m*; ***im ~*** en octobre; ***am 9. ~*** le 9 octobre; ***der 9. ~ 1999*** le 9 octobre 1999

ökumenisch *rel* œcuménique

Öl *n* huile *f*; *Erd2* pétrole *m*; *Heiz2* fuel *m*, mazout *m*; **~baum** *bot m* olivier *m*

ölen huiler, lubrifier

Öl|farbe *f* peinture *f* à l'huile; **~förderung** *f* production *f* de pétrole; **~gemälde** *n* peinture *f* à l'huile; **~heizung** *f* chauffage *m* au mazout; **2ig** huileux

Olive *f* olive *f*

Oliven|baum *bot m* olivier *m*; **~öl** *n* huile *f* d'olives

Öl|leitung *f* oléoduc *m*, pipe-line *m*; **~malerei** *f* peinture *f* à l'huile; **~pest** *f* marée *f* noire; **~quelle** *f* puits *m* de pétrole; **~sardinen** *f/pl* sardines *f/pl* à l'huile; **~stand** *m* niveau *m* d'huile; **~teppich** *m* marée *f* noire; **~ung** *f tech* huilage *m*; *rel* **Letzte ~** extrême-onction *f*; **~verschmutzung** *f* pollution *f* par le pétrole; **~vorkommen** *n* gisement *m* pétrolifère; **~wechsel** *auto m* vidange *f*; **~zeug** *mar n* ciré *m*

Olympiamannschaft *f* équipe *f* olympique

olympisch *2e Spiele n/pl* jeux *m/pl* Olympiques
Om|a F *f*, **~i** F *f* grand-mère *f*, F mémé *f*, *enf* mamie *f*
Omnibus *m* autobus *m*; *Reise2* autocar *m*; ⚠ *nicht* ***omnibus***
onanieren se masturber
Onkel *m* oncle *m*
online en ligne; **2betrieb** *m* mode *m* connecté, opération *f* en ligne
OP *m* salle *f* d'opération
Opa F *m* grand-père *m*, F pépé *m*, *enf* papi *m*
Oper *mus f* opéra *m*; ⚠ ***un*** opéra
Operation *f* opération *f*; **~ssaal** *méd m* salle *f* d'opérations
Operette *mus f* opérette *f*
operieren *méd* opérer (**an** de); ***operiert werden*** subir une intervention chirurgicale; ***sich*** (**am Fuß** *etc*) **~ *lassen*** se faire opérer (du pied *etc*)
Opernsänger(in *f*) *m* chanteur *m* (cantatrice *f*) d'opéra
Opfer *n Verzicht* sacrifice *m*; *bei Unglück* victime *f*; ***ein ~ bringen*** faire un sacrifice; ***zum ~ fallen*** être victime de
opfer|n (***sich*** ~ se) sacrifier; **2ung** *f* sacrifice *m*
Opium *n* opium *m*
Opportunismus *m* opportunisme *m*
Opposition *f* opposition *f*
Optik *f* optique *f*; **~er** *m* opticien *m*
optim|al optimum, optimal; **2ismus** *m* optimisme *m*; **2ist(in** *f*) *m* optimiste *m*, *f*; **~istisch** optimiste
optisch optique
Orange *f* orange *f*; **~nsaft** *m* jus *m* d'orange
Orchester *mus n* orchestre *m*
Orchidee *bot f* orchidée *f*
Orden *m* ordre *m* (*a rel*); *Auszeichnung* décoration *f*, médaille *f*
Ordensschwester *f* sœur *f*, religieuse *f*
ordentlich *Person*, *Zimmer etc* propre, ordonné; *richtig*, *sorgfältig* soigné; *gründlich* comme il faut; *anständig* honnête; *Leute* convenable; *Mitglied* à part entière; *Professor* titulaire; *Gericht* ordinaire; *Leistung* bon; ***seine Sache ~ machen*** faire son travail comme il faut; ***sich ~ benehmen*** bien se tenir
ordinär vulgaire
ordn|en mettre de l'ordre dans, ordonner, classer, ranger; *regeln* régler; **2er** *m Fest2 etc* ordonnateur *m*, organisateur *m*; *Akten2* classeur *m*

ordinär

⚠ Im Französischen existiert das Adjektiv *ordinaire*; es hat allerdings die Bedeutung ‚gewöhnlich':
Das ist ein ganz gewöhnlicher Vorfall. – *C'est un incident tout à fait ordinaire.*

Aber:
Mein Onkel verwendet gern **ordinäre Ausdrücke.** – *Mon oncle aime utiliser des* ***expressions vulgaires.***

Ordnung *f* ordre *m*; *Vorschriften* règlement *m*; ***in ~*** en ordre, O.K.; ***in ~ bringen*** remettre en ordre; *reparieren* réparer; ***in ~ halten*** maintenir en ordre; ***etw ist nicht in ~*** qc ne marche pas
ordnungs|gemäß réglementaire, régulier; *adv* en bonne et due forme; **2strafe** *f* amende *f*; **2zahl** *f* nombre *m* ordinal
Oregano *m* origan *m*
Organ *n* organe *m*; **~isation** *f* organisation *f*; **~isator** *m* organisateur *m*; **2isatorisch** d'organisation; d'organisateur; **2isch** organique
organisier|en (***sich*** ~ s')organiser; **~t** organisé
Organ|ismus *m* organisme *m*; **~ist(in** *f*) *m mus* organiste *m*, *f*; **~spender** *méd m* donneur *m* d'organes; **~verpflanzung** *méd f* transplantation *f* d'organes
Orgasmus *m* orgasme *m*
Orgel *f* orgue *m*
Orgie *f* orgie *f*
Orient *m* Orient *m*
Oriental|e *m*, **~in** *f* Oriental *m*, -e *f*; **2isch** oriental
orientier|en ***sich*** ~ s'orienter; **2ung** *f* orientation *f*; ***die ~ verlieren*** être désorienté; ***zur ~*** à titre indicatif; **2ungssinn** *m* sens *m* de l'orientation
original **1.** original; **2.** 2 *n* original *m*;

℘ausgabe *f* édition *f* originale; **℘ton** *m* version *f* originale; **℘übertragung** *f* émission *f* en direct
originell original; ⚠ *nicht* ***originel***
Orkan *m* ouragan *m*
Ornament *n* ornement *m*
Ort *m* lieu *m*, endroit *m*; *Ortschaft* localité *f*; ***an ~ und Stelle*** sur place; ***vor ~*** sur les lieux; **℘en** localiser
orthodox orthodoxe
Orthograf|ie *f* orthographe *f*; **℘isch** orthographique
Orthopäd|e *m* orthopédiste *m*; **℘isch** orthopédique
örtlich local
Ortschaft *f* localité *f*
Orts|gespräch *tél n* communication *f* urbaine *od* locale; **~kenntnis** *f* connaissance *f* des lieux; **~netz** *tél n* réseau *m* local; **~zeit** *f* heure *f* locale
Öse *f* œillet *m*
Ost(en) *m* est *m*
Ostblock *pol m* pays *m/pl* de l'Est
Oster|ei *n* œuf *m* de Pâques; **~ferien** *pl* vacances *f/pl* de Pâques
Ostern *n od pl* Pâques *f/pl*; ***an, zu ~*** à Pâques; ***frohe ~!*** joyeuses Pâques!
Österreich *n* l'Autriche *f*; **~er(in** *f*) *m* Autrichien *m*, -ne *f*; **℘isch** autrichien
östlich oriental, de l'est, d'est; ***~ von*** à l'est de
Ost|see *f* mer *f* Baltique; **~wind** *m* vent *m* d'est
Otter *zo f* vipère *f*
out F démodé
Ouvertüre *mus f* ouverture *f*
oval ovale
Overheadprojektor *m* rétroprojecteur *m*
Overkill *m* surextermination *f*
Oxid *chim n* oxyde *m*; **℘ieren** s'oxyder
Ozean *m* océan *m*
Ozon *n* ozone *m*; **~loch** *n* trou *m* dans la couche d'ozone, trou *m* d'ozone; **~schicht** *f* couche *f* d'ozone; **~schild** *m* couche *f* d'ozone

P

Paar 1. *n* paire *f*; *Personen, Tiere* couple *m*; ***ein ~ Schuhe*** une paire de chaussures; ⚠ ***la*** paire; **2. *ein*** ℘ quelques; ***ein ℘ Mal*** plusieurs fois; **℘en** *zo* ***sich ~*** s'accoupler; **~lauf** *Sport m* patinage *m* en couple; **℘weise** par couples
Pacht *f* bail *m*; *agr* fermage *m*; **℘en** prendre à bail *od* à ferme
Pächter(in *f*) *m jur* preneur *m* à bail, fermier *m*, -ière *f*
Pack *n péj* canaille *f*, racaille *f*
Päckchen *n* petit paquet *m*; ***ein ~ Zigaretten*** un paquet de cigarettes
Pack|en *m* (gros) paquet *m*; *Briefe, Papiere* liasse *f*; **℘en** *Koffer, Paket* faire; *Waren* emballer; *ergreifen* saisir (***an*** par); *fig mitreißen* captiver; **~papier** *n* papier *m* d'emballage; **~ung** *f* paquet *m*, boîte *f*
Pädagog|e *m*, **~in** *f* pédagogue *m, f*; **~ik** *f* pédagogie *f*; **℘isch** pédagogique
Paddel *n* pagaie *f*; **~boot** *n Faltboot* canot *m* pliant; *Kanu* canoë *m*; *Kajak* kayak *m*; **℘n** pagayer
Page *m* page *m*; *Hotel* chasseur *m*, groom *m*
Paket *n* paquet *m*; colis *m* postal; **~karte** *f* bulletin *m* d'expédition; **~post** *f* service *m* des colis postaux; **~zustellung** *f* distribution *f* des colis
Pakistan *n* le Pakistan
Pakt *m* pacte *m*
Palast *m* palais *m*
Palästina *n* la Palestine
Palästinenser(in *f*) *m* Palestinien *m*, -ne *f*
Palme *f bot* palmier *m*; F *fig* ***j-n auf die ~ bringen*** exaspérer qn, F faire monter qn au cocotier
Palmsonntag *m* (dimanche *m* des) Rameaux *m/pl*
Pampelmuse *bot f* pamplemousse *m*; ⚠ ***le*** pamplemousse
panier|t *cuis* pané; **℘mehl** *n* chapelure *f*

Pani|k *f* panique *f*; ***in ~ geraten*** s'affoler; **≈sch** ***~e Angst*** peur *f* panique
Panne *f tech* panne *f*; *Missgeschick* incident *m* fâcheux, gaffe *f* F; ***e-e ~ haben*** être *od* tomber en panne; **~nhilfe** *auto f* dépannage *m*
panschen *im Wasser* patauger; *Wein* frelater, trafiquer
Panter *zo m* panthère *f*; ⚠ ***la*** panthère
Pantoffel *m* pantoufle *f*; *fig Ehemann* ***er steht unter dem ~*** c'est elle qui porte la culotte; ⚠ ***la*** pantoufle; **~held** F *m* mari *m* mené par le bout du nez par sa femme
Pantomim|e **1.** *f* pantomime *f*; **2.** *m* mime *m*; **≈isch** pantomimique
Panzer *m mil* blindé *m*, char *m*; *von Tieren* carapace *f*; *hist od fig* cuirasse *f*; **~glas** *n* verre *m* pare-balles; **≈n** blinder; **~platte** *f* plaque *f* de blindage; **~schrank** *m* coffre-fort *m*; **~ung** *f* blindage *m*
Papa *m* F papa *m*
Papagei *zo m* perroquet *m*
Papaya *f* papaye *f*
Papier *n* papier *m*; **~e** *pl* papiers *m/pl*; **~geld** *n* billets *m/pl* de banque; **~korb** *m* corbeille *f* à papier; **~krieg** *m* paperasserie *f* administrative; **~serviette** *f* serviette *f* en papier; **~tüte** *f* sac *m* en papier; **~vorschub** *m* avance *f* papier; **~waren** *f/pl* articles *m/pl* de papeterie; **~warengeschäft** *n* papeterie *f*
Papp|becher *m* gobelet *m* en carton; **~e** *f* carton *m*; **~teller** *m* assiette *f* en carton
Pappel *bot f* peuplier *m*
Paprika *bot m Schote* poivron *m*; *Gewürz* piment *m*, paprika *m*
Papst *m* pape *m*
päpstlich papal, pontifical
Parabel *f* parabole *f*
Parabolantenne *f* antenne *f* parabolique
Parade *mil f* revue *f*, défilé *m*; ***die ~ abnehmen*** passer (les troupes) en revue
Paradeiser *östr m* tomate *f*
Paradies *n* paradis *m*; **≈isch** paradisiaque
paradox paradoxal
Paragraf *m* article *m*; *Absatz* paragraphe *m*
parallel parallèle; **≈e** *f math* parallèle *f* (*wenn fig, dann m*); **≈ogramm** *math n* parallélogramme *m*; **≈verarbeitung** *f* multitraitement *m*
Parameter *m* paramètre *m*
Paranuss *bot f* noix *f* du Brésil
Parasit *m* parasite *m*
Pärchen *n* couple *m*
Parfüm *n* parfum *m*; **~erie** *f* parfumerie *f*; **≈ieren** (***sich ~*** se) parfumer
parieren *Schlag* parer; *gehorchen* obéir
Pariser *m Mensch* Parisien; F *Kondom* capote *f* anglaise
Park *m* parc *m*
Park-and-ride-System *n* système *m* de parcotrain
Parken **1.** *n* stationnement *m*; ***~ verboten!*** stationnement interdit!; **2.** **≈** stationner, se garer; ***sein Auto ~*** garer sa voiture; **≈d** *auto* en stationnement
Parkett *n* parquet *m*; *Theater* orchestre *m*
Park|gebühren *f/pl* taxe *f* de stationnement; **~haus** *n* parking *m* à étages; **≈ieren** *Schweiz cf* **parken**
Parkinsonkrankheit *f* maladie *f* de Parkinson
Park|kralle *f* sabot *m* de Denver; **~lücke** *f* créneau *m*; **~platz** *m* parking *m*, parc *m* de stationnement; ***e-n ~ suchen*** chercher une place pour stationner; **~scheibe** *f* disque *m* de stationnement; **~scheinautomat** *m* horodateur *m*; **~uhr** *f* parcmètre *m*; **~verbot** *n* défense *f* de stationner; **~wächter** *m* gardien *m*
Parlament *n* Parlement *m*; **≈arisch** parlementaire
Parodie *f* parodie *f*; **≈ren** parodier
Parole *f mil* mot *m* de passe; *pol* slogan *m*, ⚠ *nicht* **parole**
Partei *f pol* parti *m*; *jur* partie *f*; ***für j-n ~ ergreifen*** prendre parti pour qn; ⚠ ***le*** parti; **≈isch** partial; **≈los** *pol* indépendant, non-inscrit; **~mitglied** *n* membre *m* d'un parti; **~programm** *n* programme *m* de parti; **~tag** *m* congrès *m*, convention *f* (d'un parti); **~vorsitzende(r)** *m, f* chef *m* d'un parti; **~zugehörigkeit** *f* appartenance *f* à un parti
Parterre *n Theater* parterre *m*; *Erdgeschoss* rez-de-chaussée *m*
Partie *f* partie *f*; *Heirats≈* parti *m*; ***mit von der ~ sein*** être de la partie
Partisan *mil m* partisan *m*
Partitur *mus f* partition *f*

P

Partizip *gr n* participe *m*
Partner|(in *f*) *m* partenaire *m, f*; *comm* associé *m*, -e *f*; **~schaft** *f* association *f*; *Städte*≗ jumelage *m*; **~stadt** *f* ville *f* jumelée
Party *f* surprise-partie *f*, F boum *f*
Pass *m Gebirgs*≗ col *m*; *Reise*≗ passeport *m*; *Sport* passe *f*
Passage *f* passage *m*; ⚠ ***le*** passage
Passagier *m* passager *m*; **~dampfer** *m* paquebot *m*; **~flugzeug** *n* avion *m* de transport de passagers, avion *m* de ligne
Passant(in *f*) *m* passant *m*, -e *f*, piéton *m*, -ne *f*
Passbild *n* photo *f* d'identité
passen *das bestimmte Maß haben* être juste, aller (bien); *genehm sein* convenir (***j-m*** à qn); ~ ***zu*** aller avec; ***sie ~ gut zueinander*** ils vont bien ensemble; ***passt es Ihnen morgen?*** est-ce que cela vous convient demain?; ***das passt mir gar nicht*** ça ne me va *od* convient pas du tout; ***das passt nicht zu ihm*** ce n'est pas son genre; **~d** juste; convenable, approprié, opportun
passieren *Ort* passer; *sich ereignen* se passer, se produire, arriver
passiv 1. passif; **2.** ≗ *gr n* passif *m*; **≗rauchen** *n* tabagisme *m* passif
Pass|kontrolle *f* contrôle *m* des passeports; **~wort** *n* mot *m* de passe
Paste *f* pâte *f*
Pastell *n* pastel *m*
Pastete *f* pâté *m*
Pastor *égl m* pasteur *m*
Pat|e *m*, **~in** *f* parrain *m*, marraine *f*; **~enkind** *n* filleul *m*, -e *f*; **~enschaft** *f* parrainage *m*; ***die ~ für etw übernehmen*** parrainer qc
Patent *n* brevet *m*; **≗ieren** breveter; **~rezept** *n* recette *f* miracle
pathetisch pompeux, solennel
Patient(in *f*) *m* malade *m, f*, client *m*, -e *f*, patient *m*, -e *f*
Patriot|(in *f*) *m* patriote *m, f*; **≗isch** patriotique; *Person* patriote; **~ismus** *m* patriotisme *m*
Patron *m rel* patron *m*; *péj* type *m*
Patrone *f* cartouche *f*
Patsch|e *f* ***in der ~ sitzen*** F être dans le pétrin; **≗en** F taper; ***im Wasser ~*** barboter dans l'eau; **≗nass** trempé jusqu'aux os
patzig F arrogant, insolent
Pauke *mus f* timbale *f*
pauken F potasser, bûcher, piocher; *zur Reifeprüfung* bachoter
pausbäckig joufflu
pauschal *comm* forfaitaire; *fig* global; *adv* à forfait; *fig* globalement, en bloc; **≗e** *f* somme *f* forfaitaire; **≗reise** *f* voyage *m* à forfait; **≗urteil** *n* jugement *m* sommaire
Pause *f* pause *f*; *Schule* récréation *f*; *Theater* entracte *m*; **≗nlos** ininterrompu, sans cesse; **~nzeichen** *n Radio* indicatif *m*; *Schule* sonnerie *f*
pausieren faire une pause
Pavian *zo m* babouin *m*
Pazifi|k *m* Pacifique *m*; **~sch** ***der ~e Ozean*** l'océan *m* Pacifique
Pazifis|mus *m* pacifisme *m*; **~t(in** *f*) *m* pacifiste *m, f*; **≗tisch** pacifiste *m*
PC *m* micro-ordinateur *m*
PDS *f* parti *m* du socialisme démocratique
Pech *n* poix *f*; *Unglück* malchance *f*, poisse *f* F, guigne *f* F; **~strähne** *f* période *f* de malchance, F série *f* noire; **~vogel** F *m* malchanceux *m*, déveinard *m* F
Pedal *n* pédale *f*; ⚠ ***la*** pédale
Pedant *m* homme *m* tatillon, F coupeur *m* de cheveux en quatre; **≗isch** pointilleux, tatillon, formaliste
Pegel *m* échelle *f* fluviale; **~stand** *m* niveau *m* de l'eau
peilen relever; *Wassertiefe* sonder; ***über den Daumen gepeilt*** à vue de nez; F au pifomètre
pein|igen tourmenter, torturer; **~lich** fâcheux, embarrassant, gênant; ***~ genau*** méticuleux; ***es war mir ~*** j'avais honte
Peitsche *f* fouet *m*
Peking Pékin
Pell|e *f Frucht* pelure *f*; *Wurst* peau *f*; **≗en** éplucher, peler; **~kartoffeln** *f/pl* pommes de terre *f/pl* en robe de chambre *od* en robe des champs
Pelz *m* fourrure *f*; **~mantel** *m* manteau *m* de fourrure; **~tiere** *n/pl* animaux *m/pl* à fourrure
Pendel *n* pendule *m*; *Uhr* balancier *m*; **≗n** osciller; *Bus, Person* faire la navette; **~verkehr** *m* navette *f*
Pendler *m* personne *f* qui fait la navette entre son domicile et son lieu de travail

penetrant *Geruch* pénétrant; *Person* gênant, agaçant
Penis *m* pénis *m*
Penizillin *phm n* pénicilline *f*; ⚠ ***la*** pénicilline
penn|en F roupiller, pioncer; **ꟹer** *m* F clochard *m*
Pension *f* pension *f*; *Ruhegehalt a* retraite *f*; **~är(in** *f*) *m* retraité *m*, -e *f*; pensionné *m*, -e *f*; **ꟹieren** mettre à la retraite; ***sich ~ lassen*** demander sa mise à la retraite; **~ierung** *f* mise *f* à la retraite; **ꟹiert** en retraite, retraité; **~sgast** *m* hôte *m* d'une pension, pensionnaire *m*, *f*
Pensum *n* tâche *f*; *Lehrstoff* programme *m*
Penthouse *n* attique *m*
per par
perfekt 1. parfait; ***die Sache ist ~*** l'affaire est dans le sac; **2.** ꟹ *gr n* parfait *m*; passé *m* composé; ***historisches ~*** passé *m* simple
Pergament *n* parchemin *m*
Period|e *f* période *f*; *der Frau* règles *f*/*pl*; **ꟹisch** périodique
Peripheriegerät *n* périphérique *m*
Perl|e *f* perle *f* (*a fig*); **ꟹen** *Sekt* pétiller; *Schweiß* perler; **~enkette** *f* collier *m* de perles; **~muschel** *f* huître *f* perlière; **~mutt** *n* nacre *f*
Perron *m Schweiz* quai *m*
Pers|er *m* Persan *m*; *hist* Perse *m*; *Teppich* tapis *m* de Perse; **~ianer** *m* astrakan *m*; **~ien** *n* la Perse; **ꟹisch** persan; *hist* perse; *géogr* ***der ꟹe Golf*** le golfe Persique
Person *f* personne *f*; *Theater* personnage *m*; ***ich für meine ~*** quant à moi; ***ein Tisch für drei ~en*** une table pour trois (personnes)
Personal *n* personnel *m*; **~abteilung** *f* service *m* du personnel; **~ausweis** *m* carte *f* d'identité; **~chef** *m* chef *m* du personnel; **~computer** *m* ordinateur *m* individuel, micro-ordinateur *m*; **~ien** *pl* identité *f*; **~pronomen** *gr n* pronom *m* personnel
Personen|(kraft)wagen (*abr* PKW) *m* voiture *f* particulière *od* de tourisme; **~zug** *m* train *m* de voyageurs, omnibus *m*
personifizieren personnifier
persönlich personnel; *leibhaftig* en

Angaben zur Person

der Familienname	***le nom de famille***
der Vorname	***le prénom***
der Geburtsort	***le lieu de naissance***
das Geburtsdatum	***la date de naissance***
der Wohnort	***le domicile***
die Adresse	***l'adresse f***
die Telefonnummer	***le numéro de téléphone***
ledig sein	***être célibataire***
verheiratet sein	***être marié / mariée***
geschieden sein	***être divorcé / divorcée***
Ich heiße Franz Sellmeier.	***Je m'appelle Franz Sellmeier.***
Ich wohne in Nürnberg.	***J'habite à Nuremberg.***
Ich wohne in der Dürerstraße.	***J'habite rue Dürer.***
Ich bin am 5. Juli 1982 in Aschaffenburg geboren.	***Je suis né à Aschaffenburg le 5 juillet 1982.***
Ich bin 18 Jahre alt.	***J'ai 18 ans.***
Ich bin 1,84 m und wiege 76 kg.	***Je fais 1,84 m et je pèse 76 kg.***
Von Beruf bin ich EDV-Spezialist.	***Je travaille comme informaticien.***

P

personne; **&keit** *f* personnalité *f*; *bedeutender Mensch* personnage *m*
Perspektive *f* perspective *f*
Peru *n* le Pérou
Perücke *f* perruque *f*
pervers pervers
Pessimis|mus *m* pessimisme *m*; **~t(in** *f*) *m* pessimiste *m, f*; **&tisch** pessimiste
Pest *f* peste *f*
Pestizid *n* pesticide *m*
Peter *m* Pierre *m*
Petersilie *bot f* persil *m*; ⚠ **le** persil
Petrochemie *f* pétrochimie *f*
Petroleum *n* pétrole *m*; **~lampe** *f* lampe *f* à pétrole
petzen F cafarder, rapporter, moucharder
Pfad *m* sentier *m*; *EDV* chemin *m* (d'accès); **~finder(in** *f*) *m* scout *m*, guide *f*, éclaireur *m*, -euse *f*
Pfahl *m* pieu *m*, poteau *m*
Pfalz *die* ~ le Palatinat
Pfand *n* gage *m*; *comm* consigne *f*; **~brief** *écon m* obligation *f* hypothécaire
pfänden *jur* saisir
Pfand|flasche *f* bouteille *f* consignée; **~haus** *n* mont-de-piété *m*; **~leiher(in** *f*) *m* prêteur *m*, -euse *f* sur gages
Pfändung *jur f* saisie *f*
Pfann|e *f* poêle *f*; **~kuchen** *m* crêpe *f*; ***Berliner*** ~ beignet *m* (à la confiture)
Pfarr|bezirk *m* paroisse *f*; **~er** *m katholischer* curé *m*; *evangelischer* pasteur *m*; **~haus** *n* presbytère *m*
Pfau *m* paon *m*
Pfeffer *m* poivre *m*; **~kuchen** *m* pain *m* d'épice; **~minze** *bot f* menthe *f*; **&n** *cuis* poivrer; **~streuer** *m* poivrier *m*
Pfeife *f* sifflet *m*; *Tabaks&* pipe *f*; *Orgel&* tuyau *m*; **&n** siffler; F ~ ***auf*** se moquer de, se ficher de
Pfeil *m* flèche *f*
Pfeiler *arch m* pilier *m*
Pfennig *m* pfennig *m*; ***keinen ~ haben*** n'avoir pas le sou, être sans le sou
Pferd *n* cheval *m*; *Turnen* cheval *m* d'arçons; ***zu ~*** à cheval; ***aufs ~ steigen*** monter à cheval
Pferde|rennen *n* course *f* de chevaux; **~schwanz** *m* queue *f* de cheval (*a Frisur*); **~sport** *m* hippisme *m*; **~stall** *m* écurie *f*; **~stärke** *tech f* (*abr* PS) cheval-vapeur *m* (*abr* Ch)
Pfiff *m* sifflement *m*; *fig* ***mit ~*** avec un petit je-ne-sais-quoi; **~erling** *bot m* chanterelle *f*, girolle *f*; **&ig** futé, rusé
Pfingst|en *n* la Pentecôte; **~montag** *m* lundi *m* de Pentecôte; **~rose** *bot f* pivoine *f*
Pfirsich *bot m* pêche *f*; **~baum** *m* pêcher *m*
Pflanze *f* plante *f*; ***~n fressend*** *zo* herbivore; **&n** planter
Pflanzen|faser *f* fibre *f* végétale; **~fett** *n* graisse *f* végétale
pflanzlich végétal
Pflaster *n méd* pansement *m* (adhésif); *Straßen&* pavé *m*; **&n** *Straße* paver; **~stein** *m* pavé *m*
Pflaume *bot f* prune *f*; **~nbaum** *bot m* prunier *m*
Pflege *f* soins *m/pl* (*a méd*); *von Gegenständen* entretien *m*; *der Künste etc* culture *f*; ***ein Kind in ~ geben*** mettre un enfant en nourrice; ***in ~ nehmen*** se charger de; **&bedürftig** qui réclame des soins; **~eltern** *pl* parents *m/pl* nourriciers; **~fall** *m* malade *m* nécessitant des soins constants; **~heim** *n* hospice *m*; **~kind** *n* enfant *m* en garde; **&leicht** d'un entretien facile; *Mensch* facile à vivre; **~mutter** *f* nourrice *f*
pfleg|en soigner; *Gegenstand, Beziehungen* entretenir; *Begabung, Künste* cultiver; *Daten* tenir à jour; ***etw zu tun ~*** avoir l'habitude de faire qc; **&er(in** *f*) *m Kranken&* infirmier *m*, -ière *f*; **&versicherung** *f* assurance *f* dépendance
Pflicht *f* devoir *m* (***gegenüber*** envers); *Sport* exercices *m/pl* imposés; *Eislauf* figures *f/pl* imposées; ***es ist meine ~ zu*** ... il est de mon devoir de ...; **&bewusst** conscient de son devoir; **~bewusstsein** *n* conscience *f* du devoir; **~fach** *n* matière *f* obligatoire; **~versicherung** *f* assurance *f* obligatoire
Pflock *m* piquet *m*
pflücken cueillir
Pflug *m* charrue *f*
pflügen labourer
Pforte *f* porte *f*
Pförtner(in *f*) *m* portier *m*, concierge *m, f*
Pfosten *m* poteau *m*
Pfote *f* patte *f*
Pfropf(en) *m* bouchon *m*, tampon *m*
pfropfen *Baum* greffer; *stopfen* fourrer (***in*** dans); ***gepfropft voll*** bondé

P

pfui! pouah!; **&rufe** *m/pl* huées *f/pl*
Pfund *n* livre *f* (*a Währung*)
pfusch|en F bâcler, bousiller; **&er** *m* F bâcleur *m*, bousilleur *m*; **&erei** *f* F bâclage *m*, bousillage *m*, travail *m* bâclé
Pfütze *f* flaque *f* (d'eau)
Phänomen *n* phénomène *m*; **&al** phénoménal
Phantasie *f cf* ***Fantasie***
Phantast *m cf* ***Fantast***
Pharma|industrie *f* industrie *f* pharmaceutique; **&zeutisch** pharmaceutique
Phase *f* phase *f*
Philippinen *pl* ***die ~*** les Philippines *f/pl*
Philolog|e *m*, **~in** *f* philologue *m,f*; **~ie** *f* philologie *f*; **&isch** philologique
Philosoph|(in *f*) *m* philosophe *m,f*; **~ie** *f* philosophie *f*; **&ieren** philosopher; **&isch** philosophique
Phlegma *n* flegme *m*; **&tisch** flegmatique, lymphatique
Phon|etik *f* phonétique *f*; **&etisch** phonétique; **~stärke** *f* niveau *m* acoustique
Phosphat *n* phosphate *m*; **&frei** sans phosphate(s)
Phosphor *chim m* phosphore *m*
Photo(...) *cf* **Foto(...)**
Phrase *f* phrase *f* (*a péj*)
pH-Wert *m* pH *m*
Physik *f* physique *f*; **&alisch** physique, de (la) physique; **~er(in** *f*) *m* physicien *m*, -ne *f*
physisch physique
Pianist(in *f*) *m* pianiste *m, f*
picheln F picoler
Pickel *m méd* bouton *m*; *Werkzeug* pic *m*; *Eis&* piolet *m*
picken becqueter, picoter, picorer
Picknick *n* pique-nique *m*; **&en** pique-niquer
piep(s)en *Küken* piauler; *kleine Vögel* pépier; *fig* F ***bei dir piepst's wohl!*** tu es complètement marteau!
Pik[1] *n Karten* pique *m*
Pik[2] *m* F ***e-n ~ auf j-n haben*** avoir une dent contre qn
pikant *cuis* épicé, relevé; *fig* croustillant, osé
pikiert froissé, vexé
Piktogramm *n* pictogramme *m*
Pilger *m* pèlerin *m*; **~fahrt** *f* pèlerinage *m*; **&n** aller en pèlerinage
Pille *f* pilule *f*
Pilot *aviat m* pilote *m*; **~projekt** *n* projet *m* pilote
Pilz *bot m* champignon *m*; **~krankheit** *f* mycose *f*
Pin *m Anstecker* pin's *m*
pingelig F tatillon, pointilleux
Pinguin *zo m* manchot *m*, pingouin *m*
Pinie *bot f* pin *m* (parasol)
pinkeln F faire pipi, pisser P
Pinsel *m* pinceau *m*
Pinzette *f* pince *f* (à épiler)
Pionier *m* soldat *m* du génie; *fig* pionnier *m*
Pirat *m* pirate *m*; **~ensender** *m* radio *f* pirate
Pisse *f* P pisse *f*; **&n** P pisser
Piste *f* piste *f*
Pistole *f* pistolet *m*
Pixel *n* pixel *m*
Pkw *m* voiture *f* de tourisme
Plache *östr f* bâche *f*
placieren *cf* ***platzieren***
Plackerei *f* F corvée *f*
plädieren plaider (**für** pour)
Plädoyer *n jur* plaidoirie *f*; *des Staatsanwalts* réquisitoire *m*; *fig* plaidoyer *m*
Plage *f* fléau *m*; **&n** tourmenter, tracasser; ***sich ~*** s'esquinter, s'échiner
Plakat *n* affiche *f*
Plan *m* plan *m*; *Vorhaben* projet *m*
Plane *f* bâche *f*
planen projeter, *écon* planifier
Planet *m* planète *f*; ⚠ ***la*** planète
planier|en aplanir, niveler; **&raupe** *f* bulldozer *m*
Planke *f* planche *f*
plan|los sans méthode, sans but, irréfléchi; **~mäßig** méthodique, systématique; *Ankunft* comme prévu; *Zug* régulier
Plansch|becken *n* bassin *m* pour enfants; **&en** barboter, patauger
Plantage *f* plantation *f*
Plan|ung *f* planification *f*; **~wirtschaft** *f* dirigisme *m*, économie *f* dirigée *od* planifiée
plappern bavarder, babiller, papoter
plärren F brailler; *weinen* pleurnicher
Plastik[1] *f Kunstwerk* sculpture *f*; *Bildhauerkunst* plastique *f*
Plastik[2] *n* plastique *m*; **~tüte** *f* sac *m* en plastique
plastisch plastique; en relief, à trois

dimensions; *bildhaft* imagé
Platane *bot f* platane *m*; ⚠ ***le*** platane
Platin *n* platine *m*
plätschern *Wasser* clapoter
platt plat (*a fig geistlos*); aplati; *Reifen* crevé, à plat; F ***e-n* 2*en haben*** avoir crevé; F ***da war er*** ~ il en est resté baba
Plattdeutsch *n* bas allemand *m*
Platte *f Metall, Glas* plaque *f*; *Stein* dalle *f*; *Schall*2 *u EDV* disque *m*; *cuis* plat *m*; ***kalte*** ~ assiette *f* anglaise; **~nspieler** *m* tourne-disque *m*
Platt|form *f* plate-forme *f*; **~fuß** *m* pied *m* plat; *Reifenpanne* crevaison *f*
Platz *m* place *f*; *Sport*2 terrain *m*; ~ ***nehmen*** prendre place; ***nehmen Sie*** ~! veuillez vous asseoir!; ~ ***machen für*** céder la place à; ***auf die Plätze*** (***fertig, los***)! à vos marques (prêts, partez)!; ⚠ ***la*** place; **~anweiserin** *f* ouvreuse *f*
Plätzchen *n* petite place *f*; *Gebäck* petit gâteau *m*; biscuit *m*
platzen éclater, crever; *fig Vorhaben* rater; ***vor Neid*** ~ crever de jalousie
platzier|en *Sport* (***sich*** ~ se) placer; **2ung** *f* placement *m*
Platz|karte *f* réservation *f*; **~patrone** *f* cartouche *f* à blanc; **~verweis** *m Sport* expulsion *f*
Plauder|ei *f* causerie *f*; **2n** causer
plauschen *östr cf* ***plaudern***
Plausibilität *f* plausibilité *f*; **~skontrolle** *f* contrôle *m* de plausibilité; ⚠***le*** contrôle
Play-back *n* play-back *m*
Playboy *m* play-boy *m*
Pleite **1.** *f* faillite *f*; *fig* échec *m*, fiasco *m*; **2.** 2 en faillite; F *ohne Geld* fauché
PLO *f* O.L.P. *f* (= Organisation de libération palestinienne)
Plomb|e *f* plomb *m*; *Zahn*2 plombage *m*, obturation *f*; **2ieren** plomber
Plotter *m* traceur *m*
plötzlich soudain, subit; *adv* tout à coup, soudain(ement), brusquement
plump grossier, lourdaud; **~sen** tomber lourdement
Plunder F *m* fatras *m*
Plünder|er *m* pillard *m*; **2n** piller
Plural *gr m* pluriel *m*; **2istisch** *pol* pluraliste
plus **1.** plus; **2.** 2 *n Mehrbetrag* excédent *m*; *Gewinn* bénéfice *m*; *Vorteil* avantage *m*
Plüsch *m* peluche *f*
Plusquamperfekt *gr n* plus-que-parfait *m*
Plutonium *n* plutonium *m*
PLZ *f* code *m* postal
Po F *m* derrière *m*
Pöbel *m* populace *f*
pochen *Herz* battre (violemment); *fig* ***auf etw*** ~ se prévaloir de qc
Pocken *méd pl* variole *f*; **~(schutz)impfung** *f* vaccination *f* antivariolique
Podest *n* estrade *f*
Podium *n* podium *m*, estrade *f*; **~sgespräch** *n* débat *m* en public
Poesie *f* poésie *f*
Poet *m* poète *m*; **2isch** poétique
Pointe *f* sel *m*, piquant *m*
Pokal *m* coupe *f*; **~endspiel** *n* finale *f* de la coupe
Pol *m* pôle *m*; **2ar** polaire
Pol|e *m*, **~in** *f* Polonais *m*, -e *f*
Polemi|k *f* polémique *f*; **2sch** polémique; **2sieren** polémiquer
Polen *n* la Pologne
Police *f* police *f* (d'assurance)
polieren faire briller, astiquer
Politesse *f* contractuelle *f*
Polit|ik *f* politique *f*; **~iker(in** *f***)** *m* homme *m* politique, politicien *m*, -ne *f*; **~ikverdrossenheit** *f* ras-le-bol *m* de la politique; **2isch** politique; **2isieren** parler politique; *Angelegenheit* politiser
Politur *f Glanz* poli *m*; *Pflegemittel* encaustique *f*
Polizei *f* police *f*; **~beamte(r)** *m* agent *m* de police; **2lich** (par mesure) de police; ***~es Kennzeichen*** numéro *m* minéralogique; **~revier** *n* commissariat *m* de police; **~schutz** *m* ***unter*** ~ sous la protection de la police; **~staat** *m* État *m* policier; **~streife** *f* patrouille *f* de police; **~stunde** *f* heure *f* de clôture; **~wache** *f* commissariat *m* de police
Polizist *m* agent *m* de police, policier *m*, F flic *m*; **~in** *f* femme *f* agent de police
polnisch polonais
Polo *Sport n* polo *m*; **~hemd** *n* polo *m*
Polster *n* rembourrage *m*; **~er** *m* tapissier *m*; **~möbel** *pl* meubles *m/pl* rembourrés; **2n** rembourrer, capitonner; **~ung** *f* rembourrage *m*

poltern faire du tapage *od* du vacarme
Pommes frites *pl* frites *f/pl*
Pomp *m* pompe *f*; ⚠ ***la*** pompe; **2ös** pompeux, fastueux
Pony[1] *n* poney *m*
Pony[2] *m Frisur* frange *f*
Popcorn *n* pop-corn *m*
Pop|musik *f* musique *f* pop; **~sänger(in** *f*) *m* chanteur *m* pop, chanteuse *f* pop
popul|är populaire; **2arität** *f* popularité *f*
Pore *f* pore *m*; ⚠ ***le*** pore
Porno... *in Zssgn* ... porno
porös poreux
Porree *bot m* poireau *m*
Portal *n* portail *m*
Portemonnaie *n cf* **Portmonee**
Portier *m* portier *m*, concierge *m*
Portion *f* portion *f*; dose *f*
Portmonee *n* porte-monnaie *m*, bourse *f*
Porto *n* port *m*; **2frei** franc(o) de port
Porträt *n* portrait *m*; **2ieren** faire le portrait de
Portug|al *n* le Portugal; **~iese** *m*, **~iesin** *f* Portugais *m*, -e *f*; **2iesisch** portugais
Portwein *m* porto *m*
Porzellan *n* porcelaine *f*; ⚠ ***la*** porcelaine
Posaune *mus f* trombone *m*
Pos|e *f* pose *f*, attitude *f*; **2ieren** poser
Position *f* position *f*; *beruflich* situation *f*; **2ieren** positionner
positiv positif
possessiv possessif
possierlich drôle, amusant
Post *f* poste *f*; *Briefe* courrier *m*; ***elektronische ~*** courrier *m* électronique; ***zur ~ bringen*** poster; **2alisch** postal
Post|amt *n* bureau *m* de poste; **~anweisung** *f* mandat-poste *m*; **~beamte(r)** *m*, **~beamtin** *f* employé *m*, -e *f* des postes; **~bote** *m*, **~botin** *f* facteur *m*, factrice *f*; *offiziell* préposé *m*, -e *f*
Posten *m berufliche Stellung* poste *m*, situation *f*, emploi *m*; *Amt* charge *f*; *mil* sentinelle *f*; *Streik2* piquet *m* de grève; *Waren* lot *m*; *fig* ***auf dem ~ sein*** être en forme; *wachsam* être sur le qui-vive
Poster *n* poster *m*
Postfach *n* boîte *f* postale
postieren (***sich ~*** se) poster

auf der Post – *à la poste*

der Schalter	***le guichet***
der Brief	***la lettre***
die Luftpost	***la poste aérienne***
mit Luftpost	***par avion***
das Einschreiben	***la lettre recommandée***
die Postkarte	***la carte postale***
das Päckchen	***le petit paquet***
das Paket	***le colis***
die Briefmarke	***le timbre-poste***
der Stempel	***le cachet***
der Briefkasten	***la boîte aux lettres***
das Telefon	***le téléphone***
die Telefonzelle	***la cabine téléphonique***
die Telefonkarte	***la télécarte***
das Fax	***le fax***
Alle Leistungen	***Toutes opérations***
einen Brief aufgeben	***expédier une lettre***
einen Brief freimachen	***affranchir une lettre***
eine Nachricht faxen	***faxer un message***

Wie viel kostet ein Brief nach Kanada?
Combien coûte une lettre pour le Canada?
Kann ich eine Quittung bekommen?
Je peux avoir un reçu?

Post|karte *f* carte *f* postale; **~kutsche** *f* diligence *f*; **2lagernd** poste *f* restante; **~leitzahl** *f* code *m* postal; **2modern** postmoderne; **~scheck** *m* chèque *m* postal; **~scheckkonto** *n* compte *m* chèque postal; **~sparkasse** *f* caisse *f* nationale d'épargne; **~stempel** *m* cachet *m* de la poste; ***Datum des ~s*** date *f* de la poste; **2wendend** par retour du

P

courrier; **~wertzeichen** *n* timbre-poste *m*
Potenz *f math* puissance *f*; *männliche* virilité *f*
PR *f* relations *f/pl* publiques
Pracht *f* magnificence *f*, splendeur *f*, somptuosité *f*
prächtig magnifique, splendide, somptueux
Prädikat *n gr* verbe *m*; *Auszeichnung* mention *f*, distinction *f*
Prag Prague
prägen *Münzen* frapper; *fig* marquer de son empreinte, empreindre; *Wort* créer
prahl|en se vanter (**mit** de); **2er(in** *f*) *m* vantard *m*, -e *f*, hâbleur *m*, -euse *f*, fanfaron *m*, -ne *f*; **2erei** *f* vantardise *f*, fanfaronnade *f*; **~erisch** vantard, fanfaron
Prakti|kant(in *f*) *m* stagiaire *m*, *f*; **~ken** *f/pl* pratiques *f/pl*; **~ker** *m* homme *m* de la pratique; esprit *m* pratique; **~kum** *n* stage *m*; ***ein ~ machen*** faire un stage; **2sch** pratique; ***~er Arzt*** (médecin *m*) généraliste *m*; **2zieren** pratiquer, mettre en pratique; *Arzt* exercer
Praline *f* (crotte *f* en) chocolat *m*
prall rebondi; ***in der ~en Sonne*** en plein soleil; ***~en gegen etw ~*** se heurter contre qc
Prämie *f* prime *f*
präm(i)ieren primer
Pranger *m hist* pilori *m*; *fig* ***an den ~ stellen*** mettre au pilori
Pranke *f* patte *f*, griffe *f*
Präparat *n* préparation *f*
Präposition *gr f* préposition *f*
Präsens *gr n* présent *m*
präsentieren (***sich ~*** se) présenter
Präservativ *n* préservatif *m*
Präsident|(in *f*) *m* président *m*, -e *f*; **~schaft** *f* présidence *f*
prass|eln *Feuer* crépiter; *Regen* tomber dru; **~en** bambocher, faire bombance
Präteritum *gr n* prétérit *m*
Praxis *f praktische Erfahrung* pratique *f*; *Arzt- u Anwalts2* cabinet *m*; *Kundenkreis* clientèle *f*; **2nah** pratique
Präzedenzfall *m* précédent *m*
präzis précis; **2ion** *f* précision *f*
predig|en prêcher; **2er** *m* prédicateur *m*; **2t** *f* sermon *m*
Preis *m* prix *m*; ***um jeden*** (***keinen***) ~ à tout (aucun) prix; **~angabe** *f* indication *f* de prix; **~ausschreiben** *n* concours *m*
Preiselbeere *bot f* airelle *f* rouge
preisen vanter, louer
Preis|erhöhung *f* majoration *f* des prix; **~ermäßigung** *f* réduction *f od* diminution *f* des prix; **2geben** abandonner, livrer (*a Geheimnis*); **2gekrönt** couronné; **~gericht** *n* jury *m*; **2günstig** (à un prix) avantageux; **~index** *m* indice *m* des prix; **~lage** *f* ***in dieser ~*** dans ces prix; **~nachlass** *m* rabais *m*, remise *f*; **~richter** *m* juge *m* d'un concours; **~träger(in** *f*) *m* lauréat *m*, -e *f*; **2wert** bon marché, avantageux
Prell|bock *m* butoir *m*; **2en** *betrügen* duper; ***j-n um etw ~*** escroquer qc à qn, frustrer qn de qc; **~ung** *méd f* contusion *f*
Premier|e *f* première *f*; **~minister** *m* Premier ministre *m*
Presse *f* presse *f*; *Frucht2* pressoir *m*; **~freiheit** *f* liberté *f* de la presse; **~konferenz** *f* conférence *f* de presse; **~meldung** *f* communiqué *m* de presse
pressen presser
Pressluft *tech f* air *m* comprimé; **~hammer** *m* marteau *m* piqueur
Prestige *n* prestige *m*
Preuß|e *m*, **~in** *f* Prussien *m*, -ne *f*; **~en** *n* la Prusse; **2isch** prussien
prickeln *kribbeln* picoter; *Sekt* pétiller
Priester|(in *f*) *m* prêtre *m*, -sse *f*; **~weihe** *f* ordination *f*
prima F chic, super
primär primaire, primordial; *adv* en premier lieu
Primel *bot f* primevère *f*
primitiv primitif
Primzahl *math f* nombre *m* premier
Printmedium *n* presse *f*
Prinz *m* prince *m*; **~essin** *f* princesse *f*
Prinzip *n* principe *m*; **2iell** de principe; *adv*: *aus Prinzip* par principe; *im Prinzip* en principe; ***e-e ~e Frage*** une question de principe
Priorität *f* priorité *f*; **~enliste** *f* liste *f* des priorités
Prise *f* ***e-e ~ Salz*** *etc* une pincée de sel, *etc*
Prisma *n* prisme *m*
privat *nicht öffentlich* privé; *persönlich* particulier, personnel; **2besitz** *m* propriété *f* privée; **2haus** *n* maison *f*

particulière; **⁀schule** *f* école *f* libre; **⁀stunde** *f* leçon *f* particulière; **⁀wirtschaft** *f* économie *f* privée
Privileg *n* privilège *m*; **⁀iert** privilégié
pro 1. par; ***2 Mark ~ Stück*** 2 marks (la) pièce; **2. *das ⁀ und Kontra*** le pour et le contre
Probe *f* essai *m*, épreuve *f*; *Theater* répétition *f*; *comm* échantillon *m*; *math* preuve *f*; ***auf ~*** à l'essai; ***auf die ~ stellen*** mettre à l'épreuve; **~fahrt** *f* essai *m*; **⁀n** *Theater* répéter; **⁀weise** à titre d'essai; **~zeit** *f* période *f* d'essai
probieren essayer; *Speisen* goûter, déguster
Problem *n* problème *m*; **⁀atisch** problématique
Produkt *n* produit *m*; **~ion** *f* production *f*; **~ionsmittel** *n/pl* moyens *m/pl* de production; **⁀iv** productif
Produz|ent *m* producteur *m*; **⁀ieren** produire
professionell professionnel
Profess|or(in *f*) *m* professeur *m* (d'université *od* de faculté); **~ur** *f* *Lehrstuhl* chaire *f*; *Amt* professorat *m*
Profi *Sport m* professionnel *m*, F pro *m*
Profil *n* *Seitenansicht* profil *m*; *fig* personnalité *f*; *Reifen* sculptures *f/pl*; **⁀ieren *sich ~*** se mettre en valeur
Profit *m* profit *m*; **⁀ieren** profiter (***von*** de)
Prognose *f* pronostic *m*
Programm *n* programme *m* (*a EDV*); *TV* ***Erstes*** *etc* **~** première *etc* chaîne *f*; **⁀ieren** *EDV* programmer; **~ierer(in** *f*) *m* programmeur *m*, -euse *f*; **~ierfehler** *m* erreur *f*, bogue *f*; **~iersprache** *f* langage *m* de programmation; **~kino** *n* cinéma *m* d'art et d'essai; **~zeitschrift** *f* programme *m*
Projekt *n* projet *m*; **~ion** *f* projection *f*; **~or** *m* projecteur *m*
projizieren projeter
Proletar|iat *n* prolétariat *m*; **~ier** *m* prolétaire *m*; **⁀isch** prolétarien
Promille *n* *math* pour mille; *auto* **1,6 ~** 1 gramme 6 d'alcoolémie; **~grenze** *f* taux *m* (légal) d'alcoolémie
prominen|t de marque, en vedette, célèbre; **⁀z** *f* notables *m/pl*, célébrités *f/pl*, haute société *f*
Promo|tion *f* doctorat *m*; **⁀vieren** soutenir sa thèse, être reçu docteur
prompt rapide, immédiat, prompt
Pronomen *gr n* pronom *m*
Propaganda *pol f* propagande *f*
Propeller *aviat m* hélice *f*
Prophet *m* prophète *m*; **⁀isch** prophétique
prophezei|en prophétiser; **⁀ung** *f* prophétie *f*
Proportion *f* proportion *f*; **⁀al** proportionnel (***zu*** à); **~alschrift** *f* chasse *f* déformée, espacement *m* proportionnel
Prosa *f* prose *f*; **⁀isch** prosaïque
Prospekt *m* prospectus *m*; *Falt⁀* dépliant *m*
prost! à votre santé!, à la vôtre!; ***~ Neujahr!*** bonne année!
Prostitu|ierte *f* prostituée *f*; **~tion** *f* prostitution *f*
Protest *m* protestation *f*; *pol* contestation *f*
Protestant|(in *f*) *m* protestant *m*, -e *f*; **⁀isch** protestant
protestieren protester (***gegen*** contre)
Prothese *méd f* prothèse *f*
Protokoll *n* procès-verbal *m*, constat *m*; *Diplomatie* protocole *m*; ***Chef m des ~s*** chef *m* du protocole; **⁀ieren** dresser un procès-verbal de
Prototyp *m* prototype *m*
protz|en F ***mit etw ~*** faire étalage de qc; **~ig** ostentatoire, luxueux
Proviant *m* provisions *f/pl*
Provinz *f* province *f*; **⁀iell** provincial
Provis|ion *comm f* commission *f*; ⚠ *nicht* ***provision***; **⁀orisch** provisoire
provozieren provoquer
Prozent *n* pour cent; ***fünf ~*** cinq pour cent; **~satz** *m* pourcentage *m*; **⁀ual** en pourcentage; ***~er Anteil*** pourcentage *m*
Prozess *m jur* procès *m*; *Ablauf, Vorgang* processus *m*
prozessieren être en procès (***gegen, mit*** avec), intenter un procès (à), plaider (contre)
Prozession *f* procession *f*
Prozessor *m* processeur *m*
prüde prude
prüf|en examiner, tester; *nach~* vérifier, contrôler; *Prüfling* interroger; **⁀er** *m* examinateur *m*; **⁀ling** *m* candidat *m*, -e *f*; **⁀ung** *f* examen *m*; *Heimsuchung* épreuve *f*; ***e-e ~ bestehen*** réussir un examen, être reçu (à un examen); ***e-e ~ machen*** passer un examen

P

Prüfungs|angst *f* hantise *f* de l'examen; **~arbeit** *f* épreuve *f*; **~aufgabe** *f* sujet *m* d'examen; **~ausschuss** *m* commission *f od* jury *m* d'examen
Prügel *m* bâton *m*, gourdin *m*; *pl* (***Tracht***) ~ correction *f*, raclée *f* F, rossée *f* F; ~ ***bekommen*** recevoir une correction, *etc*; **~ei** *f* bagarre *f*; **~knabe** *m* tête *f* de Turc, souffre-douleur *m*; **2n** (***sich*** ~ se) battre
Prunk *m* faste *m*, pompe *f*; **2en** ***mit etw*** ~ faire parade de qc; **2voll** fastueux, somptueux
PS *n* ch (= cheval-vapeur *m*; *pl* chevaux-vapeur)
Pseudo|krupp *m* faux croup *m*; **~nym** *n* pseudonyme *m*
pst! chut!
Psyche *f* psychisme *m*
Psychiat|er *m* psychiatre *m*; **2risch** psychiatrique
psychisch psychique
Psycho|analyse *f* psychanalyse *f*; **~analytiker** *m* psychanaliste *m*; **~loge** *m*, **~login** *f* psychologue *m*, *f*; **~logie** *f* psychologie *f*; **2logisch** psychologique; **~pharmaka** *pl* psychotropes *m/pl*; **~se** *f* psychose *f*; **2somatisch** psychosomatique; **~terror** *m* terreur *f* psychologique; ⚠ ***la*** terreur
Pubertät *f* puberté *f*
Publikum *n* public *m*
publizieren publier
Pudding *m* flan *m*
Pudel *zo m* caniche *m*
Puder *m* poudre *f*; ⚠ ***la*** poudre; **~dose** *f* poudrier *m*; **2n** (***sich*** ~ se) poudrer; **~zucker** *m* sucre *m* glace
Puff *m Stoß* coup *m*; *Bordell* P bordel *m*
Puffer *m* tampon *m*; *EDV* mémoire *f* tampon; **~staat** *m* État *m* tampon
Pull-down-Menü *n* menu *m* déroulant
Pull|i *m* F pull *m*; **~over** *m* pull-over *m*
Puls *m* pouls *m*; **~ader** *f* artère *f*
Pult *n* pupitre *m*
Pulver *n* poudre *f*; **~fass** *n fig* poudrière *f*; **2ig** poudreux; **~schnee** *m* neige *f* poudreuse
pummelig *Kind* potelé
Pumpe *f* pompe *f*; **2n** pomper; F (***sich***) ***von j-m etw*** ~ emprunter qc à qn; *Geld* taper qn de qc F; ***j-m etw*** ~ prêter qc à qn
Punker(in *f*) *m* punk *m*, *f*
Punkt *m* point *m*; ***der grüne*** ~ le logo d'Éco-Emballages; ~ ***acht Uhr*** à huit heures précises; ***Sieger m nach ~en*** vainqueur *m* aux points; ***etw auf den*** ~ ***bringen*** mettre qc au point; **2ieren** pointiller; *mus* pointer; *méd* ponctionner
pünktlich ponctuel; ~ ***sein*** (***ankommen***) être (arriver) à l'heure; **2keit** *f* ponctualité *f*
Punsch *m* punch *m*
Pupille *f* pupille *f*
Puppe *f* poupée *f* (*a* F *Mädchen*); *für das Puppenspiel* marionnette *f*; *zo* chrysalide *f*; **~nspiel** *n* marionnettes *f/pl*; **~nstube** *f* maison *f* de poupée; **~nwagen** *m* voiture *f* de poupée
pur pur
Purpur *m* pourpre *f*, *als Farbe m*
Purzel|baum *m* culbute *f*, galipette *f* F; ***e-n*** ~ ***schlagen*** *a* faire une roulade; **2n** F dégringoler
Puste F *f* souffle *m*; ***keine*** ~ ***mehr haben*** être à bout de souffle
Pustel *méd f* pustule *f*
pusten souffler
Pute *zo f* dinde *f* (*a fig*); **~r** *zo m* dindon *m*
Putsch *pol m* coup *m* d'État, putsch *m*
Putz *m* enduit *m*; *Rauh2* crépi *m*; **2en** nettoyer; *Zähne* laver; *Schuhe* cirer; *Gemüse* éplucher; ***sich die Nase*** ~ se moucher; **~frau** *f* femme *f* de ménage; **2ig** mignon, amusant; **~lappen** *m* chiffon *m*
Puzzle *n* puzzle *m*
Pyjama *m od n* pyjama *m*
Pyramide *f* pyramide *f*
Pyrenäen *pl* Pyrénées *f/pl*

Q

Quacksalber *m* charlatan *m*
Quadrat *n* carré *m*; ***ins ~ erheben*** élever au carré; **≈isch** carré; *Gleichung* quadratique; **~meter** *m* mètre *m* carré; **~wurzel** *math f* racine *f* carrée; **~zahl** *math f* carré *m*
quaken *Ente* cancaner, faire coin-coin; *Frosch* coasser
quäken criailler; *Säugling* vagir
Qual *f* tourment *m*, torture *f*
quälen tourmenter, torturer; ***sich ~*** *abmühen* se donner bien du mal (***mit*** avec)
Qualifi|kation *f* qualification *f* (*a Sport*); **~kationsspiel** *n* match *m* de qualification; **≈zieren** (***sich ~*** se) qualifier
Qualit|ät *f* qualité *f*; **≈ativ** qualitatif
Qualle *zo f* méduse *f*
Qualm *m* fumée *f*; **≈en** fumer, répandre une épaisse fumée; F *Raucher* fumer (à grosses bouffées)
qualvoll atroce, douloureux, insupportable
Quantit|ät *f* quantité *f*; **≈ativ** quantitatif
Quarantäne *f* quarantaine *f*
Quark *m* fromage *m* blanc
Quartal *n* trimestre *m*
Quartett *n mus* quatuor *m*; *Kartenspiel* jeu *m* des sept familles
Quartier *n Unterkunft* logement *m*, gîte *m*; *Schweiz*: *Stadtviertel* quartier *m*
Quarz *m* quartz *m*; **~uhr** *f* montre *f* à quartz
quasseln F jacasser, jacter
Quatsch F *m* bêtises *f/pl*; ***~ machen*** faire des bêtises; **≈en** F bavarder, jaser; *von sich geben* débiter
Quecksilber *n* mercure *m*
Quelle *f* source *f* (*a fig*); **≈n** jaillir (***aus*** de); *schwellen* gonfler; **~nangabe** *f* indication *f* des sources; **~nsteuer** *f* retenue *f* à la source
quengel|ig grincheux, pleurnichard; **~n** F pleurnicher
quer en travers, transversalement; ***~ über etw*** en travers de qc; ***~ durch etw*** à travers qc; ***kreuz und ~ durch Deutschland fahren*** parcourir l'Allemagne en tous sens; **≈denker** *m* non-conformiste *m*; **~feldein** à travers champs; **≈flöte** *f* flûte *f* traversière; **≈schiff** *arch n* transept *m*; **≈schnitt** *m* coupe *f* transversale; **~schnitt(s)gelähmt** *méd* paraplégique; **≈straße** *f* rue *f* transversale
quetsch|en écraser; *méd* contusionner; **≈ung** *méd f* contusion *f*
quietschen *Bremsen, Reifen, Tür* grincer
quitt ***mit j-m ~ sein*** être quitte envers qn
Quitte *bot f* coing *m*
quitt|ieren *comm* acquitter, donner quittance de; *Dienst* abandonner; **≈ung** *f* reçu *m*, quittance *f*
Quiz *n* jeu *m* de questions et de réponses, quiz *m*
Quote *f* quote-part *f*, quota *m*, contingent *m*, taux *m*
Quotient *math m* quotient *m*

R

R

Rabatt *comm m* remise *f*, rabais *m*
Rabbiner *m* rabbin *m*
Rabe *zo m* corbeau *m*
rabiat furieux; brutal
Rache *f* vengeance *f*
Rachen *m* gorge *f*, pharynx *m*; *fig* gueule *f*
räch|en venger; ***sich ~*** se venger (***an j-m*** de qn; ***an j-m für etw*** de qc sur qn); **≈er(in** *f*) *m* vengeur *m*, vengeresse *f*
rachsüchtig avide de vengeance, vindicatif

Rad *n* roue *f*; *Fahr*♀ vélo *m*, bicyclette *f*; *Pfau* ***ein ~ schlagen*** faire la roue (*a Sport*); ***~ fahren*** faire du vélo; ***mit dem ~ fahren*** aller à bicyclette *od* en vélo
Radar *n* radar *m*; **~falle** *f* contrôle-radar *m*; **~schirm** *m* écran *m* radar
Radau F *m* chahut *m*, vacarme *m*, tapage *m*
radebrechen *e-e Sprache* écorcher, baragouiner
Rädelsführer *m* meneur *m*
Radfahrer(in *f***)** *m* cycliste *m*, *f*
Radicchio *m* trévise *f*
radier|en *aus~* gommer, effacer; *Radierkunst* graver à l'eau-forte; **♀gummi** *m* gomme *f*; **♀ung** *f* (gravure *f* à l')eau-forte *f*
Radieschen *bot n* radis *m*
radikal radical; *pol* extrémiste; **♀ismus** *m* extrémisme *m*
Radio *n* radio *f*; ***im ~*** à la radio; ***~ hören*** écouter la radio; ⚠ ***la*** radio; **♀aktiv** *phys* radioactif; ***~e Abfälle*** déchets *m/pl* radioactifs; **~aktivität** *f* radioactivité *f*; **~apparat** *m* poste *m* de radio *od* de T.S.F.; **~rekorder** *m* radiocassette *f*; **~sendung** *f* émission *f* radiophonique; **~wecker** *m* radio-réveil *m*
Radius *math m* rayon *m*
Rad|kappe *f auto* chapeau *m* de roue, enjoliveur *m*; **~lerhose** *f* culotte *f* de cycliste; **~rennbahn** *f* vélodrome *m*; **~rennen** *n* course *f* cycliste; **~sport** *m* cyclisme *m*, sport *m* cycliste; **~tour** *f* randonnée *f* en vélo; **~weg** *m* piste *f* cyclable
RAF *f* Fraction *f* armée rouge
Raffin|ade *f* sucre *m* raffiné; **~erie** *f* raffinerie *f*
R
Raffin|esse *f* raffinement *m*, perfectionnement *m*; *péj* ruse *f*, astuce *f*; **♀iert** *durchtrieben* rusé, astucieux; *verfeinert* raffiné
Rafting *n* rafting *m*
ragen s'élever, se dresser
Ragout *n* ragoût *m*
Rahm *m* crème *f*
Rahmen 1. *m* cadre *m*; *fig* ***aus dem ~ fallen*** sortir de l'ordinaire; **2.** ♀ *Bild* encadrer; **~gesetz** *n* loi-cadre *f*
räkeln *cf* ***rekeln***
Rakete *f* fusée *f*; *mil a* missile *m*; *~ngeschoss* roquette *f*; ***ferngelenkte ~*** missile télécommandé; ***dreistufige ~*** fusée à trois étages; ***e-e ~ abfeuern*** lancer un missile *od* une fusée; **~nabschussrampe** *f* rampe *f* de lancement de fusées; **~nabwehrsystem** *n* système *m* antimissile; **~nantrieb** *m* propulsion *f* par fusées
Rallye *f* rallye *m*; ⚠ ***le*** rallye
rammen *Pfahl* enfoncer; *Fahrzeug* entrer en collision avec, tamponner
Rampe *f* rampe *f*; **~nlicht** *n* feux *m/pl* de la rampe; *fig* ***im ~ stehen*** être au centre de l'intérêt public
Ramsch *m* camelote *f*
RAM-Speicher *m* mémoire *f* vive
Rand *m* bord *m*; *Wald*♀ lisière *f*; *Buch etc* marge *f*; ***damit zu ~e kommen*** en venir à bout; ***am ~e des Ruins*** au bord de la ruine
randalier|en faire du tapage, chahuter; **♀er** *m* chahuteur *m*, casseur *m*
Rand|bemerkung *f* note *f* marginale; **~erscheinung** *f* phénomène *m* marginal; **~gruppe** *f* groupe *m* marginal; **♀los** *Brille* sans rebord; **~streifen** *m* *Straße* accotement *m*
Rang *m Stellung* rang *m*; *Stand* condition *f*; *mil* grade *m*; *Theater* balcon *m*, galeries *f/pl*; *fig* ***von ~*** de premier ordre
Ranke *bot f* vrille *f*; *Wein*♀ sarment *m*
ranzig rance
Rappe *zo m* cheval *m* noir
Raps *bot m* colza *m*
rar rare; ***sich ~ machen*** se faire rare; **♀ität** *f* rareté *f*, object *m* de curiosité
rasch rapide; *adv* vite
rascheln ***es raschelt*** un bruit se fait entendre
Rasen *m* gazon *m*, pelouse *f*
rasen faire de la vitesse, foncer (à toute allure); *auto* rouler à tombeau ouvert; ***vor Wut ~*** être fou de colère
rasend furieux; *Tempo* fou; ***~e Kopfschmerzen*** de violents maux de tête; ***~ werden*** enrager
Rasen|mäher *m* tondeuse *f* à gazon; **~platz** *m* pelouse *f*
Raserei *f auto* vitesse *f* folle; *Wut* rage *f*, fureur *f*; ***j-n zur ~ bringen*** mettre qn en rage
Rasier|apparat *m* rasoir *m*; **~creme** *f* mousse *f* à raser; **♀en** (***sich ~*** se) raser; **~klinge** *f* lame *f* de rasoir; **~messer** *n* rasoir *m*; **~pinsel** *m* blaireau *m*;

~schaum *m* mousse *f* à raser; **~seife** *f* savon *m* à barbe; **~wasser** *n* lotion *f* après-rasage; after-shave *m*
Rasse *f* race *f*; **~ndiskriminierung** *f* discrimination *f* raciale; **~ntrennung** *f* ségrégation *f* raciale; **~nunruhen** *pl* émeutes *f/pl* raciales
rass|ig racé; **2ismus** *m* racisme *m*; **~istisch** raciste
Rast *f* halte *f*; **2en** faire une halte; **2los** infatigable; sans relâche; **~platz** *m Autobahn* aire *f* de repos
Rasur *f* rasage *m*
Rat *m ~schlag* conseil *m*; *Person* conseiller *m*; *Kollegium* conseil *m*; ***j-n um ~ fragen*** demander conseil à qn
Rate *f Abzahlung* traite *f*; *Geburten2 etc* taux *m*; ***monatliche ~*** mensualité *f*; ***auf ~n kaufen*** acheter à tempérament
raten conseiller (**etw** *od* **zu etw** qc); *Rätsel* deviner; ***rate mal!*** devine!
Ratenzahlung *f* paiement *m* à tempérament
Ratespiel *n* devinettes *f/pl*
Rat|geber(in *f*) *m* conseiller *m*, -ère *f*, **~haus** *n* hôtel *m* de ville; *in kleineren Orten* mairie *f*
ratifizieren ratifier
Ration *f* ration *f*; **2al** rationnel, raisonnable
rationalisier|en rationaliser; **2ung** *f* rationalisation *f*
rationell rationnel; *sparsam* économique
rationier|en rationner; **2ung** *f* rationnement *m*
rat|los perplexe, désemparé; **2losigkeit** *f* perplexité *f*; **~sam** indiqué, conseillé, à propos, opportun; **2schlag** *m* conseil *m*
Rätsel *n* énigme *f*; *~aufgabe* devinette *f*; **2haft** énigmatique
Ratte *zo f* rat *m*
rattern faire du bruit, *tech* brouter
rau *Oberfläche* rugueux; *Haut* rêche; *Klima* rude; *Stimme* rauque; *Gegend* sauvage; *Sitte* grossier
Raub *m* vol *m* (à main armée); *Menschen2* rapt *m*; *Beute* proie *f*, butin *m*; **~bau** *m* exploitation *f* abusive; **2en** voler, enlever
Räuber *m* brigand *m*, bandit *m*; **~bande** *f* bande *f* de brigands
Raub|fisch *m* poisson *m* rapace; **~gier** *f* rapacité *f*; **2gierig** rapace; **~kopie** *f* piratage *m*; **~mord** *m* assassinat *m* suivi de vol; **~mörder** *m* assassin *m*; **~tier** *n* fauve *m*, bête *f* féroce; **~überfall** *m* hold-up *m*, attaque *f* à main armée; **~vogel** *m* rapace *m*, oiseau *m* de proie
Rauch *m* fumée *f*; **2en** fumer; ***2 verboten!*** interdit de fumer!; ***Pfeife ~*** fumer la pipe; **~er(in** *f*) *m* fumeur *m*, -euse *f*; ***ein starker Raucher*** un gros fumeur
räucher|n fumer; **2stäbchen** *n* bâton *m* d'encens
Rauch|fahne *f* panache *m* de fumée; **~fleisch** *n* viande *f* fumée; **2ig** fumeux; *voll Rauch* enfumé; **~verbot** *n* défense *f* de fumer
Räud|e *f der Hunde* gale *f*; **2ig** galeux
Rauf|bold *m* bagarreur *m*; **2en** se battre, se bagarrer; *fig* ***sich die Haare ~*** s'arracher les cheveux; **~erei** *f* bagarre *f*, rixe *f*; **2lustig** bagarreur
rauh *cf* ***rau***; **2reif** *cf* ***Raureif***
Raum *m* espace *m*; *Platz* place *f*; *Räumlichkeit* local *m*; *Zimmer* pièce *f*; ***im ~ Stuttgart*** dans la région de Stuttgart; **~anzug** *m* combinaison *f* spatiale
räumen *Ort* évacuer; *weg~* enlever
Raum|fähre *f* navette *f* spatiale; **~fahrer(in** *f*) *m* astronaute *m, f*, cosmonaute *m, f*; **~fahrt** *f* astronautique *f*, navigation *f* spatiale; **~flug** *m* vol *m* spatial; **~forschung** *f* recherche *f* spatiale; **~inhalt** *m* volume *m*, capacité *f*; **~kapsel** *f* capsule *f* spatiale; **~labor** *n* laboratoire *m* spatial
räumlich de *od* dans l'espace; *dreidimensional* à trois dimensions; **2keiten** *f/pl* locaux *m/pl*
Raum|meter *m Holz* stère *m*; **~pflegerin** *f* femme *f* de ménage; **~schiff** *n* vaisseau *m* spatial; **~sonde** *f* sonde *f* spatiale; **~station** *f* station *f* orbitale
Räumung *f* évacuation *f*; **~sverkauf** *m* liquidation *f* totale
Raupe *zo f* chenille *f*; **~nfahrzeug** *n* véhicule *m* à chenilles, autochenille *f*
Raureif *m* givre *m*
raus *~!* dehors!, sors *od* sortez (d'ici)!; *cf a* ***heraus u hinaus***
Rausch *m* ivresse *f*; ***e-n ~ haben*** être ivre *od* soûl; **2en** *Bach* murmurer; *Blätter* frémir; *Radio* grésiller; **2end** *Applaus* bruyant
Rauschgift *n* stupéfiant *m*; **~handel** *m*

R

trafic *m* de drogues *od* de stupéfiants; **~händler** *m* trafiquant *m* de stupéfiants; **&süchtig** drogué
räuspern ***sich*** ~ se racler la gorge, s'éclaircir la voix
rausschmeißen ***j-n*** ~ F flanquer qn à la porte, vider qn
Raute *f* losange *m*
Razzia *f* rafle *f*; ⚠ *nicht* ***razzia***
Reagenzglas *n* éprouvette *f*
reagieren réagir (***auf*** à)
Reaktion *f* réaction *f* (***auf*** à); **&är** *pol* réactionnaire
Reaktor *tech m* réacteur *m*; **~block** *m* réacteur *m*; **~kern** *m* cœur *m* du réacteur; **~sicherheit** *f* sûreté *f* des centrales nucléaires
real réel, effectif; **~isieren** réaliser; **&ismus** *m* réalisme *m*; **~istisch** réaliste; **&ität** *f* réalité *f*; **&schule** collège *m* d'enseignement secondaire (*abr* C.E.S.)
Rebe *f* vigne *f*
Rebell(in *f*) *m* rebelle *m, f*; **&ieren** se rebeller (***gegen*** contre); **~ion** *f* rébellion *f*; **&isch** rebelle
Reb|huhn *zo n* perdrix *f*; **~stock** *m* cep *m* (de vigne)
Rechaud *m* chauffe-plat *m*; *Fondue* réchaud *m*
Rechen **1.** *m* râteau *m*; **2.** & ratisser
Rechen|aufgabe *f* problème *m* (d'arithmétique); **~fehler** *m* erreur *f* de calcul; **~maschine** *f* machine *f* à calculer, calculatrice *f*; **~schaft** *f* ~ ***ablegen od geben*** rendre compte (***j-m über etw*** de qc à qn); ***j-n zur ~ ziehen*** demander des comptes à qn; **~schaftsbericht** *m* compte rendu *m*, rapport *m* de gestion; **~zentrum** *n* centre *m* de calcul
rechnen **1.** calculer; ***mit mir kannst du ~*** tu peux compter sur moi; ***das rechnet sich nicht*** ce n'est pas rentable; **2.** & *n* calcul *m*
Rechner *m Taschen&* calculatrice *f*; *EDV* ordinateur *m*; **&isch** par voie de calcul
Rechnung *f* compte *m*; *math* calcul *m*; *comm* facture *f*; *Hotel* note *f*; *Restaurant* addition *f*; ***das geht auf meine ~*** ça va à mon compte
recht *Hand, Winkel* droit; *richtig* juste; *passend* convenable; *adv* bien, fort, très; ***zur ~en Zeit*** à temps; ***das ist ~*** c'est bien; ***es geschieht ihm ~*** c'est bien fait pour lui; ***du kommst gerade ~***

Die Rechnung bitte!

Je nach den Bereichen, in denen es um Rechnungen geht, gibt es im Französischen dafür unterschiedliche Wörter:

1. im Restaurant:

Herr Ober, die Rechnung bitte!
Garçon, l'addition, s'il vous plaît!
In der Rechnung sind 15% Bedienung enthalten.
Les 15% de service sont compris dans l'addition.

2. von Firma zu Firma:

eine Rechnung ausstellen
établir une facture
eine offene Rechnung
une facture impayée
Die Rechnung beläuft sich auf 5000 Franc.
La facture s'élève à 5000 francs.

3. von einer Firma oder einem Hotel an privat:

eine Rechnung ausstellen
établir une note
die Rechnung begleichen
régler la note
Könnten Sie die Rechnung für morgen früh um 8 Uhr vorbereiten?
Pourriez-vous préparer la note pour demain huit heures?

4. in der Mathematik:

eine Rechnung – ***un calcul***

tu arrives à point; ~ ***und schlecht*** tant bien que mal; ***erst*** ~ plus que jamais
Recht *n* droit *m* (***auf*** à); ***von*** **~*s*** ***wegen*** de par la loi; ***mit vollem*** ~ à bon droit, à juste titre; ***mit welchem*** **~*?*** de quel droit?; ***im*** ~ ***sein*** être dans son droit; ~ ***sprechen*** rendre la justice; ~ ***haben*** avoir raison; ***j-m*** ~ ***geben*** donner raison à qn
Recht|e *f* (main *f*) droite *f*; *pol* droite *f*; **~eck** *n* rectangle *m*; **≈eckig** rectangulaire; **≈fertigen** (***sich*** ~ se) justifier; **~fertigung** *f* justification *f*; **≈haberisch** qui veut toujours avoir raison, ergoteur; **≈lich** juridique; **≈mäßig** légal, légitime
rechts à droite
Rechts|anspruch *m* droit *m* (***auf*** à); **~anwalt** *m*, **~anwältin** *f* avocat *m*, -e *f*; **~außen** *m Fußball* ailier *m* droit
recht|schaffen honnête; **≈schaffenheit** *f* honnêteté *f*; **≈schreibfehler** *m* faute *f* d'orthographe; **≈schreibung** *f* orthographe *f*
Rechts|extremismus *m* extrémisme *m* de droite; **~fall** *m* cas *m* juridique; **~händer(in** *f*) *m* droitier *m*, -ière *f*; **≈kräftig** qui a force de loi
Rechtsprechung *f* jurisprudence *f*
rechts|radikal *pol* d'extrême droite; **~schutz** *m* protection *f* juridique; **≈schutzversicherung** *f* assurance *f* recours; **~staat** *m* État *m* de droit; **~widrig** illégal
recht|wink(e)lig rectangulaire; **~zeitig** à temps
Reck *n* barre *f* fixe
Recorder *cf* ***Rekorder***
recycelbar recyclable
recyceln recycler
Recycling *n* recyclage *m*; **~papier** *n* papier *m* recyclé
Redakteur(in *f*) *m* rédacteur *m*, -trice *f*
Rede *f* discours *m*; ***e-e*** ~ ***halten*** faire *od* prononcer un discours; *gr* ***(in)direkte*** ~ discours *od* style *m* (in)direct; ***erlebte*** ~ style *m* indirect libre; ***das ist nicht der*** ~ ***wert*** ça ne vaut pas la peine d'en parler; **≈gewandt** éloquent
reden parler (***von, über*** de; ***mit*** à, avec); ***ich möchte mit dir*** ~ je voudrais te parler; ***j-n zum*** ≈ ***bringen*** faire parler qn
Rede|nsart *f sprichwörtliche* dicton *m*; *leere* façon *f* de parler; **~wendung** *f* tournure *f*, locution *f*, expression *f*
redlich honnête; ***sich*** ~ ***Mühe geben*** faire des efforts sincères
Redner *m* orateur *m*; **~gabe** *f* don *m* oratoire; **~pult** *m* pupitre *m*
redselig loquace
reduzieren réduire (***auf*** à)
Reede *mar f* rade *f*; **~r** *m* armateur *m*; **~rei** *f* société *f* d'armateurs, compagnie *f* de transports maritimes
reell *comm* honnête, correct; *Firma* de confiance; **~*e*** ***Chance*** chance *f* réelle
Refer|at *n* exposé *m*; ***ein*** ~ ***halten*** faire un exposé; **~endar** *m* stagiaire *m*; **~ent** *m Vortragender* conférencier *m*; *Sachbearbeiter* chef *m* de service; **~enzen** *f/pl* références *f/pl*; **≈ieren** ~ ***über etw*** faire un exposé de *od* sur qc
reflektieren réfléchir (*Licht u* ***über*** sur); F ~ ***auf*** avoir des visées sur
Reflex *m Licht*≈ reflet *m*; *biol* réflexe *m*; **≈iv** *gr* réfléchi; **~*es*** ***Verb*** verbe *m* pronominal
Reform *f* réforme *f*; **~ation** *rel f* Réforme *f*; **~ator** *rel m*, **~er** *m* réformateur *m*; **~haus** *n* magasin *m* de produits diététiques; **≈ieren** réformer
Refrain *m* refrain *m*
Regal *n* étagère *f*
Regatta *f* régates *f/pl*
rege actif; *Geist* vif, alerte; *belebt* animé
Regel *f* règle *f*; *méd* règles *f/pl*; ***in der*** ~ en règle générale; **≈mäßig** régulier; **~mäßigkeit** *f* régularité *f*; **≈n** (***sich*** ~ se) régler; **~ung** *f Steuerung* régulation *f*; *e-r Angelegenheit* règlement *m*; **≈widrig** contraire aux règles
regen *Glieder* bouger; ***sich*** ~ bouger, remuer; *tätig werden* devenir actif; *Gefühle* naître
Regen *m* pluie *f*; **~bogen** *m* arc-en-ciel *m*; **~mantel** *m* imperméable *m*; **~schauer** *m* averse *f*; **~schirm** *m* parapluie *m*; **~tropfen** *m* goutte *f* de pluie; **~wald** *m* forêt *f* tropicale; **~wasser** *n* eau *f* de pluie; **~wetter** *n* temps *m* pluvieux; **~wurm** *m* ver *m* de terre; **~zeit** *f* saison *f* des pluies
Regie *f Theater* mise *f* en scène; **~anweisung** *f* indication *f* de mise en scène
regier|en gouverner; *Herrscher* régner; **≈ung** *f* gouvernement *m*; *~szeit e-s Herrschers* règne *m*

Regierungs|bezirk *m* subdivision *f* administrative d'un land; **~form** *f* forme *f* de gouvernement, régime *m*; **~partei** *f* parti *m* gouvernemental; **~sprecher** *m* porte-parole *m* du gouvernement
Regime *pol n* régime *m*
Region *f* région *f*
Regisseur *m Theater, Film* metteur *m* en scène; *Film a* réalisateur *m*
Regist|er *n* registre *m* (*a mus*); *in Büchern* index *m*; **≈rieren** enregistrer; **~rierkasse** *f* caisse *f* enregistreuse
Regler *tech m* régulateur *m*
regne|n pleuvoir; ***es regnet*** il pleut; **~risch** pluvieux
regulär régulier; *Preis* normal
regulier|bar réglable; **~en** *tech* régler; *Fluss* régulariser
Regung *f Bewegung* mouvement *m*; *Gemüts≈* émotion *f*; **≈slos** immobile
Reh *zo n* chevreuil *m*
Rehabilitation *f jur* réhabilitation *f*; *méd* rééducation *f*; **~szentrum** *n* centre *m* de rééducation
Reh|bock *zo m* chevreuil *m*; **~keule** *cuis f* cuissot *m* de chevreuil; **~kitz** *zo n* faon *m*
Reib|e *f*, **~eisen** *n* râpe *f*; **≈en** frotter; *cuis* râper; ***sich die Augen ~*** se frotter les yeux; **~erei** *f* friction *f*; **~ung** *f* frottement *m*, friction *f* (*a fig*); **≈ungslos** *fig* sans difficulté
reich riche (***an*** en); ***die ≈en*** les riches *m/pl*
Reich *n* empire *m*; *fig* royaume *m*; ***das Dritte ~*** le troisième Reich
reichen *sich erstrecken* aller, s'étendre (***bis*** jusqu'à); *geben* donner, tendre, passer, offrir; *genügen* suffire; ***mir reicht's!*** j'en ai assez!
reich|haltig abondant, riche; **~lich** abondant; *Essen* copieux; *Trinkgeld* généreux
Reichtum *m* richesse *f* (***an*** en)
Reichweite *f* portée *f*; ***außer ~*** hors de portée
reif mûr
Reif *m* gelée *f* blanche; *Rau≈* givre *m*
Reife *f* maturité *f* (*a fig*)
reifen mûrir
Reifen *m* cerceau *m*; *auto* pneu *m*; **~panne** *f* crevaison *f*
Reife|prüfung *f* baccalauréat *m*, bachot *m* F, bac *m* F; **~zeugnis** *n* diplôme *m* du baccalauréat
reiflich mûr; ***etw ~ überlegen*** réfléchir mûrement à qc
Reihe *f nebeneinander* rang *m*, rangée *f*; *hintereinander* file *f*; *Aufeinanderfolge* suite *f*, série *f*; ***ich bin an der ~*** c'est mon tour; ***der ~ nach*** l'un après l'autre, chacun son tour
Reihen|folge *f* suite *f*, ordre *m*; **~haus** *n* maison *f* de lotissement; **≈weise** en série
Reiher *zo m* héron *m*
Reim *m* rime *f*; ⚠ ***la*** rime; **≈en** (*a* ***sich ~***) rimer (***auf*** avec)
rein[1] pur; *sauber* propre; ***ins ≈e schreiben*** mettre au propre *od* au net
rein[2] *cf* ***herein u hinein***
Rein|fall F *m* échec *m*, fiasco *m*; **~heit** *f* pureté *f*
reinig|en nettoyer; **≈ung** *f* nettoyage *m*; ***chemische ~*** nettoyage *m* à sec; *Geschäft* teinturerie *f*; **≈ungsmittel** *n* détergent *m*
reinlich propre
rein|rassig de pure race; **≈schrift** *f* copie *f* au net
Reis *m* riz *m*
Reise *f* voyage *m*; ***auf ~n*** en voyage; ***e-e ~ machen*** faire un voyage; ***gute ~!*** bon voyage!; **~andenken** *n* souvenir *m*; **~büro** *n* agence *f* de voyages; **~führer** *m* guide *m*; **~gesellschaft** *f* groupe *m*; **~leiter** *m* guide *m*, accompagnateur *m*
reisen voyager; ***durch Frankreich ~*** traverser la France; ***ins Ausland ~*** aller à l'étranger; **≈de(r)** *m, f* voyageur *m*, -euse *f*; *Handlungs≈* commis *m* voyageur
Reise|pass *m* passeport *m*; **~pläne** *m/pl* projets *m/pl* de voyage; **~route** *f* itinéraire *m*; **~ruf** *m* message *m* personnel (radio); **~scheck** *m* chèque *m* de voyage; **~tasche** *f* sac *m* de voyage; **~ziel** *n* destination *f*
reiß|en *Seil etc* se déchirer; ***in Stücke ~*** déchirer en morceaux; ***j-m etw aus den Händen ~*** arracher qc des mains de qn; ***etw an sich ~*** s'emparer de qc; ***sich um etw ~*** s'arracher qc; **~end** *Strom* rapide; *Tier* féroce; ***~en Absatz finden*** se vendre comme des petits pains; **≈er** F *m Theater* pièce *f* à grand succès; *Buch* livre *m* à grand succès, best-seller *m*;

R

~erisch tapageur; **2nagel** *m* punaise *f*; **2verschluss** *m* fermeture *f* éclair; **2zwecke** *f* punaise *f*

Reitbahn *f* manège *m*

reiten 1. monter à cheval; *Sport* faire du cheval; *irgendwohin* aller à cheval; **2.** 2 *n* équitation *f*

Reiter(in *f*) *m* cavalier *m*, -ière *f*

Reit|hose *f* culotte *f* de cheval; **~peitsche** *f* cravache *f*; **~pferd** *n* cheval *m* de selle, monture *f*; **~sport** *m* hippisme *m*, sport *m* équestre; **~stiefel** *m* botte *f* d'équitation; **~unterricht** *m* leçons *f/pl* d'équitation

Reiz *m* attrait *m*, charme *m*; *biol* stimulus *m*; ***den ~ verlieren*** perdre tout attrait

reizbar irritable, excitable; **2keit** *f* irritabilité *f*

reiz|en irriter, exciter, stimuler; *verlocken* attirer, séduire, tenter; **~end** charmant; **2gas** *n* gaz *m* irritant; **~los** fade, peu attrayant; **2thema** *n* sujet *m* délicat; **2ung** *f méd* irritation *f*, *biol* stimulation *f*; **~voll** attrayant; **2wäsche** *f* dessous *m/pl* affriolants; **2wort** *n* mot *m* choc

rekeln F ***sich ~*** se prélasser

Reklamation *f* réclamation *f*

Reklame *f* réclame *f*, publicité *f*; ***~ machen für*** faire de la publicité pour

reklamieren réclamer

rekonstruieren *Ereignis* reconstituer; ⚠ *nicht* ***reconstruire***

Rekord *m* record *m*; ***e-n ~ aufstellen*** établir un record

Rekorder *m Kassetten2* magnétophone *m*; *Video2* magnétoscope *m*

Rekrut *mil m* recrue *f*, conscrit *m*; **2ieren** (***sich ~*** se) recruter (***aus*** dans, parmi)

Rektor *m Universität* recteur *m*; *Schule* directeur *m*; **~in** *f Schule* directrice *f*

relational relationnel

relativ relatif

Relief *n* relief *m*

Religion *f* religion *f*; **~sunterricht** *m* catéchisme *m*

religiös religieux; *fromm* pieux

Reling *mar f* bastingage *m*, rambarde *f*

Reliquie *f* relique *f*

Rem *n* rem *m*

Rempel|ei *f* bousculade *f*; **2n** bousculer

Renn|bahn *f Pferde* champ *m* de courses, hippodrome *m*; *Fahrrad* vélodrome *m*; *allg a* piste *f*; **~boot** *n* bateau *m* de course; **2en** courir; **~en** *n* course *f*; **~fahrer** *m auto* pilote *m*; *Motor-*, *Fahrrad* coureur *m*; **~pferd** *n* cheval *m* de course; **~rad** *n* vélo *m* de course; **~sport** *m allg* course *f*; **~stall** *m* écurie *f*; **~strecke** *f* parcours *m*; **~wagen** *m* voiture *f* de course, bolide *m*

renommiert renommé

renovier|en remettre à neuf, rénover; **2ung** *f* rénovation *f*

rentabel rentable, profitable

Rente *f* retraite *f*, pension *f*; *Kapital2* rente *f*; **~nempfänger(in** *f*) *m* bénéficiaire *m, f* d'une retraite *od* pension

Rentier *zo n* renne *m*

rentieren *sich ~* valoir la peine; *comm* rapporter

Rentner(in *f*) *m* retraité *m*, -e *f*

Reparatur *f* réparation *f*; **~werkstatt** *f* atelier *m* de réparation; *auto* garage *m*

reparieren réparer

Report|age *f* reportage *m*; ⚠ ***le*** reportage; **~er** *m* reporter *m*

repräsent|ativ représentatif; *ansehnlich* qui présente bien, prestigieux; **~ieren** représenter

Repressalien *f/pl* représailles *f/pl*

Reprodu|ktion *f* reproduction *f*; **2zieren** reproduire

Reptil *zo n* reptile *m*

Republik *f* république *f*; *hist* ***Deutsche Demokratische ~*** République *f* démocratique allemande; ***Slowakische ~*** République *f* slovaque; ***Tschechische ~*** République *f* tchèque; **~aner(in** *f*) *m* républicain *m*, -e *f*; **2anisch** républicain

Reservat *n* réserve *f*

Reserve *f* réserve *f* (*a mil*); **~kanister** *m* bidon *m* de réserve; **~rad** *n* roue *f* de secours

reservier|en réserver, retenir; **~t** réservé (*u fig*)

Residenz *f* résidence *f*

Resign|ation *f* résignation *f*; **2ieren** se résigner; **2iert** résigné

resolut résolu; **2ion** *f* résolution *f*

Resonanz *f* résonance *f*; *fig* écho *m*

Resozialisierung *f* réinsertion *f* dans la société

Respekt *m* respect *m* (***vor*** pour); ***sich ~ verschaffen*** se faire respecter

R

respekt|ieren respecter; **~los** sans respect, irrévérencieux; **~voll** respectueux
Ressort *n* ressort *m*; ***das fällt nicht in mein*** ~ ce n'est pas de mon ressort
Rest *m* reste *m*; *fig* ***das gab ihm den*** ~ ça lui a donné le coup de grâce
Restaurant *n* restaurant *m*
restaurieren restaurer
Rest|betrag *m* restant *m*; **&lich** restant, qui reste; **&los** totalement, complètement; **~risiko** *n* risque *m* non évaluable; **~zahlung** *f* paiement *m* d'un reliquat
Resultat *n* résultat *m*
Retorte *chim f* cornue *f*; **~nbaby** *n* bébé-éprouvette *m*
Retrovirus *n* rétrovirus *m*
retten (***sich*** ~ se) sauver (***aus***, ***vor*** de)
Rettich *bot m* radis *m*
Rettung *f* sauvetage *m*; *Heil* salut *m*; *fig* ***das war meine*** ~ c'était ma chance

Rettungs|aktion *f* opération *f* de sauvetage; **~boot** *n* canot *m* de sauvetage; **~mannschaft** *f* sauveteurs *m/pl*; **~ring** *m* bouée *f* de sauvetage; **~schwimmer** *m* sauveteur *m*; **~wagen** *m* ambulance *f*
Reu|e *f* repentir *m*; **&en** ***etw reut mich*** je regrette qc; **&evoll, &ig, &mütig** repentant, contrit
Revanche *f* revanche *f* (*a Sport*)
revanchieren ***sich*** ~ prendre sa revanche; *für e-n Dienst* rendre la pareille; *für e-e Einladung* inviter qn à son tour
revidieren réviser
Revier *n* district *m*; *e-s Tieres* territoire *m*; *Jagd&* chasse *f* gardée; *Polizei&* commissariat *m*
Revolt|e *f* révolte *f*; **&ieren** se révolter
Revolution *f* révolution *f*; **&är** révolutionnaire; **~är(in** *f*) *m* révolutionnaire *m*, *f*; **&ieren** révolutionner

Rezept: Wie wärs mit Jakobsmuscheln auf provenzalische Art?

Jakobsmuscheln auf provenzalische Art	***Coquilles Saint-Jacques à la provençale***
Zutaten: 24 Jakobsmuscheln mit Schalen / 180 g Butter / 6 Zehen Knoblauch / 2 Suppenlöffel zerhackte Petersilie / Salz, Pfeffer, Thymian / den Saft einer halben Zitrone / 5 cl Öl	*Ingrédients:* *24 noix de Saint-Jacques avec leurs coquilles / 180 g de beurre / 6 gousses d'ail / 2 cuillerées à soupe de persil haché / sel, poivre, thym / le jus d'un demi-citron / 5 cl d'huile*
Den Knoblauch hacken und vermischen mit 150 g Butter, Zitronensaft, Salz, Pfeffer und der gehackten Petersilie.	*Hacher l'ail. Malaxer avec 150 g de beurre, le jus de citron, le sel, le poivre et le persil haché.*
Das Öl zusammen mit 30 g Butter erhitzen und darin die mit Salz, Pfeffer und Thymian gewürzten Jakobsmuscheln goldgelb braten. Wenn sie durch sind, werden sie in 8 Muschelschalen gegeben. Die mit Knoblauch und Petersilie vermengte Butter erhitzen. Wenn sie schaumig ist, über die Muscheln gießen und sofort servieren.	*Faire chauffer l'huile et 30 g de beurre et y faire dorer les noix de coquilles Saint-Jacques assaisonnées de sel, poivre, thym. Lorsqu'elles sont cuites, les mettre dans 8 demi-coquilles. Faire chauffer le beurre persillé à l'ail. Lorsqu'il est mousseux, le verser sur les coquilles Saint-Jacques et servir sans attendre.*

Revolver *m* revolver *m*
Revue *f Theater* revue *f*
rezens|ieren *ein Buch* ~ faire le compte rendu *od* la critique d'un livre; **2ion** *f* compte rendu *m*, critique *f*
Rezept *n cuis* recette *f*; *méd* ordonnance *f*; **2pflichtig** délivré uniquement sur ordonnance
Rezession *f* récession *f*
Rhabarber *bot m* rhubarbe *f*
Rhein *der* ~ le Rhin; **2isch** rhénan; **~land-Pfalz** *n* la Rhénanie-Palatinat
rhetorisch rhétorique
Rheuma *méd n* rhumatisme *m*
rhythm|isch rythmique; **2us** *m* rythme *m*; ⚠ rythme (*kein h*)
Ribisel *östr f* groseille *f*
richten *ordnen* ajuster, arranger; *vor-, zubereiten* préparer; *reparieren* réparer; *jur* (**über**) **j-n** ~ juger qn; ~ **an** adresser à; ~ **auf** diriger *od* braquer sur; ~ **gegen** diriger contre; **sich** ~ **nach** se régler sur; **ich richte mich nach dir** *a* je prends exemple sur toi
Richter(**in** *f*) *m* juge *m*, femme *f* juge; **2lich** judiciaire; **~skala** *f* échelle *f* de Richter
Richtgeschwindigkeit *f* vitesse *f* conseillée
richtig juste, correct, exact, bon; ~ **rechnen** calculer juste; **meine Uhr geht** ~ ma montre est à l'heure; ~ **nett** (**böse**) vraiment gentil (méchant); ~ **stellen** corriger, rectifier; **2keit** *f* justesse *f*, correction *f*, exactitude *f*; **2stellung** *f* rectification *f*
Richt|linie *f* directive *f*, ligne *f* de conduite; **~preis** *m* prix *m* conseillé; **~schnur** *f fig* règle *f* de conduite
Richtung *f* direction *f*, sens *m*; *Tendenz* tendance *f*, orientation *f*; **in** ~ **Dijon** en direction de Dijon
riechen sentir; **gut** ~ sentir bon; **nach etw** ~ sentir qc; **an etw** ~ respirer l'odeur de qc; *fig* **ich kann ihn nicht** ~ je ne peux pas le sentir
Riegel *m* verrou *m*; ~ **Schokolade** barre *f* de chocolat
Riemen *m* courroie *f*, lanière *f*; *Ruder* aviron *m*, rame *f*
Ries|e *m*, **~in** *f* géant *m*, -e *f*
rieseln couler, ruisseler; *Schnee* tomber doucement
Riesen|arbeit *f* travail *m* gigantesque; **~erfolg** *m* succès *m* monstre; **2haft** gigantesque, colossal; **~rad** *n* grande roue *f*; **~slalom** *m* slalom *m* géant
riesig énorme, gigantesque
Riff *n* récif *m*
Rille *f* rainure *f*; *Schallplatte* sillon *m*
Rind *zo n* bœuf *m*; **~er** *pl* bovins *m/pl*
Rinde *f Baum* écorce *f*; *Brot* croûte *f*
Rinderwahn(sinn) *m* maladie *f* de la vache folle
Rind|fleisch *n* (du) bœuf *m*; **~(s)leder** *n* cuir *m* de bœuf; **~vieh** *n* bétail *m*; F *fig* imbécile *m*
Ring *m* anneau *m*; *Finger2* bague *f*; *Kreis* cercle *m*; *Boxkampf* ring *m*; *Straße* périphérique *m*; *Bahn* ceinture *f*; *Rennstrecke* circuit *m*; *Vereinigung* association *f*; **~buch** *n* classeur *m*
ringel|n *sich* ~ s'enrouler; **2natter** *zo f* couleuvre *f* à collier; **2spiel** *östr n* manège *m*
ring|en lutter (**um etw** pour qc); **nach Luft** ~ suffoquer; **2er** *m* lutteur *m*; **2finger** *m* annulaire *m*; **~förmig** annulaire; *kreisförmig* circulaire; **2kampf** *m* lutte *f*; **2richter** *m* arbitre *m* de boxe
rings ~ **um** ... tout autour de ...; **~um(her)** tout autour
Rinn|e *f* rigole *f*; *Dach2* gouttière *f*; **2en** couler; *Gefäß* fuir; **~sal** *n* filet *m* d'eau; **~stein** *m* caniveau *m*
Rippe *f* côte *f*
Rippen|fell *n* plèvre *f*; **~fellentzündung** *f* pleurésie *f*; **~stoß** *m* coup *m* dans les côtes
Risiko *n* risque *m*; **ein** ~ **eingehen** courir un risque; **auf eigenes** ~ à ses risques et périls; **~gruppe** *f* groupe *m* à risque(s); ⚠**lo** groupe
risk|ant risqué; **~ieren** risquer
Riss *m* fente *f*, fissure *f*, crevasse *f*; *in Mauer a* lézarde *f*; *in Haut a* gerçure *f*; *in Stoff* déchirure *f*
rissig fissuré, crevassé; *Mauer a* lézardé, *Haut a* gercé
Ritt *m* chevauchée *f*, course *f* à cheval
Ritter *m* chevalier *m*; **zum** ~ **schlagen** armer chevalier, adouber; **2lich** chevaleresque; **~tum** *n* chevalerie *f*
rittlings à califourchon
Ritus *m* rite *m*
Ritze *f* fente *f*
ritzen entailler; ~ **in** graver dans
Rival|e *m*, **~in** *f* rival *m*, -e *f*; **2isieren**

R

rivaliser (***mit*** avec); **~ität** *f* rivalité *f*
Rizinusöl *n* huile *f* de ricin
Robbe *zo f* phoque *m*
Roboter *m* robot *m*
robust robuste
röcheln râler
Rock¹ *m* jupe *f*
Rock² *mus m* rock *m*; **~band** *f* groupe *m* de rock; ⚠ ***le*** groupe
Rocker *m* loubar(d) *m* F
Rodel|bahn *f* piste *f* de luge; **2n** faire de la luge; **~schlitten** *m* luge *f*
roden défricher
Rogen *m* œufs *m/pl* de poisson
Roggen *bot m* seigle *m*
roh *ungekocht* cru; *noch nicht verarbeitet* brut; *ungesittet* grossier, rude; ***mit ~er Gewalt*** de vive force; **2bau** *m* gros œuvre *m*; **2kost** *f* crudités *f/pl*; **2material** *n* matières *f/pl* premières; **2öl** *n* pétrole *m* brut
Rohr *n* tuyau *m*, tube *m*; *Leitungs2* conduit *m*; *bot* canne *f*; *Schilf* roseau *m*; **~bruch** *m* rupture *f* de tuyau
Röhre *f* tuyau *m*; *Radio* lampe *f*; *TV* tube *m*; *Back2* four *m*
Roh|seide *f* soie *f* grège; **~stoff** *m* matière *f* première
Rolladen *m cf* ***Rollladen***
Rollbahn *aviat f* piste *f*
Rolle *f* rouleau *m*; *unter Möbeln* roulette *f*; *Faden2* bobine *f*; *fig* rôle *m*; ***das spielt keine ~*** cela ne joue aucun rôle; ***aus der ~ fallen*** sortir de son rôle, F faire une gaffe; ⚠ ***le*** rôle; **~nspiel** *n* jeu *m* de rôles; **~ntausch** *m* échange *m* de rôles; **~nverteilung** *f* attribution *f* de rôles spécifiques
Roller *m Kinder2* trottinette *f*; *Motor2* scooter *m*
Rollerskates *pl* patins *m/pl* en ligne
Roll|kragenpulli *m* pull *m* à col roulé; **~laden** *m* volet *m* roulant; **~mops** *cuis m* rollmops *m*
Rollo *n* store *m*
Roll|schuh *m* patin *m* à roulettes; ***~ laufen*** faire du patin à roulettes; **~schuhlaufen** *n* patinage *m* à roulettes; **~stuhl** *m* fauteuil *m* roulant; **~stuhlfahrer** *m* handicapé *m* dans un fauteuil roulant; **2stuhlgerecht** adapté aux fauteuils roulants; **~treppe** *f* escalier *m* roulant
Rom Rome
Roman *m* roman *m*
roman|isch *Kunst*, *Sprachen* roman; *Völker*, *Länder* latin; **2isierung** *f* romanisation *f*; **2schriftsteller(in** *f*) *m* romancier *m*, -ière *f*
Romanti|k *f* romantisme *m*; **2sch** romantique; *schwärmerisch* romanesque
Röm|er(in *f*) *m* Romain *m*, -e *f*; **2isch** romain
Rommee *n* rami *m*
ROM-Speicher *m* mémoire *f* morte
röntgen radiographier; **2apparat** *m* appareil *m* de radiographie; **2aufnahme** *f*, **2bild** *n* radiographie *f*, radio *f* F; **2strahlen** *m/pl* rayons X *m/pl*
rosa rose
Rose *bot f* rose *f*; ***Wilde ~*** églantine *f*; *Strauch* églantier *m*
Rosen|kohl *bot m* chou *m* de Bruxelles; **~kranz** *rel m* chapelet *m*; **~montag** *m* lundi *m* de carnaval
Rosette *arch f* rosace *f*
rosig rose; *fig* ***alles in ~em Licht sehen*** voir tout en rose
Rosine *f* raisin *m* sec
Ross *n* cheval *m*; **~haar** *n* crin *m*; **~kastanie** *bot f* marron *m* d'Inde; *Baum* marronnier *m* (d'Inde)
Rost *m* rouille *f*; *Brat2* gril *m*; *Gitter* grille *f*
rosten rouiller
rösten griller; *Kartoffeln* faire sauter; *Kaffee* torréfier
Rost|fleck *m* tache *f* de rouille; **2frei** inoxydable; **2ig** rouillé; **~schutzfarbe** *f* peinture *f* antirouille
rot 1. rouge (*a pol*); *Haar* roux; ***~ werden*** rougir; ***in den ~en Zahlen stecken*** être en déficit; **2.** **2** *n* rouge *m*; ***die Ampel steht auf ~*** le feu est au rouge
Rotation *f* rotation *f*
Röte *f* rougeur *f*
Röteln *méd pl* rubéole *f*
röten (***sich ~***) rougir
rot|haarig roux; **2haut** *f* Peau-Rouge *m*
rotieren tourner (sur son axe); F *fig* être surmené *od* débordé de travail
Rot|käppchen *n* Petit Chaperon *m* rouge; **~kehlchen** *zo n* rouge-gorge *m*; **~kohl** *bot m* chou *m* rouge
rötlich rougeâtre
Rot|stift *m* crayon *m* rouge; **~wein** *m* vin *m* rouge

Rotz F *m* morve *f*; **~nase** F *f* petit morveux *m*
Route *f* itinéraire *m*, route *f*
Routin|e *f* routine *f*, expérience *f*; **~esache** *f* ***das ist reine*** ~ c'est de la pure routine; **≗iert** expérimenté; rompu (***auf e-m Gebiet*** à un domaine)
Rübe *bot f* rave *f*; ***Weiße*** ~ navet *m*; ***Rote*** ~ betterave *f*; ***Gelbe*** ~ carotte *f*
Rubel *m* rouble *m*
Rubin *m* rubis *m*
Ruck *m* saccade *f*, secousse *f*; ***sich e-n ~ geben*** se forcer (à faire qc)
Rückantwort *f Post* ~ ***bezahlt*** réponse *f* payée
ruckartig saccadé; *adv* tout à coup
rück|bezüglich *gr* réfléchi; ***~es Verb*** verbe *m* pronominal; **≗blende** *f Film etc* flash-back *m*; **≗blick** *m* rétrospective *f* (***auf*** de), retour *m* en arrière
rücken déplacer, bouger; ***näher*** ~ approcher; ***zur Seite*** ~ se pousser
Rücken *m* dos *m*; **~deckung** *f fig* soutien *m*, appui *m*; **~lehne** *f* dossier *m*; **~mark** *n* moelle *f* épinière; **~schmerzen** *m/pl* mal *m* au dos, douleurs *f/pl* dorsales; **~schwimmen** *n* nage *f* sur le dos; **~wind** *m* vent *m* arrière; **~wirbel** *m* vertèbre *f* dorsale
Rück|erstattung *f* restitution *f*; *von Kosten* remboursement *m*; **~fahrkarte** *f* billet *m* aller et retour; **~fahrt** *f* retour *m*; **~fall** *m jur u fig* récidive *f*, *méd* rechute *f*; **≗fällig** ~ ***werden*** récidiver (*jur u fig*); **~flug** *m* (vol *m* de) retour *m*; **~gabe** *f* restitution *f*; **~gang** *m* diminution *f*, déclin *m*, baisse *f*; **≗gängig** ~ ***machen*** annuler; **~gewinnung** *tech f* récupération *f*; **~grat** *n* épine *f* dorsale, colonne *f* vertébrale; *fig* ~ ***haben*** avoir le courage de ses opinions; **~hand** *f Tennis* revers *m*; **~kehr** *f* retour *m*; **~koppelung** *f* feed-back *m*, couplage *m* par réaction; **~lage** *f* réserve *f*; **≗läufig** rétrograde, en baisse; **~lichter** *n/pl* feux *m/pl* arrière; **≗lings** *von hinten* par derrière; *nach hinten* en arrière; **~nahme** *f comm* reprise *f*; *Zurückziehung* retrait *m*; **~porto** *n* port *m* de retour; **~reise** *f* (voyage *m* de) retour *m*
Rucksack *m* sac *m* à dos; **~tourist** *m* routard *m*
Rück|schlag *m fig* revers *m*; **~schluss** *m* conclusion *f*; **≗schrittlich** réactionnaire; **~seite** *f* revers *m*; *e-r Buchseite* verso *m*; **~sendung** *f* renvoi *m*, retour *m*
Rücksicht *f* considération *f*; ***aus ~ auf*** eu égard à, par égard pour; ~ ***nehmen auf*** avoir égard à; **~nahme** *f* égards *m/pl*; *Schonung* ménagement *m*; *Höflichkeit* politesse *f*; **≗slos** sans égards, sans scrupules, brutal; **~slosigkeit** *f* manque *m* d'égards *od* de scrupules, brutalité *f*; **≗svoll** plein d'égards (***gegenüber*** pour)
Rück|sitz *auto m* siège *m* arrière; **~spiegel** *auto m* rétroviseur *m*; **~spiel** *n Sport* match *m* retour; **~stand** *m* retard *m*; *chim* résidu *m*; ***im ~ sein*** être en retard (***gegenüber*** sur); **≗ständig** arriéré (*a Zahlung*), retardataire; **~taste** *f* touche *f* de rappel arrière; **~tritt** *m* démission *f*; *von Wettbewerb etc* retrait *m*; **~trittbremse** *f* frein *m* à rétropédalage; **≗wärts** en arrière; **~wärtsgang** *auto m* marche *f* arrière; **~weg** *m* retour *m*
ruckweise par saccades
rück|wirkend *jur* rétroactif; **≗wirkung** *f* répercussion *f*; **≗zahlung** *f* remboursement *m*; **≗zieher** *m* ***e-n ~ machen*** revenir sur sa décision; **≗zug** *m* retraite *f*
Rudel *n* bande *f*; **≗weise** par bandes
Ruder *mar n* rame *f*, aviron *m*; *Steuer*≗ gouvernail *m*; **~boot** *n* canot *m* à rames; **~er** *m*, **~in** *f* rameur *m*, -euse *f*; **≗n** ramer; *Sport* faire de l'aviron; **~sport** *m* aviron *m*
Ruf *m* appel *m* (*a fig*); *Schrei* cri *m*; *Ansehen* réputation *f*; **≗en** appeler, crier; ***den Arzt*** ~ appeler le médecin; ***um Hilfe*** ~ crier au secours
Ruf|name *m* prénom *m* usuel; **~nummer** *f* numéro *m* de téléphone
Rüge *f* réprimande *f*; **≗n** réprimander
Ruhe *f* repos *m*, calme *m*, tranquillité *f*; *Stille* silence *m*; ***j n in ~ lassen*** laisser qn tranquille; ***lass mich in ~!*** F fiche-moi la paix!; ***die ~ bewahren*** conserver son calme; ***sich zur ~ setzen*** se retirer des affaires, prendre sa retraite; ~ ***bitte!*** silence, s'il vous plaît!; **≗los** agité
ruhen *Person* se reposer; *Tätigkeit* être suspendu; ~ ***auf*** reposer sur; ***hier ruht*** ici repose, ci-gît

R

Ruhe|pause *f* pause *f*; **~stand** *m* retraite *f*; **~störer(in** *f*) *m* perturbateur *m*, -trice *f*; **~tag** *m* jour *m* de repos; ***Montag*** **~** fermé le lundi
ruhig calme, tranquille; *still* silencieux; **~!** silence!; **~ *bleiben*** rester calme
Ruhm *m* gloire *f*
rühm|en glorifier, vanter; ***sich e-r Sache*** **~** se vanter de qc; **~lich** glorieux, digne d'éloges
Ruhr *méd f* dysenterie *f*
Rührei *n* œufs *m/pl* brouillés
rühr|en *bewegen, um~* remuer; *innerlich* toucher, émouvoir; **~ *an*** toucher à; ***sich*** **~** bouger; *mil* ***rührt euch!*** repos!; **~end** touchant, émouvant; **~ig** agile, remuant, entrepenant; **~selig** sentimental, larmoyant; **2ung** *f* émotion *f*
Ruin *m* ruine *f*; **~e** *f* ruine *f*; **2ieren** (***sich*** **~** se) ruiner
rülps|en roter; **2er** *m* rot *m*
Rum *m* rhum *m*
Rumän|e *m*, **~in** *f* Roumain *m*, -e *f*; **~ien** *n* la Roumanie; **2isch** roumain
Rummel F *m* foire *f*, remue-ménage *m*; **~platz** *m* champ *m* de foire
rumoren faire du tapage; ***es rumort in meinem Bauch*** mon ventre gargouille
Rumpelkammer *f* débarras *m*
Rumpf *m biol* tronc *m*; *aviat* fuselage *m*; *mar* coque *f*
rümpfen ***die Nase*** **~** faire la grimace
Run *m* ruée *f* (***auf*** sur)
rund rond, arrondi; *ungefähr* environ; **~ *um etw*** tout autour de qc; **2blick** *m* panorama *m*; **2bogen** *arch m* plein cintre *m*
Runde *f Umkreis, Rundgang* ronde *f*; *Bier* tournée *f*; *Sport* tour *m*; *Boxen* round *m*; *Gesellschaft* compagnie *f*
Rund|fahrt *f* circuit *m*; **~flug** *m* circuit *m* aérien
Rundfunk *m* radio *f*, T.S.F. *f*; ***im*** **~** à la radio; ***im*** **~ *übertragen*** radiodiffuser; **~gerät** *n* poste *m od* récepteur *m* de radio, appareil *m* de T.S.F.; **~hörer(in** *f*) *m* auditeur *m*, -trice *f*; **~sender** *m* station *f od* émetteur *m* de radio; **~sendung** *f* émission *f* de radio
Rund|gang *m* tour *m* (***durch*** de); **2heraus** franchement, carrément; **2herum** tout autour; **2lich** arrondi; *Person* rondelet; **~reise** *f* tournée *f*, tour *m*, circuit *m* (***durch*** de); **~schreiben** *n* circulaire *f*; **2um** à la ronde, tout autour; **~ung** *f* arrondi *m*; *des Körpers* rondeur *f*; **2weg** tout bonnement, sans façon
Rune *f* rune *f*
runter *cf* ***herunter***; **~hauen** F ***j-m e-e*** **~** donner une gifle à qn
Runz|el *f* ride *f*; **2(e)lig** ridé; **2eln *die Stirn*** **~** froncer les sourcils
Rüpel *m* mufle *m*, malotru *m*, rustre *m*, grossier personnage *m*; **2haft** grossier, malotru
rupfen *Federvieh* plumer (*a fig*)
Ruß *m* suie *f*
Russ|e *m*, **~in** *f* Russe *m*, *f*
Rüssel *m* trompe *f*; *Schweins2* groin *m*
rußig noirci de suie
russisch russe
Russland *n* la Russie
rüsten *mil* armer; *st/s* ***sich*** **~** se préparer (***zu*** à)
rüstig vert, vigoureux; **2keit** *f* verdeur *f*, vigueur *f*
rustikal rustique
Rüstung *f mil* armements *m/pl*; *Ritter2* armure *f*; **~sindustrie** *f* industrie *f* d'armement; **~swettlauf** *m* course *f* aux armements
Rüstzeug *n geistiges* bagage *m*
Rute *f* verge *f*, baguette *f*
Rutsch|bahn *f für Kinder* toboggan *m*; *fig* patinoire *f*; **2en** glisser; *auto a* déraper; **2ig** glissant; **2sicher** antidérapant
rütteln secouer; *fig* ***daran ist nicht zu*** **~** F il n'y a pas à tortiller

S

Saal *m* salle *f*; ⚠ ***la*** salle
Saar *f* Sarre *f*; **~land** *n* Sarre *f*; **&ländisch** sarrois
Saat *f* semence *f*; *Säen* semailles *f/pl*
Sabbat *rel m* sabbat *m*
sabbern F baver; *fig* bavarder
Säbel *m* sabre *m*; **&n** mal couper
Sabot|age *f* sabotage *m*; ⚠ ***le*** sabotage; **~eur** *m* saboteur *m*; **&ieren** saboter
Sach|bearbeiter *m* personne *f* compétente, responsable *m*; **~beschädigung** *jur f* détérioration *f* volontaire; **~buch** *n* livre *m* spécialisé *od* documentaire; **&dienlich** ***~e Hinweise*** indications *f/pl* utiles
Sache *f* chose *f*; *Angelegenheit* affaire *f*; *jur* cause *f*; ***meine ~n pl*** mes affaires; ***zur ~ kommen*** en venir au fait; ***nicht zur ~ gehören*** ne pas faire partie de l'affaire
sach|gemäß adéquat, approprié; **&kenner** *m* expert *m*; **&kenntnis** *f* connaissance *f* des faits, compétence *f*; **~kundig** compétent, expert; **&lage** *f* état *m* de fait *od* des choses; **~lich** objectif; *dinglich* matériel
sächlich *gr* neutre
Sach|lichkeit *f* objectivité *f*; **~schaden** *m* dégâts *m/pl* matériels
Sachse *m*, **Sächsin** *f* Saxon *m*, -ne *f*
Sachsen *n* la Saxe; **~-Anhalt** *n* la Saxe-Anhalt
sächsisch saxon
sachte doucement
Sach|verhalt *m* état *m* des choses; faits *m/pl*; **~verstand** *m* compétence *f*, savoir-faire *m*; **~verständige(r)** *m* expert *m*; **~wert** *m* valeur *f* réelle; **~zwang** *m* force *f* des choses
Sack *m* sac *m*; ***der gelbe ~*** le sac jaune pour les emballages recyclables; **~gasse** *f* cul-de-sac *m*, impasse *f* (*a fig*); **~hüpfen** *n* course *f* en sac
Sadis|mus *m* sadisme *m*; **~t** *m* sadique *m*; **&tisch** sadique
säen semer
Saft *m* jus *m*; *biol* suc *m*; *der Pflanzen* sève *f*; **&ig** juteux; *Preis, Witz* salé
Sage *f* légende *f*, mythe *m*
Säge *f* scie *f*; **~blatt** *n* lame *f* de scie; **~bock** *m* chevalet *m*; **~mehl** *n* sciure *f*
sagen dire; ***er lässt sich nichts ~*** il ne veut rien entendre; ***das sagt mir nichts*** ça ne me dit rien; ***unter uns gesagt*** entre nous soit dit
sägen scier
sagenhaft légendaire, mythique; F formidable
Sägewerk *n* scierie *f*
Sahara ***die ~*** le Sahara; ⚠***le*** Sahara
Sahne *f* crème *f*; **~torte** *f* tarte *f* à la crème
Saison *f* saison *f*; **~arbeiter** *m* saisonnier *m*; **&bedingt** saisonnier
Saite *mus f* corde *f*; **~ninstrument** *n* instrument *m* à cordes
Sakko *m* veston *m*
Sakrament *rel n* sacrement *m*
Sakristei *égl f* sacristie *f*
Salat *m* salade *f*; *Kopf&* laitue *f*; *fig* ***da haben wir den ~!*** ça y est!, nous voilà propres! F; ⚠ ***la*** salade; **~soße** *f* vinaigrette *f*
Salb|e *f* pommade *f*, crème *f*, onguent *m*; **&ungsvoll** onctueux
Saldo *comm m* solde *m*
Salmiak *chim m* sel *m* ammoniac; **~geist** *chim m* ammoniaque *f*
Salon *m* salon *m*; **&fähig** présentable
salopp négligé, relax(e)
Salpeter *chim m* salpêtre *m*; **~säure** *chim f* acide *m* nitrique
Salto *m* saut *m* périlleux
Salve *mil f* salve *f*, décharge *f*
Salz *n* sel *m*; **~bergwerk** *n* mine *f* de sel; **~burg** Salzbourg; **&en** saler; **~hering** *m* hareng *m* salé; **&ig** salé; **~kartoffeln** *f/pl* pommes de terre *f/pl* à l'eau; **~korn** *n* grain *m* de sel; **~säure** *chim f* acide *m* chlorhydrique; **~stange** *f* stick *m* salé; **~streuer** *m* salière *f*; **~wasser** *n* eau *f* salée
Samen *m* semence *f*, graine *f*; *männlicher* sperme *m*; **~korn** *bot n* graine *f*
Sammelbüchse *f* boîte *f* à collectes
sammeln *Pilze* ramasser; *Beweise* rassembler; *Briefmarken etc* collectionner; *Geld, Spenden* collecter; faire une collecte *od* faire la quête (**für** pour);

***sich** ~* se rassembler, se réunir; *fig* se concentrer, rassembler ses idées
Sammel|name *gr m* nom *m* collectif; **~punkt** *m* lieu *m* de rassemblement; **~stelle** *f* centre *m* de ramassage
Samml|er(in *f*) *m* collectionneur *m*, -euse *f*; **~ung** *f* collection *f*; rassemblement *m* (*a pol*); *von Geld, Spenden* collecte *f*, quête *f*
Samstag *m* samedi *m*
samt 1. *~ **und sonders*** tous sans exception; **2.** *prép* avec
Samt *m* velours *m*; **~handschuh** *m fig **j-n mit ~en anfassen*** prendre des gants avec qn
sämtliche tous les ... (sans exception)
Sanatorium *n* maison *f* de repos
Sand *m* sable *m*; *~ **streuen*** sabler (***auf etw*** qc)
Sandale *f* sandale *f*
Sand|bahn *f Sport* piste *f* de sable; **~bank** *f* banc *m* de sable; **~burg** *f* château *m* de sable; **≈ig** sablonneux; **~kasten** *m für Kinder* bac *m* à sable; **~korn** *n* grain *m* de sable; **~männchen** *n enf* marchand *m* de sable; **~papier** *n* papier *m* de verre; **~sack** *m* sac *m* de sable; **~stein** *m* grès *m*; **≈strahlen** sabler; **~strand** *m* plage *f* de sable; **~uhr** *f* sablier *m*
sanft doux; ***er ruhe** ~* qu'il repose en paix; **≈mut** *f* douceur *f* de caractère; **~mütig** doux
Sänger(in *f*) *m* chanteur *m*, -euse *f*; *Opernsängerin* cantatrice *f*
sanier|en *écon* redresser; *Haus* assainir; **≈ung** *f* redressement *m*; assainissement *m*; **≈ungsgebiet** *n* quartier *m* en rénovation
sanitär sanitaire; *~**e Anlagen*** installations *f/pl* sanitaires
Sanität|er *m* infirmier *m*; **~sauto** *n* ambulance *f*
Sankt saint (*abr* S[t])
Sard|elle *f* anchois *m*; **~ine** *f* sardine *f*; **~inien** *n* la Sardaigne
Sarg *m* cercueil *m*
Sarkas|mus *m* sarcasme *m*; **≈tisch** sarcastique
Satan *m rel* Satan *m*; *fig* diable *m*; **≈isch** satanique
Satellit *m* satellite *m*; **~enfernsehen** *n* télévision *f* par satellite; **~enschüssel** *f* antenne *f* parabolique; **~enstaat** *m* pays *m* satellite; **~enstadt** *f* ville *f* satellite
Satir|e *f* satire *f* (***auf*** contre); **≈isch** satirique
satt rassasié; ***sich** ~ **essen*** se rassasier (***an*** de); manger à sa faim; *fig* F ***j-n*** (***etw***) *~ **haben*** en avoir marre de qn (qc)
Sattel *m* selle *f*; ⚠ ***la*** selle; **≈n** seller; **~schlepper** *m* semi-remorque *m*
sättig|en rassasier; *phys, chim, Markt* saturer; **≈ung** *f* rassasiement *m*; *fig* saturation *f*
Sattler *m* sellier *m*
Satz *m* phrase *f*; *gr* proposition *f*; *Sprung* saut *m*; *Tennis* set *m*; *Briefmarken* série *f*; *Kaffee≈* marc *m*; *von Geschirr, Werkzeugen etc* jeu *m*; **~aussage** *gr f* verbe *m*; **~bau** *gr m* construction *f*; **~gegenstand** *gr m* sujet *m*; **~lehre** *gr f* syntaxe *f*
Satzung *f* statuts *m/pl*
Satzzeichen *n* signe *m* de ponctuation
Sau *f zo* truie *f*; *Wild≈* laie *f*; P *fig* cochon *m*
sauber propre (*a fig*); *~ **halten*** tenir propre; *~ **machen*** nettoyer; **≈keit** *f* propreté *f*
säuber|n nettoyer; *pol* purger, épurer; *~ **von*** débarrasser de; **≈ung** *pol f* purge *f*, épuration *f*
saublöd P con
Saudi-Arabien *n* l'Arabie *f* Saoudite
sauer aigre; *chim* acide; F *verärgert* fâché (***auf j-n*** contre *od* F après qn); ***saurer Regen*** pluies *f/pl* acides; F *fig* *~ **werden*** se fâcher
Sauerei F *f* cochonnerie *f*
Sauer|kirsche *f* griotte *f*; **~kohl** *m*, **~kraut** *n* choucroute *f*
säuerlich aigrelet; acidulé; *fig Miene* mécontent
Sauer|milch *f* lait *m* caillé; **~stoff** *chim m* oxygène *m*
saufen *Tier u* P *Mensch* boire
Säufer(in *f*) *m* ivrogne *m, f*, poivrot *m*, -e *f* F
Sauferei *f* F soûlerie *f*, beuverie *f*
saugen sucer; *Kind u Säugetier* téter; *tech* aspirer
säuge|n allaiter; **≈tier** *n* mammifère *m*
saugfähig absorbant
Säugling *m* nourrisson *m*; **~spflege** *f* puériculture *f*; **~ssterblichkeit** *f* mortalité *f* infantile

Säule *f* colonne *f*; **~ngang** *m* colonnade *f*; **~nhalle** *f* portique *m*
Saum *m Kleider* ourlet *m*
säumen *Kleider* ourler; *fig* border
Sauna *f* sauna *m*; ⚠ **le** sauna
Säure *f chim* acide *m*; *Geschmack* acidité *f*, aigreur *f*
Saurier *zo m/pl* sauriens *m/pl*
säuseln murmurer; *sprechen* chuchoter
sausen *Wind etc* siffler; *flitzen* filer (comme une flèche) F; *auto* foncer; *Ohren* bourdonner
Saustall *m* P *fig* porcherie *f*, bordel *m*
Savanne *géogr f* savane *f*
Saxofon *mus n* saxophone *m*
S-Bahn *f etwa* R.E.R. *m* (= Réseau *m* express régional)
Scanner *m* scanner *m*
Schabe *zo f* blatte *f*, cafard *m*
schaben gratter, racler
Schabernack *m* farce *f*, blague *f*
schäbig *Kleidung* râpé, usé; *ärmlich* miteux; *Haltung* mesquin
Schablone *f* patron *m*, pochoir *m*, modèle *m*
Schach *n* échecs *m/pl*; **~ spielen** jouer aux échecs; *fig* **in ~ halten** tenir en respect; **~brett** *n* échiquier *m*; **~figur** *f* pièce *f* d'un jeu d'échecs; **2matt** échec et mat; *fig* épuisé, rompu (de fatigue); **~spiel** *n* jeu *m* d'échecs
Schacht *Bergbau m* puits *m*
Schachtel *f* boîte *f*; **e-e ~ Zigaretten** un paquet de cigarettes
Schachzug *m* coup *m*; *fig* **ein geschickter ~** une bonne tactique
schade es ist ~ c'est dommage; **zu ~ für etw** trop bon pour qc; **wie ~, dass ...!** quel dommage que (+ *subj*)!
Schädel *m* crâne *m*; **~bruch** *méd m* fracture *f* du crâne
schaden nuire; **der Gesundheit ~** nuire à la santé; **das schadet nichts** il n'y a pas de mal; **es könnte ihm nicht ~** ça ne pourrait pas lui faire de mal
Schaden *m* dommage *m*, dégâts *m/pl*; *Nachteil* préjudice *m*; **zum ~ von** au préjudice de, au détriment de; **j-m ~ zufügen** causer du tort à qn, porter préjudice à qn; **~ersatz** *m* indemnité *f*, dommages-intérêts *m/pl*; **~ leisten** payer des dommages-intérêts; **~freude** *f* joie *f* maligne; **2froh** qui se réjouit du mal d'autrui
schadhaft endommagé, défectueux
schäd|igen nuire (**j-n** à qn), porter préjudice (à qn), léser (qn; *a méd*); **~lich** nuisible, nocif
Schädling *m* plante *f od* insecte *m* nuisible; parasite *m*; **~sbekämpfung** *f* lutte *f* contre les parasites; **~sbekämpfungsmittel** *n* pesticide *m*
Schadstoff *m* polluant *m*, toxique *m*; **2arm** peu polluant
Schaf *zo n* mouton *m*; *Mutter2* brebis *f*; **~bock** *m* bélier *m*
Schäfer|(in *f*) *m* berger *m*, -ère *f*; **~hund** *m* chien *m* de berger; **Deutscher ~** berger *m* allemand
schaffen *erschaffen* créer; *hervorbringen* produire; *Ordnung, Platz* faire; *transportieren* transporter; *arbeiten* travailler; **aus dem Weg ~** écarter; **j-m zu ~ machen** donner du mal à qn; **sich an etw zu ~ machen** toucher à qc; **es ~** y arriver
Schaffhausen Schaffhouse
Schaffner(in *f*) *m Zug* contrôleur *m*, -euse *f*; *Bus* receveur *m*, -euse *f*
Schaft *m Stiefel* tige *f*; *Säule* fût *m*; *Gewehr* crosse *f*; *Werkzeug* manche *m*
Schaf|wolle *f* laine *f* de mouton; **~zucht** *f* élevage *m* de moutons
schal fade (*a fig*); *fig* insipide
Schal *m* cache-nez *m*; *Seiden2* foulard *m*
Schale *f zum Trinken* bol *m*; *Hülle* enveloppe *f*; *Früchte, Gemüse* peau *f*; *Orange* écorce *f*; *abgeschälte* pelure *f*, épluchure *f* (*meist pl*); *Eier, Nuss, Muschel* coquille *f*; *fig das Äußere* apparences *f/pl*
schälen *Obst, Kartoffeln* éplucher, peler; *Eier, Nüsse* écaler; *Haut* **sich ~** peler
Schall *m* son *m*; **~dämpfer** *m auto* silencieux *m*; **2dicht** insonorisé; **2en** (ré)sonner, retentir; **2end ~es Gelächter** éclats *m/pl* de rire; **~geschwindigkeit** *f* vitesse *f* du son; **~mauer** *f* mur *m* du son; **~platte** *f* disque *m*; **~welle** *f* onde *f* sonore
schalt|en *Elektrotechnik* coupler, monter; *auto* changer de vitesse; F *verstehen* piger F; **in den dritten (Gang) ~** passer en troisième; **2er** *m Post, Bank* guichet *m*; *Strom* interrupteur *m*; *oft* bouton *m*; **2hebel** *m* levier *m* de commande (*a fig*); *auto* levier *m* de changement de vitesse; **2jahr** *n* année *f* bissextile; **2ta-**

fel *f* tableau *m* de distribution; **≈ung** *f* *elektrische* montage *m*, couplage *m*; *auto* changement *m* de vitesse
Scham *f* pudeur *f*, honte *f*; *Genitalien* parties *f/pl* génitales
schämen ***sich*** **~** avoir honte
Scham|gefühl *n* pudeur *f*; **~haare** *n/pl* poils *m/pl* du pubis; **≈haft** pudique; **≈los** sans pudeur, impudent, éhonté
Schande *f* honte *f*
schänden *Frau* violer; *Grab* profaner
Schandfleck *m* tache *f*, stigmate *m*
schändlich honteux, infâme
Schandtat *f* action *f* infâme, infamie *f*
Schänke *f* buvette *f*, bistro(t) *m* F
Schanze *f* *Sprung≈* tremplin *m*
Schar *f* groupe *m*, troupe *f*, bande *f*; *Menge* foule *f*; *Vögel* volée *f*; ***in ~en*** en foule; **≈en** ***um sich*** **~** rallier
scharf *Klinge* tranchant; *Verstand* pénétrant, perçant; *Foto*, *Umrisse* net; *Kritik* caustique; *Hund* méchant; *Essen* épicé; *Bombe* amorcé; F ***auf etw ~ sein*** vouloir absolument posséder qc; F ***~e Sachen*** alcools *m/pl* forts
Scharfblick *m* perspicacité *f*
Schärfe *f* *Messer* tranchant *m*; *Verstandes≈* pénétration *f*; *Deutlichkeit* netteté *f*; *der Kritik* causticité *f*
schärfen *Messer* aiguiser (*a fig*)
Scharf|schütze *m* tireur *m* d'élite; **~sinn** *m* sagacité *f*, perspicacité *f*; **≈sinnig** sagace, perspicace
Scharlach *méd* *m* scarlatine *f*
Scharnier *n* charnière *f*
scharren gratter
Schart|e *f* brèche *f*; **≈ig** ébréché
Schaschlik *cuis* *m od n* brochette *f*
Schatten *m* ombre *f*; **~seite** *f* ***auf der ~ des Lebens stehen*** n'avoir pas de chance dans la vie
Schattierung *f* *Malerei* dégradé *m*, nuance *f* (*a fig*)
schattig ombragé
Schatz *m* trésor *m* (*a fig*)
schätzen évaluer; *a hoch~* estimer, apprécier
Schatzmeister *m* trésorier *m*
Schätzung *f* évaluation *f*, estimation *f*; **≈sweise** approximativement, à peu près
Schau *f* spectacle *m*; *Ausstellung* exposition *f*; ***zur ~ stellen*** étaler, faire étalage de; ***sich zur ~ stellen*** se donner en spectacle
Schauder *m* frisson *m*; **≈haft** horrible, épouvantable; **≈n** frémir, frissonner (***vor*** de)
schauen regarder
Schauer *m* *Regen≈* averse *f*; *Graupel≈* giboulée *f*; *Schauder* frisson *m*; **~geschichte** *f* histoire *f* qui donne la chair de poule; **≈lich** horrible, horrifiant
Schaufel *f* pelle *f*; **≈n** pelleter; *Grab* creuser
Schaufenster *n* vitrine *f*, devanture *f*, étalage *m*; **~bummel** *m* ***e-n ~ machen*** faire du lèche-vitrines; **~dekorateur** *m* étalagiste *m*
Schaukel *f* balançoire *f*; *Wippe* bascule *f*; **≈n** (*selber* se) balancer; **~stuhl** *m* fauteuil *m* à bascule, rocking-chair *m*
Schaulustige *pl* curieux *m/pl*, F badauds *m/pl*
Schaum *m* écume *f*; *Bier≈*, *Seifen≈* mousse *f*
schäumen écumer (*a fig* ***vor Wut*** de rage); *Bier*, *Seife* mousser
Schaum|festiger *m* mousse *f* de coiffage; **~gummi** *m* caoutchouc *m* mousse; **≈ig** mousseux, écumeux; **~stoff** *m* mousse *f*; **~wein** *m* (vin *m*) mousseux *m*
Schauplatz *m* scène *f*, théâtre *m*
schaurig horrible, épouvantable
Schauspiel *n* spectacle *m*; drame *m*; **~er**(**in** *f*) *m* acteur *m*, actrice *f*; **~kunst** *f* art *m* dramatique; **~schule** *f* école *f* d'art dramatique
Schausteller *m* forain *m*
Scheck *comm* *m* chèque *m*; **~heft** *n* chéquier *m*, carnet *m* de chèques
scheckig tacheté
Scheckkarte *f* carte *f* chèque
scheel *Blick* envieux, jaloux; ***j-n ~ ansehen*** regarder qn de travers
scheffeln ***Geld*** **~** amasser de l'argent
Scheibe *f* disque *m*; *Brot*, *Fleisch* tranche *f*; *Fenster≈* carreau *m*, vitre *f*; *Schieß≈* cible *f*
Scheiben|bremse *f* frein *m* à disque; **~waschanlage** *f* lave-glace *m*; **~wischer** *m* essuie-glace *m*
Scheich *m* cheik *m*
Scheide *f* *e-r Waffe* fourreau *m*, gaine *f*; *weibliche* vagin *m*
scheid|en ***sich ~ lassen*** divorcer (***von*** d'avec); ***aus dem Amt ~*** se retirer; **≈ung** *f* divorce *m*; ***die ~ einreichen*** demander le divorce

S

Schein *m Bescheinigung* certificat *m*; *Geld≈* billet *m* (de banque); *Licht≈* lueur *f*, lumière *f*; *Anschein* apparence *f*; ***zum ~ etw tun*** faire semblant de faire qc; **≈bar** apparent; **≈en** briller, luire; *den Anschein haben* paraître, sembler; **≈heilig** hypocrite; **~welt** *f* monde *m* irréel; **~werfer** *m* projecteur *m*; *auto* phare *m*
Scheiß|e *f* P merde *f*; **≈en** P chier; **~haus** *n* P chiottes *f/pl*; **~kerl** *m* P salaud *m*
Scheit *n Holz≈* bûche *f*
Scheitel *m Haar≈* raie *f*; *höchster Punkt* sommet *m* (*a math*)
Scheiterhaufen *m* bûcher *m*
scheitern échouer
Schellfisch *zo m* églefin *od* aiglefin *m*
Schelm *m* coquin *m*; **≈isch** coquin
Schelte *f* réprimande *f*; **≈n** *bes Kinder* gronder
Schema *n* schéma *m*; **≈tisch** schématique
Schemel *m* tabouret *m*
schemenhaft vague, fantomatique
Schenke *f cf* ***Schänke***
Schenkel *m* cuisse *f*; *math* côté *m*
schenk|en offrir; faire cadeau de; **≈ung** *f* don *m*; *jur* donation *f*
Scherbe *f* tesson *m*, **~n** *pl meist* débris *m/pl*
Schere *f* ciseaux *m/pl*; ***e-e ~*** une paire de ciseaux
scheren tondre; ***sich nicht um etw ~*** se ficher de qc F; ***das schert mich nicht*** je m'en fiche
Scherereien F *f/pl* ennuis *m/pl*
Schermaus *zo östr f* taupe *f*
Scherz *m* plaisanterie *f*; ***zum ~*** pour rire; **~artikel** *m/pl* (farces *f/pl* et) attrapes *f/pl*; **≈en** plaisanter; **≈haft *~ gemeint*** dit pour rire
scheu 1. timide, craintif; *Tier, Kind* sauvage; ***~ machen*** effaroucher; **2. ≈** *f* timidité *f*, crainte *f*; *Ehrfurcht* respect *m*
scheuen craindre; *Pferd* s'emballer; ***sich ~, etw zu tun*** avoir peur de faire qc
Scheuer|bürste *f* brosse *f* à récurer; **≈n** *Geschirr, Boden* récurer; *reiben* frotter; **~tuch** *n* serpillière *f*
Scheuklappe *f* œillère *f*; *fig* ***~n tragen*** avoir des œillères
Scheune *f* grange *f*
Scheusal *n* monstre *m*
scheußlich épouvantable, atroce, hideux, horrible; **≈keit** *f* atrocité *f*
Schi(...) *cf* ***Ski***(...)
Schicht *f* couche *f* (*a fig*); *Arbeits≈* équipe *f*, poste *m*; **~arbeit** *f* travail *m* par équipes, travail *m* posté; **≈en** disposer par couches, empiler
schick 1. élégant, chic; **2. ≈** *m* chic *m*, élégance *f*
schicken envoyer; *versenden* expédier; ***sich ~ in*** s'accommoder de, se résigner à; ***das schickt sich nicht*** cela ne se fait pas, ce n'est pas convenable
Schickeria *f* F jet-set *m*; les B.C.B.G. (= bon chic bon genre)
Schickimicki F *m* minet *m*
Schicksal *n* destin *m*, sort *m*
Schiebedach *auto n* toit *m* ouvrant
schieben pousser; ***die Schuld ~ auf*** rejeter la faute sur; ***beiseite ~*** écarter; *comm péj* ***mit etw ~*** faire le trafic de qc
Schieb|er *m tech* coulisseau *m*; *Läufer* curseur *m*; *comm péj* trafiquant *m*; **~etür** *f* porte *f* coulissante; **~ung** *f comm* trafic *m* (***mit*** de); *Betrug* manœuvre *f* frauduleuse
Schieds|gericht *n* tribunal *m* arbitral; **~richter** *m* arbitre *m*; **~spruch** *m* jugement *m* arbitral
schief *schräg* oblique, de travers; *geneigt* incliné, en pente; *Turm* penché; *fig* faux; ***~ gehen*** rater, ne pas marcher
Schiefer *m* ardoise *f*; *géol* schiste *m*; **~dach** *n* toit *m* d'ardoise; **~tafel** *f* ardoise *f*
schieflachen ***sich ~*** F se tordre de rire
schielen loucher
Schienbein *n* tibia *m*
Schiene *f Bahn* rail *m*; *méd* attelle *f*
schier presque; ***es ist ~ unmöglich*** c'est pratiquement impossible
schieß|en tirer (***auf j-n*** sur qn); faire feu; *Flüssigkeit* jaillir; *stürzen* se précipiter; **≈en** *n* tir *m*; **≈erei** *f* fusillade *f*, coups *m/pl* de feu; **≈platz** *m* champ *m* de tir; **≈pulver** *n* poudre *f* à canon; **≈scharte** *f* créneau *m*, meurtrière *f*; **≈scheibe** *f* cible *f*; **≈stand** *m* stand *m* de tir
Schiff *n* bateau *m*; *großes See≈* navire *m*, bâtiment *m*; *Passagier≈* paquebot *m*; *Kirchen≈* nef *f*; ***mit dem ~*** par bateau
schiffbar navigable

Schiff|bau *mar m* construction *f* navale; **~bruch** *m* naufrage *m*; **~ erleiden** faire naufrage; **2brüchig** naufragé; **~brüchige(r)** *m, f* naufragé *m*, -e *f*; **~er** *m Binnen2* batelier *m*; **~fahrt** *f* navigation *f*

Schiffs|junge *m* mousse *m*; **~ladung** *f* cargaison *f*; **~werft** *f* chantier *m* naval

Schikan|e *f* tracasserie *f*, vexation *f*, brimade *f*; *fig* **mit allen ~n** muni de tous les raffinements; **2ieren** brimer, faire des tracasseries à

Schikoree *m od f* endive *f*; ⚠ *nicht* **chicorée**

Schild[1] *n mit Aufschrift* pancarte *f*; *Namens2* plaque *f*; *Verkehrs2* panneau *m*; *Firmen-, Aushänge2* enseigne *f*

Schild[2] *m zum Schutz* bouclier *m*; *e-r Mütze* visière *f*; **~drüse** *f* (glande *f*) thyroïde *f*

schilder|n décrire, peindre, présenter; **2ung** *f* description *f*

Schildkröte *zo f* tortue *f*

Schilf *bot n*, **~rohr** *n* roseau *m*

schillern chatoyer, miroiter

Schilling *m* schilling *m*; **30 ~** trente schillings

Schimmel *m Pferd* cheval *m* blanc; *bot* moisissure *f*, moisi *m*; **2ig** moisi; **2n** moisir

Schimmer *m* lueur *f*; *fig* **keinen ~ von etw haben** n'avoir pas la moindre idée de qc; **2n** luire, étinceler

Schimpanse *zo m* chimpanzé *m*

schimpf|en gronder (**mit j-m** qn); pester (**auf** contre); rouspéter F, râler F; **2wort** *n* injure *f*

Schindel *f* bardeau *m*

schind|en maltraiter; **sich ~** s'éreinter, s'esquinter; **2erei** *f* corvée *f*

Schinken *m* jambon *m*

Schippe *f* pelle *f*; **2n** pelleter

S

Schirm *m Regen2* parapluie *m*; *Sonnen2* parasol *m*; *Bild2* écran *m*; **~herrschaft** *f* patronage *m*; **~mütze** *f* casquette *f*; **~ständer** *m* porte-parapluies *m*

Schiss P *m* **~ haben** avoir la trouille P

Schlacht *mil f* bataille *f*

schlacht|en tuer, abattre; **2enbummler** *m Sport* supporter *m*; **2er** *m* boucher *m*; **2erei** *f* boucherie *f*; **2feld** *mil n* champ *m* de bataille; **2haus** *n*, **2hof** *m* abattoir *m*; **2schiff** *n* cuirassé *m*; **2vieh** *n* animaux *m/pl* de boucherie

Schlacke *f* scorie *f*, mâchefer *m*

Schlaf *m* sommeil *m*; **~anzug** *m* pyjama *m*

Schläfe *f* tempe *f*

schlafen dormir; **~ gehen** *od* **sich ~ legen** (aller) se coucher, se mettre au lit; **mit j-m ~** coucher avec qn

schlaff lâche; *Haut, Muskel* flasque; *kraftlos* mou (molle); épuisé

Schlaf|gelegenheit *f* endroit *m* où dormir, lit *m*; **~krankheit** *méd f* maladie *f* du sommeil; **~lied** *n* berceuse *f*; **2los** privé de sommeil; **e-e ~e Nacht verbringen** passer une nuit blanche; **~losigkeit** *f* insomnie *f*; **~mittel** *phm n* somnifère *m*; **~mütze** F *f* endormi *m*, -ie *f*, gnangnan *m, f* F

schläfrig qui a sommeil, somnolent

Schlaf|saal *m* dortoir *m*; **~sack** *m* sac *m* de couchage; **~stadt** *f* cité-dortoir *f*; **~tablette** *phm f* comprimé *m* pour dormir; **~wagen** *Bahn m* wagon-lit *m*; **~wandler(in** *f*) *m* somnambule *m, f*; **~zimmer** *n* chambre *f* à coucher

Schlag *m* coup *m*; *méd* (attaque *f* d')apoplexie *f*; *Art* espèce *f*; **~abtausch** *m Sport* échange *m* de coups; *fig* joute *f* oratoire; **~ader** *f* artère *f*; **~anfall** *méd m* attaque *f* (d'apoplexie); **2artig** brusque(ment), (tout) d'un coup; **~baum** *m* barrière *f*; **~bohrer** *m* perceuse *f* à percussion

schlagen battre (*a im Sport, Herz*); frapper; *Uhr* sonner; **sich ~** se battre; **um sich ~** se débattre; **sich geschlagen geben** se déclarer vaincu; **~d** *Beweis etc* convaincant

Schlager *m mus* chanson *f* à succès, air *m* à la mode *od* en vogue; *péj* rengaine *f*; *comm Verkaufs2* article *m* choc

Schläger *m Tennis* raquette *f*; **~ei** *f* bagarre *f*; **~typ** *m* bagarreur *m*

schlag|fertig ~ sein riposter du tac au tac, avoir la repartie prompte; **2fertigkeit** *f* esprit *m* de repartie; **2instrument** *mus n* instrument *m* à percussion; **2loch** *n Straße* nid-de-poule *m*; **2obers** *östr n*, **2rahm** *m*, **2sahne** *f* crème *f* fouettée, crème *f* Chantilly; **2seite** *f mar* **~ haben** donner de la bande *od* de la gîte; *fig betrunken sein* tituber; **2wort** *n* slogan *m*; **2zeile** *f Zeitung* manchette *f*; **2zeug** *mus n* batterie *f*; **2zeuger** *mus m* batteur *m*

schlaksig maladroit, gauche, dégingandé
Schlamm *m* boue *f*, bourbe *f*, vase *f*; **2ig** boueux, bourbeux
Schlamp|e *f* F souillon *f*; P *Schimpfwort* salope *f*; **~erei** F *f* négligence *f*, laisser-aller *m*; **2ig** négligé, malpropre; *Arbeit* bâclé
Schlange *f zo* serpent *m*; *fig* file *f* d'attente; **~ stehen** faire la queue
schlängeln ***sich*** **~** *Fluss, Straße* serpenter; *Person* se faufiler
Schlangen|gift *n* venin *m* de serpent; **~linie** *f* ligne *f* sinueuse
schlank mince, svelte; **2heit** *f* minceur *f*, sveltesse *f*; **2heitskur** *f* cure *f* d'amaigrissement
schlapp F *müde* épuisé, flapi F; *energielos* mou (molle); **2e** F *f* défaite *f*, échec *m*; **~machen** F flancher; **2schwanz** *m* F chiffe *f*; ***ein ~ sein*** être mou comme une chique
schlau rusé, malin, astucieux
Schlauch *m* tuyau *m*; *Fahrrad2* chambre *f* à air; **~boot** *n* canot *m* pneumatique
Schlauheit *f* ruse *f*, astuce *f*
schlecht mauvais; *adv* mal; *böse* méchant; ***mir ist ~*** je me sens mal; ***~ aussehen*** avoir mauvaise mine; ***sich ~ fühlen*** se sentir mal; ***es geht ihm sehr ~*** il va très mal; ***~ gelaunt*** de mauvaise humeur; ***j-n ~ machen*** dire du mal de qn; **2igkeit** *f Bosheit* méchanceté *f*
schlecken manger des sucreries; *lecken* lécher
Schlegel *m Trommel* baguette *f*; *cuis cf* ***Keule***
Schlehe *bot f* prunelle *f*
schleich|en se glisser; **~end** *Krankheit* insidieux, sournois; **2weg** *m* chemin *m* détourné; **2werbung** *f* publicité *f* déguisée
Schleie *zo f* tanche *f*
Schleier *m* voile *m*; **2haft** *fig* mystérieux, incompréhensible
Schleife *f* boucle *f* (*a EDV*); *Band2* nœud *m*
schleif|en *ziehen* traîner; *schärfen* aiguiser; *Edelstein, Glas* tailler; *mit der Schleifscheibe* meuler, poncer; F *drillen* dresser; *Kupplung* ***~ lassen*** faire patiner; **2maschine** *f* ponceuse *f*; **2scheibe** *f*, **2stein** *m* meule *f*
Schleim *m méd* mucosité *f*; *zäher* glaire *f*; *Hafer2* crème *f* (d'avoine); **~haut** *f* muqueuse *f*; **2ig** glaireux; visqueux (*a fig*)
schlemm|en festoyer, faire ripaille F; **2er** *m* bon vivant *m*; **2erei** *f* festin *m*, ripaille F *f*
schlend|ern flâner; **2rian** *m* laisser-aller *m*
schlenkern balancer; ***im Gehen mit den Armen ~*** marcher les bras ballants
Schlepp|e *f* traîne *f*; **2en** traîner; *mar, auto* remorquer; ***sich ~*** se traîner; **2end** *Unterhaltung* languissant; *Tonfall* traînant; **~er** *m mar* remorqueur *m*; *auto* tracteur *m*; **~lift** *m* remonte-pente *m*, tire-fesses *m* F; **~tau** *n* remorque *f*; *fig* ***in j-s ~ sein*** être à la remorque de qn
Schlesien *n* la Silésie
Schleswig-Holstein *n* le Schleswig-Holstein
Schleuder *f* lance-pierres *m*, fronde *f*; *Wäsche2* essoreuse *f*; **2n** lancer; *Wäsche* essorer; *auto* déraper; **~preis** *comm m* ***zu ~en*** à bas prix, **~sitz** *aviat m* siège *m* éjectable
schleunigst le plus rapidement possible
Schleuse *f* écluse *f*
schlicht simple; **~en** arranger, régler; *Tarifstreit* arbitrer; **2ung** *f* règlement *m*, conciliation *f*, arbitrage *m*
schließ|en fermer; *Lücke* combler; *Sitzung* clore; *Vertrag* conclure; *enden* se terminer; ***in die Arme ~*** serrer dans ses bras; ***in sich ~*** renfermer; ***Frieden ~*** faire la paix; ***aus etw ~*** conclure de qc; **2fach** *n Bahn* consigne *f* automatique; *Bank* compartiment *m* de coffre-fort; **~lich** finalement, enfin, à la fin, en fin de compte, en définitive; **2ung** *f* fermeture *f*
Schliff *m Edelstein* taille *f*; *Lebensart* savoir-vivre *m*
schlimm mauvais; *adv* mal; *schwerwiegend* grave; ***~e Zeiten*** des temps difficiles; ***das ist nicht so ~*** ce n'est pas si grave; ***das 2e daran*** ce qui est grave; **~er, ~ste** pire; **~stenfalls** dans le pire des cas
Schling|e *f* boucle *f*; *ch* lacet *m*, collet *m*; *méd* écharpe *f*; **~el** *m* polisson *m*, garnement *m*; **2en** *beim Essen* englou-

S

tir; ***um etw*** ~ enrouler, *Arme* passer autour de qc; ***sich um etw*** ~ s'enrouler *od* s'entortiller autour de qc; **2ern** *mar* rouler; **~pflanze** *f* plante *f* grimpante

Schlips *m* cravate *f*

Schlitt|en *m* traîneau *m*; *Rodel* luge *f*; ~ ***fahren*** faire de la luge; **2ern** glisser, patiner

Schlittschuh *m* patin *m* (à glace); ~ ***laufen*** faire du patin; **~bahn** *f* patinoire *f*; **~laufen** *n* patinage *m*; **~läufer(in** *f*) *m* patineur *m*, -euse *f*

Schlitz *m* fente *f*; *Hosen2* braguette *f*; **~augen** *n/pl* yeux *m/pl* bridés

Schloss *n Bau* château *m*; *Tür2* serrure *f*; ***ins*** ~ ***fallen*** *Tür* se fermer; ***hinter*** ~ ***und Riegel*** sous les verrous

Schlosser *m* serrurier *m*

Schlot *m* cheminée *f*; ***wie ein*** ~ ***rauchen*** F fumer comme un sapeur

schlottern trembler (***vor*** de); *Knie* flageoler; *Hose*, *Kleid* flotter

Schlucht *f* ravin *m*, gorge(s) *f(pl)*

schluchzen sangloter

Schluck *m* gorgée *f*; ***ein*** ~ ***Wasser*** une gorgée d'eau; **~auf** *m* hoquet *m*; **2en** avaler (*a fig*); **~impfung** *méd f* vaccination *f* par voie buccale

schludern F bâcler son travail

Schlummer *m* sommeil *m*; **2n** sommeiller

Schlund *m* gosier *m*

schlüpf|en se glisser; ***in die Kleidung*** ~ enfiler ses vêtements; ***aus dem Ei*** ~ éclore; **2er** *m* slip *m*; **~rig** glissant; *fig* scabreux, grivois

Schlupfwinkel *m* cachette *f*

schlurfen traîner les pieds

schlürfen boire avec bruit

Schluss *m* fin *f*; *Folgerung* conclusion *f*; ***am*** *od* ***zum*** ~ à la fin; ***bis zum*** ~ jusqu'à la fin; ~ ***für heute!*** ça suffit pour aujourd'hui!; ~ ***machen mit*** en finir avec; ***mit j-m*** ~ ***machen*** rompre avec qn

Schlüssel *m* clé *f* (*a tech*, *mus*, *fig*); **~bein** *n* clavicule *f*; **~blume** *bot f* primevère *f*; **~bund** *m od n* trousseau *m* de clés; **~industrie** *f* industrie-clé *f*; **~loch** *n* trou *m* de la serrure; **~roman** *m* roman *m* à clefs

Schlussfolgerung *f* conclusion *f*

schlüssig concluant; ***sich*** ~ ***werden*** se résoudre (à faire qc)

Schluss|licht *n auto etc* feu *m* arrière; *fig* lanterne *f* rouge; **~pfiff** *Sport m* coup *m* de sifflet final; **~phase** *f* phase *f* finale; **~strich** *m fig* ***e-n*** ~ ***unter etw ziehen*** mettre un point final à qc; **~verkauf** *comm m* soldes *m/pl*

Schmach *f* ignominie *f*, honte *f*

schmachten languir (***nach*** après)

schmächtig fluet, chétif

schmackhaft savoureux, délicieux; ***j-m etw*** ~ ***machen*** faire prendre goût de qc à qn

schmal étroit; *Taille* mince

schmälern *j-s Verdienste etc* rabaisser

Schmal|film *m* film *m* format réduit, super-huit *m*; **~spur** *f Bahn* voie *f* étroite

Schmalz *n* graisse *f* fondue; *Schweine2* saindoux *m*; **2ig** *fig* sentimental, à l'eau de rose

schmarotz|en faire le parasite; **2er** *m* parasite *m* (*biol u fig*)

schmatzen manger bruyamment

Schmaus *m* festin *m*; **2en** se régaler

schmecken ***bitter*** ~ avoir un goût amer; ***gut*** ~ avoir bon goût; ***nach etw*** ~ avoir un goût de qc, sentir qc; ***es schmeckt nach nichts*** ça n'a le goût de rien; ***es sich*** ~ ***lassen*** se régaler

Schmeichel|ei *f* flatterie *f*; **2haft** flatteur; **2n** ***j-m*** ~ flatter qn (***mit etw*** de qc)

Schmeichler(in *f*) *m* flatteur *m*, -euse *f*; **2isch** flatteur

schmeiß|en F flanquer, balancer; ***mit Geld um sich*** ~ faire valser l'argent; **2fliege** *zo f* mouche *f* bleue

schmelz|en fondre; **2punkt** *phys m* point *m* de fusion; **2wasser** *n* eaux *f/pl* de la fonte des neiges

Schmerz *m* douleur *f*; **2en** causer de la douleur; **~ensgeld** *n jur* pretium doloris *m*; **2frei** exempt de douleur; **2haft** douloureux; **2lich** douloureux; **2lindernd** calmant; **2los** sans douleur, indolore; **~mittel** *phm n* analgésique *m*; **2stillend** sédatif, analgésique

Schmetterling *zo m* papillon *m*

schmettern *werfen* lancer violemment; *Lied* hurler à tue-tête

Schmied *m* forgeron *m*

Schmiede *f* forge *f*; **~eisen** *n* fer *m* forgé; **2n** forger (*a fig*)

schmieg|en ***sich*** ~ ***an*** se serrer *od* se blottir contre; **~sam** souple

Schmier|e *f* graisse *f*, cambouis *m*; *fig* ~

S

stehen faire le guet; **2en** *fetten* graisser, lubrifier; *verstreichen* étaler (***auf*** sur); *Brote* tartiner; *schreiben* gribouiller; F ***j-n*** ~ *bestechen* graisser la patte à qn; **~erei** *f Schrift* gribouillage *m*; **2ig** graisseux, gras, sale; *fig Person* visqueux; **~mittel** *tech n* lubrifiant *m*

Schminke *f* fard *m*; **2n** (***sich*** ~ se) maquiller; *Schauspieler* (se) farder

schmirgel|n passer *od* polir à l'émeri; **2papier** *n* papier *m* émeri

Schmöker *m* F bouquin *m*; **2n** F bouquiner

schmollen bouder (***mit j-m*** qn)

Schmor|braten *m* bœuf *m* mode *od* à l'étuvée; **2en** cuire à petit feu, braiser

Schmuck *m* ornement *m*, décoration *f*; *Juwelen* bijoux *m/pl*

schmücken orner, parer, décorer (***mit*** de)

Schmuck|kästchen *n* coffret *m* à bijoux; **2los** sobre, austère; **~stück** *n* bijou *m* (*a fig*)

Schmuggel *m* contrebande *f*; **2n** faire de la contrebande; ***etw*** ~ passer qc en fraude; **~ware** *f* contrebande *f*

Schmuggler(in *f*) *m* contrebandier *m*, -ière *f*

schmunzeln sourire

Schmutz *m* saleté *f*; **~fink** *fig m* cochon *m*; **~fleck** *m* tache *f* de saleté; **2ig** sale; *fig a* sordide; (***sich***) ~ ***machen*** (se) salir

Schnabel *m* bec *m*

Schnake *zo f* moustique *m*

Schnalle *f* boucle *f*

schnalzen ***mit der Zunge, mit den Fingern*** ~ faire claquer sa langue, ses doigts

Schnäppchen *n* bonne affaire *f*

schnapp|en F *erwischen* attraper; ***nach etw*** ~ chercher à happer qc; ***nach Luft*** ~ étouffer; ***Luft*** ~ prendre l'air; **2schuss** *m Foto* instantané *m*

Schnaps *m* eau-de-vie *f*

schnarchen ronfler

schnattern *Gans* criailler; *Ente* cancaner, nasiller; *fig schwatzen* caqueter

schnauben *Pferd* s'ébrouer; F ***sich die Nase*** ~ se moucher

schnaufen souffler (bruyamment), haleter

Schnauzbart *m* moustache *f*

Schnauze *f Hund, Katze* museau *m*; *aviat* nez *m*; *Kanne* bec *m*; P *Mund* gueule *f* P; P ***die*** ~ ***halten*** fermer sa gueule

Schnecke *zo f* escargot *m*; *Nackt*2 limace *f*; **~nhaus** *n* coquille *f* d'escargot

Schnee *m* neige *f*; *fig* ~ ***von gestern*** de l'histoire ancienne; ~ ***räumen*** déblayer la neige; **~ball** *m* boule *f* de neige; **~ballschlacht** *f* bataille *f* de boules de neige; **2bedeckt** recouvert de neige; **~decke** *f* couche *f* de neige; **~fall** *m* chute *f* de neige; **~flocke** *f* flocon *m* de neige; **~gestöber** *n* tourbillon *m* de neige; **~glöckchen** *bot n* perce-neige *m*; **~kette** *f auto* chaîne *f*; **~mann** *m* bonhomme *m* de neige; **~matsch** *m* neige *f* fondante; **~pflug** *m* chasse-neige *m*; **~regen** *m* pluie *f* mêlée de neige; **~schmelze** *f* fonte *f* des neiges; **~sturm** *m* tempête *f* de neige; **~verwehung** *f* congère *f*; **2weiß** blanc comme neige; **~wittchen** *n* Blanche-Neige *f*

Schneid *m* F cran *m*

Schneide *f* tranchant *m*

schneiden couper; *auto* ***j-n*** ~ faire une queue de poisson à qn; ***sich*** ~ se couper

Schneider *m* tailleur *m*; **~in** *f* couturière *f*; **2n** coudre

Schneidezahn *m* incisive *f*

schneidig qui a de l'allant

schneien neiger; ***es schneit*** il neige

schnell rapide; *adv* vite, rapidement; ***es geht*** ~ ça va vite

Schnell|boot *mar n* vedette *f*; **2en** bondir, sauter; **~gaststätte** *f* snack *m*, fast-food *m*; **~hefter** *m* chemise *f*; **~igkeit** *f* rapidité *f*, vitesse *f*; **~kochtopf** *cuis m* cocotte *f* minute; **~straße** *f* voie *f* express; **~zug** *m* train *m* express, rapide *m*

Schnepfe *zo f* bécasse *f*

schnetzeln *cuis* émincer

schneuzen ***sich*** ~ se moucher

Schnippchen *n fig* ***j-m ein*** ~ ***schlagen*** faire la nique à qn, jouer un tour à qn

schnippisch pimbêche

schnipsen claquer des doigts

Schnitt *m* coupe *f*; *Wunde* coupure *f*; *méd* incision *f*; ***im*** ~ en moyenne; **~blumen** *f/pl* fleurs *f/pl* coupées

Schnitt|e *f* tranche *f*; *bestrichene* tartine *f*; **~fläche** *f* coupe *f*; **2ig** de bonne coupe; *auto* racé; aérodynamique; **~lauch** *bot m* ciboulette *f*; **~muster** *n*

S

patron *m*; **~punkt** *m* intersection *f*; **~stelle** *f EDV* interface *f*; *fig* point *m* de jonction; **~wunde** *f* coupure *f*
Schnitz|el *n Papier*♀ petit morceau *m*; *cuis* escalope *f*; ***Wiener*** ~ escalope *f* à la viennoise; ♀**en** sculpter sur bois; **~er** *m* sculpteur *m* sur bois; F *Fehler* gaffe *f*; **~erei** *f* sculpture *f* sur bois
schnöde *st/s* méprisable, indigne
Schnorchel *mar m* schnorchel *m*
Schnörkel *m* fioriture *f*; *arch* volute *f*
schnorren F mendier
schnüff|eln renifler, flairer (***an etw*** qc); *fig* F fouiner; ♀**ler** *m* F fouineur *m*
Schnuller *m* tétine *f*
Schnulz|e F *mus f* chanson *f* sentimentale; rengaine *f*; ♀**ig** F sentimental
Schnupf|en *m* rhume *f* (de cerveau); ***e-n ~ bekommen*** s'enrhumer; **~tabak** *m* tabac *m* à priser
schnuppe F ***das ist mir*** ~ je m'en fiche F, je m'en fous P
schnuppern renifler, flairer (***an etw*** qc)
Schnur *f* ficelle *f*; *Kabel* fil *m*
Schnür|chen *n **wie am*** ~ comme sur des roulettes; ♀**en** lier, ficeler; *Schuhe* lacer
Schnurrbart *m* moustache *f*
schnurren *Katze* ronronner
Schnür|schuh *m* soulier *m* à lacets; **~senkel** *m* lacet *m*
schnurstracks tout droit
Schock *m* choc *m*; ***unter ~ stehen*** être sous l'effet d'un choc; ♀**en,** ♀**ieren** choquer
Schöffe *jur m* juré *m*
Schokolade *f* chocolat *m*; ***e-e Tafel*** ~ une tablette de chocolat; ⚠ ***le*** chocolat
Scholle *f* glèbe *f*, motte *f* de terre; *zo Fisch* plie *f*, carrelet *m*
schon déjà; ***~ jetzt*** d'ores et déjà; ***~ an*** *od* ***in*** *zeitlich* dès; ***~ der Gedanke*** la seule pensée; ***~ gut!*** c'est bon!; ***er macht das*** ~ il va le faire, il le fera bien
schön beau (bel, belle); *adv* bien; ***~en Tag!*** bonne journée!; ***~en Dank!*** merci bien! *od* merci beaucoup!; F ***ganz ~ teuer*** drôlement cher
schonen (***sich*** ~ se) ménager; **~d** avec ménagement; ***~ umgehen mit*** prendre toutes les précautions avec
Schönheit *f* beauté *f* (*a Person*)
Schonung *f* ménagement *m*; ♀**slos** sans ménagement, impitoyable

Schreib mal wieder!

Erquy, den 2. August 2000	*Erquy, le 2 août 2000*
Liebe Liliane,	*Chère Liliane,*
die bretonische Küste ist wirklich beeindruckend. Vom Cap Fréhel aus kann man riesige Wellen sehen, die gegen die Felsen branden. Mir gefallen die weiten Strände, die nicht überlaufen sind.	*Le littoral breton est véritablement impressionnant: Du Cap Fréhel, on peut voir d'énormes vagues qui déferlent sur les rochers. J'aime bien les vastes plages où il y a très peu de monde.*
Morgen machen wir einen Ausflug nach Carnac, wo wir die prähistorischen Steinreihen besichtigen. Vorher werden wir jedoch im Restaurant am Hafen Meeresfrüchte essen.	*Demain, nous ferons un tour à Carnac où nous visiterons les alignements préhistoriques. Mais avant, on ira manger des fruits de mer au restaurant du port.*
Herzliche Grüße und bis bald,	*Grosses bises et à bientôt.*
Sylvia	*Sylvia*

Schonzeit *ch f* période *f* où la chasse est fermée
schöpf|en puiser (**aus** à *od* dans); **≗er(in** *f*) *m* créateur *m*, -trice *f*; *rel* Créateur *m*; **~erisch** créateur; **≗löffel** *cuis m* louche *f*; **≗ung** *f* création *f*
Schorf *méd m* escarre *f*; *Kruste* croûte *f*
Schornstein *m* cheminée *f*; **~feger** *m* ramoneur *m*
Schoß *m Mutter≗* sein *m* (*a fig*); ***auf den ~ nehmen*** prendre sur ses genoux
Schote *bot f* cosse *f*, gousse *f*
Schott|e *m*, **~in** *f* Écossais *m*, -e *f*
Schotter *m* pierraille *f*, galets *m/pl*; *Bahn* ballast *m*
schott|isch écossais; **≗land** *n* l'Écosse *f*
schraffieren hachurer
schräg oblique; *geneigt* incliné, penché; *adv* en biais; ***~ gegenüber*** presque en face
Schramme *f* éraflure *f*; **≗n** érafler
Schrank *m* armoire *f*; *Wand≗* placard *m*
Schranke *f* barrière *f* (*a fig*); *Gericht* barre *f*; **≗nlos** illimité, effréné
Schrankwand *f* mur *m* aménagé en placards
Schraube *f* vis *f*; *mar* hélice *f*; **≗n** visser
Schrauben|mutter *f* écrou *m*; **~schlüssel** *m* clé *f*; **~zieher** *m* tournevis *m*
Schraub|stock *m* étau *m*; **~verschluss** *m* fermeture *f* à vis
Schrebergarten *m* jardin *m* ouvrier
Schreck *m*, **~en** *m* terreur *f*, effroi *m*, frayeur *f*; **~ensherrschaft** *f* régime *m* de la terreur; **~ensnachricht** *f* nouvelle *f* terrible; **~gespenst** *n* fantôme *m*, spectre *m*; **≗haft** peureux; **≗lich** terrible, effroyable, effrayant
Schrei *m* cri *m*
Schreibblock *m* bloc-notes *m*
schreiben 1. écrire; ***wie schreibt man das?*** comment est-ce que ça s'écrit?; **2.** **≗** *n* lettre *f*
schreib|faul qui n'aime pas écrire; **≗fehler** *m* faute *f* d'orthographe; **≗heft** *n* cahier *m*; **≗kraft** *f* dactylo *f*; **≗maschine** *f* machine *f* à écrire; **≗material** *n* fournitures *f/pl* de bureau; **≗schutz** *EDV m* protection *f* d'écriture; **~schützen** protéger contre l'écriture; **≗stelle** *EDV f* position *f* d'insertion; **≗tisch** *m* bureau *m*; **≗tischlampe** *f* lampe *f* de bureau; **≗ung** *f* orthographe *f*; **≗unterlage** *f* sous-main *m*; **≗waren** *f/pl* articles *m/pl* de papeterie; **≗warengeschäft** *n* papeterie *f*

Schreibtisch

Was braucht man alles für die effektive Schreibtischarbeit?

der Schreibtisch	***le bureau***
der Kugelschreiber	***le stylo bille***; *oft auch*: ***le bic®***
der Bleistift	***le crayon***
der Füller	***le stylo***
der Leuchtstift	***le marqueur***
das Lineal	***la règle***
der Radiergummi	***la gomme***
das (Schul)Heft	***le cahier***
das Ringbuch	***le classeur***
ein Blatt Papier	***une feuille de papier***
das Wörterbuch	***le dictionnaire***
die Schere	***les ciseaux*** *m/pl*
der Hefter	***l'agrafeuse*** *f*
der Locher	***le perforateur***
das Klebeband	***le ruban adhésif***
der Taschenrechner	***la calculatrice*** (***de poche***)
der Computer	***l'ordinateur*** *m*
der Bildschirm	***l'écran*** *m*
die Tastatur	***le clavier***
die Maus	***la souris***
der Drucker	***l'imprimante*** *f*

schrei|en crier, brailler; ***~ vor Schmerz*** crier de douleur; ***es war zum ≗*** F c'était à s'en taper le derrière par terre; **~end** *Farben* criard; *Unrecht* criant, flagrant; **≗hals** *m* F braillard *m*
Schreiner *m* menuisier *m*, ébéniste *m*
Schrift *f* écriture *f*; *Werk* écrit *m*; ***die Heilige ~*** l'Écriture sainte; **~deutsch** *n* allemand *m* écrit *od* littéraire; **≗lich** écrit; *adv* par écrit; **~sprache** *f* langue *f* écrite; **~steller(in** *f*) *m* auteur *m*

S

(femme *f* auteur), écrivain *m* (femme *f* écrivain); **2stellerisch** littéraire; **~stück** *n* écrit *m*; **~verkehr** *m*, **~wechsel** *m* correspondance *f*; **~zeichen** *n* caractère *m*

schrill aigu, strident, perçant

Schritt *m* pas *m*; *fig* démarche *f*; ***~e unternehmen*** faire des démarches; ***im ~*** au pas; **~macher** *m méd* pace-maker *m*; *Radsport* entraîneur *m*; **2weise** pas à pas

schroff brusque; *steil* raide

schröpfen *fig* saigner, plumer

Schrot *m od n Blei* grenaille *f* de plomb; *Mehl* farine *f* complète

Schrott *m* ferraille *f*; **2reif** ***~er Wagen*** voiture *f* bonne pour la casse

schrubb|en frotter (avec un balai-brosse); **2er** *m* balai-brosse *m*

Schrulle *f* lubie *f*

schrumpfen rétrécir, se ratatiner

Schub|fach *n* tiroir *m*; **~karre(n** *m*) *f* brouette *f*; **~lade** *f* tiroir *m*

Schubs F *m* poussée *f*; **2en** F pousser, bousculer

schüchtern timide; **2heit** *f* timidité *f*

Schufa *f etwa* Conseil *m* national du crédit

Schuft *m* canaille *f*, fripouille *f*; **2en** F boulonner, travailler d'arrache-pied

Schuh *m* chaussure *f*, soulier *m*; *fig* ***j-m etw in die ~e schieben*** mettre qc sur le dos de qn; **~bürste** *f* brosse *f* à chaussures; **~creme** *f* cirage *m*; **~geschäft** *n* magasin *m* de chaussures; **~löffel** *m* chausse-pied *m*; **~macher** *m* cordonnier *m*; **~putzer** *m* cireur *m*; **~sohle** *f* semelle *f*

Schul|abgänger *m* élève *m*, *f* ayant terminé sa scolarité; **~amt** *n* administration *f* scolaire; **~anfang** *m nach den Ferien* rentrée *f* des classes; **~arbeit** *f* travail *m* scolaire; *Hausaufgabe* devoir *m*; *östr Klassenarbeit* composition *f*; ***seine ~en machen*** faire ses devoirs; **~aufgabe** *f Hausaufgabe* devoir *m*; *Klassenarbeit* composition *f*; **~besuch** *m* fréquentation *f* scolaire, scolarisation *f*; *Schulzeit* scolarité *f*; **~bildung** *f* éducation *f od* formation *f* scolaire; **~buch** *n* livre *m* de classe, manuel *m* scolaire; **~bus** *m* car *m* de ramassage scolaire

Schuld *f Geld2* dette *f*; *Fehler* faute *f*; *jur* culpabilité *f*; ***es ist deine ~ od du bist 2 daran*** c'est (de) ta faute; ***ich habe keine ~*** je n'y suis pour rien; ***j-m die ~ (an etw) geben*** rejeter la faute (de qc) sur qn; ***~en haben*** avoir des dettes; ***sich etw zu ~en kommen lassen*** se rendre coupable de qc; **2bewusst** qui se sent coupable

schulden ***j-m etw ~*** devoir qc à qn

schuldig *bes jur* coupable; *bes comm* ***j-m etw ~ sein*** devoir qc à qn, être redevable de qc à qn; **2e(r)** *m, f* coupable *m, f*; **2keit** *f* devoir *m*

schuld|los non coupable, innocent; **2ner(in** *f*) *m* débiteur *m*, -trice *f*; **2zuweisung** *f* accusation *f*

Schule *f* école *f*; ***in der ~*** à l'école, en classe; ***in die ~ gehen*** aller à l'école; ***die ~ fängt um 8 Uhr an*** l'école commence à huit heures

schulen former, entraîner, éduquer

Schüler(in *f*) *m* élève *m*, *f*, écolier *m*, -ière *f*; **~austausch** *m* échange *m* d'élèves; **~lotse** *m* élève *m* chargé de la surveillance routière; **~vertretung** *f* représentants *m/pl* des élèves; **~zeitung** *f* journal *m* fait par les élèves

Schul|ferien *pl* vacances *f/pl* scolaires; **~fernsehen** *n* télévision *f* scolaire; **2frei** ***~ haben*** avoir congé; ***~er Tag*** jour *m* de congé; **~funk** *m* radio *f* scolaire; **~gebäude** *n* bâtiment *m* scolaire; **~geld** *n* frais *m/pl* de scolarité; **~heft** *n* cahier *m*; **~hof** *m* cour *f* de l'école; *überdacht* préau *m*; **~jahr** *n* année *f* scolaire; **~kamerad(in** *f*) *m* camarade *m*, *f* d'école; F copain *m* (copine *f*) de classe; **~leiter(in** *f*) *m* directeur *m*, -trice *f* d'école; *Gymnasium* proviseur *m*; *Mittelstufe* principal *m*; **~mappe** *f* serviette *f*, cartable *m*; **~ordnung** *f* règlement *m* scolaire; **~pflicht** *f* scolarité *f* obligatoire; **2pflichtig** scolarisable, en âge d'aller à l'école; **~ranzen** *m* cartable *m*; **~reform** *f* réforme *f* scolaire; **~schluss** *m* sortie *f* des classes; **~schwänzer** *m* qui fait l'école buissonnière; **~stunde** *f* cours *m*, leçon *f*, heure *f* de classe; **~system** *n* système *m* d'enseignement; **~tasche** *f* serviette *f*, cartable *m*

Schulter *f* épaule *f*; **~blatt** *n* omoplate *f*; **2frei** *Kleid* décolleté; **2n** jeter *od*

S

charger sur l'épaule; **~schluss** *m* solidarité *f*
Schulung *f* formation *f*, entraînement *m*, éducation *f*
Schul|wesen *n* enseignement *m*; **~zeit** *f* scolarité *f*; **~zeugnis** *n* bulletin *m* scolaire
schummeln F tricher
Schund *m péj* pacotille *f*, camelote *f*, cochonnerie *f*
Schuppe *f zo, bot* écaille *f*; **~n** *pl im Haar* pellicules *f/pl*
Schuppen *m* remise *f*, hangar *m*
schüren attiser (*a fig*)
Schürfwunde *méd f* éraflure *f*
Schurke *m* canaille *f*, coquin *m*
Schurwolle *f comm* ***reine ~*** pure laine *f* vierge
Schürze *f* tablier *m*; **~njäger** *m* coureur *m* (de jupons)
Schuss *m* coup *m* de feu; *Fußball* tir *m*, shoot *m*; *Flüssigkeit* coup *m*, doigt *m*; F ***in ~ sein*** être en ordre
Schüssel *f Salat*♀ saladier *m*; *Suppen*♀ soupière *f*; *große* bassine *f*; *flache* plat *m*
Schuss|fahrt *Ski f* schuss *m*; **~waffe** *f* arme *f* à feu; **~wunde** *f* blessure *f* par balle
Schuster *m* cordonnier *m*
Schutt *m* décombres *m/pl*, gravats *m/pl*
Schüttelfrost *méd m* frissons *m/pl*
schütteln (***sich*** ~ se) secouer; *Hand* serrer; *Kopf a* hocher
schütten verser; ***es schüttet*** il pleut à torrents
Schutz *m* protection *f* (***vor, gegen*** contre); ***j-n in ~ nehmen*** prendre la défense de qn; **~blech** *n* garde-boue *m*; **~brille** *f* lunettes *f/pl* de protection; **~dach** *n* auvent *m*, abri *m*
Schütze *m* tireur *m*; *astr* Sagittaire *m*; *Tor*♀ marqueur *m*
schützen (***sich*** ~ se) protéger (***gegen, vor*** contre *od* de), (s')abriter (de), (se) préserver (de), garantir (de)
Schutz|engel *m* ange *m* gardien; **~gebiet** *n pol* protectorat *m*; *Landschafts*♀ site *m* protégé; **~gelderpressung** *f* racket *m*; **~helm** *m* casque *m*; **~impfung** *méd f* vaccination *f* préventive
Schützling *m* protégé *m*, -e *f*
schutz|los sans protection, sans défense; **♀mann** *m* agent *m* de police; **♀maßnahme** *f* mesure *f* de protection; **♀patron(in** *f*) *m* patron *m*, -ne *f*; **♀umschlag** *m Buch* jaquette *f*
Schwabe *m*, **Schwäbin** *f* Souabe *m, f*
schwäbisch souabe
schwach faible; *leistungsmäßig* médiocre; *Tee* léger; *Gedächtnis* mauvais; ***schwächer werden*** s'affaiblir
Schwäche *f* faiblesse *f*; ***e-e ~ haben für*** avoir un faible pour; **♀n** affaiblir
Schwachheit *f* faiblesse *f*
schwäch|lich délicat, fragile, faible; **♀ling** *m* faible *m*; F mou *m*
Schwach|sinn *m* imbécillité *f*, débilité *f*; **♀sinnig** imbécile, débile; **~stelle** *f* point *m* faible; **~strom** *m* courant *m* à basse tension
Schwächung *f* affaiblissement *m*
Schwaden *m* nuage *m*
Schwager *m* beau-frère *m*
Schwägerin *f* belle-sœur *f*
Schwalbe *zo f* hirondelle *f*
Schwall *m* flot *m*
Schwamm *m* éponge *f*; **~erl** *östr n* champignon *m*; **♀ig** spongieux; *Person* bouffi; *fig* vague
Schwan *zo m* cygne *m*
schwanger enceinte
Schwangerschaft *f* grossesse *f*; **~sabbruch** *méd m* interruption *f* (volontaire) de grossesse (*abr* I.V.G.); **~stest** *m* test *m* de grossesse
schwank|en chanceler; *Person a* tituber; *fig* varier; **♀ung** *f fig* variation *f*
Schwanz *m* queue *f*
schwänzen ***die Schule ~*** faire l'école buissonnière; ***e-e Stunde ~*** sécher un cours
Schwarm *m Insekten* essaim *m*; *Vögel* volée *f*; *Fische* banc *m*; *Menschen* bande *f*, troupe *f*; *fig Idol* idole *f*; ***du bist ihr ~*** F elle a le béguin pour toi
schwärm|en *Bienen* essaimer; ***~ für*** s'enthousiasmer pour, raffoler de, s'engouer pour, être entiché de; **♀erei** *f* enthousiasme *m* (***für*** pour), exaltation *f*, engouement *m*; **~erisch** exalté, enthousiaste
Schwarte *f Speck*♀ couenne *f*; F *Buch* ***alte ~*** vieux bouquin *m*
schwarz noir; ***~ auf weiß*** noir sur blanc; ***~er Markt*** marché *m* noir; **♀arbeit** *f* travail *m* (au) noir; **♀brot** *n* pain *m* bis *od* noir
Schwärze *f* noirceur *f*; **♀n** noircir

Schwarze(r) *m, f* Noir *m*, -e *f*
Schwarz|fahrer *m* resquilleur *m* F; **~handel** *m* marché *m* noir; **~händler** *m* trafiquant *m* du marché noir; **~hörer** *Radio m* auditeur *m* clandestin
schwärzlich noirâtre
Schwarz|seher *m* pessimiste *m*; *TV* téléspectateur *m* clandestin; **~wald** *m* Forêt-Noire *f*; **~weißfilm** *m* film *m* en noir et blanc
schwatzen bavarder
Schwätzer(in *f*) *m* bavard *m*, -e *f*
schwatzhaft bavard
Schwebe *f* ***in der ~*** *fig* en suspens; **~bahn** *f Seil*2 téléférique *m*; **2n** planer
Schwed|e *m*, **~in** *f* Suédois *m*, -e *f*; **~en** *n* la Suède; **2isch** suédois
Schwefel *chim m* soufre *m*; **~säure** *f* acide *m* sulfurique
schweigen 1. se taire; ***ganz zu ~ von*** sans parler de; **2. 2** *n* silence *m*; **~d** silencieux
schweigsam taciturne, silencieux
Schwein *n* cochon *m*, porc *m* (*beide a péj*); *fig* F ***~ haben*** avoir de la veine *od* du pot F
Schweine|braten *m* rôti *m* de porc; **~fleisch** *n* (viande *f* de) porc *m*; **~rei** *f* cochonnerie *f*; **~stall** *m* porcherie *f*
Schweinsleder *n* peau *f od* cuir *m* de porc
Schweiß *m* sueur *f*, transpiration *f*; **2en** *tech* souder; **~er** *tech m* soudeur *m*; **2gebadet** trempé de sueur; **~geruch** *m* odeur *f* de sueur
Schweiz ***die ~*** la Suisse; ***die deutsche*** (***französische***) ~ la Suisse allemande (romande)
Schweizer 1. *m*, **~in** *f* Suisse *m, f*; **2.** *adj* suisse; ***~ Käse*** gruyère *m*; **2isch** suisse
schwelen couver (*a fig*)
schwelgen faire bombance; *fig* ***in Erinnerungen ~*** savourer ses souvenirs
Schwell|e *f Tür* seuil *m* (*a fig*); *Bahn* traverse *f*; **2en** *méd* enfler; **~enangst** *f* appréhension *f*; **~enland** *n* pays *m* nouvellement industrialisé; **~ung** *méd f* enflure *f*
Schwemme *écon f* abondance *f*; **2n** ***an Land geschwemmt werden*** être rejeté à la côte
schwenken *Arme etc* agiter; *Kamera* tourner; *cuis* faire sauter; *spülen* rincer
schwer *im Gewicht* lourd; *schwierig* difficile; *Krankheit* grave; ***~e Zeiten*** des temps durs; ***es ~ haben*** avoir bien du mal (***mit*** avec); ***50 Kilo ~ sein*** peser 50 kilos; ***~ arbeiten*** travailler dur; ***~ behindert*** gravement handicapé; ***~ erziehbar*** difficile, caractériel; ***j-m ~ fallen*** être difficile pour qn; ***es fällt mir ~ zu*** (+ *inf*) j'ai du mal à (+ *inf*); ***~ krank*** gravement malade; ***sich ~ tun*** avoir des difficultés (***mit*** avec); ***~ verdaulich*** indigeste, lourd; ***~ verletzt*** grièvement blessé; ***~ verständlich*** difficile à comprendre; **2e** *f phys* pesanteur *f*; *fig* gravité *f*, poids *m*; **2elosigkeit** *phys f* apesanteur *f*; **~fällig** lourd; **2gewicht** *n Sport* poids *m/pl* lourds; *fig* ***das ~ legen auf*** mettre l'accent sur; **~hörig** malentendant; **2industrie** *f* industrie *f* lourde; **2kraft** *phys f* gravité *f*; **~lich** avec peine, difficilement, ne ... guère; **2metall** *n* métal *m* lourd; **2mut** *f* mélancolie *f*; **~mütig** mélancolique; **2punkt** *m phys* centre *m* de gravité; *fig* centre *m*
Schwert *n* épée *f*
Schwer|verbrecher *m* grand criminel *m*; **2wiegend** grave, très sérieux
Schwester *f* sœur *f*; *Kranken*2 infirmière *f*; *Ordens*2 *a* religieuse *f*
Schwieger|eltern *pl* beaux-parents *m/pl*; **~mutter** *f* belle-mère *f*; **~sohn** *m* gendre *m*, beau-fils *m*; **~tochter** *f* belle-fille *f*; **~vater** *m* beau-père *m*
schwierig difficile; **2keit** *f* difficulté *f*; ***in ~en geraten*** connaître des difficultés
Schwimm|bad *n* piscine *f*; **~becken** *n* bassin *m*; **2en** nager; *im Wasser treiben* flotter; **~en** *n* natation *f*; **~er(in** *f*) *m* nageur *m*, -euse *f*; **~flosse** *f* palme *f*; **~lehrer** *m* moniteur *m* de natation; **~sport** *m* natation *f*; **~weste** *f* gilet *m* de sauvetage
Schwindel *m méd* vertige *m*; *Betrug* escroquerie *f*; *Täuschung* bidon *m* F; *Lüge* mensonge *m*; F ***der ganze ~*** tout le bataclan F; ***~ erregend*** vertigineux
schwindeln *lügen* mentir, dire des mensonges; ***mir schwindelt*** j'ai le vertige
schwinden diminuer; *Kräfte a* décliner
Schwindl|er(in *f*) *m Lügner* menteur *m*, -euse *f*; *Betrüger* escroc *m*; **2ig *mir ist ~*** j'ai le vertige
schwing|en *hin u her* balancer; *drohend* brandir; *pendeln* se balancer; *phys*

oscillet; *vibrieren* vibrer; **≈ung** *phys f* oscillation *f*, vibration *f*
Schwips *m* F **e-n ~ haben** être éméché F
schwirren *Pfeil* siffler; *Insekt* bourdonner
schwitzen suer, transpirer
schwören jurer (**bei** par)
schwul homosexuel, gay
schwül lourd, étouffant; **≈e** *f* chaleur *f* étouffante
Schwulst *m Stil* boursouflure *f*
schwülstig *Stil* boursouflé, ampoulé
Schwund *m* perte *f*, diminution *f*
Schwung *m* élan *m*; *fig a* entrain *m*, dynamisme *m*, verve *f*; **in ~ kommen** se mettre en train; **≈haft** *comm* florissant; **≈voll** plein d'entrain; *Musik* entraînant
Schwur *m* serment *m*; **~gericht** *jur n* cour *f* d'assises
Schwyz Schwyz
Science-Fiction *f* science-fiction *f*
sechs six; *Schule* **e-e ≈ bekommen** avoir un zéro; **≈eck** *n* hexagone *m*; **~eckig** hexagonal; **~fach** sextuple; **~hundert** six cents; **~mal** six fois; **≈tagerennen** *n* six jours *m/pl*
sechste sixième; **≈l** *n* sixième *m*; **~ns** sixièmement
sechzehn seize; **~te** seizième
sechzig soixante; **etwa ~** une soixantaine; **~ste** soixantième
Secondhand... *in Zssgn* d'occasion; **~laden** *m* magasin *m* de vêtements d'occasion
See[1] *m* lac *m*
See[2] *f* mer *f*; **auf ~** en mer; **auf hoher ~** en haute *od* pleine mer, au large; **an der ~** au bord de la mer; **in ~ stechen** prendre la mer; **zur ~ gehen** se faire marin; **zur ~ fahren** naviguer
See|bad *n* station *f* balnéaire; **~gang** *m* houle *f*; **hoher ~** grosse mer *f*; **~hund** *zo m* phoque *m*; **~igel** *zo m* oursin *m*; **≈krank ~ sein** avoir le mal de mer; **~krankheit** *méd f* mal *m* de mer, nausée *f*
Seele *f* âme *f* (*a fig*)
Seelen|heil *n* salut *m* de l'âme; **≈los** sans âme, sans vie, inexpressif; **~ruhe** *f* **in aller ~** en toute tranquillité; **~wanderung** *phil f* métempsycose *f*
seelisch psychique
Seelsorge *f* charge *f* d'âmes; **~r** *m* père *m* spirituel; pasteur *m*
See|macht *f* puissance *f* maritime; **~mann** *m* marin *m*; **~meile** *f* mille *m* marin; **~not** *f* **in ~** en détresse; **~räuber** *m* pirate *m*, corsaire *m*; **~reise** *f* voyage *m* par mer; **~rose** *bot f* nénuphar *m*; **~sack** *m* sac *m* de marin; **~schlacht** *f* bataille *f* navale; **~stern** *zo m* étoile *f* de mer; **~tang** *bot m* varech *m*, goémon *m*; **≈tüchtig** *Schiff* en état de naviguer; **~weg** *m* voie *f* maritime; **auf dem ~** par mer; **~zunge** *zo f* sole *f*
Segel *n* voile *f*; **~boot** *n* canot *m od* yacht *m* à voiles; **~fliegen** *n* vol *m* à voile; **~flieger(in** *f*) *m* vélivole *m, f*; **~flug** *m* vol *m* à voile; **~flugzeug** *n* planeur *m*; **≈n** faire voile (**nach** pour); *Sport* faire de la voile; **~schiff** *n* voilier *m*, bateau *m* à voiles; **~sport** *m* voile *f*, yachting *m*; **~ treiben** faire de la voile; **~tuch** *n* toile *f* à voile
Segen *m* bénédiction *f*; **≈sreich** béni
Segler *m Sport≈* plaisancier *m*; *Schiff* voilier *m*
segnen bénir
sehbehindert malvoyant
sehen voir; **auf etw ~** regarder qc; **nach etw ~** avoir soin de qc; **sich ~ lassen** se montrer; **siehe Seite 10** voir page 10
sehens|wert qui vaut la peine d'être vu, digne d'être vu; **≈würdigkeit** *f* curiosité *f*
Sehkraft *f* vue *f*
Sehne *f* tendon *m*
sehnen sich ~ nach s'ennuyer de, regretter, aspirer à
Sehnerv *m* nerf *m* optique
sehnig nerveux; *Fleisch a* filandreux
sehn|lich ~ wünschen désirer ardemment; **≈sucht** *f* désir *m* ardent, nostalgie *f* (**nach** de); **~süchtig** nostalgique; *adv* avec impatience
sehr très, bien, fort; *vor Verben* beaucoup, bien
Seh|schwäche *f* mauvaise vue *f*; **~störungen** *méd f/pl* troubles *m/pl* visuels; **~test** *m* test *m* visuel
seicht *Wasser* peu profond; *fig* superficiel, plat, fade
Seide *f* soie *f*
seiden de soie; **≈papier** *n* papier *m* de soie; **≈raupe** *zo f* ver *m* à soie
seidig soyeux

S

Seife *f* savon *m*
Seifen|blase *f* bulle *f* de savon; **~lauge** *f* eau *f* savonneuse; **~oper** *f* série *f* mélo; **~schaum** *m* mousse *f* de savon
seifig savonneux
seihen passer, filtrer
Seil *n* corde *f*; **~bahn** *f* téléférique *m*; *Stand*≗ funiculaire *m*; **~hüpfen** *n* saut *m* à la corde; **~schaft** *f* cordée *f*; **~tänzer(in** *f*) *m* funambule *m*, *f*, danseur *m*, -euse *f* de corde
sein[1] **1.** être; ***es ist kalt*** il fait froid; ***er ist zwanzig Jahre alt*** il a vingt ans; F ***etw ~ lassen*** ne pas faire qc, s'abstenir de faire qc; **2.** ≗ *n phil* être *m*; *Dasein* existence *f*
sein[2] *Possessivpronomen* son, sa, *pl* ses; ***~er, ~e, ~es, der, die, das ~e*** *od* ***~ige*** le sien, la sienne
seiner|seits de sa part, de son côté; **~zeit** alors, à l'époque
seinesgleichen son pareil; ***j-n wie ~ behandeln*** traiter qn d'égal à égal
seinetwegen à cause de lui, pour lui
seit depuis; *conj* depuis que (+ *ind*); ***schon ~*** dès; ***~ drei Jahren*** depuis trois ans; ***~ langem*** depuis longtemps; **~dem** depuis (ce temps-là), depuis *od* dès lors; *conj* depuis que (+ *ind*)
Seite *f* côté *m*; *Schrift*≗ page *f*; ***auf j-s ~ treten*** se ranger du côté de qn; ***auf der linken ~*** du côté gauche; *fig* ***auf der anderen ~*** d'un autre côté
Seiten|ansicht *f* profil *m*; **~blick** *m* regard *m* en coin; **~hieb** *m fig* coup *m* de griffe; ≗**s** de la part de; **~sprung** *m fig* écart *m* de conduite, escapade *f*; **~stechen** *méd n* point *m* de côté; **~straße** *f* rue *f* latérale; **~streifen** *m* bande *f* latérale
seither depuis (ce temps-là)
seit|lich latéral; **~wärts** de côté
Sekret|är(in *f*) *m* secrétaire *m*, *f*; **~ariat** *n* secrétariat *m*
Sekt *m* (vin *m*) mousseux *m*
Sekte *rel f* secte *f*
Sektor *m* secteur *m*
Sekunde *f* seconde *f*; **~nzeiger** *m* trotteuse *f*
selber *cf* ***selbst***
selbst même; *ich* (*du, er etc*) ~ moi; ***~ gemacht*** fait à la maison
selbständig *cf* ***selbstständig***
Selbst|auslöser *Foto m* déclencheur *m* automatique; **~bedienung** *f* libre-service *m*; **~befriedigung** *f* masturbation *f*; **~beherrschung** *f* maîtrise *f* de soi; **~bestimmungsrecht** *n* droit *m* à l'autodétermination; ≗**bewusst** sûr de soi; **~bewusstsein** *n* confiance *f* en soi; **~bildnis** *n* autoportrait *m*; **~erhaltungstrieb** *m* instinct *m* de conservation; **~erkenntnis** *f* connaissance *f* de soi-même; ≗**gefällig** infatué de soi-même; **~gespräch** *n* monologue *m*; **~hilfegruppe** *f* groupe *m* d'entreaide; ⚠***le*** groupe; **~kostenpreis** *m* prix *m* coûtant, prix *m* de revient; **~kritik** *f* autocritique *f*; **~laut** *gr m* voyelle *f*; ≗**los** désintéressé; **~mord** *m* suicide *m*; **~mörder(in** *f*) *m* suicidé *m*, -e *f*; **~reinigungskraft** *f* capacité *f* d'autoépuration; ≗**sicher** sûr de soi; **~sicherheit** *f* aplomb *m*; ≗**ständig** indépendant; **~ständigkeit** *f* indépendance *f*; ≗**süchtig** égoïste; ≗**tätig** *tech* automatique; **~täuschung** *f* illusion *f* qu'on se fait à soi-même; ≗**verständlich** évident, naturel; *adv* bien entendu; ***das ist ~*** cela va de soi, cela va sans dire; **~verteidigung** *f* autodéfense *f*; **~vertrauen** *n* confiance *f* en soi; **~verwaltung** *f* administration *f* autonome; **~verwirklichung** *f* épanouissement *m* personnel; **~zweck** *m* fin *f* en soi
selchen *östr* fumer
selig heureux; *égl* bienheureux; *verstorben* défunt
Sellerie *bot m od f* céleri *m*
selten rare; *adv* rarement; ≗**heit** *f* rareté *f*
seltsam étrange, curieux, bizarre; ≗**keit** *f* étrangeté *f*
Semester *n* semestre *m*
Semikolon *n* point-virgule *m*
Seminar *n* séminaire *m*; *Universität* institut *m*, département *m*
Semmel *f* petit pain *m*
Senat *m* sénat *m*; **~or** *m* sénateur *m*
sende|n envoyer (***mit der Post*** par la poste); *über Funk* émettre, diffuser; ≗**r** *m* émetteur *m*, station *f*
Sende|reihe *f* feuilleton *m*, série *f*; **~schluss** *m* fin *f* des émissions
Sendung *f comm* envoi *m*; *fig* mission *f*; *Radio, TV* émission *f*
Senf *m* moutarde *f*; F ***seinen ~ dazugeben*** mettre son grain de sel

S

senil sénile; **Ձität** *f* sénilité *f*
senior 1. *adj* ***Herr L.*** ~ monsieur L. père; **2.** Ձ *m Sport* senior *m*; **~en** *pl alte Leute* le troisième âge; **Ձenheim** *n* maison *f* du troisième âge, maison *f* de retraite; **Ձenpass** *m* carte *f* vermeil
Senk|e *géogr f* dépression *f*; **Ձen** (a)baisser; ***sich*** ~ s'abaisser; *Boden* s'affaisser; **~fuß** *m* pied *m* plat; **Ձrecht** vertical, perpendiculaire (***zu***, ***auf*** à); **~rechtstarter** *aviat m* avion *m* à décollage vertical
Sensation *f* sensation *f*; **Ձell** sensationnel; **~smache** *f* recherche *f* du sensationnel
Sense *f* faux *f*
sensib|el sensible; *Thema, Bereich* délicat; *Daten* confidentiel; **~ilisieren** sensibiliser (***für*** à); **Ձilität** *f* sensibilité *f*
Sensortaste *f* touche *f* à effleurement
sentimental sentimental; **Ձität** *f* sentimentalité *f*
September *m* septembre *m*; ***im*** ~ en septembre; ***am 11.*** ~ le 11 septembre; ***der 11.*** ~ ***1948*** le 11 septembre 1948
sequenziell *EDV* séquentiel
Serb|e *m*, **~in** *f* Serbe *m*, *f*; **~ien** *n* la Serbie; **Ձisch** serbe
Serie *f* série *f*; *TV* feuilleton *m*; **Ձll** *EDV* sériel; **Ձnmäßig** en série; **~nnummer** *f* numéro *m* de série; **~nwagen** *m* voiture *f* de série
seriös sérieux
Serpentine *f* lacet *m*
Serum *méd n* sérum *m*
Server *EDV m* serveur *m*
Service *m u n* service *m*
servier|en servir (à table)
Serviette *f* serviette *f*
Servolenkung *auto f* direction *f* assistée
Servus! F salut!
Sessel *m* fauteuil *m*; **~lift** *m* télésiège *m*
sesshaft sédentaire
Set *m od n* set *m* de table
setzen mettre; *e n Platz anweisen* placer; *Baum etc* planter; *wetten* miser (***auf*** sur); *Text* composer; ***sich*** ~ s'asseoir; *Vogel* se percher; *Niederschlag* se déposer; *Erdreich* se tasser; ***über etw*** ~ sauter qc; ***über e-n Fluss*** ~ traverser *od* passer une rivière
Setzer(in *f*) *m* typographe *m*, *f*
Seuche *f* épidémie *f*
seufz|en soupirer; **Ձer** *m* soupir *m*
Sex *m* sexe *m*; **~ismus** *m* sexisme *m*; **Ձistisch** sexiste
Sexual|erziehung *f* éducation *f* sexuelle; **~ität** *f* sexualité *f*; **~leben** *n* vie *f* sexuelle; **~verbrechen** *n* crime *m* sadique
sex|uell sexuel; **~e *Belästigung*** harcèlement *m* sexuel; **~y** sexy
sezieren disséquer
Sherry *m* xérès *m*
Shift-Taste *f* touche *f* Shift
Shorts *pl* short *m*
Sibir|ien *n* la Sibérie; **Ձisch** sibérien
sich se (*vor Vokal* s'); *nach prép allg* soi, *personenbezogen* lui, elle, *pl* eux, elles; ***jeder für*** ~ chacun pour soi; ***er denkt nur an*** ~ il ne pense qu'à lui
Sichel *f* faucille *f*; *Mond*Ձ croissant *m*
sicher 1. *adj* sûr; *gewiss a* certain; *geschützt a* à l'abri (***vor*** de); ***ich bin*** ~, ***dass*** ... je suis sûr que ...; ***seiner Sache*** ~ ***sein*** être sûr de son fait; **2.** *adv* sûrement, certainement, assurément, bien sûr, sans doute
Sicherheit *f* sûreté *f*; *Gewissheit a* certitude *f*; *Gefahrlosigkeit a* sécurité *f*; *Selbst*Ձ assurance *f*; *comm* garantie *f*, caution *f*; ***mit*** ~ à coup sûr, avec certitude; ***in*** ~ ***bringen*** mettre en sûreté *od* en sécurité *od* à l'abri *od* en lieu sûr
Sicherheits|gurt *aviat, auto m* ceinture *f* de sécurité; **~kopie** *f* sauvegarde *f*; **~nadel** *f* épingle *f* de sûreté *od* de nourrice; **~rat** *pol m* Conseil *m* de Sécurité; **~schloss** *n* serrure *f* de sûreté; **~vorkehrung** *f* mesure *f* de sécurité *od* sûreté
sicherlich *cf* ***sicher 2***
sicher|n assurer; *Daten* sauvegarder; (***sich***) ***vor od gegen etw*** ~ (se) garantir *od* (se) protéger de *od* contre qc; **~stellen** *Versorgung etc* assurer; **Ձung** *f elektrische* fusible *m*, plomb *m*; *an Waffe etc* sûreté *f*; *Daten*Ձ sauvegarde *f*; ~ ***der Arbeitsplätze*** sauvegarde *f* des emplois
Sicht *f* vue *f*; *Sichtweite* visibilité *f*; ***in*** ~ en vue; ***auf lange*** ~ à long terme; **Ձbar** visible; **Ձen** *bemerken* apercevoir; *Papiere etc* trier, examiner; **Ձlich** manifeste, visible; **~vermerk** *m* visa *m*; **~weite** *f* ***in*** (***außer***) ~ en (hors de) vue
sickern suinter, filtrer
sie 1. *f/sg* elle; *Akkusativ beim Verb* la,

l'; **2.** *pl* ils, elles; *Akkusativ beim Verb* les; *betont u nach prép* eux, elles; **3.** ꙍ *Anrede* vous
Sieb *n* crible *m*; *cuis* passoire *f*
sieben¹ passer (au crible), filtrer (*a fig*)
sieben² sept; **~hundert** sept cents
sieb(en)te septième; **ꙍl** *n* septième *m*
sieb|zehn dix-sept; **~zehnte** dix-septième; **~zig** soixante-dix; **~zigste** soixante-dixième
siede|n bouillir; **ꙍpunkt** *m* point *m* d'ébullition
Siedler *m* colon *m*
Siedlung *f* agglomération *f*; cité *f*
Sieg *m* victoire *f*
Siegel *n* sceau *m*, cachet *m*; **~ring** *m* chevalière *f*
sieg|en vaincre (***über j-n*** qn), l'emporter (***über*** sur); *Sport a* gagner; **ꙍer(in** *f*) *m* vainqueur *m*, gagnant *m*, -e *f*; **~reich** victorieux
siezen vouvoyer
Signal *n* signal *m*; **ꙍisieren** signaler
signieren signer
Silbe *f* syllabe *f*; **~ntrennung** *f* séparation *f* d'un mot à la fin d'une ligne
Silber *n* argent *m*; **~hochzeit** *f* noces *f/pl* d'argent; **ꙍn** d'argent
Silhouette *f* silhouette *f*
Silikon *n* silicone *f*; ⚠ ***la*** silicone
Silizium *n* silicium *m*
Silo *m od n* silo *m*
Silvester la Saint-Sylvestre
Sims *m od n arch* corniche *f*; *Fensterꙍ* rebord *m*
Simul|ant *m* simulateur *m*; **ꙍieren** simuler
Simultandolmetscher *m* interprète *m* simultané
Sinfonie *mus f* symphonie *f*
singen chanter; ***falsch*** ~ chanter faux
Single¹ *f Schallplatte* single *m*; ⚠ ***le*** single
Single² *m Mensch* personne *f* seule
Single³ *n Tennis* simple *m*
Singular *gr m* singulier *m*
Singvogel *m* oiseau *m* chanteur
sinken *Schiff* couler; *Preise etc* baisser
Sinn *m* sens *m* (***für etw*** de qc); ***im*** ~ ***haben*** avoir en tête; ***es hat keinen*** ~ c'est absurde, ça ne rime à rien; ~ ***machen*** être logique; ***keinen*** ~ ***machen*** ne rimer à rien; **~bild** *n* symbole *m*; **ꙍbildlich** symbolique
Sinnes|eindruck *m* impression *f* sensorielle; **~täuschung** *f* hallucination *f*; **~wahrnehmung** *f* perception *f* sensorielle; **~wandel** *m* changement *m* d'avis
sinn|lich sensuel; **ꙍlichkeit** *f* sensualité *f*; **~los** insensé, absurde; **ꙍlosigkeit** *f* absurdité *f*; **ꙍspruch** *m* sentence *f*; **~verwandt** ***~es Wort*** synonyme *m*; **~voll** sensé, judicieux
Sintflut *f* déluge *m*
Sippe *f* clan *m*; parenté *f*
Sirene *f* sirène *f*
Sirup *m* sirop *m*
Sitte *f* coutume *f*; **~n** *pl* mœurs *f/pl*
Sitten|polizei *f* police *f* des mœurs; **ꙍwidrig** contraire aux bonnes mœurs
sittlich moral; **ꙍkeit** *f* moralité *f*; **ꙍkeitsverbrechen** *n* attentat *m* aux mœurs *od* à la pudeur
Situation *f* situation *f*
Sitz *m* siège *m*
sitzen être assis; *Vogel* être perché; *von Kleidern* aller bien; F *im Gefängnis* faire de la prison; ~ ***bleiben*** rester assis; *Schule* redoubler (une classe); *comm* ~ ***bleiben auf*** ne pas parvenir à vendre; ~ ***lassen*** *Frau* laisser tomber; plaquer F; *Wartenden* F poser un lapin à; ***etw nicht auf sich ~ lassen*** ne pas avaler *od* encaisser qc; **ꙍbleiber** *m Schule* redoublant *m*
Sitz|gelegenheit *f* place *f*, siège *m*; **~ordnung** *f* disposition *f* des places; **~plan** *m Schule* plan *m* de la classe; **~platz** *m* place *f* assise
Sitzung *f* séance *f*, réunion *f*
Sizilien *n* la Sicile
Skala *f* échelle *f*
Skandal *m* scandale *m*; **ꙍös** scandaleux
Skandinavi|en *n* la Scandinavie; **~er(in** *f*) *m* Scandinave *m*, *f*; **ꙍsch** scandinave
Skateboard *n* planche *f* à roulettes, skate(-board) *m*
Skelett *n* squelette *m*; ⚠ ***le*** squelette
Skep|sis *f* scepticisme *m*; **~tiker(in** *f*) *m* sceptique *m*, *f*; **ꙍtisch** sceptique
Ski *m* ski *m*; ***auf ~ern*** en ski; ~ ***fahren*** *od* ***laufen*** faire du ski; skier; **~anzug** *m* combinaison *f* de ski; **~brille** *f* lunettes *f/pl* de ski; **~hose** *f* pantalon *m* de ski; **~laufen** *n* ski *m*; **~läufer(in** *f*) *m* skieur *m*, -euse *f*; **~lehrer** *m* moniteur

S

m de ski; **~lift** *m* remontée *f* mécanique, téléski *m*; **~meisterschaft** *f* championnat *m* de ski

Ski fahren – *faire du ski*

der Skifahrer	***le skieur***
die Skifahrerin	***la skieuse***
der Skilehrer	***le moniteur***
der Skiträger (*am Auto*)	***le porte-skis***
die Stöcke	***les bâtons** m/pl*
die Bindung	***la fixation***
die Skischuh	***la chaussure de ski***
der Skianzug	***la combinaison de ski***
der Anorak	***l'anorak** m*
die Skibrille	***les lunettes** f/pl **de ski***
der Skiverleih	***la location de ski***
das Skiwachs	***le fart***
die Sesselbahn	***le télésiège***
der Skilift	***la remontée mécanique***
die Skipiste	***la piste de ski***
der Skilanglauf	***le ski de fond***
einen Skikurs machen	***faire un cours de ski***
die Piste hinunterfahren	***descendre la piste***
sich das Bein brechen	***se casser la jambe***

Skinhead *m* skinhead *m*, crâne *m* rasé
Ski|piste *f* piste *f* de ski; **~schuh** *m* chaussure *f* de ski; **~schule** *f* école *f* de ski; **~sport** *m* ski *m*; **~springen** *n* saut *m* à skis; **~träger** *m* porte-skis *m*
Skizz|e *f* esquisse *f*; **℘ieren** esquisser
Sklav|e *m*, **~in** *f* esclave *m, f*; **~enhandel** *m* traite *f* des esclaves; **~erei** *f* esclavage *m*; **℘isch** servile; en esclave
Skonto *comm m od n* escompte *m*
Skorpion *m zo* scorpion *m*; *astr* Scorpion *m*
Skrupel *m* scrupule *m*; **℘los** sans scrupules
Skulptur *f* sculpture *f*
Slalom *m* slalom *m*
Slaw|e *m*, **~in** *f* Slave *m, f*; **℘isch** slave
Slip *m* slip *m*; **~einlage** *f* protège-slip *m*; **~per** *m* mocassin *m*
Slowak|e *m*, **~in** *f* Slovaque *m, f*; **~ei** *f* **die ~** la Slovaquie; **℘isch** slovaque; **℘e *Republik*** République *f* slovaque
Slowen|e *m*, **~in** *f* Slovène *m, f*; **~ien** *n* la Slovénie; **℘isch** slovène
Slum *m* quartier *m* pauvre, bidonville *m*
Smaragd *m* émeraude *f*
Smog *m* smog *m*; **~alarm** *m* alerte *f* au smog
Smoking *m* smoking *m*
Snob *m* snob *m, f*; **~ismus** *m* snobisme *m*; **℘istisch** snob
Snowboard *n Brett* surf *m*; *Sport* surf *m* des neiges; ***~ fahren*** faire du surf des neiges
so ainsi, comme cela, de cette manière, de la sorte; ***~ groß wie*** aussi grand que; ***nicht ~ schnell!*** pas si vite!; ***~ dass*** si bien que (+ *ind*), de (telle) sorte que (+ *subj*); **~ (*sehr*)** tellement; ***~ genannt*** soi-disant; ***~ viel*** (au)tant (***wie*** que); ***dreimal ~ viel*** trois fois autant; ***~ viel er kann*** (au)tant qu'il peut; ***~ weit wie*** *od* ***als möglich*** autant que possible; ***es geht ihm ~ weit gut*** il va assez bien; ***wir sind ~ weit*** nous y sommes, nous sommes prêts; ***~ ein Mensch*** un tel homme; ***ach ~!*** ah, c'est ça!; ah bon!
sobald aussitôt que, dès que
Söckchen *n* socquette *f*
Socke *f* chaussette *f*
Sockel *m* socle *m*
Soda *chim f od n* soude *f*
Sodbrennen *méd n* brûlures *f/pl* d'estomac
soeben tout à l'heure; ***~ etw getan haben*** venir de faire qc
Sofa *n* canapé *m*, divan *m*
sofern à condition que ... (+ *subj*), pourvu que ... (+ *subj*)
sofort tout de suite, immédiatement, aussitôt, sur-le-champ; **℘bildkamera** *f* appareil *m* Polaroïd
Softie *m* F tendre *m*
Software *EDV f* logiciel *m*; **~paket** *n* progiciel *m*
sogar même
sogenannt *cf* **so**

S

Sohle *f Schuh*2 semelle *f*; *Fuß*2 plante *f* (du pied); *Tal*2 fond *m*
Sohn *m* fils *m*
Soja|(bohne) *bot f* soja *m*; ⚠ ***le*** soja; **~soße** *f* sauce *f* de soja
solange tant que
Solarenergie *f* énergie *f* solaire
Solarium *n* solarium *m*
Solarzelle *f* pile *f* solaire
solch tel, pareil
Sold *m* solde *f*; ⚠ ***la*** solde
Soldat *m* soldat *m*
Söldner *m* mercenaire *m*
solidar|isch solidaire; ***sich ~ erklären*** se déclarer solidaire (***mit*** de); **2ität** *f* solidarité *f*
solide solide; *Person* sérieux
Solist(in *f*) *m mus* soliste *m, f*
Soll *n comm* débit *m*; *Plan*2 objectif *m*
sollen devoir; ***soll ich ...?*** est-ce que je dois ...?; ***du solltest*** ... tu devrais ..., il te faudrait ...; ***er soll reich sein*** on dit *od* il paraît qu'il est riche; ***er soll ermordet worden sein*** il aurait été assassiné; ***was soll das?*** qu'est-ce que ça veut dire?
Solo *mus n* solo *m*
Solothurn Soleure
somit donc, ainsi
Sommer *m* été *m*; **~ferien** *pl* vacances *f/pl* d'été; **~frische** *f* villégiature *f*; **~gast** *m* estivant *m*, -e *f*; **2lich** estival; **~sprossen** *f/pl* taches *f/pl* de rousseur; **~zeit** *f Uhr* heure *f* d'été
Sonate *mus f* sonate *f*
Sonde *f* sonde *f*
Sonder|angebot *n* offre *f* spéciale; ***im ~*** en réclame; **2bar** curieux, étrange; **~genehmigung** *f* autorisation *f* spéciale; **2lich** ***nicht ~*** pas spécialement; **~ling** *m* original *m*; **~müll** *m* déchets *m/pl* dangereux
sondern mais
Sonder|recht *n* privilège *m*; **~schule** *f* école *f* pour handicapés; **~zeichen** *n* caractère *m* spécial; **~zug** *m* train *m* spécial
sondieren sonder; *fig* tâter le terrain
Sonett *n* sonnet *m*
Sonnabend *m* samedi *m*
Sonne *f* soleil *m*; ***in der ~*** au soleil; **2n** ***sich ~*** prendre un bain de soleil
Sonnen|aufgang *m* lever *m* du soleil; **~bad** *n* bain *m* de soleil; **~blume** *bot f* tournesol *m*, soleil *m*; **~brand** *m* coup *m* de soleil; **~brille** *f* lunettes *f/pl* de soleil; **~creme** *f* crème *f* solaire; **~energie** *f* énergie *f* solaire; **~finsternis** *f* éclipse *f* de soleil; **2klar** *fig* évident; clair comme de l'eau de roche; **~kollektor** *tech m* capteur *m* solaire; **~licht** *n* lumière *f* solaire; **~schein** *m* ensoleillement *m*; ***bei ~*** quand il fait du soleil; **~schirm** *m* parasol *m*; **~stich** *méd m* insolation *f*; **~strahl** *m* rayon *m* de soleil; **~uhr** *f* cadran *m* solaire; **~untergang** *m* coucher *m* du soleil; **~wende** *astr f* solstice *m*
sonnig ensoleillé; *fig* gai
Sonntag *m* dimanche *m*; **2s** le dimanche; **~sfahrer** *auto m* automobiliste *m* du dimanche
sonst *andernfalls* autrement, sinon; *für gewöhnlich* d'habitude; *außerdem* à part cela; ***~ noch etw*** quelque chose d'autre; ***~ nichts*** rien d'autre; ***~ überall*** partout ailleurs; ***~ wo*** ailleurs, autre part; **~ig** autre
sooft toutes les fois *od* tant que ...
Sopran *mus m* soprano *m*
Sorge *f* souci *m*; ***sich ~n machen*** se faire des soucis (***wegen***, ***um*** pour)
sorgen ***~ für*** s'occuper de; *zur Folge haben* causer; ***dafür ~, dass*** ... veiller à ce que ... (+ *subj*); ***sich ~ um*** se soucier de, s'inquiéter de; **~frei** sans souci; **2kind** *m* enfant *m* à problèmes; **~voll** soucieux
Sorg|falt *f* soin *m*; **2fältig** soigneux; **2los** insouciant; **~losigkeit** *f* insouciance *f*
Sort|e *f* sorte *f*, espèce *f*; **2ieren** trier, classer
Sortiment *n* assortiment *m*
Soße *f* sauce *f*
Souffl|eur *m*, **~euse** *f* souffleur *m*, -euse *f*; **2ieren** souffler
Sound *m* F son *m*; **~karte** *EDV f* carte *f* son; **~track** *m* bande *f* sonore
souverän *pol* souverain; *fig* supérieur; **2ität** *f* souveraineté *f*
so|viel *conj* (pour) autant que ... (+ *subj*); ***~ ich weiß***, ... (pour) autant que je sache ..., à ce que je sais ...; *cf* **so**; **~weit** *conj* dans la mesure où ... (+ *ind*); (pour) autant que ... (+ *subj*); *cf* **so**; **~wie** *und* ainsi que; *sobald* aussitôt que, dès que; tant que; **~wieso** en tout cas

S

sowjet|isch *hist* soviétique; **2s** *hist m/pl* Soviétiques *m/pl*; **2union** *hist f* Union *f* soviétique

sowohl ~ ... ***als auch*** aussi bien que; ~ ***der Vater als auch der Sohn*** le père aussi bien que le fils *od* de même que le fils

sozial social; **2amt** *n* bureau *m* d'aide sociale; **2arbeiter** *m* travailleur *m* social; **2demokrat(in** *f*) *m* social-démocrate *m,f*; **2hilfe** *f* aide *f* sociale; **2hilfeempfänger(in** *f*) *m* bénéficiaire *m,f* de l'aide sociale; **~isieren** socialiser; **2isierung** *f* socialisation *f*; **2ismus** *m* socialisme *m*; **2ist(in** *f*) *m* socialiste *m,f*; **~istisch** socialiste; **2kunde** *f* instruction *f od* éducation *f* civique; **2lasten** *f/pl* charges *f/pl* sociales; **2plan** *m* plan *m* social; **2politik** *f* politique *f* sociale; **2staat** *m* État *m* social; État-providence *m*; **2versicherung** *f* Sécurité *f* sociale; **2wohnung** *f etwa* H.L.M. *m*

Soziolog|e *m*, **~in** *f* sociologue *m,f*; **~ie** *f* sociologie *f*; **2isch** sociologique

Sozius *m Teilhaber* associé *m*; *Mitfahrer* passager *m*

sozusagen pour ainsi dire

Spachtel *m od f* spatule *f*

Spagat *m* ~ ***machen*** faire le grand écart

Spalier *n* espalier *m*, *fig* ~ ***bilden*** faire la haie

Spalt *m* fente *f*; **~e** fente *f*, fissure *f*; *Gletscher*2 crevasse *f*; *Zeitung* colonne *f*; **2en** (***sich*** ~ se) fendre; *fig Partei etc* (se) diviser, (se) scinder; **~material** *n* matériau *m* de fission; **~ung** *f fig* division *f*, scission *f*; *phys Kern*2 fission *f*

Span *m* copeau *m*; **~ferkel** *n* cochon *m* de lait

Spange *f* agrafe *f*; *Haar*2 barrette *f*; *Arm*2 bracelet *m*; *Autobahn*2 bretelle *f*

Span|ien *n* l'Espagne *f*; **~ier(in** *f*) *m* Espagnol *m*, -e *f*; **2isch** espagnol

Spann|e *f Zeit*2 laps *m* de temps; **2en** tendre; *Kleidung* serrer (qn); **2end** *fig* captivant, attachant, palpitant; **~kraft** *f* élasticité *f*, ressort *m*; **~ung** *f* tension *f* (*a pol, elektrisch*); *in Filmen etc* suspense *m*; **~ungsprüfer** *m* contrôleur *m* de tension

Spanplatte *f* aggloméré *m*

Spar|buch *n* livret *m* de caisse d'épargne; **~büchse** *f* tirelire *f*; **2en** économiser (***an*** sur); épargner; **~er** *m* épargnant *m*

Spargel *bot m* asperge *f*

Spar|kasse *f* caisse *f* d'épargne; **~konto** *n* compte *m* d'épargne

spärlich maigre; *Haar*, *Publikum* clairsemé

Sparpolitik *f* politique *f* d'austérité

sparsam économe; *Gerät* ~ (***im Verbrauch***) économique; ***mit etw ~ umgehen*** économiser qc; **2keit** *f* économie *f*

Sparte *f* section *f*, catégorie *f*; *Zeitung* rubrique *f*

Spaß *m* plaisanterie *f*; *Freude* plaisir *m*; ***aus od zum*** ~ pour rire; ***es macht mir viel*** ~ cela m'amuse beaucoup; ***j-m den ~ verderben*** gâter le plaisir de qn; ***keinen ~ verstehen*** n'avoir aucun sens de l'humour; **2en** plaisanter; **2haft, 2ig** plaisant, drôle; **~macher** *m*, **~vogel** *m* farceur *m*, blagueur *m*; F rigolo *m*

spät tard; ~ *eintretend* tardif; ***wie ~ ist es?*** quelle heure est-il?; ***es wird*** ~ il se fait tard; ***zu ~ kommen*** arriver trop tard, arriver en retard

Spaten *m* bêche *f*

Spätentwickler *m* enfant *m* à développement tardif

spät|er plus tard; *adj* ultérieur; ***früher oder*** ~ tôt ou tard; ***bis ~!*** à plus tard!; **~estens** au plus tard

Spatz *zo m* moineau *m*

spazieren ~ ***fahren*** se promener en voiture; ~ ***gehen*** se promener (à pied)

Spazier|gang *m* promenade *f*; **~gänger(in** *f*) *m* promeneur *m*, -euse *f*; **~stock** *m* canne *f*

Specht *zo m* pivert *m*

Speck *m* lard *m*; **2ig** gras

Spediteur *m* transporteur *m*; *Möbel*2 déménageur *m*

Speer *m* lance *f*; *Wurf*2 javelot *m*; **~werfen** *n Sport* lancement *m od* lancer *m* du javelot

Speiche *f* rayon *m*

Speichel *m* salive *f*

Speicher *m* magasin *m*; *Dachboden* grenier *m*; *Wasser*2 réservoir *m*; *EDV* mémoire *f*; **~erweiterung** *f* extension *f* de mémoire; **~funktion** *f* fonction *f* de mémoire; **~kapazität** *f* capacité *f* de mémoire; **2n** emmagasiner, stocker; *Daten* enregistrer, mettre en mémoire; **~platz** *m* espace *m* de mémoire;

S

~schreibmaschine *f* machine *f* à écrire à mémoire
speien cracher, vomir
Speise *f Gericht* mets *m*, plat *m*; *Nahrung* nourriture *f*; **~eis** *n* glaces *f/pl*; **~kammer** *f* garde-manger *m*; **~karte** *f* menu *m*, carte *f*; **~röhre** *f* œsophage *m*; **~saal** *m* réfectoire *m*; *Hotel* salle *f* à manger; **~wagen** *m* wagon-restaurant *m*
Spektakel *m* F boucan *m*, chahut *m*, tapage *m*; ⚠ *nicht* **spectacle**
Spekul|ant(in *f*) *m* spéculateur *m*, -trice *f*; **Ƨieren** *comm* spéculer (***mit***, ***auf*** sur)
Spende *f* don *m*; **Ƨn** donner; **~r(in** *f*) *m* bienfaiteur *m*, -trice *f*, donateur *m*, -trice *f*; *Organ*Ƨ donneur *m*; *Behälter* doseur *m*, distributeur *m*
spendieren F ***j-m etw ~*** offrir qc à qn
Spengler *östr m* plombier *m*
Sperling *zo m* moineau *m*
Sperr|e *f* barrage *m*, barrière *f*; *tech*, *phys* blocage *m*; *Handels*Ƨ blocus *m*, embargo *m*; *Verbot* interdiction *f*; **Ƨen** *Straße* barrer; *Hafen*, *Konto* bloquer; *Strom* couper; ***~ in*** enfermer dans; **~gebiet** *n* zone *f* interdite; **~holz** *n* contre-plaqué *m*; **~müllabfuhr** *f* enlèvement *m* des objets encombrants
Spesen *pl* frais *m/pl*
Spezi *m* F copain *m*
Spezial|ausbildung *f* formation *f* spécialisée; **~gebiet** *n* domaine *m* spécial, spécialité *f*; **~geschäft** *n* magasin *m* spécialisé; **Ƨisieren** ***sich ~*** se spécialiser (***auf*** dans); **~ist(in** *f*) *m* spécialiste *m*, *f*; **~ität** *f* spécialité *f*
speziell spécial, particulier
spezifisch spécifique
Sphäre *f* sphère *f* (*a fig*)
Sphinx *f* sphinx *m*; ⚠***le*** sphinx
spick|en *cuis* entrelarder; *fig* farcir (***mit*** de); *Schule* F copier; **Ƨzettel** *m* F pompe *f*
Spiegel *m* miroir *m*, glace *f*; **~bild** *n* image *f* inversée, reflet *m*; **Ƨblank** brillant comme un miroir; **~ei** *n* œuf *m* sur le plat; **Ƨglatt** *Straße* verglacé; **Ƨn** *glänzen* briller; *wider~* refléter; ***sich ~*** se refléter (***in*** dans); **~reflexkamera** *f* reflex *m*; **~ung** *f* réflexion *f*, reflet *m*
Spiel *n* jeu *m*; *Wett*Ƨ *a* match *m*; ***aufs ~ setzen*** risquer; ***auf dem ~ stehen*** être en jeu; **Ƨen** jouer (*Musikinstrument* de; *Regelspiel* à); **Ƨend** facilement, sans peine; **~er(in** *f*) *m* joueur *m*, -euse *f*
Spiel|feld *n Sport* terrain *m*; **~film** *m* long métrage *m*; **~halle** *f* salle *f* de jeux; **~hölle** *f péj* tripot *m*; **~kamerad(in** *f*) *m* camarade *m*, *f* de jeu; **~karte** *f* carte *f* à jouer; **~marke** *f* jeton *m*; **~platz** *m* terrain *m* de jeu; **~raum** *m* marge *f*, liberté *f* de mouvement, latitude *f*; **~regel** *f* règle *f* du jeu; **~sachen** *f/pl* jouets *m/pl*; **~stand** *m* score *m*; **~uhr** *f* boîte *f* à musique; **~verderber** *m* rabat-joie *m*, trouble-fête *m*; **~waren** *f/pl* jouets *m/pl*; **~zeit** *f* saison *f*; **~zeug** *n* jouet *m*
Spieß *m* pique *f*; *Brat*Ƨ broche *f*; **~bürger** *m*, **~er** *m péj* petit bourgeois *m*, béotien *m*, philistin *m*; **Ƨig** borné, obtus
Spinat *bot m* épinards *m/pl*
Spinn|e *zo f* araignée *f*; **Ƨen** filer; F *fig* être cinglé (toqué, timbré, loufoque, maboul), avoir un grain; **~er** *m* F *fig* cinglé *m*, loufoque *m*; *Fantast* rêveur *m*; **~erei** *f* filature *f*; F *fig* folie *f*, loufoquerie *f* F; **~rad** *n* rouet *m*; **~webe** *f* toile *f* d'araignée
Spion|(in *f*) *m* espion *m*, -ne *f*; **~age** *f* espionnage *m*; **Ƨieren** espionner
Spirale *f* spirale *f*; *méd* stérilet *m*
Spirituosen *pl* spiritueux *m/pl*
Spiritus *m* alcool *m* à brûler
spitz pointu; *Winkel* aigu; *Bemerkung* piquant; **Ƨbogen** *arch m* (arc *m* en) ogive *f*; **Ƨbube** *m* coquin *m*
Spitze *f* pointe *f* (*a fig Stichelei*); *Berg*Ƨ sommet *m*; *Gewebe* dentelle *f*; F ***~!*** super!; ***an der ~ stehen*** être en tête
Spitzel *m* mouchard *m*
spitzen *Bleistift* tailler; *Ohren* dresser; **Ƨgeschwindigkeit** *f* vitesse *f* de pointe; **Ƨkandidat** *m* tête *f* de liste; **Ƨleistung** *f* rendement *m* maximum; *Sport* record *m*; **Ƨprodukt** *n* produit *m* haut de gamme; **Ƨtechnik** *f* technologie *f* de pointe
spitz|findig subtil; **Ƨfindigkeit** *f* subtilité *f*; **Ƨhacke** *f* pic *m*; **Ƨname** *m* sobriquet *m*, surnom *m*
Splitter *m* éclat *m*; *in der Haut* écharde *f*; **Ƨn** voler en éclats; **Ƨnackt** nu comme un ver
Spoiler *m* spoiler *m*
spons|ern sponsoriser; **Ƨor** *m* sponsor

S

m, commanditaire *m*; **≗oring** *n* parrainage *m*, sponsorisation *f*

spontan spontané

Spore *bot f* spore *f*

Sporn *m* éperon *m*; ***e-m Pferd die Sporen geben*** éperonner un cheval

Sport *m* sport *m*; ***~ treiben*** faire du sport; ***e-n ~ ausüben*** pratiquer un sport; **~halle** *f* stade *m* couvert; **~kleidung** *f* vêtements *m/pl* de sport; **~lehrer(in** *f*) *m* professeur *m* d'éducation physique; **~ler(in** *f*) *m* sportif *m*, -ive *f*; **≗lich** sportif; *Kleidung* sport; **~nachrichten** *pl* nouvelles *f/pl* sportives; **~platz** *m* terrain *m* de sport, stade *m*; **~verein** *m* club *m* sportif, association *f* sportive; **~wagen** *m* voiture *f* (de) sport

Spott *m* moquerie *f*, raillerie *f*; **≗billig** à un prix dérisoire; **≗en** se moquer (***über*** de)

Spött|er(in *f*) *m* moqueur *m*, -euse *f*; **≗isch** railleur, moqueur

Sprachcomputer *m* traducteur *m* de poche

Treibst du Sport?

der Mannschaftssport	***les sports d'équipe***
der Leistungssport	***les sports de compétition***
der Wintersport	***les sports d'hiver***
der Wassersport	***les sports nautiques***
der Sportler	***le sportif***
die Sportlerin	***la sportive***
die Sporthalle	***le stade couvert***
das Sportstadion	***le stade***
der Sportverein	***le club sportif***
das Schwimmbad	***la piscine***
Sport treiben	***faire du sport***
Fußball spielen	***jouer au foot(ball)***
Volleyball spielen	***jouer au volley(ball)***
Basketball spielen	***jouer au basket(ball)***
Tennis spielen	***jouer au tennis***
Tischtennis spielen	***jouer au ping-pong***
reiten	***faire du cheval***
schwimmen gehen	***faire de la natation***
windsurfen	***faire de la planche à voile***
tauchen	***faire de la plongée***
segeln	***faire du bateau à voile***
Fallschirm springen	***faire du parachutisme***
Drachen fliegen	***faire du deltaplane***
Rad fahren	***faire de la bicyclette***
Schlittschuh laufen	***faire du patinage***
skaten (*mit Inline-Skates*)	***faire du roller, du patin en ligne***
Rollschuh fahren	***faire du patin à roulettes***
klettern gehen	***faire de l'escalade***
wandern	***faire des randonnées***
Leichtathletik treiben	***faire de l'athlétisme***
Ski fahren	***faire du ski***
einem Sportverein angehören	***adhérer à un club sportif***

Sprach|e *f* langue *f*; *Ausdrucksweise* langage *m*; *Gabe* parole *f*; **~gebrauch** *m* usage *m*; **~labor** *n* laboratoire *m* de langues; **~lehre** *f* grammaire *f*; **~lehrer(in** *f*) *m* professeur *m* de langues; **ℒlich** concernant la langue; linguistique; **ℒlos** *fig* interdit, stupéfait, sidéré F; **~regelung** *f* version *f* officielle; **~rohr** *n fig* porte-parole *m*; **~unterricht** *m* enseignement *m* d'une langue *od* des langues; **~wissenschaft** *f* linguistique *f*

Spray *m* aérosol *m*; **~dose** *f* bombe *f*; **~er** *m Graffiti* tagueur *m*

Sprechblase *f* bulle *f*

sprech|en parler (***über*** *od* ***von*** de; ***j-n*** *od* ***mit j-m*** à *od* avec qn); **ℒer(in** *f*) *m Wortführer* porte-parole *m*; *Radio, TV* speaker *m*, speakerine *f*; présentateur *m*, -trice *f*; **ℒstunde** *f* heure(s) *f(pl)* de consultation; **ℒstundenhilfe** *f* assistante *f* médicale; **ℒzimmer** *n* parloir *m*; *e-s Arztes* cabinet *m* (de consultation)

spreizen écarter

spreng|en *Brücke etc* faire sauter; *Rasen etc* arroser; **ℒkopf** *mil m* ogive *f*; **ℒkörper** *m* engin *m* explosif; **ℒstoff** *m* explosif *m*; **ℒung** *f* dynamitage *m*, destruction *f* par explosif

sprenkeln moucheter, tacheter

Spreu *f* balle *f*; *fig* ***die ~ vom Weizen sondern*** séparer le bon grain de l'ivraie

Sprich|wort *n* proverbe *m*; **ℒwörtlich** proverbial

Spring|brunnen *m* fontaine *f*, jet *m* d'eau; **ℒen** sauter, bondir; **~er(in** *f*) *m* sauteur *m*, -euse *f*; *Schwimmsport* plongeur *m*, -euse *f*; *nur m Schach* cavalier *m*; **~erstiefel** *pl* rangers *m/pl*; **~flut** *f* grande marée *f*; **~reiten** *n* jumping *m*

Sprinter *Sport m* sprinter *m*

Sprit *m* F *Benzin* essence *f*

Spritz|e *f méd* piqûre *f*; *Instrument* seringue *f*; *Gartenℒ a* pulvérisateur *m*; *Feuerℒ* pompe *f* à incendie; **ℒen** éclabousser; *Blut* jaillir, gicler; *besprengen* arroser, asperger; *spritzlackieren* peindre au pistolet; *méd* injecter; F ***j-n ~*** faire une piqûre à qn; **~er** *m* éclaboussure *f*; **~pistole** *f* pistolet *m* pour peinture; *Spielzeug* pistolet *m* à eau

spröde cassant; *Haut* sec, gercé; *fig Person* revêche, prude

Sprosse *f* échelon *m*, barreau *m*; **~nfenster** *n* fenêtre *f* à croisillons

Sprössling *m* F *Kind* rejeton *m*

Spruch *m Sprichwort* dicton *m*; *Gerichtsℒ* verdict *m*; **~band** *n* banderole *f*

Sprudel *m* eau *f* minérale gazeuse; **ℒn** bouillonner; *fig* déborder (***vor*** de)

Sprüh|dose *f* atomiseur *m*, bombe *f*; **ℒen** vaporiser, pulvériser; *fig* ***vor Witz ~*** être pétillant d'esprit; **~regen** *m* pluie *f* fine, bruine *f*

Sprung *m* saut *m*, bond *m*; *in Glas etc* fêlure *f*, fissure *f*; **~brett** *n* plongeoir *m*; tremplin *m* (*a fig*); **ℒhaft** *Person* inconstant, changeant, versatile; ***~ ansteigen*** faire un bond; **~schanze** *f* tremplin *m*

Spucke F *f* salive *f*; **ℒn** cracher; F *brechen* vomir

Spuk *m* apparition *f* de fantômes; **ℒen** ***es spukt*** il y a des revenants

Spule *f* bobine *f*

Spül|e *f* évier *m*; **ℒen** *Geschirr* laver; *Gläser, Mund* rincer; *WC* tirer la chasse; ***etw ans Ufer ~*** jeter qc sur le rivage; **~maschine** *f* lave-vaisselle *m*; **~mittel** *n* produit *m* vaisselle

Spur *f* trace *f*, piste *f*; *fig a* vestige *m*; *Fahrℒ* voie *f*, file *f*

spür|bar sensible; **~en** sentir, éprouver, ressentir

spurlos sans laisser de trace

Spürsinn *m* flair *m*

Spurt *Sport m* sprint *m*

Squash *m* squash *m*; ***~ spielen*** faire du squash; **~halle** *f* salle *f* de squash; **~schläger** *m* raquette *f* de squash

Sri Lanka *n* Sri Lanka; ***auf ~*** à Sri Lanka

Staat *m* État *m*

Staaten|bund *m* confédération *f* (d'États); **ℒlos** apatride, sans nationalité

staatlich de l'État, national, public, étatique

Staats|angehörige(r) *m, f* ressortissant *m*, -e *f*; **~angehörigkeit** *f* nationalité *f*; **~anwalt** *m* procureur *m* (de la République); **~besuch** *m* visite *f* officielle; **~bürger(in** *f*) *m* citoyen *m*, -ne *f*; **~chef** *m* chef *m* de l'État; **~dienst** *m* fonction *f* publique; **ℒeigen** appartenant à l'État, nationalisé; **ℒfeindlich** subversif; **~mann** *m* homme *m* d'État;

~oberhaupt *n* chef *m* de l'État; **~sekretär** *m* secrétaire *m* d'État; **~streich** *m* coup *m* d'État
Stab *m* bâton *m*; *Gitter*≈ barreau *m*; *Dirigenten*≈ baguette *f*; *~hochsprung* perche *f*; *von Menschen* équipe *f*; *mil* état-major *m*
Stäbchen *n/pl Ess*≈ baguettes *f/pl*
Stabhoch|springer *m* perchiste *m*; **~sprung** *m* saut *m* à la perche
stabil stable; *robust* solide, F costaud; **~isieren** stabiliser; **≈ität** *f* stabilité *f*
Stachel *m* épine *f*, pointe *f*; *bot*, *Igel* piquant *m*; *Insekt* dard *m*; **~beere** *f* groseille *f* à maquereau; **~draht** *m* (fil *m* de fer) barbelé *m*; **~schwein** *zo n* porc-épic *m*
stachlig épineux, piquant
Stadel *östr m* grange *f*
Stadion *n* stade *m*
Stadium *n* phase *f*, stade *m*
Stadt *f* ville *f*; ***die ~ Berlin*** la ville de Berlin; **~autobahn** *f* autoroute *f* urbaine
Städt|ebau *m* urbanisme *m*; **~epartnerschaft** *f* jumelage *m*; **~er(in** *f*) *m* citadin *m*, -e *f*; **≈isch** de (la) ville, urbain, citadin, municipal
Stadt|plan *m* plan *m* de la ville; **~rand** *m* banlieue *f*; **~rat** *m* conseil *m* municipal; *Person* conseiller *m* municipal; **~rundfahrt** *f* excursion *f od* tour *m* à travers la ville; **~teil** *m*, **~viertel** *n* quartier *m*
Staffel *f Sport* équipe *f* (de coureurs); *~lauf* relais *m*; *aviat* escadrille *f*; **~ei** *f* chevalet *m*; **~lauf** *Sport m* course *f* de relais; **≈n** échelonner
Stahl *m* acier *m*
Stall *m Vieh*≈ étable *f*; *Pferde*≈ écurie *f*; *Schweine*≈ porcherie *f*; *Schaf*≈ bergerie *f*; *Kaninchen*≈ clapier *m*; *Hühner*≈ poulailler *m*
Stamm *m Baum*≈ tronc *m*; *Volks*≈ tribu *f*; *Geschlecht* souche *f*, race *f*; *gr* radical *m*; **~baum** *m* arbre *m* généalogique
stammeln balbutier
stammen ***~ von*** *od* ***aus*** (pro)venir de, être originaire de
Stamm|formen *gr f/pl* temps *m/pl* principaux; **~gast** *m* habitué *m*; **~kneipe** *f* bistro(t) *m* habituel; **~kunde** *m* client *m* habituel *od* attitré
stampfen *mit dem Fuß* piétiner; *fest~* fouler; *tech* pilonner, damer
Stand *m Zustand* état *m*; *Lage* situation *f*; *Stellung* position *f*; *sozialer* classe *f*, condition *f*; *Beruf* profession *f*; *Wasser*≈ *etc* niveau *m*; *Spiel*≈ score *m*; *Messe*≈ stand *m*; *Verkaufs*≈ échoppe *f*, étalage *m*; ***auf den neuesten ~ bringen*** actualiser; ***e-n schweren ~ haben*** être dans une situation délicate; ***außer ~e sein*** être hors d'état (**zu** de); ***im ~e sein zu*** être capable *od* en état *od* à même de ...; ***in ~ halten*** maintenir en bon état, entretenir; ***in ~ setzen*** réparer; ***zu ~e bringen*** parvenir à, réaliser; ***zu ~e kommen*** se faire, se réaliser, avoir lieu
Standard *m Norm* standard *m*; *erreichte Höhe* niveau *m*
Stand-by-Ticket *n* billet *m* stand-by
Ständchen *n Abend*≈ sérénade *f*; *Morgen*≈ aubade *f*
Ständer *m* support *m*
Standes|amt *n* (bureau *m* de l')état *m* civil; **≈amtlich** ***~e Trauung*** mariage *m* civil; **~beamte(r)** *m* officier *m* d'état civil; **≈gemäß** selon son rang
stand|haft ferme; ***~ bleiben*** tenir bon *od* ferme; **≈haftigkeit** *f* fermeté *f*; **~halten** résister (à)
ständig permanent, constant, continuel
Stand|licht *n auto* feux *m/pl* de position, veilleuse *f*; **~ort** *m* emplacement *m*, place *f*, *mar*, *aviat* position *f*; **~pauke** F *f* sermon *m*, savon *m* F, semonce *f*; **~punkt** *m* point *m* de vue; **~spur** *f* bande *f* d'arrêt d'urgence
Stange *f* barre *f*, tige *f*, perche *f*; ***e-e ~ Zigaretten*** une cartouche de cigarettes; ***von der ~ kaufen*** acheter du prêt-à-porter
Stängel *bot m* tige *f*
stanzen *tech* poinçonner, estamper
Stapel *m* pile *f*; *mar* ***vom ~ laufen*** être lancé; F *péj* ***vom ~ lassen*** débiter; **~lauf** *mar m* mise *f* à l'eau, lancement *m*; **≈n** empiler
stapfen marcher lourdement
Star *m* **1.** *zo* étourneau *m*; **2.** *méd* ***grauer ~*** cataracte *f*; ***grüner ~*** glaucome *m*; **3.** *Film*, *TV etc* vedette *f*; *Film*≈ *a* star *f*; ⚠ ***la*** star
stark fort; *kräftig* vigoureux; *mächtig* puissant; *intensiv* intense; *Raucher*, *Esser* gros; ***sich für etw ~ machen*** apporter son appui à qc

Stärke *f* force *f*, vigueur *f*, puissance *f*, intensité *f*; *cuis* fécule *f*; *für Wäsche* amidon *m*; **2n** fortifier; renforcer; *Wäsche* empeser, amidonner; ***sich*** ~ se restaurer
Starkstrom *m* courant *m* à haute tension
Stärkung *f* renforcement *m*; *Imbiss* collation *f*; *Trost* réconfort *m*
starr *Blick* fixe; *steif* raide (*a fig*), rigide; ~ ***vor Kälte*** engourdi par le froid; **~en** ~ ***auf*** regarder fixement; ***vor Schmutz*** ~ être couvert de crasse; **2heit** *f* raideur *f*, rigidité *f*; **~köpfig** entêté, têtu, obstiné; **2sinn** *m* entêtement *m*, obstination *f*
Start *m* départ *m*; *aviat a* envol *m*, décollage *m*; *auto* démarrage *m*; **~bahn** *aviat f* piste *f* de décollage *od* d'envol; **2en** partir; *aviat* décoller; *auto* démarrer (*a fig*); *EDV* lancer; ***den Computer neu*** ~ relancer l'ordinateur
Statik *f* statique *f*
Station *f* station *f*; *Krankenhaus* service *m*; **2ieren** stationner; *Raketen* déployer
Statist(in *f*) *m* figurant *m*, -e *f*
Statist|ik *f* statistique *f*; **~iker** *m* statisticien *m*; **2isch** statistique; ***das ist*** ~ ***erwiesen*** c'est prouvé par des statistiques
Stativ *n* pied *m*, trépied *m*
statt au lieu de
Stätte *f* lieu *m*, site *m*
stattfinden avoir lieu
stattlich imposant, considérable
Statue *f* statue *f*
Status *m* état *m*, statut *m*; **~symbol** *n* marque *f* de standing
Statut *n* statut *m*
Stau *m auto* bouchon *m*, embouteillage *m*
Staub *m* poussière *f*; **2en** faire de la poussière; **~fänger** *m* F ramasse-poussière *m*; **~gefäß** *bot n* étamine *f*; **2ig** poussiéreux; **2saugen** passer l'aspirateur; **~sauger** *m* aspirateur *m*; **~tuch** *n* chiffon *m* (à poussière)
Staudamm *m* barrage *m*
stauen *Wasser* retenir; ***sich*** ~ s'accumuler, s'amasser
staunen s'étonner (***über*** de)
Stausee *m* lac *m* de retenue
Steak *n* bifteck *m*
stech|en piquer; *Sonne* brûler, taper; ***sich*** ~ se piquer (***in den Finger*** le doigt); **~end** *Blick* perçant; *Schmerz* lancinant; **2uhr** *f* appareil *m* de pointage

Steck|brief *jur m* signalement *m*; **~dose** *f* prise *f* (de courant)
stecken mettre (***in*** dans), fourrer F; *sich befinden* être, se trouver; ***tief in Schulden*** ~ être criblé de dettes; ~ ***bleiben*** rester bloqué; *einsinken* s'enfoncer; *im Schlamm* s'embourber; *in e-r Rede* rester en panne; **2pferd** *n* dada *m*; *fig a* passe-temps *m* favori, violon *m* d'Ingres
Steck|er *m* fiche *f* (électrique); **~nadel** *f* épingle *f*
Steg *m* passerelle *f*
Stegreif *m* ***aus dem*** ~ ***sprechen***, ***spielen*** improviser
stehen *nicht liegen* être *od* se tenir debout; *sich befinden* être, se trouver; *geschrieben* ~ *a* être écrit; ***j-m*** (***gut***) ~ aller (bien) à qn; ***wo steht das?*** où est-ce que cela se trouve?; ***wie steht's mit ihm?*** comment va-t-il?; ***wie stehst du zu ...?*** quel est ton point de vue sur ...?; F ***das steht mir bis hierher!*** j'en ai ras-le-bol! F; ~ ***bleiben*** s'arrêter; ***wo sind wir*** ~ ***geblieben?*** où en sommes-nous restés?; ~ ***lassen*** laisser; *Schirm etc* oublier; ***j-n*** ~ ***lassen*** plaquer qn F; **~d** debout; *Gewässer* stagnant
Steh|kragen *m* col *m* droit; **~lampe** *f* lampe *f* à pied; *große* lampadaire *m*
stehlen voler
Stehplatz *m* place *f* debout
Steiermark ***die*** ~ la Styrie
steif raide (*a fig*); **2heit** *f* raideur *f*
Steig *m* sentier *m* (de montagne); **~bügel** *m* étrier *m*; **2en** monter; ***in den*** (***aus dem***) ***Wagen*** ~ monter en (descendre de) voiture; **2ern** augmenter, accroître; *verstärken* renforcer; *verbessern* améliorer; **~erung** *f* augmentation *f*, accroissement *m*; *gr* comparaison *f*; **~ung** *f* montée *f*
steil raide, escarpé; **2küste** *f* falaise *f*
Stein *m* pierre *f*; **~bock** *m zo* bouquetin *m*; *astr* Capricorne *m*; **~bruch** *m* carrière *f*; **2ern** en pierre, de pierre; *fig Gesicht* impassible; **~fraß** *m* maladie *f* de la pierre; **~gut** *n* faïence *f*; **2ig** pierreux; **~kohle** *f* houille *f*; **~metz** *m* tailleur *m* de pierre(s); **2reich** *fig* richissime, (tout) cousu d'or; **~zeit** *f* âge *m* de la pierre
Stelle *f* place *f*; *Ort* lieu *m*; *bestimmte* endroit *m*; *Arbeits2* place *f*, emploi *m*; *Dienst2* service *m*; *Text2* passage *m*;

S

auf der ~ *sofort* sur-le-champ; ***an ersten ~ stehen*** être au premier plan; ***ich an deiner ~*** moi à ta place
stellen mettre, poser, placer; *nicht legen* mettre debout; *Uhr* régler; *Falle* tendre; *Frage* poser; ***sich ~*** *irgendwohin* se mettre, se poster; *der Polizei* se constituer prisonnier; ***sich krank ~*** faire semblant *od* feindre d'être malade
Stellen|angebot *n* offre *f* d'emploi; **~gesuch** *n* demande *f* d'emploi; **℞weise** par endroits; **~wert** *m math* valeur *f*; *fig* importance *f*
Stellung *f* position *f*; *berufliche* situation *f*; ***~ nehmen*** prendre position (***zu*** sur); **~nahme** *f* prise *f* de position
Stellvertreter(in *f*) *m* remplaçant *m*, -e *f*
Stelze *f* échasse *f*
stemmen *Gewicht* soulever; ***sich ~ gegen*** s'appuyer contre; *fig* s'opposer à
Stempel *m* tampon *m*, timbre *m*; *bot* pistil *m*; **℞n** tamponner, timbrer; *Post* oblitérer; *an der Stempeluhr* pointer; F ***~ gehen*** être au chômage
Stengel *m cf* ***Stängel***
Steno|grafie *f* sténographie *f*; **℞grafieren** sténographier, prendre en sténo; **~gramm** *n* sténogramme *m*; **~typistin** *f* sténodactylo *f*
Steppdecke *f* édredon *m* américain, courtepointe *f*
Steppe *f* steppe *f*
Sterbe|bett *n* lit *m* de mort; **~fall** *m* décès *m*; **~hilfe** *f* euthanasie *f*
sterb|en mourir (***an*** de); **~lich** mortel
Stereo *n* stéréo *f*; ***in ~*** en stéréo; **~anlage** *f* chaîne *f* stéréo *od* hi-fi; **℞typ** stéréotypé
steril stérile, infertile; **~isieren** stériliser
Stern *m* étoile *f*; **~bild** *n* constellation *f*; **~chen** *n* astérisque *m*; **~enbanner** *n* bannière *f* étoilée; **~fahrt** *auto f* rallye *m*; ⚠ ***le*** rallye; **℞hagelvoll** F ivre mort; **℞klar** étoilé; **~kunde** *f* astronomie *f*; **~schnuppe** *f* étoile *f* filante; **~system** *n* galaxie *f*; **~warte** *f* observatoire *m*
stetig continu, continuel, constant, permanent
stets toujours
Steuer[1] *n auto* volant *m*; *mar* barre *f*; gouvernail *m* (*a fig*)
Steuer[2] *f* impôt *m* (***auf*** sur), taxe *f*; **~berater** *m* conseiller *m* fiscal; **~bord** *mar n* tribord *m*; **~erklärung** *f* déclaration *f* d'impôts; **~ermäßigung** *f* allégement *m* fiscal; **℞frei** exempt d'impôts; **~gerät** *n Radio* radio-ampli *m*; *EDV* unité *f* de contrôle; **~hinterziehung** *f* fraude *f* fiscale; **~knüppel** *aviat u EDV m* manche *m* à balai; **~mann** *m Ruderboot* barreur *m*
steuern *Schiff* gouverner; *Fahrzeug* conduire, diriger; *Flugzeug, Auto* piloter; *tech* commander; *fig* contrôler, diriger, régler
steuer|pflichtig imposable; **℞rad** *n auto* volant *m*; **℞senkung** *f* réduction *f* d'impôts; **℞ung** *f* pilotage *m*; *tech* commande *f*, direction *f*; **℞ungstaste** *EDV f* touche *f* Control; **℞zahler** *m* contribuable *m*; **℞zeichen** *EDV n* caractère *m* de contrôle
Steward *m* steward *m*
Stewardess *aviat f* hôtesse *f* de l'air
Stich *m Insekten℞* piqûre *f*; *Messer℞* coup *m*; *Näh℞* point *m*; *Kupfer℞* gravure *f*; *Kartenspiel* pli *m*, levée *f*; ***im ~ lassen*** abandonner, laisser en plan F; **~elei** *f fig* coup *m* d'épingle, pointe *f*; **℞eln** *fig* lancer des coups d'épingles *od* des pointes (***gegen*** à); **~flamme** *f* jet *m* de flamme; **℞haltig** valable, concluant; ***nicht ~*** peu sérieux; **~probe** *f* contrôle *m* fait au hasard; *Statistik* échantillon *m*; **~wort** *n Lexikon* entrée *f*, mot-clé *m*; *Theater* réplique *f*; ***das Wichtigste in ~en*** l'essentiel en quelques mots
stick|en broder; **℞er** *m* autocollant *m*; **℞erei** *f* broderie *f*; **~ig** *Luft* étouffant; **℞oxid** *chim n* oxyde *m* d'azote; **℞stoff** *chim m* azote *m*
Stiefbruder *m* demi-frère *m*
Stiefel *m* botte *f*
Stief|mutter *f* belle-mère *f*; **~mütterchen** *bot n* pensée *f*; **~schwester** *f* demi-sœur *f*; **~sohn** *m* beau-fils *m*; **~tochter** *f* belle-fille *f*; **~vater** *m* beau-père *m*
Stiege *f östr Treppe* escalier *m*; *Obst℞* cageot *m*
Stiel *m Werkzeug* manche *m*; *Pfanne, Kirschen* queue *f*; *Stängel* tige *f*
Stier *m zo* taureau *m*; *astr* Taureau *m*; **℞en** regarder fixement (***auf etw*** qc); **~kampf** *m* course *f* de taureaux, corrida *f*; **~kämpfer** *m* toréador *m*

S

Stift *m Blei*Ջ crayon *m*; *Lippen*Ջ bâton *m* (de rouge); *tech* goupille *f*, goujon *m*; **Ջen** *gründen* fonder; *spenden* donner; ***Frieden*** ~ faire la paix; **~er(in** *f*) *m* fondateur *m*, -trice *f*; *Spender* donateur *m*, -trice *f*; **~ung** *f* fondation *f*

Stil *m* style *m*; *fig* ***in großem*** ~ de grand style; **Ջisiert** stylisé; **~istik** *f* stylistique *f*; **Ջistisch** stylistique

still tranquille, calme; *geräuschlos* silencieux; **~!** silence!; ***der*** **Ջe *Ozean*** l'océan *m* Pacifique

Stille *f* tranquillité *f*, calme *m*, silence *m*; ***in aller*** ~ *Beisetzung* dans l'intimité; *heimlich* secrètement

stillen *Blut* arrêter; *Schmerz, Hunger, Durst* apaiser; *Neugier, a Hunger, Durst* assouvir; *Kind* nourrir au sein, allaiter

stillhalten se tenir tranquille

Stillleben *n Malerei* nature *f* morte

stilllegen *Betrieb* fermer

stillos sans style; de mauvais goût

still|schweigen se taire; **Ջschweigen** *n* silence *m*; **~schweigend** tacite; **~sitzen** rester tranquille; **Ջstand** *m* arrêt *m*; *fig* stagnation *f*; **~stehen** s'arrêter, ne pas bouger, rester en place

Stil|möbel *pl* meubles *m/pl* de style; **Ջvoll** qui a du style

Stimm|bänder *n/pl* cordes *f/pl* vocales; **Ջberechtigt** qui a droit de vote; **~bruch** *m* mue *f* (de la voix)

Stimme *f* voix *f*; *Wahl*Ջ *a* suffrage *m*, vote *m*

stimmen être exact *od* juste; *Instrument* accorder; ***es stimmt*** c'est juste; ***es stimmt mich traurig*** cela me rend triste; ~ **für** (**gegen**) voter pour (contre)

Stimm|engewirr *n* brouhaha *m* de voix; **~enthaltung** *f* abstention *f*; **~gabel** *mus f* diapason *m*; **Ջhaft** *ling* sonore; **Ջlos** *ling* sourd; **~recht** *n* droit *m* de vote

Stimmung *f* état *m* d'âme, humeur *f*; *Atmosphäre* atmosphère *f*, ambiance *f*; ***alle waren in*** ~ tous étaient de bonne humeur; **Ջsvoll** plein d'ambiance; *Bild* qui a de l'atmosphère

Stimmzettel *m* bulletin *m* de vote

stinken puer (***nach etw*** qc); *fig* F ***es stinkt mir*** j'en ai marre F

Stipendium *n* bourse *f*

Stirn *f* front *m*

stöbern fouiller (**in** dans)

stochern ***in den Zähnen*** ~ se curer les dents; ***im Essen*** ~ chipoter

Stock *m* bâton *m*; *Spazier*Ջ canne *f*; *Bienen*Ջ ruche *f*; *bot* pied *m*; *~werk* étage *m*; ***im ersten*** ~ au premier étage; **Ջdumm** bête comme ses pieds; **Ջdunkel** ***es ist*** ~ il fait noir comme dans un four

stocken s'arrêter; *langsamer werden* se ralentir; *Redner* hésiter; **~d** *Stimme* hésitant; *Verkehr* ralenti

Stock|ung *f* arrêt *m*; *Verkehrs*Ջ embouteillage *m*; *écon* stagnation *f*; **~werk** *n* étage *m*

Stoff *m* tissu *m*, étoffe *f*; *Materie* matière *f* (*a Schule*); P *Rauschgift* came *f*; ⚠ ***une*** étoffe; **Ջlich** matériel; **~tier** *n* animal *m* en peluche; **~wechsel** *biol m* métabolisme *m*

stöhnen gémir

stolpern trébucher; *fig* ***über ein Wort*** ~ buter sur un mot

stolz 1. fier (***auf*** de); **2.** Ջ *m* fierté *f*

stopf|en *hinein*~ fourrer (**in** dans); *Pfeife* bourrer; *Loch* boucher; *Strümpfe* repriser; *Speise* (*sättigen*) bourrer; **Ջgarn** *n* fil *m* à repriser

Stoppel *f* chaume *m*; *Bart*Ջ poil *m* raide; **Ջig** mal rasé; **~zieher** *östr m* tire-bouchon *m*

stopp|en stopper; *Zeit* chronométrer; **Ջschild** *n* stop *m*; **Ջuhr** *f* chrono(mètre) *m*

Stöpsel *m* bouchon *m*

Storch *zo m* cigogne *f*

stör|en déranger, gêner, perturber; *Radiosendung* brouiller; ***lassen Sie sich nicht*** ~ ne vous dérangez pas; ***darf ich Sie kurz*** **~?** puis-je vous déranger une minute?; **~end** gênant; **Ջenfried** *m* gêneur *m*, perturbateur *m*; **Ջfall** *m* alerte *f*; **Ջgeräusche** *n/pl Radio* parasites *m/pl*

störrisch récalcitrant, têtu

Störung *f* dérangement *m*; perturbation *f* (*a Tiefdruckgebiet*)

Stoß *m* coup *m*, poussée *f*, secousse *f*; *Haufen* pile *f*, tas *m*; *von Papieren* liasse *f*; **~dämpfer** *auto m* amortisseur *m*

stoßen pousser; ***sich*** ~ ***an*** se heurter *od* se cogner contre; *fig* être choqué par, se formaliser *od* se scandaliser de; ***auf j-n*** ~ tomber sur qn; ***auf Schwierigkeiten***

~ se heurter à des difficultés
Stoß|stange *auto f* pare-chocs *m*; **~zahn** *zo m* défense; **~zeit** *f* heure *f* de pointe
stottern bégayer
Straf|arbeit *f Schule* punition *f*; **≈bar** *~e Handlung* acte *m* punissable *od* répréhensible; *sich ~ machen* être passible d'une peine
Strafe *f* punition *f*; *jur* peine *f*; *Geld≈* amende *f*; *zur ~ für* en punition de; **≈n** punir
straff tendu, raide; *Stil* serré; *Disziplin* sévère
straffällig *~ werden* commettre un délit
straffen (*sich ~* se) raidir; *fig Unterricht* concentrer; *Disziplin etc* renforcer
sträf|lich répréhensible; *~er Leichtsinn* légèreté *f* impardonnable; **≈ling** *m* prisonnier *m*, détenu *m*
Straf|minute *Sport f* pénalisation *f*; **~porto** *n* surtaxe *f*; **~predigt** *f* réprimande *f*, semonce *f*; **~prozess** *m* procès *m* pénal *od* criminel; **~raum** *Sport m* surface *f* de réparation; **~recht** *n* droit *m*, pénal; **~stoß** *Sport m* penalty *m*; **~tat** *f* délit *m*, acte *m* criminel; **~täter** *m* délinquant *m*; **~zettel** *m* contravention *f*; F P.-V. *m* (= procés-verbal)
Strahl *m* rayon *m*; *Wasser≈*, *Gas≈* jet *m*; **≈en** rayonner (*a fig*); briller; **~enbehandlung** *méd f* radiothérapie *f*; **~enbelastung** *f* exposition *f* aux radiations; **~enkrankheit** *f* contamination *f* radioactive; **~enschutz** *m* protection *f* contre les radiations; **≈ensicher** à l'épreuve des radiations; **≈enverseucht** irradié; **~ung** *f* rayonnement *m*, (ir)radiation *f*; **≈ungsarm** antiradiation
Strähne *f* mèche *f*
stramm tendu; *Haltung* rigide; *~er Bursche* solide gaillard *m*
strampeln *Baby* gigoter; *Radler* pédaler
Strand *m* plage *f*, *am ~* à la plage, sur la plage; **~gut** *n* épave *f*; **~korb** *m* fauteuil-cabine *m* en osier
Strapaz|e *f* fatigue *f*; **≈ieren** (*sich ~* se) fatiguer; **≈ierfähig** résistant, solide, robuste; **≈iös** fatigant, épuisant, harassant
Straßburg Strasbourg
Straße *f* rue *f*; *Fahr≈*, *Land≈* route *f*; *Meerenge* détroit *m*; *die ~ von Dover* le pas de Calais; *auf der ~* dans la rue; sur la route
Straßen|arbeiten *f/pl* travaux *m/pl* de voirie; **~bahn** *f* tramway *m*; **~beleuchtung** *f* éclairage *m* des rues; **~café** *n* café *m* en plein air; **~händler**

am Strand – *à la plage*

der Sand	*le sable*
das Badetuch	*le drap de bain*
die Strandmatte	*la natte de plage*
die Luftmatratze	*le matelas pneumatique*
der Liegestuhl	*la chaise longue*
der Sonnenschirm	*le parasol*
der Sonnenhut	*le chapeau de soleil*
das Surfbrett	*la planche à voile*
der (Wind-) Surfer	*le véliplanchiste*
die Taucherbrille	*les lunettes f/pl de plongée*
der Schnorchel	*le tuba*
die Sonnencreme	*la crème solaire*
der Sonnenbrand	*le coup de soleil*
der Walkman®	*le baladeur*, häufig: *le walkman®*
der Badeanzug	*le maillot de bain*
der Bikini	*le bikini*
die Badehose	*le slip, le caleçon de bain*
zum Strand gehen	*aller à la plage*
eine Sandburg bauen	*bâtir un château de sable*
(wind)surfen	*faire de la planche à voile*
im Meer schwimmen	*nager dans la mer*
baden	*se baigner*
tauchen	*plonger*

m marchand *m* ambulant; **~karte** *f* carte *f* routière; **~kehrer** *m* balayeur *m*; **~kreuzung** *f* carrefour *m*; **~lage** *auto f* tenue *f* de route; **~laterne** *f* réverbère *m*; **~rand** *m* bas-côté *m*, accotement *m*; **~reinigung** *f* nettoyage *m* des rues; *Amt* voirie *f*; **~schild** *n* plaque *f* de rue; **~sperre** *f* barrage *m* routier; **~verkehr** *m* circulation *f* routière; **~verkehrsordnung** *f* code *m* de la route; **~zustand** *m* état *m* des routes

Strate|gie *f* stratégie *f*; **⁀isch** stratégique

sträuben ***sich*** ~ se hérisser; *fig* être récalcitrant (***gegen*** contre)

Strauch *m* arbrisseau *m*, arbuste *m*

Strauß *m zo* autruche *f*; *Blumen⁀* bouquet *m*

Streamer *m* streamer *m*

streb|en ***nach etw*** ~ chercher à atteindre qc; tendre *od* aspirer à qc; **⁀er(in** *f***)** *m péj* ambitieux *m*, -euse *f*, arriviste *m*, *f*; *Schule* F bosseur *m*, -euse *f*, bûcher *m*, -euse *f*; **~sam** zéle, assidu; ambitieux

Strecke *f* distance *f*, parcours *m*, trajet *m*; *Bahn* ligne *f*; ***zur ~ bringen*** tuer, abattre

strecken étendre, allonger, étirer; ***sich*** ~ s'étirer

Streetworker *m* éducateur *m* de rue

Streich *m* (mauvais) tour *m*; ***dummer*** ~ sottise *f*, bêtise *f*; ***j-m e-n*** (***üblen***) ~ ***spielen*** jouer un (mauvais) tour à qn; ***auf einen*** ~ d'un seul coup

streicheln caresser

streichen *an~* peindre; *auftragen* étaler, étendre; *auf e-e Brotschnitte* tartiner; *durch~* barrer, rayer, radier, biffer; *Auftrag, Plan* annuler; *Subventionen, Stellen* supprimer; ***mit der Hand über etw*** ~ passer la main sur qc

S

Streich|holz *n* allumette *f*; **~instrument** *mus n* instrument *m* à cordes; **~orchester** *n* orchestre *m* à cordes; **~ung** *f im Text* rature *f*; *fig* annulation *f*, suppression *f*

Streife *f* patrouille *f*

streifen effleurer (*a fig Thema*); *umher~* rôder

Streif|en *m* bande *f*; **~enwagen** *m* voiture *f* de police; **~schuss** *m* éraflure *f*

Streik *m* grève *f*; ***wilder*** ~ grève sauvage; **~brecher** *m* briseur *m* de grève; **⁀en** faire grève, être en grève; **~ende(r)** *m*, *f* gréviste *m*, *f*; **~posten** *m* piquet *m* de grève

Streit *m* querelle *f*; *Wort⁀* dispute *f*; **⁀en** (***sich***) ~ se quereller *od* se disputer (***mit*** avec); ***für etw*** ~ lutter pour qc; **~frage** *f* affaire *f* litigieuse; **~gespräch** *n* débat *m*, discussion *f*; **⁀ig** ***j-m etw ~ machen*** disputer *od* contester qc à qn; **~igkeiten** *f/pl* querelles *f/pl*, conflits *m/pl*; **~kräfte** *mil f/pl* forces *f/pl* (armées); **⁀süchtig** querelleur

streng sévère, rigoreux, strict; *Sitte* austère; ~ ***verboten*** formellement interdit; ~ ***genommen*** au fond; **⁀e** *f* sévérité *f*, riguer *f*; **~gläubig** orthodoxe

Stress *m* stress *m*; ***im*** ~ stressé

stressen stresser

stress|frei détendu; **~geplagt** surmené

stressig stressant

Streu *f* litière *f*; **⁀en** répandre; ***Zucker*** *etc* ***auf etw*** ~ saupoudrer qc de sucre, *etc*

streunen vagabonder, errer

Streuung *phys f* dispersion *f*, diffusion *f*

Strich *m* trait *m*; *Linie* ligne *f*; ***gegen den*** ~ à rebours; F ***auf den ~ gehen*** faire le trottoir; **~code** *m* code *m* barres; **~junge** *m* prostitué *m*; **~mädchen** *n* prostituée *f*; fille *f* des rues; **~punkt** *m* point-virgule *m*; **⁀weise** par endroits

Strick *m* corde *f*; **⁀en** tricoter; **~jacke** *f* gilet *m*, tricot *m*; **~leiter** *f* échelle *f* de corde; **~nadel** *f* aiguille *f* à tricoter; **~waren** *pl* articles *m/pl* tricotés; **~zeug** *n* tricot *m*

Striemen *m* marque *f* de coup, meurtrissure *f*

Strip *m* P strip *m*; **⁀pen** P faire du strip-tease; **~per(in** *f***)** *m* strip-teaseur *m*, -euse *f*

strittig contesté, contestable, controversé; **~er Punkt** point *m* litigieux

Stroh *n* paille *f*; **~dach** *n* toit *m* de chaume; **~halm** *m* brin *m* de paille; *Trinkhalm* paille *f*; **~hut** *m* chapeau *m* de paille; **~sack** *m* paillasse *f*; **~witwer** *m* mari *m* dont la femme est en voyage

Strolch *m* voyou *m*

Strom *m* fleuve *m*; *Elektrizität* courant *m* (électrique); *fig* ***ein ~ von*** un flot *od* un torrent de; ***es gießt in Strömen*** il

pleut à torrents; **~ausfall** *m* panne *f* d'électricité
strömen couler; *Menschen* affluer
Strom|kreis *m* circuit *m* (électrique); **\&linienförmig** aérodynamique; **~schnelle** *f* rapide *m*; **~stärke** *f* ampérage *m*, intensité *f* du courant
Strömung *f* courant *m* (*a fig*)
Stromverbrauch *m* consommation *f* de courant
Strophe *f Gedicht* strophe *f*; *Lied* couplet *m*
strotzen *~ **vor** od **von*** regorger de; ***vor Gesundheit ~*** déborder de santé
Strudel *m* tourbillon *m* (*a fig*)
Struktur *f* structure *f*; **~krise** *f* crise *f* structurelle; **\&schwach** économiquement défavorisé; **~wandel** *m* changement *m* de structures
Strumpf *m* bas *m*; **~band** *n* jarretière *f*; **~halter** *m* jarretelle *f*; **~haltergürtel** *m* porte-jarretelles *m*; **~hose** *f* collant *m*
struppig hirsute
Stube *f* chambre *f*
Stück *n als Bruchteil* morceau *m* (*a mus*); *als selbstständiges Ganzes* pièce *f* (*a Theater\&*); *Exemplar* exemplaire *m*; ***5 Mark pro ~*** 5 marks (la) pièce; ***ein ~ Kuchen*** un morceau de gâteau; ***in ~e reißen*** mettre en morceaux *od* pièces; **~chen** *n* petit morceau *m*, bout *m*; **\&weise** pièce par pièce, à la pièce
Student(in *f*) *m* étudiant *m*, -e *f*; **~enheim** *n* foyer *m* d'étudiants
Studie *f* étude *f*; **~nplatz** *m* place *f* dans une université; **~nrat** *m*, **~nrätin** *f* professeur *m* (*a von e-r Frau*)
studieren étudier (***etw*** qc); faire des études
Studio *n* studio *m*
Studium *n* études *f*/*pl*; ***das ~ der Medizin*** les études de médecine
Stufe *f Treppen\&* marche *f*; *fig* degré *m*, échelon *m*; *Entwicklungs\&* stade *m*; *Raketen\&* étage *m*; **~nplan** *m* plan *m* progressif; **\&nweise** graduellement, progressivement
Stuhl *m* chaise *f*; **~gang** *méd m* selles *f*/*pl*
stülpen *umdrehen* retourner; *über~* recouvrir (***etw über etw*** qc de qc); *Hut* enfoncer (***auf*** sur)
stumm muet
Stummel *m* bout *m*; *Zigaretten\&* mégot *m* F
Stummfilm *m* film *m* muet
Stümper(in *f*) *m péj* bousilleur *m*, -euse *f*
Stumpf *m Arm\&*, *Bein\&* moignon *m*; *Baum\&* souche *f*
stumpf *Messer* émoussé (*a fig*); *Nase* plat; *Winkel* obtus; *glanzlos* terne; *teilnahmslos* hébété, apathique; **\&sinn** *m* abrutissement *m*, stupidité *f*; **~sinnig** hébété, abruti, stupide
Stunde *f* heure *f*; *Lehr\&* leçon *f*, cours *m*
Stunden|geschwindigkeit *f* vitesse *f* horaire; **~kilometer** *m*/*pl* kilomètres-heure *m*/*pl*; **\&lang** pendant des heures; **~lohn** *m* salaire *m* horaire; **~plan** *m* emploi *m* du temps; **\&weise** par heure; **~zeiger** *m* aiguille *f* des heures
stündlich par heure; toutes les heures
Stunt *m* cascade *f*; **~man** *m* cascadeur *m*; **~woman** *f* cascadeuse *f*
Stupsnase *f* nez *m* retroussé
stur F *Person* obstiné, têtu; *Arbeit* abrutissant
Sturm *m* tempête *f*; *Sport* attaque *f*; *mil* assaut *m* (***auf*** de)
stürm|en *sich stürzen* s'élancer; *Sport* attaquer; *mil* prendre d'assaut (*a fig*); ***es stürmt*** il fait de la tempête; **\&er** *m Sport* avant *m*; **~isch** *Wetter* de tempête; *fig* impétueux, fougueux; *Beifall* frénétique; *Debatte* orageux
Sturz *m* chute *f* (*a fig u pol*)
stürzen tomber, chuter F; *rennen* se précipiter (***zur Tür*** à la porte); ***sich ~*** se jeter *od* se précipiter (***auf j-n*** sur qn; ***aus dem Fenster*** par la fenêtre); *fig* ***die Regierung ~*** renverser le gouvernement; ***j-n ins Verderben ~*** ruiner, perdre qn; ***vom Fahrrad ~*** faire une chute de bicyclette
Sturz|flug *aviat m* piqué *m*; **~helm** *m* casque *m* (de protection)
Stute *zo f* jument *f*
Stütze *f* appui *m*, soutien *m* (*a fig Person*), support *m*; *fig a* aide *f*; F *vom Staat* aide *f* publique
stutzen *beschneiden* tailler; *kürzen* écourter; *cf a* **stutzig (werden)**
stützen appuyer, soutenir; ***sich ~ auf*** s'appuyer sur (*a fig*)
stutzig ***j-n ~ machen*** surprendre qn; éveiller les soupçons de qn; ***~ werden***

S

s'étonner; commencer à se méfier
Styropor® *n* polystyrène *m* (expansé)
Subjekt *n gr* sujet *m*; *péj* individu *m*; **2iv** subjectif; **~ivität** *f* subjectivité *f*
Substantiv *gr n* nom *m*, substantif *m*; **2ieren** *gr* substantiver
Substanz *f* substance *f*
subtrahieren *math* soustraire
subventionieren *écon* subventionner
Suche *f* recherche *f* (**nach** de); **2n** chercher; *intensiv* rechercher; **er hat hier nichts zu ~** il n'a rien à faire ici
Sucht *f* manie *f*, passion *f* (**nach** de); *Drogen2* toxicomanie *f*
süchtig ~ sein être toxicomane
Suchtkranke(r) *m, f* toxicomane *m, f*
Süd(en) *m* sud *m*, midi *m*
Süd|frankreich *n* le sud de la France, le Midi; **~früchte** *f/pl* fruits *m/pl* des pays chauds; **~korea** *n* la Corée du Sud; **2lich** méridional, du sud; **~ von** au sud de; **~ost(en)** *m* sud-est *m*; **~pol** *m* pôle *m* Sud; **~tirol** *n* le Tyrol du Sud; **2wärts** en direction du sud; **~west(en)** *m* sud-ouest *m*; **~wind** *m* vent *m* du sud
suggerieren suggérer
Sühne *f* expiation *f* (**für** de)
Sülze *cuis f* gelée *f*; viande *f* en gelée
Summe *f* somme *f*, total *m*
summen *Insekten* bourdonner; *Melodie* fredonner
summieren sich ~ s'additionner
Sumpf *m* marais *m*, marécage *m*; **2ig** marécageux
Sünd|e *f* péché *m*; **~enbock** *m fig* bouc *m* émissaire; **~er(in** *f*) *m* pécheur *m*, pécheresse *f*; **2haft** F **~ teuer** hors de prix; **2igen** pécher
super F super
Super *n Benzin* super *m*; **~lativ** *gr m* superlatif *m*; **~markt** *m* supermarché *m*
Suppe *f* potage *m*, soupe *f*
Suppen|kelle *f* louche *f*; **~löffel** *m* cuiller *f* à soupe; **~schüssel** *f* soupière *f*; **~teller** *m* assiette *f* à soupe
Surf|brett *n* planche *f* à voile; **2en** faire de la planche à voile; **~er** *m* véliplanchiste *m*
süß sucré; *fig* doux; *niedlich* mignon; **2e** *f* douceur *f*; **~en** sucrer; **2igkeiten** *f/pl* sucreries *f/pl*, friandises *f/pl*; **~lich** douceâtre; *fig* doucereux; **~sauer** aigre-doux; **2speise** *f* entremets *m*; **2stoff** *m* saccharine *f*; **2wasser** *n* eau *f* douce
Sweatshirt *n* sweat-shirt *m*
Symbol *n* symbole *m*; **~figur** *f* figure *f* de proue; **~ik** *f* symbolisme *m*; **2isch** symbolique; **2isieren** symboliser; **~ismus** *m Literatur* symbolisme *m*
Symmetr|ie *f* symétrie *f*; **2isch** symétrique; ⚠ *Schreibung* symétrie
Sympath|ie *f* sympathie *f* (**für** pour); **~isant(in** *f*) *m* sympathisant *m*, -e *f*; **2isch** sympathique; **2isieren** sympathiser (**mit** avec)
Symphonie *mus f* symphonie *f*; **~orchester** *n* orchestre *m* symphonique
Symptom *n* symptôme *m*
Synagoge *f* synagogue *f*
synchronisier|en synchroniser; *Film* doubler; **2ung** *f* synchronisation *f*; *Film* doublage *m*

super!

Das ist toll!	***C'est chouette!***
Das ist klasse!	***C'est super!***
Das ist fantastisch!	***C'est fantastique!***
Das ist wunderbar!	***C'est merveilleux!***
Ihr Essen schmeckt sehr gut!	***Votre repas est délicieux / très bon!***
Sie ist ungeheuer sympathisch.	***Elle est vachement sympa.***
Wir sind mit unserem Hotel sehr zufrieden.	***Nous sommes très contents de notre hôtel.***
Mein Vater ist begeistert von der Camargue.	***Mon père est enthousiasmé par la Camargue.***

Syndrom *n* syndrome *m*
Synonym *ling n* synonyme *m*
syntaktisch *gr* syntaxique
Syntax *gr u EDV f* syntaxe *f*
Synthe|se *f* synthèse *f*; **~sizer** *m* synthétiseur *m*; **♀tisch** synthétique
Syrien *n* la Syrie
System *n* système *m* (*a EDV*); **~analyse** *f* analyse *f* des systèmes; **~analytiker** *m* ingénieur *m* système,analyste-programmeur *m*; **♀atisch** systématique; **~kritiker** *m* critique *m* du système
Szene *f Theater u fig* scène *f*; *Milieu* milieux *m/pl*; **~rie** *f* décors *m/pl*

T

Tabak *m* tabac *m*; **~geschäft** *n* débit *m* de tabac; **~waren** *pl* tabacs *m/pl*
Tabelle *f* barème *m*, table *f*, tableau *m*; *Sport* classement *m*; **~nführer** *m* leader *m* du classement; **~nkalkulation** *f* tableur *m*; **~nplatz** *m* place *f* au classement
Tablett *n* plateau *m*; **~e** *f* comprimé *m*; ⚠ *nicht* ***tablette***
Tabu 1. *n* tabou *m*; **2.** ♀ *adj* tabou
Tabulator *m* tabulateur *m*; **~taste** *f* touche *f* de tabulation
Tachometer *auto m* compteur *m*
Tadel *m* blâme *m*, réprimande *f*; **♀los** irréprochable; **♀n** blâmer (***wegen*** de *od* pour), reprendre, réprimander; **♀nswert** blâmable, répréhensible
Tafel *f Schule* tableau *m* (noir); *Gedenk♀* plaque *f*; *in Büchern* planche *f*; *Schokolade* tablette *f*; *Tisch* table *f*; ***die ~ putzen*** nettoyer le tableau; ***an die ~ schreiben*** écrire au tableau; **~dienst** *m* ***~ haben*** être responsable du tableau
täfel|n lambrisser; **♀ung** *f* lambris(sage) *m*, boiserie *f*
Taft *m* taffetas *m*
Tag *m* jour *m*; *Dauer* journée *f*; ***es ist ~*** il fait jour; ***am ~e*** le *od* de jour; ***am helllichten ~*** en plein jour; ***den ganzen ~*** toute la journée; ***e-s ~es*** un jour; ***welchen ~ haben wir heute?*** nous sommes quel jour aujourd'hui?; ***heute in 14 ~en*** aujourd'hui en quinze; ***guten ~ (sagen)*** (dire) bonjour; (***ich wünsche e-n***) ***schönen ~!*** bonne journée!; F ***sie hat ihre ~e*** elle a ses règles; ***unter ~e*** *Bergbau* au fond; ***zu ~e bringen*** *od* ***fördern*** mettre au jour; ***zu ~e kommen*** *od* ***treten*** se révéler
Tage|bau *Bergbau m* exploitation *f* à ciel ouvert; **~buch** *n* journal *m*; ***ein ~ führen*** tenir un journal; **♀lang** des journées entières
tagen *Versammlung* siéger
Tages|ablauf *m* déroulement *m* de la journée; **~anbruch** *m* pointe *f* du jour; **~gespräch** *n* ***das ist ~*** tout le monde en parle; **~karte** *f* carte *f* pour la journée; *Restaurant* menu *m* du jour; **~licht** *n* lumière *f* du jour; **~lichtprojektor** *m* rétroprojecteur *m*; **~mutter** *f* nourrice *f*; **~ordnung** *f* ordre *m* du jour; **~tour** *f* voyage *m* d'une journée; **~zeit** *f* heure *f* du jour; ***zu jeder ~*** à toute heure; **~zeitung** *f* quotidien *m*
täglich (de) tous les jours, quotidien
Tagschicht *f* équipe *f* de jour
tagsüber pendant la journée
Tagung *f* congrès *m*, assises *f/pl*
Taifun *m* typhon *m*
Taill|e *f* taille *f*; **♀iert** cintré
Taiwan *n* le Taïwan *od* Taiwan
Takelage *mar f* gréement *m*
Takt *m mus* mesure *f*; *Motor* temps *m*; *fig* tact *m*; **~gefühl** *n* tact *m*
Takti|k *f mil u fig* tactique *f*; **~ker** *m* tacticien *m*; **♀sch** tactique
takt|los sans tact, indiscret; **♀losigkeit** *f* manque *m* de tact, indiscrétion *f*; **♀stock** *mus m* baguette *f*; **~voll** plein de tact, discret
Tal *n* vallée *f*; ***kleines ~*** vallon *m*
Talent *n* talent *m* (***für*** pour); **♀iert** talentueux, doué
Talg *m* suif *m*

T

Talisman *m* talisman *m*, porte-bonheur *m*
Talkshow *f* entretien *m* télévisé
Talsperre *f* barrage *m*
Tang *bot m* varech *m*
Tangente *math f* tangente *f*
tangieren toucher, concerner
Tank *m* réservoir *m*, citerne *f*; *mar Öltank* tank *m*; **⁀en** prendre de l'essence; **~er** *mar m* pétrolier *m*; **~stelle** *f* poste *m* d'essence, station-service *f*; **~wagen** *m* camion-citerne *m*; **~wart** *m* pompiste *m*
Tanne *bot f* sapin *m*
Tannen|baum *m* sapin *m*; *bes* arbre *m* de Noël; **~zapfen** *bot m* pomme *f* de pin
Tante *f* tante *f*
Tantiemen *f/pl* droits *m/pl* d'auteur
Tanz *m* danse *f*; ⚠ ***la*** danse; **~abend** *m* soirée *f* dansante; **⁀en** danser
Tänzer(in *f*) *m* danseur *m*, -euse *f*
Tanz|fläche *f* piste *f* de danse; **~kurs** *m* cours *m* de danse; **~musik** *f* musique *f* de danse; **~schule** *f* école *f* de danse
Tape|te *f* papier *m* peint; **⁀zieren** poser du papier peint, tapisser (*a fig* **mit** de)
tapfer courageux, brave; **⁀keit** *f* courage *m*, bravoure *f*
Tarif *m* tarif *m*; **~verhandlungen** *f/pl* négociations *f/pl* salariales; **~vertrag** *m* convention *f* collective
tarn|en camoufler; **⁀ung** *f* camouflage *m*
Tasche *f in Kleidung* poche *f*; *Einkaufs⁀, Hand⁀* sac *m*
Taschen|buch *n* livre *m* de poche; **~dieb** *m* voleur *m* à la tire, pickpocket *m*; **~geld** *n* argent *m* de poche; **~lampe** *f* lampe *f* de poche; **~messer** *n* canif *m*; **~rechner** *m* calculatrice *f* de poche; **~tuch** *n* mouchoir *m*
Tasse *f* tasse *f*; ***e-e ~ Kaffee*** une tasse de café
Tastatur *f* clavier *m*
Tast|e *f* touche *f*; **⁀en** tâtonner; ***nach etw ~*** chercher qc à tâtons; **~entelefon** *n* téléphone *m* à touches; **~sinn** *m* toucher *m*
Tat *f* action *f*, acte *m*; *Verbrechen* crime *m*; ***auf frischer ~ ertappen*** prendre sur le fait; **⁀enlos *~ zusehen*** regarder sans rien faire
Täter(in *f*) *m* auteur *m* (du crime), coupable *m, f*
tätig actif; ***~ sein bei*** être employé chez; **⁀keit** *f* activité *f*
Tat|kraft *f* énergie *f*; **⁀kräftig** énergique; *Hilfe* efficace
tätlich violent; ***~ werden*** se livrer à des voies de fait; **⁀keiten** *f/pl* violences *f/pl*; *jur* voies *f/pl* de fait
Tatort *m* lieu *m od* scène *f* du crime
tätowier|en tatouer; **⁀ung** *f* tatouage *m*
Tat|sache *f* fait *m*; ***vor vollendete ~n gestellt werden*** être mis devant le fait accompli; **⁀sächlich** réel, vrai, effectif; *adv* vraiment, réellement, effectivement, en fait
tätscheln caresser, cajoler
Tatze *f* patte *f*, griffe *f*
Tau¹ *m* rosée *f*
Tau² *n* cordage *m*, câble *m*
taub sourd (*a fig* **gegen** à)
Taube *zo f* pigeon *m*; **~nschlag** *m* pigeonnier *m*
Taub|heit *f* surdité *f*; **⁀stumm** sourd-muet; **~stumme(r)** *m, f* sourd-muet *m*, sourde-muette *f*
tauch|en plonger; **⁀er(in** *f*) *m* plongeur *m*, -euse *f*; *mit Taucheranzug* scaphandrier *m*; **⁀sieder** *m* thermoplongeur *m*; **⁀sport** *m* plongée *f* sous-marine
tauen *Eis, Schnee* fondre; ***es taut*** il dégèle
Tauf|e *f* baptême *m*; **⁀en** baptiser; **~pate** *m* parrain *m*; **~patin** *f* marraine *f*; **~schein** *m* certificat *m* de baptême
taug|en être bon *od* apte (**zu**, **für** à); ***nichts ~*** ne rien valoir; **⁀enichts** *m* vaurien *m*; **~lich** bon, apte (**zu**, **für** à); **⁀lichkeit** *f* aptitude *f*
Taumel *m* vertige *m*; *fig* ivresse *f*, transports *m/pl st/s*; **⁀n** chanceler, tituber
Tausch *m* échange *m*; **⁀en** échanger (**gegen** contre); *Geld* changer; ***ich möchte nicht mit ihm ~*** je ne voudrais pas être à sa place
täuschen (***sich ~*** se) tromper; ***~d e-e ~e Ähnlichkeit*** une ressemblance frappante
Tauschhandel *m* (économie *f* de) troc *m*
Täuschung *f* tromperie *f*; *beim Examen* fraude *f*; *Sinnes⁀* illusion *f*
tausend 1. mille; **2. ⁀** *n* millier *m*; **~jährig** millénaire; **~ste** millième; **⁀stel** *n* millième *m*

Tau|tropfen *m* goutte *f* de rosée; **~wetter** *n* dégel *m*; **~ziehen** *n fig* tiraillements *m/pl*
Taxi *n* taxi *m*
taxieren évaluer, estimer
Taxi|fahrer *m* chauffeur *m* de taxi; **~stand** *m* station *f* de taxis
Team *n* équipe *f*; **~work** *n* travail *m* d'équipe
Techn|ik *f* technique *f*; **~iker(in** *f*) *m* technicien *m*, -ne *f*; **²isch** technique
Techno *m* techno *f*; ⚠ ***la*** techno
Technolog|ie *f* technologie *f*; **~iepark** *m* parc *m* technologique; **~ietransfer** *m* transfert *m* technologique; ⚠ *Schreibung*; **²isch** technologique
Teddybär *m* nounours *m*
Tee *m* thé *m*; *Kräuter²* tisane *f*, infusion *f*; **~beutel** *m* sachet *m* de thé; **~gebäck** *n* gâteaux *m/pl* secs; **~kanne** *f* théière *f*; **~löffel** *m* petite cuiller *f*
Teer *m* goudron *m*; **²en** goudronner
Tee|sieb *n* passoire *f* (à thé), passe-thé *m*; **~tasse** *f* tasse *f* à thé
Teich *m* étang *m*
Teig *m* pâte *f*; **²ig** pâteux; **~waren** *f/pl* pâtes *f/pl* (alimentaires)
Teil *m od n* partie *f*; *An²* part *f*; ***zum ~*** en partie; **²bar** divisible; **~chen** *n* particule *f*; **²en** (***sich ~*** se) diviser (***in*** en; *a math*); ***auf~*** partager (***mit j-m*** avec qn); ***j-s Ansichten ~*** partager les idées de qn; ***sich die Arbeit ~*** se partager le travail
teil|haben avoir part (***an*** à); **²haber(in** *f*) *m écon* associé *m*, -e *f*; **²nahme** *f* participation *f* (***an*** à); *An²* sympathie *f*; **~nahmslos** indifférent, apathique; **²nahmslosigkeit** *f* indifférence *f*, apathie *f*; **~nehmen** participer (***an*** à); **²nehmer(in** *f*) *m* participant *m*, -e *f*
teil|s en partie; **²strecke** *f* section *f*; **²ung** *f* division *f*; partage *m*; **²ungsartikel** *gr m* article *m* partitif; **~weise** en partie, partiellement; **²zahlung** *f* paiement *m* à tempérament; **²zeitarbeit** *f* travail *m* à temps partiel; **~zeitbeschäftigt** employé à temps partiel
Telearbeit *f* télétravail *m*
Telefax *n Gerät* télécopieur *m*, fax *m*; *Kopie* télécopie *f*, fax *m*
Telefon *n* téléphone *m*; ***am ~*** au téléphone; ***~ haben*** avoir le téléphone; **~anruf** *m* appel *m* téléphonique, coup *m* de téléphone; **~at** *n* conversation *f* téléphonique, coup *m* de fil F; **~buch** *n* annuaire *m* du téléphone, bottin *m*; **~gebühr** *f* taxe *f* téléphonique; **~gespräch** *n* communication *f* téléphonique; **²ieren** téléphoner (***mit j-m*** à qn); **²isch** par téléphone; **~ist(in** *f*) *m* standardiste *m*, *f*, téléphoniste *m*, *f*; **~karte** *f* carte *f* de téléphone; **~leitung** *f* ligne *f* téléphonique; **~netz** *n* réseau *m* téléphonique; **~nummer** *f* numéro *m* de téléphone; **~zelle** *f* cabine *f* téléphonique; **~zentrale** *f* central *m* téléphonique, standard *m*
telegen télégénique
Telegraf|ie *f* télégraphie *f*; **²ieren** télégraphier; **²isch** par télégramme
Telegramm *n* télégramme *m*
Teleobjektiv *n* téléobjectif *m*
Teleshopping *n* téléachat *m*
Teleskop *n* télescope *m*
Telex *n* télex *m*
Teller *m* assiette *f*; **~wäscher** *m* plongeur *m*
Tempel *m* temple *m*
Temperament *n Lebhaftigkeit* entrain *m*, vivacité *f*; *Gemütsart* tempérament *m*; ***~ haben*** être plein d'entrain; **²los** sans dynamisme, sans entrain; **²voll** dynamique, plein d'entrain
Temperatur *f* température *f*; ***j-s ~ messen*** prendre la température de qn
Tempo *n* vitesse *f*, allure *f*, rythme *m*; *mus* tempo *m*; **~limit** *n* limitation *f* de vitesse; **~taschentuch** *n* mouchoir *m* en papier, kleenex *m*
Tendenz *f* tendance *f*; **²iös** tendancieux
tendieren tendre (***zu*** à)
Tennis *n* tennis *m*; **~platz** *m* court *m* (de tennis); **~schläger** *m* raquette *f* (de tennis); **~spieler(in** *f*) *m* joueur *m*, -euse *f* de tennis
Tenor *mus m* ténor *m*
Teppich *m* tapis *m*; **~boden** *m* moquette *f*
Termin *m* date *f*; *beim Arzt etc* rendez-vous *m*; ***e-n ~ vereinbaren*** prendre rendez-vous
Terminal *n* terminal *m*
Terminkalender *m* agenda *m*
Terpentin *n* térébenthine *f*

T

Terrasse *f* terrasse *f*; **2nförmig** en terrasses
Terrine *f* soupière *f*; ⚠ *nicht* ***terrine***
Territorium *n* territoire *m*
Terror *m* terreur *f*; ⚠ ***la*** terreur; **~anschlag** *m* attentat *m* terroriste; **2isieren** terroriser; **~ismus** *m* terrorisme *m*; **~ist(in** *f*) *m* terroriste *m*, *f*; **2istisch** terroriste
Tesafilm *m* ruban *m* adhésif, scotch *m*
Tessin ***das*** ~ le Tessin
Test *m* test *m*
Testament *n* testament *m*; **2arisch** testamentaire; ***~ vermachen*** léguer par testament; **~svollstrecker** *m* exécuteur *m* testamentaire
testen tester
teuer cher; ***~ bezahlen*** payer cher; ***wie ~ ist es?*** cela coûte combien?; **2ung** *f* hausse *f* des prix; **2ungsrate** *f* taux *m* d'inflation
Teufel *m* diable *m*; ***geh zum ~!*** va au diable!; **~skreis** *m* cercle *m* vicieux
teuflisch diabolique
Text *m* texte *m*; *Lied*2 paroles *f*/*pl*
Textil|ien *pl* textiles *m*/*pl*; **~industrie** *f* industrie *f* textile
Text|stelle *f* passage *m*; **~system** *n* système *m* de traitement de texte; **~verarbeitung** *f* traitement *m* de texte; **~verarbeitungsprogramm** *n* programme *m* de traitement de texte
Thailand *n* la Thaïlande
Theater *n* théâtre *m*; F ***so ein ~!*** quelle comédie!; F ***das ist doch nur ~*** c'est du cinéma; **~besucher** *m* spectateur *m*; **~karte** *f* billet *m* de théâtre; **~kasse** *f* bureau *m* de location; **~probe** *f* répétition *f*; **~stück** *n* pièce *f* de théâtre; **~vorstellung** *f* représentation *f* théâtrale
theatralisch théâtral
Theke *f* bar *m*, comptoir *m*
Thema *n* sujet *m*, thème *m*; ***nicht zum ~ gehörig*** hors sujet; ***kein ~ sein*** être hors de question; ***das ~ wechseln*** changer de sujet
Themse ***die*** ~ la Tamise
Theolog|e *m*, **~in** *f* théologien *m*, -ne *f*; **~ie** *f* théologie *f*; **2isch** théologique
Theoret|iker *m* théoricien *m*; **2isch** théorique
Theorie *f* théorie *f*
Therap|eut(in *f*) *m* thérapeute *m*, *f*; **2eutisch** thérapeutique; **~ie** *f* thérapeutique *f*, thérapie *f*
Thermalbad *n* station *f* thermale
Thermometer *n* thermomètre *m*
Thermosflasche *f* bouteille *f* thermos
Thermostat *tech m* thermostat *m*
These *f* thèse *f*
Thrombose *méd f* thrombose *f*
Thron *m* trône *m*; **2en** trôner (*a iron*); **~folge** *f* succession *f* au trône; **~folger** *m* héritier *m* du trône
Thunfisch *m cf* ***Tunfisch***
Thurgau ***der*** ~ le canton de Thurgovie
Thüringen *n* la Thuringe
Tick *m méd u fig* tic *m*; *fig a* manie *f*, marotte *f*; ***e-n ~ haben*** avoir ses petites manies
ticken faire tic tac
Tie-Break *m* tie-break *m*
tief profond; bas; *Stimme* grave; ***3 Meter ~*** profond de 3 mètres; ***bis ~ in die Nacht*** jusque tard dans la nuit; ***~ schlafen*** dormir profondément; *fig* ***das lässt ~ blicken*** cela apprend bien des choses; ***~ schürfend*** profond, qui va au fond des choses
Tief|bau *m* travaux *m*/*pl* publics; **2blau** bleu foncé; **~(druckgebiet)** *n* zone *f* de basse pression
Tief|e *f* profondeur *f*; *mus* gravité *f*; **~ebene** *f* plaine *f*; **~flug** *aviat m* rase-mottes *m*; **~gang** *mar m* tirant *m* d'eau; **~garage** *f* garage *m* souterrain; **2gekühlt** surgelé; **~kühlkost** *f* produits *m*/*pl* surgelés; **~kühltruhe** *f* congélateur *m*; **~punkt** *m fig* point *m* le plus bas; **~schlag** *m Boxen*, *fig* coup *m* bas
Tier *n* animal *m*, bête *f*; *fig* ***ein großes od hohes ~*** F une grosse légume; **~art** *f* espèce *f* animale; **~arzt** *m*, **~ärztin** *f* vétérinaire *m*, *f*; **~freund** *m* ami *m* des animaux; **~heim** *n* asile *m* pour les animaux; **2isch** animal; *von Menschen* bestial; **~kreis** *astr m* zodiaque *m*; **~liebe** *f* affection *f* pour l'animal, amour *m* des animaux; **~quälerei** *f* cruauté *f* envers les animaux; **~schützer** *m* protecteur *m* des animaux; **~schutzverein** *m* Société *f* protectrice des animaux; **~versuch** *m* expérimentation *f* animale
Tiger(in *f*) *m zo* tigre *m*, -sse *f*
tilgen *Spuren* effacer; *Schulden, Anleihe* amortir, rembourser

T

Timing *n* minutage *m*, timing *m*
Tinktur *f* teinture *f*
Tinte *f* encre *f*; **~nfisch** *zo m* seiche *f*; **~nfleck** *m* tache *f* d'encre; **~nkiller** *m* effaceur *m*; **~nstrahldrucker** *m* imprimante *f* à jet d'encre
Tipp *m* F *Hinweis* tuyau *m*, rancard *m* F
tipp|en *auf der Schreibmaschine* taper; *berühren* toucher (**an etw** qc); *raten* deviner; **im Lotto ~** jouer au loto; **2fehler** *m* faute *f* de frappe; **~topp** F impeccable
Tirol *n* le Tyrol
Tisch *m* table *f*; **bei ~ sitzen** être à table; **den ~ decken** mettre le couvert *od* la table; **vom ~ sein** être réglé; **j-n über den ~ ziehen** rouler qn dans la farine; **~decke** *f* nappe *f*
Tischler *m* menuisier *m*; **~ei** *f* menuiserie *f*
Tisch|tennis *n* ping-pong *m*; **~tuch** *n* nappe *f*
Titel *m* titre *m*; **~blatt** *n Buch* frontispice *m*; **~seite** *f Zeitschrift* couverture *f*
Toast *m* toast *m*; *Röstbrot a* pain *m* grillé; **e-n ~ auf j-n ausbringen** porter un toast à qn; **~brot** *n* pain *m* de mie; **2en** faire griller; **~er** *m* grille-pain *m*
tob|en *Kampf, Elemente* faire rage; *Kinder, Publikum* être déchaîné; *Person* **~ gegen** se déchaîner contre; **2sucht** *f* folie *f* furieuse; **~süchtig** fou furieux
Tochter *f* fille *f*; **~gesellschaft** *comm f* filiale *f*
Tod *m* mort *f*; *jur* décès *m*; **j-n zum ~e verurteilen** condammer qn à mort; **2ernst** très sérieux; *iron* sérieux comme un pape
Todes|anzeige *f* faire-part *m* de décès; **~fall** *m* décès *m*; **~kampf** *m* agonie *f*; **~opfer** *n* mort *m*; **~stoß** *m* coup *m* de grâce (*bes fig*); **~strafe** *f* peine *f* capitale *od* de mort; **~ursache** *f* cause *f* de la mort; **~urteil** *jur n* arrêt *m* de mort, sentence *f* capitale
Tod|feind *m* ennemi *m* mortel; **2krank** incurable, à l'article de la mort
tödlich mortel
tod|müde mort de fatigue; **~schick** F dernier cri; **~sicher** F absolument sûr; **2sünde** *f* péché *m* mortel
Toilette *f* toilettes *f/pl*, cabinets *m/pl*, W.-C. *m/pl*; **~npapier** *n* papier *m* hygiénique
toler|ant tolérant; **2anz** *f* tolérance *f*; **~ieren** tolérer
toll *verrückt* fou (folle); F *großartig* formidable, super; F **ein ~er Bursche** un rude gaillard; **~en** *Kinder* s'amuser follement; **~kühn** téméraire; **2kühnheit** *f* témérité *f*
Tollpatsch *m péj* pataud *m*, balourd *m*, godiche *f*; **2ig** empoté, balourd, pataud, godiche
Toll|wut *méd f* rage *f*; **2wütig** enragé
Tomate *bot f* tomate *f*
Tomo|gramm *n* image *f* scanner; **~graph** *m* tomographe *m*, scanner *m*; **~graphie** *f* tomographie *f*, scanographie *f*
Ton *m* **1.** *Erde* argile *f*; **2.** *mus u fig* ton *m*; *Schall* son *m*; **in e-m humoristischen ~** sur un ton plaisant; **der gute ~** le bon ton; **~abnehmer** *tech m* tête *f* de lecture, pick-up *m*; **~art** *mus f* mode *m*; **~band** *n* bande *f* magnétique; **~bandgerät** *n* magnétophone *m*
tönen sonner; *prahlerisch reden* claironner; *Haar* teindre
Toner *m* toner *m*; *Kopierer* encre *f*
tönern d'argile
Ton|fall *m* intonation *f*; **~film** *m* film *m* sonore; **~ingenieur** *m* ingénieur *m* du son; **~leiter** *mus f* gamme *f*
Tonne *f* tonneau *m*; *Maß* tonne *f*
Ton|spur *f* piste *f* sonore; **~störung** *f* interruption *f* du son
Tönung *f* teinte *f*
Top *n* débardeur *m*
Topf *m* pot *m*; *Koch2* marmite *f*; *Stiel2* casserole *f*
Topfen *östr m* fromage *m* blanc
Töpfer *m* potier *m*; **~ei** *f* poterie *f*; **~scheibe** *f* tour *m* de potier; **~ware** *f* poterie *f*
Tor *n* porte *f*; portail *m*; porche *m*; *Sport* but *m*; **ein ~ schießen** marquer un but; **im ~ stehen** être dans les buts
Torf *m* tourbe *f*; **~moor** *n* tourbière *f*; **~mull** *m* poussier *m* de tourbe
Tor|heit *f* sottise *f*; **~hüter** *m* gardien *m* (de but)
töricht insensé, sot
Torjäger *m Fußball* buteur *m*
torkeln chanceler, tituber
Tor|latte *f Sport* barre *f*; **~linie** *f* ligne *f* de but
torpedieren torpiller

Torpedo *m* torpille *f*
Tor|pfosten *m Sport* poteau *m* (de but); **~schuss** *m* tir *m* au but; **~schütze** *m* marqueur *m*
Torte *f* gâteau *m* (à la crème); *Obst*~ tarte *f*
Torwart *Sport m* gardien *m* (de but)
tosen *Wasser, Sturm* être déchaîné, mugir; **~d ~er Beifall** tonnerre *m* d'applaudissements
tot mort; **~ umfallen** tomber mort; **~ geboren** mort-né; **sich ~ stellen** faire le mort
total total, complet; *adv* complètement; **~itär** *pol* totalitaire; **~itarismus** *pol m* totalitarisme *m*
totarbeiten **sich ~** se tuer à la tâche; F se crever au travail
Tote(r) *m, f* mort *m*, morte *f*; **die Toten** les morts
töten tuer
Toten|bett *n* lit *m* de mort; **~blass** livide; **~gräber** *m* fossoyeur *m* (*a fig*); **~kopf** *m* tête *f* de mort; **~maske** *f* masque *m* mortuaire; **~messe** *f* messe *f* des morts; **~schädel** *m* crâne *m*; **~schein** *m* certificat *m* de décès; **~stille** *f* silence *m* de mort; **~tanz** *Kunst m* danse *f* macabre
totlachen F **sich ~** mourir de rire
Toto *m od n* loto *m* sportif
tot|schießen F abattre d'un coup de feu; **~schlag** *jur m* homicide *m*, meurtre *m*; **~schlagen** assommer, tuer (*a Zeit*); **~schweigen** passer sous silence
Tötung *jur f* homicide *m*
Toup|et *m* postiche *m*; **~ieren** crêper
Tour *f* randonnée *f*, excursion *f*, tour *m*; **auf ~en kommen** *fig* battre son plein; **krumme ~en machen** faire de sales coups; ⚠ **le** tour
Touris|mus *m* tourisme *m*; **~t(in** *f*) *m* touriste *m, f*; **~tisch** touristique
Tournee *f* tournée *f*; **auf ~ gehen** faire une tournée
toxikologisch toxicologique
toxisch toxique
Trab *m* trot *m*
Trabantenstadt *f* ville *f* satellite

Tourismus

der Tourismus	***le tourisme***
der Tourist	***le touriste***
die Sehenswürdigkeiten	***les curiosités*** *f/pl*
das Fremdenverkehrsbüro	***l'office*** *m* ***du tourisme***
das Reisebüro	***l'agence*** *f* ***de voyage***
die Pauschalreise	***le voyage organisé***
der Reisebus	***le car***
die Reiseroute	***l'itinéraire*** *m*
die Kreuzfahrt	***la croisière***
das Wohnmobil	***le camping-car***
campen	***faire du camping***
ein zweiwöchiger Aufenthalt auf dem Lande	***un séjour de quinze jours à la campagne***
einen Flug buchen	***réserver une place d'avion***
eine Reise machen	***faire un voyage***
mit einer Reisegesellschaft verreisen	***partir en voyage organisé***
seinen Urlaub am Meer verbringen	***passer ses vacances à la mer***
ins Ausland reisen	***partir en vacances à l'étranger***
die Loireschlösser besichtigen	***visiter les châteaux de la Loire***

trab|en trotter; **2er** *m Pferd* trotteur *m*; **2rennen** *n* course *f* au trot
Tracht *f* costume *m*; **~ Prügel** volée *f* (de coups de bâton)
trächtig *Tier* pleine
Trackball *EDV m* trackball *m*
Tradition *f* tradition *f*; **2ell** traditionnel
Trafik *östr f* bureau *m* de tabac; **~ant** *m* buraliste *m*
Trag|bahre *f* brancard *m*; **2bar** *Gerät* portatif; *Kleidung* portable; *erträglich* supportable; *zulässig* admissible
träge paresseux; *phys* inerte
tragen porter
Träger *m* porteur *m*; *am Kleid* bretelle *f*; *arch* poutre *f*; *fig e-r Idee* représentant *m*; **~rakete** *f* fusée *f* porteuse
Trag|fähigkeit *f* capacité *f* de charge; **~fläche** *aviat f* aile *f*; **~flächenboot** *n* hydroptère *m*; **~flügelboot** *n* hydroglisseur *m*
Trägheit *f* paresse *f*; *phys* inertie *f*
tragisch tragique
Tragödie *f* tragédie *f*
Tragweite *f* portée *f* (*a fig*)
Trailer *m Film* bande-annonce *f*
Train|er *m* entraîneur *m*; **2ieren** s'entraîner; *j-n* entraîner; **~ing** *n* entraînement *m*; **~ingsanzug** *m* survêtement *m*
Traktor *m* tracteur *m*
trällern chantonner, fredonner
Tram *östr f*, *Schweiz n* tram *m*
trampeln trépigner, piétiner
tramp|en faire de l'auto-stop; **2er(in** *f*) *m* auto-stoppeur *m*, -euse *f*
Trampolin *n* trampoline *m*
Tran *m* huile *f* de poisson
Träne *f* larme *f*; ***in ~n ausbrechen*** fondre en larmes; **2n *mir ~ die Augen*** mes yeux pleurent; **~ngas** *n* gaz *m* lacrymogène
Tränke *f* abreuvoir *m*; **2n** *Material* tremper, imbiber; *Tiere* abreuver
Trans|fer *m* transfert *m*; **~formator** *tech m* transformateur *m*; **~fusion** *méd f* transfusion *f*
Transistor *tech m* transistor *m*
Transit *m* transit *m*
transitiv *gr* transitif
transparent 1. transparent; **2. 2** *n Spruchband* banderole *f*
Transplant|ation *méd f* greffe *f*, transplantation *f*; **2ieren** transplanter, greffer
Transport *m* transport *m*; **~eur** *m* transporteur *m*; **2fähig** transportable; **2ieren** transporter; **~mittel** *n* moyen *m* de transport; **~unternehmen** *n* entreprise *f* de transport
Trapez *n* trapèze *m*
Traube *f Wein2* raisin *m*; *bot* grappe *f*; ***~n essen*** manger du raisin; **~nsaft** *m* jus *m* de raisin; **~nzucker** *m* glucose *m*, dextrose *m*
trauen 1. *j-m* (*e-r Sache*) ~ avoir confiance en qn (en qc); ***ich traute meinen Ohren nicht*** je n'en croyais pas mes oreilles; ***sich ~ zu*** oser (+ *inf*); **2.** *Ehepaar* unir, marier; ***sich ~ lassen*** se marier
Trauer *f Traurigkeit* tristesse *f*; *um Tote* deuil *m*; **~fall** *m* deuil *m*, décès *m*; **~gottesdienst** *m* service *m* funèbre; **~marsch** *m* marche *f* funèbre; **2n *um j-n ~*** porter le deuil de qn, pleurer (la mort de) qn; **~spiel** *n* tragédie *f*
träufeln verser goutte à goutte
Traum *m* rêve *m* (*a fig*)
träumen rêver (**von** de; *a fig*)
Träumer(**in** *f*) *m* rêveur *m*, -euse *f*; **~ei** *f* rêverie *f*; **2isch** rêveur
traurig triste (**über** de); **2keit** *f* tristesse *f*
Trau|ring *m* alliance *f*; **~schein** *m* extrait *m od* acte *m* de mariage; **~ung** *f* mariage *m*; **~zeuge** *m* témoin *m*
Trecker *m* tracteur *m*
Treff *m* F rencontre *f*; rendez-vous *m* (*a Ort*)
treffen 1. *Ziel etc* toucher; *begegnen* (**sich ~** se) rencontrer; *Maßnahme, Entscheidung* prendre; *Vorbereitungen* faire; ***auf j-n ~*** tomber sur qn; *fig* ***das trifft sich gut*** cela tombe bien; ***ich hab's getroffen*** je suis bien tombé; **2. 2** *n* rencontre *f*; **~d** juste; *Wort a* propre
Treff|er *m* coup *m* réussi; *Lotterie* billet *m* gagnant; *Fußball* but *m*; **~punkt** *m* (lieu *m* de) rendez-vous *m*
Treibeis *n* glaces *f/pl* flottantes
treiben 1. pousser (*a wachsen*); *Studien, Sport, Handel* faire; *tech an~* entraîner, actionner; *im Wasser* flotter; ***j-n zu etw ~*** pousser qn à (faire) qc; ***Knospen ~*** bourgeonner; ***Unfug ~*** faire des bêtises; ***was treibst du denn so?*** qu'est-ce que tu deviens?; ***sich ~ lassen*** se laisser emporter par le courant; **2. 2** *n* activité *f*; *in den Straßen* animation *f*

T

Treib|gas *n* gaz *m* propulseur; **~haus** *n* serre *f*; **~hauseffekt** *m* effet *m* de serre; **~jagd** *f* battue *f*; **~stoff** *m* carburant *m*
Trend *m* tendance *f*
trenn|en (**sich** ~ se) séparer (**von** de); **2schärfe** *Radio f* sélectivité *f*; **2ung** *f* séparation *f*; **2wand** *f* cloison *f*
Treppe *f* escalier *m*; **auf der** ~ dans l'escalier; **e-e** ~ **hoch** au premier; **~nabsatz** *m* palier *m*; **~ngeländer** *n* rampe *f*; **~nhaus** *n* cage *f* d'escalier
Tresor *m* coffre-fort *m*; *Bank* chambre *f* forte; ⚠ *nicht* **trésor**
Tretboot *n* pédalo *m*
treten marcher (**auf** sur); *beim Radfahren* pédaler; **j-n** ~ donner un coup de pied à qn; **ins Zimmer** ~ entrer dans la pièce; **auf die Bremse** ~ appuyer sur le frein; *fig* **mit Füßen** ~ fouler aux pieds
treu fidèle, loyal
Treu|e *f* fidélité *f*, loyauté *f*; **~händer** *jur m* fiduciaire *m*; **2herzig** candide; **2los** infidèle, déloyal
Tribunal *n* tribunal *m*
Tribüne *f* tribune *f*
Tribut *m* tribut *m*
Trichter *m* entonnoir *m*
Trick *m* truc *m*, ficelle *f*, combine *f* F; **~aufnahmen** *f/pl* effets *m/pl* spéciaux
Trieb *m bot* pousse *f*; *Natur*2 instinct *m*; *Neigung* penchant *m*; **~feder** *f fig* mobile *m*; *Person* instigateur *m*, -trice *f*; **~kraft** *f fig* moteur *m*; **~werk** *n* moteur *m*; *aviat* réacteur *m*
triefen ruisseler, dégouliner (**von** *od* **vor** de); *fig* déborder (de)
Trier Trèves
triftig *Grund* valable
Trikot *n Sport* maillot *m*; *Tanz* justaucorps *m*
Triller *mus m* trille *m*
Trimm-dich-Pfad *m* parcours *m* de santé
trink|bar buvable; *Wasser* potable; **2becher** *m* gobelet *m*; **~en** boire; **2er(in** *f*) *m* buveur *m*, -euse *f*; **2geld** *n* pourboire *m*; **2halm** *m* paille *f*; **2spruch** *m* toast *m*; **2wasser** *n* eau *f* potable
Trio *n* trio *m* (*a fig*)
trippeln trottiner
Tripper *méd m* blennorragie *f*
Tritt *m* pas *m*; *Fuß*2 coup *m* de pied; **~brett** *n* marchepied *m*; **~leiter** *f* escabeau *m*
Triumph *m* triomphe *m*; **2al** triomphal; **~bogen** *m* arc *m* de triomphe; **2ieren** triompher (**über** de)
trocken sec (*a fig Stil, Wein*); **2dock** *mar n* cale *f* sèche; **2haube** *f* casque *m* sèche-cheveux; **2heit** *f* sécheresse *f* (*a fig*); **~legen** *Sumpf* assécher; *Baby* changer
trocknen sécher
Troddel *f* gland *m*
Tröd|el *m* bric-à-brac *m*; **2eln** *péj* F lambiner; **~ler(in** *f*) *m* brocanteur *m*, -euse *f*; *langsamer Mensch* F lambin *m*, -e *f*
Trog *m* auge *f*
Trommel *f* tambour *m*; **~fell** *n im Ohr* tympan *m*; **2n** jouer du tambour; tambouriner (*a fig*)
Trommler *m* tambour *m*
Trompete *f* trompette *f*; **2n** jouer *od* sonner de la trompette; *Elefant* barrir; **~r** *m* trompettiste *m*
Tropen *pl* tropiques *m/pl*; **in den** ~ sous les tropiques
Tropf *m* **armer** ~ pauvre diable *m*; *méd* **am** ~ **hängen** être au goutte-à-goutte
tröpfeln tomber goutte à goutte; **es tröpfelt** il tombe quelques gouttes (de pluie)
tropfen **1.** tomber goutte à goutte, (dé)goutter, dégouliner; **2.** 2 *m* goutte *f*; *fig* **es ist ein** ~ **auf den heißen Stein** c'est une goutte d'eau dans la mer; **~weise** goutte à goutte
Trophäe *f* trophée *m*; ⚠ **le** trophée
tropisch tropical
Trost *m* consolation *f*; *fig* **nicht recht bei** ~ **sein** F travailler du chapeau, dérailler
tröst|en (**sich** ~ se) consoler; **~lich** rassurant
trost|los désolant; **2pflaster** *n* petite consolation *f*; **2preis** *m* prix *m* de consolation; **~reich** consolant
Trott *m* **der alltägliche** ~ le train-train quotidien; **der alte** ~ la routine
Trottel *m péj* crétin *m*, idiot *m*; **2ig** stupide; F gaga
trotten se traîner
trotz malgré
Trotz *m* entêtement *m*; **aus** ~ par dépit; **meinen Ratschlägen zum** ~ en dépit de mes conseils

trotzdem quand même, néanmoins, malgré tout
trotzen ***j-m*** **(*e-r Sache*)** ~ affronter *od* braver qn (qc)
trotzig entêté
trüb(e) *Flüssigkeit* trouble; *glanzlos* terne; *Wetter* sombre; *fig* triste
Trubel *m* animation *f*, tumulte *m*
trüb|en (***sich*** ~ se) troubler (*a fig*); **≈sal** *f* affliction *f*; ~ ***blasen*** broyer du noir; **~selig** triste, morne; **≈sinn** *m* mélancolie *f*; **~sinnig** mélancolique, triste
Trüffel *bot f od* F *m* truffe *f*
Trugbild *n* chimère *f*, mirage *m*
trüg|en tromper; ***der Schein trügt*** les apparences sont trompeuses; **~erisch** trompeur
Trugschluss *m* fausse conclusion *f*
Truhe *f* coffre *m*, bahut *m*
Trümmer *pl* décombres *m/pl*, débris *m/pl*
Trumpf *m* atout *m* (*a fig*)
Trunk|enheit *f* ivresse *f*; ~ ***am Steuer*** conduite *f* en état d'ivresse *od* d'ébriété; **~sucht** *f* ivrognerie *f*, alcoolisme *m*; **≈süchtig** ivrogne, alcoolique
Trupp *m* troupe *f*, bande *f*; *Arbeits≈* équipe *f*
Truppe *f* troupe *f* (*a mil u Theater*); *Theater a* compagnie *f*; **~n** *pl mil* troupes *f/pl*
Trut|hahn *m* dindon *m*; **~henne** *f* dinde *f*
Tschador *m* tchador *m*
Tschech|e *m*, **~in** *f* Tchèque *m,f*; **~ien** *n* la République tchèque; **≈isch** tchèque; ***die ≈e Republik*** la République tchèque
Tschecho|slowake *m*, **~slowakin** *f hist* Tchécoslovaque *m,f*; **~slowakei** *hist* ***die*** ~ la Tchécoslovaquie; **≈slowakisch** *hist* tchécoslovaque
tschüss! F salut!, au revoir
T-Shirt *n* tee-shirt *m*
Tube *f* tube *m*; ⚠ ***le*** tube
Tuberkulose *méd f* tuberculose *f*
Tuch *n* drap *m*; *Kopf≈, Hals≈* foulard *m*; *Umschlag≈* châle *m*; *Staub≈* chiffon *m*; **~fühlung** *f* ***auf*** ~ au coude à coude
tüchtig bon; *fähig* capable; *fleißig* travailleur; F *adv* beaucoup; **≈keit** *f* capacité *f*, aptitude *f*, valeur *f*
Tück|e *f* perfidie *f*; **≈isch** perfide; *Sache a* traître
tüfteln F se creuser la cervelle

Tugend *f* vertu *f*; **≈haft** vertueux
Tulpe *bot f* tulipe *f*
tummel|n ***sich*** ~ s'ébattre; F *sich beeilen* se grouiller F; **≈platz** *m fig* terrain *m* d'action
Tumor *méd m* tumeur *f*; ⚠ ***la*** tumeur
Tümpel *m* mare *f*
Tumult *m* tumulte *m*
tun faire; F *legen etc* mettre; F ***das tut's auch*** ça va aussi; ***es tut sich etw*** il se passe qc; (***sich***) ***wichtig*** ~ faire l'important; ***ich weiß nicht, was ich ~ soll*** je ne sais que faire; ***so ~, als ob*** faire comme si, faire semblant de (+ *inf*); ***das tut gut*** cela fait du bien; ***Sie ~ gut daran, zu ...*** vous faites bien de (+ *inf*); ***ich habe viel zu*** ~ j'ai beaucoup à faire *od* de travail; ***damit habe ich nichts zu*** ~ je n'ai rien à faire avec cela; ***mit j-m zu ~ bekommen*** avoir affaire à qn
Tünche *f* badigeon *m*; *fig* vernis *m*; **≈n** blanchir à la chaux, badigeonner
Tuner *m* tuner *m*, syntoniseur *m*
Tunes|ien *n* la Tunisie; **≈isch** tunisien
Tunfisch *zo m* thon *m*
Tunke *f* sauce *f*; **≈n** tremper
Tunnel *m* tunnel *m*
tupfen toucher légèrement; *mit Watte* tamponner
Tür *f* porte *f*; ***vor die ~ setzen*** mettre à la porte; ***Tag der offenen*** ~ journée *f* portes ouvertes; **~angel** *f* gond *m*
Turbine *tech f* turbine *f*
Turbo *m* turbo *m*; *Auto* turbo *f*; **~lader** *m* turbocompresseur *m*; **~motor** *m* moteur *m* turbo
turbulent tumultueux; *Versammlung a* houleux
Tür|flügel *m* battant *m*; **~griff** *m* poignée *f* de porte
Türk|e *m*, **~in** *f* Turc *m*, Turque *f*; **~ei** ***die*** ~ la Turquie; **~is** *m Schmuckstein* turquoise *f*; **≈isch** turc (*f* turque)
Türklinke *f* poignée *f* de porte
Turm *m* tour *f*; ⚠ ***la*** tour
türmen F *abhauen* s'éclipser F; ***sich*** ~ s'entasser
Turm|spitze *f* flèche *f* (d'un clocher); **~springen** *n* plongeons *m/pl* de haut vol; **~uhr** *f* horloge *f*
turn|en faire de la gymnastique; **≈en** *n* gymnastique *f*; **≈er(in** *f*) m gymnaste *m,f*; **≈geräte** *n/pl* agrès *m/pl*; **≈halle** *f*

T

gymnase *m*; **ℒhemd** *n* maillot *m*; **ℒhose** *f* culotte *f od* short *m* de gymnastique
Turnier *n* tournoi *m*
Turn|lehrer(in *f*) *m* professeur *m* d'éducation physique *od* de gymnastique; **~schuh** *m* chaussure *f* de gymnastique
turnusmäßig à tour de rôle
Turn|verein *m* club de gymnastique; **~zeug** F *n* affaires *f/pl* de gymnastique
Tür|öffner *m* dispositif *m* ouvre-porte; **~pfosten** *m* montant *m* de porte; **~schwelle** *f* seuil *m* (de la porte); **~vorleger** *m* paillasson *m*
Tusche *f* encre *f* de Chine
tuscheln chuchoter
Tussi *f* F nana *f*
Tütchen *n* sachet *m*, pochette *f*; *Eis*ℒ cornet *m*
Tüte *f* sac *m*; *spitze* cornet *m*
tuten *auto* klaxonner
TÜV *m etwa* contrôle *m* technique
Typ *m* type *m* (*a* F *Kerl*)
Type *f Druck*ℒ type *m*; *Mensch* F drôle *m* d'oiseau; **~nrad** *n* marguerite *f*; **~nradschreibmaschine** *f* machine *f* à écrire à marguerite
Typhus *méd m* (fièvre *f*) typhoïde *f*
typisch typique, caractéristique, représentatif (*alle* **für** de)
Tyrann *m* tyran *m*; **~ei** *f* tyrannie *f*; **ℒisch** tyrannique; **ℒisieren** tyranniser

U

U-Bahn *f* métro *m*; **~-Fahrschein** *m* ticket *m* de métro
übel 1. mauvais; *adv* mal; ***mir ist*** ~ je me sens mal, j'ai mal au cœur; **~ *gelaunt*** de mauvaise humeur; **~ *nehmen*** prendre mal; ***ich nehme es ihm nicht*** ~ je ne lui en veux pas; **~ *riechend*** nauséabond, malodorant; **2.** ℒ *n* mal *m*
Übel|keit *f* envie *f* de vomir, nausée *f*; **~täter** *m* malfaiteur *m*
üben s'exercer; *Musikstück* étudier; ***etw*** ~ *od* ***sich in etw*** ~ s'exercer à (faire) qc; ***Klavier*** ~ s'exercer au piano
über sur, au-dessus de; *mehr als* plus de (+ *Zahl*); ~ ***etw hinweg*** par-dessus qc; ~ ***München nach Rom fahren*** passer par Munich pour se rendre à Rome; ***lachen*** ~ rire de; ***sich ärgern*** ~ se mettre en colère à propos de; ~ ***Nacht*** pendant la nuit; ~ ***und*** ~ entièrement
überall partout
überanstreng|en (***sich*** ~ se) surmener; **ℒung** *f* surmenage *m*
überarbeiten *Buch etc* remanier; ***sich*** ~ se surmener
überaus extrêmement, infinement
über|belichten *Foto* surexposer; **~bieten** ***j-n*** ~ enchérir sur qn; **ℒbleibsel** *n* reste *m*
Überblick *m* vue *f* d'ensemble; *Darstellung* tour *m* d'horizon, résumé *m*, exposé *m*; **ℒen** embrasser du regard; *fig* avoir une vue d'ensemble de *od* sur
über|bringen remettre; **~brücken** *fig Gegensätze* concilier; **ℒbuchung** *f* surbooking *m*; **~dacht** couvert; *von überdenken* réfléchi; **~dauern** survivre à; **~denken** réfléchir à *od* sur
überdies en outre, de plus
Über|dosis *f Droge* overdose *f*; **~druss** *m*, dégoût *m*; **ℒdrüssig** dégoûté (***e-r Sache*** de qc); **ℒdurchschnittlich** au-dessus de la moyenne; **ℒeifrig** trop zélé; **ℒeilen** ***etw*** ~ précipiter qc
übereinander l'un sur l'autre; ~ ***schlagen*** *Beine* croiser
überein|kommen convenir (***zu*** de; ***dass*** que), tomber d'accord (pour); **ℒkommen** *n*, **ℒkunft** *f* convention *f*, accord *m* (***über*** sur); **~stimmen** être d'accord (***mit j-m*** avec qn); *Dinge* correspondre (***mit*** à *od* avec), concorder (avec); **ℒstimmung** *f* accord *m*; ***in*** ~ ***mit*** en accord avec
über|empfindlich hypersensible;

U

~fahren *Lebewesen* écraser; *Verkehrszeichen* griller; **²fahrt** *f mar* traversée *f*; **²fall** *m* attaque *f* (par surprise), agression *f*; **~fallen** attaquer (par surprise), agresser; **~fällig** en retard; **~fliegen** *aviat* survoler; *fig* parcourir (des yeux); **~fließen** déborder; **~flügeln** surpasser; **²fluss** *m* abondance *f* (**an** de); **²flussgesellschaft** *f* société *f* d'abondance; **~flüssig** superflu; **~fluten** inonder; **~fordern** ***j-n ~*** demander *od* exiger trop de qn; **²fremdung** *f* déculturation *f*

überführ|en *Leiche* transférer; *Täter* convaincre (***e-r Sache*** de qc); **²ung** *f* transfert *m*; *Brücke* passage *m* supérieur

Überfüll|e *f* surabondance *f* (**an** de); **²t** surchargé; *Verkehrsmittel* bondé

Übergabe *f* remise *f*; *mil* reddition *f*

Übergang *m* passage *m*; *fig* transition *f*; **~slösung** *f* solution *f* provisoire *od* de transition

über|geben remettre, passer; ***sich ~ erbrechen*** vomir; **~gehen** sauter, omettre, oublier; **~ zu** passer à; **~ in** se transformer en; **²gewicht** *n* excédent *m* de poids; *fig* prépondérance *f*; **~glücklich** au comble de la joie, comblé; **~greifen ~ auf** envahir (qc), empiéter sur; **²griff** *m* empiétement *m* (**auf** sur); *Gewaltakt* acte *m* de violence; **~haben** F en avoir assez de; **~hand** ***~ nehmen*** augmenter trop, devenir envahissant; **~häufen** combler (**mit** de)

überhaupt en général; *schließlich* après tout; ***~ nicht*** pas du tout

überheblich arrogant; **²keit** *f* arrogance *f*

über|hitzen surchauffer; **~höht** excessif; **~holen** dépasser, doubler; *tech* réviser; **²holspur** *f* voie *f* de dépassement; **~holt** dépassé, périmé, suranné; **~hören** (faire semblant de) ne pas entendre; **~irdisch** surnaturel; **~laden** surcharger; *adj Stil* tarabiscoté; *Roman* touffu

überlass|en laisser, céder (***j-m etw*** qc à qn); ***j-n sich selbst ~*** livrer qn à lui-même; ***j-n seinem Schicksal ~*** abandonner qn à son sort; ***das überlasse ich Ihnen*** je m'en remets à vous; **²ung** *f* cession *f*

über|lasten surcharger; **~laufen** déborder; *zum Feind* déserter; **²läufer** *m* déserteur *m*

überleben ***j-n, etw ~*** survivre à qn, à qc; **²de(r)** *m, f* survivant *m*, -e *f*; **~sgroß** plus grand que nature

überleg|en 1. *adj* supérieur (***j-m, e-r Sache*** à qn, à qc); **2.** *Verb* réfléchir (***etw*** à *od* sur qc); ***ich habe es mir anders überlegt*** j'ai changé d'avis; **²enheit** *f* supériorité *f*; **~t** réfléchi; **²ung** *f* réflexion *f*

überleit|en ~ zu enchaîner avec; **²ung** *f* enchaînement *m*

überliefer|n transmettre; **²ung** *f* tradition *f*

Über|macht *f* supériorité *f* (numérique); **²mächtig** trop puissant; **~maß** *n* excès *m*; **²mäßig** excessif

Übermensch *m* surhomme *m*; **²lich** surhumain

übermitt|eln transmettre; **²lung** *f* transmission *f*

übermorgen après-demain

übermüd|et trop fatigué, mort de fatigue; **²ung** *f* grande fatigue *f*, épuisement *m*

Über|mut *m* pétulance *f*, exubérance *f*, démesure *f*; **²mütig** exubérant, pétulant

übernächste ***der ~ Tag*** le surlendemain; ***~s Jahr*** dans deux ans

übernacht|en passer la nuit; **²ung** *f* nuit *f*, nuitée *f*; ***~ und Frühstück*** chambre *f* et petit déjeuner *m*

Über|nahme *f* prise *f* en charge; *e-r Idee* adoption *f*; **²natürlich** surnaturel; **²nehmen** *Aufgabe* se charger de; *Kosten* prendre en charge; *Amt, Verantwortung* assumer; *Idee, Methode etc* adopter

überprüf|en contrôler, vérifier, examiner, réviser; **²ung** *f* contrôle *f*, vérification *f*, examen *m*, révision *f*

überqueren traverser

überragen dépasser; **~d** supérieur, éminent

überrasch|en surprendre; **~end** surprenant; **²ung** *f* surprise *f*

überred|en ***j-n zu etw ~, etw zu tun*** persuader qn de faire qc

überregional suprarégional; *Presse* national

überreich|en présenter, remettre; **²ung** *f* présentation *f*, remise *f*

U

überreizt *psych* surexcité
Überreste *m/pl* restes *m/pl*, débris *m/pl*, vestiges *m/pl*
über|rumpeln surprendre, prendre à l'improviste; **~runden** *Sport* doubler, prendre un tour d'avance; **~sättigt** saturé
Überschallflugzeug *n* avion *m* supersonique
über|schätzen surestimer; **~schlagen** *berechnen* estimer, évaluer; *beim Lesen* sauter; ***sich ~*** culbuter; *auto, aviat* capoter; *auto a* faire un tonneau; ***sich mehrmals ~*** faire plusieurs tonneaux; **~schnappen** F *fig* devenir fou; **~schneiden** ***sich ~*** coïncider, interférer; **2schreibemodus** *m* mode *m* réécriture; **~schreiben** *EDV* écraser, effacer; **~schreien** ***j-n ~*** crier plus fort que qn; **~schreiten** *Straße* traverser; *Grenze* franchir; *Anzahl* dépasser, excéder; *Befugnisse* outrepasser
Über|schrift *f* titre *m*; **~schuss** *m* excédent *m*, surplus *m*; **2schüssig** excédentaire; **2schütten** couvrir (***mit*** de); *fig* combler (de); **~schwang** *m* exubérance *f*, exaltation *f*
überschwemm|en inonder; **2ung** *f* inondation *f*
überschwenglich exalté, exubérant
Übersee ***nach ~ gehen*** partir outre--mer; ***aus*** *od* ***in ~*** d'outre-mer
über|sehen *überblicken* embrasser du regard; *fig* avoir une vue d'ensemble de *od* sur, voir l'ampleur de; *Fehler* ne pas voir, omettre; *absichtlich* fermer l'œil (***etw*** sur qc); ***das habe ich ~*** cela m'a échappé
übersetz|en traduire (***aus dem Deutschen ins Französische*** de l'allemand en français); **2er(in** *f***)** *m* traducteur *m*, -trice *f*; **2ung** *f* traduction *f*; *tech* multiplication *f*
Übersicht *f* vue *f* d'ensemble, aperçu *m*, précis *m*, résumé *m*; *~stafel* tableau *m* synoptique; **2lich** clair, bien disposé; *Gelände* dégagé
über|siedeln aller s'établir (***nach*** à *od* en); **~sinnlich** transcendant, surnaturel; **~spannt** excentrique, exalté, extravagant; **~spitzt** exagéré, outré; **~springen** sauter; **~stehen** surmonter; *überleben* survivre; **~steigen** franchir; *fig* dépasser; ***das übersteigt meine Kräfte*** c'est au-dessus de mes forces; **~stimmen** mettre en minorité
Überstunden *f/pl* heures *f/pl* supplémentaires
überstürz|en (***sich ~*** se) précipiter; **~t** précipité
über|teuert trop cher; **~tönen** *Lärm* couvrir
Übertrag *comm m* report *m*
übertrag|bar transmissible (*a méd*); **~en** transmettre (***auf*** à); *Radio, TV a* diffuser; *Aufgabe* confier (***j-m*** à qn); *übersetzen* traduire; ***~e Bedeutung*** sens *m* figure; **2ung** *f* transmission *f*; *Radio, TV a* diffusion *f*
übertreffen dépasser, surpasser (***an*** en), l'emporter sur
übertreib|en exagérer; **2ung** *f* exagération *f*
übertret|en *zur anderen Partei* passer (***zu*** à); *rel* se convertir (***zu*** à); *Sport* mordre sur la ligne; *Gesetz, Regel* enfreindre, transgresser; ***sich den Fuß ~*** se fouler le pied; **2ung** *f* infraction *f* (à), transgression *f* (de)
über|trieben exagéré; **~trumpfen** surpasser, surclasser
übervölker|t surpeuplé; **2ung** *f* surpeuplement *m*, surpopulation *f*
übervorteilen exploiter, rouler F
überwach|en surveiller; **2ung** *f* surveillance *f*; **2ungsstaat** *m* état *m* policier
überwältigen vaincre, maîtriser; **~d** grandiose; ***~e Mehrheit*** majorité *f* écrasante
überweis|en *Geld* virer; *méd* envoyer (***zu, an*** à); **2ung** *f* virement *m*
über|werfen ***sich mit j-m ~*** se brouiller avec qn; **~wiegen** prédominer
überwind|en vaincre, surmonter; ***sich ~ zu*** se forcer à; **2ung** *f* victorie *f* sur; *Selbst2* effort *m*
Über|zahl *f* majorité *f*, supériorité *f* numérique; ***in der ~ sein*** être majoritaire; **2zählig** en surnombre
überzeug|en convaincre, persuader (***j-n von etw*** qn de qc); ***sich von etw ~*** se persuader de qc; **~t** convaincu, persuadé; **2ung** *f* conviction *f*
überzieh|en recouvrir *od* revêtir (***mit*** de); *Bett* changer les draps (de); *Konto* mettre à découvert; *Kleid* mettre, enfiler; ***sich ~*** *Himmel* se couvrir; **2er** *m* pardessus *m*

Überzug *m* couverture *f*, revêtement *m*
üblich usuel, habituel, d'usage; ***es ist ~*** c'est la coutume *od* l'usage, ***wie ~*** comme d'habitude
U-Boot *n* sous-marin *m*
übrig de reste; restant; ***die 2en*** les autres; ***während der ~en Zeit*** le reste du temps; ***~ bleiben*** rester; ***es bleibt mir nichts anderes ~ als*** ... je n'ai rien d'autre à faire que ...; ***~ lassen*** laisser; ***zu wünschen ~ lassen*** laisser à désirer
übrigens d'ailleurs, du reste
Übung *f* exercice *m*; *mus* étude *f*
UdSSR *hist* ***die ~*** l'U.R.S.S. *f*
Ufer *n* bord *m*, rive *f*; *Meer a* rivage *m*
Ufo *n* ovni *m* (= objet volant non identifié)
Uhr *f Armband2, Taschen2* montre *f*; *öffentliche, Turm2* horloge *f*; *Pendel2, Wand2, Tisch2* pendule *f*; ***um 1 ~*** à une heure; ***um 2 ~*** à deux heures; ***um 12 ~*** a midi; ***wie viel ~ ist es?*** quelle heure est-il?; ***um wie viel ~?*** à quelle heure?; ***rund um die ~*** vingt-quatre heures sur vingt-quatre; **~macher(in** *f*) m horloger *m*, -ère *f*, **~werk** *n* mécanisme *m*, mouvement *m*; **~zeiger** *m* aiguille *f*; **~zeigersinn** *m* ***im ~*** dans le sens des aiguilles d'une montre; ***entgegen dem ~*** en sens inverse des aiguilles d'une montre; **~zeit** *f* heure *f*
Uhu *zo m* grand-duc *m*
UKW *Radio* F.M. (= fréquence *f* modulée), modulation *f* de fréquence
Ulk *m* plaisanterie *f*; **2ig** drôle
Ulme *bot f* orme *m*
Ultimatum *n* ultimatum *m*; ***j-m ein ~ stellen*** envoyer un ultimatum à qn
Ultraschall *m* ultra-son *m*; **~aufnahme** *f* échographie *f*; **~gerät** *n* appareil *m* ultra-son; **~untersuchung** *f* échographie *f*
um *örtlich* ~ (... ***herum***) autour de; *zeitlich* aux environs de, autour de F; *Uhrzeit* à; *ungefähr* environ, autour de F; *Bezug, Grund* pour; ***~ ... willen*** pour l'amour de, en considération de; ***~ zu*** (+ *inf*) pour (+ *inf*), afin de (+ *inf*); ***~ j-n sein*** entourer qn; ***~ sein*** F être fini; *Zeit* être révolu; ***die Frist ist ~*** le délai est arrivé á expiration; ***~ 3 Uhr*** à 3 heures; ***~ Ostern*** aux environs de Pâques; ***~ 2 Mark billiger*** de 2 marks meilleur marché; ***Tag ~ Tag*** jour après *od* pour jour; *cf* ***umso***
umarm|en serrer dans ses bras, étreindre, enlacer; ***~ u küssen*** embrasser; **2ung** *f* étreinte *f*
Umbau *m* transformation *f*, aménagement *m*; **2en** transformer, aménager (***zu*** en)
um|bilden transformer; *Regierung* remanier; **~binden** *Schürze etc* mettre; **~blättern** tourner la page; **~blicken** ***sich ~*** regarder autour de soi; *den Kopf wenden* tourner la tête; **~bringen** tuer; **~denken** changer sa façon de voir les choses; **~disponieren** modifier ses projets
umdreh|en (re)tourner; ***sich ~*** se retourner; ***den Hals ~*** tordre le cou; **2ung** *f Motor* tour *m*; *um e-e Achse* rotation *f*, révolution *f*
um|einander l'un autour de l'autre; **~fahren** *Hindernis* contourner; *umwerfen* renverser; **~fallen** tomber, se renverser; ***tot ~*** tomber mort
Umfang *m math* circonférence *f*; *Größe* étendue *f*, ampleur *f*, envergure *f*; *Menge* volume *m*; ***in großem ~*** dans une large mesure; **2reich** étendu, vaste, ample, volumineux
umfassen *fig* embrasser, comporter, comprendre; **~d** vaste, étendu; *Geständnis* complet
Um|feld *n* contexte *m*; **~frage** *f* enquête *f*, sondage *m* d'opinion; **2füllen** transvaser; **~gang** *m* relations *f/pl*; ***mit j-m ~ haben*** fréquenter qn; ***schlechten ~ haben*** avoir de mauvaises fréquentations; **2gänglich** sociable; **~gangsformen** *f/pl* manières *f/pl*; ***gute ~ haben*** avoir du savoir vivre
Umgangssprach|e *f* langage *m* familier; **2lich** familier
umgeb|en (***sich ~*** s')entourer (***mit*** de); *adj* entouré (***von*** de); **2ung** *f e-r Person* entourage *m*; *e-s Ortes* environs *m/pl*
umgeh|en *vermeiden* contourner, éviter; ***mit j-m ~*** fréquenter qn; ***mit j-m ~ können*** savoir s'y prendre avec qn; ***mit etw ~*** manier qc; ***mit etw sparsam ~*** économiser qc; **~end** immédiat(ement); **2ungsstraße** *f* route *f* de contournement, rocade *f*
um|gekehrt renversé, à l'envers, inverse(ment); **~graben** bêcher; **~haben** F porter; **2hang** *m* cape *f*, pèlerine *f*;

U

~hängen jeter sur ses épaules; *Bild* suspendre ailleurs; **~hauen** abattre; F *fig* ***das haut mich um*** ça me coupe le souffle F
umhin ***nicht ~ können, etw zu tun*** ne (pas) pouvoir s'empêcher de faire qc
umhören ***sich ~*** se renseigner, s'informer
Umkehr *f* retour *m*; *fig a* conversion *f*; **≈en** retourner en arrière, faire demi-tour, s'en retourner, revenir sur ses pas; *Taschen* retourner; *math Bruch* renverser; *Wortfolge* inverser
um|kippen perdre l'équilibre, se renverser; ***der See ist umgekippt*** l'équilibre biologique du lac est rompu; **~klammern** étreindre
Umkleideraum *m* vestiaire *m*
umkommen être tué, mourir, périr (***bei*** dans); F ***~ vor*** crever de F
Umkreis *m* ***im ~ von*** dans un rayon de; **≈en** tourner autour de
Umlauf *m* circulation *f*; *Rundschreiben* circulaire *f*; ***in ~ bringen*** mettre en circulation; **~bahn** *f* orbite *f*; ***auf e-e ~ bringen*** mettre sur orbite; **≈en** circuler; *Gerücht* courir
umlegen *Schal etc* mettre; *verlegen* déplacer; *Kosten* répartir (***auf*** entre); F *töten* descendre F
umleit|en *Verkehr* dévier; *Fluss* détourner; **≈ung** *f* déviation *f*
umliegend environnant
Umnachtung *f* ***geistige ~*** aliénation *f* mentale
um|quartieren loger ailleurs; *evakuieren* évacuer; **~randen** border, encadrer; **~räumen** changer les meubles de place
umrechn|en convertir (***in*** en); **≈ung** *f* conversion *f*; **≈ungskurs** *m* cours *m* du change
um|reißen *fig* ébaucher, esquisser; **~rennen** renverser (en courant); **~ringen** entourer; ***von Feinden umringt*** cerné par les ennemis; **≈riss** *m* contour *m*; **~rühren** remuer; **≈satz** *écon m* chiffre *m* d'affaires
umschalten *elektrisch* commuter; *Radio, TV* changer de programme; ***auf UKW ~*** mettre sur F.M.; *Ampel* ***auf Rot ~*** passer au rouge
Umschau *f* ***nach j-m ~ halten*** chercher qn du regard; **≈en** ***sich ~*** *cf* ***umsehen***
Umschlag *m Brief≈* enveloppe *f*; *Buch≈* jaquette *f*; *méd* compresse *f*; *Änderung* changement *m*, revirement *m*; **≈en** *Wetter* changer subitement; *Buchseite* tourner; **~platz** *m fig* plaque *f* tournante
umschreib|en *Begriff* exprimer par une périphrase; **≈ung** *f* périphrase *f*
Um|schrift *f* ***phonetische ~*** transcription *f* phonétique; **≈schulen** ***j-n ~*** *Schulwechsel* faire changer qn d'école, envoyer qn à une autre école; *beruflich* recycler qn; **≈schwärmt** entouré, adoré; **~schwung** *m* changement *m* brusque, revirement *m*; **≈sehen** ***sich ~*** tourner la tête; *nach allen Seiten* regarder autour de soi; ***sich in der Stadt ~*** faire un tour en ville; ***sich nach etw ~*** chercher qc; **≈sein** F *cf* ***um***; **≈seitig** au verso, à la page suivante
Umsicht *f* circonspection *f*; **≈ig** circonspect
umsiedeln transplanter, transférer
umso ***~ größer*** *etc* d'autant plus grand, *etc*; ***~ besser!*** tant mieux!; ***~ mehr als*** d'autant plus que
umsonst *vergeblich* en vain, inutilement; *kostenlos* gratuitement
Um|stand *m* circonstance *f*; ***unter allen Umständen*** en tous cas; *jur* ***mildernde Umstände*** circonstances atténuantes; ***keine Umstände machen*** ne pas faire de façons; ***sie ist in anderen Umständen*** elle est enceinte; **≈ständlich** compliqué
Umstands|kleid *n* robe *f* de grossesse; **~wort** *gr n* adverbe *m*
umsteigen changer (de train)
umstell|en changer (de place); *Betrieb etc* réorganiser, regrouper; ***auf EDV ~*** informatiser; ***sich ~*** s'adapter (***auf*** à); **≈ung** *f* changement *m*; réorganisation *f*, regroupement *m*; adaptation *f*
um|stimmen ***j-n ~*** faire changer qn d'avis; **~stoßen** renverser; **~stritten** contesté, controversé
Um|sturz *pol m* subversion *f*, renversement *m*, révolution *f*; **≈stürzen** se renverser; *Fahrzeug a* verser; ***etw ~*** renverser qc
Umtausch *m* échange *m*; *von Geld* change *m*; **≈en** échanger (***gegen*** contre); *Geld* changer
umwälz|end révolutionnaire; **≈ung** *f* bouleversement *m*, révolution *f*

U

umwand|eln transformer (*in* en); **&lung** *f* transformation *f*
Umweg *m* détour *m*
Umwelt *f* environnement *m*; **~belastung** *f* pollution *f*; **&bewusst** respectueux de l'environnement; **~einfluss** *m* influence *f* de l'environnement; **~engel** *m* label *m* écologique; **&feindlich** polluant; **~forscher** *m* spécialiste *m* de l'environnement, écologiste *m*; **&freundlich** non-polluant; **~katastrophe** *f* catastrophe *f* écologique; **&schädlich** polluant; **~schutz** *m* protection *f* de l'environnement; **~schützer** *m* protecteur *m* de l'environnement, écologiste *m*; **~schutzpapier** *n* papier *m* recyclé; **~sünder** *m* pollueur *m*; **~verschmutzer** *m* pollueur *m*; **~verschmutzung** *f* pollution *f*
um|wenden (***sich*** ~ se) retourner; **~werfen** renverser; *Mantel* jeter sur ses épaules; **~ziehen** déménager; ***sich*** ~ se changer; **~zingeln** encercler, cerner
Umzug *m Wohnungswechsel* déménagement *m*; *in den Straßen* cortège *m*
unabhängig indépendant (***von*** de); ~ ***davon, ob*** indépendamment du fait que; **&keit** *f* indépendance *f*
unab|kömmlich indispensable; **~lässig** continuel, incessant, *adv* sans cesse; **~sichtlich** involontaire; **~wendbar** inévitable, inéluctable
unachtsam inattentif; **&keit** *f* inattention *f*
unan|fechtbar incontestable; **~gebracht** déplacé, inopportun; **~gefochten** incontesté; **~gemessen** inadéquat; **~genehm** désagréable; **~nehmbar** inacceptable; **&nehmlichkeit** *f* désagrément *m*; **~sehnlich** disgracieux; **~ständig** indécent; **~tastbar** inviolable, intangible
unappetitlich peu appétissant
Unart *f* vilaine habitude *f*; **&ig** *Kind* méchant, mal élevé
unauf|dringlich discret; **~fällig** discret; *Person* effacé; **~findbar** introuvable; **~gefordert** spontanément; **~hörlich** incessant; *adv* sans cesse; **~merksam** inattentif
unaus|löschlich indélébile; **~sprechlich** inexprimable, indicible; **~stehlich** insupportable
unbarmherzig impitoyable
unbe|absichtigt involontaire, non intentionnel; **~achtet** inaperçu; **~dacht** inconsidéré; **~denklich** sans inconvénient, sans danger; **~deutend** insignifiant; **~dingt** absolu; *adv* absolument; **~fahrbar** impraticable; **~fangen** non prévenu, impartial; naïf, ingénu; **~friedigend** peu satisfaisant, insuffisant; **~friedigt** insatisfait, mécontent; **~fugt** non autorisé; **~gabt** sans talents, peu doué; **~greiflich** incompréhensible; **~grenzt** illimité; **~gründet** mal fondé, non fondé; **&hagen** *n* malaise *m*; **~haglich** ***sich*** ~ ***fühlen*** se sentir mal à l'aise; **~helligt** sans être importuné; **~herrscht** qui ne sait pas se maîtriser, incontrôlé; **~holfen** maladroit; **~irrt** sans se laisser déconcerter; **~kannt** inconnu; **~kleidet** déshabillé; **~kümmert** insouciant; **~lebt** inanimé; calme; **~lehrbar** incorrigible; **~liebt** impopulaire; **~mannt** *Raumfahrzeug* non habité; **~merkt** inaperçu; **~nutzt** inutilisé; **~quem** inconfortable; **~rechenbar** incalculable, *Person* imprévisible; **~rechtigt** non autorisé; *Forderung etc* injustifié; **~rührt, ~schädigt** intact; **~scheiden** exigeant; **~schränkt** illimité; **~schreiblich** indescriptible; **~sehen** sans examen, tel quel; **~siegbar** invincible; **~sonnen** irréfléchi, inconsidéré; **~ständig** inconstant; *Wetter* instable; **~stechlich** incorruptible; **~stimmt** indéfini; *unsicher* incertain; **~streitbar** inconstable, indiscutable; **~stritten** incontesté; **~teiligt** étranger (***an*** à); *gleichgültig* indifférent; **~tont** non accentué, atone
unbeugsam inflexible
unbe|wacht *Parkplatz* non gardé; **~weglich** immobile; *jur* **~*e Güter*** biens *m/pl* immeubles; **~wohnt** inhabité; *Haus a* inoccupé; **~wusst** inconscient, involontaire; **~zahlbar** impayable (*a* Γ *köstlich*)
Unbild|en *pl* ~ ***der Witterung*** intempéries *f/pl*
un|blutig non sanglant; sans effusion de sang; **~brauchbar** inutilisable; *Mensch* inapte (***für*** à)
und et; ~ ***so weiter*** et ainsi de suite, et cetera
Undank *m* ingratitude *f*; **&bar** ingrat (***gegen*** envers)

un|definierbar indéfinissable; **~denkbar** inimaginable, impensable; **~deutlich** indistinct, vague; *Sprache* inarticulé; **~dicht** qui fuit; *~ **sein*** fuir; **Ꝏding** *n* absurdité *f*, non-sens *m*
unduldsam intolérant
undurch|dringlich impénétrable; **~führbar** irréalisable; **~lässig** imperméable; **~sichtig** opaque; *fig* mystérieux, louche
uneben inégal; *Gelände a* accidenté; **Ꝏheit** *f* inégalité *f*; *im Gelände* accident *m*
un|echt faux; **~ehelich** illégitime; *Kind a* naturel; **~ehrlich** malhonnête; **~eigennützig** désintéressé; **~einig** désuni, en désaccord (***mit j-m über etw*** avec qn sur qc); **~empfindlich** insensible (***für*** à); **~endlich** infini (*a math*, *Foto*); *~ groß*, *weit* immense
unent|behrlich indispensable; **~geltlich** gratuit; *Tätigkeit* bénévole; **~schieden** indécis; *Sport* *~ **spielen*** faire match nul; **~schlossen** irrésolu, indécis; **~schuldbar** inexcusable
uner|bittlich inexorable; **~fahren** inexpérimenté; **~forschlich** impénétrable; **~freulich** désagréable; **~giebig** improductif; **~gründlich** insondable, impénétrable; **~heblich** insignifiant; **~hört** inouï; **~kannt** sans être reconnu, incognito; **~klärlich** inexplicable; **~lässlich** indispensable; **~laubt** défendu; *adv* sans la permission de qn; **~ledigt** non fait, inachevé; **~messlich** immense; **~müdlich** infatigable, inlassable; **~reichbar** inaccessible; **~reicht** sans égal, inégalé; **~sättlich** insatiable; **~schlossen** inexploré, inexploité; **~schöpflich** inépuisable, intarissable; **~schütterlich** inébranlable, imperturbable; **~schwinglich** inabordable; **~setzlich** irremplaçable; **~träglich** insupportable; **~wartet** inattendu; **~wünscht** indésirable; **~zogen** mal élevé
unfähig incapable (***zu*** de); **Ꝏkeit** *f* incapacité *f*
unfair déloyal
Unfall *m* accident *m*; **~flucht** *f* délit *m* de fuite; **~stelle** *f* lieu *m* de l'accident; **~verhütung** *f* prévention *f* des accidents
unfassbar inconcevable
unfehlbar infaillible; **Ꝏkeit** *f* infaillibilité *f*

unfolgsam désobéissant
unförmig informe
unfrankiert non affranchi
unfreiwillig involontaire; *adv* malgré soi
unfreundlich peu aimable, désagréable; *Wetter* maussade
Unfrieden *m* discorde *f*; *~ **stiften*** semer la discorde
unfruchtbar stérile; **Ꝏkeit** *f* stérilité *f*
Unfug *m* bêtise(s) *f(pl)*; *~ **treiben*** faire des bêtises
Ungar|(in *f*) *m* Hongrois *m*, -e *f*; **Ꝏisch** hongrois; **~n** *n* la Hongrie
ungastlich inhospitalier
unge|achtet malgré, en dépit de; ***dessen*** ~ malgré cela, néanmoins; **~ahnt** inespéré, insoupçonné; **~beten** non invité; ***~er Gast*** intrus *m*; **~bildet** inculte, sans éducation; **~boren** ***noch*** ~ encore à naître; **~bräuchlich** peu usité, inusité; **~braucht** tout neuf; **~bührlich** inconvenant; **~bunden** *fig* libre; ***frei und*** ~ libre comme l'air; **~deckt** *Scheck* sans provision
Ungeduld *f* impatience *f*; **Ꝏig** impatient
unge|eignet impropre (***für*** à); *Person* inapte (***für*** à); **~fähr** à peu près, environ; *adj* approximatif; **~fährlich** inoffensif, sans danger
ungeheuer **1.** énorme; *adv* énormément; **2.** Ꝏ *n* monstre *m*; **~lich** monstrueux
unge|hindert libre, sans être empêché; **~hobelt** *fig* grossier; **~hörig** inconvenant
ungehorsam **1.** désobéissant; **2.** Ꝏ *m* désobéissance *f*; ***ziviler*** ~ désobéissance *f* du citoyen
unge|künstelt sans affectation, simple, naturel; **~kürzt** intégral; **~legen** inopportun; ***j-m ~ kommen*** déranger qn; **~lernt** non qualifié; **~mein** extrêmement; **~mütlich** peu confortable, peu sympathique
ungenau inexact; **Ꝏigkeit** *f* inexactitude *f*
ungeniert sans gêne
unge|nießbar immangeable; *Getränk* imbuvable (*a* F *fig Person*); **~nügend** insuffisant; **~pflegt** négligé, peu soigné; **~rade** *Zahl* impair
ungerecht injuste; **~fertigt** non justifié, injustifié; **Ꝏigkeit** *f* injustice *f*
ungeschehen ***das kann man nicht ~ machen*** ce qui est fait est fait

Ungeschick|(lichkeit *f*) *n* maladresse *f*; **Ձt** maladroit
unge|schminkt *fig* sans fard; **~setzlich** illégal; **~stört** tranquille; **~straft** impuni; *adv* impunément; **~stüm** impétueux; **~sund** malsain, insalubre; ***er sieht ~ aus*** il a l'air malade; **~trübt** *Glück* sans nuage
Ungetüm *n* monstre *m*
ungewiss incertain; ***j-n im Ձen lassen*** maintenir qn dans l'incertitude; **Ձheit** *f* incertitude *f*
unge|wöhnlich extraordinaire; **~wohnt** inaccoutumé, inhabituel; **Ձziefer** *n* vermine *f*; **~zogen** *Kind* désobéissant, méchant; **~zwungen** désinvolte, décontracté, relax(e) F
ungläubig incrédule; *rel* incroyant, infidèle
unglaub|lich incroyable; **~würdig** peu digne de foi; *zweifelhaft* douteux
ungleich inégal; **Ձheit** *f* inégalité *f*; **~mäßig** inégal, irrégulier
Unglück *n* malheur *m*; *Unfall* accident *m*; **Ձlich** malheureux; **Ձlicherweise** malheureusement
ungültig non valable, nul; *Ausweis* périmé; ***für ~ erklären*** annuler, invalider; ***~ werden*** se périmer; **Ձkeit** *f* nullité *f*
Ungunst ***zu ~en*** au préjudice de
ungünstig défavorable
ungut ***~es Gefühl*** sentiment *m* d'inquiétude; ***nichts für ~!*** sans rancune!, ne m'en veuillez pas!
unhaltbar *Zustände* intenable; *Behauptung* insoutenable; *Sport* imparable
Unheil *n* malheur *m*, désastre *m*; ***~ bringend*** funeste; **Ձbar** incurable; **Ձvoll** funeste
unheimlich inquiétant, sinistre; ***~ gut*** F vachement bon *od* bien
unhöflich impoli, malpoli; **Ձkeit** *f* impolitesse *f*
un|hörbar inaudible; **~hygienisch** peu hygiénique
Uniform *f* uniforme *m*; ⚠ ***un*** uniforme; **Ձiert** en uniforme
uninteress|ant sans intérêt, dépourvu d'intérêt; **~iert** qui ne s'intéresse pas (***an*** à)
Union *f* union *f*; ***Europäische ~*** Union *f* européenne
univers|al universel; **Ձität** *f* université *f*; **Ձum** *n* univers *m*

Unke *f zo* crapaud *m*; *fig* F prophète *m* de malheur; **Ձn** F prédire des malheurs
unkennt|lich méconnaissable; **Ձnis** *f* ignorance *f*
unklar confus, vague, peu clair, indistinct; **Ձheit** *f* manque *m* de clarté, confusion *f*
un|klug imprudent; **Ձkosten** *pl* frais *m/pl*; **Ձkraut** *n* mauvaise herbe *f*; ***~ jäten*** sarcler; **Ձkrautvernichtungsmittel** *n* herbicide *m*; **~kündbar** *Stelle* permanent; *Vertrag* non résiliable; **~längst** récemment; **~lauter** *Wettbewerb* déloyal; **~leserlich** illisible; **~logisch** illogique
unlös|bar *Problem* insoluble; **~lich** *chim* insoluble
unmännlich peu viril, efféminé
unmäßig immodéré, démesuré; *im Essen u Trinken* intempérant; **Ձkeit** *f* intempérance *f*
Unmenge *f* quantité *f* énorme (***von*** de)
Unmensch *m* brute *f*, barbare *m*; **Ձlich** inhumain; **~lichkeit** *f* inhumanité *f*
un|merklich imperceptible; **~missverständlich** sans équivoque; **~mittelbar** immédiat, direct; **~möbliert** non meublé
unmöglich impossible; **Ձkeit** *f* impossibilité *f*
unmoralisch immoral
unmündig *jur* mineur; **Ձkeit** *f* minorité *f*
unnach|ahmlich inimitable; **~giebig** intransigeant, inflexible; **~sichtig** sévère, sans indulgence, impitoyable
un|nahbar *Mensch* inaccessible, hautain; **~natürlich** peu naturel; *geziert* affecté; **~nötig** inutile
UNO *f* O.N.U. *f*
unord|entlich désordonné, négligé, en désordre; **Ձnung** *f* désordre *m*
unpartei|isch impartial; **Ձlichkeit** *f* impartialité *f*
un|passend impropre, peu convenable, déplacé; **~passierbar** impraticable; **~pässlich** indisposé; **~persönlich** impersonnel; **~politisch** apolitique; **~populär** impopulaire; **~praktisch** peu pratique; *Person* maladroit; **~produktiv** improductif; **~pünktlich** inexact
unrecht **1.** mauvais; **2.** **Ձ** *n* injustice *f*, tort *m*; ***zu ~*** à tort; **~mäßig** illégitime, illégal

unregelmäßig irrégulier; **≈keit** *f* irrégularité *f*
un|reif pas mûr (*a fig*); *Obst a* vert; **~rein** impur
unrichtig incorrect, inexact, faux; **≈keit** *f* incorrection *f*
Unruh|e *f* inquiétude *f*; **~n** *pl pol* troubles *m/pl*; **~estifter(in** *f*) *m* perturbateur *m*, -trice *f*, fauteur *m* de troubles; **≈ig** inquiet; *Leben*, *Meer* agité; *Schüler* dissipé, turbulent
uns nous, à nous
unsach|gemäß non *od* mal approprié; **~lich** subjectif, non fondé
un|sagbar indicible; **~sanft** brutal, rude; **~sauber** malpropre; **~e Methoden** méthodes malhonnêtes; **~schädlich** inoffensif; **~ machen** mettre hors d'état de nuire; **~scharf** *Foto* flou; **~schätzbar** inestimable; **~scheinbar** insignifiant; *Mensch* effacé; **~schicklich** inconvenant; **~schlagbar** imbattable; **~schlüssig** irrésolu, indécis
Unschuld *f* innocence *f*; **≈ig** innocent
unselbstständig qui manque d'indépendance *od* d'initiative *od* de personnalité; *beruflich* salarié
unser notre, *pl* nos; **~er**, **~e**, **~es**, ***der***, ***die***, ***das* ~*e*** *od* **uns(e)rige** le (la) nôtre; **~einer, ~eins** nous autres, des gens comme nous
unsicher incertain; *Person* qui manque d'assurance; ***~ werden*** se troubler; **≈heit** *f* incertitude *f*; *e-r Person* manque *m* d'assurance; *e-r Gegend* insécurité *f*
unsichtbar invisible
Unsinn *m* bêtises *f/pl*, absurdité(s) *f(pl)*; **≈ig** insensé, absurde
Unsitt|e *f* mauvaise habitude *f*; *Missstand* abus *m*; **≈lich** immoral
un|sozial antisocial; **~sportlich** peu sportif; *unfair* antisportif
unsterblich immortel; **≈keit** *f* immortalité *f*
Un|stimmigkeit *f* désaccord *m*, divergence *f*, différend *m*; **≈sympathisch** antipathique
untätig inactif; **≈keit** *f* inactivité *f*
untauglich inapte (***für*** à); **≈keit** *f* inaptitude *f* (à)
unteilbar indivisible
unten en bas, en dessous; ***nach* ~** en bas, vers le bas; ***siehe* ~** voir ci-dessous; ***auf Seite 5* ~** en bas de la page 5
unter sous; *unterhalb* au-dessous de; *zwischen* entre; *mitten zwischen* parmi; ***~ anderem*** entre autres; ***einige ~ uns*** certains d'entre nous *od* parmi nous; ***das bleibt unter ~*** que cela reste entre nous; ***~ dieser Bedingung*** à cette condition; ***j-n ~ sich haben*** avoir qn sous ses ordres
Unter|arm *m* avant-bras *m*; **≈belichtet** *Foto* sous-exposé; **~bewusstsein** *n* subconscient *m*; **≈bieten** vendre moins cher (***j-n*** que qn); *Rekord* battre; **≈binden** empêcher, mettre un terme à
unterbrech|en interrompre; **≈ung** *f* interruption *f*; **≈ungsbefehl** *EDV m* instruction *f* de rupture
unter|breiten soumettre; **~bringen** *Gast* loger; *verstauen*, *Person in Stellung* caser
unterdessen en attendant, entre-temps
unterdrück|en *Gefühle*, *Aufstand* réprimer, étouffer; *Volk* opprimer; **≈ung** *f* répression *f*; oppression *f*
untere inférieur (*a fig*), bas, d'en bas
untereinander l'un sous l'autre; *unter sich* (*uns etc*) entre eux (nous, *etc*); *gegenseitig* mutuellement, réciproquement
unterentwickelt sous-développé
unterernähr|t sous-alimenté; **≈ung** *f* sous-alimentation *f*
Unter|führung *f* (passage *m*) souterrain *m*; **~gang** *m* ruine *f*, perte *f*; *mar* naufrage *m*; *Sonne* coucher *m*; **~gebene(r)** *m*, *f* subordonné *m*, -e *f*; **≈gehen** périr; *mar* couler, faire naufrage; *Sonne* se coucher; **≈geordnet** subordonné; *zweitrangig* secondaire; **~gewicht** *n* manque *m* de poids; **≈graben** *fig* miner
Untergrund *m* sous-sol *m*; *pol* clandestinité *f*; **~bahn** *f* métro *m*
unterhalb au-dessous de
Unterhalt *m* entretien *m*; **≈en** *Familie*, *Gebäude etc* entretenir; *belustigen* divertir, distraire, amuser; ***sich* ~** s'entretenir (***mit j-m über etw*** avec qn de qc); *sich belustigen* se divertir, s'amuser; **≈end, ≈sam** divertissant, distrayant, amusant; **~spflicht** *f* obligation *f* alimentaire; **≈spflichtig *~ sein*** avoir le devoir d'entretien; **~szahlung** *f* pen-

U

sion *f* alimentaire; **~ung** *f* entretien *m*; *Gespräch a* conversation *f*; *Vergnügen* divertissement *m*, amusement *m*
Unter|händler *m* négociateur *m*; **~hemd** *n* maillot *m od* gilet *m* de corps; **~hose** *f* caleçon *m*; *kurze* slip *m*; **²irdisch** souterrain; **~kiefer** *m* mâchoire *f* inférieure; **²kommen** trouver une place, se caser F; **~kunft** *f* abri *m*, gîte *m*, logement *m*; **~ und Verpflegung** le gîte et le couvert; **~lage** *f* *Schreib²* sous-main *m*; *tech* support *m*; *Schriftstück* pièce *f*, document *m*
unterlass|en ***etw*** **~** s'abstenir de qc; ***es*** **~, *etw zu tun*** omettre de faire qc; **²ung** *f* omission *f* (*a jur*)
unterlaufen saboter
unterlegen inférieur (***j-m, e-r Sache*** à qn, à qc); ***er ist mir*** **~** il est inférieur à moi; **²heit** *f* infériorité *f*
Unter|leib *m* bas-ventre *m*, abdomen *m*; **²liegen** *besiegt werden* être vaincu (***j-m*** par qn), succomber (à); *der Kontrolle, Mode etc* être soumis à; ***j-s Zuständigkeit*** **~** relever de qn; **~lippe** *f* lèvre *f* inférieure; **~mieter(in** *f*) *m* sous-locataire *m, f*
unternehm|en entreprendre; **²en** *n* entreprise *f* (*a écon*); ***ein gewagtes*** **~** une entreprise osée; **²ensberater** *m* conseiller *m* en gestion; **²ensberatung** *f* consultation *f* en gestion; **²er(in** *f*) *m* entrepreneur *m*, -euse *f*; **~ungslustig** entreprenant
Unterredung *f* entretien *m*
Unterricht *m* enseignement *m*, cours *m/pl*; **²en** ***etw*** **~** enseigner qc; ***j-n in etw*** **~** enseigner qc à qn; ***j-n über etw*** **~** renseigner qn sur qc, informer qn de qc
Unter|rock *m* jupon *m*; **²sagen** interdire (***j-m etw*** qc à qn); **~satz** *m* dessous *m* de plat, rond *m*; **²schätzen** sous-estimer
unterscheid|en distinguer (***von*** de; ***zwischen*** entre); ***sich*** **~** se distinguer, différer (***von*** de; ***durch*** par); **²ung** *f* distinction *f*
Unterschied *m* différence *f*; ***im*** **~** ***zu*** à la différence de; **²lich** différent; **²slos** sans distinction
unterschlag|en *Geld* détourner; *Dokumente etc* soustraire; *fig* cacher, taire; **²ung** *jur f* soustraction *f*; **~ *von Geldern*** détournement *m* de fonds
Unter|schlupf *m* abri *m*, cachette *f*; **²schreiben** signer; **~schrift** *f* signature *f*; **~seeboot** *n* sous-marin *m*; **²setzt** trapu; **~stand** *mil m* abri *m*
unterste le plus bas
unter|stehen ***j-m*** **~** être subordonné à qn, être sous les ordres de qn; ***sich*** **~, *etw zu tun*** oser faire qc; **~stellen** (***sich*** **~** se) mettre à l'abri; ***j-n j-m*** **~** subordonner qn à qn; ***etw*** **~** *annehmen* supposer qc; ***j-m etw*** **~** attribuer *od* imputer (faussement) qc à qn; ***j-m bestimmte Absichten*** **~** faire un procès d'intention à qn; **~streichen** souligner (*a fig*); **²stufe** *f* *Schule* premier cycle *m*
unterstütz|en aider, assister, secourir, soutenir, appuyer; **²ung** *f* aide *f*, assistance *f*, secours *m*, soutien *m*, appui *m*
untersuchen examiner; *ermitteln* enquêter sur; *chim* analyser
Untersuchung *f* examen *m* (*a méd*); enquête *f* (*a jur*); *jur* instruction *f*; *chim* analyse *f*; **~shaft** *f* détention *f* préventive; **~srichter** *m* juge *m* d'instruction
Unter|tan *m* sujet *m*; **~tasse** *f* soucoupe *f*; ***fliegende*** **~** soucoupe *f* volante; **²tauchen** plonger; *fig* disparaître
Unterteil *n* bas *m*, partie *f* inférieure; **²en** subdiviser; **~ung** *f* subdivision *f*
Unter|titel *m* sous-titre *m*; ***mit*** **~n** sous-titré; **~ton** *m fig* ***ein*** **~ *von Spott*** une pointe d'ironie; **~treibung** *f* minimisation *f*; **²vermieten** sous-louer
Unterwalden *n* Unterwald
unter|wandern *pol* noyauter; **²wäsche** *f* sous-vêtements *m/pl*, linge *m* (de corps)
unterwegs en route, en chemin, chemin faisant
unterweis|en instruire; **²ung** *f* instruction *f*
Unterwelt *f* *Totenreich* enfers *m/pl*; *der Verbrecher* pègre *f*, milieu *m*
unterwerf|en (***sich*** **~** se) soumettre; **²ung** *f* soumission *f* (***unter*** à)
unterwürfig *péj* servile; **²keit** *f* servilité *f*
unterzeichn|en signer; **²er** *m* signataire *m*; **²ung** *f* signature *f*
unterziehen ***sich e-r Sache*** **~** se soumettre à qc, subir qc
untragbar intolérable
untrennbar inséparable

U

untreu infidèle; **≈e** *f* infidélité *f*
untröstlich inconsolable
untrüglich ***ein ~es Zeichen*** un signe infaillible
Untugend *f* vice *m*
untypisch atypique
unüber|legt irréfléchi; **~sehbar** immense; **~trefflich** insurpassable, incomparable; **~windlich** insurmontable, invincible, infranchissable
unum|gänglich inévitable; **~schränkt** *pol* absolu; **~wunden** franchement, sans détours
ununterbrochen ininterrompu; *adv* sans interruption, sans cesse
unver|änderlich invariable (*a gr*); **~antwortlich** irresponsable; **~besserlich** incorrigible; **~bindlich** qui n'engage à rien, sans obligation; **~bleit** sans plomb; **~daulich** indigeste (*a fig*); **~dient** immérité; **~dorben** qui n'est pas abîmé; *fig* sain, qui n'est pas corrompu; **~dünnt** non dilué; *Getränk* non coupé; **~einbar** incompatible (***mit*** avec); **~fälscht** authentique, non falsifié; **~fänglich** anodin; **~froren** effronté, sans gêne; **~gänglich** impérissable, immortel; **~gesslich** inoubliable; **~gleichlich** incomparable; **~heiratet** célibataire; **~hofft** *adj* inespéré; *adv* à l'improviste; **~käuflich** invendable; **~kennbar** indubitable, évident; **~letzt** sans blessure(s), indemne, sain et sauf; **~meidlich** inévitable; **~mischt** pur; **~mittelt** soudain, brusque(ment) **~mutet** inattendu; **≈nunft** *f* déraison *f*; **~nünftig** déraisonnable; **~richtet** ***~er Dinge zurückkehren*** revenir bredouille
unverschämt insolent, impertinent, effronté; **≈heit** *f* insolence *f*, impertinence *f*, effronterie *f*
unver|sehens à l'improviste; **~sehrt** intact; *Person* indemne, sain et sauf; **~söhnlich** irréconciliable; **≈stand** *m* déraison *f*; **~standen** ***sich ~ fühlen*** se sentir incompris; **~ständlich** incompréhensible, inintelligible; ***es ist mir ~*** j'ai du mal à comprendre cela; **~sucht** ***nichts ~ lassen*** ne rien négliger (pour ...); **~wundbar** invulnérable; **~wüstlich** *Stoff* inusable; ***~e Gesundheit*** santé *f* à toute épreuve *od* de fer; **~zeihlich** impardonnable; **~züglich** immédiat; *adv* sans délai
unvollendet inachevé
unvollkommen imparfait; **≈heit** *f* imperfection *f*
unvollständig incomplet
unvoreingenommen sans préjugés
unvorher|gesehen imprévu; **~sehbar** imprévisible
unvorsichtig imprudent; **≈keit** *f* imprudence *f*
unvorstellbar inimaginable
unvorteilhaft désavantageux
unwahr faux; *lügenhaft* mensonger; **≈heit** *f* mensonge *m*; **~scheinlich** invraisemblable, improbable; F incroyable(ment)
unwegsam impraticable
unweigerlich inévitable(ment), immanquable(ment)
unwesentlich non essentiel, peu important
Unwetter *n* tempête *f*
unwichtig sans importance
unwider|legbar irréfutable; **~ruflich** irrévocable, sans appel; **~stehlich** irrésistible
Unwill|e *m* indignation *f*; **≈ig** indigné (***über*** de); *widerwillig* à contrecœur; **≈kürlich** involontaire
unwirk|lich irréel; **~sam** inefficace; *jur* nul
unwirsch brusque, bourru
unwirt|lich inhospitalier, peu accueillant; **~schaftlich** peu économique, non rentable
unwissen|d ignorant; **≈heit** *f* ignorance *f*
unwohl ***mir ist ~*** je ne me sens pas bien, je suis indisposé; **≈sein** *n* indisposition *f*
unwürdig indigne (***j-s, e-r Sache*** de qn, de qc)
unzählig innombrable
unzeitgemäß inactuel, démodé
unzer|brechlich incassable; **~reißbar** indéchirable; **~störbar** indestructible; **~trennlich** inséparable
Un|zucht *jur f* attentat *m* à la pudeur; **≈züchtig** impudique, luxurieux
unzufrieden mécontent, insatisfait; **≈heit** *f* mécontentement *m*, insatisfaction *f*
unzu|gänglich inaccessible, inabordable (*beide a Person*); **~länglich** insuffi-

U

sant; **~lässig** inadmissible; **~mutbar** inacceptable; **~rechnungsfähig** *jur* irresponsable; **~reichend** insuffisant; **~sammenhängend** incohérent; **~verlässig** sur qui (*od* sur quoi) on ne peut compter; *Quelle* incertain, peu sûr
unzweifelhaft indubitable
Uploading *EDV n* téléchargement *m*
üppig *Vegetation* luxuriant; *Mahlzeit, Busen* plantureux
uralt vieux comme le monde
Uran *chim n* uranium *m*
Ur|aufführung *f* première *f*; **~bevölkerung** *f*, **~einwohner** *m/pl* population *f* primitive, autochtones *m/pl*, aborigènes *m/pl*; **~enkel(in** *f*) *m* arrière-petit-fils *m*, arrière-petite-fille *f*; **~großmutter** *f* arrière-grand-mère *f*; **~großvater** *m* arrière-grand-père *m*; **~heber(in** *f*) *m* auteur *m*; **~heberrechte** *n/pl* droits *m/pl* d'auteur
Uri *n* l'Uri *m*
urig *Lokal* pittoresque; *Mensch* folklo
Urin *m* urine *f*; **²ieren** uriner
Urkunde *f* acte *m*, document *m*; **~nfälschung** *jur f* faux *m* en écriture
Urlaub *m* vacances *f/pl*, congé(s) *m(pl)*; *mil* permission *f*; ***in ~ sein*** être en vacances; ***e-n Tag ~ nehmen*** prendre un jour de congé; **~er(in** *f*) *m* vacancier *m*, -ière *f*; *mil* permissionnaire *m*
Ur|sache *f* cause *f*; *Grund* raison *f*; ***keine ~!*** il n'y a pas de quoi!; **²sächlich** causal; **~sprung** *m* origine *f*; **²sprünglich** d'origine, originaire, originel; *adv* à l'origine
Urteil *n* jugement *m*; *jur a* sentence *f*, arrêt *m*, verdict *m*; ***ein ~ fällen*** rendre un jugement; ***ein ~ abgeben über*** porter un jugement sur; ***sich ein ~ bilden*** se faire une opinion; **²en** juger (**über** de); **~svermögen** *n* jugement *m*, discernement *m*
Ur|wald *m* forêt *f* vierge; **²wüchsig** primitif, naturel; **~zeit** *f* ère *f* préhistorique; **~zustand** *m* état *m* primitif
Utensilien *pl* ustensiles *m/pl*
Utop|ie *f* utopie *f*; **²isch** utopique

V

Vaduz Vaduz
Vagabund *m* vagabond *m*
vage vague
Vakuum *n* vide *m*; **²verpackt** emballé sous vide; **~verpackung** *f* emballage *m* sous vide
Vampir *m* vampire *m*
Vandalismus *m* vandalisme *m*
Vanille *f* vanille *f*
vari|abel variable; **²ante** *f* variante *f*
Varietee *n* music-hall *m*
variieren varier
Vase *f* vase *m*; ⚠ ***le*** vase
Vater *m* père *m*; **~land** *n* patrie *f*
väterlich paternel
Vater|schaft *f* paternité *f*; **~tag** *m* fête *f* des Pères; **~unser** *rel n* Notre Père *m*, Pater *m*
Vatikan *m* ***der ~*** le Vatican
V-Ausschnitt *m* décolleté *m* en V
Veget|arier(in *f*) *m* végétarien, -ne *f*; **²arisch** végétarien; **~ation** *f* végétation *f*; **²ieren** végéter, vivoter
Veilchen *bot n* violette *f*
Vene *f* veine *f*
Venedig Venise
Venezuela *n* le Venezuela
Ventil *n tech* soupape *f*; *am Luftschlauch* valve *f*; **~ation** *f* ventilation *f*; **~ator** *m* ventilateur *m*
verabred|en ***etw ~*** convenir de qc; ***sich ~*** se donner rendez-vous; ***sich mit j-m ~*** donner rendez-vous à qn; **²ung** *f* rendez-vous *m*
verab|reichen *Arznei* administrer; **~scheuen** détester
verabschied|en congédier; *Gesetz* voter, adopter; ***sich ~*** prendre congé (**von** de); **²ung** *f* congédiement *m*; *Gesetz* vote *m*, adoption *f*
ver|achten mépriser, dédaigner; **~ächtlich** méprisant, dédaigneux; *verach-*

V

tenswert méprisable; **≈achtung** *f* mépris *m*, dédain *m*; **~allgemeinern** généraliser; **~altet** vieilli, suranné, désuet
Veranda *f* véranda *f*
veränder|lich variable; **~n** changer, modifier; ***sich*** ~ changer. **≈ung** *f* changement *m*, modification *f*
veranlag|t ***musisch*** ~ doué pour les arts; ***praktisch*** ~ ***sein*** avoir un sens pratique; **≈ung** *f* prédisposition *f*
veranlass|en ***etw*** ~ occasionner qc; faire faire qc, ordonner qc; ***j-n zu etw*** ~ amener *od* déterminer qn à (faire) qc; **≈ung** *f* cause *f*, motif *m*; ~ ***zu etw geben*** donner lieu à qc
veran|schaulichen illustrer; **~schlagen** estimer, évaluer (***auf*** à)
veranstalt|en organiser; **≈er** *m* organisateur *m*; **≈ung** *f* manifestation *f*
verantwort|en ***etw*** ~ répondre de qc; **~lich** responsable (***für*** de); **≈ung** *f* responsabilité *f*; ***die*** ~ ***für etw übernehmen*** assumer *od* prendre la responsabilité de qc; ***j-n zur*** ~ ***ziehen*** demander des comptes à qn; **≈ungsbewusstsein** *n*, **≈ungsgefühl** *n* sentiment *m* de responsabilité; **~ungslos** irresponsable
verarbeiten travailler, usiner, transformer (***zu*** en); *geistig* digérer, assimiler; *EDV* traiter; **~d** **~e** ***Industrie*** industrie *f* de transformation
ver|ärgern irriter, fâcher; **~armt** appauvri; **~arzten** F soigner; **~ausgaben** ***sich*** ~ se dépenser; **~äußern** aliéner, vendre
Verb *gr n* verbe *m*
Verband *m* association *f*; *méd* pansement *m*; *mil* formation *f*; **~(s)kasten** *m* trousse *f* de premiers soins
verbann|en bannir; **≈ung** *f* bannissement *m*; exil *m*
ver|barrikadieren (***sich*** ~ se) barricader; **~bergen** cacher, dissimuler (***etw vor j-m*** qc à qn); ***sich vor j-m*** ~ se cacher de qn
verbesser|n (***sich*** ~ s')améliorer; *berichtigen* corriger; **≈ung** *f* amélioration *f*; correction *f*
verbeug|en ***sich*** ~ s'incliner (***vor*** devant); **≈ung** *f* inclination *f*
ver|biegen tordre; **~bieten** défendre, interdire; **~billigt** à prix réduit, au rabais
verbinden lier (***mit*** avec *od* à), joindre (à), (ré)unir (à); *Wunde* panser; *Augen* bander; *tech* raccorder (à); *elektrisch* connecter (à); *chim* combiner; *tél* ~ ***mit*** donner la communication avec; (***Sie sind***) ***falsch verbunden*** vous avez fait le mauvais numéro
verbindlich *bindend* obligatoire; *gefällig* obligeant; **≈keit** *f e-s Gesetzes* caractère *m* obligatoire; *e-r Person* obligeance *f*; *comm* obligation *f*
Verbindung *f* liaison *f*, communication *f* (*a tél, Verkehrs≈*); contact *m*, relation *f*; *tech* raccord *m*; *chim* combinaison *f*, composé *m*; ***mit j-m in*** ~ ***stehen*** (***treten***) être (entrer) en contact *od* en relation(s) avec qn
ver|bissen acharné; ~ ***verteidigen*** défendre avec acharnement; **~bitten** ***das verbitte ich mir!*** je ne peux pas tolérer cela!
verbitter|t aigri; **≈ung** *f* amertume *f*
verblassen pâlir
Verbleib *m* ***über seinen*** ~ ***weiß man nichts*** on ne sait pas où il se trouve; **≈en** rester, demeurer; ~ ***wir dabei!*** restons-en là!
verbleit contenant du plomb
verblend|en aveugler; **≈ung** *f* aveuglement *m*
verblüff|en ébahir, stupéfier; **~t** stupéfait, ébahi; **≈ung** *f* stupéfaction *f*, ébahissement *m*
ver|blühen défleurir, se flétrir (*a fig*), se faner (*a fig*); **~bluten** mourir d'une hémorragie; **~bohrt** obstiné; **~borgen** caché; ***im*** **≈en** en secret, en cachette
Verbot *n* interdiction *f*, défense *f*; **≈en** ***Rauchen*** ~ interdit de fumer
Verbrauch *m* consommation *f* (***an*** de); **≈en** consommer; *Kräfte* dépenser; **~er** *m* consommateur *m*; **~erschutz** *m* défense *f* des consommateurs; **~erzentrale** *f* institut *m* de la consommation; **≈t** usé
Verbrech|en *n* crime *m*; ***ein*** ~ ***begehen*** commettre un crime; **~er(in** *f*) *m* criminel *m*, -le *f*; **≈erisch** criminel
verbreit|en (***sich*** ~ se) répandre; *Lehre, Nachricht a* (se) propager; **~ern** élargir
verbrenn|en brûler; *Tote* incinérer; **≈ung** *f* combustion *f*; *Tote* crémation *f*, incinération *f*; *méd* brûlure *f*; **≈ungs-**

U

motor *m* moteur *m* à combustion interne

verbringen *Zeit* passer

verbrüder|n ***sich*** ~ fraterniser; **2ung** *f* fraternisation *f*

ver|brühen ***sich*** ~ s'ébouillanter; **~buchen** enregistrer, comptabiliser

verbünde|n ***sich*** ~ s'allier (***mit*** à); **2te(r)** *m, f* allié *m* -e *f*

ver|bürgen ***sich*** ~ ***für*** se porter garant de, répondre de; **~büßen** ***e-e Strafe*** ~ purger une peine; **~chromt** chromé

Verdacht *m* soupçon *m*; ***gegen j-n ~ schöpfen*** commencer à soupçonner qn; ***im ~ stehen*** être soupçonné (***zu*** de + *inf*)

verdächtig suspect; ***sich ~ machen*** se rendre suspect; **~en** soupçonner (***j-n e-r Sache*** qn de qc); **2ung** *f* soupçon *m*

verdamm|en condamner; *rel* damner; **~t** maudit, sacré F; F ~ ***noch mal!*** zut alors!; F ~ ***gut*** drôlement bon

ver|dampfen s'évaporer; **~danken** ***j-m etw*** ~ devoir qc à qn

verdau|en digérer (*a fig*); **~lich** ***leicht*** ~ digeste, facile à digérer; ***schwer*** ~ indigeste, lourd; **2ung** *f* digestion *f*; **2ungsstörungen** *f/pl* troubles *m/pl* digestifs

Verdeck *n auto* capote *f*; *mar* pont *m*; **2en** couvrir (*a fig*); *verbergen* cacher

verdenken ***ich kann es ihm nicht*** ~ je ne peux pas lui en vouloir

verderb|en *Lebensmittel* s'abîmer; *etw* abîmer; *Spaß, Preise etc* gâcher; *sittlich* corrompre; ***sich die Augen*** ~ s'abîmer la vue; ***sich den Magen*** ~ se détraquer l'estomac; ***es mit j-m*** ~ perdre les bonnes grâces de qn; **2en** *n* perte *f*, ruine *f*; **~lich** *Lebensmittel* périssable; *schädlich* pernicieux

ver|deutlichen rendre clair, élucider; **~dichten** comprimer, condenser; ***sich*** ~ *Nebel* s'épaissir; *Gerücht* prendre corps; **~dicken** (***sich*** ~ s')épaissir

verdien|en *Geld* gagner; *Lob, Tadel* mériter; **2st 1.** *m* gain *m*; **2.** *n* mérite *m*; **~t** (bien) mérité; *Person* de mérite; ***sich ~ machen um*** bien mériter de

ver|doppeln (***sich***) ~ doubler; **~dorben** abîmé; *fig* gâché; *Lebensmittel a* avarié; *sittlich* corrompu, dépravé; **~dorren** se dessécher

verdräng|en *ersetzen* supplanter; *psych* refouler; **2ung** *psych f* refoulement *m*

ver|drehen tordre; *Augen* rouler; *fig Tatsachen, Wahrheit* dénaturer, altérer; *fig* ***j-m den Kopf*** ~ tourner la tête à qn; **~dreifachen** (***sich***) ~ tripler

ver|drießlich, ~drossen maussade, renfrogné

verdrücken *essen* F avaler, bouffer; *fig* ***sich*** ~ F filer à l'anglaise, s'éclipser

Verdruss *m* dépit *m*, contrariété *f*, ennuis *m/pl*

verduften F déguerpir, filer, ficher le camp

verdummen s'abêtir, s'abrutir

verdunk|eln (***sich*** ~ s')obscurcir; **2(e)lung** *f* obscurcissement *m*; *mil* black-out *m*

ver|dünnen diluer (***mit Wasser*** avec de l'eau); **~dunsten** s'évaporer; **~dursten** mourir de soif; **~dutzt** stupéfait, ahuri

verehr|en *rel* vénérer; *fig* adorer; **2er(in** *f*) *m* admirateur *m*, -trice *f*; *m e-s Mädchens* soupirant *m*; **2ung** *f* vénération *f*; *fig* admiration *f*, adoration *f*; **~ungswürdig** vénérable

vereidigen faire prêter serment à, assermenter

Verein *m* association *f*, club *m*

vereinbar compatible (***mit*** avec); **~en** convenir de; ***sich ~ lassen mit*** se concilier avec; **2ung** *f* accord *m*, convention *f*

vereinen (***sich*** ~ s')unir

vereinfach|en simplifier; **2ung** *f* simplification *f*

vereinheitlichen uniformiser, standardiser

vereinig|en (***sich*** ~ se) réunir, (s')unir; **~t** (ré)uni; ***die 2en Staaten*** les États-Unis *m/pl*; **2ung** *f* (ré)union *f*; *Verein* association *f*

verein|samen devenir solitaire, s'isoler; **~t** uni; ***die 2en Nationen*** les Nations *f/pl* Unies; **~zelt** isolé; ~ ***Regen*** pluies *f/pl* éparses

ver|eiteln déjouer, faire échouer, anéantir; **~eitert** plein de pus; **~enden** mourir; **~enge(r)n** (***sich*** ~ se) rétrécir

vererb|en laisser (en mourant); *testamentarisch* léguer; *biol* transmettr[e]; ***sich ~ auf*** se transmettre à; **2un[g]** hérédité *f*; **2ungslehre** *f* g[…]

V

verewigen *Namen* immortaliser
verfahren 1. procéder; ~ **mit** traiter; **sich** ~ se tromper de route, s'égarer; **2.** ♀ *n* procédé *m*; *jur* procédure *f*
Verfall *m* décadence *f*, déclin *m*; *Gebäude* ruine *f*; *comm* échéance *f*; ♀**en** *Gebäude* tomber en ruine, se délabrer; *comm* échoir, venir à échéance; **auf etw** ~ avoir l'idée de qc; **in etw** ~ (re)tomber dans qc; **j-m** ~ **sein** être l'esclave de qn; ~**sdatum** *n* date *f* limite de consommation
ver|fälschen falsifier; ~**fänglich** embarrassant, insidieux; ~**färben sich** ~ changer de couleur
verfass|en rédiger; ♀**er(in** *f*) *m* auteur *m*, femme *f* auteur
Verfassung *f Staats*♀ constitution *f*; *Zustand* état *m*; **körperliche** ~ condition *f* physique; ♀**smäßig** constitutionnel; ♀**swidrig** anticonstitutionnel
verfaulen pourrir
verfecht|en défendre; ♀**er** *m* défenseur *m*, champion *m*, avocat *m*
verfehlen manquer, rater
verfeind|en sich ~ se brouiller; ~**et** brouillé (**mit** avec)
verfeinern raffiner, améliorer
verfilm|en porter à l'écran, tirer un film de; ♀**ung** *f* adaptation *f* cinématographique
Ver|flechtung *f* interdépendance *f*; ♀**fliegen** *Ärger etc* se dissiper; *Zeit* fuir; ♀**flixt!** zut!; ♀**flossen** passé; F **ihr** ~**er Mann** son ex-mari; ♀**fluchen** maudire; ♀**flüchtigen sich** ~ se volatiliser (*a fig*)
verflüssig|en liquéfier
verfolg|en poursuivre (*a jur*); *grausam od ungerecht* persécuter; **gerichtlich** ~ poursuivre en justice; ♀**er** *m* poursuivant *m*; *pol*, *rel* persécuteur *m*; ♀**ung** *f* poursuite *f*; *pol*, *rel* persécution *f*; **gerichtliche** ~ poursuites *f/pl* judiciaires; ♀**ungswahn** *psych m* délire *m od* manie *f* de la persécution
verfremd|en donner un caractère étranger à; ♀**ungseffekt** *m Theater* effet *m* de distanciation
verfrüht prématuré
verfüg|bar disponible; ~**en** *anordnen* ordonner; ~ **über** disposer de; ♀**ung** *f* disposition *f*; *Anordnung* ordonnance *f*; **j-m zur** ~ **stellen** (**stehen**) mettre (être) à la disposition de qn
verführ|en séduire; ♀**er(in** *f*) *m* séducteur *m*, -trice *f*; ~**erisch** séduisant, tentant, attrayant; ♀**ung** *f* séduction *f*
vergangen passé; **im** ~**en Jahr** l'année dernière *od* passée; ♀**heit** *f* passé *m* (*a gr*); ♀**heitsbewältigung** *f* maîtrise *f* du passé
vergänglich passager, éphémère, fugitif; ♀**keit** *f* caractère *m* passager *od* éphémère
vergas|en *chim* gazéifier; *Menschen* gazer; ♀**er** *m auto* carburateur *m*
vergeb|en *Stelle*, *Aufträge etc* donner, attribuer; *verzeihen* pardonner; ~**ens** en vain; ~**lich** inutile, vain; *adv* en vain; ♀**ung** *f* pardon *m*
vergegenwärtigen sich etw ~ se représenter qc, se remémorer qc
vergehen 1. *Zeit*, *Schmerz* passer; **vor Angst** ~ mourir de peur; **mir ist die Lust dazu vergangen** j'en ai perdu l'envie; **sich an j-m** ~ porter la main sur qn; *an e-r Frau* violer qn; **2.** ♀ *jur n* délit *m*
vergelt|en rendre; **Gleiches mit Gleichem** ~ rendre la pareille à qn; ♀**ung** *f* vengeance *f*, revanche *f*; ♀**ungsmaßnahmen** *f/pl* représailles *f/pl*
vergessen oublier; ♀**heit** *f* oubli *m*; **in** ~ **geraten** tomber dans l'oubli
vergesslich étourdi, distrait
vergeud|en gaspiller; ♀**ung** *f* gaspillage *m*
vergewaltig|en violer; ♀**ung** *f* viol *m*
ver|gewissern sich ~ s'assurer (**e-r Sache** de qc; **ob** si); ~**gießen** *Tränen* verser
vergift|en (**sich** ~ s')empoisonner, (s')intoxiquer; ♀**ung** *f* empoisonnement *m*, intoxication *f*
ver|gittern grillager; ~**glasen** vitrer
Vergleich *m* comparaison *f* (**mit** à, avec); *jur nach Streit* compromis *m*; *statt Konkurs* règlement *m* judiciaire; **im** ~ **zu** par rapport à; ♀**bar** comparable (**mit** à, avec); ♀**en** comparer (**mit** à, avec)
vergnüg|en 1. sich ~ s'amuser (**zu** à + *inf*), se divertir; **2.** ♀ *n* plaisir *m*; **mit** ~ avec plaisir; **viel** ~**!** amusez-vous bien!; *cf a* ♀**ung**; ~**t** joyeux, gai; ♀**ung** *f* amusement *m*, divertissement *m*; ♀**ungspark** *m* parc *m* d'attractions

V

ver|golden dorer; **~göttern** adorer, idolâtrer; **~graben** enterrer, enfouir; **~grätzen** fâcher; **~greifen** ***sich an j-m ~*** porter la main sur qn; *schänden* violer qn; ***sich an etw ~*** toucher à qc; **~griffen** *Buch* épuisé

vergrößer|n agrandir (*a Foto*), grossir (*a Lupe etc*), augmenter; **Չung** *f* agrandissement *m* (*a Foto*), grossissement *m*, augmentation *f*; **Չungsglas** *n* loupe *f*

Vergünstigung *f* avantage *m*

vergüt|en ***j-m etw ~*** indemniser qn de qc; ***j-m seine Auslagen ~*** rembourser qn de ses frais; **Չung** *f* indemnité *f*

verhaft|en arrêter; **Չung** *f* arrestation *f*

verhalten 1. ***sich ~*** se conduire, se comporter; ***sich ruhig ~*** garder son calme; ***es verhält sich so*** il en est ainsi; **2. Չ** *n* comportement *m*, conduite *f*; **Չsforschung** *f* étude *f* du comportement; **~sgestört** caractériel

Verhältnis *n* relation *f*; *Größen*Չ proportion *f*; *persönliches* rapports *m/pl* (**zu** avec); *Liebes*Չ liaison *f*; **~se** *pl* conditions *f/pl*, situation *f*, circonstances *f/pl*; ***im ~ zu*** par rapport à; ***über seine ~se leben*** vivre au-dessus de ses moyens; **Չmäßig** relatif; *adv* relativement; **~wahl** *f* scrutin *m* proportionnel; **~wort** *gr n* préposition *f*

verhand|eln négocier (***über etw*** qc); **Չlung** *f* négociation *f*; *jur* audience *f*, débats *m/pl*

verhäng|en couvrir (d'un rideau); *Strafe* infliger (***gegen*** à); *Blockade* décréter; **Չnis** *n* fatalité *f*, sort *m*; *Unheil* malheur *m*; **~nisvoll** fatal, néfaste, funeste

ver|harmlosen minimiser; **~härmt** rongé de chagrin; **~härten** *fig* ***sich ~*** se durcir; **~hasst** détesté, haï, odieux; **~hätscheln** dorloter, chouchouter F; **~hauen** F rosser; *fig* ***e-e Klassenarbeit ~*** rater *od* louper F une composition

verheer|en ravager; **~end** désastreux, catastrophique; **Չung** *f* ravage *m*

ver|hehlen cacher, dissimuler; **~heilen** guérir

verheimlich|en dissimuler; **Չung** *f* dissimulation *f*

verheirat|en ***sich ~*** se marier (***mit*** avec); ***j-n mit j-m ~*** marier qn à *od* avec qn; **~et** marié

verheiß|en promettre; **Չung** *st/s f* promesse *f*; **~ungsvoll** prometteur

verhelfen ***j-m zu etw ~*** aider qn à obtenir qc

verherrlich|en glorifier; **Չung** *f* glorification *f*

verhexen ensorceler; ***es ist wie verhext*** c'est comme un fait exprès

verhinder|n empêcher; **~t** ***~ sein*** être empêché, être retenu; ***ein ~er Künstler*** un artiste manqué; **Չung** *f* empêchement *m*

verhöhnen bafouer, tourner en dérision

Verhör *jur n* interrogatoire *m*; **Չen** interroger; ***sich ~*** mal entendre

ver|hüllen voiler; **~hungern** mourir de faim

verhüt|en empêcher, prévenir; **Չung** *f* prévention *f*; **Չungsmittel** *méd n* contraceptif *m*

verirr|en ***sich ~*** s'égarer, se perdre; **Չung** *f* aberration *f*

verjagen chasser

Verjährung *jur f* prescription *f*

verjüng|en rajeunir; ***sich ~*** rajeunir; *Säule* s'amincir; **Չung** *f* rajeunissement *m*

verkabel|n *TV* câbler; **Չung** *f* câblage *m*

verkalk|en *méd u fig* se scléroser; *Rohr* s'entartrer; **~t** *fig* sclérosé, gaga F

verkannt méconnu

Verkauf *m* vente *f*; **Չen** (***sich ~*** se) vendre; ***zu ~*** à vendre

Verkäuf|er (**in** *f*) *m* vendeur *m*, -euse *f*; **Չlich** à vendre; ***leicht ~*** facile à écouler

verkaufsoffen où les magasins sont ouverts

Verkehr *m* circulation *f*, trafic *m*; *Geschlechts*Չ rapports *m/pl*; ***aus dem ~ ziehen*** retirer de la circulation; **Չen** *Bus etc* circuler; ***mit j-m ~*** être en relations avec qn; *sexuell* avoir des rapports avec qn; ***bei j-m ~*** fréquenter qn; ***ins Gegenteil ~*** transformer en son contraire

Verkehrs|ader *f* axe *m* routier, artère *f*; **~ampel** *f* feux *m/pl* (de signalisation); **~beruhigung** *f* réduction *f* de la circulation; **~büro** *n* office *m* de tourisme; **~delikt** *n* infraction *f* au code de la route; **~erziehung** *f* enseignement *m* du code de la route; **~flugzeug** *n*

V

avion *m* de ligne; **~hindernis** *n* obstacle *m* à la circulation; **~insel** *f* refuge *m*; **~minister** *m* ministre *m* des Transports; **~mittel** *n* moyen *m* de transport; ***öffentliche*** ~ *pl* transports *m/pl* publics *od* en commun; **~opfer** *n* victime *f* de la circulation; **~polizei** *f* police *f* routière; **2reich** *Straße* fréquenté; **~schild** *n* panneau *m* de signalisation; **2sicher** sûr; **~sicherheit** *f* sécurité *f* routière; **~stau** *m* bouchon *m*, embouteillage *m*; **~sünder** *m* contrevenant *m* au code de la route; **~teilnehmer** *m* usager *m* de la route; **~unfall** *m* accident *m* de la circulation *od* de la route; **~verbund** *m* société *f* de transport en commun; **~verein** *m* syndicat *m* d'initiative; **2widrig** contraire au code de la route; **~zeichen** *n* panneau *m* de signalisation

verkehrt à l'envers; *falsch* mauvais, faux; *adv* de travers

verkennen méconnaître, se méprendre sur

verkett|en enchaîner; **2ung** *f* enchaînement *m*; ~ ***unglücklicher Umstände*** malencontreux concours *m* de circonstances

verklagen ***j-n*** ~ intenter une action contre qn

verklappen déverser dans la mer

verkleid|en (***sich*** ~ se) déguiser (***als*** en); *tech* revêtir; **2ung** *f* déguisement *m*; *tech* revêtement *m*

verkleiner|n rapetisser, réduire; **2ung** *f* rapetissement *m*, réduction *f* (*a Foto*)

ver|klemmt complexé; **~klingen** *Musik* se perdre, s'éteindre; **~knallt** ***in j-n*** ~ ***sein*** F avoir le béguin pour qn; **2knappung** *f* pénurie *f*, rareté *f*; **~knüpfen** attacher; *fig* lier, joindre, associer (*alle* ***mit*** à)

verkommen **1.** *Haus etc* être laissé à l'abandon; *Mensch* tomber bien bas; **2.** *adj moralisch* dépravé; **2heit** *f* dépravation *f*

verkörper|n personnifier; **2ung** *f* personnification *f*

ver|krachen F ***sich mit j-m*** ~ se brouiller avec qn; **~kraften** supporter; **~kriechen** ***sich*** ~ se fourrer (***in*** dans), se cacher; **~krüppelt** estropié; *Pflanze* rabougri; **~kühlen** ***sich*** ~ attraper un rhume, prendre froid; **~kümmern** *Lebewesen* dépérir; *Muskel, fig Begabung* s'atrophier; *Pflanze a* s'étioler (*a fig*), se rabougrir

verkünd|(ig)en annoncer, proclamer; *Gesetz* promulguer; *Evangelium* prêcher; ***das Urteil verkünden*** prononcer la sentence; **2igung** *f* annonce *f*; *rel* ***Mariä*** ~ l'Annonciation *f*; ***die*** ~ ***des Evangeliums*** la prédication de l'Évangile; **2ung** *f* proclamation *f*

verkürz|en raccourcir; *Arbeitszeit* réduire; **2ung** *f* raccourcissement *m*, réduction *f*

verladen charger; *mar* embarquer

Verlag *m* maison *f* d'édition

verlangen **1.** demander (***etw von j-m*** qc à qn), exiger (qc de qn), réclamer (qc de qn); ***nach j-m*** ~ réclamer qn; **2.** **2** *n* désir *m* (***nach*** de); ***auf*** ~ ***von*** sur *od* à la demande de

verlänger|n prolonger; **2ung** *f zeitlich* prolongation *f*; *räumlich* prolongement *m*; **2ungsschnur** *f* rallonge *f*

verlangsamen (***sich*** ~ se) ralentir

verlassen **1.** quitter; *im Stich lassen* abandonner; ***sich*** ~ ***auf*** compter sur, se fier à; **2.** *adj* abandonné

Verlauf *m* déroulement *m*, cours *m*; *e-r Straße, Grenze* tracé *m*; **2en** *Ereignis, Entwicklung* se dérouler, se passer; *Straße* aller; ***sich*** ~ *sich verirren* se perdre, s'égarer; *Menschenmenge* s'écouler

verleben *Zeit* passer

verlegen **1.** *räumlich* déplacer; *Wohnsitz* transférer; *Brille* égarer; *zeitlich* remettre, ajourner (***auf*** à); *Leitung* poser; *Bücher* éditer; **2.** *adj* embarrassé, gêné; **2heit** *f* embarras *m*, gêne *f*; ***j-n in*** ~ ***bringen*** embarrasser qn

Verleg|er *m* éditeur *m*; **~ung** *f* déplacement *m*, transfert *m*; *zeitlich* ajournement *m*; *tech* pose *f*

verleiden ***j-m etw*** ~ dégoûter qn de qc

Verleih *m* location *f*; *Film***2** distribution *f*; **2en** prêter, louer; *Preis* décerner; *Rechte, Titel* conférer; **~ung** *f Preis* décernement *m*

verleiten ***j-n zu etw*** ~ inciter qn à qc

verlernen désapprendre, oublier

verletz|bar vulnérable; **~en** (***sich*** ~ se) blesser; *fig a* offenser; **~end** blessant; **2te(r)** *m*, *f* blessé *m*, -e *f*; **2ung** *f* blessure *f*

V

verleugnen renier
verleumd|en calomnier, diffamer; **≈er(in** *f*) *m* calomniateur *m*, -trice *f*, diffamateur *m*, -trice *f*; **≈ung** *f* calomnie *f*, diffamation *f*
verlieb|en ***sich*** **~** tomber amoureux (***in j-n*** de qn); **~t** amoureux
verlier|en perdre; **≈er(in** *f*) *m* perdant *m*, -e *f*
verlob|en ***sich*** **~** se fiancer (***mit*** avec); **≈te(r)** *m*, *f* fiancé *m*, -e *f*; **≈ung** *f* fiançailles *f/pl*
verlock|en séduire, tenter; **~end** tentant, séduisant; **≈ung** *f* séduction *f*, tentation *f*
verlogen *Person* menteur; *Sache* mensonger; **≈heit** *f* fausseté *f*
verloren perdu; **~ *gehen*** se perdre, s'égarer
verlos|en tirer au sort; **≈ung** *f* tirage *m* au sort
Verlust *m* perte *f*
ver|machen léguer; **≈mächtnis** *n jur* legs *m*; *fig* testament *m*
Vermählung *st/s f* mariage *m*
vermarkt|en commercialiser; **≈ung** *f* commercialisation *f*
vermehr|en augmenter, accroître, multiplier (*a biol*); ***sich*** **~** augmenter; *biol* se multiplier; **≈ung** *f* augmentation *f*, accroissement *m*; *biol* multiplication *f*
vermeid|bar évitable; **~en** éviter
vermeintlich supposé, présumé
Vermerk *m* note *f*, mention *f*; **≈en** noter
vermess|en 1. mesurer; *Gelände* arpenter; **2.** *adj* téméraire; *überheblich* présomptueux; **≈enheit** *f* témérité *f*; présomption *f*; **≈ung** *f* mesurage *m*; arpentage *m*
vermiet|en louer; ***Zimmer zu*** **~** chambre à louer; **≈er(in** *f*) *m* loueur *m*, -euse *f*; *Zimmer≈* logeur *m*, -euse *f*; *Wohnungs≈* propriétaire *m*, *f*; **≈ung** *f* location *f*
verminder|n (***sich*** **~**) diminuer, (s')amoindrir; **≈ung** *f* diminution *f*, réduction *f*
vermisch|en (***sich*** **~** se) mêler (***mit*** avec *od* à), (se) mélanger (avec *od* à); **≈te(s)** *n Zeitung* faits *m/pl* divers; **≈ung** *f* mélange *m*
ver|missen ne pas retrouver; *schmerzlich* regretter; ***ich vermisse j-n*** (***etw***) *a* qn (qc) me manque; **~misst** *mil* disparu
vermitt|eln *Stelle etc* procurer; *Wissen* communiquer; *bei Konflikt* servir de médiateur (***zwischen*** entre; ***bei*** *od* ***in*** dans), intervenir, s'interposer; **≈ler(in** *f*) *m* intermédiaire *m*, *f*; *bei Konflikt* médiateur *m*, -trice *f*; **≈lung** *f Schlichtung* médiation *f*; *Eingreifen* intervention *f*; *Stelle, Büro* agence *f*; *tél* standard *m*, central *m*; ***durch j-s*** **~** par l'intermédiaire de qn
vermodern pourrir
Vermögen *n Besitz* fortune *f*; *Fähigkeit* faculté *f*; **≈d** fortuné, riche
vermummt masqué, déguisé
vermut|en supposer, présumer; **~lich** présumé; probable(ment); **≈ung** *f* supposition *f*, présomption *f*
ver|nachlässigen (***sich*** **~** se) négliger; **~narben** se cicatriser (*a fig*)
vernehm|en *hören* entendre; *erfahren* apprendre; *jur* interroger; **~lich** distinct; **≈ung** *jur f* interrogatoire *m*; *von Zeugen* audition *f*
verneigen ***sich*** **~** s'incliner (***vor*** devant)
verneln|en dire (que) non, répondre négativement; *gr* mettre à la forme négative; **~end** négatif; **≈ung** *f* négation *f* (*a gr*)
vernetz|en interconnecter; **≈ung** *f* interconnexion *f*
vernicht|en anéantir, détruire, exterminer; **~end** *Niederlage* écrasant; *Kritik* impitoyable; *Blick* foudroyant; **≈ung** *f* anéantissement *m*, destruction *f*, extermination *f*; **≈ungslager** *n* camp *m* d'extermination
verniedlichen minimiser
Vernunft *f* raison *f*; **~ *annehmen*** entendre raison; ***j-n zur*** **~ *bringen*** ramener qn à la raison
vernünftig raisonnable
veröffentlich|en publier; **≈ung** *f* publication *f*
verordn|en décréter; *méd* prescrire; **≈ung** *f jur* décret *m*; *méd* prescription *f*
verpachten affermer, donner à bail
verpack|en emballer; **≈ung** *f* emballage *m*; *comm a* conditionnement *m*
ver|passen *Gelegenheit* laisser échapper; *Zug* manquer, rater; **~patzen** *Schule* F ***e-e Klassenarbeit*** **~** rater *od* F louper une composition; **~pesten** em-

V

pester, empoisonner; **~petzen** *Schule* dénoncer, F moucharder; **~pfänden** mettre en gage; *fig sein Wort* engager
verpflanz|en transplanter (*a fig u méd*); *méd meist* greffer; **2ung** *f* transplantation (*a fig u méd*); *méd meist* greffe *f*
verpfleg|en nourrir; ***sich*** **~** s'approvisionner, se ravitailler; **2ung** *f* nourriture *f*
verpflicht|en ***j-n*** **~** obliger *od* engager qn (***zu*** à); ***sich*** **~** s'engager (***zu*** à); **~et** **~ *sein, etw zu tun*** être obligé de faire qc; **2ung** *f* obligation *f*, engagement *m* (***gegenüber j-m*** envers qn)
ver|pfuschen gâcher; **~plempern** F *Geld* dépenser sans compter; *Zeit* gaspiller
verpönt mal vu, unanimement réprouvé
ver|prassen *Geld* dissiper, dilapider, gaspiller; **~prügeln** rosser; F passer à tabac; **~puffen** fuser; *fig* se perdre en fumée
Verputz *m* crépi *m*; **2en** crépir; F *essen* dévorer, engloutir
ver|quollen *Augen, Gesicht* enflé; **~rammeln** barricader
Verrat *m* trahison *f*; **2en** (***sich*** **~** se) trahir
Verräter|(in *f*) *m* traître *m*, traîtresse *f*; **2isch** traître
verrechn|en compenser, faire le compte de; ***sich*** **~** se tromper dans ses calculs; ***sich um e-e Mark*** **~** se tromper *od* faire une erreur d'un mark; **2ung** *comm f* compensation *f*, clearing *m*; **2ungsscheck** *m* chèque *m* barré
ver|recken P crever; **~regnet** pluvieux
verreis|en partir en voyage (***nach*** pour); **~t** (parti) en voyage
verrenk|en *verdrehen* tordre; *ausrenken* ***sich etw*** **~** se luxer qc; **2ung** *méd f* luxation *f*
ver|richten faire, exécuter; **~riegeln** verrouiller
verringer|n (***sich*** **~** s')amoindrir, diminuer; **2ung** *f* amoindrissement *m*, diminution *f*, réduction *f*
ver|rosten rouiller; **~rotten** pourrir, se décomposer
verrücken déplacer
verrückt fou (***auf, nach*** de); **~ *werden*** devenir fou; **2e(r)** *m, f* fou *m*, folle *f*; **2heit** *f* folie *f*

Verruf *m* ***in*** **~ *bringen*** jeter le discrédit sur, discréditer; ***in*** **~ *geraten*** tomber dans le discrédit, se discréditer; **2en** *adj* mal famé
verrutschen glisser, se déplacer
Vers *m* vers *m*; *Bibel* verset *m*
versag|en *Hilfe etc* refuser; *tech* tomber en panne; *Bremsen* lâcher; *Schusswaffe* rater; *Person* échouer, ne pas être à la hauteur; **2en** *n* défaillance *f* (*a tech*); ***menschliches*** **~** défaillance humaine; ***schulisches*** **~** insuffisance *f od* échec *m* scolaire; **2er** *m Person, Schuss* raté *m*
versalzen trop saler
versamm|eln (***sich*** **~** se) réunir, (se) rassembler; **2lung** *f* réunion *f*, assemblée *f*
Versand *m* expédition *f*; **~handel** *comm m* vente *f* par correspondance
versäum|en manquer; **~, *etw zu tun*** négliger de faire qc; **2nis** *n* négligence *f*; *Schule* absence *f*
ver|schaffen ***j-m etw*** **~** procurer qc à qn; ***sich etw*** **~** se procurer qc; **~schämt** honteux, gêné; **~schandeln** défigurer, massacrer F; **~schanzen** ***sich*** **~** se retrancher (*a fig* ***hinter*** derrière); **~schärfen** aggraver; *Kontrolle* renforcer; ***sich*** **~** *Lage* s'aggraver; **~schätzen *sich*** **~** commettre une erreur d'appréciation; **~schenken** donner (en cadeau); **~scherzen *sich etw*** **~** perdre qc par sa faute; *Glück* gâcher, gaspiller; **~scheuchen** chasser (*a fig*); **~schicken** expédier
verschieb|en déplacer; *zeitlich* remettre, reporter, ajourner; ***sich*** **~** se déplacer; *Termin* être reporté à une date ultérieure; **2ung** *f* déplacement *m*; *zeitliche* ajournement *m*
verschieden différent (***von*** de), divers; **~artig** hétérogène; **2e** *pl* plusieurs; **2es** *n* différentes choses *f/pl*; *Zeitung* faits *m/pl* divers; **2heit** *f* différence *f*; **~tlich** à plusieurs *od* différentes reprises
ver|schiffen transporter par bateau; *verladen* embarquer; **~schimmeln** moisir; **~schlafen 1.** se lever trop tard; *Tag* passer à dormir; F *fig* oublier; **2.** *adj* endormi (*a fig*)
Verschlag *m* réduit *m*, cagibi *m*; **2en 1.** ***j-m die Sprache*** **~** interloquer qn; ***es***

hat ihn nach X ~ il a échoué *od* atterri F à X; **2.** *adj* malin, roué, sournois

verschlechter|n empirer; ***sich*** ~ empirer, se détériorer; *Lage* se dégrader, s'aggraver; *Wetter* se gâter; **≈ung** *f* détérioration *f*, dégradation *f*

Verschleiß *m* usure *f*; **≈en** (***sich***) ~ s'user; **≈frei** exempt d'usure

ver|schleppen *Menschen* déporter, déplacer; *zeitlich* faire traîner en longueur; *Krankheit* traîner; **~schleudern** *comm* vendre à perte, brader, bazarder F; *fig* dissiper; **~schließen** fermer à clé; *fig* ***sich e-r Sache*** ~ se fermer à qc

verschlimmer|n (***sich***) ~ empirer, (se) détériorer; *Krankheit* (s')aggraver; **≈ung** *f* aggravation *f*, détérioration *f*

verschlingen engloutir, avaler, dévorer (*alle a fig*)

verschlossen *Person* renfermé, taciturne; **≈heit** *f* caractère *m* renfermé

verschlucken avaler; ***sich*** ~ avaler de travers

Verschluss *m* fermeture *f*; *Foto* obturateur *m*; ***unter*** ~ ***halten*** garder sous clé

ver|schlüsseln chiffrer, coder; **~schmachten** mourir de soif; **~schmähen** dédaigner

verschmelz|en fondre (***mit*** avec *od* dans); *écon Firmen* fusionner; **≈ung** *f* fusion *f*

ver|schmerzen ***etw*** ~ se consoler de qc; **~schmitzt** futé, finaud; **~schmutzen** salir; *Umwelt* polluer; **~schnaufen** reprendre haleine; **~schneit** enneigé; **~schnupft** ~ ***sein*** être enrhumé; *fig* être vexé; **~schnüren** ficeler; **~schollen** disparu; **~schonen** épargner (*a* ***j-n mit etw*** qc à qn)

verschöner|n embellir; **≈ung** *f* embellissement *m*

verschreib|en *Medikament* prescrire; ***sich*** ~ faire une faute (en écrivant); *fig* ***sich e-r Sache*** ~ se consacrer *od* se donner entièrement à qc; **≈ung** *méd f* prescription *f*; **~ungspflichtig** *phm* soumis à une ordonnance

ver|schroben bizarre, extravagant, farfelu F; **~schrotten** mettre à la ferraille; **~schüchtert** intimidé

verschuld|en ***etw*** ~ se rendre coupable de qc; ***sich*** ~ s'endetter; **≈en** *n* faute *f*; **~et** endetté; **≈ung** *f* endettement *m*

ver|schütten *Flüssigkeit* renverser, répandre; *Lawine* ***j-n*** ~ ensevelir qn; **~schwägert** parent par alliance; **~schweigen** passer sous silence

verschwend|en gaspiller; *Geld, Vermögen a* dissiper, dilapider; **≈er(in** *f*) *m* gaspilleur *m*, -euse *f*, prodigue *m, f*; **~erisch** gaspilleur, dépensier, prodigue; **≈ung** *f* gaspillage *m*, dissipation *f*

verschwiegen discret; **≈heit** *f* discrétion *f*

verschwimmen devenir flou, se brouiller

verschwinden **1.** disparaître; **2.** **≈** *n* disparition *f*

verschwommen vague, flou, diffus

verschwör|en ***sich*** ~ conspirer (***gegen*** contre); **≈er(in** *f*) *m* conspirateur *m*, -trice *f*, conjuré *m*, -e *f*; **≈ung** *f* conspiration *f*, conjuration *f*, complot *m*

verschwunden disparu

versehen **1.** *Dienst* faire; *Haushalt* s'occuper de; ***mit etw*** ~ munir de qc; ***j-n mit etw*** ~ *a* pourvoir qn de qc; ***sich*** ~ se tromper; **2.** **≈** *n* erreur *f*, méprise *f*; ***aus*** ~ = **~tlich** par inadvertance, par mégarde

Versehrte(r) *m* mutilé *m*

ver|senden expédier; **~sengen** roussir, brûler; **~senken** *Schiff* couler; *fig* ***sich*** ~ s'absorber, se plonger (***in*** dans); **~sessen** ***auf etw*** ~ acharné à (faire) qc, fou de qc

versetz|en déplacer; *Beamte a* muter; *Schüler* faire passer dans la classe supérieure; *Schlag, Tritt* donner, flanquer F; *Pflanze* transplanter; *als Pfand* mettre en gage; *erwidern* répliquer; *fig* ***j-n*** ~ *vergeblich warten lassen* F poser un lapin à qn; ***sich in j-s Lage*** ~ se mettre à la place de qn; *Schüler* ***versetzt werden*** passer dans la classe supérieure; **≈ung** *f Schule* passage *m* dans la classe supérieure; *dienstliche* déplacement *m*, mutation *f*

verseuch|en contaminer; **≈ung** *f* contamination *f*

Versicher|er *m* assureur; **≈n** (***sich*** ~) s'assurer (***gegen*** contre); ***j-m*** ~, ***dass*** ... assurer à qn que ...; **~te(r)** *m, f* assuré *m*, -e *f*

Versicherung *f* assurance *f*; **~sgesellschaft** *f* compagnie *f* d'assurances; **~skarte** *f* ***grüne*** ~ carte *f* verte;

~police *f* police *f* (d'assurance)
ver|sickern s'infiltrer (***in*** dans); **~siegeln** cacheter; *gerichtlich* sceller; **~siegen** (se) tarir; **~silbern** argenter; *fig* F monnayer; **~sinken** s'enfoncer (***in*** dans); *cf a* ***versunken***; **~sinnbildlichen** symboliser
Version *f* version *f*
versklaven réduire en esclavage
Vers|lehre *f* versification *f*, métrique *f*; **~maß** *n* mesure *f*, mètre *m*
versöhn|en (***sich*** ~ se) réconcilier (***mit*** avec); **~lich** conciliant; **2ung** *f* réconciliation *f*
versorg|en approvisionner (***mit*** en), fournir (en), pourvoir (de); *bes tech* alimenter (en); *Familie* entretenir; *Heizung etc* s'occuper de; **2ung** *f* approvisionnement *m* (***mit*** en); *bes tech* alimentation *f* (en); *Unterhalt* entretien *m*
verspät|en ***sich*** ~ être en retard; **~et** en retard, retardé; **2ung** *f* retard *m*; ~ ***haben*** être en retard
ver|speisen consommer, manger; **~sperren** barrer; *Sicht* boucher; **~spielen** perdre au jeu; **~spotten** ***j-n*** (***etw***) ~ se moquer de qn (qc), railler qn (qc)
versprech|en promettre; ***sich zu viel*** ~ attendre trop (***von*** de); ***sich*** ~ se tromper en parlant; ***er hat sich versprochen*** la langue lui a fourché; **2en** *n* promesse *f*; ***ein*** ~ ***halten*** tenir une promesse; **2er** *m* lapsus *m*; **2ungen** *f/pl* ***leere*** ~ promesses *f/pl* en l'air
verstaatlich|en nationaliser, étatiser; **2ung** *f* nationalisation *f*
Verstädterung *f* urbanisation *f*
Verstand *m* intelligence *f*, raison *f*; ***den*** ~ ***verlieren*** perdre la raison; **2esmäßig** logique, rationnel
verständ|ig raisonnable; **~igen** ***j-n von etw*** ~ informer qn de qc, communiquer qc à qn, faire savoir qc à qn; ***sich*** ~ *verständlich machen* se faire comprendre; ***sich mit j-m*** ~ *einigen* se mettre d'accord avec qn (***über*** sur); **2igung** *f* *Kontakt* communication *f*; *Informierung* information *f*; *Einvernehmen* entente *f*; **~lich** compréhensible, intelligible; ***schwer*** (***leicht***) ~ difficile (facile) à comprendre; ***j-m etw*** ~ ***machen*** faire comprendre qc à qn; ***sich*** ~ ***machen*** se faire comprendre; **2lichkeit** *f* intelligibilité *f*
Verständnis *n* compréhension *f*, intelligence *f*, entendement *m*; ***er hat dafür kein*** ~ il ne comprend pas ces choses-là; **2los** qui ne comprend pas; **2voll** compréhensif
verstärk|en renforcer, intensifier; *tech* amplifier; ***sich*** ~ augmenter; **2er** *m* *tech* amplificateur *m*; **2ung** *f* renforcement *m*, intensification *f*; *tech* amplification *f*; *mil* renfort *m*
verstaub|en se couvrir de poussière; **~t** poussiéreux (*a fig*)
verstauch|en ***sich den Fuß*** ~ se fouler le pied; **2ung** *méd* *f* entorse *f*, foulure *f*
verstauen mettre, placer, caser
Versteck *n* cachette *f*; **~(*en*) *spielen*** jouer à cache-cache; **2en** cacher (***etw vor j-m*** qc à qn); ***sich*** ~ se cacher (***vor j-m*** de qn)
verstehen comprendre; *gelernt haben* entendre, savoir; ***sich*** ~ s'entendre (***mit j-m*** avec qn; ***auf etw*** à qc); ***zu*** ~ ***geben*** donner à entendre; ***was*** ~ ***Sie unter ...?*** qu'est-ce que vous entendez par ...?; ***es versteht sich von selbst*** cela va de soi
versteifen renforcer; *fig* ***sich*** ~ ***auf*** s'obstiner à, ne pas démordre de
versteiger|n vendre aux enchères; **2ung** *f* vente *f* aux enchères
versteinern se pétrifier
verstell|bar *tech* réglable; *drehbar* orientable; **~en** *einstellen* régler, ajuster; *falsch einstellen* dérégler; *Weg* barrer; *Stimme* déguiser; ***sich*** ~ jouer la comédie; **2ung** *f* *Heuchelei* dissimulation *f*
ver|steuern payer l'impôt sur; **~stiegen** excentrique, bizarre
verstimm|t *mus* désaccordé; *Magen* dérangé; *fig verärgert* fâché, contrarié; **2ung** *f* mauvaise humeur *f*
ver|stockt obstiné, entêté, buté; **~stohlen** furtif
verstopf|en boucher; *méd* constiper; **2ung** *f* *méd* constipation *f*
verstorben mort; *jur* décédé; **2e(r)** *m,f* défunt *m*, -e *f*
verstört troublé, bouleversé, effaré
Verstoß *m* faute *f*; *jur* infraction *f* (***gegen*** à); ~ ***gegen die Grammatik*** faute de grammaire; **2en** expulser; *Frau* répudier; ***gegen etw*** ~ pécher contre qc; *jur* contrevenir à qc

V

verstrahlt irradié
ver|streichen *Zeit* passer, s'écouler; *Frist* expirer; *Creme etc* étaler; **~streuen** répandre, éparpiller
verstümmel|n mutiler; *fig a* estropier; **2ung** *f* mutilation *f* (*a fig*)
verstummen se taire; *langsam* cesser
Versuch *m* essai *m*, épreuve *f* (*beide a tech*); tentative *f* (*a jur*); *Experiment* expérience *f*; **2en** essayer (**zu** de + *inf*); *Schwieriges* tenter; *Essen* goûter; ***sich an*** *od* ***in etw ~*** s'essayer à (faire) qc; ***ich werde es ~*** je vais essayer; **~sballon** *m fig* ballon *m* d'essai; **~skaninchen** *n fig* cobaye *m*; **~sstadium** *n* état *m* expérimental; **~stier** *n* animal *m* de laboratoire; **2sweise** à titre d'essai; **~ung** *f* tentation *f*; ***j-n in ~ führen*** tenter qn
ver|sunken *fig* ***in etw ~ sein*** être absorbé *od* plongé dans qc; **~süßen** rendre plus agréable
vertag|en ajourner; **2ung** *f* ajournement *m*
vertauschen échanger (par erreur) (***mit, gegen*** contre)
verteidig|en (***sich ~*** se) défendre; **2er** *m* défenseur *m* (*a jur*); *Sport* arrière *m*; **2ung** *f* défense *f* (*a Sport*); **2ungsminister** *m* ministre *m* de la Défense
verteil|en distribuer, répartir; ***sich ~*** se répartir; **2er** *m* distributeur *m*; **2ung** *f* distribution *f*, répartition *f*
Verteuerung *f* renchérissement *m*
vertief|en approfondir (*a fig*); ***sich ~ in*** se plonger dans; **2ung** *f* creux *m*, renfoncement *m*; *fig* approfondissement *m*
vertikal vertical
vertilg|en exterminer, détruire; *plais essen* bouffer F; **2ung** *f* extermination *f*, destruction *f*
vertonen *mus* mettre en musique
Vertrag *m* contrat *m*; *zwischen Staaten* traité *m*; **2en** supporter; ***sich*** (***gut, schlecht***) **~** (bien, mal) s'accorder, s'entendre (***mit j-m*** avec qn); **2lich** contractuel; *adv* par contrat
verträglich accommodant, conciliant; *Essen* ***gut ~*** digeste
vertrauen 1. avoir confiance (***auf*** en; ***j-m*** en qn); ***j-m ~*** *a* faire confiance à qn; **2. 2** *n* confiance *f* (***zu, auf, in*** en *od* dans); ***im ~ gesagt*** dit confidentiellement; **~erweckend** inspirant la confiance

Vertrauens|frage *pol f* question *f* de confiance; **~sache** *f* affaire *f* de confiance; **~stellung** *f* place *f* de confiance; **2voll** confiant, plein de confiance; **2würdig** digne de confiance
vertraulich confidentiel; **2keit** *f* caractère *m* confidentiel; *péj* **~en** *pl* familiarités *f/pl*
vertraut familier, intime; ***mit etw ~ sein*** connaître qc à fond; ***sich mit etw ~ machen*** *od* ***mit etw ~ werden*** se familiariser avec qc; **2e(r)** *m, f* confident *m*, -e *f*; **2heit** *f* familiarité *f* (**mit** avec), intimité *f*
vertreib|en chasser; *aus Land* expulser; *comm* débiter, vendre, écouler; ***sich die Zeit mit etw ~*** passer son temps à faire qc; **2ung** *f* expulsion *f* (***aus*** de)
vertret|en *j-n* remplacer; *Firma, Land* représenter; *Interessen* défendre; *Meinung* soutenir; ***sich den Fuß ~*** se fouler le pied; ***sich die Beine ~*** se dégourdir les jambes; **2er(in** *f*) *m* remplaçant *m*, -e *f*; *pol u comm* représentant *m*, -e *f*; *e-r Ansicht* défenseur *m*; **2ung** *f pol u comm* représentation *f*; *Stell2* remplacement *m*; *Person* remplaçant *m*, -e *f*
Vertrieb *comm m* débit *m*, vente *f*, écoulement *m*
Vertriebene(r) *m, f* réfugié *m*, -e *f*
ver|trinken ***sein Geld ~*** dépenser son argent à boire; **~trocknen** sécher, se dessécher; **~trödeln** ***die Zeit ~*** perdre son temps; **~tuschen** cacher, dissimuler; *Skandal* étouffer; **~übeln** ***j-m etw ~*** en vouloir à qn de qc; **~üben** commettre; *Attentat* perpétrer
verunglück|en avoir un accident; **2te(r)** *m, f* accidenté *m*, -e *f*
verun|reinigen salir; *Luft, Wasser* polluer; **~sichern** déconcerter; **~treuen** *Geld* détourner
verursach|en causer; **2er** *m* responsable *m*; **2erprinzip** *n* principe *m* de pollueur-payeur
verurteil|en condamner (**zu** à) (*a fig*); **2ung** *f* condamnation *f* (*a fig*)
verviel|fachen multiplier; **~fältigen** *Text* polycopier
vervoll|kommnen (***sich ~*** se) perfectionner (***in*** en); **~ständigen** compléter
ver|wackeln *Foto* bouger; **~wählen** *tél* ***sich ~*** se tromper de numéro
verwahr|en garder; ***sich gegen etw ~***

V

protester contre qc; **~lost** laissé à l'abandon; **2ung** *f* garde *f*, dépôt *m*
verwaist orphelin; *Ort* désert; *Posten* vacant
verwalt|en administrer, gérer; **2er(in** *f*) *m* administrateur *m*, -trice *f*; *von Gebäuden etc* gérant *m*, -e *f*; **2ung** *f* administration *f*
verwand|eln (***sich*** ~ se) changer (***in*** en), (se) transformer (en) **2lung** *f* changement *m*, transformation *f*
verwandt parent (***mit*** de *od* avec); *fig* apparenté; **2e(r)** *m*, *f* parent *m*, -e *f*; **2schaft** *f* parenté *f*; *fig a* affinité *f*
verwarn|en avertir; **2ung** *f* avertissement *m*
verwässern mettre trop d'eau dans; *fig* délayer
verwechs|eln confondre (***mit*** avec); **2lung** *f* confusion *f*
verwegen téméraire; **2heit** *f* témérité *f*
verweichlicht efféminé, mou
verweiger|n refuser; **2ung** *f* refus *m*
verweilen séjourner; ***bei etw*** ~ s'arrêter à qc
Verweis *m Rüge* réprimande *f*, remontrance *f*; *in Text* renvoi *m* (***auf*** à); **2en** ~ ***auf*** *od* ***an*** renvoyer à; ***von der Schule*** ~ renvoyer *od* expulser de l'école; **~ung** *f* renvoi *m* (***an e-n Ausschuss*** à une commission); ~ ***vom Gymnasium*** renvoi *m od* expulsion *f* du lycée
verwelken se faner
verwend|bar utilisable; **~en** employer, utiliser; **2ung** *f* emploi *m*, utilisation *f*
verwerf|en rejeter; **~lich** répréhensible, réprouvable
verwerten utiliser; *wieder* ~ récupérer
verwes|en se putréfier, se décomposer; **2ung** *f* décomposition *f*, putréfaction *f*
verwick|eln ***j-n in etw*** ~ impliquer, F embarquer qn dans qc; ***sich*** ~ ***in*** s'empêtrer *od* s'enchevêtrer dans; **~elt** compliqué; ***in etw*** ~ ***sein*** être impliqué dans qc; **2(e)lung** *f* complication *f*; ~ ***in etw*** implication *f* dans qc
verwildern *Tier* redevenir sauvage; *Garten* être à l'abandon
verwirklich|en (***sich*** ~ se) réaliser; **2ung** *f* réalisation *f*
verwirr|en *Fäden* embrouiller; *j-n* déconcerter, dérouter, troubler; **~t** confus, déconcerté, troublé; **2ung** *f* confusion *f*
ver|wischen effacer, estomper (*a fig*); **~wittern** s'effriter, se dégrader; **~witwet** veuf (veuve); **~wöhnen** gâter; **~worren** confus, embrouillé
verwund|bar vulnérable (*a fig*); **~en** blesser
verwunder|lich étonnant, surprenant; **~n** étonner; **2ung** *f* étonnement *m*, surprise *f*
Verwund|ete(r) *m*, *f* blessé *m*, -e *f*; **~ung** *f* blessure *f*
verwünsch|en maudire; **2ung** *f* malédiction *f*
verwurzelt *fig* enraciné (***in*** dans)
verwüst|en dévaster, ravager; **2ung** *f* dévastation *f*, ravage *m*
verzag|en perdre courage; **~t** découragé
ver|zählen ***sich*** ~ se tromper (en comptant); **~zärteln** *Kind* dorloter; **~zaubern** *fig* enchanter; ~ ***in*** changer en; **~zehren** manger, consommer
verzeichn|en enregistrer (*a fig Erfolge etc*); **2is** *n* liste *f*, registre *m*, relevé *m*; *in Büchern* index *m*; *EDV* répertoire *m*
verzeih|en pardonner (***j-m etw*** qc à qn); **~lich** pardonnable; **2ung** *f* pardon *m*; ***um*** ~ ***bitten*** demander pardon (***j-n*** à qn); ~***!*** (je vous demande) pardon
verzerr|en *Bild, Ton* déformer; *fig a* défigurer; *Gesicht* crisper; ***sich*** ~ se crisper, se convulser; **2ung** *f* déformation *f* (*a fig*); *tél etc* distorsion *f*
verzetteln ***sich*** ~ éparpiller ses forces
Verzicht *m* renonciation *f* (***auf*** à); **2en** renoncer (***auf*** à)
verziehen *Kind* gâter, mal élever; ***das Gesicht*** ~ grimacer; ***sich*** ~ *Holz* gauchir, se déformer; F *verschwinden* disparaître
verzier|en orner (***mit*** de); décorer (de); enjoliver; **2ung** *f* ornement *m*, décoration *f*, enjolivure *f*
verzins|en payer les intérêts de; ***sich*** ~ produire *od* rapporter des intérêts; **2ung** *f* rapport *m*, intérêts *m/pl*
verzöger|n retarder; ***sich*** ~ avoir du retard; **2ung** *f* retard *m*
verzollen dédouaner; ***haben Sie etw zu*** ~***?*** avez-vous qc à déclarer?
Verzug *m* retard *m*; ***im*** ~ ***sein*** être en retard
verzweif|eln désespérer (***an*** de); **~elt** désespéré; **2lung** *f* désespoir *m*; ***j-n zur*** ~ ***bringen*** désespérer qn, faire le désespoir de qn

verzweig|en ***sich ~*** se ramifier (*a fig*); *Verkehrsweg a* bifurquer; **℘ung** *f* ramification *f*
verzwickt compliqué
Veteran *m* vétéran *m*
Veterinär *m* vétérinaire *m*
Veto *n* veto *m*; ***sein ~ gegen etw einlegen*** opposer son veto à qc
Vetter *m* cousin *m*; **~nwirtschaft** *f* népotisme *m*
Vibr|ation *f* vibration *f*; **℘ieren** vibrer
Video *n* vidéo *f*; ***auf ~ aufnehmen*** enregistrer en vidéo; ⚠ ***la*** vidéo; **~band** *n* bande *f* vidéo; **~clip** *m* clip *m* vidéo; **~gerät** *n* magnétoscope *m*; **~kamera** *f* caméra *f* vidéo; **~kassette** *f* vidéocassette *f*; **~rekorder** *m* magnétoscope *m*; **~spiel** *n* jeu *m* vidéo; **~thek** *f* vidéothèque *f*, vidéoclub *m*
Vieh *n* bétail *m*, bestiaux *m/pl*; **~futter** *n* fourrage *m*; **~händler** *m* marchand *m* de bestiaux; **℘isch** brutal, bestial; **~stall** *m* étable *f*; **~zucht** *f* élevage *m*; **~züchter** *m* éleveur *m* de bétail

viel Spaß!

viel Geld haben	***avoir beaucoup d'argent***
viele Freunde haben	***avoir beaucoup d'amis***
Jeanine liest viel.	***Jeanine lit beaucoup.***
Vielen Dank!	***Merci beaucoup!***
Viel Glück!	***Bonne chance!***
Viel Spaß!	***Amusez-vous bien!***

Martin kennt **sehr viele** Leute.
Martin connaît un grand nombre de gens.
Luc verdient sehr viel Geld.
Luc gagne énormément d'argent.
Alexandre verbringt **zu viel** Zeit vor dem Fernseher.
Alexandre passe trop de temps devant la télé.

viel beaucoup (de); ***~ größer*** (de) beaucoup plus grand; ***zu ~*** trop (de); ***~ zu wenig*** beaucoup trop peu; ***~ essen*** manger beaucoup; ***~ Geld*** beaucoup d'argent; ***~e Kinder*** beaucoup d'enfants; ***~e sagen*** ... il y en a beaucoup qui disent ...; ***sehr ~*** beaucoup (de), énormément (de); ***sehr ~e*** ... bien des ...; ***ziemlich ~(e)*** pas mal (de); ***~ beschäftigt*** affairé, fort occupé; ***~ sagend*** qui en dit long; ***~ versprechend*** prometteur; **~deutig** ambigu
vielerlei toutes sortes de
viel|fach multiple; ***auf ~en Wunsch*** à la demande générale; **℘falt** *f* variété *f*, multiplicité *f*; **~farbig** multicolore
vielleicht peut-être
viel|mals bien des fois; ***danke ~*** merci beaucoup *od* bien; **~mehr** plutôt; **~schichtig** complexe; **~seitig** *fig* varié, étendu, vaste; *Mensch* aux dons multiples
vier 1. quatre; ***unter ~ Augen*** en tête à tête, entre quatre yeux; ***auf allen ~en*** à quatre pattes; **2.** **℘** *f* quatre *m*; *Schulnote* passable; **℘eck** *n* quadrilatère *m*; **~eckig** quadrangulaire; *quadratisch* carré; **~fach** quadruple; **℘füßler** *zo m* quadrupède *m*; **~jährig** âgé de quatre ans; **℘linge** *m/pl* quadruplés *m/pl*; **~mal** quatre fois; **~motorig** quadrimoteur; **~sitzig** à quatre places; **~spurig** *Straße* à quatre voies; **~stöckig** à quatre étages; **~strahlig** *aviat* quadriréacteur; **℘taktmotor** *m* moteur *m* à quatre temps
vierte quatrième
Viertel *n* quart *m*; *e-r Stadt, des Mondes* quartier *m*; **~jahr** *n* trois mois *m/pl*, trimestre *m*; **℘jährlich** trimestriel; *adv* par trimestre; **~note** *mus f* noire *f*, **~pfund** *n* quart *m* (de livre); **~stunde** *f* quart *m* d'heure; **℘stündlich** tous les quarts d'heure
vier|tens quatrièmement; **℘vierteltakt** *mus m* mesure *f* à quatre temps
Vierwaldstätter See *m* lac *m* des Quatre-Cantons
vierzehn quatorze; ***~ Tage*** quinze jours; **~te** quatorzième
vierzig quarante; **~jährig** quadragénaire; **~ste** quarantième
Vietnam *n* le Viêt-nam; **~ese** *m*, **~esin**

f Vietnamien *m*, -ne *f*; **≈esisch** vietnamien
Vignette *f* vignette *f*
Villa *f* villa *f*
violett violet
Violine *mus f* violon *m*
virtuell virtuel; ***die ~e Wirklichkeit*** la réalité virtuelle
virtuos de virtuose; *adv* avec virtuosité; **≈e** *m*, **≈in** *f* virtuose *m,f*; **≈ität** *f* virtuosité *f*
Virus *méd u EDV n od m* virus *m*
Visier *n Helm* visière *f*; *Gewehr* hausse *f*
Vision *f* vision *f*
Visite *méd f* visite *f*; **~nkarte** *f* carte *f* (de visite)
Visum *n* visa *m*
vital *Person* plein de vitalité; *lebenswichtig* vital; **≈ität** *f* vitalité *f*
Vitamin *n* vitamine *f*; ⚠ ***la*** vitamine
Vitrine *f* vitrine *f*
Vizepräsident *m* vice-président *m*
Vogel *m* oiseau *m fig **e-n ~ haben*** F être timbré, cinglé; ***den ~ abschießen*** décrocher la timbale; **≈frei** hors la loi; **~futter** *n* graines *f/pl* pour les oiseaux; **~käfig** *m* cage *f* à oiseaux; *großer* volière *f*; **~kunde** *f* ornithologie *f*
vögeln *vulgär* baiser
Vogel|nest *n* nid *m* d'oiseau; **~perspektive** *f*, **~schau** *f **aus der ~*** à vol d'oiseau; **~scheuche** *f* épouvantail *m*; **~schutzgebiet** *n* réserve *f* d'oiseaux; **~warte** *f* station *f* ornithologique
Vogesen *pl* Vosges *f/pl*
Vokab|el *f* mot *m*, vocable *m*; **~ular** *n* vocabulaire *m*
Vokal *m* voyelle *f*
Volk *n* peuple *m*, nation *f*
Völker|kunde *f* ethnologie *f*; **~mord** *m* génocide *m*; **~recht** *n* droit *m* international *od* des gens; **~verständigung** *f* entente *f* entre les peuples; **~wanderung** *f hist* grandes invasions *f/pl* (des barbares); *fig* exode *m*
Volks|abstimmung *pol f* référendum *m*; **~charakter** *m* caractère *m* national; **~gunst** *f* popularité *f*; **~hochschule** *f* université *f* populaire; **~lied** *n* chanson *f* folklorique; **~sport** *m* sport *m* populaire; **~sprache** *f* langage *m* du peuple; **~stamm** *m* tribu *f*; **~tanz** *m* danse *f* folklorique; **~tracht** *f* costume *m* national; **~tum** *n* nationalité *f*; **≈tümlich** populaire; **~vertreter(in** *f*) *m* représentant *m*, -e *f* du peuple; **~wirt** *m* économiste *m*; **~wirtschaft** *f e-s Landes* économie *f* nationale; *Wissenschaft* économie *f* politique; **~zählung** *f* recensement *m*
voll plein; *gefüllt* rempli; *ganz* entier; *betrunken* F rond; ***~er Bewunderung*** plein d'admiration; ~ (***und ganz***) entièrement, pleinement; ***nicht für ~ nehmen*** ne pas prendre au sérieux; ***~ entwickelt*** entièrement développé; ***~ gießen*** remplir; ***~ machen*** remplir; ***um das Unglück ~ zu machen*** pour comble de malheur; F ***die Hosen ~ machen*** faire dans sa culotte; ***~ packen*** charger (***mit*** de); ***~ stopfen*** bourrer (***mit*** de); ***~ tanken*** faire le plein; **~auf** large-ment, entièrement, complètement; **~automatisch** entièrement automatique; **≈bart** *m* grande barbe *f*; **≈beschäftigung** *f* plein emploi *m*; **≈blut** *n Pferd* pur-sang *m*; **≈bremsung** *f* freinage *m* à fond; **~bringen** réaliser, accomplir; **≈dampf** *m fig **mit ~*** à toute vapeur
vollende|n achever, terminer; **~t** achevé, parfait; ***~e Tatsache*** fait *m* accompli
vollends entièrement, complètement; ***~ etw tun*** achever (de faire) qc
Vollendung *f* achèvement *m*; *Vollkommenheit* perfection *f*
Volleyball *m* volley-ball *m*
voll|füllen remplir, faire le plein; **≈gas** *auto n **mit ~ fahren*** rouler à pleins gaz; ***~ geben*** appuyer sur le champignon F
völlig complet, entier, total; *adv* complètement, entièrement, totalement
volljährig majeur; **≈keit** *f* majorité *f*
Vollkaskoversicherung *f auto* assurance *f* tous risques
vollkommen parfait; *cf a* **völlig**; **≈heit** *f* perfection *f*
Voll|kornbrot *n* pain *m* complet; **~macht** *f* procuration *f*, pleins pouvoirs *m/pl*; **~milch** *f* lait *m* entier; **~mond** *m* pleine lune *f*; **~pension** *f* pension *f* complète; **≈schlank** rondelet, grassouillet, potelé; **≈ständig** complet, intégral; *cf a* **völlig**
vollstreck|en *jur* exécuter; **≈ung** *f* exécution *f*
Voll|treffer *m* coup *m* en plein dans le

V

mille; *fig* gros succès *m*; **~versammlung** *f* assemblée *f* plénière; *UNO* assemblée *f* générale; **⁀wertig** qui a toute sa valeur, complet; **⁀zählig** au complet; **⁀ziehen** exécuter, accomplir; ***sich ~*** s'effectuer; **~zug** *m* exécution *f*

Volontär *m* stagiaire *m*; ⚠ *nicht* ***volontaire***

Volt *n* volt *m*; **~zahl** *f* voltage *m*

Volumen *n* volume *m*

von de; *beim Passiv* par; ***~ ... bis*** de ... à; ***ein Freund ~ mir*** un ami à moi; ***ein Kind ~ 10 Jahren*** un enfant de 10 ans; ***es ist nett ~ dir*** c'est gentil de ta part; ***reden ~*** parler de; ***~ mir aus!*** je veux bien!; **~einander** l'un de l'autre; **~statten** ***~ gehen*** avoir lieu; ***gut ~ gehen*** bien avancer

vor *räumlich* devant; *zeitlich u Reihenfolge* avant; *zeitlich rückblickend* il y a; *Grund* de; ***~ der Tür*** devant la porte; ***~ Weihnachten*** avant Noël; ***ich habe Ihnen ~ 14 Tagen geschrieben*** je vous ai écrit il y a quinze jours; ***fünf ~ zwei (Uhr)*** deux heures moins cinq; ***sich fürchten ~*** avoir peur de; ***~ Freude*** de joie; ***~ allem*** avant tout; ***~ sich gehen*** se passer, avoir lieu; ***nach wie ~*** après comme avant

Vor|abend *m* veille *f*; **~ahnung** *f* pressentiment *m*

voran en avant; **~gehen** précéder (***j-m, e-r Sache*** qn, qc); *Arbeit* avancer; **~kommen** avancer

Voran|schlag *m Kosten⁀* devis *m*; **~zeige** *f* préavis *m*; *Film* bande *f* d'annonce

Vorarbeit *f* travail *m* préparatoire, **⁀on** faire des travaux préparatoires; ***sich ~*** se frayer un chemin; **~er** *m* contremaître *m*

Vorarlberg *n* le Vorarlberg

voraus en avant, devant; ***im ⁀*** d'avance, à l'avance; ***seiner Zeit ~ sein*** être en avance sur son temps; **~gehen** aller devant; *zeitlich* précéder (***e-r Sache*** qc); **~gesetzt** ***~, dass*** à condition que; **⁀sage** *f* prédiction *f*; **~sagen** prédire; **~sehen** prévoir; **~setzen** supposer; **⁀setzung** *f Vorbedingung* condition *f*; *Annahme* supposition *f*; **⁀sicht** *f* prévoyance *f*; ***aller ~ nach*** selon toute probabilité; **~sichtlich** probable(ment); **⁀zahlung** *f* paiement *m* anticipé, avance *f*

Vorbe|deutung *f* présage *m*; **~dingung** *f* condition *f* préalable

Vorbehalt *m* réserve *f*; ***unter ~*** sous toutes réserves; **⁀en** réserver; ***sich etw ~*** se réserver qc; **⁀los** sans réserve, sans restriction

vorbei *zeitlich* passé, fini; *räumlich mit* passer; **~fahren, ~gehen** passer (***an*** *od* ***vor*** devant, ***hinter*** derrière); **~kommen** passer; *besuchen* faire un saut (***bei*** chez); **~lassen** laisser passer; **~sausen** passer en trombe

Vorbemerkung *f* remarque *f* préliminaire; *Buch* avertissement *m*

vorbereit|en (***sich ~*** se) préparer (***auf*** à); **~end** préparatoire; **⁀ung** *f* préparation *f*; **~en** *pl* préparatifs *m/pl*

vorbestell|en réserver, retenir; **⁀ung** *f* réservation *f*

vorbestraft ***~ sein*** avoir un casier judiciaire chargé; **⁀e(r)** *m* repris *m* de justice

vorbeug|en prévenir (***e-r Sache*** qc); ***sich ~*** se pencher en avant; **~end** préventif; *méd* prophylactique; **⁀ung** *f* prévention *f*; *méd* prophylaxie *f*; **⁀ungsmaßnahme** *f* mesure *f* préventive

Vorbild *n* modèle *m*; ***(sich) j-n zum ~ nehmen*** prendre qn pour modèle, prendre modèle sur qn; **⁀lich** exemplaire

vorbringen présenter; *Gründe* produire, alléguer; *Vorschlag* avancer

Vordenker *m* maître *m* à penser

Vorder|achse *f* essieu *m* avant; **~ansicht** *f* vue *f* de face; **~bein** *n Tier* patte *f* de devant

vordere de devant, avant

Vorder|grund *m* premier plan *m* (*a fig*); ***im ~*** au premier plan; **~mann** *m* voisin *m* de devant; **~rad** *n* roue *f* avant; **~radantrieb** *auto m* traction *f* avant; **~seite** *arch f* façade *f*, devant *m*

vordrängen ***sich ~*** se pousser en avant, jouer des coudes

vordring|en avancer; **~lich** urgent; ***etw ~ behandeln*** donner la priorité à qc

Vordruck *m* formulaire *m*, formule *f*

voreilig prématuré

voreingenommen prévenu; **⁀heit** *f* parti *m* pris

V

vor|enthalten ***j-m etw*** ~ priver qn de qc; **~erst** pour le moment
Vorfahren *pl* ancêtres *m/pl*
Vorfahrt *f* priorité *f*; ~ ***haben*** avoir priorité (***vor*** sur)
Vorfall *m* incident *m*; **2en** se passer, arriver
Vorfeld *n* ***im*** ~ au préalable
vorführ|en présenter; *Film, Dias* projeter; *dem Richter* amener; **2raum** *m* salle *f* de projection; **2ung** *f* présentation *f*, démonstration *f*; *Film* projection *f*; **2wagen** *m* voiture *f* de démonstration
Vor|gang *m* processus *m* (*a tech, biol etc*); *Ereignis* événement *m*; *Akten* dossier *m*; **den** ~ **schildern** décrire ce qui s'est passé; **~gänger(in** *f*) *m* devancier *m*, -ière *f*; *im Amt* prédécesseur *m*; **~garten** *m* jardin *m* devant la maison; **2geben** prétendre (**zu sein** être), prétexter; **~gebirge** *n* cap *m*, promontoire *m*; **2gefasst** ***~e Meinung*** opinion *f* préconçue; **2gefertigt** préfabriqué; **~gefühl** *n* pressentiment *m*
vorgehen 1. avancer (*a Uhr*); *Vorrang haben* avoir la priorité; *verfahren* procéder; *geschehen* se passer; **2.** 2 *n* manière *f* d'agir, action *f*
Vorgeschicht|e *f* préhistoire *f*; *e-r Angelegenheit* antécédents *m/pl*; **2lich** préhistorique
Vor|geschmack *m* avant-goût *m* (**auf** de); **~gesetzte(r)** *m, f* supérieur *m*, -e *f*
vorgestern avant-hier
vorgreifen ***e-r Sache*** ~ anticiper sur qc; ***j-m*** ~ devancer les intentions de qn
vorhaben 1. projeter, avoir l'intention de (+ *inf*); ***haben Sie heute abend etw vor?*** est-ce que vous avez qc de prévu ce soir?; **2.** 2 *n* projet *m*
vorhalt|en *fig* reprocher (***j-m etw*** qc à qn); **2ungen** *f/pl* reproches *m/pl*, remontrances *f/pl*
Vorhand *f Tennis* coup *m* droit
vorhanden existant; *verfügbar* disponible; **2sein** *n* existence *f*, présence *f*
Vorhang *m* rideau *m*
Vorhängeschloss *n* cadenas *m*
vorher auparavant, avant; *im voraus* d'avance; **2bestimmung** *f bes rel* prédestination *f*; **~gehen** précéder (***e-r Sache*** qc); **~ig** précédent
Vorherrsch|aft *f pol* suprématie *f*, hégémonie *f*; *allg* prédominance *f*; **2en** prédominer; **2end** prédominant
Vorhersage *f* prédiction *f*; *Wetter* prévisions *f/pl*; **2n** prédire
vorherseh|bar prévisible; **~en** prévoir
vor|hin tout à l'heure, à l'instant; **2hinein** ***im*** ~ d'avance
vor|ig dernier, précédent, antérieur; **2jahr** *n* année *f* précédente; **2kämpfer** *m* champion *m*, pionnier *m*; **2kehrungen** *f/pl* ~ ***treffen*** prendre des mesures *od* des dispositions; **2kenntnisse** *f/pl* notions *f/pl* préalables
vorkomm|en *geschehen* arriver; *sich finden* se trouver; *im Text* figurer; *j-m erscheinen* paraître, sembler; **2en** *n von Öl etc* gisement *m*; **2nis** *n* événement *m*
Vorkriegs|... *in Zssgn* d'avant-guerre; **~zeit** *f* avant-guerre *m od f*
vorlad|en *jur* convoquer, citer; **2ung** *jur f* convocation *f*, citation *f* (en justice)
Vor|lage *f* modèle *m*; *Gesetzes*2 projet *m* de loi; *Fußball* passe *f*; **2lassen** laisser passer (devant); *empfangen* recevoir, laisser entrer; **~lauf** *Sport m* course *f* éliminatoire; **~läufer** *m* précurseur *m*; **2läufig** provisoire; **2laut** impertinent
vorlege|n présenter; *Frage, Plan etc* soumettre; **2r** *m Bett*2 descente *f* de lit
vorles|en ***j-m etw*** ~ lire qc à qn; **2ung** *f* conférence *f*, cours *m* (**halten** faire)
vorletzte avant-dernier
vorlieb ~ ***nehmen mit*** se contenter de
Vor|liebe *f* prédilection *f*, préférence *f* (**für** pour); **2liegend** présent; ***im ~en Falle*** en l'occurrence; **2lügen** ***j-m etw*** ~ dire des mensonges à qn; **2machen** ***j-m etw*** ~ montrer qc à qn; *fig* en faire accroire à qn; ***wir wollen uns nichts ~!*** parlons franchement!; **~machtstellung** *f* suprématie *f*, prépondérance *f*, hégémonie *f*; **~marsch** *mil m* avance *f*; **2merken** prendre note de
Vormittag *m* matin *m*, matinée *f*; ***heute*** ~ ce matin; **2s** le matin
Vormund *jur m* tuteur *m*, -trice *f*; **~schaft** *f* tutelle *f*
vorn(e) devant, en avant, en tête; ***nach*** ~ en avant; ***von*** ~ de face; *neu anfangend* de nouveau; ***noch einmal von ~ anfangen*** recommencer à zéro
Vorname *m* prénom *m*

vornehm distingué; **~en** effectuer, faire; ***sich etw*** ~ se proposer de faire qc; ***sich j-n*** ~ faire la leçon à qn; **&heit** *f* distinction *f*

vornherein ***von*** ~ dès le début, a priori, par principe

Vorort *m* commune *f* de banlieue; **~e** *pl* banlieue *f*; **~zug** *m* train *m* de banlieue

Vor|rang *m* priorité *f*, préséance *f*; ~ ***haben*** avoir la priorité (***vor*** sur); ***vor etw den*** ~ ***haben*** *a* primer qc; **~rat** *m* provision *f* (**an** de), stock *m*, réserve *f*; **&rätig** en stock; **~recht** *n* privilège *m*; **~richtung** *f* dispositif *m*; **&rücken** avancer; **~ruhestand** *m* préretraite *f*; **&sagen** *Schule* souffler; **~satz** *m* résolution *f*; *Absicht* intention *f*; *jur* préméditation *f*; **&sätzlich** intentionnel; *adv* à dessein; *jur* avec préméditation; **~schau** *f* aperçu *m* du programme; **~schein** *m* ***zum*** ~ ***bringen*** faire apparaître; ***zum*** ~ ***kommen*** apparaître; **&schieben** pousser en avant; *als Vorwand* prétexter; *fig* ***j-n*** ~ se retrancher derrière qn; **&schießen** *Geld* avancer

Vorschlag *m* proposition *f*; **&en** proposer

vor|schnell *unüberlegt* inconsidéré; *adv* sans réfléchir; **~schreiben** prescrire; ***ich lasse mir nichts*** ~ je n'ai d'ordres à recevoir de personne

Vorschrift *f* prescription *f*, reglement *m*; *tech* instruction *f*; ***Dienst*** *m* ***nach*** ~ grève *f* du zèle; **&smäßig** réglementaire; **&swidrig** contraire au règlement

Vorschub *m* ~ ***leisten*** prêter la main à

Vorschul|alter *n* âge *m* préscolaire; **~e** *f* école *f* maternelle; **~erziehung** *f* éducation *f* préscolaire

Vor|schuss *m* avance *f*; **&schützen** prétexter

vorseh|en prévoir; ***sich*** ~ prendre garde (***vor*** à); ***wie vorgesehen*** comme prévu; **&ung** *f* providence *f*

Vorsicht *f* prudence *f*, précaution *f*; **~!** attention!, prenez garde!; **&ig** prudent, précautionneux, circonspect; **&shalber** par précaution; **~smaßnahme** *f*, **~smaßregel** *f* précaution *f*

Vor|silbe *gr f* préfixe *m*; **&singen** ***j-m etw*** ~ chanter qc à qn; **&sintflutlich** *fig* antédiluvien

Vorsitz *m* présidence *f*; ***den*** ~ ***führen*** présider (***bei etw*** qc); **~ende(r)** *m*, *f* président *m*, -e *f*

Vorsorg|e *f* prévoyance *f*; ~ ***treffen*** prendre toutes les précautions nécessaires; **&lich** prévoyant; *adv* par précaution

Vor|spann *Film m* générique *m*; **~speise** *f* hors-d'œuvre *m*, entrée *f*

Vorspiel *n mus* prélude *m* (*a fig*; ***zu*** à); *fig a* préliminaires *m/pl*; **&en** ***j-m etw*** ~ jouer qc à qn

vorspringen *arch* faire saillie, saillir, avancer; **~d** *arch* en saillie; *Kinn* saillant

Vor|sprung *m arch* saillie *f*; *fig* avance *f* (***vor j-m*** sur qn); ***e-n*** ~ ***von 2 Jahren haben*** avoir une avance de 2 ans; **~stadt** *f* faubourg *m*; **~stand** *m* conseil *m* d'administration, direction *f*; *Person* président *m*, directeur *m*

vorsteh|en avancer, saillir; ***e-r Sache*** ~ diriger qc; **~end** saillant; *Zähne etc* proéminent; **&er(in** *f***)** *m* directeur *m*, -trice *f*

vorstell|bar imaginable, concevable; **~en** présenter (***j-n j-m*** qn à qn; ***sich*** se); *Uhr* avancer; *bedeuten* signifier, représenter; ***sich etw*** ~ (s')imaginer qc, se figurer qc, se représenter qc; **&ung** *f* *Bekanntmachen* présentation *f*; *Theater* représentation *f*, spectacle *m*; *Kino* séance *f*; *gedankliche* idée *f*, notion *f*; ***sich e-e*** ~ ***von etw machen*** se faire une idée de qc; **&ungsgespräch** *n* entretien *m* d'embauche; **&ungskraft** *f*, **&ungsvermögen** *n* imagination *f*

Vor|stoß *m mil* raid *m*, attaque *f*; *fig* démarche *f* (***bei j-m*** auprès de qn); **~strafe** *f* condamnation *f* antérieure; **&strecken** avancer (*a fig Geld*); **&täuschen** simuler, feindre

Vorteil *m* avantage *m*; **&haft** avantageux

Vortrag *m* conférence *f*; ***e-n*** ~ ***halten*** faire une conférence; **&en** *Sachverhalt* exposer; *Wunsch* présenter; *Gedicht* réciter; *mus* exécuter

vortrefflich excellent

Vortritt *m* préséance *f*; ***j-m den*** ~ ***lassen*** céder le pas à qn

vorüber passé; **~gehen** passer; **~gehend** passager, temporaire; **~ziehen** passer

Vorübung *f* exercice *m* préparatoire

Vorurteil *n* préjugé *m*; **˜slos** sans préjugé
Vorver|kauf *m* location *f*; **˜legen** *Termin* avancer
Vor|wahl *f*, **~wählnummer** *f tél* indicatif *m*
Vorwand *m* prétexte *m*
vorwärts en avant; **~!** en avant!, allez!; **~ kommen** avancer, faire des progrès; **im Leben ~ kommen** faire son chemin dans la vie
vorweg d'avance, auparavant; **˜nahme** *f* anticipation *f*; **~nehmen etw ~** anticiper sur qc
vor|werfen j-m etw ~ reprocher qc à qn; **~wiegend** principalement; **~witzig** curieux; **˜wort** *n* préface *f*, avant-propos *m*
Vorwurf *m* reproche *m*; **j-m Vorwürfe machen** faire des reproches à qn; **˜svoll** plein de reproches; *Ton* réprobateur
Vor|zeichen *n* présage *m*; *Anzeichen* indice *m*, signe *m* précurseur; **ein gutes (böses) ~ sein** être de bon (mauvais) augure; **˜zeigen** montrer; *Ausweis a* produire; **˜zeitig** prématuré, anticipé; **˜ziehen** *Vorhang* tirer, fermer; *Termin* avancer; *fig* préférer; **~zimmer** *n* antichambre *f*
Vorzug *m* préférence *f*; *Vorteil* avantage *m*; *e-r Person* mérite *m*; **j-m (e-r Sache) den ~ geben** donner la préférence à qn (à qc); **Vorzüge bieten** présenter des avantages
vorzüglich excellent; **˜keit** *f* qualité *f* supérieure
vorzugsweise de préférence
vulgär vulgaire, trivial
Vulkan *m* volcan *m*; **~ausbruch** *m* éruption *f* volcanique; **˜isch** volcanique
VW *m* Volkswagen *f*; ⚠ **la** Volkswagen

W

Waadt le canton de Vaud
Waage *f* balance *f*; *astr* Balance *f*; **sich die ~ halten** se contrebalancer; **˜recht** horizontal
Wabe *f* rayon *m* (de miel)
wach réveillé, éveillé (*a fig*); **~ bleiben** veiller; **~ werden** se réveiller
Wachablösung *f* relève *f* de la garde
Wach|e *f* garde *f* (*Person m*); *mil* **~ halten** monter la garde; **˜en** veiller (**über** sur); **~hund** *m* chien *m* de garde; **~mann** *m* vigile *m*
Wacholder *bot m* genévrier *m*
wach|rufen *Erinnerung* évoquer; *Gefühle* susciter; **~rütteln** tirer brutalement du sommeil
Wachs *n* cire *f*; *Ski˜* fart *m*
wachsam vigilant; **˜keit** *f* vigilance *f*
wachsen 1. pousser, croître; *Personen* grandir; *zunehmen* augmenter; **2.** *Boden* cirer; *Skier* farter
Wachstuch *n* toile *f* cirée
Wachstum *n* croissance *f* (*a écon*)
Wachtel *zo f* caille *f*
Wächter *m* garde *m*, gardien *m*
Wach(t)turm *m* mirador *m*
wackel|ig branlant; *Möbel* boiteux; **˜kontakt** *m* mauvais contact *m*; **~n** branler; **mit den Hüften ~** se déhancher
wacker brave, vaillant
Wade *f* mollet *m*
Waffe *f* arme *f*
Waffel *f* gaufre *f*
Waffen|gattung *f* arme *f*; **~gewalt** *f* **mit ~** par la force des armes; **~schein** *m* permis *m* de port d'armes; **~stillstand** *m* armistice *m*, trêve *f*
Wagemut *m* goût *m* du risque
wagen oser (**etw zu tun** faire qc), risquer (**etw** qc); **sich aus dem Haus ~** oser sortir de la maison
Wagen *m* voiture *f* (*bes Pkw*); *Bahn* wagon *m*; **~heber** *m* cric *m*
Wag(g)on *m* wagon *m*
wag|halsig casse-cou; **˜nis** *n* entreprise *f* risquée, risque *m*
Wahl *f Auswahl* choix *m*; *pol* élection *f*,

vote *m*, scrutin *m*; ***die ~ haben*** avoir le choix
wählbar éligible
wahl|berechtigt qui a le droit de vote; **2beteiligung** *f* participation *f* électorale (***hohe*** forte; ***niedrige*** faible)
wähl|en *aus~* choisir; *tél* composer *od* faire un numéro; *pol* élire (***j-n*** qn), voter (***sozialistisch*** socialiste); **2er(in** *f*) *m* électeur *m*, -trice *f*
Wahlergebnis *n* résultat *m* des élections
wähler|isch difficile (***in*** sur); **2schaft** *f* électeurs *m/pl*
Wahl|fach *n* matière *f* facultative, option *f*; **~kabine** *f* isoloir *m*; **~kampf** *m* campagne *f* électorale; **~kreis** *m* circonscription *f* électorale; **~lokal** *n* bureau *m* de vote; **2los** au hasard, sans discernement; **~programm** *n* plate-forme *f* électorale; **~recht** *n* droit *m* de vote; **~rede** *f* discours *m* électoral; **~sieg** *m* victoire *f* électorale; **~spruch** *m* devise *f*; **~versammlung** *f* réunion *f* électorale; **2weise** au choix; **~zettel** *m* bulletin *m* de vote
Wahn *m* illusion *f*; *méd* délire *m*, folie *f*; **~sinn** *m* folie *f*; **2sinnig** fou (folle) (*a fig Tempo etc*); *fig Schmerzen, Angst* effroyable; F ***~ viel zu tun haben*** avoir un travail fou; **~vorstellung** *f* hallucination *f*
wahr vrai, véritable
wahren *Interessen* préserver; *Rechte* défendre; ***den Schein ~*** sauver les apparences
während 1. *prép* pendant; **2.** *conj* pendant que; *wohingegen* tandis que, alors que
wahrhaft vrai; **~ig** *adv* vraiment
Wahrheit *f* vérité *f*; **2sgemäß, 2sgetreu** fidèle à la vérité; **~sliebe** *f* amour *f* de la vérité
wahrnehm|bar perceptible; **~en** (a)percevoir, s'apercevoir de, remarquer, observer; *Gelegenheit* profiter de; *Interessen* veiller à; **2ung** *f* perception *f*
wahrsage|n prédire; ***j-m ~*** dire la bonne aventure à qn; ***sich ~ lassen*** se faire prédire l'avenir; **2rin** *f* diseuse *f* de bonne aventure
wahrscheinlich probable, vraisemblable; *adv* probablement, vraisemblablement; **2keit** *f* probabilité *f*, vraisemblance *f*; **2keitsrechnung** *f* calcul *m* des probabilités
Währung *f* monnaie *f*; **~spolitik** *f* politique *f* monétaire; **~sunion** *f* ***Europäische ~*** Union *f* monétaire européenne
Wahrzeichen *n* emblème *m*, symbole *m*
Waise *f* orphelin *m*, -e *f*; **~nhaus** *n* orphelinat *m*
Wal *zo m* baleine *f*
Wald *m* forêt *f*; *kleiner* bois *m*; **~brand** *m* incendie *m* de forêt; **~lauf** *m* course *f* en forêt, cross-country *m*; **2reich** boisé; **~sterben** *n* dépérissement *m od* mort *f* des forêts
Wales *n* le pays de Galles
Wal|fang *m* pêche *f* à la baleine; **~fänger** *m* baleinier *m*
Waliser *m*, **~in** *f* Gallois *m*, -e *f*
Walkie-Talkie *n* talkie-walkie *m*
Walkman *m* walkman *m*
Wall *m* rempart *m* (*a fig*); *Lärmschutz* mur *m*
Wallach *m* (cheval *m*) hongre *m*
Wallfahr|er(in *f*) *m* pèlerin *m*; **~t** *f* pèlerinage *m*
Wallis *das ~* le Valais
Wallon|e *m*, **~in** *f* Wallon *m*, -ne *f*
Walnuss *f* noix *f*
Walross *zo n* morse *m*
walten *st/s* régner; ***Gnade ~ lassen*** faire preuve de clémence
Walze *f* rouleau *m*, cylindre *m*; *Straßen2* rouleau *m* compresseur; **2n** passer au rouleau, cylindrer; *Metall* laminer
wälzen (***sich ~*** se) rouler; ***sich im Schmutz ~*** se vautrer dans la boue; ***ein Problem ~*** ressasser un problème
Walzer *mus m* valse *f*; ⚠ ***la*** valse
Wälzer *m* F gros bouquin *m*
Walzwerk *n* laminoir *m*
Wand *f* mur *m*, paroi *f* (*a Fels2*)
Wandalismus *m* vandalisme *m*
Wandel *m* changement *m*, transformation *f*, modification *f*; **2n** *ändern* changer; *gehen* déambuler, se promener; ***sich ~*** changer, se transformer, se modifier
Wander|er *m*, **~in** *f* randonneur *m*, -euse *f*, promeneur *m*, -euse *f*; **2n** faire une randonnée (à pied); *umherziehen* cheminer, errer, se déplacer; **~preis** *Sport m* challenge *m*; **~tag** *Schule m* jour *m* d'excursion *od* de grande sortie; **~ung** *f* randonnée *f* (pédestre); *von*

Bevölkerung, Tieren migration *f*
Wand|gemälde *n* peinture *f* murale; **~lung** *f* changement *m*, transformation *f*; *égl Messe* consécration *f*; **~schrank** *m* placard *m*; **~teppich** *m* tapisserie *f*; **~uhr** *f* pendule *f* murale
Wange *f* joue *f*
Wankelmotor *tech m* moteur *m* Wankel *od* à piston rotatif
Wankel|mut *m* inconstance *f*, versatilité *f*; **≈mütig** inconstant, versatile
wanken chanceler (*a fig*), vaciller
wann quand; ***seit ~?*** depuis quand?
Wanne *f* cuve *f*; *Bade≈* baignoire *f*
Wanze *f zo* punaise *f*; *fig* micro *m* espion
Wappen *n* armoiries *f/pl*, armes *f/pl*; *~schild* blason *m*; **~tier** *n* animal *m* héraldique
wappnen *fig* ***sich ~*** s'armer (***gegen*** contre; ***mit*** de)
Ware *f* marchandise *f*
Waren|ausfuhr *f* exportation *f* de marchandises; **~haus** *n* grand magasin *m*; **~lager** *n* entrepôt *m*, stocks *m/pl*; **~probe** *f* échantillon *m*; **~zeichen** *n* marque *f* déposée
warm chaud; ***es ist ~*** il fait chaud; ***schön ~*** bien chaud; *Essen* ***~ stellen*** tenir au chaud; ***~ machen*** faire chauffer; ***sich ~ laufen*** s'échauffer
Wärme *f* chaleur *f*; **~isolierung** *f* isolation *f* thermique; **≈n** chauffer; ***sich ~*** se (ré)chauffer; ***sich die Füße ~*** se chauffer les pieds; **~pumpe** *f* pompe *f* à chaleur
Wärmflasche *f* bouillotte *f*
warm|herzig chaleureux; **≈start** *EDV m* démarrage *m* à chaud
Warmwasser|bereiter *m* chauffe-eau *m*; **~heizung** *f* chauffage *m* à eau chaude; **~versorgung** *f* alimentation *f* en eau chaude
Warndreieck *n* triangle *m* de présignalisation
warn|en avertir (***vor*** de), mettre en garde (contre); **≈schild** *n* signal *m* de danger; **≈signal** *n* signal *m* avertisseur; **≈streik** *m* grève *f* d'avertissement; **≈ung** *f* avertissement *m*, mise *f* en garde
Warschau Varsovie; *pol* ***~er Pakt*** *m* pacte *m* de Varsovie
Warteliste *f* liste *f* d'attente
warten attendre (***auf j-n*** qn; ***bis*** que + *subj*); *tech Maschine* entretenir
Wärter(in *f*) *m* gardien *m*, -ne *f*; *bei Kranken* garde-malade *m*, *f*
Warte|saal *m*, **~zimmer** *n* salle *f* d'attente
Wartung *tech f* entretien *m*
warum pourquoi
Warze *f* verrue *f*
was 1. *fragend* que; *meist* qu'est-ce que (*Subjekt* qu'est-ce qui); *alleinstehend u nach prép* quoi; *~? überrascht* quoi?; *wie bitte?* F quoi?; ***~ gibt's?*** qu'est-ce qu'il y a?; ***~ soll's?*** qu'est-ce que ça fait?; ***~ machen Sie?*** qu'est-ce que vous faites?; ***~ kostet ...?*** combien coûte ...?; ***~ für ein(e) ...?*** quel(le) ...?; ***~ für eine Farbe (Größe)?*** quelle couleur (taille)?; ***~ für ein Unsinn!*** quelle bêtise!; **2.** *relativ* ce que (*Subjekt* ce qui); ***~ auch immer*** quoi que (+ *subj*); ***alles, ~ ich habe*** tout ce que j'ai; ***ich weiß nicht, ~ ich tun (sagen) soll*** je ne sais pas ce que je dois faire (dire); ***~ mich ärgerte ...*** ce qui m'énervait ...; **3.** F *etwas* quelque chose
wasch|bar lavable; **≈bär** *zo m* raton *m* laveur; **≈becken** *n* lavabo *m*
Wäsche *f Wäschestücke* linge *m*; *Waschen* lavage *m* (*a tech*), blanchissage *m*; ***große ~*** lessive *f*; *fig* ***schmutzige ~ waschen*** laver son linge sale en public; **~klammer** *f* épingle *f od* pince *f* à linge; **~leine** *f* corde *f* à linge
waschen laver; *Wäsche* faire la lessive; ***sich ~*** se laver; ***sich die Haare ~*** se laver les cheveux
Wäscherei *f* blanchisserie *f*
Wäschetrockner *m* séchoir *m*
Wasch|küche *f* buanderie *f*; **~lappen** *m* gant *m* de toilette; *fig péj* chiffe *f*, lavette *f*; **~maschine** *f* machine *f* à laver; **≈maschinenfest** lavable en machine à laver; **~mittel** *n*, **~pulver** *n* lessive *f*; **~raum** *m* lavabo *m*, cabinet *m* de toilette; **~schüssel** *f* cuvette *f*; **~straße** *f auto* tunnel *m* de lavage automatique
Wasser *n* eau *f*; **~ball** *m* water-polo *m*; **~becken** *n* bassin *m*; **~behälter** *m* réservoir *m* d'eau; **~dampf** *m* vapeur *f* d'eau; **≈dicht** imperméable; *tech* étanche; **~fall** *m* chute *f* d'eau, cascade *f*; **~farbe** *f* peinture *f* à l'eau; **~flugzeug**

n hydravion *m*; **~graben** *m* fossé *m* rempli d'eau; **~hahn** *m* robinet *m*

wässerig aqueux; *fig* ***j-m den Mund ~ machen*** faire venir l'eau à la bouche de qn

Wasser|kanne *f* broc *m*; **~kessel** *m* bouilloire *f*; **~kraft** *f* énergie *f* hydraulique; **~kraftwerk** *n* centrale *f* hydro--électrique; **~kühlung** *auto f* refroidissement *m* par eau; **~lauf** *m* cours *m* d'eau; **~leitung** *f* conduite *f* d'eau; **~mangel** *m* manque *m od* pénurie *f* d'eau; **~mann** *astr m* Verseau *m*; **~melone** *f* pastèque *f*

wassern *aviat* amerrir

wässern *be~* arroser; *Hering* dessaler; *Foto* laver

Wasser|rohr *n* conduite *f* d'eau; **~schaden** *m* dégâts *m/pl* des eaux; **≗scheu** qui craint l'eau; **~ski** *m* ski *m* nautique; ***~ fahren*** faire du ski nautique; **~spiegel** *m* niveau *m* d'eau; **~sport** *m* sport *m* nautique; **~spülung** *f* chasse *f* d'eau; **~stand** *m* niveau *m* d'eau; **~standsanzeiger** *m* indicateur *m* de niveau d'eau; **~stoff** *chim m* hydrogène *m*; **~stoffbombe** *f* bombe *f* H; **~strahl** *m* jet *m* d'eau; **~straße** *f* voie *f* navigable; **~tier** *zo n* animal *m* aquatique; **~verdrängung** *mar f* déplacement *m*; **~verschmutzung** *f* pollution *f* de l'eau; **~versorgung** *f* alimentation *f* en eau; **~waage** *tech f* niveau *m* à bulle (d'air); **~weg** *m* ***auf dem ~*** par voie d'eau; **~welle** *f Frisur* mise *f* en plis; **~werfer** *m* canon *m* à eau; **~zeichen** *n* filigrane *m*

waten patauger

watscheln se dandiner

Watt *n* **1.** *am Meer* sable *m* mouillé, laisse *f*, estuaire *m* à marée basse; **2.** *Maßeinheit* watt *m*

Watt|e *f* ouate *f*; **~estäbchen** *n* coton--tige *m*; **≗ieren** ouater

wau, wau! *Hund* oua, oua!

Wauwau *m enf* toutou *m*

WC *n* W.-C. *m/pl*

web|en tisser; **≗er(in** *f*) *m* tisserand *m*, -e *f*; **≗erei** *f* (atelier *m* de) tissage *m*; **≗stuhl** *m* métier *m* à tisser

Wechsel *m* changement *m*, variation *f*; *regelmäßiger* alternance *f*; *von Geld* change *m*; *comm* lettre *f* de change; ***gezogener ~*** traite *f*; **~beziehung** *f* corrélation *f*; **~geld** *n* monnaie *f*; **≗haft** changeant; **~jahre** *n/pl der Frau* ménopause *f*, retour *m* d'âge; **~kurs** *m* cours *m* du change

wechseln *sich verändern* changer; *ab~* alterner (**mit** avec); ***etw ~*** changer de qc; *Blicke*, *Briefe* échanger; ***100 Mark ~*** *umtauschen* changer 100 marks; *in Kleingeld* faire la monnaie de 100 marks; **~d** changeant, variable; ***mit ~em Erfolg*** avec des fortunes diverses

wechsel|seitig mutuel, réciproque; **≗strom** *m* courant *m* alternatif; **≗stube** *f* bureau *m* de change; **≗wirkung** *f* interaction *f*

wecke|n réveiller; *Interesse*, *Neugier etc* éveiller; **≗r** *m* réveil *m*, réveille-matin *m*; *fig* ***j-m auf den ~ fallen*** F casser les pieds à qn

wedeln *Skisport* godiller; *Hund* ***mit dem Schwanz ~*** remuer la queue

weder ***~ ... noch*** ... ni ... ni ... (*bei Verb* ne ...)

Weg *m* chemin *m*; *fig* voie *f*; ***auf dem ~ nach*** ... sur le chemin de ..., en route pour ...; ***auf halbem ~*** à mi-chemin; ***auf friedlichem ~e*** par des moyens pacifiques; *fig* ***j-m aus dem ~ gehen*** éviter qn; ***aus dem ~ räumen*** se débarrasser de, écarter; ***sich auf den ~ machen*** se

Weg: Wie komme ich zum Bahnhof?

Entschuldigen Sie! Wie komme ich zum Bahnhof, bitte?	*Pardon, Madame, pour aller à la gare, s'il vous plaît.*
Fahren Sie geradeaus. Biegen Sie dann an der zweiten Kreuzung links ab. Und biegen Sie gleich nach der Ampel rechts ab.	*Allez tout droit. Puis, au deuxième carrefour, tournez à gauche. Et directement après les feux, prenez la première rue à droite.*

mettre en route; ***etw zu ~e bringen*** réussir (à faire) qc

weg *fort* parti; *verschwunden* disparu; F ***ganz ~ sein*** être emballé F; *fig* ***über etw ~ sein*** avoir surmonté qc; ***weit ~*** éloigné; ***~ da!*** ôtez-vous de là; ***Hände ~!*** n'y touchez pas!, F bas les pattes!; ***~ damit!*** enlevez-moi ça!

weg|bleiben ne pas venir; **~blicken** détourner les yeux; **~bringen** emporter, *a j-n* emmener

wegen à cause de ..., pour; *bezüglich* au sujet de; F ***von ~!*** penses-tu! *od* pensez-vous! F

weg|fahren partir (en voiture, *etc*); *etw* enlever (en voiture); **~fallen** être supprimé; **2gang** *m* départ *m*; **~geben** ***etw ~*** se débarrasser *od* se défaire de qc; **~gehen** s'en aller, partir (*a Schmerz, Fleck, Ware*); **~jagen** chasser; **~kommen** partir, s'en aller; *abhanden kommen* s'égarer; ***gut dabei ~*** s'en tirer bien; F ***mach, dass du wegkommst!*** va-t-en!, F tire-toi de là!; **~lassen** laisser de côté, supprimer, omettre; **~laufen** se sauver; **~legen** mettre de côté; **~machen** F enlever, faire partir; **~müssen** F devoir partir; ***ich muss jetzt weg*** il faut que je parte; **~nehmen** ôter, enlever (*a stehlen*); **~rationalisieren** réduire afin de rationaliser; **~räumen** ranger, enlever; *Hindernis* écarter; **~reißen** arracher, enlever de force; **~schaffen** enlever; **~schicken** renvoyer; **~sehen** détourner les yeux; **~tun** F enlever; *wegwerfen* jeter; **~tragen** emporter

Wegweiser *m* poteau *m* indicateur

wegwerf|en jeter; **~end** dédaigneux, méprisant; **2gesellschaft** *f* société *f* de gaspillage

wegziehen retirer; *umziehen* déménager

weh ***j-m ~ tun*** faire mal à qn; ***sich am Finger ~ tun*** se faire mal au doigt

wehen *Wind* souffler; *Fahnen, Haare* flotter

Wehen *f/pl Geburt* douleurs *f/pl*

Weh|klage *f* lamentation *f*; **2leidig** pleurnicheur, geignard F; **~mut** *st/s f* nostalgie *f*, mélancolie *f*; **2mütig** nostalgique

Wehr[1] *n in Flüssen* barrage *m*

Wehr[2] *f* ***sich zur ~ setzen*** se défendre; **~dienst** *mil m* service *m* militaire; **~dienstverweigerer** *m* objecteur *m* de conscience; **2en** ***sich ~*** se défendre (***gegen*** contre); **2los** sans défense; **~pflicht** *f* ***allgemeine ~*** service *m* militaire obligatoire; **2pflichtig** *mil* mobilisable, astreint au service militaire; **~pflichtige(r)** *m* conscrit *m*

Weib *n* femme *f*; **~chen** *zo n* femelle *f*; **2isch** efféminé; **2lich** féminin

weich mou (molle), doux, tendre; *Ei* à la coque; ***~ gekocht*** *Ei* à la coque; ***~ landen*** atterrir en douceur; ***~ werden*** ramollir; *fig* se laisser attendrir

Weiche *Bahn f* aiguillage *m*

weichen céder (***der Gewalt*** à la force), reculer (***dem Feind*** devant l'ennemi)

Weich|heit *f* mollesse *f*, douceur *f*; **2herzig** qui a le cœur sensible; **~käse** *m* fromage *m* à pâte molle; **2lich** mou, douillet, efféminé; **~spüler** *m* adoucissant *m*; **~tiere** *zo n/pl* mollusques *m/pl*

Weide *f bot* saule *m*; *Korb2* osier *m*; *Vieh2* pâturage *m*; **2n** paître, brouter; *fig* ***sich ~ an*** se repaître de; **~nkorb** *m* panier *m* d'osier

weiger|n ***sich ~*** refuser (***etw zu tun*** de faire qc); **2ung** *f* refus *m*

Weihe *rel f* consécration *f*; **2n** consacrer; ***zum Priester geweiht werden*** être ordonné prêtre

Weiher *m* étang *m*

Weihnachten *n* Noël *m*; (***an*** *od* ***zu***) ***~*** à Noël

Weihnachts|abend *m* veille *f* de Noël; **~baum** *m* arbre *m* de Noël; **~feiertag** *m* ***erster ~*** jour *m* de Noël; ***zweiter ~*** lendemain *m* de Noël; **~geschenk** *n* cadeau *m* de Noël; **~lied** *n* chanson *f od* chant *m* de Noël; **~mann** *m* père *m* Noël; **~markt** *m* foire *f od* marché *m* de Noël; **~zeit** *f* temps *m* de Noël

Weih|rauch *m* encens *m*; **~wasser** *n* eau *f* bénite

weil parce que; *da ja* puisque

Weil|chen *n* ***ein ~*** un petit moment; **~e** *f* ***e-e ~*** quelque temps, un certain (laps de) temps; ***e-e ganze ~*** un bon bout de temps

Wein *m* vin *m*; *bot* vigne *f*; **~bau** *m* viticulture *f*; **~beere** *f* grain *m* de raisin; **~berg** *m* vigne *f*, vignoble *m*; **~brand** *m* eau-de-vie *f* de vin, cognac *m*

wein|en pleurer (***vor*** de; ***wegen*** à cause de); **~erlich** pleurnicheur

Wein|ernte *f* vendange *f*; **~flasche** *f* bouteille *f* à vin; **~gut** *n* domaine *m* viticole; **~händler** *m* négociant *m* en vins; **~hauer** *östr m cf* ***Winzer***; **~karte** *f* carte *f* des vins; **~keller** *m* cave *f* à vin; cellier *m*; **~kellerei** *f* cave *f*; **~kellner** *m* sommelier *m*; **~kenner** *m* connaisseur *m* en vins; **~krampf** *m* crise *f* de larmes; **~lese** *f* vendange *f*; **~probe** *f* dégustation *f* de vins; **~rebe** *bot f* vigne *f*; **~stock** *m* cep *m* (de vigne); **~traube(n)** *f(pl)* raisin *m*

weise sage

Weise *f* manière *f*, façon *f*; *mus* air *m*; ***auf diese ~*** de cette façon; ***auf meine ~*** à ma manière

weisen montrer, indiquer; ***j-n von der Schule ~*** renvoyer qn de l'école

Weisheit *f* sagesse *f*; ***mit seiner ~ am Ende sein*** y perdre son latin; **~szahn** *m* dent *f* de sagesse

weismachen ***j-m etw ~*** faire croire qc à qn, en faire accroire à qn; ***du kannst mir nichts ~!*** ne me raconte pas d'histoires!

weiß blanc; **℞blech** *n* fer-blanc *m*; **℞brot** *n* pain *m* blanc; **℞e(r)** *m, f* Blanc *m*, Blanche *f*; **~en** blanchir; **℞glut** *f* incandescence *f*; F *fig* ***j-n bis zur ~ reizen*** chauffer qn à blanc; **℞kohl** *m*, **℞kraut** *n* chou *m* blanc; **~lich** blanchâtre; **℞wein** *m* vin *m* blanc

Weisung *f* instruction *f*, directive *f*, consigne *f*

weit *ausgedehnt* large; *Kleidung a* ample; *Reise*, *Weg* long; ~ **(*weg od entfernt*)** loin; ***~ größer*** bien plus grand; ***von ~em*** de loin; ***in ~er Ferne*** au loin; ***bei ~em*** de loin; ***bei ~em nicht*** loin s'en faut; *fig* ***zu ~ gehen*** aller trop loin, exagérer; ***es ~ bringen*** faire son chemin; ***wir haben es ~ gebracht*** nous avons bien réussi; ***~ reichend*** étendu, de grande envergure; ***~ verbreitet*** très répandu; **~ab** loin (***von*** de); **~aus** de loin, de beaucoup; **℞blick** *m* clairvoyance *f*, prévoyance *f*

Weite *f* largeur *f*, étendue *f*; *von Kleidung* ampleur *f*; *Sport* distance *f*; **℞n** (***sich ~*** s')élargir

weiter **~!** continue! *od* continuez!; ***~ oben*** plus haut; *im Text* ci-dessus; ***~ weg*** *od* ***entfernt*** plus loin; ***und so ~***, et ainsi de suite, et cetera; ***~ nichts*** rien d'autre; **~arbeiten** poursuivre son travail; **~bilden** ***sich ~*** se recycler; **℞bildung** *f* formation *f* complémentaire

weitere *sonstige* autre; *spätere* ultérieur; ***alles ℞*** le reste; ***bis auf ~s*** jusqu'à nouvel ordre; ***ohne ~s*** aisément; sans façon

weiter|führen continuer; **~geben** transmettre, faire passer; **~gehen** poursuivre son chemin, continuer; **~hin** en outre; ***~ etw tun*** continuer à *od* de faire qc; **~kommen** avancer; **~leben** continuer à vivre; **℞leben** *rel n* survie *f*; **~machen** continuer; **~reisen** continuer son voyage; **℞verkauf** *m* revente *f*

weit|gehend considérable(ment), large(ment); **~läufig** vaste, spacieux; *Verwandter* éloigné; *ausführlich* détaillé; **~sichtig** *méd* presbyte; *fig* prévoyant; **℞sprung** *m* saut *m* en longueur; **℞winkelobjektiv** *Foto n* objectif *m* grand angle

Weizen *m* blé *m*, froment *m*

welche(r, s) **1.** *fragend* quel(le); *allein stehend* lequel (laquelle); ***welcher von beiden?*** lequel des deux?; **2.** *relativ* qui (*Akkusativ* que); **3.** F *einige(s)* en; ***ich geb' dir welche(s)*** je t'en donne

welk fané; **~en** se faner

Wellblech *n* tôle *f* ondulée

Welle *f* vague *f* (*a fig*); *phys* onde *f*; *fig* ***grüne ~*** feux *m/pl* coordonnés

wellen onduler; **℞bereich** *m Radio* gamme *f*; **℞brecher** *m* brise-lames *m*; **℞länge** *f* longueur *f* d'ondes; **℞linie** *f* ligne *f* ondulée; **℞sittich** *zo m* perruche *f*

well|ig onduleux; **℞pappe** *f* carton *m* ondulé

Welt *f* monde *m*; ***auf der ganzen ~*** dans le monde entier; ***die Alte (Neue) ~*** l'ancien (le nouveau) monde; ***die Dritte ~*** le tiers monde; ***alle ~*** *jeder* tout le monde; ***zur ~ kommen*** venir au monde; ***zur ~ bringen*** donner le jour à, donner naissance à; **~all** *n* univers *m*; **~anschauung** *f* vision *f* du monde, idéologie *f*; **~ausstellung** *f* exposition *f* universelle; **℞berühmt** célèbre dans le monde entier; **℞fremd** naïf, peu réaliste; **~frieden** *m* paix *f* mondiale; **~geschichte** *f* histoire *f* universelle; **~handel** *m* commerce *m* mondial;

~herrschaft *f* hégémonie *f* mondiale; **~krieg** *m* guerre *f* mondiale; ***der Erste*** **(*Zweite*)** ~ la Première (Seconde) Guerre mondiale; **~kugel** *f* globe *m* terrestre; **2lich** de ce monde, mondain; *nicht kirchlich* séculier, profane; **~literatur** *f* littérature *f* universelle; **~macht** *f* puissance *f* mondiale; **~markt** *m* marché *m* mondial; **~meer** *n* océan *m*; **~meister(in** *f*) *m* champion *m*, -ne *f* du monde; **~raum** *m* espace *m*; **~raumforschung** *f* recherche *f* spatiale; **~reich** *n* empire *m*; **~reise** *f* tour *m* du monde; **~rekord** *m* record *m* du monde; **~ruf** *m* réputation *f* mondiale; **~stadt** *f* métropole *f*; **~untergang** *m* fin *f* du monde; **2weit** mondial, planétaire, universel; **~wirtschaft** *f* économie *f* mondiale; **~wunder** *n* merveille *f* du monde

wem à qui; ***von ~?*** de qui?

wen qui, qui est-ce que; ***für ~?*** pour qui?

Wende *f* tournant *m*; ***e-e ~ bedeuten*** marquer un tournant; **~kreis** *m géogr* tropique *m*; *auto* rayon *m* de braquage

Wendeltreppe *f* escalier *m* tournant *od* en colimaçon

wenden (re)tourner; *auto* faire demi-tour; *mar* virer de bord; ***sich ~ an*** s'adresser à

Wend|epunkt *m fig* tournant *m*; **2ig** *Auto* maniable, manœuvrable; *Person* débrouillard, habile, souple; **~ung** *f* tour *m*; *Umschwung* tournure *f*, revirement *m*; *Rede2* locution *f*, tournure *f*

wenig peu (de); ***~er*** moins (de); ***am ~sten*** le moins; ***ein ~*** un peu (de); ***einer der ~en, die*** ... un des rares qui (+ *subj*); ***zu ~*** trop peu (de); **~stens** au moins, du moins

wenn *falls* si; *zeitlich* quand, lorsque; ***~ auch*** bien que, quoique (*beide + subj*); ***selbst ~*** même si; ***außer ~*** à moins que ... ne (+ *subj*); ***~ ich nur ... wäre!*** si seulement j'étais ...!; **~schon!** qu'importe!

wer 1. qui, qui est-ce qui; ***~ von beiden?*** lequel des deux?; **2.** *derjenige, welcher* celui qui; ***~ auch immer*** quiconque; ***~ es auch sei*** qui que ce soit; **3.** F *jemand* quelqu'un

Werbe|agentur *f* agence *f* de publicité; **~feldzug** *m* campagne *f* publicitaire; **~fernsehen** *n* publicité *f* télévisée; **~film** *m* film *m* publicitaire; **~funk** *m* publicité *f* radiodiffusée

werben faire de la publicité (**für** pour); ***~ um*** *Frau* faire la cour à; *Gunst* solliciter; ***Kunden ~*** prospecter la clientèle

Werbe|sendung *f* émission *f* publicitaire; **~spot** *m* spot *m* publicitaire; **2wirksam** d'une grande efficacité publicitaire

Werbung *f* publicité *f*, F pub *f*; ***~ machen für*** faire de la publicité pour

Werdegang *m beruflich* carrière *f*

werden devenir; *durch eigenes Zutun* se faire; ***Arzt, Lehrer ~*** devenir *od* se faire médecin, professeur; ***was willst du ~?*** qu'est-ce que tu veux faire plus tard?; ***mir wird schlecht!*** j'en suis malade!; F ***es wird schon wieder ~*** ça va aller mieux; *Futur* ***er wird kommen*** il viendra, il va venir; *Konditional* ***er würde kommen*** il viendrait; *Passiv* ***verkauft ~*** être vendu

werfen (***sich ~*** se) jeter; lancer; ***Junge ~*** mettre bas

Werft *mar f* chantier *m* naval

Werk *n* ouvrage *m*; *e-s Dichters, Künstlers* œuvre *f*; *Arbeit* travail *m*; *Uhr2* mouvement *m*; *Mechanismus* mécanisme *m*; *Fabrik* usine *f*, ateliers *m/pl*, établissement *m*; **~bank** *f* établi *m*; **~meister** *m* contremaître *m*; **~statt** *f* atelier *m*; **~tag** *m* jour *m* ouvrable; **2tags** en semaine; **2tätig** ***die ~e Bevölkerung*** la population active; **~zeug** *n* outil *m*

wert ***~ sein*** valoir (***etw*** qc); ***der Mühe ~ sein*** valoir la peine

Wert *m* valeur *f*; ***~ legen auf*** tenir à; ***großen ~ legen auf*** tenir beaucoup à, attacher une grande valeur *od* un grand prix à; F ***das hat keinen ~*** ça ne sert à rien; **~angabe** *f* déclaration *f* de valeur, valeur *f* déclarée; **2en** évaluer, estimer; *beurteilen* juger; **~gegenstand** *m* objet *m* de valeur; **2los** sans valeur; **~papier** *n* valeur *f*, effet *m*, titre *m*; **~sachen** *f/pl* objets *m/pl* de valeur; **~schätzung** *f* estime *f*, considération *f*; **~stoffe** *m/pl* déchets *m/pl* recyclables; **~ung** *f* évaluation *f*; *Sport* classement *m*; **~urteil** *n* jugement *m* de valeur; **2voll** précieux

Wesen *n Lebe2* être *m*; *Eigenart* nature *f*, caractère *m*; *e-r Person a* naturel *m*; *philos* essence *f*; ***viel ~s machen von***

faire grand bruit de; **2tlich** essentiel; ***im 2en*** en substance; ***~ größer*** beaucoup *od* bien plus grand
weshalb pourquoi
Wespe *zo f* guêpe *f*
West *géogr* ouest
Weste *f* gilet *m*; ⚠ *nicht* ***veste***
West|en *m* ouest *m*; *pol* ***der ~*** l'Ouest *m*, l'Occident *m*; ***der Wilde ~*** le Far-West; **2lich** occidental, de l'ouest, d'ouest; ***~ von*** à l'ouest de; **2wärts** vers l'ouest; **~wind** *m* vent *m* d'ouest
weswegen pourquoi
Wett|bewerb *m* concours *m*, compétition *f*, *bes écon* concurrence *f*; **~büro** *n* bureau *m* de pari mutuel
Wett|e *f* pari *m*; ***um die ~*** à qui mieux mieux; ***e-e ~ abschließen*** *od* ***eingehen*** faire un pari; **~eifer** *m* émulation *f*; **2eifern** rivaliser (***mit*** avec; ***um*** de); **2en** parier; ***um 100 Franc ~*** parier cent francs
Wetter *n* temps *m*; ***es ist schönes ~*** il fait beau (temps); ***bei diesem ~*** par ce temps; **~bericht** *m* bulletin *m* météorologique, F météo *f*; **~aussichten** *f/pl* prévisions *f/pl* météorologiques; **~karte** *f* carte *f* météorologique; **~kunde** *f* météorologie *f*; **~lage** *f* conditions *f/pl* atmosphériques; **~leuchten** *n* éclairs *m/pl* de chaleur; **2n** *fig* pester *od* tempêter (***gegen*** contre); **~vorhersage** *f* prévisions *f/pl* météorologiques; **~warte** *f* station *f* météorologique
Wett|kampf *m* compétition *f*, épreuve *f*, match *m*; **~kämpfer(in** *f*) *m* concurrent, -e *f*; **~lauf** *m* course *f* (*a fig*); **~läufer(in** *f*) *m* coureur *m*, -euse *f*; **2machen** compenser; **~rennen** *n* course *f*; **~rüsten** *n* course *f* aux armements; **~streit** *m* concours *m*, compétition *f*, émulation *f*
wetzen aiguiser
WG *f* communauté *f*
Whirlpool *m* bain *m* à remous
Whisky *m* whisky *m*
wichtig important; ***~ nehmen*** prendre au sérieux; ***sich ~ machen*** faire l'important; **2keit** *f* importance *f*; **2tuer** *m* personne *f* qui fait l'important, crâneur *m*
wickeln enrouler (***um*** autour de; ***in*** dans), envelopper (***in*** dans); *Kind* langer, emmailloter
Widder *m zo* bélier *m*; *astr* Bélier *m*
wider contre; ***~ (meinen) Willen*** malgré moi; ***~ Erwarten*** contre toute attente; **~fahren** arriver (***j-m*** à qn); **2hall** *m* écho *m* (*a fig*); **~hallen** résonner; **~legen** réfuter
widerlich répugnant, repoussant, dégoûtant, écœurant, rebutant
wider|rechtlich illégal; **2rede** *f* contradiction *f*; ***keine ~!*** pas de discussion!; **~rufen** *Anordnung* révoquer; *Behauptung, Geständnis* rétracter; **2sacher(in** *f*) *m* adversaire *m*, *f*; **~setzen** ***sich ~*** s'opposer (***j-m, e-r Sache*** à qn, à qc); **~sinnig** absurde; **~spenstig** récalcitrant, rétif, rebelle; **~spiegeln** (***sich ~*** se) refléter (***in*** dans); **~sprechen** contredire (***j-m, e-r Sache*** à qn, à qc); **2spruch** *m* contradiction *f*; ***im ~ stehen*** être en contradiction (***zu*** avec); **~sprüchlich** contradictoire; **~spruchslos** sans discuter; **2stand** *m* résistance *f* (*a pol u elektrischer*); ***~ leisten*** résister; **~standsfähig** résistant; **~stehen** résister (à); **~streben** ***es widerstrebt mir, dies zu tun*** je déteste faire cela; **~wärtig** répugnant; **2wille** *m* répugnance *f* (***gegen*** pour), aversion *f* (pour), dégoût *m* (pour) **~willig** à contrecœur
widm|en (***sich ~*** se) consacrer (à), (se) vouer (à); *Buch* dédier; **2ung** *f* dédicace *f*
widrig contraire, adverse
wie *fragend* comment; *in Ausrufen* que, comme, combien; *vergleichend* comme; ***~ ein Hund*** comme un chien; ***~ üblich*** comme d'habitude; ***so groß ~*** aussi grand que; ***~ alt sind Sie?*** quel âge avez-vous?; ***~ viel*** combien (de); ***um ~ viel Uhr?*** à quelle heure?; ***~ spät ist es?*** quelle heure est-il? ***~ lange?*** combien de temps?; ***~ froh bin ich!*** que (comme, combien) je suis heureux!; ***~ wäre es mit ...?*** que diriez-vous de ...?
wieder de nouveau, encore; *oft* re... *in Zssgn*; ***da bin ich ~*** me revoilà; ***~ anfangen*** recommencer; ***~ zu sich kommen*** reprendre connaissance; ***~ einmal*** une fois de plus; ***~ beleben*** ranimer, réanimer (*a fig*); ***~ erkennen*** reconnaître (***an*** à); ***~ finden*** retrouver; ***~ gutmachen*** réparer; ***~ sehen*** revoir; ***~ verwertbar*** recyclable; ***~ verwerten*** re-

cycler; **≈aufarbeitung** *f* retraitement *m*; **≈aufarbeitungsanlage** *f* usine *f* de retraitement; **≈aufbau** *m* reconstruction *f*; **≈aufbereitungsanlage** *f* *Kerntechnik* usine *f* de retraitement; **≈aufleben** *n* renaissance *f*; **~bekommen** recouvrer, rentrer en possession de; **≈belebung** *f méd* réanimation *f*; *écon* reprise *f*, relance *f*; **≈belebungsversuch** *m* tentative *f* de réanimation; **≈bewaffnung** *f* réarmement *m*; **~bringen** rapporter; *zurückgeben* rendre; **≈entdeckung** *f* redécouverte *f*; **≈gabe** *f* reproduction *f*; **~geben** *zurückgeben* rendre, restituer; *nachbilden* reproduire; *beschreiben* décrire; **≈geburt** *f* renaissance *f*; **≈gutmachung** *f* réparation *f*; **~herstellen** rétablir, restaurer; **~holen** (***sich** ~* se) répéter; *Lernstoff* réviser; **~holt** répété; **≈holung** *f* répétition *f*; *von Lernstoff* révi-sion *f*; *TV etc* rediffusion *f*; **≈hören** *tél* ***auf ~! au revoir!***; **≈kehr** *f* retour *m*; **~kehren** revenir, se répéter; **~kommen** revenir; **≈sehen** ***auf ~!*** au revoir!; **~um** de nouveau; *andererseits* d'autre part, d'un autre côté; **≈vereinigung** *f pol* réunification *f*; **≈verwendung** *f* réutilisa-tion *f*; **≈verwertung** *f* recyclage *m*; **≈wahl** *f* réélection *f*

Wiege *f* berceau *m*

wiegen peser

Wiegenlied *n* berceuse *f*

wiehern hennir

Wien Vienne

Wiese *f* pré *m*, prairie *f*

Wiesel *zo n* belette *f*

wieso pourquoi

wieviel *cf* ***wie***; **~te** combientième F; ***den ≈n haben wir heute?*** le combien sommes-nous aujourd'hui?

wild 1. sauvage (*a bot u zo*); *Blick etc* farouche; *wütend* furieux; *Kind* turbulent; ***~es Tier*** bête *f* féroce; *fig* ***~er Streik*** grève *f* sauvage; F ***~ sein auf*** raffoler de; **2.** ≈ *n ch u cuis* gibier *m*; **≈bach** *m* torrent *m*; **≈ente** *zo f* canard *m* sauvage; **≈e(r)** *m, f* sauvage *m, f*; F ***wie ein Wilder*** comme un fou; **≈erer** *m* braconnier *m*; **~ern** braconner; **≈hüter** *m* garde-chasse *m*; **≈leder** *n* daim *m*; **≈nis** *f* désert *m*; **≈schwein** *n* sanglier *m*; **≈wasserfahren** *n* descente *f* des torrents en canot; **≈westfilm** *m* western *m*

Wilhelm *m* Guillaume *m*

Wille *m* volonté *f*; ***gegen meinen ~n*** malgré moi; ***seinen ~n durchsetzen*** imposer sa volonté; **≈n *um*** ... *~* pour (l'amour de); **≈nlos** sans volonté; **~nlosigkeit** *f* manque *m* de volonté

Willens|freiheit *f* libre arbitre *m*; **~kraft** *f* volonté *f*, énergie *f*; **≈stark** qui a de la volonté, énergique

will|ig de bonne volonté; *folgsam* docile; **~kommen** bienvenu; ***herzlich ~!*** soyez le (la) bienvenu(e)!; ***j-n ~ heißen*** souhaiter la bienvenue à qn; **~kürlich** arbitraire

wimmeln fourmiller, grouiller (***von*** de); ***es wimmelt von etw*** *a* qc pullule

wimmern geindre

Wimpel *m* fanion *m*; *mar* flamme *f*

Wimper *f* cil *m*; **~ntusche** *f* mascara *m*; ⚠***le*** mascara

Wind *m* vent *m*; **~beutel** *cuis m* chou *m* à la crème

Winde *f tech* treuil *m*; *mar* cabestan *m*; *bot* liseron *m*, volubilis *m*

Windel *f* couche *f*, lange *f*; ***die ~n wechseln*** changer les couches; **~höschen** *n* couche-culotte *f*

winden *Kranz* tresser; ***sich ~*** *Weg etc* serpenter; ***sich um etw ~*** s'enrouler autour de qc; ***sich vor Schmerz ~*** se tordre de douleur

Wind|energie *f* énergie *f* éolienne; **~hund** *zo m* lévrier *m*; **≈ig** *Ort* éventé; *fig* louche; ***es ist ~*** il fait du vent; **~mühle** *f* moulin *m* à vent; **~pocken** *méd f/pl* varicelle *f*; **~rad** *n* éolienne *f*; **~richtung** *f* direction *f* du vent; **~schutzscheibe** *auto f* pare-brise *m*; **~stärke** *f* force *f od* intensité *f* du vent; **≈still** calme; **~stoß** *m* rafale *f*; **~surfbrett** *n* planche *f* à voile; **~surfen** *Sport n* planche *f* à voile; **~surfer(in *f*)** *m* véliplanchiste *m, f*

Windung *f Krümmung* sinuosité *f*; *Drehung* tour *m*; **~en** *e-s Wegs a* lacets *m/pl*

Wink *m* signe *m*; *fig* avertissement *m*, tuyau *m* F

Winkel *m math* angle *m*; *Gerät* équerre *f*; *Ecke* coin *m*; **≈ig** à coins et recoins, à angles; **~messer** *math m* rapporteur *m*

winken faire signe (***j-m*** à qn)

winseln pousser des cris plaintifs

Winter *m* hiver *m*; **≈lich** hivernal; **~reifen** *auto m* pneu *m* neige; **~schlaf** *zo m* hibernation *f*; **~spiele** *n/pl* jeux *m/pl* Olympiques d'hiver; **~sport** *m* sport(s) *m(pl)* d'hiver

Winzer(in *f*) *m* vigneron *m*, -ne *f*, viticulteur *m*

winzig minuscule

Wipfel *m* cime *f*, sommet *m* (d'un arbre)

Wippe *f* bascule *f*, balançoire *f*

wir nous; **~ *drei*** nous trois; **~ *sind's*** c'est nous

Wirbel *m* tourbillon *m*; *fig a* remous *m/pl*; *méd* vertèbre *f*; *Haar* épi *m*; **≈n** tourbillonner; **~säule** *f* colonne *f* vertébrale; **~sturm** *m* cyclone *m*; **~tiere** *n/pl* vertébrés *m/pl*

wirk|en agir (***auf*** sur), faire son effet, opérer; *Wunder* faire; **~ *wie*** faire l'effet de; ***wohltuend* ~** avoir un effet salutaire; ***jung* (*hübsch etc*) ~** faire jeune (joli, *etc*); **≈en** *n* action *f*, activité *f*; **~lich** réel, effectif; *echt* vrai, véritable; **≈lichkeit** *f* réalité *f*; ***in* ~** en réalité; **~sam** efficace; **≈samkeit** *f* efficacité *f*

Wirkung *f* effet *m*; **~sgrad** *tech m* (degré *m* d')efficacité *f*, rendement *m*; **≈slos** sans effet, inopérant; **≈svoll** efficace

wirr confus, embrouillé; *Haar* en désordre; **≈en** *pol pl* troubles *m/pl*; **≈warr** *m* confusion *f*, chaos *m*, embrouillamini *m* F, pagaille *f* F

Wirsing *bot m*, **~kohl** *m* chou *m* frisé *od* de Milan

Wirt(in *f*) *m Gast≈* patron *m*, -ne *f*, aubergiste *m*; *Hotel≈* hôtelier *m*, -ière *f*; *Haus≈* propriétaire *m*, *f*

Wirtschaft *f* économie *f*; *Gast≈* restaurant *m*, auberge *f*; *Bahnhofs≈* buffet *m*; ***freie* ~** économie *f* libérale; ***gelenkte* ~** économie *f* dirigée, dirigisme *m*; **≈en** ***gut, schlecht* ~** bien, mal gérer ses affaires; ***gut* ~** *a* être économe; **~erin** *f* gouvernante *f*; **≈lich** économique, **~lichkeit** *f* rentabilité *f*

Wirtschafts|... *écon in Zssgn* économique; **~flüchtling** *m* réfugié *m* économique; **~gemeinschaft** *f* ***Europäische* ~** Communauté *f* économique européenne (*abr* C.E.E.); **~kriminalität** *f* criminalité *f* économique; **~krise** *f* crise *f* économique; **~leben** *n* vie *f* économique; **~system** *n* système *m* économique; **~wissenschaft(en)** *f(pl)* sciences *f/pl* économiques; **~wunder** *n* miracle *m* économique

Wirtshaus *n* auberge *f*

wischen essuyer

wispern chuchoter

wissbegierig curieux

wissen 1. savoir; ***nicht* ~** ne pas savoir, ignorer; ***sehr wohl* ~** ne pas ignorer; ***ich möchte* ~** j'aimerais savoir; ***soviel ich weiß*** autant que je sache; ***weißt du noch?*** tu te rappelles? *od* tu t'en souviens?; ***woher weißt du das?*** d'où tiens-tu cela?; ***man kann nie* ~** on ne peut jamais savoir; ***ich will davon* (*von ihm*) *nichts* ~** je ne veux pas entendre parler de cela (de lui); **2. ≈** *n* savoir *m*, connaissances *f/pl*

Wissenschaft *f* science *f*; **~ler(in** *f*) *m* scientifique *m*, *f*; **≈lich** scientifique

wissen|swert qui vaut la peine d'être connu, intéressant; ***alles ≈e über*** tout ce qu'il faut savoir sur; **~tlich** sciemment

witter|n flairer (*a fig*); **≈ung** *f* temps *m* qu'il fait; *Spürsinn* flair *m*; **≈ungsverhältnisse** *n/pl* conditions *f/pl* atmosphériques

Witwe *f* veuve *f*; **~r** *m* veuf *m*

Witz *m* plaisanterie *f*, histoire *f* (drôle), blague *f* F; bon mot *m*, mot *m* d'esprit; *Wortspiel* calembour *m*; ***~e reißen*** raconter de bonnes blagues; **~blatt** *n* journal *m* satirique *od* humoristique; **~bold** *m* blagueur *m*; *péj* mauvais plaisant *m*; **≈ig** *geistreich* spirituel; *lustig* drôle, amusant

wo où; **~anders** ailleurs; **~bei** à l'occasion de quoi; **~ *mir einfällt*** ce qui me rappelle

Woche *f* semaine *f*; ***in der letzten* ~** la semaine passée *od* dernière; ***in der nächsten* ~** la semaine prochaine

Wochen|ende *n* fin *f* de semaine, week-end *m*; **≈lang** (pendant) des semaines entières, **~schau** *f* actualités *f/pl*; **~tag** *m* jour *m* de semaine; *Werktag* jour *m* ouvrable

wöchentlich hebdomadaire; ***einmal* ~** une fois par semaine

Wodka *m* vodka *m*

wo|durch par quoi; **~für** pour quoi

Woge *f* vague *f*, flot *m*; **≈n** ondoyer, onduler

wo|her d'où; **~hin** où; **~hingegen** tandis que, alors que

wohl 1. bien; *wahrscheinlich* sans doute; ***mir ist nicht*** ~ je ne me sens pas bien; ~ ***oder übel*** bon gré mal gré; ~ ***behütet*** bien protégé; **2.** ≈ *n* bien *m*, salut *m*; ***das öffentliche*** ~ le bien public; ***zum*** ~! à votre santé!, à la vôtre! F

wohl

In dem Satz ‚Odette ist wohl umgezogen' bringt das Wort *wohl* eine Vermutung zum Ausdruck. Im Französischen eignet sich hierzu die Wendung ***sans doute***: *Odette a sans doute déménagé.*

⚠ Man beachte, dass ***sans doute*** eine Wahrscheinlichkeit ausdrückt und nicht die absolute Sicherheit, wie die wörtliche Übersetzung nahe legt. Will man sagen, dass man sich seiner Sache sicher ist, so verwendet man ***sans aucun doute***:

Odette a sans aucun doute déménagé. – Odette ist zweifelsohne umgezogen.

Wohl|befinden *n* bien-être *m*; **≈behalten** sain et sauf; **~fahrtsstaat** *m* État-providence *m*; **≈gemerkt** bien entendu; **≈genährt** bien nourri; **≈gesinnt** ***j-m*** ~ ***sein*** être bien intentionné à l'égard de qn; **≈habend** aisé; **≈ig** agréable; **~klang** *m* harmonie *f*; *ling* euphonie *f*; **≈klingend** harmonieux; **~stand** *m* aisance *f*, prospérité *f*; **~standsgesellschaft** *f* société *f* d'abondance; **~tat** *f* bienfait *m*; **~täter(in** *f*) *m* bienfaiteur *m*, -trice *f*; **≈tätig** charitable; **~tätigkeit** *f* bienfaisance *f*; **~tätigkeitsbasar** *m* vente *f* de charité; **≈tuend** bienfaisant; **≈verdient** bien mérité; **~wollen** *n* bienveillance *f*; **≈wollend** bienveillant

W

wohn|en habiter, demeurer, loger; ***in Paris*** ~ habiter (à) Paris; ***im Hotel*** ~ loger à l'hôtel; ***möbliert*** ~ loger en meublé; **≈gebiet** *n* quartier *m* résidentiel; **≈gemeinschaft** *f* communauté *f* d'habitat, domicile *m* en commun; **~haft** domicilié (***in*** à); **~lich** confortable; **≈mobil** *n* camping-car *m*; **≈ort** domicile *m*; **≈sitz** *m* domicile *m*, résidence *f*

Wohnung *f* logement *m*, habitation *f*, appartement *m*; **~sbau** *m* construction *f* de logements; **~snot** *f* crise *f* du logement

Wohn|wagen *m* roulotte *f*; *Camping* caravane *f*; **~zimmer** *n* salle *f* de séjour, salon *m*, living *m*

wölb|en (***sich*** ~ se) voûter, (se) bomber; **≈ung** *f* voussure *f*, bombement *m*

Wolf *zo m* (**Wölfin** *f*) loup *m* (louve *f*)

Wolke *f* nuage *m*

Wolken|bruch *m* pluie *f* torrentielle; **~kratzer** *m* gratte-ciel *m*; **≈los** sans nuages

wolkig nuageux

Wolldecke *f* couverture *f* de laine

Wolle *f* laine *f*; **≈n** de *od* en laine

wollen vouloir; *im Begriff sein* aller; ***lieber*** ~ aimer mieux; ***sie will, dass ich komme*** elle veut que je vienne; ***ich wollte gerade anfangen*** j'allais commencer; ***er will mich gesehen haben*** il prétend m'avoir vu; ***ich wollte, ich wäre*** ... si seulement j'étais ...

Woll|ust *f* volupté *f*; **≈üstig** voluptueux

wo|mit avec quoi; **~möglich** peut-être

Wonne *f* délice *m*

wor|an ~ ***denkst du?*** à quoi penses-tu?; ~ ***liegt es, dass ...?*** d'où vient que ...?; *fig* ~ ***man ist*** où l'on en est; **~auf** sur quoi; *zeitlich* après quoi; ~ ***wartest du?*** qu'est-ce que tu attends?; **~aus** de quoi, d'où; ~ ***ist es?*** en quoi est-ce?; **~in** en quoi, dans quoi, où

Workshop *m* atelier-débat *m*

Workstation *f* station *f* de travail

Wort *n* mot *m*; *gesprochenes* parole *f*; *Ausdruck* terme *m*; **~e** *pl a* propos *m/pl*; ***das letzte*** ~ ***ist gesprochen*** le dernier mot est dit; ***mit anderen ~en*** en d'autres termes; ***sein*** ~ ***geben*** donner sa parole; ~ ***halten*** tenir parole; ***sein*** ~ ***brechen*** manquer à sa parole; ***j-n beim*** ~ ***nehmen*** prendre qn au mot; ***ein gutes*** ~ ***einlegen für*** intercéder en faveur de; ***j-m ins*** ~ ***fallen*** couper la parole à qn; ***sich zu ~ melden*** demander la parole; **~art** *gr f* classe *f* de mots, partie *f* du discours

Wörterbuch *n* dictionnaire *m*

Wort|führer *m* porte-parole *m*; **2karg** taciturne; **~laut** *m* texte *m*, teneur *f*, termes *m/pl*

wörtlich littéral, textuel; *gr* ***~e Rede*** discours *m* direct

Wort|schatz *m* vocabulaire *m*; **~spiel** *n* jeu *m* de mots; *mit Homonymen* calembour *m*; **~stellung** *gr f* ordre *m* des mots; **~wechsel** *m* altercation *f*

wor|über sur quoi; ***~ lachst du?*** de quoi ris-tu?; ***~um ~ geht es?*** de quoi s'agit-il?

wo|von de quoi; ***~ sprichst du?*** de quoi parles-tu?; ***~vor ~ fürchtest du dich?*** de quoi as-tu peur?; **~zu** à quoi; ~ (***eigentlich***)***?*** à quoi bon?

Wrack *n* épave *f* (*a fig Mensch*); *auto a* carcasse *f*

wringen *Wäsche* tordre

Wucher *m* usure *f*; **~er** *m* usurier *m*; **2n** *biol* proliférer, foisonner; **~ung** *méd f* excroissance *f*, végétation *f*; **~zinsen** *m/pl* intérêts *m/pl* usuraires

Wuchs *m Wachsen* croissance *f*; *Gestalt* taille *f*

Wucht *f* force *f*, élan *m*; ***mit voller ~*** de plein fouet; **2ig** imposant, massif; *Schlag* violent

wühlen fouiller

Wulst *m* bourrelet *m*, renflement *m*; **2ig** qui forme un bourrelet; *Lippen* épais, charnu

wund écorché; ***sich ~ liegen*** *od* ***reiben*** s'écorcher; *fig* ***~er Punkt*** point *m* faible *od* névralgique

Wunde *f* blessure *f*

Wunder *n* miracle *m* (*a rel*), prodige *m*; *~werk* merveille *f*; ***~ wirken*** faire des miracles; (***es ist***) ***kein ~, dass du müde bist*** il n'y a rien d'étonnant à ce que tu sois fatigué; **2bar** merveilleux, admirable; *übernatürlich* miraculeux; **~kind** *n* enfant *m* prodige; **2lich** bizarre, étrange, singulier; **~mittel** *n* remède *m* miracle; **2n** étonner; ***sich ~*** s'étonner (***über*** de); **2schön** ravissant, merveilleusement beau; **2voll** merveilleux; **~werk** *n* merveille *f*

Wundstarrkrampf *méd m* tétanos *m*

Wunsch *m Begehren* désir *m* (***nach*** de); *Glück2* souhait *m*, vœu *m*; ***auf j-s ~*** à la demande de qn; ***nach ~*** à souhait; *nach Wahl* au choix; ***beste Wünsche!*** meilleurs vœux!

wünschen désirer; *j-m etw* souhaiter; ***sich etw ~*** désirer qc; ***was ~ Sie?*** que désirez-vous?; ***j-m gute Reise ~*** souhaiter bon voyage à qn; **~swert** désirable, souhaitable

Würde *f* dignité *f*; **2los** indigne; **~nträger** *m* dignitaire *m*; **2voll** digne

würdig digne (***e-r Sache*** de qc); **~en** apprécier; ***j-n keines Blickes ~*** ne pas daigner regarder qn, ignorer qn; **2ung** *f* appréciation *f*

Wurf *m* jet *m*; *Sport* lancer *m*; *junge Tiere* portée *f*

Würfel *m* cube *m* (*a math*); *Spiel2* dé *m*; **~form** *f* forme *f* cubique; **2n** jeter le(s) dé(s); jouer aux dés; ***e-e Sechs ~*** faire un six; **~spiel** *n* jeu *m* de dés; **~zucker** *m* sucre *m* en morceaux

Wurfgeschoss *n* projectile *m*

würgen *j-n* étrangler; *mühsam schlucken* s'étouffer; *Brechreiz haben* avoir des nausées

Wurm *m* ver *m*

Würmchen *n* vermisseau *m*

wurm|en F ***das wurmt mich*** cela me ronge *od* me tracasse; **~ig** véreux; **~stichig** *Holz* vermoulu; *Früchte* véreux

Wurst *f* saucisson *m*

Würstchen *n* saucisse *f*

Würze *f* assaisonnement *m*, épice *f*; *fig* sel *m*, saveur *f*

Wurzel *f* racine *f* (*a fig*); *math* ***e-e ~ ziehen*** extraire une racine; ***~n schlagen*** prendre racine; **~verzeichnis** *EDV n* répertoire *m* racine

würz|en assaisonner, épicer (*beide a fig* ***mit*** de); **~ig** aromatique

Wust *m* F fouillis *m*, ramassis *m*

wüst *Gegend* désert; *unordentlich* en désordre; *ausschweifend* déréglé

Wüste *f* désert *m*

Wut *f* fureur *f*, rage *f*; ***e-e ~ haben*** être furieux (***auf*** contre); **~anfall** *m* accès *m* de fureur *od* de rage

wüten se déchaîner; *Sturm a* faire rage; **~d** furieux (***auf*** contre)

X, Y

X-Beine *n/pl* jambes *f/pl* cagneuses
x-beinig cagneux
x-beliebig ***ein ~er** ...* n'importe quel ...; ***jeder x-Beliebige*** n'importe qui
x-mal F ***ich habe es ~ gesagt*** je l'ai dit cent fois
x-te ***zum ~n Male*** pour la énième fois
Xylophon *mus n* xylophone *m*
Yen *écon m* yen *m*
Yeti *m* yéti *m*
Yoga *n* yoga *m*
Ypsilon *n* i *m* grec

Z

Zacke *f*, **~n** *m Spitze* pointe *f*; *Gabel, Säge etc* dent *f*
zackig dent(el)é; *fig* qui a du cran *od* de l'allant
zaghaft craintif, timide; **≈igkeit** *f* timidité *f*
zäh tenace; *Fleisch* coriace; *Person a* robuste; **~flüssig** visqueux; ***~er Verkehr*** ralentissements *m/pl*; **≈igkeit** *f* ténacité *f*
Zahl *f* nombre *m*; *Ziffer* chiffre *m*; **≈bar** payable
zählbar dénombrable
zahlen payer; ***~, bitte!*** l'addition, s'il vous plaît!

Zahlen Sie bar oder mit Karte?

bar zahlen	***payer en espèces***
Wie viel kostet das?	***Ça fait combien?***
Kann ich mit (Kredit)Karte zahlen?	***Je peux payer avec ma carte (de crédit)?***
Nehmen Sie einen Reisescheck an?	***Vous acceptez un chèque de voyage?***

zählen compter (***zu*** parmi; *fig* ***auf*** sur)
zahlenmäßig numérique
Zähler *m Apparat* compteur *m*; *math* numérateur *m*
Zahl|karte *f* mandat *m* de versement à un compte courant postal; **≈los** innombrable; **≈reich** nombreux; **~tag** *m* jour *m* de paie; **~ung** *f* paiement *od* payement *m*
Zählung *f* comptage *m*, dénombrement *m*; *Erfassung* recensement *m*
Zahlungs|bedingungen *f/pl* conditions *f/pl* de paiement; **~befehl** *jur m* sommation *f*; **~bilanz** *f* balance *f* des comptes *od* des paiements; **~frist** *f* délai *m* de paiement; **~mittel** *n* moyen *m* de paiement; ***gesetzliches ~*** monnaie *f* légale; **~schwierigkeiten** *f/pl* difficultés *f/pl* de paiement; **≈unfähig** insolvable; **~unfähigkeit** *f* insolvabilité *f*; **~verkehr** *m* mouvement *m* des paiements
Zahlwort *gr n* (adjectif *m*) numéral *m*
zahm *Tier* apprivoisé; *fig* docile
zähmen *Tier* apprivoiser; *fig* dompter
Zahn *m* dent *f*; **~arzt** *m*, **~ärztin** *f* dentiste *m, f*; **~bürste** *f* brosse *f* à dents; **~creme** *f* dentifrice *m*
zahnen faire ses dents
Zahn|ersatz *m* prothèse *f* dentaire; **~fleisch** *n* gencive(s *pl*) *f*; **~pasta** *f* dentifrice *m*; **~plombe** *f* plombage *m*; **~rad** *tech n* roue *f* dentée; **~radbahn** *f* chemin *m* de fer à crémaillère; **~schmelz** *m* émail *m* (des dents); **~schmerzen** *m/pl* ***~ haben*** avoir mal aux dents; **~seide** *f* fil *m* dentaire; **~spange** *f* appareil *m* dentaire; **~stein** *m* tartre *m*; **~stocher** *m* cure-

-dent *m*; **~techniker** *m* mécanicien--dentiste *m*
Zange *f* pince *f*, tenailles *f/pl*
Zank *m* querelle *f*; **2en sich ~** se quereller (***mit*** avec)
zänkisch querelleur
Zäpfchen *n Hals* luette *f*; *phm* suppositoire *m*
Zapfen *m Verschluss* bouchon *m*, bonde *f*; *bot* cône *m*; *tech* pivot *m*
zapf|en *Wein etc* tirer; **2säule** *f für Benzin* pompe *f* à essence
zapp|eln frétiller (*a Fische*), gigoter F; **~(e)lig** remuant
zappen F zapper
Zar *m* tsar *m*
zart tendre (*a Fleisch*); délicat (*a Gesundheit*); ***~ fühlend*** délicat; **2heit** *f* tendreté *f*; délicatesse *f*
zärtlich tendre; **2keit** *f* tendresse *f*; ***~en*** *pl* caresses *f/pl*
Zauber *m* charme *m*, magie *f* (*beide a fig*); sortilège *m*; **~ei** *f* magie *f*, sorcellerie *f*; **~er** *m*, **~in** *f* magicien *m*, -ne *f*; **~formel** *f* formule *f* magique, **2haft** *fig* ravissant, enchanteur; **~kraft** *f* vertu *f* magique; **~künstler** *m* prestidigitateur *m*; **~kunststück** *n* tour *m* de prestidigitateur; **2n** pratiquer la magie; **~spruch** *m* formule *f* magique; **~stab** *m* baguette *f* magique; **~wort** *n* parole *f* magique
zaudern hésiter, tarder
Zaum *m* bride *f*; *fig* ***im ~ halten*** contrôler, mettre un frein à
Zaun *m* clôture *f*; *Draht2* grillage *m*; **~könig** *zo m* roitelet *m*; **~pfahl** *m fig* ***ein Wink mit dem ~*** un appel du pied
z.B. p. ex. (= par exemple)
ZDF *n* Deuxième chaîne *f* de la télévision allemande
Zebra *zo n* zèbre *m*; **~streifen** *m* passage *m* pour piétons
Zeche *f Rechnung* addition *f*; *Bergbau* mine *f*; *fig* ***die ~ bezahlen*** payer les pots cassés
Zecke *zo f* tique *f*
Zeder *bot f* cèdre *m*; ⚠ ***le*** cèdre
Zeh *m*, **~e** *f* doigt *m* de pied, orteil *m*; ***große ~*** gros orteil *m*; **~enspitze** *f* ***auf ~n gehen*** marcher sur la pointe des pieds
zehn dix; ***etwa ~*** une dizaine; **2er** *math m* dizaine *f*; **~fach** dix fois autant; **~jährig** âgé de dix ans; **2kampf** *m Sport* décathlon *m*; **~mal** dix fois; **~te** dixième; **2tel** *n* dixième *m*; **~tens** dixièmement
Zeichen *n* signe *m*; *Kenn2* marque *f*, indice *m*; ***j-m ein ~ geben*** faire signe à qn; ***als ~ der Dankbarkeit*** en signe de reconnaissance; **~block** *m* bloc *m* de papier à dessin; **~brett** *n* planche *f* à dessin; **~lehrer(in** *f*) *m* professeur *m* de dessin; **~papier** *n* papier *m* à dessin; **~setzung** *gr f* ponctuation *f*; **~sprache** *f* langage *m* par signes *od* par gestes; **~trickfilm** *m* dessin *m* animé
zeichn|en dessiner; *kenn~* marquer; *unter~* signer; *Anleihe* souscrire à; **2en** *n* dessin *m* (*a Schulfach*); **2er(in** *f*) *m* dessinateur *m*, -trice *f*; *comm* souscripteur *m*; **2ung** *f* dessin *m*
Zeigefinger *m* index *m*
zeigen (***sich ~*** se) montrer; faire voir; ***auf etw ~*** montrer *od* indiquer qc; ***es zeigt sich, dass*** il s'avère que
Zeiger *m* aiguille *f*
Zeile *f* ligne *f* (*a TV*); ***ein paar ~n*** *kurze Mitteilung* un (petit) mot
Zeit *f* temps *m*; *~alter* époque *f*, âge *m*; *Uhr2* heure *f*; ***die gute alte ~*** le bon vieux temps; ***die ganze ~*** tout le temps; ***mit der ~*** avec le temps; ***von ~ zu ~*** de temps en temps, de temps à autre; ***vor einiger ~*** il y a un certain temps de cela; ***zur ~*** *gegenwärtig cf* ***zurzeit***; ***zur ~ Napoleons*** à l'époque de Napoléon; ***in letzter ~*** ces derniers temps; ***die ~ ist um*** le délai est écoulé; ***sich ~ lassen*** prendre (tout) son temps; ***es wird ~, dass*** ... il est grand temps de (+ *inf*); ***es ist höchste ~*** il est grand temps; ***mit der ~ gehen*** être de son époque; ***e-e ~ lang*** pour un certain temps
Zeit|abschnitt *m* période *f*; **~alter** *n* époque *f*, âge *m*, siècle *m*; **~angabe** *f* indication *f* de temps; *cf Info-Fenster Seite 622*; **~arbeit** *f* travail *m* intérimaire; **~bombe** *f* bombe *f* à retardement; **~druck** *m* ***unter ~ stehen*** être pressé par le temps; **~enfolge** *gr f* concordance *f* des temps; **~fahren** *n Radsport* course *f* contre la montre; **~geist** *m* esprit *m* du temps *od* du siècle; **2gemäß** moderne, actuel; **~genosse** *m*, **~genossin** *f* contemporain *m*, -e *f*; **2genössisch** contemporain; **~ge-**

Zeitangaben

1. Tageszeiten

am Morgen	***le matin***
am Vormittag	***le matin***
heute Vormittag	***ce matin***
mittags	***à midi***
am Nachmittag	***l'après-midi***
heute Nachmittag	***cet après-midi***
am Abend	***le soir***
heute Abend	***ce soir***
nachts	***la nuit***
um Mitternacht	***à minuit***

2. Wochentage

Montag	***lundi***
Dienstag	***mardi***
Mittwoch	***mercredi***
Donnerstag	***jeudi***
Freitag	***vendredi***
Samstag	***samedi***
Sonntag	***dimanche***

Sie kommt am Freitag Abend.
Elle arrivera vendredi soir. (Einzelfall: kein Artikel bei *vendredi*)

Sie spielt freitags Tennis.
Elle joue au tennis le vendredi. (jeden Freitag: mit Artikel)

3. Jahresangabe

De Gaulle wurde 1890 geboren.
De Gaulle est né en 1890.

schichte *f* histoire *f* contemporaine; **~gewinn** *m* gain *m* de temps; **~karte** *f* abonnement *m*; **ꝏlebens** sa vie durant; **ꝏlich** *rel irdisch* temporel; **~ *begrenzt*** limité dans le temps, temporaire; ***~e Reihenfolge*** ordre *m* chronologique; **ꝏlos** *Kleidung, Stil* classique, non conditionné par la mode; **~lupe** *f* ralenti *m* (***in*** au); **~mangel** *m* ***aus ~*** faute de temps; **~not** *f* manque *m* de temps; **~punkt** *m* moment *m*; **~raffer** *m* accéléré *m* (***im*** en); **ꝏraubend** qui prend beaucoup de temps; **~raum** *m* période *f*, laps *m* de temps; **~rechnung** *f* chronologie *f*; ***christliche ~*** ère *f* chrétienne; **~schrift** *f* revue *f*; **~spanne** *f* laps *m* de temps

Zeitung *f* journal *m*

Zeitungs|abonnement *n* abonnement *m* à un journal; **~anzeige** *f* annonce *f*; **~artikel** *m* article *m* de journal; **~ausschnitt** *m* coupure *f* de journal; **~ente** *f* canard *m*; **~händler** *m* marchand *m* de journaux; **~kiosk** *m* kiosque *m* à journaux; **~notiz** *f* nouvelle *f* de presse; **~papier** *n* papier *m* journal; **~verkäufer** *m* vendeur *m* de journaux

Zeit|verlust *m* perte *f* de temps; **~verschiebung** *f* décalage *m* horaire; **~verschwendung** *f* gaspillage *m* de temps; **~vertreib** *m* passe-temps *m*; **ꝏweilig** temporaire; *einstweilig* provisoire; **ꝏweise** de temps en temps; **~wort** *gr n* verbe *m*; **~zeichen** *Radio n* signal *m* horaire; ***beim dritten Ton des ~s*** au troisième top *il sera exactement ...*

Zelle *f* cellule *f*; *tél* cabine *f*

Zellstoff *m* cellulose *f*

Zelt *n* tente *f*; ***ein ~ aufschlagen*** dresser (planter, monter) une tente; ***im ~*** sous la tente; **ꝏen** camper, faire du camping; **~lager** *n* camping *m*; **~platz** *m* terrain *m* de camping

Zement *m* ciment *m*; **ꝏieren** cimenter

Zenit *astr m* zénith *m* (*a fig*)

zens|ieren *Schule* noter; *staatlich* soumettre à la censure; **ꝏor** *m* censeur *m*; **ꝏur** *f Zeugnisnote* note *f*; *staatliche Kontrolle* censure *f*

Zentimeter *n od m* centimètre *m*

Zentner *m* cinquante kilos *m/pl*

zentral central; **ꝏafrika** *n* l'Afrique *f* centrale; **ꝏe** *f* bureau *m* central, direction *f* centrale; *tél* standard *m*; **ꝏeinheit** *EDV f* unité *f* centrale; **ꝏheizung** *f* chauffage *m* central; **~isieren** centraliser; **ꝏmassiv** *géogr n* Massif *m* central; **ꝏrechner** *m* ordinateur *m* hôte; **ꝏspeicher** *EDV m* mémoire *f* centrale; **ꝏverriegelung** *auto f* verrouillage *m* central

zentrieren *Text* centrer

Zentrifug|alkraft *phys f* force *f* centrifuge; **~e** *f* centrifugeuse *f*
Zentrum *n* centre *m*
Zeppelin *m* dirigeable *m*, zeppelin *m*
Zepter *n* sceptre *m*
zerbeißen casser avec les dents
zerbrech|en se casser; *etw* casser; **~lich** fragile
zer|bröckeln s'effriter; **~drücken** écraser
Zeremon|ie *f* cérémonie *f*; **~iell** *n* cérémonial *m*; **2iell** cérémonieux
Zerfall *m* désagrégation *f*, désintégration *f* (*a Kernphysik*); **2en** se désagréger, se désintégrer (*a Atomkern*); ~ **in** *sich gliedern in* se diviser en
zer|fetzen, ~fleischen déchiqueter; **~fressen** ronger; **~gehen** fondre; **~kauen** mâcher; **~kleinern** broyer, concasser, hacher
zerknirsch|t contrit; **2ung** *f* contrition *f*
zer|knittern, ~knüllen froisser; **~kratzen** égratigner, rayer; **~lassen** faire fondre; **~legen** décomposer; *tech* démonter; *Fleisch* découper; **~lumpt** déguenillé; **~malmen** écraser; **~mürben** décourager, démoraliser; **~platzen** crever, éclater; **~quetschen** écraser
Zerrbild *n* caricature *f*
zerreißen se déchirer; *etw* déchirer
zerren tirer (avec violence) (**an** sur); **sich e-n Muskel ~** se claquer un muscle
zerrinnen fondre; *fig* s'évanouir
Zerrissenheit *f fig* déchirements *m/pl*
Zerrung *méd f* claquage *m*
zerrütt|en désorganiser; *Gesundheit* ruiner, ébranler; *Nerven* détraquer; **~et** *Ehe* désuni; **~e Familienverhältnisse** famille *f* à problèmes; **2ung** *f* désorganisation *f*, ruine *f*; désunion *f*
zer|sägen scier; **~schellen** s'écraser (**an** contre); **~schlagen** casser; *Spionagenetz* démanteler; *Hoffnungen etc* **sich ~** s'anéantir, s'effondrer; *fig* **wie ~ sein** être moulu *od* rompu de fatigue; **~schneiden** couper en morceaux
zersetz|en (**sich ~** se) décomposer, (se) désagréger; *fig* miner, détruire; **~end** démoralisateur, destructif; **2ung** *f* décomposition *f*; *fig* destruction *f*
zer|splittern voler en éclats; **~springen** se briser, se casser, voler en éclats
zerstör|en détruire; **2er** *m* destructeur *m*; *Kriegsschiff* destroyer *m*, contre-torpilleur *m*; **~erisch** destructeur, destructif; **2ung** *f* destruction *f*
zerstreu|en (**sich ~** se) disperser; *fig ablenken* (se) distraire; *Bedenken etc* dissiper; **~t** *fig* distrait; **2theit** *f* distraction *f*; **2ung** *f fig* distraction *f*
zer|stückeln morceler, dépecer, démembrer, déchiqueter; **~treten** écraser (du pied); *Rasen* piétiner; **~trümmern** détruire, casser, fracasser; *Atomkern* désintégrer
Zerwürfnis *n* désaccord *m*, brouille *f*
zerzaust ébouriffé
Zettel *m* bout *m* de papier; *Notiz2* fiche *f*
Zeug *n Sachen* choses *f/pl*, trucs *m/pl* F, fourbi *m* F; *Ausrüstung* équipement *m*, attirail *m* F; **dummes ~** des bêtises *f/pl*; *fig* **das ~ zu etw haben** avoir l'étoffe de qc; **sich ins ~ legen** s'atteler au travail
Zeug|e *m*, **~in** *f* témoin *m*
zeugen *Kind* engendrer, procréer *st/s*; *jur* témoigner, déposer; *fig* **von etw ~** témoigner de qc; **2aussage** *f* déposition *f*; **2vernehmung** *f* audition *f* des témoins
Zeugnis *n Bescheinigung* attestation *f*, certificat *m*; *Schule* bulletin *m* (trimestriel), livret *m* scolaire; *Prüfungs2* diplôme *m*
Zeugung *biol f* engendrement *m*, procréation *f*
z.H. (*abr* **zu Händen von**) à l'attention de
Zickzack *m* zigzag *m*; **im ~ fahren** zigzaguer
Ziege *zo f* chèvre *f*
Ziegel *m* brique *f*; *Dach2* tuile *f*
Ziegen|bock *zo m* bouc *m*; **~käse** *m* fromage *m* de chèvre; **~peter** *méd m* oreillons *m/pl*
ziehen tirer; *heraus~* retirer (**aus** de); *Zahn* extraire, arracher; *Linie* tracer; *Pflanzen* cultiver; *sich bewegen* (s'en) aller, partir, passer; **nach Berlin ~** aller habiter (à) Berlin; **sich ~** *Stoff* s'étirer; *fig* **sich in die Länge ~** traîner en longueur; **auf sich ~** attirer; **nach sich ~** entraîner; **es zieht** il y a un courant d'air
Zieh|harmonika *f* accordéon *m*; **~ung** *f Lotterie* tirage *m*
Ziel *n* but *m*, objectif *m*; *Reise2* destination *f*; *Sport* arrivée *f*; *~scheibe* cible *f*; **sich ein ~ setzen** se fixer un but; **sein ~**

erreichen parvenir à son but; **℮en** viser (***auf j-n*** qn, ***auf etw*** qc); **~fernrohr** *n* lunette *f* de tir; **~gruppe** *f* groupe *m* cible; ⚠**le** groupe; **~linie** *Sport f* ligne *f* d'arrivée; **℮los** sans but; **~richter** *Sport m* juge *m* à l'arrivée; **~scheibe** *f* cible *f* (*a fig*); **℮strebig** ambitieux, qui poursuit son but résolument, déterminé

ziemlich *adv* assez; *adj* F assez grand

Zier|de *f* ***zur*** ~ comme décor; *fig* ***die ~ der Familie sein*** être l'honneur de la famille; **℮en** orner, décorer; ***sich*** ~ faire des façons *od* des chichis *od* des simagrées; **℮lich** gracile, fin; **~pflanze** *f* plante *f* ornementale

Ziffer *f* chiffre *m*; ⚠ ***le*** chiffre; **~blatt** *n* cadran *m*

Zigarette *f* cigarette *f*; **~nautomat** *m* distributeur *m* automatique de cigarettes; **~nstummel** *m* bout *m* de cigarette, mégot *m* F, clope *m* F

Zigarre *f* cigare *m*; ⚠ ***le*** cigare

Zigeuner(in *f*) *m* bohémien *m*, -ne *f*, gitan *m*, -e *f*, tsigane *m*, *f*, romanichel *m*, -le *f*

Zimmer *n* pièce *f*; *mit Bett* chambre *f*; *großes a* salle *f*; ~ ***frei*** chambre à louer; **~einrichtung** *f* ameublement *m*; **~mädchen** *n* femme *f* de chambre; **~mann** *m* charpentier *m*; **~pflanze** *f* plante *f* d'appartement; **~suche** *f* ***auf ~ sein*** être à la recherche d'une chambre; **~vermieter(in** *f*) *m* logeur *m*, -euse *f*

zimperlich douillet; ***nicht gerade ~ sein*** ne pas être particulièrement sensible

Zimt *m* cannelle *f*

Zink *n* zinc *m*

Zinke *f* dent *f*

Zinn *n* étain *m*

Zinne *f* créneau *m*

Zins *écon m* intérêt *m*; ***5 Prozent ~en bringen*** produire *od* rapporter des intérêts de 5 pour cent; **~eszinsen** *m/pl* intérêts *m/pl* composés; **℮los** sans intérêt, exempt d'intérêts; **~satz** *m* taux *m* d'intérêt

Zipfel *m* bout *m*, coin *m*

zirka environ

Zirkel *m math* compas *m*; *Kreis, Gruppe* cercle *m*; **~kasten** *m* boîte *f* de compas

zirkulieren circuler

Zirkus *m* cirque *m*

zisch|eln chuchoter; **~en** siffler

ziselieren ciseler

Zitadelle *f* citadelle *f*

Zitat *n* citation *f*

Zither *mus f* cithare *f*

zitieren citer (***aus e-m Buch*** un passage d'un livre); ***zu j-m zitiert werden*** être convoqué chez qn

Zitrone *f* citron *m*; ⚠ ***le*** citron; **~nlimonade** *f* citronnade *f*; **~npresse** *f* presse-citron *m*

Zitrusfrüchte *f/pl* agrumes *m/pl*

zittern trembler (***vor Wut*** *etc* de colère, *etc*; ***vor j-m*** devant qn); grelotter (***vor Kälte*** de froid)

zivil 1. civil; *Preise* raisonnable; **2.** ℮ *n* ~ ***tragen*** être en civil; ***Polizist in*** ~ policier *m* en civil; **℮bevölkerung** *f* population *f* civile; **℮dienst** *m* service *m* civil (pour les objecteurs de conscience); **℮isation** *f* civilisation *f*; **~isieren** civiliser; **℮ist** *m* civil *m*; **℮recht** *n* droit *m* civil; **℮schutz** *m* protection *f* civile

zock|en P jouer pour de l'argent; **℮er** *m* P flambeur *m*

Zoff *m* F engueulade *f*; ***es gibt*** ~ ça va chauffer; ***mit j-m ~ haben*** être brouillé avec qn

zögern 1. hésiter (***zu*** à + *inf*), tarder (à); **2.** ℮ *n* hésitation *f*

Zölibat *n od m* célibat *m*

Zoll *m Behörde* douane *f*; *Abgabe* (droit *m* de) douane *f*; *altes Maß* pouce *m*; **~abfertigung** *f* accomplissement *m* des formalités douanières; **~amt** *n* (bureau *m* de) douane *f*; **~beamte(r)** *m* douanier *m*; **~erklärung** *f* déclaration *f* en douane; **℮frei** exempt de droits de douane, en franchise, hors taxes; **℮pflichtig** soumis à la douane, passible d'un droit de douane; **~stock** *m* mètre *m* pliant

Zombie *m* zombie *m*

Zone *f* zone *f*

Zoo *m* zoo *m*; **~handlung** *f* magasin *m* d'animaux domestiques

Zoolog|e *m*, **~in** *f* zoologue *m*, *f*, zoologiste *m*, *f*; **~ie** *f* zoologie *f*; **℮isch** zoologique

Zoomobjektiv *n* zoom *m*

Zopf *m* natte *f*, tresse *f*; *fig* ***das ist ein alter*** ~ c'est démodé

Zorn *m* colère *f*; **℮ig** en colère

Zote *f* obscénité *f*

zu 1. *prép* à; ***auf etw*** *od* ***j-n*** ~ vers qc *od*

qn; ~ ***Hause*** à la maison, chez moi (toi, *etc*); ***zum Frisör gehen*** aller chez le coiffeur; ***zum Fenster hinauswerfen*** jeter par la fenêtre; ***Wasser zum Trinken*** de l'eau à boire; ~ ***Weihnachten*** à Noël; *schenken etc* pour Noël; ~ ***Fuß*** à pied; ~ ***meiner Überraschung*** à ma surprise; ***wir sind*** ~ ***dritt*** nous sommes (à) trois; ~ ***hunderten*** par centaines; ***2*** ~ ***1 gewinnen*** gagner par deux à un; ***2*** ~ ***2*** deux partout; **2.** *mit inf* de, à *od ohne prép*; ***er versprach*** ~ ***kommen*** il promit de venir; **3.** *adv* trop; ~ ***teuer*** trop cher; **4.** *geschlossen* fermé; ***Tür*** ~***!*** fermez la porte!; ~ ***sein*** être fermé
zualler|erst en tout premier lieu, tout d'abord; **~letzt** en tout dernier lieu
Zubehör *n* accessoires *m/pl*
zubereit|en préparer; **&ung** *f* préparation *f*
zu|binden lier; *Schuhe* lacer; **~bleiben** rester fermé; **~blinzeln** ***j-m*** ~ cligner de l'œil à qn
Zubringer *m zur Autobahn* bretelle *f* (de raccordement); **~dienst** *m für Flughafen etc* desserte *f*
Zucchini *pl* courgettes *f/pl*
Zucht *f von Tieren* élevage *m*; *von Pflanzen* culture *f*; *Disziplin* discipline *f*
zücht|en *Tiere* élever; *Pflanzen* cultiver; **&er(in** *f*) m éleveur *m*, -euse *f*
Zuchthaus *n* maison *f* centrale, pénitencier *m*; *Strafe* réclusion *f*
züchtigen *st/s* châtier
Zuchtperle *f* perle *f* de culture
Züchtung *f zo* élevage *m*; *bot* culture *f*
zucken tressaillir, palpiter; ***die Achseln*** ~ hausser les épaules
zücken *Waffe* tirer, *fig Brieftasche* sortir
Zucker *m* sucre *m*; **~dose** *f* sucrier *m*; **~fabrik** *f* sucrerie *f*; **~guss** *m* glaçage *m*; **~hut** *m* pain *m* de sucre; **&krank** *méd* diabétique; **~kranke(r)** *m, f* diabétique *m, f*; **~krankheit** *f* diabète *m*; **&n** sucrer; **~rohr** *bot n* canne *f* à sucre; **~rübe** *bot f* betterave *f* sucrière; **~wasser** *n* eau *f* sucrée; **~watte** *f* barbe *f* à papa; **~zange** *f* pince *f* à sucre
Zuckung *f* convulsion *f*, tic *m*
zudecken couvrir (***mit*** de)
zudem en outre, de *od* en plus
zudrehen fermer; ***j-m den Rücken*** ~ tourner le dos à qn
zudringlich importun; **&keit** *f* importunité *f*
zudrücken fermer; *fig* ***ein Auge*** ~ fermer les yeux
zueinander l'un envers l'autre; ***sie passen gut*** ~ ils vont bien ensemble
zuerkennen *Preis* décerner
zuerst d'abord; *als erste(r)* le premier, la première; ~ ***etw tun*** *a* commencer par faire qc
Zufahrt *f* accès *m*; **~sstraße** *f* voie *f* d'accès
Zufall *m* hasard *m*; **&en** *Tür etc* se fermer brusquement; *Anteil etc* ***j-m*** ~ échoir à qn
zufällig accidentel, fortuit; *adv* par hasard
Zuflucht *f* refuge *m*; ~ ***suchen*** chercher refuge (***bei j-m*** auprès de qn)
zufolge d'après, suivant (qc)
zufrieden content (***mit*** de), satisfait (de); ***sich*** ~ ***geben*** se contenter (***mit*** de); ~ ***lassen*** laisser en paix; ~ ***stellen*** contenter, satisfaire; ~ ***stellend*** satisfaisant; **&heit** *f* contentement *m*, satisfaction *f*
zu|frieren geler; **~fügen** *Schaden etc* causer; **&fuhr** *f* approvisionnement *m* (***von*** en)
Zug[1] *m Eisenbahn* train *m*; *U-Bahn* rame *f*; *von Menschen* cortège *m*; *Schule* section *f*; *Gesichts-, Charakter&* trait *m*; *Schach* coup *m*; *Rauchen* bouffée *f*; *Luft&* courant *m* d'air; *tech* traction *f*; ***mit dem*** ~ ***fahren*** aller en train; ***in einem*** ~***e*** d'une seule traite, d'un coup; ***das Leben in vollen Zügen genießen*** profiter *od* jouir pleinement de la vie; ***in groben Zügen*** à grands traits
Zug[2] *géogr* Zoug
Zu|gabe *f comm* prime *f*; *Konzert* morceau *m* supplémentaire *od* hors programme; **~gang** *m* accès *m* (*a fig*); ~ ***haben*** avoir accès (***zu*** à); **&gänglich** accessible (***für*** à; *a fig*); *Person* abordable, d'un abord facile
Zugbrücke *f* pont-levis *m*
zugeben ajouter; *gestehen* avouer
zugehen *Schloss etc* fermer (***schwer*** mal); ~ ***auf*** se diriger vers; ***es geht lustig zu*** on s'amuse bien
Zugehörigkeit *f* appartenance *f* (***zu*** à)
Zügel *m* bride *f*; ~ *pl* rênes *f/pl* (*a fig*); **&los** *fig* effréné, débridé; **&n** tenir en bride (*a fig*)

Zuge|ständnis *n* concession *f*; **℘stehen** concéder
Zugführer *m* chef *m* de train
zugig exposé aux courants d'air
zügig rapide(ment), sans interruption
Zug|kraft *f tech* force *f* de traction; *fig* attraction *f*; **℘kräftig** qui attire le public
zugleich en même temps (***mit*** que), à la fois
Zug|luft *f* courant *m* d'air; **~maschine** *f* tracteur *m*; **~personal** *n* personnel *m* du train
zugreifen profiter de *od* saisir l'occasion; ***greifen Sie zu!*** *bei Tisch* servez-vous!; *Werbung* c'est le moment d'acheter!
Zugriff *EDV m* accès *m*; **~szeit** *f* temps *m* d'accès
zugrunde *cf* ***Grund***
zugunsten en faveur de
zugute *st/s* ***j-m etw ~ halten*** tenir compte de qc à qn; ***j-m ~ kommen*** profiter à qn
Zug|verbindung *f* correspondance *f*; **~vogel** *m* oiseau *m* migrateur *od* de passage
zu|halten tenir fermé; ***sich die Ohren ~*** se boucher les oreilles; **℘hälter** *m* souteneur *m*, maquereau *m* F; **℘hause** *n* chez-soi *m* (chez-moi *m etc*)
zuhör|en écouter (***j-m*** qn); **℘er(in** *f*) *m* auditeur *m*, -trice *f*; ***Zuhörer*** *pl a* auditoire *m*
zu|jubeln ***j-m ~*** ovationner qn; **~knallen** F *Tür* claquer; **~knöpfen** boutonner; **~kommen** ***auf j-n ~*** s'avancer vers qn; *Ereignisse* attendre qn; ***j-m etw ~ lassen*** faire parvenir qc à qn
Zu|kunft *f* avenir *m*; *gr* futur *m*; ***in ~*** à l'avenir; **℘künftig** futur; **~kunftsforschung** *f* futurologie *f*
zu|lächeln ***j-m ~*** sourire à qn; **℘lage** *f* prime *f*, indemnité *f*; **~lassen** *Tür* laisser fermé; *erlauben* permettre; *auto* immatriculer; ***j-n zu etw ~*** admettre qn à qc; **~lässig** admissible, permis; **℘lassung** *f* admission *f* (***zu*** à); *auto* immatriculation *f*; **~lasten** *comm* ***~ von ...*** au débit de ...; **~legen** *hinzufügen* ajouter; F ***sich etw ~*** s'acheter qc, faire l'acquisition de qc
zu|letzt en dernier lieu, finalement; *zum letzten Mal* pour la dernière fois; *als Letzte(r)* le dernier, la dernière; **~liebe** ***j-m ~*** pour faire plaisir à qn
zumachen fermer
zu|mal *adv* surtout, particulièrement; *conj* d'autant plus que; **~meist** le plus souvent; **~mindest** du moins
zumut|bar acceptable; **~e** *cf* ***Mut***; **~en** ***j-m etw ~*** exiger qc de qn; ***j-m zu viel ~*** demander trop à qn; **℘ung** *f* exigence *f*; *Unverschämtheit* impudence *f*; ***so e-e ~!*** quel culot!
zu|nächst d'abord, en premier lieu; **~nähen** (re)coudre; **℘nahme** *f* augmentation *f*; **℘name** *m* nom *m* de famille
zünden s'allumer; *etw* allumer; **~d** *Musik* enlevé, fougueux
Zünd|er *m* fusée *f*; **~flamme** *f* veilleuse *f*; **~holz** *n* allumette *f*; **~kerze** *auto f* bougie *f* (d'allumage); **~schlüssel** *auto m* clé *f* de contact; **~schnur** *f* mèche *f*; **~ung** *auto f* allumage *m*
zunehmen augmenter; *Person* grossir ([***um***] ***ein Kilo*** d'un kilo)
zuneig|en ***sich dem Ende ~*** tirer *od* toucher à sa fin; **℘ung** *f* affection *f*
Zunft *hist f* corporation *f*
Zunge *f* langue *f*; ***es liegt mir auf der ~*** je l'ai sur le bout de la langue; **~nbrecher** *m* mot *m* imprononçable; *Name* nom *m* imprononçable; **~nkuss** *m* baiser *m* langue
zu|nichte ***~ machen*** *Hoffnungen etc* réduire à néant, anéantir; **~nutze** *cf* ***Nutze***
zupfen tirer (***am Ärmel*** par la manche); *Saite* pincer
zurande *cf* ***Rand***
zuraten ***j-m ~*** conseiller à qn de faire qc
zurechnungsfähig *jur* responsable de ses actes; *geistig* capable de discerner; ***nicht mehr ~ sein*** ne plus jouir de toutes ses facultés mentales
zurecht|finden ***sich ~*** s'y retrouver, s'orienter; **~kommen** ***mit etw ~*** se débrouiller avec qc, venir à bout de qc; **~legen** préparer; **~machen** F préparer, arranger; **~rücken** rajuster; **~weisen** réprimander; **℘weisung** *f* réprimande *f*
Zürich Zurich; **~see** *m* ***der ~*** le lac de Zurich
zurichten apprêter; ***j-n übel ~*** F abîmer *od* arranger qn

zurück en arrière; *~gekehrt* de retour; *im Rückstand* en retard; **~behalten** retenir; **~bekommen** ravoir, récupérer; ***ich bekomme noch Geld zurück*** vous me devez encore de l'argent; **~bleiben** rester en arrière; *Arbeit, Schule* être en retard; **~blicken** regarder en arrière (*a fig*); **~bringen** rapporter; *j-n* ramener; **~drängen** repousser; **~erobern** reconquérir; **~erstatten** restituer; **~fahren** retourner; *rückwärts* reculer; **~fallen** retomber; *fig* rétrograder; ***auf j-n ~*** retomber sur qn; **~fordern** redemander, réclamer; **~führen** ramener; ***etw auf etw ~*** attribuer *od* imputer qc à qc; **~geben** rendre; **~geblieben** *geistig* arriéré, retardé; **~gehen** retourner; *fig Temperatur, Geschäfte etc* baisser; ***~ auf*** remonter à; **~gezogen** retiré, solitaire; **~greifen** ***~ auf*** avoir recours à, recourir à; **~halten** (***sich ~*** se) retenir; **~haltend** réservé; **2haltung** *f* réserve *f*; **~holen** aller reprendre; ***j-n ~*** ramener qn; **~kehren** retourner; ***aus den Ferien ~*** rentrer de vacances; **~kommen** revenir; ***fig auf etw ~*** revenir à *od* sur qc; **~lassen** laisser; **~legen** *an s-n Platz* remettre; *Geld* mettre de côté; *Weg* parcourir, couvrir; **~nehmen** reprendre; *Behauptung* rétracter; *Verbot etc* retirer; **~rufen** rappeler (*a tél*); ***sich etw ins Gedächtnis ~*** se remémorer qc; **~schicken** renvoyer; **~schrecken** reculer (***vor*** devant); ***vor nichts ~*** ne reculer devant rien; **~setzen** reculer (*a auto*); ***j-n ~*** désavantager qn, traiter qn en parent pauvre; **~stehen** *Haus* être en retrait; *fig* ***~ hinter*** être inférieur à, céder le pas à; **~stellen** *an s-n Platz* remettre; *Uhr* retarder (***um*** de); *Vorhaben* renvoyer à plus tard; ***zurückgestellt werden*** *z.B. vom Wehrdienst* obtenir un sursis; **~stoßen** repousser; **~treten** reculer; *vom Amt* démissionner; **~weichen** reculer; **~weisen** refuser, rejeter, repousser (*a Person*); **~werfen** rejeter; *Strahlen* réfléchir; **~wirken** réagir (***auf*** sur); **~zahlen** rembourser; **~ziehen** (***sich ~*** se) retirer

zurufen ***j-m etw ~*** crier qc à qn

zurzeit actuellement

Zusage *f* acceptation *f*; *Versprechen* promesse *f*; **2n** *bei Einladung* accepter; ***j-m etw ~*** promettre qc à qn; ***j-m ~*** *gefallen* plaire *od* convenir à qn

zusammen ensemble; *im Ganzen* au total; **2arbeit** *f* collaboration *f*, coopération *f*; **~arbeiten** collaborer; **~beißen** *Zähne* serrer; **~brechen** s'écrouler, s'effondrer (*a fig*); ***der Verkehr bricht zusammen*** la circulation est bloquée; **2bruch** *m fig* effondrement *m*, écroulement *m*, débâcle *f*; **~fahren** *vor Schreck* sursauter, tressaillir; **~fallen** s'écrouler; *zeitlich* coïncider (***mit*** avec); **~falten** plier; **~fassen** résumer; **2fassung** *f* résumé *m*, sommaire *m*; **2fluss** *m* confluent *m*; **~fügen** joindre; **~gesetzt** composé; **2halt** *m fig* cohésion *f*, solidarité *f*; **~halten** *fig* être solidaires; **2hang** *m* rapport *m*, liaison *f*, connexion *f* (***mit*** avec); *Text2* contexte *m*; ***im ~ stehen mit*** être en rapport avec; **~hängen** être en rapport (***mit*** avec), être lié (à); **~hängend** cohérent; **~hanglos** incohérent; **~klappbar** pliant; **~kommen** se réunir; **2kunft** *f* réunion *f*, rencontre *f*; **~leben** vivre ensemble; **~legen** *vereinigen* regrouper; *falten* plier; *Geld* se cotiser; **~nehmen** *Kräfte, Mut* rassembler; ***sich ~*** se contenir, se ressaisir; **~passen** s'accorder, aller bien ensemble, s'harmoniser; **~prallen** entrer en collision, se heurter; **~rechnen** additionner; **~reißen** ***sich ~*** se ressaisir; **~rollen** (***sich ~*** s')enrouler; **~rotten** ***sich ~*** s'ameuter, s'attrouper; **~schlagen** démolir (*a* F *j-n*); **~schließen** ***sich ~*** s'associer; *écon* fusionner; **2schluss** *m* association *f*; *écon* fusion *f*; **~schreiben** écrire en un seul mot; **~schrumpfen** se ratatiner; **~setzen** composer; *tech* assembler; ***sich ~ aus*** se composer de; **2setzung** *f* composition *f*, composé *m*; *tech* assemblage *m*; **~stellen** composer; *Material* rassembler, réunir; **2stoß** *m* collision *f* (*a fig*), tamponnement *m*, télescopage *m*; *fig a* heurt *m*; **~stoßen** entrer en collision (***mit*** avec), se tamponner, se télescoper, se heurter (*a fig*); **~stürzen** s'écrouler, s'effondrer; **~treffen** *zeitlich* coïncider; *sich begegnen* se rencontrer; ***mit j-m ~*** rencontrer qn; **2treffen** *n* rencontre *f*; *zeitlich* coïncidence *f*; **~treten** se réunir; **~zählen** addi-

Z

tionner; **~ziehen** contracter; *Truppen* concentrer; *in ein Haus* aller habiter ensemble; ***sich*** ~ se contracter
Zusatz *m* supplément *m*; addition *f*; *~mittel* additif *m*
zusätzlich supplémentaire
zuschau|en regarder (***bei etw*** qc); ***j-m*** ~ regarder faire qn; **2er(in** *f*) *m* spectateur *m*, -trice *f*
zuschicken envoyer
Zuschlag *m* supplément *m* (*a Bahn*); *Versteigerung* adjudication *f*; *Gebühren2* surtaxe *f*; **2en** *Tür* claquer; *Buch* fermer; *Person* frapper; **2pflichtig** *Zug* à supplément
zu|schließen fermer à clé; **~schneiden** tailler; couper (sur mesure); **~schreiben** ***j-m etw*** ~ attribuer qc à qn; **2schrift** *f* lettre *f*; **~schulden** *cf* ***Schuld***; **2schuss** *m Beihilfe* allocation *f*; *staatlicher* subvention *f*; **~schütten** combler, remblayer
zusehen *cf* ***zuschauen***; ~, ***dass*** ... veiller à ce que (+ *subj*); **~ds** à vue d'œil
zu|senden envoyer; **~setzen** *hinzufügen* ajouter; *Geld* perdre (de l'argent); ***j-m*** ~ importuner qn; *mit Fragen etc* harceler qn; *Krankheit* éprouver qn
zusicher|n ***j-m etw*** ~ assurer qc à qn; **2ung** *f* assurance *f*
zu|spielen *Ball* passer; **~spitzen** ***die Lage spitzt sich zu*** la situation devient critique; **~sprechen** ***j-m Mut*** ~ encourager qn; ***j-m Trost*** ~ consoler qn
Zustand *m* état *m*; *Lage* situation *f*
zustande *cf* ***Stand***
zuständig compétent; **2keit** *f* compétence *f*
zustehen ***j-m*** ~ appartenir à qn, revenir à qn de droit
zustell|en *Post* distribuer; *überbringen* remettre; *jur* notifier; **2ung** *f* distribution *f*, remise *f*
zustimm|en consentir (à); **2ung** *f* consentement *m*, accord *m*; ***seine*** ~ ***geben*** donner son accord
zustoßen ***j-m*** ~ arriver à qn
Zustrom *m Menschen* afflux *m*
zutage *cf* ***Tag***
Zutaten *cuis f/pl* ingrédients *m/pl*
zuteil|en attribuer, assigner (***j-m etw*** qc à qn); *j-n* affecter (à); **2ung** *f* attribution *f*
zutragen ***j-m etw*** ~ rapporter qc à qn; ***sich*** ~ arriver, se produire
zutrau|en ***j-m etw*** ~ croire qn capable de qc; ***sich zu viel*** ~ présumer de ses forces; **2en** *n* confiance *f* (***zu*** en *od* dans); **~lich** confiant; qui n'est pas sauvage
zutreffen être juste *od* exact; ~ ***auf*** s'appliquer à; **~d** exact, juste; ***auf j-n*** ~ qui correspond à qn; **2es** ***bitte unterstreichen*** souligner la mention exacte; **2es** ***bitte ankreuzen*** prière de cocher la case correspondante
zutrinken ***j-m*** ~ boire à la santé de qn
Zutritt *m* accès *m*, entrée *f*
zuungunsten *cf* ***Ungunst***
zuverlässig sur qui *od* sur lequel on peut compter, sûr; *Person a* sérieux; *tech* fiable; **2keit** *f e-r Person* sérieux *m*; *tech* fiabilité *f*
Zuversicht *f* confiance *f*, optimisme *m*; **2lich** plein de confiance, optimiste
zuviel *cf* ***viel***
zuvor *früher* auparavant; *zuerst* d'abord; **~kommen** ***j-m*** ~ devancer qn; ***e-r Sache*** ~ prévenir qc; **~kommend** prévenant
Zuwachs *m* accroissement *m*; **2en** *Wunde* se cicatriser; ***der Weg wächst zu*** la végétation finit par boucher le chemin; **~rate** *f* taux *m* d'accroissement
zuwege *cf* ***Weg***
zuweilen parfois
zuweis|en ***j-m etw*** ~ assigner qc à qn; **2ung** *f* assignation *f*
zuwend|en *Blick etc* ***j-m*** ~ tourner vers qn; ***sich j-m*** (***e-r Sache***) ~ se tourner vers qn (qc); *fig a* s'occuper de qn (qc), se consacrer à qn (qc); **2ung** *f finanzielle* aide *f* financière, don *m*; *menschliche* affection *f*
zuwenig *cf* ***wenig***
zuwerfen *Tür* claquer; ***j-m etw*** ~ lancer *od* jeter qc à qn (*a Blick*)
zuwider ***j-m*** ~ ***sein*** dégoûter qn, répugner (à) qn; **~handeln** contrevenir à, enfreindre; **2handlung** *f* infraction *f*, contravention *f*; **~laufen** être contraire à
zuwinken ***j-m*** ~ faire signe à qn
zuziehen *Vorhang* fermer, tirer; *Knoten* serrer; *an e-n Ort* s'établir; ***j-n*** ~ faire appel à qn; ***sich e-e Krankheit*** ~ contracter une maladie

zuzüglich (en) plus
Zwang *m* contrainte *f*; ***tun Sie sich keinen ~ an*** faites comme chez vous, ne vous gênez pas
zwängen ***in etw ~*** faire rentrer de force dans qc
zwanglos décontracté, sans façon, sans cérémonie
Zwangs|arbeit *f* travaux *m/pl* forcés; **~ernährung** *f* alimentation *f* forcée; **~herrschaft** *f* tyrannie *f*, despotisme *m*; **~jacke** *f* camisole *f* de force; **2läufig** forcé(ment), inévitable(ment); *adv a* par la force des choses, obligatoirement; **~maßnahme** *f* mesure *f* coercitive; **~vollstreckung** *jur f* exécution *f* forcée; **~vorstellung** *psych f* obsession *f*; **2weise** de *od* par force, par contrainte
zwanzig vingt; ***etwa ~*** une vingtaine; **~ste** vingtième
zwar il est vrai, à la vérité; ***und ~*** c'est-à-dire
Zweck *m* but *m*, fin *f*; ***für e-n wissenschaftlichen ~*** dans un but scientifique; ***zu diesem ~*** à cet effet, à cette fin; ***seinen ~ erfüllen*** remplir sa fonction; ***es hat keinen ~*** cela ne sert à rien; **2los** inutile; **2mäßig** fonctionnel, pratique, adéquat, approprié
zwecks en vue de
zwei 1. deux; **2.** **2** *f* deux *m*; *Note* bien; **~deutig** ambigu, équivoque (*a fig*), **2deutigkeit** *f* ambiguïté *f*, équivoque *f*; **~erlei** de deux sortes; ***das ist ~*** ce sont deux choses différentes, F ça fait deux; **~fach** double
Zweifel *m* doute *m*; ***ohne ~*** sans aucun doute; ⚠ *nicht* ***sans doute***; **2haft** douteux; **2los** sans aucun doute; **2n** douter (***an*** de); **~sfall** *m* ***im ~*** en cas de doute
Zweig *m* branche *f* (*a fig*), rameau *m*
zweigleisig à double voie
Zweig|niederlassung *f*, **~stelle** *f* succursale *f*
zwei|händig *mus* à deux mains; **~hundert** deux cents; **~jährig** de deux ans; *Pflanze* bisannuel; **2kampf** *m* duel *m*; **~mal** deux fois; **~motorig** *aviat* bimoteur; **~reihig** *Anzug* croisé; **~schneidig** à double tranchant (*a fig*); **~seitig** bilatéral; **2sitzer** *m aviat* biplace *m*; *auto* voiture *f* à deux places; **~sprachig** bilingue; **~spurig** *Straße* à deux voies; **~stöckig** à deux étages; **~strahlig** *aviat* biréacteur; **~stündig** de deux heures; **2taktmotor** *m* moteur *m* à deux temps
zweite second, deuxième; ***aus ~r Hand*** de seconde main; ***wir sind zu zweit*** nous sommes à deux
zweiteilig en deux parties; ***~er Badeanzug*** deux-pièces *m*
zweitens deuxièmement
zweit|rangig secondaire; **2wagen** *m* deuxième voiture *f*
Zweizimmerwohnung *f* deux-pièces *m*
Zwerchfell *n* diaphragme *m*
Zwerg *m* nain *m*
Zwetsch(g)e *bot f* quetsche *f*
zwicken pincer
Zwieback *m* biscotte *f*
Zwiebel *bot f* oignon *m*; *Blumen2* bulbe *m*
Zwie|gespräch *n* dialogue *m*; **~licht** *n* demi-jour *m*; *fig* ***ins ~ geraten*** s'attirer les soupçons (de); **2lichtig** louche; **~spalt** *m* conflit *m*; **2spältig** contradictoire; **~tracht** *f* discorde *f*
Zwilling *m* jumeau *m*, *Mädchen* jumelle *f*; ***~e*** *pl* jumeaux *m/pl od* jumelles *f/pl*; *astr* Gémeaux *m/pl*
zwing|en forcer (***zu etw*** à qc; ***etw zu tun*** à faire qc), obliger (à), contraindre (à); ***sich ~*** se forcer (***etw zu tun*** à faire qc); ***gezwungen sein zu*** ... être forcé *od* obligé de (+*inf*); **~end** *Grund, Notwendigkeit* impérieux; **2er** *m Hunde2* chenil *m*
zwinkern ***mit den Augen ~*** cligner des yeux
Zwirn *m* fil *m*
zwischen entre
Zwischen|deck *mar n* entrepont *m*; **2durch** *inzwischen* entre-temps; *von Zeit zu Zeit* de temps en temps; **~ergebnis** *n* résultat *m* provisoire; **~fall** *m* incident *m*; **~händler** *m* intermédiaire *m*; **~lager** *n* stockage *m* provisoire; **2lagern** stocker provisoirement; **~lagerung** *f* stockage *m* provisoire; **2landen** *aviat* faire escale; **~landung** *aviat f* escale *f*; **~lösung** *f* solution *f* provisoire *od* intermédiaire; **~raum** *m* intervalle *m*; **~ruf** *m* interruption *f*; **~spiel** *n* intermède *m*, interlude *m*; **~station** *f* ***~ machen*** (***in***) faire

escale (à); **~stecker** *m* adapteur *m*; **~stufe** *f* étape *f od* stade *m* intermédiaire; **~wand** *f* cloison *f*; **~zeit** *f* ***in der ~*** entre-temps, pendant ce temps
Zwist *m* dissension *f*, querelle *f*
zwitschern gazouiller
Zwitter *biol m* hermaphrodite *m*
zwölf douze; ***(um) ~ Uhr*** (à) midi, *nachts* (à) minuit; **~te** douzième
Zyankali *chim n* cyanure *m* de potassium
Zyklus *m* cycle *m*
Zylind|er *m tech, math* cylindre *m*; *Hut* haut-de-forme *m*; **2risch** cylindrique
Zyn|iker *m* cynique *m*; **2isch** cynique; **~ismus** *m* cynisme *m*
Zyp|ern *n* la Chypre; **~rier** *m*, **~rierin** *f*, **~riot** *m*, **~riotin** *f* Cypriote *m*, *f*, Chypriote *m*, *f*; **2riotisch, 2risch** cypriote
Zypresse *bot f* cyprès *m*; ⚠ ***le*** cyprès
Zyste *méd f* kyste *m*; ⚠ ***le*** kyste

Z

Französische Abkürzungen

A

A 2 ***Antenne deux*** „Zweites Programm" (des französischen Fernsehens)
A.C.F. ***Automobile Club de France*** Französischer Automobilklub
A.C.T.I.M. ***Agence pour la coopération technique, industrielle et économique*** Agentur für technische, industrielle und wirtschaftliche Zusammenarbeit
A.E.A. ***Association des étudiants allemands*** Vereinigung der deutschen Studenten
A.E.L.E. ***Association européene de libre-échange*** Europäische Freihandelsgemeinschaft, Freihandelszone
A.F.E.F. ***Association française des enseignants de français*** Verband der Lehrkräfte der französischen Sprache
A.F.N.O.R. ***Association française de normalisation*** Französischer Verband für Normengebung
A.F.P. ***Agence France-Press*** AFP (*franz. Nachrichtenagentur*)
A.I.E.A. ***Agence internationale de l'énergie atomique*** Internationale Agentur für Atomenergie
A.I.T. ***Alliance internationale du tourisme*** Internationale Allianz für Touristik
A.J. ***auberge de la jeunesse*** Jugendherberge
A.J.P. ***Accueil des jeunes en France*** Aufnahmestelle für junge Menschen in Frankreich
A.M.S. ***Assemblée mondiale de la santé*** Weltgesundheitskongress
A.N.P.E. ***Agence nationale pour l'emploi*** Nationale Agentur für Stellenvermittlung (*etwa*: Arbeitsamt)
Arr. ***arrondissement*** Pariser Stadtbezirk
A.S. ***association sportive*** Sportverein
A.S.S.U. ***Association sportive scolaire et universitaire*** Schul- und Universitätssportverband
Av. ***avenue*** Straße
A.V.E.L. ***Association de vacances éducatives et linguistiques*** Verband für Feriengestaltung auf dem Bildungs- und Fremdsprachensektor

B

B.A.S. ***Bureau d'aide sociale*** Sozialamt
B.C.B.G. ***bon chic bon genre*** schick; elegant
Bd, bd ***boulevard*** Boulevard
B.D. ***bande dessinée*** Comics
B.E.P. ***brevet d'études professionelles*** Berufsfachschulabschluss
B.E.P.C. ***brevet d'études du premier cycle*** *etwa* mittlere Reife
B.I.T. ***Bureau international du travail*** Internationales Arbeitsamt
B.O. ***Bulletin officiel*** Amtsblatt
B.P. ***boîte postale*** Postfach
B.P.F. ***bon pour francs*** gut für ... Franc (*auf Schecks, Wechseln usw.*)

C

C.A.D. ***Comité d'aide au développement*** Hilfsausschuss für Entwicklung
c.-à d. ***c'est-à-dire*** das heißt
C.A.F. ***caisse d'allocations familiales*** Kasse für Familienbeihilfe, Kindergeldkasse
C.A.P. ***certificat d'aptitude professionnelle*** *etwa* Facharbeiterprüfung
C.A.P.E.S. ***certificat d'aptitude pédagogique à l'enseignement secondaire*** Bescheinigung über die pädagogische Befähigung zum Unterricht an höheren Schulen
C.C. ***Corps consulaire*** Konsularisches Korps; ***compte courant*** laufendes Konto, Girokonto
C.C.I. ***Chambre de commerce internationale*** Internationale Handelskammer
C.C.P. ***compte chèques postaux*** Postscheckkonto
C.D. ***Corps diplomatique*** Diplomatisches Korps; ***compact disc*** CD
C.E.C.A. ***Communauté européenne du charbon et de l'acier*** Europäische Gemeinschaft für Kohle und Stahl, Montanunion

C.E.D. ***Communauté européenne de défense*** Europäische Verteidigungsgemeinschaft

Cedex, *a* **Cédex** ***Courrier d'entreprises à distribution exceptionnelle*** Sonderbüro für die Posteingänge von Großbetrieben

C.E.E. ***Communauté économique européenne*** Europäische (Wirtschafts-) Gemeinschaft, E(W)G

C.E.G. ***Collège d'enseignement général*** *Art* Realschule

C.E.I. ***Communauté des États indépendants*** Gemeinschaft unabhängiger Staaten, GUS

C.E.S. ***Collège d'enseignement secondaire*** *etwa* Gesamtschule

C.E.S.C. ***Conférence européenne de sécurité et de coopération*** Konferenz für Sicherheit und Zusammenarbeit, KSZE

C.E.T. ***Collège d'enseignement technique*** Gymnasium mit technischer Oberstufe von 2 bzw. 3 Jahren

cf. ***confer, comparez*** vergleiche

C.F.C. ***chlorofluorocarbone*** FCKW

C.G.C. ***Confédération générale des cadres*** Allgemeiner Bund der (leitenden) Angestellten (*Angestelltengewerkschaft*)

C.G.T. ***Confédération générale du travail*** Französischer Gewerkschaftsverband

C.H. ***centre hospitalier*** Krankenhauszentrum

C.I.C.R. ***Comité international de la Croix-Rouge*** Internationales Komitee vom Roten Kreuz

C.I.O. ***Comité international olympique*** Internationales Olympisches Komitee

C.L.I.F. ***Centre de liaison interfamiliale*** Zentralstelle für Verbindungen zwischen den Familien

C.N.A.J.E.P. ***Comité national des associations de jeunesse et d'éducation populaire*** Nationalausschuss der Jugend- und Volksbildungsvereine

C.N.E.S. ***Centre national d'études spatiales*** Nationales Raumforschungszentrum

C.N.O.S.F. ***Comité national olympique du sport français*** Olympischer Nationalausschuss des französischen Sports

C.N.P.F. ***Conseil national du patronat français*** Nationalrat der französischen Arbeitgeberschaft

C.N.R.S. ***Centre national de la recherche scientifique*** Staatliche Zentrale für wissenschaftliche Forschung

CP ***cours préparatoire*** Vorbereitungsklasse; erste Grundschulklasse

C.-R.F. ***Croix-Rouge française*** Französisches Rotes Kreuz

C.-R.I. ***Croix-Rouge internationale*** Internationales Rotes Kreuz

C.R.O.U.S. ***centre régional des œuvres universitaires et scolaires*** *etwa* Studentenwerk

C.R.S. ***Compagnie républicaine de sécurité*** Republikanische Sicherheitskompanie; Bereitschaftspolizei; ***un C.R.S.*** ein Bereitschaftspolizist

C.S.C.E. ***Conférence sur la sécurité et la coopération en Europe*** Konferenz über die Sicherheit und Zusammenarbeit in Europa, KSZE (*Helsinki, 1975*)

CV ***cheval-vapeur*** Steuer-PS

C.V. ***curriculum vitæ*** Lebenslauf

D

D.A.F.U. ***Direction de l'aménagement foncier et de l'urbanisme*** Direktion für Boden- und Stadtplanung

dép. ***départ*** Abfahrt; ***député*** Abgeordneter

D.E.U.G. ***Diplôme d'études universitaires générales*** Diplom über allgemeine Universitätsstudien

D.P.L.G. ***diplômé par le gouvernement*** von der Regierung diplomiert (*etwa*: staatlich geprüft)

D.S.T. ***Direction de la surveillance du territoire*** Direktion der Landesüberwachung (*Geheimdienst*)

E

E.D.F. ***Électricité de France*** Französische Elektrizitätsgesellschaft

E.E.E. ***Espace économique européen*** Europäischer Wirtschaftsraum, EWR

E.N.A. ***École nationale d'administration*** Staatliche Verwaltungsschule

E.N.S. ***École normale supérieure*** Hochschule zur Ausbildung von Lehrern an höheren Schulen

E.N.S.E.P.S. ***École normale supérieure d'éducation physique et sportive*** Hochschule für Leibesübungen

E.U.A. ***États-Unis d'Amérique*** Vereinigte Staaten von Amerika, USA
exp. ***expéditeur*** Absender, Abs.

F

F.E.D. ***Fonds européen de développement*** Europäischer Entwicklungsfonds
F.F.A. ***Forces françaises en Allemagne*** Französische Streitkräfte in Deutschland
F.F.F. ***Fédération française de football*** Französischer Fußballbund
F.I.A.N.E. ***Fonds d'intervention et d'action pour la nature et l'environnement*** Interventions- und Aktionsfonds für die Natur und die Umwelt
F.I.C.T.A.D. ***Fonds international de coopération technique et d'aide au développement*** Internationaler Fonds für technische Zusammenarbeit und Entwicklungshilfe
F.I.F.A. ***Fédération internationale de football association*** Internationaler Fußballverband
F.I.P.F. ***Fédération internationale des professeurs de français*** Internationaler Verband der Lehrkräfte der französischen Sprache
F.I.T. ***Fédération internationale des traducteurs*** Internationaler Übersetzerverband
F.M.I. ***Fonds monétaire international*** Internationaler Währungsfonds, IWF
F.O. ***Force ouvrière*** Arbeitsmacht (*e-e Gewerkschaft*)
F.S. ***faire suivre!*** nachsenden!
F.S.M. ***Fédération syndicale mondiale*** Weltgewerkschaftsbund

G

G.A.E.C. ***Groupement agricole d'exploitation en commun*** Landwirtschaftlicher Zusammenschluss für gemeinsame Nutzung
G.D.F. ***Gaz de France*** Französische Gasgesellschaft
GO ***grandes ondes*** Langwelle, LW
G.V. ***grande vitesse*** Eilgut

H

H.E.C. ***Hautes études commerciales*** höhere Handelsstudien
H.L.M. (*abusivement*) ***habitation à loyer modéré*** Wohnung zu mäßiger Miete, Sozialwohnung
H.L.R. ***habitation à loyer réduit*** (*neuer als H.L.M.*) Wohnung zu herabgesetzter Miete

I

I.D.I. ***Institut de développement industriel*** Institut für industrielle Entwicklung
I.F. ***Institut de France*** Französisches Institut
I.F.O.P. ***Institut français d'opinion publique*** Französisches Institut für Meinungsforschung
I.G.A.M.E., igame ***Inspecteur général de l'Administration en mission extraordinaire*** Generalinspektor der Verwaltung mit einem Sonderauftrag, *Art* Oberpräfekt
I.N.E.D. ***Institut national d'études démographiques*** Staatliches Institut für demographische Studien
I.N.S. ***Institut national du sport*** Staatliches Sportinstitut
I.N.S.E.E. ***Institut national de la statistique et des études économiques*** Staatliches Institut für Statistik und Wirtschaftsstudien
I.P.E.S. ***Institut de préparation à l'enseignement secondaire*** Institut zur Vorbereitung auf den Lehrdienst an höheren Schulen

J

J.E.C. ***Jeunesse étudiante chrétienne*** Christliche studentische Jugend
J.M.F. ***Jeunesses musicales de France*** Musik-Jugend Frankreichs (*Bewegung zur Förderung der Musikerziehung*)
J.O. ***Jeux Olympiques*** Olympische Spiele; ***Journal officiel*** Amtsblatt
J.O.C. ***Jeunesse ouvrière chrétienne*** Christliche Arbeiterjugend

K

kg/cm² ***kilogramme par centimètre carré*** Kilogramm pro Quadratzentimeter, atü
km/h ***kilomètre(s)-heure*** *od* ***kilomètre(s) à l'heure*** Stundenkilometer, Kilometer je Stunde

L

L.D.H. ***Ligue des droits de l'homme*** Liga für Menschenrechte

M

M. ***Monsieur*** Herr(n)
Me ***maître*** Rechtsanwalt
M.I.J.E. ***Maisons internationales de la jeunesse et des étudiants*** Internationale Häuser der Jugend und der Studenten
M.J.C. ***Maison de jeunes et de culture*** Kulturhaus der Jugend
M.L.F. ***Mouvement de libération des femmes*** Frauenbewegung
Mlle ***Mademoiselle*** Fräulein
Mlles ***Mesdemoiselles*** Fräulein *pl*
MM. ***Messieurs*** (an) die Herren
Mme ***Madame*** Frau
Mmes ***Mesdames*** *pl als Adresse*: ***Mmes X et Y*** Frau X und Frau Y
MO ***méga-octet*** Megabyte, MB
M.O. ***Moyen-Orient*** Mittlerer Osten
M.R.G. ***Mouvement des radicaux de gauche*** frz. Mitte-Links-Partei
M.S.T. ***maladie sexuellement transmissible*** Geschlechtskrankheit

N

N.B. ***nota bene*** Anmerkung, Anm.
N.-D. ***Notre-Dame*** Unsere Liebe Frau
N.D.L.R. ***note de la rédaction*** Anmerkung der Redaktion
N.I. ***non-inscrits*** Parteilose *pl*
no. ***numéro*** Nummer
N/Réf. ***notre référence*** unser Zeichen
N.U. ***Nations Unies*** Vereinte Nationen

O

O.A.C.I. ***Organisation de l'aviation civile internationale*** Internationale Organisation der Zivilluftfahrt
O.C.D.E. ***Organisation de coopération et de développement économiques*** Organisation für wirtschaftliche Zusammenarbeit und Entwicklung
O.E.A. ***Organisation des États américains*** Organisation der amerikanischen Staaten
O.F.A.J. ***Office franco-allemand pour la jeunesse*** Französisch-deutsches Jugendwerk
O.I.E.A. ***Organisation internationale de l'énergie atomique*** Internationale Atomenergiebehörde
O.I.P.C. ***Organisation internationale de police criminelle*** internationale Organisation der Kriminalpolizei
O.L.P. ***Organisation de libération palestinienne*** Palästinensische Befreiungsfront, PLO
O.M.S. ***Organisation mondiale de la santé*** Weltgesundheitsorganisation
O.N.M. ***Office national météorologique*** Staatliches Amt für den Wetterdienst
O.N.T. ***Office national du tourisme*** Staatliches Touristenbüro
O.N.U. ***Organisation des Nations Unies*** Organisation der Vereinten Nationen, UNO
O.P.A. ***offre publique d'achat*** öffentliches Aktienkaufangebot
O.P.E.P. ***Organisation des pays exportateurs de pétrole*** Organisation der Erdöl exportierenden Länder, OPEC
O.R.T.F. ***Office de radiodiffusion-télévision française*** (*bis 7.8.1974*) Amt für französische Rundfunk- und Fernsehsendungen (*seit 1974*: *T.F.*)
O.S. ***ouvrier spécialisé*** angelernter Arbeiter
O.T.A.N. ***Organisation du Traité de l'Atlantique-Nord*** NATO, Nato (*seit 4.4.1949*)
O.U.A. ***Organisation de l'unité africaine*** Organisation für die Einheit Afrikas (*seit 25.5.1963*)
O.V.N.I., ovni *m* ***objet volant non identifié*** unbekanntes Flugobjekt, Ufo *od* UFO

P

p. ***page(s)*** Seite(n); ***pour*** für
P.C. ***Parti communiste*** Kommunistische Partei
P.C.C. ***pour copie conforme*** für die Richtigkeit der Abschrift
P.-D.G., P.D.G. ***président-directeur général*** Generaldirektor; Aufsichtsratsvorsitzender; Industriemanager
p.ex. ***par exemple*** zum Beispiel, z. B.
P.I.B. ***produit intérieur brut*** Bruttoinlandsprodukt
P.J. ***Police judiciaire*** Kriminalpolizei; ***pièce(s) jointe(s)*** Anlage(n)

P.M.E. ***Petites et moyennes entreprises*** kleine und mittlere Betriebe
P.M.U. ***Pari mutuel urbain*** Pferdetoto
P.N.B. ***produit national brut*** Bruttosozialprodukt
P.S. ***Parti socialiste*** Sozialistische Partei
P.S.U. ***Parti socialiste unifié*** *seit 1960* Sozialistische Einheitspartei
P.T.T. ***Postes, Télécommunications, Télédiffusion*** *hist u Schweiz* Post- und Fernmeldewesen
P.U.F. ***Presses universitaires de France*** Französische Universitätsdruckerei (*Verlag*)
P.V. ***petite vitesse*** Frachtgut
P.-V. ***procès-verbal*** gebührenpflichtige Verwarnung

Q

Q.G. ***quartier général*** Stabsquartier
Q.I. ***quotient intellectuel, quotient d'intelligence*** Intelligenzquotient, IQ

R

R. ***recommandé*** Einschreiben
R.A.S. ***rien à signaler*** alles in Ordnung; ohne Befund
R.A.T.P. ***Régie autonome des transports parisiens*** Autonome Pariser Verkehrsbetriebe
R.C. ***registre du commerce*** Handelsregister
R.D.A. *hist*: ***République démocratique allemande*** Deutsche Demokratische Republik, DDR
R.E.R. ***Réseau express régional*** Regionales Schnellbahnnetz (Paris)
R.F. ***République française*** Französische Republik
R.F.A. ***République fédérale d'Allemagne*** Bundesrepublik Deutschland, BRD
R.N. ***route nationale*** Nationalstraße; *in der BRD*: Bundesstraße
R.P. ***réponse payée*** Antwort bezahlt
R.P.R. ***Rassemblement pour la République*** (*seit dem 5.12.1976*) Sammlungsbewegung für die Republik (*unter Chirac*)
R.S.V.P. ***répondez, s'il vous plaît*** um Antwort wird gebeten, U.A.w.g.

S

S.A. ***Société anonyme*** Aktiengesellschaft, AG
S.A.M.U. ***service d'aide médicale d'urgence*** Dienststelle für ärztliche Soforthilfe; *etwa* Notarzt, Rettungsdienst
S.A.R.L. ***Société à responsabilité limitée*** Gesellschaft mit beschränkter Haftung, GmbH
S.E.O. ***sauf erreur ou omission*** Irrtum oder Auslassung vorbehalten
S.I. ***syndicat d'initiative*** Fremdenverkehrsamt
SIDA ***syndrome d'immunodéficience acquise*** Aids
S.M.I.C. ***salaire minimum interprofessionnel de croissance*** dynamischer Mindestlohn für alle Berufssparten
S.M.I.G. ***salaire minimum interprofessionnel garanti*** garantierter Mindestlohn für alle Berufssparten
S.N.C.F. ***Société nationale des chemins de fer français*** Staatliche französische Eisenbahngesellschaft
S.N.E.C.M.A. ***Société nationale d'étude et de construction de moteurs d'aviation*** Staatliche Gesellschaft für das Studium und den Bau von Flugzeugmotoren
S.O.F.R.E.S. ***Société française d'enquête par sondage*** Französische Gesellschaft für Untersuchungen durch Meinungsbefragung
S.P.A. ***Société protectrice des animaux*** Tierschutzverein
s.v.p. ***s'il vous plaît*** bitte

T

T.E.E. ***Trans-Europ-Express*** Trans-Europ-Express
TF 1 ***Télévision française un*** Französisches Fernsehen – erstes Programm
T.G.V. ***train à grande vitesse*** Hochgeschwindigkeitszug
T.N.P. ***Théâtre national populaire*** Nationales Volkstheater (*Theater in Paris*)
T.T.C. ***toutes taxes comprises*** einschließlich aller Gebühren, inkl. MWSt.
T.U.C. ***travail d'utilité collective*** ABM-Stelle
T.V.A. ***taxe à*** *od* ***sur la valeur ajoutée*** Mehrwertsteuer, MWSt.

U

u.c. ***unité de compte*** Verrechnungseinheit

U.D.F. ***Union pour la démocratie française*** Union für die französische Demokratie

U.D.R. ***Union pour la défense de la République*** (*seit Mai 1968*) Union für die Verteidigung der Republik

U.E. ***Union européenne*** EU

U.E.O. ***Union de l'Europe occidentale*** Westeuropäische Union

U.E.P. ***Union européenne de paiements*** Europäische Zahlungsunion

U.M.E. ***Union monétaire européenne*** Europäische Währungsunion, EWU

U.N.R. ***Union pour la Nouvelle République*** (*1962–1968*; *jetzt*: *U.D.R.*) Union für die Neue Republik

U.P.U. ***Union postale universelle*** Weltpostverein

U.R.S.S. *hist*: ***Union des Républiques socialistes soviétiques*** Union der Sozialistischen Sowjetrepubliken, UdSSR

V

v. ***voir*** siehe

V.A.C. ***vin d'appellation contrôlée*** kontrollierter Markenwein

V.I.P. *f* ***very important person*** (= ***personnage très important***) sehr bedeutende Persönlichkeit, VIP

V/Réf. ***votre référence*** Ihr Zeichen

V.T.T. ***vélo tout-terrain*** Mountainbike

W

W.-C. ***water-closet*** Toilette, WC

X

X.P. ***exprès payé*** Eilbote bezahlt

Z

Z.U.P. ***Zone à urbaniser en priorité*** Zone für vorrangige Stadtplanung

Konjugation der französischen Verben

Die in der folgenden Zusammenstellung angeführten Verben sind als Musterbeispiele zu betrachten. Im Wörterbuch sind hinter jedem Verb Nummer und Buchstabe (1a), (2b), (3c), (4d) usw. angegeben, die auf diese Musterbeispiele hinweisen.

Alphabetisches Verzeichnis der aufgeführten Konjugationsmuster

abréger 1g
acheter 1e
acquérir 2l
aimer 1b
aller 1o
appeler 1c
asseoir 3l
avoir 1

blâmer 1a
boire 4u
bouillir 2e

clore 4k
conclure 4l
conduire 4c
confire 4o
conjuguer 1m
coudre 4d
courir 2i
couvrir 2f
croire 4v
croître 4w
cueillir 2c

déchoir 3m
dire 4m

échoir 3m
écrire 4f
employer 1h
envoyer 1p
être 1

faillir 2n
faire 4n
falloir 3c
fuir 2d

geler 1d

haïr 2m

lire 4x

manger 1l
menacer 1k
mettre 4p
moudre 4y
mourir 2k
mouvoir 3d

naître 4g

paraître 4z
payer 1i
peindre 4b
plaire 4aa
pleuvoir 3e
pouvoir 3f
prendre 4q
punir 2a

recevoir 3a
régner 1f
résoudre 4bb
rire 4r

saluer 1n
savoir 3g
sentir 2b
seoir 3k
suivre 4h

traire 4s

vaincre 4i
valoir 3h
vendre 4a
venir 2h
vêtir 2g
vivre 4e
voir 3b
vouloir 3i

Man beachte besonders:

1. Das *Imparfait* und das *Participe présent* können stets aus der 1. Person Plural des Indicatif présent abgeleitet werden, z. B.

   nous trouv**ons**: je trouv**ais** *usw.*, *trouv***ant**.

2. Das *Passé simple* wird heute in der gesprochenen Sprache meist durch das *Passé composé* ersetzt.
3. Das *Imparfait du subjonctif* wird heute auch in der Schriftsprache höchstens noch in der 3. Person Singular gebraucht. Gewöhnlich wird es durch das *Présent du subjonctif* ersetzt.

Hilfsverben

(1) **avoir**

A. Indicatif

I. Einfache Formen

Présent

sg. j'*ai*
tu *as*
il *a*
pl. nous av*ons*
vous av*ez*
ils *ont*

Imparfait

sg. j'av*ais*
tu av*ais*
il av*ait*
pl. nous av*ions*
vous av*iez*
ils av*aient*

Passé simple

sg. j'eu*s*
tu eu*s*
il eu*t*
pl. nous eû*mes*
vous eû*tes*
ils eu*rent*

Futur simple

sg. j'aur*ai*
tu aur*as*
il aur*a*
pl. nous aur*ons*
vous aur*ez*
ils aur*ont*

Conditionnel présent

sg. j'aur*ais*
tu aur*ais*
il aur*ait*
pl. nous aur*ions*
vous aur*iez*
ils aur*aient*

Participe présent

ay*ant*

Participe passé

eu (*f* eu*e*)

II. Zusammengesetzte Formen

Passé composé

j'ai eu

Plus-que-parfait

j'avais eu

Passé antérieur

j'eus eu

Futur antérieur

j'aurai eu

Conditionnel passé

j'aurais eu

Participe composé

ayant eu

Infinitif passé

avoir eu

B. Subjonctif

I. Einfache Formen

Présent

sg. que j'ai*e*
que tu ai*es*
qu'il ai*t*
pl. que nous ay*ons*
que vous ay*ez*
qu'ils ai*ent*

Imparfait

sg. que j'euss*e*
que tu euss*es*
qu'il eû*t*
pl. que nous euss*ions*
que vous euss*iez*
qu'ils euss*ent*

Impératif

ai*e* – ay*ons* – ay*ez*

II. Zusammengesetzte Formen

Passé

que j'aie eu

Plus-que-parfait

que j'eusse eu

Hilfsverben

(1) **être**

A. Indicatif

I. Einfache Formen

Présent

sg. je sui*s*
tu e*s*
il e*st*

pl. nous somm*es*
vous êt*es*
ils s*ont*

Imparfait

sg. j'ét*ais*
tu ét*ais*
il ét*ait*

pl. nous ét*ions*
vous ét*iez*
ils ét*aient*

Passé simple

sg. je fu*s*
tu fu*s*
il fu*t*

pl. nous fû*mes*
vous fû*tes*
ils fu*rent*

Futur simple

sg. je ser*ai*
tu ser*as*
il ser*a*

pl. nous ser*ons*
vous ser*ez*
ils ser*ont*

Conditionnel présent

sg. je ser*ais*
tu ser*ais*
il ser*ait*

pl. nous ser*ions*
vous ser*iez*
ils ser*aient*

Participe présent

ét*ant*

Participe passé

ét*é*

II. Zusammengesetzte Formen

Passé composé

j'ai été

Plus-que-parfait

j'avais été

Passé antérieur

j'eus été

Futur antérieur

j'aurai été

Conditionnel passé

j'aurais été

Participe composé

ayant été

Infinitif passé

avoir été

B. Subjonctif

I. Einfache Formen

Présent

sg. que je soi*s*
que tu soi*s*
qu'il soi*t*

pl. que nous soy*ons*
que vous soy*ez*
qu'ils soi*ent*

Imparfait

sg. que je fuss*e*
que tu fuss*es*
qu'il fû*t*

pl. que nous fuss*ions*
que vous fuss*iez*
qu'ils fuss*ent*

Impératif

soi*s* – soy*ons* – soy*ez*

II. Zusammengesetzte Formen

Passé

que j'aie été

Plus-que-parfait

que j'eusse été

(1 a) **blâmer**

Erste Konjugation

I. Einfache Formen

Présent

sg. je blâm*e*
tu blâm*es*
il blâm*e*[1]

pl. nous blâm*ons*
vous blâm*ez*
ils blâm*ent*

Passé simple

sg. je blâm*ai*
tu blâm*as*
il blâm*a*

pl. nous blâm*âmes*
vous blâm*âtes*
ils blâm*èrent*

Participe passé

blâm*é*(*e*)

Infinitif présent

blâm*er*

Impératif

blâm*e*
blâm*ons*
blâm*ez*
NB. blâme*s*-en (-y)

Imparfait

sg. je blâm*ais*
tu blâm*ais*
il blâm*ait*

pl. nous blâm*ions*
vous blâm*iez*
ils blâm*aient*

Participe présent

blâm*ant*

Futur simple

sg. je blâm*erai*
tu blâm*eras*
il blâm*era*

pl. nous blâm*erons*
vous blâm*erez*
ils blâm*eront*

Conditionnel

sg. je blâm*erais*
tu blâm*erais*
il blâm*erait*

pl. nous blâm*erions*
vous blâm*eriez*
ils blâm*eraient*

Subjonctif présent

sg. que je blâm*e*
que tu blâm*es*
qu'il blâm*e*

pl. que nous blâm*ions*
que vous blâm*iez*
qu'ils blâm*ent*

Subjonctif imparfait

sg. que je blâm*asse*
que tu blâm*asses*
qu'il blâm*ât*

pl. que nous blâm*assions*
que vous blâm*assiez*
qu'ils blâm*assent*

[1] blâme-t-il?

II. Zusammengesetzte Formen

(Vom *Participe passé* mit Hilfe von **avoir** und **être**)

1. Das Aktiv

Passé composé: j'ai blâmé
Plus-que-parfait: j'avais blâmé
Passé antérieur: j'eus blâmé
Futur II: j'aurai blâmé
Conditionnel II: j'aurais blâmé

2. Das Passiv

Présent: je suis blâmé
Imparfait: j'étais blâmé
Passé simple: je fus blâmé
Passé composé: j'ai été blâmé
Plus-que-parf.: j'avais été blâmé
Passé antérieur: j'eus été blâmé
Futur I: je serai blâmé
Futur II: j'aurai été blâmé
Conditionnel I: je serais blâmé
Conditionnel II: j'aurais été blâmé
Impératif: sois blâmé
Participe présent: étant blâmé
Participe passé: ayant été blâmé
Infinitif présent: être blâmé
Infinitif passé: avoir été blâmé

Zeichen	Infinitif	Bemerkungen	Présent de l'indicatif	Présent du subjonctif	Passé simple	Futur	Impératif	Participe passé
(1 b)	aimer	Der vortonige [ɛ]-Laut wird oft wie [e] gesprochen: **aime** [ɛm] aber **aimons** [ɛmõ]	aim*e* aim*es* aim*e* aim*ons* aim*ez* aim*ent*	aim*e* aim*es* aim*e* aim*ions* aim*iez* aim*ent*	aim*ai* aim*as* aim*a* aim*âmes* aim*âtes* aim*èrent*	aim*erai* aim*eras* aim*era* aim*erons* aim*erez* aim*eront*	aim*e* aim*ons* aim*ez*	aim*é*(*e*)
(1 c)	appeler	Der Schlusskonsonant des Stammes verdoppelt sich unter dem Ton (auch im ***fut.*** und ***cond.***, da Nebenton)	appell*e* appell*es* appell*e* appel*ons* appel*ez* appell*ent*	appell*e* appell*es* appell*e* appel*ions* appel*iez* apell*ent*	appel*ai* appel*as* appel*a* appel*âmes* appel*âtes* appel*èrent*	appell*erai* appell*eras* appell*era* appell*erons* appell*erez* appell*eront*	appell*e* appel*ons* appel*ez*	appel*é*(*e*)
(1 d)	geler	Das **e** des Stammes wird **è** unter dem Ton (auch im ***fut.*** und ***cond.***, da Nebenton)	gèl*e* gèl*es* gèl*e* gel*ons* gel*ez* gèl*ent*	gèl*e* gèl*es* gèl*e* gel*ions* gel*iez* gèl*ent*	gel*ai* gel*as* gel*a* gel*âmes* gel*âtes* gel*èrent*	gèl*erai* gèl*eras* gèl*era* gèl*erons* gèl*erez* gèl*eront*	gèl*e* gel*ons* gel*ez*	gel*é*(*e*)
(1 e)	acheter	**èt** unter dem Ton (auch im ***fut.*** und ***cond.***, da Nebenton)	achèt*e* achèt*es* achèt*e* achet*ons* achet*ez* achèt*ent*	achèt*e* achèt*es* achèt*e* achet*ions* achet*iez* achèt*ent*	achet*ai* achet*as* achet*a* achet*âmes* achet*âtes* achet*èrent*	achèt*erai* achèt*eras* achèt*era* achèt*erons* achèt*erez* achèt*eront*	achèt*e* achet*ons* achet*ez*	achet*é*(*e*)

Zeichen	Infinitif	Bemerkungen	Présent de l'indicatif	Présent du subjonctif	Passé simple	Futur	Impératif	Participe passé
(1 f)	régner	Das **é** des Stammes wird **è** unter dem Ton **nur** im ***prés.*** und ***impér.***, nicht im ***fut.*** und ***cond.***	règn*e* règn*es* règn*e* régn*ons* régn*ez* règn*ent*	règn*e* règn*es* règn*e* régn*ions* régn*iez* règn*ent*	régn*ai* régn*as* régn*a* régn*âmes* régn*âtes* régn*èrent*	régn*erai* régn*eras* régn*era* régn*erons* régn*erez* régn*eront*	règn*e* régn*ons* régn*ez*	régn*é* (*inv.*)
(1 g)	abréger	Das **é** des Stammes wird **è** unter dem Ton **nur** im ***prés.*** und ***impér.***, nicht im ***fut.*** und ***cond.*** Nach **g** Einschiebung eines stummen **e** vor **a** u. **o**	abrèg*e* abrèg*es* abrèg*e* abrég*eons* abrég*ez* abrèg*ent*	abrèg*e* abrèg*es* abrèg*e* abrég*ions* abrég*iez* abrèg*ent*	abrég*eai* abrég*eas* abrég*ea* abrég*eâmes* abrég*eâtes* abrég*èrent*	abrég*erai* abrég*eras* abrég*era* abrég*erons* abrég*erez* abrég*eront*	abrèg*e* abrég*eons* abrég*ez*	abrég*é*(*e*)
(1 h)	employer	Das **y** des Stammes wird **i** unter dem Ton (auch im ***fut.*** und ***cond.***, da Nebenton)	emploi*e* emploi*es* emploi*e* employ*ons* employ*ez* emploi*ent*	emploi*e* emploi*es* emploi*e* employ*ions* employ*iez* emploi*ent*	employ*ai* employ*as* employ*a* employ*âmes* employ*âtes* employ*èrent*	emploi*erai* emploi*eras* emploi*era* emploi*erons* emploi*erez* emploi*eront*	emploi*e* employ*ons* employ*ez*	employ*é*(*e*)
(1 i)	payer	Für das **y** des Stammes wird unter dem Ton (auch im ***fut.*** und ***cond.***, da Nebenton) die Schreibung mit **i** bevorzugt	pai*e*, pay*e* pai*es*, pay*es* pai*e*, pay*e* pay*ons* *payez* pai*ent*, *-yent*	pai*e*, pay*e* pai*es*, pay*es* pai*e*, pay*e* pay*ions* pay*iez* pai*ent*, *-yent*	pay*ai* pay*as* pay*a* pay*âmes* pay*âtes* pay*èrent*	pai*erai*, paye.. pai*eras* pai*era* pai*erons* pai*erez* pai*eront*	pai*e*, pay*e* pay*ons* pay*ez*	pay*é*(*e*)

Zeichen	Infinitif	Bemerkungen	Présent de l'indicatif	Présent du subjonctif	Passé simple	Futur	Impératif	Participe passé
(1 k)	menacer	**c** erhält eine Cedille (ç) vor **a** und **o**, damit dem c der [s]-Laut erhalten bleibt	menac*e* menac*es* menac*e* menaç*ons* menac*ez* menac*ent*	menac*e* menac*es* menac*e* menac*ions* menac*iez* menac*ent*	menaç*ai* menaç*as* menaç*a* menaç*âmes* menaç*âtes* menac*èrent*	menac*erai* menac*eras* menac*era* menac*erons* menac*erez* menac*eront*	menac*e* menaç*ons* menac*ez*	menac*é*(*e*)
(1 l)	manger	Einschiebung eines stummen **e** zwischen Stamm und mit **a** oder **o** beginnender Endung, damit das **g** den [ʒ]-Laut behält	mang*e* mang*es* mang*e* mang*eons* mang*ez* mang*ent*	mang*e* mang*es* mang*e* mang*ions* mang*iez* mang*ent*	mang*eai* mang*eas* mang*ea* mang*eâmes* mang*eâtes* mang*èrent*	mang*erai* mang*eras* mang*era* mang*erons* mang*erez* mang*eront*	mang*e* mang*eons* mang*ez*	mang*é*(*e*)
(1 m)	conjuguer	Das stumme **u** am Ende des Stammes bleibt überall, auch vor **a** und **o**	conjugu*e* conjugu*es* conjugu*e* conjugu*ons* conjugu*ez* conjugu*ent*	conjugu*e* conjugu*es* conjugu*e* conjugu*ions* conjugu*iez* conjugu*ent*	conjugu*ai* conjugu*as* conjugu*a* conjugu*âmes* conjugu*âtes* conjugu*èrent*	conjugu*erai* conjugu*eras* conjugu*era* conjugu*erons* conjugu*erez* conjugu*eront*	conjugu*e* conjugu*ons* conjugu*ez*	conjugu*é*(*e*)
(1 n)	saluer	**u** wird vortonig als Gleitlaut [ɥ] gesprochen: **salue** [saly] aber **saluons** [salɥõ]	salu*e* salu*es* salu*e* salu*ons* salu*ez* salu*ent*	salu*e* salu*es* salu*e* salu*ions* salu*iez* salu*ent*	salu*ai* salu*as* salu*a* salu*âmes* salu*âtes* salu*èrent*	salu*erai* salu*eras* salu*era* salu*erons* salu*erez* salu*eront*	salu*e* salu*ons* salu*ez*	salu*é*(*e*)

Zeichen	Infinitif	Bemerkungen	Présent de l'indicatif	Présent du subjonctif	Passé simple	Futur	Impératif	Participe passé
(1 o)	aller	Wechsel des Stammes **all** mit den Stämmen von lateinisch **vadere** und **ire**	va*is* va*s* va all*ons* all*ez* vo*nt*	aill*e* aill*es* aill*e* all*ions* all*iez* aill*ent*	all*ai* all*as* all*a* all*âmes* all*âtes* all*èrent*	irai iras ira irons irez iront	va (vas-y; *aber*: va-t'en) all*ons* all*ez*	all*é*(*e*)
(1 p)	envoyer	Nach (1 h), hat aber unregelmäßiges ***fut.*** und ***cond.***	envoi*e* envoi*es* envoi*e* envo**y***ons* envo**y***ez* envoi*ent*	envoi*e* envoi*es* envoi*e* envo**y***ions* envo**y***iez* envoi*ent*	envo**y***ai* envo**y***as* envo**y***a* envo**y***âmes* envo**y***âtes* envo**y***èrent*	enverr*ai* enverr*as* enverr*a* enverr*ons* enverr*ez* enverr*ont*	envoi*e* envo**y***ons* envo**y***ez*	envo**y***é*(*e*)

(2 a) **punir**[1])

Zweite Konjugation

Zweite regelmäßige Konjugation, deren Kennzeichen die Stammerweiterung durch **...iss...** ist

I. Einfache Formen

Présent	***Impératif***	***Futur I***	***Subjonctif présent***
sg. je pun*is* tu pun*is* il pun*it*	pun*is* pun*issons* pun*issez*	*sg.* je pun*irai* tu pun*iras* il pun*ira*	*sg.* que je pun*isse* que tu pun*isses* qu'il pun*isse*
pl. nous pun*issons* vous pun*issez* ils pun*issent*		*pl.* nous pun*irons* vous pun*irez* ils pun*iront*	*pl.* que nous pun*issions* que vous pun*issiez* qu'ils pun*issent*
Passé simple	***Imparfait***	***Conditionnel I***	***Subjonctif imparfait***
sg. je pun*is* tu pun*is* il pun*it*	*sg.* je pun*issais* tu pun*issais* il pun*issait*	*sg.* je pun*irais* tu pun*irais* il pun*irait*	*sg.* que je pun*isse* que tu pun*isses* qu'il pun*ît*
pl. nous pun*îmes* vous pun*îtes* ils pun*irent*	*pl.* nous pun*issions* vous pun*issiez* ils pun*issaient*	*pl.* nous pun*irions* vous pun*iriez* ils pun*iraient*	*pl.* que nous pun*issions* que vous pun*issiez* qu'ils pun*issent*
Participe passé	***Participe présent***		
púni(*e*)	pun*issant*		
Infinitif présent			
pun*ir*			

II. Zusammengesetzte Formen

Vom *Participe passé* mit Hilfe von **avoir** und **être**; s. (1 a)

---

[1]) **fleurir** im bildlichen Sinne hat im *Participe présent* meist **florissant**, im *Imparfait* meist **florissait**

Zeichen	Infinitif	Bemerkungen	Présent de l'indicatif	Présent du subjonctif	Passé simple	Futur	Impératif	Participe passé
(2b)	sentir	Keine Stammerweiterung durch **...iss...**	sen*s* sen*s* sen*t* sent*ons* sent*ez* sent*ent*	sent*e* sent*es* sent*e* sent*ions* sent*iez* sent*ent*	sent*is* sent*is* sent*it* sent*îmes* sent*îtes* sent*irent*	sent*irai* sent*iras* sent*ira* sent*irons* sent*irez* sent*iront*	sen*s* sent*ons* sent*ez*	sent*i*(*e*)
(2c)	cueillir	***prés.***, ***fut.*** und ***cond.*** nach der 1. Konjugation	cueill*e* cueill*es* cueill*e* cueill*ons* cueill*ez* cueill*ent*	cueill*e* cueill*es* cueill*e* cueill*ions* cueill*iez* cueill*ent*	cueill*is* cueill*is* cueill*it* cueill*îmes* cueill*îtes* cueill*irent*	cueill*erai* cueill*eras* cueill*era* cueill*erons* cueill*erez* cueill*eront*	cueill*e* cueill*ons* cueill*ez*	cueill*i*(*e*)
(2d)	fuir	Keine Stammerweiterung durch **...iss...** Wechsel zwischen **y** und **i** je nach End- od. Stammbetonung	fu*is* fu*is* fu*it* fu*yons* fu*yez* fu*ient*	fu*ie* fu*ies* fu*ie* fu*yions* fu*yiez* fu*ient*	fu*is* fu*is* fu*it* fu*îmes* fu*îtes* fu*irent*	fu*irai* fu*iras* fu*ira* fu*irons* fu*irez* fu*iront*	fu*is* fu*yons* fu*yez*	fu*i*(*e*)
(2e)	bouillir	***prés. ind.*** und Ableitungen nach der 4. Konjugation	bou*s* bou*s* bou*t* bouill*ons* bouill*ez* bouill*ent*	bouill*e* bouill*es* bouill*e* bouill*ions* bouill*iez* bouill*ent*	bouill*is* bouill*is* bouill*it* bouill*îmes* bouill*îtes* bouill*irent*	bouill*irai* bouill*iras* bouill*ira* bouill*irons* bouill*irez* bouill*iront*	bou*s* bouill*ons* bouill*ez*	bouill*i*(*e*)

Zeichen	Infinitif	Bemerkungen	Présent de l'indicatif	Présent du subjonctif	Passé simple	Futur	Impératif	Participe passé
(2f)	couvrir	***prés. ind.*** und Ableitungen nach der 1. Konjugation; ***p.p.*** auf **-ert**	couvr*e* couvr*es* couvr*e* couvr*ons* couvr*ez* couvr*ent*	couvr*e* couvr*es* couvr*e* couvr*ions* couvr*iez* couvr*ent*	couvr*is* couvr*is* couvr*it* couvr*îmes* couvr*îtes* couvr*irent*	couvr*irai* couvr*iras* couvr*ira* couvr*irons* couvr*irez* couvr*iront*	couvr*e* couvr*ons* couvr*ez*	couv*ert*(*e*)
(2g)	vêtir	Geht nach (2b), außer im ***p.p.*** Abgesehen von **vêtu** wird **vêtir** kaum noch gebraucht	vêt*s* vêt*s* vêt vêt*ons* vêt*ez* vêt*ent*	vêt*e* vêt*es* vêt*e* vêt*ions* vêt*iez* vêt*ent*	vêt*is* vêt*is* vêt*it* vêt*îmes* vêt*îtes* vêt*irent*	vêt*irai* vêt*iras* vêt*ira* vêt*irons* vêt*irez* vêt*iront*	vêt*s* vêt*ons* vêt*ez*	vêt*u*(*e*)
(2h)	venir	***prés. ind., fut., p.p.*** u. Ableitungen nach der 4. Konjugation. Im ***passé simple*** Umlaut [ɛ̃]; man beachte das eingeschobene **-d-** im ***fut.*** und ***cond.***	vien*s* vien*s* vien*t* ven*ons* ven*ez* vien*nent*	vien*ne* vien*nes* vien*ne* ven*ions* ven*iez* vien*nent*	vin*s* vin*s* vin*t* vîn*mes* vîn*tes* vin*rent*	vien*drai* vien*dras* vien*dra* vien*drons* vien*drez* vien*dront*	vien*s* ven*ons* ven*ez*	ven*u*(*e*)
(2i)	courir	***prés. ind., p.p., fut.*** u. Ableitungen nach der 4., ***passé simple*** nach der 3. Konjugation; **-rr-** im ***fut.*** und ***cond.***	cour*s* cour*s* cour*t* cour*ons* cour*ez* cour*ent*	cour*e* cour*es* cour*e* cour*ions* cour*iez* cour*ent*	cour*us* cour*us* cour*ut* cour*ûmes* cour*ûtes* cour*urent*	cour*rai* cour*ras* cour*ra* cour*rons* cour*rez* cour*ront*	cour*s* cour*ons* cour*ez*	cour*u*(*e*)

Zeichen	Infinitif	Bemerkungen	Présent de l'indicatif	Présent du subjonctif	Passé simple	Futur	Impératif	Participe passé
(2k)	mourir	***prés. ind.***, ***fut.*** und Ableitungen nach der 4. Konjugation, doch Umlaut **eu** neben **ou**; ***passé simple*** nach der 3. Konjugation.	m**eu**r*s* m**eu**r*s* m**eu**r*t* m**ou**r*ons* m**ou**r*ez* m**eu**r*ent*	m**eu**r*e* m**eu**r*es* m**eu**r*e* mour*ions* mour*iez* m**eu**r*ent*	mour*us* mour*us* mour*ut* mour*ûmes* mour*ûtes* mour*urent*	mour*rai* mour*ras* mour*ra* mour*rons* mour*rez* mour*ront*	m**eu**r*s* mour*ons* mour*ez*	mort(*e*)
(2l)	acquérir	***prés. ind.*** und Ableitungen nach der 4. Konjugation mit Einschiebung von **i** vor **e**; ***p.p.*** mit **-s**; **-err-** im ***fut.*** u. ***cond.***	acquier*s* acquier*s* acquier*t* acquér*ons* acquér*ez* acquièr*ent*	acquièr*e* acquièr*es* acquièr*e* acquér*ions* acquér*iez* acquièr*ent*	acqu*is* acqu*is* acqu*it* acqu*îmes* acqu*îtes* acqu*irent*	acquer*rai* acquer*ras* acquer*ra* acquer*rons* acquer*rez* acquer*ront*	acquier*s* acquér*ons* acquér*ez*	acqui*s*(*e*)
(2m)	haïr	Geht nach (2a); aber es verliert im *sg.* ***prés. ind.*** und ***impér.*** das Trema auf dem **i**	ha*is* [ɛ] ha*is* ha*it* ha*ïssons* ha*ïssez* ha*ïssent*	ha*ïsse* ha*ïsses* ha*ïsse* ha*ïssions* ha*ïssiez* ha*ïssent*	ha*ïs* [a'i] ha*ïs* ha*ït* ha*ïmes* ha*ïtes* ha*ïrent*	ha*ïrai* ha*ïras* ha*ïra* ha*ïrons* ha*ïrez* ha*ïront*	ha*is* ha*ïssons* ha*ïssez*	haï(*e*)
(2n)	faillir	Defektiv			faill*is* faill*is* faill*it* faill*îmes* faill*îtes* faill*irent*	faill*irai* faill*iras* faill*ira* faill*irons* faill*irez* faill*iront*		faill*i*

(3 a) **recevoir**

Dritte Konjugation

I. Einfache Formen

Présent

sg. je reç*ois*
tu reç*ois*
il reç*oit*

pl. nous rece*vons*
vous rece*vez*
ils reç*oivent*

Passé simple

sg. je reç*us*
tu reç*us*
il reç*ut*

pl. nous reç*ûmes*
vous reç*ûtes*
ils reç*urent*

Participe passé

reç*u*(*e*)

Infinitif présent

rece*voir*

Impératif

reç*ois*
rece*vons*
rece*vez*

Imparfait

sg. je rece*vais*
tu rece*vais*
il rece*vait*

pl. nous rece*vions*
vous rece*viez*
ils rece*vaient*

Participe présent

rece*vant*

Futur I

sg. je rece*vrai*
tu rece*vras*
il rece*vra*

pl. nous rece*vrons*
vous rece*vrez*
ils rece*vront*

Conditionnel I

sg. je rece*vrais*
tu rece*vrais*
il rece*vrait*

pl. nous rece*vrions*
vous rece*vriez*
ils rece*vraient*

Subjonctif présent

sg. que je reç*oive*
que tu reç*oives*
qu'il reç*oive*

pl. que nous rece*vions*
que vous rece*viez*
qu'ils reç*oivent*

Subjonctif imparfait

sg. que je reç*usse*
que tu reç*usses*
qu'il reç*ût*

pl. que nous reç*ussions*
que vous reç*ussiez*
qu'ils reç*ussent*

II. Zusammengesetzte Formen

Vom *Participe passé* mit Hilfe von **avoir** und **être**; *s.* (1 a)

Zeichen	Infinitif	Bemerkungen	Présent de l'indicatif	Présent du subjonctif	Passé simple	Futur	Impératif	Participe passé
(3b)	voir	Wechsel zwischen **i** und **y** wie in (2d). Ableitungen regelmäßig, jedoch im ***fut.*** und ***cond.*** **-err-** (statt **-oir-**)	voi*s* voi*s* voi*t* *vo***y***ons* vo**y***ez* voi*ent*	voi*e* voi*es* voi*e* vo**y***ions* vo**y***iez* voi*ent*	v*is* *pourvoir*: je pourvus	ver*rai* *pourvoir*: je pourvoirai; *prévoir*: je prévoirai	voi*s* vo**y***ons* vo**y***ez*	v*u*(*e*)
(3c)	falloir	Nur gebräuchlich in der 3. P. *sg*.	il fau*t*	qu'il fa*ille*	il fall*ut*	il faud*ra*		fall*u* (*inv.*)
(3d)	mouvoir	Tonsilbe: **meu-**	meu*s* meu*s* meu*t* mouv*ons* mouv*ez* meuv*ent*	meuv*e* meuv*es* meuv*e* mouv*ions* mouv*iez* meuv*ent*	m*us* m*us* m*ut* m*âmes* m*ûtes* m*urent*	mouv*rai* mouv*ras* mouv*ra* mouv*rons* mouv*rez* mouv*ront*	meu*s* mouv*ons* mouv*ez*	m*û*, m*ue*
(3e)	pleuvoir		il pleu*t*	qu'il pleuv*e*	il plu*t*	il pleuv*ra*		pl*u* (*inv.*)
(3f)	pouvoir	Im ***prés. ind.*** manchmal auch **je puis;** fragend **puis-je**	peu*x* peu*x* peu*t* pouv*ons* pouv*ez* peuv*ent*	puiss*e* puiss*es* puiss*e* puiss*ions* puiss*iez* puiss*ent*	p*us* p*us* p*ut* p*ûmes* p*ûtes* p*urent*	pour*rai* pour*ras* pour*ra* pour*rons* pour*rez* pour*ront*		*pu* (*inv.*)

Zeichen	Infinitif	Bemerkungen	Présent de l'indicatif	Présent du subjonctif	Passé simple	Futur	Impératif	Participe passé
(3g)	savoir	***p.pr.*** **sachant**	sai*s* sai*s* sai*t* sav*ons* sav*ez* sav*ent*	sach*e* sach*es* sach*e* sach*ions* sach*iez* sach*ent*	*sus* *sus* *sut* *sûmes* *sûtes* *surent*	sau*rai* sau*ras* sau*ra* sau*rons* sau*rez* sau*ront*	sach*e* sach*ons* sach*ez*	*su*(*e*)
(3h)	valoir	**prévaloir** bildet das ***prés. subj.*** regelmäßig: **que je prévale** etc.	vau*x* vau*x* vau*t* val*ons* val*ez* val*ent*	vaill*e* vaill*es* vaill*e* val*ions* val*iez* vaill*ent*	val*us* val*us* val*ut* val*ûmes* val*ûtes* val*urent*	vaud*rai* vaud*ras* vaud*ra* vaud*rons* vaud*rez* vaud*ront*		val*u*(*e*)
(3i)	vouloir	Tonsilbe: **veu-**. Im ***fut.*** Einschiebung von **-d-**	veu*x* veu*x* veu*t* voul*ons* voul*ez* veul*ent*	veuill*e* veuill*es* veuill*e* voul*ions* voul*iez* veuill*ent*	voul*us* voul*us* voul*ut* voul*ûmes* voul*ûtes* voul*urent*	voud*rai* voud*ras* voud*ra* voud*rons* voud*rez* voud*ront*	veuill*e* veuill*ons* veuill*ez*	voul*u*(*e*)
(3k)	seoir	Nur in wenigen Formen gebräuchlich: ***p.pr.*** **seyant**; ***impf.*** **seyait**; ***cond.*** **siérait**	il sie*d*					

Zeichen	Infinitif	Bemerkungen	Présent		Passé simple	Futur	Impératif	Participe passé
			de l'indicatif	du subjonctif				
(31)	asseoir	Hat, außer im ***passé simple*** und ***p.p.*** (**assis**), doppelte Formen. ***Impf.*** **asseyais** *od.* **assoyais**	assie*ds* assie*ds* assie*d* assey*ons* assey*ez* assey*ent*	assey*e* assey*es* assey*e* assey*ions* assey*iez* assey*ent*	ass*is* ass*is* ass*it* ass*îmes* ass*îtes* ass*irent*	assié*rai* assié*ras* assié*ra* assié*rons* assié*rez* assié*ront*	assie*ds* assey*ons* assey*ez*	ass*is*(*e*)
		surseoir bildet **je sursois**, **nous sursoyons** usw., ***fut.*** **je surseoirai**	*od.* assoi*s* assoi*s* assoi*t* assoy*ons* assoy*ez* assoi*ent*	*od.* assoi*e* assoi*es* assoi*e* assoy*ions* assoy*iez* assoi*ent*		*od.* assoi*rai* assoi*ras* assoi*ra* assoi*rons* assoi*rez* assoi*ront*	*od.* assoi*s* assoy*ons* assoy*ez*	
(3m)	déchoir		déchoi*s* déchoi*s* déchoi*t* déchoy*ons* déchoy*ez* déchoi*ent*	déchoi*e* déchoi*es* déchoi*e* déchoy*ions* déchoy*iez* déchoi*ent*	déch*us* déch*us* déch*ut* déch*ûmes* déch*ûtes* déch*urent*	déchoi*rai* déchoi*ras* déchoi*ra* déchoi*rons* déchoi*rez* déchoi*ront*		déch*u*(*e*)
	échoir	Defektiv	il échoi*t* ils échoi*ent*	qu'il échoi*e* qu'ils échoi*ent*	il éch*ut* ils éch*urent*	il échoi*ra* ils échoi*ront*		éch*u*(*e*)

(4 a) **vendre**

Vierte Konjugation

Vierte regelmäßige Konjugation mit unverändertem Stamm

	I. Einfache Formen		
Présent	***Impératif***	***Futur I***	***Subjonctif présent***
sg. je vend*s*[1] tu vend*s*[1] il vend[1]	vend*s* vend*ons* vend*ez*	*sg.* je vend*rai* tu vend*ras* il vend*ra*	*sg.* que je vend*e* que tu vend*es* qu'il vend*e*
pl. nous vend*ons* vous vend*ez* ils vend*ent*		*pl.* nous vend*rons* vous vend*rez* ils vend*ront*	*pl.* que nous vend*ions* que vous vend*iez* qu'ils vend*ent*
Passé simple	***Imparfait***	***Conditionnel I***	***Subjonctif imparfait***
sg. je vend*is* tu vend*is* il vend*it*	*sg.* je vend*ais* tu vend*ais* il vend*ait*	*sg.* je vend*rais* tu vend*rais* il vend*rait*	*sg.* que je vend*isse* que tu vend*isses* qu'il vend*ît*
pl. nous vend*îmes* vous vend*îtes* ils vend*irent*	*pl.* nous vend*ions* vous vend*iez* ils vend*aient*	*pl.* nous vend*rions* vous vend*riez* ils vend*raient*	*pl.* que nous vend*issions* que vous vend*issiez* qu'ils vend*issent*
Participe passé vend*u*(*e*)			
Infinitif présent vend*re*	***Participe présent*** vend*ant*		

II. Zusammengesetzte Formen

Vom *Participe passé* mit Hilfe von **avoir** und **être**; s. (1 a)

[1] **rompre** bildet: il rompt; **battre** bildet: je (tu) bats, il bat; **foutre** bildet: je (tu) fous

Zeichen	Infinitif	Bemerkungen	Présent de l'indicatif	Présent du subjonctif	Passé simple	Futur	Impératif	Participe passé
(4b)	peindre	Wechsel zwischen nasalem **n** und mouilliertem **n** (**gn**); **-d-** nur vor **r**, also im ***inf.***, ***fut.*** und ***cond.***	pein*s* pein*s* pein*t* peign*ons* peign*ez* peign*ent*	peign*e* peign*es* peign*e* peign*ions* peign*iez* peign*ent*	peign*is* peign*is* peign*it* peign*îmes* peign*îtes* peign*irent*	peind*rai* peind*ras* peind*ra* peind*rons* peind*rez* peind*ront*	pein*s* peign*ons* peign*ez*	pein*t*(*e*)
(4c)	conduire	**Luire, reluire, nuire** haben im ***p.p.*** kein **t**	condu*is* condu*is* condu*it* conduis*ons* conduis*ez* conduis*ent*	conduis*e* conduis*es* conduis*e* conduis*ions* conduis*iez* conduis*ent*	conduis*is* conduis*is* conduis*it* conduis*îmes* conduis*îtes* conduis*irent*	condui*rai* condui*ras* condui*ra* condui*rons* condui*rez* condui*ront*	condui*s* conduis*ons* conduis*ez*	condu*it*(*e*)
(4d)	coudre	Vor den mit Vokal beginnenden Endungen wird **-d-** durch **-s-** ersetzt	coud*s* coud*s* coud cous*ons* cous*ez* cous*ent*	cous*e* cous*es* cous*e* cous*ions* cous*iez* cous*ent*	cous*is* cous*is* cous*it* cous*îmes* cous*îtes* cous*irent*	coud*rai* coud*ras* coud*ra* coud*rons* coud*rez* coud*ront*	coud*s* cous*ons* cous*ez*	cous*u*(*e*)
(4e)	vivre	Wegfall des End-**v** des Stammes im *sg.* ***prés. ind.***; ***passé simple*** **vécus**; ***p.p.*** **vécu**	vi*s* vi*s* vi*t* viv*ons* viv*ez* viv*ent*	viv*e* viv*es* viv*e* viv*ions* viv*iez* viv*ent*	véc*us* véc*us* véc*ut* véc*ûmes* véc*ûtes* véc*urent*	viv*rai* viv*ras* viv*ra* viv*rons* viv*rez* viv*ront*	vi*s* viv*ons* viv*ez*	véc*u*(*e*)

Zeichen	Infinitif	Bemerkungen	Présent de l'indicatif	Présent du subjonctif	Passé simple	Futur	Impératif	Participe passé
(4f)	écrire	Vor Vokal bleibt **v** aus lateinisch **b** erhalten	écri*s* écri*s* écri*t* écriv*ons* écriv*ez* écriv*ent*	écriv*e* écriv*es* écriv*e* écriv*ions* écriv*iez* écriv*ent*	écriv*is* écriv*is* écriv*it* écriv*îmes* écriv*îtes* écriv*irent*	écri*rai* écri*ras* écri*ra* écri*rons* écri*rez* écri*ront*	écri*s* écriv*ons* écriv*ez*	écri*t*(*e*)
(4g)	naître	**-ss-** im *pl.* ***prés. ind.*** u. dessen Ableitungen; im *sg.* ***prés. ind.*** erscheint **i** vor **t** als **î**	nai*s* nai*s* naî*t* naiss*ons* naiss*ez* naiss*ent*	naiss*e* naiss*es* naiss*e* naiss*ions* naiss*iez* naiss*ent*	naqu*is* naqu*is* naqu*it* naqu*îmes* naqu*îtes* naqu*irent*	naît*rai* naît*ras* naît*ra* naît*rons* naît*rez* naît*ront*	nai*s* naiss*ons* naiss*ez*	né(*e*)
(4h)	suivre	***p.p.*** nach der 2. Konjugation.	sui*s* sui*s* sui*t* suiv*ons* suiv*ez* suiv*ent*	suiv*e* suiv*es* suiv*e* suiv*ions* suiv*iez* suiv*ent*	suiv*is* suiv*is* suiv*it* suiv*îmes* suiv*îtes* suiv*irent*	suiv*rai* suiv*ras* suiv*ra* suiv*rons* suiv*rez* suiv*ront*	sui*s* suiv*ons* suiv*ez*	suiv*i*(*e*)
(4i)	vaincre	Kein **t** in der 3. P. *sg.* ***prés. ind.***; Umwandlung des **c** in **qu** vor Vokalen (jedoch: **vaincu**)	vainc*s* vainc*s* vainc vainqu*ons* vainqu*ez* vainqu*ent*	vainqu*e* vainqu*es* vainqu*e* vainqu*ions* vainqu*iez* vainqu*ent*	vainqu*is* vainqu*is* vainqu*it* vainqu*îmes* vainqu*îtes* vainqu*irent*	vainc*rai* vainc*ras* vainc*ra* vainc*rons* vainc*rez* vainc*ront*	vainc*s* vainqu*ons* vainqu*ez*	vainc*u*(*e*)

Zeichen	Infinitif	Bemerkungen	Présent de l'indicatif	Présent du subjonctif	Passé simple	Futur	Impératif	Participe passé
(4k)	clore	***prés.*** 3. P. *pl.* **clo-sent**; entsprechend ***prés. subj.***; 3. P. *sg.* ***prés. ind.*** auf **...ôt**	je clo*s* tu clo*s* il clô*t* ils clos*ent*	que je clos*e*		je clo*rai*	clo*s*	clo*s*(*e*)
	éclore	Nur in der 3. P. gebräuchlich	il éclô*t* ils éclos*ent*	qu'il éclos*e* qu'ils éclos*ent*		il éclo*ra* ils éclo*ront*		éclo*s*(*e*)
(4l)	conclure	***passé simple*** geht nach der 3. Konjugation. **Reclure** hat im ***p.p.*** **reclus(e)**; ebenso: **inclus(e)**; aber: **exclu(e)**	conclu*s* conclu*s* conclu*t* conclu*ons* conclu*ez* conclu*ent*	conclu*e* conclu*es* conclu*e* conclu*ions* conclu*iez* conclu*ent*	concl*us* concl*us* concl*ut* concl*ûmes* concl*ûtes* concl*urent*	conclu*rai* conclu*ras* conclu*ra* conclu*rons* conclu*rez* conclu*ront*	conclu*s* conclu*ons* conclu*ez*	concl*u*(*e*)
(4m)	dire	**Redire** wird wie **dire** konjugiert. Die anderen Komposita haben im ***prés.*** **...disez** mit Ausnahme v. **maudire**, das nach der 2. Konjugation geht, aber im ***p.p.*** **maudit** hat	di*s* di*s* di*t* dis*ons* di**t***es* dis*ent*	dis*e* dis*es* dis*e* dis*ions* dis*iez* dis*ent*	d*is* d*is* d*it* d*îmes* d*îtes* d*irent*	di*rai* di*ras* di*ra* di*rons* di*rez* di*ront*	di*s* dis*ons* di**t***es*	di*t*(*e*)

Zeichen	Infinitif	Bemerkungen	Présent de l'indicatif	Présent du subjonctif	Passé simple	Futur	Impératif	Participe passé
(4n)	faire	Vielfacher Wechsel des Stammvokals	fai*s* [fɛ]	fass*e*	f*is*	fer*ai* [fə-]	fai*s*	fai*t*(*e*)
			fai*s* [fɛ]	fass*es*	f*is*	fer*as* [fə-]	fais*ons*	
			fai*t* [fɛ]	fass*e*	f*it*	fer*a* [fə-]	fai**t***es*	
			fais*ons* [fəzõ]	fass*ions*	f*îmes*	fer*ons* [fə-]		
			fai**t***es* [fɛt]	fass*iez*	f*îtes*	fer*ez* [fə-]		
			fo*nt*	fass*ent*	f*irent*	fer*ont* [fə-]		
(4o)	confire	**suffire** hat im ***p.p.*** **suffi** (*inv.*)	confi*s*	confis*e*	conf*is*	confir*ai*	confi*s*	confi*t*(*e*)
			confi*s*	confis*es*	conf*is*	confir*as*	confis*ons*	
			confi*t*	confis*e*	conf*it*	confir*a*	confis*ez*	
			confis*ons*	confis*ions*	conf*îmes*	confir*ons*		
			confis*ez*	confis*iez*	conf*îtes*	confir*ez*		
			confis*ent*	confis*ent*	conf*irent*	confir*ont*		
(4p)	mettre	Abwerfung des einen **t** im *sg.* ***prés. ind.*** in den stammbetonten Formen	met*s*	mett*e*	m*is*	mettr*ai*	met*s*	m*is*(*e*)
			met*s*	mett*es*	m*is*	mettr*as*	mett*ons*	
			met	mett*e*	m*it*	mettr*a*	mett*ez*	
			mett*ons*	mett*ions*	m*îmes*	mettr*ons*		
			mett*ez*	mett*iez*	m*îtes*	mettr*ez*		
			mett*ent*	mett*ent*	m*irent*	mettr*ont*		
(4q)	prendre	Einige Formen werfen **d** ab	prend*s*	prenn*e*	pr*is*	prendr*ai*	prend*s*	pr*is*(*e*)
			prend*s*	prenn*es*	pr*is*	prendr*as*	pre**n***ons*	
			prend	prenn*e*	pr*it*	prendr*a*	pre**n***ez*	
			pre**n***ons*	prenn*ions*	pr*îmes*	prendr*ons*		
			pre**n***ez*	prenn*iez*	pr*îtes*	prendr*ez*		
			prenn*ent*	prenn*ent*	pr*irent*	prendr*ont*		

Zeichen	Infinitif	Bemerkungen	Présent		Passé simple	Futur	Impératif	Participe passé
			de l'indicatif	du subjonctif				
(4r)	rire	***p.p.*** nach der 2. Konjugation	ri*s* ri*s* ri*t* ri*ons* ri*ez* ri*ent*	ri*e* ri*es* ri*e* ri*ions* ri*iez* ri*ent*	*ris* *ris* *rit* *rîmes* *rîtes* *rirent*	rir*ai* rir*as* rir*a* rir*ons* rir*ez* rir*ont*	ri*s* ri*ons* ri*ez*	ri (*inv.*)
(4s)	traire	***passé simple*** fehlt	trai*s* trai*s* trai*t* tray*ons* tray*ez* trai*ent*	trai*e* trai*es* trai*e* tray*ions* tray*iez* trai*ent*		trair*ai* trair*as* trair*a* trair*ons* trair*ez* trair*ont*	trai*s* tray*ons* tray*ez*	trai*t*(*e*)
(4u)	boire	Vor Vokal bleibt **v** aus lat. **b** erhalten. ***passé simple*** nach der 3. Konjugation	boi*s* boi*s* boi*t* buv*ons* buv*ez* boiv*ent*	boiv*e* boiv*es* boiv*e* boiv*ions* buv*iez* boiv*ent*	b*us* b*us* b*ut* b*ûmes* b*ûtes* b*urent*	boir*ai* boir*as* boir*a* boir*ons* boir*ez* boir*ont*	boi*s* buv*ons* buv*ez*	b*u*(*e*)

Zeichen	Infinitif	Bemerkungen	Présent de l'indicatif	Présent du subjonctif	Passé simple	Futur	Impératif	Participe passé
(4v)	croire	***passé simple*** nach der 3. Konjugation	cro*is* cro*is* cro*it* croy*ons* croy*ez* cro*ient*	cro*ie* cro*ies* cro*ie* croy*ions* croy*iez* cro*ient*	cr*us* cr*us* cr*ut* cr*ûmes* cr*ûtes* cr*urent*	croi*rai* croi*ras* croi*ra* croi*rons* croi*rez* croi*ront*	cro*is* croy*ons* croy*ez*	cr*u*(*e*)
(4w)	croître	î im *sg.* ***prés ind.*** und im *sg.* ***impér. passé simple*** nach der 3. Konjugation	croî*s* croî*s* croî*t* croiss*ons* croiss*ez* croiss*ent*	croiss*e* croiss*es* croiss*e* croiss*ions* croiss*iez* croiss*ent*	cr*ûs* cr*ûs* cr*ût* cr*ûmes* cr*ûtes* cr*ûrent*	croît*rai* croît*ras* croît*ra* croît*rons* croît*rez* croît*ront*	croî*s* croiss*ons* croiss*ez*	crû, *crue*
(4x)	lire	***passé simple*** nach der 3. Konjugation	li*s* li*s* li*t* lis*ons* lis*ez* lis*ent*	lis*e* lis*es* lis*e* lis*ions* lis*iez* lis*ent*	l*us* l*us* l*ut* l*ûmes* l*ûtes* l*urent*	li*rai* li*ras* li*ra* li*rons* li*rez* li*ront*	li*s* lis*ons* lis*ez*	l*u*(*e*)
(4y)	moudre	***passé simple*** nach der 3. Konjugation	moud*s* moud*s* moud moul*ons* moul*ez* moul*ent*	moul*e* moul*es* moul*e* moul*ions* moul*iez* moul*ent*	moul*us* moul*us* moul*ut* moul*ûmes* moul*ûtes* moul[illegible]	moud*rai* moud*ras* moud*ra* moud*rons* [illegible]	moud*s* moul*ons* [illegible]	moul[illegible]

Zeichen	Infinitif	Bemerkungen	Présent de l'indicatif	Présent du subjonctif	[illegible]	[illegible]	pa[illegible]atif	Participe passé
(4z)	paraître	**î** vor **t**; ***passé simple*** nach der 3. Konjugation	parai*s* parai*s* paraî*t* paraiss*ons* paraiss*ez* paraiss*ent*	paraiss*e* paraiss*es* paraiss*e* paraiss*ions* paraiss*iez* paraiss*ent*	par*us* par*us* par*ut* par*ûmes* par*ûtes* par*urent*	paraît*rai* paraît*ras* paraît*ra* paraît*rons* paraît*rez* paraît*ront*	parai*s* paraiss*ons* paraiss*ez*	
(4aa)	plaire	***passé simple*** nach der 3. Konjugation; **taire** bildet **il tait** (ohne ^)	plai*s* plai*s* plaî*t* plais*ons* plais*ez* plais*ent*	plais*e* plais*es* plais*e* plais*ions* plais*iez* plais*ent*	pl*us* pl*us* pl*ut* pl*ûmes* pl*ûtes* pl*urent*	plai*rai* plai*ras* plai*ra* plai*rons* plai*rez* plai*ront*	plai*s* plais*ons* plais*ez*	pl*u* (*inv.*)
(4bb)	résoudre	**absoudre** hat kein ***passé simple***; als ***participe passé*** **absous, absoute**	résou*s* résou*s* résou*t* résolv*ons* résolv*ez* résolv*ent*	résolv*e* résolv*es* résolv*e* résolv*ions* résolv*iez* résolv*ent*	résol*us* résol*us* résol*ut* résol*ûmes* résol*ûtes* résol*urent*	résoud*rai* résoud*ras* résoud*ra* résoud*rons* résoud*rez* résoud*ront*	résou*s* résolv*ons* résolv*es*	résol*u*(*e*)

Zahlwörter

Grundzahlen

0 ***zéro*** [zero]
1 ***un, une*** *f* [ɛ̃ *od* œ̃, yn]
2 ***deux*** [dø, døz‿]
3 ***trois*** [trwa, trwaz‿]
4 ***quatre*** [katrə, kat]
5 ***cinq*** [sɛ̃k, sɛ̃]
6 ***six*** [sis, si, siz‿]
7 ***sept*** [sɛt]
8 ***huit*** [ɥit, ɥi]
9 ***neuf*** [nœf, nœv‿]
10 ***dix*** [dis, di, diz‿]
11 ***onze*** [ɔ̃z]
12 ***douze*** [duz]
13 ***treize*** [trɛz]
14 ***quatorze*** [katɔrz]
15 ***quinze*** [kɛ̃z]
16 ***seize*** [sɛz]
17 ***dix-sept*** [disɛt]
18 ***dix-huit*** [dizɥit, dizɥi]
19 ***dix-neuf*** [diznœf, diznœv‿]
20 ***vingt*** [vɛ̃]
21 ***vingt et un*** [vɛ̃teɛ̃]
22 ***vingt-deux*** [vɛ̃tdø]
23 ***vingt-trois*** [vɛ̃trwa]
24 ***vingt-quatre*** [vɛ̃tkatrə]
30 ***trente*** [trɑ̃t]
40 ***quarante*** [karɑ̃t]
50 ***cinquante*** [sɛ̃kɑ̃t]
60 ***soixante*** [swasɑ̃t]
70 ***soixante-dix*** [swasɑ̃tdis]
71 ***soixante et onze*** [swasɑ̃teɔ̃z]
72 ***soixante-douze*** [swasɑ̃tduz]
80 ***quatre-vingt(s)*** [katrəvɛ̃]
81 ***quatre-vingt-un*** [katrəvɛ̃ɛ̃]
90 ***quatre-vingt-dix*** [katrəvɛ̃dis]
91 ***quatre-vingt-onze*** [katrəvɛ̃ɔ̃z]
100 ***cent*** [sɑ̃]
101 ***cent un*** [sɑ̃ɛ̃]
200 ***deux cent(s)*** [døsɑ̃]
211 ***deux cent onze*** [døsɑ̃ɔ̃z]
1000 ***mille*** [mil]
1001 ***mille un*** [milɛ̃]
1002 ***mille deux*** [mildø]
1100 ***onze cents*** [ɔ̃zsɑ̃]
1308 ***treize cent huit*** [trɛzsɑ̃ɥit]
2000 ***deux mille*** [dømil]
100 000 ***cent mille*** [sɑ̃mil]
le million [miljɔ̃] die Million
le milliard [miljar] die Milliarde

Ordnungszahlen

1er ***le premier*** [prəmje] der erste
1re ***la première*** [prəmjɛr] die erste
2e ***le deuxième*** [døzjɛm] der zweite
la deuxième [døzjɛm] die zweite
le second [zgɔ̃] der zweite
la seconde [zgɔ̃d] die zweite
3e ***le*** *od* ***la troisième*** [trwazjɛm]
4e ***quatrième*** [katrijɛm]
5e ***cinquième*** [sɛ̃kjɛm]
6e ***sixième*** [sizjɛm]
7e ***septième*** [sɛtjɛm]
8e ***huitième*** [ɥitjɛm]
9e ***neuvième*** [nœvjɛm]
10e ***dixième*** [dizjɛm]
11e ***onzième*** [ɔ̃zjɛm]
12e ***douzième*** [duzjɛm]
13e ***treizième*** [trɛzjɛm]
14e ***quatorzième*** [katɔrzjɛm]
15e ***quinzième***]kɛ̃zjɛm]
16e ***seizième*** [sɛzjɛm]
17e ***dix-septième*** [disɛtjɛm]
18e ***dix-huitième*** [dizɥitjɛm]
19e ***dix-neuvième*** [diznœvjɛm]
20e ***vingtième*** [vɛ̃tjɛm]
21e ***vingt et unième*** [vɛ̃teynjɛm]
22e ***vingt-deuxième*** [vɛ̃tdøzjɛm]
30e ***trentième*** [trɑ̃tjɛm]
40e ***quarantième*** [karɑ̃tjɛm]
50e ***cinquantième*** [sɛ̃kɑ̃tjɛm]
60e ***soixantième*** [swasɑ̃tjɛm]
70e ***soixante-dixième*** [swasɑ̃t dizjɛm]
71e ***soixante et onzième*** [swasɑ̃t-eɔ̃zjɛm]
80e ***quatre-vingtième*** [katrə-vɛ̃tjɛm]
81e ***quatre-vingt-unième*** [katrə-vɛ̃ynjɛm]
90e ***quatre-vingt-dixième*** [katrə-vɛ̃dizjɛm]
91e ***quatre-vingt-onzième*** [katrə-vɛ̃ɔ̃zjɛm]
100e ***centième*** [sɑ̃tjɛm]
101e ***cent unième*** [sɑ̃ynjɛm]
200e ***deux centième*** [døsɑ̃tjɛm]
500e ***cinq centième*** [sɛ̃sɑ̃tjɛm]
1000e ***millième*** [miljɛm]
$1\,000\,000^{e}$ ***millionième*** [miljɔnjɛm]

Zahladverbien

1° ***premièrement*** [prəmjɛrmɑ̃], ***primo*** [primo] erstens
2° ***deuxièmement*** [døzjɛmmɑ̃], ***secundo*** [zgɔ̃do] zweitens
3° ***troisièmement*** [trwazjɛmmɑ̃], ***tertio*** [tɛrsjo] drittens
4° ***quatrièmement*** [katrijɛmmɑ̃] viertens
5° ***cinquièmement*** [sɛ̃kjɛmmɑ̃] fünftens

Außerdem ist noch gebräuchlich:
en premier lieu [ɑ̃prəmjeljø] an erster Stelle = erstens,
en second lieu, en troisième lieu usw.;
en dernier lieu = letztens.

Bruchzahlen

$^1/_2$ ***(un) demi*** [(ɛ̃)dəmi] (ein) halb
1$^1/_2$ ***un et demi*** [ɛ̃edmi] eineinhalb, anderthalb
$^1/_3$ ***un tiers*** [ɛ̃tjɛr]
$^2/_3$ ***(les) deux tiers*** [(le)døtjɛr]
$^1/_4$ ***un quart*** [ɛ̃kar]
$^3/_4$ ***(les) trois quarts*** [(le)trwakar]
$^1/_5$ ***un cinquième*** [ɛsɛ̃kjɛm]
$^9/_{10}$ ***(les) neuf dixièmes*** [(le)nœfdizjɛm]

0,5 ***zéro virgule cinq*** [zerovirgylsɛ̃k] null Komma fünf

7,35 ***sept virgule trente-cinq***

Vervielfältigungszahlen

fois autant [fwaotɑ̃] ...fach *od*
fois plus [fwaplys] ...mal mehr
deux fois autant zweifach
cinq fois autant fünffach
vingt fois plus zwanzigmal mehr
une quantité sept fois plus grande que ...das Siebenfache von ... *usw.*

Daneben sind gebräuchlich:
simple [sɛ̃plə] einfach
double [dublə] doppelt
triple [triplə] dreifach
quadruple [kwadryplə] vierfach
quintuple [kɛ̃typlə] fünffach
sextuple [sɛkstyplə] sechsfach
centuple [sɑ̃typlə] hundertfach

Sammelzahlen

une douzaine ein Dutzend
une huitaine etwa 8 (*auch* 8 Tage)
une dizaine etwa 10
une quinzaine etwa 15 (*auch* 14 Tage)
une vingtaine etwa 20
une trentaine etwa 30
une quarantaine etwa 40
une cinquantaine etwa 50
une soixantaine etwa 60
une centaine etwa 100
un millier 1000

Bindung

Unter Bindung versteht man im Französischen die Aussprache eines gewöhnlich stummen Endkonsonanten eines Wortes, wenn das folgende Wort mit Vokal oder stummem h beginnt. Die gebundenen Wörter müssen dem Sinn nach zusammengehören.

Wir beschränken uns im Folgenden auf die wichtigsten unerlässlichen oder aber unmöglichen Bindungen.

1. Unerlässliche Bindungen

a) Artikel (+ Adjektiv) + Substantiv:

bzw. Demonstrativpronomen
bzw. Possessivpronomen
bzw. Zahlwort

les amis [lezami]
aux armes [ozarm]
ces arbres [sezarbrə]
son habit [sɔ̃nabi]
deux élèves [døzelɛv]
un petit homme [ɛ̃ptitɔm]
trois petits enfants [trwaptizɑ̃fɑ̃]
au premier étage [oprəmjeretaʒ]
un grand homme [ɛ̃grɑ̃tɔm]
(d wird in der Bindung wie t gesprochen)
un certain âge [ɛ̃sɛrtɛnɑʒ]
(Die Endung [ɛ̃] der betreffenden Adjektive wird in der Bindung zu [ɛ] = Entnasalierung)
bon anniversaire [bɔnanivɛrsɛr]
([bɔ̃] wird in der Bindung zu [bɔn] entnasaliert)

b) Personalpronomen bzw. ***on*** bzw. ***tout*** (+ ***en*** + Verb: bzw. + ***y***)

nous allons [nuzalɔ̃]
ils écoutent [ilzekut]
j'en ai [ʒɑ̃ne]
je vous en donne [ʒvuzɑ̃dɔn]
il les a vus [illezavy]
on y va [ɔ̃niva]
tout est fini [tutɛfini]

In umgekehrter Reihenfolge:

que dit-il? [kəditil]
sont-ils arrivés? [sɔ̃tilarive]
entend-elle? [ɑ̃tɑ̃tɛl]
(d wird in der Bindung wie t gesprochen)

prends-en [prɑ̃zɑ̃]
allons-y [alɔ̃zi]

c) ***c'est*** + folgendes Wort:

c'est un imbécile [sɛtɛ̃nɛ̃besil]
c'est incroyable [sɛtɛ̃krwajablə]

d) Einige (besonders einsilbige) Präpositionen + folgendes Wort:

chez eux [ʃezø]
dans une cave [dɑ̃zynkav]
en hiver [ɑ̃nivɛr]
sans amour [sɑ̃zamur]
sous une table [suzyntablə]

e) Einige Adverbien + folgendes Wort:

très utile [trezytil]
bien aimable [bjɛ̃nɛmablə]
tout autour [tutotur]
plus heureux [plyzørø]
moins habile [mwɛ̃zabil]

2. Unmögliche Bindungen

a) nach ***et*:**

et il dit [eildi]

b) vor ***h aspiré*:**

les héros [leero]
en haut [ão]

c) vor den Zahlen ***un*** und ***onze*:**

sur les une heure [syrleynœr]
ils sont onze [ilsɔ̃ɔ̃z]

d) vor ***oui*:**

mais oui [mɛwi]

e) zwischen Substantiv im Singular + Adjektiv:

cas intérossant [kaɛ̃terɛsɑ̃]
prix élevé [prielve]

f) zwischen substantivischem Subjekt + Verb:

les amis arrivent [lezamiariv]

g) im Plural zusammengesetzter Substantive:

arcs-en-ciel [arkɑ̃sjɛl]
salles à manger [salamɑ̃ʒe]

Silbentrennung im Französischen

Die Trennung eines Wortes am Zeilenende erfolgt im Französischen nach Sprechsilben. Dabei gelten folgende Regeln:

1. Ein einzelner Konsonant zwischen zwei Vokalen tritt zur folgenden Silbe,

   z. B. **di-ri-ger, pay-san, la-va-bo, par-lé, thé-ra-peu-ti-que**

   Ausnahme: Bei x zwischen zwei Vokalen wird im allgemeinen nicht getrennt,

   z. B. **Saxon**

2. Von zwei oder mehr Konsonanten zwischen zwei Vokalen tritt nur der letzte Konsonant zur folgenden Silbe,

   z. B. **par-tir, ex-cur-sion, res-ter, doc-ker, chas-seur, nom-mer, ail-leurs** (mouilliertes l ist trennbar),

   cons-cience, subs-tan-tif (auch etymologische Trennung **con-science, sub-stantif** ist möglich, aber nicht üblich).

   Dabei gelten folgende Ausnahmen:

   a) Konsonant + l oder + r werden nicht getrennt,

   z. B. **ci-ble, es-clan-dre, an-glais, dé-sas-tre, af-freux, ins-truit**

   b) Die einen einzigen Laut darstellenden Konsonantenpaare ch, gn, ph, th werden nicht getrennt,

   z. B. **ro-cher, ga-gner, or-tho-gra-phe**

3. Mehrere aufeinanderfolgende Vokale werden nicht getrennt,

   z. B. **théâ-tre, prière, sec-tion, voyage, muet, croyons, louaient**

Ausnahme: Eine Vorsilbe kann vom Stamm getrennt werden,

z. B. **pré-avis, an-ti-al-coo-li-que**

4. Ein einzelner Vokal eines Wortes kann nicht abgetrennt werden,

   z. B. **état, abré-ger, oser**

   Ausnahme: Nach Elision ist Trennung möglich,

   z. B. **qu'a-vec**

5. Nach dem Apostroph darf nicht getrennt werden,

   z. B. **au-jour-d'hui, puis-qu'il**

Zeichensetzung im Französischen

1. Punkt, Strichpunkt, Doppelpunkt, Fragezeichen, Ausrufezeichen, Anführungszeichen (im Französischen «») usw. werden wie im Deutschen gebraucht.

   An geringen Abweichungen sind zu erwähnen:

   Der Punkt wird in Abkürzungen wie **H.L.M.**, **S.N.C.F.**, **U.S.A.** usw. gesetzt.

   Kein Punkt steht nach Ordnungszahlen: **1**^{er} bzw. **1**^{re}, **2**^{e}, **3**^{e} usw.

   Das Datum wird so abgekürzt: **12/10/98**

   Das Ausrufezeichen steht nie nach der Anrede am Briefanfang:

   Monsieur,
   J'ai l'honneur de vous faire savoir ...

2. Einige bedeutende Abweichungen vom Deutschen sind dagegen beim Gebrauch des Kommas zu verzeichnen:

   a) Adverbiale Bestimmungen zu Beginn eines Satzes werden durch Komma abgetrennt:

   A trois heures, il n'était toujours pas arrivé.
   Avec lui, il faut se méfier.

   b) Nicht durch Komma abgetrennt werden dagegen:

   Objektsätze (**Je sais qu'il a tort.**)

   indirekte Fragesätze (**Je me demande s'il n'est pas malade.**)

   nachgestellte Adverbialsätze (**J'irai le voir avant qu'il parte.**)

   zum Verständnis des Hauptsatzes notwendige Relativsätze (**Le livre que tu m'as prêté ne me plaît pas.**)

   Infinitivgruppen (**Il m'a demandé de l'aider.**)

   c) Vor „etc." steht im Französischen ein Komma:

   Paris, Londres, Berlin, etc.

Die französischen Departments

01* **Ain** [ɛ̃] (*l' m*)

02 **Aisne** [ɛn] (*l' f*)

03 **Allier** [alje] (*l' m*)

04 **Alpes-de-Haute-Provence** (*les f/pl*)

05 **Hautes-Alpes** [otzalp] (*les f/pl*)

06 **Alpes-Maritimes** (*les f/pl*)

07 **Ardèche** (*l' f*)

08 **Ardennes** (*les f/pl*)

09 **Ariège** (*l' f*)

10 **Aube** (*l' f*)

11 **Aude** (*l' m*)

12 **Aveyron** [avɛrɔ̃] (*l' m*)

13 **Bouches-du-Rhône** (*les f/pl*)

14 **Calvados** [-os] (*le*)

15 **Cantal** (*le*)

16 **Charente** (*la*)

17 **Charente-Maritime** (*la*)

18 **Cher** [ʃɛr] (*le*)

19 **Corrèze** (*la*)

2A **Corse-du-Sud** (*la*)

2B **Haute-Corse** (*la*)

21 **Côte-d'Or** (*la*)

22 **Côtes-d'Armor** (*les f/pl*)

23 **Creuse** (*la*)

24 **Dordogne** (*la*)

25 **Doubs** [du] (*le*)

26 **Drôme** (*la*)

27 **Eure** [œr] (*l' f*)

28 **Eure-et-Loir** (*l' m*)

29 **Finistère** (*le*)

30 **Gard** (*le*)

31 **Haute-Garonne** (*la*)

32 **Gers** [ʒɛrs] (*le*)

33 **Gironde** (*la*)

34 **Hérault** [ero] (*l' m*)

35 **Ille-et-Vilaine** (*l' f*)

36 **Indre** (*l' f*)

37 **Indre-et-Loire** (*l' f*)

38 **Isère** (*l' f*)

39 **Jura** (*le*)

40 **Landes** (*les f/pl*)

41 **Loir-et-Cher** (*le*)

42 **Loire** (*la*)

43 **Haute-Loire** (*la*)

44 **Loire-Atlantique** (*la*)

45 **Loiret** (*le*)

46 **Lot** [lɔt] (*le*)

47 **Lot-et-Garonne** (*le*)

48 **Lozère** (*la*)

49 **Maine-et-Loire** (*le*)

50 **Manche** (*la*)

51 **Marne** (*la*)

52 **Haute-Marne** (*la*)

53 **Mayenne** [majɛn] (*la*)

54 **Meurthe-et-Moselle** (*la*)

55 **Meuse** (*la*)

56 **Morbihan** [mɔrbiɑ̃] (*le*)

57 **Moselle** (*la*)

58 **Nièvre** (*la*)

59 **Nord** (*le*)

60 **Oise** (*l' f*)

61 **Orne** (*l' f*)

62 **Pas-de-Calais** (*le*)

63 **Puy-de-Dôme** (*le*)

64 **Pyrénées-Atlantiques** (*les f/pl*)

65 **Hautes-Pyrénées** (*les f/pl*)

66 **Pyrénées-Orientales** (*les f/pl*)

---

* Die Kennziffer des Departements erscheint in den beiden letzten Ziffern der französischen Autonummern (z. B. ***3471 CN 91***) sowie in den beiden ersten Ziffern der 5-stelligen französischen Postleitzahlen (z. B. ***Abbeville 80100***).

67 **Bas-Rhin** (*le*)
68 **Haut-Rhin** (*le*)
69 **Rhône** (*le*)
70 **Haute-Saône** (*la*)
71 **Saône-et-Loire** [son-] (*la*)
72 **Sarthe** (*la*)
73 **Savoie** (*la*)
74 **Haute-Savoie** (*la*)
75 **Ville de Paris** (*la*)
76 **Seine-Maritime** (*la*)
77 **Seine-et-Marne** (*la*)
78 **Yvelines** (**les** *f/pl*)
79 **Deux-Sèvres** (**les** *f/pl*)
80 **Somme** (*la*)
81 **Tarn** (*le*)
82 **Tarn-et-Garonne** (*le*)
83 **Var** (*le*)
84 **Vaucluse** (*le*)
85 **Vendée** (*la*)
86 **Vienne** (*la*)
87 **Haute-Vienne** (*la*)
88 **Vosges** [voʒ] (**les** *f/pl*)
89 **Yonne** (*l' f*)
90 **Territoire-de-Belfort** (*le*)
91 **Essonne** (*l' f*)
92 **Hauts-de-Seine** [odsɛn] (**les** *m/pl*)
93 **Seine-Saint-Denis** (*la*)
94 **Val-de-Marne** (*le*)
95 **Val-d'Oise** (*le*)

B C D E F G H IJ K L M NO P QR S T UV W Z

Lautschriftzeichen

Vokale

[a]	madame	[madam]
[ɑ]	phrase	[frɑz]
[e]	comité	[kɔmite]
[ɛ]	personne	[pɛrsɔn]
[ə]	le	[lə]
[i]	diriger	[diriʒe]
[o]	beau	[bo]
[ɔ]	mort	[mɔr]
[ø]	peu	[pø]
[œ]	cœur	[kœr]
[u]	groupe	[grup]
[y]	blessure	[blesyr]

Nasalvokale

[ɑ̃]	lampe	[lɑ̃p]
[ɛ̃]	vin	[vɛ̃]
[ɔ̃]	bonbon	[bɔ̃bɔ̃]
[œ̃]	lundi	[lœ̃di]

Halbvokale

[j]	bien	[bjɛ̃]
[w]	trois	[trwa]
[ɥ]	lui	[lɥi]

Konsonanten

[s]	précis	[presi]
[z]	rose	[roz]
[ʃ]	champignon	[ʃɑ̃piɲɔ̃]
[ʒ]	garage	[garaʒ]
[v]	visite	[vizit]
[ɲ]	campagne	[kɑ̃paɲ]
[ŋ]	parking	[parkiŋ]

[p], [t], [k] werden ohne den für das Deutsche typischen Hauchlaut gesprochen.
[b], [d], [g] werden sehr stimmhaft gesprochen.
Das [r] wird als Halszäpfchen-r gesprochen.
Alle anderen Konsonanten werden wie im Deutschen ausgesprochen.